中国图书年鉴

ZHONGGUOTUSHU
NIANJIAN

1999

杨牧之　主编

湖北人民出版社

ISBN 7-216-03018-4

9 787216 030182 >

鄂新登字 01 号

图书在版编目(CIP)数据

中国图书年鉴.1999/杨牧之主编.
武汉:湖北人民出版社,2001.1
ISBN 7-216-03018-4

Ⅰ.中…
Ⅱ.杨…
Ⅲ.图书-出版-中国-1999-年鉴
Ⅳ.G23-54

中国版本图书馆 CIP 数据核字(2000)第 69304 号

中国图书年鉴(1999) 杨牧之 主编

出版: 湖北人民出版社 **发行:**	**地址:**武汉市解放大道新育村 33 号 **邮编:**430022
印刷:文字六〇三厂	**经销:**湖北省新华书店
开本:787 毫米×1092 毫米 1/16	**印张:**56.5
字数:1737 千字	**插页:**11
版次:2001 年 1 月第 1 版	**印次:**2001 年 1 月第 1 次印刷
印数:1-3 000	**定价:**110.00 元

书号:ISBN 7-216-03018-4/G·764

中国图书年鉴编委会

编辑说明

一、编辑《中国图书年鉴》是我国图书出版事业的一项基本建设，其宗旨是总结图书出版工作经验，观察、分析图书出版的现状与发展趋势，为科研、教学、著述、学习和图书出版工作提供系统的参考资料。

二、《中国图书年鉴》与《中国图书大辞典》(1949～1992)的收书截止时间相衔接，对从1993年起国内出版的图书及资料进行收集整理，每年编辑出版1卷，本卷为总第6卷。

三、《中国图书年鉴》(1999)主要反映1998年度全国图书出版工作的状况和信息，其主要栏目有"专论"、"图书分类评述"、"图书出版研究"、"图书市场分析"、"新书简介"、"获奖书目"、"统计资料"、"图书出版纪事"、"索引"等。

"专论"——选载对全国图书出版有指导性意义的重要论文。

"图书分类评述"——特邀国内有关专家、学者及图书出版编辑，对各类图书的出版动向作评论分析。

"图书出版研究"——选录各报刊杂志发表的有关图书出版研究的文章。

"图书市场分析"——汇集图书市场信息，分析其发展态势。

"新书简介"——从当年新版图书总数中，按10%～15%的比例选取优秀图书和有代表性的图书，以条目形式作介评，并按学科分类编排。辞条以介为主，寓评于介，着重反映所诠释图书的基本内容及主要特征。

"获奖书目"——主要刊载该年度荣获"国家图书奖"、"五个一工程·一本好书奖"、"中国图书奖"、"中国辞书奖"的书目。

"统计资料"——汇辑该年度全国图书出版情况，使用《中国标准书号》22类图书出版情况，各类课本以及少年儿童读物出版情况。

"图书出版纪事"——记录该年度有关图书出版的重大活动。

"索引"——有"辞目分类索引"和"辞目笔画索引"。"辞目分类索引"以《中国图书馆图书分类法》(第四版)为框架，其编排方式与新书简介的正文相同；"辞目笔画索引"按书名辞目首字笔画数顺序编排。索引前注有使用说明。

四、编辑出版《中国图书年鉴》是一项文化积累和文化传播工程，此项工作得到了全国出版界同仁的关心与支持，在此致以诚挚谢意。由于我们的水平和经验所限，《年鉴》难免有不足和缺憾之处，恳请广大读者和各界人士批评指正。我们将不断改进工作，提高质量，以满足广大读者的需求。

目　次

专　论

图书分类评述

图书出版研究

图书市场分析

新书简介

获奖书目

统计资料

图书出版纪事

广告插页

索引

专 论

’98 全国出版社选题审读分析

新闻出版署图书司选题审读小组

截至2月20日，已审读363家出版社的56 221种选题。从审读情况看，今年的选题，注重抓重点工程，注重出书的特色和系列，体现了“加强管理，优化结构，提高质量”的方针。人民和社科类出版社的选题，在宣传邓小平理论、纪念周总理诞辰100周年、学习宣传十五大及九届人大和政协会议、纪念刘少奇同志诞辰100周年、改革开放20年、迎接建国五十周年等方面都有较突出的反映和安排；文学和艺术的选题，弘扬主旋律、时代感强，并注重文化积累，外国文艺作品继续持上升态势；科技出版社的选题，在重视基础理论研究的同时，大大加强了科普作品和为农民服务的选题；大学出版社和教育出版社的选题着眼于向素质教育转轨，并推出了一大批有较高学术水平和文化积累价值的工程；直属出版社的选题重点突出，特色鲜明，努力保持并挖掘和发挥国家队的特色和优势，并开始着眼于分层次、分系列形成出版社的选题布局和特点；古籍出版社的选题重视市场和读者需求，既抓古籍整理方面的重大工程，又大力抓体现传统文化、雅俗共赏的普及读物。

从整体看，今年的选题比较整齐，特点比较鲜明，导向明确，主旋律突出，并特别注重两个效益的统一，注重图书市场和读者，一大批出版社通过抓阶段性转移，开始形成自己的出书风格与特色。但仍有几个问题值得重视：1. 选题总量上升。今年审读的选题，平均每社安排154.8种，高于往年。最多的是科技社，平均每社215种(1997年207种)，少儿社平均每社183种(1997年153种)。最少的是古籍社，平均每社70.2种。2. 重复问题仍严重，特别是中国古典文学和教学辅导读物创新不足。3. 超范围分工问题比较普遍。文艺社出社科类图书、社科出版社出纪实文学类书、科技出版社出少儿或教辅图书等现象较严重。4. 一些不能出版领导人选题等属重大选题的出版社也安排了一些这类选题。

本报特编发审读报告9份，将审读情况通报出版界。

人民社科类：贴近国计民生 弘扬时代旋律

审读20家人民社新选题2 879种，平均每社为144种；审读在京各部委的社科类出版社68家选题9 296种，平均每社为137种，比1997年的140种略有下降。其中安排选题最多的是中国财经社，计有458种。

由已审读的20家人民社、68家社科社的选题内容来看，有如下特点凸现：

邓小平理论研究选题成为重中之重。据统计仅20家人民社安排此类选题就有近100种。为数众多的社科社也将邓小平理论研究作为’98选题攻坚的重点。这些选题从不同侧面、不同层次入手研究、学习邓小平理论。其中较具代表性的有人民出版社的《邓小平理论简明读本》、上海人民社的《意识形态笔记——邓小平理论与20世纪社会主义思潮》、广东人民社的《邓小平理论思想研究》、中央党校社的《邓小平理论全书》、经济科学社的“邓小平理论研究丛书”等。由新闻出版署直接领导策划的“邓小平理论研究书系”汇集20多家人民、社科社邓小平理论选题之精华40余种，选题阵容强大，可举为’98此类选题之“大作”。

今年也是大事之年。围绕着纪念邓小平逝世一周年、周恩来诞辰100周年、刘少奇诞辰100周年、改革开放20年、十一届三中全会胜利召开20年、香港回归一周年等重大事件,各社提前准备,有的放矢,安排了一系列精彩选题。如中央文献社的《纪念邓小平——邓小平逝世周年纪念文集》、《刘少奇传》、学习出版社的《改革开放20年》、改革社的《中国改革20年》等。另外为纪念建国50周年大庆,一大批相关选题已经加速安排出版,如新华出版社的大型画册《共和国50年》。

贴近生活,研究阐述解决改革开放与现代化建设中的现实问题的选题是'98选题中的另一突出亮点。各地人民社在国企改革方面均有选题安排。如湖北人民社的《中国国有企业的债务重组》、河南人民社的《公有制与市场经济的有效对接》等。企业改制、股份制改造更是焦点话题,中国经济社的"企业改制丛书"、企业管理社的《资产重组与债务重整》、中国发展社的《大重组》、《企业并购》、中国工商出版社的《股份合作制》等选题均在探讨这一问题。在改革中出现的腐败、下岗等问题也引起了出版界的强烈关注。'98选题中自有反映。如陕西人民社的《中国的"公贿"问题及治理对策研究》、河南人民社的《反腐败法制机制研究》、湖北人民社的《中国再就业工程》、江西人民社的《中国城市贫困问题研究》、中国妇女社的《再就业必读》等选题均直面现实生活现实问题,并力求提供可资借鉴的方法。经济改革逐渐走向深入,金融改革、股票证券运作等金融问题越来越广受关注。'98中国金融社的"中国金融热点研究丛书",中国物资社的《中国金融家论金融改革》等选题的推出,使得金融问题方面的选题质量有所提升,超越了简单的"股票操作"、"证券手册"等短平快的肤浅之作的水准。

科技类:跟踪高新技术
推进科普工程

审读101家科技类出版社报送的21 681种选题。其中:中央社41家,13 418种;地方社24家,4 052种;科技类大学社36家,4 211种,平均每个社安排215种选题,比1997年的平均数超出8种,选题数量略有上升,并呈现出与往年不同的鲜明特色。

1. 狠抓"九五"重点图书落实,保证时间过半任务过半。据统计,101家出版社今年共安排国家"九五"重点图书100余种。如科学出版社的《中国科学技术史》今年计划出版6卷;电子工业社安排了52种列入国家"九五"重点的图书的出版。

2. 抓精品战略,树品牌意识,出拳头产品。从审读选题中不难看出,包括电子、人民邮电、金盾在内的很多出版社非常珍惜自己业已形成的出书特色和在读者群中享有的声誉,在提高图书出版质量的前提下,让品牌书、名牌书在今年的选题中占有了相当大的比重,以进一步巩固自己在图书市场上的地位。如天津科技社继续发挥自己出医卫书的特长,为临床医生提供各种必需的工具书和参考书,这方面的选题数量在40%以上……越来越多的科技社不再盲目追踪热点。

3. 响应"科教兴农"号召,全方位为九亿农民服务。随着农村改革的逐步深入,广大农民对技术、对精神享受的需求日益高涨。像"金穗丛书"(科学出版社)、"万村书库工程系列"(黑龙江科技出版社)、"农业产业化丛书"(湖北科技出版社)、"燎原教育丛书"(山东科技出版社)等选题就是旨在从多层次、多角度为提高农民本身的素质、为新兴的农业产业化,技、工、贸一体化提供服务。这些选题的出版将对提高广大农民的科技水平,增加农产品的科技含量发挥重大作用。

4. 追踪世界高新技术发展,科普图书出版上新台阶。今年科普图书选题无论是在出版数量上,还是在内容质量上都较往年有很大提高,上档次、上规模的科普图书明显增加。既有反映本世纪科技发展的《二十世纪世界科学技术大观》(10册,河南科技社)等选题,也有密切配合当前社会形势需要,进行多方面科普教育的"科技进步与社会发展丛书"(地震出版社)、"中国珍稀濒危保护动物丛书"(北京科技社)、"人类生态学丛书"(上海科技教育社)等选题。重视培养科学思想、科学方法的科普选题也崭露头角。像浙江科技社推出的"教你创造丛书",天津科技翻译出版公司引进版权的《科学原理动动脑》(8册)等。

另外,今年选题中引进版权的选题也较往年有明显增加。像机工社今年引进版品种为162种,占总品种的26%;科学社翻译书86种,占12%,均较往年加大了引进国外科技图书版权的力度。

审读选题时也有很多问题比较突出,这主要表现在两个方面:一是外向型图书太少。101家出版社的2万余种选题,只有科学、山东科技等少数出版社安排有30余种直接以外文出版的选题,这方面选题的欠缺,势必阻碍我国图书出版业走向世界的进程,需在今后的出版计划中予以加强;二是有的出版社的选题缺乏专业特色,杂乱无章。比如有的社100余种选题中,竟有家电、理财、美容、音乐、减肥等十几个门类,可谓无所不包,这种情况当引起注意。

文学类：注重文化积累　锐意创新文体

审读21家文艺出版社文学选题3 254种，平均每社约有155种，比1997年上升39种。其中，外国文学760种，去年外国文学约670种。以上统计数字充分说明了1998年的文学选题在总量上呈长势，而在选题的布局上更趋规范化与合理性。尤其是外国文学选题，比以往任何一年都有量的突破和内容的丰富。几乎各社都报出了有自己特色的丛书、套书，显示了出版社对出版精品、拳头产品的出版意识正进一步深化和加强。

1997年以来，长篇小说在总量上明显下降。据统计，1997年已出版的长篇小说不足400部。1998年的长篇选题已报的有396部，从总量上看，是呈下降的势头，但从质量上看，无论是题材还是内容，都在向精品化靠拢。出版社不再盲目追逐长篇选题，而是有计划、有意识地安排富有本社特色的长篇选题。1998年的长篇选题中，丛书套书约有40种。如：文化艺术社的"青铜牛丛书"，百花文艺社的"黄金三十万丛书"，时代文艺社的"老枪长篇系列"，河南文艺社的"金钻长篇小说文丛"，花城社的"新生存主义丛书"等等，都突出了本社的选题特色，并形成了以丛书命名为主题的长篇系列。

从长篇选题上看，纯文学选题的比例约占60%。这些作品大都反映了现代社会里人们所经历的各种思想观念的冲突，揭示了经济改革的复杂性和重要性，弘扬和宣传了社会主义主旋律。

'98文学选题中传记小说占有相当大的比重，约有70多种传记小说的选题，占整个长篇小说选题的18%。传主多半集中在历史人物身上，这是今年传记小说的一个新的热点。如：百花文艺社的"历代改革家丛书"，河南文艺社的"中国文艺家传记丛书"。

新的文体尝试是作家与出版社共同的探索。长篇小说对文体的追求和尝试，一直是薄弱环节。今年在这方面有所尝试。花城社的"新生存主义丛书"（5种），"文体实验丛书"等等，都有一批新的文体小说问世。这种对艺术形式创新的追求，反映了长篇小说已经从单纯追求数量，走向追求质量的趋势。

开拓新的选题领域，锐意创新成为今年文学选题的一个特色。时代文艺社的"中国山·河·城大传丛书"，以大自然为选题对象，将自然景观与人文历史结合起来，将名山、大河、城市赋予人格化的传奇色彩。太白文艺社的"纪事本末体史书全译丛书"，以久不多见的"纪事本末体"将史书记载的重大历史事件以白话形式翻译出来，达到了古为今用的效果，也为当代出版提供了较有价值的"纪事本末体"文体形式的范本。百花文艺出版社的"最新推理典藏小说"，北方文艺出版社的"风雅书旅丛书"等选题都是从多种角度、多种层面，开拓出新的选题领域，扩大了文学选题视野。

1998年的外国文学选题比以往几年都有回升。今年约有760种。在外国文学选题中，有新意的集中在当代外国文学的作品选集上，如：译林社的"当代外国流行小说名篇丛书"，作家社的"美国畅销书金榜译丛"，浙江文艺社的"博尔赫斯文集"等等。外国20世纪文学作品丛书、文库、珍藏本较为集中，其中有的选题重复版本增多。

1998年文学选题中，规模宏大，有文化积累价值的选题寥寥无几。这一方面反映出文艺出版社资金的投入有一定的局限，而另一方面，追求文化"快餐"效应，也是其中的原因之一。学术理论专著，尤其是具有概括性、总结性的大型理论套书缺乏。

古籍类：抓紧古籍整理　出好普及读物

审读古籍出版社14家，选题1 602种，平均每社为144种。从内容看，从两个效益结合入手，重视图书市场和读者需求，改善图书结构是古籍社最强烈愿望，这一点从'98古籍社的选题便可看出。

作为传统项目，古籍整理依然是古籍社出版的重头戏。如上海古籍社的"中华古籍评注丛书"、"中国古典文学丛书"，浙江古籍社的"百部古典名著"等。然而古籍社对古籍整理项目、学术研究著作、通俗普及读物等主要板块进行合理配置，结构调整已是必然大势。1998年，古籍社大型古籍整理项目，全面开花，即为一例。如上海古籍社的俄藏敦煌艺术品、俄藏敦煌文献、俄藏黑水城文献、法藏敦煌西域文献整理，江苏古籍出版社的《吴梅全集》，齐鲁书社的《二十五别史》等。

然而真正能为古籍社带来显见效益的是普及读物，为了迎接市场挑战，古籍社都在这方面进行了大量努力。'98古籍社通俗普及读物选题各具特色。如江苏古籍社的"鸟语花香诗词集锦丛书"，齐鲁书社的"面面观丛书"，中州古籍社的《中国百姓文库》、"醒狮丛书"，江苏古籍社的《新编民间传说故事》等。

最具古籍整理特色的中华书局'98重印书占全年出书总量的62.5%，新书114种，占全年出书总量的37.5%。无论是新书、重印书，均保持着多数是古籍整理项目,少量学术著作和颇有影响的雅俗共赏普及读物的结构。该社的通俗读物涉及传统文化的方方面面,各个层次,以书与刊的形式相互辉映。

从今年的选题看,各社都注意在古籍整理、研究、普及三大板块之间寻找社会效益和经济效益的结合点,在双效并进上下功夫,既注意发掘本社的出版资源,发扬优势策划选题,又紧盯着市场。古籍社正在以一种积极的姿态面对市场,走出困境,这是阶段性转移过程中的可喜现象。

大学类:教材推陈出新 结构趋向合理

审读 38 家大学社选题共 4 165 种,平均 109 种,较去年平均上涨 2.7%。品种有所增加的主要原因是由于个别新社、小社数量上升过猛,如苏州大学社安排选题 170 种,南京师大社 127 种,公安大学社 164 种,大大高于平均数。大学社重版率平均达 28%,较上年持平,人大、武大、外研社重版率达 55%,选题结构趋向稳定成熟。从选题内容来看总体质量较往年有所提高。

研究邓小平思想理论的著作仍占据突出位置。吉林大学等多家出版社安排了"邓小平理论研究丛书"、《邓小平理论与我国经济学的发展》等 10 余种选题。

关于国有企业改革、股份制的选题在'98 大学社选题中最为醒目。如武大社的"中国跨世纪的社会经济丛书"(5 种),人大社的"经济科学文库"(8 种),兰州大学社的"各国国有企业发展道路丛书"(10 种),首都经贸大学社的《股份制与国有股权管理》等,选题阵容,不容忽视。

集中于经济类的翻译著作选题数量有所回升,而且多为西方经济代表之作。如首都经贸大学出版社的"诺贝尔经济学奖获得者学术精品丛书"(6 种),人大社的"世界工商管理经典文库"(中英文对照,20 种),华中师大出版社的"20 世纪物理学经典丛书"(5 种)等。

'98 选题与往年一个显著的不同是教材修订增多,特别是出版教材较多的大社,一方面对传统教材进行有计划有步骤的修订,另一方面进行适度调整、补充,逐步形成合理有序的布局。如外研社对《新概念英语》系列教材的修订;而政法大学社的"高等政法院校案例教学丛书"则填补了教学空白。前几年过多过滥的《中国革命史》、《马克思主义基本原理》等公共教材数量大大减少。

一些地方性大学社利用科研优势积极服务于地方,安排的一批具有鲜明地方特色的选题格外引人注目,如内蒙古大学社的《改造退化草场提高草原生产》、兰州大学社的《中国西北荒漠区持续农业与沙漠治理》、西北大学社《借鉴、利用与西部经济发展》、云南大学社的《云南少数民族遗传多样性研究》、吉林大学社的"东北亚区域经济合作研究丛书"(6 种)等。这些成果的出版将会对当地经济发展产生积极影响。

少儿类:原创作品增多 质量稳步提高

综观 1998 年少儿图书选题,总体情况是稳步增长,趋向成熟。根据已经报来的 20 家少儿专业出版社的报表统计,选题总量达到 3 657 种,平均每社 183 种,比 1997 年约增长 20%(1997 年平均数是 153 种),再版率从去年的 47%提高到将近 60%。各种选题布局合理,重点选题的比例为 28%左右。与 1997 年相比,无论是选题的质量还是内容,都有所长进。

1998 年,爱国主义教育图书出版将再掀高潮。据统计,此类选题约有 200 种,占整个选题总量的 5.5%,如中少社的"中国 20 世纪三大伟人丛书"、江苏少儿社的《图说邓小平理论》、浙江少儿社的《绘画本百年巨变——中国现代史》、新蕾社的《共和国 50 年少年英雄谱》、海燕社的《爱我中国人》等等。这些选题都是以爱国主义教育为主题,弘扬了社会主义旋律,宣传了邓小平同志的有关理论,起到了良好的政治导向作用。这类重点选题表现手法也多种多样。很多作品将内容与形式有机地结合起来,不说教,不生硬,力求做到"入情入理,润物无声"。同时,为向建国 50 周年献礼,迎接澳门回归,有的社早早着手,开始安排此类选题。这种提前准备,有助于精雕细刻,推出分量重、质量高的精品。

1998 年科普知识读物选题的比例已经上升到了 18%,内容涵盖极广,涉及新能源、新材料、计算机、信息、航空、生物工程、环境保护等方面,其中以环保知识读物最为丰富。如:北方妇女儿童社的"大自然 SOS 丛书"、未来社的"保护我们的家园丛书"、希望社的"爱我自然丛书"等选题。1998 年是国际海洋年,海洋科普将成为另一个热点。福建少儿社的"中华大海洋丛书"、辽宁少儿社的"我爱蓝色国土丛书"、浙江少儿社的"走向海洋丛书"、中国少儿社的《图解海洋百科》等选题,图文并茂,生动有趣,立意不凡。

儿童文学原创作品对整个少儿读物出版的整体

走向有着重大影响。1998 年儿童文学原创作品选题的绝对数量和在总量中所占比例均有所增长，各社不仅要求在思想内容上开拓思路，锐意创新，而且都在追求社会效益与经济效益的双丰收，力图打破以往两个效益难以统一的局面。这一目标的实现必须借助于多出精品。1998 年，各社儿童文学原创选题令人振奋。如：安徽少儿社的“青春口哨文学丛书”、湖北少儿社的“鸽子树丛书”、明天社的“斑马线丛书”、中少社的“纯真年代丛书”等等，再加上毕淑敏、苏童、秦文君、林白、赵玫等一批知名作家的加盟儿童文学创作，儿童文学原创可望再上台阶。但是，1998 年儿童文学选题在出版思路上仍然尚待突破性的进展。

1998 年，儿童动画读物有待更上层楼。新创作的、能够广泛流传、为广大少年儿童所喜爱的儿童动画读物仍不多见，题材仍大多停留在古典文学名著、外国童话名著上。

1998 年，推广名著、评介作家、探索理论等方面成系列、成规模的选题有所增加。如：希望社的“中国著名儿童文学作家评传丛书”，海燕社的“国学名著全译丛书”。文化积累建设方面的选题得到重视，也是少儿出版从繁荣走向成熟的一个迹象。

教育类：着眼素质教育 积累出版资源

审读 22 家教育社选题共 3 920 种，平均 178 种。从选题结构和内容来看素质教育将是’98 教育社出版无可争议的热点。1998 年，关于素质教育的选题数量骤增，共 51 种。如陕西人教社的“中国公民科技素质教育丛书”15 种，广东教育社的“心理素质教育丛书”5 种，浙江教育社的《论素质教育与课程改革》、天津教育社的《中小学素质教育百科全书》等。

中青年学者的教育学、心理学理论研究著作开始受到重视。一批较高水准的教育学、心理学丛书将在’98 面世。如浙江教育社的“世纪心理学大系”(4 种)，广西教育社的《我国贫困地区教育现状和发展趋势》、《中国教育焦点问题》，安徽教育社的“跨世纪学科教育研究丛书”(13 种)，特别是山东教育出版社，几年来在出版教育理论、教育史学方面已形成规模和特点，今年他们将推出《中国教育制度史》(8 卷)、《中国教育哲学史》(4 卷)、“大学教育前瞻丛书”(6 种)等有分量的选题。

利用资金优势，追求一些大型化系列进行出版资源积累已成为个别社的特点。今年河北教育社的重点选题是《李大钊全集》(6 种)、“中国院士书系”(8 种)、《歌德文集》、《海涅全集》、《维特根斯坦著作集》等，浙江教育社是《王国维全集》、《蔡元培全集》，安徽教育社是《现代学术经典文萃》(10 卷)，湖北教育社是“20 世纪西方心理学大师丛书”(12 卷)，辽教社是“牛津精选丛书”15 种。

从选题结构看，教育社总体较为平庸，除山东教育、河北教育、安徽教育、浙江教育有些亮点外，基本上都是清一色的教辅读物，这种专业保护所带来的痼疾，在一定程度上，使很多教育社失去了进取的动力。

美术类：追求民族特色 面向大众市场

审读 28 家美术出版社选题 2 998 种，平均每社约有 107 种。根据已报来的计划推算，今年全国美术出版社总的品种数约有 4 300 多种，其中约有1 500 多种是挂历、年画、图片等。新书约有 2 500 种，在总量上比 1997 年提高 93%。列入“九五”重点图书出版规划的美术图书今年将有 10 余种出版。

美术出版社为在激烈的市场竞争中赢得市场，1998 年开始全面调整思路，改善出书结构，特色追求十分明显。许多出版社都安排了富有民族特色的选题。如：浙江美术社的《中国青铜器图典》，该书以我国商周青铜器的器形及图案纹样，配以一定数量的文字，有很高的学术价值。另外，甘肃美术社的《丝绸之路古遗址图集》、天津人民美术社的《中国珍宝全集》等选题均是富有民族传统特色的美术选题。这一出版思路理论基础即为：“只有有地方色彩，才能打到世界市场上去。”

面向市场，开拓新选题，是’98 美术图书选题的突出特色。如：人民美术社的“旧影丛书”，陕西人美社的《脸谱》、《剪纸》、《皮影》，江西美术社的“中国名窑古瓷鉴定与鉴赏”，山东画报社的“老照片”、“老漫画”，江苏美术社的老牌选题“老房子”。这些选题的开掘，一方面有市场的需求，一方面也扩大了美术出版的选题视野。

挂历选题萎缩，年画内容单薄的问题在 1998 年并无大的改观。挂历品种单一，挂历内容陈旧问题仍然普遍存在。而更多的挂历选题都是与现实贴得较近，一般是纪念题材，领袖题材的比较多。而富有民间传统、有地方色彩的挂历和年历画选题却寥寥无几。

署直社:选题重点突出 规模优势凸现

审读署直社13家出版社选题1926种,每社平均148种,比去年增加8%。1997年,20家出版社共报选题2 737种,每社平均137种。从重版率来看,有3家社分别报了新版和重版的情况。其中,中国对外翻译出版公司重版71%;中华书局重版190种,占62.5%;连环画出版社初版100种。

署直社选题安排在突出"九五"规划重点项目、突出重大题材重点选题的同时,表现出了鲜明的特色。大多数出版社围绕出书传统与风格,策划选题和市场中的"特色"、"品牌"。如:人民出版社的政治理论书籍,今年的129种选题中,马列主义著作、重要文献、政治类图书共占选题的27%,为宣传马列主义、毛泽东思想、邓小平理论,人民社安排了《马克思恩格斯全集(第21版)》5卷、《邓小平文选》(珍藏本)、《邓小平理论简明读本》等重点选题;中华书局的114种新的选题中,语言文学类39种,历史类26种,哲学类17种,文史哲共82种,占总数的72%;中国对外翻译出版公司的翻译类图书占选题的60%以上。此外,商务印书馆的辞书、翻译学术著作特色,大百科出版社的百科全书特色,人民美术出版社的"美术"图书特色,连环画出版社的连环画特色,东方出版中心的散文随笔特色等也都很鲜明。

多角度、深层次、合理布局、系列开发是署直社'98选题的另一明显特征。如连环画出版社,从读者对象来看,有面向低幼、幼儿、少儿、青少年各年龄层次读者的选题;从内容上有适合少儿教育的科普、文学、德育、手工等,成龙配套,自成体系。

为了形成特色,打出名牌,许多单位的选题,成系列、成规模的趋势越来越明显。如商务印书馆的"商务文库"就是旨在成为与"汉译世界名著"并驾齐驱的另一套品牌书。另如,大百科全书出版社的"文明史论丛书"(100种)、"中学图书馆百科文库"(50册)、连环画出版社的"卡通漫画明星丛书"等等。

打破传统,适应市场,开拓创新在署直社'98选题中表现得更为突出。如人美社裁减挂历,开发出"旧影丛书"等双效选题。人民文学社、对外翻译出版公司等单位,选题结构普遍转向市场。通俗读物和科普读物方面的选题今年也较往年要多。如人民文学社的"中华通俗文学丛书",连环画出版社"人类未解之谜丛书"、"幻想屋丛书"、人民社的"富民要术丛书",中国大百科全书社的"高科技启蒙文库"等等。

选题陈旧老化、平庸选题比重不小,肤浅之作依然不少等问题仍然值得重视。

'98选题分类审读基本情况统计表

出版社类别	出版社数量	上报选题总数	社均选题数量
人民社科类	88	12 175	138(比1997年下降2种)
科技类	101	21 681	215(比1997年上升8种)
文学类	21	3 254	155(比1997年上升49种)
少儿类	20	3 657	183(比1997年上升30种)
美术类	28	2 998	107
大学、教育类	60	8 085	135
古籍、辞书等类	32	2 445	70
署直类	13	1 926	148(比1997年上升11种)

(原载《新闻出版报》1998.4.2)

图书分类评述

马克思主义类图书出版综述

俞　苏

1998年,我国在出版马克思主义、毛泽东思想和邓小平理论的图书方面出现了新的气象。1997年9月中国共产党第十五次代表大会,确定了"以马克思列宁主义、毛泽东思想、邓小平理论作为自己的行动指南"。党的十五大号召,"全党要重视学习,善于学习,兴起一个学习马列主义、毛泽东思想特别是邓小平理论的新高潮。"按照这一要求,全国上下广泛开展了学习邓小平理论的活动,理论界和出版界也及时推出了一批有影响的图书。

第一,马列著作的出版社会效果显著

1998年是马克思、恩格斯的著作《共产党宣言》诞生150周年。《宣言》诞生以来在世界社会主义运动的发展中起过重要的作用,使这部著作成为共产主义者历久不衰的思想武器,是国际社会科学文献中传播最广的著作。在这次纪念活动中,继1997年由中共中央马恩列斯著作编译局推出《马克思列宁主义文库》(人民出版社),以单行本形式陆续出版马克思列宁主义经典作家的重要著作(首批出版的就有《共产党宣言》)之后,英文版《共产党宣言》亦在1998年2月出版(外语教学与研究出版社)。它将我国青年学习英语的热情与学习马克思主义的热潮结合起来,成为一项极有意义的出版和纪念活动。同时,随着纪念《共产党宣言》学术研讨活动的展开,一批关于《共产党宣言》的纪念文集也相继推出。《重读〈共产党宣言〉》(湖北人民出版社),是一部深入论述150年来有关社会主义的重大历史与现实问题的专著,值得一读。

对马克思主义经典著作的学习辅导,曾是我国政治类图书出版的重点。近年来此类书籍的出版较少,《马克思主义党的学说经典著作导读》(山西人民出版社)是为数不多的一本,这种情况应当有所改变。

这年推出的"世纪伟人丛书"(含《马克思传》、《恩格斯传》、《列宁传》、《斯大林传》)是一套富有特色的作品。一般来说,我国理论研究学者不大涉足伟人的传记作品,但这一次由当代世界出版社推出的4册伟人传记,比较严谨、深入地描述了4位革命领袖的生平,因此是比较成功的作品。

与此相应,从整体上述评马克思、恩格斯、列宁、斯大林、毛泽东、邓小平等历史巨人的生平、事业及其思想的图书也颇受欢迎。重庆出版社所出《历史巨人与他们的思想》,把马克思列宁主义、毛泽东思想、邓小平理论的流传与推进放到一条红线中来考察,反映其一脉相承而又各成发展体系的特点。

第二,毛泽东著作及其评述的出版继续增长

自人民出版社1991年6月第二版《毛泽东选集》出版以后,为满足多种需要,《毛泽东选集》(第二版)少数民族文字版也随之出版。如其壮文版(中国民族语文翻译中心译)于1998年9月由广西民族出版社出版。《毛泽东选集》(第二版)线装本,经中共中央文献研究室和国家新闻出版署批准,于1998年12月由线装书局隆重推出。这种精印精装的富于收藏意义和有收藏证的典藏本,既符合人民群众的学习需要,也符合我国民间的审美与收藏需要。由此,它开始了我国出版界将出版物与收藏品相结合的新尝试,较好地体现了社会效果和市场效益的统一。可以说,追求书籍装帧的豪华和收藏价值也是社会消费水平上升的一种文化表现。

毛泽东至今仍然是中国人民津津乐道的人物,关于毛泽东的话题似乎永远未有完结。所以,这一年中所出的《毛泽东的智慧》(中共中央党校出版社)、《晚年毛泽东》(江西人民出版社)、《我所知道的毛泽东》(中国青年出版社)、《毛泽东思想萌芽新论》(湖南人民出版社)、《毛泽东在命运转折关头》(福建人

民出版社)、《毛泽东与鲁迅》(河北人民出版社)、《毛泽东与林彪》(广西人民出版社)、《青年毛泽东与近代湖湘文化》(湖南师范大学出版社)、《毛泽东最后十年》等,无论是作为政治性文论,还是作为文史类回忆录,都构成了出版和阅读的热点。

关于毛泽东,人民群众还把他看作是一位伟大的诗人和文学大师。有关这方面的图书原已出了不少,但这一年新出的《毛泽东诗词大观(修订本)》(四川人民出版社)、《毛泽东诗词赏鉴》(书海出版社)、《毛泽东诗词集解》(河北人民出版社)、《毛泽东诗词鉴赏大全》(南京出版社)、《毛泽东的比喻艺术》(天津人民出版社)等,大大丰富了图书市场,获得了较好的评价。广西人民出版社推出的"毛泽东与传统文化丛书",亦表现了革命领袖毛泽东与文化巨人毛泽东的结合,使人们能够更加深入、全面的认识毛泽东的为人。

第三,邓小平理论类图书出版形成高潮

党的十五大之后,全党和全国人民掀起了学习邓小平理论的热潮。这对于马克思主义、毛泽东思想、邓小平理论类书籍的出版,是一个极大的推动。

在十五大前后,学习和宣传邓小平思想的图书就是出版的重点。到1998年,有关邓小平理论书籍的出版更达到一个高峰。适应不同层次人们的学习需要,邓小平理论类图书在数量和品种上都大大增加了。值得提到的是,由邢贲思、王东明主编《邓小平理论纲要》(白云出版社 1998年2月),是一部从总体上概述邓小平理论体系和基本观点的专著,对学习活动的开展起到了引导作用。由奚广庆主编的《邓小平理论概论》(中国人民大学出版社),由湖北省教育委员会组编(孙居涛、俞思念主编)的《邓小平理论概论》(武汉大学出版社)是为"邓小平理论进课堂"而编写得较好的一批教材。有关邓小平理论教材的出版,既反映了邓小平理论对于走向21世纪的中国现代化建设的重要指导意义,也反映了我们党和人民要把邓小平开创的事业推向前进的决心和信心。对青年学生进行马克思主义教育,特别是学习邓小平理论,是新形势下党的思想政治工作的重要组成部分。今后,关于邓小平理论的图书出版还将继续出现增长的势头,图书出版工作者应当担负起这项光荣的任务。

与此同时,关于邓小平理论研究也在逐步深入发展。这一年出版的《邓小平社会主义论》(云南大学出版社)、《邓小平外交活动大事记》(世界知识出版社)、《邓小平的教育思想研究》(浙江教育出版社)、《邓小平与当代中国民主政治建设》(首都师范大学出版社)、《邓小平经济思想研究》(国防大学出版社)、《邓小平理论与我国经济学的发展》(武汉大学出版社)、《邓小平哲学研究》(武汉大学出版社)、《邓小平经济哲学探稿》(宁波出版社)、《邓小平理论形成和发展的历史背景》(中山大学出版社)、《邓小平法制思想研究》(江西人民出版社)、《邓小平农业思想研究》(中国农业出版社)、《邓小平理论与统一战线》(陕西人民出版社)、《邓小平政策观研究》(陕西人民出版社)、《邓小平社会发展理论体系研究》(陕西人民出版社)、《当代中国的邓小平理论》(湖北人民出版社)、《邓小平的理论境界研究》(河北人民出版社)等,以及广东人民出版社年底推出的"邓小平理论与广东实践研究丛书(第二辑)"(含《邓小平思想研究》、《邓小平教育思想与广东教育改革》、《邓小平教育思想与广东高等教育实践》、《邓小平政治体制改革理论研究》、《邓小平党风廉政建设理论与广东的实践》、《邓小平理论与广东文艺实践》、《邓小平经济发论》),都是这方面的新著。

为引导各条战线学习邓小平理论的深入,有关部门编写的学习纲要类图书,也很有特点。如中共中央政策研究室、中共中央组织部、中共中央党校编写的《邓小平党的建设理论学习纲要》(党建读物出版社)、中华人民共和国教育部主编《邓小平教育理论学习纲要》(北京师范大学出版社)就是全面反映邓小平关于党的建设和关于教育问题的主要论述和基本思想、反映邓小平党的建设和教育理论的精神实质及其科学体系的重要读物。这类学习材料内容丰富、选题准确、言简意明,并对专题性再研究具有较大的指导意义,因此很受读者的欢迎,发行量也比较大。

为邓小平理论的学习与研究提供工具书而推出的《邓小平大辞典》(广西人民出版社),是一部研究邓小平的"百科全书",该书对邓小平生平与思想的进一步研究具有参考价值。

此外,根据党的十五大的提示,记述三位伟大人物——孙中山、毛泽东、邓小平光辉业绩的合传《世纪三伟人》(广东人民出版社),表现了一个世纪以来中国发生的三次历史性巨变,以及在历史的转折中中国人民的历史足迹,因为一位伟人和他所处的时代以及他所依存的人民是分不开的。而《脚踏实地,迈向未来》(广西师范大学出版社),则表现了从毛泽东到邓小平为建设适合中国国情的社会主义道路所作的探索。为配合在全国陆续展开的党内"三讲"运动而编辑出版的《毛泽东邓小平江泽民关于讲学习讲政治讲正气的重要论述》(中共中央党校出版社),既是及时的学习资料,又是研究问题的参考资料。

总之,1998年是马克思列宁主义、毛泽东思想、邓小平理论类图书出版大丰收的一年。在党的建设有中国特色社会主义的经济、政治、文化路线和政策指引下,图书出版工作将迎来一个继续发展的时期。

哲学类图书评述

李维武

1998年,对哲学类图书出版来说,是品种上和质量上都喜获丰收的一年。特别是一批质量很好的文集和丛书的出版,更显示出哲学类图书出版在品种上的扩大和质量上的提高。在这里,根据本年鉴的哲学类书目提要、《中国哲学年鉴·1999》的《1998年哲学新书目》、《哲学动态》各期的《近期哲学新书选目》和自己访书读书的心得,对1998年哲学类图书作一评述。

1998年正值真理标准大讨论20周年,回顾当年,思考现在,前瞻未来,成为中国哲学界的一件大事。一批有关论著相继出版,进一步揭示了这场讨论的背景、经过与意义,如张润枝等著《思想冰封的解冻——真理标准问题大讨论》(安徽人民出版社)、张异宾编《走向思想解放之路》(南京大学出版社)、庞元正等主编《让思想冲破牢笼——"真理标准讨论"与新的思想解放》(中国人民大学出版社)。

马克思主义哲学研究专著的出版,在本年成为一个热点,涌现出一批质优意新的著作。在马克思主义发展史方面,有高云齐著《马克思主义哲学原生形态探微》(广东人民出版社)、周穗明等著《"新马克思主义"先驱者》(中央编译出版社)、曾枝盛著《20世纪末国外马克思主义纲要》(中国人民大学出版社)、郑一明著《"西方马克思主义"的文化哲学思想研究》(重庆出版社)、张康之著《总体性与乌托邦——人本主义马克思主义的总体范畴》(中国人民大学出版社)等。在马克思主义哲学原理方面,有何萍著《生存与评价》(东方出版社)、汪信砚等著《科学真理的困惑与解读》(湖北人民出版社)、张博树著《现代性与制度现代化》(学林出版社)等。在马克思主义哲学中国化方面,有钟家栋等主编《20世纪:马克思主义在中国》(上海人民出版社)、许全兴著《毛泽东与中国二十世纪哲学革命》(当代中国出版社)、王兴国著《实事求是论——马克思主义"实事求是"命题与中国传统文化》(湖南人民出版社)等。10卷本的《冯契文集》,经过华东师范大学出版社的三年努力,全部出齐。这些马克思主义哲学研究论著的一个重要特点,就是开始走出传统哲学教科书体系,以新的哲学视域和致思方法,对马克思主义哲学作出新的探索。如《冯契文集》,展示了冯契把马克思主义哲学与中国传统哲学相结合所建构的中国化和个性化的马克思主义哲学体系;何萍的《生存与评价》、郑一明的《"西方马克思主义"的文化哲学思想研究》,从文化哲学的视域重新思考马克思主义哲学的基本问题和历史发展。

有关中国哲学典籍的整理和出版,是1998年中国哲学类图书的一大突出点。特别是两种大型子书集成的出版,引人注目:一是四川大学古籍整理研究所等编《诸子集成补编》、《诸子集成续编》、《诸子集成新编》,共40册,由四川人民出版社在1997—1998两年中出齐。这三编中除保留40年代世界书局编印的《诸子集成》内容外,又增补了从先秦至清末的子书近400种,可谓集中国子书之大成。另一是钟肇鹏选编《续百子全书》,计25册,由北京图书馆出版社出版。这套丛书于《百子全书》之外选编了先秦至清末的子书百余种,除收录儒、道、法、兵、农、数术诸家著述外,还收录书法、绘画、茶文化等著述。同时,中华书局的《新编诸子集成》,则仍在持之以恒地出版中,一年来又推出了王先慎撰《韩非子集解》、何宁撰《淮南子集释》、司马光撰《太玄集注》、傅亚庶撰《刘子校释》。除了关注古代典籍结集出版外,近百年的哲学文献结集出版也受到重视,汤一介、杜维明主编的5卷本《百年中国哲学经典》由海天出版社出版,即是一例。在中国哲学文献整理、出版方面,本年还有一件大事:1993年在湖北荆门郭店出土一批楚简,多为久不传世的先秦哲学文献,经荆门市博物馆历时数年整理释文,编成《郭店楚墓竹简》一书,由文物出版社出版。该书问世后,即在海内外中国文化研究者中引起巨大反响,形成研究热潮。该书不仅具有很高的学术价值,而且装帧考究,印制精美,于1999年获第四届国家图书奖。

中国哲学研究方面,更有一批新著问世,如葛兆光著《七世纪前中国的知识、思想与信仰世界——中国思想史第一卷》(复旦大学出版社)、李存山等著《中国哲学志》(上海人民出版社)、郭齐勇等著《诸子学志》(上海人民出版社)、陈少明著《汉宋学术与现代思想》(广东人民出版社)等。特别是儒学专书、专人、专题的研究与阐释,不断有新著出现,如李泽厚著《论语今读》(安徽文艺出版社)、杨泽波著《孟子评传》(南京大学出版社)、张立文著《朱熹评传》(南京大学出版社)、余英时著《现代儒学论》(上海人民出版社)、林安梧著《儒学与中国传统社会之哲学省察》(学林出版社)、李景林著《教养的本原——哲学突破期的儒家心性论》(辽宁人民出版社)、李道湘著《现代新儒学与宋明理学》(辽宁大学出版社)、王钧林等著《中国儒学史》(广东教育出版社)、李宗桂主编《儒家文化与中华民族凝聚力》(广东人民出版社)、唐凯麟等著《契合与升华——传统儒商精神和现代中国市场经济理性的建构》(湖南出版社)等。随着20世纪即将结束,反思百年来中国哲学历程,成为学术界和出版界的一个重要话题。在这方面,湖南教育出版社经过多年的准备,推出"20世纪中国学术问题研究丛书",首批共3本:黄见德著《20世纪西方哲学东渐问题》、唐凯麟等著《20世纪中国伦理思潮问题》、李维武著《20世纪中国哲学本体论问题》。这3书皆以哲学问题为中心,对20世纪中国哲学发展及其意义进行探讨,具有理论的深度与力度。

有关外国哲学典籍与论著的出版,在本年中显得丰富多彩。古代希腊哲学研究有了新成果,如洪涛著《逻各斯与空间——古代希腊政治哲学研究》(上海人民出版社)、崔延强著《正义与逻各斯——希腊人的价值理想》(泰山出版社)。古代马罗著名思想家西塞罗,以往很少为中国人所重视,今年却有两个出版社竞相为他出书,商务印书馆出版了《西塞罗三论》,长春出版社出版了西塞罗著《论灵魂》。关注当代西方哲学思潮的发展与演变,已开始成为中国哲学界与出版界的共识,这方面有不少新著出版,如江怡主编《走向新世纪的西方哲学》(中国社会科学出版社)、张国清著《中心与边缘——后现代主义思潮概论》(中国社会科学出版社)、杨大春著《文本的世界——从结构主义到后结构主义》(中国社会科学出版社)、陈亚军著《哲学的改造——从实用主义到新实用主义》(中国社会科学出版社)、郇庆治著《绿色乌托邦——生态主义的社会哲学》(泰山出版社)、单世联著《反抗现代性——从德国到中国》(广东教育出版社)等。值得一提的是,中国社会科学出版社推出了由王逢振和希利斯·米勒任主编的"知识分子图书馆"丛书,翻译出版了一批当代西方批评理论代表作。其中有雅克·德利达著《文学行动》、保罗·德曼著《解构之图》、斯坦利·费什著《读者反应批评:理论与实践》、弗雷德里克·詹姆逊著《快感:文化与政治》、乔纳森·卡勒著《论解构》,希利斯·米勒著《重申解构主义》、冈特·绍伊博尔德著《海德格尔分析新时代的技术》等。批评理论(critical theory)是自60年代以来在西方出现的哲学—文化思潮,涉及哲学、历史、文学、人类学、政治学、社会学、建筑学、影视、绘画诸多领域,至今盛而未衰。这套丛书的出版,使中国学术界能够比较系统地了解这一思潮。在东方哲学研究方面,一年来也有新作问世,如黄心川主编《现代东方哲学》(浙江人民出版社)、张松著《文化困境的反思:古代东方反形而上学思想的现代透析》(山东人民出版社)等。李萍著《东方伦理思想简史》(中国人民大学出版社),论述了印度、日本、阿拉伯、犹太—以色列伦理思想的发展,为增进对这些民族文化的认识打开了一扇窗口。至于俄罗斯哲学,近年来已渐成中国哲学界和出版界关注之点,本年中有一批俄罗斯哲学著作及其研究论著中译本出版,如别尔加耶夫著《自我认知——哲学自传的体验》(云南人民出版社)、舍斯托夫著《开端与终结》(云南人民出版社)、汤普森著《理解俄国:俄国文化中的圣愚》(三联书店)等。叶夫格拉弗夫主编《苏联哲学史》中译本(商务印书馆),论述了从十月革命直至80年代初的苏联哲学历史,为探视苏联哲学的复杂演变提供了基本线索。

美学研究的新著主要集中在对美学的现代思考上,如吴予敏著《美学与现代性》(西北大学出版社)、滕守尧著《审美心理描述》(四川人民出版社)、杨恩寰著《审美与人生——当代中国美学理论建设的思考》(辽宁大学出版社)、潘知常著《美学的边缘——在阐释中理解当代审美观念》(上海人民出版社)等。在美学史方面,有陈望衡著《中国古典美学史》由湖南教育出版社出版。

伦理学研究和出版的一个总特点,是进一步贴近中国人的现实生活世界,关心社会转型中的中国人的人生选择和道德生活。这方面的代表作有:龚群著《当代中国社会伦理生活》(四川人民出版社)、何怀宏著《底线伦理》(辽宁人民出版社)、倪勇著《社会正义论》(中共中央党校出版社)、王小锡著《经济伦理与企业发展》(南京师范大学出版社)等。值得一提的是,随着网络文化的迅速发展,网络伦理问题也提上了议事日程,严耕等著《网络伦理》(北京出版社)就是一本适时的书。

与之形成对比,本年中宗教学的新著,则多集中在原始宗教的研究上。关于图腾研究,有王大有等著《图说中国图腾》和《图说美洲图腾》二书由人民美术出版社出版。关于萨满教研究,有呼日勒沙等著《科尔沁萨满教研究》由民族出版社出版,关小云等著《鄂伦春族萨满教调查》由辽宁人民出版社出版。此外,有两部宗教研究辞书值得注意:一是任继愈主编的《宗教大辞典》(上海辞书出版社),一是马学仁等编《汉藏对照佛学词典》(甘肃民族出版社)。

科学技术哲学方面,也有一些新著出版,如童天湘等主编《新自然观》(中共中央党校出版社)、孟建伟著《科学技术哲学研究》(东方出版社)、张志林著《因果观念与休谟问题》(湖南教育出版社)、郑祥福著《范·弗拉森与后现代科学哲学》(中国社会科学出版社)、杨河著《时间概念史研究》(北京大学出版社)等。

逻辑学与语言哲学的著作,本年出版种类颇多,涉及范围较广,如宋文坚主编《逻辑学》(人民出版社)、梁庆寅主编《传统与现代逻辑概论》(中山大学出版社)、赵总宽等著《现代逻辑方法论》(中国人民大学出版社)、董志铁著《名辩艺术与思维逻辑》(中国广播电视出版社)、祁顺来著《藏传因明概论》(青海人民出版社)、蔡曙山著《言语行为和语用逻辑》(中国社会科学出版社)、蒋严等著《形式语义学引论》(中国社会科学出版社)、陈波著《奎因哲学研究——从逻辑和语言的观点看》(三联书店)等。

心理学著译的出版,也一改往年比较冷清的局面。特别是浙江教育出版社,在这方面作了相当大的努力,推出了一批有影响的心理学著作,如燕国材著《中国心理学史》、车文博著《西方心理学史》、杨治良著《实验心理学》等。该社在1997—1998两年中出版的《20世纪心理学通览丛书》,集中了一批20世纪国外心理学名著的中译本,如冯特著《人类与动物心理学论稿》、威廉·麦独孤著《社会心理学导论》、罗夏著《心理诊断法》、考夫卡著《格式塔心理学原理》、勒温著《拓扑心理学原理》、维果茨基著《思维与语言》、华生著《行为主义》、桑代克著《人类的学习》、卢文格著《自我的发展》、巴特莱著《记忆:一个实验的与社会的心理学研究》、埃里克森著《同一性:青少年与危机》、闵斯特伯格著《基础与应用心理学》、托马斯·黎黑著《心理学史》等。

一些新的哲学领域,开始受到学术界和出版界的关注。如公共哲学问题,由三联书店出版的《公共论丛》辑刊,自1995年至本年已出五辑:《市场逻辑与国家观念》、《市场社会与公共秩序》、《经济民主与经济自由》、《自由与社群》、《直接民主与间接民主》。对于书中作者们的观点,读者完全可以不必赞同,但对于公共哲学这个领域及其提问,则是值得关注的。又如女性主义哲学问题,本年中出版了邱仁宗等编《中国妇女与女性主义思想》(中国社会科学出版社)、王政等主编《社会性别研究选择》(三联书店)、张晓玲著《妇女与人权》(新华出版社)。而在这之前,三联书店出版了李小江等主编《性别与中国》(1994年)、《平等与发展》(1997年),鲍晓兰主编《西方女性主义研究评价》(1995年),李银河主编《妇女:最漫长的革命——当代西方女权主义理论精选》(1997年);当代中国出版社出版了王政著《女性的崛起:当代美国的女权运动》(1995年);武汉大学出版社出版了武汉大学妇女研究中心编《女性与社会》(1996年);中国社会科学出版社出版了李银河著《女性权力的崛起》(1997年)。这些著作的出版推动了当代中国的女性主义问题研究。

社会科学总论类图书评述

向 心

年鉴收入1998年出版的社会科学总论类图书共101种,除丛书、文集外,其他的主要分布在社会学、管理学、统计学和人口学等学科领域。

在该类图书中,社会科学丛书、文集有26种,其比例不小,约占1/4,反映了出版界的“丛书热”一直居高不下。从丛书的出版来看,主题鲜明、内容丰富、规模宏大是其最突出的特点。例如,浙江教育出版社的《中国人文社会科学博士、硕士文库》,有文学、哲学、法学、历史学、经济学和教育学6卷,所收的论文大都具有比较重大的学术创建和理论意义,突出地反映了新时期我国人文社会科学学科建设与发展的最新成就。

北京大学出版社的“中华文化讲座丛书”(1—3集),收录了季羡林、邓广铭、周一良、侯仁之和林焘等知名人士有关弘扬中华优秀传统文化讲座的讲稿82篇,内容涉及文学、语言、哲学、宗教、历史、考古、地理、艺术、民俗和中外文化交流等方面。该丛书出版后,在海内外产生了较大的影响。上海文艺出版社的“二十世纪中国学人文库(6种)”气势恢宏,该书拟选择20世纪中国人文学科中最有影响的100位学术大师,为每人编写一本文集,叙述他们一生中最具价值的学术贡献。第一批出版的6本是《胡适集》、《冯友兰集》、《顾颉刚集》、《梁漱溟集》、《吴宓集》、《熊十力集》。全书的完成,是一个较大的工程,任重而道远。总的来看,有些丛书的出版已在社会上产生了大的反响,这些书大都具有品位高、有学术研究和收藏价值的特点,凝聚着学者和出版者在文化积累方面所付出的辛勤劳动。但是也应指出,丛书的出版要量力而行,要确保质量,切忌盲目上马、选题重复,以免造成出版资源的浪费。

本年度还出版了一批较有影响的个人文集,例如东方出版中心的《储平安文集》、人民出版社的《胡绳全书》、人民文学出版社的《胡适文集》、陕西人民出版的《马文瑞文选》、山东大学出版社的《华岗文集》等。《储平安文集》收入了作者早年创作的文学作品,以及他当年在《客观》和《观察》刊物上发表的一系列政论文章;还选收了他一部鲜为人知的专著《英国与社会》,该书反映了作者当年忧国忧民的拳拳之心。《胡绳全书》由作者精心选辑,展示了他在理论、思想文化、新闻出版、哲学、历史学、社会学等诸多领域所作出的贡献。胡适是现代中国最具声望同时又争议最大的文化宗师与思想巨人。他博学勤勉,著述等身,留下了极其宏富的文字遗产。《胡适文集》收入了作者的文学创作、文艺理论、文学史著述、古典文学研究和考证,以及有关文化问题的论著和书信等。这套文集无疑是作者众多文章精品的荟萃,是人们认识与了解胡适思想文化的重要依据。

有关社会学的图书共选收23种,其内容也比较丰富。江西人民出版社的《西方社会学名著提要》,对43篇西方社会学理论的名著分别作了简要介绍,为人们了解西方社会学思潮提供了参考资料。有关社会结构和社会关系的图书较多,例如,陶兴文、李昆武编著的《云南人》(云南人民社版),郑文先著《社会理解论》,周建新主编《民族学概论》(广西民族社版),罗康隆著《旅际关系论》(贵州民族社版),王建民等著《中国民族学史》(云南教育社版)等。其中,有关社会心理学的图书也很有特点。例如,时蓉华著《新编社会心理学概论》(东方出版中心版)一书,以全新的视角,对个体的社会化、自我意识、社会动机、社会认知、社会态度、大众心理的连锁影响等作了理论阐述,对性别角色、挫折、人际交往、侵犯行为、利他行为、竞争和合作等心理学问题作了全面分析,并用经典的案例穿插其中加以说明。

管理学的图书共选收28种,所占此类图书的比重最大,这也说明了管理学研究仍然是一个热门的课题。管理学理论方面的图书有:中国劳动出版社的《管理学概论》、浙江教育出版社的《现代管理学》、大连出版社的《管理学》、山东大学出版社的《中国传统哲学与现代管理》等。值得一提的是,《中国传统哲学与现代管理》一书,以现代管理哲学与现代社会存在为基点,对中国传统哲学从新的视角进行再认识,阐述了中国传统哲学在现代管理中的运用。探讨并回答了“何谓管理的本质”、“为何要管理”、“何时管理”、“从何管理”、“何人能管理”、“如何管理”等问题,使该书在理论架构上有其自身的鲜明点。

尤为引人注目的是,在管理学图书中,出现了一批翻译和介绍国外学术成果的专著。例如,中国人民大学出版社的《管理经济学》、东北财经大学出版社的《管理宝典》,这两本书的原作者都是美国人;东北财经大学出版社还翻译出版了英国的《管理宗师》一书。其中《管理宝典》摘录并评介了《大趋势》、《追求卓越》、《先锋管理》、《变革的主宰者》、《艾柯卡自传》、《Z理论》、《管理秘诀》等具有影响的管理学名著,汇集了国际上一些知名企业家、管理咨询家、管理教育家的思想观点,内容涉及伦理道德、国际企业管理、参与实践、环境趋势、组织文化、企业精神和管理与领导风格等问题。

人口学的图书有4种,如重庆出版社的《中国少数民族人口政策研究》、吉林大学出版社的《人口社会学》、新疆科技卫生出版社的《人口理论与计划生育读本》、黑龙江人民出版社的《哈尔滨人口变迁》等。其中,《中国少数民族人口政策研究》一书颇有特色，作者从法学和政策学的角度研究少数民族的人口问题，并预测了其发展趋势，提出了完善少数民族人口政策的总体构想。

统计学方面的图书有：上海财经大学出版社的《统计预测和决策》、海南出版社的《新编统计学原理》、东北财经大学出版社的《指数理论研究》等。其中《统计预测和决策》一书，对层出不穷、日新月异的预测和决策方法进行归纳，并详细地介绍了各种不同的方法、特点、应用条件和适用场合等，特别强调了计算机在统计预测和决策中的运用。

从统计的数字来看，本年度社会科学总论类的图书，在管理学、社会学、社会科学丛书与文集这三方面的数量较多，而在社会科学现状与概况、社会科学理论与方法、社会科学教育与普及等方面的图书却十分薄弱。

政治、法律类图书评述

唐　鸣

一、政治类图书

1998年政治类图书的出版，最值得指出的有以下几点：

一是出版了一批纪念党的十一届三中全会召开20周年，回顾20年改革开放历程，总结20年改革开放成果和经验的图书。安徽人民版的《划时代的会议——中共十一届三中全会》和浙江人民版的《大转折——中共十一届三中全会实录》，是关于党的十一届三中全会的专题史学著作，书中分析了十一届三中全会召开的历史背景，介绍了十一届三中全会召开的详细情况，评价了十一届三中全会的历史地位和深远影响。中央党校版的《十一届三中全会以来重大事件和决策调查》，广西人民版的《中国共产党风云书系·改革年代》，人民版的《中共十一届三中全会以来大事记》，中州古籍版的《中国改革开放20年丛书》，中国青年版的《强国之路二十年》，中南工业大学版的《大潮——中国改革开放20年》和四川人民版的《伟大的转折》等，全景式地展示了十一届三中全会以来我国20年改革开放的伟大历程，反映了改革开放以来取得的伟大成就，总结了改革开放在各方面所取得的成功经验。辽宁人民版的《20年理论风云》，辽宁大学版的《解放思想20年》和湖北教育版的《精神文明建设二十年》(1978－1998)，展示了我国改革开放20年理论发展的历程，描绘了20年思想解放运动给党和人民带来的盎然生机，纪录了20年社会主义精神文明建设所取得的伟大成就。陕西人民版的《陕西改革开放二十年》，南京大学版的《江苏改革与发展20年》(1978－1998)，上海科普版的《上海改革开放二十年系列丛书》(郊县卷)和宁夏人民版的《宁夏改革开放二十年》，分别叙述了各地改革开放20年取得的巨大成就和社会进步。湖北人民版的《外国人看中国改革开放20年》，则反映了外国人对改革开放、日益进步和繁荣的中国各方面情况的看法。

二是出版了一些以当代中国现实政治为对象的、具有较高学术水准的政治学理论专著。如浙江人民版的“当代中国政府理论丛书”，运用结构－功能分析、定性分析、经验分析以及比较分析等研究方法，系统论述了政府与市场、政府与政党、政府职能、政府过程、中国行政改革、当代中国政治参与等问题，视野开阔，内容丰富，结构新颖，见解独到，颇有新意。再如中央党校版的《中国政府形象战略》，总结、吸取古今中外各国政府，特别是中华人民共和国政府几十年来正反两方面的经验，系统回答了如何建立一个使国家安全、社会稳定、经济发达、人民安居乐业、民主公正、廉洁高效、优化完善的政府形象，并结合改革开放和现代化建设的实践，就政府如何转变职能，如何适应市场经济的发展，提出了有见地的观点。又如天津人民版的《当代中国社会各阶层分析》，对中国1978年改革开放以来直至90年代中期的社会阶层分化作了有说服力的理论阐释和实证分析。

三是内容广泛、形式多样。从内容上看，既有一些有关党史的图书，也有许多有关党建的著作。如党建读物版的《从十四大到十五大》，中央党校版的《中共历史转折关头关键会议亲历实录》、《中共党史重大事件述评》,福建人民版的《中国共产党福建省组织史资料》(1988年1月—1995年10月),人民版的《中共八大史》,党建读物版的《刘少奇党的建设思想概要》、《入党教材》(修订本)、《党员管理手册》,浙江人民版的《大学生入党必读》,南方版的《中国农村党支部工作指导》等。既有许多有关国内民族问题的书籍,也有不少关于国际和外国问题的读物。如新疆人民版的《民族团结教育读本》、《新时期新疆民族与宗教问题研究》,广西人民版的《同舟论——当代广西民族关系研究》、《民族理论政策基础》,中央民族大学版的《中国民族年鉴》(1997)、《中国民族政策读本》,中国地图版的《战后国际关系地图》,黑龙江人民版的《联合国辞典》,当代世界版的《大国手中的权杖》,世界知识版的"新中国外交纵横录丛书",中原农民版的"21世纪大国梦丛书",广西人民版的"世界大视野丛书"等。既有很多有关青年问题的读物,也有很多有关妇女问题的著作。如沈阳版的"青春肤色系列丛书",广东人民版的《当代青年十大观念》,未来版的"光辉的榜样丛书",新世纪版的"人生准备丛书",晨光版的"成功之路丛书",黑龙江人民版的《花季烦恼》、《花季心事》,山西教育版的《共和国的希望》,中国妇女版的"第四次世界妇女大会,'95北京非政府组织妇女论坛丛书"、《中国妇女风采录》(1978—1998),南京大学版的《世纪之交的中国妇女与发展——理论·经济·文化·健康》等。既有一些有关农村、农民问题的书籍,也有一些有关城市就业和社会保障的图书。如南京大学版的《现代化进程中的中国农民》,贵州人民版的《扶贫工作文集》,云南大学版的《农村精神文明建设理论与实践》,辽宁人民版的《就业与发展——中国失业问题与就业战略》,辽宁师大版的《路在脚下——再就业问题研究》,东北财大版的《社会保障理论与改革探索》等。既有以整体或世界范围社会主义的专著,也有专门研究中国的改革与发展的论著。如云南人民版的《当代世界社会主义新论》,世界知识版的《苏联东欧剧变与马克思主义》,山西经济版的《现代社会主义——社会主义建设道路之中国特色》,广西师大版的"跨世纪的工程丛书",湖南人民版的"走向21世纪论丛",辽宁人民版的《思考中国——挑战中国的九大问题》等。从形式上看,既有教材,如中国人民大学版的《政策科学》,复旦大学版的《新政治学概要》,也有专著,如甘肃人民版的《民族过程与国家》,上海社科院版的《中国近现代政治思潮研究》。既有短小的通俗读物,如新疆人民版的《维护祖国统一简明读本》;也有大部头的理论丛书,如上海人民版的"学习党的十五大精神丛书"。既有辞典,如山西经济版的《全国五一劳动奖章获得者大辞典》;也有文集,如中央文献、南开大学版的《周恩来早期文集》(上、下卷)。

二、法律类图书

1998年法律类图书的出版主要有以下特点:

一是一系列法学理论专著的出版表明我国的法学理论研究进一步向着深广发展。如北京大学版的《法律社会学》,在充分借鉴和吸收西方主要的法律社会学家的经典理论和考虑我国国情的基础上,勾画出我国法律社会学研究的框架和理论体系。北京大学版的《法律经济学论纲》,结合我国市场经济法律结构和运行过程的分析,对法律经济学的理论架构进行了新的探索。湖南人民版的《立法法研究》,根据我国的情况并借鉴外国的经验,对有关立法的一系列重大理论问题进行了探讨。湖南人民版的《中国当代法学争鸣实录》,以40多位著名法学家访谈的形式,回顾反思当代中国法治与法学的发展历程,内容生动,颇值得一读。

二是大批法学教材的出版表明我国的法学教材建设有了进一步的加强。主要有:广东高教版的《法理学》,上海社科院版的《科技法原理》,北京大学版的《企业与公司法学》、《科技法学》(修订版)、《中国刑法论》(第2版)和《刑事诉讼法学》(新编本),北京对外经贸大学版的《知识产权法》,中国人民大学版的《刑事执行法原理》,陕西人民版的《宪法学新论》,中央电大版的《财政金融法》(修订本),军事科学版的《国际法概论》,陕西人民版的《民法学》、《知识产权法学》、《司法文书教程》、《中国律师学》、《公证法学》、《中国民事诉讼法》和《新编中国刑法学》,厦门大学版的《经济法》,大连理工大学版的《国际商事法》等。

三是许多法学普及读物的出版表明我国的普法教育工作受到了出版界的高度重视。这里面既有对少年儿童进行法律知识启蒙教育的通俗读物,如湖南少儿版的《少年法律知识启蒙》(插图本),湖北美术出版社的"法律博士丛书";也有对一般公民进行普法教育的案例教材,如湖南人民版的"法律法规实例说丛书",山西经济版的《帮您打官司》;还有为一般公民提供的法律知识手册,如上海社科院版的《公民法律自我保护指南》等。

四是若干大型法学辞典的出版表明我国的法学

研究已逐步走向成熟。1998年出版的法学辞典数量虽不是很多,但部头却很大,如上海辞书版的《法学大辞典》,篇幅达450多万字;南京大学版的《民商法学大辞书》,篇幅也有320多万字。

军事类图书综述

陈代兴

1998年度全国各地出版军事类图书有40余种,所涉及的内容相当广泛,对于进一步推动我国新时期军事学术的发展,具有承先启后的重要作用。

一、研究军事人力问题的图书时有出现

军事人力始终是决定战争胜负的决定性因素。军事科技的迅猛发展必然促进军事人力结构的不断变化,同时,也要求军事人力素质不断提高。很多出版社及时推出了从事这方面研究的图书。(1)海潮出版社的《现代军事经济学丛著·军事人力经济学》,不仅认真分析了军事人力概念、起源、发展,同时,也对我国新时期军事人力的规模控制、结构调整、质量提高、后备力量建设等提出独到的见解。(2)贵州教育出版社的《军界的豪门贵族》,对当今世界各军兵种的历史、现状、战争中的作用、未来发展趋势等进行了全方位的介绍。(3)解放军出版社的《数字化部队》,系统介绍了一些军事强国抓紧组建数字化部队各种原因以及编制特点、指挥体制、训练方法。(4)中国青年出版社的《倚天仗剑看世界》,全面介绍了当今世界各国战略核力量的建设、发展及其在当今世界上的地位、作用和影响。(5)武汉出版社的《军事瞭望哨·将帅卷》,介绍了古今中外51位著名将领的生平及主要功绩,浓缩其人生精华,展现其文韬武略。

二、研究武器装备问题的图书日渐增多

暴力的胜利是以武器的生产为基础的,如果没有领先于时代科技水平的作战兵器以及适应社会生产力发展水平的武器装备生产能力,是很难赢得战争的胜利的。各出版社出版了不少研究这方面问题的图书。(1)系统介绍兵器知识。山东科学技术出版社的《现代兵器大观》,系统介绍了每一类兵器的性能及威力。兵器工业出版社的"兵器知识文库丛书",以通俗的语言介绍了古代、近代和现代所出现的各种兵器、弹药以及当今世界上正在研制新概念兵器的性能、特点。武汉出版社的《军事瞭望哨·兵器卷》荟萃了海战、陆战、空战等现代战争及未来高科技战争中经常或可能使用的各种重要兵器,全面地展现了兵器的发展水平及在现代战争中的重要作用。(2)介绍某一方面的兵器知识。湖北科学技术出版社的《兵器家族的骄子》,介绍了各种信息化兵器的基本原理、结构组成、作战效能以及在现代战争中的应用,并且展望了信息化兵器的发展前景。青岛海洋大学出版社的《来自大海的疑问——海洋军事篇》,以问答形式介绍了各种军舰及其所常用的作战兵器的基本知识。(3)用辞书的形式介绍兵器知识。国防工业出版社的《英汉水中兵器词典》,介绍了包括鱼雷、水雷、反潜导弹、深水炸弹、反鱼雷和反水雷武器装备、发射装置、水下侦察装置及控制系统等水中兵器专业知识。

三、研究军事科技问题的图书继续增多

如果说科学技术是第一生产力,那么,军事科技理所当然地就是军事领域里的第一战斗力。我国军事学术界广泛开展了军事高科技问题的研究。(1)国防工业出版社的《现代科学技术与军事》,简要介绍了历史上科学技术进步与军事发展的紧密关系,分析了21世纪初陆、海、空军和空间武器及电子战装备的发展趋势,并探讨了未来战争可能出现的变化。(2)《军事系统工程的理论与实践》,首先分析了军事科学所包括的基础理论、技术理论和应用技术这三个不同的层次,然后界定了军事系统工程在其所属的应用技术层次中的具体表现及特殊作用。(3)贵州教育出版社的《现代军队的中枢神经》,系统介绍了军队指挥系统的构造、运作机制和原则,重点论述了神奇的C^3I系统在军队指挥过程中对于获取军事情报、组织作战行动、实现作战决心方面所起的重要作用。(4)《高技术条件下工程装备技术保障》,阐述了高技术条件下我军工程装备技术保障的特点、对象、内容、方法,全面论述了工程装备全寿命各阶段的技

术保障任务及具体实施原则。

四、研究军事谋略问题的图书层出不穷

人类战争史反复证明，在任何时代、进行任何战争如果有了先进的军事谋略为指导，常常能够以弱胜强、以劣胜优。因此，学术界一向十分重视军事谋略问题的研究。(1)对世界著名军事人物的军事谋略思想进行研究总结。中原农民出版社的"20世纪世界著名军事家兵法丛书"，作者站在历史的制高点上，力图超越已有的纪实类作品，给予20世纪世界著名军事家的思想与实践进行了全新的阐释。(2)对国内外著名军事谋略理论著作进行整理介绍。军事科学出版社出版的瑞士著名军事理论家若米尼所著的《兵法概论》(原译名为《战争艺术概论》)。白山出版社的《孙子今论》，突破了以往的《孙子兵法》研究中满足于对十三篇字句的诠释和对号式的借鉴范式，全面系统地分析了《孙子兵法》所包含的基本内容，同时，还力求运用孙子思想来观察现代政治、军事、经济、外交、科技等领域中的一些具体现象，着重揭示孙子思想在当代的使用价值和借鉴意义。希望出版社的《百战奇谋》收集了从春秋到五代1700余年间的许多杰出战例，从谋略学的角度对作战双方的军事、政治、经济和自然条件等分门别类地加以分析解释。(3)对当今世界军事斗争形势进行客观分析，并提出相应的军事谋略对策。国防大学出版社的《世界军事形势(1997－1998)》，对世界军事形势的最新发展进行多角度、多层次的研究，其中既有对世界各国军事基本情况的透视，又有对世界军事形势走向的展望与分析。解放军出版社的《信息战争》，对当代信息战争进行了深入的研究，揭示了当代信息战争的突出特点、基本规律及所应采取的对策。(4)针对未来高技术局部战争特点，提出自己的军事谋略思想。中国青年出版社的《未来世界军事报告》，对未来世界战略格局，陆、海、空三军和后备力量的发展趋势，以及军备控制与裁军等问题，作了全面的预测和描述。贵州教育出版社推出了一套系列丛书，内容十分丰富。《二十世纪末环球论剑——当代高技术局部战争》，展示了20世纪末的英阿马岛之战、以色列入侵黎巴嫩、美国空袭利比亚、闪击巴拿马、海湾战争和波黑战争等惊心动魄的场景，并对每一场战争都从军事理论、作战样式、武器装备、编制体制、指挥系统、士兵素质、物质保障等方面进行分析。《打赢下次战争的玄机——高技术战争中的谋略》，不仅从理论上追溯人类智谋起源，阐明了辩证唯物主义的哲学思维在军事谋略中的具体运用及其功效，以及现代军事科技的发展与运用使得军事谋略的研究与运用更加奇妙、更为灵巧。《超越地平线的新战略——高技术战争条件下的战略》，对千百年来的战略观钩玄提要，分析了当代国际战略特点及中国的安全战略原则，同时对军事高技术进行大场景、多层次的探讨，指出了军事科技的发展对于推动军事战略的发展具有极其重要的作用，并依据新时代的特点提出自己的新战略观。(5)研究军事谋略与军事经济的关系。海潮出版社的《现代军事经济学丛著·军事谋略经济学》，从经济学的角度分析军事谋略的形成要素及其在实战中的运用原则，以求真正的节约战争成本，降低战争费用，获得最大军事经济效益。(6)用少数民族语言译介军事谋略著作。民族出版社的藏文版《跨越时空的孙子兵法》，用藏语翻译了《孙子兵法》的全文以及孙子的生平简介等。(7)用特殊材料制作军事谋略书籍的珍藏本。中国纺织出版社的丝织版《孙子兵法》，用各种彩色丝线将《孙子兵法》全文、前言、插图等一梭梭提花织在绸面上，堪称一绝，决非一般印染技术可比拟，全书用楷书直行凹凸文版，有立体感，是中国古典军事名著和丝绸文化的完美结合。

五、研究军事伦理的图书开始出现

大量战史表明，士气的高低对于战争胜败往往具有决定性作用。要想有效地激发士气必须在军营中形成良好的军事伦理或先进的意识形态氛围。近年来我国学术界开展了这方面的理论研究，并推出了一些学术成果。白山出版社出版的系列图书：《小事勿小视——连队经常性思想政治工作59例》，从连队经常性思想政治工作的不同方面，选择59个成功范例，加以分析、归纳，总结出值得借鉴的经验和教训。《官兵不良心理疏导》把心理学知识运用到基层思想工作中，阐述了战士的心理特点和疏导方法，体现了新时代官兵特点，具有一定的可操作性。《军队基层政治工作教程》，概述了我军基层思想政治工作的历史与经验，以及在市场经济条件下我军基层思想政治工作所面临的挑战。《军事口才学》系统地论述了广大官兵提高演讲艺术的途径和方法，对于提高广大官兵演讲艺术，搞好思想文化宣传很有助益。

六、研究军事历史的图书依然红火

军事学本质上是一门历史的科学，很多重要军

事原理是从大量的战史、战例中归纳分析出来的，我国学术界一向十分重视军事历史的研究。(1)南海出版公司的《海南省志·军事志》，记述了海南地区从清代开始至今170年来各个时期的军事沿革、重要战事、治军方略等。(2)军事谊文出版社的《中国女子从军史》，引用了大量历史文献资料，系统介绍了从上古至清末我国历代女子从军、统兵、征战、参与军事谋略的历史，分析了历代妇女在战争实践中所起的作用，评述了中国传统社会对女子从军现象的看法，以及女子从军对社会的影响。(3)广西师范大学出版社的《中法战争诸役考》搜集了中、法、越三方有关中法战争的许多重要史料，特别是对近期发现的一些法文资料，结合当时的历史背景、社会环境，进行了全面的研究、分析，对于我们今天全面、准确地了解历史上的中法战争全貌大有裨益。(4)解放军出版社的《璀璨的明珠》把中国军事技术的发展放在整个中国文化演变的大环境中去考察、叙述，描绘出中国军事技术如何在夏商周以及春秋战国时代的萌芽与发展、在秦汉时代臻于成熟、在三国两晋时代进一步充实、在隋唐时代迅速繁荣、在宋元时代走向顶峰、在明清时代逐步衰落、在鸦片战争后出现暂时复兴的，对于我们全面了解中国古代军事技术的发展是有好处的。

七、少儿类军事图书有增无减

少年儿童是祖国的希望和未来，国防教育必须从青少年抓起，各出版社推出了不少这方面的图书。(1)辽宁少年儿童出版社的《铁血金锚》以生动的文笔概述了中国海军的发展历史，分析了满清时代北洋水师从兴建到失败的简要经过及历史原因，讴歌了新中国建立后，中国海军日益发展壮大的光辉历程。(2)少年儿童出版社的《军事十万个为什么》，以问答形式介绍了大量的军事常识，如："为什么巡航导弹能够自己寻找目标"、"为什么激光制导炸弹比普通炸弹炸得准"，等等，对于帮助广大青少年了解一些基本的军事常识大有好处。(3)少年儿童出版社的《儿童百科图谱(兵器篇)》共收有500多幅古今中外各种兵器图谱，如：春秋战国时期越王勾践剑、三国时期东吴平刃铁刀、1797年英国东印度公司滑膛枪、14世纪末的火炮、中国"东风3号"地对地导弹、原苏联"飞毛腿"地对地导弹、美国"爱国者"地对空导弹，等等，有助于广大青少年广泛了解古今中外各类兵器知识。

经济类图书综述

田其瑞

1998年度，我国经济类图书的出版呈现以下特点：

一、品种数量增长，质量显著提高，精品不断涌现

1998年共出版经济类图书8 224种，其中初版书为6 187种，而1997年出版的经济类图书为7 387种，初版书为5 314种。1998年出版的经济类图书品种较1997年增长11.35%，初版书增长16.43%。品种增幅较高的原因：1)随着图书结构的调整和优化，更贴近生活和生产实践的书受到读者青睐，如有关百姓生活的五大改革方面的书，以及指导人们再就业、创业、投资理财、炒股等方面的书常常出现在各大书店的畅销书排行榜上。2)市场不旺，加之受电子音像、电子网络等媒体的影响，出版社只能以多出新品种图书，迎接各种图书订货会、展销会，以形成新的增长点。

如此丰富的图书品种，必然会形成经济类图书繁多的门类，从内容上看，既有理论、知识类，也有应用类、操作类；从写作上看，有学术专著、教科书类、又有经济知识普及读物类、工具书类；从读者对象来看，有适合不同专业、不同部门、不同行业、不同职业、不同知识层次的读者要求的经济类读物。

经济类图书整体水平高，精品迭出。具体体现在：

1.理论上有所突破、有所建树。在对市场经济研究和介绍市场经济知识方面，突破了传统经济理论的桎梏，创造性地把市场经济和社会主义制度结合起来，探讨社会主义市场经济条件下的新情况、新问题，如东北大学版《股份经济学》介绍了股份经济的特征和作用，股份制度的产生和发展，以及中国特色的股份制。陕西人民版《政治经济学》对公有制及其实现形式、分配及公平与效率、所有制与市场经济的结合，以及建立现代企业制度等问题，在理论上都作了进一步的研究。湖北人民版《论社会主义市场经济》汇集了董辅礽改革开放以来关于社会主义市场经济的论文62篇。此外，在经济结构，国企改革，经济增长，经济发展，产权制度，财政金融改革，贸易经济世界经济一体化，农村发展等方面也出版了一些有理论见解的新著。

2.写作文笔新颖、方法上有所创新。在经济类图书中，一些作者尝试着以不拘一格的形式，活泼的文笔，生动的材料来讲述经济知识。如湖北科技版《中国粮食安全——实证研究与政策选择》的研究方法比较特殊，作者在实证研究基础上通过建立数学模型，设立参数，对未来中国粮食供求状况、粮食安全作出预测；广西人民版“经济体制改革理论新突破十人谈丛书”分5个专题，即初级阶段、分配制度、股份经济、抓大放小、对外开放，对十五大报告在经济理论上的突破进行了深入的探讨。每一专题独立成册。苏星、王珏、刘吉、李宗文等57位中国著名经济学家的论述，观点明确，层次清晰，见解独到。

二、内容涵盖经济学各分支学科，涉及经济问题方方面面

经济类图书的出版，包括政治经济学、西方经济学、市场经济学、发展经济学、区城经济学、产业经济学、物资经济学、流通经济学、公共经济学、生态经济学、农业经济学、工业经济学、交通经济学、邮电经济学、旅游经济学、贸易经济理论、信息经济学、知识经济学、财政金融理论、经济史及经济地理等方面，反映了经济科学的最新发展动态，构成了经济科学完整的学科体系。

经济类图书的内容涉及市场经济知识、经济制度改革、宏观经济问题、经济增长、经济发展战略、经济结构调整、企业效益、就业与创业、收入分配、国际经济关系、对外开放与引进外资、社会保障体系、产权理论、国有企业改革、股份制、企业并购、西部开发、区位决策、品牌战略、资本营运、资本扩张等等，这既为实际工作者提供了理论支持，又为领导者、决策者提供了决策参考，也为专业研究人员提供了丰富的材料。

三、注重现实，适应时代，服务读者

贴近生活，贴近国计民生，弘扬时代主旋律，研究改革开放与现代化建设中的现实问题成为经济类读物的一个突出的亮点。如有关国有企业改革的图书有：湖北人民版《中国国有企业的债务重组》；同心版《改制·重组·运营：十五大以后的国有经济》等。这些书结合我国国有企业发展与改革的具体情况，对国有企业改制、国有资产重组、国有资本运营的理论与实践作了系统地分析。企业改制、股份制改造更是焦点话题，其最为醒目的经济类图书有：同心版“跨世纪经济改革系列丛书”，包括《企业股份制改革操作实务》、《股份合作制操作指南》、《股份制公司的设立与上市申报范本》、《企业股份制改革最新法规汇编》、《跨世纪经济改革问答》。书中简明扼要地回答和介绍了企业改制的各种问题和知识；汇编有关国有企业股份制改革的政策法规；精选了这几年国有企业转为股份制公司及其上市申报的规范文件资料；介绍中小企业改为股份合作制企业的原则、方法、步骤及相应的政策；介绍企业股份制改造的目的、原则、方法、途径和模式。

随着经济改革逐步走向深入，金融改革、股票证券运作等问题越来越广泛地受到关注，人民版《证券投资学》、中国金融版《证券知识读本》等书，超越了过去那种简单的“股票操作”、“证券手册”等短平快作品的水准，是研究理论与实际问题较深入的读本。

此外各出版社还竞相出版了事关百姓改革的经济类图书，这些图书最大的特点是：资料新、内容全、观点实。对诸如医疗、住房、就业等方面的改革，都介绍了其历史进程和现状，重点分析新的改革方案与企业、个人的关系，并展望了改革的前景。如中国物价版《事关百姓的五大改革》、山西经济版《中国经济问题评价》等。

在改革中出现的腐败问题、下岗与再就业、打假等热点话题也引起了出版界的关注。如江西人民版《中国焦点》，对国有大中型企业三年脱困、金融改革、计划投资体制改革、粮食流通体制改革、住房、医疗、下岗职工基本生活保障、科教兴国、抑制腐败等十五个关系到改革成败的焦点问题作了全面而深刻的剖析，并提出了解决问题的对策。

四、新兴学科理论、新知识著作的出版呈上升趋势

随着计算机技术的发展，计算机技术在各方面广泛地应用，关于知识经济、信息经济学、电子商务、网络商务等方面的图书成为经济类图书的一个热点和亮点。这方面的图书出版逐年增多，呈上升趋势。1998年度出版的此类图书在深度和广度上都有所

发展，有的从经济学、管理学、科学学、教育学、社会学、哲学等角度对知识经济时代的新现象、新问题进行了深入探讨，阐明了知识经济的发展、本质内容、基础结构与时代特征，论证了知识价值、知识资本、知识管理、知识经济全球化等一系列问题。分析了知识经济引发的社会变革，提出了中国迎接知识经济时代的现代化发展战略。也有的专著将知识经济创新的理论、方法与中国企业发展结合起来进行论述。如中国人民大学版《知识经济的测度理论与方法》，总结和归纳了作为知识经济基础的信息资源与信息化理论和测度方法，以马克卢普和波拉特为代表的信息经济测度理论与方法，OECD 等代表性知识经济理论与测度方法，以及作为知识经济支柱产业的信息产业及其政策选择，世界信息经济与知识经济发展趋势等方面的内容，提出了继续推进国民经济信息化是我国目前的知识经济战略步骤的观点。

电子商务是计算机网络技术在贸易实践中新的应用，有关电子商务的图书主要是介绍电子商务兴起的背景、电子商务的基本概念、世界范围内电子商务发展的现状、世界上各主要发达国家的政府及各大公司对电子商务所持的态度。如电子工业版《电子商务》一书，以三家著名的信息产业公司(IBM 公司、HP 公司和 Oracle 公司)为例，论述当今电子商务的发展成果及最新发展动向。通过列举上述公司的电子商务成功运作的案例，使读者对运用电子商务系统来进行商务活动的巨大优势和活力有一个比较直观且清晰的认识。书中还列举了目前在电子商务运作中存在的一些问题，如安全问题、法律问题等。

五、经济类的翻译著作数量有所回升

1998 年度翻译介绍国外经济学的著作，品种较往年多，涉及面很广，且多为西方经济学理论、管理经典理论的代表之作。《年鉴》中所收经济类译著近 40 余种，约占其经济类图书品种的 10%。经济类译著品种数量增多的原因，主要是由于经济的快速发展出现了一些新情况、新问题，而靠现有的理论难以解答。这就有必要借鉴西方经济理论和西方发达国家的先进经验。在引进翻译的经济类图书中，既有经典的西方经济学理论，也有西方发达国家或著名公司的管理经典，如江苏人民版、凯恩斯著的《投资的艺术》；学林版《我们身边的经济学》、东北财经大学版《顶级管理经典系列》(包括《会计精要》、《超越数字》等)、上海译文版“改革丛书”(包括《改革革命》、《改革公司》、《超越改革》等)。这些译著内容涉及市场营销、公司管理、商务谈判、贸易商战、财政税收金融等方面。

1998 年经济类图书在品种、重版、重印率上有所增长，出版社追求多品种、大规模，使供求不足的状况得到了扭转，也出版了国内一些知名的经济学家如孙冶方、厉以宁、马洪、陈岱孙、戴相龙、周正庆、董辅礽、杜润生等人的著作，成绩固然可喜。但也存在着一些不容忽视的问题：1. 创新不足，重复出版。有些书的篇章结构大部分相同，内容极其相似，重复的程度很大，虽然一定程度上反映了人们对这类图书的需求，但造成了社会资源的浪费，同时也使这些图书良莠不齐，不乏粗糙之作。2. 各学科的图书结构失衡，一些基础理论研究和一些新兴学科的图书过少，这势必不利于出版事业的可持续发展。3. 经济类图书出版的短期行为还很严重，一些出版社、作者有急功近利的心态，个别理论著作缺乏应有的深度。

文化、科学、教育、体育类图书出版掠影

乙 丁

《中国图书年鉴》的文教类图书，往年收书在 400 种左右，本年较少，其中教育类图书约占 70%，这种数量状况，几年来无大的变化；但每年各学科图书中内容的侧重点和趋向是不同的。1998 年的文教类图书，表现出如下几个特点：

一、信息科学类图书增加。近几年随着信息科学日新月异的发展，以及信息科学与日常生活关系之日渐密切，1998 年这类图书有明显增加的趋势。如《21 世纪的信息革命·(1)信息革命综述》、《21 世纪的信息革命·(2)信息技术与经营管理》(中央广播

电视大学出版社，美国加州大学柏克利分校著)、《信息媒体革命》(上海译文出版社，〔加拿大〕弗兰克·凯尔奇著，沈泽华、顾春玲等译)、《全球热点——信息高速公路》(华中理工大学出版社，季卜枚主编)、《透视信息高速公路革命》等著作，论述介绍了这场革命将引起的变化之深刻巨大。此外还有《信息资源管理导论》(科学出版社，孟广均等著)、《模糊信息处理系统》(北京大学出版社，李凡著)等，这类图书则更为专业化。信息科学类图书的增加，反映了信息技术革命和信息产业在中国的迅速发展，从社会信息化的角度来看，信息科学类图书的市场，还将进一步扩大。

二、图书馆学方面的著作硕果甚多。如论文集《走向21世纪的图书馆》(北京图书馆出版社，丁有骏主编)，内容涉及文献资源共享、馆藏建设、信息高速公路、图书馆人员素质、自动化与数据库建设、市场经济与图书馆、国内外图书馆比较等。《藏书四记》(湖北辞书出版社，王余光主编)，该书为宋至明清时期历代文人关于藏书的文章的选编，分为"宋代藏书记"、"金元藏书记"、"明代藏书记"、"清代藏书记"4辑，末附"中国历代藏书常识录"。该书评述了宋以后历代官府与私人的藏书情况。《舆图要录》(北京图书馆出版社，北京图书馆善本特藏部编)，汇集了1909年京师图书馆以来，北京图书馆所藏各种舆图6 700余种，并经整理注释，成为历史地图方面的重要文献。《校雠广义》(齐鲁书社，程千帆、徐有富著)，该书在总结前人研究的基础上，将校雠学明确分为4大部分：版本学、校勘学、目录学、典藏学。作者认为由版本而校勘，由校勘而目录，由目录而典藏，以其内在的规律所形成。《中国伪书综考》(黄山书社，邓瑞美、王冠英编著)，研究了9种情况的伪书：全部内容是伪作；部分内容是伪作；作者属伪托；与时代不符；与史实不符；剽窃与窜乱；抄撮之后另立名目；在历代书目中被疑伪；在历史上产生过真伪之争。将九种情况，分成经、史、子、集、道、佛六类编排。第七类为近代伪书，收书1 200种，不仅科学地分析梳理了历代伪书的情况，而且具体探讨了伪书产生的原因。

由于信息技术的迅速发展，图书馆学的理论研究、事业发展以及业务工作，都面临新的挑战。近年来，研究这个课题的著作日见增多。北京图书馆出版社出版的《电子图书馆理论与实践研究》(汪冰著)、《电脑管理图书馆学》(王晓平著)等，既介绍了美国、日本、英国、法国、荷兰、澳大利亚、新加坡等国家在这方面的情况，并联系中国情况，研究了现实中的问题，对中国图书馆事业的发展，有参考价值。

三、校史研究的新趋势。在1998年的教育图书中，各种教育理论和历史的研究仍然保持了比较兴旺的态势，其中引人注目的是校史的研究著作比往年多。如：《国立西南联合大学史料》(云南教育出版社，北大、清华、南开、云南师大编)、《难忘联大岁月》(云南教育出版社，云南西南联大校友会编)、《中国著名学府逸事文丛》(辽海出版社，李家巍主编，已出5种：《南开逸事》、《复旦逸事》、《北师大逸事》、《清华逸事》、《浙大逸事》)、《巍巍上庠，百年星辰——名人与北大》(北京大学出版社，肖超然主编)、《中国美术学院七十年华》(中国美术学院出版社)等，这些校史著作，已从教育史研究，进入到教育与社会文化发展、科学发展的关系研究，这种趋势是应引起关注的。

四、素质教育的图书引起重视。在党和政府要求减轻中小学生学习负担，加强素质教育的形势下，近年来教辅教参方面的图书逐渐减少，而探索研究素质教育的图书受到重视。如《素质教育概论》(海南出版社，毛代胜编)，全书分10篇：素质教育提出的背景与意义；素质与素质教育；素质教育与应试教育；素质教育课程体系的构建；学科教学与素质教育；心理教育与素质教育；素质教育的实施；教师素质与素质教育；素质教育的评价；素质教育经验评介。系统地对素质教育进行了理论的探讨。《素质教育》(福建教育出版社，钟志贤、范才生著)，论述了素质教育的内涵、目标、途径等。《素质教育实施指要》(黑龙江科技出版社，张俊晨等主编)，共分4部分：一、理论导向。对素质教育提出的背景、素质教育的内涵与特征、素质教育的实施等作了阐述。二、实践指导。从实施上提出了明确的任务和具体的方法。三、管理评价。着重论述如何构建素质教育的运行体系与评价体系等具有可操作性。四、对校长、教师的素质提出具体要求，并指出提高其素质的途径。同时提出了家庭教育对素质教育的重要性。

这类图书，主要是提供给教育领导部门和管理部门的人员阅读的，除此之外，也出版了一些供学生阅读的素质教育图书。如《学科素质教育金库》(江苏少年儿童出版社，米佳、阮永健等编)、《中学生素质教育丛书》(鹭江教育出版社)等，是力图脱离教辅教参的旧模式，从文化素质的角度出发，以指导学生的学习方法，训练学生正确的思维方式，培养学生良好的心理素质和行为习惯为主旨，所作出的探索。

五、研究新闻出版的图书丰收。新闻出版界关于自身的研究，近来在不断地加强，因此，每年都有这方面的图书问世，可以说，其趋势是数量渐多，质量渐高。1998年在这方面的出书较明显地反映了这种情况。

一是研究新闻出版史的图书。如《维新派与近代报刊》（山西古籍出版社，徐松荣著），勾勒了近代报刊，特别是主要报刊兴起和发展的过程，和这些报刊在倡导和传播新的思想、政治、文化方面所产生的巨大作用。《广西新闻事业史》（广西人民出版社，彭继良编），通过广西这样一个局部，反映了全中国新闻事业发展的历史进程。特别在抗日战争时期，广西成为西南大后方的文化中心，其报刊的影响遍及国民党统治的广大地区。因之，该书对于研究中国新闻事业的发展是很有价值的。另如《厦门报业》（鹭江出版社，胡立新、杨恩溥编撰），也是通过厦门百年来报业的变化发展，反映出中国百年史之一隅。《中国新图书出版业的文化贡献》（武汉大学出版社，王余光等著），作者通过对商务印书馆、中华书局、世界书局和亚东书局的历史论述，以及关于《四库全书》的研究，揭示了出版业与社会文化发展的重要关系。该书给我们今天的出版业提供了许多有益的借鉴。

二是总结研究当代新闻出版业发展的图书。如《出版纵横》（上海人民出版社，宋原放著），作者系原上海市出版局局长，本书是他几十年来研究上海乃至中国近现代出版史和探索社会主义出版学的重要成果。《刘杲出版论集》（湖北人民出版社，刘杲著），收入作者1983—1997年间关于出版、发行、版权和出版立法、出版科研等方面的文章144篇。作者是原新闻出版界副署长，这些文章较为全面深入地反映了80年代迄今我国出版事业的发展状况以及一些阶段性问题的出现与解决过程，对于了解和研究这一时期我国出版业的总体面貌和基本趋向具有重要的资料价值。《沪港出版年会论文集》（学林出版社），收集沪港出版年会1—5届的论文，内容是：一、中文图书怎样走向世界；二、90年代中文图书出版趋势；三、出版的个性与创意；四、电脑科技与出版；五、中文出版与世界出版。围绕这些课题，论文作者发表了各种真知灼见。《电子出版物概论》（华中理工大学出版社，田胜立等编著），简明扼要地介绍了电子出版物的产生、发展和前景，以及电子出版物的编辑出版和发行所涉及的基础技术和业务、政策法规；介绍了电子图书和多媒体电子出版物的出版与制作技术和典型工具；介绍了电子出版物设计制作与编辑出版工作文档要求和应用实例等。

三是研究新闻出版业务的图书。诸如《新闻采访学》（暨南大学出版社，林如鹏著）、《新闻写作技法》（中国地质大学出版社，胡仁钧著）、《中国编辑研究》（人民教育出版社，该书编委会编）、《校对的学问》（金盾出版社，中国版协校对研究委员会编）、《图书营销学》（山西经济出版社，方卿、姚永春著）等，都是从新闻出版业务的某些方面进行专题研究，有经验总结也有理论探讨。这类图书的出版，标明中国新闻出版业的研究，不仅是宏观理论上的进展，而且在具体业务的微观研究方面也有新的开拓和提高。

语言文字类图书述评

白巍岐

“更上一层楼”这句唐诗，可以移用来形容1998年我国语言文字类图书的出版工作。在这一年的图书出版中，学术理论图书的数量继续保持着良好的增长势头，外语类图书所占的比重大体与上一年持平，工具书略显减少，但写作类和少数民族语言类的图书的出版，已进入在品种、质量上能进行自我调节的新阶段。

一、需　求

读者的需求、市场的需求，是出版工作的重要导向之一。这一点，在我国出版界早已成为共识。表现在具体的出版工作中，就是要摸准读者需求、市场需求的脉动，去组织书稿，出版书籍。应该说，语言文字类图书的各个亚类都是按此原则行事的，但其中外语类图书表现得最为明显。

外语类图书的市场需求量大，每年的品种数量都占语言文字类图书的四成半左右，1998年更上升到近五成。但是细读书目，可以发现这不是简单重复性的增长，而是根据读者和市场的需求，不断跃上新的台阶。

通用英语教材一直是外语教材的主流，现在也仍有很大的社会需求量。但适应读者不同专业背景的专业外语，其教材编纂在很长时期内都比较粗疏，流为通用外语的附庸。外语界和出版界多年来一直在努力，希望改变这一状况。从这一年出现的几套专业外语教材来看，情况已大有改善，有关专业人士的外语需求得到了较好的满足。青岛海洋大学出版社《21世纪高等医学系列教材》，共6册，包括基础医学、临床医学、医学科普等部分，涉及医学的各个学科，并附有听力和写作的教材、磁带。这套教材比通用教材更能适应医科学生的外语和专业要求，也有利于他们参与国际学术交流。与专业外语相联系的是，高水平的行业外语教材也出现了。中国民航出版社《民航英语工程系列教材》，除了行业公共英语教材以外，还有供乘务、机务、航行、电子、运输等工作人员使用的英语教程，课文大多选自英美原版书刊，突出了民航的行业特点，基本上能满足民航界人士对英语学习的需求。从上述教材可以看出，专业、行业外语教材开始形成体系，正经历着由附庸而变为主干的过程。

随着外语教学与研究的发展，外国语言理论、教学理论和翻译理论专著的出版也甚为可观。这一年选送的涉外专著有15种，比上一年增长了7倍，而且质量也比以前有较大的提高。这首先表现为对国家外语考试的研究加强了。上海外语教育出版社《大学英语四、六级考试效度研究》，分析了历年来考试试卷的结构效度、内容效度、同期效度和表面效度，对这一考试的效度作出了基本肯定的结论，并就近期内完善这一考试，向教育行政部门提出了4条切实可行的建议。这项科研成果的出版，对领导、对学校、对每年等待通过四、六级考试的百多万考生，都有很好的启迪作用。海南出版社从台湾引进的《托福600分对策》、《托福600分听力》、《托福600分单字》、《GRE字根字汇》、《GRE词汇3000》等，是在台湾已形成名牌效应的考试专家刘毅编著的。这批应试著作的出版，对于那些希望游学海外的学子来说，无疑是一道福音。

其次，外语教学类著作的内容也有了进一步深入，更加讲究科学规律和灵活方法，克服了过去一味强调“强记”的片面性。江西科学技术出版社《英语词汇记忆精粹》，在广泛搜罗、科学验证的基础上，向读者推出了16种记忆词汇的方法，并全面收集了英语的词根、前缀、后缀。重庆出版社《面向21世纪外语教学论——进路与出路》，立足外语教学实际，面向未来，大量吸收国内外最新的研究成果，提出了外语教学改革的思路和操作办法。这对于应我国外语教学之急需，有很强的针对性。

翻译理论在这一年收获甚丰。湖北教育出版社《翻译思考录》，收录了近十年来我国翻译家、学者、作家对翻译的思索、领悟、启迪、探索，新颖而生动。中国对外翻译出版公司的“翻译理论与实务丛书”，规模更为宏大，收书达10种之多，有对翻译理论的宏观探索，也有对翻译技巧的具体研究，还有翻译史的大胆创造。这些著作，对我国的翻译工作者和外语教研人员，都可以提供足资借鉴的参考。

此外，许多非外语类图书，在适应读者和市场的需求方面，也作了积极的努力。四川辞书出版社《王码字典》，创造性地把电脑汉字输入的五笔字型技术移植于汉字字典上，大大方便了王码使用者。电子工业出版社系列推出的《98王码教程》、《98版五笔字型培训教程》、《98版五笔字型编码练习手册》、《98王码用户指南》、《王码宝典》等，既是教材，又是工具书，为帮助全社会解决普及电脑、培养电脑汉字输入人员的需要，做了十分有益的工作。

二、创　新

从1998年出版的图书，尤其是理论类图书来看，著作界和出版界的创新意识得到了很大的张扬，为在社会上推动创造之风起了良好的作用。

相当一部分理论类图书的作者，似乎都有创立新学科理论的宏大志愿，他们的目光特别关注新兴学科、交叉学科和边缘学科，这是可以预料的事情。多年来时热时冷的对文化语言学的探讨、论争，从学说的引进，到理论的阐发和争鸣；从学院式的研究，到深入社会语言、社会文化的实践去探索，语言学专家们已走过不算太短的道路。在这基础上，云南大学出版社出版了专著《文化语言学发凡》，从理论、应用、背景等不同的角度，对文化语言学作了系统的阐述，表现出综合的学术功力。所以，有的专家认为，这是一部“新理论建设的开拓性学术著作”。大连出版社《模糊语言学论集》，把对模糊语言这一现象的描述上升到理论的高度，引入自然科学的模糊集理论和方法，结合汉语和英语的不同表现，进行了深入的分析研究，提出了处理这一现象的方法，很有独创性。民族出版社《实用新闻语言》，能够从新闻写作的实际出发，打破一般汉语著作的理论框架，立足于与媒体关系密切的文字、词汇和语法，来构建自己的体系。这本语言规范的专著有较清晰的内在逻辑联系，又有较强的实用性。

在我国传统语言文字学研究的领域中，许多老专家和中青年学者，都能自觉地在继承中重建，在重建中创新，赋予这一古老学科以新的科学含义。齐鲁书社《校雠广义》，总结了自汉至清校雠学的精髓，第一次建立了包括版本、校勘、目录、典藏等内容的广义校雠学体系，特别是创造性地增入典藏编，弥补了治书学中一个不可缺少的环节。学林出版社《汉语语源义初探》，从书面语的语义发生学角度，首倡“语源义”之说，对语源义的界域、成因、性质、特点、运动等方面作了科学的说明。这些新颖的观点，必将对汉语语言文字的研究产生影响。广东人民出版社《〈颜氏家训〉词汇语法研究》，全面展示了《颜氏家训》所反映的魏晋南北朝时期的语言风貌，探究了语言现象的历史嬗变，特别注重这一时期出现的新词或新义，并与沿古的词和词义进行对比研究，最后还附有《颜》书词典。这在研究《颜氏家训》的著作中是十分少见的。

少数民族语言文字的研究，也呈现出新的面貌。通过近百年的认真研究，现在终于能对我国少数民族的语言作出全貌式的描述：这些语言共 80 多种，分属于 5 个语系。书海出版社《二十世纪的中国少数民族语言研究》，即按不同语系、语族的特点，具体阐述了 20 世纪以来我国各少数民族语言研究的进展情况。对于各个少数民族语言文字的研究，也有新的阶段性成果。广西民族出版社《壮语概论》，全面介绍了壮语的语音、词汇、词格、句子结构、修辞法、古壮文和现代拼音壮文等，使读者第一次对壮语的现状和历史有了深入的了解。四川民族出版社《汉藏翻译理论与实践》，既论述了民族语言文字的翻译的基本理论范畴，又提出了正确处理词、句和不同文体文本的翻译技巧。这对于培养新一代汉藏翻译工作者，是很有意义的。

三、调　适

这一年写作类图书、少数民族语文类图书和方言研究类图书品种的增长，不知是不是出版界有意为之，但即便是“无心插柳”，也已经取得了品种调适、更好地适应市场需求的积极成果。

写作类图书每年都有一定数量的品种入选《年鉴》，但这一年入选的品种，比 1997 年增加了 37%，比 1996 年更增加了 45%。从质量上看，除了每年都有的写作教材、写作规范和工具书外，今年还出现了颇有分量的理论著述。人民教育出版社《中国写作教育思想论纲》，系统地研究了中国写作和写作教育思想，初步归纳出中国写作学的系列的术语和范畴，建构了写作学自身的学科理论，使之摆脱了对于文学理论和哲学理论的长期依附。这是在写作学界较有影响的一部理论专著。语文出版社《写作思维训练学（言论性文体）》，既有对特定文体的理论分析，又有对该文体的写作训练模式的设计，有较强的可操作性。少数民族语言的写作类图书，也在这一年出现了。广西民族出版社《壮文阅读与写作》，集中介绍了壮文文学作品的阅读、鉴赏和创作的方法、经验。这类著作，丰富了中国写作类图书的内容。

这一年的方言研究类图书的出版，体现了由点向面拓展的特色。湖南教育出版社“湖南方言研究丛书第一批”分别研究了浏阳、益阳、东安、邵阳、长宁、新化、祁阳等湖南七县市的方言。该书注重词汇和语音系统的研究，从共时与历时两个向度展示了各个方言语音系统的发展和演变规律。每一种方言都列出了包含 3 000 多个条目的分类词表，充分显示了该方言的特色。这套丛书完全出版后，必能更细微地反映湘方言的全貌。江苏教育出版社《现代汉语方言大辞典》，在全国选择有代表性的方言点进行调查，同时出版 41 种分地方言词典。这些词典的条目都以口语为主、以传统说法为主、以特色词汇为主，因而能够充分反映各地方言的面貌。像这样大规模编纂全国各地方言点方言词典的情况在我国尚属首次。

工具书的出版比前两年略有减少，但也比较注意突出各自的特色。中国青年出版社《群经百子名言类典》，集我国古代经书、子书名言的精华，按类编排。该书反映了中华民族先贤的哲思睿智，至今仍有学习、借鉴的积极意义。江苏教育出版社《反义词写作应用词典》，其条目不是采用一一对应的形式，而是针对不同义项，提供尽可能多的反义词，有利于启发读者新的写作思维。

文学类图书一瞥

简定宇

20世纪在人类历史中,是最动荡最血腥也是最进步最繁荣的时期,在它行将结束的时候,对20世纪的文学作个回顾,无疑是很有意义很有兴味的事。《20世纪世界文学:回眸与沉思》(百花洲文艺出版社)满足了我们这一企求。作者从20世纪文学发展的总体趋势出发,论述了100年间百余位优秀作家的杰出贡献,评述了他们足以载入史册的经典作品的艺术魅力,从而归纳出20世纪前70年,世界文学形成了三大派别:现实主义、现代主义、无产阶级及左翼文学,呈现出三足鼎立局面。作者在分析这三大文学派别从发展、对峙、逐步走向趋同的同时,详尽论述了三者此消彼长,相互竞争又相互吸收的文学现象。作者把20世纪分为四个历史阶段:一战以前,一战二战之间,二战结束到70年代,70年代至世纪末。并以四个阶段为经线,三大派别为纬线,系统而简明地勾勒出了20世纪文学绚丽多彩的画面。

山东教育出版社推出的《百年中国文学总系》,则是专门对中国文学的回顾。《总系》以20世纪人类文化发展的历史进程为背景,选择百年中国文学发展进程中有代表性的年代,从剖析一个作家、一部作品、一个作家群、一种思潮着手,展现一个时期的历史风貌和文学特征,从而展现出百年中国文学发生发展及其嬗变过程。《总系》共10卷:《1898:百年忧患》、《1903:前夜的涌动》、《1921:谁主沉浮》、《1942:走向民间》、《1948:天地玄黄》、《1956:百花时代》、《1967:狂热的文学时代》、《1978:激情岁月》、《1985:延伸与转折》、《1993:世纪末的喧哗》。每本书可为独立的专著,合起来却似一条绵长的虚线,跳跃而又明晰地勾划出了20世纪中国文学的发展轨迹。

同样是研究百年中国文学的《中国现代主义文学史》(江苏教育出版社),与上述著作不仅研究的着重点不同,持论也不尽相同。作者认为:从19世纪末到20世纪末,现代主义在中国新文学中"一脉传承"。很长一段时期内,中国理论界把现代主义视为牛鬼蛇神,洪水猛兽。近十余年来,才给予它一些正面评价。显然,这是相当新颖的见解。

上海外语教育出版社出版的《英美现代主义文学概观》,则是系统评介20世纪英美现代主义的专著。书中着重讨论了英美一批世界级现代派大师:艾略特、福克纳、海明威、奥尼尔、贝克持、庞德、乔伊斯、劳伦斯、伍尔夫、斯泰因等人跨越国界划时代的作品,分析了这些作品的精华所在,充分揭示了现代主义文学的哲学要义和艺术魅力。

到了世纪末,回眸百年文学,无论对世界还是中国,人们认知上发生分歧和差异,是十分正常的事。上述著作持论不同,观念相左,反映出学术研究的独立探讨精神,对促进学术的正常发展,应该说具有积极意义。

此外,《诗性与理性——中西文学批评理论的本体精神透视》(云南教育出版社)、《文学中的数学》(湖南人民出版社)等文学理论著作,持论新颖,发人深思,也都具有一定的学术价值。

古典文学研究方面,可以说硕果累累。《诗经艺探》(贵州人民出版社)、《诗义知新》(山东教育出版社)、《楚辞诗学》(人民出版社)、《楚辞与上古历史文化研究》(齐鲁书社)、《唐宋词史》(天津古籍出版社)、《中国散曲史研究》(山东大学出版社)、《诗词曲艺术论》(浙江教育出版社)、《清代词学的建构》(江苏古籍出版社)等,就是例证。其中收入《杨义文存第七卷》的《楚辞诗学》,研究方法另辟蹊径,多有发前人所未发的新颖见解。作者杨义是一位学贯古今的学者,他采取开阔的世界视野和深邃的现代思维方式,对楚辞文本进行了充满灵性的解读,揭示了诗人生命意识密码和深层的人类文化学密码。他认为《离骚》是东方的心灵史,把它与荷马英雄史诗相比较,确立了它在世界诗史上的独特地位。《天问》开创了人类思维史上时空颠倒错位的诗性思维方式。《天问》中出现的时空颠倒错位,曾经使历代学者困惑不解,而今却是现代派文学常用的技巧。书中还选用了战国、汉、唐、宋、元、明、清,以及近代各类图画268幅,图文并茂,称得上一部"楚辞画史"。

1998年,诸多出版社都推出了一批以现实生活为题材,反映改革开放的长篇小说。《谁比谁傻》(作家出版社)讲述的是现代商场各类策划人策划产品,策划金钱，以致策划情感的故事，商战中，他们尔虞我诈，你死我活，一个比一个狡诈，一个比一个阴险；《雨季情结》(沈阳出版社)讲述的是在商品经济大潮中被遗忘的角落，一个偏僻小村的故事，女主人公是当年在村里插队的知青，现任市委组织部副部长，她前往“包村扶贫”，回到了这个小村。小村一切都变了，当年大公无私的带头人变成了贪赃枉法欺男霸女的土皇帝，当年的劳动模范变成了村里的特困户……然而，贫困没有变，愚昧没有变，一切又都没有变，于是女主人公带领村民进行新一轮脱贫斗争；《南方有海》(青海人民出版社)讲述几个打工妹的遭遇；《假装是一次偶然》(上海文艺出版社)则是讲述几个白领丽人的故事。《神示苍生三部曲》(长江文艺出版社)、《告别残冬》、《虹霓》(中国青年出版社)、《城与夜》、《无字》(上海文艺出版社)等作品，从不同侧面、不同角度对现实生活作了颇为贴近的描绘。

白桦著《每一颗星都照亮过黑夜》(中国青年出版社)是一部书信体长篇小说。作者通过22封写给海外儿子们的信，讲述“我”的童年，“我”的家庭和周遭人群的悲惨命运，弥漫着怀旧与伤逝的诗意。

刘斯奋著《白门柳》(中国青年出版社)，是一部长篇历史小说，共3册：第一部《夕阳芳草》，第二部《秋露危城》，第三部《鸡鸣风雨》。小说在明末清军压境，李自成农民军节节进逼，朱明王朝危如累卵的大背景中展开，江南复社志士黄宗羲、陈贞慧、方以智团结在以史可法为首的东林集团周围，展开了可歌可泣的爱国救亡活动，与阉党余孽以及马士英集团进行了尖锐的惊心动魄的斗争……第一二部已经荣获第四届茅盾文学奖，第三部结构更加开阔，色彩更加斑斓，情节更加纷纭，相信也会获得广泛的好评。

1998年纪实文学作品的出版，数量有所增加。虽然没有轰动之作，但可读之作不在少数，《前沿故事》(南海出版社)、《探险神秘之地——一位军中女作家穿越罗布泊的手记》(解放军出版社)，就是其中值得一读的佳作。

艺术类图书评述

陈惠明

本年鉴收入艺术类图书258种，比上年度(1997年170种)多88种。美术方面有163种、占半数之多，其中画册51种、史论研究28种、工艺设计13种、技法·教学31种、版画15种、连环画·卡通画18种、民间工艺7种。此外，书法篆刻18种、音乐22种、戏剧舞蹈影视21种、摄影23种、其他11种。这些图书有以下显著的特点。

一、大型美术画册仍位居较高水平

《中国美术全集》是中华民族博大精深的艺术品总汇，编撰极为艰巨。本年度一次出版《中国现代美术全集》六卷本，实属不易。有《漆画》、《雕塑》、《书法》(3册)、《印染织绣》、《水粉》、《漫画》各卷。这是《中国美术分类全集》中的部分卷本，也是《中国美术全集》60卷古代部分的后续伸延。

《海外藏中国历代名画》分为8卷2000幅图；《台北故宫博物院藏画》，填补了中国绘画出版的空白。

《中国历代梅兰竹菊精品集》、《历代花鸟画精品集》(3册)、《扬州画派书画全集》中的《李鲜》集、《华嵒》集，确属精品。《中国画名家册页典藏》分任伯年、吴昌硕、黄宾虹、潘天寿四册专集出版。因册页的特定形式，使传统的中国画笔墨得以施展，有淋漓尽致之妙。宋画中的扇画是扇画艺术高峰，而《齐白石山水扇画》、《齐白石花鸟扇画》则是近代扇画艺术的杰作。

《中国现代陶瓷艺术》印制精美、引人注目。分为陶器、瓷器、陶瓷雕塑、民间陶瓷5卷出版，(10万字1023幅图)。是我国现代陶瓷艺术总结，可供中外学者研究、收藏。

二、史论研究的图书数量多，且具有学术价值

书法方面图书出版很多，有不少优秀图册，但是存在重复出版之弊。如何从整理遗产中另辟蹊径，本年鉴中有较突出的收获。《翰香馆法书》共12卷，汇集魏、晋、唐、宋、元、明28家80件真迹，郭沫若当年

鉴定:“是中国书法艺术的珍贵文物。”《初拓宝贤堂帖》在明末清初、刻石散失民间,几经辗转周折,集成现在版本,专家鉴定为“纸精墨足,文字完好,弘治原装,十分稀贵。”《中国书法理论经典》汇集古代名人论著名篇47万余字,如蔡邕《论笔》、《九势》,王羲之《用笔赋》,欧阳询《三十六法》以及颜真卿、苏轼、米芾等论著,是极为珍贵的古籍。

《中国画学著作考录》从经、史、子、集和释道古籍中收录自汉代至近代的中国绘画论著,以140万字汇编成册。《原始艺术史》,作者曾著写《中国岩画发现史》、《外国岩画发现史》,考证详实、论述精辟。《中国原始艺术》对研究原始艺术发展轨迹及其艺术创造很有出版价值。还有我国著名美学家王朝闻的艺术美学专著《神与物游吐纳英华》,以及其他学者的《中国古代艺术的文化学阐释》、《中国早期艺术与宗教》、《中国当代美术现象批评文丛》、《中国音乐的神韵》、《宗教与舞蹈》、《中国戏剧文化概论》等宏篇巨著、各有创见。

三、出书的范围及内容有明显拓展

多年来众多出版社在绘画、书法方面竞相出书,数量很大,存在画家、书家及其作品反复多用现象,颇有选题重复、出版资源浪费之弊。开拓选题范围,从深层次去遴选、研究、精编出版,势在必为。

《清殿版画汇刊》,是清代版画艺苑的杰出代表图书,《古本戏曲版画图录》是研究戏曲、绘画、艺术史的优秀图书。音乐方面的图书有《新定九宫大成南北词宫谱校》,原版本编定于乾隆年间,是我国保存完好、规模宏巨的古代歌曲总谱。

回顾我国魏、晋、隋、唐等时期的雕塑、绘画、音乐、舞蹈艺术成就,无不吸收外来文化融合中华文明而形成。现在编书已将视野拓展到国外。《世界绘画珍藏大系》展现了欧美文艺复兴至现代重要流派的画家风范及其作品,《特列卡科夫画廊藏画》从6万件藏品中精选258幅作品分上下两集出版,《俄米塔希博物馆》则汇集了欧洲各画派经典的作品630幅。

《印度雕塑》、《西班牙雕刻》两本书虽不是大型画册,但也具有重要意义。可惜,这类书目前太少,对于具有鲜明民族特色、艺术富有震撼力的东南亚、中亚、西亚、非洲等地域的艺术推介、研究尚感不够。史论方面的图书有《中外美术交流史》、《西方文化艺术巡礼》、《西方现代艺术批判》等,这是可喜的开端。

四、应运而生的设计、工艺、技法图书,数量可观,各有其长

在电脑高速发展的现代,电脑应用于艺术领域将有广阔的前景,必然在艺术领域开创崭新的篇章。《电脑艺术学》、《电脑美术设计技巧解析——平面设计篇》及《立位设计篇》,分别作了电脑艺术研究和解析电脑设计技巧。“艺术设计丛书”将9位专家著写的《计算机艺术设计》、《环境艺术设计》、《装潢艺术设计》等9个专题分9册出版。《当代世界设计精品集》书内有《计算机美术设计》、《美国萨凡那设计艺术学院作品集》等优秀设计作品300幅图。还有《平面广告版式创意技巧》、《商业美术设计》、《包装造型设计》等等。

五、少儿读者喜闻乐见的绘画图书,出现可喜的势头

连环画、卡通画、漫画是广大群众喜闻乐见的艺术形式,尤以青少年为甚,充分满足这一读者群体的要求,是出版者肩负的重任。连环画曾在某个时期,是获奖最多的一个画种,其出版质量也曾一度登上高峰,后来却走向低谷。本年度这类的图书出现可喜的势头,但还应呼唤和期望有更多的精品产生。

在连环画方面,属名人传记的有《世界科学巨匠画传》(上、下册),该书由名家杨逸麟画,介绍了亚里斯多德、哥白尼、伽利略、达尔文等十位科学家的传奇。由儿童文学名著改编绘画的有《世界探险·传奇文学名著绘画本》4册,2544幅图,《儿童文学名著图画本》共5册,《经典童话连环画库丛书》(历险篇)等。科学知识画册有《恐龙世界丛书》5册、470幅彩图,其他的书有《阿凡提故事》1 027幅画,《巴拉根仓》1 800幅画。卡通画方面的图书有《中国历史卡通故事》、“趣味科普卡通”丛书、《辣椒娃》等。漫画方面有《呆是不呆——新百喻解》,仿聊斋体的讽喻寓言故事,由著名漫画家丁聪作画。

总体而论,本年度艺术类图书,数量有所增长、质量显著提高、选题范围拓展,重视了广大群众的需求。

历史、地理类图书简述

舒 焚

本年鉴计收入历史学、地理学图书475种,其中历史学397种,地理学78种。有关历史学的图书主要集中在中国史、世界与各国史、传记、考古与风俗习惯等方面;地理学的图书主要有世界与各国地理、中国地理以及地图等。

在历史学理论方面,张书学著的《中国现代史学思潮》,较为全面系统地研究了这个课题。把中国现代史学发展史概括为马克思主义史学、实证主义史学和相对主义史学思潮竞长、争高的历史,从逻辑、历史两方面剖析了三者的高下得失,论述了它们相互斗争、依存、吸收的错综复杂的关系和各自的力量消长的原因。

在世界与各国史方面,滕藤主编的《强国之路》,以确凿的史料和精确的数据,完整地说明了意、德、法、俄、美、新、马、泰、加、英、西、葡、荷成为强国的原因,准确地叙述了它们为达到强盛而采取的政策,它们所处的国际环境,以及它们取得的值得借鉴的经验。未凡主编的《上下五千年总览》,其中中国卷截止于新中国成立,世界卷截止于苏联解体,各以专题列项,并以人物事件为线索,生动、真实地展现了历史发展的行程。顾学宏主编的《亚洲通史》分9编论述亚洲各个时期的社会政治、经济、文化、民族解放战争和民族独立的推进,各编的内容是:"文明的发祥"、"封建国家的繁荣"、"兴与衰的历史转折"、"亚洲的觉醒"、"民族解放斗争的新时期"、"二战时期的亚洲"、"战后的重建"、"反帝反霸斗争"和"亚洲的崛起"。

在中国史方面,中共中央党校研究室编著的《中国改革开放20年史》,是一部直接为现实服务的著作。该书对改革开放的历史背景、历史转折的实现、改革开放的起步与全面展开、取得的巨大成绩与遇到的波折、改革开放进入新阶段,以及邓小平所作有关指示和江泽民在十一届三中全会20周年纪念大会上所作的总结等,依次作了综述和阐发。王尧等主编的《西藏历史文化辞典》收词790条,配以珍贵历史图片144幅,除收入西藏自治区内的词目外,兼收其他省、市、区有关藏族历史文化的词目,以全面反映最新研究成果。以辞书的形式,向世界展示了西藏历史文化的丰富资源和新的繁荣发展,具有重要的学术价值和政治意义。任继愈主编的"中国文化史知识丛书"、白寿彝等著的"中国文化史丛书"、郭沫若等著的"史家随笔丛书"、戴逸主编的"戊戌百年沉思丛书"、中华全国台湾同胞联谊会编的《台湾同胞抗日五十年纪实》、郭琦等主编的《陕西通史》、佟冬主编的《中国东北史》,分别从多方面勾勒了中国文化的历史和概貌,缩短了史学与社会生活的距离,思索了清末的百日维新,提供了许多弥足珍贵的史料,完整系统地记述了自古至今的陕西地区和东北地区的历史发展。

在传记方面,秦牧等主编的《世界历史名人传略》、代大权等编的"画说世界著名企业家丛书"第一、二辑、莫文军主编的《广西少数民族人物志》、程翔章等编的《中华民族英雄谱》等,这些图书分别以文字或绘画介绍了人类文明史上最辉煌的22位历史名人,当代中外20位企业家,古今广西籍、原外省籍现落户广西以及原广西籍现定居国外的人士1 400余人,古今为国为民抗御外侮、安定边关的70余位英雄人物。

在考古与风俗习惯方面,李进兴著《西夏陶模》、再努拉著《哈萨克风俗习惯知识》等,都是很有价值的著作。

地理学图书的品种虽然不很多,但是都各有自己的学术特色和实用价值。如:侯仁之著的《侯仁之文集》收有著者历史地理学的理论探讨、城市历史地理研究、沙漠历史地理考察、地理学史专题论述、早期写作选录等方面的论文32篇,并有有关图片、照片122幅。世界与各国地理方面,有陈华等整理的《海国图志》、戴炜栋主编的《英语国家背景知识词典》、黄心川主编的《南亚大辞典》等。中国地理方面,有宁夏外事办公室编的《宁夏概览》、刘沂等编著《台湾名胜古迹》、王熹亮编著的《辽阔海疆》等。地图方面,有张建华编绘的《北京城区图》、张照铨等编绘的《国旗地图册》、张必贵编的《湖北省地图集》、毛忠民编的《河南省地图册》、王俊芳编的《世界名胜地图》、新疆第二测绘院编《新疆维吾尔自治区分县地图册》、杨玉芳编《澳大利亚地图册》、周德芳编的《少儿知识地图册(世界分册)》等。

天文学、地球科学类图书综述

张洪元

年鉴收入天文学、地球科学类图书65种,其中天文学7种,测绘学6种,地球物理学2种,大气科学(气象学)4种,地质学27种,海洋学9种,自然地理学6种。其中地质学图书最多,为27种,占总种数的41.5%,从其内容看,主要集中在构造地质学(8种)与矿床学(10种)两个方面。

构造地质学研究是反映地质学研究水平的最主要内容之一,自20世纪初板块学说被广泛承认之后,以板块学为基础的大地构造理论与实践研究不断深入,一些特殊的地质带更是全世界地质学者研究的热点。我国所拥有的印度洋板块和欧亚板块挤压而形成的青藏高原及东部环太平洋造山带地段,具有构造地质学上的典型意义。典型的地质构造提供了丰富的素材,经过学者们几十年的努力,我国构造地质学研究达到了世界领先水平,产生了一批批丰硕的研究成果。潘裕生、孔祥儒著《青藏高原岩石圈结构演化与动力学》,分5个专题用不同的学科理论与方法全面深入地研究论证了青藏高原形成演化与动力学内容;陈国达等著《亚洲陆海壳体大地构造》,以作者开创的著名"地洼学说"为基本指导思想,以"历史—因果论"大地构造观及"壳体"新概念为基础,详细论述亚洲46个国家和地区以及亚洲大陆邻侧的部分海洋地壳的演化特征与机理,反映了作者在壳体构造理论与实践上的创新成果;钟大赉等著《滇川西部古特提斯造山带》,通过研究提出滇川西部古特提斯构造框架和演化模型,以及喜玛拉雅运动对古特提斯的改造;国家攀登计划及中国科学院重大基础研究项目"青藏高原形成演化、环境变迁与生态系统研究"系列成果,孙鸿烈、郑度著,广东科技社版《青藏高原形成演化与发展》,系统阐述了青藏高原地学和生物学领域的主要成果和最新进展;等等。这一类著作用新理论、新方法研究与论证地质演化、造山运动规律,对我国构造地质学的实践运用如成矿环境、生态等具有重要意义。区域地质学研究著作,施雅风等著《青藏高原晚新生代隆升与环境变化》,一方面对青藏高原多个典型地质区域进行详细测年和多指标分析研究,获得青藏高原不同地区古环境多方面第一手资料,另一方面结合国内外有关文献,综合研究了青藏高原的主要表征和晚新生代隆升与环境变化历史。

矿床学著作主要集中于成矿及具体矿产品种上。成矿著作,以研究成矿环境、成矿机理、成矿体系等成矿规律为主。如陈哲夫等著《中亚大型金属矿床特征与成矿环境》,应用多旋回开合、构造—建造—成矿与线性构造的理论和观点,重点论述该地区金铁铜铅锌钨锡钼汞锑及稀有金属等大型超大型矿床的地质特征、成矿规律与成矿环境,并预测了新疆北部寻找大型金矿和有色金属矿床的主攻方向;戚建中等编著《断裂网络和金成矿体系》,国家"八五"重点黄金科技攻关项目成果,对金矿定位规律和不同类型金矿床之间的成因联系等提出了系统观点和新见解;等等。矿产具体品种著作,如许红等著《南海新生代沉积盆地地质与油气资源评价》,提出了"环南海形成油气富集圈"整体认识;廖卓庭等著《新疆三塘湖盆地含油气地层》,对该区域油气地层的基本特征进行论述,并提出勘探建议;《滇中铅锌矿地质研究》《山西铝土矿地质学研究》《中国铂族元素矿床》等,则研究相应矿种地质上的结构与演化、矿床成因、成矿过程与矿化富集等问题。

此外还有,由全国各省市区地质矿产局、部分国家级地层学专家所著1540万字的宏篇地层学专著《全国地层多重划分对比研究——地层单位研究》,共37册,汇集我国几代地质工作者、科学家和早期国外部分著名地质学家艰辛工作而获取的,时间跨度100多年的基础地层资料,为我国地层学研究的一次大总结。有关水文地质学和工程地质学著作有:袁道先、刘再华主编的国际地质对比计划(IGCP)"地质、气候、水文与岩溶形成"项目最终研究成果《全球岩溶对比(英文版)》,陈守煜著《工程水文水资源系统模糊集分析理论与实践》,任自民等著《三峡工程坝基岩体工程研究》,陈崇希等著《地下水混合井流的理论及应用》,钟敦伦等著《中国泥石流滑坡编目数据库与区域规律研究》等等。年鉴还收录有宝石类图书,郭守国主编《宝玉石学教程》,林彬荫等编著《蓝晶石 红柱石 硅线石》等。

年鉴收录天文学著作7种。时间学理论研究方面的著作,安鸿志、陈敏著《非线性时间序列分析》,总结近十年来时间序列分析中非常活跃的前沿领域——非线性时间序列的主要结果,其中有作者的研究成果"非线性的几何遍历性论述及线性的K—S检验法",同时对非线性时间序列与相关科学领域的联系也作了介绍。历法方面的研究成果,如《藏传历算学大全》、《殷商历法研究》;宇宙介绍与研究的著作,如《黑洞》、《绚丽多彩的宇宙》等。

在测绘学著作中,收录了近年来较热门的全球定位系统(GPS)研究成果,如葛茂荣著《GPS相对定位的数学模型》、董绪荣等著《GPS/INS组合导航定位及其应用》。影像信息科学的著作有,两院院士李德仁主编的《空间信息学及应用》论文集,朱长青著《小波分析理论与影像分析》等。地图科学的著作有,王桥、毋河海著引入新颖的分形理论,用于地图信息研究的著作有《地图信息的分析描述与自动综合研究》,陈逢珍主编的《实用地图学》。气象学方面,收录了近几年陆续出版的有关各省水旱灾害研究的著作,如《河北省水旱灾害》、《安徽水旱灾害》。

海洋学的著作收录9种。虽然数量较之以前没有明显的变化,但其内容侧重点却在变化,除1部《海洋大词典》外,年鉴收录均为科学普及读物,如"走向海洋丛书""趣味海洋知识丛书""我爱蓝色国土丛书"等。海洋知识读物的增量出版与收录,反映了人们对于认知海洋的渴求。

自然地理的图书收录6种。其中中国地图出版社出版的《中华人民共和国国家自然地图集》,为国家"八五"重点图书,分中英文两种版本。"图集"由6个部分组成:序图、自然环境图、自然资源图、自然灾害图、自然利用与保护图、地图文字。自然环境方面分地质与地球物理、地貌、气候、陆地水文、土壤、生物、海洋7个图组;自然资源方面包括矿产、水气土、生物、自然风光旅游资源4个图组;自然灾害包括地质地震灾害、气候灾害、水土流失与土壤退化、有害动物,生命元素与地方病等5个图组。有关地理信息系统的著作有,《实用地理信息系统》《城市地理信息系统标准化指南》;另有《福建省自然地图集》《甘肃省综合自然区划》等等。

另外,年鉴还收录了综合性普及读物,如《地球素描》(译著)、《宇宙指南》与"地球文明之谜丛书"等。

综观本年鉴1998年天文学、地球科学图书的收录,最大的特点就是科学普及性图书的比重大大增加,共收录各类科学普及图书14种,占总种数65种的21.5%,这种比例在前几年年鉴收录中未曾有过。一方面说明天文学、地球科学的发展,激发了人们了解地球、了解宇宙的强烈愿望;另一方面说明近几年出版界在推行素质教育上下了功夫。

农业科学类图书综述

张洪元

年鉴收录农业科学类图书145种,归入《中国图书馆图书分类法》农业科学类二级类目,各类分别为:农业基础科学13种,农业工程8种,农学(农艺学)3种,植物保护8种,农作物15种,园艺31种,林业21种,畜牧业29种,水产渔业7种,其他综合性实用技术介绍图书10种。

与以往相比较,1998年农业科学类图书表现出一些新的时代特点,本年鉴收录的图书将这些特点充分体现出来:1.植物转基因研究文献的出现。植物转基因研究是一项新兴的研究内容,虽然人们对转基因食品持有疑议,但作为20世纪后期生物工程的一项重要研究内容,转基因研究图书必须在图书年鉴中有所反映。2.农业可持续发展问题。农业可持续发展是一个庞大的系统工程,涉及农业科学的各个方面。年鉴收录有生态农业、水土保持、生物防治、节水农业、肥料、生态林业等内容的图书,与我国可持续发展战略目标呼应,具有明显的时代意义。3.野生动植物资源保护问题,近几年在我国至为突出,相应著作时有出现。年鉴收录有潘文石教授关于大熊猫的著作《漫长的路》,胡锦矗、吴毅著《脊椎动物资源及保护》等。

年鉴收录农业基础科学类图书15种。其内容构成,除了继续收录了土壤学著作外,其他与前几年有很大不同:1. 肥料学著作:江西科技社版《中国农业持续发展中的肥料问题》,福建科技社版《山地绿肥高产栽培与综合利用》,中国地质大学版《三峡库区农业地理与矿物肥料》,所论述问题都属于自然肥料方面的内容。2. 水土保持著作:华中理工大学版《我国南方典型水土流失的防治对策》,广东地图出版社版《水土保持与可持续发展理论与实践》,科学出版社版《黄土高原小流域侵蚀产沙过程与模拟》。水土保持问题,在我国南、北两方农业生产活动中都非常突出,我国最大的河流长江现在也成了"黄河",1998年长江特大洪水的产生,就与其上中游地区水土保持不力有很大关系。加强水土保持著作的出版,对于配合全国性的"退耕还林、还湖、还草"政策的实施具有重要作用。3. 专论稻田生态系统著作,徐琪等著《中国稻田生态系统》。此外,土壤学著作有《中国土壤》、《吉林土壤》、《中国土壤肥力》、《中国土壤动物检索图鉴》等。

农业工程类图书5种,其中关于水的图书有4种,我国北方广大农村地区,水资源严重不足问题长期存在,大力提倡与推广节水农业成了农业用水与保障农作物收成的关键。李英能主编、江西科技社版《节水农业新技术》,总结了我国节水农业技术发展的新经验、新成果和新进展,对各种节水灌溉技术进行了全面描述;张石诚等编著、中国农业出版社版《旱作农业与节水农业》,对我国干旱与半干旱地区合理利用水资源方式与方法作了很好的总结;另有全国爱委会办公室主编的《中国农村给水工程规划设计手册》和《中国农村给水工程运行管理手册》。此外,还有归入农作物类的《水稻高产节水灌溉新技术》,总结江苏省40多种水稻灌溉技术后,推荐了几种有效的节水灌溉方式。

农学(农艺学)类图书4种,其中郑有良著、四川科技社版《植物外源基因转移育种》,为近几年来年鉴收录中仅见的植物转基因著作。

植物保护类图书8种。有关生物防治内容的著作:山西科技社版《中国生物防治》,系统研究了40多年来我国农业生物防治科学技术的主要进展,并详细介绍了寄生性天敌、捕食性天敌、昆虫病原物、天敌引进等方面的研究与应用;有关植物检疫内容的著作:中国林业出版社版《中国进境森林植物检疫对象及危险性病虫》,辽宁科技社版《植物检疫对象检疫与防治》;其余著作内容为各类病虫害及其防治,如《中国北方害虫原色图鉴》《榨菜病虫害及其防治》《棉铃虫的研究》等等。

农作物类图书15种。按作物种类分,粮食作物图书10种,所占比重最大。关于水稻的图书有:黑龙江科技社版《黑龙江水稻》、黑龙江朝鲜民族出版社版《水稻优质米生产技术与研究》、辽宁科技社版《杨守仁水稻文选》、湖南科技社版《水稻无融合生殖理论与实践》等;关于小麦的图书有:山东科技社版《冬小麦种质创新与评价利用》、四川科技社版《四川小麦》;关于玉米的图书有:中国农业社版《玉米杂交种子生产与营销》和《玉米雄性不育生物学》。有关经济作物内容的著作有:《三峡经济植物开发利用100种》、《棉花育种学》、《花生育种学》、《芦荟的妙用》、《裂叶沙参种群生态学研究》等等。

园艺类图书在前几年的基础上有了新的发展,年鉴收录园艺类图书30种。其中蔬菜园艺方面的图书,几乎都是各种蔬菜现代栽培技术。果树园艺,继续收录中国林业出版社陆续出版的《中国果树志》,有"李卷"与"荔枝卷"2种;另有刘孟军主编的《中国野生果树》,重点介绍了从全国1000多种野生果树中选取的90种有代表性的野生果树。观赏园艺图书收录达12种,有家庭花卉、野生花卉、盆景技术与艺术及多种名花研究。蔬菜现代栽培实用技术图书有所增加,这为我国蔬菜种植朝着规模化现代化方向发展提供了技术准备,无公害蔬菜栽培技术的推出,更是我国生态农业发展的重要标志;而观赏园艺图书的大量出版,说明我国人民生活水平提高后,已转向注重生活品质方面。可以预期的是,随着城市的发展及人民生活品质的一年年提高,上述两种类型图书的出版数量在未来一定时期内,将会持续上升。

农村综合性技术图书10种,其内容涉及农作物、园艺、畜牧3个类别,所以将它们单独列出。如""九五"全国普及百项农业技术丛书"、《新农艺手册》、"农家科技服务丛书"、"农村致富实用新技术丛书"、"中国农业技术新热点丛书"等。这类通俗性农村读物,其中有的还是国家"星火计划"丛书,更适合农村读者使用。

1998年长江大洪水后,国家在长江中上游地区全面封山育林。林业,不容置疑引起了人们的高度关注,林业图书出版也由此呈上升趋势。本年鉴收录林业类图书较前几年多,为21种。其中研究与论述生态林业的图书有:云南大学出版社版《云南珍稀濒危树种生态生物学研究》,四川科技社版《甘孜州树木地理及资源》，东北林业大学版《东北森林氮素营养的生态学》，江苏科技社版《江苏森林》等。从人文角度切入，介绍森林树木的著作有：湖南少儿社版《绿色的梦?树》，湖北美术社版《神奇美丽的神农架》，江苏科技出版社《江苏树木大观》，上海古籍社版《白树图》等，使人们在欣赏美的同时，加深对森林的认识，树立正确的林业生态观。研究木材的著作，如《中国主要人工林树种木材性质》、《中国木材研究》、《木材商品与缺陷图鉴》等。

畜牧业类图书29种。主要集中在两大常规内容上，1.养殖技术著作占较大比重，为10种，如"名贵动物养殖丛书"，《特种养殖新技术30种》，《养羊技术指导》，《瘦肉型猪高效快速饲养技术》，《高效养兔新技术》，《茸鹿饲养新技术》，《经济蛇类的养殖与利用》，《鸵鸟养殖与疾病》，《肉狗快速饲养技术》等。本年鉴收录养殖技术著作与以往相比，增加了一些经济效益较高的畜种，说明我国动物养殖技术研究领域正随着需要逐步拓展开来。2.兽医学著作5种，如"实用兽医兽药丛书"、《兽医诊疗常规》、《猪病高效防治指导》、《鸡病高效防治指导》等。

水产渔业类图书6种，主要是养殖技术著作，如《高效淡水养殖技术》，《水产养殖新技术》，《龟鳖虾蟹高效养殖》，《黄鳝高效养殖技术》，"最新海水养殖技术丛书"等。另外，《中国淡水主要养殖鱼类种质研究》，李思发等著，上海科技社版，为国家"八五"科技攻关专题"淡水鱼类种质资源人工库研究"子专题总结，研究对象为我国10种当家淡水鱼。

综观1998年出版的农业科学类图书，紧跟时代科学发展是其重要特点，可以预计，具有鲜明时代科学特点的图书出版数量还将进一步增多。同时，新技术尤其是实用新技术的图书出现前所未有的繁荣局面，固然与新技术的不断涌现有关，但也从一个侧面反映了我国农业图书出版对于满足社会实际需要的认识有新的提高。

交通运输类图书综述

俞 菲

交通运输是一个国家基础设施建设的重要内容之一，它直接关系到国家经济建设和百姓生活。《中国图书年鉴》(1998)收录交通运输类图书共63种，其中管道运输类有2种，铁路运输类5种，公路运输类46种，水路运输类10种。

管道运输的研究是近3年的一个突破，它体现了我国这一学科领域正在渐渐成熟，并且管道运输业在我国逐步兴起。这一类的2种图书分别是机械工业出版社出版的《简明动力管道手册》和中国水利水电出版社出版的《钢衬钢筋混凝土压力管道设计与非线性分析》。

铁路运输是我国交通运输的重要组成部分，特别是在远程运输中发挥着巨大的作用。1998年这方面的5种图书分别涉及3大领域：

(1) 地下铁路：上海科学技术出版社出版了由上海市建设委员会科学技术委员会编的《地铁一号线工程》，它是"上海大型市政工程设计与施工丛书"之一。

(2) 车辆工程：西南交通大学出版社出版的《铁道车辆系统动力学》是一部译著，由沈利人翻译，沈志云校对。

(3) 铁路运输管理：这一领域的2种图书均由中国铁道出版社出版，一种是《铁路事故救援》，另一种是《旅客运输》。前者采用一问一答方式，除第一篇是通用知识外，其余分工种进行介绍。后者则是根据铁道部高等院校交通运输专业1995年教学计划和教学大纲的要求，在1987年出版的《铁路旅客运输组织》的基础上重新编写。

另外，由西南交通大学出版社出版的《铁路机务》是一部关于铁路运输概论性的专著。

本年度在道路工程、桥梁工程和隧道工程方面各收录图书一种。道路工程类的图书是机械工业出版社出版的《筑路机械工程》，桥梁工程类的则是中国科学家茅以升的科学小品选，系中国科学小品名家名作系列丛书之一《没有不能造的桥——茅以升科学小品选》(由茅以美选编，福建科学技术出版社出版)，书中选收了茅以升有关桥梁建筑的科学小品20篇。隧道工程类图书是由测绘出版社出版的《隧道工程测量》，这是近3年来第一部有关隧道工程方面的著作。

公路交通类共收录46部图书,比97年增长约24%,比96年增长近76%。其中增幅比较大的三类是汽车工程、汽车驾驶和使用、交通工程与公路运输技术管理。

本年度收入的汽车工程类图书共有34种,大致可分为3类:

(1)汽车概论和历史类:主要有3部学科专著,一部是机械工业出版社出版的《汽车概论》(金国栋、唐新蓬编著),一部是北京理工大学出版社出版的《电动汽车发展史》(译著),还有一部是机械工业出版社出版的《车迷小百科》(吕植中编),最后一部是集汽车的历史、科技、公司、车型、运动和人物的知识性百科全书。

(2)汽车结构部件类:本年度此类图书论及的问题主要有,发动机技术(《汽车拖拉机发动机》)、汽车构造与工艺(《新编汽车构造》、《现代轿车先进制造工艺》)、汽车轴承(《日本进口汽车轴承互换手册》)、汽车材料(《汽车材料及热加工工艺》)、电汽电子技术(《汽车电子控制系统工程》、《现代汽车电子技术》)、车辆动力(《车辆动力学模拟及其方法》、《车辆传动系统分析》)、汽车喷射系统(《发动机电控汽油喷射系统及其维修技术》)、刹车系统(《电控防抱死装置和牵引力调节装置手册》)。另外还有由机械工业部汽车工业司、中国汽车技术研究中心审定的"中国轿车丛书",它按车型分为9个分册详细介绍了每种车型的汽车。《进口轿车轻型越野车及客车微型客车电路图册》则详细介绍了40种常见的进口轿车电路。

汽车驾驶和使用类图书在本年度收录共计17种,主要集中在:

(1)汽车选购:机械工业出版社出版的"车主丛书"主要针对车主的特点编写,包括《汽车选购指南》《摩托车购车指南》等8种。

(2)驾驶指南:《新编汽车驾驶员读本》、《新编机动车驾驶员考证指南》、《高速公路安全行车指南》、《汽车安全驾驶》、《国产、进口汽车行驶、保养、维修问答》。

(3)汽车保养与维修:《中国汽车维修数据实用手册》、《轿车空调百问:原理、结构、控制与故障诊断》、《中外汽车实用维修精选》、《新编汽车修理》、《进口日本汽车电气与电子设备维修手册》、《进口汽车微电脑控制系统的原理与检测》、《中外汽车故障诊断检修400例》、《当代汽车修理技师丛书》、《你爱车·车爱你》、《轿车使用、保养、维修400问》。其中《当代汽车修理技师丛书》是由机械工业出版社出版的大型汽车修理丛书译著。这部丛书包括《汽车手动变速器和变速驱动桥》([美]J.E尔贾维克著)、《汽车计算机控制系统》([美]D.诺莱斯著)、《汽车电气与电子系统》([美]B.霍莱姆比克著)、《汽车自动变速器与变速驱动桥》([美]J.E尔贾维克著)、《汽车供暖与空调系统》([美]B.H.德威金斯著)、《汽车制动系统》([美]L.埃克霍恩、D.克林恩克著)。这套丛书原由美国德尔玛出版公司出版,是全面了解国外汽车构造与维修的一部好书。

其他道路运输工具类图书与前两年一样仍集中于摩托车的介绍,共收入的6种书均由机械工业出版社和青岛出版社出版,涉及摩托车的驾驶(《摩托车安全驾驶》)、使用与维修(《现代摩托车维修技术全书》、《国产摩托车使用维修手册》)、故障诊断与排除(《摩托车维护与故障排除》、《实用摩托车手册》、《进口摩托车使用维修手册》)三个方面。

交通规划对于城市的长远发展至关重要,本年度在交通工程与公路运输技术管理方面出版的3种图书都是针对交通调查与规划的。它们分别是美国加州大学柏克利分校著,中央广播电视大学出版社出版的《现代化城市管理·(3)公共设施、交通规划与环境保护》;陈声洪主编,上海科学技术出版社出版的《上海城市交通分析和预测》;王炜等著,东南大学出版社出版的《城市交通规划理论及其应用》。

1998年收录的水路运输类图书数量为近3年之最,共10种。这10种学术专著分布于航道工程、船舶工程、船舶驾驶航海学和水运规章制度4个方面。航道工程方面的图书有《京杭运河史》,叙述了京杭运河从兴建到发展直至衰败的历史过程,是一部全面了解京杭运河历史和技术的论著。在船舶驾驶航海学方面,大连海事大学出版社出版了两部图书,一部是中华人民共和国交通部海事局编的《中国海员培训与发证》,另一部是香港杨良宜编著的《程租合约》。前者以图文并茂、中英文对照的形式,全面系统地向世界海运和海员市场直观形象地展示了我国海员培训、考试、发证等方面的管理经验和取得的成绩,详细介绍了各培训单位的师资、设施等软、硬件培训条件。后者则为"航运实务丛谈"的第七册,对有关程租的标准、与外贸的关系、订约方的重要性等问题做了详细说明。

本年度交通运输类图书出版呈现出以下的特点:

(1)汽车驾驶、使用类图书再次占据交通运输类图书出版的榜首。这种图书出版和消费现象无疑为我国公路交通的发展，社会生活的丰富，人们生活水平的不断提高所致。拥有轿车的人数增加，人们急切想了解汽车驾驶，购买、保养和维修的心理需求也突出反映于图书市场。

（2）摩托车市场已经成熟，有关的出版物均为实用性强的手册和指南。与前两年不同的是对于国产摩托车的介绍已经与进口车开始平分秋色，打破了以前进口车一统市场的局面，这也反映出我国摩托车制造技术正不断成熟和完善。

（3）水路运输类图书的出版在本年度达到一个高峰，出版物涉及面也呈现出多样化趋势。例如除了《现代轮机技术管理》、《现代造船工程》等技术理论性专著外，还出现了《京杭运河史》这样有关水路运输史实性的著作，从而给这门技术较强的学科研究带来一缕人文的色彩。

（4）从有关出版社的出书数量来看，年鉴收入机械工业出版社（28 种），北京理工大学出版社（5 种），大连海事出版社（5 种），上海交通大学出版社（4 种）。这 3 家出版社共有 38 种，占此类出书总量的 60%，而且出版的图书大多为专业方面的精品，充分发挥了专业优势，尤其是机械工业出版社以其专业出版的实力更成为交通运输类图书出版的核心。

图书出版研究

以精品图书开拓市场

李晏墅

精品图书是出版社赖以生存的基础，是出版社在图书市场竞争中竞争能力的综合表现。依靠精品图书开拓市场，是出版社兴衰存亡的关键。

一、精品图书在出版社市场开拓中的意义

什么是精品图书，我国出版界众说纷纭，莫衷一是。归纳起来，主要有以下几种观点：

第一种观点认为，精品图书是深受广大读者喜爱，经得起历史检验，具有一定感召力和吸引力的图书。

第二种观点认为，精品图书是思想精深，艺术精湛，制作精良的图书。

第三种观点认为，精品图书是政治要求、质量要求和受读者欢迎三者谐调统一的图书。

第四种观点认为，精品图书是思想内容精深，文化内涵较高的图书。

第五种观点认为，精品图书是经济效益和社会效益结合得较好的图书。

上述定义，从一定的角度看都是有道理的。

我们认为，精品图书是内容和形式相统一，受广大读者欢迎的经济效益和社会效益结合得较好的图书。它既包括学术著作精品，也包括一般图书精品，还包括教辅读物精品。我国出版界大多数同志只承认学术著作有精品，不承认一般图书和教辅读物有精品。我们认为，精品图书应该是有不同类别、不同层次的。精品图书可以是高水平的学术著作，也可以是高品位的一般读物，还可以是高层次的教辅读物。各种不同类别、不同层次的精品图书构成了精品图书体系。

精品图书的特征之一是客观性。精品图书不是出版社自己吹出来的，也不是政府和专家们评出来的，而是广大读者读出来的。这就是说，精品图书是客观存在的，不以任何个人的主观意志为转移。

精品图书的特征之二是思想性、科学性、艺术性和观赏性的谐调统一，是时代性和历史性的谐调统一。那种只讲“书皮”，不讲“书品”，只讲一时轰动，不求历史检验的所谓精品图书是没有任何生命力的。

精品图书的特征之三是特色性。精品图书明显地区别于同类一般图书，就是因为它在同类图书中有自己的独到之处。例如，南京师范大学出版社开发的《向45分种要效益》系列丛书，在全国之所以有如此高的知名度、美誉度，就是因为它有自己的特色，它服务于教师，授益于学生。

精品图书的特征之四是高市场占有率、高增值率和高收益率。凡是精品图书都是实践的产物，都有较高的文化底蕴，深受广大读者的欢迎，因而在同一类别的图书中，其市场占有率、增值率和收益率较高。那种长期躺在书库中无人问津的图书不能称之为精品图书。所谓精品图书的高市场占有率、高增值率和高收益率，不是跨品种比较的绝对量，而是相对于同类图书的相对量。如学术著作精品，一般图书精品和教辅读物精品的市场占有率、增值率和收益率是不能简单地比较的。我们这样来认识问题，解决了出版界一直认为精品图书难以实现经济效益和社会效益相统一的难题。

研究精品图书战略，重视以精品图书开拓市场，对出版社来说具有十分重要的意义。

（一）精品图书是出版社开拓图书市场的利剑

精品图书具有情感效应。上乘的内在图书质量，精良的印刷装帧，会激发读者的阅读偏好，产生一种特殊的情感，进行专一的购买。这样，在同类图书中会形成一个相对稳定的读者群，从而奠定出版社图书市场的读者基础。如外语教学与研究出版社的成功之道，就在于它不断推出自己的精品，使人们一买外文书籍就想到外语教学与研究出版社。

精品图书能产生竞争效应。精品图书具有强盛

的市场竞争力，有助于出版社不断开拓自己的图书市场，提高自身在图书市场的竞争地位。精品图书是市场竞争的产物，又在市场竞争中求得发展，其市场竞争的效应非常明显。如上海外语教育出版社的《大学英语》问世以后一版再版，许多同类书则被迫退出了图书市场。

精品图书没有时空限制。图书一旦成为人们公认的精品，它就会超越时空的限制，打破种种人为的封锁，实现图书市场时间的不断延伸，空间的不断扩大。如《红与黑》、《三国演义》、《新概念英语》等就是如此。“市场无极”已成为广大出版工作者的共识。我们要从特定的市场空间中抢到自己的市场地位，就必须拥有市场公认的精品图书。一定的市场延伸率、市场占有率和市场覆盖率，是精品图书的外在特征。精品图书市场延伸的时间越长，空间越广，其知名度也就越大，产生的市场时空效应也就越大。

(二)精品图书是出版社保护市场的法宝

随着社会经济的发展，国内图书市场逐步开放，图书流通的社会化、国际化和全球化已成为一种必然的趋势，国外图书的进入已成为无法阻挡的潮流。在国内图书市场上要冲破种种行政封锁，赶走同类低质量的图书，有效地与国外同类图书相抗衡，需要我们有精品。只有自己的精品图书质量上去了，读者信得过，才能战胜国内同类“土书”，抵挡国外同类“洋书”，保护自己的市场。在当前抵挡“洋书”更为迫切。最近几年，“洋书”入侵咄咄逼人，他们用尽了各种营销招术，大举进攻我国图书市场。在这样的形势下，我们单独用行政措施已无法抵挡国外同类图书的进入，只有用自己的精品图书与它们相抗争才是出路。因此，出版社制定精品图书开拓市场的战略，就其实质看也就是保护自己图书市场的战略。

(三)精品图书是出版社经济腾飞的加速器

出版社经济腾飞取决于许多要素，如制定有效的经济发展战略，加强内部的经营管理，采取有效的营销策略等等，但重视以精品图书开拓市场也是十分重要的。因为，在今天精品图书是科技进步和质量效益的集中体现，出版社能否不失时机地推进精品图书战略，推出一批又一批精品图书，也就成为出版社转换经济增长方式，造就新的经济增长点的关键。中国青年出版社社长胡守文认为，出版社不在大小，不在新老，有精品则兴。打响一个精品，就能拓宽一条路子，带动出版社经济的腾飞。因此，我们必须走“精品＋规模”之路，瞄准国内外图书市场上的精品，以精品战精品，向国家级、世界级精品图书进军。香港商务印书馆和德国贝克斯曼图书公司就是利用精品图书滚动战略，在全球书业中处于领先的地位。只要我们有一批又一批国家级、世界级的精品图书，并能形成规模，读者就会向我们聚集，资金就会向我们集中，利润就会向我们滚动，出版社的经济就会实现真正的腾飞。

(四)精品图书也是我们参与国际图书市场竞争的通行证

国内市场国际化是市场经济的重要特征之一。随着市场经济的发展，我们的出版社必将面向国际市场，参与国际竞争。要使我们的图书在国际市场上占有一席之地，必须拥有世界级的精品图书。在这方面，我们就整体而言，与发达国家和地区相比，还有很大差距，我们必须坚持实施精品战略，努力缩小这一差距，并提高自己参与国际市场的竞争能力。但是，我们今天在图书的印装形式上还不宜提倡立即达到发达国家和地区的水准，尤其是在绝大多数精品图书在国内市场销售的情况下更是如此。因为，精品图书的印装形式水准必须同我国社会经济发展水平及人们的货币支付能力相适应。

二、出版社争创精品图书过程中的几个误区

以精品图书开拓市场，对出版社经济的发展具有巨大的推动作用。但是，这个问题提出的时间不长，人们对它的认识和实践的掌握还不完善，因而在实施精品图书战略，争创精品图书的过程中，出现了种种误区。

误区一，以为精品图书就是“精工制作”之书。不少出版社以为精品图书就是做工精良的图书，因而他们不顾广大读者的经济承受能力，不惜一切代价在印刷装帧质量上下功夫，追求豪华精美的所谓“极品”，结果造成了印装质量上乘，但因成本过大，价格太高，使人望而生畏，导致“精品图书”市场无法打开。其实，他们忽视了一个简单的道理：即精品图书应该能满足广大读者的需求，与广大读者的经济承受能力相适应。当然，精品图书内容质量上乘，外在形式精良，成本较大，价格略高于一般图书是正常的，但绝非精品图书就是不惜代价之书。精品与价格昂贵有联系，但没有必然联系。我们应该努力使精品图书的内在质量与外在质量实现谐调统一，使精品图书的价格与广大读者的货币支付能力相适应，使精品图书成为“民众精品”，而不是“贵族精品”。

误区二，以为精品图书是宣传造势的结果。宣传造势，尤其是广告在经济活动中的作用是无可置疑

的。在市场经济条件下,宣传造势对精品图书的公众性、渗透性和表现性,起着巨大的作用。但是,一种精品图书的塑造和确立,不仅需要有一时很高的知名度,而且要有持久的知名度。没有宣传造势,精品图书就像姑娘在暗处向小伙子递送秋波,脉脉之情只有她自己知道,市场无法打开。但是,单纯靠宣传造势而形成的知名度是不会持久的。国内有一家出版社,出了一套儿童读物,为了让人们尽快承认其"精品",不惜代价开动了宣传工具,一时间知名度提高了,但是,销售一季就退出了市场。有些出版社还经常自我吹嘘,滥用精品一词,如《×××精品集》,甚至用《精品中的精品——×××》等等。实践证明,精品图书持久的知名度,最终只能靠过硬的图书质量+优质的销售服务+适度的宣传来获得。图书质量是精品图书的生命线,优质的销售服务是精品图书市场寿命周期拉长,市场空间扩大的润滑剂,宣传造势则是精品图书出版者与广大读者联系的纽带和桥梁。因此,出版社应该持之以恒不断地在图书质量上下功夫,并向广大读者提供优质的销售服务,才能塑造出有广泛读者基础和强大生命力的精品图书来。

误区三,以为图书一旦成了精品,市场就绝对不成问题了。现实生活中,许多出版社推出精品图书后,由于忽视了市场的开拓,结果使精品图书长期躺在出版社的书库之中是不乏其例的。我们认为,如果说质量是精品图书的生命线,那么市场的营销策略的不断创新则是精品图书占领市场的外在条件。随着社会经济文化的发展,读者的需求会不断地变化,因此,应该把精品图书战略看成是一个动态的过程:塑造精品→保护精品→发展精品。用精品图书开拓市场,不可能立竿见影,也不可能一劳永逸。出版社应该把精品图书战略当作一个长期综合积累的过程来对待。即使是已经受到了广大读者欢迎的精品图书,也还需要随着社会经济文化的发展,根据广大读者需求的变化,不断地进行修订,使之日臻完善,并且也还需要在市场营销上下功夫。

误区四,以为精品图书也是图书,没有什么资产价值问题,不加保护。出版社在这方面造成损失的例子是很多的。事实上,精品图书本身就是一种资产,是一种可以创造惊人效益的无形资产。精品图书的知名度,实际上是出版社文化积累和社会文明的沉淀,是文化劳动者价值的凝聚,其价值之高往往令人感到惊讶。有人估计《新概念英语》商标价值在45亿美元左右。我们有些精品图书,在读者心目中的知名度较高,但由于忽视了它的资产价值,不加注册,不加宣传,结果销量极其有限。这种忽视精品图书资产价值的行为,实际上是对出版社资产的一种极大浪费和不负责任。有些出版社的领导,既不知道精品图书的资产价值的重要性,也不知道怎样保护自己的精品图书。至今国内很少有出版社将自己开发的精品图书进行工商注册,出现盗版也不知道如何去打击,经常眼睁睁地看着自己费了九牛二虎之力开发出来的精品图书被人所糟蹋。

误区五,以为精品图书就是获奖图书。有些出版社为了创造自己的所谓精品图书,不惜代价谋求图书获奖。据说国内有一家出版社为了让自己的图书获奖成为精品,花了几十万元,结果奖是获到了,但书依然躺在书库之中无人问津。其实,他们忽视了一个简单的道理:衡量精品图书的标准只能看它是否真正受广大读者的欢迎,是否经得起社会的、历史的检验。如前所述,精品图书是客观存在的,它应由广大读者来评判,而不是由政府和专家们评出来的。评上奖的图书可能是精品图书,但不一定就是精品图书。没有评上奖的图书也不一定就不是精品图书。更何况,现实生活中名目繁多的评奖并非全是合乎规范的。

三、以精品图书开拓市场的成功之路

精品图书是出版社的牌子。牌子就是市场,牌子就是信誉,牌子就是效益。为了有效地利用精品图书开拓市场,出版社必须做好以下工作:

(一)依靠人才和图书质量树牌

在市场经济的浪潮中,有的出版社"平步青云",成为"常胜将军";有的出版社"每况愈下",成为"被淘汰者",究其根本原因在于人才问题。在图书市场上,表面看来是图书质量竞争、价值竞争、信誉竞争、服务竞争和宣传竞争等,实质是人才的竞争与较量。一个出版社要想利用精品图书开拓市场,必须重视人才问题的研究,培养一批政治强、业务精,作风硬的出版队伍。这里的关键是抓作者队伍、编辑队伍、印刷队伍和发行队伍的培养。关键之关键应该是编辑队伍。编辑人员应该具有政治意识、经济意识、超越意识、竞争意识、外交意识;应该具有创造力、洞察力、敏感力、远视力、应变力和忍耐力;应该具有广博的知识素养。当然,首先是出版社的社长、总编辑应该是人才,具有精品意识。只有社长、总编辑是人才,具有精品意识,才会重视出版社整体人才问题的研究,科学地选用人才,并重视有效激发人才的才干,才会根据精品图书产生发展的规律,进行出版社精

品图书的整体设计，建立一整套有利于精品图书成长的保障机制，选择一流的作者，使用一流的编辑，采用一流的装帧设计，落实一流的印刷企业，采用一流的发行措施。以精品图书开拓市场，出版社还要自觉地控制和压缩出书的品种，按照新闻出版署颁发的《图书质量保障体系》的要求，规划精品图书的运作流程，制定严格的图书质量内控指标，每个职工都应有相应的质量承诺，确保精品图书万无一失。

（二）依靠竞争优势扬牌

竞争作为市场经济的范畴，在社会主义条件下依然存在，在出版产业中同样具有培养员工的进取精神，促使出版社物质利益的实现；促进出版社采用新技术，改善经营管理；迫使出版社重视人才，挖掘人才的内在潜能；有利于广大读者，克服出版社"官商"作风等方面的作用。以精品图书开拓市场，要求出版社重视市场竞争战略和策略的研究与运用。外语教学与研究出版社他们认识到，随着社会经济的发展，人们对外语类图书需求会越来越大，这正是他们的发展机遇。这个机遇你不去把握，别人就会抓在手中，各类出版社几乎都可以出外语方面的图书，竞争是不可避免的。他们通过对市场竞争态势的分析，把握了自己的竞争优势，采取了有效的竞争之道，从而使他们的图书市场占有率、增值率和收益率在全国同行出版社中处于绝对的优势地位。利用竞争优势给精品图书扬牌，我们的出版社应该做到：信息利用要快，决策过程要短，生产成本要低，资金占用要少，图书价格要廉，销售渠道要多，图书质量要优，营销策略要活，经营管理要强，并且要从企业的实际出发，抓住重点，见机行事。注意各种竞争之道的配套运用。研究竞争对手，把握竞争循环方式，主动适应竞争。只有这样，出版社才能巩固已有的图书市场，不断开拓新的图书市场，在图书市场的竞争中立于不败之地。

（三）依靠优质服务护牌

精品图书要成为长期受广大读者欢迎的图书，出版社必须重视服务问题的研究，把抓服务提到与抓质量同样重要的地位，改变目前存在的把精品图书与服务分开，误以为精品图书就一定能够赢得读者，于是出现大量的"等客上门"的被动营销局面。其实，在图书销售活动中，精品图书与服务二者你中有我，我中有你，很难分开。优质的图书＋优质的服务，才能真正赢得读者。西方学者认为，今天的世界已经进入服务经济的时代，服务是企业打通市场大门的金钥匙。他们研究的结果表明：服务质量提高1%，销售数额增长10%。为此，出版社必须重视服务问题的研究，在服务项目、服务范围、服务方式、服务速度和服务态度上下功夫。服务活动必须适应图书市场竞争的需要，符合广大读者的愿望。出版社必须重视全体员工服务观念的确立，讲究服务质量，重视多种服务策略的配套使用，使之形成整体合力，使所有的服务策略像"磁铁"一样，全面发挥作用，以吸引更多的读者。实践证明，只有以优质的服务护牌，才能使我们的精品图书的市场延伸率、占有率和覆盖率达到最优化。出版社应该做到，图书销售码洋上一个台阶，服务工作上两个台阶。

（四）依靠规模经营兴牌

在市场经济运行中，规模经营是企业发展的一个重要的规律。出版社要想以精品图书开拓市场，实现经济腾飞，必须重视依靠规模经营兴牌。为此，出版社不是出一两本精品图书，而是推出一批又一批精品图书。一般说来，规模化生产和销售的精品图书，其市场影响率、占有率、增值率和收益率比单本精品图书要大，如北方妇女出版社开发的《忠魁智教》，江苏出版总社开发的《跨世纪农村书库》，南京师范大学出版社开发的《向45分种要效益》等系列丛书，在1997年第八届全国长春书市上一次订货码洋分别为620万元、360万元和187万元，被列为第八届全国书市排行榜的前10名。这些图书成功的重要的原因之一，就是它们有较大的规模。出版社只有使精品图书上规模，才能做到用精品图书带动一般图书的销售，从而实现出版社以精品图书为龙头，以资产为纽带，实行跨地区、跨行业、跨所有制的资产重组，盘活存量，用好增量，实现从图书的规模经营到出版社规模经营的转换。

（五）依靠法律武器卫牌

作为市场经济，应该是法制高度健全的经济，国家的宏观经济调控和企业的微观经济运行，都应该沿着法制的轨道运行。出版社以精品图书开拓市场，必须依法办事，依法律己，依法维护自身的合法权益，善于运用法律武器同违法犯罪行为作斗争。精品图书一旦面世，会受到来自各方的冲击，尤其是假冒伪劣图书的冲击。由于精品图书是市场的骄子，信誉的基础，效益的源泉，于是，许多不法书商无不以精品图书为对象，大肆进行制假、贩假和售假活动。这不仅损害了出版者的利益，也损害了广大读者的利益。出版社要想使自己的精品图书在市场上长销不衰，必须重视精品图书的资产价值，运用法律武器来保护自己。天津新蕾出版社对自己开发的《小太阳》、

《小月亮》、《小星星》丛书,进行工商注册,南京师范大学出版社对自己开发的《向45分钟要效益》丛书,聘请常年法律顾问代为打假的做法,都有效地保护了自己的精品图书。同时,出版社要认真研究新型的商标标识,充分利用现代防伪技术来对自己的精品图书进行有效的保护。发现假冒精品图书,出版社要善于拿起法律武器,多方联手,坚决予以打击。

(原载《南京师大学报》(社科版)1998.3.)

策划精品图书十法

卢　荣

精品图书是出版物的精华,是出版水平的集中体现,是出版繁荣的突出标志,是出版社在激烈市场竞争中求生存和发展的有力武器。本文是对精品图书的策划方法做一些探讨。

1. 从“政策导向”中策划精品

以“导向”带精品。这类书多为现实服务,有很强的时代性,在现时产生较大的影响和作用。

图书是特殊的产品,其特殊性之一即在于它具有政治导向性。精品图书应该符合党的路线、方针、政策的要求,弘扬时代主旋律。抓精品、出精品的根本目的是为社会主义现代化服务。明确了这一点,即可围绕大政方针策划选题。紧紧把握时代脉搏,紧扣时代主题,针对现代化建设过程中需要解决的各个领域的重大问题,进行精心的调查、策划、设计,下足功夫,就能够拿出无愧于时代的精品。例如,为振兴我国的科技事业,弘扬50年代以来新中国培养成长起来的新一代优秀科学家的历史业绩,广西科学技术出版社组织编纂了《当代中华科学英才》丛书。这套丛书以新中国成立以后成长起来的杰出科学家为典型,以广泛的世界科学发展和我国四化建设为背景,详细地描述了他们各自的杰出贡献、学术成就、治学经验、成长道路、成长环境和家庭婚姻等,熔科学性、思想性、哲理性、民族性、史料性于一炉。这套丛书既是进行爱国主义和社会主义教育的好教材,又是我国科学史的重要组成部分。这套丛书获得了首届“五个一工程”奖。

2. 从“填补空白”中策划精品

攻“盲点”出精品。现实世界复杂和多样,并不能完全被已有的作品所反映,因人而异的出版行为也留下了许多的“难点”和“盲点”。这就使出版物的“填补空白”成为可能,出版资源的新发现往往会产生一批“填补空白”的精品。广西科学技术出版社出版的《中国少数民族科学技术史》丛书便是一个很好的例证。中国是一个多民族的国家,每个民族在科学技术方面都有自己的贡献。研究清楚这些成就和贡献,不仅对民族史研究是一个重要贡献,而且会丰富中国科学技术史的内容,甚至会对世界科学技术史做出贡献。科学技术是全人类的共同财富,物质的属性和自然界的规律等待着人们去发现、去利用,但不同的国家、地区或民族,因所处的地理环境、社会状态和文化背景的不同,对它们的发现有先后,对它们的解释和利用有差别,因而就形成了科学技术发展的国家特色、地区特色和民族特色。越是在古代,越是在交通不便的地方,这种特色也越显著。但长期以来,有关少数民族科学技术史的研究却是零星的、肤浅的,而相关的出版物更是几乎处于空白状态,广西科学技术出版社经过多年的努力,推出了这一套丛书,填补了这方面的空白。该丛书出版后获得了第三届国家图书奖提名奖。

3. 从“高层作者”中策划精品

上“高层”夺精品。高层次的作者有的是某一领域的权威,有的就是某项重大成果的研究者,他们自然就成为出版社争夺的对象。因此,能夺得高层次的作者,将其所掌握的出版资源发掘出来,许多即会成为精品。如由著名医学家吴阶平教授主编并由山东科学技术出版社出版的《泌尿外科》一书,就是一例。

众所周知,吴阶平教授是新中国泌尿外科的奠基人之一,他不仅是国内外享有崇高声誉的医学家和医学教育家,而且是医学科学活动的组织者和领导者。

1993年,《泌尿外科》一书出版后深受读者欢迎,多次重印。中国科学院院士、著名外科学家裘法祖教授感慨地说:“《泌尿外科》是一部对临床、教学、科研具有实际指导意义的学术巨著。”该书荣获第七届全国优秀科技图书奖一等奖、第二届国家图书奖、第八届中国图书奖、1997年国家级科技进步奖二等奖。

4. 从“传统文化”中策划精品

中国有悠久的历史、千年的文明，文化积淀相当丰厚，这就为深挖细筛精品选题提供了基础。挖掘中华民族的精神资源，注重积累文化和传播文化，是此类精品图书的一大特色。

中医古籍出版社正在出版的大型系列线装古籍丛书《中医古籍孤本大全》便是很好的一例。该丛书是我国当代中医古籍整理研究的巨大系统工程，被国家新闻出版署列为“九·五”期间重点图书。这套丛书由中医药界几十位知名的专家学者组成学术顾问组和选编委员会，对散存于全国各地行将绝本的孤善本医书进行了系统的调研和筛选，选出内容翔实、版本精良，具有学术价值、文献价值、临床实用价值和新药开发价值的珍贵文献，分期分批陆续出版。这是一套包括各时代、各学科中医药著作的系列丛书，内容丰富，门类齐全，广泛涉及本草、医经、伤寒金匮、临证各科、医案医话、针灸、方术、气功、养生保健等内容，尤以历代各科名医临证经验、本草研究、药物炮炙、名方奇方显效方汇集等为多，预计该书将收载200多部散藏各地鲜为人知的孤本医书，计划5年内出齐。该书的选编出版，使长期尘封闭锁的珍籍秘典重放光彩，是一项弘扬我国古代科技成就，抢救民族文化遗产、继续发扬祖国医药学的跨世纪的文化工程。稀世孤本重刊济世，千古秘典再放光彩。江泽民主席亲笔为该丛书写了书名。

5. 从“一流成果”中策划精品

众所周知，本世纪的下半叶，以电子信息、生物、新材料、航天、新能源为代表的高科技的重大突破及其产业的迅速崛起，带动了产业结构的调整和升级，促进了世界经济的发展，也引起人们生产方式和消费结构的深刻变革。当今世界各国经济乃至综合国力的竞争，都集中到高科技的竞争。著名学者杨振宁在一次接受采访时直言不讳：高科技市场是中国超越发达国家的主战场，也是最后的战场，倘若不能在高科技战场上抢占一席之地，中国将被人抛于脑后。中国现正在大力倡导“科教兴国”。

一些前沿的课题和一流的成果，本身就蕴含着巨大的社会效益和经济效益，同时又往往和一些著名人士联系在一起，从其中选择、策划出一些精品选题是一条捷径。如1988年湖南科学技术出版社出版的袁隆平著的《杂交水稻育种栽培学》便是一例。该书的出版举世瞩目，因为粮食问题是全球性的，而袁隆平在这一世界级的课题研究中取得了最卓有成效的成果。该书1990年获第五届全国优秀科技图书一等奖，1994年获首届国家图书奖。该书的出版对我国乃至世界杂交水稻的科研和生产起到了积极的促进作用。进入90年代，两系杂交作物的研究有了突破。1992年，我国两系杂交小麦研究成功，并在生产上应用，引起了农业界的极大关注。湖南科学技术出版社又瞄准这一成果，及时地组织出版了《两系杂交小麦理论与实践》一书，受到各方面好评，该书获得了第八届中国图书奖。

6. 从“重大主题”中策划精品

环境、资源、人口等重大主题，与人类社会的发展息息相关，历来备受各国政府的重视，从这里面策划选题，就容易出精品。如广西科学技术出版社出版的《土地在呼唤——保护人类赖以生存的耕地》就是很好的证明。该书以历史地理学的眼光，围绕着人类的活动对自然资源中最基本、最重要的要素——土地资源的深刻影响，从历史的与现实的角度，深刻地剖析了土地资源的重要性，以及由于人为影响而发生的土地资源丧失的种种现状，特别是根据可持续发展战略和生态农业的观点，论述了保护土地资源和土地可持续利用的发展观。书中的许多例子将唤起全民族的土地意识，使人们从触目惊心的土地资源的丧失中醒悟过来，共同呼唤人类要保护自己的家园，呼唤法律对土地的保护。这是一本难得的关于保护土地的科普读物。该书已报送1998年“五个一工程”奖。

又如，广西科学技术出版社出版的《太空·地球·人类》也很能说明“重大主题”所赋予精品图书的巨大“先天优势”。该书对当今国际空间科学研究的最新情况和发展趋势进行了深入的探讨和研究，并提出了关于全球环境变迁的探讨研究和空间科学的发展计划。该书获第八届中国图书奖。

7. 从“时代需求”中策划精品

时代的需求、形势的需要往往是很迫切的，又通常与一些“热点”问题相联系，而这些“热点”问题即是催生精品的土壤。例如，在当今世界上，国际贩毒活动依然十分猖獗，毒品犯罪仍然威胁着人类安全。鸦片烟毒对于近代中国危害极大。从举世闻名的鸦片战争开始，中国人民曾多次掀起全国性的禁烟拒毒运动，并取得了相当显著的成效。然而近年来，毒品重又泛滥，禁毒成为时代的迫切需求。广西教育出版社及时推出了《禁毒教育通俗读本》，该书具有很强的现实意义,取得了显著的双效效益。该书获"五个一工程"奖。

8. **从"品牌创新"中策划精品**

品牌这个概念,出版界过去并不以为然。随着出版与市场的融合,品牌观念、品牌意识正向出版界走来。在近期召开的一些图书订货会上,无论是出版社、销货店还是读者,大家都在讲品牌、打品牌、关注品牌,品牌被称为订货会上的"硬通货"。品牌效应十分显著,显示出品牌的无穷魅力。这是图书市场越来越成熟的一种反映。

在市场经济条件下,品牌是市场竞争的产物,是一种重要的无形资产。品牌在很大程度上决定着产品甚至企业的市场占有率,决定着企业的生存和发展。在市场上,品牌是质量的标志,信誉的标志,市场需求的标志;对出版物来说,品牌更是品格的标志,读者认同的标志。由"品牌创新"策划精品,则可收事半功倍之效。例如,"十万个为什么"是著名的图书品牌,书名上带有"十万个为什么"的书已经出了不少。1997年8月,浙江科技出版社又推出了一套6册的《新科学十万个为什么》,该套书首版印数就是5万册,是一套很有特色的丛书。

这套书之所以取得成功的原因,正如这套书的书名所体现的,关键在一个"新"字。求"新"是这套书最重要的特色。在科学技术日新月异的今天,能否跟上时代的步伐,反映出科学技术的最新成就,以及是否能与社会、与人民生活息息相关,是评价这类科普读物的重要标准。这也就是我们常提到的"时代感"。该套丛书的策划者着意在"新"字上下功夫,一些较新的内容,如信息高速公路、多媒体、克隆技术等,都可以在这套书里找到简明扼要的叙述。《新科学十万个为什么》的求新,不仅表现在它的选材上,也反映在它那全新的表现形式上,一套以青少年为主要对象的科普读物,必须有适合青少年特点、能调动青少年阅读兴趣的形式。本套书抓住了这一关键。

品牌的创立又是一种更高层次的创新。辽海出版社按照产业化的COPY原则创出了"小布老虎丛书"这一知名品牌,广西接力出版社更是棋高一着,创出了"神脑聪仔"的著名品牌。

9. **从"规模宏大"中策划精品**

"规模宏大"的系列书是书海中的"航空母舰"。由于其规模大、投入大,一般的中小出版社难以涉及,心有余而力不足。这就为有实力的出版社留下了一份丰厚的出版资源,从中策划精品,当是一条蹊径。广西师范大学出版社出版的《光绪宣统两朝上谕档》(1875年至1911年)便是一个很好的例证。

"上谕"系指皇帝的命令和指示,又称"谕旨"。它是清代高级的下行文书之一,具有权威的法律和行政约束作用。清代自雍正年间设立军机处以后,"上谕"由军机大臣秉承皇帝的意旨撰拟,经皇帝审阅后封发。上谕在封发之前,均抄录一份存档,原稿则逐日检齐销毁,这份留存的底册,就是"上谕档"。作为清廷中央存留下来的唯一一份完整的备查本,"上谕档"具有与正文同样的法律效力和史料价值。因此,军机处的"上谕档"实际上是清代皇帝发布的日常政令的总汇。不仅如此,其中还附有相关的其他档案文件,包含了丰富的具体史实。凡清王朝对当时国家各项重要事务的最后决策及终极处置情况都在"上谕档"内。它是研究清代政治经济、军事、外交、文化、民族、宗教等方面不可缺少的第一手资料。

光绪宣统两朝是中国近代发生重大事件最多、社会变化最激烈、影响最深的时期。中国边疆危机、日本侵占琉球、左宗棠收复新疆、洋务运动的发展和衰落、新疆和台湾建省、中法战争、甲午战争、马关条约、香港问题的最终形成、戊戌变法、义和团运动、八国联军侵略中国、辛丑条约、预备立宪、保路运动、辛亥革命等重大事件均发生在此期间,因而《光绪宣统两朝上谕档》的内容尤为丰富,其作为史料的研究和参考价值之大,更不待言。该套书16开精装37册,定价15 000元,规模宏大。它既反映出广西师大出版社的实力,也为读者奉献了一份"精品大餐"。

10. **从"版权贸易"中引进精品**

广西接力出版社的《家庭健康护理大全》、《妈妈宝宝护理大全》,通过引进版权取得了很好的效益。

清华大学出版社1992年开始从美国微软公司引进计算机图书版权,面对美方提出的苛刻条件,他们仍不失时机地引进,使清华版的计算机图书的技术含量进入了与世界同步的行列,其中有不少的精品书在国内引起了轰动,同时也取得了可观的经济效益。

以上总结的方法,仅是对精品图书策划的初探。出版更多的精品图书,是每一个出版工作者努力的目标。

(原载《科技与出版》1998.6.)

通俗书籍出版热的文化思考

李白坚

从20世纪80年代中期开始，一股新武侠小说的出版热潮席卷大陆的城镇乡村、大街小巷。在书店书铺里、书摊地摊上，堆满了刀光剑影、飞檐走壁的武侠小说。几乎与武侠小说相颉颃，在此期间，言情小说也得到了空前的流行。既有二三十年代的以鸳鸯蝴蝶派为代表的旧言情小说，又有从港、台流传过来的以及大陆作家新制的新言情小说和散文作品。此时的大中学生，特别是女学生，几乎人手一册，再加上相应电视剧的推波助澜，使这些通俗读物热得不亦乐乎。

就在武侠小说和言情小说的热浪澎湃的前后，又有人体画报、性学书籍等在新中国图书市场上以似乎还不曾有过的新奇读物的面貌，纷纷然像赶趟儿似的冒了出来。对此引用有的评论家的比较过激的话语，就是在书籍市场上充满了这8个字："爱、情、淫、性、奸、杀、惊、奇"。

对于这一现象，批评家们纷纷口诛笔伐，当此时，中国的出版界承受着最大的最直接的压力——因为书，就是从他们这个口子里冒出来的，"始作俑者，其无后乎"！80年代开始的通俗书籍这一热，竟热了十多年。最近，有点冷下来了。在大家都冷静下来之后，从文化的角度对这一现象略作反思，不无意义。

任何文化现象的产生，都离不开当时的历史条件。历史条件成熟了，这一文化现象就自然而然地出现了，任何力量都阻挡不了。

在对中国本世纪，以及本世纪之后的文化考察之中，有一个在十几年、几十年，甚至于上百年之后，都不可忽视的影响，那就是灾难深重、持续十年的文化革命。

持续了十年之久的文革对中国文化的践踏，中国几乎成了文化的荒漠。而文化荒漠带给现代人最大的危害，就在于使人们丧失了对自身价值的正确认知。一个人，乃至一个国家的人民群众，不知道自己具有生的权利，完全丧失自我，流于愚昧的工具，不再具有创造的价值，那该是多么的可怕！

文化的一个最重要的特性，就在于它的延续性和传承性。十年的断流，十年的空白，带给中华文化的负面影响，将随着日月的消逝而更显示出这一文化断层的陡峭、贫瘠和险峻。借用化工上的名词，它所流传的"残毒"，将在几代的文化传承中，继续散发出恶臭，难以消失。

文革是标准的"灭人欲"的"革命"。它否定生活的美，否定人们的爱美之心；它否定人性的存在，否定人性的美；它否定人的感情，也否定人类的共同的爱；它否定个性，否定具有个性的创造；它也否定人首先必须吃、喝，然后才能进行政治的、经济的、文化的活动的马克思主义的基本原理。总而言之，它否定人之所以成为人的一切基本的属性。

十年，不是一个短暂的时期，十年的对人的否定，造成了人的智力的和感情的巨大缺陷和创伤，造成了人性根本的扭曲和异化。由于缺乏文化的营养而造成的人性的佝偻症，必须用文化的乳汁来营养和浇灌。而这种对文化营养的渴求的最好补偿莫过于发展出版文化。

文革后，出版文化首先意识到自己的崇高使命，第一个向文革烧焦的荒原撒播了绿色的希望的种子。那就是80年代初期的中外名著的出版。当时，中国的人民，特别是在文革中先天不足的青少年，是以"久旱逢甘雨"的心情去迎接这文革后的第一轮甘霖的！请注意，这一茬的读者，应该是具有一定文化水平的人们。而出版的书籍则是《悲惨世界》、《欧也尼·葛朗台》、《约翰·克利斯朵夫》等我们今天称为"雅文学"的作品。

出版文化的营养最先哺育了最渴求文化滋润的一批人之后，接着，广大具有初等文化程度的人们也开始嗷嗷待哺，这是更为广大的中国民众。提高中华民族的文化水平，也许对于他们，具有格外艰巨和重大的意义。

但是，如果说，前一种书籍给人们产生的效果，主要是文化素质的提高的话，那么，现在提供需求的出版文化性质却是消遣和娱乐——通俗文学的主要功能。一桶水，不从地上提高，难道从半空中提高吗？这是毛泽东同志在论述普及和提高时说过的一句熟语。80年代开始的对中国普通民众的文化普及,从出版文化的角度来看,就是通俗文学作品的出版。

消遣和娱乐的提出和出现,是从出版文化开始的。对于中国文化来说,这同样是具有重大意义的事。因为十年中,是不存在消遣和娱乐之类的人类的正当要求的,这些要求,被视作资产阶级的腐朽糜烂的生活而遭到彻底的否定。

居然敢于冲破文革造成的限制,大胆地贡献出主要供给普通民众的消遣和娱乐的武侠小说、言情小说,则是出版文化的宏大气魄,是出版文化人对普通民众的关心和服务。从文化学的高度来看问题,则出版文化在文化的普及和对普通人格精神的塑造上,是作出了一定贡献的。现在看来,正是通俗小说的出版和大规模地被人们接受,使人们最先突破了文革设置的无形的精神牢笼,恢复了作为一个人所应该具有的消遣和娱乐的权利。

通俗文学,特别是一些优秀的武侠小说,在文革之后,同样第一次开始向民众宣传中华民族传统的道德品质:要"讲求信义"、要"敬老尊贤"、要"仗义疏财"、要"舍身取义"、要"一诺千金"、要"知恩图报"、要"爱憎分明"、要"勤学苦练"。通俗文学的通俗化、大众化和平民化,使武侠、言情小说进入"寻常百姓家"的同时,也就把以上那些中华传统道德准则带到了千家万姓、千门万户。这一点,出版文化功不可没。

武侠小说和言情小说,特别是武侠小说,确实具有一种"普罗"的性质,真正是满足了"引车卖浆者流"的精神需求。正因为此,他们虽然收入不高,却都愿意以十几元甚至几十元的高价,买上一本,倚门而阅,手不释卷。当此时,连麻将的召唤,也不能吸引,可见通俗书籍的吸引力量。

这样看来,是否可以说,是出版文化贡献的通俗小说,给了文革之后的广大民众第一次真正的重新的精神启蒙?是否可以说,通俗小说的大量出版,是出版文化给予文革十年精神饥渴的民众贡献的最初的文化营养?

以上说的是通俗书籍出版热的历史文化状况。下面再看看出版社怎么有了大量出版通俗小说的现实可能性。

从文革结束到1985年间,中国出版文化通过积极的努力,逐渐填补着十年文革带来的巨大的文化大裂谷。党的十一届三中全会以后,无论是出版规模还是图书品种,都达到了中国历史上前所未有的程度,图书市场呈现出一派繁荣兴旺的景象,作者和编辑队伍逐步健全而且扩大,各个部门的改革也蓬勃开展起来。

在"文革"前的十七年,中国的图书出版业还是受国家政策扶持和经济补贴的。当时实行保本微利的原则,出版社不向国家上缴利税,同时还享有纸张补贴。因此,出版社只是一个事业单位,没有经济上的任何压力。但是,当时的出版业也是计划经济的产物,一切书籍的出版,都在国家和部门的计划之中。他们既不了解市场,也用不着去管市场的供需情况。出版社既然包给了国家,既然出版社没有了经济财政的重负,反过来看,出版社自己也就没有了个体发展的自由。这就是相反相成的一枚硬币的两个面。

1985年以后,出版业也进行了全行业的改革。随着市场经济的发展,出版社的自主性有了极大的提高。与此相适应,国家对出版社的税收政策也作了调整,取消了纸张的补贴,将出版社的赢利列入了国家财政收入的一部分,各地的出版社也必须拿出相当的利润上缴国家财政。这样,出版社就从一个事业单位逐渐过渡到了一个企业单位,从一个生产型的部门,变成了一个生产经营型的部门。

国家作出的这一决策,是出版社适应整个国家经济转轨的重要措施。事实证明,这一措施激活了出版社的管理体制,增强了出版社的市场竞争活力,也调动了编辑们的工作积极性和创造性,出版事业出现了空前活跃的局面。国家出版政策的调整,给出版界进行改革开放创造了最优化的条件,大大增强了出版社的经营自主能力。

国家对出版部门的改革政策,使出版社解放了手脚。不久,在各个出版社就开始了出版管理体制和税收政策的改革阶段。

最初的改革是实行超编费奖励制度。一二年后,就掀起了大规模的大社分小社的热潮。税收政策也有了大的调整。由包干税过渡到利税,对出版社实行企业化管理,由一般的经营型过渡到自主权更多的生产经营型。

那时,全国有相当多的出版社都实行了社会效益和经济效益的责任承包制。这样一来,编辑部门的注意力就有相当的一部分被转移到考虑经济效益上来了。在经济效益的引诱下,武侠和言情小说,很自然地成了人们共同注意的目标。

这实在也是一种出版行业的初级阶段的改革所产生的状况:出版社初次在市场经济的大风大浪里游泳,出版社头一遭在经济效益和社会效益的钢丝上行走,毕竟是自从新中国成立30多年来从未有过的事,稍不小心,便失去了平衡。

这是每一个初涉经济沙场的人们必然经过的考验，也是新中国出版文化在从计划经济向市场经济过渡时必然要经历的临产时的阵痛。而这一阵痛，不期然地在生产“武侠小说”和“言情小说”的时候出现了。也许，在出版这两类通俗书籍的时候，最能够体现出出版文化的经济品格和转型要素。

历史的机缘，有的时候恰恰落在一些无辜者的头上，平心而论，通俗小说的泛滥，其实怪不得通俗小说本身。许多现实主义的批评家在分析以上出版文化现象的时候，往往会怪罪通俗小说，也许是打错了棍子的。

就在出版社进行转轨的时候，出版社的主人们的观念，也开始大大转变了。这是二十世纪出版社的编辑们从观念到行为的最富意义的巨变。

在此之前，编辑们是看不起商业，也看不起商人的。多少年来，他们继承着知识分子的老祖宗陶渊明的传统——“不为五斗米折腰”。他们向来不屑于计算金钱，不屑于像司马相如那样当炉卖酒，甚至到财务科拿工资，都会害怕被人误认作是崇拜孔方兄！

出版社经营改革的进行，给中国原有的编辑同人赋予了全人格的重新塑造和估价。市场经济对于旧的观念进行了天翻地覆的改造，编辑对自己有了最新的认识：原来，出版，也是有经济学的；原来，市场，也有一种高超理论的涵盖；原来，编辑，也能够学会用经济的眼光来衡量事物，处理事物的，而且还一学就会！

似乎就在不经意之间，一场编辑能力和素质的发掘和发挥运动像春雷般动地而来。从那个时候开始，书稿的价值在编辑的眼中有了新的内涵，或者说，编辑的眼睛对书稿的份量有了新的尺度。一书到手，先看质量，而质量的意义除去书稿本身的学术水平，文字能力，艺术价值，则又添上了更为重要的一点——市场的需要。

判断市场与经济效益的眼力，也就是判断商品价值的能力，经过多年的实践，我们中国的编辑，终于也学会了。本来手无缚鸡之力的一介书生，居然能一书在手，而心怀市场，这实在是不容易的事。与市场经济接轨，与世界出版业接轨，再也不是一句空话了！

学习是要付学费的。80年代一哄而上的通俗书籍热所造成的负面影响，也许就是我们这一代处于经济转轨时期的编辑们付出的学费。

不可否认，那一时间的通俗书籍，确实也出得太滥了。然而，在突如其来的经济大潮面前，在关系到自己出版社的存亡接继的类似生存竞争的市场竞争面前，谁也不可能像请客吃饭，做文章，或者绘画绣花，那样雅致，那样从容不迫，文质彬彬，那样温良恭俭让。一时间的手忙脚乱，一时间的鼠目寸光，一时间的“急吼吼”（如上海土话所云）并不难理解。

如果承认书籍是商品，那么，出版社出书具有功利的目的也就不为过。回想二十年代，当沈知方建立“世界书局”时，也是先靠出版鸳鸯蝴蝶派创作和翻译的作品，不断推出新品种，等到基业巩固之后，才开始出版“国学名著”丛书，创立名声，逐步成为出版大企业的。与此相类似，为了满足市民阶层的需要，为了积累资金，也为着出版文化的更高的目标，商务印书馆将《小说月报》改为新文学刊物之后，就另外创办了鸳鸯蝴蝶派的刊物《小说世界》。另外，《申报》将副刊“自由谈”让给新文学不久，也另辟了鸳鸯蝴蝶派的副刊“春秋”。

这样看来，在当时的出版界，确实是“左右逢源，两面讨好”的。既要积累资金，又须服务民众，于是在服务民众的同时，也就搞起了积累资金的营生。当时的这种做法似也无可非议，非此，不能使出版文化得到扩大再生产，不能扩大再生产，也就妨碍了提高人们中华民族文化水准的最高目的。因此，历史主义地看问题，今天出版通俗书籍的这一选择，也是有它的现实原因的。

另外，出版文化在我国的进行，还有着它所遇到的一种无可奈何的实际情况，那就是，在我们的国家，普遍文化水平的低下。这一点，决定了通俗书籍有着大量的读者群众。

在经过了文革之后，确实的情况是，文化，真的被大大地革除了。整整有几代的人们，简直可以说在青少年时期就没有读过书！城市如此，乡村更甚。少文化或者低文化的普通群众的大量存在，是通俗小说得以生存和流行的最广大的温床和土壤。

80年代，中国的城市已经开始了全面的大发展。随着工业建设的开展，房屋建筑的大量开工，以及与此相配套的各种各样的服务性行业的出现，吸引了大批的民工，像潮水般地涌入各个都市。他们只是粗通文字，他们也需要基本的消遣与娱乐，而这时，通俗小说就成为他们最好的最经济的伴侣。民工之外，大批的市民也是通俗小说的顾主。

综以上四方面之论述，即社会的原因，国家的政策，出版社的积极性和广大的民众的问题，是使本世纪末通俗小说热掀起的直接原因。原因众多，倘若把通俗书籍出版产生的问题只让出版界一家担负，似不甚公平。

这些年来,出版社除去背上的出版通俗书籍的罪名外,有关性学书籍和人体画册的出版等,也被品评得可以。因此,还想说几句话。如果说,通俗小说的流行带有消遣和娱乐的性质,那么,性学书籍、人体画册的一哄而上则带有更多的好奇的色彩。

用文革造成的后果来看今天性书、人体画册的突然流行,仍然是顺理成章的。

中国是一个文明古国,我们的先人曾经有过光明正大地研究性问题的时代,也曾经有过大胆细致地研究性问题的书籍。他们把性的交合与自然宇宙相协和,与天地阴阳相适应,从操作技巧到房事禁忌,从优生怀胎到性病治疗,都有所涉猎。

但是曾几何时,性的问题被渐渐纳入到一种政治的范畴,男女的慕恋,开始要注意阶级出身和阶级关系;出于青年人的爱美之心,打扮得漂亮一点就成了资产阶级的少爷小姐。

到十年的文革之时,几乎完全否定了人的生理需求,而把人的社会性强调到不适当的程度。在那样的年代,可以说,出版社从来不会想到出版有关性知识的书籍,而人们也几乎从来没有在出版文化中接触过性,以及与性有关的读物。

但是,毕竟,"食,色,性也,"人们有着迫切希望了解自身的本能欲望。当文革结束,突然有了有关性的书籍出版,立即成为热点,也是情理之中。

然而,我们既不能去谴责现在对这类书籍感兴趣的读者,也不必谴责出版社的编辑们。这不是购书者的羞愧,而是出版文化的耻辱;这不是感兴趣者的无知,而是文化革命的罪恶;这不是出版者的头脑发热,而是初级文化市场的需要。出版文化本是应该担负起向人民普及生理知识,给人们提供人体美的正常审美需要的,因为文革的原因,却不得不剥夺了人们的权利,整整有十年之久,有谁能耐得了十年的饥渴而不对突然出现的从未一见的东西无动于衷!

性书、人体画册的书籍在欧美国家中是普遍存在着的,他们那些书籍在某种程度上讲,比我们八、九十年代正式出版的性学书和人体画报要有低下得多的品貌。

他们的性书和人体画报在专门的性器商店里销售。其品种之多,装帧之美,无与伦比。但是它们远远没有成为书籍销售的主流,也不可能成为书籍销售的主流,更不可能出现什么"热"。因为它们是作为一种常年的生活必需品或调剂品而走向市场的,就像"牙刷牙膏、香肥皂、卫生纸巾、避孕套"一样。

这主要在于,他们所提供的东西毕竟不是艺术的上品,甚至根本就不是艺术,而是一种单纯的感官的刺激品,生理的消耗品,几乎是任何一个人,都会一看了之,一笑了之的。离开书店,决不会有像看过《欧洲古典人体画集》等优秀艺术作品那样的审美的激奋。

为什么中国的出版社出版的比欧美同类书籍要高得多的这种书籍在八、九十年代的中国,竟出现了那么大的影响,仿佛闯出了那么大的乱子呢?只能认为,这种出版文化的现象的出现,本身就是文化发展的进程中曾经被扭曲和被中断的结果。新奇、新鲜,从来没有看见过的猎奇心理,主宰着当时这类书籍的阅读兴趣和购销市场。

时至今天,尽管书店的书架上、橱窗里仍然陈列着一些性学书籍,美女画报,却再也提不起人们太大的兴趣了,只要舍得花上一点钱,立马就能买到。这种书籍的购买热和出版热已经是"黄鹤一去不复返"了。

它们怎能不走下坡路呢?因为购买市场已经饱和,购买力已经下跌。价值规律,这个在商品社会最铁面无私的法官出来收拾局面了。任何力量,包括政治力量,军事力量,都不及价值规律的铁腕!

事实上,武侠也好,言情也罢,甚至于艺术的人体画报,介绍性知识的书籍,也都不属于坏书的范围。

著名的老作家、老编辑韦君宜就认为:近年来(指80年代中期)通俗文学之所以达到极盛,有其规律可循。通俗的东西过去有读者,现在有,将来人的文化修养提高了,还会有人需要。这一读者层次是广大的读者群,是我们的人民大众。她谈到,她自己年轻的时候,也喜欢。

韦君宜认为,通俗文学永远会占一席之地,但不可能席卷一切。对此,出版界"不必惊慌"。不要把通俗的东西都视作异端,古代的案例小说,甚至有些名著,就是优秀的通俗文学,张恨水的有些作品也不错。

是的,真正需要进行打击的是那些黄色下流的书刊,那些直接描写或表现性行为的书刊。它们是我们出版文化中的蛀虫、沙子和杂质。扫黄打非的工作是一项经常性的工作,借用一个出版文化中的例子,我们常说,校书就像扫落叶一样,错字别字即校即出。在市场经济条件下,在出版文化的自由竞争阶段,黄色书刊和非法出版物,也将像落叶那样,即扫即出。因为它迎合了人们最原始最初等的寻求感官刺激的生理满足，有一定的市场；而利润的引诱，将使它的追逐者有10%的利润就会全力以赴，有30%的利润就会铤而走险，有50%的利润就会走上触犯刑律的道路。所以，不可能进行几次，十几次的扫黄打非活动就万事大吉了。只要出版工作还在进行，就不能放松这项工作。

可以预料，在以后的日子里，武侠小说、言情小说、性学书籍和人体画报，都会作为出版文化的一个门类放在它们应该置放的书架上，既不会畅销得一抢而空，也不会滞销得无人问津，就像其他类型的书籍，如哲学、经济学和文化学的书籍一样。因为文革的精神饥渴状已经一去不复返了。

凡是现实的，总有它的合理性。其实从出版文化的高度看问题，中国历史上又何曾有过哪怕一本书，是白出的呢？古往今来的任何书籍，都已经以文化精神的泛化状态，溶解在中华民族自身的灵魂之中。有谁能说，这些通俗书籍的出版，就一定不是为着提高中华民族文化水平的活动、就一定不是历史文化作出的悄然暗示的结果呢？

（原载《上海大学学报》1998.4.）

创立中国出版业品牌刍议

胡　钰

即将迈入21世纪的中国出版业，在建设有中国特色社会主义的进程中发挥着越来越重要的作用。同时，中国出版业也处在转换机制、迎接国内外市场挑战的历史时刻。面对着汹涌而来的市场风浪，中国出版业该如何应对？我们的回答和行动只有一个：创立中国出版业的品牌。

时代呼唤中国出版业的品牌

建国以来的近50年间，我国出版业实行的一直是计划经济体制。从出版社的组成格局看，全国绝大多数省、市、区都是一个模式：人民社、教育社、科技社、文艺社、美术社、少儿社、古籍社。各个部委也多是一报、一刊、一社的格局。如此整齐划一的格局使得我们的出版社没有规模，没有特色，更没有品牌的概念。随着经济体制逐渐转变为市场经济，这套体制的弊端也日渐明显，缺乏市场竞争力的出版社在市场大潮中不断被淘汰。于是，出版社越来越重视选题、装帧、策划。但随着经济体制改革的逐渐深入，人们发现，越来越多的出版社虽然非常努力，却仍显得力不从心。出版业中十几家甚至几十家出版社抓住一个选题重复做的“选题撞车”现象屡屡发生。这种经营只能产生短期的经济效益和微弱的社会效益。

在党的十五大报告中，文化首次被作为综合国力的重要标志提出，而出版工作是“文化建设的重要内容”之一。无疑，党中央对出版工作在文化建设中发挥的作用寄予厚望，而出版工作担负的责任也更加重大。

不论从经济角度，还是从政治角度，我们都会发现，我国的出版工作面临着前所未有的历史机遇与挑战。抓住机遇，迎接挑战，创立中国出版业自己的品牌是当务之急。

有了品牌，才可能在市场竞争中取得胜利。市场竞争从某种意义上说就是品牌的竞争。一个企业拥有了自己的品牌，它的产品就有了极强的竞争力。

有了品牌，才能进行规模经营，任何跨国、跨地区的大型企业都有自己良好的品牌，有了品牌，规模化的经营才成为可能。在今年初召开的全国新闻出版局长会议上，于友先署长指出，“提高质量和效益，走内涵发展的道路，是出版产业健康繁荣发展一条基本的内在规律，也是继续推进新闻出版业阶段性转移的重点”。并且，提出了“培育出若干家年销售十几亿或几十亿的大型或超大型的出版集团”的战略构想。这就是要求我们的出版市场上能够出现若干家响亮的品牌。这样，既可以带动国内出版业走向内涵发展的健康道路，又可以在国际出版竞争中占有一席之地。

有了品牌，才能更好地宣传有中国特色的社会主义文化。出版物在建设有中国特色的社会主义文化中发挥的主要作用就是教育、鼓舞读者。如果有了良好的品牌，读者对品牌的认同就会促进其对出版物内容的认同，这必然会加强宣传效果。

出版业品牌的内涵

品牌是商业竞争中使用较多的一个概念,其基本意义是指某种产品或某一企业的市场声誉,衡量标准是其无形资产值。在出版业有一些著名品牌,比如英国的牛津大学出版社、美国的麦克米伦出版社等等。由这些出版社出版的图书往往能成为畅销书排行榜上的佼佼者。但出版业毕竟与其他纯商业行业不同,它有着极强的文化属性,商业利润只是其品牌优势的一个外在体现,因此,出版业的品牌与其他行业的品牌有共同之处,也有自身独特的内涵。

一个名牌出版社,首先,应具有较高的知名度,一个默默无闻不被公众所知的出版社根本就谈不上任何品牌。其次,应具有较高的赞誉度,知道并不等于已经树起了牌子,还要看是好名还是恶名,是较好的名还是很好的名。公众普遍对一个出版社的赞扬将为该出版社树立起良好的公众形象,可以增强公众对其的信赖感。再次,出版社应具有恰当的文化品位,任何出版物都要对读者的精神产生影响,恰当的文化品位能给读者以正面、积极、健康的影响。知名度、赞誉度和文化品位构成了出版业品牌的基本内涵。目前国内外出版业已有的一些重要品牌,像上面提到的两家国外出版社以及国内的商务、三联等社,无一不具有这些特点。

以上三点的核心是出版社的文化品位的恰当选择及确定。对这点的理解,可以说决定了一个出版社能否创出自己的品牌。太高的文化定位会有曲高和寡之嫌,在市场主导的今天,这无异于断掉了出版社的出路;太低的文化定位虽然保证了一定的经济效益,但必定遭到世人的耻笑与谴责,何谈赞誉度?因此,适当的文化定位就是:结合出版内容,针对目标市场,选择既适合自身又有益读者的文化型态。比如“作家版”的图书就要轻松地面对大众读者,不能过于沉重、艰涩,其文化定位就是一种大众文化;而“商务版”的学术书主要针对知识阶层,其文化定位相对较高。

创立出版业品牌的三个阶段

品牌从设计到创立,从创立到巩固,是一个智力角逐的过程。出版社创出自己的名牌的过程可分为三个阶段:出精品,出精品群,出有固定文化品位的精品群(形成品牌)。

出精品是一个出版社创牌子的第一步。几本精心选题、精心编辑的图书,会让读者对一个出版社从没有听说到有一定印象,即培养初步的市场知晓度。在零散的精品出来后,出版社就要精心策划一些成规模、成系统的精品群,给读者造成强大的冲击力,将初步的市场知晓度转化为较高的知名度,同时,努力赢得广泛的赞誉。但是,仅仅让读者感觉某个出版社的图书质量上乘还不能说是形成了品牌。有了精品群的出版社,还要逐步确定自己的市场定位,在细分市场、反审自身后,确定自己的主干类图书,最终明确自身的文化定位。这样,一个出版社的品牌才能逐渐形成,像目前国内主要经营计算机图书的清华大学出版社、电子工业出版社的品牌,都已初步形成且比较稳定。

品牌创立过程中,找到几个好选题不难,难的就是最终的文化定位,最怕的也是出版社不断调整自己的文化定位,或是根本就没有明确的定位。一个出版社,今天出一套经典小说,明天出一套家庭实用指南,带来的结果就是,读者最终不是看出版社来购书,而是无目的地随机购买。相反,一个形成品牌的出版社,比如商务,它的学术名著非常突出,当某个读者想要购买学术著作时,就会主动到商务版的书籍中去选择。两种情况的根本差别就在于文化定位恰当与否,前者仅完成了品牌创造的第二步,后者却树立起了自己在同类图书中的优势地位。

中国出版业品牌创立的展望

中国出版业要创立自己的品牌,目前面临着大好的机遇。首先,党和政府对文化工作高度重视。党的十五大将文化建设摆在了一个前所未有的战略高度来对待,同时,对新闻出版工作提出了“加强管理、优化结构、提高质量”的总要求。其次,国家经济体制改革逐步深化,为出版社经营体制改革提供了有利的支持。1994 年,新闻出版署提出了推动新闻出版业从以单纯规模数量为主向以优质高效为主的阶段性转移的工作思路,以期实现出版产业经济增长方式的转变。据权威部门统计,1992 年到 1997 年的 5 年间,全国图书销售额年增长 40.81%,而 1979 年到 1992 年的 13 年间仅为 17.25%;1992 年全国图书重版率为 36.90%,而 1997 年则为 45.3%。再次,新闻出版署实施精品战略工程,鼓励出版社走内涵发展道路。国家图书奖的设立、“五个一工程”、国家“八五”、“九五”重点图书出版规划等等,都突出了精品导向。1997 年 6 月出台的《图书质量保障体系》,对涉及图书质量的各个环节进行了严格规范。

从目前国内出版社品牌创立情况来看,几个大类的品牌群正在形成。例如,以计算机技术、信息技术出版物为主要品牌群,比如清华、电子工业、邮电等社;以优秀文学作品为主的品牌群,比如作家、人民文学、上海译文等社;以经典学术名著为主的品牌群,比如三联、商务等社;以各类教材为主的品牌群,主要是一些教育出版社;以低幼读物为主的品牌群,主要是一些少儿出版社,等等。这些出版社通过长期努力树立了自身较为稳定的形象和品牌。

展望下世纪的中国出版业,品牌创立的发展趋势是:规模化,国际化,产业化。在出版界,造大船以抵御风浪已经成为一种共识。没有一定的规模,要想在激烈的市场竞争中站稳脚跟是很难的,只有人财物力达到一定规模,才能有较强的抗震力、竞争力。上规模的方式有两种:一是联合,多家出版社组成大集团,取长补短,可以较快地实现规模增长;二是自扩,一家出版社凭借自身实力不断扩张,这样形成的规模较为紧凑。规模化的名牌出版社一定要走向国际竞争,这是国际经济一体化的必然要求。当中国加入世界贸易组织后,国外的出版社会全面进入中国市场与国内出版社一争高下;同样,国内的出版社也要走出国门,积极参与国际市场竞争。出版业作为一项文化产业,有着很高的利润率。在未来市场经济全面推行的条件下,出版产业化发展的趋势已成必然。任何品牌,如果没有强大的经济实力作后盾,就不可能长久地存在下去。

中国的出版业经过20年的改革已经初具现代化规模。面临世纪之交,中国出版业必须培育自己的品牌,才能在未来的竞争中从容不迫,才能担负起历史赋予的使命。

(原载《中国出版》1998.11.)

中国出版社:如何走进国际书展

王　蕾　张志强

国际书展(International Book Fair)又称国际图书博览会,即展示图书、宣传图书、销售图书、洽谈版权交易和其他出版发行业务的展览会。国际书展为出版社提供了进入国际市场的极好机会,已引起国内出版社足够重视。近20年来,国际性的书展越来越多,遍布世界各地。国内出版社也组团参加了一些重要的国际书展,如法兰克福图书博览会、美国书展等等。近几年数据显示,参加法兰克福书展的中国出版社连年增加,增长率为各国之冠。然而并非每一个参展的出版社都达到了预期目的。虽然我国每年在国际书展上的版权贸易额都有所增加,但与书展总交易量相比仍然偏低,而且始终以版权买进为主,卖出很少。这种状况的形成固然存在很多原因,如中西方之间存在的文化差异;中国整体经济、文化、科技力量的薄弱,不能引起国外出版公司对中文图书的重视;即使有了好书,也未能做好图书的整体策划、编辑;书籍纸张、印刷及装帧设计质量较差、开本单一等,使许多内容很好的图书被埋没,等等。版权贸易效率不高虽然受这些因素的一定影响,但与参展者是否对参展作好了充分的准备也有很大关系。展场有如战场,参展者应有所谋划,在展前、展中、展后都要有周密的考虑和细致的策划,才能取得显著的成绩。

前期准备

每年世界各地要举办各类国际性书展达50～60个,书展的类型、宗旨、举办时间均不同。出版社要根据本社出书种类、特色及时间充裕度决定参加哪一个。专业出版社当积极参加相关专题性书展,比如少儿社应首选儿童书展。决定参展后,不能贸然前行,还需提前做好大量的前期准备工作。

1. 参展方式

出版社参加国际性书展,可由图书进出口公司或外贸公司组团,也可自己组团前往。公司组团,统一收取一定费用,由公司安排参展、运书、交通及考察等事务。但展台一般都会统一设置在书展的综合厅,在某种程度上会影响到不同种类图书的展出效果、版权贸易和订货业务。出版社自己组团,花费低一些,但所有事务都需自己经办。不过,各出版社可将展台设在不同专业厅,如科技厅、医学厅、少儿厅等。组团方式不同,准备工作也各有侧重。

2. 展前宣传

国际性书展现场,一般都有参展出版社及图书的总目录(会刊)提供给参观者,法兰克福书展还将此制成光盘供参观者检索、查阅。参展社可在这种会刊上刊登本社图书的宣传广告。此外,可预先在国外有影响的专业性期刊、报纸上刊登图书广告,宣传本社最抢手的好书。专业性报刊有美国的 Publishers Weekly(《出版商周刊》)、英国的 The Book Seller(《书商》)及德国的 Deutschen Buchhandel(《德国图书商报》)等。刊登这类广告需注意"诉求明确"。许多出版社的图书广告易犯"贪多求全"的毛病,将所有参展图书的书影、简介和定价等一概罗列,每一本书都想突出,结果反而使每一本书都未给人留下深刻印象。广告诉求重点不明确,面面俱到,反而影响广告效果。为书展做的图书广告,应当目标明确,或是重点突出本社的几部主打书,或是围绕书展做文章,恰如其分地指出本社展台的位置,引导读者来参观,等等。

3. 人选

参展人员的选择是很重要的。总体上,他们既要懂外语、精通业务、擅长版权谈判,又要有决定权,对于要洽谈的项目能够一锤定音。为了与国外出版商建立长久的信任关系以加强国际间合作出版,每次参展人员最好固定不变。切记:书展上"书忌老面孔,人忌新面孔"。当前,我国许多参展人员版权贸易知识不够,因而无法掌握版权贸易的规律,造成我国版权贸易总体水平较低。一些单位将参加国际书展作为一项政治任务或福利待遇,每年安排不同的人员参加,导致参加国际书展效果不明显,既增加了浪费,又不利于对国外出版业的了解,失去了宝贵的发展机遇。

4. 选书

参展前,应对国际图书市场、参展情况作调查研究,选择适应国际市场需求、适应海外读者的外向型图书。参展图书应挑选几部能够代表本社水平的重点书作为主要洽谈项目。大部分参展图书应是最新出版的,从装帧到内容都能体现高水平。然后,再选一些再版或重印的好书,以此全面而充分地展示自己的出版实力。有些未及出版但很有国际市场潜力的图书也可先制作成仅有封面的"假书"展出,以便不错失良机。降此之外,还可特意精选一些突出民族特色的图书,如有关中国饮食、武术、历史文化等方面的图书。民族的东西才更易走向世界,这是我们的优势所在,应予以足够重视。

近年来,国内图书的装帧水平已经有了明显的提高,但与国外图书相比仍显得呆板、单薄。图书装帧不仅是封面设计,还包括开本大小、装订形式和纸张质量。国内图书通常为 16 开与 32 开,且平装本占多数。国外图书,除 16 开、32 开外,还有 18 开、22 开、28 开等,以精装为主,摆在展台上显得活泼、厚实。书展是图书的大展示,各国图书浩如烟海,参展书往往会因为平淡而淹没其中。

5. 宣传品

参加国际书展不仅要进行版权贸易,而且还要宣传图书,树立形象,以提高本社在国际上的知名度。因此,印制一些精美的介绍本社情况的宣传材料是十分必要的。此外,还要印制本社新书目、参展书目、重点书宣传品(如作者及该书背景介绍材料、书评)等材料,以备现场免费散发。因为参展图书内容多为中文,易使外国出版商因文字障碍无法很快确认图书价值,所以宣传品内容应是中英文兼顾,最好多准备几种文字的介绍材料。

在图书的宣传营销中,书目起着很重要的作用。它是推销本版书的最好工具之一。精美的书目,易让人对该出版社留下良好印象。在国际书展上,国内一些出版社虽然印制了精美的参展书目,但在整体上与外国展商的书目相比仍旧显得单薄。我们的书目往往只是活页或小册子,不但编排简单,只列出书名和定价,缺少书影和详尽的内容介绍,而且装帧、印刷也很简陋。在中西文化差异比较大的现实情况下,书目对沟通中西出版业的交流、让西方出版业充分了解中国出版业,具有重要的意义。各出版社应充分认识到这一点,使参展书目更加完美。

国外的出版商对参加书展十分重视,为提高项目洽谈成功率及在展场招徕参观者,常常不惜成本奉送精美的赠品。对一些展销型的书展,出版商们别出心裁地用书中某个形象制成文化商品,把书中插图印制成图片,摘取书中精辟的文字印刷在漂亮的笔记本上,现场销售,均很受欢迎。这些举措进一步宣传了出版社形象及其图书,同时又带来了很好的经济效益。国内出版社可借鉴此法。

展场工作

1. 展台布置

国际书展一般都提供标准展台尺寸和标准展架,由展商自行设计。展台的设计要以光线明亮、色彩和谐、声势夺人、特别突出重点书为原则。图书尽量封面朝外,以引起注意。而且,立足于版权贸易的布展应有针对性地对整个中国展区进行总体设计、装饰布置，通过展台、展品、宣传品及参展人员等多方面树立良好的参展形象，吸引外商，促进版权贸易。

国外出版商的展台设计往往花样迭出，很吸引参观者。如一些少儿出版社的展台采用真人装扮成白雪公主、米老鼠等卡通人物或聘请身着鲜艳服装的少女吸引观众；一些展台在现场搞有奖竞猜活动，当场兑奖，气氛非常热烈；也有的展台刻意营造出图书馆阅览室的氛围，书架为开放式，配有桌椅，供参观者安心阅读。这些案例颇值得国内出版社效法。

几乎所有参展社都会在展台的醒目位置打出自己的广告语，借以告知参展图书信息，宣传出版社形象。出版社要充分利用这块方寸之地，将广告语设计得有特色和吸引力，并以简洁的语言表达出指向明确的信息。

2. 洽谈活动

洽谈是参展的主要活动。国际性书展的规模都很大，参展商很多，时间相对来说非常宝贵。因此，参展社须目标明确（如卖版权应找国外出版公司的组稿编辑，买版权找版权经理，洽谈合作项目要找总经理等），合理利用时间，见缝插针地安排每一次洽谈活动。

实际上，书展中一些国际版权贸易的主要工作是出版社业务人员通过电话、传真、电子邮件或信函等方式反复协商，在平时的工作中进行并完成的。书展使合作双方聚到一起，许多外国出版商乐意在书展上最终签订版权贸易协议。这种情况下，双方只要约好时间即可签约。

更多的时候，出版社须主动出击。书展头几天，主办单位或大出版公司都要举办宴会，重要人物都会参加。出版社可利用此机会同有关人员洽谈版权买卖意向、约定洽谈时间。书展前3天，大出版公司的董事长或总经理一般都在展场，出版社应抓紧时间，与他们约定谈判大型的合作项目。这些人往往很忙，每一个约会甚至精确到分钟，所以要尽早联系。其余时间，应尽可能参观其他展台，浏览、询问、考察，以便发现新的洽谈项目与合作意向。

展后工作

书展的结束并不代表参展人员所有任务都已结束，还有许多善后工作要处理。如对书展上得到的图书订单，要及时供书；书展中签订的合作项目要进一步落实，未谈完的项目要准备继续洽谈；书展中获得的所有资料如图书信息、选题资源、国外出版机构主管人员联络地址等要整理、备案；最重要的一项工作是对参展的得失、体会作一个总结报告，为下次参展积累经验。

参加国际书展，不仅仅是为了版权的买卖及图书的订货，参展人员还应在中外出版业的交流中认清我国与世界的差距，洞察世界出版的未来走向。德国的一家图书公司要求每个参加国际书展的人员在书展期间有侧重地进行考察，书展结束后每人需提交一份分析报告。如果我国参展社都能这样做，则书展归来的收获将会更大，更有利于我国出版业的发展。

’98北京国际图书博览会结束后，紧接着是10月份的全球最大、最重要及最有影响的世界图书盛会——法兰克福国际书展。此后，今年的大型国际书展之旅便宣告结束了。经过不断地总结和分析，中国出版社明年能更从容地走进世界书展的舞台吗？

且让我们拭目以待。

（原载《中国出版》1998.11.）

上海图书精品战略述评

陈纪宁　丁晓玲

“九五”时期，实施图书精品战略成为上海加强出版管理的标志，成为出版工作的重中之重。出版精品图书，是党和国家的要求，是人民大众的要求，是出版事业持续繁荣发展的要求，也是日益严峻的书业竞争的要求。图书精品战略，具有十分丰富的内涵，是一项庞大的系统工程，涉及宏观、中观、微观等各层面，也是“九五”上海出版大课题，有待广大出版工作者在长期出版管理中共同参与探讨，不断总结完善。本文试从上海市新闻出版局（以下简称上海局）这一层面，对上海图书精品战略作粗浅述评，希望起到抛砖引玉、筑巢引凤的作用。

一、以“优化结构,提高质量”为精品战略目标

结构,包括专业出版社的布局,各学科各门类图书的比例,出版、印刷、发行三大块资源配置等等,既是出版业历史沿革的结果,也是考查出版业现状是否合理的关键指标,还是出版业能否持续发展的举足轻重的因素。上海现有37家图书出版社,其中有4家优秀出版社,10家良好出版社。每年出版图书约9 000种,其中新出图书约4 500种,图书再版率达50%。总体出书门类比较齐全,结构比较合理;社会科学类约占30%,文学艺术类约占30%,科学技术类约占20%,中小学教学类(包括课本、练习册、教参、教辅读物等)约占20%。图书总码洋,中小学教学类所占份额不到30%,反映了出书结构具有一定的成熟度和稳定度。出版强项,在辞书工具书、古籍整理、大型影印、少儿读物、教育读物、经济读物、翻译文学、民俗文化、科普读物、中西医学、图谱画册等诸多方面形成大量品牌,具有优势。但仍有不少薄弱环节,如原创性读物与整理性读物的比例不尽合理。具有高学术含量的社科类、科技类专著数量不多。为进一步优化出书的整体结构,上海局根据目前的出版力量和出书状况,要求在“九五”期间,符合优秀、良好出版社条件的达到50%以上,新书品种增长率控制在1%左右,图书再版率超过50%;并提出除保持原有强项外,今后一个时期出书着重关注的方面是:

——能够体现上海文化出版水平的标志性出版物和重大理论建设读物,特别要注意出版学习和研究邓小平理论的著作;

——单本原创性、独创性的著作,无论社科类、文艺类、科技类、少儿类、教育类,都要在原创性、独创性上下功夫;

——科技图书既要充分发挥传统优势,也要发展新的优势,注重发展计算机类、建筑类、材料类、汽车类等图书,要争取成为全国生命科学类图书的出版重镇;

——文学创作要努力推出有震撼力的大作品;

——加强中国风格的卡通创作,包括故事脚本与卡通形象的创作;

——翻译图书要以更新的眼光去争取优秀的当代著作的版权;

——加强农村读物的出版;

——发展外文版图书,推动中国文化和中国图书走向世界。

质量,是图书的生命,从长远看,市场的竞争归根到底是质量的竞争。上海在很长的一个时期,所出版的图书以“质量上乘、印刷精良”著称全国。然而,在80年代后期至90年代初,图书编校质量和装帧印制质量严重滑坡。虽经这几年大力整治,遏制了滑坡的势头,但合格率仍不尽如人意;尤其是装帧设计和印制质量被有些省市后来居上,且有拉大差距之趋势。

为进一步提高出书的整体质量,上海局根据中央有关精神,结合上海实际,制订了有较强针对性和可操作性的《上海图书出版业治理工作实施方案》,要求在“九五”期间,图书质量合格品达到100%,优良品达到30%;确保每年都有“五个一工程”入选图书,保持国家级图书评奖中名列前茅的优势。还在1997年发出通知,要求各出版社大力推进图书装帧设计制作的电脑化,1998年用电脑设计制作的图书封面达到50%以上。

以“优化结构,提高质量”为图书精品战略的目标,使上海图书出版工作有了明确的方向和指标,一旦实现了上述阶段性目标,就奠定了在21世纪可持续发展的牢固基础。

二、以抓好年度出版计划为精品战略龙头

计划是管理工作的重头、龙头;好的计划是成功的一半。上海局对出版社制定年度出版计划极为重视,每年在夏秋之交召开出版社主要负责人会议,布置制订下一年度的出版计划;11月份和12月份到出版社进行检查和指导;12月底集中审批计划并作综合分析。上海局的指导意见和审读批复意见主要集中在加强政治意识、坚持专业分工、严格专题报批、优化出书结构、繁荣图书出版等方面。

上海局历来强调,图书精品战略首先要求“纯”,要拒绝劣品废品。违背四项基本原则、危害国家安全、破坏社会稳定的图书是最恶劣的废品。发生这类事故的出版社的工作将被一票否决。历史的经验提醒我们,这类事故十有八九发生在超范围出书、未履行重大选题备案制度、抢出各种热点图书情况下。为此,要求各出版社在制定年度出版计划中:

——务必把精力集中在文学、艺术、科学、文化的创新和积累上,不热衷于追逐政治上的尖端问题、敏感问题和抢各种的所谓热点;

——坚决与庸俗的“地摊文化”划清界线,自觉提高上海图书的品位;

——坚持专业分工，树立强烈的出书定位意识，形成自己的出版特色，以名牌出版物来塑造出版社的良好形象，争取读者对本版图书的优先选择；

——严格专题报批，除新闻出版署规定的15类需备案的重大选题必须从年度计划中抽出专题报批外，引进版权的、作者背景不明的、有敏感内容难以把握的等，均须专题报批。

上海局为确保图书出版不出较大的事故，尽可能把潜在出版事故的因素消除在计划的审批中，在审读批复出版社年度出版计划时始终保持“小心谨慎，如履薄冰”的精神状态，对计划中凡明显超专业分工而无特殊理由的选题原则上批复出版社撤选，凡认为可能属专题报批的选题在批复中重点指出，凡认为可能有涉及敏感内容的选题在批复中都提请出版社格外重视，把握不住的履行单项报批手续。此外，还根据上级领导的指示和有关部门的意见，及时向有关出版社负责人“打招呼”，请他们不要出版某些有复杂政治背景的书籍。

上海局历来认为，图书精品战略不仅要求“纯”，还要求“群”，要每年都出版一大批精品图书。为此，十分注重年度重点图书出版计划的制定，以此作为图书精品群的摇篮。

实践证明，以抓好年度出版计划为图书精品战略的龙头，对上海图书出版业的健康繁荣和发展起到了决定性的作用。

三、以争创“五个一工程”图书奖为精品战略抓手

“五个一工程”图书是精品的标志和典范。上海局对“五个一工程”图书的出版一向给予高度重视，一再强调，“五个一工程”倡导弘扬主旋律，反映时代精神，具有丰富的内涵，“五个一工程”图书有宽泛的选题，要求每一家出版社务必把为落实精神文明建设而拓展的出版工程放在工作首位；认真规划，精心组织；编校印订、装帧材料、宣传发行，各环节都须精益求精，要拿得出代表上海水平的图书精品参加“五个一工程”图书评选。各出版社也都认为：出版“五个一工程”图书不是个别出版社“放卫星”式的政治任务，而是所有出版社都应参与的政治性、业务性都很强的工作。大多数出版社已把争创“五个一工程”图书奖作为加强精品意识、提高图书质量、多出精品图书的工作抓手。有的出版社抓“五个一工程”图书，不“只抓当年”，不“临阵擦枪”，而是“从长计议”、“精雕细琢”，在长远规划中每年都安排“五个一工程”图书选题。因而，在上海，“五个一工程”图书的出版有着广泛、深厚的基础。

为激励出版社认真组织“五个一工程”图书的出版工作，上海局在1995年又布置各出版社每年按初版品种的1%比例上报“五个一工程”图书选题，作为年度重点图书出版计划的组成部分。与之相适应，在每年的图书质量评估中，加大对出版社完成“五个一工程”图书选题出版情况的考核力度，规定：凡不按要求上报“五个一工程”图书选题的，扣分；被局向市委宣传部推荐参评“五个一工程”图书奖的，被市委宣传部向中宣部推荐参评的，被评上“五个一工程”图书奖的，按不同级别加分。

在上海市委宣传部的统一组织和部署下，上海局每年向市委宣传部推荐十余种“五个一工程”图书及有关材料；当市委宣传部向中央宣传部报送参评图书后，局即关心、指导有关出版社密切配合市委宣传部，精心组织读书活动，搞好宣传工作；评奖揭晓，局及时拟写祝贺信，热情肯定获奖出版社，勉励他们再接再厉。

近几年，上海每年都获得“五个一工程”图书奖：1994年度的，是上海人民出版社的“邓小平理论与实践研究丛书”(第一辑)；1995年度的，是上海科普出版社的《图说高新技术应用》和上海音乐出版社的“一首好歌”曲谱《祖国，可爱的母亲》；1996年度的，是上海教育出版社的《中国科学院院士自述》和少年儿童出版社的《宝贝当家》。

以争创“五个一工程”图书奖为精品战略的抓手，坚持数年，收到了十分显著的效果，不仅保证上海每年获“一个”大奖，而且带出了“一群”精品。

四、以优质出版“九五”重点图书为精品战略骨干

《上海“九五”重点图书出版规划》被列为上海市精神文明建设的一项重要工程。《规划》共列入项目250个，含图书2 500卷册，新出字数12亿，插图5万多幅，影印篇幅200万页，电子出版物(CD－ROM)6种；其中85个项目列为国家“九五”重点图书。这些项目总的看来分量很重，许多项目达到国内或国际先进水平，不少项目具有很高的权威性和实用性，生命期长，可以传世。该《规划》特点：

——政治读物重点突出研究马克思主义理论和邓小平理论图书的出版，重视对党员和青少年进行思想教育图书的出版；

——把出版各学科高质量的单本独创性学术著作放在十分重要的位置上，促进学术研究繁荣，填补学术空白；

——多方面总结历史、史料丰富、学术含量很高的史志类巨作最能体现出《规划》的“世纪”色彩；

——辞典与工具书有较大发展，继续成为上海的重点出书门类；

——经济类读物强调直接为我国经济建设服务，有理论，有实务，有教材，有工具书，理论读物力求前沿性；

——文学艺术类图书名家云集，巨著荟萃，既有弘扬主旋律、反应现实社会生活、鼓舞人民群众奋发向上的优秀文学作品，也有体现人类文明成果的研究整理著作；

——科技著作贯彻中央科教兴国战略，注重面向经济建设、对工农业生产和科学研究产生重大影响和效益的社会效果，多数项目达到国内最高水平，一些项目达到国际先进水平；

——大型古籍整理、影印出版依然保持着传统的出版优势；

——反映上海建设成就、精神风貌和历史沿革的出版项目呈现多样化，使《规划》具有鲜明的上海特色；

——教育、少儿读物注重将名牌书、“看家书”形成系列，产生规模效益，儿童文学创作和儿童动画受到高度重视；

——响应中央关于加强科普的宣传号召，抓好重点科普读物的规划，以普及高新技术为重点，兼顾科学前沿和实用知识、实用技术的普及，适合高、中、初、低幼儿不同层次阅读；

——重视出好通俗读物精品，为人民群众提供培养爱国主义和集体主义情操、提高公民意识、增长百科知识、丰富娱乐生活等健康向上的精神食粮。

对于这一高质量的宏大规划，上海局采取多种措施，狠抓落实。要求各出版社对每一种上海“九五”重点图书的出版做到思想到位、领导到位、组织到位、人员到位、资金到位和时间到位，确保按时、优质完成。加强对规划实施的检查和督促，编制《上海“九五”重点图书出版规划实施简报》，公布已完成的图书书目，交流出版社的实施经验，及时解决出版书中的问题等。1997 年 11 月开始对《规划》作中期调整，调整若干项目的完成时间，撤销不成熟的选题，补充新的有分量的选题，使《规划》项目增至 300 个，采取滚动发展方式，与“十五”规划相衔接。

各出版社高度重视《规划》的实施，每个项目都由领导负责，每种选题都落实思想业务素质好的责任编辑和责任校对，物色权威作者；有的出版社专门设立重点图书编辑部和特大项目临时编辑部，发挥专业人才的团队作用，做到编、审、排印和校对一条龙操作；在资金落实方面除了争取各种学术著作出版基金外，还积极探索社社联合、社企联合的方式融资；对一些代表上海文化和出版水平的标志性出版物，更是作了细致周密的安排，有的社甚至投入百万资金准备好专用纸材，落实好印刷厂。至 1997 年底，90％的选题已落实组稿，40％的选题已完成。

以优质出版“九五”重点图书为精品战略的骨干，推动了上海图书出版业整体向精品层次迈进，使精品图书排浪式涌现。

五、以资助出版优秀学术著作为精品战略羽翼

原创性、高质量的学术著作是人类精神活动精华的载体，其厚重的文化底蕴不仅是知识分子的文化佳肴，也是文化积累的主要源泉。上海局为支持和鼓励各类优秀学术著作的出版，促进学科的研究和发展，繁荣学术图书出版业，于 1989 年设立了“上海市新闻出版局学术著作出版基金”，从财政返回的利税中拨款，启动资金为 300 万元，投入使用后，每年再补足到原数额。至 1994 年共投入资金 1 300 万元，其中用于出版补贴 610 万元，用于出版贷款 690 万元。1994 年又制订了《上海市新闻出版局学术著作出版基金章程》，规定每年拨入专款 150 万元，用于资助局属出版社出版 50～100 种各类优秀学术著作，优先资助列入国家或上海市重点出版规划的学术著作。资助项目需由出版社事前申报，由上海局聘请专家组成的评审委员会评审通过，著作出版后由评审委办公室核拨资助款项。该《章程》与原基金使用办法比，有四点改进：资助形式改过去“贷款启动和事后补亏”为“事先申报、事后兑现”，使基金资助更具确定性和可操作性；评定程序改过去“业务处室评审，分管领导审定”为“评委会评审，局领导审定”，使基金资助更具准确性和权威性；规定了凡接受资助的学术著作须印上“本书出版由上海市新闻出版局学术著作出版基金资助”的标识，既能提高著作的档次，又能反映基金的作用；规定基金单列账册，专款专用，便于基金滚动使用，盘子做大。

学术著作出版基金资助了一大批学术含量高、填补研究空白、获得国家图书大奖的著作出版。如获 1995 年度“五个一工程”歌曲奖的曲谱《祖国，可爱的母亲》、第三届国家图书奖获荣誉奖的《韬奋全集》、获国家图书奖的《中国戏曲剧种大辞典》、获提名奖的《半导体超晶格物理》等等。

1996年,决定“出版基金”每年资助上海文艺出版社的“大上海小说丛书”和少年儿童出版社的“巨人丛书”各一万元,以示对长篇小说和儿童文学出版的扶持。1997年又决定“出版基金”对一些作品题材好、有修改潜力的长篇小说拨专款予以资助修改,上海文艺出版社的《长相思》是获该专项资助的首部作品。目前上海局还与市有关部门积极筹建“上海科技出版基金”,以便更有力地资助优秀科技著作出版。

以资助出版优秀学术著作为精品战略的羽翼,保证了一批原创性、高质量学术著作的顺利出版,为上海图书精品战略锦上添花。

六、以“图书质量评估”为精品战略动力

实施图书精品战略需要有强大的激励机制。上海局于1993年建立的“图书质量评估”制度是一项系统的考核激励机制。该制度把政府对出版社宏观管理和出版社完善自身管理合而为一;把图书出版管理的引导和堵截、管理和服务两对职能融汇于一体;把对出版社工作的日常检查和集中考核联结于一体;把出版社坚持出版方向,遵守出版法规,把握出书范围,优化选题结构,提高编校质量,改进装帧设计,多出优秀读物,争取对外合作等涉及出版社会效益的主要内容设计为量化的、综合性的若干项评估指标而统归于一体,便于全面、公正地评估出版社图书出版的社会效益。该制度还与局对所属出版社实行的经济效益评估办法相辅相成,构成“双效益考核体系”,以对出版社的整体工作进行全面评估。为增强“双效益考核体系”的激励力度,在市委宣传部和市财政局的支持下,实行双效益考核成绩与出版社工资奖金“合挂总提”,并与出版社主要经营者的工资收入挂钩,从而使“双效益考核”包括“图书质量评估”顺利进行,有效地推动了上海图书精品战略的实施。1997年图书质量评估结果显示:在这几年评估活动的促进下,1996年局属出版社的整体图书质量又有提高。指标考核情况:重点图书,1996年列入选题320种,完成率高达98%;图书再版率,局属社平均从1993年的45%上升到1996年的56%;出书结构,大部分出版社完成或超额完成指定的“初版图书主要品种和主要门类必须确保的比例”;“九五”重点图书规划项目,80%以上已经启动,20%以上已如期完成;优秀图书和获得国家级和省、市、部级图书奖的图书明显增多;图书装帧设计有显著进步;执行出版法规等情况较好,未发生重大事故。

以“图书质量评估”为精品战略的动力,加强了出版社的政治意识、大局意识、责任意识、精品意识,推动了精品战略的顺利进行。

上海实施图书精品战略,有目标,有龙头,有抓手,有骨干,有羽翼,有动力,内容饱满充实,操作具体扎实;而且以图书精品战略为纲,纲举目张,使头绪纷繁的出版管理工作紧紧围绕”多出好书,不出坏书”这个中心有条不紊地展开,成效显著。

任重道远。上海图书出版工作在党的十五大精神指引下,高举邓小平理论伟大旗帜,坚持精品战略,争取再创辉煌。

(原载《编辑学刊》1998.2.)

当前图书出版的发展和面临的问题

董高怀

有中国特色社会主义事业的全面发展,是一个政治、经济、文化全面协调发展的过程,高举邓小平理论的伟大旗帜,把建设有中国特色的社会主义全面推向21世纪,必须大力弘扬和牢固树立有中国特色社会主义的共同理想,坚持党的基本路线始终不动摇的坚定信念,从而实现思想道德修养、科学文化水平、民主法制意识的全面提高。

江总书记在十五大报告中指出:“只有经济、政治、文化协调发展,只有两个文明都搞好,才是有中国特色社会主义。”以经济建设为中心的社会主义现代化建设,始终与全民素质和文化建设联系在一起。

图书出版,作为与精神文明建设以至提高全民素质有密切关系的一环,在推进我国社会主义事业中有着极其重要的作用。回顾以往,展望未来,要在出版业实现“加强管理、优化结构、提高质量”,必须正视面临的种种问题,认真研究,提出对策,以积极的态度把出版改革深入下去。

一、端正精品认识

提倡精品是近年来出版界引人注目的举措，特别是对图书三大奖(国家图书奖、中国图书奖、“五个一工程”图书奖)的强调，更推动了精品图书的出版。应当承认这有力地遏制了前两年图书质量下滑的趋势，为社会提供了一批精美的精神食粮。在今后仍然需要抓精品出精品，增强精品意识。

但是也应当看到，在出精品问题上也出现了一些误区，这突出反映在争大奖成了一些出版社追求社会效益的最高境界。有的出版社为了获大奖而不顾双效益，只印几百册就匆忙上阵，没有考虑读者是检验图书是否有价值的客观标准，出版了一些只为评奖而出版的贵族图书。还有个别出版社产生了求胜、求速心理，追求短期效应，忽略了精品书应当有众多好书所环绕，形成只抓个别不抓整体的倾向；有的出版社不顾图书出版的自身规律，一味追求进度和时间，出书的质量不能保证；有的出版社认为精品就是豪华包装，任意提高所用材料的档次，出现了贵族性、讲豪华、高价格的倾向等，致使某些出版社走入怪圈不能自拔。这些不顾资源浪费，劳民伤财的做法，决不会在市场上真正打出特色。对于有远见的出版社，占领未来图书市场与出精品不应当相互隔离，不能把出精品仅仅理解为评奖。如果图书出版不能形成规模效益，出版社不能有意识发展特色、开辟市场，而只是匆忙迎合某种需求，既不符合图书出版的客观规律，也与党和国家对出版的要求背道而驰。

二、遏制重复出版

1997年底，全国年出书品种达12万种之多，但在这繁荣的背后存在着较为严重的问题。出版物立意不高，重复雷同居多，资料性结集选编，大而全小而全的图书充斥市场，内容精深、创作独特和具有文化积累的图书仍然很少，选题重复现象严重存在。这方面有不少统计数字，有些可以说达到了令人吃惊的地步，例如一个《中国革命史》，出版了近180个品种，重复出版已成了一个急待解决的出版顽症。从重复出版的图书看，多是大同小异互相抄袭，缺乏新意，各社只印数千册，形成了资源浪费、产品积压。对于一个有12亿人口的大国来讲，部分图书的重复出版属正常情况。中国如此之大，从东到西，从南到北不可能不重复，也不可能一本书能满足如此大的图书市场。但是大批量、低层次、在本省市范围内的重复出版不能不说是出版社低素质的表现，从把关的意义上讲，出版社的社长、总编辑、副总编辑素质不高是关键，应当负主要责任。在一定范围内出版管理部门也有不可推卸的责任。从出版政策和机制上讲，条块分割，自我保护，经济利益驱动，出版业内竞争不强也是主要原因。从管理角度讲，主要是我国处于社会主义初级阶段，管理水平不高，管理手段落后，信息不通不灵所致。出版业内决策者和全体编辑人员政治素养、经营思想、敬业精神等都产生着影响和作用。因此，认真学习十五大报告，加大改革力度，建立现代出版机制，深化出版体制改革，是使出版产业形成规模、效益、特色，解决重复出版问题的根本所在。

三、造就出版人才

“人才是科技进步和经济社会发展最重要的资源，要建立一整套有利于人才培养和使用的激励机制。”党的十五大报告把人才问题提到了前所未有的高度。对出版业来说，造就人才同样显得十分重要。

出版业是以自己的产品图书服务于社会，以推出精神产品为己任的。出版工作者本身以教育人、引导人、鼓舞人、塑造人为自身的最终目标。因此，出版社从编、印、发、校各个环节都应当是专业人才。只有长期的出版实践和对国内外图书的熟悉和了解，有很强的敬业精神和远大的理想目标，有较高的文化素养，熟知图书出版规律，对人、事、物了如指掌，才能称得上出版人才。各级管理部门及出版社自身都应把培养人才与完成自身出版任务结合起来。

在出版社内部，目前存在着交叉浪费、力量抵消、忙忙碌碌不见效益的低层次内耗现象，这归根结底是出版专业人才的浪费。各种矛盾互相交错，互相制约，形不成拳头，发挥不了从业人员的最大效能的情况不少出版社存在。这一现象和问题，最根本最直接原因是部分上级机关没有真正认识出版这一特殊行业的特性和规律，将出版业等同于行政单位，随意安排业务生疏的干部以及只讲学历不讲素质，只会讲空话不会干实事的行政管理人员。党风不正、社会风气不正的现象在出版界也有表现，跑官要官甚至买官卖官的现象在这块精神产品生产阵地同样存在。由于一些出版社负责人业务能力差，只对上面负责，不对事业产生兴趣，瞎指挥、乱表态，造成了各种浪费，照搬、照抄现象严重，追风逐浪不见效益，只看上级眼色行事，不顾客观出版规律，工作上没有明确思路，严重影响了业务人员的积极性。个人独断，随心所欲，造成了各种浪费，使出版业又走入了另一个怪圈。因此，按照十五大报告和于友先署长在新闻出版局长会议上的讲话精神，改革用人机制，造就出版人才应是当务之急。

四、改革发行体制

我国和世界各国相比，图书发行确实有一套完整的体系。从中央到地方的县、区或部分乡镇，都有新华书店这一发行网络。这些计划经济组成的国有企业，独家专营着图书这一特殊商品。如果按全国3 000个县级以上书店测算，每个书店备货 3 000 个品种，则每种图书平均印数 3 000 册应不成什么问题。可事实上，我国半数以上图书征订数只有数百上千册，使出版业处于一种进退两难的地步。当然，责任不完全是新华书店，这与出版业结构不合理也有一定关系。但这与图书发行独家经营，没有竞争是否有关?书店的改革是否可以先行一步?多年来已习惯于计划经济没有竞争的商业行为，多多少少存在着官商习气，独此一家别无分号，内部没有形成和建立竞争机制，卖多卖少一个样，工资奖金按计划搞平均，不存在任何危机感和紧迫感。另外，多年来靠教辅、教材就能完成各项任务，不存在发不了工资没有饭吃的问题。当然，营销人员对图书的了解甚少，文化水平不高也是一个重要原因。在发行日趋下降的情况下，各出版社又组建了发行部，在一定条件下缓解了一些矛盾，但多数没有新的运作机制，只是办了个“第二书店”。由此种种，主要原因是惰性问题没有解决，国营铁饭碗没有打破。由于发行图书利润较大，二渠道发行这一经营灵活的个体书商已占领了一定市场，个别国营书店反过来又为二渠道服务，这一现象如果不解决，新华书店在机制上不改革，其生存和发展就会受到很大威胁。

出路只有一条，那就是要认真按照“产权清晰、权责明确、政企分开、管理科学”的要求，对发货店进行公司制改造，以资本为纽带，建立多家跨地区、跨行业、跨所有制结构、跨国经营的大型发行集团。这种集团不应该是原来的省店简单的组合和扩张，而应该是多个省级发货店、多家出版社、其他经济成分出资组建的责任公司和股份有限公司。通过联合、兼并、租赁、承包、民营等多种形式搞活销货店。教辅、教材的发行进行专营经销，分账核算，真正建立活跃、规范、有序的出版物发行市场。

五、打破条块分割

目前，我国的出版业结构是计划经济条件下建立的，各社都是宣传阵地，没有真正作为产业来考虑，条块结合，产权分割，资产运营和管理形成了固定模式。经过十一届三中全会后 20 年的发展，我国出版业的买方市场基本形成，结构性矛盾表露明显。产品结构、价格结构和平均主义痕迹较重的分配结构，已经影响和制约了出版事业的发展和进步。由于长期搞均衡发展，全国大多数省、市、自治区的出版业结构都是一个模式，发达地区和不发达地区是这样，大省、市、区和小省、市、区是这样；内陆省、市、区和沿海、沿边省、市、区还是这样。重点大学大多都有一个出版社，中央国家机关各部委也都有一个出版社。从产业结构上看，这种均衡性不符合出版业的内在客观发展规律和优势发展的形势，大的不大，小的不小，有实力和特色的出版社较少，几十人的小社较多，形不成规模效益优势。但却造成了条条块块，自我封闭，自我保护的特点。甚至有的出版社为了生存受经济利益的驱动买卖书号，出版了一些对社会有负面影响的图书。全国每年扫黄打非数次行动，在经济上都付出了不小的代价。

美国、日本、德国等发达国家的出版业是以基地辐射全国市场、占领全国市场。我国也应当进行结构性调整，建立若干个能辐射全国或区域市场的出版基地，通过自我扩张、联合、兼并等现代产业发展形式，培育有实力的大型集团。这种兼并和联合既可以是纵向发展，也可以进行横向联合，但这种联合和兼并不应是行政管理体制的翻牌。要以资产为纽带，促进地区之间、行业之间，纵向横向之间搞联合，达到优势互补，互利互惠，多层次多形式的联合。产业的联合要达到一定的规模和效益是必由之路，形成特色确实是发展方向。

六、迎接国外挑战

如果我们把眼光放远些，就可以感到我国出版业面临着外国出版势力的挑战。国际出版界一些大的公司已通过各种渠道进入了我们的图书领域，抢占了图书市场，我国的出版业作为事业单位，是审批制而不是登记制，国外出版公司不能以出版社的名义出现在国人面前，只能以某种文化公司的名义在国内注册。这些文化公司经过几年的组稿出书、购买和转让版权、进行图书总代理、总发行等多种形式已经在一步步逼近我们的出版业。一旦国家对出版业不加以保护，这些公司挂上出版的牌子，靠多年运作合理、管理科学和对国际图书营销的熟悉，就会对我国的出版业产生重大影响。如在上海合作组建的德国贝塔斯曼读书俱乐部，经过两年多的运作，已发展会员20多万，按这一速度在全国各大城市搞连锁俱乐部，以其低廉的图书价格和合理的运作方式，一定会拉到一批具有购书能力的读者。最具挑战也最使出版业内人士难堪的是近年来我国出现的日本卡通动画系列图书、影视、光盘和软件，几乎占领了少儿类读物的全部市场。各种版本、各种形式的宣传铺天盖地，无形的广告效应已使国内出版人无法应对，有的反而无意识地加入这一行列。这种文化的侵入，带给我们的不但是外汇流失和国产动画的萎缩，更重要的是意识形态方面的影响。国内出版业如何展开竞争，这是摆在我们面前的重大课题。与此同时，经过近年来的发展，"二渠道"书商已不满足于单一的图书经销，开始进入出版领域，在各类书展和各种订货会上，他们总是先于出版社、新华书店入住，推销各自的图书和了解市场行情。这些运作灵活、头脑清醒的经营者在全国出版业内已产生了不小的影响，有的已经参加国际大型书展和订货会，购买版权参与国际竞争，这些事实不得不引起我们的高度重视和严肃对待。

党的十五大指出，把我们的事业全面推向21世纪，就是要抓住机遇而不可丧失机遇，开拓进取而不可因循守旧，中国出版人在这世界之交也必须面对现实、正视问题，以积极的态度和务实的精神去一步步解决问题，使"加强管理、优化结构、提高质量"落到实处，唯如此，中国的图书出版才有可能走向繁荣、创造辉煌。

（原载《编辑之友》1998.4.）

关于21世纪中文出版走向世界的思考

孟　非

"中文图书走向世界"这个命题是近年来出版界议论颇多的热门话题。无论是在中国内地还是在香港、台湾，都曾有过彼此相去甚远的观点，如"在我们试图走向世界的同时，世界已经在走向或逼近我们"、"在中国经济未发展到发达国家水准之前，在中文未成为世界性语言之前，中文读物不可能走得很远"。大多数人则认为："至少在2000年以前，中文图书的国际竞争主要在国内，其次才是国外。"但所有的意见都建立在一个共识基础上，即：现今的国际企业竞争，国内和国外市场再不是截然可分的，有时在本国的竞争就属国际竞争。在国内保持国际性的竞争能力，应是发展中国家最重要也是最首要的部署。更有人尖锐地指出："走向世界，要有一定的销量才有实质的意义。"一个不争的事实是，目前中文图书的出口量并不算大，中国内地、香港、台湾三地以外的中文图书市场，只占中文图书总市场的20%还不到。

因此说，"中文图书如何走向世界"是一个大问题，尤其是在我们即将迈进令人激动不安、竞争激烈的21世纪的今天，应当引起每一个出版人的思考。

回眸：70年代末至今中国出版迈向世界的努力

被采访者：中国版协国际合作出版促进会会长许力以

70年代末，中国打开了万里长城的城门，迎接世界各地来访的宾客。出版界对外合作工作也非常可喜。"文革"以后，为了使世界了解中国，首先是人民美术出版社，于1978年与日本讲谈社合作出版多卷本《中国之旅》的日文版与英文版，广为传播。继之1979年，上海人民美术出版社与南斯拉夫南评社合作，出版大型画册《中国》，全面历史地介绍中国。当时南评社为扩大发行，邀请欧美各国众多的出版商来地中海伊斯的利亚半岛的莫托文地方旅游聚会，画册出版了塞尔维亚文、英文、意大利文、法文、德文、西班牙文、日文等多种版本。总印量达十万册。可见全世界的读者如饥似渴地想了解中国。

70年代末与80年代初，中国与日本出版界关系密切，合作的项目很多，特别是与日本大的出版社，包括讲谈社、平凡社、岩波书店、小学馆等都有合作项目。一直到现在，两国出版界关系仍很亲密，但合作项目逐渐减少了。以后热点转移到西方，包括欧洲的英国、法国、德国、比利时与南斯拉夫，美洲的美国与加拿大，还有大洋洲的澳大利亚，在80年代都有不少合作项目。1989年以后，合作项目大为减少，现在虽还有不少往来，但比较分散，大的项目更见锐减。

80年代末到现在，合作热点转向东南亚。特别是自1987年台湾政策变化，允许两岸往来后，出版合作在与自己的同胞——台湾出版界的朋友之间进行，合作项目逐渐增多，有很多重要的项目，如台湾发行了中国内地编撰的《中国大百科全书》，全书74卷，台湾发行60卷；《中国美术全集》60卷，台湾发行四千部。台湾大部分是购买内地版权，内地出版社亦有购买台湾版权者，有的书是台湾购得西方版权，在台译出后，再与内地合作，在两岸发行。

观察：中文图书在全世界的市场总量及其分布

被采访者：南华管理学院出版学研究所所长暨编译出版中心主任　陈信元

美国《出版周刊》1994年提供的资料报道，当年进口中国（包括台湾）书刊的金额为4 250万美元，其中绝大多数是图书。来自中国内地的书刊约500万美元，占12%，港台图书占70%以上。综观其他出版市场，新加坡和马来西亚不超过3 000万美元。欧洲不超过1 000万美元。三地以外的图书市场零售量不超过1亿美元，占市场的2%以下。

美国大约有近170万华人，是书刊发行的主要对象。台湾图书透过联合报系美洲世界日报在北美的扩张，在各大城市广设世界书局二十余家，美国东部以纽约为主，美国西部以洛杉矶为中心。中国内地图书则透过中国国际图书贸易公司在美国的子公司常青图书公司，建立了连锁书店——长城书店，设立于洛杉矶、西雅图及波士顿。香港联合出版集团所属书店在温哥华、多伦多、洛杉矶是以三联书店为名，在纽约则称东方文化事业公司，在旧金山称东风书店。该集团在洛杉矶设有书报社，经营港版图书、杂志批发业务。另外，还有1978年成立的长青书局，发展至今已有八家连锁店，均位于加州。台湾的金石堂书店在温哥华开设第一家海外分店。其他的连锁书店还有吴兴记、南化、东方图书等。1996年10月，辽宁出版集团海外发展有限公司在加拿大多伦多独资建立文化产业，下设与加方合资的新华书店和新华书店海外批发公司，分别从事图书零售和批发业务。

国际化：中文出版与世界出版业的相互融合

被采访者：杨德炎　陈信元

长期以来，香港号称是亚洲的金融、贸易、资讯中心，也是世界四大印刷品供应中心之一。香港的出版业自60年代后期开始蓬勃发展，吸引了许多国际知名的出版公司到港成立分支机构，如牛津大学出版社、朗文出版社、读者文摘等。这些出版社通常都有跨国公司的背景，特点在于规模庞大、历史悠久，在人力及物力的资源上都处于优越的地位。

香港的外资出版社值得学习的地方很多，他们注重市场调查、质量控制，制订全面化及系统化的长期出版计划，并兼顾市场推广及促销手段，除了出版以英文为主的出版物外，也进一步开拓中文图书市场，其中以“读者文摘”及“时代生活”的中文丛书、牛津大学出版社（中国）有限公司的中文学术丛书最著名。外资出版社的经验及运作方式逐渐影响香港出版业，并引导香港市场渐趋专业化及国际化。

台湾与世界出版业的接触，始于60年代中期。1966年美国《读者文摘》中文版进入台湾，近几年，国际知名出版社更透过各种途径在台发行或授权出版。国际出版、发行公司的行业经验，对台湾出版界的发展，提供了学习的范例。在60年代，台湾书店业引进美国及日本式的经营方式和理念。70年代中期，直销套书制度，由美国及日本引进台湾；约在同一时期，邮购制度也自美国引入。80年代中期，电话销售自美国引进。外国出版业的企划编辑、企划行销、编辑流程、资讯科技的运用，甚至国际书展、版权谈判等方面的运作经验，都使台湾出版人视野开阔，思维模式趋向国际化。

中国内地自1978年以后才开始与国际出版界进行广泛的往来，包括派出版代表团访问世界各国；邀请外国的出版界人士访问中国；派出编辑、印刷和发行人员到国外培训，参加国外出版公司的实际工作；邀请国外专家、学者和技术人员到中国内地讲学；参加世界上几个规模较大的图书博览会或书展；自1986年起，每两年举办一次北京国际图书博览会等等。1993年5月，北京和港台新马五家商务印书馆在北京建立合资企业“商务印书馆国际有限公司”；最近的例子，是德国贝塔斯曼出版集团获准在上海创办外资在大陆的第一个图书俱乐部。

通过国际化的交流，中国积累了与外国出版社打交道的丰富经验，克服了文字的局限性，合作形式多样化，主要可以归纳为下列几种形式：

1. 双方共同商定选题、组织稿件,以双方名义共同出版,版权归双方共有。中方负责在大陆印刷和发行,对方负责在境外印刷和发行,并按约定的比例支付中文版税。

2. 双方共同拟定选题,由中方提供文、图或双语种原稿,对方负责排版并向中方有偿提供印刷用版型。中方在中国境内印刷发行,对方在中国内地以外的商定地区印刷发行,并按约定比例支付中方版税。

3. 双方商定选题,由各国专家学者撰写,由一方为主出版发行或合作出版发行。

4. 图书发行上的合作,双方达成协议,就某图书翻译出版成另一种文字版本,在不同地区和国家发行。

自信:拓展中文图书国际市场的可能性探讨

被采访者:商务印书馆总经理　杨德炎

展望未来,中国出版业走向世界的前景是乐观的。近些年来,汉语在世界范围里得到了极大的重视。新加坡、马来西亚已经开始推广简化汉字,并把华语作为学校的必修课;近年来学习汉语的外国学生越来越多,据有关方面的统计,目前在中国内地学习汉语的外国学生已达25万人之多;为外国人设立的汉语水平考试越来越受到重视;不少欧美国家的大学把汉语列为第二外语;有影响的美国《新闻周刊》也已经推出了中文版。一个不容忽视的事实:西方人对中国文化的了解要远逊于中国人对西方文化的熟悉。正是由于西方社会多数人的不了解、不熟悉,西方人常常对中国产生误解甚至偏见,"黄祸论"、"中国威胁论"曾一度招摇过市也就不足为奇了。中国的出版人有必要大力向西方介绍、宣传中国的历史、传统文化、现状及发展前景,让他们对中国有个全面、客观、公正的了解。

从目前的情况看,国外华语图书的读者群(即潜在的图书市场)大致可以分为以下四类:

1. 海外华侨华人。不管是否已加入驻在国的国籍,他们中的绝大多数人在内心深处仍把自己视为炎黄子孙,时刻关注着中国的发展。这个市场是相当广阔的。

2. 工商界人士。随着世界经济一体化程度的加深,随着中国与世界各国经贸合作的扩大,越来越多的外国公司看好中国市场,工商界人士迫切需要了解中国的传统文化,了解中国的政治、经济政策,以便更好地与中国开展经贸合作。

3. 外国学生。目前仅在中国内地学习汉语的外国人就已达25万人之多,如果加上在台湾、香港以及在本国学习汉语的人,将数倍于此,而且人数还在不断增加。

4. 各大学、研究机构的图书馆,研究中国学的学者、教授、专业人士,以及对中国文化有兴趣的外国读者。随着中国国际影响的扩大,日、韩及欧美各国研究汉学的人数也在逐渐增加。

目前在世界各地活跃着近六千万的华侨华人,据统计他们掌握着几千亿美元的资金,是一个潜力巨大的市场。因此,可以说,从外部条件看,华人经济实力的壮大、中国国际地位的提高、西方对中国的了解不够,为图书开拓国际市场带来了难得的机遇,创造了潜在的市场。

近年来资讯发达、电脑排版技术发展迅猛,国内出版业在制作上与国外出版没有多大的差距,这是我们奋起直追的另一个有利条件。

困难:制约中文图书进入国际市场的几个因素

被采访者:香港中文大学出版社社长　陆国燊

1. 语言文字。目前世界最通用的语言为英语,说英语的居民都集中在生产力水平较高的国家。产品如果没有英语国家的市场,销路就不会很大。例如世界最大的出版集团之一、德国的贝塔斯曼,因为大量的德语出版物都缺乏世界市场,他们也以英语出版为主,将英美的畅销小说,通过书友会形式发行到欧美。

2. 文化差异。图书是人类文化成果的记录,书籍的需求要取决于消费者对文化的认同。西方人对东方文化的陌生甚至于无知,阻碍了他们对记载着完全不同的另种文化内容的图书的客观接纳。但日本文化,如插花艺术、小说、管理、设计等,通过日本图书出版尚可行销到英美主流市场,难道博大精深的中国文化却不能做到吗?

3. 国内市场在未走向世界之前,出版社应积累到强大的经济实力,在国内有广大、雄厚的市场支援。丰田汽车在日本国内创立了几十年,国内市场地位巩固后才开始销售到亚洲各地,70年代末才进入美国国际市场。贝塔斯曼及讲谈社等也是在自己国内有了广大市场后,才推进成为国际级的出版集团的。反观中国,无论是内地,还是香港、台湾的出版社,都未达到这个条件。

4. 简繁体、横竖排问题。当今世界上,大概只有汉语存在这种现象。对中国内地来说,繁体、竖排还不是太大的问题,只有略有不便而已,可是简体字对台湾的读者来说,有时可能就是较大的问题。同是中国人尚且有这个问题,对国外的读者来说,问题就更大。可以说,这是影响汉语在世界上推广、中文图书拓展国际市场的一个重要制约因素。

思考:中国出版走向世界的具体举措

1. 开拓中文图书的国际市场,首先就要考虑读者群,做好选题策划工作。首先可以集中在特定市场空间去构思,适合外国学生需要的教科书、双语辞典、教学参考书,以及相关的录像片和光盘,是开拓图书国际市场的基础工程,而且市场规模和潜力是相当可观的。儿童读物、语言文字图书和小说也都可以是好的目标题材,但每年出版要有一定的规模。

2. 中国传统文化图书。东亚国家历史上与中国有着密切的联系,有些国家甚至与中国有着文化上的渊源关系。因此,图书在日本、韩国、新加坡、马来西亚等国家有一定的市场;西方人对中国传统文化知之甚少,但并不说明他们对此没有兴趣,从近年国际书展的情况来看,反映中国传统文化和自然风光的图书尤其是画册,往往是比较受欢迎的。中国内地的《考古》月刊和《文物》月刊,每年向国外发行各两万多册,就是一个很好的例子。

3. 图书的翻译及中外文对照读物。从目前的情况来看,国外懂汉语的人毕竟还是少数,因此,有选择地策划一批适合他们阅读习惯的图书,译成英、法、德、日等国外通行语种,向国外发行,可能是一个较好的选择。

4. 加强资讯沟通。中国内地、台湾、香港出版发行机构都有自己的报刊传媒,如果这些报刊都能上网,三地实现资讯沟通、资源共享就将更加便捷。同时,有必要建立三地合作的协调机制,互通选题,也可以举办各种形式的研讨会,从中找到更多的共同点,一致对外,推出更多面向国际市场的图书。

5. 加大宣传力度。要破除"酒香不怕巷子深"的思想,因为,在国际图书市场竞争日趋激烈、图书知名度不高的今天,这种思想显然不利于开拓图书的国际市场。应该利用一切可能利用的手段,包括在西方媒体作广告,提高图书的知名度。

6. 建立一致对外的营销网络。台湾、香港的大型出版发行机构已经在海外建立了自己的销售网点,如香港联合出版集团的业务就已覆盖世界一百多个国家和地区。这是一个有利条件,如果两岸三地能够共享发行渠道资源,就有可能扩大图书在国际上的销量。更能发挥集团优势的一个途径是,各自编制系统全面的图书目录,推向国际市场。这种书目,既可以作成书,也可以制成光盘,提供给国外的图书商,还可以进入国际互联网络,使出版者、发行者和读者更快捷地了解图书信息,扩大图书的影响,促进图书的销售。

7. 面对国际性出版集团、公司的竞争,中国内地、香港、台湾三地是否可以考虑共同策划结合各自优势的世界性选题,出版高质量、多语种的出版物,并在世界主要国家与发行商合作行销。

8. 中国三地出版业可以考虑在国际书展上,以具体的合作营造中文出版物的整体形象和优势,逐步打破欧美以主流文化自居的迷信。

9. 国际性的出版和传媒集团的实力远非中国出版业所能比拟。如何积聚和结合中国三地力量去做竞争?中国三地都在发展较具实力的出版集团,集团间除了合作出版的业务外,能否结成策略性联盟,共思进军世界出版市场的办法,并提升参与国际竞争的能力?

10. 出版观念上要以国际市场为出发点,遵守国际出版惯例,开本、定位、推广都应该从国际市场考虑。

11. 可以考虑发展国际邮购业务,专业性书展等,或举办以海外华人为对象的书展。同时也可以不定期与海外书商举办单一的季节性书展或促销活动。

(原载《中国图书评论》1998.11)

图书封面、书名页不规范问题综述

陈浩元

国务院1997年1月2日颁布的《出版物管理条例》明确指出:"出版物的规格、开本、版式、装帧、校对等必须符合国家标准的要求,保证出版物的质量。"就图书的封面和书名页的设计、印刷而言,近年来国家发布了一系列国家标准,而最近出版的图书执行这些标准的情况如何呢?就我所见,可以毫不夸张地说,几乎没有一本图书在封面和书名页的设计、印制方面完全符合国家标准要求的。6月中旬我参加了一次优秀图书评奖,随手对1997年北京市出版的14种编校质量合格以上的科技类参评图书进行了统计,结论是:无一例外地存在着这样那样的不规范问题。

1 封面设计存在问题

这里说的封面仅涉及封一和封底;存在问题也仅指不符合有关国家标准之处。

1.1 汉语拼音书名

按照GB 3259—92《中文书刊名称汉语拼音拼写法》要求:"国内出版的中文书刊应依照本标准的规定,在封面,或扉页,或封底,或版权页上加注汉语拼音书名、刊名。"该标准还给出了"中文书刊名称拼写基本上以词为书写单位"等15条拼写规则。

目前出版的图书,大部分都没有执行这个国家标准,未加注汉语拼音书名;就是加注了汉语拼音书名的,其拼写符合规则的也为数不多。我统计的14种参评图书,就有10种没有汉语拼音书名,只有4种有汉语拼音书名,而其中拼写正确的仅为2种。

汉语拼音书名拼写错误主要是:

a. 以字为书写单位,如把《童话降落伞》拼写成"TONG HUA JIANG LUO SAN"。

b. 四音节以上的表示一个整体概念的名称未按词(或语节)分开写,如把《黄帝内经研究大成》拼写成"HUANGDINEIJING YANJIUDACHENG"。

c. 整个书名连写。

1.2 中国标准书号

中国标准书号是每一本图书都有的一个世界性的唯一标识代码。它由国际标准书号(ISBN)和图书分类-种次号组成,其规范形式为:

$$\frac{\text{ISBN 7-144-11316-X}}{\text{TP}\cdot 1064}$$

或ISBN 7-144-11316-X/TP・1064。

按GB 5795-86《中国标准书号》要求:"中国标准书号应印在图书的版权页和封底(或护封)上。"由于GB 12450-90《图书书名页》和GB 12451-90《图书在版编目数据》这2个国家标准的颁布,1991年以后取消了"版权页"的称谓,所以改为国际标准书号应印在图书主书名页背面,中国标准书号应印在封底(或护封)上。目前只有少数图书(如上面提到的14种图书中有3种)未按规定在封底上印刷中国标准书号。然而,印有中国标准书号的图书在印刷格式方面的种种差错,应引起我们的充分注意。这些差错主要为:

a. "ISBN"与中国组号"7"之间未留半字空,也有的留了一字空。

b. 国际标准书号的4段数字之间不是用半字线"-"连接,而是用一字线"—"。(注:GB 5795-86中把连字符误印为一字线"—"。)

c. 当校验码为10时,未正确地使用英大正体字母"X"表示,而误用了叉号"×"或英小正体"x"。

d. 分类号与种次号之间未用居中圆点"・"分隔,而误用了下圆点"."。

1.3 中国标准书号(ISBN部分)条码

在中国注册出版的图书,都要按GB 12906-91《中国标准书号(ISBN部分)条码》要求,在规定位置上印刷条码。当封面正向放置,书脊在左时,"一般将条码印刷在图书封底(或护封)的左下角,条的方向与书脊平行(或垂直),也可根据需要将条码印刷在图书封二的左上角"。"书脊在右时,一般应将条码印刷在图书封底(或护封)的右下角,条的方向与书脊平行(或垂直),也可根据需要将条码印刷在图书封二的右上角。"标准同时给出了条码离封底(或封二)切口的距离范围(注:该标准中有些样图的尺寸界线画得有误)。以最常见的条码印刷在封底左下角、条的方向与书脊平行为例,其与封底左切口和下切口

的距离分别为 9.5^{+2}_{-5}mm 和 6.3^{+3}_{-5}mm。

可喜的是北京近几年出版的图书，几乎都印刷了由新闻出版署条码中心统一制作和发放的条码。但遗憾的是条码的印刷位置普遍地不符合国家标准的规定。拿前述的 14 种参评图书为例，只有 1 种图书的条码位置正确；有 9 种图书只是随意地将条码印刷在封底的左下角，跟最大的规定尺寸的误差在 10mm 左右；有 3 种图书的条码位置不正确，其中 1 种印刷在封底的下中部，2 种印刷在书末空白页左下角(有 1 种可能是为了评奖而后贴上去的)；另有 1 种没有条码。此外，有些图书的条码图案的反差太小，条形图案未选用黑色、深蓝等深暗颜色，而底空未选用白色或浅色，甚至还有其他图案，以致无法准确识读。

1.4 书脊

按 GB 11668-89《图书和其他出版物的书脊规则》要求，除外文版图书和线装书外，书脊厚度≥5mm 的图书都应设计书脊，印刷书脊名称；厚度＜5mm 或其他原因不能印刷书脊名称时，可在紧挨书脊边缘不大于 15mm 处印刷边缘名称。

现在出版的图书，书脊厚度≥5mm 的几乎都印有书脊名称。在书脊设计、印刷上存在的主要问题是：

a. 有些图书书脊名称项目不全，主要是缺出版者名称。

b. 系列出版物各册书的书脊名称中书名离上切口的距离不一样，出版者名称离下切口的距离不一样，并列排放时极为难看。

c. 书脊厚度＜5mm 或因其他原因不能印上书脊名称的图书，没有设计、印刷边缘名称。

d. 设有护封的精装本图书，有些只在护封上印刷书脊名称，而在精装封面的书脊上未印刷书脊名称。

2 主书名页存在的问题

按照 GB 12450-90《图书书名页》的规定，各类图书都应在正文之前设有登载完整书名信息的书名页，包括主书名页和附书名页。下面我们只论及载有完整的书名、著作责任者说明、版权说明、图书在版编目数据、版本记录等内容的主书名页所存在的问题。

2.1 主书名页正面

主书名页正面是指提供有关图书的书名、著作责任者、出版者的信息，位于紧接图书封二(或环衬)的单数页码面，以前常称其为“扉页”。

该页的著录内容存在的普遍问题是，未按国家标准要求在标示出出版者全称的同时标出出版者所在地(城市名)。如上面提到的 14 种参评图书竟没有一种标出出版者所在地“北京”。

2.2 主书名页背面

主书名页背面位于双数页码面，按国家标准规定，该页的上、中、下 3 个部分应分别印载图书的版权说明、在版编目(CIP)数据和版本记录。按要求，GB 12450-90 从 1991 年 3 月 1 日起实施，但至今仍有一些图书不设主书名页背面，这是很不应该的。

下面我们重点论述版本记录的著录存在的问题。按照国家标准规定，版本记录应著录 CIP 数据未包括的印刷发行、载体形态等记录及出版人项。印刷发行记录包括印刷者、发行者，第 1 版、本版、本次印刷的年月，印张数、字数、印数、定价。版本形态记录包括开本和幅面尺寸，附件(如光盘、录像带、地图等)的类型及数量。出版人项要求著录出版社主要负责人姓名，且在同一时期内一个出版社只能有 1 位出版人。现在出版的图书，几乎没有一本在版本记录方面完全符合这些要求的。存在的主要问题如下：

a. 著录多余的项目，如多著录书名、著作责任者、责任编辑、中国标准书号等。

b. 普遍未著录出版社主要负责人姓名。

c. 幅面尺寸、印张数的著录不规范。如“850×1 168”“850×1 168 毫米”“850×1 168mm”等应为“850mm×1 168mm”；“印张 10 7/8”“印张：15 3/4”应分别为“印张 10.875”“印张：15.75”。

d. 版次、印次著录不符合标准。如“第一版”“第二版第三次印刷”应为“第 1 版”“第 2 版第 3 次印刷”，即要使用阿拉伯数字。

e. 有彩色插页及附件的，未印出这些项目名称及数量。

f. 印数问题主要是漏印印数；印了多次的书印数只印出本次的，未标明累计印数；1 000 以上的数字未采用三位分节法分节，却用千分撇“,”分节，例如把“10 100”印作“10,100”；数值范围用“—”连接，而未用“～”，如“5 001～10 000”印作“5 001—10 100”。

3 CIP 数据存在的问题

CIP 数据是指经图书在版编目产生的，并且印刷在图书主书名页背面的书目数据。GB 12451-90《图书在版编目数据》规定了 CIP 数据的内容、选取规则、印刷格式。按照新闻出版署的部署,从1993年2月1日起41家中央级出版社和北京出版社出版的图书,从1993年7月1日起上海、天津、湖北、广东、辽宁等试点省市出版社出版的图书,从1994年1月1日起北京地区所有出版社出版的图书,都要实施CIP。然而,时至今日,北京地区出版的图书还有一部分未按要求印刷CIP数据,前面提到的14种参评图书就有4种没有实施CIP。

(原载《科技与出版》1998.4.)

浅谈图书翻译的原则和方向

贺睿征

我国的翻译历史从佛经翻译算起,至今已经有1990余年了。所译书籍,浩如烟海。其中绝大多数译作是好的,在各个不同的历史时期起到了积极的促进作用。

翻译可以说是人类最悠久的文化交流活动,在各民族的文化、科技交流中起着不可替代的作用。

(一)

翻译的作用如此之大,翻译所产生的影响如此之深,那么,我国目前图书翻译的现状如何呢?

从总体上看,近年来,图书翻译的数量和品种都较前有了长足发展,尤其是随着我国改革开放的不断扩大和深入,国际文化交流日益频繁,有关世界各国的政治、经济、法律、文艺等译作数量激增,为振兴我国文化事业做出了贡献。另一方面,有关我国各方面的翻译作品也不时出现在域外某些国家的图书市场上,为让世界了解中国做出了积极努力。但同时也应看到,当前的图书翻译出版存在着几个突出的矛盾亟待解决。

1. 一方面外国古典文学名著的盲目出版、选题重复撞车现象严重,另一方面是国家建设和人民生活急需的反映当代国外科技成果的图书、科普类图书等的翻译出版不足。

翻译外国文学名著,广采各国文化精华,对发展振兴我国文化有重要意义。让中国了解世界,也是我们出版工作者义不容辞的责任。但是,盲目重复地出版外国文学名著(例如《红与黑》就有17个版本),为经济利益所驱使,将外国文学名著排列组合在不同套书、丛书版本中,不仅使重复出版这一顽症更加严重,而且由于译作水平良莠不齐,既浪费了人力、财力,又误人子弟。解决的办法一是提高对重复出版危害性的认识,二是行政干预,从制度上卡死重复出版。

对于反映国外当代科技新成果的图书和科普类图书,应引起足够注意和及时引进翻译出版,因为我们要赢得与发达国家相比较的优势,必须大胆吸收和借鉴人类社会创造的一切文明。

2. 引进型"外译中"图书与外向型"中译外"图书的出版及宣传,无论在规模上还是数量上都存在比例失衡的问题。

中华民族不仅是勤劳勇敢的民族,而且是谦虚好学的民族,加之历史和政治的原因,因而大量引进翻译国外图书,其中尤以语言工具书、文学、学术名著类图书居多。例如商务印书馆的《汉译世界学术名著丛书》目前已出版260种,2000年以前要再出100种。这套丛书被誉为"对我国学术文化有基本建设意义的重大工程"。自1982年首批丛书出版以来,有关领导和专家予以充分肯定。后起之秀的外语教学与研究出版社,也在引进和翻译方面大显身手,自1983年签订第一项涉外图书出版合同以来,至今已有国际合作项目400种,其中引进版权(含合作出版)300余种、售出版权逾100种,合作伙伴遍及欧、美、澳和东南亚等地。

从以上例子不难看出,引进型与外向型在规模和数量上的严重比例失衡。比例失衡也可从国家版权局1997年对全国各省、自治区与直辖市版权贸易的统计数字略见一斑。1997年通过出版社开展的版权贸易涉及图书共3 397种,其中引进图书版权3 075种,输出版权322种。

随着我国改革开放的不断深入,出版业和翻译界有识之士逐渐认识到这种比例失衡的严重性和文化交流的双向性。因而,1996年由国家新闻出版署牵头,中国外文出版发行事业局参与的《大中华文库》丛书计划已经启动。这个项目被新闻媒介称之为

"一座跨世纪的辉煌文化桥梁"。《大中华文库》(共约100种)收集了中华民族五千年文明史中的文学、历史、哲学、政治、经济、科学技术等方面最具代表性的经典著作进行加工翻译。首先译成英文出版,随后还将陆续安排出版法语、俄语、德语、日语和西班牙等语种,这既是弘扬中华民族优秀传统文化的基础工程,是深层次的对外宣传工作,又是对世界文化发展的重大贡献,意义深远重大。我们就是要一方面引进一切为我所需的优秀成果,另一方面又要把自己的创造特长积极传播到域外去,在这一来一往中发扬优势,壮大实力,推进文明,造福人类。

3. 现有的译文图书中质量平庸者居多,真正的精品相对太少。

不可否认,我国翻译界有一支思想和业务水平均属精湛的队伍,他们在各个领域内已经为我国的图书翻译出版做出了很大贡献,而今还在努力不懈地为我国的改革开放做着更大的贡献。但同时也应看到,由于译者水平参差不齐,有些译文图书编辑把关不严,致使有不少平庸甚至是败笔的译本出现。正如翻译家姜椿芳先生指出的:"近年来在一些译本中,特别是赶译、抢译的所谓畅销书中,出现了不少错误,有的甚至可以说是粗制滥造。有的翻译书籍或报刊文章,译笔似乎流畅可读,但经不起检查,一对原文,错误之多,简直令人吃惊……"现实也确实如此,不可等闲视之。解决的办法一是提高译者和编者双方的翻译水平,二是严格把关,无论是谁的译作,只要不符合出版规定,达不到出版水平的,一律不开绿灯。

(二)

在改革开放和现代化建设走向新世纪的新形势下,面对我们从来没有遇到过的艰巨课题,邓小平理论要求我们增强和提高解放思想、实事求是的坚定性和自觉性,一切以是否有利于发展社会主义社会的生产力、有利于增强社会主义国家的综合国力、有利于提高人民的生活水平这"三个有利于"为根本判断标准,不断开拓我们事业的新局面。图书翻译工作当然也不例外,应以"三个有利于"为根本原则,努力为我国的出版事业做出新贡献。

图书翻译工作是社会主义出版事业的一个不可缺少的组成部分。图书翻译工作也应以"三个有利于"为原则,凡是符合"三个有利于"的,就引进、传播,凡是不符合"三个有利于"的,就坚决拒绝翻译出版,不让那些不利于发展社会主义生产力,不利于提高社会主义综合国力,不利于提高人民生活水平,特别是污染人们精神思想的愚昧、迷信、色情、暴力甚至有损国家形象的译作出笼。图书翻译工作也必须把社会效益放在首位,积极努力地去实现文化建设这一长期而艰巨的任务。这也是图书翻译的方向。

(原载《出版发行研究》1998.5.)

试论畅销书选题设计的规律

徐宗文

在市场经济条件下,畅销书选题的设计成为各出版社极为关注的重点和焦点,成为几乎所有社长、老总和编辑们最兴奋、最具吸引力的话题。

由于市场经济变幻莫测,因此畅销书选题的设计从根本上来说也只能根据当时、当地的市场运转情况来加以谋划和设计。但市场经济又不是无规律可循的,所以畅销书选题设计也应该有规律可循。

那么,畅销书选题设计有哪些规律可循呢?

一、要根据我国市场经济的基本特点进行畅销书选题设计

我国的市场经济与一般的市场经济不完全一样,它的基本特点是"社会主义"市场经济;而我国的社会主义,又是处在"初级阶段"的社会主义。因此,我国的市场经济应该叫做"初级社会主义市场经济",或者叫做"社会主义初级市场经济",其最鲜明的特征是:经济基础还不够雄厚,经济形态还不够成熟,经济体系还不够完善。因此,畅销书的选题只能

并必须从两个大的基本方面去考虑和设计:一是从经济方面着眼,要求图书的定价低、成本少、本子薄;二是从内容方面着眼,必须侧重于知识性、趣味性、实用性和可操作性等几方面。一言以蔽之,要以普遍性、普及性为主。至于高层次、大部头的理论书刊、学术著作、文艺作品,并不是说就一定不能畅销,但要畅销,仍然必须向通俗化、大众化一途努力;若反其道而行之,就一般规律而言,它的成功率绝对不会很高。

二、要根据文化市场、图书市场的消费热点和需要进行畅销书选题设计

有一种形象的说法:市场如战场。就是说,市场行情如战场敌情,有瞬息万变、难以捉摸的一面,也有受到大的战略规律支配的、可知的一面。一个阶段总有一个阶段的独特需要,从而形成一个个的消费热点。只要我们注意观察,眼睛紧紧盯住市场行情,尤其注意文化市场、图书市场在各自不同阶段形成的消费热点和需要,牢牢把握机遇,迅速制定与此热点和需要相联系的选题,就完全有可能使之成为印数可观的畅销书。多年来的事实已经证明了这一点。比如,前几年在不同背景下形成的西方文化热、古代文学鉴赏热,近几年形成的伦理道德热,去年香港回归、党的十五大召开等政治热点,只要努力抓住并以适当方法予以发行的有关图书,无一不是面广量大,获取很好的效益的。其中最著名的例子就是前几年商务印书馆集中翻译出版的世界名著、上海和江苏古籍出版社分别出版的《唐诗鉴赏辞典》、《唐宋词鉴赏辞典》,近年来广东教育出版社编著出版的《新三字经》,今年世界知识等出版社编写出版的与香港知识有关的小册子等,发行量之多,都是全国闻名的。

三、未雨绸缪,未龙先云,制造市场热点,为畅销书选题设计预埋伏笔

畅销书的选题设计,除了根据文化市场、图书市场消费的热点和需要进行外,还应该而且完全可以根据国家政策、法规和形势的需要去主动地制造热点、改造热点,主动地引导市场方向、把握市场主动权,从而变被动为主动,化消极为积极。这样,就可以使自己设计的畅销书选题由愿望变为现实,甚至还可以使已经积压的库存书变成畅销书。例如1997年适逢抗日战争爆发60周年,日本侵略者制造南京大屠杀60周年,江苏教育出版社和江苏人民出版社联合翻译出版了最新发现的《拉贝日记》。这本书是以日记的形式写成的,有一定的可读性,但从本质属性上讲只是一种文献。若按常规做法,此书绝不可能畅销,至多图书馆、研究专家买一些而已。但这两家出版社利用出版的特定年月,利用该书的价值,利用日记一定的可读性,在该书还在商谈购买版权期间,即着手造声势:先组织一些介绍拉贝其人的文章,让中国的读者大众了解;进而再组织一些介绍《拉贝日记》内容的文章,选登《拉贝日记》的一些精彩片段;最后又选择最恰当的时间,先声夺人,抢在其他国家出版同类书之前推出,获得国际首版的声誉。经过这样一番有组织、有预谋的策划,《拉贝日记》尚在翻译印制之中,读者就已翘首以待,而一旦正式出版,立即从少数专家圈内冲决而出,成为十分畅销的大众读物,首版即销售5万余册。这完全是预先主动创造市场的结果。

四、努力开创藏之名山、传之后人的名牌书

市场经济总是有一定风险的。如何在市场经济的大风大浪中站稳脚跟,这是每一个出版家都要关心和不可回避的问题;即使经济条件较好的教育出版社,如果不加重视,也仍然会在可以预见的将来遇到麻烦。

俗话说:人无远虑,必有近忧。那么,从长远的观点看,一个出版社怎样才能做到在市场经济的大风大浪中站稳脚跟呢?方法是多种多样的,比如每一二年出三五本畅销书,每二三年出三五本长销书,但最主要也是最有效的是千方百计、不遗余力地开创能够藏之名山、传之后人的名牌书,用名牌图书去牢牢占领市场、扩大市场。实践证明,有了名牌图书,不管市场情况怎么风云变幻,都可以以不变应万变,任凭风浪起,稳坐钓鱼台。名牌书不仅是畅销书,而且是长销书。例如商务印书馆的《新华字典》、《现代汉语词典》和《辞源》、中华书局的新标点本“二十四史”、上海辞书出版社的《辞海》等名牌图书,由于选题设计好,编写质量高,在社会上已经取得了很高的声誉,在读者中成了犹如身上衣、口中食一样必不可少的东西,因而在任何时候、任何地方它都会有一定的市场。它具有唯一性和不可取代性,是任何抄袭、模拟和欺世盗名之作所不能替代的。

从纯粹经济效益的角度着眼,倘若说,在图书市场上畅销书是一支快速反应部队,长销书是一支常备军,那么名牌书则是一支兼具两种功能的特种部队。任何出版社都要着力注意建立这样一支特种部队,哪怕是“十年磨一书”,也要“咬定青山不放松”。

这是一种具有战略高度的设计，它确乎是每一个出版社在市场经济的大风大浪中永远立于不败之地的最可靠保证。

五、利用名牌效应设计畅销书选题

新的畅销书选题设计毕竟不是一件简单的事。因此，利用名牌效应，即利用已经畅销的名牌图书设计新的畅销书选题便不失为一种既省力省时、又稳操胜券的途径。具体又可以分为四种方法：

1. 扩展法。利用名牌图书，借助现有思路和体例，原封不动地向着不同层次、不同方向、不同学科品种扩展和延伸，可以轻而易举地获取大批新的畅销书选题。例如江苏教育出版社的“精讲系列”，首先从《高中数学精讲》编起，由于思想对头，体例合适，一经出版，即受到高中数学教师和学生的热烈欢迎，首版即销售10万册，随后又一再加印。高中数学是如此，初中数学亦复如是。初高中数学如此，初高中理化亦复如是。一时间“精讲”在读者中产生了强大的效应。在这种情况下，苏教社有关领导和编辑，及时抓住名牌，大做文章。他们依据现成优势，一举向小学、中学的各个学科，全面推进，大势延伸，由原来一个选题、单科独进，一下子扩展58个品种。结果每个品种的发行量都像最早的数学一样，畅销无阻，每册一版印数达20余万，总码洋一次性达到1 200万元。此后每年长销不断，印数均有10万册左右，成为苏教社除教材、试卷、练习册而外最畅销的图书，在全国畅销书中亦高居榜首。

2. 衍生法。以一种名牌书为母本，衍化、孵生出多种名牌书。这种方法与第一种方法的不同之处在于：前者为并列关系，好比兄弟；后者为继承关系，犹如母子。具体做法是，将一种名牌图书根据不同需要加以改造或改编，或由综合本改为单科本，或由大开本改为小开本，或由精装本改为平装本。此外，还可以将简体字本改成繁体字本，甚至翻译为外文本推到海外去。除了出书，还可以出光盘、有声读物等。总之，一主多副，以一本书为核心、为龙头，形成一个系列、一个家庭。例如上海辞书出版社的《辞海》，就有综合本和分科本、大开本和小开本；《汉语大词典》就有简装本、原装本和多媒体的光盘读物。江苏教育出版社的名牌书《英语搭配大词典》，除了出版16开简体字本而外，又出版了32开简体字本和16开繁体字海外本。以上所有这些经过改造衍生的各种版本、各种形式、各种文种的副牌书，因为主牌书所带动的重大反响，它们也跟着畅销无阻。有的读者因为使用方便起见，一人手中同时有两个版本。由此可见，由一本衍生出来的多本书丝毫不影响原书的销售，相反，主副搭配，互相补充，反而可以最大限度地占有市场，争取到市场的最大化。

3. 优化法。或曰杂交法、移植法。它不是指植物学上具有严格区分的含义，在本文中所要表达的是一个意思，即将另一种或数种名牌畅销书的特点和优势，通过移花接木的手段移植到自己设计的选题上来，使之杂交优化成为一种新的畅销书。这种方法实质上就是通常所谓的“博取众长，综为一家”，例如江苏教育出版社出版的、被知名教授廖序东誉为“袖里乾坤大，百川纳于海”的《袖珍字海》即是如此。此书是一本字典，长32开，正文计1 076页，约160万字。部头不算太大，读者买得起、带得动；收字较多，计30 165个，除一些讹字、死亡字、对现今读者根本无用的字不收外，其余凡今天需要查阅的都予收入；释义简明，引例典型，多从古典诗词取用名句。总之，一切从实际需要出发，一切以读者实用为依据。它综合吸收了名牌书《新华字典》、《现代汉语词典》、《现代汉语大字典》、《现代汉词大词典》、《辞海》、《辞源》等书的长处，有小型字典简捷便携、取用方便的优点，却无大型字书如《康熙字典》等只求全、不求实用的缺点。扬长避短，自成体系，出版后获得专家好评，读者欢迎，市场火爆，很快就被评为全国畅销书。

4. 假名法。此种方法与前几种方法不同：第一、二两种都是直接而全面地利用名牌效应，第三种是间接地部分地借鉴名牌优势和特点，它则侧重于更远距离地虚拟名牌。换句话说，前三种是一种比较实在的利用，此一种只是比较虚的假借名牌的名字而已。比如前一段时间，国际国内奥林匹克比赛备受重视，一时间成了人们关注的社会话题，通过奥林匹克比赛升入名牌学校更成了学校、学生和家长议论的中心，奥林匹克比赛一类的学习辅导用书呼之欲出。在这种背景下，江苏教育出版社乘机打出“奥林匹克”这张响亮的王牌，迅速推出一整套《小学数学奥林匹克读本》、《中学数学奥林匹克读本》，一下子就成了畅销书。又如江苏教育报刊社编印的《小学生数学报》，省内外发行近两百万份，在相关读者群中产生了很大的效应。江苏教育出版社利用这一名牌优势，组织编写了一套《小学生数学报十年精选本》，一经发行，数量可观，成了颇有名气的畅销书。同样，像中国期刊发行量最大的《故事会》、《读者》、《半月谈》、《家庭》等，如果能够充分借助其名牌声誉，编写诸如《故事会精选》、《读者文丛》、《半月谈内部版》、

《家庭内外》等丛书，大概也会十分畅销。《半月谈内部版》已经发行153万，跻身中国期刊年发行量100万册以上排行榜，就是一个好例。

六、依靠图书质量保证畅销书选题的设计

多年从事出版工作的经验告诉我们：质量就是生命，质量就是数量，就是市场。根据市场经济规律设计畅销书选题，最终都要落实到图书质量上，靠质量保证市场。上面提到的几种名牌书，之所以畅销不衰，除了它的特色等原因而外，最根本的还是质量有保证。而我们经常看到一些畅销书，昙花一现，风光不再，究其原因，恐怕主要也在于质量没有保证。江苏教育出版社这几年经济大发展，发行码洋在全国同类出版社中居于领先地位，主要靠学生的教辅用书大畅销。而畅销的原因除了众所周知的外部条件以外，根本的一条就是图书的内在质量在同类出版物中高人一等。为什么这么说呢？因为非苏教版的同类书非但没有打入江苏市场，相反，苏教版的同类书却销售到云南、河北等省，占领了部分省外市场，这不是最明显的例证吗？需要强调的是，图书的质量关系到方方面面，比如编校、印刷、装订等等，但最关键、最核心的还是图书质量的第一关，即选题质量。只有把好第一关，才能保证所定选题成为名副其实的畅销书，这是任何出版家都不能时刻有所忘怀的。值得注意的是，图书质量不仅是个起点，而且是个过程。江苏教育出版社对一些畅销书实行滚动式修订，既是为了保证质量，也是为了保证市场。

靠市场，靠名牌，靠质量，这是我们进行畅销书选题设计时考虑问题的三个立足点。它们互相依存，互相支撑，缺一不可。而在这三点之中，市场又是重中之重。在社会主义市场经济条件下，畅销书选题的设计离开这一点去考虑，也就成了无源之水，无本之木。因此，我们必须时刻牢记这一点，并且善于利用这一点来为社会主义的出版事业服务。

（原载《编辑学刊》1998.1.）

图书市场分析

从'98北京图书订货会看中国可供图书现状

潘明清

统计显示:'98北京图书订货会各出版社共推出图书146 585种,其中重版书95 701种,占总征订品种的65.29%;新版品种50 884种,占总征订品种的34.71%。现货图书品种达137 352种,占总征订品种的93.70%。

为了了解全国出版格局和出版物的某些状况,记者收集了'98北京图书订货会全部参展单位的订目,以期进行一些调查分析。为避免统计中的版别、品种的重复,我们剔除了省级店、发行所的订目(独家代理的品种除外),辽宁、浙江、江苏三省以社店联合的名义统一组团,即以三家集团统一目录进行统计。本次统计444个版别的目录。出版品种历来是出版规模的象征,从本次书目调查提供的各项数据中,也许对我们判断今年全国的图书市场,评估全国出版力量,了解各自在全国出版中的位置,会有一定的帮助。

书业:告别等订数开机时代

调查显示:1998年图书市场的货源丰富。'98北京图书订货会各出版社共推出图书146 585种,其中重版书95 701种,占总征订品种的65.29%;新版品种50 884种,占总征订品种的34.71%,令人欣喜的是,现货图书品种达137 352种,占总征订品种的93.70%(见表一)。这意味着,各基层店订数的满足率将比以往有很大提高。据基层店反映,已收到了部分在北京图书订货会上订的图书,它表示出版的市场竞争意识已加强,发货速度与到货满足率已成为出版发行争夺市场的重要措施。同时,这也意味着图书流通的频率在加快,周期在缩短。随着出版发行体制改革的推进,计划经济下印数等订数的时代已经结束。

图书:品种结构渐趋合理

调查结果显示,全国出版物各类别品种结构基本合理。146 585种图书按类别分:社科类图书20 371种,占总征订品种的13.90%;文教类图书44 418种,占30.30%;文艺类图书33 937种,占23.15%;科技类图书35 333种,占24.10%;少儿类图书10 762种,占7.34%;大专教材1 253种,占0.85%;电子音像出版物511种,占0.35%(见表二)。

各类别新版、重版图书的比例分别是,社科类新版图书占38.19%,文教类新版图书占34.30%,文艺类新版图书占31.57%,科技类新版图书占36.72%,少儿类新版图书占32.84%。从上述数据中可以看出,文教类图书新版品种比例与平均新版品种比例(34.71%)基本持平,文学艺术类和少儿类新品种比例低于平均水平,分别低3.14和1.87个百分点,而社科类图书和科技类图书新版品种比例分别超过平均水平3.48和2.01个百分点,它表明社科类、科技类图书选题比前几类丰富,同时从另一个侧面反映这两个领域知识更新快,开拓新品种的要求更加迫切。

发达与不发达的三级阶梯

无论是从出版社的数量还是从品种规模来看,北京、上海出版力量最强。两地的出版品种达83 939种,占全国出版品种的57.26%。当然就京沪两地相比,京版图书仍然占绝对优势。本次调查北京的178家出版社,出书品种达69 754种,占全国品种总量的47.58%(见表三)。在京版图书中,中央部委出版社居于首位,出书品种达51 594种,占全国出版品种的35.20%,京版图书的73.97%。当然京版各出版社发展也不平衡,历史悠久的商务印书馆、中华书局不但品种有规模，商务推出1 383种，中华推出688种，而且各个门类整齐划一，首先在出版气势上令人耳目一新；曾在新中国出版史上写下光辉篇章的挂有“人民”字头的出版社，如人民美术、人民音乐、人民教育等等，每个社的图书品种均在500种以上。近年来发展迅速，令人不可小觑的大学出版社，出书规模均在1 000种以上。当然北京也有不少出版社品种不足百种，至今生存十分困难。中国的出版业如果完全遵循市场竞争优胜劣汰的法则，北京也会有相当一部分小出版社遭受灭顶之灾。因为有沪版书订货会，上海的出版社对本次订货会并非全力以赴，因此对上海书目的收集及分析不太准确，这是本次调查的遗憾。

如果以年出版品种2 000为界限，那么在这个界限以内的共有包括北京、上海在内的19个省市，代表我国主要的出版力量，西南部的四川(名列第三)、西北部的陕西(名列第四)在此界之内，而华东的福建、华南的海南和中部地区的江西，则在此界之外。书目调查的这一结果，再次论证了本报在此之前强调的“中国出版地理图”。从这张“地理图”上看，图书品种较少，规模较小，出版发行不够发达的，与我国的经济形势图一样，全在西部。

此消彼长的出版力量和出版特色

从各地品种规模看，地方版远不如京、沪版，但具体到不同的类别品种，则优势不一，京版图书在社科、科技两大类的优势明显高于地方版；京版社科类图书品种占总品种比例为8.14%，地方版为5.76%；京版科技类图书占总品种比例为13.70%，地方版占10.41%，京版分别高于地方版2.38和3.29个百分点，这与北京是中国的政治中心和它代表国家级科技水准和实力有关，而地方版在文教类、文学艺术类、少儿类出书品种优势明显，分别高于京版3.26、6.49、3.8个百分点，这是地方版均有教育、文艺、美术、少儿、古籍出版社所致。

除北京、上海外，各地方仅从类别品种来比较也略能看出各自的特色。如广东，虽出版品种占全国第8位，但其社科类的出书品种比例高于平均比例7.41个百分点达到21.22%，广东在中国改革开放的历史进程中所处的地位，以及广东人活跃的开放的思想意识给广东的出版业带来勃勃的生机。从文教类别看，陕西、湖北、辽宁、江苏、吉林、广西是文教类图书的出版大省，其文教类图书的出版比重均高于30.30%的平均比例，如陕西为35.06%，湖北为42.17%，辽宁为38.80%，江苏为37.43%，吉林为43.13%，广西为34.77%。从市场看，文教类图书销售要占一般图书销售的40—50%，导致此种状况的原因固然是多方面的，但也从一个侧面说明这些省在文教类图书品种的开发上非常到位，而湖南、浙江两省是历史上文人荟萃之地，文学艺术类图书出版品种明显高于23%的平均比例。湖南达42.46%，浙江达38.53%，分别高于平均比例19.46和15.53个百分点，湖南岳麓书社的古典文学名著系列和浙江文艺社的散文系列，已在全国出版界形成品牌效应，相比之下科技类图书除了天津能超过全国平均水平外，其他地科版科技书品种规模及在各出版品种中的比例均未超过24.10%的平均比例，少儿类图书除四川、湖北、广东、天津、黑龙江五省外，其余很多地方的少儿书品种比例均超过9.31%的平均比例，可见少儿类图书地方版势力之强。

重复出版也有合理性

在这次书目调查中，我们就配合人教版九年制义务教育的小学、初中课本和高中课本的教辅读物及四大古典名著作了专题调查，其结果是：配合人教版九年制义务教育的小学、初中课本及高中课本的教辅读物涉及167个版别，达852套6 308种，占文教类品种的15.30%，其中小学235套，1 913种，初中366套，2 612种，高中251套，1 783种。从教辅的出版来看，专业分工的界限已经很模糊了，一些专业出版社也毫不犹豫地涉及这一领域。某少儿出版社，小学教辅出了10套，中学出了7套，高中出了4套，某地师大出版社，其出版品种的80%是配套教辅。再看四大古典名著，据统计：《红楼梦》有55个版本，《水浒》有61个版本，《三国演义》有64个版本，《西游记》有58个版本。且不论证这么多版本是低水平还是高水平的重复，这么多重复的出版物在中国图书市场上能够生存下来，有的还生活得很好，不能不说是中国图书市场的又一大特色。细细分析之中，我们不难发现：重复品种往往集中于市场热销(以配套读物为代表)与常销(以四大古典名著为代表)品种上。据书店销售统计，文教类图书销售要占全部一般图书销售的40%—50%，而配套读物销售要占文教类销售的30%—90%(书店规模不同，其销售比重亦不同)，四大古典名著一直在市场上常销不衰。这自然是因为在开发其他出版选题极具市场风险的今天，吃学生饭、吃祖宗饭是最保险的买卖，它投入少、产出大、利润丰，谁也不会将它拒之门外。前一段时间，各界对重复出版大加挞伐，这肯定是千应万该的。但是，中国人口众多，地域辽阔，交通不便，出版、印刷、发行能力有限，市场留给各种出版物以较大的生存空间，同一选题，不同版本、装帧、定价的出版物能满足各层次读者的需求。'98 新春，随着电视剧《水浒传》的播出，市场上引发了《水浒传》图书销售热，仅据杭州市店 1 月份销售统计，24 种不同版本、不同定价、不同装帧的《水浒传》就销出了 1 400 本，从销售结果看，没有哪种版本特别好销，也没有哪种版本一本未动。由此可见，读者认识的趋同性已经减弱，而多元化、多层次的市场需求正在形成。也许，在中国这样一个庞大而特殊的市场，重复出版（抄袭、改头换面的重复出版另当别论）在很长的一个历史时期内，有其存在的合理性与必然性。

表一：'98 北京图书订货会订货书目总品种表

总品种	重版品种	比例%	新版品种	比例%	现货品种	比例%	期货品种	比例%
146 585	95 701	65.29	50 884	34.71	137 352	93.70	9 233	6.30

表二：'98 北京图书订货会订货书目分类品种表

社科类		20 371	占总品种比例	13.90
其中	新版	7 780	占社科类比例	38.19
	重版	12 591	占社科类比例	61.81
文教类		44 418	占总品种比例	30.30
其中	新版	15 237	占文教类比例	34.30
	重版	29 181	占文教类比例	65.70
文艺类		33 937	占总品种比例	23.15
其中	新版	10 714	占文艺类比例	31.57
	重版	23 223	占文艺类比例	68.43
科技类		35 333	占总品种比例	24.10
其中	新版	12 974	占文艺类比例	36.72
	重版	22 359	占文艺类比例	63.28
少儿类		10 762	占总品种比例	7.34
其中	新版	3 535	占少儿类比例	32.85
	重版	7 227	占少儿类比例	67.15
教　材		1 253	占总品种比例	0.85
其中	新版	375	占教材比例	29.93
	重版	878	占教材比例	70.07
音像制品		511	占总品种比例	0.35
其中	新版	269	占音像比例	52.64
	重版	242	占音像比例	47.36

表三：'98 北京图书订货会订货书目分地区品种表

序号	版地	品种	比例
1	北京	69 754	47.59
2	上海	14 185	9.68
3	四川	4 169	2.84
4	陕西	4 139	2.82
5	湖北	4 114	2.81
6	辽宁	4 059	2.77
7	山东	3 866	2.64
8	广东	3 793	2.59
9	江苏	3 243	2.21
10	天津	3 056	2.08
11	湖南	3 052	2.08
12	吉林	2 884	1.97
13	浙江	2 816	1.92
14	广西	2 747	1.87
15	安徽	2 638	1.80
16	河南	2 577	1.76
17	河北	2 485	1.70
18	黑龙江	2 287	1.56
19	山西	2 067	1.41
20	甘肃	1 479	1.01
21	江西	1 368	0.93
22	重庆	1 256	0.86
23	海南	1 125	0.77
24	福建	979	0.67
25	内蒙	776	0.53
26	贵州	735	0.50
27	云南	459	0.31
28	宁夏	249	0.17
29	新疆	137	0.09
30	青海	100	0.07
	合计	146 585	100

（原载《中国图书商报》1998.3.27.）

图书产品生命周期与营销策略

张德玲

一般物质产品，其使用价值在于改善人类的生活条件和工作条件，提高人类的生活质量。图书作为精神产品，它也要经过流通领域，实现商品交换，因此它也具有使用价值和价值两个因素，具有商品属性。图书的使用价值主要表现在它所具有的文化价值上，主要是为了满足人们的精神生活需要，即人们从图书载体的信息中，吸取、了解著作所表达的思想、观点或科学文化知识。

从市场营销学的意义上讲，产品是企业营销的物质基础，产品决策是整个市场营销组合的基石。在竞争激烈的市场上，开发适销对路、用户满意的产品，是企业市场营销成败的关键。产品的策略将直接影响市场经营的全局，这些同样适用于图书市场。本文将试从产品的生命周期等方面探讨图书产品的营销策略。

一、图书产品的生命周期

产品生命周期，是市场营销学的一个重要概念，它是指产品从研究开发、投放市场到退出市场为止所经历的全部时间。

从理论上分析，完整的产品生命周期一般可分为投入期、成长期、成熟期和衰退期四个阶段。图书是信息产品的一个组成部分，属于一次产品范畴，它的生命周期的演变过程与物质产品十分相近。一种图书经开发设计出版后，如果没有计划性、政策性的发行推销手段，完全进入市场，靠市场机制协调，那么它的生命周期也是四个阶段。在产品投入期，即新的图书产品经过开发设计，制作生产，投放到市场进行试销的阶段，由于新品刚打进市场，尚未被消费者知晓接受，表现为销售额缓慢增长的趋势，这时的出版者几乎不获利。在产品成长期，产品经过投入期为市场所接受，销售量急剧增长，产量增大，成本下降，利润相继增长。在产品成熟期，产品已各自占有一定的市场份额，销售量大而稳定，但增长率已不如成长期。这时，由于销售量大，成本可降至最低水平，而利润可达到最高水平。到了成熟期后阶段，市场达到饱和，销售额增长速度趋缓。在产品衰退期，产品已经老化，新的图书产品不断出现，并替代老产品，市场需求下降，销售量和利润都会呈现锐减趋势，老产品将逐渐退出市场。

然而，产品生命周期的长短则主要取决于技术进步、市场竞争、消费者需求变化三方面因素的影响。虽然图书是以知识的形态出现，没有具体的直观形状，有形的仅仅是它们的载体，它的这种客观性和非物质性决定了产品使用的无损耗等特点，但是消费者需求的变化、科学技术的进步、同类产品的竞争同样存在和决定着图书市场的演变。图书这种特殊的产品也是有生命周期的，其决定和影响产品生命周期的市场因素也是上述三个方面。

二、生命周期各阶段的营销策略

图书生命周期各阶段的市场特征是不相同的，因此出版社在进行选题策划和制定营销策略时也应随着变化。图书产品生命周期的市场特征变化的特点是出版社制定市场营销战略的基础。图书生产者一方面要时刻注意市场需求和产品销售的变化，清楚产品所处的生命周期阶段，另一方面要采取灵活的产品营销对策。

1. 在图书产品的投入期，要突出一个“快”字

这个时期图书生产者要注重抓产品促销。因为在市场经济环境下，信息的交流和传递是无阻碍的，每个图书生产者无时不在猎取着出版信息。一个图书新品一投入市场就会很快出现类同的产品，从而降低了产品的价值，影响生产效益。因此，作为一个图书生产者采取的策略是积极地搜集市场对新产品的反应，搞好市场试销，大力开展广告宣传活动，疏通销售渠道，千方百计打开销路，在市场上没有或者很少有同类产品的时候，快速占领市场，使自己的产品早日进入成长期，争取最大效益。

2. 在图书产品的成长期，要讲求一个“好”字

这个时期图书生产者要认真抓产品质量。图书质量，最根本的就是看图书对某一时代、某门科学、某项文化知识凝聚的广度和深度，以及积极促进人类精神文明和物质文明的作用如何。图书产品的质

量包括内容质量和形式质量，是决定消费者需求能否真正得到满足，产品的市场地位能否稳固的重要一环，是产品继续生存和具有较长生命周期的保证。在这个阶段，图书产品已经过试销和广告宣传等促销活动，产品已为广大消费者所熟悉，销售量有了急剧上升。由于产品销路好、利润大，就会吸引许多竞争者纷纷仿制，同类产品会不断出现。图书生产者在此阶段采取的策略是稳定产品质量，加强品牌和信誉宣传，提高用户的信赖度，树立生产者的良好形象，加速扩大生产能力，组织好销售工作，保证充分供应，严防盗版的仿制品或替代品乘虚而入。

3. *在图书产品的成熟期，要强调一个“占”字*

这个时期图书生产者要注意提高市场占有率。因为产品经过成长期逐步趋向成熟，产品的供应量和销售量都最大，从而达到市场全盛期，但这也是竞争最激烈的时期。随着市场的饱和，销售量增长缓慢，甚至停滞不前。成熟期的长短直接影响产品开发及经济效益的大小。图书生产者要千方百计努力延长产品成熟期的时间，通常采取的策略是想方设法拓宽市场，降低产品成本，维持原有的市场占有率，同时还要加强广告宣传和用户服务工作，力争不丢失老用户，还要努力扩大新用户。但最根本的方法是进行新老产品的更新工作，发展系列产品和派生产品。

4. *在图书产品的衰退期，要立足一个“转”字*

这个时期图书生产者要有计划地转移老产品，上马新产品。任何产品都不能永葆青春，衰退是不可避免的。衰退期的特点是产品销售增长量和利润急剧下降，出现负增长的趋势。图书生产者针对已处于衰退期的产品应采取的策略是积极转移产品市场，努力在新的地区开拓对该产品的需求。既要保护老用户，又要满足老用户的新需求，并吸引新用户。当发现衰退产品已无新市场，就应当机立断，有步骤地予以淘汰。

综上所述，作为图书的生产者和经营者要善于运用产品生命周期理论来分析出版社生产的图书产品在市场中的运动状态，及时发现问题，找出原因，掌握规律，采取正确措施，尽可能地使自己的产品正常地发展，青春永葆。一个出版社在制订长期的图书产品开发战略时，如果以产品生命周期理论为依据，就能达到以下几个目标。

(1)保持长期的稳定的利润水平。一般图书的销售要受到各种因素的干扰，其中许多因素是出版社自身所难以控制的。任何正在成长或成熟的产品都或迟或早会走向衰退。正在盈利的产品以后可能会变成亏损产品。出版社的利润怎样才能不随着个别产品的兴衰而升降，奥秘就在于善于运用生命周期理论，掌握各种图书产品利润积累的时间和数量。适当组织各种图书产品获利的重合区，控制获利低谷区。这样，才能保证出版社实现长期稳定的利润水平。

(2)实现新老产品的合理交替。出版社稳定的利润水平是靠新老图书产品合理交替实现的。当一种图书产品开始投入市场之前就要着手开发下一代的新的图书产品。当第一种产品处在成长期中的黄金时代时，就要把第二种产品投入市场，这样才能保证当第一种产品衰退时，第二种产品正好进入成熟期，完全取代第一种产品。这样就可使出版社的利润保持在比较平稳的水平上。也就是说，只有运用产品生命周期理论，才能合理地安排好新老产品的交替。

(3)保持适度的资金流量。一般开发图书新品需要占用大量的资金、人力和其他资源，而这些资源都是非常有限的。特别是资金往往成为开发新品的重要制约条件。如果能运用产品生命周期理论，在适当时机安排不同产品的开发工作，就可使资金流量比较均匀，避免过分集中，影响出版社资金的周转。

(*原载《编辑之友》*1998.6.)

关于图书发行中商流与物流一体化经营的探讨

张美娟

目前，我国出版发行业进入了以系统理论为指导，以追求规模经营效益和一体化经营效益为目标的新的发展时期。本文试就图书发行中的商流与物流一体化经营问题，作一些探讨。

1 图书商流与物流一体化经营的必然性

所谓"一体化",通俗地讲,就是将若干关联要素整合为具有一定结构与功能的一个有机整体。图书商流与物流一体化,就是将图书商流与物流视为既相互促进又相互制约的一个整体,统一于图书商品流通中。其一体化经营则是指在考虑图书商流销售政策时,要将物流纳入其规划中进行综合研究;而考虑图书物流系统合理化时,又要积极地以图书市场销售为中心进行,从而形成为一种综合的、整体的战略性经营。图书发行界对这种一体化经营方略的选择,既有理论依据,又有客观需要。

1.1 图书商品流转的客观规律是图书商流与物流一体化经营的理论依据

图书商流是以货币为媒介进行图书商品所有权转移的活动,它表现为图书商品价值的运动;图书物流则是指图书实体的物理性空间位移,它表现为图书商品使用价值的运动。商流是前提,没有商流就没有物流;物流是条件,没有物流,商流就无法实现,两者既相互促进又相互制约。一个完整的图书商品流通过程的实现,商流与物流缺一不可。我们在图书发行中,必须遵循这一客观规律,通过协调两者的发展速度、水平与规模,来促进图书发行业的大发展。

1.2 图书市场与流通的大规模化呼唤图书商流与物流一体化经营的新机制

随着图书市场的日渐成熟,图书出版发行改革已进入到资产重组与结构调整的新阶段,出现了大出版、大流通的市场格局与态势。这种格局与态势,不仅体现在出版品种数、发行量及销售码洋等方面量的扩张上,而且更体现为图书市场经营构成要素的多元化与市场竞争的复杂化。要想在竞争日益激烈的图书市场上占有更大的份额,仅有好书没有物流能力不行;有了物流能力没有销售市场开拓能力不行;有了订单和物流能力,没有科学的经营管理也不行。面对大规模化的图书市场,任何一种单一的图书商流或物流的努力,都难以收到好的效果;只有实现图书商流与物流一体化经营,才能形成优势互补的更大更强的功能,获得更大更好的效益。因此,积极建立起与市场和流通大规模化发展趋势相适应的整体经营思维模式,探讨和建立图书商流与物流一体化经营的新机制,就成为图书发行界的当务之急。

1.3 图书商流与物流一体化经营的序幕已经拉开

目前,一些对图书市场及其经营走势颇具洞察力的"新华人",已向图书商流、物流一体化经营迈出了第一步。今年上半年,新华书店总店向储运公司投入巨额资金,配备6辆带空调的汽车,开展500公里范围内的汽车直达配送业务。司机配有手机,不仅开车送货,并且要随时收集图书市场信息,并及时反馈给业务部门和物流部门,同时还要处理一些结算等业务,成为集商流、物流和信息流于一体的代表。在此前后,有一些省级发货店也开展了这类配送业务,如上海发行所储运中心开展了400公里范围内汽车直送业务,湖南省店储运部开展了300公里内汽车直达配送等。除了物流领域经营向商流领域延伸外,许多图书发行企业从实践中认识到,商流的发展要有相应的物流作支撑。最近几年,不少省级书店纷纷投资兴建大型仓库、购置车辆,并强化管理,从硬件和软件上增强物流能力,支持商流的发展。

2 图书商流与物流一体化经营的运行机制

机制,原本是指机器的构造与运作原理。机器都是由若干个零部件构成的,各个零部件根据机械原理,形成因果关系,相互联接,相互作用,并按一定方式运转。如果引申这个概念,那么,图书商流与物流一体化经营的运行机制,就是指图书商流与物流一体化体系中,各构成要素之间相互联系、相互制约的关系及其功能。分析这一体系的构成要素,可依据不同的研究需要,从不同的角度进行不同的划分。这里,笔者以构成主体对象、经营环境与过程为视角,概要地将其划分为图书图流与图书物流两个主体对象,并通过分析两者在图书发行宏观决策和微观经营中的辩证关系,来探讨图书商流与物流一体化经营运行机制的形成。

2.1 图书发行宏观决策中要为图书商流与物流协调发展创造良好条件

随着我国经济的发展和国民科学文化素质的提高,出版业正快速发展,前景广阔。近年来,出版社造"大船"、零售业走连锁规模经营之路,已成为热门话题。作为出版与销售中介的图书发行,其发展政策应顺应这一发展趋势。

国家新闻出版署在制定我国图书发行宏观发展政策时,不仅要看到商流的主导作用,颁布实施一系列关于商流改革的政策与决定,使其不断适应市场的需要;而且还要看到位于"幕后"的物流是商流的实现条件,同样需要相应的改革政策作指导,充分挖掘其潜力,释放其能量。

建立图书商流与物流一体化经营的运行机制,

除了政府主管部门制定有关政策，创造良好的“软”环境外，还必须根据我国图书发行的历史和社会交通运输的状况，结合图书商流发展情况，通过科学布局与硬件投入，创造一个良好的“硬”环境。具体而言，就是要了解现有图书商流发行网络与图书物流发运网络情况，掌握各区域的出版生产能力及图书销售市场需求总量与需求结构；在此基础上，统筹安排，整体布局。从目前的情况看，尤其要注重图书物流发运网络结构的调整。对此，一些有识之士提出，应逐步构建6～8个分布合理，集商流、物流、信息流于一体的辐射全国的现代化区域物流中心，来解决“中盘”的“瓶颈”问题。

2.2 图书发行微观经营中要处理好图书商流与物流的关系

图书发行企业经营过程主要包括宣传与推销、图书市场预测、经营合同签订和图书实体发运等。

在宣传与推销活动中，图书发行企业要做到“商物”并重。例如，在介绍企业自身实力时，不仅要介绍发行网点的优势，而且要介绍发运网点的实力，因为能大批量发行图书对出版社具有诱惑力，能快速发运图书对销售店具有吸引力。

在图书市场预测中，既要预测某种图书的市场销量及销售速度，又要预测本企业的物流能力。例如，一种畅销书，其市场需求特点体现为一个“快”字，本企业的发运速度是否跟得上；又如，一种常销书，要大批量进货，本企业的储备仓容及仓储管理水平能否达到其要求。

在签订图书发行经营合同时，要注意综合考虑商流与物流利益，找到两者的最佳结合点，以实现整体效益的最大化。例如，若有几批书，每批书的批量小而时间要求却异常的快，这时就要考虑合同是否能签及如何签法，因为其中物流成本会很高，图书发行整体效益不会好。

在图书发运过程中，要按照用户的要求，“快速、安全、经济、准确”地将图书发到用户，为企业赢得信誉，为商流拓展市场。

3 实现图书商流与物流一体化经营的三个基本条件

3.1 图书商品整体经营观念的树立

首先，图书经营者要认清图书市场的现状与发展趋势。当前，图书市场在竞争机制的作用下，正进行着分化、渗透与整合的运动，图书市场各构成要素之间的联系越来越紧密。面对图书市场的新变化，要想在图书商流与物流的某一领域获得较大的发展和较高的利润，靠单一经营策略是难以实现的，必须要有广阔的视野，采取综合战略。

其次，整体经营观体现在具体经营中，就是要彻底改变把商流视为主导、赚钱，而把物流视为从属、花钱的陈旧观念。图书经营者在权衡图书商流与物流利益时，要以图书商流与物流整体效益最佳为准，树立起“舍小利，顾大局”的全局观念。

3.2 图书信息系统的建立

图书商流信息主要包括进行图书交易的各种信息，如货源信息、需求信息、合同信息、付款结算信息等；图书物流信息则主要是指物流数量、物流范围及物流费用等信息。就两者的关系看，商流中的合同信息等，不仅是商流交易的结果，而且是物流的依据；物流信息中的库存量等信息，既是物流的结果，又是商流的依据。由此可见，图书商流信息与物流信息既作用于自身领域，又相互发生作用。

近十年来，我国通信业在“金”字工程的推动下，获得了飞速发展。我们应积极利用现代技术与设施，建立起一个集图书商流信息与物流信息于一体的图书信息系统，为实现图书商流与物流一体化经营奠定信息基础。

3.3 复合型经营人才的培养

包括商流与物流在内的图书商品流通经营，实际上是一种生产经营活动。由于人是生产力中最活跃的因素，要将商流与物流实行一体化经营管理，就要求经营者不仅具有商务洽谈、合同签订、业务结算等商流领域的知识与技能，而且要懂得物流业务环节、发货方式、物流成本等物流领域的知识与技能。这种复合型经营人才，可以通过多种方式来培养。

（原载《图书情报知识》1998.4.）

我国农村图书发行工作的成绩、问题和对策

丁以绣

一、取得的成绩

改革开放以来，农村图书发行工作取得了很大的成绩，主要表现在以供销社售书点、新华书店下伸网点为主的农村售书点形成网络，大批敬业爱岗的发行人员壮大了农村发行队伍，大量质优价廉的面向农村的出版物丰富了农村图书市场，并正在逐步摸索建立完善各种农村图书销售方式和管理方法。据统计，1986—1996年，农村县以下(不含县)图书零售额达233.59亿元，1997年全国县以下图书发行网点41 228处，发行人员54 628人，农村发行形成一定规模，达到一定数量。

近年来，经过各出版发行单位的努力，农村图书出版发行工作呈现出一些新特点。

(一)出版单位面向广大农村读者组织出版了一大批质优价廉、通俗实用的图书，一定程度上满足了广大农村读者对农业实用科技、乡镇企业技术、产业化经营、文化娱乐生活等方面图书的需求，丰富了农村图书市场。如中国农业出版社出版的《中国农村书库》，金盾出版社的图书等在农村市场受到欢迎。大多数省还立足于自己的人文环境和地理特色组织了定位于农村市场的图书，如江苏省出版总社及所属单位联合出版的《跨世纪农村书库》，黑龙江科技出版社的《农村奔小康丛书》，在选题确立、编辑加工、印制装帧、宣传发行方面投入了大量的创造性的劳动，取得了社会效益和经济效益的双丰收。

(二)一些省市区有计划地组织兴建布局合理的分级批销中心，农村图书网点的货源供应较以前有了较大的改观。如云南省在下关、开远、思茅建立三个二级批销中心，广西在河池建立二级批销中心等，对于广大边远农村地区的图书发行起到了重要的"蓄水池"的作用。江苏的"一体两翼"的发展战略，湖南的"四湘发展战略"等，立足实际需要，构架全省批销中心的格局，富有特色。

(三)农村图书市场中的流动供应，作为一种重要的销售形式，与坐店经营相结合，形成了立体销售网络。1996年新闻出版署下发的《关于培育和规范图书市场的若干意见》，要求各级新华书店健全农村图书发行机构，充实农村发行人员，保证农村流供员的数量及下乡天数。许多省市区新华书店结合实际，要求各基层新华书店保证20%—30%人员从事专职流动供应。河北、北京等地还规定凡新调入的人员，必须从事3年以上的农村流供。尤其自开展"三下乡"活动以来，基层新华书店深入乡镇企业、村前地头、政府机关学校，或利用节假日摆摊设点、举办农村书市，繁荣了农村图书市场，部分满足了农村读者的购书需求，产生了较大的社会影响。

(四)农村新华书店下伸网点的建设在有关经济政策的扶持下，不断进行制度创新，在一些地区已经取得了明显的成效。如河北省确立了"把新华书店办到农村去"的发展思路，要求采取多种形式建立农村发行网点，并推广衡水地区新华书店在农村建立连锁店的经验。广东南海县采用连锁形式，湖北采用多方集资形式建立乡镇售书点等，力图顺应市场经济对农村图书发行工作的要求，在管理方式和经营形式方面都有所创新。

各地新闻出版管理机关也十分重视基层新华书店下伸网点的建设。许多省制定了集镇书店发展计划。浙江、江苏、黑龙江、贵州、河南、湖南等省还规定，每建一个集镇书店，由省新华书店补贴3万—10万元。据1997年调查，1994—1996年湖北、海南、重庆、河南、山西、河北、浙江、贵州、广东等省市新华书店网点数量一直保持持续增长。

二、存在的问题

农村图书发行工作在取得很大成绩的同时，也存在一些不容忽视的问题。概括起来，主要表现在以下几方面：

第一，全国农村图书发行工作发展极不平衡。以东南沿海山东、江苏、浙江、福建、广东5省和内陆内蒙古、宁夏、青海、新疆、贵州5省区1997年农村(指县以下，下同)图书销售为例，据新闻出版署公布的报表统计，沿海5省该年的农村图书销售额(不含教

材)共为 22.48 亿元,而内陆 5 省区则只有 1.59 亿元,分别占全国农村图书销售总额 61.79 亿元的 36.39%和 2.58%;从供销社售书点数量看,沿海 5 省该年供销社售书点数为 6 173 处,内陆 5 省区则只有 483 处,分别占全国供销社售书点总数的 25.94%和 2.03%。由此可见,在我国发达地区和欠发达地区之间,农村发行工作差距大得惊人,力量极不平衡。

第二,全国农村图书消费虽然增长速度较快,但总体水平不高,个别指标呈下降趋势。据初步统计,从 1986—1997 年,全国农村年图书零售额(不含教材和批发)从 4.19 亿元增长到 61.8 亿元,11 年间农村图书零售金额增长幅度约为 14 倍,同期全国年人均图书消费仅增长 9.07 倍,因此,全国农村图书消费增长速度较快。但若按 9 亿农民计算,此 11 年间农民人均年购一般图书仅 2.16 元。再考虑到 10 多年间物价上涨指数和原基数太低,这种增长不能令人满意。同时,我们还要清楚地看到,农村售书点总数呈下降趋势,现有一些农村供销社售书点实际流于形式,大大影响了农民的图书消费。这种现象不能不令人感到焦虑。

第三,农村图书市场尚未得到出版部门的足够重视。近年来出版管理部门对农村图书发行工作的重视,正是对部分出版发行部门忽视农村图书市场的反拨。政府的重视虽然能收到一时之效,但要从根本上解决问题,还需要农村图书市场主体的积极主动的介入和精心呵护培育。出版部门面对农村图书市场,应该重视以下几个问题:(1)农村图书选题开发有待深入,要做到兼顾全国农村大市场和地区专门小市场、眼前火热的市场和未来有潜力的市场的统一。(2)农村图书的编写印装要适合农村读者的文化水平、现实需要、经济水平,要突出实用、通俗、操作性强、能见实效的特点,要尽力做到质优价廉。(3)农村市场培育需要更大的投入。农村市场与城市市场相比,有诸多不同特点,如购买者分散、文化产品需求相对较滞后、传媒广告影响程度低、市场网络不健全、流通主体市场竞争能力较差等。习惯于城市作战的出版部门在农村市场的汪洋大海之中尚显得措施乏力、手段不足。

第四,农村图书市场建设困难重重,其中经费问题是一个困扰发行部门的重要问题。虽然走村串户、逢集设摊、送书下乡可以满足一时一地农民对部分图书的需求,但建立乡镇售书点是从根本上解决农民买书难的重要措施,是做好农村图书发行的重要标志。目前乡镇的售书点有供销社售书点,新华书店下伸网点,青年科技推广站售书点,乡镇企业、学校、机关等零售代销点等多种形式,其中,新华书店下伸网点是稳固而重要的农村发行基地,必须大力发展,但经费筹措是一个重要问题。应该进一步研究。

三、几点建议

开拓农村市场是我国今后经济工作的一项重要任务。农村图书发行工作也面临着同样的问题。由于我国综合国力水平有限,各地经济发展极不平衡,边远农村自然人文环境较差,开拓培育发展农村图书市场,加大农村图书发行工作难度很大。农村图书发行工作是一个系统工程,千头万绪,决不能头痛医头,脚痛医脚。笔者不揣冒昧,对做好农村发行工作提出如下政策性建议:

(一)大力发展农村图书发行网点,方便农村读者购书。

多年农村图书发行实践证明,农村图书发行工作要搞上去,农村发行网点必须建下去。将发行网点建到乡镇,甚至行政村、乡镇企业、学校,是做好农村图书发行工作的重要前提和标准之一。

农村发行网点建设要坚持"两条腿走路"的方针,要将基层新华书店自建下伸网点和发展供销社等售书点相结合,形成数量适宜、布局合理、方便群众的农村图书发行网点。

要在 5 年时间内逐步做到在经济比较发达、人口集中的乡镇建立新华书店下伸网点。下伸门市部的建设工作,可根据自身情况,选择采用自建、租赁、合建等多种形式,调动书店职工、供销社、集个体图书经营者参与投资网点建设的积极性,探索创造各种行之有效的方式。在没有新华书店下伸网点的地区,基层供销社门市部可开设图书销售专架专柜,有条件的地区可开设专门的图书销售门市部。基层新华书店还可积极利用农村科技推广站、乡镇企业、学校、集个体售书点建立固定的图书代销点。

(二)加强农村发行网点的经营管理,巩固发行网点农村图书网点的巩固难于发行网点的建立。解决这一难题的关键是加强网点的经营管理,提高营销业务实绩,多发好书,使销售网点图书的进、存、销形成良性循环。

基层新华书店下伸网点和供销社售书点要建立完善的多种形式的经营责任制,建立健全各种规章制度,加强管理,要根据各地的实际确定联销计奖计酬的奖惩制度,奖励政策措施要向坚守在农村图书发行一线的基层人员倾斜，调动一线发行人员多发好书的积极性。

农村发行网点可采用新华书店独资、与供销社等合资、股份合作、连锁经营等多种经营管理方式。新华书店要同各网点签订规范的责任合同，详细规定双方的责任权利，保证网点图书发行的质量和效益。

坐店经营和流动供应相结合是适合农村图书销售的一条重要措施，应该大力提倡。要结合当地政治经济社会发展需要及各种活动安排，加强与政府机关、厂矿企业、学校、农村专业户、科技示范户的联系，介绍推销图书。每个基层网点要与10个以上的农村专业户建立固定联系，定期了解他们的图书需求，主动上门服务。各级新华书店要将农村图书市场的占领与开拓结合起来，培育和发展农村图书市场，为促进农村“两个文明”建设服务。

基层新华书店要继续大力支持供销社发行网点的图书销售业务，适当提高网点经营图书的批零差率或代销手续费，实行主动供货与自由选货相结合，坚持包退包换制度，坚持送货制度，加强业务指导，及时调剂余缺。

(三)农村图书发行要组织好适销对路的货源，保障供货。

随着农村经济改革的发展深化，农村人口物质文化生活水平逐步提高，图书供应工作要关心农村读者的阅读需求变化，深入研究农村图书市场，组织充足的货源。

各省、自治区、直辖市新闻出版局要做好批销中心的规划建设工作，加大中心城市批销中心向周边农村地区的辐射能力。各发货店要为农村市场准备充足的货源，及时发运。基层新华书店门市部的一般图书品种要保持5 000种以上。原则上，下伸门市部经营的一般图书品种应保持在800种以上，供销社售书点应保持在600种以上。一般图书的销售额占销售总额的比例一般不少于30%，其中工业技术与农业科技图书的销售一般不少于10%。

(四)做好农村地区的音像制品的发行工作

随着农村物质文化生活水平的提高和出版事业的进一步发展，农村市场音像制品的需求越来越大。搞好农村地区音像制品的发行工作是出版界发行工作者责无旁贷的重要任务。

各级新华书店销售门市部和各级供销社建立的商场售书点要专辟音像制品销售柜台或区域，配备专门人员，添置必要的音像设备。要支持乡镇新华书店销售网点和供销社售书点音像制品发行工作，采取措施帮助他们购置音像设备，尽力组织有关农村科技知识教育和群众喜闻乐见的音像制品，方便农村群众学习实用科技知识，满足他们越来越高的精神文化需求。

(五)加强农村发行工作的组织领导是做好发行工作的重要保证。

各级新闻出版行政管理机关要加强农村图书发行工作的研究、规划、指导、协调、监督。要根据当地政治经济文化发展及地缘情况，确定农村图书发行工作思路，制定年度及近期、中期工作目标，报上级主管部门审核后执行，并由上级主管部门检查落实情况。在对各级新华书店进行年度考评时，要将农村图书发行作为一项必备的重要考核指标，要根据实际情况，定期召开省(市、区)、地(市)、县各级农村图书发行工作会议，邀请各有关主管部门参加，共同研究解决工作中遇到的各种问题。

各级新华书店要明确规定农村图书发行的各项销售指标，并将这些指标列入经理任期责任目标。各级新华书店要成立由一名经理负责的农村图书发行工作小组。基层新华书店的主要工作是搞好农村图书发行，已撤销农村发行组的一定要恢复，没有建立的一定要及时建立，已有的一定要巩固。这项工作只能加强，不能削弱。基层新华书店从事农村发行的人员不能少于书店正式人员的三分之一。新华书店新录用的从业人员必须首先从事2年的农村发行工作；基层新华书店新录用的从业人员必须经过2年农村图书流动供应工作或乡镇网点的锻炼，才能从事其他业务工作。

各级供销社要成立由一名主任负责的图书发行工作领导小组。供销社大中型商场要设立专门区域售书，尽量做到开架销售。在没有新华书店下伸网点的地区，基层供销社要设立图书销售专架专柜，有条件的地区可建立单独的图书销售门市部。各级供销社要将商场门市图书销售情况作为经理任期责任目标的一项重要的考核指标，制定任务，定期检查，按工作实绩奖惩。

(原载《中国出版》1998.6.)

我国图书出口贸易任重而道远

汪 琴

中文图书世界市场在哪里

我国图书出口多销往日本、韩国及东南亚，出口品种以古籍、工具书、中医、传统文化等类图书为主。东南亚金融风波对我国图书出口影响较大

近几年，我们图书出口贸易稳步发展。中国国际图书贸易总公司(简称国图)1997年图书进出口贸易总额约1亿元，比1996年增长15%，1998年上半年约为6 000万元。其业务以出口为主，出口额占贸易总额的70%左右；以书刊贸易为主，兼顾其他品种，如缩微制品、音像制品等。中国图书进出口总公司(简称中图)1997年贸易总额比1996年增长20%左右。其业务以进口为主，出口比例很小。中国教育图书进出口公司(简称教图)1997年出口额约150—160万元，与上年基本持平。

从目前图书出口地区分布来看，国图公司出口中文书主要销往亚洲(以日本、韩国为主)，其次为美国、法国、德国、澳大利亚等。外文书刊出口地区以欧美、日本为主。国图公司在海外180个国家都有销售网点，有几千个固定的客户关系。中图公司的出口地区以东南亚、韩国、日本为主，其次是美国等地华人聚集地区。中文书刊出口的主要市场是日本，原因不仅在于日本有一大批汉学者，汉语水平较高，或出于研究目的，或出于求知目的，对中文图书特别是古籍类书籍的购买量较大；还在于中日自古以来交流频繁，风俗文化有很多相似之处，中文书某些主题内容容易得到日本人民的共鸣；再加上我国社会经济飞速发展，外国人渴望了解中国。

从图书出口的品种分布来看，国图公司出口东南亚图书以古籍、工具书、中医、文史类图书为主，出口欧美的图书主要是人物传记、生活类图书。教图公司出口的图书主要是高等教育、传统文化、工具书及人文资料等类。

记者从采访中得知，东南亚金融风波对我国图书出口的影响较大，原因一是外贸业务通常采用流水性结账，结算与付款不同期，汇率的变化使得我方实际利益受到一定损失；二是东南亚地区与日本等国购书单位还债率及抗风险能力降低，我国出口图书回收货款不利；三是东南亚和日本经济滑坡，货币贬值，无形中增加了它们进口中文图书的成本。国图公司受冲击较大的是对新加坡和马来西亚的出口，今年出口量比往年明显减少。

中文图书出口呼唤整合

众多机构单独对外，经营实力有限，抗风险能力小。另外，政策不一致，价格不统一，缺乏对不正当竞争手段有效的监督约束机制，在同业竞争中常出现损人不利己的现象，如在出口中压价出售

1. 市场份额小。我国图书出口额占世界中文图书市场总额的比重很小，1996年，美国、日本、欧洲、东南亚、加拿大等世界主要中文图书市场容量约为1亿美元，而从我国大陆出口的图书仅为1 700万美元。

2. 市场不规范。我国目前有34家图书出口单位，不同隶属关系的各机构单独对外，经营实力有限，抗风险能力小；政策不一致，价格不统一，缺乏对不正当竞争手段有效的监督约束机制，在国内同业竞争中常常出现损人不利己的现象。如在出口中压价出售，短期内或许会获得部分订单，但损害了长远利益和国家整体利益。

3. 出口有困难。

(1)图书出版不及时，印装质量差，影响了图书出口。我国出口机构现阶段普遍采用的方法是为客户寄发图书目录，反馈回来订单，再备货。由于采用预订性图书目录占很大比例，就为后期供货造成困难。通常国外图书馆订购的图书学术性较强，而这些图书在国内的销售情况往往不好，出版社如果因订数不理想而取消出版，将影响国外订单的兑现，对我国图书出口造成不利影响。许多出版物纸质粗糙，印装质量差，也影响了我国出口图书的声誉。

(2)出口图书目录繁杂，不准确，也限制了图书

出口。我国图书出口机构众多,各公司直接向国外客户寄发各类书目,目录繁杂,重复较多,没有统一的对外书目,令国外客户无从选择。另外,一些书目信息有限,只有书名、出版日期、价格,有些甚至没有作者和标准书号;有些书目上的图书没有现货,这些对订单运行造成了很大困难,并增加了双方的工作量。

(3)国内出版社外向型出版物较少,品种有限。

(4)现有出口鼓励政策不够完善。例如出口信贷资金较少,退税手续繁杂,而出口品种多,数量少,国外市场又不大,因此,利润微薄,经营困难。

海外中文图书市场增长潜力何在

通过设立图书出口基金等方式鼓励出口。加强宏观调控,设立相对独立的专门管理机构。通过宣传自己,提供优质服务,开发外向型图书及新型载体来挖掘海外图书市场的潜力

1. 加大投入。国家应加大对图书出口的投入,通过设立图书出口基金、简化图书出口退税手续、增加对图书出口的信贷金额等方式,完善图书出口优惠政策,促进图书出口,使我国图书出口和进口的比例趋向合理。

2. 实行有效的宏观调控。首先,将图书出口计划纳入国民经济和出版业发展的总体规划之中,针对实际情况,有重点、有步骤地开展出口业务。其次,应强化统一管理,理顺图书出口单位的工作关系,设立相对独立的专门管理机构,避免多头管理。

3. 充分发挥能动性,挖掘海外市场潜力。图书出口的潜力很大。首先,新加坡、马来西亚推行使用简化字,马来西亚把华语作为学校必修课;第二,我国经济迅速发展,国际地位和威望日益提高,再加上我国是一个大市场,越来越多的国家、机构、大学开始研究中国,越来越多的外国人开始学习汉语;第三,这些年来,我国大量居民、留学生移居海外,开始改变海外文化市场的需求结构,特别是中文图书市场,简体字图书的需求增加,语言文字类、历史类、民俗类图书的需求增加,中文图书的海外市场将进一步扩大。我国图书出口公司应抓住机遇,挖掘潜力,大力开发海外图书市场。

①积极宣传自己。发展外向型出版活动,参加国际图书博览会,广泛建立各种业务联系;联合到境外举办书展,开展对外合作和版权贸易。如国图公司先后参加世界各地的国际书展或举办中国书展数百次,并多次承办来华书展。1996 年承办了第 62 届国际图联大会的图书博览会。湖北省出版进出口公司自 1994 年成立以来,多次组团参加国际性书展,在加拿大举办的湖北图书展,1996 年在美国旧金山举办的长江三峡书展(鄂版书展),1997 年 10 月在旧金山举办的“湖北文化周”(其中包括书展项目),1998 年在旧金山举办的品种达 4 万的中文图书展等等,都取得了较好的效果。

②提供优质服务。国外许多出版商、书商在选择图书供应商时,往往将发书迅速、信誉可靠、优质服务作为重要条件,我国许多进出口公司和出版社已经意识到服务在市场竞争中的重要性,开始注意提供快速的信息服务、快速发书,以优质服务占领市场。如北京中科进出口公司最近提出“快速、价廉、管理、服务”的方针,即主动迅速地提供信息服务,加强与外商联系的分工包干,增加活页征订目录等等,效果较好。

③开发外向型图书。积极开发体现中华民族特色、传播中华优秀文化的图书,如中医、武术、古籍、文史类图书,并要注意新颖性和高质量;同时开发介绍我国新时期面貌的图书,体现我国各地民俗文化、地方特色的图书等等,以外向型图书开发占领海外市场。

④开发新型载体。如电子出版物、网络出版等。利用网络进行图书宣传、传递信息、文化交流、网上售书等。积极开发互联网的商业功能,将现代科学技术引入图书出口业务。国图公司于 1995 年底接上因特网,成为首家上网的图书进出口公司。最近又建立了外宣平台,对外进行新闻报道和提供各类图书信息,取得较好效果,目前其宣传网络已经覆盖了 180 多个国家和地区。

(原载《中国图书商报》1998. 8. 28.)

图书价格机制与出版业经营管理

康庆强

谈出版改革与发展，首先涉及到的是书价问题。从表面看，图书价格是一个社会上议论比较多且各方看法不一致的热点问题。可从社会主义市场经济条件下出版业改革与发展的角度讲，书价及其反映出的图书价格机制，却是出版管理深层次问题的综合体现，它成为热点问题也有着深刻的客观必然性。因此，无论在理论上还是在实践上，图书价格及其机制都是出版业不容忽视的重大问题。

经济学理论告诉我们，价格是价值的表现形式。在市场经济条件下，价格是枢纽，市场对社会资源的配置是通过价格的杠杆作用实现的。如果没有科学合理的价格机制，市场上正常的交换关系就不可能建立，规范的经济活动就不可能进行，有效的资源配置也不可能实现。就出版业来说，形成科学合理的图书价格机制，对于推动出版企业改革，促进图书市场繁荣，实现出版业的进一步发展，起着至关重要的作用。

应当承认，目前我国图书价格机制确实存在不科学、不合理的问题。其中，突出的表现是书价的不正常上涨。据有关资料统计，近年来，书价以每年20％～30％的幅度上涨，高于全国零售物价总指数的上涨水平，也高于居民生活费用价格上涨水平。经过多年高速增长，1997年书价总指数已比12年前翻了5番，一本书由80年代初的平均几毛钱，涨到了平均20多元。

图书价格机制不科学、不合理，使书价一涨再涨，总体水平偏高，最严重的后果是对图书市场发育所产生的不利影响。首先，书价上涨过快造成读者购书量停滞不前。据报道，1985年我国人均消费图书为5.93册，而1995年人均消费图书仅为5.51册，十年时间下降了0.42册。与此同时，人均购书费用从1981年的2.34元增长到1995年的15.35元，1996年的22元。一份调查显示，37.8％的读者认为书价太贵，26.8％的读者称买书少是由于书价涨了。其次，图书市场狭小，市场环境恶化。我们总讲要把图书推向市场，要培育图书市场，实际上真正推向市场的图书十分有限，真正意义上的图书市场十分狭小。综合分析数据表明，自1985年以来，全国出书总印数大体稳定，无明显增长，而包括课本、教辅教参等计划经济特性很强的教材，印数却在不断攀升，占了图书总印数的80％以上，一般图书的比例直线下滑。就是在这仅占全国图书总印数不到20％的图书市场里，市场环境日趋艰难，正在形成一种对出版业发展十分不利的恶性循环：书价越来越高，品种越来越多，销售量越来越少。据有关文章介绍，一般图书除热门书、畅销书外，订数从80年代初起基本上是每五年以一个数量级的速度持续下跌，1980年每种订数多在一二十万，1986年每种订数多在一二万册，1990年每种订数多在一二千册，1995年每种订数往往仅有一二百册。事实表明，书价一路猛涨，新书好书不多，选题雷同，低层次重复，购买力下降。如此下去，图书市场的发展和繁荣是很难实现的。

不科学、不合理的图书价格机制，也对提高出版单位的经营管理水平产生了很大的消极影响。《中国图书商报》的一篇文章指出：“书价上涨成为抑制人均购书量增长的重要原因。书业效益的增长在相当程度上建立在加重读者负担的基础上……”认真分析就会发现，造成书价上涨过快、过大，以及影响图书市场发育的重要根源，恰恰在出版单位自身，其中，经营管理水平不高又是最根本的原因。对此，于友先同志一针见血地指出：“出版单位的经营管理水平低是一个比较突出的问题。许多出版单位实际上是以一定意义上的垄断利润掩盖了经营管理上的水平低、投入大、产出低、消耗多、成本高的问题比较严重。”目前，大多数出版单位的经营效益都不错，可这种不错又是怎样实现的呢？在机构臃肿，冗员过多，负担很重且经营管理水平不高的情况下，要保持出版社较好的经营效益，最简便的办法就是提高书价。虽然这是一种以牺牲市场为代价的短期行为，但却十分有效，因而被许多出版单位所采用。

有人认为，造成书价高的原因是由于出版单位负担重、成本高和风险大。这种说法有一定的道理，回避了经营管理水平不高对书价的影响，是不全面的。在市场经济条件下，价值规律要求按社会必要劳动时间确定商品的价值量。职工住房、医疗和离退休职工等历史和现实形成的企业负担是所有行业都面临的难题。出版单位为保护自己必要的利润,就采用加大成本,提高书价的办法,把负担转嫁到读者身上是不公平的。按这样的做法,出版单位因经营管理水平低下而造成的成本过高同样是负担,也可以理直气壮地打入成本。在1995年,曾有一种因纸价上涨而增加成本的说法,可是到1996、1997年,纸价平稳,甚至出现下跌,而书价并没显示出上涨速度减弱的态势。可见,书价上涨的原因,并不全在客观。至于经营风险,则是市场经济条件下各行各业都存在的。在正常的价格形成机制下,企业是没有理由让消费者来分担风险的。退一步讲,就算由于有风险,就可以把图书价格定得高一些的说法可以成立,那么不少销量大相对成本低的图书反而价格高,有些再版图书在费用不增加的情况下再版一次价涨一次,则是没有道理的。其实,书价能否降低,关键还是出版单位如何树立市场意识,提高经营水平,加强管理,降低成本,增强效益的问题。出版单位在这方面积极性不高,压力不大,还有更深层的原因。

按理说,不管有什么理由,放松管理,无视甚至损害消费者利益,都是不可取的。保护低水平经营管理、出版资源的严重浪费,甚至不正常的出版单位"内部人控制",显然也不符合精神生产和物质生产规律的要求,也不是社会主义市场经济所允许的。但是,这种情况却在出版业存在着。出版单位所以能够通过加大成本,提高书价来保证较高的利润和掩盖自身经营管理水平的低下,深层次的原因是出版业的图书价格机制不科学、不合理,根子在于宏观管理的问题。从我国的国情出发,为保证出版事业坚持正确的政治方向,坚持正确的舆论导向和积极的社会效益,国家对出版业实行垄断性保护政策,这对于贯彻党的基本路线,繁荣和发展出版事业起了积极的作用,但同时也给图书价格机制形成带来了一定负面影响,如果在宏观管理上对价格放松监管,就有可能使价格失控,掩盖某些出版单位经营管理不善的问题。

图书价格方面最突出的是价格形成机制问题。本来,在市场经济条件下,要么是垄断行业受到国家必要的价格控制;要么是放开价格实行公平竞争。而我国的出版行业中既缺少价格控制,又不能公平竞争。1992年,国家物价局规定,除大中小学课本由国家控制定价,党的文献、法律法规按成本定价,报国家备案外,其他图书按纸张、印刷工价、发行册数自行定价。于是,出版单位就成为一种特殊的价格形成主体。在国家实行垄断性保护和严格控制市场准入条件下,它们享有国家赋予的出版专营权,又可以不受成本价格控制自行定价。在出版业,真正意义上的竞争只是在极小范围内十分有限地存在,出版单位的成本回收和所需的利润可以很容易地在自行定价中得到保证,图书商品特殊的属性和客观上的需求又迫使读书人无可奈何地接受了不断上涨的书价。最终结果不仅使消费者利益受到侵害,造成图书市场发育缓慢,而且在客观上保护了出版单位的粗放经营管理。

书价高及其反映出的图书价格机制不科学、不合理,实际上是出版业宏观和微观管理问题的综合反映,它向我们提出了加强管理的迫切要求。要真正形成科学合理的图书价格机制,尚须出版业同仁的共同努力。

(原载《中国出版》1998.7.)

关于建立图书新批发体系的几点思考

张佩清

我国人口众多、幅员辽阔,图书发行网点遍布全国城乡,网点分散,规模小,批量少,而出版社所在地比较集中,力量又比较弱,因而,批发环节在我国图书市场中起着非常重要的"大动脉"和"蓄水池"的作用。党的十五大以后,随着我国社会主义市场经济的进一步发展,大的批发环节凭借自己的实力和所起的作用,必将取得更加突破性的发展,由"大动脉"和"蓄水池"进一步发展成为能够左右市场的枢纽。其中,跨地区的强大发行集团,可能成为左右全国图书市场乃至世界华文图书市场的枢纽。

图书批发环节面临着一个新的关键时期,它肩负着崭新的历史使命和存在着巨大的发展机遇,同时，为了适应这种形势的发展，也要求自身相适应地进行根本性的改革，而图书批发改革不仅能够成为带动整个发行改革的核心，构建新的批发体系又是整个批发改革的根本。本文就这一问题，试图进行一些探索和构想。

一、建立图书新批发体系的必要性

1. 我国图书批发体系的现状

我国现有图书批发体系主要由三支大军构成：一支是新华书店系统，其中，新华书店总店和首都、上海、天津、重庆发行所，以及省级新华书店，它们有一级批发权，是新华书店系统批发的主力。其余市县新华书店有二级批发权。第二支是出版社自办发行系统，具有本版图书的总批发权。第三支是经过政府批准的有二级批发权的集体书店。

根据新闻出版署计财司统计，1997 年全国图书发行业总销售 660.48 亿元，其中新华书店系统总销售 528 亿元(含批发)；全国销售图书 313.17 亿元，其中新华书店系统销售 271.49 亿元。由此可见，1997 年全国图书发行业批发 347 亿元，新华书店系统批发 257 亿元。新华书店系统的批发市场占有率最大，占全国图书销售总额的 38.9%，占全国图书批发总量的 74%。据我国出国人员的考察资料，英国图书批发的市场占有率大体在 30%—35%，美国图书批发的市场占有率为 50%左右。显然，我国新华书店系统批发的市场占有率是比较高的。

从批发店的资产总额来看，1995 年，全国新华书店资产总额为 136 亿元。其中，全国 18 个批发大户(总店、津、沪、重庆三个发行所，加上排行榜前 15 名的省级书店)资产总额为 34 亿元，占 25%。

总之，无论从市场占有率，还是资产总额等规模上来看，批发在我国图书发行业中都占有举足轻重的地位，而其中，新华书店的批发，特别是十几个新华书店批发大户的批发，又在全国批发市场中居于重要位置。

但是，在全国近 40 家大的批发企业中，至今仍未形成能够左右全国图书市场的“航空母舰”。1996 年，全国批发量排行第一的江苏省新华书店销售收入为 13.09 亿元(销售金额 14 亿)，只占全国销售额 577 亿元的 2.5%。即使将当年批发量第一到第四的“四巨头”：江苏、湖南、山东、新华书店总店的批发量加在一起(45.26 亿元)，也只占销售量的 8.12%。而我在日本了解，日本最大的两个批发商——“东贩”和“日贩”市场占有率达到 70%以上。

我国图书批发体系的现状，反映了我国图书市场的发育程度，它是同我国目前经济市场化程度仍然不高的社会主义初级阶段联系在一起的。

2. 图书市场的发育强烈呼唤建立图书新批发体系

我国现有的批发体系已经存在多年，它是在计划经济基础上建立起来的。现有的批发体系，在 1982、1988 年的两次改革的高潮中受到了重大冲击，曾改变了一些做法。但是，由于改革中，一些省店被许多人片面地认为是多余的“中间环节”，要予以弱化以至取消，因而，妨碍了图书批发环节的深化改革、转换机制和在市场中正确定位，从而也影响了图书发行业的快速发展。近来年，随着图书市场的不断发展和壮大，人们对批发环节的地位和作用有了新的转变和认识。大家感到，现有批发体系的体制和机制，已不能适应社会主义市场经济的发展，必须加以根本改革，并在改革中逐步形成一套新的批发体系。

现有批发体系的不适应性，突出表现在：

(1)不能满足图书市场发展的需要。近几年来，图书市场的供求矛盾在强烈呼吁大批发商的出现。矛盾焦点反映在品种问题上。零售店现在愈来愈感到没有丰富的品种，就没有零售效益，因而一改过去被动接受品种指标的做法，主动要求丰富品种。现实情况是：只要品种好，到货及时，折扣大小降到了次要位置。但是，限于资金、仓储条件，零售店要求多品种，却只能少进勤添。而另一方面，出版社的出书趋势是控制品种，提高质量，他们的要求是，有限品种但能有大的市场覆盖率和批量。这对矛盾的发展意味着图书市场的发育已经到了一个新的阶段，即呼唤现有体系中的发货店要快速向集约化的大批发商转化，成为具有多品种、大批量、强辐射的图书集散中心，否则不能适应市场发育的需要。

(2)现有封闭的批发垂直体系，不利于形成开放的网络型的批发体系，因而不能形成超大型的批发企业，不能产生“航空母舰”。

现有批发体系的主力是新华书店。新华书店系统内部、总店、发行所、省市县新华书店，形成一个个垂直的管道。新华书店系统以外，同出版社、集体批发单位的联合也很不紧密，彼此分割，常常“同床异梦”。现有批发体系的三支大军实际处于互相分割发展的状态，这就使得横向联合一直难于发展，网络很难形成。

(3)计划经济的影响在体制和机制上仍然严重存在。发行单位希望独家经营，维持垄断，排他性的倾向经常会有反映。特别近年来,一些地区封锁的倾向有增无减,同时出版社本版书总发行的体制和机制也没有完全到位,没有很好地发挥培育大市场,组织大发行的作用。

(4)市场秩序不健全,不能公平竞争。尤其表现在批发和零售的界定不清,低价倾销严重地扰乱了市场秩序,非法出版发行,特别是非法批发活动泛滥,大大损害了批发企业的权益。

(5)行政干预严重,批发企业不能成为市场真正的主体,削弱了批发企业的活力,制约了它们的发展。

因此,现有批发体系不作根本性的改革,在改革中新的批发体系不产生,是无法参与激烈的市场竞争,开拓新的市场的。所以,新的批发体系的产生,已势在必行,刻不容缓。

二、图书新批发体系的结构

1. 新的立体化的网络体系

由省市县新华书店、出版社社办发行、有二级批发权的集体书店构成的现有批发体系仍会存在,但在体制和机制上将发生许多根本性的变化,从而出现一个新的立体化的网络体系。

新的立体化的网络体系,其结构包括:

(1)若干个以大的批发单位为核心的发行集团和发行中心。

这种集团或发行中心由一两个有一级批发权的大批发单位,吸附部分二级批发单位,以及若干个零售书店,构成跨地区、跨所有制、跨行业的发行集团和发行中心。这种发行集团和发行中心可以将现有互相分割的新华书店、出版社、集体书店三支批发大军以资产为纽带重新组合起来,其内部组织机构和经营机制,完全突破计划经济体制下的封闭形式、形成开放式、强辐射的批销中心、信息中心、储运中心、服务中心,并从围绕计划管理运作转变为紧紧围绕市场运作。集团以建立现代企业制度为目标,进行资本扩张,规模经营,优化经营结构,合理配置资源,强化辐射,争取市场的最大化和效益的最佳化。

一个成熟的发行集团或发行中心,具有以下四大优势:规模大、实力强、集约化经营、市场占有率高,优质高效。

图书发行集团和发行中心是新批发体系的主体,是覆盖全国图书市场的辐射中心。

(2)多层次的图书批销中心。

图书批销中心是集图书贸易功能、信息传递功能和评估咨询服务功能为一体的规模经营的图书集散地。它是图书商务中心的雏形,也是大规模批发的窗口。它较为根本地改变了计划经济体制下批发店进销存调分割的封闭型组织形式和经营机制。它紧密围绕市场,以大的吞吐量、大的市场覆盖面和现代化管理为特征。它的优势是开放型辐射,统一进货,多渠道销售,期货、现货并营,产销直接见面,环节少,信息反馈快,成本低,管理效率高。

因此,近期省、市、县各个层次的书店都在积极创建批销中心,发展速度很快。

(3)多种形式的批发代理和连锁。

随着社会主义市场经济的深入发展,在一些发达国家已非常活跃的代理制势必在我国也要蓬勃发展起来,它是最有利于打破地区行政封锁的一种形式。批发代理的种类多样化,有区域代理,全品种代理,单品种代理;项目也是多元化的。如代订、代储、代运、代结算等。从而在经济上、经营活动上把各批发单位联合起来,为统一、开放、竞争、有序的图书大市场奠定基础。

以发行集团或发行中心为依托搞连锁经营,是我国图书市场发展的必然趋势。统进分销是批发连锁经营的主要特征。这种形式有利于大批发单位同中小批发单位,以及零售店的融资和市场一体化,有比较强的向外辐射能力。

代理和连锁是发行集团、批销中心向外辐射的主要手段,它从根本上改变了原计划经济体制下的征订形式。

(4)各种股份制公司。

组成日益紧密的联合体,进行规模经营,是现代市场经济中获取高效益的基本手段,也是集约化经营的必然要求。可以预期,党的十五大以后,各种形式的股份制,可能根据实际情况有一个新的发展。图书批发企业应该抓住这种难得的机遇,通过产权渗透,所有制结构调整,建立各种股份制公司。这是集聚规模力量,进行规模经营的有力的组织形式,图书批发股份制公司跨地区的发展,为出现可以左右全国图书市场的强大批发集团打下了基础。

一个强大的跨地区、跨所有制、跨行业的股份制公司为核心的发行集团或发行中心,以批销中心为纽带,通过代理、连锁联营等各种形式辐射,建成横向联合的销售网络,将构成崭新的立体化的批发网络体系,以培育和发展图书市场。

2. 新批发体系的性质和特征

新批发体系,既适应社会主义市场经济体制,又具有出版工作的特点。它是植根于社会主义市场经济基础上的产物，是适应全国统一、开放、竞争、有序图书大市场运作的批发体系。因此，这种图书新批发体系，又不同于其他行业批发，更不同于资本主义国家的批发。

新批发体系具有以下一些特征：

（1）开放性。改变过去封闭的"管道式"批发，可以跨地区、跨所有制、跨行业的运作，成为全方位开放的批发。

（2）多轨制。批发主体是"多轨"的，包括新华书店、社办发行、集体书店等，不再是原来新华书店一统天下的"单轨"批发。

（3）网络化。形成多层次的立体化批发的网络体系。改变了过去中央、省、市、县垂直行政系统的"直线型"批发。

（4）亲缘关系。由原来企业间的买卖合作关系发展成为风险共担、效益共享的"亲缘关系"。

正是因为它植根在远比西方发达国家国情复杂得多的中国土地上，处在社会主义的初级阶段，因而，必然带有自己鲜明的特色。

三、发货店应成为新批发体系的核心

1．省级新华书店的优势

新批发体系是以若干个大型或超大型的发行集团或发行中心为主体的，其核心企业应该是具有很强的吸附力和辐射力的大型批发单位改制而成。目前，一些很有实力的发货店已具备这样的条件。它的优势在于：

（1）回旋余地大，以一个省或一个地区的市场为依托向外辐射。

（2）吞吐量大，市场占有率高。

（3）经济实力强，资产规模大，创利水平高，自我发展能力强。

（4）已形成比较大的联合体系。

2．发货店必须自觉地转换机制

发货店要在图书批发体系中确立主导地位，关键在于要及时转换机制，自觉地向适应市场经济体制的大批发环节转化。

（1）更新观念。转换机制首先要更新观念。现在省店一些举措往往不能适应社会主义市场经济的发展，一个重要原因是自己的位置和角色没有找准。目前，发货店在观念上尤其不能害怕出现全国统一、开放、竞争、有序的大市场，做法上不能封闭市场。根本出路在于增强自身的辐射能力。此外，还要加强服务的意识。发行竞争越是激烈，良好服务的位置越加重要。有竞争能力的出版物和良好的流通服务是在竞争中取胜的两个轮子。物流和客流同样重要。因此，一定要在全体职工中，突出地树立良好的服务观念。

（2）转换营销机制。无论机构的设置、人员的配备、征订方式、促销手段、购销形式、进发折扣等，一切营销机构和机制的运转，都要根据市场的需求，竞争的需要进行相应的配套改革。目前尤其要抓好图书批量，丰富品种、科学技术改造、扩大服务功能、加强各种联合等各项工作。

（3）改革劳动人事和分配制度，中心是最大限度地调动职工积极性。

（4）建立具有宏观调控能力和自我约束能力的管理机制。

四、优化建立新批发体系的外部条件

建立新批发体系是一个系统工程，政府必须为之创造良好的外部条件，才有可能促使其早日实现。

1．政府认真转变职能，政企分开，使批发企业真正成为市场的主体

目前，国家对图书批发企业采取扶持政策，特别是对县以下农村发行的图书业支持很大。但是，相比之下，各种行政部门的干预却有增无减，制约了企业的自主经营、自负盈亏和自我发展，从而使企业不能真正成为市场的主体。只有真正落实企业自主权，企业改革才能放开手脚，才能有条件深入推进和发展。

2．政府要加强宏观管理，建立有序的图书市场秩序

我国图书市场现在还缺少比较完整的适应社会主义市场经济发展的图书发行管理法规，一些局部的管理条例，也缺少执法的力度，因而，非法发行活动猖獗。同时，行业管理没有形成，缺少自我约束的图书交易规则、公平竞争规则，因此，不正当竞争泛滥。所有这些，都严重制约了正常的市场活动。目前，只有依靠政府加强宏观管理，建立健全图书市场秩序，才有可能使图书发行业健康地发展。

综上所述，我国现有图书批发体系的根本改革已经刻不容缓，在现有批发体系改革的基础上，必将产生一个新的立体化的批发网络体系。可以预期，随着我国统一、开放、竞争、有序图书市场的发育成熟，一个新的图书批发体系将在中华大地上崛起。

（原载《中国出版》1998.7.）

一般图书销售现状、问题和对策

张训智

党的十四届六中全会向全党、全国人民提出了加强社会主义精神文明建设的伟大战略任务,并对出版工作提出了具体要求。加强出版工作既是精神文明建设的重要任务,又是精神文明建设的必要条件。其根本任务在于最大限度地满足人们日益增长的文化需要,把高质量的图书、报刊和电子、音像出版物奉献给广大读者。要担负起这个历史任务,最重要的是要抓好编辑和发行两个环节。编辑是基础,发行是关键,已经成为人们的共识。本文着重就图书发行工作、特别是一般图书销售的现状及其所存在的主要问题进行分析,并尽可能地提出一些解决问题的对策,与出版发行界的同仁共同商榷。

一、一般图书销售滑坡,是当前图书发行工作的最大失误

近年来,随着图书发行体制改革的不断深入,图书发行工作正在大踏步地前进,为两个文明建设做出了卓著的贡献。以湖南为例,全省新华书店1996年销售图书的册数、码洋和实现利润分别比上年增长29.05%、60.7%和48%。然而从图书销售的结构来分析则存在着严重的失衡现象。这突出地表现在中小学课本、大中专教材的销售码洋比上年增长了75.76%,而除课本、教材和教辅读物以外的一般图书却只增长16.48%,二者相差59.28个百分点。如果剔除书价上涨因素,一般图书销售几乎没有增长,甚至是在下降。

新华书店一般图书销售下滑并不是最近两年发生的。湖南郴州市最近对全市(市、县共10个新华书店)近7年来的图书销售结构进行了一次全面的分析,详见下表:

年度	总销售	其中			
		图书销售	占总销售%	一般图书销售	占总销售%
1990	2 393 万元	1 448 万元	60.5	1 138 万元	47.6
1991	2 833 万元	1 845 万元	65.1	1 322 万元	46.7
1992	3 495 万元	2 328 万元	66.6	1 456 万元	42.1
1993	3 397 万元	1 914 万元	56.3	1 096 万元	32.3
1994	4 295 万元	2 389 万元	55.6	1 145 万元	26.7
1995	7 814 万元	4 474 万元	57.3	1 701 万元	21.8
1996	13 077 万元	5 659 万元	43.3	1 605 万元	12.3

上表所列"总销售"包括课本、教材、教辅读物和其他图书的全部销售;"图书销售"是除课本、教材以外的所有图书的销售;"一般图书销售"则是指除课本、教材和教辅读物以外的其他图书销售。

上述统计表明,郴州全市10个新华书店7年来的销售总额,除1993年比1992年略有下降外,其他各年都在大幅度上升,近两年来升幅更大。图书销售的增长与总销售也基本一致。然而一个十分突出的问题就是一般图书销售额占总销售额的比重连年下降,已从1990年的47.6%下降到1996年的12.3%。郴州市的发行工作在湖南是处在前列的,郴州尚且如此,其他地方恐怕也好不了多少。据《中国图书商报》1997年7月4日报道:1996年"除大专教材和课本外,一般图书的销售比重比上年略有下降。"这就证明郴州一般图书销售滑坡是有一定代表性的。现在的问题在于图书发行的统计报表,在销售结构上只有大中专教材、课本和其他图书之分,把教辅读物列入了其他图书之中。教辅读物销售的持续增长,把一般图书销售滑坡的问题掩盖了,甚至还产生了一般图书销售大幅度增长的错觉。

新华书店一般图书销售滑坡究竟是怎样造成的呢?有的同志说它是图书发行体制改革的必然结果。过去图书发行由新华书店独家经营,一般图书销售的比重当然很大。通过发行体制改革,实现了"一主三多一少"的格局,集体、个体书店占了一部分市场,新华书店销售一般图书的份额必然缩小。也有的同志认为,图书这种知识载体具有可替代性,由于电视的普及,音像制品和电子出版物的发展,把人们本来就非常有限的读书时间挤走了许多,买书的人自然也就少了。

以上的这些说法确有一定的道理,但决不是近几年来新华书店一般图书销售连年下滑的根本原因。因为图书发行体制改革,变单一渠道为多渠道发行,并不是近几年才提出来的。它始于80年代初期,80年代中期大发展,90年代经过治理整顿,已经进入稳定发展阶段。据《出版年鉴》和《新闻出版报》公布的数字,我国的集体、个体书店1985年为35893处,1996年为35 534处。如果说新华书店一般图书销售滑坡发生在集体、个体书店大发展的80年代中期,还可以说是市场被集体、个体书店分割了,而现在的问题恰恰发生在集体、个体书店的数量比80年代中期并未增加,反而略有减少的90年代,这种说法就站不住脚了。至于广播电视和音像制品、电子出版物也不是最近几年才有的,它们早就拥有众多的观众和读者,因此也不是新华书店近几年来一般图书销售滑坡的根本原因。相反,近些年来在客观上倒是出现了许多图书需求增长的有利因素。比如,我国的经济持续快速增长,国民生产总值提前翻番,读者的购买力大大提高;随着教育事业的发展,人们的文化素质大大提高,读书、买书的人大大增多。在这样好的形势下,新华书店一般图书销售不是同步增长,而是连年滑坡,这就不得不从主观上找原因了。

那么新华书店一般图书销售滑坡的内在因素究竟是什么?从根本上来说还是由于经营思想不对头,没能正确地处理好社会效益和经济效益的关系。由于大中专教材和中小学课本以及辅导读物数量大,费用低,书款回笼快,利润高,又是计划供应,没有积压报废的风险,因此各级书店都竭尽全力,千方百计地抓得紧而又紧,使企业的整体效益大幅度提高,职工收入年年增加,以致使一些同志产生了对发行一般图书的惰性,觉得抓不抓都无所谓了。加以一般图书发行的批量小,流转慢,费用高,利润低,甚至还要亏本,因此采取消极应付的态度。以这种精神状态来对待一般图书,在激烈的市场竞争面前,也就不可避免地要败下阵来。

二、一般图书销售滑坡是与"二为"方针背道而驰的

有的同志认为,现在搞的是社会主义市场经济,利润的高低必然影响资源的配置。新华书店作为一个企业,着重抓效益好的图书,少抓一点效益差的图书是无可非议的。这种观点从表面上看似乎有一定道理,但它忘记了图书具有商品和精神产品的两重性;忘记了图书的经营者既要掌握和运用价值规律,更要掌握和运用上层建筑适合经济基础状况的规律。作为图书发行主渠道的新华书店,不是一般的企业,而是文化企业。邓小平同志早就明确指出:思想文化、教育卫生部门所属的企业"要以社会效益为最高准则"。从这个原则出发,来分析重教材、课本和辅导读物的销售,轻一般图书销售的作法,决非无可指责,而是关系到贯彻执行出版发行工作为人民服务、为社会主义服务的方针的大问题。

(一)轻视一般图书销售就是对多数人不负责任。新华书店作为图书发行的主渠道,按照"二为"方针的要求,应当肩负起全方位地满足读者多层次需要的责任。何况国家为了使新华书店能够担负好这个重任,给了省级以上书店总发行权;给了发货店和所有销货店统一发行中小学课本的权利,给了税收的优惠。然而一些书店却把注意力集中到教材、课本上。搞好教材、课本的发行,只是满足了占总人口约20%的学生的需要,还有80%的广大读者的需要则要靠发好一般图书来满足。如果对这80%的人供应工作搞不好,试问思想政治教育如何开展,知识如何更新,读者愉悦身心愿望如何实现?发行工作为人民服务、为社会主义服务又何以体现?

(二)轻视一般图书发行,从根本上来说就是轻视农村图书发行。一般图书销售滑坡,由于各地的情况不同,程度有轻有重,总的说来农村比城市严重,经济不发达地区比经济发达地区严重。仍以郴州市为例,全市1996年一般图书销售占总销售的12.3%,

其中市店一般图书销售占总销售的29.1%,而9个县(市)一般图书销售却只占总销售的8.3%。其原因就在于一般图书发行农村比城市的难度更大,费用更高,利润更低。因此集体、个体书店不愿去农村。供销社现在也不愿意经营图书。过去湖南供销社系统有5 800多个售书点,几年前垮得差不多了。最近虽有所恢复,但也还只有1 485个点。1996年只向新华书店批销2 780万元图书,全省5 000万农民,人均只有5角钱,而且还不一定都销出去了。特别是作为主渠道的新华书店,有的在这方面也采取消极应付态度,农村买书难的问题也就必然严重了。农民占总人口的绝大多数,他们对于文化、科技的需要是绝大多数人的需要。我们的图书发行工作如果抛开农村和农民,能说坚持了"二为"方向,把社会效益放在首位了吗?

(二)学生用书的计划发行要适可而止,并非越多越好。所谓计划发行的学生用书,大体上可分为两种:一种是大中专教材和中小学课本,另一种是配合教材、课本而编发的辅导读物。前者是每个学生所必需,而且根据课程的设置,已有明确规定。后者是为了帮助学生加深对课文的理解,巩固学习成绩,本着少而精的原则,编发的辅导读物。然而现在的问题是,由于编发这类读物的利润不薄,一些出版者、发行者都在这方面绞尽脑汁,不断地花样翻新,什么《课程基础训练》、《达标手册》、《单元自测题》、《一天一练》、《一课一练》,寒暑假《作业》,《课程总复习》等等,重复雷同,不一而足。这些东西通过各种手段,各条渠道,一齐拥向学校。致使学生的书包越背越重,经济负担、精神负担越来越重,把学生课外阅读的时间挤掉了,把参加文体活动和休息的时间占用了,把个人的特长和爱好排除了,成天围绕课文死读书,读死书。这样下去将严重影响学生的德、智、体全面发展,对提高民族素质极为不利。

三、深化发行体制改革,千方百计把一般图书的销售搞上去

为了切实贯彻执行出版发行工作的"二为"方针,新华书店必须全面地担负起图书发行主渠道的责任,继续做好课本、教材的发行工作,更要从提高认识入手,下大力气搞好一般图书的发行。为此,我以为需要采取以下对策:

(一)分类考核,赏罚分明。近几年来从上到下都在强调要重视一般图书的发行,但由于缺乏过硬措施,问题始终未能解决。相反,由于学生用书的利润高,新华书店整体效益相当好,职工收入不断增加,而且大多数书店都有余钱剩米。在这"一好遮百丑"的局面下,安于现状,不思进取的惰性有增无减,参与市场竞争,扩大一般图书发行缺乏内在动力。为此,在加强思想教育的同时,应将课本、教材和教辅读物同一般图书的发行分列计划指标,分类考核,实行奖罚。一方面要运用经济手段,从一般图书发行基金中,拿出一部分钱,给超额完成任务的单位和个人予以有份量的奖励,而对没有完成任务者,予以经济处罚。另一方面要从政治上实行"一票否决",即没有完成一般图书发行任务的单位和主要责任人,不得评先进,不得晋级提升。

(二)加强网点建设,畅通发行渠道。在农村,要控制县级书店的基建规模,加强集镇门市部的建设。国家退税的资金和一般图书发行基金的主要部分要用于县以下集镇门市部的建设,同时,要尽快恢复供销社售书点,发展乡镇文化站等单位的售书点和集体、个体书店,尽量做到每个乡镇都有不同形式的售书点。

在城市,要加强专业书店和街头书亭的建设,特别是要采取连锁经营、书店租柜台直接经营、由商场兼营等多种形式,使书店打入各个商场,方便顾客在购物时购书。

(三)加强宣传和组织工作,培育图书市场。由于除教材、课本以外,一般图书尚不是人们的生活必需品,其市场容量的伸缩性很大。图书销售的多少,往往同宣传、组织工作有关。因此,要大力加强图书的宣传推介工作,增加广告投入,为书找读者,为读者找书。要善于抓住时机,组织各种读书活动,知识竞赛活动,有组织有计划地发动群众读书,调动读者的购书欲望。要配合精神文明建设,协助有关部门搞好"知识工程"、"万村书库工程",帮助乡、村、企业和学校建立图书馆(室),增强集团购买需求,为广大读者借书、读书提供更多的方便。

(四)搞好编辑出版工作,为读者提供质高价廉的读物。一般图书销售滑坡,反映在新华书店,但责任不完全在新华书店。许多一般图书不那么畅销,与其质量差,价格又太高等问题有很大关系。因此,要扩大一般图书的销售,在编辑出版环节就要打好基础。首先,要面向市场,加强调查研究,做到选题适销对路,精益求精。尤其是农村读物,要少出或不出包罗万象的大部头和内容深奥,农民看不懂、用不上的东西,多出专题、薄本、通俗、价廉的好书。其次,在定价上坚持薄利多销的原则,切忌乱涨价。1997年开春以来，52克胶印卷筒纸已由去年的7 500元左右一吨，降至6 000元左右一吨，降幅为20%，而据对某些出版社的抽样调查，今年的书价比去年却上涨了12%。为了制止某些出版社随意定价、乱涨价，建议出版管理部门，规定图书定价毛利率的上限，凡属超过上限利率的都应受到处罚。这对于一般图书的销售、对于读者都有利。第三，出版社要适当提高发行折扣，向销货店让利。目前给销货店一般图书的发行折扣，一般在25%～33%。据测算，销货店经营一般图书需支付总码洋3.25%的增值税、2.63%的流动资金占用利息(按年周转3次计算)、4%的图书报废。光这三项就占去了将近10%的折扣，如果品种对路，通过门市零售，经营得好可获微利；如果以20%的折扣批发给供销社或其他的销售点，除人员工资和房屋、设施折旧不算而外，凡30%以下折扣的都得倒贴。因此，适当提高发行折扣已是势在必行，刻不容缓。同时，要大力发展寄销业务，解除销货的后顾之忧，为一般图书的发行扫除障碍。

(五)加强出版和版权管理，严厉打击非法出版、非法发行。盗版盗印、买卖书号和其他形式的非法出版、非法发行，是扰乱图书市场，妨碍图书出版发行的一大公害。必须依照《刑法》、《著作权法》和《出版管理条例》，坚决予以打击，真正建立一个统一的、开放的、竞争的、有序的图书大市场。否则，图书的出版发行就随时都存在着被冲击的危险，经营一般图书的手脚也就难以放开。

(原载《出版发行研究》1998.1.)

图书价格及其定价改革

陈资灿

一、当前图书价格合理性探讨

书价的大幅度上涨不可避免地引发了关于书价是否合理的争议。当前书价的上涨既有不合理的一面，又有合理的一面。

书价上涨不合理的一面主要表现在以下方面：

首先是非法书商的高定价低折扣推动着书价大幅度上涨。非法书商利用不正当手段购买书号出书，省去许多间接费用(如出版社的房租、水费、电费、人员工资、建住房的费用、资金占用费、医疗费、离退休人员养老金、下岗员工的补贴等)，同时却将书价大幅度抬高，然后以非常低的折扣——3折或4折批发，给零售单位留下了巨大的利润空间。尽管大都质量低劣，但是许多二渠道图书销售商甚至一些新华书店也采购这些书。书店对正规出版社的6～7折的书不大感兴趣。在这种情况下，部分出版社也开始采取高定价低折扣的方式来抢市场，此举是书价全面上扬的重要原因之一。

其次，猖獗的翻版盗版行为促使书价上扬。尽管我国的著作权行政管理机关不断采取措施来打击侵权行为，但是，翻版盗版的行为却有增无减。许多畅销书刚一面世，马上就有盗版书接踵而至。由于盗版书不需要支付稿酬或版权税，同时又比正规出版社节省了上文提及的许多间接费用，其成本远低于正版书，故能以相对低得多的折扣批发给零售商，出版社的正版书无法做到这一点，反而常常被零售商拒之门外。面对猖獗的翻版、盗版浪潮，许多出版社出于自身利益的考虑，采取高定价的措施尽快收回成本，导致书价的频繁上弹。

再次，市场经济条件下的趋利思想导致书价片面上涨。在市场经济条件下，出版社追求经济利益本无可厚非，但是，一味地唯利是图，严重忽视内在质量的提高就显得不大正常了。少儿类图书的繁荣原本是一件好事，说明我国开始重视幼儿的启蒙教育，书价适当高一些问题也不太大。但是，一些看来只有小学生才会出现的错误，竟频频出现在这些正式的出版物上。例如，有一本《看图识物认字学画》，其注音差错率高达44.3%，这恐怕是我国出版业之罕见。少儿类图书在质量下滑的同时，价格平均每年上涨30%多，究其原因是出版社把精力花在图书的装潢上，大做表面文章。

第四，各书店的地方保护主义抬头，只进或多进本地出版的书，造成发行阻塞，图书流通不畅，从而间接地刺激图书价格上扬，这种现象正日益引起人们的关注。据业内人士分析，如果渠道能够畅通，印数就能提高，图书发行成本也就相应降低了，价格更容易趋于平稳。

最后,我国图书市场具有一定的垄断性,也是书价上涨过快的一个重要原因。当前,我国的出版社数量约为600家,较之美国(9000余家)、法国(4000余家)、日本(4000余家)、前西德(2900余家)、英国(2500余家)等书业大国而言,确实显得很少,而且,我国实行严格控制出版社的政策,市场壁垒很严。同时,我国的出版社至今仍然实行相当严格的专业化分工,图书市场具有一定程度的分割封锁的特点,还有,由于每一出版社每年的书号是预先确定的,即所出版的书品种多少是确定的。由于这些原因,我国图书出版带有一定的垄断色彩,并由此形成了严重的价格垄断性。

以上分析的是书价上涨过快的不合理的一面。事实上,书价大幅度上涨也有其合理的一面。

首先,近年来的图书价格连年上涨,在某种意义上可以说是对过去严重扭曲的书价的一种矫正。我国的书价,从建国至1953年,由出版社自行确定,当时基本的定价方法是成本加利润加税收。1954年,出版总署以"保本微利"为基本原则颁布了共和国第一个书籍定价标准,在中央一级出版社试行。1956年2月,文化部正式颁布了书价定价政策,确立了图书正文按印张分类定价的统一模式。此后,这一模式几经微调,但直到1984年以前,仍然没有摆脱按印张分类定价这一基本框架。显然,这种定价模式不符合价值规律。图书价格既要反映图书的印刷、装订等物质成本,更要反映图书内容的价值,用来满足读者消费需求的是图书的内容,而不是装载图书内容的纸张,纸张仅仅是内容的载体,是一种外壳,而内容才是图书的灵魂。人们逐步认识到图书按纸张分类定价存在的诸多弊端,1984年11月,文化部颁布《关于调整图书定价的通知》,改统一的定价标准为控制印张定价的上下限,此举引入了书价制定的市场机制,市场机制开始对书市发挥调节功能,使扭曲的书价初步得到矫正。1988年3月和8月,国家赋予出版社定价自主权(特殊书籍如教材、党的文献等除外),只对出版社的利润进行宏观调控,这一改革大大活跃了图书市场,图书定价开始注重参照其内容,初步实行优质优价,1993年4月的图书价格改革,进一步扩大了出版社定价自主权,除中小学课本、大中专教材以及党的文献外,其余书籍一律由出版社自主定价,自负盈亏。

其次,出版社推行企业化经营的改革,客观上造成了图书成本的上扬,从而推动图书价格上涨。以前,出版社享受国家的种种优惠政策,如今,绝大多数出版社都要自负盈亏。而出版社增加创收最简便的方式就是提高书价。另外,近年来,随着纸张价格补贴的取消以及国际纸浆价格的上涨,也使得图书生产成本猛增。稿酬、墨粉(水)、电力、税收、印刷、装订、运输、广告宣传等费用也在不断上涨中,这也推动了图书价格的上涨。

最后,图书市场存在较大风险性,需要一定的价格补偿。普通商品一经开发成功,该商品的寿命周期就比较长,企业可以利用这一市场增加投入产出的频度取得较大利润。出版一种新书犹如企业开发一种新产品,但大多数书即使价值较高,也很难具备名牌商品那种市场寿命,即出版社不可能只靠几本好书维持局面。因而,出版社每年都要不断推出部分新书。但新书的推出风险较大,非畅销书的成本回收期往往很长,可见,图书价格的增长幅度稍微高一点有其合理的一面。

二、深化图书价格改革的基本思路

消除图书价格上涨中不合理的部分,降低图书生产和销售的成本,理顺生产者、零售商、读者三方的利益关系,维护书市价格秩序的稳定,是深化书价改革的重点。必须从以下几个方面入手。

首先,政府有关部门要采取切实可行的措施严厉打击书号买卖行为。图书是日常生活中最重要的精神产品之一,只有具备一定条件的出版社才有资格出版图书。书号本身并无实际价值,它只不过是国家和社会对书籍的一种认可,国家赋予出版社一定数量的书号,实际上是给予出版社生产一定数量精神产品的权利,而不是向出版社馈赠一定数量的财富;出版社的赢利应建立在精神产品的成功经营上,而决不是靠倒买倒卖书号来赚取利润。可见,买卖书号既不符合价值规律,又违背了国家有关规定,因而,必须予以坚决打击。

其次,要严厉打击侵犯著作权行为。图书出版活动中的翻版盗版等侵权活动,不仅损害了出版单位的经济利益和声誉,而且也损害了著作者、翻译者、出版工作者和广大读者的利益,违反了知识产权保护的有关法规,是一种违法行为,也是书市中的不正当竞争行为,必须坚决予以取缔。打击书市上的侵权行为,除了要有适当的法制对侵权行为给予严厉的惩戒之外,更需要被侵权的出版社以及广大读者增强自我保护意识,监督、举报盗版翻版行为,特别是读者的举报更为重要。政府有关部门可以考虑给举报者一定的奖励，以调动其积极性，这样可以大大降低政府对书市上侵权行为的监管成本，同时，也可以令侵权者的非法行为大为收敛乃至彻底消失。

再次，新闻出版署要对出版的图书进行抽查，对内容出现重大错误的图书，应令其限期销毁；对质量低劣、错误颇多而价格又比较高的书籍，有关部门应令其降低价格才准予发行。

第四，降低图书生产成本。在图书的直接成本中，印刷、装订等费用都存在下降的空间，例如，印刷厂通过技术改造设备更新，提高生产效率，可以降低图书的印刷、装订周期，缩短资金占用的时间，从而减少利息支出。在间接成本中，主要包括员工的工资福利等方面，鉴于工资福利的刚性，让出版社降低员工的工资福利待遇的可能性不大。不过，如果国家增加出版社的书号配额，则每一个书号即每一本书所分摊的员工工资福利将会减少，从而间接地降低了图书的成本。另外，政府还可以实行放松对出版社数量控制的政策，通过成立新的出版社来吸纳旧出版社分流出来的冗员，同时，出版社数量的增多有利于促成有效竞争的局面，消除我国图书出版市场的垄断色彩，使每一类书籍的出版发行都处于有效竞争中，这既有利于图书质量的提高，又有利于书价趋于合理化。

第五，建立全国统一的图书大市场。发行渠道的单一狭小形成了我国图书流通中的瓶颈，加上某些地方书店的地方保护主义行径，以及专业出版社在细分市场中的垄断行为，是导致买书难、卖书难的怪现象同时存在的原因，也是书价高的一个原因。因而，建立全国统一的图书大市场，让图书这一重要的精神产品在全国各地畅通无阻，将有利于增加图书的发行量，降低每本图书的成本，从而降低图书的价格。

最后，必须指出的是，尽管通过上述措施可以有效地遏制书价涨幅过快的势头，但是，从长期看，书价的上涨有其必然趋势。这主要是基于以下三个理由：一是随着经济的发展，版税的提高，出版社职工要求更高的工薪待遇，从而导致图书成本上升；二是随着生活水平的提高，人们希望图书的装饰更加美观，同时，出于藏书的目的，对纸张的质量也会提出更高的要求，从而导致图书生产成本提高；三是目前海外书价远高于我国同类书的价格，据悉，港澳台的书价是我国同类书的4～5倍，欧、美、日等发达国家的书价是它的8～10倍，同时，在流通方面，国际上通常5折售书，也比国内6～7折的折扣低得多，这也表明我国客观上存在着书价上涨的巨大压力。

（作者单位：厦门大学经济研究所 361005）责任编辑：徐光熙

（原载《价格月刊》1998.9.）

开拓外文版图书市场的思考

曾建华

1 世界图书市场简况

由于历史、地理、文化、政治、经济、科技等诸多因素的综合作用和影响，世界出版业逐渐形成了以英语、法语、汉语、西（班牙）语、德语、俄语、阿（拉伯）语为出版语言的七种主要语言出版市场。其中，英语出版市场占主导地位，各国出版物占出版物国际贸易总额的份额能大体上说明这一点。以1993年为例，在该年度出版物国际贸易总额中，美国占22%，德国占15.1%，英国占14.9%，法国占7.6%，西班牙占4.5%；在亚洲，我国香港地区占3.8%，新加坡占2.3%，日本占2.2%，我国大陆仅占0.4%。实际上，在争夺欧洲图书市场的竞争中，德文版图书始终因其语言传播障碍而落后于英国、法国和西班牙文本的图书。德国之所以能在出版物国际贸易总额中占有较大份额，得益于它出版的英文书籍。例如，美国22%的纸皮书出版权控制在德国手中；其闻名遐迩的贝特尔斯曼出版集团的经营中心也放在国际市场上，如1994年该集团的总收入有64%来自国外，集团该年度图书的营业额为65亿马克（约合40.6亿美元），而仅在美国一国的经营收入就达45亿马克（约合25亿美元）。

语言出版市场的形成虽然由上述诸因素决定，但其一旦形成后，就会因出版物的特性不受上述某些可变动因素的制约,而主要取决于语言在世界范围内的通用程度。在这方面,日文出版市场表现得最为典型。日本是海岛型、外向型国家,应用科技水平极高,对外贸易十分发达,汽车、家用电器及其他高科技产品大量占领国外市场,它对美国的巨额贸易顺差使美国政府及工商界人士痛心疾首,有几次几乎酿成贸易大战。但是,由于日语不是世界通用语言,其出版物出口数量无足轻重,1996 年出口金额折合美元仅 2 亿多(日本以英语为主的外文书刊出口只占出版业总产值的 2.5%);而该年度仅美国就向日本出口图书近 1.3 亿美元,使日本成为美国的第三大图书出口市场。

2　开拓国际图书市场的举措

随着信息全球化时代的到来,国际化是当今出版业发展的总趋势,它既包括出版物市场的国际化,也包括与之相适应的图书选题与表述媒介的国际化。要将我国出版业在国际出版业格局中正确定位,在固守并拓展中文出版市场的同时,向英语出版市场渗透应是题中应有之义。我国出版界的有识之士已经清楚地认识到了这一点。1997 年,我国二岸三地(祖国大陆与香港、台湾地区)出版界人士在香港举行世界华文出版研讨会,其研讨的主题有三层含义:其一,华文出版物在世界华人圈的生成;其二,华文出版物译成英、日、德、法等世界其他主要语种,在世界范围内生成;其三,华文读物跨越文化心理、情结等障碍,直接成为世界其他国家和异民族研读的对象。换言之,笔者认为不妨将其看作是中文出版物进军国际图书市场(主要是英语出版物市场)的三个阶段性目标。从中文出版物的现状来看,第一个目标已初见端倪,第二个目标为当务之急,第三个目标当可尽力争取。但若以英语出版物为参照系,则除文化心理、情结障碍外,本文前述的因素亦有不可忽视的阻碍作用,因此在近期内期望值不宜过高。

近年来,我国少数出版社和某些门类的图书在国际图书市场的开拓方面取得了一定的业绩。例如,中华书局 1996 年创汇约 38 万美元;有关翻译出版单位共用 14 种外文出版了 950 种少儿图书计 200 多万册,销往 110 多个国家和地区等。但若将其放在国际图书贸易市场中作一番考察,则可以明显看出我国出版界在这方面的工作还不尽人意,与出版大国的地位很不相称。世界上每年出版图书六七十万种,我国约占 10 万种,但在出版物国际贸易总额中我国出版物所占份额不足 1%(不含香港、台湾地区);再考虑到我国大陆图书对外贸易多限于我国港、澳、台地区和新、马、泰等东南亚国家,中文出版市场的内向型、封闭性由此可见一斑。据此,香港商务印书馆副总编陆国棠先生认为:目前英语是世界上最通用的语言,任何产品如果没有英语国家的市场,销路就不会大。面向世界的图书选题,在构思时要以外国市场为对象,特别是出版英语书,可使我们的图书行销到欧美等世界各国主流市场。这确是一语中的。扩大外文出版物,特别是英文出版物的出版量,是扩大中文出版市场的外延,也是提高我国出版物出口额在国际出版物贸易总额中所占份额的有效途径。

在外文版图书选题策划操作层面上,根据我国国情、出版物内容特色,结合国际出版业运作方式及其读者的阅读倾向、方式与习惯,在外文版图书选题形式策划上,可选择:①对外版。即在广泛收集有关信息的基础上,针对国外读者的需求,出版面向海外读者的出版物。②双语版(多语版)。即对国内外均有一定市场的选题同时出中、外文版。③合作出版。在出版合同规定的范围内,国内出中文版,外商出外文版。④卖出版权。在选题内容策划上,可选择:①传统型。如独具我国特色的古籍、史籍、中医、武术等。②现代科技文化型。如我国具有某些优势或特色的科技类、经济类、法律类图书选题等。③语言教学型。如用双语形式出版中文教学用书及字、词典等。④娱乐休闲型。如我国小说、散文类中适合翻译成外文的精品读物等。在出版物载体类型策划上,可根据选题具体内容选择:①印刷型出版物。这类出版物应特别注意其版式设计、装帧、印刷质量。②电子出版物(如光盘等)。这类出版物在国外出版界正方兴未艾,我国已具备一定的制作实力,且产品外观质量较好。当然,在此类出版物的外包装装帧、格式设计、应用软件设计等方面,应注意适应国外读者的阅读、使用习惯。③网络出版物。网络出版是当今国际出版界极具挑战性的一种出版方式。截至 1997 年 12 月,全球因特网用户已超过 5 000 万个,有上亿人上网,这是一个潜在的庞大读者群;并且网络出版物具有制作时间短、上网费用低、阅读地域广、读者人数多的特点,极具开发潜力。④音像出版物。音像出版物以其独具的直接诉诸人体视听觉感官的特色,在突破书面语言障碍、传递交流信息方面独树一帜,是一种比较先进的国际出版方式。

综上所述,虽然我国出版业的年出书种数、图书发行册数均居世界前列,但从总体上看,出版产业化程度还不高，出版语种比较单一，市场地域化、内向型特征也较明显，国际竞争力还不强。目前，西方国家大型出版企业集团挟英语媒介之优势，以其长远的全球发展战略，规模巨大的经济实力，先进的技术与发展潜力，高素质的人才队伍及完善的全球营销网络等，主导着世界出版市场竞争的格局。对此，我们既不能夜郎自大、闭关自守，也不能妄自菲薄、仰人鼻息。笔者相信，凭借我国丰富的出版资源优势，不断增强的综合国力及产业内部的调整、改革，同时借鉴国外出版产业发展的成功经验和操作范式，找准英语出版市场的切入点，中国出版业将来定可占据与其出版规模相当的国际图书贸易市场的份额。

（原载《图书情报知识》1998.3.）

新书简介

A 马克思主义、列宁主义、毛泽东思想、邓小平理论

马克思主义、列宁主义 毛泽东思想

A000001 **共产党宣言(Manifesto of the Communist Party)** 马克思、恩格斯著。外语教学与研究出版社1998年2月英文版。6万字。6.90元。系马克思和恩格斯为共产主义者同盟起草的纲领,是无产阶级政党的第一个纲领性文献。它体现作者的唯物主义历史观,第一次完整、系统地阐述科学社会主义学说。它的问世标志着马克思主义的诞生。此书1848年2月在伦敦出版。1920年8月,上海社会主义研究所出版最早的中译本,译者陈望道。《共产党宣言》对国际共产主义运动产生深远的影响,它是国际政治文献中传播最广的著作。在此书问世150周年之际,又以英文版单行本在我国重新出版,有着重要意义。这也是我们对《共产党宣言》问世150周年的最好的纪念。(雷航)

A000002 **毛泽东邓小平江泽民关于讲学习讲政治讲正气的重要论述** 中共中央金融工委研究室编。中共中央党校出版社、经济科学出版社1998年12月版。25万字。21.00元。选编毛泽东、邓小平、江泽民三代领导人关于讲学习、讲政治、讲正气的重要论述。分三大部分:论讲学习;论讲政治;论讲正气。每部分分若干专题,系统、全面地再现三代领导人的相关论述和思想。(王君)

A000003 **毛泽东选集(全四卷)** 毛泽东著。线装书局1998年12月线装版。107万字。4600.00元。经中共中央文献研究室和国家新闻出版署批准,线装书局根据人民出版社1991年6月出版的《毛泽东选集》第二版刊印,以线装形式繁体字竖排出版,字体秀丽、美观。《毛泽东选集》全四卷以线装形式出版典藏本是第一次,具有重要的版本价值和收藏价值。全书分四函,一函四册,共十六册,用上等宣纸精印,精致木盒套装,并配有收藏证。(任梦强、李立)

A000004 **毛泽东选集1～4卷** 中国民族语文翻译中心译。广西民族出版社1998年9月壮文版。108万字。312.00元。根据人民出版社1991年6月第二版翻译而成。(韦宗瑜)

A000005 **毛泽东诗词大观(增订本)** 蔡清富、黄辉映编。四川人民出版社1998年2月版。50万字。38.00元。收录毛泽东诗词69首,比初版增加19首。分两大部分。第一部分对每首作品进行分别研究,内容有:原作、写作背景、讲解、疑义辨析、参考资料等五方面。第二部分为综合研究,收录毛泽东谈自己诗词创作的文稿13篇,比初版增加7篇,以及编者对毛泽东诗词的综合研究文章。与初版相比,增订本收录的作品、资料更多,鉴赏水平和学术水平有一定的提高,还增加了毛泽东诗词的手迹图片。(彭高琳)

A000006 **毛泽东诗词集解** 吴雄选编,陈一琴审订。河北人民出版社1998年8月版。46万字。39.00元。内容有作者自述、题解、句释、总评四部分。作者以中共中央文献研究室编集的《毛泽东诗词集》为底本,广搜考校,精心编选,共收录160余位专家及知名人士对公开发表的67首毛泽东诗词的研究成果,从思想内容、历史背景、艺术技巧等方面作详细的诠释,为进一步学习和研究毛泽东诗词提供了参考资料。(王苏凤)

A000007 **毛泽东诗词鉴赏大全** 季世昌编著。南京出版社1998年8月版。96万字。68.00元。收录正式发表的毛泽东诗词156首,楹联94副,手书386幅。其特点如下:第一,继承了我国古代诗歌评论的优秀传统。编者从诗话、词话两个方面,广泛搜集、整理了毛泽东诗词创作的时代背景、创作起

缘、修改过程、社会影响、艺术评价等丰富翔实的材料，并作出客观的、实事求是的分析和判断，提出自己独到的见解，从而摸索出毛泽东诗词研究的一种新形式。第二，把毛泽东写的楹联也作为研究对象，扩大了毛泽东诗词研究的领域。第三，将毛泽东诗词研究和他的书法结合起来，使读者在吟咏毛泽东诗词佳句的同时，欣赏到其精妙的书艺。第四，把毛泽东诗词的研究同毛泽东的诗论以及对诗词的解释和评论结合起来。（杨清）

A000008 **历史巨人和他们的思想** 卢之超、李书敏主编。重庆出版社 1998 年 9 月版。44.8 万字。30.00 元。分 4 篇 19 章。篇目为：马克思恩格斯与马克思主义、列宁与列宁主义、毛泽东与毛泽东思想、邓小平与邓小平理论。介绍马克思、恩格斯、列宁、斯大林、毛泽东、邓小平等历史巨人的生平和所处的时代，他们的革命实践活动和理论创造活动；阐述马克思列宁主义、毛泽东思想、邓小平理论的基本内容，以及其一脉相承的科学体系的发展线索，各个发展阶段的特点。（余国枢）

A000009 **马克思传** 魏小萍、张云飞编著。当代世界出版社 1998 年 2 月版。44 万字。35.00 元。“伟人传记丛书”之一。卡尔·马克思（1818.5.5—1883.3.14），全世界无产阶级革命的领袖和导师，马克思主义的开创者。全书共 19 章，以时间为序，两条线索交叉并进叙述传主的生平。第一条线索是马克思的革命生涯，描写了马克思成长的经历，向共产主义者的转变，创立共产主义者同盟，参与欧洲革命，创立第一国际，出版《资本论》，指导各国革命，直到走完人生之旅最后一站的历程。对马克思革命和战斗的一生及对人类解放事业的贡献做了积极的评价。第二条线索是生活中的马克思，内容有幼年的游戏、浪漫的恋爱、建立家庭、与恩格斯的伟大友谊、慈祥的父爱、在贫病交加前的无奈，塑造了一个有血有肉的活生生的形象。该书以朴实的语言忠实地记录了马克思的一生。（康帅）

A000010 **恩格斯传** 张新编著。当代世界出版社 1998 年 2 月版。43.7 万字。24.00 元。展示恩格斯精神生活的各个方面以及恩格斯在各个历史时期思想的发展及心路历程。该书的最大特点是将恩格斯作为一个完整意义上的人来描写和叙述。恩格斯的伟大，不仅体现在他为无产阶级的解放事业奋斗终身的历程以及他对马克思主义科学理论的创造性贡献中，而且也体现在他对生活和生命的热爱，体现在他的人际交往以及他在处理婚姻、家庭、朋友的关系中。作者全面地介绍了恩格斯海洋一般宽阔深邃的思想和伟大的人格。（高玉琪）

A000011 **列宁传** 陶文昭等编著。当代世界出版社 1998 年 2 月版。36 万字。24.00 元。生动描述革命导师列宁如何从一个俄国旧式大家庭的儿子成长为一个无产阶级革命家的传奇经历。全书有两大主线：第一条主线记述导师的学习、生活及革命活动，包括流亡生活、与孟什维克的斗争，回国指导俄国革命，建立苏维埃政权，领导苏联的社会主义革命与建设等。第二条主线记述列宁如何继承和发展马克思、恩格斯的学说，并将其运用到苏联的社会主义革命与建设中去，使苏联的社会主义革命与建设取得伟大胜利，对国际共产主义运动也产生重大影响。（陶永学）

A000012 **斯大林传** 黄继锋、金蕴达编著。当代世界出版社 1998 年 2 月版。40.80 万字。24.00 元（平）35.00 元（精）。人物传记。用丰富的史料，生动介绍斯大林的一生。内容包括：(1)童年和学生时代。接受马克思主义，开始革命生涯。(2)十月革命前的革命活动。经受严酷斗争的考验，追随列宁，反对孟什维克。创办《真理报》，发表理论文章，深得列宁赏识。二月革命后，参与布尔什维克的领导工作，坚定地支持列宁武装起义的主张，在十月革命中成为列宁的得力助手。(3)捍卫新生的苏维埃政权。积极参与苏维埃政权的建设，奉命转战东方、南方、西南方战线，打退白军的进攻，捍卫了新生的苏维埃政权。(4)领导苏联人民进行社会主义建设，实现了社会主义工业化和农业集体化，建立强大的社会主义物质技术基础。(5)在国际舞台上纵横捭阖，领导苏联人民英勇顽强地同德、日法西斯作战，为反法西斯战争的胜利做出伟大的贡献。(6)反对托洛茨基、“新反对派”、托季联盟、布哈林的斗争，大清洗，惨痛的历史教训。(7)家庭悲剧。母亲、妻子、儿女的不幸遭遇。(8)修复战争创伤，两大阵营的对峙。该书既讲了斯大林的伟大功绩，也讲了他的重大失误。将斯大林定位为伟大的历史人物。（谷蔚）

A000013 **毛泽东与林彪** 胡哲峰、于化民著。广西人民出版社 1998 年 11 月版。50 万字。26.00 元。共 30 章。以毛泽东与林彪的关系为主题，全面、详尽地介绍了从井冈山斗争到九一三事件各个历史时期毛泽东和林彪的关系。重点叙述、分析了在一些重大的历史转折关头毛泽东和林彪关系的变化及其对中国革命的影响。（曹光哲）

A000014 **毛泽东与鲁迅** 易严著。河北人民出版社 1998 年 10 月版。28 万字。22.00 元。着重从思想文化上的异同,将毛泽东与鲁迅这两个伟人进行比较研究,探讨两人在思想文化上的相互影响。诸如:两个真懂中国的人;两个可以很好对话的人;两个最恨党八股的人;两个文学共识很多的人;两个文章第一神气的人;两个相互尊重、信赖的人,等等。还评述了毛泽东对鲁迅的研究和评价。(李剑霞)

A000015 **毛泽东最后十年** 副名:警卫队长的回忆。陈长江、赵桂来著。中共中央党校出版社 1998 年 12 月版。20.8 万字。17.00 元。介绍毛泽东最后十年的工作、生活情况。作者从 50 年代初起在毛泽东身边负责警卫工作达 26 年,经历了许多重大事件,亲眼目睹毛泽东的工作、生活情况。叙述内容从毛泽东发动"文革"、发出《炮打司令部》大字报开始,还有毛泽东八次检阅红卫兵、武汉 7.20 事件、制止震惊全国的武斗"血案"、几次南巡、对调八大军区司令、与林彪、江青反革命集团的斗争,描述了毛泽东晚年的身体、精神状态和复杂心境,对毛泽东逝世后的遗体如何处理和保护等都有详细介绍。附有"文革"时期的照片 14 幅。(胡建华)

A000016 **世纪三伟人** 龚育之、张磊等。广东人民出版社 1998 年 12 月版。40 万字。28.00 元。记叙一个世纪以来,中国人民在前进道路上经历三次历史性的巨大变化,产生三位站在时代前列的伟大人物:孙中山、毛泽东、邓小平。以合传形式描写三位历史伟人的光辉一生和业绩。(杨小虹)

A000017 **进退韬略** 副名:毛泽东在命运转折关头。刘良著。福建人民出版社 1998 年 9 月版。27.6 万字。16.80 元。反映毛泽东在 1927～1935 年期间大起大落的历程,展现他在政治、军事诸方面的雄韬伟略。全书分"进退之间"、"以退为进"、"隐退蛟洋"、"进退维谷"、"大步进退"、"红都风云"、"进退有据"、"不安的休养"、"压不住的火"、"被迫大撤退"、"知退者,胜也"11 章。文中有不少作者采访的第一手资料。(郑俊琰)

A000018 **我知道的毛主席** 朱仲丽著。中国青年出版社 1998 年 4 月版。57 万字。31.00 元。纪实文学。透过领袖毛泽东的一生,使人们了解中国革命历史的进程和世界风云变幻。书中记述我党高层领导人物的活动,也有政敌蒋介石集团的活动;有惊心动魄的战争场面,也有党内与王明、张国焘、林彪、江青等人的激烈斗争;有反映新中国革命进程的反"右"斗争、大跃进、人民公社、庐山会议、三年自然灾害、"四清"、文化大革命、林彪叛逃、粉碎"四人帮"等等的来龙去脉,也阐明毛泽东的观点、态度和意见;有毛泽东的家事及杨开慧、贺子珍、毛岸英等人的遭遇,也有他晚年的悲哀与孤寂。作者以独有的视野,即以毛泽东的个人生活为着眼点,披露不少鲜为人知的具体情节。(李萍)

A000019 **倾听毛泽东** 吴晓梅编著。广东人民出版社 1998 年 10 月版。23 万字。20.00 元。辑录有关毛泽东自我回忆和自我评述的文章,并在此基础上加以阐述,还附有领袖之间互评的内容,从一个独特的视角,反映毛泽东的传奇经历、性格特点和思想风貌。(杨小虹)

A000020 **晚年毛泽东** 陈明显著。江西人民出版社 1998 年 2 月版。50 万字。38.00 元。阐述毛泽东晚年为党和国家所作出的杰出贡献和毛泽东老年时期所犯的一些错误。客观评价毛泽东的晚年,认为毛泽东是一位伟大的马克思主义战略家、革命家、政治家、思想家,是中国人民公认的伟大领袖。他在晚年虽然有这样那样的错误,但与他一生作出的贡献相比,成绩是第一位的,错误是第二位的。

A000021 **伟人的足迹——邓小平外交活动大事记** 外交部档案馆编。世界知识出版社 1998 年 3 月版。30 万字。20.00 元。按时间顺序记述邓小平自 1949 年中华人民共和国成立至 1991 年的外事活动。邓小平是当今世界杰出的国际战略家和伟大的无产阶级外交家。进入新历史时期以来,他运用辩证思维方法综观国际形势全局,把握当今时代特征,继承和发展了毛泽东、周恩来的外交思想,创立了有中国特色的社会主义外交思想。本书的有关资料主要来源于外交部档案馆馆藏的档案和《人民日报》等公开出版物中涉及邓小平外事活动的部分内容。除记事外,还适当引用了邓小平在外事活动中谈话的有关内容。书中配有 13 张邓小平在外交工作中的照片。(贾如梅)

A000022 **伟大生命的历程** 副名:邓小平全纪录。李罗力主编。海天出版社 1998 年 8 月版。120 万字。760.00 元。内容分为大事记、报道、专题图片、背景图片、专栏、思想通览 6 个部分。前 5 个部分按邓小平的生卒年月分成若干重要历史时期:早年岁月(1904～1926)、从百色起义到红军长征(1927～1935)、从出师抗日到边区建设(1936～1945.9)、解放战争(1945.9～1949.10)、从解放大西南到担任总书记(1949.10～1966.4)、文革十年(1966.5～1976.10)、绘制蓝图(1976.10～1997.2)。相应地配有文献图片,约 3000 幅。"思想通览"部分有:邓小平建设有中国特色的社会主义理论、实事求是为核心的哲学思想、以四项基本原则为核心的政治思想、经济建设是一切工作的中心的经济思想、科学技术是第一生产力的科技思想、教育思想、为人民服务的文艺思想、军事思想、统战思想、新时期的外交思想、党建思想等11章。(于志斌)

A000023 **敢说不的世纪伟人** 陈继安著。广西人民出版社1998年8月版。26.2万字。19.80元。讲述邓小平在经济、政治、文化、军事、外交等方面的典型事迹。体现了他作为一个唯物主义者、无产阶级革命家和政治家所具有的政治立场和政治方向,以及他对那些违背真理、不符合事实的东西都敢说"不"字,绝不屈服于压力的胆略和人格魅力。本书的特点有:一、全书各节以"不"字起头,提纲挈领地把握邓小平"天不怕、地不怕",只唯真理的鲜明个性。二、融故事性与评介性于一体。通过故事介绍和评论,反映了邓小平在革命与建设时期所做出的丰功伟绩。三、语言平实、通俗易懂。生动展现邓小平是有着丰富感情世界的一代伟人。(戴育云)

A000024 **马克思主义党的学说经典著作导读** 赵云献、陈登才主编。山西人民出版社1998年11月版。31.1万字。18.00元。精选马克思主义党的学说经典著作32篇,对每一篇入选著作,分别从该作所产生的主要历史背景、主要理论观点、历史地位和现实意义等方面,进行详尽介绍和分析。(周红)

A000025 **邓小平的教育思想研究** 张健主编。浙江教育出版社1998年12月第三版。28.6万字。20.50元。根据党的十五大精神,对原作进行了全面修订。论述邓小平教育思想各个部分时,引述了马克思、列宁和毛泽东相应的有关论述,清楚地展现邓小平是如何继承和发展了马克思、列宁和毛泽东的教育思想。坚持和发展马列主义、毛泽东思想。作者始终注意把邓小平教育思想作为他关于建设有中国社会主义理论的一个有机组成部分来进行研究,因而充分揭示了邓小平教育思想与他的政治、经济、科技、军事及其他关于社会发展思想的关系,使人们认识到教育发展与中国社会主义建设事业各方面发展的关系,教育对社会主义物质文明建设和精神文明建设的巨大促进作用。

A000026 **重读《共产党宣言》** 李惠斌、杨金海著。湖北人民出版社1998年9月版。20.6万字。15.20元。分2篇。上篇主要论述有关社会主义的重大问题。包括社会主义本质、公有制实现形式、按劳分配、社会阶层的重组与变化、社会主义与资本主义关系、国家垄断资本主义社会中的社会主义趋势、全球化趋势、集体主义价值观等问题。下篇主要论述有关社会发展的重大问题。包括生产力标准、社会发展阶段、世界一体化与东方社会发展道路、后殖民主义、人的全面自由的发展等问题。作者在重读《共产党宣言》的基础上,澄清了传统观点中对于马克思主义理论的某些的误解;论述了邓小平理论是对马克思主义的继承和发展。(曾凡国)

A000027 **《资本论》的思想精华和伟大生命力** 鲁从明著。中共中央党校出版社1998年4月版。42.6万字。22.00元。依据《资本论》的理论体系,以《资本论》及其手稿中有关的重要论述为基础,按专题进行串讲式的阐释。其内容包括三部分。第一部分导论,主要介绍马克思研究《资本论》的背景、动因、对象、方法、结构和创作精神。第二部分是主体,按照《资本论》一、二、三卷的基本脉络,分专题论述有关的基本原理及其现实意义。第三部分是综述,分四大问题阐述《资本论》的思想精华和伟大生命力,并有针对性地探讨一些理论难点。作者将阐述《资本论》的思想精华和现实意义以及探索理论难点融为一体,既坚持马克思主义基本原理,又依据新的实践提出独到见解。(刘扬名)

A000028 **市场经济理论典鉴** 副名:列宁商品经济理论系统研究。杨承训著。天津人民出版社1998年1月版。45万字。28.00元。作者运用立体式多维解析和表述方式,研究列宁商品经济理论,从纵向上廓清列宁一生从事商品经济理论研究的三大阶段和三大贡献,即丰富了商品经济一般理论,对发达资本主义商品经济、社会主义建设初期和商品——市场关系作了研究探讨。从横向上论述列宁对商品经济下计划、金融、财政商业、农业、工业和企业管理、外贸外经等部门经济的理论建树。以新的视角阐释列宁关于商品经济同所有制结构、公有制实现形式、分配方式以及上层建筑、社会文明的相互关系。从国内到国际,专门评价了列宁关于世界经济、世界市场的新见解。(刘晓津)

A000029 **"毛泽东与传统文化"丛书** 盛巽昌编著。广西人民出版社1998年4月版。45.8万字。36.00元。从地名、姓名、戏曲、书画、民俗文化五方面,以毛泽东言谈的方式,勾勒博通中国传统文化的毛泽东形象,共5册。《毛泽东与地名文化》记载毛泽东与地名有关的言论,可知毛泽东作为一代立国者,对中国许多地方的人文地理非常了解。封建时代地方官上任后的第一件事便是阅读该地的地方志,毛泽东无疑继承了这一传统,他对许多地名有精辟见解。《毛泽东与姓名文化》采撷毛泽东谈姓论名的精彩片断,从他的释姓析名、改名取字,寻称呼、找绰号,以至望名生义,浮想联翩的谈古说今,可以管窥其姓名文化背后的文化性格和文化思维。《毛泽东与戏曲文化》反映了毛泽东对中国传统戏曲如京剧、晋剧、豫剧、秦腔、越剧、昆曲等的喜爱,他对传统和新编戏曲的许多点评充分表达了他独特的戏曲思想。《毛泽东与书画文化》颇能体现饱受传统书画文化浸润的毛泽东的艺术功底,他的书法博采众长,独树一帜,称为"毛体",且对传统国画和近代油画、木刻深有见地。《毛泽东与民俗文化》展示毛泽东对传统民俗的博闻,表现了他善于将传统民俗渗透到文化艺术和伦理道德等领域。(郑维宽)

A000030　**毛泽东全书**　蒋建农主编。河北人民出版社 1998 年 12 月版。600 万字。1999.00 元。在《毛泽东研究事典》一书基础上修订而成。和原书相比,增加近 1/3 的文字内容,并增加约 800 幅图片及毛泽东的手迹,采用豪华精装,并随书配制三碟 VCD 光盘《情系毛泽东》及毛泽东像章纪念品、收藏卡。主要内容包括:毛泽东生平纪事,记载毛泽东丰富多彩、伟大不凡的生平经历,分为"经历写真"、"人际交往录"、"读书生活与批注"、"评点古今人物"、"说不尽的伟人"、"史海拾珍"、"背景资料"、"大事纪年"等 8 个栏目;著作解读卷分为诗词赏析和著作提要两大部分,概括毛泽东所有公开发表的作品;思想英华卷以深入浅出、流畅明白的语言对毛泽东各方面的思想作精炼解析。(马千海)

A000031　**毛泽东的比喻艺术**　梁颂成著。天津人民出版社 1998 年 10 月版。24.7 万字。17.00 元。对毛泽东善用比喻的修辞技巧,作全方位的通体解析研究,从一个方面领略毛泽东在语言艺术方面的深厚造诣。作者筛选了有代表性和特色的比喻用语近 2000 条。这些比喻均来自于毛泽东的书信、著作、讲话、文稿、诗词、谈话等。作者将这些比喻,严谨、准确地划分为明喻、暗喻、借喻、倒喻、反喻、缩喻、对喻、引喻、补喻、同位喻等 18 类,并将每一类的比喻特点,深详解析,例证说明,如登山寻宝、艺海探珍,将采集到的玉石珠玑,一统呈现在读者面前,使其艺术内涵得到全面展示,并深切明了其源本及原貌。(杨连仲)

A000032　**毛泽东的智慧**　林治波主编。中共中央党校出版社 1998 年 1 月版。44 万字。24.00 元。展现和分析毛泽东谋略的著作。分为 10 类:领导、政策、统战、宣传、外交、战争、国防、军队建设、经济、人生。以历史发展为线索,从土地革命战争时期、长征与抗日战争时期、抗美援朝战争时期、社会主义时期进行介绍。以翔实的历史事实体现毛泽东是中国近代史上首屈一指的大谋略家,对毛泽东的雄才大略作全面展示。(沈丹英)

A000033　**毛泽东诗词赏鉴**　林冠夫、朱迪卓主编。书海出版社 1998 年 3 月版。29.3 万字。28.00 元。收录并介绍正式发表的毛泽东诗词 67 首,除对作品中出现的典故和难懂的字词做必要的注释外,着重从内容体悟和艺术鉴赏的角度对毛泽东诗词作品逐一评析。书末附有毛泽东关于诗词创作的书信与论述。(杜厚勤)

A000034　**毛泽东思想萌芽新论**　李吉著。湖南人民出版社 1998 年 5 月版。12.60 万字。7.20 元。分引论、总论和分论三部分。总论探讨毛泽东思想萌芽的基本问题,如毛泽东思想萌芽的界定、萌芽的标志体系等;分论探讨毛泽东最初理论创造的具体显示,如最初的建党实践及其思想、对工人运动问题探索的突破、关于农民革命理论的特性和地位、中国式革命道路思想因素的萌芽、国共合作思想发展的层次,等等。毛泽东萌芽新论之"新"表现在:对毛泽东思想萌芽的界定;提出了萌芽的标志体系;分析了在毛泽东思想发展的萌芽过程中,毛泽东的贡献和中国共产党集体智慧的关系;侧重研究了毛泽东在中国新式民主革命启动阶段的建党、工运等方面的思想,以及对毛泽东思想萌芽条件的分析。(章红立)

A000035　**两代伟人哲学思想研究**　刘嵘著。广东高等教育出版社 1998 年 9 月版。36 万字。28.00元。分 3 部分;第一部分是马克思主义哲学在中国;第二部分是毛泽东哲学思想科学体系;第三部分邓小平理论的哲学基础。有如下特点:一是阐述两代伟人坚持实事求是的思想原则,把马克思主义与中国实际相结合。阐明毛泽东、邓小平所走的道路,是坚持把马克思主义与中国实际相结合,走自己的路。他们提出的新民主主义革命的道路和有中国特色的社会主义道路,关键在于坚持实事求是这个马克思主义哲学的精髓。二是阐述邓小平怎样继承和发展毛泽东思想。阐明邓小平在拨乱反正中如何正确地对待毛泽东思想,如何运用实事求是的精髓,分析、解决社会主义时期的主要矛盾。三是如何建设社会主义的问题等。作者认为,虽然邓小平没有撰写哲学专著,但在邓小平的著作中充满了哲学智慧之光。(梅树德)

A000036　**青年毛泽东与近代湖湘文化**　杨金鑫著。湖南师范大学出版社 1998 年 10 月版。19.2 万字。10.00 元。从地域文化的视角对青年毛泽东和毛泽东思想进行深入探讨和研究。近代以来，湖南的思想发展和政治动向，无论是正面的还是反面的，对当时全国的大局都产生过重大影响；也出过不少叱咤风云的人物，如魏源、曾国藩、左宗棠、谭嗣同、黄兴、蔡锷等，他们直接影响到近代中国历史的发展变化。毛泽东从小就在湖南这块土地上生活、劳动、读书和从事革命活动，源远流长的湖湘文化对青年毛泽东及毛泽东思想的形成产生深刻影响。这主要表现在其刚柔相济、崇尚个性的叛逆性格的形成上；而对《伦理学原理》的批注和对孔子儒学的批判则或隐或显地表露了毛泽东思想的初始渊源。这是该书上中篇的内容。下篇则详叙青年毛泽东与其湘籍师友的交往及其创办湖南自修大学、参与湖南自治运动、湖南留法勤工俭学运动等革命活动。该书从区域文化的视角，研究毛泽东的早期思想，探讨湖南人文地理环境对毛泽东思想形成的影响，很有特色。收入"湖湘文化研究丛书"。(黄林)

邓小平理论

A000037　**历程——邓小平理论形成和发展的历史背景**　黄见秋、杨小平著。中山大学出版社 1998 年 12 月版。28.4 万字。19.50 元。以丰富的史料、严谨的选材和细腻的笔法，展现中国共产党人从粉碎"四人帮"到党的"十四大"，所走过的艰辛历程；展现邓小平理论形成和发展的历史轨迹；展现中国改革开放的总设计师邓小平叱咤风云的伟大气魄。第一篇：拨乱反正；第二篇：伟大的历史转折；三、建设有中国特色的社会主义；四、邓的南巡与"十四大"。(钟永源)

A000038　**中国特色社会主义理论体系研究**　蕲辉明主编。海南出版社 1998 年 12 月版。39.9 万字。27.00 元。从逻辑结构方面研究和总结邓小平理论的科学体系。把历史与现实、体系与内容、实践与理论的阐述有机地统一起来。阐明中国特色社会主义理论产生的客观条件和时代特征，它赖以确立的哲学基础，它的基本原理、基本范畴和实践纲领。展示建设有中国特色社会主义的基本理论、基本纲领、基本路线和基本政策。(蔡磊)

A000039　**邓小平人才论**　王体正、董立人主编。华中理工大学出版社 1998 年 2 月版。20.6 万字。12.80 元。邓小平人才理论是建设有中国特色社会主义理论的重要内容。内容包括人才地位论、人才识别论、人才选拔论、人才管理论、人才开发论、人才环境论、人才培养论、尊重知识和尊重人才论、邓小平人才理论的主要特征和邓小平对毛泽东人才思想的继承与发展。(钱坤)

A000040　**邓小平大辞典**　潘琦主编。广西人民出版社 1998 年 10 月版。237 万字。为"领袖大辞典系列"的第三部(第一部《毛泽东大辞典》、第二部《周恩来大辞典》)。全书分"邓小平生平"、"邓小平著作"、"邓小平理论"、"邓小平研究"四编，收 5000 余条目。记录邓小平在各个历史时期的实践活动以及与邓小平生平有关的人物、组织、旧址等，收录邓小平已公开发表(出版)的文章、报告、讲话、谈话、书信、电报、题词、选集、合集、专题汇编等，阐述邓小平理论各方面的内容，介绍国内外邓小平研究的最新成果以及研究机构、研究刊物、研究活动等，并附有江泽民在邓小平追悼大会致的悼词、邓小平伟大的一生、邓小平生平大事记、邓小平家世简表等珍贵史料，是一部关于邓小平研究的全面、系统、权威的"百科全书"。(曹光哲)

A000041　**邓小平与当代中国民主政治建设**　聂月岩著。首都师范大学出版社 1998 年 6 月版。18.7万字。13.00 元。以邓小平建设有中国特色的社会主义民主理论为基础，联系中国社会主义民主建设正反两方面的实际，联系国际共产主义运动中建设社会主义民主的经验教训，从横纵两个方面，较为系统地、全面地论证邓小平对中国社会主义民主建设的论述、设想及其在实践上所起的作用，并对中国社会主义民主建设的走向提出自己的看法。(李荣平)

A000042　**邓小平发展哲学纵横谈**　孙跃刚著。陕西人民出版社 1998 年 9 月版。30 万字。对邓小平理论进行深入探讨，论证邓小平理论可作为发展哲学的范式。邓小平理论的核心是发展，精髓是社会主义与现代化的统一，总理念、总概括即"发展才是硬道理"。邓小平理论深刻揭示中国经济文化较落后的国家如何走向现代化，走向未来，如何把现代化与社会主义结合起来的重大关系和客观规律。作者认为，哲学吸吮着实践的营养，实践在呼唤着哲学的新生。应在这二者的碰撞中，寻求发展哲学的新天地。(董玉芝)

A000043　**邓小平伦理思想研究**　李权时主编。广东人民出版社 1998 年 12 月版。21 万字。

22.00元。系邓小平理论与广东实践研究丛书(第二辑)之一。系统阐述邓小平关于伦理道德的主要内容及其伟大意义,从理论与现实的结合上分析了价值观、荣辱观、公平观、幸福观以及道德教育等多方面的问题,提出不少独特见解。其特点是把邓小平的伦理道德理论与邓小平革命生涯中的高尚品格结合起来考察,具有思想性和学术性。(杨小虹)

A000044　**邓小平论教育工作**　中华人民共和国教育部编。北京师范大学出版社1998年10月版。5.5万字。6.00元。将邓小平论教育的精典论述以语录的形式,分为六个专题,是广大干部、党员、群众系统学习邓小平教育理论的必备书。书中的语录主要选自《邓小平文选》第一、二、三卷,部分引自中共中央文献研究室出版的《邓小平论教育》、《邓小平建设有中国特色社会主义论述专题摘编》。(傅占武)

A000045　**邓小平农业思想研究**　中国农科院农经所、农业部农研中心编。中国农业出版社1998年5月版。31万字。24.90元。选录在报刊上发表的研究邓小平农业思想的文章30多篇,还特约有关专家撰写数篇文章。文章理论联系实际,阐述学习邓小平农业思想的体会。(贺宏善)

A000046　**邓小平如是说**　陈继安著。陕西人民出版社1998年版。30万字。19.80元。作者尝试从邓小平的语言特征,即从他独特的说"不"的角度,重温小平教导,阐述邓小平理论的基本内容。例如,邓小平在政治方向和道路上说"不"的观点主要有:"基本路线要管一百年,动摇不得"、"不能没有共产党的领导"、"党的领导是不能动摇的"、"中国搞社会主义,是谁也动摇不了的"、"对毛泽东晚年错误的批评不能过分、不能出格"、"毛泽东思想这个旗帜不能丢"等;在经济建设上说"不"的观点主要有"不改革不行,不开放不行"、"不改革没有出路"、"关起门来搞建设是不行的"、"不改革开放,不发展经济,不改善人民生活,只能是死路一条"、"计划经济不等于社会主义,市场经济不等于资本主义"等;邓小平在思想战线上说"不"的主要观点有:"对思想战线不能软弱"、"不搞争论"、"中国不允许乱"、"不能再折腾"等;针对毛泽东晚年错误说"不"的观点主要有:"毛主席后期有不健康的思想"、"毛主席犯的是政治错误,这个错误不算小"、"不搞'四大'"、"不搞运动"、"不提路线斗争"等;针对第三代领导人说"不"的主要观点有:"经济不能滑坡"、"不能形成小派、小圈子"、"军队不能打自己的旗帜"等;在香港回归和台湾统一问题上说"不"的主要观点有:"主权问题不是一个可以讨论的问题"、"不是我吃掉你,也不是你吃掉我"、"不能排除使用武力"等;在国际上说"不"的观点主要有:"中国永远不当头"、"中国不打政治牌"、"中美不能打架"等。通过这种方式,把邓小平理论讲得即透彻又通俗,便于人们接受。(王长海)

A000047　**邓小平社会主义论**　向翔主编。云南大学出版社1998年6月版。25.7万字。16.00元。作者从社会主义论的提出以及这一理论形成的历史条件入手,对社会主义本质论、社会主义基本特征论、社会主义的根本任务论、社会主义的发展动力论、社会主义初级阶段论以及我国社会主义建设的战略目标和步骤、领导力量和依靠力量、建设的方法、社会主义的前途和命运等问题进行研究分析,注意借鉴国际共产主义运动的历史经验,总结社会主义建设的经验教训,系统阐述邓小平社会主义论形成和发展的历史及其在我国的成功实践,较好地突出了什么是社会主义和怎样建设社会主义这一主题,展示了社会主义的光辉前程。(赵国树)

A000048　**邓小平社会发展理论体系研究**　李军民、李立宏著。陕西人民出版社1998年6月版。25万字。18.00元。以《邓小平文选》为依据,运用逻辑与历史一致的方法再现邓小平社会发展理论的起点进程和科学体系。书中的社会发展求实论其内容是实事求是论、同情论、初级阶段论;社会发展重点论是经济建设中心论、科技关键论、改革动力论。社会发展协调论是政治与经济、物质文明与精神文明、国内发展与国际发展的协调论;社会持续发展论是社会战略、人口和环境与社会、社会主体与社会持续发展论。重点论述邓小平在和平与发展成为时代主题的历史条件下,在我国改革开放和现代化建设的实践中,总结我国社会主义建设中胜利和挫折的经验,借鉴社会主义国家兴衰成败的教训,吸取世界其他国家在解决社会发展问题及社会发展理论研究的有益成分,运用马克思主义的立场观点和方法进行理论分析,解决了中国社会主义发展的阶段和道路、发展动力和任务、发展条件和战略、党的领导和依靠力量等一系列重大问题。揭示邓小平社会发展理论的形成过程、逻辑体系及历史贡献。(崔茂盛)

A000049　**邓小平的理论境界研究**　郭金平、顿占民著。河北人民出版社1998年12月版。20万字。19.00元。以党的十五大报告对邓小平理论的全新概括为指导,从马克思主义的新境界入手,从邓小平理论有关实事求是的新境界、社会历史观的新境界、实践观的新境界,以及社会主义发展阶段理论、社会主义本质理论、社会发展战略思想、经济理论、民主政治理论、文化、党建、人的全面发展理论的新境界等11个方面，全面系统地阐明邓小平理论的基本内容、时代特征和实践品格，揭示邓小平理论与马克思列宁主义、毛泽东思想的继承与发展的关系，论证邓小平理论与教条主义的区别。对深化邓小平理论的研究，均具有重要的学术价值和实际应用价值。各章后均附一节，专门阐述江泽民对邓小平有关理论的运用和发展，生动体现以江泽民为核心的第三代中央领导集体创造性运用和发展邓小平理论的历史贡献。（王苏凤）

A000050 **邓小平经济发展论** 汤照连主编。广东人民出版社1998年12月版。25万字。31.00元。全面概括和分析邓小平经济发展论的客观条件、形成过程、丰富内涵及其历史作用。分8章，由5个层次构成：西方发展经济学和邓小平经济发展论；经济发展的国内条件；经济发展的国际条件；经济发展的战略与决策；邓小平经济发展论在广东的运用与证实。在广泛收集学术界研究成果基础上，对发展经济的主要理论问题进行探索，提出不少独特见解。系邓小平理论与广东实践研究丛书（第二辑）之一。（杨小虹）

A000051 **邓小平经济思想研究** 张南征主编。国防大学出版社1998年9月版。30.3万字。17.50元。以十五大精神为指导，力求站在我们党最新认识的水平上，全面、系统阐述邓小平经济思想，阐述以江泽民为核心的党中央对邓小平经济思想的运用、丰富和发展。全书分15章，主要内容有：从国情出发进行社会主义经济建设，正确认识社会主义及其本质，发展生产力是社会主义的根本任务，公有制和共同富裕是社会主义的根本原则，坚持实行和发展社会主义市场经济，从根本上改革束缚生产力发展的经济体制，坚定不移地实行对外开放，分“三步走”基本实现现代化的发展战略，农业是国民经济的基础和根本，经济建设必须依靠科技和教育，经济工作要按经济规律办事，中国搞现代化建设必须长期艰苦创业，加强社会主义精神文明建设，为经济建设提供精神动力、智力支持和思想保证，社会主义经济建设要有可靠的政治保证和稳定的社会环境，走出一条符合中国国情并反映时代特征的国防经济建设道路。（马凤江）

A000052 **邓小平政治体制改革理论研究** 黄家驹等著。广东人民出版社1998年12月版。32万字。32.00元。系邓小平理论与广东实践研究丛书（第二辑）之一。系统分析邓小平政治体制改革理论的形成过程、基本内容和伟大意义，紧密结合我国实际，深入阐述我国政治体制改革的重要性、指导思想、基本目标和实施步骤等重要问题；深刻探索关于人治与法治、政府机构改革和人大制度和政治协商制度建设等重大问题；概括了建国以来我国政治体制发展过程中的经验教训，提出许多建设性意见。还将我国的政治参与机制、权力协调机制、权力监督机制、政治体制运行机制等同西方的政治体制进行了比较研究。（杨小虹）

A000053 **邓小平政策观研究** 卫忠海、罗庆华主编。陕西人民出版社1998年10月版。26.4万字。15.00元。共8章，分别为：邓小平与党的现行政策（导论）、现行政策的形成、现行政策的根据、现行政策的目的、现行政策的根本、现行政策的检验、现行政策的稳定、现行政策的完善、现行政策的总体。揭示邓小平关于十一届三中全会以来党的路线、方针、政策的思想理论基础，对其基本观点展开全面论述，即以客观必然性分析现行政策的形成，把现行政策与社会主义前途和命运相联系，揭示现行政策的本质；以一切从实际出发为现行政策的根据，把现行政策建立在反映中国国情的基础上，保证决策的科学性和现行政策的正确性；以人民的利益和愿望为现行政策的出发点和归宿，确立现行政策的目的是最终达到全国人民的共同富裕，使党的根本宗旨、社会主义的目标和现行政策的目的保持一致性；以解放和发展生产力为现行政策的根本，强调关键在于以经济建设为中心，大力发展生产力，由此决定必须进行各方面的改革和开放；以实践为检验现行政策的唯一标准，并将其具体化为“三个有利于”标准，综合衡量现行政策的正确性；以发展确定现行政策的“变”与“不变”，发展的条件是政策稳定，而发展又要求政策不断完善，政策“变”与“不变”都是为了发展；以现行政策的内在联系构建政策总体，现行政策是一整套相互关联的方针政策，坚持“两手抓，两手都要硬”是现行政策总体内在联系的客观要求；等等。在研究邓小平政策观的同时，也介绍分析以江泽民为核心的第三代中央领导集体对十一届三中全会以来党的现行政策的完善和发展。（张海潮）

A000054 **邓小平哲学研究** 雍涛著。武汉大学出版社1998年8月版。17.1万字。13.00元。从邓小平哲学的方法论特征和时代精神入手，以建设有中国特色社会主义的实践为中心，从邓小平的著述和实践中，研究其如何运用马列主义、毛泽东思想的立场、观点、方法解决改革开放和现代化建设中的新矛盾、新问题,从而提炼出他的哲学观点和哲学思维方式,构建符合实际的邓小平哲学体系,把邓小平哲学定位于"应用哲学"的层次,即具有哲理性、中介性和应用性的特征。将邓小平哲学和毛泽东哲学进行比较研究,阐明从毛泽东到邓小平的哲学发展轨迹。在研究方法上,采用"两次抽象法",即先把路线方针政策抽象为社会主义改革开放和现代化建设中的哲学问题,然后再把它抽象为具有普遍意义的一般哲学原理和哲学思维方式。为"武汉大学学术丛书"之一。(曾建华)

A000055 **邓小平党风廉政建设理论与广东的实践** 丘海主编。广东人民出版社 1998 年 12 月版。26 万字。24.00 元。系邓小平理论与广东实践研究丛书(第二辑)之一。全面论述邓小平关于党风廉政建设理论的基本内容及其伟大意义,系统总结广东在改革开放和现代化建设过程中"两手抓,两手都要硬"的方针,加强党风廉政建设,深入开展反腐败斗争的历程和经验,探索了搞好党风廉政建设的规律。(杨小虹)

A000056 **邓小平党的建设理论学习纲要** 中共中央政策研究室、中共中央组织部、中共中央党校编。党建读物出版社 1998 年 6 月版。8.9 万字。8.80 元。作为与《邓小平建设有中国特色社会主义理论学习纲要》配套的专题学习纲要,比较全面、准确地阐述了邓小平党的建设理论的基本内容,突出反映邓小平在这方面的新思想、新观点。本书忠实于邓小平的原著,把握邓小平党的建设理论与邓小平理论之间的关系,阐述以江泽民为核心的党中央关于加强和改进党的建设的一些重要思想。是学习邓小平党的建设理论的辅导材料。(建萱)

A000057 **邓小平理论与广东文艺实践** 刘斯奋主编。广东人民出版社 1998 年 12 月版。24 万字。25.00 元。系邓小平理论与广东实践研究丛书(第二辑)之一。回顾改革开放以来广东所走过的道路,从理论和实践结合上阐述新时期广东文艺在邓小平理论指导下的形成、发展思路、工作机制和成功经验,分析了新时期广东文艺所体现出来的社会主义新文化的品格,探讨在社会主义市场经济条件下促进文艺繁荣发展的规律和途径,为广东文艺实现世纪跨越、再创辉煌指明了方向。全书共 5 章。分别阐述邓小平文艺理论对马克思主义理论、毛泽东文艺思想的继承与发展;邓小平理论与改革开放新时期文艺的特型;新时期广东文艺发展的状况、格局以及 90 年代广东文艺发展思想和工作机制;新时期广东文艺的实践成就;建设新时代文化,促进广东文艺的世纪跨越。(杨小虹)

A000058 **邓小平理论与我国经济学的发展** 陈德华等主编。武汉大学出版社 1998 年 9 月版。41.2万字。20.00 元。论文集。从"邓小平经济理论研究"、"关于社会主义初级阶段理论"、"公有制及其实现形式"、"收入分配及其结构"、"国有企业改革"、"西方经济学研究及其借鉴作用"、"经济学方法论"、"经济学在中国的发展"等八个方面,选入包括宋涛、吴树青、胡代光、曹振良、卫兴华、谷书堂、伍柏麟等一批著名经济学教授的论文 77 篇。论文结合总结我国改革开放和经济发展的实际经验,联系我国经济体制改革新突破的重大理论与实际问题,联系作者各自的专业与教学研究工作,联系各经济学科自身的特点,在继续贯彻"百家争鸣、学术自由"的方针基础上,在"平等相待、畅所欲言"的氛围中各抒己见,从总体上反映我国高校社会主义经济理论界的学术水平。(沈建英)

A000059 **邓小平理论与统一战线** 谭冰石主编。陕西人民出版社 1998 年 8 月版。24.9 万字。16.00元。以专题的形式,系统介绍邓小平理论的基本内容,重点阐述邓小平新时期统一战线理论。分 13 个专题:邓小平理论,经济体制改革与社会主义市场经济理论,大力加强社会主义精神文明建设,邓小平统一战线思想与新时期的统一战线,中国共产党领导的多党合作和政治协商制度,民族与民族政策,宗教和宗教政策,"一国两制"与祖国统一,经济领域的统一战线,中国人民政治协商会议,中国民主党派的成立与发展,共产党领导的多党合作的历史发展,爱国主义教育。各专题在结构上既有内在联系,又有相对独立性。内容重点突出,具有很强的针对性。(李丽菊)

A000060 **邓小平理论与湖北二十年实践** 邓剑秋等主编。湖北人民出版社 1998 年 11 月版。34.7 万字。18.00 元。多层面、多视角地回顾和总结 20 年来在邓小平理论的指导下,湖北省在经济、政治、文化、科教和社会发展等各个领域所取得的主要成就和基本经验。(陈冬新)

A000061 **邓小平理论专题讲座** 北京大学马克思主义学院编。北京大学出版社 1998 年 6 月版。26 万字。15.00 元。高校政治理论课教材。理论联系实际,从不同侧面对邓小平理论进行诠释和讲解,既联系国际格局的新变化,又联系我国社会主义建设中遇到的新问题，既联系现实社会生活的实际，又联系大学生们的思想实际。该书是多学科联合攻关的结果。它是北京大学12位学有专长，且在邓小平理论研究方面多有建树的教授集体研究的成果。12个专题讲座既独立成章，又相互联系，涵盖了邓小平理论的主要内容。（刘金海）

A000062 **邓小平理论纲要** 邢贲思、王东明主编。白山出版社1998年2月版。28.2万字。16.00元。分设邓小平理论产生的历史背景；邓小平理论的历史地位；解放思想、实事求是是邓小平理论的精髓；社会主义初级阶段理论是邓小平理论的基础；什么是社会主义，怎样建设社会主义是邓小平理论的核心；社会主义的根本任务是解放和发展生产力等18章。作者以党的十五大精神为指南，分析了历史和现实的发展，总结了正面和反面的经验，力求全面、准确、系统地阐述邓小平理论的科学体系和基本观点。（崔传业）

A000063 **邓小平理论教程** 万斌主编。浙江人民出版社1998年8月版。25.5万字。14.50元。系浙江省高等院校首批重点建设教材。运用辩证唯物主义和历史唯物主义的立场、观点、方法，依据马克思主义的基本原理和邓小平关于社会主义建设的一贯思想，从我国现阶段的实际出发，围绕建设有中国特色社会主义这个中心，系统地阐述中国共产党关于我国社会主义建设的基本理论和基本方针、政策。

A000064 **邓小平理论教程** 刘文普编。海南出版社1998年3月版。18万字。8.30元。分12个部分：即当代中国的马克思主义；解放思想、实事求是；社会主义本质和根本任务；社会主义初级阶段和党的基本路线；社会主义建设的发展战略；社会主义市场经济上、下篇；社会主义建设的外部条件；社会主义民主政治与法制；社会主义精神文明建设；社会主义建设的主体力量；实现祖国和平统一的“一国两制”。为人事部门培训国家公务员教材。（古华）

A000065 **邓小平理论概论** 湖北省教育委员会组编。武汉大学出版社1998年8月版。24.5万字。12.00元。湖北高校政治课教材之一。全书分为导论、当代中国的马克思主义、邓小平理论的哲学基础、社会主义的本质和根本任务、社会主义初级阶段的基本路线和纲领、社会主义社会的发展动力、社会主义建设的发展战略、社会主义初级阶段的基本经济制度、社会主义市场经济、社会主义民主法制建设、社会主义文化建设、坚持“一国两制”实现祖国统一、社会主义的外交战略、社会主义事业的领导核心和依靠力量等章。对邓小平理论进行系统、简明扼要的叙述。（张俊超）

A000066 **邓小平理论概论** 王军、孙广灼著。中国农业出版社1998年9月版。20万字。10.00元。在系统介绍邓小平理论的基础上，融入相关的科学社会主义理论、中国革命史等内容。从中国革命与历史的发展轨迹中了解邓小平理论产生的时代背景及深远意义，进而系统掌握邓小平理论的科学体系。（张国庆）

A000067 **邓小平理论概论** 奚广庆主编。中国人民大学出版社1998年7月版。28.3万字。16.00元。编者力求设计一种符合认知心理学和教育心理学的邓小平理论的教学体系，以再现邓小平理论的基本观点及其内在联系。全书准确把握邓小平理论的思想脉络；以邓小平的名言作为每节的标题，通过理论上的论证，加深人们对这些名言的理解；在形式上吸收外国现代教科书的某些优点；历史、现实和未来互为贯通，对邓小平理论的阐述，着力挖掘理论产生的历史背景，它对现实的把握和对未来的预测。为全国普通高等学校马克思主义理论课（公共课）教材。

A000068 **邓小平理论简明教程** 陆魁宏等编著。中南工业大学出版社1998年7月版。24万字。13.80元。分12个专题，系统讲授邓小平理论。其主要内容有：实事求是论、本质道路论、初级阶段论、根本任务论、改革开放论、政治保证论、市场经济论、精神文明论、领导力量论、依靠力量论、一国二制论。（文援朝）

A000069 **邓小平教育思想与广东教育改革** 梁琼芳主编。广东人民出版社1998年12月版。34万字。34.00元。系邓小平理论与广东实践研究丛书（第二辑）之一。以新的思路、新的视觉，探索邓小平教育思想同广东教育改革与发展的关系。共13章。概述邓小平教育思想的形成与发展、基本内容和主要特色。分析了在邓小平教育思想的指导下，广东教育改革的主要成就和经验。从教育的地位与作用、教育工作的基本方针、教育体制改革等方面，分别介绍邓小平的教育思想以及对广东教育工作的指导。探索了广东教育改革与发展中的问题和对策。（杨小虹）

A000070 **邓小平教育理论与广东高等教育实践** 许学强主编。广东人民出版社1998年12月版。25万字。25.00元。系邓小平理论与广东实践研究丛书（第二辑）之一。以广东高等教育改革和发展的实践为中心，以邓小平"解放思想，实事求是"的思想路线为灵魂，系统总结广东高等教育改革和发展的巨大成就和重要经验，着重分析了在改革办学体制、管理体制、招生与毕业生就业制度等方面取得的重大突破和经验，认真地探索了高等教育发展的规律和广东高等教育发展的思路，具有较强的实践性和鲜明的广东特色。（杨小虹）

A000071　**邓小平教育理论学习纲要**　中华人民共和国教育部主编。北京师范大学出版社1998年6月版。5万字。6.00元。书中引用邓小平的原著、原话，在较为宽广的视野内，展示邓小平关于教育问题的主要论述和基本思想，全面地反映邓小平教育理论的精神实质。分8章，32条。突出了理论性和思想性，提纲挈领，展示了邓小平关于教育问题的主要理论观点，准确地反映了邓小平教育理论的主要内容及其科学体系。（傅占武）

A000072　**东方的复兴**　副名：邓小平与中国的现代化。谢霖著。河北人民出版社1998年3月版。20.3万字。12.00元。16章。系统介绍邓小平中国特色社会主义现代化理论的基本问题。分3部分：上篇——面向历史，邓小平以前的现代化和发展理论；中篇——面向世界，"走出一条中国式的现代化道路"；下篇——面向未来，"下世纪可能属于中国"。其特点有：(1)根据邓小平"三个面向"的思想确定书的结构，从现代化的世界历史进程和全球发展中来考察现代化与发展问题。(2)通过对中国现代化历史进程和邓小平理论深层次的探讨，阐述邓小平对东、西方的现代化理论批判和对马克思主义现代化理论的继承和发展，回答了中国如何建设社会主义、实现现代化和走向21世纪这个关系到中国社会主义前途与命运的核心问题。（任俊萍）

A000073　**生产力哲学**　副名：邓小平经济哲学思想探稿。胡义成著。宁波出版社1998年12月版。28万字。18.00元。探讨邓小平经济哲学的专著。高度评价邓小平的社会主义建设理论和实践，评价邓小平对马克思主义的发展和对传统社会主义理论的超越，力求从哲学层面探讨邓小平经济理论的特质、本源和内在逻辑。（王伯城）

A000074　**当代中国的邓小平理论**　石仲泉著。湖北人民出版社1998年6月版。62.3万字。30.50元。由41篇论文构成，按照一定的逻辑联系分为若干篇。作者对邓小平理论作全面、系统的阐释和研究，凸现了邓小平理论的框架、体系，揭示了邓小平理论的系统性、深刻性。（曾凡国）

A000075　**现代科学技术革命与邓小平理论**　何亚平著。浙江人民出版社1998年12月版。24万字。17.50元。在系统分析20世纪现代科学技术革命发展的三个阶段的基础上，从社会主义与现代科技革命两大历史性潮流汇合的角度，探讨邓小平理论的现代科学技术基础和鲜明的时代特征，分析邓小平科技思想形成、发展的三个阶段和邓小平科技思想的理论体系，阐述邓小平科技思想的时代性、实践性、科学性、综合性、创造性、开放性等特点，强调邓小平科技思想是邓小平理论的重要组成部分，它与邓小平理论的其他部分，不仅是并列关系，而且还渗透于其他部分之中，是邓小平理论的重要的立论支点之一。本书结合90年代国际国内形势的新变化和我国所面临的挑战与机遇，论述了以江泽民同志为核心的第三代领导集体，高举邓小平理论伟大旗帜，坚持党的基本路线，提出并实施科教兴国与可持续发展战略，推动经济体制和经济增长方式的根本转变、促进我国社会主义物质文明与精神文明共同发展，是对邓小平科技思想与邓小平理论的出色继承与发展。（沈翊）

A000076　**依法治国——邓小平法制思想研究**　李龙主编。江西人民出版社1998年版。26万字。18.00元。邓小平法制思想的研究专著。对邓小平法制思想的形成与发展、邓小平法制思想的基本特征、邓小平法制思想的核心——依法治国等作深入阐述，对邓小平法制思想进行科学总结和分类研究，将邓小平法制思想概括为十大方面：民主立国论；法律权威论；"两手"建国论；法制观念论；法制原则论；权力制约论；经济法论；民主、法制统一论；民主、专政结合论；政法队伍素质论。（余晖）

A000077　**脚踏实地 迈向未来**　桂青宣著。广西师范大学出版社1998年8月版。26万字。分三大部分，即"上篇：艰难曲折的探索"；"中篇：在社会主义初级阶段理论下建设社会主义"；"下篇：高举邓小平理论的伟大旗帜，奔向新世纪"。系统论述150年来我国革命艰辛曲折的历史，毛泽东思想和邓小平理论的形成过程，社会主义初级阶段的特征和任务，建设初级阶段社会主义的具体做法和途径，高举邓小平理论伟大旗帜的重要性和必然性，青年一代在建设初级阶段社会主义伟大事业中的作用和地位。在论述重大历史问题和理论问题时，以毛泽东思想、邓小平理论和江泽民"十五大报告"为指针，结合当前社会主义建设和政治思想工作的实际，提出诸如对中国早期资产阶级改良派代表人物的主张给予完全肯定的评价；把发展生产力和政治改革比喻为本和末；认为"三个有利于"是判断历史上一切是非得失的根本标准；有中国特色的社会主义文化是综合国力的重要标志之一等颇有新意的见解。(郑兵)

B 哲学、宗教

哲学理论

B000001 **二十二个方案** 赵汀阳著。辽宁大学出版社 1998 年 4 月版。20 万字。17.00 元。收集有关哲学、逻辑学、伦理学、美学的 22 篇论文。思考的首要问题是"把哲学搞成什么样才有意义"。作者认为，哲学作为一种"知识的眼光"仍然不够根本，它必须是一种"创作的眼光"，因为人类文化和思想最终是创作，所有原则和观念都是创作出来的。作者在伦理学方面的一个主要观点是，伦理规范只不过是社会合作和社会管理的"技术性"规则，它的基本精神是"精明"；而美好生活才是真正的价值，它的基本精神是"真情"。(张路丽)

B000002 **邢贲思文集(1—4 卷)** 邢贲思著。陕西人民出版社 1998 年 9 月版。155.8 万字。145.00元。文集选录作者的专著、论文、专论、评论、短论、随笔等 148 篇。共 4 卷。第一卷是关于人道主义的两个专题研究成果，《欧洲哲学史上的人道主义》和《费尔巴哈的人本主义》；第二卷是哲学论文，《哲学》、《在反思、探索、开拓中前进》等 25 篇；第三卷是有关论述马列主义、毛泽东思想、邓小平理论的论文，共 49 篇；第四卷收集有关评论随笔、书序等 72 篇。内容包括 8 个方面：1. 对马克思主义哲学的研究和阐释，包括对黑格尔的辩证法和费尔巴哈唯物主义的研究、欧洲形形色色的哲学流派及与马克思主义哲学关系的研究等；2. 对马克思主义人道主义的研究，对资产阶级人道主义及人性论的分析与批判；3. 对哲学概念中的社会主义的本质及涵义暨社会主义理论的研究，以及对形形色色非马克思主义社会主义理论的分析及批判；4. 对我国哲学领域现状的分析及思考，怎样把哲学研究与我国的国情和建设中国特色社会主义结合起来；5. 如何引导哲学工作者在马克思主义、毛泽东思想的指导下从事研究，培养一支作风实、功底硬的哲学工作者队伍；6. 从哲学的高度阐述"实践是检验真理的唯一标准"这一重大论题；7. 新时期在以经济建设为中心的战略格局中如何加强理论研究和理论建设。(周鹏飞)

B000003 **哲学讲演录·哲学通信 冯契文集⑩** 冯契著。华东师范大学出版社 1998 年 4 月版。22 万字。26.40 元。"哲学讲演录"部分包括"辩证唯物主义"、"知识论"、"论道"三门课的讲课提纲、讲课记录以及另外 5 个专题讲演，内容涉及马克思主义哲学、金岳霖哲学、中国古代哲学和自然科学的关系、中国近代哲学等。"通信"部分收入作者与友人讨论哲学问题的 71 封书信。其中有些书信阐述作者对哲学界现状的看法。(缪宏才)

B000004 **智慧的探索·补编 冯契文集⑨** 冯契著。华东师范大学出版社 1998 年 4 月版。30 万字。33.00 元。收入作者从 40 年代至 90 年代进行哲学理论探索的文章。其中主要有：《谈谈革命的乐观主义》和《怎样认识世界》两本小册子和未收入《智慧的探索》的公开发表的一些重要论文。《补编》清晰地展示作者从事"智慧的探索"的历史轨迹——从《智慧》到《智慧说三篇》。《智慧》著于 40 年代，明确提出了哲学"元学"与认识论沟通的问题；《怎样认识世界》著于 50 年代，带有当时的时代色彩，但从中可见作者保持独立思考，试图突破苏联的哲学思维模式。(缪宏才)

B000005 **论马克思主义意识形态理论的形成与发展** 杨生平著。首都师范大学出版社 1998 年 4 月版。22.7 万字。15.00 元。论述马克思主义意识形态理论有一个不断发展的过程。作者认为，唯物史观的创立是马克思主义意识形态形成的前提，随着马克思和恩格斯对人类社会不同历史时期(特别是资本主义社会)社会特点的具体分析，以及他们对历史唯物主义原理的深入理解，马克思主义意识形态理论也有一个从深化到系统化的过程。列宁、斯大林、毛泽东和邓小平运用马克思主义理论，创造性地解决社会主义革命和建设中的重大实践问题，从而使

马克思主义理论又有了新的发展。(张成水)

B000006　**哲学研究方法论**　欧阳康著。武汉大学出版社 1998 年版。62 万字。30.00 元。共 4 编 25 章。第一编,元哲学问题研究;第二编,哲学思维的发生与演进研究;第三编,马克思主义哲学;第四编,分支哲学和问题哲学研究等。作者从探讨元哲学问题入手,回溯哲学思维方式的系统发生和形态演进,从方法论上反思马克思主义哲学的当代发展,探析深化分支哲学研究的基本思路,提出和探寻个性化的哲学研究道路。为“武汉大学学术丛书”之一。(王军风)

B000007　**哲学原理**　谢新观、王道君主编。中央广播电视大学出版社 1998 年 2 月版。24.4 万字。14.00 元。中央广播电视大学的哲学教科书,大专层次。其主要特点是:第一,完整准确地阐述马克思主义哲学的基本原理和科学体系,既忠实于马克思主义哲学原著精神,又反映其在现代条件下的新发展,特别是建设有中国特色社会主义实践的成果;第二,进一步突出马克思主义哲学的实践观点,强调实践的观点是马克思主义哲学首要的、基本的观点,并将此观点贯穿于对哲学本体论、认识论、价值论等问题的阐述;第三,反映时代特征、适合大专层次、便于成人自学。(王道君)

B000008　**哲学通论**　孙正聿著。辽宁人民出版社 1998 年 9 月版。50 万字。45.00 元。系统论述“哲学本身”的专著性教材。以全部哲学史和当代哲学为背景,以“哲学究竟是什么”为主线,将哲学概括为 7 个方面。其内容是:(1)哲学的自我理解;(2)哲学的思维方式;(3)哲学的生活基础;(4)哲学的主要问题;(5)哲学的派别冲突;(6)哲学的历史演进;(7)哲学修养与创造。(王松)

B000009　**20 世纪中国哲学本体论问题**　李维武著。湖南教育出版社 1998 年版。27 万字。19.90 元。系“20 世纪中国学术问题丛书”之一。共 5 章:第一章“20 世纪中国的历史选择与哲学发展”;第二章“科学与玄学论战:本体论问题的提出”;第三章“科学主义思潮对本体论的探讨”;第四章“人文主义思潮对本体论的重建”;第五章“马克思主义哲学对本体论的研究”。以哲学本体论为主线,对 20 世纪中国哲学三大思潮的不同精神取向和相互激荡联结作总体考察,将 20 世纪中国哲学划分为“科学主义思潮、人文主义思潮、马克思主义哲学”三大思潮。对 20 世纪中国哲学进行了纵横论述,就三大思潮的代表人物,分别进行个案剖析,对三大思潮之间的相互影响与矛盾联结,作深入阐述,凸现马克思主义哲学及其中国化以其最能反映时代新精神与民族新觉醒的理论优势而据有的主流地位。评判严复以来科学主义思潮的贡献和局限性,分析科学与玄学论战的主题,阐述贺麟哲学在人文主义本体论发展中的承转作用。(孟可文)

B000010　**序:量的存在方式**　时新著,柳树滋评点。山西人民出版社 1998 年 5 月版。20.2 万字。26.00 元。深入研究量的本质,认为量是事物外在的界线规定,提出“序是量的存在方式”这一哲学命题,并对这一命题作初步论证。认为时间秩序和空间秩序是量的存在方式,任何量只有在时间秩序中才是现实的存在。对时间和空间秩序的进一步哲学抽象,就是序。作者对量变质变规律有新的理解,认为序作为量的存在方式,会受到量变的影响而发生序变。序变是量变引起质变的中介。所谓量变到一定程度时引起质变,就是指量变引起序变时,导致质变。因此,序就是度的依据,度就是序的表现。本书聘请柳树滋为评点专家,他肯定了书中的成功之处,也提出一些不同的见解。(白小平)

B000011　**心灵种种**　副名:对意识的探索。罗军译。上海科学技术出版社 1998 年 9 月版。10 万字。10.00 元。探讨意识奥秘的科普图书。从“心灵是什么”这个最常见的命题出发,综合哲学、人工智能与神经科学的思想进行思索。探索人的心灵与动物(特别是那些行为复杂的动物)心灵的区别。(沈晓莺)

B000012　**进化认识论与进化逻辑**　任晓明等著。浙江科技出版社 1998 年 6 月版。12.6 万字。12.00元。以古希腊哲学、19 世纪的进化哲学和 20 世纪科学知识进化论为坐标,对进化认识论和进化逻辑从萌生、形成到发展的全过程进行论述。着力论述计算机科学中的进化逻辑机制,分析该领域近年来的最新研究进展。收入“认知与方法丛书”。

B000013　**走向思想解放之路**　张异宾编。南京大学出版社 1998 年 7 月版。16 万字。15.00 元。分 3 部分:第一,胡福明的回忆及编者的专访;第二,《实践是检验真理的唯一标准》一文当年写作与修改的有关资料;第三,胡福明的几篇反映其思想理论发展脉络的代表性文章。胡福明指出,书中只讲自己亲身经历的事,着重讲述文章主题、观点、内容的形成过程。(范瑜)

B000014　**思想冰封的解冻**　副名:真理标准问题大讨论。张润枝、刘硕著。安徽人民出版社 1998

年10月版。19万字。13.00元。主要内容有:"两个凡是"引发的党内斗争,《实践是检验真理的唯一标准》发表的前前后后,"实践派"与"凡是派"的尖锐对立,真理标准问题大讨论由哲学界发展到整个思想界乃至全国的过程,以邓小平为代表的老一辈无产阶级革命家对真理标准问题大讨论的支持,真理标准问题大讨论的现实意义和历史意义。(贯兴权)

B000015 **圆点哲学** 马建勋著。广东人民出版社1998年9月版。22万字。21.00元(平),26.00元(精)。圆点哲学理论的提出,是认识论的大超越,是哲学研究的重大突破。作者抓住宇宙这个总体,物质的总体,物质的最基本的特征和本质,这就是圆点,圆点的形态,圆点的运动,及由此产生的基本规律与总规律,并把它与宇宙间一切的物质世界及其发展规律联系起来,与社会和人联系起来。并指出,宇宙间的一切运动都具有圆的特点、圆的规律。这一观点开拓了认识的新领域,把认识论提升到一个新的高度。(吕良铁)

B000016 **让思想冲破牢笼** 副名:"真理标准讨论"与新的思想解放。庞元正等主编。中国人民大学出版社1998年7月版。35.9万字。25.00元。"纪念'真理标准讨论'20周年理论研讨会"论文集,收集论文60余篇。论文有的是"真理标准讨论"当事者的回顾与评说;有的是著名理论家对这场大讨论和坚持党的思想路线的历史经验的提炼和升华;有的是对实践标准、生产力标准、"三个有利于"标准的理论加以阐发;有的是为贯彻十五大精神,推进思想解放所作的探讨。文章在理论上凝结和体现了20年来解放思想、改革开放的历史,对推动新的思想解放具有启迪作用。

B000017 **科学真理的困惑与解读** 汪信砚、肖新发著。湖北人民出版社1998年5月版。22.5万字。11.00元。站在马克思主义哲学的立场上,以贯通历史与现代的眼界,通过对当代西方哲学中逻辑主义和历史主义、理想主义和现实主义的深刻解析,揭示科学哲学中不同流别和代表人物的各种学说的内在关联和差异、贡献与局限,纵论了科学真理的本质、科学真理的发现模式、科学真理的检验策略、科学真理发展的机理、科学真理的真理性和价值性的关系等问题。该书从真理与对象的关系说明真理是近似性地反映自然界,追求真理是一个不可间断的过程;从真理的内部结构看是一个整体,从与主体的关系看真理是认识和改造世界的有力工具。科学真理具有道德价值、审美价值,并具有给人们带来丰富的物质享受和无限的幸福体验的价值。(刘冠军)

B000018 **语言哲学** [美]A·P·马蒂尼奇编,牟博、杨音莱、韩林合等译。商务印书馆1998年2月版。72.6万字。44.40元。论文集。共选收24位语言哲学家的35篇论文。分8部分:一、真理与意义;二、言语行为;三、指称与摹状词;四、名称与指示词;五、命题态度;六、可能世界与境况;七、隐喻;八、私人语言。语言哲学在20世纪是英语国家的哲学家的最重要研究领域。文集所收当代著名哲学家(如弗雷格、罗素、蒯因、斯特劳森、戴维森、塞尔、克里普克、奥斯汀、格赖斯、普特南等)的有代表性的论文,反映20世纪以来语言哲学发展的全貌。全书有总引言,各部分也有引言,简介各专题的内在发展线索和阅读线索。各部分后附有参考书目。(徐奕春)

B000019 **生死两安** 郑晓江著。广西人民出版社1998年版。18万字。15.00元。分上下篇,分析探讨现代人之生死困境。上编对大量的历史材料及人物进行分析,寻觅及展示中国传统的生死观及生死实践;下编则着重分析现代人面对死亡所遭遇的各种复杂的问题,指出解决这些问题的方法和途径,从而引导现代人获得生死的大智慧。既提升生命的质量,获得幸福、顺畅、快乐的人生,消解对死亡的心理恐惧,平抑死亡引发的悲痛和创伤,并为人生注入永不枯竭的动力,最终超越死亡。(彭庆国)

B000020 **20世纪末国外马克思主义纲要** 曾枝盛著。中国人民大学出版社1998年5月版。34万字。19.00元。阐述20世纪80年代以来国外马克思主义的主要流派,包括分析马克思主义学派、法国马克思主义批评学派、新李嘉图主义的马克思主义、新社会运动的马克思主义、市场社会主义的马克思主义等。分析当今马克思主义在世界各国的传播和发展状况,并作出客观评价。

B000021 **思想大师重读系列** 万俊人等著。四川人民出版社1998年9月版。250万字。200.00元。丛书分三批出版,现已出11本。包括:《重读马克思》、《重读孔子》、《重读庄子》、《重读萨特》、《重读弗洛伊德》、《重读尼采》、《重读马里坦》、《重读杜威》、《重读伏尔泰》、《重读老子》、《重读王阳明》、《重读释迦牟尼》、《重读柏格森》、《重读波普尔》。学术性和普及性相结合,各书上篇是专家学者对人物思想的诠释,下篇选录思想大师的原著精华。(李远杰)

中国哲学

B000022 **七世纪前中国的知识、思想与信仰世界** 副名:中国思想史(第一卷)。葛兆光著。复旦大学出版社 1998 年 4 月版。54 万字。42.00 元。对上古到七世纪以前的中国知识、思想与信仰的历史进行研究与描述。导论"思想史的写法",回顾了 20 世纪中国思想史研究的成果与不足,认为过去的思想史只写成思想家的思想史或经典的思想史,但却往往不注意在人们实际生活中起重要作用的一般的知识、思想与信仰。而这个知识、思想与信仰世界的延续,也应当纳入思想史的视野中。第一至第四编,分别描述上古时期、春秋战国时代、秦汉时代及魏晋之际思想发展的连续性轨迹。作者分析了这些时期中国古代精英与经典思想的发展,探求这些思想得以确立的知识来源和终极依据,描述作为经典思想土壤的一般知识、思想与信仰世界的历史。在结构上,改变过去思想史以思想家为章节的写法,而是研究在一个长时段内一些重要思想命题的发展与演化。在材料上,拓展了文献资料的使用范围,不仅引征丰富的古代文献、20 世纪的出土文物、考古发现,而且从一些似无思想的史料如帛画等出土文物、汉字、方术中,发掘思想史的意义。(高若海)

B000023 **天·人·命运——人类命运的哲学阐述和当代审视** 魏义霞著。黑龙江教育出版社 1998 年 1 月版。28 万字。14.80 元。介绍中国古代哲学对命运的探索和读解,分为上下两篇。上篇名为"中国古代命运学说之大观",着重挖掘、整理和介绍中国古代思想家对人的命运的研究和探索,把繁多复杂的各家思想按其不同的思维方式概括归纳为 14 种基本类型。每种基本类型先介绍这一学派的基本观点,然后选择其典型代表人物的思想加以具体剖析和论述,最终给出关于这一学派本身的总体评价以及这一学派与其他学派的思想渊源、长短得失和思维方式、理论特色等。下篇名为"人类命运的当代审视",对命运作全方位、多维度的概括和透视,追古溯今,通过对中西方命运学说的哲学和文化比较,揭示不同思维方式、价值取向、心理结构与命运观念之间的相互影响,最后道出命运的真谛:命运是主观与客观的辩证统一。(李彤)

B000024 **中国哲学史史料源流举要** 萧萐父著。武汉大学出版社 1998 年 5 月版。29.7 万字。13.60 元。中国哲学史是一门尚在建设中的哲学分支学科,史料的搜集、发掘、考订和编纂尤具迫切性。作者先对史料搜集所依据的理论、方法、工具等进行提纲挈领的介绍。在史料的具体收选评价中,上起周秦,下迄民国时期,以中国历代哲学思想资料及有关史料为对象,序列文献,综述目录,介绍研究成果,考辨学术源流,其主旨为叙例中国哲学史史料之目录,考辨中国哲学学术之源流;其方式是以纲带目,略举其要,近于目录学、校雠学、文献学、史源学之综合,具有指示治学门径的功用。另附录 2 篇学术论文:(一)《略论杨泉的物理论》,从目录学入手,由辨析《物理论》诸家辑本的佚文异同而考论其哲学思想的历史定位;(二)《〈推十书〉影印本序》,藉序录被历史尘封的《推十书》,对刘鉴泉的学术贡献作了评价,旨在以此作为发掘史料,辨章学术之一例,聊供"闻一知十"的参考。(曾建华)

B000025 **中国哲学论集** 余敦康著。辽宁大学出版社 1998 年 3 月版。44 万字。28.00 元。收录作者从 80 年代初到 90 年代的学术论文、评论共 32 篇。内容包括儒学、玄学、佛学、易学和涉及不同领域的评论、杂感等。因写作时间处在中国学术发展的转型期,内容又广泛涉及中国哲学研究的许多尖端问题,故论文的语言、构思风格上并不统一,逻辑结构也不很明确。如《论儒家伦理思想》,即明显带有 80 年代的学术烙印;《从〈庄子〉到郭象〈庄子注〉》则表现出 90 年代初期作者对于某种圆满逻辑的深刻怀疑,锐意揭露中国哲学的历史悖论。关于玄学的研究,针对清谈误国之论,以及学界将玄学误为思辩游戏、误为玄远虚旷而不解实义的研究倾向,将哲学的理解与历史的感受相结合,作出具有历史实感且发人深省的理解和评价。关于易学,收录 7 篇研究论文。作者执着地借附于易学,探讨某种比"两派六宗"之易学史更具根本意义的中国文化精神,重塑中国文化的价值理想。收入"学术思想评论文丛"。(张路丽)

B000026 **存在的澄明** 副名:历史中的哲学沉思。杨国荣著。辽宁人民出版社 1998 年 6 月版。30 万字。21.00 元。哲学之思总是展开于对存在的无尽追问。从先秦到近代,尽管发问的方式不同,但对存在的探求绵绵相续。然而对存在的这种追问,并非仅仅是一种抽象的玄思。存在的探寻总是与人自身的"在"联系在一起。相对于本体论意义上的"有"(being),人自身的"在"更多地展开于人的生存过程:它在本质上表现为一种历史实践中的"在"(existence)。本书通过考察中国哲学史上关于天与人、存在的人文之维、自我的存在与人我间的共在、存在的敞开、存在的历史向度等问题的反思，展示了面向存在之思的多重内涵。收入“新学人文库”。(王松)

B000027 **纵横家研究** 熊宪光著。重庆出版社 1998 年 4 月版。24.5 万字。15.50 元。学术专著。纵横家是战国“九流十家”之一，其当时的影响和能量，超过号称“显学”的儒墨诸家。他们讲究谋略，研习辩术，凭着对各国政治、经济、地理状况的了如指掌，加上精湛的揣摩手段，奔走于诸侯权贵之间，随机应变，投其所好。指陈利害，切中肯綮；取譬设喻，生动有趣，雄辩滔滔，几乎左右了当时的政治外交。本书详尽分析了纵横家的兴起和盛衰，对他们赖以凭藉的纵横术进行了细致的讲解和剖析，并揭示其精髓和本质。(余国枢)

B000028 **诸子集成补编(续编、正编)** 四川大学古籍所编。四川人民出版社 1997 年 5 月至 1998 年 5 月版。1498 万字。诸子百家著作是中华文化的宝藏，其中蕴含数千年中国的思想资料、科技资料和文化资料。整理、研究和传播诸子百家著作，是中华文化史上的盛事。40 年代世界书局编印的《诸子集成》，深受读者欢迎。这次重新排印用计算机技术整理编辑，保留原貌，避免重排错误，并由专家撰写提要，使其在内容和形式上都以新的面貌展现。《诸子集成正编》共 10 册。《诸子集成》仅辑录先秦到六朝子书 20 余种，《诸子集成补编》弥补这一缺陷，上起先秦，下至六朝，除《诸子集成》之外的 150 余种子种尽此一编。本辑共 10 册。《诸子集成续编》针对《诸子集成》收录年代止于六朝的不足，收录《诸子集成》完全未涉足的唐宋至清末子书 200 余种。本辑共 20 册。上列三套书总共 40 册，出齐后合为《中华诸子宝藏》。(蒋咏宁)

B000029 **释中国** 胡晓明、傅杰主编。上海文艺出版社 1998 年 3 月版。184 万字。130.00 元。关于中国文化研究的选本。荟萃“五四”前后至 20 世纪 90 年代 130 位学者研究中国历史文化问题的 120 篇论文。入选的学者既有“五四”前后已成名的章太炎、王国维、刘师培、鲁迅、胡适等大师巨子，更多的是经“五四”的洗礼而逐渐成熟的学人，也有当代知名学者。文选偏重于从文化角度选编 20 世纪学术研究论文。全书共分“中外文化之关系”、“学术传统之源流”、“历史人文之脉络”3 个专题 4 卷。“中外文化之关系”收录《上古时期中国与世界各国的文化交流》(齐思和)、《唐代长安与西域、文明(节录)》(向达)、《明清间中西思想之冲突与影响》(张维华)等 26 篇文章，论述了历史上几次重要的中外文化的碰撞与交流，从东西民族根本思想之差异，以及道德、宗教、哲学等方面，比较了中外文化的异同与融汇。“学术传统之源流”选辑《诸子天人论导源》(傅斯年)、《说儒》(胡适)、《孔子再评价》(李泽厚)、《五伦观念的新检讨》(贺麟)等 38 篇文章，重在梳理中国哲学思想、人文精神的变迁，探讨中国哲学思想之基本精神内核。“历史人文之脉络”汇集《中国历史研究法(节录)》(梁启超)、《中国地方行政制度史略》(严耕望)、《周秦少数民族研究序》(蒙文通)、《西周政治社会的结构性格问题》(徐复观)等 53 篇文章，考察了中国社会的政治制度、礼俗、法律、教育、文字、艺术、天文等文化现象的起源与沿革。所选文章大多是对中国历史文化作出比较深入研究的论文。譬如季羡林的《再谈“浮屠”与“佛”》，通过“佛”字读音的演变，考察佛教传入中国的途径；于省吾的《释中国》一文，对“中国”这一名称的起源、由来、形音义等作全面诠释。此类文章显示出文坛大家的踏实学风、求实态度，以及学术功底。(林爱莲)

B000030 **儒学与中国传统社会的哲学省察** 林安梧著。学林出版社 1998 年版。14 万字。13.50 元。对儒家学说与中国传统社会之关系作全面的哲学省察。作者围绕血缘性纵贯轴这一核心问题，以传统社会伦理中的五伦入手，详尽论述构成血缘性纵贯轴的具体内容，论述了在血缘性纵贯轴下形成的宗法国家的宗法与理性、皇权与孝道，及其它们相互间极为密切的关系，并将中国社会传统文化形态与西方社会的文化形态作相对比较，进而指出中国社会历史的发展早已偏离了儒家的理想。作者在分析中国文化核心困境的基础上，提出了儒学的创造、转化及其重建之可能。(朱志勇)

B000031 **大学直解·中庸直解** 来可泓撰。复旦大学出版社 1998 年 2 月版。21.6 万字。15.00 元。《大学》是儒家最全面、最系统申述治国平天下学说的一篇政治论文；《中庸》是儒家学说中最早而最精密的一篇哲学论文。它们原是《小戴礼记》中的两篇，北宋时始将它们抽出整理，单独印行，与《论语》、《孟子》合称“四书”，成为学子必读的教科书。本书为《大学》、《中庸》的今注今译和解析。内容包括：(1)解题。阐析《大学》、《中庸》的主题思想、基本内容、重要观点和逻辑结构。(2)原文。分段摘录，加以标点。(3)今译。在忠于原著的前提下，用现代汉语加以直译。(4)注释。用简明的语言，对原文中难以理解的字、词作注音、解释。(5)评述。先用一句话对每段原文的主旨加以概括,然后以作者的领会与见解为主,择善介绍古今注疏家的诠释,并对文意加以评述。(陈士强)

B000032 **言境释四章** 屠友祥著。上海人民出版社1998年12月版。28万字。25.00元。"当代中国哲学丛书"之一。作者运用西方语言结构主义的思考方法,对我国先秦诸子中的四个代表人物——老子、孔子、庄子和公孙龙子的几个话语命题,作了甚为细致的诠释,提出古代先哲谈言论道的思考达到至高境地的断言,并由此阐明他们的话语观念往往是思与诗的完美结合。全书的集释部分,梳理精细,释言准确,再现先哲在话语问题上道术未裂前的原朴魅力。既融合中西方对话语的论述要点,又对先秦话语的理解有独到之处。(胡小静)

B000033 **周秦时代理想国探索** 姜建设著。中州古籍出版社1998年9月版。24.5万字。14.00元。以春秋战国时代华夏社会变革为背景,揭示各种社会理想发生发展的历史根据,勾勒出这时期理想演进的总体画面。分为9章。第一章从人类原始社会理想谈起;第二章阐述春秋时代的社会变革及其意义;第三章论述天道观的解放与世俗理想的发展,以及孔子的社会理想与历史地位;第四章社会变革的深化与思维空间的拓展;第五章介绍墨家学派与贤同社会、孟子与王道学说等;第六章战国后期的政治走势;第七章社会理想的新动向,即大同小康、荀子的王政与王制、以法治国;第八章人生理想;第九章秦朝政治大一统到汉代独尊儒术。收入"学人文库"。(孙宝瑞)

B000034 **《周易·系辞传》新编详解** 金景芳著。辽海出版社1998年10月版。14.4万字。14.40元。作者整理《系辞传》,将今通行本中存在的错简、阙文、误增、误改、脱字之处,通过认真分析考据而予以订正或删补。如据《旧唐书·礼仪志》和《通典》之文,将今通行本第八章的"大衍之数五十"句改为"大衍之数五十有五",并揭示出《周易》是由蓍、卦两个对等的平行部分组成的。揭开了《说卦传》的奥秘。作者将串入《说卦传》中《系辞传》文移归《系辞传》中,还进一步识得《说卦传》中实际上保存了夏易《连山》和殷易《归藏》的遗说,并指出《说卦传》中的"天地定位"到"坤以藏之"的"藏"字,与下文的"万物之所归也"的"归"字,透露出"归藏"一名的痕迹;而从"帝出乎震"到"然后能变化,既成万物也"这段话,强调"艮",说"艮"是"万物之所成终而所成始",则为《连山》遗说。从而把古《易》演变、发展的事实及夏商周三代在思想意识上的承继和差异揭示出来。作者把《周易》一书在哲学上蕴含的辩证法思想阐发出来。如《系辞传》中说到"圣人有以见天下之动,而观其会通,以行其典礼";"化而裁之谓之变,推而行之谓之通,举而错之天下之民谓之事业"。作者悟出,"会"、"化而裁之"讲述的正是辩证法的质变,而"通"、"推而行之"对应的则是量变。并指出哲学上最高最根本的理论"一分为二"和"合二而一"都存在于《周易》中并为孔子所识,即《周易》一书是建立在辩证法的理论基础上而创造出来的。(郭守信)

B000035 **周易符号思维模型论** 杨树帆著。四川人民出版社1998年4月版。25万字。19.80元。人类有抽象思维(逻辑思维)、形象思维(艺术思维)两种思维方式。本书力图证明,周易符号思维模型,是人类的第三思维。作者别开生面地阐述,阴阳论,是其理论基础;太极论,是其无理之理;爻,是其数字编码;而爻的运动,是阴阳逻辑的符号组合和思维诱导;经卦,是其二元框架;卦爻辞,是其回馈检测;六十四别卦,则是其不同的时空场。整个周易符号思维模型结构,分为三个层次:依赖二爻阴阳逻辑层次,使模型建立了理论前提;八经卦二元结构层次,将模型格网伸向广大的宇宙空间,并定格在自然与社会两元坐标上,将《周易》引向实用范畴;六十四卦时空场,使人的思维借助符号的启发而延伸发展,从容面对大千世界。(杨宗平)

B000036 **《周易》解读** 辛介夫著。陕西师范大学出版社1998年10月版。60万字。34.00元。分为周易简介、周易训诂(上经)、周易训诂(下经)、周易大传四大部分,为《周易》的详解读物。简介部分对《周易》作全面概略介绍,包括《周易》得名,成书年代及其作者,内容重点及其在学术上的影响,《周易》的卦爻结构,《周易》立象法示例,《周易大传》简述,《周易》占断用词,《周易》卦爻辞中段字用例,《周易》的语言特色,《周易》的性质及其价值,还有附图等。训诂部分逐卦详细注解、疏释,为全书的主体内容。对《周易大传》按前代注疏家划分的章节稍调整,《系辞上》12章、《系辞下》12章、《说卦》5章、《序卦》、《杂卦》,略作注解、疏释。作者多年研究《周易》,独到见解均融于注解、疏释之中。(韦建培)

B000037 **周易演义** 屈文源编著。陕西人民出版社1998年9月版。22万字。14.00元。解读《周易》的卦辞、爻辞、彖辞、象辞的原文原意,广泛摄取历代易学权威的注评及现代易学权威的多种解说,用直译、意译和演义相结合的手法，把《周易》原文原意用现代诗化的语言再现出来，阐明《周易》的哲学和政治伦理思想，进而总结归纳出《周易》的思想体系。《周易》的伦理思想，使人把竞争精神和博爱精神很好地结合起来；政治思想使人把人道主义和功利主义很好地结合起来；哲学思想使人把阴阳进化的辩证法作为思考问题的方法论，把理性实用的认识论作为实践的工具，把中正和谐和发展进步作为检验思想正误的准则，使人实事求是，随机应变，克服困难，争取成功。（张田德）

B000038　**现代新儒学与宋明理学**　李道湘著。辽宁大学出版社 1998 年 5 月版。27 万字。15.80 元。是“现代新儒学研究丛书”之一。分 9 章。第一章宋明理学的理论课题、内在矛盾及其历史演变；第二至八章，分别为梁漱溟与宋明理学，张君劢与宋明理学，熊十力与宋明理学，贺麟与宋明理学，马一浮与宋明理学，钱穆、冯友兰与宋明理学；第九章，儒学的现代转换和宋明理学的凸显。论文通过对第一代新儒家思想的细微分析、历史考察和逻辑梳理，揭示其精神方向与宋明理学的内在一致性，剖析每个新儒家代表人物如何通过对宋明理学的批判吸收和改造来形成自己独特的思想体系。在对每个代表人物的考察中，对其个性差异均作说明，又从新的角度对现代新儒学与宋明理学的关系进行探讨。（张路丽）

B000039　**现代儒学论**　余英时著。上海人民出版社 1998 年 11 月版。16.8 万字。14.00 元。关于现代儒学研究的学术专著。收入作者的 8 篇文章，重点讨论儒家政治、社会、伦理等观念的变迁，阐述作者对于儒学从传统到现代的转变的学术观点及现代儒学研究在现代思想史研究中的地位。（黄建章）

B000040　**孟子**　叶斌注。陕西人民出版社 1998 年 5 月版。12.7 万字。7.00 元。原文版本取自《十三经注疏》，译文则在参考东汉赵岐的《孟子章句》、南宋朱熹的《孟子集注》、清焦循的《孟子正义》的基础上，加以重注。收入“中国传统文化精品丛书”。（刘明立）

B000041　**前期儒家文化研究**　刘周堂著。广西师范大学出版社 1998 年 3 月版。23 万字。对先秦至两汉在宽阔视野上新展开的儒家源流进行多角度、多侧面、多层次的透视和探索。揭示了从孔子到孟子再到荀子三位儒家先师思想体系承先启后发展演变的进程，剖析了先秦儒学向两汉儒学转化的社会条件和历史动因，进而阐述两汉儒学的表现形态和基本特征，展示了前期儒家的政治思想、伦理观念、人生追求、价值取向等。（沈伟东）

B000042　**教养的本原**　副名：哲学突破期的儒家心性论。李景林著。辽宁人民出版社 1998 年 6 月版。28 万字。19.00 元。根据历史文献和相关出土文献，阐明孔子至孟子学术、思想的历史和逻辑的发展脉络，追本溯源，对儒家人性、心知、性情、身心、心物、天人诸观念作返本、澄清的工作，并在其动态的历史发展和内在整体关联中揭示其异于西方哲学观念之独特的思想文化内涵，阐析孔孟据中道理性和人文教化以建立其形上学的价值实现方式及其思想意蕴。作者以“教养的本原”这一识度，把儒学和传统文化的阐释，带入一个新境界，使之由旧史籍转出新义，突破成见，对上述诸问题多提出不同流俗的新诠释，给儒学和中国文化的研究者很多有益的启示。收入“新学人文库”。（王松）

B000043　**敦煌《论语集解》校证**　副名：敦煌文献分类录校丛刊之一。李方录校。江苏古籍出版社 1998 年 10 月版。39 万字。145.00 元。《论语集解》，旧称为三国魏何晏所撰，是目前存世的第一个《论语》集注本，也是有关“十三经”的第一个集注本。宋以前，《集解》以单行本行世，宋以后，才与疏本合并，成为“注疏本”，而单行本则渐至亡佚。20 世纪初，敦煌及吐鲁番地区陆续出土唐人写何晏《集解》单行本 60 余件，国内外学者诧为瑰宝，惜未及整理出版。李方今据敦煌等所存诸本，择善而从，整理录校成此书，是最为接近何氏单行本的本子，对解决《论语》研究中的诸多问题，提供了第一手资料。（王剑）

B000044　**儒学新议**　沈持衡著。厦门大学出版社 1998 年 12 月版。17.5 万字。12.00 元。论文集。作者是一位电子工程学教授。从他的教育背景来研究儒学传统文献和传统学说，产生了一些与学术界不同的见解。本书所收论文集中在《易经》、《论语》及朱熹注、荀子学说等，并与现代科学技术的发展相联系，与新儒家等的学说展开争论。（王依民）

B000045　**儒家文化与中华民族凝聚力**　李宗桂主编。广东人民出版社 1998 年 12 月版。25 万字。25.00 元。从理论上分析文化与民族凝聚力的关系，阐释中华民族凝聚力的文化内涵和精神特质，以及儒家文化的思想内涵和价值指向。在认真考察儒家文化发展历程的基础上，从社会政治、伦理道德、法律规范等不同方面展现儒家思想观念对中国古代的社会结构、行为方式、国民品性等方面的影响和作用，揭示儒家文化的民族凝聚功能；如实地揭示并剖析儒家文化对中华民族凝聚力的负面作用，客观地

分析儒家文化与中华民族凝聚力之间的双向运动关系。(林秀钰)

B000046　**四书道贯**　[台湾]陈立夫著。中国友谊出版公司1998年8月版。42万字。42.00元。本书名取孔孟之道"一以贯之"之意,将《大学》、《论语》、《中庸》、《孟子》四书成系统读物。将其分格物、致知、诚意、正心、修身、齐家、治国、平天下八个篇章归纳讲解,使之成为有系统的整体。采用《大学》原定顺序,章节之分全由作者之意,然后将《四书》之固有材料,依其意义分章分节编入八篇之中,使其成为一个系统,以明其道一贯之理。引用之《四书》,无一句阙遗,以王纾运先生之《白话句解》解释,但对其未解之意予以补充,对章节之旨,于章节之后复加注释。对于《四节》原文的章、节或句,均注明原出处,以便读者考查。作者提出"以文化统一祖国"的设想,深得海内外爱国人士的重视和好评。作者为国民党元老,曾在国民党内主持文教工作,注重传统文化的教育。(杨学梅)

B000047　**《四书》辞典**　吴量恺主编。湖北人民出版社1998年3月版。76.2万字。36.00元。共4编:一、《四书》与今译。以中华书局1983年版《新编诸子集成》之《四书章句集注》为底本,对《四书》进行点校、分段等整理工作。二、《四书》词目例释。收取《四书》所用字、词及短语进行阐释,后列例句。所选例句,原则上选用最早出现于本书中的词语、事例,并适当考虑例句的代表性与典型性,以笔画多少为序进行排列。三、《四书》要籍题解。以时代先后顺序收取我国古代(秦汉至清中叶)对《四书》或对其中单本书进行研究的较有影响的专著进行介绍,并作简要评析。四、《四书》语句索引。按笔画顺序收录《四书》中所有的语句,后附《四书》编号,以供检索。(刘艺)

B000048　**孟子评传**　杨泽波著。南京大学出版社1998年12月版。37.5万字。27.00元。孟子在儒学发展史上具有重要的作用。作者汲取前人的成果,对孟子生平事迹中诸如师承、生卒、游历、著作等重要问题,提出自己的观点,澄清有关的争论;不局限于前人的注疏,努力返回本经,探求孟子思想的本意,尽可能消除对民本、经权、义利、人性、养气等问题的误解。作者将孟子思想列为王霸、经权、义利、舜跖、人性等五辨进行讨论,较好地把握了孟子思想的特色和原貌。收入"中国思想家评传丛书"。(范瑜)

B000049　**庄子诠评**　方勇、陆永品著。巴蜀书社1998年9月版。80万字。60.00元。通过对各篇散文所配的题解、注释、段落简析和汇评,对庄子文章思想内容的探微抉精,对庄文艺术特点予以揭示,注释考证资料翔实,历代文论资料汇辑丰富,解决了《庄子》流传文本上的许多问题,使版本臻于完善。全书内容广泛,既有学术研究新成果,其结构特点和深入浅出的语言又极具普及性。(李卫红)

B000050　**先秦形名之家考察**　李耽著。湖南大学出版社1998年10月版。20万字。15.00元。论证先秦形名之家(即名家)的学说形名之学,包括逻辑学、语言学和自然哲学。认为《墨经》有直角三角形斜边的平方等于两直角边的平方和的命题,即欧洲人所谓毕达哥拉斯定理;有无穷小,无穷大,微分、积分理论;有平面直角坐标理论;有计算时间的参考点及计算高度的参考平面理论等。证明惠施、公孙龙继承发展了《墨经》的逻辑学、语言学和自然哲学理论。对《墨经》的一些命题,惠施历物十事,公孙龙《名实论》、《指物论》、《白马论》、《坚白论》、《通变论》五篇论文,以及辩者二十一事的论述有不少新见解。对形名之家的起源、兴盛和衰亡的历史,特别是墨家分裂衰亡的历史的论述,均为前人所不及。(熊志庭)

B000051　**韩非子集解**　清·王先慎撰。中华书局1998年7月版。27.3万字。25.00元。《集解》以宋乾道本为底本,参校了《道藏》本、张(鼎文)本、凌(瀛初)本、赵(用贤)本等多种刊本,利用《老子》、《荀子》、《战国策》、《史记》、《淮南子》等古籍和《太平御览》、《艺文类聚》、《群书治要》等唐宋类书的有关资料,吸收了卢文弨《群书拾补》、顾广圻《韩非子识误》、王念孙《读书杂志》、俞樾《诸子平议》、孙诒让《札迻》等著作的校释成果。该书的成就主要表现在:一、对原书文字上的讹误衍夺予以考订纠正;二、对疑难字词进行训诂解读;三、对各篇加以解释说明;四、对句意进行疏通解释;五、对有关历史事件和典故进行考证。这次整理,正文以《四部丛刊》影宋乾道本进行校勘,注文按所引之书进行核对,凡有订正,一律加以说明。收入《新编诸子集成》(第一辑)。(薛有红)

B000052　**鬼谷子辞典**　阎崇东主编。湖北人民出版社1998年8月版。37.4万字。18.50元。共17篇:"捭阖"第一,"反应"第二,"内揵"第三,"抵巇"第四,"飞钳"第五,"忤合"第六,"揣篇"第七,"摩篇"第八,"权篇"第九,"谋篇"第十,"决篇"第十一,"符言"第十二,"转丸"第十三,"胠箧"第十四,再加上"本经阴符"、"持枢"、"中经"三篇。其主导思想崇尚黄老道家学说,运用阴阳转化之道论事治世,阐述捭阖、揣摩之术，为纵横家提供理论根据和方法。因其有不少对人的心理活动方面的分析和论述，所以也被视为古代心理学的开山之作。又因其经常谈论计谋，讲求谋划和策略，所以又被视作一部兵书。本书分为"《鬼谷子》全文注释"、"《鬼谷子》词语集释"、"战国纵横家事例注释"、"《鬼谷子》书中出现的历史人物传"、"《鬼谷子》旧注中所引历史人物传"、"和《鬼谷子》有关的历代作者传"等六部分。每一篇前的"评价"主要是解释篇名的含义，说明全篇的主要内容。"战国纵横家事例注译"，其原文来自《战国策》、《战国纵横家书》、《史记》。（祝祚钦）

B000053　**太玄集注**　宋·司马光撰。中华书局1998年9月版。13.7万字。13.00元。《太玄》（又名《太玄经》）共十卷，是西汉末年扬雄仿照《周易》体例而撰写的一部哲学著作，是研究扬雄思想的主要资料。但它语言晦涩，内容庞杂，思想幽深，所以非常难读。本书是司马光耗费30年心血进行研究的力作。《集注》汇集了汉宋衷，吴陆绩，晋范望，唐王涯，宋陈渐，吴秘，宋惟斡七家注文，并加以斟酌取舍。对《太玄》不同版本和注本间的文字异同也作详细的校勘。司马光的释义简明扼要，玄理昭然，多能发前人所未发。遗憾的是，司马光只注了前六卷。比他稍晚的许翰，仿其体例为后四卷作注，题为"玄解"。本书由刘韶军点校整理，以明抄本为底本，以《道藏》本、张士镐本、明万历刻本、《永乐大典》本等为参校本，凡有所改正，一律出校说明。收入《新编诸子集成》（第一辑）。（薛有红）

B000054　**淮南子集释**　何宁撰。中华书局1998年10月版。88.5万字。73.00元。《淮南子》（又名《淮南鸿烈》或《鸿烈》）共21卷，为西汉宗室淮南王刘安招致宾客编写。本书校勘以清代浙江书局刻庄逵吉校刊本为底本，另取《道藏》本、《道藏辑要》本、中立四子本、茅一桂本、刘泖生影写宋本、唐写本《兵略》残卷等多种刊本为参校本。集释部分主要汇集了王念孙、孙诒让、俞樾、洪颐煊、陶方琦、王引之、钱大昕、梁履绳、桂馥、孙志祖、顾炎武、刘绩、郝懿行、钱塘、吴承仕、杨树达、向宗鲁、马宗霍、于省吾、王叔岷、刘文典、于大成、日本冈本保孝等数十位著名学者的校勘和研究成果。作者积十数年心血，披沙拣金，抉隐发微，提出许多独到见解。收入《新编诸子集成》（第一辑）。（薛有红）

B000055　**新书全译**　汉·贾谊原著，李尔钢译注。贵州人民出版社1998年12月版。38万字。22.50元。《新书》的全注、全译本。《新书》为西汉著名的政治家、思想家和文学家贾谊所著，阐释其政治思想和哲学思想，具有丰富的思想内容和较高的艺术价值。本书译注所据底本为清代卢文弨抱经堂本，同时参考中州古籍出版社1989年5月版的吴云、李春台《贾谊集校注》、人民文学出版社1996年11月版的王洲明、徐超《贾谊集校注》以及上海人民出版社1976年6月版的《贾谊集》等。收入"中国历代名著全译丛书"。（夏昆）

B000056　**刘子校释**　傅亚庶撰。中华书局1998年9月版。38.2万字。31.00元。《刘子》（又名《刘子新论》）10卷55章，北齐刘昼撰（一说是《文心雕龙》作者刘勰撰），是研究南北朝时期政治思想和学术思想的重要资料。本书以民国海宁陈氏影印明刻《刘子》袁注本作底本，参校本主要有敦煌写本残卷和明清各种刊本共28种。本书主要有下列特色：一、《刘子》引用前代典籍旧语相当多，作者均一一查出出处，并加以比对勘校，暂不能查明者亦在注文中指出；二、在注释中将唐袁孝政的注文全部保留；三、吸收历代著名学者的研究成果，主要有卢文弨《群书拾补》，王叔岷《刘子集证》，杨明照《刘子斠注》，孙楷第《刘子新论校释》，林其锬、陈凤金《刘子集校》等；四、征引的书籍广泛，共达130余种，并提出自己的独到见解。收入中华书局《新编诸子集成》（第一辑）。

B000057　**朱熹评传**　张立文著。南京大学出版社1998年12月版。45.9万字。33.50元。朱熹是理学的集大成者，南宋时期伟大的思想家、文学家、教育家。其思想成为中国元以后官方意识形态，并成为朝鲜李朝和日本江户时期的官学。本书系统阐述以理气为核心范畴而展开经济、政治、哲学、自然科学、形神、动静、知行、心性、教育以及美学、伦理学、历史观等方面的思想。分析其内在的思想逻辑结构，肯定其在中国思想史和朝鲜、日本思想史上的地位。收入"中国思想家评传丛书"。（范瑜）

B000058　**理学的演变**　副名：从朱熹到王夫之、戴震。蒙培元著。福建人民出版社1998年4月第2版。37.5万字。22.00元。阐述朱熹理学及其在南宋末年、元代、明代前期的演变和分化，在明代中期向心学、气学的转变，以及明清之际和清代初中期唯物主义对朱熹理学的总结和清算，勾勒朱熹理学从鼎盛到发展、分化、转变以至终结的全过程，评介中国宋元明清占统治地位的思潮和人物。本书初版于1984年5月。修订版增补"绪论"，概述了理学形成三阶段。（李天兵）

B000059　**海峡两岸论朱熹**　武夷山朱熹研究

中心编。厦门大学出版社1998年1月版。27万字。19.50元。论文集。选收1995年10月在武夷山召开的海峡两岸纪念朱熹诞辰865周年暨朱熹对中国文化的贡献学术会议的有关论文。论文从哲学体系、政治伦理、自然科学、书院文化、美学价值、社会功能、海外影响等各个方面对朱熹在中国文化史上的贡献作了分析和阐述。(黄茂林)

B000060　**云南洞经文化**　副名:儒道释三教的复合性文化。云南教育出版社1998年8月版。38.3万字。30.00元。该书熔文、谱、图表于一炉,将云岭高原的洞经文化挖掘整理出来。作者认为,"谈洞经"起自金,元道士丘处机宫廷谈经,明初随着入滇军传入云南,并融汇儒、释的礼、乐、经籍及地方民间音乐、文学和习俗,从而繁衍成儒道释三教的复合性文化,并在较长的历史时期内兴盛普及。作者经过数年的实地考察,行程万余公里,遍访24个地(州)、县的32个洞经会,寻经查典,获得大量的珍贵资料,并对现场的"谈演"活动进行录音、录像,真实地记录"礼节"、"乐和"的斋醮科仪场面。(贺惟)

B000061　**传习录全译**　明·王阳明著,于民雄、顾久译注。贵州人民出版社1998年4月版。43.3万字。14.00元。《传习录》的全注全译本。《传习录》是王阳明讲学论道的专著,由他的门生弟子辑录,主要汇辑王阳明讲学语录及论学书札,代表其哲学的基本思想,是中国传统哲学重要典籍之一。本书以1992年上海古籍出版社出版的《王阳明全集》为底本进行注释、翻译。收入"中国历代名著全译丛书"。(夏昆)

B000062　**日知录**　清·顾炎武著,雷汉卿选注。陕西人民出版社1998年8月版。18.3万字。10.50元。《日知录》是顾炎武的读书札记,内容广博,涵盖古今,共有32卷。内容包括以下几大类:经义、史学、吏治、财赋、典礼、舆地、兵事、艺文。通过对各种具体问题的论述、考辨,宣传其政治主张和哲学思想。本书共选150余条札记,内容占原书的1/7。收入"中国古代笔记小品丛书"。(张亚雅)

B000063　**顾亭林文选**　华忱之选注。四川人民出版社1998年11月版。30万字。26.00元。顾炎武,号亭林,明清之际杰出的学者。一生坚守民族气节,为抗清复明而奔走南北。其诗文,皆"关于六经之指,当世之务"。因其博涉经史,兼有清初文网之忌,注释其文之难,不独在于注出词语的典故、出处,尤在于钩稽词语的本事及用典之贴近现实。本书选文百篇,重点在有关顾亭林生平、思想、抗清活动和文学活动的作品。上卷为论、序、记、行状、墓志铭、谒文等,下卷为书札。以类相从,各按写作年月先后为序。其题解、注释,除探究题旨、诠释文义、标举词语及典故出处外,力求注出词语本事及背景材料,并考订文中有关人士的生平经历。(杨宗平)

B000064　**梁启超和中国古代学术的终结**　蒋广学著。江苏教育出版社1998年6月版。31万字。16.70元。作者认为,梁启超是一位伟大的历史哲学家,他的世界观是西方进化论与佛家业力轮回说、道家自然说、儒家明心见性说、墨家非命说的结合,故"天地与我并生,而万物与我为一"成了他人生不变之信条,梁启超的学术思想以"解放"为特征。他不忘政治家之使命,又保留书生之本色,他的学术亦愈来愈闪耀着生命的光彩。作者打通文、史、哲的壁垒,融合百科而治之,其文章充满激情与哲理。(任晖)

B000065　**康有为评传**　马洪林著。南京大学出版社1998年12月版。36.7万字。29.00元。对近代中国改革思想家康有为作多侧面全景式研究。以"一个向西方学习的先进中国人"为坐标,以民主主义先行者为路向,展示传主的心路历程,剖析他的思想特色。中国传统文化是其民族根本,世界优秀文化是其常青枝叶,而改造中国社会重建文化价值系统是其思想硕果。其富有创意的新学伪经、托古改制、公羊三世、虚君共和、物质救国、大同学说等思想构架,不仅在中国近代史上掀起激荡的维新思潮,而且把中国传统文化引向现代推向世界。收入"中国思想家评传丛书"。(范瑜)

B000066　**三松堂自序**　冯友兰著。人民出版社1998年11月版。34.4万字。27.00元。三联书店1984年竖排版《三松堂自序》的第二次校勘本(第一次校勘于1985年,横排版,收入河南人民出版社出版《三松堂全集》)。本次校勘,作了一些重要的订正。如对于时间差错的订正,对于作者记忆不准确之处的订正等等。原书中所述时间的下限为1982年,现书后附录增加了《冯友兰先生1983—1990年年谱简编》,约9万字,使其时间下限得以延长。为反映作者的精神风貌及有关史实,书前照片及说明文字也有一些调整和变化。例如原来照片为10张,现增为11张。原首张照片是作者1981年10月的一张生活照,现更换为80年代末期的肖像照,更见其晚年的风度。(王粤)

B000067　**中西文化与20世纪中国哲学**　上海中西哲学与文化比较研究会编。学林出版社1998年7月版。18.5万字。11.00元。全书分"主题论坛”、“传统反思”、“西学探源”、“海外论坛”、“学术对话”等 7 部分，共辑入《哲学思考的自我回顾——张岱年先生访谈录》、《东西慧梦几时圆——世纪之交的文化寄语》（萧萐父）、《儒家的理想人格和现代新人的培养》（丁祯彦）、《儒学的形上意义》（杨国荣）、《实用主义对理性和文化传统的看法——从罗蒂谈到杜威和胡适》（张庆熊）、《胡塞尔论“意向对象”》（崔伟闵）等文章 20 余篇。综合上述文章，概括两点：第一，中国哲学必然通过自我批判的反思和历史教训的总结，从根本上走出单一政治化的旧格局，更好地恢复和实现其固有价值。第二，中国哲学和文化的未来发展，应当更好地实现中国传统文化的现代化和西方先进文化的中国化。中国民族文化的进一步发展和中西哲学智慧的互补合流，是任重而道远的。（乐清）

B000068 **贺麟新儒学思想研究** 宋志明著。天津人民出版社 1998 年 4 月版。20.5 万字。19.00 元。“现代新儒学研究丛书”之一。在简述贺氏学术生平的基础上，论述其中西文化观、新黑格尔主义和宋明理学特别是陆王学派对他的影响，在对中国近现代哲学的梳理批判中，贺氏认定现代新儒学于中西哲学史有充分的根据，它将成为中国哲学发展的主流。他在总结现代新儒学思潮发展历程的基础上，竖起了“新心学”的旗帜，总结了梁漱溟、冯友兰、熊十力、马一浮、方东美、牟宗三等人理论成果和思维教训，使“新心学”理论体系更臻于完善。其内容包括：心理合一的逻辑主体论；直觉、逻辑与辩证法缺一不可、相互补助的哲学思想方法论；自然的知行合一的意识现象学；理、欲、势合一的现代新儒者人格论等。贺氏认为，一个哲学家在从事哲学思考的时候，离不开直觉的方法、理智分析或逻辑分析的方法、辩证的方法；每个哲学家可能偏重于其中一种方法，但并不能仅用一种方法。自然的知行合一说包含着三个基本命题，即“知行同是活动”、“知行永远合一”、“知主行从”，有贬行重知的倾向。自然的知行合一观是他重塑儒者形象，阐发儒家理论的重要理论支柱。力图把理性、人情、时代三者统一起来，形成关于儒者人格的新理论。（盛家林）

B000069 **我的哲学思想** 副名：当代中国部分哲学家的思想自述。韩民青、夏永翔编。广西人民出版社 1998 年版。51 万字。由当代 41 名中国哲学家的自述所组成。哲学家们敞开心扉，从求学入门，到艰辛探究，从观点确立到逐步成熟等方面，进行生动的描述。如张岱年的《新综合哲学要旨》；高清海的《从抽象虚幻之人走向现实具体的人》；俞吾金的《认识论之元批判》；韩民青的《物质进化论的人本哲学》等都具有较高学术价值。本书 1994 年 7 月初版，此版对部分文章作了修改。（区向明）

外国哲学

B000070 **东方哲学的故事** ［斯里兰卡］L·A·贝克著。江苏人民出版社 1998 年 1 月版。50 万字。22.90 元。这是一本西方人介绍东方哲学的形成、主要哲学家、理论观点的通俗读物。内容有：印度哲学的起源，瑜珈师其人，《薄迦梵歌》与高级意识，佛法与人，西藏的《死经》，孔子的人格及其学说，孔子的哲学思想，老子及其“道”，庄子的幽默思维，孟子及其理想等等。作者在介绍东方哲学的同时，力图昭示一种理念：东方生命智慧将是拯救现代西方文明走出困境的参考价值系统。（丁嫣霞）

B000071 **现代东方哲学** 黄心川主编。浙江人民出版社 1998 年 11 月版。45.6 万字。36.00 元。系统介绍三大哲学体系（印度哲学、阿拉伯哲学、中国哲学）在当代东方的发展情况和未来趋势。覆盖的范围有东北亚、南亚、西亚北非、东南亚四个地区，涉及的国家有印度、日本、巴基斯坦、朝鲜、韩国、越南、斯里兰卡、新加坡、泰国、缅甸及阿拉伯诸国，对上述国家在二战以后出现的哲学潮流、派别、组织、代表人物、影响等作了比较系统的阐述，对那些已经死亡或者陈腐的唯心主义、神秘主义观点，作了符合历史唯物主义的批评。

B000072 **20 世纪西方哲学东渐问题** 黄见德著。湖南教育出版社 1998 年版。31 万字。21.10 元。系“20 世纪中国学术问题研究丛书”之一，分上下两篇。上篇主要阐述 20 世纪西方哲学东渐历程及问题，下篇则集中对其问题进行反思。上篇回顾 20 世纪西方哲学东渐的历程，并作了分期：19 世纪末与 20 世纪初西方哲学全面启始东渐期（1898—1915）；五四前后的首度繁荣期（1915—1927）；在历史的山重水复中艰辛传播期（1927—1949）；曲折期（1949—1976）；现代化建设时期的再度繁荣期（1979—现今）。全面展示 20 世纪西方哲学东渐错综复杂、曲折多变的历史真实。下篇深入探讨西方哲学东渐与中国传统哲学变革、西方哲学东渐与哲学为政治服务、西方哲学东渐与马克思主义的关系等方面的问题。（孟可文）

B000073 **西方哲学论集** 陈启伟著。辽宁大学出版社 1998 年 4 月版。40 万字。25.00 元。收录作者从 1959 年到 1997 年曾在报刊上发表或在学术会议上印发的有关西方哲学的文章 30 篇。有《对洛克两种性质学说的一些理解》、《斯宾诺莎与自然神论及泛神论》、《康德关于认识对象的学说》、《黑格尔〈法哲学〉中的国家学说》、《略述狄德罗早期的有神论思想》、《毕希纳的唯物主义》、《论 G・E・穆尔的实在论思想》、《论马赫的经验论》、《黑格尔论国家》、《霍恩・图克与西方哲学"语言转向"的先兆》、《诗人柯勒律治的哲学思想》、《马赫论假说和归纳》等等。收入"学术思想评论文丛"。(张露丽)

B000074　**逻各斯与空间**　副名:古代希腊政治哲学研究。洪涛著。上海人民出版社 1998 年 3 月版。22 万字。21.00 元。系统研究古希腊政治哲学的专著。作者对西方文化的源头——古希腊精神作独到的理解和研究。把古希腊政治文化和政治哲学归结为两个基本范畴——"逻各斯"与"空间",对从城邦时期的希腊政治传统到亚里士多德的政治哲学作系统解读,把希腊政治哲学看作是对"起源"的追忆和遗忘两种趋势并存和消长的过程。收入"当代中国哲学丛书"。(施宏俊)

B000075　**开端与终结**　[俄]列夫・舍斯托夫著,方珊译。云南人民出版社 1998 年 4 月版。32.6 万字。18.00 元。系"俄罗斯白银时代文化丛书"之一。作者的一本重要文集,集中地反映了舍斯托夫学术生涯中的一个主要特色——把哲学问题和文学问题联为一体。他用文学批评的形式消解传统哲学的思辨性质,用对真理的执着追求来揭示文学的深刻人生意蕴,从而对迷惘茫然、醉生梦死的现代人发出了沉痛的哀号,它给昏迷不醒、麻木不仁的现代西方社会启示真理的新的一维。全书分成两部分,第一部分集中谈哲学问题,第二部分是由三篇评述契诃夫、陀思妥耶夫斯基、别尔嘉耶夫三位著名人物的文章组成。(蔡育曙)

B000076　**自我认知**　副名:哲学自传的体验。[俄]尼・亚・别尔嘉耶夫著,汪剑钊译。云南人民出版社 1998 年 4 月版。25.3 万字。16.50 元。系"俄罗斯白银时代文化丛书"之一。为俄国著名哲学家别尔嘉耶夫的哲学自传。作者不是按照时间顺序罗列所经历的具体事件和生活场景,而是记述其精神和哲学观发展的历程,总结他的几次思想裂变。他将世界历史的整个过程,将个人生活的各个事件,都当作宇宙的一个部分、当作自己的精神道路来体验,把世界的命运当成自己个人的命运来看待,试图解决人和人类的命运问题。他用一种超越的眼光审视周遭世界。(蔡育曙)

B000077　**因果观念与休谟问题**　张志林著。湖南教育出版社 1998 年版。26 万字。16.40 元。分 5 章:"回顾与探索"、"因果关系的界定"、"上帝掷不掷骰子"、"科学推理:哲学的魅力与神话"、"因果律、自然律与科学解释"。凭借语言分析和案例研究的双重方法,立足于重要经典文献和当前研究现状,提出了因果关系、因果描述、决定论描述、因果律、因果式自然律、因果解释等一系列新的定义,有根有据地对许多流行观点提出有趣的反驳。作者重新发现了长期被哲学界遗忘的"休谟因果问题",并尝试性地提出一种独特的解决方案。收入"中国科学哲学论丛"。(孟可文)

思维科学

B000078　**大奇迹——爱因斯坦成功的思维方法**　彭健伯著。四川科学技术出版社 1998 年 1 月版。31.5 万字。19.80元。再现爱因斯坦创造科学奇迹,以及成功地运用逻辑思维方法、形象思维方法和创造思维方法,并将上述三法融于整体性、系统性之中,构成本书主要内容。以开发创造力迫切需要思维方法、思维方法是开发创造力的有力工具以及创造力的实现途径这三个方面为先导,以勤奋篇、方法篇、道德篇、成材篇为框架,勾勒出爱因斯坦的人生轨迹和成功地运用科学思维方法为人类科学进程做出的伟大贡献。(丁大镛)

B000079　**当代哲学思维**　副名:比较与反思。张周志著。陕西人民出版社 1998 年 12 月版。30.5 万字。17.00 元。研究思维方式的哲学专著。分 3 篇:导论阐述思维方式比较研究在当代的现实意义;上篇在对哲学思维方式概述之后,从多角度进行中西思维方式的比较研究;中篇对百年来中国哲学思维方式的历史沿革进行追溯,分析当代哲学思维方式重建的新起点和发展趋势;下篇横向统观了当代哲学思维的各种流派与思潮。(雷波)

B000080　**形象思维史稿**　李欣复著。山东教育出版社 1998 年 5 月版。42.10 万字。20.90 元。对人类的思维史作了纵向梳理和历时演进的研究,根据大脑发展水平和生产、生活留下的地下考古材料以及观念意识发展变化的综合分析,明确概括为四个阶段:原始文明、农业文明、工业文明和现代电子信息化文明四个时代。在方法论上有新的突破,法国学者列维·布留尔的《原始思维》和列维·斯特劳斯的《野性的思维》等采用的是“以今证古”的方法，而作者则采用“以古证古”和“以古释古”的方法。“以古证古”的方法更为贴近，结论更能令人信服。（刘连庚）

B000081 **灵性思维丛书** 王颖著。中国青年出版社 1998 年 1 月版。63.8 万字。41.00 元。分为《大系统思维论》、《大成功思维论》、《大解脱思维论》3 册。《大系统思维论》分上下两部。上部主要内容有：人类思维与认识的误区，多原因与多结果论，充分认识原因与结果的复杂性，建立大系统的思维概念，混沌是大系统的灵魂，面对着混沌该怎样思维等。下部主要内容有：三大战役发起前两年情况分析，辽沈战役的经过，淮海战役两个阶段的经过，三大战役的总结等。《大成功思维论》分上下两部。上部主要内容有：古代学者、近代学者使用的思想方式，科学发现的思维周期规律，美感思维，科学研究中的异向思维等。下部的主要内容有：量子力学的初创阶段，量子力学理论的建立，量子力学带来的新观念，量子力学的未来与展望等。《大解脱思维论》主要内容有：追求解脱是人生的一大目标，佛教、道家、儒家与耶教对解脱的认识，解脱的种种方法，关于觉新三兄弟等人的解脱等。（常成）

B000082 **思维艺术原理** 金建国、李云昭著。云南大学出版社 1998 年 8 月版。24 万字。18.00 元。研究思维艺术的综合性著作。分为三篇。第一篇，思维艺术的效应。下设 3 章：第一章，导言；第二章，介绍思维的主体与客体及其关系；第三章，介绍思维的方式与思维方法。第二篇，思维艺术的风采。下设 4 章：第四章，介绍抽象思维与抽象思维艺术；第五章，介绍形象思维与形象思维艺术；第六章，介绍灵感思维与灵感思维艺术；第七章，介绍创新思维与创新思维艺术。第三篇，思维艺术的呼唤。有 3 章：第八章，介绍思维艺术教育；第九章，介绍思维艺术的优化；第十章，介绍思维艺术的运用。学术性与操作性、理论性与运用性并重，架构了思维艺术的体系。（冯峨）

B000083 **藏传因明概论** 祁顺来著。青海人民出版社 1998 年 8 月版。30 万字。19.00 元。依循通行因明论典，所用例句皆是当代社会生活中常用的物质与知识；在以古撄今、征圣宗经方面，闪烁着现代科学之光。按照《因明七论除暗庄严疏》开宗明义。在“心类学”方面，主要遵循巴达瓦著《摄类学总义宝炬》；在“因类学”方面，依据《项泽教程》。在第五章第八节专谈辩论方式，内容有：主论者、驳论者和证人、辩论的时间与地点、怎样辩论、怎样区分胜负等。（龙智多杰）

B000084 **人之常情** 赵汀阳著。辽宁人民出版社 1998 年 4 月版。14 万字。13.00 元。作者对传统的伦理规范、伦理学理念提出质疑。以一个思想者的诚实感觉，论述自己的伦理学主张，即一种不同于规范伦理学的理论。收入“道德观点丛书”。（朱枫）

B000085 **中国传统道德** 刘献君主编。华中理工大学出版社 1998 年 10 月版。26 万字。12.00 元。针对广大青少年的状况和特点，从道德哲理、道德与政治、传统伦理、传统道德、人与自然等方面系统介绍中国传统道德理论；从修身之道、道德教育传统等方面，介绍中国传统道德的实践；从儒家伦理、道德哲理、佛家心理的角度对儒道佛三家进行介绍。（陈晓娟）

B000086 **20 世纪中国伦理思潮问题** 唐凯麟、王泽应著。湖南教育出版社 1998 年版。38 万字。24.70 元。系“20 世纪中国学术问题研究丛书”之一，共 8 章：第一章“20 世纪中国伦理思潮概说”；第二章“自由主义的西化派伦理思潮（一）”；第三章“自由主义的西化派伦理思潮（二）”；第四章“现代新儒学伦理思潮（一）”；第五章“现代新儒学伦理思潮（二）”；第六章“马克思主义伦理思潮（一）”；第七章“马克思主义伦理思潮（二）”；第八章“建设跨世纪的新的中国伦理文化”。对中国伦理文化和中国社会影响深远的程度作了分析，认为构成 20 世纪中国伦理思潮主旋律的当推自由主义的西化派、现代新儒家和马克思主义三大家。全书立意于建设跨世纪的新的中国伦理文化的时代使命以及总结百年来伦理文化建设正反两方面经验教训的特定要求，试图从宏观总体与微观具体相结合的角度审察反思三大伦理思潮，坚持从历史的动态把握中去寻求理论的答案，在理论的分析阐发中展现出历史的轨迹与内容。（孟可文）

B000087 **传统与现代逻辑概论** 梁庆寅主编。中山大学出版社 1998 年 5 月版。28.5 万字。19.80元。高等学校本科生教材。概括逻辑学对于培养大学生综合素质的独特作用，并用专章作分析。突出逻辑方法，着重阐述现代形式逻辑和现代归纳逻辑的方法。分析传统逻辑的价值和局限，引进现代逻辑知识。（施国胜）

B000088 **守望良知** 副名：新伦理的文化视野。肖雪慧等主编。辽宁人民出版社 1998 年 7 月版。36.1 万字。24.00 元。分 4 编，16 章，系统阐述道德价值论、伦理文化的社会运行机制、伦理文化与个人生活以及中国当代伦理文化的建构等。在目前开放的社会中，探寻新的开放道德原则，并指出当代伦理文化建构的基本原理，即：人道原则、互利原则、公平原则、进取原则以及协调发展的原则。为提高21世纪国人的整体道德素质，还对道德教育、道德控制系统、道德修养、人格模型、社会赏罚及传媒的导向等诸方面问题作深入讨论。作者确认人生哲学、人伦、人道主义是开放伦理的最后根据，强调人是"道德主体"、"人是目的"，并把这一哲学观点贯穿全书。(王峰)

B000089 **走近崇高** 言冰著。河北人民出版社1998年12月版。10万字。9.60元。以优美的笔触，总结中国古代人眼里和西方人眼中的崇高观念，提出作者对崇高这一观念的理性思考：崇高的本质是什么，崇高与人格的关系，崇高与利他是否相矛盾。阐述有理有情的人拥有崇高，体现在兼有仁智勇艺等方面。系"精神家园书丛"之一。(李剑霞)

B000090 **德化的视野** 副名：儒家德性思想研究。葛晨虹著。同心出版社1998年1月版。21.2万字。18.00元。用马克思主义的历史唯物主义的观点和方法分析儒家的思想，并给予客观的评价。从整体上把握德性思想在儒家思想体系中所占有的地位和作用。对儒家德性思想中，究竟以什么为出发点、以什么为原则、以什么为方法等问题，作了论述。(王小云)

B000091 **不合时宜的思想——关于革命和文化的思考** [俄]高尔基著。江苏人民出版社1998年1月版。20万字。15.00元。高尔基的论文集。论文探索了革命与人道主义，革命与文化、民主、法制建设，革命与知识分子命运等之间的重大关系，并对俄国社会的方方面面进行透视。内容包括：抨击第一次世界大战对俄国文明的摧残，对人类良知的毁灭，对仇恨的培育；控诉沙皇俄国社会的黑暗、野蛮、残暴；批判粗鲁、贪婪、懒惰、奴性十足的俄国国民性；呼吁暴力革命后人性的回归以及仇恨、敌视的消除；竭力推崇知识、科学、艺术、文化在完善人性上的作用；肯定知识分子在社会生活中的巨大作用；对社会主义建设提出一系列宝贵意见。(丁嫣霞)

B000092 **中华百家人生智慧丛书** 郭齐勇主编。武汉出版社1998年5月版。120万字。78.00元。从人生的角度，阐释中国历史上出现的儒家、道家、墨家、法家、兵家、纵横家以及禅佛等各流派的人生哲学和处世智慧，对其分卷作了阐释和介绍。中国哲学和人文精神中，蕴藏着丰富的处世思想，如儒家的"中庸之道"、人生的穷达观、克己复礼等，道家的知进知退、知隐知显、无为而无不为等，墨家的摩顶放踵、自苦为极、救世情怀等，法家的人性本恶、依法度规范人欲等，兵家与纵横家的一些人生谋略，以及中国化的禅佛的一些人生智慧等，构成中国古代文化的一道绚丽风景，并融入中国人的人生精神和人生形式之中。(邹德清)

B000093 **中国人生精神** 郑晓江、程林辉著。广西人民出版社1998年版。31.3万字。25.00元。分为"中国人生精神的建构"、"中国人生精神的发展"、"中国人生精神的转换"三大部分，共19章。从中国先秦诸子的人生理论一直写到伟大革命先行者孙中山先生的人生学说。第一部分写先秦诸子的人生精神及理论流派，包括孔子的"仁爱世界，儒者胸怀"，老子的"静虚淡泊，返璞归真"，墨子的"摩顶放踵，赴汤蹈火"，孟子的"乐以天下，忧以天下"，庄子的"重生厌世，安时处顺"，荀子的"宇宙之光，万物之灵"及韩非的"风波迭起，直面人生"。第二部分写秦汉至明的人生理论与精神。包括董仲舒、李白、杜甫、苏轼、朱熹以及魏晋时期、《列子》、佛教、道教的人生理论与精神。第三部分写清至民国初年的人生理论与精神，包括清初实学家、康有为、谭嗣同、孙中山的人生理论与精神。通过梳理发掘中国古代近代人生学说的主要内蕴，溯其源、探其流、辨其优、考其失，为现代中国人创立新的人生观寻求某些积极的历史价值，同时揭示其中的消极因素，以为现代人之鉴。

B000094 **追问信仰** 刘建军著。河北人民出版社1998年12月版。21.4万字。16.00元。从理论、哲学的高度，对信仰这一精神现象进行分析和研究的通俗理论读物。对什么是信仰、信仰的主体心态、作为信仰对象的理想、信仰方式、信仰作用等问题，作了概述，针对一些实际问题，诸如：信仰与迷信、影响信仰的因素、人生信仰的确立、走入与走出信仰危机、相信理想与相信实现理想的道路、权力崇拜、明星崇拜、金钱崇拜等，进行了分析与批判。系"精神家园书丛"之一。(李剑霞)

B000095 **职业道德和经济法律知识** 张梦欣、欧阳青著。中国劳动出版社1998年7月版。12.6万字。8.90元。根据再就业人员重新上岗、创业的需要，介绍社会主义职业道德和法律知识。职业道德和法律知识是相互作用、相互影响、相互渗透、相互补充的两类社会规范，都是调整人们行为的规则和尺度，也是广大劳动者必备的基本素质。作者针对再就业人员的实际，着重介绍社会主义职业道德的核心与基本规范，讲述关于三大产业职业道德建设、社会主义职业道德培养等问题。还从经济法律方面帮助再就业人员了解和掌握社会主义职业道德的基本要求和内容，用职业道德规范自己的行为，从而提高自我管理、自我约束和辨别善恶、美丑、荣辱的能力。在法律知识部分详细介绍《反不正当竞争法》、《产品质量法》、《消费者权益保护法》、《税收法》、《经济合同法》、《劳动和社会保障法》，旨在提高再就业人员的法律意识和法制观念，自觉遵守宪法，同时运用法律的武器保护自己的合法权益。（魏丽君）

B000096　**孝经译注**　汪受宽撰。上海古籍出版社1998年9月版。12.5万字。8.20元。《孝经》是中国文化史上最重要的典籍之一。它全文不过1800余字，但在中国古代社会生活中的作用却是巨大的，是古代以“忠孝”为核心的伦理道德和社会规范的集中体现。两千年来，上至帝王将相，下至黎民百姓，广为传诵，影响所及，远至异族异国。本书译注者以深厚的文化底蕴，通过周详浅近的解说和清新雅致的译文，反映了原著的精神。（卢守助）

B000097　**底线伦理**　何怀宏著。辽宁人民出版社1998年4月版。18万字。15.00元。阐发一种普遍主义的底线伦理学。作者认为，在现代多元的社会中，人们可以追求各式各样相当奇异的目标，做各式各样相当奇异的事，但有一些最基本的行为准则和规范是所有人都应遵循的，即所谓道德底线。作者围绕这一概念从个人义务与社会主义两方面作了阐述。收入“道德观点丛书”。（朱枫）

B000098　**为人处世与《三国演义》**　严钦著。广西民族出版社1998年1月版。18.2万字。12.50元。为“为人处世智慧丛书”之一。分“伦理道义”、“防人戒己”、“道德品格”、“创业立身”、“治国报国”、“养生”6章。每章从《三国演义》中选取几个人物和事件，从当代中国人们的生活角度出发作借古鉴今的评议，并以大量的现实生活事件为例，告诫人们如何从古人的思想和行为中吸纳有益的东西来不断修正自己为人处世的生活准则。（包晓泉）

B000099　**为人处世与《战国策》**　宁健、朱滨著。广西民族出版社1998年2月版。17万字。11.50元。为“为人处世智慧丛书”之一。作者根据《战国策》的故事，运用行为学、心理学和社会学等现代科学理论，分析其中的外交活动尤其是游说活动；阐发君主谋臣妙语精言；总结他们成功与失败的教训，以挖掘其中的积极意义和实用价值，昭示为人处世的道理及方法。书中描写的外交活动，在当时主要是通过人际交往表现出来的，其得失成败的经验教训，对于人们搞好社交活动，完善人际关系具有借鉴作用。书中一些有为的君主和谋士所提出的招贤用才的手段和方法，对于正确人才观的形成和发挥人才在现代化建设中的积极作用具有参考价值。（林海容）

B000100　**为人处世与《菜根谭》**　黄家章、黄慧锦著。广西民族出版社1998年1月版。20万字。13.50元。《菜根谭》系札记警句式的集子，本书采用一述一议的方式，以为人处世的主题把握《菜根谭》的思想实质。在体例上分为5部分，即：修身自省篇、应酬交际篇、评世议人篇、闲适逍遥篇和为人处世篇，与《菜根谭》分为修省、应酬、评议、闲适、概论五部分大致对应。系“为人处世智慧丛书”之一。（张丹竹）

B000101　**为人处世与《增广贤文》**　卓铭、得玉著。广西民族出版社1998年2月版。16.5万字。11.50元。为“为人处世智慧丛书”之一。《增广贤文》这部古代蒙学典籍，通篇叙述待人接物、言谈举止、读书冶性、当家理财、交朋结友、做事为官等诸多的伦理道德。在这些伦理道德中，有不少是以历代封建社会形成的道德为标准的，但也有许多是几千年流传下来的中国人民的良好的传统的道德情操。作者用现代人的眼光，用当代中国精神文明建设的尺度，去重新审视《增广贤文》这部古代的哲学，剔其糟粕、取其精华，阐述新的意义。（黄启周）

B000102　**正义与智慧**　吕建华、傅振华、赵国华编。青岛海洋大学出版社1998年8月版。11.7万字。8.00元。共4编，由200余个故事组成。第一编，避险或脱险的艺术；第二编，回击刁难、侮辱或灭威风的艺术；第三编，治罪或纠偏的艺术；第四编，作战取胜的艺术。每个故事都设有两种问题：一种是所用斗智方法种类的判断，要求从每编的“方法集锦”中寻求答案；另一种是谜，要依据故事中所暗示的条件，开动脑筋，才能解得开。（段峰）

B000103　**我不是教你诈**　[美]刘墉著。接力出版社1998年9月版。11.7万字。10.00元。通过17个生动的故事告诉读者，在诡谲多变的社会里，要遵循工作伦理，掌握处世的原则，透过现象看本质，避免出错，学会圆融、达观、包容的处世之道。（夏蓓）

B000104　**我们都住在神的近处**　万俊人著。辽宁人民出版社1998年4月版。13万字。9.80元。作者指出，作为人类，我们都生活在人的世界，而就人生的意义而言,我们希望过一种好的生活,有一个善的人生。这样看来,我们的人生世界其实并不是外在动物世界与神的世界中间,而是离神的世界更近。无论我们是否相信神和神的世界的真实性,也无论我们是否需要某种道德乌托邦的理念,只要我们还认同人性并坚持人的信念,我们都不能不相信道德,心存道德,行以道德。收入“道德观点丛书”。(朱枫)

B000105　**思想道德修养教程**　罗国杰主编。中央广播电视大学出版社1998年4月第二版。33.2万字。18.50元。系广播电视大学思想政治、品德教育的统编教材。设电大学生的历史使命、基本国情和基本路线教育、人生观教育、道德教育、社会主义民主与法制教育五篇。教材的第二版按照十四届六中全会决议、十五大的思想和近些年我国道德建设发展的实际情况,以邓小平理论为指导,对有关道德建设的几章作补充和删减,阐明社会主义道德建设的核心、原则、基本要求以及社会公德、职业道德和家庭美德等。(商恩礼)

B000106　**略论自我完善**　刘志、王业扬著。解放军出版社1998年10月版。10万字。11.50元。从马克思主义的立场、观点出发,在吸收前人研究成果的基础上,结合当前社会生活现实,研究和探讨“自我完善”的理论基础、内在动因、目标内容、途径方法等。作者借鉴了中国古代关于思想道德修养的有关内容,对在发展社会主义市场经济的历史条件下,如何抵制拜金主义、个人主义、享乐主义的影响进行了探讨。(郭莹)

B000107　**大众审美情趣丛书**　邓晓芒等著。湖北人民出版社1998年9月版。100万字。丛书共4种。邓晓芒著《灵魂之旅——九十年代文学的生存境界》,着重对90年代中国长篇小说进行哲学梳理,指出90年代小说中的生存审视,展现了中国思想进化的历史,从而得“文学真正的独立,是以个体人格的独立为前提”之结论。李西建著《重塑人性——大众审美中的人性嬗变》,侧重在对人性进行现实的和历史的审读,以寻找确立新人性的可能性、现实性、必要性和策略性。刘士林著《变徵之音——大众审美中的道德趣味》,通过辨析道德趣味成为审美可能,揭示道德趣味演变的轨迹,剖析了知识分子“志难酬”和“流氓无产者”现象对大众审美的破坏与影响。刘清平著《情理利欲——大众审美中的文化反思》,以幽默、调侃的笔调,深刻地洞察现实中种种现象背后的文化根源与文化动机,围绕情、理、利、欲四个概念,批判地叙述它们从历史到现实、从文化到现实的历程。(刘冠军)

B000108　**中国古典美学史**　陈望衡著。湖南教育出版社1998年版。99.5万字。53.50元。分5编48章。论述自先秦老子为始、晚清王国维为终的中国古典美学的发展历程,揭示中国古典美学思想发展的逻辑进程。其特色如下:(一)把握中国古典美学的整体特色,认为中国古典美学的特色在于它在几千年发展的过程中形成一套独特的理论体系。即以“意象”为基本范畴的审美本体论系统;以“味”为核心范畴的审美体验论系统;以“妙”为主要范畴的审美品评论系统以及真善美相统一的艺术创作论系统。(二)以论带史,以史证论,阐述对中国古典美学发展史分期的看法。先秦:中国古典美学的奠基期;汉、魏晋、南北朝:中国古典美学的突破期;隋、唐、宋:中国古典美学史的鼎盛期;元、明:中国古典美学的转型期;清:中国古典美学史的总结期。界定了中国古典美学史的历史时域:从先秦老子为始至晚清王国维为终;从奠基而至突破再至于鼎盛。盛极而变,于是有了转型期,有了总结期,大致勾勒出中国古典美学的演进过程。(孟可文)

B000109　**周来祥美学文选**　周来祥著。广西师范大学出版社1998年8月版。160万字。其内容分美学原理、文艺美学、中国美学、西方美学、中西方比较美学等五大部分,反映了作者“美是和谐”美学思想的整个体系和研究的总体风貌。每部分按专题予以类编,如美学对象论、美学方法论、美是和谐论、美学体系论、艺术审美本质论、艺术形态论等。从每一专题中又能见出作者思想发展、变化的历史轨迹,以说明作者美学思想的来龙去脉。作者的美学体系和方法,总的倾向和精神是由抽象指向具体、由理论指向实践、由历史指向今天、由古典的和谐美经近代崇高,逻辑必然地走向现代辩证的和谐美,由古典主义艺术经近代崇高型艺术,历史必然地走向社会主义新型的美的艺术。(肖星明)

B000110　**审美与人生**　副名:当代中国美学理论建设的思考。杨恩寰著。辽宁大学出版社1998年5月版。35万字。20.00元。文集。以当代中国美学理论建设为主题,涉及不同层面、领域和问题,并各有侧重,内容分五部分:第一部分,当代中国美学理论建设的基础性研究,论及的内容和观点有:1.以马克思主义历史唯物论作为美学理论和方法论基础,特别强调历史唯物主义实践观点作为美学研究的理论和方法论基础;2.对马克思提出的“美的规律”以及有关论述的理解和阐释;3.审美(经验)机制研究;4.审美教育研究;5.审美人生研究;6.审美起源研究。第二部分,当代中国美学理论和方法论观点分歧的审辨。第三部分,当代中国美学对现代西方哲学美学、心理学美学的引进与融合。第四部分,当代中国美学理论建设与朱光潜美学。第五部分,通过跋序形式表达对当代中国美学理论建设的新思路、新理解、新观点。作者认为,美学研究中应关注审美与人生关系的研究,人生是审美的根基,审美是人生的升华。(张露丽)

B000111 **审美心理描述** 滕守尧著。四川人民出版社 1998 年 3 月版。33.5 万字。23.00 元。对美学和艺术学的有关问题,作生动的描述,其主要内容有:在欣赏一幅艺术品时为什么会有愉快感,审美愉快与普通快乐有什么不同,审美经验涉及哪些心理作用,观看一幅艺术品的整个心理过程是怎样的,艺术符号与普通符号有什么不同,艺术的模糊性和多义性的审美机制是什么,审美教育涉及哪些心理能力,如何培养人的审美情趣和提高人的艺术素质等。(李洪烈)

B000112 **视觉思维** 副名:审美直觉心理学。[美]鲁道夫·阿恩海姆著,滕守尧译。四川人民出版社 1998 年 3 月版。35 万字。21.00 元。深入探讨了视知觉与形象思维的关系,通过对眼睛在观看事物时具有分析、综合、补足、纠正、比较、结合、分离,以及从背景中突出某物等能力的描述,证明视觉本身就具有积极探索、选取、抽取、把握本质等思维能力,解答了当今关于"形象思维"和"直觉"的讨论中遇到的难题,证明科学思维与艺术知觉之间没有鸿沟,艺术事业与科学事业在高层次上有本质的一致性。(李洪烈)

B000113 **美学与艺术教育** [美]帕森斯·布洛克著,李中泽译。四川人民出版社 1998 年 10 月版。15 万字。18.00 元。本书是美国推行的多学科艺术教育构想的产物,是将美学融合到艺术教育的专著。其基本宗旨是:美学或艺术哲学是一门人文学科,讲授这一学科的主要目的在于提高学生的艺术理解能力和艺术鉴赏能力。本书论述美学、艺术、观众、艺术家、外部世界、多元文化、历史和文化语境等等范畴之间的相互关系,探讨了美学在课堂上的有效讲授方法与操作途径。(李洪烈)

B000114 **美学与现代性** 吴予敏著。西北大学出版社 1998 年 5 月版。19.4 万字。16.00 元。共 6 章。分别阐释 20 世纪美学理论、生存世界与符号世界、社会分析与人文批判、现代科学思维与美学、审美的现代性和当代美学景观等问题。作者认为,随着人类生存境遇的改变,人的审美方式也必然发生变化,研究人类审美活动的美学,必然也要反映这种变化;美学的现代化是一个渐进的过程;20 世纪美学的现代化基本上是沿着人本主义和科学主义两个根本思路而分别得到发展,从而形成当代美学的新格局。作者在历史和空间的视野中充分阐发了传播美学、符号美学、语言美学、生态美学的内涵,突出"符号—交流"系统、社会文化系统与审美的关系,论述现代美学的主流支脉,并对中国美学的现代性及当代美学景观进行整体透析和前瞻性把握。(何惠昂)

B000115 **美学理论** [德]阿多诺著,王柯平译。四川人民出版社 1998 年 10 月版。50 万字。29.00元。作者坚持否定辩证法与文化批判等方法,在贯通古今的多维度中论述美学理论。审视和梳理了美学各大范畴中主要理论学说所存在的问题与疑虑,揭示和批评了当代文化产业的各种弊病与可能后果。(李洪烈)

B000116 **人类的学习** [美]爱德华·L·桑代克著,李月甫译。浙江教育出版社 1998 年 6 月版。13.3 万字。8.00 元。联结主义创始人桑代克的代表作。当前人们研究学习现象时常常提到的联结学习,其原理最早就源自该书。作者以通俗易懂的实验方法,多角度地阐释人类学习的实质是心理联结。收入"20 世纪心理学通览丛书"。

B000117 **中国心理学史** 燕国材著。浙江教育出版社 1998 年 5 月版。74.5 万字。48.00 元。叙述中国心理学的历史发展、演化过程及理论特点。采取纵向研究法,按照历史顺序就某位思想家或某个问题加以剖析,清晰展现心理学思想发展的历史线索。在剖析某一思想家或某一著作的心理学思想时,以其普通心理思想为主,也论及其教育心理思想。编写体例主要是:心理学的基本观点(形神观、心物观),知虑心理思想,情欲心理思想,志意心理思想,性习心理思想,教育心理思想(学习心理思想、德育心理思想、差异心理思想、教师心理思想)。收入"世纪心理学丛书"。丛书撰稿人是海峡两岸当代心理学各学科的著名学者,每卷均以个人专著形式出版。丛书所涵盖的范围力求包括现代心理科学领域内的理论、应用、方法等各种科目;在内容与形式上力求臻于学术水平,符合国际体例,即在撰写体例上努力符合心理学国际通用规范;在组织架构上努力涵盖属于学科最新的理论和方法;在资料选取上注重其权威性。

B000118 **心理学史(上、下册)** [美]托马斯·黎黑著,李维译。浙江教育出版社 1998 年 12 月版。65.5 万字。35.00 元。该书被誉为心理学史第三个里程碑。该书集中讨论心理学创立的社会背景、文化渊源和人类活动,把心理学的发展与社会的发展联系起来进行考虑。作者从心理学的背景、心理学的创立、心理学的发展、认知心理学四个方面进行了讨论。阐述了历史、心理学、科学三者的关系,对意识心理学、无意识心理学、新心理学发生的时代背景及其社会效应作了介绍,还对应用心理学的问世以及心理学是如何走向民间的,作为当前统领心理学界的一面旗帜——认知心理学等作了评析。最后对世纪之交的心理学基本走向作了预测和展望。收入"20世纪心理学通览丛书"。丛书以 20 世纪心理学中具有重大影响的学派、人物、学说为选题,内容涉及有元素主义、构造主义、机能主义、行为主义、策动学说、格式塔原理、精神分析、社会—文化—历史学派、认知理论、人本主义等。还把有些学派分成若干家系,从每一流派或家系中有侧重地评介其创始人或代表人物的学说。

B000119 **心理学解释词典(维吾尔文)** 瓦依提·阿帕尔著。民族出版社 1998 年版。17.3 万字。14.80 元。收入有关人的心理产生、发展规律、心理特点,以及人的心理活动与社会实践关系等方面的词条 1000 余条。书后附词条索引。(吐尔逊)

B000120 **心理健康** 云南省教育委员会编。云南教育出版社 1998 年 6 月版。28 万字。包括学习心理、情绪心理、个性心理、人际关系以及自我意识等方面的知识,通过讲授、讨论、游戏等多种多样的教学活动,使学生简单了解自己的心理特征,树立心理健康的意识,掌握预防和抵御心理疾病的方法。(李昕蔚)

B000121 **生活大师丛书** 富田隆著,洪筠译。辽宁画报出版社 1998 年 1 月版。90 万字。70.80 元(套)。作者是日本一位专攻认知心理学的专家,在透析当代青少年心理方面深受好评。本丛书 6 册为:《向魅力挑战》、《向嫉妒挑战》、《向说服挑战》、《向诱惑挑战》、《解梦大师》、《心情法则》。作者从一点一滴的生活实际入手,教导青年人如何应付复杂人际关系,如何表现自我,如何爱人与被爱,如何令人喜欢同时又避免被人嫉妒。为青年人正确把握自己,把握机遇,争取最佳生活品质和发展空间提供有益的引导和帮助。(谭谈)

B000122 **记忆:一个实验的与社会的心理学研究** [英]弗里德里克·C·巴特莱著,黎炜译。浙江教育出版社 1998 年 12 月版。30.2 万字。16.50 元。心理学家巴特莱的代表作。关于人类记忆的研究,传统的方法主要在心理学实验中进行,所用材料为无意义音节。作者否定了脱离实际的无意义音节方法研究记忆,试图在社会环境中研究日常生活中的记忆。还用实证的手段否定了以往心理学界解释记忆的依据——"痕迹说"。认为"痕迹说"不适用于社会生活中人们的真实记忆。记忆的"社会说"从此步入历史舞台,并对其后的记忆研究产生较大的影响。收入"20 世纪心理学通览丛书"。

B000123 **出人头地——25 天成功秘诀** [美]詹姆斯·范佛里特著。国际文化出版公司 1998 年 8 月版。17 万字。16.00 元。作者认为,现代社会为每一个人提供了一座开放的权力金字塔,使那些有远大抱负的人渴望更上一层楼。书中为有心人设计了攀登金字塔的阶梯。收入"心理交往译丛"。

B000124 **西方心理学史** 车文博著。浙江教育出版社 1998 年 5 月版。81 万字。48.00 元。该书是作者长期从事西方心理学史教学与研究成果的结晶。其特点有:一、坚持历史逻辑与思想逻辑的统一,严格遵循历史主义原则,把每一心理学家或学派的学说,置于所属的历史背景下进行研究,以揭示某种心理学理论的历史渊源及其产生的必然性;把思想逻辑作为历史逻辑相对独立的观念形态,着重阐述心理学思想、理论、学派自身发展的内在矛盾运动及其思想逻辑线索。二、坚持尊重原著与适当转述的统一,严格遵照原著的思想及主要理论观点且作必要的引证。三、坚持客观介绍与分析评论的统一,依据客观主义原则,对每一心理学家或学派的理论、学说进行客观介绍。既指出某一心理学派或理论在当时历史条件下的贡献与局限性,又从当代心理学发展的视角对其正面与负面的影响做出评价。收入"世纪心理学丛书"。

B000125 **西方心理学的历史与体系** 叶浩生主编。人民教育出版社 1998 年 1 月版。51 万字。27.20元。高等学校心理学史教材。阐述西方心理学史的研究对象、体系及国内外研究现状,吸收国内外心理学史研究的最新成果,从新的角度对心理学各历史流派的观点、渊源及其发展趋势进行论述,对心理学"长期的过去和短暂的历史"进行合理性重建。在内容上,反映西方心理学的最新发展趋势,如第八章"新的新行为主义",第二十章"罗洛·梅的存在分析论”等;体现更新的西方心理学史的研究成果,在绪论第三节提出“西方心理学史的编纂学原则”,在绪论第四节中揭示以往书中不曾提到的学习西方心理学史的意义之一——历史思维的培养。在体例上,以心理学的体系为主线来展开论述。主要分成五编,即意识心理学、行为主义、精神分析、认知心理学和人本主义。在评价西方心理学家及心理学流派的观点上有新意,如评价威廉·詹姆士在心理学史上的影响时,认为詹姆士对心理学发展的影响绝不限于美国;对斯金纳的心理学思想进行全面的评价。(曾红梅)

B000126 **同一性:青少年与危机** [美]埃里克·H·埃里克森著,孙名之译。浙江教育出版社1998年12月版。25万字。14.00元。精神分析理论家埃里克森的代表作。作者致力于构造有关人格发展和同一性的理论体系,把人的发展动机从潜意识转移到兼具潜意识和意识的自我领域,把本能欲望转移到现实关系中,强调人的发展自我与社会环境的相互关系作用,个人同一性危机与现代历史危机的不可分性,特别强调每一发展阶段的任务及同一性的极化和斗争,以及对个人发展、克服发展中出现的危机所持的乐观主义精神。收入“20世纪心理学通览丛书”。

B000127 **自我创富学** [香港]顾修全著。国际文化出版公司1998年8月版。29万字。25.20元。作者告诉人们,作为一个普普通通的人,如何扭转劣势,从零做起,运用与生俱来的心灵力量,改造命运,重塑自我,石破天惊地自我创造无限的财富。

B000128 **自我的发展** [美]简·卢文格著,韦子木译。浙江教育出版社1998年7月版。38万字。20.00元。发展心理学卢文格的代表作。从伦理学、社会学、心理学角度对自我问题进行全方位研究,并提出发展的类型学体系。该书重点讨论的内容有:(1)自我的概念,包括自我与性格的关系,自我发展的阶段,人格理论中的自我,自我的基本特征,以及自我与心理健康的关系;(2)自我研究的方法论,包括自我发展阶段划定的依据,自我分类的若干理论问题,自我发展的测量技术,自我发展研究中的策略,以及从方法论角度提供的几种结构模式;(3)自我发展的理论,包括前精神分析的自我理论(哲学与伦理),精神分析的自我理论(心理学与医学),新精神分析的自我理论(社会与心理学)。收入“20世纪心理学通览丛书”。

B000129 **行为主义** [美]约翰·布鲁德斯·华生著,李维译。浙江教育出版社1998年6月版。23.5万字。11.00元。“行为主义”创始人华生的代表作。以批判内省心理学为主线,从经验上、哲学上和应用论证心理学应该研究适应的行为,而非意识的内容。阐释了什么是行为主义、行为主义的研究方法和技术。认为人体活动、本能、情绪、言语、思维、人格等都是可以观察到的行为,可以用客观的刺激来反映术语进行讨论的。主张本能并不存在,人们所认为的本能实际上是条件反映;情绪不外乎是身体对特定刺激发出的反应,包括内脏的和腺体的反应;思维是无声的谈话,喉头的习惯等。本书在心理学界具有重大影响。收入“20世纪心理学通览丛书”。

B000130 **陈仲舜心理热线咨询手记** 陈仲舜著。天津科学技术出版社1998年5月版。100万字。丛书6册,记述当前人们普遍关注的婚恋问题、青少年心理发展态势和形形色色的心理疾患。《青春的迷惘》、《性爱的困惑》:将求咨者感情纠葛的恩恩怨怨、心理困惑的一波三折,以异彩纷呈的运笔,淋漓尽致、细致入微地刻画出来。以跟踪报道的形式,把故事的归宿作了完整的交待。《潜意识里的故事》、《情人恰似雨做的云》、《请Wù(勿)偷看》、《心理的豁口》:以求咨者情真意切的自述,真实记录他们人生道路上的沧桑和跌宕,他们的精神苦闷和心理冲突,以悲天悯人、感人至深的笔触直指人生的主题。丛书汇集近300个真人真事,因其众多有血有肉的人物形象和宽广宏大的社会背景而震撼人心。(费晶玲)

B000131 **实验心理学** 杨治良著。浙江教育出版社1998年12月版。68.2万字。48.00元。在心理学众多的分支学科中,实验心理学的发展尤为突出。本书的主要内容有实验设计、反映时间、传统心理物理法、现代心理物理法等方面,涉及视觉、知觉、记忆、情绪等心理学传统实验,还介绍了经典实验,以及有关实验变量和实验中应注意的问题。收入“世纪心理学丛书”。

B000132 **消费心理学** 陈智勇著。北京工业大学出版社1998年8月版。19.4万字。10.00元。分析消费者在购买商品或劳务过程中特有的心理活动规律。对企业怎样更好地满足消费者的需求,怎样引导消费者的消费行为,使之有利于本企业等问题进行具体阐述。重点讲述消费者在消费过程中发生的感觉、知觉、学习、需要、动机、个性、态度以及购买决策等心理过程。(刘学宽)

B000133 **基础与应用心理学** [德]雨果·闵斯特伯格著,邵志芳译。浙江教育出版社1998年6

月版。30.5万字。14.50元。重点论述教育心理学、司法心理学、经济心理学和医学心理学，并提出许多精彩见解，除讲述传统的个体心理学外，将社会心理学也包括在内，重点论述心理发展、性别心理、种族心理、性格、气质及智力问题，并提出心理变态的四大种类。这些理论奠定了闵斯特伯格在应用心理学史上举足轻重的地位。收入"20世纪心理学通览丛书"。

B000134　**新编卡耐基经典文集**　林郁编。四川人民出版社1998年10月版。126万字。96.00元。文集共8本：《人性的优点·弱点》、《影响力的本质》、《写给你的》、《人生巅峰》、《STOP·重新出发》、《卡耐基智慧语录》、《卡耐基的说话教室》和《林肯外传》。卡耐基应用心理学知识，对人类共同的心理特点进行探索和分析，开创和发展了一种融演讲术、推销术、做人处世术、智力开发为一体的独特的成人教育方式。其阐述的哲理，旨在帮助人们如何为人处世，如何获得自尊、自重和自信，如何克服人性的弱点，发挥人性的优点，开发人类潜在智能，从而获得事业的成功和人生的快乐。

B000135　**新编普通心理学概论**　燕国材著。东方出版中心1998年11月版。29.4万字。18.00元。系统论述普通心理学的基本理论和知识，内容包括心理学的基本观点、心理的结构、特点与规律、意识、感知与观察、记忆、思维、想象与创造思维、言语、需要与意志、注意与兴趣、情感、心理状态、个性、气质与性格、智力与能力等。(徐容)

B000136　**精神系统与新梦说**　刘文英著。南开大学出版社1998年10月版。26.3万字。13.00元。论证一种具有中国特色的现代性的精神系统论与新梦说。其核心是以中国古老的太极图为模型，认为意识属阳，潜意识属阴，精神系统是一个"负阴抱阳"的阴阳合体。把意识和潜意识作为太极图的阳面与阴面，并根据中国的传统观念，按照自我"有志"与"无志"，自我"有主"与"无主"，分别说明意识的自觉性与潜意识的不自觉性及其特征。关于精神系统的运行机制，充分注意到现代西方精神分析和实验研究的积极成果，吸取了中国文化和东方文化的思想资源。根据精神系统，把梦作为潜意识活动的必然产物和典型表现，对梦的材料、形象构成、发生过程及其多方面的功能进行分析和解释。揭示梦的思维与原始思维的一致，对梦的要素与梦的意识进行探索。(张敬双)

B000137　**如何使你年轻十岁多活十年**　副名：女士指南。[美]戴维·赖伯克著。中信出版社1998年8月版。26万字。26.00元。以简明的方式回答妇女们关心的问题，为女士提供有关营养、健康、生活方式的秘诀。其主要内容有：(1)在生活中克服压力和焦虑的四个步骤。(2)保持眼睛、头发、牙齿不受损害的简便方法。(3)坚持锻炼、控制体重、减轻关节炎的影响。(4)制定并坚持常规运动计划的六条要点。(5)如何减轻静脉曲张，如何获得年轻、健康的皮肤。(6)在中年保持健康的自然方法，减轻更年期症状。作者认为，妇女不仅应当事业有成，而且还应生儿育女，且温柔可爱，富有魅力。(李红)

B000138　**如何使你年轻十岁多活十年**　副名：男士指南。[美]戴维·赖伯克著。中信出版社1998年8月版。24.2万字。24.00元。向人们提供解决压力的方法，帮助人们把消极因素引导到积极和健康的道路上来。男人的压力是自己制造的，因为他们的信念是要成功，却没有在意这个过程中对人们的健康、生活享受带来的影响和损失。作者提供了发现这些压力来源的方法，分析了应当如何把负面影响转化过来，并实现自己的目标与理想。(李红)

B000139　**儿童发展心理学**　李幼穗著。天津科技翻译出版公司1998年版。37.7万字。21.00元。分18章，介绍从婴儿到儿童、青少年的感知能力、注意能力、记忆能力、思维能力、想象能力、言语能力等的发展。着重研究儿童心理发展的规律和儿童各年龄阶段的心理特征。作者采取全新的研究方法，突出儿童各种心理过程和个性社会性发展为主线的体系；系统介绍发展心理学理论流派观点和具体研究，并作评价；结合教育实际，探索各年龄阶段儿童心理发展的培养措施及策略。(康清)

B000140　**陕西人格论**　副名：陕西群体人格与经济发展研究。朱志勇等著。陕西人民出版社1998年6月版。23万字。13.00元。以陕西地域文化为中介，围绕陕西经济和社会的发展，对陕西群体人格从模式、成因、评价和转型等方面展开研究。第一篇"模式论"，借鉴文化人类学和人格心理学的方法，从时间、空间、创意、变通、计划、规范和效能七种维度上，将陕西群体人格概括出"因循守旧"的行为模式、"安息为本"的观念模式、"重土恋家"的情感模式。第二篇"溯因论"，从自然地理环境、历史文化和风俗习惯三方面对陕西传统群体人格进行了自然生态、人文历史和民俗的解读。第三篇"评价论"，在对当今社会现实的观照中，通过大量的实例分析，给予陕西群体人格以历史文化定位。第四篇"转型论"，在改革开放的大前提下，建构了适应时代要求的目标模式，提出人格转型的四项基本任务，以有助于经济的发展，加快陕西人的现代化步伐。(李向晨)

B000141 **人生六境——心智** 张祥平著。辽宁人民出版社 1998 年 9 月版。15 万字。11.00 元。作者认为人之智慧分六等，即心智欲开为“初智”；心智之源为“天智”；心智之流为“理智”；心智之表为“言智”；心智之里为“仁智”；心智之极为“大智”。混沌初开之时，人类有“初智”。“天智”建立在“初智”的基础上。天智是人与自然的“磨合”之果。“理智”比“天智”增加了主动性：选择。理多之人就是智者。“言智”是“心智”之表，把心中所思表述为语言，交流于人间。心智用于人间协调，就升华为“仁智”——用心中“诚意”照亮同类。“仁智”发自于“心智之里”，从内心里真诚待人，才有美好的心灵。处世推己及人，遇事克己助人，“己所不欲，勿施于人”，都可以说是有了“仁智”。世上唯有“大智”最为难得。大智是实践中的“悟”，是布于众人的“情”，是左右逢源的“理”，是有所不言的“象”，是一张一弛的“意”。收入“心文化丛书”。(王峰)

宗　教

B000142 **拉鲁斯青少年百科全书 世界宗教** [法]Michele Jarton 等著，姚祖培、庄根源译。浙江教育出版社 1998 年 2 月版。696 页。80.00 元。介绍佛教、基督教、伊斯兰教的教派、教义，还用图文并茂的形式介绍犹太教、印度教、儒教、道教以及在非洲、大洋洲、美洲的各种宗教的教义、教规和宗教习俗。书的开头介绍了古代世界各地人群——美索不达米亚人、埃及人、希腊人、罗马人、玛雅人、阿兹特克人和印加人的宗教信仰和习俗。

B000143 **宗教大辞典** 任继愈主编。上海辞书出版社 1998 年 8 月版。370 万字。150.00 元。在 1981 年版《宗教词典》基础上修订、扩充而成。全书收词 11 970 条。包括宗教学(宗教学理论、史前和原始宗教、埃及和古罗马等古代宗教)、佛教(南传、北传佛教和藏传佛教)、基督教(天主教、东正教、新教)、伊斯兰教、道教、儒教、中国少数民族宗教、中国民间宗教、犹太教、琐罗亚斯德教、摩尼教、印度教、耆那教、锡克教、神道教、巴哈教等 16 类。按各宗教体系介绍其教派组织、历史人物、名词术语、教义神学、经籍著作、教制教职、教规礼仪、器物节日、寺观教堂以及神名等各方面知识。绪论概述宗教的起源、历史发展及现状。附录有“世界主要宗教大事年表”、“藏传佛教格鲁派达赖、班禅世系表”、“天主教罗马教皇名号一览表”、“道教张天师世系表”及“词目藏文、外文对照表”。有词目汉语拼音索引、词目笔画索引、词目分类索引等检索系统。书前有彩色插页，文中有黑白插图近 200 幅。(陆海龙)

B000144 **告别愚昧** 缪印堂主编。大象出版社 1998 年 6 月版。4.5 印张。5.00 元。中国科协普及部及中国科普所曾组织破除迷信漫画展，全国各地的漫画家踊跃参加。此书从展览会的作品中精选出有代表性的作品百多幅，旨在破除迷信，告别愚昧。(谢凯)

B000145 **中西政教关系史比较研究** 彭琦著。首都师范大学出版社 1998 年 8 月版。19 万字。12.00 元。将西方基督教与中国汉民族居住区的佛教与道教在社会生活中的地位和影响作比较。探求宗教在社会生活中所处的地位及其与世俗政权间的关系；以及东西方政教关系存在巨大差异的原因和直接后果等。(赵永明)

B000146 **中外宗教交流史** 楼宇烈、张志刚主编。湖南教育出版社 1998 年 9 月版。42 万字。25.60元。反映从西汉至 20 世纪 90 年代，外来宗教在中国的传播及影响，以及中国本土宗教和中国化的外来宗教外传的情况。研究的宗教包括佛教、道教、摩尼教、基督教、伊斯兰教、犹太教等。将宗教交流作为一种文化现象，注重分析交流的时代背景，以及中外交流中的双向交流特色。具体内容包括：印度佛教的传入及其对中国本土宗教的影响，中国佛教在越南、朝鲜、日本的传播，中国道教在朝鲜、日本、越南的传播，唐宋元时代的外来宗教，明末天主教的传入及其对当时社会的影响，16~18 世纪中国宗教在欧洲的传播和影响，19～20 世纪中叶基督教在中国的传播及在社会的反响，20 世纪前半叶中外佛教的交流，新中国建立后的中外宗教交流。(聂乐和)

B000147 **图说中国图腾** 王大有、王双有著。人民美术出版社 1998 年 5 月版。34 万字。彩图 43 幅，插图 60 幅，图版 356 面。88.00 元。中国图腾徽铭艺术史、图腾历史学学术专著。展现与论证从史前到现代，中华人种、中华祖先各氏族及其世系、裔民的图腾徽铭，囊括上古文明时代陶器、玉器、铜器、岩画、图腾，以及民族民俗、民间美术图腾，揭示中国图腾的构成规则和演化规律，揭示人类文化艺术发展通律，包括近一万年中华各民族的祖先世系的血脉演进，在黄河、长江、黑龙江三大文化摇篮的文明创造,首次破译贵州安顺关岭红崖丹书为炎帝共工氏谱系,破译巴蜀象形文字,破译河南濮阳西水坡M45为蚩尤真身肩髀帝王陵(距今6465年),中国二十八宿四象天文历法座标系统6500年前业已完成,确证上古中华祖先赫胥氏、伏羲氏、炎帝氏、轩辕氏、封豨氏、防风氏、少昊氏、颛顼氏、帝喾尧舜禹三皇五帝的徽铭文化遗存和历史编年框架,以及夏、商、周、秦、楚、汉、苗、蛮、濮、滇、越、藏、蒙、彝、畲、瑶、傣、高山诸族汇成的中华民族8000年文明史大纲,是中华祖先图腾徽铭实录编年通史和区域迁徙史,是中国美术考古、民间美术、工艺美术、宫廷美术等集约一体发展史和中国文字源流史,创立了中国图腾徽铭历史学。系"神秘文化系列丛书"之一。(王石之)

B000148 **图说美洲图腾** 王大有、宋宝忠著。人民美术出版社1998年5月版。44万字。彩图53幅,插图167幅,图版392面。98.00元。美洲图腾艺术通史和古代美洲文化与中国文化亲缘关系的学术专著。通过对中国版图区、东北亚、阿拉斯加、北美中美南美洲、南南太平四语岛国、东南亚、日本列岛、朝鲜半岛的绘画、纹身、服饰、建筑、灵台、雕塑、文字、文献、民俗、音乐、舞蹈、工艺美术、器具、祭祀礼仪、宗庙坛殿、崖刻、传说、神话、壁画、图腾柱、舟楫、偶像、语言、地名、遗传基因等体质人类学、文化人类学的形象物证、作物态层、制度层、心态层的比较文化研究,对图腾徽铭文化主人的氏、姓、族、国、居邑、习俗的定位定性研究,确证至少8 000年以来中国上古文明,伴随着中国诸氏族或国族群体向美洲移民的几个高峰年,传播中华文明于美洲、环太平洋地区,并形成子体文明。揭示美洲古代文明主体是中华文明分支,阐释美洲土著主体是中华人种美洲支,"印第安人"为"殷地安人",揭示太平洋两岸文化在深层内涵上特质传统在历时、共时、横向区域传播上均同一,与中华文明有亲缘关系,总结中华文明建构太平洋文化圈的历史贡献,重建美洲前哥伦布土著文明源流史、旧大陆新大陆东西方交流史、中华祖先拓荒史、上古探险史、迁徙史。是国际上填补学术空白的开山之作。系"神秘文化系列丛书"之一。(王石之)

B000149 **科尔沁萨满教研究(蒙古文)** 呼日勒沙、白萃英等著。民族出版社1998年12月版。30万字。24.00元。萨满教是一种原始宗教,它蕴含着自然崇拜、图腾崇拜、祖先崇拜、神偶崇拜、礼仪、神谕、咒语、萨满的多种多样的称呼等内容。本书介绍科尔沁萨满的来历、门类、传说、服饰、法器、咒语、舞蹈、现当代萨满、下神仪式及间九道关的章规等。着重探讨科尔沁萨满的特点。从萨满的传说、咒语剖析科尔沁萨满的特点及门类称呼,探讨了它对科尔沁草原的政治、文化、风俗、医药等方面产生的影响。作者长期在田野调查和亲身采访中搜集了丰富珍贵的第一手资料。采访的萨满就有50多个,搜集的跳神萨满、服饰、翁滚照片20多张,整理的萨满咒语数千行。(额尔敦朝鲁)

B000150 **鄂伦春族萨满教调查** 关小云、王宏刚著。辽宁人民出版社1998年8月版。18万字。28.00元。介绍中国鄂伦春族萨满教情况的研究著作。萨满教是一种以氏族为本位、内向性相当强的原始自然宗教,是北半球众多民族所奉信的宗教。萨满则是氏族部落的精神代表。在北半球其他一些国家,萨满教大多不存在,可在我国北方满族、赫哲、鄂伦春、鄂温克、锡伯、朝鲜、蒙古、维吾尔、哈萨克、柯尔克孜等民族中仍存在。作者长期生活在这些民族中,收集了相当数量的第一手资料,并作了相应的初步研究。其主要内容有:按大兴安岭鄂伦春族萨满教文化调查概况,鄂伦春族萨满教的历史文化背景,调查区域及萨满概况,历史上鄂伦春族萨满祭礼及萨满的基本情况,90年代鄂伦春族萨满教祭礼实况,萨满教诸神的神话传说等。书后附数十幅彩色照片。为"萨满教文化研究丛书"之一。(袁闾琨)

B000151 **中华佛学通典** 吴枫主编。南海出版公司1998年12月版。360万字。360.00元。记载中华佛学文化的重要文献。内容包括:1.佛学经典释读。选收有代表性的经典14部予以释读。文中难字注音,难词注解,难句串讲。文前加有简说,记其成书缘起、内容提要及版本流传。2.佛家人物学说。介绍历代大师、高僧700余人,有影响的代表作400部、佛教各主要派别30余个,著名佛寺300余座。3.佛学观点承传。分自然观、认识论、人生观、教育观4个方面,按时序排列,以人领文,对重要人物的观点、承传关系进行简述。4.附录。列有佛学大事年表,以及人物学说部分的辞目索引。(金剑)

B000152 **功德藏本注** 吉美领巴著,多智庆注释。四川民族出版社1998年6月版。38.9万字。22.00元。功德藏,全名为《功德宝藏·欢喜霖雨》。是由藏传佛教宁玛派第三代宗师佛学家持明法师吉美领巴(1729—1798)所著。全书分本文、前卷"二谛车"和后卷"一切种智车"三大部分,共二函。内容论述暇满难得、生死无常、业报因果、轮回皆苦、四大车轮、皈依、四无量心、持菩提心、愿行学处、持明藏、基位自有、道位不共大圆满、果位身智等十三段落。注释由吉美领巴的亲传弟子吉美·成来威色著。本书选用的释本系珍本，濒于亡佚，故加以整理出版。(扎西)

B000153 **《古尊宿语要》代词助词研究** 卢烈红著。武汉大学出版社 1998 年 5 月版。23.7 万字。16.00 元。《古尊宿语要》是编成于南宋初年的一部口语化程度较高的禅师语录总集，原书在中国本土久已失传，只存于日本。本书根据日本中文出版社影印出版的校写宋本《古尊宿语要》，对这部书的代词系统和助词系统进行了深入研究，成为国内外禅宗语录专书语法研究的第一部专著。作者以《古尊宿语要》为基点，收集从先秦到现代的诸多材料，采用静态描写与历时比较、定性分析与定量分析相结合的方法，使专书语法研究与历时语法研究融为一体。通过穷尽性的静态描写，全面反映《古尊宿语要》代词系统、助词系统的面貌；通过在唐宋时段之内进行的历时比较和向古代汉语和现代汉语两头延伸的长跨度的历时比较，揭示《古尊宿语要》代词、助词的特色以及它们在汉语代词、助词发展史上的地位，勾勒出汉语代词、助词的历史发展轨迹。“代词”部分三章，分别探讨人称代词、指示代词、疑问代词，重点讨论“汝”、“他”、“这”、“恁么”、“什么”、“如何”等词，对这些词的某些问题提出自己的见解，道人之所未道。“助词”部分两章，探讨动态助词、事态助词、结构助词、语气助词，重点论述动态助词“了”的产生过程，澄清在这个问题上的一些模糊认识，讨论了联系状态补语的“得”和联系可能补语的“得”二者之间的区别，对后者的语法性质提出新见解。(文实)

B000154 **汉藏对照佛学词典** 马学仁等编。甘肃民族出版社 1998 年 12 月版。55 万字。38.00 元。主要从《俱舍论》、《菩提道次第广论》、《青史》、《红史》、《巴协》、《土观宗教源流镜史》、《藏汉对照丹珠尔佛学分类词典》、《藏传佛画度量经》、《格西曲扎藏文辞典》以及其他历史文献，寺志和佛典等汉藏文资料中摘选出来。内容包括佛典、教派、教法、教义、佛、菩萨、诸天、鬼神、高僧、仪轨、制度、节日、古迹、寺院等。本词典收基本词汇计 23 000 余条。藏传佛教的经卷、典籍、卷帙浩繁，内容广瀚、玄奥深邃，是中华民族文化乃至世界文化中的宝贵财富。(看召加)

B000155 **爱心中爆发的智慧** 多识·洛桑图丹琼排著。甘肃民族出版社 1998 年 9 月版。33.5 万字。24.00 元。面向广大佛教徒普及藏传佛教哲学的通俗之作，其中部分内容根据作者对佛教徒举办讲座的录音整理而成。全书共 7 篇文章。首篇文章对佛教哲学进行总的简要解说，重点以比较学的方法讲解藏传佛教不同于其他宗教流派的几个特点，突出了它的慈悲和智慧两条主线。以后的文章以此为根本，对藏传佛教经典《佛法三根本要义》、《般若波罗蜜多心经》、《金刚经》及三宝原理、六字真言等作详细而通俗的解说，并附以《金刚经》等原文，以便学佛者参研。另有一个重要内容，即对时轮金刚大灌顶作简要介绍，讲解人们颇感兴趣又知之甚少的时轮法修持仪轨的几个问题，达到破除妄说、正本清源的目的。(王跃)

B000156 **中国华严宗通史** 魏道儒著。江苏古籍出版社 1998 年 7 月版。28 万字。20.00 元。以史论结合的方法，考察华严宗形成、发展及衰微的历史过程。内容始自华严经学的原初形态，终于清初华严学的衰落，时间跨度达 1300 余年。作者在考察《华严经》之形成和华严宗之确立的历史过程后，提出在华严学说中，实际存在着“华严经学”和“华严宗学”两个不同的学说体系。作者关于禅化华严学、禅净教融合等方面的诸多分析，有许多精辟的创见，厘清华严宗多途发展的历史，从一个侧面反映中国佛教发展的历程。(府建明)

B000157 **中国密宗宝典** 黄振华主编。民族出版社 1998 年 11 月版。1039.6 万字。3800.00 元。集中国密宗经典文献之大成。密宗又称密教、瑜珈密教，是佛教的重要派别，在中国、印度、日本，乃至世界许多国家都产生过深远的影响。自唐代以降，止于清末，僧侣学人潜心佛经，译著修习，渐成两大派别：一曰纯密，以善无畏、一行、不空等高僧大德为代表；一曰杂密，散落并流行于民间。本书精选中国密宗典籍 800 余种，在依年代编目之基础上，重点突出胎藏界宝典《大日经》，及一行经疏、义释、诸家会释及其四大仪轨，并尾附善无畏简传；其次突出金刚智所译《金刚顶经》等。(章代伦)

B000158 **论拉卜楞寺的创建及其六大学院的形成** 洲塔著。甘肃民族出版社 1998 年 11 月版。36 万字。25.00 元。拉卜楞寺是藏传佛教格鲁派六大宗主寺之一。它始建于藏历第十二甲子的乙丑年(1709 年)，距今已有 280 余年的历史。近 300 年来，建成一座显密双修，拥有闻思、上密、下密、医药、时轮、喜金刚六大学院及 100 多属寺和八大教区的大型寺院，成为安多藏区政治、经济、文化的中心。拉卜楞寺蜚声中外，远近闻名，除它极富民族特色的庞大古建筑群外，最主要的是它拥有数以千计的高僧大德，尤其是历代涌现出的一大批优秀专学之士——格西，使这个寺院的声誉，在整个藏区、蒙古族地区一跃而上，名声大震；其次就是它珍藏数十万卷藏文典籍(社会历史、宗教哲学、文化教育、天文历算、藏医藏药、人文地理、文学艺术等)，成为中华民族传统文化宝库中瑰宝。本书全面介绍了藏传佛教在甘肃的传播发展历史及其藏传佛教拉卜楞寺创建前后的历史状况。(王振华)

B000159　**佛教文化与历史**　苏晋仁著。中央民族大学出版社 1998 年 1 月版。21.6 万字。15.00 元。分 4 部分：佛教翻译、佛教传记、佛教目录、近代佛教史料。对佛典翻译进行整理，对佛教译场的发展阶段提出独特的见解，认为佛教译场的发展可分为 4 个阶段：草创阶段、发展阶段、极盛阶段、衰微阶段。对名僧传记及名僧传抄进行研究。对佛教经籍目录和近代佛教史料进行系统整理、研究，这些资料大多是首次披露，极其珍贵。(邱立)

B000160　**青海寺庙塔窟**　彭启胜主编。青海人民出版社 1998 年 9 月版。35 万字。39.80 元。主要介绍青海 1840 年以前修建的 200 余座藏传佛教、汉传佛教、伊斯兰教、道教寺观、民间庙宇、拱北、塔、洞窟的历史沿革和文化遗存，以及它们的建筑艺术、绘画、雕塑、金石碑刻等，并配有精美的图片，可以从中了解青海高原民族文化的梗概。对考证青海各民族历史文化提供史料。(金作祥)

B000161　**苦行与乐趣**　副名：藏传佛教僧侣生活。宁世群著。青海人民出版社 1998 年 9 月版。16.4 万字。11.90 元。介绍西藏喇嘛的生活。作者生动地介绍了佛教僧侣今天的新生活，使人们了解他们的身世经历和精神世界，窥视他们心灵深处的向往和复杂的矛盾，并回眸他们在西藏民间所产生的巨大影响。还介绍了神秘的西藏宗教寺院。收入"藏传佛教文化现象丛书"。(曹永虎)

B000162　**历辈达赖喇嘛与班禅额尔德尼年谱**　丹珠昂奔主编。中央民族大学出版社 1998 年 2 月版。86.3 万字。128.00 元。达赖喇嘛和班禅额尔德尼是我国藏传佛教格鲁派两个最大的活佛转世系统，也是西藏近 300 年政教运作的核心人物。年谱真实记录一至十三世达赖喇嘛、一至十世班禅额尔德尼的生平事迹，反映了他们学经、修行、施政、弘法及圆寂和转世的轨迹，展现了格鲁派与西藏其他教派斗争、联合蒙古族首领取得西藏政教大权、弘扬宗喀巴创立的教规教义、维护国家主权的宏伟画卷。这是一部资料性学术专著，也是近年来被称为"世界十大神秘文化"之一的活佛转世的一部重要著作。以年谱形式编写的达赖喇嘛和班禅额尔德尼两大活佛转世系统的著作，在藏学出版物中尚属首部。该书引用的藏文文献均为第一手资料，并以藏文文献为主，也有一些汉文及外文资料，吸收了西藏历史和藏传佛教研究的新成果。书中很多资料译自藏文版的历代达赖喇嘛和班禅额尔德尼的传记及相关文献，其中有些内容是翻译成汉文后首次披露。(齐永久)

B000163　**嘉木样呼图克图世系**　扎扎著。甘肃民族出版社 1998 年 9 月版。35 万字。25.00 元。嘉木样一世从安多进藏研修，一跃成为一代举世瞩目的博学大德高僧。他被六世达赖喇嘛仓央嘉措和第巴·桑结嘉措赞誉为"根钦嘉木样雅巴"(遍知妙音笑金刚)，由此成为这转世系统通用称号，简称嘉木样。第一世嘉木样被清康熙帝赐予印册后，第二世又被清乾隆皇帝敕封为"呼图克图"(蒙语，圣者之意)。从而，嘉木样系统历世活佛均受帝王封赏，列为中央政府注册的民族地区重点历史人物。拉卜楞寺，经历世嘉木样艰辛开拓，励精图治，得以迅猛发展。民国以来，嘉木样所统领的以拉卜楞寺为核心的政教合一制集团下辖子寺 180 座左右，拥有直接间接的所属部落 10 个、教权达及甘、青、川、康藏蒙地区及至内外蒙古、新疆、五台山等地。本书主要揭示以下几方面内容：历世嘉木样活佛的生平；嘉木样世系继承、弘扬民族宗教文化的业绩，嘉木样世系对拉卜楞寺历史作用和对安多地区的政教影响；嘉木样世系护持寺院、地方治理、拓展教区的成就，并为此而创造外部环境的实施策略；嘉木样世系维护民族团结，维护社会稳定，拥戴中央政府的一贯态度及其功果等。(王振华)

B000164　**佛传(配图本)——释迦牟尼生平故事**　王小明译注。学苑出版社 1998 年 6 月版。25 万字。28.00 元。原名为《释迦如来应化事迹》，是一部通俗性的佛传图书。此次编译整理，以同治八年的版本为底本。该书记述佛祖释迦牟尼从诞生、出家修行、成佛及超度众生直至涅槃的生平事迹，分为 208 则故事，每则故事均配图，展示释迦牟尼博大精深的佛祖气魄和悟性。书中的 207 幅图系清代版画。编者用现代汉语对原文进行翻译，并保留原文，对原文中的专用术语及难懂之词作了注释。(刘小灿)

B000165　**丁光训文集**　丁光训著。译林出版社 1998 年 9 月版。38.3 万字。22.00 元(平)，28.00

元(精)。文集内容涉及古今中外,有社会理论、哲学理论、宗教学理论、基督教神学理论等。文集还介绍了中国基督教摆脱外国教会控制,实现独立自主、自办教会以后的变化发展。(孙峰)

B000166 **圣经典故与用法实例** 田雨三、胡君倩编著。中国科学技术大学出版社 1998 年 1 月版。39 万字。16.00 元。收录英语《圣经》典故 800 余条,每条由典故、出处和例句三部分组成。典故搜集的重点是已经成为英语组成部分的各种习语、谚语、句子和词汇(包括人名、地名)。出处部分指明了《圣经》中典故的来源。例句均选自英美名家的主要著作和近几年来新出的书刊。全书为英汉对照,并有适当的注释。(高哲峰)

B000167 **基督教与少数民族社会文化变迁** 钱宁主编。云南大学出版社 1998 年 6 月版。21.8 万字。15.00 元。介绍 19 世纪末 20 世纪初基督教传入我国云南部分少数民族地区的情况,对基督教传入前的云南少数民族社会的政治、经济、文化状况以及少数民族接受基督教的原因给予透彻分析,并就基督教传播过程中的文化冲突与调适问题,基督教对少数民族社会生活所产生的影响,基督教信仰与少数民族伦理道德观念的变化,基督教的民族化及其当代的问题等作了论证。附录部分介绍基督教在各少数民族中传播的具体情况及对拉祜族信仰基督教的情况进行个案研究。作者运用社会学的观点方法,对处于前资本主义社会、社会历史文化发展各不相同且相对落后的云南部分少数民族接受基督教的情况作了分析,认为正是少数民族社会在文化上所处边缘地位和物质生活的极度匮乏,导致了少数民族接受完全异质的基督教文化,并对其社会生活产生一系列的影响。作者客观地评价了基督教的传入对少数民族社会生活产生的各种后续影响,并提出对已经成为现实的基督教信仰在当代少数民族社会所面临各种问题的严肃思考。(徐曼)

B000168 **袄教史** 龚方震、晏可佳著。上海社会科学院出版社 1998 年 8 月版。30 万字。20.00 元。公元前 1200 年,产生于中亚细亚雅利安部落的袄教是世界上最古老而又神秘的宗教。袄(Xian),古代于阗语 hien 的转译,唐代僧人慧琳释为“神明”从“天”的音义。袄教,又称拜火教、火袄,不同于早期多神崇拜,创立伊始即为一元宗教,崇拜阿胡拉马达兹火神。作者对袄教的产生与发展,以及我国与袄教的交往等方面作了论述。(武曦)

C 社会科学总论

C000001 **灵性行为丛书** 王颖著。中国青年出版社 1998 年 9 月版。63.5 万字。3 册。48.60 元。分为《顺势操盘论》、《动态平衡论》、《同轨不相容论》3 册。《顺势操盘论》讲述人类行为技术学。它用古今中外发生于战争中、商场、赛场上的典型实例,叙述人们行为应当有怎样的准则和更巧妙的技巧,告诉人们如何在事业与竞争中获取成功。《动态平衡论》讲述生命、社会系统中的变化规律。通过大量的最新前沿科学和最古老的战争、治国的例证,生动叙述一个系统是如何从有序平衡走向复杂平衡再走向混沌的;平衡是怎样在对抗中流动与演变的;人类又怎样追求平衡与不平衡之变,并且怎样向着最高景观攀援的。《同轨不相容论》主要从量子力学中的泡利原理出发,研究社会人是否可以区划轨道,同轨的人不相容的根本原因,同轨不相容中的复杂性,以及如何使其相容的可行性。(常成)

C000002 **学术思想评论(第三辑)** 贺照田主编。辽宁大学出版社 1998 年 3 月版。42 万字。23.00 元。内容包括“学术现象论析”、“哈贝马斯论现代性”、“学者访谈”、“阐释与分析”、“学科与学术史”和“学术经验”等部分。内容涉及哲学、历史学、法学、社会学、经济学、文学史、思想史等学科领域。围绕的问题核心是学术思想的有机建立及各学科的解决办法,尤其强调对学术问题的发现与提出应重视的问题,同时对规范学术,提高研究质量等问题提出看法。(张露丽)

C000003 **学术思想评论(第四辑)** 贺照田主编。辽宁大学出版社 1998 年 11 月版。45 万字。25.00元。设 6 个栏目,收 24 篇文章。在学术现象论析栏目中,收“中国历史上的‘正统观’及其‘蛮性遗留'","合法的与有效的——关于古代文论研究的一些看法";第二栏目是专题,收"伯林对思想史的观察"3篇翻译文章;有学者访谈的2篇:"传统、现代性与思想史研究——汪晖先生访谈录","人类学的中国相关性——关于《社会人类学与中国研究》的对话";在阐释与分析栏目中,收墨子刻等9位学者的学术论著;另有史华慈、沟口雄三、许纪霖、单世联对中国学术思想传统研究的论述及赵园、何怀农、刘小枫为三部论著题写的序和跋。(张露丽)

C000004 **研究与反思** 副名:中国社会科学自主性的思考。邓正来著。辽宁大学出版社1998年2月版。24万字。19.00元。收集13篇批判性研究的论文。把中国社会科学自主性的思考作为基本主题贯穿于各论之中,对中国社会科学在70年代末以来发展过程中存在的重要问题作以梳理、辨析、检讨和批判。其内容包括对中国社会科学知识类型的界定问题,对中国学者套用西方的理论、框架来解释和讨论中国发展问题的反思,研究了作为消费者的中国学者与作为知识生产者的西方学者的关系,还对中国社会科学在发展中亦步亦趋地步西方后尘的现象作了深刻分析。收入"学术思想评论"文丛。(张露丽)

C000005 **上海哲学社会研究发展报告(1978—1998)** 中共上海市委宣传部、上海社会科学学会联合会编写。上海人民出版社1998年12月版。89.2万字。75.00元。回顾和总结自1978年至1998年这20年来上海社会科学研究的发展历程。分两部分:第一部分是各学科的分报告,主要反映20年来上海哲学社会科学各学科的新思想、新观点、新成果及其对理论与实践的影响,以及上海哲学社会科学研究的特色和优势;第二部分是资料,主要反映上海哲学社会科学研究的综合性内容。书中单列了"邓小平理论"研究专题。(黄建章)

C000006 **第三域的兴起** 副名:西方志愿工作及志愿组织理论文选。李亚平、于海选编。复旦大学出版社1998年11月版。15万字。15.00元。"第三域",指的是在"公域"(权威的国家领域)和"私域"(以自身利益为导向的市场领域)之外的,非政府、非营利的志愿域,即非营利的社会服务志愿组织。本书是一部关于志愿运动和志愿组织的理论文选。共收文12篇,从赛拉蒙《第三域的兴起》开始,到史密斯《非营利组织与社区》为终。其中第一部分的5篇文章,论述志愿组织的历史背景、定义、性质、功能和作用;第二部分的3篇文章,论述志愿组织的道德准则及管理;第三部分的4篇文章,论述志愿组织和政府之间的关系,特别是福利国家在对非营利组织提供资助中,政府和志愿组织之间的契约关系。(陈士强)

C000007 **全国各类成人高等学校专科起点本科班招生(师范类)考试评析** 国家教育部考试中心编著。中央广播电视大学出版社1998年10月版。58万字。25.00元。包括三个方面的内容:(一)考试简介,概述本学科新修订的考试大纲规定的主要考试内容、考试要求和试卷结构等。(二)1998年试题、参考答案及评分标准;(三)1998年师范类各科:如政治和思想品德教育、汉语言文学、历史、英语、数学、物理、化学、生物、音乐、体育、美术等专业在试卷结构、考生的平均分、及格率、考生的成绩分布、各章节内容的覆盖面等方面进行评析。还对典型试题和典型错误进行分析,提出考生在复习中应注意的问题。(张静)

C000008 **全国各类成人高等学校专科起点本科班招生(非师范类)考试评析** 国家教育部考试中心编著。中央广播电视大学出版社1998年10月版。56.5万字。25.00元。包括3个方面的内容:(一)考试简介,概述本学科新修订的考试大纲规定的主要考试内容、考试要求和试卷结构等。(二)1998年试题、参考答案及评分标准;(三)1998年非师范类各科:如政治、英语、教育学、高等数学、图书馆学、档案学、文学概论、政治学概论、财经学概论、会计学原理、环境保护概论、电子技术基础、机械设计基础、医学基础、中医基础理论等专业在试卷结构、考生的平均分、及格率、考生的成绩分布、各章节内容的覆盖面等方面进行评析。对典型试题和典型错误进行分析,提出考生在复习中应注意的问题。(张静)

C000009 **中国人文社会科学博士硕士文库(6卷15册)** 《中国人文社会科学博士硕士文库》编委会编。浙江教育出版社1998年12月版。898万字。391.00元。收录1981年至1994年已通过答辩、获得学位的人文社会科学博士和硕士论文的学术文丛。含博士论文90篇,硕士论文110篇,分成文学、哲学、法学、历史学、经济学、教育学6卷,共15册。所收论文大都具有比较重大的学术创见和理论意义,系统而典型地反映了新时期我国人文社会科学学科建设与发展的最新成就。如陈平原《中国小说叙事模式的转变》、杨义《鲁迅小说现实主义本质综论》、曹建明《美国产品责任法研究》、赵秉志《犯罪主体论》、王伟光《论社会主义国家的矛盾》、周国平《尼采与形而上学》、刘桂苏《国民经济有序结构的优化设计》、郑海航《企业组织学导论》、林崇德《思维品质发展研究》、廖其发《先秦人性论与教育思想研究》、葛剑雄《论西汉时期的人口数量与人口增长率》、桑兵《晚清学堂学生与社会变迁》。入选的博士论文和一些篇幅过长的硕士论文，或浓缩，或节录。（张晓夫）

C000010 **二十世纪中国学人文库（6种）** 胡适、吴宓、顾颉刚等著。上海文艺出版社1998年10月版。174.8万字。144.50元。选择20世纪中国人文学科中最有影响的100位学术大师，为每位学术大师编选1本文集，每本文集都由当今著名的专家学者撰写1篇学术性的长篇序言，论述学术大师一生最具价值的学术贡献。第一批出版的6种，分别为《反省与尝试——胡适集》、《中国哲学的精神——冯友兰集》、《古史辨伪与现代史学——顾颉刚集》、《内圣外王之境——梁漱溟集》、《会通派如是说——吴宓集》、《大海与众沤——熊十力集》。胡适是中国学术史上的大家，涉及的学术领域很广，著述数百万言。文库从论思想的方法、人生观、中西文化论、对于中国文学的见解、关于整理国故的态度与方法等6方面，选入37篇文章，反映了胡适一生最主要的学术贡献。在20世纪中国学术发展和建设中，冯友兰的名字是与中国哲学史学科的建设与发展不可分割地联系在一起，文库着重反映冯友兰一生的学术价值和学术地位。顾颉刚最大的学术贡献是创立"层累地造成的中国古史观"。这是用历史演进的见解来观察历史上的传说，从杂乱的古史分出信史与非信史，对后人治史具有深远影响。梁漱溟是近代中国在立功、立德、立言三方面均有建树的极少数知识分子之一。立功方面，他在30年代进行的乡村建设的社会实验，为中国的自由和民主作出积极贡献；立德方面，他的独立人格和慎独精神堪为一代楷模；在立言方面，对中西文化的比较，对中国社会性质及对世界文化发展趋势的展望，影响了后辈的学者。吴宓是中西文化比较的开山祖之一，在他看来，西方文化是两重的，中国文化也是两重的，不能简单地扬中抑西或扬西抑中，只有将中西文化在精神层面上互补会通，才能拯救沦落的世界。熊十力是中国现代哲学思想史上最具有原创性又最能够活转历史文化心灵与理想的一个哲人，他对于东方文明有明确的阐述，他的忧患意识显然超越了他的同时代人。（赵南荣）

C000011 **大众文娱休闲丛书** 成志伟主编。武汉出版社1998年2月版。80万字。10册。77.00元。丛书分为人生格言、智慧谚语、笑话精粹、谜语选汇、群众歌曲、自学摄影、美术初步、戏迷夜话、医疗速查、健康远虑等10分册。（南平）

C000012 **中外文化交流史丛书** 季羡林总主编。湖南教育出版社1998年版。8册。以学科为专题，以通史体例为特点，涉及世界各主要国家和地区与中国在文化的双向交流历史的大型丛书。其特点是：一、以学科为专题，涉及8个学科，即宗教、哲学、医学、美术、音乐、图书、教育、文学等，所涵盖的学科体现文化特色。二、以时间为经，以史实为纬，上自古代有史料可稽，下至20世纪90年代，反映中外文化交流的全貌。三、注重中国文化与世界文化的双向交流与影响。四、涵盖地域广，反映了中国文化与周边国家、欧美国家以及阿拉伯世界的交流。五、以史为主，史论结合。（聂乐和）

C000013 **中华文化讲座丛书（1～3集）** 北京大学中国传统文化研究中心编。北京大学出版社1998年1月版。62.1万字。3册。45.00元。收录季羡林、邓广铭、周一良、侯仁之、林焘、吴小如、袁行霈、汤一介、乐黛云、杨辛、叶朗等64人的有关弘扬中华优秀传统文化讲座的讲稿82篇。内容涉及文学、语言、哲学、宗教、历史、考古、天文、地理、艺术、民俗和中外文化交流等。如"中国艺术的意境"，"中外文化交流漫谈"，"宋代政治改革家王安石"，"盛唐的山水诗"，"智慧的化身——诸葛亮"，"中国的楹联"，"大地的艺术——长城"，"司马迁与《史记》"，"中国的成语"，"中国的道教"，"许慎的《说文解字》"，"汉字的形成"，"中国宗教和山水名胜"，"汉化佛教寺院的配置"，"中国四大名山与佛教文化"等。这些讲座的电视系列片由北京大学传统文化研究中心与美国南海有限公司联合制作，北京大学音像出版社出版发行。并已在海内外华语电视台播放。（郑昌德）

C000014 **中国历史文化丛书（第一集30种）** 李治亭等主编。辽海出版社1998年8月版。300万字。198.00元。从中国历史文化的各个不同方面和角度，介绍源远流长的伟大中华文化产生和发展的历史过程和对中华文明所起的作用。《中国历史文化丛书》第一集主要从文学、历史、哲学、法律、艺术和民俗等方面进行介绍，其内容包括：中国历代散文、中国历代文论、故事与歌谣、乐府诗与民歌、中国历代赋、中国历代词、中国历代诗、中国历代戏曲、中国历代小说、中国历代法制、中国历代律令、中国历代刑法、中国历代法律、先秦哲学、两汉哲学、魏晋南北朝哲学、隋唐哲学、两宋哲学、前清哲学、晚清哲学、中国历史典籍、中国佛教、中国历代书法、中国历代改革、中国历代帝位之争、中国历代农民起义、中华爱国人物、中国传统节日、中华服饰、中华嫁娶等。(段扬华)

C000015 **中国现代化丛书** 胡福明主编。南京出版社 1998 年 12 月版。214 万字。132.00 元。10 册。多角度、多侧面对中国现代化的历史进程及发展前景作科学考察和缜密思考,提出一系列重要而有价值的新观点。丛书分别从政治、经济、思想文化、科学教育、社会生活等方面研究中国现代化的发展状况和热点问题,体现中国的国情和特色,又联系世界现代化的发展进程及前景探讨其对中国现代化的影响,说明现代化是一个世界性的历史过程。丛书循着国际与国内、历史与现实的纵横发展脉络去思索,并紧扣主题,保持主题的完整性和深刻性,也注意借鉴国内外现代化理论的合理要素,有理论创新。(沈丽国)

C000016 **今晚丛书** 郭长久主编。天津人民出版社 1998 年 4 月版。68 万字。48.80 元。分《生活巧事》、《博导晚谈录》、《小款情结》3 册。《生活巧事》精选 125 篇文章,记录的生活巧事,远至 20 世纪 30 年代初,近到 90 年代末期。许多看似轻松戏谑之作,反映了我们国家现代历史上许多重要时期的时代特征,把人们的思绪带到那些历史的年代,品尝其中的苦辣酸甜。《博导晚谈录》收录 120 位博士生导师的文章。《小款情结》收录 113 篇杂文。文章歌颂生活、歌颂先进人物、歌颂有远见卓识的领导干部,也对社会丑恶现象作了深入剖析及无情揭露。(黄沛)

C000017 **文博丛书** 陈鹏举主编。上海教育出版社 1998 年 12 月版。32.25 印张。6 册。58.30 元。为《解放日报》"文博"专栏文章汇编。《对比艺术》(刘旦宝),写出中西艺术不同可又同样像诗一样的内核,书中许多奇妙的想法、精辟的见解,令人耳目一新。《赏图品画》(江宏),对中国历代书画作品作一品一文式的信笔随感,用文笔的形式去感应书中的写意,精采绝伦。《收藏者说》(潘亦孚),在对自己收藏的 20 世纪中国书画家作品的赏析过程中,一一浸润着对相关人、事、物的心灵体验。《古玩集珍》(蔡国声),将看似平凡、普通的民间小古玩,嬗变出一个生动有趣、博大精深的欣赏空间,给人以一种历史的空灵感。《赏陶识瓷》(高阿申),介绍赏陶识瓷知识。《文博断想》(陈鹏举),谈诗,谈画,谈书法,谈文物,让浸润在中国历史文化艺术精品中的优秀传统像一条河一般在书中汩汩流淌。(薛培华)

C000018 **20 世纪中国学术名著精华** 王国荣等主编。学林出版社 1998 年 1 月版。107 万字。65.00元。大型工具书。内容涉及哲学、伦理学、心理学、宗教学、美学、经济学、艺术学、历史学、地理学、民俗学、文化学、社会学、法学、情报学等社会科学的各个领域。选取 252 篇条目,主要着眼于历史的科学发展,客观地加以精确的、规范的摘要和浓缩、并对作者概况及该著作在 20 世纪中国的学术地位、影响等作精当的评价,如《新人口论》(马寅初)、《红楼梦考证》(胡适)、《东西文化及其哲学》(梁漱溟)、《江村经济》(黄孝道)、《中国传统思想总批判》(蔡尚思)、《中国经济改革的思路》(厉以宁)、《古史辨》(顾颉刚)、《工程控制论》(钱学森、宋健)等等。(乐佚清)

C000019 **世纪学人文丛** 季羡林主编。山东教育出版社 1998 年 10 月版。2800 万字。8 册。156.00元。丛书选编 8 位 20 世纪卓有影响的中国人文学科学大师的学术、文化方面的文集,它们是:《书山屐痕——季羡林自选集》,《历史的背面——贾植芳自选集》,《异域神游心影——金克木自选集》,《美的规律——蒋孔阳自选集》,《从心上来——王朝闻自选集》,《南郭竽声——张中行自选集》,《民间文艺学及其历史——钟敬文自选集》,《文哲散记——周振甫自选集》。丛书的作者,均为亲历 20 世纪历史与文化风云变幻的文化名人,又是某一学科领域的学界泰斗,他们各自选取一个角度,如季羡林的东方文化研究,金克木的外国文化和中国文化比较研究,蒋孔阳的美学理论研究,钟敬文的民间文艺学研究,周振甫的古典文史研究,张中行的有关文化、文学、人生的论识,贾植芳的关注历史、关注现实与未来的论述,王朝闻的美学及艺术的散论等等。展示了大师们的深邃哲思、人文精神、学术风采和人格魅力。(朱晓晨)

C000020 **世界正在发生什么丛书** 刘吉主编。武汉出版社 1998 年 3 月版。120 万字。98.00 元。共 8 册,分别为:《生死攸关的选择——21 世纪的社会主义》(杨双著),《从神话到现实——东亚崛起与现代化模式》(赵春明著),《合纵还是连横——世纪末的霸权兴衰》(刘靖华著),《塑造未来——信息高速公路通向新社会》(金吾伦著),《谁主大地沉浮——金融对全球经济的影响》(王军、赵卫群著),《静悄悄的革命——科学的今天和明天》(董光璧著),《穷人的经济学——农业依然是基础》(蔡昉著),《没有硝烟的战争——跨国公司·和平·发展》(王巍、马杰、张宇燕著)。世界正经历一场前所未有的大裂变，人类已走到了必须进行抉择的十字路口，中国向何处去？作者以极大的热情、强烈的社会责任感关注人类命运、世界发展和中国未来。（周雁翎）

C000021 **古文献研究丛书** 李维琦、陈戍国等著。岳麓书社 1997 年至 1998 年版。156.5 万字。6 册。93.50 元。内容包括对《诗经》、《庄子》和唐诗等的研究，佛经和其他古文献的语辞的考释，以及韵书的校释等。已出版的有：《诗经刍议》（陈戍国著），《庄子考辨》（张松辉著），《道家及其对文学的影响》（李生龙著），《中国佛学与文学》（胡遂著），《宋代闽音考》（刘晓南著），《佛经续释词》（李维琦著）等。（饶毅）

C000022 **社会哲学研究丛书** 陈晏清主编。山西教育出版社 1998 年 8 月版。108.7 万字。59.80 元。包括《当代中国社会转型论》、《从领域合一到领域分离》、《转型社会控制论》、《社会转型与人的现代重塑》4 册。围绕建设社会主义市场经济的现实进行哲学思考，针对我国目前正在进行的社会改革及现代化建设，将社会哲学这一学科的注意力投向现实生活的重大问题上，将中国现代化过程的经验，置于整个世界现代化进程总体中进行考察。以社会结构的转型为切入点，并以社会结构的转型为典型对象，揭示社会结构变化的总体特征和一般趋势，通过对当代中国社会转型的哲学把握，力求为考察和解决社会转型过程中的各种社会问题提供正确的理论和方法，对于人们从理论上、思想上认识中国改革有参考价值。（李梦燕）

C000023 **学人文丛** 陈子善主编。上海教育出版社 1998 年 11 月版。185.2 万字。11 册。102.75 元。共 11 册。《看得见的沧桑》（葛剑雄），以历史学家功底与地理学家的视野，论述民族、人物、事件、地理及人口的历史变迁。《暧昧的怀旧》（许纪霖），对思想、文化、社会、文学、人物、图书、影视等方面的热点，作冷峻的理性思辨与热忱的知性感受。《文化上海》（李天纲），探讨"海派文化"的渊源、发展及趋势，对"海派文化"与其他区域文化在不同历史时期的长短优劣作独特的评价。《生命的记忆》（陈子善），记录作者对中国现代文学包括台湾暨海外华文文学中诸多人与事的回忆与评介，及作者在文学史中的独家发现。《琅嬛偶拾》（辛笛），散文随笔集，展示诗人的文学情致与人格魅力。《小绿棍》（舒乙），专门写人的散文集，分璀璨篇、亲情篇、生死篇、域外篇等，记录作者所交往的海内外知名作家的人格魅力与道德影响。《且换一种眼光》（吴福辉），分文苑拾忆、银杏白杨、品书及人、故土乡土、"春醪"漫笔、我的园地、峡谷回音等，让作者的师辈及他所研究的现代文学作家都活生生地凸现于笔下。《访问迷宫》（王雪瑛），以记者的机敏与勇气和学人的睿智与深邃，引导读者探访时下的文化热点，去追寻作家的心路历程。《豌豆三笑》（赵毅衡），论人、论作品、论各种文化现象，从一个个独特的视角对中国文化作出自己的体认与反思。《心影萍踪》（吴小如），为学术随笔集，分心影留痕、心声存档、萍踪志感三部分，包含了对前辈作家的追忆，对文学经典的评述，对社会文化的批判。《京华美梦》（魏绍昌），分别记叙著名作家二三事，旧上海的人文风情，文艺界旧雨新知的趣闻轶事，学术内外的钩沉补遗，名优闻人的掌故珍事。（薛培华）

C000024 **马文瑞文选（上、下）** 马文瑞著。陕西人民出版社 1998 年 2 月版。63.2 万字。2 册。80.00元。收录作者 1937 年至 1996 年期间写的文章、报告、函电等共 130 篇。作者是我党老一辈革命家，曾先后在地方和中央担任重要领导职务，为中国革命和建设做出过重大贡献。此文选涉及面广，有对敌斗争、党的建设、统一战线、经济建设和劳动工资改革、反腐倡廉等，具有较强的思想性、理论性和政治原则性。（刘素巍）

C000025 **历史文献研究论丛** 刘乃和著。广西师范大学出版社 1998 年 3 月版。34 万字。收录作者 1987 年至 1996 年 9 月撰写的 38 篇文章，其中有论述陈垣的为人、学问、诗文等方面的文章数篇，以及有关典章制度的文献基本知识、有关中国妇女研究暨女性研究方面的文章数篇。（总编室）

C000026 **华岗文集** 山东大学青岛校友会编。山东大学出版社 1998 年 8 月版。39.5 万字。26.00元。华岗是一位性格坚强的知识分子，他一生历经沧桑，却始终坚持真理、爱憎分明，是一位优秀的共产主义战士、马克思主义历史学家、哲学家和教育学家。他勤奋好学、坚忍不拔，为革命事业和学术事业做出了重要的贡献。该书收集华岗在 1924～1955 年发表的文章。涉及时事、政治、社会、文化等诸多方面，大多是当时社会和学术界的热点和焦点问题。文章在当时对革命事业起了重要作用，即使在今天，他的有关文章仍然具有思想理论价值。（狄思宇）

C000027 **学术批评丛稿** 杨玉圣著。辽宁大学出版社 1998 年 6 月版。37 万字。22.00 元。收集作者 1995～1998 年写作和发表的部分学术批评文章。以大量篇目对学术批评的反思与建设进行呼吁，主要内容有:“为书评声辩”、“把书评当作学问来做”、“批评或书评与学风建设”、“学术批评的精神”、“学术规范与尊严”等。收入“学术思想评论”文丛。(张露丽)

C000028 **胡适文集** 胡适著。人民文学出版社1998年12月版。222.3万字。7册。240.00元。是我国新文化运动的开拓者、著名学者、作家胡适先生的文史著作集。共7卷,收入他的文学创作、文艺理论、文学史著述、古典文学研究和考证,及有关文化问题的论著和书信。第一卷所收的诗歌,包括中国第一部白话诗集《尝试集》的所有内容;戏剧《终身大事》是我国现代最早的独幕剧。第二卷中的散文作品开启了现代新游记、传记的先河。第三卷中的理论文章是倡导新文化、批驳旧文化的经典论著,如《文学改良刍议》等。第四卷的《中国白话文学史》和《五十年来中国之文学》是最早从新文化意义上评估中国文学史的著作。第五、第六两卷的古典文学研究和考证,大胆挑战传统治学方法,开启以“大胆假设,小心求证”进行文史研究的历史方法,其中很多是开学术风气的重要观点,至今仍有借鉴意义。第七卷中的书信收集很多新材料,不少是从手迹录入的。本书内容经专家严格遴选,并据最初刊本校勘,力图保持作品原貌。书后附胡适简明年谱。(王海波)

C000029 **胡绳全书** 胡绳著。人民出版社1998年版。312万字。6卷9册。233.00元。全书由作者精心选辑,展示他在理论、思想文化、新闻出版、哲学、历史学、社会学诸多领域所作出的贡献。该书反映了作者一生的写作生活,包括作者从1935年到1996年60余年间的大部分作品。第一卷分上下册,收入1935～1948年的文章,分思想文化评论、史事评论、时事政治评论和杂文四辑。第二卷收入1949～1961年的文章48篇,不分专题,按发表和写作时间的行后排列,分为三辑。第三卷分上下册,收入1979～1996年的文章,分政论、史事评论、论学、先贤和故友、短文五辑。第四卷收入《新哲学的人生观》、《哲学漫谈》、《辩证法唯物论入门》、《思想方法》、《中国问题讲话》、《怎样搞通思想方法》等几种哲学方面的专著。第五卷收入《二千年间》、《帝国主义与中国政治》、《孙中山革命奋斗小史》、《中国近代史提纲》等几种历史方面的专著。第六卷收入《从鸦片战争到五四运动》这部中国近代史专著,分上下册。在每卷的卷首都有作者写的引言、序言、前言,对卷中的内容作了说明。(王能雄)

C000030 **思想者文丛(4种)** 刘启良等著。学林出版社出版1998年11月版。130万字。92.00元。文丛包括:《俞吾金集》、《许苏民集》、《杨耕集》、《启良集》4种。以近年来活跃于学术界的、有卓尔不凡表现的中青年学者为择取对象,以他们兼具深刻思想内涵和前沿学术水准的风范文章为择取内容,旨在站在当代生活世界和哲学思维的高度,以审视的目光对一系列重大理论问题作出新的思考。(钱丽明)

C000031 **储安平文集** 储安平著,张新颖编。东方出版中心1998年7月版。81万字。54.00元。2册。系“20世纪文学备忘录丛书”之一。旨在发掘20世纪文学和思想文化史上被遗忘的精神珍宝。储安平1909年出生于江苏宜兴,毕业于上海光华大学,1935年赴英国,入伦敦大学,受费边社的民主社会主义思想影响甚深。1938年归国。抗战胜利后,先后在重庆、上海创办《客观》和《观察》杂志。50年代,曾任新华书店总店副总经理、《光明日报》总编辑等职,1957年“反右”时期曾因放言无忌而轰动一时,1966年秋天从这个世界消失。本书收入了他早年文学创作和当年享誉甚高的《客观》和《观察》上的政论文章,在当时产生出相当大的社会舆论力量,还有鲜为人知的专著《英国与印度》,反映作者忧国忧民的拳拳之心。(徐芷琳)

C000032 **跨文化对话(一)** 乐黛云、[法]李比雄主编。上海文化出版社1998年10月版。16.7万字。19.00元。就文化、生物、科技领域中的最新发展对人类生活的影响展开对话,并就如何对待人类面临的痛苦,如何看待20世纪人类的历史进行对话,传达了东西方不同文化背景的学者各自深邃的见解。本辑汇集了1997年关于“未来十年中国和欧洲最关切的问题”的讨论,对话中心环绕着文化冲突、生物学发展与伦理道德以及电脑网络对人类生活的影响等问题。在“学者对话”专栏,有“如何面对人类的痛苦”和“历史与记忆”两个问题的对话。“学者论坛”专栏收有5篇文章:《东西方文化的差异与共存》、《从〈大汇篇〉谈现代科学起源》、《超越术语》、《言与无言——如何面对语言遗产?》、《中西方“人文主义”的历史进程》。还开辟“学术随笔”、“学术动态”、“图书评论”、“书讯专递”等专栏。(李国强)

C000033 **学术薪火——三十年代清华大学人文社会学科毕业生论文选** 葛兆光选编。湖南教育出版社1998年版。35万字。19.40元。收有11篇20世纪30年代清华大学人文社会学科毕业生的论文,时间是1935～1937年间。论文反映当时中国的教育和学术研究的状况。清华大学当时集中了一批著名学者，他们倡导学术自由和独立研究的学风，提倡严谨、求实的治学态度，影响了几代中国学人。从他们对学生的指导批语中，看到他们要求于学生的，不仅是知识、方法，还有广阔的视野。（孟可文）

C000034 **自由交谈（丛刊）** 张志林主编。四川文艺出版社、四川人民出版社1998年10月版。51.4万字。36.00元。丛刊(1～4辑)。显示当代学人独立思索与真诚言说的风貌，反映世纪之交的中国人的精神丰富多彩，人们交谈自由的缕缕灵思。融哲学、宗教、美学、法学、文学、社会学、伦理学、复杂学等学科研究成果于一体，将一批跨世纪年轻学人对社会、对科学、对人生的真切感受和无畏探究作介绍。已刊发龙应台、何清涟、朱学勤、李慎之、李辉、林贤治、秦晖、黄克剑等海内外著名学者、作家的新作力作。（金平）

C000035 **统计预测和决策** 徐国祥主编。上海财经大学出版社1998年6月版。34.4万字。17.50元。对层出不穷、日新月异的预测和决策方法进行归纳。把预测方法大致归纳成定性预测法、回归预测法和时间序列预测法三类；把决策方法大致归纳成风险型决策方法(包括贝叶斯决策方法)、不确定型决策方法和多目标决策方法三类。并给出各种方法的特点、应用条件、适用场合及其必要的评价。在对每一种方法作必要的阐述之后，都配有具体案例说明其应用过程。强调统计预测和决策方法在市场经济各个领域中的应用。吸收国内外的最新方法，强调计算机在统计预测和决策中的运用。（江玉）

C000036 **新编统计学原理** 易新编。海南出版社1998年1月版。17.8万字。9.45元。分8章：导论，统计调查，统计整理，统计指标，时间数列，统计指数，抽样推断，相关与回归。系统阐述统计学的基本理论、基础知识和基本特点。（古华）

C000037 **指数理论研究** 孙慧钧著。东北财经大学出版社1998年5月版。11.9万字。12.00元。剖析现行指数体系中存在的各种矛盾和根本缺陷，从新的角度研究统计指数理论问题，提出一套新的指数理论体系。论证指数研究只有密切联系经济环境的变化，才能使理论与实践密切结合；将全社会商品的个体价格指数x和个体物量指数y置于概率空间进行考证，找到价值指数真值EZ；论证代表品集团作为一个分层随机样本处理的可行性，导出只有算术平均数才能使指数的形式与内容相统一；提出评价指数优劣的标准是：平均性、综合性、无偏性、一致性、有效性，并探讨建立新的指数体系。系“中国当代经济前沿科学文库'98卷”之一。（石建华）

C000038 **西方社会学名著提要** 谢立中主编。江西人民出版社1998年版。55万字。32.00元。对43篇西方社会学理论的名著分别作提要式介绍，内容包括作者简介、写作背景、名著提要及影响，重点突出各名著主要的、有创见的观点和精神实质。收入“西方社会科学名著提要丛书”。（翦新民）

C000039 **社会协调发展论** 张式谷主编。中共中央党校出版社1998年8月版。29.2万字。16.00元。论著包括绪论和10章。把基本理论探讨与专题研究相结合，从社会协调发展的角度阐述我国现代化建设中的几个重要问题。绪论对“社会协调发展”作了界定，简述了发展观和发展战略的嬗变过程，以及我们党对中国特色社会主义全面性认识的过程。第一章全面阐述马克思主义的社会发展观。第二章阐述中国特色社会主义发展理论的形成、发展脉络及其主要内容。第三章勾画了国外社会发展理论的演变与现状，阐述新发展现和可持续发展理论。第四章探讨计划经济体制向社会主义市场经济体制转轨时期的社会稳定与社会发展问题。第五章论述社会保障制度与市场经济的关系以及我国社会保障制度的特点和发展趋势，评析国外社会保障制度。第六章分析东西部差距的历史原因和现实政策原因，探讨缩小差距的对策。第七章从基本任务和基本政策等方面分析我国人口、环境与可持续发展的一些问题。第八章从政府功能、女性的功能和社会功能等方面探讨妇女与社会协调发展的途径。第九章探讨我国民主政治发展之路。第十章多角度多层次地论述两个文明协调发展的问题。（贾建芳）

C000040 **云南人** 陶兴文、李昆武编著。云南人民出版社1998年8月版。16万字。96幅图。12.50元。从文化学、经济学、社会学角度，全面分析云南人的性格特点和人文特征，展示云南人淳朴善良、耿直诚信的天性，也指出云南人甘于现状、自得其乐的性格弱点。书中所配漫画，文图相谐，相映成趣。（张平慧）

C000041 **民族学概论** 周建新主编。广西民族出版社1998年12月版。25万字。23.00元。大专院校人类学、民族学系专业教材。共8章，运用马克思主义民族观、辩证唯物论、历史唯物论以及国际国内人类学民族学研究的各种新观点、新方法和新成果，综合论述和探讨“民族学基础知识”、“人类各民族的起源、迁徙与分布”、“人类物质文化”、“人类精神文化”、“人类语言文字”、“家庭社会组织”、“人类文化变迁”、“民族学田野调方法”等重要内容。书中重要名词术语配有英文对照，还有若干图片。(蓝芝同)

C000042　**当代哲学人类学(四卷本)**　韩民青著。广西人民出版社 1998 年 12 月版。120 万字。108.00 元。共 4 卷：第一卷，人类的本质。通过对人类的起源、生活、实践发展及人类与自然、人类与文化等方面的全面的考察，提出人类本质上是一种具有“动物＋文化”结构的物质、存在，展示了一种新的人类观，深化了对人类本质的认识。第二卷，人类的组合。着力于探索人类的内部关系。通过对人类个体、人类群体组合、人类整体组合以及从个体、群体到整体的发展历史趋势的全面考察，提出人类组合的存在形态、结构关系、活动规律和演变法则，并重点阐明个人与社会的历史关系及人类组合的最终历史趋势，展示了一种新的人类社会结构观。第三卷，人类与环境。着力于探索人类的外部关系。通过对人类与内环境(文化)、人类与外环境(自然)、内环境与外环境的相互关系以及人类、文化、自然的历史演变的全面考察，提出人类在环境世界中的生存状态、活动方式、作用结果和历史使命，重点阐明人类与自然的相互关系和人类在自然发展中的作用，展示了一种新的人类活动观和自然观。第四卷，人类的结局。着力探索人类发展的历史趋势和最终结局，并从人类结局反观人类的局限，阐述人类自我改造的历史任务和基本原则与方法。人类从古猿转化而来，这已被达尔文所揭示，但人类最终将走向何处，至今却尚未有一个合理的结论，本卷试图对此作全面的探索。全书以“追寻人类的来龙去脉”为主线，探讨人类的由来、人类的存在、人类的本质、人类的活动、人类的发展以及人类的结局，形成了一个完整的新的哲学人类观。(温六零)

C000043　**创造双赢的沟通**　[美]刘墉、刘轩著。接力出版社 1998 年 9 月版。10 万字。9.00 元。是实用性的生活处世艺术指导手册。通过 50 多个小故事，介绍成功不与成功的沟通方式及成功沟通的十大兵法和沟通的最高指导原则，以及如何找到共同点、折衷点、化敌为友，让对手成为伙伴，真正达到创造双赢的沟通。(夏蓓)

C000044　**社会心理学**　时蓉华著。浙江教育出版社 1998 年 5 月版。66.6 万字。48.00 元。引用国外最新有关研究成果，反映国内有关研究的动态，系统介绍当代社会心理学主要流派。作者认为，社会心理学是一门新兴的边缘学科。所有社会现象中都包含有心理问题，人们的一切心理活动又受社会因素的影响，这都是社会心理学所要研究的。收入“世纪心理学丛书”。

C000045　**社会理解论**　郑文先著。武汉大学出版社 1998 年 11 月版。27 万字。12.00 元。通过对社会理解的哲学探讨，把人对社会的意义阐释与把握同人的自我理解与自我超越相联系，揭示社会理解的性质、前提、结构、类型、特征、可能途径、方法规范及检验尺度，在一个侧度上寻求建构社会认识方法论的可行性。作者从考察和辨析社会理解的概念入手，系统考察西方人文社会科学、哲学中对有关问题的争论，梳理了西方解释学的成就、启示和存在的问题，提出并阐释了马克思主义的实践解释学，探讨了有关社会理解的一系列问题，试图建立起以实践解释学为基础的社会理解论体系。收入“社会科学哲学系列丛书”。(曾建华)

C000046　**新编社会心理学概论**　时蓉华著。东方出版中心 1998 年 1 月版。33 万字。20.00 元。以全新视角，结合国内外最新研究成果，既有基础理论阐释，又有经典案例分析。内容包括个体的社会化、自我意识、社会动机、社会认知、社会态度、相符行为、大众心理的连锁影响等。对性别角色、挫折、人际交往、侵犯行为、利他行为、竞争和合作等心理学问题，单独成章叙述。(徐容)

C000047　**旅居者和“外国人”**　副名：留美中国学生跨文化人际交往研究。陈向明著。湖南教育出版社 1998 年版。40 万字。23.50 元。为“博士论丛”之一。运用系统周密的定性研究方法对留美中国学生进行追踪调查。分 3 个部分，第一部分“背景：研究者的故事”，共 3 章，阐述写作缘由、构想和结构、问题的研究过程和方式方法；第二部分“中景：被研究者的故事”，共 8 章，论述留学生的个案调查，人际关系的基本形态，人际交往的基本原则、情绪倾向、理想形态，跨人际交往的特殊形态、自我评价及其对个体文化身份的影响；第三部分“远景：思考的故事”，共 2 章，论说跨文化人际交往中自我和人我关系的文化建构、跨文化人际交往中个体文化身份的重构等问题。(孟可文)

C000048　**八面玲珑——怎样与难处的人共事**　[美]穆里尔·所罗门著。国际文化出版公司 1998 年 8 月版。16.2 万字。18.00 元。作者系美国现代著名心理学家。他在书中生动地阐述如何聪明得体地对待和应付一些难缠的人的方法。从中可以品味美国人为人处事的幽默和超然，以致在人际交往中得心应手，左右逢源。

C000049 **谈判大师手册** 卡洛斯著，李春华译。海南出版社 1998 年 2 月版。19 万字。16.80 元。作者为世界知名的谈判大师，他将自己的实战经验编集成书，共有 195 篇短文。（苏斌）

C000050 **人类学本土化在中国** 荣仕星、徐杰舜主编。广西民族出版社 1998 年 5 月版。80 万字。80.00 元。学术论文集。收入在国内外学术刊物上公开发表的有关中国人类学、民族学研究的学术论文约 100 篇，分为“人类学学科建设”、“人类学研究”、“人类学研究学术动态”、“汉民族研究”、“壮学研究”和“瑶学研究”6 大部分。（蓝芝同）

C000051 **族际关系论** 罗康隆著。贵州民族出版社 1998 年 6 月版。36 万字。28.00 元。人类文化学理论专著，共 15 章。运用非线性思维方式研究方法和 20 世纪文化人类学众多的前沿理论，对人类社会各个时期的族际关系思想作出探讨，分析其利弊得失，尤其对殖民主义时代西方殖民主义的强权政治和族际关系理论、殖民活动给相关民族带来的后果作了分析，并对当代族际关系理论作系统探讨。对文化人类学研究的不足作补充和完善，更新了文化人类学中的思路，构建了族际并存关系、互补关系等许多新的理论和民族关系模式的族际关系网络。从民族、文化与生存环境的关系出发，构拟出民族关系模式的族际互动，分析了族际关系的实质、演化规律，提出族际关系差异与社会发展问题和族际关系与人类家园问题。（罗兴贵）

C000052 **中国民族学史（上、下卷）** 王建民等著。云南教育出版社 1997～1998 年版。66 万字。2 册。65.00 元。依据中华人民共和国成立前与后分为上、下卷。上卷（1903～1949）主要研究 20 世纪前半期中国民族学的历史演变，从早期的中国民族学的学术思想和流派的形成、主要民族学家的学术观点、学术机构的活动与教学科研情况及成果等三个方面，叙述中国民族学的起源和创建过程，研究 20 世纪前半期中国民族学的发展和变化。下卷（1950～1997）重点探讨中华人民共和国成立后民族学的发展、演变历程。附录收有主要参考文献 770 种，期刊 85 种；还有 130 余位作者的小传，以及 1895～1997 年“中国民族学大事记”。（张强）

C000053 **民族学理论与方法** 宋蜀华主编。中央民族大学出版社 1998 年版。25 万字。16.00 元。我国民族学研究的代表作，高校民族学系教材。吸收民族学科研最新成果，在内容上有所创新，颇具时代感。在民族学研究方法上，融中国民族学传统研究方法：实地调查法、历史文献研究法等，与国外民族学先进的研究方法：跨文化比较研究法、跨学科综合研究法等为一体，有利于开阔中国民族学研究人员的视野。（邱立）

C000054 **在地球顶部** 副名：风雪格陵兰。徐力群、潘蓉著。黑龙江美术出版社 1998 年 3 月版。10 万字。280 幅图。68.00 元。作者用两年时间环绕北极圈一周，以“文化比较中国的鄂伦春族和北极的爱斯基摩人”为课题，对北极人类文化进行摄影考察。比较爱斯基摩人的过去、今天；记述北极瑰丽的自然界和人文景观。他们分析许多考察资料并提出论断：数千年前，北极的爱斯基摩人曾以东北亚为家，人类的大迁徙使他们走向北美。他们惊异地发现爱斯基摩人从体质到外貌，从精神到文化有许多与中国的鄂伦春人，甚至包括东北人极其相像。他们并未轻易对某一问题作出结论，而是将所见、所闻、所感，以镜头取其貌，以文字、资料取其魂，作真实、生动的介绍。（黄国楹）

C000055 **夫妻之道（蒙文）** 宝力道策仁著。民族出版社 1998 年 7 月版。15 万字。9.80 元。作者在长期的医疗实践中，采访许多男女，参阅大量世界生理专家的书籍，编撰这部对广大农村牧区的夫妇和青年男女进行性教育的科普读物。介绍有关夫妻恩爱，性生活和谐美满的心理学和医学知识。（额尔敦朝鲁）

C000056 **恣性情——衣食玩乐千姿百态** 门岿主编。国际文化出版公司 1998 年 12 月版。51 万字。33.60 元。由《商人与经商术》、《名人与饮食》、《青楼烟花梦》、《人的外包装》和《人生娱乐百相》5 分册组成。展现封建社会里官宦巨贾、文人雅士及青楼粉黛的生活、性格、心理和社会地位。

C000057 **近代中国陋俗文化嬗变研究** 梁景和著。首都师大出版社 1998 年 11 月版。29.2 万字。17.00 元。以人创造了文化，人又被文化所束缚，这个文化效能和人的局限作为立论的主题，结合近代中国社会与文化的变迁，探讨中国传统文化中的陋俗文化在近代中国的动态演变过程，揭示传统人伦文化塑造的民族心理在近代中国的演变大略。全书分“首论”、“婚姻”、“家庭”、“妇女”、“性论”和“结论”6 卷，对中国近代陋俗文化的内容、特征及其嬗变，作了概括和分析。作者从社会文化史的角度探讨社会生活和观念形态之间的相互关系，分析了显形的社会生活和隐形的精神状态，力图挖掘出社会精神面貌的深层结构。又对近代中国陋俗文化的发展规律和经验教训予以总结。(李荣平)

C000058 **家庭论** [美]加里·斯坦利·贝克尔著，王献生、王宇译。商务印务馆 1998 年 5 月版。31.2 万字。19.50 元。作者是当代西方最著名的经济学家之一，1992 年诺贝尔经济学奖获得者，美国芝加哥学派的主要代表和新自由主义经济学派的重要成员。本书是其最有影响的代表作。家庭理论是贝克尔理论体系的主要内容，贝克尔认为斯密等古典经济学家把家庭作为一个人的消费单位的看法是错误的。他认为，家庭是多个人的生产单位，家庭成员之间在时间、技能和知识构成方面的差异，可以组织起来形成一种"联合效用"。因此，家庭成员的行为完全可以用微观经济学来分析，并且经济行为以外的所有人类行为都可以用"经济人"的概念来解释，从而开辟了用经济理论分析社会问题的新领域。这是本书对经济学的新贡献。该书 1981 年版出版后，在西方乃至全世界都产生一定的影响。(程秋珍)

C000059 **性文化与法** 谈大正著。上海人民出版社 1998 年 4 月版。26.8 万字。18.00 元。从文化人类学、社会心理学、法学的多维视角，回顾审视数千年来东西方性文化各自的历史、走向及其撞击的效应，探讨各自性法规、性禁忌、性道德的由来、得失及其发展变化的规律。作者认为，人的性观念、性行为与各民族的文化传统关系密切，各民族性法律的制定也必然要考虑本民族的传统习惯和价值取向。人类社会的性文化现象从根本上说，又是社会要求与人的生物本性合力的结果或是两者冲突的表现。作者的这些理性探索，为我国新时期科学进步的性法规、性道德体系的建构提供了一定的理论依据，并对某些迫切需要完善的性法律提出建议。收入"社会转型与法律学术丛书"。(刘益民)

C000060 **性学词典** 樊民胜主编。上海辞书出版社 1998 年 7 月版。52.4 万字。33.20 元。介绍性学知识的中型专科辞典。共收词目 1017 条，并附彩色插页 16 面，黑白图片 70 余幅。条目分编成总论、性器官解剖和生理、性激素和性反应、性行为、性与人生、性与生育、性功能障碍与性治疗、性偏离、疾病与性、药物与性、性传播疾病、性与法律、性教育、性文化史、中国古代性文化等 15 类。书前有分类词目表，书末附《国外性研究学会简介》、《词目笔画索引》、《词目英汉对照索引》等附录，便于检索。书中丰富的彩色插页及线条示意图和表格增强了阅读的直观性和理解性。(唐尚斌)

C000061 **数字化时代的生活设计(2.0 版)** 埃瑟·戴森著，胡勇译。海南出版社 1998 年 8 月版。19 万字。1 册。19.80 元。对数字化时代人们生活方式的一种规划，以分析思考新生活空间里的个人权利及其约束机制。共 11 章："我的路"、"社区"、"工作"、"教育"、"管理"、"知识产权"、"内容控制"、"隐私"、"匿名"、"安全"、"数字时代的生活设计"。(苏斌)

C000062 **拒绝毒品十知道** 吉玲、张美芳编。中国少年儿童出版社 1998 年 5 月版。3 万字。2.00 元。有关青少年预防毒品的普及读物。内容分 10 部分，讲述了什么是毒品、它来自何处、怎样吞噬生命、断送人们的前程，叙述了毒品是如何毁灭家庭、危害社会的种种现象，以及我国采取的一些远离毒品、拒绝毒品的宣传活动和打击贩毒分子的举措。书中引用大量的实例和真实照片，说明毒品对人类的危害。(陈斌)

C000063 **人口社会学(第二版)** 王胜今著。吉林大学出版社 1998 年 12 月版。27.5 万字。20.00 元。在第一版的基础上增加了"人口可持续发展"一章后再版。该书的理论观点和分析方法体现了近年来国际人口学发展的最新趋势。全书贯穿的基本思想是一种综合的人口观，把人口现象置于社会经济可持续发展的大环境之中，全面分析人口过程与社会、环境、保护、资源开发的相互关系。在研究中采用定性分析、理论分析与实证分析、横向比较分析与纵向回顾分析相结合的方法。对解决我国人口与社会经济发展中出现的各种实际问题有指导意义。(王世林)

C000064 **人口理论与计划生育读本** 张耀华著。新疆科技卫生出版社(W)1998 年 10 月版。26 万字。15.00 元。分两大部分，第一部分介绍人口理论与计划生育的相关问题、现状、优生优育、生殖健康和少数民族计划生育政策等内容。第二部分为计划生育方面的文献选编和全国各地的出生率、死亡率、自然增长率等统计资料。从多方位分析和论述人口状况，人口理论，人口与经济、社会、环境、资源的可持续发展，新疆维吾尔自治区计划生育工作现状、展望以及为什么要实行计划生育、我国人口政策和计划生育政策等内容。还对党中央、国务院、国家计生委有关计划生育的方针政策、文献、文件进行了选编。(胡赛音)

C000065 **中国少数民族人口政策研究** 邓宏

碧主编。重庆出版社 1998 年 10 月版。28.4 万字。20.00 元。从法学和政策学角度研究民族人口问题的专著。共 11 章 37 节。第一章,中国少数民族人口的变动;第二章,中国少数民族人口政策;第三章,完善少数民族人口政策的必要性与可行性;第四章,完善少数民族人口政策应注意的几个问题;第五章,完善中国少数民族人口生育政策的总体构想;第六章,民族人口与民族经济发展政策问题;第七章,民族人口与民族文化教育;第八章,少数民族人口与婚姻家庭;第九章,民族人口与民族体质提高;第十章,少数民族地区人口迁移流动政策;第十一章,少数民族人口生育政策的贯彻实施。突出少数民族生育政策的分析,预测持续的人口发展趋势,指出少数民族文化素质急需加快提高,是振兴民族地区经济,推进社会进步和实现现代型民族繁荣的需要。(余国枢)

C000066 **哈尔滨人口变迁** 薛连举主编。黑龙江人民出版社 1998 年 10 月版。40 万字。38.00 元。作者运用人口学和社会学的理论和方法,在大量调查研究的基础上,对哈尔滨的人口状况进行了彻底清理,对哈尔滨人口变迁的历史过程作出系统描述和深刻分析。(徐冲)

C000067 **人口与社会保障研究** 陈朝先著。西南财经大学出版社 1998 年 8 月版。19.8 万字。18.80 元。对当代中国人口问题与社会保障进行研究和探索。指出了中国目前面临人口总量控制、人口就业与失业和人口老龄化三大问题,并结合实际,考察与分析了人口控制与社会保障之间的关系,人口就业、失业与社会保障之间的关系,人口老龄化与社会保障等。最后指出,社会保障制度的建立和完善可以较好地解决当代中国面临的三大人口问题,即实现控制人口增长,解决好劳动力市场就业与失业之间的矛盾,保证人口老龄化的顺利过渡等。作者进行了理论分析,并结合我国实际,提出一些解决问题的方法,对我国建立社会保障制度有借鉴价值。

C000068 **中国传统哲学与现代管理** 冯沪祥著。山东大学出版社 1998 年 10 月版。30 万字。22.80元。以现代管理哲学与现代社会存在为基点,对中国传统哲学从新的视角进行再认识,阐述中国传统哲学在现代管理中的应用。运用当今国际公认的管理大师的管理经验与案例,很好地实现了东西方两种文化、哲学与管理的比较与融合。共分 7 章:"孔子哲学与现代管理"、"孟子哲学与现代管理"、"老子哲学与现代管理"、"庄子哲学与现代管理"、"管子哲学与现代管理"、"孙子哲学与现代管理"、"《贞观政要》与现代管理"。各章以管理哲学的基本问题,即"何谓管理的本质"、"为何要管理"、"何时要管理"、"从何处管理"、"何人能管理"、"如何管理"分别加以阐述,形成本书的架构。是传统哲学、企业管理、行政管理乃至人事管理的重要参考著作。(马新)

C000069 **系统与管理科学研究文库** 汪应洛主编。陕西人民出版社 1998 年版。70 万字。4 册。47.00元。文库收集我国在系统与管理科学研究领域中的高水平学术研究专著。1998 年出版的有:《智能决策支持系统理论技术及应用》、《中国旅游业可持续发展战略研究》、《高新技术产业的风险系统研究》、《精简·灵捷·柔性生产系统》等 4 部著作。(常平阳)

C000070 **现代决策学** 黄孟藩编著。浙江教育出版社 1998 年 8 月版。32 万字。17.00 元。对 1989 年出版的《决策概论》作大的修改、补充而成,其重点补充了决策行为学的内容。阐述包括决策行为学在内的现代决策学的基本原理、原则。注重"哲理性、科学性与艺术性的统一",考虑到东西方人在思维上的差别,如西方人强调"形肖",东方人则注重"神似";西方人偏重于理性分析,东方人则哲理性和艺术性很浓,作者注重从丰富经验的积累中直接把握事物的精神实质。本书第一、第二两章属于总论性质,第三至第八章主要讲的是决策的科学性,第九至第十一章主要讲的是决策的艺术性,第十六至第十八章则讲组织问题。收入"现代软科学丛书"。

C000071 **现代组织学** 李建设编著。浙江教育出版社 1998 年 8 月版。27 万字。14.50 元。吸收国外组织理论的研究成果,联系中国的政治、经济、行政等方面的实际,探讨中国的组织管理问题。该书是对《组织管理学》作重大修订后而成,增写诸如对当代国内外组织理论和组织结构发展的新趋势、组织领导体制的改革、组织结构中纵向协调与横向协调的关系、组织领导的职责与权力运用以及组织环境、组织诊断与评价、组织变革、组织效能、组织文化等一系列问题。收入"现代软科学丛书"。

C000072 **现代咨询学** 冯之浚、张念椿编著。浙江教育出版社 1998 年 3 月版。19.5 万字。11.50 元。系统论述现代咨询的发展过程及其功能、作用,阐述现代咨询的形式和行业性质、咨询工作的程序、基本方法和成果评定,国外咨询业的发展概况,我国咨询业的现状与改革,还研究了咨询人员的素质和咨询机构的人才结构以及咨询与决策的关系等。收入"现代软科学丛书"。

C000073 **现代预测学** 孙明玺编著。浙江教育出版社 1998 年 3 月版。22 万字。12.80 元。主要内容包括：一、预测学的职能，预测阶段和期限，预测的前提，预测机构设置及人员配备，预测方法的分类；二、预测的基本方法，包括技术方面和定量方法(前者介绍各方面专家评估，后者着重介绍各种时间数列方法，以及因果模型中相关分析和回归分析)；三、预测学的应用，着重介绍市场需求预测和拉丁文评价。收入"现代软科学丛书"。

C000074 **现代管理学** 何钟秀编著。浙江教育出版社 1998 年 3 月 3 版。23.5 万字。13.00 元。简明介绍管理及管理理论的发展史；系统阐述现代管理的基本原理及其相应原则；分析管理的决策、计划、组织、控制四大功能；论述现代管理的行政方法、经济方法和思想方法；提出现代管理的法律、信息和计算机手段和管理者素养等。

C000075 **管理心理学** 戴良铁、白利刚等著。暨南大学出版社 1998 年 10 月版。32 万字。19.50 元。介绍国内外最新管理实践经验和学术成果。从理论和实践的结合上阐述如何根据变化的现实环境更新经营理念，把握顾客需求，制定合理的经营战略，建立科学的组织结构和管理体系，选择适当的管理方法和手段，不断提高自我发展的能力。(唐似葵)

C000076 **管理运筹学** 韩大卫著。大连理工大学出版社 1998 年 6 月版。40.1 万字。14.00 元。为工商管理硕士(MBA)"运筹学"课程教材。从管理学和经济学的角度介绍运筹学的基本知识。以各种实际问题为背景，引出运筹学若干主要分支的基本概念、基本模型和基本方法，并侧重介绍各种方法及其应用。对于复杂的运筹学算法，尽量运用直观手段和通俗语言来说明其基本思想，并辅以较丰富的算例和实例来说明求解的步骤。(邓玉萍)

C000077 **管理学** 汪克夷主编。大连理工大学出版社 1998 年 6 月版。34.5 万字。14.00 元。工商管理硕士研究生(MBA)系列教材之一。介绍管理的基本思想、基本原理和基本方法以及管理思想的发展过程，反映我国的经济体制改革和企业改革的实践，分析科学技术飞速发展条件下管理思想的发展趋向。(邓玉萍)

C000078 **管理学概论** 石伟著。中国劳动出版社 1998 年 6 月版。36 万字。24.00 元。分管理概论、计划、组织、领导、控制 5 篇，16 章。主要内容包括：管理的概念、性质、职能，管理学的研究对象与特点，管理思想发展史，现代管理的理论基础与基本原理；计划工作、组织目标、预测和决策；组织工作、组织结构和组织过程；领导素质与领导的有效性、激励、群体与沟通；控制工作、财务控制和经营控制。其特点有：第一，在借鉴和吸收现有成果的基础上，将管理学的外延界定在计划、组织、领导和控制部分，并在诠释过程中保持了这种一致性，理论建构比较明晰、简洁。第二，全书总体上有方法论的专门论述，在计划与控制篇中也有对方法论的阐述。(曾令萍)

C000079 **管理经济学** 聂鸣、陈君宁主编。华中理工大学出版社 1998 年 9 月版。23 万字。9.50 元。介绍如何使用经济学的原理与方法，并对管理决策进行分析。主要包括需求分析与需求估价、生产决策分析、成本利润分析、市场结构与企业的行为、定价实践、市场失效与政府的作用等。(朱霞)

C000080 **管理经济学** 陆凤山、周毅主编。广东经济出版社 1998 月 9 月版。33 万字。21.20 元。管理经济学是现代化管理的方法论和技术基础。本书在阐明基本理论的基础上，着重于应用研究，使技术经济管理决策理论和专业知识并重，技术手段和管理措施相结合。其特点有：(一)在定性阐述经济理论的基础上，应用数学知识，进一步掌握理论的精髓，以说明经济理论是根据社会经济发展的需要逐步建立和完善的。(二)结合我国国情建立有自己特色的经济理论和经济方法，以促进我国的经济发展。(三)联系我国经济建设中的实际问题进行研究。例如探讨了经济增长问题、经济结构问题、人民就业问题、通货膨胀问题等。(孙力)

C000081 **管理经济学(第三版)** [美]H·克雷格·波得森等著，吴德庆译校。中国人民大学出版社 1998 年 10 月版。52.00 元。在系统阐述微观经济学基本原理基础上，着重探讨经济学原理在管理决策中的应用。研究企业的管理决策问题，对有关经济理论的讨论，从管理决策需要出发，为管理决策服务。全书的结构安排也以管理决策为中心，包括需求分析和估计；生产和成本理论及线性规划；市场结构分析；博弈论在企业策略行为决策中的作用；产品和投入要素的定价决策；企业长期计划决策；企业决策与政府管制等内容。论述深入浅出、通俗易懂，配备有例题和练习。收入中国人民大学出版社"工商管理经典译丛"。

C000082 **管理宝典** 副名：开创管理新纪元的 36 部经典著作集粹。[美]乔·L·皮尔斯、约翰·W.纽斯特朗编，东方慧译。东北财经大学出版社 1998 年 5 月版。36.8 万字。28.00 元。收录、摘萃、评介《大趋势》、《追求卓越》、《走出混乱》、《先锋管理》、《变革的主宰者》、《艾柯卡自传》、《Z 理论》、《管理秘诀》等 36 部近 20 年来盛行并用于实践的管理学名著。从不同角度介绍几十位管理学者对组织管理的观点和思想，涉及伦理道德、国际企业管理、参与实践、环境趋势、组织文化、战略、企业精神和管理与领导风格等问题，汇集企业家、管理咨询家和管理教育家等不同类型人物的观点。为中译版"顶级管理经典系列丛书"之一。（石建华）

C000083 **管理宗师** 副名：世界一流的管理思想。[英]安德泽杰·胡克金斯基著，王宏方译。东北财经大学出版社 1998 年 5 月版。28.8 万字。74.00元。原著为西方流行的畅销书。作者从历史角度对 20 世纪流行的管理流派进行本质分析，指出这些成功管理宗师的理论能满足管理的特殊需要，是在时代的呼唤下应运而生的，且都有大批追随者支持和发展了他们的理论。书中提出的原则和观念为公司管理者、商业教育机构的学者和管理咨询服务人员提供重要的参考资料。此书为中译版"顶级管理经典系列丛书"之一。（石建华）

C000084 **秘书工作质量研究** 屈干臣编著。广东旅游出版社 1998 年 5 月版。43.6 万字。26.00 元。是作者对在党政机关、企业任秘书工作的经验总结，也反映了其从事教学与研究工作所取得的成果。作者将高等院校秘书教学研究会、中国高等院校秘书学学会成立以来的工作活动和学术材料，经过系统、规范的整理，全收入书中。（李瑞苑）

C000085 **管理信息系统** 魏军等编著。国防工业出版社 1998 年 12 月版。25.8 万字。16.00 元。对管理信息系统的基本原理和方法作系统阐述，介绍管理信息系统的软硬件集成、系统分析、系统设计、系统实施和系统管理的方法和过程，讨论客户/服务器模式、Internet/Intranet 等新技术的发展对管理信息系统开发方法和工作模式的深远影响。管理信息系统（MIS）是企业进行有效管理、正确决策的重要手段。它作为一门新兴的综合性学科，主要研究企业内部信息系统的组织、开发和管理。随着计算机软硬件技术、网络技术、通信技术的飞速发展，以计算机技术为基础的管理信息系统也正经历着从组成、开发方法到管理等各方面变革。本书除保留管理信息系统一些广泛使用的、成熟的技术和方法外，还补充了 MIS 计算机应用系统集成、面向对象的分析和设计方法、Internet/Intranet 与 MIS 等许多新的内容。（郭化琴）

C000086 **中文 Office 97 丛书** 张卫等著。上海科学技术出版社 1998 年 3 月版。145 万字。99.00 元。共 5 册：《中文 Word 97 七日通》、《中文 Excel 97 七日通》、《中文 Outlook 97 七日通》、《中文 Access 97 七日通》和《中文 Power Point 97 七日通》。每册分为 7 天学习课程，每天学前都有学习要点，学后有总结思考；用简洁的语言和画面，说明各种复杂的操作，对各种关键步骤配有相应的窗口或对话框；突出与 Internet 有关的内容，突出与 Office 以前版本相比新增功能。配有插图，易学易用。（江云）

C000087 **中文 Office 97 图解大全** 施威铭研究室著。上海科学技术出版社 1998 年 9 月版。240 万字。5 册。180.00 元。共有 5 种：《中文 Word 97 图解大全》、《中文 Excel 97 图解大全》、《中文 Power Point 97 图解大全》、《中文 Access 97 图解大全》和《中文 Outlook 97 图解大全》。该书由上海科学技术出版社与台湾旗标出版股份有限公司合作出版。它以轻松笔调和图解形式，将 Office 97 软件的各项功能在实例操作过程中逐一展现。（王辉）

C000088 **办公基础知识** 马振予著。中国劳动出版社 1998 年 4 月版。23.9 万字。12.60 元。全国技工学校办公自动化专业通用教材。内容包括：办公机构与秘书工作人员、秘书的日常工作、文书与档案管理、公共关系的科学性与艺术性及办公交际礼仪等。其特点是以市场经济对职业生活内涵的冲击和职业生活对不同层次的不同要求为出发点进行论证和说明。（万象）

C000089 **管理信息系统的理论与应用** 李东著。北京大学出版社 1998 年 8 月版。20 万字。18.00 元。从管理信息系统的基础概念、常用的系统模式、开发方法和管理信息系统的社会环境等方面作重点介绍。避免从单纯技术的观点出发来描述信息系统，而是将信息技术、管理方法和组织行为等融合一体阐述。在整体结构设计和内容取舍上有许多独特的创新，它舍弃一些传统的计算机基础知识内容，而取代以对较新应用技术和系统模式的介绍，以及对组织与技术的相互影响作用的介绍。（段晓青）

C000090 **如何当好一把手** 中共中央组织部培训中心、中共中央组织部研究室编。党建读物出版社 1998 年 4 月版。23.8 万字。16.00 元。汇编由中央组织部举办的"如何当好一把手"专题研讨班研讨成果 。阐述党政一把手所肩负的重要职责和改进领导方法、提高领导水平的重要性，对许多热点、难点问题进行研究探索。全书分"谋事篇"、"用人篇"、"集体篇”、“素质篇”4部分。还收入江泽民在纪念中国共产党成立75周年座谈会上的讲话《努力建设高素质的干部队伍》,中共中央组织部张全景、王旭东等领导的讲话。(建萱)

C000091 **领导素质论** 史策著。福建教育出版社1998年10月版。49万字。25.00元。围绕什么样的人适合当领导,怎样才能当好领导的命题展开论述。指出,领导素质是领导职业必备的良好习惯、心理定势与悟性直觉,内容包括知人善任、远见卓识、多谋善断、气量恢宏、人格魅力5个方面。通过古今中外数以百计著名正反领袖人物的具体经历,系统、深刻地揭示出实践对领导职业的特殊要求。(任争健)

C000092 **现代战略研究纲要** 冯之浚、张念椿编著。浙江教育出版社1998年8月版。23.5万字。13.00元。主要研究领导战略活动的形式、内容及其特殊规律。以具有全局性、长远性、根本性的领导战略活动为论述对象,阐述领导者的战略思维、战略预见、战略目标、战略规划、战略对策和战略运用的意义、作用,揭示当代领导者制定战略和实施战略的规律性和方法论。作者参与不少地区的区域发展研究和部门发展战略研究,如:黄河中上游经济开发;黄河三角洲发展战略;天津—华北经济中心的战略研究;上海及长江中下游开发研究;沧州—神黄铁路规划研究以及科技、教育等方面的课题研究。本书反映了这些方面的研究成果。收入“现代软科学丛书”。

C000093 **智能决策支持系统理论技术及应用** 张鹏翥著。陕西人民出版社1998年7月版。17.3万字。12.00元。在简要回顾传统决策支持理论的基础上,对一般决策支持系统、决策分析人员与决策分工的模式进行系统总结;分析决策者、决策分析人员及决策群体在决策过程中任务自主和代理等因素,建立了决策者、决策分析人员及决策群体的决策自主和代理模型,探讨了其认知适应的智能支持过程和人机协调的目标模式;研究决策任务的并列分解与加性分解的公理、线性组合分解定理和智能决策支持系统中四种类型的智能决策支持方法;提出智能决策支持系统智能化的三个方面、大型决策支持系统设计的四个环节法和智能决策支持过程的控制结构模型与问题—模型—求解递阶分层控制方法;简介了开发的用户组织求解环境、结构化问题求解环境、非结构化求解环境、半结构化求解环境及案例支持问题求解环境、数据管理系统的开发实现等。收入“系统与管理科学研究文库”。(常平阳)

C000094 **智能决策技术** 陈文伟编。电子工业出版社1998年7月版。42万字。30.00元。智能决策技术是人工智能技术和决策支持技术的结合,它起到更有效的辅助决策作用。本书介绍了90年代中期兴起的两项决策支持新技术,即数据仓库和数据开采。而数据仓库和数据开采新技术将扩大智能决策的研究范围,进一步提高辅助决策能力。智能决策的主要技术有:决策支持系统、专家系统、神经网络、机器学习、智能决策支持系统等。(孙延真)

C000095 **协作制胜** 副名:成功的团队管理。[英]尼克·海伊斯著,李靖坤、路文勇译。东北财经大学出版社1998年4月版。19.8万字。16.00元。探讨团队管理成功的必备条件和深层原因,以及团队如何运作,团队运作对组织的影响;从职业心理和组织心理的角度阐明和解释了人们的工作行为。通过分析实例和个案提出团队管理成功的原则,有助于现代管理者了解团队工作所赖以成功的心理运行机制,在商业挑战中掌握的策略和方法。为中译版“顶级管理经典系列丛书”之一。(石建华)

C000096 **组织行为学** 刘赋主编。东北大学出版社1998年12月版。22.7万字。14.90元。系统论述个体行为、团体行为、领导行为及组织行为的理论方法,有针对性地加强了领导素质、领导行为的有效性及人才选拔评价的理论方法等内容。共分6章,包括:组织行为学概论、个体行为理论、群体行为、领导行为、组织行为、选拔人才的技术方法。(刘淑芳)

C000097 **人物志——注释与评析** 三国·刘邵著,侯书森、朱杰军解析。青海人民出版社1998年9月版。50万字。29.80元。以《人物志》三卷十二章内容为体系,对《人物志》原文逐句作通俗的白话翻译,对每章内容作注释、解说和评述。每章后附有《人物志》夜话。书后附有对《人物志》作者刘邵的生平及其学术成就的介绍和历代著名学者对《人物志》的评介。(辛茜)

C000098 **第三资源** 副名:智力资本及其管理。[美]安妮·布鲁金著,赵洁平译。东北财经大学出版社1998年5月版。17.7万字。14.00元。阐述第三资源的概念。认为各大公司已认识到无形资产的价值,这种资产不在于拥有多少厂房、设备甚至产品,而在于客户的信赖程度、与商业伙伴合作的能力、知识产权、电讯基础结构以及雇员的创造潜力和技能等方面,这是继资本、劳动之后的“第三资源”——智力资本。国际驰名公司,像通用电气公司、摩托罗拉公司、惠普公司、施乐公司、西门子公司等都开始利用智力资本来获得真正的竞争优势。阐述如何管理、控制和记录企业的无形资产，并为审计公司的智力资本提供一个实用的框架。系中译版“顶级管理经典系列丛书”之一。(石建华)

D 政治、法律

政治理论

D000001 **现代政策科学** 孙光编著。浙江教育出版社 1998 年 3 月版。18.3 万字。11.00 元。分 8 章：结论，政策的性质、特点和功能，政策的研究，政策的制定，政策的执行，政策的评估，政策的变化以及政策系统的改进。作者长期参与城市社会和经济的发展研究，在实际政策研究工作中积累了资料。对实际工作中涉及政策的各种问题，进行分析、探讨。收入“现代软科学丛书”。

D000002 **政策科学** 陈振明主编。中国人民大学出版社 1998 年 9 月版。47.4 万字。26.00 元。在把握西方政策科学最新趋势的基础上，系统论述政策科学理论体系的各个方面，如公共决策体制，政策的制定、执行、评估、监控、周期，政策研究方法等，探讨市场经济条件下我国实现政策科学化、民主化、法制化的途径，并提供案例与思考题。收入中国人民大学出版社“公共管理与政策分析丛书”。

D000003 **新政治学概要** 王邦佐等主编。复旦大学出版社 1998 年 9 月版。35.7 万字。17.00 元。共 13 章。绪论阐述了政治学学科的最一般问题及其理论发展。分 12 章论述阶级与革命、国家政权、国家形式、政府机构、政党制度、行政与人事、政治参与、政治决策、政治发展、政治文化、民族与宗教和时代与国际关系等有关政治学的概念和原理。其内容包括阶级的起源、革命的类型，国家的起源、国体、政体及其不同类型，古今中外政府机构的类型及其职能，资本主义政党制度的不同类型，社会主义政党制度的特点，资产阶级国家文官制度的建立与作用，我国干部人事制度的历史与公务员制度的逐步确立，资本主义国家和社会主义国家关于政治参与的不同性质和特点，资本主义国家和社会主义国家关于政治决策的不同性质和条件，发达国家政治发展的过程，发展中国家政治发展的策略和道路，剥削阶级社会政治文化的类型与功能，社会主义社会政治文化的基本内涵与作用，民族的形成与宗教的起源，资本主义国家的民族和宗教问题，社会主义国家处理民族关系的基本原则及其宗教政策，马克思主义分析时代与国际关系的基本原则，当代国际关系的格局与特点，中国对外政策的基本原则等。(郇红伟)

D000004 **民族过程与国家** 王希恩著。甘肃人民出版社 1998 年 12 月版。23 万字。15.00 元。选择从民族过程把握民族与国家关系的特定视角，沿着历史进程，界定“民族”概念的内涵，展示队群——氏族——部落联盟——民族国家的人类社会演进过程，揭示人类从自然人群到社会人群，人类政治序列从临时、非正式到永久、专业化的发展趋势。作者认为，民族的形成分为潜民族、自在民族和自觉民族三种互相联系、逐步演进的状态。还叙述了近现代以来的民族运动，剖析了当代民族运动的发展。(张旭东)

D000005 **马克思主义民族理论经典导读** 何润著。中央民族大学出版社 1998 年 11 月版。21 万字。16.00 元。选择有关马列主义民族理论经典论著 103 篇，以论著形成时间为序，先引出原文，再作阐释，评述它们之间先后的异同、继承、发展或扬弃等问题。着重把握每篇文章提到的民族问题的理论实质，以及分析问题的立场和方法。还介绍了论著形成的历史背景，以便准确把握经典作家在不同时期所提出理论的时代特点和变化发展。全书共设 6 章，每章分别介绍写作的历史背景、书目、内容、理论发展。对一些理论提出疑点、难点问题，以便进一步探讨。(郑玉琴)

D000006 **大师经典文库：乌托邦** 托马斯·莫尔著。外语教学与研究出版社 1998 年 4 月版。10.1万字。5.90 元。作者(1478—1535)是英国早期空想社会主义的主要代表，欧洲文艺复兴时期的文学家和政治活动家，杰出的人道主义者。《乌托邦》是其代表作。该书对欧洲各国尤其是对英国的普遍经济状况和社会环境进行深刻分析,对这些国家的政治制度和社会制度进行严厉的批判和控诉,并提出私有制是一切社会罪恶的根源。他特别指出英国“圈地运动”的后果是出现了一个“羊吃人”的社会。书中描绘了一个没有剥削、没有压迫、没有欺诈、没有私有财产和贫富差异的理想社会,并提出一系列诸如人人劳动、按需分配、助人为乐、人人平等的理想和原则。(任满申)

D000007 **总体性与乌托邦** 副名:人本主义马克思主义的总体范畴。张康之著。中国人民大学出版社 1998 年 4 月版。21.1 万字。19.00 元。通过考察人本主义马克思主义的总体范畴,阐述马克思主义的总体观念,发现了马克思主义研究的一个新领域。作者认为,总体范畴在 20 世纪成为一个重要的哲学范畴是科学发展的结果,总体观念代表了一种与近代科学思维方式完全不同的、新的科学思维方式,在总体范畴的基础上将会建立起一个全新的科学范式。关于人类未来社会的一切构想,要从对科学的总体范畴的理解出发。人本主义马克思主义的乌托邦结局不是根源于把总体范畴作为理论前提,而是由于在对总体范畴的理解上出现了偏差。收入“中国人民大学博士文库”。

D000008 **马克思主义与当代思潮** 杨魁森著。吉林大学出版社 1998 年 10 月版。25 万字。11.00元。结合当代有重大影响的社会思潮,把握当今中国与世界发展的前沿性问题,从哲学层面上分析研究。分 3 部分:(一)社会发展理论。主要结合马克思“跨越资本主义卡夫丁峡谷”思想和中国近现代以来的发展特点,探求适合中国发展特点的现代化模式。(二)当代社会思潮。概括论述由西方现代化过程中所产生,在中国改革开放以来亦有广泛影响的五种社会思潮,即:理性批判思潮、科技治国思潮、人道主义思潮、功利主义思潮和文化主义思潮,对每种思潮的发生背景、主要表现和发展动向作深入分析。(三)商品经济文化。在对商品经济总体矛盾特点研究的基础上,具体论述了人在商品经济中的物化、价值、道德等问题。(赵国复)

D000009 **中国近现代政治思潮研究** 朱义禄、张劲著。上海社会科学院出版社 1998 年 1 月版。30.3 万字。20.00 元。以古今中西之争为主旋律,从社会思潮和社会心态角度出发,并结合各个历史时期代表人物的思想学说,对中国近现代政治思想的产生、发展及其演变规律进行探索和考察,从宏观和微观两方面展现近百年来中国社会政治思想的风云变幻;从地主阶级改革派的变易史观、资产阶级维新派与革命派的进化史观到中国马克思主义创始者的唯物史观的演进与更替;欧洲风行一时的无政府主义、国家主义、法西斯主义等社会政治思潮在我国的泛滥与沉寂;从马克思主义的广泛传播到新民主主义理论的建立,等等。其特点是:第一,打破中国近代和现代政治思想史著作中传统的人物列传式的著述体系,尝试建立一种以社会政治思潮演变为主流,并结合对代表人物学说进行分析的新的著作体系。第二,全书跨越整个近现代,从而比较全面系统地展现近百年来中国政治思潮的演变和发展规律。第三,引入政治学、社会学、心理学等学科的一些概念和理论方法,对中国近现代政治思潮作深入分析,提出一些新观念。(张广勇)

D000010 **醒狮丛书** 谢俊美主编。中州古籍出版社 1998 年 8~10 月版。200.00 元。为中国近代思想史专辑,记载这时期思想文化领域的思辨过程。全套 12 册,依次为:《海国图志》,魏源著;《校邠庐抗议》,冯桂芬著;《盛世危言》,郑观应著;《弢园文录外编》,王韬著;《天演论》,严复著;《仁学》,谭嗣同著;《劝学篇》,张之洞著;《大同书》,康有为著;《新民说》,梁启超著;《西学东渐记》,容闳著;《新青年》,陈独秀著;《建国方略》,孙中山著。第一次鸦片战争后,魏源率先提出“师夷长技以制夷”——中国学习西方这一著名历史课题;冯桂芬指出要“采西学议”,王韬、郑观应则积极作文呼应,公开鼓吹设议院;容闳干脆将他所了解和学到的西学知识投诸于斗争活动;在国家面临被瓜分的历史条件下,严复译介了《天演论》,用“物竞天择,适者生存”的生物进化论,以及“世道必进,后胜于今”的社会进步理论,疾呼人们起来变法,打击封建势力;在变法失败和革命夭折的痛苦反思中,康有为撰述《大同书》,描绘一个“无处不均匀,无处不饱暖”的大同世界;梁启超《新民说》提出国民性改造的问题;孙中山构思《建国方略》。至此,以陈独秀、李大钊、胡适、鲁迅为代表的先进知识分子所发动的新文化运动拉开序幕,举起科学与民主的大旗。内中许多观点已被历史所证明,近代先哲们的求索精神激励着广大民众在改革开放的变革中前进。编纂体例为,①介绍作者及作品的时代背景;②原著;③历史解读。(孙宝瑞)

D000011 **20 年理论风云** 肖岩、汪平主编。辽宁人民出版社 1998 年 9 月版。28.6 万字。21.00 元。展现我国改革开放的实践和理论发展的历程。叙述的主要理论问题有：实践是检验真理的唯一标准，拨乱反正最早的突破口，社会主要矛盾与工作重点转移，中国要在高科技领域占有一席之地，坚持四项基本原则的提出与争论，民主政治与司法建设，正确评价毛泽东和毛泽东思想，两手都要抓两手都要硬，特区姓“社”不姓“资”，改革是一场新的革命，“一国两制”构想，呼唤已久的政治改革，当代世界两大主题，社会主义初级阶段理论，改革、发展与稳定，市场经济理论的确定与深化，社会主义本质论等。描绘出邓小平理论的形成、发展、完善的历史过程。（刘万庆）

中国共产党

D000012 **1997年组织工作研究文选（1～4）** 中共中央组织部研究室编。党建读物出版社1998年6月版。111.2万字。60.00元。包括《综合专辑》、《干部制度改革专辑》、《地（市）县党政领导班子年轻化进程专辑》、《国有企业领导人员素质状况专辑》4分册，共收入调研报告79份。汇集全国各省区市及副省级城市党委组织部按照中央组织部下达的调研课题，结合本地实际，就组织工作中的一些重要问题开展调查研究的成果。（建萱）

D000013 **周恩来早期文集（上、下卷）** 中共中央文献研究室、南开大学编。中央文献出版社、南开大学出版社1998年2月版。97.2万字。52.00元。收录周恩来早期文稿，包括周恩来于1912年10月至1924年6月在国内及留学日本、欧洲时的日记、书信、作文、论文、通讯、诗词、小说、演说、宣言、通告、启事等各类文章300余篇。收录周恩来在沈阳读小学时的1篇作文，该作文曾在当时的奉天省教育品展览会上展出；收录周恩来留日期间一年的日记，这是他当时思想活动的真实记载；他的《警厅拘留记》是其在天津从事学运，被反动当局拘留时于狱中写下的；他在留学日本、欧洲时写给师长、同学、亲友的书信，真实反映了他的伟大人格；特别是他在旅欧期间写下的论文和通讯，映现出其非凡的才识。通过他起草的一些宣言、通告、章程等，可看出他自青年时代便具有的组织能力和领导才干；通过他有限的几篇小说、诗词等，则表现出他活跃的思想和气质。该书全面、系统、真实地记录周恩来早期思想的发展脉络，表现出他由一个忠实的爱国主义者成长为坚定的共产主义者的光辉历程。（丁福原）

D000014 **高等学校党务干部读本** 中共中央组织部组织局、中华人民共和国教育部思想政治工作司组织编写。党建读物出版社1998年4月版。12.9万字。10.00元。全书从党员教育工作、党员管理工作、发展党员工作、党内选举工作、干部的培养选拔和任用工作、宣传思想工作、纪检工作、统一战线工作、党校工作、群众团体中的党的工作等10个方面介绍高等学校党务工作的基本内容；阐明高等学校党委、总支、支部等各个岗位党务干部的基本职责及高等学校党务干部工作的主要原则和方法；阐述在新时期如何提高自身素质，做一名合格的高校党务干部。（建萱）

D000015 **湖南省志·党派群团·共产党** 湖南省地方志编纂委员会编。湖南人民出版社1998年版。85.6万字。70.00元。记叙1918年4月毛泽东在长沙创建新民学会至20世纪80年代中国共产党在湘的活动和发展情况。（穆陵宁）

D000016 **周恩来墨迹** 《周恩来墨迹》编辑委员会编。辽宁人民出版社1998年1月版。292万字。45.00元。辑录周恩来1913年至1975年（时跨62年）的重要题词、诗作、信札、文稿、批语等墨迹200余帧。周恩来各个不同时期的书法作品充分体现他的人品、性格和革命实践活动的伟大精神。（修玉祥）

D000017 **从十四大到十五大** 王兆铮编著。党建读物出版社1998年1月版。35.5万字。30.00元。分7个专题，全面反映党和国家五年来走过的光辉历程。内容包括：党的一系列重大决策步骤，为坚持和发展邓小平理论所作的贡献；党和国家在经济体制改革和现代化建设、社会主义精神文明建设、民主政治建设和政治体制改革、外事工作等方面的理论、方针政策及实践；党的领导和党的建设等。每个专题按问题分成条目，每个条目以时间先后为序，以公开发表的党和国家的重要文件、领导人讲话和有关权威资料为依据进行编纂和阐述。（建萱）

D000018 **划时代的会议** 副名：中共十一届三中全会。张湛彬著。安徽人民出版社1998年10月版。22万字。13.00元。介绍中央工作会议上的大讨论、重大决策的酝酿和基本成型，中央政治局调整的情况；邓小平亲撰新时期新道路新理论的宣言书及其主要内容；邓小平的经济底牌；十一届三中全会召开的详细情况，工作重点转移、改革开放、平反冤假错案、新的思想路线等重大决策的内容和意义，中央政治局改组及传达十一届三中全会的情况。将十一届三中全会置于实现历史性转折的高度，评价十一届三中全会的历史地位和深远影响，介绍邓小平、江泽民对十一届三中全会的高度评价，也介绍专家学

者和海外舆论从不同角度对十一届三中全会的评价。(贾兴权)

D000019　**学习党的十五大精神丛书**　中共上海市委宣传部编。上海人民出版社1998年9月至12月版。200万字。200.00元。丛书共22本:《旗帜问题至关紧要》、《三次历史性巨变》、《马克思主义在中国发展的新阶段》、《坚持和弘扬马克思主义学风》、《深刻理解社会主义初级阶段理论》、《调整和完善所有制结构》、《加快推进国有企业改革》、《培育和发展大企业集团》、《放开搞活国有小企业》、《建立社会保障体系》、《完善分配结构和分配方式》、《加快国民经济市场化进程》、《积极推进经济结构的调整和优化》、《提高对外开放水平》、《继续推进政治体制改革》、《依法治国,建设社会主义法治国家》、《文化:综合国力的重要标志》、《加强社会主义思想道德建设》、《知识分子要为中华民族的振兴建功立业》、《走有中国特色的精兵之路》、《坚持独立自主的和平外交政策》、《坚持、加强和改善党的领导》。(黄建章)

D000020　**大转折——中共十一届三中全会实录**　张树军著。浙江人民出版社1998年12月版。30.8万字。25.00元。是关于党的十一届三中全会的专题史学著作。其特点如下:以党的《关于建国以来若干历史问题的决议》和大量文献资料为依据,对1978年召开的两个会议的经过作详细的叙述。力图通过叙述两个会议的历史过程,说明它是当代中国历史上一个崭新阶段的开端。对邓小平在十一届三中全会后成为党的第二代领导集体核心的原因,结合中国革命和建设的历史,结合邓小平的思想与实践的发展,作系统分析。(杨淑英)

D000021　**十一届三中全会以来重大事件和决策调查**　陈雪薇主编。中共中央党校出版社1998年11月版。48.3万字。27.00元。以十一届三中全会以来的重大事件和决策为专题展开论述,其主要内容有:"邓小平理论的形成和发展"、"真理标准大讨论"、"历史伟大转折的十一届三中全会"、"1979年理论工作务虚会的始末"、"评价毛泽东和毛泽东思想的历史地位"、"纠正冤假错案"、"家庭联产承包责任制的出现和实行"和"国有企业改革"、"创办经济特区"和"实行对外开放"、"十三大和社会主义初级阶段理论的提出"、"十四届三中全会和'关于建立社会主义市场经济体制的决定'出台"、"1992年邓小平南方谈话"、"一国两制"和"香港回归"等。对每一重大事件和决策进行审视和研究,从不同角度展示中国20年改革开放的伟大历程。对重大决策和事件的形成条件、历史作用、社会影响等,进行历史分析,作出科学回答;总结了我国进行现代化建设和改革开放的历史经验,探索历史发展规律;生动记录人民群众的历史推动作用和领袖人物的杰出作用。(何建东)

D000022　**中共历史转折关头关键会议亲历实录**　李剑主编。中共中央党校出版社1998年3月版。80万字。上下册。49.80元。按照历史发展线索,以当事人或亲历者的回忆和记述为主要内容,直书实录中共历史转折关头特别是建国以后的一系列关键会议所作出的重要决策过程。通过这些著名领导人的记述,以直接见证历史的第一手材料,为人们了解历史事件、评价历史人物、借鉴历史经验提供宝贵素材。(曲炜)

D000023　**中共党史重大事件述评**　郭德宏、李玲玉主编。中共中央党校出版社1998年7月版。26万字。14.00元。与《中国共产党历史经验研究》配套的教学参考书。遵循解放思想、实事求是的思想路线,坚持实践是检验真理的唯一标准,对中国共产党成立以来部分有重大影响的历史事件进行客观、公正、实事求是的述评。具体内容是:一、从三二○事件到四一二政变,中共中央的决策及经验教训;二、红四军党的七大前后的一场争论;三、毛泽东领导地位的形成和确立;四、延安整风中的审干运动和"抢救运动";五、新政协的召开和新中国的诞生;六、建国初期的文化思想批判运动;七、高岗饶漱石事件评述;八、整风运动与反右派斗争;九、"大跃进"运动;十、1959年庐山会议的转向及教训;十一、城乡"四清"运动;十二、从结盟到对抗:中苏关系的历史演变;十三、刘少奇冤案始末;十四、林彪集团的兴亡;十五、1975年的全面整顿及其夭折;十六、江青集团的崛起与垮台;十七、真理标准问题大讨论;十八、十一届三中全会的召开及历史意义;十九、新时期平反冤假错案工作始末;二十、农村家庭联产承包责任制的兴起与推行;二十一、邓小平南方谈话的前前后后;二十二、建国后中英关于香港问题交涉始末。(关国为)

D000024　**中国共产党风云书系·改革年代(六卷)**　郭德宏主编。广西人民出版社1998年10月版。150万字。108.00元。以记叙中共十一届三中全会以来党的重大决策的形成、实践及围绕这些决策的论争为主要内容,全景式反映十一届三中全会以来党领导全国人民进行改革开放和社会主义现代化建设的波澜壮阔的历程。丛书第一批"改革年代"

包括6种:《冲撞——思想解放备忘录》,陈述著;《转折——十一届三中全会的前前后后》,盖军、谢春涛主编;《腾飞——经济建设的重大抉择与实践》,郑新立主编;《潮涌——改革风雨路》,高化民等著;《接轨——全方位开放的历程》,柳建辉、刘华清著;《洗礼——精神文明建设实录》,刘贵田主编。(曹光哲)

D000025 **中国共产党福建省组织史资料(1988年1月~1995年10月)** 中共福建省委组织部编。福建人民出版社1998年2月版。34.7万字。35.00元。系《中国共产党福建省组织史资料(1926年2月~1987年12月)》的续编。共7章,收编自1988年1月至1995年10月中共福建省地方组织及其领导下的福建省地方政权组织、地方军事组织、统一战线组织、群众团体组织以及省直属事业单位、省直属企业单位的机构设置、沿革情况和领导人名录(包括任职时间等)。附录为补编资料,有2章,收编自建国起至1987年12月止省直属事业单位、省直属企业单位的机构设置、沿革情况和领导人名录。(林小影)

D000026 **改革开放20年** 副名:云南省纪念党的十一届三中全会20周年理论讨论会论文集。云南省委宣传部理论处编。云南大学出版社1998年11月版。58.8万字。25.00元。论文以马列主义、毛泽东思想以及邓小平理论为指导,紧紧围绕经济建设中心展开讨论,主要涉及基础理论问题、经济问题,以及有关社会发展中的其他问题。总结了改革开放以来的历史经验,对云南各个方面的实际工作和发展趋势提出建议。(伍奇)

D000027 **中共八大史** 石仲泉等主编。人民出版社1998年9月版。38.6万字。25.00元。作者以中共八大为历史坐标,观察分析它的历史发展,并从这一视角撰写的一部专题史。展现八大的历史过程,阐明八大路线的历史意义,以及八大路线未能坚持下去的深层原因,分析了八大路线和十一届三中全会路线之间的内在关系。(鲁静)

D000028 **依法治国与党的领导** 侯少文著。浙江人民出版社1998年11月版。25.5万字。18.80元。探讨依法治国方略的形成、任务、目标、对策及其与党的领导的关系,研究依法治国与民主监督制度、民主集中制的关系,提出了依法治国必须依法治党,肃清生活中的封建影响残余是治本之策,必须以领导干部为重点,提高全党的执法水平等重要观点。

D000029 **大学生入党必读** 沈传缘主编。浙江人民出版社1998年1月版。14.6万字。10.50元。以《中国共产党章程》为蓝本,以党的性质和党员标准为主线,以提高入党积极分子和党员对党的认识、坚定崇高的信念和追求为主旨,深入浅出地讲解党的基本知识、基本理论和基本观点。联系大学生思想实际,有较强的针对性。

D000030 **刘少奇党的建设思想概要** 郑科扬主编。党建读物出版社1998年11月版。17.5万字。18.00元。分9章。论述刘少奇关于党的建设的思想。作者采取历史的态度,在阐述刘少奇党的建设思想时,同当时的历史环境和社会条件联系起来,同毛泽东建党思想联系起来,同刘少奇关于中国革命和建设的观点联系起来,把握刘少奇关于中国共产党建设问题的立场、观点和方法。(建萱)

D000031 **学风建设论纲** 李新泰著。中共中央党校出版社1998年10月版。14万字。16.00元。结合我国目前的社会实际和理论现状,从十个不同角度阐述学风问题之来龙去脉、学风问题之重要性及其一系列重要内容,并强调指出,高举邓小平理论伟大旗帜,必须大力坚持马克思主义学风。作者还指出,要端正学风,必须坚持解放思想、实事求是的思想路线,坚持"一个中心,三个着眼于"的原则,努力改造自己的主观世界;端正学风是正确领会、全面贯彻党的十五大精神的重要前提。全书围绕学风问题"是什么、为什么、怎么办"进行阐述。(王杰)

D000032 **入党教材(修订本)** 中共中央组织部组织局编著。党建读物出版社1998年5月版。12.4万字。6.60元。以邓小平理论为指导,依据党的十五大报告和新党章,阐述中国共产党的性质、党的指导思想、党的最终目标和现阶段任务、共产党员的条件以及如何用实际行动争做一名合格的共产党员。结合马克思主义党的建设理论,联系入党申请人的思想实际,着重回答中国共产党是什么样的党,共产党员应该是什么样的人,以及如何端正入党动机、争取入党等方面的基本问题。(建萱)

D000033 **党员管理手册** 中共中央组织部组织局编著。党建读物出版社1998年1月版。17.7万字。10.00元。以中国共产党章程为准则,继承党员管理工作的优良传统,分析改革开放以来党员管理工作中出现的新情况、新问题,总结新鲜经验,以条目的形式,全面系统地阐述党员管理工作的ABC。全书分为:党员管理工作的指导思想、基本任务、基本原则、主要内容和方法途径,党员条件和党员标准,党员组织关系,党的组织生活,共产党员的先锋模范作用,党内表彰,党员领导干部,民主评议党员,

流动党员管理，党籍党龄，党费管理，党的纪律等内容。(建萱)

D000034　**中国农村党支部工作指导**　陈黎东主编。南方出版社 1998 年 12 月版。10 万字。3.90 元。农村基层党组织工作用书。以图文并茂的方式，从指导思想、组织建设、发展经济、精神文明建设、干部队伍建设、党员教育管理、基层政权建设、加强领导等 8 个方面对农村党支部工作进行阐述与说明。(于明江)

工人、农民、青年、妇女运动与组织

D000035　**全国五一劳动奖章获得者大辞典**　本书编委会编。山西经济出版社 1998 年 5 月版。272 万字。258.00 元。收录 1985～1997 年荣获全国五一劳动奖章的 10 568 名人员的主要事迹和照片。每个词条以约 300 字篇幅概括他们的经验和特点，包括他们改革创新、无私奉献的先进思想和高尚品德；攻克技术难关的绝招；震惊中外的发明创造；精心创造的工作方法及管理方法等。(张惠君)

D000036　**现代化进程中的中国农民**　周晓虹执行主编。南京大学出版社 1998 年 9 月版。34.3 万字。18.00 元。文集收 23 篇研究论文，其中大部来自 1995 年 10 月由中国社会心理学会、南京大学社会心理学研究所等主办的主题为“传统与变迁：中国农民的社会心理”的国际学术研讨会。全书分 5 部分：一、从历史与现实或者说从传统与现代的对接切入主题。二、四篇论文以其对现实的农村社会的关注而体现出清一色的社会学色彩。三、四篇论文内容包括进城农民这一特殊群体的结构和行为(心理)两个方面。四、五篇论文主题为行为性分析或社会心理学的范畴。五、五篇论文是自成系列的专题研究，研究对象是由浙江温州的进京农民组成的北京“浙江村”和江苏昆山的周庄镇。(范瑜)

D000037　**一个回族村的当代变迁**　宋志斌、张同基主编。宁夏人民出版社 1998 年 9 月版。27 万字。25.00 元。从社区经济、家庭经营、宗教与家族、家庭与婚姻等 12 个方面分 13 章进行叙述，较全面地反映出改革开放 20 年来纳家户村经济社会和人们思想观念的变化。作者重点对该村发展现状及其历史进行纵向比较，并将其与所在县和自治区的发展进行横向比较。(马建文)

D000038　**人生准备丛书**　唐敏、肖复兴、陈丹燕著。新世纪出版社 1998 年 8 月版。14 万字。28.50 元。丛书以优美的文句，细腻的笔触向青少年推心置腹地叙说好女人、好男人的要素。作者以深邃的思想、坦诚的语言，以饱经磨难后的感悟，以独特的智慧与幽默，抒发了各自的人生体验。《你将要去的那个地方》(陈丹燕著)，用温婉的笔调描述了女人每一季节的每一种心情，每一阶段的每一种美丽与柔情：青春期多愁善感、顾影自怜，恋爱的季节第一朵不香的玫瑰，成年女子烂漫又感焦虑的性格如同饮咖啡的感觉，第一个孩子出生时宛如泥土里开出的鲜花一样而滋生的情感与责任……《女孩子的地图》(唐敏著)以情深韵长、极具震撼力的文字告诉青春少女，生命的红帆船应驶向何方?虞姬的美不是道德的偶象而是独立与矜持，戴安娜潇洒的社会感觉与人生的正确定位，孤独的静美与坚毅忍耐的品德；婚姻的准备与爱情合作……《梦之门》(肖复兴著)以男子汉的宣言述说了怎样唱好男人这首难唱的歌。丛书从 5 个方面提出了人生应作的准备：做女人、男人的准备，爱情婚姻的准备，社会角色的准备，心理素质的准备。(刘国纯)

D000039　**共和国的希望**　曹福成主编。山西教育出版社 1998 年 3 月版。16.5 万字。9.00 元。分 3 部分。“庄严的时刻，崇高的使命”论述青年如何才能享受到成年的欢乐和实现奋斗的目标；“谆谆的忠告，切切的希望”会使青年聆听到革命导师的心愿；“促膝谈理想，由衷话人生”会使青年领悟到文化名人的做人之道。还以现代中外名人奋发图强、自强不息、勇攀高峰、爱国爱民的进取精神和当代中国青年的风采为主旨，给青年的人生之旅提供一个参照系。(李梦燕)

D000040　**成功之路丛书**　金建国著。晨光出版社 1998 年 8 月版。72 万字。34.80 元。通过生活中的实例，分析失败，研究错误，以及如何走向成功。每册书均由 40 篇千字有趣的小文章组成，每篇文章均包括 2～3 个事例。书中配有多幅幽默并极富哲理的插图。(段俐冰)

D000041　**光辉的榜样丛书**　李凤杰、鱼在洋等著。未来出版社 1998 年 5 月版。100 万字。70.00 元。对青少年进行思想品德教育的故事丛书。分两大部分。一、介绍在中国革命和社会主义建设各个时期的英雄模范故事，其中选编了方志敏、刘胡兰、杨靖宇、黄继光、焦裕禄、孔繁森、雷锋、赖宁等等 20 位英模的事迹。书中记述他们的成长过程，突出介绍他们为祖国、为人民无私奉献的英雄事迹。二、介绍在科学事业上做出重大贡献的科学家的故事，其中选编了牛顿、爱因斯坦、爱迪生、居里夫人、华罗庚、陈景润、李四光等20位中外著名科学家的事迹。书中记述了他们所走过的艰辛道路，赞颂他们在科学研究中勤奋、执著、实事求是的精神，以及在科学事业上所取得的辉煌成就。（张晓新）

D000042 **当代青年十大观念** 董玉整、董莉著。广东人民出版社 1998 年 11 月版。35 万字。23.80元。立足市场经济和现代化建设的历史背景，紧扣当代青年生活和思想的实际，从哲学世界观和方法论的高度，提炼出十大观念，并进行系统分析研究。抓住青年与社会、思想观念与生活现实这两对矛盾，逻辑地展示它们运动变化的过程，并运用大量的现实材料，恰当地说明这一过程。语言文字轻松活泼，心平气和地同青年朋友谈问题，谈生活，谈未来。对于引导我国当代青年树立正确的世界观、人生观和价值观具有重要的意义。（钟菱）

D000043 **花季心事** 文佳、云帆主编。黑龙江人民出版社 1998 年 3 月版。18 万字。13.50 元。分为“少男心事”和“少女心事”两部分，其中“少男心事”包括睁开我的眼睛、爱情是一种感觉、搁浅的纸船、给友情定价等四方面内容；“少女心事”包括人间有女初长成、我是你永远的天堂鸟、落花无语风起时、魅力树和困惑树下的少女等四方面内容。每部分都附有“过来人的话”，鼓励和引导少男少女们健康快乐地成长。（徐冲）

D000044 **花季烦恼** 文佳、云帆主编。黑龙江人民出版社 1998 年 3 月版。17 万字。12.80 元。分为“少女烦恼”和“少男烦恼”两部分，每部分包括成长篇、学业篇、家庭篇、健康篇、社会篇、友谊篇、恋情篇等七方面内容，详细记述少男少女在成长历程中所遇到的各种烦恼，并都配有专家的建议，帮助他们解决烦恼，越过坎坷，书写青春无悔的人生。（徐冲）

D000045 **青少年科技活动大全** 贾克钧、冯容士等编。上海科技教育出版社 1998 年 12 月版。135 万字。70.00 元。收集建国 50 年来各地青少年开展科技活动的成果，并请专家归纳、整理、验证，择其精华 500 余项汇编而成。内容涵盖物理、化学、环保、天文、气象、地理、陆海空模型、摄影、无线电、计算机、创造发明等领域，按青少年科技活动现状分成 9 篇。对每一个活动项目的介绍均由“基本原理”、“工具与材料”、“活动过程”、“说明与延伸”4 部分组成。原理部分阐述活动所涉及的基本知识；“工具与材料”列明活动所需的一应物品；“活动过程”分步骤撰写，着重说明操作要领和可能出现的现象；“说明与延伸”部分对活动的注意事项作了补充，还提供了多种其他方案。（郑晓林）

D000046 **青春肤色系列丛书** 于德玲、尹葆华主编。沈阳出版社 1998 年 3 月版。60 万字。35.00 元。丛书由 5 册组成，分别是：寻求心灵的快意（《刊首寄语》集锦）、追寻梦中的橄榄树（《名人传记》集锦）、打开一扇窗（《欢迎您来问》集锦）、收集阳光（《感悟人生》集锦）和爱情味道（《爱情方舟》集锦）。（薛劲松）

D000047 **好女孩上天堂坏女孩走四方** ［德］乌特·艾尔哈特著。江苏人民出版社 1998 年 1 月版。12 万字。12.80 元。通过对女性内心世界深入细微的剖析，提示女性各种思想误区的根源，对妇女走向独立、走向成功而扫清前进道路上的心理障碍作研究分析，对好女孩变“坏”指点迷津。（丁嫣霞）

D000048 **第四次世界妇女大会、'95 北京非政府组织妇女论坛丛书（共 8 卷）** 本丛书编委会编。中国妇女出版社 1998 年 8 月版。406 万字。274.00 元。分 8 卷，10 册。1995 年，联合国第四次世界妇女大会在中国北京召开。大会以及同时举行的非政府组织妇女论坛保留下一批重要的文字资料，是记录和研究这次盛会的宝贵文献。经搜集、整理、翻译，选编出版了这套大型的妇女问题文献丛书。丛书包括《第四次世界妇女大会重要文献汇编》、《第四次世界妇女大会发言选编》、《第四次世界妇女大会国家报告选》、《'95 北京非政府组织妇女论坛中国论文选》、《'95 北京非政府组织妇女论坛外国论文选》、《第四次世界妇女大会中国组委会工作纪实》、《第四次世界妇女大会新闻概览》和《中国妇女在'95 北京非政府组织妇女论坛》等。丛书内容广泛，包括第四次世界妇女大会及'95 非政府组织妇女论坛所涉及的各个领域，既有全球性、区域性会议文献，国家级报告和大会发言，又有国际组织和非政府组织妇女论坛与会者的论文或资料，还有从大会申办、筹备直到会议结束的全部资料文件。由于这次大会是一个全球性的研究妇女问题的重要会议，经过长期的实践积累和理论准备，各国政府机构及妇女组织，许多地区或国际性机构和组织，众多的非政府组织都对全球妇女问题进行了广泛深入的研究和探讨。丛书收入的各类大会文件、报告、论文、资料，反映了各国政府、非政府组织、妇女问题专家、社会活动家、学者等的立场、观点或研究成果，具有极其重要的学术性和宝贵的资料性。丛书记载了来自不同国度、不同地区、不同信仰、不同历史文化背景的政府、组织、机构和人们的立场、观点，也充分展现了中国政府和人民为这次国际盛会所作出的庄严承诺和辛勤努力，以及东道主的热情友好姿态。(赵仲)

D000049 **中国妇女风采录(1978～1998)** 中华全国妇女联合会编。中国妇女出版社 1998 年 12 月版。400 余幅图。220.00 元。大型图集。生动、形象地展示 20 年来我国妇女在政治、经济、科技、文教、医疗卫生、文艺、体育、军事、妇女工作、对外交往中取得的成绩，以及各族各界女性的风采和多姿多彩的生活。图集内容丰富，设计新颖，紧扣"以人为本、展示风采"的宗旨，其中既有杰出人物代表，也有普通城乡妇女，既有早期出名的大家，也有风华正茂的新秀，体现出广泛性和代表性。(赵仲)

D000050 **世纪之交的中国妇女与发展** 副名：理论·经济·文化·健康。金一虹、刘伯红主编。南京大学出版社 1998 年 9 月版。35.5 万字。18.00 元。1997 年夏，由江苏省社会科学院妇女研究中心和海外华人妇女学会联合举办了"'97 第二届中国妇女与发展研讨班"，来自中国大陆、香港、美国、英国、加拿大、荷兰等地的海内外华人 100 余人参加了研讨班，本书是该研讨班论文集。全书分理论、经济、文化和健康四大篇章。对妇女发展的内涵与目的、妇女发展与社会发展的不均衡性、农村妇女发展的前提和重点等方面作了积极探索。社会性别理论是"理论篇"的重点；经济参与和妇女的发展是"经济篇"的重点；大众传媒与女性话语研究是"文化专题"的热点；女性主义的健康原则是"健康篇"探讨的重点。(范瑜)

世界政治

D000051 **21 世纪大国梦丛书(6 册)** 鲁杰等著。中原农民出版社 1998 年 12 月版。194 万字。133.50 元。丛书 6 册分别为：《走向 21 世纪的美国》、《走向 21 世纪的俄罗斯》、《走向 21 世纪的法国》、《走向 21 世纪的日本》、《走向 21 世纪的德国》、《走向 21 世纪的英国》。全面研究大国兴衰历史，揭示近现代以及 21 世纪各大国的战略构想和预测未来国际的战略格局走向。描述美、法、英、俄、日、德等国家的历史、现状与追求。丛书以中国人独特的视角，用第三只眼观察世界政治格局风云变化，预测未来国际战略格局走向。(马保民)

D000052 **世界大视野丛书** 王玉德、李其荣主编。广西人民出版社 1998 年 9 月版。98 万字。57.00元。丛书包括《美国人在想什么》、《英国人在想什么》、《俄罗斯人在想什么》、《德国人在想什么》、《日本人在想什么》、《韩国人在想什么》6 个分册。选取二战后对世界政治、经济有重大影响，并在自身发展上具有代表性和显著特征的国家作为考察和研究对象。作者以本人的亲历、亲见、亲身感受，展示这 6 个国家在政治、经济、文化、生活等领域的特色，展示这些国家人们的思考、追求、摒弃和担忧。(严颖)

D000053 **1997/98 世界知识年鉴** 安国政编。世界知识出版社 1998 年 1 月版。263.5 万字。142.00元。介绍 1996 年的世界政治经济大事和各国基本情况，分为 5 部分，即：1996 年国际要闻荟萃，新闻事件、人物和名词，各国概况，国际组织和国际会议，便览。"1996 年国际要闻荟萃"部分选载我国部分新闻机构从不同角度评选出的 1996 年国际要闻。"各国概况"部分是年鉴的主要部分，按洲介绍各国家和地区的政治、经济、军事、文化教育以及对外关系等 1996 年的动态情况。"便览"部分载人 1996 年中国同外国签订的主要条约、协定一览表，第 26 届奥运会各项目冠军榜，当今各君主国国王一览表，1996 年诺贝尔奖获奖者名单等内容。(周明晟)

D000054 **民族国家与国际秩序** 副名：西方政治现代化的路。[香港]郭少棠著。首都师范大学出版社 1998 年 7 月版。20 万字。15.00 元。分析了民族国家的发展与民族主义的理论，探讨民族国家与国际秩序的关系，认为民族国家的成长与国际秩序的演进，是西方政治现代化之中的"两个主要的脉络"。还对近 30 年国际政治学流行的说法大胆提出异议，对人类社会的发展提出展望，指出"21 世纪将不再是西方或某个集团支配的时代，而是真正属于'人类'的世纪"。(李荣平)

D000055 **当代世界社会主义新论** 高放等著。云南人民出版社 1998 年 10 月版。52 万字。29.50元。剖析当代世界一个奇特的现象，即一方面是共产党执政的社会主义国家不断出现挫折和问题，另一方面是自称奉行社会主义的党派和团体却越来越多。作者对此作专题分析。其主要专题有：为什么在战后资本主义蓬勃发展的新形势下，世界社会主义还会成为席卷全球的势力？当代世界社会主义究竟有多少家、多少派？各家各派所主张和实行的究竟都是什么样的社会主义？社会主义在发展中存在哪些问题？苏联和东欧八国以及蒙古为什么会发生政局的剧变？其主要经验教训有哪些？如何才能防止这种剧变在其他社会主义国家的出现？中国应该怎样借鉴其他社会主义国家兴衰成败的历史教训，建设有中国特色的社会主义？在苏联、东欧剧变后，朝鲜、越南、老挝、古巴这四个社会主义国家发生了哪些变化？发达资本主义国家和发展中国家的社会主义思潮和派别发生了哪些变化？今后世界社会主义与世界资本主义两种制度将如何发展？在世界新科技革命迅猛发展的态势下，世界社会主义的前景将是什么样？（杨云宝）

D000056 **当代世界知识200题** 吴静哲主编。中国青年出版社1998年12月版。26万字。15.00元。以设问自答的形式，简述一些世界热点问题：从第二次世界大战以来国际社会总格局的发展和演变脉络，冷战后世界政治和经济现状及发展趋势，当今发达国家和发展中国家的政治经济状况、对外战略、在国际社会中的地位等问题；对以联合国为代表的主要国际组织和国际机构的作用、中国对世界各主要国家与地区的战略原则等方面作客观介绍。搜集整理大量统计数据、资料，吸收相关领域的最新研究成果，精选有关专家学者、研究人员的精辟论述。书中配有多幅精致插图。（黄大卫）

D000057 **高新科学技术与世界格局** 杨德才主编。湖北人民出版社1998年3月版。36.9万字。18.00元。以当代世界格局的演变为主线，分阶段揭示高新科学技术的兴起与世界格局风云变幻的内在联系。指出，热战期间，大国集团之较量体现于以科技为依托的军事拼搏；冷战期间，超级大国之对抗体现于以科技为象征的政治实力的争霸；冷战后，世界各“极”之角逐体现于以科技为后盾的经济实力的竞争。证实发展高新科学技术仍是各国实现国际地位的必由之路。（施先稳）

D000058 **苏联东欧剧变与马克思主义** 吴仁彰主编。世界知识出版社1998年1月版。19.2万字。11.00元。以马克思主义为指导，侧重从理论的角度分析和总结苏东剧变的历史经验教训。分8个问题，从各个不同角度分析和论证在新历史条件下坚持和发展马克思主义的重要性，提出一系列令人深思的见解。如：马克思主义与本国实际情况和时代特征相结合，是20世纪国际共运的主要的历史经验；苏东剧变有三个特点和三个模式，要用恩格斯的“历史合力论”去分析苏东剧变的原因；改革是社会主义国家不可抗拒的潮流，但要防止体制改革演变为社会制度转轨；社会主义国家必须坚持以发展生产力为根本任务，生产关系要适合生产力发展水平；苏东国家在无产阶级专政问题上的基本教训是先“左”后右，人民民主专政是中共在总结国际共运经验基础上提出的马克思主义新概念；在改革中要划清马克思主义的党建路线与“民主社会主义”党建路线的界线；改革开放与反和平演变不矛盾，它使社会主义充满生机和活力。还对苏联霸权主义作了深刻分析。（张光勤）

D000059 **古罗马政体与官制史** 杨俊明著。湖南师范大学出版社1998年4月版。21.4万字。10.00元。介绍古罗马王政、共和、帝国三个时期组成政体的三要素情况：君主（由早期勒克斯、执政党元首发展演变而来）、元老院、人民大会。这种政体结构具有制衡性、稳定性。但其地位在不同时期却呈现出不同的变化。在王政时代，勒克斯（王）拥有最高统治权，但他不掌管民政方面的权力，无权支配人民生命与财产。终身制，但不世袭，虚位期间，权力回归元老院。他由库里亚（人民大会）选举产生，经元老院批准任命。元老院的职能是：最高行政机关；与人民大会同等的立法机构；王的顾问委员会。到王政时代后期，元老院完全处于专制王权的控制下。王政推翻，进入共和时期，凌驾于人民大会与元老院之上的王被废除，改由每年经人民大会选举，元老院批准的两名权力相等的执政官执行王的职能，元老院的权力在这一时期广泛地渗透到共和国生活的各个方面。而进入帝国时代后，罗马帝国的政体则由元首与元老院的双头统治演变为元首专制，元老院形同虚设的专制体制。而人民大会的权力，总的说来，其不像雅典人民大会那样，具有最高权威。罗马帝国产生之后，人民大会在罗马社会政治生活中的作用逐渐消失以至不再存在。还对古罗马官僚体制及其运行情况作了介绍。收入“外国政体与官制史丛书”。（黄林）

D000060 **绥靖政策研究** 齐世荣主编。首都师范大学出版社1998年6月版。35万字。27.00元。研究20世纪30年代英、法两国执行的绥靖政策。分三部分。第一部分有12个专题，分析了英、法的绥靖政策，内容涉及30年代英法有关政治、军事、外交方面的政策。第二部分从德、意、日如何利用绥靖政策的角度进行研究。第三部分包括附录三件。第一件是对西方学者关于绥靖政策研究的评介。第二件是专谈中国抗日战争与国际关系。第三件则对绥靖政策的由来、定义和译名作了分析研究。（仓理新）

D000061 **谋在人——政治风云变幻难测** 门岿主编。国际文化出版公司1998年12月版。60万字。33.60元。由《外交场上风云莫测》、《亡国帝王的痛》、《名人与法》、《小人得志更猖狂》和《一朝天子一朝臣》5个分册组成。揭示了封建王朝的更迭、权力与法的关系、外交场上的明争暗斗以及得志小人的嘴脸等光怪陆离的情景。

中国政治

D000062　**中共十一届三中全会以来大事记**　人民出版社编辑部编。人民出版社1998年11月版。42万字。25.00元。以邓小平理论和十一届三中全会以来党的基本路线、方针政策为准绳，坚持历史唯物主义观点，记载在这不平凡的历史时期，我们党、国家和人民前进的足迹。反映20年来，在邓小平理论和党的基本路线指引下，我国在政治、经济、外交、教育、科技、文化、卫生、体育、军事、祖国统一、党的建设等方面取得的成就。本书以《新华月报》为素材，并参阅其他已出版和公布的书刊、文献资料。(鲁静)

D000063　**中共三代领导集体捍卫国家独立和主权的理论与实践**　刘宗武、刘光明著。湖北人民出版社1998年10月版。37.3万字。19.50元。从发展国民经济是捍卫国家独立和主权的物质基础入手，论述建国后毛泽东、邓小平、江泽民等三代领导集体捍卫国家独立和主权的理论与实践。共8章，主要内容有：(一)发展社会主义社会的生产力，建立捍卫国家独立和主权的物质基础；(二)建立独立的工业体系和国民经济体系，增强捍卫国家独立和主权的经济实力；(三)建设现代化的国防，壮大捍卫国家独立和主权的军事力量；(四)维护祖国的独立和安全，反对敌对势力侵略、破坏的军事斗争；(五)捍卫国家独立，反对干涉我国内政，争取祖国统一的政治斗争；(六)开展振奋民族精神，捍卫国家独立和主权的思想教育；(七)坚持独立自主的外交立场，同世界各国建立和发展各种关系；(八)捍卫国家独立、主权和领土完整的外交斗争，最后概括总结了中共三代领导集体捍卫国家独立和主权斗争的历史经验。(胡东)

D000064　**中国共产党对有中国特色社会主义道路的探索**　韩荣璋主编。湖北教育出版社1998年8月版。35.4万字。30.00元。分3编：《探索的先河》，《曲折中前进》，《转折与发展》。回顾社会主义的世界历史进程，把社会主义制度的兴起和发展定格在20世纪的整个历史进程中进行分析。系统论述中国共产党三代领导集体带领全体共产党员和全国各族人民，在经济落后且具有12亿人口的大国中，坚持把马克思主义普遍真理与中国革命和建设的具体实践相结合，前仆后继，矢志不渝，独立自主地探索具有中国特色的社会主义建设之路的艰辛历程：以毛泽东为核心的第一代领导集体在中国建立了社会主义制度，开创了探索有中国社会主义建设道路的先河；以邓小平为核心的第二代领导集体建立了建设有中国特色社会主义的理论体系，使中国的社会主义建设步入新的发展阶段；以江泽民为核心的领导集体，高举邓小平理论旗帜，把建设有中国特色的社会主义事业继续推向前进。(聂昌慧)

D000065　**中国改革开放20年丛书**　国家体改委研究所、中共中央党校经济研究中心组编。中州古籍出版社1998年12月版。428万字。257.00元。记录20年来党和国家在开展与推进改革开放方面所颁布的一系列文件政策，反映改革开放以来所取得的伟大成就和发展轨迹，具有重要的史料价值。总序提纲挈领地对改革开放20年作了高度概括，其内容有：论述中国改革开放的特定历史条件；回顾改革开放在8个方面取得的显著成就；总结改革开放在6个方面所取得的成功经验。正文从15个方面进行阐述，依次为：中国农村改革、中国国有企业改革、中国所有制改革、中国商品流通体制改革、中国社会保障制度改革、中国就业体制改革、中国收入分配体制改革、中国财政改革、中国金融体制改革、中国对外经济贸易改革、中国对外开放、中国法制建设、中国教育体制改革、中国精神文明建设、中国行政体制改革。另附大事记。(孙宝瑞)

D000066　**中国崛起**　副名：国际环境评估。阎学通等著。天津人民出版社1998年4月版。25万字。22.80元。分“外国人看中国崛起”、“历史上大国崛起的国际环境”、“大国崛起环境的评估”、“中国崛起的国际安全环境”、“中国崛起的国际政治环境”、“中国崛起的国际经济环境”、“中国崛起的国际影响”等7章。从外国人对中国崛起的反应入手，评述国际社会，特别是西方国家在冷战后如何看待中国的崛起。对英、法、德、日、俄、美崛起时的国际环境作了概述；循着历史的轨迹，对大国崛起的国际环境作理论分析；对中国崛起的安全环境、政治环境和经济环境的具体情况予以论述和评判；并预测了未来的发展趋势；探讨了中国崛起对世界和平、国际秩序、全球发展和人类文明的影响。(赵明东)

D000067　**从邓小平到江泽民领导的中国**　吴智棠等主编。中国青年出版社1998年4月版。31万字。26.00元。介绍从邓小平到江泽民两代中国领导人在指导我国改革开放和现代化建设方面的主要思想和实践经验的通俗性理论读物。分上下两编，上编从思想理论、体制改革、对外开放、发展战略、精神文明、民主法制、“一国两制”、对外关系、国防建设、政治保证、新老交替等11个侧面，分析和介绍从1978年到1992年邓小平有关中国的改革和建设的一系列思想和理论精华及其发生发展的轨迹；下编从理论旗帜、深化改革、扩大开放、精神文明、科教兴国、祖国统一、对外关系、军队建设、干部素质、稳定发展、远景规划等11个方面，总结和归纳以江泽民为核心的党中央继承和发展邓小平理论，努力探索中国改革开放和现代化建设方面的新思想和新经验，论述了十四大以来中国所取得的伟大成就。（冈宁）

D000068 **市场经济与政治发展** 副名：转型时期的中国政治。蔡拓、吴志成主编。福建人民出版社1998年3月版。28.6万字。16.30元。阐述经济与政治的关系，探究1997年至2007年中国政治发展面临的6大问题：国家权威的运用与政府职能的转变；政府机构的改革；政治参与的扩大与规范化；政治秩序的变动与有序化；政治文化的震荡；国际战略的调整。（林荣）

D000069 **伟大的转折** 陈理主编。四川人民出版社1998年11月版。36万字。25.00元。“选择——共和国之路”系列书的最后一部，包括前言、导言和20章。反映中国党的十一届三中全会以来的20年间所进行的建设社会主义的理论探索和伟大实践，展示20年来中国社会主义建设波澜壮阔的历史画卷及所取得的伟大成就，认真总结探索社会主义建设道路的历史经验和教训。从“文化大革命”结束后全国各项工作的徘徊不前到召开十一届三中全会、实现伟大的历史性转折，从拨乱反正的全面进行到农村改革的兴起，从对外开放政策的实施到城市改革的启动和深入，从积极推进民主政治建设到努力加强社会主义精神文明建设、实施科教兴国战略，从“一国两制”构想的提出和实施到走中国特色的精兵之路，从治理整顿到抓住机遇加快发展，这一切都在书中得到全面反映；重点突出邓小平理论形成和发展的线索，阐述建设有中国特色社会主义理论的形成过程和基本内容。（刘周远）

D000070 **走向21世纪论丛** 文选德主编。湖南人民出版社1998年9月版。530万字。460.00元。丛书21卷，分别是：《思想解放论》、《实事求是论》、《初级阶段论》、《改革开放论》、《民主建设论》、《法治建设论》、《政府行为论》、《廉政建设论》、《一国两制论》、《市场经济论》、《国有经济论》、《经济增长论》、《区域经济论》、《共同富裕论》、《现代金融论》、《文化建设论》、《思想道德论》、《国民素质论》、《社会心理论》、《社会发展论》、《农村变迁论》。丛书对邓小平理论的一些基本观点进行系统研究，对以江泽民为核心的党的第三代领导集体对邓小平理论的发展作了阐发，对我国当前改革开放和现代化建设中的重大现实问题进行有益探索，对面向新世纪的中国在经济、政治、文化等方面的发展前景作了展望。（彭富强）

D000071 **改革：跨世纪的工程丛书** 李主其主编。广西师范大学出版社1998年12月版。220万字。对国企改革、中国金融体制改革、社会保障制度改革、住房制度改革等人们最为关心的改革难点、热点加以论述。丛书包括11个分册，即《走出困境——中国国有企业改革的思路和对策》，《出路何在——中国再就业及就业问题》，《编织社会安全网——中国社会保障制度的昨天、今天和明天》，《为有广厦千万间——中国城镇住房制度的重大突破》，《从放权让利到制度创新——中国财税体制改革》，《构筑现代经济的核心——面向新世纪的中国金融改革》，《雄壮的田园交响曲——中国农村经济体制改革的历程与前景》，《国以“食”为天——中国粮食问题的探讨与改革》，《解放第一生产力——中国科技体制改革》，《民族振兴的希望——中国教育体制改革的进程与前瞻》，《精简·统一·效能——中国政府机构与行政体制改革》。从理论与实践的结合上宣传党和政府的方针政策，分析当前面临的问题，展望未来的发展趋势。（郑纳新）

D000072 **现代社会主义论** 副名：社会主义建设道路之中国特色。罗郁聪著。山西经济出版社1998年9月版。36.9万字。22.00元。包括两部分内容：一、社会主义建设道路之中国特色；二、对恩格斯关于现代社会主义理论观点的阐发。用马克思主义的基本立场、观点、方法及原理，研究我国经济体制改革的重大理论和实际问题，证明马克思主义的基本观点、方法及原理没有过时，建设有中国特色的社会主义理论是对马克思主义的继承与发展。作者认为，当代中国马克思主义发展的新阶段是现代社会主义。（吉奇震）

D000073 **思考中国** 副名：挑战中国的九大问题。胡鞍钢等著。辽宁人民出版社1998年5月版。32.8万字。22.00元。中国将以怎样的姿态步入21世纪？在未来的发展中，中国将面临哪些机遇，迎接哪些挑战？在21世纪中叶，中国会成为一个世界强国吗?作者以其特有的视野和强烈的责任意识,从中国国情入手,分析了9个问题:1.中国经济起飞及其影响;2.中国人口展望;3.中国的环境问题;4.中国粮食问题的经济分析;5.中国财政改革与发展总趋势的思考;6.中国的贫困与反贫困问题;7.国有企业改革与发展的思考;8.健全中央一地方关系的制度安排;9.中国与世界。(王峰)

D000074 **维护祖国统一简明读本(哈萨克文)** 何富麟著。新疆人民出版社1998年3月版。12万字。10.00元。讲述爱国主义和民族团结思想的政治类读物。具体阐述维护祖国统一,贯彻党的民族政策两者不能分离的思想。(阿扎马提)

D000075 **人民沈阳50年** 邱维林、何克新主编。沈阳出版社1998年10月版。1300幅图。268.00元。大型画册,共收录1300余幅历史照片。以文图并茂、中英文对照的形式,全方位介绍沈阳人民在中国共产党的领导下,在工业、农业、交通邮电、商贸流通、对外开放、金融保险、科学技术、文化教育、医疗卫生、城市建设、人民生活等诸方面发生的变化。特别是党的十一届三中全会以来,全市各领域取得的巨大成就:国民经济持续、快速、健康发展,综合经济实力明显增强,经济体制改革不断深化,对外开放格局基本形成,社会主义精神文明和民主法制建设成果显著,人民生活水平日益提高,城乡面貌焕然一新。(李元福)

D000076 **大潮——中国改革开放20年** 曾长秋、柳礼泉著。中南工业大学出版社1998年12月版。38万字。21.50元。分20个专题论述。内容围绕什么是社会主义、怎样建设社会主义的主题,强调经济要发展,政治要稳定,体制要改革,生活要提高,阐明我们要建设的社会主义,是不断发展生产力的社会主义,改革开放是新时期最为鲜明的特点。以纪实的手法,记录改革开放20周年的历史,反映中国改革开放的发展进程,讴歌了中国改革开放的巨大成就,探讨了改革开放中遇到的各种热点难点问题及对策。(文接朝)

D000077 **上海改革开放二十年系列丛书(郊县卷)** 上海改革开放二十年系列丛书编纂委员会编。上海科学普及出版社1998年10月版。343.7万字。6册。320.00元。系统记录上海青浦、松江、奉贤、南汇、金山、崇明六郊县改革开放历史的大型资料性史书。展示上海郊县改革开放20年,经济迅速发展,人民生活普遍提高的壮丽画卷。丛书为上海纪念十一届三中全会召开20周年的重点图书,该书在推进上海社会主义现代化建设中,发挥"存史、资政、育人"的作用。(李立波)

D000078 **广西区情教育读本** 副名:迈向21世纪的广西。杨基常主编。广西民族出版社1998年11月版。15.2万字。8.50元。概括地介绍广西的历史、地理、资源、物产、民族、文化等基本情况,并用重彩浓墨着重反映广西壮族自治区成立40年来,广西民族团结进步的光辉历程和广西在社会主义现代化建设中所取得的辉煌成就。对自治区党委为实现跨世纪的战略目标提出的"三大战略,六大突破"的决策,作了详尽的记述。(李华荣)

D000079 **从封闭到开放** 副名:中国开放的历程。王炳林著。安徽人民出版社1998年10月版。23万字。14.00元。介绍以深圳为代表的特区在创办过程中的艰辛和影响,高新技术产业开发区、保税区和台商投资区创立的过程,沿江、沿边和内陆城市的开放,浦东的开发,中国外贸体制改革的历程和力度,利用外资的各种形式,技术引进的发展历程,对外承包工程和劳务合作,对外援助和利用外援,国际旅游业的发展与现状。从总结历史经验的角度,肯定对外开放所取得的巨大成就,分析存在的问题,展望发展前景。(贾兴权)

D000080 **外国人看中国改革开放20年** 李仁臣主编。湖北人民出版社1998年12月版。42.2万字。28.50元。由5部分组成:一、政要人物看中国;二、经济学家议中国;三、机构组织论中国;四、学者名流说中国;五、传媒大众评中国。共计77篇资料。每篇资料前有编者按语。资料反映了外国人对中国在国际上的地位与作用,对中国政治、经济、文化和社会生活等方面情况的看法。(曾凡国)

D000081 **宁夏改革开放二十年** 王正伟主编。宁夏人民出版社1998年10月版。32万字。20.00元。分14章叙述宁夏改革开放20年取得的巨大成就和社会进步,总结20年来的经验教训,探讨了国有企业活力不足、南部山区脱贫任务艰巨等重大问题。(马建文)

D000082 **团结进步 共创辉煌** 副名:庆祝广西壮族自治区成立四十周年。《团结进步 共创辉煌》编委会编。广西人民出版社1998年10月版。76.5万字。88.00元。回顾广西壮族自治区成立40年来,广西经济社会发展走过的历程,总结社会主义现代化建设和改革开放的经验,展示广西各族人民在中央及自治区党委和政府领导下所取得的巨大成就。从多层次、多视角、多方面探索广西经济社会发展的

道路，科学地预测未来的发展趋势。（陈红）

D000083 **江苏改革与发展20年（1978～1998）** 宋林飞、张步甲主编。南京大学出版社1998年12月版。100.4万字。80.00元。记载江苏各级党委与政府部门精心组织和推进改革的历程，以及江苏20年来经济与社会事业的巨大进展；探索改革与发展中一些普遍性和规律性的现象，从理论与实践的结合上说明邓小平理论在江苏的成功实践。从横向与纵向上列举一些数据进行比较分析，具有很强的说服力。（范瑜）

D000084 **陕西改革开放二十年** 中共陕西省委党史研究室编。陕西人民出版社1998年11月版。94万字。49.30元。总结和回顾20年来陕西城乡经济、科技、教育等各领域的改革变化与发展。分上下两篇，上篇主要反映省级各部门、各系统、各行业改革开放的历程和辉煌成就；下篇主要收录各地市县负责人或单位的署名文章，反映本地20年以来在工农业生产、社会事业等方面取得的成就。（王敏）

D000085 **崛起的海口** 中共海口市委党史研究室编。海南出版社1998年8月版。120万字。96.00元。分"工贸发展"、"城市建设"、"开放开发"、"城郊经济"、"市场建设"、"政府行为"、"政治法制"、"教科文卫"、"外事侨务"、"精神文明"、"党的工作"等11部分，收编205篇文章。反映海口改革开放的变化发展。（刘志和）

D000086 **强国之路二十年** 刘书林主编。中国青年出版社1998年4月版。38万字。28.00元。通俗政治理论读物。分"伟大的历史转折"、"经济建设"、"政治建设"、"文化建设"、"综合国力和人民生活水平的提高"5部分。阐述党的十一届三中全会重新确立的解放思想、实事求是的思想路线，实现党的工作重点转移，开创社会主义现代化建设新时期的重大历史意义；介绍和说明改革开放20年来，在邓小平理论和党的基本路线指引下，我国经济、政治、科技、教育、文化、军事、外交等方面取得的辉煌成就；揭示党的十五大在坚持和发展党的十一届三中全会以来党的路线、方针、政策上的重大贡献。（王瑞）

D000087 **解放思想二十年** 张凤羽、赵德志等著。辽宁大学出版社1998年12月版。26万字。16.00元（平），20.00元（精）。记录1978年由真理标准问题讨论开始的思想解放运动给党和人民带来的盎然生机，给国家和民族带来蓬勃发展的20年的光辉历程。以历史性的回顾与思考作为引论阐述解放思想与社会进步，社会主义从空想到科学，从理论到实践的历史性飞跃及建国29年的成就和曲折；分章阐释解放思想与伟大的历史转折；解放思想与全面开创新局面；解放思想与社会主义初级阶段理论；解放思想与建立社会主义市场经济体制；解放思想与跨世纪的改革发展。并强调指出，由于坚持解放思想、实事求是这条马克思主义思想路线，打破了思想僵化，解放了生产力，从中国的实际出发探索社会主义道路，使中国有了指导实践的新理论。（张露丽）

D000088 **中华人民共和国政治体制史** 迟福林、田夫等著。中共中央党校出版社1998年11月版。49.7万字。32.00元。按时间顺序，从1949年中华人民共和国成立到1997年党的十五大召开，分几个不同时期，以史为主，史论结合，阐述社会主义政治体制的发展过程。(一)以工人阶级为领导、以工农联盟为基础的人民民主专政国家政权的建立时期(1949—1954)；(二)第一届全国人民代表大会的召开，标志着社会主义政治体制的确立(1954—1956)；(三)围绕开展现代化建设，调整政治体制的结构和职能，加强民主、法制和基层政权建设(1956—1957)；(四)由于"左"倾冒进思想的出现，党和国家政治体制的结构和职能出现新的调整和转变，致使民主和法制建设不能正常推进(1957—1966)；(五)"文化大革命"10年，政治体制建设遭受严重破坏并发生畸变(1966—1976)；(六)粉碎"四人帮"后，政治体制逐步恢复(1976—1978)；(七)十一届三中全会后，政治体制全面恢复并进行尝试性的改革(1978—1982)；(八)随着经济体制改革的深入，政治体制改革无论在理论或实践上都进入一个新的阶段(1982—1987)；(九)为适应市场经济体制需要，建立高度民主、法制完备、富有效率、充满活力的社会主义政治体制(1987—1992)；(十)政治体制改革在诸多领域继续推进，党的十五大描绘了社会主义政治体制改革跨世纪的蓝图。（张英杰）

D000089 **当代中国政府理论研究丛书** 曹沛霖等著。浙江人民出版社1998年6月版。190.4万字。138.10元。丛书包括《政府与市场》、《国内政府间关系》、《政府过程》、《政党与政府》、《中国行政改革》、《当代中国政治参与》、《政府权能理论》等。丛书以促进中国现代化过程中政府体系优化为目标，系统论述政府与政党、政府与市场、政府职能、政府过程、中国行政改革等一系列问题，从各个角度论述同现代化要求相适应的优化政府体系的目标、途径和模式，具有较强的实践性。从历史和现实的结合上，对如何优化政府体系作透视和分析，并对中外政府的理论和实践进行介评，在许多问题上提出自己的见解，内容丰富，眼界宽阔。在研究方法上，运用了结构—功能研究、定性研究、经验研究以及比较研究等方法。(叶国斌等)

D000090 **当代政府规范管理** 李澄怡著。南海出版公司1998年2月版。15万字。13.50元。阐述政府组织规范管理的理论与实践，其基本内容有：规范组织职能，让政府组织及其内部部门做"正确的事"规范组织精神，使组织成员形成健康向上的价值精神取向。规范业务工作行为，有效进行社会管理，高效向公众提供服务。规范管理行为，创造公平、公正的组织氛围。规范人际交往行为，营造宽松、和谐的人文环境。规范工作环境，有序、高效地开展工作。提出政府组织规范管理的基本途径：标准化、程序化、文件化、公开化；提出政府组织要向企业学习，植入现代企业管理精华。(刘孝阳)

D000091 **规范化、法制化：新时期政治机制论** 邓纯东著。广西人民出版社1998年9月版。20.1万字。18.50元。对我国的政治机制进行论述。研究与探讨权力运行机制的规范化、党的领导和党的生活健康化、国家管理法治化、领导工作和领导干部工作科学化等问题。收集许多案例进行分析解剖，提出政治机制走向规范化、法制化的有效途径和策略。阐述了研究政治机制的必要性，认为政治生活中的机制问题是客观存在的，政治机制的科学化、合理化，可以更好地体现国家的根本制度，实现人民民主专政、国家政权的政治价值追求。(张平)

D000092 **中国政府形象战略** 胡宁生主编。中共中央党校出版社1998年11月版。111.3万字。268.00元。全书设11章。第一章导论，概述政府形象的本质、构成及研究方法和原则。第二章现代政府形象体系，即树立什么样的现代政府形象。第三至十章阐述政府行为、作为、绩效与政府形象的关系，如政府能力、法治、政府决策、政府领导者、廉政建设、政府绩效、危机管理、政府公共关系与政府形象。第十一章阐述实现当代政府形象的战略目标、手段和方法以及组织保证、基本原则。作者总结、吸取古今中外各国政府，特别是中华人民共和国政府几十年来正反两方面的经验，系统回答如何建立一个使国家安全、社会稳定、经济发达、人民安居乐业、民主公正、廉洁高效、优化完善的政府形象。结合改革开放和现代化建设的实践，就政府如何转变职能，如何适应市场经济的发展，提出有见地的观点。(刘振川)

D000093 **三峡百万大移民——二期移民工程开篇纪实** 中国三峡出版社编。中国三峡出版社1998年10月版。118.00元。画册。反映库区政府及人民认真贯彻移民方针，坚持走勤劳致富之路，发展生产、安居乐业的实际情况。图片内容包括养殖业、高效生态农业、对口支援、环境保护，以及因地制宜发展多种经营等。三峡百万大移民是人类工程建设史上的壮举，画册从各个侧面作了真实写照。(李莹莹)

D000094 **老干部工作问答** 中共中央组织部老干部局、中共江苏省委老干部局编著。党建读物出版社1998年9月版。13.3万字。10.00元。分18部分。以问答形式阐述党和国家有关老干部工作的有关规定。主要内容分为总类、干部离休、干部退休退职、干部离休退休年龄、离退休干部的政治待遇、离休干部的生活待遇、干部退休后的生活待遇、干部退职后的生活待遇、军队移交地方管理的离退休干部的政策规定、提高待遇，离退休干部出境出国若干问题的管理规定、确定干部参加革命工作时间和计算工作年限的有关政策规定、易地安置、发挥老干部作用、丧葬及优抚、老干部工作机构的设置与职能、管理与服务、加强老干部工作队伍的自身建设等。(建萱)

D000095 **扶贫工作文集** 陈俊生著。贵州人民出版社1998年12月版。62.7万字。44.00元。文集汇编作者在国务院分管持贫开发工作期间的有关讲话、调查报告、文章、日记等。从全国扶贫攻坚的角度，审视了扶贫工作的若干问题，具有极强的指导性和政策性。(夏昆)

D000096 **人口迁移研究原理与方法** 段成荣编著。重庆出版社1998年1月版。15.5万字。11.00元。分6章，包括绪论、人口迁移的原因与影响、人口迁移理论、人口迁移的计量、国际人口迁移等内容。系统介绍有关人口迁移的原理；介绍的有关人口迁移的计量方法也具体实用，便于操作。(余国枢)

D000097 **中国民族年鉴(1997)** 本书编委会编。中央民族大学出版社1998年10月版。120万字。200.00元。汇辑1997年我国民族工作及民族地方工作情况，从不同侧面真实记录和再现少数民族地区在政治、经济、文化等方面的社会发展风貌。其编纂体例以类序为主，地序、时序相辅，纵横交错编排而成。正文先按条目内容的性质进行归类，而后按地区和时间顺序排列。主要内容有：少数民族构成、民族区域自治，民族地方法规、文献，民族及民族地方工作，民族事务，民族经济，民族教育，民族科技文化、医药卫生，民族体育，民族宗教工作、人物和民族工作大事记等。所收资料主要来源于国内正式出版的50余种报刊，部分资料由国家民委及有关单位提供。（宁玉）

D000098 **中国民族政策读本** 吴仕民主编。中央民族大学出版社1998年7月版。20万字。20.00元。我国民族政策的内容涉及社会生活的各个方面，包括政治、经济、文化、教育、科技、卫生、风俗等等，就其效力则包括中央政策、地方政策两大部分。编著者经过认真筛选、比较和归纳，从数以千计的政策条文中将仍然有效的政策文件，择其主要内容，按其性质分类编排。在体系上突出中国民族政策的原则，即党和国家关于处理民族问题的大政方针和基本思路，在内容上主要阐述具体的政策措施。全书分"保障平等权利，维护民族团结"、"立足制度建设，实行区域自治"、"致力共同发展，促进共同繁荣"、"发展教育事业，提高民族素质"、"发展文化，尊重风习和宗教信仰"五个部分。采用问答方式，便于学习研究和贯彻执行。（崔利群）

D000099 **民族团结教育读本** 陈宏峙主编。新疆人民出版社1998年2月版。8万字。6.00元。包括新疆自然地理、新疆历史沿革、新疆经济建设、党的民族政策、党的宗教政策、维护祖国统一6章，附24幅图片。通俗易懂，图文并茂。着重宣传马克思主义国家观、民族观、宗教观和邓小平理论。分别用汉文、维吾尔文、哈萨克文、蒙古文、柯尔克孜文版出版发行。（徐晓琳）

D000100 **民族团结教育读本（哈萨克文）** 陈宏博著。新疆人民出版社1998年4月版。10万字。6.00元。阐述有关爱国主义思想和民族团结的读本。书中指出，我国有50多个民族，民族团结是发展经济、社会稳定的重要因素。作者叙述了党的民族政策、宗教政策和两个离不开的方针，以及有关法律法规等内容，并旗帜鲜明地反对民族分裂主义和非法宗教活动。（阿扎马提）

D000101 **民族理论政策基础** 郭寿祖主编。广西民族出版社1998年5月版。13万字。8.00元。分15章。第一章：绪论；第二章：中国是统一的多民族国家；第三章：民族的形成、发展与消亡；第四章：民族问题及其由来和发展；第五章：民族问题与社会发展总问题；第六章：国际主义与民族主义；第七章：民族平等和民族团结；第八章：民族区域自治；第九章：培养少数民族干部；第十章：加速发展少数民族地区经济；第十一章：努力提高少数民族科学文化水平；第十二章：少数民族也要实行计划生育；第十三章：重视使用和发展少数民族语言文字；第十四章：尊重少数民族风俗习惯；第十五章：正确处理少数民族的宗教信仰问题。另有3个附表。（欧薇薇）

D000102 **同舟论** 副名：当代广西民族关系研究。黄海坤主编。广西民族出版社1998年12月版。16万字。15.00元。研究当代广西民族关系的专著。共5章。论述广西自1949年到1998年各个历史阶段社会主义新型民族关系的形成和发展，探讨社会主义新型民族关系的特点，研究民族地区工作的经验与教训，并对21世纪广西民族关系的发展作了展望，提出促进广西各民族共同繁荣的战略举措。并以广西多民族地区工作实际情况，说明中华各民族的发展，谁也离不开谁，民族团结是社会发展的重要保证，中华民族的发展史就是中华各民族的共同发展共同繁荣的历史。（欧薇薇）

D000103 **新时期新疆民族与宗教问题研究** 赵振明等著。新疆人民出版社1998年4月版。20万字。25.00元。内容涉及马克思主义民族和宗教理论，党的民族和宗教政策，新疆民族和宗教的历史、现状与特点，党的民族和宗教政策在新疆的实践及基本经验，市场经济条件下的民族和宗教问题，正确处理新形势下的民族和宗教问题，反对民族分裂主义和非法宗教活动等方面。在理论上有新的探索，着重对在社会主义市场经济条件下，自治区的民族和宗教方面的新情况、新问题进行分析研究。（鹿坤）

D000104 **华侨华人研究文献索引（1991～1995）** 曾伊平编。厦门大学出版社1998年6月版。20.4万字。12.00元。研究华侨华人问题的工具书。收录1991～1995年国内外出版的中文期刊中的华侨华人研究的有关论文资料，是20世纪90年代我国出版的较全面完整的华侨华人问题资料索引之一。全书分6类：华侨华人概况、华侨华人政治问题、华侨华人经济问题、华侨华人社会与文化、华侨历史问题、华侨华人人物资料。反映了90年代以来国内外关于华侨华人问题研究的最新动态。该索引的著录格式，参照国家标准局颁发的《检索期刊条目著录规则(GB3793－83)》，根据期刊文献的特点进行标准著录。收录的资料仅限于厦门大学图书馆及南洋研究所馆藏的刊物。书后附有"引用刊物一览表"。（陈丽贞）

D000105 **美国华侨华人文化变迁论** 吴前进著。上海社会科学院出版社1998年10月版。14万字。10.00元。采用社会学、文化学、历史学等学科的理论和研究方法,对美国华侨华人作综合性研究。以美国华侨华人故乡的区域形态、历史特点、文化心态为背景,通过对华人先驱者在美国开拓的足迹的分析,透视了华人文化的新生态;以唐人街为观照,论述生成于美国社会而又不属于美国社会的这种新生态文化的特征;以在美国出生的新一代华人的特殊经历为视角,探讨中西文化冲突中的文化选择、文化更新问题;以新移民在美国全方位文化拓进与文化业绩为主题,展现文化交融中“化合东西、互补共生”的文化优化的理想模式和文化发展的大趋势。(张广勇)

D000106 **厦门侨乡** 副名:厦门文化丛书。郭瑞明编著。鹭江出版社 1998 年 9 月版。12.2 万字。9.50 元(平),16.50 元(精)。以贸易、移民和文化传播为主线,阐述厦门籍华侨华人移民国外的辛酸历史与创业经历,肯定厦门籍华侨华人在厦门经济建设和文化教育等方面的重大贡献,对厦门侨务工作的历史与现状作分析与探讨。(裴慎勤)

D000107 **澳大利亚华侨华人史** 黄昆章著。广东高等教育出版社 1998 年 11 月版。22 万字。22.00元。对澳大利亚华侨华人史的分期,主要以中国人移居澳大利亚的特点及澳大利亚对华侨华人政策的演变为依据。叙述的主要内容包括:各个历史时期华侨华人人口的变动、经济与政治活动、社团与文教事业、各个历史时期澳大利亚各州及联邦政府对华侨华人的政策、“排华”时期华侨华人所受的压迫与剥削、华侨华人对种族歧视的反抗与斗争、华侨华人对澳大利亚的贡献、华侨华人同中国的关系,等等。(王亚芳)

D000108 **中华民族精神丰碑** 副名:全国爱国主义教育示范基地故事。刘世昌、王矿新主编。广西民族出版社 1998 年 9 月版。22 万字。15.00 元。由广西博物馆与南宁市文联组织一批作家、文物工作者收集百家爱国主义教育示范基地的资料、故事,汇编而成。该书故事生动,通俗易懂,可陶冶青少年的爱国情操,激发报国大志。书中有图片资料。(李华荣)

D000109 **百个爱国主义教育示范基地地图集** 中宣部宣教局编著。中国地图出版社 1998 年 12 月版。4.5 万字。850 幅图。25.00 元。采用地图、照片、历史图片和文字介绍相结合的方式,以概括性的文字介绍各示范基地的主要内容和特色;以地图标明各基地的地理方位及交通路线;用照片展现各示范基地的外部特征和现状;以历史资料(包括历史地图、图片、照片及历史背景、知识介绍)揭示各示范基地深刻的历史内涵。还提供各示范基地的详细地址、邮政编码、联系电话等资料。(石忠献)

D000110 **当代青年的楷模——李向群的故事** 53013 部队政治部、中共桂林市委宣传部编。漓江出版社 1998 年 11 月版。7.8 万字。5.00 元。记述广州军区驻桂“塔山守备英雄团”战士李向群,家富不忘报国,参军入伍后自觉地把个人前途和祖国利益结合起来。他面向新世纪,心系现代化,刻苦地学习革命理论和科学文化知识,努力做一名高素质士兵;他热爱群众,关心战友,保持和发扬艰苦奋斗的优良传统;他勤俭助人,乐做“贫穷的富家子弟”;他舍生忘死,甘愿奉献自己的一切,于 1998 年 8 月参加荆江抗洪抢险,因劳累过度而光荣牺牲。李向群是继雷锋之后又一个具有鲜明时代特征的典型。本书数十个故事由英雄所在部队及部队所在地中共桂林市委组织专人深入采访反复核实后撰写并加配插图而成。(李侃)

D000111 **乔安山的沉默情怀** 莫国民等著。白山出版社 1998 年 3 月版。13 万字。13.80 元。分 9 部分:乔安山的苦难童年,踏着雷锋的足迹走,不再沉默,家人眼中的乔安山,做雷锋精神的实践者和传播者,美国人也要学习乔安山,家依旧是原来那个家,欲说当年好激动,好大一棵“雷锋树”等。如实记述乔安山默默地踏着雷锋的足迹前进,并把全家人熏陶成一个特殊的“雷锋班”。披露很多雷锋和乔安山鲜为人知的故事。(朱忠义)

D000112 **农村精神文明建设理论与实践** 姚焕著。云南大学出版社 1998 年 10 月版。30 万字。25.00 元。分析当代农民思想实际和农村经济社会现状,总结建国后我国农村精神文明建设的实践经验,运用马克思主义关于农民问题的理论作指导,系统提出对当前我国农村精神文明建设的思考与见解。共 7 章,包含农村精神文明建设所涉及的广泛领域。分为概述,农村社会主义思想道德建设,农村教育、科学、文化建设,农村文明、健康、科学的生活方式建设,农村民主法制建设,农村精神文明的队伍建设和制度建设,农村群众性精神文明创建活动的发展与完善等。结合现实精神文明建设中存在的种种问题进行研究,并进行了相应的理论概况,构成较为完整的关于农村精神文明建设的理论体系。(徐曼)

D000113 **雷锋志** 《雷锋志》编撰委员会编。白山出版社 1998 年 2 月版。193 万字。198.00 元。主要由宣传研究雷锋的专家、学者，雷锋的战友、亲人、师长，各雷锋纪念馆负责人等参加编写。共分17编，分别为题词赞誉、生平事迹、著述文献、遗物遗照、成长道路、精神内涵、宣传历程、文件摘录、社论选辑、讲话文章、经验做法、传人简介、研究概况、纪念文物、文艺作品、世界影响、大事举要及附录，编制有关雷锋的出版物目录、报刊文章篇目和文艺作品目录等。全面反映35年来学雷锋活动的经验和成就，内容涵盖有关雷锋及学雷锋活动的方方面面。增补了雷锋日记和新发现的雷锋遗物，集中展示200余幅雷锋的遗物照片。该书有资料信息的检索功能和文献收藏的保存价值。（苏桂光）

D000114 **精神文明建设二十年（1978～1998）** 毛日清著。湖北教育出版社 1998年12月版。33.2万字。20.00元。从学术研究的角度回顾我国改革开放以来社会主义精神文明建设的光辉历程，展示在中国共产党领导下社会主义精神文明建设所取得的伟大成就。并以学术的眼光对20年的历程作了阶段划分，对各个时期的经验、教训以及一些理论问题作了学术探讨。（孙艳魁）

D000115 **当前党政干部关注的深层次思想理论问题（1）** 中共中央党校《当前党政干部关注的深层次思想理论问题》课题组著。党建读物出版社 1998年3月版。21万字。15.00元。对当前党政干部关注的14个方面的重大思想理论问题作了回答，内容涉及当代中国社会生活的方方面面，主要有：社会主义建设的基本原理与中国特色社会主义的主要特点；毛泽东思想与邓小平理论的关系；邓小平理论的核心；公有制与市场经济的结合；公有制实现形式的创新；政治体制改革；市场经济条件下党的建设；社会主义道德规范；市场经济与集体主义价值观；中国社会各阶层分析；社会主义与资本主义的关系；怎样认识当代资本主义；中国社会发展的总趋势和前景等。（建萱）

D000116 **中华英烈碑文选** 辽宁省党史研究会编。辽宁人民出版社 1998年5月版。60万字。68.00元。文选汇辑从鸦片战争至当代，为中华民族独立、人民解放、祖国统一与富强而献身的英烈，其中包括为中国革命和建设事业作出贡献的杰出人物和国际友人的碑文及题词铭刻。以碑文和题词铭刻所反映的英烈辞世时间或事件发生的先后为序。各碑文均附有简要介绍。共5部分。第一部分，从鸦片战争前夕到大革命时期；第二部分，土地革命战争时期；第三部分，抗日战争时期；第四部分，解放战争时期；第五部分，以中华人民共和国成立到当代，即截止于1994年底。（袁闾琨）

D000117 **百个爱国主义教育示范基地故事丛书** 中共中央宣传部教育局主编。中国少年儿童出版社 1998年6月版。45.3万字。4册。27.80元。爱国主义教育丛书。按示范基地的地理位置分为4册。通过介绍各地的纪念园、纪念馆、遗址兴建的原因，引出一桩桩历史事件、一个个历史人物。从河姆渡到黄帝陵，从莫高窟到八达岭长城，这类以古代史实为主要内容的教育基地告诉人们，我们的祖先是怎样开垦神州亘古荒原，创立华夏文明；而鸦片战争博物馆、林则徐纪念馆等以近代史实为主要内容的教育基地，则记录了中华民族的屈辱，也记载了中国人民维护民族尊严和国家主权英勇抗争的历史；井冈山革命纪念地等以现代革命斗争史实为主要内容的教育基地，书写着中国共产党为争取民族独立、人民解放英勇奋斗的篇章；雷锋纪念馆、孔繁森纪念馆等以新中国当代史实为主要内容的教育基地，向人们展示在共和国创业史上的一批模范英雄人物。百个爱国主义教育示范基地，浓缩了中华民族的灿烂文明，展现了华夏儿女奋发进取的壮丽画卷。（陈斌）

D000118 **爱国主义教程** 仲国霞、仲国英编著。党建读物出版社 1998年7月版。28.9万字。25.40元。从爱国主义的基础、本质和特征，中华民族的爱国情感，爱国主义的形成和发展，实行爱国主义的必然性，爱国主义与优秀传统文化、爱国主义实践等方面进行全面论述。系爱国主义教育、素质教育的教材。（建萱）

D000119 **全国百个爱国主义教育基地画册** 赵青云、陈学是主编。中国少年儿童出版社 1998年9月版。14.125印张。98.00元。爱国主义教育画册，与《百个爱国主义教育示范基地故事丛书》所介绍的内容相同。本书以图片的形式，展示各地的纪念园、纪念馆、遗址和它们代表的史实与英雄人物。图片真实、直接地把每一个历史瞬间展现出来，告诉人们，中华民族的爱国主义精神代代相传。（陈斌）

D000120 **治化之本** 副名：市场经济条件下的中国道德建设。龙静云著。湖南人民出版社 1998年6月版。25.9万字。17.50元。共8章，分别从市场经济和对外开放、集体主义的弘扬、爱国主义的继承、权力道德的构建、“三德”新风的树立、道德新人的培育、企业道德的优化、制度建设等方面，系统地探讨了市场经济条件下社会主义道德建设的重要意义、基本原则、伟大任务、主导工程、重要环节、根本目标、时代要求、重要保障等内容。在自觉运用马克思主义理论与方法的同时,有分析地吸收古今中外其他学科理论与方法的合理因素,加以综合运用,使社会主义道德建设既能反映时代要求,又富有中国特色。提出一些富有启发性、可操作性的建议和方法。(黄楚芳)

D000121 **大时代** 副名:新时期思想解放运动报告。谢志强等著。湖南人民出版社 1998 年 12 月版。35.2 万字。18.00 元。分上、中、下三篇。以思想解放为主线,从经济、政治、文化、外交四个方面,从理论贡献、历史地位、发展成就等多层面,按照历史发展的脉络,对三次思想解放运动本身及其涉及的主要方面,进行系统的研究与分析。阐述了邓小平理论的历史地位和指导意义,展现了改革开放 20 年的伟大成就。(章红立)

D000122 **人民的审判** 副名:审判林彪"四人帮"反革命集团。于福存、于永昌著。安徽人民出版社 1998 年 10 月版。21 万字。13.00 元。系统介绍揭批查林彪"四人帮"反革命集团的两大战役,分析"四人帮"反革命集团的实质,回顾重新处理康生、谢富治问题的历程;重点介绍以邓小平为代表的中央第二代领导集体作出公开审判林彪"四人帮"反革命集团的庄严决定,以及公开审判中的较量、斗争和最后判决,再现震惊世界的那场世纪大审判。全书把揭批查和审判林彪"四人帮"反革命集团置于开创新时期这一大背景之下,从组织上和思想上清除了"左"的错误影响,重新确立马克思主义的思想路线和组织路线。以《历史无情也留情》为题,介绍林彪"四人帮"反革命集团主要成员不同的归宿,或自杀身亡,或死不悔改,或变成疯子,或开始新生,勾画出大浪淘沙下的众生相。(贾兴权)

D000123 **沉冤昭雪** 副名:平反冤假错案。董宝训、丁龙嘉著。安徽人民出版社 1998 年 10 月版。22 万字。14.00 元。介绍胡耀邦出任中央组织部长后,大刀阔斧地为平反冤假错案呐喊和奔走;中央工作会议和十一届三中全会平反冤假错案决策的制定,为天安门事件和右派平反的决定;介绍了"文革"个人冤案、党政军部门冤案、全国各地重大冤案、各类反革命错案、刘少奇冤案、历史沉冤平反的过程,其中包括:薄一波等 61 人叛徒集团冤案,彭德怀、陶铸冤案,文艺黑线专政论,两个估计,三家村冤案,张志新冤案,刘少奇冤案,胡风反革命集团冤案,中宣部、文化部冤案的平反。还分析了冤假错案形成的历史原因,讴歌了蒙受冤屈的共产党人同错误思想斗争的艰辛历程。(贾兴权)

D000124 **教科文的春天** 副名:科教文化界的拨乱反正。郝瑞庭著。安徽人民出版社 1998 年 10 月版。18 万字。14.00 元。介绍经历"文革"浩劫后,科教文化界拨乱反正的情况。阐述的内容有:面对第一次高招会议毫无突破的危急局面,邓小平发表"八八"讲话和"九一九"讲话,引发教育界巨大震撼,恢复高考很快付诸实践。整顿中小学教师队伍,划分重点高校,完善招生办法,召开全国教育工作会议;科学界引发科学技术是生产力的讨论,酝酿新的科学规划,中科院为六天工作制正名,全国科学大会胜利召开,科学的春天来临;文艺界破除枷锁,大会师、大声讨、大进军,伤痕文学登上文坛。科教文化界经过拨乱反正后,春天已经来临:50 万右派重见天日,中南海开办科技课堂,文代盛会召开,学位与职称与国际接轨,理论上的迷雾被廓清。(贾兴权)

D000125 **当代中国社会各阶层分析** 朱光磊等著。天津人民出版社 1998 年 5 月版。46.3 万字。29.00 元。对中国 1978 年改革开放以来直至 90 年代中期的社会阶层分化作了理论阐释和实证分析,涉及到蓝领工人、白领工人、知识分子、官员、失业者、退休职工、农业劳动者、乡镇企业职工、乡村干部和知识分子、农民工和流动人口、个体劳动者、私营企业主、企业经营者、军人、大学生等十几个社会阶层,具体描述和分析了它们各自的概念、构成、文化程度、经济收入、生活状况、社会地位、思想状况或社会心态,及其发展趋势或动态变化。在阶层分化中,出现了"两栖人"现象,各阶层在分化中增强了自我意识,仍在不同程度上受"单位"体制的牵制,各阶层的"社会地位的非一惯性"问题过早出现,阶层间的政治差距缩小、经济差距加大等等。这种分化对社会进步和政治发展的作用,应予积极的评价。论述了正确处理当代中国社会各阶层之间的矛盾问题、阶层流动和"两栖人"问题、我国现存的贫富差距问题以及当代中国阶层分化与政治发展问题。认为跨世纪的中国阶层分化的总体态势特征为:产业革命继续充当社会阶层分化的原动力,市场化建设充当社会阶层分化的拉力,与非公有制经济相联系的阶层将明显扩大,企业家和国家公务员可望成为新的社会阶层,农民的进一步分化和工人的一体化将同步进行,社会流动趋于加快,"两栖人"趋于减少,"身份"因素加速退出历史舞台,阶层之间的经济矛盾不会引发重大的外部性政治冲突。(盛家林)

D000126 **湖南省志·第四卷·政务志·政治**

协商会议 湖南省志编委会编纂。湖南人民出版社1998年7月版。42.1万字。40.00元。湖南省志丛书之一，记叙政协在湖南的组织、成立、发展的历史及在中国共产党领导下参政、议政的情况。（郭平）

D000127 **画说中国民主党派** 孙晓华主编。福建人民出版社1998年9月版。用连环画与历史资料图片，图文并茂、形象生动地介绍中国8个民主党派的历史与现状，展现我国各民主党派在民主革命、社会主义革命和社会主义建设时期的贡献，以及它们与中国共产党长期共存、互相监督、肝胆相照、荣辱与共的历程，表明中国共产党领导的多党合作和政治协商制度是我国政治制度的特点和优点。共8种，即《画说中国国民党革命委员会》、《画说中国民主同盟》、《画说中国民主建国会》、《画说中国民主促进会》、《画说中国农工民主党》、《画说中国致公党》、《画说九三学社》、《画说台湾民主自治同盟》。（李天兵）

D000128 **中国人民大学中国社会发展研究报告－2（1996～1997）** 副名：走上两个文明全面发展轨道的中国社会。郑杭生主编。中国人民大学出版社1998年4月版。66万字。62.00元。报告的主题和指导线索是发展的全面性问题，特别是其中的社会主义精神文明建设问题。分为11部分。第一部分主要论述中国的社会转型与社会全面进步问题，是全报告的总论。以后10部分为专题报告，分别是：法制、人权、人口、自然资源与生态环境、教育、科学技术、人力资源与社会劳动、城市与乡村建设、生活质量与生活方式、社会问题。每个分报告后附加英文提要。报告包括指标体系、现实描述、动态分析、发展预测、对策建议五个基本要素。材料的真实性和方法的科学性保证了报告的科学性和一定的权威性。在综合性的社会发展报告中将人权作为专题来论述，在我国尚属首次。人权专题报告既指出中国自改革开放以来人权状况取得的进展，也说明由于种种原因，还存在一些不尽如人意之处，并阐明我国的人权观点。（余资）

D000129 **当代青年的职业选择与指导** 王一敏著。上海教育出版社1998年1月版。27.3万字。14.40元。由11章组成。第一、第二章为职业选择与指导的外部背景要素，从社会与教育的制度、人的价值观念体系、我国产业经济发展动向、我国劳动力市场与职业世界的构造等方面加以简洁的说明；第三、第四章展示职业选择与指导的内部背景要素。从青年的身心发展的过程着手，考察与其同步发展的当代青年职业意识的实际状况；回顾职业指导的历史起源，阐述职业指导的实质与当今世界一些经济先进国家的实践状况。第五至第十章是基础理论与基本技法介绍。其中第五章介绍构成职业选择与指导的基础理论，精选世界上一些重要理论家的思想观点。第六章论述作为职业指导工作的主要阵地——学校教育中职业指导的组织体系与计划管理，点明实施贯彻的前提。第七章介绍学校职业指导的一系列基本技法，它们是一个相互渗透、穿插、循环、渐进的有机整体，第八、第九章对在职业指导基本技法中占重要位置的两个侧面——个性考察分析与咨询工作，从理论上加以详细论述。第十章则是职业指导工作评价，使整个行进过程臻于完备。最后一章阐述当代青年在正式迈入职业社会之前，应了解当今社会职业生活的现实问题，做好适应社会变化的心理准备。（何莉雯）

D000130 **妇女热线丛书** 王行娟等著。中原农民出版社1998年8月版。63.4万字。34.00元。由我国开通的第一条"妇女热线"的工作者，综合多年来热线咨询电话的内容而写成。丛书有3种：《"围城"内的暴力——殴妻》、《身边的阴影——性骚扰》、《谁能给我公道——法律》。其主要特点是：对每一类现象存在的普遍性及危害性进行理论分析和探讨。书的内容以咨询电话和调查得来的真实案例为解剖对象，在每一案例后都附有咨询员对案例的分析及从法律上和心理上给予当事人的帮助。其中《殴妻》、《性骚扰》集中反映了家庭暴力和性骚扰的问题，《法律》则选取难以用一条法律解决，又具有代表性的生活问题，由专家们给予综合的法律解答和指导。（周果钧）

D000131 **招考与择业丛刊** 于信凤、孙成武著。辽宁少年儿童出版社1998年版。7万字。6.20元。丛刊分为：高考之前话志愿，大学生就业形势纵横谈，平常心——应考的心理、策略和境界，共3辑。本书各辑从考生和毕业生的实际需要出发，以面向21世纪的人才培养和使用为背景，把专家的理论思考与实际工作者的经验结合起来，对招生、考试、择业中的热点、冰点、盲点问题进行深层的透视和深入的剖析，以推动教育的改革和发展。（赵庆环）

D000132 **奇迹是如何创造出来的** 副名：关于上海市再就业工程的研究报告。孙承叔、陈学明等编。复旦大学出版社1998年4月版。45万字。28.00元。汇集复旦大学哲学系百余名师生和解放日报社联合调查组有关上海为配合国企改革和适应市场经济体制而率先在全国实施再就业工程情况的调研报告成果,对上海再就业模式在实施中遇到的困难、取得的成绩、亟需解决的问题、未来前景等重大问题作全面总结和深入研究,提出许多有重要价值的对策和建议。全书包括综述、主题报告、分报告、反思、附录五个部分。"综述"以"一个奇迹的诞生"为题,对上海的再就业工程作全方位扫描。"主题报告"对上海市再就业工程的现状、问题与对策作综合论述。"分报告"对再就业服务中心的创建、下岗在岗职工的心态、隐性就业问题、下岗职工的医疗保险、社会养老保险、个体私有业、产业结构调整与再就业培训等21个问题作专题论述。"反思"部分对再就业工程从哲学和法律的角度进行理性思考。附录收有中央、上海市领导对再就业工程的论述,上海再就业工程大事记,上海有关再就业工程的有关政策等资料。(张永彬)

D000133 **中国的家法族规** 费成康主编。上海社会科学院出版社 1998 年 8 月版。34.4 万字。25.00 元。家法族规是中华法系的重要组成部分,历史上的家法族规主要载于各种族谱、宗谱之中。本书在查阅上万种谱牒的基础上,着重探讨家法族规的演变、制订过程、所涉及的范围、惩处的方法、如何执罚、奖励和内容、特性、其历史作用和研究家法族规的现实意义。附有数十种家法族规资料。(方小芬)

D000134 **自谋生路 36 计** 刘文革、张树成著。山西经济出版社 1998 年 8 月版。20.9 万字。16.00元。分析如何正确地看待下岗,自己寻找理想的出路等问题。该书在对每种就业岗位的分析之后,详细论证该就业岗位的投资与利润的获得及具体操作中的方式方法,有很强的实用性。(王宏伟)

D000135 **就业与发展** 副名:中国失业问题与就业战略。中国科学院国情研究小组。辽宁人民出版社 1998 年 12 月版。26 万字。26.00 元。中国科学院国情研究小组第 6 号国情报告,其主题是探讨中国失业问题与就业战略。书中指出,失业问题是全球发展的最大难题之一。进入 90 年代以来,中国的失业问题日趋严重,城镇登记失业人数大幅度上升,企业下岗职工激增,城镇实际失业人口规模已达 1 100～1 300 万人,农村中存在大量隐蔽性农业剩余劳动力,失业问题已经成为我国跨世纪发展的最大挑战。本书从中国社会长期存在的最主要矛盾——就业与发展矛盾入手,分析中国城镇失业的基本特点、动态变化及其深刻的社会影响,以及日益扩大的就业压力和迅速上升的失业率高峰的国情条件背景、人口学变动背景、产业结构变动背景、技术变革背景和市场经济转型背景、论述了中国城乡二元结构特征,预测了农业剩余劳动力的发展趋势,提出跨世纪中国就业战略的基本思路以及实施中国"新政"的设想,对如何解决城乡就业与失业问题提出若干临时性措施和长期性公共政策建议。本书认为解决失业问题是中国社会发展的重要任务,是中国经济的第二次"软着陆",这一问题解决得如何,关系到中国社会的稳定发展。(杨永富)

D000136 **路在脚下** 副名:再就业问题研究。朴熙荣、贾玉斌主编。辽宁师范大学出版社 1998 年 10 月版。24 万字。15.00 元。共分 8 编。第一编社会聚焦主要指出目前失业问题的现状;第二编追根探源则论述造成失业问题的具体根源问题所在;第三编法规指路;第四编铺路搭桥;第五编社会共管,详细阐述解决职工下岗问题的可行性建议和方法;第六编路在脚下,从下岗职工的心理入手,提出再就业需要转变观念;第七编典型带路;第八编他山之石,以国内、国外的典型个人、企业为例,介绍一些全新的思路。(张来胜)

D000137 **社会保障理论与改革探索** 刘明慧、陈军晖编著。东北财经大学出版社 1998 年 5 月版。18.5 万字。12.00 元。论述社会保障的内涵、范围、功能等基本理论,探讨社会保障与国家财政的辩证关系,建立和完善社会保障预算及社会保障税制等,分析社会保障筹资、运营模式的利弊,针对现行社会保障体系运行中的问题,提出构建新型社会保障体系的框架,提出我国社会保障制度改革的方向及可行的对策。收入"中国当代经济前沿科学文库'98 卷"。(石建华)

D000138 **中国禁毒史资料** 马模贞主编。天津人民出版社 1998 年 7 月版。210 万字。230.00 元。按年代顺序编选,分上下两卷,上限起自清雍正六年(公元 1728 年),下限至民国 38 年(公元 1949 年),时间跨度 221 年。上卷综列清政府各个时期关于朝廷下达的禁止鸦片进口的上谕,以及系统编入民国时期禁烟禁毒通令、文件、发布的法令法规、禁烟训词、采取的措施、手段等。书中所引用的禁毒资料,来源于中国第一历史档案馆馆藏的清宫档案,还有当时的官书、政书、史传、文集、杂著以及重要的期刊报纸等。对于我国历史上重要的禁毒事件、重要上谕、历史人物,以及所批复的通令、通告等,作筛选辑录。(杨连仲)

D000139 **台湾政党纵横** 朱显龙、彭付芝著。

福建人民出版社 1998 年 9 月版。10.4 万字。8.70 元。介绍日本占据时期台湾本土出现的政党和蒋介石退守台湾后的政党。指出前一类政党主要是台湾人民为反抗日本殖民统治而成立的政党组织，后一类主要是随蒋介石到台湾后形成的政党。着重叙述并剖析 1949 年后的台湾政治格局及政党的演变情况。全书围绕着台湾政治民主问题揭露蒋介石父子独裁统治的真相，围绕着“统独”问题，对李登辉执政后的台湾政坛给予剖析。收入“看台湾丛书”。（晓籁）

D000140　**台湾年度报告**　中国社会科学院台湾研究所著。华艺出版社 1998 年 6 月版。11.3 万字。38.00 元。在综述 1997 年两岸关系及台湾的政局、对外关系、经济、军事、社会与教育等基本状况的基础上，提出以下基本观点：一是认为 1997 年海峡两岸的政治僵局虽未被打破，但两岸关系的发展总体趋于缓和；二是尽管台湾当局坚守“戒急用忍”的大陆政策，但两岸经贸与民间各项交流仍持续增长，岛内各界要求调整大陆政策的呼声日益增高；三是“务实外交”接连受挫，“务实外交”行动受到空前激烈的批评；四是台湾政局动荡不定，国民党的执政地位受到挑战，社会问题突出，极大地冲击了岛内政局和社会民心。（孔德骐）

D000141　**天下第一策**　副名：历代状元殿试对策观止。李维新主编。中州古籍出版社 1998 年 9 月版。65.9 万字。35.00 元。殿试是皇帝从进士中选拔状元的考试。收自唐至清历代状元殿试对策百余篇，其中主要为明清时期的。所出试题一般为“时务策”，即针对当时的政治、经济、军事、文化、教育等现实问题写一篇“时事论文”，既要对问题进行分析，又要提出解决办法。试卷有严格的格式和规定。第一页前半页写履历三代；策文起用“臣对臣闻”，收用“臣末学新进，罔识忌讳，干冒宸严，不胜战栗陨越之至，臣谨对”；策文不限字数，最短不得少于千字。该书采用个人简介、策文、评析的方式编排。（孙宝瑞）

D000142　**中国古代社会百态丛书**　完颜绍元等著。东方出版中心 1997 年 2 月至 1998 年 9 月版。179.4 万字。从古代文献中广搜博采，通过大量带有故事情节的生动事例，客观审视中国古代社会方方面面。丛书分 2 辑。第一辑有：《中国古代流氓百态》、《中国古代衙门百态》、《中国古代宫闱百态》、《中国古代官场百态》、《中国古代科举百态》、《中国古代佛门百态》。第二辑有：《中国古代梨园百态》、《中国古代军旅百态》、《中国古代文苑百态》、《中国古代商贾百态》、《中国古代帝王百态》。（徐容）

D000143　**中国古代典章制度大辞典**　唐嘉弘主编。中州古籍出版社 1998 年 10 月版。210.9 万字。68.00 元。收先秦至鸦片战争历代有关典章制度万余条，个别词条将内涵延伸到清代末年；内容范围以典章制度为主，少数带有普遍性又为国家政府所认定的风俗习惯等，以其具有典章制度性质，亦酌量收录；辞目按汉语拼音排列，另附分类、笔画索引两种。分类索引为法律，文书，档案，版本，新闻，体育，封建，兵制，田制，宗法，宫室，天文，教育，科举，选举，财政经济，职官，周边民族，宗教，乐舞、美术，货币，礼制，中医 19 个类别。（孙宝瑞）

D000144　**中国古代政治制度史辞典**　周发增等主编。首都师范大学出版社 1998 年 12 月版。37.7 万字。38.00 元。供大、中学生和中小学文科教师以及具有中等文化程度的成年人学习、探究中国古代政治制度史的工具书。主要内容有官制、科举、刑法、政区、田制、赋役、盐政、货币、教育及宗教等十大项。每项内容均贯穿几千年的历史，再现中华民族前进的历程，展示中华民族几千年精神文明与物质文明的硕果。从中领略历代王朝的兴衰、社会的进退、文化的繁荣或衰落、对外的开放或闭关、阶级斗争的缓和或尖锐等内容。（文木）

D000145　**中国考试辞典**　汤德用等编。黄山书社 1998 年版。50 万字。58.00 元。收录辞条约 1 600条，上起先秦，下迄当代，内容包括中国古代取士制度、科举考试、学校考试，中国近代学校考试、留学考试、文官考试，中国现代普通高校、中专、研究生、成人高教招生考试，高教自学考试，公务员录用考试等。辞典设有前言、凡例、辞典正文及辞条检索等，还附少量照片插页。（刘欣）

D000146　**中国早期国家形成的道路与形态研究**　梁颖、李庭华著。广西师范大学出版社 1998 年 8 月版。25 万字。18.00 元。分 3 编，第一编“从家到国：中国早期国家形成的道路”；第二篇“家天下：中国早期国家的统治模式”；第三编“家与国：从家国关系探讨中国早期国家政体”。根据马克思主义理论和中国古史的具体资料，围绕我国原始社会晚期父系大家族充分发展的情况，提出了中国早期国家的形成是父权家长制，家族通过征服战争，建立“家天下”而形成“家国合一”的新见解，并作详细的研究论证。对阶级社会中父权家长制家族组织所固有的宗法性、阶级性以及在特殊条件下与国家政体结合的必然性也作了研究。（总编室）

D000147 **中国现代监察制度史论** 王永祥、杨世钊著。福建人民出版社 1998 年 1 月版。21.3 万字。10.60 元。对辛亥革命后至 20 世纪 90 年代中国各种监察制度的组织机构沿革、职能划分、运行机制及其产生的社会效果作切实探讨，并在反思的基础上提出对建设现代化的人民监察制度的一些理论思考。其内容以 20 年代初孙中山在五权宪法学说中系统提出监察权分立、党政分察等理论构想与方案设计作为中国现代监察制度的开端；着重研究国家的行政监察体制，以及执政党的党内监察制度；研究各种监察制度中监察机构的设置及其职能划分，注重对各种监察制度的运行机制和实际社会效果及成败利弊原因进行分析与总结；对国外有关的监察制度进行比较研究，以说明中国监察制度基本模式的形成及其特色。（林荣）

D000148 **中国韬略文明丛书** 董恩林等著。长江文艺出版社 1998 年版。300 万字。勾勒中国韬略文明产生发展的纵线，并从思想上阐发其理论与行为的意义。丛书按时间纵向分册撰写，依次为《春秋韬略》(谭汉生著)、《战国韬略》(袁北星著)、《秦汉韬略》(罗运环、刘海燕、陈继东著)、《魏晋南北朝韬略》(何德章、杨洪权、柳春新著)、《隋唐韬略》(董恩林著)、《宋元韬略》(刘韶军著)、《清代韬略》(张建明、阎富东著)、《民国韬略》(李崇义著)。（田扬帆）

D000149 **扬州瘦马** 韦明铧著。福建人民出版社 1998 年 9 月版。14.6 万字。10.50 元。从“扬州出美女”的俗谚入手，分析明清时期扬州出现买卖女性的人口市场的社会根由。对该时期扬州的青楼文化及其所产生的社会影响有深入的剖析。收入“区域人群文化丛书”。（林斌）

D000150 **权力场** 副名:中国人的政治智慧。霍存福著。辽宁人民出版社 1998 年 4 月版。35 万字。以中国悠久的历史和丰厚的文化传统为背景，总结、概括了若干种相互对应的权力行使类型，如事必躬亲型与委任责成型、操术任使型与推诚委任型、温和感人型与严厉督责型、拘执法吏型与弘通儒吏型。揭示不同“类型”的利弊得失及对立统一关系，挖掘了类型差异的思想与制度基础及权力本身所蕴涵的一系列深刻矛盾，概括了权力行使应遵循的规则。从现代法理学的观念出发，分析了权力行使中的正义、效率、公平、秩序等问题。收入“新学人文库”。（王松）

D000151 **明代宦官政治** 卫建林著。花山文艺出版社 1998 年 4 月版。34.8 万字。25.00 元。对宦官政治这一奇特的历史现象、政治现象，以明代为重点，深入系统的解剖和分析，对封建专制主义、宦官现象进行鞭辟入里的批判，是研究宦官政治的一部学术专著。本书为增订本，原书于 90 年代初出版。

D000152 **唐代羁縻府州研究** 刘统著。西北大学出版社 1998 年 9 月版。19.5 万字。20.00 元。分上下两篇。上篇为研究部分，共 7 章。第一章引论，首先指出权威史书有关记载的谬误之处以及此课题的研究难度，概述前人的研究状况，说明要探讨的内容和着力解决的问题。第二章至第七章，分别研究羁縻府州的建置与组织、制度与管理、转化与变化、义务与贡赋，以及其与唐疆域的关系等问题，搞清了羁縻府州的草创年代、详尽数目、设置方式、任官制度、管理方式、贡赋情形，理清了唐朝与各羁縻府州之间的军事、经济和疆域关系，概述各大府州的历史沿革与迁徙变化。下篇为考证部分。作者开列 800 多个羁縻府州的名目，按关内道、河北道等六道进行考证，并将其分别归属于诸都护府、边州都督府之下，详尽述其建置沿革、迁徙变化、分化整合的情况，逐一考证其具体方位所在。（张养年）

D000153 **消逝的职业** 齐放编著。百花文艺出版社 1998 年 10 月版。5 万字。12.00 元。收入照片 200 余幅，分“手艺人、工匠”、“杂品商贩”、“食品商贩”、“出卖体力者”、“其他行当”等 5 部分，涉及旧中国的商贩、手工业、服务业等百余种老行当，并就每一行当的历史沿革、从业方式以及当时的行业习俗、生活风尚等，作简明介绍和诠解。（魏志强）

D000154 **盛世危言(上、下)** 郑观应著。内蒙古人民出版社 1998 年版。75 万字。49.80 元。作者为中国近代早期改良思想家。该书写于 1862 年，当时名为《救时揭要》，1893 年定名《盛世危言》。全书分 8 卷，主张实行君主立宪体制于中国，全面发展资本主义政治经济和文化教育，力主改革，扫除封建弊端。统观全书，作者的忧国爱民之心溢于言表，富国强民之志著于笔端，可谓中国近代史上一部惊世之作。原文之后附通俗易懂的译文。（曹立）

D000155 **清代内务府** 祁美琴著。中国人民大学出版社 1998 年 6 月版。25.3 万字。19.50 元。探讨清代宫廷管理事务机构——内务府的学术专著。对清代内务府的渊源，产生的历史背景，内务府的职能、作用及相关的各个方面作详细介绍和分析。书后有附表及清代纪元表。

D000156 **孙中山的伟大思想与革命实践** 周兴梁著。广东高等教育出版社 1998 年 8 月版。40 万字。30.00元。对孙中山各个重要历史时期的革命思想与实践业绩,作历史的、多角度和多层面的论述,并在一些学术问题上提出自己的见解。按其内容分为五类:(一)孙中山与东西方思想文化;(二)孙中山与辛亥革命运动;(三)孙中山与第一次国共合作;(四)孙中山与祖国的统一及建设;(五)孙中山与国内外人物的关系。该书共征引书籍资料220多种,其中不少来自当时的报刊与有关资料。(王亚芳)

各国政治

D000157 **日本政体与官制史** 兰奇光著。湖南师范大学出版社1998年12月版。22.2万字。11.00元。叙述日本政体与官制的发展历史。公元645年的大化改新,日本完成了由大王政权向古代天皇制的转变。古代天皇制较多地模仿唐朝的体制,天皇是最高统治者,是国家的化身,中央设立二官、八省和一台,地方则建立国、郡、里三级地方统治机构。随着律令制的瓦解,武士集团发展起来,这为幕府体制的出现奠定基础,这种政体的兴起和发展,标志着古代天皇制走向衰落。1868年天皇发布《王政复古大号令》,废除幕府统治,重新确立天皇所拥有的政治实权,建立近代天皇制,它是在引入西方议会民主制后形成的资产阶级君主立宪制政体。由于资本主义未能得到充分发展,缺乏必要的社会基础,近代天皇制演变为以军部为核心的法西斯体制。第二次世界大战后,美国接管日本,在保留天皇的前提下,用西方议会制对日本政体和官制进行改造,确立国会、内阁、法院三种国家机关相互制衡的机制。在官制方面废除战前的文官制度,改行欧美的公务员制。收入"外国政体与官制史丛书"。(黄林)

D000158 **俄国政体与官制史** 赵士国著。湖南师范大学出版社1998年6月版。20.1万字。10.00元。征引大量俄国文献并作深入的对比研究,阐述俄国政体与官制发生演变的历程。作者指出,俄国的政体和官制的发展历程,从某种程度上说是沙皇专制制度从产生到覆灭的历史。在这以前的基辅大公和基辅罗斯时期,政权性质为贵族君主统治。教会在政治体系中占有重要地位,大主教和主教,始终是国家决策集团中不可缺少的成员,这时还谈不上什么行政管理系统,也无完善的司法制度。随着俄罗斯统一国家的形成,国家管理机构得到加强而逐步确立,莫斯科大公的地位也显著上升,他从王公中的"第一人",变成俄罗斯唯一的君主。以前独立的王公,此时成为大公的臣属,沙皇封建专制制度形成。经过彼得一世和叶卡捷林娜二世等人的改革,这种制度得到进一步加强,整个官僚体制也发生有利于中央专制集权的变化。1905年后这种沙皇的无限的专制制度因形势的变化演变为君主立宪,但资产阶级的上台并未能挽救沙皇制度走向灭亡的命运,1917年3月15日沙皇尼古拉二世签署退位法令,标志着沙皇制度的最终覆灭。收入"外国政体与官制史丛书"。(黄林)

D000159 **哈尔滨俄侨史** 石方等著。黑龙江人民出版社1998年11月版。35万字。35.00元。论述和研究哈尔滨俄侨产生的社会背景、俄侨迁入迁出的诸阶段、俄侨的类型、俄侨的社会控制与组织形式、俄侨工商业、俄侨的文学艺术、文化教育及新闻出版活动、俄侨的政治与社会问题等。(徐冲)

D000160 **新英国** 副名:我对一个年轻国家的展望。[英]托尼·布莱尔著。世界知识出版社1998年1月版。23万字。20.00元。该书是英国工党多年卧薪尝胆、锐意改革的思想总结,是布莱尔这位年轻英国首相的治国大纲,也是英国新一代领导人把握时机、调整立场、重振英国的政治宣言。作者在书中对保守党政府的政策提出激烈批评,认为保守党没有履行诺言,从而导致税收加重,伤害了大多数人的利益。布莱尔为英国面临的挑战提出一系列应对办法:增加投资,加强基础设施和工业科研,政治权力下放,加强国际合作等。作者阐述了他的政治改革思想,力求在自由、信任、选择和责任的基础之上,重新塑造政府和人民之间的关系。(范建民)

D000161 **现代化城市管理(5)·美国的社会福利和保险计划** 美国加州大学柏克利分校著,本书编译组编译。中央广播电视大学出版社1998年12月版。19.2万字。12.00元。为"现代化城市管理"系列第五册。全书包括:"美国的社会福利和保险计划"、"福利国家的财政"、"雇员收益计划管理"、"社会保险金"、"其他社会保险计划"、"团体医疗费用保险"、"团体医疗费用保险服务机构"、"团体寿险"、"养老金计划的模式"等内容。(张静)

D000162 **美国政体与官制史** 熊伟民著。湖南师范大学出版社1998年12月版。21.8万字。11.00元。叙述三权分立制下构建的美国政体与官制的特点和运行机制,介绍"联邦国会"、"联邦法院"、"总统"、"各行政职能部门"的权力、职能、构成、工作程序及存在的问题,阐明美国政党制度的发展与演进、组织结构、作用与功能,并兼及院外集团的内部机制和这些集团在美国社会的地位和影响。还阐述州及地方政府的组织管理形式和运行机制。收入“外国政体与官制史丛书”。(黄林)

D000163　**世纪末，在美国**　曹明华著。上海文艺出版社 1998 年 12 月版。25.2 万字。18.50 元。对美国的知识阶层作心理剖析，揭示文明社会的人性冲突，抒写了作者的学习与生活情况，以及对美国社会各个角度的观察。作者将 20 世纪末的生命科学研究的气息带进文学之中，其最典型的作品为书中的《手纹与三脑》。(陈先法)

D000164　**肯尼迪总统被刺案起因剖析：猪湾事件**　副名：阴谋与抗争。吕加平著。学苑出版社 1998 年 8 月版。31 万字。20.00 元。1963 年 11 月 22 日，在美国达拉斯城发生肯尼迪总统被刺案，震惊美国和世界。此案涉及范围极广，包括五位美国总统和不少势力强大的集团，以及美国政府许多军政要害部门。整个案件案中套案，曲折复杂，神秘离奇，罪证大量被毁，知情人陆续横死，甚至连联邦调查局局长胡佛都未能逃脱被谋杀的命运。此案在发生后的 15 年始终未破，其内幕真相始终无法大白于天下。1978 年，由于美国民众的强烈不满和要求，政府成立特别调查委员会，对此案重新审理，结果推翻了 15 年前的骗人结论，证明肯尼迪被刺非凶手一人所为，而是多个枪手同时从前后两个方向、多个伏击点交叉射击所致。显然，这是一桩预先策划好的、有步骤的政治谋杀事件。可是当再往下深查其主谋及作案动机时，却是阻力重重，危险不断，使得调查委员会只得放弃努力。自此以后，时间又过去了 15 年，此案件的主谋者仍在无所顾忌杀害证人、销毁罪证。时至今日，此案依旧未破，成了“世纪之谜”。作者在对二战史及战后冷战史的研究过程中，对肯尼迪的战略和作为，对他因为要从越南撤军而招致杀身之祸，以及由此对美国和世界产生的影响发生了兴趣，并从大量被忽略的史料中发现了肯尼迪被刺案的一些新疑点、新线索。作者以新的视角对案件作剖析和推理。指出，猪湾事件后有众多势力集团与肯尼迪结怨，并在他下令从越南撤军时杀害了他，而他的这些仇敌大都是与前共和党政府关系密切的当权人物。肯尼迪总统被刺，究其根本原因，是美国民主、共和两党不同军事路线及国家政策的斗争与较量的结果，是“大规模报复”主战派为改变肯尼迪“和平战略”的一次政变阴谋行动。作者论证后指出，要破解此案，首先要从民主、共和两党的军事、政治路线上的分歧和斗争入手去剖析。书中把本案的第一个谜案猪湾事件的真相以及它与本案的内在关系揭示出来，主谋人的身影已初露端倪。(周良)

D000165　**离婚文化**　[美]芭芭拉·怀特黑德著。春风文艺出版社 1998 年 10 月版。19 万字。14.80元。介绍并评述美国婚姻、家庭和离婚的历史发展和现实。随着资本主义经济的发展，人们意识的变化，传统婚姻经历由核心家庭到非核心家庭的走向；离婚也由庸俗离婚到情感离婚的变化，并有了“无过错离婚法”。核心家庭，强调父母对子女的义务和社会责任；非核心家庭强调个人情感高于父母对子女的义务和社会责任。本书通过美国人的社会生活和作者的认知，告诫人们怎样对待离婚这一社会问题，让人们特别是父母重视自己的义务和社会责任。(崔崇)

外交、国际关系

D000166　**大外交**　亨利·基辛格著，顾淑馨等译。海南出版社 1998 年 1 月版。65 万字。39.80 元。作者追溯 300 年的国际外交史，对从现代国家制度之父红衣主教黎塞留，到罗斯福、斯大林；对从德国的统一、德国的两次战败，到战后冷战的开始与结束等事件进行评论，阐述权力均衡与外交的艺术，分析世界格局的变化发展。作者运用丰富的历史知识及生动幽默的文笔，分析了各国外交风格的差异，揭示美国外交政策的思想渊源。(孙忠)

D000167　**战后国际关系史地图**　张志、李谋源著。中国地图出版社 1998 年 10 月版。4 万字。76 幅图。12.00 元。图册反映 1945～1985 年世界格局的变化、领土纷争、重大历史事件、局部战争及民族解放运动等。系统介绍第二次世界大战后从冷战、超级大国的军备竞赛、世界各地的局部战争。有影响的战争有：朝鲜战争，中东战争，两伊战争等。有影响的历史问题：欧洲各国的领土变迁，巴勒斯坦难民问题、以色列问题，以及联合国、欧共体、北约、华约、非统组织、77 国集团、石油输出国组织的产生和发展等。图册以地图为主配以文字、图片，反映二战后的国际关系史，比较直观形象，所收取的重大的历史事件和问题对当前国际形势的发展仍然产生重大影响。(张小琴)

D000168　**大国手中的权杖**　副名：联合国行否决权纪实。王杰主编。当代世界出版社 1998 年 10 月版。35 万字。27.00 元。国际问题专著。系统介绍联合国否决权产生的背景、过程和使用情况，分析了否决权的历史作用和使用否决权的利弊，探讨联合国改革的途径，预测了改革否决权的前景。作者指出，所谓"否决权"就是大国一致原则，即安理会对一切实质事项的决定，既要求九国多数，又要求这个多数中必须包括五个常任理事国的同意票才能通过。作者认为，否决权是在特定的历史条件下产生的有利于维护世界和平与安全，有利于解决国际间经济社会发展等问题，同时又兼有较多弊端的大国所拥有的特殊的权利。作为政治斗争的工具，它在很多情况下起过好的作用，但也曾阻碍某些问题顺利解决。战后某些大国的强权政治和霸权主义行径多次对世界和平与安全构成了威胁，但由于联合国宪章在这一方面缺乏非常明晰的规定，否决权便成了这些大国的护身符。要真正构建一个公正、合理的国际新秩序，并非是制定一部新的联合国宪章，而在于如何更好地利用现有的宪章。（李庆贵）

D000169 **联合国宪章诠释** 许光建主编。山西教育出版社 1998 年 11 月版。54.8 万字。31.60 元(平)，39.60 元(精)。诠释《联合国宪章》的专著。作者结合国际社会半个世纪以来的丰富实践，对宪章作系统解释和评论。释文以宪章的章、条、项为序，逐章逐条逐项展开。内容包括条文的立法背景、条文的法律含义、与宪章其他条款的关系及在实践中的运用。对一些主要条款，有选择地介绍典型实例；对有争议的条款，阐明作者的理解和看法，在一定程度上反映了我国人民和政府在处理国际事务中的态度、原则、立场，表现了中国人民对和平的热爱、向往和为实现和平而作出的巨大努力。附录有《联合国宪章》、《国际法院规约》和《国际联盟盟约》。（李紫燕）

D000170 **联合国辞典** 魏杰恒、王裕江著。黑龙江人民出版社 1998 年 1 月版。92 万字。68.00 元。内容涉及联合国组织机构，会员国，人物，联合国成立经过，50 年来联合国在维持和平、促进经济、社会、科技、文化等领域的国际合作所通过的重要决议、宣言、计划、纲领、方案以及开展的具体活动，还收入联合国大事记、世界年与国际日。还有词目笔画索引等 10 个附录及多幅珍贵照片。具有收词齐、资料新、检索方便的特点。（徐冲）

D000171 **世界贸易组织争端解决机制法律与实践** 余敏友著。武汉大学出版社 1998 年 4 月版。31.8 万字。20.00 元。以和平解决国际贸易争端制度、关贸总协定、世界贸易组织的演变等为轴线，采用综合比较与分析论述相结合的方法，从法律与实践角度对世界贸易组织争端解决机制进行解剖和透视。总结分析世界贸易组织争端解决机制对关贸总协定制度的许多重要发展，揭示世界贸易组织争端解决机制的若干重要特性。提出我国在加入世界贸易组织后如何利用该争端解决机制的对策与建议，有助于我国加入世界贸易组织后借助其争端解决机制化解各种贸易纠纷，从而维护我国的合法经贸权益。（曾建华）

D000172 **中国外交(1998)** 外交部政策研究室编。世界知识出版社 1998 年 6 月版。75 万字。64.00元。全面阐述中国外交政策和对国际形势的最新看法，系统、完整地介绍 1997 年中国外交关系状况。内容包括国际形势综述，中国同各国和各国际组织的关系，中国外交工作中的条约法律及领事工作。附录部分收录中国领导人关于外交问题的重要讲话；外交部组织机构；外交部领导人员名单；建交国、驻外使节、互设领事馆及中国参加的多边条约和同外国签订的主要条约等内容。附有英文目录。（公抒）

D000173 **中国外交新论** 刘山、薛君度主编。世界知识出版社 1998 年 1 月版。39.9 万字。25.50 元。研究中国外交问题的论文集。内容涉及中国外交战略的演变、中国外交政策的指导思想、中国外交的国际环境、中国与许多大国的关系和中国外交官的特定群体及素质等方面，在审视中国外交发展时不虚美、不掩过，收有最近几年国内外解密的各种外交档案和大量外交回忆录、当事外交官采访记录；采用实量分析、系统分析的研究方法。（蔡振生）

D000174 **新中国外交纵横录丛书** 徐京利等著。世界知识出版社 1998 年 1 月版。100 万字。65.00元。再现新中国外交重大行动的纪实性丛书。新中国外交 50 年，风风雨雨，艰难曲折，斗争尖锐复杂；丛书展现一代又一代外交官为了祖国的利益，无私无畏、纵横捭阖、折冲樽俎的外交风采。其中有老一代外交家另起炉灶、艰苦创业的丰功伟绩，有后来的继承者冲破国际反华包围圈、开创轰轰烈烈的共和国三次建交高潮；还有改革开放新时期的外交官，广交朋友走向世界，重塑中国外交新形象的动人经历。丛书内容是各时期外交官亲身经历的第一手资料，凝聚了中国外交官 50 年奋斗的心血。（李豫生）

D000175 **巨龙** 副名：商业、经济和全球秩序中的中国未来。丹尼尔·伯斯坦、阿恩·德凯基译著，孙英春等译，孙英春校。东方出版社 1998 年 7 月版。35 万字。25.00 元。有关美中关系的重要著作。分 5 个部分。第一部分"新冷战内幕"，集中讨论当时美中之间以意识形态对抗、经济贸易斗争和小的军事磨擦为特征的“冷战式”的关系，分析了这种关系产生的缘由，以及对美国自身利益的影响。第二部分“为中国定位”，举例说明中国沉重的历史负担和严峻的现实问题限制并决定了中国的发展过程以及中西差异，这决定中国将发展不同于典型的西方式民主的市场经济。第三部分“下海”，介绍了四位成功的中国民间企业家，以进一步说明中西差异以及以“所有制”问题为代表的问题的复杂性。第四部分“龙的未来”，勾画了2000～2024年之间中国的发展轨迹，并考察中国新的政治—经济体制对商业、经济活动的影响。第五部分“超越冷战”，对美中关系提出一些具体的建议，主张美中建立一种伙伴关系，应当承认相互的差异，实施“强有力的接触”。本书是美国较早明确主张克林顿尽早访华、重建积极的领导层对话的著作之一，并极力建议美国支持中国加入世贸组织，不应干涉中国人权和其他内政，在台湾问题上避免与中国对立等等。本书英文版名 Big Dragon: China's future, what it means for business, the economy, and the global order，1998年由西蒙—舒斯特公司出版，中文译本出版时，作了一些删节。(戴联斌)

法　律

D000176　**法律与发展研究导论**　姚建宗著。吉林大学出版社1998年9月版。33.2万字。21.00元。作者对法律与发展问题作关联考察，这对我国学术理论界开展法律与相关领域社会发展的理论研究和政策实践具有积极意义。书中对主要发端于西方社会理论界的法律与发展运动作介绍和评析，并借鉴其合理的观点和方法，提出我国法律与发展研究的基本思路。勾勒出我国法律与发展研究的总体思路，并提出其理论模式和理论体系。(丛立新)

D000177　**中国当代法学争鸣实录**　郭道晖等主编。湖南人民出版社1998年12月版。44万字。28.00元。40多位著名法学家以访谈形式，回顾反思当代中国法治与法学的发展历程，特别是法治和法学思想的转变与进步。分三大部分：起步维艰——法制开端的曲折(50—70年代)；花明柳暗——法制新生的历程(80年代)；曲径通幽——法学争鸣的深化(90年代)。内容包括：对新中国摧毁旧法制的历史反思；建国初期司法改革的得失；错批杨兆龙“法律继承论”纪实；院系调整与法学家的命运；建国初期要不要及时判定法典的争议；我国刑法典诞生的曲折历程；监察机关的兴与废；“人治与法治”的大讨论；法的阶级性与社会性的论争；法理学界的“庐山会议”；对维辛斯基法理体系的挑战；取消法院院长庭长审批案件制度的周折，“依法从重从快”的来历；“无罪推定”在新中国的命运；关于更改反革命罪名的争议；关于“争民主”口号之争；“权利本位”的曲折经历；人权禁区是怎样突破的；关于党的领导权与人民主权的争论；第四条宪法修正案诞生记；立法平等论的两次尝试；公法与私法划分之争；关于免予起诉存废之争；罪刑法定原则的确立历程；死刑的限制与扩张之争；从“法制”到“法治”20年改一字；等等。(陈敬)

D000178　**立法法研究**　李步云等著。湖南人民出版社1998年9月版。45.9万字。20.50元。对国家立法权、立法权限的划分、军事立法权的依据、授权立法、立法监督的权限和程序、立法的公众参与、行政立法程序、地方立法、立法技术、立法解释等诸多重大理论问题进行探讨，认为立法权是相对独立、不受侵犯的最高国家整体权力；中央和地方、国家权力机关和行政立法机关在划分权限时应遵守宪法的规定；军事立法权只能以宪法为依据；应健全授权立法法，强化对授权和授权立法的审查和监督；从批准和备案各环节强化立法监督；公众参与立法应制度化、法律化，拓宽公众参与立法的渠道；行政立法程序中应有调查、听取意见，协商、协调，审查、审议，公布，备案等不同环节；在地方立法中，应强化地方权力机关在立法中的主导作用，防止和克服部门倾向，采取多种措施，加强立法的后续工作，保证地方立法的有效实施；在立法技术当中，应对立法政策的整体性、内在逻辑性提出要求，应对法律及其规范性文件的名称做出界定和分配；立法解释可以完善法律、补充法律、修改法律、裁断违法行为。立法解释的内容包括宪法解释、对法律的解释、对行政法规的解释、对地方性法规的解释等。附有立法法专家建议稿，对立法法的制定有参考价值。(邓胜文)

D000179　**走向法治**　李步云著。湖南人民出版社1998年6月版。59万字。38.00元。法学论文集，收录作者20年来撰写的重要论文60余篇。共分8个部分：法治原理、法的精神、法的权威、法治与民主、法治与人权、法的制定、法的实施、法学认识论方法论。作者站在中国法学研究的最前沿，其作品折射出中国法治进步的轨迹。如《坚持公民在法律上一律平等》一文，被认为是“文革”后法学界突破以往思想

理论禁区的重要文章;《论以法治国》,在法学界第一次提出“以法治国”的方针,并对此作全面论述。(曾赛丰)

D000180 **法学大辞典** 曾庆敏主编。上海辞书出版社 1998 年 12 月版。452.5 万字。200.00 元。大型综合性法学工具书。以 1980 年版《法学词典》为蓝本编写而成。收词 10 800 余条,按词目笔画编排,包括法理、宪法、行政法、刑法、民商法、家庭婚姻法、经济法、劳动法、诉讼法、国际公法、国际私法、国际经济法、海商法、犯罪学、犯罪侦查学、法医学、司法精神病学、公证、律师、中国法律史、外国法律史、罗马法、司法组织等学科中的术语、学说、学派、思想、人物、著作、机构等。书末附有《中华人民共和国法律、法规索引》、《词目首字汉语拼音索引》。该书介绍符合中国国情的、具有中国特色的社会主义法学观念,注重以当代中国人应有的立场阐述法律、法学。注重释义的科学性,从深层次介绍词目的真实内涵。全书反映 1997 年年底前我国法学研究与法制建设的各项成果。(商晓燕)

D000181 **法律社会学** 赵震江著。北京大学出版社 1998 年 10 月版。48 万字。28.00 元。系统研究法律社会学的学术著作。第一篇导论,论述法律社会学的兴起,研究对象和研究意义,以及研究方法及与其他学科关系。第二至第六篇重点论述法律规范、法律功能、法律运行、法律职业和法律文化等问题,对法律社会学学科建设提供良好的理论框架和内容基础。法律社会学是一门边缘交叉学科,与法学、社会学、哲学及其他学科都有着密切联系,法律社会学的研究对象、范围和特征等问题也存在许多争论。本书以马克思主义为指导,在充分借鉴和吸收西方主要的法律社会学家的经典理论和考虑我国国情的基础上,勾画出我国法律社会学研究的框架和理论体系。(张晓秦 邹汇东)

D000182 **法律经济学论纲** 周林彬著。北京大学出版社 1998 年 7 月版。38 万字。20.00 元。从经济学的角度,通过对中国市场经济法律结构和运行过程的经济分析,揭示我国经济法制建设中存在的诸多问题和困难的深层原因;结合中国市场化改革进程中经济法制的运行特征及发展要求,在总结市场经济立法、执法、司法改革经验教训的基础上,论证市场经济法律是作为经济人的政府、企业、个人“博弈”和公共选择的结果;从经济法律制度的交易费用、交易价格、交易结构、供给需求、成本效益等的经济分析中,考察市场经济法律体系的结构框架及主要内容,并探讨中国市场经济法律运行的特色及模式。在法律经济学理论架构的基础上,提出建立高效益、低成本的中国市场经济法制体系的基本思路及具体操作方案。由于研究视角较新,书中一些观点还需要进一步斟酌完善。但是,对经济法律领域的法律经济学的系统思考和研究,关于我国现行经济立法、行政执法和司法的改革建议和意义,反思和重构我国民商法和经济法学理论体系的观点和见解等内容中,不乏大胆有益的探索和创新务实的对策。(林君秀)

D000183 **法理学** 黄建武主编。广东高等教育出版社 1998 年 8 月版。35 万字。19.00 元。阐述法理学的基本范畴、基本理论和基本知识。按照法理学理论的逻辑顺序,构建一个完整而有新意的体系。反映了法律现象的本质及一般规律,体现法理学科研新成果。(邓蔚菲)

D000184 **二十世纪的中国法学** 李贵连主编。北京大学出版社 1998 年 5 月版。27.00 万字。15.00 元。对 20 世纪中国法学的产生、发展和演变进行梳理总结的著作。作者从法律史学、刑事诉讼法学等众多学科的历史沿革、内容体系、价值选择等方面进行回顾和总结,在学术分析、研究和探索的基础上,力求客观、公正地勾画出各学科的世纪之貌,评介世纪学人及其学术成果,提出不少很有见地的意见和观点。本书所列的内容,尽管远未涵盖整个 20 世纪法学的各个学科,但它对于总结和把握 20 世纪中国法学发展变化的特点和规律,前瞻和探求 21 世纪中国法学的发展道路具有积极的意义。(冯益娜)

D000185 **中国法律思想** 张国华著。北京大学出版社 1998 年 3 月版。32.6 万字。20.00 元。以新的体例将几千年中国法律思想史的发展脉络清晰简明地勾画出来。将秦汉以后的封建社会时期的内容,删繁就简,以诸如“肉刑的废复”、“复仇与反复仇”、“株连与反株连”、“刑讯的限制与否定”、“赦与非赦”、“七出与三不去”等专题的形式来论述,别具一格。对先秦儒、墨、道、法等家的法律思想,明清之际启蒙思想家的法律思想,洋务派与早期改良派的法律思想,资产阶级改良派的法律思想,资产阶级革命派的法律思想,清末的礼法之争与沈家本的法律思想,等等,都作精辟阐述。(李霞)

D000186 **科技法学原理** 倪正茂著。上海社会科学院出版社 1998 年 4 月版。38.3 万字。23.00 元。此书是作者《科技法学导论》的继续。阐述科技法学的基本理论,包括科技法学的核心原理诸如科技社会关系的法律调整及其所涉的科技法学调整对象、科技法的发展规律、科技法的体系、科技法的结构、科技法制建设等一系列问题。对科技法律规范、科技法价值等重大科技法理论现状进行客观评述。(武千義)

D000187 **比较民法学** 李双元、温世扬主编。武汉大学出版社 1998 年 5 月版。92 万字。43.00 元。“比较法研究丛书”之一。国际民商活动是国际经济关系中最活跃的因素,由于其平等性、公平性等原则与特征,其法律调整在许多方面具有国际共同性,与其他法律领域相比,更容易突破国界,走向趋同。我国市场经济建设起步较晚,在立法中可借鉴他国的先进经验,少走弯路。借鉴的前提是对各国的民商法进行比较分析,取各家所长,为我所用。作者对民商法的每一领域及其重要问题,作了比较分析和全面论述。(许光耀)

D000188 **企业与公司法学** 甘培忠著。北京大学出版社 1998 年 3 月版。41 万字。18.80 元。系统阐述企业与公司法学的基本内容,包括企业与企业法、公司与公司法、企业的法律形式与设立、独资企业、合伙企业、全民所有制企业、集体所有制企业、城镇所有制企业、私营企业、“三资”企业,以及有限责任公司、股份有限公司、公司债券、公司财务与会计、母公司与子公司、公司代理与分支机构及外国公司、公司的变更、分立与重整、企业的解散、清算、注销与破产制度等方面。作者以我国现有的企业与公司法律制度为基础,兼顾企业与公司法的历史发展与国外企业和公司法的介绍,既注意教材内容的确定性、层次化、成熟性等特点,又注意分析不同的学术观点,提出自己的学术见解,吸收企业与公司法制建设的最新研究成果和最新发展情况。(冯益娜)

D000189 **民商法实务研究** 副名:著作权卷。杨振山编。山西经济出版社 1998 年 1 月版。22.6 万字。13.80 元。通过典型案例的法律适用研究和法理研究,以浅显的语言结合具体的法律条文,介绍著作权法的原则、内容及其运用。为法学教育的案例教学提供参考材料。(王宏伟)

D000190 **合理法理论与案例研究** [美]马汶·A·希尔斯坦著,杨明成等译。重庆大学出版社 1998 年 5 月版。19.2 万字。14.00 元。此书系美国众多合同法著作中一部有代表性的著作。主要内容有:合同典型与预期损害赔偿、关于价与讨价还价型的交易、合同的订立、不公平与不合理、合同的解释、履约与违约、错误与不可能性、救济措施、第三方受益人等。简要描述美国合同法要素的轮廓。原作者认为:“这本简明合同法入门书的目的、在于为美国法学院学生就合同法领域中的主要论题及重要判例提供一个可靠的总的看法。”作者不是简单地介绍美国合同法的条款,而是通过案例动态地分析司法判决,这是该书的主要特点。(崔祝)

D000191 **知识产权法** 沈达明编著。北京对外经济贸易大学出版社 1998 年 5 月版。30.6 万字。16.00 元。从比较法的角度介绍英、美、德、法四国的法律,分 3 篇。第一篇“著作权法或版权法”,比较分析了各个法系关于著作权的基本概念,包括著作权的客体、经济权利与精神权利、著作权所有权、著作权的限制、著作权的有效期、对侵犯著作权的救济等,分别论述了英国法、美国法和法国法关于著作权的法律及关于著作权与邻接权的国际条约法。第二篇“专利权法与专有技术法”,分别论述英、美、德、法各国的专利权法、专利权的国际条约,以及美国的商业秘密法、法国的制造秘密和专有技术法、英国的违反信任法、英国和法国的外观设计法。第三篇“商标与商业名称等法”,论述英、德、法的不公平竞争法、英国法关于假冒侵权行为与注册商标的法律、美国的商标与商业名称法、法国和德国的商标法、关于商标权的国际条约以及商业名称法、关于原产地名称和货源标记、人物权等的法律。通过比较分析,指出这些法系的特点,如美国法系同时使用侵权行为与注册商标保护商标权,四个国家的法律援用不同的法律原则保护专有技术等。(刘传志)

D000192 **刑法的价值构造** 陈兴良著。中国人民大学出版社 1998 年 10 月版。52.8 万字。36.00 元。以价值为理论视角,审视刑事古典学派和刑事实证学派的基本理念,揭示两大学派之间在人权保障与社会保护这两种刑法机能上的对峙与冲突,并从社会本体论的角度,基于个体与整体的统一性,提出刑法机能二元论的原理。分别考察刑法的公正性、谦抑性、人道性三大价值目标。揭示公正的价值蕴含,即正当性、公平性与平等性。从刑事立法与刑事司法两个角度分别探讨公正性、谦抑性;揭示人道的价值蕴含就是轻缓性、宽容性与道义性,并从罪犯与刑种两个角度探讨了人道性。对罪刑法定与罪刑均衡两大刑法基本原理进行价值分析。作者以价值为切入点,对刑法进行哲学的综合分析,是刑法哲学研究的一部力作。收入中国人民大学出版社“法律科学文库”。

D000193 **刑事执行法学原理** 力康泰等著。

责任、信息公开制度及其法律责任、证券信托投资制度及其法律责任、上市公司收购制度及其法律责任等，构建我国证券制度及其法律责任体系，并着重对内幕、操纵市场、欺诈客户、虚假陈述、透支交易等非法证券交易的归责理论、行为构成、法律责任形式进行系统论述。（徐冲）

D000208 **国防法概论** 许江瑞、方宁著。军事科学出版社1998年3月版。45万字。29.50元。系统研究国防法理论的专著，具有以下特点：以我国第一部国防法为研究对象，吸取和借鉴中外国防理论和法学理论的精华，全面论述全国人大及其常委会、国家主席、国务院、中央军委、武装力量、地方各级人大和政府、各人民团体、企事业单位和公民在国防中的权利和义务；重点介绍我国国防方面其他重要法律制度，并结合军事设施保护法、人民防空法、预备役军官法，对国防法的条款作具体诠释。从世纪之交和国防战略格局演进的高度，抓住国家安全利益内涵变化，对我国的国防行为、国防活动的基本原则、国家机构的国防职权等方面比较分析。从理论与实践的结合上，回答一些重大现实问题，实现法与理、法与事、法与情、法与人的有机结合。（方宁）

D000209 **科技法学（修订版）** 赵震江著。北京大学出版社1998年1月版。56万字。26.00元。根据1991年后形势的发展变化，贯彻社会主义市场经济理论和中共中央、国务院《关于加速科学技术进步的决定》等一系列党和国家的路线、方针政策，吸收和反映近几年来科技法制建设，特别是科技立法的最新成果以及新制定的或修订的科技奖励、科技成果鉴定、科技秘密、高技术等方面的法规、规章等。适应科技法学作为新兴学科的理论架构和内容上的发展变化，在体系、结构、内容上都作较大的调整、修改和增删。就我国科技法制建设中的实际问题进行理论分析和探讨，提出改进和完善科技法制的观点和意见。以科技、经济一体化与社会协调发展的法律机制作为科技法学理论的一根主线，体现理论联系实际，科技、经济、法律相互影响、相互渗透、相互作用、相互促进、共同发展的精神。（张晓秦 邹汇东）

D000210 **铁路经营与法** 高金岭、贾群杰著。中国铁道出版社1998年5月版。28.8万字。17.20元。旨在简要介绍我国《民法通则》、《经济合同法》、《铁路法》、《担保法》、《税法》、《产品质量法》、《企业法》、《反不正当竞争法》、《刑法》、《民事诉讼法》和《行政诉讼法》的一般知识，为铁路经营管理人员和业务人员提供参考资料。还选编部分经济合同法和刑法案例，还提供了民事诉讼状、答辩状和经济合同示范文本。书末附有与铁路经营密切相关的现行法律。（金锋）

D000211 **民商法学大辞书** 江平、王家福总主编。南京大学出版社1998年4月版。328.6万字。148.00元。总结我国民商法学界的最新研究成果，反映国内外立法、司法和学术研究的进展，内容涉及经济、民事、商事的各个方面，涉及民法原理、中外民法、民法史、民诉法、商法原理。根据我国现实和学术发展的需要，精选词条6 292条，内容涵盖民法总论、物权、债权、知识产权、婚姻家庭继承、商法、民事诉讼法、民商法史等8个分学科，门类齐全，各目设计合理。书中既介绍我国现行规定和学术研究成果，又收集国外的同类规定以及我国立法、司法暂缺而国外已有的规定，对法学工作者、教学科研者及一般群众都有指导意义和参考价值。（范瑜）

D000212 **经济法** 朱崇实主编。厦门大学出版社1998年5月版。44.3万字。28.00元。从经济法的世界发展潮流和我国当前建立、发展有中国特色的社会主义市场经济的国情、国策出发，吸收国内外有关最新研究成果，融汇我国有关的法律、法规的规范性解释以及若干重要的政策文件，对我国经济法的基本理论、基础知识进行系统论述，根据其有关的结构体系，剖析了我国经济法律的立法原则、条款、规范及它们的运作情形。（文慧云）

D000213 **供用电合同知识问答** 中国华北电力集团公司用电营业部编。中国电力出版社1998年5月版。7.6万字。10.00元。由知识问答、《供用电合同》文本和中国华北电力集团公司《供用电合同管理办法》三部分组成。可供用电营业部门运用法律法规保护电力企业正当权益，根据法律法规协商处理供用电纠纷。（肖兰）

D000214 **专家民事责任论** 屈芥民著。湖南人民出版社1998年3月版。18.6万字。15.00元。论述专家民事责任的基本理论问题，内容涉及专家民事责任的界定、性质、归责原则、构成要件、责任形式以及责任的社会分担等问题；接着对医疗专家、律师专家、建筑专家和注册会计师专家的民事责任制度的理论和实践问题进行讨论，提出专家民事责任制度的理论体系。阐述的理论观点有：(1)专家的法律特性与专家民事责任的性质；(2)专家民事责任不存在归责原则体系，只能以过错责任原则为归责原则；(3)专家过错的样态主要为过失，具体包括高度注意义务违反型、忠实义务违反型及不当信息提供型；

(4)以“行为”替代“行为的违法性”的专家民事责任构成要件的“四要件说”;(5)率先对国内的主流观点“有意行为说”提出质疑,提出“从行为概念中舍弃意思要素”的“身体动作说”;(6)提出医疗事故的科学含义、四级医疗事故分类法及医疗事故鉴定的公正性问题;(7)律师事务所(律师)与受害人之间的基础关系包括委托代理关系和服务合同关系;注册建筑师、结构工程师、建筑监理专家、室内装饰师、施工工程师及注册会计师等专家义务、责任主体与责任形式。囿于外文资料缺乏,对于领先于我国的国外相关领域的研究成果介绍不多。(陈敢)

D000215 **中国合同范本** 国家工商行政管理局经济合同司编。法律出版社 1998 年 4 月第三版。57.1 万字。30.00 元。收集各种经济合同示范文本,包括购销合同、建筑工程承包合同、加工承揽合同、货物运输合同、供用电合同、仓储保管合同、财产租赁合同、借款合同、财产保险合同、技术合同、涉外合同及其他有关合同示范文本,并列出参考文本,具有可操作性。书后附录《中华人民共和国经济合同法》、《中华人民共和国担保法》、《中华人民共和国拍卖法》、《经济合同示范文本管理办法》、《企业动产抵押物登记管理办法》、《合同鉴证办法》和《合同争议行政调解办法》等工商行政管理部门制订的行政规章。(钟变)

D000216 **中国著作权疑难问题精析** 田胜立主编。华中理工大学出版社 1998 年 7 月版。31.5 万字。16.80 元。依据我国著作权法的基本框架和条款顺序,将著作权法施行以来,行政执法与教学科研中遇到的问题,按专题立篇阐述,使法律释义、案例研究、疑难解析融为一体,吸收并反映这一领域理论研究的最新成果和普法执法的重要经验。(朱霞)

D000217 **民法学** 寇志新主编。陕西人民出版社 1998 年 6 月版。97 万字。56.00 元。运用现代法学科学观念和法学理论法理逻辑结构学说,将民法总则的理论——民法总论化分为四论,即民法部门论、民事法律关系论、民事法律事实论、民事责任论四编,而将前三论概括为民事模式论,最后一论概括为民事救济论,并阐明诸论相互间的法理逻辑关系。将民法各基本权利制度的理论——民法各论,分为五编:物权论、债权论、人权论、知识产权论和继承权论,亦运用法学的法理逻辑结构理论进行具体阐述。(潘丽华)

D000218 **知识产权法学** 王登霄著。陕西人民出版社 1998 年版。35 万字。18.50 元。由导论、知识产权法基础理论、知识产权国际公约的基本原则、专利法律制度、商标法律制度、商标秘密法律制度、著作权法律制度和知识产权诉讼制度等 8 编和 3 个附录组成,共 51 章。其主要特征是:利用系统论思维方式揭示知识产权、法律体系整体的普遍规律(特征),应用法律体系、法律要素、法律环境等新的概念;紧密结合现代科技发展史,阐明知识产权制度发展的时代特征;将知识产权国际公约的基本原则放在重要位置上加以论述;通过比较分析,论证了我国专利法、商标法和著作权法等法律制度。附录对有关法律作了评介。(竹守章)

D000219 **中国物权法研究** 梁慧星主编。法律出版社 1998 年 6 月版。81.6 万字。58.00 元。从中国市场经济的实际出发,总结整理现行立法、法规和规章,参考民法发达国家的立法经验和判例学说,参考我国民国时期的立法经验和台湾地区的立法经验,把握当代物权法发展趋势,为中国物权法的制定提供法理基础和立法建议。紧扣“权利本位”的立法思想,提出我国物权立法的几项原则:贯彻个人利益与社会利益协调发展的权利思想,以物权关系固定农地使用关系,适应物权价值化和国际化的发展趋势。其特点有:突出权利在物权法律关系中的地位,对问题的论述均以权利为核心展开;除论述了物权法各主要制度的历史与现状,涉及以往研究中回避的土地承包问题外,还将物权法体系作为研究对象,提出构造中国物权法体系的构想,具有系统化、完整性的特点。(孙志萍)

D000220 **土地权属纠纷调处实用手册** 梁宜希主编。广东省地图出版社 1998 年 1 月版。45 万字。28.00 元。调处土地权属纠纷是一项政策性、法律性很强的工作,建国以来我国在不同时期相继颁布了一系列涉及土地权属的政策、法律、法规。本书集中汇编这些法律、法规,作为调处土地权属纠纷的法律依据,同时收录有关部门的规范性文件、批复、答复和函件,并针对调处工作中的一些问题作解答。(张志丹)

D000221 **著作权法原理** 韦之著。北京大学出版社 1998 年 4 月版。18 万字。13.00 元。作者是我国第一代受过系统法学教育的知识产权法学专家,曾留德五年,专攻知识产权法学,获博士学位。该书具有如下特点:1.分析十几年来我国各类著作权案件,与大多数案例分析不同,它不是孤立地就事论事,而是将对案例的引证、分析融合归纳在通篇完整的理论体系之内。2、尊重他人观点,博采众长。书中大量引用了十余年来我国政府、科研、教学、司法各部门的学者对著作权法的论述，书后附录列举的主要参考文献书目约150余篇部。对一些外国学者的论述，也提出不同意见。该书附有文献目录、案例索引、《著作权法》及其《实施条例》索引、主题词索引，便于查找。(李霞)

D000222 **离婚审判研究** 刘世杰、刘亚林著。重庆大学出版社 1998 年 6 月版。21.8 万字。18.50 元。根据大量文献资料，包括尚未出版的许多省、市、县法院志中的统计资料和典型案例，并结合审判实践，分析总结了建国以来人民法院审判离婚案件的经验、教训，并对离婚标准的历史演变、离婚标准的执行、离婚审判中的调解程序、夫妻财产制度、离婚审判中夫妻共同财产的分割、离婚审判中保护当事人探视子女权、离婚审判中的第三人问题、离婚诉讼中一并确定夫妻共同债务的审理等问题进行剖析。针对在确定社会主义市场经济的社会背景之下，我国现行婚姻家庭立法的缺陷，提出完善婚姻家庭立法的建议方案。着重从审判理论与实践的特殊视角来审视婚姻家庭立法，并对相关问题运用法学、社会学、伦理学等学科的理论和方法进行全面分析。(肖顺杰)

D000223 **中国刑法论(第二版)** 杨春洗、杨敦先主编。北京大学出版社 1998 年 9 月版。66 万字。28.00 元。根据八届全国人大五次会议通过修订的《中华人民共和国刑法》，以及最高司法机关的有关司法解释及其司法实践，对该书第一版进行全面、系统修订。注意反映新刑法的特色和刑法理论研究的进展，系统、客观地介绍我国刑法的基本概念、基本原理和基本理论。1997 年修订的刑法条文达 452 条，较 1979 年刑法增加了 260 条，内容变化较多，如明确规定刑法的基本原则是罪刑法定、适用刑法一律平等、罪刑相适应；完善了刑法总则的有关规定；调整了刑法分则的结构；完善和补充了刑法分则的条文规定，科学地设计了具体的罪状和法定刑，并为适应新形势下同犯罪作斗争的需要，严密刑事法网，增加了许多有关犯罪的条文。(冯益娜)

D000224 **中国新刑法 413 个罪名例解** 张世琦著。辽宁大学出版社 1998 年 12 月版。83 万字。55.00 元。《中华人民共和国刑法》经过 1997 年修订以后，增加许多新内容，其罪名也增加到 413 个。作者按照最高人民法院 1997 年 12 月 16 日公布的《关于执行〈中华人民共和国刑法〉确定罪名的规定》写作本书。其突出特点：以案讲法，使抽象的刑法学形象、具体化，注重阐述各种罪行的构成要件和罪与非罪、此罪与彼罪的界限。全书分两部分。绪论部分包罗了刑法、犯罪、犯罪构成、犯罪的主客体、犯罪的种类、罪名的确定、正确使用和选择罪名、刑罚、刑罚种类及影响量刑的情节等 16 个方面；罪名部分将 413 个罪名分别从 4 个方面进行分析阐释，即 1.案例，先列出该罪案例，再以案讲法；2.构成要件；3.划清罪与非罪、此罪与彼罪的界限；4.刑罚及量刑幅度等。(张露丽)

D000225 **新编中国刑法学(分论卷)** 王文光、高珊琦主编。陕西人民出版社 1998 年 6 月版。49.9 万字。30.00 元。我国刑法分为总则和分则两大部分。本书主要研究分则部分。刑法分则是规定具体罪状、罪名和法定刑的规范。本书对具体犯罪的特征、此罪与彼罪的区别、量刑的轻重、具体的刑事责任和社会危害性等基本问题进行探讨和研究。(潘丽华)

D000226 **新编中国刑法学(总论卷)** 贾宇、郭洁主编。陕西人民出版社 1998 年 2 月版。35 万字。27.20 元。注重对刑法基本理论问题的研究和探讨，并注重与司法实践紧密结合，对实践中的一些新情况、新问题进行分析研究。分 5 部分：第一，刑法学概述。包括近现代刑法理论的主要学说与流派、我国刑法的发展与完善、刑法的基本原则、效力范围等。第二，犯罪理论。包括犯罪概论、构成要件、排除社会危害性的行为、故意犯罪形态、共同犯罪等。第三，刑事责任。第四，刑罚理论。第五，行刑理论。(潘丽华)

D000227 **中国民事诉讼法** 吴明童主编。陕西人民出版社 1998 年 8 月版。40 万字。28.00 元。对我国民事诉讼法作系统论述，集法典与司法解释于一体。阐述民事诉讼法的基本理论、基本知识、基本技能等。(潘丽华)

D000228 **企改公证实务指南** 阎建明编。山西经济出版社 1998 年 7 月版。33 万字。19.80 元。以公证服务的方向目标明确、服务的任务重点明确、服务的指导思想明确和确保服务的技术力量到位为出发点和线索，分六编介绍建立现代企业制度与公证实务、国有(集体)企业股份制改革与公证实务、控股公司和现代企业集团运作与公证实务、国有企业购并与公证实务、企业破产与公证实务以及企业联合、承包、租赁、兼并、出售与公证实务。共提出 668 个问题并予以详细解答。(李慧平)

D000229 **刑事诉讼法学(新编本)** 王国枢

著。北京大学出版社1998年4月版。45万字。20.00元。系全国高等教育自学考试刑事诉讼法课程的最新教材。根据1996年新颁布的《中华人民共和国刑事诉讼法》的内容,结合其他有关法律规定和近年来刑事诉讼法理论和实践的发展状况,从刑事诉讼和刑事诉讼法的概念、刑事诉讼法的目的、根据和任务,刑事诉讼中的人民法院、人民检察院和公安机关,诉讼参与人,刑事诉讼的基本原则,管辖、回避、证据,辩护与代理、强制措施,附带民事诉讼,立案、侦查、提起公诉,第一审程序、第二审程序,死刑复核程序及审判监督程序,执行以及未成年人犯罪案件的诉讼程序等方面,论述刑事诉讼法学的基本内容,反映和体现刑事诉讼法理论和实践的最新教学与科研成果。在阐释一般原理时,不回避实践中存在的问题和学术上的争议。(张晓秦　邹汇东)

D000230　**中国律师学**　薛辉主编。陕西人民出版社1995年4月版。24万字。20.50元。本书在建立律师学的体系和设定其结构的过程中,一方面接受及完善已经成熟的体系内容,并在此基础上使其结构更趋合理化;另一方面总结近年来的研究成果,吸收实践中的成功经验,进行新的理论概括。分3部分:导论,主要阐述律师学的概念、研究对象、体系结构、研究方法及意义。总论,阐述律师学的重大理论以及律师法规定的律师基本制度和工作规则。分论,主要阐述律师的具体业务活动及其要求。(潘丽华)

D000231　**公证法学**　鱼璧华主编。陕西人民出版社1998年9月版。25万字。19.00元。分绪论、总论、分论3部分。绪论主要阐述公证、公证制度、公证法学等一系列基本概念。总论研究公证法律关系、公证机构的组织设置与管理体制、公证机关的业务范围,公证活动的基本原则、公证管辖、公证程序、公证书的效力等。分论主要讲解经济合同公证;经济事务公证;保全公证、提存公证;继承权公证、遗产分割协议公证等办理公证业务的各项具体规定。(潘丽华)

D000232　**司法文书教程**　宋健主编。陕西人民出版社1998年版。32万字。26.00元。以司法机关职能部门的划分为主线,系统介绍司法文书基础理论知识、公安机关司法文书、人民检察院司法文书、人民法院司法文书、律师事务文书、经济司法文书、行政诉讼文书、狱政管理文书等90余种文书的制作基本规格、制作原则及要求、目的。(潘丽华)

D000233　**帮你打官司**　李兰吉著。山西经济出版社1998年10月版。28.8万字。18.00元。以通俗的语言、规范的诉状、详实的案例介绍有关民事纠纷的基本法律知识,对加强法制观念,普及法律知识有重要意义。(王宏伟)

D000234　**广西法规全书**　蔡联仑主编。广西人民出版社1998年12月版。608万字。580.00元。全书体例分为:地方性法规编,规章编,司法机关规范性文件编,行政规范性文件编,自治区辖市(含地区行政公署)规章,规范性文件编5大部分。汇集1979年1月1日至1997年12月31日自治区人大及常委会发布的地方性法规和有关决议、决定276件,自治区人民政府发布的规章156件;自治区司法机关发布的规范性文件79件;自治区人民政府及其办公厅和各工作部门发布的规范性文件669件;自治区辖市(含地区行政公署)发布的规章、规范性文件402件。(陈红)

D000235　**中华人民共和国法制通史(1949～1995)**　韩延龙主编。中共中央党校出版社1998年11月版。108万字。70.00元(平),90.00元(精)。共4编:"社会主义法制的开端"、"社会主义法制的曲折发展"、"社会主义法制的全面破坏"、"社会主义法制的恢复和发展"。运用历史唯物主义的观点和方法,通过大量史料,考察建国以来法制变化的复杂过程。对建国初期法制创建和1979年党的十一届三中全会后法制建设的发展作详细介绍,总结了"法制兴则国家兴"的规律;对1957年至"文化大革命"时期法制建设由低迷走向全面破坏的教训作深刻分析,论证法制建设对维护国家的稳定与发展,以及保障社会主义民主的重要性。以法律制度为研究对象,考察政治制度与法律制度的不同。按历史发展的顺序研究法制建设,揭示其内在逻辑。(张克敏)

D000236　**中华人民共和国法制通史(上下)**　韩延龙主编。中共中央党校出版社1998年11月版。108万字。70.00元。按时间顺序全面系统阐述中华人民共和国法制建设曲折历史的专著。共4编:"社会主义法制的开端","社会主义法制的曲折发展","社会主义法制的全面破坏","社会主义法制的恢复和发展"。作者运用历史唯物主义的观点和方法,通过大量史料,考察了建国以来法制变化的复杂过程。对建国初期法制创建和1979年党的十一届三中全会后法制大发展两个时期的介绍较为详细,总结了法制兴则国家兴的规律;对1957年至"文化大革命"时期法制建设由低迷走向全面毁坏的教训作了深刻分析,论证了法制建设对维护国家的稳定与发展,以及保障社会主义民主的重要性。全书以法律制度为研究对象，区分政治制度与法律制度的不同，使读者了解建国以来法制建设的状况，其中包括每个时期人们对法律的不同理解，法律制度的变化及其地位和作用。作者把对法的研究放在历史长河中，通过按历史顺序的考察，揭示中国法制发展的内在逻辑。（张克敏）

D000237 **当代中国法制建设与人权保护** 李招忠、高扬先著。湖南师范大学出版社 1998 年 12 月出版。23.9 万字。20.00 元。从当代法制建设角度研究中国人权保护问题的专著。第一，研究当代中国法制建设与人权保护二者之间的辩证关系。从当代中国宪政法制建设与人权保护、民事法制建设与人权保护、刑事法制建设与人权保护、行政法制建设与人权保护、经济管理法制建设与人权保护、劳动法制建设与人权保护、诉讼法制建设与人权保护、教育科技文化法制建设与人权保护、法制建设与特殊主体人权保护等方面，围绕人权是法制的灵魂，保护人权是法制的最基本功能这一核心思想展开论述，把当代中国法制建设和人权保护两者有机联系起来，史论结合，理法融通。第二，反映新中国建立以来，特别是改革开放以来中国人权法制建设取得的成就，充分肯定我国现行法律制度对人权保护的巨大贡献；同时指出了 1957～1978 年期间，特别是“文化大革命”中的 10 年我国在人权保护法制建设方面遭受的重大挫折，总结了历史教训。第三，提出一些健全和完善中国人权法律保障制度的建议。作者认为，建立宪法监督制度是人权保护的关键，应尽快制定行政程序法和行政监督法，这是防止行政权力腐败的客观要求；制定中的民法典应突出人格权保护，应及早出台社会保障法，制定劳动力市场管理法，等等。（李映辉）

D000238 **苏巨黎咪** 副名：彝文文献经典系列·法律篇。阿洛兴德整理翻译。贵州民族出版社 1998 年 10 月版。33.6 万字。17.80 元。彝族古籍，“苏巨黎咪”系彝语音译，义为“教化与箴言”或“法律”。书中对彝族古代社会各阶层成员的德才修养、伦理道德、社会责任与义务都提出了具体要求，并总结了彝族历史的成功经验和失败教训，提出治国安邦主张，反映彝族古代社会“礼法合流”、“教人于刑”的一个侧面。（陈光明）

D000239 **清朝法制史** 张晋藩主编。中华书局 1998 年 2 月版。53 万字。41.00 元。全书分“清入关前的社会历史概况及其立法活动”、“清入关前各部门法的初步划分”、“清入关前的司法制度”、“行政法律”、“民事经济法律”、“刑法”、“民族法律”、“涉外法律”、“清朝的司法制度”、“新法律思想的兴起与预备立宪”、“晚清修律及其对中国近代法律史的影响”等 11 章。时间上起 1616 年努尔哈赤在赫图阿拉创立“后金”国号，下至 1911 年清王朝覆灭。系统论述满族入关前 28 年及入关后 267 年间法律的形成、发展、演变的情况及规律。前 3 章为清入关前立法活动的论述，其中对早期满族国家的建立、八旗制、官制、立法制度、刑法、民法、行政法及其诉讼法等论述详细，对入关后的法律建设的论述，则分门别类，条分缕析，对过去研究薄弱的环节大力充实。对于过去法学界流行的中国古代法制特点是“诸法合体，民刑不分”的学术观点，作者提出了“诸法并存，民刑有分”的新看法，还提出“清会典是中国封建时代行政立法的总汇，是清代法制建设的重要成果之一”等新观点。（沈致金）

D000240 **慎刑宪点评** 鲁嵩岳点评。法律出版社 1998 年 9 月版。34.3 万字。25.00 元。明代著名学者丘浚所著《大学衍义补》第九目（卷一百至一百十三）《治国平天下之要·慎刑宪》之点校和评论。由古籍原文与现代点评两部分组成。古籍《慎刑宪》是中国古代刑律方面典籍的汇总，其内容分为总论制刑之义、定律令之制、制刑狱之具、明流赎之意、详听断之法、议当原之辟、顺天灾之赦、明复仇之义、简典狱之官、存钦恤之心、戒滥纵之失。古籍体例与《文献通考》类似，即引经史为“文”，列子集释义为“献”，末为丘浚所加之“臣按”。现代点评部分根据研究心得由点评者所著。该书在忠于原著基础上，分为点、校、注、评四部分。其特点是：(1)精点细校，忠实原著。所选《大学衍义补》版本，以《文渊阁四库全书·子部》辑本为主，民国二十年琼州海口海南书局单行本为辅；原文标点为点评者所加；对原著勘误作补正；勘误之处，作校勘记，附于各章章末。(2)经史资料，注明出处。注文采用夹注、脚注和段前注三种。(3)结合研究心得，对原著每一内容均作评论，并在每章前加引言，对该章内容加以概述和评论。(4)在正文前附有凡例和自序，在正文后收入大学衍义序、进大学衍义补表、太子少保礼部尚书周洪谟等题、四库全书总目大学衍义补提要和明史丘浚传。（张波）

D000241 **国际商务民事法规通则·(1)公司法律制度** 美国加州大学、美国斯坦福大学法学院著，本书编译组编译。中央广播电视大学出版社 1998 年 12 月版。22.4 万字。13.50 元。全书包括：

美国公司法律制度中有关"如何设立公司"、"公司的发起人"、"有缺陷的公司"、"股票和债券"、"红利和分配"、"公开上市证券"、"封闭性公司"、"董事和管理人员的责任"、"内幕交易"以及"公司破产和倒闭"等内容。(张静)

D000242 **国际商务民事法规通则·(4)美国法律体系(宪法)** 美国加州大学、美国斯坦福大学法学院著,本书编译组编译。中央广播电视大学出版社1998年12月版。20.6万字。12.50元。全书包括:美国法律体系中关于"行政权"、"司法权"、"司法审查"、"贸易条款"以及"美国法院和民事诉讼程序"等内容。(张静)

D000243 **争议海域共同开发的管理模式:比较研究** 蔡鹏鸿著。上海社会科学院出版社1998年7月版。20万字。20.00元。从"如何在有争议海域进行共同开发"这一问题着手,收集并剖析国际上现有共同开发案例,并对其不同的管理模式进行比较分析和研究,试图从中找出在有争议海域进行共同开发的基本特征和一般规律。采用实证分析和比较方法,对争议海域共同开发的管理模式进行比较研究,指出其四类主要模式:超国家管理模式、双方政府共同管理模式、代理制模式、合资机构共同经营模式,对解决争议海域共同开发问题具有参考价值。(方小芬)

D000244 **国际商务民事法规通则·(3)国际商法实务** 美国加州大学、美国斯坦福大学法学院著,本书编译组编译。中央广播电视大学出版社1998年12月版。22.5万字。13.50元。由美中远程教育合作发展基金会、中国科技发展基金会和上海法学教育发展基金会策划,原国家教委电化教育音像出版社、中央电大出版社出版发行的大型电视教育系列教材。本教材包括:"国际贸易组织机构"、"保障条款"、"反倾销"、"补贴和反补贴"、"有关环境保护、劳动保护和消费者保护的问题"、"贸易与反托拉斯"、"知识产权"、"国际货币基金组织和世界银行"、"投资争议的解决"等内容。(张静)

D000245 **国际商事法** 王学先主编。大连理工大学出版社1998年9月版。27万字。15.00元。为工商管理硕士(MBA)教材。在篇章结构的安排和内容的讲解上循序渐进,重点讲解与企业国际商事活动有关的法律问题,将有关内容分为涉及企业全部商事活动的"国际商事基本法"和涉及企业特定商事活动的"国际商事特别法",其特点是注重案例分析。(邓玉萍)

D000246 **中国国际私法完善研究** 徐冬根、薛凡著。上海社会科学院出版社1998年6月版。51万字。25.00元。从市场经济与中国国际私法立法的关系入手,对国际私法在社会主义市场经济中的地位与作用及其特殊性进行阐述。第二、第三章对当代国际私法的大趋势作了分析。第四章至第六章对中国国际私法立法发展作了回顾,对我国国际私法立法的价值取向、立法模式、立法体系、立法技术等,从思辨角度进行思考,结合我国改革开放的实际需要,提出建设性意见和方案。第七章对国际私法总则部分的基本问题,包括连接因素、识别、反致、公共秩序等作了研究。第八章至第十四章,分别对涉外经济合同、侵权行为、物权、知识产权、行为能力、婚姻家庭和继承的法律适用问题,通过实证和比较的方法进行分析和评论,并结合世界上其他国家的有益经验,提出立法建议。(周河)

D000247 **中国海事仲裁的理论与实践** 高菲著。中国人民大学出版社1998年3月版。45.5万字。33.00元。阐述中国海事仲裁委员会成立近40年的仲裁理论与实践。从最初1959年暂行仲裁规则到1989年实施的仲裁原则,再到现行的1995年仲裁规则的内容及实践中的具体作法,均作介绍和比较;对海事仲裁委员会的受案范围、仲裁的有关基本理论、仲裁协议、管辖与管辖权理论、仲裁程序与实质事项的法律适用、仲裁裁决的撤销、仲裁裁决的强制执行与拒绝承认和强制执行外国仲裁裁决等问题作深入探讨。对仲裁员的道德和行为规范亦有论述。

D000248 **国际商务民事法规通则·(2)国际知识产权法律制度** 美国加州大学、美国斯坦福大学法学院著,本书编译组编译。中央广播电视大学出版社1998年12月版。27.1万字。16.00元。全书包括:国际知识产权法律制度中有关"知识产权法的范围"、"制定法规的依据"、"商业秘密法的效用"、"作为商业秘密的创意与信息的地位"、"商业秘密被盗用后的救济"、"实用专利"、"国际专利条约"、"外观设计专利"以及"版权法"等内容。(张静)

E 军 事

E000001 **未来世界军事报告** 李庆山主编。中国青年出版社 1998 年 12 月版。120 万字。98.00 元。军事科普丛书，分 9 册：《自主乾坤——面向 21 世纪的战略思考》(张锋、张勇著)；《信息博弈——21 世纪的战争》(史鲁泽、陈庆荣著)；《网络金刚——21 世纪的陆军》(宋春雳、段晓云、张汉源、韩林著)；《略海制陆——21 世纪的海军》(侯向阳著)；《智能雄鹰——21 世纪的空军》(闵增富著)；《白领雄兵——21 世纪的后备力量》(汪金玉、王国龙、刘玉书著)；《超杀魔力——21 世纪的新概念武器》(牛新光、蔡业泉、苏进著)；《铸剑为犁——21 世纪的军备控制与裁军》(何仁学、吴小平著)；《铁血智者——21 世纪的军人》(陶杰著)。丛书依据世界军事现状及其发展规律，侧重对未来世界军事总体发展趋势、战略格局、军事热点，能否再次发生世界大战或核战争，陆、海、空三军和后备力量的发展，新概念武器、军备控制与裁军，军人的素养与职业特征等，作全面的预测和描述。配 300 幅彩色插图。(黄大卫)

E000002 **军事十万个为什么(上、下)** 黄培义主编。少年儿童出版社 1998 年 11 月版。58 万字。33.00 元。分"陆战篇"、"海战篇"、"空战篇"三大篇。"陆战篇"中有，"为什么海湾战争中美军官兵人手一册《孙子兵法》?"、"为什么我国古代要修筑万里长城?"、"为什么在辽沈战役中毛泽东坚持先攻打锦州?"、"为什么说斯大林格勒保卫战是第二次世界大战的转折点?"、"为什么穿甲弹能穿透厚厚的坦克装甲?"、"为什么说现代战争是高技术战争?"，等等；"海战篇"中，有"为什么说中国古代海军早在春秋末期就诞生了?"、"为什么在茫茫大海中军舰能用日、月、星测定舰位?"、"为什么中国水兵服的披肩上有 4 条白杠?"、"为什么巡航导弹能够自己寻找目标"，等等；"空战篇"中，有"为什么飞机要逆风起飞着陆?"、"为什么现代作战机飞机头上有一个长管子?"、"为什么激光制导炸弹比普通炸弹炸得准?"，等等。(洪祖年)

E000003 **军事瞭望哨** 禾青、谢秀金、谢永亮等编著。武汉出版社 1998 年 4 月版。共 80 万字。共 48.00 元。介绍军事史和军事科学有关知识的普及性读物，共 4 卷。《将帅卷》介绍古今中外 51 位著名将领的生平及主要功绩，浓缩其人生精华，展现其文韬武略，尽显其英雄本色；《战例卷》精选 54 个最具有代表性的会战战例，这些会战或者决定了整场战争的命运，或者会战过程波澜壮阔，跌宕起伏，或者对军事学术发展有着巨大的推动作用，或者在历史上有深远的影响，故很值得研赏。《兵器卷》荟萃了海战、陆战、空战等现代战争及未来高科技战争的各种先进武器，包括军用飞机、坦克、航母、核潜艇、精确制导武器、隐形兵器、电子战兵器、枪支、火炮、化学武器、太空兵器、非致命武器、军用夜视仪、新概念武器等，全面展现兵器的发展水平及在现代战争中的重要作用；《兵法卷》通过 104 个军事史上著名的智胜战例，介绍谋战法、奇战法、攻战法、守战法、虚战法、强战法、假战法、借战法等八种用兵如神、出奇制胜的兵法。(林华)

E000004 **世界军事形势(1997～1998)** 潘湘庭主编。国防大学出版社 1998 年 1 月版。35.5 万字。40.00 元。对世界军事形势的最新发展进行多角度、多层次的研究，是我国的一部年度军事报告。报告由 2 部分 12 章组成。第一部分是地区各国军事基本情况和该地区军事形势、军事热点，并附有军事动向年表；第二部分分析美国、俄罗斯、日本和中国的军事形势，并附军事动向年表。对于东北亚、东南亚和大洋洲、中亚和南亚、中东、西欧、东欧、非洲、美洲等地区，以及美国、俄罗斯、日本、中国等国家，该报告有军事基本情况、基本形势的综合概述，有军事热点问题的透视，以及对军事形势走向的展望与分析。(马凤江)

E000005 **来自大海的疑问——海洋军事篇** 陈明福编。青岛海洋大学出版社 1998 年 4 月版。13.2万字。7.50 元。以问答形式介绍航空母舰、巡洋舰、驱逐舰、扫雷艇、鱼雷艇、导弹快艇、潜艇、核潜艇、潜艇母舰等各种舰艇及水雷、火箭助推水雷、蛙雷、舰对舰导弹、飞航导弹、反潜导弹、"哈姆"导弹、激光武器等各种武器以及舰载垂直起落飞机、舰载可变翼飞机、水上飞机、直升飞机等各种飞机的基本知识。还介绍世界上一些著名的海战，如日俄对马海战、英德日德兰大海战、航母大会战、“敦刻尔克奇迹”等的经验与教训。(陈万青)

E000006　**数字化部队**　王凯著。解放军出版社 1998 年 12 月版。18 万字。17.00 元。介绍数字化部队产生与发展的原因，数字化部队的编制特点，数字化部队战斗力要素及效能分析，数字化部队战术原则及优点，数字化部队的指挥、后勤保障和训练方法。(郭莹)

E000007　**小事勿小视**　副名:连队经常性思想政治工作 59 例。王树森主编。白山出版社 1998 年 4 月版。12.6 万字。8.00 元。为连队政治工作通俗读物。从连队经常性思想政治工作的不同方面，选择 59 个成功范例，加以分析、归纳，总结出值得借鉴的经验和教训。参与该书写作的均为连队政治指导员和营、团政工干部。每一例中，有故事，有归纳总结，夹叙夹议。其中，《战士花钱洗衣服的思考》、《女战士母亲来队秘密“相姑爷”怎么办》、《奖金八百八，是捐还是花》等，叙述生动。选编几篇该部队领导关于经常性思想政治工作的研究文章，从理论的高度探讨连队经常性思想政治工作的重要性和必要性。(宋杰)

E000008　**军事口才学**　栾新传、慈元龙主编。白山出版社 1998 年 10 月版。20.6 万字。13.00 元。分 3 章 33 节。第一章讲军事口才基础。分 6 节讲述军事口才与战争、军事口语的基本特征、军事口语的基本要求、军事演讲者的修养、军事演讲的准备、军事演讲稿的写作。第二章讲军事口才训练。分 12 节，讲述军事口才训练的作用、普通话训练法、口腔技巧训练法、绕口令训练法、朗读训练法、模仿训练法、格化定向训练法、思维和口语表达同步训练法、争论训练法、口令训练法、态势语言的训练、克服怯场情绪的训练。第三章讲军事口才艺术。分 15 节讲述思想政治教育演讲的艺术、英模事迹演讲的艺术、读书演讲的艺术、战地鼓动演讲的艺术、军事学术演讲的艺术、就职演讲的艺术、离别演讲的艺术、祝贺演讲的艺术、追悼演讲的艺术、谈话的艺术、对话的艺术、队前演讲的艺术、饭堂演讲的艺术、即兴演讲的艺术、论辩的艺术。(朱忠义)

E000009　**军队基层政治工作教程**　单俊华等主编。白山出版社 1998 年 10 月版。26.4 万字。15.00元。分 12 章 46 节。第一章讲我军政治工作的创建和发展。分 3 节讲我军初创时期的政治工作、古田会议到建国前我军的政治工作、社会主义时期的政治工作。第二章讲我军政治工作的地位和作用，分 2 节讲我军政治工作的地位和作用的含义及表现形式、新时期加强基层政治工作的重要性与必要性。第三章讲我军政治工作的指导原则，分 6 节讲述坚持以整个军队的方向为政治工作的方向、坚持党对军队的绝对领导、坚持全心全意为人民服务的宗旨、坚持用马列主义、毛泽东思想和党的路线教育部队、实行官兵一致、军民一致、瓦解敌军和三大民主。第四章讲我军政治工作的作风与方法，分 4 节讲实事求是、密切联系群众、走群众路线、批评和自我批评、以身作则的作风和方法。第五章至第十二章，分别讲连队党支部工作、连队团支部和军人委员会工作、连队思想政治教育、连队经常性思想工作、连队科学文化教育和培养军地两用人才、连队群众工作、连队军事训练中的政治工作以及连队战时政治工作。(朱忠义)

E000010　**官兵不良心理疏导**　刘勇著。白山出版社 1998 年 12 月版。15.3 万字。10.00 元。联系我军基层工作实际，体现新时代官兵特点，具有一定的操作性。其主要特点如下:一、以邓小平理论为指导，运用心理原理观察、分析和回答基层思想政治工作中的问题，具有科学性和说服力。二、针对新形势下带兵工作中出现的问题，客观分析官兵中常见的不良心理，以及他们的需要、动机、意志以及战士突发犯罪的心理特征，总结和探讨了一些疏导方法，具有参考价值。三、把心理学理论同我军政治工作的优良传统结合起来，有助于认识经验和传统做法中包含的心理学思想。四、紧密联系市场经济的大背景，从基层的实际出发，从理论和实践的结合上说明问题。此书是一种探索性研究，其中有的理论问题分析不够深刻，官兵需要回答的问题有些还没有涉及。但作者把心理学知识运用到基层思想工作中，阐述战士的心理特点和疏导方法，是有积极意义的。(杨红军)

E000011　**高技术条件下工程装备技术保障**　钱月明、赵正明、董福亭等著。国防工业出版社 1998 年 4 月版。24.4 万字。15.00 元。内容以武器装备现代管理理论为指导，以新时期部队工程装备技术保障的具体工作为基础，阐述高技术条件下我军工程装备技术保障的特点、对象、内容、方法等基础理论；以最佳军事经济效益为总目标，全面论述工程装备全寿命各阶段的技术保障任务及具体实施原则。对我军战时(特别是登陆作战中)工程装备技术保障作

详细分析，对国内外军队工程装备及其发展作介绍。(刘华)

E000012 **铁血金锚** 郭富文编著。辽宁少年儿童出版社 1998 年 11 月版。13 万字。13.00 元。简述中国海军的发展历史。18 世纪中叶以后，帝国主义的炮舰轰开了中国封建王朝的大门，侵略者的铁蹄践踏了中国海域。为保卫自己神圣疆域，我们的先烈前仆后继，出现了关天培、邓世昌等民族英雄，还有林则徐、魏源、左宗棠等呼唤强化海防的先知先觉者。百余年间，外国炮舰入侵中国沿海达 470 余次，万里海疆已不再是闭关锁国的护城河。中华民族呼唤着一支强大的海军。新中国建立后，中国海军日益发展壮大。由于国际交往和外交政策需要，中国海军跨赤道，越大洋出访友好国家。显示了他们是和平、文明和威武之师。收入"我爱蓝色国土丛书"。(亓鑫铭)

E000013 **海南省志·军事志** 海南省地方史志办公室编。南海出版公司 1998 年 9 月版。57 万字。35.00 元。记述海南自清代开始 170 年来各个时期的军事沿革、重要战事、治军方略等，特别注重海南军民在党的领导下，坚持 23 年红旗不倒的革命武装斗争史实，对这一时期的军事人物、军事思想、战例等作了总结和回顾。还对新中国成立后海南军队建设 40 多年来的情况进行回忆，介绍海南军区正规化建设中所取得的经验教训，还有新中国成立以来，驻海南的人民解放军对境内、境外敌人作战的实例。(吴键)

E000014 **中国女子从军史** 王子今著。军事谊文出版社 1998 年 7 月版。22 万字。33 幅图。18.00 元。研究中国女子从军历史的学术专著。分为引言、上编"历代女子从军史迹"、下编"女子从军史的文化考察"三部分。引用大量考古资料和历史文献，系统论述从上古至清末我国历代女子从军、统兵、征战、参与军谋的历史，分析历代妇女在参与战争实践及相关军事生活中所起的作用，评述中国传统社会对女子从军现象的看法、成见以及女子从军对社会的影响，并介绍女子从军在文学作品中的反映。配有 33 幅图片。(赵爱华)

E000015 **中法战争诸役考** 黄振南著。广西师范大学出版社 1998 年 6 月版。26 万字。搜集中、法、越三方有关中法战争中有影响的山西、北宁、基隆、淡水、镇海等 5 个重要战役的史料，特别是使用了一些近期发掘出来的法文资料，结合当时的历史背景、社会环境，作全面的分析研究。对每个战役的产生原因、经过情况、胜败及影响等，都作对比、分析、考证、研究。(总编室)

E000016 **中国人民解放军第四野战军战史** 第四野战军战史编写组编。解放军出版社 1998 年 10 月版。63 万字。86.00 元。第四野战军战史从 1945 年 9 月进军东北写起，至 1952 年大规模剿匪结束止，共 13 章 64 节。主要分为三个阶段：第一阶段是东北斗争时期(1945.9～1948.11)，主要写进军东北，反击国民党进攻，创建巩固的东北根据地，粉碎国民党进攻计划，发动夏秋冬季攻势和开展新式整军和军事大炼兵等内容；第二阶段(1948.11～1949.1)，主要写东北野战军入关与华北军区联合举行平津战役等内容；第三阶段是向中南进军和剿匪时期(1949.2～1952.6)，主要写先遣兵团南下，配合第二、第三野战军渡江作战，挺进湘中、赣南，发起衡宝、广东、广西战役，解放海南岛和万山群岛，清剿土匪等内容。书中对林彪的描写，遵循实事求是的原则，对于以林彪为司令员的第四野战军党委集体领导的作用予以客观反映。(郭莹)

E000017 **二十世纪末环球论剑** 副名：当代高技术局部战争。周文宣、刘筑编著。贵州教育出版社 1998 年 8 月版。29.5 万字。22.00 元。展示发生在 20 世纪末的英阿马岛之战、以色列入侵黎巴嫩、美国入侵格林纳达、美国空袭利比亚、美军闪击巴拿马、海湾战争和波黑战争等惊心动魄的场景。对每一场战争撷取最精彩的部分，分析胜方取胜的原因以及败者的经验教训。还介绍战争中使用的高技术武器装备。从军事理论到作战样式、从武器装备到编制体制、从指挥系统到战场上的士兵、从物质保障到人员素质，作者都介绍了其新特点。

E000018 **打赢下次战争的玄机** 副名：高技术战争中的谋略。唐平著。贵州教育出版社 1998 年 8 月版。28 万字。18.60 元。展示高技术战争中诡异的谋略斗争。从理论上追溯人类智谋起源，阐明谋略作为辩证唯物主义的哲学思维，用计赋予全新的物质手段，使谋略更加奇妙，令人匪夷所思。以色列利用先进的无人驾驶飞机引蛇出洞，当叙利亚人暴露后，立即以老鹰扑鸡之势，轻而易举摧毁叙利亚人。海湾战争前后，美国从总统到将军几乎都成了孙子兵法的发烧友，他们既要力胜，更要巧胜，从孙子兵法中找到声东击西，在战场上巧妙实施"左钩拳"，又从孙子兵法中搬来攻心为上，大打心理战和新闻战，将兵不厌诈运用得恰到好处。在高技术条件下，古老的间谍升入蓝天和太空，潜入海底，全方位、全天候监视敌人,使敌人防不胜防。军事高新技术的发展,今天的战争谋略科学知识含量更高,更富于灵巧思想。

E000019　**军界的豪门贵族**　副名:高技术局部战争中的以劣胜优。江玉贵编。贵州教育出版社1998年8月版。27万字。22.00元。以大视角展示高技术条件下的诸军兵种。从每个军兵种的形式、当今现状、战争中耀武扬威的表现以及未来发展趋势,进行全方位的介绍。军用航天技术的发展,使外层空间充满着明争暗斗,战争的触须已经伸向太空;浩翰的海洋既深邃又广博,但海洋的每个角落都充斥着战舰追逐赛;神奇的战略导弹部队,可在统帅们的笑谈之间,把敌国化为灰烬;自行化制导化系统化使威猛的火炮旧貌换新颜,威力无坚不摧;令人恐怖的生化武器在全球的一片谴责声中,仍然顽强地生存,令人不敢小觑;电子战是军界新贵,当它登上战争舞台就以独特的杀伤力,致敌于瘫痪,令人刮目相看。

E000020　**现代军队的中枢神经**　副名:高技术战争中的军队指挥系统。陈兆海编著。贵州教育出版社1998年8月版。18万字。12.50元。介绍深居幕后的军队指挥系统。军队指挥系统经历过手工作业、机械化作业和自动化作业三个历史阶段。作为军队指挥的核心机构——司令部有着独特的构造、运作机制和原则。在高技术战争中,指挥信息量倍增、指挥周期缩短、战场控制困难、指挥稳定性受到威胁,这对军队指挥是前所未有的挑战。指挥员的素质在指挥过程中起着至关重要的作用,军用高技术使军队指挥构建了一部新的"大脑",神奇的C^3I系统成了军事力量的倍增器。通过战争实例展示了高深莫测的指挥过程:获取军事情报、定下作战决心、组织作战行动、实现作战决心。还展现世界主要国家和地区的指挥系统。

E000021　**信息战争**　李显尧著。解放军出版社1998年11月版。28.9万字。17.50元。21世纪是信息化时代,战争也转化为信息战争。本书作者站在时代发展的高度,从人类战争发展的整体趋势出发,对信息战争进行了深入的分析和研究,初步揭示了未来信息战争的突出特点、基本规律、主要表现和重大影响。全书共分三大部分:第一部分集中分析了信息战争的内涵、特征、其产生和发展的时代背景以及其与传统战争形态的异同;第二部分主要介绍了信息战争中的一些基本作战样式。第三部分重点探讨了信息战争这一新的战争形态出现之后,对国家安全、军队建设、军事技术和武器装备发展以及军事教育训练改革等方面的深刻影响。(郭莹)

E000022　**弱者的制胜之道**　副名:高技术局部战争中的以劣胜优。沈孝平编著。贵州教育出版社1998年8月版。27万字。17.60元。以高技术局部战争为背景,以打赢高技术局部战争为立论基础,紧紧围绕弱者"求胜""制胜"这一主线展开。作者的眼光紧紧盯着未来的高技术局部战争,探求着"打赢"的根据。作者认为,战争的胜利其实是多维度的,高技术战争并没有改变战争制胜机制。综合国力制胜,人机耦合制胜的机制内在包含了弱者取胜的可能性。劣势者要拥抱胜利,必须弄清站在战争方程另一端的是一个或一群什么样的对手。作战对象的认知和作战样式的探索,是确立我优势因素的依据。根据对手的特点作好有针对性的全方位战争准备,是以劣胜优的根本保证。

E000023　**超越地平线的新战略**　副名:高技术战争条件下的战略。丁宝文著。贵州教育出版社1998年8月版。32万字。20.80元。探讨高技术条件下的战略问题。从历史和逻辑出发,以系统观为基础,推出战略研究的纲领,对千百年来的战略观钩玄提要,阐明战略的逻辑,考究国际战略中诸雄争霸的来龙去脉,尤其是在军事战略上的争夺,分析了当代国际战略以及中国的战略安全,全方位地展现在当代高技术大潮中,各国如何发展高新技术,在各项高技术制高点上争夺的激烈程度。以大量笔墨对军事高技术进行大场景、多层次的探讨,指出推动军事战略的力量在于军事科技的发展。从理论上演绎出当代高技术局部战争的新篇章,审视各国在新一轮军事革命中战略部署的调整,将批判的笔端伸向昨天,对传统战争和战略思维进行质疑,依据新时代的特点,提出自己的新战略观,对战略精英如何控制战略事态的发展,如何实现战略目的进行探讨,认为战略是由人创造的闪耀着理性光泽的艺术。

E000024　**倚天仗剑看世界**　张健志著。中国青年出版社1998年4月版。50万字。36.00元。国防教育读物。结合当代高技术探讨战略核力量在当今世界上的地位、作用和影响。呼吁国人在市场经济大潮中居安思危,珍惜和爱护前辈留下的新时代的镇国之宝,中国的战略核力量。从某种意义讲,冷战后的时代是由导弹核武器培育和促成的。导弹核武器同现代高技术是什么关系?何谓现代技术?导弹核武器在现代高技术战争中将扮演什么角色?书中对这些问题都作明确回答。(姚海天)

E000025　**20世纪世界著名军事家兵法丛书**

佟明忠等著。中原农民出版社 1998 年 5 月版。234.4 万字。129.50 元。系统研究、阐述世界著名军事家用兵方略的大型兵法丛书。共分 8 部:《斯大林兵法》、《丘吉尔兵法》、《戴高乐兵法》、《朱可夫兵法》、《艾森豪威尔兵法》、《巴顿兵法》、《罗斯福兵法》、《蒙哥马利兵法》。丛书站在历史的制高点上,力图超越已有的纪实类作品,给予 20 世纪世界著名的军事家的思想实践活动以理论的诠释。(马保民)

E000026 **兵法概论** [瑞士]A.H.若米尼著。军事科学出版社 1998 年 4 月版。54.5 万字。26.00 元。《兵法概论》(原译名为《战争艺术概论》)被称为 19 世纪上半叶资产阶级军事理论家若米尼的代表作。若米尼的军事理论否定了当时占统治地位的封建军事思想,概括了法国军队创造的新军事理论体系和作战原则,在 1837 年面世后曾在世界军事理论领域里引起轰动。作者从战争必须遵循的基本原理:战史是研究战争理论的基础;军队应成为政府经常关注的对象;必须合理选用优秀的统帅;战略是进行战争的艺术,而大战术和战术则是进行交战和战斗的艺术;进攻是一种最积极的战斗类型,而防御则是为在适应时机转入进攻所采取的临时待机行动;集中主力攻击敌之一翼是全部战争科学的钥匙;克敌制胜的唯一方法是交战;必须坚决把主力投到决定点上,力求对敌翼侧采取迂回包围,同时对正面进行闪电突击;初战获胜后,应适时转入坚决连续的追击,力求全歼或彻底打垮敌人。其中还包含有根据情况运用兵法原则;战争决不是数学行动;理论重要,但战争实践更重要;必须根据情况修正计划;攻防可以相互转化;精神力量能够产生物质效应等一些辩证的论述。其中的许多观点至今仍有生命力和指导意义。由于作者所处的时代和阶级的局限性,在理论上也反映出某些形而上学和机械论的色彩。(陈学军)

E000027 **百战奇略** 傅锦瑞主编,王天德绘图。希望出版社 1998 年 6 月版。20 万字。58.00 元。将《武经七书》中的各种观点,按照作战双方的军事、政治、经济和自然条件等加以分门别类,并收集从春秋到五代 1 700 余年散见于史籍中的许多古代杰出战例加以解释,分计战、舟战、水战、火战、虚战等 100 个战例,并配有 100 幅精美插图,采用中、英文对照。(申月华)

E000028 **孙子今论** 邱复兴著。白山出版社 1998 年 10 月版。27 万字。46.00 元。分上下两篇。上篇将《孙子兵法》十三篇作为一个整体,从 20 个方面系统研究,以现代人的视角,展示孙子兵学体系,从而深化、丰富孙子的思想内涵,突破以往研究中对十三篇字句的诠解和对号式的借鉴范式。着眼于孙子思想精华的现代转换,将 2500 年前的古代兵书给予全新的诠释,并恰当地运用孙子思想来观察军事、政治、经济、外交、科技等领域现实生活,从理论和实践两个方面,着重揭示孙子思想在当代的使用价值和意义。作者在领会孙子原著思想的基础上,广收博采诸家研究成果,形成独特见解。下编为附录,收辑孙子佚文多则。(苏桂亮)

E000029 **孙子兵法(丝织版)** 宋金木创意制作。中国纺织出版社 1998 年 1 月版。0.7 万字。5 800.00元。以《宋本十一家注孙子》为底本,用 JB—100 旦色丝,将《孙子兵法》全文、前言、插图等一梭梭提花织在绸面上,堪称一绝,并非印刷、印染可比拟。全书共 75 页,大 32 开本,仿南宋版本,楷书直行凹凸文版,有立体感,是中国古典军事名著和丝绸文化的完美结合。该书绝版织造 1 100 套,由故宫博物院、中国历史博物馆、中国丝绸博物馆、苏州丝绸博物馆等单位收藏。(范森)

E000030 **跨越时空的孙子兵法(藏文)** 扎西旺久编译。民族出版社 1998 年 11 月版。18 万字。13.80 元。以海潮出版社出版的《孙子兵法释义》为蓝本,参考《孙子全释》等诸多注释本编译而成。内容主要包括孙子兵法的计篇、作战篇、攻谋篇、形篇、势篇、虚实篇、军争篇、九变篇、行军篇、地形篇、九地篇、火攻篇、用间篇等兵法十三篇,以及孙子生平简介、孙子兵法考波黑战争等。翻译译文采用藏族传统的偈句式与散句并用的手法;孙子的原著用偈句,注释用散句,译文通俗易懂。(当增扎西)

E000031 **璀璨的明珠** 周碧松、于巧华著。解放军出版社 1998 年 12 月版。15.2 万字。16.50 元。把中国军事技术的发展放在整个中国文化演变的环境中叙述,描绘出中国古代军事技术在原始社会的蒙昧中发芽,在奴隶社会灿烂的青铜文化中起步,在奴隶制向封建制转变的社会大变革中发育,在秦汉国家一统中成熟,在三国至南北朝的乱世中充实,在隋唐的太平盛世中繁荣,在宋元社会经济科技高度发展中走向顶峰,在明代封建社会的没落中开始转折,在腐朽的清王朝时期走向衰落,在鸦片战争后出现暂时的复兴。使人们对中国古代军事技术的发展有全面的了解。(郭莹)

E000032 **现代兵器大观** 宋增伟著。山东科学技术出版社 1998 年 3 月版。4 万字。183 幅图。

26.00元。将兵器分为6类66种作介绍。第一类，轻武器类，如手枪、冲锋枪、榴弹发射器、地雷等；第二类，导弹类，如地对地、地对空、空对地、反舰、反潜、反坦克等导弹；第三类，坦克、装甲车类，如重型、中型、轻型坦克，步战车、装甲指挥车、快速突击车等；第四类，火炮类，如榴弹炮、高射炮、火箭炮等；第五类，舰艇类，如各种航空母舰、核潜艇、登陆舰等；第六类，飞机类，如歼击机、轰炸机、隐身飞机等等。着重对现代兵器进行概念性的解释和外延，并突出对新式兵器的介绍，每种兵器附有1幅以上彩色插图。(宋增艺)

E000033　**现代科学技术与军事**　邹丕盛主编。国防工业出版社1998年6月版。71万字。38.00元。综合性军事科技普及读物。介绍科学技术进步与军事发展的紧密关系，现代军事科学技术发展概况及其对军事行动的影响。分3编17章，按历史回顾、总结现在、展望未来的写法展开，阐明对21世纪人类社会进步有影响的科学技术，突出与军队建设、现代化战争密切相关的“硬、软”科学知识。在论述当前正在兴起的全球性高技术竞争的基础上，预测21世纪初陆、海、空军和空间武器及电子战装备的发展趋势，集中阐述军用高科技发展对军事理论、编制体制、军事人才及作战行动带来的影响，探讨未来战争可能出现的变化。(王祖佩)

E000034　**军事系统工程的理论与实践**　王寿云著。国防工业出版社1998年11月版。25.2万字。20.00元。作者是我国现代计算机作战模拟领域的奠基者和开拓者之一，长期致力于把系统工程的理论运用于军事学术研究，该书为其成果的一部分。军事科学包括基础理论、技术理论和应用技术三个层次，军事系统工程属应用技术。(徐崇信)

E000035　**儿童百科图谱(兵器篇)**　罗杏春、聂长庚编文。少年儿童出版社1998年8月版。500幅图。44.00元。共收有500幅古今中外各种兵器图谱。在“刀枪图谱”中有：竹节鞭、三国时期东吴平刃铁刀、越王勾践剑、印度教信徒用的羊角武器、英国东印度公司1797年滑膛枪、美国史密斯和韦森M1869型左轮手枪、中国81式7.62毫米班用机枪、中国56式14.5毫米四联高射机枪等等；在“火炮图谱”中有：14世纪末或15世纪初的火炮、中国威远将军铜炮、中国工农红军长征带到陕北唯一的山炮、前苏联BM—21式122毫米40管火箭炮、美国AN/SQQ—32猎雷声纳、意大利白头A184型鱼雷等等；在“导弹图谱”中有：中国“东风3号”地对地导弹、前苏联“飞毛腿”地对地导弹、美国“爱国者”地对空导弹、中国“海鹰1号”舰对舰导弹、中国“红箭8号”反坦克导弹等等。(洪祖年)

E000036　**兵器知识文库丛书**　刘太行主编。兵器工业出版社1998年1月版。209万字。131.50元。丛书包括：《兵器始祖》、《弹药王国》、《迈战利器》、《战争之神》、《海上雄师》、《长空雄鹰》、《陆战之王》、《低空旋风》、《霹雳神箭》、《新概念兵器》。通俗介绍冷兵器、弹药、轻武器、坦克装甲车辆、火炮、军舰、军用飞机、导弹，以及当今世界上正在研制的新概念兵器，图文并茂。既简述各种兵器的科学知识，又展示古今中外兵器的过去、现在和未来。(孙永德)

E000037　**兵器家族的骄子**　副名：兵器科学与高新技术。季卜枚主编。湖北科学技术出版社1998年6月版。16万字。11.50元。介绍各种信息化兵器的基本原理、结构组成、作战效能以及在现代战争中的应用。展望信息化兵器的发展前景。通过海湾战争的实例，说明今后的战争将发展成为信息战争，将充满高新技术的信息兵器的巨大作用和工作原理从指挥类、控制类、通信联络类、情报侦察类信息兵器，从声、光、电三种物理现象出发，分成声波、电波、光波三种基本信息作战兵器予以介绍和说明。(刘军)

E000038　**英汉水中兵器词典**　林贺新主编。国防工业出版社1998年10月版。131.8万字。75.00元。内容包括鱼雷、水雷、反潜导弹、深水炸弹、反鱼雷和反水雷武器装备、发射装置、水下侦察装置及控制系统等水中兵器专业词汇56 000余条，缩略语5 000余条，世界各国著名科研单位、生产厂商及院校简介300余条。(唐允昌)

F 经济

经济

F000001 **个人理财丛书** 张晓等编。河北人民出版社 1998 年 12 月版。181.5 万字。107.50 元。包括 7 本,《个人收藏》(古玩类)、《个人收藏》(现代品)、《储蓄与债券》、《外汇·期货·房地产》、《沪深股市投资》(新法典)、《沪市最佳股票 100 种》和《深市最佳股票 100 种》。介绍的个人理财投资渠道包括储蓄、债券、股票、基金、外汇、期货、房地产、古玩收藏、集邮、集币、集卡和保险等,对各种投资都作了全面系统的论述,比较各种投资的收益和风险的大小,分析各种投资最佳时机和方案的选择,介绍各种投资组合。结合现实市场状况,注重投资品种的未来升值潜力。《沪市最佳股票 100 种》和《深市最佳股票 100 种》用发展的观点,分别从上海证券交易所和深圳证券交易所上市的几百种股票中按行业各挑选 100 种,进行基本分析和技术分析,给出其历史上关键的价位,提出投资建议。书后还附有最新的上市公司财务数据及有关机构对上市公司的投资价值排序。《个人收藏》(古玩类)除重点介绍古玉器、青铜器、古陶瓷、古旧书画、古钱币、古文房四宝、鼻烟壶和景泰蓝等的收藏、鉴别知识之外,还介绍个人收藏品的管理与出让。《个人收藏》(现代品)在介绍集邮、集币和集卡等的同时,还附有热门品种的近期市场行情,介绍目前全国较有名的收藏品市场。(周建图)

F000002 **东北财经大学教授文库** 佟哲晖等著。东北财经大学出版社 1998 年 6 月版。140.00 元。包括佟哲晖的《社会经济统计若干问题研究》、汪祥春的《价格机制与宏观调控》、林继肯的《货币金融研究》、刘长新的《建立具有中国特色的国民经济核算体系》、谷祺的《财务理论与会计研究》、欧阳清的《成本管理理论与方法研究》、饶会林的《城市经济理论与实践探索》等 7 本。客观反映各位教授在当时的社会背景下,不同的研究领域所形成的思想,同时也再现了我国经济发展和经济理论研究的历史。(石建华)

F000003 **创业丛书** 中信出版社 1998 年 3 月版。93 万字。80.00 元。共 5 种书。《创业途径》,许跃南编著,18 万字,定价 15.00 元。告诉创业者应该怎样选择业务,如何筹措资金,选择什么样的公司形式,如何塑造公司形象,怎样进行注册登记,如何与银行打交道等。《人际公关》,程国慧、蔡红编著,19 万字,定价 16.00 元。分公关艺术篇和领导艺术篇,通过对典型事例分析,使人学会乘人和之风,创事业之本。《理财生财》,鞠朝阳编著,19.6 万字,定价 17.00元。以实例阐述创业者筹集资金、合理运用资金,以钱生财,寻求最大化利润的过程。《市场行销》,尹维劼编著,15.4 万字,定价 15.00 元。结合实例详述市场行销八大谋略,灵活运用事业有成。《扩资重组》,夏俊编著,21 万字,定价 17.00 元。介绍当大老板的八大新思维,详述如何扩资与重组企业。(李德宝)

F000004 **孙冶方全集** 孙冶方著。山西经济出版社 1998 年 10 月版。141.2 万字。190.00 元。共 5 册。主要收入了 20 世纪 30 年代至 80 年代半个多世纪孙冶方撰写的文章、讲话和报告,共 111 篇。第一卷收入了 1930～1949 年作者在报纸、刊物上发表的 38 篇文章,约 22 万字。这时期的重要观点有:认为中国已经成为国际资本主义统治下的资本主义社会,中国革命已经是社会主义革命。第二卷、第三卷收集了 50 年代至 80 年代作者撰写的 68 篇文章、讲话和报告,约 65 万字。这一时期的文章,集中反映了孙冶方经济思想的形成过程和主要观点,是最具有历史学术价值的部分。主要表现在 4 个方面:1.宣传价值规律的客观性,主张价值规律在社会主义经济中起着重大作用。2.主张利润是考核企业经营好坏的综合指标,提倡理直气壮地抓社会主义利润,企业的利润越多越好。3.主张扩大企业自主权,建议把固定资产折旧和设备更新的权限,原则上要下放给基层企业。4.强调流通过程在社会主义经济中的重要性,突破了社会主义经济无流通的观点。第四卷、第五卷是《社会主义经济论》文稿和《社会主义经济论大纲》,约 53 万字。其中第五卷是中国社科院经济研

究所部分同志根据孙冶方口述整理并由其审定的《社会主义经济论大纲》,这个大纲是首次出版。(张凤山)

F000005 **孙冶方经济科学基金获奖文集** 孙冶方经济科学基金会办公室编。山西经济出版社1998年10月版。53.2万字。42.00元(精)。汇集了我国经济学最高奖——孙冶方经济科学奖第四届(1990年度)、第六届(1994年度)、第七届(1996年)获奖论文。第五届(1992年度)只有著作奖,没有获奖论文,故空缺。这些论文代表了我国经济学理论的最高水平,有的曾对当时或以后国家制订政策提供了依据;有的则在我国开创了新的经济学研究方法或领域。(郝建军)

F000006 **陈岱孙学术精要与解读** 晏智杰、唐斯复编著。福建人民出版社1998年10月版。23.1万字。20.00元。"中国经济学界一代宗师陈岱孙"系列书之一。精选了陈岱孙在70年学术生涯中各个历史时期的代表作,并加以分类,在各类著述之前加了评介性文字,阐释所选著述的写作历史(学术)背景、内容、社会意义和学术价值。全书以陈岱孙1926年哈佛大学的博士论文作为他学术生涯的开端,将他此后的学术著述历程大体划分为3个阶段:抗战前后、新中国成立初期、改革开放以来。所选抗战前后的11篇文章,有他对经济学方法论的学术性很强的分析,也有对抗战期间经济体制、交通、贸易、税收、金融和币制等经济问题的分析和建议,还有对未来经济和政治发展趋势的预见和希望。新中国成立初期,陈岱孙撰写的《经济学说史》讲义在经济学教育界有着深远的影响,书中评述了其独特的价值。改革开放以来,是陈岱孙著述最多也是最重要的时期,书中评介了其主要专著《从古典经济学派到马克思》,另选介了曾产生巨大影响的5篇论文、4篇序文,内容涉及如何看待西方经济学,如何看待西方经济思潮发展的历史、现状和未来,以及西方经济学说史上著名的魁奈《经济表》和亚当·斯密矛盾等。(曹希莎)

F000007 **青年经济学博士研究丛书** 罗丙志等著。陕西人民出版社1998年版。67.2万字。38.50元。包括《国际贸易中的政府行为》、《中国产业结构调整的金融机制》、《期货市场成长论》等,围绕国际贸易中政府行为的经济因素,国际收支,产业成长,非经济因素等;建立市场主导的产业结构调整是有效实现产业结构调整目标的前提和关键,资金运动及其相关的金融体制改革是调整产业结构的核心机制;针对中国期货市场存在的问题,提出期货市场成长的新思路等进行论述,旨在为推进中国的经济改革献计献策。(常平阳)

F000008 **经贸管理人员培训系列教材** 东北财经大学出版社1998年版。119万字。68.50元。包括《股份制与股份合作制基础知识与实务》、《商贸企业战略管理》、《商贸企业财务管理》、《商贸企业经营管理》等4本,以市场经济为目标,力求改善企业领导人及其后备人员的知识结构,提高经营管理能力。(石建华)

经 济 学

F000009 **义利的均衡** 副名:现代经济伦理研究。罗能生著。中南工业大学出版社1998年5月版。25万字。15.00元。根据我国市场经济条件下道德文明建设的实践需要,从伦理学与经济学的交叉点上,初步地构建了现代经济伦理学的基本框架。系统地阐述现代经济伦理的基本理论和操作方法,主要内容为:构筑经济现代化的精神支点,经济伦理的本质、构成及功能,现代经济伦理的基本原则,宏观经济运行中的伦理蕴涵,企业经济活动中的伦理选择,个体经济行为中的道德精神,经济伦理的调控机制,经济理想与道德理想的关系,等等。(文援朝)

F000010 **市场经济中人的经济心理与行为** 俞文钊著。人民教育出版社1998年12月版。30万字。20.50元。"市场经济与心理学丛书"之一。探讨经济条件下人的经济心理与行为的规律性,具有现实意义。全书共分3个层次:第一层次介绍人类经济心理与行为研究的概况、研究方法、分析模式;第二层次介绍人类经济心理与行为研究的理论基础,即效用论、预期理论、不确定性与风险理论、对策论及福利理论等;第三层次介绍大至宏观经济体制改革、企业行为,小至个体、家庭以及产品与劳动力市场中的人的经济心理与行为等。(曾红梅)

F000011 **我们身边的经济学** [美]道格拉斯·L·诺思、罗杰尔·C·米勒著。学林出版社1998年4月版。16.5万字。11.00元。从能源、安全产品、工资与价格管制、水资源、药品、医疗费、股票、征兵、交通堵塞、铁路、吸烟、生态、社会保障等30多个命题纵谈经济,主要从5个角度立意:供给与需求、市场结构、要素市场、社会问题和外部性、政治经济学。全书以切入生活本身的社会问题中揭示出经济因素所起的作用,或者在处理社会性问题时用经济学的方法加强解决问题的力度。诚如作者所言：经济学家不能告诉人们应该做什么，他们只能揭示各种不同变量的成本与利益，以便人们能够做出最好的选择。（曹坚平）

F000012 **经济学** 金镝著。大连理工大学出版社 1998 年 6 月版。35 万字。16.00 元。工商管理硕士（MBA）系列教材之一。以流行市场经济发达的西方国家的经济学为主体，通过对核心观点的对比分析，正确地掌握数学概念和方法对抽象、复杂的经济问题的分析，使经济学更贴近自然科学，经济规律可用数学方法加以描述或论证。在数学方法的运用上避繁求简，用经济语言对数学结论的诠释上力求准确生动。（邓玉萍）

F000013 **马克思主义经济理论的形成和发展** 吴易风等著。中国人民大学出版社 1998 年 10 月版。51 万字。28.00 元。内容从古典政治经济学、空想社会主义学说，到马克思、恩格斯的经济理论，列宁、斯大林的经济理论，前苏联、东欧国家的社会主义经济理论，跨越近两个世纪，系统、准确、主流地阐述了马克思主义经济理论的思想来源、创立、形成和发展。收入“中国人民大学硕士研究生系列教材”。

F000014 **科技生产力论** 李庆臻、安维复著。山东大学出版社 1998 年 8 月版。42.2 万字。26.80 元。分 4 篇 20 章。第一篇历史篇分 5 章，主要论述科技是生产力思想的历史发展。系统地、历史地阐明科技是生产力这一理论观点。分两条线论述。一条线是从马克思论科学技术是生产力到邓小平论科技是第一生产力；另一条线是从培根知识就是力量到托夫勒、丹尼森、库兹涅茨第论科技是经济社会发展的决定性力量。这两条线分合结合，共同揭示了科技对经济、社会产生巨大的推动作用的真理。两线交汇，向前延伸，出现了“知识经济”。第二篇理论篇分 6 章，从生产发展要素、生产率、商品价值、经济增长、综合国力、现代化等 6 个方面从理论和实践的结合上论述科技是第一生产力的问题。第三篇机制篇分 5 章，从形态分析、要素分析、结构分析、操作分析等 5 个角度，研究科技如何转化为生产力的问题。揭示科技转化为生产力的内在本质、运作方式和具体模式。第四篇实践篇分 4 章，主要探讨科技转化为生产力后，对社会实践过程和历史发展过程产生的重大社会影响；具体地阐明了科技对社会主义的发展生产的决定影响；深刻分析科技对建设有中国特色社会主义的巨大作用；揭示科技对世界格局的演变的制约作用。（孙秀英）

F000015 **产业经济学** 李悦主编。中国人民大学出版社 1998 年 2 月版。57.8 万字。31.00 元。包括导论和增长理论、产业结构、产业组织、增长方式、运行机制 5 篇专论，以揭示矛盾、分析矛盾和探索解决矛盾为基本思路，以经济增长方式的转变为主线，在科学地总结中国产业增长经验，并吸取外国有益经验的基础上，运用定性与定量相结合的方法，全面、系统地分析和阐明有关产业经济增长的 29 个重要课题，以揭示产业经济发展的客观规律。

F000016 **劳动价值学说新论** 副名：新世纪的历史性课题。赵曙光著。四川人民出版社 1998 年 8 月版。16.9 万字。16.00 元。运用区别“两种同一”的哲学方法，对劳动价值学说进行了重新论证，提出了一系列全新的观点。区分了劳动一般和个别劳动与抽象劳动和具体劳动的区别及联系，区分了价值与交换价值的区别及联系，区分了剩余的价值量与剩余的交换价值量的区别及联系。把交换价值提高到极重要的位置，认为交换价值不仅是价值的表现形式，而且是使用价值的表现形式，从而是商品二重性——价值和使用价值的矛盾对立统一体。劳动的二重性在发达的商品经济条件分离为由劳动者和生产资料所有者的不同行为来体现。剩余价值实质上是剩余的交换价值而不是价值，价格和生产价格不是价值的转化形式，而是交换价值的转化形式。（徐志诚）

F000017 **透视资本的奥秘** 副名：走进投资银行和大理财家的世界。邸树军、孟韬主编。东北财经大学出版社 1998 年 4 月版。22.7 万字。18.00 元。“资本理念丛书”之一。书中介绍的理财家主要是指负责投资基金的基金管理人，在国外他们组织公募或私募投资基金，为个人或大企业提供理财服务。书中再现了摩根、巴菲特、索罗斯的投资理念和他们在华尔街和股市上创造的奇迹。还讲述了资本运营、投资银行、投资银行家和理财家等概念。（石建华）

F000018 **资本理念丛书** 东北财经大学出版社 1998 年版。65.3 万字。51.00 元。包括《资本市场的灵魂》、《透视资本的奥秘》、《并购策略》3 本。通过介绍当今国际资本市场的风云人物、权威机构和重大事件，来深入研究资本的实质，透视资本的奥秘，把握资本的脉动和资本运作的规则。阐述资本运作战略与技巧、资本运营哲学和艺术以及大投资银行的管理典范在内的整合投资理念。（石建华）

F000019 **工作的终结** 副名：后市场时代的来临。[美]杰里米·里夫金著，王寅通等译。上海译文出版社 1998 年 12 月版。23.9 万字。18.90 元。“新世纪前瞻丛书”之一。作者认为随着高科技的发展和生产的日益自动化,前景将是“工作的终结”,是广大工人,包括蓝领、白领工人和管理人员在内的社会极大多数成员的失业,是世界分裂成为由少数高科技的创造者和管理者组成的富有社会和千千万万的失业大军组成的贫穷社会,世界将面临严重的两极分化。作者建议我们抛弃想留住不存在工作的幻想,敦促我们要为一个在产品和服务的生产和销售上没有大规模就业的世界作好制度和心理准备。在一个几乎没有工人的社会中重新界定个人的作用是未来的几十年中最紧迫的问题。我们应当为新的后市场时代作好准备,必须更大地依赖正在出现的第三部门,帮助社区的恢复和可持续的文化的建设。(宋伟民)

F000020 **经济周期波动的分析与预测方法** 董文泉等著。吉林大学出版社 1998 年 8 月版。46.6 万字。27.00 元。有三方面的特点:第一,是注重实用性。作者都有从事经济预测及其研究工作的经历,书中所介绍的方法都由他们研制、开发了相应的经济模型和计算机软件。第二,是力图囊括近十年来国内外研究经济周期波动的主要方法。第三,是有所创新。在跟踪国际上该研究领域的前沿课题同时,开发了具有自己特点的新思路和新方法。(卢喜观)

F000021 **后资本主义社会** [美]彼得·德鲁克著,张星岩译。上海译文出版社 1998 年 12 月版。15.6 万字。14.20 元。“新世纪前瞻丛书”之一。作者是美国著名经济学家、社会学家。全书分“社会”、“政体”和“知识”3 部分,论述了我们如何从一个以资本、土地和劳动力为基础的社会走向一个以知识为主要资源和以组织为关键结构的社会。作者认为,“真正控制资源和绝对是决定性的‘生产要素’是知识”,而不是资本也不是土地或劳动力。作者指出,发达国家通过生产力革命、管理革命而进入知识社会。社会阶级划分不再是“资本家与无产者”,而是知识工作者和服务工作者,资本家已从“顶峰上下降,被(管理革命的成果)职业经理所取代”。而在政体上,民族国家自二次世界大战以来,正“逐渐失去了作为唯一的权力机构的地位”,代之以特大国家和多种跨国的、地区的多国组织。(宋伟民)

F000022 **非物质社会** 副名:后工业世界的设计、文化与技术。[法]马克·第亚尼著,滕守尧译。四川人民出版社 1998 年 3 月版。20 万字。18.00 元。作者实有 10 余位,均为当代西方文化精英,其中还有诺贝尔奖获得者。他们站在时代的最前沿,分别从哲学、美学、生态学、语言学、经济学、信息技术、交流理论的角度,全面而生动地论述了设计在“非物质社会”中经历的深刻变革,给现代人以深刻启示。(李洪烈)

F000023 **政治经济学(社会主义部分)(1998 年修订本)** 谷书堂、宋则行主编。陕西人民出版社 1998 年 9 月第七版。31.7 万字。16.00 元。《政治经济学(社会主义部分)》自 1979 年出版以来,已历经 20 载而长盛不衰。其间,共修订 6 次,每次都力争除旧布新。第六版是在 1995 年修订出版的。自那时以来,中国和世界都发生了一些重要的变化。如中国的经济已实现了人们所说的“软着陆”,进而又由“软着陆”发展成市场疲软、商品积压、大批工人下岗;金融危机由东南亚波及到包括中国在内的许多亚洲国家和地区,乃至整个世界;中国的国有企业改革已进入了攻坚阶段,特别是 1997 年党的十五大,在公有制及其实现形式、国有企业改革的途径和措施等问题上,提出了一些有利于进一步解放思想的新观点;在经济理论界,围绕“中国经济学向何处去”的问题展开了热烈的讨论;等等。这一切,就构成了本书此次修订的社会背景。《政治经济学(社会主义部分)》第七版修订的指导思想是:理论深化,表述规范,从实际出发,有增有减,力求有新的提高。其主要修订内容是:对公有制及其实现形式、分配方式及公平与效率、所有制与市场经济的结合,以及建立现代企业制度等问题,在理论深化上都做了进一步的努力;对于过去本书反映不充分或实践中提出的一些重要经济问题,如农户经济、微观运行主体之一的个人和家庭、资本市场和信息市场等等,这次增写了新的章节,从而使全书内容显得更充实、更完善;对宏观经济运行部分的内容,根据教学实际的需要,在保持基本内容不受影响的前提下作了适当压缩和修改。此外,四篇的标题经过修饰,更加醒目、鲜明。(朱玉)

F000024 **股份经济学** 娄成武编著。东北大学出版社 1998 年 1 月版。28 万字。18.00 元。共 6 章。第一章介绍股份经济的特征和作用,股份制度的产生和发展,中国特色的股份制。第二章介绍股份公司的形式、股份公司的设立、股份公司的组织机构。第三章股份经济的宏观管理、股份公司的内部管理、公司的主要财务报表、股份公司的合并与解散。第四章介绍股票及其种类、股票的价格、股票的发行市场、股票的交易市场。第五章介绍证券交易所的组织形式、证券交易所的交易程序和方式、股票价格指数、世界主要的证券交易所。第六章介绍证券投资的动机与特点、证券投资分析、其他技术分析方法、企业财务分析、股票交易等。(刘淑芳)

F000025 **信息经济学原理** 谢康著。中南工业大学出版社 1998 年 8 月版。32.8 万字。16.00 元。共 8 章。主要针对信息化建设中信息经济与信息社会发展的热点和难点问题展开研究与探讨。重点阐述信息经济学的基本问题和基本原理以及信息供给(一次信息市场与二次信息市场),信息需求,不完全竞争、信息资源与经济增长的关系以及国际信息经济结构、国际信息市场、信息贸易和信息政策等方面的基本理论问题。同时列举例证从理论与实际应用的结合上进行了有效的论证。(秦瑞卿)

F000026 **增长优化论** 李华著。辽宁大学出版社 1998 年 10 月版。24 万字。18.00 元。从经济增长方式转变的新要求、新视角出发,紧紧抓住"优化"二字做文章,即在保持合理的经济增长率的同时,突出强调经济增长的质量、水平和效益,根据所概括的优化标准,系统分析投入与产出数量与质量、速度与效益、总量与结构之间的内在联系,探索提高资本利用率、技术进步贡献率、人力资源开发与优化配置水平以及产业结构优化的有效途径,以实现经济增长的优化和可持续发展。作者在研究问题过程中,积极探索,开拓创新,在研究思路和理论观点方面有其独到的见解,如关于合理投资率的确定和资本形成机制的研究;关于技术进步对经济增长三种效应的分析,关于产业转换效应的阐述,关于选择主导产业的优先发展次序中数学模式的运用等,都有新的见地。收入"辽宁大学博士论丛"。(张露丽)

F000027 **追赶型经济增长理论与实践** 钟阳胜著。广东高等教育出版社 1998 年 4 月第四版。28.6万字。32.00 元。立足于我国经济建设的实践,联系世界上典型国家实现经济起飞的经验教训,从全新的角度研究经济增长问题,揭示经济落后国家和地区组织经济增长、实现经济起飞的客观规律,具有鲜明的中国特色和时代的特点。一是突破了过去经济增长理论以发达国家为对象的传统,提出了发展中国家和地区发展经济的新理论和新思路;二是突出人作为主体在经济增长中的中心地位和作用,打破了过去经济增长理论只强调财富增长的见物不见人的旧传统;三是坚持理论与实践、理论逻辑与历史逻辑的统一,注意把经济规律返原为经济过程来研究社会经济的增长,努力从主体需要出发,对经济增长的本质和基本制约的条件、战略目标的导向作用、产业运动和产业建设规律、资金形成和投资、企业素质、技术进步、经济开发、政策调控体系、经济体制、价值观念到个人全面发展作为经济增长的最高目标等一系列经济增长过程中的重大问题,进行理论概括和阐述,创造性地提出了一个人本经济增长学的理论体系。(杨永信)

F000028 **发展经济学(第四版)** [美]吉利斯著,黄卫平等译。中国人民大学出版社 1998 年 9 月版。77.1 万字。58.00 元。概述发展的概念和衡量标准,集中运用一系列的数据来辨析和定义经济发展;考察发展管理的若干方法、尤其是计划管理和与之相对应的市场,讨论了发展在什么情况和意义下可持续,人们促成发展又从中受益;论述了人力资源对于发展的作用,以及发展造成的生活转变;介绍了发展的其他的主要物质投入——资本,涉及国内储蓄和投资、财政政策、金融政策以及外资和投资;分析了一个国家开始工业化并出口制成品时所产生的问题,考察了生产与贸易问题。书中大量使用了古典及新古典的理论工具,引用了经济学家和经济史学家几十年来的经验性研究,明确、坦诚地论及了经济发展所需要的政治和制度的架构;叙述了许多国家的真实案例,肯定了这些国家案例所反映的发展经验的多样性,并认为理论和历史的经验教训只有在特定的制度和国家结构中才能够被运用。列入"经济科学译丛"。

F000029 **知识经济创新论** 甘德安著。华中理工大学出版社 1998 年 9 月版。43 万字。28.00 元。把知识经济创新的理论、方法与中国企业发展结合起来进行论述。全书分 3 篇,其中:第一篇介绍知识经济的概念、特征、性质及对中国经济和企业的影响,并从企业的角度,提出了知识经济企业化的观点;第二篇论述知识经济的核心——创新的四种形态,即制度创新、管理创新、技术创新和市场创新;第三篇论述知识创新的思维规律、方法及其与社会、家庭、工作、学术等环境的关系。(陈晓娟)

F000030 **21 世纪社会的新趋势——知识经济** 吴季松著。北京科技出版社 1998 年 3 月版。20.5 万字。18.00元。深入浅出地对知识经济这一全新的概念作了系统全面的论述,从知识经济的由来、内涵到知识经济的概念;从知识经济有什么区别于传统经济的新特性到知识经济的支柱产业是什么;从知识经济的形成到当今世界范畴知识经济的状况及其前景;从知识经济与科研教育、资源、环境以及可持续发展等关系到知识经济将会引起什么样的世界面貌和人类生活的变化;从知识经济对我国有几多挑战、几何机遇,将把我们带向何处到每个人为未来知识经济应作的准备——作了大容量的介绍和阐述。内容既包容了当代国际经济的最新知识,又分类概述了现今世界高科技发展的种种轨迹,并兼及了社会、伦理、教育、人才等各类科学,回答了上述从理论到实践的众多问题。(李可亮)

F000031 **技术经济学** 武春友、张米尔编著。大连理工大学出版社 1998 年 6 月版。34.7 万字。15.00 元。工商管理硕士(MBA)教材之一。在编写过程中注意了系统性、简明性和实践性。还特别在培养学员自制力、独创力和观念创新等方面有所努力,以便结合学员之经验,在具体应用中焕发活力和创造力。(邓玉萍)

F000032 **技术经济学** 刘亚臣、刘光忱主编。东北大学出版社 1998 年 3 月版。28.6 万字。14.00 元。系统阐述项目技术经济分析的原理、内容和方法。全书 10 章,包括:技术经济学的研究对象、特点、理论基础,技术进步与经济增长,资金的时间价值与筹资分析,企业经济评价,国民经济评价,投资方案的选择,不确定性分析,价值工程及其应用,投资风险与投资环境分析,可行性研究及建设项目后评估等。(刘淑芳)

F000033 **走向知识经济时代** 黄顺基主编。中国人民大学出版社 1998 年 9 月版。29.6 万字。19.00 元。从经济学、管理学、科学学、教育学、社会学、哲学等角度对知识经济时代的新现象、新问题进行深入探讨,阐明知识经济的起源和发展、本质内容、基础结构、时代特征;论证知识价值、知识资本、知识管理、知识经济全球化等问题;分析知识经济引发的社会变革;提出中国迎接知识经济时代的现代化发展战略。

F000034 **知识经济的测度理论与方法** 陈禹等著。中国人民大学出版社 1998 年 9 月版。13.00 元。对作为知识经济基础的信息资源与信息化理论和测度方法;以马克卢普和波拉特为代表的信息经济测度理论与方法;OECD 等代表性知识经济理论与测度方法,以及作为知识经济支柱产业的信息产业及其政策选择;世界信息经济与知识经济发展趋势等进行了较系统的总结归纳,提出继续推进国民经济信息化是我国目前的知识经济战略步骤。

F000035 **知识经济思想的由来与发展** 谢康等著。中国人民大学出版社 1998 年 10 月版。15.4 万字。11.00 元。对知识经济思想的由来与发展进行系统的总结归纳,分析知识经济思想从萌发、初步形成与扩展,到正式形成的发展历程。其中熊彼特、奈特、哈耶克、西蒙、马克卢普、波拉特和罗默等经济学说的研究成果对信息经济与知识经济思想的发展起了推动作用。从知识经济思想的发展历程看,知识经济是以信息经济为基础的较高阶段。

F000036 **国防经济学说史** 库桂生主编。国防大学出版社 1998 年 2 月版。27.5 万字。16.60 元。分 4 篇、23 章。对初创时期的国防经济学、蓬勃兴起时期的国防经济学、成熟时期的国防经济学和国防经济学在当代的发展,都作了客观的介绍和深刻的阐述。全书内容既注意吸收前人的研究成果,又不无自己的见解与说明,并在许多问题上提出了自己的新颖看法,例如,在国防经济学说史的研究对象、国防经济学作为一门独立学科而产生的年代、国防经济学的学派、国防经济学的新发展等方面,都提出了一系列新的观点。(马凤江)

F000037 **与官员谈西方经济学** 王东京等著。广西人民出版社 1998 年 5 月版。22 万字。18.00 元。除全书篇章立意令人耳目一新之外,尤其值得一提的是,作者打破了经济学论著写作的所有规范,而致力于把经济学的复杂性简化为明白的、易于理解的文体,甚至那些经济学的传统图解和数学符号,在作者笔下,都统统变成了如诗如画的例子和简洁平实的语言。它的不凡之处,就是任何一个经济学外行,只要看了其中一篇,便会兴趣盎然、手不释卷地一口气读完其余篇什。作者在阐释每一个原理时,或者用耳闻目睹的故事,或者用生动有趣的例子,或者信手拈来每个人都可能有的经验,然后用简洁平实的语言娓娓道来,使原本艰涩难懂的经济理论化成生动形象的画面。如龟兔赛跑的故事(马尔萨斯的人口理论);两个小偷的相互猜度(博弈论);占有不同农具的兄弟在劳务分工后的好处(国际贸易的相对优势说),等等分 70 个专题来进行论述。(韦向克)

F000038 **古典经济学** 晏智杰著。北京大学出版社 1998 年 4 月版。31 万字。18.50 元。《亚当·斯密以前的经济学》的姊妹篇,论述西方古典政治经济学从兴盛到衰落的历史演变和发展,同时考察古典派的主要反对派的理论与观点,研究了马克思主义经济学同古典经济学的关系。全书分 3 篇,上篇系统阐述了古典派的各主要代表人物的理论,内容包括亚当·斯密、萨伊、李嘉图、马尔萨斯、穆勒、麦克库洛赫、西尼尔、巴斯夏、琼斯、拉姆赛、约翰·斯图亚特·穆勒、凯尔恩斯;中篇研究了古典经济学反对派的观点，代表人物有西斯蒙第、汤普逊、格雷、勃雷、霍吉斯金、圣西门、傅立叶、欧文；下篇探讨了马克思主义经济学与古典经济学的关系，它对古典经济学的批判、继承与发展，以及马克思主义经济学的历史局限性。（符丹）

F000039 **市场经济和政府干预** 副名：新古典宏观经济学和新凯恩斯主义经济学研究。吴易风等著。商务印书馆 1998 年版。42.1 万字。24.00 元。全面地考察了新古典宏观经济学和新凯恩斯主义经济学两大经济思潮在市场经济和政府干预问题上的学说和主张，研讨了它们在解释市场经济波动的根源和传动机制时所提出的假设、前提、命题、模型和政策建议，展望了它们今后的发展趋势。全书分 3 篇共 15 章，以及总论、结束语。第一篇历史的回顾："古典"宏观经济学和凯恩斯主义经济学；第二篇新古典宏观经济学；第三篇新凯恩斯主义经济学。（杨宝兰）

F000040 **西方经济学说的演变及其影响** 胡代兴著。北京大学出版社 1998 年 4 月版。48.3 万字。28.00 元。分 12 章。导论中首先概括论述"西方经济学说史上的六次革命"及其影响。第一章至第四章分别详细评介边际革命及其影响；凯恩斯革命及其引起的争论和对西方经济理论演变与发展的影响；以及现代古典学派向凯恩斯主义的挑战。第五、第六章对非均衡经济理论和均衡信贷配给理论进行较全面和系统的论述和评析，并指出它们在我国如何正确应用的问题。第七、第八章分别介绍威廉·夏普的资本资产定价模型和 80 年代以来汇率变动的新特点。第九、第十章对新制度经济学最重要的产权、经济组织和制度变迁理论和布坎南的国家理论进行详细论述和评价。最后，以阐述、评析"经济长周期理论的演变及其近期发展"和"论西方学者对市场经济的重新认识与我们的启发思考"为终篇。通过对西方经济学最新发展的论述和评价，明确指出它们对我国市场经济体制改革的启示，说明我国应如何借鉴的问题。（林君秀）

F000041 **投资的艺术** [英]凯恩斯著。江苏人民出版社 1998 年 4 月版。25 万字。18.00 元。主要汇集凯恩斯在担任剑桥大学财务总监、英国国民互助人寿保险协会主席以及其他一些保险公司董事期间的通信、讲话和文稿，内容集中反映他有关投资的思想和观点以及他自己实践的成绩。同时还搜集他在晚年参与艺术事业以及有关艺术投资的论述。（丁嫣霞）

F000042 **新制度经济学** [美]菲吕博顿编，孙经纬译。上海财经大学出版社 1998 年 11 月版。36.3 万字。34.00 元。论文集。收入 1984～1990 年间有关新制度经济学的代表性著作，共分新制度经济学方法论、现代企业理论、经济史的新制度研究、关于政治制度问题、制度经济学的正式分析 5 个专题、22 篇论文。这些论文的作者中不乏经济学大家，如(旧)制度学派在今天的领军人物 Hutchison、产权理论代表人物 De Alessi 和 Furubotn、交易成本经济学的集大成者 Williamson、诺贝尔经济学奖得主 North 等等。书中所阐述的一个基本主题是，交易成本是经济活动的一个不可分割的组成部分，它们在制度结构和人们作出的具体经济选择的决定中起着重要作用。全书的第一篇文章是 Furubotn 和 Richter 对新制度经济学的批判和综述。在方法论中，较有代表性的 Williamson 所提出的交易成本理论研究框架。在现代企业理论部分中，Wiggins 分析了不对称信息如何导致决策的无效率性，Bonus 讨论了股份合作制。在第三部分关于经济史的新制度分析中，North 指出交易成本上升所导致我们今天所面临的问题。在关于政治制度的分析中，North 指出了政治制度的作用。在关于新制度经济学正式研究中，Schweizer 用非合作博弈论论证了科斯定理等等。论文集全面展示了 1984～1990 年间新制度经济学的研究成果，是这一时期新制度经济学研究领域的纲领性文件！（黄磊）

F000043 **中国经济思想史** 胡寄窗著。上海财经大学出版社 1998 年 12 月版。130 万字。100.00 元。共 3 卷。探讨从西周到鸦片战争前中国古代经济思想三千年的演变过程，对殷商奴隶社会及此前的中国经济思想做了简要分析。上卷是先秦经济思想研究，研究了封建领主经济及其向封建地主经济过渡过程中的经济思想，分春秋以前、春秋和战国经济思想三部分。中卷叙述秦至唐代封建地主经济上升时期的经济思想，亦分为秦汉、魏晋南北朝和隋唐时期经济思想三部分。下卷分析了宋朝到鸦片战争前夕封建地主经济体系衰落时期的经济思想，分为宋元和明清经济思想两部分。本书第一版由上海人民出版社于 1962、1963 和 1981 年分别出版，1978 年重印了上、中卷。1998 年上海财经大学出版社依原版重新出版《中国经济思想史》上、中、下卷。（李超民）

F000044 **中国经济思想史述要（上、下）** 赵靖著。北京大学出版社 1998 年 4 月版。67 万字。42.00元。《中国古代经济思想史讲话》(1986)、《中国近代经济思想史讲话》(1983)的修订合编本。原由人民出版社出版。1998 年列入北京大学名家名著文丛再版。主要修订内容为:(1)两书合并,重新命名,以突出作品特点。将原版二书改编为上下篇,篇名分别为"中国传统经济思想"和"中国经济发展思想的先驱"。(2)对原《中国近代经济思想史讲话》之第一讲,作了重写,章名仍旧为"中国昨天的经济思想"。对其中的"结束语"取消,另写一全书结束语放在全书最后,总括全书。(3)全书章节统一排列,共 40 章。(刘灵群)

F000045 **中国经济思想通史(第四卷)** 赵靖、石世奇等著。北京大学出版社 1998 年 4 月版。45.8 万字。29.00 元。《中国经济思想通史》(古代部分)的最后一卷。论述明清时期的经济思想,具体时间从明太祖洪武元年(1368)至清宣宗道光二十年(1840)鸦片战争前。编章的序列赓续以前各卷,从第十一至第十三编,共 23 章。第十一编"明代经济思想",研究丘浚、王守仁、海瑞、张居正、李贽、徐光启等 16 位人物的经济思想,并附有明中叶后要求开放对外贸易的思想专题。第十二编"清代鸦片战争前的经济思想",共 12 章,研究黄宗羲、顾炎武、王夫之、唐甄、颜元、李塨、蓝鼎元、龚自珍、包世臣、谢阶树、洪亮吉、王鎏等二十多位重要人物的经济思想。第十三编"明清时期的其他经济思想"分别论述"明清时期的地主治生之学","明清商人的治生之学","明清时期的货币拜物教思想"。书后有补论,"中国传统经济思想的历史地位",对中国经济思想史之古代部分进行了概括性评介。(刘灵群)

F000046 **从马克思到邓小平** 副名:当代中国经济理论的演变。马文奇等著。上海文艺出版社 1998 年 12 月版。22.2 万字。15.00 元。共有"社会主义理论的创立和早期实践"、"中国式社会主义模式的雏形"、"改革的曙光"、"南巡讲话的丰碑"等 15 章。在重温马克思所设计的社会主义模式的基础上,着重论述毛泽东、刘少奇、陈云、邓小平等老一辈无产阶级革命家结合本国国情,为充实、更新、完善马克思、恩格斯所创立的社会主义经济理论体系所作出的极其重要的贡献。书中阐述中国老一辈无产阶级革命家在认识实践、完善开拓社会主义经济理论方面,有过五次重大突破:第一次突破是 1919 年张闻天首次提出中国"革命应分两步走"的主张;第二次突破是 30～40 年代,毛泽东提出完整系统的新民主主义理论,确立了"新民主主义"这一概念;第三次突破是刘少奇提出了"要有一个新民主主义阶段"的构想;第四次突破是 1956 年前后,陈云提出了"三个主体,三个补充"的经济体制格局;第五次突破是邓小平创造性地提出了建设有中国特色社会主义的理论,这是一次根本性的、总体性的重要突破。至此,以邓小平理论为代表的马克思主义经济理论中的中国学派得以最终形成,并将在今后的实践中不断完善。书中从总纲论、社会主义初级阶段论、社会主义市场经济论等方面,深入剖析了邓小平理论的精髓。(林爱莲)

F000047 **孔孟理财思想研究** 孔孟理财思想研究会编。中国财政经济出版社 1998 年 2 月版。25 万字。20.00 元。针对孔孟理财思想体系中如"薄赋敛"的聚财思想,"节用"、"博施于民而能济众"的用财思想,"老者有所终,壮者有所用,幼者有所长,鳏、寡、孤、独、废、疾者皆有所养"的理想理财目标,进行深入研究分析和总结。并在总结、继承和发扬孔孟理财思想的基础上,就孔孟理财思想和当代市场经济建设的关系、市场经济条件下孔孟理财思想的现实意义,孔孟理财思想对中国及世界的影响等进行研究,对当前的财政经济发展提出许多建设性意见。(杨波)

F000048 **孙冶方经济观点评述** 孙冶方经济科学基金会编。山西经济出版社 1998 年 10 月版。19.5 万字。18.00 元。论文集。对著名经济学家孙冶方的经济学观点进行评述。不仅广为宣传正确观点,而且对片面的观点也加以批评。(王宏伟)

F000049 **社会主义经济思想史纲** 刘思贤主编。东北财经大学出版社 1998 年 8 月版。22.2 万字。13.00 元。以社会主义所有制问题为开篇,认为在 20 世纪初以来的社会主义实践中,一个社会主义国家能否做到解放生产力,发展生产力,能否不断消除社会生产力发展的羁绊,多半取决于在理论上对所有制,特别是对社会主义公有制的认识。社会主义实质是解放生产力,发展生产力,消灭剥削,消除两极分化,达到共同富裕。书中以大量篇幅阐述了邓小平的经济结构论、市场经济论、经济增长和经济发展战略论、分配论、经济体制改革论、对外开放论、社会主义本质论等。对马克思、列宁、毛泽东、邓小平等的社会主义经济思想的基本观点作了归纳和诠释,展示改革开放以来国内学者理论界对社会主义经济思想的研究成果,突出了社会主义经济思想的继承性与发展。(石建华)

世界各国经济概况、经济史

F000050 **世界经济学** 张伯里等著。中共中央党校出版社 1998 年 4 月版。34 万字。19.00 元。分为 4 篇 19 章。第一篇，绪论。主要论述世界经济与世界经济学的研究对象和方法；世界经济的形成和发展；当前世界经济的发展趋势与我国的对外开放。第二篇，分析世界各类国民经济及其相互关系。第三篇，研究国际经济关系及国际经济一体化的问题。第四篇，探讨世界经济有机整体本身的问题和发展规律。（刘扬名）

F000051 **各国经济政策比较与分析** 佟家栋、张志超等著。中原农民出版社 1998 年 9 月版。66.5 万字。36.00 元。分“各国财政政策比较”、“各国货币政策比较”、“各国社会保障制度比较”、“各国对外贸易政策比较”、“各国开放政策比较”5 大部分，每一部分都有重点地对不同的发达国家、发展中国家和转轨国家的各个不同经济发展过程中有影响的经济举措加以概括、总结和分析，并结合我国经济发展的现状，总结出各国经济政策的调整对我国相应的启示。其主要特点在于：以清晰的结构，深入浅出的语言，将当今国际、国内最令人关注的一些经济问题、经济概念和基本经济原理融汇到简单的叙述中；在对覆盖面较广的国际经济资料分析的基础上，进一步分析我国方方面面的经济问题。其社会价值在于：①顺应了我国由计划经济向市场经济转轨及与世界经济接轨的形势；通过对世界上几十个国家经济发展过程中政府职能转变的经验及教训的系统总结和分析，有助于我国在政府职能转变和制定大的经济举措时少走弯路；且因其每一部分后都有对我国经济发展过程中应吸取的经验与启示的总结。②全书五大方面的内容都与我国经济发展过程中的热点问题有关，所以既能让一般百姓了解与自己生活息息相关的一些经济现象的起因，又是一本有价值的、系统的政府经济职能的百科全书。（周果钧）

F000052 **国际经济学（第四版）** ［美］保罗·克鲁格曼等著，海闻等译。中国人民大学出版社 1998 年 11 月版。99.9 万字。75.00 元。全面介绍了国际经济学中的理论和政策共 4 部分内容。在国际贸易理论部分，首先介绍古典的李嘉图模型，然后阐述特定要素模型、赫克歇尔一俄林模型、标准的贸易模型，直到最近的基于规模经济和不完全竞争的当代国际贸易理论，还包括国际要素流动；国际贸易政策部分，从分析贸易政策的工具——主要是关税的配额——开始，讨论贸易政策的政治经济学，以及发展中国家的贸易政策和发达国家的产业政策；汇率和开放条件下的宏观经济理论部分，从介绍最基本的国际收支平衡表入手，依次介绍汇率决定的资产方法，货币、利率和汇率的关系，短期内的价格水平和汇率，长期内的产出和汇率，以及固定汇率和外汇干预；在国际宏观经济政策部分介绍国际货币体系，浮动汇率体系下的国际宏观经济政策，以及国际金融的一些其他专题，如最优货币区，全球资本市场一体化，发展中国家的债务、控制通货膨胀和改革、转型国家的国际经济问题等。全书循序渐进，概念准确，脉络清晰。贸易和金融两部分既紧密联系，又自成体系；既重视传统的理论，又包含许多国际经济学研究的最新进展及各国在此领域的实践。列入“经济科学译丛”。

F000053 **世界经济总论** 连平著。上海科学普及出版社 1998 年 9 月版。18.1 万字。15.00 元。通过对世界经济学科理论的阐述和丰富的资料分析，从世界经济动力、世界商品经济、世界商品经济格局、世界产业结构、全球经济矛盾与风险、全球国际经济协调等方面，很好地回答了人们关心的问题。将世界经济作为一个整体来研究，通过大量实例分析当前世界经济与民族经济的矛盾、全球初级产品与制成品生产之间的矛盾、世界生产与世界就业之间的矛盾、世界虚拟经济与实际经济之间的矛盾，认为当代世界经济存在着资源短缺、结构失衡、市场失控、国际经济对抗等风险，强调国际经济协调的存在和发展，有利于世界经济的运行和发展。在肯定国际经济协调的积极性的同时，也强调要重视国际经济协调的应急性、有限性、扭曲性和倾斜性等不可忽视的局限。（倪汉虞）

F000054 **世界经济展望 1998 年 5 月** 国际货币基金组织编。中国金融出版社 1998 年 5 月版。42 万字。40.00 元。详细分析亚洲金融危机爆发的原因、漫延的过程、造成危害的状况、发展的危害以及基金组织所采取的措施。还将以前发生过的重大金融危机进行了比较和分析。亚洲金融危机的全球影响和目前存在的其他问题也是本书中分析的重点。还介绍商业周期与汇率关系，危机与脆弱性指标的早期预警信号的关系等，同时还全面分析了转轨国家财政改革的进展，并论述了政府运作的透明度，初级产品市场近期发展所呈现出的特点等。同时还就与主题有关的一些重点专题进行了阐述，如①对冲基金在金融市场上的作用;②道德危害与基金组织贷款;③国际货币体系;④减少危机风险的措施;⑤对汇率的评估;⑥解决银行部门问题;⑦有效银行审慎监管规定和要求;⑧经常帐户和外部可持续性;⑨俄罗斯的财政挑战;⑩转轨国家的养老金改革等。书后还附有50多个数据表格,均为各国政府提供的数据。(古文君)

F000055 **市场经济体制国际比较概论** 张幼文、陈林著。东方出版中心1998年6月版。17万字。12.00元。通过对当代西方各国市场经济体制的比较分析,概要论述不同的市场经济体制模式的差异性和规律性,对市场经济体制在系统结构上的共性作较全面的介绍,特别对当代市场经济的主要体制模式进行了归纳。还从市场经济体制的七个子系统分别进行比较研究,分析各种体制模式形式的条件。对中国社会主义市场经济体制可能形成的模式提出了自己的看法:中国的市场经济模式,将是一种可称为"区域发展导向型"的市场经济体制模式。(钟蕾)

F000056 **亚太经济发展报告:1998** 宫占奎主编。南开大学出版社1998年10月版。35.4万字。29.00元。《亚太经济发展报告》的第一部。其中,主报告"APEC:1997年的进展"从总体上回顾了亚太经济合作组织1997年在各个合作领域的进展和1998年将要讨论的主要问题;第一篇"APEC与亚太经济"评述了APEC的形成与发展过程、APEC的合作模式及APEC贸易自由化与经济技术合作两大领域的合作,介绍中国及亚太经济合作组织其他成员在合作中的战略与政策,并对亚洲金融危机的根源进行探讨;第二篇"APEC的进展"分专题介绍了APEC合作在各领域的具体进展;第三篇"资料选辑"辑录APEC的主要文件和APEC18个成员国的主要经济贸易指标。

F000057 **1997~1998年度世界经济发展报告** 佟家栋、冼国明主编。南开大学出版社1998年11月版。25.7万字。14.00元。主要介绍本年度的世界经济发展特点、概况与展望,国际贸易发展状况与趋势,国际资本流动和对外直接投资回顾与展望,亚太经济合作组织年度发展报告,北美地区经济发展状况与展望,欧盟国家经济形势的回顾与展望,大洋洲经济发展的回顾与展望,拉丁美洲经济形势的回顾与展望,独联体地区及东欧转轨国家经济形势分析与展望,中国经济对外开放的回顾与展望,最后的专题论坛为东南亚金融危机综述。(王乃合)

中国经济

F000058 **机会与限制** 副名:发展中国家现代化的条件比较。俞新天著。上海社会科学院出版社1998年2月版。26万字。22.00元。分为3编:第一编论述发展中国家的初始条件,即地理因素的影响、人口因素的影响、社会组织的影响、文化因素的影响。第二编对经济条件加以分析,即分析传统经济的残存、世界体系的影响、领导者的政策选择。第三编论述现代化的政治条件,即传统政治体制状况、采纳现代体制的国家状况、新权威主义政治体制、发展中国家政治建设的任务。全书主要对亚洲、非洲、拉丁美洲的发展中国家进行比较研究,力求将对历史的理解和正确的理论结合起来,对中国的现代化提供可借鉴的经验和教训。(方小芬)

F000059 **比较经济体制学** 张仁德等著。陕西人民出版社1998年8月第二版。32.2万字。18.00元。对1993年初版进行修订,基本体系未变,修订主要集中在以下几方面:概念术语方面,不再把当代世界经济体制划分为"东方"和"西方",也不再使用"社会主义经济体制"和"资本主义经济体制",这是因为经济体制不同于经济制度,它只是一套资源配置的经济机制系统。内容方面修改主要集中在第四篇,一是对计划经济国家与市场经济国家体制及其绩效进行比较分析;二是对计划经济国家向市场经济体制转轨进行总结,其中特别对中俄两国经济转轨的方式、路径、顺序等方面进行比较,做出结论;三是对世界经济体制的发展趋势做新的论述。在资料引证方面,剔除旧的资料,引入新的,以反映各国经济体制的新动向,尤其是日本法人资本市场经济体制近年来的新变化。为符合教学安排的要求,各章后增列了思考题,有些比较分析不仅采用文字与数字,还增加了一些图表。(马来)

F000060 **中日经济主体行为方式比较研究** 周彦文、[日]藤村俊郎主编。湖北人民出版社1998年10月版。25.7万字。12.00元。论文集。收集中方学者论文7篇,日方学者论文6篇。全书围绕中日两国经济行为方式的不同特点进行对比论证,分析对比了中日两国的财政、金融、税收、农业、国有企业、民营企业、社会保障制度等经济体制、经济结构、运行方式方面的共同性和差异性特征。在此基础上,论证了社会主义条件下市场经济主体行为、资本主义条件下市场经济主体行为的运行特征、政策策略、

实际运用效果等，进而总结出了两种不同经济行为方式的优缺点，提出了相应的改进对策。（陈晓东）

F000061 **中国当代经济前沿科学文库'98卷** 东北财经大学出版社1998年版。107.9万字。72.00元。共6本书，有陈春宝的《中国高技术产业发展与外贸竞争力》、孙慧钧的《指数理论研究》、刘明慧和陈军晖的《社会保障理论与改革探索》、夏春玉的《现代商品流通理论与政策》、刘永泽的《国有企业改制相关问题研究》、冉光和的《中国货币供应问题研究》。（石建华）

F000062 **中国问题丛书** 范恒山主编。沈阳出版社1998年9月版。180万字。139.20元。包括8册，分别是：《金海旋流——中国金融问题报告》《窥测天机——中国证券问题报告》《祸兮？福兮？——中国保险业问题报告》《宏楼危"基"——中国房改与住宅建设问题报告》《生存忧患——中国就业问题报告》《走出困惑——中国汽车工业发展问题报告》《再造魂魄——中国私营经济发展问题报告》《投桃报李——中国投资问题报告》。丛书从以上8个方面，探讨了当代中国经济领域里的几个典型问题。以近几年出现的经济现象为例，较全面地剖析了8个领域中的现象及问题的所在。（潘晓翊）

F000063 **中国经济问题评析** 胡必亮著。山西经济出版社1998年10月版。27万字。19.00元。通过跟踪研究的方式，采用宏观经济学的基本理论与方法，一事一议，对诸如经济增长问题、人民币汇率问题、金融政策操作问题、投资需求和消费需求问题、利用外资问题、房改问题等。作了比较透彻的分析，并根据分析结果，提出很多有价值的政策建议。（李慧平）

F000064 **中国经济论纲** 韩琪、郑宝银主编。对外经济贸易大学出版社1998年9月版。32.5万字。19.00元。以江泽民同志在十五大报告中提出的关于"高举邓小平理论伟大旗帜，把建设有中国特色社会主义事业全面推向二十一世纪"为指导，以建立社会主义市场经济体制为主线，研究社会主义本质、经济发展、体制改革、经济运行等方面的内容。力求根据改革的实际进展，利用最新资料，对中国经济进行全面、系统的阐述。并引进中外各种理论，结合中国实际，进行比较客观的分析评价，使读者对中国经济的整体框架和实际运行状况有一个比较完整的认识。全书共3篇13章，分析论述中国经济体制和经济发展战略；中国的经济结构，包括中国二元经济结构及产业政策、中国农村经济、中国对外开放与发展民族经济；中国经济运行，包括企业制度与经营管理、劳动就业与社会保障制度、收入分配、消费与投资、财政与税收、金融体制与货币运行机制、宏观调控、可持续发展。（刘传志）

F000065 **21世纪中国经济大趋势** 李京文主编。辽宁人民出版社1998年4月版。30万字。26.00元。在对中国经济当前所处阶段及其特点进行精确分析和判断基础上，在全面总结我国改革开放以来国民经济发展所取得的巨大成就的同时，结合当前国际经济新特点，深入分析现有的大量问题，在定量分析与预测的基础上，全面地论证我国未来经济发展的趋势特征；它在总结发达国家和新兴现代化国家和地区的经济发展规律以及对未来科研发展进行展望的基础上，根据国内需求变化的趋势，分析与预测我国支柱产业的发展转换问题；还深入分析未来有利于我国经济实现持续、适度快速、稳定增长的各种因素，并提出有针对性的对策思路与政策建议。（修玉祥）

F000066 **《2020年的中国》系列丛书** 世界银行编写组编。中国财政经济出版社1997年9月至1998年5月版。130.00元。含主报告《2020年的中国：新世纪的发展挑战》及6个附件，附件分别是《碧水蓝天：展望21世纪的中国环境》、《老年保障：中国的养老金体制改革》、《中国的粮食安全：长期问题与可选方案》、《共享增长的收入：中国收入分配问题研究》、《中国的参与：与全球经济的一体化》、《卫生保健筹资：中国的问题和选择》。主报告总结了1985年以来中国经济改革的成就与问题，分析了推动中国经济高速增长的因素及它们在今后20多年将对中国经济起到的作用，并对政府如何利用这些有利因素促进经济增长提出了政策建议。6个附件分别从各个部门的角度出发，对影响中国经济长期增长前景的 六个主要问题进行了分析考察及可选方案的探讨。（童映华）

F000067 **价格机制与宏观调控** 汪祥春著。东北财经大学出版社1998年6月版。36.8万字。20.00元。论文集。收录各时期发表在报刊上的经济论文50余篇。大部分研讨价格机制和宏观调控问题。在价格机制方面有关于价格决定的，有关于价格调节的，价格改革的，有关于住房的租价比例和住房制度改革的；在宏观调控方面有宏观经济管理和计划经济体制改革的，有关于经济增长和通货膨胀的，等等。内容涉及工业经济、国民经济计划、价格学、西方经济学、统计学等广泛领域的多个学科。对个别企

业进行调查和剖析，提出针对不同领域的企业在经济转轨中的思维模式。收入“东北财经大学教授文库”。(石建华)

F000068 **行成于思** 副名：王志纲中国走势思考录。王志纲著。广东经济出版社 1998 年 4 月版。38 万字。29.80 元。收录二十多篇王志纲纵论中国社会、经济、文化现象的文章，以昨天作者为记者时对中国的命运、历史的进程以及不少尖锐的社会矛盾的追问、反思、揭示、探讨的代表性文章为经，以今天同编者关于昨天与今天、主观与客观、台前与幕后的反思交谈为纬，展示了一个思想者的思想轨迹。引发人们对中国社会经济发展的深入思考，从中可以以一个独特的视野看到一个关键时期的中国；把握一个知识分子的心理路程和思想孕育史。收入“王志纲策划文库”。(徐雨苍)

F000069 **创新与未来：面向知识经济时代的国家创新体系** 路甬祥主编。科学出版社 1998 年 5 月版。11.8 万字。图 2 幅。12.00 元。从数字、信息和知识经济等要领出发，阐述知识经济时代的主要特征以及知识经济给我们带来的机遇和挑战，并根据国际科技和经济发展趋势和我国国情：(1)提出了我国的基本对策建议，即面向知识经济时代的我国国家创新体系；(2)提出了面向知识经济时代中国国家创新体系的基本构架和建设国家创新体系的一些政策；(3)提出了“知识创新工程”初步实施方案，并得到了国务院的批准。全书分为上下两篇。上篇为知识经济时代与国家创新系统。分析了知识经济与信息经济、知识经济与国家创新体系以及知识经济与生产者兴国战略等有关要领，列举了世界主要国家的国家创新系统的发展概况，介绍了世界主要国家创新系统中的国立科研机构的基本情况。下篇为建设面向 21 世纪的我国国家创新体系的总体构想，提出了若干政策与措施。还阐述了新时期中国科学院的战备选择。(才磊)

F000070 **走向绿色的发展** 戴星翼著。复旦大学出版社 1998 年 12 月版。29 万字。25.00 元。从经济学的角度来理解和讨论发展的。详尽地追溯绿色发展的思想源渊，深刻地反思人类在追求发展的同时忽略了对环境的呵护而付出的巨大代价。全书共分：从经济学理解绿色发展、发展的环境代价、环境物品与外部性问题、环境产权、可持续发展的价格体系、绿色价格体系下的经济运行、城市与可持续发展、三农问题与可持续发展、可持续发展与人、可持续发展与政府等 10 章。在环境产权的一章中，提出：“在承认自然资源国有产权的前提下承认占有权的不完整性和多层次性。在此基础上，将群众利益和条块利益整合到自然资源的开发和保护之中。”为兼顾环境保护和地方经济发展两头利益提供了一个可行的思路。另外，还在书中提出了建立绿色国民帐户、在可持续发展战略中中央和地方政府的关系如何协调，如何充分发挥地方政府的作用等建议和观点都有一定的建设性。纳入“21 世纪经济学人著系”。(刘子馨)

F000071 **社会主义市场经济理论教程** 刘文普编。海南出版社 1998 年 3 月版。18 万字。8.30 元。收录了中共中央关于建立社会主义市场经济体制若干问题的决定、江泽民的《正确处理社会主义现代化建设中的若干重大关系》和《在中国共产党第十五次全国代表大会上的报告》(摘要)。分 10 个部分：确认社会主义市场经济是一次大的思想解放；社会主义市场经济的所有制基础；社会主义市场经济的运行机制；社会主义市场经济条件下的现代企业制度；社会主义市场经济的市场体系；社会主义市场经济的宏观调控；社会主义市场经济的收入分配制度和社会保障制度；社会主义市场经济条件下的经济增长和经济发展；社会主义市场经济的国际市场；社会主义市场经济的法律体系。并附录了美国、德国和日本的市场经济模式；世界银行、国际货币基金组织、世界贸易组织等相关资料。(古华)

F000072 **事关百姓的五大改革** 张昌彩主编。中国物价出版社 1998 年 9 月版。20 万字。18.00 元。最大特点是：资料新、内容全、观点实。对每项改革，都介绍了其历史进程和现状，重点分析新的改革方案与企业、个人的关系，并展望改革前景。(钱伟)

F000073 **知识经济与中国发展** 冯之浚主编。中共中央党校出版社 1998 年 5 月版。29.8 万字。20.80 元。完整、系统、深入地介绍了知识经济社会的兴起与特征、知识经济的基本理论与方法、知识经济的对策与战略研究，并从中国新世纪社会全面发展的需要出发，配合国家的“科教兴国”战略，对产业政策、区域经济、企业管理、科技政策、教育体制、机构改革等方面作了理性思考，并提出了问题以及相应的对策。附录了关于知识经济的国内外重要核心文献，对于国内外研究知识经济的重要成果进行全面的介绍和概括。(张伟)

F000074 **知识经济与未来发展** 张卫国、姜涛编著。青岛海洋大学出版社 1998 年 12 月版。24 万字。18.00 元。首先深入系统地剖析了知识经济兴起的必然性和时代背景。知识经济决定了经济发展取向于人与自然的协调和可持续性。由此，知识经济将加速世界经济一体化的进程。在知识经济时代，财富的分配以智力资本为主的分配模式。而国家创新体系是经济和社会可持续发展的基础和引擎，是培养和造就高素质人才的摇篮，是综合国力和国际竞争力的支柱和后盾。知识产权制度是知识经济运行的法律基础，是参与市场的法律武器。知识经济和工业经济在一个国家是可以并存的。它的灵魂是科学创新和技术创新，而且新知识、新技术向产业化的转化速度加快。正确的战略与对策是，从各自的国情和相对优势出发，突出重点，采取“有所为，有所不为”的方针，集中人力、财力、物力在某些方面和领域有所突破，占领某些制高点。重点提出了中国如何同时经历工业化和发展知识经济的双重过程，尽快缩短与发达国家和地区的发展差距。（施薇）

F000075 **经济体制改革理论新突破十人谈丛书** 王珏等著。广西人民出版社 1998 年 6 月版。62.4 万字。65.00 元。分 5 个专题，即初级阶段、分配制度、股份经济、抓大放小、对外开放，对十五大报告在经济理论上的突破进行了深入的探讨。每一专题独立成册。苏星、王珏、刘吉、李宗文等 57 位中国著名经济学家的论述，观点明确，层次清晰，见解独到。（陈红）

F000076 **跨世纪的“隆中对”** 廉钢生、里白主编。山西经济出版社 1998 年 1 月版。40 万字。20.00元。《跨世纪的预言》的姊妹篇，收集近百名我国经济学专家学者和理论工作者的文章，更加注重中国经济改革和建设的实际，如您对市场经济怎么看、我国的经济方式将怎样转变、经济结构怎样调整、怎样保证国有资产增值、中国的房地产业如何发展、再就业工程怎么搞、下岗工人怎么办等等社会焦点热点问题分别作详尽的理论阐述。（孙茜）

F000077 **中国焦点** 肖四如、张宇等著。江西人民出版社 1998 年 10 月版。30 万字。18.00 元。对国有大中型企业三年脱困、金融改革、计划投资体制改革、粮食流通体制改革、住房、医疗、下岗职工基本生活保障、科教兴国、抑制腐败等十五个关系到改革成败的焦点问题作了全面而深刻的剖析，并提出了解决的良策。（陈晓蓉）

F000078 **论社会主义市场经济** 董辅礽著。湖北人民出版社 1998 年 8 月版。38.1 万字。22.00 元。论文集。汇集董先生改革开放以来关于社会主义市场经济的论文 62 篇。全书有“序言”和 6 编。第一编：“如何理解社会主义市场经济”，由“重新认识社会主义经济”、“市场和市场经济”、“社会主义市场经济”、“社会公平与市场效率的结合”四个部分组成。第二编：“社会主义市场经济与所有制”，论述了“社会主义经济是多种所有制的混合经济”、“公有制与社会主义市场经济”、“非公有制与社会主义市场经济”、“股份制与社会主义市场经济”四个方面的理论。第三编：“社会主义市场经济的调节与运行”，阐明社会主义市场经济的调节和运行问题。第四编：“社会主义市场经济与国有企业改革”，对社会主义市场经济条件下国有企业的改革进行反思和探讨。第五编：“社会主义市场经济的秩序”，详细论述社会主义市场的目标、秩序、政府行为和法律法规。第六编：“附录”，介绍德国的市场经济、前苏联的改革和日本的企业制度。（王惠玲）

F000079 **奔向 2020** 国家发展计划委员会政策法规司编。中国物价出版社 1998 年 11 月版。39.8 万字。30.00 元。共收中外著名经济专家论文 28 篇，对走向 2020 年中国的发展战略、企业所有制、金融体制、投资体制、农业体制、产业结构、高技术产业、住房改革、劳动力流动、环境保护、区域经济发展、对外经贸关系及经济全球化对中国未来发展的影响等各类重要经济问题进行全面的探索。（王子强）

F000080 **周恩来经济建设思想论** 陈答才著。陕西人民出版社 1998 年 5 月版。28 万字。18.00 元。在深入分析周恩来经济建设思想的基础上，为周恩来的经济建设思想做了恰如其分的历史定位，即：周恩来的经济建设思想作为毛泽东思想体系的一部分，是对毛泽东经济思想的“尽情发挥和有益补充”，同时，又在毛泽东思想和邓小平建设有中国特色的社会主义理论之间起到了承上启下的衔接作用，为建设有中国特色的社会主义理论奠定了基础。书中史料丰富，内容充实，结构严谨，论述平实。开篇以周恩来经济思想的产生及其在民主革命时期的发展为绪论；中篇从所有制模式论、经济建设中心论、发展目标论、指导方针论、农业基础论、科技人才关键论、改革开放先声论、兴水治水论、人口控制论等 11 个方面，详细论述周恩来经济建设思想和实践；终篇以论述周恩来社会主义经济建设思想与马列主义、毛泽东思想、邓小平理论的相互关系，给周恩来经济思想以科学的定位为总结，结构完整严密，条理清晰，重点突出。（蒋丽）

F000081 **经济改革中的政治问题研究** 郭小聪主编。中山大学出版社 1998 年 12 月版。21.3 万字。15.00元。首先论述我国社会主义改革的理论依据和现实依据,改革的系统性、重点性与经济改革的中心地位,探讨改革和发展过程中政治与经济的互动关系,以及经济政治化和政治经济化的必然趋势,使全书有一个扎实的理论基础。其次,紧扣我国改革开放以来出现的主要现实政治问题,包括社会稳定、民主政治、社会公平、地区发展非均衡性、执政党建设、政府形象、政府能力等带普遍性和根本性的问题作了系统深入的研究。书中除了对这些问题作了学术上的界定外,还对这些问题的产生原因、发展过程和正负面影响等作了客观的描述和科学的分析,尤其是对如何解决这些问题作了对策性的论证和阐述,既有思想认识上的、组织结构上的,又有制度创新上的。(施国胜)

F000082 **挑战中国** 副名:走进知识经济时代。于越、康剑著。辽宁人民出版社1998年10月版。28万字。19.80元。从10个方面分析了知识经济时代的挑战,以及我国在这些领域应对的策略。这些领域是:科技发展战略、高新技术产业、信息产业、社会政治组织及生活、教育工程、军队建设,以及人们的生活空间、生存方式等。(朱枫)

F000083 **跨世纪经济改革问答** 国家体改委生产体制司编。同心出版社1998年2月版。18.3万字。11.00元。"跨世纪经济改革系列丛书"之一。简明扼要地回答和介绍了经济改革特别是十五大以后在企业改制方面的各种问题和知识。(王小云)

F000084 **跨世纪经济改革系列丛书** 国家体改委生产体制司编。同心出版社1998年2月版。134.9万字。79.00元。包括《企业股份制改革操作实务》、《股份合作制操作指南》、《股份制公司的设立与上市申报范本》、《企业股份制改革最新法规汇编》、《跨世纪经济改革问答》。简明扼要地回答和介绍了企业改制的各种问题和知识;汇编有关国有企业股份制改革的政策法规;精选了这几年国有企业转为股份制公司及其上市申报的规范文件资料;介绍中小企业改为股份合作制企业的原则、方法、步骤及相应的政策;介绍企业股份制改造的目的、原则、方法、途径和模式。(王小云)

F000085 **跨入新世纪的必由之路** 副名:中国高新技术产业发展研究。马洪主编。江苏科学技术出版社1998年12月版。20.5万字。16.00元。分别从总体和分类专题的角度,进行了较为系统的研究,着重分析了中国发展高新技术产业发展的外部压力和内部动因,从而论证了它的不可逆转的客观必然性。并以实证分析为基础,总结了带规律性的经验,实事求是地指出了存在的问题,提出了实现高新技术产业化的对策与建议。书中强调:中国高新技术产业政策的重点应由区域倾斜向产业倾斜和技术倾斜;中国发展高新技术应坚持"有限目标、突出重点"的方针;要进一步深化改革,以市场为导向,使企业逐步成为高新技术开发的主体及建立高新技术产业生长与发展的人才支持系统和环境优势。书中还阐明了符合社会主义市场原则的观点,提供了使用的资料和数据,指出了需要研究的问题,提出了切实可行的建议和对策,尤其着重从体制、政策方面分析,拓展了研究的视野和空间。(贾丽华)

F000086 **中国所有制问题探索与实践** 郭冬乐主编。中国物价出版社1998年9月版。47万字。25.00元。分10大部分。主要包括:所有制问题概述;关于所有制的基本理论问题;所有制结构问题;关于公有制实现形式;公有制的主体地位和国有经济的主导作用;非国有经济的发展;股份制;股份合作制;民营、个体经济、私营经济;若干国家所有制的变革与借鉴。书中涉及所有制改革的各方面,能使读者较系统的、便捷的对各种观点、代表人物,有所了解。书中注解比较多,便于读者进一步深刻学习经济理论,查找出处。由于涉及各种观点、代表人物较多,各种理论探索的内容不可能很详尽,尚有不足之处。(郝向前)

F000087 **产业经济学教程** 杨公朴、夏大慰主编。上海财经大学出版社1998年6月版。30.5万字。15.00元。对产业经济作全面、深入的研究;从局限于产业间的结构比例研究转向以优化资源配置为核心的产业结构、产业结构政策、产业关联、产业组织、产业布局、产业技术进步与产业技术政策研究。研究的基础以市场经济条件下的市场行为与市场绩效为依据,并将制约产业发展及与产业经济发展关联的环保产业考虑进去。(王联合)

F000088 **改制·重组·运营** 副名:十五大以后的国有经济。魏杰主编。同心出版社1998年2月版。22.5万字。13.00元。结合我国国有企业发展与改革的具体情况,对国有企业改制、国有资产重组、国有资本运营的理论与实践作了系统的分析。(王小云)

F000089 **非公有制经济管理** 王林昌著。武汉大学出版社1998年8月第三版。26.4万字。11.00元。在《个体私营经济管理概论》的基础上修改后出版的。从非公有制经济的范围及其形式、非公有制经济的形成和发展、现阶段非公有制经济存在的客观必然性、我国制定非公有制经济发展政策和管理规定的依据、非公有制经济管理的体制和形式、非公有制经济的设立程序、非公有制经济的税收征管等多个视角，阐述了非公有制经济管理的客观规律及其科学性。具有创新的内容主要有：我国的所有制结构现状、对非公有制经济现状的分析、非公有制经济存在的客观必然性、发展非公有制的理论依据和非公有制经济的现实作用、当前发展非公有制经济的政策、国家对非公有制经济的宏观调控、非公有制经济实体的设立以及国家对非公有制经济运行的监督等。（沈建英）

F000090 **国有企业改革指导丛书** 范恒山主编。沈阳出版社 1998 年 8 月版。150 万字。108.00 元。共 6 册：《国有企业股份制改造运作实务》、《国有企业集团组建与发展运作实务》、《国有企业资本营运运作实务》、《国有企业筹资与投资运作实务》、《国有企业资产与债务重组运作实务》、《国有企业下岗职工再就业运作实务》。丛书用全新的理论视野，求实务实的探索精神，在深入调查研究和剖析国有企业改革典型经验的基础上，全面分析了国有企业改革的热点、难点问题，力图为企业提供具体、实用和可操作性的改革思路与方案。（李应福）

F000091 **股份制与股份合作制基础知识与实务** 王华彬、张自栖主编。东北财经大学出版社 1998 年 1 月版。25.4 万字。15.00 元。“经贸管理人员培训系列教材”之一。基础知识篇包括股份制、股份合作制的概念，改组运作过程中的原则、途径，经济管理体制与转变政府职能等。指出股份制是大中型企业改制的主要方向，股份合作制是中小企业建立现代企业制度的有效形式。实务篇列举了 15 个具有典型性的企业改革情况，这些企业大小不一，领域不同，在改革中采取不同模式和方法，它们的经验和教训为读者提供了思考的方法和可能的选择。同属股份制企业的经营机制在国有制、混合所有制、私有制三种不同所有制中，由于作为经济基础的条件不同，其作用发挥的程度是不会完全一样的，切忌教条式的“公”“私”之争和“一股就灵”这两种极端的思想。（石建华）

F000092 **高新技术产业的风险系统研究** 陈伟忠著。陕西人民出版社 1998 年 9 月版。140 万字。10.00 元。“系统与管理科学研究文库”之一。以高新技术产业风险为研究对象，共 10 章，前二章分析高新技术产业风险特征和风险系统，指出其风险系统的 4 个主要特征及风险系统的内部结构关系；第三章结合实际调查，研究高新技术产业特有的风险－效益机理，指出以追求潜在高收益为核心的微观动力机制，其风险决策行为与传统的均值－方差准则的不同；第四章建立风险模糊评价模型；第五章至第七章运用委托代理理论研究企业内部的代理问题，主要从产权结构安排、激励与报酬机制以及企业控制权的分配等方面系统构建企业内外部代理风险的思想方法体系，进而对企业的组织结构模式作探讨；第八章从融资、人才和技术三方面研究企业的外部风险，提出降低外部风险、营造高新技术产业适生环境的对策建议；最后两章着重研究高新技术产业的风险管理，首先讨论企业风险管理对环境的要求，诸如风险的社会承担网络、风险转移、交易的市场风险体系等，提出改善风险管理环境的方向和对策建议，接着构建高新技术产业风险管理的机制与系统，提出分阶段的风险管理对策及政府在其中应承担的责任和应采取的措施。（马来）

F000093 **中国宏观经济分析的理论框架** 郑超愚著。中国人民大学出版社 1998 年 5 月版。14.9 万字。14.00 元。主要包括构造 AD－AS 模型；在该模型的支持下描述经济周期行为，进而给出经济波动的内生性和外生性解释；规划货币供应量管理和国民收入分配调节的政策规则。列入“中国人民大学博士文库”。

F000094 **资源·环境与发展** 邵赤平等著。中国地质大学出版社 1998 年 5 月版。13 万字。10.00元。以翔实的资料，论述资源经济学研究的主要问题：资源环境稀缺问题、资源环境的优化使用问题、市场机制在资源环境上“失灵”问题、资源环境的可持续发展问题与资源环境规划开发项目的评估与决策问题，得出了“可持续发展是人类生存和发展的战略”这一结论。还就近年来国际上有关资源、环境与发展研究方面的主要成果进行了简明扼要的分析和评价，在吸收有关成就的基础上对资源、环境问题做出了较系统的分析，最终阐明可持续发展的经济增长不是以牺牲资源与环境为代价的观点。（吴巧生）

F000095 **论对外经济开放** 孙德杰著。西南财经大学出版社 1998 年 6 月版。23.9 万字。18.60 元。从理论和实践两方面阐述了我国对外开放政策，对我国经济的进一步发展具有一定的指导意义。首先考察了马克思主义及邓小平理论中有关对外开放思想，同时指出对外经济开放的生产力基础是分工乃至国际分工和社会化大生产，对外开放所必备的经济形式是商品经济和市场经济。其次，考察世界开放和历史演进及我国改革开放20年来的现实实践，从客观上理出了一条对外开放的基本线索。通过对资源驱动型、资金引进型、技术引进型、结构优化型和经济活动国际化型等的比较分析，明确了对外开放度的诸种制约因素，提出了测定对外经济开放度的三种基本方法。结合我国实际，探讨了我国对外经济开放的战略选择。对我国区域开放的战略布局，对外贸易吸收外国直接投资、举借外债、推动我国对外投资和发展跨国公司等方面分别进行了前瞻性的探讨。

F000096　**收购中国**　曾华国著。江苏人民出版社1998年1月版。22万字。13.50元。对流入中国的国际资本和国内大量的合资企业进行全方位的考察，深入地阐述国际资本对中国经济发展所起的各种正反作用，提出令人关注的国家经济安全问题，观点新颖，文笔犀利泼辣，信息量很大。既有震撼人心的情绪描述，又有发人深省的理性分析。书中列举的大量经济现象和案例对于关注中国社会经济发展的广大读者具有启迪、借鉴意义。(丁嫣霞)

F000097　**广东海洋经济**　王荣武、梁松等著。广东人民出版社1998年5月版。29.5万字。26.00元(平)，36.00元(精)。“岭南文库”丛书之一。介于海洋科学与经济学之间的边缘学科著作。分上下两篇。上篇分5章，勾勒了广东海洋经济的历史。下篇分9章，论述广东海洋经济的现状。全书从理论和实践的结合上对广东海洋开发的历史和优势进行较为深入的分析，回答了自90年代以来广东有争议的经济热点问题，指出广东应把海洋经济作为重要的经济增长点，并以当今世界经济发展的国际化、区域化趋势为宏观背景，以全面开发海洋的历史进程为思路，根据广东特殊的地理位置和海洋自然条件，揭示了广东海洋经济的发展前景，勾画出广东海洋开发的战略构想，为广东发展海洋经济提供可靠的依据。(李达强)

F000098　**云南支柱产业论**　张宝三主编。云南人民出版社1998年5月版。23.5万字。16.00元(平)，18.00元(精)。全面系统、科学地论述了云南四大支柱产业的培育和建设。以实事求是的态度和精神，从云南的实际出发，遵循国内外支柱产业演进的客观规律，对云南支柱产业的培育和建设进行了深入的、有重大理论和实践意义的探索，从而揭示云南支柱产业发展的客观趋势。在此基础上，以翔实的材料为依据，科学地阐述云南的烟草业、生物资源开发产业、矿产资源开发产业、旅游业这四个支柱产业的历史、现状和形成支柱的可能性，以及建成支柱产业的步骤、目标和支撑条件，为云南省支柱产业的建设提供具体明确的指导意见。(杨云宝)

F000099　**区域与发展**　王建主编。浙江人民出版社1998年12月版。41.3万字。32.00元。中国发展报告系列之一。首先回顾了我国区域经济发展的历史和现状，然后运用现代各种区域经济学理论，如区位理论、空间结构理论、梯度推移理论、地域生产综合体理论等，并借鉴美国和日本在不同国情条件下选择区域经济政策的成功经验，指出我国区域经济发展中存在的问题是：选择的全国分工模式使运输占地过多，将会阻碍工业化进程。最后，提出了以九大都市圈为目标的区域规划设想。本书的第一个特点是规范理论分析与经验分析相结合。第二个特点是资料详实，让数据说话。经济模式的选择不是拍脑袋就能定下来的，作者在整个分析中，运用了全国各地、各行业的大量相关数据，来证明其推论，并使用了国外(主要是美国和日本)的相关数据。(黄建光)

F000100　**区域经济开发研究**　张敦富主编。中国轻工业出版社1998年11月版。40万字。34.00元。“区域经济系列丛书”之一。运用理论与实证、定性推理与定量分析相结合的办法，把区域经济开发与其资源利用、环境生态保护相结合，探讨了各级各类区域经济开发中可持续发展的问题。全书由4篇组成，包括理论经验篇、开发战略篇、特殊类型篇及规划评价政策篇。对国内外区域经济开发的理论和经验进行了较系统的梳理、归纳和阐发；并结合我国国情重点分析了我国沿海、内陆、沿边三大地区的开发现状和问题，提出了产业结构和重点开发区域的经济开发战略；对有代表性的各级各类型区域的经济开发进行了系统的理论研究和有针对性的实证研究，总结、归纳出不同类型区域的开发模式及其实现可持续发展的有效途径；对区域经济开发规划的编制、方案选择、开发效果评价及若干宏观政策进行了系统的探讨。(冷晓壮)

F000101　**区域综合开发的理论与案例**　陈传康著。科学出版社1998年3月版。33.80万字。36.00元。结合各地社会经济发展目标与方向，将理论、方法、实际工作熔为一炉，研究了不同级别、不同层次(全国、省区、地市、县、乡镇等)的区域综合开发、地段规划设计、大企业选址等案例与实例。(科学

出版社总编室)

F000102 **中国区域经济发展** 费洪平著。科学出版社 1998 年 9 月版。32.8 万字。26.00 元。以企业—区域—宏观经济相互关系为线索,剖析了国内外区域经济发展的理论与方法,探讨了我国产业带的形成与空间划分,就我国区域经济增长方式转变、地区经济竞争力、区域产业结构调整、工业化地域类型划分及区域产业组织结构等问题进行了系统研究,并探讨了国内外区域经济组织管理体制及区域产业政策问题。(科学出版社总编室)

F000103 **中国区域经济关系研究** 夏永祥等著。甘肃人民出版社 1998 年 9 月版。29.2 万字。19.60元。从历史、现实与未来的结合上,较全面、系统地研究了我国的区域经济关系。不仅从生产力角度研究区域间的分工协作,而且从生产关系角度研究区域利益关系和从上层建筑角度研究在市场经济体制下国家如何调控区域经济关系。分 6 篇,导论篇、分工协作篇、经济利益篇、发展速度篇、国家调控篇及应用研究篇。全书把区域经济关系转型与两个转变结合起来,认为区域经济关系转型实质上是从计划体制型区域经济关系向市场体制型区域经济关系转变,这种转型应该有助于促进经济增长方式的转变,提高资源配置效率,并兼顾社会公平。按照这一思路,作者对区域经济的各个方面逐一进行详细分析,既剖析了计划体制型区域经济关系的内容与弊病,又设计了市场体制型区域经济关系的改革方向与框架。在宏观级差地租问题,非均衡协调发展关系模式以及区域经济关系的调节上市场与国家的分工等一系列大问题上,都有独创性的见解。全书从理论分析入手,以政策建议及应用研究收笔,体现了理论研究为实际工作服务、研以致用的良好学风。(张旭东)

F000104 **中国少数民族经济概论** 那日著。中央民族大学出版社 1998 年 10 月版。25 万字。18.00元。通过分析民族地区经济发展的起点、发展概况,从而探讨民族地区经济发展中的几个重大问题,如不平衡与差距问题、自然资源开发与生态环境问题、民族人口素质与经济发展问题、市场经济与经济体制改革问题、对外开放问题、共同富裕与发展战略等问题就成为本书的主要内容与主要特色。(李苏幸)

F000105 **中国东西部市场关系与协调发展** 周殿昆著。西南财经大学出版社 1998 年 5 月版。27.6万字。22.80 元。着重对西部地带间的市场关系,以及协调发展共同富裕这一课题进行了研究。研究所涉及的问题,大体上可归为两大类。第一类问题是,东西部地带间的市场关系是怎样的?两大地带间何以差距不断扩大。第二类问题是,如何才能实现东西部地带协调发展。全书分为 10 章,内容包括:对东西部经济地带及其区域市场的界定;两个地带间市场关系演变的历史轨迹;资源禀赋差异分析;商品市场关系;要素市场关系;东西部带际贸易中的利益关系;东西部地带差距扩大原因分析;减缓东西部地带差距扩大强度的总思路;减弱差距扩大强度的对策。

F000106 **中国西北地区现代化中的经济与文化关系** 倪国良著。甘肃人民出版社 1998 年 8 月版。32 万字。16.00 元。“西北政治社会问题研究丛书”之一。从西北地区的现代化和西北地区的民族文化两方面入手,从西北地区现代化中的文化变迁、民族文化与现代化的冲突与协调、民族文化的现代构建、农业经济现代化与文化、工业现代化与文化、人的现代化与文化等几个方面,论述了西北地区现代化进程中经济与文化辩证结合、融为一体的关系,说明了文化动因的客观存在,分析制约西北地区经济发展的文化因素,提出西北地区利用历史文化优势推动经济发展的基本思路。(刘新田)

F000107 **中国西北经济社会发展研究** 张积玉、杨发民主编。陕西人民出版社 1998 年 5 月版。66 万字。46.00 元。论文集。收论文 77 篇,按内容分为 7 部分。第一部分“宏观篇”收入了学习邓小平、江泽民有关加快中西部经济建设步伐的重要论述学习体会的文章以及正确认识和解决中西部发展差距,西北地区及有关省市经济发展战略与对策方面的论文 30 篇;第二部分“工业篇”收入了西北及陕西省国有企业改革、非公有制经济发展及城市发展方面的论文 8 篇;第三部分“农业篇”收入了农业发展、农村扶贫脱贫方面的论文 10 篇;第四部分“金融篇”收入了地区金融发展中的理论政策和利用外资对策方面的论文 7 篇;第五部分“资源篇”收入了地区资源开发与利用、旅游协作、黄河上中游整治和航运、对外劳务输出等方面的论文 7 篇;第六部分“社会篇”收入了法制建设、社会保障、环境保护、人口问题等方面的论文 6 篇;第七部分“思想文化篇”收入了观念更新、文化建设、科教兴国、信息产业等方面的论文 9 篇。收入集中的论文,都是作者经过认真思考,乃至深入地调查研究,达到了坚持从西北区情、陕西省情出发分析论述问题,实事求是,不尚空谈,提出了许多有价值的理论见解和对策建议。(王长海)

F000108　**长江三峡经济开放区发展研究**　周万钧、黄志亮主编。重庆大学出版社1998年6月版。25.2万字。18.60元。以大量的数据分析为依据，对三峡经济区的战略定位提出了新的见解，即在未来20～30年，三峡经济区是中国西部和长江上游首要的增长极，是带动西部经济、促进东西部协调发展的核心区。三峡经济区从库区角度讲，客观上存在移民、脱贫、发展致富三位一体的任务，而这三项任务又直接关系到产业选择和区域开发选择。对于产业发展选择：从三峡经济区内发达的大城市和落后的大农村并存这一强烈的二元经济反差现实出发，提出了区域的支柱产业选择应该实施二元战略。对于区域布局：明确提出"依托两翼、开发主轴、带动四圈、辐射三面"的战略构想，把大城市带动大农村的战略意图具体化。对于区域开发：根据库区广大腹地的特殊性和万县历史与现实的特定地位，提出了建立大开放区加万县小特区的建议。三峡经济区的发展如何筹集资金是一个难点，在着重分析政策投入(包括政策性投入和直接财政投入)和市场行为筹资之外，特别提出受益区对受损区的补偿性投入原则。还对三峡经济区的运行模式提出了政府主导型的建议。(肖顺杰)

F000109　**成都21世纪议程**　副名：成都可持续发展白皮书。《成都21世纪议程》编制委员会编。四川科学技术出版社1998年1月版。10万字。25.00元。按照《中国21世纪议程》的要求，针对成都市社会、经济和人口、资源、环境等特点以及面临的重大问题，以促进经济与社会进步、发展科技教育、保护环境与资源、科学决策与管理协调发展的政策、法规等方面，提出成都市实现可持续发展的总体战略和具体的行动计划，使成都市环境与资源的保护服务于发展，在发展中保护环境，节约资源，是成都市经济和社会顺利迈向21世纪的指导性文件。(安小望)

F000110　**当代藏区经济发展简明史稿**　副名：从牧场走进市场之历程。尕藏才旦等著。甘肃民族出版社1998年8月版。21万字。19.50元。以历史唯物史观和辩证唯物史观作指导思想，科学地总结归纳了藏区从部落游牧生活走向商品经济，走进市场的轨迹和内在规律。重点揭示藏区市场经济培育中的新问题、新矛盾、新困难，以及科学的对策思考。(王振华)

F000111　**走向共同富裕的必然选择**　副名：陕西扶贫开发研究。刘文义主编，杨发民、姚增战副主编。陕西人民出版社1998年5月版。13.4万字。15.00元。总结陕西近20年扶贫开发的经验教训，提出市场经济条件下扶贫工作的思路与对策。内容有5部分：序篇概述陕西省情、扶贫工作历程及面临艰巨任务；理论篇记述邓小平共同富裕理论是扶贫开发工作的的灵魂；实践篇在总结陕西扶贫经验教训基础上揭示其扶贫的规律；对策篇提出市场经济条件下扶贫开发的战略决策；附录收编了中央、陕西扶贫的政策文件和两个脱贫致富奔小康的经验调查报告。有以下几个特点：(一)鲜明的时代特征，贫困是困扰世界各国经济发展的大问题，它将影响社会发展物质文明与精神文明的进程，我国政府于1994年向世界庄严宣告：中国到本世纪末要消灭绝对贫困，扶贫开发将是我国经济发展走向21世纪的重要战略决策，富有浓厚的时代气息；(二)邓小平理论与扶贫实践相结合，有理论，有实践，析理入微，很有说服力；(三)具有实践性和可操作性。书前部分论述扶贫开发的理论实践对策，后部分附录中央省市有关政策文件及经验调查报告，有理论，有政策，有做法，具有实践的可操作性；(四)篇幅短文字精美。(崔茂盛)

F000112　**县域资源开发与可持续发展**　师守祥、储茂东等著。甘肃民族出版社1998年4月版。23万字。25.00元。"中国县域经济研究丛书"之一。把资源经济原理、生态经济原理与可持续发展理论和方法有机地结合起来，对县域的土地资源、水资源、生物资源的开发利用进行系统深入的探讨。抓住影响我国县域经济可持续发展的因素的主要方面，提出可供决策部门参考的，具有可操作性的对策。同时提出建立有利于可持续发展的县域资源开发管理体系，把生态农业作为县域经济可持续发展的优先项目，在县域经济开发中应用地理信息系统等等。(张兰萍)

F000113　**青海经济史**　崔永红、翟松天著。青海人民出版社1998年1月版。54万字。20.00元。具体内容有如下特点：其一，资料搜罗极为丰富。撰者不仅遍寻了各种正史、政书、私人文集等，还参考了大量的考古资料，且以文献记载与考古材料互相印证，订正了文献记载中的一些抵牾不实之处。其二，敢于突破成见，提出自己的新颖观点。如在古代卷原始经济的产生及其发展一章，对原始社会的大分工问题，中国铜铸币使用时间问题，皆提出了自己的见解。其三，考证精审严肃，论述公允合理。具体反映在古代卷中，对青海地区犁耕推广时间问题的考证，对

历代中央政府在青海屯田的考证，对明清时期地区耕地面积拓展情况的考证，皆能说的丁一卯二。（金作祥）

F000114 **国际合作扶贫攻坚的成功范例** 董恒秋等编。云南科技出版社 1998 年版。73.4 万字。80.00 元。选取云南省不同贫困类型的 4 个典型示范点，详细介绍了项目背景、合作方法，项目实施、管理和成效，以及项目的辐射推广等内容，是福特基金会扶贫项目的理论总结，具有很高的理论价值和国内外交流价值。（刘康）

F000115 **第一生产力论与科教兴粤** 李辛生著。广东人民出版社 1998 年 12 月版。35 万字。35.00元。“邓小平理论与广东实践研究丛书”（第二辑）之一。从当代科技革命和我国现代化出发，运用唯物史观和经济学结合，科学史和认识史结合的方法，深入探讨了邓小平关于“科学技术是第一生产力”理论的形成和发展，分析这一卓越理论的科学基础和思想渊源，深刻地揭示了现代科学对生产力和社会发展的强大驱动功能和决定性的变革作用，预示着知识经济的兴起及其演进过程，并考察了“科教兴国”战略的制定和在南粤实践的光辉成就。（杨小虹）

F000116 **跨世纪的抉择** 副名：经济特区二次创业。周文章等著。南海出版公司 1998 年 1 月版。21 万字。18.00 元。按照江泽民总书记关于经济特区要“增创新优势，更上一层楼”的指示精神，对特区二次创业所涉及的有关重要问题，例如：二次创业的缘起与特征、定位和目标、基础优势、途径和手段，以及特区二次创业的政府行为、企业运作、社会环境建设、所需要的外部支持，特区二次创业和全国共同富裕的关系等，逐一作比较深入的分析，提出关于特区二次创业的系统理论框架，对许多问题有自己独到见解，为实现特区二次创业提供理论根据。（刘孝阳）

F000117 **跨世纪的珠海发展之路** 梁广大、黄龙云主编。广东人民出版社 1998 年 12 月版。22 万字。22.00 元。“邓小平理论与广东实践研究丛书”（第二辑）之一。联系珠海的实际，系统地论述邓小平建设有中国特色社会主义理论特别是经济特区理论的基本内容和伟大意义，全面剖析珠海市和珠海经济特区的发展过程、两个文明建设的成就和经验，并对珠海未来的发展前景、战略部署进行探索和展望。其特点是把珠海特区放在中国改革开放的大背景下权衡和度量，以发展为主线，系统地总结珠海特区各方面发展的过程和规律，提出了珠海“增创新优势，更上一层楼”的思路和对策。（杨小虹）

F000118 **嬗变中的海南人** 王建国著。南海出版公司 1998 年 12 月版。23.8 万字。18.00 元。分 10 个部分，对海南发展中碰到的许多难题作理性的分析，指出其中产生的深层次的根源。海南的政策并非不特，海南的机遇并非不多，但都由于人的问题而贻误了海南开发建设的大好时机。（梁晓亮）

F000119 **中国经济地理** 吴传钧主编。科学出版社 1998 年 3 月版。71.7 万字。70.00 元。“中国人文地理丛书”之一。分全国总论和区域分论两篇共 22 章。总论部分着重探讨中国经济发展带有全国性意义的重大问题，及其解决途径和建议，包括环境、资源、人口、粮食、能源、运输、工业化和城市化等 8 大方面的论题；区域分论部分，选择具有典型意义的不同类型地区进行分析，包括香港特别行政区，全国最大的经济特区海南岛，国内经济最发达的长江三角洲和珠江三角洲地区，天府之国的四川盆地，塞上江南的宁夏，热带风光的西双版纳，干旱区的新疆和河西走廊，我国经济联系紧密的重工业基地东北区，条件富有特色的黄土高原和黄淮海平原，以及边疆重点建设地区的西藏“一江两河”地区，分别论述了各区经济发展的主要矛盾、发展方向和可持续发展战略措施等。（科学出版社总编室）

F000120 **宁波商人** 林树建著。福建人民出版社 1998 年 2 月版。12.4 万字。9.10 元。“区域人群文化丛书”之一。阐述了宁波商人的地域文化背景，以一个个生动有趣的事例阐述了宁波商人的性格特征和经商的成功方法。（晓籁）

F000121 **近代中国国货运动研究** 潘君祥著。上海社会科学院出版社 1998 年 3 月版。28.9 万字。22.00 元。研究对中国近代历史发展有着重大影响的“国货运动”的理论专著。在大量前期调查和资料蒐集基础上，对当时国货团体及机构的活动、国货企业开拓市场的作用、国货企业引进技术的努力、国货运动与上海城市近代化的互动关系、国货运动与近代爱国主义思潮的思想渊源等方面进行深入研究。并分析了国货运动的经验教训以及国货企业在市场激烈竞争中改进经营管理，加强市场开拓措施诸问题。（方小芬）

F000122 **近代中国经济政策演变史稿** 朱英、石柏林著。湖北人民出版社 1998 年 10 月版。44 万字。28.00 元。对近代中国经济政策的发展演变进行全面系统的考察和研究，深入论析其诸方面的特点以及对近代中国经济和社会发展所产生的多重影响,并在此基础上探讨政府的经济职能及怎样才能更好地履行这一职能。在评述各个时期的政策时,注意揭示这些政策的决策程序和运作方式,分析一些重要经济政策的实施过程和社会效果。从而可以帮助人们比较深入地了解整个近代中国经济政策的发展演变,并通过比较中的审视和观照全面地把握不同历史时期的各项经济政策对中国社会的实际影响,由此可总结出当今仍然可资参考借鉴的经验教训。(吕薇)

F000123 **钻天洞庭** 马学强著。福建人民出版社1998年2月版。9.6万字。7.50元。"区域人群文化丛书"之一。选择素有"钻天洞庭"称誉的位于太湖之中洞庭东、西两山商人加以区域性的文化透视,力图透过洞庭两山特殊的乡土背景、生活习俗、经商经历及其衍变的把握,写出这个区域人群之性格。洞庭商人特色在于亦儒亦商,能正确处理好业儒与经商关系,这在商为末业的封建社会,显示出特异的乡土民风。尤为可贵的是,洎于近代,洞庭商人远见卓识,捷足先登,跳出洞庭两山,选择到上海开办的新式银行、洋行任职做事,当买办,从而在上海滩"占金融界一部分雄厚势力",形成"徽帮人最狠,见了山上帮,还得忍一忍"的局面。究其成因,有洞庭商人对教育之重视,舍得花大本钱培养子弟,有讲究经营之道和注意其市场形象,有洞庭商人的血缘、地缘观等等,这实在是值得我们探究的商人群体。(吴锦通)

F000124 **清代经济简史** 张研著。中州古籍出版社1998年9月版。48.9万字。34.00元。分13章,首先分析清代经济发展的前提和背景,然后论述清初社会经济恢复的基本原因和根本原因,接着分别阐述清代社会经济发展的诸要素,即土地、人口、资金、农业、手工业、商业,以及清前期财政、清中后期的经济。书中的论点上有两个显著突破。一是以大量数据驳斥了以往史学界认为清初社会经济恢复和发展是因为统治者轻徭薄赋的论点;二是从研究最基层的生产生活单位——个体家庭入手,深刻揭示了清中后期社会经济从衰落走向危机的根本原因是由于生产和生活方式的改变,而不是人口增长、人均土地数量下降,并且用大量事实证明人均土地数字统计失误。(孙宝瑞)

经济计划与管理

F000125 **经济与管理** 王忠伟、初宇平等主编。东北大学出版社1998年5月版。59万字。26.00元。分4篇。管理原理篇叙述了企业管理的基本概念和基本原理,包括:工业企业管理概论、企业管理原理、现代企业制度、企业管理现代化。市场经营篇循着企业战略制定、市场营销过程、公共关系职能发挥的线索,揭示企业经营的基本问题。生产管理篇包括生产系统与生产管理、工业企业生产过程组织、生产计划、生产作业计划、网络计划技术、生产作业控制和现场管理、物料需求计划与制造资源计划、质量管理、物资管理、设备综合管理。技术经济篇仅就技术经济分析的基本问题阐述基本理论与方法。(刘淑芳)

F000126 **实用经济管理模型与算法** 牛长立著。武汉测绘科技大学出版社1998年9月版。47万字。18.80元。系统介绍了常用的经济管理模型与算法。主要内容有:经济预测模型、对策模型、决策分析模型、线性规划模型、运输模型、分配模型、整数规划模型、最短路径和最小费用流模型、动态规划模型、投入产出模型、质量管理模型、非线性规划模型、存贮模型、系统动力学仿真模型等,还附有源程序16个。全书对经济预测模型、决策分析模型、投入产出模型进行了重点介绍和分析,通过对这三个模型的理论分析并结合实际操作,把深奥复杂的数学模型引入到实际应用。

F000127 **工程项目管理新问题研究** 鞠茂森、翟浩辉主编。河海大学出版社1998年2月版。24万字。25.00元。在参阅国内外文献资料、进行专家咨询和实地调查的基础上,选择了工程管理中目前研究较少或还不够深入以及作者认为值得研究的有关问题进行比较系统的分析与研究,提出了工程项目管理无穷边界相对论、工程项目管理与国际惯例接轨模式、工程项目法人制实施构想,揭示了项目融资及资金运动规律,工程造价、报价与调价的内在规律,工程分包与联合承包经营的内在机制,建立了项目设计广义优化评价模型、综合生产率模型、风险管理模型等。考虑到工程项目管理的复杂性及工程项目管理的多样性,作者在研究过程中,既不完全站在业主或监理的立场上分析问题,也不完全站在承包商的立场上讨论问题,而是从不同的立场和角度分析和论述。(朱辉)

F000128 **当代西方发达国家劳资关系研究** 陈恕祥、杨培雷著。武汉大学出版社1998年10月版。在剥离了掩盖着西方发达国家劳资关系的表面现象的同时,寻找出了其内在的发展脉络和深层的逻辑关系。从理论分析入手,通过历史的考察,从企业内部劳资关系、市场中的劳资关系、劳资关系中的工会角色、劳资关系在政治生活中的反映、劳资关系中的政府行为、劳资关系的立法等不同侧面，对西方发达国家的劳资关系作了全面而系统的考察，从而引申出西方发达国家劳资关系对我国的启示与借鉴意义。(沈建英)

F000129 **劳动预备制度工作指导手册** 国家劳动和社会保障部《劳动预备制度工作指导手册》编写组编。中国财政经济出版社 1998 年 6 月版。18.3 万字。16.00 元。编录有关劳动预备制度的文件、部分城市实施方案和经验介绍，并编入了与实施劳动预备制度有关的问答题，同时收入了一些理论文章和国外相关资料。(樊清玉)

F000130 **德国劳动力市场** 沈琴琴著。西北大学出版社 1998 年 6 月版。21.1 万字。18.00 元。包括导言和 11 章内容。分别叙述德国劳动力市场的形成与发展、市场供给、市场需求、市场调节、供求失衡及社会市场经济原则与劳动力市场、市场机制与劳动关系、工资机制与就业效应、社会保障制度及其对劳动力市场的影响、德国东部地区的劳动力市场和德国劳动力市场对中国的启示与借鉴等问题。重点分析在社会市场经济体制下，"竞争、规范"的劳动力市场与经济政策和社会政策之间的内在联系。(何惠昂)

F000131 **建立具有中国特色的国民经济核算体系** 刘长新著。东北财经大学出版社 1998 年 6 月版。42.3 万字。20.00 元。论文集。分为两部分。第一部分是关于国民经济核算与统计方面的论文，包括改革国民经济平衡表，建立具有中国特色的国民经济核算体系的想法，国民经济的协调发展问题，宏观经济评价统计指标体系的研究等，对建立国民经济综合评估体系作了设想。第二部分关于人口理论与经济研究方面的论文。探讨了社会主义人口规律，人口战略及可持续发展问题。全书为国家宏观经济决策和我国人口政策提供了有价值的批评和建议。收入"东北财经大学教授文库"。(石建华)

F000132 **社会经济统计若干问题研究** 佟哲晖著。东北财经大学出版社 1998 年 6 月版。27.8 万字。20.00 元。"东北财经大学教授文库"之一。论文集。收录作者在不同时期撰文阐述自己的观点的论文，由于客观形势的发展，有些学术观点，见解已经过时，甚至变成了错误的，收入时保持了它们的原貌，既是作者从事科研活动的客观记录，同时真实反映了各个时期学术界的思想、观点及发展变化过程。在社会经济统计理论基础上，作者又探讨了经济效益统计的若干问题，包括宏观、微观经济效益指标的方法，国民经济核算体系结构研究，同时对高等学校统计学教学改革进行有益的探索。作者提出的观点"社会经济统计学不是实质性的科学而是统计方法论的科学""应该建立以社会总产值、国民收入和社会最终产值指标为主体的国民经济统计指标体系"等在我国统计理论界得到广泛的赞同。(石建华)

F000133 **经济学科中的数学原理与方法** 李庆高主编。湖南大学出版社 1998 年 8 月版。50.8 万字。28.00 元。财经类高等数学系列教材之一。全书共 3 篇。第一篇为投入产出方法。全面介绍全国性和地区性投入产出表以及投入产出技术在物价与环保领域中的应用，并提供投入产出模型的数学结构、原理、方法和实用范例。第二篇为最优化方法。介绍运筹学中的线性规划、整数规划、目标规划、非线性规划和动态规划中最基本的内容和方法。第三篇为动态经济分析方法。对一阶、二阶、高阶微分方程与差分方程以及微分方程组与差分方程组联立系统的基本理论、基本方法和在经济中的应用作全面系统的介绍。

F000134 **经济数学模型** 洪毅等著。华南理工大学出版社 1998 年 6 月版。20.4 万字。13.80 元。"工科数学基地建设丛书"之一。分 14 章讲述怎样利用数学方法来解决各种实际问题，如优化问题、微分问题、稳定性问题、线性规划、网络规划、动态规划、经济学问题、决策与对策问题、静态随机问题、马氏链问题、连续时间马氏过程问题等。(袁泽)

F000135 **致富有道** 阿卜都尔赫曼编。新疆科技卫生出版社(K)1998 年 12 月维文版。5 万字。4.75 元。论述经济开发项目的含义，介绍项目的评估，经济财务分析，使项目管理纳入经济发展轨道上，指出摆脱贫穷，勤劳致富，走向小康的思路。(吐尔逊古丽)

会计、审计

F000136 **中国注册会计师实务丛书** 陈建明等主编。东北财经大学出版社 1998 年版。丛书共 7 册。包括《股份制改组与上市公司审计》、《离任审计》、《审计报告》、《资产评估》、《破产审计》、《会计咨询与会计服务》、《非执业会员后续教育简明教程》。丛书紧扣我国最新的注册会计师职业准则，根据我国注册会计师的职业领域和业务需要，针对注册会

计师实务中的重点和难点进行系统、全面的讲解。(石建华)

F000137 **非执业会员后续教育简明教程** 于延琦等著。东北财经大学出版社 1998 年 12 月版。25 万字。20.00 元。“中国注册会计师实务丛书”之一。根据中国注册会计师协会关于非执业会员后续教育的有关规定,结合对非执业会员应具备的专业素养和知识结构的认识,选取了注册会计师发展史、相关法律法规建设、注册会计师、会计师事务所、注册会计师协会、专业标准与实务简介等几方面的内容,介绍了从注册会计师行业发展阶段,工作程序,发展前景,结合实例论述目前我国会计领域的现状。并附有《中华人民共和国注册会计师法》和《中国注册会计师独立审计准则》(第一、二批)。(石建华)

F000138 **会计大典 第一卷 会计理论** 葛家澍、刘峰著。中国财政经济出版社 1998 年 4 月版。38.9 万字。60.00 元。主要介绍会计理论的形成和发展及不同的研究方法;讲述会计基本理论(如会计基本假设、财务会计概念结构、财务会计目标、会计确认理论、资产计价与收益决定等);对中外会计准则进行比较,着重对我国会计准则制订进行了研究;分析现行财务报告体系,介绍国外对财务报告体系的改进情况。《会计大典》分 10 卷,第一卷会计理论、第二卷会计史、第三卷财务会计、第四卷成本会计、第五卷管理会计、第六卷非企业单位会计、第七卷国际会计、第八卷电算化会计、第九卷理财学、第十卷审计学。主编为葛家澍、余绪缨、侯文铿、陈同凯。(徐诘)

F000139 **会计学** 张启銮等主编。大连理工大学出版社 1998 年 6 月版。33.6 万字。14.00 元。工商管理硕士(MBA)系列教材之一。注重会计基本理论和方法的介绍,以开拓管理者使用会计信息的思路和技巧。第一章至第九章介绍财务会计,第十章至第十二章介绍管理会计。对非专业人员主要对财务报表的分析感兴趣,因此在第一章介绍了会计基础后,紧接着在第二章介绍财务报告分析。各章均有思考题和习题,并在大部分的章中附了案例题。(邓玉萍)

F000140 **会计精要** 副名:管理者必读的教程和案例。[美]威廉·J·小布鲁斯著,陆正飞主译。东北财经大学出版社 1998 年 5 月版。62.8 万字。45.00 元。“顶级管理经典系列”丛书之一。阐述管理者在会计控制中的作用,分析会计信息对于实现管理目标的重要性和局限性,并以实例方式说明管理者如何如同专业会计师般内行地在商战中运用会计信息,读者将能了解他们作为管理者在会计控制中的作用,学会该向会计人员提什么问题,认识到相对管理目标而言,会计信息的局限性,发现问题并懂得如何运用会计结构加以解决。(石建华)

F000141 **财务理论与会计研究** 谷祺著。东北财经大学出版社 1998 年 6 月版。34.1 万字。20.00元。论文集。汇集了 1985 年以来发表的文章,包括会计和会计改革、国际会计研究、审计理论和实务,资产评估研究和财务管理研究等 5 部分。多角度地阐述财务理论及实务,限于发表时的背景和时代特色,某些观点还阐释得不够深入,有些内容需根据变动情况予以补充和完善,但作为回顾作者对财务、会计和审计学科的探索过程,仍按原样收集入书,反映了学科发展的历史。收入“东北财经大学教授文库”。(石建华)

F000142 **会计咨询与会计服务** 杨雄胜主编。东北财经大学出版社 1998 年 12 月版。44.7 万字。28.00 元。“中国注册会计师实务丛书”之一。介绍包括会计文件制作、代理记账、会计制度设计、司法会计鉴定、可行性研究、管理咨询与管理诊断等与会计行业有关的咨询与服务,收集包括国内外有关资料和在这些方面有工作经验的会计师事务所,结合我国最新注册会计师职业准则和我国注册会计师业务的实际需要,对会计师执业方面的难点和重点进行评论,指出在实施程序和经营管理方面的存在的误区,突出实践和技巧。(石建华)

F000143 **现代管理会计(第九版)** 李宏健著。中国财政经济出版社 1998 年 4 月版。89.3 万字。58.00 元。共计 25 章,内容包括:基本概念、成本观念及流程、单一产品成本之计算、多种产品成本之计算、标准成本制度、成本习性与成本估计、成本数量利润分析、变动成本法、成本分配、预算编制、责任会计及分部报表、决策成本、部门绩效衡量、移转计价、收入、产业及组合差异分析、资本支出预算、产品订价、不确定性之决策、存货规划与控制、线型规划、差异之调查、新制造环境下之成本管理、决策模式、规划与控制、质量成本及生产力之衡量等。采用循序渐进的方法,围绕成本控制这个核心,根据日、美等经济发达国家在实现高新技术产业化过程中,管理思想之演进,管理制度之革新,以及管理方法之改善,并紧紧围绕以需求带动生产的“及时制”(Just in Time)管理思想与制度,系统阐述了新制造思想支配下与新制造环境之下的成本管理问题、现代管理会计模式建设问题、JIT环境下的标准控制问题,以及质量成本与生产力衡量问题等。本书1980年第一版在台湾出版。(郭兆旭)

F000144 **中国审计体系研究** 冯均科主笔。陕西人民出版社1998年7月版。28万字。19.80元。对我国审计体系的研究,以概念的界定作为逻辑起点,演绎出各个主要的具体问题。首先,概括分析我国审计体系研究的状况以及存在的问题,并在此基础上作出哲学意义上的反思,同时,提出审计体系整体研究的科学方法,为审计体系科学研究提供可行的理论定位;然后,从"审计一般"出发,对审计体系的基本理论问题进行专题探讨,为审计体系的中外横向、古今纵向比较提供铺垫;通过比较研究,再将审计体系的空间、时间限定在现行中国审计体系较小的范围,体现了从"一般"到"具体"的认识原理;接着,对我国审计体系的现实所表现的横断面进行考察,分析结构原理、环境影响、构成特点及动力要素等,为增加证明力,还对我国现行审计体系进行了实证研究;最后,基于现实是未来的起点的认识,在对我国审计体系现状进行定性分析与规范研究的基础上,提出了我国审计体系的理想构架。(朱小平)

F000145 **股份制企业审计** 袁晓勇、杨庆英编著。东北财经大学出版社1998年4月版。37.3万字。21.00元。"股份制企业财会丛书"之一。根据《中华人民共和国公司法》、《中华人民共和国会计法》、《股份制试点企业会计制度》、《中国独立审计准则》等与股份制企业有关的财经法规和会计审计制度进行的。考虑到我国现阶段,"查错纠弊"仍是财务审计的主要目标之一,在各章除概念和实务的阐述外,均设"容易出现的错误与舞弊"一节,如在货币资金、应收及预付款项、对外投资、股东权益、收入、费用及利润等方面容易出现的错误进行了指出和纠正。向读者展示了股份制企业会计报表审计的主要内容和程序。(石建华)

F000146 **审计报告** 林启云、田丽艳编著。东北财经大学出版社1998年12月版。21.6万字。13.00元。"中国注册会计师实务丛书"之一。书中所举的审计报告的范例,多是从近年来上市公司的审计报告中精选出来,体现了理论和实务的统一,国内与国际结合,历史与现状结合,从每一次历史变革中和国际比较中让读者从不同角度重新审视自己的报告。考虑到实务中注册会计师除了出具年度会计报表审计报告外,还涉及很多特殊目的的审计报告,因此书中特辟专门章节介绍特殊目的审计报告,以期在特殊目的审计报告尚不规范情况下,帮助注册会计师规范自己的执业行为。(石建华)

F000147 **中国注册会计师独立审计准则(英汉对照)** 中国注册会计师协会、香港会计公会联合翻译。东北财经大学出版社1998年8月版。29.8万字。30.00元。中国财政部颁布并于1996年1月1日和1997年1月1日起生效的前两批独立审计准则,一方面为注册会计师及其他专业人士提供了执行审计工作的规范和指导,使考核审计质量工作变得更有系统,另一方面,准则同《国际审计准则》相衔接,中国注册会计师便能以国际通行的专业标准执行独立审计工作。(石建华)

F000148 **股份制改组与上市公司审计** 胡少先编著。东北财经大学出版社1998年12月版。21.6万字。15.00元。"中国注册会计师实务丛书"之一。简述注册会计师在股份制改组审计中规范化执业的重要意义,上市公司信息披露制度及法律要求,讨论股份制改组审计的特殊内容,不同类型的会计报表的审计,资本验证,盈利预测审核等一系列与股份制改组上市公司运作有关的执业行为,指出规范化是搞好股份制改组的关键,审计监督是股份制改组上市规范化的基础。(石建华)

F000149 **破产审计** 曹慧明著。东北财经大学出版社1998年12月版。21.6万字。15.00元。"中国注册会计师实务丛书"之一。从破产审计现实需要出发,对破产审计概念、依据、特征,破产全过程各环节的审计,破产责任审计等进行较全面系统的讲述。(石建华)

F000150 **离任审计** 林钟高、龚明晓编著。东北财经大学出版社1998年12月版。16.9万字。12.00元。"中国注册会计师实务丛书"之一。作者认为,离任审计涉及到经济组织经营活动的合法性、真实性和效益性等方面,范围十分广泛,必须从财务与会计责任、经营与管理责任、财经法纪责任和社会责任等方面进行全面的检查和评价,才能对法定代表人的经济责任进行确认或解除,在确定离任审计的性质及若干基本概念基础上,对法定代表人任职期间经济责任范围作了界定,基本上概括了实践中开展离任审计的主要做法是侧重于实务操作的离任审计工作的总结。(石建华)

劳动经济、物资经济

F000151 **人力资源管理学** 安应民、吴菁编著。中共中央党校出版社1998年4月版。24.4万字。12.00元。从宏观与微观的结合上探索具有中国特色社会主义人力资源管理的基本框架和学科体系，理论联系实际，有创新性。主要内容包括：人力资源管理导论，人力资源的供给与需求，人力资源配置，人力资源计划与控制，工作分析与工作设计，人力资源的招聘与选拔，人力资源的培训与发展，人力资源保障，人力资源的有效利用等方面。(张伟)

F000152　**中国劳动统计指标体系**　王东岩、翟志宏主编。中国劳动出版社1998年5月版。42.3万字。32.00元。有3个主要特点是：1.全面性。从劳动经济、劳动安全卫生、劳动关系、相关经济与社会统计指标的四大主体系和20个分体系对中国劳动统计的各个方面进行详细阐述。劳动统计指标体系共有描述性指标项564个(不包括相关经济与社会部分的50个)，一级评价性指标5个、二级评价性指标43个(不包括相关经济与社会部分的23个)，检索分类78种、514个检索项。每个指标分别给出名称、顺序号、定义和范围、数值单位、计算方法，可根据不同类型的指标在上述特征中选择相应部分进行描述。2.系统性。依据指标本身的性质和作用及指标之间的内在联系，按统计体系、指标群、指标组、指标项的顺序进行系统的组织，明确指标之间的从属、并列和派生关系。3.可操作性。将指标体系分为数据指标体系和检索指标体系分开设计，这样在实际统计工作中可以非常方便地取出两种指标体系中所需要的指标群、组、项进行任意的组合，在理论上也更清晰。附录部分还介绍意大利、美国、欧共体、英国的劳动统计调查情况及主要的国际分类标准。(陆萍)

F000153　**劳动经济学**　赵履宽等主编。中国劳动出版社1998年5月版。49.3万字。29.00元。把劳动资源作为主要研究对象，同时也分析与这一过程相伴随的劳动关系。根据从微观到宏观、从运作机制到体制和政策的基本思路，把全书分为4个部分：第一部分是一般概念和基本前提，主要介绍劳动经济学的研究对象和方法、劳动经济学的形成与发展，以及劳动资源配置的制度安排等。第二部分是微观分析，包括劳动供给和需求分析；劳动力市场均衡分析；影响劳动力市场的社会力量分析，诸如工会与集体谈判、劳动力市场中的歧视等，还包括作为劳动力市场价格的工资与报酬结构，以及影响劳动力长期供求关系的人力资本投资等。第三部分是宏观分析，包括劳动就业与经济增长、劳动力市场运作与宏观经济稳定、就业结构与经济发展等。第四部分是劳动关系、劳动管理体制和政策，着重对我国劳动力市场配置过程中劳动关系的调整和劳动制度变革等问题进行分析。全书具有以下几个鲜明的特点：(1)经济分析与制度分析相结合，以经济分析为主，以体现劳动经济学作为一门经济学科应有的特点与深度。以微观经济分析作为主要方法，同时溶入宏观经济学、新制度经济学、发展经济学的有关内容，并吸收当前国内外经济学研究的新成果，力求达到本学科发展的前沿。(2)现代劳动经济学的基本原理与我国劳动经济运行的具体实践相结合。在体系、结构安排上有选择地借鉴西方劳动经济学的理论和方法，在数据和资料的引用、经济运行过程的实证分析上则力求反映中国特色。(3)静态分析与动态分析相结合。(朱学敏)

F000154　**现代企业与商业的经营管理·(3)21世纪的人力资源管理**　美国加州旧金山州立大学著，《现代企业与商业的经营管理》编译组编译。中央广播电视大学出版社1998年12月版。19.8万字。12.00元。《跨越世纪，面向世界500讲》之《现代企业与商业的经营管理》序列第三册。包括：关于怎样做一个有成效的领导者，如："理解的关键"、"新纪元的领导风格"、"作为领导者所需要的能力"、"发展工作小组"、"企业家"、以及"21世纪人力资源管理中关于培训和开发、行为管理和约束"等内容。(张静)

F000155　**经济人与社会秩序分析**　杨春学著。上海人民出版社1998年12月版。24.1万字。20.00元(平)，26.00元(精)。从思想发展史的角度，围绕古典经济人、新古典经济人和广义经济人这三种经济人演变模式，在广泛的文献资料基础上，集中梳理了有关经济人思想的起源和发展脉络，澄清了许多重要的相关问题，深入挖掘了经济人思想在长期的理论争论和实践发展中的丰富内容和深刻理论意义，指出经济人抽象的核心命题在于：只要有良好的法律和制度保证，经济人在追求利益最大化的过程中可以卓有成效地增进社会的公共利益。系"当代经济学系列丛书"之"当代经济学文库"的一种。(范蔚文)

企业经济

F000156　**中信企管培训丛书**　《中信企管培训丛书》编委会编。中信出版社1998年9月版。146.3万字。128.00元。共6册。除介绍基础理论、基础知识、基本技能外，内容偏重实际操作，每本书自成体系，每章之后均列出要点，留有思考题，有的还附有案例和讨论题。其中《金融》主要介绍货币与信用、金融市场、商业银行业务与管理、信托与租赁、保险、宏观金融调控等内容。《法律》主要介绍有关企业、公司、破产、合同、担保、银行、证券、票据、保险、外贸、房地产、经济诉讼与仲裁等法律制度。《财务》主要介绍会计、财务管理、企业税务等方面的知识。《管理》主要介绍经营发展战略、计划、组织结构、人力资源、控制、信息系统管理、审计等内容。《贸易》主要介绍国际贸易、许可贸易、贸易结算与短期融资、市场营销、商务谈判、贸易中的争议及其解决等内容。《投资》主要介绍市场分析与营销战略、投资项目技术条件分析、投资估算与财务预测、投资项目财务评价、不确定性分析与投资方案比较，项目建设管理与项目后评价，资本运营决策，国际投资等内容。（龚援）

F000157　**企业购并机理与运作**　何广亮著。贵州人民出版社 1998 年 12 月版。19.6 万字。14.80 元。"振兴国有企业研究丛书"之一。系统地对企业购并机理与运作和增强企业活力的关系问题进行充分论述。将企业购并的机理研究、购并的决策及其目标选择、购并的程序及实施、购并的财务与会计问题、购并的法律监管、购并与跨国融资以及购并后的经营管理等一一分章讲述。（夏昆）

F000158　**顶级管理经典系列丛书**　东北财经大学出版社 1998 年版。370.5 万字。283.00 元。选取的是在管理方面久经实践过的，有的是世界著名高校的教学用书，探讨了管理理念，思维模式，文化沟通，心理素质等方面的因素，通过对 IBM、百事可乐等世界知名企业的营销实例，让读者从中领略管理者成功驾驭企业的经验和教训，形成一种适合我国国情和针对不同行业的思维模式和战略方法。（石建华）

F000159　**政府如何管理企业**　成思危主编。民主与建设出版社 1998 年 5 月版。23 万字。19.80 元。介绍了市场经济体制下政府管理企业的三种重要模式：美英模式、东亚模式和欧洲模式。在每个模式中都分析了该模式的特点，该模式下政府管理企业的方式、方法，该模式的成因以及该模式与我国特点的比较，我国应如何借鉴等。收入"中国改革与发展问题应急研究丛书"。丛书是从管理科学的角度，就我国在改革与发展中所遇到的迫切需要解决的一些重大问题，所设立的应急研究项目。每项研究成果都具有针对性、及时性和可行性，所提出的建议力求在技术上可能、经济上合理、法律上允许、操作上可执行、进度上可实现，并且政治上能为各方所接受，以尽量减少实施过程中的阻力。并且在研究方法上采用定性与定量相结合。（刘云华）

F000160　**资本经营与操作**　副名：造就经济巨人和企业王国。阿哈默德·高勇著。四川人民出版社 1998 年 11 月版。37 万字。45.00 元。从国有企业改革和发展入手，系统论述现代资本经营理论与操作务实。首先从宏观角度回顾了国有企业改革 18 年来从"放权搞活"到实现"两个根本转变"、进行"战略性调整"的历程，指出了国有企业经营方式发生的历史性变革。提出了资本经营既是国有企业经济运行的起点又是终点、国有企业改革与发展的切入点和着力点将主要表现为资本经营及其效益的提高等全新的观点。其独特之处还在于其很强的可操作性。作者不仅详细地介绍资本经营与操作中的国际运行和国有企业推进资本运作的实践与模式，而且还详尽地描述企业应该怎样有效地开展资本经营活动，同时作者还根据自己多年从事政府经济管理部门的工作经历和体会，生动地讲解了政府作为国有资本代理人是如何开展资本经营活动的。（张问渔）

F000161　**培训金典**　傅浙铭编著。广东经济出版社 1998 年 9 月版。38 万字。26.00 元。由两大部分组成，前 4 章是写给受训人员学习的，讲述如何认识成功素质、自我管理能力和自我教育这三方面如何训练；后 9 章则是详尽讨论了企业培训的各个方面，并为培训的实施准备了全面的管理手段。书中还提供了 130 多个（张）表格、问卷、程序和图表，内容广泛，设计科学。另附有从全球数以千计涉及培训的 Internet 网址中挑选一部分网址供读者筛选、考察。（陈剑娜）

F000162　**成事在天**　副名：走进王志纲工作室。薛永应著。广东经济出版社 1998 年 4 月版。25 万字。23.80 元。详细介绍王志纲继广东碧桂园房地产策划案后 11 个较有影响的策划案例，涉及全国 8 个省市从房地产、医药、博览会到区域经济等诸多领域；进而对王志纲的策划动机、过程及成功原因进行理性分析，试图用生产力学的理论武器去解剖策划实践，推动策划学的建立。收入"王志纲策划文库"。（徐雨苍）

F000163　**企业万能**　副名：面向企业能力理论。[丹麦]尼古莱·J·福斯编，李东红译。东北财经大学出版社 1998 年 5 月版。21.8 万字。18.00 元。

"顶级管理经典系列丛书"之一。探讨以企业核心能力为特征的企业能力理论,强调发展一种揭示企业内容本质的、实用的理论,并以实证案例分析了这些理论在企业技术战略和跨国经营中的应用。同时运用企业能力理论解释了包括日本等国在内的各国工商企业的发展趋势、世界范围的企业集团化浪潮和成功企业的经营之道。(石建华)

F000164 **农垦企业文化概论** 王飞等编著。新疆大学出版社 1998 年 3 月版。21 万字。18.60 元。分企业文化现象、国际企业文化的酝酿和潮流、企业管理科学的逻辑发展、企业文化的基本学说、农垦企业文化的概念、农垦企业文化系统、农垦企业的群体意识、农垦企业文化与人、人心向背、农垦企业家与英雄模范人物、农垦企业形象、农垦企业文化建设凡 12 章。把国内外企业文化的理论与我国农垦企业的实际紧密结合,以大量生动事例,说明企业文化对农垦企业建设和发展的作用,特别论述了市场经济条件下农垦企业文化对农垦企业健康发展、扭亏为盈、脱贫致富的重要作用。(墨愚)

F000165 **邻家的百万富翁** [美]托马斯·J·斯坦利著,陈秀东译。海南出版社 1998 年 8 月版。24.8 万字。21.80 元。利用在调查访问中收集到的难得的资料,描绘出美国富翁工作和生活的生动画卷,这将使你永远改变对什么才是"富"翁的观念。根据作者调查,大多数人对于在美国如何变得富裕,看法上完全错了。在这个国度里,很少有人能靠遗产继承、高层职位、甚至良好的学识去积累财富,财富多半是辛勤工作、坚持积蓄、多入少出的结果。(苏斌)

F000166 **改革公司——企业革命的宣言书** [美]迈克尔·哈默、詹姆斯·钱皮著,胡毓源等译。上海译文出版社 1998 年 11 月版。19.6 万字。18.20 元。"改革丛书"之一。提出企业改革应该是彻底的、显著的,特别应该打破专业分工和层级制,彻底改革和重新设计生产流程和业务流程。把原先的职能部门变为流程执行小组。书中例举哈尔马克、塔科贝尔等四家公司改革管理的例子,说明只有彻底改革业务流程才能大幅度提高企业绩效,提高服务质量。(沈志彦)

F000167 **改革革命——确保改革成功的指导原则** [美]迈克尔·哈默、史蒂文·斯坦顿著,梅俊杰等译。上海译文出版社 1998 年 11 月版。20.6万字。18.00 元。"改革丛书"之一。继《改革公司》之后推出的力作,进一步阐述了改革公司的思想。认为改革是一场彻底的革命,而不是小修小补的改良。改革强调的是对业务流程的重新设计。全书分 3 部分,17 章。第一部分"成功的要素",概述改革的基本内容,改革可能出现的十大错误,保证改革成功的几大要素,一是领导者,二是改革小组。第二部分"实施改革计划",介绍解决改革关键问题的一系列策略和具体措施,克服抵制改革的主要方法,如与员工、顾客沟通信息。阐述打破旧的思维定式,树立价值观的重要性。第三部分来自改革路上的报道,介绍一系列实例研究,探讨一些企业改革成功或不成功的原因。最后提出保证改革成功的指导原则。(沈志彦)

F000168 **改革管理——新领导者的使命** [美]詹姆斯·钱皮著,杨宇光等译。上海译文出版社 1998 年 11 月版。16.2 万字。16.40 元。"改革丛书"之一。《改革公司》的姐妹篇。全书 12 章。提出企业不仅要改革业务流程、生产流程,还应改革管理流程,才能达到改革的目标。作者在研究了数十家公司的改革实践之后,提出改革管理的方法、内容和衡量改革绩效的标准。改革管理首先要改革管理者和企业员工的价值观,改革企业文化,树立新的价值观。认为高级管理人员要有使命感,要有远见卓识的洞察力,要加强经理和员工之间的沟通。要正确衡量员工的绩效并给予相应的报酬。全书着重论述了四个大问题:企业目标,企业文化,流程和绩效,以及人事问题。新的管理流程包括授权、界定、评估和沟通。书中用实例提供了有关改革领导方法、培训雇员、与员工沟通、激励奖赏以及绩效评估等管理方法和指导方针。(沈志彦)

F000169 **现代企业与文化型管理** 蓝砚著。贵州人民出版社 1998 年 12 月版。16.5 万字。12.80 元。系统地论述企业文化的作用,文化主导型企业管理的新模式,现代国有企业特点与文化型管理的主体及方法和企业经营管理哲学等。收入"振兴国有企业研究丛书"。(夏昆)

F000170 **现代企业与商业的经营管理·(4)信息技术在企业管理中的应用** 美国加州旧金山州立大学著,《现代企业与商业的经营管理》编译组编译。中央广播电视大学出版社 1998 年 12 月版。9.6 万字。7.00 元。包括:现代企业管理中信息技术的各种应用如:"微软办公系统"、"CD—ROM"、"商业计算机应用程序"、"项目管理软件"、"会计信息管理系统中有关概念、财务报告和内部控制",以及"会计软件"等内容。为《跨越世纪,面向世界 500 讲》教材之一,该教材共计 15 册。(张静)

F000171 **现代企业战略管理** 蔡希贤主编。

华中理工大学出版社 1998 年 11 月版。25.6 万字。12.80 元。系统地阐述现代企业战略管理的理论与实践，论证企业战略管理在现代企业管理中的地位和作用。全书分 9 章，前 5 章主要讨论如何正确地制定、实施企业的总战略。第六章至第九章分别讨论产品市场战略与竞争战略、多样化经营战略、技术创新战略、跨国经营战略等四个分战略的特点与要求。(陈晓娟)

F000172 **现代经营学** 孔伟成等编著。浙江教育出版社 1998 年 8 月版。27 万字。14.50 元。“现代软科学丛书”之一。在构思上突破了传统的写作方法，在内容与结构上，兼顾创新、系统和精练；在写作过程中，用经营战略到经营策略这一逻辑关系来统帅全书，即：从经营环境的分析出发，制定出适当的经营战略，并在这一战略的指导下，制定具体的市场营销策略、财务管理策略、人事管理策略、生产策略、研究开发策略和国际经营策略。在介绍各个具体策略的制定时，融合了作者最近几年的研究成果，采用了一些适合现代企业发展的新理论和成果。

F000173 **松下幸之助《一日一训》** 日本 PHP 研究所编，洪瑶楹译。黑龙江人民出版社 1998 年 2 月版。20 万字。18.50 元。松下幸之助经营庞大的松下电器产业，为世界瞩目，被誉为“经营之神”，发表过大量的著作和讲话，日本 PHP 研究所以其有关人生、工作、经营、国家、社会的著作和讲话中，选出了 366 条内容，以“一日一训”的形式编写成书。书中主要内容有 4 个方面：(1)享受更充实的人生；(2)提高工作成绩；(3)兴隆生意，发展企业；(4)对国家和社会的思考。(徐冲)

F000174 **经营败局通鉴** 卢业苗、史心田著。辽宁人民出版社 1998 年 5 月版。37.5 万字。22.00 元。精选在世界商品经济发展过程中，比较著名企业的精典败局 221 例进行剖析评点。对每一个败局案例，先点出生成败局的要害败因，然后围绕要害交待败局的来龙去脉，夹叙夹议，剖析评点。(孙绍军)

F000175 **黄金创意** 副名：跨世纪创业新财路。杨建燎等编著。广东人民出版社 1998 年 3 月版。48 万字。33.80 元。分上、下册。共 10 章，包括创业新路——冷门好圆老板梦、聚力创业——致富财路在脚下、创新商法、用心借力、巧造内功、创意思维、创新产品、扯旗造势、巧处公关和智囊聚会。(钟菱)

F000176 **超越数字** 副名：成功企业的取胜之道。[美]威廉 · L · 西蒙著，陆正飞译。东北财经大学出版社 1998 年 5 月版。28.8 万字。23.00 元。“顶级管理经典系列丛书”之一。书中对美国不同行业的 25 家企业的行政主管和财务总监进行独家采访，内容包括推进企业发展的财务战略革新；实现财务战略的报告、分析和培训体系；完善和控制财务战略的诀窍。专家们的经验和建议揭示企业获得强有力竞争优势的奥妙，必须重新审视企业的实力和优势，提高企业的盈利能力和做出有效的竞争决策仅仅局限于数据表层的涵义是不够的，还要不断寻找获利机会，为自己的企业建立强大的竞争优势和良好的发展前景。(石建华)

F000177 **策划旋风** 副名：王志纲中国巡回演讲实录。王志纲讲演，石声整理。广东经济出版社 1998 年 4 月版。28 万字。23.80 元。真实记录了王志纲于 1997 年年末半个月中在广州、深圳、上海、南京、天津、杭州等六个城市的演讲实况，其中有对思想、案例的介绍，也有王志纲每到一处对当地民情的精辟论述，内容涉及社会、经济、个人奋斗等广博的领域。其中分析和思考可以激活听众的思维，有助于读者进一步了解王志纲的策划思想，了解策划在中国的兴起及其理论与实践，了解和认识中国改革开放后的发展之路。收入“王志纲策划文库”。(徐雨苍)

F000178 **赢家通吃的社会** [美]罗伯特 · 法兰克等著，席玉平译。海南出版社 1998 年 2 月版。20.5 万字。16.80 元。讲述了一个无法抵挡的市场潮流上——难于数计的人才，穷毕生之力角逐，冠军赢家获得天文数字的报酬，但亚军之后就全是输家，所得少得可怜，这就是“赢家通吃的社会”。如，过去二十年来，我们只欣赏明星运动员和演艺人员，重金礼聘，而与他同台献技者收入与地位却微不足道，如今这种潮流已经显著地左右了经济格局。同样的境遇已经延伸到司法、医学、高等教育、银行投资、时装、出版、媒体和企业管理人员领域，这些行业中的人，知识技艺差距无几，所得却有天壤之别。(苏斌)

F000179 **世纪之交的全球企业发展** 陈东琪主编。东北财经大学出版社 1998 年 12 月版。共 82 万字。全套共 50.00 元。分《世纪之交的全球企业发展：企业改革新思路与方法》和《世纪之交的全球企业发展：企业管理新思路与方法》两册。围绕着企业创新这一主题，讨论现代企业发展的两个核心问题，即改革和管理。从概念、历史渊源、国外专家学者对其的理论发展和研究、中国理论界最新研究成果和观点，以及在实践中所遇到的问题和面临的困难等方面，一一作了论证和阐述，指出在知识经济时代，现代企业的生存和发展必须依赖的两个途径:制度改革和管理创新。在案例方面,紧紧抓住经济时代这一特征,比较中外大中型企业在这些方面的成功经验和不足之处,结合中国的国情,提出了解决问题应有针对性和务实性。(*石建华*)

F000180 **世纪之交的全球企业发展:企业改革新思路与方法** 陈东琪主编。东北财经大学出版社 1998 年 12 月版。40.2 万字。25.00 元。以改革为题,分上下两篇讨论海外企业改革和中国企业改革。上篇介绍海外企业改革的背景、动因,发达国家企业制度的变革情况,发达国家国有企业的非国有化及改革在苏联、东欧、亚洲新兴工业化国家的不同情况。改革在西方形成多元化趋势,而亚洲经过金融危机后急需变革,在走向知识经济时代这个大背景下,企业应考虑如何加速进行多元体的行为整合,变革经营制度,协调好各方面关系,用全新的经营理念指导企业的改革和发展。下篇回顾总结中国企业改革 20 年的过程及放眼 21 世纪的总体构想。国有企业经历了破产,并购,股份制等一系列模式,产生了不同于其他国家的特色。进入 21 世纪后,为了应对全球经济发展的新形势,中国企业需要进行全面创新,包括制度、技术和管理这三个方面的创新,提高竞争力,推动企业的改革和发展。(*石建华*)

F000181 **世纪之交的全球企业发展:企业管理新思路与方法** 陈东琪主编。东北财经大学出版社 1998 年 12 月版。41.8 万字。25.00 元。上篇讨论海外企业管理,介绍海外企业管理思想发展的历史,发达国家企业管理模式与特色,进入 90 年代以来海外企业经营管理体制的新变化和企业管理新思路等。处于全球一体化过程中的东西方企业管理思想和模式,既有个性,又有共性,已出现互相交融和彼此促进的趋势。21 世纪全球经济发展出现新变化的情况下,企业将从以物本管理为主转到人本管理为主,其管理模式的主流趋势是多样化,以更加适合本国的文化传统、企业规模、技术水平和员工特点等。下篇讨论中国企业管理,展示中国企业经营管理的现代化历程及进入 90 年代以来中国企业管理的新机制、新思路和新方法。中国企业在向管理的专业化、系统化、技术化和智能化挑战。在从工业经济向知识经济转变的世纪之交,应努力改变管理体制和方式,调整管理的战略和策略,提高管理的技能和水平,实施新的人才工程。(*石建华*)

F000182 **成功规则与惯例** 副名:发达国家现代企业制度和人事管理。国家人事部国际交流与合作司编。辽宁大学出版社 1998 年 12 月版。20 万字。20.00 元。分 4 卷重点介绍美国、法国、德国、日本 4 个国家现代企业制度和人才资源开发情况,在美国卷中,第一、二章分别介绍美国的经济管理体制,美国现代企业制度;第三章详细介绍美国企业的人力资源管理,详述企业人力资源的管理模式、特点;企业的薪金制度,企业社会保障体系;人力资源管理趋势及信息技术化,第四章介绍美国企业高级管理人员队伍和人才市场。在法国卷中,介绍企业人才的招聘管理和法国政府与企业的关系。在德国卷中,介绍德国政府宏观经济调控政策和西门子公司的人事管理和人才开发。在日本卷中,介绍日本现代企业管理制度,日本企业人力资源开发等等。通过了解国外企业的做法,给人以启示和借鉴,是推进我国现代企业制度的建设,提高企业现代管理水平的良好参考读物。(*张露丽*)

F000183 **现代企业与商业的经营管理·(1)企业的组织结构与组织管理** 美国加州旧金山州立大学著,《现代企业与商业的经营管理》编译组编译。中央广播电视大学出版社 1998 年 12 月版。18.5 万字。11.50 元。为《跨越世纪,面向世界 500 讲》之《现代企业与商业的经营管理》系列的第一册,包括:"经营世界级竞争"、"公司管理体制——股份制"、"公司选举和控制"、"在公司管理中新兴的 LBO 的作用"、"组织行为和结构中有关领导、群众行为、决策、文化、权利与政治、学习和创新"等内容。(*张静*)

F000184 **企业兼并与收购实务** 郭永清主编。东北财经大学出版社 1998 年 1 月版。29.7 万字。17.00 元。"企业改革运作实务丛书"之一。介绍了企业兼并收购的理论与实务,列举了国内外兼并收购的典型案例,包括兼并收购的涵义、动因及类型,在我国的发展过程中取得的成效。阐述企业的兼并是一项有风险的业务,要制定收购战略就必须了解多角化经营、产品生命周期、市场占有率等基本概念对收购目标进行选择和审查,对目标企业有正确评估,同时还要解决企业兼并收购的财务管理及税收和法律问题。在附录中,对宝安集团及伍尔沃思公司等国内外典型公司的收购及重组过程进行了总结和思考。在书的最后收入了我国颁布的各项收购法规、制度。(*石建华*)

F000185 **并购策略** 副名:国际企业兼并收购大案透析。曹永刚主编。东北财经大学出版社 1998 年 6 月版。22.7 万字。18.00 元。"资本理念丛书"之一。介绍企业并购作为优化资源配置的有效手段，在西方国家由来已久，并随经济全球化趋势的加快，使一些巨型企业和跨国公司重新得到发展的契机。在金融业，1998 年 4 月美国花旗集团对旅行者公司的兼并造就了全球最大的金融服务公司，与此同时，美国第一银行同第一芝加哥公司合并后，将成为全美第五大银行，美洲银行和国民银行合并后，将成为美国第二大银行。在制造业，宝马公司对劳斯莱斯的收购，波音兼并麦道，都是企业并购的典范。通过这些并购个案不难看出，在现代企业兼并浪潮中，强强联合是企业并购的大趋势，并购双方能利用彼此的优良资产达到进一步拓展市场以取得共同发展的目的。（石建华）

F000186 **CI 设计** 张天一著。辽宁师范大学出版社 1998 年 8 月版。19 万字。42.00 元。共 7 章。其中前两章介绍了 CI 的定义、功能及生成的外在和内在条件以及 CI 在国外及国内的发展。第三章介绍了 CI 的构成。其构成因素分三个方面，即：MI（理念识别）、BI（活动识别）、VI（视觉识别）三者相互推衍的交集即是最完整的 CI。第四、五、六、七章主要从 CI 的实际操作应用方面进行了阐述，包括企业名称与标志设计、基本要素设计、VI 应用要素设计等，并附有大量实例图片等。（杨文杰）

F000187 **现代企业与商业的经营管理·（2）企业的经营谋略** 美国加州旧金山州立大学著，《现代企业与商业的经营管理》编译组编译。中央广播电视大学出版社 1998 年 12 月版。44.4 万字。24.50 元。共 2 册。包括："现代企业的兼并与收购"、"收购的原因：正确的和错误的"、"公司重组"、"战略管理"、"现代企业的经营管理"、"新产品开发"、"金融风险管理"、"零售业与连锁店管理"等内容。为《跨越世纪，面向世界 500 讲》教材之一，该套书共计 15 册。（张静）

F000188 **资产评估** 田欣毅、姜楠主编。东北财经大学出版社 1998 年 12 月版。26.3 万字。18.00 元。"中国注册会计师实务丛书"之一。突出资产评估实务及实用性和可操作性的同时，着重阐明了资产评估的基本原理、基本方法和各类资产的评估技术，并有一定的评估示例。（石建华）

F000189 **营销网络战略** 吕一林等著。广东经济出版社 1998 年 8 月版。23.3 万字。16.80 元。系统介绍了各种营销中介机构，包括传统的批发商、零售商、代理商以及较新的营销网络组织系统，包括连锁商、特许经销和制造企业的一体化销售组织，同时还阐述了企业营销网络选择有关的问题、程序和方法。还介绍了 20 个不同行业企业营销网络构成及策略的案例，最后阐述了营销网络管理的方法。（李远谋）

F000190 **中国技术监督年鉴 1997** 中国技术监督年鉴编辑委员会编。中国标准出版社 1998 年 3 月版。117 万字。156.00 元。以丰富翔实的资料，全面、系统、真实地记录全国技术监督系统 1996 年的工作。反映出 1996 年各级技术监督部门全面加强对质量工作的宏观指导，围绕提高监督的有效性，坚持生产、流通领域一起抓，国产、进口商品一起查，质量监督的广度、深度、力度得到进一步强化，有效地促进了产品质量提高；深入开展打假治劣，净化市场环境，在维护社会主义市场经济秩序方面发挥了重要作用；标准化工作紧密结合经济建设需要，积极探索新思路，计量工作取得新进展，为促进国民经济和社会发展发挥了技术基础保证作用；质量认证工作取得突破性进展，技术监督与国际惯例接轨迈出较大步伐。（周俞斌）

F000191 **打假工作手册** 国家质量技术监督局政法宣教司编。中国标准出版社 1998 年 1 月版。26 万字。26.00 元。内容包括 1992 年以来全国人大、国务院颁布的有关"打假"的法律、法规，中共中央、国务院及所属各部门的有关文件，中央领导同志的重要讲话，省级以上质检部门打假联系电话。（周俞斌）

F000192 **生产与运作管理** 蒋贵善等编著。大连理工大学出版社 1998 年 6 月版。23.5 万字。14.00 元。工商管理硕士（MBA）教材之一。分 10 章，除充实了服务系统管理的内容外，还把侧重点转向企业高中决策层的管理活动，强调了生产战略、产品开发、新工艺技术与自动化的应用、生产能力发展规划等的长期决策问题，增加了全面质量管理（TQM）、物料需求计划系统（MRP）、准时生产制（JIT）等新型生产系统的概念和知识。（邓玉萍）

F000193 **现代生产管理学** 张青山、姜国庆主编。东北大学出版社 1998 年 5 月版。49.9 万字。20.00 元。在全面介绍企业生产管理基本理论和基本方法的基础上，力图比较系统地吸收当代生产管理的各种新观点、新理论和新方法，注重从中国企业现在和未来的生产管理实际所需要的理论与技能出发，强调对生产管理的系统思想、战略思想、管理素质、综合管理能力和丰富的管理技能的培养。全书分 15 章。包括：生产系统、生产过程和生产类型，战略性生产决策，生产技术准备，生产过程的空间组织，生产过程的时间组织，流水生产组织，成组生产组织，网络计划技术，生产计划工作，生产作业计划工作与期量标准的制订，生产作业计划的编制，生产作业控制，生产现场管理，物资消耗与库存管理，设备综合管理。(刘淑芳)

F000194 **研究与开发战略** 张仁侠编著。广东经济出版社 1998 年 8 月版。18.8 万字。14.00 元。首先说明科学技术是第一生产力的内涵以及如何结合我国国情来认识和实施这一战略思想。企业在研究与开发中最显实效的东西是技术改造和产品开发，书中对此作了实操性的论述，介绍了企业如何以市场为导向，讲求经济效益地去进行技术改造和产品开发。此外，还对一些著名企业进行研究与开发的成功案例进行介绍，以说明科学技术的作用和推动企业进步的力量。(李远谋)

F000195 **品牌战略** 张世贤著。广东经济出版社 1998 年 8 月版。21.8 万字。18.00 元。“现代企业全球战略丛书”之一。把品牌战略放在国际市场竞争的大背景下，作为企业总体战略的一个核心部分来加以讨论，其基本逻辑结构是将企业品牌战略分为内在战略和外在战略两个部分：外在战略包括品牌设计、策划、广告宣传、市场营销等战略要素；内在战略包括质量、技术、人才、规模和品牌的内在价值等战略要素。此外，还列举了大量的世界品牌成功的事例，揭示了品牌战略的重要性、品牌成长的规律以及品牌要素之间的有机联系。(李远谋)

F000196 **超越改革——以流程为中心的组织如何改变着我们的工作和生活** [美]迈克尔·哈默著，沈志彦等译。上海译文出版社 1998 年 11 月版。19.2 万字。18.30 元。“改革丛书”之一。继《改革公司》后又一本著作。作者认为企业改革的关键是改革生产经营过程(即业务流程)以及与之相应的组织结构和规章制度。主张在当今全球化经济中企业要获得生存和发展必须重组业务流程，摒弃过去工业化时代沿袭下来的以任务为导向的组织，变成以流程为中心的企业。全书分 4 个主要课题来论述。第一部分“工作”，第一到第四章，探讨以流程为中心的工作的本质，以及以业务流程为中心所取得的成果。第二部分第五章到第九章，研究的是“管理”，论述以流程为中心的新的管理的特点。第三部分第十到第十三章是关于“企业”的问题，例举了一些大公司正反两方面的经验。这些问题必定成为 21 世纪企业领导人的议事日程。第四部分，即最后三章取名“社会”探讨了以流程为中心的组织对人们的工作和生活的影响。(沈志彦)

F000197 **精简·灵捷·柔性生产系统** 孙林岩、黄映辉著。陕西人民出版社 1998 年 12 月版。20.6万字。13.00 元。将柔性、精简、灵捷的三种新型制造生产方式的优点综合起来，提出了“精简——灵捷——柔性(LAF)生产系统”的制造生产方式。其内容分为 4 个部分：(1)制造资源集成原则的提出与论证；(2)基本制造资源集成原则构建 LAF 生产系统的集成模型；(3)围绕 LAF 生产系统的集成模型所刻画的 LAF 生产系统的三个基本特征，分章别类地研究基本信任的合作机制、四个层次的制造资源集成体和 LAF 企业的基本方面；(4)在理论推演和案例分析的基础上探讨在中国现阶段实施 LAF 生产系统的可行性。同时，提出了一个重要的观点：现代制造生产以追求生产有效性为首要目标；制造分工(专业化)原则因其严重割裂制造资源而不能再将之作为先进制造生产方式的基石；制造资源的快速有效集成应是先进制造生产方式的指导思想。收入“系统与管理科学研究文库”。(常平阳)

F000198 **区位决策** 魏后凯编著。广东经济出版社 1998 年 8 月版。20.6 万字。16.00 元。“现代企业全球战略丛书”之一。主要以当今世界著名跨国公司为案例，分析阐述现代企业全球扩张过程中的投资区位决策和空间组织问题，从企业和企业家的角度来探讨现代企业的投资区位决策、空间行为和组织结构问题。(李远谋)

F000199 **外商投资企业会计(修订本)** 常勋主编。中国财政经济出版社 1998 年 4 月版。45.2 万字。22.00 元。全国财经类通用教材。1991 年初版，修订本由原来的 15 章 52 节增至 20 章 68 节。修订本尽可能广为收集有关的法律、法规、规章、制度；同时也重视系统的理论概括，并对一些问题提出了自己的见解。全书的内容包括：概论、外商投资企业的税务、外币业务核算、投入资本的核算、货币资金、有价证券和商业账款的核算、商业票据的核算与国际、国内结算方式、存货、固定资产和在建工程、无形资产和其他资产、长期负债、长期投资、生产成本、销售、利润和利润分配的核算、会计报表的编制与分析等。在各章内容的分节安排上，把具有一定深、难度的内容，集中在同一节，并且为了反映我国会计改革以及税务体制和外汇管理体制等方面的改革过程，在章后增写了“章末附注”。(郭兆旭)

F000200 **西方公司理财实务** 云伟宏等编著。中国金融出版社 1998 年 3 月版。31 万字。19.00

元。包括投资、融资和涉及到这两方面的一些特殊问题共 3 个方面的内容。首先介绍了折现现金流量、资本资产定价模型和期权价格理论等基本理论，然后运用这些理论围绕投资、长期和短期融资以及企业兼并、重组和企业国际财务管理等问题对公司理财的理论和实务展开了详尽的讨论。本书具有如下特点：一是内容比较全面。系统完整地介绍了“公司理财”这门学科；二是内容比较新。如对不稳定性、风险、期权等方面的内容都有较全面的介绍；三是有一定的理论深度。如涉及了资本资产定价模型(CAPM)、资本结构、市场效率等内容。（王海晔）

F000201 **成本管理理论与方法研究** 欧阳清著。东北财经大学出版社 1998 年 6 月版。29.6 万字。20.00 元。论文集。选用了 1980 年以来发表的部分文章和所作报告，内容涉及成本改革综述，成本决策和成本控制、成本核算、成本分析及责任会计等，主要探索在新形势下加强成本管理的新思路。这些文章有的是在对一些企业成本管理新发展的研究，有的通过对国外成本会计的研究，探索建立具有中国特色的成本管理，有的是作者的科研成果，经企业应用和检验后写成的。在实务方面，大连机床厂、大连钢厂、沈阳重型机械厂、鞍钢等大型企业提供了财务资料。收入“东北财经大学教授文库”。（石建华）

F000202 **企业破产与清算实务** 栾甫贵著。东北财经大学出版社 1998 年 5 月版。29.7 万字。18.00 元。探讨和研究企业破产与清算中的实务问题，规范清算的操作，维护债权人与债务人的合法权益，才能促进社会主义市场经济秩序的正常化。近年来，清算企业数量日益增多，范围不断扩大，成绩显著，同时也暴露一些清算中的问题，表现在清算程序不规范，清算管理人繁杂，清算费用缺乏合理标准，清算监督不规范，清算报告不一致等问题，这些与缺乏对企业清算实务的科学化、规范化研究有直接关系。（石建华）

F000203 **企业资本运筹学** 罗辉主编。湖北人民出版社 1998 年 9 月版。55.4 万字。29.80 元。主要内容包括筹资、投资、资产运行以及企业资本直接运作为特征的资产重组。运用运筹学、企业管理学、管理经济学、管理会计学、投资经济学以及财务管理、库存管理、设备管理等相关学科的理论与方法，立足于市场经济条件下企业管理的实践，以提高权益资本收益率、实现利润最大化、促进企业资本保值增值为目标，对企业资本运动的全过程和资本的三种职能，采取静态分析与动态分析相结合，以动态分析为主；定性分析与定量分析相结合，以定量分析为主的分析方法，探求最大限度降低资本成本，选择最佳资本投资方案，提高资本运行效率，促进资产重组，优化资本结构的一般规律和方法的一门应用科学。（程世德）

F000204 **财务管理** 栾庆伟、迟国泰主编。大连理工大学出版社 1998 年 6 月版。35 万字。14.00 元。工商管理硕士(MBA)教材之一。全书突出以下特色：1. 体系结构的完备性；2. 传递财务管理的前沿信息；3. 体系内容的重组性；4. 为建立现代企业制度服务；5. 立足于学生能力的培养；6. 兼顾知识体系的整体性；7. 注重理论与方法体系的优化；8. 突出案例教学。（邓玉萍）

F000205 **现代企业投资理论** 刘晨晖著。武汉测绘科技大学出版社 1998 年 6 月版。89.1 万字。42.00 元。分上、下两篇，共 21 章。分别从宏观与微观方面系统论述企业经济理论的体系、理论和政策，以及现代企业投资活动的具体内容与操作技巧，从理论与实践的结合上建立起一个完整的理论体系。首先对宏观经济理论研究流派进行介绍和分析，指出目前最完整的宏观经济理论体系仍是凯恩斯理论，企业投资理论在凯恩斯理论中占有重要地位。同时，还指出传统的微观经济学理论也尚未研究这个问题。然后，从理论与实践两方面，对企业投资进行了进一步的探索，提出并着重研究了企业最重要的投资活动——对于设备与厂房的固定资产投资。全书始终贯穿着这样一条线索，即从宏观上看，在现代市场经济条件下，如何为企业投资创造良好的环境，使之能有序、有效地进行；从微观上看，企业应如何优化投资结构，主动适应现代市场经济规律，从而获得最大的投资效益。（李蓬）

F000206 **资本扩张** 郭元晞著。西南财经大学出版社 1998 年 4 月版。34 万字。29.80 元。对资本扩张问题从理论和实践两方面深入地进行了阐述。资本扩张的重要性对于今天的中国来说不仅是任何人任何企业都希望把生意做大，拥有更多的资本，而且是中国经济要再上一个新台阶的关键。资本扩张表现形态也多种多样，作者根据自己 20 年来对国内外 2 000 多个企业的考察以及参加企业改革、改制、发展等方案制作的实践。在书中侧重于操作性的论述，对资本扩张的途径、方法和技巧进行了阐述。全书分为 9 章，内容包括：资本扩张是企业的普遍追求；企业内部的资本扩张；通过股份制进行扩张;通过兼并实现扩张;通过收购实现资本扩张;通过银企商合作实现资本扩张;建立大企业集团;建立跨国公司;政府在资本扩张中的作用。

F000207 **资本营运概论** 罗崇敏、汤国辉编著。云南大学出版社1998年6月版。21万字。17.00元。从资本的本质,资本营运的环境、意义、条件、特性、内容、理念、战略、机制、方式形态,企业兼并、收购和资产重组,资源优化配置,国有资本营运体制改革等方面做了有益的探讨,并综合提出了一些新的见解,还介绍了资本市场、投资、国际资本营运的一些知识。从理论、方法、手段方面,回答了现在人们在实践中遇到的并普遍关心的问题,例如:存量资产如何通过流动和重组来发挥其经济潜力,如何培育、发展、壮大优势企业,如何实施兼并、收购和重组来实现资源配置的优化,企业如何进行资本营运和扩张等。(冯峨)

F000208 **最新股份制企业财务会计丛书** 庄恩岳主编。中国财政经济出版社1998年8月版。200万字。125.00元。以新股份制企业会计制度为编写依据,并依照相关的法规、制度及国际惯例,详细阐述新股份制企业会计制度下企业财务会计所涉及的5个方面的理论与实务,具体内容包括:《最新股份制企业会计核算》、《最新上市公司会计报表阅读与分析》、《最新股份制企业审计实务》、《股份制企业财务风险与防范》与《股份制改造与会计核算》。每册各约40万字,每本定价25元。《最新股份制企业会计核算》详细阐述了股份制企业会计核算的理论和实务,包括股份制企业会计核算概论、会计前提与核算原则、会计要素核算实务与会计报表编制原理等内容,同时说明了股份制企业新旧会计制度的转轨变型。《最新上市公司会计报表阅读和分析》详细阐述了新股份制企业会计制度下的上市公司所涵盖的会计报表的阅读和分析的理论与实务,包括对资产负债表、损益表、现金流量表、合并会计报表的的阅读和分析等内容。《最新股份制企业审计实务》主要阐述了新股份制企业会计制度下股份公司审计的理论和实务,包括股份公司审计概述、资产审计、损益审计和一般会计报表审计以及合并会计报表审计等内容。《股份制企业财务风险与防范》详细阐述了股份制企业风险与防范的理论与实务,包括股份制公司的筹资、投资、经营管理、利润分配的风险及防范,以及股份制公司合法避税与正确处理外部经济监督的关系等内容。《股份制改造与会计核算》详细阐述了股份制改造与会计核算的理论与实务,包括企业的兼并、资产重组、集团改造、破产及其会计核算和企业股份制改造的资产评估及会计核算等内容。(董云)

F000209 **经营透视** 副名:企业分析与评价。[美]克雷沙·帕利普等著,李延钰译。东北财经大学出版社1998年5月版。28.8万字。22.00元。"顶级管理经典系列"丛书之一。从财务战略角度讲述企业分析与评价的系统、方法和策略,提出四种财务方面的分析策略:经营策略分析、会计分析、财务分析、预期分析等。对康柏电脑公司等4家国际大企业系列化案例分析,透视和反思企业经营中的营销思想,建立一种全新的企业分析与评价策略。(石建华)

F000210 **上市公司** 何志勇、封希德等主编。西南财经大学出版社1998年8月版。27.5万字。28.80元。全书分为上、中、下3篇:上市公司策划;上市公司运作;上市公司管理。

F000211 **企业股份制改革最新法规汇编** 国家体改委生产体制司编。同心出版社1998年2月版。33万字。20.00元。"跨世纪经济改革系列丛书"之一。主要精选、汇编了《公司法》颁布实施以来至1997年12月的关于国有企业股份制改革的政策法规,包括股票发行与管理、土地、工商、人事及有关中介机构介绍等内容。(王小云)

F000212 **股份公司理论与实务** 孙智著。山西经济出版社1998年1月版。27.8万字。16.80元。以《公司法》及相关法律、法规为主线,为各类公司的组建提供基本程序和操作方法;对如何按照经济原则实现公司的目的;如何把握股市的运作规律做出指导。(王宏伟)

F000213 **股份合作制操作指南** 国家体改委生产体制司编。同心出版社1998年2月版。26.5万字。15.00元。"跨世纪经济改革系列丛书"之一。主要介绍中小企业改为股份合作制企业的原则、方法、步骤及相应的政策。(王小云)

F000214 **股份制公司设立与上市申报范本** 国家体改委生产体制司编。同心出版社1998年2月版。27.40万字。16.00元。"跨世纪经济改革系列丛书"之一。精选了这几年国有企业转为股份制公司及其上市申报的规范文件资料,是拟将进行股份制改革企业在文件准备上的重要参考材料。(王小云)

F000215 **股份制企业财会丛书** 东北财经大学出版社1998年版。包括刘永泽的《股份制企业财务会计》、张鸣的《股份制企业管理会计》、刘淑莲的《股份制企业财务管理》、袁晓勇的《股份制企业审

计》等 4 本。涉及了股份制企业财务会计的多个方面。(石建华)

F000216 **股份制企业管理会计** 张鸣主编。东北财经大学出版社 1998 年 4 月版。35.4 万字。20.00 元。"股份制企业财会丛书"之一。在一般管理会计教材的基础上,有针对性地介绍管理会计在股份制企业中运用的特点等有关问题,并增加了证券投资决策、质量成本管理、作业成本制度和人力资源会计等目前股份制企业急需加强和重视的内容。(石建华)

F000217 **乡镇企业经营学** 任玉平主编。山西经济出版社 1998 年 12 月版。22.1 万字。25.00 元。针对乡镇企业经营管理和技术资金上存在的问题已无法适应当前宏观经济形势的重大变化和两个根本性转变的迅速推进,分 12 章论述乡镇企业的异军突起、经营战略和经营环境、乡镇企业的经营决策、计划组织分析、调查与预测、产品开发、生产管理、市场营销、经营评价等内容。(董利斌)

F000218 **创业之路** 副名:自己当老板所面临的 76 项抉择和 26 种结果。[美]大卫·L·雷、克利格·R·希克曼著,胡英坤译。东北财经大学出版社 1998 年 5 月版。26.2 万字。21.00 元。"顶级管理经典系列"之一。展示了自己当老板所面临的抉择以及由此引起的难以预料的结果。从分析目前景况,立即行动开始,展示了如何建立咨询与培训公司,如何创办汽车配件制造公司,如何购地,寻找大客户,如何培训员工等细节的抉择和可能导致的结果,不管做出什么决定,都要进一步分析并采取行动,必须在财务、竞争、市场份额、个人意愿以及更多的事情进行反复推敲,每一个决定都可能使你接近成功一步或接近失败一步。(石建华)

F000219 **股份制企业财务会计** 刘永泽等编著。东北财经大学出版社 1998 年 4 月版。32.6 万字。18.00 元。"股份制企业财会丛书"之一。根据我国有关股份制企业的法律、法规、财务会计制度及有关文件编写的。主要阐述股份制企业会计核算的基本理论和基本方法,包括股份制企业特征和会计核算的特点,与股份制企业相关的基础知识,股份制企业会计报表的种类和编制方法,股份制企业报表分析的原理及方法。吸收了国外股份制企业会计管理的科学方法,介绍股份制企业会计管理的经验。(石建华)

F000220 **股份制企业财务管理** 刘淑莲编著。东北财经大学出版社 1998 年 4 月版。29.7 万字。17.00 元。"股份制企业财会丛书"之一。以股份制企业理财为主体,以风险与收益为主线,概括了财务管理的基本理论和实用技术。基础篇主要阐述股份制企业财务管理的目标,证券估价,风险与收益等,以资产负债表的结构作为全书主体篇章,先后介绍了长期投资决策、长期筹资决策、流动资产与流动负债管理等实用方法与技术。全书采用"案例教学法",八佰伴集团的破产、西单商场与友谊集团的联合等案例,分析企业理财实务中的成败得失,经验教训。在财务管理模式与我国国情相结合的研究中,为读者提供一种理财思路和导向。(石建华)

F000221 **中国当代企业家成长研究** 吴光炳著。陕西人民出版社 1998 年 9 月版。19 万字。10.00 元。通过国内外典型事例剖析表明,一个成功的企业面前,必然站着一个成功的企业家,而一个繁荣昌盛的国家,必然拥有一个日益壮大成熟的企业家阶层和企业家群体。对于培养和造就企业家队伍,特别是把一部分国有企业经营者转变为企业家,作者在作了大量的调研分析后,梳理出这样一个"系统"思路:一是建立企业家激励机制——这是挖掘企业家才能的基点,也是转轨时期企业家顺利成长的重要条件,分享制是实现企业家激励的基本方针。二是建立企业家约束机制——建立健全约束机制是企业家健康成长的必要保障,它为企业家设置了行为规则,有如美国经济学家沃森和霍尔曼所言,约束"你不能做的事情",以保证企业生产经营活动健康有序地发展。三是营造企业家成长的社会环境,为企业家茁壮成长提供肥沃的社会土壤。(李晓锋)

F000222 **中国企业批判** 陈惠湘著。北京大学出版社 1998 年 1 月版。18 万字。15.00 元。《联想为什么》的姊妹篇。从目前我国企业界中普遍存在的问题入手,从企业家产生的外部环境、企业家素质、企业家精神、企业的组织创新、市场创新、企业发展战略、企业的用人观、企业激励机制、市场竞争观念、专业化与多元化发展策略、竞争与合作的辩证关系、资本经营与兼并收购等多个视角,对企业管理当中的错误认识进行了深入的分析与鞭挞,提出学习国外先进管理经验与经营之道,发展民族工业,尊重知识、尊重人才、转变企业观念、完善企业创新机制的观点。(符丹)

F000223 **国企改革:转轨与创新** 副名:从广东的实践看未来中国改革的路向。陈祖煌等著。中山大学出版社 1998 年 12 月版。38.5 万字。29.80 元。设导言和 12 章。在回顾和反思我国及广东国有企业改革的实践历程的基础上,立足于广东,解剖典型案例;放眼于全国,进行理性分析,系统探讨和全面论述了新时期国有企业改革的任务、思路、关键、重点、核心和目标,详细分析国有企业改革、国有经济战略性重组同整个经济体制改革的关系,从发展大企业集团、放开搞活小企业、强化资本运营、加强技术创新、完善社会保障机制、再造乡镇企业发展新优势等方面,提出并论证了面向新世纪、具有操作性的改革思路和发展对策。书末附有20年国有企业改革大事记。在写作思路和方法上,全书具有以下三个显著的特点:第一,把国有企业改革研究放在整个经济体制改革的大前提下进行;第二,把广东的国有企业改革研究放在全国的国有企业改革的大背景中进行;第三,立足于我国国有企业改革的实际,探索未来中国经济体制改革的路向。(谭广洪)

F000224 **乡镇企业发展与保障** 文立人著。四川科学技术出版社1998年版。40万字。35.00元。从现代农业经济学和法律的功能角度研究、探讨乡镇企业的发展。第一部分主要介绍乡镇企业的产生、发展、作用,对传统农村生产力的突破与农村经济的贡献;面临的挑战与展望;第二部分以颁布并实施的乡镇企业法为主轴,对乡镇企业的任务、原则,它的设立、变更、终止和管理,国家对乡镇企业的各项政策,乡镇企业的法律责任等作介绍。其特点有三,即理论性强,具有一定的法制性,依法性。(牛小红)

F000225 **乡镇企业的异军突起与农村现代化** 马恩成等著。广东人民出版社1998年12月版。25万字。25.00元。"邓小平理论与广东实践研究丛书"(第二辑)之一。概括和分析广东农村20年来改革、开放与发展的历史和经验;具体地阐述广东乡镇企业的诞生与发展、体制转变与创新;着重分析顺德市乡镇企业的产权制度改革,广东外向型企业的发展以及珠江三角洲、东西两翼、粤北山区等不同类型地区乡镇企业的发展特点及经验;论述我国农村工业化、农业现代化、乡村城市化、城乡一体化的内涵及其相互关系,以及广东在这些方面的发展历程及主要特点;展望以乡镇企业为主体的农村工业化的发展趋向并提出若干对策建议。(杨小虹)

F000226 **中国乡镇企业运行机制与发展研究** 副名:中国地区经济发展研究中心重点研究课题。黄鹏章著。中国财政经济出版社1998年4月版。21.2万字。12.00元。在重塑乡镇企业新机制、乡镇企业应与生态环境协调发展、乡镇企业产权制度改革等方面进行深入研究,并从理论与实践相结合的角度,研究分析我国乡镇企业的运行机制、竞争机制、动力机制、约束机制及宏观调控机制,阐述乡镇企业应当在横向经济联合、产权制度改革、实施名牌战略、扩大对外开放和经济、社会、生态环境相协调中求得更大发展。书中对于重塑乡镇企业新机制,在体制上、企业组织结构上、所有制结构上及完善经营管理机制等方面的阐述有所创新,同时还提出乡镇企业应与生态环境协调发展的理论。在产权制度改革方面也有独到之处,如在组建股份合作制的过程中,企业净资产的计算,剩余资产的分割与界定,职工所有部分的分割与界定及分配方式与分配比例、建章立制方面均有创新。(贺锦娜)

F000227 **中国企业产权界定** 常修泽等合著。南开大学出版社1998年12月版。29.7万字。25.00元。运用马克思主义经济学的基本原理,借鉴西方经济学的最新研究成果,从实证的角度研究了中国企业产权界定的一些深层次的问题。分5篇:"总论篇"导入产权界定这一经济生活中的重要问题,对其基础理论作了一般性的分析,并分析在中国开展企业产权界定的客观必然性;"国有企业篇"在对中国国有企业改革的现实障碍深入分析的基础上,对国有企业产权界定运作进行分析和探讨,着重讨论企业中的国有资产、法人产权、个人产权的界定以及一些界定的难点和配套措施;"乡镇企业篇"对中国在由农业经济向工业经济的过渡中乡镇企业获得奇迹般的经济增长给出一个初步性的产权制度理论的解释,并在此基础上,提出乡镇企业产权界定的原则、模式和股权设置的具体方法;"城市集体企业篇"主要探讨劳动就业服务企业的产权问题,全面地分析劳服企业产权关系中存在的弊端,并对市场经济体制下的劳服企业产权界定进行了比较深入的研究;"相关问题篇"对与企业产权界定有关的资产评估、政府行为及利益分配、产权经营等问题进行探讨,并提出带有前瞻性的看法。作者的一些观点及书后附录的案例、相关法规对解决目前正在进行的中国企业产权界定中的难点问题,具有十分重要的意义。(胡晓清)

F000228 **世纪末的突围** 王承英著。黑龙江人民出版社1998年2月版。20万字。17.80元。分13章,包括:让思想冲破牢笼、突破樊篱天地宽、老大怎么样、船小快掉头、让名牌托起辉煌、我们舰队要出海、握紧市场的手、做活资本运营的大文章(重组篇、股份篇、兼并篇、破产篇)、给我一根撬杆、走近国企领导人等内容。(徐冲)

F000229 **企业的本质、治理结构和国有企业改革** 副名：现代企业理论研究论文集。朱光华、段文斌主编。南开大学出版社 1998 年 7 月版。33.1 万字。17.00 元。主要包括相互关联而又互相独立的 3 个部分。第一部分由 5 篇文章组成，包括：段文斌的《企业的本质：交易费用理论及其发展》、林国春、段文斌的《企业的内部结构(一)：代理理论》及《企业的内部结构(二)：资本结构理论》、段文斌的《企业的内部结构(三)：企业家理论》、林国春的《X 效率：对企业的一种非主流解说》，它们对企业理论及其最新发展进行评述。第二部分由 7 篇文章组成，包括周其仁的《市场里的企业：一个人力资本与非人力资本的特别合约》、张维迎的《所有制、治理结构及委托代理关系》、杨瑞龙、周业安的《一个关于企业所有权安排的规范性分析框架及其理论含义》、段文斌的《分工、报酬递增和企业组织变迁》、邵东亚的《企业并购：一种理论解说》、马杰的《企业并购的动机、机制与绩效》以及贾根良的《企业资本结构与融资策略》，这些文章主要讨论企业的治理结构及财务杠杆等问题。第三部分包括林毅夫、蔡昉和李周，朱光华和段文斌，以及张春霖等的 5 篇文章，讨论中国国有企业改革的取向问题。(胡晓清)

F000230 **企业股份制改革操作实务** 国家体改委生产体制司编。同心出版社 1998 年 2 月版。29.7万字。17.00 元。"跨世纪经济改革系列丛书"之一。主要介绍企业股份制改造的目的、原则、方法、途径和模式，其中包括改组为发行 A 股、B 股和 H 股的股份公司及改革中的难点和处理方法。(王小云)

F000231 **经济特区国有企业体制创新研究** 王鲁捷著。南海出版公司 1998 年 3 月版。通过特区内的国有企业与三资企业及股份制企业具体的经营效益与经营机制的比较、分析和研究，从特定角度向人们展现出经济特区国有企业存在的主要问题，并据此提出解决问题的"经济、政治、文化综合配套改革是特区经济体制创新的保障与发展方向"等要求和设想。(刘孝阳)

F000232 **脊梁** 副名：国有企业的机遇与挑战。赵国良等著。四川人民出版社 1998 年 2 月版。24.3 万字。20.00 元。详尽分析论述了十五大对国有企业提出的三大突破：一是所有制结构上的突破，重点是结构；二是公有制实现形式上的突破，重点是形式；三是支持国有企业改革政策上的重大突破。对五个战略措施，即鼓励兼并、规范破产、减人增效、下岗分流、再就业，作了具体的分析，几乎是分专章进行了阐述。书中大量总结了中国近 20 年改革的实践经验以及四川省 22 家国有企业改革的经验和教训，分析了四川长虹和青岛海尔的成功经验并在某种意义上作了对比性研究，同时列举了几个国际大公司的成功范例。(蒋咏宁)

F000233 **资产重组与股份化** 副名：国有企业改革的两大突破点。魏杰主编。河北人民出版社 1998 年 7 月版。21.20 万字。14.50 元。主要阐明资产重组与股份化的基本理论与具体对策，分为上、中、下 3 篇。上篇(第一章至第三章)资产重组：第一章，阐明资产重组的几个基本问题，如资产重组的迫切性、方式、类型，大企业集团、政府及行政手段的作用、剥离费用等问题；第二章，论述资产重组的主要途径；第三章，分析上市公司资产重组的动因，提出重组模式。中篇(第四章至第五章)股份化改制：第四章，阐明股份化的几个基本问题，如股份制与国有企业、股份经济与国有资产、国有权与一般股权等，提出股份化需要的良好条件；第五章，分析提出股份化的重要问题是国有股上市流通的观点及其具体建议。下篇(第六章至第八章)实现资产重组与股份化的社会经济条件：第六章，阐明要实现资产重组与股份化，首先要解决下岗人员再就业和企业走出债务困境问题，并提出基本思路；第七章，提出发展和完善我国资本市场的具体对策；第八章，提出造就应有的企业家阶层机制的基本思路与对策。(何瑞桐)

F000234 **职能定位与制度创新** 李由、陆跃祥著。贵州人民出版社 1998 年 12 月版。18.8 万字。14.20 元。"振兴国有企业研究丛书"之一。系统地论述了社会主义市场经济中的国有企业性质、职能和地位，提出了国有企业改革搞活的基本原则和方向。还比较和分析学术界、政府部门、企业界以及国外在国有企业的产权制度、企业组织形式、基础管理、内部管理制度、配套改革等方面的改革思路和措施，并提出了一些好的改革设想。(夏昆)

F000235 **中国人民大学中国经济研究报告(1996～1997)** 副名：向市场经济过渡中的国有企业改革。杜厚文等主编。中国人民大学出版社 1998 年 1 月版。31.9 万字。36.00 元。第一部分"加快推进国有企业改革的整体思考"对国有企业的现状进行实证分析，着重剖析了国有企业活力不足的原因，探讨进一步深化国有企业改革的指导思想，提出国有企业改革的整体思路，并就竞争性国有企业在进行股份制改造中如何强化制度创新的力度提出系统的构想。在其他几部分就国有企业管理体制、结构创新、企业并购与产权转让、技术创新与经济增长方式转变、债务重组与资本结构优化、放活国有小企业，以及融资、财政政策、职工下岗与社会保障制度等企业自身与外部环境方面分专题进行深入研究。每一部分均有内容提要，概括了该专题的主旨。

F000236　**现代商品流通理论与政策**　夏春玉著。东北财经大学出版社 1998 年 6 月版。26.3 万字。12.00 元。"中国当代经济前沿科学文库'98 卷"之一。以大框架、多命题来解释商品流通领域的各种现象、各种问题，在商品流通许多基本理论基础上，对商品流通实践、宏观、微观流通政策问题给予足够关注。以马克思流通理论作为现代商品流通理论研究的逻辑起点，对马克思流通理论进行了梳理和"解读"，重新界定了流通概念，提出了"流通可能性边界"和"产品沉淀"概念，并从理论上研究了商品流通理论规模与实际规模的决定问题，扩展了传统的"商业"概念，将商品流通政策的边界从传统的商业流通领域扩大到生产和消费领域。(*石建华*)

F000237　**国有企业改制及其相关问题研究**　刘永泽著。东北财经大学出版社 1998 年 5 月版。17.5万字。12.00 元。"中国当代经济前沿科学文库'98 卷"之一。从历史与现实两个角度出发，回顾国企改革的历程、剖析国有企业现状及存在的诸多问题，阐述建立现代企业制度的必要性及现代企业制度的特征和主要组织形式，指出改制中应解决的相关问题，包括资产评估问题、产权界定问题、股权设置问题和股权管理问题等。对以下几个问题的探讨富有新意：如何正确选择评估方法，对债权资产、长期投资应怎样予以评估，应该对资产评估、增值部分征税；负债界定应包括在产权界定范围内，在实践中有必要对债务实事求是地予以重新确认；股权设置中不能设置企业股等等。(*石建华*)

F000238　**微软之路**　兰德尔·E·斯特劳斯著，叶建云译。海南出版社 1998 年 11 月版。19 万字。19.80 元。讲述微软真实的故事，书中引用公司的各种文件、对其管理者和雇员的访谈、独立专家的评价。描述在微软公司工作的那种感受，竞争对手从微软运作中可以学到经验。介绍小公司如何跳到工业巨人的肩上，如 Intuit 公司、网景公司。最后向每位计算机用户发出一个信息：学习微软成功之处，比人云亦云地批评一个被扭曲的"微软黑暗帝国"更令人受益。(*苏斌*)

城市与市政经济

F000239　**中国大都市的空间扩展**　姚士谋主编。中国科学技术大学出版社 1998 年 5 月版。58 万字。35.00 元。全面系统地总结我国特大城市的发展过程与内部结构，阐述了我国特大城市的空间扩展阶段、扩展动力及扩展规律。分 3 篇 37 章。上篇概述中国城市化的历程和发展趋势，重点阐述城市现代化、国际化的本质及其相互关系，同时对我国建立国际性城市的基础条件、支撑体系和生态环境要求作理论与实例分析，得出了一些带有普遍意义的认识。中篇论述了 10 个全国性、大区域性的经济中心城市。下篇论述了全国 22 个百万人口左右的省会城市及重要的大城市，引用大量的最新统计资料(包括 90 年代各大城市总体规划修编的材料)，对每个大城市的历史演化、现阶段的扩展过程及 21 世纪的城市空间演化趋势作了系统归纳、分析和评价，反映了我国城市地理发展演变的最新面貌。(*高哲峰*)

F000240　**现代化城市管理·(1)现代城市发展的趋势与政府组织机构**　美国加州大学柏克利分校著，《现代化城市管理》编译组编译。中央广播电视大学出版社 1998 年 12 月版。24.1 万字。14.50 元。包括："现代城市发展的趋势与政府组织结构"、"地方政府官员在管理大城市时的作用与职责"、"振兴中心城市及其成功设计的发展趋势"、"新城镇开发和设计的趋势"等内容。为《跨越世纪，面向世界 500 讲》的《现代化城市管理》序列中的第一册。(*张静*)

F000241　**城市经济理论与实践探索**　饶会林著。东北财经大学出版社 1998 年 6 月版。33.5 万字。20.00 元。论文集。收录的是针对城市经济发展现实问题发表在各类报刊上的论文，也有少量随笔和见之于新闻报导的会议发言，内容涉及城市聚集经济、城市空间经济、城市结构体系、城市建设、管理等，同时对大连这座城市的改革及发展提出总结及建议。这些论文有的是论战性质的，有的是论说性质的，有的二者兼而有之，其中的一些观点在发表当时就曾引起过争议，从而引起一些有关的重大问题的探讨，得出有益于城市经济发展的结论。收入"东北财经大学教授文库"。(*石建华*)

F000242　**城市圈域经济论**　高汝熹、罗明义著。云南大学出版社 1998 年 2 月版。30.5 万字。18.00元。通过对城市圈域经济发展的世界态势分析和对美日印城市圈域经济发展的比较研究以及对中国城市圈域经济发展的实证分析，揭示出中国经济发展中在城市化推进和区域经济方面所具有的突出特点和存在问题，由此而提出中国的城市圈域经济模式并开创性地建立了城市圈域经济的理论体系。其创新和突出特点是：明确提出城市圈域经济作为一种现代区域经济发展的新理论其构成的三大基石是区域理论、城市体系理论和空间相互作用理论；认为城市圈域经济的演化一般要经过孤立城市发展阶段、单中心城市圈域经济形成阶段、多中心城市经济发展阶段以及大城市经济带发展阶段，且其发展既受自然环境因素的影响，又受社会经济发展基础和民族文化等因素的作用，而区域条件、基础设施和创新能力又具有十分重要的影响作用；提出了中国城市圈域经济的划分及界定，并将其应用于具体实践，界定出中国目前能构成城市圈域经济中心城市的大城市共有64个，从而揭示出中国城市圈域经济发展的基本态势和中国应选择以大城市为中心的城市圈域经济发展模式，以重构区域经济发展的新格局。（张丽华）

F000243　**住宅经济学**　张泓铭等著。上海财经大学出版社1998年12月版。37万字。23.00元。从建立社会主义市场经济体制的目标出发，分6大篇，对住宅的供求关系，对住宅生产、分配、流通、消费各环节，以及与住宅发展密切相关的金融问题作了论述。概论篇对住宅经济学作为一门系统学问所要解决的基本问题，包括研究对象、任务和内容，学科性质以及研究方法阐述了作者的看法；供求篇既研究了住宅需求和供给的一般规律，也研究了在当前和随后一段时期中，中国住宅需求和供给的特殊表现；建造篇讨论了与住宅的功能和质量相关的几个主要因素，如区位、土地、主体和配套等问题；住宅分配是住宅再生产过程中的一个重要环节，分配篇结合对住宅分配的一般问题、行政性实物分配和市场化货币分配的研究，提出了我国当前住房分配的合理模式；社会主义市场经济的发展，使得真正意义上的住宅流通又出现，流通篇从住宅的流通体系和住宅流通中的价格两个部分讨论住宅的流通；住宅的生产与消费离不开资金的投入，在最后的资金篇，对住宅生产资金的运行、住宅消费资金的运行以及发展住宅金融进行探讨，提出我国住房体制改革，在住宅金融方面，应积极建立住宅储蓄银行，发展住宅抵押贷款，并尽快推进住宅证券化。（麻俊生）

F000244　**城市私有房产百问（增订本）**　郑吉荣、金绍达编著。山西经济出版社1998年6月版。20.4万字。16.00元。以城市私有房产所有者怎样依法保护自己的权利为内容，就各类私有房产产权的区别，私有房产的买卖、租赁、抵押、典当、赠与、继承、交换、分割、购房贷款以及与私有房产有关的公正、纠纷调解、仲裁、诉讼等方面的问题作了详尽地解答。还编入20个不同类型的私有房产案例和10个常用的房地产法律法规。（张良瑾）

F000245　**商务物业管理模式与操作实务**　副名：写字楼、饭店、别墅。赵永庄主编。冶金工业出版社1998年7月版。61.1万字。69.80元。从物业管理的一般理论问题入手，对写字楼、酒店、公寓、度假村的经营方式、资金来源、财务管理、安全保卫、工程设备、服务程序、操作标准等重大问题进行了详尽、全面阐述，深刻揭示了“物业增值，客户满意”这一规律的奥秘。（朱华英）

F000246　**商品房销售面积公正计量工作手册**　黎司明、易先群主编。中国计量出版社1998年9月版。20万字。15.00元。根据国家有关法规，结合具体商品房测量的实践，对商品房的边长及墙体厚度、矩形房屋面积、非矩形房屋面积以及单层建筑物、多层建筑物、地下室、通道、门厅、电梯井、仓库、设备层、门斗、挑廊、走廊、阳台、架空走廊、室外楼梯、沉降缝等建筑面积测量计算的原则和方法做了大量阐述。并分别对按设计图纸计算和按实测结果进行了比较。还对商品房销售面积允许误差进行了分析，对商品房销售面积中的误差做了大量的说明。最后，收录了改革开放以来，国家有关部门颁发的有关商品房销售及其面积的法律、法规和办法。（周龙华）

F000247　**住房革命**　副名：个人住房投资与房地产市场。王先庆著。广东人民出版社1998年11月版。30万字。21.80元。以计划体制下的实物分房引发当今中国的住房危机作为研究起点，以住房商品化过程为主线，按照住房体制改革——货币分房——货币买房及房地产市场消费与需求——房地产开发与供给竞争——物业管理——房价——房地产投机——房地产营销——房地产金融的思路展开，基本上涉及到当前住房分配体制改革的各个重大问题。（易军）

F000248　**现代化城市管理·(4)城市的应急管理与计划**　美国加州大学柏克利分校著，《现代化城市管理》编译组编译。中央广播电视大学出版社1998年12月版。19.4万字。12.00元。共为《跨越世纪，面向世界500讲》之《现代化城市管理》序列第

四册。包括:“现代化城市的应急管理计划及制定”、“应急反应组织”、“灾后恢复工作”等内容。(张静)

F000249　**广西近代圩镇研究**　钟文典主编。广西师范大学出版社1998年10月版。36万字。对广西近代圩镇发展的诸条件与圩镇发展概况、圩镇的分布、层次及经济功能、圩镇商人以及圩镇与社会的关系进行多角度、多层面的综合考察,并就农业、手工业、工业、矿业、交通、广东商人等方面与广西近代圩镇的关系进行详细的论述。全书通过对广西近代圩镇的研究,探寻它在发展过程中的规律,总结它的历史经验和存在问题,为当前的小城镇建设,发展城乡经济,实现地方经济现代化提供历史依据和借鉴。(宾长初)

F000250　**中国近代城市、企业、社会、空间**　张仲礼主编。上海社会科学院出版社1998年1月版。44.3万字。25.00元。围绕近代中国城市发展史问题,从宏观和微观角度进行论述,分城市政治与管理(5篇);企业制度·经济变迁·商业文化(10篇);社会组织·传播媒介·公共空间(8篇);移民·城乡关系·文化近代化(9篇);有关中国城市发展史国际学术讨论会综述等。(陈惠丽)

F000251　**世界农业改革与发展比较研究**　刘思华主编。湖北人民出版社1998年12月版。71.6万字。45.00元。从世界经济范围内,对世界农业和中国农业改革与发展问题开展跨学科的综合研究,尤其是进行中外比较研究,从而认真反思现代农业不可持续发展道路的历史教训,并在总结世界许多国家创建可持续农业发展模式,探索现代农业可持续发展的初步实践和有益经验的基础上,探讨了当代农业可持续发展道路,这是个跨世纪的历史性课题。作者把现代农业看成是个“生态——经济——社会”三维复合系统,从这个复合系统的整体上去研究世界农业改革与发展的实践经验和历史教训,提出了我国农业现代化建设的可持续发展道路的理论原则、基本框架、政策方针和实现途径。(程世德)

农业经济

F000252　**农业自然资源**　黄文秀主编。科学出版社1998年7月版。46.7万字。38.00元。“中国科学院研究生教学丛书”之一。分两部分,共11章。第一章至第六章为总论部分,以我国农业自然资源为基础,结合世界自然资源开发利用情况,重点论述了我国农业自然资源开发与研究略史、基本概念和理论基础,以及我国农业自然资源的现状分析和未来的开发利用,涉及了当今国际社会十分关注的资源、人口和环境等问题。第七章至第十一章为分论部分,分别对我国农业气候、土地、水、森林和草地等主要农业自然资源的态势和对策进行了论述和探讨。(总编室)

F000253　**“中国当代农村问题研究”丛书**　陆学艺等著。广西人民出版社1998年9月版。89万字。74.00元。共4卷。在中国实现现代化这个宏大的背景下,围绕中国农村、农业和农民实现现代化过程中发展和稳定这两大主题开展研究,对我国改革开放以来在发展和稳定方面所取得的基本经验进行理论上的总结,对我国农村发展和稳定所面临的热点问题和难点问题进行深度剖析,并提出行之有效的解决办法,为各级决策机构提供有益的参考,以推进我国农村现代化的进程。已出版4种,即《中国农村现代化道路研究》《中国农业发展战略研究》《中国农村城市化研究》《中国农村可持续发展研究》,分别对我国农村现代化道路、农业发展战略、农村城市化、农村持续发展等问题进行深入研究和系统阐述,其中对包括中国农村发展现状、轨迹、成就、特点、面临的问题,21世纪中国农业发展的总趋势、总方向、总目标、总战略以及我国农业发展战略的指导思想、指导方针、战略任务,我国农村可持续发展方向、农村现代化模式比较分析、农村城镇化发展的现状及发展前景等当前“三农”工作中最需要解决的问题进行了广泛、科学、系统的探讨,具有较强的科学性、超前性和预见性;同时,丛书还力求做到理论与实际相结合,在进行理论探索的同时,还提出了一系列解决问题的措施和方法。

F000254　**中国名村纪实**　邢军纪等著。中原农民出版社1998年12月版。100万字。74.00元。共5册,包括《大丘庄》、《华西村》、《大寨》、《刘庄》、《南街村》。解剖这些村镇的发展史,展示它们的发展轨迹,剖析它们的成功与失败、经验与教训,分析它们现行的体制与产权制度,领导成员的命运变化,对深化中国农村的改革,加快农村经济的发展,将会提供有益的借鉴。研究这些村庄现行的模式以及它们独特的历史,也为研究中国农村问题提供了有力的佐证,为后人留下中国农村发展史中极具有代表性的宝贵财产。它们的成功以及伴随着这些成功出现的问题,都非常值得人们去了解、去探索。在作品的写法上,也选择了以真实的史料为基础,并用文学语言加以描述,使作品具有较好的文学性和可读性。(童

苏平）

F000255 **农村经济与管理** 郑风田、姜克芬主编。中央广播电视大学出版社 1998 年 12 月版。49.7 万字。24.00 元。分 3 部分。第一单元是基础理论；第二单元以社会再生产过程为线索展开；第三单元讨论经济效益，农村的发展前景。各章还列有学习目标、导读、概念提示。书中配有案例，并要求读者进行调研实践后完成练习，具有可操作性的特点。（郭于红）

F000256 **改革从这里起步** 副名：中国农村改革。丁龙嘉著。安徽人民出版社 1998 年 10 月版。18 万字。14.00 元。全方位地介绍中国农村改革的发端和走向全国，主要内容包括：安徽、四川率先撞击“左”的坚冰，联产计酬、包产到组的实行，十一届三中全会为农村改革撑腰，改革与反改革的交锋，包产到户的三起三落，围绕包产到户展开的大争论，邓小平与中共中央为包产到户正名，大寨旗帜黯然失色，人民公社退出历史舞台，农村改革迈向第二步。既介绍了以邓小平、万里为代表的中央第二代领导集体在农村改革中的远见卓识，又介绍了以小岗村为代表的广大农民勇于实践、冒死改革的动人事迹。（贯兴权）

F000257 **新的农业科技革命** 韩德乾主编。中国农业出版社 1998 年 6 月版。14.1 万字。26.00 元。论文集。收录了包括科学技术部朱丽兰部长、韩德乾副部长、中国林科院江泽慧院长、团中央书记巴音朝鲁、中国工程院卢良恕院长、两院院士石元春教授以及我国农业产前、产中、产后各领域的 34 位著名专家学者的论文 30 篇。就新的农业科技革命的意义和重要性、内涵、目标、突破口和途径，以及高新技术与传统技术的关系、单项技术的突破与综合集成、农业基础研究与应用研究的关系、人才、信息新的农业科技革命中的作用等问题发表了作者们的见解。反映了我国当前高层次科学家对“新的农业科技革命”的见解。（舒薇）

F000258 **中国农业和农村经济规律性问题研究** 农业部软科学委员会编。中国农业出版社 1998 年 6 月版。18 万字。16.00 元。从国民经济的全局着眼，涉及农业和农村经济的重要领域及主要问题，比较系统地反映了改革开放以来我们对农业和农村经济改革与发展的认识过程，总结了我国在由计划经济向市场经济转轨、由传统农业向现代农业转变过程中农业和农村经济改革与发展、市场运行与宏观调控等方面的经验，并结合国外农业和农村经济实践与理论上的共性问题进行了深入研究，从国情出发，提出了如何运用规律，进一步推动我国农业和农村经济改革发展，实现农业和农村现代化的对策措施。（柯文武）

F000259 **中国农村可持续发展问题研究** 张建功主编。陕西人民出版社 1998 年 5 月版。30.3 万字。18.00 元。为了深入、具体地探讨农业和农村实施可持续发展的有关理论和对策，中共陕西省委政策研究室、中国农村社会学研究会和西北农业大学于 1997 年 9 月中旬在西安联合召开了“中国农村可持续发展研讨会”。集中围绕我国农村经济与社会发展的现状、经验和问题以及实施可持续发展的途径与对策等方面进行了热烈的讨论。书中汇集了此次研讨会的主要成果，共收入论文 44 篇，分为 5 大部分。即：第一编，农村可持续发展的方向及思路；第二编，农村经济与生态协调发展问题；第三编，农村可持续发展与科技文化建设；第四编，农村可持续发展与基层组织建设；第五编，农村可持续发展与社会进步。论文从自然生态平衡和社会生态平衡的角度提出建立有中国特色的农业及农村可持续发展的新模式；不仅从理论上论证了农业和农村走可持续发展道路的必要性和可能性，而且有来自农村基层组织具体的、有针对性的建议和经验介绍。（雷华）

F000260 **农业产业化发展论** 李纪恒著。中共中央党校出版社 1998 年 6 月版。30 万字。19.80 元。系统论述我国农业产业化的起源、发展现状、发展前景，具体考察了农业产业化的多种形式、内部结构、经营机制，探讨党和政府如何通过产业化这座桥梁对农民进行有效引导，对农村的经济和社会发展进行有效的调控。此外，对中外农业产业化的发展作了比较、分析。书中对现阶段我国农业产业化的发展提出了探索性的观点和建设性的意见，在理论和实践上均有现实意义。（王君）

F000261 **农村城市化研究** 郑弘毅主编。南京大学出版社 1998 年 4 月版。25.4 万字。15.00 元。对我国农村城市化的主要特征、影响因素、操作机制、调控措施作深入细致的探讨，突出地研究了城市化进程中经济和人口空间集聚与扩散机制，描绘我国农村城市化发展的美好前景。书中结合我国的国情，论述农村逐步实现城市化是我国农村发展的方向，也是具有中国特色的城市化的重要形式之一。作者首先以珠江三角洲、长江三角洲、京津唐、辽中南等重要经济核心区为重点研究对象，分析这些区域农村城市化的各种运行机制和产生的问题，提出需要采取的措施和调控政策，对推动全国实现农村城市化具有很好的理论价值和实践意义。接着，论述农村城市化进程中的各种机制：动力机制、制约机制、运行机制，尤其是第一次引入效益机制，强调农村城市化与经济、社会、环境之间的唇齿关系。其三，就我国东部和中西部地区在空间、产业诸方面存在的差异，提出各个地区城市化的发展思路——因地制宜、重视人地关系。书中突破了“就农村论农村”，而以城市区域这一新的视角来观察和研究。通过大量的令人信服的图表数据和事实，既揭示中国农村城市化进程中存在的许多共同点和规律，又展示我国不同区域农村城市化丰富多彩的多层面的表现形式，指出了农村实现城市化是中国农村发展前进的方向，是符合中国国情的。（范瑜）

F000262　**杜润生文集**　杜润生著。山西经济出版社 1998 年 12 月版。45.00 元。分上下册。收录杜润生同志从 1980 年至 1998 年撰写的 106 篇文章，其中半数是第一次发表。文章真实地记录了近 20 年来中国农村改革波澜壮阔的历史进程，回答了农村改革与发展中的一系列重大的理论与实践问题。论述的内容相当广泛，涉及农村改革与城市改革的关系，改革开放与发展稳定的关系，农村改革同社会主义民主与法治的关系等重大问题，对农村改革进程中涌现出的乡镇企业、“民工潮”、股份合作制、保护环境与农业可持续发展、农业产业化、供产销一体化等都有独到的见解。附录《忆 50 年代初期我与毛泽东主席的几次会面》《回忆 1955 年合作化大辩论》《回顾中国农业合作化运动初期的几点情况》3 篇文章。（赵建廷）

F000263　**科技兴山丛书**　杨峡等著。中原农民出版社 1998 年 1 月版。190 万字。87.40 元。共计 16 种，包括《山区蔬菜栽培技术》、《山区特种动物养殖技术》、《山区农副产品加工技术》、《山区杂粮栽培技术》、《山区果树栽培技术》、《山区野菜的采集与加工技术》、《山区中草药实用生产技术》、《山区造林绿化技术》、《山区农机使用与维修》、《山区玉米栽培技术》、《山区野生花卉资源的开发利用》、《山区小麦六墒栽培技术》、《山区牛羊兔饲养技术》、《山区病虫害农家防治法》、《山区旱地水窑修建与滴灌技术》、《山区油料作物栽培技术》。（江伯勋）

F000264　**保护调动农民积极性问题研究**　王文举主编。安徽人民出版社 1998 年 10 月版。67 万字。50.00 元。分析了我国保护调动农民积极性存在的诸多问题，指出观念上的误区、财力上的限制、农村市场发展水平相对低下、宣传上的乏力、支农政策落实的法律保障缺失等是产生这些问题的主要原因。还提出了保护调动农民积极性对策构思，即强化宣传教育提高全民认识；加快我国农村政治体制改革的步伐，为保护调动农民积极性创造良好的社会环境；坚持改革开放，积极发展经济，增强支农经济实力；适时变革农村经济制度，提高农业生产力等。

F000265　**21 世纪的中国农业**　王文学主编。人民出版社 1998 年 10 月版。44 万字。32.00 元。分 6 编 28 章。紧扣农村社会生产力和生产关系这个主旋律，力图站在历史和现实的角度，对 21 世纪中国农业发展变化规律作理性的思辨，对新世纪的中国农业发展趋势进行展望。阐述 21 世纪的中国农业具有“一个坚持，两个完成，三个提高”的特征：一个坚持即继续坚持党的基本路线和基本政策，用邓小平理论指导农村改革和农村经济、社会发展；两个完成即完成从传统农业向现代农业的转变，完成粗放经营向集约经营的转变；三个提高即提高农业综合生产能力，提高农民素质，提高农民生活水平。（魏华）

F000266　**中国土地问题研究**　南京地政研究所编。中国科学技术大学出版社 1998 年 4 月版。38.2万字。25.00 元。从人地关系、土地与环境、水土关系、土地开发与利用、土地制度、不动产市场秩序，以及土地使用制度改革、地权、地价、市镇用地规划和农村土地等各个方面阐发宏论。收入“地政研究”丛书。（高哲峰）

F000267　**分化与融合**　黎宗剑著。重庆大学出版社 1998 年 9 月版。19.5 万字。10.50 元。主题是论述农民社会流动和城乡关系变迁。以“农民社会流动与城乡关系变迁相互关联”这一理论假设作基础，循着从整体研究到实例分析的思路，首先从整体上考察了中国城乡关系变迁和农民社会流动的历史轨迹与现实状况，继而分析了中国局部地区实现社会转型的基本历程和特殊模式。阐述了许多具有学术价值和现实意义的观点和见解，其中有以下几点值得重视：①关于城乡关系变迁。作者认为，随着人类聚居形态在结构和功能上的不断整合和分化，城乡关系在经济社会发展中可能出现失衡、矛盾和协调三种状态。②关于农民流动。作者认为，乡村农业人口逐步减少和城镇非农业人口不断增加，是经济发展和社会转型的必然结果，也是工业化为主导的非农化、城市化和现代化的必要条件。③关于城乡一体化的目标和途径。作者认为，为打破城乡二元结构，促进城乡关系协调发展和向一体化方向变迁，必须加速城市化和非农化进程，根本出路在于采取综合化策略。此外，作者在关于在局部地区实现社会转型的认识，在关于农村城市化过程中农民市民化上的认识都有一定的见地。（崔祝）

F000268 **山东土地资源** 窦益湘主编。山东友谊出版社 1998 年 9 月版。85 万字。150.00 元。包括：山东土地利用条件、土地资源的构成与特点、土地资源优势与存在问题、区域差异特征等，从发展战略的高度，提出了合理开发、利用与保护土地资源的方向、途径和措施。书中所提供的数据资料，是山东省唯一准确的土地资源数字库，在国民经济和社会发展中具有十分重要的使用价值。（王健男）

F000269 **告别理想——人民公社制度研究** 张乐天著。东方出版中心 1998 年 1 月版。44 万字。28.00 元。分“公社制度的导入”、“四清及‘文化大革命’中的村落政治”、“70 年代中叶的公社制度模式”、“人民公社的终结”4 编 18 章，从政治、经济、文化、生活等多方面对人民公社进行考察与研究，不仅重新展现了人民公社的基本面目，而且提出了不少有创见的学术观点及值得思考的社会问题。书末附 3 个有关人民公社的重要文献。（钟蕾）

F000270 **中日粮食经济和技术问题探讨** 丁声俊、[日]横川洋主编。中国农业出版社 1998 年 11 月版。28 万字。28.80 元。收录中国专家关于中国粮食问题探讨的论文 33 篇，以及日本专家关于日本粮食管理制度的历史演变与现状、日本粮食供给战略的论文 5 篇。（刘启兰）

F000271 **中国粮食安全问题** 副名：实证研究与政策选择。朱泽著。湖北科学技术出版社 1998 年 12 月版。21.7 万字。13.50 元。分 13 章，前两章讲述研究方法、思路和结构，对以往研究进行简单回顾，阐述国际国内有关粮食安全问题的基本概念及理论；第三、四、五章分别讲述了至 2010 年止中国粮食生产与供给潜力、需求变化及总体供需形势，第六、七章对未来中国粮食安全状况作了评估，并分析了粮食区域平衡问题。第八至十二章分析了粮食的安全储备问题，粮食市场与价格政策问题，工业化、人口流动与粮食安全问题，贫困人口粮食供应问题，国际贸易对中国粮食安全的影响问题等，第十三章为主要结论及政策建议。本书的研究方法比较特殊，即在实证研究基础上通过建立数学模型，设立参数，对未来粮食供求状况、粮食安全作出预测。（刘安民）

F000272 **中国粮食问题观察** 上官周平等。陕西人民出版社 1998 年 1 月版。24.4 万字。18.50 元。从正面回答“谁来养活中国”的言论。共 7 章，首先分析中国粮食生产的现状，提出中国粮食供给与需求的尖锐矛盾，即随着人口增长、居民生活水平提高，粮食需求不断增大，与当前粮食生产基础环境不良、政策不力、科技投入不足、生态环境恶化等对粮食供给增加造成威胁的矛盾；进而提出建立中国的粮食安全体系，即依靠科技改造中低产田、增加物质投入来增加总产，在消费方面制定合理的营养标准、调整粮食生产消费的行业生产结构，在其他方面如加强人口控制，建立粮食储备政策，组建粮食期货交易，减少供求平衡风险等；接着专题讨论粮食流通体制改革、粮食两线运行机制联动效应、农业保险，重点讨论粮食产业化，提出了支柱产业带动型、龙头企业带动型、集团开发带动型、高科技推动型等粮食产业化模式及配套的对策措施；最后阐述了粮食生产持续发展的思路：加大投资力度、挖掘土地潜力、开发土地资源及实现农业科技创新等。附录包括两部分：世界粮食发展及其问题、亚太地区粮食政策比较研究。（马来）

F000273 **土地适度规模经营** 副名：浙江的实践与启示。罗鉴宇主编。浙江人民出版社 1998 年 12 月版。21.9 万字。18.00 元。以浙江的土地适度规模经营实践为主要的研究对象，以浙江的农村改革和发展为主线，运用理论与实践相结合、历史与现实相结合、规范分析与案例剖析相结合的研究方法，对农业土地规模经营作了比较深入、系统的剖析。分析了土地规模经营与家庭承包经营制度的关系，揭示了浙江农业土地规模经营的形成、发展过程和生成机理，阐述了土地规模经营的地位和作用，探讨了土地规模经营与土地制度、农户行为、农业社会化服务、农业技术进步的关系，评价了土地规模经营的效率，分析了土地规模经营的发展态势，并提出了有助于土地规模经营健康发展的政策思路和建议（蔡玲平）

F000274 **山西乡镇经济** 王文学主编。山西经济出版社 1998 年 5 月版。145 万字。285.00 元。分 3 编：第一编，乡镇领导者与谋略；第二编，小康风景线；第三编，乡镇企业之光。用图文并茂的形式，从乡镇经济角度，反映党的十一届三中全会以来山西农村经济翻天覆地的变化，记述山西乡镇领导、优秀企业家在市场经济大潮中带领乡民脱贫致富奔小康的发展历程。详细介绍山西农村的人文科学、地理优势、自然风景、开发项目以及物产资源。（赵建廷）

F000275 **中国经济区域新论** 黄作平著。中国农业出版社1998年1月版。15万字。15.00元。从全新的角度将中国经济区域划分为六大经济区:华南经济区、长江经济区、华北经济区、东北经济区、西南经济区、西北经济区,利用大量实际资料,分别对六大经济区各自的特征、功能、经济中心和发展要点进行分析论证。具有鲜明的时代特色,这里所讲的中国经济区包括中国大陆、香港、澳门和台湾,其构思具有超前性。在对中国经济区的总体考察上指出,这四个地方在经济上是互为动力,互补互利,相互促进共同发展。书中还列举了六项划分原则和理论依据,即:经济中心和经济腹地相结合,自然条件和地理环境相一致,行政区划与经济区域相结合,现状特征和未来发展趋势相结合,比较利益与生产要素禀赋理论,产业区位和中心地理学说。(姚红)

F000276 **广东地政地产年鉴(1998)** 广东地政地产年鉴编纂委员会编。广东省地图出版社1998年12月版。65万字。地图2幅、照片165张、图表48幅。250.00元。分设专辑、国土管理大事记、土地省情、管理机构、规划、耕地保护与农地开发、建设用地与地籍管理、国土法制、土地使用制度改革与地产市场、测绘与地名、科技教育职改宣传、对外交往与学术团体、各市国土管理、部门国土管理、经济开发区、统计资料、文献选编、房地产企业选介等18章。突出反映:一、1997年,中央对加强我国土地管理作出了重大决策,发出了《中共中央、国务院关于进一步加强土地管理切实保护耕地工作的通知》(中发[1997]11号文),当年,广东省国土管理围绕贯彻落实中央11号文为核心,执行中央规定的冻结非农建设用地占用耕地一年,全面开展对非农建设用地大清查,落实保护耕地各项措施所做的大量工作。二、第二期耕地保护责任制届满考核情况及第三期责任制签订情况。三、继续收录县级国土建设内容作为一个条目列入各市国土管理之中。(黎天宏)

F000277 **清代两广农业地理** 周宏伟著。湖南教育出版社1998年版。24.8万字。16.20元(精)。"博士论丛"之一。分8章。在大量搜集地方志、档案和其他史籍的基础上,就清代两广地区农业生产的自然条件,农业生产的社会经济环境、人口状况、水利事业、土地的开发与利用、粮食作物的生产与分布、经济作物的生产与分布、农业地理分区等方面进行了全面、深入的研究,探索了它们在时间上和空间上的发展变化过程及其原因。(孟可文)

F000278 **现代日本农协** 章政著。中国农业出版社1998年6月版。24.3万字。30.00元。共15章,内容包括:农协的概念和类型、设立与程序、组织和制度、运营和管理、业务及范围、生产指导活动、农产品合作销售活动、农业生产资料的合作购买、农协的合作金融活动、合作保险业务、合作加工业、农业设施的合作使用活动、农协的生活、医疗服务活动、教育、文化、宣传活动及日本农协运动的回顾与展望。(柯文武)

工业经济

F000279 **中国高技术产业与园区** 顾朝林、赵令勋等著。中信出版社1998年1月版。32.2万字。26.00元。主要内容包括:(1)高技术及其相关概念;(2)国外高技术园区发展比较研究;(3)国内外创业中心比较研究;(4)中国高技术产业优先发展领域研究;(5)中国高技术区综合评价及指标体系研究;(6)中国高技术产业带布局研究;(7)中国高技术园区规划和设计指标研究;(8)中国高技术区实证研究;(9)高技术区激发与演化机理研究,等等。(李红)

F000280 **中国水力发电年鉴(1995～1997)第五卷** 中国水力发电年鉴编辑部编纂。中国电力出版社1998年9月版。155.7万字。90.00元。专业性行业年鉴,本卷年鉴的时段为1995～1997年(又称第五卷,按序排列:1949～1983年、1984～1988年、1989～1991年、1992～1994年分别为第一、二、三、四卷),其框架结构由篇目、栏目、条目三个层次组成。年鉴以深化水电体制改革,实行两个转变,建立现代企业管理制度,推进科技进步为主体内容,全面反映本时段水电发展情况和各方面的成就。主要内容有:重要文献、中国水电建设概况、水电建设管理、水电经济效益与社会效益、大中型水电站、小水电与农村电气化、水电发展战略、水电工程经济、水库移民与环保、规划、勘测、水工、机电、施工、生产运行、科学技术与信息、技术标准、教育与出版、学术团体及主要活动、国际合作与交流、机构与人物、大事记,共22个篇目及1个附录(国外水电发展水平)。较全面反映了1995～1997年间我国水电建设的新发展、新成就和新经验,也记载了存在的主要问题和教训;既反映了改革开放的时代特色和水电行业的特点,又体现了年鉴宏观、微观的合理配置,突出了年鉴的实用性、科学性和可读性。(丁莉)

F000281 **中国化工产供销大全(1998年新版)** 张宝琳、郭庆瑜主编。化学工业出版社1998年6月第二版。481.2万字。260.00元。共收录化工生产企业、流通企业10 000多家。录入企业除有煤化工、盐化工、石油化工、精细化工、化学矿山、化工机械等行业外，还收录了日用化工、医药化工、林产化工、冶金化工等行业的部分企业以及部分乡镇化工企业。化工生产企业内容包括：单位名称(最新)、通讯地址、邮编、电话(带区号)、传真、电挂、企业性质、法定代表人、固定资产、销售额、年产值、年利税、主要产品及年产量、需用主要原料及年用量、新增生产能力、供销部门负责人及电话等信息资料。化工流通企业内容包括：单位名称、通讯地址、邮编、电挂、传真、企业性质、固定资产、流动资金、销售收入、实现利税、开户银行、经营范围及主要品种、负责人及电话、业务部门负责人及电话等信息资料。附录收集了1997年部分化工商品海关进出口统计资料。书后附有《产品索引》、《需要原料索引》、《企业索引》。(郭燕)

F000282 **中国电力年鉴(1998)** 《中国电力年鉴》编委会编纂。中国电力出版社1998年10月版。157万字。200.00元。反映电力工业改革发展的全貌，记载电力行业的历史进程、运行轨迹，为今后电力工业改革发展提供真实史料的综合性大型年刊。全面反映了1997年度我国电力工业在深化改革和扩大开放中的发展成就和经验，以及存在的问题和教训。由特载，专论，重要文献，组织机构，宏观管理，科学技术，教育培训，学术团体及其主要活动，电力部归口管理单位及共管单位，电力部在京直属单位，各省、自治区、直辖市电力工业，香港特别行政区电力工业，重点工程，人物，综合信息，统计资料，大事记等17个篇目组成。共计23个栏目、229个条目、128幅彩图。目录按三个层次列出。目录后为彩图插页目录。书后有英文目录。(肖兰)

F000283 **中国农药企事业大全(第二版)** 胡芝生主编。化学工业出版社1998年10月版。83.3万字。65.00元。从农药工业角度收集了中国农药企事业单位名录，也是一本登录全国农药企业及其产品的资料性工具书。包括农药合成、加工、科研院所，有关大专院校以及农资公司、植保站、森林病虫害防治检疫站、植保机具、卫生用药生产企业、外国公司在中国办事机构等企事业单位的名称、地址、邮编、电话、传真。根据1997年国务院颁布的《农药管理条例》的要求，收录了经过重新检查、登记和换证后的企业及其产品。书后附有近几年来有关农药产业政策、管理条例及法规文件、农药产品国家标准和行业标准目录、农药名称中英对照、原药和主要制剂生产厂家。(郭燕)

F000284 **中国近代兵器工业——清末至民国的兵器工业** 《中国近代兵器工业》编审委员会编。国防工业出版社1998年4月版。69万字。69.00元。以史与史料相结合的体例，记述自1861年曾国藩创办安庆内军械所至1949年中华人民共和国成立前的89年间，中国近代兵器工业的发展历程。全书由综述、兵器发展概况、大事记、主要兵工生产科研单位、人物资料、档案史料、回忆资料、统计资料和附录9部分组成。以其丰富、翔实的史料揭示了清政府、北洋政府、国民政府3个时期兵器工业的发展梗概。(郭化琴、肖志力)

F000285 **中国建筑年鉴(1997)** 中华人民共和国建设部编。中国建筑工业出版社1998年1月版。159.4万字。110.00元。共设22个栏目：特载、1997年要闻、文献、行业综述、部委系统综述、地方概况、建筑实录、村镇建设、建筑科技、建筑教育、企业改革、学会与协会、管理机构、人物与先进单位、企业资质公告、专题评述、史料、统计资料、外商承包企业、企业选介、大事记、信息储存。发表了邓小平同志关于建筑业和住宅问题的谈话及4篇回忆邓小平同志与建筑业的文章，发表了侯捷部长等11篇庆香港回归及论香港建筑的文章，发表了中华人民共和国建筑法及建筑业与工程建设"九五"计划与2010年远景目标，以及建设部令、通知、文件等，还分别对建筑业发展概况、建筑业企业管理、建设监理、工程质量、建筑施工安全、建筑市场、建筑技术、建筑机械设备管理、建筑材料管理、工程建设标准定额工作、建筑审计、电力工程建设、铁路工程建设、交通工程建设、机械工业建设、电子工业建设及各省市建设概况作了综述性的回顾，并刊登了大量实录及大事记。(朱象清)

F000286 **中国轻工业跨世纪发展战略** 胡楠、戎文佐主编。中国轻工业出版社1998年1月版。38.6万字。33.00元。以整个国民经济的规划纲要为指针，以1996年至2010年为时限，以对国内外市场经济发展的总趋势的分析预测为依据，站在轻工全行业发展的高度上，重点阐述中国轻工业发展跨世纪发展战略、市场开拓战略、对外开放发展战略、科技发展战略、教育发展战略等带有全局性、方向性、根本性的一系列重大问题，并以地区、行业、企业分篇论述轻工业区域布局发展战略，全国各主要地区轻工业发展战略、全国著名轻工企业的发展战略和管理经验。面对世界产业结构重组和梯度转移规律，

市场化、国际化已被确定为轻工业跨世纪发展战略总体设计中的战略步骤和战略目标，这方面在书中多有体现。(刘云辉)

F000287 **电力市场** 于尔铿等编著。中国电力出版社1998年4月版。28.8万字。14.00元。介绍国外电力市场产生、发展的不同方式，进而讲述电力市场的基本概念、基本原则。论述制定电价的原则、步骤和方法，重点论述实时电价及其对电力系统的影响，总结转运出现的背景，转运的基本类型、形式、效益，分析转运成本的组成及转运费的计算。讲述用户停电损失的计算，市场中用户的运行及供电方与用户的协作。介绍辅助服务的内容、分类和定价。最后针对电力市场的运行机制、管理模式、贸易类型进行简明扼要的阐述。(刘瑞玲)

F000288 **电能价值当量分析与分时电价预测** 副名：电力市场的定价理论与方法。言茂松著。中国电力出版社1998年1月版。17.9万字。9.40元。从经济学的观点，用现代分析的模型化方法，揭示电能生产价值当量的数量规律，即电能价值规律，为评估电力生产及还贷、设计与预测分时电价提供了理论与方法。所有这些主要是针对发展中国家的特点而提出的。基于最低的知识准备，扼要而系统地介绍了电能价值当量的概念和分析方法，给出了以我国某电力系统实际数据为背景的数字算例。(李润琴)

F000289 **辽宁省志·地质矿产志** 辽宁省地方志编纂委员会办公室编。辽宁科学技术出版社1998年版。40万字。80.00元。包括4大篇，第一篇基础地质，第二篇矿产资源，第三篇水文地质、工程地质，第四篇地质事业。书后附录包括大事年表、重要文献辑存和编纂始末。(寿亚荷)

F000290 **青海省矿业概况** 青海省矿业协会编著。青海人民出版社1998年12月版。65万字。50.00元(精)。《中国矿业概况》分册之一。分3篇9章。第一篇总论，分两章，概略介绍青海省矿产勘查开发的历史。并对青海省优势矿产的种类、资源潜在价值及其在全国的位次、资源保证程度、供需形势、存在问题及开发前景等作客观的评述；第二篇为矿业各论，分5章，按能源矿产(煤、石油、天然气等)、金属矿产(铁、铬、铜、铅锌、镍、锡、钼、汞、岩金、砂金等)、盐类矿产(钾、镁、硼、锂、锶、芒硝、石膏、盐等)、非金属矿产(石棉、石炭岩、石英岩、硫、水晶、云母、硅灰石、萤石、砷、磷、饰面石材、粘土、宝玉石、滑石—菱镁矿、白云岩、重晶石、石墨等)、水气矿产(地下水、矿泉水、地热水等)的顺序介绍各类矿产的资源概况、产地、开发利用情况及开发前景等，并对有代表意义的大中型矿床和开发前景乐观的重要矿床作重点介绍，包括38个矿种的109个矿床(田)和水源地；第三篇为矿业单位简介，分两章，简略介绍青海省矿产采选企业、加工企业及矿业相关单位200余家。附各类矿产分布略图5张、彩色照片29幅及英文章节目录1份。(王绍先)

F000291 **服装生产经营管理** 宁俊主编。中国纺织出版社1998年3月版。33.4万字。24.00元。系统、全面地介绍了服装生产过程组织和劳动组织，工艺管理，全面质量管理，物资管理，设备管理，生产成本控制，企业环境研究，产品研究和定价决策，营销渠道决策和促销决策，财务决策，服装企业国际化经营及信息资源管理等内容。全书具有以下特点：1.内容新颖，实用性强，对生产、经营、管理具有较强的指导意义；2.内容系统、全面；3.定位准确，全书语句通顺，内容由浅入深，循序渐进，通俗易懂，因此，除可供服装企业广大管理干部及技术工人阅读外，同时也可作为大中专院校服装专业及其他服装专业技术学校的教材或教学参考书；4.印装质量较好，封面图案健康，颜色醒目。(李秀英)

F000292 **宝钢的物资管理** 卢和煜等编著。冶金工业出版社1998年3月版。18.48万字。20.00元。"宝钢现代化管理丛书"分册之一。重点介绍了宝钢物资管理工作的改革与发展、实施的办法和经验。其主要内容包括：现代物流与企业物资管理的发展；宝钢物资管理的探索与创新；宝钢物资供应计划的编制与管理；宝钢物资的采购管理；宝钢物资的仓储、送料与回收管理；宝钢物资供应的质量、预算和计算机辅助管理等等。(郭富志)

F000293 **建筑企业管理学** 田金信主编。中国建筑工业出版社1998年6月版。43.2万字。14.40元。系统阐述市场经济条件下建筑企业管理的基本理论、基本知识，并介绍企业管理理论研究的最新成果和企业管理改革实践的新发展。书中主要介绍的内容有：建筑企业管理概论，建筑企业领导体制，建筑企业文化，建筑企业经营战略，经营预测与决策、投标承包，建筑企业的计划管理、技术管理、质量管理、劳动人事管理、机械设备管理、材料管理等。(向建国)

F000294 **重钢年鉴1998年** 重钢年鉴编委会编。四川科学技术出版社1998年版。80万字。105.00元。记载反映了重庆钢铁集团各单位、各行业在1997年1月至12月期间建设重钢，发展重钢的主要的活动、工作、业绩及新情况、新问题。详细记载了重钢人在重钢公司领导下进行的现代企业制度试点、技术改造、科技进步与新产品开发，详细介绍了重钢公司在企业管理、生产经营、文化教育、党团工作、工会工作、职工生活、群团工作等方面作出的成绩与贡献。（梅红）

F000295 **中国盐业史·古代编** 郭正忠主编。人民出版社 1998 年版。63.6 万字。57.00 元。考述了先秦时代关于盐的文字记载和盐的传说，当时盐的类别、生产与流通，以及当时的盐政，揭示了中国盐业原始发展状态；随后介绍了秦汉魏晋南北朝时代食盐产区的增加、生产技术状态、盐业生产者身份，肯定了盐业的进一步发展；探讨了隋唐五代各朝政府对盐业的弛禁政策、税制变迁和盐法改革，表明盐业在当时社会经济生活中的地位日益重要；关于宋辽夏金及元代的盐业，着重研究了生产技术的进步，政府加强对盐业的控制，盐务机构的设置、变迁，盐户状况，盐价与盐课等问题；明清时代的盐业问题是重点，论述了当时盐区的分布与管理，盐生产技术的新突破，食盐的运销，私盐的兴盛和政府的对策，盐课收入在财政中的地位以及不断进行的盐法变革。（张维训）

F000296 **中国盐业史·地方编** 唐仁粤主编。人民出版社 1998 年版。69.4 万字。58.00 元。按现行行政区划，分述了各个地区（包括台湾省）盐业发展的概况，一般都从古至今地提供了本地区盐业发展演变的全过程，诸如各地区古代盐业起源、初期状况、盐产分布或运销渠道、管理制度、盐税收入；关于近代，都注意揭露帝国主义对中国各地盐业的控制和对盐税的掠夺，以及近代中国盐政的混乱和缓慢进步；新中国成立后，各地盐业进入新的发展阶段，建立、健全盐业机构，开展对私改造；但在“大跃进”和“文革”期间，各地盐业又都遭受重大挫折；改革开放以来，由于扩大了企业自主权，稳定食盐市场，改革盐价，使各地盐业走上了健康发展的道路。书中关于西藏自治区的盐业状况，是有关作者亲赴西藏实地考察、搜集资料后撰写的，是关于西藏盐业发展史的首次系统论述。（张维训）

F000297 **中国盐业史·近代当代编** 丁长清、唐仁粤主编。人民出版社 1998 年版。56.9 万字。56.80 元。近代编首先回顾了清末盐业生产方式的落后和盐政的腐败，税制的混乱和不合理，以及列强侵犯我国盐政主权的开始；接着揭露了北洋政府时期中国盐政权的丧失，帝国主义对中国盐业管理机构的全面控制和在盐课方面的掠夺，介绍了这时期食盐运销制度的改革和生产技术的缓慢发展；对南京国民政府时期的盐业，则着重考察了二元一体的盐业管理体制，盐业生产的发展和停滞，私盐与缉私，帝国主义继续掠夺我国盐税，以及在沉重盐税负担下的多种反抗斗争；此外，还介绍了抗日战争和解放战争时期沦陷区、国统区、解放区各种不同的盐业状况。当代编考察了新中国建立初期盐业管理体制和组织机构的建立，人民政府关心群众生活，坚持公私兼顾，使盐业生产得到恢复与发展；对于社会主义改造和开始有计划的建设阶段的盐业，阐述了产销统一管理的实行，对私营盐业的改造，开始实行盐业生产的五年计划，政府在保证市场、稳定盐价方面采取的一系列措施；对“大跃进”和“文革”时期中国盐业遭受的挫折和在曲折中的前进，作了全面的评价；最后，对社会主义现代化建设新时期的盐业作了深入分析，涉及管理体制的改革，对“洋冒进”的调整，推动技术进步，提倡“大家办盐”，改善运销工作，扩大碘盐供应，保证人民健康，全面调整盐价，等等，其间充分反映了党和政府对盐业和人民生活的高度重视和关心。（张维训）

F000298 **东北电力年鉴（1994、1995）** 东北电力年鉴编委会编。1998 年 6 月版。64 万字。115.00 元。是综合性电力企业年鉴。全面、系统、翔实地记述了东北电网在两个文明建设中的发展变化以及发展策略、措施和办法。旨在深化东北电网的内部改革，转换经营机制，全面加强企业管理，提高两个效益，加速东北电网现代化建设中提供依据和借鉴。全书主体内容为类目、分目、条目三个层次。共设 20 个部类：在介绍特载、概况和省电力局（公司）及煤电联营公司后，详述了电力建设中的发电工程、送变电工程、基建管理、基建施工企业等内容；在东北电网中，对电网结构及变化、电网调度作了介绍；对发电中的发电生产运行、发电设备检修与改造、环境保护、燃料供应等给了具体说明；阐述了供电中的供电生产、用电、营业、供热等详细内容；农村电气化重点介绍了农村供电与用电、农电建设与改造、农电改革与管理；围绕电力设备修造企业和生产经营的内容，概述了电力设备修造；在科学技术中，主要含有获奖科技项目、成果之应用与推广以及科技管理和科技信息等内容；教育方面介绍了教育工作和学校工作；在企业管理中，对企业改造、计划规划、安全管理、财务管理、物资管理进行分析与总结；对行业的多种经营的发展与管理作了全面介绍。此外，对外事工作、党群

工作、先进集体与劳动模范、人物及文献选辑、统计资料和大事记等均作了详细的记载。(李逢秋)

F000299　**上海近代工业史**　徐新吾、黄汉民著。上海社会科学院出版社1998年1月版。27.9万字。19.00元。按历史顺序分为3编:一、上海近代工业的产生(1843~1895);二、上海近代工业的起伏曲折发展(1895~1936年);三、上海近代工业的衰落(1937~1949年)。并重点阐述上海近代民族工业的兴起和其"黄金时期",以及与外资企业的关系。在研究方法上注重研究外部社会环境对上海工业发展的影响,并进行数量分析和纵向时间上的比较研究。(方小芬)

F000300　**中华人民共和国工业经济史(1949.10~1998)**　汪海波著。山西经济出版社1998年12月版。70万字。59.00元。遵循从中国国情现实出发,实事求是探索规律的指导思想和研究方法,独出心裁地以社会基本经济制度或经济体制的变化为划分不同历史时期的标准,分8个时期对新中国工业史进行了述评和研究。具体阐明工业生产关系,包括基本经济制度及其各种实现形态,和生产力以及经济管理和企业管理发展的历史过程和客观规律。(张惠君)

交通运输经济、旅游经济、邮电经济

F000301　**中国铁路交通地图**　杜怀静编。中国地图出版社1998年1月版。12.00元。双全开铁路交通专题地图。详细表示了各铁路局、分局的分布。车站按性质分为编组、区段、客运、货运站;按大小分为特、一、二、三等站。线路分为单线、复线和窄轨铁路、地方铁路。明显表示了铁路与水运、公路、港口、机场等普通地理要素的有机联系。(杜怀静)

F000302　**中国铁路交通地图册**　尹嘉珉编。中国地图出版社1998年6月版。0.38万字。总图3幅、铁路图51幅、城市图47幅。32.00元(精)。主要反映我国铁路的分布现状,铁路管辖范围,铁路各个车站的技术特征,铁路等级及铁路车站的分类,如客运站、货运站、编组站、区段站等,另外还表示了铁路枢纽城市和铁路沿线的主要城市90多个。(尹嘉珉)

F000303　**中国交通运输地图册**　哈尔滨地图出版社编。哈尔滨地图出版社1998年版。18.00元。由公路图组,城市图组,铁路、水运、航空图组组成。详细表示了全国铁路四等以上车站,铁路集装箱吨位类型及开放口岸,全国各级公路里程及开放口岸,高等级公路及建筑中高等级公路;通航河流、航海线,开放水运口岸、港口分级、集装箱吨位码头;民用航空、开放航空口岸;交通枢纽城市过境路线及出入口等内容。

F000304　**实用中国驾驶员地图册**　哈尔滨地图出版社编。哈尔滨地图出版社1998年版。18.00元。由总图、省(区)交通图及主要城市平面图和文字图表组成。总图直观地显示了中国的地理概貌和全国交通路网及旅游景点分布;省(区)交通图用不同颜色来表示不同等级公路及里程数和新开通、建筑中、规划中的高速公路信息及相邻省(市)之间道路走向的连接,标注了铁路站点和通航河段、港口、船舶停靠站及旅游景点;城市平面图详尽表示了城市的街道分布、外埠车辆过境线路和交警部门、加油站、停车场、汽车维修点、医院急救中心、食宿购物、风景名胜的分布;文字图表包括主要城市间公路、铁路里程及沿海、长江港口间里程表、气候特征、地理概貌,名胜、名特导游、导购和邮政编码、长途电话区号等,还分别表示了各省(区)民航、公路干线示意图和公路路网里程表等内容。(杨晓丽)

F000305　**福建省分县公路图册**　福建省公路局、福建省地图出版社编绘。福建省地图出版社1998年10月版。25.00元。为福建省建国以来第一次以分县分幅表示区域内公路交通网络的专题图册。由全国主要公路网略图、福建省周边省公路网略图、福建省主要公路网略图、地市公路图、市辖区公路图、县市公路图、地市行政所在地区域图、主要旅游风景区图等99幅主图,63个县市城区图、80个县市区公路里程表以及路政文字说明组成。全面系统地反映了福建省境内国家级干线公路、省级干线公路、县公路和四公里以上的乡道现状。图册全部采用计算机制图工艺,充分利用计算机的创作功能,以不同的层次、丰富的色彩、新颖的图面将图册表示得更加清晰、美观、易读,使其成为一本集资料性、系统性、科学性、实用性和艺术性为一体的综合图册。(岳天荣)

F000306　**中国铁路建设概论**　郝瀛编著。中国铁道出版社1998年12月版。27.7万字。15.00元。高等学校教学参考书。从铁路运输基础知识开始,阐述了旧中国铁路建设的悲惨情况和新中国铁路建设的光辉成就;研讨了铁路在国民经济发展和综合运输体系中的地位;介绍了铁路当前的建设形势,今后的科技发展和近期的建设规划;并对重载运输、客运提速和高速铁路作了专题论述。(程东海)

F000307 **国际海运政策** 孙光圻主编，王杰副主编。大连海事大学出版社 1998 年 12 月版。30 万字。20.00 元。概述了国际海运政策的基本理论与历史沿革，提出了较为全面和科学的国际海运政策定义，并对其四大要素——主体、客体、目标和手段作了理论联系实际的分析和探讨，较为深入地论述了国际海运政策的特征、本质以及功能、地位和作用，特别是对国际海运政策的保护主义和自由主义的辩证分析，对于我们透过当前繁复纷纭的政策现象，捕捉其国际功利主义的政策本质，具有重要的指导意义。（袁林新）

F000308 **友谊之舟** 孙柏昌等编著。辽宁少年儿童出版社 1998 年 11 月版。1.3 万字。12.00 元。"我爱蓝色国土丛书"之四。叙述有史以来中华民族就作别黄土地突破惊涛骇浪在异域他乡播撒文明火种。在充满神怪传说的古书《山海经》里就有我国远古先民跨海涉洋同外部世界交往的纪录。在东南亚、太平洋诸岛直至美洲厄瓜多尔发现的"有段石锛"更是我们先民把文明带到那里的明证。秦时徐福东渡日本，他是沟通中日一衣带水近邻联系的第一人。唐朝鉴真东渡日本，加强了中日文化交流，是中国文化使者。海上丝绸之路使中国和整个世界联系起来。丝绸之路作为世界文明的纽带使亚、非、欧有了一个商品流通的渠道，也使世界文化诸如舞蹈、绘画、音乐、雕塑、技术得以交流、融合、相互促进。中国作为海上丝绸之路的主要文明输出国，输出了灿烂的东方文化，输出了世界经济、文化、军事发展的原动力，即四大发明的指南针、火药、造纸术和活字印刷。明朝郑和七下西洋，推行和平外交政策。传播了华夏文明，又博取海外诸国之长，在中外文化交流史上写下不朽的篇章。世界各地华人在侨居国发扬了中国传统美德，为侨居国的发展做出了巨大贡献。（亓鑫铭）

F000309 **近代中国旅游发展的经济透视** 张俐俐著。天津大学出版社 1998 年 9 月版。27.6 万字。16.00 元。依据大量的第一手资料，运用现代经济学的理论和方法，对近代中国国际旅游和国内旅游发展的长期趋势、周期波动、随机波动、季节波动、目的地和客源产生地及影响因素进行宏观量化分析；对近代中国、美国和日本的国际旅游收支的基本趋势和特征进行比较研究；并对近代中国旅馆业及第一家旅行社的经营、管理、服务、设备和设施的发展状况进行了微观考察和个例分析。揭示了近代中国在特定历史条件下旅游经济的运行机制、发展趋势、发展水平、基本规律和本质特征，从而填补了近代中国旅游经济研究的这一空白。（张质文）

F000310 **中国旅游业可持续发展战略研究** 赵西萍、邹慧萍著。陕西人民出版社 1998 年 9 月版。18.3 万字。12.00 元。首先对旅游业可持续发展的概念、基本原则、具体方式进行论述，进而对中国旅游业可持续发展的意义与迫切性，旅游业可持续发展的承载力，加入世界贸易组织给中国旅游业带来的机遇与挑战，发展旅游业对目的地经济的影响，旅游饭店的经营战略实施中的感知不确定因素，实施旅游行业管理创新等一系列与实现中国旅游业持续发展相关的问题，从理论与实践的结合上进行全面、深入的探讨与分析。收入"系统与科学管理研究文库"。（常平阳）

F000311 **旅游地理学** 李学伦主编。青岛海洋大学出版社 1998 年 10 月版。36.6 万字。21.50 元。紧紧围绕旅游地理学的特点，阐述旅游业和旅游活动有关的地理学问题。综合了旅游地理学及有关学科的新资料、新成果和新理论，比较系统地阐述了旅游业与旅游地理的关系、旅游资源、风景审美与观赏、园林、文学艺术与旅游、饮食文化与旅游、风景名胜区与自然保护区、旅游交通、旅游地图、旅游开发与规划、旅游环境与旅游业可持续发展以及中国旅游地理区划等内容。侧重基础知识的阐释和基础理论的讨论，重视理论与实践的结合，举例典型，具有很强的实用性。在内容上具有涉及学科的广泛性，在研究方法上具有高度的综合性。（李学伦、纪丽真）

F000312 **中华邮政单位、基数、银元邮票专论** 李世琦编著。四川人民出版社 1998 年 9 月版。12 万字。128.00 元。叙述中华邮政 1949 年银元邮资时期总局及各邮区发行的基数、单位、银元邮票与其相关各票品，包括当时发行的全部邮票，大部分代邮戳、白纸代邮券、邮资券、加局名邮票等，共有邮票放大彩图 800 余帧，黑白图 300 余帧，邮票真伪对比图 80 幅以上，图表 30 多个，文字中引用档案资料达数十件，并附当时邮票市价表。（叶勇）

贸易经济

F000313 **最新英汉经济贸易词汇大全（修订版）** 孟昭蓉、杨春生编著。中国民航出版社 1998 年版。170 万字。69.00 元。具备以下特点：一是内容新。此次修订版增加词条 4 000 多，并对那些有变化、有发展的词条加以修改。二是范围广。除一般经济贸易词汇外，还大量收集了现有辞书中涉及较少的运输、

财政、金融、海关、税务、保险、经济法等方面的用语。本书于1991年由中国青年出版社出版。(鲁芯)

F000314 **电子商务——基础篇** [美]沈鸿著。电子工业出版社1998年9月版。33.2万字。26.00元。分4篇介绍电子商务。第一篇主要介绍了电子商务兴起的背景、电子商务的基本概念、世界范围内电子商务发展的现状、世界上各主要发达国家的政府及各大公司对电子商务所持的态度。第二篇以三家著名的信息产业公司(IBM公司、HP公司和Oracle公司)为例,论述当今电子商务的发展成果及最新发展动向。第三篇通过列举上述公司的电子商务在业界成功运作的案例,使读者对运用电子商务系统来进行商务活动的巨大优势和活力有一个比较直观且清晰的认识。第四篇主要列举目前在电子商务运作中存在的一些问题,如安全问题、法律问题等。(张燕虹)

F000315 **古今书画价格指南** 张秀章编著。大连出版社1998年4月版。110万字。168.00元。收编明代至民国时期的画家近1 300名、书家4 000余人,并给每人的作品标了参考价。全书包括中国绘画部分和中国书法部分等3卷,并附录有日本书画部分等。在对明以来的众多书画家作简要介绍的基础上,系统地对他们的书画作品标价的。其介绍包括书画家的字号、别号、传略、书画种类、特点、艺术成就等。书画家的名号许多有其特殊性,许多字生僻难认,为方便读者查证,本书在"凡例"中作了异体字对照。(俞慈韵)

F000316 **电脑销售教程** 张强华、吕新平等编著。电子工业出版社1998年8月版。51.2万字。32.00元。分为上、中、下3篇。上篇为硬件基础,主要讲述电脑基础、常用部件的种类与功能,多媒体电脑组装步骤与注意事项和系统配置技巧;中篇为常用软件,讲述系统软件的安装、DOS与Windows的核心操作方法、几个检查维修工具软件的使用以及病毒清除方法等;下篇为销售实务,讲述销售基础、销售体系、顾客心理、寻找与接近顾客、访问与洽谈、克服顾客异议、洽谈价格、成交技巧与后期服务等。(秦梅)

F000317 **市场营销学** 李弘编著。大连理工大学出版社1998年6月版。36.2万字。14.00元。工商管理硕士(MBA)教材之一。具有以下特点:1.结合国内外市场营销理论的最新发展和中国企业市场营销面临的现实问题,提出了以战略营销为核心的市场营销新理念,强调顾客导向与竞争导向在战略层次上的融合与统一。并通过引入经济学、行为科学、系统论、管理理论和战略理论的最新成果,建立了较新的市场营销学概念体系。2.在具体内容上,力争反映当前市场营销理论研究的新方法和所面临的新问题,贴近现实经济生活。3.注意适用性,力争通俗易懂。(邓玉萍)

F000318 **市场营销学** 柳思维、邹乐群著。湖南师范大学出版社1998年12月版。32.6万字。20.00元。在广泛吸取我国市场营销学研究的新成果的同时,较好地处理了教材建设中稳定与创新的关系,对国内外各种市场营销学中常见的并已被教学实践和营销实践检验过的普遍适用的基本范畴、基本概念、基本知识都较好地保留下来。同时又注意吸收近几年来市场营销研究方面的新成果、新观点,并注意学科内容上的创新,以尽可能反映我国新旧经济体制转换中和国民经济市场化进程中的新变化、新问题。其最大的特点是在市场营销学的中国化方面下了一番功夫。全书较好地结合了90年代以来中国经济体制和市场的新变化,在广泛吸取西方市场营销精华的同时,在教材的体系结构、内容组合、观点探讨、文字表述等方面更注意中国化,使之更好地适应了专业教学的需要。(陈宏平)

F000319 **INTERNET市场营销指南** [美]Tom Vassos著。浙江科学技术出版社1998年1月版。34.1万字。26.00元。提供了Internet市场营销战略的框架,概括了Internet市场营销的各种战略,展示了可行的市场营销战略,并且列举了许多公司成败的战略。全书描述了实施战略的可行的Internet工具、技术与软件,以及这些工具所在的Web网址和采用特定市场营销方案的Web网址,并指出了提供实施特定战略的解决方案的公司或个人的名单,最后还提供了可寻求进一步帮助的特定讨论组的名单。

F000320 **服装市场营销** 杨以雄、顾庆良著。中国纺织大学出版社1998年7月版。27.8万字。18.00元。针对服装商品的特点及国内外的经营状况、营销的宏观与微观环境的相互关系,运用案例分析,系统、翔实地分析和论述服装营销的基本理论及应用方法。(俞丽琼)

F000321 **谈判商务高手** [美]凯尔·安德森著,张志洪译。广东经济出版社1998年9月版。14万字。13.00元。原著书名为Getting What You Want。分4章,每章又包含若干条小技巧,共计100条小技巧。每条小技巧又用实例加以说明。主要阐述谈判的技巧，其要旨是“三角洽谈模式”，即先明确自己的目标；再找出对方的目标，向对方传递自己了解的信息；然后以对方能够接受的方式提出解决问题的方案，最后达到“双赢”的目的。在结构上以三角洽谈模式的三个步骤为主线，先总后分，步步深入。(金荣良)

F000322 **营销经略——市场营销管理案例** L.伯恩哈德、C.肯尼尔著，甘碧群等译。湖北人民出版社 1998 年 10 月版。57.3 万字。35.00 元。根据美国麦克尔·海尔公司出版的《市场营销管理案例》(第七版)翻译。汇集 36 个最有代表性的营销管理案例，并分析具体市场营销问题的基本方法和基本思想。本书具有 4 个显著特点。1.书中案例的叙述方法与国内外其他有关案例的出版物不同，本书详尽地描述了案例中人物所面临的营销环境及其所必须解决的营销问题。2.书中案例涉及广泛的营销领域，诸如消费者、工业者、盈利组织、非盈利组织、社会机构及公共政策等领域的营销活动。3.书中案例所反映的内容新。它不仅包括传统的有形产品的营销，而且还包括反映时代特征的高科技产品营销，和以高科技为基础的服务营销(金融、航空、报业等)，还有全球营销及营销道德等。4.书中所选编的案例大多以国际上著名的公司为背景。诸如通用汽车公司、雀巢公司、宝洁公司、康柏计算机公司等。它们拥有悠久的历史和丰富的营销经验，代表了各行业的特征，可以为其他公司营销提供借鉴。(王惠玲)

F000323 **营销秘诀** 副名：顶尖高手的倍增法则。[美]查尔斯·B·罗恩、罗易·亚利山大著，蔡得久译。东北财经大学出版社 1998 年 5 月版。31.4 万字。24.00 元。“顶级管理经典系列”丛书之《市场营销》姊妹篇之一。通过对 53 项成功营销范例的分析，总结了最新的营销商和顾客之间的关系，其中包括挑剔式销售、团体销售、电话会销售、战略营销、顾问式销售、概念式销售、心灵式销售和关键账户销售等。有些是既简单又有效的营销技巧和策略，如分析顾客神情以便决定如何销售；从回头客那里取得收入；从电话等通讯手段中获利；确定销售已经成交。推销业正向全球化发展，与近年来的新兴工业和新型服务业接轨，应该用商业谈判的思路与策略看待推销。通过书中成功范例的运用，营销高手的故事和营销经历，使读者学到营销策略和技巧方面的东西。(石建华)

F000324 **商务调研策划与实施** 贾怀勤编著。对外经济贸易大学出版社 1998 年 2 月版。30.8 万字。16.00 元。全面论述商务调研从策划到实施中的各种问题，包括调研课题的确定，调研设计与策划，根据不同的目标进行的不同的调研活动，如探索性调研、描述性调研和因果性调研，资料数据的收集、测量，调查工具的设计，资料的整理，定量分析和理论分析，研究成果的提供，以及商务调研中的一些管理问题，如项目管理、跨文化调研等。(刘传志)

F000325 **期货市场成长论** 马源平著。陕西人民出版社 1998 年 12 月版。26 万字。14.00 元。“青年经济学博士研究丛书”之一。对中国期货市场的现状进行了全面、系统的实证描述；对世界期货市场发展历程和成长道路进行了考察分析；运用现代经济学主要是新古典经济学和新制度经济学的原理对期货市场进行深入的理论阐释，揭示期货市场产生、发展的客观必然性；分析中国期货市场的问题源于没有科学的期货市场发展理论的指导，否定期货市场发展的渐进性、过程性；在必要的理论借鉴和实践经验吸取的基础上，提出期货市场成长新思路、新思想，揭示出不同于传统的包括期货市场成长概念、期货市场成长概数、期货市场成长类型、期货市场成长过程等在内的期货市场成长的理论体系内容；依据期货市场成长理论中影响期货市场成长的自变量因素与因变量之间关系的一般原理，从理论与实践的深层次的结合上，分析、研究、归纳了交易环境、交易主体、交易客体、交易组织、交易规则、交易信息、交易风险、创新机制与期货市场成长之间的相互联系、相互影响的关系的理论命题和实际验证，并提出了推进中国期货市场健康成长的大思路。(李晓锋)

F000326 **营销戒律** 副名：致命的 172 条营销神话。[美]科文·J·克兰希、罗伯特·S·舒尔曼著，东方慧译。东北财经大学出版社 1998 年 5 月版。20.8 万字。20.00 元。“顶级管理经典系列”丛书之《市场营销》姊妹篇之一。以逆向思维模式，分析了 IBM、百事可乐等知名企业的营销实例，向营销界人士展示了营销领域的陷阱与盲点，引导读者重新透视和反思自己的营销策略，并将错误的营销理念逐一揭穿和摒弃。(石建华)

F000327 **主观质量及质价关系研究** 韩新民著。陕西科学技术出版社 1998 年 7 月版。18.7 万字。16.00 元。从质量科学、心理学和经济学等交叉学科角度，探索建立主观质量理论。先追溯质量概念的演变过程，给出主观质量定义，阐明其构成的客观基础，论述主观质量、狭义客观质量和广义客观质量的关系，突出无形质量特征的分析，并探讨主、客观质量的认识论根源及其测度理论。剖析主观质量形成的认知机理,论述主观质量构成过程中受感受、注意、记忆、分析(编码、归类、推理)和问题求解诸信息处理过程的影响。同时,分析了我国目前消费水平、消费结构和消费方式以及文化、社会和个性因素对主观质量构成的作用。在传统效用理论基础上,提出主观质量和数量共构的效用理论并阐明其理论依据,从经济学和心理学集成角度为质量研究提供模型基础。(赵生久)

F000328 **金泥玉屑丛考** 王仲荦遗著,郑宜秀整理。中华书局1998年8月版。28.3万字。22.00元。全书18章,汇集先秦至宋、辽、金、西夏各历史时期文献及出土文书中有关物价的资料,并间加按语。书中所集资料,从各朝币制,金、银价,到犬马牛羊;既有服装饰物,也有日用器具的价格,细致而全面。卷一为《管子》、《韩非子》、《战国策》、《越绝书·计倪内经》及《史记·货殖列传》物价考;卷二、卷三分别为汉代及汉晋河西物价考;卷四为魏晋南北朝物价考;卷五为唐五代物价考;卷六唐西陲物价考,包括敦煌、高昌、庭州、于阗物价;卷七至卷十七为宋代物价考;卷十八是辽、金、夏物价考。(柳宪)

F000329 **兵法谋略与商战谋略** 张志祥编著。金盾出版社1998年2月版。15万字。10.00元。分两大部分。第一部分(上篇)从八个方面阐述怎样借鉴军事战略,形成正确的商战战略。第二部分(下篇)具体阐述怎样借鉴《三十六计》,在商战中采用灵活多变的计谋。将我国古今兵法谋略与现代市场竞争相结合,列举成百个生动的故事和中外商战实例,从正反两方面说明怎样汲取兵法谋略的智慧,在商战中以智取胜,出奇制胜,以弱胜强,以小的投入取得大的收益。(汪乾祥)

F000330 **商战法则** 副名:全球商务礼仪透析。[美]南·利普托特著,李卫军等译。东北财经大学出版社1998年12月版。39.8万字。28.00元。“顶级管理经典系列”丛书之一。给出一种简化的、实用的方法论来理解文化的交互作用。在划分三种文化类型的基础上,引入成功典范的案例,并且给出了一种交互影响且在世界各地都适用的模式,这个模式考察隐藏于每种文化内部的、根本的机动因素,同时考察源于这些基本信念的行为准则,这种方法解决了关于形成一种统一的、指导国际商务关系的方针这个问题,能够使具有不同文化背景的人们有效地交流。在开展商务中,充满信心地去接近各种不同类型的文化。(石建华)

F000331 **商贸企业经营管理** 单凤儒主编。东北财经大学出版社1998年9月版。33.8万字。18.50元。“经贸管理人员培训系列教材”之一。针对商贸行业,包括商品经营企业、物资流通企业和饮食服务业的经营管理的共性及特殊性进行论述,形成以简要的文字理论阐述,大量案例相结合的知识体系。突出实用性,在内容和设置上努力向商贸企业的实际业务领域贴近,向商贸企业面临的最现实、最迫切、最敏感的难题贴近,使企业经营管理实务、国内外先进管理理论和改革中形成的新鲜经验三者相结合。还对商贸改革的热点和难点进行探索,在总结经验教训的基础上讨论、分析现实问题,探讨未来趋势。(石建华)

F000332 **商贸企业战略管理** 蔡世馨、史若玲主编。东北财经大学出版社1998年2月版。26.9万字。16.50元。“经贸管理人员培训系列教材”之一。吸收古今中外企业战略管理的优秀理论和方法,企业如何制定战略,企业战略有何价值,战略如何实施以及什么是企业发展战略、名牌战略、形象战略等,既有企业战略管理通论,又突出商贸企业的特点,在理论研究的基础上,附有大量案例,“百事可乐”与“可口可乐”的较量、麦当劳的成功启示及中国纺织机械股份有限公司的组织战略等为商贸企业战略管理提供探讨的空间和战略思维模式。(石建华)

F000333 **商贸企业财务管理** 刘淑莲、秦志敏主编。东北财经大学出版社1998年4月版。32.9万字。18.50元。“经贸管理人员培训系列教材”之一。以企业理财为主体,以风险与收益为主线,阐述财务管理的目标、财务分析与计划,资产与负债管理,企业并购重组等基本理论,同时采用“案例教学法”,肯德基办店选址的奥秘、杜邦公司的营销失败、格兰特公司的破产等实例,引导企业家分析理财实务中的成败得失,经验教训。(石建华)

F000334 **电话商务高手** [英]大卫·马丁著,沈正邦、张大军译。广东经济出版社1998年9月版。15万字。15.00元。原著书名为Tough Telephoning。主要阐述商务电话的接打技巧。作者认为,由于电话交谈缺少身体语言的辅助,因此很容易造成理解上的障碍。在打重要的电话之前要三思而后行,做好准备,拟定步骤,而不能单靠“思路敏捷”临时应付。电话本身是一种经营管理工具,如果运用得当,在客户服务和产品推销等方面能发挥意想不到的作用。书中分析电话谈判的要点,告诉读者如何防患于未然,争取主动,采用恰当的策略,达到预期的

目的。另外，就因特网和电子邮件的使用提出了忠告。(金荣良)

F000335 **网络商务高手** 何海群编。广东经济出版社 1998 年 10 月版。17.6 万字。13.00 元。主要阐述互联网的商业用途。互联网最大的特点是高速、廉价、互动。要在互联网上获得成功，关键在于创意、速度和开拓的勇气。互联网上有大量的资源和机会。利用网络，可以大大降低企业的交易成本和运营成本。在网上淘金，需要采用巧妙的策略，提供贴心的客户服务，发布富有创意的广告，具备独特的眼光，以及敢于以小搏大的决心。书中还介绍了防范"黑客"和保障网络安全的主要措施。(金荣良)

F000336 **中国服务业与世界多边服务贸易体系** 蒋国庆著。四川科学技术出版社 1998 年版。50 万字。32.00 元。从开放的角度系统阐述当代国际服务贸易发展现状与未来总体趋势。介绍与分析国际服务贸易多边谈判与最新服务贸易规则的适用范围，使用原则与例外。分析论证中国发展服务业与开放庞大的国内服务市场过程中涉及的一系列理论与实践问题。还对美国、日本、德国、意大利等国家与地区发展服务性产业的具体政策措施与经验教训进行了剖析。(尧汝英)

F000337 **饭店服务** 劳动部教材办公室组织编写。中国劳动出版社 1998 年 1 月版。18.5 万字。12.30 元。主要是以星级饭店服务标准为依据，主要以三星级饭店的设施、服务标准为依据，对现代饭店服务业的基本服务要求做出了全面的叙述。分 13 章，依次为饭店业概述、饭店服务中的礼貌礼节、服务心理、综合服务、前厅与客房服务概述、客房预订与接待准备、抵店迎接、住店服务、离店送别服务、餐饭服务概述、餐厅服务基本技能、餐厅接待服务、菜肴酒水知识与酒吧服务。(胡长建)

F000338 **现代饭店人际关系学** 吴正平、邹统钎著。广东旅游出版社 1998 年 7 月版。25.3 万字。15.00 元。从现代饭店人际关系的角度出发，深入浅出地阐述人际关系中存在的问题(包括其重要性、复杂性及心理因素)、宾客关系和员工关系。(李瑞苑)

F000339 **现代饭店无形资源管理** 郑向敏、薛志荣著。暨南大学出版社 1998 年 8 月版。16 万字。11.00 元。从现代饭店无形资源的宏观管理入手，对现代饭店无形资源的定义、类型、内涵及其关系进行研究和阐述，并对构成现代饭店无形资源的信息、时间、形象与口碑等资源的特点、内容、开发、管理与利用进行了系统的全面的阐述与分析，展示现代饭店无形资源内涵的丰富及其在现代饭店经营中所具有的现实意义和重要性。(古碧长)

F000340 **现代酒店员工培训教材** 贾安庭、彭青主编。广东人民出版社 1998 年 3 月版。47 万字。30.00 元。以酒店服务知识为素材，以广大酒店员工为读者对象，介绍酒店员工在为客人服务时，应该怎么做，应熟悉哪些服务知识，应遵守哪些规则，必须具备和掌握哪些技能，从而提高自身素质，成为一名优秀服务员，为宾客提供优质服务。(杨小虹)

F000341 **家庭服务员** 伍道成、曹文侠等著。中国劳动出版社 1998 年 7 月版。12.8 万字。8.90 元。以原国家劳动部颁布的《工人技术等级标准》为依据，详细地叙述家庭服务员应掌握的基本知识和技术、技能要求。具体包括家庭服务的基本常识，如家庭服务员的职业道德、修养以及日常交际礼仪；重点介绍家务技艺、家庭护理、家庭安全与防范知识；另外还有风俗情趣、民间习俗及花卉栽培、宠物饲养等知识。(魏丽君)

F000342 **家庭服务员必读** 戚瑞芳编著。金盾出版社 1998 年 1 月版。8.4 万字。3.70 元。专门为想要从事和已经从事家庭服务业的下岗女工和打工妹编写的实用知识技能读物。主要内容包括：家庭服务员的职业性质和发展前景、服务内容和服务形式、应具备的基本素质和要求、就业途径和权益保护等 11 个部分。(陈俊峰)

F000343 **谁搞垮了八佰伴** [日]加藤镶著，李建华等译。海南国际新闻出版中心 1998 年 3 月版。12 万字。15.00 元。分析了八佰伴破产的原因，以及企业界人士应汲取的教训。从企业经营的角度来看，八佰伴对经济形势的判断失误，一味盲目扩张。八佰伴不顾经济形势的变化，到处设立分点，并向地产、房产、金融业扩张，结果食大不化，难以发挥自身的独特优势，使得整个八佰伴集团的经营风险日益加大，企业内部的危机初露端倪，最终导致了破产。八佰伴的这个失误对当前我国企业界具有很强的借鉴作用。此外，战术安排失量，过度负债经营，资本结构不合理，也是八佰伴破产的重要原因。八佰伴的破产告诫我们，一个企业在发展战术安排上必须谨慎从事，在实施战略、战术决策时，负债要有个度，并有合理的债务结构，既要考虑经营上的需求，又要考虑偿还债务的能力。(陆国斌)

F000344 **餐饮服务规范图解** 沈达、李京生著。山东科学技术出版社 1998 年 6 月版。3 万字。

308幅彩图。99.00元。将餐饮服务规范与操作技巧采用文字和图解相结合的形式进行介绍,力求使读者对于规范的服务操作与技巧一目了然,借助简明扼要的文字,更能深刻感悟到餐饮服务的要领。(刘东杰)

F000345 **社会主义市场经济与商品流通体制改革** 张井著。广东人民出版社1998年12月版。33万字。30.00元。"邓小平理论与广东实践研究丛书"(第二辑)之一。以邓小平理论为指导,从理论和实践,历史与现实的结合上,论述了我国社会主义市场经济和商品流通体制的改革;纵述社会主义四百年发展中的计划与市场问题的论争和实验,我国改革开放中有关改革导向和目标问题的思想交锋;分析了我国在邓小平理论指导下,从计划经济向市场经济的转变,也就是从贫穷的"社会主义"向共同富裕的社会主义转变,并在这个转变中,正确地解决了生产与流通、市场机制与宏观调控的辩证关系,市场经济与计划经济的体制对立,社会主义市场经济与资本主义市场经济的同一与区别。(杨小虹)

F000346 **中国物价五十年(1949～1998)** 成致平主编。中国物价出版社1998年8月版。93.5万字。135.00元。对我国半个世纪以来的农产品价格、重工产品价格、轻工产品价格、交通运价、进出口商品和涉外价格、各项收费、房地产价格以及价格信息、价格法规、价格事务工作与物价检查工作的变迁等进行系统详尽的论述。以翔实的史料、精确的数据、生动的掌故、创新的议论,阐述新中国建国以来的重大物价政策的决策过程和物价工作情况。(于小花)

F000347 **明清江南商业的发展** 范金民著。南京大学出版社1998年8月版。30.2万字。18.50元。主要研究了江南的商品流通问题、江南的商品市场问题、江南的商人商帮问题以及商业兴盛对江南社会经济的影响等一系列重大问题。在第一章中,探讨了两个问题:一是江南商品性作物种植的发展,涉及到棉花、桑树、席果、靛蓝、烟草、茶树等商品性作物种植的情形;二是专业副产业商品生产的兴盛,涉及到棉布、丝绸、酒、油类、草席的商品生产,纸、书籍、玉石器的商品性生产加工等等。第二章中,详述了粮产区和棉布产区之间、棉布丝绸产区内部和整个江南地区各种生产资料和生活资料之间的商品流通,得出结论:江南丝棉织生产的兴盛,乃是奠立在本地区发达的专业分工、良好的原材料供应和畅达的域内流通之上的。第三章中,细密地考察了包括地方小市场、城镇市场、区域市场、全国性市场和特殊市场——庙会集市在内的江南商品市场等。第四章对安徽、福建、广东、山西、陕西、山东、河南、江西、湖广、浙江、江苏等地商人在江南地区从事的商业活动进行创造性地系统考察。第五章论述了商业兴盛对江南社会经济的发展做出了重大贡献,是全书的画龙点睛之笔。(范瑜)

F000348 **世界知识产权保护与国际技术贸易** 苏敬勤、冯欲杰主编。大连理工大学出版社1998年6月版。25.2万字。12.00元。工商管理硕士(MBA)教材之一。有如下三个特色:1.较强的应用性。知识产权保护与技术贸易知识大多建立在国际通用规则与法律基础上,在实际工作中也有大量运用。2.简明性。在行文方面,着意语言精练;在内容方面,力争能够系统地介绍有关知识产权保护与技术贸易方面的知识但又有所取舍。3.新颖性。在编排结构上,用了较多篇幅介绍有关知识产权保护与技术贸易方面的新进展,如对域名的介绍,对生物技术与集成电路权益的介绍,对计算机软件这一版权保护新对象的介绍等等。(邓玉萍)

F000349 **国际贸易中的政府行为** 罗丙志著。陕西人民出版社1998年8月版。21.1万字。12.50元。"青年经济学博士研究丛书"之一。从历史的角度对国际贸易中的政府行为及其表现进行考察分析,并着重分析二次世界大战以来国际贸易中的政府行为思想及其对当代国际贸易中的政府行为的实证分析,特别是凯恩斯主张政府积极干预对外经济贸易活动,利用贸易顺差保持国内充分就业的思想;国际贸易中政府行为的经济效应及政府行为效应的局限性;国际贸易中政府行为的经济因素;经济发展状况、国际收支、经济周期、产业成长等;国际贸易中政府行为的非经济因素:国内政治、国际关系;当代中国对外贸易中的政府行为分析,并提出了在政府干预的总体结构上,应改现行的以行政手段为主、以经济手段为辅的手段结构为以经济手段为主、以行政手段为必要补充的手段结构,同时要规范政府的财政和金融等政策对对外贸易的支持,完善关税结构等。(常平阳)

F000350 **国际贸易谈判成交点预测** 丁建忠著。中信出版社1998年2月版。14万字。13.00元。《国际商业谈判学》(丁建忠著,中信出版社1996年版)一书的补充与完善。从理论和实践的角度详尽地论述了国际贸易谈判成交点的可预测性,研究了影响谈判成交的各种因素及其价值和力度,进而推导和总结出数字条件和文字条件成交点的预测方法和模式。全书由7章组成，分别为：预测的对象，预测的可能性，预测的因素，预测的方法，预测方法的应用，预测准确性的保证措施和其他几种预测工具。（何培慧）

F000351 **国际贸易理论与实务** 王国顺主编。中南工业大学出版社1998年1月版。共17章，前面8章是理论部分，系统地讲授国际贸易的产生和发展、基本概念；国际贸易的理论如成本理论、资源秉赋理论、里昂惕夫反论、国际交换理论等；国际贸易政策的类型与演变，管理和发展战略；关税和非关税壁垒、国家出口管理、世界贸易中的条约、协定、世界贸易组织和区域经济一体化等方面概念和理论。后面9章为实务部分，比较全面、简要介绍国际贸易中的实际内容，如进出口程序、国际货物买卖合同、贸易术语和价格、货款支付、货物运输、贸易中的检验、索赔、不可抗力和仲裁，贸易的方式等等。（秦瑞师）

F000352 **知识产权和技术贸易实务** 陈绍荣著。宁波出版社1998年10月版。35万字。20.00元。运用自己的知识和经验，认真思考，对知识产权和技术贸易这一课题，进行了新的探索，从新的角度提出一些新的概括和见解。（王伯城）

F000353 **国际贸易实务** 侯铁珊等编著。大连理工大学出版社1998年6月版。32万字。15.00元。工商管理硕士(MBA)教材之一。具有以下特点：1.充分反映国际贸易中最新产生的规则和惯例，结合国际贸易已形成并应用最广泛的规则和惯例，吸收国际上国际贸易理论和实践的最新发展，形成本书的理论和实务体系。2.充分结合我国对外经济与贸易发展的实际和理论上的成就，反映我国近些年来在对外经贸方面颁布的法律、法令、实施细则和诸多政策。3.在编写中既要注意理论体系的完整和合理，又注意教材的实务性和适用性。在编写中，采取了统一的体例，每章开始均提出本章要点，然后引用或编写一个或几个案例，以期引出本章所要阐述的主要问题和理论，并在结尾部分布置了思考复习题，使学生在学习过程中不仅要懂得和掌握国际贸易的基本理论和知识，还要熟悉进出口业务的实际操作。（邓玉萍）

F000354 **中国对外贸易概论(1997年新编本)** 王绍熙、王寿椿编著。对外经济贸易大学出版社1998年10月版。33.5万字。17.00元。分4部分。第一部分是我国发展对外贸易的基本理论，主要论述了我国社会主义对外贸易的建立和发展、对外贸易的性质及其在国民经济中的地位和作用，以及我国发展对外贸易的指导思想和理论基础。第二部分重点分析论述了我国的进出口贸易及发展战略与政策措施，包括改善出口产业结构和商品结构，坚持以质取胜战略和市场多元化战略，合理安排进口商品结构，引进技术，积极、合理、有效地利用外资，正确处理国内外市场价格的关系，正确制定进出口商品价格，努力提高对外贸易的经济效益。第三部分是我国对外贸易管理和对外贸易体制改革。分析论述了我国对外贸易管理的法制手段、经济调控手段和行政手段以及外贸体制改革的深化和与国际贸易规范的对接接轨。第四部分分析了我国对外贸易国别(地区)关系及其基本政策和原则，包括同发达国家、发展中国家、独联体各国、东欧国家以及内地和港澳台地区的贸易关系。（刘传志）

F000355 **中国高技术产业发展与外贸竞争力** 陈春宝著。东北财经大学出版社1998年5月版。16.3万字。12.00元。“中国当代经济前沿科学文库’98卷”之一。首先对外贸竞争力，高技术与高技术产业等概念的内涵作了界定，提出了评价外贸竞争力的指标体系，将外贸竞争力分解为产品外贸竞争力、企业外贸竞争力和产业外贸竞争力三个有机联系的子系统，分别分析了高技术与这三者的关系，形成了一个各部分之间有机联系的、较为严谨的关于高技术产业与外贸竞争力关系的体系。还结合中国的实际，提出富有创新意义的观点，如关于技术追赶陷阱和障碍的分析，关于我国高技术产业未能实现跳跃式发展原因的分析，如何利用高技术培育和保持名牌产品等。（石建华）

F000356 **技术贸易学** 陈元浚主编。中共中央党校出版社1998年2月版。28万字。16.80元。主要内容包括：技术商品与技术市场、技术贸易方式、技术贸易价格、技术贸易谈判与合同、技术贸易法律保证以及税费、技术商品营销实务等。将理论与实务有机地结合起来，通俗易懂，可读性强。（张伟）

F000357 **我国对外贸易的理论研究与实证分析** 李荣林、陈建国主编。贵州人民出版社1998年4月版。21万字。13.80元。论文集。运用现代国际经济与国际贸易理论，结合我国的具体条件，分析我国对外贸易领域中的一些重要理论问题和实际问题，并对中国同其主要贸易伙伴间的贸易状况进行实证分析。（夏昆）

F000358 **英中对照农药名称** 王振君、冯坚等编。化学工业出版社 1998 年 9 月版。10 万字。9.80元。收集 1 100 多个农药品种，包括杀虫剂、杀菌剂、除草剂、杀螨剂、杀线虫剂、杀鼠剂、植物生长调节剂和安全剂等。它们的各种名称(英文商品名称、试验代号、中文商品名称、俗名)6 000 余个，按其英文名称为主排序。然后排列中文农药名称索引。书后附有外国公司名称中英文对照和常用农药术语缩写。(郭燕)

财政金融

财政、国家财政

F000359 **税收制度的国际比较** 曹雪琴著。学林出版社 1998 年 9 月版。19 万字。14.00 元。导论部分简要概括了与税制发展息息相关的税制理论和概念。第一篇按照税制结构中的主要税类，比较所得税制，具体分析简化中性的税制调整，西方个人所得税、公司所得税等主要方面的变化情况。第二篇研究间接税制发展中风靡全球的增值税，范围扩展到欧洲、北美和亚洲诸国。第三篇探研社会保险税制，将视野拓展到保险税同个人所得税制的结合、衔接等边缘问题。最后，对关系到千秋万代的资源和环境税收制度作了探索性的国际比较。(曹坚平)

F000360 **税收基本法研究** 涂龙力、王鸿貌主编，陈学东、朱钢陵副主编。东北财经大学出版社 1998 年 4 月版。17 万字。20.00 元。内容包括税收基本法制定的必要性、基本原则，税收立法权研究、纳税人权利及义务研究、税收司法保障体系研究等。(石建华)

F000361 **预算会计** 董孟婉主编。中央广播电视大学出版社 1998 年 11 月版。23.4 万字。13.50 元。分 4 篇 21 章，即：第一篇“总论：预算会计概论”；第二篇“事业单位会计：资产、负债、收入、支出、净资产、结余分配、会计报表”；第三篇“行政单位会计：资产、负债、收入、支出、净资产、会计报表的编制和分析”；第四篇“总预算会计：总预算会计的任务和核算特点、资产、负债、收入、支出、净资产、总预算会计报表的审核和分析”等内容。(张静)

F000362 **新预算会计核算指导** 李纲主编。国际文化出版公司 1998 年 11 月版。35 万字。24.00 元。以介绍实务为主，通过大量的实例说明会计新制度的具体运用，并注重对会计核算难点问题的分析。

F000363 **广西财政史** 黎灼仁、高言弘主编。广西人民出版社 1998 年 5 月版。74.3 万字。70.00 元。分古代广西财政、近代广西财政、现代广西财政 3 篇。上起秦汉，下至当今改革、开放，时间跨度两千多年。作者运用历史唯物主义的基本观点，对各个时期的财政收入、财政支出、财政管理、财政政策、财税机构等进行全面系统的记述，揭示各个社会和各个朝代财政的本质，并作出科学的评述，使读者既充分了解广西财政在各个时期的地位与作用，又清晰地看到了从秦汉至今广西财政的发展脉络。全书论从史出，史论结合，有理有据，既有深度又有广度。(马丕环)

F000364 **中国财税改革与发展** 刘仲藜等主编。中国财政经济出版社 1998 年 5 月版。39 万字。30.00 元。分 4 部分，即综合篇、财政篇、税务篇和政策法规篇。内容主要包括我国财税的基本理论、税收管理制度、分税制财政管理体制、预算管理制度、预算外资金管理、文教行政财务管理制度、农业财务管理制度、商业粮食贸易财务管理制度、企业财务会计管理制度、国有资产管理、世界银行贷款的使用和管理等。全书比较全面地概括国家财政的最新发展情况，阐述现行财税制度和相关的法规政策，揭示财政工作所面临的主要问题和产生这些问题的原因，提出了今后我国财税改革和发展的方向和设想。(李玲兰)

F000365 **中国税收指南丛书** 李永贵主编。中国财政经济出版社 1998 年版。全面介绍我国现行税收制度下，各个税种具体业务操作的丛书。共计 9 个分册，包括：增值税、消费税、营业税、企业所得税、个人所得税、农业税、资源与财产税和行为与目的税。(郑宁军)

F000366 **外商投资与财政改革** 张馨、杨志勇著。鹭江出版社 1998 年 12 月版。21 万字。13.80 元。“外商投资研究丛书”之一。主要研究改革开放以来外商对我国的大规模投资与我国财政税收体制改革之间相互影响、相互促进的关系。主要内容有：外商投资与财政改革、外商投资与对外资课税制度的改革、外商投资与企业所得税制的改革、外商投资与个人所得税制改革、外商投资与流转税制度的改革、外商投资企业的国有资产收益制度改革、外商投资与社会保障制度改革等。

F000367 **迈向新世纪的中国财政** 刘积斌、谢旭人主编。中国财政经济出版社 1998 年 5 月版。23.4 万字。19.00 元。分 21 章，主要内容包括：“八

别的古钱，一律按年代早晚依次论述。（李有清）

F000383　**中国纸币图鉴目录·四行通钞**　吴克夷编。上海科学技术文献出版社 1998 年 4 月版。206 万字。600.00 元。大型纸币研究工具书。收载了民国四大国家银行（即中国银行、交通银行、中国农民银行、中央银行）发行的各种纸币 3 820 多种。全书由中英文对照的列表和彩色纸币实物图鉴两大部分组成。书中援引了海内外文献中的标价，并给出商品价（均按美元折算）。（沈美新）

F000384　**中国货币供应问题研究**　冉光和著。东北财经大学出版社 1998 年 8 月版。17.4 万字。12.00 元。“中国当代经济前沿科学文库’98 卷”之一。运用增长周期法分析了中国货币供应及其他宏观经济变量的周期波动规律，采用格郎杰因果关系法检验了中国货币供应波动的原因，运用方差分解法分析了中国货币供应波动的宏观经济效应，根据中国金融的发展研究了中国货币供应监测体系和调控体系。课题的研究占有和使用了丰富的系统的资料，使用了 1952 年至 1995 年中国货币供应量及其各个层次的数据，社会总供给与总需求及其构成和物价指数的系统资料，揭示建国后整个历史时期中国货币供应量波动的规律性及其原因，揭示出货币供应量波动对国民经济运行的影响。还首次提出了以社会总供给与社会总需求的增长率区间来确定货币供应增长区间的理论和计算方法。（石建华）

F000385　**中国货币需求的微观基础研究**　杜巨澜著。复旦大学出版社 1998 年 12 月版。20.1 万字。15.00 元。在坚持马克思主义指导的前提下，借鉴凯恩斯学派对货币需求行为动机的划分方法，结合中国转型经济过程中的经济制度和经济发展水平的特点，对居民户和企业的货币需求行为机制进行详细的理论分析，对政府机构的货币需求特点也作扼要的阐述。全书共 4 章：第一章“引论”，概述宏观货币需求与微观货币需求的区别与联系，并指出本书的理论与现实意义；第二章“居民户的货币需求研究”共 6 节，研究中国居民户的交易性、预防性和资产性货币需求，探究中国家庭模式与居民储蓄的关系，探讨货币幻觉与通胀幻觉对宏观经济稳定的影响；第三章“企业的货币需求研究”共 6 节，分析了企业的交易性、预防性和资产性货币需求，探讨企业信贷需求中表现出来的货币需求特点，论证企业货币需求不断膨胀的根源等问题；第四章“政府机构货币需求简论”，讨论政府机构的交易性、预防性和资产性货币需求行为，探讨政府寻租活动与货币需求的关系。（赵恒忠）

F000386　**北海银行暨鲁西银行货币图录**　山东省钱币学会编。齐鲁书社 1998 年 6 月版。10 万字。16 开，图近 600 幅。208.00 元。分北海银行货币和鲁西银行货币两编，均分为发行与流通概况、图录、文献摘要 3 部分。发行与流通概况分别介绍山东革命根据地以及北海银行、鲁西银行的建立和发展，北海币与鲁西币的发行与流通；图录为全书的主要内容，分别收录北海币（包括根据地发行的其他流通券）181 种，鲁西币 29 种，基本包括了两家银行各个时期发行的不同面值的绝大部分币种；文献摘要则选录了抗战时期中共中央、中共山东分局等有关北海银行和鲁西银行的一部分重要文件。（刘岩）

F000387　**宏观金融博弈分析**　陈学彬著。上海财经大学出版社 1998 年 5 月版。28.5 万字。21.50元。采用博弈论方法广泛深入地探讨我国货币政策行为及其效应的决定问题，极富开创性。通观全书，别具特色。一是内容新颖，分析深刻。从一个全新的角度分析货币政策行为及其效应的决定问题，给人们许多新的启示。其分析具有相当的理论深度和创新。二是联系实际，意义深远。紧密联系我国经济和金融实际，提出具有极强现实意义的分析结论和政策建议。三是论证严密，文风严谨。以规范分析为主，各种分析结构均以特定的理论前提为基础，同时注重以事实说话，以实证研究的经验结果来支持规范分析的理论结论。四是体系合理，深入浅出。附录中列出复杂数学模型的详细推导过程。（江玉）

F000388　**中国经济转型时期的货币政策研究**　刘锡良著。西南财经大学出版社 1998 年 8 月版。23.5 万字。23.80 元。从理论和实践上对过去 18 年的货币政策运作的经验教训作一总结，提出未来货币政策应该如何运作的初步分析和构想。全书分为 7 章，内容包括中国经济转型时期货币政策的运行背景；货币政策目标的选择与分析；调控方式与政策工具的选择；货币政策与财政政策的协调与配合；货币政策与外汇政策的协调与配合；改革开放以来货币政策运作的回顾与分析；中国未来货币政策的展望。

F000389　**中华人民共和国人民币大系**　夏立平等主编。西南财经大学出版社 1998 年 11 月版。980.00 元（精），3 980.00 元（珍藏本）。荟萃了建国 50 年来中国人民银行发行的全部货币的钱币类百科全书。融权威性、知识性、艺术性于一体的极具史料价值和货币鉴赏理论知识的巨著。全书分为上下册，上册以流通币、普通纪念币为主要内容，下册以中国现代金银纪念币为主要内容，全面系统收集了新中国成立以来由人民银行发行的所有人民币、普通纪念币、现代金银纪念币，并公布了与发行货币相关的部分历史资料。近3 000余幅珍贵照片，如实地记录和展现了我国工农业、教育的发展历程、风景名胜、建筑和交通运输、各民族大团结、热爱人民领袖、古今历史人物文化名人等画面。配以精炼的文字，再现了我国社会主义事业辉煌的发展历程，具有广泛的知识性。

F000390　**中国古代货币史**　卿旭著。黑龙江人民出版社1998年12月版。30万字。25.00元。从中国货币起源开始，探索和研究了我国历朝货币发展的规律和特点，科学地进行断代研究，比较全面的介绍了整个中国古代货币的发展脉络，阐述了各个时期货币发展变化的条件和制约因素。并介绍了与货币研究相关的历朝财政状况、通货膨胀情况、货币经营状况、货币法律管理、货币流出周边国家以及中外货币史比较研究等。(徐冲)

F000391　**中国纸币研究**　吴筹中著。上海古籍出版社1998年4月版。49万字。64.50元。分19章，章以下分节，以钱币实物为基础，附有纸币照片百余幅，均标明原寸，再结合文献资料，依据实事求是、推陈出新的原则，力求完善，做到横向的不缺门类，纵向的按程序编写，揭示了中国纸币的发展过程及其规律，堪称是一部完整的中国纸币史。(童行)

金融、银行

F000392　**中华金融辞库**　戴相龙、黄达主编。中国金融出版社1998年10月版。520万字。398.00元。设17卷，分别是：第一卷综论，第二卷中央银行，第三卷金融监管，第四卷商业银行，第五卷非银行金融机构，第六卷政策性金融，第七卷合作银行，第八卷保险，第九卷货币市场，第十卷资本市场，第十一卷金融衍生工具市场，第十二卷国际金融，第十三卷金融统计，第十四卷港、澳、台金融，第十五卷中国金融史、第十六卷金融学说，第十七卷金融组织管理。在各卷卷首(第十七卷除外)设概观性词目，由名家撰写。概观性词目篇幅在1万字左右，旨在除提供本学科(知识领域)的基本概念、内容、历史发展、现状等基本知识外，还注重介绍本学科卷类条目框架所体现的知识体系，涵盖本学科(知识领域)的最重要内容，以及国内外最新情况和其自身的发展规律与展望。编纂上力求达到"全面、新颖、系统、实用、规范、经典"的目标。例如，在"新"方面，书中设立了"金融监管"、"政策性金融"、"合作金融"、"港、澳、台金融"、"金融组织管理"及"金融学说"中的"中国当代金融学说"等卷(类)，内容占全书三分之一强，这些内容是过去已出版金融类辞书极少涉及或没有涉及的。书末列有附录。全书列词目25 000余条。(彭元勋)

F000393　**当代国际贸易与金融大辞典**　薛荣久等主编。对外经济贸易大学出版社1998年4月版。223.3万字。160.00元。由5大部分、20个篇目、4 500多个条目构成。其特点是：以国际大经贸为基础内容安排体系，其体系为：世界经济与国际贸易、国际商品贸易和技术贸易、国际服务贸易、国际金融与国际投资。20个篇目包括：(1)国际经济贸易、(2)中国对外贸易、(3)世界市场行情、(4)国际经济组织、(5)国际贸易实务、(6)国际商品贸易、(7)国际营销、(8)国际技术贸易、(9)电子数据交换、(10)国际服务贸易、(11)国际旅游、(12)国际广告、(13)国际货物运输、(14)国际贸易保险、(15)国际工程承包与劳务输出、(16)国际金融、(17)国际投资与跨国公司、(18)房地产开发与投资、(19)期贸市场、(20)国际商法。(刘传志)

F000394　**投资圣经——博格勒论共同基金**　[美]约翰·C·博格勒著，何耀等译。湖北人民出版社1998年10月版。28.3万字。20.00元。作者是美国先锋集团的创始人和美国基金产业中的精悍巨子，他反对施于客户不公正的待遇，以公平为低成本费用的经营原则，从而对整个行规产生了巨大影响。本书展示了不同深度的专业知识，并向投资者提供了基金投资的理念和方法：(1)设计适合投资者个人金融目标的基金组合投资方案；(2)明辨基金交易中的各项费用成本和税负；(3)估计投资风险，发现欺诈性的广告宣传，书中在"入市者当心"的方框文字中特别提请读者注意这些警告；(4)通过资产配置的方法去平衡风险和收益，精明地选择基金种类，有效地使用指数化投资基金；(5)理解交易成本的重要性——成本、风险和收益是投资的三个最关键的要素；(6)能够看懂从一些信息渠道收集的资料数据，如金融报刊、投资指南和金融报表；(7)充分了解个人在"投资生命周期"中的位置，在不同的人生阶段实施不同的投资方案。(傅爱民)

F000395　**投资学(第五版)**　[美]威廉·F·夏普等著，赵锡军等译。中国人民大学出版社1998

年 8 月版。115.1 万字。85.00 元。分上、下册。主要包括证券投资环境与投资过程、有价证券的价值分析与资产组合、各种投资工具的投资价值、投资风险和特性分析、市场分析与投资管理等内容。根据近年来国际投资的迅速发展，书中增加了国际证券和国际证券市场的内容，并对掉期、抵押等衍生金融工具作了充分介绍。书中安排了针对不同读者的大量思考题与练习题，并附有部分练习答案和词汇表等参考资料。全书融投资学理论与实践为一体，不仅对投资学的基本概念和基本方法作了透彻的介绍，而且就投资者如何在实践中运用这些理论和方法作了详尽阐述，提供了完整的投资学理论框架，以及在此框架上的证券与证券市场实用知识，列入“工商管理经典译丛”。

F000396 **投融资战略** 罗仲伟著。广东经济出版社 1998 年 8 月版。21 万字。15.00 元。“现代企业全球战略丛书”之一。针对当前世界经济全球化的趋势，通过强调现代企业投融资的战略思维和战略分析，揭示现代企业投融资的基本理念和方法。

F000397 **沃伦·巴菲特如是说** 珍妮特·洛尔著，马强等译。海南出版社 1998 年 11 月版。19 万字。16.80 元。通过巴菲特的机智而引人入胜的引语论及诸如投资、企业经营、诚实、学术教育、纳税及其他的许多主题。（苏斌）

F000398 **证券知识读本** 周正庆主编。中国金融出版社 1998 年 7 月版。44.6 万字。33.00 元。其主要特点：一是通俗化。用问答形式概述了证券方面最基本、最重要的问题，文章流畅，言简意赅，由浅入深，娓娓道来，引人入胜，读后能使人对整个证券这件事有一个明确的概念。二是全面化。全书共分股票、债券、期货、基金、发行、上市、交易、机构、风险、法规、监管、国际 12 个部分，对证券业务作了全方位的介绍，内容丰富，分类清晰，便于检阅。三是规范化。本书是由中国证券会主要负责同志主编，邀请了上海、深圳证券交易所以及其他有关方面的专家和实务工作者撰写，资料翔实，释义准确，所选材料也是最新的。四是理论结合实际。既有证券方面的理论知识，又有国家的政策方针和实际操作做法，并且举出许多事例可供借鉴参考。

F000399 **国际金融** 迟国泰编著。大连理工大学出版社 1998 年 6 月版。37 万字。15.00 元。工商管理硕士(MBA)系列教材之一。主要特点是：1. 反映当代国际金融的新发展、新动向，在国际收支的调节中，对美、日、德 3 国运用经济政策调节美元危机进行了剖析，并对多国中央银行联手动用外汇平准基金干预 1995 年汇市的效果进行了评价。2. 反映我国的金融开放实际和现代外汇体制。在国际收支一章，对我国 90 年代以来的国际收支状况分别进行了静态分析和动态分析。3. 注重理论体系的优化、论证的严谨和探讨的深化。在理论体系的结构优化上，精心选用各国政府在近年的国际经济和金融领域经常选用和遵循的、有着普遍政策指导意义的经典理论组成国际收支调节理论和主要西方汇率理论的体系框架，既避免了体系的繁杂，又做到了内容完备。4. 注重国际金融的实务性和操作性。5. 对流行文献的谬误进行了分析和更正。（邓玉萍）

F000400 **国际金融与国际财务大全** 郭苏娜编著。河北人民出版社 1998 年 4 月版。47.2 万字。30.00 元。以国际金融为主线，收录涉及到金融活动各个领域的词条 1 700 多个。分国际信用、国际投资、国际证券、国际货币金融、国际保险、国际财务审计、国际商法和国际金融财务机构 8 个部分。每一部分都从最基本的知识开始，由浅到深，逐条解释。词条释义繁简适当，重要条目解释较为详细，一般条目解释则较为简单。（周建图）

F000401 **国际信贷** 吴铧著。武汉测绘科技大学出版社 1998 年 8 月版。20.7 万字。12.00 元。分 12 章，分别是：总论、国际信贷的信贷条件、国际信贷风险及其管理、国际金融机构贷款、政府贷款、国际商业银行贷款、对外贸易贷款、国际债券、国际租赁、项目贷款、我国的外汇贷款、我国的外贸贷款。针对不同的国际信贷类型，分别介绍了它们的特点、形式、资金来源、资金运用以及国际信贷的管制等具体内容。还介绍各类型国际信贷的贷款方式、基本程序以及在具体运作中应注重的问题。

F000402 **货币银行学** 张跃平等主编。湖北人民出版社 1998 年 9 月版。28.8 万字。16.80 元。共 13 章，分为 4 个部分。其中第一至第二章介绍货币在经济生活中的重要性、作用及货币制度；第三至第五章介绍货币银行学的基本知识、信用、利息及利率、金融市场等内容；第六至第七章介绍商业银行和中央银行的职能、作用及运行机制；第八至第十一章介绍货币需求、货币供给、通货膨胀、货币政策等内容，从理论上深入研究货币与经济的关系，探讨货币政策调节经济的作用原理及传递机制；第十二章和第十三章介绍金融创新、金融与经济发展的关系等方面的内容。（傅爱民）

F000403 **金融风险管理综论** 刘金章主编。

中国金融出版社 1998 年 12 月版。39 万字。35.00 元。共 21 章,分为"理论篇"、"方法论"、"实务篇"和"附录篇"4 大部分。从探究金融风险的本质出发,进而分析不同环境中金融风险的特点和规律;在介绍国内外关于金融风险管理适用的一般方法和工具之后,具体到各个不同的金融业务之中,分析探讨各自的风险特点及其管理方法;结合典型案例的介绍与评析,更进一步生动地阐释了原理的适用。(王海晔)

F000404 **金融市场的统计分析** 张尧庭编著。广西师范大学出版社 1998 年 11 月版。11 万字。分 3 部分:统计的准备知识,金融的数学模型,金融模型的统计分析。主体是第三部分,前两部分是为第三部分服务的。第三部分的第三章讨论对我国金融市场有实际意义的模型,第四章讨论金融市场的有效性,第五章是金融风险的分析,主要介绍国外的一些方法,希望对我国的状况分析有所帮助。(金鑫晖)

F000405 **金融财税业的现代化管理·(2)投资与投资组合管理** 美国加州大学柏克利分校著,《金融财税业的现代化管理》编译组编译。中央广播电视大学出版社 1998 年 12 月版。27.6 万字。16.00 元。为《跨越世纪,面向世界 500 讲》之《金融财税业的现代化管理》序列第二册。包括:投资与投资组合管理中有关"投资基础知识"、"投资的选择"、"证券市场的组织功能"、"投资的信息来源"、"有效资本市场"、"资本市场理论介绍"、"财务报表分析"、"风险分析"、"债券、股票市场的基础知识"以及"投资公司"等内容。(张静)

F000406 **金融财税业的现代化管理·(3)信贷管理及外汇管理概述** 美国加州大学柏克利分校著,《金融财税业的现代化管理》编译组编译。中央广播电视大学出版社 1998 年 12 月版。27.2 万字。16.00元。为《跨越世纪,面向世界 500 讲》之《金融财税业的现代化管理》序列第三册。包括:"信贷在经济中的运作"、"制定信贷政策"、"消费信贷"、"商业信贷申请分析"、"与授予信用有关的法律规定"、"如何获得支付"、"收款政策的确立"、"还款安排"、"外汇管理"以及"国际金融机构的成长和影响"等内容。(张静)

F000407 **金融财税业的现代化管理·(1)商业银行及其它金融机构的运作与管理** 美国加州大学柏克利分校著,《金融财税业的现代化管理》编译组编译。中央广播电视大学出版社 1998 年 12 月版。20.2 万字。12.50 元。为《跨越世纪,面向世界 500 讲》之《金融财税业的现代化管理》序列第一册。包括:商业银行和其它金融机构的运作与管理中有关"金融机构运行的经济和金融环境"、"商业银行、银行业绩分析、银行结构及监管介绍"、"银行和其他金融机构管理中的关键问题"、以及"电子银行业"、"储蓄机构"、"金融体制改革"等方面的内容。(张静)

F000408 **金融期货的理论与实践** 钱小安著。商务印书馆 1998 年版。20.4 万字。12.40 元。"市场经济研究丛书"之一。针对当代西方金融期货研究的现状和我国期货理论与实践所面临的问题,运用马克思主义的分析方法,并吸取西方经济金融理论研究的最新成果对金融期货进行了系统的研究。从金融期货市场最基本的范畴——金融期货出发,逐步对金融期货市场均衡、定价、交易行为、经济功能、市场管理进行全面的分析,并在此基础上,对建立我国金融期货市场进行了深入的对策研究。全书共 9 章 29 节。各章论述都比较全面、完整、详尽。作者对国外学者的重要研究成果加以概括,然后进行分析和评价,并提出自己的观点。其所得出的结论具有独创性,对建立我国金融期货市场的必要性和可行性分析以及所提出的建议也很有新意。例如在范畴问题上,对冯·诺伊曼和摩根斯坦的"零和游戏"进行研究,从其起源、内容和社会效果等方面论述了卡西诺观点的错误。还对金融期货、货币期货、利率期货等重要范畴进行了论述,以澄清国内尚存在的一些欠妥的观点。在市场分析方面,对以技术分析法为形式的适应性预期分析方法进行了批判,对"套期保值——投机"模型进行了评价,并提出了结清价格的市场均衡分析方法。在金融期货的经济功能方面,通过价格形成的机制来说明价格发现的作用,同时,对一般人忽视的套期保值的风险及其转移进行了分析和论述。另外就我国期货市场的现状进行考虑,对我国期货市场的交易所过多、合约设计不合理、缺乏担保机制等问题进行深入的分析,并就如何发展我国金融市场的问题,提出了应加强期货交易所、期货行业协会和国家对期货市场的三层次管理以及改进国债期货、推出股票指数期货的可行方案。(杨宝兰)

F000409 **股市智斗格言** 荆峰编。山西经济出版社 1998 年 1 月版。14.1 万字。12.80 元。收录 312 条格言,从不同角度提醒和指导各种心态的股民。(王宏伟)

F000410 **捕捉股市信号** 荆峰著。山西经济出版社 1998 年 9 月版。21.1 万字。12.80 元。在介绍股市技术分析基本理论的基础上,运用大量图形

详细介绍趋势分析、量价分析、K 线分析、波浪分析、形态分析和指标分析等具体方法。（王宏伟）

F000411　**商业银行经营管理**　戴相龙主编。中国金融出版社 1998 年 4 月版。39 万字。29.00 元。以银行业合法合规经营、防范化解金融风险、提高经营管理水平为主题，从我国银行的改革和发展实际出发，侧重介绍并吸收当前国际银行界广泛接受的商业银行经营管理的基本原理、理论、方法和技术。全书分 3 部分，第一部分阐述商业银行的基本业务与经营环境，强调商业银行在适应业务发展趋势、市场变化规律的同时，必须依法合规经营，才能生存发展下去。第二部分突出介绍商业银行内部控制和管理体系，特别是资产负债和风险管理等基本原则、方法和技术手段，并结合当前国际银行界所面临和出现的问题和案例来阐述，有较强的针对性和借鉴性。第三部分着重商业银行经营成果分析。实现利润是商业银行主要经营原则，怎样实现、如何评价、如何考核、怎样纳税，都是管理者必须掌握的知识。（彭元勋）

F000412　**新金融大师**　约翰·特雷恩著，杨光明等译。海南出版社 1998 年 12 月版。26.2 万字。24.80 元。对当今从彼得·林奇到乔治·索罗斯等投资天才们的技巧作了描述，介绍了场外交易的优点，指出了在国际股市和新兴市场国家投资的最好方法，讨论在市场升得太高或降得太低时经营者们如何作出决策，以及关于怎样弄清楚一个公司的关键信息和如何用最简易的方法弄清公司的真实情况。全书共分 11 章。第一章：吉姆·罗杰斯——老练的投资者。第二章：迈尔·斯登哈德——足智多谋的投资家。第三章：菲利普·卡洛特——赚钱天才。第四章：乔治·索罗斯——世界级的投机家。第五章：活钱——能自我增值的新钱。第六章：乔治·米查利——重归平等的倡导者。第七章：约翰·耐夫——原则，耐心……和收入。第八章：拉尔夫·旺格——小小的比喻。第九章：沃尔特·卡伯特——管理哈佛的资金。第十章：彼特·林奇——不懈的追求者。第十一章：结论。（苏斌）

F000413　**中国市场化中的个人投资**　程启智著。湖北人民出版社 1998 年 2 月版。18.5 万字。10.00元。分两大部分，第一部分为理论部分，主要是廓清与主题有关的一些核心概念，梳理及批判性地吸收现代经济学中有关个人投资的理论和方法，提出一些理论假说和定理。第二部分为实证分析部分，主要是运用第一部分的理论研究成果，从经验实证上分析个人投资如何内生于中国的市场化改革，以及对中国的改革和发展产生什么影响。书中不仅对现有理论提出了批判性见解，而且，还针对其理论的不足，积极地作出理论创新的尝试。如，在发达经济国家，个人投资是在市场经济产生和发展的过程中自然而然地生长起来，因此，个人投资与市场化改革的关系这一理论问题，对于他们是不需要研究的“公理”，而对于中国的个人投资者来说，则是研究中国过渡经济的一个重要内容。为此，作者潜心研究，提出“个人资产需求层次假说”和“个人投资起源的定理”并用中国的实践予以检验。这种创新还散见于书中许多具体问题的研究中。（喻华伟）

F000414　**证券投资学**　肖海泉著。人民出版社 1998 年 1 月版。36.5 万字。24.00 元。分为 4 篇。第一篇为“证券投资总论”。主要讲证券业是怎样产生的，它有什么作用；投资者为什么要进行证券投资；证券是怎样进行交易的；参与证券投资的个人和机构有哪些；投资者怎样获得信息；各国政府是怎样加强证券市场管理的。第二篇为“证券投资手段及其运用”。讲的是人们进行证券投资的工具或手段，主要包括股票、债券、货币市场证券、有形资产、金融期货、投资基金等，着重介绍它们的基本特征，以及如何运用它们进行投资。第三篇为“投资分析”。主要围绕怎样做出正确的投资决策，对影响证券市场价格的经济因素、政治因素、法律因素和心理因素进行阐述，并对基本分析和技术分析这两类证券投资分析方法做了详细介绍。第四篇为“现代证券投资理论”。主要介绍现代证券投资的理论和管理，包括证券组合选择、资本资产定价、套利定价、期权定价等理论以及有效市场管理理论。书中既有理论，又有实务，全面概括了证券投资和管理的基础知识，并依照高校教材的体例编写，每篇每章有前言，每章后附有复习思考题。（魏海源）

F000415　**风险投资：创新与金融**　刘曼红主编。中国人民大学出版社 1998 年 10 月版。26.6 万字。19.00 元。从风险投资的历史演变、现实发展、实际运作等方面入手，既注重引介风险投资这一新概念，又强调实务操作性。以清晰的思路、翔实的资料、流畅的语言回答了以下问题：风险投资与一般投资有何不同？风险投资收益为何那么高？成功率为何那么低？风险投资家在风险资本运作中起什么作用？风险企业如何争取风险投资？在运作风险投资时要注意哪些问题？我国应如何发展风险投资？

F000416　**现代信托学**　王洪兰、刘志浩主编。

东北财经大学出版社 1998 年 6 月版。35.8 万字。22.00 元。借鉴国外信托理论研究成果和成功的经营管理经验，结合我国信托业的现状和发展需要，全书分为信托导论、信托关系、信托业务和信托管理 4 篇，介绍了信托产业产生发展、信托关系实质、信托运行规则、业务操作程序与方法等。结合我国经济、金融发展大势和信托业的现实情况，对我国金融改革和信托业的发展提供理论和业务操作规程方面的指导。(石建华)

F000417 **证券投资理论与实战** 刘德红编著。中国铁道出版社 1998 年 12 月版。20.4 万字。15.80 元。对有关证券投资理论和操作实务进行了较全面而简明的论述。内容包括：股票、债券、投资基金等基本知识，K 线图技术指标分析，人气指标分析，投资策略与技巧，波浪理论等内容。(李小军)

F000418 **金融市场实务** 万汉琴、鲁驿主编。中国地质大学出版社 1998 年 6 月版。30.7 万字。20.00 元。分析了货币市场、资本市场、外汇市场、黄金市场 4 大金融市场的运行规则，介绍如何选择投资对象、把握投资时机、避开投资风险。其特点是讲实务、重技巧、可操作。(张华瑛)

F000419 **世纪末回顾：全球金融大震荡** 胡炳志、储存忠等著。武汉大学出版社 1998 年 7 月版。28.4 万字。12.50 元。论述波及东西方的金融自由化浪潮，是各国金融市场高度激烈的竞争与资本逐利本性的综合产物，它冲破了政府的管制，并最终使政府采用放任的态度，这更加促进了这种态势的全球化发展，最终导致了金融市场的全球一体化。分析了伴随着这种全球化态势，甚至在其开初，即在金融链条上时不时地出现裂缝与摩擦，当各种错综复杂的因素纠缠不清时，金融市场运作的混沌现象最终造成了海啸般的大崩溃。回顾了在东南亚金融风潮发生前，“黑色星期一”就给世界金融市场上的弄潮者留下了可怕的记忆，然而，那次大崩塌却似乎总是被人们淡忘，只有危机的幽灵再次闯进昏睡的大门时，人们才开始惊觉市场巨大的风险性。在这种风险中，任何藐视它的个人或组织，包括国家，都会遭到最严酷的处罚：巴林、大和、住友等国际财金巨头，利森、井口俊英等交易明星，墨西哥、美国、东亚及东南业诸国，无不在金融市场的不测风云之中遭受重创。然而逐利的资本依然我行我素，它们时时对利益所藏之处发起阵阵冲击，甚至成集团地冲锋。它们曾经以“垃圾债券”形式吞并市场中的金钱航母，现在又开始展开全球第五次兼并高潮，一些跨国家的企业集团应运而生；阐述了为了本国企业的利益，日本、英国开始进行爆炸般的金融改革，欧盟则加紧“统一欧元”。(范绪泉)

F000420 **国际服务贸易——银行** 何忠妹、陈映申著。上海交通大学出版社 1998 年 9 月版。22.1万字。18.50 元。主要介绍国际银行服务的概况；国际银行服务产生和发展动因；国际银行服务的基本功能和分类；现代银行制度和基本组织结构概况；国际银行服务的业务结构；对银行监管的法律和措施；我国银行业跨国经营的展望等。书末附有《中华人民共和国中国人民银行法》；《中华人民共和国商业银行法》等。(成敬祥)

F000421 **资本市场的灵魂** 副名：投资银行全球览胜。郑则壮主编。东北财经大学出版社 1998 年 2 月版。21.3 万字。15.00 元。“资本理念丛书”之一。通过介绍投资银行业的实质、发展及其在全世界的概况，展示充满风险与技巧的金融世界。还介绍了国际著名投资银行机构高盛及摩根等的资金运作情况，投资战略及在百年的运作中积累的管理理念。(石建华)

F000422 **国际金融市场(第三版)** [美]J·奥林·戈莱比著，刘曼红等译。中国人民大学出版社 1998 年 10 月版。59.3 万字。45.00 元。紧紧围绕国际金融市场的外汇市场、欧洲货币市场和国际债券市场 3 个方面进行论述。每一个市场又分别从市场的历史背景、市场的体制及运行、市场的经济情况和市场的经济统计资料 4 个方面进行论述。在分别对这 3 个市场进行剖析之后，探讨了当今国际金融市场上的其他实际问题，如汇率的变化以及这些变化对经济决策的影响。收入“工商管理经典译丛”。

F000423 **国际结算惯例与案例** 石玉川等主编。对外经济贸易大学出版社 1998 年 3 月版。30.8 万字。15.00 元。结合案例分析，系统解析阐释了国际结算方面的惯例与规则，内容全部为当前国际结算所应遵循的最新惯例，由于目前广为采用的国际结算惯例均由国际商会制定，本书编写过程中参考了《国际商会为 UCP500 制订的标准跟单信用证格式》、《国际商会 UCP500 操作指南》、《国际商会银行间偿付工作小组指导注解》等出版物，因而具有明显的新颖性和极强的权威性。在讲述有关惯例条文时，辅之以必要的案例分析，以便读者在实践中具体运用。另外，还详述了包括标准信用证申请书格式在内的信用证操作规范，从而赋与本书极强的实用性。(刘传志)

F000424 **上海投资报告(1998)** 上海市计划委员会、上海市统计局编。上海交通大学出版社1998年7月版。46.4万字。80.00元。关于上海投资建设领域的综合性年度报告。全书分9篇:投资背景篇,投资综述篇,区县篇,行业篇,特别报告篇,投资实例篇,投资经济理论篇,投资建设规划篇和投资环境篇。(戴柏诚)

F000425 **小额信贷与中国扶贫** 徐鲜梅等著。中国妇女出版社1998年版。35万字。36.00元。详尽介绍小额信贷与扶贫这一方面的试验。内容分8章:一、小额信贷概论。介绍它的创建与发展,基本要素和特征,以及赴孟加拉"乡村银行"的学习与思考;二、小额信贷在我国的组建与发展;三、我国小额信贷扶贫项目的基本做法与经验,如四川仪陇扶贫与山西吕梁连环脱贫模式;四、来自珠峰小额信贷项目的实践报告;五、小额信贷与扶贫:联合国与中国合作试验,既有效果、经验,还有建议;六、小额信贷:规模发展计划与方案;七、小额信贷项目在实践中的几个问题,如操作机构专门化的问题,小额信贷利率及盈亏平衡问题,小额信贷可持续发展的问题及自身的局限性问题;八、小额信贷培训手册提纲草案与系统设计。实践证明,小额信贷是一种很好的直接扶贫到户的扶贫方式,已被国内外有关组织和人士称为是目前世界上规模最大、且最成功的信贷扶贫项目系统。(杨南莺)

F000426 **中日金融政策比较研究** 宋效中等著。辽宁大学出版社1998年12月版。25万字。16.00元。分绪论;上篇:金融政策的主体、传导媒介及作用空间;中篇:金融政策目标的选择;下篇:金融政策的调控手段。上篇探讨日本银行的组织与职责及其基本业务和中国人民银行的变革,探讨日本金融机构的特点及其变化趋势及我国金融机构的改革方向;比较研究高度成长期的日本金融市场与我国金融市场的现状及问题。中篇探讨金融政策最终目标的选择、中间目标的选择和操作目标的选择。下篇:分析比较中日银行的直接管理手段的运用、效果,两国间不同的金融政策、金融政策的综合运营等问题。(张露丽)

F000427 **中国产业结构调整的金融机制** 张南著。陕西人民出版社1998年9月版。20万字。12.00元。"青年经济学博士研究丛书"之一。以金融体制、金融发展对产业结构的调整、升级为研究对象,首先,对中国1978～1995年产业结构调整升级作实证分析,着重从工业的产出结构、组织结构和技术结构三方面,揭示这一时期产业结构调整的低效、失衡、迟滞特征,由此转向了对如何建立市场主导的产业结构调整机制的探讨,指出完善金融机制的关键作用;然后基于金融在经济发展中的作用原理,创新地提出了金融作用于产业结构调整的机制、框架,其中包括资金形成机制、导向机制和信用催化机制,以及企业集团化和技术进步中的金融机制;再次,在比较研究的基础上,指出中国金融在产业发展中的作用和存在不足,明确提出金融推动产业结构调整机制的缺陷;最后总结性指出,市场金融体制是推动产业结构升级调整的有效机制,建立中国信贷主导型金融体制模式的构想和对策建议。(马耒)

F000428 **中国证券丛书** 杨天赐、陆国元主编。中国财政经济出版社1998年12月版。445.3万字。460.00元。分6个系列:理论研究系列;统计资料系列;实战纪实系列;翻译经典系列;企业文化系列;教育培训系列。1998年共出版8册,分别为《中国股票市场统计分析》,赵小平主编;《上市公司行业透视与价值分析》,孙健主编;《如何在美国上市——企业上市指南》,[美]詹姆斯·B·阿克波尔著,郑晓舟译;《经济中国》,白和金等著;《中国上市公司行》,张志雄主编;《走进股市》,俞天白主编;《中国股市大扩容、大机遇》,瞿宝中、赵小平主编;《国际投资基金经理谈股论道》,《上海证券报》专题部编。丛书涉及市场理论的研究,统计数据的整理,上市公司基本状况分析,海外研究成果的介绍,证券投资知识的普及等。(张立宪)

F000429 **中国国有商业银行制度构建** 王华光著。西南财经大学出版社1998年4月版。18.6万字。22.80元。共8章。前5章集中考察分析发达市场经济下商业银行在运行机制、管理理论、营销策略、功能贡献、产权安排、治理结构等方面的演进历程,揭示商业银行在经营管理上的基本特征与发展趋势,从而对商业银行的运作管理作出了较为深入与全面的理论总结与经验概括。后3章集中研究分析我国国有商业银行在产权安排、行为机制与监督体系方面的现状特征、形成机理、运作局限及改革方向等问题。重点突出了按现代银行制度建设我国国有商业银行的产权制度、行为机制与监督制度的理论与改革思路。本着按现代企业制度建立商业银行这一主题密切联系中国实际,对中国国有企业商业的产权制度建设、行为机制建设、监督制度建设进行了研究与探讨。

F000430 **中国金融博导** 梁伯枢、刘彪等著。

中国金融出版社1998年8月版。44.7万字。28.00元。以介绍人物为主线，以访谈的形式，每位金融博导分别通过“博导档案”、“博导小传”、“博导自述”、“博导谈弟子”、“博导观点与成就”、“博士生资料”等栏目，并配以一些不同情景的照片，引出了金融博导们对于人生和学术的追求。通过对这些金融博导的介绍，从一个侧面反映了几十年来我国金融发展的曲折艰难的历程，不同时期出现的各种学术观点及所产生的影响，曾经困扰中国金融业的一些难题及学者们所作的思考。（毛春明）

F000431　**中国资本市场发展的理论与实践**　厉以宁主编。北京大学出版社1998年4月版。48.6万字。38.00元。论文集。共选40篇论文，分6篇。第一篇“宏观经济与金融体制改革”，第二篇“国有企业改革与资本市场”，第三篇“证券市场实证分析与证券市场管理”，第四篇“投资银行与投资基金”，第五篇“金融工具、金融创新及金融风险控制”，第六篇“国际经验借鉴及其他”。参加论文撰写的作者既有来自理论部门的专家学者如厉以宁、董辅礽、高尚全、韩志国等，又有来自金融证券部门的资深人士。（刘灵群）

F000432　**外汇·期货·房地产**　崔建涛等编著。河北人民出版社1998年2月版。22万字。14.50元。由外汇、期货和房地产3部分组成。外汇部分：外汇、外汇汇率和外汇市场等外汇基本知识；外汇交易的运作和交易程序；外汇汇率走势的因素分析和技术分析；外汇买卖的技巧等。期货部分：期货交易及其功能；期货市场的组织结构；选择期货经纪公司和经纪人、开户、缴付保证金、发出交易指令、成交、成交的确认和结算；期货投资的风险防范、投资技巧、投资格言选；世界主要期货交易所和经纪公司简介；中国期货市场近期发展目标及实现对策等。房地产部分：房地产基本知识；房地产市场调查、拟定投资计划、寻找投资机会、洽谈、订立合同、交割、申请过户、出租和出卖等基本程序；房地产投资的好处及投资风险；房地产价格、房地产投资策略与技巧、房地产投资与其他投资方式的比较、中国房地产市场的发展及对策、香港房地产市场等。（周建图）

F000433　**沪市最佳股票100种**　高学新等编著。河北人民出版社1998年10月版。30万字。16.50元。选取在上海证券交易所上市的投资价值较高的100种股票，对其基本面和技术面作系统分析。较具代表性的股票有：南京新港、同仁堂、哈高科、广发电力、清华同方、上海汽车、东方航空、浙江东方、中青旅、青岛啤酒、一汽金杯、大众出租、第一百货、新黄浦、申能股份、国嘉实业、哈医药、广船国际、上海石化、东大阿派、鲁北化工、苏州高新、泰山旅游、天津磁卡、马钢股份、华北制药、东方明珠、四川长虹、春兰股份、北京城乡、梅雁股份、仪征化纤、杉杉股份和伊利股份等。在对这些上市公司进行基本和技术分析的基础上，给出这些股票历史上的关键价位和长期、短期的运行趋势，提出投资建议。书后附有上海证券交易所1996年和1997年上市公司主要经济指标增长及股本扩张情况表，1995年至1997年中国上市公司综合业绩排序，1997年至1998年6月沪市新股发行的基本情况。（周建图）

F000434　**沪深股市投资（新法典）**　高学新等编著。河北人民出版社1998年2月版。17万字。12.50元。分8篇。入市入门篇：股票的基本知识、股票与债券的异同、股票的价值和价格、股权结构、股票市场、办理开户、委托买卖股票、交割、涨跌停板、T＋0和T＋1、股市术语；基本分析篇：政治因素、经济周期、产业政策、通货膨胀、利率、财政政策、税收、货币政策、行业生命周期、汇率、新技术新产品开发等与股价关系分析；技术分析：K线、趋势线、头肩顶、头肩底、W形、三底形、M形、三顶形、长方形、三角形、V形、跳空、移动平均线、KD线、乖离率、相对强弱指标等；上市公司分析篇：上市公司经营能力、财务指标、企业成长性分析；投资理念篇：不举债、战胜自我、顺势而为、贪和犹豫炒股两大忌、走出技术分析的误区、小股民不要当“职业杀手”；投资策略篇：山也转来水也转、短中长三线结合、重拳出击、组合拳打法、赚10％就走；投资技巧篇：管理资金、选股、买卖时机选择、与庄共舞的技巧；风险管理篇：系统风险与非系统风险的防范。（周建图）

F000435　**金融风险监管研究**　张国杰等主编。南海出版公司1998年10月版。25万字。19.80元。其特点：一是从我国50多年金融与经济实践的具体国情出发，总结正反两个方面的经验与教训，对我国金融风险的生成原因、机制、特点与类型进行研究。二是对金融风险监管的本质、目的、目标、内容、原则、程序进行系统、全面的论证，为创建有中国特色的金融监管制度探索路径。三是对金融风险的监测、评估、预警等进行创新性探索与研究，并初步提出一整套可具体操作的模式或方案。四是对当前存在的各种金融业务形式，如各种贷款、投资、外汇业务、储蓄等的风险点及可能性，以及相应的防范与化解手段、办法等，进行深入系统的探讨与论证。（原式

溶)

F000436 **金融宏观调控方式的重大改革** 中国人民银行货币政策司编。中国金融出版社 1998 年 5 月版。20 万字。18.00 元。主要内容包括:(1)中国信贷资金管理体制与金融宏观调控方式的历史发展;(2)取消贷款限额控制后中央银行的宏观调控;(3)取消贷款限额控制后商业银行的信贷管理;(4)有关重要文件选编。该书理论联系实际,既有理论总结、概括,又有实务操作;既有宏观运行透视,又有微观运行指导;既有中央银行政策与业务,又有商业银行业务与特点。(邓瑞锁)

F000437 **经济特区金融研究** 张亦春等著。鹭江出版社 1998 年 4 月版。13.4 万字。10.20 元(平),17.20 元(精)。“特区经济丛书”之一。沿着我国经济特区发展的历史脉络,对特区金融改革与运行的主要方面进行回顾、总结和探索,对特区的金融改革与发展模式、金融市场、货币政策、金融宏观调控、商业银行及非银行金融机构,以及外资银行的引进与管理等重要问题进行深入的研究,并提出一系列对策和政策建议。(甘于黎)

F000438 **贷款风险分类原理与实务** 《贷款风险分类原理与实务》编写组编。中国金融出版社 1998 年 3 月版。42 万字。36.00 元。系统介绍我国贷款风险分类方法的学习教材。书中介绍的“五级贷款分类法”,是我国商业银行信贷管理制度和中央银行金融监管的一项重大变革,在我国银行管理史上具有革命性的意义。它有利于更好地揭示贷款的风险程度和实际价值,真实、全面、动态地反映贷款质量,科学、客观地评价资产质量,鉴别各家银行经营管理水平;有利于及时发现贷款发放和使用中的问题,促使银行管理人员主动防范和化解信贷风险,维护银行债权,提高信贷质量;有利于判断呆账准备金是否充足,为中央银行实施监管提供条件。(张哲强)

F000439 **统计原理与金融统计** 徐锡平主编。中国金融出版社 1998 年 8 月版。28.6 万字。17.40元。共 13 章。第一部分,介绍统计调查、统计整理、统计分析的一般理论和方法;第二部分,结合金融业务实际工作介绍信贷、现金收支和货币流通、对外金融、金融市场、保险等业务统计,重点介绍常用的金融统计指标,同时就如何运用金融统计指标及国民经济有关指标,分析金融经济问题做了适当的阐述。体现了科学性、实用性和可操作性的特点。科学性表现为一方面作者在全书的结构安排体现了从一般原理到金融统计专业理论的从浅入深的循序渐进认知过程,另一方面作者写作中理论与实务相结合,以合理、有效方法阐述了统计学知识。实用性表现在阐述各项统计指标时,提供了大量的例证。可操作性表现在部分章节作者列示了金融业的统计分析报表,便于了解操作程序。(朱丽娜)

F000440 **商业银行经营管理** 周平编著。中国财政经济出版社 1998 年 9 月版。41.9 万字。28.00元。主要从宏观和全局的角度,以相关的法规、制度为蓝本,全面、系统地阐述了当前我国商业银行的经营和管理,以及经营管理领域的新情况、新规律及其与其他业务的相互关系、相互影响。收入“商业银行运作丛书”。丛书共 8 册,均为操作性、实务性较强的业务书籍,既注重理论介绍,又讲究实践运用,具有现实和理论的双重指导意义。各分册书均为大 32 开本,亚光膜铜版封面。包括:《商业银行经营管理》,周平编著;《商业银行会计》,马潞生、黄衍电主编;《商业银行信贷业务运作》,王颖哲等主编;《商业银行中介业务运作》,高燕增等主编;《商业银行结算业务运作》,张长意主编;《商业银行国际业务运作》,王新立等主编;《商业银行信用卡业务运作》,马春峰主编;《商业银行稽核审计》,周平等主编。(杨东星)

F000441 **深市最佳股票 100 种** 高学新等编著。河北人民出版社 1998 年 10 月版。32 万字。17.00元。介绍在深圳证券交易所上市的 100 种投资价值较高的股票的基本情况。较具代表性的有:深发展 A、深万科 A、深南玻 A、深康佳 A、深科技 A、飞亚达 A、深能源 A、中集集团、康达尔 A、农产品、长城电脑、冀东水泥、汇通水利、小天鹅 A、吉林化纤、东阿阿胶、粤美的 A、粤电力 A、古井贡 A、蓝星清洗、青岛双星、风华高科、格力电器、永安林业、东方电子、咸阳偏转、唐钢股份、山东电缆、环保股份、南风化工、西藏矿业、西飞国际、盛道包装、盐湖钾肥、一汽轿车、天大天财等。对这些上市公司进行基本分析和技术分析,给出这些股票在其历史上的关键价位和长期、短期运行趋势,提出投资建议。书后附有深圳证券交易上市的股票 1996 年和 1997 年的财务数据、主要经济指标增长及股本扩张情况表,1995 年至 1997 年中国上市公司综合业绩排序,1997 年至 1998 年 6 月深市新股发行的基本情况。(周建图)

F000442 **储蓄与债券** 鲍静海主编。河北人民出版社 1998 年 2 月版。21.5 万字。14.00 元。由储蓄和债券两大部分组成。储蓄部分叙述国家对储蓄的政策和原则、储户权益保护等基本知识;储蓄与投资、储蓄在家庭理财中的地位等理论问题探讨;储蓄种类和信用卡简介;储蓄存款的计息规定、各种储蓄存款利息的计算方法;储蓄投资的技巧和常识,如建立家庭储蓄台账、选择合理储蓄投资组合、储蓄存款的搬家、防止家庭储蓄存款被冒领等;储蓄投资相关知识和法规等;附有1985年至1997年我国人民币储蓄存款利率调整表和人民币保值存款保值贴补率一览表。债券部分叙述债券特征、种类,债券交易和债券投资程序等基本知识;各种债券收益的计算;债券投资基本常识和技巧,如债券价格变动分析、信用评级等;个人债券投资比较和选择、个人债券投资与储蓄和股票投资的比较及投资组合;个人投资债券的法规政策。(周建图)

F000443 **新一轮改革中的中国金融** 吴晓灵等著。天津人民出版社1998年11月版。28万字。18.80元。主要包括:概论——中国金融改革的轨迹与挑战;完善中央银行制度;国家专业银行的商业化改革;建立政策性银行;合作银行在中国;非银行金融机构的市场定位;市场化进程中的金融资产;利率市场化与货币市场;企业制度创新与资本市场等。(王镜德)

F000444 **金融综论** 副名:中国经济转轨时期金融理论与实践的探索。夏德仁著。东北财经大学出版社1998年2月版。36.6万字。25.00元。共分3大部分:第一,货币与宏观经济。发展于90年代以后,研究改革时期货币变量与宏观经济变量之间的关系,对各时期金融风险问题的看法等。第二,通货膨胀与货币政策。主要针对80年代后期的信贷资金扩张和通货膨胀问题,提出了"改革中产生的问题,只能通过改革去解决"。第三,金融改革与金融稳定。这些论文一部分反映了各个时期对金融体制改革的论述和政策建议;另一部分反映对中国经济体制改革这一场巨大的社会变革中金融风险问题的看法。在经济转轨时期,金融宏观调控的问题,金融业面临的困境及出路也是在大多数论文中探讨并不断寻找着对策。(石建华)

F000445 **中国典当手册** 曲彦斌主编。辽宁人民出版社1998年7月版。178万字。178.00元。共2册。包括:简明中国典当辞典、典当基础知识问答、中国典当业纪事、中国典当研究文献编目、典当业传统楹联选辑、典当行管理暂行办法、典当业治安管理办法、当票基本样式、典当行会计基本制度、法律法规选编、中国典当行名录选编、中国拍卖行名录等多部分内容。(陈志强)

F000446 **'98中国证券市场展望** 吴晓求主笔。中国人民大学出版社1998年3月版。25万字。50.00元。以"资本市场深化"为研究主题,论述资本市场深化的理论基础,对我国居民收入资本化进行实证分析;分12个专题研究市场深化的路径,并对1997年中国证券市场进行回顾。附录"'97中国证券市场大事记及沪深股市基本情况一览表"等有关金融市场的资料。

F000447 **中国股票市场统计分析** 赵小平主编。中国财政经济出版社1998年12月版。236.6万字。280.00元。"中国证券丛书"中的"统计资料系列"。分上、下册。由市场指标统计分析、行业板块指标统计分析、地域板块重要指标与统计图表、个股指标统计图示、个股财务指标统计列表和附录五个部分组成,内容涉及对股票指数、成交量、成交金额、换手率及其频度分布、市值、股本、收益率、市盈率、净资产倍率、平均股价及其分布,及个股股本结构、资产指标和利润指标的统计数据与统计分析等各个方面。

F000448 **闽浙赣根据地的金融** 汤勤福著。上海社会科学院出版社1998年1月版。19.2万字。16.00元。把对闽浙赣根据地的货币研究,放在当时特定的历史条件下展开研讨,客观而细致,力求揭示根据地的金融特色。并辅以大量的实例与资料,如考证赣东北特区贫民银行成立的时间、分析赣东北省银行的基金危机与货币购买力,缕析货币发行与外贸、税收关系,以及鉴别各时期货币的种类、版别等问题。其中作者了解到的未见文字记载而事实上流通于当时的"竹签饭票"等,可补史实阙文。(赵玉琴)

F000449 **国际服务贸易——保险** 钟明著。上海交通大学出版社1998年11月版。32.7万字。23.00元。"国际服务贸易丛书"之一。着眼点在于中国保险业发展的未来,系统介绍现代国际保险的概念、业务结构、合同内容、费率厘订、实务运作、经营管理以及国际保险市场发展的状况和世界主要国家保险业发展的概况,使读者了解国际保险,尤其是使有关主管部门和保险从业人员可以掌握国际保险理论和实务知识,把握国际保险市场发展的脉搏。并对中国保险业发展的现状和存在的问题作了研究与探讨。(成敬祥)

F000450 **人寿保险核保概论** 闫栗主编。中国金融出版社1998年8月版。65万字。65.60元。共有22章。主要内容包括:(1)核保的概念及其在寿险中的作用;(2)核保体系的发展过程及电子化的发展;(3)营销人员、体检医师的核保以及核保人员分审核与核保；(4)核保结论，包括对标准体、非标准体、非保障的定义；(5)核保考虑的因素，包括个人的年龄、医疗状况、健康状况、家族史；财务状况、保险利益、受益人心理因素；职业、特殊爱好等 3 方面的内容；(6)个人险的核保，包括个人寿险中的各种险科核保；(7)困险的核保，包括困险核保应考虑的因素、核保要点等内容；(8)核保所需的信息资料来源；(9)核保过程中的权利和义务；(10)核保人员和核保部门的构成；(11)核保与精神；(12)核保与医学；(13)核保与再保险之间的关系；(14)核保与法律的密切关系；(15)核保规则的制定；(16)核保手册的使用和查询；(17)医务核保。(李柏梅)

F000451　**中国保险史**　中国保险学会《中国保险史》编审委员会编。中国金融出版社 1998 年 9 月版。43 万字。25.00 元(平)，40.00 元(精)。分上下两篇，共 10 章，上篇第一章到第五章为建国前部分；下篇第六章到第十章为建国后部分。(邓瑞锁)

F000452　**通货膨胀与中国的人寿保险**　楚军红著。北京大学出版社 1998 年 6 月版。29 万字。17.00元。北京大学优秀博士毕业论文。旨在分析通货膨胀对中国人寿保险的影响，并从寿险险种开发和寿险资金运用等方面寻求抑制通货膨胀不利影响的对策。结合中国寿险的发展状况，运用寿险精算、生命表技术和弹性分析方法，从寿险特征和职能出发，从理论上分析通货膨胀影响寿险的原因，影响寿险需求、寿险供给和寿险供求均衡的机制，不同货币幻觉下寿险需求的影响方向和影响程度，探讨寿险的适度通货膨胀率问题，并从寿险险种构成要素方面探讨寿险可能的反通货膨胀措施和通货膨胀下寿险融资策略。得出结论，无论是价格效应、收入效应，还是替代效应，通货膨胀都将抑制寿险需求，导致寿险保费收入增长速度放慢，失效、退保数量增加，预期保费收入减少。因此，建议开发分红寿险、变额寿险和指数型寿险等抗通货膨胀险种，同时应调整寿险险种期限结构，多开发短期寿险，并增加寿险的保障因素，减少寿险的储蓄因素，以减弱通货膨胀的不利影响。(林君秀)

G　文化、科学、教育、体育

文化理论

G000001　**中国人的精神**　辜鸿铭著。外语教学与研究出版社 1998 年 5 月版。10.7 万字。6.90 元。辜鸿铭是清末民初一位以外国文字名满海内外的文学家。又以怪诞见称。他从小去英国读书，后来又在大学学工程，回国后没有发挥的余地，被聘去北京大学讲授英国文学。他通晓英法德俄等多种外语，尤以英语见长，造诣颇深，他的著述多用英语。《中国人的精神》原载 1914 年的《中国评论》，1915 年更名《春秋大义》在京出版。之后译成德文，一时轰动西方。本书力阐中国传统文化对于西方的文明价值，表达着对祖国的赤忱。这在当时中国文化面临歧视、中华民族遭受欺凌的情况下，其影响尤为特殊。对于我们现在的读者，这首先该是一本极为宝贵的英语读物。(任满申)

G000002　**中国传统文化与中国现代化**　曹德本著。辽宁大学出版社 1998 年 7 月版。10 万字。10.00元。作者潜心研究了现代化问题，指出现代化不是西化，不是物欲化，现代化的底蕴是文化。提出了现代化的文化准则，中国现代化的文化定位并从修身、治国、平天下等方面，详细论述了中国传统文化与中国现代化的关系。中国的现代化离不开中国的传统文化，是对于中国传统文化的弘扬，而中国传统文化的基本精神是和谐，包括人际的和谐，群体的和谐，天人的和谐，和谐文化对于中国现代化有着深层的底蕴，这是作者在本书中对中国传统文化阐述的重要观点。(张露丽)

G000003　**民间文化讲演集**　钟敬文主编。广西民族出版社 1998 年 12 月版。23 万字。19.00 元。收入 1996 年 9 月由北师大中国民间文化研究所承办的国家教委首届中国民间文化高级研讨班的讲演稿共 15 篇。这些文章研讨的内容主要有：一、民间文化学的理论研究(包括科学史)；二、民间文化学的方法论研究(包括田野作业方法的理论及其操作规范等);三、现代化进程中民间文化学应用问题的研究(包括民间文化与民俗学研究的重点,对当代通俗文化的运行、影响和作用的估价等)。讲演者皆为国内外(国外有美国、韩国、日本)民间文化界知名的学者、专家。(覃琼送)

G000004 **文化三国志** 金文学著。黑龙江朝鲜民族出版社 1998 年 8 月版。25 万字。13.50 元。东洋三国——中国、韩国、日本之文化比较书。中、韩、日三国不仅同属东洋文化圈,而且三国人的外貌特征非常酷似。要区分东洋人与西洋人是件容易的事;但是要区分中、韩、日人是件难辨认双胞胎似的不容易答复的难题。本书对三国人进行了详细的比较,包括三国人的同质性和异质性,特别是将不同点当作焦点叙述了三国人的生活样式、思考方式、行动样式等。(崔昌俊)

G000005 **透视民魂** 副名:中国传统精神文化纵横谈。周碧晴著。解放军出版社 1998 年 12 月版。29.8 万字。26.00 元。论述中国传统精神文化的较为通俗的理论读物。作者立足于当代我国精神文明建设的现实,别具一格地从中国传统文化宝库中梳理出华夏精神文化的生成基础、人文特色、人格规范、伦理意识、政治情结、宗教意识、思维模式、大同理想等多方面,将辩证分析与历史方法紧密结合,力求多角度地透视民族之魂的成因及优劣,昭示传统的民族精神和智慧,并进而揭示其与当代精神文明建设的连接点和相通处,既有纵向的历史深厚感,又有横向的多层次的比较对照,还有对现实问题的独到思考。(郭莹)

世界各国文化与文化事业

G000006 **中国茶文化** 陈香白著。山西人民出版社 1998 年 6 月版。14.3 万字。15.00 元。中国,是茶的故乡,也是世界茶文化的发祥地。早在"神农氏"时代,人们就已经明白了茶叶可以饮用,数千年来,茶用习俗不断深化,内容不断丰富,并且在饮茶待客的过程中发掘了哲学的灵光,编织了一幅和谐的文化环境氛围,并以其不可抗拒的融合力,不断增进着民族、国家间的交流与友谊,据此建构起茶史、制茶、茶疗、茶俗、茶民族、茶艺文、茶资源等多种学科,形成了深厚的茶文化。该书即研究茶文化的专著,它的贡献首先在于开创了用《周易》"天人合一"观审视茶事,从而构筑起中国茶道哲学思想体系之先河。全书由上、中、下 3 篇组成,上篇叙茶史,中篇析茶理,下篇论茶法。在上篇中,简述了茶文化的萌芽、发展,茶文化的内核——中国茶道,茶文化的播散及涵濡。突出了茶文化体系对于"生态环境优化"、"人类生命优化"的深远意义。中篇阐明茶理,提出了中国茶道"七义一心"说,首创《中国茶道太极图》,揭示中国茶道就是通过茶事过程引导个体在美的享受中完成品德修养以实现全人类和谐安乐之道,是中国茶文化的内核。下篇论茶法,以潮州工夫茶为实例,全方位论述了"中国茶道"、"中国工夫茶"、"潮州工夫茶"实质是三位一体,梳理了工夫茶道的文化功能及其存在基础。显现了"历史与现实、民族与世界之观念融通"这个时代主题。(侯浩天)

G000007 **武夷茶话** 海潮摄影艺术出版社 1998 年 7 月版。13 万字。15.30 元。武夷山不仅是风景名山,而且是我国最著名的茶乡之一,在武夷山茶叶品种的宝库中,仅乌龙茶就有数百个品种,其中以中国茶王"大红袍"最负盛名。本书通过 9 个章节即:茶的意义及武夷茶史,茶叶的分类及武夷岩茶的特点,武夷岩茶的民间传说,饮茶与健康,茶文化古今谈,"和、敬、怡、真"话茶道,武夷岩茶的品啜艺术,茶趣,名人与茶,全面回顾了武夷茶文化的发展历史及武夷茶园的今昔状况,系统地介绍了武夷岩茶的分类、特点、品种和品质。阐述了茶与现代生活不可分割的紧密联系,呼唤茶文化的复兴。(柳闽南)

G000008 **酒啦集** 于光远著。湖南文艺出版社 1998 年 5 月版。16 万字。12.00 元。收集我国著名经济学家于光远近年来写的有关酒的随笔 110 多篇。内容涉及他本人饮酒的故事、酒的质的规定性、中国酒史与酒文化、洋酒与啤酒、酒经济与酒业经营等。(汤亚竹)

信息与知识传播

G000009 **广播电视系列教材 传播学简明教程** 毛微昭著。浙江教育出版社 1998 年 5 月版。16.8 万字。9.25 元。结合中国实际系统介绍传播学基本知识,对新闻传播与大众媒介从发展到传播效果作了完整、逐层次的介绍,并密切联系当前我国新闻改革现实,探讨了大众传媒的发展方向。在论述新闻传播与大众传媒的发展和实践方面问题时,有许多创造性的、中肯的见解。全书分如下 12 章:从工业社会到信息社会,从报学到传播学,从口头传播到电子传播,从交流中获得认识、协调、教育和娱乐,从传播者到受传者,从"我讲你听"到双向对话,从语言、文字到电子符号，从媒介到媒介文化，从传媒万能到强效果论，从传播自由到社会责任论，从报刊为主到三大传媒并重，从信息传播到引导舆论。附参考书目。

G000010 **21世纪的信息革命·(1)信息革命综述** 美国加州大学柏克利分校著，《21世纪的信息革命·(1)信息革命综述》编译组编译。中央广播电视大学出版社1998年12月版。30.9万字。18.00元。《21世纪的信息革命》序列第一册，包括："2000年的信息技术革命简介"、"信息革命带来的巨变"、"多媒体和信息高速公路"、"远程工作方法"等内容。(张静)

G000011 **国际服务贸易——咨询** 邵望予著。上海交通大学出版社1998年1月版。16.7万字。17.00元。全面阐述国际咨询服务的概念，国际咨询服务的特征、功能，国际咨询服务的形成、发展及其原因，国际咨询服务业的概况，咨询服务的类型，咨询服务项目的形成与咨询合同，咨询服务费计算，咨询项目的组织管理与有关法规及我国咨询服务业的现状与特征等。书末还附有：项目制定参考资料及有关咨询服务业的法规等。(成敬祥)

G000012 **信息媒体革命** 副名：它如何改变着我们的世界。[加拿大]弗兰克·凯尔奇著，沈泽华、顾春玲等译。上海译文出版社1998年12月版。31.3万字。22.50元。"新世纪前瞻丛书"之一。传统的汽车、飞机和其他制造业推动了50和60年代的经济。计算机和电子推动了70和80年代的经济。信息媒体将推动下个世纪的经济。本书论述当今世界的最强大的几项技术——计算机、通信和媒体——相互融合而引起的革命。这些产业年收入超过3万亿美元，是当今世界规模最大、发展最迅速和最有活力的产业。作者在本书中勾勒了这场将发生于21世纪初的高科技革命——信息媒体革命，具体描述了它将如何改变我们的世界。本书为人们理解上述变化提供了一个框架，不仅揭示变化的本质，还描述变化将如何直接影响我们——我们的工作、企业经营和个人生活的方式，指明变化的不可阻挡的趋势，探究变化对于我们的社会和经济的影响。(宋伟民)

G000013 **21世纪的信息革命·(2)信息技术与经营管理** 美国加州大学柏克利分校著，本书编译组编译。中央广播电视大学出版社1998年12月版。29.8万字。17.00元。《跨越世纪，面向世界500讲》是由美中远程教育合作发展基金会、中国科技发展基金会和上海法学教育发展基金会策划、参与发起，原国家教委电化教育音像出版社、中央电大出版社出版发行的大型电视教育系列教材。本教材第一版为每序列3册，共计15册。现根据各种岗位培训、继续教育和不同品位读者的需要，并吸收各有关单位领导和专家的建议，按原教材序列内容重新组合、调整，共分为21册。本书为《21世纪的信息革命》序列第二册。全书包括："信息技术革命带来的巨变"、"流行软件和硬件"、"多媒体技术概述"、"信息高速公路与因特网"及"信息技术管理"等内容。(张静)

G000014 **全球热点——信息高速公路** 季卜枚主编。华中理工大学出版社1998年3月版。41.8万字。19.80元。国家信息基础设施("信息高速公路")建设，是全球的一个热点问题。它是当今时代高新技术尤其是电子信息技术高度发展的标志。本书通过对数字化信息革命的剖析，通俗地介绍了"信息高速公路"的来龙去脉、组成原理及有关基础技术；分析了在科学技术与现代战争的发展进程中诞生的一种新的战争模式(信息战)对国防信息基础设施的要求；阐明了建设全球性的信息网络是构筑"信息高速公路"的目标，以及如何加强"信息高速公路"的政策法规建设等。(陈晓娟)

G000015 **信息资源管理导论** 孟广均等著。科学出版社1998年9月版。38.3万字。22.00元。在对信息资源管理进行全面、系统、深入的论述，在前人研究的基础上对信息资源管理研究领域的一些疑点和难点进行集体攻关。涉及的主要内容包括：(1)准确地界定信息资源，确立信息资源管理的逻辑起点；(2)追溯并全方位地分析信息资源管理的概念演变、功能与结构变化和发展阶段；(3)建立信息资源管理学科体系，寻求实现信息资源管理类学科的整合；(4)论述信息资源管理的理论基础和技术基础；(5)探讨信息资源的一般管理过程；(6)研究网络环境中的信息系统、信息技术、资源共享和管理模式问题；(7)研究国家信息产业政策与法规的制定、信息市场的建立与管理和国家信息管理体制的形成与运转；(8)研究信息研究和信息社会理论等问题。本书以信息资源管理的本体研究为主，兼顾其外部环境研究，力求做到深入浅出，简明扼要，以提高为主，兼顾普及。(张樱)

G000016 **透视信息高速公路革命** 尼古拉斯·巴任著，於丹等译。海南出版社1998年10月版。24.7万字。18.80元。讨论了信息高速公路对社会生活的影响，涉及商业、教育和娱乐，向读者展示了如何充分利用迅猛发展的信息通讯技术。对因特网及其全球网络进行了切中要害的评论，暴露了它的薄弱之处,对信息高速公路的科技发展做出了深层次思考。书中对困扰信息高速公路所产生的传媒焦点问题给予客观的评论,同时也对超出大众洞察及知识范围的事物予以一一详述。(苏斌)

G000017　**模糊信息处理系统**　李凡著。北京大学出版社 1998 年 8 月版。57 万字。35.00 元。全面系统地讲述了模糊理论的基本原理、方法及在有关领域中的应用。内容包括:模糊信息处理概论、模糊数、模糊逻辑、模糊数据库、模糊控制、模糊专家系统、模糊决策及模糊计算机等。本书在组织材料时,不仅反映了该领域国内外的研究成果,同时也融进了作者的一些研究成果(作者曾在国内外发表有关论文 70 多篇)。本书为高等学校计算机应用、自动控制、信息处理、系统工程等有关专业教材,以及该领域内科技人员的参考书。(杨锡林)

G000018　**新闻与正义——普利策新闻奖获奖作品集**　展江编。海南出版社 1998 年 2 月版。78 万字。49.80 元。收录 1916 年—1986 年 70 年间发表的普利策新闻奖获奖文字作品计 223 篇,除 1、2 篇外,所有作品都是第一次在国内公开译介。第Ⅰ册"新闻报道"共收录获奖作品 98 篇(其中国际报道 57 篇,国内报道 41 篇),第Ⅱ册"新闻评论"收入作品 125 篇(其中社论 73 篇,社会评论 50 篇),在"新闻报道"和"新闻评论"每篇或每组作品前,均附有"新闻背景"和"撰写背景",既提供有关新闻事件和作者立论的来龙去脉,又将两种不同的新闻文体区别开来。背景以客观呈现为主,侧重于作者生平的历史和最新资料。在各类获奖作品分类上打破了原奖项类别,根据文体和采访地域重新划分。在文体后面的主要调整是,将一些早期获得新闻报道类奖的分析评论性作品(以专栏文章为主)归入"新闻评论"部分的"社会评论"中。在"新闻报道"部分,严格按照原作者的采访地点确定作品属于国际或国内报道。为帮助读者理解作品细节和美国特定事件时代背景及相关资料,书中增加了大量以页下注形式出现的注释。(万胜)

G000019　**新闻采访学**　林如鹏著。暨南大学出版社 1998 年 4 月版。35.4 万字。25.00 元。"新闻专业系列教材"之一。作者在借鉴中外新闻采访学研究成果的基础上,精心构思,旁征博引,融会贯通,深入浅出,实现了学术性与可读性、系统性与操作性、理论性与实践性的较好结合。全书共 8 章,第一章绪论,概述新闻采访学的学科特点及学习方法等;第二、三章阐述新闻采访活动的主体——记者,包括其职业要求、采访路线、修养与职业道德等。第四、五、六章阐述新闻采访活动的过程、规律和要求。第七、八章阐述最常用的两种采访方法——谈话采访与观察采访,及其技巧。作者在阐述的过程中,结合了大量的新闻采访实例,以及名记者、著名的采访对象等的心得体会。(陆祖康)

G000020　**新闻写作技法**　胡仁钧著。中国地质大学出版社 1998 年 6 月版。24 万字。9.80 元。以作者多年的新闻写作经验为基础,并结合自己长期以来在编报中的实践及认识,吸收新闻写作各名家的最新研究成果而精心创作而成。全书融通了传播学、信息学、哲学、语言修辞学、心理学、文学、美学诸多学科的知识和理论。作者将新闻写作肢解为 9 道工序,分别从主题、选材、角度、背景、结构、导语、标题、语言、结尾等诸方面系统地阐发了新闻写作的技巧、原理和原则,展现了新闻写作"流水线"的全过程,逻辑地揭示了新闻写作的内在规律。(陈业新)

G000021　**广西新闻事业史(1897—1949)**　彭继良编。广西人民出版社 1998 年版。47.2 万字。45.00 元。广西的新闻事业是中国新闻事业的一个组成部分,广西新闻事业的历史也同样是整个中国新闻事业历史的一个组成部分,由于启动较早和发展得比较蓬勃,在整个中国新闻事业史上,它占有十分重要的地位。首先,从晚清以来,广西地区的新闻事业和全国其他先进地区的新闻事业就几乎是同步发展的。和同时期的有代表性的全国性的知名报刊比较起来,广西的报刊(包括广西人在境外创办的一些报刊)也毫不逊色,如戊戌时期的《广仁报》,辛亥革命时期的《粤西》、《南报》、《南风报》,大革命时期的《南宁三民日报》、《南宁民国日报》,第二次国内革命战争时期的《右江日报》、《红旗日报》等。其次,广西地区新闻事业的影响,并不完全局限于广西。特别是抗战爆发后,许多大城市相继沦陷,一些全国有名的报人被迫流亡广西,使广西的新闻事业得以蓬勃发展,并成为西南大后方的文化中心,其报刊的影响已遍及国民党统治下的大后方的各个省市。全书内容的跨度始于 1897 年,止于 1949 年,共 52 年。涉及的报纸近 500 种,通讯社近 20 家。既谈新闻业务,也谈新闻思想;对这一时期起过重要影响的广西地区的新闻界人物也作了一定介绍。(彭庆国)

G000022　**维新派与近代报刊**　徐松荣著。山西古籍出版社 1998 年 2 月版。31.5 万字。19.50 元。着重介绍维新派报刊兴起与发展的过程,既勾勒了近代报刊,特别是主要报刊的兴起和发展过程,又以新的角度，全面系统地评介维新派在倡导和宣传维新、改革、民权、宪政方面，在介绍和传播西方新文化、新思想方面所产生的巨大影响。（郭松）

G000023 **厦门报业** 副名：厦门文化丛书。胡立新、杨恩溥编撰。鹭江出版社 1998 年 12 月版。20.2万字。13.50 元(平)，20.50 元(精)。厦门报业是厦门文化的重要组成部分。厦门报业的历史是与厦门的近代历史紧密联系在一起的。本书分百年沧桑话报业、晚清时期的厦门报业、民国时期的厦门报业、中华人民共和国成立后的厦门报业等 4 章，系统记载了厦门报业的发展状况，从一个重要方面反映了厦门近百年的历史。（裴慎勤）

G000024 **电子出版物概论** 田胜立等编著。华中理工大学出版社 1998 年 3 月版。17.2 万字。10.80 元。简明扼要介绍电子出版物的产生、发展和展望，以及电子出版物的编辑出版和发行所涉及的基础技术和业务、政策法规；介绍了电子图书和多媒体电子出版物的出版与制作技术和典型工具；电子出版物设计制作与编辑出版工作文档要求和应用实例；按不同类型介绍了一批有代表性的电子出版物实例，并对它们的功能、特点进行了讨论。（钱坤）

G000025 **刘杲出版论集** 刘杲著。湖北人民出版社 1998 年 3 月版。44.3 万字。19.80 元。收入作者 1983—1997 年间关于出版、发行、版权和出版立法、出版科研以及书评、序文、忆念等方面的文章 144 篇，分“出版工作”、“发行工作”、“版权和出版立法”、“出版科研工作”、“对外交流”、“书评和忆念”以及两个“附录”共 8 大类，各类文章按发表年代顺序编排。较为全面深入地反映了 80 年代迄今我国出版事业的发展状况以及一些阶段性问题的出现与解决过程，对于了解和研究这一时期我国出版业的总体面貌和基本趋向具有重要的资料价值。（胡治洪）

G000026 **沪港出版年会论文集** 《沪港出版年会论文集》编辑组编。学林出版社 1998 年 11 月版。38.8 万字。48.00 元。收集沪港出版年会 1—5 届的论文。这些论文均出于沪港出版界权威人士的手笔，对中文图书的有关命题进行了广泛的探讨。每届年会均有一个主题，第一届：中文图书怎样走向世界；第二届：90 年代中文出版趋势；第三届：出版的个性与创意；第四届：电脑科技与出版；第五届：中文出版与世界出版。围绕这些主题，各位行家发表了自己的真知灼见，对出版业工作者具有参考价值。（曹坚平）

G000027 **出版纵横** 宋原放著。上海人民出版社 1998 年 9 月版。37 万字。38.00 元。作者系原上海市出版局局长。本书是作者从事编辑出版工作 50 余年的有关论著的合集。全书包括 4 个部分：关于出版学与出版工作研究的论著；革命战争年代出版生涯的回忆；近现代上海出版家百人名录；近现代中国出版大事年表。本书是作者几十年来研究上海乃至中国近现代出版史和探索社会主义出版学的重要成果。（黄建章）

G000028 **图书出版美学** 黄理彪著。首都师范大学出版社 1998 年 10 月版。22.2 万字。19.00 元。总结图书出版中美的规律，将图书出版与美学研究相结合的学术著作。本书作者运用辩证逻辑方法和现代科学方法，对图书出版美在审美文化中的地位、图书出版美学的本质和体系、图书出版美及其生成机制、图书出版流程美、图书美及其范畴、图书的内容美和形式美、图书的审美价值、图书出版的环境美等方面进行了研究和论述。全书注重理论与实践相结合，因而既具有较高的学术价值，又具有指导图书出版实践的作用。（李荣平）

G000029 **中国编辑研究** 《中国编辑研究》编辑委员会编。人民教育出版社 1998 年 8 月版。45 万字。27.20 元。共收入编辑理论和编辑工作研究方面的文章 67 篇，大部分选自 1996 年各编辑出版刊物公开发表的文章，其中另有中国编辑学会 1996 年在大连召开的年会上的论文 6 篇。此外，还有中国编辑学会的文献及有关活动资料 11 篇，主要是中国编辑学会第二次全国代表大会的文件：中国编辑学会会长刘杲在大会上的开幕词和闭幕词，编辑出版界领导和前辈杨牧之、高明光、叶至善、卢玉忆等人的重要讲话，中国编辑学会副会长兼秘书长邵益文的工作报告，以及会长、顾问、理事名录等。（邢克斌）

G000030 **文图编辑排版新技术——原理、标准与应用(丛书之六)** 徐福培、宋增民主编。东南大学出版社 1998 年 7 月版。38.1 万字。20.00 元。首先介绍了编辑排版与输出的基础技术：字符集与编码，字形描述与字库组织；接着介绍了国际标准 CJK 大字符(ISO10646)的编码规则、原理和使用方法；为进一步与国际接轨，还详细介绍了与编辑排版有关的一系列标准及其使用方法；最后以北大方正为例，具体介绍了北大方正系统的组成、排版语言及各种操作。（陈天授）

G000031 **书装书话** 洪帆、黎东著。江苏教育出版社 1998 年 9 月版。12.9 万字。9.90 元。运用生动活泼的书话形式，分若干部分，细致探讨了图文并茂(例如文中图、图中文)、封面设计、版式安排、书脊制作以及印刷、装订等等有关书籍装帧的形式美问题。作者结合自己毕生从事编辑工作的实践,鉴于一段时期以来出版工作中不重视图书装帧,即重内容轻形式的倾向,畅谈了图书装帧的形式美对于图书出版的重要意义和价值,告诫从事书刊编辑的同人乃至全体出版工作者,在充分注意出版物文字内容质量的同时,要切实重视图书的外在形式美——图书装帧的重要作用。(徐宗文)

G000032 **校对的学问** 副名:全国校对论文选集。中国出版工作者协会校对研究委员会编。金盾出版社 1998 年 9 月版。33 万字。17.00 元。校对理论研究论文集。书中的 67 篇论文,选自 1994 年至 1997 年在全国和地区性校对理论研讨会以及报刊上发表的文章。全书分"校对与校对学"、"校异同与校是非"、"校对质量保障"、"校对与校对管理"、"专业书刊校对"和"校对员自我素质提高"6 个部分。书后附有 1996 年 10 月 18 日第二届全国校对理论研讨会"关于加强校对队伍建设的建议"和"关于建立校对质量保障机制的建议"。(周会元)

G000033 **图书营销学** 方卿、姚永春著。山西经济出版社 1998 年 2 月版。34.1 万字。19.80 元。"出版发行管理丛书"之一。它在继承传统的基础上,突破了以往同类书侧重于"销售"的局限,扩展到"以图书市场为中心的书业企业的整体性活动"。这使得图书营销学的研究更深化了一步。"整体性活动"是贯穿全书的主线,也是据以立论的基点。作者按照这一主线,分别从宏观与微观上阐述了图书营销学的发展脉络和思想精髓。以"整体性活动"作为研究的对象,扩大了研究视野、丰富了研究内容。如图书营销环境、图书市场需求及读者分析、图书市场调研与预测、图书分销渠道策略、图书价格策略、图书促销策略等内容,作者都阐明了自己的独到见解,既有理论深度,又有较强的实用性。(郭立群)

G000034 **中国新图书出版业初探** 王余光著。武汉大学出版社 1998 年 9 月版。34.8 万字。15.00元。中国新图书出版业是在我国悠久的传统出版业基础上,在西方新式出版技术、制度的刺激和影响下,逐步形成和发展起来的,一百多年来,它对我国社会文化建设作出了相当大的贡献。著者将中国新图书出版业划分为两个时期:1840～1949 年;1949 年至今。本书的内容只涉及前一时期,专门论述中国新图书出版业的形成及其文化贡献。全书分绪篇;新图书出版业的形成;译书与西学引进;古籍出版与古籍整理;教科与教育发展;丛书、工具书与文化普及 6 个部分,另外,该书的书后还附有一个《20 世纪图书出版业研究论文索引》,为目前国内该专业领域仅见之书目,所收资料上起 1905 年,下至 1997 年初,共收录见于报刊的论文 3 420 篇,见于论文集的论文 722 篇,合计 4 142 篇,翔实、全面,颇具学术及参考价值。(严红)

G000035 **中国新图书出版业的文化贡献** 王余光等著。武汉大学出版社 1998 年 7 月版。27.4 万字。12.00 元。分 3 部分:一、新图书出版业的三足鼎立——商务、中华与世界书局;二、新图书出版业的文化劲旅——亚东图书馆;三、新图书出版业的世纪工程——《四库全书》的出版与研究。20 世纪前半期,我国出版业主体是民营出版社,其中又以商务印书馆、中华书局、世界书局三家称雄一时。该书于第一部分分论了这三家出版社。亚东图书馆是一家不大的民营出版社,但它却出版了一大批适应时代需求、推动社会进步的图书,特别是在新文化运动中,所出文存、文集、标点本旧小说,对当时及后世均产生深远的影响。亚东人敏锐的时代意识,不肯苟且的编辑作风及对读者负责的精神,至今仍有借鉴意义。《四库全书》历来被誉为"文化的万里长城"。在整整一个世纪,《四库全书》的影印与续修屡兴屡挫。直到 80 年代台湾《景印文渊阁四库全书》的行世,90 年代内地《四库全书存目丛书》及《续修四库全书》的启动,才真正实现了近百年学术界影印续修全书的愿望。该书将影印续修全书放在近百年出版史、学术史、文化史中,作了全面系统的考察。书中披露了许多未见的史实,理清了不少零碎、片断的历史人踪,具有较高的史料价值和学术水准。(严红)

G000036 **法国新闻出版发行概况** 宋建新著。山西人民出版社 1998 年 7 月版。17.8 万字。11.80元。主要介绍法国新闻出版业的发展历程和法国现行的报纸、期刊管理措施。同时也比较系统地介绍了法国新闻出版行业的主体——报纸、期刊的创办手续,报刊从业者、新闻记者的从业资格,管理办法,相关的发行销售组织的业务活动范围,报刊经营者获得政府特殊财政补贴的方式,以及报刊从业人员必须知晓、遵守的有关法律知识等方面的内容。(赵虹霞)

G000037 **世纪辉煌** 副名:第五届中国艺术节。画册组委会编。四川人民出版社 1998 年 3 月版。2 万字。400 幅图。298.00 元。第五届中国艺术节开幕式大型文艺演出《百花赞》于 1997 年 10 月 25 日在成都举行。晚会融近年来歌舞、戏曲、杂技等艺术门类的精华为一体，汇集了100多名艺术家和1 000多名文艺工作者。整台晚会主题鲜明、气势恢宏，有风采，有创新，色彩缤纷，具有强烈的艺术感染力。该画册艺术性地再现了第五届艺术节。（张问渔）

G000038 **藏书四记** 王余光主编。湖北辞书出版社1998年版。33万字。16.80元。宋至明清时期历代文人关于藏书的文章的选编，分为“宋代藏书记”、“金元藏书记”、“明代藏书记”、“清代藏书记”4辑，末附徐雁编撰的《中国历史藏书常识录》。从中可以窥见中国历史上自宋代以来历代官府与私家对藏书的重视和图书的聚散。文章大多出自文章宗伯或一代俊彦，故亦具较强的阅读性。（刘丹）

G000039 **电子图书馆理论与实践研究** 汪冰著。北京图书馆出版社1998年1月版。23.6万字。14.50元。国内有关电子图书馆方面的第一部专著。书中对电子图书馆的若干基础理论做了深入的开拓性研究，系统全面地总结了80年代末90年代初以来美国、日本、英国、法国、荷兰、澳大利亚、新加坡等在电子图书馆方面的实验、技术开发活动；并详细讨论了中国发展电子图书馆的现实问题。另外，书中列出了数百篇参考文献。（卢玉荣）

G000040 **电脑管理图书馆学** 王晓平主编。北京图书馆出版社1998年3月版。13.8万字。9.70元。作者站在宏观的高度对电脑应用于图书馆之后对图书馆学理论研究、图书馆事业发展及图书馆业务工作所产生的巨大影响作了论述，进而论述了建立电脑管理图书馆学的时代意义，电脑管理图书馆的性质、职能、工作和事业建设等，对当前我国图书馆现实工作及未来的发展方向有一定的指导意义。（卢玉荣）

G000041 **西文工具书概论** 邵献图主编。北京大学出版社1998年版。50万字。22.00元。几年来西文工具书在品种、版次和体例上又有许多变化。为了保持本书的内容新颖，使读者能够及时得到最新资料，作者对第一版之后至1997年夏出现的最新资料进行筛选，将最有价值的收进新版中。不仅系统地介绍了西方国家出版的各种百科全书、书目索引、经济统计、年鉴、手册以及重要词典、传记等，而且紧跟时代的步伐，介绍了缩微品、声像资料和数据库等情报媒介。书中还配置了有典型意义的样条，在各章之后开列了大量的实习题。书后附有“西文人名书名索引”及“基本西文工具书选目”。（徐万丽）

G000042 **大学生导读** 李广建编著。北京图书馆出版社1998年6月版。276万字。17.00元。分两部分，共18章。前半部分（1～7章）属概论部分，论述了大学生导读工作的基本理论，剖析了当代大学生阅读的现状，阐述了大学生导读工作的方法、程序、内容、组织和管理，分析了大学生导读工作的发展趋势。后半部分（8～18章）属实务部分，对哲学、社会科学的主要学科进行导读，每章均由学科简介和学科导读两部分构成，学科简介部分介绍了学科的概况、形成、发展，以及文献情况和导读要点；学科导读部分给出了具体学科各个领域的书目，每一学科的书目大致分为“入门书”、“研读书”和“存目”。“入门书”和“研读书”中的书目下大部分都做有提要。学科门类有：哲学、法学、心理学、教育学、社会学、科学学、经济学、历史学、语言学、文学、体育学。书后附参考文献。（卢玉荣）

G000043 **《中国分类主题词表》标引手册（上、下）** 陈树年主编。北京图书馆出版社1998年2月版。75万字。65.00元。为使用《中国分类主题词表》的用户正确理解、学习和使用该词表而编写的一本工具书。书中对分类主题一体化检索语言的理论、文献分类主题标引的方法技术等做了系统的论述。书后附有“化学元素、化合物组配标引细则”、“文献标引实例”和“人物主题词——分类号对照表”3个附录，以便与《中国分类主题词表》配套使用。（卢玉荣）

G000044 **主题检索语言及主题标引** 樊咏雪编。云南大学出版社1998年5月版。17万字。12.00元。论述了主题检索语言的发展历史、基本知识、基本原理、国内外主要主题词表的简况，介绍了标题法、单元词法、叙词法、关键词法的发展过程及组织方法，主题标引的意义、方法等，内容丰富，资料新颖，具有极强的可操作性。（龙宝珍）

G000045 **舆图要录** 北京图书馆善本特藏部舆图组编。北京图书馆出版社1998年2月版。230.9万字。150.00元。北京图书馆对地图的搜集，从1909年京师图书馆筹建之初，就已开始。目前，北京图书馆善本部不仅藏有清廷阁的明清绘本地图百余种，还有历次出土的古代地图，清末以来公私团体、个人所测绘的各种舆图，以及部分外文地图。这些地图对政治、经济、地理各方面研究极具参考价值。30年代时曾整理出版过《国立北平图书馆中文舆图目录》，至今时隔已过半个世纪，舆图庋藏更加丰富，在此基础上，北图善本部的同志们为六千七百余种舆图悉心著录，撰写提要，编成这部《舆图要录》。这是对北

图馆藏的重要揭示，便于海内外人士对图书资料的研究利用，也是近年出版的重要专题目录之一。(卢玉荣)

G000046　**走向21世纪的图书馆**　丁有骏主编。北京图书馆出版社1998年7月版。21.9万字。15.80元。高校情报资料研究会科技分会第四届学术研讨会论文集，主题为走向21世纪的高校图书馆。精选与会专家、图书情报工作者的论文50篇。内容涉及文献资源共享、馆藏建设、信息高速公路、图书馆人员素质、自动化与数据库建设、读者需求与文献检索、市场经济与图书馆、国内外图书馆比较等，对图书馆改革、图书馆事业发展的有关理论及实践方面的问题进行了较为深入的探讨，提出了许多积极有益的建议。(卢玉荣)

G000047　**中外图书交流史**　彭斐章编著。湖南教育出版社1998年6月版。30万字。19.30元。按照中国各历史时期发展的顺序，分别阐述了各个历史阶段中外图书双向交流的基本状况，对中外图书交流史上的大量史实进行了科学的分析研究和考订，并疏理出了一条能客观地反映图书流传规律的研究线索，具有较高的学术价值。(刘清华)

G000048　**中华典籍与学术文化**　张新民著。广西师范大学出版社1998年1月版。35万字。注重实证与思辨的统一，把中国学术文化置于现代世界文化的大背景中加以审视观照，治学扎实又不囿于考证，而是考证、义理、辞章三者并重。从人物典籍、方志史学、哲学宗教三方面进行了研究，材料翔实，考证精审，是一部研究中国古籍与学术文化的力作。(总编室)

G000049　**中国伪书综考**　邓瑞全、王冠英编著。黄山书社1998年7月版。82万字。88.00元。全面介绍、考证我国历史上作伪书籍的专门著作，收录古代包括近代有伪作疑问的书籍1 200种。收录范围：(1)全部内容是伪作的书籍。(2)部分内容是伪作的书籍。(3)作者属伪托的书籍。(4)与时代不符的书籍。(5)与史实不符的书籍。(6)剽窃与窜乱的书籍。(7)抄撮之后别立名目的书籍。(8)历代书目中疑伪的书籍。(9)历史上有过真伪之争的书籍。全书依传统分类方法排列，分经、史、子、集、道、佛6部分，近代伪书作为第七部分列最后。每一大类下又细分小类，如史部下分正史类、编年类、纪事本末类、别史类、杂史类等，小类下直接布列书籍，不再细分，即以二级类目统领全书。本书具有两个引人注目的特点：①较多地吸收了近年来学术研究的新成果。即不仅在前人研究成果的基础上，对历代伪书作了全面清理，而且较多地吸收了当代学术界的新成果，因而基本上能反映目前的学术研究进展和现状。②内容和体例上有所创新。除考辨伪书的作伪过程及疑伪内容，还十分注意伪书产生的政治、文化前景，社会、学术风尚，及该书的学术价值等，便于读者了解伪书的全面情况。(王筱燕)

G000050　**伟大的书——我与西方世界不朽作家历险记**　[美]大卫·丹比著。江苏人民出版社1998年1月版。45万字。25.00元。在48岁的时候，美国电影评论家大卫·丹比出于对自己在媒体喧闹中生活的不满，回到母校哥伦比亚大学，重修两门著名的、所有学生必修的西方经典著作概览。在本书中，丹比讲述的是一个读者重新"发现"伟大名著的冒险经历。伴随着对原著不断的洞察和感受，作者以一种在学术著作中常常很难找到生动，讨论了27位经典作家及其作品。在反抗相对主义、偏激的政治左派、现代电子媒体的阅读和探索中，大卫·丹比捍卫了富有内在挑战性、严肃性的西方文化传统，把它作为引发人思考，激发人力量，给予人欢乐的无价之宝。对熟悉伟大的书的人来说，本书是一首重奏曲；对不熟悉的人来说，它又是一部充满魅力的入门书。(丁嫣霞)

G000051　**伪书四种**　张林川编。湖北辞书出版社1998年版。30万字。16.80元。收集中国历史上4部著名的托名古代智人的典籍：《素书》、《太公兵法》、《三略》、《六韬》。它们虽然被后人定为伪书，但在过去那漫长的岁月里，却一直被贤士俊彦们奉为金科玉律，视为至理哲言，亦步亦趋。可谓影响深远。(刘丹)

G000052　**饮冰室书话 饮冰室诗话**　梁启超著，周岚、常弘选编。时代文艺出版社1998年2月版。76万字。43.30元。《饮冰室书话》即是收集梁启超对版本源流、古书真伪、经典掌故、图书评论、及有关的话题与论述，经过编选者认真筛选、梳理、分类，共为5编。第一编，要籍解题与释义；第二编，国学入门书要目及其读法；第三编，古书真伪及其年代；第四编，序、跋、题记；第五编，学与术。《饮冰室诗话》不仅编入梁启超在戊戌变法失败后，逃亡日本时的著作，而且还将遗留于《新民丛报》的30则诗话补编进来。在此之外，也收录了他的重要诗论，如《情圣杜甫》、《屈原研究》等作品，在附录中编入了他本人的诗歌创作和集宋词联等。这两本书，对追忆版本源流，摭拾经籍掌故；研究近代诗歌发展，讲授诗词常

识，及了解梁启超的著作生平，都具有相当重要的文学价值和学术价值。（邢爱光）

G000053 **图书学新论** 吴平著。山西经济出版社 1998 年 7 月版。21 万字。13.00 元。“出版发行管理丛书”之一。作者在前人研究图书学理论的基础上，对图书学体系独辟蹊径，建立了一门与校勘学、版本学、目录学、分类学、文献学以及图书史等相区别的、独立的、系统的、完整的图书学学科体系。即它是一门研究图书自身内容与形式的发生与发展规律的科学。并提出图书是由内容、文字、材料、形态、生产方法五要素构成的。每一要素都有其产生、形成的历史动态和深层社会积淀。进一步论述了图书是一种凭借物质形式表现和传播具有丰富思想内容的精神产品，图书著作类型即图书内容的成书方式，以及作为艺术作品的图书形式由书的材料、版本、开本、插图、封面、字体、页码、装订及书号等内容构成。在论述过程中，作者并不满足于对构成图书要素的简单罗列和揭示，而是采取史论结合的方法，使全书论述充满生机和感情色彩。可以说，它是继谢俊贵先生的《图书学基础》一书之后，我国研究图书学的又一本有影响的专书。（郭立群）

G000054 **校雠广义** 程千帆、徐有富著。齐鲁书社 1998 年 4 月版。34.8 万字。29.60 元。在前人研究的基础上，把“校雠”分为狭义和广义。狭义的校雠，即刘向所谓“是正文字”，定名为校勘；广义的校雠，则包含治书之学的全部，此亦即本书书名的由来。在总结历代学人的论述之后，作者把较雠学明确地分为 4 大部分。即一、版本学：中国古籍由金石而至竹简、帛书，至雕版刻印，至活字印刷，至照排影印，写刻历史悠久，异本繁多，版本之学必先讲究；二、校勘学：版本既多，传刻不一，脱讹难免，不加校正，无法诵读，故校勘之学为次；三、目录学：古籍日多，势难遍读，因此编目并撰提要，分类并考源流，遂成必须，故目录之学又次；四、典藏学：古籍收藏不谨，必致散佚，而严于收藏又妨碍流通，故典藏之学宜讲。总之，本书认为，由版本而校勘，由校勘而目录，由目录而典藏，条理始终，囊括珠贯，这就是治书之学的全部。因此，本书分为版本编、校勘编、目录编、典藏编 4 册。版本编提出，版本学是研究书的物质形态的科学，是治书之学的起点。它详尽地论述了古籍的版本源流、装订形式、真伪鉴定等。对于中国古籍的主体——影印本，它更进行了多角度的分类，如按时代分的宋本、元本、明本等，按地域分的浙本、蜀本、建本等，按刻书单位分的官刻本、家刻本、坊刻本等，眉目分明，极便初学者掌握。校勘编总结了前人校勘实践和校勘理论的成果，探讨了古籍中出现错讹的类型和原因，论述了古籍校勘所须的知识、资料以及校勘的方法、校勘成果的记录等等，为掌握古籍校勘指示了门径。目录编指出，目录学所要解决的是不断增长的文献和人们对它的特定需要之间的矛盾，其重点是研究如何编制和利用目录。本编对目录的结构、著录事项、分类以及编制方法，结合历代的实践，作了清晰的说明。典藏编指出，典藏学即现代所说的图书馆学。本编叙述了我国历代公私藏书的情况，并对历史上图书的收集、亡佚、保管等等，作了细密的考证。尤其可贵的是，作者论证了典藏和读书以及出版的关系，辟专章论述图书流通，批评了历史上就已经出现的重收藏而轻流通的错误思想。（孙言诚）

G000055 **中国目录学思想史** 余庆蓉著。湖南教育出版社 1998 年版。24 万字。16.20 元。共 8 章。第一章“早期目录学思想的萌芽”，第二章“汉代目录学思想的奠定”，第三章“魏晋南北朝目录学思想的演进”，第四章“隋唐目录学思想的发展”，第五章“宋代目录学理论思想的形成”，第六章“明清目录学思想的总结”，第七章“近代目录学思想的变革”，第八章“当代目录学思想的新思潮”。该书在纵向上以时间为经，跨度长达 2000 余年，横向上以目录学发展的成就、人物、典籍、思想流变为纬，既对各时期目录学发展的历史背景、目录学家的生平和著述作了要而不繁的征引和考订，又以目录学思想发展变化为中心，着意理清其自身规律，由此带动史事评述。（孟可文）

G000056 **第 62 届国际图联大会会议录** 第 62 届国际图联大会会议录编辑组编。北京图书馆出版社 1998 年 4 月版。29 万字。30.00 元。全面详细地介绍了 1996 年北京国际图联大会的举办过程和各个方面，主要由 4 部分组成：大会文献、大会纪实、大事记和论文摘要。它是一本历史性文献，提供了许多有益的经验，也提供了展望未来的有价值的参考资料。（卢玉荣）

G000057 **世界著名博物馆图典** 邹敏讷编。湖南美术出版社 1998 年 4 月版。500 幅图/册。60.00元/册。以博物馆或美术馆分卷。包括：罗浮宫博物馆、奥塞美术馆、乌菲齐美术馆、普拉多美术馆、梵蒂冈博物馆、大都会博物馆、柏林国立美术馆、华盛顿国立美术馆、艾尔米塔什博物馆、特列恰柯夫美术馆等 10 册。每册前面有一篇介绍该博物馆历史、发展和收藏特点的撰文。每册集绘画作品500幅左右,作品按作者排列,以作者出生年代先后为序,同一作者的作品按创作的先后为序。这种编辑的方式,使读者在浏览中既可看到美术语言变化大的流程,又可看到每位画家早期到晚期风格的差异。图版说明文字按作品名称、画种、作品尺寸、创作年代、作者姓名、生卒年代、国籍顺序排列。(邹敏讷)

科学、科学研究

G000058 **创造方法学** 刘思平、刘树武著。哈尔滨工业大学出版社1998年版。23.1万字。13.00元。共3篇:第一篇是创造方法学基本知识与技法。其中包括创造性思维、结构、训练及克服思维障碍的方法,创造成功的因素分析及战略,18种创造技法。第二篇是介绍国内外的几种创造方法。其中有等价变换法、变换合成法、物场分析法、贝利法、马切特法、我国邓聚龙的五步建模法、张光鉴的相似论方法、孙武的四环假说法。第三篇是变色系统法及其应用。其中概括了已有设计过程,指出了将要出现的设计过程,提高能力的训练过程及指导原则,经营销售创新技术原理、方法。本书突出了实用性。主要表现为:一、着重于技术创新成功的条件和方法。二、两种创造方法,理论性和技巧性兼有。三、引用大量实例。总之,本书为创造学领域提供了理论依据和实例,为从事此领域的工作和研究人员提供了帮助。(孙杰)

G000059 **现代软科学丛书 现代交叉科学** 刘仲林编著。浙江教育出版社1998年3月版。31.8万字。17.00元。共3部分:第一部分(第一章到第六章),是总论性的,谈交叉科学的基础和基本问题;第二部分是分论(第七章到第十二章),谈交叉学科的主要门类;第三部分(第十三章到第十八章),是交叉论,谈科研、教育、人才、方法、思维等领域交叉问题。全书以交叉科学观的对话开篇,以交叉之道的探索结尾,贯串了中国文化精神,意在强调现代交叉科学的本质意义:不在形形色色的大量交叉性学科,而是要求从分科时代到交叉时代的时代观念的转换。本书具体分析了交叉学科境界、交叉方法境界、交叉思维境界、交叉之道等交叉科学观的不同层次;对具有中国文化特色的现代交叉科学理论进行探索。它努力反映国内外交叉科学和跨学科学研究新理论新成果,对能收集到的中外有关著作,一一作了评价;对国内外学术活动和研究进展,也作了回顾和概述。

G000060 **科学中的革命** [美]I.B.科恩著,鲁旭东等译。商务印书馆1998年9月版。50万字。45.00元。原著为哈佛大学资深教授I.B.科恩的一部著名的科学史著作。以往传统的观点认为,科学发展的主要特征是积累、归纳,是"进化"演进的。而二战以后,西方科学哲学、科学史界逐步推翻了这一传统观点,代之以科学发展的"革命"观,他们认为科学进步主要是通过"革命"来推进的,具有突破、演绎的色彩,这些学者包括波普、库恩、拉卡托斯等。与上述这些学者不同的是,科恩是从史学家的角度,主要通过对史料的研究来考察"科学革命"这一历史现象的。作者通过对17世纪以来所有重大科学革命的历史考察,得出了自己的理论成果。这些重大的革命包括哥白尼革命,开普勒、伽利略、培根、笛卡尔的重大科学成就,牛顿革命,哈维革命,拉瓦锡的化学革命,达尔文的生物学革命,法拉第、麦克斯韦和赫兹的电磁学革命、马克思的经济学革命,弗洛伊德的心理学革命,爱因斯坦的相对论革命、量子论革命,大陆漂移假说引发的革命等。通过大量的历史研究,科恩总结出了科学革命的诸阶段,即思想上的革命、理论上的革命到科学中的革命;提出了鉴别科学革命发生的若干判据,即当事人的认可,当时文献资料的认可,历史学家的认可和今天科学家的认可。科恩的结论是,观念上的转变是科学革命的主要特征。(郭继贤)

G000061 **科学的社会价值(认知与方法丛书)** 向德平著。浙江科技出版社1998年12月版。12.9万字。10.80元。系统审视了人类思想史上具有代表性的科学技术价值观,如科技统治论、科技悲观论、科技乐观论以及法兰克福学派和海德格尔存在主义的科学技术价值观,并在此基础上探讨科学技术的社会功能,揭示了科学技术的社会价值。

G000062 **人体潜能史例选** 陈涛秋编。上海交通大学出版社1998年12月版。75.2万字。32.00元。作者深入中国正史、方志及历代笔记中精选出5 000年间遍布于各省、各族、各界的数百则人体异能史实,按时序分为3编(上编为上古～南北朝,中编为隋唐五代～宋辽金元,下编明～清)。每编又分超常智能、超感知觉、意念奇效、脑际遥感及预警预知等5大类。每则均有摘要、古汉语引文、古人所绘画像、源流注释、现代语译及古今实验印证等项内容。(丁善溶)

G000063 **头脑革命** [日]中松义郎著。青岛出版社1998年8月版。12万字。8.00元。作者是世界著名的发明家、医学家,他通过科学论证和亲身经历说明：人类大脑的智力是大致相同的。通过睡眠、饮食、运动、性生活等调理和有效的智力训练，每个人都可以变得非常聪明、苗条健康、富有创造力，从而拥有一个充实而有意义的人生。（樊建修）

G000064 **揭开伪科学的面纱** 郭正谊主编。大象出版社 1998 年 3 月版。20 万字。8.80 元。针对目前社会上反科学、伪科学活动的日渐泛滥，且愈演愈烈，我们以“原则不是出发点，实践才是认识的来源”为基础，坚持“实践是检验真理的唯一标准”，组织科学工作者、社会科学工作者、记者、魔术师等有关专家，整理并撰写了 40 多篇文章，书中文章均针对伪科学的表现，以亲身经历、采访报道、调查报告、实验结果分析为主，旨在暴露真相，揭开伪科学的面纱。（谢凯）

G000065 **创造力理论与科技创造力** 罗玲玲著。东北大学出版社 1998 年 1 月版。25 万字。20.00 元。共 4 部分。第一部分在分析借鉴国内外有关创造力的各种理论的基础上，结合对我国科技人员创造力的实际测评与研究，探讨创造力的概念、创造力的层次、科技创造力与其他创造力的区别、创造力测评的困难和创造力测评技术的发展。第二部分着重研究创造性思维的核心部分——非逻辑思维形式和创造性思维方向问题，并从方法论的角度，讨论“两面神”思维在科技创造中的特点和作用。第三部分从科学创造方法论的高度，探讨创造技法的方法论意义和方法内涵。第四部分着重在创造力内在特质的范围内进行研究，最后探讨创造性认知风格、创造动机、情感智慧与创造的关系及对开发人类创造力的现实意义。（刘淑芳）

G000066 **物理创造思维能力的培养** 乔际平、刘甲珉编著。首都师范大学出版社 1998 年 4 月版。23 万字。12.60 元。作者参考了大量的研究资料，吸取多方面的研究成果，尝试对物理创造思维能力培养的问题，作系统的理论阐述。本书认为，物理创造思维能力可分为 3 个层次，共包括 12 个因子。初级层次包括物理观察、物理实验、物理模型、物理等效思维、物理类比、物理逻辑思维等 6 个因子。中级层次包括物理创造思维、物理发散思维、物理直觉思维、物理灵感等 4 个因子。高级层次包括物理美学、物理哲学思维等两个因子。物理创造思维能力的培养与训练则可分为 3 个阶段，即基础性的培养与训练、应用性的培养与训练及开发性的培养与训练。这三个阶段与前述的物理创造思维能力结构的三个层次，具有一定的对应关系。（张国栋）

G000067 **科学发现观的演进（认知与方法丛书）** 严湘桃等著。浙江科技出版社 1998 年 12 月版。15.2 万字。12.40 元。运用逻辑与历史一致的方法，或一种渗透着逻辑观点的“自然主义”，扼要地回溯了传统理性主义发现观、现代非理性主义发现观和当代多视角、多学科地复兴科学发现逻辑的“新潮”，并辅以适当的案例说明，以期对以往关于科学发现的本性和发生机制的见解能给予全面系统的概括和总结。

G000068 **中国国家标准汇编（1994，1995，1996，1997，1998 年度）** 中国标准出版社编。中国标准出版社 1995—1998 年版。150 万字/册。120.00 元/册。中国国家标准是以科学、技术和实践经验的综合成果为基础，由各专业标准化技术委员会（权威专家、学者、工程技术人员组成）制定，经国家标准化主管机构（现为国家质量技术监督局）批准发布，在全国范围内统一贯彻实施的规范性技术文件。内容包括原材料，工农业产品，安全、卫生及环境保护，有关互换配合及通用技术，通用零、部件，元器件，信息技术，工具，通用试验方法及检验方法，术语等方面的标准。本汇编在一定程度上反映了我国建国以来标准化事业发展的基本情况和主要成就。自 1983 年起，按标准号顺序出版标准汇编；至 1995 年，本汇编的出版时间与新标准的发布时间已达到基本同步，继而每年汇集前一年发布的新制定的国家标准，即本汇编同时具备年度汇编的功能（分四号顺延，封面注“××××年制定”）。由于标准不断修订，为收集修订标准供读者使用，自 1995 年起在汇集前一年发布的新制定的国家标准的同时，新增出版前一年发布的被修订的标准的汇编本（不占分册序号，封面注“××××年修订”）。1994 年度：“制定”第 196～205 分册，GB14867～15427；“修订”6 册。1995 年度：“制定”第 206～218 分册，GB15428～16150；“修订”8 册。1996 年度：“制定”第 219～231 分册，GB16151～16724；“修订”12 册。1997 年度：“制定”第 232～247 分册，GB16724～17202；“修订”11 册。1998 年度：“制定”第 248～259 分册，GB17203～17652；“修订”9 册。（周俞斌）

G000069 **中国标准化年鉴 1997** 国家质量技术监督局编。中国标准出版社 1998 年 5 月版。40 万字。58.00 元。介绍了 1996 年我国标准化工作概况，标准化管理机构，标准化技术委员会工作，国际标准化活动，标准化科学技术研究开发工作，标准化成果奖励，地方标准化工作，标准化法规建设，中国标准

协会主要活动，标准化情报与咨询工作，标准的编辑、出版和发行工作，1996 年批准发布的国家标准目录。(周俞斌)

G000070　**世界科技英才录——科学思想卷**　袁运开、王顺义主编。上海科技教育出版社 1998 年 12 月版。24 万字。16.00 元。重点通过古今中外科学家的思想观念来叙述与介绍科学思想的来龙去脉，也就是以科学家的思想和观念为线索，论述他们如何把这种思想观念经交流、传播、演化和飞跃，形成为一个宏大的科学理论体系。本书围绕着 50 位科技英才，通过一个个小事例，以深入浅出、通俗易懂的文字表达，展现了他们的科学思想和科学观念，并对科学探索本身进行了一番再探索。(焦健)

G000071　**世界科技英才录——科学方法卷**　袁运开、王顺义主编。上海科技教育出版社 1998 年 12 月版。25 万字。16.50 元。记载了古今中外 54 位科技英才有效地应用科学方法作出杰出科学贡献的事迹。从中我们可以看到，正确的方法对成功的获取有着举足轻重的作用。与科学精神卷和科学思想卷一样，本书的叙述贴近青少年的阅读习惯，各篇独立成章，以一个个短小的标题为线索，介绍了科学家们的成功经验与突出贡献。(焦健)

G000072　**世界科技英才录——科学精神卷**　袁运开、王顺义主编。上海科技教育出版社 1998 年 12 月版。24 万字。16.00 元。通过一篇篇短小精悍、动人心弦的文章，介绍了 52 位科技英才在他们的科研活动中所体现出来的可歌可泣、催人奋进的高尚品质和崇高精神。(焦健)

G000073　**当代发达国家科技体制比较(认知与方法丛书)**　万宁等著。浙江科学技术出版社 1998 年 5 月版。19.4 万字。15.50 元。从多角度、多层次地探讨现代科学发展的认识论与方法论的课题。它以浅显的语言和典型的案例，研讨科学探索活动中具有最普遍意义的又较为深奥的哲理性问题，可适合于不同专业、不同文化层次的读者阅读。本书较为系统地探讨了美国、日本、西欧(英、法、德)等当代发达国家以及苏联解体前的科技组织的建构，科学技术的管理和科技的发展战略，对上述不同科技体制的特点及其优缺点作出评估，并对我国正在进行的科技体制改革所面临的种种课题进行分析、论证和评述。

G000074　**中国科学院学部咨询报告**　中国科学院学部联合办公室编。江西科学技术出版社 1998 年 5 月版。7.5 万字。6.50 元。1997 年有关学部完成的 5 个咨询报告的汇集。这些报告都是学部组织院士和有关专家深入实际，调查研究和认真讨论的结果。已分别报送国务院及原国家科技领导小组。涉及我国可持续发展、提高科学技术水平以及人才培养等方面的重大问题。①关于呈送“关于建立‘常绿草地带’加速开发南方草地资源的建议”的报告。②关于呈送“我国化肥面临的突出问题及建议”的报告。③关于呈送中国科学院院士对我国澜沧江—湄公河流域经济可持续发展问题的咨询建议的函。④关于呈送“中国水问题的出路”咨询建议的报告。⑤关于建议加大数理科学发展与人才培养力度的报告。(卢继芳)

G000075　**论科技兴邦**　宋健著。山东科学技术出版社 1998 年 6 月版。29.7 万字。40.00 元。分 6 部分：第一部分，科技发展与改革；第二部分，面向、依靠、攀高峰；第三部分，启导社会进步；第四部分，系统论与社会；第五部分，决策与管理；第六部分，重知识爱人才。就 70 多个专题进行了论述。对每个专题，就国内的现状、国际上的发展态势谈论了我国科技领域各个方面的发展前景、采取的措施和实施的方法策略等等，对科技为何兴邦、怎样兴邦具有深远指导意义。(王利明)

G000076　**广西科协四十年**　邹德正主编。广西民族出版社 1998 年 10 月版。10 万字。150.00 元。以图文并茂的形式，全面、系统地反映了广西科协及所属团体四十年来在学术交流、科普工作、国际民间科技交流、建设“科技之家”、科技扶贫、厂会协作、科普场馆、基地建设、金桥工程、农村基层党员培训、科技咨询以及精神文明建设等方面所发生的深刻变化和所取得的巨大成就，展示了广大科技工作者“献身、求实、创新、协作”的奋斗足迹和精神风貌。(廖汝年)

教　育

G000077　**教育大辞典(增订合编本)**　顾明远主编。上海教育出版社 1998 年 8 月版。762.8 万字。260.00 元。《教育大辞典》是一部大型教育专业辞典，共 12 卷。1992 年由上海教育出版社陆续出版。该增订合编本在分卷本的基础上进一步提高。内容分为教育科学、各级各类教育、中国教育史、外国教育史 4 大部分。和分卷本相比，合编增订本涉及以下几个方面：1. 增加了新的条目、新的内容。如《中华人民共和国教育法》、《教师法》、香港、澳门特别行政区基本法中的教育法规,以及根据教育学科形势的发展,现代教育的某些新兴学科,已趋成熟的某些新的名词、术语、教材教法、课程理论流派,都作了收录。合编本中共计增加了新的条目 1 700 余条。2. 删除合并重复条目,修正某些错误或欠妥之处。合编本消除了重复条目计 3 000 余条;同时,对某些词级较低的词目也作适当删除,计 600 余条。3. 调整框架结构,精炼了释义文字。修订后的合编本内容,仍包括原 12 卷本 25 个分册的基本条目,收词目 23 000 余条。4. 收集了最新资料,词目及所收资料的时间,个别重要事件及资料的时间下限有所突破,并增加了中外教育大事年表。(何莉雯)

G000078 **开发自我** 朱长超著。江苏教育出版社 1998 年 8 月版。14 万字。6.50 元。《金苹果文库》中的一册。作者从脑科学研究的角度,以丰富的事例,向人们开启了一扇认识自身、开发自身的大门,告诉人们如何走出思维的陷阱、如何挖掘自己的潜力、正确的品格与自我开发的关系、思维的误区给人们带来的痛苦回忆等等。全书分 4 个部分:开发你的大脑;培育创造之花;培养正确的品格以及避开思维的误区。(俞慧洵)

G000079 **中韩教育比较** 林正范主编。浙江教育出版社 1998 年 3 月版。20.5 万字。12.00 元。"韩国研究丛书"之一,是"中韩教育比较研究"课题研究的成果。由于韩国教育的改革与发展在韩国的社会、经济发展中居于特别重要地位,因而近年来在我国对韩国的研究中,对其教育问题倍受关注。但是,近几年出版的有关韩国教育的著作,多数为介绍性的,真正从中韩比较的角度研究韩国教育的尚不多见。本课题试图从比较的视角去认识韩国教育的某些重要特征,并从比较中认识其中可资借鉴的内容,以利于我国教育的改革与发展。全书除总序,分下列 9 章:中韩基本教育制度比较;中韩基础教育比较;中韩师范教育比较;中韩高等教育比较;中韩职业技术教育比较;中韩成人教育比较;中韩教育法规比较;韩国的经济发展与教育发展;20 世纪 80 年代以来韩国教育的改革与发展趋势。

G000080 **孙诒让教育思想研究** 童富勇著。浙江教育出版社 1998 年 8 月版。10.5 万字。6.10 元。孙诒让,浙江瑞安人。为清末著名的经学大师,也是有影响有成就的教育学家。作为经学大师,孙诒让被章太炎誉为"三百年绝等双",名扬海内外。但作为教育,了解他的人甚少。本书分 4 章对孙诒让的教育活动和思想作较为全面系统的探讨。第一章,主要介绍孙诒让从封建士大夫向爱国教育家演变的过程,浅析孙诒让的家世、交游、永嘉学派经世致用思想及新式书报对他走上教育救国道路的影响。第二章,介绍孙诒让办学校、办学会、主持温州、处州学务等教育活动,对孙诒让教育活动的指导思想,特别是对瑞安学计馆进行具体分析。第三章主要介绍孙诒让的教育思想,分析孙诒让教育思想的渊源及特点,着重探讨孙诒让关于普及教育、教育经费、教学内容、教学方法、道德教育的主张及在教育实践中的运用。第四章,对孙诒让教育活动和思想作一总的回顾,并说明他是浙江近代新式教育的开创者,清末著名的教育家。

G000081 **冷冉教育文集** 冷冉著。大连出版社 1998 年 4 月版。50 万字。28.00 元。作者毕生从事教育事业,并在长期的教育实践中不断进行科学研究,逐渐形成了一个完整的系统的教育思想体系。他把教育放置于广阔的历史背景和现实舞台上,特别注重从经济和社会的发展,从人的成长规律来谈整体教育。早在 80 年代初,他就提出了"情·知教育"说。根据这个理论,他开拓性地破除了传统教育中的唯知论,把人的心理素质的培养放到了应有的高度。他认为,学生是在活动中成长的,而学生的主要活动场所是学校,是课堂。因此他提出了一个清新而响亮的口号,必须强化教学工作的教育性。他认为,学生最终目标不应是单纯学会知识,而是要学会学习,学会生活,学会发展。因此他特别强调由应试教育向素质教育的转变,以培养出真正的有用之人。他的这些思想和观点,从这部文集所收选的 80 余篇文章中,都有不同角度的阐发。该书既是新中国教育发展历史的缩影,又是当代中国教育改革不断深化的见证,为当前我们全面实施素质教育提供了有益的参考。(李然)

G000082 **现代教育技术基础** 沈亚强、蔡铁权等编著。浙江大学出版社 1998 年 10 月版。33.6 万字。16.00 元。浙江省高等教育教材。并作为高等师范院校教材。在取材上,集现代教育技术的理论基础、教学媒体技术和教学设计为一体,既体现了现代教育技术课程的特性,又具有广泛的适用性。全书共 13 章,分 3 篇。第一篇论述了与现代教育技术有关的基本理论,包括现代教育技术的定义和现代教学媒体的基本概念;第二篇具体阐述了现代教学媒体——设备的构造原理和所具有的教学功能,包括:光学视觉媒体,听觉媒体,视觉媒体和计算机辅助教学;第三篇是现代教育技术的应用篇——教学设计,

其中包括教学设计的概念和教学目标阐明,教学策略设计和教学媒体的优化组合设计,以及有关教学设计评价的方法等。(李桂云)

G000083 **现代教育科研** 副名:原理·方法·案例。王坦、张志勇主编。青岛海洋大学出版社 1998 年 11 月版。29 万字。15.80 元。在把教育科学研究的基本原理和各种方法及丰富的案例有机地结合在一起的基础上,全面介绍了教育科学研究的内涵与特点、教育科学研究的产生与发展、教育科研的基本原则、教育科研的基本程序、研究课题的选择与确立、研究课题方案的设计、经验总结法、观察法、调查法、实验法、文献资料法、个案研究法、理论研究法、教育科研结果的定性分析、教育科研中的定量分析、现代教育技术在教育科学研究中的应用、教育科研报告的撰写、教育科研成果的评价、基础教育科研成果的鉴定与评估、教育科学研究的管理、教师的教育科研素质及其提高等内容。(刘宗寅)

G000084 **周恩来教育思想** 陈廷伟等著。江苏教育出版社 1998 年 2 月版。24.8 万字。13.30 元。重点论述周恩来的"学校教育思想"、"社会教育思想"、"家庭教育思想"、"自我教育思想"等方面的问题。在学校教育方面,主张建立人民的、民族的、科学的教育事业。为此,一抓校风,坚定社会主义办学方向。并回答:什么是社会主义办学方向;为什么要坚定社会主义办学方向;怎样才能坚定社会主义办学方向?二抓教风,依靠人民教师。并强调:教师应受到国家和人民的尊重;国家要重视师资队伍的建设;教师应提高自身的素质。三抓学风,培养学生有明确的学习目的。并说明:立志——"为中华之崛起而读书";勤奋——"只要我们认真地钻进去,我们就一定可以学会";博学——"我们向社会主义、共产主义社会前进,每个人要在德、智、体、美等方面均衡发展。"四抓改革,不断完善教育事业。并指出:教育改革的趋向——"一切事物都是在矛盾斗争中辩证地发展着的";教育改革的内容——"跟着新生力量走";教育改革的方略——"不能无计划,兴之所至乱搞一气","要区别轻重缓急,分阶段有步骤"进行,才能取得成效,等等。在社会教育方面,主张利用新闻、出版、广播、电影、戏剧等手段,对人民群众进行革命传统教育、集体主义教育、社会主义教育、共产主义教育,以及社会公德教育、职业道德教育、文化遗产教育、爱国主义教育等等。在家庭教育方面,主张不断"自律"、"自强",并以此来教育以血缘为纽带的家庭群体中的每一个成员,创造性地把共产主义的道德原则和行为规范,贯穿于家庭教育的各个环节,展示了中华民族和共产党人在家庭教育中的先进思想,使之达到了人们所理想的历史高度,从而在家庭教育上,为全国人民,特别是各级领导干部,树立了光辉典范,开创了无产阶级教育晚辈的一代新风!在自我教育方面,主张"活到老,学到老,改造到老",时时、事事、处处"革心"、"革新"。强调自我教育的时代性、长期性、无限性,并要求妥善处理对三个统一和三个关系。即"革心"与"革新"相统一,处理好客体与主体的关系;"严于律己"与"宽于待人"相统一,处理好自己与他人的关系;"相忍为党"与"原则斗争"相统一,处理好内部关系与敌我关系。本书为周恩来诞辰 100 周年而作。认真学习周恩来教育思想,对于挖掘中国传统教育的精华,指导当前教育改革,构述具有中国特色的教育科学体系,将会产生积极而深远的影响!(赵德水)

G000085 **孩子需求论** 副名:中国孩子的成本和效用。叶文振著。复旦大学出版社 1998 年 7 月版。31 万字。16.00 元。共 9 章,对我国现阶段孩子的成本与效益问题作了探索。第一章导论后,用两章篇幅从纵横角度对有关的中外文献进行系统的综述,第四章和第五章分别建立研究的理论框架,提出假设,介绍使用的研究资料和方法,最后 4 章是本书的重点,主要介绍和讨论研究的发现及其人口政策的意义。书中有很多独到见解,如对生养孩子过程中心理、经济、机会、生理和婚姻等 5 项成本的分析,对孩子需求从理想、务实直到优化的 3 个发展阶段的描述,以及从孩子效用的角度对我国现行人口政策进行思考等。又如作者在前人的研究基础上,提出的理论解释模型是对前人研究的一次综合,更具有理论扩张和解释力,作者在成本和效用分析基础上提出的总量控制法,结构控制法和间接控制法既有系统性,又有可行性和操作性。本书的不足之处,由于条件的限制,作者以中国的中等城市——厦门作为研究的个案,以寻求普遍性的结论,来反映全国的情况仍是值得探讨的。(徐惠平)

G000086 **素质教育实施方法** 崔相录主编。山东教育出版社 1998 年 10 月版。34.3 万字。16.00 元。全国教育科学"九五"规划研究课题——《素质教育理论与实践研究》的初步研究成果。原国家教委副主任柳斌在《素质教育理论与实践研究》课题组培训班上的讲话为代序,深刻阐述了本课题研究的重要价值和重点问题,肯定了素质教育实践中已取得的成功经验。针对素质教育实施过程中,广大师生特别关注的问题，具体阐述了特色学校的办学方法(包括特色小学、初中、高中)；优化教学的方法；考试与测评的方法；学习方法；科学做人教育方法等。(刘校美)

G000087 **素质教育概论** 毛代胜编。海南出版社 1998 年 2 月版。21.3 万字。10.00 元。分 10 篇：素质教育提出的背景与意义；素质与素质教育；素质教育与"应试教育"；素质教育课程体系的构建；学科教学与素质教育；心理教育与素质教育；素质教育的实施；教师素质与素质教育；素质教育的评价；素质教育经验评介。(古华)

G000088 **教育学原理** 胡德海著。甘肃教育出版社 1998 年 12 月版。50 万字。25.00 元。教育学基础理论专著。作者认为，我国教育学理论的落后是一个不可否认的事实，50 年代初从前苏联引进的教育学从基本概念到整个体系结构仍影响着人们正确地思考教育学理论问题。作者经过多年的努力，完成了对教育学从基本概念到整个体系及其基本内容的思考、梳理和安排，以期构建新的教育学理论体系，并作为教育学理论学习和研究的"导游图"奉献给读者。全书共 4 编 20 章，第一编，教育学概论，涉及教育学的对象、性质、任务，教育学的理论基础及与相关学科的关系，教育学发展史和教育科学研究方法等问题；第二编，教育基本理论，探讨了教育的起源、本质、形态、功能，教育的存在及其发展，教育对人和社会的作用等问题；第三编，教育活动，说明了教育者、受教育者，教育目标、内容、形式和手段及教育活动诸要素的相互关系；第四编，教育事业，研究作为国家一项重要事业的教育之目的与结构，教育的管理和评价及教育的法制化等问题。在教育的起源理论、人类自在教育与自为教育的阶段划分、教育的文化传承功能、教育的成人成材之作用、教育与自我教育的相互关系、教育学与教育科学及教育家与教育学家之概念界定等方面，本书均有独到的见解。(朱富明)

G000089 **教育学辨** 副名："元教育学"的探索。陈桂生著。福建教育出版社 1998 年 2 月版。31.2 万字。28.00 元。对教育学研究之研究的理论著作。对"教育学"的研究对象、研究方法以及教育学与相关学科关系等一系列问题，进行深入辨析；同时，对"教育哲学""教育史学""教育学史"以及中国的、外国的诸多"教育学现象"都加以透视和研究。(杨青楚)

G000090 **教育是什么** 张巽招著。湖北教育出版社 1998 年 8 月版。18 万字。13.00 元。共 8 章。第一章确认研究的方向和阶段。通过对研究问题的辨析，把对教育的认识约束到科学认识的方向。第二章确认研究的方法，指出从知性认识水平上升到理性认识高度是当务之急。第三一五章，分论了教育的价值、目的、过程三个范畴。运用上述方法，逐一形成对这三个范畴的本质认识，正面回答了它们分别是什么的问题。第六章在前述诸范畴的联系上概括了教育的整体结构和具体概念，并在它们的本质的联系上研究了教育的本质。第七章探讨了教育规律。第八章总论"教育是什么"，通过建立辩证教育理论来回答本书提出的总的论题。(陈雅峰)

G000091 **教育哲学通论** 黄济著。山西教育出版社 1998 年 11 月版。47 万字。29.00 元(平)，36.00元(精)。理论专著。共 3 编。第一编，中国传统教育哲学思想；第二编，现代西方教育哲学流派；第三编，教育哲学的基本问题。作者站在现代教育科学发展的高度，以马克思主义为指导，对中国传统教育哲学思想和西方教育哲学流派作了系统的梳理和评价，力求做到"古为今用"和"洋为中用"。在"教育哲学的基本问题"一编中，不仅对当前教育理论中的一些根本问题，如教育本质、教育价值、教育目的中的基本观点和有争议的问题进行了深入的剖析，而且对知识论与教学、道德论与道德教育、美学与美育中的一些基本问题，结合实际进行了分析和评论。尤其在"宗教与教育"一章中，对宗教的二重性及其在当今教育中的作用和未竟的历史任务作了实事求是的分析和评价。最后以研究的方法论和对未来的展望作结，为教育哲学的研究和发展提供了一个开阔的思路。作者按照"古今贯通，中西融合"的研究思路，对教育哲学作了系统的总结和评价；构建起了一个既有民族特点又有现代意识的教育哲学体系。其资料的丰富性、体系的完备性、论证的科学性以及视野的开阔性，在国内同类著作中独树一帜，是广大教育哲学研究和教学工作者理想的参考用书。(李梦燕)

G000092 **教育基本理论之研究(1978—1995)** 瞿葆奎主编。福建教育出版社 1998 年 8 月版。81 万字。65.00 元。在"教育学学科现状与发展趋势"的调查之教育基本理论学科调查的基础上完成。对以下 14 个课题进行了调查：1. 毛泽东教育思想；2. 教育起源；3. 教育本质；4. 教育规律；5. 教育功能；6. 教育价值；7. 教育与人的发展；8. 马克思主义人的全面发展理论；9. 教育目的；10. 教育与生产劳动相结合；11. 社会主义初级阶段教育理论；12. 市场经济与教育;13.传统教育与现代教育;14.元教育学研究。在此基础上,对我国教育基本理论研究状况进行了深入的分析,对各课题研究的脉络作了较为系统的梳理,回答了17年中诸多问题,如:教育基本理论的发展状况如何? 研究了哪些主要问题? 研究到什么程度?在哪些问题上有所推进或突破性成就?研究主要存在着哪些缺失?还有哪些问题尚未探明,需要进一步研究?研究的发展趋势又如何?等等一系列主要问题。(黄旭)

G000093 **教育辩证法** 董诗明著。中国地质大学出版社1998年5月版。27万字。28.50元。作者长期从事教育实践和哲学研究活动之结晶。由21大章组成,分别从教育与社会政治、教育与经济发展、教育与社会文化、教育与人的发展、教育主体与教育客体、素质教育与应试教育、思想教育与传授知识、传授知识与发展能力、全面发展与因材施教、理论教学与客观实际、系统讲解与循序渐进、理解知识与巩固知识、直观教学与抽象思维、教学方法与学习方法、学科课程和活动课程、热爱尊重与严格要求、教育工作与教育科研、校长思维与领导方法、学校教育与校外教育、普通教育与职业教育、教育现状与教育未来等方面,用唯物辩证法系统地分析了我国社会主义初级阶段背景下教育与其他事物之间的矛盾及教育内部诸要素之间的矛盾,从哲学的视角阐述并帮助人们认识教育实践的丰富、深刻内涵,给人以耳目一新的教育观。(陈业新)

G000094 **教育漫话** 副名:汉译世界教育名著丛书。[英]约翰·洛克著,徐诚、杨汉麟译。河北人民出版社1998年1月版。15.6万字。9.75元。17世纪英国伟大的哲学家和启蒙思想家约翰·洛克的一部教育名著,是英美近代教育思想史上的奠基之作,对近代英美教育思想的形成产生了重要影响。语言通俗易懂,语气亲切平和,主要讲了4个问题。第一,就德、智、体三者的关系而言,培养强健的体魄应是教育的第一位,精神品质的培养是第二位,智育的培养是教育中最不重要的一件事。第二,详细地说明了如何才能培养强健的体魄,指出不能娇生惯养。第三,教育的主要任务乃是塑造一个人的精神,德育在洛克的教育思想中占有根本的地位,它是指整个精神品质的塑造,包括德行、智慧、教养、坚忍等各种美德。培养这些美德的基本方法是从小通过反复的训练养成良好习惯,切记不要娇惯放纵。第四,对智育和技能的培养,基本原则是所学的东西对生活有用,方法是懂得儿童心理,激发儿童的学习兴趣,引导儿童自觉学习,循序渐进。(任俊萍)

G000095 **中国德育思想研究** 陈谷嘉、朱汉民主编。浙江教育出版社1998年10月版。61万字。32.00元。德育是培养人的品格的一种教育。中国古代的统治者十分重视人的道德政治素质的教育,尤其是道德素质的教育被提到了一切教育的首位。在古代思想家看来,道德品性的教育即是人的品格的教育,亦即是德育。本书是一部关于中国德育思想的学术研究著作。书中对中国德育史的发展过程及发展规律作了系统的研究,并着重对中国德育思想研究的基本理论问题,诸如人的本质、人性问题以及道德的缘起和本质等作了颇具深度的讨论。本书突破了以往德育研究史范围的局限,将其放在更广阔的社会历史背景之中,以期形成一套真正意义上的德育理论系统和概念系统,是一部涉及多学科的、力图真正反映中国德育思想发展过程的开拓性著作。

G000096 **亚洲“四小龙”学校德育研究** 福建教育出版社1998年8月版。28.4万字。15.60元。“亚洲‘四小龙’教育研究丛书”之一。系统研究亚洲“四小龙”学校德育的专业书籍,对“四小龙”学校德育进行了全方位的整理、研究,并结合我国的学校德育实际进行了比较研究。(沈群)

G000097 **中国德育思想史纲** 罗炽等著。湖北教育出版社1998年9月版。66.4万字。44.00元。中国德育思想博大精深,源远流长;超时更新,流光溢彩;诸说并存,犹以传统儒学为正宗。作者在多年悉心研究的基础上,不囿于学界时下普遍流行的所谓代表中国文化传统的就是儒家之旧说,独辟蹊径,自立一家之言,把中国文化的源头溯向更遥远、更博大的易文化,认为中国古代的德育思想萌生于《易经》,并将此作为本书的逻辑起点,以社会历史发展中的德育思潮为经,以中华先贤巨子的德育思想为纬,溯源清流,披沙拣金,全面、系统、准确地爬梳、整理和总结了中国古代德育思想发生、发展和演变的历史,为我们精心编织了一幅跨越时空的巨网。全书视野开阔,内容丰富,述论精当,新见迭呈,是一部贯通古今的中国德育通史。(陆才坚)

G000098 **德育社会学** 鲁洁主编。福建教育出版社1998年8月版。30.9万字。21.00元。全国教育科学八五规划重点研究项目“德育社会学研究”的成果。全书由导论和8章组成。导论阐述了对教育的一种社会哲学思考。本书研究了:德育与社会发展、学校德育的社会环境、德育过程社会学、德育中的社会角色、学校内诸种社会关系与德育、德育课程社会学、德育实施社会学、学生越轨犯罪行为研究。其特色在于:1.创新。由于当代学校德育日趋社会化,无论是德育影响、德育实施以及由此而产生的效果都已跨越学校的范畴,与整个社会以及社会的系统紧密相关与联系,因此,本书首次提出这一命题,率先研究德育与社会的关系。2.宏观着眼。本书全面系统地研究了当代中国学校德育的社会生态环境随社会转型期以及信息化环境而出现的结构化变化和它对学校德育所产生的影响而呈现的新机制。3.微观入手。从社会学的角度拓宽德育学研究的视野,用社会学理论研究了德育的微观领域德育过程、德育实施等。(朱平)

G000099 **当代课堂教学改革的理论与实践** 余文森著。福建教育出版社 1998 年 10 月版。33 万字。25.00 元。以素质教育为导向,以作者十多年中小学课堂教学改革的实践探索和理论研究为基础,对当前中小学课堂教学改革的若干主要方面进行较系统的探讨。(孙汉生)

G000100 **课程教材研究 15 年** 课程教材研究所编。人民教育出版社 1998 年 7 月版。120 万字。75.00 元。为纪念邓小平同志为课程教材研究所成立题写所名 15 周年,"教育要面向现代化,面向世界,面向未来"题词 15 周年,缅怀邓小平同志对课程教材研究所的关爱,进一步高举邓小平理论伟大旗帜,坚定不移地贯彻江泽民同志为核心的党中央提出的科教兴国的战略方针而编辑出版的关于中小学课程教材的研究文集。在《课程教材研究十年》(人教社 1993 年版)和《中青年优秀论文选》(人教社 1993 年版)的基础上编辑而成,因此所选收的主要是 1993～1998 年课程教材研究所的部分成果。内容涉及课程教材研究所对课程教材建设的总体理论与构想,中小学语文、数学、外语、思想品德、政治、物理、化学、生物、地理等各个层面、各个方面的研究成果。(石筠弢)

G000101 **教学设计理论** 张学斌、朱琼瑶著。辽宁师范大学出版社 1998 年 7 月版。20.5 万字。12.00 元。共设 5 个专题。第一讲教师如何上好课,是根据教学设计的理论对课堂教学的各个阶段如何做科学、系统的安排。第二讲教法的选择和运用,是在教法的历史回顾基础上,如何灵活运用教法,创造出适合素质教育的教学模式。第三讲学法的培养和运用,强调学法的理论意义及如何获得有效的学习方法。第四讲如何评价教学工作,侧重教学评价指标体系的建立,并用之对教师集体和个体教学工作的评价。第五讲如何评价学生质量,侧重学生质量评价指标体系的建立,强调考试法对学生质量评价的意义。(颜秋)

G000102 **教学实验论** 王策三主编。人民教育出版社 1998 年 2 月版。35 万字。18.20 元。共 3 编。第一编,教学实验的历史发展,旨在对教学实验的本质特点和发展规律获得具体的动态的认识,了解古今中外各个时期一些重要的教学实验典型及其著名代表,以提高实验的起点,直接吸收教学实验理论和实践的最新成就。第二编,教学实验的基本理论和方法。本编结合实践中的若干争议问题进行了分析评价。首先,著者在对各种教学实验观进行辨析,把握其较普遍的共同本质,提高教学实验概念的概括程度和包容性,特别是廓清一些模糊认识,阐明教学实验的特殊本质的基础上,阐明了教学实验的概念。其次,从空间和时间两个方面揭示了教学实验的一般结构。第三,在尽可能多地挖掘、整理、总结各种类型的教学实验设计及其具体规范的基础上探讨了教学实验的设计。第四,对于教学实验的评价进行了深入的研究和系统的阐述。外一编,教学实验与教学理论、教学实践以及哲学的关系。著者指出,只有熟悉教学实践并掌握教学理论,才能真正懂得教学的本性,把握教学的全局和发展逻辑,才能提出真正有价值的实验课题。同时亦提出,教育实验的理论和方法应用性强,更包含了许多操作技术,需要专门训练和反复实践来掌握;但是,教学实验作为一种教育科学研究方法,总是受一定哲学认识论、方法论支配,需要获得哲学的强有力的支持。本书以教学实验本身为主体的观点立论,特别强调教学实验的科学化、规范化。著者鲜明地提出,教学实验要以其本身为主体,吸收自然科学实验理论和方法中适合于教学实验的成分,加以改造,纳入教学实验体系之中,为我所用。这既是教学实验科学化、规范化的标准问题,也是教学实验如何实现科学化、规范化的道路问题;既是理论问题,也是实践问题。(王莉)

G000103 **愉快教学法的理论与实践** 倪谷音、卢家楣主编。上海人民出版社 1998 年 2 月版。22.5 万字。12.00 元。愉快教学法的提出与成功实践,是上海第一师范学校附属小学的教育工作者积极探索实施素质教育的重要成果。全书分理论编和实践编两部分。理论编以情感心理学为理论基石,全面、系统地阐述了愉快教学法的基本思想、原则体系、基本模式和策略体系;实践编则以上述理论为指导,分别撷取愉快教学法实践中生动、典型的教学实

录、教学设计和教学篇例，充分展示了愉快教学法独具匠心的魅力和鲜明、成功的实效。(黄建章)

G000104 **教师语言艺术(修订本)** 郭启明、赵林森主编。语文出版社1998年12月版。33万字。15.00元。通过教育教学实践中丰富翔实的口语资料，分析研究教师语言成功的范例，揭示了教师语言的规律。全书分为"教学语言"、"教育语言"、"交际语言"3个部分，内容涉及导语、提问语、阐释语、应变语、结语、说服、疏导、鼓励、批评、表扬、家访、工作交谈、座谈发言、专题对话、演讲、报幕串词以及普通话说话范例等，并提供了反面案例增加说服力。(喻晓)

G000105 **教育实验研究** 杨章宏著。浙江教育出版社1998年8月版。19.5万字。11.00元。中小学教育实验正面临着一个愈益突出的现实问题的困扰，即：一方面通常习惯于以经典实验的方法与规范评价中小学实验教育；另一方面却又常常使实验教育停留于一般教育实践活动的水平上。由此，在对待中小学教育实验问题上出现两种倾向：一是偏执于经典的实验方法、规范，并因此而贬低甚至否认常常难以与其完全一致的中小学教育实验在科学实验领域中的地位；另一则是因经典的实验方法、规范很难完全适用于中小学教育实验，而以"宽容"的态度任其朝着无序化方向自由发展。这两种倾向，都无益于中小学教育实验的规范化发展与不断深化。本书作者近十余年来，较多涉足于以教育实验为主的中小学教育科活动。本书即作者研究成果。他在探索方法论的指导时，既不拘泥于传统方法，而是对其作出符合中小学教育实验的调整、改造；也不丢失规范，而是给予具有教育实验特质意义的操作规程训练。试图将自己近年来对教育实验问题的若干思考及教育实验的一般要求结合在一起提供给广大积极从事教育实验研究的中小学教师参考。全书分7章：什么是教育实验；教育实验的问题选择与理论构思；教育实验的设计；教育实验的实施与结果处理；教育实验的评价；中小学教育实验问题；教育实验典型案例评介。书后附主要参考文献。

G000106 **学校心理辅导** 刘华山主编。安徽人民出版社1998年1月版。28万字。16.80元。学校心理辅导与教学工作并列被喻为现代学校的两个轮子，在某种意义上，它已成为现代学校的一个重要标志。本书是研究学校心理辅导的综合性著作。内容主要包括学校心理辅导的一般概念，心理辅导的主要领域如学习、生活、职业的辅导，心理生活重要方面如自我意识的辅导，对重点对象如适应不良学生的辅导。对于心理测验、专门活动、个别会谈、个案分析、心理档案以及挫折、冲突和自我防卫机制，设专篇作了较详细地介绍。(邵涌)

G000107 **结构化与定向教育心理学原理** 冯忠良著。北京师范大学出版社1998年4月版。43.4万字。24.00元。本书是作者30多年来在教育心理学前沿领域和教育、教学第一线潜心研究的结晶。其学术价值在于立足本国，博采众长，将当代东西方、国内外心理学最新成果整合化，在此基础上创立了一个独立完整、科学系统而又中国化的教学心理学体系。本书不仅具有极高的理论价值，还有广泛的应用价值。1.它不仅为普通学校教学体制的改革提供了理论依据，也为技术培训体制的建立指明了方向，应用这一原理所构建的教学和培训体制有很高的教学效能。多项研究表明，结构化与定向化教学体制不仅使教学、培训的质量提高了，且教学、培训的时间缩减了一半；2.为各科教学心理学提供了完备的理论框架，有利于各科教学心理学的创建；3.对教师的实际教学具有指导意义，是师资培训的优秀教材和参考书。本书针对当前教学实践中的"少、慢、差、费"现象和理论研究中脱离实际，照搬国外的倾向，从提高教学效能，加速人才造就出发，系统研究了有关教学、学生学习及能力品德的本性等三个理论问题，有关学习动机、学习迁移、知识掌握、技能形成及行为规范接受等5个方面学习规律，以及全面优化教学体制的17条操作原则。本书以科学方法论为理论工具，以实验研究为依据，继承和发展了国内外教学心理学的最新成果，从而保证了理论的前沿性、科学性，使它在世界教学心理学的研究中处于领先地位。(傅占武)

G000108 **教育心理学** 副名：三化取向的理论与实践。张春兴著。浙江教育出版社1998年5月版。60.6万字。48.00元。"世纪心理学丛书"之一。对有关教育、教学的心理规律及其发展趋势进行研究的成果。在如何建立教育心理学独立体系的理念下，对今后国内教育心理学的研究发展，提出"三化"趋向的构想，即：一、研究目的的教育化：教育心理学的研究以协助达成学校教育的理想为目的，一方面协助教师研究解决教学上的实际问题，另方面配合学生身心发展及个别差异，协助学校修订合于心理原则的教育目的。二、研究对象全人化，教育心理学的研究应以学生全人为对象；学校的一切教学设计及规章订定，必须以研究并了解的学生身心发展及个别差异基本情况为依据。三、研究方法本土化，即教育心理学的研究，除采用心理学以假设演绎为取向的量的研究以了解问题性质之外，宜兼采用以经验归纳为取向的质的研究，以解决教育中的实际问题。作者之首创“三化”研究取向，旨在力图建立合于我国国情的教育心理学独立体系。在当今教师角色益形重要而教师却愈发难为的情形下，作为中小学师资培育计划中必修科的教师心理学，如何发挥这一学科的作用，作者提出了“理想应具有的素养”的设想。从学校教育的目的出发，论述了教师素养的方方面面及与“三化取向”的关系。

G000109 **人类的自适应学习——示例学习的理论与实践** 朱新明等著。中央广播电视大学出版社 1998 年 3 月版。42.1 万字。19.50元。提供现代心理学学习理论的一种最新解释，并运用一些实例阐明如何将这种学习理论用于改善我们的教学方法。在示例学习中，学习者通过认真地考察有解题步骤的例题，能够学会解题过程中所用的产生式。书中介绍了大量实证性的研究，以及为了促进“产生式”的获取，应该怎样组织例题。(张静)

G000110 **寻找聪明** 朱长超等编著。少年儿童出版社 1998 年 7 月版。36 万字。22.10 元。包括 3 种：《思维体操 20 节》，内容有观察能力、协调能力、概括能力、联想思维、相似性思维、发散性思维、创造思维、逻辑思维等训练；《智能突破 300 点》，内容有考眼力、另辟思径、趣题巧算、推理判断、巧分妙拼、伤脑筋问题、测测你自己等等。前几个部分是各种智力训练题目，思路点拨讲述了几类典型智力题的解题方法，测测你自己是通过自我测试，来了解自己的智力水平；《教子动脑 50 法》，内容有 50 种动脑法，均以古今中外的实例来表现，如随机应变法、出奇制胜法、逆向思考法、突破常规法、天时利用法、形象思考法、触类旁通法、驳斥诡辩法、信息获取法等等。(洪祖年)

G000111 **教师道德与人生观** 蒋越著。辽宁师范大学出版社 1998 年 7 月版。17 万字。10.00 元。作者试图以马克思主义的世界观和方法论为指导，以马克思主义伦理学理论为基础，针对当前基础教育由应试教育向素质教育转变的改革中，中小学教师处理个人与事业、个人与社会、人与人之间关系等师德建设中新问题，把新形势下人民教师应遵循的职业道德规范与人民教师应具有的科学人生观结合起来进行探讨。本书篇章内容结构根据 1997 年 8 月 7 日国家教委和全国教育工会重新修订的《中小学教师职业道德规范》作了安排：第一讲谈教师道德与人生观的基本知识；第二讲到第七讲分别就师德规范的八方面内容结合人生观的 6 个专题进行论述；最后 8 讲谈师德评价及教师人生思想道德修养的方法途径，对教师怎样塑造自己的理想人格提出意见和建议。(颜松)

G000112 **外国教育管理史教程** 袁锐锷编。广东高等教育出版社 1998 年 5 月版。21.5 万字。12.00 元。系统介绍了外国教育管理思想和实践的历史发展与现状，古代希腊、罗马、西欧中世纪和文艺复兴时期，近现代英、法、德、俄、美、日等国的教育管理，并研究了各时期各国的著名教育家，如柏拉图、夸美纽斯、斯宾塞、卢梭、第斯多惠、马卡连柯、杜威等人的办学思想。本书还对现代的外国教育管理思想进行了探讨，主要介绍了科学管理学说、民主的人际关系学说、科层组织学说及开放系统学说等。(张敏)

G000113 **校长素质论** 曲绍卫、张金宝著。青岛海洋大学出版社 1998 年 4 月版。22 万字。13.50 元。侧重阐述了校长的个性素质、意志素质、思维素质、语言素质、知识素质、领导方法素质、决策素质、用人素质、思想政治素质、道德素质、学校领导集体素质等内容，都是当前中小学校长急待培训和提高的主要方面。(段峰)

G000114 **世界教育发展趋势与中国教育改革** 包秋主编。人民教育出版社 1998 年 6 月版。31.5 万字。21.00 元。“世界教育发展趋势与中国教育改革”会议论文选，收入文章 23 篇。作者来自美国、中国大陆和香港特别行政区，大部分为中国留美学者和专家。本书分 4 编。第一编“管理与财政”，阐述世界教育和财政管理发展趋势与中国教育改革的动向。作者从高等教育改革、四种类型国家(或地区)教育发展的特点、教育投资等方面进行了论述。第二编“课程与教学”，论述道德教育、科学素质教育、师范教育、教学模式与中国中小学课程改革等，并介绍了西方流行的多重智力理论。第三编“信息与技术教育”，论述信息技术给美国教育带来的变化以及对中国教育的启示。内容涉及美国中小学的计算机辅助教学、美国职业技术教育模式、中国职业技术教育改革等。第四编“综合”，探讨教育发展中所涉及的一些重要问题，例如：中国教育发展的历史与现状、美国中小学教育改革、中国民办教育、社区学院在中国的发展、儿童电视节目的引进、留学生教育等。作者运用比较研究的方法，对中美教育进行了探讨，提出了中国教育改革的建议。(邹海燕)

G000115 **中外教育交流史** 卫道治等编著。湖南教育出版社1998年6月版。33.9万字。21.10元。系统研究中外教育双向交流历史的专题史著作。按通史体例,将古代、近代、现当代中外教育交流的历史,放在中外文化交流的大背景下进行研究,其中,对中外文化交流史中的一些热点问题以及学术界有争议的问题,如书院文化的传播、遣唐使问题、留学生问题、教会学校问题等作了全面深入的考察,提出了许多新的见解。(刘清华)

G000116 **中华人民共和国重要教育文献** 何东昌主编。海南出版社1998年9月版。1 204万字。780.00元。主要内容为1949年10月至1997年12月由中共中央、国务院(政务院)和教育部(高教部、国家教委)等中央部委制订、发布的教育方针政策、法律法规等重要历史文献;党和国家领导人有关教育问题的重要讲话、指示;对中国教育理论与实践产生过重大历史性影响的重要教育会议文件、报刊资料等,共收录文献近3 000篇。每份文献均按时间编号,并按时间顺序分编为1949～1975、1976～1990、1991～1997 3卷。为便于检索,分为总类,基础教育,职业教育,高等教育,成人教育,师范教育,民族教育,归侨学生、港澳台回大陆学生和外侨子女教育,学校体育、卫生、艺术与国防教育,教育国际交流与合作等10大类编排索引,附于书末。附录还收有研究参考资料索引、国家教育行政机构、国家教育行政部门领导人名录、教育事业发展综合统计及国际教育文献等内容。本书以马列主义、毛泽东思想和邓小平理论为指针,尊重历史,既选辑了记录成功经验的文献,也精选了一些有负面影响的文献;既收录了公开发表的文献,也注重挖掘了档案中一些未公开发表过的重要教育史料。在文献的筛选上,侧重收录具有起源性、转折性、典型性且迄今仍有效或仍具有重要参考价值的文献资料。本书是一部反映中华人民共和国教育发展的重要史实史料,是学习、研究、总结中华人民共和国教育发展的最为全面系统的大型工具书,是教育史学界的一项重大科研成果。(邬蕴琸)

G000117 **中国特色社会主义教育研究** 金一鸣主编。山东教育出版社1998年8月版。32万字。19.00元。以邓小平理论为指导,实事求是地分析了中国教育的现状和有关问题,借鉴国外的经验和教训,论述了中国社会主义教育的特征、发展方向,以及有关教育发展和改革方面的问题。全书分为绪论、第一篇、第二篇、第三篇、结论等部分。绪论:作者以邓小平理论为指导,从总体上论述了中国特色社会主义教育的研究方向、方法和基本特征;第一篇:中国特色社会主义教育研究的基础。回顾了中国特色社会主义教育的理论研究和实践探索,论述了邓小平建设有中国特色社会主义教育思想的特征和主要内容,分析了中国教育发展将持续面临的有关问题;第二篇:中国特色社会主义教育体制研究。论述了构建中国特色社会主义教育体制的现实基础,以及学校教育制度、教育管理体制、投资办学体制;第三篇:中国特色社会主义学校教育改革。从办学理念、教材建设、德育工作、教学研究、教学改革、学校内部管理体制改革等方面作了深入分析和探讨;结论:面向现代化——中国社会主义教育发展的根本道路。通过系统地分析研究,认为,中国特色的社会主义教育必须面向世界、面向未来、面向现代化。面向现代化,不仅是教育为现代化服务,还包含教育自身的现代化建设,这就要求教育在继承的基础上创新,要在现代化道路上迈出新步伐,走向理想的境界。(温玉川)

G000118 **四川省素质教育研究与实践** 四川省教科所编。四川人民出版社1998年11月版。25万字。18.00元。根据《中国教育改革和发展纲要》提出的:"中小学要由'应试教育'转向全面提高国民素质的轨道"的精神,四川省在深入贯彻"纲要"精神的过程中,各地努力推行素质教育,积累了丰富的经验,取得了可喜的成绩。本书力求对四川省各地实施素质教育的好经验加以总结,集中反映,以便广泛推广。同时,将全面反映国家教委《关于当前积极推进中小学实施素质教育的若干意见》及省政府、省教委对四川省推进素质教育的总体思路、发展规划、工作方针,并以此进一步统一思想认识。

G000119 **素质教育** 副名:中国基础教育的使命。钟志贤、范才生著。福建教育出版社1998年9月版。38.5万字。25.50元。以当时国家教育委员会副主任柳斌的5篇谈论素质教育的文章为序,旗帜鲜明地展示了国家教育行政领导对素质教育的见解和态度。接着,作者通过大量的事实,深刻检讨现行教育的弊端,揭示了开展教育改革和实施素质教育的必然性和紧迫性;用70%的篇幅阐述素质教育的内涵、确立素质教育的目标、拓展素质教育的途径等等。最后,提出了"借鉴创新、营造氛围、建立机制"诸方面落实素质教育的主张。(周少英)

G000120 **素质教育实施指要** 张俊晨等主编。黑龙江科学技术出版社1998年4月版。24.6万字。15.00元。共4部分:理论导向、实践指导、管理评价、队伍建设。在第一部分中,对素质教育提出的背景、素质教育的内涵与特征、素质教育的实施、转变教育思想的途径等问题作了系统深刻的阐述。第二部分的重点放在对素质教育的实践指导上,提出了明确的任务和具体的方法。第三部分着重论述如何构建素质教育运行机制以及素质教育评价体系。指出建立素质教育的目标体系、运行体系、社会参与体系的必要性及其做法;提出素质教育评价的内容与方法。这些做法都是明确而具体的,可参照操作。第四部分对校长、教师应具有的素质提出了具体要求,并指出提高其素质的途径。同时也指出家庭素质教育的内容、方法和途径。(刘秉谦)

G000121 **厦门教育** 副名:厦门文化丛书。郑炳忠主编。鹭江出版社 1998 年 12 月版。18.8 万字。12.90 元(平),19.90 元(精)。教育作为一种社会形态,随社会沿革的变迁而盛衰。厦门教育,几百年历史,几起几落,新中国成立后,尤其是改革开放以来,厦门教育伴随经济和社会的进步得到了长足的发展。本书分中学教育、小学教育、特殊教育(聋哑盲、弱智)、幼儿教育、职业教育、高等教育、成人教育、华侨教育、社会教育等章,对厦门教育史、各级各类教育的特点和特色,以及教育改革的经验教训,作了系统的研究和介绍,是一本反映近百年来厦门教育事业兴替的史话。(裴慎勤)

G000122 **新疆教育史稿** 马文华著。新疆大学出版社 1998 年 12 月版。26 万字。25.00 元。研究新疆教育历史的专著。第一章古代新疆教育。从汉唐时期的少数民族语文教育、汉语文教育论述起直到近代学校教育的兴起,着重对两位古代教育家和他们的教育思想作了介绍。第二章民国时期的新疆教育。分 3 个时期进行了论述:一是杨增新、金树仁统治时期,二是盛世才统治时期,三是国民党统治时期。第三章中华人民共和国建国后的新疆教育。分 3 个时期论述:一是建国后 17 年的新疆教育,二是文化大革命时期的新疆教育,三是新时期的新疆教育。突出了不同历史时期新疆教育的特点。最后还附有新疆教育大事记。(赵星华)

G000123 **邓小平理论指引下的中国教育二十年** 教育部办公厅编。福建教育出版社 1998 年 11 月版。46.6 万字。32.00 元。以邓小平理论为指导,立足于改革开放 20 年来我国教育事业发展与改革的历史性实践,以宏观的视野和翔实的史实资料,多侧面宽角度地回顾总结了各级各类教育发展与改革的历史进程,主要成就与基本经验,系统阐述了党中央、国务院关于教育发展与改革的一系列重大方针、政策,并在分析国情与现实的基础上,对教育面向 21 世纪的改革与发展进行前瞻性的科学探索与展望。(朱平)

G000124 **民族文化传统与教育现代化** 顾明远主编。北京师范大学出版社 1998 年 9 月版。34.4 万字。25.00 元。从比较教育的角度,将文化传统和教育现代化作为研究对象,通过共时态和历时态、跨文化和跨教育的研究,探索了不同文化背景下的国家在教育改革和发展上,文化传统对教育现代化的作用和影响,以及文化差异在国际性与民族性的意义上,对各国教育特征的制约;揭示了文化传统的继承与变革在教育现代化中的价值,以及在当今世界教育国际化趋势增强的时代,坚持民族文化传统对实现本国教育现代化的重要意义。该书对中国、日本、美国、英国、法国、俄罗斯等国家的文化传统与教育现代化,以及东西方国家教育的人才观、知识观、教学观、师生观等问题分别做了纵向和横向的研究,其研究成果很大程度上体现和代表了目前我国在这一领域的前沿水平。(傅占武)

G000125 **农村教育综合改革与社会全面进步课题研究丛书** 王明达主编。人民教育出版社 1997—1998 年版。约 160 万字。比较系统而全面研究农村教育的一项大型成果。力求贯穿实事求是、理论与实践相结合的指导思想。前 4 卷反映理论研究成果,后 4 卷反映实验研究成果。第一卷—第八卷分别为总课题中第一—第八子课题的研究成果。第一卷——《中国农村教育的战略抉择》,是丛书的总论。它阐明了以下问题:农村教育在农村经济和社会发展中的战略地位;农村教育综合改革的战略目标;农村教育综合改革的历程、成就和基本经验;农村教育综合改革几个问题的探讨;深化农村教育综合改革的基本思路。第二卷——《中国农村经济振兴的必由之路》,系统地阐述了农村教育综合改革与农村物质文明建设的关系。第三卷——《农村社会主义精神文明建设的基础工程》,集中地阐述了农村教育综合改革与农村精神文明建设的关系。第四卷——《中国农村教育体制改革研究》,阐述中国农村教育办学体制、宏观管理体制和学校内部管理体制等改革。第五—第八卷,每卷包括实验研究报告、专题总结和典型经验、实验县(市)、地(市)背景 3 部分内容。它们分别来自小康后地区、小康地区、温饱地区和贫困地区。本丛书对于当前实施农村教育综合改革、促进社会全面进步,具有重要的指导意义。(邱瑾)

G000126　**素质教育文库**　祝华新主编。广州暨南大学出版社1998年3月版。230万字。198.00元。中小学素质教育读本。分7个系列:[生存系列]含《感激生命》《灾变求生》《社会化》《心理健康》《家政》5册。以平凡生命的感人故事教孩子珍惜生命、关爱他人;教意外危急环境下自我保护、应急求生的知识;讲合群的重要性和融入集体与人相处的方法。[挫折系列]含《艰难时世》《残缺家庭》《贫困》《病残》4册。用逆境中奋起的真人真事,教孩子勇敢面对挫折和艰辛,从磨难中砥砺毅力和信心。[情感系列]含《同窗》《博爱》《亲情》《拥抱自然》4册。主题是培养一颗善待亲人、伙伴,热爱大自然的心。[媒介系列]含《新闻》《电视》《电脑与网络》《广告》《电影》5册。用媒体幕前幕后的故事,教孩子正确利用媒体为学习、生活服务而不被它们的商业企图和不良诱惑所误导。[审美系列]含《情趣》《境界》《鉴赏力》《雅俗》《创意》5册。教孩子鉴赏和领悟自然、人生、艺术和学问的情趣,培养高尚的审美境界。[人格系列]含《责任》《尊严》《宽容》《性别天地》《性格力度》5册。不同的性别有不同的小天地,不同的性格有不同的魅力,但责任感、尊严和宽容总是做人之本。[价值系列]含《理想》《成功》《人文精神》《民族性》《消费三昧》5册。人文精神可塑造完美的人生,价值取向决定了人的理想、成功及品味,民族性则是我们的根。(*杨新之*)

G000127　**教育要面向现代化 面向世界 面向未来**　副名:邓小平题词发表十五周年纪念文集。童大林等主编。人民教育出版社1998年8月版。19.5万字。18.50元。为纪念邓小平同志"教育要面向现代化,面向世界,面向未来"题词发表15周年而编辑出版的文集。选编教育部部长、党组书记陈至立,全国人大常委会原副委员长雷洁琼等人撰写的32篇纪念文章。深切缅怀了邓小平同志"三个面向"题词发表以来我国教育改革与发展所取得的巨大成绩。书中文章认为,"三个面向"是我国跨世纪教育改革与发展的战略指导方针和一面旗帜;坚持和高举这面旗帜,对于我们深化基础教育改革、加快课程教材建设、大力发展高等教育、推进教育现代化、实施科教兴国战略、从根本上提高民族素质、培养面向未来人才,具有伟大的指导作用;坚持和高举这面旗帜,21世纪的我国教育事业一定会出现一个更加健康、繁荣、生机勃勃的新局面。(*石筠弢*)

G000128　**中国教育管理史教程**　王建军、薛卫东编。广东高等教育出版社1998年6月版。22.58万字。编写体例未按历史时期的先后为编排顺序,而是将教育管理的要素概括成教育行政制度、学校管理制度和教育管理思潮3个部分,并以之为3个专题来展示中国教育管理发展的历史脉络,集中而鲜明地揭示中国教育管理要素的历史特质。教育行政制度体现着国家对教育发展的宏观调控措施。它包括国家的教育方针政策、国家教育管理体系、学制及选拔人才制度等内容。本书的上编按古代、近代和现代3个历史阶段分列3章,系统介绍了中国教育行政制度的演变过程,展示了各时代统治者借助国家手段有效地协调和控制教育发展的大一统特色。学校管理制度则是国家教育目标实现的一个基础环节。中编按古代、近代和现代3个历史阶段分列3章,系统介绍了各时期学校自主权限、培养目标、课程管理、教师管理、教学管理和学生管理的内容及特点,展示了学校管理制度走向完备化和法规化的历史趋势。教育管理思潮是主导教育管理行为的思想基础。下编按古代和近现代两个历史阶段分列两章,分别介绍了各时期教育管理思潮的文化趋向,展示了各时期在教育价值观、教育发展观和人才观的演变轨迹,突出了中国教育管理思潮的人本主义色彩。(*王建军*)

G000129　**改革开放20年的中国教育**　中华人民共和国教育部编。人民教育出版社1998年12月版。600幅图。245.00元。大型画册。选用350多幅富有历史意义的照片,真实而生动地展示了改革开放20年中国教育的巨大成就和意气风发迎接新世纪的风貌。(*李琳*)

G000130　**陈鹤琴与现代中国教育**　黄书光编著。上海教育出版社1998年4月版。22.5万字。13.60元。陈鹤琴和陶行知一样,是中国近代西方东渐大潮流中站在历史前沿的大教育家。他们所走的共同的道路是从中国国情出发,学习和引进西方进步主义教育思想。本书开篇即把主人公置于"东西方文化交互滋养"的历史大背景中去考察,从时代与个人的互动中透视陈鹤琴所走的道路和成长历程。然后,从当时世界"新教育"思潮和中国五四新文化运动切入,再现了陈鹤琴对中国现代教育改革的自觉探索,从教育民主化、教育科学化、到教育中国化,一层一层展开,既看出了东西方思想文化的融合,又突出了陈鹤琴在教育领域诸多方面的拓荒者地位,特别是在中国现代儿童心理和家庭教育的研究方面的拓荒者地位,并着重阐明了陈鹤琴倡导的"活教育"与欧美新教育、中国传统教育的双重渊源,剖析了他与同时代的教育家杜威、陶行知等的关联，从辽阔的视野进行分析综合，勾绘出陈鹤琴与时代共进的中国化新教育理论研究与实践相结合的历史轨迹。该书共 9 章。第一章东西方文化交互滋养中的人生追求。第二章融入“新教育”改革运动的自觉探索。第三章中国现代儿童心理和家庭教育研究的拓荒者。第四章中国化幼稚园教育的独立求索。第五、六章行政任上的教育改革与研究。第七章为新中国教育事业鞠躬尽瘁。第九章陈鹤琴与 20 世纪中国教育。书末附有“陈鹤琴生平大事及其主要著作述年表。（何莉雯）

G000131 **亚洲“四小龙”课程实践研究** 冯生尧著。福建教育出版社 1998 年 6 月版。23.2 万字。13.00 元。“亚洲‘四小龙’教育研究丛书”之一。共 8 章。第一章为导论，论述课程的定义及课程实践研究的范围；第二章为世界课程现代化与亚洲“四小龙”课程发展，把“四小龙”课程发展与世界课程现代化发展历程（纵的方面）及各国现代课程发展的总趋势（横的方面）联系起来考察；第三章至第六章，就课程实践的主要范围：课程管理、教育目标、课程设置和学业评价（含升学制度）4 方面，分别对“四小龙”的课程实践加以阐述和评论；第七章对亚洲“四小龙”课程实践四大项目的异同进行比较，并对其优劣得失作出评价；第八章为亚洲“四小龙”课程对中国大陆的启示，以四地课程实践的成功经验为借鉴，针对我国目前中小学课程实践的不足之处提出改进建议和对策，以提高我国课程现代化程度。（陈天正）

G000132 **日本教育现代化的历史基础** 杨孔炽著。福建教育出版社 1998 年 7 月版。21.2 万字。17.00 元。作者运用较为丰富的历史资料，阐述了日本江户时代教育的发生发展过程，对明治维新之前的日本教育，特别是对与明治教育改革有着直接联系的江户时代的教育进行了较为详细的研究，对日本近现代教育和日本教育现代化问题提出了独到的见解：日本江户时代的教育发展，奠定了近代日本教育的历史基础。江户时代的教育，一方面作为封建专制统治的工具，维护了封建制度，并酝酿了 20 世纪军国主义教育的胚芽，另一方面由于学校形式多样化、教育的相对普及、教学方式方法的进步、教育中新思想萌芽的出现等等，为明治维新的成功以及明治时代大力引进西方教育、建立日本近代国家教育体制，预备了有利的条件。作者以辩证唯物主义和历史唯物主义作为指导思想和方法论原则，同时还运用系统论的观点看待日本教育、江户时代的教育，以及江户时代教育与其内部各个子系统之间关系，充分运用国内所能接触到的日文资料和日本朋友提供的资料，借鉴国内日本研究的学术成果等进行研究。（林春森）

各级教育

G000133 **儿童自我保护知识画库** 王瑶等编绘。海燕出版社 1998 年 6 月版。87 万字。82.00 元。系统、准确、有效地阐述儿童自我保护教育内容的图书，该书在自我保护主题下，依据不同年龄段儿童的知识经验和能力水平，分别提供有效的教育内容；利用儿童爱听故事，容易记忆故事情节的特点，全部采用配图童话形式表现教育内容，使儿童在轻松愉快的阅读中获得了大量的有用知识。该书依据儿童的学习特点，在每篇故事后附有“提示”或“大朋友的话”，集中体现出故事的精髓，概括出知识点，有助于增强儿童的实际能力，明白自己如果遇到类似问题该如何应对，也便于家长辅导。丛书按 3～4 岁、5～6 岁、7～8 岁三个年龄段划分，每个年龄段包括上下两本，共 6 本。（王昕）

G000134 **儿童看图系列** 牛素梅、张秋怀等编写。希望出版社 1998 年 4 月版。16 印张。38.40 元。共 8 册，包括《看图识字》《看图认物》《看图学说话》《看图学数学》《看图猜谜语》《看图读古诗》《看图长知识》《看图动脑筋》。（武志娟）

G000135 **儿童素质大观园** 鲍蕾编著。未来出版社 1998 年 11 月版。32 万字。80.00 元。以 6～9 岁的儿童为教育对象，将品德意志、礼仪礼貌、安全自护、生活自理、卫生保健、自强自律、技能技巧、学习劳动等关于素质教育的内容，巧妙地融合在故事里，融合在孩子日常生活的点点滴滴中，深入浅出地把抽象的道理变成具体的事实，从实际出发教育孩子、引导孩子，使他们易于理解和接受。编写者尽力从小读者的角度考虑，打破说教模式，每一教育内容都配有有趣的生活故事和色彩明丽的画图，寓教于乐，将说理、操作和趣味性有机结合在一起，使小读者在愉快的阅读中获得教益。（李志钧）

G000136 **太阳和他的儿女们** 副名：线条的故事、图形的故事、色彩的故事。白云撰文，张萍绘画。希望出版社 1998 年 1 月版。156 幅图。22.50 元。把儿童学习绘画应掌握的最基本的线条、图形、色彩知识，编写进童话故事中，使孩子们在生动有趣的故事中，不知不觉地学会了线条、图形、色彩的概念、作用和绘画方法;书中还适时地插入了动手动脑的内容,恰到好处地留给孩子们参与活动的画面,起到巩固知识,提高技能的作用;书中的人物造型不仅可爱,而且思想情操高尚,他们都有着造福人类的美好愿望,并为此不惜牺牲自己的生命,他们的所作所为,必将深深地感染小读者,启迪他们热爱大自然,热爱生活,热爱人类。(赵莲娣)

G000137 **中国儿童智力方程** 区慕洁主编。中国妇女出版社 1998 年 2 月版。37 万字。33.00 元。中国教育电视台《万婴跟踪》节目教材,包括 0～3 岁婴幼儿能力家庭测试与指导和 3～7 岁儿童能力家庭测试与指导。书中根据节目组对接受测试儿童的跟踪结果,列举了 0～7 岁这个年龄段孩子在不同阶段智力、体力的发育情况,从大量的个例中总结归纳出带有共性的规律。(董晓娟)

G000138 **手指快算法** 丁红英编。辽宁少年儿童出版社 1998 年版。12.5 万字。36.00 元。分上下两册。教学内容分别与幼儿园、学前班及低年级教学大纲同步且超前。可在较短时间内让儿童轻松愉快地掌握小学低年级加减乘除计算,坚持练习计算,速度可超过电子计算器,使儿童超前踏入数学王国。(贾知松)

G000139 **幼儿多功能看图识字** 李红丽、李晋宜等编写。希望出版社 1998 年 6 月版。280 幅图。35.00 元。分上、下册,特点是"多功能",就是尽可能多视角、多形式地向幼儿展示一个字的音、形、义,浅显地、趣味地表达这个字的用法。内容包括:自然、人、动物、日常用品、运输工具、单位名称、花卉、蔬菜、水果、食品、数字、形状、颜色等。(杨建云)

G000140 **幼儿快乐列车** 副名:红草莓号·黄菠萝号。王晓明等编写,沈苑苑等绘画。希望出版社 1998 年 1 月版。8 万字。350 幅图。10.40 元。根据 3～6 岁幼儿的接受能力,将日常生活中幼儿应掌握的知识,巧妙地融合在富有吸引力的传统故事、生活故事、童话故事、看图讲述和各种游戏活动中,既短小精悍,又引人入胜。(赵莲娣)

G000141 **幼儿启蒙画库** 高蕾、万俭等编绘。浙江人民美术出版社 1998 年 7 月版。695 幅图。95.00元。共 10 册,分别是:"树木花卉"、"蔬菜水果"、"生活用品"、"交通工具"、"人"、"哺乳动物"、"鱼"、"鸟"、"昆虫"、"卡通人物"。有近 700 幅图可供孩子涂色。每一本画册附有一张彩色大拼图,孩子可以摹仿拼图填色,也可以按照自己想象的颜色涂抹。画库还把拼音、字词和趣味性的知识点结合在一起,孩子涂色的过程中,可学到一些简单的字和词以及一些知识。

G000142 **幼儿启蒙指导** 李翰等编。辽宁少年儿童出版社 1998 年版。72 幅图。36.00 元。借鉴近年来国外对低幼儿启蒙教育的成功经验,提供幼儿启蒙教育的指导方法。色彩明快的画面,精练的简笔画,小主人公熊猫京京置身于生活的画廊中,正如一个天真的孩子看到的世界。一个一个物体,配以一个场面,儿歌和提问形式活泼亲切,除了书中提示的问题,家长和幼儿可以自由发挥想象进行情景对话和游戏。(赵庆环)

G000143 **幼儿实用知识大全** 崔利玲、陈虹等编绘。江苏少年儿童出版社 1998 年 8 月版。150.00元。幼儿百科知识启蒙教育读物,含《猜一猜是什么》、《想一想为什么》、《说一说该怎么》3 册,每册均涉及 284 个知识点,每个知识点均用儿歌或故事及大幅彩图来表现,分别帮助幼儿认识事物、理解事物,以及教给幼儿处理生活中遇到的各种问题的方法。(徐健)

G000144 **动手动脑学唐诗** 副名:儿童素质教育丛书。佀承军等编。未来出版社 1998 年 8 月版。336 幅图。126.00 元。包括《看图识数》、《运笔基础》、《运笔练习》、《点线串连》、《补形成图》、《配色基础》、《填色练习》、《填色游戏》、《填色作业》、《补色练习》、《补形补色》、《补色补形》、《剪贴游戏》、《剪贴训练》等 14 册图书。全书共精选唐诗 312 首,由原诗与浅述两部分组成。每首诗配儿童画一幅,提出不同的动手动脑要求。看图识数教幼儿识数、数数;运笔系列训练幼儿的运笔能力及正确的运笔习惯;配色填色系列训练幼儿认识色彩的能力;补形系列是一些不完整的图,让幼儿根据规律和参考图,充分发挥幼儿的丰富想象力,来补全这些图,然后配上颜色;剪贴系列是训练幼儿的十指肌肉和关节,并培养他们的位置对应感。(张中民)

G000145 **托起明天的太阳** 副名:优婚、优生、优育、优教知识宝鉴。白垒、渌泉主编。新疆科技卫生出版社 1998 年 4 月版。32 万字。28.00 元。专为即将做父母的年轻朋友们提供哺育小宝宝知识的科普读物。融科学性、知识性和实用性于一体,综合了当代有关婴幼儿生育教养方面的最新知识。(白霞)

G000146 **0 岁方案婴幼儿实验教材** 冯德全等编。湖北美术出版社 1998 年 8月版。2 200 幅图。138.00 元/套。著名早教专家冯德全创立的"0 岁方案"认为，0～6岁是人脑迅速生长和基本成熟期。这一时期给孩子科学的养育、丰富的信息、良好的生活环境和有益有趣的活动，对婴幼儿素质的提高，有非同一般的意义和异乎寻常的作用。全书计有：《婴幼儿实验教材实施纲要》(1册)、《婴幼儿阅读》(8册)、《婴幼儿数学》(6册)、《婴幼儿英语》(6册)、《婴幼儿体育》(4册)、《婴幼儿音乐舞蹈》(6册)、《婴幼儿美工》(8册)、《婴幼儿观察与小实验》(2册)、《娃娃电脑》(1册)。(曾琪琳)

G000147 **育儿百科丛书** 江苏科学技术出版社1998年1月版。63.9万字。37.20元。由台湾妇幼家庭出版社授权出版，共6册。以婴幼儿的生理、心理为主干，婴幼儿的启蒙、培育、抚养、疾病、保健和护理为支干，全面阐述了婴幼儿成长过程中所需要掌握的科学知识和正确方法。《婴幼儿启蒙》论述了教育由零岁开始，在轻松愉快的游戏中借着体能上的活动刺激幼儿的发育，以达到幼儿提早自我发现的目的。《婴幼儿培育》论述了如何从小培养孩子良好的行为习惯。《婴幼儿抚养》论述了如何用不同的方法进行孩子的抚育，如孩子的性教育问题。《婴幼儿疾病》提醒家长注意，每当孩子身体有恙，要找到病因，对症治疗。《婴幼儿保健》提醒家长注意，不要忽视婴幼儿的保健问题。要定期带孩子去医院进行健康检查，发现问题及时治疗。《婴幼儿护理》提醒家长注意，小儿因为年幼好动，不免会发生一些意外，发生意外后家长应该如何护理。(汤知慧)

G000148 **学前训练100天** 高旼等编。少年儿童出版社1998年7月版。5万字。1 500幅图。21.30元。分上下两册。适合5～6岁儿童。内容包括学算、认字、朗诵、听故事、画画、唱歌、游戏、剪剪贴贴、猜谜、劳作等，均以彩色图画形象化地表现。(洪祖年)

G000149 **家庭育儿600问(21世纪家庭健康顾问丛书)** 俞静芬等编著。浙江科技出版社1998年1月版。27.4万字。15.60元。解答一些有关孩子生长发育、营养保健、疾病防治、症状护理等方面的问题。

G000150 **婴幼儿成长护与养** 米利亚姆·斯脱帕德著，刘庆双等译。吉林摄影出版社1998年7月版。34.5万字。550幅图。45.40元。作者以亲身体验讲述了0～3岁婴幼儿的养育过程，以及婴幼儿在这一阶段的智力、体力、情绪和人格的发展、发育情况。同时针对婴幼儿经常出现的问题，向年轻的父母们提供了正确的指导和帮助。书中从怎样为婴幼儿选择衣物到如何给他们穿脱衣服；从怎样给他们换尿布到如何训练他们大小便；从怎样给婴幼儿洗澡到如何陪他们做游戏；从婴幼儿的饮食健康问题到睡眠习惯的形成；从家庭的安全到外出的安全都给予了详尽的说明。(吴菲)

G000151 **婴幼儿早期教育** 金会庆编。安徽少年儿童出版社1998年1月版。30万字。20.00元。系统地介绍了从结婚、怀孕、分娩到婴儿出生后吃、穿、睡、娱乐玩耍，早期智力开发，情感、智商培育等一系列家长必须掌握的优生优育知识。分上篇和下篇两大部分。上篇6章，主要从生理结构、遗传、教育、营养、智力开发等几个方面简明扼要地介绍了零至三岁婴幼儿的一般情况。下篇8章，以时间为主线，从运动、言语、适应行为等几个方面，论述了该年龄段儿童的身心发育特征，提供了该年龄段儿童的生理、心理发育水平的评定量表，较为详细地论述了如何促进该年龄段儿童的身心健康发展，列举了该年龄段儿童常见的营养教育，身心发育等问题，并针对这些问题，提出了相应的预防措施和干预对策。本书还介绍了国外对婴幼儿早期教育的经验和最新知识。(何维球)

G000152 **彩图婴儿百科** 赵钟岷等编写。希望出版社1998年1月版。24.75印张。75.00元。包括《宝宝开眼界》《贝贝动脑筋》《娃娃长知识》3册，每册分别含5个方面的主题教育内容，除介绍一些自然、社会、科学知识外，还编有品德教育、习惯培养等方面的内容。全书以图为主，文字为辅，大部分采用了孩子们喜闻乐见的歌谣形式，每册书均附有"写给家长的话"。(武志娟)

G000153 **黑眼睛小书房·婴幼儿启蒙故事系列** 朱庆坪、俞理等编。湖南省少年儿童出版社1998年7月版。25印张。5.50元(精装单行)，8.00元(平装合订)。从启蒙的角度，以生动、有趣而又新颖的100篇故事形式开启幼儿智力，使幼儿在开心阅读过程中获得知识和能力的培养以及文学艺术方面的熏陶。100篇单独成篇的故事由像小老鼠、小飞娃、小侦探等10个可爱的形象贯穿，使丛书获得既丰富多变而又整体的艺术效果，并且便于读者自由选择。(蔡军)

G000154 **智慧金库** 鲁兵等写，龚韻文等画。少年儿童出版社1998年7月版。2 000幅图。40.80元。婴幼儿读物。包括6本：《认》——认识字；《念》——念儿歌；《猜》——猜谜语；《算》——做算术；《想》——动脑筋；《画》——学画画。(洪祖年)

G000155 **童话故事卡通简笔画(汉)** 吴涛、曹晋编绘。伊犁人民出版社 1998 年 5 月版。8 万字。10.00 元。作品以幼儿园大班及小学低年级小朋友为主要阅读、学习对象。从孩子们喜好和有益于思想教育出发,精选了 4 个童话故事,即“拇指姑娘”、“绿野仙踪”、“小黑三宝”、“小公主”,绘制了近 80 幅卡通人物简笔画。书中童话故事用汉语拼音注音。(韩新帮)

G000156 **精豆豆** 李启端编著。未来出版社 1998 年 11 月版。500 幅图。55.00 元。从 2 岁到 6 岁,一岁一册。2 岁和 3 岁两册根据低龄儿童的生长特点、认知能力,各分为“精豆豆听”“精豆豆数”“精豆豆说”“精豆豆做”“精豆豆玩”等 5 个部分。其中包括小故事,小常识,各种动物、物品的认识,学习简单数字以及描色图画等等。文字简短,内容浅显,可以由妈妈带着孩子边讲边看,边教边念,边玩边画。4、5、6 岁 3 册则按照不同年龄儿童的知识程度、兴趣爱好分别列为“精豆豆看”“精豆豆唱”“精豆豆算”“精豆豆想”“精豆豆做”等部分。其中有小童话、小儿歌、趣味算术题、小游戏、小手工制做等等。(张晓新)

G000157 **幼儿道德启蒙教育的理论与实践** 卢乐珍主编。福建教育出版社 1998 年 10 月版。50 万字。31.00 元。对我国幼儿道德启蒙教育作全面系统的研究,既有理论探讨,又反映现状和实际;既超越经验水平,揭示幼儿道德教育内在本质与规律,又有供选择的操作性很强的教育模式和方法。本书对幼儿道德启蒙的范畴、对象和影响源的研究都有新的拓展;采用多样的研究方法,从多维视界、多层次、多方位对幼儿道德启蒙作了全面探索,就方法论而言是比较新颖的。(林炳泰)

G000158 **早期教育和天才** 副名:汉译世界教育名著丛书。[日]木村久一著,河北大学日研所译。河北人民出版社 1998 年 8 月版。12.7 万字。8.20元。作者通过许多早期教育造就了天才的成功事例,说明了早期教育和天才的关系,批判了“天才还是庸才,这是由人的天赋能力所决定的”悲观论调,指出天才还是庸才,与其说是由先天的遗传、禀赋等因素所决定的,莫如说是由后天的环境影响和教育等因素所决定的。批驳了高尔顿等人“视天才为天赋的结果”的观点,认为“与其说天才是天赋的结果,莫如说是发展的结果。”作者详细介绍了卡尔·威特的教育,汤姆孙兄弟、穆勒和歌德的教育,塞德兹博士的教育法,斯特娜夫人的教育方法,指出早期教育的必要性,告诫家长不要过于信赖学校,不要相信天才论,不要把孩子当成玩具,不要过于依赖方法,要替孩子抱远大的理想。努力地进行教育,孩子一定会成为伟大的人。在世上再没有比这更准确的因果报应了。(任俊萍)

G000159 **启蒙创造思考系列** 副名:潜能开发。何翠华等编。未来出版社 1998 年 3 月版。170.00 元。丛书包括《剪贴游戏》(1、2、3、4)、《创意美劳》(上、下)、《立体美劳》(上、下)、《益智美劳》(上、下)、《着色游戏》(上、下)、《配色练习》(上、下)、《恐龙着色游戏》(上、下)、《认识时间》(上、下)、《智慧迷宫》(上、下)等 20 本书,按照幼儿的年龄为序编排。(张中民)

G000160 **幼儿识字乐园** 李岩选编。辽宁少年儿童出版社 1998 年版。376 幅图。34.00 元。由交通工具篇、人物篇、植物篇和动物篇组成。采用图文并茂、讲故事等类似于连环画的形式,使小朋友在娱乐中学习到新的知识,让幼儿对生字的理解和印象更加深刻,记忆更加牢固。(贾知松)

G000161 **幼儿识字乐园(人物篇)** 李岩选编。辽宁少年儿童出版社 1998 年版。94 幅图。8.50 元。“幼儿识字乐园丛书”之一。采用图文并茂、讲故事等类似于连环画的形式,向小读者介绍了有关人物方面的生字和生词。(贾知松)

G000162 **幼儿识字乐园(动物篇)** 李岩选编。辽宁少年儿童出版社 1998 年版。94 幅图。8.50 元。“幼儿识字乐园丛书”之一。采用图文并茂、讲故事等类似于连环画的形式,向小读者介绍了有关动物方面的生字和生词。(贾知松)

G000163 **幼儿识字乐园(交通工具篇)** 李岩选编。辽宁少年儿童出版社 1998 年版。94 幅图。8.50元。“幼儿识字乐园丛书”之一。采用图文并茂、讲故事等类似于连环画的形式,向小读者介绍了有关交通工具方面的生字、生词。(贾知松)

G000164 **幼儿识字乐园(植物篇)** 李岩选编。辽宁少年儿童出版社 1998 年版。94 幅图。8.50 元。“幼儿识字乐园丛书”之一。采用图文并茂、讲故事等类似于连环画的形式,向小读者介绍了有关植物方面的生字、生词。(贾知松)

G000165 **我是谁?(大象)** [英]莫伊拉·巴特菲尔德编。甘肃少年儿童出版社 1998 年 10 月版。24 幅图。6.50 元。系引进英国 Belitha 出版股份有限公司出版的丛书《WHO AM I?》中的一本。以1～3岁幼儿为主要阅读对象,通过精致、写实的画面,简洁、通俗的歌谣体语言,依次向幼儿展示了大象这种高大强壮的非洲动物的鼻子、牙齿、耳朵、尾巴、皮肤、四肢等的特征和作用,以直观的形式向幼儿介绍了这种动物的习性;它的食物是什么;它如何保持身体凉爽;它的家在哪里等。最后请幼儿猜猜,这是什么动物。(杨旭青)

G000166 **我是谁?(老虎)** [英]莫伊拉·巴特菲尔德编。甘肃少年儿童出版社 1998 年 10 月版。24 幅图。6.50 元。系引进英国 Belitha 出版股份有限公司出版的丛书《WHO AM I?》中的一本。以1～3岁幼儿为主要阅读对象,通过精致、写实的画面,简洁、通俗的歌谣体语言,依次向幼儿展示了虎这种勇猛无敌的丛林动物的牙齿、眼睛、爪子、皮毛、耳朵、舌头、尾巴等的特征和作用,以直观的形式向幼儿介绍了这种动物的习性;它吃什么;它住哪儿;它怎样捕食等。最后请幼儿猜猜,这是什么动物。(杨旭青)

G000167 **我是谁?(青蛙)** [英]莫伊拉·巴特菲尔德编。甘肃少年儿童出版社 1998 年 10 月版。24 幅图。6.50 元。系引进英国 Belitha 出版股份有限公司出版的丛书《WHO AM I?》中的一本。以 1～3 岁幼儿为主要阅读对象,通过精致、写实的画面,简洁、通俗的歌谣体语言,依次向幼儿展示了青蛙这种受人欢迎的两栖动物的眼睛、腿、舌头、皮肤等的特征和作用,以直观的形式向幼儿介绍了这种动物的习性;它吃什么;它如何捕食;它住哪儿等。最后请幼儿猜猜,这是什么动物。(杨旭青)

G000168 **我是谁?(袋鼠)** [英]莫伊拉·巴特菲尔德编。甘肃少年儿童出版社 1998 年 10 月版。24 幅图。6.50 元。系引进英国 Belitha 出版股份有限公司出版的丛书《WHO AM I?》中的一本。以 1～3 岁幼儿为主要阅读对象,通过精致、写实的画面,简洁、通俗的歌谣体语言,依次向幼儿展示了袋鼠这种生活在澳大利亚的独特的动物的尾巴、皮毛、脚、育儿袋等的特征和作用,以直观的形式向幼儿介绍了这种动物的习性;它吃什么;它住哪儿;它怎样并足往前跳等。最后请幼儿猜猜,这是什么动物。(杨旭青)

G000169 **我是谁?(猫头鹰)** [英]莫伊拉·巴特菲尔德编。甘肃少年儿童出版社 1998 年 10 月版。24 幅图。6.50 元。系引进英国 Belitha 出版股份有限公司出版的丛书《WHO AM I?》中的一本。以1～3岁幼儿为主要阅读对象,通过精致、写实的画面,简洁、通俗的歌谣体语言,依次向幼儿展示了猫头鹰这种凶猛敏捷的飞禽的眼睛、翅膀、爪子、羽毛、喙等的特征和作用,以直观的形式向幼儿介绍了这种动物的习性;怎样猎食;吃什么;住哪儿等。最后请幼儿猜猜,这是什么动物。(杨旭青)

G000170 **我是谁?(熊)** [英]莫伊拉·巴特菲尔德编。甘肃少年儿童出版社 1998 年 10 月版。24 幅图。6.50 元。系引进英国 Belitha 出版股份有限公司出版的丛书《WHO AM I?》中的一本。以 1～3 岁幼儿为主要阅读对象,通过精致、写实的画面,简洁、通俗的歌谣体语言,依次向幼儿展示了熊这种凶猛强悍的野生动物的皮毛、牙齿、尖爪、眼睛、鼻子等的特征和作用,以直观的形式向幼儿介绍了这种动物的习性;它怎样捕食;它吃什么;它住哪儿等。最后请幼儿猜猜,这是什么动物。(杨旭青)

G000171 **我是谁?(鹦鹉)** [英]莫伊拉·巴特菲尔德编。甘肃少年儿童出版社 1998 年 10 月版。24 幅图。6.50 元。系引进英国 Belitha 出版股份有限公司出版的丛书《WHO AM I?》中的一本。以 1～3 岁幼儿为主要阅读对象,通过精致、写实的画面,简洁、通俗的歌谣体语言,依次向幼儿展示了金刚鹦鹉这种美丽迷人的热带飞禽的喙、翅膀、眼睛、脚爪、羽毛等的特征和作用,以直观的形式向幼儿介绍了这种动物的习性;它吃什么;它怎样飞;它住在哪儿等。最后请幼儿猜猜,这是什么动物。(杨旭青)

G000172 **我是谁?(鳄鱼)** [英]莫伊拉·巴特菲尔德编。甘肃少年儿童出版社 1998 年 10 月版。24 幅图。6.50 元。系引进英国 Belitha 出版股份有限公司出版的丛书《WHO AM I?》中的一本。以 1～3 岁幼儿为主要阅读对象,通过精致、写实的画面,简洁、通俗的歌谣体语言,依次向幼儿展示了鳄鱼这种凶猛残暴的爬行动物的眼睛、皮肤、鼻子、牙齿、爪子、尾巴等的特征和作用,以直观的形式向幼儿介绍了这种动物的习性;它怎样猎食;它吃什么;它住哪儿等。最后请幼儿猜猜看,这是什么动物。(杨旭青)

G000173 **乖乖豆小文库** 江然等编。海燕出版社 1998 年 11 月版。30 万字。25.00 元。语言读本。分别以幼儿喜爱的文学形式为载体:笑话、谜语、儿歌、童话、绕口令,选编有趣而简短的美文,使幼儿在快乐随意中接触中文的韵律美、意境美,并在游戏中初步培养幼儿口齿清楚、用词准确的语言技能。全书以满版彩图、可爱的动物形象吸引幼儿视线,并辅以拼音生字表,帮助幼儿训练重点字。(房平)

G000174 **幼儿园环境装饰设计与制作** 赖佳媛等著。新世纪出版社 1998 年 5 月版。230 多幅图。38.00 元。从珠江三角洲及广州地区的名牌幼儿园的大量作品中,精选出设计优秀,构思独特,艺术感

染力强,现代意识强,表现手法新颖的精品。它代表性地反映了广东地区,尤其是珠江三角洲的教学和环境布置的情况。(刘国纯)

G000175 **红摇篮** 王颖著。辽宁人民出版社1998年9月版。36万字。29.80元。这是一个鲜为人知并富有传奇色彩的真实故事:抗日战争时期,在毛泽东的关怀下,延安成立了一所以美国一座城市命名的"洛杉矶托儿所",收养培育抗日将士和烈士的后代。身居香港的宋庆龄将洛杉矶美国友人和华侨捐助的物资送往延安,美国援华大募捐,史迪威将军主持正义,托儿所中的"男阿姨",托儿所孩子们的生活,撤出延安,万里急行军,抢渡黄河,进驻北京,红摇篮中的孩子今天成了党和国家领导人、军队高级将领、作家艺术家、科学家、企业家……本书史料翔实,并有大量珍贵的照片。(陈志强)

G000176 **九年义务教育小学思想品德课和初中思想政治课课程标准学习读本** 人民教育出版社政治编辑室编。人民教育出版社1998年3月版。16万字。5.60元。1997年4月1日国家教委正式印发的《九年义务教育小学思想品德课和初中思想政治课课程标准》(试行),是国家指导小学思想品德课和初中思想政治课的教学、评估、考核以及规范教材编写与审查的法规性文件。本书就这一课程标准的编订背景和指导思想、意图和特点、具体内容和要求,以及对各部分内容的理解和使用等,作具体介绍。(扈文华)

G000177 **九年义务教育五年制小学语文教师教学用书** 人民教育出版社小学语文室编。人民教育出版社1992年10月至1998年5月版。280万字。12册。与九年义务教育五、六年制小学语文教科书(试用本)配套使用教学用书,每册教科书配一本。该书根据教科书体例分组编写。每组先总体说明,再逐课介绍。每课分"教学要求""教学重点""教材说明""教学建议"4个部分,有的课还附有资料。"教学要求"一般从理解内容、学习字词句、朗读背诵、渗透思想教育等方面作简要提示。"教学重点"从每课实际出发突出一两点。"教材说明"注意讲清文章思路,就课文的重点难点作具体分析。"教学建议"提示教学中要注意的地方和指导学生阅读理解的方法,提供部分练习题的参考答案,还根据教学计划规定的教学时间,提出教授该课的课时建议。(蒯福棣)

G000178 **九年义务教育六年制小学美术教科书** 人民教育出版社美术室编。人民教育出版社1992年10月版—1998年10月版。60万字。12册。这套教材经国家教委中小学教材审查委员会审查通过。学科审查意见:本教材基本上体现了九年义务教育的性质、任务及小学美术教学大纲的基本要求,教材内容比较符合学生的认知规律:1.教材选择比较符合当前一般美术教师的接受能力。2.比较重视思想教育和审美教育。3.具有一定的民族、民间特色,是一套比较切合实际的美术教材。这套小学美术教科书的内容与九年义务教育五年制小学美术教科书基本一致。不同的是比五年制小学美术教科书多出11、12两册书,并适当增加了难度。如国画部分:五年制教科书中的内容是小动物,而在六年制教科书中的内容中则增加了人物。又如创作画:五年制教科书中以想像画为主。而六年制教科书中增加了"儿歌"与"古诗"配画。(马世良)

G000179 **九年义务教育六年制小学语文自读课本** 人民教育出版社小学语文室编。人民教育出版社1992—1998年版。127万字。12册。与义务教育六年制小学语文教科书配套,每学期配一册,共12册。每册选编文章三四十篇,分组编排。选文的内容与教科书有一定联系,便于课内外结合,方便自学。自读课本题材广泛,内容丰富;体裁多样,可读性强。1至5册全文注音,以后各册生字、难字注音。文中对难懂的或距离学生生活实际较远的词语加以注释。每篇课文之后编有少量思考题,以引起学生的积极思考。(蔡玉琴)

G000180 **九年义务教育六年制小学语文教师教学用书** 人民教育出版社小学语文室编。人民教育出版社1992年10月至1998年5月版。280万字。12册。与九年义务教育五、六年制小学语文教科书(试用本)配套使用的教学用书,每册教科书配一本。该书根据教科书体例分组编写。每组先总体说明,再逐课介绍。每课分"教学要求""教学重点""教材说明""教学建议"4个部分,有的课还附有资料。"教学要求"一般从理解内容、学习字词句、朗读背诵、渗透思想教育等方面作简要提示。"教学重点"从每课实际出发突出一两点。"教材说明"注意讲清文章思路,就课文的重点难点作具体分析。"教学建议"提示教学中要注意的地方和指导学生阅读理解的方法,提供部分练习题的参考答案,还根据教学计划规定的教学时间,提出教授该课的课时建议。(蒯福棣)

G000181 **九年义务教育六年制小学教科书 自然(1—12册)** 人民教育出版社生物自然室、北京市教育局教学研究部、天津市教育教学研究室编。人民教育出版社1992年10月—1998年6月版。44万字。根据《九年义务教育全日制小学自然教学大纲(试用)》编写,供六年制小学一至六年级学生使用。本书从 1989 年 9 月到 1995 年 7 月,在全国部分省市实验;在 1992 年到 1996 年,由国家教委中小学教材审定委员会逐册审查通过,在全国试用。本书的指导思想明确,是一套向小学生进行科学启蒙教育的好教材。通过学习这套教材,不仅能使学生获得基本的自然科学知识,而且能激发学生的科学兴趣,锻炼学生学科学用科学的能力,使学生受到科学自然观、科学态度、爱大自然、爱家乡、爱祖国等方面的思想教育。本书的整体结构是精心设计的,其模型是“知识、能力、思想有机结合、协调发展的三阶梯结构”。在横向上,把科学启蒙教育内容分为知识、能力、思想教育 3 个方面;在纵向上,根据教学内容的难易和学生认知发展的规律,把 3 方面的教学内容由易到难、由具体到抽象、由简单到复杂地分为低、中、高 3 个阶段;在每个阶段,知识、能力、思想教育的内容都是有内在联系、相辅相成的。采用这样的整体结构,可以使自然教学把知识教学、能力培养、思想教育有机结合起来,从而更好地促进学生的发展。本书的课文结构一般是:先从学生熟悉的自然事物中提出一个问题;然后引导学生围绕问题进行观察和实验;之后启发学生在事实的基础上进行思考,自己获得结论;最后引导学生把学到的知识和方法广泛联系实际,解决一些力所能及的实际问题。采用这样的课文结构,可以使自然教学过程与认知过程、科学过程相互统一,从而更好地落实科学启蒙教育的目的要求。为了适应六年制小学自然教学需要,并使自然教学富于弹性,六年制小学自然教科书在大纲规定的内容之外又补充了一些内容。这些内容可以使自然教学更丰富、更贴近生活,使学生的能力得到更多的锻炼。(殷志杰)

G000182 **九年义务教育六年制小学教科书 思想品德** 人民教育出版社政治编辑室、北京市教育局教学研究部编。人民教育出版社 1992—1998 年版。12 册。本教材已于 1990 年秋从第一册开始在部分学校实验,1992 年经前国家教委中小学教材审定委员会审查,1993 年秋季开学在全国一些省市推广试用。经过逐年实验和审查,到 1998 年,全套 12 册教材正式供齐。教材按九年义务教育全日制小学思想品德课教学大纲编写,分五年制和六年制两套,内容基本相同。教材采用潜在单元的形式,每册安排 12 课书,供一学期用。教材内容的编排由近及远,由浅入深,分出层次,循序渐进,螺旋上升,符合学生的认知规律。教材有以下几个主要特点:一是图文并茂,生动活泼,富于童趣。二是思想性、知识性、趣味性、实践性有机统一,知、情、行相结合;三是针对性较强,选材和行文都注意从学生实际出发,贴近学生生活,使学生读起来有亲近感,易于接受;四是重视道德评价能力的培养,特别设计了形式多样的思考和辨析,从而提高道德辨析能力,实现自我教育;五是突出行为的道德意义。课文虽然都选用故事或典型事例,但仅以此作为载体,通过故事说明道理,事理结合,以事论理,使学生不仅知道故事,更要明白道理;六是系列配套,动静结合。以课文为中心,同时还配有教学挂图、投影、录音和录像等系列教材。(宋殿宽)

G000183 **九年义务教育六年制小学教科书 语文** 人民教育出版社小学语文室编。人民教育出版社 1992—1998 年版。12 册。根据原国家教育委员会颁布的《义务教育全日制小学、初级中学课程计划(试行)》和《九年义务教育全日制小学语文教学大纲(试用)》,在实验本的基础上编写。主编崔峦、蒯福棣。该教科书经国家教委中小学教材审定委员会审查通过,从 1993 年秋季开始在全国范围内推荐使用。编写这两套教科书的指导思想是:以“三个面向”为指针,以辩证唯物主义为指导,着眼于提高思想道德素质和科学文化素质,使学生正确地理解和运用祖国的语言文字,具有初步的听说读写能力,同时进行思想政治教育和道德品质教育,发展智力,培养良好的学习习惯。这两套教科书选编了大量有时代精神、示范性强的课文。按低、中、高三个阶段安排语文基本功训练,体现了语文训练的循环往复、螺旋上升。低年级注意发挥汉语拼音帮助阅读的功能,重视识字、写字,加强词和句的训练,使初入学儿童受到全面的语文启蒙教育。中年级开始安排读写训练项目,加强以段的训练为重点的语文训练的计划性。高年级以篇的训练为重点,全面达到小学阶段读写训练的要求。教材在重视识字、阅读、作文的同时,穿插安排听话、说话的训练,并联系听说读写,合理安排观察、思维、想象等训练,以加强各项基本功训练的纵向联系和横向联系,提高训练的质量。中高年级教科书以训练项目为核心组织教材,每个训练组包括导读、课例(由预习、讲读课文或阅读课文、思考、练习组成)、读写例话和基础训练,以体现训练过程,加强学习能力的培养。这两套教科书重视处理统一性和灵活性的关系,增加弹性,留有余地,使教材具有广泛的适用性。此外,改进装帧设计,提高图画质量,教材做到图文并茂。这两套教材均包括彩色版和黑白版。与教科书配套的品种有:自读课本、写字教材、教师教学用书、教学挂图、教学投影片、课文朗读录音带、生字生词卡片等。(崔峦)

G000184 **九年义务教育六年制小学教科书 数学** 人民教育出版社小学数学室编。人民教育出版社 1992—1998 年版。111.6 万字。54.85 元。12 册。根据原国家教委颁发的《九年义务教育全日制小学、初级中学课程计划(试行)》和《九年义务教育全日制小学数学教学大纲(试用)》编写,从 1992 年起陆续出版。编写这套教科书的指导思想是:以"三个面向"为指针,以唯物辩证法为基本指导思想,以现代教学论和心理学为依据,正确处理需要与可能、数学学科特点与儿童认知特点、教与学、掌握知识与发展能力、智育与德育、共同要求与因材施教、提高教学质量与减轻学生负担等方面的关系;注意精选教学内容,建立合理的教材结构,在分量要求上具有一定弹性;力求使教材具有中国社会主义特色,适应我国现阶段发展需要和城乡都能适用。根据义务教育的性质和任务,这套教科书精减了传统教材中的部分教学内容,删去了大数目的笔算,降低了四则混合运算和应用题的要求;少数内容适当加强,如中、高年级的口算训练,增加 $ax \pm bx = c$ 类型的简易方程和利息、保险等联系实际的内容;并安排了选学内容。这套教科书建立了合理的教材结构,把整数教学从四段改为五段;把比较抽象和概括性的内容从中年级调整到高年级;应用题按照数量关系由简到繁,分析推理由易到难,有计划地分组出现;量的计量知识按照分散与集中相结合的原则编排;把统计初步知识分散安排在后三个年级;同时加强了数、量、形和应用题等内容的纵横联系。编排和呈现符合儿童认知规律,具有趣味性、启发性和教育性,体现学生的学习过程、教学方法和知识、能力的形成过程,渗透一些数学思想和方法,并把思想教育结合教学内容渗透在各年级之中。教科书采用彩色和双色印刷。(张卫国)

G000185 **九年义务教育六年制思想品德教师教学用书** 人民教育出版社政治编辑室、北京市教育局教学研究部编。人民教育出版社 1992—1998 年版。12 册。为帮助教师了解教材的编写意图,更好地完成教学任务而编的教学参考书。它与课本一一对应,六年制 12 册(五年制 10 册),每册 12 课书,每课均由 4 个部分组成。一是教学目的和要求,即本课教学应当达到的教学目标和基本要求。二是教学要点,即本课所要讲的主要内容,包括认知和行为。三是教材分析和教学建议,说明设置此课的依据和进行该项教育的必要性,剖析教材内容中的重点和难点,并提出如何讲清重点、突破难点的教学建议,说明插图、练习题设计的指导思想和意图,并提出使用的方法以及在教学中应当注意的问题。四是参考资料,包括两方面的内容:一部分是为了扩展教师的知识面,提高教师的认识水平,在知识上和理论上提供的材料;一部分是为了丰富教学内容而提供的相关材料,供老师在教学中选用。(宋殿宽)

G000186 **小学生计算机(修订版)** 唐瑞志编。重庆大学出版社 1998 年 8 月版。13 万字。8.00 元。根据《中小学计算机课程指导纲要》,对第一版进行较大修改。加强了汉语拼音输入法和二维动画绘图的内容,增加了 Windows 的最基本操作和应用,如用画笔画图,书写器写文章等。本书内容包括:认识计算机,指法练习,汉语拼音输入汉字,认知码,二维动画制作,LOGO 语言,DOS 的几条常用命令,Windows 的基本操作等。选用了一些学生参赛获奖作品,供学生学习、欣赏。(王勇)

G000187 **小学生作文阶梯训练** 张成新编著。少年儿童出版社 1998 年 11 月版。44 万字。18.80元。以培养小学生作文基本功、作文能力为宗旨,并根据小学生作文教学大纲的要求,遵照小学生这一特定年龄阶段的认识规律以及阶梯式循序渐进的方法,一个阶梯一个阶梯地从"怎样积累词汇"、"怎样从一段话练起"、"怎样写具体"、"怎样选材"、"怎样确立中心思想"、"怎样训练"、"怎样迎接作文考试"等 7 个方面,给小学生以具体、细致的指导。(洪祖年)

G000188 **小学生现代礼仪** 副名:家庭篇 学校篇 社会篇。方留主编。云南教育出版社 1998 年 9 月版。6.5 万字/册。7.50 元/册。分"家庭篇"、"学校篇"、"社会篇"3 册,用富于感情色彩的语言向小学生娓娓讲述现代礼仪知识,可用于对小学生进行思想道德教育、环境教育和人际交往教育,全面提高小学生的素质。(刘致凡)

G000189 **小学生语文实用词典** 柳泽泉主编。上海教育出版社 1998 年 1 月版。12.00 元。收词语 5 000 多条。所收的词以小学教材和课外读物涉及的为主,兼顾初中。具有注音、释义、造句举例、近义反义、词义辨析等多种功能。(薛培华)

G000190 **小学生数学开窍丛书** 申克端、徐国钧等编写。希望出版社 1998 年 1 月版。11.2 万字。5.60元。丛书在“开窍”二字上做文章，在题目的选择上，注意科学性、趣味性和灵活性相结合；在编排体例上，注意将知识传授和开启智力相结合。丛书包括以下5册：《小学数学创造思维训练》、《小学数学一题多解例析》、《小学数学智力趣题百例》、《小学数学巧思妙算点滴》、《小学数学应用题思路指引》。（张任）

G000191 **小学活动系列设计集** 郑万瑜等主编。上海教育出版社1998年8月版。21.1万字。10.00元。以小学经常开展的文学艺术类活动为主，设立了4个宫（娱乐宫、信息宫、知识宫、影艺宫），28个活动系列（儿歌、成语、诗歌、歇后语、儿童故事、寓言、拼贴、读书、读报、小导游、广告宣传、打电话、话说桥梁、色彩乐园、句子、标点符号、趣味复习、影视、摄影、课本剧、童话剧、儿童小话剧、科学童话剧等系列）。每个系列一开始有导语，对所设计的活动作概念的界定，并说明这一系列设计的意义和作用，然后安排了3部分内容：1.系列安排。按由浅入深、循序渐进的原则，把活动课分成低、中、高3个年级层次（也有的不分年级层次、按由浅入深排列），分别提出各层次的活动目标和要求。2.活动实例。这是系列设计的主体部分，一般提供2～4个活动设计的实例，让活动课主持人进行实践尝试。“实例”由活动目标、准备过程、建议、资料等项构成。3.扩展设计。为主持人开阔思路，提供建议，培养其独立开课能力。该书共有活动实例88个，既可供师生上活动课时选用，也可作为学生开展课外活动的辅导材料。（何莉雯）

G000192 **小学数学教学与学生思维发展** 《小学数学教学与学生思维发展》课题组编。人民教育出版社1998年版。13.4万字。10.40元。广东省《小学数学教学与学生思维发展》课题组实验研究的总结。此项实验的指导思想是以“三个面向”为指针，以唯物辩证法为指导，以现代教学论和心理学为依据，正确处理数学学科特点和儿童思维特点的关系，教与学的关系，知识与能力的关系，探索思维这一智力核心与数学教学的关系，研究小学生学习数学时的思维过程和常用的思维形式，以及培养小学生思维能力的规律和途径，改革教法与学法，使学生掌握思维方法，提高思维素质，大面积提高小学数学教学质量。本书的内容包括：小学生学习数学的思维特点，小学数学教学与学生分阶段思维的发展，数学概念的形成与学生思维的发展，判断推理在小学数学中的运用与小学生的思维发展，重视思维过程促进思维发展，小学数学教学与学生情感、意志和良好行为习惯的培养；还有实验报告、课题组测试题、论文集锦和课例等。本书指出了小学数学教学中，加强基础知识、基本训练和思维训练间的关系，明确了小学数学教学发展学生思维的各教学阶段的具体要求，具体说明了基本思维形式、思维方法在小学数学教学中的运用与小学生思维发展的关系，提出了在小学数学教学中如何培养小学生的情感、意志和良好行为习惯的具体实施措施。（张卫国）

G000193 **山西省小学社会图册** 地质出版社地图编辑室和山西省《社会图册》编委会编制。地质出版社1997年5月至1998年10月版。1～3册3.25元，4～6册3.95元。按照国家教委制订的《小学社会课教学大纲》编制，配合人民教育出版社编制的《小学社会课》教材使用。其内容分为3大部分。第一、二册综合了教学图册与儿童读物之所长，把教材中的每个知识点以彩色画的形式表现出来；第三、四册内容为中国古代史、中国近代史、中国现代史以及山西省的乡土历史、国情教育。表现形式为：以图为主，并配有大量的照片加以说明；第五、六册内容为：中国地理、世界地理以及山西省乡土地理。设计风格与第三、四册书保持一致。本书与《河北省小学社会图册》、《辽宁省小学社会图册》同为一系列的三套书。（袁雅琴）

G000194 **中等师范学校教科书小学思想品德教材教法** 人民教育出版社政治编辑室编著。人民教育出版社1998年10月版。中等师范学校学生用书，同时也适用于小学思想品德课教师。全书共9章，包括小学思想品德教材教法课开设的历史回顾、学科的性质地位和作用、教学目标和教学内容、教材建设、教学原则、教学方法、课堂教学设计、学习方法以及思想品德课教师的修养等。该书的编写既注意到了多年来该学科在建设中所取得的成就，也注意到了广大小学思想品德课教师和教研人员创造的经验和教研的成果，力求使此书对读者理解该学科的教材，指导教学能有所帮助。该书有以下特点：一是具有一定的理论性，使教材教法有学科教育学的性质，注意揭示该学科的教学规律，探讨该学科在培养人的整体工作中的地位和作用；二是注意理论联系实际，尽量反映该学科最新的教学经验，使读者既开阔眼界，又可具体借鉴；三是兼顾不同读者的需求，既有比较系统的论述，使在校生能全面了解该学科，又突出教学规律和教学方法的研究，以满足现职教师的需求。（宋殿宽）

G000195 **未来精编启蒙数学** 华一士等编

著。未来出版社 1998 年 9 月版。10 万字。85.00 元。共 10 册:《不准说一个数目字》、《青蛙队伍》、《神奇的胡萝卜》、《古嘎的绿扇子》、《会吐银子的石头》、《大人国和小人国》、《几何国三勇士》、《鸭子孵蛋》、《谁是小偷儿》、《小猪淘儿的一天》。通过故事情节,在涂鸭、运笔、涂色中,学习数量、分类、空间、形状、图形、加法、减法、时间等概念,同时,还能培养推理、判断、逻辑思维等能力。(任凡)

G000196　**卡通小学生十万个为什么**　《卡通小学生十万个为什么》编写组编写。未来出版社 1998 年 9 月版。8 万字。45.80 元。少儿科普读物。分为:人体卷、动物卷、植物卷、天文地理卷和科学常识卷 5 册。根据孩子们的阅读特点,用浅显易懂的对话语言,通过一个个趣味横生的小故事,把那些深奥、抽象的科学知识通俗易懂地介绍给孩子们,使他们在轻松愉快中学到知识,增长才智。(任凡)

G000197　**学科素质教育金库**　米佳、阮永健等编。江苏少年儿童出版社 1998 年 7 月版。200 万字。75.20 元。小学 1～5 年级每年级语文、数学各 1 册。紧扣九年义务教育六年制小学新教材,立足于培养学生学习兴趣、提高学生的学习能力。既有"字词句篇"、"数学题解"的知识结构,又有精心设计的提示点拨,使学生对各学科的知识点不仅知其然,而且知其所以然。(徐健)

G000198　**拼音小博士丛书**　杜云等编写。少年儿童出版社 1998 年 8 月～10 月版。50 万字。60.00元。适合小学低年级阅读的知识性全拼音课外读物。包括 10 种:《肚子上的眼睛》(收有 60 篇生理卫生知识的短文)、《狮子老虎谁怕谁》(收有 60 篇动物知识的短文)、《按住昆虫的小手》(收有 60 篇植物知识的短文)、《红雪花,绿雪花》(收有 60 篇气象、地理知识的短文)、《牛顿吹泡泡》(收有 60 篇物理知识的短文)、《请海神喝酒》(收有 60 篇身边科学知识的短文)、《大猩猩说谎》(收有 60 篇动物知识的短文)、《太空垃圾站》(收有 60 篇环境保护知识的短文)、《在月亮上跳高》(收有 60 篇天文知识的短文)、《坦克装刺刀》(收有 60 篇兵器知识的短文)。(洪祖年)

G000199　**柳斌谈素质教育**　柳斌著。北京师范大学出版社 1998 年 9 月版。28.00 元。作者柳斌系原国家教委副主任,现任国家总督学。该书是作者多年探索的一部理论结晶。作者针对当前我国基础教育中存在不少问题,特别是"考试"这种教育教学手段的目的化,导致我国基础教育背离"应然"目标而沦为"应试教育"进行了理论分析和思考。对素质概念和素质教育的涵义、特征,及其与"应试教育"、基础教育等的关系,乃至其如何实施等一系列理论和实践问题作了深入的思考。尽管涉及问题繁多,关系错综复杂,但作者的思路和表述清晰、连贯。全书对素质教育的思考形成了较完整的理论体系。作者还对我国基础教育当前及今后的改革与发展提出了不少要求和建议,具有很强的导向性。作者总结了十几年来全国各地进行素质教育的经验和不足,使其上升到理论高度;对素质教育实施过程中诸多具体问题,进行了比较深入的分析,并提出切合实际的要求。书中还收录了作者近年来关于义务教育教学大纲、义务教育教材建设、义务教育法及实施细则等方面的阐释性的文章。(傅占武)

G000200　**新编小学生词语造句手册**　顾松堂主编。青岛出版社 1998 年 1 月版。40 万字。28.60 元。按照小学语文教学大纲的要求,以最新的统编教材为依据,收取 5 400 余条词、词组、成语(为了给小学生阅读课外书籍提供帮助,其中所收词适当超出了教材范围),分别按照音序排列,对所有的词条进行了简洁明快的释义,并根据小学生的知识水平,尽可能多地列出每一个词条的近义词、反义词,以达到举一反三、事半功倍的学习效果。最后,每个词条均设有造句,旨在帮助学生在理解掌握词语的基础上,培养其实际运用词语的能力。(任兰沛)

G000201　**数学益智读本(上、下册)**　刘品一等编。青岛出版社 1998 年 6 月版。21.5 万字。5.80 元(上),6.50 元(下)。分上、下两册,各包括 7 个部分。第一部分,数的认识;第二部分,数的计算;第三部分,几何初步知识;第四部分,代数初步;第五部分,综合解题;第六部分,需加强的数学知识;第七部分,图形欣赏与计算。内容紧扣《小学数学教学大纲》,贴近九年义务教育数学教材;题目由易到难,上册供中低年级学生用,下册供高年级学生用,照顾到不同年级不同水平的学生;内容覆盖全面,有利于学生多方面运用知识,全面提高能力;每题皆有思路研究,便于学生独立或半独立思考,养成良好的学习习惯。(戚道浚)

G000202　**小学生国情十知道**　国家教委基础教育司编。中国少年儿童出版社 1998 年 7 月版。2.5 印张。5.10 元。思想教育读物。全面、精练地介绍了中国的地理概况、灿烂文化、悠久历史、统一多民族,以及现在的国情、国力。全书贯穿了一幅幅记载中国各个历史时期真实写照的图画和照片。(陈斌)

G000203　**快乐学作文**　副名:小学生神奇图

解作文。娄湘生等主编。海南出版社 1998 年 4 月版。67.00 元。5 册。为小学生设计的图解作文。即每段文字中都配上图，使学生对照彩图阅读，另外，针对小学生作文词汇贫乏的特点，在每幅图的下面注上好词佳句，让小学生对照彩图去着重理解和积累这些好词佳句。（洪声）

G000204 **共和国领袖和孩子们（拼音读本）** 谷斯涌编著。中国少年儿童出版社 1998 年 1 月版。1.25 印张。3.80 元。青少年政治思想教育读物。汇集了共和国伟人毛泽东、周恩来、刘少奇、朱德、邓小平同志关心儿童、与少年儿童在一起的各个时期的几十幅历史照片，并配注有汉语拼音的儿歌式文字，向读者展示了历史片段，在重温共和国领袖们对新中国青少年健康成长的关怀和呵护的同时，教育广大小读者不忘伟人的恩情，以实际行动来缅怀这些历史的巨人。（陈斌）

G000205 **龙文鞭影** 萧良有原著，赵建黎、华山注。陕西人民出版社 1998 年 2 月版。14 万字。8.00元。以介绍人物掌故为主要内容的古代韵语训蒙读本，萧良有纂辑，后又经杨臣诤增订，李恩绶补校。另有李晖吉、徐潸续辑《二集》。今取合刊本为底本，对其进行了简明扼要的注释。本书正文为韵语，4 个字为一句，两句为一对，以韵部分类编排。在内容上，本书凡录掌故近两千，涉及面非常广，经史子集，无所不涉，中以正史、笔记采纳为主，间取类书与其他典籍。掌故内容，上自尧、舜，下至有明，帝王将相，士农工商，释道神鬼，天南地北，海内海外，兼容并蓄。书中生动而具体地反映了历代许多重大事件，各阶层众多著名人物。从某种程度上说，本书是我国古代历史的一个缩影。收入"中国传统文化精品丛书"。（贺治博）

G000206 **幼学琼林** 程登吉原著，陈景群、王自主注。陕西人民出版社 1998 年 2 月版。12.5 万字。7.00 元。本书原名《幼学须知》，明末程登吉原编，清嘉庆年间邹圣脉做了增补，并更名为《幼学故事琼林》。从书中内容看，实则是对成语典故渊源出处作的简明精当的注解。在形式上是骈体文，用对偶句子写成，读起来琅琅上口，便于记忆。在内容上包罗广泛，举凡天文地理、科举职官、饮食起居、婚丧嫁娶、花鸟鱼虫、名物制度乃至处世为人，无所不包，除可掌握不少成语典故外，还可以对中国古代的典章制度、风俗礼仪等有一个较深层次的了解。陈景群、王自主对程登吉原编、邹圣脉增补的程邹本《幼学琼林》进行了简明扼要的注释。收入"中国传统文化精品丛书"。（贺治博）

G000207 **九年义务教育三年制初级中学教科书《地理》（北京版）** 秘际韩等编。中国地图出版社 1997—1998 年版。38 万字。52.60 元。共 4 册。分为文字表述与图像表述两大部分。图像系统包括专题地图、普通地图、典型地理事物彩色照片、插画和地理统计图表等。文字系统除正文作为主干外，根据图文合一的特点，增设了"读图、地理图像知识和阅读"等栏目。第一册包括地球和地球仪、地图、中国的国土和居民、中国的地形、中国的气候、中国的河流、湖泊和水资源、中国的农业、中国的工业等内容。第二册包括中国的运输业、中国的商业和旅游业、中国的北方地区、中国的南方地区、中国的西北地区、中国的首都—北京等内容。第三册包括世界的国家和区域划分、东亚、东南亚、南亚、中亚、西亚、北非、撒哈拉以南的非洲、欧洲西部、欧洲东部和北亚等内容。第四册包括北美、拉丁美洲、大洋洲、南极洲、世界的地形、气候和自然景观、世界的人口、资源和环境等内容。（萧筒）

G000208 **无师自通丛书** 潘永亮等主编。北京科技出版社 1998 年 8 月版。600 万字。287.50 元。23 册。分为《小学生无师自通丛书——语文篇》、《小学生无师自通丛书——数学篇》、《小学生无师自通丛书——自然篇》、《初中生无师自通丛书——数学篇》、《初中生无师自通丛书——语文篇》、《初中生无师自通丛书——作文篇》、《初中生无师自通丛书—英语篇》、《初中生无师自通丛书—政治篇》、《初中生无师自通丛书——物理篇》、《初中生无师自通丛书——化学篇》、《高中生无师自通丛书——数学篇》、《高中生无师自通丛书——语文篇》、《高中生无师自通丛书——作文篇》、《高中生无师自通丛书——英语篇》、《高中生无师自通丛书——政治篇》、《高中生无师自通丛书——物理篇》、《高中生无师自通丛书——化学篇》、《中学生无师自通丛书——地理篇》、《中学生无师自通丛书——历史篇》、《中学生无师自通丛书——生物篇》、《中学生无师自通丛书——安全保健篇》、《中学生无师自通丛书——电脑篇》、《中学生无师自通丛书——学习方法篇》。旨在解决学生的学习疑难，指导学习方法，提供学习窍门，启发学生思维，培养学生的应变能力和行为规范。（刘长梅）

G000209 **历史思维能力研究** 赵恒烈著。人民教育出版社 1998 年 3 月版。22.6 万字。11.30 元。密切结合中学历史教学实际研究历史思维能力的开创性著作。作者积累了800多个发展历史思维能力的教学实例,在此基础上,从历史思维特性、历史认知结构、历史形象思维、历史逻辑思维、历史情感思维、灵感思维、历史创造性思维等多角度研究了历史思维能力问题,提出了很多新颖的见解。全书论点鲜明,说理透彻,语言生动、精炼。作者特别关心历史教学改革,提出了切实可行的发展学生历史思维能力的教学策略、教学模式、操作步骤和教学方法,把学术性和实用性有机地结合起来,对当前历史教学由应试教育向素质教育转轨有重要的指导意义。(马执斌)

G000210 **日记百题解答** 杭世金编著。希望出版社1998年6月版。18.4万字。9.50元。日记写作工具书。书中的100余篇文章,均是针对全国各地中小学生在日记写作过程中存在的薄弱环节和提出的疑难问题而撰写。既有怎样写好各类日记的基础知识,又有介绍行之有效的学习方法;既有课堂知识,又有课外知识。(杭世金)

G000211 **中小学生农村教育知识文库** 张根芳编。沈阳出版社1998年1月版。200万字。122.00元。30册。分农村种植业、农村畜牧业、内陆与海洋渔业、农业的现在与未来4大方面。内容涉及粮食、水果、蔬菜、中草药、观赏植物、植物保护、棉油茶桑、家畜、养禽、微生物与人类、肉食品与人类健康、海洋生物资源、内陆渔业、神奇的珍珠、鱼类垂钓与观赏、土地生态环境、大气环境、地球上的水、能源、现代科技与农业等30个方面。(刘果明)

G000212 **中小学德育工作文献规章要览** 教育部基础教育司编。人民教育出版社1998年5月版。9万字。6.40元。为加强中小学德育工作,中共中央专发了《关于改革和加强中小学德育工作的通知》、《关于进一步加强和改进学校德育工作的若干意见》、《关于印发〈爱国主义教育实施纲要〉的通知》、《关于改革学校思想品德和政治理论课程教学的通知》。为贯彻落实中央精神,保证德育的地位、任务和主要方针、原则的权威性和稳定性,使教育者、受教育者及社会各方面得以遵循,原国家教委先后颁发了《中小学德育工作规程》等规范中小学德育工作的部门行政规章,初步构成了中小学德育工作的规章体系。本书汇集了这些中央文献和规章,是全体从事中小学德育工作的必备资料。(朱明光)

G000213 **中考体育达标指导** 副名:中考体育项目的训练与锻炼方法。雷国梁主编。人民体育出版社1998年4月版。1万字。6.50元。论述了中考体育的目的、意义,介绍了考试的主要内容及评分标准,强调了测验的规则,并对跑、跳跃、投掷、仰卧起坐、引体向上的技术进行针对性的指导。此外还分析了初中学生的心理、生理的特点,如何进行合理营养与自我监督,运动中如果出现了损伤应如何防治等内容。这是一本初中生自学、训练、备考的指导用书,也是体育教师教学、训练的参考用书。(白艳)

G000214 **中学生心理素质训练教程** 刘翔平等编。辽宁少年儿童出版社1998年版。37万字。19.00元。以故事、专栏、心理测验的形式阐明中学生心理素质的道理和解决办法,为中学生正确认识自我、控制自我、适应他人的人际关系、顺利完成学习任务提供一把钥匙。从中学生常见的38个实际问题出发,以心理科学为依据,以问题为线索,利用个案的素材,对常见的问题进行分析进而阐明中学生心理素质的道理和解决办法。教材中配有大量的心理练习、心理测验,并首次引入阅读治疗模式。即通过下篇的故事、专栏和插图,进一步形象地表现中学生的心理活动。(杜宝清)

G000215 **中学生主体教育** 张庆林编著。重庆大学出版社1998年7月版。22.1万字。8.00元。西南师范大学心理学研究所所长、博士生导师黄希庭教授"九五"期间主持了全国教育科学"九五"规划重点课题《中小学生个性发展的理论与实验研究》,副所长张庆林教授主持了全国教育科学"九五"规划课题《中小学生思维发展的理论与实验研究》。两项课题都与素质教育的实施息息相关,本书是上述两个科研项目共同的一级子课题的实验用书。本书面向中学生,一事一议,具有情境性、情感性、针对性,以具体形象、生动活泼、富于感染力的内容引导学生思考,促进学生良好个性的形成和实际能力的提高,从而推动素质教育的发展。主要以活动课教材的方式出现,在说理的基础上设计一系列班级活动和最优学习方法,供学生自学和自我教育。(周晓)

G000216 **中学生英语小百科丛书** 谢宇鸿、王岩主编。山西教育出版社1998年1月版。约200万字。约90.00元。9册。包括《中学生英语听力自通》、《中学生英语词汇用法手册》、《初中英语典型错误辨析》、《初中英语疑难详解》、《简明中学生英语语法》5种教材以及4种英汉对照简易读物。前5种完全按照中学英语新教材的内容同步编写,针对学生的疑难和常见错误以及在学习词汇和语法中的问题,深入浅出,有的放矢,简明实用。后4种均为神话或寓言故事,附有词汇表、注释及参考译文。中学生

可通过阅读逐步进入原著阅读。(李梦燕)

G000217 **中学生英语读物 第一、二辑** 人民教育出版社英语组编。人民教育出版社1998年2月版。72万字。21.30元(1),22.30元(2)。原著由意大利LASPIGA公司提供。分第一辑和第二辑,每辑10册,共20册。供初中学生作为英语课外阅读使用。本套丛书内容丰富,浅显易懂,语言流畅,其中有不少是名著的简写本。如中学生熟悉的"灰姑娘"、"格利弗小人国游记"、"罗宾汉"等。每册书图文并茂,左页是插图和正文,右页配有相应的多种形式的练习,适合中学生阅读,能激发学生的阅读兴趣,并能考查学生的理解能力。各册书中的最后部分附上生词、词组及难句解释。第一辑丛书的生词均为超出初中二年级课本外的生词。第二辑丛书的生词均为超出初中三年级课本外的生词。每个生词注有国际音标、词性和汉语释义。生词均按本页出现的顺序排列,并标有第一次出现的页码,便于查阅。(刘锦芳)

G000218 **中学生素质训练丛书** 许祖云、马洪邦编。北方妇女儿童出版社1994年9月—1998年10月版。1 708万字。104.00元。以全面提高中学生素质,为21世纪培养合格人才为宗旨,以学生自身提高为特点,选取了中学生生活的方方面面,用中学生自己写的文章。通过中学生所写,一方面表现素质教育的必要和提高全民族文化素质的迫切,一方面又反映了当代中学生勤于学习、勤于思考的特点。特别是处在改革开放的社会洪流中,中学生对热点问题的探讨和对自己将来所应担负的责任的抱负,凝重而深刻。套书全方位、多视角,既有思想道德,又有学习方法;既有家庭生活,又有社会透析;有读书体会,有文学创作,有师生情谊,有对自然的好奇。书名优美,内容生动,感情真实,独具魅力。丛书共11册,分别为:《希望之星》收历年参加国际中学生奥林匹克竞赛金牌得主的成功经验之谈,生动感人。《烛光・爱》中学生眼中的老师。有对老师辛勤劳动的赞颂,也有与老师的交谈,诙谐、有趣。《太阳・绿色》中学生眼中的大自然。表达对大自然的爱恋之情,充满了青春的活力。《小荷露角》中学生文学社团巡礼。介绍中学知名学生文学社团以及他们的文学创作,质朴、甜美。《清咖、奶咖、果汁》中学生读书一得。反映中学生的阅读视角,听他们对名著之我见。《送你一支神笔》中学生快速作文。教会学习作文。《说长道短》中学生当代热门话题。对热门话题的看法、分析,有理有据。《缤纷世界》中学生社会实践。虽比不上大手笔,但这些中学生的调查都是参与之后的体会,真实、有思想。《之乎者也》高中生古文阅读指导。知识与趣味一体。《学会雄辩》中学生演讲指南。题材广泛、精彩。《柔软的星球》中学生眼中的科幻世界。奇思妙想,新颖大胆;人情世情,感人至深。(张笑竹)

G000219 **"中学生素质教育"丛书** 《中学生素质教育丛书》编委会编。鹭江出版社1998年6月版。681.9万字。306.00元。74册。遵循教学计划和教学大纲,从中学教学的实际出发,以指导学生学习方法为主要任务,配以适当的立足基础、面向全体的练习,并注意学科间知识的相互渗透,融入部分活动类课程和专题性教育的内容,力求建构一个以提高中学生全面素质为原则的较为科学的知识与技能双基辅导体系。丛书以初、高中学科类课程为主,与现行的普通中学各年级教材配套同步使用。(刘奇俊)

G000220 **中学英语语法手册** 肖运初主编。湖南人民出版社1998年8月版。32.1万字。14.00元。根据现行中学生英语教学大纲和通用教材,总结多年中学英语教学实际和各类考试重点编写而成。分词法和句法两大部分,全面系统地归纳了中学英语语法,着重阐述中学英语语法重点,解决中学英语语法难点,比较中学英语语法容易混淆的问题。(聂双武)

G000221 **中学物理教学实践与研究** 胡百良著。江苏教育出版社1998年4月版。17万字。9.50元。全国著名中学物理特级教师胡百良先生从事中学物理教学工作教学实践与研究的总结,集中反映了他在中学物理教学方面的思考、实践、探索和体会。全书共14章。第一章"中学物理教学的目的和任务",是全书的总论,也是中学物理教学研究的出发点。第二章至第四章,分别从物理概念的形成、物理规律的抽象和物理思维的特点等方面,阐述了物理自身的主要特点,这是研究中学物理教学的基础。第五章"中学物理教学规律的探索",是研究物理教学的方法的导论。第六章至第十章,分别从思维能力的培养、自学能力的培养、实验教学的改进、理论联系实际、数理结合能力的培养等方面,介绍作者进行教学改革的思考和实践。第十一章"掌握学习物理的科学方法",是从学生的角度,总结了学习物理的10条基本方法。第十二章"物理教学与辩证唯物主义教育",介绍了如何运用辩证唯物主义思想,指导物理学科教学和结合物理学科进行辩证唯物主义思想教育的做法和体会。第十三章和第十四章着重介绍了

教学资料的积累和研究。(何震邦)

G000222 **卡通助学故事丛书** 睦双祥、李德怀等编绘。江苏少年儿童出版社 1998 年 7 月版。22.50元。分小学低年级、中年级、高年级 3 册,根据小学数学教材中出现的知识点的自然顺序为依据,采用童话、科幻等创作手法,融知识于故事,通过卡通画面展示出来。(徐健)

G000223 **成功家教系列丛书** 孙和平等编。江苏少年儿童出版社 1998 年 6 月版。200 万字。101.80 元。12 册。含初中数学 3 册、初中语文 3 册、初中英语 3 册、初中物理 2 册、初中化学 1 册。(徐健)

G000224 **全国名牌大学附中应考训练** 卢元、曾容主编。东方出版中心 1998 年 1 月版。255 万字。108.00 元。系《全国名牌大学附中试卷精选》的姐妹篇。有《高考语文》、《高考数学》、《高考物理》、《高考化学》、《高考英语》等,由复旦大学附中为主的资深教师编写;《中考语文》、《中考数学》、《中考物理》、《中考化学》、《中考英语》等,由南京师大附中为主的资深教师编写。每本"应考训练"均分两编:上编分设"知识要点"、"历年试题解析"及"趋向试题训练"。下编为试卷精编,收集了北京师大附中、福建师大附中、南京师大附中、华东师大二附中、交通大学附中等全国名校最新高考模拟试卷多份,了解他们应考训练的思路、方法、技巧等。每道试题均附参考答案。(徐芷琳)

G000225 **全国名牌大学附中题库精编** 卢元、曾容主编。东方出版中心 1998 年 7 月—1998 年 8 月版。326.1 万字。10 册。由中学特级教师主编。分初中、高中二部分,均有数学、物理、化学、英语、语文 5 种。依据现行教学大纲、考试大纲及教材,为中学生提供典型、精练、灵活、多样的习题,各章内容编排基本与新教材同步。每章均设有:1."知识提要":将基础知识归纳、整理、排列成容易掌握、便于检索的要点;2."题库精编":选编典型、精练且有坡度、难度、密度、力度的与该章知识密切相关的习题,分"基础题"、"提高题"编排,区分主次,体现强化训练的要求;3."参考答案与提示"则统一附于书末。(徐容)

G000226 **走近化学丛书第一辑(共 8 本)** 宋心琦主编。湖南教育出版社 1998 年 10 月版。共86.8万字。96.30 元。给中学生阅读的化学科普读物,以通俗、流畅的文字介绍了生动有趣的化学现象、引人入胜的化学成就和辽阔无垠的化学前景,旨在帮助读者扩展自己的科技视野,了解化学的现状和发展趋势以及化学家的任务和责任。第一辑 8 本分别为:《走出混沌——近代化学的历程》,何法信著,介绍了近代化学产生和发展的历程,重点是有关化学家的治学态度、思维艺术和研究方法。《从宇宙大爆炸谈起——元素的起源与合成》,柴之芳著,叙述了元素的各种起源和核合成现象。《电世界的奇葩——话说电化学》,谢乃贤著,介绍了电化学、电化学热力学和电化学动力学的基本概念和规律。《挑战人脑——计算机在化学中的应用》,邓勃著,通过生动实例重点介绍了计算机在化学中的应用及其前景。《点石成金——神奇的碳》,宋心琦著,着重介绍了碳单质和碳元素。《平衡生命的砝码——微量元素与健康》,唐任寰著,描述了生命化学中微量元素研究的概貌及发展潜力。《病魔克星——药物化学漫谈》,李仁利著,介绍了麻醉药、抗生素等各类药物的性质及应用。《青铜·古墓·金丹术——古文物中的化学奥秘》,宋迪生、宋湘著,揭示了古文物中的化学奥秘,用史料介绍与化学剖析相结合的方式进行叙述。(阮林)

G000227 **初中教师教学技能训练丛书 微格教学实用教程** 任松跃编。人民教育出版社 1998 年 6 月版。7 万字。5.60 元。初中教师教学技能训练丛书之一,属基础理论部分。"微格教学"是采用现代教育技术,对在职教师和师范生教学技能进行培训的一种新方法。本书从微格教学的定义、教学技能分类、微格教学的设计与教案的编写,以及微格教学实践及评价等多方面详细介绍了微格教学的教学形式及特点。书中附有一些案例。(龚贵春)

G000228 **初中数学解题思路精析 300 题** 程旷主编。农村读物出版社 1998 年 1 月版。18 万字。11.00 元。共收有 269 道典型的习题,基本上覆盖了初中数学的全部内容,供学生自学或做作业、复习备考时翻阅参考。所选习题具有典型性、新颖性和普遍性以及中考应试性。每道习题都有思路、题解及评注。作者力图通过对习题全方位的分析及详细的解答,使学生理解较完整的、准确的知识,掌握典型的数学方法,从整体上提高综合运用知识的能力。(朱雷)

G000229 **金色少年启示录** 许瑛国著。北京师范大学出版社 1998 年 4 月版。130 万字。78.30 元。共 10 卷。以初中生为主要对象,引导他们在思想、人格、体魄、智力、技能各方面健全发展。包括:学会生活,学会创造,学会交往,学会做人,学会健体,学会择业,把握自我,战胜自我,走向成功等诸多方面。涵盖了当代初中生学习生活中可能遇到的所有问题。在内容编排上,摆脱了单纯的知识灌输的痕迹,体现了素质教育的根本点。本书的作者针对初中生的年龄、知识特点,以及"独立"意识日渐强烈的特点,把自己作为初中生的朋友,以平等的理解,相互沟通的态度讲述一个个来自初中生实际生活中的故事,如同学关系、竞争与合作、男女同学交往、与父母的交流等等,细致入微的展示中学生的个性,了解自己,并悟出一些基本的做人的道理。从而积淀成他们为人处事的原则,使他们能以负责的态度去学习、交往、生活、成长;有意识地培养健康向上的情趣。(傅占武)

G000230 **数学教育学导引** 喻平等著。广西师范大学出版社 1998 年 3 月版。28 万字。高师院校数学教育专业教材。内容包括:中学数学教学目的和内容,数学中的逻辑基础,数学学习的心理过程,数学教学的基本原则,数学课的类型与教学方法,中学数学教学工作,数学概念、命题、解题教学。数学能力与数学思维,数学教育实验设计,数学教育研究。全书在保留部分传统"数学教材教法"内容的同时,增加了"数学学习心理"、"数学能力与数学思维"和"数学教育实验设计"等内容,并且在各章中穿插地介绍了近些年来国内外数学教育的研究成果,使全书具有时代特征。(覃丽梅)

G000231 **中小学现代科技教育导论** 元殿强主编。青岛海洋大学出版社 1998 年 4 月 1 版。24 万字。16.00 元。从提高中小学教师的科技教育素养出发,介绍了中小学科技教育的基本原理、中小学科技教育的途径和方法、我国中小学的科技教育、国外中小学的科技教育、中小学科学·技术·社会(STS)教育、中小学教师的科技素质与科技教育、中小学科技教育展望等内容。其鲜明特点是:①科学性。本书借鉴了国内外中小学科技教育的理论研究成果,系统、完整、科学地阐述了中小学科技教育的一系列基本理论问题。②实用性。本书不仅全面论述了中小学科技教育的基本理论和主要方法,而且详细地列举了国内外中小学的科技教育课程、现状、做法和模式。③前瞻性。本书对 21 世纪的科技和科技教育的前景进行了展望,认为信息化社会将导致新的教育技术革命,国际化社会将高度重视国际教育,成熟化社会将构建终身教育体系,科技化社会将加强"学会关心"的主题教育,为中小学教育工作者更好地了解和把握未来教育的发展趋势提供指导。④通俗性。本书立足于教育教学改革的现状,切近广大中小学教师的需求,具有较强的可读性。(刘宗寅)

G000232 **中学学科学习学丛书** 王荣纲等主编。青岛海洋大学出版社 1998 年 12 月版。100 万字。45.00 元。包括《学会学习》、《语文学习学》、《英语学习学》、《数学学习学》、《物理学习学》、《化学学习学》6 个分册。主要针对中学学校教育中"抱着走"、"满堂灌"、"嚼碎喂"的普遍做法,针对学生学习中对教师依赖性较大的现状,研究学习的规律和方法,教会学生学习,充分发挥他们的主体作用。丛书既有高屋建瓴式的总的论述,也有具体问题的条分缕析;不仅从理论上说明了学习的规律和方法,而且深入到语文、英语、数学、物理、化学等主要学科领域进行阐述,以达到"教是为了不教"的目的,加强学习指导,减轻学生负担,让学生主动地、生动活泼地、全面地得到发展,提高学生的综合素质。(纪丽真)

G000233 **中学教育学** 施良方主编。福建教育出版社 1998 年 9 月版。39.9 万字。28.20 元。"教育学丛书"之一。作为教育学的一个分支,中学教育学是近年来刚涌现出的一个研究领域,它以普通初中和高中阶段的学校教育为特定的研究对象,揭示了这一领域内所特有的矛盾运动的规律,从而指导中学的教育实践。全书除绪论外,分为中学教育的性质与功能、课程·学习·教学、班级·学校·社区、教育研究等共 4 编 11 章,突出中学教育的特点,并为中学教育工作者反思教育实践中的问题,以及从事科学研究提供了一个较为完整的框架。(黄荔国)

G000234 **作文教学论** 副名:学科现代教育理论书系·语文。韦志成著。广西教育出版社 1998 年 11 月版。29 万字。18.50 元。全面论述了作文教学与素质教育的关系,论证了中学作文教学的目标、中学生写作能力、作文教学的基本策略和教学过程,总结了我国作文教学的规律和作文训练的方式,研究了快速作文和高考作文,还提供了国外作文教学的经验。(唐秋德)

G000235 **少年数学兴趣与能力培养** 门树慧、霍岩编著。金盾出版社 1998 年 5 月版。15.2 万字。6.80 元。从数学在各个领域的巨大作用以及日常生活中数学的应用,引导学生产生对数学的兴趣,纠正那种把数学视为枯燥无味的学科的错误看法。介绍了 7 个伟大的数学开拓者的光辉业绩,激发少年学子勇攀数学高峰的热情。书中重点说明从小学升入中学以后,在学习数学中怎样跨过六道关隘,取得质的飞跃。同时,也说明了为取得高中入学考试的好成绩,需要具备的几种数学思想,以达到触类旁通。对于怎样使电脑成为学习与应用数学的得力工

具,书中也辟专章作了说明。书末还列举了许多数学趣味题,引发同学们的进一步思考与兴趣。(汪乾祥)

G000236 **中国校园文化系列** 孙宏艳、俞怀宁等编著。湖北教育出版社 1998 年 9 月版。80 万字。56.90 元。共 7 册,分别为:《青春潮》、《校园风》、《名人屋》、《天下事》、《调色板》、《书香苑》、《世纪行》。该丛书透视中学校园生活热点,探索中学生内心的隐秘世界,提供中学生社会背景知识,引导中学校园生活休闲时尚。(熊茵)

G000237 **西安近代中等教育** 西安市政协文史资料委员会编。陕西人民出版社 1998 年 11 月版。37 万字。17.00 元。共 7 章,包括:一、新学的兴起。二、省立中学。三、私立中学。四、教会学校。五、职业学校。六、名教风采。七、文献资料。共收录文章 116 篇。撰写者以"亲历、亲闻、亲见"回顾了历史:既有对西安中等学校沿革的记叙,也有对昔日学校教育教学风格的介绍;既有对革命先辈在中等学校学习中寻求人生道路,探索救国救民真理,投身革命斗争光辉足迹的追忆,也有对甘作人梯,终身从事教育、桃李满天下的园丁的歌颂;有对为西安中等教育事业殚精竭虑、辛勤奋斗一生的教育家的褒扬,也有对少数教坛败类及反对政府的鞭笞。全书多层次、全方位地反映了西安近代中等教育事业的优良传统,讴歌了先驱们为富国兴邦而兴办教育,艰苦创业,不图名利的崇高品德和奉献精神。(陈惠云)

G000238 **大学生素质教育丛书** "大学生素质教育丛书"编委会编。中国纺织出版社 1996 年 6 月至 1998 年 12 月版。120.5 万字。100.00 元。共 6 册:《大学学习学》、《创意思维与设计》、《信息时代成功学》、《文学与美——中国古代文学鉴赏》、《中国画艺术赏析》。《大学学习学》,王文博主编。系统地研究和阐述了当代大学生的学习问题。包括学习的本质、功能;学习过程、规律和原则;学习心理、品质和道德;学习战略;学习方法,包括计划学习法、科学从学法、自主学习法、知智能结构优化法、创造能力培养法、科学用脑法和科学用时法。内容丰富系统,理论和实践相结合。《创意思维与设计》,王文博主编。系统地阐述了创意思维与设计的基本概念、基本理论和基本技法,并以大量事例说明创意思维与设计的功能和应用。内容包括:创意思维概论,创意思维基本原理,创意思维生理机制和心理基础,思维惯常定势及其突破,创意思维的训练,创意设计技法以及创意在文学艺术、科学技术、社会科学研究、工业设计、企业经营管理领域和个人生涯设计中的应用。《信息时代成功学》,李万杰、王文博主编。系统地阐述了信息时代成功学的基本概念和基本理论,重点讨论了成功的规律和途径。主要内容包括:信息时代成功学导论、人类潜能及其开发、积极的心态、信念和信心、志向和目标、情绪情商、智能和创新等,较详细地阐明了影响现代人成功的因素,以及获得成功的规律和途径。《文学与美——中国古代文学鉴赏》,李玉芝编著。选择介绍了享有盛誉的中国古典文学形式——诗经、散文、楚辞、唐诗、宋词、元曲等名作。以现代的艺术鉴赏方法阐释作品中蕴含的生活美、哲理美、艺术美及民族美德,并用比较文学的方法与其他世界名著进行对比,以提高大学生的鉴赏能力、文学修养和艺术创作水平。《书法艺术与修养》,王文博、于厚智主编。系统地阐述了书法艺术与修养的理论和方法。主要内容包括:书法学习导论;书法基本知识——书史、书体、书具、笔法、墨法、结字法和章法;五种书体——楷书、行书、草书、篆书和隶书的源流与演变、特征和写法;书法美学;书法创作与欣赏等。附录收集了历代名家的典型书法作品,以便临摹。全书理论和书写实践相结合,适合系统传授和自学。《中国画艺术赏析》,郭玫宗编著。作者以多年丰富的教学实践经验,较系统地论述了东方艺术体系的典型代表——中国画的哲学精神、思维方式、观察方法、历史沿革、造型程式、色彩观念、创新意识等中国画艺术的精髓,以对大学生进行民族艺术精神教育和审美普及教育。书中结合论述选用了大量历代中国画名作,以供读者学习、鉴赏。(蔡秀卿)

G000239 **上海交大二十年** 王宗光编。上海交通大学出版社 1998 年 12 月版。25.8 万字。25.00 元。为纪念中国共产党十一届三中全会召开 20 周年而作。内容包括江泽民题词、教育部部长陈至立作序以及王宗光、谢绳武、邓旭初、翁史烈等上海交通大学历任校领导及知名教授撰写的回忆纪念文章 30 余篇,另附有上海交大改革 20 年大事记等,配有 16 面 20 年来重要活动彩照。本书的特色是总结了上海交通大学在邓小平亲切关怀和支持下,解放思想,拨乱反正,在全国高校中率先改革开放,以"敢为天下先"的精神冲破"两个估计"的思想禁区;最先打破封闭办学观念,第一个走出国门面向世界,成功地在 1978 年中美建交前组成我国建国后第一个教育界代表团访问美国;破除僵化的管理模式,最早实行学校内部管理体制改革,集中解决长期在计划经济体制下形成的"大锅饭"的弊端,突破"姓资姓社"的思想束缚;第一个接受爱国侨胞的捐赠,首创了多渠道

筹资办学的成功经验。(戴柏诚)

G000240 **上海交通大学年鉴(1998)总第二卷** 上海交通大学年鉴编纂委员会编。上海交通大学出版社 1998 年 8 月版。52 万字。45.00 元。上起 1997 年 1 月,下止 1997 年 12 月。为了突出时代特点和交大特色,本年鉴采用分类、条目编纂法,以特载、概述、概况为纲,以大事记为经,以党的建设与思想政治工作、教育、科研与科技开发、学科建设、教职工队伍建设、对外交流与合作、教育设施、校办产业、后勤等栏目为纬,较为全面系统地记述全校各领域各系统的情况,末附重要规章、文件选目和统计资料。根据 1997 年的实际情况,增加了"专文"、"大型活动"和"领导视察"3 个栏目。(丁善溶)

G000241 **上海交通大学改革与发展** 上海交通大学党史、校史工作委员会编。上海交通大学出版社 1998 年 12 月版。58 万字。40.00 元。上海交通大学的改革和取得的成效,受到中央领导的多次赞扬。1992 年,邓小平同志"南巡讲话"进一步解放了全国人民的思想,掀起了改革开放,现代化建设新高潮。上海交通大学抓住了这个机遇,紧扣改革中的疑点、难点问题,推出了以"上水平、创一流"为目标的大系统配套改革、综合改革,全面确立了学校面向 21 世纪创建世界一流大学的宏伟目标和超常规发展战略,为上海交大下世纪的发展打下了坚实基础。本书总结了 1992 年以来,上海交通大学在党的"解放思想、实事求是"的思想路线指引下,通过大系统配套改革、综合改革所取得的成就,以翔实生动的史料,再现了上海交大改革发展的历程,并以此存史,以此咨政,以此育人,以此留下学校 20 年改革开放的足迹。(丁善溶)

G000242 **中国书院史资料(上、中、下三册)** 陈谷嘉、邓洪波主编。浙江教育出版社 1998 年 5 月版。203 万字。100.00 元。书院是中国文化一个十分重要的机构,也是人类教育史上的一个有重大意义的制度。它对中国古代人才的培养和学术的繁荣乃至社会的全面进步,都作出了重要贡献。这份重要的历史文化遗产,对我们今天的教育改革和学术繁荣以及整个精神文明建设,都提供了重要的历史借鉴和启迪。本书为中国书院史资料汇编。编者以中国书院的发展为主线索,对中国书院资料作了完整而系统的整理,所涉范围不仅限于教育史,还包括学术、宗教、建筑以至档案学等领域,并尽可能吸收国外的书院资料。书后还附有"《四库全书·集部》书院文献篇目索引"、"《四部丛刊·集部》书院文献篇目索引"。为书院文化的研究提供了全面、系统而可靠的史料。

G000243 **21 世纪高等师范教育改革研究** 王方明、高广和主编。中国农业出版社 1998 年 8 月版。42.8 万字。25.00 元。"师范教育发展"研究课题论文集。78 篇论文从不同的角度,探讨了高师教育课程的设置和改革,市场经济下人才的全面培养,多媒体在教学中的应用和促进,综合素质对师资培养的重要意义。一些论文提出了高校规模的设置要符合经济投入的最佳值,后勤可以由社会承办等颇有实践意义的设想。由于作者均是一线教师,深知目前高师教育中的症结,他们从 21 世纪高师教育的发展着眼,在教学、美育、德育等多方面,提出了许多前瞻性的问题,对教育改革有一定的启示。(刘宁)

G000244 **国立西南联合大学史料** 北大、清华、南开、云南师大编。云南教育出版社 1998 年 10 月版。300 万字。373.10 元。汇辑西南联大史料最完备的综合性大型资料丛书。分 6 卷,即总览卷,会议记录卷,教学、科研卷,教职员卷,学生卷,经费、设备、校舍卷,较为客观完整地记载了联大八年办学的方方面面。其中,毛泽东、朱德吊唁闻一多家属的电文稿、一些会议记录以及部分照片为第一次公布于世,具有珍贵的史料价值。(赵虎)

G000245 **儒家伦理与当代大学生道德教育** 邵龙宝著。大连理工大学出版社 1998 年 5 月版。33 万字。20.00 元。对儒家伦理这一文化遗产进行了理智而深邃的审视,并用马克思主义观点给予历史的辩证的剖析,一方面以饱满的热情充分挖掘和肯定它的合理成分和积极因素,另一方面又以冷峻的目光洞察和指出它的消极因素和历史局限性。在对待儒家伦理研究和教育间存在的矛盾上,首先,正确区分中华民族传统道德中的精华与糟粕,坚持批判继承、取其精华、去其糟粕的原则。第二,正确认识传统与现代的关系,坚持古为今用,发展创新的原则。第三,正确处理中国传统与西方文化的关系,坚持以马克思主义为指导,贯通古今,融会中西的原则。另一方面,我们在进行中华民族传统美德教育的时候,也需要学习、借鉴、利用、吸收包括西方文化在内的人类所创造的一切优秀文化成果。本书另一突出特点就是紧密联系大学生的思想实际,把儒家伦理的阐释与大学生道德价值观体系的构建结合起来。这样不仅具有重要的理论价值,而且还具有十分重要的实践意义。(邓玉萍)

G000246 **中国 MBA** 清江、晓红编著。辽宁大学出版社 1998 年 8 月版。50 万字。28.00 元。MBA 即工商管理学硕士，是企业不可多得的高级复合型管理人才。MBA 起源独特，发展迅速，他们作为时代先驱主宰企业命脉，在此起彼伏的经济浪潮中角逐搏击。中国 MBA 的成长历经曲折，雄关漫道。本书以真实案例再现了数十位 MBA 在国内艰难成功的经历；介绍了中国名校 MBA 大排行，罗列了美欧各国 MBA 最新详尽资料和 MBA 知识储备及怎样获得 MBA 等。全书分 4 部分，一、横空出世；二、登陆中国；三、灵光圈的诞生；四、知识板块；并附录有全国 56 所 MBA 试点院校简介；1999 年 MBA 全国联考大纲；北京名校 MBA 招生简章一览。(张露丽)

G000247　**领略传统学术的魅力——大学生的国学修养**　羊春秋著。湖南师范大学出版社 1998 年 7 月版。32 万字。22.00 元。介绍和综合评述国学内容的专著。对属于国学范畴的儒家思想，先秦诸子学说、史学、文学、校勘学、版本学等进行了全景式的鸟瞰，叙述了它们产生、发展、演变的历史，"睹前人睹而未全之秘，发前人发而未发之论"，对传统国学作了切中肯綮的评价。取精用宏，体系完备，高屋建瓴。它针对当今大学生人文科学知识，尤其是国学知识缺乏的现实，深入浅出地对国学内涵进行了介绍，对国学的主体内容(经、史、子、集)作了简明的叙述，执简驭繁，妙趣横生，以丰富的例证论道，以巧妙的譬喻说理，以优美的言词感人，使本来"戛戛乎难哉"的国学变得形象通俗，消除了一般人对国学的神秘感和敬畏心理。这是一本学术性强、普及性亦很突出的入门书，对重构当代大学生的知识结构、推动国学研究的向前发展是极为有益的。该书通过对传统文化中具体的人和事的剖析，着力于发掘、弘扬其中蕴含着的爱国主义思想、民族正气及其他有价值的进步观念和主张，如"杀身成仁，舍生取义"，"见危致命，见利思义"，使当代大学生在获得传统学术知识，领略到其巨大魅力的同时，将其世界观、道德观、文化素质提高到一个新的水平，帮助他们提高民族自尊心和增强民族自豪感。作为"大学人文素质教育"丛书之一，作为紧扣"素质教育"这一主线，联系实际，坚持古为今用，学以致用，讲墨家的奉献精神，扬法家的法治精神，这不仅对青年学生是一种教育，也是对振兴中华民族的呼唤。(周玉波)

G000248　**博士生谈自己**　栾贵川主编。黑龙江人民出版社 1998 年 4 月版。18 万字。13.50 元。21 名在读博士生，以各自不同的方式，回忆了自己成为博士生的曲折历程。这些文章返朴归真、淡入轻出，在谈求学的"外在之路"同时，更多地展示了不断超越自我、不断完善自我的丰富多彩的"心路"历程。这些博士生中有的从小聪颖过人，有的却比较"笨"，有的从小勤奋好学，有的却是学校里的小淘气；还有的在心理上、生理上多少有弱点或缺陷，而最终之所以都能成为博士生，则各自走过了不同的成功道路。(徐冲)

G000249　**大学生心理健康导论**　邵龙宝主编。大连理工大学出版社 1998 年 5 月版。243 万字。12.00 元。结合大学生在各个不同阶段、不同方面发生的心理变化，产生的心理困惑、心理障碍、心理不适，介绍心理学的有关科学知识和心理调适的技能，让学生从心理科学的角度用科学的眼光审视分析什么是健康心理，什么是不健康心理，怎样进行自我心理状况的评判、调适和矫正，怎样通过自己的主观努力培养和塑造健康的心理。(邓玉萍)

G000250　**院校会计学**　乔春华主编。中国财政经济出版社 1998 年 4 月版。38.5 万字。25.00 元。以新的会计要素、新的会计平衡公式、借贷记账法以及新的会计报表为主线编写。由于当时新制度迟迟未公布，初稿是按"征求意见稿"来写的，可能有些内容还需完善和修改。该书的特点表现在 3 个方面：一是紧密结合变革之中的高校财会工作实际。该书按照新颁布的法规、准则和制度编写，有利于读者了解高校财会工作的新要求；同时，适应了院校会计对象的扩大和复杂化的要求。二是注意理论与实际的紧密结合。书中多处列举了实际例子，使读者易于理解和掌握。三是作者皆为从事院校财会工作的人员，在书中可以结合自己的工作体会，对一些实际问题提出一些有益见解，供读者参考。(徐洁)

G000251　**院校理财学**　乔春华主编。中国财政经济出版社 1998 年 3 月版。18 万字。15.00 元。依据新颁布的《事业单位财务规则》和《高等学校财务制度》的精神编写。以公共财政理论为院校财务的理论基础，以预算管理为财务管理的中心，以"大收入"、"大支出"等为财务活动的内容，从院校理财的预算管理、收支结余管理、资产负债及基金管理、收费管理、财务清算、财务报告、财务分析、财务监督等方面，深入阐述了院校理财的重点、要求及目标。书中首次提出了院校财务主体等新概念。(文远怀)

G000252　**中国美术学院七十年华**　《中国美术学院七十年华》编委会编。中国美术学院出版社 1998 年 4 月版。52 万字。78.00 元。中国美术学院及其前身历史介绍集。分为 5 大部分。第一部分为中国美术学院简史，概括介绍它从国立艺术院、国立杭州艺术专科学校逐步发展及易名为中国美术学院的70 年的历史。第二部分为大事记。第三部分为文献选编。第四部分为附录，包括学校沿革、主要行政、党委负责人名录、历任教职工名录及历届学生名录。第五部分为附图，选用各时期有代表性的图片 100 多帧。(沈珉)

G000253 **北师大逸事** 副名：中国著名学府逸事文丛。李家巍主编。辽海出版社 1998 年 9 月版。18.5 万字。15.80 元。分 3 部分较详细地介绍了北师大历史上的一些著名学者、学子们的生活逸事和生活典故，所写的人和事虽然只是他们生活中的一个侧面，但却比较真实地体现了学者们那卓而不群的风采和独特的个性魅力。全书由一串串小故事连缀而成，鲜活而生动，一幅幅传神的生活照片，使我们在欣赏大师们的风采的同时，对了解大师们的全貌有了一个直观的印象。(张树)

G000254 **辽宁教育史** 副名：中国地方教育史研究。李喜平主编。辽海出版社 1998 年 12 月版。36.2 万字。25.00 元。介绍了辽宁教育的起源与中原文化传播的开始；魏晋隋唐时期中原文化教育在辽宁的发展；辽金元时期中原与东北少数民族教育文化交融下的辽宁教育；明代中原文化全面传播下的辽宁教育；清代中原文化与满族文化碰撞时期的辽宁教育；清代后期中外文化碰撞下的辽宁教育；民国时期辽宁教育的近代化进程；旅大租借地和"满铁"沿线的殖民奴化教育；东北沦陷时期毁灭中华文化的殖民教育；东北解放战争时期开创新民主主义教育文化的新局面。该书用马克思主义的观点，把辽宁教育放在全国教育的背景下，以史实为依据，全面系统地论述了辽宁自"查海文化"、"红山文化"的古文明时期起至新中国成立止七千多年间教育发生、发展、变化的历史，并且注意教育与当地政治、经济、文化的联系与影响，做到教育制度、教育事业、教育思想、教育行政、教育内容、教育人物兼顾，史料翔实确凿，观点正确，系统地反映了辽宁教育历史的发展状况，揭示了辽宁地方教育发展的历史规律，突出了辽宁教育在各个历史时期的特点。(戚丽华、尹岩)

G000255 **南开逸事** 副名：中国著名学府逸事文丛。李家巍主编。辽海出版社 1998 年 9 月版。22.1 万字。17.80 元。介绍南开大学自建校以来的著名学者的生活逸事，透过这些点点滴滴的生活故事，我们既可以看到学者们那卓而不群的个性魅力，也可以看到为人、为师、治学的风范。如通过对张伯苓每月帮助一位同学 30 元事迹的描写，我们看到了一代学人可歌可泣的一面。此外，本书还对那些毕业于南开大学的学子们的生活故事做了栩栩如生的描写，在这些学子们的身上，我们可以感悟到南开大学那淳厚的学风与校风。

G000256 **复旦逸事** 副名：中国著名学府逸事文丛。李家巍主编。辽海出版社 1998 年 9 月版。18.6 万字。15.80 元。记叙了 60 余位具有较高知名度的复旦人的小故事，他们当中既有学贯中西、成为一代泰斗的著名学者，也有毕业于复旦校园、成为各行翘楚的莘莘学子。那力透纸背的文字使我们了解到著名学者、学子鲜为人知的一面，发人深省，启迪后来学人。而那具有生活化的一幅幅照片，使我们增加对学者、学子们的进一步了解。(张树)

G000257 **高师艺术教育改革试验与研究** 曾峥著。湖南师范大学出版社 1998 年 12 月版。20.7 万字。15.00 元。国家教育部立项的"跨世纪师范教育发展研究"项目课题最终成果。全书由 3 块构成，第一块共 9 章，分别对艺术教育、公共艺术教育、专业音乐和美术教育的内容与形式、目标与要求、特点与功能进行阐述，提供了公共艺术教育、专业音乐教育、专业美术教育改革的试验方案；第二块由课题研究论文(报告)构成；第三大块由 5 个附录构成，提供了一套操作性强的调查表。全书把高师艺术教育从专业与非专业两个角度上区分为 3 个系别(即高师公共艺术教育、高师专业音乐教育和高师专业美术教育)来进行探索和研究。作者以广泛深入的调研作为现实的依据，以实践经验作为研究的基础，以西江大学高师艺术教育为试验的主要基地，在理论与实践上力求突破陈规，标新立异，注重实效；在研究成果中力求内容充实，形式新颖，易于操作和填补一定的空白，使其具有较强的现实指导意义和推广价值。(陈宏平)

G000258 **浙大逸事** 副名：中国著名学府逸事文丛。李家巍主编。辽海出版社 1998 年 9 月版。18.5 万字。15.80 元。由浙大名师、浙大学子和校园文化 3 部分组成，因篇幅所限，每部分仅仅写了一些具有代表性的人和事，并未反映人物的全貌，虽写的是点点滴滴，但学者、学子们的精神风采却跃然纸上，令人感叹。通过书中的人和事，使我们很容易感悟到浙江大学百年来的学风、校风。(张树)

G000259 **难忘联大岁月** 副名：国立西南联合大学在昆建校六十周年纪念文集。云南西南联大校友会编。云南教育出版社 1998 年 10 月版。19 万字。9.80 元。曾在西南联大工作或求学人员献给母校六十华诞的礼物。其间收录了吴征镒院士等海内外西南联大校友的 54 篇文章。许多文章写得情真意切,寓意深远,读后觉得余音袅袅,感触良多。对了解和研究西南联大或西南联大某些名师具有参考价值。(赵虎)

G000260 **清华逸事** 副名:中国著名学府逸事文丛。李家巍主编。辽海出版社 1998 年 9 月版。24.3 万字。19.80 元。清华大学建校百年来,涌现出了一批批著名学者、学子,他们当中既有梁启超、王国维等一代大家,也有成为共和国领导人的如朱镕基、胡锦涛等著名学子。本书通过对学者、学子们背后的一个个生动的小故事的记叙,使我们看到了学者、学子们的个性魅力与人格风采。(张树)

G000261 **巍巍上庠,百年星辰** 副名:名人与北大。肖超然主编。北京大学出版社 1998 年 4 月版。64.5 万字。48.00 元。为纪念北京大学百年校庆而编纂的一部文著。以历史名人与北京大学之间的关系为主线,记叙了一百年来北大历史上、也是中国近现代历史上 68 位文化名人、学术名人、科技名人、政治名人如康有为、梁启超、严复、蔡元培、陈独秀、鲁迅、胡适、李大钊、毛泽东、马寅初、梁漱溟、傅斯年、罗家伦、汤用彤、冯友兰、金岳霖、茅盾、林语堂、朱自清、俞平伯、沈从文、范文澜、翁文灏、李四光、周培源、饶毓泰、曾昭抡、傅鹰、叶企孙、邓稼先等在北大治学、做人、工作、立业的情况,从一个侧面反映了北大百年来历史发展的概况、风貌,和北大在中国近现代历史上的地位及其对中国近现代社会、历史发展所作的贡献。全书收文 65 篇,作者或是所写名人的受业弟子,或是名人的亲属,又长期受北大校园文化的熏陶,对所写名人很熟悉、有研究,因此,本书编收的这一篇篇文章,就不仅仅是某位名人在北大的真实故事,而是从总体上展现了北大百年历史之辉煌。(肖超然)

G000262 **社会转型与教会大学** 章开沅、马敏主编。湖北教育出版社 1998 年 9 月版。38.3 万字。24.00 元。收录有关近代中国教会大学、基督教文化的论文、译文 18 篇,着重围绕基督教、教会大学对中国近代社会转型的影响进行探讨,通过对典型个例的解剖分析,透视教会大学这一中国近代史上的特殊现象,尤其重视西方文化对中国近代社会的影响。(孙艳魁)

G000263 **离开北大的日子** 叶乃森主编。民族出版社 1998 年 7 月版。32 万字。21.80 元。为北京大学百年校庆而作。在这一百年中,北大经历的重大事件不胜枚举,出现的优秀人物灿若群星,本书选取了百年长河中的一个极小的时间段:1990 年至 1996 年,社会学家对北大毕业生生存状态进行了问卷调查,并进行了科学的统计和详细的分析,内容包括毕业生的工作单位、职业、收入、住房、继续学习、心情等方面。本书用大量篇幅记载了近百名北大毕业生写的文章,反映自己步入社会后光辉或平凡的工作、学习、生活状况,内容生动,感情真挚,展现了作者鲜明的个性和人格魅力。从文章中可以看出,社会主义市场经济的确立,招生和分配体制的改革……这一切都给北大毕业生带来了很大的冲击,出现了前所未有的机遇与挑战。他们已不再自诩为“天之骄子”,而是从象牙塔走下来,投身于社会主义市场经济的大潮中锻炼自己,饱尝奋斗的艰辛和乐趣,创造出北大的辉煌。本书反映了北大科学、民主的教育思想,展现了北大辉煌的教育成果,同时对全国高等教育系统及高校毕业生也有一定的启发和借鉴作用。(傅肇霞)

G000264 **老大学故事丛书** 龙泉明等编。江苏文艺出版社 1998 年 12 月版。160 万字。84.00 元。包括《老清华的故事》、《老复旦的故事》、《老武大的故事》、《老交大的故事》、《老中大的故事》等 5 本。这些名牌老大学可以说代表了旧中国高等学校的最高水准,在中国教育发展史上产生过巨大的影响,不仅拥有一流的师资,而且培养了许多杰出的人材。这套书的作者大多是这些老大学的教师或当年的学子,他们以生动的笔触记叙了当年在这些大学校园里学习、工作、生活等各方面的活动,或记人或记事,以诙谐幽默的文字再现了当年大学校园五光十色的生活画面。这些老大学大多经过了草创、发展、抗战内迁以及战后复员归来 4 个阶段,这些老大学的发展史也正代表了中国高等学校的发展史。(汪修荣)

G000265 **面向未来的教育探索** 浙江师大教科所编。人民教育出版社 1998 年 12 月版。35 万字。23.30 元。高等师范教育改革和发展方面的论文精粹,反映了教育科学研究的新进展。全书紧紧围绕怎样深化师范教育改革、培养合格人民教师这一主题进行编排,从面向未来的高度出发,内容涉及高等师范教育的理论研究、教师培养的历史研究、高等师范学校学科教学改革和实验等方方面面。(刘立德)

G000266 **中等师范学校系列教材** 熊习乾等编。重庆大学出版社 1998 年 7 月版。129 万字。

53.80元。以建立和完善适应现代科技、文化、教育发展趋势，体现中等师范教育特点的课程结构和教学内容体系，培养中师生良好的综合素质为编写宗旨。共5本。《教师口语》力求在科学性、思想性和实践性统一的基础上，突出口语教学的地方特点，并按照“训练目标—训练内容和要求—怎样训练—思考和练习—目标测试”的体例编写。《劳动技术》选择实用性强并与我国科技进步、经济建设紧密联系的内容，着眼于培养学生的动手和实践能力，其中，“手工教育”一节是同类教材没有的内容。《书法教程》以“四大楷书”的理论阐述和例字示范为主要内容，重点放在笔画特征和字体结构的讲解上。此外，还对各种书体进行了简介；“书法简史”“书法赏析”两章能使学生对中国书法的发展概况有一个大致的了解，增加书法赏析常识。《计算机应用基础教程》根据中师生的实际需要和知识结构编写，适当避开计算机理论知识，把重点放在应用方面。《小学自然教学研究》以研究和指导小学自然教学为目的，对小学自然课本第一至十二册教学内容的处理、教学方法的选择、演示实验和学生实验的研究、教具的制作等方面进行了探讨。（邱慧）

G000267 **高等工科学校教学改革实验工程** 邓晓春、王殿元主编。东北大学出版社 1998 年 12 月版。37 万字。28.00 元。分 3 部分介绍此课题的研究成果。第一部分介绍高等学校教学模式改革的实验研究，包括：高等工程基础教育研究，工科院校教学改革探索，产学研结合的二元化高等工程教学模式的理论研究与实验设计，高等职业技术教育办学模式及人才培养特色的探讨等。第二部分高等学校课程改革实验研究，包括：工程硕士研究生课程体系设置及教学内容改革探讨，高工专“高等数学”两段式教学实验研究，工程实践基地建设及实践能力培养，多媒体课件的开发及应用对转变教学思想的影响等。第三部分高等学校教学改革理论研究，包括：关于工程硕士论文选题的思考，一般工科院校人才素质要求与培养模式的中外比较，知识经济与产学研相结合的高等教育等。（刘淑芳）

G000268 **师范教育与中国农村人口素质研究** 和飞著。湖南师范大学出版社 1998 年 5 月版。20.1万字。15.00 元。世界银行师范教育发展项目“师范教育与中国农村人口素质研究”课题研究成果，主要就师范教育与农村基础教育、基础教育与农村人口素质、农村人口素质与中国农村现代化进程、农村基础教育的新需要与高师课程改革、中国农村教育的区域差异、高师教育适应农村发展的若干趋势等问题进行探讨。作为课题的主要成果和最终成果，本书具备以下三个特点：1.立论的新颖性。把农村发展与人口素质的表面矛盾深化为师范教育的诸多问题，然后从“普九”、“扫盲”、“农科教统筹”、“科教兴农”出发，对师范教育的办学方向、服务内容、质量观念进行了深入分析。针对师范教育对农村人口素质的作用，构建了一系列师范教育提高农村人口素质的方法和途径，就农村教师队伍的现状、农村现代化对农村教师的质量要求，对农村中小学素质教育条件下的师范教育发展定位，对师范教育适应农村发展需要的改革内容进行了合理探讨。全书围绕农村人口素质这一焦点，充分把握师范教育的功能，强化了师范教育在农村发展中的重要意义，突出了师范教育改革的主题。2.立足现实问题开展研究，本书以大量的数据和材料，对中国农村人口数量和质量的矛盾，对农村中小学教育和农村成人文化教育、技术培训中的质量效益问题，对师范教育的目标差异和服务误区等进行了客观分析，并进行了国内的区域性比较和国际的经验探讨。书中涉及的大量事实是客观的，研究者所持的态度是积极的，对这种抽象的人口素质问题不立足于现实进行研究，就难以求得有效的结论。3.采用了理论研究与实际调研相结合的方法。本书是在大量实践性工作和基础上产生的，调研形式包括问卷、访谈、座谈、资料探索、主题研讨、课题研究报告等。掌握了大量第一手材料，在充分调查研究的基础上做文章，形成了本书一个鲜明的特点：有理论、有实践、有问题、有对策。所形成的结论具有一定的概括性、典型性，因而对我国师范院校办学有一定的借鉴、指导作用。（陈宏平）

G000269 **九年义务教育六年制小学教科书 自然** 人民教育出版社生物自然室、北京市教育局教学研究部 、天津市教育教学研究室编著。人民教育出版社 1992 年 10 月—1998 年 4 月版。44 万字。29.25元。12 册。根据《九年义务教育六年制小学自然教学大纲》编写，供六年制小学使用。中心内容是：指导学生学习一些浅显的自然科学知识，其中包括水、空气、生物、地球、宇宙、声、光、电、热、磁、力、机械等方面的知识。通过这些知识，可以使学生对自然界以及人与自然的关系有初步的认识。为使教学更富于弹性，本书在教学大纲规定的教学内容的基础上，又补充了一些与学生生活有紧密联系的内容，通过这些内容，可以扩展学生的知识，提高学生的生活能力。本书在指导学生认识各种自然事物的同时，还特别注意激发学生对科学的兴趣,培养学生学科学用科学的能力(观察能力、实验能力、思维能力、动手能力、想象能力、创造性等),并使学生在科学观点和科学态度方面受到一定的教育。本书在编排方面有以下特点:1.具有精心设计的"知识、能力、思想有机结合、协调发展"的整体结构。这个结构是根据自然科学知识的内在联系,科学知识与科学能力、科学知识与科学观点之间的内在联系,以及小学生认知能力发展的规律编排的。2.各册教材按单元编排。单元主要以知识的类型和层次划分,同时考虑到能力培养的需要。在同一单元内,知识教学和能力培养能够有机结合、相辅相成,并能使学生某方面的能力,通过不同的材料反复进行训练。3.课文不是直接讲述某种知识,大多是从学生熟悉的事物中提出相应的问题,指导学生通过观察、实验、阅读资料、思考、研讨,自己获取问题的结论。这是现代科学教育行之有效的方法。4.书中编有大量的与教学内容紧密相关的彩色插图。通过这些插图,可以为学生提供丰富的感性资料,并能激发学生热爱大自然的情感。(殷志杰)

各类教育

G000270 **亚洲"四小龙"职业技术教育研究** 马早明著。福建教育出版社1998年6月版。22.4万字。12.60元。"亚洲'四小龙'教育研究丛书"之一。着力探讨半个世纪以来"四小龙"(即新加坡、韩国、台湾和香港)如何根据本国或本地区经济发展的需要,树立现代教育观念,建立现代教育体系,大力发展职业技术教育,培养与本国、本地区产业结构、产业水平相适应的各级各类技术人才,有力地推动了经济迅速起飞和社会的巨大进步,形成教育与经济发展的良性互动关系。书中除逐个探讨了"四小龙"职业技术教育的发展历程、学制及职教管理体制、各级各类职业技术教育的发展状况、特色和问题外,还进行了综合比较研究,从中探索"四小龙"职业技术教育发展的规律、特点及趋势。以期通过这一研究,对我国职业技术教育发展有所启示。(陈天正)

G000271 **高等职业技术研究** 吕鑫祥著。上海教育出版社1998年2月版。24.4万字。25.00元。系统论述高等职业技术教育的专著。该书就高等职业(以下简称"高职")发展中的几个重要问题进行探讨。1.高职的概念内涵。该书认为,高中后教育的各种类型,实质上是社会所需各种人才类型的反映。因而,高中后教育结构是社会人才结构的体现。由此可见,我们必须从社会人才结构的角度,来全面考察高中后教育,进而明确高职的功能和内涵。这样就能从根本上说清高职的概念内涵,而且也提出了明确的界定标准。2.高职的培养目标。高职的培养目标既是分析社会需求的归结,又是制定教学计划的开端。所以它是社会需求与教学实践的结合点。该书首先对世界各国的高职培养目标进行比较研究,然后结合国情再探讨我国的高职培养目标问题。3.高职的专业设置。高职的专业设置是培养目标的实际体现,它决定学生今后的工作领域和当前的学习范围。高职的专业设置应该有自身的特征。该书从国际比较研究开始,逐步深入探讨。4.高职的教育教学计划。高职的培养目标是贯彻教学计划的过程中,来达到预设的知能规格要求。因而,教学计划决定了能否培养出社会所需人才。目前,高职教学计划的制定,大都是模仿外国或依靠经验来完成的,该书把高职的教学计划作国际的比较研究和理论探讨,在此基础上,再研究制订教学计划的指导思想和方法。5.高职的非学历教育部分。高职技术教育是以高中阶段教育为基础,培养技术型人才和高级技能型人才的教育,它包括学历部分和非学历部分,非学历部分主要包括职业资格证书教育和技术等级培训。6.高职与相关教育的衔接沟通问题,普通教育与职业技术教育的分化不等于两类教育的隔绝。相关教育间必须存在衔接和沟通的渠道,其原因有3个:①国家教育体系的总体效益和灵活性;②人才成长途径的多样化和最优化;③社会成员教育民主权利的实际拥有。作者在探讨以上问题时的指导思想是:1.不就教育论教育。教育始终受到社会经济状况和科技水平的制约,因而研究高职必须探讨经济、科技的发展对社会人才需求的影响,进而研究人才结构的变动对教育的影响,尤其是对高等教育的影响。2.从我国教育体系的总体角度来考察高职问题,明确它在社会主义建设中的功能,确定它在教育体系中的地位、作用及相关教育的关系。3.立足国内,借鉴国外。国内的高职教育起步于改革开放的80年代初期,而国外的高职教育则提前了20年,因而参考国际有益经验是十分有益的。(何莉雯)

G000272 **开放性与教学现代化** 副名:中国远距离教育科学研讨会论文集。丁新主编。中央广播电视大学出版社1998年4月版。35.7万字。19.00元。编排了1997年"中国远距离教育科学研讨会"上推选出的49篇论文,论文从各个不同的侧面体现了广播电视大学改革和发展的两个重大命题，反映了国际远距离开放教育的发展趋势，如："开放教育观念和模式"、"多媒体教材设计、编制和应用"、"新技术、新媒体的探索、开发和应用"、"质量保证体系和学习支持服务"以及"'注册视听生'教育试点专题"等内容。（张静）

G000273 **电视教材编导简论** 陈旭编著。中央广播电视大学出版社 1998 年 2 月版。13.2 万字。7.50 元。作者根据多年从事电视教材研制工作中积累的经验和体会，就电视教材的分类、特征、照明、设计工作以及与文字教材的关系等方面的问题编写成册，内容包括："电视教材的概念"、"电视教材的分类"、"电视教材的特征"、"电视教材与文字教材的关系"、"导演阐述的写法"、"构图"、"电视照明"、"电视教材的设计"、"电视教材的编制过程"、"电视教材的评比"、"编导人员所应具备的素质"、"教育电视节目和栏目"等 12 章。（张静）

G000274 **走向开放的中国电大教育** 副名："注册视听生"教学与管理研究。李增祥主编。中央广播电视大学出版社 1998 年 5 月版。18.6 万字。11.00元。本丛书的编写目的在于探索具有中国特色的开放远距离教育体系的特点及规律；寻找解决实践中出现问题的有效途径和科学方法；密切教育科研同决策者及教育实践的关系；总结历史的正反两方面经验，指导现在，规划未来。本册就高等专科"注册视听生"教育现状的分析、学籍管理的研究、教学组织管理以及对"注册视听生"考试工作、学生工作与学习方法等专题进行阐述和探讨研究。（张静）

G000275 **现代化与中国电大教育** 副名：现代化教育技术在电大教育中的应用研究。朱延才主编。中央广播电视大学出版社 1998 年 5 月版。22 万字。12.50 元。本丛书的编写目的在于探索具有中国特色的开放远距离教育体系的特点及规律；寻找解决实践中出现问题的有效途径和科学方法；密切教育科研同决策者及教育实践的关系；总结历史的正反两方面经验，指导现在，规划未来。本册就如何开发教育技术，应用现代化教育手段促进电大教育的改革与发展，以及教育现代化的内容、特点等专题进行论述和探讨研究。（张静）

G000276 **中国少数民族教育本体理论研究（汉文）** 王锡宏著。民族出版社 1998 年 3 月版。19.2万字。12.80 元。运用教育学、民族学、经济学、心理学和哲学理论，从少数民族教育理论最基本的内涵与外延切入，揭示了少数民族教育理论的核心——规律论。可以说这是一个新鲜的理论框架。不仅引用的资料新鲜、生动，而且让人信服。由新鲜论点建构起的这一理论框架，必然会对少数民族教育实践发挥一定的指导作用。这个少数民族教育本体理论框架，区别于一般教育理论框架的显著特点是其实践性与现实性。本书大胆探索少数民族教育规律，为建立有中国特色社会主义理论体系作出了贡献。书中提出的少数民族教育概念、教育体系、教育特点、教育双重性、民族差异性等理论具有很强的操作性。（塔丹）

G000277 **紧急援助学习障碍儿童** 刘翔平等编。辽宁少年儿童出版社 1998 年版。13.5 万字。9.50元。北京师范大学心理学博士刘翔平教授和他的同仁，经过多年的跟踪调查和中小学生心理咨询，参阅了大量的中外有关文献，采取活体解剖的方法，提出了"学习障碍儿童"这一概念，并对各种障碍的表征、根源和治疗手段作出了系统的分析。该书即研究成果的总结。指出：孩子学习成绩不好，绝大多数不是因为智商低，也不是因为学习环境差，而主要是学习能力差，患有轻重不同的学习障碍。学习障碍不是生理疾病，而是能力疾病。这种"疾病"不可怕，关键在于"对症下药"。（杜宝清）

G000278 **全日制聋校实验教材 自然常识** 人民教育出版社生物自然室编。人民教育出版社 1996 年 12 月—1998 年 8 月版。28 万字。12 册。31.00 元。根据《全日制聋校课程计划》的要求及《全日制聋校自然常识教材编写纲要》规定的内容编写，是全日制聋校三年级至六年级学生自然常识课使用的教材。全套书教学内容有三方面。第一方面是知识内容：指导学生学习一些浅显的自然科学知识、生活常识、生理卫生常识，了解耳聋的原因及残存听力的保护，培养良好的生活习惯和卫生习惯。第二方面是能力训练：主要有观察能力和动手能力的训练。观察能力包括按顺序观察、用比较的方法观察、观察仪器的使用、观察物体的外部特征、观察实验中的现象，动手能力包括制作、栽培、饲养和实验。同时根据学生的特点加强语言能力的训练，重点是自然科学方面的有关词汇和句式。第三方面是思想品德教育：包括自然界的构成、自然事物及其变化的规律、人类对自然的认识利用和保护等科学自然观的教育，实事求是、认真细致、独立思考、勇于探索等科学态度的教育，热爱大自然、喜欢自然常识课、爱钻研等兴趣的培养。（蔡矛）

G000279 **全日制聋校实验教材 思想品德** 人

民教育出版社政治室编著。人民教育出版社 1995—1998 年版。对听力和语言残疾学生进行九年义务教育编写的一套全日制聋校一至九年级思想品德和思想政治教科书,一至七年级称思想品德。这套教材遵循教育要面向现代化、面向世界、面向未来的战略思想,参照《全日制聋校课程计划(试用)》和《九年义务教育全日制小学思想品德课教学大纲(试用)》规定的培养目标和要求,力求全面贯彻党和国家的教育方针,力求把思想性、知识性、趣味性、实践性有机地结合起来,并使教材符合听力和语言残疾儿童少年的生理、心理特点及思想实际,以对他们进行思想品德、知识、能力的教育和培养,补偿其听力或语言障碍造成的缺陷,把他们培养成能够适应社会生活和自食其力的合格公民,为引导他们从小逐步形成良好的思想品德和文明行为习惯奠定基础。教学内容和基本要求:一是突出热爱祖国的教育;二是加强日常行为规范和文明礼貌的教育;三是加强自尊、自信、自强、自立及良好意志品格的教育;四是遵纪守法的教育。(徐赋)

G000280 **全日制聋校实验教材 数学** 人民教育出版社小学数学室编。人民教育出版社 1995 年 12 月—1998 年 6 月版。129.95 万字。115.00 元。对听力和语言残疾学生进行九年义务教育的数学教科书。主要依据《全日制聋校课程计划(试行)》规定的培养目标,力求符合听力和语言残疾儿童的生理、心理特点,在对他们进行数学知识教育、数学技能训练、数学能力培养的同时,补偿其听力或语言障碍造成的缺陷,使他们获得作为合格的社会公民所必备的数学知识和数学能力,以使他们将来能够适应社会生活和自食其力。教材在教学内容的选择,教材结构的设计,知识呈现的方式等方面都参考了普通学校的九年义务教育教科书,努力做到既便于教师的教学,又利于学生的学习。教科书中标有"※"的内容是选学内容,不作共同要求。练习中的带有星号的习题和思考题,只供学生选做。这套教材是实验教材,各学校可以根据自己的实际情况进行适当的调整。教材还可供普通学校附设的康复班和随班就读的听力和语言残疾儿童使用。(卢江)

G000281 **盲人学校五年制小学语文教材** 小学语文室编。人民教育出版社 1992 年—1998 年版。约 140 万字。10 册。以人民教育出版社编辑出版的九年义务教育五年制小学语文教科书为蓝本编写。教材除第一册安排了学习盲文字母、拼音方法、拼写规则等以外,各册均安排有课文、练习、基础训练、自读课文等 4 部分。配合第一册至第四册课文还编写了教学参考资料。新编盲文语文教材针对盲童的实际和学习盲文的特点,删去各册课文中识字、写字、插图和不适合盲童学习的内容,补充了认、读、写盲文字母、音节、词语、句子等内容,以逐步培养盲生熟练的摸读和书写盲文的技能,使盲生掌握语文基础知识,具有初步的读写能力,同时受到思想教育。(莘乃珍)

G000282 **全日制聋校实验教材 美工** 人民教育出版社美术室编。人民教育出版社 1995 年 12 月—1998 年 6 月版。81 万字。16 册。根据《全日制聋校课程计划(试行)》规定的培养目标和课程要求编写,力求全面贯彻国家的教育方针,并使教材符合听力和语言残疾儿童的生理、心理特点,该教材注重培养学生正确的审美观念及鉴赏美和创造美的能力,引导学生观察、认识、表现和创造美,注意培养学生形象思维能力和创造力,以联想造型、想象造型、再造想象到创造想象,逐步提高。达到培养听力和语言残疾儿童的创造力的目的。本套教材在进行美术基础知识和造型技能学习的同时也对学生进行了思想品德、情感以及审美能力的教育,促进学生智力方面的发展。本套教材注重回归教育,加强了直观性和趣味性。(刘云丽)

G000283 **天堂就在你身边** 赵丽宏著。江苏教育出版社 1998 年 8 月版。16.7 万字。11.20 元。作家写儿子的书,"新月丛书"之一。作者这里是作为父亲写出的随想和感慨,写出的是作者作为父亲与儿子之间交流的笔记。它不是育儿知识的教科书,书中的文章,是作者声情并茂的散文,是两代人情感交流的真实美妙的记录,其中,有一幅幅描绘童心和亲情的图画,也交织着孩子们天真烂漫的笑和哭,也抒发着既作为名作家也作为父亲的作者的感慨和思索。(李树平)

G000284 **手房子** 斯妤著。江苏教育出版社 1998 年版。10 万字。8.30 元。斯妤是当代著名作家。在这本书里,读者将看到,作者失去了斯妤之所以为斯妤的某种力度。她不再愤怒,不再冷峻。她变得热情,变得温和。"热情得几近盲目,温和得有点絮絮叨叨"(《代序》)。孩子像刚刚织就的洁白布匹,未经任何污染。他们不会伪装自己。孩子的无言、"稚语",显示着成人语言的繁复、笨拙;孩子的无意识显示着成人意识的虚假、软弱。自从孩子呱呱落地之后,斯妤作为母亲,犹如孩子对一个完全陌生的世界一样,表现出同样的惊讶,同样由衷的愉悦,她像一颗参天大树，忠实地屹立在孩子身边，风吹雨淋，无怨无悔……在平时，她对孩子总是静观默察，心灵处于某种类似审美的境界之中，她狂喜，她骄傲，她温情脉脉；她循循善诱，引导孩子健康成长。在孩子遇到危险时，她会“闻风而动，状如母虎”。这本书收录的，只是一个母亲（和世上众多的母亲一样）的欣喜和温情，关爱和憧憬。（朱述容）

G000285 **写给年轻妈妈** 卢勤著，哈比等译。新疆科技卫生出版社 1998 年 11 月（哈萨克文）版。16 万字。12.00 元。家庭教育读物。根据中国妇女出版社 1996 年 7 月北京第一版，1996 年 10 月第三次印刷本翻译出版。（哈比）

G000286 **同在蓝天下** 副名：与残疾儿童家长谈心。张宁生作。辽宁师范大学出版社 1998 年 9 月版。15 万字。9.80 元。儿童是祖国的花朵，是新生代，他们拥有家庭的温暖，父母亲人的呵护，他们都拥有属于自己的一片明媚的蓝天，但是，还有许多的残疾儿童，很多权利——他们本来应有的却被“造物主”无情地剥夺了，因而，他们也构成了一个特殊的社会群体，而且，随着时代的发展，对残疾儿童的抚养、教育也逐渐引起人们的重视。本书从两名辽宁师范大学的学生王峥（盲）、周婷婷（聋）写起。他俩不仅能沟通，而且能互相帮助。后来，他们组成了“海伦·凯勒号联合舰队”，自尊，自立，自强，奏响了新时代生命的凯歌。作者针对残疾儿童的早期发现、救治及教育对策、心理等专题，进行了深入的分析，提出了许多行之有效的解决办法，娓娓深入，言之有物。（张朱胜）

G000287 **因为我爱你** 陆星儿著。江苏教育出版社 1998 年 8 月版。14.8 万字。10.40 元。女作家陆星儿为人母后的一段生命历程，选取的是她抚养教育儿子十几年的几件小事，共 56 篇。首篇回忆了孩子的降生，“第一次从护士手里接过一个‘粉的肉团团’”的“欣喜”、“紧张”；接着便是母亲要参加笔会，适值 3 个月的儿子生病，矛盾中由于爱的力量使母子共同走向健康完美。《一片不融的雪》以自然现象启迪幼儿的想象；《大海给我的》写了母亲不辞辛劳，带着儿子乘坐 37 小时的火车去看大海。枯燥的旅途竟让她以“吹牛”的方式变得丰富起来，时间在“吹牛”中飞逝，孩子在“吹牛”中思维极其活跃。做母亲的机智发挥到了极至。《第一次家长会》的“神圣感”被儿子的“表现一般”而破坏，面对“窘迫”，母亲处理得恰到好处。《快乐的一年》里母亲对孩子的要求是：“重要的不是第一批还是第二批，重要的是你在变化，你在进步，你在愉快成长”，书中若干篇都体现了对儿子的教育是顺其自然，不强求；时刻关注，用心理解。如《又搬家了》、《小松鼠死了》、《考试》、《看儿嬉水》、《儿子与电视》、《儿子和球》等。儿子对母亲的良苦用心也给予稚气的回报，如《画在纸上的福气》等。正如作者在“自序”中写到的：“抚养儿子的十多年”，“每天几乎都在重复着同一过程，细碎、单调、麻烦，……有时简直让人难耐。于是，作为生命现象的延续……面对儿子，我常常觉得自己又从头活一遍，抚育着他，同时也补偿着自己的从前。……很难分辨，是幼稚的儿子需要可靠的母亲，还是貌似可靠的母亲更需要儿子的幼稚。（孙峪峨）

G000288 **向孩子学习** 中国青少年研究中心编。晨光出版社 1998 年 12 月版。20 万字。15.00 元。向孩子学习已成为我国社会生活中一种“文化反哺”现象。中国几千年形成的、传统的上一代教化下一代的教育模式与教育观念必然被一种新的现代教育模式与教育观念代替。这种新的教育观念的核心思想有三个要点：一、现代社会是两代人共同成长的社会；二、现代教育是两代人之间互相影响；三、向孩子学习是成年人真正成熟与睿智的标志。书中深刻地揭示了 20 世纪末在中国社会代际关系或文化传承方面出现的种种革命性变化。本书从《向孩子学习》征文活动中收到的 2 000 多篇稿件中，选择刊登了 100 多篇。课题组还在北京、沈阳等 8 个地区，对 116 位家长和中小学教师进行了半结构访谈，获得大量第一手资料，还对 41 位全国知名社会学家、心理学家、教育家进行了访谈。（刘卫华）

G000289 **齐家四书** 孙强编。湖北辞书出版社 1998 年版。30 万字。16.80 元。中国历史上 4 部著名的家训类著作的编译：北齐颜之推的《颜氏家训》、宋人司马光的《家范》、南宋袁采的《袁氏世范》和清人张英的《聪训斋语》。在对弟侄儿孙的谆谆训诫和殷殷劝勉中，凝聚着先哲前贤的人生体验、现实评价和社会思想。（刘丹）

G000290 **杨家有女** 陈村著。江苏教育出版社 1998 年 8 月版。15 万字。10.40 元。“新月丛书”之一。作者以其特有的幽默、诙谐笔法写下了与其女儿一天天的交流过程。这一过程自女儿呱呱坠地起，直至 12 岁初长成。在这一过程中父亲的困惑、矛盾、自责、骄傲，均跃然纸上。在这一过程中女儿的天真、稚嫩、委屈、得意，皆栩栩如生。在这一过程中，不仅女儿在成长，父亲也在抚育女儿的过程中成熟。陈村从一个父亲的角度记录了女儿对自己的教育、教诲、教导。并由抚育女儿的经历中发现了社会和教育中尚且存在的种种不合理现象。他殷切地希望,多给孩子一些真、善、美的教育,让他们多享受一些童年的乐趣,多保持一点纯洁的心境和童心。本书写的虽是儿童,但让读者看到的却是整个社会,引起反思的是读者自己。从儿童的种种优点和天性中,成年人看到了自己和社会的种种缺陷和不足,对一些习以为常、习空见惯的现象不由地重新进行一番审视,得出一些全新的认识。书前有20幅彩照,生动地记录了天天真切的成长过程。(赵明)

G000291　**沟通与共鸣——如何做成功的家长**　王仕民、郭丽编著。新世纪出版社1998年2月版。16万字。9.00元。与《中学生心理热线》《小学生心理热线》(共4本)配套的家长用书。以心理学的理论作指导,根据中小学生的心理特征与普遍的心理问题指导家长如何解决孩子的各种心理问题与疾病。本书分两部分:第一部分是家长的思索,指导家长提高本身的素质与教育艺术;第二部分是家长的心声,对孩子的每一问题进行具体指导。(刘国纯)

G000292　**现代家长应知应会手册**　全国妇联、中国家庭教育学会编。北京师范大学出版社1998年12月版。共35万字。21.60元。按儿童的年龄分为学前(0—6岁)、小学(6—12岁)、中学(12—18岁)3册,涵盖了儿童生长发展的不同阶段,较全面地反映了国内外家庭教育研究的成果,向广大家长宣传普及保育、教育儿童的基本知识和科学方法。提供了保护儿童生命与健康的基本信息;包括卫生、营养、保健、常见病防治、意外事故处理的要点;提供了保证儿童身心健康发展的基本知识,包括身心发展的主要任务、规律与标准;还提供了抚养与教育儿童的基本要点,包括正确的儿童观、教育观、身心训练、矫正方法。帮助家长树立正确的家庭教育观念,掌握家庭教育的知识。(傅占武)

G000293　**忠魁智教——成功父母方案**　吴忠魁编。北方妇女儿童出版社1998年8月版。120.00元。家教训练丛书。8册。依据家庭教育的特点和规律,吸收国内外最新教育研究成果,根据现代乃至下个世纪家庭教育的需要,从儿童的人格、情感、意志的培养,到儿童的观察、思维、创造力等智能开发训练,从道德品质的培养,到学习动机的激发、学习习惯的养成等多侧面、多角度给家长提供了一整套有助于家庭教育走向成功的方案。这套方案体例编排新颖,力戒了理论分析的空泛和深奥,可操作性极强。套书共8册,分别为:《走进孩子内心深处》让家长透彻了解孩子的所思所想,从而形成与儿童心理相适应的教育方法。《让孩子的人格出众》介绍有关孩子人格培养的知识和方法,培养孩子的"高智商"、"高情商"。《如何成为学习大王》是告诉孩子如何学会学习,怎样找到与自己性格相符合的学习方式。《让孩子爱学习》告诉家长解决孩子学习缺少动力的窍门,让孩子爱学、乐学,培养积极的学习态度。《让孩子思维敏捷》提出使孩子脑瓜开窍爱思考、会思考、有灵气、有创见的方法。《让孩子记得牢考得好》教给孩子如何使知识学进去考出好成绩来的有效方法。《让孩子专心细致》教导孩子如何耳聪目明,精力集中。《让孩子听说读写样样通》让孩子掌握成为一流表达高手的本领。(孙亚飞)

G000294　**孤独症儿童**　副名:家长及专业人员指南。洛娜·温著,孙敦科译。辽宁师范大学出版社1998年9月版。15.6万字。9.60元。有关孤独症(自闭症)的专著。共两篇,分别为孤独症儿童描述和孤独症儿童的教育与矫治。其中描述部分分别从患儿异于正常儿童的特征、行动以及理论上的病因、与其他儿童期残疾比较等角度进行了翔实无遗的描述。其中包括不同年龄段患儿在理解外界及行为情感方面行为的细节都有生动地阐述。而教育与矫治部分,则分别从医生、教师以及家长的角度,以及家庭和从事儿童福利工作的个人、机构进行了特殊教育问题的探讨。使之在帮助孤独症儿童的实践中,有着切实可行的指导作用。书后并附有与孤独症症候群成类似孤独症行为相联系疾病,仍然不能独立的青少年及成人,具备较高能力的儿童、青少年及成人的说明。本书提供了大量行之有效的实例,家长们可用来借鉴结合自己孩子的具体情况进行实际治疗的教育。(杨文杰)

G000295　**亲密关系**　周佩红著。江苏教育出版社1998年8月版。97万字。8.20元。一位母亲的手记。"新月丛书"之一。记录了这位母亲从孕育生命到哺育生命到教育生命,使一个未谙世事的顽童逐步成长为一个要求上进、生机勃勃的少年。这位母亲写出了她们的母子间的关系,这种关系几乎是人类间关系的起始和基点。而它同样是复杂的,不仅仅是温情脉脉。在书中,作者对孩子的成长过程作了细致的回忆、记录和描述,同时也对自己的教育方式和对孩子的态度作了反省式的回顾和体验。它试图在已逝的、有限的时间和生活里,寻找到曾被匆匆丢失或视而不见的东西。本书中的内容全部出自真实,是作者和其儿子15年来的真实故事,在这位母亲的描写下,这个孩子不是神童,不是天才。但普通的东西,才是最真实最接近的东西。其中的烦恼、忧愁、欢悦、快乐、焦虑、幸福等等均跃然纸上。(张平)

G000296 **博士生的父母谈家庭教育** 张绍勤主编。黑龙江人民出版社 1998 年 4 月版。19 万字。13.50 元。内容涉及到家庭教育的方方面面,既有对中华民族传统的家庭教育方法的应用和发扬光大,又有对现代西方国家成功家庭教育经验的借鉴和吸纳。特别是还涉及到当前家庭教育中存在的误区和许多父母遇到的困惑,诸如:家庭教育的重点是知识教育还是思想品德教育?家庭教育与学校教育是什么关系?该不该让孩子参加一些辅导班?该不该请家庭教师?该不该对孩子体罚打骂?等等。文章无论是在思想深度、心理分析、文化蓄蕴、人际沟通,还是在智力开发、学习指导、应试素质等方面都有独到之处。(徐冲)

G000297 **新月丛书** 赵丽宏主编。江苏教育出版社 1998 年 8 月版。83 万字。59.10 元。包括《日子的回忆》(肖复兴)、《杨家有女》(陈村)、《因为我爱你》(陆星儿)、《亲密关系》(周佩红)、《手房子》(斯妤)、《天堂就在你身边》(赵丽宏),共 6 本。以不同的风格和各具个性的文字,讲述了父母与子女交流的故事。(赵明)

G000298 **牟氏学习法** 牟成文著。中国地质大学出版社 1998 年 5 月版。16.5 万字。10.00 元。从净化学生的心理环境、调节学生的内因机制入手,要求学生首先要确立目标,增强信心,结合中小学生的学习过程,有针对性地提出学习的要诀:课前预习,上课认真听讲,下课及时回忆所学内容,及时复习,做作业,晚睡前回忆总结一天所学内容等。"牟氏学习法"还提倡多动笔、勤笔记,适当参加户外活动。(张华瑛)

G000299 **博士生谈学习** 张绍勤主编。黑龙江人民出版社 1998 年 4 月版。15 万字。12.00 元。汇集 23 篇博士生们谈学习的经验之作。博士生们从自己的切身体验出发,总结归纳了学习的门径方法。文中有事例,有观点,有感受,夹叙夹议,读后使人深受启发。(徐冲)

体 育

G000300 **体育百科大全** 吴兆祥主编。安徽人民出版社 1998 年 10 月版。600 万字。360.00 元。百科全书式的读物。分"综合运动会"、"田径运动"、"游泳运动"、"体操运动"、"篮球运动"、"排球运动"、"乒乓球运动"、"足球运动"、"武术运动"、"国际象棋"、"中国象棋"、"围棋"、"射击运动"、"科学研究"、"法规制度"等 40 分册,每一分册又分为"专业词语"、"重大竞赛"、"主要事件"、"著名人物"、"裁判规则"几个部分,共收词目 2.5 万余条,每个词条均用英汉对照。(周子瑞)

G000301 **体育爱好者丛书** 叶敏等编著。少年儿童出版社 1998 年 7 月版。50 万字。25.00 元。包括 5 种:《体育科技大战》(介绍现代科学技术在体育训练、体育竞赛、体育设施、体育器材、体育服装等方面应用的知识)、《赛场"克格勃"》(描述历来体育"间谍"在刺探竞赛对手"军情"方面的种种有趣故事)、《体坛警笛》(描述世界上历来体坛上贿赂、兴奋剂、暗杀、赌博等种种丑闻)、《体育名著故事》(汇集普希金、杰克·伦敦、海明威、肖伯纳等写下的体育题材作品)、《赛场计谋》(描述历来体坛上教练们运用战略战术取胜的种种故事)。(洪祖年)

G000302 **体育史** 副名:中国朝鲜族文化史大系(十一)。北京大学朝鲜文化研究所编。民族出版社 1998 年 4 月(朝鲜文)版。50 万字。23.80 元。"中国朝鲜族文化史大系丛书"之第十一卷。叙述中国朝鲜族自迁徙至今的体育运动发展历史。中国朝鲜族是带着它所固有的文化从朝鲜半岛移居到中国的,既保持传统,又汲收华夏文化的营养,从中形成和确立自己主体文化。可以说,中国朝鲜族的文化是中华多民族文化的组成部分,同时又是世界范围内的朝鲜民族整体文化的一部分。20 世纪初开始,随着东西方交流的日趋频繁和西方先进文化思潮的不断涌入,给文化的发展注入了新的活力,体育运动项目的普及和发展即是最好的例子。受此影响,朝鲜族传统的体育运动由过去单一的娱乐性转化为以竞技性体育为主的运动项目,并开始逐渐与国际性项目接轨,有组织、有计划地进行一系列竞技项目等的比赛,为增强民族的自信心和发展民族体育等方面起到了重要的作用。当时成立的《间岛体育会(朝鲜人)》,就在这方面做了不少有益的事情。分布在关内各地从事救国活动的朝鲜族人民在各地积极参与和组织各项体育活动,为中华民族的体育运动发展做出了自己的贡献。当时就有不少有名的足球名将活跃于上海、天津、北京等地,并组织了北京鸡林朝鲜人足球队,上海朝鲜人足球队等,广泛开展了体育交流。建国后在中国共产党的领导下,中国朝鲜族的体育运动得到了空前的发展。体育运动不仅是在其项目和种类上，而且也在其质量上有了质的飞跃，并通过高、中等教育培育出一大批高、中等体育专门人才。先后有不少朝鲜族体育健儿活跃于球类、射击、田径、体操、冰上运动等舞台，为社会主义体育事业的发展留下光辉的一页。本书按运动项目类分叙，例举大量的史料，详述了中国朝鲜族体育近百年的发展历程。（金京植）

G000303 **体育运动心理学** 马启伟、张力为著。浙江教育出版社 1998 年 5 月版。73.5 万字。48.00元。"世纪心理学丛书"之一。是关于体育、运动过程中人的生理、心理变化发展规律的研究与阐述的著作。它以中外学者之实征研究资料为基础，以体育运动心理学最新发展为导向——大异于传统教科书模式。作者借鉴了国内外心理学和体育运动心理学发展过程中所积累的研究成果和思想体系，以体育运动的发展对心理学提出的问题和要求为出发点，收集资料、组织讨论，力求反映心理学和体育运动心理学发展的时代精神。在内容选择上，特别关注：一、对参与体育活动的动力系统问题，如动机问题，归因、情绪问题，唤醒水平与情绪体验关系问题；二、对唤醒、焦虑、应激等，这些与操作成绩关系密切，直接影响运动活动的功效的问题；三、对大多数运动项目中同运动技能学习和运动技能表现关系密切、为体育运动心理学研究最为常用的指标的"反映时"问题。同时，除了尽量地介绍国内外体育运动心理学的最新成果之外，还特别注意介绍不同理论观点和互不一致的研究成果，力求客观地反映本学科发展的全貌；对于体育运动中的认知问题、介性问题、社会心理学问题、振动技能学习问题以及心理技能训练问题，也进行了专门的讨论，力求在广度和深度两个方面反映当今体育运动心理学研究的总趋势。

G000304 **运动生物力学进展** 郑秀瑗等著。国防工业出版社 1998 年 4 月版。26.4 万字。16.00元。介绍当前运动生物力学最新实验方法和理论分析的专著。重点系统介绍运动生物力学的理论、研究方法、各种基本参数的实验采集及数据处理，以及运动生物力学在不同科技领域中的应用。有关力学基本理论部分是以人体运动实用力学为主。体现了先进性和实用性。先进性体现在：重点介绍当前国内外在该学科上居领先地位的科研成果，其中包括作者在近期完成的属填补我国空白，并居国际国内先进水平的科研成果；高科技在运动生物力学研究中的应用；以及虽然不很成熟，但有发展前景的阶段成果。书中所引用的《中国正常人体惯性参数测定与统计》，结束了用外国人的参数分析中国人运动的历史，此项科技成果已于 1997 年获国家体委科技进步一等奖。实用性体现在：介绍人体结构力学、人体运动生物力学的研究方法、分析动作技术的生物力学等问题，使生物力学与人体运动实用力学密切而有机地结合起来。通过实例介绍八、九十年代来国内外如何利用这些先进方法解决国防、体育、医学和工业等领域的实际问题。（蒋怡）

G000305 **篮球裁判员手册** 高洪宝、惠建华编著。人民体育出版社 1998 年 1 月版。350 万字。18.00 元。阐述了如何进行自我训练；临场判罚的技术和处理问题时应注意的事项；裁判员的临场经验和教训；裁判员临场时的心理和心理调节方法；记录台成员的工作程序和配合方法；我国部分著名国际裁判员的判罚经历和执法特点。书后还附有篮球裁判员临场和生活中常用的英语。（白艳）

G000306 **球星技术——青少年足球技术训练与测评标准** [英]ROBIN RUSSELL 著，杨一民编译。人民体育出版社 1998 年 6 月版。10 万字。12.00 元。由英国足总编写并用于指导英国青少年足球技术训练的教材。1995 年中国足协赴欧考察时，英国足总向中国足协推荐了本书。目前，中国足协已将本书定为中国足球教练员岗位培训辅助教材。本书不仅对现代足球比赛进行充分分析，进而归纳和提炼，而且侧重介绍了各年龄组如何测试与评价这些技术发展程度的方法与等级测评标准。本书内容既可在教练员的带领下有组织地练习，也可按书中提示自练、自测、自评，它适用于青少年足球教练员、教师、家长、运动员和足球爱好者。（孙静敏）

G000307 **太极梅花螳螂拳体用全书** 张炳斗著。山东友谊出版社 1998 年 9 月版。30 万字。30.00 元。太极梅花螳螂拳系明末陕西省淳化县王郎（即王文成）取螳螂的活动特点，集 18 家拳法精华编创而成。后传至山东，经历代拳师发展，形成了特点突出、风格别致、自成体系的拳种。它活动起来腿脚分明，手法阴阳相扣，上下肢时时旋转、划弧，很具太极拳的特点；上肢运动时四周环绕，出手成撮，招式像朵朵梅花。练功时，讲究意集神发，根固枝摇。技击方面，手脚并用，四面八方冲打或上下左右缠绕，横冲直撞，锤肘密布，连招带打。作者是在国内外享有盛誉的武术家、太极梅花螳螂拳一代宗师。6 岁起师从螳螂拳大师李昆山，全面继承了太极梅花螳螂拳拳技、拳理。后又遍习多家，取长补短，对该拳的拳路、

劲路进行了系统整理，形成本书格局。（王谦）

G000308 **少年武术** 陈占奎等编著。金盾出版社 1998 年 8 月版。21.2 万字。12.50 元。专门为 6 岁～17 岁的少年、儿童编写的武术普及读物。主要内容包括：武术运动发展概况、少年武术基本功、少年武术操、少年长拳、少年刀术、剑术及棍术套路等 7 个部分。每个项目的动作招势，都配有精美彩图或插图，有详细的动作说明和练习要点。（陈俊峰）

G000309 **中华武德名论** 朱少华著。解放军出版社 1998 年 12 月版。32.5 万字。26.50 元。收录自殷周至清代几千年间所积累的武德名言近 1 000 条。全书紧紧把握中华传统武德的深刻内涵，依传统武德名言的具体内容和思想逻辑层次分列为 9 章 32 节，从贵仁尚义、忠国利民、尚武精艺、尚勇治气、崇智善谋、严纪守律、和军一心、重将尚贤、贵教重养 9 个方面揭示了中国武德的丰富内涵。（郭莹）

G000310 **中华武德通史** 王联斌编。解放军出版社 1998 年 12 月版。36.8 万字。29.60 元。中国传统文化，不但重视发扬文德，而且重视发扬武德。所谓武德即是军事道德与军人道德。军事道德即作战时应遵守的道德；军人道德即作为将帅或士卒应遵守的道德。中国古代以军事为达到一定道德目标的手段，历代兵家都强调武德，这是中国文化传统的一项重要内容。本书则采撷了我国先秦诸子如孔子、老子、孟子特别是孙子及有关兵书的军事伦理思想精华，评价了历代著名政治家刘邦、曹操、诸葛亮、努尔哈赤等人的武德人格及治军实践，颂扬了留芳千古的民族英雄岳飞、文天祥、郑成功及太平天国等农民起义军的武德情结和风貌，还论及了近代先行者孙中山对中华武德文化的革命性创新，展现了异彩绚烂的武德思想瑰宝，拓宽和深化了传统军事文化研究，是对中国传统文化研究的崭新贡献，成为集学术性、知识性、通俗性于一体的新著。（郭莹）

G000311 **中国梅花桩全书** 燕子杰编。青岛出版社 1998 年 8 月版。60 万字。44.30 元。梅花桩古称梅花拳，由在 100 根树桩上练功而得名。梅花桩的极盛时代是 20 世纪初，在义和团反抗八国联军的斗争中，西方的坚船利炮毫不留情地摧毁了以梅花桩拳术为主要武器的中国人。梅花桩浸透了太多的中国传统文化印记。相传在远古时代的中国，有二种文化同时诞生，一是流传于今的《易》，其二就是梅花图。《易》由于孔孟的诠释而发扬光大，而梅花则在民间化为梅花桩而传播，成为中国文化神秘的一支。它独特的以武治心、内外兼练的文场武场，是梅花桩文化的精髓。梅花桩文理博大精深、细微奥秘，梅花桩武功讲究运用先天真元、后发制人，着力于开发智慧、启迪心灵。本书共 4 册，分专题详细、系统地阐述了梅花桩文理和武功原理，系统全面地再现了千年古拳的本来面目。全书穿插技术动作插图 2 000 余幅，原理和动作要领的交待简明准确。读者既可把其作为了解中华文化的一个窗口，如了解古代先贤们对世界的看法，又可把其作为学习梅花拳的必修教材。（高继民）

G000312 **牛春明太极拳** 牛筱灵等整理。浙江科技出版社 1998 年 9 月版。11.2 万字。12.80 元。本书所列拳架是秉承先师杨澄甫先生的拳式，并结合牛春明 60 年的教拳经验和体会而作，可以说是杨氏拳法套路的进一步引申和发展。力求从太极拳的身、眼、手、法、步等法引导学者循序渐进逐式演练，侧重拳架各个部位的姿式，配合插图进行解说，使架式正确，上下内外具皆合度，为据书教拳或据书学拳者提供参考。

G000314 **健身气功管理工作文件选编** 国家体育总局武术运动管理中心编。人民体育出版社 1998 年 6 月版。6.5 万字。8.00 元。分“法规篇”和“文献篇”两部分。法规篇包括“中华人民共和国体育法”、“全民健身计划纲要”、“关于加强社会气功管理的通知”、“健身气功管理办法”、“健身气功师技术等级评审办法（试行）”和中共中央、国务院颁布的“关于进一步做好宗教工作若干问题的通知”、“关于在清除精神污染中正确对待宗教问题的指示”。文献篇收录著名科学家钱学森和国家体育总局局长伍绍祖对气功的讲话和指示。本书政策性、指导性、操作性很强，是从事气功管理、科研、教学、宣传等方面工作的人员必备的工具书。（赵新华）

G000315 **普通高等学校武术教程** 林建华主编。厦门大学出版社 1998 年 5 月版。27.2 万字。14.00元。普通高等学校武术课教材，包括理论和实践两大部分。理论部分的内容包括：武术运动概况、武术发展简史、武术的特点与作用、武术技术分析。实践部分的内容包括：武术基本功与基本动作、拳术套路运动、器械套路运动、散打运动等。在编写过程中，参考了国内现有的多种武术教材以及有关的武术书籍、资料，吸收了最新的武术信息。（徐长春）

G000316 **王者之门** 副名：世界拳坛百年。杜文杰著。海南出版社 1998 年 3 月版。33.8 万字。24.80元。第二次世界大战前夕，罗斯福在白宫召见了乔·路易斯，深情地对他说：“乔，我们需要你这样肌肉丰满的人打败德国人”。这也许是拳击和政治最典型的一次联姻，而金钱，暴力，死亡则更是与拳击死死捆绑，如影随形。于是，这一个世纪以来，鲜血和钻石镶铸了拳王的金腰带，拳王却成了幕后操纵者把玩的摇钱树。拳击手与中间人、拳赛推广人、有线电视台之间在台前幕后展开了错综复杂的纷争夺利、弱肉强食，共同编织了一个世纪风云变幻的拳击历史。本书分为：“追溯”、“从沙利文到科贝特”、“抗争”、“黑手”、“拳击工业”、“死亡陷阱”、“暗色”、“拳坛红粉”、“好莱坞”、“百年风流”、“未来的拳击”、“附录”，共12章。(苏斌)

G000317　**巾帼围棋名局鉴赏**　吴玉林著。人民体育出版社1998年1月版。34万字。25.00元。内容包括：一、开创先河的孔祥明(第1、2局)；二、当今女子围棋第一人——芮乃伟(第3、4局)；三、喜获世界冠军的丰云(第5、6局)；四、遨游“宇宙流”的杨晖(第7局)；五、敢把“英雄”拉下马的华学明(第8局)；六、棋坛才女——张璇(第9、10局)；七、第2届“女名人”——徐莹(第11局)；八、第3届“女名人”——叶桂(第12局)；九、新科女状元——黎春华(第13局)；简谱(14—60局)。书中对获得过大赛冠军的9名女棋手的代表之作13局进行了详解。并分别介绍了她们的成长过程及在重大比赛中所创造的各项佳绩，以及47盘精彩棋局的简谱介绍。(石心平)

G000318　**中炮对屏风马布局高招**　王登亮等著。江西科学技术出版社1998年9月版。24.5万字。12.00元。着眼于现代棋艺的发展趋势，采取去粗取精、去伪存真的方法，归纳提炼古今象棋名家的部分成果和经验，详细介绍中炮对屏风马两头蛇、中炮对屏风马进3卒、中炮横车对屏风马进7卒、中炮直车巡河炮对屏风马进7卒、中炮直车对屏风马巡河炮、中炮直车对屏风马炮过河、中炮过河车对屏风马左马盘河、中炮过河车对屏风马平炮兑车、中炮过河车对屏风马、中炮缓开车对屏风马三步虎等。

G000319　**形形色色胜负手**　罗建文著。人民体育出版社1998年9月版。20万字。16.00元。“胜负手”是指当形势不利时采用的给对方制造麻烦的非常着手。作者对52局国际、国内重大比赛中的“胜负手”进行了精辟的评解。(石心平)

G000320　**象棋现代布局丛书**　王嘉良等编。蜀蓉棋艺出版社1996～1998年版。500万字。287.60元。已出版《过宫炮新编》、《士角炮新编》、《中炮对屏风马横车专集》、《中炮进三兵对屏风马》、《中炮横车七路马对屏风马》、《中炮对三步虎转列炮》、《中炮过河车对屏风马平炮兑车》、《中炮过河车对屏风马左马盘河》、《中炮对反宫马》、《中炮对单提马》、《中炮对左炮封车》、《五六炮对屏风马》、《五七炮对屏风马》、《五八炮对屏风马》、《五九炮对屏风马》、《中炮巡河炮对屏风马》、《夹马炮对屏风马》、《仙人指路》(上、下)、《顺炮全集》、《飞相局》21本，《偏锋炮》和《起马局》即将出版。该套书包涵了所有的象棋布局体系。特点是90年代中后期研究成果、大赛的最新变化尽收其中，对每一种布局研究透彻，介绍详细，具有较高的实战价值。(曾绍东)

G000321　**韩国围棋名局欣赏入门**　吴新宇、朱毅、周刚编著。湖南人民出版社1998年4月版。15.2万字/册。7.50元。14册。收入“围棋入门小套书”。韩国是世界围棋强国之一。本书精选了韩国著名棋手赵南哲、曹薰铉、徐奉洙、李昌镐、刘昌赫、崔珪昞、睦镇锡、崔明勋、梁宰豪等的有代表性的棋局共12局，对所选棋局进行了详细解说。(聂双武)

G000322　**韩国围棋畅销书系列**　人民体育出版社1997～1998年版。15万字/册。11.00元/册。包括6种14册，即：曹薰铉著《曹薰铉布局技巧》(上)、(中)、(下)，李昌镐著《李昌镐新手新型》(1)、(2)，韩国冲岩研究会著《围棋最新攻防变化》(1)、(2)，韩国围棋书院出版部编《欺着的攻与防》，曹薰铉著《曹薰铉最新定式》(1)、(2)、(3)，李昌镐著《李昌镐官子技巧》(1)、(2)、(3)。书中体现了韩国棋手的独特眼光和深入研究，无论是序盘、中盘还是尾盘都提出了许多新的见解，有些甚至是对传统围棋理论的挑战。本书对中国专业棋手有重要的参考价值。(范孙操)

G000323　**富士通杯围棋决赛精解**　程晓流著。人民体育出版社1998年1月版。20万字。18.00元。“富士通杯”世界围棋锦标赛是为职业棋手举办的世界大赛。从1988年第一届至1997年共举行了10届(每年一届)。作者详细评解了这10届的冠军决赛棋谱(10盘)，并介绍了每届比赛的背景和有关情况。作者是著名围棋评论家、写作家、围棋国手。(石心平)

G000324　**桥牌在中国**　《桥牌在中国》编委会编。蜀蓉棋艺出版社1998年9月版。19.5万字。14.00元。选登了邓小平同志以及党和国家领导人参加桥牌活动的10多张照片。分别记载了中央领导同志关心、支持、参与桥牌活动的情况。描述了中国桥牌队由一支弱旅，到跨入世界锦标赛强队之林的拼搏精神；简述了开展桥牌活动对促进社会主义精神文明建设、全民健身运动所起到的重要作用。全书分为“桥牌运动的春天”、“国内练兵，旨在提高”、“走向世界，参与竞争”3篇。（曾绍东）

G000325 **桥牌紧逼原理与实战运用** 许根儒著。蜀蓉棋艺出版社 1998 年 4 月版。19.4 万字。12.20元。首先介绍桥牌紧逼打法的基本原理，基本技巧，以及一些常用定式，然后列举了世界上一些重大比赛中各国优秀选手在实战赛场上打出来的精彩紧逼牌局。（徐文惠）

G000326 **桥牌教室** 《桥牌教室》编写组编。蜀蓉棋艺出版社 1998 年 3 月版。24.6 万字。15.00 元。吸取世界各地优秀桥牌教材的精华，分“入门阶段”、“初级阶段”、“提高阶段”3 篇 9 章，针对桥牌的难点、疑点进行讲解，能起到“一点通”的作用。（曾绍东）

G000327 **香港百年纪念邮票** 陈汉粱编著。东方出版中心 1998 年 7 月版。19.5 万字。插图 26 幅。32.00 元。详细介绍香港自开埠至 1997 年所发行的纪念、特种邮票，共 158 套。印有全部这些邮票的彩色插图。叙述每一套邮票的发行背景及有关的趣闻逸事，并附有参考价格。（张志华）

G000328 **敦煌壁画与邮票** 姚忠编著。甘肃人民美术出版社 1998 年 6 月版。48 万字。98.00 元。邮电部自 1987 年至 1996 年先后发行了敦煌壁画特种邮票 6 组，共 27 枚邮票（包括 3 枚小型张），均选自敦煌莫高窟壁画的代表作，透过这些邮票可以观赏到敦煌壁画的微缩景观，窥视到敦煌历史兴衰的轨迹。本书内容包括：敦煌飞天、敦煌菩萨、壁画故事、帝国将相图、社会生活等 5 部分。对敦煌艺术作了较详实的文字介绍，微观上对每张敦煌壁画特种邮票作了说明。（刘云石）

G000329 **新中国邮票鉴赏大典** 李天民主编。南方出版社 1998 年 8 月版。82.4 万字。188.00 元。汇集中华人民共和国建国至 1997 年发行的各类邮票的图谱，并附以有关数据及鉴赏文字，图谱全部为原大。每套邮票都附有鉴赏文字。（于明江）

G000330 **七彩香烟牌** 王鹤鸣、马远良主编。上海科学技术文献出版社 1998 年 4 月版。24.5 印张。268.00 元。香烟牌，源于 19 世纪中末期欧美诸国、日本，盛行于 20 世纪二三十年代的中国，在中国近现代经济发展史上，作为一种特定的文化载体和文化现象，同样具有丰富的史料研究价值、学术研究价值和审美鉴赏价值。本书以上海图书馆珍藏的 3 万余张香烟牌子中整理和精选出 3 000 多张汇编而成。全书分行业百态篇、民俗风情篇、戏剧电影篇、文学故事篇、妇女儿童篇及时事新闻篇 6 大篇，其中不少香烟牌弥足珍贵。（沈美新）

G000331 **个人收藏（古玩类）** 秦勇、周汉编著。河北人民出版社 1998 年 2 月版。22 万字。15.00 元。介绍各类古玩的收藏和鉴别知识。古玉器：玉器的沿革、玉石的种类、玉器造型、玉器的加工和装饰艺术、玉器的鉴别；青铜器：青铜器的历史、青铜器的种类、青铜器的铸造和装饰艺术、青铜器的鉴别和收藏；古陶瓷：古陶瓷的历史、古陶瓷的种类、古陶瓷的造型、古陶瓷的制作、古陶瓷的装饰工艺和款识、古陶瓷器物的鉴别；古旧书画：书法和绘画艺术的产生和发展、书法和绘画作品的格式、古旧书画的作伪和鉴别；古钱币：古钱币的沿革、古钱币的铸造、古钱币的分类、古钱币的鉴定、古钱币的除锈和保存；碑帖、古笔、古墨、古纸、古砚、其他文房用具、古印章、鼻烟壶、景泰蓝的收藏与鉴别。个人收藏品的分类、登记、排架、编目，个人收藏品的橱柜存放、温度和湿度控制、防光、防污、防虫、防霉、存取小心和运输精心包装，个人收藏品的出让等。（周建图）

G000332 **个人收藏（现代品）** 张晓编著。河北人民出版社 1998 年 12 月版。37 万字。18.00 元。叙述的收藏品种以集邮、集币和集卡为主，其他如黄金和珠宝、股票认购证、各种票证、企业金卡、报刊、图书、连环画、地图和旅游图、信封、书签、火花、烟标等也作了简单介绍。集邮：邮票基本知识、邮票投资程序、邮票投资的收益与风险、邮票投资技巧及策略、珍稀邮票简介等；集币：中国近现代非贵金属硬币、流通纪念币、非流通纪念铜币、金银币等的收藏；集卡：电话磁卡产生和种类、发展方向，电话磁卡市场的形成、发展历程，电话磁卡的投资价值、投资方向、投资原则等。附有部分邮品 1997 年核算价和近年来市场行情表、新中国珍邮排行榜、电话磁卡 1997 年至 1998 年底市场行情表。有北京、上海、沈阳、成都等地收藏品市场情况介绍，部分邮币卡热门品种在 1997 年各市场上的表现。本书最后一部分从投资的角度对邮币卡品种进行了综合比较。（周建图）

G000333 **中国花钱集藏指南** 董大勇编著。西北大学出版社 1998 年 2 月版。23.8 万字。18.00 元。一般来说，花钱指古代除一般流通货币外，形制不规范，铸行量不大，无固定比值，历代食货志无明确记载的钱币，包括吉语钱、洗儿钱、撒账钱、仙道民俗宗教钱、商业利市钱、殉葬钱、上梁钱、赐赏钱、工艺观赏钱、诗书画钱。花钱价值判断主要依据其历史价值、艺术观赏(铸造工艺)价值和币材价值。从整体上说,花钱的数量少于流通钱,所以它的价值应高于同时代的流通钱。该书是一部全面研究花钱的专著,所涉猎的内容非常广泛,不但包括历史、货币、经济等学科知识,而且涉及书法篆刻、诗词、民俗、宗教等专门知识。(王红岩)

G000334　**北京图书馆藏书票**　孙蓓欣、李致忠主编。北京图书馆出版社 1998 年 12 月版。64 页。480.00 元。为纪念北京图书馆建馆 90 周年发行的珍版藏书票,也是中国国家图书馆首套藏书票。以中国历代皇家藏书印鉴作为主题,精选馆藏宋、元、明、清四朝皇家藏书印鉴 29 枚,配有馆藏珍贵善本真迹。本书票全部为 CAD 版,限量(3 500 套)、编码毁版发行。书前有《公证书》、中英文前言、中英文目录、《北京图书馆藏书票收藏证书》。(卢玉荣)

G000335　**最新流行麻将战术**　李志顺、王成槐编著。人民体育出版社 1998 年 10 月版。20 万字。18.00 元。内容包括:一、花样集锦;二、听牌技巧;三、理牌要领;四、临场巧战;五、牌战胜诀;六、花样战术;七、新潮打法;八、高等战略;九、谨防作弊;十、牌谱术语。(石心平)

H　语言、文字

语　言　学

H000001　**文化语言学发凡**　张公瑾著。云南大学出版社 1998 年 12 月版。22 万字。18.00 元。文化学与语言学交叉研究进行新理论建设的开拓性学术著作。分为"理论篇"、"应用篇"、"背景篇"3 部分。"理论篇"依据语言文字的普遍事实,就文化语言学的基本理论进行系统阐述;"应用篇"将上述理论应用于中国民族史、少数民族语言事实、民族古籍整理研究和民族语文建设实际,重点展示文化语言学的应用价值和现实意义;"背景篇"就文化语言学产生的思想准备和事实依据提供了翔实的背景材料。(李森)

H000002　**能说会道——劝说的艺术**　[英]彼得·汤姆森著。国际文化出版公司 1998 年 8 月版。16 万字。16.00 元。能说会道巧言善辩是社交的基本功夫,无论是官场斗智、商战争雄,也无论是同事相争、夫妻反目,凡能言善辩者机锋所至,敌我之间可化敌为友;朋友之间可尽释前嫌;夫妻之间可破镜重圆,这就是劝说的艺术。英国著名心理学家彼得·汤姆森在书中详解社交言辞的技巧和诀窍。

H000003　**模糊语言学论集**　张乔著。大连出版社 1998 年 4 月版。13 万字。25.00 元。语言学论文集。模糊语言学基于模糊集理论,是介于自然科学与社会科学之间的一门新兴的边缘学科。它一反传统语言学一味追求精确的倾向,为处理大量存在的模糊语言现象提供有效而实用的方法。本书收入作者从事模糊语言学研究的论文 8 篇,这些论文将模糊集理论和方法运用到语言学研究领域,对现实语种存在的模糊语言问题加以科学的分析,并提出具体的处理方法。开篇的《模糊语言学综述》一文,评述了当前国内外模糊语言的研究现状和发展方向;讨论了模糊语义、句义、变异性以及在对外汉语教学中如何处理模糊性及模糊语言的形式化等问题;结尾的一篇英文论文讨论的是模糊、含糊、概括和歧义这四个概念之间的区别。其中《模糊性与对外汉语教学》和《汉英概数的比较》两篇论文,以汉语和英语两种语言为例,通过对汉英量词的模糊语义进行对比分析,提出汉语教学特别是对外汉语教学中如何处理语言的精确性、模糊性和独特性问题及方法,得出汉英概数的语法结构的不同并不一定意味着语文和语用功能的不同这一具有建设性的结论。(侯立杰)

H000004　**卡耐基妙语金言**　[美]卡耐基著。国际文化出版公司 1998 年 2 月版。19.1 万字。15.00元。以语录的形式,精选美国著名管理大师卡耐基关于为人处世、生活工作、读书学习、爱情婚姻以及理财经商等 8 个方面惊世骇俗的妙语警句,教你用一种全新的思维、角度和方式去思考问题和处理事物。

H000005　**新编外国名言辞典**　奇峰、戈匕选编。大连出版社 1998 年 10 月版。41 万字。20.00 元。

以名人为经，以其言为纬，着重选取那些为我国读者不熟悉的外国名人名言，如日本的小泉信三、英国的柯尔曼、希腊的尤里披蒂、法国的仑纳德、古罗马的赫瑞斯、澳大利亚的叶欣巴哈等人的名句，均有收录。书中增加了一些同类书少见的分类，如时间、自然、仪容、家庭教育、哲学、心灵等。（徐彬）

H000006 **文体与翻译（增订版）** 刘宓庆著。中国对外翻译出版公司 1998 年版。45 万字。28.80 元。“翻译理论与实务丛书”之一。初版于 1986 年，1998 年推出增订新版。深入分析新闻报刊文体、论述文体、公文文体、描述及叙述文体、科技文体、应用文体的修辞特点，在此基础上结合语义、句法、语用详细讲解各文体的翻译方法。（罗进德）

H000007 **翻译与人生** 周兆祥著。中国对外翻译出版公司 1998 年版。7.20 元。讨论翻译工作在社会和个人生活中的意义，阐发翻译工作者在新时代如何树立和发扬敬业精神，把翻译工作从单纯的技术性操作和谋生糊口的手段提升到社会责任和历史使命的高度，并将此种敬业乐业的精神落实到日常翻译实务的具体环节之中。作者的许多观点看似陌生超前，但是在信息革命和市场经济的背景下，又予人以切实可信之感，翻译从业人员可以从中体会专业化译员做人做事的一些具体办法。收入“翻译理论与实务丛书”。（罗进德）

H000008 **翻译思考录** 副名：中华翻译研究丛书之五。许钧主编。湖北教育出版社 1998 年 11 月版。42.7 万字。27.00 元。翻译思考的内容是丰富的：有形而上的，也有形而下的，有宏观的，也有微观的。翻译思考的角度是多种的：有历史的、文化的、社会的、语言的，也有美学的、哲学的。而思考的形式更是不拘一格的：有系统的、逻辑的，也有偶感性的、顿悟性的、启发性的。归结起来，翻译思考应当是自由、闪光、多彩的。编者基于这样一种认识和原则，收录了从 1987—1997 十年来我国知名学者、翻译家、作家、文学评论家对翻译的思考文章，其中有部分文字是专门约写的。该书由上、中、下 3 编组成。上编为“翻译纵横谈”，着重翻译的宏观思考；中编为“翻译艺术探”，着重文学翻译的思考与探索；下编为“翻译理论辨”，着重翻译的理性思考。全书注重翻译思考角度的新颖、探讨的深度和文字的生动性。（唐瑾）

H000009 **翻译理论与实务丛书** 中国对外翻译出版公司 1998 年版。翻译理论与技巧类图书，共 10 种。包括《英汉翻译津指》，陈生保编著；《等效翻译探索》（增订版），金隄著；《中国翻译简史——“五四”以前部分》（增订版），马祖毅著；《翻译与人生》，周兆祥著；《因难见巧——名家翻译经验谈》，金圣华、黄国彬主编；《文体与翻译》（增订版），刘宓庆著；《汉英科技翻译指要》，冯志杰著；《法窗译话——法律翻译絮谈》，陈忠诚著；《文学翻译十讲》，刘重德著；《英汉比较与翻译》（增订版），陈定安编著。（罗进德）

H000010 **英汉哈词汇** 帕丽哈编。新疆人民出版社 1998 年 12 月（哈萨克文）版。13.3 万字。12.00元。根据“英汉词典”和许国璋编的“英汉辅导”为基础编译。收词 8 000 余条，包括英语字母表、国际音标等。（阿扎马提）

H000011 **辞书学纲要** 赵振铎著。四川辞书出版社 1998 年 3 月版。14.6 万字。7.00 元。普及辞书学基本知识的专著，重在讲授一般辞书学原理和编纂方法。分为导言和 4 章，在导言中，阐明辞书的性质、特征，对辞书学的对象、任务作了界定。第一章辞书的类型将辞书分为语文性词典和百科性词典两大类，指出它们各有特征。第二章研究辞书编纂的规律和方法，从收词、注音、释义、举例、插图、相关照应、附录 7 个方面阐述其原则，指出应根据所编图书性质、规模、读者对象的不同，作不同的要求。第三章论述规划、组织工作和资料建设，指出应建立一支稳定的作者队伍来从事辞书的编纂及修订。第四章说明评估的重要性和如何进行辞书评估，对“捧场风”作了抨击。（王祝英）

H000012 **公关语言学** 李济中、张盛如著。北京工业大学出版社 1998 年 2 月版。26.5 万字。16.00元。对公关语言学这门新兴学科从理论上作全面、系统的论述，对公关语言学的研究对象、内在规律、运用技巧、实践特点等作详细阐释。在理论论述时，列举一些典型公关实例，具有很强的实践指导意义。每章后有思考练习题。（刘学宽）

H000013 **面向 21 世纪外语教学论——进路与出路** 范谊、芮渝萍著。重庆出版社 1998 年 6 月版。24.2 万字。20.00 元。从学习论、教学法和教育管理三个角度探讨了外语教学理论与实践的一系列基本问题。其基本理念是：要确定如何教，必须首先科学地认识如何学。本书分为 14 章，正文分成 3 部分：外语教学理论与原则、课堂教学方法与模式、教学热点问题讨论。第一部分根据国内外新近研究成果，着力揭示外语学习的本质和特点，从理论上阐释外语学习的心理机制。第二部分着眼于外语教学的实践环节，深入讨论外语应该怎么教。第三部分通过对大学英语课程设置、教材编写、考试内容等方面的讨论，提出了一系列面向21世纪外语教学改革的思路和操作办法。本书按国际惯例引注，信息量大。(余国枢)

汉　语

H000014　**汉语史研究集刊(上下)**　四川大学汉语史研究所编。巴蜀书社1998年7月版。49万字。49.00元。四川大学汉语史研究所为纪念张永言、赵振铎、向熹3教授70华诞所出的纪念专辑。全书收入汉语史研究的最新成果计39篇，均为三先生弟子的力作。内容涉及音韵、词汇、文字、训诂、语法、方言等方面。从全书的研究风格看，体现了"蜀人治学"朴学风格，去藻饰，讲求扎实的基本功，强调先读书，后做学问。其中如《从新石器时代晚期的考古文化论原始汉字的产生》(经本植)、《汉语俗字丛考》(张涌泉)、《专有名词散论》(伍宗文)、《论中医文献对语文辞书编纂的价值》(张显成)、《佛教汉语的"时"和"时·时"》等文，对开拓古代汉语的研究领域具有启示作用；《"大家"称妇人时的意义和读音》(俞理明)、《说"福"》(雷汉卿)体现了从社会性的角度研究古汉语；《从士民迁徙看现代四川方言词语的形成》(黄尚军)、《成都话与诸汉语方言的亲疏关系》(崔荣昌、杨梅)、《〈陈宋淮楚歌寒对转考〉补订》(汪启明)、《广西思介闽南话记略》(李玉)则从方言的角度研究汉语史；《古汉语宾格主谓结构的划界》(刘利)、《左传名词在前八公和后四公里的差异》(张文国)则是语法方面的力作。(汪启明)

H000015　**李新魁教授纪念文集**　《李新魁教授纪念文集》编辑委员会编。中华书局1998年8月版。44.2万字。43.00元。语言学家李新魁在音韵学、方言学、语法学等方面有较高的造诣。本书是他的学生为纪念他逝世一周年而编辑出版的文集。文集分3部分：第一部分是"李新魁教授生平大事记"、"李新魁教授主要著述目录"及李新魁未发表过的两篇有关语音的论文。第二部分是李新魁的亲友、学生所写深切悼念、回忆李新魁的文章。第三部分是一些著名语言学家所写的论文，内容涉及音韵学、方言学、少数民族语言学、古文字学、语法学、词汇学等语言学的各个学科，多为首次发表，具有较高的学术水平。(王勉)

H000016　**实用新闻语言**　孙国平编。民族出版社1998年8月版。25万字。21.80元。为培训新闻从业人员文字编辑能力而撰写的教科书，也是一部以新闻语言为对象论述语言规范的专著。分为正字、遣词、造句3编，较全面地列举新闻语言中常见的错误，并提出改正的方法，对每一类语言错误的评析都上升到相应的理论高度，分析评述采用语法理论同逻辑理论相结合、又重在逻辑分析的新视角、新方法，具有较强的实用性。本书在体系的建构上，打破一般汉语著作的体系框架，从实际出发，创建了自己的体系，重点抓了与新闻媒体密切相关的文字、词汇和语法3个部分，而在每个部分的论述中，既照顾到基础理论的系统性，又做到重点突出。例如对出现错别字的原因、纠正错别字的途径和方法的论述，对数量词、介词、连词等的特点及运用规律、方式的分析论述，对句法结构、复句特点与运用等的分析论述，都很透彻、精到，有许多自己的创见。书末附录国家新闻出版署《出版物上数字用法的规定》、《标点符号用法》两份文件，并作了诠释。(傅肇霞)

H000017　**广播电视系列教材 普通语音发声简明教程**　林鸿著。浙江教育出版社1998年5月版。22万字。11.25元。讲授语音发声基础知识的普及读物，高等院校广播电视播音(主持)专业的教材。提供的理论和方法可在严格的语言训练过程中，根据自己的感受灵活运用。它将在汉语普通话的推广和语音规范、在艺术语言表达功力提高方面提供有效帮助。

H000018　**古代汉语**　人大古代汉语教研室编。中国人民大学出版社1998年1月版。87.8万字。43.50元。结合古汉语文选讲解古汉语知识，分上下册，各包括6个单元，每单元均由文选和知识两部分组成。文选以散文为主，取材于先秦诸子散文，每一单元的文选基本是按文体和时代先后编排。第六、十二单元为"古书原著选读"。凡是收录的文章，对其作者和相关的书都作了简要的介绍。古代汉语知识部分主要介绍一些语言方面的知识，其中包括一些与阅读文章有关的其他方面必备的基础知识。知识部分所选的语言材料力求和文选内容相配合。

H000019　**二十世纪的中国语言学**　刘坚主编。北京大学出版社1998年版。70万字。45.00元。1898年《马氏文通》的出版，1899年甲骨文和敦煌藏经洞的发现，为中国语言学带来了新视野，把它引向了现代研究阶段。本书分19个分支学科，按先传统学科，后新兴学科排列，以显示发展脉络：汉语音韵学(唐作藩、耿振生)、汉语训诂学(何九盈)、汉语文字学(裘锡圭、沈培)、古汉语语法学(李佐丰)、近代汉语(蒋冀骋)、中国历史语言学(徐通锵、陈保亚)、中国语音学和语音研究(王理嘉)、现代汉语词汇学(晁继周)、中国现代语法学(马庆株、项开喜)、汉语方言学(王福堂)、汉语修辞学(宗廷虎、吴礼权)、汉语言文字规范(傅永和)、对外汉语教学(吕必松)、中国少数民族语言文字研究(孙宏开)、中国普通语言学(石安石)、汉语语音的描写实验和解释(林茂灿)、中国话语语言学(沈家煊)、中国数理语言学(冯志伟)、中国社会语言学(陈章太)。在总结成果、展望未来的同时,也批评部分论著中表现出的重复研究和引用别人成果不加注明的现象。(胡双宝)

H000020 **现代汉语纲要** 李忠初主编。湖南教育出版社 1998 年版。34.5 万字。21.90 元。绪论介绍了现代汉语的性质和特点,然后分语音、汉字、词汇、语法、修辞 5 章,分别论述了现代汉语语音、词汇和语法三要素,以及汉语的书写符号系统——汉字和使用汉语的艺术——修辞。(孟可文)

H000021 **中国语言文字学史料学** 高小方编著。南京大学出版社 1998 年 3 月版。41.3 万字。21.00元。中国语言学史料学,就是将目录学和中国语言学史有机地结合起来的一门科学。全书分 15 讲:书目的利用,丛书举要,语音学史料,词汇学史料,语源学史料,方言学史料,注释学史料,语法学史料,修辞学史料,文字学史料,类书中的语言文字学史料,历代笔记中的语言文字学史料,语文教育史料,语文研究方法史料,历代语文学者及其著述综表。(范瑜)

H000022 **古籀汇编** 徐文镜编著。上海书店出版社 1998 年 4 月版。476 幅图。60.00 元。根据商务印书馆 1934 年出版的《古籀汇编》影印出版。收录自甲骨文、钟鼎、石鼓文、秦汉吉金文字、古玺、古匋、古币、古兵器上的各类文字汇编而成。对于认识秦统一文字前的各种书体演变轨迹,以及用于篆刻查检、识别参考有很大价值。(陈其瑞)

H000023 **古篆文部首** 康殷著。中国友谊出版公司 1998 年 8 月版。208 幅图。49.00 元。以构成古文的部首为主,构成篆文的部首为辅的一本书。按照许慎《说文解字》的部首顺序编写。修正了许氏由于时代局限性对中国古文字研究的偏颇,阐明作者对古文字偏旁部首的研究观点。用偏旁部首的演变,说明古文字的溯源起始到古篆文的历史过程。全书均由康殷手书篆头和全部文字,篆头部分实为康殷书写古文字的精髓,是学习书写古篆文的范本。文字部分也是习字佳帖。(孙以年)

H000024 **汉语语源义初探** 殷寄明著。学林出版社 1998 年 1 月版。21.6 万字。13.50 元。探讨汉语语源义的专著。作者运用现代语言学的先进理论和相邻学科的新思想,在充分占有资料的基础上,成功地运用文字学、音韵学、训诂学、语源学、文化学等多学科,多角度地对汉语的语言文字现象进行考察,以语词的音义关联切口为突破口,从书面语的词义发生学角度,倡议"语源义"之说,对语源义的界域、成因、性质、特点、运动发展及其结果,作了首次的、全面的理论阐述,提出并解决许多宏观和微观的问题,如汉字模式、汉语单音词本义的内部构成及其推求、汉语同源词的判定标准和系联原则、训诂实践中的词义推断方法、古代文化研究过程中的语言材料分析等等,由此提出了他自己的一系列新颖而深刻的学术观点,对于汉语语源义的研究和汉语科学的发展,必将产生较大的影响。(雷群明)

H000025 **反义词写作应用词典** 鲍克怡编。江苏教育出版社 1998 年 8 月版。32 万字。16.00 元。从语言活动的反义角度帮助读者提高语言表述效果的工具书。共收入字、词、成语约 3 000 条,每个条目下包括注音、释义和用例。本词典所收录的条目,包括了反义词和对举词,包括了意思相反或相对的成语,甚至有自由词组,每组反义词没有采用常见的一一对应的形式,而是针对不同的义项,尽可能多地提供丰富的反义词;同时,本书用例多采用通俗易懂的佳句、名言,简约优美,既是鉴赏,更能启发读者在写作中应用。(时嘉)

H000026 **汉语成语小词典** 北京大学中文系编。商务印书馆 1998 年版。35.2 万字。10.50 元。在第四次修订本的基础上,全面修订重排。增收部分常见成语,共收成语 4 076 条;删改和调换已不合时宜的例句;对异读字,按照《普通话异读词审音表》(1985 年 12 月修订版)的规定,作了订正;对个别体例进行了调整,使之规范;改正错字。本词典附有汉语拼音排列的音序表,另外附有按汉字笔画排列的条目笔画索引。(许振生)

H000027 **汉语成语词典(修订本)** 宋永培等编。四川辞书出版社 1998 年 3 月版。120 万字。34.00元。在 1994 年初版的基础上进行修订。纠正初版中的一些硬伤性错误;增收一些条目,全书总条目数为 14 243 条;修订本对每条成语都逐字注音;释义较初版更加完善和准确;对参见条逐一标注页码,查检起来更加方便。(冷玉龙)

H000028 **汉语典故词典** 马君骅、于石等编。

汉语大词典出版社1998年12月版。54万字。20.00元。共收典故约1 000个,立词目3 700余条,常用常见典故尽收其中。正文前附有词目音序索引。本书体例编排新颖独特,典源叙述浅显易懂,解释词义准确贴切,例句则大多采自名人名句名言,兼顾大中学生的语文学习及课外阅读。(陈翔燕)

H000029 **成语用法大辞典** 史有为主编。大连出版社1998年1月版。272万字。132.00元。共收集常用汉语成语、熟语、习惯语、俗语等1万多条,其主要义项有:①进行成语语法分类,按名词性、谓词性、副词性等提供语法功能分类;②分析成语语法结构,提供成语语法结构表达式;③按成语语义分类,提供语义分类检索;④注明语源或书证;⑤诠解成语本义、转义及难字义;⑥按《汉语拼音正词法基本规则》提供成语标准拼写式;⑦辨证正误成语及近义成语异同;⑧指明读音或词形方面的注意事项;⑨指明成语的语体色彩、贬褒色彩及搭配特征;⑩按用法提供各类例句;⑪提供近义(含同义)成语;⑫提供反义(含准反义)成语;⑬设置"成语逐字音序索引",解决模糊记忆者的困难;⑭提供笔画索引;⑮设置"首字音序索引"。(胡孝纯)

H000030 **成语速记脑力操** 陈赤编著。少年儿童出版社1998年7月版。10万字。10.00元。收录常用成语2 000条。词条采用首尾连缀的方法,把首尾字相同的成语连接在一起,形成每组5条的形式,进行编排,帮助读者速记、巧记、熟记成语。可按"音序检索表"或"笔画索引表"查阅任何一条成语。附有"容易读错的成语"、"容易写错的成语"。(洪祖年)

H000031 **格言四种** 袁朝著。湖北辞书出版社1998年版。34万字。16.80元。结集4部明清格言集:陈继儒《安得长者言》、吴从先《小窗自纪》、金缨《格言联璧》、王永彬《围炉夜话》,内容关涉修身养性、为人处世等多方面。(刘丹)

H000032 **群经百子名言类典** 张立华编撰。中国青年出版社1998年6月版。98万字。58.00元。集我国古代经书、子书名言精华,按类编排的大型工具书。收集名言7 000余条,选自百余种古代经书、子书;按内容分为14大类、204小类;每条名言均有白话译文,有些还做了简要注释。有"类别"和"条目音序索引"两种形式的目录,便于检索。书后附有"群经百子简介",对引用典籍做集中介绍。这些名言,反映了中华民族先哲的哲思睿智,其政治经验、处世思想、人生体味、道德思考,无不对今人有学习、借鉴的巨大价值和积极意义。(刘艳丽)

H000033 **厦门成语** 姚景良编撰。鹭江出版社1998年7月版。13.6万字。10.10元(平),17.10元(精)。"厦门文化丛书"之一。辑录厦门方言成语,分为两大类:一类是现代汉语中习用的成语,这些成语在厦门方言区也经常使用。作者对这一类成语,有的进行简要解释,指明其来源或出处;有的从形式结构或语义差异等方面与闽南方言作对比分析。另一类是厦门方言中特有的成语。作者以丰富的材料分析了文白异读在成语中表现的语义功能或语法功能,这对了解厦门成语很有帮助,也为闽南方言研究提供了宝贵的语音资料。

H000034 **汉语的句子类型** 范晓主编。书海出版社1998年2月版。29.2万字。18.00元。运用"三个平面"的理论和方法来描写和解释现代汉语句子类型的一部力作。论述十多种句型、句模和句类的区别和联系,勾画出现代汉语的句子类型系统,着重讲述汉语句型及相关问题,对一些重要的常见的句类进行解剖与分析。每一章节先讲理论,再大量举例分析,最后总结。(孔庆萍)

H000035 **汉语语法学** 张斌著。上海教育出版社1998年7月版。20.6万字。12.00元。作者提出建立汉语语法学体系完备的思路,在研究符号学、信息学、系统学、心理学、语言学等现代科学理论和方法的特点基础上,对于语法界关注的语法分析中许多难缠的问题和一些语法关系的新概念,作出辩证的解释,并用汉语事实予以说明。本书分4个部分。第一部分说明汉语语法的特点和语法分析的问题。作者认为,讲特点重在比较,因而该书开篇即把汉语和印欧语系语言相比较;现代汉语和古汉语相比较;普通话和方言相比较,其中着重比较古汉语和现代汉语。第二部分从现代科学的角度考察汉语语法。现代科学很重视高层次学科的理论和方法对低层次学科的指导作用,同时也提倡各学科互相渗透,由此开拓新的研究领域。正是在这种背景之下,汉语语法研究不断获得新的发展。第三部分说明的是对汉语语法的理性认识问题。人们通常在实践中通过"试误"掌握语言的结构规律,主张从反复试验中获得知识,而汉语语法学要说明的是"领悟",即综合的、理性的认知,认为理性认识十分重要。汉语的节律与结构的关系十分密切,这也正是汉语语法的特点,汉语语句的节律表现在各种文体中,但诗歌更集中反映了其中的奥秘。第四部分谈方法和应用,从总体上加以论说。方法是材料和理论的中介。如何运用方法，这就是应用。(狭义的应用则指的是教学)附录部分包括："汉英术语对照"、"我对40年来现代汉语语法研究的一些看法"、"空和空位"、"疑问句四题"、"关于词典标明词性的问题"、"与句群分析有关的几个问题"、"关于'有'的思考"、"望道先生给我的启示"等。(何莉雯)

H000036 **现代汉语配价语法研究(第二辑)** 袁毓林、郭锐主编。北京大学出版社1998年版。27.5万字。16.00元。1978年中国语言学家朱德熙在一篇论文里提出了动词的"向"即配价理论，推动了汉语语法的研究。20世纪90年代初，因引入50年代初期法国特思尼耶尔(L. Tesnière)的配价说(Valency/Valenz)而重新引起语法学者的关注。1995年北京大学出版社出版了由沈阳、郑定欧主编的《现代汉语配价语法研究》，收入12篇，除了讨论原则、方法等问题之外，主要讨论二价名词(袁毓林)、双价形容词(张国宪)、被字句(王静、王洪君)、位置句中的动词(齐沪扬)、动结式述补结构(王红旗)、述结式(郭锐)、致使动词(邢欣)、双音节V+N(邵敬敏)、"占位NP"与"分裂NP"(沈阳)等的配价问题。1995年底在北京举行了配价语法讨论会。"第二辑"为这次会议的论文集，收文16篇，新的题目及作者有结果动词的向(吴为章)、交互动词(张谊生)、动作类二价动词(戴耀晶)、名词的指称性质(张伯江)、单向动词(周国光)、动介式组合体(范晓)、语义计算(陆汝占、靳光瑾)等，郑定欧提出了把字句工作单的设计单，还译载了法国学者莫里斯·格罗斯(Maurice Gross)的《词汇语法概述》(孙卫宁译)。两本文集作者大多为中青年学者，较多地运用了现代语言学的方法。北京大学中文系教授陆俭明先后写序，评点了其中一部分论文。(胡双宝)

H000037 **《颜氏家训》词汇语法研究** 周日健、王小莘主编。广东人民出版社1998年8月版。20万字。18.80元。共14部分：《颜氏家训》词汇概貌、反映魏晋南北朝时代色彩的新词、词汇中所反映的魏晋南北朝时期的新义、沿古的词和词义。从《颜》书看魏晋南北朝词汇在汉语史中的承传作用、同义词语研究、反义词语研究。从《颜》书看魏晋南北朝汉语词汇的几个特点、复音词的构成方式、实词用法综述、虚词综述、《颜》书中的几种句式、注译及标点商榷、《颜》书词典。本书全面展示《颜》书的语言状况，并以汉语的历史发展为纵坐标，魏晋时期的语言为横坐标，纵横结合，观察魏晋南北朝的语言风貌，探究某些语言现象的历史嬗变。(黄彦辉)

H000038 **汉语用词不当辨析手册** 安汝磐、赵玉玲编著。金盾出版社1998年2月版。31.0万字。10.00元。小型语文工具书。共收词条(含少量常用易错的词素和短语)1 122条。每条词条包括：词形、注音、正例、误例和评析5部分。正例大部分选自名家名作，误例全部选自书报杂志。少数非单一词性的词条加注了词性。书末附有两个附录：浅谈用词不当和常用标点符号用法简表。(侯迁)

H000039 **中国写作教育思想论纲** 潘新和著。人民教育出版社1998年2月版。27.5万字。14.30元。系统研究中国写作和写作教育思想的专著。对自先秦至现代的写作和写作教育思想的浩翰历史资料做了重新梳理和审视，并对每一历史阶段的文献都做了原创性的科学抽象，得出独特的第一手的结论，诸如庄子"道法自然"的自然主义，墨家"论求群言之比"的理性主义，荀子"正名而期，质请而喻"的唯物主义，王充"疾虚妄，归实诚"的功用主义，刘勰"征圣、宗经"的古典主义，韩愈"闳其中而肆其外"的复古主义，乃至曾国藩"行气为文章第一义"的主体性写作思想，等等。本书从当代写作学的立场对复杂的写作现象和古代至现代的写作理论给以命名，归纳出中国写作学的系列的术语和范畴，摆脱了写作学研究历来追随相邻学科、依附于文学理论和认识论哲学而缺乏写作学自身的独立价值取向的倾向，在研究写作学自身规律的基础上，建构了写作学自身的学科理论。本书对于中国古代和现代的经典写作理论的阐述，多有警策之处。其中对于《文心雕龙》的论述，以雄辩的质和量的分析，阐明了《文心雕龙》就其本来面目来说，是一部写作学理论著作，而不是一部文学理论著作，从根本上动摇了《文心雕龙》基本上是一部文学理论著作的传统观点；尤其是对梁启超、夏丏尊、朱光潜、叶圣陶等先生的写作思想的阐释，不仅具有写作学术的理论意义，更具有现实的实用价值。(谭桂声)

H000040 **写作思维训练学(议论性文体)** 谢志礼、李德龙著。语文出版社1998年10月版。37万字。20.00元。分两编：上编侧重于对议论性文体写作基础理论的探讨和分析，侧重于作为训练性文体而存在的议论文写作的有关理论分析；下编为全书的重点，阐释议论文的写作、训练的模式定位和思维训练。

H000041 **礼仪文书写作** 范照明、谢玲编著。华南理工大学出版社1998年8月版。12.9万字。8.50元。收入"当代公文写作丛书"。内容包括两方面。一是礼仪文书写作知识,二是礼仪知识。前者12章,包括书面往来的邀请类、迎送类、喜庆类、慰吊类、公关类。每章除介绍文种特点和写作要求外,还附有两篇例文,供读者对比参照。后者共4章,介绍礼仪活动中的仪表服饰、语言表达、迎送与陪伴宾客的行为规范及对上下左右的称谓用语等。(罗月花)

H000042 **机关企业常用文书写作** 林炳良、黄世雄编著。华南理工大学出版社1998年8月版。12.6万字。8.50元。收入"当代公文写作丛书"。把机关工作中的常用文书作了一番归纳,除法定公文另立一书之外,遴选了近20个文种分为两部分:上篇为工作部署类,包括计划、设想和规划的写作和制定,工作总结的准备和写作,典型经验、讲话稿与讲演稿的写作,决策方案的概念、写作要求和方法,工作研讨论文的概述、写作要求和方法等。下篇为政务管理类,包括述职报告与汇报提纲的写作要求和方法,聘请书、解聘书、辞职书的写作方法,鉴定与公证的写作要求和方法,行政复议申请书和行政复议决定书的写作要求和方法,编写简报及信息快报的方法等。(罗月花)

H000043 **财经文书写作新编** 王珠珍等编著。华南理工大学出版社1998年8月版。16.7万字。11.50元。收入"当代公文写作丛书"。除两篇附录外,凡14章。大略区分为3类:一是经营管理类,如设立股份有限公司申请书、兼并协议书等;二是评估检查类,如经济活动分析报告、纳税检查报告等;三是传播推广类,如商品广告、旅游景观介绍与导游解说词等。每章着重阐明有关文种的特点、写作要求与方法,突出针对性与实用性,章后附有两篇90年代以来的例文及简评。(罗月花)

H000044 **作文素材大观·图片卷** 雷妞、米糕编。广东人民出版社1998年9月版。220幅图。25.00元。主要内容由紧贴生活的220幅彩色照片组成,涉及的题材有气候、人物、大自然、乡村、民族风情、民俗、建筑等。每幅照片均有提示文字,各页书眉均插有作家、名人关于写作的名言警句。(陈更新)

H000045 **法定公文写作** 邓乃行、林举英编著。华南理工大学出版社1998年8月版。16.7万字。11.50元。收入"当代公文写作丛书"。分为上、中、下3编。上编为法定公文写作总论,阐述了公文写作的重要性,公文的外观形式与内在结构,公文的起草、核准和签发,公文的语言和文风等。中、下两编为法定公文写作分论。着重讲述上行公文、下行公文、平行公文的写作要领以及行政公文和党内公文特有的文种,并介绍了公文写作的必读文件。内容严格按照最新的《中国共产党机关公文处理条例》和《国家行政机关公文处理办法》,所举例文亦与时事结合紧密。(周莉华)

H000046 **实用文体写作学** 胡正奎等编著。湖南人民出版社1998年10月版。31.9万字。15.00元。中专教材。1至5章阐述实用文体写作的历史渊源、能力要素、写作过程、语言特点、文面要求等一般知识,构成统帅全书的理论板块;6至13章分述通用公文、事务文书、社交礼仪文书、新闻宣传文书、商贸财经文书、科技论证文书、司法文书等具体的实用文文种,体例上先概括介绍所述文种的体式、写作要点以及应该注意的问题,然后结合具体范文,进行具体的写作指导,是该书的文体板块;每章在末尾设计了一定数量的练习题,形成该书的训练板块。(张人石)

H000047 **叙述话语的艺术运筹** 王纯菲著。辽宁大学出版社1998年5月版。25万字。15.00元。作者将叙述话语运筹定性于艺术,并从本体追问着手作层层的逻辑推展,导出符号论、结构论、动力论是经由叙述话语研究而构入艺术论。本文在四、五、六章详细阐述了叙述话语运筹的三种形态,即诗歌形态、散文形态、小说形态;在第七章里以泰戈尔诗歌的意象性叙述和史诗《江格尔》的叙述动力做为叙述话语运筹的文体举要加以阐释。(张露丽)

H000048 **语言修辞艺术** [台湾]沈谦著。中国友谊出版公司1998年1月版。40万字。29.80元。旨在探讨譬喻、双关、映衬、夸饰、婉曲、仿讽、反讽、示现、象征、设问、转让、借代、引用、藏词、镶嵌、类叠、对偶、排比、层递、顶针、回文、错综、倒装、跳脱等修辞手法的著作。并列举古今中外文学中最精彩的实例予以阐释评析,探讨其在欣赏与批评中之效用,又针对修辞学研究提出回顾与展望。(訾述)

H000049 **新编机关公文写作** 程明亮编著。重庆大学出版社1998年6月版。28.2万字。12.50元。根据最新机关公文处理规范,结合《秘书职业技能标准》中关于公文拟写与处理基本知识的要求,作者总结多年从事文秘工作的经验,博采众家之长而写成。内容包括机关公文概述、党政机关通用的18种法定公文和简报调查报告、计划、总结、会议记录、实施细则、大事记等25种公文的写作,详细介绍了上述每一种公文的性质、作用、种类、特点、基本结构、写作方法、写作注意事项、相近文种的区别,并精选了64篇例文。为适应日益增多的与港澳台地区的联系需要,特专门介绍了港澳台地区公文的种类、作用、格式、语言及写作方法,并附若干实例。书末附有14个附录,包括非常齐全的最新公文处理规范以及有关参考资料。(肖顺杰)

H000050 **内外生成修辞学** 陆稼祥著。重庆出版社1998年7月版。22万字。13.50元。研究修辞内外生成的集大成著作。分4个部分:(1)对修辞学研究的整体看法;(2)修辞现象与外部的联系与关系;(3)修辞现象内部的技艺(探)体系;(4)结语。涉猎语言学、文学语言学、修辞学、修辞美学、语用学、修辞语用学等专业较强的学科与科学,是当前修辞学焦点、深度、广度性的集中体现。全书理实结合、例证结合、深广结合,视野开阔,具有很强的创见性和专业性。作者在语用学最高层面上的研究,是当今中国修辞学界研究成果的集中体现。(余国枢)

H000051 **医学论文写作与编辑** 胡厚芳等著。四川科学技术出版社1998年版。24万字。19.00元。较详细地阐述了医学论文写作的一般知识、分类及其写作方法,各类论文的写作格式及其规范化要求;英文摘要的写作原则及方法;医学论文中统计学方法的应用原则;医学文献检索的途径及方法;详细叙述了医学论文编辑加工的作用、内容、技巧等问题;列举了部分疾病名称、常用检查手段的英文缩写、常用医学检验名词的英文缩写及法定单位的规范表达。(谢增桓)

H000052 **说文段注研究** 余行达著。巴蜀书社1998年6月版。18万字。28.00元。段玉裁注《说文》,推校先典,名物训诂,贯穿古今。本书作者以专题形式,每题一章,集五十余年精力所聚,脱弃陈骸,非《说文匡鄦》之类向壁虚造的瞽说可比。本书明《说文》之条例,复《说文》之原貌,用《说文》贯通古籍,以《说文》校释群书,分古韵为17部。同时,《说文段注"未详"、"未闻"试析》、《说文段注前后矛盾订误》等章指出了《段注》前后牴牾、体例不严等疏漏之处。《说文段注校释群书索引》一章按经、史、子、集将散见于《段注》中之群书分为4部,每部又按不同性质离为若干细类,确收纲举目张之效。《研究》对后学研习《段注》,可以启发省悟,发蒙辨惑。(李蓓)

H000053 **《说文解字》与中国古文字学** 祝敏申著。复旦大学出版社1998年12月版。95万字。60.00元。主要特点是在研究方法上一方面继承了传统的"说文"学的优良学风,一方面运用了现代考古学的类型学方法和统计分析方法。作者在研究《说文解字》本身内容和出土古文字材料时,严谨地搜集、梳理、排比了当时所能掌握的资料,从中寻找中国古文字萌芽演变发展的踪迹,并以此对照检验《说文解字》在汉字发展理论和保存古文字这两个主要方面的成就。同时,作者广泛吸收并综合了考古、人类、历史等学科的研究成果,以中国古代文明史的大视角来考查《说文解字》的历史地位,提出了自己对中国古文字起源、发展的系统理论。有的重要观点,如对王国维战国文字东土、西土说的补充修正,明确把文字异形的起点前推到春秋中期;提出早期隶书继承于"书同文"的秦篆而不与六国异形文字有直接联系;肯定汉字发展的第一层次发轫于"象形"和"指事"两个源流等等,被视为对中国文字发展研究的重大贡献。(贺圣遂)

H000054 **大字典论稿** 周志峰著。浙江教育出版社1998年12月版。27万字。13.00元。有关《汉语大字典》研究系列的结集。搜集了数百例俗字、僻字,考释了一些疑难字。对《汉语大字典》标明"音义未详"的字进行了有理有据令人信服的考释。对方言特别是吴方言语词研究有素,书中对不少方言语词作了溯源工作,找到了古代书证。本书不但对《汉语大词典》作了大量的订补,为该辞书更臻完善作出了贡献,对其他大型字、词典的编纂、修订乃至古籍整理均有裨益。因此,它对辞书学、汉字学、汉语词史等的研究提供了足资参考的见解和资料。

H000055 **98王码用户指南** 副名:98王码标准教材之四。王永民著。电子工业出版社1998年11月版。56万字。32.00元。分10章,详细介绍了98王码中所包含的五笔画、王码拼音以及98版五笔字型输入法的特点、编码规则、输入方法以及高级特性。本书的附录中列出了王码简明编码字典和98王码中所包含的15 000余条词组。(张燕虹)

H000056 **王码字典** 蔡书午、倪华编。四川辞书出版社1998年8月版。88万字。22.00元。把广泛运用于电脑汉字输入的五笔字型技术移植于汉字字典上,读者可根据英文字母顺序查找到所需汉字。本书收入汉字1万1千余个,并附有汉语拼音和笔画检字索引。(张传德)

H000057 **王码宝典** 副名:98王码标准教材之五。王永民著。电子工业出版社1998年12月版。209.7万字。96.00元。在86版五笔字型科学体系的基础上推出的第二代产品,是汉字输入的第一个全面解决方案。《王码宝典》是与98王码国际版软件WM9804配套的手册。本书汇集了98王码及86王码中对GB2312中的6 763个简体汉字、BIG5中的

13 053个繁体汉字、大字符集GBK中的21 003个汉字的各种编码资料，用户可以很容易地查阅老版本五笔字型、规范五笔画、拼音、音调、全码、简码、码元(字根)分解式、内码等多种资料，并可互相对照。(郭立)

H000058　**98王码教程**　副名：98王码标准教材之一。王永民著。电子工业出版社1998年8月版。32.8万字。25.00元。在86版五笔字型科学体系的基础上推出的第二代产品，是汉字输入的第一个全面解决方案。《98王码教程》是《98王码标准教材》的第一本。该书面向98王码的所有用户，全面介绍这一系列软件。全书共9章，内容包括98王码概述、软件安装方法、各种输入法的使用及高级设置。本书附录中列出了国标一级、二级共6 763个汉字的区位码、国标码、98版和86版五笔字型编码及简码。(郭立)

H000059　**古汉语字典**　郑星象主编。福建人民出版社1998年6月版。103.7万字。39.80元。选收古籍用字(包括异体字和繁体字)约10 500个，此外还收入部分复音词(或词组)，按"部首表"所列部首分部排列，同部首的字按笔画数编排；同笔画的字，在第一个字的左上角注明笔画数，如："^{2}仁"、"^{3}仕"。复音词(或词组)加[]号排列在该词首字字头下，如："可汗"列在"可"字下。复音词第二个字头下边出现该词的，作附见条处理，如"萄"下的[葡萄]注为"见'葡'"。字头所用字形以现在通行的为准，繁体字、异体字加( )号附在字头的后边，并立附见条，分别注明"×的繁体字"、"×的异体字"。原为意义不同的几个字，《简化字总表》简化为一个字的，分列字头，并在字头右下角标①②③加以区别，如：只$_{①}$、只$_{②}$(祇)、只$_{③}$(隻)等；异体字以《第一批异体字整理表》为依据。字头用汉语拼音字母注音，同义异读的原则上根据《普通话异读词审音表》标注；多音字以(一)(二)(三)分项排列。义项一般按本义、引申义、假借义的次序排列。书证依据通行版本；书证出处，先秦古籍、史书标书名或卷次，两汉及以后的子书标作者、书名、篇名，总集和别集，一般标作者、篇名。书前有《部首表》、《笔画检字表》，书后附《汉语拼音索引》。(张仰望)

H000060　**汉语普通话正音字典**　马致苇编著。中信出版社1998年5月版。41.6万字。30.00元。以国家颁布的语音方面的法规为标准，对汉语中：①因受偏旁形状误导而易读白的；②因一字多音而易念错的；③因不知必须发生音变(轻声、儿化、变调)而可能导致语义不明的；④因方言土音而可能导致歧义的等4方面的1 700多个常见字、词进行了辨正指导。在正音过程中采用新的方法：刻意编写一个含有易错字词的特殊例句，营造一个有趣的语言环境，使读者能在读例句的过程中，既对自己识读易错字词能力进行检验，又对自己可能发生的读音错误对照正确读音予以纠正，从而达到集中注意力并积极有效地进行辨识记忆的目的。(肖新明)

H000061　**初级汉语图画字典**　人民教育出版社英语组译。人民教育出版社1998年4月版。50万字。39.80元。供外国人学习基础汉语时使用的工具书。共收字头1 600多个。为便于查找，书中编配有汉语拼音音节表、部首查字表、汉语拼音复习图解。正文部分的编排是汉字、旁边显示出该字的部首和笔顺，便于学生查找和模仿。接着是字义、汉语拼音、英文解释。每个词目都编配有词组或短语及例句。同时为了帮助学习正确理解字义，增加字义的直观性和形象性，字典共配彩图700多幅，力求图文互为补充，其中还有分类集中的动植物彩图20面。本字典的排列形式由汉字、汉语拼音和英文3种文字组成。(刘锦芳)

H000062　**现代汉语规范字典**　李行健主编。语文出版社1998年1月版。96万字。39.80元。共收13 000多个汉字，按照国家有关部门语文规范标准，力求在字形、注音、举例、字序排列、部首检字等各方面达到规范化；对于容易出现误用或分歧的地方，予以"提示"；还对词性进行了标注。

H000063　**国际标准汉字大字典**　蓝德康等编。电子工业出版社1998年5月版。225万字。180.00元。符合国际标准汉字编码符集ISO－10646C·J·K和GBK国家标准的大型工具书。共收20 902个国际标准汉字，其中包含简体字、繁体字和日本汉字、韩国汉字。集字头(简繁对照)、拼音、注音、部首、笔划数、笔顺、UCS内码(国际标准内码)、GBK内码(中国向国际标准过渡的内码)、《郑码》(国家主管部门推荐的输入法)编码和字义解释十大功能。选字原则是：以中国大陆汉字为首选、台湾(地区)次之，日本汉字第三，韩国汉字第四。本字典对日本汉字和韩国汉字的读音选用了国际共识的罗马拼音。附笔画检字表、《郑码》检字表、拼音检字表、部首检字表5种检字方式。(周小元)

H000064　**98版五笔字型培训教程**　副名：98王码标准教材之二。王永民著。电子工业出版社1998年11月版。34万字。26.00元。在86版五笔字型科学体系的基础上推出的形码音码兼备、简体繁体相容的一整套汉字输入法及其多平台自动适配的系列软件。《98 王码标准教材》丛书全方位、多层次地介绍了 98 王码包含的各类输入法及其系列软件。《98 版五笔字型培训教程》是这套丛书的第二本，针对五笔字型的新、老用户，由浅入深、条理清楚地讲述了 98 版五笔字型的使用及训练方法。同时向读者提供大量的练习，可以使读者达到高级录入水平。（李影）

H000065 **98 版五笔字型编码练习手册** 副名：98 王码标准教材之三。王永民著。电子工业出版社 1998 年 12 月版。9.6 万字。9.00 元。在 86 版五笔字型科学体系的基础上推出的第二代产品，是汉字输入的第一个全面解决方案。《98 版五笔字型编码练习手册》是《98 王码标准教材》的第三本，内容包括新、老版本五笔字型的区别及精心设计的多章练习。（郭立）

H000066 **实用教学汉字简化字字典** 赵斌编著，李格非、舒邦新审校。湖北少年儿童出版社 1998 年 6 月版。42.5 万字。24.00 元。主要供教学简化字使用的工具书，提供简化字与繁体字的对照，并对简化字的简化方法、简化字的来源以及如何避免滥用繁体字、乱造简化字进行辨析说解。目的是帮助读者正确识读和运用简化字，以利于促进社会用字的规范化、标准化，正确处理汉字信息。本字典共收录简化字 2 354 个。（余苢芳）

H000067 **简化字繁体字对照字典** 江蓝生、陆尊梧编著。汉语大词典出版社 1998 年 12 月版。53.2 万字。12.00 元。收入国家语委 1986 年重新发表的《简化字总表》里的全部 2 235 个简化字以及《第一批异体字整理表》中习以为简化字的 39 个选用字，逐个与繁体字对照，分别予以注音、释义和说解，特别是着重介绍了简化字的部首、字形结构、构字方法、简化方法，根据古代文献介绍某些简化字简化方法在汉字字体变迁史上的历史依据。此外还对这些字的形音义诸方面作了辨析。（阮智富）

H000068 **新华字典［1998 年修订本］** 中国社会科学院语言研究所编。商务印书馆 1998 年 5 月版。64 万字。11.00 元。1998 年修订本保持了原有的特点和规模，全面认真贯彻国家最新颁布的语文规范及相关标准，并注意吸收语言文字研究及有关学科的最新成果，对字形、字音、释义、例证、附录等都作了比较全面的修改。这主要包括：一、字头增加了“绔”“铲”“晔”等 180 多个规范字，字头的排序作部分调整，字头后附列的繁体字、异体字重新作了整理并以标记区别开来。二、删去了字头后的俗读注音，增补了一些释文中的多音字、疑难字注音。三、修改释义，增删义项。四、修改例证。五、根据最新权威资料对附录做了调整。新版《新华字典》1998 年修订本，共收单字 10 000 多个、带注解的词语 3 500 多个，内有综合插图 9 幅、附录 9 种。（胡中文）

H000069 **汉语大词典简编** 《汉语大词典简编》编委会编。汉语大词典出版社 1998 年 12 月版。1 500万字。380.00 元。在《汉语大词典》13 卷本的基础上压缩、修订而成，全书收词 20 余万。在改编的同时，对《汉语大词典》原书中的错讹不妥之处进行了修订。本词典除极少数人名、地名、书名为避免歧义保留了繁、异体字外，一律使用规范汉字。是我国古今兼收的大型语文工具书中首部严格使用规范汉字的词典。（纪大庆）

H000070 **现代汉语分类词典** 董大年主编。汉语大词典出版社 1998 年 12 月版。300 万字。60.00元。以西方同类词书的分类体系为参照，结合我国传统的分类方法按词义进行分类编排，综合普通语词和百科语词分为 17 大类、140 小类、3 717 个词群，共收条目近 4.9 万条。收词以现代汉语常用的词、词组、成语、熟语、方言词和一般常识性的百科词为主，酌收常见的文言词以及新近涌现的较为稳定的新词新义。所收词目均标注拼音、词性，释义简要，举例精当，同时配以少量图表以辅助释义。备有分类目录和音序索引。本词典具备同义词词典、虚词词典、百科词典等功用。（马加）

H000071 **现代汉语虚词词典** 侯学超编。北京大学出版社 1998 年版。100 万字。40.00 元。收录副词、介词、连词、助词、语气词和少数格式共 1 030 条，包括现代书面语比较常见的文言虚词。词典释义简约，根据大量用例归纳义项和用法特点。各小项之下给出足以证明用法的例句；例句采自现代作品，特别注意吸取近年各类形式作品中的用例。注重从语法、语用上加以说明，注重同类条目或义项的比较辨析。按汉语拼音排列，附汉字笔画索引。（胡双宝）

H000072 **学生古汉语辞典** 王福庆等主编。少年儿童出版社 1998 年 12 月版。130 万字。30.00 元。收录近 50 年来全国通用的及各省市编的中小学各类语文课本古诗文传统名篇 302 个单篇中的全部单字 3 771 个。附有“全国中小学 302 篇古诗文篇目序号索引”、“全国中小学古诗文 300 名句集锦”、“全国中小学文言单字频次排序表”、“古诗文单字特殊读音表"、"全国古汉语学术研究成果部分信息索引",以及"干支次序表"、"二十四节气表"、"中国历史纪年简表"等。(洪祖年)

H000073 **先秦两汉齐语研究** 汪启明著。巴蜀书社1998年8月版。27万字。24.00元。方言研究专著。分5章,以先秦两汉齐鲁方言为研究对象,作者广泛地收集资料,运用传统语言学的实证方法,吸收现代语言学共时的和历时的概念,注意语言的文化背景,联系古代齐人的历史,对齐语的语音、词汇进行了深入的研究。对齐语的音韵问题特别注意,设有"齐音钩沉"上下两章,对齐语的韵部和声母作了详密的论证。(谢艺波)

H000074 **吴方言词考** 吴连生著。汉语大词典出版社1998年11月版。9万字。10.00元。吴方言是汉语重要地域方言之一。本书对一百余组吴方言词的词义源流及本字作了深入细致的考释,作者一方面联系口语和各地方言作横向的分析描写,另一方面则结合历代文献作纵向的比较研究,通过主体的多维的考查探索,显现出独具一格的特色,颇有参考价值。(阮智富)

H000075 **现代汉语方言大词典** 李荣主编。江苏教育出版社1993—1998年版。2 200万字。根据各方言的分布情况,在全国选择有代表性的41个方言点,出版41种分地方言词典。这41个方言点分别是:苏州、厦门、长沙、崇明、娄底、南昌、西宁、贵阳、武汉、太原、乌鲁木齐、梅县、南京、丹阳、忻州、柳州、黎川、西安、扬州、徐州、金华、海口、银川、洛阳、哈尔滨、牟平、上海、宁波、万荣、南宁、东莞、济南、萍乡、雷州、福州、温州、杭州、广州、成都、于都、建瓯。每一分地方言词典分为引论、正文、索引3大部分。引论是分地方言词典的总论部分,从它可以了解当地方言的历史演变、区域范围、内部差别、语音体系、词汇语法特点等等。正文一般收词7 000—8 000条,每个条目加注国际音标;所立条目以口语为主、以老派说法为主、以特色词汇为主,能够充分反映当地方言的特点。分地方言词典按音序排列,为便于查检,在正文之后附有义类索引和条目首字笔画索引。义类索引分天文、地理、时令、农业、植物、动物、房舍、器具用品、商业、交通等30大类,大类之中还有小类,除方便检索外,还便于不同方言间同类条目的对比。(周方)

H000076 **厦门方言研究** 周长楫、欧阳忆耘著。福建人民出版社1998年12月版。70万字。对现代厦门方言的语音、词汇、语法进行全面而详细的描写和论述的一部方言学研究专著。除序论外,共12章。第一章至第四章主要对厦门方言的语音情况作了较全面、详细的描述,主要包括厦门方言的声韵调系统及其配合关系、音变、文白异读、同音字表、与北京音系、中古音系、闽台五地闽南方言之间的语音比较等;第五至第九章对厦门方言的词汇情况进行分析与研究,包括厦门方言词汇的构成与特点、造词法、常用词汇表、厦门方言词语本字考、厦门方言与地方文化等;第十、十一章则从语法角度对厦门方言的词类、句法和若干句式特点抓住重点进行分析;第十二章则选取了流行于厦门地区的歌谣、曲艺答嘴鼓、民间故事和对话数则,按流行的口语记录它们的语言和语法结构,使读者对厦门方言有更具体的认识。(陈力凡)

H000077 **湖南方言研究丛书第一批(共7本)** 吴启主主编。湖南教育出版社1998年7月版。174.1万字。121.60元。研究湖南方言的专著,1998年已出版的有《浏阳方言研究》、《益阳方言研究》、《东安土话研究》、《邵阳方言研究》、《常宁方言研究》、《新化方言研究》、《祁阳方言研究》共7种。这些专著有大致统一的内容要求,主要包含5个部分:一是导言,介绍本方言地点的人口和历史地理概况以及本方言地点内部的方言差别;二是本方言的语音系统,包括它跟北京语音、跟唐宋时代的中古汉语语音系统的比较研究,读者可以从共时和历时两个方面了解本方言语音系统的发展和演变规律;三是本方言的词汇系统,有一个十分详细的包含3 000多个条目的分类词表,每个条目都有标音,有些难懂的条目还附有必要的简明注释;四是本方言的语法特点,扼要介绍了本方言最重要的语法特点和句法特点;五是本方言的语料记音,包括民间故事传说、谚语、山歌、儿歌等。该丛书既照顾方言共性又突出方言个性的研究、写作方法,使其内容相当丰富,又各有特色。(郑新吾)

H000078 **福州方言研究** 陈泽平著。福建人民出版社1998年2月版。33.8万字。18.50元。汉语方言学的研究专著,共13章。从共时到历时比较两个角度对福州方言的语音、词汇、语法各方面作深入的研究。既有对语言事实的深入挖掘,又有理论和研究方法的说明。第一章对音系的描写和分析以及第二章的同音字表都严格地照描写语音学的原则对福州音系做出语音分析。第三章根据福州话语音的内部分歧做历史层次分析。第四章讨论《戚林八音》时代以来的语音演变,重点讨论了福州话韵母依声调变化的过程和机制，并兼用历史比较法和内部拟测法参照《戚林八音》构似四百年前的福州语音系统。第五章考证福州话词源，除了运用《广韵》《集韵》考音义皆合的"本字"，还讨论了切韵系韵书不能解释的福州话字音和一字两音各义的词汇孳乳现象。第六章及以后各章都是对福州方言语法的专题描写和讨论。第六章描写名词、动词、形容词的重叠、分音、衍音变形及其语法意义。第七章列举数量词、方位处所词及时间词的特点。第八章代词系统、第九章介词系统有所侧重地反映其全貌，特别留意每一个重点描写的介词与并存的动词义之间的联系。第十章介绍副词和连词。第十一章围绕否定词讨论否定、肯定和反复疑问句。第十二章讨论各种"体"意义的表达手段。第十三章讨论几种多半前置的句式。附录"福州人说普通话的词汇语法典型错误分析"是方言学应用研究的成果，在闽方言区汉语规范化工作中具有示范性的作用。（薛剑秋）

H000079 **福州方言熟语歌谣** 陈泽平编著。福建人民出版社1998年3月版。15.3万字。10.50元。精选福州方言中具纯粹的方言口语风格的熟语歌谣。熟语篇包括谚语、惯用语、歇后语。谚语根据其内容粗略地分为15类：天气节令、日月山川、猫犬蛇鼠、物产美食、养生健康、人生态度、男女婚配、家庭生活、亲戚关系、钱财生计、劳动生产、为人处世、世道清浊、众生百态、谐喻事理等。惯用语分谐喻、双关两类。歌谣篇包括童谣、怨曲、打油诗、渔歌贺年。本书采用语言调查通用的国际音标系统，加上直观的调值符号，准确反映出方言资料的语音面貌。书前附有"福州话音系及标音说明"、"常用方言词用字的说明"。（薛剑秋）

H000080 **新世纪语文教师发展丛书** 曹明海主编。青岛海洋大学出版社1998年6月版。150万字。78.00元。包括《理解与建构——语文阅读活动论》、《营构与创造——语文教学策略论》、《追问与发现——语文学习心理论》、《感应与塑造——语文教学审美论》、《整体与圆识——语文教学系统论》、《存在与发展——语文教学生态论》共6册。丛书所探讨的语文教学研究领域中崭新的前沿性课题，均以新世纪语文教师学习与发展的需要为基本出发点。其中，既有对语文阅读活动和语文审美教育的分析透视，也有对语文教学策略和语文学习心理的描述探讨，还有对语文教学系统和生态环境的整体观照，目的是为语文教师开拓新的教学理论视野和教学思维秩序，即为新世纪语文教师构建语文教学理论新空间。同时，作者力求吸取语文教学研究的最新成果，在更新理论建构的过程中注意强化其科学性、实用性的特点，既突出了语文学科教学理论的特征，又切合语文教学实际，使广大语文教师能够综合运用现代教育的观点来科学地观察和分析语文教育现象。（纪丽真）

H000081 **小小蒲公英丛书** 宗介华主编。农村读物出版社1998年4月版。37万字。20.00元。共3册：《全国农村儿童文化园小学生作文选》、《全国农村儿童文化园中学生作文选》、《全国农村儿童文化园少年文学作品选》。其中小学生作文156篇，包括2～6年级作文；中学生作文106篇，含记叙文、说明文、议论文；少年文学作品85篇，含小说、童话、诗歌、散文、科学文艺、故事、寓言。这些作品具有浓郁的农村生活气息，从一个侧面反映了当代农村少年的写作水平。（卫洁）

H000082 **中国学生作文年鉴（'96～'97）** 于漪等主编。山西教育出版社1998年12月版。177.2万字。96.40元。中小学课外辅导读物。共5卷：小学卷、初中卷、中考卷、高中卷、高考卷。采用编年形式选编中国学生该学年度的作文和其他相关的材料。主要栏目有：1.概述，分析当年该学习阶段学生写作的情况，并做出适当评价，既总结成功的经验，也指出问题所在，同时探讨改进措施。2.作文。选收包含港澳台在内的我国中小学生的作文，也收集在国外学习的中国中小学生的作文。作文文体不限，以记叙、说明、议论三类为主，兼收其他各体文章。每篇文章都有详略得当的旁批和简评。作文或根据写作要求，或根据内容，分成若干类，每类前有综述，对这类作文作精当评析。3.文摘。选编本学年度发表的有关重要文章的重要论述，以反映本学年作文教学改革的成果。4.作文活动介绍。年鉴可为学生提供学习作文的范例，一个写好文章的阶梯；为教师提供一个了解全国作文教学改革的窗口；为教育研究人员提供一份有价值的参考资料。年鉴所选作文真实地记录了学生的思考和认识，因而我们还可以从中了解学生五彩缤纷的生活和他们的所思所感，了解他们的精神世界，因此从某种意义上讲，它还是部学生生活的编年史。（李梦燕）

H000083 **中学生优秀日记选评** 杭世金、辛安治主编。希望出版社1998年1月版。20万字。9.80元。收编的中学生日记都是从全国各地中学生优秀日记中精选出来的上品。选文按心曲传真、人间真情、花季论坛、青春感悟、心潮涟漪、生活散记、社会广角、家乡见闻、花季诗笺、校园风景线等门类编排。每篇日记之后，均附有老师的评析文字。点评以肯定习作优点为主，间或指出不足，有时还提点修改意见，以便提高学生写日记的能力。(杭世金)

H000084　**好词 好句 好段丛书**　崔勇谋、杨春清主编。辽宁少年儿童出版社1998年版。60万字。24.00元。指导小学生写好作文的工具书，分"写人分册"、"写事分册"、"写景分册"、"写物分册"。将完整的优秀作文"分解"成"好词"、"好句"、"好段"，使学生充分认识到词、句、段对一篇作文的重要作用。书中所选好词、好句、好段都来自已发表的小学生优秀作文。(许科甲)

H000085　**好词 好句 好段——写人分册**　张永江编。辽宁少年儿童出版社1998年版。16万字。6.00元。小学生作文工具书，书中的词、句、段基本上是从全国小学生优秀作文中摘录的，也有作者本人撰写的，还有从有关辞典中摘取的。写人分册按五官、四肢、穿着、心理等编排。(薄文才)

H000086　**好词 好句 好段——写事分册**　王金城编。辽宁少年儿童出版社1998年版。16万字。6.00元。选辑已发表的小学生写事作文中的"好词"、"好句"、"好段"，按所写内容分成7大类、23小类、120余小项，按词、句、段有机相联的编辑体例进行编辑。(许科甲)

H000087　**好词 好句 好段——写物分册**　金蓉、青苋编。辽宁少年儿童出版社1998年版。16万字。6.00元。小学生作文工具书，书中的词、句、段基本上是从全国小学生优秀作文中摘录，也引用了有关辞典中的一些词句。写物分册按植物、动物、静物编排。(杨春清)

H000088　**好词 好句 好段——写景分册**　崔勇谋、张芳菲编。辽宁少年儿童出版社1998年版。16万字。6.00元。选辑已发表的小学生写景作文中的"好词"、"好句"、"好段"，按所写内容分成若干大类和小类，按词、句、段有机相联的编辑体例进行编辑。(许科甲)

H000089　**获奖作文500篇**　黄新龙等编。辽宁少年儿童出版社1998年版。60万字。25.00元。第三次全国万校小学生作文竞赛获奖作品集。分上下册。共收小学一～六年级各类获奖作文500篇。所选作品体裁多样、内容丰富、语言优美、构思精巧、手法灵活，反映了当今少年儿童多姿多彩的生活情趣和积极有益的童心世界。(胡运江)

H000090　**第五届"慧光杯"全国中小学生作文竞赛优秀作品选**　孙丕任等编。辽宁少年儿童出版社1998年版。16万字。6.80元。分小学部分和中学部分。所选作文充分体现出了特有的随意风格，不拘泥于形式，没有条条框框的约束，自由选择，自由发挥，真实地写出了他们稚嫩的心理活动、朴实的目光，他们以自己真诚的心灵抒发对祖国山河、家乡故土的热爱，对祖国日新月异的发展建设的由衷赞美。同时，他们也以自己单纯的视角反映出自己熟悉的校园生活以及日常生活，表达出同学之间、邻里之间纯真的亲情和友情。(赵庆环)

H000091　**新编全国中学生议论文大全**　孙云卿主编。东方出版中心1998年5月版。34万字。17.00元。精选全国各地中学生最新优秀议论文200余篇，包括论点篇、论据篇、论证篇、结构篇、语言篇5大部分。每部分根据《中学语文教学大纲》规定的议论文写作教学要求，分列若干单元，每单元均包括"导语"、"例文"两部分。"导语"介绍必要的议论文写作知识及方法。"例文"均经过仔细筛选，与"导语"相配，能使读者具体感知"导语"中所讲的内容。每篇例文后另附"简评"，以点评的形式辅导读者理解文章。(徐容)

H000092　**中小学学生作文选**　尕藏编。青海民族出版社1998年11月版。7.8万字。5.80元。收集1995至1998年刊载于《刚坚少年报》上的88篇藏文中小学优秀作文，作品文辞优美、内容丰富、体裁多样、生动活泼，从各个不同的角度赞美了祖国的大好河山，写出了他们的校园生活和步入社会后的伟大理想。(尕藏)

中国少数民族语言

H000093　**二十世纪的中国少数民族语言研究**　戴庆厦主编。书海出版社1998年7月版。47.4万字。35.00元(平)，43.00元(精)。20世纪以来有关中国少数民族语言研究的百年学术总结。中国的少数民族语言有80多种，分别隶属于5个语系，这部著作即按照汉藏语系(包括藏缅语族、苗瑶语族、侗台语族)、阿尔泰语系(包括突厥语族、蒙古语族、满-通古斯语族、朝鲜语)、南岛语系、南亚语系的语言研究情况分列章节，在概述20世纪以前国内外有关研究情况的基础上，根据20世纪学术发展的不同阶段，分别加以具体阐述。书中还列有专章叙述中国民族古文字的研究进展情况。收入"二十世纪中国语言学丛书"。(杜厚勤)

热烈庆祝人民教育出版社成立50周年

人民教育出版社是直属于教育部的教育专业出版社。主要承担研究、编写、出版、发行中小学基础教育教材和其他各级各类教材以及教育图书的任务。

人民教育出版社成立于1950年，毛泽东同志题写了社名。

50年来，人民教育出版社受教育部委托，参与草拟或主持草拟了1993年以前国家颁布的历次中小学各科教学大纲。先后编写、出版了九套全国通用的中小学教材，拥有数以亿计的读者，总印数已达数百亿册。

人民教育出版社出版范围：纵向，从幼儿园、小学、中学到高等师范院校教材；横向，从普通中小学到中等师范学校、幼儿师范学校，到职业中学、特殊教育、成人盲、成人中等教育、教师培训教材；学科，从人文科学、社会科学到自然科学、技术科学；品种，从教科书、教学参考书到学生课外读物、教师进修读物；形态，从文字出版物、教学挂图到幻灯片、投影片、录音带、录像带、CD、VCD、LD、电脑光盘等音像电子出版物。

人民教育出版社是中国内地唯一具有教育图书进出口权的出版社，这项业务的开展将为中国教育图书与世界进行多方面的交往与合作提供了良好的条件。

为了加强课程和教材的研究工作，1983年6月，经国家教育部批准，成立了课程教材研究所。邓小平同志题写了所名。人民教育出版社的编辑人员同时是课程教材研究所的研究人员，他们把教材的编写与教学实践、科学研究结合起来，力争使教材不断新、不断发展，以符合不同学生的生理和心理特点，适应经济和社会发展的需要。

人民教育出版社和课程教材研究所一贯重视借鉴国外经验，积极参加国际学术交流活动。长期以来，我们与联合国教科文组织、儿童基金会、人口基金、开发计划署和世界银行，以及美国、俄罗斯、日本、英国、法国等二十几个国家和香港、澳门、台湾地区的同行、专家、学者建立了友好关系，广泛开展了业务合作。

地　　址：中国·北京沙滩后街55号
邮政编码：100009
电话总机：(010)64016633
图文传真：(010)64010370
图书销售：(010)67661431　67661389　67661390　67661424
网　　址：http://www.pep.com.cn
电子信箱：pep@pep.com.cn

复旦大学出版社简介

社址：上海市国权路579号　　邮编：200433　　电话：65642840　　传真：65102941　65104812

复旦大学出版社是教育部系统的大学出版社。我们坚持为经济建设和精神文明建设服务，为教学和科研服务，为中华民族的文化积累和科教兴国作出了应有的贡献。目前已在人文科学、社会科学、经济管理、自然科学和外国语言文学等方面形成了一定的出版特色，历年共有180多种图书在全国各级图书评奖中获得200多项奖，正逐步成长为国内外知名的和有重大社会影响的学术型出版机构。

复旦版精品图书

中国文学史（上中下）

章培恒　骆玉明　主编

定价：68.00元（精）

以人性的发展为杠杆来描述中国古代文学发展的历史，被学术界誉为“开创了文学史研究的新境界”。

20世纪的世界（上下）

金重远　主编

定价：85.00元

全面阐述本世纪人类历史的进程，严整、翔实、生动地勾画历史本来面目。

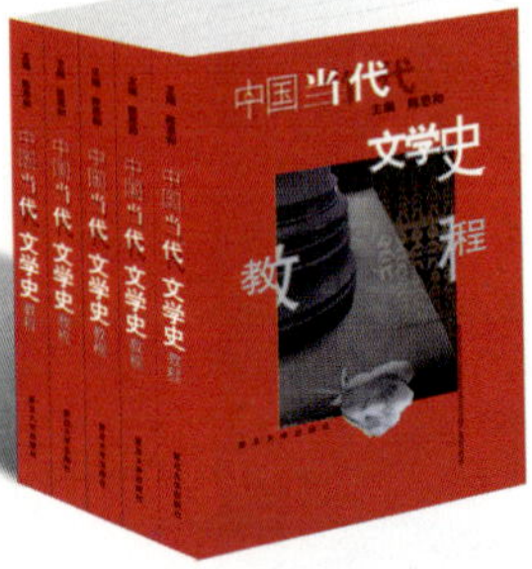

中国当代文学史教程

陈思和　主编

定价：35.00元

十年磨一剑的心血结晶
“重写文学史”的扛鼎之作

中国思想史（第一卷）

葛兆光　著

定价：42.00元

聚焦于精英思想与普通社会的“一般思想史”，以其新视角、新框架、新方法，引起学术界普遍关注及好评。

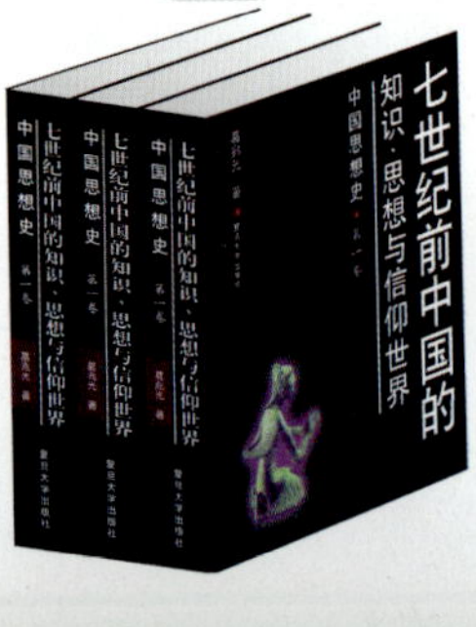

中国古代文学理论体系（原人论、范畴论、方法论）

王运熙　黄霖　主编

定价：77.00元

全面评述古代的文学观和文学批评实践，成功揭示传统文学理论的基本精神、原本特征。

湖北教育出版社
HUBEI EDUCATION PRESS

弘扬学术
传播新知
服务教育

长江文艺出版社

社长：周百义

长江文艺出版社成立于1955年，建社以来，已出版图书约3000余种。与境外出版机构达成版权贸易近百种，发行网络遍布全国。1999年图书销售码洋首次突破亿元大关，从1995年的1200万到1999年的亿元，四年时间增加了近10倍。

经过多年的努力，长江文艺出版社出版的图书已形成了自己的风格与特色，赢得了广大读者的青睐。其中，有以《跨世纪文丛》(60种)、《中国作家作品年选》、《新时期优秀报告文学大系》为代表的当代作家作品系列，有以《雍正皇帝》、《孔子》、《老子》为代表的历史小说系列，有以《白桦林校园精品文摘》为代表的青春读物系列，有以《中国圣贤人生丛书》为代表的文史普及读物系列。还有一批是有文化积累价值的作家作品选集，如《中国报告文学丛书》、《中国新诗库》、《老舍小说全集》、《徐迟文集》、《碧野文集》、《彭邦桢文集》、《周梅森文集》等。

1984年来，该社有600余种图书分别获得国家级、省级大奖。其中《你是一座桥》获中宣部“五个一工程”奖。《雍正皇帝》分别获得湖北省政府出版佳作奖、河南省政府文学艺术成果奖，“八五”期间全国优秀长篇小说奖，全国第十批优秀畅销书奖，还和该社出版的长篇小说《活着》一道被香港《亚洲周刊》评为“20世纪中文小说一百强”。《白桦林·校园精品文摘》几次获全国优秀畅销书奖。

成绩只能说明过去，面对中国加入WTO的挑战，长江文艺出版社将通过调整产品结构，形成书刊并举，多种媒体互动的格局，以更加鲜明的出版风格，为读者提供更多健康有益的精神食粮。

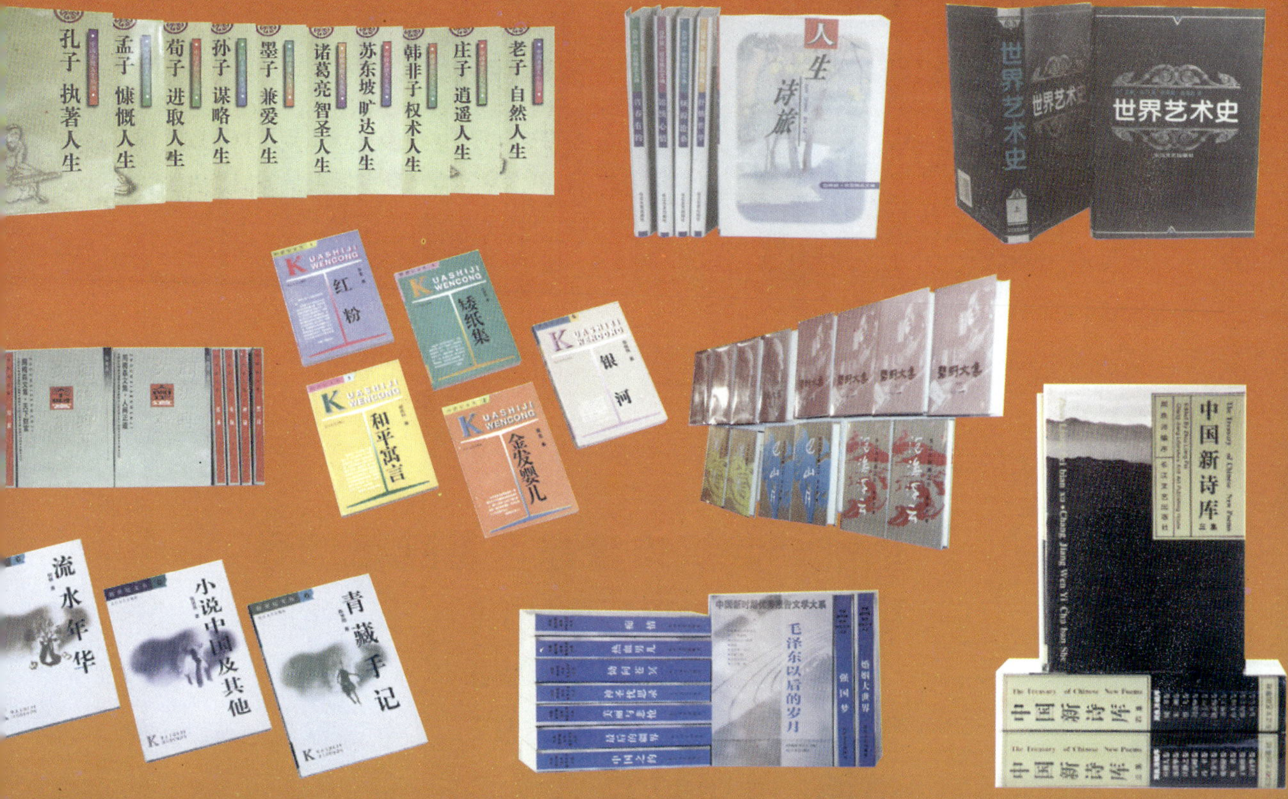

：汉口解放大道新育村33号　邮编：430022　电话传真：(027)85443901
部电话：(027)85443801　85443717　85443821　85443552　电话传真：(027)85443862

湖北少年儿
聪明故事大
(作者：赵
跳跳和呱呱
爱心故事－拼音系列(作者：赵冰波等)20.00／套
吃东西
纸 人
萤火虫和小麻雀
蜗牛过生日
高科技与未来生活丛书
(作者：刘兴良 王 洪
王季华 又博华
奔向明天的交通
食品
通信
建筑
服装
武器
延安精
(作者：
14.00／
YANA
JINGSHE
ZHONGHU
延安精
中华魂
地址：武汉市武昌区黄鹂路75号
电话：(027)86783174
(027)86780983
传真：(027)86776197
邮编：430077

出版社新书
0册)
/套↓
七只小猪
狼的下场
感谢牛伯伯
"气球"
熊猫最聪明
机智的小松鼠
一盒金币
比力气
聪明的大侦探
嘉龙
金泰等)
聪明故事大世界
(作者：余 松等)
17.00／本
智慧故事大看台
(作者：广 庆等)
17.00／本
南极与北极
↑海洋博览丛书(作者：王锦康 李德潮 汪兆春 杨振邦 李茂和) 50.00／套
图绘少年知识地图集
(作者：邓文胜等)
24.00／本
图绘少年知识地图集
幼儿万花筒科学启蒙丛书(作者：刘中林)35.00／套↓
奇怪怪的鸟
形形色色的兽

武汉出版社

WUHAN PUBLISHING HOUSE

新书简介

国家九五出版规划项目

《长江地区可持续发展研究》丛书

涉及长江流域4亿人的衣食住行
开掘21世纪长江地区可持续发展航道

《汉语成语辞海》

广搜精收，集古今汉语成语之大成
披沙拣金，取汉语研究成果之精华
是迄今收成语最多的辞典，出版一年，重印三

《突破——中国特区启示录》

始于中国特区的种种突破，无疑是一场革命。本书全方位、大视角、真实再现特区20年风雨历程。

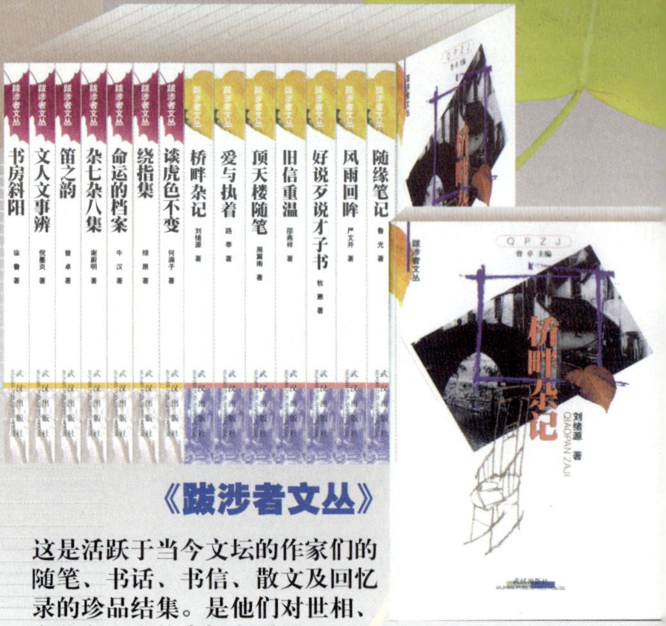

《跋涉者文丛》

这是活跃于当今文坛的作家们的随笔、书话、书信、散文及回忆录的珍品结集。是他们对世相、文化和人生的审视和反思。

社址：武汉市北京路20号　邮政编码：430014　办公室电话：027-82839615　总编室电话：027-82839616　发行部电话：027-82

白云黄鹤美·鄂版图书香

湖北省出版界1998年度部分获国家级奖的图书

《**楚美术图集**》
获第十一届中国图书奖
湖北美术出版社出版

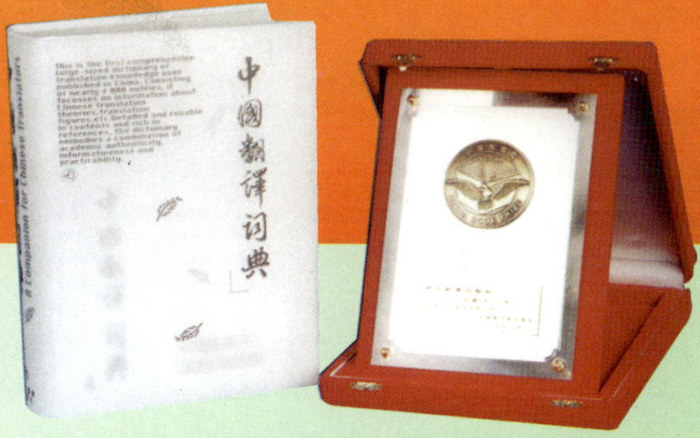

《**中国翻译词典**》
获第十一届中国图书奖
湖北教育出版社出版

《**中国当代儿童诗丛**》
获第十一届中国图书奖
湖北少年儿童出版社出版

《**中国沿海地区21世纪持续发展**》
获第十一届中国图书奖
湖北科学技术出版社出版

湖北省新闻出版局
湖北省出版（集团）总社
局长、总社社长：邱久钦
地址：湖北省武汉市武昌黄鹂路75号
邮政编码：430077
电话、传真：027-86783629

H000094　**王静如民族研究文集**　王静如著。民族出版社 1998 年 8 月版。34 万字。21.00 元。民族研究文集套书之一。是我国当代著名的语言学家、音韵学家、历史学家、考古学家和民族学家王静如先生的个人文集。收入王先生 1930～1982 年的研究论文 13 篇。主要侧重王静如先生对古今少数民族文字的研究、考证，其中又以西夏学的研究为主。集中反映了这位著名学者半个多世纪的研究成果。附有王静如教授小传及著译目录。（杨青）

H000095　**汉藏翻译理论与实践**　凌立等著。四川民族出版社 1998 年 7 月版。47 万字。27.00 元。汉藏翻译理论著作。分 9 章讲述汉藏翻译理论即：汉藏翻译的基础理论（包括翻译工作的性质、藏族翻译简史、汉藏翻译简况、汉藏翻译标准、翻译过程、翻译方法、正确处理翻译中的几个关系）；词和词组的理解与表达；句子的理解；句子成分的表达；复句的理解与表达；政论文的翻译；应用文的翻译；科技作品的翻译；文学作品的翻译等。（戴作民）

H000096　**达斡尔语言与社会文化**　丁石庆著。中央民族大学出版社 1998 年版。以达斡尔语言材料为基础，运用文化语言学的理论和方法综合探讨了达斡尔族文化的有关问题。主要从传统文化的基本特征、文化演变的轨迹及与外来文化的交往等三个大的方面入手，深入论述了达斡尔语言中所反映的达斡尔族文化的基本特征。（宁玉）

H000097　**壮文阅读与写作**　韦达、卢勇斌编著。广西民族出版社 1998 年 4 月版。22 万字。19.00 元。介绍壮文阅读与写作的内容、方法和经验，分阅读篇和创作篇两部分。阅读篇介绍《宝葫芦》、《绣球歌》等 20 篇壮族民间文学经典作品，全用壮文写出，不加翻译，只对文中的古壮语和方言作注；创作篇介绍故事、壮歌、壮剧的写作方法，同时附带介绍壮族民间文学搜集整理的原则和方法，这部分用汉语写出。文中重点介绍韦庆稳用壮语破译《越人歌》的方法和经验，并褒奖其钻研精神。（覃承勤）

H000098　**壮语概论**　覃国生编著。广西民族出版社 1998 年 4 月版。18.3 万字。19.00 元。从壮族的历史的发展进程出发，全面介绍了壮语中的声母、韵母；壮语音节结构、词汇概貌、词形、词义、词汇的构成、词类、词组；壮语句子结构和句子成分、单句、复句；壮语方言、修辞法；壮语词格；古文字以及拼音壮文等。（韦宗瑜）

H000099　**现代哈语问答**　努尔兰编。伊犁人民出版社 1998 年 9 月（哈萨克文）版。29 万字。9.00 元。主要结合中小学教材《现代哈语》编撰而成，紧密围绕《现代哈语》及哈语语音、语法等有关材料，以问答形式汇集成册。全书共有 260 个问答题，分别从语音、语法、修辞等方面进行了疑难解答。该书适应哈语教学要求，具有普遍性和特殊性相结合的特点，释文规范、简明、扼要，是学习哈萨克语言文字的工具书。（赛提哈孜）

H000100　**清格尔泰民族研究文集**　清格尔泰著。民族出版社 1998 年 4 月版。35.9 万字。18.00 元。共收入作者从 1953～1991 年的论文 15 篇。分 3 类：一是关于蒙古语文的总论，包括 3 篇论文，读者可从中了解到蒙古语言文字——蒙古语族——阿尔泰语系这三个层次的概况。二是关于蒙古语文工作，这部分主要解答了如何解决蒙古语文本身发展过程中遇到的语音、词汇、语法的规范化问题和文字的改进、改革问题等。三是关于蒙古语言文字及有关语言文字的研究。（周凤荣）

H000101　**维吾尔语语法**　高士杰著。中央民族大学出版社 1998 年 2 月版。33.4 万字。20.00 元。对现代维吾尔语进行了全面介绍和分析论证。其中对维吾尔语的语法特点、语法意义、语法形式和语法手段、语法范畴进行了论述。并详细地、深入地、全面地对维吾尔语的词类进行了阐释，诸如名词、形容词、数词、量词、副词、代词、连词、语气词、叹词、摹拟词、后置词、动词、词组等。同时对维吾尔语的句法也进行了深入的分析和论述，诸如句子的分类，句子的划分标准，句子的组合等等。（戴佩丽）

H000102　**《彝文课外读物》丛书**　四川省凉山彝文教材编译室编。四川民族出版社 1998 年 11 月版。内容包括：彝族民间故事，童话故事，奇妙的植物，世界之最，讲故事学物理，生活与化学，中小学生作文精选，人口、资源、环境，理科汉彝词汇对译，趣味数学一百题等。

H000103　**彝语语法（诺苏话）**　陈康、巫达著。中央民族大学出版社 1998 年 12 月版。25 万字。22.00元。从宏观的角度准确把握了藏缅语言句本位的性质，从句法研究入手，分析描写彝语各种语法成分的意义和形态；从微观的角度，作者依据彝语特有的结构特点，比较系统地从分析与综合、形式与意义、词法与句法的有机结合来建立语法体系。其中关于句法词序、虚词功能、附加形式、词类划分等语法现象的分析和处理具有新意和其独到之处。（宁玉）

外 国 语

H000104 **大学英语四、六级考试效度研究** 杨惠中、维亚(C. Weir)著。上海外语教育出版社1998年10月版。21万字。22.00元。除介绍CET－4、CET－6的主导思想、原则、方法和整个运作过程外,着重对历年来的CET－4、CET－6试卷进行结构效度、内容效度、同期效度和表面效度分析研究,在大量数据和可靠资料基础上论证该考试具有相当高的效度。在研究过程中,他们采取了问卷调查,试卷内容分析,阅读理解测试答题过程的内省法心理分析,与日本STEP考试进行同期效度分析,四、六级考试对比分析研究等手段,从不同角度来观察效度,使结论更为可信。本书的第八章是全书的精华,它提出了7点结论并对近期内完善本考试提出4条切实可行的建议。本书的价值在于它结合我国实际,既为我国建立一个研究效度的可行的理论模型和操作方法,供我国其他大规模考试效度研究借鉴,也为深化我国大学英语教学改革、提高教学质量将起一定的推动作用。(刘犁)

H000105 **大学英语重点难点解析与同步训练** 田兵编著。辽宁师范大学出版社1998年9月版。28万字。10.00元。配合《大学英语》系列教材精读第五册而编写。主要是为学完大学英语四级的同学继续提高英语水平、准备六级或考研服务的。每单元包括重点词语讲解、课文难点解析、阅读教材重点句理解与翻译、同步训练与答案4部分。(修梦清)

H000106 **上海科技英汉双解词典** 俞竹君等译。上海科学技术出版社1998年12月版。130.4万字。45.40元。包括《上海科技英汉双解物理词典》、《上海科技英汉双解化学词典》、《上海科技英汉双解数学词典》和《上海科技英汉双解生物词典》4本。4书原为英英辞典,条目较新,内容分别涵盖了力学、光学、电磁物理学、热学、原子分子物理学、相对论、量子物理学,无机化学、有机化学、物理化学、分析化学、高分子化学,代数、几何、三角、解析几何,动物学、植物学、生物化学、解剖学、微生物学、遗传学、医学、农学、土壤学、大气学、海洋学、环境保护学等基础知识,每本词典收录近1 000个条目,配有50幅左右的线条图解。(张帆)

H000107 **五色英语书** 胡汉舫等编注。湖北教育出版社1998年10月版。每种19万字。16.00元/种。五色英语书荟萃五大精华:短文、短诗、小小说、笑话、幽默、民间故事。共5册。包括:英语短文《生日礼物》,附黑白插图;英语短诗《人人歌唱》,附黑白插图;英语小小说《篮子装水》;英语笑话、幽默《谁更精明》;英语民间故事《椰子树》,附黑白插图。该丛书是英语注释读物,文字简易生动,内容新,选材精,适合中学生和青少年阅读。(唐瑾)

H000108 **《中国民航飞行人员英语》系列教材** 中国民航出版社1997年11月—1998年12月版。212.20元。分为《无线电陆空通话教程》(吴士星主编,46万字)、《初、中级教程》(刘若莹主编,79万字)、《阅读教程》(李玉梅等主编,50万字)和《听力教程》(刘若莹等主编,26万字)4部分。有基础知识,如语音、语法等;有与民航飞行人员工作生活相关的专业英语知识,如陆空通话、航空气象、飞行安全等。每个教程均配有大量的练习及配套磁带,有助于学员听、说、读、写各项能力的综合提高。(唐明)

H000109 **中国成语汉英例解词典** 西安外国语学院《中国成语汉英例解词典》编写组编。陕西人民出版社1998年9月版。284万字。108.00元。共收选词条目11 000余条,包括汉语成语、部分成语化的常用习语、固定词组、谚语和诗句等。各词条后采用对应译法提供英语译文。有些直译译法之后,加意译译法说明,对英语译文可以替换的部分分别例释。如英语对应词的含义比汉语条目的含义广泛或一词多义,则用英语作限定性说明。词条目英语译法之后,逐条采用汉英对照的方式举例,以示其用法和译法。例证大部分引自中国古典文学名著、现代文学作品、社科及其他经典著作,个别由作者自拟自译。对所引例句的汉语原文,除必要时作适当删节外,一律未作改动;对其英语译文部分一般也不加改动,对汉英不对应的意译词语,在译文中标明。少数条目的例证收选了两种英文版本的译文。词典条目采取汉语拼音字母顺序排列,附有条目笔画索引辅助检索。(董全平)

H000110 **30分钟系列英语丛书** 对外经济贸易大学出版社1998年版。90.1万字。96.00元。从英国KOGAN PAGE引进出版的英汉对照本,首批共出版12本:(1)30 Minutes Before Your Job Interview(面试之前);(2)30 Minutes Before a Meeting(开会);(3)30 Minutes Before a Presentation(演讲与发言);(4)30 Minutes Before to Boost Your Communication Skills(交际技巧);(5)30 Minutes to Succeed Writing(商业写作速成);(6)30 Minutes to Master the Internet(半小时上网);(7)30 Minutes to Make the Right Decision(正确决策的诀窍);(8) 30 Minutes to Prepare a Job Application(怎样写简历和求职信);(9)30 Minutes to Write a Business Plan(商业计划书);(10)30 Minutes to Write a Marketing Plan(营销计划的制定);(11)30 Minutes to Write a Report(报告的写作);(12)30 Minutes to Write Sales Letters(推销信的写作)。(刘传志)

H000111 **21世纪儿童英语大观园** 杨宇等译。江苏科学技术出版社 1998年3月版。36.6万字。98.00元。以孩子们身边日常事物为中心,在列出英语词汇或句子的同时附有相应的图片,可使孩子们自然地掌握英语的表达方式和单词。全书按英文字母A～Z的顺序排列,每一对开页构成一个独立栏目。栏目中所介绍的单词和句子,不但标注国际音标,列出相应的中文释义,还标注出中文释义的汉语拼音,以方便孩子们学习,书中以现代美式英语的表达方式为基准介绍英语词汇和会话,与一般的词典有少许差异。另外,对于一个单词或表达方式仅介绍了其最常用的表达形式。(钱亮)

H000112 **21世纪高等医学英语系列教材** 郝长江、何筑羽主编。青岛海洋大学出版社 1998年9月版。150万字。69.00元。对学生进行全面训练的医学专业英语教材,根据最新全国医学专业英语教学大纲的要求编写。为使学生实现从基础英语到专业英语的顺利过渡,将阅读部分分为《医学科普英语》、《基础医学英语》、《临床医学英语》3本;为了全面培养学生的语言运用能力,专门安排了《医学英语听力》(配有5盒录音带)和《医学英语会话》各1本;为了提高学生的医学英语写作水平,能直接参加国际学术交流,专门编写了《医学英语写作》。(李曦聪)

H000113 **四六级考试写作范文与惯用表达** 张国海主编。大连理工大学出版社 1998年1月版。33.5万字。10.50元。针对非英语专业考试这一特点,设计了一种全新提高英文写作的方法。书中根据不同题材进行分类,每一题材包括经典示句及惯用表达10条,范文2篇,为读者创造"精读——临摹——自我检测"这样一种通过读、写来快速提高英文写作的途径。本书按题材分类,但同时又顾及了文章各种不同的体裁,因此,交替使用了说明、记叙、描写、议论、图表、看图及书信等各类形式,重点覆盖的是考试中常见的说明及议论这两种体裁,以突出全书的实用性。(邓玉萍)

H000114 **外贸英语对话(增订本)** 诸葛霖编著。对外经济贸易大学出版社 1998年2月版。30.8万字。16.00元。分两部分。第一部分为外贸业务的程序环节,如询价、报盘、还盘、装运、保险、包装、支付、索赔等;第二部分包括仲裁、补偿贸易、易货贸易、进口许可证、商标注册、招标及建立合资企业等。每一课都配有多种练习并附有答案,又有中文翻译。(刘传志)

H000115 **民航英语工程系列教材** 中国民航出版社 1997年3月—1998年11月版。按照中国民用航空总局1995年11月颁布的《民航专业英语考试大纲(试行)》对民航各专业技术人员所应达到的专业英语水平的要求编写。全套教材共6本,包括:《民航乘务英语教程》(吴克文等主编,26万字,19.80元)、《民航公共英语教程》(白杰等主编,46.2万字,38.00元)、《民航机务英语教程》(朱敬才等主编,42万字,34.00元)、《民航航行英语教程》(杜实等主编,61万字,48.60元)、《民航电子英语教程》(蔡成仁等主编,60万字,47.00元)、《民航运输英语教程》。乘务英语教程依据机上服务程序编写而成。以句型、对话为主,重点在加强口语会话能力。公共、机务、航行、电子、运输英语教程着重介绍专业英语的基本语法和语法现象,介绍了科技英语和专业英语的翻译方法和翻译技巧。以大篇幅课文为主,且课文大多选自英美原版书刊,突出民航特点,专业针对性强,重点在提高阅读理解能力。

H000116 **加菲中国奇遇记** 人民教育出版社、[美]波斯公司合编。人民教育出版社 1997年4月—1998年5月版。18万字。系列儿童英语教材。共8册。读者对象是4～10岁的儿童,全书由10个故事组成,运用双语形式叙述加菲(美国Paws公司提供的卡通形象)在中国精彩动人、欢快幽默的经历,寓英语启蒙教育于故事情节之中。该书采用立体化的儿童快乐英语教学方式,集色彩、声音、语言、文字于一体,使孩子们能轻松愉快地获得英语学习的最初体验。本套图书的英语语言的安排从字母开始,循序渐进,随着故事情节的发展逐步增加英语学习的内容。语言项目不是按传统的语法教学顺序,而是按儿童生活实际编排。每个故事都围绕着儿童日常生活中的一个话题展开,自然融入情节之中。孩子们既可以学习英语,又可以提高汉语,还可以学习一点绘画技能。更为重要的是,孩子们在学习英语的同时,还能受到故事人物的诚实、正直、勇敢和助人为乐等优秀品德的熏陶。(郝建平)

H000117 **TEM考试效度研究** 邹申著。上海外语教育出版社 1998年3月版。50.7万字。28.00

元。对TEM考试的内部效度、外部效度及理论进行了论证,并记录了大量调查与统计工作的结果,阐述了TEM考试的形成与发展过程,对其性质、目的、形式、内容、命题、实施、评分等作了细致的介绍。本书通过一系列科学的测量方法,总结了项目研究的经过,对TEM考试现有的两个等级(TEM4和TEM8)进行多方位、多角度的评估,得出了客观的结论,并在此基础上提出改进考试的建议,进一步提高TEM考试的科学性与合理性。(王金鹤)

H000118 **托福600分对策** 刘毅编。海南出版社1998年12月版。28万字。13.80元。针对国人考托福的弱点,详细剖析听力、语法、字汇、阅读的题型,最新命题趋势及各部分应考秘诀。共5部分。一、托福介绍,说明托福考试的作用、计分、有效期限、成绩公布方式等。二、听力对策,探讨如何注意录音带速度的变化,如何分配答题时间和把握题目内容。三、结构与结法对策,说明调整解题速度的方法,挑选答案的秘诀,并整理出必考重点。四、词汇对策,讲解加强单词记忆的方法。五、阅读对策,介绍速读取胜的方法和出题类型。书末并附有托福重要单词和成语。(袁保华)

H000119 **托福600分听力** 刘毅编。海南出版社1998年12月版。25万字。13.80元。针对听力各部分的命题趋势及考生准备方向,提出实用而有效的对策,以跨越托福听力低分的障碍。分为5部分。一、托福最新资料介绍。附表说明美国各校批准入学的托福成绩要求及各部分的得分比较。二、加强托福听力的方法。介绍如何适应听力测验的说话速度,并分析其重音、语调、发音及连音的特色。三、听力Part A命题趋势与对策。针对短句形式,说明连词及动词的功能,同时分列高频率句型及惯用语。四、听力Part B命题趋势与对策。介绍Part B短对话的出题方向与形式,并利用逻辑顺序等推测方法迅速解题。五、听力Part C命题趋势与对策。针对长段落的谈话和讲演,着重训练记忆长段落重点的能力。(袁保华)

H000120 **GRE字根字汇** 刘毅编。海南出版社1998年12月版。40万字。18.80元。精选GRE词汇,每个单词均附有英汉对照解释、例句、同义词和反义词。采用[词首+词根+词尾]的科学词源分析方法,帮助了解单词的造词规则。每单元后有同、反义词测验。(袁保华)

H000121 **医学英语会话** 万敏等主编。青岛海洋大学出版社1998年9月版。20万字。11.00元。为"21世纪高等医学英语系列教材"之一。共20个单元,内容涉及基础医学、临床医学教学和研究等诸多方面。全书按基础医学的相关子科目分类编排,并列出了常用词汇表。(李曦聪)

H000122 **医学英语听力** 郝长江等主编。青岛海洋大学出版社1998年9月版。25万字。12.00元。"21世纪高等医学英语系列教材"之一,共20个单元,每个单元均由对话、句子听写、篇章理解和复合式听写4部分组成。其选材注重实用性和时代感,所选内容涉及1990年以来的基础医学、临床医学、预防医学、营养学、环境医学、计划生育等方面的最新研究成果,适合于医学院校的大学生、研究生使用,也可供有国际交流任务的医务工作者参考。本书含有教师用书部分,并配5盘录音带,适于读者自学。(李曦聪)

H000123 **医学科普英语** 何筑丽等主编。青岛海洋大学出版社1998年9月版。23万字。11.00元。为"21世纪高等医学英语系列教材"之一,由20个单元组成,每个单元皆包括课文、词汇、注释和练习题4大部分。其选材既涉及到弗洛伊德学说等经典学说,又涉及到现代社会中与人类健康有关的问题,如胚胎的形成、头发与健康、HIV以及克隆技术等。(李曦聪)

H000124 **GRE词汇3000** 刘毅编。海南出版社1998年12月版。38万字。18.80元。收集历年GRE考题,由电脑统计常考词汇1 800个,并补充派生词、同义词和反义词,总计约3 000个单词。突破传统,全部采用测验题形式,做完题目,即背完单词,测验题有150个单元,内容编排由简而难,循序渐近。书中并附有同义词、反义词测验。(袁保华)

H000125 **现代英汉缩略语大辞典(上)(下)** 李育才、卜纯英主编。电子工业出版社1998年5月版。650万字。260.00元。收集外事、商务、工贸、金融、管理、科技、文教、机电、化工、军事、计算机、通信、天文、地理、气象、环保、医药、卫生以及企事业单位、社会团体、金融财贸、工商厂矿、政府机关等机构名称和各种信息、文献、期刊书报所采用的缩略语约15万条,并注明相应的英文全称与汉语译文。(耿纪宁)

H000126 **现代英语语言学概论** 戴炜栋等编著。上海外语教育出版社1998年8月版。23.2万字。14.50元。现代语言学基本概念和基础理论入门教材,共12章。在吸取国外近几十年来语言学重要研究成果的基础上对语言学的基本研究课题,如语音学、语法学、语义学和词汇学，以及当代语言研究的热门话题，如语用学、话语分析、社会语言学等作了较为系统和深入浅出的介绍。对语言演变以及语言教学等领域的发展也有客观的反映。为了便于学生巩固所学的知识，每章后面都附有精选的练习并在书后提供了参考答案。（孙玉）

H000127 **现代商业英语书信** 阎善明编著。对外经济贸易大学出版社 1998 年 10 月版。44.4 万字。22.00 元。首先以新旧、繁简等对比手法阐述了商业英语的写作原则以及如何运用语言技巧有效地表达自己的意图，宣传介绍自己的产品和市场。本书的编写方法是，按外贸程序的主要环节选用大量实用信例，详细论述各类外贸书信基本要求、特点和写作技巧；与此同时提供丰富的商业词汇、行话和习语。自第四章起还配有常用语句以供读者撰写外贸书信时参考使用。补充读物皆选编自英美等国家商业书信并按外贸环节排列，便于读者进一步扩充商业英语的知识。所有课文中的商业语汇特别是行话都有详细的注释，对疑难词语和片语配有中英文对照的解释和例句，各章均有大量练习题以巩固所学知识。（刘传志）

H000128 **英语 300 句** 小埃德温 T·科尼利厄斯编。西南交通大学出版社 1998 年 11 月版。112 万字。98.00 元。美国著名国际语言大师、教育心理学家、风靡全球的《英语 900 句》作者小埃德温 T·科尼利厄斯先生近期编著的一部集系统性、科学性、先进性、权威性、开放性、交互性、趣味性为一体的美式英语口语多媒体教程的第二部。该教材语言丰富、课堂示范教学安排生动有趣。以 300 个基本句型为主线，以美国学生的生活和学习为主要活动场景，为学习者提供了丰富的听说训练机会。教材全套分为上、中、下 3 册。上、中两册中每课包括 A、B 两段对话，供学习者学习掌握句型、单词，并熟悉它们出现的场景，通过会话练习，反复操练基本句型。每课配有语音跟读练习，针对语音、语调进行专门训练。第三部分是课堂游戏活动，使学生在老师的帮助下了解如何灵活使用基本句型。第四部分在文字教材中安排了形式多样的词汇和句型练习。该教材的主要特点是针对学生的动口、动耳、动脑能力，让学生积极参加到教学活动中去。首先是用心去听，而后是动口去说，在反复的听说过程中掌握基本词汇和句型。这与我国现有的英语应试教育教材相比较，无疑从根本上解决了学生学英语只会考试而不会听说的弊端。（王婷）

H000129 **英语发音突破** 李阳、克立兹编著。广东世界图书出版公司 1998 年 1 月版。40.00 元。分上、下两册，共 4 部分，前 3 部分主要讲述发音前心理准备、发音技巧、发音训练方法、有效使用配套录音带的方法以及作者学习英语的经验。第四部分录音资料收集了大量社会生活中各种场合的情景会话。与以往同类书不同的是，本书打破了以讲述语音知识为主的编写方法而代之以示范练习和情景会话为主，同时以现身说法形式从不同角度讲解发音技巧。（应中伟）

H000130 **英语动词句型与短语词典** 张德会等编。湖南人民出版社 1998 年 10 月版。88.7 万字。24.50 元。收录大学英语教学大纲和英语专业基础阶段教学大纲中所有动词及其他一些常用动词 2 200余个，以动词为词条，含动词短语 3 万余条。释义采用中英文对照形式。（张人石）

H000131 **英语词汇记忆精粹** 李发根编著。江西科学技术出版社 1998 年 12 月版。15 万字。9.80元。从实际出发，以实用为原则，以“精”为准绳，既提倡新的科学记忆方法，又不否认“强记”记忆法，既注重了解词的内部结构“三大法宝”（前缀、词根、后缀）记忆方法，又有机地考察了词的外部联系的记忆方法，向读者介绍一种学习单词的有效方法，以便读者能迅速地掌握英语基本词汇。本书分为两大部分：记忆法和构词法。第一部分介绍了奇特联想记忆、定位联想记忆、对比联想记忆、类似联想记忆、归类记忆、图表记忆、卡式强记记忆、可分解式词汇记忆、星火式根义记忆、谐音记忆、内在联系记忆、理解记忆、字源趣味记忆、复习深化记忆、辨音记忆、连加联想记忆等 16 种方法，每种方法进行了简明扼要的介绍，以实例进行有力的说明；第二部分较全面地收集了英语词根、前缀、后缀，每一词根均给予英汉两种意义，并进行实例剖析，每一前缀均指出其意义及用法，附有实例，每一后缀均指出构词词性和意义，附有实例。

H000132 **英语典型题题解辞典** 潘继福编著。中国科学技术大学出版社 1998 年 5 月版。51.5 万字。18.00 元。从英语学习规律出发，采用由例题引出内容讲解这一独特形式，精选 805 道英语典型题作为条目，通过每道题讲解将各个章节的重点内容有机地串联起来。目次中提供详细的索引，便于读者随时查阅或复习有关内容。

H000133 **英语单词图像记忆法（2）** 郑任民编。辽宁少年儿童出版社 1998 年版。4 万字。5.80

元。该书的图像是根据英语中的26个字母的先后顺序绘制而成,记忆时要按其字母排列的先后顺序记忆。它的基本记忆方法有1.顺序记忆法,2.字形记忆法,3.拼音记忆法,4.谐音记忆法,5.联想记忆法。

H000134 **英语学习之路** 罗志野著。湖南人民出版社1998年10月版。15.4万字。10.60元。作者结合自己个人学习英语的体会,详细阐述了英语学习中应该注意和解决的一些基本问题,并向读者提供了许多学习英语的方法、捷径、经验教训。(聂双武)

H000135 **英语科技文体:范式与应用** 方梦之著。上海外语教育出版社1998年12月版。40.4万字。22.00元。英语科技文体是英语文体中重要的一种。用英语表述的科学著作、学术论文、实验报告、专利说明书、标准文献、产品目录、意向书、投标单等等,则是科技文体中的不同品种。本书从语言学的角度,分别对英语科技文体的词汇、句法直至篇章的文体特征形式进行描述,其程序是从微观到宏观,从特殊到一般。随后,又从一般到特殊,对文摘、论文、技术标准、专利说明书、技术合同等进行体裁分析,以期在对科技文体不同体裁的认识的基础上,加深对英语科技文体的结构、功能和内涵的认识。本书第一章对各种文体作了比较,着重阐明科技语言类中有类、体中有体。第二章至第四章从词、句法和篇章的平面,探讨相关的英语科技文体的特征。第五章为非言词表达,试图对英语科技文体常用的数学语言和工程图学语言等进行描述、分析和比较。第六章至第十章从篇章的平面上,就严谨的英语科技文体中有代表性的五种文献类型——文摘、论文、标准、专利说明书、技术贸易合同——来观察英语科技文体的结构、语用和修辞特征。第十一章和第十二章讨论科技英语(EST)的研究及其教学。(孙梅琳)

H000136 **英语常用词组动词结构搭配手册** 宋黎主编。大连理工大学出版社1998年6月版。25万字。15.00元。包括近6 000个常用词、英语词汇及由它们组成的词组。依据《硕士研究生入学英语考试大纲》、《大学英语教学大纲通用词汇表》、《非英语专业研究生英语教学大纲及其词汇表》这三个教学大纲的词汇表在计算机统计、分析的基础上经过英语教学专家们审核后编写而成。此外,编者还根据自己的教学经验和实践,增加了若干常用词组。本手册由两部分组成。第一部分为英语词组,所有词组排列均以英语字母为序;每个词组均给出中文释义并附有两个以上的英语例句。此外,动词性词组还尽可能给出其词汇搭配关系。第二部分为动词结构搭配。收入3个词汇表中结构搭配的常用动词,分门别类说明其结构上的搭配关系。(邓玉萍)

H000137 **英语短语用法与实践** 张绍全、范华泉主编。重庆出版社1998年12月版。44万字。27.00元。工具书。收录常用、常考英语动词短语、介词短语、副词短语及其他短语近2 000条。每条短语均用英汉双语释义,每条短语均附有两个例句,这些例句口语、书面语兼顾,并突出其实用性。另外,对易混易用错的短语均作详细说明,对大部分短语给了同义和反义短语。为便于读者更好地掌握所讲解的短语,在每个字母的短语后配备了一套练习题,书末附有综合练习和参考答案。(余国枢)

H000138 **TIME单挑1000** 副名:时代英语。旋元佑主编。中国友谊出版公司1998年6月版。28.5万字。18.00元。精选《时代》杂志上出现频率高,且字典不易查到,或另有其他含意的词汇约1 000余条。每一单词均配以《时代》杂志的例句详加讲解。(杨学梅)

H000139 **实用汉英词典** 门顺德主编。外语教学与研究出版社1998年5月版。69.5万字。28.90元。以张后尘、李彦中两位主编的《汉俄实用词典》为蓝本编写的一部综合词典。选择收编的词语,主要围绕经贸、文化和科技交流的实际需要。全书收词语约4万条。其中基础词占一定的比例,习见的各专业词汇覆盖面较大,同时还注意选收了部分常用新词。对每个词条均给出了较为简明的译文。译文注重规范性和实用性,有些词语给出几个同义或近义的译文,可供读者在使用中参考。词典在编排上对每一词语采取单独立条,读者可以轻而易举地查到所需要的词。对某些词的译文还加注了一定的说明,以减少读者在使用中的困惑。(任满申)

H000140 **实用英语语法精要** 庞继贤主编。浙江大学出版社1998年3月版。40万字。18.00元。为具有中级与高级英语水平的读者所撰写的英语语法教材。针对中国人学英语的难点有重点地加以选择。在阐明语法的同时注重实用性,而不仅仅是说明语法本身,使读者在学习语法的同时提高自身的英语应用能力。选用的例句和练习素材全部取自原文。(诸葛勤)

H000141 **临床医学英语** 刘振清等主编。青岛海洋大学出版社1998年9月版。28万字。12.00元。"21世纪高等医学英语系列教材"之一,由20个单元组成,每个单元皆包括正课文、生词、注释、练习及副课文。其选材为1990年以来英、美出版的著名医学教科书、专著和杂志等；内容涉及内科学、外科学、妇产科学、儿科学、耳鼻喉科学、传染病科学、皮肤科学、麻醉科学、眼科学、口腔科学等方面的研究成果。（李曦聪）

H000142 **美国商务英语（下册）** 柯灵思著。中央广播电视大学出版社1998年2月版。50万字。32.00元。电视教材。共40讲。设计了14个不同的场所，使学员置于真实的环境中去实践，以达到帮助读者掌握美国人在办公室、餐厅、商店等和其他公共场所在客户服务、广告与推销、事业的发展与前进，以及跨国生产等方面使用的英语。本教材配有综合练习及答案。（张静）

H000143 **美国商务英语（上册）** 柯灵思著。中央广播电视大学出版社1998年2月版。34.6万字。25.00元。在这套40讲的电视教材中设计了14个不同的场所，使学员置于真实的环境中去实践，以达到帮助读者掌握美国人在办公室、餐厅、商店等和其他公共场所在人际交流、计划未来、企业家的精神，以及处理日常事务等方面使用的英语。（张静）

H000144 **高校英语八级听力试题集** 宓智瑛编著。对外经济贸易大学出版社1998年9月版。46.1万字。19.50元。共有练习14套，配有相应录音带。模拟试题的设计力求与八级正式听力考试水平一致。每套题型及题项的编码仿照1992、1993两年的听力真题模式设计和编写，每套题后附有听力原文及答案。本书的听力内容丰富多样，题材广泛新颖，除部分讲话、讲座的录音选自当今国外较新的有声资料外，其余所有的会话、讲话、报告、采访、名人专访、新闻报道和讲座都是作者亲自从近几年的VOA、BBC、CNN或STAR TV等广播电视节目中直接收录、筛选编辑而成。（刘传志）

H000145 **朗文当代高级英语辞典（英英·英汉双解）** 艾迪生·维斯理·朗文出版公司辞典部编。商务印书馆1998年8月版。810万字。128.00元。为英语是非母语的读者编纂的英语语文词典。其特点如下：一、用基本词汇解释词义。用限定的2 000英文基本词汇来解释释义。这2 000个基本词汇以*号标示出来，便于读者学习掌握。用有限的“专用基本词汇”解释近乎无限的词汇为朗文出版公司首创，这是该辞典的一大突出特点。二、收词多而新。收词共60 000条，书后还收有3 000多个近年来新出现的常用词汇。三、用直观的缩略语说明词目的多种用法特点。四、例句多。凡重要的词条都列有足够的例句，并且注明使用的场合，如用于正式场合还是非正式场合；是俚语还是忌语，以帮助读者正确使用英语，对中译英也极有帮助。五、用法说明详尽。该词典共有400多项用法说明及20项语言提示。六、插图多。为进一步方便母语为非英语的读者正确理解词义，尤其是抽象词的涵义，该辞典配备了近1 000幅黑白插图和20页彩色插图。七、附录多。该辞典共有9个附录。（周治淮）

H000146 **基础医学英语** 郝长江等主编。青岛海洋大学出版社1998年9月版。27万字。12.00元。为“21世纪高等医学英语系列教材”之一，由20个单元组成。每单元除主课文外，还配有副课文，并安排有多种类型的理解性练习。本书的编排顺序与医学基础课程（解剖、生理、组织胚胎、生物化学、微生物、免疫、病理等）开课顺序同步，便于读者使用。（李曦聪）

H000147 **船舶驾驶员实用英语口语** 张晓峰、徐东华编著。大连海事大学出版社1998年6月版。39.2万字。23.00元。新的STCW78/95公约对船员的语言能力提出了更高的要求，结合这些要求及IMO《标准海事通信英语》的相关规定，以海难及日常航行业务为背景资料，将船舶驾驶员常用的英语以问答、对话及阅读的方式较全面地进行了介绍。全书分为上、下两编，上编为航海用语，共21课，涵盖了驾驶业务的各个方面；下编为生活用语，共17课，主要供海员在日常交往中使用。每课均由会话、词汇和阅读3部分组成。全书采用英汉对照的形式，将听、说、写结合在一起，配有录音带。（姜建军）

H000148 **商务英语应用文大全（英汉对照）** 王光林等编著。东方出版中心1998年8月版。69万字。40.00元。分5大部分：“外贸函电”按照进出口业务的实际操作程序编写，为外贸工作者提供规范化的操作规程和往来信函实例；“公文”为在外贸、外资或外向型单位办公室工作的文秘提供各种公文范例；“单证”选编了现行的各种主要单证文本；“合同契据”为外贸洽谈和对外业务的建立提供了可实际操作的文本；“广告和说明文”罗列了众多的实例，为商品的进出口等广告宣传提供了良好的参考样本。（张志华）

H000149 **博士蛙彩图英汉双向学生词典** 戴炜栋主编。少年儿童出版社1998年版。10印张。45.00元。专为中小学生学习和掌握英语的工具书。备有英文和中文检索目录。编者参阅了在我国广泛使用的自编和引进版中小学英语教材。在此基础上精选出词条1 500个。这些词条都是学生用英语进行对话、交流时最常用的一些核心英语词汇。每一词条中均有英文单词、国际音标、英文例句及中文词语、例句和汉语拼音,并配有生动有趣的插图。(洪祖年)

H000150　**简明英语习惯表达法词典(英汉双解)**　庄智象编著。上海外语教育出版社1998年10月版。117.6万字。40.00元。按功能/意念(表达)分类编排,收录功能/意念义项600余个,将意义相同或相近的英语习惯用语列入一组,在每一义项下列出表达该义项的所有惯用语词条,便于读者迅速查找、比较和选用。全词典收有当代英语习惯用语7 000余条,每一条均有英语和汉语释义,并至少配一句例句。对某些较难理解和掌握的习惯用语则根据需要分别作出适当的注释和说明。本词典的功能/意念(表达)分类表及其正文中的词条均按字母顺序排列,书末附有按字母顺序排列的功能/意念(表达)分类义项词语索引,方便查阅。(张宏)

H000151　**简明英语语法教程**　楼光庆编。中央广播电视大学出版社1998年10月版。23.9万字。14.00元。中央广播电视大学英语专业教材。针对学习者在汉译英时普遍感到"动笔难"、"张口难"的情况,本书分门别类地归纳了大量常用词组与短语,在章节编排上具有查找简便的功能。(周燕)

H000152　**新世纪英语短语动词词典**　常晨光编。新世纪出版社1998年10月版。约30万字。18.00元。精选常用英语短语动词约1 500条,每个义项后均带有例句。编写过程中充分考虑到中国学生的特殊需要说明每一个短语动词的语法特点,标明短语动词的及物或不及物,及物的短语动词则注明可分不可分,以便于学习者正确使用;并注明大部分短语动词的常见主语和宾语搭配,配合典型的例句,以便于学习者造句时模仿;还提供大量的语体、使用场合、使用范围等方面的信息,以利于学生准确、得体地使用短语动词。(刘国纯)

H000153　**新英汉英语常用词组用法词典**　周冰主编。上海译文出版社1998年12月版。193万字。35.00元。在1982年版《英语常用词组》(增订本)的基础上作了大幅度的修订,将原10 000余条词组增加到15 000条左右,并在释义后配上例句。所收集的常用词组及例句均选自国内外出版的英语词典、英语书报刊物及常用教科书。(章骏德)

H000154　**新思维英语阅读(Ⅰ)**　张连仲等改编。中央广播电视大学出版社1998年8月版。45.1万字。36.00元。在引进美国培生教育出版集团(Pearson Education Group)出版的Reading Plus 1～2册的基础上,严格按照国家教育部1997年颁发的《全国成人高等教育英语专业(专科)英语教学要求》改编而成的英语阅读教材。本书强调语言素材与日常生活的紧密结合,除了选编一些报刊文章外,还精选了一些在日常环境中真实的英语素材,如:商品标签、时间表、广告、菜单、邀请信及回信、手写体信件、图表、传真和e－mail等。每个正文单元由几篇不同的文章组成,内容围绕同一话题展开,注重英语阅读的实用性、趣味性和实践性。本书在每单元后有"单元小结",简要地提示了该单元每项练习实际操练的阅读技能。版式保持了英文原文风貌,一个完整的练习都安排在一页上,凡涉及相互参照的内容都安排在同一面上,避免了因前后翻页带来的不便。在内容的安排上,遵循由浅入深的原则。此外,为使读者有机会"用英语看中国,用英语讲中国",达到中西文化背景相结合的目的,本书还精选了18篇与前36单元有所关联的补充读物,内容皆是有关中国的热门话题。(来继文)

H000155　**新思维英语阅读(Ⅱ)**　张连仲等改编。中央广播电视大学出版社1998年5月版。52.1万字。39.00元。在引进美国普林帝斯·霍尔教育图书公司(PRENYICE HALL)出版的reading PLUS 1－4册的基础上,严格按照国家教育部1997年颁发的《全国成人高等教育英语专业(专科)英语教学基本要求》改编而成的一套英语阅读教材。共4册,适合认知500—800个词汇的学习者,设计达到的阅读目标为英语大专水平。该套教材的语言素材一律由英美语言教学专家提供,出版形式采用原版书风格,学生可尽享"原汁原味"之乐。同时,灵活多样的练习形式和新颖的助学指导给学生营造出一个轻松愉快的阅读氛围,特别适于成人自学,本书作为整套书的第二册,阅读总量约为10万词,风格与第一册一致,仍侧重英语阅读的实用性、趣味性和实践性,只是涉及的内容更丰富,题材和体裁更广泛,为由"轻松入门"向强调英语阅读技能的理解、训练与运用的"领悟阅读"阶段的过渡,奠定良好基础。(王跃)

H000156　**新编大学英语精读指南(1—2)、(3—4)**　肖扬主编。东南大学出版社1998年12月版。100万字。38.00元。在上外版《大学英语(精读)》1至4册修订版的基础上,根据高校英语教学特点和教师丰富的教学经验编写的"面向21世纪,教学再上新台阶"的教学参考书。作者对每一单元从课文背景、概要和写作特点、课文疑难解答，练习重点解答和答案，补充阅读疑难解答等方面，帮助学习者全面、深刻地学习和理解教材的精华，并设计了一套单元综合练习，以强化本单元中的语言要点和应用技能，为学生 提供一个巩固和提高的综合训练机会，包括用中译英填充的方式概述课文；口头或笔头回答针对课文提出的问题；词汇专项训练；中英文互译训练；以及针对性较强的写作专项训练。本书分为两册。每册包含二级精读教材的学习内容，由 20 个按课文顺序编写的单元组成。（施恩）

H000157 **新编硕士研究生英语入学考试复习指导(第三次修订本)** 朱泰祺编著。北京航空航天大学出版社 1998 年 4 月版。102 万字。39.00 元。作者在分析和研究近年来研究生入学试题内容、命题特点和语言难点的基础上编写而成，并根据每年研究生英语入学试题的调整情况而不断修订、完善。本书包括“概说和练习”与“答案和注释”两部分。在“概说和练习”部分中，包括语法结构、介词和介词习语、短语动词、词汇、阅读理解、完形填空、英译汉和写作；在“答案和注释”部分中，作者对全书的试题进行了系统的注释。（刘宝俊）

H000158 **托福 600 分单字** 刘毅编。海南出版社 1998 年 12 月版。35 万字。16.80 元。采用系统的方法，依照托福题型，分门别类地整理出最重要的托福词汇，并详细列出各词的国际音标、解释、同义词、例句及中译。针对托福各项重点，各个击破，分为听力关键单字、文法得分关键单字及阅读得分关键单字。作者刘毅是台湾著名英语研究专家，所出托福、GRE 丛书自成体系，因其实用性而享有声誉，现已形成品牌效应。（袁保华）

H000159 **英文文法宝典** 刘毅编。海南出版社 1998 年 8 月版。100 万字。69.80 元。2 册。第一册首篇提供一个整体概念，其余各篇则分别详述细节，内容完整，深入浅出，依次为英文大写、标点、名词、代词、形容词、副词、动词、助动词、时态、语法、语态、一致、非限定动词、连词、介词、特殊构句。第二册汇集了各篇相应练习及答案。书中不强调理论，摒除不必要的术语和生硬文字，尤其是英美人士已不再使用的过时句子，皆一概删除。（袁保华）

H000160 **英语写作论** 刘上扶著。广西教育出版社 1998 年 12 月版。23.4 万字。14.00 元。对英语写作教学进行全方位审视，以微观和宏观语言学理论作指导，对写作理论与实践、写作教学及写作活动的各方面作了深入剖析。全书主要论述当前学生的写作能力及写作研究现状，探讨写作理论，评介写作教学方法，讲解写作技巧，阐述各种不同文体的写作，还特别对不同类别的应试写作进行专题研究，并提出作文批改、评分及讲评的方法。最后，介绍中外名家对写作及写作教学的精辟见解。（孙梅）

H000161 **广征博引英汉词典** 陈羽纶主编。辽宁人民出版社 1998 年 2 月版。69 万字。29.80 元。针对一般英语学习者的需要编纂。收词以常用为限，范围略大于现行的大学英语教学大纲 1—6 级词汇表。书中大量引用摘自原文文献的名言警句作为例证。这些例句与通常的英汉词典中的例句不同。它们一方面可以进一步说明词义，具体展示词的用法，提供两种语言对比，使抽象的释义具体化；一方面将文化学习引入语言学习，引导读者及早接触英语世界思想文化的精华。书中收录的智者哲人、语言大师们的话语或深刻，或独到，或幽雅，或诙谐，从而使词典的面貌更加生动。（雷光）

H000162 **无敌英语详解词典** 宋韵声编。沈阳出版社 1998 年 11 月版。46.3 万字。29.80 元。围绕中学英语教学大纲关于词汇和语法的要求，涵盖中学生需要切实掌握的基本内容，兼备英、美、日、俄等国家中学英语词典的优点，与我国英语教学的特点相结合，在词典体例设置、内容释义安排、词语示例编选等方面，都具有十分明确的针对性和恰到好处的实用性。（杨敏诚）

H000163 **时代经典用词** [台]旋元佑编。中国友谊出版公司 1998 年 6 月版。100 万字。17.00 元/册。美国《时代杂志》是全球最具权威、发行量最大的杂志，其文章分析精辟，其用词精练、简洁，颇具时代特色。本套书精选《时代》杂志上出现频率高，且字典上不易查到，或虽可查到，但因涉及西方文化典故与时事背景，非字典所能表达的词汇。分 4 册，分别为《政治篇》《商业篇》《人文篇》及《科技篇》。每一词汇都附有注释，除说明其由来、构造、演变及用法外，还提供选自《时代》的例句。在每项主题之后，还附一篇《时代》评论文章。（汪媛）

H000164 **英语应试词典** 李思国主编。辽宁人民出版社 1998 年 6 月版。225 万字。40.00 元。为各层次英语考试考生编写。共收录 60 000 余词条，连同列在构词项目中的派生词和复合词共计 70 000 余条，并将其中 3 000 余个同义词分成 700 余组，进行透彻的辨异。另外还收录了常用习语 10 000 余条。本词典对每个词目均标注词汇阶梯等级，共分为 5 个阶梯。第一阶梯为升大学阶梯，收录《大学英语教学大纲通用词汇表》中的预备级词汇,并以此为基础选词。第二阶梯为大学生阶梯,以大学英语 1—4 级词汇为选词基础。第三阶梯为研究生阶梯,以大学英语 5、6 级词汇、研究生考试词汇和 EPT(水平考试)词汇为基础。第四阶梯为 TOEFL(托福考试)阶梯,精选国内外最新 TOEFL 词汇资料。第五阶梯为 GRE(美国研究生入学考试)阶梯,选 GRE 和 GMAT(美国管理学研究生入学资格考试)及《Webster (New World)》词汇为基础。全部词目标注国际音标,英美发音不同者分别标出,并标注词性。(王阳春)

H000165 **速查式汉—英科技名词词典** 王本善、刘永平编。四川科学技术出版社 1998 年版。253 万字。88.00 元。速查式科技词典的收词范围兼具专业性和基础性,又以专业的广泛性为原则。内容具有如下特色:一字词的词码是该词的全拼;二字词的词码是该词首汉字的拼音首字母,加上该词后字的全拼;多字词的词码为该词各汉字拼音首字母的依次组合;中外词混合的词汇,词码由其中的汉字决定。词码排序以词码中的字母组合在英语中的顺序排列先后。词典以块的方式组织词条,词条依据词码排序,即以汉语词汇的词码而不依词中的汉字。词码相同的词条没有区分先后次序。词条由汉语词汇、专业说明、英语解释 3 部分组成。词典查找快速,首先寻找该词词码所在的页码,然后寻找词汇或词码所在的块,就能找到词汇本身,若需检索的词为简称,则需查其全称。词典中的几十个专业的词汇,均采用全国自然科学名词审定委员会公布的词汇,内容覆盖天、地、生、数、化、计算机等各个领域。(冯建平)

H000166 **精选英汉汉英科技词典** 白同朔等编。上海科学技术文献出版社 1998 年 12 月版。215.8万字。68.00 元。包括英汉和汉英两部分,精选各类科技专业词汇(包括全部大学四、六级英语词汇)和常用的科技词汇。(袁仲江)

H000167 **大学英语阅读与写作** 徐家海主编。青岛海洋大学出版社 1998 年 11 月版。50.5 万字。25.00 元。大学英语阅读和写作教材。共 9 章。第一章介绍了英语文章的基本结构,阅读时需要掌握的要点、修辞法等。第二章至第九章讲述阅读和写作的题材,包括叙述、描写、举例、分类、比较、程序、因果与定义等 8 个方面的内容,大致涵盖了英语文章所涉及的主要方面。每一章先分类讲述每种题材的特点和规律,再选几篇有代表性的文章,让读者进行阅读练习。这些内容均按标题、简述、词汇、文章和练习等几部分编排。每一分类文章之后还提供读者进一步练习的阅读材料,主要由文章、理解问答题和词汇练习构成。编写方法上采用了英、美所推崇的“三步阅读法”:将阅读和写作能力的提高结合起来,使读者能在阅读的基础上产生自己动手写作的激情,以达到阅读和写作能力同步提高的目的。这对解决学生读写分离、影响英语水平提高的问题作了探索和尝试。(韩玉堂)

H000168 **中国英语教学** 副名:中国英语教学天津研讨会论文集。许国璋等编。外语教学与研究出版社 1998 年 12 月版。46 万字。32.80 元。1992 年中国英语教学天津研讨会论文集,共收录 47 篇论文。从中可以看到中国英语教学改革开放十几年来的丰硕成果。这些论文反映出中国的英语教师和英语教学理论研究者已经走出了单纯介绍国外教学理论,照搬外国同行的教学模式的误区,在探索具有中国特色,符合中国国情的英语教学模式的道路上迈出了可喜的第一步。这些论文有些是研究课题的阶段性报告,有的是调查分析,它们大多有大量的数据支撑。从这些论文中我们了解到,中国英语教学界对学生,即教学主体的研究早在 1992 年以前就开始了,有些有识之士在此次研讨会上提出了英语教学应该由教师,即教学的客体向主体——学生转化的观点;有的谈到了跨文化交际与语言学习;还有的谈到了电子技术在英语教学上的应用。(王春丽)

H000169 **中国英语教学** 副名:中国英语教学国际讨论会论文集。许国璋等著。外语教学与研究出版社 1998 年 12 月版。31 万字。30.00 元。1985 年广州中国英语教学国际讨论会论文集。汇集许国璋、柯鲁克、胡文仲、胡壮麟、桂诗春、杨惠中等著名专家、学者的论文 33 篇。从不同侧面反映了改革开放之初中国英语教学所面临的种种问题以及第一线的中外英语教师和英语教学理论研究者们为解决这些问题所做的努力。从 1985 年至今,中国的英语教学从规模到层次、从教育者到学习者、从授课方式到学习的途径都发生了巨大的变革。从本书中可以了解到中国英语教学改革先行者的探索,更可以感受到中国英语教学改革脉搏的搏动。(王春丽)

H000170 **美国之音特别英语专题节目选编(一)** 章恒珍等选编译注。华南理工大学出版社 1998 年 10 月版。30.1 万字。19.50 元。选编“美国之音”为适应非英语国家的听众学习外语的需要,而特地安排的“特别英语”节目,即“慢速英语”,其广播速度为每分钟 90～100 个单词,该节目包罗了时事新闻、科学技术和文学艺术等多方面的内容。本书分3部分，第一部分为“太空与人”，着重介绍有关人类探索宇宙的历史、太空飞行及航天技术的新成就；第二部分为“美国概况”，扼要介绍美国各方面情况，风土人情与生活方式；第三部分为“国家的成长”，主要讲述了美国从殖民地发展成为一个现代化工业国的历史过程。每课均配有生词和词组、听力理解练习和音带文字材料及参考译文。（张巧巧）

H000171 **英语阅读论** 胡春洞、戴忠信著。广西教育出版社1998年9月版。14万字。11.00元。一方面从理论上对英语阅读规律进行了较全面的分析，另一方面也从实践的角度探讨了提高英语阅读能力和学习能力的有效途径。（孙梅）

H000172 **牛津—杜登法语汉语图文对照词典** 商务印书馆1998年版。100万字。78.00元。商务印书馆与牛津大学出版社合作出版的法汉图解词典。因蓝本是德国著名的《杜登图解词典》，故有此书名。词典用图示的直观方法表现各种事物。词汇按所属范畴分为：原子、宇宙、地球，人和社会环境，自然环境、农业和林业，商业、手工业和工业，印刷业、交通、通讯和信息技术，事务所、银行、证券交易所。社会，消闲、游戏和运动，娱乐、文化和艺术，动物和植物，世界万象包罗无遗。全书收词近3万条，附图384幅。词条的汉语译文是由牛津大学出版社提供的，因在若干专业术语和名称的译法上与内地的惯用译名不同，词典对原译文作了一些修改。（张文英）

H000173 **商务法语（上、下册）** 黄美波等编。对外经济贸易大学出版社1997年8月—1998年8月版。69.8万字。38.00元。外经贸专业外语课教材，分上下两册。上册包括语音教程7课，基础教程27课；下册包括商务文书写作与翻译教程17课，经贸文章选读14课。上册语音阶段后每课还有“法语500句”部分，内容涉及27个专题的日常生活，每课一个专题，并有中文参考译文；全部练习有答案手册，全书配有教师手册。（刘传志）

H000174 **新编汉法成语词典** 孙迁编著。厦门大学出版社1998年12月版。120万字。55.00元。共收入汉语成语及熟语、常用语一万两千多条。词典中不仅收录了原有的成语，而且收录了大量经过时间检验并得到社会承认的“新成语”，体现了辞书的继承性和时代气息；该辞典对每个词条都采用直译和意译两种方法，既准确又简洁；辞典中还收入了常见的熟语、习语和谚语。（宋文艳）

H000175 **汉俄成语词典** 西安外国语学院《汉俄成语词典》编写组编。陕西人民出版社1998年10月版。156.5万字。52.00元。共收汉语成语4 502条，其中包括少量常用的其他熟语和正向成语转化的常用词组。本词典根据汉语成语的涵义，提供了多种形式的俄译文，其中包括与汉成语意义相当的俄语熟语。为帮助读者根据不同的语境选定意义贴切的俄译文，对每条成语列出了简明的汉文释义，扼要串讲了该成语的字面意义及其引申或比喻义。绝大部分成语词条附有数量不等的汉俄文对照例句，用以提示该成语的俄译文在不同具体语境中的用法。例句大多取自俄作家的著作，以求使用的汉成语准确，俄译文恰当。（张玲）

H000176 **汉俄新译语汇编** 范明贤主编。外语教学与研究出版社1998年8月版。129.3万字。47.90元。内容涉及当代中国的方方面面。还选编中国近代现代简史和地理概貌方面的语句。部分重要语句选自《邓小平文选》、党代会和人代会文件、中央领导同志讲话和报刊重要文章，等等。有些外语短语或句子，作者在本书中编译时，有意加大重复率，使词语形式相近的句子在书中反复多次的出现。（王维国）

H000177 **现代俄汉词典** 张建华、裴玉芳等编。外语教学与研究出版社1998年10月版。273.7万字。49.90元。收基本词7万多个，外加派生词1万多个，共近9万多词，既体现出近10年来俄语词汇的发展变化，又兼顾到中国近年来社会文化和语言的变化。对现有的俄汉词典中词语释义的某些不确切之处作了修正，在中文注释时提供了较多的对应性释义。（范明贤）

H000178 **俄汉详解大词典** 赵洵等主编。黑龙江人民出版社1998年6月版。2 300万字。980.00元。4册。收现代俄语通用词汇、专业词汇、缩略语及专名24.6万条。采用多层次释义法，区分意义、意味和特用三个层次，使俄语词义体系一目了然；引用大量例证，除词组和短文外，还从俄国文学名著中精选文学例文。书后列有17种附录，涉及语音、语法、其他语言文字、历史、地理、计量、科技术语符号等领域。（徐冲）

H000179 **俄语常用词搭配词典（俄汉双解）** 李福安等编。陕西人民出版社1998年10月版。250万字。78.00元。以各种搭配为主体，包括：一、各种自由词组。二、各种非自由词组。三、某些反映句法结构的搭配。四、某些属于句子形式（主谓结构）的搭配。围绕一个词收的搭配应能：（一）尽量全面地提供揭示该词词义的语境。(二)反映该词的语法、修辞特征。(三)反映由语义因素所决定的词的组配特点。词典的释义采用俄、汉双解,其中,汉语释义尽量采取描写性的释文加翻译性释文的形式。书中汇聚了大量的同题材词、同义词、近义词、反义词等相关词语,使之同时具有了类义词典、作文词典、修辞词典的功能。(陈惠云)

H000180 **日汉小词典** 胡以男等编。山东科学技术出版社 1998 年 10 月版。63 万字。12.00 元。共收入 25 000 余词条,包括常用词汇、谚语和短语。另外,还根据国外的最新资料收入了有关科技、社会科学等方面的新词。释义简明扼要。(李宇)

H000181 **日语知识手册** 罗明辉主编。湖南人民出版社 1998 年 2 月版。30.3 万字。18.60 元。根据日本主妇与生活社出版的《日本语の常识百科》、日本株式会社讲谈社《现代人のとめの日本语の常識大百科》、日本青春出版社《现代用语の大语源》、《日本自由国民社现代用语の基礎知识 1997》,以及 1997 年 8 月的《朝日新闻》等书刊综合编译而成。(聂双武)

H000182 **牛津—杜登日语汉语图文对照词典** 商务印书馆 1998 年版。100 万字。78.00 元。以图示方法来解释各种事物。全书收词近 3 万条,附图 384 幅。词汇以所属范畴分类,共分 286 个类别。其中有天文地理、声光化电、文化教育、音乐美术、医疗保健、体育运动、食品服装,乃至人体结构、动物植物、娱乐设施等内容。(冯建新)

H000183 **基础日语教程** 朱春跃、彭广陆主编。外语教学与研究出版社 1998 年 3 月版。33.7 万字。20.90 元。大学本科日语专业一二年级学生教材,共 4 册,每册使用一学期。采用以教授语法体系为主的教学思想,对句型和言语交流功能适当有所兼顾。语法体系设计比较完善,语法内容的编排顺序比较合理,全书语法解释部分比较详细。(范明贤)

H000184 **商贸日语** [日]武田博志、[中]俞素美主编。浙江大学出版社 1998 年 12 月版。37 万字。18.00 元。中日合编中级日语实用性教材,由日本早稻田大学日语教育中心吉冈英幸教授主审,日本工商界友好人士武田博志先生执笔撰写课文并亲任主编,日本工商界友好人士岩渊正子女士担任技术顾问,并由中方日语专家编写课前复习、常用词汇、小知识、重点说明、练习及答案、参考译文等栏目。(诸葛勤)

H000185 **新中日辞典** 北浦藤郎等编。广东世界图书出版公司 1998 年 5 月版。75.00 元。按日语语音(五十音顺)排列。收录单字 5 000,词条 23 000,并广收实例。简化字条目后附繁体字、异体字,并明示其区别。字、词条目后标出词类,并在释义后列出同义词、近义词和反义词;用拼音和片假名注音。不仅广收中国大陆的,还尽收港台等地的新词。插入图表,便于充分理解有关内容。充实书后附录,以帮助理解中国文化和习惯。列举同义词及相关联词汇,便于从不同角度理解词义。(陈洁)

H000186 **现代越汉词典** 雷航主编。外语教学与研究出版社 1998 年 4 月版。89 万字。38.90 元。收词目 5 000 余条,不仅收入了越语常用词汇,并且还收入了近年来社会、政治、外贸、法律、科学技术、文化生活等各方面出现的新词汇、新术语及新的释义,还收入了部分外来语。除只有特殊用法或典型意义的词义外,一般不用例词,更少列例句,以突出中小型词典篇幅小而容量大的特点。这部词典参考了越南知名语言学家黄批主编的《越语词典》。词典的附录部分《世界各国(地区)及首都(首府)名称越汉英对照表》按越南文顺序排列。(王维国)

H000187 **韩汉—汉韩袖珍词典** 高岱等编。上海译文出版社 1998 年 12 月版。142.3 万字。35.80元。系上海译文版外汉—汉外系列袖珍词典之一种,共收词目约 50 000 条,韩、汉词目各约25 000 条。韩汉部分采用韩国文字拼写法,按韩国惯例编排,有别于以往国内已出版的各类朝鲜语词典,使用方便;汉韩部分的词目直接选自《现代汉语词典》,所收词目均按汉语拼音顺序排列,韩语释义准确,并标明了词性和汉语拼音,便于读者掌握。该词典所收词目,除基本常用词外,比较侧重收录经贸、旅游用语和外来语,力求实用化和现代化,是一部适合韩语初学者和一般翻译工作者使用的、有价值的工具书。(高宗文)

I 文学

文学理论

I000001　**中日现代文学比较论**　王向远著。湖南教育出版社 1998 年版。35 万字。21.60 元。中日现代文学比较研究的专著，凡 4 章，分“思潮”、“流派”、“文论”、“创作”4 个方面，对 20 世纪上半期的中国文学和日本文学做了深入的比较分析。作者熟练地运用比较文学的研究方法，把影响研究和平行研究结合起来，发现并解答了中国现代文学及中日文学关系史上的一系列重要课题，深化了该领域的学术研究。收入《博士论丛》。（孟可文）

I000002　**中外比较文论史**　副名：上古时期。曹顺庆著。山东教育出版社 1998 年 4 月版。54 万字。31.30 元。由上下两编共 10 章组成，在上编“中外文论的纵向发展与横向比较”中，作者站在总体文学的高度，全面回顾了世界几大文明圈的文学理论发展的主要过程和基本特征，提出了中国比较文学学派的理论基础和方法论体系，并对上古时期的中外文化与文论做了简略的横向比较。在下编“中外文论的滥觞与奠基”中，作者首先对上古时期世界三大文化圈（中国先秦、古希腊罗马、古代印度）的文论萌芽期的文论话语进行了全面梳理，从最具体的文论观点开始，由浅入深，由表及里地追寻中外文论的基本规律，以期更准确地理解中外文论的特征及其深层文化机制。（臧伟）

I000003　**中国文学论丛**　汪文顶主编。福建教育出版社 1997 年—1998 年版。包括 6 个分册：《中外杂文散文综论》、《九叶诗派研究》、《现代戏剧理论与实践》、《巴金创作综论》、《当代中国文学的艺术探险》、《周易与文学》。研究与论述对象是中国文学，其中包括中国古代文学、中国现代文学、中国当代文学与文艺理论。有具体作家的专题研究，有文学体裁的具体研究论文集、有作家群体研究，其所包含的范围较广。（汤源生）

I000004　**文学中的数学**　欧阳维诚著。湖南人民出版社 1998 年 10 月版。23 万字。12.50 元。由 54 个单篇组成，按文学与数学联系的情况分 9 个部分：一、一枝红杏出墙来——文学作品中抽象出数学原理；二、草色遥看近却无——文学作品中蕴含数学趣题；三、却疑春色在邻家——文学作品中有各种数学背景；四、冻雷惊笋欲抽芽——文学作品触及数学的新分支；五、相逢何必曾相识——文学与数学组成的共同体；六、心有灵犀一点通——文学与数学有共同的思维模式；七、水远山长处处同——文学与数学使用共同的技巧；八、总把新桃换旧符——古老的文学话题与全新的数学概念；九、短笛无腔信口吹——文学问题与数学问题杂谈。每篇的行文都抓住文学与数学的相关点，不拘一格，涉笔成趣，文韵与数趣相映交辉。（张人石）

I000005　**文学本体论**　龚见明著。广西师范大学出版社 1998 年 5 月版。22 万字。文学基本理论方面的论著，也是一本对文学理论进行探索，试图重新建立文学理论体系的尝试性论著。它以建立文学本体论为目的，在吸收 20 世纪西方文学理论各流派的合理思想的基础上，从文学本身的语言符号出发，系统而详尽地阐述了文学和文学符号之间的内在联系，从各方面探讨了文学符号的基本特征和表现方式，以及由文学符号唤起的文学意义对象在文学中的性质、地位和功能。（唐长兴）

I000006　**林焕平译文集**　林焕平编译。南方出版社 1998 年 7 月版。120 万字。150.00 元。林焕平是现代著名的马克思主义文艺理论家、教育家和翻译家。从 1934 年他的第一部译著《苏联新教育概观》问世起，他的编译生涯至今已有 65 年。五卷本的《林焕平译文集》是他一生主要翻译作品的结晶。传播和介绍外国文艺理论，特别是马克思主义文艺理论，是林焕平译著的重要特色。譬如《社会主义现实主义论》、《马克思主义艺术学入门》、《共产党宣言与马克思主义的发展》、《马克思主义艺术观》等，都对中国现当代文学的发展产生过积极影响。在林焕平的外国文艺理论译作中，以日本的进步的文艺理论家藏原惟人的作品为多，林焕平实际上已成为我国专门研究日本当代文艺理论的著名学者了。译文集还包

括契诃夫的《红袜子》、日本作家武者小路实笃的《爱与死》、日本作家尾崎士郎的《扬子江之秋》等小说。(吴章胜)

I000007　**博学丛书**　蔡鸿滨等译。百花文艺出版社1998年版。135万字。88.80元。第一辑共5种，均为20世纪世界文坛享有盛誉，并或多或少地给20世纪世界文坛发展趋势带来影响的批评家、理论家和他们的专著及论文集。加拿大诺思罗普·弗莱的《批评的剖析》，被认为"是第二次世界大战以后西方最有影响的文学批评和文学理论专著之一"，是"当代经典著作"，其写作形式也是对以往同类著作的突破，带有很强的叙述性特点，并有很强的激情。《隐蔽的上帝》是法国社会学批评家吕西安·戈德曼的代表作，也是社会学批评这一流派的典范之作，以帕斯卡尔的哲学著作和拉辛的悲剧作品为文本，在鞭辟入里的分析之后，得出结论说它们之间的一个共同的精神结构，即悲剧观，其发表之初就引起法国文学界的强烈震动。《论无边的现实主义》无疑是一部有争议的学术专著，而作者罗杰·加洛蒂在关于现实主义问题的讨论中也是焦点人物，后被法国共产党开除。本书从画家毕加索、诗人佩斯、小说家卡夫卡的思想和艺术特点出发，试图扩大和丰富现实主义的内涵，并主张现实主义不应该有局限。《艺术及其最新形式》所收的前苏联文艺理论家卢纳察尔斯基的论文，大部分是未曾译介过的、曾经遭到列宁批评，以及此前的论文和专著，因此有极其鲜明的个性化气质。《经验与贫乏》[德]车雅明著，即出。(闻树国)

I000008　**文艺心理学**　周文柏著。中国人民大学出版社1998年1月版。26.2万字。15.00元。广泛借鉴现代心理学的成就，阐述了现代心理学对文艺心理学发展的重大影响，对文学艺术活动进行了多侧面多层次的心理分析与研究。作者重点剖析了艺术创造活动中的心灵自由、艺术创造的心理发生、自觉与非自觉、情感与想象、创作冲动的发生与实现，乃至艺术接受过程中的审美心理本性、审美态度、参与、合作、知觉、情感、想象等的心理机制及其本质，将文艺心理学的研究推进到一个新阶段，对艺术教学与研究、艺术创作实践具有启发指导意义。

I000009　**文学鉴赏方法丛书**　魏饴著。辽宁师范大学出版社1998年6月版。66万字。38.00元。包括《诗歌鉴赏入门》、《小说鉴赏入门》、《散文鉴赏入门》、《戏剧鉴赏入门》4册。本丛书立足鉴赏方法论，系统地探讨文学鉴赏方法。《小说鉴赏入门》从文体知识入手，进而论述了小说鉴赏的本质及审美要求，探讨了小说鉴赏的特征，并从人物、情节、环境、主题、语言介绍了小说鉴赏的奥秘；《诗歌鉴赏入门》从诗歌鉴赏的本质入手，论述了诗歌鉴赏的特征，重点探讨了诗歌鉴赏的一般方法与途径，最后归结到鉴赏的衡量标准及兴趣培养；《散文鉴赏入门》从鉴赏本质入手，论述了其审美要求及能力培养，探讨了散文鉴赏的一般法则，重点介绍了散文鉴赏的3个重点和两个难点；《戏剧鉴赏入门》论述了戏剧鉴赏的特点，重点探讨了戏剧与观众的关系及戏剧鉴赏能力的培养，并介绍了戏剧鉴赏的各种方法。(张来胜)

I000010　**散文拈花录**　贾宝泉著。河北人民出版社1998年9月版。25.3万字。15.80元。以散文的笔调写成的关于散文创作的理论专著。作者以自己独到的创作经验和研究体会，道出了散文创作中遇到的种种理论问题，如散文的结构、意境、虚实、语言、乐感、风格、创新、诗与文、传统与现代、节奏等许多常谈却难解的现实课题。收入的81篇文章，记录了作者的一点感悟，一星慧光。(李方)

I000011　**中国新时期幼儿文学大系**　副名：理论卷。张美妮、巢扬编。未来出版社1998年4月版。29万字。18.00元。收录1978至1995年间幼儿文学理论研讨论文48篇。从创作实践与读者的信息反馈中深刻地探讨了幼儿文学中的深与浅问题、语言问题、形式问题、插图问题、教育问题、情趣问题、视角问题、幻想问题、情感问题等等幼儿文学中的理论问题。收录了一些幼儿文学的历史资料，这些历史资料可使我们对幼儿文学的发展轨迹和繁荣状况有一个清晰的了解。(任皖西)

I000012　**陈伯吹文集(第四卷)**　陈伯吹著。少年儿童出版社1998年10月版。37万字。29.60元。理论专集。收有陈伯吹建国前后所发表、出版的各种理论文章59篇。有论文33篇，如《儿童故事的趣味》(原载1932年10月北新书局出版的《儿童故事研究》)、《论寓言与儿童文学》(原载1944年11月15日《东方杂志》)、《教育的意义必须强调》(原载1949年5月15日《中华教育界》)、《谈外国儿童文学作品在中国》(作于1952年)、《谈童话作品的特色》、《谈童话创作的艺术手法——拟人法》(原载《儿童文学研究》1961年12月号)、《谈幼童文学必须繁荣发展起来》(原载《儿童文学研究》1962年12月号)、《论儿童读物与儿童文学》(原载《儿童文学研究》1985年第19辑)、《儿童文学与儿童教育》(原载《儿童文学研究》1988年第1期)；有序文14篇，如《〈孔雀的焰火〉序》(为浙江人民出版社出版的钟子芒童话集所作)、《〈老鼠看下棋〉序》(为少年儿童出版社出版的儿童文学园丁奖获奖作品集所作)、《〈任大霖散文选〉序》、《〈世界儿童文学名著故事大全〉序》(少年儿童出版社版);作家与儿童文学7篇,如《浅谈〈木偶奇遇记〉与〈金钥匙〉》(原载《儿童文学研究》1984年第16辑)、《读〈绿野仙踪〉书后》(原载《儿童文学研究》1990年第5期;回忆录4篇,如《〈小朋友〉创刊七十周年纪念》、《怀念先行者黎锦晖先生》。书后附有《陈伯吹传略》、《陈伯吹年表》。(洪祖年)

I000013 **童话学通论** 马力著。辽宁大学出版社1998年8月版。26万字。17.00元。构建童话学科系统工程的专著。共4编。第一编为认识论。从哲学认识论的视角揭示童话的本质内涵,作者认为童话离不开神话思维和儿童思维,而神话思维是个非常复杂且无法回避的问题,作者以此为重点,从神话思维的形式结构入手,分5章进行论述,阐明了神话思维的规律,并用这一规律去解释具体的神话和童话,体现了著者独到的创见,同时,将神话思维与儿童思维作了较详尽的比较和分析,说明两者的联系和区别。第二编价值论。从美学和价值科学的角度阐释了口述童话和艺术童话的价值。第三编为审美范畴论。论述了审美意向与童话的审美范畴,说明童话审美的独特视角和独特尺度。第四编本体论。对童话发生的各种机制进行探究,对童话艺术的范畴,即童话的体裁样式、布局结构、修辞手法、语言特征等进行研究,揭示了童话这一艺术形式的整体面貌。(张露丽)

世界文学

I000014 **诗性与理性** 副名:中西文学批评理论的本体精神透视。张胜冰著。云南教育出版社1998年7月版。20万字。12.00元。文学批评理论著作。该书站在人类文化发展的总体高度,从宏观上探讨了中西文学批评理论的本体精神。作者认为:中国文学批评理论是一种诗性的本体,源于"道"的文化建构,所表达的主要是一种人生主义的生活理念;西方文学批评理论则是一种理性的本体,因自始至终受到理性文化的熏陶而体现出理性分析的逻辑内涵。它们之间有显著的差距,也有其相通性。全书从中西文学批评理论的哲学基础、宇宙观念、思维方式、人生理想、语言认知、批评模式6个层面,对中西文学批评的本体范畴作了深入探讨和再阐释,企图寻找二者之间相互沟通、互释与融合的可能性,旨在为未来建立世界文学批评理论的新格局探索路径。在论证自己观点过程中,作者对中西文学批评理论中的一些传统论题,如悟道与爱智、日神精神、爱与死等,进行了深入分析,提出了自己的看法。同时也对中国文学批评在面临西方"后现代主义"、"解构主义"冲击下所表现出来的"文化失语"和理论上的"浮躁症"提出了批评。最后,还通过《顿悟与直觉:中西艺术思维方式的文化哲学分析》与《关于中西文学与批评的对话》两个附录,对中西文学批评的文化背景及融合前景作了专门论述。本书不足之处是:宏观研究有余而微观论证不足。(黄显松)

I000015 **文学精品赏析丛书** 欧阳友权主编。中南工业大学出版社1998年11月版。130万字。分4卷(册):《中国古代卷》、《中国现代卷》、《外国古代卷》和《外国现代卷》。从艺术审美的角度出发,精选了中国自先秦以来,国外自11世纪以来文学史上最有价值、最具代表性、产生过最深远影响的诗歌、小说、戏剧、散文作品。各篇的书名《诗神的回眸》(中国古代卷)、《缪斯的吟唱》(外国古代卷)、《审美的神韵》(中国现代卷)和《艺术的绝响》(外国现代卷)就是各卷内容最好的概括。本丛书对所选名家均作了精辟的评价(并附有原作或节选)。书中各篇的"导读与赏析"属点评式、鉴赏感悟性的赏析文学,既紧贴原作,又见从己出,要言不繁,画龙点睛。但评析者也并未把话说尽,而是留有余地,给读者留下了再创造的空间。(梅敦梅)

I000016 **正午的诗神** 副名:50个外国重要诗人散文家。沈苇编。新疆青少年出版社1998年4月版。20万字。19.80元。介绍中外50名著名诗人的生平和他们的代表作。力图勾画出那些站在人类峰巅的大师和天才们的精神肖像,传达他们旷世的空谷之音。(金锐)

I000017 **古罗马文艺批评史纲** 王焕生著。译林出版社1998年11月版。29万字。20.00元。论述古罗马文艺批评的专著。第一章介绍罗马古代文学的发轫及其文艺批评因素;第二章介绍罗马文学发展的高涨和文艺批评的兴起;第三章介绍罗马共和国后期文学和文艺批评;第四章论西塞罗的文艺思想和演说理论;第五章论奥古斯都时期的文学和贺拉斯的诗学;第六章介绍"白银时期"文学和文艺批评;第七章论述公元2世纪之后的文艺批评;第八章论述罗马统治时期的古希腊文艺批评。书后附有主要参考书目以及专名索引。(章祖德)

I000018　**名著的诞生**　副名:60个外国作家与作品。张功臣著。新疆青少年出版社1998年1月版。20万字。14.80元。包含了对本世纪以来世界有名的66位作家的作品和生平的评述,作者将这些名著介绍给读者,并且加以评论,使广大青少年读者对名著写作的背景和作者的生平加以了解,从而进一步加深认识,增长见识,加强文学修养。(金锐)

I000019　**中西诗鉴赏与翻译**　辜正坤著。湖南人民出版社1998年8月版。30万字。18.50元。作者在该书中构建了一个比较完整、富有新意的中西诗歌鉴赏与翻译理论体系,包括诗歌鉴赏五象美论、中西诗歌阴阳二级对立发展七大潮论、诗歌鉴赏五功能论、诗歌鉴赏十角度论、翻译标准多元互补论、音文同构现象论。(穆陵宁)

I000020　**20世纪世界文学:回眸与沉思**　毛信德著。百花洲文艺出版社1998年1月版。65万字。36.50元。20世纪世界是人类迄今为止最动荡不安、最风云变幻的年代;20世纪世界文学也是最为繁荣、最为绚丽多彩的时期。本书作者在大的历史背景之下,从20世纪文学发展的总体趋向出发,从全方位进行论述。在论述100年间百余位优秀作家的杰出贡献和他们那些足以载入史册的经典作品的艺术魅力的同时,提出了20世纪前70年间,世界文学形成的(传统)"现实主义"、"现代主义"和"无产阶级及左翼文学"三足鼎立的观点。作者在详尽地分析了这三种文学思潮派别从发展、对峙和逐步走向趋同的过程的同时,还论述了在这数十年中,三者之间此消彼长、相互竞争又相互吸收的文学现象。这种竞争导致了有时向这边、有时向那边的"钟摆现象"。在写作方面,作者以这一世纪一次大战以前、两次世界大战之间和70年代至本世纪末这4个历史阶段为经线,以现实主义、现代主义和无产阶级及左翼文学之大文学现象为纬线,编织了一幅既系统又简明,既全面又集中的历史画面。(王志斋)

I000021　**20世纪外国国别文学史丛书**　吴元迈主编。青岛出版社1998年2月—1998年12月版。280万字。160.00元。对11个国家(即法国、墨西哥、英国、美国、德国、日本、俄罗斯、波兰、印度、瑞士和奥地利)的文学进行了归纳总结,系统论述了这11个国家在20世纪的文学发展概貌。俄罗斯文学史(李辉凡、张捷著),上篇介绍了批判现实主义文学、现代主义文学、社会主义现实主义文学、批判主义文学和侨民文学。下篇简述了传统主义文学和后现代主义文学。日本文学史(叶渭渠、唐月梅著),论述了反自然主义三派鼎立、近代新诗、新剧、战争时代文学、无产阶级文学,介绍了本世纪6名著名作家。法国文学史(张泽乾、周家树、车槿山著),分为美好的年代、狂热的年代、困惑的年代、创新的年代、多元的年代进行论述和介绍。美国文学史(杨仁敬著),分5部分,概述了美国20世纪文学发展的脉络,介绍本世纪重点作家及其作品,对本世纪后期有影响的作家及其作品也进行了评介。该书借鉴了美国最新的研究资料,具有较高的资料价值。墨西哥文学史(陈众议著),章按时间顺序划分为世纪之交、战争年代、先锋时节、峥嵘岁月、爆炸时期、七八十年代、又到世纪末。英国文学史(阮炜、徐文博、曹亚军著),重点介绍了世纪之交、1900至1918年、现代主义、1945至1949年、1960年至1979年、1980年以来的小说、戏剧和诗歌,特别介绍了叶芝的诗歌。德国文学史(高中甫、宁瑛著),分别按德意志帝国末期、魏玛共和国时期、第三帝国时期进行论述,还重点介绍了流亡时期的文学、德意志联邦共和国文学和德意志民主共和国文学。波兰文学史(张振辉著),分别按19世纪90年代到第一次世界大战结束、波兰独立后到第二次世界大战期间、第二次世界大战之后3个章节进行论述。印度文学史(石海峻著),分别介绍了印度的启蒙、复兴运动、浪漫主义文学、进步主义文学、实验主义文学、边区文学、社会现实小说、女性文学与贱民文学、印度英语小说,还分章介绍了泰戈尔、伊克巴尔、萨拉特等著名作家。奥地利、瑞士文学史(韩瑞祥、马文韬著),分为两章,分别综合介绍了20世纪奥地利文学和瑞士德语文学的发展概貌。(曹永毅)

I000022　**外国文学史(亚非卷·修订本)**　朱维之主编。南开大学出版社1998年版。41万字。20.00元。外国文学史教材。与《外国文学史·欧美卷》是姊妹篇。以断代史的形式,较为全面、系统地介绍了上古文学:包括古埃及、古巴比伦、古希伯来及古印度文学;中古、近代及现当代文学:分别包括东亚文学、东南亚文学、南亚文学及西亚北非文学。提纲挈领地讲述了各时代亚非各国的文学发展的历史,并对其中具有代表性的40多位作家及其代表作品进行了较为深入、细致的介绍,既包含了亚非文学的基本理论、基本知识,又反映了其文学发展的最新成果,注意同亚非当代文学研究和文学创作的现状接轨,体现了本学科的时代精神与先进性。(丁福原)

I000023　**外国文学史(欧美卷)(修订本)**　朱维之、赵澧主编。南开大学出版社1998年8月版。49.8万字。系统而全面地介绍了欧美文学史知识;

描述了从反映原始氏族社会生活的希腊神话到本世纪80年代现代主义文学近三千年文学发展轨迹；评述了众多的文学思潮、文学流派的产生、发展变化、特点和影响；评介了各个历史时期有影响的作家，对50多位作家设专节进行了评述；介绍了大批有影响的作品，对重点作家的代表作的艺术成就作了具体深刻的评析。在描述文学发展状况时，既注意到了欧美各国的文学各有自己的民族的社会的特性，也注意到了他们有共同的文化渊源、文学发展的历史关系密切，是一个整体。在体例结构上，不按文学流派、作家社会属性分章设节，而是依照文学发展的本来顺序描述文学发展的面貌，辩证地阐述文学与时代的关系、一个时代的文学与上一个时代的文学的关系以及不同文学思潮之间的关系。本书(修订本)改正了一些陈旧的观点，吸收了近几年来外国文学研究所取得的新成果；增加了必要的新内容，古代欧洲文学增加了早期基督教文学及其优秀作家路加，20世纪欧美文学增加了劳伦斯、艾略特、萨特、贝克特、海勒、马尔克斯等专节。本书是1985年版的修订本。(马式作)

I000024 **英美现代主义文学概观** 李维屏著。上海外语教育出版社1998年8月版。37.9万字。26.00元。系统地论述20世纪英美现代主义文学思潮的起源和发展过程，充分提示其哲学基础、历史背景和文学渊源，并深入探讨其重要流派的作品特点与艺术风格。书中着重讨论了17位著名现代派作家的40余部重要作品。在这些作家中，不仅有艾略特、福克纳、海明威、奥尼尔和贝克特5位诺贝尔文学奖得主，而且还有庞德、乔伊斯、劳伦斯、伍尔夫和斯泰因等现代英美文坛的风云人物。书中大约有三分之一的作品是国内学者至今很少讨论或尚未讨论过的。笔者试图以时间为经、流派为纬的原则来评价作家和作品，力求以客观、公正的态度来审视和评述英美现代主义诗歌、小说和戏剧三大文学形式，并阐述其代表作的主题思想、结构形式、创作技巧和语言风格。本专著与作者以前出版的一本《英美意识流小说》相比，更集中了现代主义文学之要义和现代主义作品之精华，在讨论现代主义方面更具完整性和系统性。(谢宇)

I000025 **小学生经典背诵** 孙苏主编。海燕出版社1998年9月版。25万字。21.00元。共4册：《经典唐诗100首》、《经典唐宋词100首》、《经典元曲100首》、《经典古文60篇》。精选适合小学生背诵的360篇诗文。丛书对生僻的字进行了注音。每篇诗文之后，还有用优美的文学语言撰写的赏析文字，画龙点睛，帮助小学生更好地理解和记忆原文。(王艳丽)

I000026 **小经典丛书** 南海出版公司1998年8月版。65万字。60.00元。第一辑包括5本：《河的第三条岸——世界精短小说经典三十八篇》，所收作品均出自19世纪和20世纪的小说大师之手。《狱中记》是英国作家奥斯卡·王尔德对自己一生中最有争议事件的自述，出版后在国外被视为世界文学的经典之作。《追赶自己的帽子——英国小品文经典三十篇》，这本小品文选由著名作家梁遇春翻译，均为英国小品文经典之作。《感想与风景》是日本作家横光利一的随笔集。横光利一是日本新感觉派代表作家，在同时期作家中以思想深度著称，本书是首次译成中文结集出版。《人之子——耶稣传》，作者爱米尔·路德维希是世界最著名的大传记作家之一。本书最大的成就是把耶稣从世俗宗教的装扮下剥离出来，还原成一个活生生的人。(杨雯)

I000027 **小铃铛漫游世界文学宝库** 副名：世界名著精华。齐峰主编。陕西人民教育出版社1998年9月版。15.8万字。10.00元。以小铃铛随同书通博士漫游世界文学宝库来贯穿勾连，以书通博士与小铃铛的对话来简要提示作品的背景、意义、特点等，以小学高年级及初中学生为阅读对象，精选世界文学名著近70篇。所选篇目从古代到近代到现代，大多为具有显著地位及影响的外国文学作品。这些篇目的故事性强、趣味性强的情节均在书中得到展示，截取部分注意到了故事的相对独立性与完整性。(闫婷)

I000028 **历代名家与名作丛书** 陈友琴等编。上海古籍出版社1998年版。210万字。首辑10本：《李白及其作品选》(含王运熙等著《李白》、刘开扬等撰《李白诗选注》)；《杜甫及其作品选》(含刘开扬《杜甫》、萧涤非《杜甫诗选注》)；《韩愈及其作品选》(含吴文治《韩愈》、殷孟伦等《韩愈散文选注》、汤贵仁《韩愈诗选注》)；《柳宗元及其作品选》(含顾易生《柳宗元》、胡士明《柳宗元诗文选注》)；《白居易及其作品选》(含陈友琴《白居易》、龚克昌等《白居易诗文选注》)；《欧阳修及其作品选》(含郭正忠《欧阳修》、宋心昌《欧阳修诗文选注》)；《王安石及其作品选》(含张白山《王安石》、高克勤《王安石诗文选注》)；《苏轼及其作品选》(含王水照等《苏轼》、《苏轼散文选注》、《苏轼诗词选注》)；《陆游及其作品选》(含齐治平《陆游》、孔镜清《陆游诗文选注》)；《辛弃疾及其作品选》

(含夏承焘等《辛弃疾》、马群《辛弃疾词选注》)。每本书的评传部分,科学地论述该作家的家世生平、时代印迹、思想胸襟、才智识见、情感生活、创作历程、风格嬗变、成就影响及历史地位等;对于反映在该作家身上的时代局限、性格弱点,及其艺术创作上的欠缺等,亦予客观恰当评议。作品欣赏部分,大抵以写作年代次第编排入选之作,能较好体现该作家创作发展轨迹与风格变化脉络;对各篇诗文所作的难点注释、评析赏鉴,皆要言不烦,能扣住关键为读者释疑解惑,又不把话说尽,并恰当征引补充相关的正反资料,便于读者自作更深一层领悟。(仓阳卿)

I000029 **中国现代文学编** 副名:中学生阅读欣赏文库。李岫等主编。黑龙江教育出版社 1998 年 7 月版。120 万字。67.20 元。共 4 部分:《外国文学编》、《中国古典文学编》、《中国当代文学编》、《中国现代文学编》。现代文学编按体裁分为诗歌、散文、小说、戏剧 4 种,共 4 册。收入五四以后至建国前的优秀作品。每一篇作品后都有从审美的角度精辟、简练的欣赏文字。(王爱琳)

I000030 **世界一流文学名著精缩(修订本)** 邓双琴等编。四川辞书出版社 1998 年 3 月版。44 万字。18.50 元。在 1992 年初版的基础上进行修订。对古今中外 90 部影响极大、举世公认的世界一流文学名著(主要是小说和戏剧)进行忠实缩写。情节忠实于原作,语言和结构也基本与原作风格和面貌相同。它不同于简单的内容提要,情节较为完整,有人物,有场景,有对话,可读性较强。修订本删去旧版中一些够不上"一流"的名著,增加了《战争与和平》、《尤利西斯》和《追忆似水年华》3 部世界名著,在作品的选择上比以前更精,更具有代表性。(冷玉龙)

I000031 **外国文学启蒙读本** 韩季华、萧潇等编。河北少年儿童出版社 1998 年 5 月版。约 180 万字。83.50 元。由《莎士比亚戏剧精彩故事》、《莫里哀戏剧精彩故事》、《莫泊桑小说精彩故事》、《雨果小说精彩故事》、《巴尔扎克小说精彩故事》、《塞万提斯小说精彩故事》、《狄更斯小说精彩故事》、《列夫·托尔斯泰小说精彩故事》、《契诃夫小说精彩故事》等 9 本书组成,每本书都收录了该作家最为著名的一部或几部代表作品加以改写,使之成为一个个既独立成篇又相互联系的故事。由于这些作品反映的是年代久远的异国风情和社会矛盾,在改编时,编者力求把握住原著丰富的内容和主题思想,保持住原著的面貌和风格,同时根据少年儿童的阅读理解能力,选取原著中生动有趣的章节和片断,同时对不同社会时期的社会背景加以简略、适当的介绍。(韩蓓)

I000032 **外国争议文学名著丛书** 吴元迈等主编。百花文艺出版社 1998 年 4 月—1998 年 10 月版。163 万字。112.50 元。从不同角度选收 8 部有过争议的外国文学名作,其中《爱经》、《罗克珊娜》、《僧侣》、《孤寂深渊》是由于在男女情爱上过份描写而引起争议;《不落的明月》(含《狗心》、《夜半敲门声》)则因为政治倾向问题而遭禁毁;《浆果处处》之所以引起争议是因作品的结构和创作的方法。(王绍明)

I000033 **诺贝尔文学奖文库** 宋兆霖主编。浙江文艺出版社 1998 年 5 月版。300 万字。196.00 元。介绍有关诺贝尔文学奖的全部情况,其中包括获奖作家的代表作品和优秀作品、获奖原因、他们的生平传略、时代背景、文学观念、创作经验等等,以此了解诺贝尔文学奖的全貌,进而了解 20 世纪世界文坛的概况和文学潮流的变迁。文库共 10 卷,其中获奖作家作品 5 卷,收录从 1901 年到 1997 年为止全部获奖作家 94 人的代表作品或优秀作品。"小说卷"分上下两卷,以中、短篇小说为主,也有长篇小说节选;"诗歌卷"收录 28 位获奖者的 402 首诗作,以抒情、哲理短诗为主,也有长诗节选;"散文卷"收录 57 位作家的散文 84 篇;"戏剧卷"收录 10 位获奖作家的 10 个剧本。此外,"创作谈卷"收录 34 位作家的创作谈 47 篇;"访谈录卷"收录 27 位作家的访谈录 37 篇;"授奖词与受奖演说卷"分上下两卷,收录全部授奖仪式上瑞典学院的授奖词和获奖作家的受奖演说;"作家传略卷"收录全部获奖作家 94 人的传略,就其生平情况、文学活动、代表作品、创作风格和获奖理由等作简要阐述和剖析。该文库入选作品,除少量属转译外,均直接自原文译出。

I000034 **新世纪小学生文库·文学辑** 秦文君、梅子涵等编。上海教育出版社 1998 年 8 月版。30 万字。65.00 元。共 10 种,分别为商友敬选编的《风玲声声》,秦文君撰著的《开心女孩》,梅子涵所著的《儿子哥们——曹迪民先生的故事》,圣野撰写的《小雪人的红鼻子》,宫玺所著的《关于斑马的传说》,周锐撰著的《书包里的老师》,陈英编著的《中国古代文学家金像架》,展望之编著的《外国文学家金像架》,魏滨海所著的《小神探刘正辉》,任溶溶翻译的《邮递员的童话》。(薛培华)

I000035 **世界名著译丛** 陕西人民出版社 1996 年 12 月—1998 年 10 月版。包括《红与黑》、《茶花女》、《沉船》、《呼啸山庄》、《嘉莉妹妹》、《钢铁是怎样炼 成的》、《安娜·卡列宁娜》、《复活》、《包法利夫

人》、《白鲸》、《基督山伯爵》。(李玉皓)

I000036 **世界著名科幻故事丛书** 马越等人改写。晨光出版社1998年9月版。150万字。分《别墅幻境》、《消失的大西洲》、《VY388号之谜》、《未来的星球大战》、《神奇的甬道》、《驶向永恒》、《最后一个地球人》、《自控型密探》、《奇异的世界》和《复活的头颅》等10册。共改编了近200篇世界著名科幻故事。这些故事有对环境污染带给人类危害的反思;有对太空的想往;有对高科技带来美好生活的幻想;也有对或许曾存在于地球上的一块大陆上的人类生活的推理;还有对于战争的恐惧;以及对未来的忧虑和憧憬……(黄楠)

I000037 **外国探险故事** 雨水等编文,喻建辉等绘画。湖南少年儿童出版社1998年4月版。154幅图。32.80元。由《东方探险记》、《哥伦布发现新大陆》、《麦哲伦环球探险记》、《最早登上澳大利亚大陆的欧洲人》、《法国远征军撒哈拉探险》、《"阿波罗"探险记》6个外国探险故事组成,分3册出版,每册有两个探险故事。该书版面设计采用一面多图的形式,形象生动地描写了探险家们不畏艰险、一往无前的英雄壮举。为适应孩子们的阅读兴趣,文字力求简炼,以对话为主,绘画采用孩子们喜爱的单线平涂画法,人物造型生动,富有动感,画面构思精巧,采用电影的蒙太奇手法,不断变换场景,如同把小读者带入故事中充满传奇色彩的浪漫场景中。(郦渊)

I000038 **画廊文心** 副名:中外美术家散文随笔选集。卫建民编。海南出版社1998年11月版。26万字。19.50元。选文有如下几类:放眼风景感受自然、创作中的随感随录、从艺生涯、美术家谈美术家、中外名作鉴赏、谈艺论道、感悟人生等。(王朴)

I000039 **夜莺之舞** 副名:中外音乐家散文随笔选。汪森、余烺天编。海南出版社1998年11月版。26万字。19.50元。从音乐家的角度,谈他们是怎样思考艺术与人生的,看看这些音乐家的世界,看看他们的爱情和生活。文章分创作杂谈杂录、音乐家谈音乐家、回忆与思考、名歌名曲名剧鉴赏、一般谈艺等类。(王朴)

I000040 **中学生精读文库·寓言系列** 陈蒲清主编。湖南教育出版社1998年版。119.1万字。61.10元。共6卷:《中国古代寓言》《中国现代寓言》《中国各族民间寓言》《亚洲各国寓言》《欧洲各国寓言》《非美澳洲寓言》。《中国古代寓言》共精选了100种古代著作中的193篇寓言;《中国现代寓言》选编了现代76位作家的170篇寓言;《中国各族民间寓言》选齐了我国56个民族的民间寓言作品151篇;《亚洲各国寓言》收集了亚洲绝大部分国家的寓言作品,包括26个地区与国家的75部作品中的207则寓言;《欧洲各国寓言》力图全面选编欧洲各国的短小寓言,共选了26个国家75部著作中的225篇寓言作品;《非美澳洲寓言》较全面地选编了非洲、美洲、澳洲等22个国家与地区的146篇寓言。(孟可文)

I000041 **世界神话故事精粹** 刘长春编译。武汉出版社1998年1月版。21万字。14.00元。外国神话故事集,收录20个国家的21篇优秀神话故事,并附有10幅精美的黑白插图。这些故事情节曲折感人,人物形象鲜明生动,语言风格流畅优美,从不同侧面反映了各个国家和民族不同的文化特质、风土人情及道德风尚,极富教育意义。(林华)

I000042 **世界寓言精华** 曾志华等编。未来出版社1998年11月版。1 107幅图。103.00元。共10册,其中中国寓言7册,分别选自从先秦至明清的文史典籍;外国寓言共3册,分别为伊索寓言、拉封丹寓言、克雷诺夫寓言。所收篇目皆为三位寓言大师的经典之作。全书采用图文并茂的彩色绘画本形式。每则寓言均在标题下用一句话揭示寓意,根据每则寓言的故事情节用几幅或十几幅画表现内容,每幅画用一两段话提示画面内容,并给文字注音。绘画风格,中国部分采用传统的工笔画或流行的卡通画,外国部分采用富有外国情调的动画卡通画,使得全书画面风格多样、生动活泼。(李建明)

I000043 **世界侦探故事大观** 白墨等编写。少年儿童出版社1998年7月版。68万字。48.00元。计4种:《神秘的五角银币》,收有25篇侦探故事,有:中国的《包公借尸平奇案》、《金蛇王现形记》,日本的《神秘的五角银币》、《高速公路上的血案》,荷兰的《高鼻子新刑警》、《雨国之王》,波兰的《追捕"带疤人"》,意大利的《破案以后》,英国的《逃亡者》、《月亮宝石》,美国的《毛格街血案》、《电话行动》等等。《罚球区谋杀案》,收有30篇侦探故事,有:捷克的《罚球区谋杀案》,瑞典的《蓝眼睛小警官》,法国的《女王梦的破灭》、《水晶瓶塞》,原苏联的《宝石追踪案》,埃及的《恐怖的城堡》,等等。《拂晓的死亡线》,收有33篇侦探故事,有爱尔兰的《绿色王国的军火案》,中国的《黑脸膛大捕快》、《宝剑出鞘》,马来西亚的《迷濛的海峡》,泰国的《令人置疑的结论》,等等。《古文物上的血影》,收有30篇侦探故事,有德国的《神秘的跟踪者》、《莫愁宫名画失窃记》,西班牙的《大脑里的档

案》,瑞士的《法官和他的刽子手》,比利时的《七分钟的夜》,等等。(洪祖年)

I000044 **世界童话经典插图珍藏本** 格林兄弟等原著,潘子立等译。接力出版社1998年2月版。130.6万字。共73.40元。世界经典童话丛书,计划出10种,已出版《格林童话》《普希金童话诗集》《爱丽丝漫游奇境》《小王子·灰姑娘》《埃梅童话》5种。全为新译本。《格林童话》分上、下册,根据已成珍藏本的《儿童和家庭童话》译出,并附有原版书的一百多帧黑白插图;《普希金童话诗集》收入《渔夫和金鱼的故事》等5部童话诗,附有俄罗斯原插图本的精美插图;《爱丽丝漫游奇境》包括了其姐妹篇《爱丽丝镜中奇遇》,附有罗宾逊的精美插图;《小王子·灰姑娘》即将《小王子》及夏尔·贝洛的《灰姑娘》等9篇童话合成一本,附上原版插图;《埃梅童话》以埃梅的《捉迷藏故事集》译出,附有原书的271帧插图。(黄钲)

I000045 **世界童话故事大观** 华风主编。安徽少年儿童出版社1998年8月版。40万字。20.00元。精选世界五大洲28个国家的经典童话作品72篇。既有被学术界称为世界童话源头的印度古典童话(《五卷书》)、有十八、九世纪欧洲童话兴盛时期的经典巨著(如格林及安徒生等大师的童话作品),也有现当代童话界令人瞩目的翘楚之作;时间跨度大。选入的童话作品既有"童话富产国"如欧洲的英、法、德、意、瑞典、挪威;亚洲的中国、印度、日本;及美洲的美国;也有黎巴嫩(亚洲)、加拿大、墨西哥、巴西、哥斯达黎加等(美洲)国家的作品。非洲的塞内加尔、尼日利亚及大洋洲的澳大利亚等国也都有作品选入。(王笑非)

I000046 **世界童话故事精粹** 刘长春编译。武汉出版社1998年1月版。20万字。13.00元。外国童话故事集,收录全世界五大洲35个国家和地区的71篇优秀童话故事,并附有12幅精美的黑白插图。该书所选取的,都是在世界各国广为流传的著名童话故事,情节曲折生动,语言自然流畅,内容丰富多彩,熔思想性、知识性、趣味性、教育性于一炉,并从不同侧面反映出各个国家和民族不同的文化气息、风土人情及道德风尚。因此别具独特风格和儿童情趣。(林华)

I000047 **立体童话丛书** 墨野工作室编绘。海燕出版社1998年7月版。共12万字。共81.60元。根据世界童话名著改编的立体画册,适合小学低年级学生阅读。画册采用电脑绘图、手工制作的方法,将童话中的精彩情节加工成生动有趣的立体场面,同时配有加注汉语拼音的文字。该套画册共6本,分别是:安徒生的《卖火柴的小女孩》、《丑小鸭》,格林的《青蛙王子》、《蜂王》,王尔德的《快乐王子》和贝洛的《睡美人》。(范瑞)

I000048 **彩图注音世界著名童话** 曹玉华文,张建庭、黄杰绘。湖南少年儿童出版社1998年8月版。30印张。9.00元/册。共收集世界各国童话名著60篇,有孩子们喜闻乐见的《白雪公主》、《小红帽》、《卖火柴的小女孩》等,也有一些孩子们还不太熟悉的名篇《十二个月》、《美人泉》、《银盾骑士》等,配以精美彩图和汉语拼音注音,每篇童话为一本精致的小书。(徐烈军)

中国文学

I000049 **中华民族优秀传统文化丛书·文学卷** 于景祥主编。辽海出版社1998年4月版。152.70万字。78.00元。共12册,分别是:《辉映千古的〈诗经〉》《盛极一时的先秦散文》《风韵高标的〈楚辞〉》《气象非凡的汉赋》《独具魅力的六朝骈文》《体大思精的〈文心雕龙〉》《冠绝古今的唐诗》《情韵并美的宋词》《推陈出新的宋诗》《瑰丽璀璨的元曲》《成就辉煌的明清小说》《充溢文苑的爱国精神》。(谢丹)

文学评论和研究

I000050 **中国现代作家评传(第三辑)** 陈涌主编。重庆出版社1998年11月版。丛书。为总结中国现代作家的创作成就,继承和发扬中国现代文学的优良传统,使社会主义文学更加繁荣昌盛而出版。所撰写的"中国现代作家"是指在建国前就已取得较大文学成就的作家(包括小说家、诗人、剧作家、散文学家等)。丛书评价的原则是:既要分析作家、作品的思想倾向和社会影响,又要分析他的作品所体现出的艺术风格和语言特点;既要指出作家对文学的贡献,又要指出他的不足,力争科学、全面、公正。已出版的第一、二辑有郭沫若、冯雪峰、曹禺、沙汀、萧军、戴望舒、叶紫、郭小川、周作人、沈从文、林语堂、刘伯羽、孙犁、艾芜及左联五烈士等评传计15本。第三辑包括8本:《茅盾评传》、《田汉评传》、《阳翰笙评传》、《老舍评传》、《臧克家评传》、《陈白尘评传》、《卞之琳评传》和《创造社16家评传》。(余国枢)

I000051 **卞之琳评传** 副名:中国现代作家

评传。陈丙莹著。重庆出版社 1998 年 11 月版。26.6 万字。20.50 元。卞之琳是我国著名诗人、翻译家、学者、教授,他以诗行世,且名著颇多。这是一部较为全面地研究卞之琳的评传。作者力图以评论诗歌为主,综合评述卞之琳毕生创作道路及他在各个领域的建树,从现代中国复杂的历史(包括文学史)的背景下对卞之琳的诗及其他作品进行解读,揭示其意义和影响,它完整地再现了卞之琳一生的活动及所取得的成就,展示了卞之琳熠熠生辉的人品、诗品和文品,突出了他在中国现当代文学中所作出的贡献。全书分为:追求者的一生、前期诗作论、《慰劳信集》、新的探索途径、翻译工作的辉煌成就等 9 章。(余国枢)

I000052 **文心雕龙译注** 王运熙、周锋撰。上海古籍出版社 1998 年 4 月版。37.6 万字。18.70 元。《文心雕龙》是产生于南北朝时期的一部重要的文学理论批评著作,在中国文学批评、文章学、修辞学的发展历史中,都占有重要的地位。作者刘勰(约 465—约 521 年),字彦和,祖籍东莞郡莒县(今山东莒县)。他早年丧父,但奋发好学,经、史、子集,皆有涉猎。曾在梁朝任过奉朝请、记室、东宫通事舍人等小官。完成《文心雕龙》后,便出家为僧。刘勰写作此书的原来宗旨,是指导写作,是一部"文章作法",但是由于它广泛评论了历代作家的作品,系统研讨了不少文学理论问题,总结其经验以指导写作,因而具有很强的理论性,成为我国古代文学理论批评中的空前巨著。全书凡 50 篇,除篇末《序志》为自序外,大致可分为 4 个部分,分别提出了指导写作的总原则,论述诗、赋、论等多种体裁的作品,泛论写作方法,及杂论。全书以骈体文写成,但由于作者高超的文字造诣,故而绝无堆砌呆板之弊,而显得精炼而警辟。本书译注者王运熙,是著名的中国文学史研究专家,"中国《文心雕龙》研究会"会长。其"题解"平实中肯,要言不烦;注释简明准确,译文明白晓畅。(王根林)

I000053 **文学评论丛刊(第 1 卷 1 期、2 期)** 周勋初等主编。江苏文艺出版社 1998 年版。27 万字。18.00 元。《文学评论丛刊》作为中国社会科学院文学研究所主办的《文学评论》的不定期附属刊物,自 1978 年至 1989 年,编辑出版过 30 多辑,发表了大量优秀学术论文,成为一块在全国很有影响的学术园地。1989 年以后,受市场经济冲击,难以为继,不得不停止刊行。1998 年,南京大学中文系、《文学评论》编辑部、江苏文艺出版社三家联手,共同推出新版《文学评论丛刊》,为区别既往的同名刊物,新版不以辑而以卷期标号。本丛刊以发扬学院派学术传统、营造学院派学术氛围、推进文学研究为宗旨,积极贯彻"百花齐放、百家争鸣"的方针,从有益于学术发展的角度,披露各种言之成理、持之有故的学术观点和见解,创造不同学术观点、不同学术见解相互切磋的空间,并在切磋、商榷、争鸣中推动学术的进步,以期达到繁荣学术的目的。已出版的第 1 卷第 1 期、第 2 期,刊载的学术论文广泛涉及到中国古代文学、中国现当代文学、文学理论与批评、中外美学以及比较文学领域。(朱建华)

I000054 **20 世纪中俄文学关系** 陈建华著。学林出版社 1998 年 4 月版。34.9 万字。21.00 元。由于社会的、历史的和文学的因素使然,从清末民初开始,特别是五四以来,中国受到外来文化的多次强有力的冲击,而中俄文学关系也成了 20 世纪中外文学关系中最重要的一页。但中俄文学关系的研究大多局限在 1919—1949 这 30 年的范围之内。本书即努力在前人研究的基础上,弥补这一领域中某些环节的不足,从文学接受史的角度,较为系统地梳理一下近现代和当代的中俄文学关系,试图为学界构建以"创造"、"传统"、"引进"为支柱的新型的文学史体系提供一块砖石。(许钧伟)

I000055 **田汉评传** 副名:中国现代作家评传。田本相等著。重庆出版社 1998 年 10 月版。33.5 万字。25.40 元。田汉是中国现代戏剧史上的一代宗师,蜚声世界的杰出的剧作家、诗人、戏剧活动家和组织家。他才华横溢,著作等身,艺术活动涉及话剧、戏曲、电影、艺术理论、文学等诸多领域。田汉一生的创作历史和艺术活动历史可以说是中国现代文学艺术史的一个缩影。作者以一种理性的、实事求是的态度对田汉先生的文艺思想、创作活动及作品进行了公允而客观的评价。全书分为:忧患的童年、诗心少年、风起南国、战火的诗情、迎接黎明、旧曲新韵、苌泓碧血等 20 章。(余国枢)

I000056 **老舍评传** 副名:中国现代作家评传。关纪新著。重庆出版社 1998 年 10 月版。45.4 万字。31.70 元。老舍是我国现代文学史上著名的作家。他一生创作了许多举世瞩目的小说、话剧、散文、诗歌。《骆驼祥子》《四世同堂》《茶馆》《正红旗下》等,在中国的文学史上可称之为世代流传的名著,同时也作为中华民族的文化屹立在世界艺术之林。老舍的创作与自己的生活紧密相关。他忠实于自己的民族,忠实于自己的国家,忠实于不断变迁着的历史,忠实于自己体会到的真理。在他笔下满族旗人栩栩如生,浓烈老北京的韵味渗透在字里行间,一种朴素的人生追求引人思索，把时代的变迁和动荡浓缩到平常百姓的生活之中，从而反映出历史的必然、进步和希望。本书从观点到角度都给人以新的感觉，同时也会感受到作者对作家的那种特殊的民族感情，并随着这感情对老舍和他的作品有了更深的理解。全书包括：别样惨淡的“人之初”、扛起“两个十字架”、旅居欧洲登上文坛、庶民文学的现代经典——长篇小说《骆驼祥子》、中国话剧的不世之作——《茶馆》、满族文学的瑰丽珍宝——《正红旗下》等18章。(余国枢)

I000057　**创造社16家评传**　副名：中国现代作家评传。宋彬玉、张傲卉等著。重庆出版社1998年10月版。33.9万字。25.00元。“创造社”是我国本世纪初新文化运动中极负盛名的一个文学社团，对我国的新文化、新文学的发展做出了很大的贡献。该书详细地考察了“创造社”的实践活动，论述了它取得的成就、产生的影响以及存在的某些局限。本书最为显著的特点是，对“创造社”和郭沫若、郁达夫、成仿吾、张资平、田汉、郑伯奇、穆木天、陶晶孙、王独清、周全平、叶灵凤、潘汉年、冯乃超、李初梨、阳翰笙、朱镜我等16家名骨干拟专章进行评述，就他们在“创造社”存在的10年期间里的文学的、社会的、政治的一系列活动进行了调研和评估，是一部较为全面的、有深度和广度的评价“创造社”的专著。(余国枢)

I000058　**阳翰笙评传**　副名：中国现代作家评传。张大明、潘光武著。重庆出版社1998年11月版。25.9万字。20.10元。阳翰笙是我国现代著名作家、电影文学家、戏剧家、革命文艺运动的组织者和领导者。作品客观地评述了阳翰笙追求真理、功德昭昭的一生，再现了半个多世纪以来作为无产阶级文艺运动和社会主义文艺事业的组织者和领导者的光辉形象。作者还对翰老的作品进行了较有深度的分析，充分肯定了阳翰笙的作品在文学史上的重要作用。全书分为：追求真理奔向党、弃武从文、“华汉”三部曲、撞开电影的大门、为旧制度唱葬歌、最后的拼搏、贡献永载史册等16章。(余国枢)

I000059　**陈白尘评传**　副名：中国现代作家评传。陈虹著。重庆出版社1998年10月版。30.3万字。22.70元。陈白尘为我国现代文学史上著名的剧作家，其作品《乌鸦与麻雀》、《岁寒图》、《大风歌》等闻名于国内外。该评传较为客观、全面地对作家的思想、道路、作品进行了评述，使读者能够较为透彻地了解作家，了解作家笔下的人物，了解作家生活的那个时代。内容包括：苏北平原上脱颖而出的少年、革命风雨中经受锤炼的战士、五星红旗下拘谨听命的作家、“十年浩劫”中不肯低头的“囚徒”等7章。(余国枢)

I000060　**茅盾评传**　副名：中国现代作家评传。丁尔纲著。重庆出版社1998年10月版。66.5万字。45.50元。茅盾是中国现代文学的奠基人之一，也是参加了中国共产党的创建工作的早期共产党人之一。他曾东渡日本，躲避反动派的通缉；他也曾逃离香港，在日寇的炮火中穿行……。茅盾的一生，毁誉起伏；茅盾的一生，浩瀚磅礴。究竟怎么触摸他那博大的胸襟？怎样才能客观公正地评述这位历史伟人？作者在充分占有史料的基础上，从“含苞待放”、“初露锋芒”、“叱咤文坛”、“北伐前后”、“东渡日本”、“左联中坚”、“奔赴国难”等12个方面，对茅盾先生的生平、文学作品及卓越成就进行了多层面的、全方位的分析和评价，具有较高的学术价值和史料价值。(余国枢)

I000061　**臧克家评传**　副名：中国现代作家评传。蔡清富、李丽著。重庆出版社1998年10月版。26.1万字。20.50元。臧克家的主要文学成就在诗歌创作方面，但同时在散文创作、诗歌评论、毛泽东诗词研究等方面也获得了可观的成绩。本评传以评述臧老的诗歌创作为主，同时对其他方面的文学贡献也进行适当评述。全书力求公正、客观地展示传主思想与艺术发展的线索与脉络，让读者对臧老的生平及文学创作活动有个全面的了解。全书分为：童年生活、苦闷窒息中拿起诗笔、在民族革命的战场上歌唱、再度跋涉、散文创作艺术特色综论、臧克家与毛泽东诗词等13章。(余国枢)

I000062　**中外学者文选学论集**　俞绍初、许逸民编。中华书局1998年8月版。86.4万字。55.00元。《文选》是我国现存最早的一部文学总集，问世后，对唐宋以来的诗文作家产生了深远的影响，历代都有很多人研究、注释《文选》，形成了“选学”这一专门学问。本书共收集中外学者《文选》学具有代表性的论文56篇。其中中国大陆学者的论文36篇；中国港台地区学者的论文10篇；日本、韩国及欧美学者的论文共10篇。这些文章或对《文选》的选题标准、编纂体例及对后世文学的深远影响进行了深入的研究；或对李善等人所论版本加以认真的考证。书后附有《“文选学”研究概述》，真实地反映出中国大陆、港台及海外学者研究《文选》的现状，为推动国际“文选学”研究的深入进行提供了较好的资料。(赵文新)

I000063 **孔凡礼古典文学论集** 孔凡礼著。学苑出版社 1998 年 11 月版。44 万字。36.00 元。孔凡礼是我国著名的古典文献学专家。他研究的重点集中在宋代，兼及金元。他点校的《苏轼诗集》、《苏轼文集》，撰写的《苏轼年谱》在海内外引起了广泛的反响。孔先生从事古典文学研究近五十年，取得了丰硕的成果，本书即是孔先生研究成果的总结。该书收录有孔凡礼有代表性的论文 40 余篇，内容涉及苏轼（如《苏轼交游考》、《苏轼生平几个问题的考察》、《苏轼诗略论》）、曾巩（如《读〈曾巩集〉札记》）、郭祥正（如《郭祥正略考》）、陆游（如《陆游著述辨伪》、《陆游交游录》、《陆游家世叙录》、《陆游佚著考目》）、范成大（如《范成大早期事迹考》）、汪元量（如《汪元量的家世生平和著述》、《汪元量事迹质疑》），以及晁补之、朱淑真、元好问等人，并收录有一些总集、别集的考辨文章。（郭强）

I000064 **世族与六朝文学** 程章灿著。黑龙江教育出版社 1998 年 10 月版。24 万字。16.20 元。"六朝文学丛书"之一。该书将六朝文化史上一个极为重要的特殊群体——世族置于历史的大背景中，集中考察它对六朝文学的影响与贡献，新解迭见。作者以史入文，考论融汇，在文史的结合点上实现突破。全书 10 章，分属上篇（总论）、中篇（分论——家族论）、下篇（分论——作家作品论），附录 3 篇专论，既有统摄全篇的宏观研究，更有以点代面的个案解剖，视角新颖多变，论证深入细密。从内部体系来看，全书由正文、附论组成，上篇两章是全局性的面的研究，侧重从宏观的角度，讨论世族与六朝文学创作题材及文学批评的关系；中篇 3 章，基本属于历史的研究，线和面相结合，既有个案研究，又探讨了世族之间的矛盾和磨擦；下篇 5 章属于点的研究，包括对作家的研究、作品的研究以及混合的研究，以这种具体而细微的考索，作为上中两篇的研究的参照和补充。附录的 3 篇论文，是有关《世说新语》等研究六朝文学的最基本的文献。（刘剑刚）

I000065 **东晋南朝的谢氏文学集团** 丁福林著。黑龙江教育出版社 1998 年 8 月版。26 万字。15.90元。陈郡谢氏在东晋南朝人才辈出、长盛不衰，在中国文学创作领域中形成一个庞大的体系。著者力图对这个历时数百年的在中古文学史上最为雄强的家族文学集团作一全面系统的论述。丁著展现了这个集团文学创作的历史长卷，反映出六朝文学的一个侧面。书末附有陈郡谢氏世系表和年表。二表经著者考证，列出百余位人物之间的关系及主要活动情况。（杨雪松）

I000066 **苏东坡研究** 木斋著。广西师范大学出版社 1998 年 8 月版。34 万字。由生平研究、苏词研究、苏诗研究、苏文研究 4 篇 12 章构成。在苏东坡研究的每个领域里，作者都提出了令人耳目一新的学术见解，如在生平研究中，提出了苏轼"野性论"，在苏词研究中，提出了"雅词论"和"豪放雅词论"，在苏诗研究中，则以"物境、情境"的理论阐释"议论"与"意象"的不同构成方式，并进一步阐释了唐宋诗之别。

I000067 **国外中国古典文论研究** 王晓平等著。江苏教育出版社 1998 年 8 月版。35 万字。20.60 元。"中国古典文学走向世界丛书"之一。对中国古典文论在国外的流播，国外对中国古典文论的研究、评价、发挥乃至种种有意味的误读误传，中国古典文论对外国文学、艺术、哲学、政治的影响，等等，都作了系统而且细致的介绍、整理、评价。本书分上下两编。上编，中外比较诗学。从比较文学的视角，对国外中国古典文论的研究作了梳理、总结和提升。下编，历代文论研究。上起先秦，下讫明清，最后以"历代文论综合研究"相缩结，介绍和探讨了国外对中国古典文论的精典型著述和重要的观点的研究。上编侧重理论研究，是宏观的；下编注重个案分析，是微观的。同时，上编多有实例的援引，下编贯以比较诗学。所以，全书是严整的。本书特别注重资料性，但更强调了资料的运用。如上编第五章第二节"雅俗之争及运气之辨——江户时代文学理论'援汉释和'二例"，只通过二例，就把江户时代中国古典文论与日本的文学艺术及政治哲学的种种因缘阐述得精要贴切。下编第九章第二节"《沧浪诗话》：从称引看接受"深入讨论了"和汉类比法"在日本文化人中的影响、运用方式、运用的深层理由及运用限度等。（章回）

I000068 **南朝文学与北朝文学研究** 曹道衡著。江苏古籍出版社 1998 年 7 月版。20.8 万字。17.00元。南北朝文学研究专著，"文学遗产丛书"之一。共 10 章，第一章和第三章简述南朝文学与北朝文学各自产生的南北文风、地区等差异以及南朝文学与北朝文学在文学史上的地位；第四章至第六章，论述南朝的文化传统和南朝文学的发展原因、几个主要题材；第七章至第十章探讨了北方的文化传统、生活情况，以及北朝文学兴起的原因和特点等。本书作者在通读了南北朝的史籍与有关资料，阅读陈寅恪、唐长孺、周一良等前辈的著作的基础上，坚持社会存在决定社会意识的观点，坚持事物的发展过程总是曲折的、呈螺旋型的、而不可能是直线型的观点,客观地评价南北朝文学和与南北朝文学密切相关的文化现象,尤其是对“宫体诗”的再认识问题,作者根据它产生的特定的历史条件,公正地评价其在文学史上的特殊地位和价值。本书在对南北朝文学作广泛评介的同时,又对南北朝文学的个别问题作了深入剖析。(周立波)

I000069 **《昭明文选》研究** 穆克宏著。人民文学出版社 1998 年 12 月版。16.3 万字。12.00 元。梁代昭明太子萧统所编选的《文选》,是我国现存最早的一个文学总集,在文学史上曾产生过不可磨灭的影响。对《文选》的研究,从隋代便开始了。唐代注家蜂起,出现六臣注《文选》。宋代有“文选烂,秀才半”的说法。有清一代,《选》学著作更超过以往的时代。“五四”以后,有些学者以形而上学的观点对待传统文化,提出“《选》学妖孽,桐城谬种”的口号,从此《选》学一时沉寂。近十余年来,《选》学在国内、日本、韩国已引起不少学者的重视,《选》学研究似有新的起色。穆克宏教授的《昭明文选研究》,就是在这种学术背景与文化氛围中产生的一部学术研究著作。该书是较系统的研究《文选》的专著,全书分 10 章阐述,涉及到萧统的生平及著作、萧统的文学思想、《文学》产生的时代、《文选》研究的历史、《文选》的文学价值、《文选》与文学理论批评的关系、《文选》对后世的影响等诸多方面。在《文选》研究的几个问题中,作者对《文选》的编者问题、编选年代问题,作了一些考订,反驳了日本“新选学派”的一些观点,有不少自己的看法。书末附有《萧统年谱》和《文选》研究参考书目,对研究者亦颇有参考价值。(刘文忠)

I000070 **唐代使府与文学研究** 戴伟华著。广西师范大学出版社 1998 年 5 月版。22 万字。将使府制度与文学结合起来作全面研究是一全新的课题。全书以人文分布和地域文化为契机,贯穿着由于方镇制度对文人生活的影响,中晚唐时期“文化下移”、“文学多元”的观点。总论部分全面揭示使府文士生活的文化背景以及因使府文人分布引起的文学界变化,并从地域性和时代性两方面讨论了使府制度对文学的影响;分论部分论述了唐代诗歌、散文、小说与使府的关系,阐述使府文人的生活对诗歌、小说和散文创作新风貌的形成所起的积极作用。(肖星明)

I000071 **韩学研究** 张清华著。江苏教育出版社 1998 年 8 月版。89 万字。47.60 元。陈寅恪在 50 年代发表《论韩愈》一文,正式提出了“韩学”这一学术概念。本书作者把韩愈放在他自己所处的历史背景下,用客观、辩证的观点公允地加以评判,重视他留给我们的宝贵精神财富,研究他的学术,继承他的影响,带给我们很多新的启示。由于以一种开放性的研究视野贯穿其中,得出了一些令人耳目一新的结论,使传统的研究方法焕发出了新的生机。全书包括《韩愈通论》和《韩愈年谱会证》,以立论和考证为本。《通论》部分于韩愈的生平、思想、学术以及对后世的影响,论述得非常充分。《通论》分上、下两编,上编论其思想,下编专论文学,几乎涵盖了韩愈一生的方方面面,体现出“全面”的特点,在内容上作者也力出新意,知难而上,论点鲜明有理,持论冲淡平和,见出大家风采。(任晖)

I000072 **魏晋文学与魏晋人格** 李建中著。湖北教育出版社 1998 年 9 月版。21.8 万字。16.00 元。本书在民族心灵与古代文学史的双重背景下,追寻魏晋文学的人格生成,演绎魏晋人格的诗性建构。魏晋文学是魏晋人格的精神投射与诗性显现,魏晋文学的人格生成,在汉儒人格范型“中断”之前提下,历经“邺下—竹林—金谷—兰亭—南山”之地理移位,以及与之相表里的“孕育—徘徊—焦虑—消释—重铸”之心理流变,最终形成委运大化,真率冲淡的人格范型;魏晋人格是魏晋文学永远的神韵与不死的魏灵,魏晋人格远承庄学血脉而近铸玄学内质,在苦痛时代求索对灵魂痛苦的超越之途。魏晋人格的悲剧性发生,在“生命意识—处世哲学—情感特质—伦理观念—心态祈向”等不同层面酿成“生死—出处—情性—狂慎—静躁”等多层次的具有审美特质的对峙与统一,从而赋予魏晋文学以一种人格化的诗风峻骨。艺术的人格化与人格的艺术化,构成魏晋文学与魏晋人格的相生相济,并最终铸成魏晋文学与人格的永恒魅力。(熊茵)

I000073 **象征主义与中国现代文学** 尹康庄著。暨南大学出版社 1998 年 8 月版。21 万字。18.00 元。西方象征主义与中国现代文学之间理论思潮与创作实践的联系自本世纪 80 年代以来已经成为人们关注的学术课题。就综合理论的探讨、文体分类的论述、作家作品的辨析,均已有一些能促使课题新发展的成果,这也给进一步的研究带来一定的难度。本文作者就象征主义的本体阐释,象征主义在中国的传入和发展,现代中国象征主义的审美建构等问题展开深入的论述、阐释。论文侧重中国所接受的西方象征主义思潮中象征主义创作美学这一层面,展开对中国象征主义文学全面的考察和论析。剖析了作为艺术哲学观的象征主义及作为一种创作美学的象征主义，并对象征主义与现实主义、与浪漫主义作比较，阐明其中的关系。作者认为中国现代象征主义的审美价值取向在于对世界文学发展主潮的主动趋合，从而创造出艺术的新格局；认为中国现代象征主义的审美特征是在主客体的对应间隔和强化形式中求得深沉美，在人所共知的观念基础上营造物象求得朦胧美，在超现实的感性世界的描摹中求得神秘美；认为中国现代象征主义的艺术体现形式表现为情节象征、氛围象征、细节象征与语言象征等等。论文作者能够立足本课题并超越本课题研究领域的成果，充分发挥其潜能，提出许多值得珍视的艺术见解。（潘雅琴）

I000074　**当代中国文学的艺术探险**　孙绍振著。福建教育出版社 1998 年 8 月版。45.5 万字。35.00元。“中国文学论丛”之一，是作者多年来对中国当代文学的思考、研究、探险的成果，是一本学术论文集子。分 3 辑：第一辑，新诗及当代文艺思潮研究。收录了作者自 80 年代以来的有关文学创作、文艺理论、诗歌评论等方面论文，在当代诗坛上起了重要影响的名篇《新的美学原则在崛起》也收录其中，还有《评陈涌的〈文艺学方法论问题〉》、《从反映论到价值论》等文章。第二辑，当代散文研究。在这部分中，作者对当代的幽默散文的评价与分析显得尤其独到和精辟。因为，作者使用的理论根据是幽默的二重错位律，根据是独到的，那么分析的精当也就独到，读此类文章，在感觉作者驾驭语言非凡的能力时，还可以感到他不同一般人的深刻。第三辑，当代小说研究。在这部分中，首先是理论探讨，然后是具体作家具体作品的分析。在理论探讨中，作者提出了一种分析小说人物的观点：变异与错位。通过这种理论来分析小说作品中的人物形象、人物对话、人物感知、读者审美过程，使其评论文章显得风采纷繁，很有挖别人所不能注意之处的美妙。（汤源生）

I000075　**理性的追踪**　副名：新时期文学批评论纲。姚鹤鸣著。江苏教育出版社 1998 年 3 月版。26.9 万字。11.40 元。对从 1976 年粉碎“四人帮”至 80 年代末期众多的文学批评现象进行了理性的梳理和剖析。作者对“史”与“论”的关系，对文学史、文学理论批评史与社会政治史的关系，对文学理论批评与文学创作的关系均持辩证的观点并进行过深入的思考，这就为研究的展开打下了坚实的理论基础。全书分为“新时期文学的发轫”、“旧题的重新审议”、“面向新的文学现象”和“变革思潮的兴起和理论的多种探索”4 章，作者本着科学的理性的精神，不回避矛盾，不躲开障碍，同时又不故作惊人之语以哗众取宠，但求客观公允，对新时期的文艺与政治的关系，对现实主义，对人性和人道主义，对现代主义，对寻根文学以及主体性的高扬等文学批评中的重要及热点问题，实事求是地进行了分析与评论，坦陈了自己的思考与困惑。（章俊弟）

各体文学评论和研究

I000076　**《女神》与太阳崇拜**　沈光明著。武汉出版社 1998 年 5 月版。21 万字。12.00 元。郭沫若的新诗集《女神》中存在着一个以太阳为中心的意象群落，并表现出了一种强烈的太阳崇拜情绪。作者从这一被广为忽视的现象入手，以其中涉及最多的太阳意象为切入点，对《女神》的文本结构和精神内涵进行了全新的阐释。在此基础上，作者又选择了一种独特的文化社会学视角，运用比较研究的方法，把这一现象置于广阔的中外文化历史背景上去考察，从而揭示出了《女神》中太阳意象的独特性及其所表现出来的丰富的文化意蕴和审美价值。（杨建文）

I000077　**元西域诗人群体研究**　杨镰著。新疆人民出版社 1998 年 9 月版。40 万字。31.00 元。由引论和 4 部、21 章组成。是一部具有重大学术价值的著作。西域作家群体研究是元史、元代文学史中一个非常重要但又长期未给予足够重视的课题。元代西域作家群体的出现，汉族以外的民族竞相用汉语写作并成为特征，是元代文坛独有的现象。西域诗人群体涌现在中原文坛，也是中国文学史上独特的风景，对中国文学史乃至中华文明史都产生了重要的影响。本书稿立论很有特点。以往一些论及民族的著作，谈民族不同之处的多，强调个性特点的多，面对民族之间的共同点，民族之间的融合、“华化”现象谈及少，甚至避而不谈。本书通过对元代西域诗人群体的研究，以充分的史实，证明了西域各民族对中华民族文明的认同和作出的贡献，对进行民族团结教育也是很有意义的。本书作者从文学史、古典诗歌史的角度，以诗带史，以史论诗，在丰厚文献资料的基础上，从广阔的领域和全新的角度审视、解读元代西域作家群体出现这一奇迹，揭示了一个独具魅力文化现象的深刻内涵。是继本世纪 20 年代史学家陈垣《元西域人华化考》之后，这一领域研究的重大突破。迄今为止国内尚无同类著述问世。本书作者具有深厚的文学、史学功底，娴熟的文字功力，使这部学术专著既具深厚功力又文采斐然。此书的出版是对学

术界的一大贡献。(李春华)

I000078 **中国历代词分调评注** 谢桃坊等评注。四川文艺出版社 1998 年 5 月版。以唐宋以来常用词调编选作品,单独成册,每册的前言详考词调的历史渊源,声情和音韵特点,并附词谱,作品的注释简易通俗,但对有争议的作品则进行考辨,有本事者皆录入。关于作品的简评,则从文学的、社会学的、美学的、伦理的或文化的视角作启发性的提示并表示评者的意见。(金平)

I000079 **中国历代词学论著选** 陈良运、方智范编。百花洲文艺出版社 1998 年 8 月版。73 万字。38.00 元。中国古代词学批评理论的资料集。"中国历代文学论著丛书"之一。精选历代最具代表性或时代特征的词论资料 140 家 229 篇,详加注释,并对其理论观点作简要评介。所收资料中有一部分为同类书中所未收而较为重要的,大多为首次注、评。主选有关词学基本理论、词的文体特征和词与诗、曲文体比较研究之精当论述;词的创作方法论与接受鉴赏论;词学史论,重要词人论、作品论;关于流派理论,择其创始者和骨干词家最能代表该流派理论主张、观点的论著,如清代常州词派:张惠言《词选序》可视为确立,周济《介存斋词论》为发展,陈廷焯、况周颐则为集大成者;涉及词学问题论争或未直接论争而观点歧异者,表达各自观点的都并列入选,如词之纯化与词之诗化之争论著等。书中对词人、词作中颇具独特见解的精彩短评或赏析小品,如陈师道的《后山诗话》类,酌量选录;也适量选录一些只涉及到填词技法、章律声韵、锻词炼句等有一定美学意义的资料。本书入选论家论著,尽可能是提出过某种理论主张或说明了某种词学观点或后来者较之前人的论述有发挥有新意,在中国词学批评史上有一定的代表性或一定的理论与实践价值。(朱光甫)

I000080 **中国散曲学史研究(续篇)** 杨栋著。山东大学出版社 1998 年 6 月版。18.8 万字。11.00 元。杨栋博士学位论文。挖掘了若干新的史料,以翔实的资料为基础,理清了中国古代散曲理论的发展脉络,既有对各个历史时期散曲研究面貌的综合考察,又有对重点论著的深入剖析,填补了中国文艺批评史研究的一项空白,得兼综之功,富创辟之见,是中国散曲学研究中一部不可多得的力作。论文的前半部分作为原国家教委社科司主持的《高校文科博士文库》之一,由高等教育出版社出版。此为续篇,内容为对明至近代散曲批评、研究论著的系统研究。两书虽系分编,合之则为全璧。(邹宗良)

I000081 **水调歌头** 王兆鹏等评注。四川文艺出版社 1998 年 5 月版。29.3 万字。18.20 元。"中国历代词分调评注丛书"之一。该丛书对历代词分调进行评注。《水调歌头》在宋代慢词词调中使用的频率最高,大概每 100 首词中就有 30 多首是用《水调歌头》的,《水调歌头》到了唐代成为长盛不衰的曲调。其调苍凉哀婉,声韵悲切。而宋代的《水调歌头》则一改唐人风范,情调昂扬酣畅,韵味豪放潇洒。苏轼的名作《明月几时有》可以说是《水调歌头》词风的代表作。在词中,苏轼咏情一改过去悲愁的调子,表现出一种豪放、乐观、坦然大度的人生态度,可以说,苏轼的中秋词是《水调歌头》的奠基工作。数以千计的《水调歌头》,其题材内容、声情韵味,自然不仅仅是怀才不遇,歌咏中秋;更多的是咏史怀古,登临游览,送行赠别,祝寿祝贺,亡国之痛,民生之哀,也无所不包;可是题材内容之丰富,其中不乏许多历年来传唱于老百姓和读书人之中的名篇佳作。因此可以说,在历代词中,《水调歌头》不失为最为优秀的词调之一。全书共选历代词 274 首(宋词 212 首,全元词 38 首,明清至近代 24 首。)(金平)

I000082 **风骚余韵论** 副名:中国现代文学背景下的旧体诗。朱文华著。复旦大学出版社 1998 年 4 月版。24 万字。12.00 元。将现代、当代中国旧体诗现象置于"五四"以来的中国现代文学背景而作审视和考察,在勾勒揭示"五四"以来的旧体诗创作在各个不同阶段的风貌特点,逐一评判现当代 24 位有代表性的作家作品的深浅得失时,还从整体上分析、评述了"五四"旧体诗创作的各种倾向性问题,进而深入地探讨了现当代旧体诗极为复杂的文化内涵。作者认为,现代旧体诗乃是中国古典诗歌形式在新的文化环境中的延续,作为"风骚余韵",虽有存在及欣赏的合理性,但却无"中兴"的可能性。这一家之言无疑将吸引广大读者和学者展开争鸣讨论。(杜荣根)

I000083 **六朝辞赋史** 王琳著。黑龙江教育出版社 1998 年 7 月版。25.5 万字。16.80 元。六朝文学处于汉唐文学的中介位置,诗、赋等各体作品都很发达,是中国文学发展史上一个相当重要的阶段。著者运用宏观与微观相结合的治学方法,专门探讨了六朝辞赋演变的历程及创作风貌。书中挖掘出一大批学术界未曾注意或少有涉及的赋家、赋作及赋论材料,覆盖面广;又经过考索,对一些似是而非的问题予以匡正。该书从宏观上把握住建安至魏晋之际赋风的阶段性、南朝赋风的衰变及南北赋风的差异

野开阔。（隋千存）

I000096 **诗词曲艺术论** 赵山林著。浙江教育出版社1998年6月版。29.9万字。15.00元。与词学、诗学、曲学3部大辞典配套，对诗、词、曲在艺术上的不同特色作研究，基本内容是研究诗词曲在形式、风格、意境、艺术表现手法等方面的继承与发展的关系，探讨诗词曲的美学岁月和它们各自的艺术魅力特色。

I000097 **诗经艺探** 袁愈荌著。贵州人民出版社1998年5月版。104.5万字。52.00元。研究《诗经》的艺术手法的学术专著。《诗经》是我国最早的一部诗歌总集，是一部古典现实主义的文学作品。它以写实的手法，朴质、优美又自然的风格去反映西周到春秋时代的社会现象，同时其写作艺术，更是高妙无比，几乎每篇都有独特的表现方法，即或是同一种写法，也变化无穷。本书作者就其以上观点，将《诗经》的艺术手法每篇逐一论述讲解。（夏昆）

I000098 **诗品译注** 梁·钟嵘著，周振甫译注。中华书局1998年2月版。7.5万字。5.00元。《诗品》是中国文学理论批评史上的一部重要而有影响的诗歌评论著作。译著者对《诗品》作了校勘、今译、注释和说明。"译文"采用直译，准确生动，有文采；"注释"注重解释典故和难字难句，言简意赅，浅显易懂；"说明"征引丰富的材料，深入浅出，使《诗品》的理论更加系统化。（宁德伟）

I000099 **诗品研究** 曹旭著。上海古籍出版社1998年7月版。28.1万字。28.60元。《诗品集注》的姊妹篇。全书就钟嵘身世及《诗品》之版本源流、序言位置、品语疑同、文本异同及其所体现之诗学理论、批评方法、流传历史、研究状况，和对日本文学的影响等方面，进行了微观和宏观的综合研究探索，与《诗品集注》互为表里，相辅相成，可谓是对近80年《诗品》研究之历史总结。如钟嵘身世问题，历来说法不一，或谓寒门，或谓下级士族，或谓在士庶之间。作者则对所有历史资料进行爬梳整理，并深入中州，至古颍川长社实地调查研究，发现数种《钟氏家谱》，并从家族之仕宦情况，钟嵘的经历交游及其言论、态度、立场，和历代著录及相关资料入手，细加斟别分析，最终论定："钟嵘出身士族。其家族地位基本稳定。"证据确凿，令人信服。除材料翔实、考订细微外，是书尤重理论分析，分别从诗歌发生论、诗歌本质论、诗体论、创作论、诗歌美学理想对钟嵘的文学理论体系作了全面探讨论述；还从比较批评法、历史批评法、摘句批评法、本事批评法、知人论世批评法、形

象喻示批评法角度
总结。此外，并就
析，发前人之所未
流传历史时，著者
于世界文化的大背
专节，论述了《诗品
（聂世美）

I000100 **临**
社1998年5月版
代教坊曲名，后演
咏传说中神仙事，
渐渐为婉约、清疏
明、清各代词中，它
涉及内容相当宽泛
感，易代之悲，羁旅
盾，人生意义的思
190余首词，系从
或有意趣，或有新
堪称《临江仙》词牌
的情思，给人以美
炼的语言，表达丰
意境方面，值得后

I000101 **贺**
社1998年5月版
曲》等，调名的由来
自苏轼词"乳燕飞
州为名的大曲，于
流行于北宋中期的
从该调的变迁来看
盛于南宋，衰于元
长调腔，在声情表
韵，则声情激化，苍
抑，哀婉悲怆。因
人，多选用此调。本
的词作253首，选

I000102 **唐**
社1998年12月版
宋词代表作家的成
科学准确的论述。
点：第一，它打破了
分唐宋词发展阶段
词发展的影响和原
析述唐宋词的发展
一个文艺链条来进

等现象；关注赋与其他文体（尤其是诗）的关系，在比较中见异同，凸现其相互影响及各自发展的轨迹；同时在对许多赋家的微观分析中，说明其传承创变联系，揭示其个性特征。（张玉娟）

I000084 **西江月** 王延龄、周致一评注。四川文艺出版社1998年5月版。34.8万字。21.60元。"中国历代词分调评注丛书"之一。该丛书对历代词分调进行评注。《西江月》是词史上流传范围最广泛、流传时间最久远的词调之一，它的生成发展，流传渐变的过程体现了词学史、文学史上的众多问题。本书不仅选录了历代词选、词抄的作品，也编入了平话小说、传奇戏曲中的词调歌曲和词作，更为详尽地向读者展示了《西江月》词调的面貌，全面地展示了西江月词的发展过程。（金平）

I000085 **全唐诗流派品汇** 孙映逵主编。北岳文艺出版社1998年9月版。196万字。180.00元。唐诗精编评述，以唐诗发展阶段为经，以诗歌流派与诗人群体为纬，把文献整理与理论研究融为一炉。本书把初、盛、中、晚四期唐诗分为甲、乙、丙、丁4集，每期又分为2至3个阶段，唐诗全程分为10个阶段，每集按诗歌流派或诗人群体分为数卷，全书计31卷。入选作家三百余人，入选唐诗近八千首。每一卷容纳一个诗歌流派或诗人群体，以其代表诗人为该卷标目，以其总体特征作为该卷副目。对每位诗人都撰有述评并择要辑附历代论家的评论资料；每卷之前都有引言，对该诗歌流派或诗人群体作论述；每集之前都有概说，对本期唐诗作论述；全书之前有导论，申述了编者对于唐诗的流派研究、唐诗的分期研究以及唐诗的流变进程等理论问题的见解。本书以大中小名家为主，入选诗人占全唐诗人约十分之一，入选唐诗占全唐诗约十分之一。入选诗注重文学性，适当兼顾史料性，注重艺术欣赏价值，适当兼顾学术研究价值，作品反映诗人创作成就和风格特色。诗篇一般以《全唐诗》版本为准，必要时加以抽换，代之以其他足本和善本。又以中华书局《全唐诗补编》为据，补充了《全唐诗》失收的重要诗篇。（胡晓青）

I000086 **阴铿与近体诗** 赵以武著。黑龙江教育出版社1998年5月版。20万字。14.20元。作者一方面用诗史互证的方法，深入考察了南朝诗人阴铿的家世、生平，重新解说了阴铿现存重要作品的背景与思想意义。另一方面，又按照中古字音，标注阴诗四声，统计出阴诗与永明体、唐代定型的近体格律诗之间在声韵方面的对应状况，揭示了在中国古典诗歌由消极避忌声病转向积极遵守格律的进程中阴铿及其诗作的特殊地位。（张天栋）

I000087 **批评与思考：中国新时期诗歌** 曹纪祖著。四川文艺出版社1998年6月版。19.8万字。16.80元。自从粉碎"四人帮"，结束"文革"动乱，中国的文学发展进入了一个全新的阶段。诗歌创作大潮奔腾，百花绚烂，精彩纷呈，给人以无穷的激动和感慨。洪峰过后，水落石出，当此世纪之交，正好作一番认真的检讨回顾："新时期诗歌"究竟该作何评价？中国新诗当向何处去？本书作者曹纪祖从诗人而诗评家，以其真切的实践感悟，深厚的理论素养，敏锐而辩证地对之进行了冷静的回顾与前瞻、批评和思考，旗帜鲜明，富于创见，论述扎实，体现了改革开放的时代思潮，张扬了现实主义的美学精神，对中国新诗的发展流变具有重要的求索意义。本书不仅具有很强的现实针对性和一定的史料价值，而且一扫理论文学常有的枯燥，笔力畅达，文采显见。（金平）

I000088 **李贺诗解谜** 王晓强编著。山东友谊出版社1998年5月版。80万字。58.00元。李贺的诗作在唐代诗坛独树一帜，他呕心沥血，刻意求新、求奇，是"语不惊人死不休"的最好体现者。李贺一生多病，英年早亡，其留世作品也一般很少从生活中汲取养份，这便缺少生活气息，多年是沉于奇思异想，出于虚幻空间。李诗受楚辞、乐府、宫体等方面影响，便熔铸了他独有的风采，刻意追求一个"奇"字，他想象奇特，构思多变，创造了不少超时空的瑰丽意境，语言也奇峭幽冷，形成一种凄婉哀绝的格调。不论在当时还是后世，李贺诗总是备受关注。在当时其乐府即被称为"至于云韶乐工，无不讽诵"（《旧唐书·李贺传》）。其后亦有不少人评注他的诗，像杜牧、李商隐等。但都未能完全理解李贺的诗，也为后世研究李贺诗设下了障碍。本书收录李贺全部作品，通过出土资料与传世文献相结合的办法去研究，出现了一个全新的天地。李贺把他创作的五分之三以上的作品都为皇帝吟诵，这种为皇帝投入极大情感的事实，是以往研究者都疏忽了的。另外，对原文逐字逐句注释，内容详尽，资料性强。（王健男）

I000089 **沁园春** 龙建国评注。四川文艺出版社1998年5月版。25.7万字。15.95元。"中国历代词分调评注丛书"之一。在"导言"中，作者详细地阐述了该调的起源、演变及发展的过程，本书从张先起至文廷式止，所收该调作品均进行了恰当的简注、简评。（金平）

I000090 **宋诗话全编** 吴文治主编。江苏古籍出版社1998年12月版。730万字。450.00元。"诗

话”是我国古代诗歌理论的一种特有形式。虽然具备“诗话”性质的论诗著作和言论很早就出现，但作为一种特有形式，却是在北宋中期创立的，而且在宋代得到了蓬勃发展，形成中国诗歌理论发展史上的第一个高潮。本书集宋代诗话之大成，是迄今为止汇集宋代诗话资料最为完备、整理最为精细的大型图书。编纂体例为以人立目，收录宋代诗话近600家，分为10册。该书收录宋代独立成书的原本诗话，辑补出仅存书名而内容散佚的诗话著作，并广为搜集散见于诗文集、随笔、史书、类书等各种典籍中的论诗之语，包括论诗诗、诗歌点评等。(朱野坪)

I000091　**词林纪事 词林纪事补正合编**　清·张宗橚辑，杨宝霖补正。上海古籍出版社1998年12月版。120万字。清人张宗橚辑录唐、五代、宋、金、元五朝词坛故事，旁及考证、评论的词学大著。引书近400种，收词人418家，词1 624首，词之本事及评论1 300多条。凡散见于前代各类词话、笔记、文集的资料，总汇一编，向为词学研究者及喜欢读词的人所爱重，是一部影响很大、专业化与普及化结合得很好的词学著作。可是编者限于当时的条件，也由于该书所载词事，时间跨度大，时久事繁，难免挂漏；且所引之书，或张冠李戴，或随意删节，加之一再翻印、排版，错字、点破句情况十分严重，未免缺憾。补正者有感于此，历十九寒暑，校阅补葺，正其所误，成《合编》一书。全书凡引书1 000余种，增词人230余家，增词950多首，增补词事、词评1 600多条，对原书加按语1 000多条。此次出版，即以张宗橚《词林纪事》原文排在前面，作者逐条补正订误在后，增词则列于同作者正文之后，增词家则列于相应的每朝代之后，合成一编，仍分为22卷。对原文无补正时，则将原文照录，以便读者得见全璧。(丁如明)

I000092　**词诠校议**　张在云等校议。云南教育出版社1998年3月版。22万字。16.80元。校勘学著作。近人杨树达所著《词诠》，上海商务印书馆1928年初版，以后多次再版重印。主要版本有：中华书局1954年重印本、台湾商务印书馆1977年第4版、中华书局1979年第2版、上海古籍出版社《杨树达文集》(三)1986年第1版。初版本引文讹误较多，以后各种版本均未作认真校勘(仅《杨树达文集》本校正了部分错误)，以致以讹传讹，造成不良影响。本书以《杨树达文集》本为底本，用上述几种版本参校，对全书作了校勘。共校出原著引文讹误900余处，并逐一对出错情况及其原因作了分析和评议。鉴于各参校本流传更广，而其中部分错讹底本已经校正，本

书校议中不再
别，本书将底本
校议作为附录
用书一览表》。

I000093
1998年5月版
分调评注丛书
注。本书基本
响最大的作品
苏东坡开创的
小令的绮艳之
范之作。其雄
弃疾、陈维崧等
悲凉，则影响张
之的作家。这
格，无论豪放婉
平)

I000094
版社1998年5
清代众多诗派
远，并最符合诗
过宏观与微观
探讨以下诸问
化背景；性灵派
领；性灵派的共
灵派以袁枚为
要成员的思想
的不同地位与
统的模糊的流
灵派创作的得
丽)

I000095
社1998年3月
中含义隐晦、尚
在体例上，作者
重诗辞而略诗
内容。作者立说
举，但对新的发
引，论据确凿，
旨在解《诗》，但
局限，举凡天文
物，信手拈来，
理、典章、军事、
域，从一个侧面

不同发展阶段的不同面貌，又看到了唐宋词发展上此阶段同彼阶段的关系；第三，把唐宋词的流派问题、作家风格问题等放在十分重要的位置上加以析述，不但谈其形成，而且谈其趋变和发展，这样就使读者全方位地看到唐宋词发展的真正面貌；第四，从美学角度分析，使读者在看到一部唐宋词史的同时，也看到了一部唐宋词艺术发展史；第五，在描述唐宋词发展史时，巧妙地将唐宋词概论中的许多理论问题和知识问题引述进来，从而极大地丰富了本书的内涵。(孙青)

I000103　**唐宋词美学**　杨海明著。江苏教育出版社1998年6月版。35万字。20.20元。“唐宋词美学”是中国词学研究中一个极具现代色彩的经典性课题；从美学的角度阐释词这一古老的文体，这又是一个饶有通俗普及性意味的人文话题。本书立踞雅俗共赏、通俗性与学术性兼容的操作层面上，占有并利用丰富而翔实的第一手文学(文献)资料，着眼于唐宋词写什么——怎样写——为什么这样写的创作流程，观照与统摄整个唐宋词的发展历程，进而寻绎出唐宋词的审美感受、唐宋词的审美情态、唐宋词的审美功能、唐宋词的审美本质。沿着唐宋时期词人的心迹与文迹，探询词的至美，揭示词的本真，这是该书写作的具体思路：首先，展示唐宋词所提供的审美新感受，以阐明它在中国美学史上的重要贡献和特殊地位；其次，指出唐宋词之所以感人至深的内在因素在于它擅于表现的“人情”之美，创建出言情文学的“特区”；再次，具体论析词的新颖艺术包装和主体美感特色，展示它所特具的文学特性和文学景观；最后，则兼顾词中的“变体”，对它别立一宗的风貌作出描述，以使读者对于唐宋词的认识更趋全面和丰满。与同类“词美学”的学术文化论著相比，深入浅出、纵横捭阖、亦评亦述，及其凸显出的可接受的学术深度，这是本书的优势或亮点。(李扬)

I000104　**清代词学的建构**　张宏生著。江苏古籍出版社1998年7月版。26.8万字。22.00元。“文学遗产丛书”之一。共8章，对清词的若干重要方面进行了考察，内容包括政治词、咏物词、艳词、妇女词、选本及清词流派等，力图使所论述的对象具有代表性，以便从不同角度论证清词超越前代之处，探索清词发展的本质精神，说明清词中兴的意义，从而对清词得出较为明晰的认识。在研究方法上，本书选择了“中观”，即在弄清基本事实的基础上，将问题提到一定的高度，力求进行带有规律性的总结。就写作意图来说，本书尽量避免过于空泛和过于琐屑两种倾向，以使论述能够既踏实，又有一定的理论性。本书还能够始终坚持在一定的社会文化背景中去探讨文学现象，同时将创作和理论视为一个整体，通过对创作影响理论，理论又反过来指导创作，二者相互交叉、相互渗透的过程的揭示，找出文学史发展的自身逻辑。(周立波)

I000105　**赋学概论**　曹明纲著。上海古籍出版社1998年11月版。30万字。24.80元。在日人铃木虎雄《赋史大要》、马积高《赋史》及张正体《赋学》的基础上，从赋之特征、起源、分类、演变、作用及影响等多方面入手，在梳理、评骘前人有关见解的同时，对传统的赋学作了全面总结和系统论述。所著框架宏大，材料扎实，持论平稳，多有创见，可视为赋学研究领域创辟榛芜的著作。所论一般采用横截法，即从正名、体形、用韵、句式和流变诸方面去展示和研究赋之发展状况；间或采用顺叙法，即从某类赋之酝酿、初成、积渐、臻极、新变等各个阶段，去反映和探究其体式演变。书中所论，辨体首严辞、赋异体，坚守屈辞非赋之说，而仅以“辞赋”作为赋之初始阶段受各种说辞影响而形成的一种类型名称；溯源乃以现存最早的赋作所呈现的体式特征为依据，追寻其亦诗亦文、非诗非文的渊源所自；分类则标举异同，评析得失，以“类例既分，学术自明”作为分赋为“诗体”与“文体”的原则；而在具体探讨赋之历史演变时，是书视以宋玉、司马相如为代表的辞赋是区别于诗文而独立的赋之正体，而把此后各种类型的赋都看作是在诗文影响下所产生的变体形式。对于前代学者注意不够、所论粗疏的律赋，书中特意详之；而对历史上较少论及的俗赋和后起的白话赋，是书复特设章节专门论之。(聂世美)

I000106　**楚辞与上古历史文化研究**　江林昌著。齐鲁书社1998年5月版。25万字。15.00元。通过对楚辞和先秦诸多古籍的研究，并且大量引用当代考古发掘出来的真实历史文物资料，创造性地阐明了中国古代太阳循环文化的观点。这一著作，对研究中国古代历史文化，对鉴赏中国古代文学艺术遗产，都会有重大的帮助。同时，对楚辞历代研究工作作了历史性的回顾，并且能从新的角度预言今后研究工作的发展方向。(刘岩)

I000107　**满江红**　谢桃坊评注。四川文艺出版社1998年5月版。31.8万字。19.70元。编写该调创始以来至清末的佳作350余首，并按体例要求对每首词作进行了注释、简评，大致可以反映出该调的发展及艺术特色。(金平)

等现象；关注赋与其他文体(尤其是诗)的关系，在比较中见异同，凸现其相互影响及各自发展的轨迹；同时在对许多赋家的微观分析中，说明其传承创变联系，揭示其个性特征。(张玉娟)

I000084 **西江月** 王延龄、周致一评注。四川文艺出版社 1998 年 5 月版。34.8 万字。21.60 元。“中国历代词分调评注丛书”之一。该丛书对历代词分调进行评注。《西江月》是词史上流传范围最广泛、流传时间最久远的词调之一，它的生成发展，流传渐变的过程体现了词学史、文学史上的众多问题。本书不仅选录了历代词选、词抄的作品，也编入了平话小说、传奇戏曲中的词调歌曲和词作，更为详尽地向读者展示了《西江月》词调的面貌，全面地展示了西江月词的发展过程。(金平)

I000085 **全唐诗流派品汇** 孙映逵主编。北岳文艺出版社 1998 年 9 月版。196 万字。180.00 元。唐诗精编评述，以唐诗发展阶段为经，以诗歌流派与诗人群体为纬，把文献整理与理论研究融为一炉。本书把初、盛、中、晚四期唐诗分为甲、乙、丙、丁 4 集，每期又分为 2 至 3 个阶段，唐诗全程分为 10 个阶段，每集按诗歌流派或诗人群体分为数卷，全书计 31 卷。入选作家三百余人，入选唐诗近八千首。每一卷容纳一个诗歌流派或诗人群体，以其代表诗人为该卷标目，以其总体特征作为该卷副目。对每位诗人都撰有述评并择要辑附历代论家的评论资料；每卷之前都有引言，对该诗歌流派或诗人群体作论述；每集之前都有概说，对本期唐诗作论述；全书之前有导论，申述了编者对于唐诗的流派研究、唐诗的分期研究以及唐诗的流变进程等理论问题的见解。本书以大中小名家为主，入选诗人占全唐诗人约十分之一，入选唐诗占全唐诗约十分之一。入选诗注重文学性，适当兼顾史料性，注重艺术欣赏价值，适当兼顾学术研究价值，作品反映诗人创作成就和风格特色。诗篇一般以《全唐诗》版本为准，必要时加以抽换，代之以其他足本和善本。又以中华书局《全唐诗补编》为据，补充了《全唐诗》失收的重要诗篇。(胡晓青)

I000086 **阴铿与近体诗** 赵以武著。黑龙江教育出版社 1998 年 5 月版。20 万字。14.20 元。作者一方面用诗史互证的方法，深入考察了南朝诗人阴铿的家世、生平，重新解说了阴铿现存重要作品的背景与思想意义。另一方面，又按照中古字音，标注阴诗四声，统计出阴诗与永明体、唐代定型的近体格律诗之间在声韵方面的对应状况，揭示了在中国古典诗歌由消极避忌声病转向积极遵守格律的进程中阴铿及其诗作的特殊地位。(张天栋)

I000087 **批评与思考：中国新时期诗歌** 曹纪祖著。四川文艺出版社 1998 年 6 月版。19.8 万字。16.80 元。自从粉碎“四人帮”，结束“文革”动乱，中国的文学发展进入了一个全新的阶段。诗歌创作大潮奔腾，百花绚烂，精彩纷呈，给人以无穷的激动和感慨。洪峰过后，水落石出，当此世纪之交，正好作一番认真的检讨回顾：“新时期诗歌”究竟该作何评价？中国新诗当向何处去？本书作者曹纪祖从诗人而诗评家，以其真切的实践感悟，深厚的理论素养，敏锐而辩证地对之进行了冷静的回顾与前瞻、批评和思考，旗帜鲜明，富于创见，论述扎实，体现了改革开放的时代思潮，张扬了现实主义的美学精神，对中国新诗的发展流变具有重要的求索意义。本书不仅具有很强的现实针对性和一定的史料价值，而且一扫理论文学常有的枯燥，笔力畅达，文采显见。(金平)

I000088 **李贺诗解谜** 王晓强编著。山东友谊出版社 1998 年 5 月版。80 万字。58.00 元。李贺的诗作在唐代诗坛独树一帜，他呕心沥血，刻意求新、求奇，是“语不惊人死不休”的最好体现者。李贺一生多病，英年早亡，其留世作品也一般很少从生活中汲取养份，这便缺少生活气息，多年是沉于奇思异想，出于虚幻空间。李诗受楚辞、乐府、宫体等方面影响，便熔铸了他独有的风采，刻意追求一个“奇”字，他想象奇特，构思多变，创造了不少超时空的瑰丽意境，语言也奇峭幽冷，形成一种凄婉哀绝的格调。不论在当时还是后世，李贺诗总是备受关注。在当时其乐府即被称为“至于云韶乐工，无不讽诵”(《旧唐书·李贺传》)。其后亦有不少人评注他的诗，像杜牧、李商隐等。但都未能完全理解李贺的诗，也为后世研究李贺诗设下了障碍。本书收录李贺全部作品，通过出土资料与传世文献相结合的办法去研究，出现了一个全新的天地。李贺把他创作的五分之三以上的作品都为皇帝吟诵，这种为皇帝投入极大情感的事实，是以往研究者都疏忽了的。另外，对原文逐字逐句注释，内容详尽，资料性强。(王健男)

I000089 **沁园春** 龙建国评注。四川文艺出版社 1998 年 5 月版。25.7 万字。15.95 元。“中国历代词分调评注丛书”之一。在“导言”中，作者详细地阐述了该调的起源、演变及发展的过程，本书从张先起至文廷式止，所收该调作品均进行了恰当的简注、简评。(金平)

I000090 **宋诗话全编** 吴文治主编。江苏古籍出版社 1998 年 12 月版。730 万字。450.00 元。“诗话”是我国古代诗歌理论的一种特有形式。虽然具备“诗话”性质的论诗著作和言论很早就出现，但作为一种特有形式，却是在北宋中期创立的，而且在宋代得到了蓬勃发展，形成中国诗歌理论发展史上的第一个高潮。本书集宋代诗话之大成，是迄今为止汇集宋代诗话资料最为完备、整理最为精细的大型图书。编纂体例为以人立目，收录宋代诗话近600家，分为10册。该书收录宋代独立成书的原本诗话，辑补出仅存书名而内容散佚的诗话著作，并广为搜集散见于诗文集、随笔、史书、类书等各种典籍中的论诗之语，包括论诗诗、诗歌点评等。(朱野坪)

I000091　**词林纪事 词林纪事补正合编**　清·张宗橚辑，杨宝霖补正。上海古籍出版社1998年12月版。120万字。清人张宗橚辑录唐、五代、宋、金、元五朝词坛故事，旁及考证、评论的词学大著。引书近400种，收词人418家，词1 624首，词之本事及评论1 300多条。凡散见于前代各类词话、笔记、文集的资料，总汇一编，向为词学研究者及喜欢读词的人所爱重，是一部影响很大、专业化与普及化结合得很好的词学著作。可是编者限于当时的条件，也由于该书所载词事，时间跨度大，时久事繁，难免挂漏；且所引之书，或张冠李戴，或随意删节，加之一再翻印、排版，错字、点破句情况十分严重，未免缺憾。补正者有感于此，历十九寒暑，校阅补葺，正其所误，成《合编》一书。全书凡引书1 000余种，增词人230余家，增词950多首，增补词事、词评1 600多条，对原书加按语1 000多条。此次出版，即以张宗橚《词林纪事》原文排在前面，作者逐条补正订误在后，增词则列于同作者正文之后，增词家则列于相应的每朝代之后，合成一编，仍分为22卷。对原文无补正时，则将原文照录，以便读者得见全璧。(丁如明)

I000092　**词诠校议**　张在云等校议。云南教育出版社1998年3月版。22万字。16.80元。校勘学著作。近人杨树达所著《词诠》，上海商务印书馆1928年初版，以后多次再版重印。主要版本有：中华书局1954年重印本、台湾商务印书馆1977年第4版、中华书局1979年第2版、上海古籍出版社《杨树达文集》(三)1986年第1版。初版本引文讹误较多，以后各种版本均未作认真校勘(仅《杨树达文集》本校正了部分错误)，以致以讹传讹，造成不良影响。本书以《杨树达文集》本为底本，用上述几种版本参校，对全书作了校勘。共校出原著引文讹误900余处，并逐一对出错情况及其原因作了分析和评议。鉴于各参校本流传更广，而其中部分错讹底本已经校正，本书校议中不再涉及，为便于读者对参校本错讹的识别，本书将底本已校正的参校本的260处错讹加以校议作为附录。另附有《〈词诠〉引用书(篇)目及校勘用书一览表》。(易山)

I000093　**念奴娇**　岳珍评注。四川文艺出版社1998年5月版。29.3万字。18.20元。“中国历代词分调评注丛书”之一。该丛书对历代词分调进行评注。本书基本搜集了众多大词家的《念奴娇》精品。影响最大的作品，首推豪放派大家苏轼的《大江东去》，苏东坡开创的豪放词风，一反花间、南后主、晏殊等小令的绮艳之风。《大江东去》正是其豪放词风的典范之作。其雄姿英发，豪情万丈的词风，直接影响辛弃疾、陈维崧等豪放词人的创作。其豁朗旷逸，慷慨悲凉，则影响张孝祥、萨刺等一大批豪放婉约兼而有之的作家。这一切，都使得《念奴娇》词调的艺术风格，无论豪放婉约，都具有清新流畅的风度气势。(金平)

I000094　**性灵派研究**　王英志著。辽宁大学出版社1998年5月版。30万字。24.00元。性灵派是清代众多诗派中力量最强大、成绩最卓著、影响最深远，并最符合诗歌发展规律的文学流派。本书试图通过宏观与微观研究相结合，并从历史与逻辑的角度探讨以下诸问题：性灵派产生的美学渊源与经济文化背景；性灵派存在的时空特征；性灵派的理论纲领；性灵派的共同特征；而全书的重点则在于勾勒性灵派以袁枚为中心的总体构成形态，具体分析其主要成员的思想、个性、创作得失及其在性灵派中所处的不同地位与各自的价值，使性灵派不再是一个笼统的模糊的流派概念，并希望当代诗歌创作能从性灵派创作的得失中汲取历史的经验和教训。(张路丽)

I000095　**诗义知新**　刘运兴著。山东教育出版社1998年3月版。36万字。23.40元。选取《诗经》中含义隐晦、尚无定论者三百余处，发前人所未发。在体例上，作者“重文本而略演绎、重求索而略讼争、重诗辞而略诗艺”，在有限篇幅中，涵纳丰富的学术内容。作者立说，信而有征；对于前人诸说，不一一列举，但对新的发现，确定新解，则条分缕析、旁征博引，论据确凿，显示了严谨的治学态度。同时，作者虽旨在解《诗》，但书中所涉及的内容，并不为《诗经》所局限，举凡天文地理、自然人生、医卜星相、考古文物，信手拈来，运用自如；涉及政治、经济、哲学、伦理、典章、军事、神话、民俗、工艺、农医天算等诸多领域，从一个侧面展示了我国上古社会的风貌，可谓视

野开阔。(隋千存)

I000096 **诗词曲艺术论** 赵山林著。浙江教育出版社 1998 年 6 月版。29.9 万字。15.00 元。与词学、诗学、曲学 3 部大辞典配套,对诗、词、曲在艺术上的不同特色作研究,基本内容是研究诗词曲在形式、风格、意境、艺术表现手法等方面的继承与发展的关系,探讨诗词曲的美学岁月和它们各自的艺术魅力特色。

I000097 **诗经艺探** 袁愈英著。贵州人民出版社 1998 年 5 月版。104.5 万字。52.00 元。研究《诗经》的艺术手法的学术专著。《诗经》是我国最早的一部诗歌总集,是一部古典现实主义的文学作品。它以写实的手法,朴质、优美又自然的风格去反映西周到春秋时代的社会现象,同时其写作艺术,更是高妙无比,几乎每篇都有独特的表现方法,即或是同一种写法,也变化无穷。本书作者就其以上观点,将《诗经》的艺术手法每篇逐一论述讲解。(夏昆)

I000098 **诗品译注** 梁·钟嵘著,周振甫译注。中华书局 1998 年 2 月版。7.5 万字。5.00 元。《诗品》是中国文学理论批评史上的一部重要而有影响的诗歌评论著作。译著者对《诗品》作了校勘、今译、注释和说明。"译文"采用直译,准确生动,有文采;"注释"注重解释典故和难字难句,言简意赅,浅显易懂;"说明"征引丰富的材料,深入浅出,使《诗品》的理论更加系统化。(宁德伟)

I000099 **诗品研究** 曹旭著。上海古籍出版社 1998 年 7 月版。28.1 万字。28.60 元。《诗品集注》的姊妹篇。全书就钟嵘身世及《诗品》之版本源流、序言位置、品语疑问、文本异同及其所体现之诗学理论、批评方法、流传历史、研究状况,和对日本文学的影响等方面,进行了微观和宏观的综合研究探索,与《诗品集注》互为表里,相辅相成,可谓是对近 80 年《诗品》研究之历史总结。如钟嵘身世问题,历来说法不一,或谓寒门,或谓下级士族,或谓在士庶之间。作者则对所有历史资料进行爬梳整理,并深入中州,至古颍川长社实地调查研究,发现数种《钟氏家谱》,并从家族之仕宦情况,钟嵘的经历交游及其言论、态度、立场,和历代著录及相关资料入手,细加斟别分析,最终论定:"钟嵘出身士族。其家族地位基本稳定。"证据确凿,令人信服。除材料翔实、考订细微外,是书尤重理论分析,分别从诗歌发生论、诗歌本质论、诗体论、创作论、诗歌美学理想对钟嵘的文学理论体系作了全面探讨论述;还从比较批评法、历史批评法、摘句批评法、本事批评法、知人论世批评法、形象喻示批评法角度,对钟嵘的批评方法论作了归纳总结。此外,并就张华、陶潜的评价问题作了重点分析,发前人之所未发,极具参考价值。在论述《诗品》流传历史时,著者也很注意将自己的研究的课题置于世界文化的大背景之下进行,视野开阔,特设专章专节,论述了《诗品》东渐及其对日本和歌的影响。(聂世美)

I000100 **临江仙** 刘庆云评注。四川文艺出版社 1998 年 5 月版。32.1 万字。19.90 元。原本为唐代教坊曲名,后演变为文人词调,宋代以前其内容多咏传说中神仙事,且与江水相关。至宋代,这一词调渐渐为婉约、清疏、豪放派词人大量采用。在金、元、明、清各代词中,它也是最常用的词调之一。该词调涉及内容相当宽泛,如男女之恋,友朋之谊,忧时之感,易代之悲,羁旅之感,山林之乐,以及仕与隐的矛盾,人生意义的思考等等,均有所表现。本书选入近 190 余首词,系从 2 000 首《临江仙》词中选出,所选或有意趣,或有新意,或为艺术上有特色创新之处,堪称《临江仙》词牌中的优秀作品,它不仅能陶冶人的情思,给人以美感享受,而且在以短小的篇幅,精炼的语言,表达丰富、深厚的感情,创造优美、清朗的意境方面,值得后人学习和借鉴。(金平)

I000101 **贺新郎** 邓元煊评注。四川文艺出版社 1998 年 5 月版。34.8 万字。21.55 元。亦名《金缕曲》等,调名的由来最早见于《古今词话》,一说此调自苏轼词"乳燕飞华屋",另说此调是唐代以边地凉州为名的大曲,于唐天宝年间传入,东坡所制是依据流行于北宋中期的曲调,但文献不足征,无法详考。从该调的变迁来看,它发端于苏轼,成熟于辛弃疾,盛于南宋,衰于元明,复重振于清代。《贺新郎》属于长调腔,在声情表达上特征尤为显著,如用八声部韵,则声情激化,苍莽沉郁;用上去声部韵,则声情掩抑,哀婉悲怆。因而无论宗豪放的,还是宗婉约的词人,多选用此调。本书选宋、金、元、明、清 139 位词人的词作 253 首,选目具有相当的代表性。(金平)

I000102 **唐宋词史** 杨海明著。天津古籍出版社 1998 年 12 月版。45.2 万字。42.50 元。此书对唐宋词代表作家的成就、风格、历史地位及影响等作了科学准确的论述。与同类读物相比,此书具有以下特点:第一,它打破了以往单按政治历史的时间分别划分唐宋词发展阶段的研究模式,把社会政治对唐宋词发展的影响和唐宋词自身趋变有机地结合起来,析述唐宋词的发展进程;第二,把唐宋词的发展作为一个文艺链条来进行析述,使读者既看到了唐宋词不同发展阶段的不同面貌,又看到了唐宋词发展上此阶段同彼阶段的关系;第三,把唐宋词的流派问题、作家风格问题等放在十分重要的位置上加以析述,不但谈其形成,而且谈其趋变和发展,这样就使读者全方位地看到唐宋词发展的真正面貌;第四,从美学角度分析,使读者在看到一部唐宋词史的同时,也看到了一部唐宋词艺术发展史;第五,在描述唐宋词发展史时,巧妙地将唐宋词概论中的许多理论问题和知识问题引述进来,从而极大地丰富了本书的内涵。(孙青)

I000103 **唐宋词美学** 杨海明著。江苏教育出版社1998年6月版。35万字。20.20元。"唐宋词美学"是中国词学研究中一个极具现代色彩的经典性课题;从美学的角度阐释词这一古老的文体,这又是一个饶有通俗普及性意味的人文话题。本书立踞雅俗共赏、通俗性与学术性兼容的操作层面上,占有并利用丰富而翔实的第一手文学(文献)资料,着眼于唐宋词写什么——怎样写——为什么这样写的创作流程,观照与统摄整个唐宋词的发展历程,进而寻绎出唐宋词的审美感受、唐宋词的审美情态、唐宋词的审美功能、唐宋词的审美本质。沿着唐宋时期词人的心迹与文迹,探询词的至美,揭示词的本真,这是该书写作的具体思路:首先,展示唐宋词所提供的审美新感受,以阐明它在中国美学史上的重要贡献和特殊地位;其次,指出唐宋词之所以感人至深的内在因素在于它擅于表现的"人情"之美,创建出言情文学的"特区";再次,具体论析词的新颖艺术包装和主体美感特色,展示它所特具的文学特性和文学景观;最后,则兼顾词中的"变体",对它别立一宗的风貌作出描述,以使读者对于唐宋词的认识更趋全面和丰满。与同类"词美学"的学术文化论著相比,深入浅出、纵横捭阖、亦评亦述,及其凸显出的可接受的学术深度,这是本书的优势或亮点。(李扬)

I000104 **清代词学的建构** 张宏生著。江苏古籍出版社1998年7月版。26.8万字。22.00元。"文学遗产丛书"之一。共8章,对清词的若干重要方面进行了考察,内容包括政治词、咏物词、艳词、妇女词、选本及清词流派等,力图使所论述的对象具有代表性,以便从不同角度论证清词超越前代之处,探索清词发展的本质精神,说明清词中兴的意义,从而对清词得出较为明晰的认识。在研究方法上,本书选择了"中观",即在弄清基本事实的基础上,将问题提到一定的高度,力求进行带有规律性的总结。就写作意图来说,本书尽量避免过于空泛和过于琐屑两种倾向,以使论述能够既踏实,又有一定的理论性。本书还能够始终坚持在一定的社会文化背景中去探讨文学现象,同时将创作和理论视为一个整体,通过对创作影响理论,理论又反过来指导创作,二者相互交叉、相互渗透的过程的揭示,找出文学史发展的自身逻辑。(周立波)

I000105 **赋学概论** 曹明纲著。上海古籍出版社1998年11月版。30万字。24.80元。在日人铃木虎雄《赋史大要》、马积高《赋史》及张正体《赋学》的基础上,从赋之特征、起源、分类、演变、作用及影响等多方面入手,在梳理、评骘前人有关见解的同时,对传统的赋学作了全面总结和系统论述。所著框架宏大,材料扎实,持论平稳,多有创见,可视为赋学研究领域创辟榛芜的著作。所论一般采用横截法,即从正名、体形、用韵、句式和流变诸方面去展示和研究赋之发展状况;间或采用顺叙法,即从某类赋之酝酿、初成、积渐、臻极、新变等各个阶段,去反映和探究其体式演变。书中所论,辨体首严辞、赋异体,坚守屈辞非赋之说,而仅以"辞赋"作为赋之初始阶段受各种说辞影响而形成的一种类型名称;溯源乃以现存最早的赋作所呈现的体式特征为依据,追寻其亦诗亦文、非诗非文的渊源所自;分类则标举异同,评析得失,以"类例既分,学术自明"作为分赋为"诗体"与"文体"的原则;而在具体探讨赋之历史演变时,是书视以宋玉、司马相如为代表的辞赋是区别于诗文而独立的赋之正体,而把此后各种类型的赋都看作是在诗文影响下所产生的变体形式。对于前代学者注意不够、所论粗疏的律赋,书中特意详之;而对历史上较少论及的俗赋和后起的白话赋,是书复特设章节专门论之。(聂世美)

I000106 **楚辞与上古历史文化研究** 江林昌著。齐鲁书社1998年5月版。25万字。15.00元。通过对楚辞和先秦诸多古籍的研究,并且大量引用当代考古发掘出来的真实历史文物资料,创造性地阐明了中国古代太阳循环文化的观点。这一著作,对研究中国古代历史文化,对鉴赏中国古代文学艺术遗产,都会有重大的帮助。同时,对楚辞历代研究工作作了历史性的回顾,并且能从新的角度预言今后研究工作的发展方向。(刘岩)

I000107 **满江红** 谢桃坊评注。四川文艺出版社1998年5月版。31.8万字。19.70元。编写该调创始以来至清末的佳作350余首,并按体例要求对每首词作进行了注释、简评,大致可以反映出该调的发展及艺术特色。(金平)

I000108 **蝶恋花** 李琏生评注。四川文艺出版社 1998 年 5 月版。36.6 万字。22.90 元。“中国历代词分调评注丛书”之一。该丛书对历代词分调进行评注。《蝶恋花》曲调大多表现春情相思，惜春悲秋，离愁别恨，怀人悼亡等人生主题，如果说以抒情为主的诗词，是人的情感的自然流露，那么《蝶恋花》则是表现个人悲愁感伤等情感活动较为突出的载体。欧阳修名篇《庭院深深》中的名句，成为现在人们借指爱情，并在事业上锲而不舍地执着追求的代用语。自南唐后主李煜将《踏技》改名为《蝶恋花》以来，在北宋时，达到了最高峰，晏几道、苏轼、贺铸、秦观、周邦彦、赵令时等人的著作，形成了北宋词作璀璨多彩的艺术成就；晏几道长于言情；苏轼豪放清丽；贺铸善于描绘隐秘、曲折的心情及其心理活动；周邦彦刻绘缠绵炽热的恋情，可以说，北宋已达到了词的高峰，且对后世影响很大。美轮美奂的宋词所形成的词运，在金、元、明、清各代都得到了继续流传和发展。该书择其精要，编选 529 首《蝶恋花》之精品。（金平）

I000109 **中国二十四节气诗词鉴赏** 王景科主编。山东友谊出版社 1998 年 12 月版。40 万字。28.50 元。以二十四节气为序，按节气内容分类的诗词鉴赏专集。精选上自《诗经》下至清代的有关节气内容和与节气有关的 107 位诗词作者的 183 篇诗词作品。诗词以咏叹节气为主要内容，从各个角度展示了历代社会多姿多彩的节气习俗和文化活动。（张继红）

I000110 **诗情画意** 黄玉峰主编。复旦大学出版社 1998 年 7 月版。20.3 万字。28.00 元。上海教育电视台《诗情画意》节目的讲稿结集，含古诗一百篇，古、现代画一百幅。时间跨度，从先秦到清代末到现代。从内容上看，大致反映中国诗画历史发展的一个概貌。在选择和赏析诗画时，结合当今时代特点，从古今契合点，即古今相通的角度解说、分析、评议和开掘，引导读者在理解作品原本内涵的基础上，去体会古为今用的真谛，以得到精神上的陶冶。采取对话式的文体，本着“浅者深之、深者浅之”的原则。对看似明白、家喻户晓的诗画，在内涵上作重点挖掘、阐释；对不易理解的作品，尽可能以简驭繁、抓住枢纽、取其大端、迎刃而解。（蔡武城）

I000111 **楚辞诗学（杨义文存 第七卷）** 杨义著。人民出版社 1998 年 10 月版。50 万字。39.80 元。以大量的古代文献、文物和历代楚辞注本为依据，采取开阔的世界视野和深度的现代思维方式，对屈原赋为代表的楚辞文本进行细致深入而又充满悟性灵感的解读，揭示其深层的文化人类学密码、诗人生命意识密码，超越烦琐考证而高度自觉地把握楚辞的诗学原则体系，在楚辞研究领域可谓独辟蹊径，另开境界。它把《离骚》作为东方的心灵史读而与荷马的英雄史诗相比较，揭示其在人类诗史上的独特地位和精神深度。本书认为《天问》在人类思维史上首创时空错综的诗学思维形式，以借天问人的玄思角度创造了独特的叙事方式。本书对《九章》在抒情诗形式上的原创价值，以及《招魂》、《大招》的深层文化密码，都有发前人所未发的见解。对《文选》所载宋玉赋的作者考定、生命因素和文化隐喻也有许多新解。全书录用从战国，中经汉、唐、宋、元、明、清，以致近代的各类图画 268 幅（包括荆州、秭归、宜城等屈宋故里的画幅），图文并茂，也可称为一部非常完备的《楚辞图史》。（吴学金）

I000112 **传统琼剧剧目精选** 陈光洲编。南海出版公司 1998 年 12 月版。琼剧历史悠久，是海南省最具代表性的地方戏曲剧种。本书根据“取其民主性精华，去其封建性糟粕”精神，整理《搜书院》、《卖胭脂》、《张文秀》、《红叶题诗》、《狗衔金钗》等一批精品汇集成册，对繁荣地方文化，传播和保存传统特色文化具有促进作用。（刘孝阳）

I000113 **王蒙小说语言论** 汪涅著。花山文艺出版社 1998 年 12 月版。24.1 万字。12.00 元。系统研究王蒙小说语言艺术的专著。作者立足于王蒙小说，以当代中国文学创作中的语言现象为参照，运用形式主义与新批评等新的文学批评方法，系统地对王蒙小说语言进行了分析。

I000114 **中国古典小说大辞典** 刘叶秋等主编。河北人民出版社 1998 年 7 月版。275.4 万字。128.00 元。将中国古代之文言、话本、章回诸小说样式及古代小说研究等内容汇为一书，于已知作品做尽可能全面的收集，以辞书形式对中国古典小说及其研究成就进行全方位的总结、体现和描述。它涵容中国古典小说之作者、作品、版本、流布、研究、评介等方面，覆盖中国古典小说及其研究的全部领域，尤其对某些“硬件”性的项目如作者、版本、成书年代、流传过程等进行了精细考证，其中如对敦煌等地出土作品及上世纪末本世纪初之中国近代小说的整理研究，属于最新和前此尚未有人做过的研究成果。她首列“总论编”，对中国古典小说作提纲挈领之总体性技术阐释，包括小说评论、版本、丛书、期刊、研究著作和其他，便于使用者把握全书，此于古典小说辞典中为独到之编排。除常规内容外，她还将历代各类各部小说作品的作者、版本、评论的著作及研究成果单列辞条予以介绍,因而使本辞典整体、全面地反映了中国古典小说及研究集大成之最高亦最新水平,兼具研究、实用、收藏等之功能与价值。(杨永林)

I000115　**《红楼梦》后四十回作者辩证**　熊立杨著。四川人民出版社 1998 年 11 月版。53.5 万字。39.00 元。关于《红楼梦》的研究,已形成了所谓"红学"。而其中一大问题就是百二十回本后四十回究竟是曹雪芹原作还是高鹗续作一直争论不休。虽然持"续作说"论者甚众,但持相反看法者亦不少。惜乎后者历来未形成系统,多属"散兵作战"状态。而本书最大价值就在于作者积数十年研究之心得,以 10 篇论文,从各个层面,特别是充分利用全书前后文本互参、详审,有理有据地辩驳,推翻了"续作说"的种种批评"证据",从而得出了后四十回不可能是续书的重大结论。这种全面、系统、详尽和论证方法的独特性、创见性的结集,在"红学"界还属第一本专著。如本书对红学的许多重大问题,从情节发展、细节描写、人物形象、思想内容、艺术技巧、作者的构思、意图和倾向等方面,都充分论证了后四十回与前八十回是一致的,后四十回在深度和广度上大大发展了前八十回反封建主义的内容。(崔显昌)

I000116　**宋元小说研究**　程毅中著。江苏古籍出版社 1998 年 2 月版。31.2 万字。26.00 元。宋元时代是小说史上一个继往开来的阶段,是中国小说全面发展的时代,这个时期以话本为基础的白话小说开始发达,以史传为渊源的文言小说走向衰微,而这时小说丰富的体裁、流派、风格,真可谓新旧交融、文备众体。研究这一时期的小说极有价值,本书即对这一时期的小说进行了全面而概括的总结,作者针对这一时期小说的特点,运用翔实的史料,本着实事求是的态度,勾勒面貌,探讨原委,概括出古体小说和近体小说两大系统。全书分 12 章:《杂传记与传奇小说》、《北宋的古体小说集》、《青琐高议与北宋传奇》、《云斋广录与宋代传奇的新发展》、《夷坚志与南宋志怪小说》、《南宋小说的多元化发展》、《辽金元的古体小说》、《说话与话本》、《宋元讲史平话》、《宋元小说话本》、《说经与大唐三藏取经诗话》、《通俗小说的两座高峰》,把宋元小说的历史面貌展现于读者眼前,并且揭示出时代特征和艺术特色,史论结合,把宋元小说的发展史构架出来。(朱野坪)

I000117　**金庸茶馆**　温瑞安等著。中国友谊出版公司 1998 年 3 月版。125 万字。96.00 元。评论金庸先生武侠作品的文集。收有海内外 20 余位专家学者的百余篇文章,从不同角度、不同侧面对金庸的 14 部作品进行了评论。(沈庆均)

I000118　**聊斋美学**　吴九成著。广东高等教育出版社 1998 年 5 月版。28.5 万字。22.00 元。分上、下两篇。上篇从研究《聊斋》的审美创造入手,探讨了蒲松龄的美学思想,考察了他的审美情感,分析了《聊斋》创作中艺术思维的一般规律和个性特征,对《聊斋》之所以取得如此辉煌成就的根源作了全面的探寻,体现了中国传统美学对作家和作品注重"知人论世"的宏观把握,也体现了马克思主义美学注重从历史和现实的统一中去考察作家和作品的开阔视野。下篇以研究《聊斋》的美学成就为中心,避开艺术分析的常见思路,另辟蹊径,从形式层、形象层和意味层三个不同的层面入手,深入到作品本体和艺术形象内部,以审美的眼光作微观透视,不仅指出了《聊斋》在审美中所取得的一般收获,而且仔细析理出它超越前人的许多独特成就。如,专著指出:在《聊斋志异》中,爱情主题不仅表现为大量男女青年抗拒封建礼教的真情追求,而且还有"以情不淫"的柏拉图式的"精神恋爱",有极主改革婚姻制度的"礼缘情制"的首创性构想等,从而使传统的爱情主题在《聊斋》中得到全新的发展。(杨永信)

I000119　**中国古典小说史论(杨义文存 第六卷)**　杨义著。人民出版社 1998 年 10 月版。42.7 万字。33.00 元。以其深邃的文化学思考和精湛的叙事学解释,在中国古典小说史研究领域别开生面,独树一帜,并以"理性的史、诗性的论、智性的述"等卓越的学术个性为古代小说史提供了一个新的历史结构框架。本书从两汉之际一批博识的文献学家确定的"小说"概念的语义学内涵出发,引用大量文献,提出"中国小说发端于战国",并在其发生过程中存在"多祖现象",从而把中国小说史的开端向上延伸近千年。其后,又从文化学和叙事学角度,论述了中国小说的发展与儒、佛、道文化以及诸子文化、民间信仰、地域文化之间的关系,从叙事结构、时空、视角、功能等丰富的层面,揭示中国古典小说在世界文学中独具一格的艺术表现体系。(吴学金)

I000120　**中国现代小说史(上、中、下)(杨义文存 第二卷)**　杨义著。人民出版社 1998 年 11 月版。162.3 万字。98.50 元。以丰富翔实的原始材料,系统地论述了晚清到民国年间(20 世纪上半期)的小说观念、流派、文体的发展脉络,及其与中国古典文学、外国文学的内在联系。本书分章节正面论述的作家 110 人,涉及的作家 600 余人,介绍流派(作家群)30

余个，作品 2 000 余种，是迄今为止写得最为详细、本色的现代文学史著作。本书第一次详细描述了台湾、香港的现代小说，描述了沦陷区小说、“孤岛”小说，以张恨水为代表的旧派小说，以及一批受到不公平对待而被埋没的作家。（吴学金）

I000121　**中国现代文学流派（杨义文存 第四卷）**　杨义著。人民出版社 1998 年 11 月版。47.8 万字。37.00 元。从文化学和审美学的角度，分析了 20 世纪中国文学流派。论述了十几个文学流派的发生和发展，性格和命运；对各个流派的争论和异同之处，对中外文学的借鉴和创新之处，又用比较研究的方法，三言两语切中要害。尤其本书中对京派和梅派的比较研究，以及道家文化与中国现代文学之关系研究，材料丰富、脉络分明、新见迭出，在国内和美国、法国、韩国的学界，均受到好评。（吴学金）

I000122　**水浒研究**　葛成民、汤国梁著。广西人民出版社 1998 年 8 月版。23.3 万字。21.00 元。分“两种《水浒》论”、“金圣叹论”、“主题思想论”、“金本《水浒》人物论”、“金本《水浒》情节结构论”、“《水浒》文学语言论”、“《水浒传》与山东梁山泊地理、民俗文化论”等 7 辑，研究领域涉及到《水浒》的各个方面。时时处处注重对《忠义水浒传》与金圣叹删改评点的《水浒传》进行比较研究，着力探讨金本《水浒》的社会价值和艺术价值，是这部研究专著的一个显著特点。书中明确肯定了“两种《水浒》”和“两个宋江”是客观存在，并从 5 个方面论述了金圣叹删改的功绩，特别强调了金本《水浒》确为金圣叹所说，一部大书七十回，“读之正如千里群龙入海，更无丝毫未了之憾”。“也就不能说是‘断尾巴的蜻蜓’”。此外，注重对学术界评价金圣叹中的重大分歧进行深入研究，旗帜鲜明地提出自己的观点，并进行了有说服力的论证，则是此书的另一显著特点。如关于金圣叹立身处世的态度，著者针对学术界分歧最大的 3 个问题，即金圣叹是否反对农民起义？金圣叹《春感八首》如何看待？金圣叹参与哭庙活动又如何看？作者都提出了可作为一家之言的看法。这些观点、看法，都有让人耳目一新的感觉。总之，这是一部不趋时、有己见的研究《水浒》的有益之作。（马丕环）

I000123　**《世说新语》研究**　范子烨著。黑龙江教育出版社 1998 年 4 月版。26 万字。16.80 元。“六朝文学丛书”之一。作者采用考论结合、由考立论的方式，对《世说新语》的体例、成书时间、编纂原因，敬胤《世说注》及刘孝标《世说注》，传世古抄本《世说新书》残卷，宋人对《世说新语》正文及刘《注》的删节，以及《世说新语》文本的疑难诸问题，如名称问题，语言之属，人物之属，习俗之属，以及《世说新语》的若干故事原型等，重新进行深入的探索，提出自己的见解。（李彤）

I000124　**红楼梦丛书全编**　曹雪芹等著，蔡义江主编。山西古籍出版社 1998 年 9 月版。598.1 万字。880.00 元。共收集曹雪芹的《红楼梦》及其续书《红楼梦影》、《红楼圆梦》、《后红楼梦》、《红楼复梦》、《增补红楼梦》、《续红楼梦》、《再续红楼梦》、《红楼真梦》、《绮楼重梦》、《补红楼梦》、《红楼梦补》、《红楼幻梦》、《续红楼梦新编》，共 14 种有关《红楼梦》的书。由于《红楼梦》的巨大影响，研究此书的“红学”成为显学，而这些续书正是反映了自清一代各时期文人对《红楼梦》的种种理解。此次将各种续书齐集一函，为研究红楼梦及其续书的人提供了极大方便。（张继红）

I000125　**20 世纪中国散文名家论**　黄科安著。福建教育出版社 1998 年 3 月版。15.8 万字。17.00元。散文家研究专著。分绪论、正文、后记 3 部分。正文选择了 20 世纪中国较为出名的散文家进行具体评价论述，其散文家有鲁迅、周作人、冰心、郁达夫、朱自清、徐志摩、林语堂、何其芳、梁实秋、钱钟书、张爱玲、杨朔、刘白羽、琦君、余光中、巴金、杨绛、汪曾祺、贾平凹、余秋雨、张承志等 21 位。本书对具体散文家的分析研究是细腻的，题目也比较整齐规范，都是两句八字，很概括地道出了各散文家的散文风格，以题目为中心进行具体的作品分析，不停留在大理论地概括散文家的风格，而通过作品分析之后才得出论点。（汤源生）

I000126　**云谣集研究汇录**　陈人之、颜廷亮编。上海古籍出版社 1998 年 4 月版。21.7 万字。18.00元。《云谣集》是敦煌文学中对中国文学史研究最有价值的作品之一。《云谣集杂曲子》共 30 首，原藏敦煌石室，后与其他敦煌写卷一起被劫至英法，直到本世纪 20 年代初，才为我国学术界所见并予以重视。自此以后，对于《云谣集》的校辑、研究工作一直成为学界关注的重点。本书即收录了《云谣集》敦煌写卷为我国学界所见以来的 60 多年间国内发表或出版的有某种参考价值的中文研究论著，其中有王国维、罗振玉、朱孝臧、郑振铎、王重民、任二北、俞平伯、唐圭璋等著名学者的论著；还有台、港地区学者的研究论著，如潘重规的《敦煌云谣集新书》等。书末附有颜廷亮所编《〈云谣集〉研究论著选目》。本书展示了几代学者在《云谣集》的校勘注释及其研究方面

的成果。(高克勤)

I000127　**中国神话大词典**　袁珂编。四川辞书出版社1998年1月版。120万字。56.00元。正文分两大部分:第一部分为"古籍记载",内容涉及古代神话、仙话、历史人物神话、佛家人物神话、山川都邑神话,以及寺庙、祠坛、名胜古迹神话等等;还涉及保存神话资料较多的书籍及有关法术、节日、风俗等词目。这部分内容,大多录自古书原文,有的仅是只言片语,散见群籍,并无故事情节,作者独具匠心,用浅近文言巧妙地将其连缀起来,构成了完整的神话故事。第二部分为"民族传闻",主要收录今人记录的55个民族(俄罗斯族暂缺)的口传神话,内容仅限于已有文字整理并经正式出版的材料,在此基础上,作者进行了再创作。本书除对大部分词目作简明准确的解释外,还对引文中所涉及而难于理解的问题作了必要的解释和交待,亦或加"按"对该条的渊源演变予以说明,使条目间的关联、照应十分严密。本书吸取了前人大量的考释材料,对其所引录部分的错讹脱误一一作了订正。(诸定耕)

I000128　**神话人物辞典**　李剑平主编。陕西人民出版社1998年10月版。90万字。48.00元。收录中国历史上较著名的神话人物3 400多个,涵盖了中华民族(包括少数民族)几千年灿烂文明中各个时期的重要神话中的人物。收录范围包括除原始神话外,凡是神话因素浓厚的神话、道家的仙话、释家的"佛话",神话化了的历史与历史化了的神话,以及与节日习俗,地方风物有关的神话传说中的人物等。(韦禾毅)

I000129　**中国少数民族文学概论**　梁庭望、张公瑾主编。中央民族大学出版社1998年4月版。32.3万字。17.00元。硕士研究生教材,旨在引导研究生在对少数民族文学现象作单一研究的同时,把眼光转向少数民族文学的总体。该书是把少数民族文学作为一个整体来考察的,既包括我国当今的55个少数民族的文学,也包括各民族祖先创造的、历史上活跃在我国土地上的大量古代民族文学。通过整体性的考察和研究,使读者能够更准确地把握少数民族文学的分布和演变的图景与走向。共6章:一、少数民族文学的起源和发展,探究了少数民族文学的渊源既同各民族普遍漫长的史前史、不平衡的历史进程以及社会生活密切相关,而且与多元的民族文化习俗互为表里,因而表现了突出的原始风貌和本质特点;二、少数民族文学的分类,从口头韵体文学、口头散体文学、民间说唱和戏剧文学、宗教文学、作家文学5大类入手,对其内容及特色一一作了详述;三、少数民族纵横关系论,揭示了各民族社会发展的不平衡对其文学产生的影响,分析了民族文学与民族语言、宗教的关系及各民族文学相互交流和影响的特点;四、探讨了我国少数民族文学与周边国家文学的关系;五、少数民族文学研究方法论,讲述了采集、翻译、整理、保存、运作机制、本文析读等研究方法,以及文艺学方法、民族学方法、文化学方法、社会学方法等;六、少数民族文学与当代社会,探讨了民族传统文化应当如何与现代化接轨、少数民族作家应如何认识和处理与少数民族社会生活的关系等问题,并分析了少数民族文学未来的发展趋势。(寒木)

I000130　**当代维吾尔文学辞典**　克里木江·阿布都热依木编。喀什维吾尔文出版社1998年10月版。300万字。25.00元。主要内容包括:1.收入对当代维吾尔文学的发展作出过贡献的老作家、老诗人、老文艺评论家,以及近年来以自己的突出成绩在文坛上得到公认的、有文采、有一定创作经验的中青年文人200多人的创作简历。2.介绍当代维吾尔文学中600多部文学作品的主要内容。3.收录当代维吾尔文学中得到各种奖励的文艺作品目录。4.介绍自治区各级文艺团体和一些文学研究单位的基本情况。5.介绍38个报纸、杂志和出版单位的情况。本辞典对广大读者较全面地了解当代维吾尔文学的概况以及学术研究、教学和新闻出版事业具有一定的参考价值和学术价值。(阿布拉江·色依提)

I000131　**回族文学纵与横**　李树江主编。宁夏人民出版社1998年8月版。32.5万字。15.00元。系回族文学论丛第七辑。收录研究回族文学的各类评论文章50余篇,分"当代作家论"、"当代女作家论"、"古代作家论"、"民俗与民间文化"、"连心桥"、"作家谈·谈作家"、"纪念马宗融诞辰百周年特辑"7部分,重点评论有《高深作品例论二题》(胡玉冰、於蒙)、《庐湘的文艺理论生涯》(贾羽)、《创新意识的成功实践》(伊言)、《纪念马宗融诞辰百周年学术座谈会筹备经过》(李树江)、《回族传播"花儿"的历史过程及其特点》(屈文昆)、《巨人的握手》(舒乙)、《论马宗融》(樊骏)等。(李秀岑)

I000132　**格萨尔学集成(第五卷)**　赵秉理编。甘肃民族出版社1998年11月版。164万字。125.00元。是一部论文及资料总集性质的作品,收录了自1994年至1997年年底4年间国内外格学研究领域内绝大部分正式或非正式发表的论文、文稿等。全书分为"论著类编"、"学科建设"、"信息动态"等 3 部分。"论著类编"里按"时代背景"、"版本问题"等 12 个类别收录了约 140 篇国内外《格萨尔》研究的论文，基本上反映了近几年格学研究最新、最全的成果。"学科建设"里收录了近年来关于《格萨尔》的出版、翻译及总体研究方面的指导性文件、文章等。"信息动态"编所收文稿则以简要明白的形式展现了《格萨尔》工作阶段性的进展和成果。全书以论文汇编为主，又有反映研究全貌的工作文件和动态消息，是格学研究的必备书籍，具有工具性、资料性、艺术性的特点。本书虽为第五卷，但又不是前 4 卷的简单继续，而是包括了一些新的独特而重要的内容，比如由于资金问题、篇幅和技术原因而在前 4 卷未能收入的多篇重要论文这次被补入，在资料方面补充了历次《格萨尔》学术会议宣读的论文目录等。（王跃）

I000133 **维吾尔文学史** 阿布都克里木·热合曼主编。新疆大学出版社 1998 年 7 月（维吾尔文）版。52 万字。28.00 元。本书参阅用维吾尔文出版的各种维吾尔文学史版本，吸收国内外最新研究成果，勾画维吾尔古代文学发展的轮廓，划分了维吾尔文学史从古至清朝的发展阶段，对维吾尔文学发展各阶段的历史、背景、社会原因、作家和诗人的生平及作品，逐一做了简要的论述。共 8 编 33 章。第一编古代民间文学概况：包括歌谣，神话传说，英雄史诗 3 章；第二编塔里木地区的古代文学：包括佛经故事与塔里木佛教传说，塔里木地区古代佛经翻译大师两章；第三编鄂尔浑时代的文学：包括《敕勒歌》，东突厥汗国及鄂尔浑回纥汗国的碑铭文学，《占卜书》3 章；第四编高昌回鹘文学与辽、元时期的回鹘文学：包括诗歌，小说，《弥勒会见记》，辽、元时期的回鹘文学 4 章；第五编喀喇汗王朝时代的文学：包括法拉比和他的文艺理论，优素甫·哈期·哈吉甫，麻赫穆德·喀什噶里及其《突厥语大词典》，阿合买提·玉格乃克与艾合买提·亚萨维 4 章；第六编察合台汗国与帖木儿王朝时期的文学：包括花喇子米及其《爱情篇》，拉勒胡兹、玉素甫·赛卡克与加尼别克，鲁提菲、赛卡克、阿塔依和尕达依，纳瓦依 4 章；第七编叶尔羌汗国的文学：包括叶尔羌汗国的文学，米儿咱·海答儿与阿亚兹别克，麻赫穆德·朱拉斯与赫尔克提，萨拉依、翟黎里与艾尔西，哈拉巴提、诺毕提与毛拉·法孜里，麦希胡里与迈赫宗，这一时期的翻译文学 8 章；第八编清代维吾尔文学：包括萨迪克、凯兰代尔与祖乎尔，尼扎里、孜亚伊与艾里毕，赛布里、哈里哈希与毛拉·夏克尔，毛拉·毕拉里与毛拉·穆萨·赛拉米，沙迪尔·帕勒旺、赛依提·穆罕默德与纳喀斯，泰杰里 6 章。（范琳）

I000134 **维吾尔文学史上的代表人物** 伊敏江·艾合买德著。新疆人民出版社 1998 年（维吾尔文）版。20 万字。系统地介绍了维吾尔古典文学与现代文学史上的 130 多位代表人物的生平以及他们的创作活动，较细致地论述每位文学家的创作特点、艺术水平，以及代表作的主要内容。肯定了以前在这方面的研究成果。（巴力江）

中国文学史、文学思想史

I000135 **中国三十年代文学发展史** 郭志刚、李岫主编。湖南教育出版社 1998 年 8 月版。39 万字。24.80 元。以我国新文学在第二次国内革命战争时期的发展、变化为主要历史线索，撰写这一时期文艺运动、理论建设、作家队伍及各个创作领域所取得的重大成就和主要经验，研究这一时期文学所存在的各种问题，总结这一时期文学的发展规律。是第一部研究我国 30 年代文学的专著。站在 20 世纪文学的角度反思 30 年代文学，以充分的事实论证了左翼文学是五四文学合乎逻辑的延续与发展，无产阶级革命文学是对新文学的拓展与深化，在文学史上具有重要意义。同时，以作家作品的实际面貌和取向为归类标准，对左翼文学之外的他类文学予以了足够的重视，如将茅盾、老舍、巴金、李劼人同列为"长篇小说四大家"，废名、沈从文、萧红同列为"出色的抒情小说家"。内容广及台湾、港澳文学乃至东南亚华文文学，并将"翻译文学和中外交流"与"30 年代社团流派及其出版物"专章讲述，对以往文学史极少涉及的领域进行了研究。（崔裕康）

I000136 **中国文学史话** 高海夫等编。未来出版社 1998 年 8 月版。46 万字。24.80 元。熔文学史知识介绍与名著鉴赏于一炉的中国古代文学知识通俗读本。通过 93 个题目，对中国文学史上重要的作品集和文学流派、文学大家作了概括介绍。对以《诗经》、《楚辞》为源头的古代诗歌（包括词、曲、赋）、以先秦历史散文和诸子散文为源头的古代散文、以四大传奇为代表的古代戏剧、以四大名著为代表的古典小说等文学体裁的发展变化及其代表作家均给予恰如其分的评价，对历代文学大家的创作成就及其对后世的影响给予客观的总结与肯定，对历代有代表性的名著给予入情入理的鉴赏分析。（李建明）

I000137 **中国古代文学史** 郭预衡主编。上海古籍出版社 1998 年 7 月版。141.2 万字。45.30 元。国家教委“七五”规划之文科教材，共 4 册。与已出多种文学史相比，郭著力求开拓，尤显稳妥，充分吸收诸家之长，反映了我国文学史研究的最新成果。其显著特点有三：(1)体例的创新。即变更以文章形式为纬的旧例，改为以作家为纬，并加强各个时期的总论和各种文体的分论，以探求文章形式的演变轨迹，并藉以显示古代作家文学创作的总体成就。诗文兼顾，避免了将某一作家切开分述的缺憾。(2)内容的增补。首先表现在填补文学史教材的空白，如秦代文学，不受“秦世不文”的影响，独具只眼，特设专章专节，充分论述了“秦文学的特征及其历史土壤”、“刻石之文”、“诏令奏议之文”及“秦之佚文”等。其次，还增补了大量的作家与作品的论述，仅唐代便溢出魏征、张九龄、许浑、韩偓等二十余家。余如对于先秦的史家之文，诸子之文，汉代的赋体之文和文人之诗，唐代的僧诗和敦煌俗文学，两宋的“西昆体”和理学家的作品，及元明清三代的诗文等，均有较大幅度的增补内容。(3)文学规律的探求。是书在论述各个时期的文学发展时，对于国家盛衰、政令张弛及社会风气和文人思想的变化等，都有相当深入的探讨，对于世风、士风与文学的关系(如汉末的清议，魏晋的玄学，唐宋的儒、释、道兼容并合，明代的反道学传统等)，亦均有精彩而鞭辟入里的论述，很好地探究了“国家不幸诗家幸”的社会历史原因及“文变染乎世情”的客观变化规律。(聂世美)

I000138 **中国当代文学史** 田中阳、赵树勤主编。湖南师范大学出版社 1998 年 7 月版。60.2 万字。25.00 元。分上、中、下 3 篇。上篇：“1949 年—1976 年大陆文学”；中篇：“1976 年—1997 年大陆文学”；下篇：“台港文学”。在内容结构上：首先是叙述文艺思潮的兴起、发展及其对文学的影响，然后分“诗歌创作”、“小说创作”、“戏剧文学”、“散文创作”等各种各样形式的发展状况：整体发展概述、代表人物及作品介绍与评价。(黄林)

I000139 **中国当代文学概论** 於可训著。武汉大学出版社 1998 年 6 月版。27.1 万字。12.00 元。中国当代文学教材，所介绍的中国当代文学史知识，时间上限起于 1949 年新中国的成立，下限止于 1989 年 80 年代文学的终结。全书分上、下两编，上编介绍的是 1949—1976 年间的文学，下编介绍的是 1976—1989 年间的文学。上编内容共有 3 章，第一章介绍这期间文学的社会文化背景，第二章介绍这期间的文学思想潮流，第三章介绍这期间的诗歌、小说、散文、话剧等各体文学创作。下编内容也有 3 章，第四章介绍这期间文学的社会文化背景，第五章介绍这期间的文学思想潮流，第六章介绍这期间的诗歌、小说、报告文学、话剧等各体文学创作(上、下编章目次序贯通排列)。在上、下编之后，另设一个连续性章节——第七章，介绍台湾省和香港、澳门地区的当代文学，以示其与整体的当代文学密不可分又有其各自的特殊性。本书主要从宏观的角度“概论”中国当代文学的发生、发展、性质、特征，文学思潮、文学现象及重要作家、作品，在此基础上，加强史的描述和分析，做到“史”与“论”的结合。作者於可训，现任武汉大学文学院教授、博士生导师，著有《小说的新变》、《批评的视界》、《新诗体艺术论》、《新诗史论与小说批评》等当代文学研究论著多种。(文实)

I000140 **中国近代翻译文学概论** 副名：中华翻译研究丛书之四。郭延礼著。湖北教育出版社 1998 年 3 月版。44.2 万字。30.00 元。系统研究近代翻译文学的学术专著，开创性地从宏观上对中国近代翻译文学的发展轨迹和总体特征进行实事求是的学理探究。著者以全新的学术视野对中国近代翻译文学的历史轨迹和发展作了系统的梳整和富有个性的阐述。作者把近代翻译文学的研究置于历史发展的大背景下进行宏观考察研究，确立了近代翻译文学在中国文学发展史上的地位和价值。从浩繁的史料中以概括、抽象、综合、归纳的学术思维，对中国近代翻译文学的发展作了客观公正的论述。全书不仅课题新、观点新，论证方法也自成一格。著者将译家与译事结为一体，相互折射，将重点移向探索中国近代翻译文学与中国文学的近代化的关系，提出了一系列富有创见的观点，充分肯定了译家、译事在中国近代文化和近代文学中所拥有的重要功绩和作用。(唐瑾)

I000141 **中国现代主义文学史** 朱寿桐等著。江苏教育出版社 1998 年 5 月版。81 万字。44.90 元。“现代主义”是中国现代文学研究中堪称“尖端”的课题。本书全面、系统、深入地剖析了现代主义文学在中国产生、发展、蜷曲、偏隅生存、复苏繁荣的全过程，时间上涵盖一个世纪：从现代主义文化、哲学与社会思潮刚传导进来的上个世纪末，一直写到现代主义的幽灵已在中国文学的沃土上无处不在的本世纪末年；空间上囊括中国几乎所有的主要文化区域，包括现代主义文学在台湾和香港的发展情形。在论述现代主义文学在中国发生的过程中，作者先花较大篇幅研讨和叙述其在中国发生的社会、文化背景，包括先期舶进的各种现代主义理论思潮及古已有之的中国文学异端传统对中国现代主义文学的决定作用，揭示了中国现代主义文学的真正源头，雄辩地证明了中国现代主义文学传统的深厚基础。本书在理论上的最重要贡献，乃在于翔实而辩证地阐述了中国新文学中清晰别致的现代主义一脉传统。在中国现代文学研究界，人们从来没有否认过现代主义的历史存在，而且在学术气氛较为正常的情势下，不少人还乐于揭示现代主义的成就，但另一方面又似乎从观念上到感情上都倾向于回避将现代主义视作中国新文学的一脉传统问题。本书则深入到中国现代文学发展规律的内部，探讨现代主义文学之于中国新文学历史与现实的价值与意义，鲜明地提出了现代主义实为中国新文学发展中一脉传统的观点，应该说这是迄今为止有关中国现代主义文学最大胆也最为新颖的价值判断。（徐宗文）

I000142　**20世纪中国文学史**　黄修己编。中山大学出版社 1998 年 8 月版。75.3 万字。52.00 元。作者以崭新的观念、广阔的视角和厚重的笔触，对本世纪中国文学（包括大陆和台、港、澳地区文学）的发展历程做了全面、系统和深入的回顾。全书分上、下两卷。上卷叙述前“五四”文学跨入现代文学的大门后，对二三十年代中国小说、诗歌、散文、话剧创作所出现的群星灿烂局面，有精彩述评；下卷主要回顾共和文学发展的曲折历程，对各种文学以及与其相关的运动和争论，有具体深入的论述。（钟永源）

I000143　**东北文学史论**　李春燕等著。吉林文史出版社 1998 年 9 月版。30 万字。22.00 元。东北文学史论著。共 7 编，第一编，萨满教文学的文化底蕴；第二编，辽代文学通论；第三编，清代前期东北流人诗歌创作论；第四编，清代东北籍文人文学论；第五编，东北沦陷时期文学总体论；第六编，新时期东北小说创作论；第七编，新时期东北报告文学发展的多元化时期。提出了“萨满教文学寓涵着北方民族深沉的文化底蕴”；清代前期流人作品的价值除可看到东北各民族人民的劳动和斗争生活等，还应视为在一段特定的历史中，一批特殊身份的知识分子在一个由陌生到熟悉的环境中写下的一部中国传统知识分子的心灵历程和精神历史；东北文学的审美风格多样，尤以质朴率真、活跃生动为主；东北沦陷时期文学虽然存在汉奸文学和粉饰文学，但爱国进步的抗日文学依然是主流；新时期东北小说创作是时代交响乐中的主旋律，以独特的韵律丰富着新时期文学的乐章；新时期东北报告文学则可用勃兴与多元来概括其发展状况等诸多富于创见的论点。（王卓）

I000144　**百年中国文学总系**　谢冕主编。山东教育出版社 1998 年 5 月版。228 万字。123.60 元。以 20 世纪人类文化发展的历史进程作为宏大的文化背景，借鉴了《万历十五年》的写法，选择戊戌变法以来百年中国文学进程中有代表性的文学年代，通过各年代中若干有代表性的文学散点，比如一个作家、一部作品、一个作家群、一种思潮等，来把握一个时期的文学精神和文学特征，从而展示百年中国文学发生发展及其嬗变的过程。共 11 卷：《1898：百年忧患》（谢冕著）、《1903：前夜的涌动》（程文超著）、《1921：谁主沉浮》（孔庆东著）、《1942：走向民间》（李书磊著）、《1948：天地玄黄》（钱理群著）、《1956：百花时代》（洪子诚著）、《1967：狂热的文学年代》（杨鼎川著）、《1978：激情岁月》（孟繁华著）、《1985：延伸与转折》（尹昌龙著）、《1993：世纪末的喧哗》（张志忠著）。每部著作所采用的研究方法、立论标准不求统一，而以能够表现该作者的独特学术个性为目标，所以每本书既可以作为一本独立的专著，集合起来却似一条绵长的虚线，跳跃而又清晰地勾画出了 20 世纪中国文学的发展轨迹。重估主流、发现边缘、宏观把握、史料权威是它的主要特色，在学术上它具有纠正通说、填补空白、创造新体例、开创新视界、倡导新观念的意义。（祝丽）

I000145　**当代中国文艺理论史**　包忠文主编。江苏教育出版社 1998 年 2 月版。57.4 万字。27.90 元。主要探讨和阐述从 1949 年 7 月全国第一次文代会到 1996 年 12 月全国第六次文代会这一历史时期的文艺思潮、文艺现象、文艺理论的发展轨迹及其功过、是非和得失。全书运用历史和美学相统一的方法，采取史论结合，构架为 3 大块：(1)绪论，综述马克思主义、毛泽东文艺思想在当代中国的坚持和发展，以及文艺理论的民族化、现代化等问题；(2)当代文艺理论史概观，就“文革”前十七年、“文革”十年和新时期二十年三个历史阶段中文艺理论的发展态势和经验教训，作出全面深入的描述和总结；(3)当代文艺理论史专题，就贯穿于当代文论史整个过程的 12 个基本问题，如文学艺术中的人性和人道主义、文学艺术中的庸俗社会学、文艺理论体系的科学化和民族化、“左”的文艺思潮和传统文化、当代诸种文学观及其局限、西方文艺理论的引进与反思、周扬现象和胡风现象等，展开深入而独具见识的阐释和评析，以便为新时期文学艺术的繁荣发展提供理论借鉴和启迪。这样的研究思路和体例结构，在当前文论

研究的多元格局中，无疑颇具创意和特色，有助于拓展人们的视野，更好地建设具有中国特色的马克思主义文艺理论体系。(王许林)

I000146　**批评空间的开创**　副名：二十世纪中国文学研究。王晓明主编。东方出版中心 1998 年 7 月版。30 万字。20.00 元。编选本文学史论著作。分 3 辑收录了 11 位学者的 15 篇论文。以较强的思想性和探索性展示了作者对 20 世纪中国文学研究的成果。本书较多地选收了一些过去的文学史甚至文学研究之外的论文，显示了作者对原有文学史观念的突破和努力，也表达了编选者对 20 世纪中国文学产生和发展的渊源与动力的看法。对晚清小说、五四文学传统的重新评价，关于鲁迅、沈从文、萧红、丁玲、张爱玲等作家作品、文学现象的重新研究，对于 90 年代以来 20 世纪中国文学研究有着不同凡响的重要意义。各论文立论严谨、新颖，极具思想性和冲击力。(钟蕾)

I000147　**抗战时期桂林文学活动**　副名：桂林文史资料第 33 辑。李建平编著。漓江出版社 1998 年 3 月版。38 万字。20.00 元。抗战初期，桂林这个仅 7 万人口的毫无文化地位的小城，竟转眼成为具有三四十万人口、数十家报刊社、上千文化人聚集的重要文化城，并在以后几年里成了南中国进步文化的中心，获得了大后方抗日救亡"文化城"的声誉。该书就是对这个抗战时期大后方文化中心之一的桂林"文化城"所开展的一切文学活动的资料汇编，收录年限从 1937 年 7 月至 1945 年 8 月。介绍了抗战时期的中华全国文艺界抗敌协会桂林分会筹备会以及其他文学、文化组织的情况。其次，对在抗战中起过重要作用的一些文学刊物和报纸副刊也作了介绍。如《文艺杂志》、《文化杂志》等等 30 多种报刊。另外还介绍了当时开展的各种文学座谈会、讨论会；一些群众的重要活动与发生事件、作家们的活动、作品简介以及文学工作的总结与探讨。(董文魁)

I000148　**唐五代文学编年史**　傅璇琮著。辽海出版社 1998 年 12 月版。256 万字。175.00 元。分初盛唐、中唐、晚唐、五代 4 卷。吸收《左传》、《资治通鉴》等史书的写法，以年代为经，人物、事件为纬，纲目互见，把唐五代文学思潮、社会发展、作家生活经历和创作情况等按时间顺序，逐年逐月编排，既有纵向的叙述，使人们清楚地看到唐五代文学发展、演进的过程；又有横向的展示，使不同地区不同作家的活动集中到一起，从最广阔的视野考察一代社会生活对文学的影响，真正形成了唐五代文学全史，可以看到唐五代文学上的"立体交叉"的生动情景，对这一历史时期的文学有一个全景式的了解，此外，本书在史料考辨上也取得很大成果，将唐五代文学史料考证得清清楚楚，为唐五代文学研究提供了一份比较完整可信的资料，完成了唐五代文学研究的一项基础工程。(徐桂秋)

I000149　**厦门新文学**　徐学著。鹭江出版社 1998 年 5 月版。17.7 万字。12.00 元(平)，19.00 元(精)。"厦门文化丛书"第二辑中的一本。对厦门文化的历史渊源及其流变的一次多方位、多侧面的审视和论述。所论述的是厦门的新文学，也就是"五四"至"文革"近半个世纪厦门地区所发生的各种文学现象。在章节的划分上，基本上按照现代史进程中的各个阶段加以划分；而在具体的论述上，则既注意到该阶段厦门地区各种文学现象与时代脉搏的应和，也注意到各种文学现象对艺术创作的作用和贡献，注意到它在整个厦门新文学发展进程中的地位。另外，本书还用专门的一章来阐述台湾作家与厦门文学之间剪不断的纽带关系，介绍了它的历史和现状，并展望其美好前景。此外，本书的研究构架颇具海洋性特征，作者把厦门的本土作家与大量流寓厦门的外地作家放在一起考察，使其论述更为深入，具有鲜明的个性特点。厦门新文学所反映的现代生活和斗争，既是现代中国历史变迁的一个缩影，又有浓厚的海洋气息。作者评介结合，既为读者提供了一个新的视角，也为今后开展中国新文学的海洋性研究提供了一个特别的素材。(陈骋)

I000150　**湖南文学史**　陈书良主编。湖南教育出版社 1998 年 7 月版。98 万字。64.70 元。对上起战国下迄 20 世纪 80 年代的湖南文学进行了总结，显示其演变过程，探索其发展规律。根据湖南文学独特的发育情况，分为古代、现代、当代 3 卷。重点叙述和研究的文学流派和作家有明代茶陵诗派、清代湘乡文派、当代"文学湘军"和李东阳、王夫之、魏源、曾国藩、田汉、丁玲、沈从文、毛泽东、周立波、杨沫等，评价尊重客观事实，力求全面、公正。充分挖掘、运用了地方馆藏报刊、档案、方志等乡土文献和地下史料如长沙窑器皿上的唐诗等，因而内容丰富且具地方特色。(崔裕康)

I000151　**中国新文学图志(上、下)(杨义文存第三卷)**　杨义主笔，中井政喜、张中良合著。人民出版社 1998 年 9 月版。48.6 万字。43.50 元。从内容到形式都具有明显的创新价值的现代文学史著作，是中日学者合作的成果。它从晚清到民国年间的报刊和原版图书中，选录了富有代表性和趣味的装帧插图 560 余幅，从中感悟到当时的文学气氛、审美追求和文化心态，并结合丰富的文学史现象、文坛掌故以及作家作品，以平实、生动、自然、亲切的文笔，写成 100 余篇随笔式的文章，共同组合成一种以史统图、由图出史，力求图有神采、文有情趣的文学史。（吴学金）

I000152　**云南抗战时期文学史**　蒙树宏著。云南教育出版社 1998 年 4 月版。18.4 万字。11.00 元。云南断代文学史。阐述抗日战争时期云南文学发展的历史。全书除"绪论"外分为 5 章。"绪论"对抗战的政治、文化背景及其对文学的影响和制约作鸟瞰式论述；第一章综述文学社团、期刊的消长，文学论争等；第二至第五章依次评述诗歌、小说、散文、话剧等体裁的创作和评论情况，具体评介代表作家作品。抗日战争时期，内地大批作家、学者随着西南联合大学等高等学校及科研机构迁至昆明，活跃在云南全省，与云南的作家、学者一起，开展抗战文艺运动、文学创作和文学批评，在全国抗战文学史和云南文学史上写下了光辉的一页。本书对此作了真实的记录。如对全国著名作家、学者冯至、王了一、光未然、李广田、沈从文、费孝通及西南联大作者群，云南作家、学者楚图南、张天虚、马子华、李乔、徐嘉瑞等人的文学活动，都作了翔实的评介，提供了以往现代文学史未涉及的大量资料。作者属考据型学者，学风严谨，无论阐述史实和评介作家作品，都用事实说话，力求准确、公允。书后有附录《云南抗战时期文学大事记》。（易山）

I000153　**雪域文化与西藏文学**　马丽华著。湖南教育出版社 1998 年版。26.8 万字。16.10 元。"二十世纪中国文学与区域文化丛书"之一，共 7 章：第一章"由源及流"概说了西藏区域文化；第二章"金枝玉叶"以古代西藏文学追求与当代藏文创作流变为话题，讲叙了藏文古典作品中的神巫之风和佛教义理，民间的传说、故事、歌谣和寓言以及当代藏文创作的流变；第三章"他山之石"谈了西藏的新小说；第四章"灵魂三叹"论说西藏新小说的青年作家群；第五章"浪漫人生"以文学西藏众生相为题，切入神与佛、过往时代与贵族形象、英雄主义与复仇主题；第六章"朝圣之旅"写的是星汉璀璨的雪域诗坛；第七章"一种价值"则反映了当代西藏纪实性文化散文。全书勾画了一幅西藏文化与西藏文学的图景，给读者提供了了解雪域文化与西藏文学的范本。（孟可文）

I000154　**湖南乡土文学与湘楚文化**　刘洪涛著。湖南教育出版社 1998 年版。28.9 万字。16.40 元。"二十世纪中国文学与区域文化丛书"之一，共 5 章：第一章"导言"论说湖南乡土文学的发展、沈从文传统和周立波传统、湘楚文化特征及其影响；第二章"作为表现对象的湘楚文化"写了"自然之子""尚武""崇神信巫""唯情，尚情"；第三章"游走在两种文化之间"落笔于"面对政治意识形态""被贬低了的区域文化""地方意识与乡土本位"等问题；第四章"湖南乡土文学中的民族关系"着墨于"寻找少数民族文化""身份认同的矛盾""未获发展的少数民族话语"的论题；第五章"湖南乡土文学中的区域文化精神"是通过"非道德化倾向""感受命运""宗教情绪"3 个问题来阐释的。全书以 20 世纪湖南乡土文学与湖湘文化的关系为研究对象，着墨于湖南本土文学的重要组成部分——湖南乡土文学，对作家与作品及地域文化特征进行了精当评析，体现了质朴、强勇、暴烈、嗜斗的湘楚民风。（孟可文）

作品集

I000155　**历史的高峰——桂林文化城的鲁迅研究精华探索**　刘泰隆著。广西师范大学出版社 1998 年 10 月版。33 万字。全面系统研究桂林文化城时期鲁迅研究的著作。全书将桂林文化城时期的鲁迅研究与此后的鲁迅研究进行全面对比参照，搜集桂林文化城时期鲁迅研究的基本精神，探索其内在理致，指明源流，检讨异同，分析得失，可谓打通历史与现实，重在有所阐发。着重围绕鲁迅思想、杂文、旧体诗和《阿 Q 正传》展开，尤其是对学术界关注不多的问题进行深细的讨论。（郑纳新）

I000156　**鲁迅与山西**　董大中等著。北岳文艺出版社 1998 年 1 月版。32 万字。19.00 元。鲁迅未来过山西，但与鲁迅交往过的山西人和山西事都很多，在他的作品中写到山西的地方也很多。全书从 10 个方面，上下古今，文物典籍，风俗人事，凡与鲁迅有关者，或为鲁迅所涉及者，都搜罗笔下，条分缕析，许多事实鲜为人知，一些议论深中肯綮，给人以启发和借鉴。全书内容宏富、论述深刻，对深入研究鲁迅，研究山西现代文学的发展都具有重要的价值和意义。（马森彪）

I000157　**鲁迅书话**　朱正编。海南出版社 1998 年 11 月版。48 万字。37.50 元。鲁迅的作品中一个重要的部分就是有关"书"的文章，即书话。本书收尽这些文章，除原已入集的外，还有一部分是从未入集成书的。分类编订，分为：一、谈书和读书；二、谈中国古书；三、谈外国书；四、谈同时代人的作品；五、谈自己辑校的古籍；六、谈自己译的书；七、谈自己著的书。(王朴)

I000158　**鲁迅作品全编**　钱理群、王得后主编。浙江文艺出版社 1998 年 8 月版。约 240 万字。150.00 元。鲁迅，是中国的脊梁，民族的灵魂。中国的秘密，多半在鲁迅的书里；鲁迅的智慧，多半在鲁迅的作品里。本套书包括小说、散文、诗歌、杂文和两地书共 6 卷。从书选取鲁迅的原创作品——全部的小说、散文、诗歌和杂文，以及鲁迅亲自手编的《两地书》，不包括他的学术论著、翻译作品和日记等。小说卷按《呐喊》、《彷徨》、《故事新编》等集子编排；散文卷除《野草》、《朝花夕拾》外，还将散见于杂文集中的散文抽出单独汇集；杂文卷则以编年体形式编纂；两地书全编本是以鲁迅 30 年代亲自抄录编定的《两地书》影印重排的全部原信，还包括十几封未收入过两地书的鲁迅和许广平结婚后的通信。

I000159　**鲁迅文选(1—4 卷)**　陈漱渝著。陕西人民出版社 1998 年版。110 万字。75.00 元。分 4 卷。一卷《鲁迅笔下的中国人》收入《呐喊》《彷徨》《故事新编》《朝花夕拾》《野草》集中的部分篇章。二卷《鲁迅论中国社会》收入《灯下漫笔》《我之节烈观》《略论中国人的脸》等有关彼时病态社会及国民劣根性之剖析的杂文多篇。三卷《鲁迅论文学》收入《我怎么做起小说来》《中国文坛上的鬼魅》《骂杀与捧杀》《几乎无事的悲剧》等关于个人及五四以来文学现象剖析的杂文篇章。四卷《鲁迅论文化学术》收入《摩罗诗力说》《文化偏至论》《中国小说的历史的变迁》《魏晋风度及文章与药及酒之关系》等文学论著，用文言文书写的且附有译文。《文选》回避开一些事务的、琐屑的、有学派色彩的东西，而选取那些集情感、形象和文采于一身，最有代表性，最能迸发出一种光焰万丈和震撼心灵的力量的著名篇章，显示出一个凛然而立的鲁迅来。与其他选本不同的是该选本注重风骨，尤其是第四卷，知难而上，选取了鲁迅著作中较为深刻亦较为繁难的关于中外文学史的一些系统论述的篇章。使《文选》得以成为较为精粹较为厚重的一个选本。(李玉皓)

I000160　**近代理性·现代孤独·科学理性**　解洪祥著。山东大学出版社 1998 年 9 月版。27.9 万字。20.00 元。研究鲁迅精神历程的著作。作者把鲁迅作为一个精神个体，放到辽远而广阔的历史进程和文化时空中去研究。探讨了西方三大文化系统(近代理性主义、现代非理性主义、现代科学理性即马克思主义)与鲁迅思想体系的关系，认为三大文化系统构成了鲁迅精神发展史的主要内容，构成了鲁迅精神结构或思想体系的主要成分，构成了鲁迅的精神实质。作者以从近代理性到现代孤独、从现代孤独到科学理性，高度概括了鲁迅精神发展的历史进程。书中还就鲁迅的精神历程与中西近现代史的特征、鲁迅的精神结构及其历史演化、鲁迅的启蒙主义与三大文化系统在中西近现代史上的不同命运等问题，进行了深入的探讨。(林开甲)

I000161　**鲁迅作品综论(杨义文存 第五卷)**　杨义著。人民出版社 1998 年 11 月版。46 万字。35.50元。从宏观的角度，把鲁迅作品当作中国文学从古典走向现代的枢纽现象进行综合剖析，揭示它的现实主义本质特征，它传世不衰的生命力奥妙，深入的论述了鲁迅作品中接纳中外文学潮流中的开放胸襟和原创精神。本书善于统摄材料，捕捉文学史脉络，从对鲁迅作品的解读中窥见鲁迅的灵魂和生命，破解出文字背后所蕴含的思想革命和文学形式创新的文化密码。(吴学金)

I000162　**中国现代文学名作三百篇**　张大明等编。四川人民出版社 1998 年 12 月版。80 万字。45.00 元。上承《中国古代文学名作三百篇》，是古代部分的姊妹篇。收录中国现代文学之诗歌、散文、小说(未选长篇)名作共三百篇。作者作品一律按发表时间先后排列，体裁混编，不分类。每位作者均附简介，说明其生平著述、艺术特点，而重点又在于将入选作品的精到之处指出来，供读者参考。(彭高琳)

I000163　**文与画·古文二百篇**　上海辞书出版社 1998 年 7 月版。70 万字。229 幅图。152.00 元。当代国画名家为中国古代文学名篇配画系列丛书之一。共选录各体古文 225 篇，上起先秦，下迄近代，兼收先秦诸子散文、楚辞、汉赋、《史》《汉》文章、六朝骈赋、唐宋散文及明清小品。每篇古文配一至二幅文意画和一篇赏析短文。其中以文意画为重点，山水、人物、花鸟、界画等中国画科兼备，由刘旦宅、戴敦邦、乔木、杨善深等 98 位当代知名画家精心绘就。赏析文章由羊春秋、周啸天、刘学锴、杨海明、潘啸龙、杨明等 11 位古典文学专家撰写，评说精当，文字优美。古文、国画、赏评相得益彰，历代名文既取得视觉形象的表述，又得到精到的评析。读者赏文采而明画艺，观画艺而明文情，获得一种高雅的艺术享受。(吉明周)

I000164 **20世纪中国文学名作中学生导读本** 钱理群主编。广西教育出版社1998年版。260万字。精选20世纪中国文学名作，分为小说卷（一）、（二）、（三）、（四），散文卷（一）、（二）、（三），戏剧卷（一）、（二），诗歌卷，共10卷本。采取专家导读、读者参与的方式，即在原作旁既有专家点评，又有留白，以备读者自评。点评多角度、多层次剖析与弘扬文本的审美意蕴，改变拘泥于主题、背景、段落、手法及传统的“语文课讲析法”，致力于追求开阔的视野、灵动的思维、机敏的体悟、深层的剖析这样一种读书境界，引领学生走进文学的殿堂，引导学生阅读这些文学经典，提高学生的文学素养，培养学生健康、广泛的阅读兴趣。（邱方）

I000165 **金陵诗文鉴赏** 李伏昆主编。南京出版社1998年12月版。70万字。50.00元。以地域为范围的诗文鉴赏专著。精选上自晋代、下至当代（已故作家），以金陵为创作题材的诗文佳作及其鉴赏文章350余篇。诗文佳作既有历代传诵的名家名作，又有散见于史志典籍中的无名杰作；内容既有反映六朝以来金陵朝代更替的历史正剧，又有描绘市井人物喜怒哀乐的民间风俗画。鉴赏文章主要由全国著名专家学者领衔执笔撰稿，从诗文构思、意境、章法，乃至遣词造句等方面，引导读者欣赏这些名篇佳构，汲取文学营养。（王国钦）

I000166 **清代文选学珍本丛刊（第一辑）** 李之亮校点。中州古籍出版社1998年10月版。11.3万字。12.00元。《文选》是南朝梁萧统编辑的我国文学史上第一部诗文总集，它汇集了先秦至南北朝时期各种体裁的优秀作品，后被引入科考试之中，成为一种专门学问——文选学。本辑选清人对文选学研究著述3种：《昭明文选李善注拾遗》王煦著、《选注规李》徐攀凤著、《选学纠何》徐攀凤著。对《文选》研究最盛是唐宋和清代，但所强调的方面是完全不同的。唐宋人偏重“辞章之学”，清人强调的是文字、音韵和训诂，并且数量较多。本辑所选为典型的朴学之作，体现了清学者研究的基本思路。王煦著收191条，是作者读《文选》及李善注的心得笔记，版本为复旦大学图书馆所藏咸丰间抄本。《规李》即对李善注提出质疑并加以辨证和补充，收220条；《纠何》即对清代著名朴学大师何焯评点的部分加以匡正，收139条，版本以《艺海珠尘》本为底本。（孙宝瑞）

I000167 **谢宣城全集** 陈冠球编注。大连出版社1998年12月版。37万字。39.00元。自宋以来最完整的一部谢朓诗文集并注解，全书分诗、赋、文3部分，共收诗154首、赋9篇、文19篇，并附录了有关谢朓及其诗文的传评。全集的底本为明张溥的《汉魏六朝百三名家集》，并与《文选》、《玉台新咏》、《乐府诗集》等其他古本互校。各部类以写作时间为序，诗部则以乐府、四言、五言分编。大部分为注释，采用了许多稀见的古籍，如《瑞应图》、《天巾记》等。全书用近百种赋来释词，因为赋的行文用词严谨。而且，对赋还谨选版本，如用《上林赋》，采《史记》而不采《文选》。注释中注意更正其他古籍旧注中的错误。全集新释了许多其他辞典未收的词，如松宇、旧赏、枣下吹、瞻秦望井等。全集对谢朓生平作了较详细的介绍并分析，对谢朓作品的每部类均有说明，每篇均作题解、背景、唱和者情况介绍。（俞慈韵）

I000168 **令狐楚集** 唐·令狐楚著，尹占华等校笺。甘肃人民出版社1998年11月版。17万字。15.00元。在中国文学史上，一般都是在论及李商隐时提到令狐楚，对令狐楚本人的文学成就则极少涉及。但在唐宪宗元和至文宗大和时的二三十年间，令狐楚在官场、文坛堪称同领风骚。他“一生双得”的佳绩，曾使著名的文学家刘禹锡、白居易都感佩不已。令狐楚字殼士，祖籍敦煌，家居太原，生于唐代宗大历三年（768），卒于文宗开成二年（837），享年70。他于贞元七年（791）进士及第，桂管观察使王拱辟为从事。后在太原幕府由掌书记至判官，表状多出其手。元和十四年（819）七月，自朝议郎授朝议大夫、中书侍郎、同平章事。开成元年（836）以检校左仆射、兴元尹充山南西道节度使，卒于镇。令狐楚的文学成就，主要体现在两个方面，一是骈文，一是诗歌。令狐楚之表状，其特点大略有四：一曰对仗精工，二曰用典贴切，三曰音韵谐美，四曰长短变化。他的诗作不仅音韵谐和，而且意境优美，这突出体现在他的五、七言绝句里。本书以《全唐诗》《全唐文》为基础，并详究其来源，考辨其真伪，且进一步钩沉辑缀，计共得令狐楚文138篇，诗40题60首。至于误作令狐楚者则厘而出之，附录于正集之后。正集分作6卷，编排则依诗文体类，同一体类中则依作年先后为序，无法确定作年者列后。书后附有关于令狐楚的研究资料及令狐楚年谱简编，以备读者和研究者检阅和参考。（李德奇）

I000169 **柳宗元选集** 吴文治选注。人民文学出版社1998年2月版。27.2万字。25.00元。“世界文学名著文库”的一种。柳宗元是我国中唐时代杰出的文学家和著名的思想家，他的诗和文都取得了很高的成就。选注者是研究柳宗元的专家，他校点过

《柳宗元集》，撰写过《柳宗元评传》和《年谱》，编过《柳宗元研究参考资料》。本书共选各体诗 75 首，文 70 篇，诗文分别按写作年代先后次序编定，部分年代不清的作品编排在同类作品之后。注释简要切当，为避免烦琐，选注者有意不作旁征博引。《柳宗元选集》为认识、研究柳宗元打开了一个窗口，读《封建论》、《非国语》、《天说》、《天对》、《六逆论》等，可知柳宗元是位唯物主义的思想家；读《捕蛇者说》、《种树郭橐驼传》、《童区寄传》等，可知柳宗元是如何反映人民的疾苦、如何深刻地揭露当时社会的黑暗与腐败的；读"永州八记"，可以欣赏到优美的山水游记；读"城上高楼接大荒，海天愁思正茫茫。……岭树重遮千里目，江流曲似九回肠。""一身去国六千里，万死投荒十二年"等诗句，可以窥见作者被贬边远荒州的感慨，柳宗元其诗、其文，可谓气象万千。(刘文忠)

I000170　**王十朋全集**　宋·王十朋著，《梅溪集》重刊委员会编。上海古籍出版社 1998 年 10 月版。79 万字。88.60 元。王十朋(1112—1171)，字龟龄，号梅溪，宋温州乐清人，绍兴二十七年进士，历知饶、夔、湖、泉等州，以龙图阁学士致仕。号称"南宋第一状元"，是南宋时间重要的政治家和著名的文学家。其诗文体现了对时局的见解和治国方略，风格质直厚重，在南宋自成一家。王十朋的文集最初称《梅溪集》，最早刻于南宋绍熙年间，今已不得见。到明清时期，出现了"正统本"和"雍正本"，前者又被辑入《四库全书》。"正统本"与"雍正本"在编排上各具特点，又各有利弊。这次重刊，以正统本为底本，并欲蓄两家之长，将原"前集"与"后集"的诗与文分别归纳合并，以期既明文体分类，又清时间顺序。调整后得诗集 29 卷，文集 25 卷，凡 54 卷。是建国后最全的一部新式标点本，为研究者提供了准确而实用的版本。这次重刊，编者分别从文献资料和实地两方面，对王氏诗文做了大量辑佚工作，编成"附录"。(王根林)

I000171　**杜甫选集**　山东大学中文系古典文学教研室选注。人民文学出版社 1998 年 10 月版。26.6 万字。26.50 元。人民文学出版社近年推出的"世界文学名著文库"中的一种。杜甫是我国盛唐时代伟大的诗人，被称为"诗圣"，他一生给我们留下了一千四百多首诗和为数不多的几篇赋，这是一份珍贵的文化遗产。在八十年代初，山东大学中文系古典文学教研室选注的《杜甫诗选》就已问世，其注释与题解说明很见功力，著名学者陆侃如、冯沅君、萧涤非、殷孟伦(四教授均已作古)、袁世硕均参与选注。《杜甫选集》是在《杜甫诗选》的基础上修订、增选而成，增选诗 60 多首和《雕赋》1 篇，计选诗 252 首，文 1 篇，诗以编年次序排列，难以系年的作品为数很少，根据考订系在不同的时期。所选篇目，多为名篇佳制，而且诸体兼备。注中兼顾艺术鉴赏，注文繁简适中，简要切当，为雅俗所共赏。(刘文忠)

I000172　**问次斋稿**　明·公鼐著。齐鲁书社 1998 年 12 月版。22 万字。48.00 元。明代后期著名文学家、诗人公鼐的代表作。共收录公鼐的赋 4 篇、诗 2 000 余首。公鼐，字孝與，号周庭，山东蒙阴人。明万历 29 年进士，曾任翰林院编修、礼部右侍郎等职。公鼐一生经历曲折，仕途坎坷，其诗作也反映他内心复杂的情感。其中有些诗是讴歌故乡山河、抒发眷恋之情；有些是反映百姓的疾苦，富有时代的气息；有些则是指陈时弊，暴露明后期宦途艰辛和世情险恶。当然公鼐诗中也有宴集唱和、粉饰太平之作，有的诗中流露出抑郁不平之气，也杂有消极情绪，这在某种程度上也反映了当时的文风和时代的局限性。(张晓东)

I000173　**谭元春集**　明·谭元春著，陈杏珍标校。上海古籍出版社 1998 年 12 月版。600 万字。谭元春是晚明文学流派竟陵派的代表作家，诗文幽僻峭刻。但是他的作品一直以选本的形式流传，迄今尚无较完备的集子出版。现存的谭元春集子有：《嶽归堂合集》十卷、《郄菴订定谭子诗归》十卷、《鹄谚集》、《新刻谭友夏合集》二十三卷、《鹄湾未刻诗》、《鹄湾未刻古文》，此外在总集与地方志中也保存了一些谭的作品，如《人琴集》、《诗慰》等。以上诸书除了《谭友夏合集》外，都较罕见。此书中谭的前期诗集以《嶽归堂合集》作底本，中期诗集以《谭友夏合集》作底本，晚期诗集用《鹄湾未刻诗》作底本，并以《诗慰》、《人琴集》作补充。谭的散文以《鹄湾集》、《鹄湾未刻古文》作底本。前述各本，凡未定为底本的，不论部分或全书，均作参校本，另外还参校了一些明人别集、总集、地方志及其他书籍。谭元春晚年曾写有《遇庄序》、《遇庄总论》33 篇，兹从明人张溥刻《庄子南华真经》中辑出全文，置于书中。以上所用底本及校本均为明人刻本。全书共 34 卷。诗文后附有同时人评语。校记详细。书后附有诸家序文、传记及竟陵派史料。(丁如朋)

I000174　**吴趼人全集**　海风主编。北方文艺出版社 1998 年 2 月版。300 万字。260.00 元。吴趼人是清朝末年创作最丰、成就最高的作家之一，著有中长篇小说 19 部，还有短篇小说、笔记、笑话、戏曲、诗歌、书信、评点等多种著作。该集共 10 卷，第一—六卷是中长篇小说，第七卷是短篇小说、笔记和笑话，第八卷是诗文和戏曲，第九卷是作者编次、点定和评点的作品，第十卷是研究作者的资料和索引。在这套《全集》中，有许多资料都是首次与读者见面，是极为难得的第一手材料。关于吴趼人研究资料，此前有魏绍昌的《吴趼人资料》出版，本资料的选编，与魏本无一重复，目的是为研究者提供更多的信息，研究者可与魏本结合起来使用。（梅庆吉）

I000175　**禅悟五人书**　苏曼殊等著，查振科等选编。沈阳出版社 1998 年 6 月版。100 万字。75.00 元（套）。从禅悟的文化视角进行选编的现代作家作品集，收录了苏曼殊、李叔同、许地山、废名、丰子恺等五位作家的作品，每人一集。这些作家的人生阅历不尽相同，却共同地以宗教家的慈悲情怀关心社会人生，以爱与美的艺术理想拯救世道人心，创作上以鲜明的禅味、理趣特色而著称。其中，苏曼殊集、李叔同集中的文字尽管是用文言写的，但却洋溢着浓郁的诗情和现代意识，是与五四新文学的精神一脉相通的。许地山集中那些充满传奇色彩和异域情调的小说，那些朴素而又充满慈爱、充满哲理的散文更让人领略到这位“人生派”文学健将的风采。废名集中的短篇小说和长篇小说虽多写乡间儿女翁媪之事，却并不是逃避现实、远离生活的，禅意理趣只是作家关怀社会的特殊表现方式。丰子恺集的散文则贯穿着“小中能见大，弦外有余音”的艺术审美理想。童真童趣耐人咀嚼，而对“缘缘堂”的情思则表达着他那不屈不挠的爱国情怀。本丛书收录的作品都创作发表于 1949 年以前。丛书的序言详尽地叙述了丛书的编选宗旨及各位作家的创作特色。书末的作家年谱综合介绍了每位作家的生平创作轨迹。（阎志宏）

I000176　**周作人文类编**　周作人著，钟叔何编。湖南文艺出版社 1998 年 9 月版。621.6 万字。435.00 元。汇辑周作人自光绪戊戌（1898）至“文化大革命”开始（1966）68 年间所作文章 2 954 篇，按主题内容分为 10 卷。包括：已出版的周氏自编文集 28 种约 1 200 篇，周氏已编成未及出版的 2 种 400 余篇，集外文和未刊稿 1 300 余篇。各卷均取该卷中作品之一篇名作书名。每卷按内容分为若干辑，每辑又分若干组。同一组的作品，按写作或发表时间的先后排列。所收作品，主要为文学性的散文、随笔，此外，还有学术文、序跋文、讲演辞、应用文、儿童文学作品和书信、日记等。10 卷书名及分类主题为：1.《中国气味》（思想·社会·时事）；2.《千百年眼》（国史·国粹·国民）；3.《本色》（文学·文章·文化）；4.《人与虫》（自然·科教·文明）；5.《上下身》（性学·儿童·妇女）；6.《花煞》（乡土·民俗·鬼神）；7.《日本管窥》（日本·日文·日人）；8.《希腊之馀光》（希腊·西洋·翻译）；9.《夜读的境界》（生活·写作·语文）；10.《八十心情》（自叙·怀人·记事）。（陈仿麟）

I000177　**藏族当代文学作品选析**　斗拉加编。甘肃民族出版社 1998 年 11 月版。23 万字。17.50 元。精选 80 年代以来藏族青年作家们创作出的有一定代表性的小说 18 篇，诗歌 30 首，散文 5 篇。每篇作品有浓郁的时代气息和独特的个人风格。编者根据每篇作品的思想内容，艺术风格，作了简明扼要的分析和评论。该书以时代的要求，新的理论视野对藏族当代文学进行了全面的选评。作为藏族第一部当代文学作品选析，对藏族文学的发展具有一定的规范实践的意义。填补了藏族当代文学评论的空白。（旦知草）

I000178　**名家自选文学丛书**　冰心等著。辽宁少年儿童出版社 1998 年版。128 万字。共 4 种：《冰心自选集》、《陈伯吹自选集》、《叶君健自选集》、《严文井自选集》。（崔玉平）

I000179　**青春风铃丛书**　孙云晓、徐莉萍编。青岛出版社 1998 年 10 月版。102 万字。61.50 元。共 4 卷：小说卷《我们正年轻》、散文卷《走过四季》、报告文学卷《岁月无痕》、箴言卷《悄悄告诉你》，是从近几年来反映青春生活、尤其是中学生校园生活的文学作品中精选而成。小说卷选收了毕淑敏、秦文君、曹文轩等当代作家反映青少年友谊与理想、欢乐与烦恼的短篇小说佳作；散文卷选收了刘保法、赵丽宏、洪烛等作家贴近青少年心灵世界、抒写中学生心声的散文精品；报告文学卷选收了沈碧娟、徐鲁、宗介华等作家关于青少年学习生活题材的报告文学；箴言卷则选收了有关青春、理想、事业、友谊、人生方面的哲语、箴言。（贺中原）

I000180　**南阳作家群丛书**　乔典运、周同宾等著。河南文艺出版社 1998 年 9 月版。400 万字。232.30元。近年来，在南阳盆地集中出现了一批创作风格各不相同的作家，如乔典运、张一弓、田中禾、二月河、周大新、周同宾、廖华歌、行者、马本德、殷德杰、孙幼才、周熠等，他们的作品以强烈的现实主义指向和地域文化特色，不时成为国内文坛的热点，如《村魂》、《香魂女》、《康熙大帝》、《乾隆皇帝》、《皇天后土》等，都曾引起文学界的强烈关注，在读者中产生了广泛影响，不少作品还被译到国外，形成了一个令人瞩目的文化现象。这套“丛书”共12册，包括上述12位作家的“自选集”，大体上代表了南阳作家群的整体水平和风格。本“丛书”以中、短篇小说和散文、随笔为主，每册由作家自选具有代表性的作品，每集作品前冠以序言或作品后附跋。(天俊)

I000181　**逼近世纪末人文书库**　陈思和、李辉主编。山东友谊出版社1998年9月版。200万字。157.00元。以“逼近世纪末”的迫切感和责任感为驱动力而编辑的一套以当代著名作家、学者为主体的论著。其主要体现在两个方面：一学术。即有关本世纪重要思想文化现象的资料整理，包括著名作家、学者的遗著、日记、书信等；对本世纪思想文化现象的学术研究、行文比较生动的学术著作，也属此类。二回忆。具有较大的文化含量的回忆性散文随笔、人物传记及回忆录。这些著作都能从不同的侧面、不同的层次为本世纪文化发展史留下一份有重要价值的文献。《没有说完的话》是艺术大师曹禺去世后留下的一批给夫人李玉茹、女儿万方和巴金等文坛巨匠的书信及没有公布的诗词手稿。《胡风遗稿》是胡风当年被审查期间所写的有关历史和人物的情况。《翠羽集》是作者唐湜晚年写的一组关于“九叶诗派”的回忆录。《夜行》是“七月”诗人彭燕郊写的散文集。《香港故事》是香港中文大学教授小思写的关于香港文化的回忆和研究文章。《细读自己》是作者姜云生多年发表在海外的散文结集。《美丽与悲怆》是作者胡平写的4篇报告文学，分别讲述了浦熙修、章伯钧等知识分子的悲剧。《人生大戏场》是作者吴中杰四十多年来在复旦大学的生活、交游和工作的回忆性散文和杂文。《走出轮回》是作者胡守钧对中国当代社会问题与经济问题研究的文章结集。《灾枣集》是作者章培恒的学术随笔集。(徐宝平)

I000182　**“新文学碑林”丛书**　胡适等著。人民文学出版社1998年版。汇集1919—1949年间中国现代文学史上有影响、有地位的作品原集，以年代为序分辑排列出书。在版本的选择上，每一种都力求以初版的原创风貌为基本，并经过仔细校勘；书中均附原版封面及插图，供读者对初版本的原创风貌作为参考。由于本丛书内的每一种书，都是新文学发展过程中的一个路碑，故按年代分为6辑，每辑10种。现已出版两辑20种，其中包括中国第一本白话诗集胡适的《尝试集》；为中国新诗开一代诗风的郭沫若浪漫诗集《女神》；创造社著名作家郁达夫的小说成名作《沉沦》；朱自清著名散文集《背影》……等等。其余4辑40种，包括李金发的诗集《微雨》；沈从文的小说《边城》；刘西渭(李健吾)的文学评论《咀华集》；李季的叙事诗《王季与李香香》……等等，也即将出版。(罗君策)

I000183　**中国文学作品年选(1995—1997)**　中国作家协会创研部编。长江文艺出版社1997—1998年版。500万字。250.00元。包括中篇小说、短篇小说、散文、报告文学4种，1997年度又增加了诗歌选。这些作品选自当年度不同报刊上最有代表性的作品，力求能够反映该年度某个文体领域最主要的创作流派，题材热点，艺术形式上的微妙变化。(周百义)

I000184　**21世纪文学之星丛书(1997—1998年卷)**　朱辉、洪治纲等编著。百花文艺出版社1998年版。150万字。163.00元。由中华文学基金会策划，袁鹰主持的编审委员会负责编选的一项文学系统工程。此丛书意在扶植文学新人，凡年龄在40岁以下，具有创作潜力，但尚未出过书的青年作家均可列入备选范围。此丛书每年出版一卷，1997—1998年卷共收录了12位作家的12部作品：陈继明的小说集《寂静与芬芳》将镜头对准生活中各式各样的小人物，审视发生在他们身上的命运悲欢；朱辉的小说集《红口白牙》以校园生活为背景，塑造了青年学生、老中青知识分子等众多人物形象；王跃文的小说集《官场春秋》以独特的创作视角展示了官员微妙的心态；何大草的小说集《衣冠似雪》充满了后现代叙事色彩，带有明显的前卫性；谢挺的小说集《想象中的风景》表现现代都市人的生存状态；张继的小说集《玉米地·玉米地》重点剖析几千年来的国民性的传统基因；红柯的小说集《美丽双手》展现了天山特有的风物和风情；艾苓的散文集《领着自己回家》记录了作者对生活的感受和体验；白连春的诗集《逆光劳作》充溢着历史的沧桑感；舒翼的诗集《与昙花有约》以现代人的眼光审视文化与生活，审视历史的人物与事件；洪治纲的理论集《审美的哗变》，其独到的分析，敏锐的感觉，冷静的思考都给人以启迪；韩子勇的理论集《西部：偏远省份的文学批评》以描写西部地方生活的作品为考察对象，以纵深的历史性思考，对当代西部的文学写作做出总体把握和深刻论述。(李静媛)

I000185　**叶君健自选集**　叶君健著。辽宁少年儿童出版社1998年版。29万字。20.00元(平)，25.00元(精)。“名家自选文学丛书”之一。共收入适合青少年阅读的散文、游记、小说、民间故事以及法朗士的一组翻译散文共计32篇。有《明年春天见》和

《"小李逵"和老儒生》等富于浓厚的生活气息和盎然的童趣的作品，还有《夜过秦岭》、《巫山神女》、《在莫斯科停留》、《黑海的记忆》等国内外游记，为青少年读者展现了缤纷多彩的外部世界。作为翻译家，叶君健还向读者介绍了希腊神话和外国民间故事，如《盗火者的遭遇》、《潘朵拉的盒子》等，展示了人类幼年时代那艺术的永恒魅力。文笔清丽优美、意蕴隽永，耐人寻味，于平易晓畅的叙述中体现睿智的思想，使读者在阅读的愉悦中受到深刻的启迪。（崔玉平）

I000186 **老舍代表作集** 老舍著。浙江文艺出版社 1998 年 12 月版。50 万字。35.00 元。老舍，中国当代著名作家。本集子收集老舍先生代表作共 34 篇，分为长篇小说、中篇小说、短篇小说、散文、幽默短文、话剧、诗、书信 8 部分。包括了老舍先生的《骆驼祥子》、《正红旗下》、《茶馆》、《我这一辈子》、《月芽儿》、《断魂枪》、《微神》、《想北平》、《我的母亲》、《自传难写》、《述怀》和《诗二首》等名篇。

I000187 **冰心自选集** 冰心著。辽宁少年儿童出版社 1998 年版。31 万字。21.00 元(平)，26.00 元(精)。"名家自选文学丛书"之一。共收散文 41 篇、小说 13 篇、诗歌 6 首。包括闻名遐迩的《寄小读者》、《再寄小读者》、《三寄小读者》等散文。这些文章印着她在国内外的旅途经历，她寄情山水，把一颗赤子之心融于白纸黑字之间，经久不衰地影响着一代一代的年轻人。她的一些叙事散文，如《山中杂记》、《往事》、《梦》等洋溢着抒情诗的韵味和风景画般明丽和委婉。收入此书中的小说《三儿》、《寂寞》、《庄鸿的姊姊》等，以浓厚的时代气息，描绘了真诚可爱的儿童生活及儿童形象。她的诗歌《可爱的》、《回顾》等清新隽永，曾产生风靡一时的影响。（崔玉平）

I000188 **许广平文集** 许广平著。江苏文艺出版社 1998 年 1 月版。100 万字。65.80 元。辑录许广平 1917 年至 1966 年间的各类作品凡 389 篇，共 3 册，几近囊括了她一生的作品的全部。首卷收作者有关家庭、童年、求学及至走向社会搏击风云的自述、与社会名流的交往和评说世事诸方面的文字。第二卷遴选作者追忆鲁迅的生活、学习、战斗和为纪念鲁迅而发表的讲辞。末卷收《两地书》和作者致亲朋好友的手札 46 通。其《两地书》是照手抄原件付印，恢复最初发表时被删去的部分文字；致亲友的 46 通手札都是第一次与读者见面，内含许广平致鲁瑞、朱安、胡适、周作人等信函。书中配有许广平各不同历史时期的照片数十幅。（张昌华）

I000189 **汪曾祺全集** 汪曾祺著。北京师范大学出版社 1998 年 12 月版。320 万字。200.00 元。汪曾祺是我国当代文坛具有特色，且二度辉煌的作家。早在 40 年代初汪曾祺就从事小说创作，并受到沈从文先生的夸奖，后当了很长时间的编辑，又到剧团写剧本，直到 80 年代又开始创作，且一发不可收，创作了大量作品，成为"早熟晚成"的作家。本套丛书包括"小说卷"2 册，"散文卷"4 册，"戏剧卷"1 册，"其他"1 册，共计 8 册，收录了汪先生自 1941 年至 1997 年逝世前的短篇小说、散文、剧本、诗歌、杂谈等作品几百篇，具有强烈的现实主义和民族传统色彩。可谓：将大境界纳为数语，举重若轻，山川风物，苍翠润泽，天然成趣，叹赞大手笔。取小景物蕴神风采，化大为小，草木鱼虫，灵气逢源，静虚皆妙，堪称真性情。收入"中国现当代作家书系"。（傅占武）

I000190 **沙文汉诗文选集** 沙文汉著。上海社会科学院出版社 1998 年 10 月版。37 万字。25.00 元。纪念沙文汉诞辰 90 周年纪念文集。收入沙文汉 1926—1963 年诗词、论著、书信等 80 余篇。全书分 3 部分，第一部分为诗词选，收入 50 首，体裁多样，既有壮怀激烈的革命呼号，又有热爱故土、怀念亲人的抒情心血，显示了革命家的坚强意志和丰富情感。第二部分为文选，共 20 篇，主要为政论，旁及经济、军事、教育、哲学、历史等，显示了作者善于运用马克思主义的原理和方法，对具体问题进行具体分析，得出科学的结论。第三部分为自传及书信选，反映了作者在逆境中忍辱负重，坚持追求真理的顽强意志。（方小芬）

I000191 **陈映真文集（小说卷、杂文卷、文论卷）** ［台湾］陈映真著。中国友谊出版公司 1998 年 11 月版。140 万字。95.00 元。陈映真是中国当代著名的作家、文艺批评家、思想家和社会活动家，台湾文化界的一面旗帜。他继承和发扬了以鲁迅为代表的五四文学的光荣传统，被誉为"台湾的鲁迅"。本文集包括小说卷、杂文卷和文论卷。收入小说 28 篇，杂文 74 篇，文论 47 篇。其小说代表了台湾"乡土文学"的最高成就；他的杂文，是"匕首"，是"投枪"，在"统、独"论战中，直刺"台独"分子的心脏；他的文学评论，具有高度的实践性和强烈的自我批判精神。陈映真的作品贴近现实，有所为而作，有所感而发，思想倾向和政治倾向一般都比较强烈。人道主义在他的作品中是一以贯之的，表现为爱，表现为对专制统治思想的叛逆，也表现为对现代消费社会人性异化的批判。其中《将军族》、《夜行货车》等作品，已成为中国当代文学史上不朽的名篇。（吴昌荣）

I000192　**周恩来诗联集笺注**　周秉德编。江苏文艺出版社 1998 年 1 月版。8 万字。12.00 元(平),18.00 元(精)。关于周恩来诗联的笺注著作。所收作品包括周恩来一生所作诗、挽联、联句等,基本上囊括了迄今收集到的周恩来的诗、联作品。正文之后,还精选了周恩来诗联手迹 8 幅。(虞善国)

I000193　**郑振铎全集(20 卷精装本)**　郑振铎著。花山文艺出版社 1998 年 11 月版。950.8 万字。980.00 元。郑振铎(1989—1958 年)是中国现代著名的作家、学者、翻译家、藏书家。他一生辛勤笔耕,著述丰厚。他的《中国文学史》、《中国俗文学史》、《文学大纲》、《希腊罗马神话中的恋爱故事》脍炙人口,他的小说、散文、译著、儿童文学作品及书信、日记莫不晓畅深沉文笔绝美。《郑振铎全集》由郑振铎之子郑尔康所收集、整理。全集是以单行本为基础,为了保持原文原貌,除明显错讹之处外,一般不作纠正和规范;极必要处,编者作了简明的注释。

I000194　**残雪文集**　残雪著。湖南文艺出版社 1998 年 5 月版。133 万字。82.00 元。残雪是中国当代文坛最具冲击力和最有国际影响的作家,也是中国当代在海外出书最多的作家。其作品以意象奇诡、语言怪诞而著称,已被译成英、法、德、日、俄、瑞典等多种文字出版。该文集系从作者近十年创作的数百万字作品中精选荟萃而成。文集后面附录了残雪作品集目录,残雪主要作品目录,关于残雪作品的主要评论目录及重要评论数篇。(萧元)

I000195　**秦文君文集**　秦文君著。安徽少年儿童出版社 1998 年 10 月版。180 万字。70.00 元。遴选作家自 1982 年至 1997 年间的创作精品百余部,包括长篇小说 5 部、中篇小说 10 部、短篇小说 13 部和散文随笔 100 多篇,分为《男生贾里·女生贾梅》、《十六岁少女·孤女俱乐部》、《家有小丑·宝贝当家》、《告别裔凡·表哥驾到》、《红田野·野菊花》5 卷。这些作品集中反映了作者不同的创作风格和艺术特色,展示了她近二十年在思想内涵与艺术水平完美结合上不断探索、勇于创新的执著追求和开拓精神。(温溪)

I000196　**贾平凹文集**　贾平凹著。陕西人民出版社 1998 年 10 月版。522 万字。400.00 元(平),500.00 元(精)。贾平凹是中国当代文坛高标独树的一位大家。他"以中国传统的美的方法,真实地表现现代中国人的生活和情绪"。本文集收录作者从 1973 年至 1997 年间创作发表的除《废都》外的所有作品,共 14 卷。其中 1 到 3 卷为短篇小说卷,收录包括《满月儿》《清官》《"厦屋婆"悼文》《晚唱》《王满堂》等作品 161 篇;4 到 7 卷为中篇小说卷,收录《二月杏》《鸡窝洼人家》《天狗》《黑氏》《美穴地》《五魁》等作品 29 篇;8 到 10 卷为长篇小说卷,收《白夜》《浮躁》《商州》《土门》等作品 5 部;11 到 14 卷为散文杂著卷,收录《丑石》《月迹》《秦腔》等文章 458 篇,基本涵盖了其作品的方方面面,全面、系统地展示了作者的心路历程,文集按体裁编年,有利于读者、研究者感知、体会作家作品的发展变化及风格的形成,加深对作品及作品所描绘的世界的理解、认识和把握。(屈奇)

I000197　**徐小斌文集**　徐小斌著。华艺出版社 1998 年 10 月版。185 万字。96.00 元。共 5 卷,分别为:一、羽蛇;二、迷园;三、海火;四、旧岸;五、折梦。汇集了作者从 1981 年至 1998 年创作的全部代表作,题材包括长篇小说、中短篇小说、散文随笔、剧本等。徐小斌是一位极具个性的作家,其创作手法中浓厚的女性化倾向赋予了作品柔美、凄婉的感情色彩和神秘、虚幻的艺术氛围。她的近作《羽蛇》以其奇特的构思,细腻的人物刻画,被业内人士誉为"中国女性文学的空前之作"。(梅雨)

I000198　**凌叔华文存**　凌叔华著,龚明德编。四川文艺出版社 1998 年 5 月版。48.00 元。凌叔华,这位一生漂泊海外的游子,由于强烈的爱国热情,终于在 90 高龄回祖国定居北京,但又不幸于 1990 年 5 月 22 日病逝,终于叶落归根。由于鲁迅与凌叔华的丈夫陈西滢打了好几年笔仗,被后人臆想为凌叔华也是"现代评论派"一伙,统列为"敌人",连胡风这样的前辈老作家也在晚年回忆里不屑地说着陈西滢凌叔华的"坏话"。其实,凌叔华以她的踏踏实实的创作成就,毫无逊色地步入了五四运动后第一代文化名人之一,理应和冰心等女作家一样对待。四川文艺出版社推出的《凌叔华文存》,将能够找到的凌氏文学一一编录,成两巨卷。凌叔华在少女时代,齐白石教她画画、辜鸿铭辅导她学英语。青年时代,留学东洋,很快与陈西滢相识相恋。严谨的导师天天守在身边,使得凌叔华不敢对任何一篇创作有丝毫疏忽。刚发表几篇小说,因其风格独特,竟然惊动了鲁迅先生。鲁迅甚至不计与陈西滢的恶战旧嫌,将凌叔华的作品选入《中国新文学大系·小说二集》,还专门评述凌氏作品"是好的",写出了"世态的一角"和"高门巨族的精魂"。凌叔华一生都在辛勤写作,但她不善于,或者说不屑于自我宣传。其实,她的散文和她的小说一样,不仅是精品,还可以说是神品。她的游记简直让人读来如临其境，朴朴实实的文字中一派大家气象。读后方知，好文章绝对不要渲染，原本原样写来，便是妙文。凌叔华与胡适、徐志摩等一批纯粹的雅文人交往甚密，《凌叔华文存》中收录的书信实为珍贵史料。凌叔华给英国著名小说家伍尔夫写了几十封信畅谈她的生平，成一本《古韵》，也全收在书中。本书严格按原则仔细编校，文献性是可以保证的。（龚明德）

I000199 **探索人生** 巴金、萧珊著。江苏文艺出版社 1998 年 9 月版。24 万字。18.00 元。“双叶丛书”第四辑内之一种。巴金辑内收《怀念萧珊》、《怀念二叔》等一组缅怀亲人动人肺腑的篇什和对鲁迅、老舍、曹禺、胡风等良师诤友的回忆文字。此外遴选了他晚年力作《随想录》中体现“讲真话”、“办实事”，为知识分子呐喊的随笔若干篇。萧珊，是站在巴金身后的无名女英雄，她把毕生的大部分精力用在做巴金的后勤工作上。萧珊辑内，收录了她在各不同历史时期致巴金的书信，真实地反映了他们相濡以沫所走过的人生历程；另收萧珊早期的散文《在伤兵医院中》、《挽歌》以及译作《阿霞》（屠格涅夫）等。这一辑中的另三本是：《有了爱，就有了一切》（冰心、吴文藻）、《多情人不老》（周有光、张先和）和《浪漫人生》（赵元任、杨步伟）。各辑内配有作者照片 10 余幅。（张昌华）

I000200 **萧乾文集** 萧乾著。浙江文艺出版社 1998 年 12 月版。326.3 万字。240.00 元。萧乾是我国现代著名作家、记者、翻译家、编辑家，在文学史上具有重要地位，被冰心称为“现代中国文坛上罕见的多才多艺的人。”此文集共 10 卷，收编萧乾在各个历史时期的文学作品。第一卷为小说卷，收录作者自 1929 年 11 月至 1947 年 11 月间创作的中短篇小说 26 篇。其中《梨皮》、《人散后》从未收入集子。短篇小说分别选自《篱下集》、《栗子》、《落日》、《灰烬》和《珍珠光》等集子。第二卷为特写卷，收录作者自 1935 年 9 月至 1945 年 9 月 10 年间以记者身份所写的通讯特写，共 72 篇。除选自早年出版的特写集《灰烬》、《见闻》和《人生采访》外，其余均发表于天津、香港和重庆三地的《大公报》上。第三卷为特写、杂文卷。收入作者自 1937 年至 1995 年的部分特写和杂文。其中特写 31 篇；杂文 34 篇，除《红毛长谈》出过单行本，其余均为首次入集，《猫案真相》等 20 篇杂文为 80 年代以后所写。第四卷收入作者自 1936 年至 1987 年的散文 53 篇。其中写于 30 年代的 15 篇，50 年代的 5 篇，其余都写于 1979 年以后。第五卷为散文卷，收入作者自 1986 年至 1998 年的散文 104 篇。第六卷所收为萧乾的生活回忆录《未带地图的旅人》，作者在这里回顾了他自童年起至 1988 年为止年近八旬的人生历程。第七卷为文学回忆录，收录作者自 1935 年 11 月至 1996 年 3 月间所写的回忆文章 22 篇。第八卷为文论卷上卷，分两部分。第一部分收入作者 1935 年至 1984 年间出版的文论专著 5 部：《书评研究》、《废邮存底——答辞》、《苦难时代的蚀刻》、《龙须与蓝图》、《菲丁尔——英国列宁主义小说奠基人》。第二部分收入作者为本人撰写或翻译的专著所写的序言 12 篇。第九卷为文论卷下卷，收录作者自 1930 年 2 月至 1998 年 3 月间所写的作品共 103 篇。第十卷为书信卷，收辑了萧乾致 58 位收信人的书信 391 封。绝大多数写于 70 年代中期至 90 年代，少量的写于 50 年代，1949 年以前的只收录了两封。

I000201 **康濯文集** 康濯著。湖南文艺出版社 1998 年 5 月版。166 万字。94.00 元。康濯（1920—1991）从事文学创作 50 多年，是我国现当代知名作家。他擅长小说创作，以写农村和农民见长。短篇小说《我的两家房东》、《春种秋收》和长篇小说《水滴石穿》等作品，饮誉海内外。本文集以文体分卷，共 5 卷。第一卷为短篇小说，第二卷为短篇小说和中篇小说，第三卷为长篇小说，第四卷为散文，第五卷为文论和诗歌。书前有《康濯传略》。书后附有他的《著作目录（图书）》，说明其版别，收入的作品等。（陈仿麟）

I000202 **斯妤文集** 斯妤著。江苏文艺出版社 1998 年 1 月版。100 万字。56.00 元。共 4 卷，包括《橄榄树》、《爱情是风》、《竖琴的影子》、《出售哈欠的女人》，前两集是散文，后两集是小说。斯妤是新时期文坛上一位较有影响的青年散文家，曾获首届鲁迅文学奖散文奖。其散文内容广泛，既包括城市生活，也有农村生活，还有童年的回忆、人生的思考，风格清新隽永。讲究语言的锤炼，把小说的风格引入散文中，发展了散文的表现手法，充满了思辨色彩。斯妤的小说在新时期文坛上别具一格，是一种幻想型的小说，在现实与幻想之间找到了一种结合点。想象奇特，构思新颖，风格别致。（汪修荣）

诗歌、韵文

I000203 **历代绘画题诗存** 赵苏娜编注。山西教育出版社 1998 年 7 月版。60.4 万字。45.00 元。收录绘画 800 余幅，诗作者 1 000 余人，收录诗、词、曲、赋等2 300余首(篇)。这些从绘画上摘录下来的诗涉及了中国的历史、文学、书法、绘画、民俗等许多领域,文化范围可上溯到轩辕时代。整本诗集贯穿了中国儒家、道家及儒道释合一的传统思想,从一个侧面反映了不同时期的贤人、高士及文人的思想品德和志趣追求。题诗选自北京故宫博物院、台北故宫博物院、沈阳故宫博物院三处最权威、最宏富的藏画中。(李梦燕)

I000204 **光未然诗存** 光未然著。作家出版社1998年7月版。15万字。20.00元。囊括作者一生在诗歌创作方面的成就,写作时间从30年代直至20世纪末,共7卷。黄河卷主要收录了30年代作品,如《五月的鲜花》、《黄河大合唱》,这些歌词脍炙人口,经音乐家谱曲后传唱至今,教育和鼓舞着一代又一代青年。屈原卷主要收录了40年代作品,如《屈原》、《午夜雷声》、《为胜利、团结与民主而歌》,这些作品大多是在群众大会上朗诵的,句式较短、节奏铿锵。英雄树卷收录了五六十年代作品,如《三门峡大合唱》、《全世界无产者联合起来》,这些诗有不少被谱曲,被传唱。惜春时卷收录了70年代作品,如《十月大游行抒怀》、《哭郑律成同志》,既有新体,又有旧体。大鹏歌卷收录了80年代前期作品,如《聂耳墓前》、《赏樱绝句》,全部为旧体诗,这在各卷中是惟一的。红树林卷收录了80年代后期作品。星海园卷收录了90年代作品,如《江汉行》、《登泰山绝顶》、《星海园沉思录》、《人人心里有个周恩来》,文体多样,题材丰富,表现了诗人晚年创作活力的再度爆发。全书开篇是作者专门撰写的说明书,不仅说明了作者本人编选这本书的目的是"跻身于当代艺术竞赛的行列",而且还提供了各个时期作品的写作背景和作者的创作心态,具有很高的文学史料价值。本书作者张光年,笔名光未然,是著名诗人和文学评论家,曾长期担任全国文学界领导工作。主要著作有组诗《黄河大合唱》、论文杂文集《向阳日记》、《文坛回春纪事》等。(杨德华)

I000205 **治国诗词殷鉴** 鲁金波编著。中共中央党校出版社1998年2月版。40.6万字。22.00元。从为人处世、从政治国方面为广大党政干部选编的一部诗词读本。所选收诗词的作者大多是我国历代的明君贤臣、政治家、思想家、学者,他们的诗词大多是他们立身处世、探索治国之道的切身体验和经验总结,内容大致涉及:抒发自己关心国家安危和民族命运、立志报效国家和人民的政治抱负;褒扬勤政爱民、恪守职责、清正廉洁、励精图治的明君贤臣,鞭挞假公济私、失职枉法、祸国殃民的贪官污吏;弘扬爱国主义精神,讴歌精忠报国、舍身忘己的英雄人物;劝戒君臣广开言路、选贤任能、改革弊政、变法图强;以史为鉴,总结历代王朝兴衰更替的经验教训,揭示"成由节俭败由奢"的历史规律等等。广大党政干部从中不仅可以获取丰富的历史知识,提高自己的文学素养;更重要的是通过反思古代君臣的从政治国之道,提高自身的政治素养,以史为鉴,加强勤政廉政建设的自觉性。(蔡雨新)

I000206 **古典文学导读丛书·唐五代词二百首** 程自信注评。黄山书社1998年11月版。19.4万字。9.60元。入选词作,均为唐五代词中的名篇佳构。排列顺序,依张璋、黄畬《全唐五代词》;词作文字,多依《全唐五代词》,间有依据其他通行版本之词籍择善而从者。"导读"文中,表述了作者对词作多年的体悟,亦吸收有前人或时贤的一些见解。本书特色在于注释简明,不作详细考证;导读只作特色方面的提示,略作疏解,留下广阔的艺术空间,让读者去理解,去想像。

I000207 **扬州历代诗词** 扬州老年大学编委会编。人民文学出版社1998年7月版。320万字。240.00元。辑上自西汉,下迄清末民初,咏及扬州的诗词2万首,涉及作家2 500余人,其中见于文学史的名家有100多人,每位作家均有作者小传,对一些不太知名的作家,考订其生卒年、生平、仕历、著作等。扬州是座著名的文化古城。"淮左名都,竹西佳处",扬州自古繁华;"春风十里扬州路,卷上竹帘总不如",令人欣然神往;"二十四桥明月夜,玉人何处教吹箫",令人留恋徘徊;"二十四桥仍在,波心荡、冷月无声",令人凄婉欲绝;"烟花三月下扬州","绿杨城郭是扬州","腰缠十万贯,骑鹤上扬州",这座美丽如画的城市,吸引了历史上多少文人墨客描写她、歌唱她、赞美她。该书广泛涉及到扬州的历史变迁、历史人物、名胜古迹、风土人情以及它经历的风风雨雨,仅描写扬州风土人情的《扬州竹枝词》,就有2 000多首,有些来自从未发表过的手抄本,因此本书不仅具有很高的欣赏价值,而且具有很高的文献价值与史料价值。本集子虽是一部地域性的巨型古典诗词选本,但其意义和价值已远远超出了地域的范围,它不仅属于扬州,而是中华民族珍贵文化遗产不可分割的一部分。(刘文忠)

I000208 **江西古文精华丛书·诗词卷** 胡迎建编。江西人民出版社1998年10月版。30万字。22.00元。江西多诗词大家,陶渊明是田园诗人之祖，欧阳修“以文为诗”，王安石寓理于诗，黄庭坚为江西诗派领袖。杨万里创平易自然体，文天祥为爱国诗歌的楷模。虞集、揭傒斯、范梈为元诗“四大家”之三。蒋士铨为清代“江左三大家”之一。陈三立为“同光体”的执牛耳者。晏殊等为宋词“四大开祖”，开创西江词派先河。……因而本书不仅给予读者艺术的享受，还为研究提供了素材。（刘凯军）

I000209　**诗经**　祝鸿杰、段宪文编注。陕西人民出版社 1998 年 6 月版。20 万字。10.00 元。《诗经》是我国古代第一部诗歌总集，作品包括西周初年到春秋中叶（前 11 世纪至前 6 世纪）500 多年的诗作。分为“风、雅、颂”三大类，“风”包括周南、召南、邶、鄘、卫、王（东周王畿）、郑、齐、魏、唐、秦、陈、桧、曹、豳等 15 个地区的诗歌，即十五国风，共 160 篇。“雅”分大雅和小雅，共 105 篇。“颂”包括周颂、鲁颂、商颂，共 40 篇。《诗经》比较全面地反映了周代的典章制度、社会生活、重大事件、历史传说、风俗习惯和文化精神，不啻是周朝社会的一面镜子。本书给每首诗加上了题解和注释。题解作者根据诗作内容并参照各家之说作简要提示，对有些较有影响的不同观点，则采取两说并存的作法。注释力求简明扼要、浅显易懂。对一些生僻字则予以注音。收入“中国传统文化精品丛书”。（张亚维）

I000210　**顾太清奕绘诗词合集**　清·顾太清、奕绘著，张璋编校。上海古籍出版社 1998 年 12 月版。61.8 万字。53.00 元。清代满族词人，男性以纳兰性德声名最著，女性则以顾太清最为出色。顾太清才艺双绝，诗词俱佳，生前即有作品广为流传。但去世后诗集词集几经刊印，均未见全本。且现存面世之顾太清《东海渔歌》词集刊本，又经况周颐删改，非是原貌。编校者张璋先生积十数年之功，广为搜辑，觅得顾太清诗词各种版本，其中有保留顾氏手批之手抄本，有况周颐据以删改之冒广生手抄《东海渔歌》原件等，更为难得的是发现了现藏日本的顾太清诗词集全本，成为迄今收罗最为完备的顾太清诗词集。顾太清丈夫奕绘系清皇室后裔，亦擅诗词，夫妇二人吟咏唱和，为清代文坛一段佳话。本书将二人作品合集出版，顾太清《天游阁诗集》7 卷，其一、二、三、五卷，以国内陈士可藏抄本为底本，四、六、七卷，以日本内藤炳卿藏抄本为底本；《东海渔歌》六卷，其一、三、四卷以陈士可藏抄本为底本，卷二以朱孝臧据诸贞壮旧藏抄录本为底本，五、六卷以日本内藤炳卿藏抄本为底本，并且恢复了被况周颐删改的原貌，一一注明。奕绘作品有两部诗集《观古斋妙莲集》、《流水编》和两部词集《写春精舍词》、《南谷樵唱》。除《写春精舍词》曾经刊印外，其余均是手稿，为首次整理出版。（朱怀春）

I000211　**悟与美**　副名：禅诗新释。杨咏祁编著。四川人民出版社 1998 年 1 月版。36 万字。26.00 元。将中国古代禅诗分为证悟诗、修持诗、境界诗、自然喻禅诗、公案诗、牧牛诗、寓道长篇、方法诗、文人禅诗 9 大类，在每类中又列出一些有代表性的禅诗加以语词注释、作者介绍、全诗翻译，并以现代美学理论和新的资料对各类禅诗进行综合评介和理论阐述。（汪伊举）

I000212　**新编千家诗**　胡光舟、张明非主编。广西师范大学出版社 1998 年 5 月版。172 万字。选择从先秦至清末的历代 770 余位诗人的诗歌佳作 2 650余首，以朝代分段，每朝作家按出生年代先后排列，每位诗人均有小传，简述其生平事迹、文学成就及著作等。每首诗有一段题解文字，简明扼要地点出该诗的主旨及艺术特色。既有诗史的发展脉络，又有具象的鉴赏，纵横交织，眼界开阔，洋洋大观，具有收藏价值。（赵明节）

I000213　**诗经百科辞典**　迟文浚主编。辽宁人民出版社 1998 年 1 月版。200 万字。120.00 元。学习、研究《诗经》的工具书。由前言、正文、附录 3 个部分组成。其正文部分列出译析篇、词语篇、草木篇、什器篇、史地篇、研究篇 6 大部分，对《诗经》305 篇进行全面的解释和评介。（袁闾琨）

I000214　**楚风补校注（上下）**　清·廖元度选编，湖北省社科院文学所校注。湖北人民出版社 1998 年 9 月版。208.5 万字。128.00 元。旨在尽收全楚古今之作的大型诗歌总集。收罗范围上起炎帝神农氏，下迄明清之际，凡收入楚籍、宦楚或游居楚地的一千多位作者的诗歌风谣五千余首。正编 48 卷，另有前编、末编；并以清康乾间官绅文士题序凡例 8 篇，编者《征诗小引》1 篇，高翔撰《廖大隐传》1 篇。编者廖元度（1640—1707），长沙人，字次裴，号佣客，晚号大隐，平生不事举业，肆力于古，为一时名士。是书编成于康熙甲子（1684）丙子（1696）之间，收诗体例颇寓总结历史教训、激扬民族精华以为千古效忠者劝之微旨；但欲求无所不包，遂难免真伪杂糅，故《四库全书总目》评之曰“意主夸多，又疏于考证，舛漏尤多”。是书在廖氏生前未得刊布，其死后原稿一度失落，存者什七；乾隆十四年（1749）长沙太守吕肃高始鸠工刊行，是为该书唯一刻本。湖北省社会科学院文学研究所古代文学研究室对该书进行了校

注,马茂元、张啸虎分别撰写了“代序”和“前言”。(胡治洪)

I000215　**元诗精华二百首**　邓绍基、史铁良编。陕西人民出版社 1998 年 10 月版。24.7 万字。19.00 元。《中国古代诗歌精华大系》之一。元代文学,人们乐道者为曲。从成就说,元诗确不如曲,与唐、宋诗相较,也大为逊色。但作为古代诗歌发展中的一环,元诗自有其不可忽视的地位。在清算宋诗流弊方面,元人也以其创作业绩扫荡了宋诗末流的“粗率”“生硬”以及理学家鄙薄文辞等弊病,完成了批判宋诗违反形象思维规律的历史任务。由于能全面学汉魏及唐,所以元代出现了多种风格、体貌的作品,蔚然壮观。也出现了一批卓有成就的少数民族诗人,这种现象是以往各朝所没有的。本书介绍元诗的精华,也照顾到元诗的各种风貌,故有个别篇章虽仅在某种题材或某种形式中属较好作品,也将其选入。(金义良)

I000216　**韦应物集校注**　唐·韦应物著,陶敏、王友胜校注。上海古籍出版社 1998 年 12 月版。40 万字。韦应物是中唐时期的重要诗人,诗风淡雅自然,多写实讽喻之作。韦集向无精审的校注本,校注者殚精竭虑,撰成此书。此书以宋刻书棚本《韦苏州集》十卷、补遗一卷为底本,以乾道递修本、宋刻元修本、明刊铜活字本、四部丛刊影印明华云太华书院本、《全唐诗》为校本,并参校《文苑英华》、《乐府诗集》、《唐诗纪事》、《万首唐人绝句》诸书。诗后并附录同时人唱和之作。底本中补遗一卷中所杂伪作,给予保留,仅加按语。校本及他书中的集外诗文,无论其真伪,一并编入卷末附录中,并对其伪作加按语说明。此书还从刘辰翁《须溪先生校点韦苏州集》(今存明张习递修本)、朱墨套印本、日本和刻本、刘辰翁校点袁宏道参评《韦苏州集》五卷本中辑录诸家评语,附于诗后。书后附有“集外诗文”、“传记资料”、“序跋”、“著录”、“评论”、“年谱”等 6 种资料。注释力求简明,与韦诗相副。此书实为迄今为止最完善的韦应物集校注本。(丁如明)

I000217　**中国古代诗歌精华大系**　钱仲联、何满子等编。陕西人民出版社 1998 年 10 月版。200 万字。136.00 元。按照社会历史沿革和诗歌本身发展的轮廓,分为《先秦诗精华二百首》、《汉诗精华二百首》、《魏晋南北朝诗精华二百首》、《唐诗精华二百首》、《宋诗精华二百首》、《元诗精华二百首》、《明诗精华二百首》、《清诗精华二百首》共计 8 本。每册内容设置前言、原诗、注释、说明。其前言是编选者关于本朝代诗歌发展规律、成就、特点的宏观性综述;说明是专家关于本首诗作的创作本事、趣闻掌故以及艺术特点等的集中评述。(金义良)

I000218　**汉诗精华二百首**　倪其心编。陕西人民出版社 1998 年 10 月版。16.7 万字。14.00 元。《中国古代诗歌精华大系》之一。在中国古代诗歌史上,《诗经》、楚辞之后,以乐府、古诗为代表的汉代诗歌,开始了一个新的发展阶段。两汉诗歌的思想特点是寻常,以常人常事常情常理为主,“感于哀乐,缘事而发”,实质是下层人民现实生活、情绪愿望和人生理想的反映。其艺术特点是俗,其成就是新,其历史贡献是从俗而雅,确立了乐府和古诗两种新的诗歌形式。本书所选汉诗的编次,即从现代学者逯钦立编《先秦汉魏晋南北朝诗》范例。先依署名作者的作品编列为“诗歌”,次依乐府歌辞编为“乐府”,末为“古诗”。今存两汉诗歌作品本来不多,本书主要选录其中历来传诵的名篇及比较完整的作品,大体概括地体现出汉代诗歌的思想、艺术成就和特点,显示出汉诗发展的轨迹。(金义良)

I000219　**先秦诗精华二百首**　聂石樵等注。陕西人民出版社 1998 年 10 月版。22 万字。17.00 元。《中国古代诗歌精华大系》之一。我国上古时代夏尚忠,商尚质,周尚文,三个朝代的文化异彩纷呈。商、周时代形成了两种文化,即巫官文化与史官文化。巫官偏重鬼神,史官偏重人事。商代巫官文化极盛,巫善于歌舞音乐,歌舞以降神,商代应有许多诗歌产生,可惜多佚亡了。今仅存甲骨卜辞中某些句法简单整齐、偶尔协韵的歌曲,应是当时的诗歌创作。这类诗歌发展到战国时期即形成用楚声歌唱的“楚辞”。史长于记人事,观天象,悉旧典,儒家所传的经书,其原本多为他们旧藏的典籍。《诗》三百篇即保持有不少周人记录、采集乃至自己创作的诗歌。所以就诗歌讲,《楚辞》是巫官文化的代表,《诗经》是史官文化的代表。巫官文化重歌唱,主抒情,故具有鲜明的浪漫主义精神。史官文化重记实,主叙事,所表现的是强烈的现实主义精神。《楚辞》与《诗经》不仅是先秦文学的精华,也是我国诗歌的经典,是诗歌优良传统的奠基之作。故本书所选诗歌均取之于《诗经》与《楚辞》中的精华诗篇。(金义良)

I000220　**宋诗精华二百首**　钱仲联、钱学增编。陕西人民出版社 1998 年 10 月版。18.9 万字。15.00 元。《中国古代诗歌精华大系》之一。唐代,是诗的王国,是我国古代诗歌成就的高峰。宋诗继唐诗之后,要超越它,就需要在继承唐诗的基础上力求新变，向广度方面开拓，向深度方面探索，以示胜情，脱胎换骨。人们认为，宋诗尚“意”，而唐诗主“情”；又以为宋人“以文为诗”“以议论为诗”。这一贬斥，不适用全部宋诗。宋人不论大家、名家、小家，好诗都是以诗为诗，重抒情，重意境，并不依赖议论。况以文为诗，也要区别对待，有好的，它开拓了诗歌的表达功能；也有坏的，失去诗味。本书所选宋诗200首，是为初学者设计的。按宋诗发展的各个时期的作家先后进行排列，著名作家，基本上都选到，小家作品中特别好的，也选进一些。发展情况，各种流派，各个代表作家，都在“作者介绍”和“说明”项下叙述。为了便于阅读，还作了必要的注释，包括本事、地理、历史、典故、语源等。语句必要时有串说。选择诗篇，力求内容与艺术的统一，题材兼顾到多方面。（金义良）

I000221 **明诗精华二百首** 羊春秋、何严编。陕西人民出版社1998年10月版。25.4万字。19.00元。《中国古代诗歌精华大系》之一。明代文坛最具光彩的，无疑当属它的民间小曲和章回小说。然明诗人在发挥群体力量，不断探讨诗歌艺术规律、理论建设、创作的革新方面，是唐以外任何封建时代不可比拟的。涌现出一大批颇有艺术才华的诗人诗作。本书收入作家99人，作品202篇，率皆誉满当时的名家，脍炙人口的名篇，是思想性和艺术性结合得较为完美的诗作。并在“说明”中特别把构思、立意、造境、布局、行气、属对、炼句、烹字等艺术手段，结合作品实际，挥幽阐微，勾勒出明诗发展的轮廓，揭示出诗歌创作的艺术手法。（金义良）

I000222 **唐诗选注汇评** 韩兆琦选注汇评。北岳文艺出版社1998年1月版。68万字。38.00元。共收唐诗435首，绝大多数是脍炙人口的没有争议的作品。作者在《前言》中强调了选诗标准：“第一是要让读者读到唐代的好诗，凡是脍炙人口、久传不衰的名篇，一般都要尽量收入；第二是要照顾唐诗发展的线索，照顾各种风格流派的典型篇章。”在每首作品下均有“注释”、“汇评”和“说明”。在“注释”部分，对典故均注明了，说明出处。对意思隐晦的句子，作了适当的串通。“汇评”是书的真正价值所在，所收评论都是有观点、有见解的，空洞的泛泛之论均不收入。在“汇评”中，既收集了古人的评论资料，也收集了今人的评论资料。“说明”是选注者对于该诗的按断，其中大致包括解释题目的由来，交代作者写作此诗的时代背景，以及选注者对于该诗的思想内容及其艺术特点的概括。（杨济东）

I000223 **唐诗精华二百首** 傅璇琮、阎琦编。陕西人民出版社1998年10月版。23.4万字。18.00元。《中国古代诗歌精华大系》之一。中国是诗歌的国度，而唐诗则在中国诗歌史上达到登峰造极的程度。唐诗的极盛，主要表现在几个方面。从体裁上说，各种诗体发展到唐代已经完备。尤其是七言歌行，经唐人之手，它成为一种叙、议、抒情和写景兼备，描写重大题材或抒发愤怨之情的重要诗体；而近体律绝，经唐人定型、成熟，成为美轮美奂的古典诗歌形式。从题材上说，丰富的客观世界使唐诗的开拓达到社会的各个层面。至于语言的创新、诗歌意象的创造，更是达到后世难以企及的程度。本书选入了近80位唐代诗人的200余首诗歌，均以年代先后为序，诗歌则以五、七古，五、七律，五、七绝为序。乐府诗不另立，各随其体列入。入选的诗人，以大家、名家为主，所选诗歌，则尽可能是名篇，或有名句流传的篇目。（金义良）

I000224 **清诗精华二百首** 何满子、曹明纲编。陕西人民出版社1998年10月版。22.3万字。18.00元。《中国古代诗歌精华大系》之一。清诗是中国诗史上的又一高峰，名家之辈出，篇什之繁茂，不但超越元、明，与唐、宋相峙亦决不逊色。唐诗以韵胜，宋诗以理胜，清诗则可以说是韵理兼具，自发异彩了。本书遴选向来公认的名家名篇，并且尽力照顾到各时期，各家各派，各种体裁。为了显示诗风的嬗递，且使诗歌与历史演进互相参照，大致按照作家生卒年代依时序排列。有些诗作大量使用的典故，一般只在注释中略加提示而注出其出处。每首诗的说明力求简扼，以说明背景、大略地解释艺术特点为主。（金义良）

I000225 **魏晋南北朝诗精华二百首** 金启华、金小平编。陕西人民出版社1998年10月版。19.7万字。16.00元。《中国古代诗歌精华大系》之一。中国诗歌发展至魏晋南北朝，为五言诗的鼎盛时期。然六言、七言、杂言也都有人试作，间有佳作，尤七言、杂言影响后代至巨。魏晋两朝诗歌继承了东汉末期诗歌传统，复加以变化发展，使所谓“建安风骨”更充实了。至于南北朝诗歌方面也是各具特色，颇能与文人诗歌分庭抗礼。本书所选精华诗歌，代表了这一时期中国诗歌发展的最高水准。从中可以窥视古典诗歌在从五、七言的古诗向律、绝诗，即自由体向格律体过渡时期的演化轨迹：即篇有定句，字分平仄，韵有定位，以及长短句式的格律诗——词的产生。可以领略到不同流派、不同题材、不同表现形式的诗歌审美趣味，了解中国诗歌在魏晋南北朝这一时期承前

启后、发生重大变革的历史风貌。(金义良)

I000226　**明解增和千家诗注**　北京图书馆出版社 1998 年 12 月版。368.00 元(线装)。根据北京图书馆藏明彩绘插图本印刷出版。原书开本宏朗,厚皮纸抄写,边栏界行,版口鱼尾为朱笔手绘。共收七律 36 首,每首有依原韵的和诗。注文小字双行,释义与通行本大同小异。版式为上图下文,画幅收天然矿物质颜料饰绘。黄绫封面,行格疏朗,朱丝栏格,端楷书字。现仅存卷二,佚卷一。书前有李铎书的北京图书馆出版社的《影印〈明解增和千家诗注〉说明》。书后有李致忠的《影印明内府彩绘插图本〈明解增和千家诗注〉跋》。(卢玉荣)

I000227　**词与画·唐宋词三百首**　上海辞书出版社 1998 年 7 月版。74.2万字。309 幅图。160.00 元。当代国画名家为中国古代文学名篇配画系列丛书之一。以上海古籍出版社 1986 年版《全唐五代词》、中华书局 1965 年版《全宋词》为底本,选录唐李白至金元好问 103 家、共 309 首词,大致反映了唐宋词的发展概貌。每一首词配一幅彩色词意画和一篇赏析短文。每一页由词、画、文 3 部分构成,其中词意画为重点,约占版面的二分之一,由刘旦宅、沈柔坚、饶宗颐、宋文治、王庆明、苗重安、戴敦邦、乔木、卓鹤君等近百位当代知名画家绘就。这些画包括山水、人物、花鸟、界画等,它通过画面形象延伸了词的意境,又展示了京津画派、长安画派、吴门画派、海上画派的地域色彩和画家多致的个性风彩。每首词后缀以短文。(康萍)

I000228　**唐诗三百首词典**　左钧如编著。汉语大词典出版社 1998 年 11 月版。36.6 万字。20.00 元。根据清代孙洙所编的《唐诗三百首》,逐首题解、注释、译意和点评。题解部分简明扼要地点出题意。注释部分对每一首诗中难懂的字、词以及句都有较详细的解释。译意是本书最重要的部分,以白话散文体译出诗的大意,以帮助读者更好地了解诗的本意。点评则精当,洞见出微。(纪大庆)

I000229　**寒山拾得诗校评**　钱学烈校评。天津古籍出版社 1998 年 7 月版。40 万字。30.00 元。寒山子是唐代一位充满神奇色彩的隐逸诗人。其诗直白通俗又多不拘格律;就其内容而言,多是由儒人佛,充满佛理、禅理,后世称之为"寒山体"。由于寒山诗平直如话,不合典雅,所以长期以来被人们忽视而淹没无闻。直至清代,寒山的诗才渐被人们所重视,《全唐诗》、《四库全书》收录了寒山诗三百多首,雍正皇帝还曾亲自选编了寒山诗并为之作序。此次整理是以《四部丛刊·寒山子诗集》为底本,参以朝鲜刻本、明嘉靖、万历刻本及清代诸刻本。拾得,也是富有神奇色彩的人物,据载:拾得是十岁时由国清寺丰干禅师从赤城道拾来,此后一直在国清寺剃度为僧,故名"拾得"。他与寒山子为友,谈玄说禅,作诗唱和。拾得只留下 50 余首诗,多是模仿寒山之作。(韩嘉祥)

I000230　**新诗翻译《唐诗三百首》**　徐放译。辽海出版社 1998 年 12 月版。56 万字。45.00 元。唐诗启蒙读本《唐诗三百首》的白话翻译作品。每首诗都包括以下几方面内容:作者小传、题解、注释、今译,集点校、翻译于一体,作者完全采用自由诗(新体诗)的形式来翻译《唐诗三百首》,在形式上有独创意义。作者是位著名的新体诗诗人,又有很深的古典文学功底,在翻译时这两方面结合得较好。(徐桂秋)

I000231　**顾亭林诗笺释**　王冀民撰。中华书局 1998 年 1 月版。59.6 万字。48.00 元。一部对明末清初学者顾炎武的诗歌进行系统注释分析的古籍整理著作。2 册。以《顾亭林诗文集》(中华书局版)为底本,以潘耒原钞本为校本,吸取清人徐嘉笺注、今人王蘧常汇注以及各时代对顾诗的研究成果,对顾诗作了逐年编次;每诗有"释"、"笺";"释"是对诗歌的字、词、句、段进行注释,细致详尽,尤其是对句中涉及的经典索隐探源,颇见功力。"笺"则是本书最富特色的部分,对该诗作了多角度、多层面的分析,或探讨诗旨,或评析诗法,或考人论事,或纠缪辨误,引经据典之中,其文笔还饱含感情。(顾青)

I000232　**中国古代十大词人精品全集**　邓绍基主编。大连出版社 1998 年 3 月版。200 万字。142.00元。8 册。选编温庭筠、李煜、柳永、苏轼、秦观、周邦彦、李清照、姜夔、辛弃疾、元好问 10 位著名词人的全部经典之作。其中《集外卷》还汇集了自唐五代至清末除此之外其他作家的词作精品。每卷均含作者小传、正文和附录。作者小传扼要介绍词人的生平活动和创作特色,使读者对作者的一生有个总体了解。正文中,每首词一般都有题解和注释,前者主要介绍写作背景和抒情主题,后者意在扫除阅读中的语言障碍。选注体例多从有助于阅读与欣赏着眼,不特别强调学术创新。选注过程中,尽量吸收学界已有的研究成果,对于一些有争议的问题,一不标新立异,二不作繁复辨析,只取多数学人认可之说。附录中的"词人生平创作简表"和"词作版本简目"可以起到引路的作用——读者据此可以找到词人的其他选本或诗词文集,进一步研读。入选的词作均按作者创作的时间顺序排列,而且除温庭筠和柳永外,每

个词人的作品都按其生平活动的阶段性或作品思想艺术的变化加以分期。这在其他选本中是不多见的。(许文彦)

I000233 **全唐五代词释注** 孔范今主编。陕西人民出版社 1998 年 10 月版。118 万字。88.00 元。收集全唐、五代词作 2 543 首。全书分 3 册,上册为唐代词作,中册为五代词作,下册为与上中两册内容、风格迥异的敦煌曲子词、无名氏词及仙鬼词。作者参照其他版本,对所有词作均一一重新考订、校勘,并作了必要的变动处理,使其更加准确。敦煌曲子词部分分别参照比较权威的版本,作了一定的辑逸、重校工作,对版本中出现的明显错误,如曲牌、标点和某些文字的勘定,进行了修定。词作的篇目,亦作了比较严谨、适当的调整。在释注时,作者除了对词作中的典故、人名、地名、事件、职官等必要注释的词目予以严谨准确的注释外,对仙鬼词、敦煌曲子词等词作中所涉及的天文、地理、炼丹术、神鬼学等多种专业知识的词条,查阅了大量资料,均予以详细注出。这些词目,不仅是对某一词的注解,而体现了较深的专业性及学术性。注释之外,作者又以简要的文字对词作作者的生平行藏、词作特征及行世文集,作出准确而简练的介绍,每首词作,前有题解,后有注释。(吴秉辉)

I000234 **李清照全词** 刘瑜编。山东友谊出版社 1998 年 1 月版。31 万字。18.00 元。以清·王鹏运《四印斋所刻词》(光绪本影印,自藏)中的《漱玉词》为底本,据宋·黄大舆《梅苑》、明、清及近代有关宋词等书本比勘增补,现收集到全部李清照词(包括存疑词)计 87 首,断句 13 个。分两卷,将作"说明"、"注释"、"欣赏"、"古今词评"的皆编入卷一。仅作"说明"、"古今词评"或只作说明的都编入卷二。(刘瑜)

I000235 **曲与画·元曲三百首** 上海辞书出版社 1998 年 7 月版。72.9 万字。306 幅图。160.00 元。当代国画名家为中国古代文学名篇配画系列丛书之一。以中华书局版《元曲选》、《金元散曲》为底本,参酌他本,选录各家剧曲、散曲 310 首,兼顾各种体制、风格、题材的佳作,力求反映元曲的发展概貌。每首元曲配一幅曲意画、一篇赏析短文。每页均由曲、画、文 3 部分构成,其中以曲意画为重点,山水、人物、花鸟、界画等中国画科兼备,每篇短评约二三百字。曲意画由刘旦宅、宋文治、戴敦邦、乔木、杨善深等 95 位当代知名画家绘就,赏析文章由蒋星煜、邓绍基、齐森华等 20 位古典文学专家撰写,使曲情、画意与文韵三者交织成一体,发挥出中国传统诗(词典)画所特有的互补功能。(庞坚)

I000236 **中国女性诗歌文库·台湾系列** 古继堂主编,张香华等著。春风文艺出版社 1998 年 5 月版。63 万字。65.60 元。收入叶红的《红蝴蝶》、涂静怡的《缱绻过后》、张香华的《燃烧的星》、蓉子的《水流花放》和颜艾琳的《黑暗温泉》,是 5 位女诗人的作品自选集。5 位诗人在台湾非常活跃,基本代表了台湾诗歌的最高水平。文学评论家、对台湾文学颇为了解的学者古继堂先生写了总序。书中附作者照片、小传和简要的创作年表。

I000237 **生命进行曲——致同时代的青年朋友** 张锲著。上海文艺出版社 1998 年 3 月版。1.9 万字。4.00 元。政治抒情长诗。1997 年 11 月 19 日,《光明日报》曾以整版的篇幅发表,引起了不小的反响。共青团中央办公厅于 1998 年 4 月 29 日发布"关于向各地团组织推荐长诗《生命进行曲》的通知"。作者以新中国第一代共青团员的身份,与当代青年共同探讨人生的价值、生命的意义,通过回顾中国 20 世纪的风雨历程,展现了共产党人忠诚、正直、坚贞、爱国的精神品质,以及为追寻真理九死而不悔的人生。由于作者是以自己真实的经历为写作线索,因而去除了政治诗常见的空洞无物的弊病,从"言之有物"进而"情理交融",对当代青年人更好地理解中国革命征程、从前辈生命印迹中汲取前进的动力有着积极的思想意义。本书配有由播音员方明配乐朗诵的录音带,以期更好地发挥政治抒情诗鼓舞人、激励人的作用。(谢锦)

I000238 **白骏马(哈萨克文)** 夏侃著。民族出版社 1998 年 7 月版。15 万字。9.80 元。包括诗人从 1985 年以来的新作短诗近 100 余首和长诗 1 首。作者善于写抒情诗,诗歌具有浓厚草原气息,体裁广泛,内容丰富,如《祖国赞歌》,热情歌颂改革、开放;《世界你听》呼唤世界和平;《智慧之光》颂扬我国科学技术的发展;《爱的火花》歌颂纯贞的爱情;长诗《买卖婚姻的恶果》描写了婚姻悲剧。(蔡锐坚)

I000239 **我的中国** 李瑛著。百花洲文艺出版社 1998 年 12 月版。13.80 元。政治抒情长诗。著名诗人李瑛为新中国成立 50 周年创作。全诗 3 600 行,17 章。诗歌延续了诗人一贯的现实主义风格。全诗每章大体独自围绕一个中心,但又相互照应,在情感上组成一曲浑然的合唱:从对中华文明历史荣光的追溯,到近代以来东方之龙所蒙受的屈辱与苦难的抗争的控诉,到对改革开放风情万种的建设面貌与欢呼;从对伟人邓小平形象的刻画,到对个人的生活经历与祖国命运息息相关的倾诉;从对历史的追忆到对现实的描写和对未来的展望;叙事与抒情、议论与描写,在诗的语言中达到完美的结合。这是一部气势雄浑、格调高昂、结构宏大、内容丰富的长诗。作品揭示了深刻的主题,展示了中华民族波澜壮阔的历史画面,读后有回肠荡气之感。在艺术上,诗人把深刻的政治主题和优美的抒情性相结合,使作品既有史诗的雄奇,又有抒情诗的细腻;既有纵横捭阖的客观叙述,也有潺潺流水式的情感表达,是一部充满爱国主义激情和强烈艺术感染力的厚重诗篇。(朱光甫)

I000240 **证明** 副名:校园诗集。小莞著。白山出版社1998年12月版。8.4万字。9.80元。作者是一位16岁的初中女学生。本书共收集作者校园诗41首。诗人以其独特的眼光,从不同角度,反映了校园生活和孩子们在学习中的所感、所悟。其中,《青春》、《杨的偶感》、《红帆》,抒发了对青春的赞美和对未来的憧憬;《种子的自白》、《顿悟》、《寄托》,表明了作者自强不息的心迹;《屋檐下的雨季》、《幸运星》、《分手》,则坦露了当今少男少女纯真的情怀,等等。《证明》收集的几首作者创作的古体诗和藏头诗,其内容和韵律,均带有模仿的痕迹,并略显稚嫩,多多少少影响了作品的整体成就。(宋杰)

I000241 **苦歌集** 于雷著。辽宁少年儿童出版社1998年版。13万字。12.50元。共收集152首诗,有绝句、律诗、古风、词,可谓诗体皆备,各有千秋。大致说来,词与律诗优于绝句,绝句鲜有精彩者,词中佳作迭出,自度曲亦通脱跳达。古风不多,然偶一涉笔,多成佳构,几首歌行体作品,落落大方,汪洋恣肆,足以表达宽阔胸襟与江河奔腾的情感,更鲜明地体现了只属于作者的那般洒脱奔放。(赵庆环)

I000242 **诗探索金库·食指卷** 食指著。作家出版社1998年6月版。15万字。20.00元。新时期文学史上重要诗人食指诗歌作品选本。集作品与研究资料为一体。包括作者1965—1998年历时33年创作的132首作品中精选出的81首诗歌,作者生平简历、历年创作一览及24幅生平照片。为研究食指的生平及作品提供了资料。食指的同代诗人林莽作序,全面评介了食指诗歌作品的历史价值及创作风格。作者食指生于1948年,原名郭路生。自1965年开始诗歌创作。1966年—1968年,文化大革命初期创作出了《相信未来》、《鱼儿三部曲》、《海洋三部曲》、《这是四点零八分的北京》等几十首重要作品,在全国广大知识青年中流传。填补了文革初期诗歌史的空白,启发了"朦胧诗"等一代诗人的成长。(林莽)

I000243 **诗歌卷** 吴晓东点评。广西教育出版社1998年9月版。31.7万字。11.00元。"20世纪中国文学名作中学生导读本"之一。收选107首中国现当代诗歌名作,进行精彩的点评和客观精辟的分析。(邱方)

I000244 **铁依甫江诗选续集(维吾尔文)** 铁依甫江著。民族出版社1998年2月版。35万字。16.80元(平),19.50元(精)。铁依甫江的诗大体可分为3大部分:从1945年到1949年间创作的诗可称为早期作品;从1950年到1966年间创作的诗可称为中期作品;从1976年到1989年(诗人于1989年2月与世长辞)间创作的诗可称为晚期作品。诗人在诗歌的园地里辛勤耕耘了40多年,不仅创造了自己独特的艺术风格,而且为奠定维吾尔新诗的基础作出了杰出的贡献。所收诗歌绝大部分取材于丰富多彩的现实生活,也有的取材于历史和民间传说,内容非常广泛。其最大的特点是深刻的爱国主义思想贯穿始终。读他的诗,就好像漫步在和田那古老的街巷之中,亲眼目睹了那里的巨大变化;也仿佛流连于伊犁香气四溢的果园之中品尝着鲜美甜脆的苹果;又好像置身于喀什噶尔俊美的姑娘、豪放的小伙子们的行列之中,正翩翩起舞于艾提尕尔清真寺前的广场上。他的作品还把我们带到鲜花盛开的阿勒泰草原,聆听着阿肯们(民间歌手)赞颂新生活的优美歌声。每首诗都渗透着诗人对人生的深思,充满着对生活的激情,诗中能感受着诗人热爱祖国、热爱人民那颗跳动的心。(穆罕默德·伊明)

戏　剧

I000245 **戏剧卷(一)** 刘洪涛、卢敏点评。广西教育出版社1998年9月版。28万字。10.00元。"20世纪中国文学名作中学生导读本"之一。选编《获虎之夜》、《一只马蜂》、《压迫》、《雷雨》等4部中国现代戏剧经典之作,进行精彩的点评和富有见地的分析。(邱方)

I000246 **戏剧卷(二)** 刘洪涛、卢敏点评。广西教育出版社1998年9月版。27.7万字。9.70元。"20世纪中国文学名作中学生导读本"之一。收选《上海屋檐下》、《虎符》(第三幕)、《茶馆》(第一幕)、《狗儿爷涅槃》、《桑树坪纪事》等5部中国现当代戏剧名作,进行精彩的点评和富有见地的分析。(邱方)

I000247 **花笺记会校会评本** 梁培炽辑校标点。暨南大学出版社 1998 年 3 月版。20 万字。48.00 元。《花笺记》为粤调讲唱文学，讲的是一对青年男女极具传奇色彩的爱情故事。成书于明末清初，被誉为第八才子书。在清代有十多种版本流传于世。但这些版本多已失传，反而在法、英、德、丹麦、荷兰等国却珍藏着不同时期的花笺版本十多种，还译成法文、俄文、德文、荷兰文、越南文出版。梁培炽根据留传在海内外的版本辑校标点成《花笺记会校会评本》。本书以巴黎国家图书馆所藏之康熙五十二年之静净斋版《第八才子花笺》为底本，以荷兰、丹麦、英国等国所藏之芥子园版、考文堂版、胜源堂版、翰经堂版等 14 种版本为校本进行对校，在保留和恢复原版状貌的同时，以校后记的形式指出各版本之差异，校注精确。辑校者在前言中全面介绍了《花笺记》成书年代及它在国际上的影响；论述了其作者、评论者、出版者，并研究比较了各种版本。本书插入书影 16 幅，插图 32 幅。（徐位发）

I000248 **昆剧传世演出珍本全编（甲编）第一函** 江苏省昆剧研究会整理。江苏文艺出版社 1998 年 10 月版。共收 3 部作品，分 10 册。《浣纱记》系（明）梁辰鱼著，共 3 册。《牡丹亭》系（明）汤显祖著，（清）叶堂订谱，共 4 册。《渔家乐》系（清）朱佐朝著，共 3 册。均为宾白、曲词、宫谱俱全的舞台演出本。整理者将凡能搜集到的传统昆剧舞台演出本全部编印出来，此甲编所收集的是苏派正宗昆剧和舞台演出本，共 1 800 余折。按其所属传奇或杂剧归纳，分订 120 册，装 12 函。凡不同于苏派昆剧之剧目，含剧目虽同而别具特色的演出本，统列为“乙编”。（张昌华）

I000249 **日本藏元刊本古今杂剧三十种（全三册）** 北京图书馆出版社 1998 年 11 月版。330.00 元（线装）。历来研究元杂剧者多以明臧懋循编《元曲选》为依据，其书所收百种以外元曲流存较少。而本书收藏书不载者凡 17 种，其中如关汉卿《佳人拜月亭》、王伯成《李太白贬夜郎》等杂剧劲功雄丽，足为绝唱。许多剧，明以来已无刊本，十分珍贵。其余《元曲选》所收剧目，亦有异同之处，足资考镜。本书是研究元杂剧及文学发展史不可或缺的宝贵资料。（卢玉荣）

I000250 **孤本明传奇《盐梅记》** 明·青山高士撰。北京图书馆出版社 1998 年 6 月版。180 页。195.00 元（线装）。《盐梅记》最早见于明末祁彪佳《远山堂曲品》，是明至明末之间的作品，但在国内早已失传。此书写山东举子宋道光与白珩、王滕儿的爱情故事。此书系从日本复制胶片、影印出版。《盐梅记》是研究中国戏曲史、文学史极为珍贵的参考资料。（卢玉荣）

小　说

I000251 **子不语** 清·袁枚著，卢鹰注。陕西人民出版社 1998 年 5 月版。18.1 万字。10.50 元。“中国古代笔记小品丛书”之一。清代著名文学家袁枚撰写的一部笔记小说。其内容多为鬼神怪异之事。因孔夫子“不语怪力乱神”，故取名“子不语”。是袁枚从事诗文创作和史学考辨之余，“广采游心骇耳之事，妄言妄听，记而存之（“子不语”原序）”所得。由于这些鬼神怪异之事或采自民间传说，或源于亲朋好友述闻，或摘自公文邸抄，或出自作者亲身经历，因而较为广泛地折射出了当时社会生活的各个方面，在一定程度上揭露和抨击了社会的黑暗、官场的腐败和世风的浇薄，又由于袁枚本人是清代中叶思想比较自由开放的诗文大家，他反对程朱理学禁锢和扼杀人性的说教，因而书中对敢于冲破封建礼教束缚，大胆追求理想爱情的女子及其作为持同情甚至欣赏的态度，使该书具有较高的思想价值。此外，袁枚为有清一代诗文巨擘，文学造诣很高，又深得六朝志怪和唐人传奇笔法，写起笔记小说来自是得心应手，文笔流畅，风格多变，不同的文章用不同的笔法，或质朴简约，或华丽铺陈，气象万千，妙趣横生。具有较强的艺术感染力。“子不语”传世版本很多，这个选注本以乾隆十三年随园刻本为底本，参校以 1983 年江苏广陵古籍刻印社“笔记小说大观”石印本，并对所选文章做了标点、分段、改错等工作。（曹秀君）

I000252 **中国古代笔记小品丛书·续子不语** 清·袁枚著，宋婉琴校注。陕西人民出版社 1998 年 8 月版。19.7 万字。11.50 元。清代学者袁枚继《子不语》后又一本笔记小品，全书 10 卷，200 多篇。大多为记录道听途说的鬼怪神狐、乡间怪事、官场丑闻及文人心态的小篇文章。文章题材有 5 个方面：一是反映封建末世世情人心的奇闻怪事，从一个侧面反映了社会的没落和人心的扭曲；二是反映人鬼交往方面的传说，寄托了作者以阳世为阴世，以鬼同人的讽世劝道的心理；三是记述了一些动物的异行异态及与人之间的关系，折射出当时黑暗的社会政治以及人的心理异化；四是记录了当时官场的混浊与官员的丑态，活生生地刻画了封建社会末期吏治腐败、道德沦丧的颓废风气；五是以十分同情的笔调，记述了劳动人民的痛苦生活及无奈心理，预示了社会已呈现出日薄西山、气息奄奄的末日景象。这些故事，以光怪陆离的事例，以荒诞不经、虚幻离奇的内容，采取超越了时代和空间的限制的写作手法，实则紧贴现实，借以讽劝世物，教人诲己。本次校注，参阅了其他版本，对事件以及所涉及的人名地名予以订正，对艰涩难懂的词语及典故，均作了注释。删去了个别内容淫秽以及有不健康思想的篇目。(吴秉辉)

I000253　**世说新语译注**　张万起、刘尚慈译注。中华书局 1998 年 8 月版。56.7 万字。48.00 元。对《世说新语》进行了 3 方面的整理，即原文点校、白话翻译和注释。南朝梁刘孝标注，由于引证丰富，有很高的参考价值，故用小字附于正文中。作者对《世说新语》的整理，是在对该书的语言词汇做了穷尽式研究的基础上进行的，因此能够正确把握六朝用语，纠正了若干笺注本与标点本的错误。此外，作者还对六朝的典章制度、名物称谓、风习时尚等都慎重对待，使诸多误解因袭处，都得到较为准确的辨析与注解。(孙通海)

I000254　**全唐五代小说**　李时人编校。陕西人民出版社 1998 年 10 月版。200 万字。195.00 元。唐五代时期小说的总集。收编各种单篇和成集的唐及五代十国时期的小说，还收入通过遍检诸家别集、文章总集、丛书类书、佛藏道藏、稗史地书、后人纂集之小说总集和敦煌遗书中所搜罗到的作品。本书参照《全唐诗》的体例，采用以作者为序分卷编排的方式，对每位作者名下首列小传，简介作者生平仕履，文学活动和著述情况；每篇作品俱以所能见到的最好的版本为底本校勘，并将校记列于篇后，篇后还列有“笔”，考订作品，包括介绍作品的版本和流传情况；对文字的校勘，尽可能保留底本原貌，无据不改动，对明显错讹者，均在校记中加以说明。本书分为“正编”和“外编”两部分，正编辑录小说作品，外编则辑录接近小说规制的叙事作品。书后附有“作者索引”和“篇目索引”。(韦禾毅)

I000255　**阅微草堂笔记**　副名：中国古代笔记小品丛书。清・纪昀著，田大宪、张强选注。陕西人民出版社 1998 年 8 月版。21 万字。11.50 元。纪昀，字晓岚为清代著名的大学者，一生著述甚丰，《阅微草堂笔记》为其有名的一本笔记小说集，共 5 种 24 卷，即“滦阳消夏录”“如是我闻”“槐西杂志”“姑妄听之”“滦阳续录”，内容多为鬼怪神异故事，间杂考辨。透过这些鬼怪故事，作者意在“使人知所劝惩”，其中不乏劝人向善之说教。(张亚雅)

I000256　**中国古代笔记小品丛书・谐译**　清・沈起凤著，刘颖慧校注。陕西人民出版社 1998 年 8 月版。17.6 万字。10.00 元。清人沈起凤的笔记小品，共 12 卷，110 多篇。大多为记述鬼怪神狐、逸闻趣事之作。全书故事题材有 4 个方面，即封建官衙内外讼狱审案中的奇闻怪事、在封建意识形态束缚下的婚姻嫁娶方面的逸闻、封建制度中选官制度下的科举考场上的种种丑行、封建道德诸如孝悌贞义对人的扭曲与束缚等。这些故事，揭露了封建社会末期政治黑暗、道德沦丧、吏治腐败、文化变异的社会现状，揭露了封建文化、意识形态重压下的知识分子生存无着、前途无望、迷惑渺茫的悲惨生活及灰暗心理，更揭露了在黑暗政治迫害下的劳动人民衣食难觅、朝不保夕，被官府敲诈勒索的悲惨境地和痛苦生活。这些故事打破了人与非人的界限，打破了生与死的界限，超越了时空的局限和逻辑的顺序，表现了此类作品虚幻离奇、荒诞不经而又紧贴现实的特点，借以讽谕物事，劝世教人。本次校注，校注者参阅其他版本，对人名、地名、事件等一一作了订正，注释了艰涩难懂的语词及有深刻寓意的典故，也对人名、地名、职官、民俗、礼仪等方面的词目作了比较详尽的注释，删去了极个别的消极、淫秽等有不健康意趣的篇章。(吴秉辉)

I000257　**中国话本小说精典**　陈崇仁等选注。山东大学出版社 1998 年 2 月版。87 万字。48.00 元。话本是古代“说话人”记诵说话内容使用的底本，话本小说即以说话的形式流传于世的中国古代白话小说。中国古代的说话艺术源远流长，话本小说更是蔚为大观，其中不乏中国小说艺术的精品。本书共收录宋元以来的话本小说共 60 篇，精选所能看到的全部四百余篇话本小说，所收概为话本小说中的精品。所收各篇皆选自可靠的底本，每种小说都有题解作扼要介绍，每篇作品都有简要的文字注释。通过本书，不仅可以全面了解现存中国古代话本小说的基本情况和面貌，而且可以品赏其中最优秀最精彩的篇章。(邹宗良)

I000258　**笔记小说配图本**　金钢、林骅等编绘。百花文艺出版社 1998 年 2 月版。76 万字。45.30 元。由 4 部作品组成。《浊世骗术》：取材于明清笔记小说，深刻揭示了封建末世市俗生活中的“骗术”这一奇异毒瘤，把它的真相告诉读者。读者可以在这以图文形式暴露出的“社会阴暗面”中，去认识某些人至为丑陋的一面，有所警戒，有所感悟。此外，书中也收入了一些以“骗”为手段，惩治恶人的小故事。《末代世相》:清代是封建社会的末世,腐朽衰败与新生的希望交织在一起,使大千世界的各个角落呈现出光怪陆离的景象。本书不仅勾勒出一批官僚、政客、乡绅、商贾、买办、盗匪的可憎嘴脸,描画出诸如赌徒、掮客、流氓、骗子、老鸨、妓女、嫖客、文人、仆隶等五行八作、三教九流的众生相,而且也写了一些志士仁人的侠义作为,全面展现出封建社会崩溃前的世相世态。《官场百态》:官场是人间一座独特的舞台,在漫长的历史年代中,大大小小不同品格的官吏在这座舞台上表演了各式各样的正剧、闹剧、悲剧、喜剧,千姿百态,声色各异。本书撷取历代官场人物的奇闻逸事,并配以生动的图画,再现这个舞台上形形色色人物的怪异多姿的面貌。《清人轶事》:书中所列帝后王公、文官武将、夫人小姐、商贾富豪、儒生义侠、僧尼道士、娼妓优伶,均为有清一代的知名人物。所谓"轶事",指正史之外的异闻杂录,其中难免子虚乌有成分,但这些记载大多文笔细腻,生动活泼,有助于读者对人物作多方面的了解。(曾永辰)

I000259 **水浒传** 施耐庵著。北岳文艺出版社 1998 年 3 月版。52 万字。21.80 元。我国四大古典名著之一。本书系 70 回本。叙述宋代官场腐败,官逼民反的社会现实,塑造了诸多栩栩如生的古代英雄人物。此本与别本不同之处在于:此本系亚东图书馆选本,既有胡适《水浒传考证》等,又有施耐庵的自序,且此本又系新式标点本,系汪原枚标点,本书保留了原亚东图书馆版本原貌。(张秉正)

I000260 **水浒续集** 罗贯中、陈忱著。北岳文艺出版社 1998 年 3 月版。38 万字。19.80 元。包括 2 种:一是《征四寇》,叙述宋江等梁山好汉受招安之后征方腊,剿田虎等故事,共 49 回;二是《水浒后传》,叙述水浒英雄的后人联袂而起、共同举事,最后以原水浒英雄混江龙李俊称主暹罗国告终,全书共 40 回。这二种书均以《水浒传》为主干线索,叙写水浒后事,继续表现官逼民反的社会现实。此书也系原亚东图书馆选本,也系新式标点,并附有汪原枚《校读后记》,且附录《宣和遗事》中的水浒故事等等。此书同《水浒传》一样,具有较高的阅读价值和收藏价值。(张秉正)

I000261 **花非花·历史小说系列** 赵玫等著。上海古籍出版社 1998 年版。共 150 万字。共 99.00 元。邀约当代具有较深历史知识涵养的优秀女作家,以她们女性的思考和情感体验,来叙写历史上著名女性的风雨人生,旨在以新的切入角度与表现手法,更真切地开掘她们传奇般的经历背后,作为女人的看似细腻,实则惊风骇雨般的心理历程与扑朔迷离的机缘动因。赵玫的《武则天·女皇》、石楠的《陈圆圆·红颜恨》、王晓玉的《赛金花·凡尘》、庞天舒的《王昭君·出塞曲》是"花非花"的首辑创获。《王昭君·出塞曲》以油画般的笔触,展示了王昭君在秭归故里、长安后宫和荒寒苍茫草原上的完整一生。《武则天·女皇》以独具的视线,阐释着对武则天皇权、爱情、亲情和欲望的理解以及对其女性意识的剖析。《陈圆圆·红颜恨》以柔美的笔调成功地叙写了明末歌妓陈圆圆身历国破家亡的坎坷遭际和被剧烈动荡历史无端摧折的命运。《赛金花·凡尘》描述了赛金花这个充满女人味,却又颇具智慧勇气,浸淫恶习、追求虚荣却又不失善良本性的混迹于青楼卖笑生活的普通女性。(王立翔)

I000262 **还珠楼主小说全集** 还珠楼主著。山西人民出版社、北岳文艺出版社 1998 年 2 月版。1 700万字。960.00 元。还珠楼主(1902—1961),本名李寿民,著名武侠小说作家。该全集收录了还珠楼主包括历史小说、社会小说和武侠小说在内的全部小说作品。还珠楼主的武侠小说曾在三、四十年代产生过很大影响,他以绝代才情和独特的慧思妙悟,在武侠文学史上第一次将中国的儒、释、道思想溶为一体,创造了一个无与伦比的想像世界,以"奇幻仙侠派"的美名,在中国俗文学史上留下了重彩的一笔。他的代表作品有《蜀山剑侠传》、《青城十九侠》、《北海屠龙记》、《柳湖侠隐》、《峨眉七矮》、《兵书峡》等等,这些作品的主人公被穿插于一张巨大的故事网中,以作者奇异的想像、宏大的构思、绚丽的笔墨,将景与情、神怪与凡人、幻象与现实、物理与玄理完美地统一在一起,形成了我国武侠文学史上的一座奇峰。对于后来金庸、梁羽生、古龙等大师,还珠楼主实在有领武侠文学启迪之功。(姚军)

I000263 **二马 旅行** 老舍著。南海出版公司 1998 年 3 月版。21 万字。16.80 元。老舍在 20 年代客居英国多年,写下了多种以英国为题材的作品,本书即为英国题材的作品集。其中长篇小说《二马》,借侨居伦敦经营古玩的马家父子的生活经历,对中英文化心理和民族性格作了对比。特别是通过二马父子令人啼笑皆非的爱情纠葛,揭示了旧时代中国人的丑陋习性和陈腐观念,讽刺了英国社会的种族歧视和文化偏见。所选《旅行》等其他几篇散文及短篇小说,充分体现了老舍独特的语言艺术。小说轻松明快,诙谐幽默,读来妙趣横生。(杨雯)

I000264 **女儿沟** 辛轩著。敦煌文艺出版社

1998年8月版。26.1万字。15.80元。“金唢呐”长篇小说系列之一。这是一部反映西部农村生活的长篇小说。故事发生在本世纪八九十年代的秦陇山区，虽然已是改革开放的年代，然而闭塞山区的社会时钟总是走得很慢很慢，中国历史上无数次发生过的婚姻悲剧仍在现代社会重复上演，《女儿沟》讲述的正是这样一个新鲜而又古老的故事……主人公安春花是一个纯朴善良的农家姑娘，为报“活命之恩”，从小被父母许配给女儿沟的瘸子唐宁正，但她不甘命运的摆布，与同村青年安东林相恋。因为同姓同宗，他们的爱情被视为“伤风败俗，十恶不赦”。以至被绑在“仙姑庙”前要活活烧死以诫后人。紧急关头，唐宁正把她“娶”了过去，安东林也被另一女青年吴环环“救”了下来。安春花在唐家不堪忍受心理变态的婆婆的虐待，逃往外地又被抢了回来。继而唐宁正上吊自杀，她又缠进了理不清的官司中，最后只得再次逃离家乡。春花父亲安汉元本性好强，却被女儿的“丑行”压得抬不起头来；大儿子春生费了无数周折没能生个男孩；二儿子文生上大学的经济负担使他举债累累；老伴也因过度思念不知死活的女儿和受春生溺死女婴的惊吓变成了疯子，万念俱灰之下安汉元悬梁自尽。又过了几年，山区发生了变化：安家山女儿沟培育的名花“女儿红”走俏市场，农民渐渐日子好起来。而安东林嗜赌成性家徒四壁；吴环环的酒店红红火火；文生在省城领奖时意外地发现出租车女司机竟是自己的姐姐安春花……（富康年）

I000265 **天下的小事** 何立伟著。湖南师范大学出版社1998年9月版。39.2万字。18.60元。“湖南师范大学校友文学作品自选集丛书”之一。也是著名湘籍作家何立伟最新的一部小说自选集。包括《白色鸟》、《小城无故事》等早期代表作和新近发表的《龙岩坡》、《老何的女人》、《与你有关或无关》、《消逝的女人》等中短篇及作者十几年来创作的其他小说作品，共计35篇。《龙岩坡》讲述年轻的工作队员李光辉在湘西贫困地区龙岩坡指挥农业学大寨的生活经历及其与几位当地女人的感情纠葛，反映了特定历史时期特定地点的人和事，给人以美的享受。《老何的女人》表现解放后长沙城的历史变迁、人物变化及主人公老何的心态变幻、人生喟叹。《消逝的女人》对婚变中男女双方心态的把握颇为传神，机敏中不失风趣。何立伟的小说或者通过“故事”形式，给人一种传奇色彩；或者利用“虚构”手法，透露某种神秘气氛；或者讲述平常“经历”，使人感觉生活的真实和平凡；或者超越时空，挖掘深刻的人生哲理。语言机敏、抒情浓郁、历史感厚重是何立伟小说创作的特色。《天下的小事》这部小说自选集大致能体现这一点。（孙利军）

I000266 **天堂的玫瑰** 钟铁夫著。湖南师范大学出版社1998年9月版。36.7万字。17.60元。“湖南师范大学校友文学作品自选集”之一。共收集了中短篇小说23篇，主要描写了富有神奇色彩的湘西的山、水、人和一段段动人的故事，集中反映了湘西那片土地的苦难历程以及那些既无野心，又无奢望，勤勉质朴的湘西人的精神风貌。过去，他们饱受历代封建王朝的歧视、凌辱，无穷匪患的侵扰，后来日子刚刚安稳，却又无辜卷入一连串的政治运动，但在经受这一系列的灾难与创伤中，是他们，每次又撑起身来，继而面对现实，坚韧地生存下去，将汗水播进泥土，将希望寄于秋天，是他们，带来了穷山沟里翻天覆地的变化。作者在这里土生土长，后来虽在繁华闹市深造与工作多年，但总割不断对这里一山一水一草一木和父老乡亲们的深情眷恋。所选作品，选材角度新颖，文句朴实，字里行间散发着浓郁的乡土气息，读起来倍感亲切。（曹爱莲）

I000267 **’96中国小说精萃** 舒楠、兴安选编。农村读物出版社1998年5月版。46万字。22.50元。“90年代中国小说佳作选”的第七辑。选编刘醒龙的《分享艰难》、谈歌的《大厂》、李贯通的《天缺一角》、李唯的《中华民谣》等具有影响的现实主义中篇小说。也选编了史铁生的《老屋小记》、陈继明的《月光下的几十个白瓶子》、毕飞宇的《哺乳期的女人》、丁天的《幼儿园》以及贾平凹、迟子建、许辉、李冯的短篇精品。全书共选中短篇19篇。每篇小说均有作者介绍和简短的作品评介。书后附当年度小说推荐篇目。（马春辉）

I000268 **中国年度最佳小说·’97卷** 《小说选刊》编辑部编。漓江出版社1998年10月版。100万字。66.00元。连续性出版物，从1997年起每年出版3卷（中篇两卷、短篇1卷），力图反映当年度国内小说创作的实绩，以最精当的篇幅汇集关注社会现实，并在艺术探索上有独到之处的中短篇佳作。《’97·中篇卷》收入刘恒、鬼子、王蒙、池莉、迟子建等22位名家的22篇佳作，《短篇卷》收入50余位小说家的50余篇短篇佳作，基本上代表了国内小说创作的最新情况。（刘春荣）

I000269 **生命原则** 南豫见著。中原农民出版社1998年5月版。68万字。38.00元。2卷。长篇小说。用极富艺术撞击力的文字、跌宕起伏的情节、大开大合的故事框架与从容不迫的描写，展示了吉家两代浮浮沉沉的多蹇命运，深刻透视了共和国几十年的历史轨迹。十几位鲜活的人物时而被压入生活的低谷，时而被推上生活的浪尖，他们的灵魂裂变、人性复归与人格高扬，辐射出了斑斓驳杂的社会画面，带给人苍凉的历史回味，沉甸甸的现代思索与别开生面的艺术享受，给人以心灵深处的强烈震撼，不容你不思索人类的生命意识、生存意识与苦难意识。反思过去，正是为了更好地开拓未来。（李明性）

I000270　**白雨**　姜贻斌著。湖南师范大学出版社 1998 年 9 月版。37.6 万字。18.60 元。“湖南师范大学校友文学作品自选集”之一，精选了姜贻斌近年来创作的长、中、短篇小说，共 20 篇。小说中有对建国前乡绅家庭生活的描写，如《杀手》、《白雨》等；有介绍走窑人的传奇经历，如《窑山》、《窑火》等；有下海打工的酸甜苦辣，如《冬夏故事》、《突然失踪》等；有文革中对人性的扭曲，《记忆错位》、《笛子·口琴》等；还有下放知青的故事，山村教师的无奈等等。作者善于结合自己丰富的生活阅历，运用带有地方特色的语言，在不同社会背景下展现各种各样的社会人生。（何海龙）

I000271　**刘少奇的故事**　余志森、张志明等编写。上海人民出版社 1998 年 6 月版。10.2 万字。6.40元。根据刘少奇亲属和战友的回忆录编写而成，包括从“农家好孩子”到“好在历史是由人民写的”共 55 个故事，记叙了刘少奇的童年生活，青年时期投身反帝反封建革命斗争，参加中国共产党后领导工人运动、参加长征、领导新四军抗日，以及担任党中央领导和新中国国家主席的一系列动人故事，是一本真实性与可读性相统一的爱国主义教育读物。（黄建章）

I000272　**我爱阳光**　许佳著。春风文艺出版社 1998 年 7 月版。18 万字。13.50 元。高二学生秦庚因协同作弊而受到学校的处分，他的父母、老师，还有自以为爱着他的女生王海燕都来帮助他，希望他回到乖巧的过去——然而秦庚却一下子感到了周围世界的虚伪。正当他陷于极度的怀疑和苦闷时，一个在图书馆中结识的女孩吉吉给他带来了宁静和安慰。但纯洁、对未来充满了希望的吉吉却突然因煤气中毒而死。她的死震撼了秦庚，他最终认识到充满阳光的生活的全新意义，完成了精神的自我拯救。收入“布老虎丛书”。

I000273　**英子为什么**　阎强国著。甘肃少年儿童出版社 1998 年 9 月版。13 万字。5.80 元。故事情节为：英子的爷爷死了，留下一座果树园和 4 条狗；英子本是孤女，是爷爷抱养她并抚养到 16 岁；英子由谁家领养，谁家自然也会得到收入不菲的果园；为此，村里各色人等怀心事施手段，图谋园子，也图谋美丽的英子。英子不想按别人的安排生活，她要自主自由地选择生活方式。于是，并不复杂的情节里，纠缠着非常复杂的心理冲突、思想斗争和行为较量。小说更多从主人公细腻敏锐的心理感受描写，叙述语言以第二人称方式切入，自然亲切有迫近感。作者似乎想表现英子对精神自由的向往和对关爱同情理解的渴求，作者认为，英子所作所为，看似有些矫情，但确乎符合其内心的真诚。她是怀着真诚的愿望的，所以才有了小说结尾时的惊人举止：买数千米红绸幛，包裹了果园，并从果园铺向村外，铺到乡中学门口。这行为不仅震惊了小说中各色人等，也让读者觉得有些突兀。而这一笔，恰恰把英子追求精神自由的行为推向极致，是符合其行为逻辑的。小说用的是一种心理流程表述式的描写方式，似乎写得随意而散漫，毫无章法，也少有画龙点睛之笔，大多平常琐屑，但是，平常琐屑的聚拢在一起，则让人物形象亮显了。本书是作者第一次为少年写作，他是在尝试与少年的心灵沟通，由于他心理小说式的叙事尝试，小说较多会受到心理感受细腻、审美趣味丰富的部分中学生欢迎。（汪晓军）

I000274　**宝剑**　买买提江·萨迪克著。新疆人民出版社 1998 年 6 月（维吾尔文）版。20 万字。18.00元。著名诗人买买提江·萨迪克的长篇小说的第一部，反映三区革命时期一位叫如斯塔木的勇士反对恶霸地主，保护仁慈贫家人们的事迹以及怎样组织人们发动起义的经过。小说生动地描写如斯塔木与热妞姑娘的纯洁的爱，还细致地描述当时伊犁人们的生活状况和一些民俗。小说里主人公如斯塔木的意志和行动发人深思。作者用美丽的语言，细致地刻画出人物的内心感情。小说在表现形式上具有独特风格。（巴力江）

I000275　**故人**　韩少功著。湖南师范大学出版社 1998 年 9 月版。41.3 万字。19.60 元。“湖南师范大学校友文学作品自选集”之一，作为作者对母校——湖南师范大学 60 周年校庆的献礼。由作者提供了三本集子，并将其亲自圈定的一些作品，按照先短篇，后中篇，作品发表时间的先后的原则进行了重新编排。总计 27 篇作品（其中短篇小说 22 篇，中篇小说 5 篇）。《故人》讲述在当年阶级斗争扩大化时期，余先生的父亲当作匪首被镇压，自己也因捆打致残，

20年后他从海外荣归故里,点名要见杀父仇人的故事。揭示了改革开放给人们的思想、价值观念带来的巨大冲击和在内心里引起的矛盾冲突,随着时间的推移,世间的一切都在发生着变化,有的甚至完全颠了个个儿,真有点人生无常的感觉。只有人们对美好幸福生活的渴求才是永恒的,无论这种欲望曾受到过怎样的压抑,也不管在追求美好生活的征途会遭遇什么困难和无奈,因为这是人性。本书可看出作者的小说受到了很浓厚的佛家思想的影响。(黄林)

I000276　**南台中篇小说集**　南台著。宁夏人民出版社1998年8月版。23万字。15.00元。收入宁夏作家南台的中篇小说《老庄谷阿蛋》、《离婚》、《无迫害死亡》、《女人部件小故事》、《做自己》、《三义图》、《九头狼的传说》、《世间事》共8篇。其中《离婚》围绕着一对普通夫妇的离婚事件,讲述了对"文化大革命"前后所发生的一连串闹剧,曾发表于《当代》,后被《小说选刊》转载,台湾海风出版社出版其繁体字版;《老庄谷阿蛋》是作者发表的第一部中篇小说,刻画了一位农村普通人的形象,讲述了发生在老庄谷阿蛋周围的故事。作者南台,宁夏人民出版社总编辑助理,著有长篇小说《一朝县令》、短篇小说集《女人和小镇》等。(李秀琴)

I000277　**炮声隆隆**　致雨著。白山出版社1998年4月版。49万字。27.00元。战争题材长篇小说,以抗美援朝为背景,着重描写了志愿军炮兵三连和步兵二连,与兄弟部队一起,参加临津江战役、夺取高阳岱西山主峰等战斗,战胜"联合国军"的英雄事迹。作者笔下的人物,如炮兵三连连长驾雾、指导员李玉石、指挥排长刘全德、炮手王忠、通信员祝小宾、炊事班长赵兴三、机枪班长肖子劲、女宣传干事李小丽、于兰兰等,大都个性鲜明,栩栩如生。主人公驾雾,是作者精心刻画的一个人物:战斗沉着冷静,机智果敢;是连队的粘合剂,使连队上下团结一致,亲如兄弟;和李小丽的爱情故事,感人至深,富有情趣;与李玉石的矛盾纠葛,表现了他纯洁、真诚和善良的性格;他的牺牲,悲壮英勇,令人扼腕。作品还为读者展示了朝鲜军民英勇抗击美帝国主义的战斗场景。作者是一个参加抗美援朝战争,担任某部炮兵连连长的老兵,从师职岗位休息后,致力于文学创作,这是他的第二部作品。(宋杰)

I000278　**梁晓声作品自选集**　梁晓声著。漓江出版社1998年1月版。31.9万字。16.00元。收录梁晓声《我的大学》、《京华闻见录》、《表弟》、《冉之父》等4部作品。《我的大学》、《京华闻见录》的自述性、自白性较强,作者自认当年是以一种坦诚的心态写就的,"从中可看出些当年大背景下小人物身上折射出的阴阳黑白"。而《表弟》和《冉之父》,则是"较正统的'小说'观念下的产物"。梁晓声作为从北大荒成长起来的知青代表作家,他的作品中体现着回归土地和人民与现代都市中的荒谬感之间的激烈冲突,同时梁亦是母性主题的热情讴歌者。(陈天乐)

I000279　**绿豆芽**　李中和著。甘肃少年儿童出版社1998年9月版。16万字。7.40元。一位叫翠翠的16岁山村少女,为了逃避继母逼婚,只身逃往城市,卖豆芽,去牧区放牧,闯荡一段后,终于成了勤劳致富的个体专业户,受到人们尊敬。而翠翠并不以此为满足,又带领一班兄弟姐妹勤苦劳作,重点资助一批上不起学的农村女童。小说中,翠翠经历着风风雨雨,走过了坎坎坷坷,就是小说结束时,她仍然遭遇着濒临破产的变故,正在苦苦挣扎。牵动读者的,始终是主人公的命运,从离家出逃,到浪迹草原,再到城市奋斗,翠翠总是与厄运进行顽强的抗争。她战胜了一次次凶险,克服了一次次挫折,也时时感受着人间真情,也以自己的努力,为真善美的人性之光增添色彩。小说围绕翠翠,塑造了一组趋向真善美的人物群像,而且个个性格鲜明,形象生动,与主人公的形象交相辉映。小说在描写翠翠经历的种种苦难的同时,展示出现实生活中的阴暗一面及危害少年成长的黑暗环境。这些内容具有真实质朴的震撼力,这样的审美效果,使读者随翠翠而愤怒、而忧愁、而抗争,也随翠翠而喜悦、而振奋、而豪迈。小说有较强感染力,得益于作者丰厚的生活底蕴。作者是一所城乡交界处的中学的教师,所写人物皆有生活原型,故而活灵活现呼之欲出,叙述语言也生动活泼富有情趣。他说,这部小说,像是他的学生催他写出的。写成长的艰辛,激励生存意志,昂扬生存勇气,作品有阳刚气。(汪晓军)

I000280　**微小的人(花季丛书)**　张岩冰编著。上海教育出版社1998年8月版。12.5万字。6.00元。以当代青年人和少年人的生活和情感为描写对象的抒情小说集,共收录中、短篇小说14篇。这些作品或抒写青春岁月的复杂而微妙的情感波澜,朦胧而浪漫;或弘扬青春的真实和独立,追求真爱和理想的精神。《微小的人》是其中的一部中篇小说,主人公悬蓓是一个温婉、漂亮的理工科女大学生。她活得普普通通,人情味十足,她认认真真地读书、做实验、考研究生。她的姐姐姐夫拚命地在国外向她招手,她为了爱而不愿出国;珍视所拥有的爱,并认真地准备着未来——她不断地向恋人叶浩俊保证也希望得到他的保证，但她所做的一切都不为她周围的人所理解，包括叶浩俊，这使她陷入了深深的孤独和困惑之中，她在情感的波澜中，不断地挣扎，不断地努力，当叶浩俊因为种种原因而疏远她时，她还会努力解释挽回。她会和态度不好的护士吵架，她会在母亲病重期间毫无怨言又有条有理地挑起照顾母亲、安排全家生活的担子。总之，恳蓓"只想做平凡而温馨的普通人"，她生活着，平凡而决不平淡。《花期》的女主人公向往着外面那个变换着的世界；《蓝森林》津津乐道的是象征着成人的自主自立的咖啡屋；《无心快语》则在玩世不恭的外表下掩藏着对真爱的渴望。《少年的冬天》、《青春的念头》是对成人世俗世界的反叛。《窗》是一淡淡的水彩画，《玉牙》则对一个大男孩情感世界的微妙变化进行描写，这篇篇的文字，仿佛要在世俗世界里为青春挣扎出一个美丽的空间。

I000281 **意西泽仁小说精选** 意西泽仁著。重庆出版社1998年5月版。27万字。14.00元。小说集。意西泽仁是我国卓有成就的一位藏族青年作家。艾芜先生称他的小说"都是描绘藏族人民真实生活的，很新鲜，很有吸引力，很能引人入胜"。本书收入中篇小说3篇，短篇小说16篇。作品以川藏草原、山寨和小城镇为背景，透视了我国藏族地区的历史变迁和五光十色的社会生活，关注了人的悲欢离合命运，揭示了人生的哲理，也展示了奇特的地域文化。（余国枢）

I000282 **杜渐科幻小说集** 杜渐著。科学普及出版社1998年7月版。130万字。84.00元。共10册，包括《宇航历险记》、《基因再造计划》、《机器人传奇》、《死光》、《女娲王国探秘》、《逃出恐龙世界》、《黑龙三角》、《雪山血魔》、《缩形实验》、《太空战士》。（吕鸣）

I000283 **杨贵妃演义** 李德龙、何力著。民族出版社1998年7月版。40万字。24.80元。记叙了先为平民女子、次为寿王妃、再为唐玄宗宠妃的杨玉环的传奇故事。作者李德龙、何力均是专攻唐史的学者，凭借大量史实，将杨贵妃定位在重情有德上，从而廓清了贵妃误国的一段公案。这是本书不同于其他同类书的一个特点。其二，为主题而铺陈的历史知识，给读者呈现了一幅真实、壮阔的盛唐宫廷和市井图。众多的人物、曲折的情节、极端的事例，是本书引人入胜的第三个特色。（冯良、丁辉）

I000284 **英雄大八义** 刘林仙、黄国祥著。北岳文艺出版社1998年5月版。58.7万字。28.20元。宋士公、赵华阳等8位侠义之士，都是宋代武昌府江夏县万户山松竹观道人八卦金针左良左金鹏所收的8个弟子。这8位义士，闯荡江湖，云游四海，扶困济危，安良除暴，抱打世间不平，他们各怀一门绝技，肝胆义气过人。宋徽宗政和年间，开封知府金书恺，因公正无私，执法严明，屡为百姓伸冤，广除贪官恶霸，得罪了奸臣马彪国舅，被罢官回到故里。因生活穷困潦倒，病危前托义士宋士公护送金公子金汉文赴京敬献祖传家宝"七宝珠"。他们历经艰险，到了京都，金公子见到义兄兵部司马王文义，不料在金公子酒醉后王文义以假换真，盗去了"七宝珠"，次日金殿之上，金公子犯以假欺上之罪打入天牢，真宝珠被王文义转献马国舅之手，藏于"聚宝楼"内。宋士公为夺回此宝，救出金公子，聚齐八义弟兄，大破聚宝楼，盗回了七宝珠，揭露了马国舅一党企图篡位的狼子野心，为民除了害，为国除了奸。其故事生动曲折，起伏跌宕，人物形象鲜明，栩栩如生，是一部优秀的通俗文学读物。（冯云）

I000285 **英雄小八义** 刘林仙、黄国祥著。北岳文艺出版社1998年6月版。79.8万字。38.00元。描写了宋代宋徽宗政和年间，继梁山众将被害之后，其后代以周顺、阮英为首的八义兄弟，不甘忍受统治者，特别是以太师蔡京一党的四大奸臣的残酷迫害，再度反抗和英勇起义。故事以支持梁山泊的周天官一家被害遇难为发端，以众弟兄寻找周顺和梁秀英为线索，展开了离奇生动，曲折惊险的反抗斗争。他们各怀绝技，啸聚山林，反贪官，除恶霸，扶危济贫，以至攻打藏兵营，兵困东京卞梁，除了奸，沉重地打击了宋朝的统治者，为被害忠良报了仇雪了恨。作者承袭了《水浒传》的优良传统，故事即在其基础上铺衍而出，环环紧扣，层层深入，跌宕有致，引人入胜。是一个除恶扬善，弘扬正气的优秀的通俗文学作品。（冯云）

I000286 **一代游侠——荆轲** 郭建英著。解放军出版社1998年9月版。26万字。14.50元。"风箫箫兮易水寒，壮士一去不复还"，这句千古绝唱被一代代人传递，竟响彻了千古。荆轲，一代游侠，一代刺客，他的无穷魅力和永远的诱惑藏在何处呢？作者以无限感动的情怀从深厚的典籍中获得灵感想象和哲思，并挖掘浓艳的历史色块，创造出乖异而诡谲的古代氛围，编织了一个奇幻而惨烈的故事，让一个游侠的自由生命从文化与人性中穿过，从生生死死，聚聚散散，情情爱爱中走向灿烂的悲剧结局。本书以优美的语言、散文式的风格叙述了荆轲刺秦王的经过，深

刻揭示了秦代复杂、尖锐的社会矛盾的成因。作者运用意识流手法使作品显得流畅而厚重，别具风格。(郭莹)

I000287　**十里营盘**　孙勇著。白山出版社 1998 年 6 月版。19.9 万字。12.00 元。长篇小说。描绘了我军一个连队训练和生活故事。小说以新战士陆苗在连队成长为主线，生动形象地反映了火热的军营生活。小说塑造的艺术形象，真实可信，亲切感人，其中，新兵陆苗，战胜虚荣心，由单纯到成熟，由稚嫩到坚强；连长孙宝昆，顶着家属不能随军的苦恼，狠抓连队正规化、革命化建设，最终走上营职岗位；班长二虎，爱憎分明，敢说敢做，又不断犯点小错误；老兵曲桑，不言不语，钟情于连队心爱的毛驴和毛驴车，以及那累月不停的悠扬的铃铛声；指导员知识丰富，善解人意，新婚之夜，为救乡亲英勇牺牲，催人泪下，等等，都给人留下深刻印象。作者是一位战士，在连队生活 5 年，所讲述的故事和人物，均有一定的创作原型，因而使质朴真实成为这部小说的最大的艺术特色。(宋杰)

I000288　**三棵树**　何顿著。湖南师范大学出版社 1998 年 9 月版。38.8 万字。18.60 元。"湖南师范大学校友文学作品自选集"之一。共收入作者已发表的中篇小说 6 篇：《三棵树》、《面包会有的》、《不谈艺术》、《自我无我》、《错过的游戏》、《美容美发》等。收入的作品从一个侧面反映了作家的创作历程和风格。作品大都反映一些普通人物的普通生活，作者对这些普通小人物的生存状况和情感世界给予了深刻的关注。作者在创作中本色、成功地运用了湘方言，使作品的语言生动、活泼，独树一帜，从而赋予作品鲜明的新现实主义风格和浓郁的地方特色。何顿是"文学湘军"的代表作家之一，近年来，其创作在文坛的影响日益扩大，引起了较广泛的注意。(贺雄)

I000289　**下雨天下雪天**　温恕著。沈阳出版社 1998 年 7 月版。27.4 万字。18.80 元。长篇小说。在改革大潮的冲击下，在新旧体制交替的变更中，晓杰和阿芳成了下岗女工。她们既是中学时代的同窗，又是最要好的朋友。面对生活的突然变故，她们下岗后走过不同的道路。晓杰曾摆地摊，做小本生意，靠自己勤劳的双手和诚实的劳动，锻炼其思想和意志。阿芳过去受家庭影响，好逸恶劳，为多挣钱，耍小聪明，甚至出卖色相和肉体。晓杰热心地帮助阿芳改变生活态度，她们一起与别人做生意，一起和 5 位下岗大嫂办美容院，一起重新回到工厂，成功地策划了把产品推向市场的广告……晓杰和阿芳在创造自己的新生活中也寻到了感情的归宿。艰辛的努力终于换来了收获的喜悦，她们看到了继续努力的前景与希望。本书作者也是一名下岗女工，她以下岗女工的亲身感受来结构故事，展开矛盾，在改革开放的大背景下，刻画了当代工人的丰富复杂的内心世界，塑造了有着鲜明时代印迹的有血有肉的各种人物。作品有较强的艺术感染力和可读性，是一部具有浓郁时代特点和地方色彩的创作佳品。(任冬菊)

I000290　**大上海小说丛书(第二辑)**　上海文艺出版社 1998 年 12 月版。包括 5 种。《肇事者》(赵长天著，24.1 万字，15.00 元)，《暂憩园》(史中兴著，25.8 万字，15.50 元)，《水月》(蒋丽萍著，31.9 万字，19.00 元)，《我儿我女》(陆星儿著，26.3 万字，16.00 元)，《躁动的城市》(李肇正著，21.6 万字，13.50元)。《肇事者》是一部以一起都市常见的车祸事件为中心线索的长篇小说，围绕着被撞的人、撞人的人和救人的人这三层关系展开故事，从而反映当前社会的一种道德状态。《暂憩园》通过一幢花园洋房里几户人家特别是年轻一代的变化，折射出改革开放以来上海这座城市日新月异的变化。《水月》以一个名叫"水月"的女孩，从越剧起家，后步入流行歌坛并取得成功走向海外的故事为主线，再现了娱乐圈的众生相。《我儿我女》反映了当前中学生及其家长们面对教育制度的复杂心态。《躁动的城市》讲述的是一家国有电视机厂在改制转轨过程中各阶层人的复杂心理，以及工人们在改革大潮中的处境和拼搏。(郑宗培)

I000291　**大水**　罗珠著。人民文学出版社 1998 年 6 月版。45 万字。25.00 元。长篇小说。以黄河文化为依托，以家族生死、历史事件的编织为中心，描写了黄河入海口地区一百余年的沧桑变迁。1855 年，太平天国将领炎世杰在一次战斗中被俘，成了咸丰皇帝的御批死囚，由华贡生、夏之柳两个绿营兵押解进京。途中，由于黄河铜瓦厢决口，3 人被强征为河工，参加治河堵水。炎世杰免予死罪，又为治水立下奇功，遂被任命为河官。大水堵住后，炎世杰、华贡生、夏之柳 3 人结拜为兄弟，共同留在黄河边，掌管六十里黄河大堤。一日，他们从黄河里救出了原大清河船帮帮主黄懿瑞一家。黄懿瑞的三个女儿分别嫁给了炎世杰、华贡生、夏之柳为妻。从此，他们便在黄河岸边建造家园、繁衍生息。炎、黄、华、夏 4 个家族日渐壮大。炎世杰死后，后代们为了争夺父辈创下的产业，炎家与华、夏两家反目成仇。黄家船队在这百余年间曾几起几落。小说采用了现实主义与浪漫抒情相结合的手法，纵跨了从太平天国至改革开放各个历史时期，主体把握是准确的、多层面的。不足之处是人物过多，对历史变迁和黄河文化的关系还需做更深入的思考。（姚淑芝）

I000292 **大盛魁商号** 邓九刚著。百花文艺出版社1998年5月版。38.7万字。23.60元。讲述了清同治到光绪十年间大盛魁商号所发生的故事。这是一家气势庞大的商号，它由清一色的晋商主持。有完善缜密的管理、类似经典型的股份制企业。商号由若干财东组成，全国十几家分庄由坐庄掌柜分管，定期的股东会、盈利、分红派息都搞得头头是道。大盛魁商号从创立到完成几乎与清朝二百多年兴衰同步。它历经了风风雨雨、南征北战、百折不挠；它精明、管理完善、纪律严明，靠着强大的实力创出了一条类似"丝绸之路"的"茶叶之路"、一条文化文明之路。它的功勋卓著，为中国以后的商家立下了一整套规矩、章法。它经营茶叶、羊，南源北运，走出了一条信誉之路、一条完美的商贸之路。它内部从掌柜、分庄掌柜、财东、雇员，无一不持俭有信；从学徒到坐庄掌柜十年不探家、不赌不淫、兢兢业业、同心同德，给后人留下的不仅是业绩，还有做人经商的德行。当时的人都知道，南有胡雪岩，北有大盛魁，但胡雪岩虽辉煌过，却毁于一夜，而大盛魁却扎扎实实走出了二百多年的历史，是他的管理、强大、律己、扎实使他超出了胡雪岩。（康伟杰）

I000293 **大槐树丛书（第二辑）** 何玉湖、宿聚生等著。北岳文艺出版社1998年1月版。长篇小说系列丛书。第二辑包括5部长篇小说：《燃烧的家园》、《花事》、《轮回》、《铁裹门里》、《吉日》。共同特点是贴近当代现实生活，有浓郁的生活气息。《燃烧的家园》是本辑中惟一的一部工业题材作品。小说以本世纪以来钢铁工业为视角，描述了不同历史时期的企业家和工程技术人员的追求、奋斗、失落、成功，剖析了20世纪中国社会结构与生产方式，刻画了几代人的情感与观念冲突，作品采用了夸张、变形、时空交错等荒诞手法，风格独特，自成一家。《花事》以一个都市鲜花业把头王胡庆的惊险遭际，展现了20世纪末叶社会世态生相。仇杀与抢劫、金钱与罪恶、爱情与性乱，交织成富有传奇色彩的故事。《轮回》写了赣南家族文化由衰竭而复生的悲凉与壮烈历程。上辈人的恩恩怨怨与当代人的情感与利益冲突构成了小说紧张而曲折的情节。《铁裹门里》写土改时分给穷人居住的"铁裹门"院里新旧主人在争夺地盘中的明争暗斗；《吉日》写一个县城里干部、农民、打工仔等人们在生活中的无奈挣扎与困窘；小说折射出时代的真实，可读性强。（李建华）

I000294 **小说界文库·旅外作家长篇小说系列** 上海文艺出版社1998年10月版。包括6种。《人寰》（严歌苓著，12.8万字，10.00元），《黄昏的美国梦》（张士敏著，23.2万字，15.50元），《十八劫》（虹影著，16.1万字，12.00元），《情感签证》（薛海翔著，18.5万字，13.00元），《英伦汉学家》（严啸建著，16.9万字，12.50元），《第三种欲望》（戴舫著，31.7万字，20.00元）。这是一批在世界各地旅居、定居的作家、学者撰写的长篇佳作。《人寰》和《第三种欲望》是以西方当代文坛流行的took out的形式，讲诉各自的心病与往事。《十八劫》是以自叙传的笔法，以一个纯真少女的心灵为视角，表现了在左倾年代特别是"文革"十年中长大的一代人的思想与性格发展的过程。《黄昏的美国梦》与《情感签证》的主人公都做过"美国梦"，不同的是前者是几位年近花甲又不甘寂寞的老人闯荡美利坚；后者是写一位留美十年，有了博士学位和丰厚的薪俸，有了娇妻爱子与房子车子的成功者。《英伦汉学家》则是写一个所谓的汉学家借助我国一些盲目出国热、出访热，获取的不仅是金钱与地位，还有一个甘愿投入其怀抱的女郎。这6部作品以海外华人为主的众多人物形象丰富了我国当代小说的艺术画廊，拓展了读者的视野。（郑宗培）

I000295 **天边女儿国** 蔡晓龄著。四川人民出版社1998年10月版。30万字。24.00元。一部纳西人的情爱史，也是本世纪纳西族的文化史。古老的大砚坝子位于玉龙雪山脚下，"玉龙第三国"召唤着一对又一对殉情的纳西儿女。富商之女牛玉兰爱上了日本留学归来的老师周鹏，无奈周鹏已有妻室。失望中，玉兰嫁给了滇中名将木兴。紫岚与赵恒青梅竹马，情投意合，不料父母拆散了这对美满鸳鸯，赵恒离家出走。木兴娶部下的遗孀——汉人春草为妾，玉兰将春草之子视若己出。木兴在抗战中捐躯，春草失踪。……1997年12月4日，大砚白水古城被列入世界文化遗产名录。作者用细腻婉约的笔触，描绘出一幅幅浓郁的滇西北民情风俗画，令人悠然神往。（蒋咏宁）

I000296 **天地皇皇** 楚良著。浙江文艺出版社1998年12月版。35.6万字。20.60元。深刻展示农民与土地之间依存关系的长篇小说：建设中的旅游开发区将征用铜钱沙村的几千亩良田，而一辈子以土地为依靠的农民无法接受这个现实，心里充满了痛苦和失落。全书以改革开放中的农村改革为背景，深入揭示了60年间土地变迁中人与土地的关系与矛盾,表现了新老两代农民不同的土地观、价值观和伦理观,最终说明农村的城镇化和农民的产业化是社会文明进程中无法阻挡的历史潮流。小说细节描写逼真,人物形象丰满,地域特色浓郁,题材厚重,在思考民族命运,探索民族前途等问题上有独到的现实意义和文学意义。

I000297 **天轮** 刘鹏越、刘镝著。花山文艺出版社1998年11月版。48万字。22.00元。长篇小说。三个美丽、善良的姑娘,她们像三只诱人的蝴蝶,轻盈地飞进了矿灯房的窗口,却飘落在了一群男青工的心头……豆蔻青春给他(她)们留下了思念与爱恋,也留下了痛楚与泪花;这里不是挪亚方舟,悲喜的交响深深地印铸在矿山上男女老少的心间;这里不仅仅喷薄着八九点钟的太阳,还有夕阳,依然把亢奋留给了这片深情的土地……这是一曲动人的春天的故事……

I000298 **天梦** 成建锋著。花山文艺出版社1998年2月版。20万字。10.00元。长篇小说。讲述改革开放的大潮中,一个北方县城的国营服装厂厂长的经历。既有商业社会起步期的迷惘,也有走改革开放之路大干一场的豪情,加上个人生活中的一些变化,透视了我们时代生活的一角。讴歌了带头走改革开放之路的县委书记,鞭挞了拜倒在金钱面前的个别意志不坚者。

I000299 **无字** 张洁著。上海文艺出版社1998年12月版。24万字。15.00元。《无字》(第一部)是一部反映20世纪各色人物命运的长篇小说。这是著名作家张洁继《爱,是不能忘记的》、《沉重的翅膀》之后的又一部长篇力作。小说以女作家吴为的一生为轴心,以散射的构架,形象、生动地描绘了与她同处在20世纪的几代人的命运和心路历程。从世纪初的东北老林到世纪末的京华古都,从张作霖、张学良将军的旧部到共产党内部的“抢救运动”和“文化大革命”及改革开放……作品中刻画的如胡秉宸、叶莲子(秀青)、墨荷等人物,他们有理想,有追求,但也有挫折和磨难,作者以细致的笔触,揭示了这个时代的人的种种压抑、苦闷、失落和奋争的心理状态。(王肇岐)

I000300 **不夜之侯** 王旭烽著。浙江文艺出版社1998年8月版。41.9万字。25.80元。“茶人三部曲”的第二部,为《南方有嘉木》续篇。以中华民族生死存亡之际的三四十年代为背景,主要叙述了杭、赵、吴三家在抗日战争中的感情纠纷和命运际遇,展示了中华民族茶文化作为中华民族精神的组成部分,在那个特定的历史背景下的深厚力量。小说还塑造了一个既是汉学家、茶道专家又是魔鬼般的侵略者,精湛的华夏文化与典型的武士道精神杂揉而成的“混血儿”——貌似温文尔雅实是冷酷野蛮的小堀一郎,为我国的长篇小说画廊增添了一个全新的人物。

I000301 **历险青藏高原** 浩岭著。甘肃少年儿童出版社1998年9月版。13.5万字。6.10元。小说的叙述节奏是快捷的:探险家余纯顺从小镇路过,激发了小镇少年的精神向往,4个孩子因为不同的机缘聚到一起,开始了向西藏拉萨的探险旅行。从小说第二章开始,4位少年便已经在路上了,小说也就开始了青藏高原绮丽风光和独特风情的描述。从少年的眼光望出去,作家展现的每一处景观,都是生动、有趣、新鲜的,这便构成了小说的主要特色:以高原风光为背景,以风俗人情为衬托,以4位少年的奇特经历为主线,描述和展现一处又一处青藏高原自然景观。如此丰富的景观,变换转化,使小说具有较强的动感美,时时牵动少年儿童阅读的注意力,使其在律动变幻的刺激中完成阅读过程,获得阅读快感,得到审美体验。读者顺顺畅畅地跟着4位探险少年一路走下去,少年的奇遇,犹如花絮穿插其中,增添了阅读品味。如第五章《智斗金把头》和第三章《巧遇偷猎犯》,主人公的遭遇有惊无险,极富趣味性。作家浩岭是以儿童文学创作为起步而迈入文坛的。而今再度为少年儿童写作,他为自己的新作划定的价值指向是“有趣、好玩”。但纵观全书,虽然有趣好玩,意趣则略感不足,寡淡了些;小说好读,却不耐读,耐人寻味、引人深思的意蕴不够厚重。这,大约是作家过于注重故事情节,忽略了对于小说人物命运的深切关注和生动表现,人物形象塑造和性格刻画方面用功不足。(汪晓军)

I000302 **中国现代长篇小说丛书** 茅盾等著。人民文学出版社1995年—1998年版。约400万字。选择“五四”新文学运动以来,在中国现代长篇小说发展历程中具有影响和地位的作品,到目前已出版12种。其中有“五四”以来最早出现的现代白话长篇小说之一叶圣陶的《倪焕之》。有被誉为“中国左拉”的李劼人的长篇历史题材系列《死水微澜》、《暴风雨前》、《大波》。有端木蕻良极具塞外风情的《科尔沁旗草原》和同样描写北方农民生活的姚雪垠的《长夜》。还有巴金融民族悲愤和人生悲凉的《寒夜》和路翎早年的才华横溢之作《财主底儿女们》。沙汀以四川乡土风格的《淘金记》入选。茅盾作为长篇小说大家，他的《蚀》三部曲、代表作《子夜》、题材样式都别具一格的《腐蚀》都是表现现代都市生活的长篇佳作，一并入选。这些作品既是名家的代表作，也清晰地反映了中国现代长篇小说的发展轨迹，有些作品是建国以来首次出版。这套丛书还在陆续出版中。（王海波）

I000303 **长生殿** 杨振雄改编。学林出版社 1998 年 3 月版。47 万字。36.00 元。苏州弹词名家杨振雄积 50 年之功，将清代戏剧家洪昇的同名剧本改编成话本小说，以唐明皇（李隆基）和杨贵妃（杨玉环）的爱情故事为主线，展开一幅唐朝由盛转衰的历史画卷。全书采纳了正史、野史、传奇、笔记、诗歌以及大诗人、大书法家、大画家等等的小故事，既洋溢着爱国主义热情，又显示了苏州评弹叙事、抒情、塑造人物的艺术特色。书后附有唱词残稿，与录音资料参照欣赏，是极好的艺术享受。（周清霖）

I000304 **长白天女（上、下卷）** 梁史著。四川人民出版社 1998 年 10 月版。80 万字。48.00 元。长篇历史小说《爱新觉罗的江山》三部曲的第一部。是一部气势恢宏的历史文学巨制，它以自然主义的文学基调、史诗性的厚重笔触，比较真实地复原了大清帝国的先世如何从野蛮、蒙昧中崛起，最终建立大清王朝这段鲜为人知的历史。第一部《长白天女》，撩开清史所谓爱新觉罗“得姓于天”这个美丽神话的面纱，描述了努尔哈赤的先祖猛哥帖木儿、李满住等统帅其部族在明朝与朝鲜两个封建大国之间艰难生存、发展并慢慢壮大的种种惊心动魄的经历，以及他们自身所处的落后、野蛮、蒙昧的社会历史文化与周边高度文明的封建文化之间的碰撞和冲突，最终导致他们险些亡族灭种的曲折命运。小说中塑造的人物形象，不论是女真族的首领猛哥帖木儿、童山、李满住、凡察，还是明朝或朝鲜官吏马愉、王英、朴右、李四毛；不论是女真的奴隶阿家化、卖土、卜浪哈，还是生活在最底层的女真族人李雄时老；不论是女真女人妞妞、妥罗额娘，还是汉族或朝鲜族姑娘毛姑、梨花……无不栩栩如生，各具特色，极富典型性。本书虽是小说，但不论是情节构思还是人物塑造，都具有较高的历史真实性。（刘周远）

I000305 **风风雨雨太平洋** 刘白羽著。华艺出版社 1998 年版。85.6 万字。48.00 元。著名文学家刘白羽写的最后一部也是他第一部以女性为主角的长篇小说。作者以朝鲜战争和女主角王亚芳与于飞在战场上奠定的爱情基础为主线，讴歌了中朝两国人民和军队并肩作战所表现出的奋不顾身、视死如归的革命英雄主义和牺牲精神，描绘了中国近百年来的革命进程、社会主义建设，特别是改革开放后的新面貌，追述了一个世纪前华工被贩运到美国修筑铁路的贡献，中美两国的社会生活、社会变迁和历史上的曲曲折折，回顾了太平洋及其周边一些国家和地区所经历过的风雨、沧桑，期望太平洋应当是真正太平的太平洋，而不是不太平的太平洋。作者还通过王亚芳这个传奇女性及其他人物形象的塑造，展现了中华民族的伟大神魄和人世间的深厚情感，说明“人可以战胜一切，创造一切”的哲理，启迪人们应当选择什么样的生活道路。（孔德骐）

I000306 **孔府姻缘** 孟继新著。山东友谊出版社 1998 年 9 月版。33 万字。18.00 元。明代嘉靖中后期，权臣严嵩与孔府联姻，其长孙女嫁给了孔子第六十四代嫡孙衍圣公孔尚贤为妻，成了一品夫人。后来，严嵩获罪，从大富大贵、大红大紫的显耀位置上一落千丈。倒台后的严嵩曾至孔府。这在当时或后来都是一件神秘的事情。作品以这段史实为背景，描写了孔尚贤、严夫人、严嵩、卫太夫人等孔、严两大家族中的几个具有鲜明形象的人物和发生于这两大显赫家族的一幕幕传奇故事。对当时的宫廷政治、权力斗争内幕及衍圣公府的生活状态也多有表现。

I000307 **世纪之门** 马昭著。云南人民出版社 1998 年 10 月版。124 万字。78.00 元。3 册。长篇历史纪实小说。作品描写了孙中山领导的辛亥革命推翻统治中国几千年的君主专制制度，开创了完全意义上的近代民族民主革命，为中国的进步打开了闸门，使反动统治秩序再也无法稳定下来的业绩，同时也写出了“辛亥革命未能改变旧中国的社会性质和人民的悲惨境遇”的事实。站在今天的历史高度，以历史学家和小说家的眼光审视发生在本世纪初的那个影响整个中华民族的大事件，进行新的梳理和反思，揭示民族精英和群体的文化个性及走向，以为今人开启 21 世纪之门增添助力，是这部佳作的思想文化内涵所在。精确还原历史和氛围，复合式描写人物、事件和人性，全景式展现革命和战争进程，摒弃表象的图解与张扬，避开偶像化和廉价讴歌的陈词滥调，力求蕴涵富足和气势磅礴，将史事的真实美、精华美与小说艺术的开阔美、睿隽美熔铸一体，给读者一种黄钟大吕、暮鼓晨钟的阅读感受，是本书的艺术魅力所在。（刘存沛）

I000308 **叶氏父女** 张聂尔著。作家出版社 1998 年 1 月版。36 万字。22.50 元。这部小说蕴涵的生活容量很大，它描写的主人公是军队高级干部家庭的两代人,但涉及的社会生活面却十分开阔。以担任大军区副政委的叶为一为轴心,作品展开了对军队及地方上层诸多领导人的描写,也围绕叶为一的续妻成敏的形象刻画展现了地方官场的一般状况;以叶为一的大女儿叶芽为描写重心,作品对当代知识界的心路历程作了深入探究;以叶为一的小女儿叶子为剖析对象,作品对当代社会向市场经济转变历程及当代商场的诸多奥秘也进行了形象的刻画和深入的揭示。它之所以感染人,在于它对发生在军内和社会、中国和世界的变迁和动荡进行着理智的探询,深邃的思考,描绘出风云变幻的当代生活风貌,具有浓重的历史沧桑感。因此,有人评介说,张聂尔的这部小说,尽管不乏人性人情或人的灵魂过程的描写,但它仍然是一部充满了政治色彩的社会问题小说,或一部批判现实主义类型的小说。(潘宪立)

I000309　**生死门**　晋原平著。作家出版社 1998 年 12 月版。39 万字。27.00 元。长篇小说。以古华市深化改革为背景,围绕市委书记贾正明的去留升降,本市最大国有企业濒于倒闭,最后完成股份制改造,以及处于山中危房时时面临倒塌威胁的市重点中学最终得以搬迁等线索,有机地组成一个巨大又错综复杂的社会关系网、权力网与人情网。上至省地市领导,下到文人歌女,三教九流,芸芸众生在汹涌的欲望潮水中,或清醒,或糊涂,或坚定,或动摇,或勤政廉洁,或慵懒贪婪,或刚正不阿,或圆滑逢迎,或真诚奉献,或无奈忍受,或宁静如水,或心浮气躁……交织成一幅涵纳万象栩栩如生的世纪末“清明上河图”,图画中活灵活现着一批有血有肉有人性意识的人物形象:市长林志远、乡长林瘸子、教师李忆君、作家病夫……这部长篇小说主要以现实主义为创作方法,又大量插入意识流式的心理描写,从生活的广度与人性的深度两个方面来揭示深化改革的艰巨性和必然性,淋漓尽致地再现各种欲望对人们的奴役,进而展示城市居民生存状态的流向,变幻莫测的命运以及微茫不熄的希望。总体上讲,人物性格鲜明生动,但在刻画省市领导干部形象时,没有摆脱过去写领导人的创作套路,显得有点苍白。(张水舟)

I000310　**白门柳**　刘斯奋著。中国青年出版社 1998 年 1 月版。130 万字。77.50 元。长篇小说。分为 3 部曲,第一部《夕阳芳草》、第二部《秋露危城》、第三部《鸡鸣风雨》,第一二部荣获第四届茅盾文学奖。第一部集中描写大明王朝覆灭前夕,江南地区文人组织“复社”和“阉党”余孽之间的激烈斗争,以及“复社四公子”之一的冒襄与秦淮名妓董小宛一波三折的爱情纠葛。其中黄宗羲、陈贞慧、方以智等人为挽救明朝的危亡四处奔走,而东林党元老钱谦益却为复官求职,竟同权臣暗中进行政治交易,为“阉党”余孽开脱,使江南的政治、社党的争斗、内讧更显波诡云谲。小说通过当时的一批知识分子,即所谓“士”这一阶层的性格状态,以及上至朝中权贵下至秦淮旧院、江南市井,再现了我国 17 世纪中叶尖锐复杂的社会矛盾,展示了一幅奢华腐朽走向衰败孕育新生的末世画卷。第二部生动真实地再现了南明弘光王朝的建立及其迅速崩溃的过程。农民军领袖李自成率兵攻入北京,明崇祯的突然灭亡给江南造成了巨大冲击和极度混乱。为江南半壁河山,拥立新君,以史可法为首的东林集团与以马士英为首的政治势力展开较量。政权内部的矛盾日趋尖锐,各派斗争惊心动魄,甚至爆发内战危机,直至清兵一举南下。第三部描写明朝残余势力在弘光王朝覆灭后,退守浙东地区继续坚持抗清及其最终灭亡的过程。在本部中,几个主要人物被命运驱上了不同的道路——黄宗羲毅然参加义军从事武装斗争;冒襄和董小宛成为颠沛流离的难民;钱谦益投降北上,柳如是则独自留在南京,各自经历了种种艰难曲折,最终又集结在抗清的旗帜之下。作为全书的大结局,第三部结构更加开阔,色彩更加斑斓,情节更加纷纭。其中正义与邪恶、卑鄙与崇高、野心与情欲、征服与反抗、腐朽与新生,种种人性也揭示得更加充分和彻底,使人沉浸于丰厚的艺术享受的同时,还可从“士”即知识分子阶层,做为文化守护者的职责和命运中,获得了更深的感悟和思考。(骆军)

I000311　**永不瞑目**　海岩著。作家出版社 1998 年 1 月版。35 万字。22.80 元。正面描写我国都市缉毒生活的长篇小说。小说既塑造了战斗在缉毒第一线的刑警战士的英雄形象,以及在他们身上体现出来的凛然正气、勇敢机智与献身精神,使人读后能对我们的社会产生一种坚实的安全感;又让人了解和感受到吸毒的危害性与可怕程度,给善良的人们敲响了警钟。小说的思想意义是极为深刻的。(袁敏)

I000312　**尘埃落定**　阿来著。人民文学出版社 1998 年 3 月版。29.7 万字。18.20 元。长篇小说。讲述神秘浪漫的康巴藏族土司制度在消亡前的故事:做土司的父亲在酒后有了我。我的母亲是汉人。人们都叫我傻子。麦其土司为了和别的土司争夺土地,从省府请来汉人军队。汉人军队帮助麦其土司打赢了别的土司,也给麦其土司带来罂粟种子。麦其土司因种植鸦片而空前强大。邻居土司为得到罂粟种子,不惜用人头换——奴隶们在抓到之前就把种子藏到耳朵里,被抓后他们要求被砍头、并把脑袋送回去。罂粟花火一样在别的领地燃开了。鸦片价钱一跌再跌。麦其家又改种粮食。恰遇灾荒年头,草原到处都是饥民。我和同父异母的哥哥为争夺土司位置也日渐彰显。麦其在南北领地的边缘各修了一个城堡,让我和哥哥去驻守、去较量。我在北方用粮食赚了许多钱,扩大了领地,还开了边地市场。而哥哥在南方连连征战,败得一蹋糊涂。父亲却要把土司的位置传给哥哥。解放军的炮声响了,土司们的城堡化为废墟。小说通过一个"傻子"的视线与命运,把聪明与愚蠢、情爱与仇恨、发展与消亡等现代性冲突讲述得新奇动人,在叙述上从容冷静,不动声色,以静制动,以柔克刚,在题材与文体,阴与阳,柔与刚,静与动之间形成一种极富美感的张力关系。(刘宇)

I000313 **回旋变奏** 黄砾明著。百花洲文艺出版社 1998 年 3 月版。45 万字。25.00 元。以改革开放为题材的长篇小说。作品展示了改革开放时期房地产开发业大起大落的图景。主人公华竑是一个颇具时代特色的典型人物。他曾是生活的弃儿,在改革大潮冲击下,历经千辛万苦,得到几位女性的帮助,从一个锅炉工起步,成为炙手可热的房地产大亨。他是改革开放商品经济的弄潮儿,又存在许多道德失范的毛病,从一无所有到身有万贯,从物质富有到精神贫乏,被人戏为"怪胎"。故事围绕着他与几位女友的外部世界和感情世界的关系展开,不仅有个人在商品大潮中的生离死别,成功与失败,幸福与折磨,真善美与假恶丑,文明正义与荒淫骄奢的强烈冲突,也有不见硝烟的商战、惊心动魄的反腐败斗争,以及新旧经济体制交替时各种观念的无情撞击。作品在表现主人公传奇式一生的同时,还塑造了世纪末中国社会各阶层人物形象,有正直的共产党员,坚持抓两个文明,取得成果,也有腐败分子欲海难填,终于身败名裂,还有新型企业家形象和打算下海的知识分子形象。这些人物均具鲜明个性和时代特色。作品故事情节大开大阖,跌宕起伏,正是中国 80 年代至 90 年代改革风云的缩影,是社会生活的真实写照。作者采用现实主义写作手法,艺术地真实地反映了社会生活。(李春林)

I000314 **传世之鼓** 李林祥著。浙江文艺出版社 1998 年版。关于人类生命繁衍以及生存竞争的长篇小说:在一个数代单传的家族里,为了血脉的延续,家族的男人们可以不惜祖祖辈辈打下的根基而迁徙,也可以为了自尊而自虐。家族的女人们更是不顾利益与名誉,前仆后继地奉献自己的青春,以换取男人们的生存与繁衍。作者揭示出中华民族顽强的生存能力,不屈不挠的牺牲精神,以及不可抗拒的生命力。

I000315 **血色黎明** 孙修文、邵长鸣著。宁夏人民出版社 1998 年 9 月版。30 万字。19.80 元。含 3 部小说。《魔窟谍影》描述混血儿艾少华自幼酷爱无线电技术,一个偶然的机会结识了上海秘密电台负责人常文海,后成为中共党员、电台技师;不久,奉命打入美军驻沪情报部,机智巧妙地战胜金钱美女的诱惑,取得美方信任,被授予美军上尉军衔,掌握了核心机密和"测谎器"的使用。故事真实、惊险、感人。《虎穴枪声》叙述新四军女战士彦云奉命抵沪,配合地下工作者江春海深入虎穴,斩恶除奸。战斗中两位年轻人产生了爱情。小说情节曲折有致,引人入胜。《血色黎明》描写一位国民党高级将领致力于国共合作,反对内战。决战前夕,毅然以国民党参谋总部中将视察员身份,深入前沿阵地,为解放军提供了重要情报,积极策反部队起义,不料事情暴露,惨遭杀害。小说情节紧凑,悲壮感人。(陈琢如)

I000316 **庆典** 王立纯著。作家出版社 1998 年 2 月版。20 万字。18.80 元。小说。围绕着北河县改市这一事件演绎出一个个动人的故事。为了县改市的庆典,在条件尚未成熟的时候,"新加坡宾馆"工程勉强上马。工程总指挥谷玎是一个既无文凭又无学历却有真才实学、踏实肯干的一个书生。从设计到资金,到施工到落成,他呕心沥血,长年泡在工地,厚着脸皮各处讨钱借钱。然而,具有讽刺意义的是,当新宾馆开业的时候,他却因衣着不整而被拒之门外。他忙里忙外,却落得如此下场,甚至他的家庭也差点儿因此而四分五裂,而他身边的人却提升的提升,发财的发财……小说在让读者领略北国小城的人情世态的同时,从一个侧面揭示了改革的艰辛与阵痛。(懿翎)

I000317 **守灵** 副名:飞鸟文丛。王以培著。鹭江出版社 1998 年 8 月版。8.4 万字。8.30 元。《飞鸟文丛》之一。作者以一种小说式的笔调,追述了自己 4 年象牙塔生活的心路历程,反映了 80 年代大学生在当代社会大背景下成长的一段既共通又独特的过程。(江金辉)

I000318 **许三观卖血记** 余华著。南海出版公司 1998 年 9 月版。17.5 万字。16.80 元。长篇小说。讲述了一个卖血的故事。作家余华以极大的温情和简捷的笔调,以及清晰见底般的明晰描绘了磨难中的人生；以无可奈何的悲恸形式表达了内心巨大的爱。是父爱，人性之爱，也是卑微之爱。书中许三观在为人父为人夫的50余个春秋里卖了4次血，在其卑微的生活中，许三观也做出了4次并非卑微的抉择。卖血，也许是许三观唯一可以选择的体面的自尊。在60年代的特殊背景下，许三观为了儿子，为了家庭而卖了4次血，很简单的故事，却使读者潸然泪下，使每一个阅读者品尝微笑中的苦涩。(杨雯)

I000319　**好风好雨**　侯钰鑫著。上海文艺出版社1998年12月版。42万字。24.00元。长篇小说。反映我国新时期农村整顿后进党支部，加强党的建设，促进经济发展的火热生活。古城县南湾乡党委书记阮大业一手遮天，欺压群众。一批很有生气的青年唐发根、何腊月等被迫远走他乡，另谋生路。县委书记陈志远选派年轻干部孙浩替换阮大业的职务。孙浩一上任就从减轻农民负担入手，提出了全乡经济发展的规划。但是，规划难以实现，原因在于阮大业留下的老班底乃至村党支部失去了战斗力，人心涣散。孙浩意识到，要发展经济，必须整顿党组织。他带领党委一班人，严厉惩处了为非作歹的村支书石成虎，在全乡开展整顿党组织的工作，树立正气，打击邪气。他又千里迢迢去海岛请已发大财的富商唐发根回家乡作贡献，逐步打开了南湾乡致富新局面。小说以农村基层党组织的优劣维系党的兴衰存亡为切入点，深刻地揭示了农村基层党组织建设的必要性和艰巨性，很有现实意义。小说以孙浩抓好党的建设，促进经济发展为主线，以唐发根、何腊月远走他乡，另谋生路，最终为家乡建设作贡献为副线，交叉进行，相得益彰。热情歌颂了何山贵、何正月、田柱子等共产党员模范形象，着力刻画了陈志远、孙浩、狗碰等一批为民谋福利的党的干部形象。时代气息、生活气息浓郁。故事跌宕起伏，语言生动活泼，可读性很强。(丁元昌)

I000320　**严歌苓作品系列**　严歌苓著。春风文艺出版社1998年10月版。139万字。118.00元。旅美作家严歌苓全部华语作品首次大陆版。共6册。《人寰·草鞋权贵》收入两部长篇小说，《人寰》以一个小女孩的目光，透视非正常年代父亲、贺叔叔、女孩之间的非正常关系，《草鞋权贵》由一个保姆的角度，描述了声名显赫的程将军一家的种种隐情。《一个女兵的悄悄话》是长篇小说，以文艺女兵陶小童弥留之际的内心独白，展示了一个淳朴、聪慧的少女在动乱岁月里如何以牺牲和扭曲自己为代价，得以“达标”和“成熟”。《雌性的草地》以六七十年代西南辽阔而荒芜的草地为背景，写草原放牧之传奇，荒唐岁月之非人，属知青题材，但又和一般的知青小说不同。长篇小说《扶桑》通过扶桑——一个上个世纪旅美的中国女子的种种遭遇及其和一个白人少年克里斯失之交臂的爱恋，塑造了一个美丽、忧伤的东方女性形象。《白蛇·橙血》、《洞房·少女小渔》均为短篇小说的合集。

I000321　**来来往往**　池莉著。作家出版社1998年8月版。11.3万字。12.00元。池莉第一部长篇小说，由同名中篇扩充而来。故事讲述了一个有过当红卫兵、上山下乡知青、回城工人、机关干部经历的男人康伟业，在改革开放年代又下海经商成了大款，他原来那有磕绊不幸福但也相安无事的家庭受到了商品大潮的冲击，妻子段莉娜不能跟上时代潮流，人变得狭隘庸俗，也不能给予康伟业应有的家庭温暖，康伟业身不由己地移情别恋，与一位年轻漂亮、聪明能干又风情万种的外企白领丽人林珠发生了一场摧肝断肠的爱情纠葛。但这场婚外恋经受不住现实生活的考验，林珠飘然离去，康伟业为填补精神空虚，与一位更年轻更新潮的女孩子结为游戏伙伴。不和谐不如意的婚姻仍在继续，康伟业对未来也很茫然，便与寻常人一样在红尘中来来往往……故事很平常，但池莉在平常中见奇崛，见深刻，她写我们熟悉的世俗生活，却不动声色地一层层揭开生活中遮遮掩掩的面纱，把我们常常忽略、漠视或不愿正视的某些生活真相和盘端出，让人直面真正的现实，进而体会到什么叫残酷。池莉用自己的视角和方式，把人际关系的真相写到极致，使得读者总感到池莉写的就是我们自己的生活。(林金荣)

I000322　**告别残冬**　邹月照著。中国青年出版社1998年12月版。27.1万字。17.60元。长篇小说。以新颖的角度直接切入90年代现实生活，通过鲜活而又极具个性的人物形象，展示了目前激烈的矛盾冲突和改革进程，其中也不乏作者对现实生活独特的思考。前市委书记鲁山东有两儿一女，大儿子鲁建国是东方红船厂的厂长，二儿子鲁援朝是市府秘书长，小女儿鲁小娅是市电视台记者。鲁山东对近来发生在身边的许多怪事感到匪夷所思。惟一的一座人民公园，要封掉建金融大厦；宏威公司老总邵坤，被人谋财害命惨死在W城；工厂濒临破产，鲁建国借钱炒股，为赚点儿钱发给工人过年，不料股市狂泻；鲁援朝为市离退休老干部们闹着要讨回房地产公司的集资款大伤脑筋，竟不得不设下肉弹陷阱；私企老板司徒伯伦谋划着收购东方红船厂，相爱多年的女友鲁小娅却得了性病……在这年的残冬，鲁山东一家、市各级离退休干部、现任市领导、司徒伯伦以及夫人、情人、三陪女、工人、记者等等，围绕着金融证券、炒楼集资、讨债还钱、并购重组、技改转产、游行请愿、离婚嫖妓、谋杀下套、市政家政、脑溢血、性病……当今所有能发生的各种事情，展开了交锋。小说通过错综复杂的人和事，深刻地揭示了现实生活中的矛盾冲突。同时，告别了残冬，预示美好春天即将到来。（骆军）

I000323 **我们都是泥做的** 海男著。百花文艺出版社 1998 年 4 月版。22.5 万字。15.00 元。长篇小说。主人翁水均伟是乌城一位事业有成的著名律师，但对工作的过分专注早已使他的婚姻变为一种麻木僵化的程式。染上爱滋病的电影明星芳沙在医院受辱，请水均伟为她办理诉讼。妩媚柔弱的芳沙唤醒了水均伟沉睡已久的对女性的感觉，同时也无意间把致命的毒素带进了他的身体。名模康温的出现，更使水均伟第一次体会到真爱的激情。水均伟的家庭和生命都因此而危机四伏。在经历了儿子的车祸、妻子的离弃、康温的得而复失等诸多坎坷之后，水均伟带着对生活的眷恋跃入了动物园的狮笼。作者将水均伟置入一个紧张、逼仄的境地之中，成为植物人，只有生命而没有生活的儿子，和已罹患爱滋病，生命即将完结的自己，迫使水均伟、也使读者对生命的意义、生活的本质作一拷问。跳跃的文句与思绪，对一些细微感觉独特、细腻、深入的把握方式，使全书呈现出浓重的个性色彩。（刘雁）

I000324 **每一颗星都照亮过黑夜** 白桦著。中国青年出版社 1998 年 8 月版。20.4 万字。17.40 元。长篇小说。作者根据他少年时期的亲身经历，用独特的书信体形式——写给远在海外的儿子的 22 封信，描写了半个世纪前，“我”的童年生活，“我”耳闻目睹的家族命运和周遭人群的悲剧结局。鲜活的人物个性和悲剧性氛围的渲染，是这部长篇小说的最大特色。这位著名老作家的新小说力作，一如他往日的创作，率直、热烈、浓郁，更弥漫着一种怀旧与伤逝的人生感悟：人不过是一根苇草，但是一根能思想的苇草。（吴晓梅）

I000325 **沉雪** 李晶、李盈著。作家出版社 1998 年 8 月版。29 万字。15.00 元。长篇小说。女知青孙小婴性格柔弱，胆小怕事，内心敏感。她 16 岁到黑龙江生产建设兵团某砖瓦厂，若干年后被选送为工农兵大学生。本书以她疲惫的视角，展开有关青春、记忆、岁月、生命的回想。（杨葵）

I000326 **张曼娟作品系列** 张曼娟著。春风文艺出版社 1998 年 10 月版。99 万字。85.20 元。共 6 册。长篇小说《我的男人是爬虫类》是作者长篇处女作，由一名叫蝴蝶的女性的 19 封情书精心构成，描写了一位善良、清纯的知识女性对爱的渴求。《火宅之猫》写青年心理医生齐大夫与孤苦无依的美丽病人亚咪结婚，后来亚咪成为著名的漫画家，齐正在为做名女人的丈夫苦恼时，亚咪突然失踪。小说表现了现代青年在都市生活中焦躁的情绪、无助的压力、反常的心态……《海水正蓝》为短篇小说集，题材多集中于爱情、婚姻、亲情。《鸳鸯纹身》为中短篇小说集，收入 9 个古典传奇爱情和 5 个现代爱情故事。散文集《人间烟火》、《缘起不灭》表现了作者细腻的情感。张曼娟，生于台湾，东吴大学中系毕业，先后获硕士、博士学位，作品多次在台湾获奖，是台港地区影响巨大的畅销书作家。

I000327 **雨季情结** 李连俊著。沈阳出版社 1998 年 7 月版。32 万字。22.80 元。长篇小说。辽河平原沃野千里。在商品经济的大潮中千帆竞渡，气势恢宏。然而，那些商潮中“搁浅”的小村也同时成为奉西市农村的另一种风景。市委组织部副部长向红辰按市委指示包村扶贫。她在这里曾度过 5 年知青生活，这里有她初恋时的男友，有给她多方呵护关怀的乡亲，有她组织栽下的果树，她重又陷入了小村恩怨纷争的故事。一切都变了：当年大公无私的带头人蜕化成贪赃枉法欺男霸女的土皇帝，当年任劳任怨的劳模是今天的特困户，当年的“罪犯”成了百万富翁。村民们开始闹事、拒纳税不交粮，赶着马车浩浩荡荡地闯进市政府……一切似乎又没有变。在这个多雨的季节，向红辰发扬党的优良传统和作风，带领全村干部群众重新启航。生死关头，考验了共产党员，也净化了人们的心灵，小村终于步入先进行列。向红辰也毅然决定与她二十多年前的男友结婚，成为小村中的一员，风雨同舟……（任冬菊）

I000328 **牧铃少年小说系列** 副名：磨难 险滩 绝境 惊涛。牧铃著。湖南少年儿童出版社 1998 年 8 月版。56.1 万字。35.80 元。4 册。作品大部分取材于悬崖峭壁、河陡水急的大自然，或贫困落后、劳动繁重、正值革新换貌的山村生活。作者塑造了许多在特殊环境下成长中的少年形象。《磨难》就是写十四五岁的湘子如何与愚昧、落后抗争，如何以九死一生试制蛇王丹，使生命如小蛇在蜕变的痛苦中获得新生。《险滩》写少年茧子如何与激流拼搏。《绝境》讲述了一少年由于坏人的引诱，走上了赌博的犯罪道路，被罚到一木场劳动改造。在那里，他目睹了伐木工人的吃苦耐劳精神，受到感动，最后终于重新做人，改过自新。《惊涛》写几位中学生在艰苦的湖区锻炼成长等等，无不塑造了与逆境抗争，和大自然拼搏，一个个铮铮铁骨的少年形象。作家注意在险峻奇特、惊心动魄的情境中写人，同时也重视在内涵深刻的细节中塑造人物。在语言上，有的天然去雕饰，给人返璞归真之感，有的为了渲染情境，其浓墨重彩之词也很精彩。作家牧铃长期扎根山区，以出色地反映山区少年生活而独树一帜，是近几年冒出来影响颇大的著名儿童文学作家。已出版儿童文学专集《男儿十五》、《第四奇迹》等十来部作品。（杨实诚）

I000329 **卑微的神灵** ［印度］阿伦德哈蒂·罗易著，张志忠、胡乃平译。南海出版公司 1998 年 6 月版。28.5 万字。23.00 元。长篇小说。印度女作家阿伦德哈蒂·罗易的处女作。这位 37 岁的女子，出手不凡，第一部小说就得到了 1997 年英国布克(book)小说奖的提名，并且最终赢得了该奖项。本书是一部带有强烈自传体色彩的小说。可以说，它的女主角就是作者本人的化身：亮丽、坦率，不甘受闭塞恐怖的传统束缚，具有叛逆性格，代表了新印度的精神。书中讲述了一个叙利亚基督教家庭的悲伤故事，它以一对孪生兄妹的成长历程为经纬，透过这对兄妹的叙述，呈现了现代印度的世俗人情、社会和文化，探讨了种姓制度，共产主义和女性问题等社会问题，分析了那些既古怪又可怜的人物身上体现出来的偏狭、妒嫉和社会偏见。本书为我们提供了真正的诙谐与幽默，而此种诙谐与幽默是建立在直觉和心灵上的，它表达了小说的趣味和智慧。同时，本书还为我们揭示了“头脑”和“心灵”的平等。它把那些最深刻最细小的个人情感用庄严的语调叙述出来，又将令人恐惧的人物命运用轻描淡写的缓慢手法带出，体现了真正的悲剧性的艺术。它能使人发笑，但最终又使人流泪。（杨雯）

I000330 **闹市里的新百姓** 阿布都热合曼·卡哈尔著。新疆人民出版社 1998 年 7 月(维吾尔文)版。25 万字。19.60 元。长篇小说。主要体现党的改革开放政策对当今人民精神世界的深刻影响。故事情节为：生活上找不到出路的一位年轻妇女从一个小镇来到繁华的乌鲁木齐，靠身上仅有的几十元钱开始做生意。在此过程中她遇到他人的排斥和歧视，甚至遭到一些坏人的诱惑。但这都不能动摇她的坚强意志。最后她靠自己的努力成为一位有钱人。但成为有钱人后，她不光顾自己，还帮助那些生活上无依无靠的老人和一批吸毒年轻人戒毒重新做人。虽然爱情遭遇到不幸，但她仍顽强努力，决不向命运屈服。（苏里坦、阿西木）

I000331 **细节** 卢新华著。作家出版社 1998 年 12 月版。12.8 万字。12.00 元。一个外号称为“细节”的中国文化人在美国会过一种什么样的生活呢？本书运用或调侃或嬉戏的笔调，描写了他在地铁车厢内闲极无聊地研究“屁股的语言”，在英语课上被称为“睡觉先生”，从笼中的白鼠悟出人类生存的窘状，乃至创立注重细节的“糊涂教”。最后“细节”死于车祸，恰恰正当他升任某中文杂志的主编，在美国置下了自己的房产之时，而本书却赋予喜剧性结局，先是描写“细节”的嘴角“忽然抽动了一下，浮起了一丝淡淡的笑意”，然后又借用作品中人物的嘴说出：“一个人在一种忘我的审美境界中，毫无痛苦、毫无预感地突然去了，兴许是一种‘福分’呢。”这种处理方式使全书风格协调，人物性格统一，透露出一种悲天悯人式的大彻大悟。作者卢新华在复旦大学中文系读书时曾以短篇小说《伤痕》轰动全国，从而开创了“伤痕文学”的先河。本书的发表和出版恰逢中国改革开放 20 周年，也是作者去美国 12 年之后出版的第一部作品。（杨德华）

I000332 **城与夜** 乔雪竹著。上海文艺出版社 1998 年 1 月版。40 万字。21.00 元。小说反映深圳初创期生活。80 年代初，普卯和宁黛这对素不相识的男女，在这座刚刚崛起的城里偶然相识，结下了一段生死恋情。年轻好学的宁黛经文坛名流的引荐，从北京来到深圳《风云》杂志社供职，潜心文学创作。她的出现，吸引了普卯的视线。普卯想方设法接近宁黛，并获得她的好感。雄心勃勃的普卯屡创奇迹，组建了实力雄厚的烽火集团。他的成功除了自己的努力，还借助亲属的鼎力相助。他的妻子郝雁北、姐姐普扫、内弟媳季惠霞均非等闲之辈，都是他的坚强的后盾。当然，他最大的后台是岳父、老干部郝再然。《风云》杂志曾经为烽火集团的辉煌摇旗呐喊，也最终导致了烽火集团的殒灭。导火索是《风云》杂志社的朱丽叶被普卯的内弟媳季惠霞杀害，愤怒的《风云》向烽火集团复仇。但最终使普卯自尽的却是他挚爱的宁黛。宁黛向中央告发了他们贪污受贿的犯罪材料，使这伙罪犯受到严厉的惩罚。小说笔锋犀利，大胆揭示特区建设中深层次的问题。人物性格鲜明，女人尽其美，男人尽其刚。深圳特区初创期的生活气息、时代气息扑面而来。情节跌宕起伏，扑朔迷离，具有很强的可读性。（丁元昌）

I000333 **故乡面和花朵** 刘震云著。华艺出版社 1998年9月版。199.9万字。118.00元。当代文坛“新现实主义”作家刘震云的又一部长篇，是20世纪的中国文学在纯粹意义上最长的篇什和最广阔的画卷。共4卷。第一卷、第二卷是前言卷，第三卷是结局，第四卷是正文。前言和结局写的是成年人的三个梦魇和归宿，正文写的是一个少年对一个固定年份的深情回忆和顾盼。三个成年人的梦异常深重，被梦魇压得喘不过气来，少年的梦则是对成长过程中固定一年的深刻回忆，试图打通个人情感和一个非现实非经验的领域，并有现实性的情感插页。语言和艺术的特色是：用荒诞和黑色幽默的写法及多样性的语言张力，表现形形色色、不同阶层人士的心态及其相互间的各种复杂关系，并在这种空间感受中回到了“故乡”，看到了奇异的花朵，情节委婉曲折，想象力奇异。该书被文学界誉为“1998年中国文坛最大的盛事”、“使沉闷的文坛出现了刘震云奇观”并“给20世纪的中国文学画上了一个圆满的句号”。（孔德骐）

I000334 **南方有海** 范玲著。青海人民出版社 1998年4月版。36万字。19.80元。长篇小说。以某特区在改革浪潮中的商场风云为背景，以几个外来打工妹在浪潮中拼搏为主线条，作者大胆而细腻地描述了她们在生活和情感上的纠葛，从而揭示了商品经济无时无刻都在冲刷着人们旧有的观念，人们不得不重新估计自己的人生价值和责任，展示了爱情、婚姻、家庭、社会之间的复杂性。莎丽深爱商场悍将森泉，而森泉只把她当成商场上最有杀伤力的武器。她痛定思痛后另起炉灶，泼辣勇敢、聪明精干的莎丽不再为情所困，在事业上披荆斩棘历经几番沉浮，终于成了商场女强人。秦雯雯和森泉一见钟情，充当了“第三者”，她只叹情深缘浅，欲罢不能，徘徊在道德与情欲之间……农村姑娘阿兰，堕落为“三陪女”……沦为“二奶”的音乐学院高材生如梦，用自己的生命为自己谱写了一曲挽歌……作者以外来妹独特的视角和女性细腻的情感，描述了外来妹这一社会现象，发人深思：什么可为，什么不可为。（王绍玉）

I000335 **虹霓** 余松岩著。中国青年出版社 1998年12月版。43.5万字。26.30元。长篇小说。以广东珠江三角洲地区改革开放以后的生活为背景，章凤君的丈夫曾一璞带着当年与他一起逃港的情人乔芳珠回家乡昌隆镇投资办厂，而含辛茹苦和儿子生活的章凤君与曾一璞彻底决裂，并凭着她的勤劳和聪慧创办了自己的企业，与乔芳珠成了商战中的对手。两个女人，商场上，各显神通；情场上，各显风骚。而万棣斌、曾一璞、郭斯昶、黄衍良、卓弘仁等几个男人纠缠其中，情缘不散，恩恩怨怨，更是一时难以说清。小说在细腻地描绘珠江三角洲风情的同时，对男女情感描写也有特色，既有真爱的风采，又有肉欲的骚动。小说注重矛盾冲突，好“戏”一环紧扣一环，充分揭示出人性的各个层面，增强了作品的可读性。小说通过一系列主要人物，在乡村兴办企业，勇敢地参与市场经济的激烈竞争，再现了改革开放的十几年来的生活历程、发展历程、思想历程，再现了人们对物质生活的需求使改革成为了一种必然，而开放的政策改变了人们的思想观念，解放了生产力，进一步满足了人们对物质生活的要求，促进了社会的全面进步这一历史事实，具有一定的思想深度。（骆军）

I000336 **重工街柔情** 木青著。百花文艺出版社 1998年2月版。27万字。18.00元。长篇小说。通过松江市重工街上的一户“世袭产业工人之家”和这户人家赖以生存却仍处困境的一个大厂，以及由此辐射到一个社会层面的具有各种文化层次的人们，如何面对改革开放，市场经济这一新鲜事物，又是怎样参与进行的这场不见硝烟的、转变观念的世纪之战的；它从另一角度折射出国有大中型企业的厂长、干部、工人们苦苦挣扎的心理因素。（董今生）

I000337 **将军镇** 陈世旭著。上海文艺出版社 1998年12月版。27万字。16.50元。长篇小说。描绘本世纪70年代中期至90年代中期“小镇人”生活的风俗史。书中的“小镇”，处在中国当代社会发生极其剧烈的动荡与变革之中，已经远不是地理意义上的那个江南小镇，而是一个有着广阔的社会背景、丰富的历史内容、深厚的文化底蕴的艺术载体，一个国家一个时代的侧影。小说的中心事件，一个是前半部的“文革”时期以“八字头上一口圹”为中心，一个是后半部的“改革”年代，以李八碗农工商联合体为中心，这两个中心恰好又构成了一个时代、环境以及人物变与不变的总体。全书共23章，几乎每章都是独立的人物传记，而各篇之间又存在着密切的联系，起着彼此烘托、相互辉映的作用。全书30多个人物，大都被刻画得性格鲜明，其中除老将军那样的英雄人物外，更多的是写了如小丁、老杨、余自悦、西湖大姐等那些小镇中的平凡人物。这些人物性格造成的氛围逐步积聚，构成一个小镇的总体形象，一个可以触摸的艺术实体。作品在文体、结构上，回避了一般平庸的正面写实，以辛辣讽刺和尖锐剖析的文笔，通过对一个个具体人物命运的描述，使各个片断的历史连缀成一道斑驳陆离、亦庄亦谐、亦喜亦忧的时代风景，显示了作者对社会历史进步的深刻的忧患意识以及通过对生命的悲悯与对社会、历史的忧患所凸现的批判精神。(张森)

I000338 **活着** 余华著。南海出版公司 1998 年 5 月版。12 万字。12.00 元。作家余华的一部力作。通过福贵一家跨越新旧时代的经历，写出了人对苦难的承受能力，对世界乐观的态度。同时，它讲述了一个人和他命运之间的友情。因为他们互相感激，同时也互相仇恨，所以他们谁也无法抛弃对方，谁也没有理由报怨对方。他们活着时一起走在尘土飞扬的道路上，死去时又一起化作雨水和泥土。书中虽然讲的是关于死亡的故事，但也会让人去理解活着的意义。(杨雯)

I000339 **突出重围** 柳建伟著。人民文学出版社 1998 年 11 月版。41 万字。25.00 元。长篇小说。西南某集团军为检验甲种师 A 师的训练成果，组织了一场一个师围歼一个团的常规战术演习。陆军学院教官朱海鹏和不甘当配角的 C 师师长常少乐，擅自改变了预定计划，使用战场微波监视系统，使 A 师演习指挥所被歼，师长黄兴安等当了"俘虏"。此事在军区上层引起强烈震动，上下痛感科技强军、质量建军已成重中之重。朱海鹏提出组织一次装备高科技部队的 C 师与甲种师 A 师间模拟现代局部战争的大演习，得到即将离任的军区副司令员方英达的支持。A 师一团团长范英明和朱海鹏分任红、蓝军司令。一场无导演的现代化大演习在西南两千平方公里的区域拉开了帷幕。演习中，代表目前中国军队主体力量的满编甲种师——红军因指挥员个人私欲导致的权力争斗以及战争观念陈旧等等原因，屡战屡败。作品勇于正视现实中的种种矛盾，深刻地揭示了中国军队在 20 世纪末世界军事、政治、经济、科技发展的格局中所面临的严峻的生存挑战，全方位地表现了当代军队的现实生活，歌颂了当代军人在技术落后、观念陈旧、名利冲突、市场经济包围的重重困境中最终杀出一条血路的英雄主义气质。为当代军事文学对和平年代中国军队的描写重归战争主题作出了贡献。(知子)

I000340 **神示苍生三部曲** 副名：红尘·伤舟·积垢。映泉著。长江文艺出版社 1998 年 4 月版。102 万字。共 58.00 元。长篇小说。由《红尘》、《伤舟》、《积垢》3 本组成。寓意在于苍生的不由自主。而这神，乃是百川归海的大趋势，不由你不动；也是似近却远的灯塔，让我们难顾风雨，同朝那一方向奋进。第一本《红尘》，说的是今天的人间烟火。山姑彩云为逃婚从云雾山中来到举目无亲的大城市，得到白丽的帮助，进而结识市府宋秘书……凭着她的聪明、智慧，甚至肉体，接管了港商金老板在大陆的财富，成为大红大紫的女老板。然而，既是红尘，便不那么纯正。第二本《伤舟》，顾名思义，受伤之孤舟。正当彩云的事业如日中天之时，一个个打击接踵而来：金老板死了；他的儿女们要分割财产；她的男友朱老二持刀伤人……这一切，逼她被判两年刑，监外执行。她不得不回到生她养她的云雾山中。在这里，当知道自己的亲生父亲是谁时，她的心似乎受到更大的伤害。第三本《积垢》，是社会的尘垢，也是观念思想上的杂质。彩云又回到城里，带回了很多的农村资源，然而，她在城里的事业却遭到挫折，妹妹彩石险将她的公司被人骗走。而帮彩云夺回财富的，是她的亲父亲、白小姐，以及过去的一帮穷朋友。(张正平)

I000341 **桃儿杏儿** 林希著。作家出版社 1998 年 1 月版。22 万字。20.50 元。作者林希是天津作家协会专业作家，以写天津地域小说见长。该小说描写天津阔绰的侯家大院在民国时期发生的一段如歌如泣的往事：桃儿和杏儿是侯府的两个丫环，"我母亲"嫁到侯府后，桃儿和杏儿贴身侍候左右，成了"我母亲"的贴心人。这时，发生了"我老爸"与"我奶奶"的义女周燕芸勾搭上的事，侯家由此乱成一锅粥……先是"我芸姑妈"认识到"人心不古"，含悲而死；"我爷爷"也因"我老爸"误作出有辱家门的事撒手西归；豪门大户终于走向衰落，桃儿无奈出家做了尼姑，杏儿到了乡下，不久病死……这部小说通过对不同身份、地位的女性形象塑造，歌颂了女性身上传统的美德，并揭示和批判了旧时代对人性的扭曲，描画出一幅旧时代贪吝、冷酷、无情无意、欺诈勒索等世态众生图。小说风格上舒缓如行云流水，文字俏皮生动。(白联国)

I000342 **校园先锋** 李自人著。大象出版社 1998 年 4 月版。30 万字。13.00 元。直面我国当前普通教育存在的问题，把应试教育与素质教育这对难题作为全书的主线，除成功地塑造了青年女教师南方的典型形象外，还匠心独运地刻画了汤校长、南一民、汪主任、夏老师以及代祖玲、黄甫、刘少勇、郭路城、常小文、徐义、张端、朱小等一批中学生的集体群像。(王晓宁)

I000343 **夏末秋初** 刘新华著。沈阳出版社

1998年1月版。23万字。18.00元。长篇小说。当年在一个青年点下乡的几名知青，二十几年后都担任了领导职务。在现实社会的舞台上，他们是理所当然的主角。作品由此展开故事，组成了人物间各种历史的、现实的关系。既限定了生活背景的同一性，又将一个相当尖锐的政治问题包容在友谊、亲情、恋情、真理与谬误，纯真与邪恶之中。在组织故事的过程中，作者还真实地再现了当今的种种现象：有经济的、也有政治的，有社会风气的、也有日常生活的……作者由此形成的创作主旨，超越了对改革是否首肯的初级阶段，进入了纵深过程的更加切实深入的思考。作者也是当年的下乡知青，他用作者的平常心，结构故事，展开矛盾，在广阔的社会背景下，叙述人物身世，展示他们丰富复杂的内心世界，刻画了一群有着鲜明时代印迹的有血有肉的人物。作品具有较强的艺术感染力和可读性。（任冬菊）

I000344 **谁比谁傻** 赵强、王俊著。作家出版社 1998年1月版。28.8万字。19.50元。讲述各类策划人如何在商战中运用智谋、出奇制胜地策划产品、策划金钱与策划情感的现代企业经营故事。故事的主人公朱联学和付从之是中国策划界两位顶级大师。朱凭借其"装修长城"的策划一举成名，正当他声名如日中天时，遭付设计陷害，功亏一篑，逃窜天涯。几年后，朱联学化名重回北京，在暗中遥控了一场与已成策划界领袖的付从之对头厮杀的"花粉大战"，将付彻底击败逼疯，报仇雪恨。但没想到，付竟然是他异母兄弟。与此同时，第二代策划人青出于蓝，迅速超越产品、市场层面，直逼资本策划；另类策划人更以其红粉之躯，精心专营一场绝大的策划……作者曾被有关部门推选为"中国十大策划人"之一。本书是他和同行们真实生活的写照。（刘方）

I000345 **娲魂** 岳恒寿著。花山文艺出版社 1998年7月版。27万字。15.00元。长篇小说。太行山中部的东浮山，是远古传说中女娲氏炼石补天的遗灶。坐落此山的娲皇庙，娲皇与释尊并供，万民朝拜，香火不绝。抗日战争中，日寇炮轰了娲皇庙。突如其来的劫难，改变了庙里和尚的命运：圆聚绝食而死；云宝娶妻还俗；圆洪独守残庙，宁死不走；小和尚修寰却走上了参军抗日之路，由一个不开杀戒、恪守清规的佛门弟子，转变成以血还血、以暴抗暴的杀敌勇士。他寻杀汉奸，组织越狱，陷入情网，独闯虎穴，最终解开了日寇毁庙之谜。本书融远古神话、女娲文化、佛教文化、血腥战争、生死恋情于一炉，是一部注重人性审美，弘扬民族正气，具有独特文化内涵的作品。

I000346 **眺望人生** 何顿著。作家出版社 1998年4月版。45万字。28.00元。长篇小说。介绍1964年湖南长沙一批家庭出身不好的初中、高中毕业生，受到"海阔凭鱼跃，天高任鸟飞"的宣传蛊惑，怀抱理想纷纷到湖南边陲江永县插队落户，他们怀抱着改变农村落后面貌的理想，充满激情地成立了知青组织，开创了"共产主义"小农场，然而他们的出身注定了他们的失败。在那个左字当头的年代，他们的父母被视为历史反革命分子，他们被划分到黑五类的行列中遭到歧视，他们成立的"红一师"造反组织被定性为反革命组织，他们成立的共产主义知青农场被定为反革命的瓦岗寨而遭到农民造反军的"围剿"。他们的理想破灭了，爱情也屡遭挫折，成份的阻隔，使农村干部乘虚而入，爱情成了远方的风景，生活没了着落。回城让他们发疯，城市户口在那时成了他们奋斗的目标和梦寐已求的东西，以致闹出了一幕幕作践自己的悲剧。但尽管他们牺牲了青春，甚至牺牲了生命，但在改革大潮中，他们仍然有着历史付诸他们的强烈责任感。该书通过两代人的生活，追问人生，追问历史，具有历史的真实感和厚重感，耐人寻味。（王淑丽）

I000347 **甜月亮** 周洪著。花山文艺出版社 1998年2月版。31.2万字。15.00元。长篇小说。离别校园已十年的一群青年，竟然又梦幻般地回到了渴盼已久的高等学府。他们当中有的已步入中年，为人父母；有的却刚刚中学毕业，初萌浪漫情怀。他们当中有的父母没有平反，夜夜失眠；有的自己还戴着"现反"的帽子，小心翼翼。他们的校园生活是怎样的呢？在美丽的首都北京，在美丽的大学校园，七八级的大学生们读书学习，讨论思考，联诗对句，恋爱旅游……如诗如梦的四年大学生活后，他们离开了学校，走上了社会，等待他们这些"天之骄子"的又将是什么？本书用清新婉约的笔墨对七八级大学生的理想、抱负、情感、生活进行了生动细腻的描述，真实地反映了七八级大学生历经磨难的坎坷经历与奋斗崛起的精神风貌以及那个拨乱反正时代生气勃勃的特点。

I000348 **第二十幕** 周大新著。人民文学出版社 1998年7月版。94.2万字。65.00元。长篇小说。3册。以中原古城南阳一丝织世家的兴衰沉浮为主要线索，描写了百年来中国社会历次重大事件对人们思想观念及行为准则的影响，通过对尚家、卓家、晋家、栗家四大家族不同人物命运遭际的叙述，折射出深层次的生活哲理和人生走向。男主人公尚达志自幼禀承祖训,发誓弘扬丝织祖业,要织出举世闻名的"霸王绸",为了这一目标,他不惜割弃了心中的爱情,让所爱的女人沦为别人的小妾,而且卖掉了自己的亲生女儿为人做童养媳,然而一次次残酷的命运打击,一次次的理想破灭,终使他壮志难酬;他的儿子立世、孙子昌盛接手他的事业,也是屡遭变故,在不断追求中苦苦挣扎。小说对于军阀混战时期的世态民生,对于抗战时期日寇的横暴凶残,对于公私合营时期的经济变革,对于文革时期的乖戾场景,对于改革开放时期的光怪陆离现象,均作了活生生的描绘,为历史的流程补上了艺术的注脚。书中塑造的尚达志、盛云纬、卓远、栗温保、草绒、尚昌盛、曹宁贞等形象,无不栩栩如生,而且结构恢弘严谨,语言精致流畅,情节发展曲折跌宕,具有较高的思想性和艺术性。(非文)

I000349 **假装是一次偶然** 素素著。上海文艺出版社 1998 年 11 月版。13.6 万字。12.00 元。90 年代以来,以写作"小女人散文"著称的素素,拥有众多都市女性读者。该小说即她从散文写作转入小说写作后的第一部作品,被收入"故事会图书馆文库·当代创作系列"。小说由 5 个相对独立的故事组成,分别叙述了 5 个白领丽人的情感经历:她们有的为了追求刹那的情感冲动而背叛现实的婚姻;有的为了一个爱的承诺而进行命运的赌博;有的陷入爱的迷宫无法自拔;还有的被没有结果的爱伤害得鲜血淋漓……小说由此展现了现代社会中复杂多样的爱情模式,揭示了都市人对爱情婚姻主题的种种认识,投合了都市女性的阅读兴奋点。小说整体呈现串珠式结构,5 个故事既相对独立,又通过主人公之间互为公司同事的关系设置而整合成一体。这种散漫却有序,分中有合、合中有分的结构,使读者可以不受通常贯穿全篇的情节线索的限制,随意成篇,符合生活节奏较快的都市人的阅读习惯。小说另有一个特点是运用散文化的笔法,随意道来,海阔天空,在小说叙事中又大量穿插各种世界时尚信息,看似淡化了小说这种文体特征,实际上却从另一个角度增强了作品的信息量和可读性。(谢锦)

I000350 **欲望之船** 远山、纯晖著。百花文艺出版社 1998 年版。29.6 万字。18.50 元。长篇小说。故事发生在东南沿海一座有着走私源头神秘色彩的开放城市。在经济繁荣的背景下,人的私欲极度膨胀,使传统道德日渐崩溃,铤而走险的走私贩毒之风愈演愈烈,祸及许多无辜家庭,就连缉私委员会主任方国雄的家庭也难逃厄运:方国雄被利诱、胁迫,女婿叶平陷入圈套,身负巨债,又被挟迫贩毒,有家难回,种种遭际导致姐妹成仇、兄弟互殴、父子反目、夫妻决裂、家破人亡,几个家庭的悲剧同时展开……作品将笔触深入到各类人物的心灵内部,刻画出方国雄、陈嫣、叶平等一群个性鲜明的人物形象;且在一种悖论式的尴尬中,游刃有余地制造悬念,不紧不慢地展开情节,以一种新的生活场景来突出语言的画面感,给人以阅读的快感。(闻树国)

I000351 **情人时代** 李春平著。百花文艺出版社 1998 年 5 月版。27.8 万字。18.00 元。故事叙述的是在商品经济发达的时代里的种种情人现象。本书中的主人公阿伟、肖平等把情感撒落在茫茫人海中,然后又去竭力地打捞和寻觅。金钱作用下的情感变味、商业运作中的性别介入与多重价值观念互相撞击下的婚姻危机,解构着关于"爱情"的原型结构和两人世界的传统格局。阿伟们在情感的迷宫中不时迷失着灵魂、青春和人生。人性的弱点与光泽在此共生同处,时刻叙述着一个善与恶、情与爱、灵与肉的对抗、冲撞与搏斗的主题。虽然作者在本书的叙述过程中不惜用重彩浓墨描述了两性之间的多种"情感"现象,但本书决不是一部一般意义上的所谓"言情小说"。现实主义的叙事技巧使作者巧妙地避开了性描写的烦琐宣泄,而把笔力集中在"情人现象"频频出现的时代、社会现实的观照上。作品试图通过情人时代的描述对当代社会中的情人现象提供一个新的认知视点。(卢永裕)

I000352 **最新女性情感系列丛书** 戴小华等著。百花文艺出版社 1998 年 9 月版。55 万字。46.50 元。包括 5 部小说。分别为《火浴》、《天空没有颜色》、《玫瑰谷》、《秋殇》、《圣光》。作者有马来西亚华人女作家戴小华,有近年在国内连续获奖的著名女作家赵玫,有以独特风格步入文坛,日益引人瞩目的青年女作家方敏、冰人、宋安娜。作品的思想内容新潮独特,故事情节悬念迭出,人物形象活灵活现;而且能引发读者对现实生活的某些方面作深层次的思考,体味或领悟出一些人生的哲理。其艺术手法亦新奇别致,或跨越时空如魔如幻,或情理交溶如泣如诉,或灵肉升腾如诗如画。

I000353 **蛙鸣** 陈玉谦、曲晓平著。黑龙江少年儿童出版社 1998 年 5 月版。22.9 万字。15.00 元。反映我国北方少数民族达斡尔族当代现实生活的长篇小说,且又是一部儿童文学长篇作品。在我国北方扎恩达勒草原,达斡尔族少年乌迪和他的伙伴德娜恩、沃占柱、敖布库等，在老师、科学家和长辈们的呵护下，为了保护生态环境，发展绿色食品事业，成立了爱蛙小组，建起了养蛙池塘。达家娃子们为了爱蛙受辱，为了护蛙结怨，为了寻蛙探险。他们伴着猎犬，架着雄鹰，跨着骏马，迎着暴风雨，夜闯古战场；有的跌下陷阱，有的误入沼泽，有的遭遇毒蛇，有的险进狼口……终于越上蛙鸣山，找到“青蛙国”，演义着一个又一个惊心动魄、感人肺腑的新故事，谱写出一曲又一曲机智勇敢、团结友爱的新赞歌。（姜在心）

I000354 **新市民小说集林** 沈嘉禄等著。上海书店出版社 1998 年 3 月版。120 万字。72.00 元。包括沈嘉禄《寒夜醉美人》、陈丹燕《晾着女孩裙子的阳台》、唐颖《丽人公寓》、徐蕙照《闺情少人知》和潘向黎《无梦相随》5 部小说，书中反映的是都市人丰富多彩的生活，或写大学生在学业和恋爱上的情趣，或写白领丽人的无奈和失落，或写独自在异国他乡的女子的感情波澜，或写青年男女家庭生活的冲突和幽怨，或写回沪知青、外来妹、报社记者……的迷茫和奋进。这一幅幅市民生活的风俗画，展现了都市生活的众生相。（郑晓方）

I000355 **漂过女儿河** 老臣著。辽宁少年儿童出版社 1998 年版。25 万字。14.50 元。农村少年题材的长篇小说。讲述了辽西女儿河畔的一群中考复读生为追求人生理想而不懈努力的动人故事。在安昌农中，复读的少年们走过了一段闪光的人生历程：曾为救人而误了中考的卫明震埋头苦读，只盼着“能考上个啥”以解家境的困顿；被父亲包办订了婚的卫明环只盼着通过中考来找到自己的生活出路。但当他们历尽艰辛得到了录取通知书后，面对为救助学生而献身的校长赵老头儿的坟墓，发出的心愿却是“有一天，能够为人师表的时候，将去教育土地的孩子”。而只为不挨老爸的骂，到农中来混日子的马三儿，在洪水骤起的生死关头却表现出了正直勇敢的品格；一向自私的何欢，在漂过女儿河的那一瞬间，则为自己的妒忌偏狭感到了深深的痛悔。女儿河，一条青春的河，她哺育了纯真质朴的辽西少年。小说富于浓郁的乡土气息，讴歌了鞠躬尽瘁的教育工作者，也鞭挞了腐蚀社会的丑恶现象。（张雨门）

I000356 **额尔齐斯河潺潺流淌** 夏木斯·胡马尔著。新疆青少年出版社 1998 年 5 月（哈文）版。20 万字。18.00 元。讲述了在为阿勒泰地区牧民定居工作做贡献过程中，主人公叶尔肯、阿合拜、霍拉拜和叶尔肯的堂姐等一系列家庭对定居生活认识的转变过程，表现了哈萨克人民在历代相传的游牧生活中形成的传统文化的利弊以及定居生活所带来的新文化对传统思想的冲击。作者力图表现哈萨克族牧民的价值观，与自然界的关系，信仰等以及改革开放给他们带来的冲击和机遇。（金锐）

I000357 **鲁迅（上下）** 陈平著。江苏文艺出版社 1998 年 4 月版。90 万字。58.80 元。反映伟大思想家、文学家鲁迅波澜壮阔一生的长篇小说，全景式地展示了鲁迅从一个破落户子弟成长为中国文化革命主将的辉煌历程。对鲁迅一生的许多“公案”重新进行了梳理，对一些有定评的人和事提出了新的见解，将鲁迅作为普通人的一面表现出来。（黄小初）

I000358 **寻找支点** 张国擎著。江苏文艺出版社 1998 年 5 月版。35 万字。22.00 元。长篇小说。主人公章工，在改革年代被推上常务副厂长的岗位。面对工厂的困境：当权者明争暗斗、许多工人待业下岗、车间的小法人各自为政、工厂的蛀虫大肆鲸吞国有资产……同时，新婚伊始即尝苦果，情感的纠葛使人撕心裂肺。这一切，都使心存高远的章工在社会这张大网中要寻找左冲右突的有力支点。他与顶头上司周旋斗智，与腐败分子冰炭不容，他要推行现代企业制度，他要追求心灵的圣洁与温馨……（吴星飞）

I000359 **寻梦三千年** 李心田著。江苏文艺出版社 1998 年 4 月版。22 万字。15.00 元。一部现实主义和浪漫主义较谐和结合的力作。以通俗的笔触演绎一个深刻的哲学命题——寻找中国知识分子的独立人格。小说主角，某省社科院院长何之光在面对省委领导在经济建设中的错误决策和一些是是非非，要么违心作权力附庸，置国家损失于不顾，成为政治家的玩偶，那样或许会很快擢升；要么按党性原则，按道德和法律办事，那么等待他的是可能被权力压成齑粉。随着故事层层推进，随着人物艰难抉择，作家让人物突破时空阻隔与心魔幻境中的孔子、老子、老舍、屈原、嵇康、马寅初、王蒙去对话、去辩论、去交流无可奈何的情感。全书故事既有丰富的生活原色、昂扬的情感基调，又有历史的厚重感、哲学思辨的人性深度。更具特色的是作家通过人物演示这一切，潜藏在字里行间、潜藏在故事中，这是真正的小说家言、高手妙构。（李荣德）

I000360 **烦恼婚姻** 叶辛著。江苏文艺出版社 1998 年 3 月版。20 万字。14.00 元。一部描写当代婚姻生活的长篇小说。生活在大上海的一对老夫妻，晚年生活十分美满。可是，就在他们准备庆贺金婚之喜的时候，五对儿女的婚姻却在现代潮流的冲击下发生了裂变——这里有婚外恋导致的凶杀，留守女士的婚姻变化,外来打工妹的感情生活,当代女大学生的奇特经历,以及闪耀着幸福之光的真挚爱情。强烈的矛盾冲突,鲜明的人物个性,构成了一幅栩栩如生的社会风俗画,展示了绚丽多姿的时代风采,同时也对社会伦理道德进行了反思。(周鸿铸)

I000361 **小说卷(一)** 范智红、谢茂松等点评。广西教育出版社 1998 年 9 月版。27.4 万字。9.70元。"20 世纪中国文学名作中学生导读本"之一。收选《孔乙己》、《铸剑》、《祝福》、《边城》、《断魂枪》、《山峡中》、《在其香居茶馆里》、《篆竹山房》、《梅雨之夕》、《华威先生》、《荷花淀》、《一九四四年的事件》、《戴车匠》、《英雄的舞蹈》等 14 篇中国现代小说名作,进行精彩的点评和见解独到的分析。(邱方)

I000362 **小说卷(二)** 范智红、谢茂松等点评。广西教育出版社 1998 年 9 月版。24 万字。9.00 元。"20 世纪中国文学名作中学生导读本"之一。收选《桃园》、《年青的时候》、《阿嚏》、《呼兰河传》等 4 篇中国现代文学名作,进行精彩的点评和见解独到的分析。(邱方)

I000363 **小说卷(三)** 范智红、谢茂松等点评。广西教育出版社 1998 年 9 月版。32 万字。11.00 元。"20 世纪中国文学名作中学生导读本"之一。收选《登记》、《山那面人家》、《下放的一夜》、《正红旗下》、《受戒》、《红豆》、《鲁鲁》、《归去来》、《名医梁有志传奇》等 9 篇中国当代小说名作,进行精彩的点评和见解独到的分析。(邱方)

I000364 **小说卷(四)** 范智红、谢茂松等点评。广西教育出版社 1998 年 9 月版。23.5 万字。9.00元。"20 世纪中国文学名作中学生导读本"之一。收选《棋王》、《十八岁出门远行》、《棚车》、《北方的河》、《游园惊梦》、《命若琴弦》等 6 篇中国当代小说名作,进行精彩的点评和见解独到的分析。(邱方)

I000365 **人民的公仆** 副名:刘少奇的故事。权延赤著。中国少年儿童出版社 1998 年 8 月版。11.9万字。6.40 元。中国当代人物故事。讲述中国前国家领导人刘少奇的生平事迹。全书收集了 35 个小故事,反映了刘少奇同志的高尚品质和共产主义精神。(陈斌)

I000366 **山魂(彝文版)** 时长日黑著。四川民族出版社 1998 年 4 月版。10.2 万字。6.00 元。彝族青年作家时长日黑十余年来发表在各级刊物上的优秀短篇小说集,共 28 篇。文章通过对当代彝族人不同年龄结构、不同性格、不同性别人物形象的塑造,体现作品的思想内容,以挖掘人物心理体验,揭示复杂的人性和他们在现实社会生活中扮演的种种角色,深刻地反映出当代彝族社会中人们的种种画面,并讴歌了党的十一届三中全会以来彝族地区的飞速变迁。文章还以人情、人性为主要题材,塑造出了象木基和娜旦《路》、史惹《螺髻山之恋》、木果《三个年轻人》、尔各莫《一个女人和两个男人的故事》、阿旦《盛开在心中的索玛》等一批典型的当代彝族人物形象,丰富了当代彝文文学中的人物形象的群体画廊,从而展示了当代彝族地区社会主义两个文明建设中涌现出的年轻一代彝族人的精神风貌和时代风貌。作者以丰富的内容、新颖的艺术表现手法(借鉴和吸收中国当代汉语文学和西方文学的表达方式,并溶于彝族传统的文学表现手法中),诠释出了一个个深刻的文章主题。该书题材新颖,思想内容健康活跃,是一部用规范彝文创作小说的力作。(阿克克的)

I000367 **中国当代著名科学家故事(上、中、下)** 吴水清主编。贵州人民出版社 1998 年 8 月版。60.2 万字。50.00 元。中国当代科学家的故事。故事的主人翁既有老一辈科学工作者,也有中年学术带头人、青年后起之秀。透过一个个鲜活、生动而寓意深远的故事,人们可以真切地感受到科学家振兴中华的伟大理想和强烈的事业心。

I000368 **中国短篇小说精华丛书** 鲁迅、茅盾等著。湖南文艺出版社 1998 年 4 月版。287.3 万字。156.30 元。以中国现代作家为选编对象,力求展示中国现代短篇小说的整体风貌。作家的确定一是选择有定评的大家。如鲁迅、茅盾等;二是注意发掘那些被过去文学史家所忽略的作家,如废名、穆时英、施蛰存等。作品的编选主要注意有定评的代表作;有争议的代表作、探索性的代表作、未流传而确有较高艺术品位的作品。目录中每篇作品下有精炼的导语。对入选小说重新作注,注释作品最初发表的时间及刊物、作品的背景、典故等。每篇小说基本上都配有一幅插图。书后附有作家未入选的其他短篇小说的篇目等资料。已出 10 种是:《鲁迅短篇小说集》、《茅盾短篇小说集》、《郁达夫短篇小说集》、《废名短篇小说集》、《穆时英短篇小说集》、《郭沫若短篇小说集》、《巴金短篇小说集》、《老舍短篇小说集》、《叶圣陶短篇小说集》、《施蛰存短篇小说集》。(曾昭来)

I000369 **老一辈无产阶级革命家的故事** 石仲泉、陈登才主编。山西人民出版社 1998 年 9 月版。77 万字。50.00 元。10 册。所选取的故事,都是能充分反映出老一辈无产阶级革命家远大革命理想和高尚道德情操的工作片断、生活片断和学习片断。它们分别是：毛泽东的故事，周恩来的故事，刘少奇的故事，朱德的故事，任弼时的故事，邓小平的故事，陈云的故事，开国元帅的故事，七位革命前辈的故事，中国共产党早期革命家的故事。（周红）

I000370 **著名化学家和他的一个重大发现** 刘宗寅等编。山东科学技术出版社 1998 年 5 月版。13.9 万字。9.00 元。“中学生科学教育丛书”的一个分册。选取 35 个重要的化学知识点，围绕这些知识点，介绍有关的化学家及其主要发现。每篇中，首先给出导语，使读者在开始阅读时就能与自己所学的有关知识结合起来；然后介绍化学家的生平事迹和在科学史上的贡献；最后重点阐述知识点的发生、形成过程，包括有关背景材料和化学家们的发现经过。书中既有“波义耳和化学科学”、“拉瓦锡和燃烧的氧化学说”、“阿佛加德罗和分子学说”、“门捷列夫和元素周期律”等，又有“徐寿和化学元素的中文名称”、“陶弘景和灌钢技术”、“侯德榜和侯氏联合制碱法”；读者既可以知晓化学知识的来历，又可以感受化学家们各自不同的人格特征。（胡明）

I000371 **著名生物学家和他的一个重大发现** 陈建志编。山东科学技术出版社 1998 年 5 月版。12 万字。8.00 元。“中学生科学教育丛书”中的一个分册。紧密结合中学教材，选取了中学生物课程中 22 位生物学家在细胞、动物、生理、微生物、遗传、进化等领域中的重大发现，并围绕这些发现，详细介绍了生物学家们在从事该科学研究过程中严谨的科学态度、精湛的思维以及这些发现的发生、形成过程。同时，从不同的侧面介绍了生物学家们的生活、家庭和他们在科学史上的贡献。在写作方法中采取独立的篇章形式，选取的 22 篇文章中，首先给出导语，以便使读者在开始阅读时就能与自己所学的有关知识联系起来；然后介绍科学家的主要生平、思想、科学态度及对科学事业的发展所做出的贡献；最后重点阐述他们的重大发现的发生和形成过程，包括有关的背景材料和这一发现所产生的影响。（邵迅）

I000372 **著名地理学家和他的一个重大发现** 刘鲁缨编。山东科学技术出版社 1998 年 5 月版。11.3 万字。7.50 元。“中学生科学教育丛书”的一个分册。以介绍著名地理学家为主，用他们的一个发现或成就贯穿全文，通过故事情节穿插科学知识的手法介绍科学家们对未知领域的探求。本书选取了 37 位天文、地理学家的故事。每一段故事前都有导语，每段故事中都穿插了一定的学科知识，结尾处对这一重大发现的历史意义作了评价，藉此鼓励学生们踏上科学成才之路。并告诉他们，伟大的科学发明和创造，往往起源于身边小小的感悟和触动，只有严谨的治学态度和勇于献身的精神才能在科学和工作中取得成功。（章斌）

I000373 **著名物理学家和他的一个重大发现** 陈为友等编。山东科学技术出版社 1998 年 5 月版。18 万字。12.00 元。“中学生科学教育丛书”的一个分册。选取了中学物理课程中 41 个重要知识点，以这些知识点为核心，重点介绍了 44 位著名物理学家的生平业迹，他们对科学发展的贡献，以及他们对知识点的发生、发展、形成所做的工作。重点阐述他们的“这一个”重大发现，对物理学家的其他工作和发现只是在生平事迹中作简要介绍。本书共收入 44 篇独立文章。每篇文章首先给出导语，使读者在开始阅读时就能与自己所学的知识联系起来；然后介绍著名物理学家的生平事迹，这一部分的内容力求准确，他们的生卒年月和主要事迹均以大英百科全书中的介绍为准，重点介绍他们在物理学史上的贡献；第三部分是文章的重点，详细阐述了物理学家的“这一个”重大发现，包括有关的背景材料和发现经过，力图体现物理学家们的思想情操、科学态度和思维技艺，从而对中学生走近科学，深入了解物理学有所裨益。（孟爱平）

I000374 **著名数学家和他的一个重大发现** 王幼军、金之明编。山东科学技术出版社 1998 年 6 月版。16 万字。10.50 元。“中学生科学教育丛书”的一个分册。选取了中学数学课程中的 32 个知识点，以这些知识点为核心，分别介绍了 32 名著名数学家以及他的发现对这一知识点的发生、形成所产生的影响。如果一个知识点的发生与多个数学家有关，则以贡献最大的数学家为主，附带介绍其他人所做的工作。共包括 32 篇独立文章，每篇首先给出导语，使读者在开始阅读时就能够和自己所学的有关知识结合起来；然后简明扼要地介绍数学家的生平事迹和其在科学发展过程中的贡献；最后一部分是文章的重点，详细阐述了知识点的发生、形成过程，包括有关背景材料和科学发现经过。力图体现著名数学家的思想情操、科学态度、思维技艺以及他们在科学史上的地位。（孟爱平）

报告文学

I000375 **一曲爱国主义壮歌** 副名：'98 全国教育系统抗洪救灾纪实。教育部办公厅编。青岛海洋大学出版社 1998 年 11 月版。26 万字。21.80 元。收入在 1998 年抗洪斗争中与教育有关的文章 100 多篇、照片 30 多幅,以图文并茂的形式,真实记录了全国军民抗洪斗争的伟大壮举,记录了党中央、国务院对教育系统抗洪救灾工作的高度重视和关怀,记录了解放军和武警官兵对教育的无私援助和支持,记录了社会各界尊师重教的感人事迹,特别是记录下了教育系统广大师生员工在抗洪斗争中表现出来的崇高思想觉悟和良好的精神风貌。该书还收录了江泽民同志《在全国抗洪抢险总结表彰大会上的讲话》和《在全军抗洪抢险庆功表彰大会上的讲话》以及人民日报社论《气吞山河的历史画卷》等文章。(冯广明)

I000376 **人在华南** 《人民日报》华南分社编。广东人民出版社 1998 年 6 月版。21 万字。11.80 元。系诞生于香港回归之际的《人民日报·华南新闻》人物专版《人在华南》创刊一年来的文章集成。分华南人杰、商海搏击、实干家、人生有相、女性风采、凡人一瞥等 6 个部分。它既是改革开放历史进程中,岭南人民投身时代生活、创建时代文明的一个缩影,也是《人民日报·华南新闻》一年来放眼岭南、记录岭南的一个侧面。透过一个个鲜活的人生片断,让人感触到不平凡的 1997 年在中国、在岭南的历史律动。这里既有知名度甚高的社会公众人物,更多的是名不见经传的普通人。(陈娟)

I000377 **大追击** 陆平、赵京伟主编。国防大学出版社 1998 年 5 月版。33.6 万字。19.00 元。1949 年 4 月 20 日开始的渡江战役,拉开了解放战争战略大追击的帷幕。整编后的四大野战军在党中央、中央军委指挥下,向西北、西南、东南、中南尚未解放的广大地区进军。第一野战军踏破贺兰山,解放陕甘宁青新;第二野战军迂回大西南,把红旗插上拉萨城;第三野战军解放南京,总攻上海,横扫东南沿海;第四野战军奔袭武汉,激战衡宝,战略追击到琼崖。《大追击》一书对上述过程作了生动的刻画和详细的描述,热情讴歌了我军将士为中国人民的解放事业艰苦奋斗、不怕牺牲的光辉业绩。(马凤江)

I000378 **大漠风声疾** 徐国夫著。白山出版社 1998 年 10 月版。39.1 万字。23.00 元。长篇纪实文学,以写实手法,记录了徐国夫将军从早期参加皖西六霍起义,经过二万五千里长征,投身抗日战争和解放战争,直至参加抗美援朝战争的战斗经历。共 7 章,即,皖西烽火起、万水千山只等闲、雕弓满月射天狼、金戈铁马走关东、琼州海峡不寂寞、跨国大较量、没有硝烟的岁月。作品抛开一般回忆录的写法,而是站在时代的高度,大处落墨,精心结构,将自身波澜壮阔的一生,以文学形式展示给读者,从中折射出共和国诞生之不易,革命传统不能丢的道理。(宋杰)

I000379 **上海人写真** 伍鼎宏著。海潮摄影艺术出版社 1998 年 6 月版。14 万字。68.00 元。图文并茂地记载小人物的"史书"。作者从他 1993 年至 1995 年间所拍摄的 55 组摄影作品并附以 55 篇纪实文章,构成了当代上海人的写真。书中不仅描绘了上海人目前的生活状况,而且还描绘出了上海正在改变、正在消失的现实。大凡住房的紧张,夏夜纳凉的街头,煤球炉子的黑烟,公用的水龙头及恋人间、子孙间、夫妻间和人与人之间的关系,都在本集子里得到了充分的体现。读者可以从一幅幅具有强烈感染力的摄影中看到上海人形形色色的居住环境,上海人生活中的追求、向往和自得,上海的风情俚俗,乃至上海人的尴尬、窘迫和辛酸、欢乐和忧虑。作者以他独特的眼光来看待寻常百姓家所发生的鸡毛蒜皮小事,并以他不寻常的功力去驾驭图文。(柳闽南)

I000380 **天职** 谢少鹏、有令峻主编。山东友谊出版社 1998 年 12 月版。26 万字。17.00 元。为纪念江泽民总书记为济南交警题词"严格执法、热情服务"三周年而编写的纪实文学。收录近几年济南所辖十区(县、市)交警大队侦破的交通逃逸案 29 例,从另一个侧面展示了济南交警们的风采。作者以严谨的创作态度,把一个个案例的来龙去脉交待得很清楚,并准确地分析了事故发生的原因。交通肇事又逃逸,为案子的侦破增加了许多困难,每个案件的侦破程序也大致相同,即发案——现场勘察——调查取证——侦破,虽然案中的情节各不相同,但交警们严格执法、热情服务、吃苦耐劳、连续作战、穷追不舍的办案作风是相同的。他们没有节假日,没有星期天,事故就是命令,正是他们的勤奋敬业,为受害人讨回了公道,挽回了经济损失,为社会的安定作出了贡献。29 个肇事逃逸案写出了许多鲜为人知的故事,令人震惊,它向人们尤其是驾驶人员再次敲响了警钟。本书告诫驾驶人员一是要安全驾车,二是出事故后一定不要有侥幸心理,要及时的报案,等候处理。(张映珲)

I000381 **天涯孤旅** 沈澈著。江西美术出版社 1998 年 7 月版。10 万字。23.00 元。"猎人影记丛书"之一。我国著名民俗摄影家沈澈 1983 年从事民俗摄影一段艰险旅程的精华录。记录了他深入怒江峡谷和独龙河谷的采访拍摄经历。在万里行程中,经

历了深山峡谷、丛林池沼，多次从死神的怀抱中挣脱出来，他为追寻那远古的文明，获得了灵魂的升华。（韩建武）

I000382 **无悔的选择** 刘光人著。辽宁少年儿童出版社 1998 年版。11 万字。12.50 元。“岁月丛书”之一，传记文学。作者以真实的笔触描述出了自己传奇式的人生经历：解放前夕，共产党员刘光人隐姓埋名，以国民党高级记者的身份活跃在北平，最后成功地将北平城防图送出了北平城外，为人民的解放事业做出了重要贡献。作品生动地抒写出了一个地下工作者忍辱负重的真实感受，向读者展示了一个无怨无悔的忠诚的共产党人的光辉形象。（杜晓明）

I000383 **日子的回忆** 肖复兴著。江苏教育出版社 1998 年 8 月版。15.4 万字。10.60 元。作者肖复兴写的有关他儿子成长过程中的回忆。作者以一篇篇活灵活现的美文串起了他的儿子成长过程中深深浅浅却清晰亲切的脚印，以一个个真实动人的故事，记录了父与子两代人的情感碰撞，描绘了一幅幅童心和亲情的画面。书中没有教育理论，也没有教育方法，但是，作者通过回忆他和儿子一起度过的那些交织着磕磕碰碰、沟沟坎坎、闪失与过错、理解与交融的日子，却能让你产生共鸣，你会觉得书中所描写的许多场景，你都似曾相识，他和孩子之间的矛盾你也曾碰到过，只是解决的方法不同，也许你会觉得作者采取的方法更可取，你可以从中得以借鉴，所以，这一段段故事也就汇成了一个个成功的教育范例。（恽跃荣）

I000384 **中国 1968 上山下乡** 王增如、李向东著。解放军出版社 1998 年 12 月版。32 万字。14.60元。1968 年，在毛泽东主席一声“知识青年到农村去”的号召下，全国上下一千多万城镇青年涌入到农村，一场知识青年上山下乡的大规模政治运动正式拉开了帷幕。这是一场改变了几乎整整一代人生活和命运的运动，本书以翔实的历史资料和真实的人物和故事向读者重现了这一历史史实。作者从客观的角度看问题，生动、自然地叙述了一个个小故事，语言朴实无华，娓娓道来，读来亲切感人。本书在选材、写作手法和风格上有以下几个特点。一、采访深入，资料翔实，覆盖面广。作者二人都曾为知青，亲身经历使他们对那段历史的感受更加深刻。为了使读者对这段历史的发生背景、经过和结局有清晰的脉络，作者采访了政策的制订者、执行者、当事人和知青问题研究人员。本书在空间结构上，俯瞰了几乎全国所有省份的“上山下乡”情况，包括自建农场、生产建设兵团、插队等方面的情况。二、内容丰富，情节生动。作者在掌握了大量资料的前提下，采取了“大背景交流、小故事映证”的手法，使作品既具史实性又具很强的可读性。三、格调乐观，内容健康，分寸掌握得较好。作者以真实的笔触生动、客观地还以历史原貌，作品始终保持乐观向上的格调。（郭莹）

I000385 **中国有条红旗渠** 王怀让等著。河南大学出版社 1998 年 12 月版。23.6 万字。15.50 元（平），19.50 元（精）。表现林州（县）人民自力更生、艰苦创业的曲折历程和辉煌成就，深刻揭示和热情讴歌红旗渠精神的长篇报告文学。全书分为 3 部：第一部，“太行石头颂”，写 60 年代十万大军上太行，苦干十余年，建成闻名中外的“引漳入林”工程，从根本上改变林州严重缺水状况的“难忘岁月”；第二部，“小推车礼赞”，写 80 年代抓住改革开放的大好时机，继续发扬在修渠工程中形成的“小推车精神”和技术优势，十万大军出太行，大力发展建筑业的动人事迹；第三部，“扁担奏鸣曲”，写 90 年代林州人民在中国的改革开放向纵深发展的形式下，大办乡镇企业，推动两个文明建设迅猛发展的喜人景象。与以前同类题材的作品相比，本书不仅更为生动而详尽地展示了当代修建红旗渠的艰难岁月，而且花费更多的笔墨，来表现林州人民改革开放以来 20 年的新的业绩，从而在更为广阔的历史背景下，揭示出红旗渠精神更为深刻更为丰富的内涵。书中场面壮阔，气势雄伟，结构宏大，笔墨洒脱，文采飞扬，林州（县）几代人的英雄形象跃然纸上，呼之欲出。作者将诗的浪漫、史的凝重、新闻的严谨、政论的雄辩融为一体，具有强烈的艺术感染力，读之使人回肠荡气。（袁喜生）

I000386 **中国原动力** 胡振著。浙江文艺出版社 1998 年 12 月版。15 万字。11.00 元。描写全国先进企业——镇海炼化发展的报告文学。作者在深入采访的基础上，抓住镇海炼化这个全国先进典型，深入剖析了这个大型国有企业挣脱束缚，抵御不良影响，踏踏实实、埋头苦干，从而走向市场并在国际石化行业中站稳脚跟的原因，并且将企业的命运，包括企业中每个人的命运，和国家的、民族的命运紧紧地结合起来写，从而提炼出了全文的主题：改革开放的政策，中国企业家和工人的使命感、责任心及奋斗精神，是中国进一步发展的原动力。

I000387 **中国新时期优秀报告文学大系** 李炳银、周百义主编。长江文艺出版社 1998 年 12 月版。500 万字。225.00 元。收录了从 1976 到 1996 年

20年间涌现出的至今仍有影响，产生过重大反响，在艺术上有自己特色的报告文学作品86部，分成10卷(按内容大致相近分)：《痴情》、《强国梦》、《婚姻大世界》、《恸问苍冥》、《毛泽东以后的岁月》、《神圣忧思录》、《最后的疆界》、《美丽与悲怆》、《热血男儿》、《中国之约》。一些知名报告文学作家如徐迟、理由、黄宗英、赵瑜的作品均收入其中。该选本接续了本社"中国报告文学丛书"，绘就"五四"以来中国报告文学的全景图，是对新时期报告文学的一次全面总结。(阳继波)

I000388 **牛棚杂忆** 季羡林著。中央党校出版社1998年4月版。19.3万字。19.50元。用血和泪写成的记述。曾任北京大学副校长的一代宗师季羡林，以自己的亲身经历如实地叙说了"十年浩劫"中那一幕幕惊心动魄、不堪回首的往事。对这场运动的缘起、当时的形势、人们的心态、令人匪夷所思的可笑又可悲的各类现象，以及作者本人的境遇、磨难、内心深处的思辨等，进行了鲜活而深刻的描述。在那些平和而又犀利的文字后面，在耐人寻味的奇思妙语中，道出的是这位时代的智者心中那排遣不开的悲哀、孤独、恐惧以及那一个赤诚的信念：为中华民族的子孙后代留下一面"照见绝望和希望"的镜子。那些活生生的历史细节也将成为见证时代的有价值的史料。(曲炜)

I000389 **毛泽东周恩来与长征** 王朝柱著。中国青年出版社1998年1月版。65.3万字。31.60元(平)，36.60元(精)。纪实文学。选择了毛泽东、周恩来这两位历史伟人为切入点，写出了敌我双方的决策人物尤其是毛泽东、周恩来如何运筹帷幄、调兵遣将，其间贯穿了毛、周在党内开展的"夺权"与"反夺权"的斗争，详尽地披露了长征过程中与博古、李德的战略分歧与斗争，遵义会议、与张国焘的斗争等一系列鲜为人知的史实。这种敌我斗争、内部斗争的纵横交错无疑增添了长征的历史凝重感，加强了作品的力度。从而向读者高视角、全方位地揭示了长征的奥秘，展现了毛泽东、周恩来不同的文化性格以及他们在长征中的统帅、决策作用。(李萍)

I000390 **气吞山河** 副名：'98中国抗洪大战。湖南人民出版社编。湖南人民出版社1998年9月版。70万字。27.00元。结集1998年6月1日—1998年9月10日抗洪斗争期间，《人民日报》等数十家中央和省级报纸报道全国军民抗洪斗争情况的各类文章。内容包括5大部分："中流砥柱"，生动记录以江泽民同志为核心的党中央的英明决策，抗洪地区各级党委、党组织的坚强领导；"钢铁长城"，全面反映中国人民解放军在抗洪中的英勇事迹；"万众一心"，综合报道'98抗洪的各大战役、英雄人物，以及全国上下、各行各业为夺取抗洪胜利争做贡献、奉献爱心的各种活动；"科学利剑"，所收文章，一方面说明水利设施、科学手段是如何有效地减轻了洪水造成的危害，另一方面对近年来的水灾进行科学反思；"备忘录"，收录了有关抗洪的重要文件、汛情通报、抗洪大事记，以及若干组重要的数据。(陈敬)

I000391 **长江情结** 沈延太著。江西美术出版社1998年7月版。15万字。28.00元。"猎人影记丛书"之一。作者从长江源头考察、拍摄至长江出海的长江全程采访记录，内容展示了伟大长江的自然风光、地势地貌、沿岸的风土人情、人文胜迹，同时表现了摄影家不畏艰险、克服常人难以想象的困难，终于实现了长江全程的采访。(韩建武)

I000392 **长城梦** 翁一著。江西美术出版社1998年7月版。20万字。29.00元。"猎人影记丛书"之一。记录了作者拍摄万里长城的全部过程及其拍摄经历。为拍摄万里长城，作者跋涉10万公里，拍摄到了战国至明、清各朝代不同形式的长城，读者在获得全面的长城知识的同时，更会为作者那不畏艰险、勇往直前的精神所感动。(韩建武)

I000393 **从北大到哈佛** 杨炳章著。作家出版社1998年5月版。22.4万字。16.00元。以作者本人经历为主要线索的纪实性作品。其中包括3个部分。第一部分写作者进京上小学和中学以及在北大自学的过程，时间跨度从50年代后半叶直到1966年"文革"前。既有对老北大校园的介绍和对一0一中学老师的追忆，又有对各门中学课程学习的体会。第二部分主要写作者在"文革"中的遭遇：先是积极参加运动，多次给毛主席写信，反映北大情况，后来由于批评江青和反对聂元梓，被投入监狱，出狱后因为撰写政治性文章，再次被判刑，直到"文革"结束才得以平反。第三部分写恢复高考后作者报考北大哲学系硕士研究生以及在北大读书的情况，直到他联系出国，成为国内改革开放后最早的一批赴美自费留学生。全书始终围绕着作者与北大的渊源关系，通过个人经历透视北大的历史变迁和世事人情，表露一名中国知识分子所应具备的反思精神和社会良知。由于作者曾多年就读和工作于美国哈佛大学费正清研究中心，并访问过十几所世界著名高校，因此他对国内教育制度和个人治学方法颇有见地，对社会变故和人情事理的思考更为深刻，具有较强的学者风格，而区别于一般的“留学生文学”。作者杨炳章，曾经是美国哈佛大学费正清研究中心研究员，现为中国人民大学国际政治系教授。本书是作者出版的第一部文学性作品。（杨德华）

I000394 **从碎石小路走来** 刘幼雪著。辽宁少年儿童出版社 1998 年版。13 万字。15.50 元。“岁月丛书”之一，传记文学。作者以真实的笔触描述了自己丰富的人生经历：七岁入陶行知创办的育才学校，师承贺绿汀学习钢琴，九岁在周恩来的安排下经重庆八路军办事处到延安，在鲁迅艺术学院做研究生，全国解放后被保送到上海音乐学院学习小提琴专业，离休前任中央歌剧院党委书记。作品突出表现了一个在党的哺育下成长起来的文艺工作者忘我工作无私奉献的优秀品格。（张雨门）

I000395 **今日中国西北角** 王道义主编。敦煌文艺出版社 1998 年 7 月版。24.5 万字。18.00 元。报告文学集。60 年前，《大公报》记者范长江经实地考察采访，发表了《中国的西北角》，首次向外界报道了国民党统治下西北地区尤其是甘肃的政治、经济、文化、军事等多方面的现实情况，引起轰动。本书的作者们沿着范长江当年的足迹，深入山区、农村、戈壁、沙漠，再一次对甘肃今日的现状进行考察采访，搜集了大量第一手资料，多侧面表现了建国后特别是改革开放以来中国西北角发生的巨大变化和取得的伟大建设成就，同时也对水土流失、环境破坏、生态恶化等方面的问题予以反映，提出了一些对策，促人思考。本书与范著的反映内容具有连续性，将二书对读，能较好地了解西北近几十年来的变迁，给人以启示。（富康年）

I000396 **20 世纪国际要案** 副名：《20 世纪大博览》纪实丛书。邱业伟主编。重庆出版社 1998 年 6 月版。24.8 万字。15.00 元。20 世纪是各国法制渐趋完善的 100 年，无论是国家元首还是贩夫走卒，都有卷入诉讼，走上法庭的可能。本书详细介绍了本世纪轰动一时的德国国会纵火案、尼克松水门窃听案、金载奎枪杀总统案、博卡萨暴政食人案、曼德拉反种族歧视等政治案件；田中角荣首相、科洛尔总统、马科斯总统夫妇贪财受贿案等经济案件；塞顿谋财害命案、土匪临城劫车案、白衣天使催命案、魔头泰德摧花案、辛普森世纪审判案等恶性刑事案件。在反映各国政治斗争及官场之争的同时，真实地再现了超级罪犯的利欲熏心和极度凶残，反映了以国际刑警组织为代表的正义力量的强大，揭示了人类正义终将战胜邪恶这一普遍真理。（余国枢）

I000397 **20 世纪政坛风云** 副名：《20 世纪大博览》纪实丛书。冀伯祥、时粤主编。重庆出版社 1998 年 6 月版。41.8 万字。23.00 元。20 世纪经历过两次世界大战之后，继而是长时期的冷战对峙，经过分化、动荡、剧变而形成了多元化的世界格局。其间，有过多次血与火的洗礼、灵与肉的搏杀，形势的动荡，政局的更迭，……本书以 20 世纪政坛上的风云变幻为切入点，截取了本世纪有代表性的政局动荡事件 41 个。斐迪南大公五步喋血、末代沙皇的命运、列宁遇刺、“炸死蒋介石”的密令、海德里希命丧黄泉、托洛茨基肝脑涂地、被送上绞刑架的布托总理、肯尼亚军人政变、英·甘地血染政坛、哈克总统机毁人亡之谜等等历史和事件，再现了那些已经逝去的惊心动魄的场景，可从中窥见 20 世纪政坛上的风风雨雨。（余国枢）

I000398 **世纪洪水** 钟青著。漓江出版社 1998 年 10 月版。40 万字。28.00 元。由《中国青年报》几十位一线采访的记者集体撰述，详细地记述了 1998 年我国军民在长江、松花江和嫩江流域救洪救灾的全部过程，讴歌了伟大的抗洪精神，并从高度的理性角度反思这次洪水的形成原因，对人与自然、治水与治国的关系提出了深层次的思考。本书还汇集了近百幅珍贵的现场彩照，给读者强烈的震撼力。（刘春荣）

I000399 **世纪情结** 副名：侯光炯的人生道路。余德庄著。重庆出版社 1998 年 7 月版。16.4 万字。15.00 元。当代长篇纪实文学。侯光炯，中国共产党的优秀党员，著名土壤学家、教育家、中国科学院院士，西南农业大学一级教授、博士生导师、名誉校长，第一、二、三、五、六、七届全国人大代表，我国土壤科学的开拓者和奠基人之一，为创建和发展中国土壤科学理论、为土壤科学转化为生产力、为中国粮食增产作出了重大贡献，在国内外享有很高声誉。本书展现了侯光炯生前的动人事迹。叙述了一位著名科学家的人生轨迹、科研成就和学术思想，讴歌了老一辈科学家为改变中国农业科学的落后状况而奋斗的艰苦历程和矢志不移的爱国奉献精神。（余国枢）

I000400 **20 世纪谍海惊涛** 副名：《20 世纪大博览》纪实丛书。敖依昌主编。重庆出版社 1998 年 6 月版。29.6 万字。18.00 元。长期隐藏在历史背后的间谍战，虽然鲜为人知，但它对 20 世纪的历史发展却起着不可或缺的作用。本书以史为据，精选 27 个对 20 世纪影响突出的间谍案例，加以艺术再创作。呈现在读者面前的有:拯救苏联命运的红色间谍大师佐尔格、珍珠港谍影、谍道高手舒伦堡、“月亮女神”辛西娅、“双重间谍”波波夫、笑里藏刀的土肥原贤二、柏林地下通道之秘,“小偷”谍王勒鲁瓦……。他们或为人类进步舍生忘死,或为专制暴君奔走致命。一幕幕风云诡谲、惊心动魄的间谍战,让读者了解到一个具有丰富性和生动性的20世纪史。(余国枢)

I000401 **石油师人** 副名:在炼油化工战线纪实。《石油师人》炼油化工编委会著。黑龙江人民出版社1998年1月版。30万字。24.00元。记述了原石油师部分干部、战士转业到炼油化工战线以来,与原炼化战线上的领导干部、工程技术人员、广大工人群众一起战天斗地,使祖国的炼油化工事业从无到有、从小到大、从弱到强的宏伟业绩,以精彩之笔记述了在祖国炼油化工战线上留下的石油师将士的一行行足迹,他们把我党我军的优良传统与作风带到了炼化战线,为炼化战线的生产、管理、建设作出了不可磨灭的贡献。(徐冲)

I000402 **甲方乙方** 副名:《走进生意场》商务纪实文学。吴昊编著。重庆出版社1998年10月版。29.2万字。27.00元。纪实文学。以商务纪实文学的形式,剖析了市场经济条件下涉及《经济合同法》和《民事诉讼法》的经济条件以及各种甲乙方的关系,记录了我国刚进入市场经济时期的不成熟的市场状况,揭露了很多坑蒙拐骗的花招,通俗地普及了法律A、B、C,指出了很多内外贸以及经营的门道,且行文流畅,字句铿锵,不乏黑色幽默,读起来饶有趣味。(余国枢)

I000403 **生意内参(上、下)** 副名:《走进生意场》商务纪实文学。吴昊编著。重庆出版社1998年10月版。31.3万字(上),34.5万字(下)。28.00元(上),31.00元(下)。纪实文学。作者精心选择现实生活中100多个鲜活而典型的生意故事,生动而形象地告诉读者生意是怎样做成的、做大的、做火的;自然,也包括怎样做赔的、失败的、砸锅的。这些形形色色的生意内幕,在成书之前被书中的主人公视为不愿示人的“商业机密”。而今,被一群深知生意场上个中三昧的作者以纪实的方式、文学的笔调娓娓道来,从而,为那些过去、现在和将来的生意人、企业家、打工者提供了一部形象的生意教科书,其中,某些反面教训,更可起到警醒世人的作用。(余国枢)

I000404 **生意独白** 副名:《走进生意场》商务纪实文学。吴昊编著。重庆出版社1998年10月版。30万字。28.00元。纪实文学。共汇集了81篇商务纪实文学,分成生意人手记、生意随想录、生意人自述3部分。生意人手记以日记形式反映五光十色的经营生活,刻画生意人微妙复杂的心理活动;生意随想录围绕一个个商海中人人都关心的话题,以理性的思维、睿智的话语、深刻的分析、激昂的斗志传递思想的火花,启迪人的心智,调节人的情绪,鼓舞人的干劲;生意人自述通过亦商亦文的生意人手笔,叙述生意人自己的故事,在商言商,挠到痒处。全书整体反映了生意人充实、繁忙,五光十色而又寂寞无奈的人生,可谓“五味人生一锅煮,成败兴衰看商场”。(余国枢)

I000405 **生意高手** 副名:《走进生意场》商务纪实文学。吴昊编著。重庆出版社1998年10月版。34.3万字。31.00元。纪实文学。收集30位中国著名的国有、集体、私营企业家历经磨难,依靠信念、执着、勤劳、智慧走向辉煌,创造出一片艳阳天的纪实故事。尽管成功是30位企业家共同的美满结局,但在走向成功的路上,他们各自所面临的问题以及个人的遭遇是大相差异的。他们色彩斑斓的人生,从不同侧面透视出了我们共和国从计划经济走向市场经济过程中所带来的问题与变化,处处闪烁着经济学的基本原理,贯穿着现代企业经营管理的精髓。(余国枢)

I000406 **民国秘闻丛书** 薛家柱等编。青岛出版社1998年8月至1998年9月版。囊括民国时期军事、政治、民俗、天文地理、风土人情等全方位的、权威性的、揭密性的民国秘史丛书。已出版13本,其中1998年出版3本,分别是:《大国空魂》(16万字,11.60元)、《喋血斧头帮》(19万字,13.00元)、《风雨童年》(26万字,17.50元)、《孙立人——被软禁的第二个张学良》。(牟维佳)

I000407 **“老新闻”丛书** 江沛、李金铮主编。天津人民出版社1998年10月版。430万字。340.00元(套)。共20册。新闻来源大多以各个时期的报纸及新闻类周刊,尤以民国时期京、津、沪的著名报纸为主,如《大公报》、《申报》、《京报》、《民国日报》、《益世报》、《新华日报》等,建国后的新闻资料,多选于《人民日报》、《光明日报》、《解放军报》及各地党报等。丛书分两大部分,“共和国往事”系列(1949—1978),共计9册,记录了从建国至党的十一届三中全会重要历史阶段的新闻大事。“民国旧事”系列(1912—1949),共计11册,收录了帝国主义列强侵略中国犯下的累累罪行,中华民族奋起抗争浴血奋

战的曲折历程。(杨连仲)

I000408 **共和国在打假** 骆汉城等著。中国计量出版社 1998 年 10 月版。32 万字。17.80 元。以新闻记者敏锐的目光和亲身的经历,记录了 1992—1998 年间我国在打击假冒伪劣商品活动中挖出的大案、要案,揭露了造假者恶劣的手段,展示了假冒伪劣产品给人民群众带来的危害。随着打假斗争的深入,由通常的新闻曝光、市场抽查,发展到反腐败乃至调动武警部队查抄黑窝点,充分展现了共和国在打假斗争中的艰辛历程。该书收录了新闻曝光及追踪报道 108 篇、照片 150 幅,开我国质量新闻之先河。

I000409 **在历史巨人身边** 副名:师哲回忆录。师哲回忆,李海文整理。中共中央党校出版社 1998 年 3 月版。48 万字。32.00 元。记述了毛泽东、刘少奇、周恩来、任弼时等老一辈无产阶级革命家的许多重要活动,刻画了他们生动的形象,并系统地介绍了师哲所经历的中苏往来关系的发展变化。书中内容都是作者亲眼所见、亲耳所闻、亲身经历,所以生动、具体、可信,读来引人入胜;加之整理者查阅了有关档案、资料,核对史实,交待历史背景,并作了一些注释,使全书内容更加翔实、准确、可靠。(王彩琴)

I000410 **在志愿军司令部的岁月里鲜为人知的真情实况** 杨迪著。解放军出版社 1998 年 9 月版。32 万字。20.00 元。真实生动地记叙抗美援朝战争中志愿军统帅部里每次重大战役决策过程的战争回忆录。作者作为当年志愿军司令部作战处副处长,亲身经历了抗美援朝战争全过程。他以参与指挥决策的亲身经历和独特的视角回顾了这场战争,既写了两军的残酷拼杀,又揭示了两军统帅部决策的许多内幕;既写了五次战役的整体概况,又描写了鲜为人知的许多细节;既写了我军英雄之师的伟大胜利,又叙述了我军失利的沉痛教训。本书史料翔实,内容真实可信,纪实笔法,生动感人。(郭莹)

I000411 **在祖国的怀抱里成长** 胡怡闻绘。湖北少年儿童出版社 1998 年 11 月版。0.56 万字。38.00元。胡怡闻是一个从小就显示出艺术天赋的小女孩,她有幸福快乐的童年。在她十六岁时,一场灾难向她袭来,脑室肿瘤几乎夺走她的生命。在医生及社会的帮助下,她战胜了死神。重新苏醒过来的她,在尚未康复还坐在轮椅中就拿起画笔,创作了以《生命之光》为题的一百多幅黑白画,用画表述了对生命的感悟、对生活的热爱、对美好理想的憧憬与追求,以及祖国母亲所给予自己的巨大精神力量。(刘海燕)

I000412 **岁月丛书** 刘朝兰、于耀先主编。辽宁少年儿童出版社 1998 年版。对广大青少年进行革命传统教育的传记文学丛书。共 8 本,作者均为 1938 年前后参加革命的老同志,他们以自传体的形式将自己丰富的革命经历及真实的人生感受抒写出来。他们以自己的亲身经历告诉青少年读者:老一代共产党人是怎样生活、战斗的;中国革命是怎样走向胜利的、我们的共和国是怎样诞生的……作品以写实的笔法,真实记录了革命老人们一生中的闪光点,生动地勾画出他们鲜活的生活场景以及感人至深的革命事迹。(杜晓明)

I000413 **回首往事** 库尔曼艾力·乌斯曼著。新疆人民出版社 1998 年 5 月版。15 万字。13.60 元。哈萨克族著名诗人、作家、社会活动家库尔曼艾力的回忆录,共 14 章。前半部分记述了 30 年代初期挨饿的难民生活和作家自苏联迁徙到我国境内安家落户的经历。后半部分记述了作者受教育,参加三区革命,新疆和平解放,伊犁哈萨克自治州成立等各历史时期的重大事件。在这本书中作者的独特的写作方式,尤其是以幽默的笔锋,记述了老一辈建设者对家乡的繁荣和人民的富裕而献身的斗志。(阿扎马提)

I000414 **1998 年黑龙江抗洪纪实** 黑龙江省作家协会集体撰写。黑龙江人民出版社 1998 年 12 月版。40 万字。32.80 元。诸多知名作家,深入 1998 年嫩江、松花江抗洪第一线,采集了嫩江地区、大庆油田、省城哈尔滨松花江两岸地区等抗洪战线,以及党中央、国务院、省委、省政府领导等各级指挥系统全方位、全景貌的与洪水搏斗的英雄事迹。记述、描写了各个战场、军民、军政、各级党政干部、人民群众,在党中央、国务院、省委、省政府号召下,面对百年不遇的特大洪水所造成的灾害,奋力抗争,万众一心,众志成城,坚忍不拔,前赴后继,视死如归,百折不挠,所向披靡,争取胜利的感人故事,是黑土地人民一次大动员,民族精神一次大展现。(徐冲)

I000415 **血液与土壤** 田松著。鹭江出版社 1998 年 8 月版。10.8 万字。9.80 元。“飞鸟文丛”之一。作者通过对自己童年的成长、求学、成年自立谋生的追述,对现代人生活的文化环境和价值伦理观念进行了较为深刻的反思,表达出作者本人对生活的态度和理想。

I000416 **后院风景** 副名:《走进生意场》商务纪实文学。吴昊编著。重庆出版社 1998 年 10 月版。25.8 万字。24.00 元。纪实文学。收文 67 篇,淋漓展现生意人的情感故事。经济大潮席卷而来，残酷的竞争成就了无数的生意人，同时也塑造着他们新的人格，改变他们的视界和生活。父子之间、兄弟之间、夫妻之间发生了某种不仅仅是观念上的变化，“后院”的风景着实让人眼花缭乱……(余国枢)

I000417　**全球聚焦36小时**　副名：驻港部队随军记者现场写真录。孙晓青、陶克著。陕西人民出版社1998年1月版。15.9万字。17.00元。作者以满腔的爱国主义热情，真实地记录了香港回归祖国这一全球注目的重大历史事件。全书以时间为序，记述了中国人民解放军驻港部队的进驻、中英香港政权交接仪式、中华人民共和国香港特别行政区成立大会等神圣而庄严的场面和香港及全国各族人民、海外侨胞庆祝香港回归祖国的热烈场景，并穿插回顾了香港百年沧桑历史、香港与祖国的血肉联系和香港人民英勇不屈反抗殖民主义的斗争。以及“一国两制”、实现祖国统一大业的伟大构想的成功实践。书中附有40多幅照片。它既是一本珍贵的历史记录，又是一本爱国主义的教材。(张卫东)

I000418　**决胜三江——人民解放军和武警部队**　副名：'98抗洪纪实。濮继红主编。解放军出版社1998年10月版。62.4万字。26.00元。1998年入汛以来，我国一些地区遭受严重洪涝灾害，特别是长江发生了自1954年以来又一次全流域性的大洪水，嫩江、松花江流域出现超历史记录的特大洪水。党中央、国务院、中央军委非常重视这场抗洪抢险斗争。江主席统揽全局，运筹帷幄，科学决策，正确部署，亲自指挥，亲自动员，领导百万军民展开了一场气壮山河的抗洪抢险斗争。这次斗争中共投入兵力28万多人，民兵预备役部队500多万人，动用车辆24万多台次，舟艇3万多艘次，飞机1 300多架次。广大官兵以对国家、对人民无限忠诚和高度负责的精神，哪里有危险就冲向哪里，哪里最艰苦就战斗在哪里，以严防死守，决战决胜的英雄气概与人民群众一道，战胜了一次又一次洪峰，创造了我国抗洪史上的伟大奇迹。实践再次证明，中国共产党不愧为全国人民的领导核心和中流砥柱，中国人民解放军不愧为保卫国家和人民的钢铁长城，英雄的中国人民是不可战胜的。本书由军内外深入抗洪第一线的200多位记者撰写而成，内容丰富，场面宏大，情节感人，催人泪下，能够真实反映这场伟大抗洪抢险斗争的史实。(郭莹)

I000419　**农民知己邓子恢**　南云著。福建教育出版社1998年9月版。26万字。19.00元。历史题材的报告文学。作者以翔实的材料，记述了我国50年代至60年代初那场席卷神州大地的农业社会主义改造高潮中，邓子恢多次深入农村山区调查研究，解决了“自留地”、“公共食堂”等一系列问题，他坚持提倡生产责任制、“包产到户”。书中记叙了邓子恢为了亿万农民的生存发展，不怕批判、不怕丢纱帽的感人事迹，塑造一个坚持实事求是精神的无产阶级革命家的形象。(杨青楚)

I000420　**阳光照耀七奶**　丁宗皓著。鹭江出版社1998年8月版。17.7万字。14.00元。“飞鸟文丛”之一。作者将注意力聚于城市和乡野，描述了自己城乡生活的不同体验和感受，表达出作者对乡村生活的眷恋和对大地的深深敬意。(江金辉)

I000421　**走进生意场**　副名：商务纪实文学丛书。吴昊编著。重庆出版社1998年10月版。185.1万字。169.00元。生意场是一个竞技场、角斗场，是智慧与智慧拼搏、能量与能量碰撞、实力与实力较量的人生大舞台。该套丛书第一批推出6本：《生意内参》(上、下)、《甲方乙方》、《生意独白》、《后院风景》、《生意高手》。丛书旨在以纪实的方式作为故事的载体，用文学的笔调、经济学的分析、法律学的判断，极富人情味地讲述了300多个真实、鲜活、生动的生意场上的故事，讲述每一笔不同生意项目的创意、开发、实施乃至或成或败的过程和其中主要的运作细节。读来有说不完的酸甜苦辣，道不尽的喜怒悲欢。(余国枢)

I000422　**走进圣地**　张云芳著。辽宁少年儿童出版社1998年版。10万字。11.40元。“岁月丛书”之一，传记文学。作者以真实的笔触描述了自己30年代由泰安经西安到延安的极其艰苦的历程；作品着力表现了一个30年代投身革命的老共产党员不畏艰险，追求真理，献身革命的执著精神以及“一生交给党安排”的高尚情操。(张雨门)

I000423　**走近女死囚——生命极地写真**　陆萍著。上海文艺出版社1998年11月版。21.9万字。16.00元。法制题材的报告文学，收入“故事会图书馆文库·当代创作系列”。由3个女死囚的故事组成，分别涉及了现代女性犯罪的3个重要根源：1.婚外恋——黎吻雪长期处于没有婚姻保障的三角恋情中，因爱生恨，顿起杀机；2.性虐待——火吻燕被心理变态的丈夫折磨，遭受性虐待，忍无可忍铸成大错；3.吸毒——居吻雨在锦衣玉食的空虚中，由吸毒进而贩毒，不知悔改沦落到底。对这3个现代社会普遍存在、极易导致恶性事件的犯罪根源的揭示，使作品具有一定的警世意义。作品用女性的视角切入案例，用大范围跟踪采访深化案例的意义。不停留于表面化的案情陈述，而是对案例进行不同角度的观察思考，通过深入采访涉案的各类人物，给人以理性的启示。同时，以一个女作家的心灵去感受、体验罪犯们内心深处的矛盾、悸动，从而发掘出女性在现代生活中的种种心理误区和生存盲点。（谢锦）

I000424 **张爱萍在1975** 胡士弘著。作家出版社1998年12月版。25万字。16.00元。张爱萍，中国人民解放军高级将领。曾担任中央军委副总参谋长、国防科委主任、国务委员、国务院副总理、中央军委副秘书长、国防部长等要职。在毛泽东、周恩来、聂荣臻的领导下，张爱萍督率国防科技大军，成功地组织指挥了我国第一发自行设计制造的火箭升空、第一颗原子弹爆炸等国防科技领域一系列重大战役，直到因“史无前例”的“文化大革命”爆发而一度中断。本书介绍了这位战功赫赫、勋业卓著的开国名将在“文革”中一段不平凡的经历，着重讲述了在1975年那段黑云压城的岁月中，老将军力挽狂澜，为我国国防尖端科学事业的发展，与“四人帮”及其爪牙展开尖锐斗争的故事。“文革”内幕的一个侧面在这里被撩开了面纱，中国政坛龙争虎斗的剧烈场面跃然纸上……（袁敏）

I000425 **甬江风** 王毅等著。宁波出版社1998年3月版。53.5万字。33.00元。系列报告文学丛书，包括《都市浩歌》、《走向海洋》、《共建港城》3部。展示了宁波近几年来的发展变化，涉及宁波经济和社会发展的各个方面，较为全面地反映城市面貌的变化和宁波人民意气奋发的精神状态，鼓舞宁波人民保持一种高昂的斗志，以迎接跨世纪的挑战。（王伯城）

I000426 **青春的火焰** 李伟著。辽宁少年儿童出版社1998年版。15万字。13.80元。“岁月丛书”之一，传记文学。作者以饱满的革命热情，追溯了自己充满激情的、战斗的一生：当年，出身于书香门第的清华大学高材生李伟，毅然决然地投笔从戎，参加了八路军；60多年后，他已是一位解放军离休老将军。几十年沧桑的人生历程，老将军留下的是一串串值得骄傲的足迹。作品向人们捧出的是一位老将军那颗永远年轻的心。（杜晓明）

I000427 **现在出发** 王宏甲著。作家出版社1998年1月版。29万字。18.00元。报告文学。为了开发出中国人自己的防弹衣，解放军总后勤部的科研人员周国泰及其战友走上了功能服装开发的道路。他们用卖报纸得来的二十几元钱和一台旧缝纫机起家，从研制和生产石油工人的防水服起步，寻找到民用功能服装市场的巨大空白，不断开发出高科技含量的产品，不但解决了各行各业对功能服装的需要，而且积累了资金和技术力量，为研制防弹衣和迷彩服等高精尖的军用产品奠定了基础。本书主人公周国泰从一个少不更事的草原之子成长为全军乃至全国著名的服装专家，其间经历了许多坎坷，仅耗时四年的人体极限实验，就使他原本强壮的身体留下了终生的伤痛。他在科技开发的过程中，最有亮色的并不是产品本身，而是科技人才。他为他们提供施展才干的天地。本书不同于一般的报告文学作品，仅仅叙述几个感人的故事或塑造出一两个典型人物，而是以诗意的语言，试图揭示高科技在现实生产力中所具有的难以估量的作用，展示出一种正日渐消逝的人格力量。（杨德华）

I000428 **奋斗与机缘** 钟灵著。辽宁少年儿童出版社1998年版。9万字。10.80元。“岁月丛书”之一，传记文学。作者以幽默的笔调，如实地回顾了自己所做的有意义的事，勾勒出自己充满着“奋斗与机缘”的一生：当年在延安，因为把标语写成美术体而受到毛泽东的批评，建国后任中南海俱乐部主任，又受到毛泽东的表扬；为开国大典布置会场；参与设计全国政协会徽、国徽；师从齐白石学画……作品展现了一个积极乐观、干一行爱一行的老共产党员的高大形象。（杜晓明）

I000429 **国民政府女密使赴藏纪实** 刘曼卿著。民族出版社1998年版。9万字。18.30元。原书名为《康藏轺征》，成书于20世纪30年代。作者在书中详述了自己作为国民政府的女密使，为恢复中央政府与西藏地方政府的直接联系，取道四川，只身入藏，亲见十三世达赖喇嘛和当时的西藏地方各主要成员，宣谕中央政府治藏方略的经过。兼记有边疆地区的山水风貌、民情风俗和作者的冒险故事。书前还附有今人所撰的“序言”、“导读”，以方便读者了解作者的生平和成书背景。为《民国边疆游记新读丛书》之一，全书中还附有数十帧珍贵历史照片。（冯良、丁辉）

I000430 **“图文民国秘闻”丛书** 薛家柱等著。青岛出版社1998年版。80万字。共4册。揭示了国民党陆军总司令孙立人，被蒋介石以莫须有的罪名软禁半生的内幕。蒋介石一生软禁过两位国民党上将，一是张学良，二是孙立人。还揭示了民国年间上海最大的政治暗杀集团——斧头帮的内幕，斧头帮曾先后暗杀过蒋介石、宋子文、何应钦、汪精卫等国民党要员，后为军统特务戴笠所破。还揭示了在民国年间的一个特殊的教育机构——荣军学校。这个学校属全国性的机构，专门接收和抚养国军阵亡将领的子女。该校的荣誉校长是宋美龄。该丛书还展现了民国年间，一批热血青年为抗击日寇，报效国家，毅然弃笔从军，加入了国民党空军，与日本空军在空中展开了一场大血战的画面。(年维佳)

I000431 **使命** 副名：'98百名记者抗洪一线亲历记。王大龙、王伟主编。辽宁师范大学出版社1998年10月版。35万字。23.00元。系参加过1998抗洪斗争的百名记者在抗洪前线亲身经历的记录。1998年夏，中国东北、长江中下游地区遭受了一场百年不遇的特大洪水袭击，长江告急，松花江告急，嫩江告急……解放军冲上去了，新闻记者们也冲上去了，用他们的照相机、摄像机记录下一个个历史的瞬间。滔滔洪水之中，生与死考验着他们，也给予了他们最彻底的洗礼，他们没有退缩，向人民、向共和国交上了一份满意的答卷。本书共选录100余篇文章，作者来自各地的新闻机构，正如编者在前言中论述的那样，“我们看到了勇敢，看到了无畏，看到了敬业，看到了真情，我们回到了现场，我们看到了新闻背后的故事。”1998年过去了，那场肆虐的大洪水也早已过去，但是透过他们那满怀激情的文字，我们仍然难以忘却那段难忘的日子。洪水无情人有情，人民是不可战胜的，他们无愧于“无冕之王”的称号，他们是真正的记者。(张来胜)

I000432 **WFP的中国故事** 副名：世界粮食计划署广西3730项目纪实。陈爱萍等著。广西民族出版社1998年5月版。35万字。45.00元。长篇报告文学。世界粮食计划署广西3730项目，即由世界粮食计划署(WFP)无偿援助，广西壮族自治区人民政府拨款配套，在广西上林、马山、象州三县实施的农业综合开发项目。本书将项目申报、建设过程忠实地记录下来，以事情发展为主线，对建设者们作群像描写，糅合较为强烈的文学手段，写出了项目建设的艰苦性和对广西贫困地区所具有的重要性，突出了“无私奉献，为民造福”的3730精神。(包晓泉)

I000433 **《往事》丛书** 蒋元明等主编。百花洲文艺出版社1998年12月版。30万字。150幅图。30.50元。每个人都有自己的往事，不同的人有不同的往事，对不同的往事有不同的感悟，闪烁着不同的思想亮点。在人类历史的漫漫长河中，个人的力量是渺小的，但将那人海中最耀眼最震撼心灵的瞬间展示出来，使人格力量加以放大，昂然矗立于天地之间，它又是伟大的。本书正是抓住这精妙绝伦的画面加以开掘，反映不同时期的政治风云变幻和社会世俗生活，透出其冷峻而深刻的哲学底蕴。作为历史的参照物，《往事》将给人们提供一个标准的文本，不仅是对某一段历史形态的观照，同时也是这一时期社会风貌的最原汁原味的扫视与综合。本丛书所包含的4本书都是以历史转折关键时期为切入点，以小见大推而广之，让今人管窥到更长的时空变化。在创作原则上重点写人，通过人物这一主体来概述事物，力图以人写事，以人物个性的展开推动政事的演绎。这些人物既有身处事件漩涡中心的显要人物，又有凡人对身处际遇的种种心灵感悟；既有纵横交错的政治风云，又有思想交锋的困惑与迷惘。在文体风格上，策划者明确提出“轻散文”的创作手法贯穿全丛书之中，本书虽是“纪实文学”，但在文采上超越纪实文体，在叙述的风格上又不同于纯粹的散文。它追求的是文字真实而不失生动，稳健而富有动感，白描式的描写中极见作者深厚的文学功底。(郑骏)

I000434 **周恩来飞往万隆** 陈敦德著。中国青年出版社1998年12月版。21万字。19.20元。纪实文学。1954年4月开始的日内瓦会议，新中国初登国际外交舞台，在苏联的撑台和协助下，周恩来初露外交天才。在这期间，周恩来与印度总理尼赫鲁共同创立了著名的和平共处五项原则，使世界对新中国的外交刮目相看；1955年4月召开的亚非万隆会议，新中国第一次独立地登上国际外交舞台，在没有西方大国的参加和操纵下，亚非各国的领导人自己决定自己的命运，会议取得了巨大成功。周恩来起着举足轻重的作用。这部纪实文学真实地记录了从日内瓦会议到万隆会议的全过程，其中涉及到和平共处五项基本原则的创立、“克什米尔公主”号空难事件的前前后后、万隆会议召开前后错综复杂的国际背景及中国高层的应对策略、万隆会议期间周恩来的外交风采及扭转乾坤的智慧和胆略等等重大而鲜为人知的内情。作者陈敦德是个擅长写重大历史题材的作家，已出版过《毛泽东与尼克松在1972》、《毛泽东、周恩来与李宗仁的握手》、《毛泽东与蒋介石》等长篇纪实作品。在本书中，作家一如既往地以严谨和对历史负责的态度，除了遍查史料外，还采访了很多当事人，所以书中运用了大量的第一手材料，并以作家特有的生动文笔再现历史，使该书既有史料价值，又充满艺术感染力。(黄宾堂)

I000435 **周恩来在上海** 王朝柱著。中国青年出版社 1998 年 3 月版。42 万字。22.00 元(平),27.20元(精)。纪实文学。白区斗争,在中国革命史上具有重要地位,它错综复杂、惊心动魄,且富有神秘色彩。本书以波澜壮阔的历史背景,丰富的史料为素材,紧紧围绕周恩来在上海的革命活动,全面、系统、客观地披露了鲜为人知的白区斗争,填补了这一历史空白。书中集中描写了 1927 年 11 月初到 1931 年 12 月初,以周恩来为首的革命领导层在对敌斗争,在党内路线斗争,在保卫党中央、营救战友、收集情报和指导革命根据地斗争等诸方面作出的不懈努力与探索。充分表现了他们身在虎穴,临危不惧,以惊人的智慧和胆略与敌周旋,为中国革命作出的特殊贡献。书中通过敌我矛盾的揭示,内部冲突的披露,人物事件的评说,展现了这条秘密战线上的风风雨雨、诸多历史人物以及他们的功过是非,尤其突出展示了周恩来的组织才干、领导艺术、党性原则、人格魅力等。(李萍)

I000436 **油魂** 《石油师人》新疆油田编委会编。新疆美术摄影出版社 1998 年 6 月版。45 万字。45.00 元。反映石油师人为找油而奋斗的回忆录、通讯报道的汇编。本书是参加当年克拉玛依油田会战的老石油师人或和他们接触的人所写的回忆录和通讯,生动地记述了当年为开掘丰富的石油资源、找到大油田,加速国民经济的快速发展,19 军 57 师官兵整建制转业为中国人民解放军石油工程第一师,西出阳关,开进亘古戈壁荒原,承担起了光荣的祖国经济建设的任务。全书从不同角度生动地记述了他们在新疆石油工业战线艰苦创业,把中国人民解放军的爱国主义、集体主义、艰苦奋斗的精神和团结拼搏、不怕困难、乐于奉献的优良传统带到石油企业,与投身新疆石油工业建设的广大干部、工程技术人员、工人一起,在新疆石油勘探开发建设的历史进程中,战胜了常人难以想象的困难,找到了我国第一个大油田——克拉玛依油田。文章朴实、生动、亲切,字里行间跳动着石油师人的自豪,闪烁着他们用青春、血汗乃至生命所创造的精神。全书附有 50 多幅珍贵的图片。(许建英)

I000437 **艰难的人生** 哈帕尔·比拉力著。新疆人民出版社 1998 年 6 月版。20 万字。14.00 元。通过主人公波迪朝力的亲身经历,生动地阐述了他在不同的历史时期所遭受的种种不幸和流浪生活,以及在"文化大革命"中被冠以"里通外国""特务"等罪名,深受林彪"四人帮"一伙的迫害。在党的十一届三中全会以后得到平反,最后被选为县政协委员的坎坷经历。该书赞扬了中国共产党领导下的各族人民的大团结。(阿扎马提)

I000438 **驿动** 何必著。鹭江出版社 1998 年 8 月版。11.6 万字。10.20 元。"飞鸟文丛"之一。作者以一种散文化的笔调,叙述了自己弃戎从商的生活经历及其间对所历所闻的切身感受。(江金辉)

I000439 **荆江分洪大特写** 副名:三峡前奏曲。李寿和著。长江文艺出版社 1998 年 9 月版。23.6 万字。16.00 元。展现了 1952 年长江上第一座现代化水利枢纽工程——荆江分洪工程仅用 75 天就一举建成的历史经过,及它在历次洪水灾难中发挥出来的治洪、防洪作用,重点展示了 1954 年工程首次运用的情景,分洪区人民生活的变迁,党和政府对分洪区人民的关怀,第一次披露了工程建设和工程运用时的诸多鲜为人知的史料。(阳继波)

I000440 **草原风流** 副名:内蒙古名人纪事。张明华等著。民族出版社 1998 年 3 月版。31 万字。19.80 元。人物报告文学集,新华社内蒙古分社为纪念内蒙古自治区成立 50 周年组织编写。文章均选自 80 年代以来改革开放中涌现出来的经济、文化、艺术等各条战线上的人物事迹。虽然他们的工作岗位不同,具体事迹也不一样,但思想内涵和精神实质是一致的,反映了人民的意愿,体现了时代的精神,代表着社会进步的方向。作者们不仅描述了先进人物所创造的物质财富的全过程,并且使读者了解到他们在创造物质财富过程中所留下的精神财富。(松布尔)

I000441 **胜负之间** 副名:毛泽东转战陕北纪实。王建胡著。敦煌文艺出版社 1998 年 9 月版。35 万字。25.80 元。记述了 1947 年 3 月至 1948 年 3 月间,毛泽东、周恩来、彭德怀等老一辈无产阶级革命家转战陕北,粉碎了蒋介石、胡宗南对陕北革命根据地的围攻进剿,同时在戎马倥偬的辗转作战中运筹帷幄,指挥解放全中国的宏伟人民战争。作者以大刀阔斧的气概和手笔,铺陈了这段恢宏历史的各个层面,详尽、具体地从军事角度概述了党中央转战陕北的路线、地形,以及中央与东北、中原、华东各大战场之间的联系。然后在政治、军事的大层面上,着重描绘西北野战军与国民党胡宗南集团的几次重要交手:青化砭战役、蟠龙战役、沙家店战役等。在这些历史大事件的描述中,作者既有大量文献资料的研究基础,又有实地考察的亲身感受,同时不乏精辟的分析阐述,这些方面的穿插出现,使作品跌宕起伏,生动感人。本书并不是单纯地叙述、分析国共双方大决战的政治、军事较量，而是用了很大的篇幅来写人，将双方的首领人物作了气质、个性与修养的对比。作品多角度地刻画了毛泽东作为政治家的头脑、军事家的果决和文学家的机智；在他的领袖气质中包含着相当多的平民意识和文人意识，树立起一个完全生活化的艺术形象。对于反派人物蒋介石的刻画，作品也摆脱了以往的模式，既分析了他军事思想僵化的短处，也抓住了他反共经验老辣的“长处”……本书客观、公正、全面和生动地记述了一段重要历史，堪称“信史”。(李民发)

I000442　**前沿故事**　水均益著。南海出版公司1998年10月版。27万字。22.00元。以水均益的新闻从业经历为背景，内容涵盖了从他做新华社驻外记者开始，一直到他主持中央电视台《东方时空》暨《焦点访谈》节目以来的许多重大新闻的经历。以“我与《东方时空》”，“我眼里的政治家”，“战争与和平”这三个层次贯穿全书，为我们展示了许许多多使水均益成为他如今这样一个引人注目，充满魅力的人所经历过的种种画面。在“我与《东方时空》”中，我们可以洞悉诸如“银河号”事件等重大新闻，以及“黑色九月”，“足球”等篇章所涉及的令国人痛心的事件与话题，让我们了解申办奥运会这场命运和荣誉之战的壮烈过程和极端暧昧的中国足球；透过“我眼里的政治家”，我们可以看到作者对克林顿、董建华、卡斯特罗、基辛格、叶利钦等国际要人的采访，这些极具魅力的描述，使我们豁然，总统亦如凡人；“战争与和平”则讲述了作者在中东、波黑的战火硝烟中所度过的那些惊险而刺激的日日夜夜。本书也为我们展示了作者对新闻行业的独到见解。(杨雯)

I000443　**8·23炮击金门**　沈卫平著。华艺出版社1998年8月版。62.7万字。39.60元。全面系统介绍炮击金门的纪实文学。2册。炮击金门是中国当代史的重大事件，也是中国及世界军事史上颇具研讨价值的经典之作。书中探寻并表现这台精彩剧目的酝酿、演出过程及上演效果。作者采访了百余位海峡两岸当事人，收集了丰富的史料，以大跨度、多视角、全景观手法，真实再现了当时一幕幕炮战、空战、海战及外交斗争场景，形象生动地表现出这场战争的正义性，同时使读者不得不为指挥者那政治家的远见、军事家的韬略和伟大爱国者维护国家统一的坚定原则性所叹服。文笔生动流畅，气势恢弘，并附有大量双方指挥者、军事装备、作战等图片。(孔德骐)

I000444　**骄子**　刘伏宝著。海潮摄影艺术出版社1998年8月版。15万字。收集刘伏宝10年新闻生涯中所作的40篇人物通讯，所写的人物都是在改革、开放的大潮中，各行各业涌现出来的八闽英才，代表了福建省各条战线上的英模，是一幅具有鲜明时代特色的画卷。人物主题鲜明，内容丰富，语言生动，是一部高品位的具有深刻教育意义的模范人物汇编，给读者带来向上的情操和做人的准则。《骄子》是一部“浓缩人生精华”的传记式作品，它从正面揭开了英模成长的艰辛以及留给后人的启迪。(刘强)

I000445　**海上人事**　颜玉强著。鹭江出版社1998年8月版。7.5万字。7.70元。“飞鸟文丛”之一。记叙了作者“下海”后经历的各色人等和世相百态，生动地描述了“海上”生活的种种感受。(江金辉)

I000446　**探险神秘之地——一位军中女作家穿越罗布泊的手记**　庞天舒著。解放军出版社1998年9月版。20万字。12.00元。记叙了作者跟随中国地质科学院及新疆第三地质大队的科学家组成的考察队，深入我国著名的死亡之海——新疆罗布泊无人区寻找钾盐矿的惊险经历。此次科考活动历时一个多月，他们饱尝风餐露宿，经历饮水危机和一次次的惊险，终于找到特大型钾盐矿床。庞天舒把她与科学家们的亲身经历用白描的手法记录下来，动情地讲述了这些“面朝盐壳背朝天”的地质工作者的故事，并以敏锐的思维和一颗真诚的文学之心写下她的种种感受和体验。她还倾洒笔墨描写这片土地的历史变迁，古城兴衰以及最后被漫漫黄沙所吞噬的故事。作者站在人类文明的高度，评说了罗布泊，评说了罗布泊滋生的民族、古国、古城的存在与消亡，最终归结到人类的自身文明、文化上，显示出本书的历史与文化的厚重感。(郭莹)

I000447　**淡淡的足迹**　潘之汀著。辽宁少年儿童出版社1998年版。9万字。10.00元。“岁月丛书”之一，传记文学。作者以真实的笔触描述了自己平凡而执著的生活足迹：少年时代参加反帝大同盟；青年时代奔赴延安，入鲁迅艺术学院师从何其芳学习文学创作，其短篇小说《满子夫妇》被翻译成外文介绍到国外；全国解放后到中央文学讲习所任教，为新中国培养了一大批知名作家，同时创作出了被称为“我国第一部工厂史”的长篇报告文学《发电厂里五十年》。作品以平实的语言，展现了从延安走出来的老战士的风采。(张雨门)

I000448　**落泪是金**　何建明著。中国青年出版社1998年12月版。31万字。21.80元。长篇报告文学。作者与在校大学生们推心置腹交谈后写下的力作。它以细腻、流畅的手法，详尽记录了那些闻所未闻、揪心失泪的真实故事。这些故事的主人公，便是已成为今天大学校园的一个“特殊群体”的贫困大学生们。他们为了跨进大学校门，完成来之不易的学业，时而迷惘与挣扎，时而忧闷与徘徊，时而激动与欢快，勾勒出了当代大学生凝重而多彩的人生风采。（吴方泽）

I000449 **硬汉马俊仁** 徐光荣著。黑龙江人民出版社 1998 年 8 月版。25 万字。18.80 元。描写我国著名田径教练马俊仁的人生历程、教练生涯。全书自马俊仁青少年时代写起，叙述了他从小的志愿，艰苦生活的磨炼，从事体育工作以来所经历的种种曲折、艰辛，培养出世界中长跑冠军的举世惊人的业绩，塑造了一位铁骨铮铮、不屈不挠、顽强拼搏的硬汉形象，歌颂了集体主义、英雄主义、爱国主义精神。（徐冲）

I000450 **雅砻江的太阳** 李林樱著。天地出版社 1998 年 9 月版。31.80 元。全景式长篇报告文学。多视角地描写了二滩水电工程——20 世纪中国建成的最大电站，一个被中外专家们称之为“中国水电建设史上的里程碑”的、名副其实的世界级现代化工程。作家用自己饱蘸深情的笔大气恢宏地描绘了这个中国西部崇山峻岭中出现的“寂静的工地”，记述了这里由 43 个国家组成的“小联合国”中，中西方文化经过碰撞后达到的融合与沟通。我们不仅可以从中听到中国人与外国人之间真正的平等对话，发现不同的思维方式和哲学体系，我们也能了解到如何真正体现科技是第一生产力，更能真切地感到中国稚嫩的市场经济正艰难地真正尝试着与“国际惯例”全面接轨。这是一部中国水电人的传奇和史诗，它抒写了中国的水电建设者们探索、奉献和拼搏的历史，不仅有极高的思想和艺术性，也显示了作者深厚的艺术功底、广博的知识、巨大的热情、丰富的想象力、凝重的历史责任感及其坚强的意志和锲而不舍的精神。（吴晓春）

I000451 **黑土·热血·太阳** 副名：辽沈战役黑山阻击战纪实。靳建新等编著。辽宁人民出版社 1998 年 8 月版。26 万字。15.00 元。1948 年 10 月，辽沈战役期间，廖耀湘西进兵团受蒋介石之命，企图夺取黑山，继而向关内撤退。为使我攻克锦州部队回师聚歼该敌，东北野战军十纵队奉命在黑山、大虎山一带设防，诱阻该敌。经过三昼夜之鏖战，在我英勇之师的顽强阻击下，敌人寸土未进，我主力部队取得了全歼廖耀湘兵团十万余众的重大胜利。作品以纪实文学的手法，真实而生动地再现了东野指战员大智大勇、浴血奋战、气壮山河的革命英雄主义精神和当年黑山人民支前、参战的感人事迹。读后令人感奋，是爱国主义的生动教材。（修玉祥）

I000452 **’98 湖北抗洪抢险纪实** 湖北人民出版社编。湖北人民出版社 1998 年 8 月版。23.5 万字。15.00 元。有关 1998 年 8 月抗洪抢险报刊资料汇编。分 3 部分：第一部分包括江总书记、朱镕基总理、李瑞环、温家宝到湖北视察、指挥抗洪抢险的情况。第二部分为长江湖北沿线干堤军民抗洪抢险的纪实，介绍在抗洪抢险中涌现出的烈士和英雄的光辉事迹。第三部分是著名作家撰写的歌颂抗洪抢险军民的诗文。书后附有汛情资料。该书全部捐献给战斗在抗洪抢险第一线的军民。（胡东）

I000453 **魂断台北** 九九著。黑龙江人民出版社 1998 年 3 月版。30 万字。23.00 元。九九（原名杜九森）是国民党台湾“财政次长”、“代部长”杜均衡之子。1949 年西南解放前夕，杜均衡先生遗下家人从成都逃往台湾（当时九九尚在襁褓之中）。这一去，咫尺之隔竟成天涯！30 年坎坷生活，命运遭际，实难言之！1981 年，九九及受尽苦难的老母亲终于在香港与杜均衡见面相认；1983 年，杜均衡在台北病逝，九九要求赴台为父亲奔丧，竟遭台湾当局重重阻挠。最后，他不惜以自杀抗议，只身闯关，终于酿成惊心动魄、血泪交织的“9·28”事件，震动海内外新闻媒体。作者怀着一腔悲愤和赤诚的责任感，写下了这充满人间悲欢离合而又交织着哀怨喜怒情感的动人故事，详述了个人难以想像的成长经历。（徐冲）

I000454 **想家的时候** 刘朝兰著。辽宁少年儿童出版社 1998 年版。13 万字。14.50 元。“岁月丛书”之一，传记文学。作者是烈士的女儿，她以真实的笔触描述了自己丰富的人生经历：父亲牺牲后，被彭真带到延安参加了革命，后成为中央人民广播电台第一代编辑、记者；全国解放后，她改行搞文学创作，先后创作出了话剧《喝延河水长大的》和电影《童年的朋友》。作品充分表现了一个在党的哺育下成长起来的文艺工作者的无私奉献精神。（张雨门）

I000455 **歌乐山作证** 刘德彬著。辽宁少年儿童出版社 1998 年版。17.5 万字。16.50 元。“岁月丛书”之一，传记文学。作者为江竹筠烈士的战友，由于叛徒出卖，同江姐一道被捕，在重庆解放前夕的渣滓洞大越狱中幸免于难。作者以真实的笔触，将其浴血的经历生动的再现出来。在作品中，作者揭露了国民党反动派迫害革命者的罪恶行径，讴歌了共产党员江姐等人的高风亮节，展示了革命志士们“愿把牢底坐穿”的大无畏的革命精神。作品以丰富的素材，对长篇小说《红岩》中的人物原型作了真实生动的描述。（杜晓明）

I000456　**谱写科学人生——张煦院士随笔**　张煦著。上海交通大学出版社 1998 年 4 月版。18 万字。22.00 元。中国科学院院士张煦教授从事通信工程教育已有 50 余年。本书辑张煦于 1993—1997 年间陆续撰写的关于教学与科研、工作与为人、个人生活等“随笔”共 74 篇，以及 1997 年报刊记者采访他的文章 10 篇。（成敬祥）

I000457　**磨难**　副名：西路军女红军团长的传奇。王霞著。解放军出版社 1998 年 12 月版。31 万字。20.00 元。为纪念建国 50 周年及缅怀为建国而牺牲的革命者而著。书中以纪实手法记叙了西路军妇女抗日先锋团团长王泉媛悲壮的一生。当年在祁连山几千红军西路军与马步芳兵团作最后血战时，妇女抗日先锋团的女战士们的悲惨命运就已被决定了：被俘和死亡。顷刻间，她们由战争的主导者、参与者一下子变成了战争的包袱、累赘，团长王泉媛也不例外。在被敌人俘虏后，她甚至被分配给马匪团长为妾。王泉媛面对着死亡和敌人的百般凌辱却从未屈服过也从未停止过反抗和斗争，表现出一名优秀共产党员英勇顽强的革命精神。她革命一生，始终保持着坚定的革命信念，即使是被误解、被拒之于革命大门之外的时候，她仍旧毫无怨言，一心向党。王泉媛直至晚年 76 岁时才被恢复党籍，享受老红军待遇，值此，这位西路军女红军团长一生的苦难命运才得以转机。本书的结构也别具特色。书中将王泉媛的一生分为两段，作者从“石窝分兵”这一事件前后对照着写，由战斗失败引出王泉媛的身世；又从战斗失败写到这位女团长后半生的坎坷经历。这种时空轮回的结构不但在情节上造成悬念，而且还颇含寓意。它告诉读者：王泉媛的后半生与前半生比较是在不同环境下的第二次革命，而她始终对革命忠贞不渝，直至在人生旅途上获得美满的结局。（郭莹）

I000458　**万众一心 众志成城——'98 抗洪救灾上海新闻作品选**　贾树枚、丁锡满编。上海交通大学出版社 1998 年 12 月版。38.5 万字。24.50 元。1998 年入汛以来，长江流域和嫩江、松花江流域的特大洪水，牵动着全国人民的心，中国人民同历史罕见的特大洪水展开了一场波澜壮阔的斗争。本书从上海各主要新闻单位在抗洪救灾期间的报道中选取 100 多篇优秀作品，展示了抗洪军民的英雄壮举，描述了上海和全国人民热情支援灾区的生动情景，也体现了一线记者艰苦工作、辛勤采访的敬业精神。（戴柏成）

I000459　**沧桑人生——中国特殊群体写真**　胡发云等主编。湖北人民出版社 1998 年 9 月版。61.5万字。36.50 元。作者是一群有特殊经历的人，他们如泣如诉地讲述了自己一生中感受最真、印象最深的一个故事。由于是在“文革”十年那个特殊年代产生的故事，又由于每个人的遭遇和所处客观条件不同，所以每个故事都是别有一番滋味让人深思。有的故事让人看了痛定思痛；有的故事今天读来觉得荒唐离奇，但这都是确确实实曾经发生过的事；还有很多故事是作者吐露当年的心迹，而这些事在那时候是绝对的个人心底秘密。本书不是一代中年人简单地回顾经历，陈列往事，它的最大成功之处在于总结、反思历史，挖掘那一代人在逆境中奋斗的精神，给现今的年轻一代注入智慧、勇气和力量。一个人的故事，反映一个人的命运；一个群体的故事，揭示一个时代的历史，是一代人生存状态的写真。一百多个真实的故事和二百多幅珍贵的历史照片使《沧桑人生》具有极高的史料价值。（吕薇）

I000460　**战火中的青春**　副名：部分抗日女战士的经历。田秀涓等著。辽宁人民出版社 1998 年 12 月版。41 万字。34.00 元。北京、辽宁、天津、陕西、甘肃等地的 51 名抗日女战士将美好而难忘的青春留在了硝烟弥漫的烽火中。时光荏苒，奋斗了半个多世纪的老大姐们，如今都已进入高龄。岁月的沧桑，给她们留下风霜，然而她们的思想、情操仍如当年那样，想着祖国、人民，关注着下一代的健康成长。她们把当年的心声、幸运和苦难、荣誉与屈辱、辉煌与挫折如实地整理成文。虽然每个人的经历不同，所处的环境不同，但所写文章各有千秋。这是无悔的青春，是可歌可泣的青春。使读者看到了一个绚丽多彩的精神世界。（修玉祥）

I000461　**剑盾春秋**　副名：共和国重大事件亲历记。图门著。辽宁人民出版社 1998 年 5 月版。19.7 万字。16.00 元。作者以一个历史见证人和亲历者的身份，真实客观地记述了其经历的共和国的重大事件、重大活动和重大案件。既记述了本人青少年时所遭遇的苦难、参军参战、转战东北、追剿残匪的艰苦历程，又记述了我军法制建设、保卫战线、军事检察院、军事法院工作奋斗的业绩。特别是亲自参与全军平反冤假错案、审判林彪和江青反革命集团案，伸张了正义，维护了法律的尊严。作者以一个严肃公正的政法干部特有的锐利目光，揭示了各类事件的历史根源，提醒人们或从领导决策角度，或从历史角度，或从法律角度，去观察和思考，能给予读者以深刻的启迪。（刘万庆）

散　文

I000462　**三峡备忘录**　伊慧民、王广令著。中国三峡出版社 1998 年 5 月版。13.4 万字。16.80 元。《三峡备忘录》系中央电视台的记录片，本书是该记录片所配的解说词。备忘录以史诗形式讲述了三峡工程的三起三落直到实施的过程，为将来历史性回顾三峡工程提供了一部充满激情的记录。（李莹莹）

I000463　**千古名文**　张强主编。陕西人民出版社 1998 年 9 月版。62 万字。34.00 元。自上古时期的神话开始——作者认为神话是史官文化最活跃的文化因子，是最初的口头散文，全书收录了历代流传下来的优秀散文百余篇。编排上按照时代发展的顺序，体例上则按照篇名（或作者名）、介绍（或作者简介）、原文、注释和评析 5 个部分组成一个篇章的格式。（刘明立）

I000464　**千年沉重**　胡平著。东方出版中心 1998 年 7 月版。23.8 万字。20.00 元。作者思考地域文化、知识分子命运及社会现象的大文化散文著作。全书由“千年”、“不再是秦兵马俑的脸”、“莫忘沉重”3 部分组成。作者以敏锐的感悟与笔触，对一个个重大的历史谜团、现实困窘、文人心态作了深层的剖析与解读。“千年”部分作者是以历史上曾经辉煌一时的一个内陆省区为标本，对传统中国、乡村中国、内陆中国的文化描述。“不再是秦兵马俑的脸”是作者给父亲的 5 封信。“莫忘沉重”部分乃是作者坚持文学要介入生活的心路历程的真实写照。他真切地表露了这样的信念：一个时代哪怕有百分之九十九的人拒绝沉重，可总得有百分之一的人守望并解读沉重。否则，社会便是一只轻飘飘的舢板，极易在风浪中倾覆。莫忘沉重！是作者发自心底的呼唤。滚烫的关切之情与拳拳之心，流淌在字里行间，读来令人感慨不已。大文化的蕴藉、大视野的格局是文学又跨文学的表现，是本书的显著特点。其所表现出的强烈社会责任心与历史使命感，对处于世纪之交的当代读者来说，颇具启迪意义。（钟蕾）

I000465　**历代幽默笔记精选今评**　章明评析。湖南文艺出版社 1998 年 4 月版。8 万字。8.40 元。中国的古典文言小说主要以笔记形式。不少笔记小说所描述的趣闻轶事又常常是作者的亲见亲闻，可以当历史来读。作者皆为那个时代的著名人物，学识渊博，极有文名，是古文中的上品。特别是内容大多幽默诙谐，不但可见当时社会的人情世态，也能发现与今天仍存在的某些社会现象的渊源关系。著名杂文家、小说家章明经过长期研究，从《唐摭言》《因话录》《太平广记》《朝野佥载》《古今笑史》《清稗类抄》等数十种著名笔记小说中精选出 62 篇，并加以妙趣横生的解析和述评，深刻精博。（弘征）

I000466　**历代散文选注**　郭预衡编。岳麓书社 1998 年 8 月版。129.10 元。选文比较全面，从中可以窥见各个历史阶段的散文特点，以及各散文流派的概貌。各个分册所选篇章，或为各家代表作品，或为历代传诵的名篇。选文均依据可靠版本，并与不同版本作了校勘。每篇散文之后均有简略的说明文字及详细的注释；注释多依旧注，并参考了近人的一些注译本，力求精当。（丁方晓）

I000467　**中国古代十大散文家精品全集**　郭预衡主编。大连出版社 1998 年 3 月版。270 万字。198.00 元。选编中国古代 10 位著名散文家的全部经典之作。选收作者包括庄周、司马迁、韩愈、柳宗元、欧阳修、曾巩、王安石、苏轼、归有光、袁宏道。《集外卷》还汇集了自先秦至清末除上述作者外其他作家的散文精品。每卷均含作者小传、正文、附录 3 部分。作者小传扼要介绍散文家的生平活动和创作特色，使读者对作家的一生有个总体了解。正文中每篇作品后一般都有题解和注释。介绍写作背景和作品主题，帮助读者通畅地阅读理解。附录中的作者生平创作简表和散文版本简目，旨在为有意深入研究的读者提供查找线索。本书将选收作品大多按作者创作的时间顺序排列，而且除庄周、司马迁和王安石以外，每个散文家的作品都按作者生平活动的阶段性或作品思想艺术的变化加以分期，这在其他选本中是不多见的。（许文彦）

I000468　**文致**　明·刘士辚编。岳麓书社 1998 年 7 月版。11 万字。10.00 元。明代刘士辚选编的一部历代散文小品选集，辑录汉魏六朝至明代 60 多位作家的 80 余篇文章，每篇先原文，后录明人评论之语，书眉有眉批。体裁多涉题序跋记，书传铭赞，疏论评说，碑碣辨对之属，较之明代其他小品文选集，其编辑旨趣与选文标准有独到之处：其一，重儿女之情，写美人之思；其二，重山林之趣，祈复归自然之愿；其三，重人生之思，抒愤世不平之气；其四，重历史之鉴，发家国兴亡之叹。皆情文并茂，芳菲清秀之美文,除了小品文选本共有的可读性、可赏性之外,还有其秘笈刊行的选本价值,文献校勘、古文评点鉴赏等方面的学术研究价值。《文致》仅存目于《四库全书》,中国大陆至今未传。此次校点刊行,以韩国大田实业大学校长姜铨燮教授家藏手抄本(复印传)为底本。(饶毅)

I000469　**世纪遥想**　潘琦主编。广西人民出版社1998年版。35万字。28.00元。收集65位较有影响的作家、诗人、学者、艺员等83篇精美文章。既有孙中山的演说文稿,也有巴金等的回忆文章;既有费孝通的调查报告,也有刘白羽的散文小品。这其中有大家,也有目前中国文坛上的文学新人,作品均满怀深情地讴歌广西的山山水水、人情世俗。如巴金的《桂林的微雨》、《桂林的受难》;夏衍的《别桂林愁城记》代序;刘白羽的《漓江春讯》;杨朔的《画山绣水》;秦牧的《重睹芸菲访桂林》;贾平凹的《在桂林》等等优秀的散文和随笔。本书还收集了广西本土文人的部分优秀作品,如陆地的《故乡与童年》;韦其麟的《桂林山水》;潘琦的《都乐碑林遐想》;蓝怀昌的《瑶山情思》;贺祥麟的《漫游桂东北》;包玉堂的《鱼影仙踪》;彭匈的《茶城文庙素描》等。(韦向克)

I000470　**我是编辑**　叶至善著。中国少年儿童出版社1998年4月版。29.2万字。29.80元。编辑工作文集。也可以说是杂文集。叶至善先生从小受到父亲叶圣陶的教诲和熏陶。在父亲的言传身教下,在他50余年的编辑生涯中,积累了极其丰富的出书办刊经验,熟悉了全套的编辑业务。在这本书中,专门收集了二十年以来,叶至善先生为各类图书所写的序、前言、后记;为各种会议写的讲稿;生活中的琐记、对事物的感想等与编写工作有关的文字100篇。从侧面如实地反映了他的编辑工作,创造思想和一些生活经历。(陈斌)

I000471　**闲雅小品集观**　副名:唐宋元文人小品百家。夏汉宁、季晓燕编。百花洲文艺出版社1998年12月版。73万字。45.00元。共选编唐代、宋代、元代100位作家(包含了五代和金代的部分作家)的小品近800篇。选文侧重闲雅怡情类。唐宋元散文大家的作品都有收录。这些作品的选录,一部分选自前人的选本,而更多的则是从各人的专集中选出。在编排上,以朝代为序,而同一朝代的作家,一般以出生时间先后为序。对于每一位作家,在选文前都作了简单明了的介绍。对于所选作品,大多都加以较详细的注释。(吴山芳)

I000472　**“学人读书笔记”丛书**　朱自清、王佐良等著。天津人民出版社1998年3月版。130万字。70.50元(套)。共6册。分别是朱自清的《禅家的语言》、王佐良的《语言之间的恩怨》、常风的《彷徨中的冷静》、杨周翰的《忧郁的解剖》、梁遇春的《醉中梦话》、朱光潜的《谈读书》。作者均是享誉海内外、学贯中西的书评家、翻译家或散文大家。(杨连仲)

I000473　**陶庵梦忆·西湖梦寻**　明·张岱著,张新科注。陕西人民出版社1998年5月版。20.6万字。11.50元。“中国古代笔记小品丛书”之一。张岱为明代著名散文家。其《陶庵梦忆》共8卷,是张岱传世作品中最著名的一部,其中所记大多是作者亲身经历过的杂事,如茶楼酒肆、说书演戏、斗鸡养鸟、放灯迎神以及山水风景、工艺书画等,构成了明代社会生活的一幅风俗画卷,尤其可以说是江浙一带一幅绝妙的世相图。《西湖梦寻》共5卷,追忆往日西湖之胜,以寄托亡明遗老的故国哀思。作者对杭州一带重要的山水景色、佛教寺院、先贤祭祠等,进行了全方位的描述,按照总记、北路、西路、中路、南路、外景的空间顺序依次写来,把杭州的古今展现在读者面前。尤为重要的是,作者在每则记事之后,选录先贤时人的诗文若干篇,更使山水增辉。张岱的散文清新秀丽,情趣盎然,生动活泼,许多篇章已成为脍炙人口的名篇。为了使读者更好的理解原文,编注者对其加了简注,一些生僻字注上拼音。历史人物、成语典故、佛道故事等,尽量注解简明。(张亚雅)

I000474　**晚明小品研究**　吴承学著。江苏古籍出版社1998年7月版。33.2万字。28.00元。“文学遗产丛书”之一。共14章。第一章论述晚明小品的文学背景和文化土壤;第二章至第六章具体研究晚明著名小品作家和流派;第七章至第十一章研究晚明小品的一些文体的类型;第十二章和第十三章从整体上研究小品所反映的晚明文人心态与习气,研究晚明小品的艺术传统和文体创造;第十四章分别研究晚明小品在晚明、在清代、在日本,以及在20世纪中国的不同影响和命运,从接受的眼光来研究晚明小品的历史地位。全书介绍晚明主要的小品作家,勾勒出晚明小品的发展线索,概括出它表现在思想情趣与艺术形态上的总体特点,既道出其妙处,也揭示其弊端,让读者比较真实、全面地认识晚明小品,而不是毫无保留地欣赏玩味和接受。全书力求做到微观与宏观并重,在文化的背景上研究文学本体,从个体的、具体的分析逐步上升到总体的理论概括。(周立波)

I000475　**禅林四书**　于亭编。湖北辞书出版社

1998年版。35万字。16.80元。结集4部谈禅的随笔著作:慧开的《无门关》、慧洪的《林间录》、晓莹的《罗湖野录》、袾宏的《竹窗合笔》。四位古代僧人倦游归憩后,追忆往昔见闻经历,记述高僧大德嘉言懿行,文笔生动。(刘丹)

I000476 **古文精选** 李佐丰主编。金盾出版社1998年3月版。38万字。15.50元。"中国古典文学普及读本"中的一本。从先秦至清代的有代表性的文章中精选91篇,均为历来人们传诵、脍炙人口的精品。选文中既有重在说理的议论文章,又有主要是叙事、记人的历史散文;既有描写景物风貌的文章,又有着重于抒情的散文;既有篇幅较长的文章,又有全篇不超过百字的短文。选入了不同风格流派的文章。对每篇文章的作者都做了介绍。每篇文章前都有题解,注释较详细。对难懂的词语、典故都用浅显通俗的文字作简明扼要的注解,对难认的字都加注拼音及同音字。(周会元)

I000477 **东方情缘·中华古典散文赏析丛书(全四册)** 李建盛主编。北京图书馆出版社1998年3月版。95万字。54.00元。共4个分册,即《形在江海之上·自然山水卷》、《心存魏阙之下·哲理政论卷》、《情于无言之中·人间亲情卷》、《人处天地之间·人物传记卷》。第一分册选编我国古代各个时期该类主题的散文极品约50篇,每篇分为赏析·原文·注释3部分,以赏析文为主。赏析文文笔优美、言简意赅地概括原文的创作背景、写作风格和情理意蕴,又能体现当今读者的欣赏角度,能让读者比较系统、全面地了解中华古典散文的整体风貌与风格,又可让读者在阅读中获得欣赏的愉悦与启迪。(卢玉荣)

I000478 **上海的风花雪月** 陈丹燕著。作家出版社1998年6月版。20万字。19.00元。散文著作。从内容到形式都洋溢着十足的上海风情:细腻、精致、灵动、敏锐……陈丹燕以一个怀旧者和探寻者的姿态徜徉于上海的百年历史中,寻访散落在上海大街小巷中的历史遗迹,扫去厚厚的历史烟尘,遥视昔日上海的繁华璀璨;在张爱玲、张学良、颜文梁、蓝苹等历史名人住过的老房子里,回想他们的人生往事,慨叹于无尽的世事沧桑;透过今日上海的新风气:咖啡馆、酒吧、舞厅、美容院,把握和捕捉当代上海人的生活志趣和微妙心态;在将彼得堡、巴黎、纽约这些国际大都市与上海的对照中,深入探索上海这座东方大都市的内在精神本质;从饱经磨难而永不改其高洁、从容、优雅的张可女士身上,从曾经享尽荣华富贵又曾经一贫如洗而仍不失其精美华贵神韵的郭家小姐身上,发掘出杰出的上海女子在那顽强的宁静中所焕发的人之尊严……大量老照片和陈丹燕自拍的变化中的上海影像,以及她为这些照片写下的动人的说明文字,与内文相映生辉。这部书体现了陈丹燕对上海这座城市的深刻理解。(林金荣)

I000479 **小说家散文丛书(第二辑)** 梁晓声等著。湖南文艺出版社1998年1月版。99.6万字。72.90元。收录我国当代5位著名小说家近期创作的部分散文随笔作品,分别是:《丢失的香柚》(梁晓声著,16.50元)、《告别白鸽》(陈忠实著,12.60元)、《珍爱心灵》(蒋子龙著,16.20元)、《纸窗》(韩石山著,15.00元)、《悲情之旅》(白桦著,12.60元)。集中体现了小说家们的睿智与才情,表现出他们的独特见解与深邃的思想。作品朴实而真诚,细腻而感人。既充满活力与激情,又具有理性与思辩的力量。(薛健)

I000480 **王小妮散文随笔系列** 王小妮著。湖南文艺出版社1998年9月版。82万字。60.00元。包括《目击疼痛》、《谁负责给我们好心情》、《我们是害虫》、《派什么人去受难》4种。收入作者最新创作的全部散文随笔精品,视野开阔,视角独特,语言颇具诗歌张力,在当今散文创作园地中可谓独树一帜。(萧元)

I000481 **中国西部散文** 史小溪主编。东方出版中心1998年5月版。62万字。44.00元。选收西部地区汉、蒙、藏、回、锡伯等民族作家马步升、史小溪、周涛、燎原等人的作品。其中诸多篇章,源于作家对民族文化的思考,其深刻的民族理念和丰富的生命体验,凸现了西部的人文精神。《绝地之音》、《黄河万古奔流》、《渴望苦难》等从不同的侧面和角度,探寻着人类古老的文明,揭示了西部文化在历史与自然中所呈现出的巨大张力和深邃内涵,也展示了西部作家独有而强烈的生命体验。《叩访蒙恬》、《谒西夏王陵》则通过对民族历史的追述,展示了一个时代的兴衰与荣辱。而《西北王题》、《玉米使者》等将作家的生命体验融进了深刻的哲学视野,笔下所呈现出的大自然美色,极富浪漫情调。这些富有生命意识和生命体验的散文,以感性的语言,再现了西部民族悠久灿烂的历史文化,揭示了千百年来各民族间的文化渗透与融合。(徐芷琳)

I000482 **文坛漫忆丛书** 施蛰存等著。黑龙江人民出版社1998年5月版。31万字。19.70元。采撷、汇集施蛰存、臧克家、柯灵、周楞伽、范泉5位著名作家回忆文学历程，怀念文坛师友，追忆文坛往事的散文精华。5个分册分别为：范泉著《文海硝烟》、施蛰存著《散文丙选》、臧克家著《逝水落华集》、柯灵著《昨夜西风》、周楞伽著《伤逝与淡往》。分别收录了“邂逅鲁迅先生”、“回忆‘孤岛’时期的文艺战友们”、“丁玲的‘傲气’”、“纪念傅雷”、“文字生涯第一步”、“记曹禺”、“张天翼轶事”、“我的先生闻一多”等百余篇散文。(徐冲)

I000483　**心约女孩·散文**　张洁等著。湖南少年儿童出版社1998年11月版。25.7万字。包括3部散文集，即《月光之舞》、《走过心情》、《寂寞芬芳》。这是中国第一套写当代女孩子和写给当代女孩子看的散文系列丛书。作者均为30岁以下刚走出校园不久的儿童文学女作家，而且是近几年里在儿童文学界迅速崛起、颇有实力和影响力的年轻一代。她们运用了“现代进行时”的手法，以自身的亲历，真实地将当代女中学生生活中最容易表现出的种种企盼、仰慕、憧憬、牵挂、关爱、忧伤、愁苦、悔恨等心理或情绪，通过细腻、清爽、柔和的笔调反映在字里行间，让作家真挚的心与女中学生纯洁的心相约，让每个女中学生(包括男生)都能从中找到自己，从而更好地认识生活，热爱生活。每部书前有著名评论家樊发稼的精美序文，后附别人写作者的印象记，这对读者欣赏散文、了解作者有一定的帮助。(阿木哥)

I000484　**心海帆影**　黄英著。甘肃少年儿童出版社1998年4月版。14.2万字。10.50元。黄英写小说写童话，也写散文，小说童话，相对集中，数量也厚重；而散文，比较零散，似无计划的随兴走笔，不成体系，但是，辑成集子，却也林林总总，不觉轻薄。于是便想，作家的写作，意义在于发言，文体等等，因人因事因时而宜罢了。黄英的题记，或可作为解读的路径，他道：“散文之‘散’，实与‘自由’同义，散文即自由文，这不仅指它的体式，更指它的精神，没有独立思考，没有思想自由，就不可能有一流的散文。”大约是，黄英给散文写作以“海”的空间，冀望散文之帆自由漂弋，而自由的思想、独立的思考，本当是散文样式的发言，这发言直抒胸臆，为自由自在无所拘束的思想表达，应更具感染力。为关怀人、尊重人、重视人的价值而发言，是本书第一主题：黄英写一代学者彭铎，写陇上名人邓宝珊，也写普通的教师、医生等，着力展示普通人纯正高尚情怀，表现普通人的价值光辉。另一种文字，便是寄情山水、寓意自然的游记掌故之类，从中，可读出对自然的钟情、对民生的关注，是作家的文化情怀和人生思悟；追求真善美的价值指向，使作家在这类文字中，勾勒出自身的文化形象，那就是：不媚俗、不趋时、“保持一方净土默默耕耘”是卓而不群的发言。(汪晓军)

I000485　**巴金〈随想录〉手稿本**　巴金著。上海文化出版社1998年版。40万字。500.00元。《随想录》是巴金晚年的力作，熔铸了巴老晚年全部的精神力量，深刻体现了作者“讲真话”的精神追求，对中国当代思想、文学产生了巨大的影响。手搞本不仅在内容上，更在形式上全面、真实、直观地展示了巴老创作这部大作的全过程，是作者心路历程的展示。无论对读者进一步体会巴老“生命不止，追求真理不息”的伟大精神品格，还是对中国当代文学的研究、资料的积累，都有很大的意义和价值。手稿本的编定工作，由著名学者陈思和先生负责策划，上海文学基金会火凤凰学术著作出版基金资助，将散见全国各处的手稿原件收集、复制，总计144篇，按原人民文学出版社编定的5册目次排定，即《随想录》、《探索集》、《真话集》、《病中集》、《无题集》，另缺6篇手稿存目。每册另附巴老晚年大幅黑白照片各一帧。(黄韬)

I000486　**世纪末的沉思**　钱理群著。河北人民出版社1998年8月版。13.6万字。11.30元。《午夜散文随笔书系》之一。全书由“逝去的生命”、“远忧近虑”、“一代人的选择”、“学术的追求”等几个方面的内容，共28篇文章构成。这些散文、随笔或评论文章，大部分写成于90年代初期和中期。这些作品大多是作者通过写本人的生活、教学、工作及其亲人的种种磨难和坎坷的人生经历以及对社会变迁中重大事件(例如“文化大革命”)的回忆，以散文、随笔或者评论的形式，抒发了自己的思想、追求、抱负等等。正如作者所说“身处世纪之交……我宁愿作‘世纪末的沉思’，偏要回顾(不肯忘却)不堪回首的过去：20世纪里，我们曾经做过什么‘梦’，付出过怎样代价，又收获了什么。……在弄清楚‘自己及我们民族能够做什么，不能够做什么’的基础上，在未来的时日，稍作一点‘有益’的有限的事情，如此而已”。(郭明义)

I000487　**“右手”与“左手”**　副名：金岱思想随笔集。金岱著。广东人民出版社1998年3月版。30万字。20.00元。收集、精选作者近几年的思想随笔20余篇，其中有对当前文化现象的观察和深入思考，有对文明转型时期精神现状的自我言说。在作者看来，市场文明取代传统的血缘或泛血缘文明，经济文化取代传统的伦理文化，是历史的进步。市场文明自然会将文化导向通俗，媚俗、平庸、表浅、批量生产将形成文化积弊，它冲垮了顽固的传统文明之根，带来了第四次产业革命——文化产业革命，引发了今日文化的阵痛：文化人的精神失落感，心理浮躁和情绪愤懑，乃至自陷于侏儒境地；精神的批判与建设、文化的消解与营建等等。阵痛带来全方位的深刻思考：面对市场文明的知识分子要重建精神规则——举起我们的右手，反对传统文明形态，再举起我们的左手，抵抗物质主义的暴涨，建立崭新的适应市场文明的人文精神。（*黄彦辉*）

I000488 **卢沟晓月** 陈建功主编。中国对外翻译出版公司 1998 年版。25 万字。16.80 元。散文集。著名作家汪曾祺总主编的"国风文丛"之北京卷。收入反映北京历史文化、风土人情的优秀散文 66 篇，囊括老舍、张恨水、胡适、汪曾祺、林语堂、梁实秋、张中行、宗璞、杨沫、邓友梅、陈建功、刘心武等数十位作家对古都的真情感怀，不经意中、随笔处，描绘出千年古城近一个世纪的浩然长卷。（宗颖）

I000489 **白桦林·校园精品文摘（第二辑）** 陈芳等编。长江文艺出版社 1998 年 10 月版。64.8 万字。49.00 元。计有 5 本，即《紧身年华》主要写在社会变革大潮中，青少年朝气凌云、蓬勃向上的精神风貌；《思辨摇滚》则打开了年轻一代富于思考和探索色彩的内心宇宙；《快乐尘埃》以翔动、洒脱为青春主旋律，勾勒了种种人生状态及境界；《玫瑰画廊》则写初萌纯美的情感空间；《温馨四季》所歌所咏乃人际交往的真诚、爱心的恒久。这些作品或颇具催人奋进的特殊魅力，或让人获致深沉的哲理感悟，或赋予人以翔动洒脱的美好感受和生命活力；或倾出纯净、甜柔的心情故事，更有揪人情肠、感天动地的亲情之写。从整体上看，无论思想内容、风格韵调，还是编选体例，本辑作品既是对第一辑的有力衔接与动人呼应，也是一个丰富与拓展。青春、激情、向上，清新、美妙、隽永，这些正是其特色所在，魅力之源。（赵国泰）

I000490 **台湾著名女作家人生情感散文系列** 张秀亚等著。湖南文艺出版社 1998 年 9 月版。120 万字。95.00 元。共 8 册：《张秀亚人生情感散文》、《简媜人生情感散文》、《陈幸蕙人生情感散文》、《廖玉蕙人生情感散文》、《姚宜瑛人生情感散文》、《喻丽清人生情感散文》、《刘静娟人生情感散文》、《林文月人生情感散文》。以人生与情感为两大主题。写人生的追求、奋斗、失败、挫折、困惑、成功，写生命的喜悦、激动、烦恼、忧伤，写人生之精彩、人生之无奈、人生之哲理，令人感同身受，启人心智。爱情之甜蜜、友情之绵长、物情之灿烂绚丽，流溢于字里行间，感人肺腑。（*龚湘海*）

I000491 **在路上 漂泊笔记丛书** 曾哲、雪媛主编。天津教育出版社 1998 年 11 月版。99.7 万字。84.00 元。共 6 本。记述了 6 个男子汉在漂泊途中的亲历、亲闻、所见、所感。《离别北京的天——西路人信札》，展示出一幅幅反映西北、西南少数民族地区风俗风貌的画面。《太阳之下》再现了万山之祖——帕米尔高原的神奇、险峻、梦幻色彩及"太阳部族"塔吉克人的生存状况。《骑马找马》记述了一个孤独痛苦的男子汉的艰辛旅程和心路历程。《与江河一道》以近乎白描的文笔描述作者在澜沧江、怒江、金沙江游历的见闻。《苦行九州——九州方圆万里行》，跨越 18 省、市、自治区，行程 2 万公里的骑车考察，堪称壮举，更可贵的是作者探索中华民族五千年灿烂文明的豪情与雄心。《平原动物上高原》，作者先后几次通过不同的路径进入青藏高原，本书对每一次的路线、见闻，都作了详细、认真的记述。（张纪欣）

I000492 **百合文丛** 张烨等著。湖南文艺出版社 1998 年 4 月版。60 万字。47.20 元。艺术散文，共 5 本：张烨的《孤独是一支天籁》、林雪的《深水下的火焰》、宣儿的《别为我哭泣》、梦如的《她穿行于清醒的迷茫》、梅绍静的《内心的丘陵》。以女诗人丰富纤细的感情体验着生活中的大事小事，体验着灵魂世界的五色情感，写人生、写生命、写爱情、写亲情、写人情。富有艺术特色和生活情趣。（*龚湘海*）

I000493 **当代学者文史丛谈** 黄裳等著。山西古籍出版社 1998 年 2 月版。200 万字。158.10 元。包括 11 种随笔著作，其中有金性尧著《一盏录》、邓云乡著《皇城根寻梦》、周劭著《一管集》、陈诏著《文史拾穗》、涂宗涛著《苹楼夕照集》、来新夏著《依然集》、宁宗一著《走进困惑》、王春瑜著《老牛堂三记》、黄裳著《书林一枝》、谢兴尧著《堪隐斋杂著》、林鹏著《蒙斋读书记》。其中内容旨在介绍史事、人物等掌故，如周劭《一管集》中谈到他与郁达夫、老舍、丰子恺等文人学者的情谊，金性尧谈到他与鲁迅的交往，都是第一手资料。其次，《丛谈》中大部分篇幅属集叙事与议论为一体的随笔体，典型如林鹏《读书记》、金性尧《一盏录》等，对历史上的重要事件或人物予以缕析，史料与观点俱佳。（张继红）

I000494 **1998 年辽宁散文精品赏析** 康启昌、李成汉编。辽宁少年儿童出版社 1998 年版。33.5 万字。17.00 元。继《'94 辽宁散文精品》之后，又选编了 1995—1998 年的散文精品，这是对辽宁文坛散文创作的又一次全面检阅。集中共收集 57 位作家的

80篇作品。内容丰富，风格各异，充满了时代感。每篇作品无不与我们这个五光十色、瞬息万变的改革开放的时代相关联。中外古今，地北天南，经国大业，纷纷进入作家的创作视野，为作家所思索，所描绘，所赞叹，汪洋恣肆，挥笔成章，形成一道色彩斑斓的文化风景。（赵庆环）

I000495 **名家评点当代美文百篇** 赵丽宏选编。湖南少年儿童出版社 1998年8月版。29.4万字。10.70元。美文为散文中的精品。本书入选的百余篇作品，均系当代美文的精品佳作，而且每篇后还附有一则著名散文作家的点评，对该文进行了精要的评析。（龙溪明）

I000496 **名家散文随笔精品** 曲铁夫等著。哈尔滨出版社 1998年10月版。92.00元。收集中外280余位名人的387篇散文随笔精品。共4册8辑：第一册第一辑“读书之乐”，收入老舍、胡适、梁实秋、毛姆、池田大作等43位名人关于为什么读书、读书的乐趣、读书与修养、读书与艺术等方面的文章，对于提高读者的阅读乐趣及指导阅读的方式方法均有可借鉴之处；第二辑“品味人生”，收入卢梭、撒切尔夫人、朱光潜、季羡林等45位名人阐述人生目的、价值、意义、人生曲折等方面的上乘佳作。第二册第三辑“情趣天空”，收入林语堂、屠格涅夫、茅盾、海明威、邱吉尔等53位中外大家描述狩猎、钓鱼、吸烟、品茶、绘画、音乐、观舞、放风筝等等50余种闲情雅趣的小品文，皆有品位，乐在其中；第四辑“青春寻梦”记录了培根、井上靖、郁达夫、张爱玲等51人对金色童年、青春少年美好时光的回忆。第三册第五辑“温馨情爱”，收入巴尔扎克、俞平伯、华盛顿、巴金等49人关于婚姻和刻骨铭心爱情的亲身体验及至理铭言；第六辑“处世艺术”，收录钱钟书、契诃夫、卡耐基、乔治·桑等53人为人处世的艺术与哲理。第四册第七辑“追忆流年”，铭刻萧红、马克·吐温、黑塞等39人对往事的回顾；第八辑“面对死亡”，收入达·芬奇、茨威格、贝多芬、莎士比亚等56人对死亡这个人类不可抗拒的自然规律的认识与总结。面对死亡的来临是那样心地坦然，无所畏惧。这篇篇散文随笔寓意深刻，哲理性强，文笔轻松而不失深沉，谈吐幽默而不乏凝重，清新隽永，韵味无穷，给人以睿智的启迪和美的享受。（戴淮明）

I000497 **红叶文丛——世纪的回声** 邓九平、成伟钧主编。湖南教育出版社 1998年版。144.3万字。80.00元。共8本，精选20世纪400多位著名作家、学者、政治家、科学家的优美散文，分8个主题分类成册。既有《人生漫话》，又有《生命之路》；既有《峥嵘岁月》，又有《哲理之光》；既有《爱我中华》，又有《梦里家乡》；既有《山泉水暖》，又有《枫叶如丹》。每一个主题都是人生必然面临的重要课题。人生的真谛，生命的意义，自我的价值，生活的道路，奋斗的历史，心灵的轨迹，山河的壮美，赤子的心田，书中均表现得相当到位和完美。丛书品位高雅，既有不少流传甚广、百读不厌的名篇，又有内容新颖、主题深刻、手法高妙、风格各异的新作。书中所反映的人生诸观念是在生活的复杂度上加以梳理而出的结果。在深度思想情绪化的文字激流中，我们看到了生命的质量和人性的长歌大赋。（孟可文）

I000498 **红草莓书系** 秦文君等人著。青岛出版社 1998年1月版。97万字。70.00元。面向中小学生阅读的散文集。作者以个人的所历、所见、所闻、所感，寓激情于笔端，从不同侧面和角度，抒写了青春，抒写了人生。《相处的日子》是一本读来怡然自得的散文集，这几年秦文君笔下的男生贾里和女生贾梅早已走入少年读者的心中，而《相处的日子》则反映了作者写作与心灵的另一个侧面，充满真情和感悟，将伴随少年朋友走向人生的深处。《轻轻的呼吸》是一本内容独特的散文集。其中有短短的篇幅，也不乏长篇的叙述，读来自然成趣，颇有意味。《同有一个月亮》以细腻、朴素和带有强烈感情色彩的散文笔调来写文化名人的动人故事，使读者在受到爱心濡染的同时，获得文学上的享受。《溪边的小牧童》是诗化的山水散文集，凝结着作者对大自然的崇敬和热爱之情。从这美丽的山水之中，少年读者不难悟出人生的哲理。《逝去的琴声》是一本60年代女知青的青春回忆。北大荒的风雪、怒江坝的雨雾、中原小镇的匆匆际遇，都深深打上了艰辛苦难的烙印，充满了一代人的悲欢与哀怨。《青春密码》是一本描写少男少女神秘朦胧感情的散文集，它以优美的语言，贴近少男少女青春期的情感，不无轻松、诙谐的口吻讲述了一个个青春男女身边的故事。（于红岩）

I000499 **花鸟虫鱼及其他——周建人科学小品选** 顾明远选编。福建科学技术出版社 1998年4月版。11.8万字。12.00元。“中国科学小品名家名作系列丛书”之一。选收了周建人有关生物学的科学小品40多篇。作者是我国科学小品的奠基者之一，从青年时代起就学习植物学，以后又在商务印书馆编辑植物学、动物学教科书，对生物科学充满极大的兴趣。本书选编的《白果树》、《延藤植物三种》、《记湖州人卖蛟》、《讲狗》、《燕子》、《桂花树和树上的生物》、《关于蜈蚣》、《金鱼》、《屋子里的小鸟》、《蚤的生活》、《睡》、《醒的卧着》等篇，都出自作者早期的作品，写于30年代初，当时以“克士”的笔名发表在我国最早开辟“科学小品”专栏的《太白》杂志上。晚年，作者更多地从事哲学研究，并写了不少弘扬科学精神、破除迷信思想的文章，给我们留下了宝贵的思想遗产。本书除收录作者早年撰写的花鸟虫鱼等科学小品外，也选收了一些他晚年撰写的有关普及科学的小品，从中可以窥视周建人科学思想之一斑。书前以作者94岁高龄时撰写的《达尔文进化论是怎样吸引着我的》一文作为本书的“代序”，文中回忆了自己从事科学研究和创作科学小品的过程。（尤廉）

I000500　**兵团纪事**　高成山著。北方文艺出版社1998年8月版。17.80元。作者是当年的老知青，书中收作者回忆当年知青生活的散文75篇。作品以一个个生动、真实、形象、精炼而又感人至深的小故事，再现了兵团战士那段不平凡的历史，反映了当年北大荒知青的日常生活、思想情感、音容笑貌、酸甜苦辣，以及不畏艰苦、战天斗地的精神风貌。同时书中还配有60多幅他们当年生活的照片。（梅庆吉）

I000501　**作家笔下的泉州**　洪辉煌主编。鹭江出版社1998年11月版。18.6万字。12.80元。作品合集，收录的作品多以散文为主，其作者主要有两类：其一为国内著名作家及海外作家，如田汉、邓拓、王朝闻、冯其庸、刘白羽、刘再复，冰心等；其二为泉州本土作者和泉州籍海外作者，其中亦不乏名家，如谢冕、舒婷、单复等。作者写作时间大致分为两个时代：五六十年代和改革开放以后。此集中文章的作者不惟只有文人，亦有其他方面的大家，如茅以升。文集收文有50余篇，全部是写泉州的作品，内容则从历史钩沉到风景游记，从怀乡思人到梨园赏曲，颇为广杂，因此编者将其大略分类，辑成4部分，分别为《远空帆影》、《街巷漫步》、《乡思人梦》、《梨园情韵》。其中名家手笔，自是不凡，而泉籍作者的文章，乡思萦怀，真情流溢，亦多可观。最有价值者，一是有关泉州历史文化的考察方面的文章，一是文学戏剧大家谈论泉州梨园的短文。（黄新英）

I000502　**初夜**　陈俊年著。广东人民出版社1998年9月版。18万字。19.80元。作者的第四本散文集，共3辑。辑一：初夜写真，收入12篇颇有亮色的散文，均取材于90年代跃动的现实生活，且都是作者亲身经历和体验过的，带有感觉和思辨，从中可以看见作者对时代变化律动的追索，以小见大。其特点是把日常生活中的人的精神生活以幽默的文字和诗意渲染表达出来。辑二：为你鼓掌，收入15篇书序、书评和文艺随笔。对作品的评价客观中肯，表现出一位忠实叙述者和评论者的价值尺度，也体现了作者自身的文学观点。辑三：南天泼彩，收入7篇特写、报告文学。在大量占有材料的基础上，大处着眼，小处着笔，写出了广东新闻出版界老前辈许实和岑桑的动人事迹，达到了“出神”的效果。是一部有较高文学价值的作品集。（黄彦辉）

I000503　**现当代中华散文名家名作**　季涤尘主编。华艺出版社1998年6月版。86.5万字。49.00元。精选1919年至今的散文名家名作，共计202家的248篇佳作（含台湾、香港及海外）。入选作品，按作者的出生年的先后顺序排列。作品附有出处和作者简介。（郑治清）

I000504　**国风文丛**　汪曾祺总主编。中国对外翻译出版公司1998年版。中国地域文化散文选。以地域为线索，精选了一百年来反映吾土吾民文化传承、风貌神韵的散文佳作，显示了中华文化的丰富、多样及跨越时间和空间的永恒魅力，同时也显示了我国文化界深沉的情怀、独特的审美感受以及坦诚的自省意识。本丛书按地域文化特色分卷辑选，已出版的有：北京卷《卢沟晓月》主编陈建功，鲁豫卷《黄河落日圆》主编张炜，湘鄂卷《渚青沙白》主编韩少功，吴越卷《杂花生树》主编林斤澜，闽台卷《弄狮》主编斯好，青藏卷《雪域佛光》主编丹珠昂奔。该丛书入选的作品分近代、当代两部分，具有浓郁的地域文化特色，突出文化情致，反映民风民俗、人情时尚，既注重情怀，也注重情趣，具有收藏价值。（宗颖）

I000505　**金马智慧美文**　副名：青年精读书系。何燕屏选编。广东人民出版社1998年9月版。30万字。27.00元。《青年精读书系·美文系列》中的一种，收入全国著名青年读物作家金马娓语体哲思散文150篇。作品对准社会转型时期青年浮躁彷徨心态，以优美的语言，隽永的哲思同青年漫谈理想情操、友谊爱情等精神生活问题。从生存智慧、情感智慧、创新智慧的角度切入，以人文素养和“人与自然大一统”的哲学思考，提升青年的精神素质是本书的一大特点。作品主要选自《金马文集——当代生存智慧系列（1—5卷）》、《金马文集——当代青春思维系列（1—5卷）》。（何燕屏）

I000506　**金鼎随笔丛书·自然科学家辑**　百花文艺出版社编。百花文艺出版社1998年4月版。96.4万字。65.30元。包括4种：梁思成的《凝动的音乐》、李四光的《穿过地平线》、茅以升的《彼此的抵达》、竺可桢的《看风云舒卷》。本丛书对20世纪中国大师的专业论文以及他们的日记、书信、呈文等进行了重新的梳理和编辑，又以随笔的形式给予展示，既有微观的随笔小品，亦有宏观的韬略之作，读来却一样轻松自然，使人顿开视界，充分而且全面地展示了他们各自专业的卓越成就 和传统的国文水平。

I000507 **周洪说话·人说·世说·心说** 周洪著。内蒙古人民出版社1998年版。75万字。59.80元。杂文集。收录400余篇杂文。文章以现实生活中大量丰富的素材为依据，从不同角度、不同侧面、不同层次反映了当前人们普遍关注的社会热点问题。主旨在于，如何以正确的思想观点去面对"五颜六色"的社会问题，并从中引发思考、联想，更好地了解社会，认识生活，砥励思想，净化灵魂。(曹立)

I000508 **周洪说话·穷说·富说·杂说** 周洪著。内蒙古人民出版社1998年版。110万字。68.50元。以杂文形式，揭示了伴着改革前进的步伐，在我国社会生活中逐步形成的所谓"穷、富"阶层，从不同角度反映了他们的生活、思想、价值观等等，同时揭示了我国作为发展中国家，在改革开放政策指引下，必然要从贫穷实现向富裕的转化，这是历史的必然。该书主要反映了我国上层建筑领域包括新闻、出版、文学艺术等领域的现状及对未来发展前景的展望。(曹立)

I000509 **哈佛琐记** 吴咏慧著。陕西师范大学出版社1998年9月版。9.80元。台湾著名学者黄进兴以笔名吴咏慧发表的一部散文集。共收入作者回忆、叙写哈佛留学生活的散文10篇。在这些文章中作者以纯正优雅的语言，生动亲切的文笔，满怀深情的回忆，记叙了自己在哈佛大学留学期间感受良深，难以忘怀的一些著名学者，和有关哈佛大学历史、办学思想、校园风貌的一些趣闻轶事、历史掌故等。使人可以从中领略执教于哈佛的里克尔、史华慈、史坦纳、罗尔斯、贝尔、史金钠、余英时等国际著名学者的渊博学识和令人神往的人格风范，或从一些不同的侧面，了解哈佛大学的历史，以及具有悠久而深厚历史传统的科学理性精神、人文精神、学术风范等等。(任平)

I000510 **迷失者的行踪** 张新颖著。复旦大学出版社1998年6月版。19.2万字。12.50元。作者人文随笔的结集。分4辑：一、域外人文；二、"五四"以来；三、碎语；四、迷失者的行踪。写作时间跨度从80年代延续到90年代，内容既有对中外文艺及文化现象的评析，也有直接的自我表达。作者或力图从所谈论的对象中"呼唤出生命的血肉和呼吸"，或毫无掩饰地向读者呈现自己过去岁月"内心精神的图景"，处处郁勃着真实的感受。(韩结根)

I000511 **祖国永远在我心中** 副名：国旗国徽国歌抒怀。沈世豪著。百花洲文艺出版社1998年12月版。7.5万字。3.80元。以爱国主义为主题的长篇抒情散文。以最能激发人们爱国热情的国旗、国徽、国歌为主体意象，反映了从鸦片战争到20世纪末150年间一代又一代中华儿女为探索民族出路，为推翻帝国主义、封建主义、官僚资本主义的反动统治所进行的艰苦卓绝的斗争，讴歌了中国共产党领导全国人民打败日本帝国主义侵略、推翻国民党反动政权、建立人民共和国，使各族人民翻身得解放，使国家走上独立、民主、繁荣富强的现代化之路的历史性功绩。全书分为5章：第一章《不凋的纪念册》，总写国旗、国徽、国歌诞生的时代背景和经过；第二章《敬礼，五星红旗》，写与国旗有关的历史事件与历史人物；第三章《庄严的一颗星》，写在国徽照耀下新中国繁荣富强的新面貌、新成就；第四章《大地的旋律》，写在《义勇军进行曲》雄壮的旋律感召下，中国人民团结一致，英勇奋斗，用热血和生命建设祖国、保卫祖国的精神风貌；尾章《伟大的旗帜》，写全国人民高举邓小平理论伟大旗帜，团结在以江泽民为核心的党中央周围，满怀信心迈向21世纪。(朱光甫)

I000512 **神圣回忆** 蔡翔著。东方出版中心1998年4月版。18万字。17.00元。"文化大散文系列"之一。全书以一个生命的生存经历为线索，通过对一些历史事件、人物命运、社会现象的审视和回顾，引申出对历史、社会、人们的生存环境乃至整个文化形态的理性思考。无论是悲是喜，是追忆或是追悔，作者力求在笔尖流出的都是真实——真实的理性，真实的个人性情。其中，《底层》是从文化人类学的角度，对都市民众的生存结构和心理进行了鞭辟入里的论述；《神圣回忆》则是从一个成年人记忆中，挖掘出既荒诞而又合乎逻辑的热血少年曾有过的梦想。《古代感觉》、《难忘老歌》等，都镌刻着一代人的生命痕迹和理想追索。全书注重思想性，弘扬人文精神，提倡世俗情怀，呼唤社会良知的回归和社会发展的平衡。(钟蕾)

I000513 **贾平凹禅思美文** 孔明、孙见喜著。广东人民出版社1998年5月版。28万字。25.00元。《青年精读书系·美文系列》之一，收集贾平凹对天地人生的感悟美文113篇。这些美文清丽、隽永，意味深长，可以说是作者性情的外泄，心态的抒写，才思的挥洒。作者以他的一颗平常心和不平常的达观，将天地万物参出了常人难以悟到的禅意，从中可以使读者感到一种大音稀声，大象无形的大境界。（陈超英）

I000514 **啊，上海男人** 龙应台著。学林出版社 1998 年 10 月版。22 万字。17.00 元。台湾旅德女作家、评论家龙应台第一本为中国大陆读者写的书，所收 37 篇文章多数在上海《文汇报·笔会》发表过。全书分"上海"、"北京"、"星洲"、"思路"、"独自"5辑。"上海"、"星洲"、"思路"中记录了分别发生在上海、新加坡、台北的三场论战（论战双方的 40 篇文章均收入书本）。论战涉及妇女解放、女权、自主意识、自由与尊严、知识分子的人生价值等问题，发人深思。（周清霖）

I000515 **旁观者** 钟鸣著。湖南出版社 1998 年 11 月版。150 万字。95.00 元。随笔作家、诗人钟鸣以见证者和亲历者，尤其是旁观者的身份，从历史的和个人的角度思考、追述了自鸦片战争以来中国文化思想的演进。其文体纵横交错新颖复杂，想象力和思想架构结实深远、文献材料原始而翔实。整部作品融合了随笔、小说、诗歌、文论、传记、注释、翻译文献、新闻摄影及手稿等多种文体和元素，用多层面多渠道的材料，思考了 70 年代末以来"非官方"诗歌的发展线索和演进轨迹，用学术的眼光和学者的胆识，臧否巴金、郭沫若、郭小川、卞之琳、艾青、钱钟书等现当代文学权威，着力勾勒"强人时代"的社会及文学特征和时代精神文貌；以决绝的勇气和胆识，叙述了自我改造的心灵史和成长史，用另类文笔再现了作为毛泽东时代抒情诗人的执着与奋斗。（万胜）

I000516 **读书文萃** 钟敬文等主编。中国友谊出版公司 1998 年 1 月版。108 万字。85.00 元。分为《书斋漫话》、《书苑雅奏》、《书林独步》、《书人心语》4册，收入中国（包括海外）现当代作家、学者、艺术家 290 余人从 1934 年到 1996 年写作的三百余篇谈书话的文章。作者有夏丏尊、胡适、朱自清、俞平伯、巴金、钱钟书、汪曾祺、黄永玉、宗璞、邵燕祥、丛维熙、刘绍棠、钱理群、魏明伦、董桥、冯骥才、周国平、梁衡、肖复兴、吴方、梁晓声、葛兆光、朱学勤、龙应台、贾平凹、林清玄、王安忆、张炜、铁凝、余华等。（刘小雁）

I000517 **读书阅世丛书** 吴小如、谢蔚明主编。山西教育出版社 1998 年 6 月版。280 万字。110.00元。散文丛书。共 10 种。分别为：张中行《补学集》，吴小如《读书拊掌寻》，常风《窥天集》，唐振常《半拙斋古今谈》，贾植芳《雕虫杂技》，何满子《亦喜亦忧集》，史中兴《脚印留在这里》，周汝昌《砚霓小集》，冯英子《长短集》，曾卓《美的寻求者》。作者均为国内享有盛名的文化名人，他们以深厚的文化阅历和社会体验，写就了许多深刻动人的文章。他们以生活滋养思想，以学养播撒道德，堪称典范楷模。收在集中的文章，或谈人生，或谈艺术，或叙掌故，或怀故人……没有虚拟的情节，没有矫揉的作态，浓厚的生活气息赋予了这些文字引人入胜的可读性，丰赡的旁征博引又赋予了文章浓酽的书卷气。这些文章，显示了作者对人生和社会的深邃思考，对理想和信念的执著追求，对陋习和积弊的深恶痛绝，对青年的殷殷希望，对自我的深刻反省……（李梦燕）

I000518 **黄裳文集（6 卷）** 黄裳著。上海书店出版社 1998 年 4 月版。320 万字。275.00 元。黄裳是我国著名的散文家、藏书家，近半个世纪以来，为读者留下了数百万字的作品，内容涉及文学、戏曲、翻译、新闻、读书笔记、古典文化研究整理、历史等领域。格调高、文笔美、韵味足，是新文学中现代散文创作的代表作家之一。文集分锦帆、剧论、春夜、珠还、榆下、杂说等 6 卷，基本概括了黄裳的创作风貌。（龚建星）

I000519 **绿阶读书文丛** 冉云飞、姜威等编。大象出版社 1998 年 10 月版。70 万字。5 册。记下的是一些三十多岁的爱书人的读书感受，和眼下被出版界频繁炒作的名家的读书文章相比，这些文章也许不够老到，偏执失当之处也在所难免。但可贵的是，它们率真坦诚，不假伪饰，字里行间带着这个年龄人特有的灵魂律动，显现出生命的蓬勃和不羁。它们的出现，为散文界吹进了一股清新鲜活之风。（会平）

I000520 **散文卷（一）** 罗岗等点评。广西教育出版社 1998 年 9 月版。23 万字。8.50 元。"20 世纪中国文学名作中学生导读本"之一。收选中国现当代散文名家作品 38 篇，进行精彩的点评和深刻的分析。（邱方）

I000521 **散文卷（二）** 倪文尖等点评。广西教育出版社 1998 年 9 月版。21.8 万字。8.20 元。"20 世纪中国文学名作中学生导读本"之一。收选中国现当代散文名家作品 33 篇，进行精彩的点评和深刻的分析。（邱方）

I000522 **散文卷（三）** 王为松、罗岗点评。广西教育出版社 1998 年 9 月版。20.2 万字。8.00 元。"20 世纪中国文学名作中学生导读本"之一。收选中

国现当代散文名家作品17篇,进行精彩的点评和深刻的分析。(邱方)

I000523　**“散文星座”丛书**　止庵等著。上海文艺出版社1998年11月版。共5种。《俯仰集》(止庵著,15.2万字,13.50元)中的文章多谈书论文,从《论语》《庄子》到卡夫卡莫扎特,作者谈来别有一番见解,那是多年潜心读书后的思考与领悟。通今博古的底蕴是止庵写作的特点。《手艺的黄昏》(车前子著,14.6万字,13.00元)即以诗文相融的手法谈水墨碑帖、琴棋书画,体现了优雅的古典情怀。文采与灵思是车前子散文的特点。《一脸阳光》(鲍尔吉·原野著,13.3万字,12.50元)取材于生命中的小人小事小物,但作者却能从“小”中发掘至情至性的人间情怀,并对世间万物发出“天地有大美而不言”的深情礼赞。在写作中体现纯净而优美的情感。《时尚杂志》(秦巴子著,13.6万字,12.50元),以63篇时评文章组成,用犀利的笔锋与旁观者的冷静解剖现代生活,揭示都市时尚下掩盖的种种弊病与精神虚弱,执着追问现代人类生存的意义。毫不留情的批判锋刃构成秦巴子散文的特点。(谢锦)

I000524　**韩国一无所有**　金在国著。黑龙江朝鲜民族出版社1998年8月(朝鲜文)版。25万字。16.80元。作者在韩国留学生活中所见所闻所想,并同中国朝鲜族社会作比较的系统随笔作品集。作者对发现问题、缺点作详细分析、批评。(崔昌俊)

I000525　**舒婷散文新作**　舒婷著。浙江文艺出版社1998年5月版。13.1万字。10.80元。舒婷,当代著名朦胧派女诗人。近年来更致力于散文随笔创作,本书是她的1996、1997两年的散文精品结集。收录52篇,分“星光不灭”、“榕歌如泣”、“预约私奔”、“女有三丑”、“他山之玉”、“语言为舵”6辑,包括怀人、记旧、谈婚姻家庭、女性敏感问题、域外风情以及赞歌散文写作等方面的散文随笔。文笔优美,情感真挚。

I000526　**敲门**　贾平凹著。作家出版社1998年9月版。7.7万字。11.00元。贾平凹1996年至1998年散文结集。收入40篇,包括抒情散文、随笔及序跋等。贾平凹的文学语言是古典与现实运用一处的典范。平实冲淡中含有睿智与幽默。近二年的新作更显示了作家人生的体悟与验证。(潘静)

I000527　**精神守望**　鲁枢元著。东方出版中心1998年11月版。20万字。18.00元。作者对“精神生态”问题进行多年深入考察后写下的系列散文的结集。“精神生态”是作者的一个研究课题,他认为在“自然生态”、“社会生态”之上存在着一个“精神生态”的层面,地球的生态危机同时也是人类的精神危机。“精神守望”与“自然保护”、“社会治理”应当成为齐头并进的行动纲领。只有把“精神因素”引进地球总体的生态系统中来,才有可能为日益严重的生态危机寻找一条出路。全书分3辑收录了21篇文章,作者从那些真正的生命身上寻找精神资源,以人的本性、人与自然、人与人之间的对立与和解为问题诱因,用生动的笔触解剖具体的人和事,深刻地反思了人类生存的精神困境。作品表达了作者审视现代人类生活时的忧虑与祈望,展示出作者的思考从感性到理性的运行轨迹。(钟蕾)

I000528　**漂泊者的故土**　武玉嶂著。青海人民出版社1998年10月版。10万字。12.80元。散文集。收集50多篇文章,有游记,有随笔,有杂感,有书评,形式虽然多样,但大多是状写青海高原的风物,抒发人生的思索。作者对高原的挚爱和礼赞,从本书内容来看,主要反映在三个方面:一是对在大漠雄风中创业者使命的探析和理解。二是对黄河、湟水流域农耕文化的抚触和沉思。三是对独特的藏域文化的关注和畅想。武玉嶂的散文,一方面感情色彩强烈,一方面思辨色彩强烈,且注意情与理的交融。作者对青海、对高原是一往情深的,但集子中的文章不是一般的高原风物介绍,也不是简单地写景记事,而是在字里行间注入自己的真情实感,又往往立足西部,在阔大的现实、历史文化层面上进行文化和人生思考,视野比较开阔,使得文章凝重有力,启人深思。(王绍玉)

I000529　**撷英集**　潘琦著。广西民族出版社1998年11月版。12万字。10.00元。广西壮族自治区党委常委、宣传部部长潘琦的作品集,汇集作者散文随笔60多篇,有对人生、工作、学习的感想,有对生活的感悟、升华,文笔优美、寓意深刻、观点独到,读后可使人开阔视野,走入新的境界,产生新的顿悟、新的飞跃。(欧薇薇)

I000530　**戴厚英随笔全编**　杜浙坤编。暨南大学出版社1998年6月版。112.2万字。88.00元。收自80年代初至作者不幸遇害辞世前夕的文集,共收录杂文400余篇。其中,有洋溢着亲情乡情友情的温馨之作,有置身异国的万千感慨;有文学的反思和追忆,有对祖国和故土的赤子情怀。有对佛的虔诚,有对梦的恐惧……个别篇什,虽仍免不了她个性中固有的言语激烈之处,但贯彻始终的,却是一个真切的戴厚英,她的思想,她的求索,她的爱国爱民之心,她对现实人生的关切，她对历史的追问。书中附录了德国汉学家马汉茂为《人啊，人》德译本而擅作的诋毁中国人尊严的“结束语”，以及戴厚英对此义正辞严的辩驳和回击，其凛然正气和铮铮铁骨，着实令人感佩。（严奉强）

I000531 **五台山碑文匾额楹联诗赋选** 周振华主编。山西教育出版社1998年4月版。26.5万字。15.80元。精选五台山内外历代文人、学者、名士、高僧撰写的碑文112通，匾额329幅，楹联448副，诗赋600余首。五台山碑文记载了五台山寺庙建筑修建的历史演变，反映了五台山佛教的盛衰荣枯，细致地描述了五台山壮丽优美的风光景色，语言精炼，辞藻华丽，绘景摹形，状物抒怀，给人以高雅的艺术享受。而五台山保留的匾额、楹联、诗赋，则大都属于艺术范畴，将五台山佛教圣地的殊胜超迈和风光景色的雄奇秀美融合起来，形象生动，隽永传神。五台山碑文、匾额、楹联、诗赋以其独特的艺术形式成为记载历史文化最有价值的见证，也是对历史文化的评价、赞赏的总结，更可称是一幅反映五台山自汉魏至今的漫长历史时期的社会风貌、人情世俗、神话传说、宗教活动等丰富多采的长篇历史画卷。（李梦燕）

I000532 **中华对联大典** 龚联寿编著。复旦大学出版社1998年3月版。351万字。180.00元。一部按作者生活年代编次的大型文人对联总集。起于唐末，讫于当今，共收入4 700余家联人撰写的联语近两万首。联人以生卒年先后为序，各家亦缀小传，主要载入姓名、字、号、别号、爵里、学历、仕历、谥号、著译。联语排列以字数多寡为序，每首联语除注明出处外，还附有编选著撰写的题解、注释、说明、按语。书中编有索引5种。书前为征引资料通检，书后为联人索引，联人异名（字、号、别号、官称、地称、封谥称、斋室名）索引，联语索引（以上联前三字为检索依据），联语主题索引。后记则介绍了编撰者编辑整理文人联的初衷，以及艰难的收集、整理、编选过程。（高若海）

I000533 **中华通艺丛书·对联通** 余德泉著。湖南大学出版社1998年7月版。30.2万字。14.80元。共9章，分别介绍了对联的起源和发展，对联的字数、句式、平仄、对仗、横批、对联的用韵、对联遣词造句的艺术技巧，对联的张贴、钤印，对联的欣赏，各类对联的特点和写作要求以及名联的分析赏鉴等。第九章介绍了有关对联的知识。附录部分的“题款习惯用语”，尤为对联写作和欣赏不可缺少的有用知识。

I000534 **中国实用对联丛书** 蒙智扉、黄太茂等编。广西民族出版社1998年9月版。18万字/本。13.00元/本。从实用的角度出发，在联海中选录名对佳比，并按其实用范围分为8类，每类辑为一书。《古今对联经典》辑录生婚寿丧及行业喜庆之对联名作。《古今妙联征对》汇集历代朝野征联属对之名作佳品。《古今名人挽联》选集古今挽吊名人之佳对妙联。《保人居室雅联》集录名人悬于居室的对联精品。《古今商号名联》选录专为商号题写的对联力作。《海外华人思乡名联》广集海外华人爱国思乡之佳联。《全国校庆名联》集全国大中小学校历年校庆之佳联。《古今获奖佳联》集明代以来历届征联比赛获奖之名对。（覃承勤）

I000535 **古今对联经典** 蒙智扉、黄太茂主编。广西民族出版社1998年9月版。18万字。9.80元。“中国实用对联丛书”之一。从传统对联中精选出经典作品4 000多副，并按其实用性质分为春联、节日联、婚联、寿联、新居联、贺联、挽联、行业联、劝世联及百家姓联共10辑。在每辑中，又细加分类，例如寿联又分为男寿联和女寿联，并按年龄又分为六十寿联、七十寿联乃至百岁寿联。（覃承勤）

I000536 **古今名人挽联** 蒙智扉、黄太茂主编。广西民族出版社1998年9月版。18万字。9.80元。“中国实用对联丛书”之一。所收挽联均是为278位各个历史时期的名人而作的佳联。其特色有二，一是绝大部分的挽联为名人所作，使得其联的价值倍增，生死皆名，耐人寻味。二是对所挽的每一位名人均有其背景知识的介绍，这样可帮助读者了解有关的历史情况，从而加深对对联本身的理解及对逝者的认识。（张丹竹）

I000537 **古今妙联征对** 蒙智扉、黄太茂主编。广西民族出版社1998年9月版。18万字。9.80元。“中国实用对联丛书”之一。征对，即出句求偶，以互比成联，是对联创作和应用的主要方法。古时皇帝招贤纳士、文人酬吟唱和，常常要用征对；如今群众文化活动、商品广告等，也常用征对。本书汇集古今朝野征对的妙比佳联500多副，按字数多寡为序排列，从一字联排至二十七字联，句式长短不一，手法新颖各异，内容丰富多彩。对于每一副联的征对经过和应对作者，书中均有介绍，对其思想境界和艺术特点，也加以评点。（覃承勤）

民间文学

I000538　**中国苗族文学丛书·西部民间文学作品选(二)**　中国苗族文学丛书编委会编。贵州民族出版社 1998 年 1 月版。39 万字。30.00 元。民间文学作品选集,共 5 部分,为开天辟地、战争与迁徙、风俗习惯、生产劳动、爱情故事。用苗汉文对照。搜集了云南、贵州两省操苗语滇东北次方言区苗族广泛流传的民间歌谣和民间故事,唱述了天地的形成、人类的产生及宇宙万物的来历,苗族与古代异族部落战争的起因、经过、结果,以致最后战败被迫迁徙的主要历程,婚丧嫁娶等民俗活动。客观地反映了苗族先民对大自然的认识,对和平的渴望,对美好生活的向往。融哲学、历史学、民族学、民俗学、语言学、艺术学、伦理学等诸多学科于一体,是研究苗族社会历史难得的宝贵材料。(罗兴贵)

I000539　**布依族古歌**　黎汝标等搜集整理翻译。贵州民族出版社 1998 年 8 月版。77 万字。45.00 元。布依族古歌采取原文(方块布依字)、布依文、国际音标、汉文直译、意译对照的次序编排,共收作品 25 首,分为"造物古歌"、"风俗古歌"和"爱情叙事古歌"3 部分。"造物古歌"收入《十二个太阳》等作品 12 首,实际上是布依族远古神话的韵文体作品,反映了远古时期布依族社会生产以及布依族先民对宇宙万物起源和人类起源的看法。"风俗古歌"选入了《摩经·温》等部分布依族宗教经文译本,这部分古歌反映了布依族一些祭祀礼仪的情况和布依族的宗教观念。"爱情叙事古歌"收入《凤明和龙妹》等叙事古歌 5 首,反映了古代布依族青年男女缠绵悱恻的爱情生活。(郭堂亮)

I000540　**英雄贾尼别克**　夏木斯·胡马尔著。新疆人民出版社 1998 年 2 月(哈文)版。36 万字。18.00 元。记述了哈萨克族英雄贾尼别克一生的坎坷经历。贾尼别克是 18 世纪生活在我国阿勒泰地区的民族英雄。他用顽强的毅力,抗击外来的侵略。反对分裂,保护了祖国的统一。作者走遍英雄曾走过的地方,搜集大量的历史资料,真实地描写了贾尼别克的英难事迹。本小说的后半部还写了贾尼别克曾派库库贷(哈萨克族头人)去北京与清朝皇帝乾隆会面,阐述关于阿勒泰直属北京(清朝)的历史事件。(阿扎马提)

I000541　**故事会爱好者丛书**　上海文艺出版社 1995 年 7 月～1998 年 10 月版。16.6 万字/种。4.50～5.00 元/种。通俗文学·故事类图书。共 30 种。分别是《怕老婆故事》、《情爱故事》、《滑稽故事》、《诙谐故事》、《武侠故事》、《16 岁故事》、《悲剧故事》、《阿 P 故事》、《谜案故事》、《家庭故事》、《历险故事》、《聪明人故事》、《芝麻官故事》、《荒诞故事》、《生意经故事》、《名作故事》、《笑话故事》、《傻子故事》、《男子汉故事》、《哲理故事》、《旅途故事》、《发财故事》、《警匪故事》、《口才故事》、《百姓话题故事》、《恩仇故事》、《打工故事》、《喝酒故事》、《"坏小子"故事》、《当代传奇故事》。(吴复新)

I000542　**哈萨克叙事长诗选**　新疆民间文艺家协会哈文组编。民族出版社 1998 年 6 月(哈萨克文)版。20 万字。8.00 元。系列丛书,已出版 15 卷。源远流传的哈萨克民间文艺在其历经沧桑的筛选过程中放射出不可磨灭的光彩。本书精选了《欧拉·马麦——哈拉赛》、《乌孙迁移》、《七个圣人的故事》等。(蔡锐坚)

I000543　**赶鱼郎**　副名:鸭绿江流域故事集。陶勉整理。白山出版社 1998 年 4 月版。22.6 万字。17.50 元。收集的故事,满族约占 60%,依次为朝鲜、回族、蒙古族故事;其类型多为幻想故事、生活故事、人物和江山传说。因故事绝大多数产生于鸭绿江流域的广大地区,与那里悠久的历史土壤、繁盛的生态环境、瑰丽的人文景观、丰厚的文化底蕴相联系,它不仅反映了民族风格与地方特色,同时也为研究民俗学提供了有力的依据。(赵中)

I000544　**萨依卡丽**　玉素甫·玛玛依著。新疆人民出版社 1998 年 12 月(柯文)版。70 万字。4.05 元。主要人物萨依卡丽是著名史诗中的一位女英雄。她把一生献给了保卫人民和保卫家乡的光荣事业。为柯尔克孜族人民的幸福生活和繁荣发展作出了巨大贡献。(阿不都拉依)

I000545　**戚继光民间故事·传说集**　丁义波主编。山东友谊出版社 1998 年 9 月版。10 万字。6.00元。戚继光是明代杰出的军事家和民族英雄。本书收录了流传于各地的戚继光民间故事、传说和戚继光有关的后世传说,按照故事、传说、神话 3 大类依次排列,细分为抗倭故事、戍蓟故事、治军故事、亲属部属故事、惩恶故事、爱民故事、节俗传说、食俗传说、景物传说、地名传说、民间文化形式传说、故里传说、神话等共 13 部分。所收录的戚继光故事、传说原则上保持民间原型,保持原有风貌。这些故事、传说或俨然正史,或迷离奇幻,或庄或谐,各臻其妙,以朴实、原始、通俗的特点体现着当地人民最普遍的共

识,反映了人民群众对戚继光的敬慕和怀念。(张继红)

I000546 《**福乐智慧**》**珍言** 宇凡选辑。广西民族出版社 1998 年 12 月版。17 万字。10.00 元。选自《福乐智慧》全译本。《福乐智慧》是维吾尔族著名诗人优素甫于 11 世纪创作的长诗,是维吾尔族古典文学著作,也是中华民族文化遗产里极其宝贵的珍品。这部古典杰作,饱含着维吾尔民族智慧的结晶,并糅合了有我国西部文化与中原文化,处处闪耀着中华各民族都喜闻乐见的美质语言。其中,有揭示知识与智慧的人生价值的,有指点美质善德之路的,有提醒注意语言得失的,有告诫谦逊对待幸运与福泽、处理好上下左右关系的,有呼吁珍惜青春年华、知足常乐又多做奉献的,还有敬诫一域的主政者坚持正义与法度,选贤用才以治国安民的,林林总总,犹如一座智慧语言的大森林。《福乐智慧》珍言本,着重于从现代精神文明建设的需要出发,把长诗中那些深含哲理而至今仍可与现代人的人生和社会相沟连、有助于现代人对真善美追求的诗句,精选出来,并按现代人的思想与生活逻辑,特别是社会普遍关注的青少年知识养成和品德修养诸问题的逻辑关系,编排结构成书,这些隽语佳言,对我们社会主义精神文明建设有十分重要的意义。(李华荣)

I000547 **敦煌变文讲经文因缘辑校** 周绍良等辑校。江苏古籍出版社 1998 年 12 月版。60 万字。185.00 元。2 册。收录敦煌石室藏变文讲经文因缘押座文解座文凡 60 余篇。以过录《敦煌宝藏》照片文字为底本,校以同卷异本,详出校记,记其异同正讹,从中既可以了解各卷原貌,还能够得知不同版本异文所在及疏误之处。每篇复有说明文字,述其卷子存佚全残情况,或谈故事来源,言简意赅,富有价值。本书《前言》部分,旁征博引,穷本探源,对变文、讲经文、因缘、押座文、解座文分别作了定义阐释。(冯保善)

I000548 **快谈四书** 陈文新著。湖北辞书出版社 1998 年版。28 万字。16.80 元。收列潘游龙的《笑禅录》、李开先的《一笑散》、江盈科的《雪涛谐史》和伽斯那的《百喻经》。这些著作虽然都是古代的幽默寓言,但原著作者的着眼点并不在于此,而是有一点人生的哲理,一点人生的艺术,一点生活的喜剧。整理者又在注释的基础上略加评点,空谷足音,足以慰古人之心而开今人之智。(刘丹)

I000549 **广西民间文学作品精选** 广西民间文艺家协会编。广西民族出版社 1992 年—1998 年 4 月版。大型民间文学系列丛书。各卷立足各地方特色、民族特色、风土人情、生活习俗。如录入的壮族山歌“勒脚歌”、“嘹歌”,乡土气息浓郁;神话、传说、长篇叙事诗如壮族的《布伯》、《布洛陀》、《唱离乱》、《马骨胡之歌》,苗族的《哈迈》、《灯花》,侗族的《珠琅与娘美》、《嘎茫莽道时嘉》,布努瑶的《密洛陀》,是极珍贵的土特产品;各民间故事、寓言等,如《叶限》、《莫一大王》,以及花山崖壁画和各种风物的传说,以“特色细节”“特色语言”,构成了“特色艺术”……为读者展示广西民间文化艺术的长卷。(韦方红)

I000550 **名人诗词联语趣事** 苏孝先等编。国防科技大学出版社 1998 年 5 月版。22.2 万字。12.00元。收集 200 余则古今名人的诗词联语趣事,分为 4 大篇,即:爱情篇、友谊篇、世事篇、博粲篇。故事的主人公既有古代的帝王将相、才子佳人、布衣书生,也有近现代的达官贵人、革命志士、专家学者。故事内容十分丰富,既有歌颂坚贞的爱情、难忘的友谊的篇章,也有针砭时弊、揭露官场黑暗、述说世事沧桑的故事。每则故事中均嵌入了诗词楹联,使读者如临其境,更能体会到诗词联语的真谛及读书、修身、治家的酸甜苦辣。(曹红)

I000551 **齐东逸闻传说** 逄焕试著。青岛出版社 1998 年 8 月版。18 万字。12.20 元。民间传说故事集,这些故事广泛流传于齐鲁东南域。作者是位 13 岁得重病从此瘫痪,如今已快 60 岁的老人。他只能通过自学和听人讲故事打发光阴,汲取文化养料。他搜集了 50 余万字的资料,经过一番去粗取精、去伪存真的加工而成此书。本书分 3 部分。第一部分记述的是在胶南发生的故事,讲的是胶南的人和胶南的事。第二部分记述的是在胶南、胶州、高密、诸城、日常一带流传的故事传说。第三部分整理的是在当地流传的幽默笑话。这些故事和笑话,既有对真善美的讴歌和赞赏,也有对假恶丑的讽刺和鞭挞,无不寄托了作者理想化的道德追求。(吴清波)

I000552 **孙家香故事集** 孙家香口述,萧国松整理。长江文艺出版社 1998 年 7 月版。25.5 万字。16.00 元。土家族民间女故事家孙家香,是一位 78 岁的老人,虽然一字不识,却能够讲述 400 多个民间故事。本书共选编了孙家香口述故事 240 多篇,是孙家香所讲述的故事中的精品。这些故事,精彩曲折,内容健康,具有比较鲜明的土家人的生活特色。(秦文仲)

I000553 **诗画动物谜语** 吉雅泰等编。辽宁少年儿童出版社 1998 年版。6 万字。4.50 元。采用童谣和顺口溜的形式,编写了 100 首音韵和谐、内容新颖的动物谜语诗，作为谜面；同时为每个动物谜语诗绘制了形象生动的图画，作为谜底；每首动物谜语诗下面还有恰当准确的知识性介绍。此外，谜面均有注音相配。（崔玉平）

I000554 **诗画植物谜语** 吉雅泰等编。辽宁少年儿童出版社 1998 年版。6 万字。4.50 元。采用童谣和顺口溜的形式，编写了 100 首音韵和谐、内容新颖的植物谜语诗，作为谜面；同时为每个植物谜语诗绘制了形象生动的图画，作为谜底；每首植物谜语诗下面还有恰当准确的知识性介绍。此外，谜面诗均有注音相配。（崔玉平）

I000555 **肃北蒙古族英雄史诗** 斯·窦步青搜集整理。民族出版社 1998 年 6 月(蒙古文)版。60 万字。14.00 元。共收录 3 部史诗，即《汗青格乐》、《格斯尔》和《英雄多勒斤海》。其中英雄史诗《格斯尔》中包括了 7 篇故事。书中入选的史诗具有地区特点，尤其在《格斯尔》中显得更为突出。在内容和形式等方面，它与内蒙古科尔沁等地区广为流传的《琶杰格斯尔》等不同，有些故事情节本身就是肃北地区的产物。它较多地采用了韵文和散文的交错形式。语言更是与众不同。书的《前言》部分着重分析、评介史诗的语言特征，它是典型的卫拉特牧民语言，词句凝炼、比喻生动而优美动听。为文学语言的研究和卫拉特方言的词汇以及语法方面的研究提供了宝贵资料。《后记》中作者详尽地介绍了史诗的搜集整理过程、艺人演唱及传播等等。（尼玛）

I000556 **莲花山仙踪** 副名：广西民间文学作品精选·南丹县卷。陈日华、韦永团主编。广西民族出版社 1998 年 8 月版。32 万字。18.80 元。《广西民间文学作品精选》系列丛书之一。凤凰山下、红水河畔丰厚的民族文化积淀的首批精选。共 19 卷。入选的有民众口碑民族史、地方史的《蓝老勇的传说》、《黎水保的传说》、《白裤瑶衣绣上瑶王印的来由》；录下自古以来壮、水、白裤瑶一直传唱的创世神话古歌《开世歌》、《兄妹创世歌》、《天地始歌》，古歌珍品《老洒葬妈》，白裤瑶情歌极品《绑住月亮》，展现着浓郁的乡土气息和独特的民俗文化现象；历史传说故事，录入的莫一大王胜利的结局《仙踪》，一反他本悲剧性结局……使大批优秀的民族民间文化遗产得以保护、发掘和保存了下来。（韦方红）

I000557 **密洛陀** 蒙冠雄等搜集翻译整理。广西民族出版社 1998 年 12 月版。30 万字。35.00 元(平)，45.00元(精)。布努瑶民间在盛大祭祀时诵唱的一部神话史诗，其核心内容是讴歌始祖母密洛陀的无量功德和传世楷模。全诗 11 000 多行，分为 34 章。故事含两大情节：1 至 24 章主要叙说密洛陀的诞生及其创世业绩和遗规留训；25 章至末尾主要叙说密洛陀作古后，其子孙布努瑶的山居生活以及后来由于世乱而分散迁徙的经过。艺术再现布努瑶原始社会的生活，内容包罗万象，手法新颖奇特，被誉为“瑶歌之母”和“道理之根”。口碑的《密洛陀》流传在广西十几个县 40 多万布努瑶人民中，由于地域、时空、语言、习俗等各方面的差异渗透到史诗中，给搜集翻译整理增加不少难度。蒙冠雄花 40 年时间研究《密洛陀》，除了反复推敲原歌词的含义和特色外，还破译了史诗所涉及的古地名和神名，并诠释了宗教术语，使文学性和科学性都达到相当完美的境界。（覃承勤）

I000558 **厦门民间故事** 林秋荣、林桂卿整理。鹭江出版社 1998 年 9 月版。12.7 万字。9.90 元(平)，16.90 元(精)。“厦门文化丛书”之一。从厦门民间流传的大量口头文学中收集整理了一百多个民间故事，共分 5 大类：生活故事、人物传说、风物传说、土特产传说、动物故事。所收民间故事来源于厦门人民的日常生活和劳动斗争，反映了他们喜怒爱憎的质朴感情，忠实地保留了民间故事本来的风貌，为闽南方言保存了大量珍贵的词语和语句特点，极具地方特色。

I000559 **彝族阿哩** 戈隆阿弘、宋自华编。四川民族出版社 1998 年 2 月版。15 600 行。19.00 元。民间文学作品。它是编著者从多年搜集整理的“阿哩”中精选出的彝族民间抒情叙事诗歌集子。其中抒情阿哩由“传调”、“约伴”、“初交”、“试情”、“热恋”、“定情”、“分别”、“思念”、“寻觅”、“婚礼”和“其他”共 11 类调子组成；而叙事阿哩则由 3 部叙事诗“何歌与李矣规”、“妮薇与塔培茨”、“朵卜若与颉薇妮”组成。作者在搜集整理时，基本上保持了原来的五言、七言句式和艺术手法。同时，也考虑到五言、七言句式在叙事抒情上的局限性，在两部叙事“阿哩”的整理上采用了灵活自由的方式。抒情诗短小精悍、简洁明快、讲究韵律，读来琅琅上口；叙事诗故事曲折动人，语言较有文采。在彝族的民间文学百花园里，“阿哩”是一朵奇葩。它是彝族青年男女抒发感情，表达爱慕的文学载体。但是在一段时期内，“阿哩”曾被当作“四旧”加以破除，使这份珍贵的文化遗产濒于消失。该书的出版，使这一民族文化瑰宝重放光彩。它较完整地反映彝族阿哩的全貌，为抢救、整理、弘扬彝族乃至中华民族文化起到了积极的作用。（胡华）

儿童文学

I000560 **一个十四岁孩子眼中的香港** 张宇著。接力出版社 1998 年 6 月版。14.6 万字。9.50 元。适合少年儿童阅读的纪实文学。作者以一个从内地移民到香港读书的孩子的独特心态和视角审视香港的校园生活及这个繁荣都市的人生百态，同时也淋漓尽致地披露了作者自己与香港社会、校园从隔膜到融合的曲折心路历程。本书将作者的真情实感和其在港生活学习的经历如实直述，没有任何粉饰，让读者很有亲切感，其敏锐的感受力和独到的见解也使大陆读者对香港社会、校园生活有了一定的认识。（冯舒扬）

I000561 **三毛历险上海滩** 王辉荃等编文。少年儿童出版社 1998 年 8 月版。1 200 幅图。38.80 元。以张乐平漫画人物形象三毛为主角，新编写的三毛在旧上海的历险生活长篇漫画故事，包括 4 种：《学徒生涯》、《浦江风云》、《洋场跑马》、《虎口脱险》。（洪祖年）

I000562 **小小男子汉丛书** 赵宗九编著。少年儿童出版社 1998 年 7 月版。60 万字。30.00 元。包括 6 种：《萨姆导弹的葬礼——著名空战故事》（收有 24 篇各个时期典型的空战战例故事）、《“四大天王”命丧黄泉——著名空战故事》（收有 23 篇各时期著名的空战战例故事），《血洗死亡之岛——著名陆战故事》（收有各时期著名陆战故事 13 篇）、《“名将之花”命呜呼——著名陆战故事》（收有各时期著名陆战故事 21 篇）、《对马海峡的厮杀——著名海战故事》（收有各时期著名海战故事 15 篇）、《铁血战舰覆灭记——著名海战故事》（收有各时期著名海战故事 13 篇）。（洪祖年）

I000563 **小丫林晓梅** 秦文君著。作家出版社 1998 年 12 月版。29 万字。15.00 元。儿童题材的长篇小说。是《男生贾里》、《女生贾梅》、《小鬼鲁智胜》的姊妹篇。小说以林晓梅为主人公，充分展示当代少女所具有的聪慧、生气勃勃、富有个性的特质，抒发了他们的喜怒哀乐以及内心深处的隐私和困惑。作品通过林晓梅的心灵史和情感脉络，表达了当代少年的叛逆之痛，成长之痛，独立之痛，并折射出新一代人的道德观、人生观、理想观和他们逐渐走向成熟的必然态势。语言幽默诙谐，贴近当代少年的生活现实和心理现实，是一部令人开心、给人以审美愉悦的高品位之作。（王淑丽）

I000564 **小鸟走钢丝** 副名：李沐明幼儿文学作品集。李沐明著。黑龙江少年儿童出版社 1998 年 5 月版。6 万字。8.80 元。共收入儿歌、小诗 132 首，散文 18 篇。儿歌、小诗共 6 个部分：一、有趣的游戏；二、幼儿园是摇篮；三、多彩的生活；四、可爱的动物；五、花儿朵朵；六、快乐的冬天。这些儿歌、小诗取材贴近幼儿生活，构思新巧。作者借鉴了中国民间童谣的创作方法，运用规范的、浅近的口语和形象精美、有韵味的语言，描写了幼儿熟识的事物。选材上的情趣，节奏的活泼，韵律的悦耳，都做到了意到口随，朴素自然，乐闻易晓，有利于培养幼儿的文学趣味，提高欣赏水平。（刁小菊）

I000565 **飞吧，小信鸽** 张小军、崔勇谋编。辽宁少年儿童出版社 1998 年版。15 万字。9.80 元。为首届“小信鸽”全国儿童文学作品电视大赛获奖作品集。这次大赛的主题是“放飞心灵，传接友谊”。在这一主题的指导下，全国各地各年级的小学生结合自己学习和生活中的实际情况，用自己的笔抒发出自己最真挚的情感、最诚挚的愿望和最真实的感受，充分展现出了这一代少年儿童们的所思、所想、所愿。本书所收集的这些作品，就是在这次大赛中评选出的最优秀的作品，其中绝大多数都被中央电视台改编为优秀电视短剧并在黄金栏目——“大风车”节目中播出。（薄文才）

I000566 **不吃日本饭的孩子** 王大学著。辽宁少年儿童出版社 1998 年版。18 万字。17.00 元。短篇小说集，共收入作品 16 篇。作品均取材于作者亲身经历过的东北沦陷时期的生活。前 11 篇比较集中地描写了日本帝国主义占领时期东北人民在极其困苦艰险的生活条件下所进行的抗击日寇的艰苦卓绝的斗争。特别讴歌了家乡少年儿童在这场斗争中所表现的机智勇敢和自觉的爱国主义精神。后 5 篇主要是描写了生活在水深火热中的人间亲情，歌颂了中华民族的传统美德以及不屈列强勇敢抗争的民族精神。作者满怀对日寇的强烈仇恨和沸腾的爱国热情所描写的这些场景虽然已经远离了我们，但“前事不忘，后事之师”，对于没有经历过东北解放前那段历史生活，又对那段历史知之甚少的青少年来说是很有意义的。

I000567 **巨人丛书（第五辑）** 秦文君等著。少年儿童出版社 1998 年 8 月版。108 万字。58.10 元。包括 8 种：秦文君的长篇小说《男生贾里新传》，讲述贾里在初二时的新作为。在初二这一年中，爱好奇思怪想的男生贾里，生活得更为有声有色，有滋有味。

作者对描绘这一年龄阶段的男生心理,表现着诙谐、幽默。张品成的长篇小说《北斗当空》,革命历史题材,描绘了一群江西红色根据地反“围剿”时期的小红军的斗争历程,他们如何在极其艰难的条件下生存下来,在斗争中成长。左泓的中篇小说《猫王》,叙述了一群沦为流浪儿的孩子们的坎坷经历。朱效文的长篇小说《洪荒少年》,以远古人物成长历程为作品的背景,塑造了少年“闪”、“耳朵”和少儿“月”等人物形象,通过发生在他们间的感人故事,描绘了早期人类奇特的生活。东达的中篇童话《红蜘蛛化石》,包括《红蜘蛛化石》、《三色怪鸟》、《故事大王编辑部里的老鼠合众国》。刘兴诗的长篇小说《祖母绿女神》,描写18世纪葡萄牙与西班牙殖民主义者互相争夺南美洲“黄金国”的“祖母绿女神”——巨型宝石,以及勇敢的印第安人英勇反抗的故事。周晴、周桥的长篇小说《点名册上的黑三角》,校园生活题材,描写当代少年丰富多彩的生活。张弘的三部日记体校园小说《飞翔的天堂鸟》,包括:《昨天的日记》、《彗星小队日志》、《飞翔的天堂鸟》。(洪祖年)

I000568　**中华儿童文学名家名作书系**　叶圣陶等著文,李帆等绘画。希望出版社1998年3月版。40万字。400.00元。收入童话10篇:《稻草人》、《神笔马良》、《野葡萄》、《落潮先生和涨潮先生》、《红茹们的旅行》、《门神》、《窗下的树皮小屋》、《狐狸打猎人》、《森林手记》、《舞蛇的泪》。儿童小说10篇:《八十六颗星星》、《“欢乐女神”的故事》、《四弟的绿庄园》、《红葫芦》、《遥遥黄河源》、《第七条猎狗》、《新星女队一号》、《影子》、《小巷木屐声》、《上锁的抽屉》。所选作品皆属名家佳作,纯正文学品位和多姿多彩的语言风格兼容,浓郁的民族特色和鲜明的时代特色并举,童心和童趣交融。采用中、英文对照,约请著名画家为图书配上大量精美彩色插图,具有极高的欣赏和审美价值。(李军)

I000569　**中国文化精粹故事丛书**　门冀华等编。晨光出版社1998年5月版。59万字。32.70元。分名诗、名画、名联和名曲音乐故事4册。各书所收故事的起迄时间,从史前的黄帝、后稷到现代的鲁迅、冼星海等直至建国前为止。介绍了我国历史上著名的诗、画、对联、音乐和乐器的来历和作者的有关创作故事。其中,既有读音熟知的汉高祖和《大风歌》、崔颢题诗黄鹤楼、晏殊和王琪、大观楼长联、南郭先生吹竽、俞伯牙摔琴、吴道子观剑作画的故事,又有像黄帝大战蚩尤中造鼓、郑律成和中朝两国军歌、明代少年李东阳巧对皇帝等较少见的创作故事。(赵强华)

I000570　**中国古典文学名著故事金库**　陈士彪等编写。少年儿童出版社1998年1月版。150万字。100.00元。中国古典文学名著的改写本。包括10种:《东周列国志故事》、《封神演义故事》、《史记故事》、《说唐故事》、《说岳全传故事》、《三国演义故事》、《水浒传故事》、《西游记故事》、《红楼梦故事》、《聊斋志异故事》。(洪祖年)

I000571　**中国新时期幼儿文学大系·童话卷**　张美妮、巢扬编。未来出版社1998年4月版。58万字。36.00元。分上下两册,收录作品300多篇。主要是1978至1995年间幼儿文学创作作品。这些作品无论内容,还是体裁形式都呈现出前所未有的发展趋势,一批力作佳构以其丰富多彩的题材内容、表现手法、艺术风格而引人注目。像《小蛋壳历险记》、《黑猫警长》、《岩石上的小蝌蚪》、《毛毛和大鬼》、《不泄气的猫姑娘》、《不用嘴巴的歌唱家》、《在牛肚子里旅行》、《冰小鸭的春天》等等,一些为孩子们所熟悉、所喜爱的艺术形象,早已深深地留在了孩子们的心中。这些优秀作品充分展示了我国新时期以来幼儿文学创作的出色成就。(任皖西)

I000572　**双筒望远镜**　孟宪明著。海燕出版社1998年6月版。25万字。13.00元。描写当代都市少年生活状态的长篇小说。文中的主人公鲁科、鲁赛是一对双胞胎,性格一动一静,文中重要的道具:双筒望远镜,是爸爸给他们的礼物,正是这架望远镜给他们和小伙伴们的生活带来了许多新鲜体验和展示自我的机会。他们偶然之间发现了在牛奶场中兑假的牛奶小贩;发现受伤的野天鹅正在被捕猎者虎视眈眈;朋友的父亲被诬成罪犯,他们要帮朋友解救爸爸;兄弟俩为了学习成绩更好,尝试通过达到临界点的方法使自己变得更聪明些……小说塑造了一批鲜活丰满的人物形象,给孩子们呈现了一个缤纷新奇的真实的世界。一串串新奇逗人的故事,一群可爱可喜的调皮鬼,他们聪慧多思,他们热爱科学,更热爱生活。他们用所学的知识上演了一幕幕喜剧。作者以自己幽默跳跃的笔触为我们描画了当代儿童的生活状态、思维方式、成长过程,对素质教育有其独特的思考。(户方平)

I000573　**古事今说**　张新雄等编文。少年儿童出版社1998年7月版。12万字。33.40元。包括“中国篇”和“外国篇”。各收辑中外名人小故事98则,如:“孔子谈《易经》”、“庄子与鲫鱼”、“吕蒙白衣渡江”、“找不到家的爱因斯坦”、“笛卡儿巧记数字”、

“托尔斯泰的第一篇小说”等。每篇后面都有一个与故事相关的智慧题，让小读者做做“头脑体操”。收入“IQ 故事系列”。（洪祖年）

I000574 **叶剑英少年时代的故事** 解聘如主编。新世纪出版社 1998 年 4 月版。9 万字。8.50 元。叶剑英是忠诚的共产主义战士，伟大的无产阶段革命家、军事家、战略家。在他不凡的一生中，有许多传奇故事为世人所传颂。在他的少年时代，也有不少事迹表现出了他与同龄人、同乡人不同的气质与才情。《叶剑英少年时代的故事》从在梅县地区广为流传的故事传说中选取了 30 余则生动有趣的小故事，通过形象的文字描述，很好地再现了少年时代、学生时代叶剑英的风采，充分地体现了他聪慧好学、尊老爱幼、仁慈友善的品性和奋发向上、立志高远的精神风貌。本书是对广大的少年儿童进行革命理想教育的特殊教材。（肖宿荣）

I000575 **史记人物故事** 张登第等编。未来出版社 1998 年 3 月版。100 万字。45.80 元。从《史记》记述人物的 112 篇传记中选出影响重大、对经济文化建设事业有突出贡献的著名人物 76 人，改编成 67 篇人物故事。上自黄帝，下至司马迁，按时代先后排序。每篇以人物为线索，以本人记传为主，并把散见于其他传记，包括《表》、《书》中的资料集中起来，对建国后地下考古发掘的文献中涉及到书中人物，且具有重大价值的资料（如孙武等）的也酌情予以采纳。（李建明）

I000576 **四书五经经典故事** 灵声著。北岳文艺出版社 1998 年 6 月版。32.5 万字。20.00 元。《四书五经》是中国封建社会正统文化儒家思想的核心著作。其博大精深，堪称儒家文化之“圣经”。应当说，《四书五经》中确有封建性糟粕，但更包含着大量民族性的精华。本书以浅显易懂的文字、情节化的故事来介绍四书五经，以原著为根本，重新编写二百多个动人故事，从而在讲故事中阐明那些深奥的哲理和介绍那些遥远陌生的人物。作者曾著有长篇小说《太原保卫战》，军事政治文集《流血的政治与不流血的战争》等，现为北岳文艺出版社编辑。（郭天邸）

I000577 **失踪的妈妈** 严吴婵霞著。辽宁少年儿童出版社 1998 年版。11 万字。8.00 元。“当代香港儿童文学极品屋丛书”之一，为香港儿童文学作家严吴婵霞的儿童文学作品集。收入严吴婵霞近年来创作的童话 5 篇，小说 4 篇，散文 5 篇，随笔 1 篇。随笔《小移民手记》记述了一个由香港移民美国的孩子对外面世界的真实感受；小说《瘦日子变肥日子》展示了一位父母失业的孩子能够直面严酷现实生活的心路历程。其作品具有浓郁的香港特色和强烈的时代感。（张雨门）

I000578 **过客** 副名：陈伯吹儿童文学奖得奖作品集刊(16)。少年儿童出版社编。少年儿童出版社 1998 年 4 月版。10 万字。6.70 元。收辑 1996 年获得“陈伯吹儿童文学奖”的作品 13 篇。小说有谷应的《过客》、郑开慧的《魔笛》、施雁冰的《过去的云》等；散文有萧萍的《维也纳森林的故事》等；童话有班马的《老木舅舅迷踪记》、彭懿的《红雨伞·红木屐》、英子的《到非洲去看树》等；诗歌有高洪波的《摇头·点头》等；幼儿文学有王铨美的《可爱的家》等。各篇均有作者介绍、该作品的出处及评论一篇。书后附有“1996 年儿童文学纪事”。（洪祖年）

I000579 **百名中国院士的青少年故事** 汤东宁著。辽宁少年儿童出版社 1998 年版。67 万字。45.00元。分上下两册，共收录中国科学院、中国工程院院士 119 人。其中有许多是知名度很高的科学家，如竺可桢、茅以升、华罗庚、林巧稚、苏步青等，更多的则是因过去宣传不够而不大为人所知的科学家。一个人就是一个世界。这百余位院士，都是在各自领域中取得卓越成就的佼佼者，是共和国的科技精英，共和国大厦的栋梁之材。在他们成功的背后，每个人都有一部酸甜苦辣的奋斗史。各篇文章所写院士，都具有强烈的爱国主义思想。院士大都出生于 20 世纪初叶，亲眼目睹并亲身感受了日本帝国主义疯狂进犯给中国人民造成的巨大灾难，他们在长辈和老师言传身教下，从朴素的善恶是非观出发，逐渐具备了强烈的爱国主义思想，积极参加抗日救亡运动，立志学好知识，用科学技术改变祖国贫穷落后的面貌，科学救国的信念扎下了根。他们的另一个共同特点是，在学习上都具有刻苦、顽强、百折不挠的精神。许多院士出身贫苦，格外珍惜上学求知的机会。尤其是当日寇入侵后，战火纷飞，他们随学校迁徙，冒着敌机空袭的危险，边流亡，边读书，荒野、山坡、渡船、车厢就是教室，月当灯，地当床，半饥半饱，缺书少笔，也从未动摇求知的决心。书中的一篇篇记录了院士们的拼搏不息精神的篇章，为现代青少年朋友们打开了心灵的窗口，提供了学习的楷模，汲取了奋进的动力，获取了向上的力量！（杨宁松）

I000580 **色彩总动员** 肖显志、李夏著。晨光出版社 1998 年 12 月版。280 幅图。49.00 元。为幼儿设计、教幼儿辨析色彩以及有关色彩故事的童话书。分为《红色故事》、《橙色故事》、《黄色故事》、《绿色故事》、《青色故事》、《蓝色故事》、《紫色故事》。每本书根据书名所示的色彩,把日常生活与大自然中与书名色彩相吻合的物体找出来,编写成一个个有关色彩的故事。幼儿在读故事的同时,能广泛、全面地认识颜色,以及认识存在于现实生活中、自然界中该种颜色的物体。书中还别具匠心地设置了不干胶页,每本有15幅粘贴画,加强了孩子的动手、动脑能力。(潘燕)

I000581 **孙敬修全集** 李行健主编。天津教育出版社1998年1月版。346.7万字。420.00元。包括回忆录《我的故事》,专著《漫谈讲故事》、《谈心言论集》,杂著《歌曲、日记、书信及其他》,以及孙敬修先生近七十年讲过的极具特色的各类故事《中外童话故事》、《中国历史与革命传统故事》、《现代少儿生活故事与歌谣》、《神话与古典名著故事》、《民间与科学故事》,最后一卷是附录《研究与回忆》。(田昕)

I000582 **"红辣椒"长篇儿童小说创作丛书** 彭见明等著。湖南少年儿童出版社1998年10月版。121万字。91.20元。包括《风中一滴雨》(彭见明著)、《绿帆》(樊家信著)、《白喜鹊、黑喜鹊》(陶永灿著)、《天边的火烧云》(彭东明著)、《男孩丁丁》(叶梦著)、《长成一棵树》(骆晓戈著)、《暑假六十天》(向本贵著)、《套狼》(蔡测海著)等9本,这套丛书的作者全都是湖南省本土在成人文学领域成就卓著、却从未创作过儿童小说的中青年作家。他们立足于本土,将自己熟悉的人事、历史、现实化入作品中,具有浓郁的湖湘特色。丛书之间,既相互独立,又有共同的精神凝聚点——以"成长"为主题,通过生动的故事和鲜明的人物形象,表现成长的喜悦和艰难,引导少年儿童求真、向善、趋美。作家们在写作中既照顾到了儿童情趣,又兼具成人视角,整套作品的思想内涵较深,社会容量较大,并且成功地刻画了许多个性格丰满的少年儿童形象,为中国儿童文学画廊增添了色彩。(汤素兰)

I000583 **花市的悄悄话** 黄庆云著。辽宁少年儿童出版社1998年版。18万字。14.50元。"当代香港儿童文学极品屋丛书"之一,为香港儿童文学作家黄庆云的儿童文学作品集。收入黄庆云近年来创作的童话14篇,诗歌(含儿歌)4首,传记1篇。黄庆云历来认为"孩子国里没小事",因而她在创作上也是将孩子们作为一个独立的社会人来看待。传记文学《童年的花园》以真实的笔触描述出了一个生长在香港沙田的女孩纯朴而率真的成长历程,亦勾勒出了30年代香港儿童的生活风貌。其作品为香港小读者所喜闻乐见,并多次获奖。(张雨门)

I000584 **严文井自选集** 严文井著。辽宁少年儿童出版社1998年版。32万字。21.00元(平),26.00元(精)。"名家自选文学丛书"之一。收入童话、寓言、小说、散文、随笔共46篇。其中童话、寓言33篇;散文5篇;小说5篇;随笔等3篇。《小溪流的歌》、《一只蚊子和一个阴影》、《会摇尾巴的狼》、《皇帝说的话》、《蚯蚓和蜜蜂的故事》、《丁丁的一次奇怪旅行》、《"下次开船"港》等,都是深受孩子们喜欢的名作。严文井善于借助儿童天真无邪的眼光观察纷繁复杂的世界。在他的童话和寓言作品中表现了天真未凿的童心和童趣,在想象瑰丽、色彩缤纷、引人入胜的故事中,寄寓了作家爱憎分明的态度:歌颂真善美,鞭挞假恶丑,字里行间透露出一种孩童式的情趣。(崔玉平)

I000585 **男孩子的阳光** 黄虹坚著。辽宁少年儿童出版社1998年版。16万字。13.00元。"当代香港儿童文学极品屋丛书"之一,为香港著名儿童文学作家黄虹坚的儿童文学作品集。收入黄虹坚近年来创作的故事16篇,小说2篇。其中《炜力的童年》和《十三岁的深秋》两篇小说反映了当代香港儿童的真实生活,具有浓郁的香港特色和强烈的时代感。(杜晓明)

I000586 **我不愿意** 潘金英、潘明珠著。辽宁少年儿童出版社1998年版。16.6万字。13.50元。"当代香港儿童文学极品屋丛书"之一,为香港著名儿童文学作家潘金英、潘明珠儿童文学作品合集。收入潘金英、潘明珠姊妹近年来创作的童话17篇,小说22篇,散文2篇。作品充满童趣,深受香港小读者的喜爱。(杜晓明)

I000587 **我的妈妈是精灵** 陈丹燕著。春风文艺出版社1998年1月版。9.5万字。10.00元。少儿长篇小说。12岁的陈森升中学的考试结束以后,父母向她宣布了要离婚的消息,因为她的妈妈是精灵。实际上,一个偶然的机会,她已经发现了妈妈竟然是一个精灵。当时她愕然、恐惧,继而接受了这个现实,并觉得有个精灵的妈妈很好,因为精灵妈妈有许多奇异的超人的本事。比如:可以在天上飞,可以把眼睛变成一朵小花,送到任何想知道想看到的地方,还可以走入别人的梦里……可是,正因为妈妈是精灵,爸爸要与妈妈离婚。爸爸为什么不能容忍精灵妈妈呢?陈森百思不得其解。为了阻止他们离婚,她与好朋友李雨辰一起商量对策。她俩从报纸上学来招法:让自己生病,学抽烟,穿奇装异服,夜不归宿等等。为此，爸爸妥协，收回离婚的决定，她"胜利"了。可当她发现爸爸因不能离婚而变老了，发现精灵妈妈每天靠吸她最喜欢的小青蛙的血来维持生命，于是，她决定放弃自己的"胜利"，同意父母离婚，同爸爸一起送精灵妈妈上路……

I000588 **希望之歌** 滕毓旭编著。辽宁少年儿童出版社1998年版。12万字。6.80元。收儿童朗诵诗52首，共3辑：第一辑"人生的跑道"从不同侧面歌颂了少年儿童热爱人生、充满理想、积极奋进的高尚情操。第二辑"我们同顶一片蓝天"抒发了少年儿童热爱党、热爱祖国、热爱人民、充满爱心的美好感情。第三辑"闪光的日历"则通过丰富多彩的童年生活，展示他们全新的风貌，赞美他们热爱生活、憧憬未来的美好情怀。(吴庆先)

I000589 **快乐五彩城** 陈伟著。新世纪出版社1998年7月版。70万字。48.00元。趣味科幻小说。联合国为了试验人类的快乐生活，在中国建立了一个试验基地快乐五彩城。故事主人公元元博士，有一个超时代的电脑，发明了许多有趣有益的东西，让人们快乐，还发生了很多有趣的故事。(吴玉珺)

I000590 **陈伯吹自选集** 陈伯吹著。辽宁少年儿童出版社1998年版。33万字。23.00元(平)，28.00元(精)。"名家自选文学丛书"之一。收入作者不同时期的儿童文学作品51篇，其中童话25篇，散文17篇，小说9篇。《一只想飞的猫》、《骆驼寻宝记》、《阿丽思小姐》、《落潮先生和涨潮先生》、《太阳公公和雨婆婆》等饮誉海内外的名作，均收入此书中。这些作品体现了陈伯吹的创作个性：语言清新流畅，善于叙述引人入胜的故事。在他的笔下，动物形象和人物形象都栩栩如生，呼之欲出；在童话和寓言中，兼具思想性、知识性和哲理性。作家擅长于心理描写，叙事风格生动、活泼、幽默，作品极富可读性。(崔玉平)

I000591 **笨妞儿** 长随、金力明著。辽宁少年儿童出版社1998年版。16万字。11.50元。"当代香港儿童文学极品屋丛书"之一，为香港儿童文学作家长随、金力明姊妹的儿童文学作品合集。收入长随、金力明姊妹近年来创作的童话36篇，寓言30篇。长随、金力明认为，有必要在作品中"向孩子们展现人生的风霜雨雪，使他们充分认识到除了真、善、美以外还有假、恶、丑"，因此，有别于一般儿童文学作品的是，在她们的童话中常常以蟑螂、老鼠、蛇等形象作为作品的主人公。(张雨门)

I000592 **英雄之歌** 滕毓旭编著。辽宁少年儿童出版社1998年版。12万字。6.70元。以少年读者喜爱的朗诵诗形式，歌颂了40位革命英雄。共3辑："闪光的人生"歌颂了在历次革命斗争中牺牲的15位烈士(如周文雍、陈铁军、夏明翰、赵一曼、刘胡兰、董存瑞等)；"血染的青春"讴歌了在抗美援朝中牺牲的11位英雄(如杨根思、罗盛教、黄继光、邱少云、孙占元等)；"生命的赞歌"则歌颂了新中国成立后14位为保卫祖国、保卫人民生命财产而献身的烈士，或者热爱人民、无私奉献的好干部、好党员(如杜凤瑞、向秀丽、安业民、雷锋、刘英俊、孔繁森等)。(吴庆先)

I000593 **奇怪的圣诞包裹** 何紫著。辽宁少年儿童出版社1998年版。22万字。16.50元。"当代香港儿童文学极品屋丛书"之一，为香港儿童文学作家何紫的儿童文学作品集。收入何紫近年来创作的童话8篇，小说14篇，诗歌(儿歌)21首，传记2篇。何紫可谓是香港的"乡土儿童文学作家"，其作品具有浓郁的"港味"，传记文学《童年的我》和《少年的我》，以其独特的视角，透视出40年代、50年代香港儿童的生活场景，亦使读者从中领略半个世纪以来香港独具特色的变迁。(张雨门)

I000594 **金丝鸟儿歌书系** 王清秀、张铁苏等编。青岛出版社1998年版。30万字。24.00元。分《猫头鹰戴眼镜》、《雪花姑娘变戏法》、《小牛牛找朋友》、《会说话的眼睛》、《海鸥展翅飞》和《快乐鸟》6册。书中每首儿歌均由作者在多年的儿歌创作基础之上，以孩子的眼光、情感、思维和心理精心著成。字里行间处处流露着童心、童趣、童乐的纯真与热情。每幅画都因歌而绘，充满着孩童的好奇、遐想及他们所喜爱的绚丽色彩。书中配有汉语拼音。(裴春)

I000595 **周恩来的少年时代** 胡景芳著。辽宁少年儿童出版社1998年版。12.5万字。8.50元。主要记述了少年周恩来在辽宁铁岭银冈书院、奉天(今沈阳)东关模范学校时的读书和活动情景。在"附录"中叙述了周恩来总理伟大一生的某些片断。读者可从中全面系统地了解周恩来一生的伟大革命实践、伟大品格，领悟出周总理之所以能成为中国革命的伟人，是与周恩来从少年时起即立志报国，立志为中华腾飞而读书的宏伟志向分不开的。(张允炜)

I000596 **狐的故事** 金曾豪著。希望出版社1998年8月版。10万字。7.00元。作者另一部小说《狼的故事》的姐妹篇。讲述了一对红狐误入运水果的货车被"无意绑架"到遥远的江南。在江南，困居狐山的红狐因遭到无情追杀而冒险遁入城中一个荒园。不久，它们再次因无法立足而迁居到一个百货大楼的顶棚……这样,人狐之间就注定会产生更尖锐的冲突。作品曲折离奇而又自然逼真。不少出人意料的场面动人心魄,推动读者对“人与动物”“人与环境”等问题的探索。(薛蔚原)

I000597 **怪老头儿** 孙幼军著。春风文艺出版社 1998 年 10 月版。130 万字。13.60 元。长篇童话。赵新新在电车上帮助了一位又瘦又弱的老爷爷,从此便多了个最好的朋友。这个看上去平平常常的老头儿有许多赵新新想不到的本领,比如:把房子叠起来揣走,把一只耳朵留在家里听动静,等等。他带给新新一连串奇异的经历。收入“小布老虎丛书”。

I000598 **宝葫芦丛书(第二辑)** 雪子、耿耿主编。科学普及出版社 1998 年 6 月版。科学童话精品集。共 10 册。《梦游“零王国”》(李毓佩著,12 万字,9.50 元)是一部有趣的数学童话集。《亮亮的密码》(张冲著,10.9 万字,9.50 元),是一部关于数、理、化、生、地、自然景观及新技术、新材料、新能源和环保等方面知识的童话故事集。《猎狗大侦探》(冰子著,10.5 万字,9.50 元),是一部关于卫生、自然、动物、植物及新科技知识的童话故事集。《太阳请假了》(郭以实著,11.4 万字,8.50 元),是一部关于气温、地质、矿藏、生物、农业、原子、武器等方面基础知识和新科学技术知识的童话故事集。《猪八戒逛星城》(郭治著,10.9 万,8.50 元),是一部介绍已有科学知识和科技成果以及对未来的想象和科学童话集。《“小溜溜”溜了》(叶永烈著,10 万字,8.50 元),通过主人公小溜溜在自己额头上贴上邮票,四处周游,经历许多奇遇的故事,介绍了许多科技知识。《魔法山的秘密》(刘兴诗著,10 万字,8.50 元),是一部以介绍地学知识为主的科学童话集,内容涉及天文、气象、自然地理、人文地理等领域。《黑猫警长》(诸志祥著,10.5 万字,9.50 元),公正无私、机智勇敢的黑猫警长,为了保卫森林居民的安全,他以科学的头脑、先进的技术、负责的精神,粉碎了“独眼龙”、红眼狐狸一伙的一系列阴谋。《消失的孤岛》(孙幼忱著,12 万字,9.50 元),是一部关于昆虫、鸟类、鱼类等动物知识及自然地理知识的科学童话集。《海底激战》(杨向红著,10.2 万字,8.50 元),是一部介绍以动植物方面知识为主的科学童话集。(孙岚)

I000599 **革命导师丛书** 辛庚等编。新疆青少年出版社 1998 年 3 月版。41.7 万字。26.60 元。描写无产阶级革命导师生活小故事的文学作品,包括《马克思的故事》、《恩格斯的故事》、《列宁的故事》、《斯大林的故事》、《毛泽东的故事》。精选了革命导师青少年时代到逝世的过程中最具代表性的生活小故事,各自成篇,贴近生活,把“伟大”寓于“平凡”之中,集故事性与教育性于一体,对广大青少年特别是中小学生端正世界观,树立正确的人生观有着深远的影响。(程春)

I000600 **故事大王系列丛书** 郑春基等著。少年儿童出版社 1998 年 7 月版。80 万字。40.00 元。包括 8 种:《虎口拔牙》、《猪蛇恶斗》、《捕雕少年》、《巧克力战争》、《新大闹天宫》、《梅花铺奇案》、《滴血的蓝钻石》、《大侦探和魔法糖》。收有 58 篇故事。(洪祖年)

I000601 **施雁冰作品选** 施雁冰著。少年儿童出版社 1998 年 2 月版。30 万字。26.70 元。收辑作者 50 年来创作的儿童文学作品 64 篇部,计有短篇小说 32 篇,如:《勇敢的人》、《男子汉大丈夫》、《“马尾巴”引出的故事》、《壮壮的“耳朵节”》等等;散文、故事 20 篇,如:《李玉英的“降落伞”》、《小梅林愿意做鹦鹉吗》、《黑色的闪电》等等;科学文艺 11 篇,如:《肺爸爸的败家子》、《不要脚的朋友》等等;中篇小说 1 部:《初夏奏鸣曲》。书后有作者的“后记”《心路历程》。(洪祖年)

I000602 **美丽的 1993** 陈华英著。辽宁少年儿童出版社 1998 年版。15 万字。13.00 元。“当代香港儿童文学极品屋丛书”之一,为香港著名儿童文学作家陈华英的儿童文学作品集。收入陈华英近年来创作的童话 11 篇,小说 15 篇,科幻小说 1 篇。其作品充满童趣,具有浓郁的香港特色。(杜晓明)

I000603 **美孩子丛书** 王晓明等编绘。新世纪出版社 1998 年 8 月版。24 幅图/册。3.80 元。以图为主的艺术图画书。适用 3—7 岁的幼儿阅读。共 5 册:《漂流树》、《快乐的小云朵》、《甜甜的眼泪》、《小铜镜》、《艾艾猫和比比狗》。《漂流树》用散文诗一般的语言,讲述了不幸落入大海中的一棵绿树,经过千辛万苦,褪尽了身上的种种美丽,锲而不舍地追寻她的目标。《快乐的小云朵》描写了天真、直率、善良的小云朵为了救活干枯的花而舍身救助别人的壮举。《甜甜的眼泪》老作家金波尝试采用心理描写的手法,语言真挚、平白动人,很能吸引小读者,蔡皋的画风又有新的变化,试图在厚重中显现清朗。《小铜镜》讲述了笨大象找铜镜的幽默过程。《艾艾猫和比比狗》通过艾艾和比比对换房屋,从而消除了自我概念,用简单的故事表述了人类高尚的思想与情操。(刘国钝)

I000604 **说不完的故事** 阿浓著。辽宁少年儿童出版社 1998 年版。20.1 万字。15.00 元。“当代香港儿童文学极品屋丛书”之一，为香港著名儿童文学作家阿浓的儿童文学作品集。收入阿浓近年来创作的童话 30 篇，故事 50 篇，小说 7 篇，散文 25 篇。阿浓所创作的童话意境新、风格新，所写的小说大都是感情真挚的生活故事，而散文则充满了清新、温馨的气息。（杜晓明）

I000605 **都市童话** 周蜜蜜著。辽宁少年儿童出版社 1998 年版。28 万字。21.00 元。“当代香港儿童文学极品屋丛书”之一，为香港著名儿童文学作家周蜜蜜的儿童文学作品集。收入周蜜蜜近年来创作的童话 2 篇，小说 1 篇，科幻小说 2 篇。其中童话《神面小公主》内容含意深刻，语言优美，通篇作品充满了浓郁的生活气息；小说《儿童院的孩子》通过描述生活在香港一所儿童之家中一群天真可爱的孩子们的经历，向人们展示了人与人之间所存在的美好、真挚的感情，读起来感人至深。（杜晓明）

I000606 **调皮的日子** 秦文君著。春风文艺出版社 1998 年 1 月版。7.4 万字。11.00 元。少儿长篇小说。调皮的男孩米多星住在姑姑家里，他与表弟小沙同在一个班里。在学校，他俩常常搞恶作剧，弄得老师和同学哭笑不得；在家里，他俩经常与家长作对，不是把爵士乐放得震天响，训练小猫“咪咪”跳迪斯科，就是训练小狗“宝贝蛋”，帮助小狗“明星”戒掉电视瘾，结果“宝贝蛋”不但没帮助成“明星”，反而也染上了电视瘾。米多星还想办法让瘦巴巴的姑父发胖，让胖胖的姑姑减肥，把他们折腾得够呛……收入“小布老虎丛书”。

I000607 **鸽子树丛书** 方方等著。湖北少年儿童出版社 1998 年 12 月版。14 万字/册。11.00 元/册。分别为《有个小孩叫冬冬》、《闪烁在你的枝头》、《幸运大流浪》、《长大不容易》、《纸上的蚂蚁》、《超低空飞翔》。本套丛书的作者为 6 位著名的女作家，她们以女性特有的细腻笔触对当代少年儿童的生活进行多角度的展示。小说叙事从容，语言简洁，富于诗的意境和美感，是 6 部相当成熟和富于艺术感染力的作品。（刘海燕）

I000608 **彩图儿童谜语乐园** 李沐明、文戈编。黑龙江少年儿童出版社 1998 年 5 月版。12 万字。72.80 元。分动物卷、植物卷、衣食日用卷、汉字文教用品卷、自然人体娱乐卷、交通武器电器卷，共收入谜语 864 条。编者根据儿童的认知水平和分析判断能力，对收入的谜语逐条进行改编，使文字更浅显，语言更生动，富有歌唱性。同时，每条谜语均设有提示性语言，启发儿童开动脑筋思考。每册书后均附有文字谜底，书前附即时贴彩图谜底，供猜出谜底后揭下贴到相应的谜面下，做到动脑、动口、动手，对幼儿进行全方位智力训练。（刁小菊）

I000609 **淘淘历险记** 副名：科学童话故事精选。胡霜著。海燕出版社 1998 年 10 月版。19 万字。15.80 元。我国著名科学童话作家胡霜的一部现代科学童话的力作。书中 65 篇科学童话故事，奇中有谜，谜中有趣，趣中又有科学的解释，掀开了大千世界奇异的面纱。向孩子们介绍许多科学的知识，及一些高新科技知识，涉及到现代交通、生物工程、新材料、环保、航天等诸多方面的内容。这些童话故事想象丰富，构思独特，情节生动，给少年儿童以科学的教育和智慧的启迪。（郭玉洁）

I000610 **宿营万岁** 宋诒瑞著。辽宁少年儿童出版社 1998 年版。15.2 万字。13.00 元。“当代香港儿童文学极品屋丛书”之一，为香港著名儿童文学作家宋诒瑞的儿童文学作品集。收入宋诒瑞近年来创作的童话 1 篇，小说 6 篇，散文 51 篇。宋诒瑞的小说大都是描述香港儿童的校园生活的，文笔活泼，具有浓郁的香港特色和时代感。（杜晓明）

I000611 **愤怒的小飞人** 颜煦之著。希望出版社 1998 年 6 月版。28.8 万字。21.00 元。儿童文学原创作品集。精选颜煦之创作的儿童故事 87 篇。这些故事中的主人公均为 8—14 岁的少年儿童，从他们身上，我们看到了当代少年儿童纯朴聪慧、无私坚强等优良品质和中华民族的传统美德。同时也看到了他们在生活的急风暴雨中挣扎的早熟与困惑、渴望与追求、痛苦与无奈……该书的儿童故事以民间故事的表现手法编织而成。非常贴近少年儿童的生活，贴近少年儿童心理，具有浓郁的时代感和鲜明的导向性。书中的童心童趣可以唤起同龄人的共鸣，从而使小读者从主人公身上学到真诚、追求和创造的品质；另一方面，本书较真实地刻画了主人公的内心世界，使大读者更好地给予孩子们平等、理解、尊重、引导。（陈旭光）

I000612 **藏族英雄史诗格萨尔儿童文学丛书（藏文）** 角巴东主、恰嘎·多杰才让改编。民族出版社 1998 年 3 月版。34 万字。33.50 元。《格萨尔》是我国饮誉世界的一部藏族英雄史诗。本书从已出版的多种《格萨尔王传》版本中选出最能反映《格萨尔王》传奇故事的 6 部，即：讲述格萨尔王诞生故事的《英雄诞生》；讲述白梵王子下凡岭国降妖伏魔、造福百姓故事的《天岭九藏》；讲述格萨尔经过赛马得胜而成为岭国大王故事的《赛马称王》;讲述岭国大臣丹玛和霍国大臣辛巴米如泽引起内讧后又得到平息之经过的《辛丹内讧》;讲述格萨尔王解救阿达拉姆经过的《阿达拉姆》以及讲述姜国王子降服于岭国之经过故事的《姜国王子》。编写过程中突出了主要人物和情节,删减其中繁琐和雷同的场面和情节,使其更适合藏族儿童的阅读和欣赏。(达尔吉)

I000613 **迷路天使** 罗萌著。伊犁人民出版社1998年7月版。18万字。13.60元。反映当代中学生题材的长篇小说。主要叙述了一个15岁的初中生高伟同学的所见所闻、所思所行。以四川广汉的一所中学为写作背景。主人公高伟受社会不良现象的影响,出现了想早日闯荡社会挣钱的浮躁心态,加之学校管理不严,家庭缺乏对中学阶段的这一敏感时期孩子的应有关注,导致了主人公高伟逃学两天。这部作品通过形象表达,实际上反映了客观存在的问题,即中学生已受到社会不良现象的影响。他们中间已出现躁动的心态和烦学心理。物欲横流的社会影响正在冲击着校园。作品实际上也提出一个亟待解决的课题:即对当代中学生如何加强管理、加强引导、加强教育,以形成家校"合力"。因此说,该作品具有较高的明显的写实风格与现实意义。本书以第一人称表述,注重心理描写,语言生动形象,富有浓郁的地方特色,具有较强的艺术感染力。(韩新帮)

I000614 **大连森林动物园动物奇趣** 仇大川文,于连春图。辽宁少年儿童出版社1998年版。4万字。10.00元。以文图并茂的形式,介绍了大连森林动物园中一些动物的奇事、趣事。包括《温顺的鸵鸟彬彬为什么要张嘴咬人?》、《大明星黑猩猩毛毛为什么被关了禁闭?》、《老猫头鹰为什么成了杀人犯被判无期徒刑?》等20个故事。(吴庆先)

I000615 **中华当代科幻小说丛书·克隆总统** 海旭著。江苏少年儿童出版社1998年2月版。13万字。7.80元。在东部联邦举行的百年和平庆典上,有两位看上去一模一样的总统站在了人们的面前,由此引发了一场世界范围的轩然大波……科幼小说抓住"克隆"这一热门话题,构思奇特,情节紧凑,科学性、哲理性、可读性均佳。(徐健)

I000616 **中国民间故事选(上、中、下)** 炽文等编选。福建少年儿童出版社1998年8月版。164.3万字。96.00元。收集我国56个民族的民间故事,按照少年儿童的阅读心理和阅读兴趣分为13类,即植物故事、动物故事、文明起源故事、自然天象故事、鬼狐精怪故事、生活幻想故事、孝敬故事、勤俭故事、勤学故事、世俗哲理故事、英雄故事、历史人物故事、机智故事。(黄伟岸)

I000617 **诺贝尔奖获得者的青少年时代(丛书)** 谢冕主编。福建少年儿童出版社1998年8月版。120万字。8.00元/册。选取获得诺贝尔5种奖项的人物,以文学的笔法描述他们的青少年时代的成长、学习、生活、研究的故事,通过一个短小而有典型意义的故事,引导青少年努力学习,学习人类曾创造的优秀的文明成果,学习这些诺贝尔奖得主勤奋、奋斗、无私奉献和对世界充满无限热爱的精神,树立起科学的精神,端正科学的态度,学会科学的方法。本套丛书已出版16册,选取了16位诺贝尔奖的得主,即一人一册。每册各有若干个故事,以时间为顺序,按照人物的成长历程写出他们的成才过程,并从中凸现出对少年儿童具有借鉴和启迪意义的思想内涵。(黄伟岸)

I000618 **一米妞和一米娃丛书** 窦植主编。晨光出版社1998年12月版。320幅图。20.00元。集生活教养、性格特征、情感气质、品德思想和趣味故事为一体的图书。10个小女孩(一米妞)、10个小男孩(一米娃),每个人都有迥然不同的鲜明性格、情感特征和生活习惯,该丛书以此为依据,设计了20个卡通形象,编写了20个幽默有趣的小故事。胆小妞、依赖妞、霸道妞、顽皮妞、干净妞、马虎妞、微型妞、顽固妞、尖叫妞、对立妞;贪吃娃、莽撞娃、糊涂娃、懒惰娃、快娃、空想娃、慢娃、脏娃、健忘娃、吹牛娃。现实生活中的每一个活泼、任性的小女孩,可爱、顽皮的小男孩都能在书中找到与自己相类似的影子。什么是好性格、好教养、好习惯,什么是坏脾气、坏毛病,在轻松愉快的故事中,幼儿自己就能去体会、去辨别、去判断,好的和不好的,自然而然就能知道了。(潘燕)

I000619 **汉语拼音故事丛书** 于京良、陈季飞等编。江苏少年儿童出版社1998年7月版。160万字。100.00元。含童话故事、寓言故事、民间故事、成语故事、生活故事、动物故事、智慧故事、知识故事、名人故事9种,精选古今中外优秀故事700余篇。逐字加注汉语拼音,并配有插图。(徐健)

I000620 **幼儿文学新作画库** 沈石溪、杨红缨等编绘。江苏少年儿童出版社1998年7月版。35.00元。原创幼儿文学图画故事丛书,共5册。《红狐狸》:狐狸妈妈为救自己的孩子,与财迷心窍的猎人智斗;《小红船》:一只受伤的小鸟在乌龟、鱼等动物的帮助下,乘坐小红船,脱离险境;《牙印儿》:当作家的舅舅与两个可爱的小外甥之间的亲情故事;《鸟窝》:写白头发老奶奶、白胡子老爷爷以及他们的后代对小鸟的深厚情感;《神奇的花瓣》:写小猫用神奇的花瓣帮助小动物们的故事。(徐健)

I000621 **名家故事画本** 鲁兵等著,冀维静等画。少年儿童出版社 1998 年 8 月版。400 幅图。55.00元。低幼儿童图画故事丛书,包括 10 种;鲁兵的《金娃娃》、任溶溶的《一个可以大喊大叫的地方》、任大霖的《星星村的孩子》、张秋生的《玉米花爆炸啦》、赵冰波的《山大王和小小鸟》、王晓明的《大方的熊爷爷》、季颖的《青娃卖泥塘》、朱丽蓉的《小白狗的故事》、丁晓玲的《种星星》、陆弘的《河马大叔爱唱歌》。由著名儿童画家俞理、缪惟、周翔、江健文等绘画。(洪祖年)

I000622 **鹿角花童话丛书** 刘乃亭著。新疆美术摄影出版社 1998 年版。27 万字,75 幅图。20.00元。插图本童话丛书,共 5 本,分别是《昆仑冰孩儿历险记》、《小青蛙闯魔幻洞》、《小飞鱼》、《奇妙的小画册》、《角马过河》。童话的背景为广阔而富于神秘色彩的西域大地。作者塑造了机智勇敢、高举民主科学大旗、顽强努力、不懈探索的冰孩儿;顽皮勇敢,闯荡魔幻洞,历尽危险困难的小青蛙;充满爱心,乐于助人的善良的小飞鱼;五彩斑斓、充满奇异画面和寓意深刻的小画册;丰富多彩、寓言般的角马故事。作者在塑造一个个生动活泼、鲜明逼真的人物,描绘一幅幅色彩纷呈的画面的同时,也给小读者以生活的启迪,思想的陶冶。整套丛书有着很强的可读性,语言生动朴实,富于生活气息;形象鲜明;故事情节曲折动人。同时,整套丛书配有 75 幅各具特点的插图,使书中的人物形象更易为读者把握。丛书以新疆辽阔的大地和民族风情为背景,对促进新疆儿童文学的发展,加强和内地儿童文学创作的交流有着重要意义。(许健英)

I000623 **新动画大世界** 副名:世界名著故事集(汉语拼音读物)。中国少年儿童出版社 1998 年 6 月版。共 70.2 印张。23.00 元/册。儿童文学故事集。共 6 册。收入世界名著故事 60 篇,分别选自各个国家的著名童话、寓言、儿童故事、民间传说文集,如《安徒生童话》、《一千零一夜》中的故事。还有人物传记,如《海伦·凯勒》的故事,所有文字均加注汉语拼音,语言浅显易懂。(陈斌)

外国文学

I000624 **川端康成作品:《东京人》、《少女开眼》、《生为女人》** [日]川端康成著。漓江出版社 1998 年 5 月版。130 万字。73.00 元。川端康成(1899—1972),世界著名作家,日本人。1968 年因杰作《雪国》、《古都》等一系列展现日本自然美与人情美的作品,荣膺诺贝尔文学奖。《东京人》、《少女开眼》、《生为女人》是作家一生创作的 3 部长篇力作。《东京人》展示了战后东京色彩斑斓的社会众生相,反映了战后东京人爱的困惑与孤独,刻画了东京人复杂而善良的内心世界。故事描写了女主人公敬子及其一家人的生活际遇。敬子是一位美丽多情的三个孩子的母亲,失偶后与俊三同居。长子清是一位热心社会事业的大学生,长女朝子是一位追求自由热衷艺术的女性,养女弓子是一位多情善感的少女。在俊三破产离家出走后,敬子独撑门户,深陷于养女弓子心仪的青年医生昭男的情欲纠葛之中……情海沉浮,构成生动感人的东京风俗画卷。《少女开眼》描写一名失明少女初枝可悲的生活经历,发挥了川端新感觉派的卓然才华。《生为女人》塑造了阿华这位娇丽任性、妖媚动人的女性形象,笔触细腻委婉。(汪正球)

I000625 **月亮太阳和孩子们——关于联合国少儿权利条约的童话** [日]原子修著,罗兴典译。辽宁少年儿童出版社 1998 年版。15 万字。16.00 元。艺术地再现联合国《关于少儿权利条约》精神的童话集。包括 42 篇作品和 40 幅插图。通篇以月亮、太阳的视线和情怀关注当今地球上孩子们的现实生活,其中有不幸孩子的大特写,有神奇星空的大旅行,有奥秘地理的大描绘……既是呼唤少儿权益的童话诗,又是世界不幸孩子的写真画。卷末还载有联合国《关于少儿权利条约(摘要)》等参考资料,大有助于读者对诸作品旨趣的理解。本书于 1997 年 7 月在日本问世后,深受好评,被称为所有少儿和关心少儿成长者"学习必修条约的最好教材",并荣获 1998 年日本"北方儿童文学奖特别奖"。(赵庆环)

I000626 **人性的证明** 森村诚一著,徐京宁、邵延丰译。海南出版社、三环出版社 1998 年 6 月版。25.8 万字。19.60 元。小说。主要叙述了一个红极一时的家庭问题女评论家八杉恭子的故事。她为了维护自己和丈夫的显赫地位及名誉,竟亲手刺死了自己的混血儿子,又谋害知情人以图灭口。就是这样一个杀人犯为沽名钓誉，不惜以儿子恭平为工具，大演什么“母子通信”、“模范母子”的双簧戏，但实际上这个恭平却是个地地道道的阿飞流氓，他们母子间背地里完全是一种尔虞我诈的互相利用关系，其结果终于导致恭平走上了犯罪的道路。八恭杉子在丧失一切之后，仍保留了一件珍贵的东西，那就是人性，在人性的趋使下，她终于说出了一切。(卫淑霞)

I000627　**青春的证明**　森村诚一著，丁国桢、邵延丰译。海南出版社1998年6月版。23.2万字。18.60元。小说。描写了日本的侵略战争强加给日本一代青年人的悲剧命运及其在后代身上残存的阴影。作者领悟到一个国家政策的失误，将导致所有人去承担苦果而不问你当初是否赞成，错误的国策赋予青年人种种义务，强加给这一代青年悲剧性的命运。而后代身上的阴影却又往往因其“反动”行为，造成恶性循环。四桩杀人案将几个家庭紧密地联系在一起，并残酷地揭开了他们之间的秘密。三对老夫妻为追求真实，家庭全都破裂了；而用虚伪包裹起来的一对年轻夫妇，却建立了一个稳固的家庭。出人意料的结局和毫无牵强附会感的跌宕起伏的情节安排，足见作者对各种社会现象和问题的深入观察和思考。作者以犀利的笔锋深刻揭露现代文明的空虚与没落，不仅揭示文明掩盖下的丑恶现象，更将不同人物的内心世界描写得自然、真实、透彻，从而使小说的主题表现得更加深刻。他的推理小说，不仅继承了日本以往推理小说的写作精要，而且在取材、事件的描写及深刻揭示社会问题等方面，都较以往的日本推理小说更加成熟，并以其充满社会性和时代感而深受广大读者喜爱。(卫淑霞)

I000628　**爱的眼神·阿童木的心**　副名：“培育温暖心灵的运动”与三个男子汉。[日]朝野富三著，顾振中等译。中国少年儿童出版社1998年9月版。12万字。12.90元。报告文学。介绍了作为育儿活动而长期开展的“培育温暖心灵的运动”的三个倡导人的成长过程、人生经历、思想理念，以及他们为之努力的育儿事业。这三个男子汉是：日本著名漫画家、曾经创作卡通名作《铁臂阿童木》和《森林大帝》的手塚治虫；学术著作《育儿原理》作者、著名儿科医生内藤寿七郎；获得过“舒贝尔国际博爱奖”、生产世界名牌育儿器具的阿普丽佳葛西株式会社的创始人葛西健藏。他们倡导的“培育温暖心灵的运动”所提倡的“温暖心灵”的准确含义是：理解、体贴他人之心。就是能够站在他人的立场上考虑问题，以“你和我都一样”的平等之心来看待别人和自己，这才是社会所需要的健康心态。为此，他们呼吁人们用“爱的眼神”而不是语言来对待儿童，特别是0—3岁的婴幼儿，温柔和忍耐的眼神，会平静孩子的心情。从而杜绝孩子用暴力发泄不满情绪的举动。(陈斌)

I000629　**野性的证明**　森村诚一著，何培忠、孟传良等译。海南出版社、三环出版社1998年6月版。26.8万字。19.80元。小说。在日本一个偏僻的小山村风道屯，一种叫埃尔维尼亚的病菌污染了圆白菜，圆白菜成片成片地腐烂，发出阵阵恶臭。但植物的恶臭却掩盖不了另一种恶臭——尸臭。全村男女老少13口人，不知原由，全都被杀，尸陈荒野，血流成河。没有抢劫财物，没有污辱妇女，凶手的作案动机不明。日本警视厅组成庞大的专案组，历经数年，查证了所有疑点，找到了所谓的答案，但真相却被永远地掩盖起来。杀人凶手味译岳史被送进精神病院，致使味泽发狂的果真是植物病菌吗？如果他未被日本自卫队特工学校训练成杀人的机器，显然其是不可能转化为一具高效杀人工具的，主人公所表现的绝非只是植物化的野性！(卫淑霞)

I000630　**东南亚华文文学大系·泰国卷**　司马攻主编。鹭江出版社1998年4月版。265.3万字。183.50元。《东南亚华文文学大系》之一，收入当代泰国华文作家代表作10种。它们是《司马攻文集》、《佟英文集》、《梦莉文集》、《姚宗伟文集》、《陈博文文集》、《黎毅文集》、《老羊文集》、《曾心文集》、《倪长游文集》和《马凡文集》。作品有散文、诗歌、小说、微型小说、杂文、文学评论等各种形式，风格不一。文集后的附录收录了有关作品的评论文章。(余丽珍)

I000631　**一千零一夜**　李唯中译。花山文艺出版社1998年6月版。33.8万字。380.00元。《一千零一夜》的名称，源自这部故事集的引子：相传古代印度与中国之间有一个萨桑国，国王舍赫亚尔无意之中发现王后趁他出宫打猎之时，率宫女在宫内花园与一群黑奴集体淫乐，他一怒之下，将他们全部斩杀。此后他每日都要娶一位漂亮的少女，翌晨即将之杀掉。宰相的女儿莎赫札德为了拯救天下无辜的女子，自愿入宫嫁给国王，她用每夜给国王讲故事却又不把故事讲完的办法，引起国王的兴趣，以免遭杀戮。她的164个连环故事讲了一千零一个夜晚，终于使国王感化，放弃了自己的暴行。《一千零一夜》从公元8、9世纪之交开始在阿拉伯民间口头流传，直到16世纪初才以手抄本的形式定型成书。1818年，第一部阿拉伯文印本“加尔各答头版本”问世，此后，各种形式的阿拉伯文印本在阿语国家纷纷出版，但大多为简本和删节、净化本。1835年，埃及开罗发行了官方订正本“布拉克本”，被世界各国公认为原文印本中的善本。花山文艺出版社出版的这部中文译本，即是以此善本为底本，又从其他版本和阿拉伯文单行本中补译了《睡着与醒着》、《阿里巴巴和四十大盗》、《阿拉丁与神灯》等3个著名的故事。本书译者为阿拉伯语言文学专业教授。曾入开罗大学攻读阿拉伯文学，从事阿语教学工作20余年，翻译出版了十余部阿拉伯作家的长篇小说和散文诗集。

I000632　**卡拉马佐夫兄弟**　[俄]陀思妥耶夫斯基著，荣如德译。上海译文出版社1998年12月版。78.9万字。36.70元。俄国作家陀思妥耶夫斯基的重要作品之一。小说通过一桩发生在旧俄外省小城里的弑父案，描写地主老卡拉马佐夫与三个儿子之间的尖锐冲突和拼死搏斗，最后导致家破人亡。老卡拉马佐夫贪得无厌、纵欲好色，独自侵吞妻子留下的遗产，并与粗野狂暴、性情反复无常的长子德米特里为争夺情妇闹得满城风雨。后者恨之入骨，试图报复泄愤。一天黑夜，他疑心自己的情妇去与老头子幽会，便闯入宅园，几乎把老头子当场砸死。在他仓皇逃离之际，老卡拉马佐夫的私生子，长期处于受奴役地位而怨毒郁积甚深的斯麦尔加科夫，暗中杀死老头子，酿成一件当时全俄国为之轰动并在司法界引起争议的大案，从而引发一系列惊心动魄的事件。故事末了，长子德米特里涉嫌被捕入狱，流放西伯利亚；次子内咎自责而精神错乱；幼子阿历克塞皈依宗教，弃家出走；私生子斯麦尔加科夫畏罪自缢。卡拉马佐夫一家就此瓦解了。作者运用独特的心理分析，入木三分地刻画卡拉马佐夫一家人及当时俄国社会各式各样的人物形象，描绘从农奴解放到资本主义在俄国迅速发展时期的种种社会矛盾和旧俄逐步崩溃的真实图景。该作品是作者最长、也是规模最宏大的一部力作。全书贯穿宗教思想，情节曲折紧张，撼人心魄，人物心理变化错综复杂，思想内涵丰富，充满社会哲理思考。译文忠实、凝练而又传神，是不可多得的译本。（顾生根）

I000633　**白银时代俄国文丛（第二辑）**　郑体武主编。学林出版社1998年12月版。90万字。71.00元。包括5种：《永恒的旅伴——梅列日科夫斯基文选》、《大墓地——霍达谢维奇回忆录》、《彼得堡的冬天——格·伊万诺夫回忆录》、《窗外即景——勃留索夫自传和回忆录》、《俄罗斯灵魂——别尔嘉耶夫文选》。白银时代是俄国文学发展史上一个极为特殊而重要的时期，出现了一大批文艺复兴式的人物；他们在文学创作、文艺理论、哲学和宗教理论等领域贡献了一大批卓越不凡的作品。与19世纪20、30年代俄罗斯文学的“黄金时代”相辉映，19世纪末、20世纪初的这一阶段被称之为“白银时代”。这一时期的俄国作品以其诗性风格和悲剧色彩闻名，作家们既是杰出的诗人、文学家，又是深刻的人文学家。在苏联时代，“白银时代”作家的作品大多被禁，直到近些年才在俄罗斯开禁，而且立即引起广泛的阅读和阐释的热潮。本文丛继第一辑推出，收入随笔、自传、回忆录、书信集和文艺批评等多种样式的作品。（曹坚平）

I000634　**红木**　[俄]皮利尼亚克著。作家出版社1998年3月版。25万字。19.80元。皮利尼亚克于1938年4月21日被枪决，他是集疯子、隐士、异教徒、幻想家、反叛者和怀疑论者的身份于一身的怪杰，他与时代主潮的矛盾和冲突是必然的，他是在道义上、伦理道德上和哲学、美学上与自己所处的时代进行不倦争辩的斗士。因此，这位为俄国文学乃至世界文学牺牲的烈士，他生前的作品便成为了不朽。《红木》描写的是俄罗斯小城的生活，小城生活中许多荒诞不经的行为给作品提供了曲折离奇的情节和别具一格的结构。（懿翎）

I000635　**红笑**　[俄]列昂尼德·安德列耶夫著，张冰译。作家出版社1998年3月版。20万字。16.50元。安德列耶夫是白银时代的重要作家，他着重借鉴和创造性地接受陀思妥耶夫斯基和契诃夫的艺术经验，以现实主义的手法，揭露沙皇时代残酷的现实及为社会的不公正所震撼的个性的意识活动和他们在战争中、现实生活中的悲剧性的真实。1904年发表的《红笑》成为俄国文学的经典之作。小说将现实主义和象征主义、表现主义有机地结合成新的文学语境，显示出了白银时代现实主义文学发展的一种新趋向。作者深受叔本华的影响，无论是写残酷的战争，还是写孤独痛苦的日常生活，现实主义的细致描写总是和象征、荒诞、寓意性的概括相依相溶，传达出作者强烈惨重的主观感受和对现实的悲剧性的彻底的理解。《红笑》采用日记自白的形式，描写主人公在战争中的经历，他通过主人公在病态幻想中出现的“红笑”这一非理性形象，对非理性的战争及社会作了无情的揭露。（懿翎）

I000636　**我们**　[俄]叶·伊·扎米亚京著，顾亚铃等译。作家出版社1998年3月版。24万字。19.00元。被尊之为“语言艺术大师”的文学领袖人物扎米亚京是白银时代表现主义和象征主义（自称“新现实主义”)的代表人物,也是现实非理想主义小说的创始人。《我们》作为本世纪人类社会反乌托邦三部曲之一(另外两部反乌托邦主义小说是英国作家奥威尔的《1984年》,赫胥黎的《美丽新世纪》),描绘了千年后的人类社会,在这部集“新现实主义”大成之作中,除了艺术特征鲜明的反讽外,是描写感觉化和感觉描写具象化,作者在作品中引进了过多的数学、科技和哲理抽象概念,造成阅读紧张、隐晦的同时,十分借重情节。作品讲叙着动人的故事,一波三折,环环相加,很像一部编织离奇的艳情惊险小说。《我们》20年代初完成后,一直未能在俄国出版,却以手抄本的形式广为流传,1924年首次在美国出现英译本,1988年,这部惊世之作才第一次在自己祖国出版。扎米亚京是从人类社会发展和科技发展的角度考察时代和文学正反题的清醒者,因此,他的写作方式是启示录式的,作品闪射出某种超然物外的冷冰冰的光辉,他揭露社会和历史的脓疮,是一种建立在宽容情怀基础上的理性精神或建立在理性基础上的宽容情怀,抑或说作者的审美经验超越了自己时代,位于时代和世界的前列,该当这部20世纪世界文学中难得一见的启示录被活埋,成为整个世界文学史上罕见的奇观。(懿翎)

I000637　**彼得堡**　[俄]安德列·别雷著,靳戈、杨光译。作家出版社1998年3月版。45万字。29.00元。长篇意识流小说。与普鲁斯特的《追忆逝水年华》和乔伊斯的《尤里西斯》比肩齐名,该书使别雷成为意识流小说的开山祖师的同时,为象征主义意识流贡献出了最杰出的范本。《彼得堡》是一部在俄罗斯文学中第一部同时表现了东方和西方,也就是表现了全世界的作品,是一部至今仍具有现实的世界意义的作品,是一部近代俄罗斯文学经典名著。该书在内容和技巧上独具一格,蕴含着异常的魅力,作家提供的艺术画面是现实的又是非现实的,时空上有明确具体的界定的,同时又是朦胧的模糊的和无限的,乃至具有世界性的广阔内涵。该书借助于艺术象征和意识流并通过二者的结合所表现的俄国和世界当时正面临的灾难性危机方面,比它同时代用传统现实主义方法写成的作品强烈紧张得多。这部小说犹如一幅包罗万象的巨型绘画和雕塑,涉及到古罗马、希腊神话、东西方几大宗教和哲学流派及天文、地理、数学、逻辑、艺术、音乐等整个人类文化领域的许多专门知识。此书为中文唯一的一部全译本。(懿翎)

I000638　**俄罗斯二十世纪非主潮文学**　李明滨主编。北岳文艺出版社1998年8月版。38万字。23.00元。俄罗斯文学专著。论述了19世纪末至20世纪90年代俄苏文学中除社会主义现实主义文学之外的非主流文学。全书在时间上划分了3个历史时期:1890年至1920年为第一时期;1920年至1950年为第二时期;1950年至1990年为第三时期。各期分别撰写了文学的创作和流派,各流派的文艺观点及创作主张,流派表现的形态、人数及主要成员,流派从出现到消灭的大致历史,也提到流派与流派之间或同一流派内部的分歧和斗争,以及它们与主潮文学之间的关系。专章选取了代表作家做典型分析,介绍作家的生平和主要作品的内容,分析其创作特点,并根据历史资料写明了其被排斥的原因,或因政治思想和创作方法的差异,或因派别的斗争与倾轧。无论流派还是作家,本书的作者都尽力对其做出自己的判断,即指出其功过,在文学史上的地位和现实的价值,特别是其艺术特点或在艺术方法上的贡献。本书对介绍和论述的重要作品都写出了故事情节梗概,以便于读者了解。书中绝大部分内容都是参考国外第一手资料写成,内容新,信息大,可作为高等院校的外国文学补充教材。(韩铁马)

I000639　**落叶集**　[俄]瓦·洛扎诺夫著,郑体武译。云南人民出版社1998年版。29.4万字。21.00元。瓦·洛扎诺夫是19世纪至20世纪初俄国文化“白银时代”重要的文学家、思想家、政治家。本书是他的代表作之一。分两部分。以随感、散记的形式,记录下作者在日常生活中瞬息闪现的,如同落叶般的思绪。作品段落长短不一,但视野开阔,观照面广,表现了作者较原始的思想状态及发展过程,这正是该书的思想价值和文学价值之所在。(原金菊)

I000640　**撒旦起舞**　[俄]米哈依尔·布尔加科夫著,寒青译。作家出版社1998年3月版。32万字。24.00元。被西方学者称为魔幻现实主义鼻祖的布尔加科夫是俄国白银时代荒诞派讽刺幽默大师,他的这部《撒旦起舞》(又译《大师和马格丽特》)是20世纪的经典之作,也是布尔加科夫的绝笔之作。作者从1928年着手创作这部长篇,完成后无处发表,一直在书斋里时断时续地修改、增删、润色,直至重病于1940年逝世。20年后,它首次以删节本的形式问世,轰动世界文坛,它是较之《百年孤独》早写成30余年的魔幻现实主义开山之作,在探求意义的层面上虽不能贸然判定哪部作品更为深刻,但《撒旦起舞》被搁置的损失是不可估量的。历史无从假设,如果布尔加科夫当时被全世界承认,魔幻现实主义文学的面貌则肯定会另一个模样，带着另一个民族的文化烙印了。《撒旦起舞》用魔幻、怪诞的手法从更高层次上揭示出严酷的现实和对真善美的追寻，且将荒诞和讽刺幽默艺术推向了极致。作品笔力老到，语言诙谐，全书充满亦庄亦幻的气氛，且衍化为极富哲理的超逸。此书此前已被译为中文，但译者寒青增补了全部删节部分，成为迄今为止唯一一部最完整的中译本，这样不仅恢复了作品的全貌，也弥补了读者阅读的遗憾。（懿翎）

I000641 **踏浪女人** ［俄］亚历山大·格林著，郑海凌译。作家出版社 1998 年 3 月版。28.5 万字。21.80 元。格林是白银时代杰出的浪漫派作家，他的作品深得各国人民的厚爱，联合国教科文组织把他列为世界文化名人。格林身世坎坷，多次被沙皇政府关进监狱和流放到西伯利亚。格林当过水手、渔民、矿工、士兵等，在其艰辛苦难的一生中，目睹了人间的沉重与丑恶，为此，在作品中表达了正义必将战胜邪恶的美好信念。他那带有神秘色彩的幻想，那富有浪漫情调的爱情和冒险故事，那汹涌的大海，美丽的海岛，低语的清风，明媚的城镇，织成一部部动人心弦的抒情小说，绘出了一幅幅朦胧幽香的画卷，展现了一段段风流旖旎的情史。《踏浪女人》是格林自己理想的绝唱，此书精深华妙，寄托遥深，在当时众多枯燥无味的作品中显得清新而别具一格，是一篇感人肺腑的抒情故事，也是一首发人深思的哲理长歌。（懿翎）

I000642 **时代的喧嚣** 副名：曼德里施塔姆文集。［奥］曼德里施塔姆著，刘文飞译。云南人民出版社 1998 年 3 月版。18.7 万字。11.50 元。收录作者各时期代表诗作 40 首，自传 3 篇，文论 5 篇，重要书信 20 封，集中而简约地介绍了曼德里施塔姆的文学成就和文学主张。（唐贵民）

I000643 **俄罗斯白银时代诗选** 汪剑钊译。云南人民出版社 1998 年 3 月版。20.5 万字。13.20 元。“俄罗斯白银时代文化丛书”之一。精选最能代表白银时代这一时期的 21 位著名诗人的经典之作。涉及了象征主义诗派、阿克梅诗派、未来主义诗派和意象派等众诗歌流派，全面展示了那场狂飙突进式的精神文化复兴运动中诗歌创作的成就及其现代主义之精神。全书共收录诗作 254 首，并在诗作前配有译者汪剑钊旨在介绍这一时期诗歌创作发展及其流派演变的译序。（潘灵）

I000644 **对另一种存在的烦恼** 副名：俄罗斯白银时代短篇小说选。吴笛编译。云南人民出版社 1998 年 4 月版。23 万字。13.80 元。编译了 19 世纪末至 20 世纪初，俄罗斯文化复兴运动时期即白银时代的 3 种文学创作倾向——现代派文学、现实主义文学和无产阶级文学的短篇小说 34 篇。其中现代派文学作品 22 篇，是象征派作家丘尔科夫、索洛古勃、勃留索夫、安德列耶夫、列米佐夫、别雷、勃洛克、谢·米·索洛维约夫和立体未来派作家赫列勃尼科夫的作品；现实主义文学作品 10 篇，是魏列萨耶夫、斯基塔列兹、库普林、希宁、阿·托尔斯泰的作品；无产阶级文学作品两篇，一是反映高尔基早期文艺观的《读者》，一是绥拉菲莫维奇遭禁的《在悬崖旁边》。（沈正德）

I000645 **安娜·卡列宁娜** ［俄］列夫·托尔斯泰著，靳戈译。陕西人民出版社 1998 年 6 月版。77 万字。43.00 元（简精），46.00 元（精）。列夫·托尔斯泰的三巨著之一（另两部是《战争与和平》、《复活》，小说情节以平行线索展开。一为安娜与卡列宁及渥沦斯基间的感情纠葛，一为列文与吉提的婚姻曲折及其个人的心灵探索。最后安娜的爱情追求以悲剧告终，而列文的婚姻虽和谐但精神寻求也以不了了之的结果而结束。两条线索恰是那个动荡时代的特征——一切都翻了个身，一切都刚刚开始。时代动荡，人们追求无着，惶惶不安。安娜是书中的女主人公，在世界艺术画廊中也占据着一个重要的地位。她美丽、纯朴、生气勃勃，为了追求自由、幸福的爱情，她不取鱼与熊掌兼得的双重人格的虚伪哲学，而是毅然决然地抛弃了自己一个崇高贵妇人的优越处境与生活，投入了情人的怀抱，但是，一、她的悲剧是社会的，她抵挡不住贵族社会的巨大压力，二、她的悲剧是个人的，她对爱情太执着、太专一，以至把爱情等同于生活，这就注定她不能躲开爱情减退乃至偏离的打击。托尔斯泰以其无与伦比的场景安排，无懈可击的细节描写以及撼人心魄的“心灵辩证法”，使《安娜·卡列尼娜》一书成为俄国 19 世纪批判现实主义的扛鼎之作。（李玉皓）

I000646 **复活** ［俄］列夫·托尔斯泰著，石枕川译。陕西人民出版社 1998 年 3 月版。36 万字。21.00元（简精），24.00 元（精）。系列夫·托尔斯泰的三巨著之一（其他两部为《安娜·卡列宁娜》与《战争与和平》）。公爵聂赫留朵夫在作青年士官时诱奸了姑母家半婢女半养女的卡秋莎，然后又不负责任地走开，这成为卡秋莎走上堕落及被陷入狱之不幸遭遇的直接原因。在法庭上再次相遇时，聂赫留朵夫吃惊地发现，当年纯洁美丽的少女卡秋莎已变成粗鲁放荡的妓女囚犯玛丝洛娃，甚至被判服苦役。由于良心发现，兽性的我退却，人性的我上升，走上一条自我忏悔、自我完善的道路。具体行动，其一，到自己的庄园上，分田散产(有保留的)，其二，放弃安逸舒适的生活，随玛丝洛娃一同奔赴服苦役地，照料她，乃至准备和她结婚。最后，玛丝洛娃和一个贵族革命者西蒙松携手同行，聂赫留朵夫则在《马太福音》里找到了自己的精神归宿。从思想内容上讲，《复活》是19世纪80年代托尔斯泰思想根本裂变的代表作品，强烈地揭露与抨击了沙皇制度的罪恶，又宣扬了“道德自我完善”、“勿以暴力抗恶”的托尔斯泰主义。从艺术手法上讲，作品充满哲理性，淋漓尽致地表现了他在创作中所持的“心灵辩证法”。作为新译本，作品在译笔上更具时代色彩，更接近20世纪90年代的现代汉语。(李玉皓)

I000647 **莽原** [俄]谢·巴巴耶夫斯基著，郝建恒、佟轲译。北方文艺出版社1998年12月版。49万字。29.80元。小说。以斯塔夫罗波尔地区农村生活为题材，主人公是莫斯科一家报社的记者米哈伊尔·恰佐夫，他是斯塔夫罗波尔地区莽原庄人。他立志想成为一名作家，回到故乡采访，体验生活。在这里，他见到了各种各样的人物，揭示了他们在生活和思想意识中发生的变化，描写了他们深刻的内部矛盾和新与旧的冲突。小说还描写了这一地区的自然风光、民俗风情、生产改革及其爱情生活。由此反映出前苏联农村的变化、改革、矛盾和斗争。书后作者写的自传“我的乌卢卡姆”，谈了他的人生经历、创作道路和创作经验。本书根据苏联作家出版社1983年版译出。(梅庆吉)

I000648 **塔杜施先生** [波兰]密茨凯维奇著，易丽君、林洪亮译。人民文学出版社1998年12月版。33.5万字。29.20元。长诗。主要描述霍雷什科和索普利查两个家庭两代人的悲欢离合，故事情节从三个时间层面上展开：一是过去发生的事，通过诗中人物的讲述，回顾时间久远的许多重大的历史事件，从而构成本书壮阔的历史背景。二是当时发生的事，这是长诗的主要内容，着重描写1811年夏季两个家族由彼此仇恨到共同对敌的过程，以及1812年春的一天波兰军队随拿破仑大军进入立陶宛，到塔杜施宣布解放农奴，前后不足24小时所发生的事情，然而却把全诗推向了高潮。将来发生的事，是对国家未来展望：建立一个解放了农奴、各民族一律平等的独立、自由的波兰。全诗展现了一个时代的辉煌画卷，字里行间激荡着诗人对故国家园崇高的爱和浓郁的思恋之苦。作品自问世的一个半世纪以来，一直为波兰人民所珍重，也受到世界各国读者的喜爱。本书于50年代中期即介绍到中国并在文化界产生了巨大影响，现在这个版本是我国学者直接从波兰文原著译出的第一个中译本。(胡真才)

I000649 **玻璃球游戏** [德]赫尔曼·黑塞著，张佩芬译。上海译文出版社1998年12月版。39万字。28.10元。黑塞晚年的最后一部长篇小说，是他回溯一生精神体验的结晶。小说虽然以长篇小说的形式出现，却又不是普通字面意义上的长篇小说；它用一系列象征和譬喻编织起一种哲学上的乌托邦设想，虚构了一个发生在20世纪后未来世界的寓言，旨在希望人们有朝一日能用教育改善世界。小说讲述了一个叫克刀西特的孤儿，由一宗教团体抚养成人，他天资聪颖，最后成了这个团体象征的最高智慧的玻璃球游戏大师。但随着年龄和地位的增长，他逐渐不满足这个与世隔绝的精神王国的生活，认为在这样的象牙塔里是不可能为人民做出贡献的。最后他离开这个精神王国，来到现实世界，企图用教育来改善整个世界，然而他的事业未竟，在一次游泳中溺水身亡。作者黑塞热爱东方文化，对中国古代的许多哲人尤为崇拜。《玻璃球游戏》更是引用和评述《易经》、《吕氏春秋》和老庄哲学最多的小说。在写作技巧上，作者几乎动用了一切文学手段：诗歌、格言、书信、传记、理论等等，各种体裁既打成一片又相对独立；创作手法上，作者侧重从精神和心理领域来描写和分析他所处的社会。1946年，黑塞以他充满人道主义理想、具有高度创造力和深刻洞察力的作品获得诺贝尔文学奖。(裴胜利)

I000650 **重见中国** 副名：1954年－1994年的经历。[德]汉斯·迈耶著，徐静华译。辽宁大学出版社1998年8月版。9万字。12.00元。汉斯·迈耶是20世纪欧洲最著名的文学史家之一。本书是他于1994年访问中国后写的一本访问记。是一本对中国充满睿智观察的书，字里行间透出作者对中国的深厚感情。这种感情来自对社会主义事业最终在中国胜利所抱的希望，来自对中国革命和中国文化的敬仰。它以1994年的访问为主线，交织了对1980年受当时中国社会科学院外国文学研究所所长冯至之请访问中国的印象比较。这次访问，作者把实地观察和思考的重点放在将中国革命的历史与德国革命的历史、特别是与民主德国的历史比较上。全书分量最重的部分是他以渊博的知识，为中国的人权观辩护。他先用历史的观点来看“人权”这个概念，回顾了“人权”概念产生的历史背景，随后又以丰富的历史知识追述了“人权”这个概念的历史变迁，指出它在不同历史阶段有不同的内涵。（张琼丽）

I000651 **格林童话故事全集（新译本）** ［德］格林兄弟著，徐珞等译。中国少年儿童出版社 1998 年 3 月版。64.6 万字。78.00 元。著名童话作品集的新译本。中少版“地球村”系列传世经典世界名著之一。是三位多年在德国学习和工作的女士以最具权威性的德文原著版本为依据，直接译编而成。新译本分 3 卷，包括 200 个美丽的童话和 9 个有趣的传说故事。但是没有采用原作插图，而是邀请中国当代优秀的画家重新创作绘制。（陈斌）

I000652 **茨威格文集** 高中甫主编。陕西人民出版社 1998 年 10 月版。330 万字。230.00 元。共 7 卷。一、二、三卷系小说卷，囊括了《一个陌生女人的来信》、《一个女人一生中的廿四小时》、《象棋的故事》等所有长、中、短篇小说。四、五卷是传记卷，收入关于巴尔扎克、托尔斯泰、司汤达、狄更斯、尼采、荷尔德林等作家、哲学家的传略。六卷系散文卷，收入《艺术创作的秘密》、《俄罗斯之行》等评论文章、游记和书信等。七卷是他的自传《昨天的世界》。虽说是自传，但其中甚少家世、双亲、婚姻家庭等个人私生活，描绘出的实则是一幅 20 世纪头 40 年奥地利和欧洲精神文化和政治生活的全景图。茨威格的小说有着强烈的艺术魅力和独具的艺术特色。巧妙的构思，传奇性的情节，悬念的设置以及形象化的语言，显示了他的匠心。而几乎近于工笔画地对于心理活动的描绘，如心电图般地记录下意识流程的波动起伏，细致入微地展现心态的变化，更使他笔下的人物形象丰满，性格凸现，极富艺术感染力。传记亦有自己独特的理解与思维，比如他写荷尔德林、克莱斯特和尼采是三个被“魔”所左右的类型，而“三诗人”则是 3 个步步上升的自我描写的阶梯：卡萨诺瓦是“朴素的”，司汤达是“心理的”，而托尔斯泰是“伦理——道德的”。（李玉皓）

I000653 **哈扎尔辞典** 副名：一部十万个词语的辞典小说。［塞尔维亚］米洛拉德·帕维奇著。上海译文出版社 1998 年 12 月版。18.8 万字。18.80 元。塞尔维亚作家米洛拉德·帕维奇的代表作，全书用辞条形式写成，共 3 卷，分别以三大宗教：伊斯兰教、基督教、犹太教的观点及其掌握的史料描述东欧哈扎尔民族于中世纪突然消失之谜。小说中，哈扎尔王国一位可汗，忽得一怪梦，不解所兆何事，遂邀上述三大宗教的贤哲前来为其圆梦，谁言之成理，可汗便率全国放弃原来信奉之教，改宗此人的宗教。于是三教哲人群集哈扎尔，各展雄才，论辩此梦之兆。最后可汗果然取论辩胜者之教为国教。不料一改国教，哈扎民族就此从地球上消失，不知所终。数百年来，关于这场论辩孰胜孰败，关于哈扎尔民族何以会消失，众说纷纭，莫衷一是。而当时参与其事的人，虽已轮回转世，可一代代怨怨相报，直至 20 世纪 80 年代才在伊斯坦布尔一家豪华的宾馆内，最终了却这场延续数世纪的恩仇。小说内容纷繁复杂，古代与现代，幻想与实现，神话与真实，梦与非梦盘根错节地缠绕在一起，时空倒溯，人鬼转换，似真非真，似假非假，扑朔迷离地描述了这一千古之谜。（戴骢）

I000654 **希腊的神与英雄** ［英］劳斯著，周作人译。海南出版社 1998 年 11 月版。21 万字。22.50 元。希腊神话故事总集。分 5 辑。书末收周作人译后附记，以及周氏关于希腊神话的文章 10 篇。本书精选了 40 余幅与本书内容相关的世界名画名作，作为插图，另外还绘制了以人物图像表现的“希腊诸神世系表”，以便读者查阅。（王朴）

I000655 **爱的教育** 副名：汉译世界教育名著丛书。［意］亚米契斯著，梁海涛、蔡雪萍译。河北人民出版社 1998 年 1 月版。16.6 万字。11.00 元。原意大利文直译为《心》，是一部以一个意大利小学生日记形式为主的小说。记述了主人公恩里科在三年级一学年中所经历、观察和感受到的一切，其间穿插了他的父母、姐姐写给他的信及老师给学生抄写的每月故事。作者大量描写人物的心理活动，通过他们来颂扬爱的美德和高尚的心灵，教诲青少年爱祖国、爱人民、爱大自然、爱劳动、爱学习、爱父母、爱同学，互相帮助，保护弱者，尊重每一个人。力图在每一篇日记中都充分反映和展示人性的善良和纯洁。本书是作者的代表作，于 1886 年首次出版，出版后即获成功。在意大利多次再版，成为家喻户晓的小学生必读书，并翻译成各种文字，成为世界名著。（任俊萍）

I000656 **罗马故事** ［意］莫拉维亚著，沈萼梅、刘锡荣译。上海译文出版社 1998 年 8 月版。31.2 万字。19.90 元。由 61 个短篇小说组成，其主人公都是生活在二次大战后的罗马大都市中的贫苦的劳动大众，他们中有流动小贩，有酒吧跑堂，有卡车司机，有工人、清道夫，有裁缝、理发师，还有流浪汉和仆役。他们像是粉碎机里不停地打转转的咖啡豆。为了摆脱命运的煎熬，他们有的不得不忍痛地抛弃刚出生的亲生骨肉，以免无辜的婴儿与家人一样忍受贫困的折磨（《婴儿》），有的则因受不了饥肠辘辘的折磨,到曾与自己一起服兵役的战友开的饭馆里骗一顿饭吃(《罗莫洛和雷莫》),有的为了还债,竟冒用假钞票而落得“偷鸡不着蚀把米”的可笑境地(《假钞票》);还有“从一家大小四双眼睛里看到的都是同样的饥饿表情时,觉得自己活像是一群饿狼窝里的公狼”似的父亲,在一个寒冷的夜晚,偕同其妻子到一座教堂去偷盗供品而成了被警察逮捕的小偷(《教堂里的小偷》)。一个爱上了大户人家女佣的清道夫,生怕姑娘知道自己所从事的卑微的职业而谎称自己是户籍工作人员,结果,那个女佣就跟另一个清道夫订婚了。原来“她就爱背着垃圾袋戴着清道夫帽子的男人”(《正好轮到你》);年轻貌美的房东小姐,在天使般的外貌下藏着一颗爱钱如命的冷漠的心,最后竟嫁给了一个拥有半个大区财产的昏聩老朽的大财主,论年龄他都可以当她的爷爷了(《中间人》)。小说以第一人称叙述。作者带着对主人公们的同情和谅解,对于他们的种种恶习作了善意的嘲讽,以幽默的笔法揭示了现实生活对他们的不公正。阿尔贝托·莫拉维亚(1907—1990)一生总共写了17部长篇小说,12部短篇小说,10部剧作,10部评论集和游记,其作品已被翻译成37种语言在世界各国广泛流传。(张建平)

I000657 **英国文学的伟大传统** [美]安妮特·T·鲁宾斯坦著,陈安全、高逾等译,陈安全校。上海译文出版社1998年8月版。90万字。56.70元。文学史论著,作者运用唯物史观和科学的论说方法,根据翔实的资料,分析和评述了从莎士比亚到萧伯纳约四百年的英国文学历史上各个阶段的重要作家的作品。为论证自己的观点,作者引用大量原文作为无懈可击的佐证,除了引用正式出版的文学作品外,还引用了许多私人信件、日记和未发表的作品,为读者进一步研究英国文学提供了新鲜的宝贵资料。全书文字生动幽默,不仅对各个时期的小说家、诗人和剧作家的文学创作成就进行学术性评论,而且对他们的个性、家庭和婚姻生活作了详细描述,兼具知识性和趣味性。作品中译本分上、中、下3册。上册《从莎士比亚到奥斯丁》,中册《从彭斯到兰姆》,下册《从司各特到萧伯纳》。(郑大民)

I000658 **莎士比亚全集(增订本)** [英]莎士比亚著,朱生豪等译。译林出版社1998年5月版。310万字。220.00元。将莎士比亚传世作品全部纳入的中文译本。在所收的莎士比亚喜剧、历史剧、悲剧和传奇剧39种中,《两个高贵的亲戚》和《爱德华三世》是第一个中文译本;另外还有长诗《挽歌》一首也是首次译成中文并收入全集,与莎士比亚的其他长诗、抒情诗和十四行诗编在一起。在莎士比亚戏剧的中译本中,朱生豪译本是经过了时间检验而深受广大读者喜爱的译本,本书即以朱译本为基础,经国内著名莎学专家校订、补译,并新译了全部历史剧和诗歌而成。(施梓云)

I000659 **如果这是情** 副名:域外著名华文女作家散文自选集。[荷]林湄著。陕西人民出版社1998年5月版。20.9万字。14.00元。作者13岁开始发表诗歌、散文,1973年自上海移居香港,现为欧洲华人写作会理事、荷比卢华人作家协会会长、专业及专栏作家。这本自选集为作者散文创作之精华本。她以流畅、朴实无华的文笔抒写了对故乡的思恋、对亲友的回忆以及对海外生活的感触,并收录了对冰心、沈从文、丁玲等名人的访问记,饱含感情,细致入微,别具特色。(何大凡)

I000660 **河狸丛书** 徐德红译。湖南少年儿童出版社1998年10月版。共10印张。2.50元/本。法国当代优秀儿童图画故事系列丛书。第一集共10本:《蓝马》、《红棕色母鸡》、《玛拉凯特》、《橙色奶牛》、《猴子的故事》、《大黑豹》、《大鹿和野兔》、《奶牛阿梅丽》、《雏菊的故事》、《最姣美的小老鼠》。(吴尚学)

I000661 **存在主义的艺术人学** 副名:论文学家萨特。杨昌龙著。西北大学出版社1998年10月版。24万字。19.80元。当代存在主义文学以法国为发源地,法国存在主义文学以萨特为代表。该书抓住萨特,从中心突破,有利于准确把握这一流派的精髓。它以辩证唯物论和历史唯物论为指导,以萨特为重点剖析对象,以其人学哲理和创作实践为研究中心,较全面系统又准确深入解读存在主义文学。全书共3篇:上篇作家论,包括萨特在中国、他的文学事业、人学综论、人学轨迹、人学非理性、文论主张和艺术风格;下篇作品论,包括论小说《墙》、《厌恶》,论剧作《苍蝇》、《禁闭》、《死无葬身之地》、《恭顺的妓女》、《脏手》、《魔鬼与上帝》;附篇论加缪的《西西弗的神话》、《局外人》、《鼠疫》和波伏瓦的《第二性》。(井凤霞)

I000662 **包法利夫人** [法]居·福楼拜著,张放译。陕西人民出版社1998年5月版。35.7万字。21.00元(简精),24.00元(精)。长篇小说。主人公爱玛不是正面人物形象,也不是天生的荡妇,而是在贵族资产阶级社会的腐蚀和逼迫下堕落毁灭的妇女形象。爱玛本是一个天性纯洁的小资产阶级女子,但社会环境和影响，引诱她一步步走向毁灭。修道院违背常情的宗教生活，浪漫主义文学作品中的幻想，戕害了她那稚弱的心灵，使她对爱情生活充满虚妄的遐想，这正是她后来堕落的温床。她的情人罗道夫和雷宏无疑也是堕落的，但堕落和堕落有不同。罗道夫和雷宏对爱玛的引诱和背叛，不只是他们心灵堕落的表现，而且是对金钱、地位权衡的结果。爱玛是被无法偿还的巨大债务和一次次的爱情幻灭引向毁灭的。小说通过她的不幸，既控诉了资本主义社会的金钱关系的罪恶，又有力地揭示了资本主义社会精神生活的空虚和堕落。因此，爱玛的悲剧不是个人的悲剧，而是具有深刻的社会意义。福楼拜最大的艺术特色是完美、精确和客观。他比当时任何一个作家都重视创作前的精细观察和实地调查。在艺术上，他力求完善，对作品的结构、意境、问语都进行反复推敲。他的心理描写也很出色。把人物复杂、细微的心理奥秘一一揭示出来，呈现在读者面前的，不只是包法利夫人的形象，还有一颗赤裸裸的心灵。（李玉皓）

I000663 **现代法国小说史** 郑克鲁著。上海外语教育出版社 1998 年 12 月版。67 万字。48.00 元。重点论述现代法国最著名的作家有 40 余位，一般介绍论及法国作家有近 80 位；重点论述现代著名法国小说 200 部左右，一般介绍论及法国小说约 300 部。几乎囊括了 20 世纪各个文学流派的法国小说家。章节的安排，参考了法国文学史家的著述，又根据我国读者的习惯作了适当的调整，体现了作者个人的见解。对于作家的论述，作者并不是按一部部作品加以分析评论，而是力求归纳出每位作家的作品总的思想内容和艺术特色，从而使读者了解各位作家的创作特色，避免以偏盖全的缺憾。书末有 3 个附录（中法文对照）。（程超凡）

I000664 **基督山伯爵（上中下）** ［法］大仲马著，孙桂荣、逸风译。陕西人民出版社 1998 年 7 月版。115 万字。59.00 元（简精），62.00 元（精）。讲述了一个规模庞大的复仇故事。故事的中心线索是：纯朴、热情、能干的青年水手埃德蒙·当泰斯无端遭人陷害，他的同僚与朋友，当格拉尔与费尔南以及卷入事端的法官德·维尔弗尔联手一起，逼死他的老父，夺走他的年轻美貌的未婚妻，又将其本人打入监牢，被关了十四年。在狱中他逢高僧法利亚指点、教导并授予财富线索。奇迹般地逃离监狱后，他凭着超人的智慧和获得的巨大财富，寻找他的已发迹的 3 个仇人，终于报仇雪恨。大仲马作为讲故事的高手，将这一情节线索发挥得扣人心弦，引人入胜，并且总是大故事里套小故事，有头有尾，且以“恶有恶报，善有善报”的结局而告终。他笔下的人物虽然没有精雕细刻，但个个活灵活现，栩栩如生，或善或恶，泾渭分明，给读者留下难以忘却的印象。基督山伯爵被塑造成一个依靠财富、依靠智慧，无所不知、无所不能、无往而不胜的超凡的人物。他使 3 个仇家身败名裂，家破人亡，报复的手段过了头，但却在故事的最后，他重游伊夫堡地牢，抚今追昔，让读者相信，基督山伯爵确是在代表上帝惩恶扬善，是正义的化身，这就更使小说具有民间传说的味道。（李玉皓）

I000665 **爱的超越** 副名：艾滋病发现纪实。［法］多米尼克·拉皮埃尔著，陈德民等译。学林出版社 1998 年 12 月版。30 万字。20.00 元。著者多米尼克·拉皮埃尔是法国著名的记者、作家，为撰写本书，他曾花费了几年的心血进行调查采访，收集材料。他用富于悲剧性的、充满勇敢精神的、令人感动的人物和故事向人们披露了艾滋病发现的来龙去脉。1980 年 10 月 6 日，免疫学家迈克尔·戈特利布博士和实习医生霍华德在加州大学洛杉矶分校医院的 516 病房遇上了世界首位艾滋病患者，从此开始了现代医学史上最为艰难的探险。以后又有洛杉矶开业医生乔尔·韦斯曼博士和中国神医范鹏倜博士加入了行列。1982 年，“疾病控制中心”性病研究部门的吉姆·柯伦博士带领他的特别行动小组也加入了其中。经过一番难以想象的努力、拼搏、探索，他们发现“516 病房之谜”源于性解放引起的性欲泛滥，是一种通过性传播的疾病，传染因子是患者血液中的艾滋病病毒……（乐雅清）

I000666 **奥斯卡和露辛达** ［澳大利亚］彼得·凯里著，曲卫国译。重庆出版社 1998 年 12 月版。50 万字。25.00 元。长篇小说。故事发生在 19 世纪中。奥斯卡出身于一个虔诚的福音派教徒之家，自幼受到严格的宗教教育，但因偷吃圣诞布丁受到父亲的严厉惩罚而离家出走。尔后被送往牛津学习。在牛津期间受其朋友诱惑染上赌瘾。在去南威尔士忏悔的路上与赴英国考察玻璃业后回国的澳大利亚姑娘露辛达相遇相爱。为了表达彼此的爱情，两人进行了一次也是生命中最后一次赌博。露辛达以自己继承的全部财富为注，让奥斯卡将一玻璃教堂送往需历经艰险才能达到的目的地波特港。结果在接近波特港的贝林艮海岬，运送队与当地土著遭遇。身心疲惫的奥斯卡在鸦片酒的作用下，神情恍惚地投入前来照顾他的年轻寡妇米里亚姆的怀抱。清醒之后的奥斯卡痛苦不堪，只得守约与米里亚姆完婚。从教堂出来的奥斯卡带着对露辛达深深的内疚，来到破碎的玻璃教堂祈祷，不幸坠入河底溺水而亡。该小说叙事手法虚实结合，情节婉约动人。小说一经出版既获得以英国文学大奖布克奖为首的一系列奖项，并在1997年被美澳联手拍成电影，获得极大成功。（余国枢）

I000667　**人与自然丛书**　［加拿大］法利·莫厄特著，刘捷等译。北岳文艺出版社1998年5月版。80万字。58.00元。长篇纪实文学。4册。世界环境文学的代表作。《鹿之民》描写加拿大北部腹地以鹿为生的伊哈尔缪特族人的生活，是如何因为白人的闯入而被摧毁的。《与狼共度》记述了作者在荒原考察狼群的经历，描写了狼群"乔治一家"的故事。《被捕杀的困鲸》描写一头怀孕的雌长须鲸被困在一个小海湾里，打猎爱好者对它大开杀戒，而爱护动物的护鲸人则展开了一场护鲸运动。《屠海》是一部人类屠杀其他生命的最悲惨的血泪史，它详尽地报道了自欧洲人到达北美洲以后，沿加拿大的北美洲大西洋海岸一带陆上与海上动物惨遭屠戮的实况。该丛书首次把世界环境文学介绍到国内，是一套描写和探讨人与自然关系的丛书，其宗旨是提高人们对生态环境保护重要性的认识，促进人们自觉加入到生态环境保护的队伍之中，共同担负起对地球家园和人类未来的责任和义务，实现马克思、恩格斯在一百多年前就曾期盼的"人与自然的和谐"的理想。该作家是当代加拿大文坛上最著名的作家之一，已出版30多部作品，主要描写大地、海洋以及加拿大莽原上的人和野生动物，对人与自然的关系和环境问题表示出了极大的关注，充满着强烈的生态意识和"新人道主义"的关怀。其作品被译成几十种语言，对人类的行为和思维方式产生了重要影响。（韩铁马）

I000668　**两个"半犹太人"的命运**　副名：加拿大获奖文学丛书。［加拿大］埃里克·科克著，蒲黎等译。重庆出版社1998年8月版。12万字。15.00元。纪实文学。4卷。作品兼具传记与侦探小说的特点。作者埃里克·科克偶然中发现了家中的隐情。希尔玛（作者继父妹妹的儿子）与奥德特（作者同父异母的姐姐）都是二战前生于德国的私生子，两人都有一半犹太人血统，而且都在雅利安人家庭中抚养长大。于是作者开始追溯那段被人遗忘的家史。在本书中，希尔玛与奥德特的故事同步展开。作者通过表现这两个"半犹太人"在一个要求血统绝对纯正的年代里所面临的巨大困境，深刻地揭示了纳粹分子对人性的摧残。作品以翔实的史料，向人们披露了关于第三帝国疯狂的种族灭绝罪行。它不仅仅是一部回忆录或家史，也是一种对历史真相的探求。故事结构巧妙，语言朴实无华，读后催人泪下。（余国枢）

I000669　**英国人的仆童**　副名：加拿大获奖文学丛书。［加拿大］盖伊·范德海格著，赵伐等译。重庆出版社1998年6月版。31.5万字。25.00元。长篇小说。4卷。描写了两个故事，一个发生在19世纪的美洲西部，一个则发生在奢华的好莱坞。作者将这两个平行的故事，两种互相关联的叙述出色地交织在一起，使之成为一部感人肺腑的杰作。好莱坞充斥着梦幻，挤满了空想家与明星巨子，而与以上线条分明的世界相交织相对照出现的，是一个年轻的流浪人的故事。这个浪迹天涯的年轻人没有名字，只有一个称呼——"英国人的仆童"。小说的中心是这个度尽劫难的人的故事，他奔赴地狱又回到人间，故事令人不忍释卷，作者描写了权势、贪欲、背叛与梦想，无情地揭示了熠熠光辉下掩藏着的黑暗。（余国枢）

I000670　**爱之猎物**　副名：加拿大获奖文学丛书。［加拿大］多萝茜·斯比克著，刘继华等译。重庆出版社1998年8月版。15.7万字。18.00元。短篇小说集。4卷。作品描写的都是现代女性的爱与情，以及她们身处爱而不得的两难境地时所必须作出的选择。把这些引人入胜的故事串在一起的，是一个同样的主题，即欲望与背叛。故事都发生在小城镇小社区，红杏出墙带来的苦痛撕碎了妇女们的生活。这些故事所描写的即是她们的失望与和解。一个女人遭最好的朋友背叛。另一个女人离开了丈夫。还有一个女人对她偷情的丈夫施行报复。还有一个，则与她的老板同床共枕，并期待着他离开妻子。在这些故事中，背叛、乱伦、偷情、报复桩桩件件交织着苦痛与爱的裂缝使人肝肠痛断，心灵扭曲，然后是顿悟的释然与复归给灵魂抹上镇痛的油膏。在这些描写欺骗与虚妄的故事中，有着一种不可多得的艺术特色：它们用清晰的声音与独特的语言生动地描绘了一个又一个事件，而最为重要的是，这些故事牢牢吸引着你，给你极大的阅读快感。集中收有《河上风光》、《爱之猎物》、《不能忘却的记忆》、《夏日天空：白色之舟》等9个故事。（余国枢）

I000671　**躁动的少女**　副名：加拿大获奖文学丛书。［加拿大］霍林斯黑德著，王宏等译。重庆出版社1998年6月版。16.8万字。15.00元。短篇小说集。4卷。在第二次世界大战后出生的加拿大年轻一代作家中，格雷格·霍林斯黑德可谓多才多艺，卓越超群：一方面，他是加拿大艾伯塔大学的文学教授，著作等身，桃李满天下；另一方面，他又勤于文学创作，已先后在加拿大和美国的文学刊物上发表了50多篇短篇小说和一部长篇小说。他的作品还多次在国内外获奖。1995年，《躁动的少女》荣获加拿大最高文学奖——加拿大总督奖。加拿大的文学界同仁称赞这些小说“出神入化，鞭辟入里，近似完美”，“反映出当代社会的繁纷复杂，当代人的困惑和喜悦”，是“一部雅俗共赏，看似怪诞实为严肃的优秀短篇小说集”。集中收有《房屋出租以后》、《运往苏丹的药箱》、《玫瑰屋》、《一夜狂欢》、《旅澳归来》等12个短篇小说。（余国枢）

I000672 **八月之光** ［美］威廉·福克纳著，蓝仁哲译。百花文艺出版社1998年10月版。30万字。21.00元。美国著名作家、1949年诺贝尔文学奖得主威廉·福克纳的代表作之一，在作家所营造的“约克纳帕塔法世系”中占有重要地位。故事主要分两条线索，一条讲的是克里斯墨斯从小被送进孤儿院，因为被怀疑是“黑白混血儿”，从此失去了“身份”，受到社会种虐待，最后促使他杀死了最后相遇的白种女人又被白人处死；另一条线索讲的是农村姑娘莉娜与情人相恋，怀孕后遭到遗弃，徒步来到杰弗生镇寻找情人。小说通过杰弗生镇十天的社会生活的描绘，揭示了几个主要人物的一生及其三代家史，体现了人类“心灵深处的真情实感、爱情、荣誉、同情、自豪、怜悯之心和牺牲精神”，表明了作家反对种偏见和宗教偏见的态度。本书以多重叙事角度和情节结构闻名。作家融意识流与惊险小说于一体，对小说文本的无限可能性进行了前卫性的试验。更奇特的是书中最重要的两个人物莉娜和克里斯默斯自始至终未见一面。这种排列组合高度自由的文本结构对传统的阅读习惯无疑具有巨大的挑战。可以说，《八月之光》迄今还是“一部远未读懂的小说”。（杨进刚）

I000673 **对错都是为了爱** ［美］刘墉著。接力出版社1998年9月版。13万字。11.00元。以25篇抒情散文诠释人类微妙、复杂的感情世界的种种变化和表现。全书主要分为“结婚·离婚·知心·负心”、“寻找·失落·寻找 ·失落”、“男生·女生·男人·女人”、“有想·有梦·有唱·有笑”、“爱他·欠他·打他·认他”、“来了·走了·去了·成了”等6大部分，告诉读者，人生不必太计较，因为很多时候对错都是为了爱。（夏蓓）

I000674 **动物梦** ［美］芭芭拉·金索维尔著，王改华译。百花文艺出版社1998年10月版。27万字。17.50元。作者金索维尔(Barbara Kinsolver)是美国90年代主流文学中新崛起的青年作家之一。女主人公科迪3岁丧母，15岁因堕胎而出走，在十多年的飘泊和困顿之后，为照顾老年痴呆的父亲重返故里。在给中学母校代课、与当地居民一道同污染作斗争的经历中，她和昔日的恋人重温幸福，最终找到了自己的人生位置和真正的爱情。小说通过科迪及其父亲霍默医生的交替回忆，反映了美国一山区小镇的风情变迁，刻画了一位美国当代女性追寻精神归宿的历程。该书以奇特的自然风光和浓郁的印第安土著文化及适应婚姻家庭等传统价值的回归而连获全美四项大奖，轰动美国文坛，被评论界誉为“一部近乎完美无瑕的小说”。（杨进刚）

I000675 **刘墉、刘轩作品系列** 刘墉、刘轩著。漓江出版社1994—1998年2月版。180万字。120.00元。刘墉是多次来华访问演讲的美籍华人、台湾著名的文艺家教育家畅销书作家及最受欢迎的电视节目主持人。刘轩是他的儿子，美国哈佛大学博士研究生，也曾多次来华访问与写生。刘墉的作品内容为融汇中西文化来谈人生理想、道德修养、学习奋斗、亲情伦理、社交处世、艺术哲学等方面的散文、随笔集。其文笔清新、雅俗共赏，说理透彻而实用。他的书多年来多次位居台湾畅销书榜首。刘轩的作品则以当代青年的角度来谈中西文化之比较，以及童年、青少年时代真实的心态感受和社交、旅游、学习、雅趣等方面的独特见解，文笔富于青春活力与朝气，清新感人。此系列书共14册。刘墉著12册，为《超越自己》、《创造自己》、《肯定自己》、《萤窗小语(1—4)》、《我不是教你诈②》、《寻找一个有苦难的天堂》、《在灵魂居住的地方》、《寻找自己》、《离合悲欢总是缘》。刘轩的著作两册，为《属于那个叛逆的年代》、《whynot？不给自己一点自由?》。（李海鸣）

I000676 **陈香梅散文** 陈香梅著。北岳文艺出版社1998年5月版。35.6万字。20.00元。收入陈香梅散文作品82篇。按照她身世时间为序，分8个部分，分别为：“悠悠故国情”、“传奇婚恋”、“温馨亲情”、“诚挚友情”、“半个美国人”、“在美国采风”、“送春曲”、“灯下漫笔”。与一般的女性作家相比，陈香梅的散文固然也有其纤细的、柔情缱绻的一面，却更有难得的政治胸襟。其作品明显地表现着一种政治视野、政治见识以及她作为政治活动家的风度、气质。由于陈香梅特殊的传奇般的经历，使她的散文深具历史感、沧桑感，正如著名作家王蒙在评论陈香梅散文时所说，陈香梅女士通过她的散文所表达的，“成为历史的也是个人的足迹”。该集子中写亲情的不少,其中最深挚的,还是写她与丈夫陈纳德之间的情爱。这部分作品,对于我们深入了解陈香梅的感情世界,对于我们了解陈纳德将军,都是极有价值的。陈香梅女士为美籍华人,是抗日战争中著名的“飞虎将军”陈纳德之夫人。她是国际知名的政治家、社会活动家和作家,也是著名的爱国人士。(杨济东)

I000677 **陈香梅散文评论集** 王樟生、屈毓秀等编著。北岳文艺出版社1998年5月版。15万字。10.80元。收录有关陈香梅散文的评论文章近40篇,从不同角度分析论述了陈香梅散文的风格特色及其思想情感,对陈香梅这样一位杰出的爱国主义人士进行了高度评价。(张秉正)

I000678 **美国华文作家作品百人集** 金坚范主编。中国友谊出版公司1998年8月版。49万字。38.00元。收集美国100位华人、华侨作家的作品127篇,有散文、随笔、小说、诗歌等。作者遍布美国各地,来自祖国内地、台湾和香港等不同地区,有早已蜚声文坛的老将,也有近年的后起之秀,有半个多世纪的移民,也有90年代的新学子。该书的出版可使读者大体总览海外华文文学的基本面貌,并透过这些作品对海外的风物、社会生活以及中华文化在海外的发展有多侧面多层次的认识。(葛骞)

I000679 **莫多克** 副名:一头大象的真实故事。[美]拉尔夫·赫尔菲著,王佐良、张海迪译。作家出版社1998年7月版。28万字。15.00元。1896年一个宁静的早晨,一个男孩和一头小象同时降生在一个德国的马戏小镇。男孩叫布拉姆,小象叫莫多克。布拉姆是当地一位驯象师的儿子,甚至在幼年时他就显示了成为驯象大师的才能。莫多克的迅速成长超出了任何人的想象——罕见的聪明、硕大的身体和优雅的姿态胜过最棒的大象。他们像手足兄妹般一起生活,当马戏团被卖的消息传来时,13岁的布拉姆偷偷上船和莫多克一起被运走。在海上遇到飓风,莫多克独立挽救了布拉姆和30名船员的生命,它和布拉姆因此受到了喜爱大象的印度人的尊崇。30年代他们最后来到纽约,在其后的20年中,莫多克在全世界最著名的马戏团演出舞台上获得了巨大的声望,以“金色大象”而闻名,它是那个时代不用驯象师而能跳舞和演出的唯一大象。随着莫多克在一次转场中被人暗暗卖掉,布拉姆开始了艰苦的寻找,而随着两位伙伴的重聚,他们的生命也走到了尽头。美国评论家贝蒂·怀特称赞这部小说“妙不可言”,给人带来“耳目一新的感受”。本书译者之一的张海迪称赞作者“对这本书倾注了真挚的感情”,“文笔是那样优美”,“使我们获得了一种精神的愉悦”。本书作者是一位著名的好莱坞动物行为学家,他所创立的“动物情感训练”已经被普遍接受。他还著有《野兽的美丽》。(杨德华)

I000680 **X档案系列** 副名:美国新科技探案小说。[美]莱斯·马丁等著,萧乾等译。少年儿童出版社1998年9月—12月版。63万字。67.00元。美国当代新电视小说。它以现代科学技术——宇宙学、生物工程学、电脑技术以及心灵学等有争议的边缘科学为背景,将其与侦破各式各样的谋杀案联系起来,构成一系列引人入胜的惊险、怪异和推理性的故事。本系列共计11部小说:《恐怖白光》、《骗局》、《欺诈》、《外星生物之谜》、《蟑螂,蟑螂死光光》、《幽灵电脑》、《变形狼人》、《虎!虎!》、《恐惧》、《闪电人》、《夜幕降临》。(洪祖年)

I000681 **赛珍珠作品选集** [美]赛珍珠著,刘海平主编。漓江出版社1998年3月版。250万字。105.50元。赛珍珠(1892—1973)为世界著名的美国女作家,1938年诺贝尔文学奖得主。本套选集共5卷,收入其代表作传记2部,小说7部。第一卷《大地三部曲》生动地反映了中国农民一家三代人的家族史,被誉为一部中国农民的编年史,为其获诺贝尔文学奖的代表作品。第二卷《东风、西风》收录传记2部及小说,反映中西文化的差异,刻画其父母的勤奋、辛劳。第三卷《龙子》直接描写中国抗日战争时期敌占区人民英勇抗敌的故事,曾在美国引起巨大轰动。第四卷《同胞》描写华裔青年满怀赤子心从美国回中国参加抗战的故事,反映报效祖国的一颗红心。第五卷《群芳亭》反映旧中国妇女在封建桎梏下的悲惨命运,歌颂她们极力挣扎获取自由的欲望。(汪正球)

I000682 **攀上心中的巅峰** [美]刘墉著。接力出版社1998年9月版。13.5万字。11.00元。散文集。收集畅销书作家刘墉的25篇励志散文,作者以交谈式的笔法,直白而恳切地与年轻人谈成长、谈毅力、谈天才、谈亲情、谈计划、谈读书、谈牺牲、谈做主、谈敬老、谈时间、谈作文、谈自制、谈交友、谈安静、谈侥幸、谈包容、谈文化自尊、谈工作、谈精神、谈拖延、谈说说、谈作弊、谈进取等年轻人关注而又必须面对的问题。作者刘墉是画家兼作家,1949年生于台北。纽约哥伦比亚大学博士,曾任纽约圣若望大学驻校艺术家。著作有《萤窗随笔》、《姜花》、《做个飞翔的美梦》、《创造自己》、《我不是教你诈①②③》等50余种。(夏蓓)

I000683 **美国文学史(上)** 常耀信著。南开大学出版社1998年10月版。60万字。28.00元。美国文学同美国的历史一样年轻。美国文学从依附于欧洲文学,即从17世纪初北美拓殖开始,到今天的"成年",大约经历了三百五六十年的时间;而真正的独立的美国文学的出现,应当说是在19世纪,距今只有一百五六十年的历史。但是,就在这不长的历史期间,喜欢标新立异而不肯因循守旧的美国人,却制造了一大批不朽的文学作品,建立了一支有较大影响力的文学创作队伍。如从事诗歌创作的惠特曼、狄金森、艾略特等;在小说领域有库柏、霍桑、马克·吐温、德莱塞、海明威、福克纳和菲兹杰拉德等;在戏剧领域的奥尼尔、欧德茨、阿尔贝等,都在文学史上占有一席之地。本书分上下两册,其主要特点是为美国文学勾勒出一条清晰的发展史线;对各时期的主要作家及其代表作品都作了较为详细的介绍和评说,在分析作品时,又在适当的地方加一点同其他国家文学作品及文学理论和现象的比较,以便于读者更好地认识和理解美国文学。(丁福原)

I000684 **什么是我的** [美]安·贝蒂著,杨怡、吴洪译。上海译文出版社1998年3月版。15万字。14.70元。收录美国当代女作家安·贝蒂在近20年的创作生涯中颇具代表性的12部短篇小说。这些作品曾在不同时期分别刊登于《哈泼斯》、《纽约人》、《小说》、《老爷》等一些知名度很高的文学刊物上,是一本能够体现贝蒂创作风格演变的集成。其中,贝蒂的早期作品《风起水库》、《霍雷肖的把戏》、《蜂蜜》、《回家找玛丽》主题比较单一,塑造的人物也很典型化,大多都是60年代长大成人的美国中产阶级:这一代人曾热衷于反传统的生活方式和道德观念,但到了70年代,他们的梦想和野心却在办公室、购物中心和自动化列车里消磨殆尽。贝蒂敏锐地把握住了这个特定群体的发展脉络,以冷峻的笔调担负起为他们代言的角色。写于80年代以后的《什么是我的》、《女工》、《装置六号》等则反映了安·贝蒂近年来在创作领域上的拓展:叙述手法更加灵活,材料组织愈发凝炼,作品视角也日渐丰富。安·贝蒂1947年生于华盛顿特区,曾获康涅狄格州立大学文学硕士学位,70年代中期开始从事小说创作,著有长篇小说《冬天的寒冷景色》、《各得其所》,短篇小说集《燃烧的房子》、《在你找得到我的地方》等作品。贝蒂的小说,以简单的陈述句和细节的自然增长为特色,与雷蒙德·卡弗等同为"简约派"的代表人物,是当今美国小说界最负盛名的女作家之一。(黄昱宁)

I000685 **白鲸** [美]赫尔曼·梅尔维尔著,卢匡译。陕西人民出版社1998年8月版。50.8万字。29.00元(简精),32.00元(精)。小说叙述了捕鲸船"皮廓德"号船长亚哈,曾在一次海上作业中被一条名叫莫比·敌克的白鲸咬断了一条腿。为复仇而变得疯狂的亚哈,纠集了一批社会亡命徒,驾船出海,搜寻白鲸。茫茫大海上,历尽艰险,终于仇人相见,分外眼红,于是展开3天的恶战。人们多次刺伤白鲸,受伤的白鲸则疯狂报复,咬碎了小艇,倾覆了大船。一场殊死搏斗中,亚哈和他的水手最终与白鲸同归于尽。与海明威的《老人与海》一样,本书堪称一部人与自然艰苦抗争的杰作,而且,不仅由于它所描写的惊心动魄的故事的魅力,也由于它非凡的象征,它所包含的深刻寓意。莫比·敌克不是一条一般的鲸鱼,而是凶残的海上巨无霸。它那特别的白色可视为"白化病"、麻风病的苍白以及诱人外表下的一具白骷髅。因此,亚哈与它的斗争,便可以从一个具体的人与鲸的争斗扩展到人与其劲敌、恶化自然间的争斗。梅尔维尔笔下的人物可谓千姿百态,最突出的特点就是对人物性格的浓烈渲染。如主人公亚哈那种梦中都紧握的拳头,掌心被指甲掐出的血,最后与白鲸浴血奋战时撼天呼地、动人心魄的道白,再加上对当时环境的强烈渲染,使作品人物具有莎士比亚悲剧的震撼力。(李玉皓)

I000686 **美国历年获奖科幻读物丛书** 范岳主编。辽宁画报出版社1998年3月版。31.2万字。257.50元。共13集:《黑色隐形者》、《魔鬼的律师》、《走出地狱》、《危险边缘》、《"6770"灾星》、《通向天堂之路》、《风暴挑战者》、《波瑞里斯星球》、《蓝血》、《轰炸者》、《与恐龙共舞》、《最后一劫》、《蓝色虚幻》,每集又包括数个中、短篇科幻故事。这些作品不仅反映了当代美国人民对科学和未来的探求,也折射出美国现实社会生活的方方面面,以及在越来越严重的环境压力和核威胁下人们对自己行为方式的反省和对人类命运的思索。(谭谈)

I000687 **冠军早餐·囚鸟** [美]库尔特·冯内古特著,董乐山译。译林出版社1998年11月版。32.3万字。19.00元。两部作品均是美国后现代派作家冯内古特在70年代的佳作。《冠军早餐》是一部荒诞的反传统小说。经常在冯内古特作品中露面的科幻小说家基尔戈·特劳特与汽车代理商德威恩·胡佛是两部有生命的机器,他们生活在一个叫地球的星球上一个简称美国的国家里,他们都有一些毛病,在不时在书中露面的作者的安排下会面了。作者以诙谐、夸张的语言叙述一个疯狂世界。作者自绘的插图也是小说的一大特点。《囚鸟》以主人公自述形式，描写了一个三次出入监狱的老犯人的一生，中间穿插了大萧条、二次大战、朝鲜战争、麦卡锡主义、水门事件等历史插曲，以黑色幽默手法，嘲讽社会现实，收到特殊的社会效果。(史振宁)

I000688 **杰克·伦敦小说选** [美]杰克·伦敦著。百花洲文艺出版社 1997 年 12 月—1998 年 10 月版。约 120 万字。79.70 元。包括 4 部长篇，1 个短篇自选集。《豪宅幽情》：拥有巨额遗产的少年独自浪迹天涯，体验人生；成年后创建了一流的农牧场。美貌的妻子、豪华的住宅，宾朋满座，一切都无比完美。随着他好友的来访，平静生活中泛起了微澜，他猛然意识到醉心工作的自己冷落了爱妻的情感世界。面对挚友、娇妻，他开始了独特方式的了结。《星游人》：一个年轻有为的教授成了无期囚犯，上诉权被剥夺，并因违背狱长的意愿，被施以“紧身衣”的酷刑，他不屈服这种“公正”的法律，为使心灵不死，便进行着精神漫游。《月亮谷》：城市工业的喧嚣，生活的窘迫，婴儿的夭折，使一对原本恩爱无比的佳侣几近崩溃。久存心底的渴想向他俩昭示：离开纷扰的城镇。经过艰难的跋涉，他们找到了自己的真正家园——月亮谷。《大日头》：刚烈、机敏的淘金王“大日头”征服了雪野，闯入“文明”世界后又以公正手段击败对手获得成功。但面对心上人却一筹莫展。眺望洒满霞光的山谷，他悟出了生活的真谛……《异教徒》(短篇集)：从中可以窥见雪野里淘金人疲惫顽强的身影，感受土著人与侵扰他们生活的“外来文明”的较量；还有为纯真爱情的献身和对宝贵生命的执着。冰天雪地的冷酷，热带海洋飓风的恐怖狰狞，使人的善恶展露无遗。(李鸿)

I000689 **美国戏台** 程宝林著。东方出版社 1998 年 2 月版。37.3 万字。21.00 元。通过诗人章闻之在美国的闯荡和游历，展开情节，牵出人物，串联、编织起许多精彩绝妙的故事，读来令人或捧腹大笑，或欲哭无泪，或拍案而起，或垂首无语。美国就像一个巨大的人生舞台。争夺这个舞台的，有朝不保夕、却梦想名震世界的小老板；有腰缠万贯的“红顶大亨”；有拄杖独行、骗遍欧美的跛足“名士”；有涉嫌走私枪支而惊动总统的绝色歌星。他们争先涌上舞台，演出了一幕幕热闹非凡的人生活剧，大有一种“乱哄哄你方唱罢我登场，反认他乡作故乡”的况味。主人公章闻之，既是这些活剧的演员之一，又是暗藏的导演，同时也是惟一的观众。这种角色的转换，为读者提供了审读人物的不同视角。瑰丽的异国风物、炽热的男女私情、严酷的生存挣扎、剧烈的文化冲突，造就了一批远离故园的畸零者、边缘人，展示了扭曲、破碎的中国心。(刘丽华)

I000690 **哈佛采微** 副名：域外著名华文女作家散文自选集。[美]张凤著。陕西人民出版社 1998 年 5 月版。12.4 万字。9.50 元。为出生于台湾的张凤女士的散文作品精选本。作者在哈佛大学任职多年，组织、主持过多场华裔文化名人的讲座和座谈会，以评介哈佛、耶鲁等的著名学者见长。她思路清晰、写作态度认真，在撰写人物时既能将其学术贡献择要评介，又能生动活泼、恰到好处地介绍其性格的多个侧面，谈及家庭、性格、逸事，引人入胜。(何大凡)

I000691 **幽默人生** 副名：域外著名华文女作家散文自选集。[美]吴玲瑶著。陕西人民出版社 1998 年 5 月版。16.7 万字。11.50 元。作者生于台湾，大学毕业后赴美深造，现为北美华文作家协会副会长。作品多以海外中国人的生活感触为主题，以敏锐的目光观察思考，文笔幽默机智。这本散文自选集系从其已发表的散文作品中精选而成，集中地反映了作者的创作特色，表现了她犀利的认识生活的能力和挥洒自如、风趣睿智的语言风格。(何大凡)

I000692 **荷塘之忆** 副名：域外著名华文女作家散文自选集。[美]张秀亚著。陕西人民出版社 1998 年 5 月版。19 万字。12.50 元。作者 18 岁时即出版第一部文学作品集，至今计有 70 余部作品问世。这本自选集系从其散文作品中精选而成，以独有的优美行文抒发了她对故乡的思念，对亲友的追忆，对学校生活的眷恋和对大自然、对儿童、对可爱的小动物的由衷喜爱，表现了多方面的艺术修养和深厚的文化、历史、艺术研究的积淀。(何大凡)

I000693 **简言宛语** 副名：域外著名华文女作家散文自选集。[美]简宛著。陕西人民出版社 1998 年 5 月版。20.5 万字。13.00 元。为出生于台湾现旅居美国北卡罗来纳州的简宛女士的散文自选集。作者多年从事教育工作，把目光始终投向儿童身心的健康成长，她的作品触及婚姻、家庭、子女教育等社会问题，常在身边的小事中体悟到人生真谛，描写叙述细腻质朴，以情见长，使读者在不知不觉中受到感染和启迪。(何大凡)

I000694 **纽伯瑞儿童文学奖丛书** [美]布林克等著，张宏基、单春明等译。中国少年儿童出版社 1998 年 1 月版。210.9 万字。198.00 元。“地球村”图书系列之一。从历年荣获纽伯瑞金奖、银奖作品中精选、汇编而成。21册分为4个系列：亲情、友爱；探险、奇遇；童话、幻想；动物、自然。所收作品紧扣儿童心弦，描述人类永恒的生命追求。（杨向荣）

J 艺　术

艺术理论

J000001　**走近美术**　尹少淳著。湖南美术出版社1998年12月版。35万字。35.50元。从美术史和美术教育两方面对美术的规律性问题进行梳理、综合、阐述。共13章。第一、二章讨论美术与人类社会生活的关系，美术对人、对社会的重要性何在。第三、四章讨论美术家如何工作，他们运用什么工具和方式，美术创作中的视知觉和心理活动的特点。第五章至第十三章讨论美术作品的表现语言，传统的、通俗的、古典的艺术形式各有什么特点，是怎样相互影响的。（刘勉怡）

J000002　**缪斯书系**　孟涛等著。复旦大学出版社1998年12月版。193.2万字。141.00元。收有8种著作：《银色的梦——电影美学百年回眸》，孟涛著；《城市的眼睛——世界景观雕塑漫谈》，朱国荣著；《架上的缪斯——油画艺术随想录》，李超著；《水墨的诗情——从传统文人画到现代水墨画》，舒士俊著；《笔墨氤氲——书法的文化视野》，胡传海著；《东海絮语——音乐艺术鉴赏录》，林华著；《戏剧交响——演剧艺术撷萃》，顾春芳著；《百年收藏——20世纪中国民间收藏风云录》，宋路霞著。作者均系活跃在艺术创作、教学与研究第一线的专业人员，他们以散文笔法，生动有趣地介绍了电影、景观雕塑、油画、中国文人画、书法、音乐、戏剧等各门类艺术的发展简史，在普及艺术知识的过程中重点分析一些艺术精品的艺术价值和历史地位，帮助人们提高艺术的鉴赏能力。《百年收藏》一书，则对百年来我国民间著名收藏家、有重要影响收藏事件和国家收藏品有细致的记述。每种书前均有精致彩印32面，书中收有插图近百幅。（高若海）

J000003　**艺术与视知觉**　[美]鲁道夫·阿恩海姆著，滕守尧、朱疆源译。四川人民出版社1998年3月版。55万字。29.00元。作者系美国艺术心理学大师，他以格式塔心理学原理，对平衡、形状、形式、空间、光线、色彩、运动、张力、表现等现象作了深入探讨，对艺术创造和艺术欣赏的视觉原理作了详尽描述。（李洪烈）

J000004　**艺术之根：艺术起源学引论**　郑元者著。湖南教育出版社1998年版。30万字。32.80元。《博士论丛》之一，共6章，从跨学科性的学术视野出发，率先立足于“艺术起源学”的学科命名，力图从实证性与哲学性、微观与宏观、理论与实践的有机结合方面走出一条新路子。作者分析了大量的史前艺术考古材料和文化人类学材料，界定了艺术起源的含义，在阐发艺术起源中的因果问题和情境问题的同时，对艺术起源的“问题环”作出了系统、全面的探索，揭示了“原初性图腾观念→巫术观念→灵魂观念→精灵观念→万物有灵观念→自我神化观念”这样一条历史发展线索，提出了“图腾特化说”和“图腾观念特化树”的理论原理，对以往的艺术起源诸学说作了评判，并深入剖析了艺术起源与“艺术”的逻辑和“美”的读解等重大的美学问题。（孟可文）

J000005　**艺术批评与艺术教育**　[美]沃尔夫·吉伊根著，滑明达译。四川人民出版社1998年10月版。28万字。20.00元。阐述了如何才能清晰地洞察日趋复杂和更具挑战性的艺术现实、如何才能理解那些不朽的艺术名作的深刻内涵、如何能够明辨和判定在某一时期内充斥市场的新出现的、尚未定论的任何一类艺术作品的价值等问题。（李洪烈）

J000006　**艺术思维和创作的发生**　杨文虎著。学林出版社1998年9月版。20.7万字。14.00元。从神话的起源入手，运用人类学、神话民俗学、语言学、符号学等多种学科知识，多角度地探讨了艺术思维和创作起源的许多深层次的问题，第一部分神话思维、隐喻思维、艺术想象是对艺术和前艺术思维方式的研究，对于人类梦境与创作的关系有很精彩的阐述。第二部分艺术符号、文学语言，探讨的是艺术符号,实际是艺术思维的表达形式问题。第三部分艺术观察、艺术动机、艺术构思、艺术传达是对艺术创作过程的心理学分析,对许多"只可意会,不可言传"的艺术思维和创作的妙境作了令人信服的说明,揭示艺术创作的一些重要的内在特征。与一些理论著作不同的是,作者大量引用中外古今艺术创作的实例,并且以通俗晓畅的语言表述,令人爱读。(雷群明)

J000007 **艺术教育:批评的必要性** [美]列维·史密斯著,王柯平译。四川人民出版社 1998 年 10 月版。25 万字。18.00 元。在剖析今日美国的艺术教育现状与当代美国国民文化艺术素养的基础上,从哲学、美学、文化学、教育学和艺术学等不同角度阐述了多学科艺术教育构想的理论原则与实施纲要,分析了艺术创造、艺术评论、艺术史和美学(或艺术哲学)这 4 门人文学科在艺术教育实践中的相互贯通作用与互补作用,另外还根据"素质理论"与"启示理论"的要旨,从历史渊源、文明发展与现实需要出发提示和彰显了艺术教育的重要性和必要性。(李洪烈)

J000008 **电脑艺术学** 黄鸣奋著。学林出版社 1998 年 6 月版。40 万字。25.00 元。就计算机在艺术领域的广泛运用和渗透,研究了计算机与艺术学的关系,从而提出了电脑艺术学的课题。就电脑艺术而言,可作出 6 种解释:一、以电脑为主体自动生成的艺术作品;二、以电脑作工具而创作的艺术作品。三、专为艺术设计编程的电脑软件;四、以电脑为对象而专门为电脑创设的艺术作品,如网页、电脑广告的动画和配乐等;五、以电脑为题材的艺术作品;六、上了电脑的各种类型的艺术作品的总和。其中,第六种解释较宽泛,更符合电脑艺术学研究的范围。全书就电脑的艺术主体、艺术手段、艺术方式、艺术对象、艺术内容、艺术环境 6 大方面展开全面研究,探讨计算机于艺术领域的各种成就和趋势,展望电脑对艺术发展、开拓的前景,预示电脑的高速发展对艺术带来的全新变化。(曹坚平)

J000009 **现代艺术哲学** [美]H·G·布洛克著,滕守尧译。四川人民出版社 1998 年 3 月版。28 万字。19.00 元。艺术哲学力作。对当今艺术学中的模仿、再现、表现、形式、意义、真实、意图、批评等主要范畴的哲学含义、历史演变,以及人们围绕这些范畴的思考和争论,作了深入浅出的分析和描述。对当代艺术思潮的特征和本质作了形象的概括。(李洪烈)

J000010 **闲情偶寄** 清·李渔著,章立校注。陕西人民出版社 1998 年 5 月版。20.5 万字。11.50 元。"中国古代笔记小品丛书"之一。《闲情偶寄》为清代戏剧家、文学家李渔的一部笔记著作,共 8 卷,即词曲部、演习部、声容部、居室部、器玩部、饮馔部、种植部、颐养部。前两部为戏剧论,针对当时戏剧界的流弊,从剧本的撰写到演员的演出,一一予以论述,可谓一部较系统的戏剧论著,他的戏剧理论对中国戏剧发展产生了重要影响,在戏剧史上占有一定位置。后 6 部皆为闲情逸致之作,作者从女子的衣着打扮,到仪容修饰;从居室的布置清洁,到家具的功能制作;从古董器玩的收藏保养,到欣赏把玩;从花木草虫的种植、特性,到其寓含的特殊意义;从饮食的精细讲究,到蔬菜、谷米、肉食的挑选搭配;从保健养生,戒欲戒忧戒过饥过饱,到四季不同的行乐方式,一一予以情趣盎然的描写,其雅致闲适之趣,跃然纸上。(张亚雅)

J000011 **神与物游 吐纳英华** 王朝闻著。中国青年出版社 1998 年 12 月版。64 万字。56.70 元。美学家王朝闻新近著述的两部艺术美学专著。在具体内容的侧重点上稍有不同,但都是结合着著者感兴趣的中外古今的优秀艺术成果,例如原始彩陶、青铜器、诗、书、画、雕塑、叙事文学、戏曲、园林等艺术形态,以辩证唯物主义和中国传统哲学对立统一的观点和方法,探索这些门类艺术所体现的艺术之特殊规律与一般规律的差别和联系,生动地体现了阴阳结合、有无相生、虚实相应、和而不同等中国特有的美学观点。在语言文字方面,和著作一贯的"寓论于述"的生动活泼的文风相一致,具有深刻的理论与细微的具体分析相结合的特点和优点。(林栋)

J000012 **雅趣四书** 陈文新编。湖北辞书出版社 1998 年版。32 万字。16.80 元。选辑记叙古代琴棋书画的 4 篇代表作:蔡邕《琴操》、张拟《棋经十三篇》、潘之淙《书法离钩》、唐寅《六如画谱》。充分展示出古代文人雅士的闲情雅趣。(刘丹)

J000013 **电脑美术设计技巧解析——平面设计篇** 陈贤浩、张立群编。上海科学技术文献出版社 1998 年 4 月版。30.2 万字。100.00 元。以比较直接的方式,通过一个个具体的平面设计案例,剖析 Corel DRAW!、Photoshop、Painter 等一些平面设计的著名软件,使读者随书中平面设计的案例,亦步亦趋、自然轻松地学会软件的基本应用方法,并能帮助掌握电脑美术设计的思考方法。本书在每一章的结尾处还附上了设计优秀的电脑平面设计作品,以提高兴趣和扩展思路。(沈美新)

J000014　**电脑美术设计技巧解析——立体设计篇**　陈贤浩、张立群编著。上海科学技术文献出版社 1998 年 7 月版。120.00 元。以实例剖析的方式，介绍了 3DMAX、Lightwave、Lightscape 等常用的 3D 设计软件在不同设计领域中的实际应用，对一些相关的辅助工具软件也有所涉及。对于同一个设计，往往可以采用不同的软件去实现。通过本书，读者也能了解这些软件的特点，学会应用电脑进行立体设计的方法和思路。另外，在本书每一章结尾处附上了一些优秀的电脑立体设计作品，旨在提高对电脑立体设计的兴趣并开拓视野和思路。（沈美新）

J000015　**实用色谱**　施祖辉等编。中国地图出版社 1998 年版。8.5 印张。160.00 元。由 11 个油墨基本色分组叠印出 16 673 种颜色。分为四色和专色两个叠色系统。青、品红、黄、黑四色油墨叠色系统，有单色、二叠色、三叠色与四叠色，共 40 页，12 996 种颜色。这是根据颜料的原色混合原理和彩色图像复制理论设计的，适用于对各种彩色图像、照片、美术作品、卫星相片等进行色彩还原复制时参考。常用专色油墨叠色系统，由孔雀蓝、大红、浅黄、桔黄、绿、棕、灰 7 个专色的单色、二叠色与三叠色组成，共 19 页，3 677 种颜色。这一专色系统，是为弥补标准四色油墨叠出的颜色的某些不足，以及为满足地图等一些特殊对象用色的要求而设计的。本色谱的最后附有颜色的加色混合（即色光混合）和减色混合（颜料混合）原理图，以及所用的 11 种油墨基本色色表，对读者使用本色谱有一定的参考意义。（刘煜松）

J000016　**人体姿态与解剖（静态、动态两册）**　郑宝雄主编。湖南美术出版社 1998 年 8 月版。4 万字。59.60 元（2 册）。研习人体的工具书。分静态、动态两册。共选择不同年龄的男女模特和儿童照片图片 1 500 余幅，提供美术院校师生及没有条件进行课堂人体写生的中等美术专业师生的研习资料。内容分文字、解剖图例、人体图例 3 大部分。第一部分：文字。从整体到局部系统地介绍人体解剖结构及人体各部位的形态等艺用人体解剖等知识。第二部分：解剖图例。将人体不同姿态的照片与肌肉、骨骼解剖图相对照，展示不同动态时肌肉、骨骼的变化。第三部分：人体图例。在静态一册中，选择站、坐、卧、蹲等姿态，在动态一册中选择跑、跳、跌倒、负重等姿态照片。

J000017　**艺用人体解剖**　崔岩编著。山东友谊出版社 1998 年 8 月版。5 万字。48.00 元。美术专业技法理论教学用书。其突出特点：一是实用性。艺用人体解剖学是一门内容广泛的系统学科，因课时的限制，恰当地把握教学内容是教好这门课的关键。本书在文字选编和插图的选用上，既保持了此学科的系统性，又做到文字精练形象，图谱简洁易懂，便于学习记忆。二是与写生训练紧密结合。所选用的人像和人体素描作品，便于对照研究，激发学生兴趣，使解剖课教学从枯燥、单调中脱离出来。三是注重吸收中外解剖理论研究的新成果。插图运用钢笔速描的形式，浑厚生动，清晰明了，具有较强的表现力和鲜明的时代特色。（徐宝平）

J000018　**模特·结构·姿态**　李欣主编。黑龙江美术出版社 1998 年 8 月版。3 690 幅图。168.00 元（上、下册）。模特写生在美术教学中几乎是一门必不可少的重要课程。对于人体模特的形体、比例及生理结构与解剖结构等诸多有关造型及审美方面的研究早已成为造型艺术教育中的重要环节。本书集中了俄罗斯男女模特的几百种姿态，共计 3 690 帧摄影图片。其人体结构清晰，姿态、形体富于动感，各种动势都是参照学院课程设计、摆置。（黄国楹）

世界各国艺术概况

J000019　**西方现代艺术批判**　王天兵著。人民美术出版社 1998 年 8 月版。11 万字。110 幅图。80.00元。从造型艺术的本体出发，剖析了西方现代艺术在传统艺术母体中滋生繁衍壮大的过程、现代艺术对于传统艺术的承传、游离和反叛，分辨出其中的进步成分和堕落因素，别其精华糟粕，肯定了某些现代艺术大师的革命性贡献，鞭挞了某些“大师”的投机取巧和胡作非为。作者纵论今古，融会东西，游刃于画论禅论之间，反复将论点回归到艺术本体。此间褒贬权威偶像，颇具胆识勇气，且持论严谨有据。（周林生）

J000020　**艺术史与艺术教育**　[美]艾迪斯埃里克森著，宋献青、伍桂红译。四川人民出版社 1998 年 10 月版。18 万字。18.00 元。从艺术史的性质、功能和目的着手，介绍了史前的艺术、传统的和现代的艺术史观和研究方法以及艺术史工作者的研究成果和作用。在全面分析美国中小学艺术教育现状的基础上，提出了以学科为基础的艺术教育的设想，把艺术创作、艺术评论、美学和艺术史结合起来，使艺术史成为美国普教的一部分。本书还讨论了如何在中小学开设艺术史课，对教材、教法、教学资源以及艺术史如何和其他课程协调，提出了一整套设想，并设

计出一套教案样本。(李洪烈)

J000021 **中外美术交流史** 王镛等著。湖南教育出版社 1998 年 6 月版。33 万字。23.10 元。全面系统地阐述中外美术交流史的专著，涉及古今中外各种风格流派的建筑、雕塑、绘画、工艺美术等门类，全书分两编，第一编古代中外美术交流，主要阐述先秦时期至明清时期中外美术交流的历史；第二编近现代中外美术交流，着重研究从 1840 年至今中外美术交流史上的重大事件。本书基本上按照中国各历史时期发展的顺序编写，每一时期只选择该时期最有代表性的几件事例加以论述。(刘法华)

J000022 **西方文化艺术巡礼** 张延风著。中国青年出版社 1998 年 12 月版。24 万字。163 幅图。21.50元。文化艺术史。打破以往写史的框框，把艺术放在文化的大背景中加以介绍，将丰富生动的史料、博大精深的文化以及深刻的美学思想熔为一炉，用新思路、新方法剖析西方艺术发展的内在规律，使读者既了解西方艺术，又了解西方文化；既把握西方文化的发展脉络，又对由此产生的重要艺术流派、艺术家以及他们的代表作有一个较全面的认识。(刘艳丽)

J000023 **原始艺术史** 陈兆复、邢琏著。上海人民出版社 1998 年 12 月版。32.4 万字。27.00 元。作者根据近 20 年来在国内外考察原始艺术所搜集的大量资料，包括一些亲眼所见的原始造型艺术考古实物，如雕塑、岩画、装饰品和彩陶等，详细阐述和分析了旧石器时代、中石器时代、新石器时代以及现代原始部落的艺术发展轨迹，以及各类艺术品的文化意义，并提出了对艺术起源问题的思索。书末附有各种原始艺术图录164 幅。本书是作者继《中国岩画发现史》和《外国岩画发现史》后又一部力作。(黄建章)

J000024 **老与新丛书** 邓康延、姜威、胡洪侠著。广东人民出版社 1998 年 5 月版。18 万字。44.00 元。包括《老照片 新观察》、《老肖像 新打量》、《老插图 新看法》3 本。每种分别选取老照片、老肖像或老插图 100 幅，每幅画面配以眼光独到、风格特异、亦庄亦谐的精短文字。(陈超英)

J000025 **世纪末的艺术反思——西方后现代主义与中国当代美术的文化比较** 段炼著。上海文艺出版社 1998 年 5 月版。25 万字。22.40 元。作者留学加拿大多年，获得艺术学博士学位后，长期在加拿大、美国从事美术评论和教学工作。由于有着丰厚的西方现代美术的知识准备，又对中国当代美术的发展十分关注，因而本书通过比较来反省西方后现代主义和中国当代美术，具有很强的理论冲击力。本书分 4 部分。第一部分对 20 世纪后半期西方艺术发展进行阐述，旨在把握艺术人格的规律现象。在此，历史研究和观念研究建立了内在的联系。第二部分对后现代艺术观念的探讨是一种横向研究，它与纵向的历史研究一道为后现代主义艺术构筑了一个立体框架。第三部分对西方当代美术批评进行了理论探讨，确立批评的新概念。第四部分为艺术家和艺术语言的个案研究，将批评的理论付诸实践。作者在书中表达了这样的基本观点：在艺术观念上，主张人格的完善；在艺术语言上，主张修辞的升华。所谓艺术人格，是指艺术中个人修养和社会道德的完美结合，指个人主义和社会意识的完美结合。在观念上，艺术人格表现为无畏的理性主义批判精神，在语言上，艺术人格表现为对现代主义和形式主义倾向的超越。(赵南荣)

J000026 **90 年代中国美术：1990—1992** 张晴、范迪安著。新疆美术摄影出版社 1998 年 2 月版。35 万字。143 幅图。68.00 元。史论结合的反映 1990—1992 年中国美术发展状况和趋势的专著。分 13 章，分别是“中国画：走向现代形态转换的求索”、“中国油画：两极对抗与双向深入”、“版画的拓展”、“雕塑与空间意识”、“材料实验：走向绘画边缘”、“装置艺术中的观念与结构”、“中国波普倾向”、“深度与表现”、“走向现代设计的工艺美术”、“建筑与环境艺术”、“美术批评的进展与徘徊”、“90 年代初艺术市场巡礼”、“1990—1992 年中国(大陆)美术大事记述略”。同时还根据不同艺术门类，选择 140 多幅作品附于书后。(许建英)

J000027 **中国早期艺术与宗教** 王昆吾著。东方出版中心 1998 年 6 月版。43 万字。29.00 元。“东方学术丛书”之一。按其内容分为 4 组：关于原始信仰和艺术考古，关于文学的发生与传播，关于宗教音乐系统的形成，关于民族文化的起源等共 18 篇。从中可看到两条约略可辨的轨迹，即从中国古代研究走向背景学科的轨迹和隐藏于其后的、从作为人文学科的文学研究走向作为社会科学的文学研究的轨迹。(徐芷琳)

J000028 **中国原始艺术** 刘锡诚著。上海文艺出版社 1998 年 6 月版。31 万字。26.00 元。原始艺术是一门世界共同关心的研究课题。18、19 世纪以来，西方学者首先对原始艺术发生兴趣，并开始寻找世界上残存的历史遗迹，对所发现的出土文物、岩画等进行分析研究,特别是人类学家和探险家深入原始部落中进行考察,发掘出十分宝贵而大量的原始艺术,经过分析、探讨,取得了丰硕的成果。与此相反,我国的原始艺术研究起步甚晚,多为沿袭西方人的观点和方法。本书系统地全方位地论述了中国国土上的原始艺术,共12章,如人体装饰、陶器装饰艺术、原始雕塑、史前巨石建筑、史前玉雕艺术、原始岩画、绘画、舞蹈、诗歌、神话等,阐述了中国原始艺术的外在特质和内在蕴意,勾勒了中国原始艺术的框架,特别是作者掌握了大量的第一手资料,获得不少新鲜的感受以及可靠的资料,展现了中国原始艺术研究的最新成果。本书运用考古学、民俗学、宗教学、文艺学等多种学科的方法及资料,解答了困扰人类的艺术产生、发展的神秘思维特征难题。此外,有大量彩色和黑白的插图,更增加了书稿的可视性和立体感。(徐华龙)

J000029 **中国古代艺术的文化学阐释** 高楠著。辽宁人民出版社 1998 年 10 月版。42.4 万字。30.00 元。建构中国古代艺术文化学是中国古代文化学研究的深化又是中国古代艺术研究的新境。对文化特质的艺术模铸功能的分析,对中国古代文化特质与中国古代艺术孕生关系的揭示,以及由此对中国古代艺术特征的审视与确定,是本书的理论奠基。全书分 7 章 23 节。主要内容是:中国古代文化特质的艺术模铸;中国古代文化结构的艺术系统定位;浑融文化与中国古代艺术思维;中国古代艺术的疏离型语言观;中国古代艺术时空观;中国古代叙述的人伦文化特质以及艺术文化多棱体——中国古代艺术的多元智慧。收入“汉学新纪元书系”。(王峰)

J000030 **西藏寺庙艺术** 副名:中国民间美术丛书。李新建编,李振中译。重庆出版社 1998 年 3 月版。248 幅图。65.00 元。滋生繁衍于世界屋脊的藏传佛教艺术,是当今全球仅有的几个保存完整的古代艺术之一。本画册包括雕塑、建筑、壁画、唐卡 4 部分。248 幅彩图精美绝伦,它是藏民族智慧的结晶,更是一种精神的浓缩。(余国枢)

J000031 **宗教艺术论** 蒋述卓著。暨南大学出版社 1998 年 8 月版。25.7 万字。20.00 元。以文化与艺术理论的角度对宗教艺术进行系统研究的学术著作。作者以丰赡的材料和深刻的理论洞见,并运用宗教人类学、艺术人类学、文化学、艺术学的研究方法,将宗教艺术置于人类文化发展的历史坐标中加以定位。本书关涉到宗教艺术起源学以及宗教艺术主题学、形象学、叙述学的研究,对佛教、道教、基督教等几家宗教艺术也进行了比较研究,它从另一崭新的角度给我们提供了看待艺术的立场与方法。作者还对宗教艺术与当代艺术的关系作了深入研究,并对宗教艺术的未来路向作了预测与展望。本书多采用中国宗教艺术尤其是中国少数民族宗教艺术的材料,颇显中国学者研究宗教艺术的特色。(胡跃生)

绘 画

J000032 **中国当代美术现象批评文丛** 李伦著。吉林美术出版社 1998 年 2 月版。150 万字。272.00元。全面描述和评价中国当代美术的大型批判性专著。共 10 册。理论视野开阔,批判锋芒敏锐,集重大美术事件的叙述,重要艺术家的描述,重大理论争鸣的剖析,重要历史史实的评价为一体,图文并茂,全面展现当代美术发展的历史及文化脉络。(赵淑珍)

J000033 **中国书画美学史纲** 樊波著。吉林美术出版社 1998 年 7 月版。50 万字。40.00 元。“中国美术美学史丛书”之一。以史的形式,将我国自先秦,至清代的整个书画美学的形式、发展、演变及其宗法的历史作了充分的论述,同时,通过对书画美术史的论述,充分证明了我国是一个拥有着丰富而伟大思想文化宝库的文明古国。从中国书画的发展史中,“史纲”还揭示了中国书画美学的三项规律:一、中国的美学经历了先秦的书画宏观美学与后来的微观美学的整个过程。二、中国的书画美学自始至终与宇宙本体论相联。三、从书画发展的整体倾向看,一直都是主观表现论和客观再现论的统一。(赵淑珍)

J000034 **如何欣赏绘画** Andrew Wright 著,徐强注。外语教学与研究出版社 1998 年 11 月版。11.90 元。用简洁的英语,轻松愉快地引导读者进入了绘画世界,英国著名作家兼画家安德鲁·赖特编写此书并亲自插图,在欣赏绘画的同时作者对“艺术”进行了独到的诠释:“艺术是对我们所见所感的一种选择”,教我们“识别幻象”、“理解绘画语言”,熟悉色彩和图形,了解现代艺术,指导我们欣赏和鉴别绘画,书中还附有多幅名画,配以文字讲解。(雷航)

J000035 **中国画学著作考录** 谢巍著。上海书画出版社 1998 年 7 月版。140 万字。120.00 元。从散见于经、史、子、集以及家谱笔记、小说和释道书籍等浩繁的古籍中,收录自汉代至近代,成卷或单独成篇的中国绘画论著 3 000 余种,同时对每种论著的作者、版本和收藏情况以及在流传过程中出现的讹

误、窜乱、真伪等问题均加以详尽的考辨,并附以内容提要。(沈承志)

J000036　**董其昌研究论文集**　《朵云》编辑部编。上海书画出版社 1998 年 11 月版。80 万字。78.00元。董其昌作为明代著名的书画家和理论家,是文人画史上继赵孟頫之后又一位扭转风气,对清代文人山水画风影响至深的关键人物。本书主要是1989 年在其故乡上海松江和 1992 年在美国纳尔逊博物馆举办的两次学术研讨会的论文结集。所收的近 50 篇海内外学者的论文,对董其昌的身世、书画艺术、绘画观念等问题进行了深入探讨,尤其对董氏所提出的、遭到后人议论纷纷的"南北宗论",开展了学术争鸣。书中卢辅圣所撰写的序,较为透辟地阐述了董其昌的文化学意义。书末附有两次学术研讨会的综述,及由洪再新辑录的《董其昌及"南北宗论"研究论著参考目录》。本书对于研究董其昌的书画及其理论,以及研究晚明艺术思潮,乃至于研究整个文人画史,都不无参考价值。(舒士俊)

J000037　**绘画色彩基础与分析**　董雅、陈学文编著。重庆大学出版社 1998 年 9 月版。7.5 万字。16.00 元。通过名词术语,写生色彩变化的一般规律,色彩的基本属性与认识及色彩之间不同作用下产生的相互关系等实例分析,阐述了绘画色彩的基本知识和表现技法。(彭宁)

J000038　**填方格 学画画(人物)**　柳才编。辽宁少年儿童出版社 1998 年版。105 幅图。5.00 元。为幼儿及小学生提供的既可欣赏,又可动手绘画的用书。共两部分。第一部分由形态各异的人物画案所组成,共 105 幅。第二部分为"填方格 学画画"用纸。(赵九伶)

J000039　**填方格 学画画(动物)**　柳才编。辽宁少年儿童出版社 1998 年版。107 幅图。5.00 元。为幼儿及小学生提供的既可欣赏,又可动手绘画的用书。共 2 部分。第一部分由形态各异的动物画案所组成,共 107 幅。第二部分为"填方格 学画画"用纸。(赵九伶)

J000040　**儿童简笔画大全**　陈新等绘画。少年儿童出版社 1998 年 7 月版。12 印张。18.00 元。图例包括动物、植物、人物、兵器、交通工具、建筑和日常生活用品等部分,并配有简单明了的作画步骤。并选载了'98"白雪"杯全国儿童简笔画大赛的得奖作品。(洪祖年)

J000041　**向大师学绘画**　[美]罗伯特·贝弗利·黑尔著,朱岩译。中国青年出版社 1998 年 3 月版。40.00 元。美术技法丛书。共 3 册。分别为《向大师学绘画·素描基础》、《向大师学绘画·艺用解剖》、《向大师学绘画·人体素描》。罗伯特·贝弗利·黑尔是美国杰出的美术教育家,被誉为"美国最出色的人体素描大师和艺术解剖学大师"。《向大师学绘画·素描基础》是黑尔多年教学实践的总结。书中选择了 100 幅自文艺复兴以来著名艺术大师的作品,结合他的教学体系,对作品加以分析和讲解。《向大师学绘画·艺用解剖》和《向大师学绘画·人体素描》收集评析了 100 多幅包括达芬奇、丢勒在内的 100 幅艺术大师的素描作品。(邓中和)

J000042　**绘画技法经典译丛**　[美]琳达·卡特乌拉等著。中国建筑工业出版社 1998 年版。共 6 册,分别为:《油画大师的奥秘》、《油画风景画技法》、《印象派风景技法》、《让色彩唱歌》、《写实风景画技法——从照片到作品》、《钢笔画技法》。用大量的作品实例和详尽的文字,系统地讲述了绘画技法理论和绘画方法步骤等,特别是在绘画的具体步骤和色彩的调配及使用上讲解得具体深入。通过本译丛,可以欣赏到国外名画原作,了解国外绘画大师的构思、构图、形体的设计,以及光线、色彩的处理技巧等,从中得到启发,开拓新的思路,得到解决许多难题的方法。(白玉美)

J000043　**水墨画马技法研究**　宁曰曾著。陕西人民美术出版社 1998 年 2 月版。4.5 万字。201 幅图。38.00 元。西安美术学院教授宁曰曾多年来致力于水墨画马的技法研究,手摹心追、勤勉自励,对古今画马方法系统地进行梳理研究学习。在生活中对着活生生的蒙古马、新疆马进行观察写生。研究良马的运动规律、结构、形态以及马的腾、跃、奔走、跳、颠、立、泅诸态造型的生动和神气。在画马的过程中,由写生到写意,从情感、立意、沿革、结构、动态、单马、双马、群马诸方面演练,最终完成自己独有的个性的画马方法。本书为宁曰曾多年来画马的学习体会总结,其分为爱马、寄意、风气、继承、师马、比例、名称、骨骼、肌肉、写生、动态、腾跃、奔马、起手、双马、群马、鞍马、诗意等 18 个章节,文图并茂完整系统地讲述了水墨画马的方法。(杨平)

J000044　**白庚延山水画析览**　白庚延作。河北美术出版社 1998 年 5 月版。3 万字。105 幅图。以山水画为主、图文并茂的画册。每幅画都加文字分析,讲明创作构思和所用技法,在欣赏画作及临摹作品过程中,对作者的创作用意及创作阶段的所用技法有明确的了解。本书所收作品风格为小写意,在传统的基础上，又大胆创新。如画黄河水用大片赭石加墨汁，用散锋画水纹及翻腾的瀑布，前无古人。在构图上，吸收西画优点，画面较满，但又保持中国画特色，坚持骨法用笔，同时打破了过去中国写意山水画多用墨少用色的习惯。书中所收以山石为主的画作，属北派。（阮观东）

J000045　**写意花鸟画教程**　副名：藤蔓类花卉与中型禽鸟。郭书仁编。天津杨柳青画社1998年3月版。1.4万字。介绍不同植物和动物的绘画技法书。将花与鸟按其规律和特征加以分类，既讲述技法理论，又附有画法步骤及范画，由浅入深，以达到尽快掌握之目的。（赵润平）

J000046　**写意花鸟画教程**　副名：竹兰梅菊及小禽鸟画法。天津杨柳青画社编。天津杨柳青画社1998年5月版。1万字。37.00元。以小写意画法为主的绘画技法书。有关竹、兰、梅、菊和小型禽鸟的画法等每画均有若干画法步骤，一笔一墨一图一文。

J000047　**写意花鸟画教程**　副名：松、柳、柏树与鹰、猫头鹰、鹭、丹顶鹤等大型禽鸟的画法及画面处理。贾宝珉著。天津杨柳青画社1998年5月版。2.5万字。162幅图。39.50元。《写意花鸟画教程》之第四册，主要以大型鸟为主，其中包括鹰、鸡、鹤、鹭的画法介绍。范图精美，讲解清楚。由鸟的骨骼解剖，到用笔用墨用色，及画法步骤、画面的构图处理都作了由浅入深的讲解。（金保书）

J000048　**闽台历代国画鉴赏**　张金鉴著。海潮摄影艺术出版社1998年7月版。11万字。120幅图。19.80元。记载了从宋代以来至近现代闽台两地90多位画家及其作品120余幅，作者对每位画家，每幅作品都进行了介绍和评价，并提出其鉴赏的角度、真伪等，同时还就两地的联系、文化的交流、画风的起源都进行了分析、联系。在鉴赏方面可归纳为：(1)着重评价闽台成就突出而画名不扬的画家作品；(2)坚持知论画，对画家的生平、艺绩、师承介绍力求简括、准确有据；(3)论画坚持诗、书、画、印统一观，对有题识、印鉴的每幅作品几乎都作了破译，并帮助读者了解画面构成与寓意。但也不忽视民间画工的成就；(4)在评鉴中能尽量做到探本溯源，横向比较，并适当发挥个人主观感受。（刘强）

J000049　**唐宋元十六家山水画技法图解（一）**　刘松岩编著。人民美术出版社1998年3月版。38.00元。明代画坛“浙派”巨匠蓝瑛曾有16幅仿古山水册页流传于世，分别仿自唐代王维至元代倪瓒共16位不同流派山水画家的技法。本书就是以此为蓝本而衍生发展，将16幅仿古山水画逐一分解成图，对每一幅作品的勾、皴、擦、点、染墨、设色分步骤作具体的技法分析。同时对16位古代画家的生平及艺术特色作了简介。从全新的角度来研习中国山水画的传统技法，这在中国画技法书籍中尚属首例。作为传统山水画技法书，本书从中国山水画的分“宗”来讲，包括明代董其昌划分的南、北两宗；从流派来讲，包括“文人画”及“南宗之祖”王维，“北方画派”宗师李成、关仝、范宽，“江南画派”宗师董源，“朱氏墨戏”创始人米芾，还有“大斧劈皴”的大宗师李唐，以及元代四大家等历代山水画的主要流派。因此便于初学者了解各家技法。学习传统山水画技法历来崇尚清代流传至今的《芥子园画谱》，但“芥子园”中的范画山水画只有勾、皴、点的步骤，而没有单独的勾、染步骤和着色效果，而这恰恰是学画者亟需的。本书弥补了这方面空白，成为一套较完善的传统仿古山水画临习的范本。（王石之）

J000050　**新编芥子园画传——草虫篇**　许鸿宾编。人民美术出版社1998年6月版。3万字。180幅图。42.00元。“中国画技法系列丛书”之一。由概论、技法、作品欣赏3部分组成。作者从美术史论概述了草虫题材内容绘画的源流，草虫类别的基本知识，着重介绍蝈蝈、蟋蟀、纺织娘、蚂蚱、螳螂、蝉、蝴蝶、虫蛾、蜻蜓、蜜蜂、杂虫、蚕、天牛等昆虫结构，千变万化的动态和规律。白描、工笔和写意画用笔和设色的方法，图例线条流畅精到，笔墨生动，丰富详实。并附五代以来黄筌、徐熙、赵昌、任熊、任薰、任伯年等，和齐白石、刘奎龄、刘继卣、王雪涛、柳子谷近现代名家作品80余幅。其中也有部分中年一代成功之作。（徐震时）

J000051　**水墨的诗情**　副名：从传统文人画到现代水墨画。舒士俊著。复旦大学出版社1998年12月版。24.4万字。18.00元。反映中国文人画兴衰发展的著作。作者用散文化的笔调，阐述了传统文人画的种种微妙精华及其向现代水墨画转化的前景、趋向。行文中蕴含着作者多年的研究心得，并汲取了当代最新的研究成果。（韩结根）

J000052　**水粉静物写生步骤图例**　宫六朝作。河北美术出版社1998年3月版。15.00元。精选作者最新作品15幅，以步骤图形式加以演示，同时配有洗练的水粉静物技法文字，讲述绘画的色彩和技法。（杨怀武）

J000053　**架上的缪斯**　副名：油画艺术随想录。李超著。复旦大学出版社1998年12月版。21.6

万字。16.00元。油画,又称“架上艺术”。画家在金色的画布上创造出色彩斑斓的艺术世界。本书引导读者进行一次架上拾“金”的文明之旅:寻访画家画踪、故址,瞻仰大师杰作神采,考辨画派渊源流变,聆听名画逸闻故事。由于作者亲历法兰西、意大利、荷兰、比利时、西班牙、俄罗斯的油画圣地,感触良多,写得情真意切,文笔生动;读者读来如亲临其地,备感亲切。(夏德元)

J000054 **世界名家素描鉴赏(1—3)** 陈守义等编著。中国美术学院出版社1998年6月版。9万字。308幅图。72.00元。分3册。选收具有代表性的西方30位名家素描佳作300多幅。第一分册入选的是15世纪至18世纪的达·芬奇、丢勒、米开朗基罗、拉斐尔、荷尔拜因、鲁本斯、普桑、伦勃朗、华托、戈雅10位名家素描;第二分册入选的是19世纪的安格尔、米勒、门采尔、德加、塞尚、罗丹、列宾、高更、凡高、弗鲁贝尔10位名家素描;第三分册入选的是19世纪末到20世纪的克里姆特、谢洛夫、马蒂斯、毕加索、亨利·摩尔、杰克梅蒂、巴尔蒂斯、怀斯、弗洛伊德、帕耳斯坦10位名家素描。作者对艺术家的生平、艺术创作背景及素描语汇的特点作了精到剖析,在纵向探讨素描基本技法的历史承传和演化脉络的同时,还横向地比较研究了艺术史上同一时期艺术家的风格倾向和个性特征;纵横交织,给读者以比较完整地认识和理解西方素描造型体系的鉴赏依据。(杨英)

J000055 **风景·建筑水粉画写生与分析** 赵军、赵慧宁著。黑龙江科学技术出版社1998年7月版。25万字。70.00元。分8大部分:一、艺术创作中的观察、认识和分析;二、构图艺术;三、色彩运用;四、空间表现意识;五、形体的观察与分析;六、意境美的创造;七、水粉画的特点和表现;八、作品与分析。作者以阐述树立正确的观察、思考和表现的方法为主,而不是片面地强调技法的训练。这对于美术功底薄弱的建筑类高校学生而言,可达到快速提高,避免误区的作用。(徐晓飞)

J000056 **陈飞虎·建筑风景·水彩画写生技法** 陈飞虎著。湖南大学出版社1998年7月版。24万字。88.00元。既是作者多年来从事水彩画艺术的作品选集,又是一本介绍水彩画基本理论知识和技法的著作。着重介绍了水彩画的色彩创造、水彩画的工具选用、干画法和湿画法两种基本的着色方法、几种特殊的技法、常见物象的表现特点和方法等。作者认为,学习艺术,最重要的是使初学者学会怎样向生活学习,向自然学习,帮助他们树立起正确的艺术观念。本书即贯彻了作者的这一观念,作者从自己大量作品创作感悟出发,阐述有关水彩画的知识技法,力求引导初学者将思维的触角伸向多维的空间,以开发创作意识、培养正确的艺术思维方法。

J000057 **历代花鸟画精品集** 上海书画出版社1998年5月版。5万字。216幅图。380.00元。收录上海博物馆宏富收藏中的花鸟画精品99幅。上至五代徐熙,下迄清末吴昌硕,较完整地体现了花鸟画两大流派——宫廷院体派和水墨写意画派的延续和发展。宫廷院体派的代表人物黄筌、黄居寀、徐崇嗣、赵昌、李迪、王渊、边文进、吕纪、林良等,他们的画秾丽工致,被定为宫廷取画的标准。而南唐的徐熙,由于其“落墨”为格而“杂彩”副之的画风,与当时的宫廷画风背道而驰,经过磨难与周折,此种画风逐渐演变为后来的水墨写意画派,成为宋以来花鸟画嬗变的主力军。其代表画家为赵佶、王冕、沈周、陈淳、徐渭、朱耷、石涛、恽寿平、郑燮、虚谷、任伯年等。以上两派代表画家的花鸟画精品在本书中争奇斗艳。本书除收录名家的传世之作以外,还辑入平时难以窥其经传的如薛素素、文俶、恽冰等人的优秀花鸟作品。(沈承志)

J000058 **'98上海百家艺术精品展作品集** 上海文化发展基金会编。上海书画出版社1998年2月版。234幅图。280.00元。1998年,上海文化发展基金会主办“上海百家艺术精品展”。本书完整记录了该展览的详细情况,精心选编了此次展览117位上海画家近年创作的234幅优秀作品,涉及中国画、油画、水彩画、版画、雕塑等艺术种类,真实地反映了上海美术工作者广采博纳、孜孜以求的富有个性特色的创作格局和独到艺术追求的整体风貌。(薛锦清)

J000059 **无音之乐** 副名:陈元璞黑白画选。关小蕾、郭伟新编。岭南美术出版社1998年5月版。36幅图。13.80元。书中选用的36幅黑白绘画作品,出自一位患有精神发育迟缓症的弱智少年之手。是从作者在聆听了音乐大师的作品之后所创作的200余幅作品中挑选出来的,也是其异乎常人的心灵所“看到”的世界,是一段段没有声音的乐章。画面的构成建立在对音乐作品的深刻理解之上,亦即是作者能够找到很恰当的视觉语言去表达不同风格的音乐作品,其技法的成熟与到位使人叹服。同时,亦让人们领略到一个智力缺陷者精神活动的另一面及其所达到的程度。画册还让我们看到社会对残疾少年的

关注。除了教育界人士撰文评述外，每幅作品均有美术界、音乐界知名人士文笔精粹的点评。（马志江）

J000060　**中国画名家册页典藏**　浙江人民美术出版社、中国美术馆、潘天寿纪念馆编。浙江人民美术出版社1998年1月版。2万字。192幅图。360.00元。由《任伯年册页》《吴昌硕册页》《黄宾虹册页》《潘天寿册页》4册结集。汇集了4位大家册页精品190余幅。入选作品均为全国著名的美术馆、博物馆和画家纪念馆珍藏精品。山水画家黄宾虹的花卉画风格另辟蹊径，独树一帜，而其他三位大家此次结集出版的册页画也均为他们创作的精粹或绝世之作。所收集的图版均按原册页的尺寸复制，由此将中国画笔墨之特色表现得淋漓尽致，读者在临摹时就有原作的感觉。

J000061　**世纪传薪——中国美术学院七十周年纪念**　70周年院庆画册编委会编著。中国美术学院出版社1998年3月版。10万字。270幅图。390.00元。中国美术学院70年发展历程的一个缩影，由中国美术学院70年来的名师作品、现职教师作品选萃、70年学术年表及其学事纪略等内容构成；收有作品200余幅。（杨英）

J000062　**世界华人画家三峡刻石**　《世界华人画家三峡刻石》编委会编。湖北人民出版社1998年4月版。760.00元。画册。收入刻于湖北宜昌石门山崖的世界华人画家书画、印章作品570件，并附有作者小传。（徐德欢）

J000063　**古画解读**　陆籽叙等编著。浙江人民美术出版社1998年版。3000字/册。14.00—19.00元。丛书。选择宋代及明代的部分作品，分门别类地对技法技巧作了解剖和示范，又从势韵变化的角度对构成构图作了分析和图示，1998年已出版：《宋人翎毛——〈鸡雏待饲图〉、〈疏荷沙鸟图〉、〈百雀栖枝图〉、〈白头丛竹图〉、〈雪筱寒雏图〉、〈榴枝黄鸟图〉、〈枇杷绣羽图〉》、《宋人花卉——〈出水芙蓉图〉、〈白蔷薇图〉、〈海棠蛱蝶图〉》、《五代董源——〈潇湘图〉、〈龙宿郊民图〉、〈夏景山口待渡图〉》、《南宋李唐——〈万壑松风图〉》、《南宋李迪李唐——李迪〈风雨归牧图〉、李唐〈清溪渔隐图〉》、《南宋马远萧照——马远〈踏歌图〉、萧照〈山腰楼观图〉》。

J000064　**百年中国美术经典文库**　顾森、李树声主编。海天出版社1998年12月版。125万字。750幅图。600.00元。关于20世纪中国美术领域有整体性学术规划和全局性眼光、按历史顺序和文献性质归类编辑的大型学术研究文论专著。共5卷，内容包括“中国传统美术”、“美术思潮与外来美术”、“自述、自传、评传、回忆录、年谱、年表”3大部分。这种分类方案反映了20世纪中国美术的现实。本文库不仅收录涉及近百年中国美术发展的代表性资料，并兼及当代学者在古典美术研究方面外来美术及美术思潮研究等方面创造性成果。而传记、年谱、回忆录的入编，更扩展了中国美术史的研究领域，符合世界历史研究潮流的最新趋势。（张幼农）

J000065　**名家精品（系列丛书）**　程丛林等作。四川美术出版社1998年版。16幅图/本。10.00元/本。研究与了解当代绘画风格与流向的资料汇集。已出版的有：《程丛林历史主题画》《李济科工笔花鸟》《冷军油画作品》《卢禹舜水墨山水》《艾轩西藏风情油画》《邓嘉德工笔花鸟》《常青油画静物》《袁正阳油画人物》《徐唯辛民族风情油画》《杨谦油画人体》。陆续推出的还有韩力、龙力游、徐芒耀等全国知名画家的作品。这些画册由于画家自身的经历、经验、艺术修养、技术水平、美学观念的差异，使作品呈现出鲜明的个性风貌和艺术魅力。（任思淑）

J000066　**学院金秋——中国美术学院教学成果·1993—1997**　70周年院庆画册编委会编著。中国美术学院出版社1998年3月版。7万字。393幅图。370.00元。对中国美术学院1993—1997年教学成果的展示，收有作品近400幅；扼要介绍了开设的特色课程以及五年来获得的科研成果。（杨英）

J000067　**钱行健画集**　钱行健作。上海书画出版社1998年2月版。0.8万字。360.00元。钱行健，江苏无锡人。曾从名士袁容舫改习山水、花卉及文学、诗词，后又从江寒汀专攻花鸟画。钱行健始终坚持以先哲的传统为基础，时代的出新精神为创作原则。本书共收入作品127件。《幽涧听泉》为其代表作。这是一幅独特的将山水和花鸟融为一体的巨幅作品，场面宏大，组合精妙，顽石、流水、禽鸟和花草，诸物种分布其间，恰到好处地形成了动静结合，刚柔相济的强烈对比，令人过目难忘。

J000068　**海外藏中国历代名画**　林树中编著。湖南美术出版社1998年12月版。83万字。2 000多幅图。3000.00元。8卷。从我国流失域外的2万余件历代名画中遴选2 000多幅有代表性的精品编辑成册，是涉及20多个国家180多个收藏单位（或个人）的一次全面、系统和规模宏大的作品甄集。该书以严谨的科学态度对作品作了真伪鉴定与断代。其论文和图版说明的实证性与学术品质的到位，著录、注释的翔实，作品流失过程的考察与研究，以及作者

传略、收藏目录等文献资料的准确性，展示了流散于世界各地的中华民族艺术瑰宝的灿烂光彩。（彭本人）

J000069 **海南风情** 关山月等著。海南出版社1998年3月版。132幅图。480.00元。收入书法作品15幅，绘画117幅。内容有山水、民族风情、花鸟、历史遗韵4部分；画册的作者，有名声显赫的书画巨匠，也有崭露头角的艺苑新秀。在他们笔下，或是椰林海湾，或是槟榔可可；或是鸟语鹿鸣，或是猴舞猿乐；或是黎女苗郎，或是海瑞东坡。每一幅作品都有一种深厚的情感——海南情。众多作品艺术地再现了海南的海美、山美、天美、地美、人美、物美、情美。（蔡于良）

J000070 **黄永玉画集·人物** 黄永玉作。黑龙江美术出版社1998年8月版。123幅图。150.00元。收入黄永玉人物画作品123幅，其中以水墨为主，有部分丙烯作品。作品取材广泛，亦古亦今，酣畅笔墨中蕴古韵诗风，精彩题跋，折射出作者风趣超拔的人生态度。其表现手法不拘一格，富于变化，随意中见严谨，成熟中见稚拙，尤其是色彩运用，融东西方绘画风格于一体，具有强烈的艺术感染力。（乔琛）

J000071 **黄永玉画集·风景** 黄永玉作。黑龙江美术出版社1998年8月版。120幅图。140.00元。收入黄永玉风景画作品120幅。其中，丙烯与水墨数量相近。丙烯作品多为其旅居海外期间在德国、意大利、香港等地所作。风格明朗、响亮，表现手法或松弛恬美，或严谨，富于图案化美感，是写实风格与装饰风格的精彩结合。其水墨作品扬洒自如，笔墨所到之处尽显其深厚的绘画功底与成熟深刻的审美观。黄永玉是中国乃至世界画坛准大师级画家，其涉猎领域极为广泛，作品多年来深受海内外人士青睐，曾多次在香港、德国、意大利等地举办个人画展，现居香港。（乔琛）

J000072 **黄永玉画集·花鸟** 黄永玉作。黑龙江美术出版社1998年8月版。114幅图。150.00元。收入黄永玉花鸟画作品114幅，包括：水墨花鸟，丙烯花鸟，布染花鸟3类。其选材包括：水仙、百合、牡丹、莲、荷花、兰花，纷繁多彩，表现形式丰富，西洋画手法与水墨风格相得益彰，或浑厚、或灵秀，对花鸟虫鱼的表现妙趣天成尤为引人注目。其色彩分割、图案化手法的运用，使作品有别具一格的审美味道。（乔琛）

J000073 **山水写生画稿** 陆秀竞等作。湖北美术出版社1998年3月版。169幅图。16.00元。从山水画家陆秀竞、刘一原、张谷旻等28人的写生画稿中选出作品169幅。有些作品注重选景，以构织美好的意境；有些作品追求线性的韵致和丰富的情感传达；有些作品讲究结构上的疏密对比，更具主观的表现；有些作品则力求简洁明快，或画出一刹那的印象。这些作品形式多样，从某些侧面反映了我国现代山水速写的大致面貌。（余澜）

J000074 **中国历代梅兰竹菊精品集** 天津人民美术出版社编。天津人民美术出版社1998年6月版。558.00元。梅兰竹菊是中国传统绘画题材，它成熟于宋代，至元、明、清，随文人画发展而发展。历代名家辈出，风格各异，佳作纷呈。本书所收作品最早有宋代赵佶的《腊梅图》、文同的《墨竹》，元代有柯九思的《晚香高节图》、吴镇的《墨竹谱》等，明代有王冕的《南枝春早图》、王谦的《卓冠群芳图》、项元汴的《仿苏轼寿星图》等，清代更是佳作迭出，至近现代有吴昌硕、齐白石等作品，共收集了200多件，图版328幅，并请美术理论家郎绍君作序——《中国绘画中的四君子》。

J000075 **中国当代国画集萃** 天津杨柳青画社1998年8月版。350.00元。系从全国千名国画家作品展中精选近300幅作品。无论人物、山水、花鸟等诸方面，风格各异，百花齐放，反映了当今我国中国画之绘画水平。具有强烈的艺术感染力和时代气息。所收作品为四方画家丹青新作。既有前辈名流，亦有后生新秀，更多的当今画坛如日中天的中年一代。个性张扬，极红尽绿，倍见异彩。（赵锦屏）

J000076 **中国近现代名家画集·亚明** 人民美术出版社1998年6月版。346.00元。集亚明各时期的代表作，其中的《长江万里图卷》首次公开发表，前有陈履生著《亚明艺术论纲》，后有《亚明年表》，是研究亚明的权威性版本。（陈履生）

J000077 **中国近现代名家画集——齐白石** 齐白石作。天津人民美术出版社1998年6月版。290.00元。收入齐白石精品佳作600余帧，有花鸟、山水、人物和静物。绝大多数作品都是首次公开面世。作品按历史顺序排列，最早始于19世纪末，最晚止于大师瞑目前的绝笔之作，概括反映了大师所走过的艺术道路，并可从中寻觅大师艺术风格的演变历程。为了能够领略大师的笔情墨趣，对一些作品采用局部放大的方法编排，忠实体现了原作的艺术风格和面貌。著名美术评论家刘曦林以《齐白石论纲》为题作序，系统阐述了大师的艺术观和美学思想。书后附有大师生平年表，有很高研究参考价值。

J000078　**中国近现代名家画集·宋文治**　宋文治绘。人民美术出版社 1998 年 11 月版。2 万字。中国近现代名家画集之一。宋文治 1919 年生于江苏太仓。曾任江苏省国画院副院长，中国美术家协会江苏分会副主席，擅长中国山水画，曾出版《宋文治山水画选集》、《宋文治画谱》等。宋文治曾拜张石园为师，系统地学习清代"四王"山水，又受到吴湖帆、朱屺瞻、陆俨少的指导。他注重传统笔墨的磨练，注重深入生活。60 年代后常作反映江南水乡，太湖风光的作品，形成清新典雅的个人风格。本画集收录宋文治 50 年代以来山水画作品 200 幅，代表作有：《山川巨变》、《枣园秋色》、《江南春潮》、《太湖之滨》、《梅园长春》。另有部分新作泼彩作品。（刘汝阳）

J000079　**中国近现代名家画集·郭味蕖**　郭味蕖绘。人民美术出版社 1998 年 6 月版。1.3 万字。300.00 元。大型系列画册《中国近现代名家画集》之一。作者郭味蕖（1908—1977）山东潍坊人。当代国画家、美术教育家、美术史论家。曾任中央美术学院国画系花鸟画科主任。本书为作者的作品选集。选编作者自 1936 年至 1971 年所创作的优秀作品 186 件，并附郭怡综撰写的长篇评介文字及郭味蕖艺术年表。充分展示了作者在不同时期的艺术探索与艺术风貌。（王玉山）

J000080　**中国画名家作品精选·刘文西作品**　刘文西作。陕西人民美术出版社 1998 年 1 月版。35 幅图。18.00 元。主要介绍西安美院名誉院长、西安美院研究院院长、教授，全国有突出贡献专家、著名国画家刘文西作品 35 幅。其形式包括有素描、大写意、小写意、年画、工笔重彩等；内容主要反映陕北革命历史和中国领袖题材以及陕北风土人情的题材，风格朴实、厚重、浓烈，生活气息浓郁，有一股强烈的黄土气息，在画坛上已形成了以他为代表的"黄土画派"和独具风貌的艺术个性。其画册中的作品《毛主席和牧羊人》、《祖孙四代》、《沟里人》、《山姑娘》、《黄土情》、《东方》、《基石》等等，可以看出画家艺术创作的风貌、个性特点。（李丹）

J000081　**水墨山水写生画稿**　童中焘等作。湖北美术出版社 1998 年 3 月版。95 幅图。19.00 元。主要选编中国美术学院部分师生的写生作品共 95 幅（含彩图 16 幅）。作者中不少已是享誉海内外的知名画家，如童中焘、卓鹤君、陈向迅、张谷旻等。不少作品境界清新，笔墨讲究，不论画面显现的生活气息或水墨艺术处理上的风格追求，均达到了一定的水平，反映了我国山水画水墨写生创作的新面貌的某些侧面。与《水墨山水写生画稿》成为系列的图书还有《山水写生画稿》、《花鸟写生画稿》、《人物写生画稿》等。（余澜）

J000082　**台北故宫博物院藏画**　天津人民美术出版社、山东美术出版社编。天津人民美术出版社 1998 年 12 月版。370.00 元。所收藏画，全部是台北故宫博物院所藏，其中有著名的宋代范宽所画《谿山行旅图》、郭熙所画《早春图》、宋徽宗的《腊梅山禽图》、李迪的《风雨牧归图》。以及元代赵孟頫、吴镇的诸多精品，尤为引人注目的是元代黄公望所画《富春山居图》，明代沈周的《庐山高》图等。

J000083　**扬州画派书画全集·华嵒**　华嵒作。天津人民美术出版社 1998 年 7 月版。560.00 元。华嵒（1682—1756），字秋岳，原字德嵩，号新罗山人，又号白沙道人，东园生，福建上杭人。初寓杭州，后客居扬州最久，晚归西湖卒于家。他是扬州画派中的重要成员。善人物、山水、花鸟、草虫，画动物尤佳，笔意纵逸，灵动洒脱，种种神趣，无不标新立异、机趣天然。亦善书法，工诗，有"三绝"之称。本画集是《扬州画派书画全集》中的一卷，从全国 20 余家博物馆中精选华嵒传世作品 161 件，共 323 图。由著名美术史家、研究员单国霖先生撰写文章并编年表。

J000084　**扬州画派书画全集·李鱓**　李鱓作。天津人民美术出版社 1998 年 6 月版。530.00 元。扬州画派是清乾隆年间活跃在扬州一带的画家集群，他们的绘画，清新洒脱，别具一格，打破了清初以四王为代表的摹古复古之风的沉闷空气，给清代绘画带来了勃发的生机，有力地推动了中国画的发展。李鱓（1686—1760），字宗扬，号复堂，又号懊道人，江苏兴化人，曾寓居扬州，诗、书、画无不精妙，是扬州画派的重要画家。他的花鸟画题材广泛，笔墨精妙，纵横驰骋，不拘绳墨而多得天趣。本书汇集了故宫博物院、南京博物院、上海博物馆、天津市艺术博物馆、辽宁省博物馆、广东省博物馆、中国历史博物馆、四川省博物馆、中央工艺美院、浙江省博物馆等全国各大文物收藏部门所藏的李鱓书画作品三百多件，全部彩色精印，并由著名学者薛永年先生作序，编纂李鱓年表。全面而系统地反映了李鱓的艺术成就和风格特点。

J000085　**当代中国画名家作品选**　房新泉主编。南海出版公司 1998 年 8 月版。380.00 元。收集全国 300 多位当代中国名画家近年创作的作品。作品内容包括中国花鸟、山水、人物 3 个画种及老、中、青三代画家相结合的综合性的新作，力作。（原式溶）

J000086 **齐白石山水扇面** 齐白石作。天津人民美术出版社 1998 年 12 月版。35.50 元(平),45.00元(精)。选印齐白石山水扇面 29 幅,多为20～30年代作品,且首次发表。这些山水小品风格各异,读起来平朴、简略、隽永、随意,是画家信手拈来的精品之作。由郎绍君为本书撰写专论《齐白石的山水画》,并对每件作品进行赏析。后附《齐白石传略》(郎绍君撰文)。

J000087 **齐白石花鸟扇面** 齐白石作。天津人民美术出版社 1998 年 12 月版。35.50 元(平),45.00元(精)。精选齐白石花鸟扇面 35 幅,多为20～30年代作品,绝大部分是未发表过的精心之作。由美术史论家郎绍君为此书撰写专论《齐白石的花鸟画》,并为每幅作品逐一注录和赏析,较深入阐述了齐白石花鸟画艺术的形式语言和风格特性。

J000088 **杨立强中国画选** 杨立强作。甘肃人民美术出版社 1998 年 12 月版。32 幅图。48.00 元。作者是甘肃省颇具才华的中年画家。该书精选其山水、花鸟画 32 幅。其山水画有明显的陇南地域特色,笔墨清新,有深厚的传统功底。大幅作品气象丰腴、层峦叠嶂。小幅作品清新流畅、笔墨箫散。幅幅作品气韵生动,章法有势有度,有深沉的内涵。其花鸟画注重抒情宣叙、意境凝炼、概括,画中诗味渗透,讲究笔墨书写美和布局章法。作品匠心独运、生动感人。(王占国)

J000089 **黄金德彩墨画集** 黄金德著。福建美术出版社 1998 年 8 月版。25 幅图。50.00 元。收作品 25 幅,主要有彩墨仕女画和风景画。这些作品在敷色上吸收了敦煌壁画的艺术养份,并糅进西画的光、色效果;在造型和笔意表现上为纯中国传统,在构图上却又融进作者对西方艺术的诠释和构成理念。在中学为体、西学为用的结合上有新意。(孙志纯)

J000090 **中国·中央美术学院油画系美术工作室** 副名:世界美术工作室。靳尚谊等著。河北美术出版社 1998 年版。493.00 元。中央美术学院油画系 5 个美术工作室,是我国工作室制成立最早,并极具代表性的美术工作室,本书共 5 册,全面介绍了工作室的发展过程,以及科研教学情况。作品的学术价值极高,很多内容都是第一次发表。

J000091 **中国现代美术全集·漆画** 乔十光主编。人民美术出版社 1998 年 1 月版。5.5 万字,211 幅彩图,48 幅黑白图。350.00 元。《中国现代美术全集》是《中国美术分类全集》之一,亦是《中国美术全集》60 卷古代部分的后续延伸。漆画卷是《中国现代美术全集》之一册,属《中国现代美术全集》绘画编。其内容为 3 部分:一、论文,二、图版,三、图版说明、作者简历。图版按作者出生年月为序。收入了自 1944 年至 1996 年的作品,共计 154 位画家的 211 件作品。其中论文 2 篇,乔十光论文"新生的中国漆画"从美术史发展的纵向角度,论述了漆画的出现及其发展历史,漆画从漆器装饰变为独立画种的"脱胎之变"和漆画的艺术特点;程向君论文"中国漆画 40 年"则从横向的角度,以地区为线索,真实具体地概述了作为漆画历史的早期阶段各地区漆画的发展渊源,作者的艺术创作情况及这一阶段中漆画存在的问题。(霍静宇)

J000092 **石虎画集(二)油画** 石虎绘。人民美术出版社 1998 年 8 月版。0.2 万字,438.00 元。集石虎近十年来油画之作,体现了作者才华横溢的艺术风格,其魔幻般的法道,引人如入乡路。观其作品一幅一个面貌每幅每种技法,创造了众多风格,变幻莫测,不失石虎艺术之画魂,充满了中国风,体现了龙人智慧和强烈的民族自尊感,这对于如何运用油画这一画种从思想哲理到掌握运用技法上都是对于画界很好的启示。作者广泛深入的学习研究了西方世界各艺术流派之后,以大彻大悟之智慧将自身所具有的深厚民族艺术之精神注入油画这一画种之中,创造出许多令人惊叹的艺术作品,其作品从构思到形式,从制作技法到强烈的画面效果,深深的影响了当代中国画坛,其作品在国内外美术界及收藏界均受到很高的评价。(孙成新)

J000093 **石虎画集(三)重彩** 石虎绘。人民美术出版社 1998 年 8 月版。0.2 万字。100 幅图。466.00元。集石虎近十年来重彩绘画之作。作品显示了石虎独创的令人叫绝的重彩技法,体现了石虎艺术之大成。其恢宏力度再现了中华文化之底蕴,数百尺巨制,实为画坛所罕见。石虎的作品体现了艺术作品的宝贵之处就在于创新的独特个性化。观其重彩作品风格之多样性,极大的丰富了艺术创作的无穷魅力,而作品之中体现出的博大雄浑之风则不单单是对于中国民族重彩艺术的沿续,而是在新时代开创中国画重彩艺术的新生命。(孙成新)

J000094 **石虎画集(四)草图** 石虎绘。人民美术出版社 1998 年 8 月版。0.3 万字。110 幅图。360.00元。集石虎近十年来艺术创作之草图作品,纵观石虎面壁十年所创作数千幅作品,包括水墨、书法、重彩、油画、诗文,其深邃之哲思之迷的一个神秘通道，那便是石虎的创作草图，若多草图、画成水墨、重彩、油画作品，其灵感攫于冥冥太虚理性构建速达万物万事、灼灼天性与朴朴匠心并至蕴涵着作者深刻思想，是解开石虎艺术现象难得之法典。这对于全面深入的展阔中国现代美术无疑是一巨大贡献。（孙成新）

J000095　**李刚油画**　副名："陇东风情"。李刚作。甘肃人民美术出版社 1998 年 7 月版。48 幅图。96.00 元。学院出身的李刚丝毫没有学院派闭门造车、自我冥想、苍白纤弱的弊病，却保留和继承了学院派艺术修养深厚、技法纯熟、造形准确的长处。当他用这些特点描绘厚重、深沉、苍凉的陇东大地时，二者结合所产生的黄尘迷濛、苍凉古奥的绚丽画面使人恍然如临陇东人情风物之间，发散出沁人心脾的艺术感染力。（王铁军）

J000096　**中国白描**　陈谋等编。福建美术出版社 1998 年 8 月版。8 万字。400 幅图。90.00 元。精选从战国时代起，直到现代为止，不同时期、不同风格、不同题材的白描精典或富有特色的佳品，勾勒出中国白描的历史沿革和总体风貌。书中除了图版以外，还有一定数量的文字说明。其中有作者生平、作品特点、作品的历史价值；现代画家对白描的艺术见解、技法介绍和创作体会等。该套书分《古代卷》、《人物现代卷》、《花鸟现代卷》3 卷。（张怀林）

J000097　**刘文西速写**　刘文西作。陕西人民美术出版社 1998 年 10 月版。443 幅图。198.00 元（简精装），220.00 元（精装）。收录画家刘文西 400 余幅速写作品。有人物速写、有陕北、四川、西藏和海外风景速写等；所用材料有炭笔、钢笔、毛笔和色粉笔。（辑文）

J000098　**周君言钢笔画选**　周君言作。天津科学技术出版社 1998 年 4 月版。30 万字。3000.00 元。集中了作者大部分的钢笔风景画。手法写实、严谨。虽是对景写生，但却不被动地模拟自然。作者师法造化，以景传情，使一张张风景画达到较高的意境。知者乐水，仁者乐山。他正是借助于山水、风景，抒发着世间深刻的哲理。周君言的钢笔画具有极强的整体性，在构图上，以注重物象松紧、虚实处理及画面的经营见长，尤其在画面上巧妙布白，给欣赏者留有可供遐想之余地，使作品意境深邃；在色调处理上，单线与复线的叠加组合，显示出丰富的层次感、色彩感和变幻莫测的光影效果；对于不同质感的表现也把握得充分而自然，并以灵活多变的线条丰富着钢笔画的表现力。其作品常以粗细相间、长短呼应、疏密有致以及曲直方圆并举的运笔、和含有力度的笔触构成了有节奏感和韵律美的和谐乐章。作者把握画面整体感的能力可以说到达了尽善、尽美的境地。（于冰）

J000099　**敦煌壁画线描集**　谢成水作。甘肃人民美术出版社 1998 年 1 月版。125 幅图。66.00 元。敦煌石窟佛教艺术包含了壁画艺术、雕塑（彩塑）、建筑等艺术。作者在该书中明确了敦煌壁画艺术中的线法大体可分为 4 个时期：即外来与本土艺术结合表现时期、中国线法的演变和形成、中国线法的兴盛以及中国线法的发展时期，并分别进行了详细的论述。该书还重点收编了作者在敦煌研究院美术研究所十多年临摹洞窟壁画几百幅中的临摹精品 100 余幅，基本上代表了敦煌石窟不同时代、不同特色的壁画的精华。最有特点的是不同于以往出版的壁画线描图那样单一，其大量临摹品为佛传故事画、佛经故事画之类的带有丰富情节的大场面的线描图。为便于读者欣赏和临习，对个别场面进行了放大（局部）处理。这些临摹品不仅翔实完整，而更能体现临摹者的深厚线描和造型功底。（刘云石）

J000100　**上海水彩画 20 家作品集**　李泳森等作。上海书画出版社 1998 年 10 月版。200 幅图。450.00 元。"海上画家系列画集"之一。集中介绍了上海当今最活跃、最有代表性的水彩画家的作品，他们的风格各异，从细腻写实到抽象写意，既有承袭已往流派的技法，更有刻意创新的手段，基本代表了上海水彩画坛的当下面貌。画集编辑的方式也颇具匠心，除了每位入编者的各 10 幅代表作外，各附一张肖像照片和亲笔签名，加上每人一段对艺术有独特见解的画语录，并在书后专门集中介绍了每位作者的艺术简历，使其资料性的特点得到强调。收录的画家有：李泳森、钱延康、韩尚义、沈柔坚、朱膺、张英洪、廖炯模、杨义辉、施福国、王云鹤、陈培荣、杨顺泰、蒋宝鸿、黄阿忠、毛树卫、刘亚平、柳毅、池振明、平龙。（陈翔）

J000101　**中国现代美术全集·水粉**　袁运甫主编。人民美术出版社 1998 年 12 月版。259 幅图。350.00 元。收有曾经活跃于 20 世纪初至三四十年代的老一辈画家的水粉画和粉画作品，以及中华人民共和国成立之后，由历届美术院校毕业的新一代画家的水粉画作品。这些作品中既有大量社会生活和风景静物的写生绘画，也有不少是以水粉工具材料绘制的主题性独幅创作和艺术设计作品，特别是各种招贴画、电影海报、舞台美术设计等，都充分显示了水粉性能广泛的适应性以及艺术表现语言宽阔的多样性,同时也显示了中国艺术一贯地善于融合、汲取、消化外来艺术成功经验的博大胸怀。本书分水粉画(含粉画)、招贴画、电影海报、舞台美术设计4部分,共收入216位画家的259幅作品。每部分以画家出生年代为序,所收作品的创作年代截止到1996年底。(陈振新)

J000102 **石虎画集(一)水墨** 石虎绘。人民美术出版社1998年8月版。548.00元。集石虎近十年水墨精品之作,呈现了画家艺术独有之才思、书象奇妙、神味弘博、气韵通贯、法度玄深。石虎对于民族文化进行了深刻的领悟之后进而以强烈的民族自信力吸收了古今中外包括民族民间艺术的多样成果自为我用,创造了大批多种多样的艺术作品,是中国当今现代艺术家独具风格的重要代表者。其笔墨具有深刻的学术价值及研究价值。系八大山人、齐白石之后中国画变法求新划时代者。其5篇文章赤鲁篇、神觉篇、字象篇、笔篁篇、字思维,两万余字,提出了新的艺术哲学论点,将对于东方艺术的发展具有深远的影响。(孙成新)

J000103 **王训月版画集** 王训月作。黑龙江美术出版社1998年5月版。22幅图。25.00元。王训月是黑龙江省卓有成就的老一代版画家,同时又是我国改革开放新时期出现较早的阿城版画创作群体的组织者和带头人。鲜明的地域特色和浓郁的乡土气息是王训月版画作品的主要个性特征。版画家对生他养他的这方热土,体味得深透,爱恋得执着,艺术表现的激情强烈,持久。从60年代初的《乌苏里江渔歌》起步,到近作《彩云归》,近40年来,有一条基线——醇厚的故土乡情在他的艺术实践追求中贯穿始终。题材、体裁和表现手段的多样,是王训月版画作品的又一特点。风景、人物、花鸟,在他的作品中都有所表现;木版、纸版、综合版等版种样式,他都能把握运用;油印、水印、套色、单色等多种刻印手段,他都熟练地驾驭。不因袭别人,不重复自己,能够在较统一的艺术个性大框架下呈现多样化,是王训月自我完善的自觉追求。本画集中的22幅作品,系其不同时期的代表作品。收入《黑龙江版画家画库》。(黄国楹)

J000104 **古本戏曲版画图录** 首都图书馆编。学苑出版社1998年5月版。200幅图。2180.00元。5册。辑录中国古代戏曲版画2 000幅左右,所辑作品,上起元末戏曲版画发端,下迄清末,涉及古代戏曲版本200余种,成为研究古代戏曲史、版画艺术史最为完备的戏曲版画结集。(郭强)

J000105 **刘春杰版画集** 刘春杰作。黑龙江美术出版社1998年5月版。22幅图。25.00元。刘春杰为黑龙江知名青年版画家。第三代北大荒版画优秀代表之一。他的作品具有同代北大荒人创作的共性,在生活中滚打的泥土气息和田园诗般的抒情格调,同时,他又以其构思新巧、手法多变、写实与写意结合、传统技法与现代观念相融会的个性特征,给人们留下了鲜明的印象。他的《风顺乐土》、《冷雨》和《我那温暖的故乡》等表达了作者对生他养他的一方土地至深至诚的爱恋之情,以至情不自禁地把她幻化为世外桃源、乐土天国。他的《风儿轻舞》、《爱情鸟》和《花香十里》等作品则进一步超越了生活表象的制约,让想象的翅膀开启,恣意创造了一个更为明丽的梦幻的世界。作品的构思、立意同表现语言达到了和谐统一。画集中的22幅作品系作者各时期的代表作。收入《黑龙江版画家画库》。(黄国楹)

J000106 **刘荣彦版画集** 刘荣彦作。黑龙江美术出版社1998年7月版。22幅图。25.00元。汇集作者各时期代表作品22幅。收入《黑龙江版画家画库》。(黄国楹)

J000107 **张祯麒版画集** 张祯麒作。黑龙江美术出版社1998年7月版。22幅图。25.00元。张祯麒为中国著名版画家。其版画创作属于北大荒版画粗犷绚丽风格中较为细腻精致的一个。讲究意境、追求含蓄、善于以小见大。他在柔和的刀法和散淡的色调中寄与着深长悠远的情思。从《蓝蓝的天上白云飘》、《秋水》、《田野》等中,人们都能感受到他恬静而深沉、却不失激情的艺术家心灵。画集中的22幅作品,系其不同时期的代表作品。收入《黑龙江版画家画库》。(黄国楹)

J000108 **张喜良版画集** 张喜良作。黑龙江美术出版社1998年5月版。22幅图。25.00元。张喜良系黑龙江省著名版画家、北大荒版画创作群体中重要的骨干成员。早期作品偏重于写实、记事;后期趋向于写意、叙情。作品表现手段多样:油印、水印、黑白、纸版、综合版等都有成功的尝试。画集中的22幅作品,系其不同时期的代表作品。收入《黑龙江版画家画库》。(黄国楹)

J000109 **明朗的天** 副名:1937—1949解放区木刻版画集。李小山、邹跃进主编。湖南美术出版社1998年11月版。328幅图。495.00元。由序言、学术论文、图版、解放区创作活动大事记、作者简介、回忆文章及参考文献等7大部分组成。精选了抗日战争和解放战争时期84位作者的328幅作品，尽可能大量地收入了延安、晋绥、晋冀鲁豫、晋察冀和苏北江淮等几个大解放区的木刻创作成果，作品以反映解放区人民的战斗生活、生产为主；也有直接服务于当时抗战的宣传画、报纸刊头、图书、插图；还有木刻的实用美术作品，如木刻钞票、邮票、商标等，画集是建国后有关解放区木版画的出版中，作品数量最多，作者面最宽的一本。画集重点研究了解放区版画独特的艺术语言以及它与中国传统艺术、民间木版年画、国统区左翼版画的关系，肯定了解放区版画创作在中国百年美术史上的作用和地位。该书具备的极高的艺术价值、历史文献价值和思想价值，对研究近百年中国绘画的发展规律，弘扬和继承革命美术传统，对下一世纪中国美术的发展都将具有深远的启示性意义。（刘海珍）

J000110　**周胜华版画集**　周胜华作。黑龙江美术出版社1998年5月版。34幅图。38.00元。周胜华为中国卓有成就的中年版画家。他的作品主要是以风景为主体的北方风情版画。他的作品在素雅中蕴品味，于恬淡中见新奇。有散文诗般的境界和轻音乐般的风韵。具有鲜明的地域观和浓郁的乡土亲情。引人入胜，惹人遐想。在他的刀下林木、动物等是有生命的，有个性的，是活灵活现，有声有色的。悠悠寰宇、莽莽山林、季节转移、阴晴变幻，在他的作品中都有多角度不同情调的表现。他对表现千姿百态、错综复杂的林木尤为得心应手。处理手法严谨、精细而不烦琐。画面清新、生动、洒脱、流畅，有韵味、有节奏感。他的创作绝妙地展现了木刻刀法的神奇和版画本体艺术语言的优长。本书中的34幅作品，系其不同时期的版画佳作。收入《黑龙江版画家画库》。（黄国楹）

J000111　**郑子江版画集**　郑子江作。黑龙江美术出版社1998年5月版。22幅图。25.00元。青年版画家郑子江是北大荒版画家中的后起之秀，是第三代北大荒版画作者中的佼佼者。北大荒的旷野、山林、苇荡、稼禾……经过他的提炼、加工入画，就可以别开生面，独具特色。《向日葵》系列，是郑子江的代表作，它集中地显示了画家的创作实力。而《双手》中表现出的丰厚力度，《失去的秋天》里显露的壮烈，《丁丁山果》中漾溢着的欢快，《丛中飞鹤》中蕴含的诗情，都给人留下鲜明、难忘的印象。本书中的22幅作品，系其不同时期的版画佳作。收入《黑龙江版画家画库》。（黄国楹）

J000112　**郝伯义版画集**　郝伯义作。黑龙江美术出版社1998年7月版。22幅图。25.00元。郝伯义系中国著名版画家。创作了一大批既有中国笔墨韵味，又保留着油印版画丰富色彩的有内容，又别具一格的版画力作，画集中的22幅作品，系其不同时期的代表作品。收入《黑龙江版画家画库》。（黄国楹）

J000113　**晁楣版画集**　晁楣著。黑龙江美术出版社1998年7月版。22幅图。25.00元。晁楣，中国著名版画家。他的作品早期是英雄时代的礼赞、石油工人创业、10万大军垦荒、新疆的牧场、北大荒的麦浪，都在他的刀笔之下，焕发出绚烂的色彩。八十年代前期，晁楣的创作逐渐超越了生活的表现，增强了意境的追求，画风也愈发凝重、洗炼、深厚。八十年代后期，晁楣的画风出现引人注目的新变化，绚烂之极复归于简括。进入花甲之年的画家正从几十年相知、相亲成为他生命一部分的北大荒生活的丰厚积累中脱出、变异、升华，进入一个自由的境界，而仍不失对生活的执着，不减弱豪迈的阳刚气度。从事版画创作50余年来，完成作品400余件，曾参加历届全国性重要美展、版画展；多次在国内外举办联展、个展；作品广为国内外美术馆、博物馆收藏；1964年以来先后出版个人画集5种、学术论著2种；1992年原籍山东省菏泽市建立“晁楣版画艺术陈列馆”并对外开放。本画集中的22幅作品，系其不同时期的代表作品。收入《黑龙江版画家画库》。（黄国楹）

J000114　**清殿版画汇刊（16册）**　刘托、孟白编。学苑出版社1998年8月版。5 270页。4650.00元。清代殿版画结集。清代政府刻书，由武英殿提调，所刊版画即为殿版，代表了清代版画的最高成就。本书收入殿版22种，其中如《耕织图》、《避暑山庄诗图》、《墨法集要》、《承华事略补图》等，皆据全书影印；至如《西清古鉴》那样的鸿篇巨制，亦缩印全本，以提供较为完备的资料。《万寿盛典》、《南巡盛典》、《西巡盛典》诸本，则仅录图版。《古今图书集成》、《皇清礼器图式》等书，因图版多有与他本重复，且收录的衣冠、服饰、乘舆、仪器诸图，图形简约，大同小异，举一而能反三，故酌予选录。其中艺术价值较高，有较强欣赏性的作品，如《古今图书集成》中的《方舆汇编·山川典》及《边裔典》、《神异典》等，仍尽可能收集齐全。本书所选均堪称清代版画艺苑中的最杰出代表，不仅是对清殿版画的一次系统总结，而且对研究清代版刻、版画，以及考察清代的园林建筑、工技农艺、器物名实、典章制度等，亦有很大的参考价值。（郭强）

J000115 **黑龙江版画家画库** 晁楣等作。黑龙江美术出版社 1998 年 7 月版。342 幅图。388.00 元。收入的版画家作品每人单独成册,现已出版 15 集,它们是:《周胜华版画集》、《张喜良版画集》、《郑子江版画集》、《刘春杰版画集》、《王训月版画集》、《晁楣版画集》、《张祯麒版画集》、《刘荣彦版画集》、《郝伯义版画集》、《杨凯生版画集》、《张作良版画集》、《杜鸿年版画集》、《张路版画集》、《黄泰华版画集》、《邵明江版画集》。纵观晁楣、郝伯义、周胜华、刘春杰等版画家们的作品,均具有构图巧妙、意境深邃、情景并茂的特点。并富有浓郁的生活气息,强烈的地方特色,鲜明的时代感和民族风格。(黄国楹)

J000116 **周恩来同志画卷(连环画)** 于瀛波编著,杨逸麟绘画。中国少年儿童出版社 1998 年 1 月版。7.5 印张。16.70 元。中国现代人物传记连环画。反映了中国前国家领导人周恩来一生的经历和业绩。讲述从他出生,上学时立志"为中华之崛起"而读书,到他参加革命,历经内战、抗战,到新中国成立,为国家基础建设奔忙,抓科技搞生产,建立广泛的外交关系,再到他因过度操劳而生病去逝的过程。(陈斌)

J000117 **老夫子(普及版)** 王泽著。辽宁画报出版社 1998 年 3 月版。20 万字。156.00 元(套)。漫画集。《老夫子》是风行华人社会近四十年的系列作品。作者王泽是著名旅美画家,60 年代初在香港开始漫画创作,一直笔耕不辍,至今已出版"老夫子"系列漫画近 400 套。现在出版的这套普及版共 20 集,荟萃了该系列漫画中的精品。王泽笔下的老夫子,身着传统的长布衫短马褂,瓜皮帽懒汉鞋,在五光十色的现代社会里上演着一幕幕简短的幽默剧,表面看夸张离奇,骨子里却平凡而真实,凝聚着画家对近半个世纪华人社会与文化变迁的敏锐观察和对人生的深刻感悟。(谭谈)

J000118 **老漫画** 辽宁画报出版社 1998 年 1 月版。38 万字。39.00 元(套)。漫画丛书。汇集了从明清到中华人民共和国成立后的各时代漫画家们的精品之作,从一个独特的角度反映出当时的历史风貌和社会心理,为我们正确理解、评价历史提供了极好的借鉴。丛书收录的漫画作品以三、四十年代为主,绝大多数出自当时漫画界领军人物的笔下。他们集讽刺与幽默、抒情与浪漫于一身,或犀利或含蓄的笔锋触及了那一时代政治、经济、社会的本质,发人深省。有的至今仍能让人获益非浅。同时,书中的每幅漫画都配有一篇文笔生动的短文,使读者能顺利跨跃时空障碍,准确把握作品的内涵。(谭谈)

J000119 **呆是不呆——新百喻解** 陈四益文,丁聪图。陕西师范大学出版社 1998 年 10 月版。19.50元。共收入陈四益用精到的文言文撰写的、仿《聊斋》体的讽喻性寓言故事 70 余篇,从不同的角度,描写和揭示了社会生活中许多荒诞、愚昧、腐朽、丑恶、谬误、滑稽可笑的现象和人情世态,文章凝炼生动,寓意深刻。丁聪的漫画配图则紧扣文义,既幽默夸张,惟妙惟肖;又生动传神,想象丰富。作者还针对每篇文言体的寓言故事,用现代的语言撰写了解说性文章,以说明每篇寓言的主旨及蕴含的人生哲理。(任平)

J000120 **语丝画痕丛书(第一辑、第二辑)** 陈村等编绘。上海书店出版社 1996 年 12 月版(第一辑),1998 年 4 月(第二辑)版。1 400 幅图。126.00 元。语录体漫画书。第一辑 5 本为:《陈言勿去录》,陈村文,谢春彦画,山峰编;《捕捉阳光》,苏童文,贺友直画,龚建星编;《又绿江南》,叶兆言文,潘顺祺画,陈鸣华编;《幻想美丽》,何立伟文,王震坤画,周兆燎编;《邂逅性灵》,夏中义文,王俭画,亦夫编。第二辑 5 本为:《琴弦不断》,史铁生文,孟石初画,陈希米编;《旧宅玫瑰》,王蒙文,谢春彦画,崔建飞编;《拒绝句号》,冯骥才文,王俭画,陈鸣华编;《齐鲁安泰》,张炜文,王震坤画,刘毅强编;《不违心声》,沙叶新文,潘顺祺画,陆国强编。书中将意味隽永、见解深刻的语录,配上画家们生动活泼、有趣耐读的漫画,纸上对语,精彩纷呈,是当代城市文化对"趣味组合"的一次有益尝试。体现出"哲理与漫画的水乳交融,赤诚与幽默的人性写真,深刻与简单的必然握手,直观与抽象的奇妙邂逅"。(刘毅强)

J000121 **中国历史卡通故事** 跃龙卡通工作室制作,吴跃龙主笔。湖南美术出版社 1998 年 8 月版。500 幅/册。5.80 元/册。取材于中国历史,涵盖了从远古到清末中华民族 5000 年来,在政治、军事、文化、经济、外交等各方面发生的重大事件和各个时期有影响的人物。计划 30 册,至 1999 年出版 15 册,内容从远古到北宋建立。(郑世俊)

J000122 **中国现代美术全集·漫画** 天津人民美术出版社编。天津人民美术出版社 1998 年 12 月版。340.00 元。《中国美术分类全集·中国现代美术全集》之一。共收入自 1898 年至 1997 年 100 年来有影响的百多位漫画家的优秀漫画作品 388 幅。作品按历史年代顺序分彩色、黑白两部分排列,既集中展示了漫画的历史发展及变迁,也是漫画艺术不断发展的总结。著名漫画理论家黄远林撰写论文，进一步从理论上阐述了中国漫画的发展史及特征。书后附有图版说明，介绍了每位入卷作者的简历及作品说明文，具有一定的参考价值。

J000123　**《巴拉根仓》卡通连环画**　白·巴干编绘。内蒙古少年儿童出版社 1998 年 2 月版。1 800 幅图。48.00 元。根据蒙古族《巴拉根仓的故事》选编而成。它是蒙古族第一部卡通连环画。巴拉根仓的故事是蒙古族民间流传很久很广，深受蒙古族人民喜爱的民间传说故事。在民间传说故事里巴拉根仓是一个无所不知、无所不能，具有非凡、超人的智慧、谋略和胆识，能战胜一切狡诈、邪恶势力的智慧化身。本连环画共 3 本，按故事内容分类。第一册故事荒诞、离奇、风趣、浪漫，以丰富的想象力刻画了巴拉根仓无所不能的神奇魔力。表现了草原人民和万物的博大精深。第二册是有趣的单列故事，描绘了巴拉根仓这位蒙古族人民心目中的理想人物及其智谋胆略，无所畏惧敢于战胜一切邪恶势力的英勇无敌精神。第三册以奇妙、梦幻、极富浪漫色彩的神奇故事，充分表现了巴拉根仓的超人的谋略和胆识，从而表达了蒙古族人民的美好愿望。（白·巴干）

J000124　**世界科学巨匠画传**　穆紫等编文，杨逸麟等绘画。湖南少年儿童出版社 1998 年 5 月版。2 000幅图。40.00 元。用图文并茂的连环画通俗形式系统地介绍了自世界文明史以来，对人类社会作出重大贡献的世界科学巨匠的生平事迹。将他们的传记人生进行浓缩。分(一)、(二)册，每册介绍了 10 位科学巨匠。第一册介绍了百科全书式的科学泰斗亚里士多德、古希腊伟大的科学家阿基米德、第一次领导环球航行的航海家麦哲伦、太阳中心学说的创始人哥白尼、为真理而献身的哲学家布鲁诺、卓越的天文学家开普勒、杰出的物理学家伽利略、血液循环的发现者哈维、力学鼻祖牛顿、著名科学家兼思想家富兰克林。第二册介绍了大数学家高斯、电学大师法拉第、微生物学之父巴斯德、为科学发展捐献巨资的化学家诺贝尔、揭示元素周期律的化学家门捷列夫、生物进化论创立者达尔文、大发明家爱迪生、镭的发现者居里夫人、诺贝尔奖得主爱因斯坦、原子核物理奠基人卢瑟福。他们都在各自不同的科学领域取得了举世瞩目的伟大成就。本书介绍了他们的性格爱好、环境身世、成长经历、成才秘诀等。（王菊生）

J000125　**世界探险·传奇文学名著绘画本**　黎紫等改编，陈安民等绘画。湖南少年儿童出版社 1998 年 8 月版。2 544 幅图。50.00 元。共 4 册：《鲁滨逊漂流记》、《汤姆历险记》、《金银岛》、《绿林大侠罗宾汉》。以图文并茂的绘画本形式，阐释了这些文学名著的精华。《鲁滨逊漂流记》系根据英国著名作家笛福的同名小说改编。故事记述了鲁滨逊在一次海难中不幸被抛到一个荒岛上，性格坚强的他以非同寻常的毅力和勇气，克服了难以想象的艰难困苦，用勤劳的双手，为自己创造了一个生存的家园。《汤姆历险记》系根据美国著名作家马克·吐温的同名原著改编。汤姆是美国文学史上最著名的儿童形象之一，他和流浪儿哈克是最好的朋友。两人配合默契，干了很多让人头痛而又妙趣横生的冒险事。顽皮之余，两个小伙伴居然侦破了一宗骇人听闻的谋杀案，成为小镇上人人敬佩的英雄。《金银岛》系根据英国作家史蒂文森的同名小说改编。书中着力编写了少年吉姆在随船去金银岛寻宝的航程中，机智聪敏，与凶恶贪婪的海盗进行了巧妙的周旋和斗争，显示了少年英雄的本色。而那些冒险的寻宝人最后都得到了不同的结果和下场。《绿林大侠罗宾汉》系根据英国作家 H·吉尔伯特的原著改编。罗宾汉是英国民间传说中的传奇式人物。相传他生活在 12 世纪，机智勇敢，武艺出众，因不堪诺曼封建主的压迫，与一群自耕农结伙反抗，出没森林，劫富济贫，体现了中世纪英国人民反抗封建压迫的革命精神。（曹武亦）

J000126　**吹牛大王历险记(1～4)**　[德]埃·拉斯伯原著，四新文化艺术制作公司改编绘制。四川少年儿童出版社 1998 年 3 月版。16 印张。60.00 元。由德国古典名著《吹牛大王奇游记》改编而成。书中故事看似荒诞可笑，其实富于幻想，具有极其丰富的想像力，对少年儿童有极大的吸引力。全套书共 4 本，由许多小故事汇集而成，故事之间有一定的连续性。全部故事均以吹牛大王敏豪生为第一人称来叙述，给读者以真实生动的感觉。全书彩图均由电脑绘制，色彩鲜艳明快，一页多图，夸张的造型风格与故事内容相得益彰。每本书最后还安排有一页黑白图画，让小读者自由填色，为他们提供一个动手制作的机会。（鄢志平）

J000127　**希望童话明星卡通系列**　周锐等著文，姜竹松等绘画。希望出版社 1998 年 6 月版。600 幅图。100.00 元。分《阿呜猫》、《阿笨猫》、《双头怪》、《塌鼻子》、《萤火鸟》5 册，既吸收了国外卡通艺术的一些表现手法，又能较鲜明地体现出中国民族特色，尤其是在形象塑造上突出了大胆的夸张和变形，进行了巧妙的想象和构思，从外形透出了人物的内在个性。此外,本书在设计上也进行了大胆的创新,采用了“一书三看”的装帧方法,即每一页上有三个图,分别朝向三个方向,可供三个孩子同时阅读,孩子们还可在黑白图上涂色,并使用附赠的不干胶贴画,寻找书中喜爱的形象。(李军)

J000128　**阿凡提的故事**　张文江、吴冠英编。新疆青少年出版社,湖北少儿出版社 1998 年 10 月版。1 027 幅画。148.00 元。以故事画册的形式再现了阿凡提的艺术形象。全书包括《幽默的阿凡提》、《机智的阿凡提》、《聪明的阿凡提》等分册。在保持原人物性格和故事风格的基础上进行了夸张,把现实主义与浪漫主义巧妙的结合起来,使读者读起来既赏心悦目,又可从中领悟哲理。(诸海涛)

J000129　**阿凡提的故事(上、下)**　吴冠英等编绘。湖北少年儿童出版社 1998 年 10 月版。30 万字。36.00 元。阿凡提是广大少年儿童十分熟悉的艺术形象。他骑着毛驴,云游于天山南北的城镇村庄,用他的智慧和幽默,把欢乐和笑声带给勤劳善良的人民。本书将阿凡提的故事精华绘制成卡通形象,展示了这位聪明、幽默、正直、善良的主人公的形象。

J000130　**阿凡提故事画库(上、下)**　新疆美术摄影出版社 1998 年版。3 万字。1 200 幅画。88.00 元。根据阿凡提故事改编、绘画的连环画。阿凡提是广泛流传于新疆的民间人物,是聪明、智慧、勇敢和公正的化身,为广大各族人民群众喜爱。该套画库即是在阿凡提故事的基础上,经过认真选择、改编,以幽默机智的笔触描绘出了阿凡提的神情。整套书中的阿凡提形象鲜明,机智,充满幽默趣味,富有卡通特点。所选故事或惩恶扬善、或讽刺统治者的愚昧、或歌颂人民群众的纯朴善良、或反映人民的困苦和贵族伯克的奢侈。整套书改编严谨,语言简炼而不失精华;画面绘制颇具特色;人物形象鲜明而有个性。(许建英)

J000131　**宝贝疙瘩丁呱呱**　颜煦之工作室编绘。江苏少年儿童出版社 1998 年 4 月版。50.00 元。与同名卡通电视片同时推出的幼儿卡通读物。10 册含 20 个生动的小故事,相互间既有连贯性,又有独立性。故事围绕一个名叫丁呱呱的独生子的家庭生活、社会生活和幼儿园生活展开,展示了主人公逐渐成长为一个明白事理、尊敬长辈、遵守纪律、关心别人而又有自信心的好孩子的过程。绘画上吸取了卡通画和传统连环画的各自特点,画面紧凑而又跳跃不大,同时还表现了江南水乡的民俗风情。(徐健)

J000132　**恐龙世界丛书**　古征、杨鹏著,祖辉、徐炜画。未来出版社 1998 年 10 月版。94 幅图/册。44.00 元。彩色连环画丛书。共 5 册。分别是:《恐龙大迁徙》。冬日将至,恐龙们为了避过寒冬,集体迁徙。鸭嘴龙为了小龙们安全出世,坚强地留了下来,并与偷蛋龙进行了顽强的搏斗,保住了自己的儿女。迁徙的部落遇到了沙暴的袭击。风沙之后,残缺的部落挣扎着前进,跨过了悟空搭起金桥的大裂谷,走向绿色的丛林。《猪八戒战鱼龙》。沙尼龙与离片齿龙杀得不可开交。猪八戒奉观音之命前去调解。在老海龟的帮助下,八戒以爱化恨,让沙尼龙和离片齿龙成为永远的朋友。《猪八戒与恐龙》。在中生代的原野上,植食恐龙遭到肉食恐龙的追杀。玉帝于心不忍,派八戒扶弱锄强。八戒鼓励植食恐龙团结一心,赶走了肉食恐龙,过上了安定生活。《孙悟空大战霸王龙》。天界阳龙私自下凡,幻化为霸王龙为非作歹。天地因此阴阳失调。玉帝忧心忡忡。孙悟空神通广大,施展身手与变化多端的阳龙展开血战,最终降服阳龙,回天复命,天地间重新恢复了宁静。《恐龙灭绝》。恐龙急剧增多,食物开始匮乏;彗星靠近地球,阳光被阻,恐龙世界开始变得寒冷而荒芜。孙悟空极力挡住彗星的来临也无济于事。瑟瑟发抖的恐龙们在对太阳的期盼中沉沉睡去了,再也没有醒来。(王小莉)

J000133　**恐龙乐园**　湖北少年儿童出版社 1998 年 11 月版。5.00 元/册。10 册。突出“恐龙之最”这个特别受孩子们关注的话题,并围绕它设置以下几个栏目:“你认识它吗?”、“化石里的秘密”、“秘密大暴光”、“××恐龙的菜单”、“××恐龙攻击战”等。

J000134　**惊险故事大画库**　于京良、黄小菲等编绘。江苏少年儿童出版社 1998 年 8 月版。40.00 元。彩色连环画。含《制伏劫机者》、《飞车救人质》、《总统脱险》、《追踪“豺狼”》4 册,辑录当代各种有关反恐怖、反劫持的惊险故事,有的故事还设有疑问,让小读者开动脑筋,参与破案。(徐健)

J000135　**辣椒娃(系列卡通)**　李少白等著文,郑凯军等绘画。湖南少年儿童出版社 1998 年 10 月版。1 920 幅图。40.00 元。共 4 集:第一集《辣椒娃和他的爸爸》主要表现辣椒娃的家庭生活,父子情深是这一集的主题。爸爸去上学,儿子把班上;时钟倒转,辣椒爸爸误了重要约会;郊外野营,突然钻出了大鬼和小鬼;辣椒娃跳到电视里大展拳脚,大获全胜;辣椒爸爸在合唱队里表演独唱,鬼哭狼嚎,一败涂地……第二集《辣椒娃和他的朋友》引出了辣椒娃和他的伙伴的故事。大个子茄头,娇小的甜草莓,还有矮墩墩的土豆仔，都是辣椒娃的朋友。他们几个凑在一起，尽是好玩的事情。辣椒娃荡过的草叶秋千，茄头要玩就出了麻烦；跳高、跳远、跑步，辣椒娃都不是茄头的对手，可是，辣椒娃却获得了运动会上所有项目的第一名；茄头脾气不好，他想改正这个毛病，他能成功吗？第三集《辣椒娃和鸭梨老师》主要讲述师生之间的故事。棋子能当巧克力，青蛙也会弹钢琴，喷嚏赶跑了灰狼和老虎，电游室里伸出黑手会抓人……雪球砸烂了假玻璃，家访遇上了假爸爸，还有那会唱歌的生日蛋糕，看一眼心里都会乐开花！鸭梨老师和可爱又淘气的学生们在一起，发生了很多有趣的故事……第四集《缺点国历险记》可能最合那些爱玩的小朋友的口味，书中说辣椒娃在假期中旅游误入缺点国，一路上历经千难万险，也遇到了很多好玩的事情：在浪费城，千军万马杀不死一只蚊子；在脏话城，辣椒娃把脏话原子弹变成礼貌原子弹；在胆小城，辣椒娃帮助胆小市长用糖果打败了侵略者的飞机和坦克；在娇气城，市民撒娇的眼泪差点淹没了城市；在吹牛城，辣椒娃被吹到天上去了，好险啊！（曹武亦）

J000136　**趣味科普卡通丛书**　张锡昌等编，张天拙等绘。广西人民出版社 1998 年版。700 幅图。35.00 元。包括《会唱歌的石头》、《会飞的怪物》、《会破案的气味》、《会计算的马》和《会跳的豆》5 册，通过少年儿童喜闻乐见的卡通形象，以“画说科普”的模式，分别叙述了关于物理、化学、人体、动物、植物等方面饶有风趣的科普故事。每个故事之后都设置了问答、选择或小活动、小实验等练习题。（钟莉）

J000137　**十八十九世纪法国风情画**　天津人民美术出版社编。天津人民美术出版社 1998 年 4 月版。330.00 元。收集 17 至 19 世纪 85 位法国大小画家的 111 幅油画作品。从内容上看有历史的、神话的、宗教的、风景的、风俗的、肖像的等，题材丰富；从画法上看有古典的、写实的、印象的等，风格迥异。

J000138　**王安安书画集**　王安安作。上海书画出版社 1998 年 8 月版。1 万字。99 幅图。美籍华人王安安女士的个人专集。共收入她从艺以来各时期的国画及近年来的书法代表作品 97 件。王安安的作品涉猎广泛，山水、人物、花鸟与书法无所不及，并自成一格，有的秀润清朗，有的苍劲雄浑，不仅有闺秀本色，更具丈夫气概。王安安画学王君璧，又相继师从喻仲林、孙家勤、陈丹诚、江兆申等。出身杭州望族，接受高等教育，事艺于国画名家，又旅居海外多年，丰富的生活经历使她不但有缘於国萃的精髓，又得益于西洋文化的熏陶，五十年来，对书画艺术孜孜不倦的追求，造就了她深厚的传统功底，所作工笔丝丝入微，细致精典，写意酣畅淋漓，大气磅礴。近年来又专攻隶书，深得汉碑之神韵，淳厚古质，书艺大进。画家笔下的《松雀》、《秋塘白鹭》、《禅》、《千字文》等作品，无一不反映出了她扎实的传统功力与文化底蕴，或工或写，或大或小，均布局严谨，笔墨精妙，既有闺秀女子的纤细，更有豪爽男子般的泼辣，性格写照跃然于纸上。（孙金祥）

J000139　**艺术家谈大师**　韦尔申、刘仁杰等编。岭南美术出版社 1998 年 6 月版。约 0.2 万字。22 幅图。9.00 元。外国绘画大师作品选集画丛。每集介绍一位大师：包括 20 余件代表作品和一篇 2 000 余字的关于大师生平、在美术史中的影响、作品风格和技法特点、精神内涵及由此引发的艺术问题的评述文章。以艺术家谈大师方式编选外国绘画大师个人作品集，其特色在于由艺术家从艺术创作的角度对大师作品进行阐释及推介。编著者既是国内知名艺术家，又是处在各美术院校教学、科研第一线的学术带头人，他们能够以最贴近创作的心态体验大师作品精髓，对大师艺术特点有着极细致、深切的体会。截至 1998 年底止，本套画丛已出版有韦尔申编著的《艺术家谈大师·伦勃朗》、刘仁杰编著的《艺术家谈大师·丢勒》、钟蔚帆编著的《艺术家谈大师·博施》、马一平与刘虹编著的《艺术家谈大师·卢梭》、刘虹编著的《艺术家谈大师·勃鲁盖尔》5 册。（孙海婴）

J000140　**中国现代美术全集·雕塑**　程久贤、王克庆主编。浙江人民美术出版社 1998 年 12 月版。12 万字。680.00 元。分“架上雕塑”和“城市雕塑”两卷。选取不同年代近 300 位雕塑家有代表性的各种风格流派的作品 385 件。以作品展示为主，图版按作品创作年代为序，把握和强化不同时期的历史特征，体现艺术演变的整体格局。两篇论文结合各个历史阶段的社会环境，对所论及的作品作出准确、清晰、简要的勾勒。对美术史转折中的重大艺术现象、流派及代表性的雕塑家，作横向介绍和评论。图版说明附上黑白小图，通过雕塑家的生平简况，对其内容加以扼要说明。对每件作品的创作年代、尺寸、质地等要素都明确标出。

J000141　**世界绘画珍藏大系**　张少侠等编。上海人民美术出版社 1998 年 1 月版。50 万字。3 000 幅图。7 600.00 元。大型美术史画册。共 20 卷，自文艺复兴至现代，前后跨度 500 年，收集绘画精品

3 000幅，每卷150幅彩图，附1万字专论。作品选自各时期代表画家的优秀作品，题材涉及宗教、神话、历史故事、人物肖像、风土人情、风景和静物等。以全新的面貌展现美术史上重要流派的完整风格；补充优秀画家的鲜见作品；克服由于多种条件影响而导致的对欧美绘画介绍和研究的局限与不足；注重不同国家的艺术特色和相互影响；丰富读者对美术遗产的完整认识，是编辑该套画册的又一匠心所在，它将大大拓展中国读者对于世界名画的视野，尤其是对传统的学院派绘画、现实主义绘画、浪漫主义绘画以及印象派绘画的理解和认识，将获得更为新颖的印象。(杨学昭)

J000142 **印度雕塑** 毛小雨编。江西美术出版社1998年5月版。6万字。108.00元。以印度雕塑历史发展脉络为线索，比较全面、系统地揭示印度雕塑发展的全过程，以及变化规律，是一部扼要简明的印度雕塑史。在各大历史阶段之后，排列了大量有代表性、具有审美价值的图片，展示了印度雕塑博大、丰富的艺术形式，具有强烈的震撼力量。(韩建武)

J000143 **老插图 新看法** 胡洪侠著。广东人民出版社1998年5月版。6万字。14.80元。作者从19世纪前的西方书海中打捞出100幅插图。选图范围，从古埃及的“死者之书”中的彩绘，到19世纪末英国比亚兹莱的黑白画，并配以作者眼光独到、亦庄亦谐的精短文字，使读者从中领悟到诸如西方书的观念、书的艺术、书的趣味、书的掌故等。(陈超英)

J000144 **西班牙雕刻** 啸声编。江西美术出版社1998年12月版。1.1万字。138.00元。西班牙是个具有优秀文化传统的文化大国，其雕刻艺术成就更为突出。本书着重介绍西班牙历代有代表性的雕刻家及其代表作品，探讨其雕刻创作的兴衰之道和雕刻传统的特色所在。(韩建武)

J000145 **当代俄罗斯画家作坊** 湖南美术出版社编。湖南美术出版社1998年4月版。120幅图。128.00元。当代俄罗斯美术是在俄国批判现实主义、苏联社会主义现实主义的基础上发展而来的，承继了俄罗斯艺术的优秀传统，对我国美术界曾产生过很大的影响。丛书选择有代表性的画家结集。每册收录作品120幅左右，附艺术家小传和艺术家艺术活动评介文章各1篇。第一批为《伊万诺夫》、《日林斯基》、《奥勃罗索夫》、《日林斯卡娅》。伊万诺夫、日林斯基均为苏联艺术研究院院士。前者是俄罗斯大自然的抒情歌手。后者的作品偏重于揭示现代人的精神世界。奥勃罗索夫作品用色单纯、构图简单，是“简朴派”的代表人物之一。日林斯卡娅力求在雕塑和绘画中物化某种宇宙律动，是较早显示出“先锋”意识的女画家。(刘勉怡)

J000146 **郎世宁画集** 郎世宁作。天津人民美术出版社1998年3月版。220.00元。以翔实的图文资料展示了意大利画家郎世宁半个世纪来华充任清朝宫廷画家的全部艺术经历。郎世宁的绘画包容了人物肖像、花卉静物、翎毛走兽、历史纪实等作品。他的人物画将西洋画的正面来光画法与中国的传统技法巧妙地结合，避免了西洋画的“阴阳脸”现象，符合东方民族的欣赏习惯和审美心理；在他的走兽画中以画马为最多，他画马的方法不同于中国历代大家陈闳、韩干、李公麟等人，他注重描绘马的结构，强调体积感和皮毛质感；他的花卉作品，也赋予了某种象征和喻意，比如竹，包含清高、气节，牡丹喻义富贵，松树象征长寿等；他的静物画也极富立体感，明暗交错，前后掩映，层次清晰分明，带有油画意趣。总之，郎世宁的绘画融西洋和中国绘画于一体，运用中国的毛笔、纸绢和颜色，突出了物体的结构，造型准确、生动。这种“中西合璧”别开生面的画风，在中国清朝画坛上独树一帜，是中国绘画历史上的一朵瑰丽奇葩。

J000147 **俄米塔希博物馆** 副名：西洋绘画艺术殿堂。考林·艾斯勒编著。山东教育出版社1998年5月版。1 480.00元。3册。汇集俄罗斯俄米塔希(HERMITAGE)博物馆收藏的经典画作630幅，全部图片由该馆直接提供，纽约大学美术学院教授考林·艾斯勒为本书撰写了专题评介。详实地介绍了各种画派的风格形成、代表人物、历史沿革，每位画家的生平年代、事迹以及创作手法和重要代表作品的艺术分析，并附有作品的创作年代、原作尺寸、使用材料、创作地点、收藏来历等资料。(臧伟)

J000148 **美术大师经典** 妮克拉·霍奇、莉比·安森著，史亚良、洪英等译。浙江人民美术出版社1998年5月版。385幅图。280.00元。采用人们熟悉的直观、形象的方法，勾勒出艺术史的轮廓。此书选择美术家的人选时，打破了通常范围内的选择限制，把一些熟悉的美术家放弃在外，而尽可能多收进一些当代的美术家。对艺术家的艺术评价是根据读者的鉴赏力而不是通过艺术史的“准则”对作品作评价。本书的评介文章，力求文字简洁，尽可能把美术家的主要生平事迹和他们的创作情况结合起来，以一种客观和尊重的态度向读者提供接近其作品的基本知识。每一位艺术家都有各自的特殊风格，或最佳作品。作者用广泛的艺术形式来丰富本书的内容如油画、素描、版画、雕刻,及运用各种各样的材料制作的艺术品。每位艺术家选用一幅作品,其作品后都附有“其他代表作”一栏,以供读者参考。

J000149 **特列恰科夫画廊藏画** 天津人民美术出版社编,特列恰科夫作。天津人民美术出版社1998年2月版。490.00元。特列恰科夫画廊是当今欧洲最大、世界最有名的博物馆之一。主要集中收藏俄国古代和当代的各类最优秀的美术珍品,达到6万余种。本画集为8开精装本,分上下两卷,是由特列恰科夫画廊提供部分珍藏的原版底片,共计258幅。包括18世纪后期、19世纪前期及20世纪苏联时期的作品,其主要部分,是该画廊最引以自豪的19世纪后期的作品。其中有许多是俄国美术史上的经典之作,也是世界美术史上的奇珍。

J000150 **意大利19世纪绘画** 郭润文编。江西美术出版社1998年12月版。0.4万字。精选意大利19世纪油画精品160余幅,体裁广泛,包括肖像、静物、风景等方面,题材有宗教、军事、民俗、风光等。是19世纪意大利绘画艺术的缩影。(韩建武)

J000151 **经典童话连环画库丛书(历险篇)** 孙幼军等著,林子风等改编,王川等画。中国少年儿童出版社1998年7月版。20印张。45.90元。儿童文学名著图画本。共5册。每一个独立故事为一册。其中《小熊历险记》是英国作家艾伦·亚历山大·米尔恩的著名童话。作者以自己的儿子和他的玩具熊为原型,创作了小熊威尼噗这个典型形象。写它在森林中的种种历险经历。颂扬了勇敢精神和爱集体、讲友谊的品格。《猴子国历险记》是美国现代儿童文学作家休·洛夫廷的代表作,讲述了医术高明的医学博士杜里特学会了动物的语言,在他前去解救得了温疫的非洲猴子国的途中历尽艰辛的过程。《吹牛大王历险记》是德国著名作家埃·拉斯别的作品。讲述敏豪森男爵怎样用猪油和缝鞋的长针打猎,怎样骑着炮弹飞行等离奇历险。极具想象力和讽刺意味。《洋葱头历险记》是意大利作家姜·罗大里的童话名著。写洋葱头不甘压迫,团结南瓜、红萝卜等人,历经磨难,终于推翻柠檬、蕃茄等人的统治的故事。《小布头奇遇记》则是我国当代儿童文学作家孙幼军创作的长篇幼儿童话。讲的是一个叫小布头的布娃娃的经历。(陈斌)

书法、篆刻

J000152 **历代楷书典范描临系列** 陕西人民美术出版社编。陕西人民美术出版社1998年8月版。78幅图。27.20元。4册。选取书法史上具有典范意义的颜(真卿)、欧(阳询)、柳(公权)、赵(孟頫)4位楷书大师的书体,并以一家书体选其具有代表性的一碑或一帖作为示范。颜体选《多宝塔感应碑》、欧体选《九成宫醴泉铭》、柳体选《玄秘塔碑》、赵体选《妙严寺记》。然后辑选其中代表性的字(繁体和异体字柱注简化字),从笔划练习到间架结构练习进行系统地归类整理,以使初学毛笔字者能够较快地理解并掌握这种书体的基字特点。在编印方式上,独到地采用了字帖与练习本一体化,勾、描、临练习三合一的新颖样式,并用红墨专色印刷,例字和空格练习页上均衬以米字格。练习者可先在红色例字上进行勾勒练习,然后在勾勒出的空心字上描摹,最后再在空白米字格练习页上进行对照临写。(林通雁)

J000153 **中国书画鉴定** 谢稚柳主编。东方出版中心1998年1月版。29万字。50.00元。品评、鉴定中国书画是对由理论和具体创作融汇所体现的笔墨、气韵、意境、格调以及流派、传统全面的融汇贯通的理解。全书分书画史、书画理论、历代书画作品的分析与考证、做伪的方法、鉴别真伪的要点、书画流传与鉴藏等10个篇目,全面系统地阐述了书画鉴定方法与技巧这一核心议题以及查阅史书和书画家评传等鉴定的辅助手段。配有彩图80余幅,供读者对照分析。(徐芷琳)

J000154 **中国书法理论经典** 杨素芳、后东生主编。河北人民出版社1998年8月版。47.8万字。38.00元。选辑中国古代有关书法技巧和书法史的理论著作,编排大致以作者生活年代的先后次序为准,从东汉赵壹的《非草书》开始,到清末康有为的《书镜》止。其名篇有蔡邕《笔论》、《九势》,王羲之《题卫夫人〈笔阵图〉后》、《用笔赋》,欧阳询《三十六法》,李世民《笔法诀》,孙过庭《书谱》,张怀瓘《书断》,颜真卿《述张长史笔法十二意》,《永字八法》,苏轼《论书》,米芾《海岳名言》,郑杓《衍极》,丰道生《笔诀》,董其昌《画禅室随笔》,李淳《大字结构八十四法》,阮元《北碑南帖论》,包世臣《艺舟双楫》,周星莲《临池管见》等等。本书所选论著均参考了多种版本,择善而从。(杨永林)

J000155 **中国书法揽胜** 杨昊成编。江苏教育出版社 1998 年 4 月版。10 万字。777 幅图。70.00 元。以史为线索，上自甲骨，下迄当代，立高山之巅，俯察古今，纵横千年，雄论百家，一扫陈言俗语，蹊径独辟，对历朝历代中国书法之名家名作作百科全书式的全景观照与披览。但全中取精，不枝不蔓，既避免学究式的玄奥罗列，又力戒不痛不痒的肤浅论评，本严谨的治学精神，藉宏富齐全的资料，对所涉及的一切内容作高屋建瓴的独立论说。文字鲜活生动，大气磅礴。对古代书论等内容既不是不加选择地照搬，也不是生吞活剥不加消化，而是以自己流畅的语言加以阐释或总结。(虞刚)

J000156　**中国现代美术全集·书法**　刘正成主编。河北美术出版社 1998 年 3 月版。594 幅图。1 050.00元。共 3 卷，全面介绍辛亥革命以后，活跃于近代、现代、当代中国书法家的书法作品。三卷的绪论由周俊杰撰写，分别论述了辛亥革命以后，新中国成立以后，文化革命以后等不同时期中国书法的发展变化情况，以及改革开放以后中国书法反思传统、广泛借鉴、追求创新、风格多样、艺术水平不断提高的繁荣局面。本书的图版说明由李兴辉编写，主要介绍了所收作品的尺寸、收藏、释文、创作时间及作者生平。第一卷选编 20 世纪前期书法家的作品，共收入包弼臣、蒲华、王闿运等 115 位书法家的作品 190 件。第二卷选编 20 世纪中期书法家的作品，共收入陈其采、柳诒徵等 103 位书法家的作品 194 件。第三卷选编 20 世纪后期书法家的作品，共收入谢瑞阶、顾廷龙、董寿平等 210 位书法家的作品 210 件。(季酉辰)

J000157　**书法的未来——学院派书法作品集**　陈振濂编著。浙江人民美术出版社 1998 年 9 月版。5 万字。70 幅图。36.00 元。收入《学院派书法创作模式总纲》和学院派书法作品 37 件及其相关释文。作者在冷静观照当前书坛“空前繁荣”的表象后指出：“理论家们专心致志地钻故纸堆或‘高屋建瓴’地发表一些抽象空泛的见解，却很少把思想触角伸向实际的创作领域里来。而创作家们又由于‘身在此山中’所带来的必然困惑，或出于一己之见以偏概全褒贬全凭意气，或只埋头笔法而难以对创作现象有一种历史的宏观把握。可以说，由于理论家与创作家两方面的疏忽，对当代书法创作规律的把握显然成了一个不应有的盲点。”作者从 1981 年开始就有意识地朝这方面努力，这本集子就是陈振濂及其同道十七年来努力的一个初步总结。既有理论探索总结，又有作品示范——提出了一种崭新的书法创作模式即学院派书法创作模式并创作了大量学院派书法作品。能否像作者所说的这种书法创作模式代表“书法的未来”还有待未来的检证，但作者对当前书坛的深刻剖析却已引起书界的震动。(方关贤)

J000158　**齐白石篆刻集**　张荫培编。人民美术出版社 1998 年版。7.5 万字。78.00 元。齐白石是中国近现代艺术史上集诗、书、画、印“四绝”为一体的世界性文化巨人。他的篆刻艺术由浙派丁敬、黄易入门，再摹二金蝶堂印谱，求取平正自然。后从“天发神谶碑”变求刀法，从“祀三公山碑”变求篆法，由秦权、将军印求风格的纵横平直，一任天然。最后形成其篆法方直、章法疏密自然，单刀侧锋冲刻的齐派法门。在中国篆刻流派史上独树一帜，占有重要位置，影响极为深远。本书共收录齐白石各个时期创作的印拓和部分印章边款，计 2 400 余方。其中既有自用的名印、别号印、纪年印和闲章，又有为社会各阶层名流所刻印石，并附有印文介绍，有很高的艺术鉴赏价值和学术研究价值。本书编排目录是按印文笔画为序排列。(萧燕玲)

J000159　**寿学全书**　袁粿编。天津人民出版社 1998 年 4 月 23 日版。40 万字。1 998.00 元。分 5 卷，首卷《寿字汇编》，从 160 多部历代文献史料中搜集各种寿字 1 500 多个，依据“六书”造字规范，分期断代进行了订正，追溯源流，逐字注释。二卷《寿词真铨》，为一部释义完美的寿词全书，从上自甲骨钟鼎题识，下至现代文学名篇等 300 多部史料中，收集了寿词 350 多条，证实了寿词在汉语词汇中的重要地位。三、四卷是《寿联集萃》和《寿韵文苑》，集寿文学艺术之大成，洋洋大观，美不胜收。前者从古今楹联中精选出精彩寿联 1 200 多幅，后者从历代近百部诗词文集中收录了从先秦到清末的祈寿、歌寿、祝寿、养寿诗词歌赋 230 多首。五卷《篆体寿字帖》，收进 365 个有代表性的寿字，每字均注明了出处。(杨连仲)

J000160　**李海观书法作品集**　李海观作。青海人民出版社 1998 年 7 月版。0.6 万字。87 幅图。68.00元。作者原为青海省书法家协会主席，其法书流畅明快中不乏凝重，俊秀娟美里蕴含着遒劲，笔调从容不迫，似行云流水般自然；用墨浓淡有致，多显端庄温柔之姿，而少见剑拔弩张之态。凡条屏、横幅、斗方、对联、扇面，都会使你感受到在那无数的点画下面，满纸烟云到处洋溢着馥郁的书卷气息。(井汉升)

J000161　**近代名家书法大成**　上海书画出版

社 1998 年 7 月版。40 万字。1 800 幅图。880.00 元。共 4 卷，前 3 卷为“书法编”，第四卷为“篆刻编”。收录上至清末、下至“文革”谢世的近代名家书法，从而较全面地展示了近代书法发展的历程和面貌。在以艺术为标准的前提下，基本收齐了近代书法家的代表精品，同时收录了这一时代的政治家、外交家、军事家、文学家、实业家等各社会层面擅书的名人书法。入录书法作品全部以原作精印，极大部分为首次面书。书法编入录名家逾 300 家，作品近 400 件约 1 000幅；篆刻编基本囊括了这一时代的名家名作，入录作者 225 家，印章 883 方，堪称书印合璧。本书体例与《明清名家书法大成》一致，以序言为总论，以图版与文字著录（如释文、作者传略、原作尺寸、质地、藏家等）为两大主体，便于读者欣赏研究。（沈承志）

J000162　**初拓宝贤堂帖**　《初拓宝贤堂帖》编辑委员会编。上海人民美术出版社 1998 年 5 月版。332 幅图。398.00 元。原名《宝贤堂集古法帖》，是明晋靖王朱奇源为世子时，汇集晋藩府所藏各帖中的精品，又增选宋、元、明共百余位书家真迹，于弘治二年（公元 1489 年）镌刻而成。明亡后，《宝贤堂集古法帖》刻石散失民间，清初仅有 70 余块。康熙十九年（公元 1680 年）阳曲县令戴梦熊与傅山补刻 53 块，共计 166 块（其中有 28 块为双面刻石），由傅山撰《补镌宝贤堂帖跋》。补刻之石标有“戴补”二字，后人称“戴补”本。《宝贤堂集古法帖》刻石原藏太原傅公祠，1980 年移至双塔寺文物保管所保存。新建碑廊刊藏全套刻石，双塔寺文物保管所还珍藏有明初《宝贤堂集古法帖》拓本，均为山西省重要文物。为了弘扬中华民族历史文化，太原市政府组织专家学者成立了该法帖的编辑委员会，对此法帖反复校刊，并请启功、史树青、徐自强、柴剑虹等有关专家作鉴定。鉴定结果一致认为：此法帖的拓本成于明弘治初年，“纸精墨足，文字完好，弘治原装，十分希贵”，较能反映《宝贤堂集古法帖》的神采。故启功先生题名《初拓宝贤堂帖》，以作为这次出版的版本。需要说明的是，这一拓本佚失卷首三《晋世子朱奇源上皇帝书》、卷第十西十一《唐僧怀素书》、卷尾三《懒云书后序》三个帖面。为了使读者看到《宝贤堂集古法帖》的全貌，此次出版时从双塔寺文物保管所保存的《宝贤堂集古法帖》刻石中，将所缺帖面新拓补齐，以飨读者 。《初拓宝贤堂帖》由启功先生题写书名，史树青先生撰写序。（王德蓓）

J000163　**茹桂书法教学手记**　茹桂编著。陕西人民美术出版社 1998 年 10 月版。9 万字。9.80 元。西安美术学院茹桂教授的书法教学实录。为茹桂授课时面对碑帖、面对学生的作业及其运笔施墨的临池状态，当场指点，即兴而发，随讲随记，然后由随堂的研究生沈伟同学稍加联缀并作以疏注而成。由于是给学生授课时临堂的手记稿件，所以本书读来使人感到简要、真切、具体、深入浅出，有一种对面交谈之感。全书分为第一学期、第二学期两个部分，并按授课时的前后顺序来编写，并附图 52 幅，以配合书稿文字内容。（杨平）

J000164　**钢笔字书写要法——楷书行书**　庄珠娣编。上海教育出版社 1998 年 8 月版。8 印张。9.50元。由两部分内容组成。第一部分为教材部分，由“写字姿势、执笔方法和用笔方法”、“钢笔楷书基本笔画”、“钢笔结构要领”、“钢笔楷书常用偏旁部首写法”、“钢笔行书基本笔画”、“钢笔行书结构特征”、“钢笔行书常用偏旁部首写法”等 10 讲。第二部分为字帖部分，由“钢笔楷书、行书字帖编写说明”和“钢笔楷书、行书字帖目录”组成。本书既以传统书法理论为基础，又根据历代著名书法家的名帖和编者的艺术实践总结了许多具体的书法规律和书法理论。提出了“中心线教学法”。要求把准重心、平衡心得。“重心稳、字才正”。书中列举了大量的实例，并配以扼要的指导说明。（何莉雯）

J000165　**怎样进行楷书训练**　副名：书法入门。刘浩然编。陕西人民美术出版社 1998 年 7 月版。15 万字。11.80 元。书法学习的基础课程。作者根据多年书法创作实践和教学体会，总结性地编写了这部由浅入深、脉络清晰、适合青少年和初学者学习楷书的教材性读物。这本书从执笔、姿势、运腕等最基本的书法知识开始讲解，到结构、章法、创作的一般规律的深入分析，都遵守循序渐进的方法。随着内容的深入，作者还本着对优秀传统继承的精神，系统讲解了欧阳询结体三十六法和李淳进结构八十四法，最后一章对历代名碑、名帖作了概括、独到的评价和介绍。（桑勤志）

J000166　**笔墨氤氲**　副名：书法的文化视野。胡传海著。复旦大学出版社 1998 年 12 月版。21.6 万字。16.00 元。从 10 个方面揭示了中国书法的特有魅力，对中国书法的起源、中国书法的人文情怀、美学逻辑、物质基础、人格形态、书法流派、观念技巧、传承方式和现代发展等方面作了深入浅出、引人入胜的探讨。书中许多部分显示了作者的独到视角和特别见解，比如有关金石气与书卷气的分析、有关

狂态之美与书法家变态人格的分析、有关馆阁体和书法与性别差异的关系等的分析，都颇有见地。(夏德元)

J000167　**翰香馆法书**　李钢、赵宝琴主编。山西人民出版社 1998 年 10 月版。0.5 万字。80 幅图。238.00 元(套)。清代康熙初年刻版的珍贵书法文物。1959 年郭沫若先生对此法书作了鉴定，认为此套法书为中国书法艺术中的珍贵文化遗产。本书共 12 卷。汇集了魏、晋、唐、宋、元、明 1000 余年 28 位历代名家的 80 多件书法真迹，是我国书法宝库的精华。法书中部分作品系首次面世，颇为珍贵。本书集书法研究、学习临摹、鉴赏收藏为一体，是研究和学习中国书法艺术的重要资料和范本。(赵嗣成)

J000168　**乐善堂帖**　元・赵孟頫书。北京图书馆出版社 1998 年 11 月版。影印 120 页。30.00 元。赵孟頫是我国元代著名的书画大家，号称书画全才。北京图书馆藏传世孤本元拓《乐善堂帖》汇刻了赵孟頫之书画精品，卷首并有其友人顾善夫所作《兰竹图》。该帖不仅墨迹精妙，且摹、镌、拓工俱佳，历来被研摹赵体书法者视为上品，并为明清著名藏书家所珍藏。极具文物、版本和史料价值。本书即根据北京图书馆馆藏本精印。(卢玉荣)

J000169　**钱君匋藏印谱**　安徽美术出版社编。安徽美术出版社 1998 年 10 月版。280.00 元。中国篆刻艺术始于秦汉，到清代发展为高峰。清代涌现出一批篆刻名家，其中以赵之谦、黄士陵、吴昌硕三家成就最著。我国当代印学家钱君匋一生服膺赵、黄、吴三家，多方收集三家的篆刻作品，并拓编了三部印谱。本书将此三部印谱以人分为 3 卷，各按年序编次，精制成册。此中作品均为三家代表作，此前并不多见，系首次公开面世，颇具学术价值。(马燕)

雕　　塑

J000170　**中国雕塑史**　梁思成著。百花文艺出版社 1998 年 2 月版。9 万字。14.00 元。叙述范围上起三代、下迄清朝，以富有表现力、充满感情的语言勾勒中国的雕塑历史轮廓。作者认为中国雕塑艺术的高峰在南北朝及隋唐时期，故而对上述朝代的作品作了较为细致的介绍和评鉴。而对宋、元、明、清的作品，作者认为少创意、无足观，故寥寥数语，轻描淡写。(高为)

J000171　**何鄂雕塑艺术**　何鄂作。甘肃人民美术出版社 1998 年 9 月版。76 幅图。180.00 元。作者毕业于西北艺术学院，后来到敦煌莫高窟，莫高窟有代表性的塑像被她摹塑一遍。从她近 20 年来的雕塑作品中，一直可以看到敦煌艺术给予她的滋养，那是一种恬和质朴、敦厚大度的气概。这种气度最明显地表现在她作于 1986 年的《黄河母亲》塑像中。何鄂突破陈规，不把“黄河母亲”设计成崔巍高大的神，而是把象征着中华民族之母的这一形象，处理为曲肘斜倚的年轻母亲，体态的宽厚和面容的慈祥，都切合于作品的主题。再加上依偎在她怀中的稚子和母亲恬和的神色，使“黄河母亲”具有可亲可敬的人性色彩。暖色花岗岩石料的使用，形体块面处理的单纯化，显然都包含着作者心目中的“母亲”的亲情意味。《黄河母亲》塑像淳厚、质朴、坦荡、开阔、娴静、优美，代表了民族博大、善良、智慧和力量，也象征着中国妇女的时代精神，《黄河母亲》是何鄂的代表作中精品。(成冠伦)

J000172　**明清民居木雕精粹**　周君言编著。上海古籍出版社 1998 年版。504 幅图。180.00 元。中国传统建筑独立于世界建筑之林的特质，就在于其以木构架。明、清以来，民宅木质构件中的雕刻艺术日趋成熟和繁荣，一时间住宅不再是简单的居住场所，同时漾溢出浓厚的艺术气息。其历史地位，不亚于意大利文艺复兴时期的建筑造型。本书为对明、清时期中国民居建筑木雕最繁荣、最精采的地区——浙江中部，进行长期发掘、研究、资料收集和整理的结果。不仅向世人展示了中华民族丰厚的文化传统和精湛的技艺，同时为读者鉴别明清时期建筑木雕的特性提供了珍贵的依据。其中多数图片内容已随着自然或人为的破坏而不复存在，因此本书的史料价值尤为珍贵。(李鸣)

J000173　**中国根艺美学**　陈腐去、陈望平著。湖南文艺出版社 1998 年 8 月版。18.3 万字。12.00 元。比较系统而深入地研究中国根艺美学的专著。作者从中国传统美学的“自然论”出发，密切联系实际，阐明中国的根雕艺术是一门独具特色的美学科学。全书分 12 章，系统地介绍了中国根艺的历史发展情况，论述了它的特性、理论基础、美学价值、创作方法、造型原理、风格流派、语言特点、与其他艺术的联系等。同时，对根艺的欣赏与批评、继承与创新、品种分类与陈设布置，以及根艺创作的实践性的开发和应用等，提出了自己的看法。具有较高的学术价值和实用性。(陈仿麟)

J000174　**寿山石文化**　王植伦、陈石编著。鹭江出版社 1998 年 5 月版。11.7 万字。寿山石雕为

“榕城三绝”之一，其历史至少已有一千五百多年，清初曾盛极一时。本书介绍了寿山石文化的定义，寿山石的产地、分类，寿山石雕的发展演变、流派传承、雕刻技法与各自特色以及寿山石的养护，等等。专门讲述与寿山石有关的名人逸事，最后还选录了十多帧精美图片，并加以文字赏析。（刘奇俊）

J000175　**城市的眼睛**　副名：世界景观雕塑漫谈。朱国荣著。复旦大学出版社 1998 年 12 月版。15 万字。12.00 元。分城市的眼睛——城标雕塑、伟人的传记——人物纪念碑、马背上的英雄——骑马像雕塑、血与火的悲歌——战争纪念碑、生与死的咏叹——墓地雕塑、人类的伙伴——动物纪念碑、廊柱上的天使——建筑雕塑、树荫下的生灵——园林雕塑、水与石的交响——喷泉雕塑、史诗中的巨作——巨型雕塑、不解之谜——原始雕塑、新时代的浪潮——现代雕塑、无声的推销员——广告雕塑、花草树木皆传神——花木雕塑、露天博物馆——雕塑公园共 15 个专题，对这些雕塑的审美特性和艺术价值作了讲解，涉及世界各国的 350 多座雕塑，作重点介绍和赏析的有 130 多座。书前附有 30 余幅世界各国的精彩雕塑彩图。（张永彬）

摄影艺术

J000176　**广播电视系列教材 摄影与构图**　曹家俊著。浙江教育出版社 1998 年 6 月版。40 万字。18.50 元。分上下两篇。上篇为“摄影技艺篇”。内容涉及关于摄影的发展与应用，对照相机的认识，关于镜头、光圈与快门、景深与超焦距、怎样对焦、曝光的控制、感光材料、暗房工艺、彩色摄影等方面知识。下篇为“构图艺术篇”，内容涉及摄影构图、构图的对比、构图的节奏、构图的平衡、构图中的空白与投影、拍摄位置与画面构图、前景与背景、抓神态等方面。它从构图着重要解决的两个问题，即“讲究画面的形式美”；“反映作品的深刻思想性”，展开介绍与论述。

J000177　**现代摄影实用技艺丛书——动体摄影技巧**　谷威等编著。山西科学技术出版社 1998 年 1 月版。16.1 万字。14.00 元。介绍感光材料、拍摄技巧和方法等动体摄影方面的知识。详细地评介赏析一些知名摄影家的优秀作品，从而掌握入门的金钥匙，创造性地拍出奇特的，更具有新意的动体照片。（温洁茹）

J000178　**特殊效果**　大卫·戴摄。黑龙江美术出版社 1998 年 1 月版。128.00 元。以全世界顶级专业摄影家所提供的 65 个实例，系统介绍了一系列的特殊效果摄影技术。（王宁）

J000179　**瑞士·洛特维茵出版公司专业摄影技法丛书**　罗杰·希克斯等编。黑龙江美术出版社 1998 年 1 月版。1 408.00 元。从一个侧面展示国外摄影业的摄影技巧与器材的专业丛书。整套书根据不同的拍摄对象，选择不同的拍摄方式。每种拍摄都单独成册，并大量介绍了三维立体图及平面视图的图例。全书分 11 集，它们是：《影楼人像》、《室内环境》、《特殊效果》、《肖像》、《儿童》、《人体》、《静物》、《产品》、《食品》、《婚礼》、《动态》。每册分别阐释了世界最佳摄影的照明设置，解析拍摄方法，每幅照片均附有照明图示。（王宁）

J000180　**婚礼**　乔纳森·希尔顿摄。黑龙江美术出版社 1998 年 1 月版。128.00 元。乔纳森·希尔顿是一位在工艺美术、园艺、环境艺术等方面有着广泛涉猎的自由撰稿人和编辑，而且对拍摄有着特殊的兴趣和知识。书中大量的拍摄实例既有摆拍的，也有抓拍和半抓拍的，内容包括婚前的准备工作、所有婚礼中出现的主要人物、典礼仪式和最后的宴会。（王宁）

J000181　**产品**　罗杰·希克斯等摄。黑龙江美术出版社 1998 年 1 月版。128.00 元。产品摄影作品集。作者罗杰·希克斯是一位英国作家和摄影师。产品摄影专用于广告，因此每一次拍摄都必须十分完美，以便最大限度地挖掘产品的销售潜力。产品拍摄得是否理想，主要取决于产品自身，用于拍摄的产品不允许有半点缺陷或瑕疵，但灯光设置通常是至关重要的。产品摄影必须反映产品的形象和特点，这样才能引起人们感情上的共鸣。其拍摄技术是为特定的产品营造特殊的气氛。例如：关于麦芽酿制的威士忌，用一种温暖而舒适的辉光；对于电子设备，用光则以简朴清晰为好。本书收集了 60 余幅照片，代表了这一领域的一流水平，每一幅照片都附有图示，介绍完成每一次拍摄的灯光设备和灯光布置。（王宁）

J000182　**食品**　罗杰·希克斯等摄。黑龙江美术出版社 1998 年 1 月版。128.00 元。食品摄影作品集。作者罗杰·希克斯是一位英国作家和摄影师。全书共收入 60 余幅照片，从烹饪原料到丰盛宴会，从包装技巧到艺术雕刻，从传统风味到乡村情调，林林总总，涉及到了人们平时最常见的拍摄题材。本书通过一系列引人注目的拍摄手段，为摄影师提供了一些光彩夺目的实例。（王宁）

J000183　**室内环境**　罗杰·希克斯摄。黑龙江美术出版社 1998 年 1 月版。128.00 元。室内环境摄影集。作者罗杰·希克斯是一位英国作家和摄影师。本书提供了 50 多个精妙的拍摄实例，为诸如怎样处理不需要的自然光源、破坏画面的电源插座，以及如何避免画面中镜子或玻璃产生的难以应付的反射等普遍问题提供了解决办法。(王宁)

J000184　**静物**　罗杰·希克斯等摄。黑龙江美术出版社 1998 年 1 月版。128.00 元。静物摄影作品集。作者罗杰·希克斯是一位英国作家和摄影师。本书阐释了静物摄影的拍摄技法，提出了许多极为珍贵的独到见解。书中共收入 50 多幅照片，说明了运用不同拍摄方法所获得的不同效果：诸如如何巧妙使用 5 只不同的照明灯或只用环境光所获得的效果。(王宁)

J000185　**人体**　罗杰·希克斯等摄。黑龙江美术出版社 1998 年 1 月版。128.00 元。人体摄影作品集。作者罗杰·希克斯是一位英国作家和摄影师。本书汇集了杰出艺术创作的精品，这些作品超越了商业的需求，诠释了拍摄成功人体照片的精妙实质。书中的照片主要是在摄影室拍摄的，此外还有在自然环境中、废弃建筑物中、建筑物外，采用极富浪漫色彩或现实主义风格拍摄方法拍摄的照片。采用多种照明设备拍摄，诸如大规格柔光箱、相机闪光灯及多种复杂照明设备。(王宁)

J000186　**儿童**　乔纳森·希尔顿摄。黑龙江美术出版社 1998 年 1 月版。128.00 元。儿童摄影作品集。作者乔纳森·希尔顿是一位在工艺美术、园艺、环境艺术等方面有着广泛涉猎的自由撰稿人和编辑，而且对拍摄——无论是摄影还是电视摄像都有着特殊的兴趣和知识。本书对所收入的儿童摄影照片进行技术分析，且提供了摄影师在拍摄过程中的所思所想。(王宁)

J000187　**肖像**　罗杰·希克斯等摄。黑龙江美术出版社 1998 年 1 月版。128.00 元。罗杰·希克斯是一位英国作家和摄影师。本书阐释了成功肖像摄影的方法。这些照片无一例外地归功于所使用的照明方法，而照明方法取决于照片的性质：是家庭群像，还是人物特写，或者是名人要员头像。肖像摄影必须抓住人物的突出特征——儿童的天真，成功者的自重或名人广为人知的个性。在每种情况下，照明设置都是获得正确效果的关键因素。书中共收入 62 幅一流的照片，解析了诸如确保人物照明而不照亮背景，利用道具而不使其过分突出，对集体照进行恰当构图等诸多肖像拍摄方法。作者阐释了许多可能获得的效果，提示了可能出现的问题以及解决这些问题的便捷的方法。(王宁)

J000188　**影楼人像**　乔纳森·希尔顿摄。黑龙江美术出版社 1998 年 1 月 1 版。128.00 元。摄影作品集。荟萃 100 余幅高质量的人物肖像，并通过文字、插图说明以及图表详释拍摄的方法、需要克服的一些特殊问题、照片结构所强调的基本点，以及为了创造出最生动的照片，应如何突出主题、如何选择最适宜的拍摄角度、镜头以及调节照明灯的方法。(王宁)

J000189　**动态**　乔纳森·希尔顿摄。黑龙江美术出版社 1998 年 1 月版。128.00 元。动态摄影作品集。所收作品涵盖了陆地、空中、海上的动态摄影，并对这些画面所使用的技术进行了介绍。(王宁)

J000190　**老肖像 新打量**　姜威著。广东人民出版社 1998 年 5 月版。6 万字。14.80 元。精选 100 幅中国文化名人肖像，以打油诗及妙趣横生的批注文字阐释肖像所蕴含的文化意义，进行新的评价，表达作者的是非与爱憎。本书所收文化名人，以活跃于现代中国文化史上的代表人物为主，那些当年曾卓有文名，而后因人为原因被排斥在历史之外的文化名人本书也有介绍，如傅雷、张竞生、周作人等。本书以轻松幽默的形式，表达出沉重严肃的历史内容，具有较强的表现力，反映了作者独特的文化关照的情怀。(陈超英)

J000191　**老照片 新观察**　邓康延著。广东人民出版社 1998 年 5 月版。6 万字。14.80 元。“老与新丛书”之一。著者尽撷百多年间弥足珍贵、涵纳万象、富有激情的经典老照片 100 幅，配以洒脱不羁、个性卓然、激情四溢的精短文字，堪为历史出新、图文互动，可谓百年云烟往事，百篇春秋新语，百年风雨情怀。从中可深切感受到作者独特的历史眼光和浓郁的忧患意识。(陈超英)

J000192　**西岳华山——黄继贤华山风光摄影艺术作品集**　黄继贤摄。陕西人民美术出版社 1998 年 1 月版。0.5 万字。280.00 元。作者以其独特的视角，娴熟的技艺，真挚的情感，二十多年不辍地拍摄着华山的山峦草木，“华山晨曦”、“东峰阴雨”、“棋亭仙景”、“苍龙雪霁”、“北峰云海”、“南峰绝壁”等一幅幅摄影佳作，记录着华山神秘的英姿和特有的气质。该书集尽了作者毕生的心血，从大量华山摄影图片中精选而成。(叶歧生)

J000193　**辉煌岁月**　副名：中国改革开放 20 年纪实。新华通讯社摄影部编。山东教育出版社

1998年12月版。25万字。1 800幅图。890.00元。大型摄影画册。分10大部分：中国的旗帜、改革年代、开放的脚步、奔向小康、民主与法制、科教兴国、向上的社会风貌、和平利剑、祖国迈向统一、独立和平的外交。编者从中国照片档案馆馆藏的数万张照片和从全国各地摄影记者、摄影爱好者那里征集来的大量照片中精心挑选出近800幅极具代表性和史料价值的照片，加以精心编排并配以简洁的说明文字；在每一部分的开头和每组照片的前面，还由专家撰写了概述和导语。全书文字均为中英文对照。画册向读者真实地展现了以邓小平为核心的第二代国家领导集体和以江泽民为核心的第三代国家领导集体率领全国人民在改革开放的道路上大胆探索、积极开拓、奋勇前进的历史；展现了近20年来改革开放在古老的中国大地引发的一系列社会、思想、生活等方面翻天覆地的巨大变化。（臧伟）

J000194　**上海旧影**　叶树平、郑祖安编。人民美术出版社1998年12月版。4万字。272幅图。50.00元。画册。“中国名城百年丛书”之一。收有黑白图片共272幅，每幅图片均有近百字的说明。画册分“黄浦江与吴淞江”、“旧城风貌”、“外滩”、“移民社会”、“街景市容”、“百业荟集”、“马路职业”、“市俗百态”8个专题，较为详尽地介绍了旧上海百年来的旧貌。另有一篇专题文章“旧上海的纵与横”，从八九个方面介绍旧上海的方方面面。（张荣）

J000195　**众志成城**　副名：’98长江抗洪图。李德华、邱久钦主编。湖北教育出版社1998年9月版。500幅图。380.00元。生动地记录了1998年长江流域沿岸数百万军民抗洪救灾的恢宏历史画卷，再现了一幅幅军民团结一心与百年难遇的大洪水英勇搏斗的英雄场景。全书分为“凝视长江”、“’98惊洪”、“运筹帷幄”、“号角吹响”、“奋战荆江”、“激战洞庭”、“死守洪湖”、“簰洲营救”、“保卫武汉”、“鄂东排险”、“九江堵口”、“皖苏抗洪”、“风雨同舟”、“胜利凯旋”等14个段落，是’98长江抗洪斗争的全景回顾，更是一部生动的爱国主义教材。（徐耀明）

J000196　**知青老照片（一、二辑）**　薛炎文等摄。百花文艺出版社1998年2月至1998年11月版。15万字。24.00元。收录200余幅有关知青的照片，每张照片都蕴含着一个生动感人的故事，它特别贴近知青生活，一下子就能把人拉到那个时代的氛围中，使你真切地体验到知青的欢乐和痛苦、奋斗和拼搏。部分照片还由当事人配以短文，这些情真意切的作品，与他们年轻时的影像相映成趣。不仅叶辛、梁晓声、张抗抗、黄济人等著名作家写得动人，其他行业人士的文章也很耐读。如葛优《往日风采》中的幽默笔调，使他当年的“风采”别具一格；国家环保总局解振华以质朴的文字记录了自己在小兴安岭深山中一段刻骨铭心的经历；福建省委副书记习近平的《我是黄土地的儿子》，则真实地写出了他15岁到陕北高原插队后的心路历程……。无论是官员、作家、影视明星，还是社会上众多的普通劳动者，尽管他们今日的职业千差万别，但在本书中，他们有一个共同的名字——“知青”，书中展示了他们相近的生活经历，相近的青春体验。（曾永辰）

J000197　**重庆旧影**　重庆市博物馆编。人民美术出版社1998年12月版。2万字。240幅图。50.00元。以典型的照片、简洁的文字、概要地反映了旧重庆的城市面貌、建筑特色、风景名胜、市井民俗以及近代以来的重要的历史人物与事件。本书240多幅照片均从重庆市博物馆收藏的数千幅旧的照片中精选出来，将重庆从清末明初至解放这段历史概要地再现在人们面前。收入“中国名城百年丛书”，文字为中、英、日文对照。（许东升）

J000198　**珠穆朗玛之歌**　葛加林作。四川科学技术出版社1998年版。180幅图。168.00元。反映西藏自然风光、风土人情的摄影画册。所选作品全部是摄影后经电脑制作，而不由传统的暗房加工完成的。是作者对摄影与电脑如何结合的一种尝试，展现了未来摄影艺术数码化最为光辉诱人的前景。摄影家葛加林多次攀援入藏的天梯，数次越过阿里无人区，几度抵达珠穆朗玛峰高海拔的冰川雪原，把他面对的苍茫高原雪域、神山圣湖，人迹罕至的生活线上的人和自然风光带给读者，走出了纯风俗画的谷底，走向了与大自然浑成一体的创作道路。本摄影画册的切入点——回归大自然，歌唱大自然。在其作品：顶天立地的珠穆朗玛，布达拉宫吉祥龙云，雪域之光，圣地轮回，收青稞的季节，……的画面中，无不显示出人类与自然的和谐，借用古代语言便是“天人合一”。（宋齐）

工艺美术

J000199　**艺术设计丛书**　刘丽主编。中国纺织出版社1998年2月—1998年6月版。256.9万字。421.00元。共9册：《计算机艺术设计》（李勇、付志勇编著）。选用大量国内外计算机艺术设计作品，介绍了计算机艺术设计的新学科和新方法。分上下两册,上册介绍二维设计与三维设计;下册重点介绍计算机艺术设计在各领域里的应用。《装潢艺术设计》(肖勇编著)。着重平面装潢设计的应用与设计,包括色彩构成、包装设计、招贴设计、广告设计、书刊设计、样本设计、贺卡及年历设计、标志设计、形象设计等内容。采用大量90年代国内外装潢设计优秀作品,帮助读者了解装潢设计的新方法和新趋势。《室内设计表现图技法》(何镇强、何山、何为编著)。主要介绍线描基础、线描基本功、线描的应用、绘制方法及绘制步骤等知识。配有大量彩色图片实例、作者自身作品及国外作品。《标志设计与包装设计》(华健心编著)。分标志设计与包装设计两大部分,介绍基本理论和表现形式,同时列举了大量实例使读者了解和掌握标志与包装设计的内容意义及技法。《工业设计与展示设计》(马赛编著)。主要介绍工业产品、家具、灯具的设计方法,展示设计的各种设计及效果,配有较多图片实例进行讲述,使读者了解当代产品展示设计的新潮流。《服装结构设计与表现技法》(秦寄岗、李薇、王庆华编著)。重点介绍服装结构设计中平面与立体裁剪的变化规律与特殊处理技法。配以图例详细介绍各种操作技巧在多种款式设计中的运用。《服装设计表现技法》(甄祯编著)。从服装设计表现的角度阐述了服装与人之间关系,服装的设计与表现方法。除绘画表现形式外,还扩展到摄影、化妆等方面的表现形式。《环境艺术设计》(王朋编著)。分室内与室外两大部分,包括概论、环境设计的观念深化,设计中的地方性原则,城市"家具"与环境设施,环境绿化与观赏植物,从雕塑到环境的艺术,现代室内特征,传统审美与工业化构造,室内装饰图案设计,陈设的意义等。并配有大量图例加以说明。(范森)

J000200 **造物之门——艺术设计与文化研究文集** 许平著。陕西人民美术出版社 1998 年 3 月版。50 万字。36.00 元。收入作者近年来发表的一些研究性的文字与评论、随笔 40 余篇,作者从工艺美术、民间美术与设计艺术着手,对艺术、文化、文明与社会发展诸问题进行思考的研究。书中大部分内容选自作者发表于《美术》、《美术观察》、《美学与艺术学研究》、《中国民间工艺》、《光明日报》等国家级报刊的论文及短文,是作者近年来广泛而有个性地研究艺术与设计问题的结果,尤其是作者结合工艺美术与民间艺术传统以及现代工业发达国家的设计理论而对设计问题的思考有着自己独特的见解,是作者力图形成有中国特色的现代设计理论体的长期努力目标的一部分。(刘青青)

J000201 **《图案》系列** 副名:教学作品集。郑巨欣等作。湖北美术出版社 1998 年 3 月陆续出版。2 240幅图。200.00 元。8 册。分别汇集中国国内各高等美术设计学院,图案教学的优秀作品,共两千余幅。集子里的图案作品,风格各异、题材多样,按植物图案、人物图案、动物图案和风景图案收录,个别集子里,还录有几何图案。这些图案作品都是出自学生之手,说不上尽善尽美,但作品源于生活,充满了生机,有别于传统图案的规范,是一套学习图案的范本,可供各美术设计院校的教学参考。(桂美武)

J000202 **中国纹样辞典** 郭廉夫等编。天津教育出版社 1998 年 1 月版。57 万字。90.00 元。全面系统介绍中国纹样的工具书。采用多角度分类方法,划分为陶瓷纹样、漆器纹样、玉器纹样、印染织绣纹样等 13 大类,各类纹样收录的下限一般到清代为止,共 1 000 多条目。辞典对每一纹样作了寻根索源的诠释交待,对主要纹样的演变过程都有清晰精到的归纳分析,从原始社会纹样溯源而下,可基本弄清中国美术发展的又一脉络,可以说它是中国美术的另一种形式的历史。(强华)

J000203 **中国现代美术全集·印染织绣** 常沙娜等编。河北美术出版社 1998 年 9 月版。294 幅图。350.00 元。分印染、织物、刺绣 3 大部分,收集 1911—1997 年我国现代印染织绣著名品种的优秀作品尽 300 余幅。印染:以手工印、蜡染、扎染、夹染、木版印、纸版印为序,作品 85 幅;织物:以云锦、织锦缎、涤织画、缂丝、民族织锦、地毯、壁挂为序,作品 92 幅;刺绣:以苏绣、粤绣、蜀绣、湘绣、京绣、汴绣、鲁绣、温州瓯绣、南通彩锦绣、汕头抽纱、山东抽纱、上海和浙江抽纱、挑花为序,作品 117 幅。部分作品附局部放大。彩色图版后附图版说明,文字部分内容包括:作品设计、制作者、生产年代、产地、材料、工艺、收藏者。对每幅作品的材料、技艺、图案、色彩以及地域特征和艺术风格等,作了简要的介绍和美学评析。对于设计、制作者中,具有副高以上职称者附有生平简介。(贺宝银)

J000204 **平面广告版式创意技巧** 曾希圣著。陕西人民美术出版社 1998 年 10 月版。10 万字。36.00元。以实用广告基础读物的形式,从广告信息传递的历史演进入手,对版式设计的意义、目的、版式设计的原则及规律等进行了深入浅出的叙述,并就版式设计的若干形式作了浅显的归纳和概括,同时简明扼要地介绍了版式设计的程序、方法,最后针

对平面设计的各类媒体形态，有代表性地选介了国内外部分优秀版式设计实例。（刘青青）

J000205　**包装造型设计**　杨宗魁编著。中国青年出版社1998年8月版。25万字。58.00元。介绍了纸品包装造型的各种不同形态和结构。其中共有近两百种完全免胶式的造型组合作品，从平面、结构组合到完成、展开，都有详尽的图形和文字解说，使设计者和加工者能在洞悉其基本结构原理的前提下举一反三，视实际的需要做更广泛的应变创作。（何鸣）

J000206　**台湾广告金像奖20年全集**　台湾广告金像奖组委会编辑。中国青年出版社1998年10月版。15万字。180.00元。“台湾广告金像奖”是台湾以及亚太地区最具权威的广告奖，包括平面广告设计作品和影视广告作品，由国际广告界权威人士从来自台湾和亚太地区的大量优秀作品中严格挑选评审。全书共有彩图400余幅，包括第20届广告金像奖得奖作品，和1997亚太广告金像奖获奖作品选300余件。书中还有台湾资深广告人感言两万余字，系统展示了台湾广告金像奖的历届获奖作品，全面回顾了台湾广告金像奖的发展历程。随书还附赠VCD一张，内含亚太地区顶尖影视广告作品近百例。（何鸣）

J000207　**第44届戛纳国际广告节获奖作品集**　三只眼工作室编著。黑龙江美术出版社1998年1月版。228.00元。由戛纳国际广告节组委会授权黑龙江美术出版社翻译出版的《第44届戛纳国际广告节获奖作品集》以部分篇幅分别介绍了广告节的历史、评选程序、年度广告公司奖、金棕榈奖、年度广告节奖、年轻创意人奖、新闻记者奖等。以绝大部分篇幅介绍了平面广告获奖作品和影视广告获奖作品。本书采用以中英文对照的形式编排。通过全面介绍戛纳国际广告大赛的全部获奖作品，使国内尚不很了解这一广告赛事的人客观地认识“戛纳水准”，为了解当今世界广告创意的一般动态提供一方佐证。并在全面介绍获奖作品基本背景资料的同时，加适当提示，以使读者更加深入地了解这些作品创意的独特性和巧妙所在。第44届戛纳国际广告节荟萃了来自60多个国家的广告佳作。共有4 500幅影视广告作品、近7 000幅报刊和招贴广告作品参赛。（黄国楹）

J000208　**商业美术设计**　周旭等编著。湖南大学出版社1998年1月版。35.3万字。33.00元。商业美术设计的实用型图书。对有关文字设计、商标设计、包装设计和广告设计的定义、作用、分类及表现技巧等作了较全面的论述。介绍了有关的印刷业务知识。本书的特点是力求反映商业美术设计在国际上的新进展，力求将设计的理论融入实践之中，以帮助读者掌握商业设计的最新动态，掌握设计的基本理论知识和技能。本书另一特点是介绍了许多成功的设计方案，在对这些设计方案进行分析鉴赏中使读者领悟设计活动的独创性、审美性和实用性完美统一的特性，提高设计创意的水平和能力。

J000209　**中国现代陶瓷艺术**　邓白、杨永善主编。江西美术出版社1998年6月版。10万字。1 023幅图。1 750.00元。分为陶器、瓷器（上、下）、陶瓷雕塑和民间陶瓷5卷。在陶器卷中，对宜兴的紫砂陶、云南建水紫陶、均釉陶和彩釉陶，均以精美的画面，展示了发展状况和艺术特色，充分地反映出从事现代陶艺创作的艺术家从不同的视角、发现材料和工艺的各种可能性，藉以表达他们的某种理念和情绪。瓷器卷上下两册，图420余幅，详尽介绍了现代瓷艺作者和作品。同时，该卷又介绍了既具有扎实专业基础和素养，又具有现代思想意识和审美观念的中青年陶艺家，展示了他们的作品从老一辈单向思维的封闭性走向多向思维的开拓性。瓷雕卷汇集的作品体现了现代陶瓷雕塑艺术在继承和发扬优良的民族传统，融合东西方技艺新取得的成就。系统完整地介绍了近百年来陶瓷雕塑的发展概况及风格特色。民间陶瓷卷首次对民间陶瓷进行了全面搜集整理，在这些民间瓷艺中，看不到冷漠和单调的表现，也没有奇巧和古怪的造型追求。只有把普通的陶瓷原料的美不加掩饰地充分展示出来，体现出一种纯真的美。（韩建武）

J000210　**中国民间剪纸工艺（教程）**　赵幼兵编。四川科学技术出版社1998年1月版。21.1万字。8.50元。从剪纸的起源、最早的实用范围、剪纸流派的形成、纸艺类别、剪纸作品常用寓意及设计构思、剪纸表现方法和基本技巧等方面，对中国民间剪纸工艺作详致的介绍。（丁大镛）

J000211　**齐鲁民间艺术通览**　张玉柱主编。山东友谊出版社1998年6月版。185万字。187.00元。全面总结、整理、展示齐鲁各种民间艺术的大型著述，为补阙之作。按齐鲁民间艺术相近类别划分为民间音乐、民间舞蹈、民间戏剧、民间曲艺、民间杂技、民间美术、民间工艺、民间节庆8部分，系统地记述了上自远古，下迄现今在山东地域发生与流传的民间艺术现象，阐述了每一艺术现象的概貌、发展历

史、代表人物、艺术特色及价值。(张继红)

J000212　**刻纸艺术**　副名:彝族苗族风情专集。宛志贤主编,刘仲元著。贵州民族出版社 1998 年 8 月版。169 幅图。80.00 元。刻纸艺术作品选集,以 169 幅刻纸艺术作品反映彝族和苗族的风情,包括 4 个部分。"生产·生活"部分反映了彝族、苗族的居住环境、生活习俗和生产状况。"民俗·风情"部分反映了彝族、苗族的节日文化、恋爱形式、婚姻习俗、宗教信仰。"音乐·舞蹈"部分介绍了彝族的月琴、口弦等传统乐器和"铃铛舞"、"酒礼古歌"以及苗族各式各样的芦笙和芦笙舞。"服饰·头饰"部分介绍了彝族较为有代表性的"马街型"和"乌蒙型"两大服饰类型以及苗族 20 多种款式的服装和多种头饰,还以若干刻纸艺术作品反映苗族妇女种麻、纺纱、织布、制衣、刺绣、蜡染等传统技艺。(胡廷夺)

J000213　**哈萨克民间手工艺**　热勒拜·阿合买提编著。新疆青少年出版社 1998 年 5 月(哈萨克文)版。10 万字。35.00 元。较系统地介绍了哈萨克族民间手工艺的历史以及概况。分为前言、手工艺工具、毡房的制造过程及家用生活用品的制作方法。(阿克木拜)

J000214　**中国葫芦**　王世襄著。上海文化出版社 1998 年 11 月版。333 页。85.00 元。分上下卷:上卷 7 章,讲葫芦各种装饰方法、历代艺人和标准器物。下卷 5 章,介绍鸣虫畜养、欣赏乐趣及旧京习俗。图版全部彩色精印,共 267 幅。另有黑白图 78 幅,随文刊出。入选葫芦器,多宫廷珍秘,即使民间所藏,亦属精品。每件器物,撰有说明,或详细,或简要,均生动隽永,自具风格。作者对自己玩了一辈子的葫芦,作出独特的总结。本书原名《说葫芦》,1993 年在香港出版中英文合刊本,今以中文简体字印行,除文字、图片略有修订外,并后附新著 3 篇。(蔡耕)

J000215　**当代世界设计精品集(丛书)**　[美]尼古拉斯·特罗斯勒等编。四川美术出版社 1998 年版。300 幅图。202.00 元。编入当代世界设计艺术界的精品力作。该套书包括:《美国萨凡那设计艺术学院作品集》《尼古拉斯·特罗斯勒》(瑞士著名招贴设计师)、《保罗·易宝》(国际商标中心主席、国际知名的商业美术设计师)、《靳埭强》(AGI 会员、香港知名的商业美术设计师)、《第埃尔·萨菲斯》(法国著名设计师)。分别登载了现代广告设计、商标标志设计、招贴设计、服装设计、包装设计、计算机美术设计等方面的优秀作品,这些作品均是当今世界领先的高水平之作。(任思淑)

J000216　**插花创作与赏析**　王莲英等编著。金盾出版社 1998 年 7 月版。4.7 万字。129 幅图。22.00 元。共 5 大部分:一为插花与人类生活,主要介绍插花艺术的由来、插花与生活;二为插花的内涵与特点,主要介绍插花艺术的底蕴与特点、插花与其他学科的关系;三为插花创作原理与法则,主要介绍插花创作应遵守的多样与统一、主要与次要、动势与均衡、对比与调和、变化与韵律等原则;四为插花创作实例解析,主要介绍各类花型的特点及其插作要领、各类花型创作实例;五为插花佳作赏析,主要介绍插花艺术的审美特征、插花艺术欣赏的条件与方法、插花作品欣赏品评的标准、100 多幅中外优秀作品欣赏。(苏益中)

音　乐

J000217　**中国音乐的神韵**　刘承华著。福建人民出版社 1998 年 1 月版。27.4 万字。15.30 元。通俗的音乐美学赏析读物。将中国音乐置于深远的文化背景中予以考察,采取音乐发展史的纵向与历史名曲赏析的横向相结合,从美学分析入手,娓娓动听地论述中国音乐的神韵。全书分上下两卷。上卷从"中国音乐的美学特征""中国乐器的音色内涵""中国乐韵的结构生成"等不同角度,简介音乐基础知识并和审美欣赏分析融为一体,揭示中国音乐独特的美,激活中国音乐固有的生命活力与巨大魅力。下卷为乐曲赏析。以表现的内容分"消魂化魄之'境'""刻骨铭心之'情'""摹神状貌之'味'"等 3 部分,对 36 首中国古今历史经典名曲进行美学探讨和解说,旨在将上卷中对"韵"的分析具体落实在活的音乐作品中,引导读者对中国传统音乐作深入的审美感受和审美把握。书前有著名音乐学家、中国音乐学院前院长樊祖荫教授和著名作曲家、指挥家张鹰先生所写序文两篇,书后附有关于中西艺术比较的论文两篇。全书立足审美角度,借助中西比较,挖掘文化底蕴,勾勒音乐传统,展示中国音乐独特魅力,宏扬中国的音乐文化。(薛剑秋)

J000218　**乐海絮语**　副名:音乐艺术鉴赏录。林华著。复旦大学出版社 1998 年 12 月版。30.2 万字。20.00 元。用普及和提高相结合的手法介绍音乐艺术。全书分为 5 大部分:音乐欣赏基础知识和审美导引,音乐万花筒,音乐欣赏的更高境界,文学大师和音乐,音乐大师的人生华彩乐章。作者循序渐进,由浅入深,首先从音乐的艺术特征、音乐欣赏需要的修养和知识结构谈起，探讨了音乐与数学、哲学、文学以及美术、电影、舞蹈等姐妹艺术的关系。在音乐世界的内容方面，主要介绍了作曲家眼中的世界，包括音乐作品中的自然、社会和人生等，为读者展示了一条通向仙境般圣殿的幽径，使人领略到音乐艺术的圣洁和美好。在此基础上，作者提出了音乐的表现手段及其形式问题，把音乐艺术欣赏提高到一个新的层次。如诠释了什么是“协奏曲”、“主调音乐”，什么是“咏叹调”、“标题音乐”等。欣赏音乐特别是西方音乐要“渐入佳境”，必须了解音乐历史的发展。在这方面书中涉及到音乐的风格变化和音乐家生活的文化背景；还进一步发掘了音乐美的本质，让人感受到音乐的神采和音乐之魂。本书以一位音乐学院的教授与一批爱好音乐的理科学生的交往、对话、故事为载体，再辅以散文化的笔法，具有雅俗共赏、愉悦身心的审美感染力。（顾潜）

J000219　**美国音乐教育概况（学校艺术教育研究丛书）**　刘沛著。上海教育出版社 1998 年 10 月版。26.7 万字。13.00 元。主要内容有：一、早期美国学校音乐教育的发展；二、当代美国学校音乐教育的改革动向；三、美国学校音乐教育的目标；四、美国学校音乐教育方案的标准；五、美国学校音乐分科教学指导纲要概述；六、美国学校音乐教育的测量和评价；七、美国学校音乐教育的组织和领导。本书有以下几方面特色：1. 文献的典型性，作为对一个国家音乐教育的描述，在有关文献的选择取舍上，以对全美的学校音乐教育产生普遍影响的事件、政策法令及文件、教育思潮、组织结构为对象。2. 文献的真实性和权威性。该书的参考文献取自美国的原始资料和数据。为保证资料的可信度，作者尽可能对相同事件和现象的各种描述资料及数据予以比较和核对。3. 内容的广泛性。作为系统的比较音乐教育学研究，要把美国学校音乐教育的各种现象纳入到教育学研究的有关的基本范畴内予以整理，形成能够涵盖美国音乐教育各科现象的基本的研究结构体系。该书的内容范畴涉及了美国学校音乐教育的历史发展、目标体系、课程标准、方案与大纲、师资教育、测量与评价以及管理督导。其中历史发展（第一、二章）重在追溯和理清美国学校音乐教育各个时期的重要事件、人物与思想及其形成的社会和教育思想内景，并适度分析了这种发展在教育思想沿革方面的继承及革新的线索。其他各章则重在描述美国学校音乐教育的现状，同时兼顾这几章所述现状的形成背景。（何莉雯）

J000220　**流行音乐手册**　陶辛主编。上海音乐出版社 1998 年 11 月版。73.5 万字。30.00 元（平），36.00 元（精）。流行音乐专业知识的百科大全。分“概论篇”、“百科篇”和“明星金曲篇”3 个板块，共包括各类专论 30 余篇，中外明星金曲及专用术语 800 余词条。“概论篇”分别介绍美英德日中（包括香港和台湾）等 8 个国家和地区流行音乐发展的历史源流和风格特征，本篇最后还对欧美各国轻音乐的发展作了简要的介绍。“百科篇”包括许多实用的专题：如“流行歌曲演唱的风格与技巧”、“流行歌曲的常用和声手法”、“摇滚乐的常用乐器”、“电子合成器的原理与应用”、“MIDI 技术与音序器”、“流行音乐的录音制作”和有关 MTV、D. J.、V. J. 等方面的小知识；而“流行音乐常用术语选释”专栏则更便于流行乐迷们随手查阅参考。“明星金曲篇”又分“欧美歌星和演唱组小传”、“港台及东南亚地区华人歌星和演唱组小传”与“美国《公告版》杂志排行榜冠军歌曲选注”3 个部分。（周永达）

J000221　**请跟我来**　副名：通俗音乐欣赏。陈国权编著。华中理工大学出版社 1998 年 3 月版。50 万字。22.00 元。以书信体裁的形式，全面地介绍了通俗音乐的美学特色，通俗音乐欣赏的一般知识，外国古典通俗音乐中的钢琴小品、管弦乐小品、小夜曲、歌剧序曲及进行曲、舞会音乐，通俗乐队及电声乐器；我国的轻音乐和通俗管弦乐曲，内地通俗歌曲回顾，新时期的通俗歌曲和歌星、作曲家，台湾地区、香港地区通俗歌坛，爵士音乐、乡村音乐及摇滚乐，国外歌坛巨星等内容，在广阔的历史、政治和文化背景上对其进行了详细的描述，并给予客观公正的评价。（钱坤）

J000222　**中外音乐交流史**　冯文慈编。湖南教育出版社 1998 年 6 月版。34 万字。21.20 元。叙述了先秦到近代中外音乐交流的史实，叙述中，以实事求是的学风，对成说和当前音乐史界争论的一些问题，进行了冷静的追问和考证，提出了有个性的观点和结论。如对“伶伦制律”进行论证，认为伶伦到达的“大夏”是今甘肃一带而非今阿富汗，从而否定了王光祈“巴比伦乐制”曾传入中国的理论；对“周穆王西巡”至西亚进行音乐交流的传说，也作了否定性的结论。本书“结语”对中外音乐交流涉及的重大理论问题进行了深入思考。提出应客观估计“欧洲音乐中心论”的影响，不能认为“学堂乐歌”和新文化运动以来新音乐的成就是“全盘西化”影响下的恶果。对“文化价值相对论”，在肯定其积极作用的同时，分析其理论弱点及产生的消极影响。对中国音乐始终面临的处理继承传统音乐和吸收西方音乐矛盾的难题，提出了“外向融合力”和“内向固守力”两种力量互相对立互相补充的辩证发展的思路。(崔裕康)

J000223 **古典作曲家排行榜** 菲尔·G·古尔丁编，雯边译。海南出版社 1998 年 9 月版。65.6 万字。39.80 元。内容包括：50 位顶尖作曲家的排行榜，每位作曲家生平和工作的详细介绍，每位作曲家的五首“入门必备”及推荐古典作曲家排行榜 CD，进阶爱乐者的“经典收藏”作品名录，对音乐术语、形式和分期的简明解释，交响乐团的各部分和历史的介绍，作曲家彼此间的评语。(孙忠)

J000224 **苏联音乐史(上卷)** 黄晓和著。海峡文艺出版社 1998 年 6 月版。23.00 元。对从 1917 年十月革命胜利到 1953 年斯大林去世这 36 年时间里苏联音乐的建设历程，进行了全面梳理和客观论述。共 7 章，分别对革命胜利初期、国内战争和外国武装干涉时期、新经济政策时期、卫国战争时期及战后八年等不同历史时期的音乐领域的重要事件和现象进行论述，并对重要作曲家的代表性作品作了浏览性的分析评述。本书着重研究一个国家在音乐事业上的进展，虽然也涉及众多重要作曲家的生活、思想和创作，但是重点强调整个国家音乐建设所经历的道路，结合苏联经济、政治和文化的背景，按不同时期的特点设计苏联音乐发展线索的框架。本书还避免了对苏联音乐作简单肯定和全盘否定，既看到苏联音乐取得的辉煌成就，也直陈苏联音乐所遭受的严重挫折，并揭示其中所包含的成功的经验和失败的教训。(叶恩忠)

J000225 **流行音乐与爵士乐和声学** 任达敏著。人民音乐出版社 1998 年 1 月版。273 面线谱及文字。14.00 元。总结流行音乐和爵士乐和声运用规律的专著。内容包括基础理论、流行音乐的和声及爵士乐的和声 3 个部分。第一部分涉及必要的基础知识；第二部分涉及功能和声理论和流行音乐和声的规律、模式及曲式结构；第三部分涉及爵士乐复杂的和弦构成、替代理论及其模式、编曲及即兴演奏方式。该书理论联系实际，引用大量当代流行音乐和爵士乐经典作品的谱例，验证和解析其和声技术理论，并根据教科书的写法，附有习题和参考答案。(郭峰)

J000226 **沈湘声乐教学艺术** 沈湘著，李晋玮、李晋瑗整理。上海音乐出版社 1998 年 10 月版。23.2 万字。14.00 元。根据作者生前的两次声乐讲学录音整理而成。内容主要包括二大部分，上篇为“歌唱的技巧”，分 8 个章节：一、歌唱艺术规律，二、美声唱法，三、歌唱的基本要素，四、声区及换声区，五、咽音、面罩、声音的亮与暗，六、歌唱整体的协同运动，七、优秀歌唱家的标准，八、声乐教师的修养，分别对诸如歌唱的“呼吸”、“发声”、“共鸣”、“语言”等歌唱技术要素作了辩证的分析。下篇为“名曲演唱指导”，汇编了沈湘指导学生演唱的 25 首世界著名歌剧咏叹调的艺术处理见解。内容涉及歌唱艺术的方方面面。(方立平)

J000227 **交响音乐欣赏丛书** 李近朱著。宁夏人民出版社 1998 年 9 月版。80 万字。76.00 元。共 4 本。《交响音乐史话》追溯了交响音乐产生、发展的历史，介绍了各个发展阶段的代表人物和代表作品，分析了各流派的特征，着重介绍了海顿、贝多芬等音乐大师的作品和他们在交响音乐史上的作用和地位。《走进交响世界》对交响音乐的表现形式、交响乐队的构成和各种乐器的功能等都做了详尽的介绍和分析。对理解和把握作品的交响主题、交响性、交响音色，进而达到欣赏、“再塑”交响乐等音乐欣赏技巧进行阐释。在《交响乐名曲欣赏》中，作者选取了从巴赫时代到 20 世纪后半叶 200 余年间 50 位作曲家的 88 部交响乐作品，逐一赏析。这些作品既有主要流派、主要作曲家的代表作品，也有各个时期非主要流派的代表作品，从中勾勒了交响作品的基本轮廓。《交响大师的肖像》选取了世界音乐史上最有代表性的 20 位音乐大师，每人有 1 万余字的小传，概要介绍了其人生历程、性格特征、主要作品、交响乐风格。(王立平)

J000228 **“跟我学”丛书** 彭幼卿、杨长安等编著。湖南文艺出版社 1998 年 9 月版。主要以青少年声乐、器乐爱好者为读者对象的乐器学习教材，已出版 4 辑，计 23 种：第一辑 6 种：《跟我学钢琴》(杨扬编著，14.60 元)、《跟我学扬琴》(胡运籍编著，18.20 元)、《跟我学古筝》(宋泽荣编著，15.20 元)、《跟我学琵琶》(刘镇钰编著，20.70 元)、《跟我学电子琴》(周张跃编著，16.80 元)、《跟我学小提琴》(靳延平、黄健编著，16.60 元)。第二辑 6 种：《跟我学笛子》(杨明编著，13.80 元)、《跟我学口琴》(斯泊尔、周张跃编著，17.00 元)、《跟我学二胡》(杨长安编著，16.00元)、《跟我学吉它》(丁力耘编著，20.40 元)、《跟我学手风琴》(夏雄军、孟刘翔编著，19.40 元)、《跟我学电贝司》(刘建辉编著，15.00 元)。第三辑 5 种：《跟我学唱歌·美声唱法卷》(王如湘编著，16.20 元)、《跟我学唱歌·民族唱法卷》(李萍编著，15.40

元)、《跟我学唱歌·通俗唱法卷》(徐竞存编著,15.30元)、《跟我学唱歌·童声卷》(潘丹宁编著,16.30元)、《跟我学唱歌·合唱指挥卷》(彭幼卿著,20.60元)。第四辑6种:《跟我学小号》(王毓建编著,23.00元)、《跟我学唢呐》(张云华编著,11.50元)、《跟我学萨克斯管》(饶世伟、彭幼卿编著,22.00元)、《跟我学爵士钢琴》(刘建辉、朱莉编著,23.70元)、《跟我学爵士鼓》(刘建辉编著,23.00元)、《跟我学月琴》(江南编著,9.50元)。(谢柳青)

J000229　**中国少数民族音乐史**　袁炳昌、冯光钰主编。中央民族大学出版社1998年版。作者对少数民族打击乐进行了大量的实地调查和研究,记载了民族打击乐的起源与发展,为进一步研究它打下了良好的基础;山歌在各民族的音乐中占有很重要的地位,它取才于生产、生活,内容丰富多彩,形式活泼多样,本书作者深入民族地区,收集、整理了大量山歌曲谱,资料极为珍贵。它表现了各民族人民对美好生活的呼唤;礼俗音乐也是少数民族音乐史中的重要组成部分,它与现实生活密切相联,如人的出生、死亡、婚嫁等,人们都是用音乐来表达喜悦与悲伤的情感。而礼俗音乐又是其中影响最大、流传最广的音乐,而且在音乐史上占有很高的地位。这与民族的发展和各民族间的互相影响、文化间的互相交融是分不开的。(邱立)

J000230　**全国民族乐器演奏(业余)考级**　朴东生等编。北岳文艺出版社1998年1月版。350.00元。包括《二胡曲集》、《唢呐曲集》、《琵琶曲集》、《扬琴曲集》、《阮曲集》、《古筝曲集》、《笛子曲集》等7种。每一种皆采用循序渐进的方式,由浅而深,从易到难,收集了从一级至十级的必考曲目与自选曲目。(王国柱)

J000231　**贺绿汀全集**　《贺绿汀全集》编辑委员会编。上海音乐出版社1997年11月—1998年5月版。270万字。248.00元。贺绿汀(1903—)是我国音乐界中享有崇高威望,且有广泛国际影响的著名作曲家、理论家、教育家和活动家。他是20世纪中国现代音乐的积极参与者和见证人,并在这一历史进程中作出了卓越的贡献。全集共6卷,第一卷"声乐作品卷",收入了作者除大合唱以外的所有声乐作品,共186首。第二卷"器乐作品、大合唱、音乐戏剧"卷,包括作者的管弦乐曲、独奏曲、大合唱、音乐剧等共80多首(部)。第三卷是"译文·专著"卷,收集了作者1932年翻译并出版的普劳特的《和声学理论与实用》,这是一部完整、系统地将西方现代和声理论引进中国的译著,也是我国广大专业工作者最早阅读到的一本和声教科书之一。第四、五、六卷是"文论卷",收录了作者发表的各种文章280多篇,他的文章具有鲜明的学术性与战斗性,并一向以痛快淋漓、直抒胸臆、观点鲜明、富于棱角而著称。这些文章也体现了作者人品与文品的统一,革命性与艺术性的统一,理论性与实践性的统一。(王秦雁)

J000232　**儿童歌曲系列(第一辑)**　罗晓航主编。北岳文艺出版社1998年1月版。196首。16.50元。儿童歌曲系列丛书。第一辑包括《儿童寓言歌曲》《儿童童话歌曲》《儿童古诗词歌曲》《儿童谜语歌曲》《儿童趣味歌曲》5种。是国内已经在孩子们中间广为传唱的优秀歌曲和最新创作的优秀歌曲精品。它们题材多样,风格迥异,充满了儿童情趣。(华敏)

J000233　**京剧音乐论**　傅彦滨著。黑龙江人民出版社1998年4月版。19万字。19.80元。围绕京剧音乐这一关键性命题,以翔实的资料、丰富的信息、超前的意识、科学的态度,进行了较为全面的论述。上编为京剧音乐创作论。在纵向上,从京剧音乐的历史渊源、形成发展、沿革创新,到京剧音乐的前瞻与构想。在横向上,从京剧音乐的构成要素、形成进行剖析,到京剧音乐创作的美学特征、创作思维,再到中西音乐的比较研究,多视角地进行了论述。下编为京剧音乐群星论,对二十几位国内、省内著名京剧作曲家、表演艺术家、演奏家的京剧音乐创作、演唱、演奏等进行了精当的总结与分析。(徐冲)

J000234　**二胡演奏世界名曲100首**　赵寒阳选编。人民音乐出版社1998年1月版。64面乐谱。9.10元。将适合二胡演奏的世界名曲加以改编,并注上了弓法、指法和演奏技法符号。曲目的选编广泛,其中有莫扎特的《摇篮曲》、贝多芬的《欢乐颂》、舒伯特的《鳟鱼》、舒曼的《梦幻曲》、柴科夫斯基的《六月》、比才的《斗牛士之歌》等等众多名家之作。这些作品有的来自合唱曲,有的来自钢琴曲,还有的来自民歌。乐曲丰富多彩,风格各异,具有实用价值。(侯波)

J000235　**刘天华全集**　刘育和编。人民音乐出版社1998年5月版。384面文字及乐谱。88.00元。刘天华是我国卓越的民族音乐家,他一生致力于民乐的改进和发展,不但创作有二胡、琵琶曲和有关的教材,而且还有理论著述,对民族音乐的发展作出了卓越的贡献。本书由刘天华先生之女刘育和女士约请音乐界对刘天华作品颇有研究的专家编辑而成。全书包括刘天华的全部器乐作品:二胡练习曲47

首、二胡独奏曲10首、琵琶练习曲15首、琵琶独奏曲3首、丝竹合奏曲1首，以及刘天华整理的琵琶古曲2首，还有全部文字论著、背景材料、多幅珍贵照片、评论文章，读者可以一目了然地窥见刘天华艺术创作的全貌，可领悟到刘天华先生“抱朴含真、陶然自乐”的纯真而又不避艰险为民族音乐献身的精神。在编排上，采用简谱、五线谱、工尺谱相对照的办法。(刘玲)

J000236 **新定九宫大成南北词宫谱校译** 刘崇德主编主译。天津古籍出版社1998年8月版。8 800.00元。《新定九宫大成南北词宫谱》编定于乾隆十一年(1746年)，由内府刊刻，共82卷，是我国现存最完备的古代歌曲总谱，收唐宋词、金元诸宫调、元曲、明清戏曲及民歌等凡4 600余首，套曲200余套，反映了我国自唐朝至清朝近千年的音乐、戏曲及词曲艺术的全貌，是我国乃至全世界保留至今跨时最长久、规模最宏巨的乐谱与歌曲总集，是中华民族和全人类极为宝贵的文化遗产。由于原书的记谱形式为工尺谱，今人多已不识，加之原刊本和民国影印本均已难见，故使这一文化瑰宝几被尘封。为抢救这一文化遗产，使“天下之宝”重归天下之人，遂将原书工尺谱全部译为五线谱，并予出版。此书对还中国民族音乐发展史之本来面貌，对构建中国特色的音乐理论体系，对古曲新唱、对中外文化交流等都提出有价值的意见。本书后2册为原书内府刊本的影印本，更突出了本书的文献价值和研究价值。(杨锺贤)

J000237 **中外歌曲精品库** 河南文艺出版社1998年9月版。331万字。112.70元。共8卷：《中国革命传统歌曲》、《中国艺术歌曲》、《中国校园歌曲》、《中国民间歌曲》、《中国影视歌曲》、《中国通俗歌曲》、《外国歌曲》上、《外国歌曲》下。共筛选歌曲2 000多首。(秦桂荣)

J000238 **钢琴演奏中外抒情曲集(一)** 任达敏编。人民音乐出版社1998年5月版。线谱116面。21.00元。分3大部分，即：建国以来的优秀创作歌曲；港台流行歌曲；外国流行歌曲。其特色是把原曲的旋律配上严谨的和声、内声部副旋律及低音进行。(郭向明)

J000239 **往日情怀** 人民音乐出版社编辑部编。人民音乐出版社1997年9月—1998年3月版。705面简谱(上)，586面简谱(下)。34.90元(上)，29.90元(下)。收入古今中外优秀抒情歌曲800余首。作品大都是在我国流传广泛，影响深远，为广大音乐爱好者所喜爱的，也有少量演唱难度较大的艺术歌曲及著名歌剧选曲，有些曲目在国内是首次以简谱形式发表。作品按男女声分编为上、下册，上册为男声曲目，下册为女声曲目；每一册又按“中国作品”、“外国作品”编为“上、下篇”；每一篇再以一般创作歌曲、古曲及民歌、影视歌曲、歌剧选曲分类编排。书后还有按歌名汉语拼音为序的索引。(王建卫)

舞 蹈

J000240 **宗教与舞蹈** 刘建、孙龙奎著。民族出版社1998年5月版。38万字。40.00元。从宗教的角度来研究舞蹈的理论著作。阐述了舞蹈艺术的血脉关系，不仅说明了宗教对舞蹈动机及表现的影响力，也说明了宗教的外化形式之一。全书按原始宗教、后世宗教和现代宗教的发展时序分为上、中、下3篇。上篇叙述宗教与舞蹈起源上的渊源关系；中篇介绍后世宗教对舞蹈的辐射以及舞蹈所显现的宗教意识；下篇论及现代宗教与现代舞蹈的关系。(罗焰)

J000241 **舞艺·舞理** 资华筠著。春风文艺出版社1998年9月版。27万字。28.90元。系统地论述和探讨舞蹈理论和实践的经典著作。作者近10年发表的舞蹈理论文章的选编。其内容包括舞蹈基础理论的探讨、舞蹈史学研究、舞蹈现状分析等等，有些篇章堪称填补空白。

J000242 **中国少数民族舞蹈史** 纪兰慰、邱久荣主编。中央民族大学出版社1998年11月版。41.6万字。32.00元。少数民族舞蹈通史学术专著。以中国舞蹈通史的形式，分先秦、秦汉、魏晋南北朝、隋唐五代、宋辽金西夏元、明清、民国、中华人民共和国(至1992年)8个历史时期为8章，并按东北内蒙古(含黑龙江、吉林、辽宁和内蒙古)，西北(含新疆、青海、甘肃、宁夏)，西南(含云南、贵州、四川、西藏)，中南、东南(含湖南、湖北、广西、广东、海南、福建、浙江、台湾)4个地区划分板块结构，内容涉及各个历史时期的少数民族民间舞蹈、宫廷舞蹈、宗教舞蹈、代表人物、典型事件以及建国后的少数民族舞蹈创作、舞蹈教育、舞蹈理论方面的发展等。书后附录“中国少数民族舞蹈活动大事记(1901—1992)”。(李飞)

J000243 **步入人体动作艺术的阶梯** 徐敏贤、杨春华编著。中央广播电视大学出版社1998年4月版。23.8万字。17.00元。作者在长期从事儿童舞蹈教育中探索出一系列抽象、纯粹的元素动作，并揭示出这些动作与儿童自发动作之间的内在联系。书中通过大量的触摸、视觉、听觉等感官训练，注重右脑的开发利用，让孩子在舞蹈艺术氛围里用身体动作去感受、表现、创造各种美感，获得健康敏捷的身体形象，发展创造性思维能力，产生积极的自我意识，形成和谐发展的人格。全书分为“步入人体动作艺术的阶梯——元素性舞蹈教育体系简介”、“元素性舞蹈教程基本知识部分图示简介”、“元素位与元素动作简介”、“元素性舞蹈教育技巧性动作简介”、“一级范例教材（4——7岁）”、“二级范例教材（6——9岁）”、“一级范例伴奏乐曲”、“二级范例伴奏乐曲”等9部分内容。（张静）

戏剧艺术

J000244　**广播电视系列教材 戏剧艺术概论**　洪忠煌著。浙江教育出版社1998年5月版。20.1万字。11.00元。引导读者了解和掌握戏剧艺术原理的教材。全面地反映这门学科的已有学术成果，系统地讲解本学科的基本知识，从中外戏剧纵向的历史发展和横向剖析戏剧艺术的机制和特点两个层面，阐述了戏剧的基础知识和基本规律。上半部将世界戏剧发展按古典主义戏剧、巴洛克戏剧和东方传统戏剧分成三大类型加以梳理探源，使读者对戏剧的起源、生成，特别是对戏剧发展过程中有代表性的剧作家和剧作及演剧艺术有具体感性的了解；下半部，则在此基础上，从美学高度和创作规律上审视戏剧艺术的根本特质，既讲到戏剧文学，也讲到表演、导演和舞台美术诸门类；既讲到戏剧艺术的共同特征，也讲到各种体裁形态的划分；既讲到戏剧的艺术表现原则，也讲到戏剧的鉴赏判断。可以说，本书涉及到了戏剧创作和舞台演出的方方面面，有助于初学者较完整地由表及里地掌握戏剧的基本规律。

J000245　**戏剧与戏剧学**　李晓著。四川人民出版社1998年4月版。30万字。20.00元。对戏剧以及戏剧与美学之间的关系进行了较深层次的探讨。戏剧艺术反映了时代的经济生活、社会环境、审美趣味，使戏剧的剧目在现代舞台上显示了它的新的艺术风采。该书便从表现与再现、意蕴与形式、美感与真实、写实与写意等诸多方面入手，讨论和研究了戏剧艺术的美学特征有没有发生变化，戏剧与美学之间的关系究竟怎样等内容。此书较为完整、系统、权威，有较高的理论参考价值。（喻磊）

J000246　**戏剧交响**　副名：演剧艺术撷萃。顾春芳著。复旦大学出版社1998年12月版。28.3万字。20.00元。戏剧作为一门古老而独特的艺术，不仅是人们的一种娱乐方式，更是一种庄严而又神圣的仪典。它寄托着人们的理想和人生感悟，充盈着光明与黑暗、痛苦与欢乐、梦境与现实、文明与野蛮、智慧与愚昧、善与恶、美与丑和生与死相抗争相碰撞的深刻意蕴。本书分4个乐章展示了戏剧艺术的发展历史、辉煌成就、代表人物、流派团体和经典之作。书中贯穿着对戏剧美学的探寻和对人性光辉的礼赞，读来让人兴奋、激动，并产生无穷的遐想，得到深刻的启迪。（夏德元）

J000247　**田汉与湖南戏剧**　康濯等著。湖南文艺出版社1998年3月版。19.8万字。13.20元。共4辑。第一辑为田汉生平简介和田汉与湖南戏剧纪事。第二辑收入田汉为湖南戏剧繁荣发展而撰写的诗文。第三辑收入有关的回忆文章。第四辑记录了1983—1993年湖南省举行的一系列纪念、研究田汉的活动。该书另收相关图片17幅，比较全面、真实地反映了田汉与湖南戏剧长达半个世纪的密切关系。（周爱华）

J000248　**苏州梨园**　李嘉球著。福建人民出版社1998年4月版。15.4万字。10.90元。苏州自古钟灵毓秀，物华天宝。这方水土、这方物产、这方灿烂的文化哺育了一代又一代的才子佳人，也孕育出一代又一代的梨园子弟。本书贯穿着吴地的地理条件和历史文化背景，讲述了苏州梨园的产生和发展，讲述了梨园子弟的辛酸与欢乐，讲述了梨园子弟对中国戏曲艺术的发展乃至对中国社会起过的影响。收入“区域人群文化丛书”。（晓籁）

J000249　**中国戏曲文化概论**　郑传寅著。武汉大学出版社1998年2月版。37.6万字。21.00元。分3编8章论述戏曲文化海纳百川的多元“血统”、山重水复的艰难创作历程；哀而不伤，乐而不淫的审美形态；包蕴丰富，意格独出的精神特质。把戏曲艺术视为中华文化之树上的丰硕果实，在宏阔的传统文化的背景上对戏的历史、文本和舞台呈现进行阐释，对戏曲起源、戏曲晚出、戏曲审美形态的形成、戏曲舞台时空自由转换等论题中的成说提出质疑，并在充分论证的基础上创立新说，对戏曲的特征进行新的概括，深入发掘并重新估量对戏曲文化的价值。成功地运用比较方法，各篇都在中国戏曲文化与西方戏剧文化的比较中展开，从不同戏剧文化现象的对照，到产生它们的不同哲学和美学观念，不同文化和社会背景、不同生产方式的揭示，实际上也是一部比较文化的研究成果。修订版纠正了第一版的文字错讹。（郑传寅）

J000250 **雪域热巴(汉藏对照)** 欧米加参著。民族出版社 1998 年 11 月版。16 万字。17.00 元。“热巴”是由 11 世纪游方僧人米拉日巴所开创,是和藏戏同期产生的藏族传统文化艺术中最成熟、最古老的一种传统民间艺术,至今已有 900 多年的历史。它有两种不同的形式,一种是为谋生到处卖艺的,这种艺术形式包括说、唱、舞、戏剧和杂技等,是一种融歌舞为一体的特殊的艺术,广泛流传于西藏东部和藏北草原,以及四川的巴塘、云南的中甸等地。而另一种是当地组织的不离开本土而演出的艺术团体。本文作者欧米加参就是一位杰出的“热巴”传人。自幼就成长在热巴世家里。12 岁随父母学跳弦子舞,17 岁开始从热巴艺人阿谦学艺,成为出类拔萃的热巴艺人。他不仅仅继承了民间传统艺术,而更重要的是在继承了传统艺术的基础上对热巴艺术进行创新和发展。本书除汇集了大量的热巴舞蹈动作外,同时也汇集了各个时期流行的热巴歌曲。为研究“热巴艺术”的学者提供一套系统的资料,给广大读者增加了藏族民间文化的基础知识。(次勒降泽)

J000251 **中国京剧** 徐城北著。广东旅游出版社 1998 年 2 月版。19 万字。13.80 元。“中国旅游文化书系”之一。叙述京剧的历史、流派及其代表人物,介绍著名京剧艺术家、京剧剧作家及有关作品,并对京剧艺术进行了较为深入的研究与探讨。(李瑞苑)

J000252 **梨园轶闻** 刘松崑著。北京燕山出版社 1998 年 12 月版。26 万字。19.00 元。“北京旧闻丛书”之一。收入自京剧形成以来所出现的轶闻,反映了各个时期京剧演员的演出活动、艺术造诣和生活趣闻。从这些轶闻中,可以了解京剧艺术发展进程中鲜为人知史料。分 55 个题目,对研究京剧发展和其艺术形式的演变提供了丰富材料。(赵珩)

J000253 **中国豫剧大词典** 马紫晨主编。中州古籍出版社 1998 年版。192.1 万字。95.00 元。豫剧是 20 世纪中国最大的地方戏品种,流传于全国 20 个省(市、区)。该书全面记载了这一剧种的发展轨迹。收词 11 200 余条,按史记、机构、人物、剧目、音乐、表演导演、舞台美术、诀谚、江湖 9 大门类编排,含历史、习俗、班规、专著、艺教、班社、剧团等 49 个方面的内容。其中机构部分收入半个世纪以来主要班社和专业剧团 2 015 条;豫剧剧目 2 019 条。具有珍贵的史料价值和研究价值。(孙宝瑞)

J000254 **马戏丛谈** 韦明铧著。福建人民出版社 1998 年 9 月版。15.7 万字。10.50 元。把马戏文化作为一种可与戏剧、杂技、体育相比的专门对象来介绍的著作。分 33 个小节,每节至少一幅插图(或书影),共 114 幅。“小引”节从文明的起源、驯化的性质等角度给出了马戏一词在本书中不同于日常用法的学科名的含义,叙述了马戏的 4 个发展阶段、简单分类,并奠定了贯穿于全书的马戏表演的文化与反文化的矛盾的基调。另 29 节分叙各种兽戏、禽戏、虫戏,最后三节相应介绍拟兽戏、拟禽戏、拟虫戏。兼顾中外古今各种马戏,以古代中国的为主。文中还讨论了力量型与技艺型、教化型与娱乐型,残酷的古代马戏与“文明”的现代马戏的不同及矛盾。(徐建新)

电影、电视艺术

J000255 **广播电视系列教材 电视艺术语言应用基础** 邵长波著。浙江教育出版社 1998 年 2 月版。21 万字。11.00 元。作者试图从句法文法、结构形式两方面来阐述电视艺术语言的体系。不是抽象地专门研究电视或者是电视语言,而是立足于应用上。书中引用了大量的电视和电影中的例子,加上了作者的理解,可操作性强。

J000256 **影视心理学** [德]W·舒里安著,罗悌伦译。四川人民出版社 1998 年 1 月版。19.2 万字。15.00 元。德国明斯特大学教授 W·舒里安撰写的艺术心理学专著。着重探究电影心理学。对下列问题进行了阐释:电视这种一般的、全球的、总括的批判以及对电视的积极评价在社会舆论中占有重要席位;关于电影的历史,心理学对电影的发展及其影响;电视中的电影经验;个人在看电视时的行为;作为“日常生活中的艺术”的电影,其特性与功效。

J000257 **银色的梦** 副名:电影美学百年回眸。孟涛著。复旦大学出版社 1998 年 12 月版。25.4 万字。19.00 元。生动形象地回顾了电影自诞生以来百余年,从无声片到有声片、从表现派到新现实主义、从新浪潮到政治电影等的发展历程,着重分析了电影表现手法和审美观念的演进。书中剖析了世界电影发展史上各个国家、各个派别的著名影片,并对在电影发展史上起过重要作用的名编剧、名导演和名演员作了详细的介绍品评。(夏德元)

J000258 **声音——一个电视人与观众的对话** 敬一丹著。华艺出版社 1998 年版。20 万字。23.80 元。系由中央电视台《焦点访谈》、《东方时空》节目主持人之一的敬一丹将 1995 年 7 月至 1998 年 3 月的 150 余封电视观众来信分类汇编并加以评论、编撰而成。全书包括农村、教育、法治、企业、市场、环境、社会、家庭、贫困、真情等13篇，并附有来信分类、分地区统计资料。书的内容和各种各样的声音来自不同的地方，来自不同的人生，它们都以直接的朴素的"原生态"展示着生活的面貌，也是我们这个时代、这个社会的一个记录。同时，这声音又和一个电视记者的声音交汇在一起，因而这对于让大家更多地了解社会、关注社会并共同改造社会、推动社会进步有重要意义。该书采取夹叙夹议的方法，事理清晰、脉络自现，语言朴实、生动、流畅，无论是内容、形式、风格都是新颖的。（孔德骐）

J000259 **我们的天空** 楚琦著。大连出版社1998年1月版。22万字。15.00元。作者楚琦是大连经济广播电台的节目主持人。1993年起，她参与创办并主持《我们的天空》栏目。这是个晚间的谈心谈话节目。该书系作者在主持《我们的天空》过程中积累的文字资料选编。其中，"回首的刹那"辑是作者的生活感受随笔，"今晚听我说"辑是每次节目的开场白，"相逢在空中"辑是作者给听友的回复，而"星星索"这一部分则摘录了听友的来信。（李然）

K 历史、地理

史学理论

K000001 **龙蛇沧桑丛书** 赵世瑜等著。中国青年出版社1998年9月版。200万字。140.10元。共10册。这是一套雅俗共赏的历史学术著作，是一些中青年历史学家在更新历史撰述面貌方面所做的一点尝试。相对比较"正统"的历史学术著作来说，其写法似乎有点不伦不类，但仔细一推敲，又发现它们的确就是学术著作；不仅言之有据，置有大量注释，而且议论和分析充溢于全书，不乏精彩的思想火花。其撰写的最大特点是，每部书都用一个人物群体作为主要线索，通过这个人物群体的活动，反射出他们所处时代的精神风貌和时代特色，但它又不是特定人物群体的合传，人物只是穿针引线的引子，而最终目的是写历史。不要求面面俱到，而是要突出重点，尽量避免呆板的叙述，而是充分展开议论，夹叙夹议，史论结合，加强主体的投入，阐述作者自己的史学观点。在写作手法上，采用了大幅度地跳跃，类似于电影中的蒙太奇手法。（林栋）

K000002 **徐中舒历史论文选辑** 徐中舒著。中华书局1998年9月版。100万字。86.00元。共2册。徐中舒(1898·10·15～1991·1·9)为著名历史学家、古文字学家。本书为作者晚年自己选编的文集。他在《前言》中说："我治学的主要范围，除古文字学与先秦史外，也花过时间整理明清史料。抗日战争发生后，我入川定居，对巴蜀历史也产生了浓厚兴趣。所以我以往的论著，都集中在这几个方面。我一生所撰史学论文共约百篇，现刊用者仅六十篇。""我研究古文字学和先秦史，常以考古资料与文献资料相结合，再参以边地后进民族的历史和现况进行互证。由于观察思考方面较广，易得其实，自觉尚无自相抵牾者，则备录其文于此，其不能自信者，则刊其目以供参考。"所收文章基本按时间顺序编排。文章内容，大部分属先秦史和古文字学领域，还有属民族史、明清史、考古学、文献学、古诗楚辞等方面的。书末附录《本书未收论文篇目》。（李解民）

K000003 **阎宗临史学文集** 阎守诚编。山西古籍出版社1998年9月版。34万字。19.50元。收论文17篇，分3个部分：一、中西交通史。这是阎宗临先生的主要研究领域，1937年，他在瑞士伏利堡大学所写博士论文为《杜赫德的著作及其研究》，这篇文章在当时西方汉学家中引起了普遍重视。其中许多资料是他到罗马、梵蒂冈查阅图书和教会档案而搜集来的，这对于今天的研究者仍是弥足珍贵的。二、世界史。主要写成于抗日战争时期，如《欧洲封建时代的"献礼"》等，侧重于中外关系的研究。三、古文献的笺注，《身见录》是我国第一部欧洲游记，1937年，阎先生在罗马国立图书馆发现原稿并带回国，笺注刊布，才使其得以流传。（杨文）

K000004 **中国人文社会科学博士硕士文库 历史学卷（上、中、下）** 《中国人文社会科学博士硕士文库》编委会编。浙江教育出版社1998年12月版。194万字。85.00元。"中国人文社会博士硕士文库"

系统收录1981年至1994年已通过答辩的人文社会科学博士和硕士论文的大型学术文丛,共6卷15册。含博士论文90篇、硕士论文110篇,内容涵盖文学、历史学、哲学、经济学、法学、教育学六大学科。其中,哲学卷共收论文41篇,法学卷共收论文31篇,经济学卷共收论文36篇,教育学卷共收论文11篇,文学卷共收论文40篇,历史学卷共收论文42篇。所收论文,大都具有重大的学术创见和理论意义,比较系统而典型地反映了新时期我国人文社会科学建设与发展的最新成就,也是我国改革开放以来在该一领域教学与研究方面非凡成就全面总结。入选的博士论文和一些篇幅过长的硕士论文,请作者或浓缩,或改写,然其精彩不受影响。

K000005　**穷变通久**　副名:文化史学的历史与实践。常金仓著。辽宁人民出版社1998年6月版。23万字。17.00元。"新学人文库"之一。选择先秦——纯本土文化阶段作典型研究,得出许多不同于以往的结论。提出文化史学只有用现代科学的精神去分析、认识以往的事实,才能得到一些原理性的东西,指导人类当前的行为。全书采用文化因素分析方法,涉及历史学、人类学、社会学、政治学等等学科范围。(王松)

K000006　**中国现代史学思潮研究**　张书学著。湖南教育出版社1998年2月版。47万字。26.40元(精)。"博士论丛"之一。将中国现代史学发展史概括为马克思主义史学、实证主义史学和相对主义史学三大思潮竞长争高的历史。全书分"总论"和"分论"两篇,共6章,分别从逻辑和历史两个方面剖析了三大思潮的优劣得失,论述了它们之间互相斗争、互相依存、互相吸收的错综复杂的关系和各自势力消长的原因。既充分肯定了马克思主义史学思潮的主导地位以及李大钊、郭沫若、吕振羽、翦伯赞、侯外庐、范文澜等人的理论贡献,实事求是地评述了王国维、胡适、傅斯年、顾颉刚、陈寅恪、陈垣的实证主义史学思想体系以及梁启超、何炳松、朱谦之、常乃德、雷海宗、钱穆等相对主义史家的学术观点,清晰地勾勒出中国现代史学发展的基本线索。(聂乐和)

世　界　史

K000007　**万国精神比较丛书**　邢来顺等著。长江文艺出版社1998年10月版。210万字。127.00元。共8种。按国别分别成书,选取了中国、美国、英国、法国、德国、日本、俄罗斯、新加坡八个国家,夹叙夹议,写出了这些国家的独特的国民心理状态,也反映了其社会生活的方方面面,对我们理解这些国家,推进我国的现代化建设具有一定的认识作用和借鉴意义。

K000008　**上下五千年总览**　未凡主编。辽宁人民出版社1998年4月版。176万字。148.00元。共9册。分"中国卷"和"世界卷"两部分。"中国卷"为4卷、"世界卷"为5卷。采取按历史年代顺序进行编写。"中国卷",上至远古,下至蒋家王朝灭亡,新中国成立;"世界卷",上至古埃及,下至前苏联解体。上下纵横五千年中外历史。在内容上采取专题列项办法,以历史人物和历史事件为主,叙述中国和世界上下五千年历史风貌。在注重史实的基础上,在语言文字运用上,采取文学性、生动性、趣味性相结合的办法,使所描绘的历史人物,有血有肉,栩栩如生;历史事件有来龙去脉,颇具完整性。在观点上,实事求是,不妄加评论,也不使用野史轶闻材料,保持其故事的真实性。(袁阆琨)

K000009　**中外历史问题人人谈**　国家教委高校社会科学发展研究中心组织编写。中共中央党校出版社1998年3月版。33万字。23.00元。从浩如烟海的中外历史中,选择几个重要的事件和问题,加以简要的介绍和论述,以史为主,史论结合,中外并叙,说古道今。书中讲到的主要历史事件和问题有:具有重大世界意义的英美法三次资产阶级革命;14至16世纪的欧洲文艺复兴及其与资本主义发展的关系;世界古代帝国和文化兴衰;中国古代国家的历史特征;中国近代以来的社会变革;中国民族边疆史;中国近代灾荒与社会稳定;中国古代儒家思想与政治统治和近代以来中美俄日关系的特点等。从量上看,书中选择的事件和问题虽不多,但时间跨度大,范围广,涉及社会政治、经济、思想文化等方方面面。从思想内容上看,集中围绕社会发展中的重大问题而展开,寓意深邃,具有很强的现实针对性。本书作者均为学养深厚的历史学家,书中所讲述的内容都是他们多年思考和研究的问题,因此能够用简略平易的语言说明重要的历史观点。可以说深入浅出,既有一定深度,又通俗易懂、生动活泼;论述有观点、有事实、有注释,史论结合,是本书的一大特点。(张克敏)

K000010　**"发现之旅"丛书**　吴岳添、马振骋等译。上海书店出版社1998年11月版。38.00元(每册)。共6册。是引进法国Gaumard出版公司策划出版的Decouvertes丛书的简体中文版,首批出版《古埃及探秘》、《希腊的诞生》、《罗马考古》、《玛雅文明》、《丝绸之路》、《十字军东征》等 6 种。这套丛书是 Gaumard 出版公司于 1986 年创意出版的，至今已出版了 300 多种，并还在继续出版。这是一套旨在向中等文化水准以上的读者普及人类文明成果的读物，其选题面覆盖极广，写作者均是该领域有研究的专家，且制作非常精美，每一种书均附有大量精美的彩色图片、有助于读者进一步深入的文献资料与索引，达到了该公司出版时预定的“面向 21 世纪的新型大百科全书”的目标。（金良年）

K000011 **告别洪荒——人类文明的演进** 赵林著。东方出版中心 1998 年 8 月版。25 万字。20.00 元。“东方学术丛书”之一。从宏观和动态的角度来探讨人类文明演化历程及其动因，将人类文明的长程演进历程划分为神话世界、英雄时代、宗教时代和工业时代四大历史形态。在时间坐标上注重亲体——字体文明之间的内在联系和演变机制，在空间坐标上注重共存各文明的同异之点和相互关系，力图展现人类文明演进的宏伟图景。书中还就农耕世界与游牧世界冲突融合的历史效应、“文化杂交”的理论预设、“轴心期”文化精神变革的深远影响、宗教——伦理价值系统对于文明体系的决定性意义、“泛西文化”浪潮的历史特点等重大的文化学理论问题提出了独到的见解。（徐芷琳）

K000012 **强国之路丛书** 滕藤主编。黑龙江人民出版社 1998 年 3 月版。27 万字。18.00 元。分 10 个分册，分别为：《东西合璧的明珠——日本百年强国历程》、《文明古国的雄风——意大利百年强国历程》、《登上阳光灿烂的高地——德国百年强国历程》、《光荣与梦想的实现——法国百年强国历程》、《跻身强国的轨迹——俄罗斯百年强国历程》、《大熔炉的强音——美国百年强国历程》、《亚太世纪的号角——新加坡、马来西亚、泰国百年强国历程》、《枫林之国的复兴——加拿大百年强国历程》、《开创现代文明的帝国——英国百年强国历程》、《海上霸主的今昔——西班牙、葡萄牙、荷兰百年强国历程》。全套丛书用大量确凿的史料及精确的数据，完整地说明了主要国家步入强国之路的经验，准确地叙述了各国强盛的必需政策、国际环境及国际背景，其中有许多可贵的经验值得借鉴，包括体制的变迁、市场机制的完备与市场经济的构筑、较先进的经营管理经验与方法等等。（徐冲）

K000013 **黄金草原（一、二卷）** [古代阿拉伯]马苏第著，耿升译。青海人民出版社 1998 年 11 月版。75 万字。36.00 元。从地域方面来说，本书涉及到了从苏门答腊到中亚、欧洲和非洲的大部分地区，如中国、印度、波斯、阿拉伯半岛、巴比伦、神祇人地区、犹太人地区、阿比西尼亚、北非、拜占庭、法兰克人地区、西班牙等等；从内容上来说，涉及到了王统世系、民族分布、伊斯兰教、基督教、佛教和各种巫教，以及自然地理、人文地理、风土人情、文化、历法、工艺、文学、海洋、军事征服、名胜古迹等。虽然成书于公元九世纪，但因该书资料来源丰富，并因作者亲历考察和采访，而使它在历史学方面有着极大的权威性和可信性。本书从法译本转译，目前只出版了全书五卷中的前两卷。（班果）

K000014 **巴比伦古文化探研** 于殿利、郑殿华著。江西人民出版社 1998 年 8 月版。28 万字。22.80元。对古代美索不达米亚文明的创造者或者说是它的早期历史做了翔实的介绍，对楔形文字的发明与演变、传播和影响做了深入的研究和系统的考察，对古巴比伦地区的学校和图书馆、宗教、文学、法律、美索米亚人的日常生活、建筑与艺术、科学技术成就等方面的文化成就做了系统的介绍。（游道勤）

K000015 **世纪回顾丛书** 崔长琦等主编。新时代出版社 1998 年 2 月～4 月版。134 万字。73.00 元。共 4 本，包括《20 世纪的国际政治》、《20 世纪的世界经济》、《20 世纪的科学技术》和《20 世纪的战争》。对世界百年间发生的重大政治、经济、科学技术和战争事件，用辩证唯物主义和历史唯物主义的观点，以历史事实为依据，分析浩瀚的资料，通过生动的笔触，把每个事件的起因、经过、结局清晰地再现于读者面前，使读者可以从中窥见百年来世界历史发展的脉络和规律。（张仁杰）

K000016 **极端的年代（上下）** [英]艾瑞克·霍布斯鲍姆著。江苏人民出版社 1998 年 1 月版。90 万字。37.00 元。霍布斯鲍姆是享誉国际，备受推崇的近代史专家。他自 14 岁在柏林参加共产党后，迄今未曾脱离。在剑桥大学期间，霍氏是党内的积极分子，与威廉士、汤普森等马克思派的交往甚密。马克思主义者的政治背景虽令其教职生涯颇为艰辛，但却令他与国际社会有着更广泛的接触经验及更多的研究机会，从而建立了他在国际上的声誉。本书是霍氏以独特历史角度，对 1914 年第一次世界大战以来直到 1991 年苏联解体，其间短短的 20 世纪进行独具慧眼的考察，用霍布斯鲍姆的话来说，我所做的最大努力，就是向 20 世纪那些特别尖锐、最有争议的题目中深入挖掘——比方冷战史实或 30 年代历史，

所陈观点,都能在专家研究的明察秋毫之下站住脚。(丁嫣霞)

K000017 **20世纪世界史** 李植芊主编。湖北教育出版社1998年9月版。106万字。67.00元。共2册。国家哲学社会科学“八五”重点项目“20世纪世界历史的整体研究”的最终研究成果。以生产力发展和世界交往的发展为主线,以历史纵向发展和横向发展及其相互作用为骨架,关系全局,具有世界意义,影响世界历史进程的重大事件和历史运动为主要内容,对20世纪世界历史进行整体研究,把历史事件放在世界整体发展进程中加以考察,揭示事件出现的历史条件、时代特征及其地位作用,实事求是地对历史事件作出评价。内容上突出6个方面:①几次科学技术革命对世界经济一体化和世界整体发展进程的影响;②发达资本主义国家的生产国际化资本国际化对世界历史发展的作用;③世界各国发展不平衡和各种力量对比的变化对世界进程的影响;④实现工业化、现代化,从民族历史向世界历史转变,是各国历史发展的共同趋势;⑤捍卫民族独立和国家主权的斗争是不可抗拒的历史潮流;⑥从资本主义向社会主义过渡是世界历史发展的大趋势。主要特点是,从根本上改变了观察和研究世界历史的角度,从过去局限于孤立地考察单个国家历史和单个历史事件改变为从世界全局来研究世界历史进程,从而大大拓宽了研究世界历史的领域和视野。全书包括导论和20章、3个附录:大事年表、参考书目、重大历史事件和历史运动索引。(胡燕玲)

K000018 **世界当代史** 李世安著。中国人民大学出版社1998年9月版。46.5万字。26.00元。以马克思主义的史学理论为指导,从新的角度分析问题,提供新的史料,尝试新的研究方法,尽量吸收国内外最新教学科研成果,力求简明、扼要地反映世界当代史的特征和全貌,重点强调世界面向21世纪的发展。书中内容新,涉及伊拉克武器核查危机等重点问题。在论述超越国界、影响历史发展的重大问题时,着力强调各国发展的整体历史。鉴于当代世界应是和平与发展的时代,这一特点决定了在叙述当代史时不能忽视政治、经济的发展。因此,书中强调了政治和经济方面的内容,对其他方面的内容,例如军事、外交、社会、科学技术、文化艺术方面,则给予适当的篇幅。(余资)

K000019 **世界民族志** 张有隽主编。广西民族出版社1998年11月版。27.3万字。18.00元。高等民族院校教材。主要概述世界各民族的历史、现状、发展及特点。按地区编写,每洲一章,系统介绍世界各民族人口分布、居住迁徙等基本情况及社会经济结构、政治制度、社会生活、婚姻家庭、风俗习惯、宗教信仰、语言文字、文学艺术、道德规范、思想意识等。(韦玖贤)

K000020 **犹太民族复兴之路** 潘光等著。上海社会科学院出版社1998年2月版。27.2万字。22.00元。主要研究犹太民族——一个近两千年没有国土而流散全世界的民族能顽强地生存下来,并继续对人类文明的发展作出巨大贡献,经过坚韧不拔的奋斗重建国家,再度崛起这一问题。作者认为:犹太民族复兴的力量源泉是其根深蒂固的民族凝聚力,这一凝聚力则源于民族传统、宗教信仰、社团结构三大支柱,即以犹太文化传统为主体的民族认同感,以犹太教为纽带的共同信仰和价值观,以家庭为基础、犹太会堂为核心的社团网络。同时也分析了犹太民族复兴过程中的外因——反犹主义、列强争斗和国际环境的变迁。(方小芬)

中国史

K000021 **中国人史纲** 柏杨著。中国友谊出版公司1998年1月版。77万字。59.00元。分上、下卷。时间跨度从神话时代的盘古开天辟地,到20世纪40年代中华人民共和国成立,时间长达五千年。本书不同于其他中国通史之作的区别在于以世纪为单元分章划节,用文学语言来叙述平淡的历史流程。由于作者久居台湾,对资料搜集和使用均不同于大陆作者,而其对事件的分析视角和结果亦有较大的区别,更突出了历史进程中人的作用。书中触及了绝大多数通史、断代史的禁区,有资料、有观点。(史宝明)

K000022 **史家随笔丛书** 郭沫若、翦伯赞、吴晗、傅斯年、赵吉惠著。浙江人民出版社1998年8月版。79.6万字。61.70元。共5册。其特点是:首先,作者均是20世纪文史皆通、德才识皆备的史学大师,如:郭沫若、翦伯赞、吴晗、傅斯年。他们在从事专题研究的同时,以史家睿智观照历史进程中的人与事,点评社会的兴衰得失,表达对时代、对人生、对历史的独特思考,对今天的现实生活仍有启迪意义。这些随笔短论,少了常见随笔之肤浅、轻薄,多了学者随笔之大气、凝重、严谨。其次,丛书以“随笔”作为入选标准之一,好读易懂。丛书的各位作者虽然为史学大家,著作等身,但入选本丛书的作品均是作者不拘形式、借事抒情、夹叙夹议的随笔短论。适合普通读者的阅读水平，缩短了史学与社会生活的距离。第三，选本精良。丛书的选编者或是作者本人或是作者(已故)的弟子、助手、子女，这就保证了入选作品的代表性与权威性。如翦伯赞的《学海心潮》由翦先生生前助手张传玺教授选编，吴晗的《史镜管窥》由吴晗生前助手苏双碧选编，郭沫若的《豕蹄内外》由郭沫若的女儿郭平英选编。选编者与作者这种不同寻常的关系，既保证了入选作品的质量，又比较贴近作者原来的思路。这套丛书子目分别为：《史镜管窥》，吴晗著，15.3 万字，12.00 元；《出入史门》，傅斯年著，14 万字，11.00 元；《国学沉思》，赵吉惠著，16.3 万字，12.50 元；《豕蹄内外》，郭沫若著，18.4 万字，13.80 元；《学海心潮》，翦伯赞著，15.6 万字，12.40 元。(陈巧丽)

K000023　**鄂西北革命史稿**　孟宪杰著。中国地质大学出版社 1998 年 11 月版。24 万字。10.00 元。以鄂西北地区革命斗争史为研究对象，对 1919～1949 年的鄂西北人民在党的领导下所进行的不折不挠、英勇不屈的奋斗史进行了探讨。全书具有以下几个突出特点：第一，明确、具体地界定了鄂西北的范围；第二，史料丰富，大量地使用地方史资料，尤其是方志、文史等资料的使用，具有较为突出的地方特色；第三，实事求是，秉笔直书；第四，对鄂西北革命中的重大问题提出了自己的观点和认识。(陈业新)

K000024　**中华文化海外传播史(一、二、三册)**　武斌著。陕西人民出版社 1998 年 9 月版。175 万字。130.00 元。分上、中、下 3 卷，全面系统地介绍了中华文化在海外传播的历史：从时间上，自远古时代中华先民的文化创造开始，历经殷商西周、春秋战国、秦汉一统、盛唐时期直至宋元明清，随时间流逝追寻中华文化海外传播的踪迹；从地域上，近则泽被四邻，如日本、朝鲜，远则通过中亚而至西亚，越过大洋而至非洲、美洲，随地域上的由近及远展现中华文化海外传播的神采；在内容方面，从生产、生活到学术、艺术，乃至习俗诸多领域，囊括了中华文化的方方面面；在传播途径方面，从使节往来、丝绸之路开通，留学生、留学僧的派遣，到大规模的通商与旅游探险的兴起、使徒东来与中学西渐，及传教士作为中华文化西传的使者、海外华人架设的传播中华文化的生命之桥；在影响与作用方面，丰富了各民族文化的内容，推动了各民族文化的发展。(李丽菊)

K000025　**中华文化通志**　《中华文化通志》编委会编撰。上海人民出版社 1998 年 11 月版。3600 万字。6000.00 元。迄今为止我国第一部全面、系统地概括和总结中华文化的大型文化专志，包括十大典，每典十志，另有“总目提要”一卷，共 101 卷。十典分别是：历代文化沿革典、地域文化典、民族文化典、制度文化典、教化与礼仪典、学术典、科学技术典、艺文典、宗教与民俗典和中外文化交流典，从古至今、分门别类、全方位、多视角地阐明了中华文化的总体结构、历史沿革和重要特征，记述了全国十大地域文化、56 个民族在文化上的贡献及其融合互化的过程，阐述了中国文化与世界其他文化的交流及中华文化在世界文化中的重要地位。(黄建章)

K000026　**中华文明大博览**　李默主编。广东旅游出版社 1998 年 10 月版。450 万字。798.00 元。分上、下册。采用图文并茂的形式，把中华民族上下五千年的灿烂文明以编年的形式再现出来。全书约有 7000 张彩色照片，沿用《新中国大博览》的基本体例，采用编年体形式，时代线索分明，力求将文明的发展提高到思想层面来观察，侧重精神文明观念。(李瑞苑)

K000027　**中国文化史丛书**　白寿彝等著。商务印书馆 1998 年影印版。800 万字。共 48 册。这是 20 世纪 30 年代商务印书馆出版的一套涉及文化领域甚广的丛书。从 1993 年起，陆续重印丛书，1998 年除个别不便于重印的外，全部出齐。它包括政治、经济、文化艺术、文字训诂、医学、商学诸类。(任雪芳)

K000028　**中国文化史知识丛书(100 种)**　任继愈主编。商务印书馆 1997～1998 年版。800 万字。从历史、地理、思想文化、教育、科技、经济、政治、文艺、军事、体育诸多方面，向读者介绍源远流长、灿烂辉煌的中国文化各个领域的历史和概貌，勾勒出中华民族五千年来文化发展的轨迹。例如，文化类包括了汉字发展史话、中国古代书籍史话、中国的文房四宝、中国的书法、中国的道教等近 20 个题目。每一个专题都从纵的方面介绍其历史渊源，再从横的方面阐述其每一历史阶段的特点。以《中国古代小说史话》为例：首先阐释了“小说”这个概念的历史演变，然后从上古神话、志怪和志人小说讲起，介绍了唐传奇名篇、唐传奇的影响；宋元话本、话本名篇及其现实意义；空前繁荣的明代小说，介绍了三国演义、水浒传、西游记、金瓶梅等名作；长篇小说的黄金时代清朝的小说名篇：聊斋志异、儒林外史、镜花缘，尤其是千古绝唱——红楼梦。每本书 8 万字左右，配有精

美的彩图和黑白随文图。(任雪芳)

K000029 **黄河文化论坛** 寒声主编。北岳文艺出版社 1998 年 12 月版。22 万字。16.80 元。论文集。选收了 18 篇学术论文。汇萃了研究者们对黄河流域的历史、政治、经济、文化、语言等各方面的研究成果。《长平之战与长平古战场考察报告》注重实地考察,摆脱了“纸上谈兵”之弊;《晋国文化》、《三晋文化的一朵奇葩》、《中华族谱概说》等则从历史上的不同角度和侧面析理三晋文化的古往将来;《煤的发现、利用与人类文明进程》、《山西省干旱灾害及基本成因》等经济学论文则紧扣山西实际情状,考证山西煤资源的渊源和利用;阐明旱情的总成因系降水量不足的结果;《晋剧声腔形成规律研究》则追溯晋剧由山陕梆子衍变的全过程;《山西票商兴衰的历史教训》再现了山西票号依托封建统治,一损俱损,内部管理不善以至衰落的历史镜头。(席香妮)

K000030 **二十四史外编** 宋·苏辙等撰,吴树平编。天津古籍出版社 1998 年 12 月版。4286 万字。20000.00 元。共 152 册。选收被尊为“正史”的“二十四史”以外的纪传体史书 25 种凡 2777 卷,依次为宋·苏辙撰《古史》,宋·郑樵撰《通志》,清·乾隆敕撰《续通志》,清·李锴撰《尚史》,清·李凤雏撰《春秋纪传》,汉·刘珍等撰《东观汉记》,清·姚之骃撰《后汉书补逸》,宋·肃常撰《续后汉书》,元·郝经撰《续后汉书》,明·谢陛撰《季汉书》,明·蒋之翘删补《晋书》,清·郭伦撰《晋纪》,明·孙悫撰《唐纪》,清·吴任臣撰《十国春秋》,宋·马令撰《南唐书》,宋·陆游撰《南唐书》,清·刘应麟撰《南汉春秋》,宋·王偁撰《东都事略》,明·柯维骐撰《宋史新编》,明·钱士升撰《南宋书》,宋·叶隆礼撰《契丹国志》,宋·宇文懋昭撰《大金国志》,民国柯劭忞撰《新元史》,清·王鸿绪撰《明史稿》。其中,前 4 种为通史,后 21 种为断代史。全书记事起迄时代与“二十四史”同。所收 25 种史书具有“二十四史”不可替代的文献价值和资料价值,或与“二十四史”相发明,或弥补“二十四史”之缺失,或匡正“二十四史”之谬误。所收各史书均据有关底本影印。(杨锺贤)

K000031 **史记评林** 明·凌稚隆辑校,明·李光缙增补,于亦时整理。天津古籍出版社 1998 年 3 月版。16 开,330 印张。520.00 元。共 6 册。据明万历李光缙增补本影印,偶有漫漶不清之处,则据日本明治三十二年翻刻本校补。所收内容主要有以下数端:选录历代名家对《史记》的评论,这类内容所占比重最大,是全书的主体部分;在专门评论《史记》的著作之外,选取有关论著中对《史记》要旨有所阐发的片断;选录《史记》依据的历史资料,以求探本求源,以释因《史记》记事简略而带来的某些疑惑;摘录《史记》产生以后出现的史部和子部书中的有关言论和事情,以与《史记》相发明;对《史记》文义、段义、字义的评解和诠释,以及对《史记》和《史记》传布过程中所产生的讹误所进行的校勘;另外,对《史记》的人物、事件、文辞、篇章结构、行文技巧等也有很多品评。全书共征历代学者之说凡 150 多家,利用各种著述凡 140 多种。(杨锺贤)

K000032 **白话《资治通鉴》精华(上中下)** 张高华等编。国际文化出版公司 1998 年 4 月第二版。157.9 万字。118.00 元。精选《资治通鉴》、《续资治通鉴》、《明通鉴》三部史书中的一些精彩篇章,译成白话。作者以历史年代为经,以重要的历史事件为纬,在每一朝代中选取可以概述主要历史内容的若干事目,每一事目下只收译文不录原文。全书结构紧凑,选目精当译文准确、流畅,力求在整体上确保历史发展的连续性和译文风格的统一。

K000033 **资治通鉴新注** 宋·司马光著,张大可等校注。陕西人民出版社 1998 年 9 月版。1000 万字。480.00 元。共 10 册。是对我国编年体通史性巨著《资治通鉴》以最新的研究成果予以校勘、注释的大型古籍整理类著作。全书以中华书局 1956 年版本为底本,参阅其他版本,将中华本 20 册改为 10 册,后附录《资治通鉴》大事年表。《资治通鉴》是北宋英宗、神宗年间,由皇帝颁诏编写、大学问家司马光总撰的,全书 294 卷。在前人研究、校勘的基础上,本书吸收了几十年来的新的研究成果,搜集最新资料,予以最新注释。历史学科方面,注疏了大量史实、考辨、掌故等;天文学方面,用现代天文学成就与原著天文用语对释;地理学方面,对各级政区地名、重要的军镇、古战场等,均依据现代地名详细注出,有些特殊地名附带说明其性质;人物方面,以注释六大要项为务,即名、时、官、事、传、地等,对有影响的历史人物予以评注,并简要说明其历史贡献及身后影响。在职官、名物、制度、风俗、习惯等方面,本新注力求采取最新成果,做到准确、新颖、明了。在用字方面,本书对原书中的繁体字均按国家文字委员会公布的简化字一律改过,通假字、异体字、古体字一般在注文中说明。(晏秉辉)

K000034 **《资治通鉴》治国思想研究** 邹永贤著。厦门大学出版社 1998 年 10 月版。44 万字。26.00元。首先论述了《资治通鉴》写作的历史背景和思想渊源，然后按其逻辑体系，依次叙述了《资治通鉴》中论君道，即君主的德、才、识，君主的工作方法、统治术；论求才、择官、治吏；论礼治、德治、教化；论德刑，即地主阶级国家怎样讲究教化与法刑相结合；论军事；论经济；等。最后介绍《资治通鉴》一书的历史影响，论述了在当今进行社会主义民主建设中，《资治通鉴》一书的借鉴意义。（黄茂林）

K000035 **正统论与革命观** 副名：中国传统政治文化的调节机制。陈学凯著。陕西人民出版社1998年6月版。24万字。13.50元。通过对正统论与革命观的问题进行系统深入研究，深刻揭示了它的本来面目——历史学范围内的“正统”之争仅仅是历史的表像，传统政治文化中的正统与革命之论，才是问题的实质所在。因为判断一个历史王朝的“正统”与否，各门各派理论的根源，无不以传统政治文化的理论核心——儒家道统思想为依归。在此认识基础上，作者进一步对正统与革命这对概念的历史与政治文化的双重本质作了全面的区分和界定。通过对它们形成与发展的多方面认识、分析与综合，条理出了正统与革命的各种模式和它们之间矛盾冲突以及互相依赖、互相制约的矛盾机理。并由此总结出它们作为传统政治文化的自我调节机制，具有从宏观理论上缓解社会矛盾，成就新旧王朝交替变更，推动社会历史变革发展的重要作用。因之，正统论与革命观实质上是儒家文化中维护“王道”和匡复“王道”的双刃武器。它的既能维护封建统治，又不排除打倒不合规范的旧皇帝、换上合乎要求的新皇帝的灵活性，使儒家传统政治精神有了更多的回旋余地，获得了理论的圆满与永恒。（曹秀君）

K000036 **基督教教育与中国知识分子** 史静寰、王立新著。福建教育出版社1998年7月版。25万字。20.00元。“基督教教育与中国社会”丛书第二辑。全书共11章，阐述了基督教教育与近代中国知识分子的复杂关系，从教育这个侧面，反映了近代中西关系及文化交流。书中介绍了作为近代影响中国的外来因素的一个重要组成部分——基督教及其教育，在不同时期与中国各类型知识分子的关系及影响：传教士及教会学校对中国青年学生知识分子的影响，对士绅、儒士或传教士译介西学的中国助手的影响；基督教传教士与农民知识分子——太平天国领袖的关系；基督教与维新运动，西方传教士与维新派思想家之间的复杂关系；五四时期教会学校学生的政治热情、政治态度及参与政治活动等与一般国立学校学生的异同。还介绍了早期接受共产主义理论的中国共产党人对基督教及其教育的看法。（陈天正）

K000037 **国学大师论国学** 胡道静主编。东方出版中心1998年4月版。84万字。56.00元。共2册。分国学通论、哲学与文化、史学（含地理）、文学艺术、汉语汉字、古籍整理6大类。由章炳麟、梁启超、陈寅恪、熊十力、钱穆、郭沫若、林语堂等近现代国学大师分别对传统国学的内涵、特色、方法、传统文化精神、经学、道学、佛学、旧史学的考据、谱牒、沿革地理、方志及中国文化特色的古典诗词、园林、汉字训诂、古籍目录等学术问题作了论述，如研究国故的方法、中国文化特质、从宏观上看中国文化、中国古典文学中的诗歌传统、中国笔记小说略述等。在各篇论文之后，对相关作者及该文写作背景或重点作了简括介绍。（徐芷琳）

K000038 **我的名字叫中国** 汪天云主编。上海科学技术出版社1998年1月版。25万字。750幅图。100.00元。全面介绍中国国情、弘扬民族文化、进行爱国主义教育的普及读物。全书共10篇，分为三大板块，主要内容有：1.1～7篇全方位介绍中华五千年文明，其中包括国土、资源、民族、历史、科学技术、文化艺术等方面的国情和辉煌成就。2.8～9篇以历史唯物主义的观点，介绍中国近百年落后挨打和中国人民在中国共产党领导下抗击外来侵略的悲壮事业。3.第十篇全面介绍新中国成立50年来所取得的成就，尤其是党的十一届三中全会以来，改革开放后新中国腾飞的新景象。全书围绕三大板块的内容，在组织文字素材、精选历史图片等方面都作了精心筹划，使该书具有以下特点：1.覆盖面和信息量大，使人对中国有一个完整的了解；2.文字流畅，可读性强；3.图文互补，相得益彰，简练的文字辅以精美的图片，使历史凝固在图文之中；4.材料准确科学，可供查阅，具有小百科全书的性质。（胡伟民）

K000039 **勇为先——忠勇侠义豪情满怀** 门岿主编。国际文化出版公司1998年12月版。60万字。33.60元。由《侠客肝胆录》、《刺客纵横谈》、《沙场英雄豪情》、《天涯浪子风云录》和《成王败寇的疑惑》5个分册组成。描绘出古今历代侠客、壮士的豪情壮举，壮士的义、义士的勇、勇士的情跃然纸上。

K000040 **漫画中国历史故事** 吴经农、高敏等著。海燕出版社1998年3月版。5500幅图。90.00元。分6册，每册编入几个历史朝代。采用漫画手法塑造人物形象，以其简练的语言文字述叙事件。本书编写顺序是依照初中历史课本进行的，目的是让中

学生能通过阅读此书，加强对中国历史人物事件的印象。(刘德璋)

K000041　**良渚文化研究**　林华东著。浙江教育出版社1998年11月版。45万字。23.00元。既包括文化命名的由来，遗址的分布和分期，陶器、玉器的工艺及特征，还兼及经济模式、精神世界、社会形态，并对良渚文化的去向和影响进行探索，可以说为良渚文化的研究建立起相当全面的轮廓。对于某些重大的遗址和墓地，作者均亲临现场考察，倾听各方面意见，力求作出实事求是地论述；对于一些重大问题的探讨，则列举各家之说，在独立思考的基础上提出自己的见解，以利于读者的全面了解和思考；还广泛收录、汇集大量资料和不同的论点，出处明确，在进一步的研究分析中，可起到按图索骥的效果。

K000042　**国史概要**　樊树志著。复旦大学出版社1998年7月版。40.5万字。23.00元。对国史所作的概述，起自史前时期迄至清代。它虽为本科教材的篇幅所限，但从内容、体系到结构、文字都令人耳目一新。内容上，不同于以往的社会发展史模式，而是展现中华文明的发生、发展与演变，以此作为国史主线，演绎出新意。结构上，不同于以往的章节目三层框架，而是分设专题，推陈出新，删繁就简，突出重点；全书一百个专题，既有内在联系，又可独立成篇，点、线、面相得益彰，历史脉络于创意中见分明。(吴仁杰)

K000043　**缀古集**　李学勤著。上海古籍出版社1998年10月版。24.6万字。15.80元。通过古文字考释、文物考证，证实我国夏商周历史的存在。(谷玉)

K000044　**左传译注**　李梦生撰。上海古籍出版社1998年6月版。102.6万字。53.00元。分上、下册。《左传》译注本。其注释有以下数项特点：一，甄别，综合前人各家的成说，取其允中，而时出撰者个人见解。二，标醒纪年中各诸侯国的国祚情形，以助读者获得"史"的认识。三，对古地名一一考明今在，以历史地理学辅佐通史。四，注文简明切实，避免了因冗注所引起对阅读原文的不便。其白话语译则朴实精当，文从字顺，足以排除旧有文字形式的障碍而保存原著的思想精髓。全书采取先列经、传，下加注、译的上下对照形式，将原著全文排出。(史良昭)

K000045　**春秋公羊传译注**　王维堤、唐书文注。上海古籍出版社1998年版。42.4万字。21.50元。以《十三经注疏》本为底本，注释继承了汉代何休《春秋公羊经传解诂》和清代孔广森《春秋公羊通义》的精华，同时参照了《左传》、《谷梁传》的异同，又广泛吸收了前人的研究成果，因而站在更高的视点上，有所新见。如《襄公二十一年》"十有一月庚子，孔子生"，注释详加考辨，论证十一月为民间夏历之原始记录，当为周历次年之正月，对孔子生日提出了新说。又如《文公九年》，对"楚无大夫"，注释论证楚有大夫，楚文化是华夏文化的一个地方分支，可是春秋时代中原各国却带着地域偏见，目之为夷狄，指出《公羊传》所表现出来的思想反映了当时的历史实际，在今天看来则是不足取的。这是以新视点超过旧注的地方。本书前言是一篇论文，如对《公羊》学的历史鸟瞰，对《公羊传》以阐释《春秋》的义理为主，兼涉研讨《春秋》的文理和介绍有关的史实的概述，都是前人未曾全面论及的。关于孔子是否曾修《春秋》，也与杨伯峻先生进行了不同意见的讨论。每章冠以题解，以介绍历史背景、文义中心和人物关系，把《论语》串进去一起谈。译文通顺易懂。(刘德权)

K000046　**春秋左传译注**　鲁开泰译注。武汉出版社1998年2月版。100万字。45.00元。对《春秋》、《左传》两部文献中的经文和传文合注合译，兼有原文和译文的一部古籍译本。译者在对原文作了细致的校勘、注释和整理后，以通俗的语言将其面貌展示给读者，其中，订正了以前的校译者未发现的一些错误。书前还兼译了杜预、孔颖达等人的序文及《四库全书总目提要》为《春秋左传正义》所作的提要。(邹德清)

K000047　**春秋谷梁传译注**　承载撰。上海古籍出版社1998年12月版。50万字。32.50元。《谷梁传》是"《春秋》三传"中成书最晚的一部书，其学说大抵出于鲁儒，注重传扬经义，处处谨守《春秋》书法，阐明义例。但在记载史料方面，不及《左传》详尽，且间有因不明史实而以臆断来自抒其见的地方。它的文字，晋人范宁评为"清而婉"，唐人柳宗元评为"峻洁"，并说自己为文曾"参之谷梁氏以厉其气"。本书针对《谷梁传》的不足，在注释中以《左传》的史实解经，并据以评议传文中某些臆断之说。译文信而达，为今人阅读这部对了解汉代前期统治思想有不可忽视的价值的古籍提供了方便。

K000048　**战国史(增订本)**　杨宽著。上海人民出版社1998年3月第三版。43.50元。断代史名著，初版于1955年(20多万字)，1980年曾出过第二版(增至40多万字)，此次增订本为第三版。增订本作者在观点上也有比较大的修正，主张战国时代小农经济的成长是当时社会经济变革的核心内容，君主中央集权体制与官僚体制的形成是战国史上的一个重要特征；同时，在战国史事系年上也有很多新见解，修正了以往学界的一些认识；对战国时代的史料、战争、文化思想的发展都有比以往更为详细而深入的分析。（黄建章）

K000049 **战国制度通考** 缪文远著。巴蜀书社 1998 年 9 月版。27 万字。15.00 元。对战国的职官、食货、地理、兵制、法制等重要制度的内容及其源流作了系统地考述。既参考了现存的文献记载，又充分运用出土的文物考古资料互相参证；既广泛吸收了前人的研究成果，又提出了作者多年探索的新看法。经过作者的考索，很多问题得到了澄清。如在《职官考》中，对“丞相”一官的来源及发展过程作了详细的论证，纠正了以往学者的混乱看法。在《食货考》中，根据银雀山竹简《孙子》佚文，指出赵国早在春秋时代即已废除井田制，井田之废并非始于战国。该书还详述了赵、楚等国的土地管理办法。有关这一类的精辟见解，书中还有不少。（谭晓红）

K000050 **中国历代宰相的谋略与权术·秦汉卷** 王文涛著。河北人民出版社 1998 年 1 月版。25 万字。17.00 元。集中描述了秦汉时期诸位宰相在统一天下，治国安邦，立法守律，理财经营，平乱救国，安定边疆，对外交往，左右制衡，修身处世等方面的谋略及权术。（王书华）

K000051 **秦汉史探讨** 高敏著。中州古籍出版社 1998 年 9 月版。29.2 万字。16.00 元。“学人文库”之一。收文章 18 篇，主要是对秦汉经济史，以及秦汉简牍的研究。内容包括秦汉时期的农业、手工业、畜牧业、徭役、户籍、上计制度、邮传制度等，并从出土简牍中分析两汉前期刍、稿税制度、汉代的口钱、算赋制度等。复证增补前人之说，论点颇具新意。（孙宝瑞）

K000052 **夜郎史传** 王子尧整理翻译。四川民族出版社 1998 年 8 月版。30 万字。55.00 元。夜郎，为我国秦汉时期西南一个强大的部族联盟国家。其盛世疆域跨今云贵川彝族地区。其国强势，其民好战，目中无敌，傲视他族，故有“夜郎自大”之说。本书记载了古夜郎国的兴起、发展、衰落的历史过程，特别是对战争作了精彩的描述。是一部研究彝族古代政治、军事、文化、经济的宝贵史籍。全书翻译准确、忠实，运用目前最为科学的“四项整理法”。（李世荣）

K000053 **后汉书今注今译** 南朝·范晔著，章惠康、易孟醇注释。岳麓书社 1998 年 7 月版。524 万字。260.00 元。南朝宋史学家范晔的史学名著《后汉书》的注释兼白话翻译本，共 3 册。全书在原文后分段设注，以译文贯穿。注释采用繁简适当的方式，且注释面相当宽，除了一般应注的字音、词义、人名、书名、史实之外，还对典章制度、风俗习惯作了注释，揭示出范晔隐含在《后汉书》里或他在当时不须说而现在不能不说明的历史内容，因而使注释有了更大的价值；翻译方面奉行“信、达、雅”的原则，但因涉及“天文志”、“五行志”等专门之学，内容艰深，故译文不刻意在“雅”上下功夫，具有平实畅达的特点。本书最突出的特点，是编撰了《后汉书地名录》和《后汉书职官录》附于书后，两录均作索引，既便于检索、查对。（饶毅）

K000054 **岑陬昆弥** 苏丹·张波拉托夫著。民族出版社 1998 年 8 月哈萨克文版。25 万字。23.00元。着重描写了公元前二世纪的乌孙国的社会生活、社会生产、独特的社会结构和他们的风俗习惯宗教信仰以及民间文化艺术等方面，还描述了乌孙国与汉朝等朝代的相互关系。（蔡锐坚）

K000055 **闽越国文化** 杨琮著。福建人民出版社 1998 年 7 月版。36.5 万字。27.50 元。“福建文化丛书”之一。详细考证了闽越国时代物质和精神文化之源流、发展之面貌；揭开了汉代闽越国时期，福建闽越族文化的遗迹、遗存和分布情况；全面展示了闽越国时期上层建筑领域中的政治制度、城市文明、宗教信仰、文字、艺术，以及社会经济中的金属制造业、建筑业、制陶业等手工业生产和闽越人民以农业为主、渔猎为辅的社会生活状况。同时，该书还根据丰富的材料，论证了闽越国与西汉中央王朝、周邻地方郡国的文化交流、相互影响以及海外的交往贸易。（刘亚忠）

K000056 **中国历代宰相的谋略与权术·魏晋南北朝卷** 尚虹著。河北人民出版社 1998 年 1 月版。23 万字。15.00 元。集中描述了魏晋南北朝时期诸位宰相在治国安邦，立法守律，对外交往，修身处世等方面的谋略与权术。（王书华）

K000057 **中国历代宰相的谋略与权术·隋唐五代卷** 匡继先著。河北人民出版社 1998 年 1 月版。31 万字。20.00 元。集中描述了隋唐五代时期诸宰相统一天下、治国安邦、执法守律、安定周边、打击权贵、建储立后、抑制宦官、排斥政敌、媚君求荣等方面的谋略与权术。（王书华）

K000058 **两五代史辞典** 宋衍申主编。山东教育出版社 1998 年 3 月版。143 万字。55.80 元。“二十五史专书辞典丛书”之一。是为北宋开宝年间由薛居正监修而成的《旧五代史》和皇祐年间由欧阳修撰修的《新五代史》编纂的专书辞典，有以下特点：一、收词齐全。全书以中华书局标点本《旧五代史》、《新五代史》的原文及考异和徐天党诠为依据，排查收录了人名、地名、民族、职官、著作、名物、典制、艺术、天文、历算、科技、医药、动植物等专用名词和历史事件、成语典故，疑难词语等，共计约1.7万条，列为词目，加以注释。二、释文简明。释文简明通俗，内容以原著为准。三、内容广博 。全书内容涉及中国五代时期及其以前的政治、经济、文化、军事、科技等方面的知识，可说是百科全备，无所不有。四、学术性强。所收词目中有相当部分是其他工具书中未收释过的，在吸取历代研究成果的基础上，做了深入研究后加以诠释，具有开拓性。对尚未定论的，以一说为主，兼述他说。五、方便实用。正文前有“凡例”、“索引”，后附“五代十国帝王世系表”、“五代十国纪年表”、“五代十国时期全图”。正文词目用繁体，与原著一致；释文用简体，便于阅读；释文末注明该词目在学著中的一个重要页码，便于对查。(温玉川)

K000059 **中国历代宰相的谋略与权术·两宋卷** 高浣月、江旭伟著。河北人民出版社1998年1月版。21万字。15.00元。集中描述了两宋时期诸宰相在统一天下，立邦立业，革故鼎新，救亡图存，惩邪平乱，党派斗争，邀宠抑敌，擅权僭位等方面的谋略与权术。(王书华)

K000060 **宋夏关系史** 李华瑞著。河北人民出版社1998年9月版。39万字。26.80元。以马克思主义民族观为指导，对宋夏关系各方面的问题、因素和背景，作了论述。内容涉及宋对西夏的政策、宋夏战争、宋夏贸易、宋夏与辽的关系等方面。具备三大特色：一博，即博览群书、网罗资料丰富；二深，即深入本质、见解独到；三新，即资料新、观点新。(王书华)

K000061 **中国历代宰相的谋略与权术·元明卷** 周继中、郑昌淦著。河北人民出版社1998年1月版。21万字。15.00元。集中描述了元明时期诸宰相在巩固统一，缓和民族矛盾，发展经济，守权固位，左右制衡等方面的谋略与权术。(王书华)

K000062 **明清史论稿** 朱亚非著。山东友谊出版社1998年8月版。27万字。16.00元。以辩证唯物主义和历史唯物主义为指导思想，结合大量中外文献与考古资料，对明清时期若干政治、经济、军事、文化重大问题及重要人物的活动进行了深入、细致地专题研究，在诸如明初治国举措、郑和下西洋、援朝战争、儒学东传与西学东渐、大运河的治理、澳门的地位与历史作用，清世宗改革、乾隆征缅、史学发展、孙膑故里考证及黄福、杨廷和、戚继光、邢玠等历史人物的作用等诸多问题上均提出了不囿于前人的新见解。(陶卫东)

K000063 **葡萄牙人在华见闻录** [葡]费尔南·门德斯·平托等著，王锁英译。海南出版社、三环出版社、澳门文化司、东方葡萄牙学会1998年6月版。13万字。16.80元。“康乃馨译丛”之一。收录了里斯本大学葡萄牙文学教授，研究15世纪、16世纪文学的专家艾思娅的评介文章。其中对16世纪中国的论述，首次被译成中文。(黄宪萍)

K000064 **中国历代宰相的谋略与权术·清朝卷** 高翔著。河北人民出版社1998年1月版。26万字。17.00元。集中描述了清朝诸宰相在开国创业，发展经济，经营边疆，权力斗争，对外交往等方面的谋略与权术。(王书华)

K000065 **中国古代笔记小品丛书·履园丛话** 清·钱泳著，卢鹰注。陕西人民出版社1998年5月版。15万字。9.50元。原著38万多字，分24目，内容涉及典章制度、天文地理、金石考古、文物书画、诗词小说、社会异闻、人物轶事、风俗民情、警世格言、笑话梦幻、鬼神精怪等许多方面，所谓包罗万象，蔚为大观。作者借讲故事之名，揭露了清王朝封建统治风雨飘摇、危机四伏的社会现实，抨击了官场贪污腐败、结党营私、贿赂公行的丑恶行径，展示了社会百弊丛生、灾荒并起、民不聊生的末日危机，记载了许多正史不载、鲜为人知的历史事实。这次选编整理的新版本选注了原著中一些思想性、艺术性、批判性强或故事情节较为曲折的篇目，从考虑趣味性和可读性的角度出发，对原作中专业性较强的文史考辨、书画收藏、科第艺能、陵墓园林等部分未作选录。所取之文，有些原来仅有分目而无篇名的，根据其内容笔法加上了篇名，对文中的地名、职官、典故、史事、方言、部分人名等予以详尽注释。(吴秉辉)

K000066 **容美纪游校注** 清·顾彩著，吴柏森校注。湖北人民出版社1998年10月版。16万字。8.50元。容美地方在鄂西南，包括今湖北省鹤峰、五峰、长阳三县大部，及建始、石门、巴东、恩施等县的部分地区。其地崇山峻岭，为古巴人后裔土家族聚居。清初其地延明制实行土司制，田氏家族世袭统治。康熙四十二年(1703)，文人顾彩因孔尚任推荐到容美作客，前后近5个月。本书以游记的形式记录了他在容美的经历，包括其逐日行迹所至，行间所作诗词，以及所见所闻。对容美的山川地理、人民物产、风俗习惯、土司制度、民政兵政，以及土司与清王朝的关系等等都有介绍，是研究清朝改土归流前土司制度的难得的第一手资料，也是研究鄂西南地方的重要资料。本书以青玉山房刊《舟车所至》本、上海著易堂刊《小方壶斋舆地丛钞》本与湖北通志馆藏钞本互勘，择善而从，标点简注。附录有孔尚任、顾彩与当时容美土司田舜年的酬答诗文等有关文字、李书城为湖北通志馆藏钞本所作的序，以及《顾彩容美游踪图》。（李尔钢）

K000067 **清代宫廷民间生活图典** 刘秋霖、刘健著。四川巴蜀书社 1998 年 8 月版。970 幅图。300.50 元。共 8 册。将具有代表性的清代社会生活图片缩小影印，以实物绘画形式再现和记述了清代物态文化的历史风貌，配以简短的手写体文字说明。内容按人物·文件、钱币·瓷器、雕刻·绘画、印刷·纹样、佛像·服饰、建筑·日用、家具·兵器、风俗·市井八大类分册编排，反映了这一历史时期的经济、科技水平。（侯跃生）

K000068 **清前历史文化** 支运亭主编。辽宁大学出版社 1998 年 1 月版。80 万字。88.00 元。选编了部分史学研究工作者在参加“纪念沈阳故宫博物院建院七十周年暨清前期文化国际学术研讨会”上的优秀论文 70 余篇。内容涉及清前期政治、军事、文化、历史人物、典章制度、文学艺术、语言文字、科学技术、建筑思想、宗教信仰、民族风俗及文物、图书档案、中西文化交流等诸多方面，特别对满族能够入主中原建立全国政权并使政权维持 268 年之久，其成功的原因和对中华民族历史的贡献做了研究和探讨。（张露丽）

K000069 **稀见清世史料并考释** 王庆成编著。武汉出版社 1998 年 7 月版。46 万字。43.00 元。对从英国、美国、俄罗斯、日本、法国、德国等国及香港、台湾等地区图书馆、档案馆搜访所得的有关中国清代的稀见史料进行整理、分类、分篇或分题的研究考释。史料计 190 余篇（件），涉及的时代上至顺康，下讫同光，分别依经济、宗教、行政、中外关系、造反者文书、社会等 7 类编列，其中尤其珍贵者附有原件（或局部）影印图片。一批外贸簿册文书，显示了华商在上海开埠初期从事外贸的实力和积极性。康熙朝招徕外商的“令牌”，透露出清前期的外贸制度。经编著者考订判断属于清朝顺治至康熙早期的 70 余篇各级地方官员谕示，具体揭示了清初吏治民生中的多方面问题。一批光绪初年所作的社会调查档册，真实地呈现了近代北方农村的家庭、人口、文化及小农经济诸状态。太平天国幼天王与干王等人的多篇亲书自述、诗句，则提供了许多有意义的新史实。（郭庭军）

K000070 **中国走向近代化的里程碑** 汪林茂编著。重庆出版社 1998 年 8 月版。63.7 万字。34.00 元。从政治、社会生活、军事、外交、经济、科学技术、思想文化教育、文学艺术体育 8 个方面汇集了标志中国进入近代的里程碑事件，共计 360 条，客观地描述近代前期中国这些领域近代化的开端，尽可能全面地展现中国近代化历程的全貌。采用条目式描述意味各个领域近代化的事件，如“第一面国旗”、“第一首国歌”、“第一家自来水厂”、“第一批女留学生”、“第一次近代海战”、“第一位芭蕾舞演员”、“第一个出国考察团”等等。（余国枢）

K000071 **中国现代化史纲（上、下卷）** 陈勤等著。广西人民出版社 1998 年 10 月版。78 万字。45.00 元。从现实的视角去观照 150 多年来中国社会的变迁，以 1840 年以后中国走向现代化的历程为主线，探寻中国现代化的过去、现在和未来三者之间的最佳契合点的学术成果。作者抓住社会革命和社会改革与现代化的关系这一切入点，分 40 余个专题，力图全面理清 150 多年来社会革命、社会改革与现代化进程三者之间的相互关系，探寻中国走向现代化的真实历史轨迹。全书始终贯穿了这样一些基本观点——现代化是当今世界的潮流，走向现代化是 1840 年以来中国社会发展的必然趋势；社会革命和社会改革是中国现代化进程在不同发展阶段的必然要求；在 1949 年 10 月前的中国，不进行社会革命，中国现代化进程无法出现质变；而在 1949 年 10 月后的中国，不实现由革命向改革的转换，不坚持实行全面的社会改革，中国现代化发展也会出现迟滞与顿挫。1978 年 12 月中共十一届三中全会的历史性转折，其主要意义即在于此。这就是本书上、下卷为什么分别以“无法告别的革命”和“不可逆转的改革”为副标题的原因，也是本书第一个也是最显著的特点。此外，对历史进行实事求是的观察与分析，运用多学科的研究方法大大拓宽了现代化研究的领域，具有较强的可读性等，也是本书显著的特点。（曹光哲）

K000072 **近代中国社会文化变迁录** 刘志琴主编。浙江人民出版社 1998 年 3 月版。143.7 万字。115.00 元。共 3 册。以大容量的篇幅和广阔的视野，对 1840 年至 1921 年的 80 年间，民众关注的热点问题、社会风尚、生活方式和大众文化的变迁作了具体翔实的描述和评论。在研究内容、理论建树、资料运用和撰写体例方面都有所创新,主要价值如下:一、研究内容和理论建树:扩大研究的视野,从过去史学界甚少有人涉猎的社会文化领域,探索人民大众在中西新旧文化的冲突和融合过程中,生活、行为、思想感情和价值观念的变迁,具体、翔实地阐明中国传统社会在近代化过程中,世态民情、风俗习惯、社会热点和民众思潮的起伏变化。改变文化史只写精英文化的格局,为全景式地开展中国近代史和文化史的研究,提供新的视角和论证。同时,通过这一著作阐明社会文化史研究的基本理论问题,其中有关精英文化的社会化、世俗理性、消费生活和文化意识以及贴近社会下层看历史等观点,在学术界都属首次提出。二、资料的发掘和运用:以具体的、实证性的研究见长,充分利用当时的报纸杂志、时人笔记等非官方的资料,广搜博采,进行考辨性的选择使用。这些都是最贴近民众、最鲜活的原始资料,大部分是初次发掘和使用。三、撰写体例和研究方法:根据研究对象的丰富性、复杂性、多变性,以及基础研究的需要,该书采取按年系事,详述始末,专题评论的体例。并运用社会史调查和计量方法,力求贴近当时的社会实际。这是集编年事纪、本末和评论于一体的新体裁。四、社会文化史是介于社会史和文化史交叉的新兴学科,本书的撰写,是为推动本门学科在中国的创立。(汪维玲)

K000073　**帝国主义列强侵华铁路史实**　罗文俊、石峻晨编著。西南交通大学出版社1998年4月版。39万字。22.00元。以大量的史实,既深刻地揭露了帝国主义列强在华争夺筑路权、产权,从而进行经济、政治侵略的种种罪行;又彻底地暴露了旧中国政府和官僚的腐败无能,造成路权的大量丧失;还热情地讴歌了中国人民为捍卫主权、抗击帝国主义而展开声势浩大的护路运动,表现出英勇顽强的革命精神和宁折不屈的民族气节。本书体裁新颖,采用"国别体"形式,把全书分为七编,它们分别是沙皇俄国侵华铁路史、德国侵华铁路史、法国侵华铁路史、英国侵华铁路史、美国侵华铁路史、比利时侵华铁路史、日本侵华铁路史。这样,便产生一种身临其境、感同身受的"活剧"效果:各帝国主义列强轮番出场,其侵略本性暴露无遗;中国则成了他们尽情表演的舞台,每隔几年就有一场侵略战争或签订一个不平等条约。本书具有重要的史料价值。书中列举了大量帝国主义列强侵略中国铁路的史料。(刘立)

K000074　**一士类稿·一士谭荟**　徐一士著。重庆出版社1998年8月版。37.8万字。31.00元。共6卷。"清末稗史精选丛书"之一。选收了《一士类稿》、《一士谭荟》两部作品,这两部作品均属掌故类,记叙了清末各界的名人的佚事趣闻。作者对各种笔记、日记、书札、家乘、野乘,多方研究,找出证据,发掘新意,对慈禧、光绪、曾、左、胡、李等"中兴名臣"及各种名人、闻人都作了独到的叙述,是一部集史学、民俗学、文学一体的纪实性笔记,作品以记人物为主。(余国枢)

K000075　**光绪皇帝外传·景善日记**　恽毓鼎、景善著。重庆出版社1998年8月版。19.7万字。20.00元。"清末稗史精选丛书"之一。选收了《光绪皇帝外传》、《慈禧光绪病逝纪实》、《景善日记》、《戊戌政变始末》、《金銮琐记》、《庚子国变记》、《庚子拳变始末记》、《拳变馀闻》、《述庵秘录》10篇作品。这10篇作品均是记述庚子国变、戊戌政变中清朝皇室及各省督抚大臣在晚清宫廷权力斗争及社会政治变革中的态度,作品揭示出来的历史原貌,为我们理解中国近代历史的变迁的内在动因,提供了让人信服的依据和历史资料。这些记录均是私家之言,虽然囿于一己之见,但细节和过程记录甚详,加之大都是作者亲历之事,读来非常生动。书中所叙均是历史大事件,内容涉及面很广,作者的基本立场及价值观念在今天看来是无法接受或是要批判的,但这不能掩饰这些作品所保留的历史意义及现实意义。(余国枢)

K000076　**栖霞阁野乘·国闻备乘**　孙静庵、胡思敬著。重庆出版社1998年8月版。22.7万字。22.00元。"清末稗史精选丛书"之一。选收了《栖霞阁野乘》、《国闻备乘》、《梼杌近志》三部作品,这三部作品就其内容看属掌故类,内容涉及皇帝的日常生活趣闻、满清贵族上层集团之间互相争斗的佚事,还包括各省封疆大吏为保住爵位勾结宦官内外作弊的秘闻,除此之外,还有大量反映社会各阶层在清末社会剧变中的佚闻趣事。(余国枢)

K000077　**清代野记·十叶野闻**　坐观老人、许指严著。重庆出版社1998年8月版。23.2万字。22.00元。"清末稗史精选丛书"之一。选收了《清代野记》、《十叶野闻》、《德宗遗事》三个集子,作者大都系清末时的官僚,接触统治集团上层较广泛,阅历丰富,除一部分系传闻外,多系亲历之事。《清代野记》、《十叶野闻》、《德宗遗事》都属掌故类笔记,其中《德宗遗事》专记光绪皇帝的佚闻琐事,比一般的笔记野史记叙要详细。(余国枢)

K000078 **曾纪泽日记** 曾纪泽著。岳麓书社1998年8月版。154万字。82.00元。共3册。曾纪泽的《手写日记》及其生前亲自校核增补之初始刻本《曾侯日记》的首次汇辑编校本。全书上起清同治九年正月，下迄光绪十六年闰二月（即1870～1890年）全面展示了曾纪泽二十年间的生活历程，如：随侍直隶、读书交游以及受读、庭训经历；代父批阅文件，草拟信札，应酬官场以及管理署中庶务；料理其父丧事，整理其父遗集，督率编校刊细的详细过程；湘中绅士的日常生活与浸润西方文明的种种表现；记录诗、文、联语创作；记载耳闻目睹的京师政局，朝廷政事，两宫起伏，六卿臧否以及光绪亲政后究心西方政治、经济、文化、科技的直观感受；记述任职总理衙门、海军衙门、户、刑、吏部与同文馆，钱法堂之经历及其作为。（饶毅）

K000079 **太平天国战纪·春冰室野乘** 罗惇曧、李岳瑞著。重庆出版社1998年8月版。25.7万字。23.00元。“清末稗史精选丛书”之一。共6卷。收有《太平天国战纪》、《武昌纪事》、《春冰室野乘》、《所闻录》、《指严笔记三则》、《骨董祸》六部作品。《太平天国战纪》对太平天国运动作了全方位整体性的描述，对太平天国的兴盛与衰亡的原因也进行了一定的分析与探索，观点也比较客观。《武昌纪事》是记叙太平军攻克武昌的过程，作者系被围在武昌城中的士绅，且用日记体，记叙甚详，但作者的立场与观点却是敌视太平天国运动，这需要读者加以批判之。《春冰室野乘》、《所闻录》、《指严笔记三则》、《骨董祸》四部作品均属掌故类，内容涉及面非常广泛，对研究清末社会政治、经济、文化、风俗等，均有极大的价值。（余国枢）

K000080 **戊戌风云** 闵杰著。上海书店出版社1998年8月版。12万字。15.50元。分“何去何从”、“士人干政”、“广开民智”、“刀光剑影”、“血雨腥风”、“余波壮观”等6个部分，简明而系统地对戊戌变法运动发生的历史背景和社会条件，运动从兴起到失败的全部过程，以及它的历史定位和深远影响等，作出详略得当、线条分明的描述。其新意主要有三点：布局上加强了戊戌运动对近代社会思潮、民众行为、价值取向和社会风俗等各方面发生积极影响的展示，材料翔实，对于回视这场运动的历史意义有重要参考价值；二、在戊戌维新派发动变法的方法和组织形式及其性质判断，变法中维新派和帝党官僚的相互关系，变法失败后国内外两部分维新分子的活动，以及这些活动在辛亥革命进程中的作用等一系列观点表述上，均有新颖独到的见解；三、形式上有所创新，选择了二百余幅珍贵的历史照片和档案文献的影印件，随文插配，全方位地形象地展示这一历史事件的各个侧面，前后衔接，图文并茂，蔚成一轴凝炼的历史画卷，为具体观照历史波澜提供了丰富的认识资源。（完颜绍元）

K000081 **戊戌百年沉思丛书** 戴逸主编。北京燕山出版社1998年8月版。120万字。128.00元。分为《启蒙与呐喊》、《幻灭与新生》、《梦醒与嬗变》、《戊戌百日志》4卷。内容涉及思想文化、法律、教育、政治、经济及百日维新日志。（陈果）

K000082 **戊戌变法文献资料系日** 清华大学历史系编。上海书店出版社1998年8月版。220万字。195.00元。从130余种中外文献资料（清朝起居注、实录、奏章、函电、外交存档、报刊、文集、日记、函札、笔记、外国存档等）中选录、编译。和已经出版多年的有关戊戌变法的文献资料（如中国史学会编的《戊戌变法》和明清档案馆编的《戊戌变法档案史料》）相比，其明显优势在于：一、时空脉络清晰。即每一条文献资料均按照考订过的确定时间顺序系日、系月、系季、系年编排，从而使利用者可以宏观与微观相结合的角度，较直捷地把握这场运动之每一具体事项的发展脉络和相互联系，提高研究水准，二、视野更加开阔。除按系日形式吸收并重新编排上述两书中的材料外，还增加了大量两书中未收入的文献资料，尤其是外交文献方面的资料，其中约有占全书五分之二以上的内容，是国内以往研究中极少采用或未采用过的。三、中西合历，检索方便。（完颜绍元）

K000083 **晚清佚闻丛考** 副名：以戊戌维新为 中心。孔祥吉著。巴蜀书社1998年7月版。13万字。18.00元。关于戊戌维新掌故与人物的书。作者利用新发掘的档案史料和私人函札，重新解释若干史实，新见迭出，令人目不暇给。其主要特点有：（一）注重发掘有价值的新史料。书中大量使用的翁同龢档案资料，就是由翁氏后人翁万戈先生当年携往海外保存而提供的。这些资料包括《朴园越议》在内的大量清末要员往来信札、《翁文恭公日记》原稿本及翁氏《随手密记》等重要的原始记载，作者将这些珍存海外的史料与以前查阅的清宫档册及其他官员的函札公牍排列对比、互相参酌，写出了《戊戌维新溯源》、《翁同与康有为上清帝第一书》以及《被忽略了的维新蓝图》等篇，有助于解开晚清的一些历史谜团，正确评价当时的历史人物，理清错综复杂的政治派系;(二)在篇目确定上作者紧紧把握国内近代史研究的焦点,如《张之洞劝慈禧速行立宪》、《是懦怯株守,还是高明决策——刘铭传弃守基隆新史料辨析》、《谭嗣同狱中题壁诗刑部传抄本之发现及其意义》等篇,均属此类;(三)笔致生动,引人入胜,使这本历史考据之书读来意趣纵横。此外,书中还附载了多幅书影,系鲜见的历史文献图录。(谭晓红)

K000084 **戊戌思潮论稿** 张锡勤著。黑龙江教育出版社 1998 年 4 月版。25 万字。15.00 元。共 10 章,对戊戌思潮的方方面面作了比较系统的研究、评介。阐述了中国的社会变革和近代化的全面启动始于戊戌维新。维新派思想家对中国的近代化作了全面规划。他们在向往民主化、工业化的同时,又对历史主体人的近代化给予了高度关注。因此,戊戌维新是中国近代化史上的重要里程碑。由所处的历史时代和所面临的历史任务所决定,救亡、变革、启蒙是戊戌思潮的三大主题,而批判性则是它的本质特征。初步激活了国人的批判意识与创新精神乃是它的重要历史功绩。书中还指出,戊戌维新既是一场呼吁救亡图存,要求变法维新的政治运动,又是一场传播新思想、新文化,实现观念变革的思想文化运动、启蒙运动,因此,戊戌思潮在思想文化上的影响更为重要。在介绍西学的同时,维新派又对中国的传统文化作了有史以来第一次大清理,使中国思想文化格局发生新变化。同时,对戊戌时期的"心力"说作了专门分析。总之,戊戌思潮在中国近代产生的积极影响是多方面的,它促成了爱国主义的高涨,使变革观念在中国深入人心,使国民性改造、国民素质提高等问题受到关注,观念变革和思想解放由此不断深化。但由于时代与国情所决定,戊戌思潮在理论上带有明显的不成熟性。(李彤)

K000085 **民国史纪事本末** 魏宏运主编。辽宁人民出版社 1998 年 12 月版。333.4 万字。260.00 元。分为 7 卷,第一卷:北京政府时期(上);第二卷:北京政府时期(下);第三卷:南京国民政府确立时期(上);第四卷:南京国民政府确立时期(下);第五卷:抗日战争时期(上);第六卷:抗日战争时期(下);第七卷:南京国民政府崩溃时期。全书以纪事本末体裁表达了中华民国时期的历史,选取的四百余件重大事件,详述始末,涉及民国时期政治、经济、军事、外交、文化、科技、教育、思想、宗教、社会生活等各个方面。在资料的使用范围上,兼并取大陆和台湾等出版的档案资料,以及散失在国外的文献;在资料的使用标准上,注重权威性和第一手资料。注意吸收最新研究成果。(王松)

K000086 **民国史料笔记丛刊第二辑** 上海书店出版社编。上海书店出版社 1998 年 3 月版。121 万字。75.10 元。收入民国文史笔记 13 种,分为 10 册。《古红梅阁笔记》(张一麐著)的作者久掌袁世凯枢府,多发人所未闻的内幕资料。《北洋述闻》(张国淦著)以亲历见闻条述北洋政坛各种重大事件隐情秘闻。《洪宪惨史》(王建中著)是揭述袁世凯秘密特工机构真相的专题资料,附载《洪宪旧闻》(侯毅),发抉袁氏帝制自为轶事。《政海轶闻》(陶菊隐著)则从另一个角度向民国新旧军阀两"朝"统治的史事人物切入,是书曾因触犯国民党当局的禁网而绝版。反映民国议会政治题材的专述一向少见。《民国政史拾遗》恰能弥补缺憾。《睇向斋谈往》(附载《睇向斋秘录》、《睇向斋逞臆谈》,陈灨一著)全述民国军政和社会名流之事,语皆信实有征,足备学人采摭。《上海鳞爪》(郁慕侠著)是有关近代上海社会风土题材的掌故类作品。《采菲录》从缠足陋俗的一个方面,写照了近代中国社会风俗和观念形态变革的逶迤轨迹。曾被章士钊先生赞为"奇书"的《满宫残照记》(秦翰才著),备述废帝溥仪在伪满时期的"内廷起居"和私人交游,引述原始文献如档册书信、私乘日记等 50 多种,多为《我的前半生》所阙。金梁的《光宣小记》存录作者亲历尤多,可参清末民初史证。全套丛刊均用新式标点,简体横排。(完颜绍元)

K000087 **云南鸦片问题与禁烟运动** 秦和平著。四川民族出版社 1998 年 6 月版。32 万字。16.00 元。分"种植吸食篇"和"禁烟篇"两大部分。"种植吸食篇"全面介绍云南种植、运销和吸食鸦片的历史,论证了云南鸦片的种植面积、瘾民人数、税厘及罚金的征收原因、沿革、数量及其与地方财政的关系等问题,阐述鸦片对云南社会,特别是对少数民族社会经济的种种危害。"禁烟篇"全面系统论述云南历史上三次大规模的禁烟运动,列举其中的种种措施,分析其成败得失,揭示出宝贵的经验和教训。特别是对 30 年代中叶云南地方政府实行禁烟的先期经济准备、经济替代和转型、建立工业经济的资本积累,各种禁烟措施、民族地区的禁烟步骤和特点,以及禁烟运动与抗日战争关系等一系列重大问题的剖析,深刻透彻,入木三分。(彭泽学)

K000088 **炉边谈故** 任仲泉著。福建人民出版社 1998 年 9 月版。11.6 万字。10.50 元。作者将在旧社会数十年的亲历、亲见、亲闻及部分整理的文献资料汇集成十类,共 170 篇文章。主要包括几个内容:一、作者亲身经历台儿庄战役、徐州突围、武汉空战、长沙第三次会战和接收金厦日军投降,从一个侧面反映了伟大的抗日战争;二、对清末民初的官场诡谲、政海险涛、社会百态、民生疾苦,以小窥大,进行揭露;三、对名人轶事、文史掌故、骚坛春秋、民俗特产等有所叙述。这些内容广泛涉及了近现代政治、社会、经济、民俗、技艺和地方民情,有助于人们对这段历史的研究。(竹篱)

K000089 **启蒙与革命** 副名:“五四”激进派的两难。张宝明著。学林出版社 1998 年 1 月版。21 万字。15.00 元。在详实占有材料的基础上,以陈独秀、胡适、李大钊、鲁迅为“经”,以他们的“两难”(启蒙与革命)选择为“纬”,捕捉这些激进派同仁自身思想的曲折逶迤,发掘他们在(文化)启蒙与(政治)革命问题上的共识与歧义,详细分析了他们前后的思想转向以及所表现出来的“启蒙的偏执”与“革命的困惑”,从而全面审视“五四”思想史的来龙去脉,并从总体上理解“五四”与“五四”以后的现代中国。(曹维劲)

K000090 **西安事变研究新论** 董继昌等编。陕西人民出版社 1998 年 6 月版。45.4 万字。22.00 元。为 1996 年 12 月在西安召开的纪念西安事变 60 周年学术讨论会论文选集。收入 53 篇论文,另有杨拯民同志给这次会议的贺信以及黄森、纪鸿尚、宋黎在开幕式上的致词和讲话全文。收入论文从西安事变本身的历史意义、传统文化底蕴,与其他事件的内在联系,和平解决的意义及各方思想基础、作用、贡献等方面作了探讨,提供了新的思路和成果。(何大凡)

K000091 **天理难容** 副名:美国传教士眼中的南京大屠杀(1937~1938)。章开沅编译。南京大学出版社 1998 年 9 月版。44.5 万字。30.00 元。实录二战时期侵华日军南京大屠杀的英文原始文献——《天理难容:美国传教士眼中的南京大屠杀(1937~1938)》的中译本。这是迄今为止史料最为完整的揭露侵华日军南京大屠杀暴行的英文原始文献,主要由南京大屠杀期间 9 位美国传教士以日记、信函、报告等多种形式,客观、公正地实录日军奸淫、屠杀的暴行,是研究南京大屠杀的重要史料。(杨金荣)

K000092 **台湾同胞抗日五十年纪实** 中华全国台湾同胞联谊会编。中国妇女出版社 1998 年 6 月版。52 万字。36.00 元。文集。全面系统地记述了台湾同胞从《马关条约》后割台至抗战胜利台湾光复整整半个世纪的斗争历程。全书分 4 大部分:第一部分为导论,由大陆和台湾的几位著名历史学家撰写,整体性地阐述这段鲜为人知的历史,首次将台湾人民 50 年的抗日斗争概括为三个基本形式,即武装抗日斗争、非武装抗日斗争、返回大陆投身抗战,并依主要斗争形式的转换将台湾人民 50 年抗日斗争史分成三个阶段。后三个部分以上述分期为框架,按三个不同主题收集大量论文和历史事件的亲历者或其后人撰写的回忆文章,全面再现台湾人民 50 年抗日斗争生活,澄清了不少历史事实,集录和抢救了许多弥足珍贵的史料。书中还有针对性地用大量历史事实驳斥了少数“台独”分子和别有用心之人歪曲历史真相的种种谎言,证实了台湾和祖国大陆水乳交融的历史联系,讴歌了台湾同胞为维护祖国统一而奋斗不息的民族精神。(李里)

K000093 **李友邦与台胞抗日** 陈正平著。福建人民出版社 1998 年 9 月版。10.9 万字。9.10 元。“看台湾丛书”之一。共 13 章。客观生动地介绍了李友邦的一生和台胞抗日的一个侧面。李友邦将军是抗战时期活跃于浙闽赣皖一带的爱国台胞,也是第一次、第二次国共合作的积极参与者。全书从“兑山后裔、悲愤少年”入手,历述了李友邦“岛内抗日、广州投军”、“奔入革命、二度入狱”、“抗战爆发、异军突起”,到“尽瘁桑梓、横遭冤杀”的坎坷经历,着力介绍他的思想主张、工作特点和主要业绩,全面讴歌了他领导的以“技术报国”为宗旨的“台湾义勇队”和独特的“台湾少年团”,揭示了许多鲜为人知的史实。(竹篱)

K000094 **国共关系七十年** 黄修荣著。广东教育出版社 1998 年 12 月版。154 万字。95.00 元。共 2 卷,分 11 章、39 节、143 个目,时间跨度从辛亥革命开始到 1994 年,内容上贯穿国共两党相互关系历史的几乎所有重大的基本问题。第一次比较系统地把国共两党的两次合作两次破裂,放到当时的国际国内的大环境中去考察,把国共两党相互关系发生变化的外部动因,归结为苏联和共产国际全球战略的影响,指出了这种关系与列宁“关于民族和殖民地问题”的理论在中国的具体运用之间的联系。书中绝大多数材料,都是引用原始材料,包括中共中央文件、共产国际文件、中国国民党档案材料、国民党不同派系的历史资料等。材料是真实可信有说服力的。在许多方面都有新意。比如,在阐述中山舰事件时,精选了当事人提供的大量有关资料,引用了海峡两岸和俄罗斯方面的重要文献资料,勾勒出了一个新的不同于以往介绍的事件过程。对于国共两党之间的历次重要谈判,都把谈判的前因后果和谈判的过程交待得一清二楚。对于影响巨大的西安事变,作者在现有众多的研究成果基础上,从新的角度说明了西安事变发生的偶然性和必然性,以及对政局和历史的影响。对于孙中山为什么要选择当时还处于初创时期的中共作为合作对象,也给出了全新的解释。(杨维林)

K000095 **南京暴行——被遗忘的大屠杀** [美]张纯如著。东方出版社 1998 年 4 月版。20 万字。24.00 元。作者通过亲自采访幸存的当事人、见证人和仔细收集民间和官方资料,以严肃认真的态度,深入探究了大屠杀的真相,发掘了许多尚未为世人所知晓的重要细节和第一手资料,向世人奉献了一本忠实记述南京大屠杀史实的权威之作。(邓蜀生)

K000096 **解放战争时期第二条战线的文化斗争** 中共北京市委宣传部编。北京出版社 1998 年 1 月版。521 页万字。24.00 元。以生动的史实展现了解放战争时期,在中共地下党的领导下,北平广大青年学生及文化界、新闻界、出版界、教育界进步人士,为争取独立、民主、与美蒋反动派展开了英勇无畏的斗争。(黄倩)

K000097 **中国苏区辞典** 陈立明、邵天柱、罗惠兰等编。江西人民出版社 1998 年 12 月版。200 万字。158.00 元。集土地革命战争时期中国共产党开辟的井冈山、中央、湘鄂西、海陆丰、东江、鄂豫皖、琼崖、闽浙赣、湘鄂赣、湘赣、左右江、川陕、湘鄂川黔、鄂豫陕、陕甘等 15 块苏区于一册,按党的组织、苏维埃政权、军事组织、群众团体、起义暴动、战役战斗、经济建设、文教卫生、重要报刊、法规条例、文献著作、路线政策、重要会议、运动事件、重要人物等 15 大类,设置辞条 6000 余条,全书以史实准确为原则,既遵循党的历史决议的精神,又注重吸收新的研究成果;既忠实地再现了中国共产党人艰苦卓绝开创苏区的光辉历程,又不回避党在幼年时期所犯的错误;既坚持以翔实具体的史料铺陈历史、以准确的史实为基石、客观公允地评价苏区历史,又突出了历史工具书的特色。(辛康南)

K000098 **二十年重大决策备忘录** 龙平平、刘金田、高屹主编。福建教育出版社 1998 年 10 月版。47.5 万字。32.80 元。以 20 年来影响中国命运与前途的 27 个重大决策为载体,用纪实加议论的手法对中共十一届三中全会以来重大决策的背景、出台过程、历史演变和广泛的深远影响作了深入细致的阐述。有如下特点:全面地展示了二十年来中国共产党的正确决策对中国历史发展进程和社会经济发展的作用,展示了党二十年重大决策是中国现代社会一系列社会运动的结果;展示了决策作为中国现代社会运动中一个关键组成部分其运作的过程。表现了二十年来党的重大决策的决策者——以邓小平为核心的党中央第二代领导集体和以江泽民为核心的第三代领导集体在中华民族和新中国面临紧要关头的高度智慧和应变能力,表现了他们面对挑战,果断决策,使中国在世纪之末抓住机遇,终于赶上了世界前进的脚步,并创造了辉煌的业绩。(林炳泰)

K000099 **中国改革开放 20 年史** 中共中央党史研究室第三研究部著。辽宁人民出版社 1998 年 12 月版。29.6 万字。32.00 元。序章介绍了发动改革开放的历史背景。其后将二十年划分为三个阶段进行了详细阐述。第一阶段,从党的十一届三中全会到党的十二大前夕,分 3 章记述了伟大历史转变的实现、拨乱反正的全面开展和改革开放的起步等内容。第二阶段,从党的十二大到邓小平南方谈话前夕,这是改革开放全面展开、取得了巨大成绩,也遇到波折并加以克服的阶段,第四至第七章记述了这一阶段的有关内容。第三阶段,以邓小平南方谈话和党的十四大为开端,改革开放进入新阶段,到目前仍未结束,最后两章记述了这一历史时期的内容。结语部分,主要引用了江泽民总书记在党的十一届三中全会二十周年纪念大会上对改革开放的历史和经验所作的全面总结,是我们学习的好教材。(刘万庆)

K000100 **追寻 1978——中国改革开放纪元访谈录** 宋晓明、刘蔚主编。福建教育出版社 1998 年 11 月版。32.80 元。本书以 1978 年发生的重大事件为背景,以寻访事件当事人的访谈录形式行文,佐以原汁原味的老照片,生动形象地再现了不平凡的 1978 年的方方面面。本书分思想解放、农村改革、文学复苏、影视“换季”、平反昭雪、视觉解放、科教春风、时代变奏、终结上山下乡、春风又绿经济界、敞开国门、伟大的转折 12 个主题,每一个主题组织了数篇在当年重大事件中起着不同作用的当事者和见证人的采访记,对 1978 年的时代风貌多角度多层面地加以展示,事件的过程、人物的活动真实具体。全书再现了当年党和国家领导人的过人胆略和照人风采。邓小平等老一辈革命家在伟大转折关头的重大举措,特别是在党的十一届三中全会期间表现出的胆魄和睿智,在书中得到充分的体现。一批当年思想解放的先行者,如胡福明、陈庭元、刘心武、袁庚等

等，他们当年冒险犯难、披荆斩棘的甘苦，也得到生动的展示。书中事件细节有许多是首次披露，有珍贵的史料价值。（林炳泰）

民族史志

K000101 **广西回族历史与文化** 马明龙等著。广西民族出版社 1998 年 5 月版。15 万字。18.00 元（平），25.00 元（精）。系统地阐述广西回族历史源流、发展进程及文化源流、风俗习惯，如实地反映了广西回族艰辛而又值得歌颂的历史及其人民在开发和建设祖国南疆过程中的贡献。（黄玉群）

K000102 **云南壮族（画册）** 何正廷主编。民族出版社 1998 年 3 月版。528 幅图。168.00 元（平），218.00 元（精）。分“江主席与壮族人民心连心”、“美丽富饶的壮乡”、“壮族的分布状况”、“支系繁多的民族”、“丰富多彩的服饰”、“精美绝伦的锦绣”、“琳琅满目的银饰”、“奇巧壮丽的建筑”、“源远流长的历史”、“独具特色的风情”、“光辉灿烂的文化”、“开拓前进谱新篇”等 12 部分，生动、翔实地展示了云南壮族悠久的历史、独具特色的风情、丰富多彩的服饰等。文字说明为中、英文对照。（欧光明）

K000103 **丹东锡伯族志** 丹东市民族宗教事务委员会民族志编纂委员会编。辽宁民族出版社 1998 年 12 月版。16.1 万字。10.00 元。“丹东锡伯族民族志丛书”之一。由序言、凡例、概述、志、传、记、图表、录及修志始末等部分组成，其中以志为主，其他为辅；依据新志书“详今略古，详近略远”的修志原则，各专志立足当代，侧重近代，适当上溯（上限为康熙三十八年，下限断至 1990 年年末），共计 14 章、43 节。介绍了丹东锡伯族族名、族源、历史沿革、人口与姓氏、文物古迹和碑志、宗教家谱、对中国革命的贡献、民族经济、民族政策落实、文教体育、文学艺术、风俗习惯、道德风尚、宗教信仰、著名人物。书前有江泽民总书记 1991 年亲切接见海军旅顺基地司令员何治武少将的照片等 33 张照片。（卢昌夏）

K000104 **西北民族词典** 刘维新主编。新疆人民出版社 1998 年 8 月版。140 万字。120.00 元。分别收录了维吾尔、回、汉、哈萨克、蒙古、藏、柯尔克孜、锡伯、塔吉克、乌孜别克、东乡、保安、裕固、土、撒拉、塔塔尔、俄罗斯、满、达斡尔 19 个民族有关历史事件、民俗、人物、典籍、古建筑遗存、社会经济、地理、典章制度等方面的词条四千多个。释文力求简明扼要、通俗易懂。采用了音序的编排方式，查阅便捷。（徐晓琳）

K000105 **西南彝志（9～10 卷）** 王仕举、王运权翻译。贵州民族出版社 1998 年 6 月版。36 万字。18.80 元。彝族古籍，系多卷本《西南彝志》的彝汉文对照翻译本第五集。第九卷依次叙述德施耿俄、勿阿蒲两位彝族历史上的贤明君长及其后裔的情况。德施耿俄是彝族“六祖”默支系第十二世孙，他严格按照彝族礼法，开疆拓土、发展实力，赢得臣民的信赖与敬仰。勿阿蒲是彝族“六祖”默支系第二十世孙，彝族水西罗甸国的创始人和奠基人。第十卷叙述水西罗甸国阿哲家族的兴衰史，介绍彝族“六祖”各支系的疆界。（陈光明）

K000106 **壮族干栏文化** 覃彩銮著。广西民族出版社 1998 年 5 月版。28 万字。27.00 元。分 9 章 45 节，主要内容归纳为 3 大部分：第一部分，介绍壮族干栏建筑的起源、演化、分布、结构、营造方式等；第二部分，分析研究壮族干栏文化与壮族的经济模式关系，与壮族的宗教信仰关系，与壮族风水观念关系；第三部分，对壮族传统的干栏文化与现代化建设的关系作理性的分析和论述，提出对干栏文化的继承、改革及向现代化发展的对策。在论述中，运用多种相关学科进行阐述，从深层次揭示壮族干栏文化的内涵，对挖掘、研究壮族文化遗产有重要的参考价值。（韦玖贤）

K000107 **壮族传统文化与现代化建设** 周光大主编。广西人民出版社 1998 年版。48 万字。36.00 元（平），40.00 元（精）。对壮族传统文化以及与现代化建设进行精细研究的学术专著。全书共 14 章，除介绍壮族传统文化的发展衍变、基本特征外，还分列出生产性文化、交际性文化、制度性文化、教育性文化、艺术性文化、观念性文化、宗教性文化、生活性文化等领域，深入地探询了壮族在文化发展过程中的独特性及珍贵遗产，同时探讨了这些传统文化在现代化建设中的发展及衍变，指明了弃其糟粕，留其精华在壮民族迈向现代化中的意义。作者认为，壮民族在历史上发展和形成的优秀的传统文化中特有的“共华性”“包家性”，对于当前巩固民族团结，学习外民族先进科技以促进现代化建设都有着极大的意义，壮民族传统制度性文化与当前的法制建设、政治民主化也有着一定的内在联系，深入探询壮民族这一文化底蕴，有助于我们顺利地推进法制化及民主化乃至整个现代化进程。（区向明）

K000108 **闽西客家志** 张东民、熊寒江著。海潮摄影艺术出版社 1998 年 6 月版。35 万字。30.00

元。以闽西客家人的历史与现状为研究对象的社会科学著作,具有较强的人文研究价值和实用价值。首先,它为社会科学领域中的人类学、民族学、氏族学、社会文化学、经济学、民俗学、汉语方言学等学科的研究提供了丰富而宝贵的资料。闽西客家是历代从中原南迁入境的汉民族后裔。由于在闽西经历长期的生产、生活,逐渐形成了明显区别于其他氏系的,具有自身独特风格的思想文化、伦理道德、语言和风俗习惯。这些具有闽西特色的客家文化,是当今社会科学有关学科研究的重要对象。《闽西客家志》以它丰富的闽西客家史料给上述学科提供了素材,为这些学科的深入研究作出了贡献。第二,《闽西客家志》以闽西客家人的历史和现状为主要内容,采用新方志的体裁编纂而成。它融汇入了世界客家研究众多的成果之中,并参与世界客家学研究的探讨与交流。第三,通过《闽西客家志》将促进闽西和世界各地客属同胞、海内外客属社团之间的相互了解,相互沟通,并为闽西与台、港、澳客属同胞的联谊活动,为闽西的改革开放提供有价值的资料。(黄兆荣)

K000109 **新疆达斡尔族** 郭·巴尔登著。民族出版社 1998 年 11 月哈萨克文版。15 万字。13.20 元。由前言和两章四十节构成。对新疆达斡尔族的祖籍及其祖先的社会生活、社会生产、同外国侵略者所进行的斗争等作了历史性的总结,对其独特的社会结构、风俗习惯、宗教信仰和民间文学艺术进行概括性的描述,并以大量的篇幅确凿描写了新疆达斡尔族在 230 多年前受官方派遣,从祖国的东北边境来到西北边境,同其他兄弟民族一起历经磨难,流血牺牲,顿垦戍边,保家卫国的历史。同时歌颂了解放后新疆达斡尔族人民政治生活和社会生活中所发生的翻天覆地的变化。(蔡锐坚)

K000110 **彝族源流(24～27 卷)** 王继超、王子国翻译。贵州民族出版社 1998 年 9 月版。44.5 万字。25.00 元。彝族古籍,系多卷本《彝族源流》的彝汉文对照翻译本第七集。第二十四卷叙述彝族"六祖"后裔德施部的迁徙、建业、战争、祭祖、姻亲、地盘、谱系等。第二十五卷是彝族"六祖"后裔德毕氏乌撒部第三十二世君长举足濮兜与谋臣、叔父关于用兵的对话,反映彝族古代军事思想。第二十六卷叙述彝族传统礼仪、伦理道德,还有文学创作方面的见解,君长国地理环境的描述等。(陈光明)

K000111 **契丹古代史论稿** 于宝林著。黄山书社 1998 年 10 月版。41.1 万字。35.00 元。系统探讨契丹古代史的起源、发展,探讨其民族形成,并深究了其发展原因。系统指出了其对我国北方地区统一作出的贡献,对北方地区的治理与开发作出的贡献,指出了其在我国多民族统一的国家形成中作出的重要历史贡献,以及其对世界的影响。观点存在于论证之中,而论证材料则翔实而丰赡。书后附录了频于消失的契丹民族语言文字;还附有古代契丹大事记,以及契丹民族在草原上建城镇的资料,这些均弥足珍贵。(宋效永)

K000112 **云南史料丛刊 1～10 卷** 方国瑜编。云南大学出版社 1998 年 5 月版。1000 万字。1800.00 元。共 10 卷,每卷 100 万字。本着"完备而确实,使研究者信得过、用得上"的原则,从数百种正史、类书、文集、笔记、野史、地方文献专著等各类古籍中,将先秦至清末二千数百年间有关云南的文献史料及文物史料进行了全面、系统的搜集,并按时代、内容分卷,编选。(龙宝珍)

地方史志

K000113 **历史回眸** 副名:20 世纪的哈尔滨。王华放主编。哈尔滨出版社 1998 年 12 月版。360 万字。288.00 元。以时间为经、事件为纬,用客观求实的态度,重现哈尔滨百年发展的轨迹和风貌,如实地描绘发生在松花江边黑土地上的重大事件和重要人物,同时兼写风俗人情、民间轶事,全面反映哈尔滨百年经济、政治、文化、社会风貌。全书包括《东方珍珠·哈尔滨》、《远古足音·王常》、《新月旗城·双城》、《金源故都·阿城》、《钟灵毓秀·尚志》、《菽谷庶城·巴彦》、《热土萧乡·呼兰》、《苇城春秋·宾县》、《王国古城·依兰》、《山外青山·延寿》、《群山星河·木兰》、《山河独秀·通河》、《塞北稻香·方正》13 种 15 卷。(关力)

K000114 **中国东北史(全六册)** 佟冬主编。吉林文史出版社 1998 年版。440 万字。400.00 元。分 6 卷,第一卷叙述原始社会至魏晋南北朝时代的东北,第二卷叙述隋唐至辽金时代的东北,第三、四卷叙述元、明至清前期的东北,第五卷叙述 1840 年至 1919 年期间的东北,第六卷叙述 1919 年至 1949 年期间的东北。起于远古,迄于 1949 年建立中华人民共和国,章节体例,分古代、近代、现代三部分。详尽论述了中国东北地区从古及今的历史沿革,对政治、经济、军事、民族、文化、风俗习惯做了阐述和研究。有许多资料是首次披露,并多有集体、个人多年研究成果。(于永玉)

K000115 **甘孜州志** 甘孜州志编纂委员会编纂。四川人民出版社 1998 年 1 月版。320 万字。300.00元。共 3 册。上限起自事物在甘孜州的发端，下限断至 1990 年，个别事物略有延伸，略古详今，着重记述近代历史和现状。全书除卷首部分外，分概述、大事记和大事记述、县情概览、分志、人物、附录等部分，以分志为主体。分志按先自然后社会，先政治后经济的次序，设地理、社会、政治、经济、文化等志，志下设篇、章、节、目。全书以较大的篇幅、较为丰富的内容和翔实的资料，记述了全州自然环境、社会、经济、政治、文化，它既具有“资政、教育、存史”的作用，同时对于各级党政部门、企事业单位和领导干部指导工作是有益的。（叶勇）

K000116 **平阳府志** 清·孔尚任纂修，周庆义等点校。山西古籍出版社 1998 年 12 月版。156 万字。672.00 元。共 13 册。《平阳府志》首成书于明万历四十三年，为当时的知府刘棨修，孔尚任等纂。清康熙四十七年的版本传世极少。此版清康熙年间木刻本为底本，加以重新校勘、标点，以线装本形式重新出版。全书分 36 卷，建置沿革、地理环境、田赋物产、风土人情、盐政盐法、官署兵防、职官宦迹、学校教育、选举人物、古迹名胜、艺文杂志以及历代帝王在这里的活动情况等方面的资料都很详备。古平阳府的辖境相当于今山西省临汾地区、运城地区及晋中地区的灵石、吕梁地区的石楼等地，这里是晋南盆地，土地肥沃，自然环境较好，名胜古迹、文化遗址遍布全境，人文荟萃，历史悠久，是古老的华夏文化发祥地。（杨文）

K000117 **东岐村志** 中共东岐村支部、东岐村民委员会编。福建省地图出版社 1998 年 3 月版。17.8 万字。40.00 元。遵循修志原则、体例，以概述、大事记作为开端，辑附录为殿后，总共 10 章：建置沿革、自然环境、村庄建设、经济发展、军政要情、文化事业、名胜古迹、社会风情、古今人物等。图文并茂、装帧优美。（曾光榕）

K000118 **北京市志稿** 吴廷燮等撰，于杰等点校整理。北京燕山出版社 1998 年 6 月版。450 万字。750.00 元。共 15 册。民国二十七年(1938)官修的一部较为全面的北京地方史志。上起三代，下迄民国二十七年(1938)，主要是继承《光绪顺天府志》，重点在光绪以后至民国二十年左右。全书由十二志二表组成，分前事志、建置志、民政志、度支志、货殖志、文教志、礼俗志、宗教志、名迹志、金石志、艺文志、艺文志补、人物志、职官表、选举表。在十二志中详细记录了清光绪至民国间北京城市的方方面面，从政治到经济，从风俗到人文古迹，从宗教到教育，从税收货制到户口讼狱等。与同类文献相比，具有如下特点：其一，记述重点在光绪以后至民国二十年左右，当时搜集这一阶段资料较为容易，而现在多已无从查找；其二，《畿辅通志》、《光绪顺天府志》均不以满人为北京土著，本志“凡例”明确规定满族入主中原后，八旗人士为北京土著，在“人物志”、“礼俗志”、“艺文志”均著录有相当数量的满人；其三，“货殖”、“度支”、“文教”、“民政”、“建置”诸志中多保留有许多湮没无闻的宝贵史料。点校整理工作较为完善，除标点、校勘之外，还做了统一体例、修订文字、加工未定稿等工作。（杨韶蓉）

K000119 **西藏历史文化辞典** 王尧、陈庆英主编。浙江人民出版社、西藏人民出版社 1998 年 6 月版。70 万字。80.00 元。收词 790 条，配以珍贵历史图片 144 幅，并附有西藏历史文化大事年表、历代达赖班禅世系表及词目笔画索引等 16 种；除了收入西藏自治区的词目，还收入了青海、四川、甘肃、云南藏区和北京、河北、山西、浙江等地与西藏历史文化相关的词目，涉及历史、地理、文学、戏剧、歌舞、雕塑、建筑、工艺、医药、科技、天文、历法、宗教、哲学、心理学等领域。具有反映研究成果全面、及时，涉猎内容广泛，事实清晰、准确，对历史人物评价客观、公允，政策把握水平较高等特点。（陈巧丽）

K000120 **伊犁大事识略稿** 李秉忠主编。新疆大学出版社 1998 年 11 月版。16 万字。19.50 元。撷取发生在伊犁的近 40 个大事，以历史事实为依据，用生动的笔墨介绍了从 1755 年至 1995 年，中华民族的各族儿女为开发伊犁、建设边疆而前仆后继、代代相传的足迹。从清政府平定准噶尔开始，二百多年的历史进程中，伊犁发生过许多可歌可泣的事件。特别是新疆和平解放后，在中国共产党的领导下，伊犁社会发生了翻天覆地的变化。（墨愚）

K000121 **近代湖南社会变迁** 刘泱泱著。湖南人民出版社 1998 年版。35.6 万字。24.00 元。研究湖南近代社会史的专著，梳理了 1840～1949 年湖南经济社会发展的变迁情况。（穆陵宁）

K000122 **沈阳——我可爱的家园** 马士钧、木荻著。辽宁少年儿童出版社 1998 年版。8 万字。5.00元。站在沈阳人的角度，向人们娓娓讲述在沈阳这块沃土上发生的永载史册的动人故事，包括人物、事件、古老建筑、风土人情以及改革开放 20 年来的巨大变化。全书共分 4 章：第一章古老的历史。从七千年前新乐人的图腾木雕鸟写起，一直到沈阳解放前夕。介绍了沈阳的古建筑如：东西南北四座塔，沈阳故宫、东陵等，同时还讲述了“清太祖迁都沈阳”、“义和团火烧教堂”、“历尽沧桑大帅府”、“柳条湖事件”以及“周恩来少年足迹”、“刘少奇在奉天”的真实的故事。第二章辉煌的成就。介绍了沈阳解放50年来的翻天覆地的变化，讲述了沈阳如何在党的领导下从一个百废待兴的旧城市发展成为今天东北政治、经济、文化的中心。第三章多彩的今天。侧重于介绍今天的沈阳极富地域特色的市容、市貌和各种景观，如：代表沈阳的吉祥物——太阳鸟、沈阳新十二景、沈阳怪坡、夏宫、大二环、沈阳的广场文化等等。第四章美好的未来。根据沈阳市政府的规划蓝图，介绍了沈阳各行各业正在实施的具体方案和各项举措，向人们展示了一个经济繁荣、科教发达、环境优美、文明富庶、功能完备的现代化国际化大都市的前景。(孙炜)

K000123　**陇右文化丛谈**　胡大浚著。甘肃教育出版社 1998 年 7 月版。27 万字。16.50 元。撷取了甘肃古文化中最富有特点的若干文化命题，以通俗的语言全面系统地介绍了甘肃古文化的整体面貌。主要由甘肃远古文化及文明起源，同秦、汉唐盛世的经济和文化，甘肃典型的古文化遗产简介，甘肃的古代文学和民间文学等四部分组成。(薛英昭)

K000124　**陕西通史**　郭琦、史念海、张岂之主编。陕西师范大学出版社 1998 年 10 月版。306 万字。660.00 元。完整系统地记述了由远古到当代陕西地区、陕西人民行进的历程。全书共 14 卷(14 分册)，分为通史卷和专史卷两大部分。通史卷共 9 卷(9 册)，按时期或朝代断代，分为原始社会卷(第 1 卷)、西周卷(第 2 卷)、秦汉卷(第 3 卷)、魏晋南北朝卷(第 4 卷)、隋唐卷(第 5 卷)、宋元卷(第 6 卷)、明清卷(第 7 卷)、民国卷(第 8 卷)、中华人民共和国卷(第 9 卷)。专史卷共 5 卷(5 册)，按专史性质分为革命根据卷(第 10 卷)、经济卷(第 11 卷)、历史地理卷(第 12 卷)、民族卷(第 13 卷)、思想卷(第 14 卷)。9 部通史卷是从古到今按历史发展线索系统详细地叙述陕西的历史进程。5 部专史卷是从通史卷内容中抽出值得专门立卷详写的内容单另立卷专写。14 卷是一个有机的整体，合起来，贯通古今，是陕西历史的一幅长卷。分开来，各分卷也自成系统，是各族断代时期的陕西断代历史；5 个专史卷则是各具特色的专史，体现了陕西的历史优势。(韦建培)

K000125　**闽越国都城考古研究**　吴春旺、林果著。厦门大学出版社 1998 年 12 月版。24.3 万字。28.00 元。主要运用考古新发现，结合闽越国历史资料，研究闽越国文化源流，闽越国都城的起源、发展、变迁，以及闽越国都城在中国城市发展史上的地位。全书共分 9 章，各章内容为：一、研究概述；二、汉文史籍所见闽越国都城文化；三、考古学所见闽越文化的源流；四、闽越国家文明及其都城的考古发现；五、福州冶城起源；六、福州冶城发展：战国秦汉时期考古；七、福州冶城变迁：郡县时代福州冶城考古；八、闽北山区的闽越“王城”及其性质；九、闽越都城在城市建设史上的地位。考古资料的使用是书中的一大特色。考古资料的使用不仅弥补了文字资料的不足，而且使用了许多第一手的，可信的考古资料，提高了本书自身的质量。(徐长春)

K000126　**屏山县志**　屏山县志编纂委员会编纂。四川人民出版社 1998 年 10 月版。109 万字。98.00元。以马列主义、毛泽东思想和邓小平建设有中国特色社会主义理论为指导，本着详今略古原则，采用新观点、新方法，实事求是地全面系统记述屏山县近百年的自然、政治、经济、文化、社会等各方面的历史和现状，重点论述屏山解放后全县人民在县委、政府领导下所取得的巨大成就，也如实地记叙了工作中的失误和不足。志书上限一般断至 1911 年，历史沿革则上限不限；下限均断至 1985 年，除概述、大事记外，设 26 篇。概述为全志之纲，综述县情，总摄全志；大事记纵贯古今，与各篇经纬交织，记述屏山县历史上的人事、要事，以编年记事为主；各篇排列以大类为序，其顺序为地理、经济、政治、军事、文化、社会、人物。(叶勇)

K000127　**姚江文化史**　季学源著。宁波出版社 1998 年 4 月版。35.2 万字。20.00 元。是关于浙东姚江流域，主要是余姚市的文化通史。全书共分 4 篇，即姚江文化的发端时期、渐进时期、鼎盛时期和转型时期。从思想、科技、文学等方面，全面展示了姚江流域自河姆渡原始文化至新中国成立的灿烂的历史文化。(王伯城)

K000128　**泰顺县志**　《泰顺县志》编纂委员会编。浙江人民出版社 1998 年 12 月版。115 万字。100.00 元。以“概述”为纲、“大事记”为经、各专志为纬，事以类从，集自然与人文、历史与现状于一体，融科学性、知识性、地方性于一书。全书设 29 编，篇目设置基本合理；记述立足当代，详今明古；内容丰富，资料翔实；特色鲜明，图文并茂。特别值得一提的是，书中对山区县的优势(气候条件优越、林业用地广袤、水力资源富足、矿产资源丰富、民性刚直尚义等）详尽记载，对贫困县的现状也不回避。此外，志尾编有“主题索引”、“图表索引”，极便检索。（王福群）

K000129 **浙江事典（上、下卷）** 《浙江事典》编委会编。浙江教育出版社 1998 年 8 月版。293 万字。260.00 元。以马克思列宁主义、毛泽东思想和邓小平理论为指导，体现“概述全貌，突出重点，简繁结合，反映特色”的要求，既反映经济社会发展各领域的横向全貌，又反映经济社会发展过程的纵向全貌；既全面反映各个领域中坚持以经济建设为重点，又系统反映历代经济社会发展中突出反映当代经济社会发展，尤其是充分反映改革开放以来浙江的新发展、新成就、新变化和新特点的状况；在条目设立中，力求充分反映浙江经济社会发展的特色。全书内容纵览全貌，横列门类，以史为序，纵横结合，具有综合性、完整性和实用性，具体分为：“自然地理生物气象”“人口民族 宗教民俗”“政区沿革 市县建制”“政治法制外事交往”“经济综述 农村经济”“工业经济城乡建设”“贸易金融交通邮电”“工商财税 海关高检”“土特名产著名商标”“名胜景点 旅游服务”“科学研究技术进步”“教育发展人才培养”“文化艺术文物图博”“新闻出版广播电视”“医疗保健卫生防疫”“群众体育运动竞技”“历史人物扬清激浊”等编，共 6220 词条，293 万字及图片 585 幅。它不仅领域广，而且时间跨度大，上限 1840 年，某些条目设立及其内容上溯至古代，下限 1995 年。为便于说明历史的继承与发展，部分“综述条”设有“古代专条”；1995 年后的重大事件视需要酌予收入。

K000130 **海上风情 1840S～1990S** 上海人民美术出版社 1998 年 8 月版。大 16 开，208 页。图 3 幅。280.00 元。中英文对照。所收入的 350 幅图片，采撷了上海市历史博物馆藏品中有关上海地方民情风俗中最富典型意义和特点的历史文物和文献资料，以及选用了少量现代市民生活的摄影佳作。以 8 大单元的系列图版组成主体结构，以上海一个半世纪新与旧、中与西两种不同的价值观念和生活方式进行对比为叙事章法。单元 1“上海人”，介绍因“华洋共居、五方杂处”所构成一组组不同类型的“阿拉上海人”；单元 2“衣”，介绍近代上海人服饰变化和各时期独特的服装文化潮流；单元 3“食”，介绍上海滩中西美食特色和上海人口味；单元 4“住”，介绍弄堂构成了上海大多数市民的居住环境；单元 5“行”，介绍随着时代的发展、社会的变迁带动了市政交通工具的更新；单元 6“婚丧”，介绍上海在 19 世纪末至今婚丧喜庆种种人生礼仪的习俗；单元 7“娱乐”，介绍沪城商市繁荣，出现了许多与大城市相配又符合民众企求的娱乐场所；单元 8“岁时”，介绍上海地区的时令节日以及宗教信仰受各地移民和西方文化输入的影响，日渐融入无数上海人的生活方式之中。而新时代的上海，移风易俗，出现了许多新风气。在市场经济发展的今天，又逐步形成了独特的时令节日。（张文勇）

K000131 **隆务明史（藏文）** 隆务·拉加华著。甘肃民族出版社 1998 年版。21 万字。19.80 元。通过对青海省隆务地区进行深入细致的社会调查，用田野作业式的方法收集到的大量资料和历代汉藏档案文献而写成的。坚持选用能真实地反映隆务地区历史和现状的资料，并在思想性、资料性、科学性并重的高度上把隆务地区的历史渊源、社会现状、经济发展、风土人情、文化教育、民俗、名胜古迹、佛教寺院等比较系统而详细地叙述。（看召加）

K000132 **椒江市志** 《椒江市志》编纂委员会编。浙江人民出版社 1998 年 7 月版。137.7 万字。105.00 元。按照志书体例，横排门类，纵述史实。体裁采用述、记、志、传、图、表、录等，以志为主。首置概述、大事记，继以建置区划、自然环境、经济基础、上层建筑各领域等，共设 34 编 155 章 526 节。记事上限追溯事物之发端，下限止于 1990 年。按照明古详今的原则，如实记述了椒江两千余年的历史进程，并着重记载了新中国成立后特别是 1981 年椒江建市以来 10 年间椒江人民的奋斗足迹和方方面面的发展状况。在入志内容的取舍上，注重资料的历史意义和科学价值，粗细适宜，详略得当；在总体构思、谋编设章、资料组织上，根据椒江特定的历史条件和特殊的地理位置，抓住椒江原为海门、今为海港新市这一切入口，以众多岛屿、宽广海域，素称海防要地、军事重镇为着眼点，不但在概述、大事记中突出海港特色，还破格设置了海洋、港口航道、水产业、盐业、对外经济贸易等编，充分利用海港与岛屿这一优势，使本志成为一部地方特色浓郁、时代气息鲜明的具系统性、综合性、整体性和具“存史、资治、教化”作用的科学历史文献。书中有彩照 133 帧、彩色地图 4 幅，正文中还配插黑白照片和黑白地图。（吴晓红）

K000133 **粤大计** 明·郭棐撰，黄国声、邓贵忠点校。中山大学出版社 1998 年 11 月版。77.5 万字。80.00 元。分上、下册，共 32 卷，明万历年间刻。为稀有珍贵岭南史志性文献，所收资料颇为丰富，尤以人物资料为多，后世两广修志者多所引用，在广东文献史上有相当地位，学者誉之为“岭南文献之瑰宝”。可惜此书流传不广，国内唯中山大学图书馆珍藏一部，国外唯日本内阁文库珍藏一部。新点校本较原书具有更高的学术价值和文献价值。(钟永源)

K000134　**新疆古代文明**　柳用能著。新疆美术摄影出版社 1998 年 1 月版。11.6 万字。198 幅图。7.80 元。从这个特定的角度出发，以百余年来新疆考古研究和出土文物为依据，将新疆这片地域和新疆古代居民在历史上的创新和建树加以筛选、提练、归纳和诠释，汇集成册，以表现新疆各民族先民的历史创造力。全书共有 130 多个小题目，按类别和时间顺序编排，每条数百字，均配有插图或文物照片。(冯中平)

K000135　**新疆两千年**　刘逊、刘迪著。新疆青少年出版社 1998 年版。20 万字。12.80 元。这本书以马列主义历史观、民族观、文化观为主导，以历史事实为依据，把不同社会形态中各民族共同开发建设、保卫新疆这块中华民族疆域的奋斗史话和历史沿革，以青少年容易接受的故事形式，客观、科学、生动地展现出来。(张红宇)

K000136　**滇云旧闻录**　万揆一著。云南教育出版社 1998 年 10 月版。29 万字。15.00 元。旧闻掌故类史学著作。共收录涉及云南近代政治、经济、金融、军事、外交、交通、教育、慈善、水电、印刷、文史、文物、戏剧、电影、禁毒、匪患等方面的文章 36 篇，侧记了云南近代史上著名人物、历史事件、典章制度和文化现象中一些鲜为人知的佚闻旧事。其特点有三：一是内容涉及面宽，涵盖了当时云南军政界、实业界、文化界的重要历史事件(如护国运动、禁绝鸦片、“天足”运动和云南地方货币变迁等)和风云人物(如唐继尧、龙云等)，也涉及社会中下层(如慈善活动、匪患、娼优等)。二是资料准确真实。作者是一位二十世纪三四十年代活跃于云南报界的老报人，文中写到的人和事或是亲眼目睹，或是调查采访所得，有较高的史料价值。其中，《昆明慈善事业话旧》、《云南最早的两家滇戏园》和《清末及民国时期云南的电影》被地方史志作为信史收录，其余大多为研究云南近代史事者瞩目。三是笔法多变、颇具文采。对于重要人物的事迹和功过、重大事件的始末采用史家笔法秉笔直书；对于细节轶闻，又采用旧闻、掌故的传统写法，作了适当想像与点染。该书不足之处是：文章的价值和意义参差不齐。(黄显松)

K000137　**鹭江志**　清・薛起凤主纂，江林宣、李熙泰整理。鹭江出版社 1998 年 4 月版。15.4 万字。13.00 元(平)，20.00 元(精)。《鹭江志》为清乾隆三十一年(公元 1766 年)由鹭江文士薛起凤主纂，黄明香、杨国春参与分修。全书分门三十，订卷为四。志前有序二，志末有跋，志成曾朝英汇集《八景图诗》、《艺文补遗》附之，故后人有五卷之说。《鹭江志》在清道光年间尚存，后竟亡佚。本整理本分“抄本残卷”和“辑佚补缺”二部分。“抄本残卷”含卷一、卷三，系根据荷兰亲顿大学馆藏之残本整理而成。“辑佚补缺”含卷二、卷四，由整理者参照残本目录，自《厦门志》、《同安志》等书中辑录补佚，以期恢复全貌。全书篇幅虽小，但体例详备，言简意赅，举凡当时厦门山川城廓、市廛关津、风土人物、学校典章、巡狩防御，以及创建源流，盛衰沿革之故，无不一一备载。忠实地记载了康熙、雍正、乾隆时期厦门的自然景观和社会、经济、文化等方面的情况，为研究厦门的历史提供了弥足珍贵的资料。(笪林华)

K000138　**中国方志学史**　陈光贻著。福建人民出版社 1998 年 9 月版。17 万字。12.00 元。“大学历史丛书”之一。分 4 部分。论述范围包括方志学基本理论、方志的源流和发展、列代著名方志学家和主要方志介绍等方面，对方志学的源流做了深入探讨，论证严密，见解独到。对古典方志学的理论原则、学科特点、编纂体例和方法等基本问题做了系统而具体的阐述。(竹篱)

K000139　**京畿丛书(全十四册)**　《京畿丛书》编委会编。北京图书馆出版社 1998 年 5 月版。145 万字。120.00 元。共 14 册，每个区县独立成册(14 个郊区县为：海淀、半台、门头沟、石景山、密云、怀柔、顺义、朝阳、通州、平谷、昌平、大兴、房山、延庆)，资料翔实，内容涵盖历史文化的各个方面。(卢玉荣)

K000140　**封中史话**　陈乃良著。广东省地图出版社 1998 年 12 月版。15.6 万字。10.00 元。从马王堆出土的“汉初长沙国南部地形图”上的“封中”地名说开去，考证了古“封中”地名所指乃封水流域即今贺江流域，进而考证了穿越古“封中”的潇水—封水交通线乃秦汉及其后千年间岭南岭北的主要交通线，以及由此而带来封中地域的千年繁荣。封中诞生过岭南最早享誉全国的几位大学问家，诞生过岭南第一位状元；广东、广西、广州皆得名于古广信；汉武帝重贺江而轻漓江，在古封中密集设置县治；汉朝起交州、苍梧郡、广信县治均设在封川，梁武帝改广信为梁信，才使今梧州地接过“苍梧”之名，此前及此后的“苍梧”乃两个不同的历史地理概念。书中详述“封中”的历史地位、文化特征、交通沿革、盛衰变化、人物掌故和趣闻逸事，行文深入浅出，雅俗共赏。书中提出的若干新观点，与时下流行的说法颇有相径庭之处，当引起历史地理学界的关注。（张志丹）

K000141 **香港野史** 刘小清、刘小滇编著。东方出版社 1998 年 1 月版。30 万字。18.20 元。在近代中国，小小的香港堪称是座大大的舞台。百多年来，在这里究竟演出了多少历史的悲喜剧，涌现了多少民族英烈，揭露了多少跳梁小丑，留下了多少名人逸事？书中文字，娓娓道来。著名虽曰野史，然并非哗众取宠，道听途说之臆想与杜撰，而是落字有据，史实可信，读之令君萌发无尽沉思和遐想。（张润生）

外国历史

K000142 **亚细亚文明** 刘德增等著。山东教育出版社 1998 年 6 月版。48 万字。98.00 元。在时间上从国家在亚洲肇兴写起，限于篇幅，下限写到中世纪即封建时代终结为止；在内容上以物质文明、制度文明、精神文明为三大构成。黄河—长江文明、印度河—恒河文明和幼发拉底河—底格里斯河文明，是亚洲文明中的三个发祥最早、影响最大的文明区，这也是本书所重点阐述的观照点。全书的基本结构是：引论，阐述亚洲文明发生、发展的几个问题及把握亚洲文明的几条线索；第一、二、三篇，分别表述黄河—长江文明、印度河—恒河文明、幼发拉底河—底格里斯河文明；最后，在余论部分对亚洲文明的特征及其在世界文明史上的地位，作一个简略的总结。图文并茂，通俗易懂。（邹健）

K000143 **亚洲通史** 顾学宏主编。广西民族出版社 1998 年 9 月版。47 万字。40.00 元。按历史发展进程，分 9 个部分论述亚洲各个时期的社会政治、经济、文化、民族解放斗争和民族独立的历史概况。第一编“文明的发祥”，论述古代西亚国家、古代印度以及古代华夏的形成以及他们对世界文明发展的贡献。第二编“封建国家的繁荣”，论述封建时期亚洲各国的政治、经济、文化发展状况及所取得的成就。第三编“兴与衰的历史转折”，论述封建时期后期，亚洲一些主要国家的开始衰落以及西方殖民者的入侵对亚洲历史进程的重大影响。第四编“亚洲的觉醒”，论述亚洲各国进一步殖民地化的过程和亚洲各国人民反殖民主义斗争以及亚洲一些国家兴起的资产阶级革命运动。第五编“民族解放斗争的新时期”，论述第一次世界大战后以及俄国十月革命成功后，亚洲各国人民掀起的民族解放斗争。第六编“第二次世界大战时期的亚洲”，论述亚洲战争策源地的形成和太平洋战争的爆发以及亚洲各国人民的抗日战争和日本的彻底失败。第七编“战后亚洲的重建”，论述日本的重建过程和一些人民民主国家的建立以及民族独立国家的诞生。第八编“亚洲人民的反帝反霸斗争”，论述亚洲几次较大的地区性战争和亚洲不结盟运动概况。第九篇“亚洲的崛起”，论述第二次世界大战后，亚洲区域经济的迅速发展和中国社会主义现代化建设的成就。（方铁）

K000144 **阿拉伯通史（上下卷）** 纳忠著。商务印书馆 1997～1998 年版。90 万字。31.80 元（上），32.00 元（下）。系统地阐述了伊斯兰教兴起的时代背景，展现了阿拉伯人从游牧部落变成一个叱咤风云的民族，建立了横跨欧非亚三大洲的大食帝国的全过程，记述了在时间上处于古代文化与西方近代文明之间、在空间上处于东西文化交汇点上的民族交融，以及由此引发的大食帝国经济、文化的大发展，描述了 11～13 世纪帝国军民抗击十字军进犯，最终把侵略者赶进大海的史实，介绍了 16 世纪以后的数百年中，阿拉伯各国人民在异族统治下进行艰苦斗争的复杂过程，及其最后获得民族独立，进入民族复兴的光明时代的历史。还记叙了过去一般阿拉伯史书极少涉及的重要问题：伊斯兰教兴起前阿拉伯半岛的国际环境；伊斯兰教兴起后，麦地那宪章对阿拉伯半岛走向统一的促进作用；阿拉伯人历次海外大迁徙的深远影响；“新穆斯林”与“被护民”对阿拉伯—伊斯兰帝国的贡献等。并以较大的篇幅介绍了中世纪阿拉伯世界与中国的关系：古代的贸易，伊斯兰教传入中国，中国文化对阿拉伯的影响，阿拉伯人对中国的影响等等。（任雪芳）

K000145 **冰魂——我的谢尔盖** ［俄］叶卡捷琳娜·戈尔杰耶娃著。东方出版社 1998 年 9 月版。20 万字。18.00 元。作者叶卡捷琳娜·戈尔杰耶娃和其搭档、丈夫谢尔盖·米哈伊洛维奇·格林科夫是苏联时期乃至世界的著名滑冰名将。他们两次获得奥运会金牌，多次获得欧洲锦标赛和世界锦标赛双人滑冠军。他们在生活上是恩爱有加的伉俪，在冰场上是配合默契的黄金搭档。但是，不幸的是 1995 年 11 月 20 日年仅 28 岁的谢尔盖因心脏病突然发作，猝死于练冰场。很长时间，叶卡捷琳娜·戈尔杰耶娃对这突然的打击痛不欲生。为了纪念自己心爱的丈夫，作者撰写了这本书，记叙了自己与谢尔盖刻骨铭心的爱情和洒满鲜花、友爱和成功的滑冰生涯。（魏华）

K000146 **法国革命论** [英]柏克著,何兆武、许振洲、彭刚译。商务印书馆 1998 年 8 月版。21.4 万字。16.00 元。论述了法国革命的实际进程,考察了革命领导者的个性、动机和策略。继而剖析了激发这场运动的基本思想,特别是"人权"和"人民主权"思想。认为那种在抽象的纯粹的多数人统治意义上的民主政治,由于失去了世袭的贵族政治的负责任的领导的限制和指导,具有很大的危险性;认为革命正在引起传统观念的贬值,使来之不易的社会物质精神财富遭到轻率的破坏。针对这一切,他提出了英国宪政的例子及其优点:它关心连续性和顺其自然的发展;它重视传统知识和习俗而不是冒险的改革;它重视根据传统获得的权利,而不是那种抽象的权利;它承认一种社会地位和财富的等级制度;承认世俗权力对宗教的尊奉;承认所有的人类发明物都存在根本的缺陷。柏克对法国大革命的批评是激烈而无节制的。由于他对法国大革命的积极的理想缺乏同情心,他看不到法国大革命爆发的历史必然性及其对历史进程的巨大推动作用。他的言论遭到众多非议,其中最著名的反对意见来自同时代的思想家潘恩的《人权论》。尽管如此,本书所蕴含的理论观点仍有许多永远值得后人深思之处,其中最重要的似乎可以归结为如下两个问题。其一是,作为人类历代智慧结晶的文化传统是最值得我们珍重的。传统不能简单地等同于政权;一个政权可以推翻,但是传统却一定要保存,并且只有保存好了,才能继续发扬光大,这是人类进步的必要条件。其二是,人类的进步是不是一定要通过暴力的形式?凡是在改良行得通的地方,是否应该考虑尽可能地优先采用和平的方式而避免暴力的手段?而这又应该根据什么原则,在什么条件下如何进行?——对此柏克提示了一些初步的答案。(何世鲁)

K000147 **丰饶的苦难——拉丁美洲笔记** 索飒著。云南人民出版社 1998 年 3 月版。28 万字。18.50元。除导言和结语外,主要由 3 章构成。第一章赋名"原罪",重点讲述了拉美殖民地时期的历史。第二章题为"两个美洲",重点讲述北美和拉美差异形成的原因,北美对拉美采取的殖民主义、帝国主义罪恶行径,以及拉美反殖反帝精神的形成。通过"宗主国的文化差异"和"血的混合",说明南、北美洲这两条泾渭分明的河流在源头上的差异。第三章的标题是"树起我们的旗帜",主要介绍了在贫穷苦难的拉美所产生的丰饶的精神成果:有自己的旗、有被压迫者的哲学、有解放了的神学、有正义的歌声、有最富有的文学。(刘存沛)

K000148 **哥伦布美洲发现记** 克里斯托弗·哥伦布著,刘福文译。黑龙江人民出版社 1998 年 5 月版。30 万字。19.50 元。由哥伦布以及其随行人员亲笔写成,详细记载了第一次探险发现美洲大陆的全景实况和其后三次探险的始末。在描绘美洲风土人情的同时,对西班牙殖民在美洲的残酷劫掠和虐杀,进行了淋漓尽致的揭露。(徐冲)

K000149 **美国通史演义** 曹德谦著。辽宁大学出版社 1998 年 3 月版。130 万字。86.00 元。共 2 卷,分 4 部分。第一部分从本杰明·富兰克林写至约翰·昆西·亚当斯,讲的是美国开国的故事。第二部分从安德鲁·杰克逊写至威廉·麦金莱,讲的是美国从统一走向分裂,由分裂重归统一,这一过程促成了生产的大发展,而这种大发展又带来政治及社会道德的大腐败。第三部分以西奥多·罗斯福写至富兰克林·罗斯福,讲的是对上述腐败的改革,改革给美国资本主义带来了新意。第四部从哈里·杜鲁门写至理查德·尼克松,讲的是美国从战后的独霸地位跌落下来,不得不接受现实的世界多极现状。(陈晓东)

传 记

K000150 **中外名人丛书** 尹世霖主编。晨光出版社 1998 年 9 月版。200 万字。选出中外名人 20 名每人写一本,共 20 册。这些名人中有总统、将军、思想家、政治家、科学家、文学家、艺术家、奴隶起义领袖等等,他们是《秦始皇》《武则天》《成吉思汗》《姜尚》《霍去病》《孔子》《郭守敬》《杜甫》《玄奘》《鲁迅》《华盛顿》《拿破仑》《甘地》《斯巴达克》《牛顿》《居里夫人》《爱因斯坦》《莎士比亚》《贝多芬》《达·芬奇》。丛书不把名人作为"圣人"、作为"神"来写,不只歌颂名人的功绩成就,也写他们的错误和失败。丛书采用传记形式,尊重史实,该详则详,该虚则虚,力主文章短小精悍。(段俐冰)

K000151 **世界历史名人传略** 秦牧、汪曾祺、刘心武等著。江苏教育出版社 1998 年 8 月版。63 万字。45.00 元。共 3 册。介绍人类文明史上最辉煌的 22 位历史名人。按年代顺序他们是——释迦牟尼、孔子、亚里士多德、秦始皇、恺撒、耶稣、穆罕默德、成吉思汗、达·芬奇、李时珍、莎士比亚、牛顿、华盛顿、曹雪芹、拿破仑、贝多芬、达尔文、马克思、爱迪生、居里夫人、列宁、爱因思坦。这些伟大的思想家、政治家、军事家、科学家、文学艺术家，都对人类历史发展过程产生过重大影响，为人类文明作出过杰出贡献，是一批一直为人们所传诵，并将永远传诵下去的人物。本书以每人3万字左右的篇幅书写伟人的生平。22位作者均为国内文坛的一流高手，都有过扛鼎之作。他们以自己对名人的深刻理解，辅以详尽的历史资料，各自以善长的笔触描绘出了名人的轮廓和性格。（马振五）

K000152 **外国10位女首脑传** 马兆政著。辽宁少年儿童出版社 1998年8月版。28.5万字。23.00元。介绍国际政坛上的10位女首脑，她们是：英国女王伊丽沙白二世，印度女总理英迪拉·甘地，英国女首相玛格丽特·撒切尔，菲律宾女总统科拉松·阿基诺，斯里兰卡女总理班达拉奈克夫人和女总统钱德里卡·库马拉通加，巴基斯坦女总理贝娜齐尔·布托，爱尔兰女总统玛丽·罗宾逊，挪威女首相格罗·哈莱姆，布伦特兰和冰岛女总统维格迪丝、芬博阿多蒂尔。作者以简练、轻松、娴熟的笔意，写了这些举世瞩目人物的生平、教养和执法的个性，以及她们婚姻家庭的某些细节，涉及许多国际政坛上的重大事件和政治风云人物。在女首脑人物形象的背后，是国际政治舞台风诡云谲和变幻莫测。附录所提供的女性政治家资料。（崔玉平）

K000153 **外国著名外交家列传** 张立平编著。世界知识出版社 1998年2月版。20.6万字。11.00元。选收十位近现代外国著名外交家，他们分别是：红衣主教黎塞留，他在法国执掌相印后，励精图治，对外合纵连横，与新教势力结盟，共同对付神圣罗马帝国。“革命”主教塔列朗，他顺时应势，历经多个朝代而官运不败，以三寸不烂之舌周旋于欧洲诸列强之间，为法国为自己谋取最大利益。奥地利首相梅特涅，他依据均势和保守主义的原则，凭借政治联姻和巧妙的外交手腕，使弱国奥地利暂居强国之列。英国的帕麦斯顿和迪斯累里，他们凭借着强大的海军，在欧洲展开“均势外交”，在亚非拉实行殖民主义政策，最终建立了“日不落帝国”。“铁血宰相”俾斯麦，他在德意志境内小邦林立的情况下，远交近攻，合纵连横，为武力统一德国铺平了道路。苏联的契切林和英洛托夫，他们遵循革命外交路线，拓展了苏联的国际活动空间，为它的生存创造了较为有利的外部条件。美国的艾奇逊和基辛格，他们两人的外交哲学不尽相同。前者是冷战遏制政策的奠基人，后者则是现实主义外交的代表人。（李锋）

K000154 **走进艺术大师生活丛书** 上海人民美术出版社 1998年4月版。75万字。1200幅图。每本4.50元。共30册。收入各个时期的、具有代表性的中外艺术大师30位，他们是西方文艺复兴时期的达·芬奇、米开朗基罗、拉斐尔，古典主义的伦勃朗，浪漫主义的德拉克洛瓦，现实主义的库尔贝、罗丹，印象主义的莫奈，后印象主义的塞尚、梵·高、高更，现代主义的毕加索、马蒂斯、达利，以及劳特累克和19世纪俄国巡回画派的列宾·苏里柯夫；中国元代的赵孟頫，明代的文徵明、唐寅、徐渭、陈洪绶、清代的朱耷、任伯年、吴昌硕，以及现代的齐白石、张大千、黄宾虹、徐悲鸿、刘海粟。将每一位艺术大师的生平用六、七个小故事串起来，并附他们各个时期的作品，让读者在轻松的阅读气氛中；了解大师的生平和作品特色，在作品欣赏部分，采用“散文式”的手法，以通俗易懂 、生动活泼的语言，阐述该作品的内容、表现手法等。（孙国彬）

K000155 **国际焦点人物访谈录** 鲁方根编。四川人民出版社 1998年1月版。45万字。28.00元。从法文、英文、俄文、德文和西班牙文的报刊杂志上选择了从80年代末至今的130篇国际交点人物访谈录，其中包括政治、经济、军事、医学、科技、文学、戏剧、电影、音乐、体育等诸多领域的名人访谈。对每篇访谈加了按语，对若干冗长的访谈作了删节，并对有关内容加了少量的注释。

K000156 **外国名人自传丛书** 江苏文艺出版社 1998年8月版。共12册。在充分开掘出版资源、引导大众读书兴趣的基础上精心运作，以传主第一手的文献资料为底本，经编译者依据多年专题研究的经验作出必要的剪裁，力求展现出外国古今历史上著名思想家、政治家、军事家、科学家、实业家、文学家、艺术家们追求目标与成就事业的各具个性的心路历程。丛书书目有：《马克·吐温自传》、《普希金自传》、《高尔基自传》、《乔治·桑自传》、《赫尔岑自传》、《达尔文自传》、《卢梭自传》、《屠格涅夫自传》、《富兰克林自传》、《朱可夫自传》、《凡高自传》、《斯丹达尔自传》。（朱建华）

K000157 **名人书系** 李秀忠等主编。山东友谊出版社 1997年12月至1998年4月版。370万字。212.00元。已出版8本，即《名人演讲录》、《名人日记》、《名人家训》、《名人遗书》、《名人交往录》、《名人序跋》、《名人书信》、《名律师论辩词》。以宽广的视野，大量鲜为人知的文化信息，多角度地就古今中外活跃在各个历史时期、社会领域的中外政治家、军事家、经济家、外交家、理论家、艺术家等在处理或对待

国家、社会、家教、人际交往诸多方面所表现出的超人能力、卓越胆识等进行透视再现。(程华涛)

K000158 **剑桥世界名人百科全书** 南方出版社 1998年8月版。298.00元。收录全世界古今名人25000位,重点在20世纪,涵盖了整个人类文明史,包括艺术、科技、政治、娱乐、军事等各领域,重点叙述了妇女、少数民族等易为一般辞书所忽视的群体和有特殊影响的人物,介绍了每个人物所处的时代以及其同代人在政治、艺术、科技、文学、探险等领域的成就,独特地广泛收集了领袖与统治者、宗教与圣徒、诺贝尔奖与奥林匹克奖,以及奥斯卡奖等各系列详尽的人物资料。(唐海燕)

K000159 **探索者丛书** [美]盖恩斯等著。世界知识出版社 1998年1月版。60万字。115.00元。共12本,分别为:《马可·波罗与中世纪的探险家》、《克里斯托弗·哥伦布》、《达·伽马和其他葡萄牙探险家》、《詹姆斯·库克和太平洋的探险家》、《罗伯特·彼利与北极探险》、《亨利·斯坦利和探索非洲的欧洲探险家》、《刘易斯·克拉克与通向太平洋之路》、《海底世界的探索者》、《空间探索的先驱者》、《阿波罗登月》、《探索火星与星际空间》、《探索外层空间》。丛书图文并茂,讲述了伟大的探索者们的故事。(米小平)

K000160 **画说世界著名企业家丛书** 副名:怎样走向成功。代大权等编。未来出版社 1998年8月版。7600幅图。240.00元。"绘画本世界著名企业家传记丛书"之一。共分两辑。第一辑共分10册,分别介绍了迪斯尼、比尔·盖茨、希尔顿、松下幸之助、本田、亚科卡、李嘉诚、霍英东、曾宪梓、福特等世界著名企业家;第二辑共分10册,分别介绍了郑周玉、包玉刚、王永庆、纽豪斯、福布斯、哈默、洛克菲勒、劳斯莱斯、沃伦·巴菲特等大富豪以及世界著名的IBM公司的创始人。根据世界著名企业家的传记改编,配以图画的形式介绍这些企业家具有传奇色彩的经历。(高小雁)

K000161 **影响世界的女政治家丛书** 邢来顺、陈辉平、苏文清主编。长江文艺出版社 1997年1月至1998年6月版。250万字。142.00元。共10册。丛书包括《武则天传》、《叶卡德琳娜传》、《马利亚·特丽莎传》、《伊丽莎白一世传》、《维多利亚传》、《英·甘地传》、《撒切尔夫人传》、《贝·布托传》、《克里奥·帕特拉传》、《玛丽·斯图亚特传》10本传记。这十位女传主均为中外历史上的杰出女性,她们既有深谋远虑的政治家的雄才大略,又不失女性的丰富细腻情感,她们在历史上的是非功过让人咀嚼不尽。本丛书叙述了她们的成长经历,着重对她们在位期间发生的重大事件加以细述。(王虹)

中国人物传记

K000162 **广西少数民族人物志** 莫文军主编。广西民族出版社 1998年10月版。65万字。50.00元。收入古今全国各地广西籍的少数民族人士、原外省籍现落户广西的少数民族人士及祖籍广西现定居国外的少数民族人士1400余人的资料汇编而成。入选人物都是有一定的影响,有所作为,有所贡献的知名人士,以年代先后为序按清代以前、民国时期、新中国时期入编,每个时期再分若干单元,按类分列。对人物的记述,采取直叙其姓名、字号、民族、籍贯、生(卒)年月,主要学历、经历、职务、职称以及著作、成果、作品、论述等成就和获奖情况。(韦玖贤)

K000163 **历代名人室名别号辞典** 池秀云编。山西古籍出版社 1998年1月版。142万字。65.00元。上承远古,下迄当代,凡在中国历朝历代有一定影响、有突出贡献的人的"室名"和"号",都在所收范围。共有"室名"和"号"13697条,人名13796条。全书以"室名"和"号"为条目,每目之下按序注明姓名、字、号、室名、朝代、籍贯、生卒年、生平事迹及其著述。(落馥香)

K000164 **中国科学技术专家传略 工程技术编 电子、通信、计算机卷1** 中国科学技术协会编。电子工业出版社 1998年1月版。48.5万字。38.00元。《中国科学技术专家传略》是一部以介绍中国近、现代科技人物为主线,反映中国科技发展进程的史实性文献。其目的是为中国著名科技专家立传,记载他们的生平及其对祖国乃至对人类科学技术、经济和社会发展作出的贡献,为中国科技史的研究提供史实,并从中总结经验与教训。《中国科学技术专家传略》分工程技术、农学、医学、理学四编。工程技术编又分为12卷,本书为工程技术编中的电子、通信、计算机卷1。书中收录了电子、通信、计算机领域的老一辈科技专家传略稿51篇。其中电子专业的专家36位,通信专业的专家9位,计算机专业的专家6位。他们都是较早地对发展我国乃至国际电子信息学科及其事业有贡献的专家学者。书中介绍了他们的经历和学术、技术成就,介绍了他们对祖国和人民的赤胆忠心,对社会进步的不懈追求,对事业锲而不舍和务求有成，对后来者的精心培育，以及在治学上的严谨与攻关上的百折不回，在道德操守上的刻意修练，这些都是堪资今人与后人吸取的精神财富。（郭晓）

K000165 **中国皇家人物丛书** 车吉心著。山东教育出版社 1998 年 8 月版。122.1 万字。70.40 元。共包括《十大公主》、《十大附马》、《十大皇帝》、《十大皇后》、《十大太监》、《十大嫔妃》6 册。皇家人物在中国历史舞台上是一个独特的群体，这个群体的核心是皇帝，围绕其左右，除有后妃、太监外，还有公主、附马等皇亲国戚。他们是封建时代的显赫人物，一个皇朝的治乱成败在很大程度上取决于他们的言行，中国封建社会的种种特性，在皇家人物身上有着最充分的体现。本丛书在编写中依据"正史"的记载，又翻检了稗官野史，并参考了先贤今哲的著作，为这些笼罩着一层神秘色彩的皇家人物立传。创作中以纪实风格为主，着重描写传主的生平事迹，兼顾与传主有关的重大历史事件。（邹健）

K000166 **江元虎研究** 汪佩伟著。武汉出版社 1998 年 1 月版。22 万字。11.00 元。分阶段评述了江氏早期从"四品京官"到"社会主义大师"，中期从"社会主义"倡导者到反苏反共的投机政客，及晚期沦为汪伪汉奸的经历，对其早期的维新思想、无政府主义思想，20 年代的"新民主主义"和"新社会主义"思想，及 40 年代的"回向东方"汉奸理论第一次作了较深入的分析、研究、比较与批判。介绍了江所处的时代，正是中国人广泛接触西方近代思想、寻求救国出路的转折时代，其早期活动及思想，对中国近代政治、思想均产生了一定影响，其思想经历，从一个方面反映出当时的中国社会与思想领域现实，反映出中国的知识分子思想探索的轨迹。分析了江元虎复杂多变的特点及最后的蜕化、堕落，在某种程度上也体现了社会民主主义者、改良主义者脆弱、动摇性等致命弱点。（杨帆）

K000167 **吴玉章年谱** 刘文耀、杨世元编写。四川人民出版社 1998 年 12 月版。39.5 万字。39.80 元。按年月日顺序记事，记叙了我国伟大的无产阶级革命家、教育家、历史学家、语言文字学家，中国旧民主主义革命、新民主主义革命和社会主义革命的领导者，中国高等教育现代化、历史研究现代化、语言文字现代化的开拓者吴玉章一生的经历。介绍吴玉章 1878 年 12 月 30 日出生于四川荣县双石桥蔡家堰，他曾一客东瀛，两旅西欧，求学流亡二十载；维新、革命，"三民"、"马列"，奉献人民七十年。吴玉章的一生，"是近几十年里一部活的中国革命史的缩影"。作者根据历史档案文献资料，真实记载，客观地陈述重大历史事件或与之有关的背景资料，不作评论。（傅瑜）

K000168 **旷世凡夫——弘一大师传** 柯文辉著。东方出版中心 1998 年 8 月版。31.9 万字。21.00 元。真实地介绍弘一大师传奇的一生。弘一，俗名李叔同，生于官僚兼富商家庭。少年时勤奋好学，在诗词、篆刻、书法等方面均见才华。19 岁时，因被疑康梁同党而被迫离津逃亡上海，一度与诗妓往还，扬名艺苑。此后不久，东渡日本，习油画、音乐。所作歌曲《送别》等为后人传唱不衰；在绘画上也有许多不朽之作；最早引进话剧艺术并成为中国第一代的话剧演员。辛亥革命后回国，执教于天津、杭州、南京等地的艺术学校，桃李满园，丰子恺、潘天寿、刘质平等均出自其门下。1918 年出家，悉心佛法，成为南山律宗第十一代祖师，著作闳富。作者身心投人，颇有学术见地，并努力开掘传主心路历程，把圣者还原到凡人的高度。（张志华）

K000169 **浙江古今人物大辞典** 《浙江古今人物大辞典》编委会编。江西人民出版社 1998 年 8 月版。340 万字。120.00 元。反映浙江古今人物的概况，展示浙人风采、缅怀先人、激励后代。辞典共收录浙籍古今人物 25000 多人。辞条内容包括：姓名、生卒年、字号、性别、籍贯、民族、身份、贡献、荣誉等。（陈晓蓉）

K000170 **千年孔府的最后一代** 柯兰著。天津教育出版社 1998 年 9 月版。14.5 万字。16.00 元。撷取了清末民初，随着清王朝的崩溃，孔府逐渐走向衰落的历史过程，演述前朝旧事，亦抒写今日情怀，使人们清晰地看到这座庞大的贵族府第是怎样与历史同步，随时代而变迁的。本书作者柯兰，其母是清末七十六代衍圣公孔令贻的次女孔德懋，是现居台湾曾封七十七代衍圣公、国民党统治时期又改任"大成至圣先师奉祀官"的孔德成的胞姐。孔德懋老人生于孔府，直至十七岁远嫁北京才离开，她与女儿柯兰在风雨飘摇的历史变迁中相依相伴，谈孔府的既往，为柯兰的写作提供了极好的素材。（田昕）

K000171 **中华民族英雄谱** 程翔章等著。武汉测绘科技大学出版社 1998 年 5 月版。48.5 万字。18.60 元。自西汉抗击匈奴至近代抗击日寇，涵盖中华民族主要历史时期 2000 余年，选择最具典型意义的 70 位民族英雄，叙述其为国为民或安定边关或收复中原或抗击外侮或驱逐蛮夷等种种泣天地、惊鬼神的英雄事迹，藉此激发中华儿女的爱国热情，弘扬中华民族的民族精神，促进社会主义精神文明建设。其最著名者如戚继光、郑成功、林则徐等，其最不著名者如冼夫人、萨布素等，均涉及在内。其特点一是70位代表性人物构成整个中华民族英雄群像；二是叙述虽简但各人物风范不失；三是叙写的均是“英雄”业绩，弘扬主旋律，图正面教育；四是写法上叙、议、说、引等表达方法与多种修辞方法糅合，以免空洞说教。本书之失有二：一是叙述中对“中华民族英雄”的诠释显得较为宽泛(如民族大融合过程中的一些人物也被冠之以“民族英雄”之称号)，故阅读时应有所区别；二是执笔者较多，语言风格的整体性不强。总之，以辩证的、历史的、发展的眼光看待这一切，该书的编写目的、手法及具体内容等均较明确，有其现实价值。(刘金波)

K000172 **中国南方回族谱牒选编** 马建钊主编。广西民族出版社1998年2月版。18万字。10.00元。收录广东、广西、湖南、湖北、福建、四川、云南、海南八省区回族有代表性的族谱、家谱的序、叙、跋等有关谱牒资料，其中海南省回族谱牒资料阙如，仅以《海南回族谱牒考》补缺。书中附有八省区的回族概况——分别介绍各省区回族的人口、分布、生产、生活、习俗、教育等情况。所录族谱家族资料，大部分成文于新中国成立之前，基于当时的历史背景，资料中一些提法与新时代精神不甚一致。为了保留原貌，均原文照录，以司共鉴。(覃承勤)

K000173 **壮族土官族谱集成** [日]谷口房男、白耀天编著。广西民族出版社1998年9月版。50万字。45.00元。以《二十四史》和广西地方志为依据，对壮族土官族谱全面分析研究，辨别真伪，分清是非，还其宗族本来面目，展示土官真实历史。全书分为3章，首先介绍壮族土官族谱的由来、特点和社会历史背景，概述壮族土谱族牒文化的产生和发展过程；其次是分别剖析南丹知州官谱、安平州李氏官谱等17部土官族谱，指明其宗支之源流、人丁繁衍和官职世袭等情况；最后介绍壮族土官族谱的搜集、编纂、利用等情况，反映壮族的宗族观念和尊祖意识。书末附录《壮族土官地方一览表》。(覃承勤)

K000174 **江苏清官** 王建中主编。南京大学出版社1998年10月版。18万字。18.00元。在历代无数的江苏清官中，选择了111名佼佼者作为传主作记。他们的共同特色是廉洁。在廉洁的前提下选择“为官一任，造福一方”者入书。本书的四个特点：一是求真实，保持“志属信史”的原则，入书资料均是通过考证、真实不妄的；二是求特色，求特不求全，抓住传主有特色的方面深入发掘，使人物的个性鲜明；三是求生动，在真实可信的前提下，叙事力求生动，以期达到“以事感人”的效果，使之具有较强的可读性、感染力；四是求精悍，每则传记的篇幅力求控制在1500字左右。入书人物一般按生年为序。(范瑜)

K000175 **爱新觉罗宗谱(31册)** 爱新觉罗宗谱编纂处编。学苑出版社1998年9月版。17000页。7800.00元。根据1936年重修《玉牒》影印，改正了一些原书中的舛错之处，共收录了80000多个人名，为清代皇族世系谱录。所录资料，上自努尔哈赤前五代起，下迄1937年。本书还补录了《玉牒》不载的部分人员，并编制了索引。

K000176 **中华武林著名人物传** 郝心莲、王国辉主编。百花文艺出版社1998年9月版。120万字。86.00元。共4册。收集了120名武林著名人物的传记。这些著名人物大多数生于旧社会而卒于解放后，是全国几大拳种和一些脉系的宗师和主要代表人物。少数传主是新中国武术界的代表人物。本书内容有三大特点。一是故事性，二是史料性，三是学术性。本书选材的绝大部分内容基本真实，在介绍传主生平事迹之时，记述了大量生动的故事。这些故事包括：力敌外国拳师、歼灭民族仇敌、抗匪卫乡梓、护卫进步人士等，也有武林切磋、尊师重德、奋力拼搏、为国为省争光等。在叙述传主生平故事的同时，本书客观地表述了许多著名历史事件，如轰动当时的国考、省游艺大会和几次擂台大赛以及建国后的几次重要比赛；介绍了逝世已久的大武术家的情况。书中的大部分传主概述了一生中最重要的武学观点或武学追求，因而全书的武学思想百花齐放，富有一定的学术性。(李晃生)

K000177 **名人·历史瞬间丛书** 张洪祥等著。河北人民出版社1998年8月版。100.8万字。77.60元。共5本，包括：《孙中山与三角联盟》、《冯玉祥与北京政变》、《唐绍仪与清末民国政府》、《顾维钧与抗日外交》、《宋教仁与民国初年的议会政治》。书中所写人物均系清末民国时期的著名人物，所写重要事件或时段在中国现代史上又具有极其重要的意义。《孙中山与三角联盟》介绍了革命先驱孙中山百折不回的奋斗精神和灵活的斗争策略，同时使人深思：孙中山不屈不挠的斗争为何屡遭失败？《冯玉祥与北京政变》则把当年那场震惊中外的北京政变展现在你面前，使你看到冯玉祥怎样由一个旧军阀转变为著名爱国将领。《唐绍仪与清末民国政府》则记述了一代英才唐绍仪从一个低微幕僚升迁至朝廷的封疆大吏，从封建王朝一品大员变为民国政府首任内阁总理，随后曲折迂回几度沉浮极具传奇色彩的人生经历。《顾维钧与抗日外交》则展现了我国现代意义上第一位外交家的风采，深刻揭示了国力强弱与外交的关系。《宋教仁与民国初年的议会政治》则探究了像宋教仁这样的优秀人物，他的议会政治之梦为何终不得圆？（赵锁学）

K000178 **文化后院的眷恋** 副名：彭定安学传。武斌主编。辽宁人民出版社 1998 年 6 月版。35 万字。26.00 元。分析和描述了一代“学人”彭定安先生的治学态度、学术品格和学术境界，追踪和评说他的学术事业的发展道路，深刻揭示了他的心灵世界。全书分 13 章，主要内容有：在从小康坠入困顿的途路中；告别乡关，去读社会这本大书；在文墨生涯中初试锋芒；从“右派”到“隐形记者”；流徙边陲的十年；迈入学术文化的广阔天地；走上鲁迅世界；投向文学艺术的理性眼光；在意识的绿色丛林中；与世界学术对话；社会关怀与文化追求以及秋日的私语等。（王峰）

K000179 **朱光潜自传** 朱光潜著。江苏文艺出版社 1998 年 9 月版。20 万字。12.50 元。朱光潜没有写过自传，本书是将他的全部自述文字按年代顺序编辑而成。分“香港大学的回忆”、“中国公学·春晖中学、立达学园”、“欧洲留学”、“北京大学·四川大学·武汉大学”、“回到北大”、“自述拾萃”6 辑。朱先生是我国著名的美学家，从青少年时代起就好学不倦，毕生精力都献给了学术研究和教育事业。他虽历经中国 20 世纪的历史大变迁，个人的外在生活却不复杂。因此自述文字涉及生活历程的少，而较多地反映出他的学术心得和思想发展。（孙金荣）

K000180 **开国上将刘亚楼** 钟北云著。福建教育出版社 1998 年 9 月版。40.5 万字。28.00 元。反映开国名将刘亚楼的一生，并提根中央的意见，对传主作了科学的评价。收录珍贵照片 12 幅，附录有《刘亚楼将军生平年表》。（阙国虬）

K000181 **中国元帅（画册）** 江水主编。中共中央党校出版社 1998 年 6 月版。20 万字。图 700 余幅。19.00 元。集共和国十大元帅生平事迹于一体的历史画卷。通过 700 余幅珍贵历史图片和 20 余万字的文字说明，真实记述了朱德、彭德怀、刘伯承、贺龙、陈毅、罗荣桓、徐向前、聂荣臻、叶剑英元帅一生的光辉历程，生动再现了他们百战沙场、威武雄壮、叱咤风云的军事生涯，运筹帷幄、决胜千里的高超军事指挥艺术，以及新中国建立后为巩固新生的人民政权，为祖国的繁荣昌盛，为国防和军队的现代化建设作出的不可磨灭的功勋。对于林彪，既反映他在革命战争年代的作战指挥才能，又对他在“文化大革命”中迫害党和国家领导人，阴谋篡夺党和国家最高权力，最后叛国外逃的罪行进行了揭露。画册附有每位元帅的生平大事年表。（蔡雨彪）

K000182 **忆彭德怀元帅** 江泽民、邓小平等著，中共湘潭县委宣传部、彭德怀纪念馆编，胡庆云主编。湖南文艺出版社 1998 年 10 月版。19 万字。15.00 元。纪念彭德怀元帅诞辰 100 周年文集。选入回忆彭德怀元帅生平业绩的散文 27 篇。其中有：江泽民主席 1993 年 5 月 5 日《在纪念彭德怀诞辰 95 周年座谈会上的讲话》、邓小平 1978 年 12 月 24 日在彭德怀同志追悼大会上的悼词《彭德怀同志永垂不朽》、巴金的《我们会见了彭德怀司令员》（代序）、黄克诚的《丹心昭日月 刚正垂千秋》，还有彭德怀同志的身边工作人员、亲属和家乡故旧的回忆文章。歌颂了彭德怀同志为中国革命的胜利、为中国人民解放军的发展壮大、为保卫世界和平和建设社会主义祖国而建立的不朽功勋；从各个侧面赞扬了他忧国忧民、实事求是、刚正不阿、艰苦朴素的高尚品德。（陈仿麟）

K000183 **共和国传奇英雄——马本斋** 马国超著。河北人民出版社 1998 年 1 月版。22 万字。15.80元。马本斋不仅是一位跃马挥刀抗日杀敌的民族英雄，而且是一位优秀的中国共产党党员。他的传奇故事，一直在人民群众中广为传颂，“回民支队”和马本斋的名字早已家喻户晓。但是，多年来，对于马本斋的生平事迹，大多是口头传说，有一些文字记载，其材料也是零零碎碎。为此，作者写出此书，以求比较系统地、准确地记叙英雄的一生。作者是马本斋之子，人民海军航空兵少将，他对马本斋的事迹的了解，较之其他人更为深刻、准确。（解京宁）

K000184 **共和国传奇英雄——叶挺** 刘战英著。河北人民出版社 1998 年 1 月版。20 万字。15.00 元。以“北伐名将”著称的叶挺，是我军缔造者之一。从北伐革命到抗日战争，他为推翻压在中国人民头上的三座大山，为中华民族的解放立下了不朽功勋。十年流亡的艰辛，五年铁窗生涯，更磨练了他的意志。他始终是一位坚定的无产阶级革命斗士。本书从叶挺十五岁剪掉辫子参加革命，到黑荣山堕机遇难，记叙了他风风雨雨、战火硝烟的一生。（解京宁）

K000185 **共和国传奇英雄——皮定均** 屈春

山著。河北人民出版社1998年11月版。22.7万字。15.60元。以皮定均率部挺进豫西开辟抗日根据地和解放战争初期掩护中原我军主力突围为主线，记述了这位著名抗日英雄、解放军名将的富有传奇色彩的战斗生涯。(解京宁)

K000186　**共和国传奇英雄——伍修权**　彭加瑾、伍连连著。河北人民出版社1998年10月版。20.1万字。15.00元。记叙伍修权曲折而丰富多彩的一生：红军初创时期担任共产国际代表李德的翻译、参加遵义会议、新中国建立伊始随毛泽东出访苏联、代表新中国第一次踏上联合国讲台伸张正义、赴朝鲜开城领导“停战谈判”、出使南斯拉夫、参加中苏论战、文革后重返军队主持总参工作、审判林彪江青反革命集团等等。作者彭加瑾，《文艺报》副主编，作家，伍修权之女婿；伍连连，作家，伍修权之女。(解京宁)

K000187　**共和国传奇英雄——杨靖宇**　杜力著。河北人民出版社1998年1月版。19.4万字。15.00元。记叙了抗日民族英雄杨靖宇将军从听着《水浒》、《说岳》故事，智斗恶霸地主的童年到成年后参加革命，血战白山黑水，抗日杀敌，不屈不挠，为国捐躯的短短三十五年的生命历程。歌颂了这位著名的民族英雄、伟大的无产阶级战士的崇高品德和爱国主义精神。(解京宁)

K000188　**共和国传奇英雄——陈赓**　尹家民著。河北人民出版社1998年1月版。18万字。14.60元。陈赓是中国人民解放军极富传奇色彩的著名将领。他从一名救过蒋介石性命、当过蒋介石侍从副官的黄埔军校生，变成一名指挥千军万马，大战淮海，围歼蒋介石主力兵团，直捣蒋家王朝老窝的解放军高级指挥员，这本身就是一个传奇。这位一身传奇的湘军名将后代，一样是一身侠胆，与祖先不同的是，他是为祖国、为人民、为自由而战。在为创建共和国而进行的千百次征战中，陈赓百战百胜，威名远扬，成为一代名将。(解京宁)

K000189　**共和国传奇英雄——粟裕**　王立友著。河北人民出版社1998年9月版。22.3万字。15.80元。粟裕是我军功勋卓著的高级将领，其一生充满传奇色彩。无论在抗日战争中，还是在历次国内革命战争中，都以他百战百胜的辉煌战绩威震敌胆。本书以纪实手法再现了粟裕的英雄形象，以生动明快的文笔展示其战斗生涯、传奇人生和高风亮节。(解京宁)

K000190　**许世友和他的一家**　吴碧莲著。春风文艺出版社1998年1月版。24万字。17.00元。从许世友逝世时写起，然后回溯他一生中极具吸引力的主要经历，记述了他贫穷的家世，对母亲的至孝，在少林寺习武，参加革命舍生忘死、冲锋陷阵，他的三次婚姻、七个子女，他对党对人民的无限忠诚，对“四人帮”的嫉恶如仇等等，突出地表现了一代名将的寻常百姓的本色。书内使用的照片为许世友家属提供。

K000191　**国民党高级将领传**　史晓东、刘云久等著。哈尔滨出版社1998年5月版。134万字。99.00元。共5册。《傅作义传》、《李宗仁传》、《蔡廷锴传》、《冯玉祥传》、《杜聿明传》所描写的5位人物是抗战时期和解放战争时期国民党的高级将领或政府要员。他们同处在一个军阀割据、外敌侵略又内战风烟四起的年代；他们又分别经历了同一条立志为国为民、反对封建割据、抗击日寇入侵，又为维护蒋家王朝的独裁统治而卖命。最终，又弃暗投明，投入人民的怀抱，为国家的建设、为祖国的统一做出了特殊的贡献的曲折人生道路。(王岩彬)

K000192　**彭德怀年谱**　王焰主编。人民出版社1998年3月版。67.2万字。38.00元(平)，68.00元(精)。逐日谱列中华人民共和国开国元勋彭德怀(1898～1974)的生平事迹，详尽展现了他作为革命家、军事家和政治家功勋卓著但又悲壮、坎坷的一生。本书的主要资料来源，除各地、各部门的革命博物馆、纪念馆、档案馆外，还包括文革期间彭德怀专案组的审查材料，尤其是彭德怀被勒令写下的近20万字的个人经历；而在彭德怀被关押的几年中，哨兵奉命写下的监视笔记，以每两小时记录一次的密集程度，记录了他在狱中的言行、情绪和抗争，使得彭德怀最后日子里的形象更加完整、充实。彭德怀于1928年领导了平江起义，是中国工农红军的创始人之一；此后参与领导了第二次国内革命战争、中共革命军队的抗日战争、解放战争、抗美援朝战争，1949年后更是领导了中国人民军队和中华人民共和国国防的建设和发展，1959年庐山会议起直至1978年则受到近二十年的批判。本书约用一半的篇幅叙述彭德怀建国后的活动。这些叙述表明，在坚决执行中共中央政策的同时，彭德怀和党政军其他领导人在经济建设主张、军队和国防建设主张，以及思想方法和工作作风方面存在一些差异，这些差异，是其最后十五年悲壮命运的决定因素，也是新中国建国以来政治风云变幻的缩影。(戴聪德)

K000193　**彭德怀的人格魅力**　夏远生著。湖南人民出版社1998年7月版。22.5万字。11.00元。

以深入研究彭德怀的人生经历为基础，提炼出彭德怀忠诚、勇敢、刚正、坚忍、自律等五种人格精神，联系彭德怀惊天地泣鬼神的事迹进行阐述。材料安排上一致写人物以时间为线的结构套路，把材料打碎了重组，以伟人的人格因素为纲，构成了五个板块结构。思想内容上注意纵深开拓，一方面把笔触深入人物的灵魂深处，将材料千锤百炼；另一方面把伟人的人格研究与中华民族优秀的文化传统联系起来，写出这种人格精神成长的土壤和它所表现的深层的民族文化内核。（张人石）

K000194 **中华体育先驱刘长春** 邹继豪编著。大连理工大学出版社 1998 年 5 月版。27.1 万字。46.00 元。分 2 部分。第一部分《一代体育名家刘长春》翔实地叙述了刘长春作为我国唯一的运动员，首次参加第十届奥运会的不平凡经历，以及在新中国的阳光下成长的过程。第二部分《短跑运动》是刘长春教授生前与邹继豪教授合力编著的。第一章回顾了短跑运动发生和发展的历史，国内外短跑技术原理，进而介绍了正确的技术动作；第三章从运动技术、身体能力、运动心理、训练中的恢复、全面训练、多年训练等不同角度阐述了训练的基本原理、原则和方法。（邓玉萍）

K000195 **中国冠军录** 副名：冰雪骄子。海飞、冯建中主编。中国少年儿童出版社 1998 年 1 月版。8 印张。16.00 元。介绍的是冰坛上曾为国争光的冠军们的故事。描述了他们的成长经历、运动生涯，展现了冠军们为祖国的荣誉，挑战人类极限的奋斗历程和拼搏精神。他们是：我国第一个平原冰场速滑世界纪录创造者王金玉、我国第一个女子速滑世界冠军王秀丽、我国第一个在冬季项目上超过女子世界纪录的短道速滑运动员李金艳、曾先后 23 次夺得世界大赛冠军、并在第 16 届冬季奥运会上实现“零的突破”的中国女子速滑运动员叶乔波、我国第一个获得女子花样滑冰单人滑运动世界冠军的陈露、在 1995 年世界锦标赛中荣获三项冠军的王春露等几十位冰坛上的优秀运动员。（陈斌）

K000196 **司马光评传** 李昌宪著。南京大学出版社 1998 年 12 月版。33 万字。27.00 元。“中国思想家评传丛书”之一。司马光是北宋时期杰出的政治家、思想家，同时又是我国古代伟大的历史学家。他所生活的时代，是中唐大分裂至元代大统一间的酝酿，是宋与北方先后崛起的诸少数民族政权间的战略相持阶段。鉴于自周、秦以来战乱、分裂远远多于和平、统一的历史教训，因此，他反对熙丰变法，反对对西夏等周边少数民族的战争。他提出了有利于社会稳定和平发展的礼治思想、民本思想及维护和平华夷两安的思想。他提倡中和之道，提倡和合精神。本书通过导论、生平、思想、史学诸篇章，对司马光作了全面、系统、深入的研究。在对宋代的历史地位予以重新估价的基础上，将其一生行实置于 10～13 世纪这个特定历史阶段中，重新加以审视，并进而揭示其一生政治主张和政治活动的思想根源和哲学基础。（范瑜）

K000197 **司马迁人格论** 陈雪良著。上海人民出版社 1998 年 9 月版。24.4 万字。22.00 元。从一个新的角度——人格来研读《史记》和司马迁其人。以司马迁人格演进的脉络：立功——立言——立德贯穿全书，对司马迁的生平、思想、著述作了深入的梳理、考辨和剖析，对司马迁的人格作了深刻、精到的研究。认为《史记》是一部熔历史与自我于一炉的奇书，从一定意义上说是太史公德性和人格精神的写照，太史公评点古今，也是对自身人格的评注。采用读书笔记式的散论写法，文字流畅，思绪活跃，充满激情。全书共 5 章 301 个论段，一段一论，有感而发，连点成线，从形式到内容都有新意。（宋慧曾）

K000198 **孙冶方传** 邓加荣著。山西经济出版社 1998 年 10 月版。24 万字。20.00 元。关于当代卓越经济学家孙冶方的传记。分 29 篇，从初生、启蒙、留学、冤案、工运、田亩、追求、论战、救亡、孤岛、党校、整风、解放、统计、研究、报告、编书、风向、锒铛、审讯、铁窗、守志、访问、学风、夕阳、追日、赢牛、绝笔、火星方面，写出他之所以为经济学家，之所以伟大，是因为他的正直品格，因为他在对于信仰的追求中不断挫伤又不断奋进，不断毁灭又不断超脱的顽强性格。（李慧平）

K000199 **李国鼎与台湾财经** 茅家琦著。福建人民出版社 1998 年 9 月版。9.4 万字。8.20 元。“看台湾丛书”之一。共 11 章。扼要介绍李国鼎的一生，重点阐述李国鼎和台湾财经、科技等有关方面。李国鼎出生南京，早年毕业于中央大学，后留学英国剑桥大学，抗战期间奔赴国难，战后在沪、台从事造船事业，50 年代到 80 年代先后在台湾经济界、科技界担任要职，特别是在经济理论方面有重大贡献，有力推动了台湾经济的快速发展。被称为是“奠定台湾财经基础的工程师”和“台湾科技教父”。（竹篱）

K000200 **吴晗传** 苏双碧、王宏志著。上海人民出版社 1998 年 11 月版。34.6 万字。26.10 元。全书叙述吴晗从一个才华横溢的青年学者到坚强的民

主战士到忠诚的共产党员的成长道路，介绍了他学术上的卓越贡献，着重叙述了他在“文革”中的悲惨遭遇。(黄建章)

K000201　**明清文化名人丛书**　萧萐父、许苏民主编。南京出版社1998年1月版。116.7万字。75.00元。共5册。以历史唯物主义为指导，从思想文化的视角来论析李贽、汤显祖、袁枚、金圣叹、郑板桥等人为中国文化开出新生面所作的巨大努力，结合他们独特的人生经历和思想文化建树，重新认识明清之际中国封建社会的转型及其孕育的近代性质的新文化因素，展现他们身上“新旧杂陈”的思想矛盾和“以新的突破旧的”的自觉追求，历史而具体地表现明清新思想与中国现代社会的历史连接点，借一人而传时代之心，帮助读者在民族文化之流中汲取源头活水。丛书力主明清思想文化具有中国早期启蒙思潮的性质的观点，认为中国有自己内发原生的现代化萌动，以李贽为代表的明清思想家在思想、道德等众多领域的推陈出新，正是这一现代化萌动在具体的历史人物身上的活生生的表现。李贽对封建传统的全面背叛、汤显祖对人生感情的赞美，金圣叹对官逼民反的形象化论证，袁枚、郑板桥对商业都市文化新风的开拓，都说明中国社会基本矛盾运动在明清之际具有了向新社会自然发展的内在冲动，并在观念形态上形成了中国早期的启蒙思潮，而李贽等人只不过是这一思潮中的代表人物而已。(李德平)

K000202　**季羡林传**　蔡德贵著。山西古籍出版社1998年1月版。64.3万字。29.50元。分12章，以传主的生平经历为线索，引用大量传主的作品，从生活小事入手，着重地表现传主的人生风景；从季先生1911年出生于齐鲁，济南开蒙，清华大学求学，德国十年留学，重归故土，创办北京大学东方语言文学系，本世纪80年代就任北京大学副校长，详细地描述了季羡林先生“焚膏继晷以追求真理，竭泽而渔”地钻研学问，“即使把我烧成了灰，每一粒灰也还是爱国的”爱国情怀，以及其“朴素衣裳常在眼”、为人不炫博矜奇的朴厚风范；成功地表现了传主从一个农家后代到一代大师的成长经历。同时对传主的学术成就作介绍。书后附录李铮辑录的《季羡林年谱》与《季羡林著译目录(1929～1995)》，以帮助读者对传主的研究与了解。(赵梅生)

K000203　**赵家璧先生纪念集**　上海鲁迅纪念馆、上海文艺出版社编。上海文艺出版社1998年10月版。25.6万字。21.00元。分3辑。第一辑“回忆·哀思·研究”，内收黄源、马国亮、钱君匋、丁景唐等赵家璧的生前好友、同事、学生的回忆文字及学者的研究文章20篇。第二辑为“挽联·唁电·唁函”。第三辑为“自传·年谱”，内收赵家璧的《生平自传(1908～1953)》、《编辑生涯自述》两篇及周国伟编的《赵家璧年谱》等。关于赵家璧的两篇“自传”，“原本都是不准备公开发表的”，此次公诸于世，其家属赵修义、赵修慧撰写了《关于家父“自传”的说明》说明了原委。书首附有赵家璧在各个时期的照片33幅。

K000204　**盛宣怀传(修订本)**　夏东元著。南开大学出版社1998年8月版。40.8万字。24.00元(平)，30.00元(精)。介绍盛宣怀(1844～1916)作为中国第一代实业家，在19世纪中后期至二十世纪初，他创办与经营了中国社会发展迫切需要的十一个“第一”：1872年拟定中国第一个集商资商办的《轮船招商章程》，1880年创建中国第一个电报局——天津电报局，1886年创办中国第一个山东内河小火轮公司，19世纪70年代在湖北勘矿，1896年接办汉阳铁厂逐渐发展为真正称得上钢铁联合企业的汉冶萍煤铁厂矿公司，19世纪90年代后期修筑成中国第一条铁路干线卢汉铁路，1897年建成中国第一家银行——中国通商银行，1895年办成中国第一所正规大学——北洋大学堂，1897年在南洋公学首开师范班，为中国第一所正规高等师范学堂，1902年创办中国勘矿总公司，1904年在上海创办红十字会并于1907年被清政府任命为首任中国红十字会会长，1910年办成私人的上海图书馆。全面评述了他的人生经历，并以大量历史资料反映了他的业绩。(焦利宣)

K000205　**梁漱溟自传**　梁漱溟著，梁培宽编。江苏文艺出版社1998年9月版。25万字。14.50元。梁漱溟先生不仅是杰出的思想家，同时是杰出的教育家和社会活动家。他的一生极富传奇色彩：早年蒙蔡元培赏识，任北大讲席；20年代后奔走于“乡村建设运动”；抗战期间，巡视豫、皖、苏、鲁、冀、晋等游击区，访问延安，与毛泽东彻夜长谈；创办民盟及其机关报，以第三者身份调停国共争端；解放后曾多次成为毛泽东的座上宾，却在1953年“廷争面折”，向毛泽东提意见，要毛泽东的“雅量”；1974年发表文章反对以非历史的观点评价孔子；晚年仍藏身人海，以90余高龄揭橥中西文化要义；等等。本自传分6部分：一、我的自传；二、我的人生态度；三、我的主要经历；四，纪念师友；五、暮年有感；以及附录二种：“美国学者艾恺访谈录”和“梁漱溟年谱简编”。分别介绍梁先生每一个历史时期的思想、活动经过以及穿插在这些活动经过中的人事，从中可看出梁先生本人对世界人生的真实思考，同时从一个侧面也可看出时代和文化消长的因果关系及影响。（伍恒山）

K000206 **蔡元培纪念集** 中国蔡元培研究会编。浙江教育出版社 1998 年 4 月版。48 万字。24.00 元(精)。收录中共中央、毛泽东的唁电，周恩来的挽联；蔡元培先生的亲朋故旧门生子弟，与蔡元培先生有过直接触的所述的情深意浓、真挚感人的亲身经历文章；有少数几篇出自蔡元培研究专家或知名人士之手的别有见地的剖析评说。全书内容的编排，在系统反映蔡元培先生生平事迹和思想变化发展各方面的前提下，尽可能考虑到阅读上的方便。

K000207 **翦伯赞传** 张传玺著。北京大学出版社 1998 年 3 月版。50.7 万字。50.00 元。翦伯赞(1898～1968)湖南桃源人，维吾尔族，我国著名的马克思主义史学家，中国马克思主义历史学的主要奠基人之一。1937 年 5 月加入中国共产党。生前任北京大学教授、历史系主任、副校长，曾兼任中国科学院学部委员、政务院文教委员会委员、中央民委委员、全国人大代表等。本传有两个重点贯穿全书：一是翦作为一个知识分子积极参加民主革命，执着地追求人类最高理想——社会主义、共产主义的一生；二是翦努力学习、运用马列，成长为马克思主义史学家、并做出重大贡献的一生。他曾参加北伐，坐过监牢，参加“中国社会史论战”，宣传抗日，动员反蒋，曾任国民党元老覃振的私人秘书，任国民党军事委员会副委员长冯玉祥的历史教师。许多情事颇具传奇色彩，鲜为人知。对翦在各时期发表的名文、出版的名著如《评实验主义的中国历史观》、《桃花扇底看南朝》、《历史哲学教程》、《中国史纲》等亦多有评介。翦在 1959 年末至 1962 年，为捍卫马克思主义的原理原则，连续发表文章，坚决反对史学和文化领域的极左思潮。“文革”中，又断然拒绝中央专案组要他写诬陷刘少奇的假材料，以致被迫害致死。（张怡青）

K000208 **翦伯赞纪念文集** 司马义·艾买提等著。人民教育出版社 1998 年 3 月版。16.3 万字。13.40 元。收有翦伯赞先生生前友好侯外庐、周杨、林耀华、刘大年，他的北大同事周一良、邓广铭、张芝联、田余庆，他的学生邓经元、田珏、吴崇国、张传玺和史学界同仁苏寿桐等 19 篇回忆翦老生平的文章，涉及翦伯赞一生追求真理、不畏强暴和反动势力作斗争的解放前的经历，和他在建国前后对马克思主义史学的贡献，以及他在北京大学从事历史教育培育社会主义人才的辛勤耕耘事迹。回忆文章中还揭露了“文化大革命”中翦伯赞先生惨遭“四人帮”集团迫害、夫妇双双含冤离世的经过。文集最后附有“翦伯赞年表”和“翦伯赞主要著述目录”各一份，全面介绍翦先生的生平和他一生的主要学术成就。纪念文集中由已故侯外庐先生作为“代序”的《翦伯赞的风格》和周扬同志的《追求真理，勇于探索》两篇文章，称赞翦伯赞先生是一位“刚真不阿的史学家”，“兼备精深和高尚的史德”，是“我国最早运用马克思主义阐释历史的一批学者”之一，是“拓荒者，开路人”。这是对他最中肯的评价。（臧嵘）

K000209 **历代诗人画传** 刘旦宅、刘天炜编。上海辞书出版社 1998 年 7 月版。66 幅图，8 开精装。380.00 元。用国画与书法艺术表现中国古代文学作家作品的画册。由刘旦宅遴选强楚大汉至元明 66 位诗人及其名篇，精心创作 66 幅诗人形象，并由其子刘天炜以各体书法创作 66 幅诗词书法作品。以一种书画璧崭新的创意视角展示出中国古代文学史上众多诗人的外在风神和内心世界。书中屈原、汉武帝(刘彻)、曹操、陶渊明、唐文皇(李世民)、李白、杜甫、白居易、李商隐、苏轼、岳飞、陆游、辛弃疾、文天祥、关汉卿、王实甫等诗人各具神韵的形象，书体风格各异的诗作，构成了书画与文学相结合的独特魅力，提供了文艺鉴赏的新视角。书后附有 66 位诗人小传，每幅书法作品的文录(含题诗及序言、作者后记)，可供与书画对照欣赏。（祝振玉）

K000210 **中国古代著名文学家传记丛书** 毕宝魁等著。辽海出版社 1998 年 5 月版。155 万字。97.00 元。共 6 册。由《陈子昂传》《王维传》《韩愈传》《刘禹锡传》《白居易传》《李商隐传》等 6 部书组成。本书在写法上别具一格，它要求作者把严谨的学术研究和生动的文学创作结合起来，在对待传主生平事迹坚实考证的基础上再进行文学性创作。作者在准确地把握传主生平脉络和性格特征的基础上，对一些生活细节进行了合乎情理的虚构。当然，书中的细节和心理过程的刻画都是以史料和学术研究的可靠成果为依据的。如《韩愈传》关于韩愈之死的描写便是如此。关于韩愈的死因，历来说法不一。有人断言韩愈死于服食金丹药石。作者认为此种说法缺乏史料依据。根据作者的考证，韩愈之死很可能是运动神经麻痹所致。由此，作者描写韩愈是在平静与理智的心境中离开人世的。（高虹）

K000211 **中国著名儿童文学作家评传丛书** 张锦贻等著。希望出版社 1998 年 12 月版。88 万字。

92.00元。首批共13本,《冰心评传》、《贺宜评传》、《郭风评传》、《任溶溶评传》已经出版;《叶圣陶评传》、《叶君健评传》、《张天翼评传》、《严文井评传》、《金近评传》、《高士其评传》、《包蕾评传》、《陈伯吹评传》、《黄庆云评传》不久将问世。(侯天祥)

K000212 **父亲茅盾的晚年** 韦韬、陈小曼著。上海书店出版社1998年7月版。24万字。22.80元。忠实地记录了茅盾从"文革"到1981年逝世15年间的生活、思想、精神面貌、社会活动;并对"文革"前17年与茅盾有关的重大事件也作了概略的描述与反映。作者在《后记》中指出:"将我们所知的爸爸的真实情况奉献给读者,同时也尽可能弥补爸爸的回忆录《我走过的道路》所留下的遗憾。""将爸爸的高尚情操和伟大人格完整地向世人传达出来……尽力使它最大限度地接近于历史的真实。"全书还配置有关茅盾生活和社会活动的照片近80幅。作者为茅盾的儿子韦韬和儿媳陈小曼。(陆哨林)

K000213 **在男人的世界里·丁玲传** 丁言昭著。上海文艺出版社1998年11月版。26.1万字。18.00元。"世纪回眸·人物系列"之一。以独特的视角,围绕丁玲一生中九个有影响的男性的描述和分析,多角度地显示了丁玲的不同侧面,凸现了丁玲波澜壮阔、艰辛坎坷的一生,真实地折射出中国的社会和历史。在作者研究丁玲的眼光中,有女作者感性、细腻和体贴的方面,也有女性观察女性时冷静。在丁玲感情生活的人物画廊中,瞿秋白、冯雪峰和冯达作为可研究的个案,是远比胡也频更有价值的。(陈征)

K000214 **朱自清画册** 赵所生、吴为公主编。江苏教育出版社1998年9月版。144面。图390多幅。98.00元。画册。分7个部分,选用了朱自清各个时期390多幅的图片(含手迹、资料),其中有一批鲜为人知的珍贵照片系首次面世。"我是扬州人",反映了他勤奋好学的青少年时代;"投身五四",介绍了他的大学生活和积极参加"五四"爱国运动以及开始了他的新文学创作;"我的南方",描述了他在江浙沪五年颠沛流离的中学教学生涯;"水木清华",宣传了他一辈子服务于清华大学的历程,其中经历了"三一八"、"一二·九"爱国运动;"为了抗战",讴歌了他在西南联大的种种进步活动;"夕阳无限好",颂扬了他怎样成为毛泽东同志所赞扬的"有骨气的"、"表现了我们民族的英雄气概"的民主战士;"清芬正气传当世",记录了50年来后人纪念学习朱自清的动人场景。画册首次公开发表了毛泽东同志在《别了,司徒雷登》一文中关于赞扬朱自清的手迹,刊印了江泽民同志在朱自清诞辰90周年时的题诗:"背影名文四海闻,少年波老系情亲。清芬正气传当世,选释诗篇激后昆。"画册封面的书名为江泽民同志题的题签。(吴为公)

K000215 **名人书趣丛书** 敏泽、党圣元主编。中原农民出版社1998年12月版。103万字。69.00元。第一辑共6部,包括:《学才的书缘——郭沫若的读书生活》、《漂泊的书斋——林语堂的读书生活》、《走出混沌——王国维读书与治学之路》、《博学多变的人生——梁启超的读书生活》、《一生伴书走天涯——胡适的读书生活》、《求知·养气·战斗——鲁迅的读书生活》。以中国现代学术文化大师、名家为描写对象,选取"读书生活"这一特定的角度,通过叙述这些名家大师如何读书、写书、购书、藏书、爱书,以及介绍他们的家学渊源、师承关系、访学交游、讲学课徒等,来展现他们的读书方法、治学特点和事业成就。这些文化名人,泛舟书海,博览群籍,好读书,读好书,会读书,刻意用功,发愤图进,乐而忘苦,终生与书本相厮相摩在一起。他们读书、藏书、抄书、著书,思于书,苦于书,乐于书。正所谓"衣带渐宽终不悔,为伊消得人憔悴",他们于"灯火阑珊处"发现了宇宙之道,参悟了天人之义,建构起了自己的思想和价值情感世界,以其一家之言而泽被后来的读书人。(冯成奇)

K000216 **"名家自述"丛书** 茅盾、巴金、老舍等著。人民文学出版社1998年版。271万字。172.00元。已出版的有《我走过的道路》(茅盾);《创作回忆录》(巴金);《老舍生活与创作自述》(老舍);《从文自传》(沈从文);《记事珠》(冰心);《胡风回忆录》(胡风);《魍魉世界·风雪人间》(丁玲);《在世纪风云中跋涉》(草明);《寻梦者的足印》(秦牧)等9种。前五种,八十年代,曾收入"人文"社"《新文学史料》丛书",本丛书正是在这一基础上经过筛选、增补而成。从编目上,它除了增加胡风、丁玲等作家的自述外,像茅盾的《我走过的道路》,则附录了他的家属记录的十多万字的《父亲茅盾的晚年生活》。每一本书的作者,都以认认真真的态度,用他们优美的文字,记述自己,剖析自己。书中,这些大师级的作家们,或以引人入胜的笔触记述了他们的童年;或以平实的文字剖析自己的思想和创作,间或在抒写他们的爱情时,字里行间,情真意切,当然,他们也用冷峻的文字,描述到在政治风云中如何镇定地迎接生活袭来的惊涛。(罗君策)

K000217 **走近高士其** 李宗浩著。河南大学出版社 1998 年 12 月版。43 万字。19.80 元(平),24.80元(精)。分"生命的乐章——我记高士其"、"忘年之交——我与高士其"、"科普楷模——学习高士其"、"作品欣赏"等四部分。它分别是高老的传记、作者交往实录、臧克家等社会名流学习高士其的体会和科普诗文赏析。这四部分构成了有机的整体,立体地反映了高士其伟大光辉的一生。(朱建伟)

K000218 **苏轼年谱** 孙凡礼撰。中华书局 1998 年 2 月版。99 万字。71.00 元。共 40 卷。其主要特点有三:一是资料札实,博采众长。其引用书目计六百三十余种,包括宋以来的总集、别集、史传、方志、笔记、诗话、金石题跋等等,其中约三分之一采自近十余年新发表的论著。因而书中凝聚着历代学者尤其是当今专家研究苏轼生平与著述的最新成果。二是深入考稽,资料性强。本着知人论世的原则,通过严谨细密的考辨,既纠正了旧有年谱的一系列失误,又对已出版的《苏轼诗集》《苏轼文集》有所补正,还挖掘出一批珍贵的新史料,单是新发现的苏轼佚文就收集了一百余篇。对与苏轼有交往的一千三百多位亲友的考订辨析很见功力。三是写法新颖,文笔精炼。材料安排运用上繁简适宜,出处明确,谱文为纲,资料(谱文依据)为目,纲举目张,言简意赅,富有学术参考价值。(刘尚荣)

K000219 **李敖回忆录** 李敖著。中国友谊出版公司 1998 年 1 月版。28 万字。24.00 元。将李敖传奇多舛的一生做以全面介绍。内容从童年到特立独行的台大学生,到学问足以与大师胡适往来论战,到纠缠不断的官司,成为思想犯坐牢,出狱后复出江湖,与名女人胡茵梦结婚、离婚,继续放言高论,与当权者斗争,办《求是报》,以一人之力办报,其文字的产量,令人惊叹。透过该书,可以看到一个博学多才,卓尔不群的李敖,其大起大落的人生经历,犹如一则现代传奇,从文坛慧星到人人口诛笔伐的大毒草,从论战英雄到十四年牢狱之灾,被查禁的书有 69 种之多,李敖始终坦然面对,顽强对抗。(訾杰)

K000220 **张资平自传** 张资平著,朱寿桐编。江苏文艺出版社 1998 年 9 月版。20 万字。12.00 元。收录有张资平的主要自传作品《脱了轨道的星球》及其补充篇《从黄龙到五色》,另外将他在创造社时代的自述文字及回忆创造社时代生活的文章编成一辑,题为"杂忆",将他一些为自己辩护的文字辑成另篇,题作"答辩"。张资平曾是一个对新文学建设作出过贡献的作家。后来耽溺于庸俗的多角恋爱描写,再后来堕落为汉奸文人。他的一生十分复杂,其自传欲望也很强烈。《脱了轨道的星球》以细腻生动的笔法叙述了他童年时代至 17 岁考上两广高等巡警学堂的人生经历;另一部自传《从黄龙到五色》叙述了他 21 岁考上留日官费及在日本最初一段时间艰难求学的过程;"杂忆"和"答辩"对于了解他在创造社的地位及创造社本身情况以及他荒唐无奈的心境都是很好的第一手材料。(伍恒山)

K000221 **茅盾传** 钟桂松著。河南文艺出版社 1998 年 12 月版。28 万字。17.30 元。1896 年茅盾生于浙江乌镇,母亲给予他一个坚强、奋发的性格。他自己早年的生活艰辛、平凡,却很努力,是机会促成他在商务书馆十年磨砺,同时成为青年革命家。然而风云突变,在一片无奈和白色恐怖之中,他又选择了文学,先后创作了《蚀》三部曲,《子夜》、《腐蚀》等优秀文学作品,新中国成立后,致力于文化建设,晚年撰有回忆录。(元俊)

K000222 **欧阳修评传** 黄进德著。南京大学出版社 1998 年 10 月版。35.4 万字。28.00 元。"中国思想家评传丛书"之一。以时为经、以事为纬,全面展示传主饱经忧患、守正不阿的一生,并力图对传主的政治、文学、经学和史学思想及其在其他各个领域中取得的成就以及缺憾,置于当时的社会历史背景下予以审视,并站在时代的高度就传主的言行作出公正通达的评价,从而凸现出传主在北宋中期政治大变革和诗文革新过程中的光辉业绩、地位和影响,使传主的茂行懿德垂范后人。(范瑜)

K000223 **胡也频传** 高少锋著。福建教育出版社 1998 年 4 月版。16 万字。17.00 元。全书共 14 章加两个附录,有序言和后记。记录了福建籍的革命文学青年短暂而不平凡的一生。从动荡的年代描写开始,对胡也频的出现先做了背景铺垫,然后主要描述胡也频与丁玲在人生道路和文学道路上所遇到的千难万苦。书中并不是把胡也频放在描写的最中心点,而往往是以丁玲的描写来烘衬胡也频的生活轨道。所以,在遇到丁玲之前,本书重点在胡也频;之后,本书就二者并重了。胡也频所走过的文学道路与丁玲的关爱和支持是分不开的。书中有人物行动的描述,有作品的鉴赏。(汤源生)

K000224 **胡适论学往来书信选** 杜春和等编。河北人民出版社 1998 年 8 月版。100 万字。56.00元。分上、下册。书中绝大部分书信是从中国社会科学院近代史研究所珍藏的《胡适档案》中选编整理的,上自 1910 年胡适以官费赴美留学始,下迄 1948 年底离开北平止,从他精心保存来的万余件书信中，精选出他与国内外专家学者、师生挚友以及一些社会知名人士如丁文江、王国维、王重民、冯友兰、汤用彤、李大钊、陈独秀、陈寅恪、周汝昌、顾廷龙、顾颉刚、钱穆、钱玄同、梁启超、蔡元培等175人的论学书信700余通，许多信函系首次整理发表。同时，为了较完整地反映一些学术问题的探讨过程，又广泛搜辑增补了1949年以前胡适发表于各种著述与报刊上的有关论学书信。书信内容丰富，涉及文学、历史、哲学、考古、宗教、《红楼梦》考证、《水经注》考证等诸多领域，对研究胡适的学术思想及其成就，了解20～40年代中国传统文化研究的概况及发展动态，研究中国现代学术史的发展变化，都提供了一些极其珍贵而新鲜的资料。(张琦)

K000225　**浮世的悲哀·张爱玲传**　宋明炜著。上海文艺出版社1998年11月版。21.4万字。15.50元。"世纪回眸·人物系列"之一。以敏锐的感受和具有理论功底的见识，为读者探寻张爱玲心灵的真相，重视她人生际遇中的阴暗面，用她的生平阐释她作品中的意义，提供了解张爱玲复杂一生的崭新思路。张爱玲是二十世纪中国文学中一个复杂的存在，是一个多面立体的人物。作者在写作中用自己的生命去理解另一个生命，在另一个人的生命史中发现自己的生命。(陈征)

K000226　**欲将沉醉换悲凉·郁达夫传**　袁庆丰著。上海文艺出版社1998年11月版。29.1万字。18.50元。以丰富的史料、独特的视野，从郁达夫的童年、求学及作家生活的历程中，揭示了作为一个浪漫型文人的郁达夫的精神世界。作者没有依照惯常的评传写作体例着力于传主成名后的社会活动、作品思想意义及其艺术路线的开掘上，而是一再倾心于郁达夫的早年生活和个性心理的形成与体现方面。这是这本评传的两个支撑点，后面则以"郁、王婚变"和"南洋殉难"做结。本书是"世纪回眸·人物系列"中的一种。(陈征)

K000227　**韩愈评传**　卞孝萱等著。南京大学出版社1998年12月版。42.1万字。32.00元。"中国思想家评传丛书"之一。分家世、生平、思想、文学成就4章，思与行有机结合，传与评紧密相联，对韩愈的一生，进行了全面的、又有重点的介绍和评论。附韩愈学生李翱的评传，以及韩愈年表、索引等。(范瑜)

K000228　**鲁迅文献图传**　鲁迅博物馆编。1998年8月版。20万字。128.00元。从珍藏的大量文物、照片、手迹等文献资料中，经精选制成四百多幅图片，并撰写了描述鲁迅生平、研究鲁迅业绩的文字，将两者和谐地组成一个整体，展现了鲁迅多彩的一生，弘扬了鲁迅伟大的爱国主义精神、韧的战斗精神、改革创新的精神、博采众长的精神和俯首甘为孺子牛的精神。(王春林)

K000229　**中国文学家大辞典**　谭正璧编。北京图书馆出版社1998年9月版。12.1万字。160.00元。所录中国文学家上起李耳，下迄近代。凡姓名见于各家文学史各史"文苑"传，或其文学著作为各史"艺文志"及"四库全书"所收者，无不录入。专录各文学家之姓名、字号、籍贯、生卒年(或在世时代)、岁数、性情、事迹、著作等。共录中国文学家6848人，依照名人生年或在世年代之先后排列。书前有例言、书后有《补遗》、《校勘记》、《中国文学家大辞典索引》、蔡元培书名题字。(卢玉荣)

K000230　**本色**　程前著。作家出版社1998年8月版。20万字。19.00元。以自己独特的写作方式，朴实的语言，感人的故事，围绕他从九江小城到广州，再到北京，从钳工到公安干警，再到闻名全国的当红主持人的难忘经历，以及他与养父母之间，那痛彻肺腑的情感，或许我们能窥见一个屏幕上看不真切的程前；能体会一份情到深处人孤独的凄怆，能贴近一颗最本色的平常心；能理解一种男人的挚爱真情。(罗静文)

K000231　**本色陈冲**　严歌苓著。春风文艺出版社1998年10月版。20万字。19.60元。在原台湾版《陈冲前传》的基础上增补而成的。讲述了陈冲作为一个有国际影响的著名影星，在事业上不断进取，始终保持着艺术上的活力，先后摘取多项电影大奖；同时，她在个人的情感生活等方面，也有坎坷的经历。书中提供的陈冲的信息截止到1998年8月，并收入数十幅陈冲各时期的照片。(崔棠)

K000232　**走回女儿国**　杨二车娜姆著。中国青年出版社1998年3月版。24.5万字。24.00元。讲述摩梭女歌手杨二车娜姆本人传奇般的经历：她从遥远的泸沽国——最后一个母系王国走出来，闯荡上海、北京、香港。远走美国、意大利、法兰西，去求学、去演出、去经商、去走婚。她闯荡了一个个世界大都市，在海内外形成了一股来自泸沽湖女儿国的旋风。(常成)

K000233　**近代印人传**　马国权著。上海书画出版社1998年8月版。32万字。58.00元。收1912年以来已故著名印人125位的传略。以印人生年为序编次，并尽可能觅配传主肖像，凡75位，各置于传记起首页。每人收录代表作品一页，成就或影响尤著者21人复加一页。计收印作一千余方，红印黑款二色套印，注有释文，列于各传之后。卷首刊作者《近代印坛鸟瞰》代序，综述概括，简明扼要，颇多启迪。（潘承志）

K000234　**灵灵有神：我是这样长大的**　何炅著。海南出版社1998年10月版。15万字。12.00元。据作者自己过去24年的经历，结合当今青少年的心理特点，自述了从小到大的许多故事，介绍其走上荧屏的过程和喜怒哀乐，同时坦陈了其性格爱好，与父母、同学、朋友们相处的亲情友情。（王纪卿）

K000235　**钱君匋及其师友别传**　程天良著。湖南文艺出版社1998年5月版。18.5万字。14.00元。钱君匋（1907～1998）是我国著名的书面篆刻家、出版家、书籍装帧艺术家、音乐家、诗人、艺术教育家、文物鉴赏家。其从艺七十余年，多姿多彩的经历本身，就是一部世纪的文艺史和出版史。作者根据钱君匋的口述及广泛研究有关资料，记述了他本人和他所交往的师友吴昌硕、陈独秀、于右任、鲁迅、郁达夫、弘一法师、夏丏尊、郭沫若、丰子恺、茅盾、刘海粟、巴金等数十人的品德艺行，趣闻轶事，以故事的形式分为48篇。（弘征）

K000236　**黄永玉的黄永玉**　黄永玉等文，卢申摄影。湖南文艺出版社1998年8月版。18万字。78.00元（精）。记录著名画家黄永玉日常生活情趣的摄影画册，选取了画家100多幅照片。这些照片是摄影家卢申追踪黄永玉十多年，从画家的日常生活中随意拾取的。分三组，第一组《故乡水》，第二组《港居小景》，第三组北京《万荷堂》，再加上封底一张意大利达·芬奇老家的“无数山楼”，基本反映了黄永玉一生活动的主要背景。这些摄影作品，生动、真实、自然，入神地记录了画家的衣、食、住、行及嬉、笑、怒、骂。无论是吃饭、请客、遛狗、弹琴、散步，也无论是骂人、作画、睡觉、聊天，都逼真地刻画了作为艺术家和“性情中人”的黄永玉的鲜明个性。画册中的文字，有的是黄永玉自己写的，有的是由熟悉他的人所写。黄永玉还为每一幅照片配了机智、幽默、风趣、精炼的文字说明。（颜家文）

K000237　**另一种人生——当代中国科学家随感**　卢嘉锡主编。东方出版中心1998年1月至1998年3月版。63万字。41.00元。分上下册。上册收录苏步青、钱三强、卢嘉锡、华罗庚等漫笔性文章62篇。他们以深情的笔触或回忆自己科研生涯的开端；或讲述自己在人生的逆境中如何凭借坚韧不拔的毅力闯过难关；或用流畅优美的语言直接道出自己对科学、世界、人生的看法。下册收录茅以升、严济慈、周光召、钱伟长等有关教育、求知、科学等问题的漫笔性文章59篇，如实记录了他们的科学观、道德观、经济观、治学观。科学家将他们思考、关注的焦点集中在科学发展、知识积累、社会进步等重大问题上。篇篇都具有热情诚挚、思想活跃和逻辑严密的共同特点，从而也使这些文字以鲜明的科学个性有别于一般的文学随笔。（钟蕾）

K000238　**吴有训传**　聂冷著。中国青年出版社1998年7月版。40万字。28.00元。人物传记。展现了中国杰出的科学家、教育家吴有训的一生：来自赣西荷岭乡的一位农家孩子，少年时代志存高远；23年后飘洋过海，在美国奈尔森实验室，用“打开微观世界之门的钥匙”，一步步走向国际物理学研究的前沿，帮助其导师康普顿确立了在世界物理学史上具有里程碑意义的康普顿效应，并通过一系列独立开展的后续试验，验证和计算出了康普顿效应中的各种变化规律和数量关系，为量子力学的诞生打下了基础，成为留学海外第一个参加了获诺贝尔奖科研项目的研究人员，第一个被列名于各国物理学教科书或教学参考书中的中国现代科学家。在国外研究前程似锦之际，又满怀赤子之心回到祖国，“实开我国物理学研究之先河”，成为被西方国家授予国家科学院院士的第一位中国人。他培养了为新中国研制出“两弹一星”的几代科技精英和第一代诺贝尔奖获得者及获得其他诸多科学荣誉的多位外籍华裔学者；操持了中国数理化工程天文科研领域的全部初期规划；原子弹、核动力、半导体、激光器、电子计算机等高科技成果都与他血脉相连。作者站在历史的高度，揭示出人物的性格和命运，把人物的思想行为及其结果还原于其所本源的历史环境之中。（庄志霞）

K000239　**建筑四杰**　副名：刘敦桢、童寯、梁思成、杨廷宝。杨永生、明连生编。中国建筑工业出版社1998年版。17.2万字。14.00元。记述了本世纪我国四位杰出的建筑学家——刘敦桢、童寯、梁思成、杨廷宝的生活经历和卓越贡献，展示了他们学贯中西的渊博学识，严谨刻苦的治学态度，不畏艰难的坚强意志，勇于开拓的进取精神和报国敬业的高尚情怀。这四位大师都是我国建筑教育的开拓者，培养了一大批建筑人才，桃李满天下。梁思成、刘敦桢、童寯长期从事建筑历史研究工作，奠定了用现代科学方法研究中国古代建筑遗产的基础；杨廷宝长期从事建筑设计工作,推动了我国现代建筑创作的发展。开拓者的足迹,令后人追思不已。四位大师的传记文章由大师的亲属和资深编辑、记者撰写,颇为感人;大量珍贵的照片,再现了大师当年的风采,介绍了大师的作品,可谓锦上添花。(王明贤)

K000240 **人民的好总理(汉)** 中共中央办公厅毛主席纪念堂管理局、现代文明画报社编,樊士晋主编。伊犁人民出版社 1998 年 9 月版。图 295 幅。398.00 元。大型画册。收录了 295 幅主题鲜明、风格各异的佳作汇集成册。作品多出于名家之手,思想性、艺术性得到了完美的结合,具有较高的鉴赏意义与收藏价值。全画册依照题材的不同,共分为 5 个部分:即"丰功伟绩、彪炳千秋"、"浩然正气、名垂千古"、"天胸海襟、高山仰止"、"鞠躬尽瘁、伟哉寰宇"、"举国良将、五洲景仰",生动形象地反映了周恩来总理辉煌的一生。(韩新帮)

K000241 **马文瑞回忆录** 马文瑞著。陕西人民出版社 1998 年 2 月版。19 万字。32.00 元。马文瑞是我党老一辈无产阶级革命家。他 14 岁投身革命,在陕北开展对敌斗争,曾任陕甘宁分区党委书记,西北局组织部长、副书记等职。解放后曾任新中国第一任劳动部部长,在新中国的劳动工资改革、劳动保护工作等方面贡献很大。"文革"中受到冲击。"文革"结束后,出任陕西省委第一书记,为陕西的建设发展做出了重大贡献。1984 年起担任第六届、第七届政协全国委员会副主席、中国延安精神研究会会长等职。这本回忆录是马文瑞花费 3 年时间完成的,对其一生作了回顾总结。语言质朴,叙事坦诚,对于我们了解党的历史,继承和发扬党的优良传统,促进党的两个文明建设都具有积极作用。(刘景巍)

K000242 **丰碑——20 世纪中国三伟人** 廖盖隆、吴至强主编。岭南美术出版社 1998 年 12 月版。6 万字,600 幅图。580.00 元。采用画册形式,以摄影作品为主,力求形象地反映孙中山、毛泽东、邓小平的历史贡献。全面反映三位伟人的一生,而是着重反映他们在 20 世纪中国的三次历史性巨变中的卓越贡献。和以前作品只反映一个人物或只把毛泽东与邓小平进行比较研究的做法不同,本书试图把三位伟人联系起来,通过表现他们之间的继承与发展,再现一百年来中国历史的发展进程。(黎服兵)

K000243 **少奇百年·摄影集** 中共中央文献研究室等单位编。青岛出版社 1998 年 8 月版。100 幅图。318.00 元。纪念刘少奇同志诞辰百年摄影集。全书共收入少奇同志不同历史时期的精致图片 100 幅,从不同侧面反映了少奇同志近半个世纪的革命生涯和家庭生活的难忘瞬间。其中,有 20 年代在江西安源、上海等地从事革命活动的珍贵图片;有三四十年代在延安、在解放区的图片资料;有在建国以后许多重大政治活动的精彩镜头;还有部分反映刘少奇同志家庭生活的照片。这些生动而精典的图片形象地反映了刘少奇同志光辉而平凡的一生。其中,许多图片都是第一次公开出版。在图书的表现形式上,采取了黑色双色印刷,通过对图片的编辑和处理,以及精心的设计,使该书像一册精美的相册。(郭东明)

K000244 **中国帝王后妃大辞典** 秦进才主编。河北人民出版社 1998 年 3 月版。69 万字。36.00 元。收录上起黄帝、下至清朝末代皇帝溥仪五千年来的帝王后妃,包括历代正统王朝的帝王后妃,以及传说中的帝王后妃、重要的农民起义和地主官僚起兵起事称王称帝者、少数民族首领等,总计 2488 人。书末附有有关帝王后妃知识的词目 300 余条。所收人物,均详述其生平事迹,简评其是非功过。(吕苏生)

K000245 **中国领袖战略丛书** 唐春元、陈绍畴等主编。黑龙江人民出版社 1998 年 2 月版。80 万字。59.20 元。共 4 卷,包括《毛泽东政治战略》、《刘少奇发展战略》、《周恩来外交战略》、《朱德军事战略》4 个分册。全方位、多侧面地阐述了老一代革命家,为了建立新中国,与国民党反动派及日本侵略者进行殊死斗争时所采取的战略决策。从敌后白区到浴血的前线,从政治、经济、军事、外交等各条战线,从战略的高度,运筹帷幄之中,决胜千里之外。老一代无产阶级革命家,在新中国建立后,运用这些战略思想,结合中国革命的实践,取得了一个又一个辉煌胜利,这些战略思想,是老一代无产阶级革命家留给后人的宝贵精神财富。(徐冲)

K000246 **为改革而献身的谭嗣同** 邓潭洲著。岳麓书社 1998 年 8 月版。16 万字。8.00 元。"祖国丛书"之一。用通俗流畅的语言,生动而详尽地叙述了谭嗣同一生的生平事迹和历史背景;尤其对谭氏思想发展的脉络,描述十分清晰,分析深刻具体,令人置信毋疑。(夏剑钦)

K000247 **以民促官** 副名:周恩来与中日关系。陈登才、潘焕昭著。重庆出版社 1998 年 3 月版。26.5 万字。12.00 元。"周恩来风采"丛书之一。介绍中国与日本是一衣带水的近邻,有着水乳交融的文化历程,共育出两千多年的友谊之花。然而,曾几何时,军国主义的铁蹄践踏华夏国土,中国人民蒙受巨大灾害,从此,兵戎相向,血流成河,八年抗战的硝烟，换来了中华民族抗御外敌的胜利，却并不能抚平在中日人民心灵里的创伤。新中国成立后，人民需要休养生息，国家建设需要和平环境，此时，中国和日本，需要的是打破僵局，加强勾通联络，洽谈，理解，来促进和加快中日关系的发展。周恩来作为中国政治舞台上的重要角色，他是怎样考虑中日关系的呢？为了中日关系的解冻与融洽，他究竟做了些什么呢？本书抓住中日关系这一重大问题，详尽介绍周恩来"民间先行，以民促官"的中日民间外交策略，展开他在中日民间外交中诸多鲜为人知的具体史料。（余国枢）

K000248 **邓拓和他的一家** 庞玚著。春风文艺出版社 1998 年 7 月版。19.4 万字。15.00 元。邓拓，著名的"党内才子"，为党的新闻事业做出了重要的贡献。他曾任《人民日报》社长兼总编辑、北京市委文教书记，其杂文专栏作品"燕山夜话"、"三家村札记"影响极大，1966 年 5 月被诬为"叛徒"，愤然含冤而逝，成为"文革"的最先牺牲者。他的妻子丁一岚，我国著名的播音员。本书记叙了他们夫妻的革命生涯及五个子女的成长道路。丁一岚同志审阅了全书并写了序。

K000249 **巧解矛盾** 副名：周恩来与共产国际。姜爱凤著。重庆出版社 1998 年 3 月版。18.8 万字。11.00 元。"周恩来风采"丛书之一。介绍共产国际（1919～1943）是一个高度集中的世界共产党，它领导了 20 世纪 20—40 年代的国际共产主义运动。中国共产党是它的一个支部。就中国新民主主义革命的外部条件而言，没有一种影响像前苏联共产国际对中国革命的影响如此巨大和深刻。共产国际在帮助指导中共的同时，也给中共党带来了许多困惑和束缚。周恩来作为新民主主义革命时期党的主要领导人之一，他在代表中共党处理与共产国际之间关系的过程中，所表现出来的原则的坚定性和策略的灵活性，巧解矛盾，消释怀疑，以及为党忍辱负重，不屈不挠的革命精神，为中共党与共产国际关系增添了特色。（余国枢）

K000250 **世纪风流——孙中山、毛泽东、邓小平** 中共中央党史研究室第一研究部编著。河北人民出版社 1998 年 11 月版。36 万字。26.00 元。为了缅怀 20 世纪中国历史上的三位伟大人物——孙中山、毛泽东、邓小平的丰功伟绩而编写的。首先，以浓重的笔墨再现了一百年来中国社会发生的三次历史性巨变，阐述了孙中山、毛泽东、邓小平顺应历史潮流，站在时代前列，成为中华民族杰出人物的历史事实。其次，通过大量生动感人的历史故事，刻画了三位历史巨人艰苦创业、叱咤风云、百折不挠、忠于信仰的英雄气概和高尚风格，为我们树立了形象完美的人生典范。三位历史巨人所从事的革命活动是惊天动地、扭转乾坤的伟大事业，他们所作所为无不永彪青史。不仅记述了他们的奋斗历程，而且穿插了大量的故事，大大增强了本书的可读性和感染力。（崔玮）

K000251 **世纪风流——孙中山、毛泽东、邓小平（画册）** 易豪精编。河北人民出版社 1998 年 12 月版。照片 190 幅。29.00 元。通过纪实照片的形式，以一个世纪以来中国社会发生的三次历史性的巨大变化为背景，以孙中山、毛泽东、邓小平这三位历史巨人为主线，展示了三位革命领袖的生平、思想及其伟大贡献。全书分三个部分：一、民主革命的先行者——孙中山，二、新中国的创建者——毛泽东，三、改革开放的总设计师——邓小平。（解京宁）

K000252 **世纪的追求** 副名：孙中山、毛泽东、邓小平振兴中华的思想轨迹。陈邵桂著。湖南人民出版社 1998 年 8 月版。31.2 万字。20.50 元。孙中山、毛泽东、邓小平是 20 世纪站在时代前列的三位伟人，三民主义、毛泽东思想、邓小平理论是三位伟人在振兴中华的斗争实践中创立又用以指导振兴中华的斗争实践的革命理论。本书就是研究三位伟人及其思想发展为内容的。在整体设计上，全书以三位伟人的思想发展为经，以振兴中华的思想方法、主体力量、国际条件、发展道路等重要理论问题为纬，纵横交织，在 20 世纪中国革命的大背景下进行条分纬析的阐述。从外在形式看，全书 4 编 12 章 38 节，章、节、目都基本上引三位伟人的原话作标题。其内容上有两个突出的特点：理论研究的高视点和深开拓。例如关于振兴中华的思想方法，不仅清楚地论述了从孙中山初提实事求是到邓小平冲突"两个凡是"的束缚，重新确立中国共产党实事求是的思想路线的产生、发展的全过程，而且同时分析了这一思想产生和发展过程中具体的社会历史背景，论述了这一思想产生和发展的来龙去脉，阐述了这一思想产生和发展的历史必然性。这种"思接千载，视通万里"的高视点，为一般理论研究著作所不及。著者研究的落脚点，旨在揭示邓小平理论产生和发展的社会历史与理论渊源，从邓小平追溯到毛泽东，从毛泽东追溯到孙中山，这样，就使得为邓小平理论的研究，开拓了新的视野加深了研究的层面。例如关于振兴中华的发展道路，孙中山从"仿行西法以筹自强"到"以俄为师”,毛泽东从“走俄国人的路”到探索“适合中国的路线”,都进行了艰苦的摸索,邓小平在前人的基础上总结正反两面的经验与教训,把马克思主义的基本原理与当今中国的实际结合起来,提出了“走自己的道路,建设有中国特色的社会主义”。(张人石)

K000253 **冯玉祥与北京政变** 张洪祥、杨琪著。河北人民出版社 1998 年 8 月版。20.7 万字。15.80元。“名人·历史瞬间丛书”之一。以历史事实为依据,用纪实的方式,生动地描述了发生在中国近现代史上的那场有名的政变——北京政变前前后后跌宕起伏的历史画面。通过记述北京政变的酝酿、准备、发动、经过和结局,从一个侧面展示了当时中国社会进步与反动、光明与黑暗斗争的大趋势;在描述这一重大历史事件的同时,记述了冯玉祥这位中国近现代史上富有传奇色彩的人物,怎样从一个清军小卒一步步擢升至陆军检阅史,授上将军衔,跻身北洋时期高级军政长官的行列;怎样受孙中山和共产党的影响而一步步倾向进步和革命,怎样由一个旧军阀一步步转变为著名的爱国将领。对于冯玉祥如何策划和发动北京政变;如何反对袁世凯复辟帝制、讨伐张勋、驱逐末代皇帝出宫;电请孙中山北上;政变失败后又如何在李大钊帮助下出访苏联、五原誓师、重振军威等,也都有详细的描述。(殷长存)

K000254 **老外交官回忆周恩来** 田曾佩、王泰平主编。世界知识出版社 1998 年 2 月版。37 万字。24.00 元。为纪念周恩来总理诞辰 100 周年而作,由 50 篇纪念文章组成。这些文章的作者大都是曾长期在周总理领导下工作、亲身受过总理教诲和关怀的外交战线上的老同志,他们充满了对周总理的爱戴和怀念之情,文章所写大都是作者亲身经历过的事情,因此很有价值,也很生动、具体。这些回忆文章包含三个方面的内容:1. 周总理对开辟和发展新中国外交事业的贡献;2. 周总理对外交部思想建设和业务建设的贡献;3. 周总理严以律己、鞠躬尽瘁、全心全意为人民服务的精神和高尚品格。书中配有 24 张本书作者与周总理一起在外交场合工作的精彩照片。(贾如梅)

K000255 **百人访谈——周恩来** 周尔均、周秉德编。江苏文艺出版社 1998 年 2 月版。60 万字。38.00 元(平),50.00 元(精)。分政界要人、国际友人、文化名人及身边工作过的同志和亲属等 8 个部分,共 189 人,照片 160 余幅,绝大多数都是首次发表,从各个不同的侧面记录着周恩来在各个历史时期的生活情景。其特点为:涉及的范围比较广、接触的人员比较多,因而内容极为丰富。本书的主编周尔均、周秉德(总理的侄儿、侄女),历经三年多时间,沿着总理生前所生活、工作过的地方,几乎采访了所有至今还活着的知名人士和生前好友,本书实际上是从 600 多人 1 400 多小时采访录音中精选出来的;其二,保持了访谈的原汁原味,以保持访谈现场的真实感,书中的叙述语言都力求保持口语化,坦率、质朴,有鲜明的性格特点和语言风格;其三,由于是总理亲属采访,所以接受的规格和谈话所涉及的内容,是一般记者所莫及的,所以很多事情都首次披露,一些重大事件都是一手资料。本书的另一个特色,是对中国现当代重大历史史实有较多的反映,对周总理一生中重大的历史事件都有侧重的介绍。(虞善国)

K000256 **朱德上井冈** 刘学民编著。广东人民出版社 1998 年 10 月版。15 万字。12.80 元。辑录了朱德的自我回忆和自我评述,在此基础上加以叙述、阐述,并附有领袖之间互评的内容,从一个独特的视角,反映了朱德的传奇经历、性格特点和思想风貌。(杨小虹)

K000257 **任仲夷评传** 王廉著。广东人民出版社 1998 年 12 月版。30 万字。26.00 元(平),33.00 元(精)。共分 4 章,包括任仲夷的经济哲学思想、政治思想与原则、探索社会文明进程规律、人生态度与行为准则等,并附录一批从各个不同角度反映任仲夷的政德人品、精神风貌、工作作风、领导艺术、语言艺术和生活志趣等方面的文章,颇具哲理性、针对性和导向性。作者采取夹叙夹议、叙议结合的方法,紧紧围绕任仲夷的思想发展脉络和思维特点这条主线展开论述,阐析任仲夷在各个不同的历史时期所取得的显著成绩。着重论述任仲夷改革开放初期担任中共广东省委第一书记以后,如何坚定地贯彻执行邓小平建设有中国特色社会主义理论,从而打开了广东思想解放的闸门,启动了改革开放大潮,为改革开放立下了开拓之功。同时深入具体地、有理有据地说明任仲夷在工作中一向思想解放,善于独立思考、实事求是,善于把中央正确的路线方针政策和本地区的具体实际巧妙地结合起来,千方百计地为人民办实事、办好事,从而为党和国家做出突出的贡献。(陈启方)

K000258 **刘少奇与中国社会主义** 吴东华、李熙麓、高翔莲主编。湖北人民出版社 1998 年 9 月版。20.7 万字。12.80 元。阐述了刘少奇在社会主义革命和建设时期,为寻找适合中国国情的社会主义现代化建设道路,坚持实事求是的态度,走群众路线，对我国多个行业的社会主义建设事业提出了科学、正确的意见和建议，以及它们对当前中国的改革开放政策所起的借鉴作用。（施先稳）

K000259 **刘少奇之路** 黄峥编著。广东人民出版社 1998 年 10 月版。16 万字。13.00 元。辑录了刘少奇的自我回忆、自我评述，在此基础上加以叙述、阐述，并附有领袖之间互评的内容。从一个独特的视角，反映刘少奇的传奇经历、性格特点和思想风貌。（杨小虹）

K000260 **刘少奇百年诞辰纪念丛书** 河南省刘少奇党建经济思想研究会编。河南大学出版社 1998 年 10 月版。78 万字。110.00 元。丛书包括：《刘少奇党的思想建设理论研究》、《刘少奇新中国经济建设的理论与实践》、《刘少奇与天津讲话》、《情系中原——刘少奇在河南》4 本。《刘少奇党的思想理论研究》全面系统地介绍了刘少奇关于党的思想建设的理论，指出：这些理论丰富了党内斗争的理论原则，科学地阐明了坚持党的民主集中制是党的组织必须遵循的原则，论述了群众路线是党的根本的政治路线和组织路线，指明了加强执政党建设的方向等，从而极大地丰富了马列主义、毛泽东思想的党建学说。《刘少奇新中国经济建设的理论与实践》、《刘少奇与天津讲话》则集中论述了刘少奇以经济建设为中心的思想，经济建设必须从国情出发、量力而行的思想，以及在经济工作中如何加强党的领导和实事求是、改革创新的思想，指出刘少奇的经济思想对今天建设有中国特色的社会主义仍有重大的现实意义。《情系中原——刘少奇在河南》收录了革命战争时期和新中国建设时期刘少奇在河南工作时的珍贵照片 106 幅，并配以详细的说明文字。（刘小敏）

K000261 **刘少奇百年祭** 赵朴初、李锐、刘平平等著，徐哲兮主编。湖南文艺出版社 1998 年 7 月版。22.2 万字。17.80 元。纪念刘少奇诞辰 100 周年的诗文集。收入全国 31 个省、市、自治区和台、港、澳地区及美籍华人 469 位作者创作的诗、词、曲、对联 572 首（副）和《胜利的鲜花献给您》等 3 篇文章。这些作品热情地讴歌了刘少奇主席的丰功伟绩，对中国革命和社会主义建设的伟大贡献，歌颂了他热爱祖国、关心民瘼、襟怀坦荡、光明正大、顾全大局的崇高品德，抒发了人民群众对少奇同志的深情怀念之情，鞭策了林彪、“四人帮”祸国殃民、残害忠良的罪行。（陈仿麟）

K000262 **刘少奇和华北抗战** 张国祥著。山西人民出版社 1998 年 11 月版。30 万字。28.00 元。记述了当代中国杰出的革命家、政治家、理论家刘少奇领导华北党组织创建抗日民主根据地，开展敌后抗日游击战争，开创华北抗日民族统一战线新局面的生动史实。揭示了刘少奇与华北抗战局面开创的关系，展现了刘少奇在民族革命战争中建立的丰功伟绩。全书内容分为两部分：一是 1936 年春至 1938 年冬刘少奇以中共中央代表身份主持中共中央北方局工作，领导华北党组织清理和纠正“左”倾错误，指挥八路军实现了由国内正规战争到抗日游击战争的战略转变；二是 1942 年刘少奇奉命调离中共中央华中局和新四军军部，在回延安的途中，对华北工作的再指导。（蒙莉莉）

K000263 **孙中山与三角联盟** 苏全有著。河北人民出版社 1998 年 8 月版。19.9 万字。15.50 元。“名人·历史瞬间丛书”之一。详细描述了孙中山在其革命的晚年，为了实现其推倒北洋军阀、统一全中国的革命目标，而联合皖系、奉系，同直系作斗争的历史过程。孙、段、张的联合，史称“三角联盟”。中国民主革命的伟大先驱孙中山为什么要联合一派或几派军阀反对另一派或几派军阀？三角联盟的历史经验是什么？作者通过叙述当时中国社会的政治大背景，展示了当年中国派别林立、军阀混战的政治局面，而以孙中山为代表的资产阶级革命党人，力量薄弱，不得不在各派军阀的夹缝中寻找立足之地，图谋革命的胜利。这才有了所谓的“三角联盟”。全书通过记述这段刀光剑影的历史，表现了孙中山不屈不挠的斗争精神，灵活机动的斗争策略以及中国民族资产阶级在革命中暴露出来的软弱性和不彻底性，使人更能认清只有中国共产党领导的人民革命才是中国社会的唯一出路。（殷长存）

K000264 **红岩恋——江姐家传** 丁少颖著。广东人民出版社 1998 年 12 月版。34 万字。28.00 元。作者历经十余载，走访了红岩烈士江姐及其家人的几十位亲友、战友、同志和同事，搜集了丰富翔实的资料，用真实的人物、真实的事件、真实的情感、真实的文字，向世人讲述了红岩烈士及其家人和小说《红岩》背后那真实的故事。（杨小虹）

K000265 **纪念刘少奇同志诞辰百年美术作品展·作品集** 中共中央文献研究室等编。青岛出版社 1998 年 8 月版。100 幅图。368.00 元。收录中国当代著名画家、书法家的美术书法作品 100 幅，有著名油画家侯一民、何孔德等创作的反映少奇同志早期革命活动的巨幅油画作品；有李琦等著名领袖肖像画家创作的精典作品；有于希宁、潘挈兹、刘文西等著名花鸟、文物、山水画家的精心之作;还有启功、沈鹏等著名书法家的翰墨佳作。每幅作品都充满了画家对刘少奇同志丰功伟绩的缅怀之情,具有很强的艺术感染力。(刘永贵)

K000266 **折冲樽俎** 副名:周恩来与国共谈判。王静著。重庆出版社1998年2月版。38.4万字。18.00元。"周恩来风采"丛书之一。介绍周恩来的一生是革命的一生,在他那半个多世纪的革命斗争生涯中,长达10年的国共谈判的经历,构成了他独特的人生风景线。在国共谈判中,周恩来注意把原则的坚定性和策略的灵活性有机地结合起来,锻造出炉火纯青的谈判艺术令谈判对手自愧不如。要想全面地了解周恩来,就必须深入地研究他在国共谈判中的独特经历。作者在掌握大量史料的基础上,以周恩来的活动为主线,以国共谈判为背景,尽可能全景式再现当年国共谈判中唇枪舌剑的精彩场面,使人们在增长历史知识的同时,从中领悟出周恩来那相忍为国,自我牺牲,严密细致,实事求是的革命精神和待人以诚,立言以信,服人以理,不卑不亢的崇高品质。(余国枢)

K000267 **李鸿章思想体系研究** 王承仁、刘铁君著。武汉大学出版社1998年1月版。27.5万字。16.00元。选取李鸿章思想体系这个侧面,试图对其一生的言论和行动作出一个较为公允的评估。本书分为导论、政治思想、军事思想、外交思想、经济思想、文化教育思想、李鸿章、郑观应思想比较诸章,在广征博采,充分发掘、整理、顺收前人及今人研究成果的基础上,对李鸿章的思想发展轨迹以及由其思想支配而从事的政治、军事、经济、外交活动,进行了深入地研究,把李鸿章的思想和活动,严格地放在中国半殖民地半封建社会的政治、经济前提和条件下进行考察,尤其注意他所处的半殖民地半封建社会形成期的特殊历史环境,对其残酷镇压农民反封建反侵略斗争,全面恢复封建统治秩序,矢志不移地维护清朝封建专制统治,靠投降外交,出卖国家和民族利益方面,进行了揭露和批判,又对其在经济活动方面一些积极主张和措施,对其长期在从事的洋务活动中为发展民族经济而合理利用西方先进科学技术和管理方面先进经验的一面,进行了实事求是的分析和肯定,这样就避免了20世纪80年代前期对李鸿章全面否定和80年代后期对其办洋务活动一概肯定的学术研究不实之风,还李鸿章以真实面目。(张俊超)

K000268 **宋子文政治生涯编年** 吴景平著。福建人民出版社1998年10月版。66.6万字。27.60元。完整地记录了宋子文从政生涯(1923～1949年)中的言论和活动。纪事一年一章,按年、月、日编排,外国人名均注外文名。大量资料系从旧报刊、档案、日记中首次征引。书末附人名索引、征引资料目录,检索便当。系"宋子文研究系列"之一。(郑俊琰)

K000269 **宋子文思想研究** 吴景平著。福建人民出版社1998年2月版。25万字。18.00元。全面评述宋子文的经济、财政、金融、外交、政治思想。认为宋虽不是思想家、学者,但由于其历史地位的重要性,他的言论和实践曾影响过中国三四十年代的历史,因此不可忽视。书中大量档案资料、报刊资料系国内学术界首次发掘、征引。系"宋子文研究系列"之一。(郑俊琰)

K000270 **宋教仁与民国初年的议会政治** 刘景泉等著。河北人民出版社1998年8月版。19.95万字。15.50元。"名人·历史瞬间丛书"之一。以史论结合的方式,记述民国初年发生在中国政坛上的奇特政治现象——一个实行议会政治,而又没有行得通的时期。这就是民国北京政府时期。在中国政坛上推行议会政治的最具代表性的人物就是宋教仁。他曾立志要使"中华民国雄飞大地",而他以为实现这一宏愿的途径就是像西方那样,实行资产阶级议会政治。书中以翔实的资料记述了宋教仁为此而进行的大量的不屈不挠的活动:加入华兴会、创办科学补习所;结识孙中山、共创同盟会;设计议会政治的理论框架——《中华民国临时约法》,大力宣传议会政治思想,推动首届国会选举等等,直到他被独裁统治者袁世凯所暗杀,形成中国政坛上的一场悲剧。作者以史家的眼光深刻分析了宋教仁议会政治失败的政治的、社会的、历史的、思想的、文化的、经济的种种原因。(殷长存)

K000271 **张太雷** 伊里著。中国青年出版社1998年5月版。29.6万字。20.50元(平),25.50元(精)。较翔实、生动地记叙了中共早期的重要领导人、中国社会主义青年团的创始人、广州起义的主要领导者张太雷光辉而短暂的一生,再现了二十世纪二十年代中国大革命的风云变幻。还写了张太雷的家人——夫人携子女继承父志为革命所付出的一切。(李萍)

K000272 **周恩来大事本末** 闻岩著。江苏教育出版社1998年1月版。78万字。42.60元。分《立志篇》《政治篇》《经济篇》《军事篇》《外交篇》《统战篇》《党建党务篇》《宣传文化篇》等8个方面,全面而系统地记述了周恩来一生中最为光辉的革命业绩，充分展示了他那波澜壮阔的革命生涯、博大精深的思想理论和高山仰止的人格魅力，具有一定的思想性和丰富的文献资料价值。由于作者多是研究周恩来的专家，又有得天独厚的掌握文献资料的条件，所以书中收集了大量第一手资料，有些则是尚未发表过的原始文献，显得弥足珍贵。更值得称道的是，这些资料又经过作者的考核和研究，因而又具有相当的科学性和权威性。例如关于我国的人口政策，早在1956年4月、6月、9月、11月的几次国务会议和中共八大及八届二中全会上，周恩来就提出节制人口、计划生育的主张，比1957年“反右”后马寅初在6月的一届人大四次会议上作《新人口论》的发言、10月《人民日报》发表文章对马氏进行不点名的批判还要早。本书还从两方面对所收资料进行深度加工。一是采用“本末”体写法，尽可能交待事情的来龙去脉，前因后果，有利于读者的理解和接受；二是借鉴传统史书的写法，在完整真实记载事件的同时，能恰到好处地给予准确、深刻的评论，画龙点睛，帮助读者把握史实，体认本书所要表达的“史识”，从而达到意想的历史深度。（徐宗文）

K000273　**周恩来大辞典**　中共中央文献研究室二编部编。江西人民出版社1998年2月版。215万字。180.00元。包括生平、著作、思想、交往、研究和附录等6编，近2800个条目。附有展示周恩来各个历史时期风范的照片38幅。比较全面、系统、准确地反映和介绍周恩来的生平、著作、思想、交往以及国内外周恩来情况的研究。有以下几个显著特点：一、结构完备，体例新颖。首先表现在篇目的设置上，兼顾了周恩来研究的各主要方面，综合展示了周恩来作为伟大的马克思主义者和伟大的无产阶级革命家、政治家、军事家、外交家的一生；其次表现在辞目的设置上，每一条目的设置均是反复斟酌后确定下来的，务使有代表性和没有大的遗漏。第三表现在辞目的编排上，突破了一般以笔画排列的传统，抓住领袖类辞书的独特性，主要按内容的分类和时间的先后顺序排列，使体例有所创新。二、内容丰富，释词精当。编撰人员均为研究周恩来的专家学者，在充分采用自己研究成果的基础上，广泛吸收了国内研究的成果，集周恩来研究之大成。全书按照辞书的规范，对词目进行了扼要而精当的解释。三、查阅方便，适用性强，该书是以领袖人物为主题的大型工具书，知识包容量很大，具有广泛的适用性。比如，要了解某年某月某日周恩来的重大活动，就可以从“生平编”中查阅到；要了解周恩来某篇文章的主要内容，就可以从“著作编”中查阅到，等等。（翦新民）

K000274　**周恩来与广西**　中共广西壮族自治区委员会党史研究室编。广西人民出版社1998年11月版。35万字。23.00元。纪实性的回忆文章和研究性的学术论文构成了本书的上下篇。在《纪实篇》中，除少数文章为当事人的直接回忆外，大多数为现代广西学者对周恩来一生中涉及广西的人物和事件的历史追述和勾勒。时间跨度大，从大革命时期周恩来首次到广西梧州指导革命工作开始，直到他去世，主要叙述了抗战时期周恩来对广西革命工作的重视、建国后对广西建设的关心以及他与同时代广西有关人物（如李宗仁、白崇禧、韦国清等）的关系，比较全面地展示了周恩来与广西的历史联系。《论文篇》则从政治理论的角度对周恩来的一系列思想进行了阐述。论文可分为两部分，一部分是有关广西的内容，主要论述周恩来对广西抗战工作的指导和建国后对在广西实行民族区域自治的贡献；另一部分则不局限于周恩来与广西的联系，而是从更宽的视野较完整地论述了周恩来在政治、军事、经济、外交、科技、知识分子等方面的精深思想，虽有偏逸主题之嫌，但作为纪念周恩来的学术座谈会的入选论文，体现了广西学者对周恩来的研究成果，无疑又是必要的。（郑维宽）

K000275　**周恩来风采（丛书）**　陈答才、王静等著。重庆出版社1998年2月版。113.2万字。58.00元。共4册。从周恩来与国共谈判、周恩来与共产国际、周恩来与中日关系、周恩来与中国外交等四个方面来展现周恩来那折冲樽俎、巧解矛盾、以民促官、深谋远虑的伟人风采和为党、为国家作出的独特贡献。（余国枢）

K000276　**周恩来在上海**　中共上海市委党史研究室编。上海人民出版社1998年2月版。31.2万字。22.00元。根据有关历史文献、报刊资料、传记、回忆录和老同志访问记等撰写，记叙了民主革命时期周恩来在上海参与中共党中央的领导工作并参加与领导众多群众斗争的事迹，解放后他对上海的接管、改造、建设工作的关怀备至与精心而具体的指导，以及他与上海的许多干部、工人、农民、科学家、教师、文艺工作者的深厚情谊。内容真实、可靠，还披露了一些鲜为人知的史料。书末附有近6万字的“周恩来在上海大事记”。（黄建章）

K000277　**周恩来在陕西**　中共陕西省委党史研究室编。陕西人民出版社1998年3月版。36.5万字。20.00元。记载了60余年来周恩来和陕西以及陕西人民之间的深厚情谊。书中62篇文章真切生动记述了在陕西这块土地上，民主革命时期，周恩来参加指挥了著名的直罗镇战役；及时制止了左倾机会主义者的错误肃反，挽救了刘志丹等一大批被捕同志的生命；参与创立同东北军、西北军联合抗日的民族统一战线政策；致力于西安事变的和平解决；参加延安整风和大生产运动；代表中央参加同国民党的和平谈判；筹备党的七大以及转战陕北、参与指挥解放战争等。建国后，周总理日理万机，仍系念、关心着陕西的经济建设和人民生活，对陕西工作的指示、批示和谈话有36次之多，还5次来陕视察，对陕西的经济与社会发展以及人民生活的改善，倾注了大量心血。(王敏)

K000278　**周恩来的外交艺术**　刘泾山、时学军等编著。山东大学出版社1998年9月版。18.5万字。12.00元。“周恩来的艺术世界丛书”之一。作者阅读了大量的已发表过的有关周恩来外交活动的著作和文章，以简洁而生动的笔触，叙写了周恩来在我国外文史上的丰功伟绩和卓越的外交艺术。全书包括“总揽全局的外交战略”、“机动、灵活的外交策略”、“炉火纯青的谈判艺术”、“独具特色的外交风格”、“令人倾倒的个人魅力”数章，以诸多事例的准确而生动的叙写，展现了周恩来在国际外交舞台上的音容笑貌、举手投足，使读者领略到他作为杰出外交家的头脑、胸怀、气质、风度和富有魅力的外交艺术。(林开甲)

K000279　**周恩来的魅力**　王旭东著。安徽人民出版社1998年1月版。25万字。15.00元。以独特的视角，通过对周恩来人格和魅力的探讨及论述，向世人揭示了伟人周恩来魅力奥妙之所在。全书分“导论”、“上编”、“下编”、“终论”4个部分。“导论”以中外敌我友代表性人物对周恩来评价的认同为契入点，从性格、人格和魅力的相关处入手，对什么是魅力、什么是周恩来的魅力及其形成机制作了理论阐释。“上编”从周恩来的人生历程入手，分阶段探讨周恩来魅力形成的基础，对其童年的早期性格初塑、少年人格的拓展和青壮年人格的净化，都作了细致的描绘和深入的论述。“下编”从周恩来的生活空间和人际关系入手，探讨并分析了周恩来魅力的表现形式，对这位智勇兼备的革命者、站在伟人身后的军事天才、独具创造和广为人友的外交家、忍辱负重的政治家诸多魅力的内涵和外延，都作了详尽的论述。“终论”从文化学、心理学等角度分析了周恩来魅力的内在因素。

K000280　**周恩来经历记述**　曹应旺编著。广东人民出版社1998年10月版。21万字。18.00元。辑录了周恩来的自我回忆和自我评述，在此基础上加以叙述、阐述，并附有领袖之间互评的内容，从一个独特的视角，反映了周恩来的传奇经历、性格特点和思想风貌。(杨小虹)

K000281　**周恩来家世**　李海文主编。党建读物出版社1998年2月版。34.2万字。29.80元。研究周恩来家族史的专著。以生动地笔触描述了远至宋代大哲学家周敦颐，中间历二十代，直至周恩来的家族演变史，兼及风土人情、人文地理、名人轶事，再现了近八百年的历史沧桑。全书资料翔实，提供了大量与周恩来有关的鲜为人知的史实，有助于从不同视角更深刻地了解周恩来。书中附有100余幅珍贵照片。(建萱)

K000282　**顾维钧与抗日外交**　岳谦厚著。河北人民出版社1998年8月版。24.6万字。17.80元。“名人·历史瞬间丛书”之一。顾维钧，中国北洋政府和国民政府时外交界的领袖人物，享誉中外的著名外交家，纵横国际坛台几十年，开创了我国现代意义上的对外交涉之先河；他毕生致力于国际和平，维护国家主权，为了国家利益与诸列强巧妙周旋，在强敌面前敢于说不；他参与主持了三四十年代我国的对日外交，他的抗日外交活动在整个中华民国外交史上居于十分重要的地位；他痛斥“弱国无外交”的悲观论调，鲜明指出“弱国更需外交”的正确观点。本书在运用大量史料的基础上，以历史唯物主义的观点如实评价顾维钧的抗日外交活动。(赵镇学)

K000283　**唐绍仪与清末民国政府**　张焕宗著。河北人民出版社1998年8月版。15.6万字。13.00元。“名人·历史瞬间丛书”之一。唐绍仪，清末民国时期著名政治家。1874年赴美留学，7年留学生活对其人生道路选择及进步思想形成影响很大。他回国后步入政界，经历了从晚清到民国危机四伏、列强环伺、政局动荡、风云变幻的复杂历史时期。在晚清政府中，他曾随同袁世凯为维护清政府对朝鲜的宗藩关系和从列强手中收回天津立下汗马功劳；后又代表清政府就西藏问题与英国谈判，极力捍卫国家主权；为维护国家利益他力图收回被列强掠去的铁路与海关权益；后又坐镇奉天抵制强敌日本等等，由于其出色才华和非凡能力，他由一个低微幕僚逐渐迁升为朝廷的封疆大吏。辛亥革命爆发后，因其政治开明思想进步，迅速由清王朝一品大员转变为中华民国建国功臣，并出任民国政府首任内阁总理。尔后因其与袁世凯等人政见不合愤而辞职，从此进取消极沉浮起落。至南京国民政府统治时期，抗日战争爆发，唐绍仪因中日交战双方都想利用其大做文章，再度名声大噪。并也因此在陷于日伪之手的上海死于非命，形成一个长期的历史疑案。本书详尽记述了唐绍仪极其传奇色彩的人生经历，记录了他在清末至民国不同政府中的一系列政治、外交活动。并以历史唯物主义的观点正确评价他在不同政府中的地位、作用及影响等。（赵锁学）

K000284　**康熙评传**　孟昭信著。南京大学出版社 1998 年 12 月版。34.5 万字。27.00 元。“中国思想家评传丛书”之一。全面记叙清代著名政治家、军事家、思想家康熙帝（爱新觉罗·玄烨）的思想渊源及其在位 61 年的诸多业绩；着重总结他在哲学、政治、军事、经济、民族、宗教、科学文化等方面的思想、政策和策略。他毕生致力于发展生产，减轻百姓负担，整饬吏治，振兴文教，平定叛乱，统一边疆，抗击外敌入侵，为“康乾盛世”奠定了坚实基础。他继承满族、汉族传统文化及其他各民族优秀文化遗产，并在治国安邦、息兵安民的实践中加以发展，形成他的“以实心为本，以实政为务”的务实思想，不仅推动清代各项事业的全面发展，也丰富了中华民族思想文化宝库。（范瑜）

K000285　**深谋远虑**　副名：周恩来与中国外交。米镇波、郝祥满、宋文峰著。重庆出版社 1998 年 2 月版。29.5 万字。17.00 元。“周恩来风采”丛书之一。以周恩来主持新中国外交 27 年为主线，循其足迹，着重追述了周恩来对苏、对美、对日外交，同时也旁及对第三世界国家外交，包括对非洲与周边国家的外交活动。向世人揭示，周恩来为了我国社会主义建设事业而努力推行和平睦邻外交的殚精竭虑的过程。（余国枢）

K000286　**曾国藩传·李鸿章传**　王定安、梁启超著。重庆出版社 1998 年 8 月版。21.9 万字。21.00元。“清末稗史精选丛书”之一。选收了《曾国藩传》、《李鸿章传》、《张之洞传》、《乐斋漫笔》四部作品。作者都是清末时人，《曾国藩传》的作者王定安系曾国藩“四大门生”之一，终其一生为曾氏的幕僚，所述资料当为可信。梁启超的《李鸿章传》，对李一生之事业有分析、有批判，不乏真知灼见。《乐斋漫笔》系岑春煊记述一生中的宦海沉浮及官场见闻，尤其记述了他和慈禧太后的交往，近距离地叙述了八国联军攻陷北京后，皇室及上层统治集团仓皇出逃狼狈“西巡”的景象。当然这些作品的叙述中很有一些阶级偏见及对农民起义的诬蔑之词，对此，我们应持批判态度。（余国枢）

K000287　**雷锋传**　殷云岭编著。中国青年出版社 1998 年 1 月版。30 万字。20.00 元。人物传记。为纪念毛泽东题词“向雷锋同志学习”发表 35 周年而作。作品展示了一个普通的中国士兵，走过的 22 年的人生：他写进了祖国的编年史，中国共产党三代领导人先后为他题词；他名满华夏，声播海外，被誉为“全人类共有的财富”。作者怀着文以载道的社会责任感，走访了从雷锋的生身之地到不幸殉职的生命旅程中的众多知情者，收集了现已见诸于世的和一度静埋在“秘密卷宗”里的大量资料，包括首次披露的第一手资料，如雷锋女友黄丽恰于作者写作此书时寄来的十页“自述”等，以求真实地再现这位有血肉、有灵性、有刻骨的恨和深挚的爱的中国士兵的一生。同时站在 20 世纪末的今天，透过雷锋那些看似平凡的点点滴滴，烛照了今人应该选择的真正的人生，揭示出今日重话雷锋的新意。并就中华民族几十年来创造雷锋精神形成的雷锋现象，提出了今天雷锋走出国门这一对国人具有警示意义的命题。（庄志霞）

K000288　**慈禧大传**　徐彻著。辽海出版社 1998 年 4 月版。35.5 万字。19.80 元。徐彻对有关慈禧的大量档案史料进行了仔细的爬梳和深入的考证，从而澄清了笼罩在慈禧身上的许多难解之谜。诸如：慈禧到底是蒙古人、山西人、四川人、北京人，抑或是江苏人？慈禧是如何取得咸丰帝宠幸的？慈禧是如何成功地发动宫廷政变的？慈禧毒死了慈安吗？慈禧是如何巧斗奕䜣的？慈禧与李莲英有染吗？慈禧是怎样逼死珍妃的？光绪帝是慈禧害死的吗？到底应该怎样评价戊戌变法中的慈禧？对于诸如此类的谜案，在书中的相关部分都会找到合乎情理的一家之言。如关于慈安之死历来众说纷纭，有正常病死说、毒饼害死说、错药致死说和吞物自尽说等。作者在《翁同和日记》里查找到了两则重要记载，并参照有关资料，经严密考证，从而得出了慈安是正常死亡的令人信服的结论。作者无意为慈禧翻案，而是意在写出一个接近历史真实的活的慈禧。（高虹）

K000289　**蔡元培年谱长编**　高平叔编。人民教育出版社 1996～1998 年版。200 万字。98.00 元（平），120.60 元（精）。在多年研究成果的基础上，又广泛搜集最新发现的蔡氏遗著撰著而成的，对蔡元培的生平及其开创的各项事业进行了系统考订、总结和论述。书前载有撰著者详述其六十多年来完成蔡先生嘱托的自序、蔡元培在不同历史时期的大量活动图片和手迹,书后有我国台湾著名学者陶英惠教授撰写的跋语,部分图片和手迹是首次与读者见面;书中所述的各种事件,有些是撰著者亲眼目睹、亲身经历的,因此,本书具有权威性、史实性,是研究近现代中国极有学术价值的史书。全书分为家世、幼年时代(1868～1882)、旧学时代(1883～1897)、委身教育与运动革命时代(1898～1906)、游学时代(1907～1911)、教育总长时代(1912年1～7月)、第二游学时代(1912年9月～1916)、北京大学校长时代(1917～1927)、大学院院长时代(1927～1928)、中央研究院院长时代(1929～1940)。(刘立德)

K000290　**隋文帝传**　韩昇著。人民出版社1998年版。40.8万字。36.00元。介绍传主隋文帝杨坚,生活在北朝末年(北周时期)的混乱割据时代,凭着高贵的家族背景,利用错综复杂的矛盾关系,进入仕途,慢慢接近权力的核心,又几遭危险。随后趁北周皇室的突变,以国丈的特殊身份,采取断然措施,迅速控制政局,消灭对手,以"禅让"方式,完成代周建隋大业。称帝后的杨坚,除旧布新,制定律令礼制,确立三省六部制,厘定地方行政制度,继续均田,整顿户口,并组建新的领导核心,使社会经济发展,政治革新。随即大展宏图,挥师南指,消灭陈朝,完成南北统一大业。但随后杨坚太平志逸,醉心宗教,统制文化,于时家族纷争加剧,太子易位,终致凄楚病逝。(张维训)

K000291　**陆贽研究**　于景祥著。辽宁人民出版社1998年4月版。17万字。12.00元。通过对陆贽生平事迹的叙述以及对其思想渊源的分析,全面、公正地评价了陆贽的民本思想和推贤任解、笔直错及、持危扶颠、安邦治国的政治作为,对其使"唐之文崛起,八代之衰"的不容忽视的作用做了精辟论证。(修玉祥)

K000292　**唐高祖传**　牛致功著。人民出版社1998年11月版。27.8万字。31.00元(精)。人物传记。唐高祖李渊是唐朝的创立者,在隋朝末年天下大乱的时候,他不露声色,招兵买马,积聚人才,当条件成熟之后,立即揭竿而起,率众起义。由于他采取了正确的战略战术,进军关中后,拥立代王杨侑为帝,减少了隋朝势力的反抗,最终夺取了天下。李渊在位期间,大胆地进行一些政治、经济改革,开创了历史发展的新阶段,为以后的"贞观之治"奠定了坚实的基础。玄武门之变后,他审时度势,主动将皇位让于儿子李世民,退居太上皇。本书共19章,比较全面地记叙了唐高祖李渊的一生事迹,并通过对他的记叙,反映出唐初的历史概貌。书中附有多幅相关图片。(陈鹏鸣)

K000293　**北宋政治改革家王安石**　邓广铭著。人民出版社1998年版。23.7万字。16.50元。人物传记。介绍王安石(1021～1086)是北宋最伟大的政治改革家,他本着"天变不足畏、祖宗不足法、人言不足恤"的精神,在宋神宗的支持下,提出农田水利法、均输法、青苗法、免役法、市易法、方田均税法,以及保甲法、将兵法,力求对当时的政治、经济、军事进行改革,使国家富强起来,他的这些改革取得了一定的成效。后在保守派的反对下,王安石先后两次罢相,他所推行的新法亦被保守派所废弃。本书是作者对《中国十一世纪的改革家王安石》一书的全新修订本,作者在耄耋之年,字斟句酌,剔除了"文化大革命"所强加给原书的"左"倾观点,增补了大量对史事的考订和辨伪,基本上廓清了王安石研究中的重重迷雾,还其以政治改革家的本来面目,是一部优秀的学术著作。(陈鹏鸣)

K000294　**李自成结局研究**　中国社会科学院历史所李自成结局研究课题组编。辽宁人民出版社1998年10月版。26万字。20.00元。为《李自成结局问题的由来和发展》研究报告和专题研究论文的汇集。研究报告列举根据,得出"李自成率少数亲随突围,遭到当地乡勇伏击,于清顺治二年五月上旬遇害于湖广兴国州通山县九宫山北麓,即今湖北省通山县九宫山北麓"的结论。(袁闻琨)

K000295　**我的父亲任弼时**　任远志著。辽宁人民出版社1998年8月版。25万字。24.80元。任弼时是中国共产党早期领导人之一,从16岁投身革命到46岁(1950年)病逝,为革命鞠躬尽瘁三十载。他的生活经历,今天的人们了解得很少。作者生动翔实地描述了任弼时的一生:从书香子弟到共产党员,共青团中央总书记,进入中共中央领导层,毛泽东的得力助手,为新中国奠基。再现了中学时的任弼时在"五四运动"时参加长郡中学爱国会,1920年和肖劲光等一行启程赴苏联,在莫斯科东方劳动者共产主义大学,在上海的亭子间指挥青年斗争,1928年于南陵县被捕,进入湘赣苏区,率领红二方面军长征,1938年赴莫斯科共产国际,在延安中央书记处,转战陕北,进入北京。展示了任弼时的战友深情,高尚人品和情感世界。(陈志强)

K000296　**我的父亲刘少奇**　刘爱琴著。辽宁人民出版社 1998 年 11 月版。23 万字。24.80 元。刘少奇的女儿刘爱琴,以对父亲的无限思念,描写了她亲眼所见、亲耳所闻、亲自了解的刘少奇的工作和生活。生动、真实地再现了曾经是中华人民共和国主席的刘少奇坚定的革命信念和实践,出色的社会主义建设思想和实践,高尚的道德情操和思想境界,廉洁的工作作风,丰富的家庭生活,以及被误解、攻击以至迫害至死的遭遇。正如作者在题记中所说:"父亲是位悲剧式的伟人,我透过这悲剧,去寻找他的崇高与永恒!"(陈志强)

K000297 **红镜头** 副名:中南海摄影师眼中的国事风云。顾保孜文,杜修贤摄影。辽宁人民出版社 1998 年 2 月版。31 万字。,559 幅。80.00 元。共 2 册。包括黄土高坡的往事、走进中南海、第一次随总理出访、三年自然灾害、亚非欧十四国、腾升的"蘑菇云"、山雨欲来风满楼、走近毛泽东、庐山云雾、惊心动魄的时刻、历史的握手、病中周恩来、"红外紫外"风波、江青的爱好、再次复出的邓小平、"样板戏"的戏外戏、荣辱不惊的叶剑英、空寂的中南海、伟人的最后瞬间、大寨的落日、周恩来与世长辞、沉浮人生乔冠华、变幻莫测的秋天、胡耀邦的绝照等几大部分。(陈志强)

K000298 **八思巴评传** 王启龙著。民族出版社 1998 年 3 月版。25 万字。19.00 元。对 13 世纪吐蕃僧人八思巴一生所作的传述和评说的研究专著。八思巴出生于后藏的宗教望族家庭。从小受伯父——萨迦派教主萨班的养育和教诲。10 岁跟随伯父前往凉州,与强大起来的蒙古议谈归顺之事。八思巴后继承萨班遗业,以萨迦派教主身份、以渊溥的学识获元世祖忽必烈重用,委以国师、帝师,掌管全国佛教事务,并在藏地施政。书中除对八思巴从历史和政治角度作评价之外,对其作为宗教学者,所从事的举办曲弥法会、写译佛经文学、在元大都及出行途中传佛讲经等宗教活动及其著名的理论著述《彰所知论》都作了充分的评介。(图亚)

K000299 **毛泽东的双儿女亲家——张文秋外传** 张长缨著。湖北人民出版社 1998 年 9 月版。16.3万字。9.80 元。人物传记。介绍张文秋(1903~)极富传奇色彩的一生。她少女时代便负笈求学,接受革命教育,从一个封建官僚地主家庭的大家闺秀成长为一名无产阶级革命战士。由于历史的机缘,她的大女儿思齐(刘松林)和二女儿安云(邵华)先后嫁给毛泽东的长子岸英和次子岸青,她成为毛泽东的双儿女亲家。(陈中琼)

K000300 **心语** 陈丽曲著。接力出版社 1998 年 11 月版。16 万字。这是一位高中一年级女生自初中到高中以至生命终结所写的日记。作者是一位品学兼优的三好学生,因病在如花的岁月里过早地离开了人世。日记生动、真实、形象地向人们坦露了少女的心迹:她对家庭、学校、社会的观察、感悟、对知识、理想的顽强的追求,对生命的热爱以及在逆境中对命运不息的抗争。(冯舒扬)

K000301 **末代皇弟溥杰传** [日]船木繁著,战宪宾译。民族出版社 1998 年 8 月版。18 万字。14.95元。详细记述了中国末代皇帝溥仪的同胞兄弟溥杰先生一生的坎坷经历。他身为皇亲贵胄,却饱受童年社稷倾覆之苦,青年军校磨炼之苦,中年高墙牢笼之苦,老年"文革"风暴之苦,暮年幽明分袂之苦。人生之苦谁无,数劫集身有几?然而溥杰先生能识时务,深反思,经受住烈火的烤炼和血泪的浸泡,性坚毅,胸宽广,情真切,心笃诚,从而给读者以人生真谛的启迪。溥杰被新中国改造成新人后,一直受到周恩来等老一辈无产阶级革命家的亲切关怀。他光荣地当选为全国人大代表,深深感受到:只有在新中国,各兄弟民族才能实现平等,满族人民才能获得新生。他把自己晚年的全部时间和精力投入中日和平友好事业,取得了令人瞩目的成绩。(傅肇霞)

K000302 **刘庄百年** 副名:枭雄刘学询的传奇一生及一座庄园的变迁。罗以民著。山西人民出版社 1998 年 11 月版。12.1 万字。12.80 元。介绍庄主刘学询经历了"大隐于朝,中隐于市,小隐于朝"的传奇一生和庄园近百年的历史变迁。他身为清朝进士,却"书生下海"成巨富修庄园;他身为朝廷命官,却秘密联络孙中山共举义事;他身为李鸿章幕僚,却为李准备了鸿门宴且经年不露。毛泽东曾多次下榻刘庄并亲自主持了共和国第一部宪法的起草工作。(杨建军)

K000303 **我在东西方的奋斗** 副名:从 MBA 到外交官、新华商。王辉耀著。作家出版社 1998 年 12 月版。28.8 万字。19.00 元。是一部事业人生有成者的自传性实录,完整叙述了作者通过不懈的自我选择、自我设计和顽强拼搏,从一个普通的插队知青成长为一个知识型、国际化的跨世纪人才的历程。作者 1984 年出国,是改革开放后我国最早获得 MBA 的留学生之一;完成工商管理博士学业后很快进入国际大公司从事高层管理;1990 年初被加拿大魁北克政府任命为驻香港及中国地区首席经济商务参赞,成为有史以来第一位出生于中国大陆的加籍华裔外交官;任期届满后任加拿大最大的工程公司AGRA国际公司副总裁,同时创办亚加国际集团公司,在中加港三地开展业务,曾在举世闻名的三峡工程中创下对外合作“四个第一”的骄人业绩。相对于先前大多数反映国外留学生活的作品,本书的特色在于,作者自觉地将自己放在东西方文化背景和知识化、国际化、商业化的时代语境中,从国际形象和国际人才的角度表现一个普通的中国人如何走向世界,又从世界走向中国,从而折射出时代的深刻变化、巨大变迁和发展趋势。(萧犊)

K000304 **和珅评传** 冯佐哲著。中国青年出版社1998年1月版。27万字。14.40元。人物传记。从探究和珅的身世开始,翔实而深刻地阐述了和珅发迹的全过程。(常婷)

K000305 **晚清八大名臣手札** 甘肃人民出版社1998年6月版。25.80元。曾国藩、胡林翼、骆秉章、左宗棠、彭玉麟、曾国荃、沈葆桢、李鸿章的私人手札影印本,约100通。从特殊角度反映清末政局、政情、湘军、淮军与太平军作战战役、战况、曾、左、李、胡等人治军方略,曾、左与清廷的关系,湘军将领、幕僚间的公谊私交等等。书札中披露的部分史实,为正史、野史所未载;书札中所流露的复杂心态,也多为这些人的传记等作品所未曾描摹。手书书法或雄浑苍劲,或自然流畅,不事雕饰,或方正严整,充分显现各人学养与性情。影印的手札后附有释文。(范海成)

外国人物传记

K000306 **一个音乐家的无穷多样性** 副名:列奥纳德·伯恩斯坦传。[以]彼得·格拉顿维茨著,杨晓春译。辽宁大学出版社1998年8月版。30万字。24.00元。作者格拉顿维茨通过50余年的跟踪采访和与传主的深厚情谊,将传主的艺术成就、性格特征以及其对音乐的独到理解做了引人入胜的叙述和阐释。本书的全部资料都来自原始,除伯恩斯坦的自述与信件外,还有大量同时代人的口碑资料,从而使伯恩斯坦伟大的人格和栩栩如生的形象跃然纸上。(张路丽)

K000307 **大卫·奥格威自传** 副名:广告大师的人生告白。大卫·奥格威著,麦慧芬译。海南出版社1998年8月版。16万字。16.80元。共分8章。第一章:乖乖小祖宗;第二章:巴黎大厨师;第三章:纽约与好莱坞;第四章:秘密任务;第五章:广阔的乡村修道院;第六章:名与利;第七章:隧道尽头的光亮;第八章:奇迹森林。讲述了第一次世界大战的爆发使奥格威一家陷入经济困境,他们不得不搬到伦敦投靠亲戚。他上了寄宿学校,后来申请进入牛津大学,却途中从学校逃了出来。奥格威开始了他获得全世界的承认与世界性的成功。他时而有着惊喜,时而坎坷的旅程。这个旅程将一个野心勃勃的青年带到美国,他帮助盖洛普为好莱坞著名的制片商做民意测验,他在宾夕法尼亚迷上艾米什人的农耕社会。在二战期间,他为了帮助自己的祖国,在威廉·史帝文森的领导下服务于英国情报局,然后就是创办和经营奥美广告的辉煌历程。(苏斌)

K000308 **未来英雄** 副名:33位网络精英。约翰·布洛克曼著,汪仲等译。海南出版社1998年8月版。25万字。19.80元。书中介绍的数字与信息世界的精英对这场刚刚浮现的传播革命,有着莫大的影响力;他们正在营造的,并不只是一个虚拟的数字信息空间,更不是科幻世界。而是新的日常世界、新的思维方式、新的生活;那是新的现实、新的真实。(苏斌)

K000309 **可可·夏奈尔** 副名:特立独行的时装设计女王。艾克塞·梅德生著。海南出版社1998年10月版。20万字。21.80元。夏奈尔,一个即刻使人联想起时装、香水、女性解放和魅力的名字。本书追溯了夏奈尔传奇的生活历程,她从小为孤儿,1910年以她的情人为经济后盾,开办了一家小时装店,后来建立了夏奈尔之屋,从此彻底地改变了时尚,设计了运动装、“小黑洋装”、时装珠宝,以及玛丽莲·梦露称为她唯一夜装的香水。夏奈尔为众多男人所倾倒,可她却只与她的事业为姻,她1971年逝世,享年88岁,她生前荣华富贵,却也孤寂不堪。书中附有照片,有夏奈尔本人的,也有她名人圈里的朋友和情人。(苏斌)

K000310 **成就辉煌的残疾人丛书** [美]尼科尔森等著。世界知识出版社1998年1月版。50万字。87.00元。讲述了残疾人面对生理挑战,创造非凡业绩的故事。丛书共10本,分别为:《文森特·凡高》、《海伦·凯勒》、《欧内斯特·海明威》、《克利斯朵夫·里夫》、《路易·布莱叶》、《弗兰纳里·奥康纳》、《路德维希·凡·贝多芬》、《富兰克林·罗斯福》、《鲍勃·多尔》、《斯蒂芬·霍金》。(米小平)

K000311 **投机生涯** 维克多·尼德霍夫著,符国群等译。湖北人民出版社1998年10月版。42.1万字。30.00元。维克多·尼德霍夫的自传。身为乔治·索罗斯的投资顾问，尼德霍夫一直被誉为全美最出色的商品交易商。他毕业于哈佛大学，在芝加哥大学获金融学博士学位。尼德霍夫精明老练，5次获得全美壁球赛冠军。身为证券、股票和期货市场上的投机高手，他身名显赫。书中将其投机和竞技生涯中的经历与体会悉数展现给读者。（喻华伟）

K000312 **克里斯汀·迪奥** 玛丽·法兰西·波希娜著，张显奎译。海南出版社 1998 年 10 月版。23 万字。24.80 元。介绍了极具传奇色彩的法国时装设计大师克里斯汀·迪奥，他在 1947 年引起全球哄动，当时的巴黎还没有完全从战时的灾难中恢复过来，迪奥使线条流动、长及脚踝的裙装重新面世，给妇女们找回了久违的自由感、女性味和生活的欢愉。他在一夜之间被拥戴为“时装大王”。新闻界尤其是美国的时装杂志记者们把迪奥的时装冠名为“新面貌”——这使巴黎重新成为世界时装的中心。在接下来的三十年里，迪奥店成了世界各地王公贵族、影视明星和富豪名流光顾的场所，在《妇女服装日报》最近做的一次调查中，迪奥品牌在美国的知名度位居第二，仅次于卡尔文·克莱恩。（苏斌）

K000313 **索罗斯旋风** 副名：历史上最伟大金融家的生平与投资秘诀。罗伯特·斯雷特著，黄铮译。海南出版社 1998 年 8 月版。25 万字。21.80 元。透过宠罩在这位匈牙利出生的投资巨擘身上的神秘传说，分清真相与夸大之辞，他的成功之道终于初现端倪。1969 年索罗斯基金的 1000 美元投资现在的价值达 1300 万美元——惊人的 35%的复合增长率！在 1992 年具有历史意义的一天里，他当天的赢利超过 9 亿 5800 万美元。索罗斯独特的投资哲学、谋略、方法和技巧赋予了他对世界金融市场的巨大影响力，并使他成为 1993 年美国最大的金融赢家（个人收入达到破记录的 11 亿美元）。1997 年东南亚金融危机爆发，索罗斯再度置身于事件的中心，成为万众瞩目的风云人物。（苏斌）

K000314 **旁观者** 副名：管理大师杜拉克回忆录。彼德·杜拉克著，廖月娟译。海南出版社 1998 年 6 月版。25 万字。24.80 元。分为 3 大部分：“来自亚特兰提斯的报告”“旧世界里的年轻人”“无私天真的夕阳岁月”。在本回忆录中，杜拉克描写了维也纳的童年，一次世界大战，20 世纪 20 年代和 30 年代初期笼罩在欧洲各地的纳粹阴影，30 年代的伦敦生活，新政下的美国二战岁月和战后的世界。刻画了作者漫长的一生中结识的诸多人物，包括弗洛伊德、亨利·鲁斯、阿尔弗雷德·斯隆、约翰·刘易斯和马歇尔·麦克鲁汉。（苏斌）

K000315 **马哈蒂尔传** 张永和著。福建人民出版社 1998 年 9 月版。35.6 万字。22.40 元。“张永和名人传记文学系列”之一。记叙了马来西亚首相拿督士里·马哈蒂尔从一个深受大众崇敬的巫统医生，经历各种严峻考验，登上国家领袖宝座的传奇生涯。反映了中国人眼中的马哈蒂尔首相的形象，这是一个坦率、果断、讲求实效、严肃认真而又生动幽默的国家领袖形象；又是一个勇敢、顽强、不畏强权、积极开展多边外交而又为发展中国家呼吁的第三世界领袖的形象。（王开彬）

K000316 **只有磨炼，没有失败** ［韩国］郑周永著。黑龙江朝鲜民族出版社 1998 年 10 月朝鲜文版。27.6 万字。17.50 元。系韩国现代企业集团总裁郑周永的自传。书中详细地叙述作者的成长过程，并且更加深刻地刻画韩国经济发展进程中，所经历的坎坷。（崔昌俊）

K000317 **李光耀传** 张永和著。福建人民出版社 1998 年 9 月版。43.8 万字。27.30 元。“张永和名人传记文学系列”之一。从 19 世纪中国客家乡亲李沐文南渡新加坡写起，重点刻划了其后裔李光耀发扬客家精神，艰苦奋斗、自强不息，35 岁问鼎总理宝座，领导新加坡人民展开经济腾飞的翅膀，跃入亚洲“四小龙”行列的传奇历程。（陶璐）

K000318 **金泳三传** 张永和著。福建人民出版社 1998 年 9 月版。29.8 万字。19.60 元。“张永和名人传记文学系列”之一。描述了一位普通的渔村热血青年的成长道路。早在中学时代，金泳三就发出“未来的总统金泳三”的宣言书，立志成为一个卓越的政治家。1954 年 27 岁的金泳三当选为韩国历史上最年轻的国会议员。他 4 次出任政党领袖，5 次担任议会内所属政党总务部长。这在韩国历史上是绝无仅有的。1992 年，年逾花甲的金泳三成为韩国第一位真正的民选总统，结束了现代韩国历史上独裁政治长期占统治地位的权威主义时代，开辟了政治民主化新时代。还热情讴歌了金泳三利剑高悬、反腐倡廉，对前总统金斗焕、卢泰愚的“世纪审判”，发人深省。（王开彬）

K000319 **科·阿基诺传** 张永和著。福建人民出版社 1998 年 9 月版。31.1 万字。20.20 元。“张永和名人传记文学系列”之一。从许寰哥离乡渡海赴菲律宾写起，刻画了华人拓荒者在海外的艰辛；以科拉松的成长为主线，讲述了这个个性坚毅的女子从丧夫之痛中崛起的故事；通过阿基诺夫妇在政坛上

的沉浮荣辱,体现了菲律宾当代政治风云。(陶璐)

K000320　**孙正义**　副名:数字化时代的英雄。[日]板垣英宪著,郭振乾译。海南出版社1998年8月版。13万字。12.80元。孙正义是当今数字化信息革命的英雄,也是这场革命的风云人物。如果说比尔·盖茨是计算机技术领域的天才的话,他就是计算机软件流通销售领域的天才。被人们喻为"日本的比尔·盖茨"。由孙正义一手创立起来的软银公司(Softbank. Corp)是集高科技出版、展示会、软件经销和设计于一身的联合体。该公司买下了齐夫·戴维斯出版公司(Ziff—Davis Publishing Co.)的展示会业务、购入界面集团(Inteface Group),并与微软公司合资成立了游戏软件制造公司GameBank.与Cisco系统公司合资成立了日本Cisco系统公司。他持有Novell日本有限公司20.4%的股票,获得Yahoo!网络服务公司37%的股份。他不惜铤而走险,以自己的大胆和精明,震撼了迂腐的商业传统。(苏斌)

K000321　**凡·高**　叶延芳主编,楚水编著。花山文艺出版社1998年3月版。19.1万字。9.00元。以生动传神的笔触描述了凡高不平凡的一生,注重真实、客观,不猎奇虚构。

K000322　**贝多芬**　叶延芳主编,吴梅著。花山文艺出版社1998年3月版。19.3万字。9.00元。"世界艺术大师传记丛书"之一。多层次多角度展示伟大的音乐家贝多芬一生的传记。不仅展示了传主不可一世超越时空的艺术魅力,亦描绘了他人生的或善良或高傲或多疑的方方面面。

K000323　**为统一性而生**　副名:哲人科学家——玄姆霍兹。许良著。福建教育出版社1998年9月版。15.6万字。9.00元。通过玄姆霍兹的人生历程本书揭示了哲人科学家的工作动机——在大自然千差万别的现象背后,力求去探索进一步的原因,乃至一切原因之后的最高原因。借助这种普遍性,最终所获得原理就不再属于任何具体的学科,就进入了知识一般理论和哲学领域。因此,追求统一这一条主线是科学理性精神的最高体现。还揭示了为什么伟大哲人科学家杰出的科学成就总是与高尚的人格互相辉映:他们深邃的目光、追求真理的勇敢、高度自由的思想翱翔造就了宽广、谦虚的心胸,热爱人类和平的情怀。(任争健)

K000324　**巴尔扎克传**　李玉莲等主编,谈文闻、王炜编著。花山文艺出版社1998年12月版。9.2万字。8.00元。"外国文化名人传记丛书"之一。介绍巴尔扎克的生平及其代表作《人间喜剧》。

K000325　**达·芬奇传**　李玉莲等主编,宋其著。花山文艺出版社1998年12月版。9.2万字。8.00元。"外国文化名人传记丛书"之一。介绍他的多才多艺,永远不安于现状,总是想征服许许多多全新领域的偏执和疯狂以及他的名作《蒙娜·丽莎》。

K000326　**列夫·托尔斯泰传**　孙英等主编,张平光编著。花山文艺出版社1998年12月版。10万字。8.50元。"外国文化名人传记丛书"之一。以朴实的笔触,描述了这个文学巨子列夫·托尔斯泰光辉的一生。

K000327　**毕加索**　叶延芳主编,纪棠编著。花山文艺出版社1998年3月版。16万字。8.00元。"世界艺术大师传记丛书"之一。避开五光十色的色彩,采用"正本清源"的态度。深入传主的内在本质,还原出一个清新真实的本来面目。

K000328　**伦勃朗**　叶延芳主编,娄毅编著。花山文艺出版社1998年3月版。25.7万字。11.00元。"世界艺术大师传记丛书"之一。伦勃朗是"十七世纪欧洲画坛三颗巨星"之一,本书以生动客观的笔触,再现了伦勃朗这一旷世奇才的心路历程。

K000329　**安徒生传**　李玉莲等主编,汪静编著。花山文艺出版社1998年12月版。9.2万字。8.00元。"外国文化名人传记丛书"之一。以生动的笔触,娓娓描述了丹麦童话大师安徒生不断求学不停耕耘的伟大一生。

K000330　**货币经济学的旗手——弗里德曼评传**　胡雪峰著。山西经济出版社1998年12月版。22.6万字。14.00元。"诺贝尔经济学奖获奖者评传丛书"之一。评介了因在货币历史和理论及消费分析等方面做出突出贡献而获诺贝尔经济学奖的弗里德曼的主要经济思想及观点,主要内容有:弗里德曼生平简述、现代货币数量论的思想渊源及其历史背景、理论框架、政策主张,弗里德曼的新自由主义政治经济观和实证经济学方法论,弗里德曼的永久性的消费理论、浮动汇率理论和价格理论。此外,还附录了瑞典皇家科学院公告、弗里德曼获奖演说——通货膨胀与失业:政治学的新领域、弗里德曼学术自传——我的经济学家历程及弗里德曼的主要著作目录。(郝建军)

K000331　**莫地里亚尼**　叶延芳主编,龚田夫著。花山文艺出版社1998年3月版。11万字。6.00元。"世界艺术大师传记丛书"之一。以图文并茂的形式,展示了莫地里亚尼桀傲不训、个性独具的艺术生涯。作品艺术氛围浓郁，人物形象呼之欲出，是一本品味颇佳的读物。

K000332 **格里格** 叶延芳主编，张洪模编著。花山文艺出版社 1998 年 3 月版。33.7 万字。15.00 元。“世界艺术大师传记丛书”之一。根据传主的自传、书信及菱，记述了世界著名作曲家格里格传奇的一生。在展示传主纯洁、美好、真挚的人性的同时，刻画了对民族艺术、印象主义风格的艺术追求和创造。

K000333 **哥伦布全传** 李隆庆著。中国青年出版社 1998 年 11 月版。54.5 万字。29.50 元。人物传记。以严谨的风格和翔实的资料生动地再现了哥伦布生平和事业的全貌，并从微观和宏观角度对哥伦布其人其事进行了客观公正的评价。同时，将哥伦布研究中的某些疑难问题置于历史的氛围中进行考察，作出令人信服的解释。（姚海天）

K000334 **柴科夫斯基** 叶延芳主编，张洪模编著。花山文艺出版社 1998 年 3 月版。40 万字。18.00元。“世界艺术大师传记丛书”之一。关于著名作曲家柴科夫斯基的文学性传记，但并非虚构。人物、事实、思想均根据书信、日记、论文、回忆录等翔实的文献资料，艺术地再现了生动丰满的人物形象。书中对重要作品的创作过程、思想内容、时代氛围均有涉及。

K000335 **高尔基传** 孙英等主编，张焙之编著。花山文艺出版社 1998 年 12 月版。9 万字。8.00 元。“外国文化名人传记丛书”之一。真实而引人入胜地描述了传主从一个打工仔成为一个世界级文豪的人生轨迹和雄奇步伐。

K000336 **通往权力之路** ［英］玛格丽特·撒切尔著。当代世界出版社 1998 年 9 月版。46.1 万字。30.00 元。玛格丽特·撒切尔的自传，同时也是《唐宁街岁月》一书的姊妹篇。全书共分两部分，第一部分讲述了自己如何从一个杂货商的女儿成长为英国历史上第一位女首相的传奇经历，畅谈了对人生、家庭、社会的看法，并且介绍了保守党内部以及工党内部各派的观点；第二部分从哲学和思想理论方面阐述了她对国际关系、世界经济和道德观念的看法。书中所表述的政见不仅代表了她本人的观点，也反映了保守党内右翼势力的观点。（陶永学）

K000337 **雪莱传** 孙英等主编，石荔编著。花山文艺出版社 1998 年 12 月版。11.7 万字。9.50 元。“外国文化名人传记丛书”之一。介绍天才诗人雪莱虽才 30 岁便被海上风暴夺去了生命，然而，他的瑰丽诗篇和叛逆性格却成为人类最可宝贵的精神财富，永远激励着人类去驱走罪恶的黑暗，去迎接灿烂的朝阳。全书浓缩了诗人短暂却不朽的一生，味逾甘醇。

K000338 **普希金传** 孙英等主编，张平光编著。花山文艺出版社 1998 年 12 月版。11 万字。9.00 元。“外国文化名人传记丛书”之一。介绍了 19 世纪俄罗斯伟大作家普希金传奇的一生。他是俄罗斯文学语言杰出的革新家。他是俄罗斯现实主义文学的创始人。他是俄国文学史上的第一位集大成者。他是当之无愧的俄罗斯文学之父。

K000339 **跨越界线** 副名：哲人科学家——海森堡。成素梅著。福建教育出版社 1998 年 10 月版。18 万字。10.10 元。立足于历史背景记述了 30 岁就获得诺贝尔奖的海森堡的成功之路；描绘了他在二战时期政治氛围中的两难困境及心理、伦理、道德方面的种种矛盾；展示了他超越物理学之外的哲学见解与他探索统一、和谐的科学理想境界。用具体的事件阐明了科学创新思维与哲学、艺术其他领域知识的相互作用。将智力因素与非智力因素融在一起；对所涉及的科学、哲学上的深奥复杂的理论或定律只挖掘它们深刻的思想底蕴，并以流畅、富有哲理的形式浅化出来。（任争健）

K000340 **新经济学的拓疆者——贝克尔评传** 陈光金、刘小珉著。山西经济出版社 1998 年 12 月版。24.3 万字。14.80 元。“诺贝尔经济学奖获奖者评传丛书”之一。评介了因将“微观经济分析的范围”扩大到“广阔的、涵盖了非市场行为的人类行为与互动领域”而获诺贝尔经济学奖的贝克尔的主要经济思想及观点。主要内容有：贝克尔生平简述、歧视经济学、人力资本理论、家庭理论与婚姻市场、罪与罚的经济分析。此外，还附录了瑞典皇家科学院授于贝克尔诺奖的公告、贝克尔获奖演说——观查行为的经济方法、贝克尔学术自传——我的学术发展的个人说明、贝克尔主要著作目录。（郝建军）

K000341 **歌德传** 孙英等主编，李俊杰编著。花山文艺出版社 1998 年 12 月版。11.2 万字。9.00 元。“外国文化名人传记丛书”之一。介绍世界十大文豪之一歌德传奇的一生。

K000342 **托尔斯泰日记** ［俄］列·托尔斯泰著，雷成德译。陕西人民出版社 1998 年 9 月版。110 万字。75.00 元。系根据前苏联著名文艺理论家赫拉普钦科主编的 22 卷本《列·尼·托尔斯泰作品集》中的第二十一、二十二卷所译。收录了从 1847 年 3 月 17 日第一篇日记起至 1910 年 11 月 3 日托尔斯泰病中在阿斯塔波沃车站逝世前四天最后一篇为止,共计64年的日记。日记是托尔斯泰一生的真实写照,记录了他的精神生活、感情世界及创作历程。自我道德的完善是他精神探索的中心,“善”“爱”和“平等”是他完善道德的核心并将其基础落脚在劳动人民身上。他的日记完整地反映了他如何迈着艰辛的步子摒弃地主贵族阶层的。在日记中他倾注满腔热忱为劳动人民寻找理想的爱的家园,这在他描述《安娜·卡列尼娜》《复活》及《战争与和平》等恢宏巨著的创作过程中均时有表现。真实而不自欺欺人是《托尔斯泰日记》的最大特色,他从未由于日记中记录的是个人隐私而稍加掩饰或文过饰非,敢于无情地剖析自己、诚实地反省。日记中有他对爱情的渴求、婚姻的感受,有对家庭纠葛、夫妻矛盾、父子对立的种种描述,展现的是一位言行一致、真实丰富的伟大形象。(许晓光)

K000343 **从总书记到阶下囚** 王建政著。军事谊文出版社 1998年6月版。13.9万字。9.80元。以亲身见闻详细描述了昂纳克如何从一党总书记沦为阶下囚这一历史事件的全过程。同时,描述昂纳克在莫阿比特狱中痛忆民主德国走过的路程,将历史内幕昭示于人,并仍坚信社会主义的伟大。书中还有“柏林墙倒塌六周年话内幕”、及作者在德国、奥地利、瑞士工作时了解到的趣闻轶事、风土人情。收入“国外军事见闻丛书”。(杜翔)

K000344 **一个超级流浪汉的自述** [英]威廉·亨利·戴维斯著。百花文艺出版社 1998年2月版。18万字。13.50元。英国自学成才的著名作家威廉·戴维斯的自传。他的一生充满了传奇色彩。全书以优美的笔法再现了作者童年、少年和青年时代以及他的流浪生涯。作者出生在英国威尔士纽波特市的一个海员家庭,没有受完正规教育就去自谋生路,先当制作画框的学徒,21岁时去美国开始他的流浪生活,其间当过农场的短工、横越大西洋的运牛工、纸盒厂的工人、修运河的杂工。有时完全失业,只好当乞丐。一次因跳车摔伤而致残。回到英国后他决心实现他早年的愿望,以写作为生,几经坎坷,终于成为英国著名作家。(张爱乡)

K000345 **马克·吐温传** 李玉莲等主编,王慕松编著。花山文艺出版社 1998年12月版。9.7万字。8.50元。“外国文化名人传记丛书”之一。介绍马克·吐温从一个打工仔,最终却成了举世闻名的文学巨匠;他曾是总统们的座上客,最终却成了激烈的反帝国主义者。

K000346 **卡斯特罗传** 罗伯特·李著。长江文艺出版社 1998年7月版。24.8万字。15.00元。介绍卡斯特罗传奇的一生:从年轻的时候起就投身于古巴的革命事业。他经历过无数艰难险阻;美国时刻在想颠覆他的政权;他傲然挺立于美国后院达40年;世人不得不发出感叹:他是压不垮、打不倒的大胡子!(胡敦焕)

K000347 **克林顿传** 张永和著。福建人民出版社 1998年3月版。46万字。28.50元。“张永和名人传记文学系列”之一。精彩地描绘了美国最贫困的阿肯色州穷孩子迈向白宫的崎岖历程:这位穷孩子还未问世,生父因车祸遇难,在命运多舛的母亲和外祖父等含辛茹苦地抚养下,克林顿成为英伦牛津的高才生,进而又成为美国最年轻的州长,终于登上美国权力的顶峰——美国第52届、53届总统。全书用三章浓笔重彩记述了江泽民主席首次访问美国的整个历史进程,揭示了中美关系进入了一个崭新的历史阶段——面向21世纪建设性的战略伙伴关系。(王开彬)

K000348 **海明威传** 李玉莲等主编。花山文艺出版社 1998年12月版。10.5万字。8.50元。“外国文化名人传记丛书”之一。介绍了诺贝尔文学奖获得者海明威的传奇生平。他是参加过两次世界大战。他经历过两次飞机失事,他斗牛受过伤,然而都大难不死,最后却死于自己的猎枪之下。

K000349 **一个时代的神话——爱因斯坦的一生** [美]A.派斯著,戈革等译。东方出版中心 1998年6月版。30万字。22.00元。“科学大师传记丛书”之一。讲的是爱因斯坦的生活经历和人生态度。共11章。其第十一章名为《爱因斯坦和报刊》,篇幅约占全书之半,是作者花了多年的精力,查阅并收集了世界各地报刊关于爱因斯坦的各种报道,引用了爱因斯坦本人的许多言论,展示了爱因斯坦一生的行踪、性情、思想和观点,有许多内容富有重要意义。(徐容)

K000350 **NBA天王列传** 余传力、韩阳著。北方文艺出版社 1998年1月版。28万字。20.00元。由3部分组成,第一部分是“今日天王列传”,主要介绍人们耳熟能详的NBA天王巨星,如迈克尔·乔丹、查尔斯·巴克利、斯科特·皮蓬、沙奎·奥尼尔、大卫·罗宾逊、丹尼斯·罗德曼等,这是本书主体部分。第二部分是“传奇教练”,主要介绍著名教练菲尔·杰克逊。第三部分是“昔日天王小传”,主要介绍已经退役的篮球明星。后面还附有“黄金档案”,介绍常

规赛季胜率最高队伍，总冠军决战一览，常规赛季最有价值球员一览，等等。书前还有 16 页彩色图片。（梅庆吉）

K000351 **克林顿传** 江峡著。长江文艺出版社 1998 年 5 月版。28 万字。17.00 元。本书记述了克林顿从普通的平民家庭经过自己的努力步入政坛，最后连续两次竞选美国总统成功的人生经过，重点展示了他两次竞选美国总统的曲折经历，他的婚姻家庭生活，并由此展示了美国政坛的状况，塑造了一位开放、自信但行为却不甚检点的总统形象，表现了克林顿作为美国总统的政治魅力。（阳继波）

K000352 **我生活的故事** ［美］海伦·凯勒著，朱原译。中国盲文出版社 1998 年 9 月版。10 万字。5.80 元。美国著名盲聋女作家海伦·凯勒的一部自传体著作，也是她的处女作，写于 1902 年，记叙作者童年和青年时代的生活。海伦·凯勒一岁半的时候，一场重病夺去了她的视力和听力，随着又丧失了说话的能力。然而就在那黑暗而又寂寞的世界里，她竟然学会了读书和说话，并以优异的成绩从大学毕业，成为一名学识渊博，掌握英、法、德、拉丁和希腊 5 种文字的著名作 家和教育家。她走遍美国各地和世界许多国家，为盲人学校募集资金，把自己的一生献给了盲人福利和教育事业，赢得各国民众的赞扬，并得到许多国家政府的嘉奖。1959 年联合国曾发起“海伦·凯勒”世界运动。书中还选收了作者的 17 封书信和一篇散文。本书盲文版已同时出版。（郭文山）

K000353 **索罗斯和全球金融危机** 李永胜、马飞著。辽宁人民出版社 1998 年 5 月版。26 万字。22.00 元。共 15 章：第一章投机大师的发迹史；第二章英终结者；第三章东南亚烽烟四起；第四章声东击西挑战港币；第五章索氏投资理论与哲学；第六章慈善是政治投机；第七章索罗斯与马哈蒂尔之争；第八章索罗斯与美国和亚洲金融危机；第九章亚洲新贵在呻吟；第十章无可奈何樱花谢；第十一章我们还安全吗；第十二章索罗斯何以无坚不摧；第十三章风云再起；第十四章会爆发全球性金融危机吗；第十五章中国：近忧远。全书对索罗斯的成长历程作了细致入微的揭述，并着重介绍了他投机的一生。同时，对索罗斯的独特而晦涩的投资理论也进行了深刻的剖析。（刘万庆）

文物考古

K000354 **卫斯考古论文集** 卫斯著。山西古籍出版社 1998 年 7 月版。35 万字。58.00 元。内容主要分两部分：一、农业考古方面。采用考古学与文献学相结合的研究方法，对中国农业起源问题进行了系统探研，内容涉及到作物、蚕桑、畜牧、农具、灌溉、储藏等许多问题。这些问题大多属于学术观点分歧较大的一些研究课题，作者对前人学说进行了深入的分析与思考，从考古材料入手，以文献资料为佐证，提出自己的观点，成一家之说。其中关于稻作文化起源的研究，从稻作文化发展的不同阶段的文化类型与生产工具、炊器、饮食器的比较研究中，构建自己的论述体系，具有宏观视野，学术上有创新。二、山西地方史考古方面。作者利用工作的便利，较多关注山西地方史问题，对“传说版筑”、下川遗址出土的石磨盘、新石器时期的河东农业文化、山西平陆出土的北魏至隋唐的佛教造像及唐代鎏金铜造像窖藏等问题进行探讨。（王灵善）

K000355 **史前考古论集** 严文明著。科学出版社 1998 年 1 月版。53 万字，图 2 幅。88.00 元。收集了作者从 1958～1990 年发表的关于中国史前考古的主要论文计 40 篇，共分三部分。第一部分为综合性研究，包括对中国史前文化的发展谱系、聚落形态演变及新石器时代考古研究历史等问题的探讨。在“龙山文化和龙山时代”及“论中国的铜石并用时代”两文中，提出“龙山时代”及“铜石并用时代”等概念，完善了中国史前文化结构体系；在“中国新石器时代聚落形态的考察”一文中，则第一次从宏观上研究了整个新石器时代聚落形态演变的规律。第二部分为地区性研究，分别就长城以北、黄河中上游、黄河下游和长江流域新石器时代的文化性质、年代分期、发展阶段和相互关系等广泛的课题进行了讨论。第三部分为专门性研究，作者首次提出黄河上游马家窑系统是古代羌人遗存、黄河下游从大汶口对岳石文化系统是古代东夷遗存的认识，并在长期作考古工作的基础上，采用由已知推未知的科学方法，摸索出一条将古史与考古学文化结合的正确之路。在农业和养畜业起源问题方面，提出和完善了中国黄河流域为粟作农业起源地，长江流域为稻作农业起源地的正确观点。（杨新改）

K000356 **考古琐谈** 李济著。湖北教育出版社 1998 年 2 月版。22 万字。14.00 元。著名考古学家李济之先生的论文选集。虽名为“考古琐谈”,但也不全然是考古学论文,实际涉及的从人类学到考古学、民族学、历史学,方面很多。而作者的专题考古论文和发掘报告因考虑读者面的原因未收入,重点在先生的一些有关治学之道和宣扬科学的文章。(陈雅峰)

K000357　**大南沟——后红山文化墓地发掘报告**　辽宁省文物考古研究所等编著。科学出版社1998年7月版。24.3万字。60.00元。介绍1977年原辽宁省博物馆文物工作队和原昭乌达盟文物工作站在内蒙古自治区赤峰市北发掘的两处后红山文化墓地(距今约5000～4500年),共83座墓,土陶器200余件,石器100余件,装饰品近百件。这是在西辽河流域发现的第一处完整的新石器时代墓地,它代表了西辽河流域新石器时代晚期的一种文化类型。这种文化类型显示出与红山文化有紧密承继的关系,可视为红山文化的延续,使后红山文化概念得以确认和充实。墓地分三期,每期紧相衔接,上接红山文化,下续夏家店下层文化。它的这种文化连续性和过渡性等特点,为研究红山文化和夏家店下层文化之间错综复杂的关系找到了一个衔接点。另外,墓地分区、分行清楚,为研究当时的社会组织提供了翔实的资料,也为探索西辽河流域由石器时代向金属时代过渡提供了较完整的资料,是了解辽西地区由石器时期向金属时代过渡的一批较完整的资料。(杨新改)

K000358　**中国文物艺术品拍卖市场精品大观**　辛冠洁等编。沈阳出版社1998年9月版。85万字。1180.00元。由嘉德、翰海、荣宝、盛佳、康融、鼎丰等六大拍卖公司上市的12万种拍品中遴选的九百件上乘之作汇集而成。内容涵盖书画、陶瓷、玉器、古籍碑帖、明清家具、鼻烟壶、竹木牙漆匏等七大门类,集中展现了文物艺术品拍卖市场的整体面貌和优秀拍品;而且每一门类都力求展现其历史脉络、流派传承。书中所选拍品,图片精美,令人如睹实物;文字凝练,使人一目了然。七大门类均有概述,使人了解各类文物的发展源流和历代成就,从而增长多方面的知识。此外,全书选品名称和总论性文字均附有英译。(信沛)

K000359　**中国新石器研究**　副名:中国传统文化研究丛书。佟柱臣著。巴蜀书社1998年5月版。220万字。580.00元。“中国传统文化研究丛书”之一。全书分上、下册,共10章,著录全国新石器时代遗址1200余个,精选收录新石器标本7981件,文中有插图587幅,书前有彩色、黑白图版252幅。正文前有中英文提要,中英文总目及4种图、表目录,书后附遗址索引。作者既从宏观上重视各地区石器类型所赖以产生的文化背景、环境背景、经济类型以及与之共存的其他生产工具、陶器的互补关系,石器的装柄与使用,同时更注意对石器的微观考察研究,这就是本书具有独创性的“微痕研究”。从而得出结论:中国新石器的发展,有以黄河、长江流域各文化水平领先的主动脉,又存在多中心不平衡发展;与世界五大洲各典型国家,地区史前文化作比较,中国的新石器文化是世界上最早最先进的新石器文化。(何锐)

K000360　**老古董百科大全丛书**　季崇建等著。上海科普出版社1998年1月版。图427幅。350.00元(精)。共5册。已出版了珍赏系列第一辑——《金铜佛》、《乾隆玉》、《康熙瓷》、《汉镜》和《名家书信》5种。每种书均选取一个领域中的一流文物古董收藏品80件左右,以精美的图片和通俗流畅的文字予以形象生动的介绍,引领读者探索蕴含在文物古董中的文化现象和制造工艺,懂得如何欣赏和鉴别真伪,如何收藏和保养,如何投资和增值,书中还附有相关的小常识和拍卖行情,体现了专业和普及的较好结合。(李乔)

K000361　**江南土墩遗存研究**　杨楠著。民族出版社1998年7月版。14万字。22.00元。运用考古学的基本原理及方法对夏商时期广泛流行于江南地区的土墩遗存(土墩墓与土墩石室墓)进行了比较深入系统的研究。通过分区分期的研究,揭示土墩遗存的演化过程、阶段特征和发展方向,探讨这类遗存的区域性特征及形成机制并进一步确定了这类遗存的源流和性质(文化类型与族属国别)。通过相似文化遗存的比较考察这类遗存与邻近地区文化上的关系以及它在中国古代坟丘起源问题上的重要地位。书中有分布图、器物图等共计58幅并有英文目录及内容提要。(杨青)

K000362　**楚汉简帛书典**　李正光等编。湖南美术出版社1998年1月版。80印张。448.00元。从楚、秦、汉时期具有代表性的简帛书法作品中遴选单字3388个,以重文计28000个,按康熙字典检字法排列。字序依时代先后。每字皆注明了年代、出处。用字均按原迹影印放大,保存了原字的形貌。小字有2厘米见方,大字达8厘米见方。其资料丰赡、编排有序。附论文两篇。论文探讨了简帛书法在中国书法艺术中的价值定位,并通过历史审美意识的转型揭示了中国书法艺术内蕴的灵动开放的审美精神。(刘勉

怡）

K000363 **敦煌契约文书辑校** 沙知录校。江苏古籍出版社1998年10月版。32万字。115.00元。“敦煌文献分类录校丛刊”之一。契约文书是敦煌社会文书中的重要组成部分，大致可分为买卖、便贷、雇佣、租佃、分书、放书、遗书等几类。自本世纪20年代以来，中外学者对敦煌文书的整理、释读已取得一些成绩。本书作者先后访问英、法、俄三国，亲睹三国所藏原卷，并据此核校、考订了本书的大部分文书，并补录了英国 Or.8210 编号8000号以后的契约资料，是目前最完备的资料集，为研究9～11世纪敦煌地区的政治、经济、文化，提供了第一手资料。（王剑）

K000364 **天津市艺术博物馆藏敦煌文献（共7册）** 上海古籍出版社、天津市艺术博物馆编。上海古籍出版社1996～1998年版。每册正文图版360～380页。7册。每册1740.00元。本书首次刊布馆藏敦煌文献及传世品共349号，其中稀世珍品尤多。如世俗文献有：《唐开元十六年董舅生牒》，与李善注、五臣注、日本平安朝集注内容均不同的唐写《文选注》，长达50行的河西文学作品《曲与词》；佛教文献有：文出各藏之外的《南朝陈天嘉六年佛门问答》、《佛说水月光观音菩萨经》、《禅数杂事卷下》，以及朱抄本《历代法宝记》、唐无名氏《般若波罗蜜多心经注》。写经末多有施经功德题记；道教文献有：英法俄诸大藏家均无入藏的《太上本相经卷第十》、《太上妙法本相经东极真人问事品第九》；经世品有：唐贞观二十二年所写著名的书法四帖之一《转轮圣王经》等，均堪称弥足珍贵之文献。本书编纂体例严谨统一，文献定名准确规范，摄片与印制清晰逼真精美，真切地反映了文献原貌。第7册末并有文献叙录、年表、分类目录、索引等多种附录，极便研究与查阅。（蒋维崧）

K000365 **俄藏敦煌艺术品Ⅰ——Ⅱ全2册** 俄罗斯国立艾尔米塔什博物馆、上海古籍出版社编纂。上海古籍出版社1997年12月版（第一册），1998年12月版（第二册）。5万字。彩图462幅，黑白图71幅，线描图110幅。4400.00元（特精装）。共2册。本书是1914年俄罗斯奥登堡第二次中亚考察队在敦煌获取的全部艺术品图录。包括以唐、五代、宋时期为主的、从北魏到元代（公元386—1368年间）的雕塑、壁画、绢画、麻布画、纺织工艺品和纸画等共350余件。第一卷前为两国主编撰写的前言，通过中、俄、英文以及部分图版，分别介绍了俄探险队在敦煌等地的活动情况和收获、俄藏敦煌艺术品的特点和价值、俄藏敦煌纺织工艺品的研究，以及这些艺术品出版的意义和过程等。第二卷全部图版结束以后，有全部入收文物的《叙录》，以及图表等附录。叙录中穿插俄艾尔米塔什博物馆研究人员绘制的100余幅文物线描图和近10幅红外线照片，对于观察分析文物的局部、细部有很大的帮助。（府宪展）

K000366 **敦博本禅籍录校** 邓文宽、荣新江录校。江苏古籍出版社1998年8月版。40万字。100.00元。“敦煌文献分类录校丛刊”之一，也是对敦煌市博物馆○○七号禅籍（简称敦博本禅籍）的首次录校整理。共收有文献5件：《菩提达摩南宗定是非论》、《南阳和上顿教解脱禅门直了（性）坛语》、《南宗定邪正五更转》、《南宗顿教最上大乘坛经》、《注般若波罗蜜多心经》。这5件都是善本，是研究禅宗历史和思想不可或缺的珍贵文献，故自发现后一直受到学术界的广泛重视。但由于长期以来禅学界对此类文献的研究，大多停留在单纯的教义和历史方面，加之不了解敦煌文献的特点，其中误读误识之处很多。本书作者长期从事敦煌学研究，深谙敦煌文献的特点，故在校勘此部禅籍时，多有发先人所未发处。特别是通过对西北方言的释读，解决了诸多悬而未决的疑点。这也是本书区别于其他同类著作的一个特点。（府建明）

K000367 **敦煌学大辞典** 季羡林主编。上海辞书出版社1998年版。241.1万字。大16开精装。198.00元。共收词条6900余条，插图约700幅（包括彩图百幅），附录10种。内容涉及敦煌学的所有方面，含敦煌艺术、敦煌遗书与敦煌学研究等六十余个门类。采用分类编排，另外附有词目笔画索引与汉语拼音索引，便于检索和阅读。敦煌、敦煌石窟、莫高窟、敦煌学、敦煌遗书等十余个关系全局性的重要词条，集中排在最前面，利于读者在阅读后对敦煌学有一个概貌性的了解。所收词条释文均有一定深度，重要词条的字数多者超过千字。书后附录《敦煌莫高窟大事年表》、《敦煌学纪年》等。（谈宗英）

K000368 **广西壮族自治区馆藏文物珍品目录** 广西壮族自治区文化厅文物处、广西壮族自治区文物管理委员会办公室编。广西民族出版社1998年7月版。48万字。38.00元。所收录的文物珍品，就是国家和地方文物管理部门鉴定的成果。其中有一级文物282件，二级文物3785件。它们当中有古代文物3259件，近现代文物577件，民族文物233件，合计4069件。（张丹竹）

K000369 **西域考古图记（5卷）** ［英］奥雷尔

·斯坦因著，中国社会科学院考古研究所译。广西师范大学出版社 1998 年 12 月版。300 万字。5 卷。是英籍匈牙利人斯坦因 1906 年至 1908 年在我国新疆和甘肃西部地区进行考古调查和发掘的全部成果的详细报告。书中涉及的地域十分广阔，从西向东包括了今和田地区、阿克苏地区、巴音郭楞蒙古族自治州、吐鲁番地区、哈密地区和河西走廊一带。调查和发掘的重要遗址有阿克铁热克、喀达里克、麻扎塔格、尼雅、安迪尔、米兰佛寺、吐蕃城堡、楼兰古城及其附近遗址，甘肃西部汉长城、敦煌千佛洞等遗址。发现的遗物主要类别有雕塑、绘画、简牍文书、织物、钱币、碑刻、佛经残卷、陶、木、石、金属、玻璃、料器、生产工具、装饰品和兵器等，书中还配有大量遗迹插图。全书以考古学研究为核心，基本上涵盖了考古学、历史学、民族学、宗教学、艺术史、地理学、古代社会学、东西方经济文化艺术交流史、古代国际关系史、古代服饰史等诸多学术领域。(宾长初)

K000370　**南京博物院珍藏系列**　徐湖平主编。上海古籍出版社 1998 年版。25 万字。250.00 元。共 5 册。历史悠久的南京博物院典藏文物有 40 多万件，数量之巨，仅次于北京故宫和台北故宫而列全国第三，而其中瑰宝、珍品更是难以计数。本书囊括了南京博物院所藏文物的主要门类，包括《绘画》、《青铜器》、《玉器》、《清宫瓷器》和《紫砂》5 种。(王立翔)

K000371　**贵州古人类与史前文化**　贵州省历史文献研究会编。贵州民族出版社 1998 年 11 月版。50 万字。28.80 元。贵州省考古发掘与研究文集。收辑文章 41 篇。这些文章分别揭示了贵州省境内 20 多处古人类遗址如黔西观音洞、水城硝灰洞、兴义猫猫洞、平坝飞虎山洞、普定穿洞、长顺神仙洞、普定白岩脚洞、开阳么老寨石灰岩洞、桐梓马鞍山、毕节扁扁洞、织金猫猫洞、盘县大洞、安龙观音洞等古人类遗址的历史年代、历史地位、文化特征及发掘意义。部分文章还对贵州考古工作的前景和意义进行整体性研究。(胡廷夺)

K000372　**岭南文物考古论集**　杨式挺著。广东省地图出版社 1998 年 11 月版。56 万字。插图 150 余幅。68.00 元。收录 29 篇考古论文，是作者在广东从事考古工作 30 多年间关于岭南史前先秦考古的主要著述。内容主要包括：若干古遗址的发掘与重要发现；栽培稻作的起源、演变及传播；广东早期铁器；岭南青铜文化；南海早期交通贸易；“西樵山文化”；“岭南文化”；广东新石器时代文化与邻区的关系；粤、闽、台先秦考古学文化关系；港澳考古发现与祖国大陆的历史关系等。作者力求从理论与实践、考古与历史的结合上不断探索，反映岭南不“荒”、“南蛮”不“蛮”的历史本来面貌。(张志丹)

K000373　**长江三峡出土文物精粹**　张一品主编。中国三峡出版社 1998 年 7 月版。128.00 元。选录的一部分文物，反映了三峡古文化的遗存，是三峡区域历史的真实记录。(李莹莹)

K000374　**中国音乐文物大系**　《中国音乐文物大系》总编辑部编。大象出版社 1996～1998 年版。200 万字。约 5000 元/套。共收录各类照片、拓片和线描图 5000 余幅，运用音乐考古学方法进行研究。所收录的文物，其年代从新石器时期到清末，跨越约 8000 年。文物包括各种古代乐器、舞具、饰绘、砖雕石刻、纸帛绘画、俑人泥塑、洞窟壁画以及以乐音符号记录古代乐曲的乐谱经卷。其中，不乏历史文献中曾给以著录的传世名器和闻名于世的重大考古发现，同时更多的是以径鲜为人知的文物集中面世。(韩冰)

K000375　**华夏瑰宝**　副名：历代军事文物奇观。王辉强著。解放军出版社 1998 年 12 月版。16 万字。13.00 元。对历代军事文物这一文化现象的文化价值进行深刻的挖掘，对这一文化现象的内涵、发展渊源、影响传播进行了较系统的叙述、描写和评价。全书有以下几个特色：一、注重挖掘和突出所述问题的文化价值。对历代军事文物的产生、发展、影响传播和文化价值既做了纵向比较，也做了有价值的横向比较；二、脉络清晰，全书内容具全面性和系统性；三、文字通俗易懂，有较强的可读性，是我军官兵、广大青少年和军事爱好者的良师益友。(郭莹)

K000376　**中国钱币大辞典·秦汉编**　《中国钱币大辞典》编纂委员会编。中华书局 1998 年 9 月版。93 万字。插页 277 幅。270.00 元。《中国钱币大辞典》是一部多卷本百科全书型的专业辞书。该书各编单独成书，《秦汉编》是其中的一编。本编内容为秦汉两代中央及边疆各种钱币、钱范，共立有词目 873 条，收录图版 4748 件。秦统一中国以前铸行的半两钱，因与秦汉半两钱关系密切，故也收入本编。本编词目依战国秦半两钱、秦朝半两钱、西汉半两钱、西汉五铢钱、新莽货币、东汉五铢钱、汉佉二体钱和秦汉钱范次序编排。每条以时代、朝代和钱文为主目，中圆点后设副目以标明该种钱币的特点，如《秦朝半两·左读》等。词目中依次叙述该种钱币的铸行时期、区域、文字、铸造特点、钱径、厚、重数据和出土(或收藏)地点。每条词目配以该钱原大拓片作插图

(钱范插图较大,另装插册)。该编主编蒋若是从事秦汉钱币研究工作有年的考古学家,故本编战国秦半两钱与秦朝半两钱的区分,两汉五铢钱的分期断代,都是蒋若在钱币学研究中的最新成果。秦汉钱币只有半两、五铢两种,如何根据钱币学原则,用辞书的形式加以立目,一直是一个难以解决的问题。本编编者经过多年摸索,确定了一套主目副目结合立目的原则,不仅解决了本编词目的立目问题,而且为秦汉以后历代方孔圆钱词目的立目提供了范本,在钱币学辞书编纂中是一个突破。(刘宗汉)

K000377 **中国名瓷欣赏与收藏** 周丽丽著。上海科学技术出版社 1998 年 12 月版。400 面。250.00元。画册。选录自宋代至民国典型瓷器 499 件,包括传世珍藏及近年新发现的重要实物。分为宋元瓷器、明代瓷器、清代瓷器 3 部分,以图文对照的形式,从器形、釉彩、纹样和工艺等方面特征加以描述,便于按图索骥。图文前将宋至清历朝瓷器发展及主要特征作一概述。图文后有明清两代主要官窑瓷器款识简介和瓷器主要装饰技法的总结两部分内容,收录官窑瓷器款法 450 件、装饰技法图例 180 件。其中收录以前发表资料较少的明代官窑款识 192 件,有一定资料价值。(王占军)

K000378 **中国明代瓷器目录** 谈雪慧、邱东联、王建宇编。南方出版社 1998 年 11 月版。49.00 元。综合比较并分析了近几年国内外拍卖市场和各地古玩艺术品市场对明清瓷器交易情况,提出了明清瓷器国内市场最新参考价格。(肖昶)

K000379 **西夏陶模** 李进兴著。宁夏人民出版社 1998 年 8 月版。30 万字。38.00 元。精选出西夏陶模 112 种,陶模作品 25 件,以忠实的态度,细致的分析,独到的视野,系统地反映了西夏陶模文化的一个重要方面。(何克俭)

K000380 **骨董说奇珍** 陈重远著。北京出版社 1998 年 2 月版。408 页。16.00 元。"文玩鉴赏丛书"之一。采用行家闲聊对话的形式,分金石、珍珠、宝石、钻石、翡翠和玉雕 5 部分,介绍老北京琉璃厂古玩珠宝行业,主要是珠宝玉器行的历史演变、旧事史实、市场情况的变迁、鉴别珠宝钻翠的奥秘、诀窍等。(黄倩)

K000381 **北京图书馆藏青铜器全形拓片集** 北京图书馆编。北京图书馆出版社 1998 年 1 月版。10 万字。3000.00 元。共 4 册。计收青铜器全形拓片 800 幅,分为角、觚、鼎、壶、尊等 30 余类,基本包括了中国古代青铜器的品种。其中不乏清代青铜器收藏大家之物,如陈介祺(簠斋)、刘体智(善斋)、端方(陶斋)、孙壮(雪园)、罗振玉(雪堂)、陈宝琛(徵秋馆)等人的旧藏。这些全形拓片,集器物形制、铭文、纹饰于一纸,弥补了过去仅见铭文不见全形的缺憾。(卢玉荣)

K000382 **中国漆器全集** 王振裕等主编。福建美术出版社 1993 年至 1998 年版。大 16 开万字。2250.00 元(精装)。共 6 卷:1.先秦卷、2.战国…秦代卷、3.汉代卷、4.三国…元代卷、5.明代卷、6.清代卷。全集以绚丽多彩的图版为主,全面系统地反映我国上至商周,下迄明清的历代劳动人民杰出创造的漆器艺术在中华民族优秀文化遗产中的地位和对人类社会文明的贡献。书中收集各类漆器文物珍品 1299 件,计彩色图版 1661 幅。每卷卷首载有专论,卷末附录黑白图版及图版说明,翔实介绍每件漆器文物的年代、出土时间、地点,以及该器物的尺寸、形制、工艺特点、装饰纹样和收藏情况等。

K000383 **山东新出土古玺印** 赖非主编。齐鲁书社 1998 年 2 月版。22 万字。48.00 元。汇集山东地区 60 年代以来新出土、新发现的古玺印 359 方,内容包括战国至清朝官印、私印、吉语印等 5 部分,可补历朝印谱之不足。书中著录古玺印大都为考古发掘所得,有明确的地层、年代,有的还伴有墓主其他大量的随葬品,可以确认墓主的时代、官阶、民族、地望等,从而可以拨正历来印谱编次上对古玺的疑惑与彷徨,作为其断定时代与判断史料、艺术价值的标志物,从而为古印谱的编次提供一种科学的程序。收录的古玺印传拓精良,笔道清晰,篆、隶、真、草、魏、行、楷诸体俱全,可为临习书法、篆刻之楷模。对各方玺印均有准确的时代考证及出土地点的著录,是该书最大的特点。文末附有官制源流的简要考证,使人们对古玺印中反映出来职官流变有了更形象、更具体的了解。文末附有官制源流的简要考证。(王立华)

K000384 **双剑誃吉金文选** 于省吾著。中华书局 1998 年 9 月影印版。78.00 元。有关商周彝器铭文研究的学术专著。本书曾于 1932 年由北平大业印刷局代印出版,在学术界产生过较大的影响,时至今日仍不失为研究商周铜器铭文的重要参考书之一。本书正文顺序是按铭文内容来分类的,即高典大册在前,一般铭文在后。在此之前的同类书籍一般是按铜器器形、铜器时代、铜器国别来排列,该书以铭文的史料价值来编排,对研究铭文的内容极为方便。本书在研究铭文时突出了铭文与文学的关系。书中

对所收重要铭文都逐句进行了诠释,广征博引,立意新颖,有不少独到之处。(骈宇骞)

K000385　**吴越文字汇编**　施谢捷编。江苏教育出版社 1998 年 8 月版。50 万字。165.00 元。主要有如下特色:一、体例完善。全书分上(正文)、中(图版)、下(著录与说明)3 编及附录、补遗等 5 部分,这种体例兼具各类古文字资料整理之长,各部分互相配合、相得益彰。二、资料齐全。全书辑录截至 1996 年前发表(及部分未发表)的吴越具铭文字资料计 200 余项,拓本之外又有作者重做之摹本,书末附有关吴越文字的论著目录。三、考释精当。下编"说明"、"释文"项,集中体现了吴越文字研究的现状,释文严谨,对吴越文字疑难字的释读,能在众说纷纭中去取有度,基本做到择善而从,说明部分考释以作者个人心得为主,新释出不少疑难或旧所误释之字,如吉减钟铭的"谣"、"鱻鱻剖剖"、配儿钩镪铭的"先人是讶"、吴王夫差盉铭的"吴",吴王诸樊之弟剑的"宅"、玄扬戈二的"元"、越王州句剑十五、十六的"土"、"委"等工释读,均呈现出作者独到的见解。(戎文敏)

K000386　**新编全本季木藏陶**　周进集藏,周绍良整理,李零分类考释。中华书局 1998 年 10 月版。影印 435 页万字。82.00 元。陶文是最古老的中国古文字,分刻款和印款两类。清末以来,知名的陶文印本是孙浔、孙鼎所编的《季木藏陶》(1943 年)。本书则收录了经周绍良整理的周季木藏陶中有文字部分的全套拓本,并经李零细致地对重、分类和考释,重新编定,是研究古陶文文字及古代工官制度、姓名制度、度量衡制度和地理沿革的宝贵资料。前列李零所撰《齐、燕、邾、滕陶文的分类与题铭格式》,后附《季木藏陶》原书柯昌泗、顾廷龙、周明泰序和孙浔跋,以及周绍良所撰后记。(李亚明)

K000387　**山东省博物馆珍藏甲骨墨拓集**　刘敬亭编著。齐鲁书社 1998 年 3 月版。1970 幅图。120.00 元。山东省博物馆是仅次于北京图书馆和故宫博物院的甲骨收藏大户,其中多为罗振玉和加拿大人明义士、美国人柏根三人旧藏。明义士所藏数量最多,达八千余片;罗振玉所藏虽只有千余片,但多为精品。这部甲骨墨拓集是山东省博物馆藏甲骨珍品总集,共收甲骨拓片 1970 片,其中一千余片为一、二级品,0078、0785、0926、0967 四片则为特级品。书中所有拓片均为原大影印,拓工精美,释文准确。(贺伟)

K000388　**三晋石刻总目·运城地区卷**　吴钧编著。山西古籍出版社 1998 年 7 月版。57 万字。95.00元。带有索引性质的石刻目录。共收录山西运城地区境内存碑目录与佚碑存目 4266 条。其编次顺序以地、县、市分域,按历史纪年编排。上起汉代,下至民国。石刻目录以每通或每方列一条目,每一条目内容包括:石刻名称;刊立时间;撰文(包括题跋、谨识、校阅);书丹(包括填讳);篆额(包括篆盖);立石(包括首事、督工、住持);刻石(包括施石、理石);存放地点(包括原存、迁移和现存)以及石刻的流传、保护现状、前人跋语、评价、考证等。继《三晋石刻总目·运城地区卷》之后,将陆续推出《三晋石刻总目》各分卷。(张建英)

K000389　**中国砖铭**　殷荪编著。江苏美术出版社 1998 年 10 月版。780.00 元。研究中国古代砖铭文字的大型图集,全书分为砖铭国版和文论两个部分。在砖铭图版部分中,共收录了编著者庋藏的自东周时代起(公元前 770 年)至清末(公元 1910 年)止共 2680 余年,历朝历代的砖铭原拓计 3220 方,按年代、朝代的先后顺序刊出。这些古代砖铭中,包括墓志砖铭,宫廷建筑砖铭、地契砖铭、军事要塞砖铭以及古代民间婚丧祭祀、占卜问卦及经济活动中的砖铭等共 12 类。编者特别注意了将汉字由甲骨文向钟鼎文,秦篆向汉隶,魏碑向唐楷的演变过程中具有过渡型文字特征的砖铭收入了书中。在文论部分,通过导论和对历朝历代砖铭文字的辨析评点,将历代砖铭文字的用途、特征及演变特点,一一进行简要点评。(张柱林)

K000390　**古突厥碑铭研究**　芮传明著。上海古籍出版社 1998 年 12 月版。23.5 万字。20.00 元。分为两部分。第一部分是研究后突厥汗国时期诸领袖的五种墓志铭。包括后突厥政权早期根据地考、后突厥政权"东征"事件考、后突厥政权"西征"述考、后突厥征讨黠戛斯的行军路线考、后突厥与突骑施交战地点考、后突厥"远征 kαcin"事件考述、"Tabrac"考释、坐骑名号考释、族名综考、官号与称衔述考,作者充分利用中国古籍文献资料,借鉴原有研究成果,对碑铭的内容和碑文所涉及的后突厥汗国时期的历史、地理、民族等问题进行比较系统和全面研究,其深度和广度,都比前人进了一步。第二部分附录《阙特勒碑》、《毗伽可汗碑》、《暾欲谷碑》、《翁金碑》、《阙利啜碑》译注,比韩儒林、岑仲勉先生的多出两种。其译文采用新的译名,赋予全新的内容;充分对照古突厥文词汇的原意,用更为贴切的辞语替代旧译;吸收国外学者的最新研究成果,使译文更为合理;译文通顺流畅,通俗易懂,是一部更接近古突厥文碑铭的本来面目的汉译本。作者对诸碑都作了详细的注释，特别注意将前人误译、漏译、存疑的地名、人名、马名等专用名称加以纠正和诠释。几乎每一条注释都有判断和分析，有如一篇篇小考证文章，质量较高。（刘德权）

K000391 **三亚落笔洞遗址（精、平装）** 郝思德、黄万波编著。南方出版社 1998 年 6 月版。17.8 万字。插图 28 幅。32.00 元。内容分为 8 章，以清理发掘的第一手资料，对落笔峰的地质结构及洞穴堆积作了概述，研究了落笔洞人的文化遗存和动物化石的基本特点，探讨了洞穴遗存的文化性质及同毗邻地区同期遗址的文化关系，并对海南岛与大陆古气候、古地理变迁等问题作了多学科的考察，内容翔实丰富。附有图版 26 幅，图文并茂，互为补充。书中资料来源真实可靠：从 1992～1993 年两次抢救性清理发掘中获取第一手资料；收集小哺乳类动物化石时采用了较先进的筛洗技术；利用 C^{14} 对螺壳标本进行年代测定；枹粉分析、石制品鉴定、绘图等工作系由中国科学院有关专家所承担。（程春华）

K000392 **三星堆** 副名：长江上游文明中心探索。陈德安、魏学峰、李伟纲著。四川人民出版社 1998 年 10 月版。15 万字。图版约 100 幅。58.00 元。三星堆位于四川广汉市城西约 8 公里处，是一处由数十个文化点构成的若干个大的遗址分布区域所组成的总面积近 15 平方公里的大型遗址群。遗址的年代距今 4800～2800 年，延续时间长达 2000 年。经过六十余年历次发掘，三星堆遗址发现了包括大型城址、大面积居住区以及祭祀坑在内的重要文化遗迹，出土了数以千计的玉器、青铜器、金器、陶器、石器等大批有科学地层依据的珍贵文物，是中国本世纪最大的考古发现之一。随着这一遗址的深入发掘和全面了解，将会在蜀文化的发生、发展，蜀国早期都城的起源，商代蜀人的宗教意识、祭祀礼仪以及中国青铜文明乃至整个中国古代文明的形成等重大学术问题的研究方面起到重大的促进作用。本书分别从考古学、民族学、宗教学以及艺术史的角度描绘了三星堆 60 年的发掘历史，分析了典型文物的文化内涵，为世人了解神秘的古蜀文明提供了珍贵的资料。（蒋咏宁）

K000393 **三星堆寻梦** 樊一著。四川民族出版社 1998 年 12 月版。14 万字。26.80 元。以四川广汉三星堆博物馆展场为寓体，分类分群分件地介绍三星堆文物中的国器重宝，并借这些器物走出博物馆，走入数千年前神秘而恢弘的古蜀文化中，发掘其深沉的内涵。书稿力图深入浅出，以介绍科普知识的笔调表现其内容，尤为可贵。自然，这也成为一个难点。因为要做到这点实属不易，有些地方难免心有余而力不足。（张京）

K000394 **丝绸之路古遗址图集——河西走廊段** 邵如林著。甘肃人民美术出版社 1998 年 10 月版。2.5 万字。图 380 幅。260.00 元。以图文并茂的形式，详尽介绍了自汉代至清代散落在河西走廊各处的 20 座古城遗址，其中较有代表性的有：乌鞘岭汉长城、峡口城、黑城、贰师泉·悬泉置、河仓城等。（高海军）

K000395 **秦始皇陵兵马俑** 李亚林著。南京大学出版社 1998 年 5 月版。20 面。400.00 元。可感式读物。是一种崭新的图书形式。它首次将实物载体引入图书之中，于文字的谨严和图片的形象之外，以实物的可触、可感给读者带来更为直接、真实、深刻的印象。本书可以让读者触摸坚硬的陶俑、陶马，摩挲斑驳的“半两”古币，感受青铜刀剑的锋利，还可以张弓搭箭。丰富的文字和照片使读者全面了解兵马俑以及与之相关的背景知识。（范瑜）

K000396 **云冈石窟文化** 赵一德著。北岳文艺出版社 1998 年 10 月版。28 万字。28.00 元。分 8 章 34 节。从论述云冈石窟的文化内涵入手，品评云冈石窟的文化价值，导出云冈石窟的历史文化、佛教文化、民族文化、民俗文化、艺术文化以及云冈石窟的文化外延、云冈石窟与中国其他石窟的比较和影响等等，对这些层面作了详尽的阐述和深入的探讨。（华敏）

K000397 **中国西南石窟艺术** 刘长久著。四川人民出版社 1998 年 10 月版。35 万字。图 150 幅。98.00 元。重点反映四川、重庆、云南、贵州、广西、西藏的石窟及摩崖造像艺术，内容丰富，资料详实，论述精到，图版精美。除论及西南地区石窟及摩崖造像的历史发展、题材内容、艺术风格外，还附有详细的分布一览表和重要造像题记、内容总录等。（蒋咏宁）

K000398 **巴丹吉林沙漠岩画** 盖山林著。北京图书馆出版社 1998 年 8 月版。65 万字。55.00 元。在对巴丹吉林沙漠岩画进行了深入地考察之后，做了全面而系统的探讨与研究。书中所刊出的 1500 多幅实地临拓的岩画及有关资料，均属首次披露。（卢玉荣）

风俗习惯

K000399 **北朝婚丧礼俗研究** 谢宝富著。首都师范大学出版社1998年6月版。21.7万字。15.00元。从婚龄、婚姻形式、婚聘礼仪、通婚以及通婚观念的变化、守节与再嫁、后娶与妓妾等方面介绍了北朝的婚姻风俗,从招魂复魄、沐浴饭含、小敛大敛、凶门柏装及涂垩、奇表吊哭、表圣与护表、诏赠赗物以及地上地下墓葬和人殉牲殉等方面介绍了北朝丧葬习俗。(张成水)

K000400 **民俗学概论** 钟敬文主编。上海文艺出版社1998年12月版。35万字。20.00元。系统介绍民俗学研究的对象及其历史、方法、理论成果的理论著作。主要内容,一是全面介绍丰富多彩的中国民俗事象;二是系统介绍民俗学基本理论,认识民俗学在中国和世界上的发展历史与现状,掌握从事民俗调查和研究工作的基本理论与方法。分绪论、物质生产民俗、物质生活民俗、社会组织民俗、岁时节日民俗、人生仪礼、民俗信仰、民间科学技术、民间口头文学、民间语言、民间艺术、民间游戏娱乐、中国民俗学史略、外国民俗概况、民俗学研究方法16章。涵盖了理论民俗学、记录民俗学、历史民俗学、立场观点论、方法论、资料学6个方面结构内容。会集了国内民俗学各个方面颇有建树的知名学者马学良、宋兆麟、连树声、张振犁、陈建宪等执笔;构思严密、行文通畅、结构严谨,显示了中国现代民俗学运动经过百年曲折发展,已从描红期,步入成年期,形成中国学派和钟敬文学科体系、研究方法的清晰轨迹与学术面貌。全书贯穿了主编钟敬文一个具有全局意义的学科新命题——民俗文化学。他认为要从文化角度去研究民俗学,使它的价值、作用、意义均得到重新的定位和确认。因此,民俗文化学是一门研究人类社会风俗习惯为内容的社会科学。(涂石)

K000401 **哈萨克民俗习惯知识** 再努拉著。新疆科技卫生出版社(K)1998年2月哈文版。25万字。12.00元。比较全面地介绍了哈萨克民族的婚俗、丧葬、手工业、独特的马上游戏、传统的民族体育活动、架鹰出猎、节庆、家庭、礼俗、服饰、饮食、居住以及宗教信仰、禁忌和卫生习惯等知识。如:哈萨克婚姻的一大特色是氏族外婚制。同一氏族内部是不许通婚的,任何男子不得在氏族内取妻,本氏族女子只能嫁给外氏族的男子。如果同一氏族通婚,必须超过七代以上方可,而且还必须征得氏族部落头目和本氏族成员的同意方可结婚。(古丽巴合提)

K000402 **二十世纪中国礼学研究论集** 陈其泰、郭伟川、周少川编。学苑出版社1998年6月版。44.7万字。36.00元。礼学研究是弘扬中华传统文化的重要组成部分。自先秦起,礼学就在古代文明史上占据着重要的地位并不断演变发展,它是治理国家的典章制度,又是古代社会生活的行为规范和共遵仪式,且对社会成员具有道德规范的作用。本书在1900年以来发表的300余篇礼学论文中,选定了40篇有重要价值和代表性的论文。作者既有本世纪前半期学术名家王国维、章炳麟、刘师培、柳诒徵、吕思勉;又有当代著名学者顾颉刚、饶宗颐、杨向奎、金景芳、杨宽等;还有当今活跃于学林的中年俊秀,如郭伟川先生等。论文内容涵盖面较广,有的论述礼制的演变,有的论述礼治思想的发展,有的论述礼与社会生活的关系,有的对礼学典籍进行考辨。各具独到的视野和学术创见,给人以宝贵的启迪。(郭强)

K000403 **中国风俗文化学** 韩养民著。陕西人民教育出版社1998年10月版。18.7万字。13.80元。由9个部分组成。详尽地探讨了风俗文化与政治、经济、宗教、礼法、艺术以及与其相关的历史学、考古学、社会学、语言学、文字学等学科之间的关系。将人们容易混淆的风俗文化与民俗文化进行了界定,指出它们是各自独立的学科,都有各自研究的领域和研究方法,并提出民俗文化是“横排着的历史”、风俗文化是纵列的历史的观点。又通过科学的比较性研究,总结提出“风俗文化是人类文化之母”的论断。书中还根据中国风俗的地域性特点,将中国风俗划分为东北、游牧、黄河、长江、青藏、云贵、闽台等七大风俗文化圈,以翔实的资料和严密的论证,论述了七大风俗文化圈的各自特征。(符均)

K000404 **中国礼制史(隋唐五代卷)** 陈戍国著。湖南教育出版社1998年版。45万字。27.00元。凡4章。第一章“隋朝礼仪”,讲的是隋朝的祭祀、丧葬、军礼、射礼与外交礼仪、巡狩与朝会锡命礼仪、冠婚舆服乐制及其他;第二章“唐礼”,说的是唐代宗法观念与传承制度、皇帝登基、诸王诸臣受册礼仪及其他、祭祀之礼、丧葬之礼、军礼、射礼田狩礼、巡狩巡察朝会相关礼仪、外交礼仪、藉田、躬桑与养老尊师之礼、冠昏之礼、舆服宫室与音乐制度;第三章“五代十国礼仪”,谈的是五代十国的宗法观念与传承制度、祭祀礼仪、丧葬礼仪、军礼田狩礼与外交礼仪;最后一章“余论”写的是隋唐五代的蛮夷之礼和二氏礼。根据对与隋唐五代十国时期有关的传统文献(包括文人别集）以及文物考古资料（如石刻墓志、敦煌遗书）作了较为广泛而深入的研究，从礼制礼俗角度认识当时的思想政治与经济文化，勾勒出中国隋唐五代十国时期礼制的大体轮廓，解决了礼制史及相关学科中某些具体问题。（孟可文）

K000405 **风俗通义全译** 东汉·应劭原著，赵泓译注。贵州人民出版社 1998 年 7 月版。43.9 万字。19.50 元。《风俗通义》全注、全译本。《风俗通义》亦称《风俗通》，是我国古代要籍中杂史类的代表作之一。它记述了许多有关东汉社会风俗的情况，反映了当时的社会矛盾，为我们研究当时的社会生活状况和民风习俗提供了第一手资料。在译注时参考了吴树平先生的《风俗通义校释》和王利器先生的《风俗通义校注》二书。收入《中国历代名著全译丛书》之一。（夏昆）

K000406 **东方民俗学林** 钟敬文等著。上海文艺出版社 1998 年 10 月版。160 万字。178.00 元。包括《钟敬文民俗学论集》、《顾颉刚民俗学论集》、《江绍原民俗学论集》、《周作人民俗学论集》、《黄石民俗学论集》、《刘魁立民俗学论集》。系统地介绍我国一个世纪以来民俗学最具代表性的学术论著，反映我国百年来民俗学研究学术成果与面貌。《钟敬文民俗学论集》收入 15 篇论文，是作者从事民间文学、民俗学教学、研究七十年的学术成果，反映了钟敬文在民间文艺学、民俗学、民俗文化学三个领域的思想体系的大致脉络及其学术贡献。这些文章均在学术界产生相当影响。民间文艺学学科体系、民俗学结构体系、民俗学与民间文学、民俗学与古典文学之渊源关系等一系列重大理论问题大都是由他首先论及的。《顾颉刚民俗学论集》收入作者 35 篇论文，除孟姜女故事、歌谣、社会与神道研究外，还收入了四篇社会调查，较全面地展现了顾颉刚民俗学理论及方法、研究范围及不足。他是从戏剧和歌谣中得到研究历史的方法，并用民俗的材料去印证古史，作为研究历史的辅助而研究民俗学的。他的《孟姜女故事的转变》被誉为二千五百年来的一篇有价值的论文。《江绍原民俗学论集》收入论文 20 篇，反映了作者研究的四个主要方面：一是关于民俗学基础理论的研究、二是关于宗教迷信的研究、三是关于礼俗迷信的研究、四是关于占卜的研究。其突出特点是理论研究结合实际的开拓性和表述的通俗性。《周作人民俗学论集》收入论文 74 篇，涉及神话、传说、童话、歌谣、妇女、儿童、宗教、哲学、心理学、信仰、语言、文学与社会民俗等方面。他重视国外理论的引进、强调民俗学研究于民族发展之重要、昭示民俗学研究之方法与途径。他的独特贡献在于从西方近代思想学中发现晚近兴起的人类两性学说、妇女解放学说、儿童本位学说。以此来批判传统的封建风俗。强调民俗学研究应从民间信仰入手，揭示中国民众的精神支柱。《黄石民俗学论集》收入 29 篇论文。着重宗教及妇女风俗研究。研究特点在于既注重利用文献资料做历史考察，也注意尽量利用田野调查的材料；既吸收国外相关学科理论，又专注于中国本土的民俗事象的研究。他的研究特色还在主要不是停留在描述阶段，而是利用特定理论知识对各种民俗事象进行解释，体现了学术研究的现代特点。对女性民俗的研究，显示了他勇于探索的科学精神和启发后人的重大作用。眉史、黛史、胭脂考、染指甲的艺术、戒指的来历、闹新房、初夜权的起源、关于性的迷信与风俗、接吻的意义及其起源、贞操的起源、娼妓制度的初形等文章无不如此。他善于运用心理学、比较研究法、考证法探讨民俗事象的历史线索，追寻它的动因。《刘魁立民俗学论集》收入作者民俗学、民族文化学、西方原始文化名著论文 32 篇，学识渊博、学风严谨、长于思辨、逻辑性强、见解精辟是其显著特点。“东方民俗学林”具有公认的理论上较为成熟的权威性特点，又各具鲜明的学术个性，中国现代民俗学运动的百年历史发展轨迹，以及不同著者的主要观点、流派、风格，都在丛书六种论著中得到了脉络清晰的反映。（涂石）

K000407 **汉族民间风俗** 徐杰舜主编。中央民族大学出版社 1998 年 9 月版。80 万字。48.00 元。该书描写了汉族的民间风俗习惯、风土人情。所选入的民俗事象都是在一定的民众群体，甚至是整个汉族中所普遍流行、有代表性的。采用“篇”的编排方式，分为：百工百业、衣食住行、游乐百戏、四时八节、红白喜事、生养益寿、社会交际、信仰禁忌风俗篇，每篇的辐射面各不相同，八篇辐射而拼合为一，构成了完整的汉族风俗全景。在叙述具体民俗事象时揉入了一些民间传说、歌谣、趣味典故以及文人词曲。（郑玉琴）

K000408 **礼记全译·孝经全译** 西汉·戴圣编，吕友仁、吕咏梅译注。贵州人民出版社 1998 年 12 月版。95 万字。52.00 元。《礼记》和《孝经》全注全译合刊本。《礼记》和《孝经》都是我国重要的儒家经典之一，是研究我国古代社会情况、儒家学说和文物制度的重要参考著作。《礼记》，西汉戴圣编。所收内容多取材周秦古书，所述很广，为研究古代社会、儒家学说及文物制度的重要参考资料,但对于古代制度颇多儒家理想中的推度之辞,各种主张亦有矛盾之处。《孝经》作者不详。全书共18章,以孝为中心,比较集中地阐发了儒家的伦理思想,首次将孝亲与忠君联系起来,认为"忠"是"孝"的发展和扩大,并把"孝"的社会作用绝对化、神秘化。在唐代被尊为经书,南宋以后被列为"十三经"之一。(夏昆)

K000409 **当代礼仪** 王丽雅等编著。山西科学技术出版社1998年9月版。19.5万字。16.00元。选择应用较为广泛的一般性礼仪知识和礼仪规范,包括仪表风度、语气谈吐、举止行为、家庭称谓、社交、馈赠、接待、祝贺、舞会、习俗等方面的礼仪。特别具有特色的是专篇介绍学校礼仪,包括教师、学生、课堂、办公室及学生宿舍礼仪。对社会主义市场经济条件下的商务、公务、外事礼仪分别进行阐述。特别是对商场柜台服务礼仪、产品推销礼仪和商业仪式写得很有特色,很具有实用价值。(温洁茹)

K000410 **优入圣域:权力、信仰与正当性** 黄进兴著。陕西师范大学出版社1998年10月版。34.6万字。27.00元。依据大量的文献资料,展示了孔庙祭祀制形成和演变的生动过程。主要介绍了汉、唐、宋、明、清各朝统治者与儒生围绕祭孔展开的微妙斗争,说明历代统治者总是要通过控制孔庙祭祀活动来维护其统治地位,而儒家主流思想也在不断透过道统来左右孔庙从祀制,治统与道统不断冲突与融合,权力与信仰相互牵制与渗透,构成了一幅奇特的历史画卷。(侯晋公)

K000411 **苗族服饰文化** 杨正文著。贵州民族出版社1998年8月版。30万字。38.50元。共计8章35节、一个附录、随文插图135幅。首先从传说故事、历史文献、考古发掘资料等方面考察苗族服饰在历史上的状况和变化;然后论述和阐明苗族众多支系及其与苗族服饰的关系;分析和阐述了苗族服饰类型划分标准和由此划分出的女装77式、男装15式苗族服饰的结构和特点及每种款式的流行区域;分析和归纳苗族服饰的重要特征——纹饰的各种造型及其技法;论述苗族服饰中的银饰制作工艺、纺织技术、染色技术、刺绣工艺,并归纳出诸多技术原理;论述苗族服饰的文化人类学问题,指出苗族服饰是苗族历史记忆的重要载体、是苗族的支系文化符号、是民间信仰文化的形象展现、是女性文化与族群认同的重要标识;论述了苗族服饰表现出来的审美观念、美学法则,指出对称与均衡、对比与调和、比例与尺度、节奏与韵律、变化与统一等一系列美学法则;最后还对继承和发扬苗族服饰文化的诸多实际问题进行了分析和论述。(胡廷夺)

K000412 **淑女礼仪** 副名:令人耳目一新的你。文萍著。广西民族出版社1998年1月版。16.9万字。15.00元。"女性休闲系列"之一。不谈深奥的道理,只教操作的方法。如,出门前脸部与头部如何根据需要来装扮;服装的选择,还有与之配套的鞋子、袜子、围巾、手袋及装饰品。与人相见时如何招呼、握手时的神态、介绍相识的方式及规范的介绍用语。需要作访问或赴约会时,怎样预约及时间的确认;进门和告辞的礼节;应约和婉辞的礼节。假如遇到需要赴宴的情况,那首先得了解是吃中餐还是西餐。中餐有中餐的礼仪及程序,如何入席,如何退席,餐桌上的规矩都非常讲究。西餐也有西餐的要求,如何准备,如何安坐,如何使用餐具,禁忌如何等。还有酒会与舞会上的仪节;工作场所的原则;男女交往的规则;说话的艺术;打电话的礼节;人生大事与送礼。凡淑女需要学习及注意的地方都一一提到并作出详细介绍。(张丹竹)

K000413 **瑶麓婚碑的变迁** 黄海著。贵州民族出版社1998年6月版。27万字。20.00元。民族学理论著作。共8章。从瑶族神话传说中的兄妹滚磨成婚开始,与各民族的神话传说对比,对瑶族过去的婚姻制度进行推测。着重论述瑶族打犇抢婚、九牛婚姻、兄终弟及婚、凿臂谈婚等婚姻制度的演变原因、过程及结果和现代婚姻改革等婚姻的发展变迁,展示了一幅生动的瑶族婚姻风俗画卷。(罗兴贵)

地　理

K000414 **侯仁之文集** 侯仁之著。北京大学出版社1998年4月版。44.2万字。58.00元。"北京大学院士文库"之一。收辑作者论文与专题写作32篇。分为5部分:一、历史地理学的理论探讨,含"历史地理学刍议"、"历史地理学的理论与实践"、"再论历史地理学的理论与实践"和"历史地理学研究中的认识问题"等4篇论文。主要阐述历史地理学在整个地理科学发展中的地位和作用,强调必须把现代科技手段引入到历史地理学的研究中来;二、城市历史地理研究,含"论北京建城之始"、"北京城的兴起"、"元大都城"、"明清北京城"、"北京紫禁城在规划设计上的继承与发展"、"天安门广场:从宫廷广场到人民广场的演变和改造"、"北京城市发展中的三个里程碑"、"从北京到华盛顿——城市设计主题思想试探”和“承德市城市发展的特点及其改造”等14篇论文；三、沙漠历史地理考察，含“历史地理在沙漠考察中的任务”、“从红柳河上的古城废墟看毛乌素沙漠的变迁”、“从考古发现论证陕北榆林城的起源和地区开发”、“从人类活动的遗迹探索宁夏河东沙区的变迁”和“乌兰布和沙漠考古发现和地理环境的变迁”等8篇论文；四、地理学史专题论述3篇；五、早期写作选录，收入作者1937～1948年的3篇文章。全书图文并茂，有照片、图片122幅。(郑昌德)

K000415 **房龙地理——地球的故事** [美]房龙著。国际文化出版公司1998年8月版。35万字。24.80元。将人类最关心的故事写进地理学：把高山、城市、大海统统放在地图里，讲述生活在那里的居民情况，他们为什么住在那里，他们来自哪里，他们在干什么……使看起来很枯燥的地理知识变得栩栩如生，让人过目难忘。

K000416 **英语国家背景知识词典** 戴炜栋主编。大象出版社1998年9月版。73.6万字。43.50元。以条目(英汉对照)的形式客观介绍英国、美国、加拿大、澳大利亚和新西兰五个主要英语国家的政治、经济、历史、地理、民族、文化、艺术、教育、卫生、体育、旅游等诸方面的知识。大至一个国家的政府机构，小到一个国家的花卉植物，无不包括其中。内容的时间的跨度也比较大。它的另一个特点是内容来源广。编者从大量的资料来源，如百科全书、历史书、人物传记、年鉴、报刊杂志等出版物中采集有关内容，经编辑加工，力图用最少的文字传递最大量的信息。主要条目配有黑白插图，另有彩图数10幅。这本词典也有其局限性：一是无法做到词词俱到，无一疏漏；二是从编写到出版中间有个时间差，这段时间中发生的新事物没有收入。(何兆熊)

K000417 **英语国家概况自学手册** 李煜鑫、李景峰主编。北京理工大学出版社1998版。41万字。22.00元。全国高等教育自学考试统编教材《英语国家概况》的辅导教材。全书根据考试大纲和样题，按教材顺序逐章编写。每章内容包括：考核要点，生词和短语，难点及背景知识注释，课文内容填空，名词解释，教材习题答案，另外配有三套模拟试题及答案(英国〈含爱尔兰〉、美国各一套、加拿大、澳大利亚及新西兰一套)以及1997年北京市高等教育自学考试《英语国家概况试题》及答案。(总编办)

K000418 **海国图志** 清·魏源著，陈华、常绍温等整理。岳麓书社1998年11月版。225万字。160.00元。共3册。是最早的一部由中国人自己编写的介绍世界各国历史、地理、政治、经济、军事、科技、文化、宗教等方面的著作。其结构自成体系，且第一次从理论上提出了研究世界史地的时代意义和方法问题，奠定了中国近代世界历史与地理研究的基础。这是《海国图志》一书对史学的最大贡献。书中明确提出学习西方先进的科学技术，战胜外来侵略者，即“师夷长技以制夷”的完整主张，主张社会变革。这些思想对近代中国和日本都有积极影响，对我们今天的改革开放仍具有重要的借鉴意义。本书除对原文进行精心点校外，还对外国地名、人名及一些专有名词加以外文还原，并作简注，具有版本优良、校勘精细、注释准确的特点。(管巧灵)

K000419 **出门在外** 副名：海内外旅行生活指南。文萍著。广西民族出版社1998年1月版。17.7万字。15.00元。“女性休闲系列”之一。介绍如何策划有魅力的旅行着手，设计旅行的时间，选择旅行的地点和方式，收集旅行的资料，以帮助自己作出正确的决定；有了旅游的方向，跟着便是旅游的准备，如各种手续的办理；航空公司及列车班次的选择；机票车票知识的了解；旅行箱包及生活用品的准备；需要拜访亲朋好友的人如何选择礼物，等；做好了准备便可以愉快地出发了。首先要掌握好出发的时间，了解出关、安检和健康检疫的常识并做好配合工作；登机登车后要懂怎样使用各种卫生设备，怎样选择适合自己口味的食品；到达目的地后要做好入境及出站的准备工作；接下来便是享受参观、游览、品尝风味食品的美好时光了，当然在享受之前，别忘了了解当地的各种风俗习惯及卫生、治安等情况。(张丹竹)

K000420 **三峡地域要览** 中国地质大学1998年1月版。9万字。6.80元。以“大三峡”的概念，从地理学、经济学、文化学的角度，全面而简明地介绍了三峡区域奇特壮观的地质地貌、复杂多样的气候、众多的河流、富饶的自然资源、蓬勃发展的经济建设、富有特色的地域文化、驰名中外的旅游胜地。(赵秀骞)

K000421 **宁夏概览** 宁夏外事办公室编。宁夏人民出版社1998年8月版。14万字。10.00元。介绍宁夏悠久的历史文化，展示宁夏改革开放以来的建设新貌和宁夏塞外江南风光、回族穆斯林风情。(张新荣)

K000422 **福州掌故** 《福州掌故》编写组编写。福建人民出版社1998年5月版。23万字。18.00元。从地名递嬗的巷陌集镇到星罗棋布的名胜古迹，从岁时节日的民俗风情到历史名人的遗闻轶事，娓

娓道来,给读者展示了一幅幅福州古代历史的生动画卷。(刘亚忠)

K000423 **福州概览** 福州对外文化交流协会编。海潮摄影艺术出版社 1998 年 5 月版。32 万字。22.00 元。主要介绍福州概况,综合实力、现代工业、农业发展、第三产业、城市建设、对外开放、社会事业、人民生活、旅游风情、目标前景等内容。简明扼要地介绍了福州自然条件、地理、人口状况,描述了改革开放以来,尤其是近年来福州经济建设,社会事业,人民生活和城市面貌等所发生的巨大变化。(张耿)

K000424 **福建名镇大典** 童万亨等著。海潮摄影艺术出版社 1998 年 4 月版。80 万字。130.00 元。着重以其乡、镇中的名业、名产、名胜和古今名人为序,筛选出名乡、名镇 257 个作为典型说明和介绍。对每个人选的乡镇的历史沿革、地理位置、自然环境、人口民族、市政建设及规划、交通运输、经济状况、文化状况、文物、名人等诸方面加以说明,内容扼要精炼,有很高史料价值,编排中按工具书的要求,便于查找、阅读。(刘强)

K000425 **北京的王府与王府文化** 北京燕山出版社 1998 年 7 月版。15.5 万字。11.00 元。分为 7 章 18 节,包括导言、王府井大街与王府、京城王府知多少、王府沧桑、王府今昔、王府轶事、王府文化论等。从纵横两个方面较为系统地论述了王府的形成、繁盛、衰落的历史,并且对王爷们的礼仪、爱好以及衣食住行、婚丧嫁娶等方面的习俗做了介绍。较为详尽地介绍了清代修建的五十余座王府以及现存于北京的十余座王府。描写了几十位清代王爷的生活、性格、嗜好以及他们的思想感情。在写王府变迁的同时,写王爷们的生活;既写物又写人;把王府作为一个文化载体来写,写出王府的文化氛围。(杨燕君)

K000426 **东北地名语源考** 杨锡春主编。黑龙江人民出版社 1998 年 9 月版。25 万字。17.00 元。收集了东北地区北方民族地名,包括以北方民族语言直接命名的地名,以北方民族语言译成汉语语意的地名;以地貌特征和地理特点命名的地名;以北方民族的某一政治、经济、军事制度命名的地名等。其中,不仅包括满语地名,也包括蒙古语、达斡尔语、鄂伦春语、鄂温克语、赫哲语等北方民族语源的地名。(徐冲)

K000427 **风情西藏** 双阳著。广东省地图出版社 1998 年 9 月版。11.5 万字。10.00 元。介绍有关西藏的历史、地理、风物、人物等。(梁映晖)

K000428 **山海经图说** 海风编著。北方文艺出版社 1998 年 2 月版。19.00 元。《山海经》是我国古代典籍中的一部奇书,书中记载许多离奇古怪、超出人们正常思维的一些事物。据史料记载,最早的《山海经》是有图的,后来都散失了,只是在一些典籍中还零星保存着。本书编者通过翻阅大量历史资料,经过长期积累,收集了三百多幅图片。同时又根据《山海经》中的记载,对图片进行了解说,编成此书。书中的图片千奇百怪,反映了古代人的丰富想象力。(梅庆吉)

K000429 **中国的世界遗产** 中华人民共和国建设部等编。中国建筑工业出版社 1998 年版。420 幅图。280.00 元。详尽地介绍 1987 年至 1997 年 10 年间,我国被联合国教科文组织世界遗产委员会批准列入“世界遗产名录”的 19 个项目:万里长城;北京故宫;莫高窟;秦始皇陵及兵马俑坑;周口店“北京人”遗址;泰山;黄山;九寨沟;黄龙;武陵源;承德避暑山庄及周围庙宇;孔庙孔林、孔府;布达拉宫;武当山古建筑群;峨眉山—乐山大佛;庐山;丽江古城;平遥古城;苏州古典园林。对每一个项目,都用中、英两种文字,阐明了其形成的自然条件和历史背景,展现了它在自然发展史上的科学价值和在社会与文化发展史上的重要意义,肯定了它们在艺术上和美学上达到的高度水平,赞美了中华民族的聪明才智和大自然的鬼斧神工。每一项目都附有多幅彩色图片。(白玉美)

K000430 **中国城市历史地理** 马正林著。山东教育出版社 1998 年 10 月版。34 万字。16.70 元。除绪论外,从中国城市的起源、城址、城墙、类型、形状、规模、布局、水源、园林、规划等十个方面,概括了中国城市历史地理研究中的主要问题。论证了中国城市兴起发展演变的要害问题,并结合中国城市发展中出现的新问题,提出了解决中国城市化道路的基本思路。在论述中论及了中国五十余座城市的历史地理概况,考据较为扎实。书中收有地图 58 幅。(邹健)

K000431 **中国·贵州览胜** 副名:贵州可持续发展研究丛书。刘秀鸾编著。贵州教育出版社 1998 年 6 月版。26 万字。20.00 元。以可持续发展战略为轴心观念,注重特色旅游和回归大自然等国际旅游新趋势,对贵州旅游资源重新归类编排,从自然风光、民族风情一直推演到历史名人、文化古迹,于黔地如画山水中写出古来“文脉”。(梁茂林)

K000432 **孔子与孔子故里** 鲁言、万榕等编著。山东友谊出版社 1998 年 7 月版。23.3 万字。13.50元。以《曲阜孔府档案史料选编》、《阙里文献考》、《曲阜观览》等书为底本，以及曲阜孔庙、孔府、孔林当今现状资料，搜集了孔子生平及其事迹的文献资料，详细介绍千百年来曲阜拥有的大量珍贵文物古迹与独特的历史文化价值史料。全书含孔子略传、孔氏宗族、孔府、孔庙、孔林五大部分。（刘奎胜）

K000433 **可爱的河北** 韩立成主编。河北人民出版社 1998 年 10 月版。50.7 万字。30.00 元。以丰富的资料、朴实的文笔，概述了河北省的自然风貌、物产资源、历史沿革、历史名人、历史事件、名胜古迹、经济状况、科技发展、文化教育、民俗风情、名优特产等方面的情况。本书初版于 1984 年，这次修订再版对原内容作了较大幅度的调整、充实、改写和压缩，客观忠实地描绘和再现了河北在新的历史时期的发展历程，从而使其主题更突出、特色更鲜明、使用更方便。（王静）

K000434 **四方巡礼** 副名：边疆风貌篇。郑忠著。解放军出版社 1998 年 8 月版。13.2 万字。5.80 元。以边疆风光、卫疆斗争、戍疆人物、边疆变革为线索，描绘边疆奇特的风光，叙述边疆斗争的风云，讴歌边疆军民的风采，反映开发边疆、建设边疆、保卫边疆的突出事迹和改革开放以来边疆呈现的新面貌。（郭莹）

K000435 **四季旅游** 张树夫等主编。南京出版社 1998 年 7 月版。48 万字。28.00 元。根据“春温、夏热、秋凉、冬寒”的四季气候特征，以全新的视角，把全国著名的风景名胜分别编入不同的季节里，将季节与景区有机地结合起来，具体地说明某一季节去哪些旅游景区最为适宜，或者说哪些景区在哪个季节去景色最佳。全书生动描写了各景区的主要特色，介绍了当地的风土人情、名特产品，特别设置了“游程建议”和“注意事项”两个专题，帮助读者在出门旅游时能游得顺利、尽兴和经济。与同类书比较，本书有三个特点：1. 第一次紧扣季节气候特点，来编写旅游景点主要特色材料。2.“游程建议”“注意事项”等专题的设计，具有很强的实用性。3. 书中附有彩照插图、幽默漫画插图、题头图和景区路线示意图，真正做到图文并茂、相得益彰。（王国钦）

K000436 **台湾名胜古迹** 刘沂、赵同文编著。福建人民出版社 1998 年 9 月版。10.5 万字。8.90 元。“看台湾丛书”之一。全面地介绍了台湾岛的地理概貌、名胜风光和古迹。名胜风光以其特点分北域风光、中部奇观、南滨胜景、东岸雄姿、越海拓台的跳板列岛几个部分介绍。在介绍各县、市风光的同时，也介绍该县、市里的历史文物和古迹。（晓簃）

K000437 **地灵人杰话定安** 崔开勇、陈琳主编。海南出版社 1998 年 8 月版。95 万字。100.00 元。分为乡情篇和人物篇，共 15 章。介绍了定安县悠久的历史，优越的地理环境，发展中的经济，以及定安姓氏起源，入琼始祖，统一派序，姓氏分布，定安名人等。既有历史沿革，又有地理概貌；既有风土人情，又有姓氏人物；既有朴实文字叙述，又有精美插图。（刘志和）

K000438 **名胜经典（系列丛书）** 黎晓林主编，金平等著。四川美术出版社 1998 年版。1 万字。每本 10.00 元或 15.00 元。包括已出版的《西藏》《三峡》《九寨沟》《黄龙》《峨眉山》《武当山》《少林寺》《楚王陵》《神龙溪》《香港》《澳门》《大理》《小山峡》《黄鹤楼》。丛书图片精美、文字简洁、集中表现了旅游胜地的人文景观。（任思淑）

K000439 **张家界掌故** 覃儿健编著。湖南地图出版社 1998 年 8 月版。11.8 万字。6.80 元。介绍张家界的旅游读物。共收集从众多的文化史料中精选出来的 40 余条掌故，分为古代人物掌故，近代人物掌故，风情地名掌故，机智人物、传说、故事与其他共 6 个部分，记述了欢兜、张良、赤松子等古代人物在张家界的遗迹与典故，覃垕土、李京开、郭宏开等近代人物的趣闻轶事，大庸、鬼谷洞、温塘、碓码岩屋、白鹤坪等地名及景点的由来与变迁，茅岩河、望郎峰、金鞭溪、白羊古刹的优美人物传说，工农红军与贺龙等革命志士的英勇奋战，机智斗敌的革命故事等等。（张燕宇）

K000440 **青海省志·青海湖志** 青海省地方志编纂委员会编。青海人民出版社 1998 年 5 月版。24 万字。70.00 元。分 16 章，详细记述了青海湖地区的地形、地质、气象水文、土壤植被、河流湖泊、冰川冻土等自然地理状况及自然灾害；青海湖水域的形成与发展、湖水深度、湖底沉积物、湖流、湖水质、湖浪、湖水温、湖冰情及湖中岛屿、换水周期；湖区的土地、水、矿产、野生动物、渔业等自然资源；环湖地区的历史建置、行政区划；环湖民族与人口；环湖城镇与交通；环湖草原、牲畜、绵羊改良、畜牧业经济状况；环湖工业和农业状况；环湖渔场、渔具渔法及产品加工状况；环湖农田、草原灌溉、人畜饮水管道、小水电等水利建设状况；环湖文化与教育状况；湖区自然生态环境、鸟类资源分布及生态的变动与现状和鸟岛的管理；历代学者对湖区的全面考察和研究状况;对湖区草原和沙丘的治理、水资源、鸟岛、渔业资源等生态环境的保护状况;最后记述湖区的古城古文化遗址、祭海、碑碣、寺院、岩画等名胜古迹,西王母石室、二郎洞、日月山、青海湖、倒淌河、神仙洞、二郎剑的神话传说,有关青海湖的诗文、书画,以及湖区旅游机构、设施建设、旅游景点与路线。(张文选)

K000441 **祖国万里行** 副名:首都北京。朱志宁著。湖南地图出版社 1998 年 3 月版。4 万字。13.80元。以主题鲜明、别开生面的标题再现了我们伟大祖国首都北京的风貌,并按照从城区到城郊的旅游线路,串联了 33 个著名的旅游景点。借助清新流畅的文字,优美精致的图片和赏心悦目的旅游景观地图逐一介绍每一处风景名胜的地理位置、历史沿革、自然环境、文物古迹、建筑艺术等方面的基本知识。(韩锡珍)

K000442 **峨眉山** 田家乐著。中国建筑工业出版社 1998 年版。25 万字。29.00 元。全面系统地、较深层次地、并不仅仅限于旅游层面地介绍了峨眉山的发展历史,奇特的地质景观,丰富的生物资源,雄、秀、神、奇的自然景观,悠久的佛教文化,世界之最的乐山大佛,真实全面地反映了峨眉山这一举世闻名的世界自然与文化双重遗产的风貌特色。有较高的欣赏价值、学术价值和收藏价值。收入"中国国家风景名胜区丛书"。丛书已出版的还有《承德避暑山庄·外八庙》、《庐山》,是集知识性、科学性、艺术性于一体的以文字为主、图文并茂的高品位读物。

K000443 **旅游天堂——中国** 胡长书主编。华南理工大学出版社 1998 年 4 月版。28 万字。20.00元。以全国主要旅游胜地为对象,介绍各地的自然风景资源、人文景观资源、名山大川、文化古迹、具地方特色的工艺美术制品、风土人情、风味小吃、珍禽异兽、奇花异木、神话传说、科技新貌等。全书分为 12 章,依次为:中国主要旅游资源及其地理分布,中国旅游交通,古代东方文化荟萃之地——中原地区,东北亚的枢纽地带——黑吉辽地区,长江下游——沪苏浙皖地区,海峡两岸——闽台地区,南方沿海——粤桂琼及港澳地区,长江中游——湘鄂赣地区,被开发的处女地——大西南地区,"新丝绸之路"上的甘新地区,世界屋脊——青藏高原。书内还配有一些名胜的彩色插图,如西安慈恩寺大雁塔,承德避暑山庄,北京北海公园,陕西华山主峰,喀什艾提尕尔清真寺,庐山龙首崖,呼和浩特大召寺,三峡风光,青岛滨海,西藏山南雍布拉康宫,山东曲阜孔墓,云南石林,南昌滕王阁夜景,湖南张家界,九寨沟瀑布,青岛崂山,黄河壶口瀑布,黄山,福建武夷山等。(罗月花)

K000444 **旅游文化丛书·话说系列** 罗伟国著。上海书店出版社 1998 年 1 月版。50 万字。34.60元。"旅游文化丛书"之一。包括《话说观音》、《话说文殊》、《话说普贤》和《话说地藏》4 种。借助于佛教典籍及各种佛教传说,佛教艺术,对观音、文殊、普贤、地藏四大菩萨作了生动的介绍,并对普陀、五台、峨眉、九华四大名山作了精彩的描述。还揭示了中国佛教四大名山的历史性、传统性及深厚的文化积淀。石窟、佛塔、寺院——这些佛教建筑,既是佛教发展的实物证明,也成了著名的名胜古迹。

K000445 **湖南旅游大观** 王复森、许铀讼、李宽军著。湖南地图出版社 1998 年 5 月版。150 万字。168.00 元。收编了湖南各地的风景名胜、森林公园、城市公园、狩猎场、自然保护区、风景林场、动物园、植物园、树木园、种子园、苗圃、花圃、饭店、宾馆、旅行社旅游开发区与度假区(村)、文化古城、乡土风情、文化艺术、医疗卫生、旅游城市(镇)与开放城市(镇)、古迹遗址、宗教寺庙、娱乐场所、旅游服务指南、旅游接待机构、旅游管理部门等等,分地(州)、市、县编排。(韩锡珍)

K000446 **辽阔海疆** 王熹亮编著。辽宁少年儿童出版社 1998 年 11 月版。14.5 万字。14.00 元。"我爱蓝色国土丛书"之一。介绍了中国疆域总面积是 1260 万平方公里。它包括 960 万平方公里领土和 300 万平方公里海疆。中国是一个海洋大国,中国海从北到南依次划分为渤海、黄海、东海、南海,合起来称为四海。台湾以东的太平洋海域有属于中国管辖的专属经济区,也在中国海洋国土之内。中国海岸曲折绵长,沿海港湾众多。海湾是大自然对人类的一大赠与。因为海湾里有富饶的渔场,有适于养殖的广阔的滩涂。我国海岸线 1.8 万多公里,岛岸线有 1.4 万多公里,合起来有 3.2 万多公里。在这漫长海岸线上有 1000 多个港口。中国是一个岛屿众多的国家,四海中有 6530 多个海岛,海岛面积 8 万多平方公里。我国沿海有三大半岛,即辽东半岛、山东半岛和雷州半岛。中国河流一部分为注入海洋的外流河。在中国海流河中,太平洋流域面积占全国总面积的56.7%。三角洲位于河流入海的河口地区,是海洋过程与河流过程间复杂交互作用的产物。阐述了中国人天生就是一个具有海洋活性的民族。中国的航海历史极为悠久。海洋,它原本能为中华民族带来繁荣昌盛,但在近代,却为中国带来了灾难。现在中国提出"科

技兴国”，为中国走向海洋提供了划时代的契机。（亓鑫铭）

K000447 **中华名水游览** 刘刚著。广东省地图出版社 1998 年 6 月版。11.5 万字。8.00 元。“锦绣中华丛书”之一。分上、下两篇，主要介绍我国最有名和有代表性的江河湖泊瀑布的位置、特点和景观，内容丰富，涵盖面广。正文前配有彩色地图和彩照。（梁映晖）

K000448 **成都府南两河史话** 冯举、谭继和、冯广宏主编。四川民族出版社 1998 年 7 月版。17 万字。16.80 元。由“总论：府南两河的历史文化地位”和“抚今思昔话两河”等 11 章构成。以流经成都市区的两条古老的河流为重点和线索，从三方面加以阐述。一、两河概况：起源、流域、功能、历代变迁和在岷江中游水系中的地位。二、成都与两河不可分割的关系：古蜀鳖灵治水、开明定都及秦国张仪、张若营建成都、李冰开发二江、汉唐至近现代成都因水而盛、而衰的历史演变状况。三、数千年形成的成都两河文化：远古的石头文化、繁荣的经济、人文景观、饮食、民俗、历史名人、文学艺术等。在第十一章“迎接新世纪的两河宏伟工程”中，用大量的数据、严密的论证，介绍和阐释了今天成都市整治府南两河工程的巨大价值和对成都可持续发展的重大意义。全书引用资料广泛、翔实，数据准确，大量引用历史、考古、水利科学等方面的重要成果与新发现。全书精选有与府南两河相关的照片 14 帧、插图 7 幅、地图 10 幅。（易艾迪）

K000449 **渔梁** 东南大学建筑系、歙县文物管理所编。东南大学出版社 1998 年 8 月版。13 印张。32.00 元。“徽州古建筑丛书”之三。以宏观地理的角度研究村落，并结合村落环境、风水，讲述渔梁的环境背景与历史沿革。渔梁坝、码头、渔梁街、巷道成了书中研究的重点。大量的实物测绘图及照片组成了本书的十六个实例，如元和堂药铺、吊脚木楼、巴慰祖故居等。这些实例均具有典型性，随着时光推移，许多实物将不复存在，而这些测绘资料为研究徽州古建筑提供依据，具有历史价值。（刘凌）

K000450 **古囊名刹** 杨美煊著。海潮摄影艺术出版社 1998 年 11 月版。16.2 万字。16.00 元。千年古刹囊山慈寿寺位于莆田东北 20 公里的佛教名山囊山，唐中和元年（881 年）始建，唐光启三年（886 年）闽王王审知改为今名。本书共 6 章：《弁言话名山》、《开山祖师史事》、《千百年沧桑史》、《禅林建置与宗派法缘》、《古今名僧事略》、《历代文献辑佚》。书末附有《近代莆田佛教史谭概》一文。配有数十副彩色、黑白照片。详细地介绍了该名山宝刹的由来及沿革演变过程。（许道静）

K000451 **老上海风情录** 上海图书馆编。上海文化出版社 1998 年 12 月版。图 3700 幅。392.00 元。分 5 卷，依次为《建筑寻梦卷》、《行业写真卷》、《交通揽胜卷》、《体坛回眸卷》、《外侨辨踪卷》。以历史老照片的形式，直观、通俗、系统地展现上海城的发展史，帮助我们真正地看清历史上的上海城、上海人。“老上海”的时间跨度为鸦片战争起，新中国成立止，前后 100 年。（吴金海）

K000452 **江南古镇** 阮仪三著。上海画报出版社 1998 年 7 月版。300 面万字。320.00 元。以江南古镇建筑符号的三个层面：图像、标志、象征，为研究视角，以千百年来“天、地、人”的和谐与秩序为核心思想，折射出东方农业文明、经济技术进步、乡土建筑文化、社会发展文脉等众生相。叙述了江南古镇的形成、成熟和变迁。从江南古镇的形态、江南古镇的街巷、江南古镇的建筑、江南古镇的保护等四个侧面，无论是历史纵伸感，还是空间的层面感，多方位地向读者展示了气势恢宏的江南古镇全景图。

K000453 **明十三陵** 胡汉生著。中国青年出版社 1998 年 1 月版。30 万字。17.50 元。有关明十三陵陵寝及其相关礼制的更深层次的史学著作。内容包括陵寝建造过程，相关的工官制度，陵寝建筑规制、变迁及建筑艺术，以及相关礼仪典章制度等，从深度上看，它不仅运用了文、表、图、录等多种表现手段，有尺度和形制的描述，准确、科学地记录了相关遗址的现状，而且追源溯流，对许多前人未加探讨，或探讨不够深入的学术问题均进行了认真的考证和分析。（林栋）

K000454 **北京地坛史料** 东城区园林局、北京市档案馆编。燕山出版社 1998 年 10 月版。19 万字。28.00 元（平），36.00 元（精）。搜集了金代至中华民国时期正史、典志、方志、类书、笔记中的相关史料，以及北京市档案馆所藏中华民国时期和中华人民共和国建国以来的相关档案，所征引的史籍报刊达 35 种之多。全书分更定祀典、明代地坛、清代地坛、中华民国时期地坛和中华人民共和国建国以来地坛史料五编。第二、三两编各分编年和纪事两章，有年份可系者排于编年章，无年份可系者排于纪事章。第三编后附金代至清代有关祭地和地坛的掌故。第四编分史籍报刊史料和档案史料两章。第五编分档案史料和大事记两章，所引各条史料以各书刊行或档案形成年代为序。除中华民国时期史料中追述明清的内容略作删节外，一般均全文抄录，文中明显的错字或笔误予以改正，并在各编之后的校勘记中注明。所引各条之后均注明原书卷数或起始页数。体例较为科学完备。(杨韶蓉)

K000455 **徐霞客游记** 明·徐霞客著，卫建强、张文颖、王俊金校注。河北人民出版社 1998 年 11 月版。98.1 万字。65.00 元。对《徐霞客游记》的整理，以“乾隆本”为底本，参考了上海古籍出版社 1980 年版的整理本，又参考了中州古籍出版社 1992 年本。在整理过程中，将《盘江考》、《江源考》排在《滇游日记十三》之后，将《永昌志略》、《近腾诸彝说略》、《滇中花木记》、《随笔二则》、《法王缘起》、《丽江纪略》、《鸡山志目》等编入《补编一：诗文·书牍》。对于各种版本有差异处，一般采用记述较详尽的。该版本把徐霞客与好友的题赠书牍，徐霞客传志、石刻，以及《徐霞客游记》的旧序、陈泓《诸本异同考略》编入《补编》。这次注释的重点在名胜、地名沿革、典故、名人、难懂的字词等。注释文字简明扼要，通俗易懂。丁文江先生所编《徐霞客先生年谱》具有很高的水平，基本上勾画出了徐霞客的生平，本书用为《附录》，并对其中的一两处错误作了订正。(杨永林)

K000456 **福建风景名胜旅游指南** 林璧属等编写。福建人民出版社 1998 年 5 月版。13.6 万字。15.00 元。以时间、交通、旅游内容、目的等因素为中心线索编排全省各地旅游线路。为便于阅读查找，旅游资源按各地市游览线编排，各式游览线意在为游客节省线路和时间。(刘亚忠)

K000457 **南亚大辞典** 黄心川主编。四川人民出版社 1998 年 2 月版。140 万字。102.00 元。有关南亚各国(印度、巴基斯坦、孟加拉、斯里兰卡、马尔代夫、不丹)状况的大型工具书。内容涉及南亚地区的政治、经济、军事、历史、文化、哲学、科学、医学、宗教、神话、地理、社会、民族、语言、文学艺术以及中国与南亚关系等等。共收词目 4145 条。释文严谨、准确、全面，具有权威性。每一条目后附有英文译名或民族语言原文，对于人物标有精确的生卒年份，所有资料截至 1995 年。书内附有笔画索引和音序索引以及外文中文译名对照表。书末有附录“南亚各国概况”“巴基斯坦历任总统”“不丹旺楚克家族世系和历任首相”“印度孔雀王朝世系表”“莫卧儿王朝世系表”等。本书的不足之处是：条目的选择尚有求全不精、失慎遗漏之处；行文风格未能做到完全统一，内容的繁简不够平衡等等。(徐志诚)

K000458 **到美国去** 副名：全新赴美留学旅游移民指南。易水编著。当代世界出版社 1998 年 10 月版。26 万字。21.80 元。分为“留学美国”、“走遍美国”、“移民美国”3 大部分。在解析美国签证的基础上，介绍了办理赴美签证的程序和诀窍，特别针对留学生赴美的有关事项作了详尽说明；介绍了在美国生活包括衣、食、住、行诸方面的日常知识，其中包括许多容易忽略的细节；给出了赴美国数十个有代表性城市旅游的详细资料，如城市地图、主要观光点概况、交通食宿的最佳方案等；列举了获取美国公民资格的各种途径和办理绿卡时应注意的问题。具有资料新颖、内容全面、介绍细致等特点；针对性强，实用性突出。叙事采用情景亲历方式，有别于同类读物的僵硬风格，显得生动而流畅，贴近读者。(康帅)

K000459 **少儿知识地图册(世界分册)** 周德芳编。中国地图出版社 1998 年 10 月版。20 幅图。7.00元。按世界地理区域分为东亚、东南亚、南亚、西亚、俄罗斯、欧洲西部、欧洲东部和南部、欧洲北部、非洲北部、非洲南部、澳大利亚、北美、中美、南美洲、北极地区、南极地区 17 个区域。根据各区域的不同特点，简明扼要地表示该区域主要国家及其典型的自然景观、地理风貌、经济文化、民俗风情、珍稀动植物等方面的特征。表示方法是以儿童喜闻乐见的地貌渲染表示世界区域地理图，以象形生动的图画和浅显简明的文字说明反映该区域主要的自然景观、民俗风情、珍稀动物等。每个区域都选择该区域典型的动物，以动物名信片的形式和拟人手法介绍典型动物的习性以及有关动物的科学小知识。图册最后配置了一幅世界政区图和世界主要国家的国旗。图册为 16 开，四色印刷。(张桂兰)

K000460 **中国汽车司机地图册** 《中国汽车司机地图册》编辑组编。中国地图出版社 1998 年 3 月版。176 幅图。32.00 元。包括序图 1 幅，索引图 3 幅，分幅详图 148 幅，城市图 24 幅及县级以上地名索引。以交通要素为主，内容涉及铁路、高速公路、等级公路、道路里程、交通设施及相关地理要素。其次，收录了部分较大城市的市区平面图，以反映市内道路交通概况。由于汽车司机地图册的使用者大部分是各行各业的机动车驾驶员，因此采用了以全国公路交通图为基础，直接切割分幅的方式，配有检索图，并在图幅周边标出各方向衔接页码。在道路交通方面，以不同的表示方法将不同类型、不同等级的道路进行了较详细的划分，在两个居民点之间标有道路里程，免除了驾驶员按比例尺量算实地距离的麻烦。在各大城市的平面图中标出了过境路及道路进出口。还附有县级以上地名索引，行政区划资料截止于1997年12月底。(范磊)

K000461 **世界之旅** 佘世健著。湖南地图出版社1998年3月版。6.00元。是一张把地理知识与少儿游艺结合在一起的少儿地图。在世界地图上设计了三条线路：第一条自冰岛首都雷克雅米克出发，途经欧洲大陆与非洲大陆，旅行者可以欣赏到神奇美妙的自然风光并体验到奇异的非洲国家民俗。第二条路线自印度首都新德里出发，途经东南亚，越印度洋，纵穿大洋洲，最终到达北京。这是一条主要在海洋上的旅行路线，因此旅行者既可观赏到浩瀚海洋上的美妙奇观、太平洋岛屿的异域风彩，同时也可经历海上航行的各种艰辛和困苦。第三条路线自南极极点出发，穿过南极洲然后纵穿南美和北美，最后沿北冰洋航行到俄罗斯的迪克森，横穿西伯利亚到北京。沿途两极的冰雪风光和生态景观，以及南美的自然景观和神秘的玛雅文化，北美丰富的现代物质文明一定会使旅行者留连忘返。(韩锡珍)

K000462 **北京城区图** 张建华编绘。中国地图出版社1998年版。6.00元。为1∶40000一全张城市挂图。在编制中加强了实地核对、重视现势性，多方收集最新现势资料，在密度允许的前提下，加大信息量，保证交通路线的清晰街巷的详细，点位的准确，并突出旅游景点、科研单位、文化设施及金融保险、商业服务、交通运输。为读者了解北京的城建，查找单位、街道、商业网点提供了地图参考。(张建华)

K000463 **全国成人高考地理参考图册** 王树声等编。中国地图出版社1998年12月版。1.6万字。240幅图。18.00元。依据国家教委颁布的《全国各类成人高等学校招生考试复习大纲》、配合考生复习地理科目编制。图册的知识体系与复习大纲一致，由地球和地图、世界地理、中国地理、人类和环境4部分组成。内容注意表现复习大纲所确定的地理基础知识、基本理论中的重点和难点，涉及面广、重点突出。图册采用各种表现形式，以地图为主。地图按制图区域划分为：世界总图、洲图、世界地区图、部分国家图、中国全图、中国地理分区图，包含自然环境、资源、政治区划、人口、城市、经济、交通等内容。此外，图册还配有大量的图片、图表和文字说明。(尹鹄)

K000464 **国旗地图册** 张照铨、朱萌编绘。中国地图出版社1998年4月版。7万字。图70幅。25.00元。结合地图介绍世界各国国旗知识的图册。不仅准确地表示世界各国国旗图形特征，同时反映这些国家所在世界各洲的地理位置，以及版图形状。重点介绍大国国旗图案、彩色含义和象征。用简洁通俗文字描绘某些国家国旗图案形成的源由，引出不少美丽的传说、动人的故事。加上生动形象的插画，童趣盎然。以可爱的卡通人物——小博士综合概括某些国旗图案和彩色相似的特点，使少年儿童从国旗图案和色彩，就能了解某些国家大致所在地区、历史根源、民族特色、宗教信仰等初步知识。(张照铨)

K000465 **河南省地图册** 毛忠民编。中国地图出版社1998年6月版。图150幅。16.00元。32开本，四色印刷。图册由3部分组成：总图、分县图、城市图。总图2幅，以介绍全省政区、交通、旅游为主，每幅附有文字说明，分县图129幅，图内界线分四级；省界、地级界、县级界、镇(乡)界，居民地分五级：省会、地级市、县级市(县)、镇(乡)、自然村，交通以铁路公路为主，公路分高速公路、国道、省道、县(乡)道，每幅图内还配有旅游景点或土特产品照片，内容丰富。城市图除详细介绍道路外，还侧重表示了政府所在地、宾馆、饭店、商厦、电影院、医院、邮政局(所)、学校、工厂等等。地级以上城市及周口、驻马店、济源都被编入。(晋淑兰)

K000466 **参考地图册 中国·世界** 周敏等编。中国地图出版社1998年6月版。8万字。图110幅。30.00元。由总图、中国分省区图和世界分国图3个图组组成。总图用13幅分别反映世界地形、政区、时区与交通、遗产；中国地形、政区、交通、土特产、名胜和宇宙星空。中国分省区图组以省级行政区域为分幅单元，一省区一幅，主要表示各区域内政区、交通旅游、省级行政中心城市图、旅游景点图、风景名胜照片和省区文字简介。世界分国图图组，除表示七大洲政区、地形及四大洋海底地貌外，还对世界各国以分国政治区划为分幅单元，一国或一地区一幅，主要表示各国政区、交通旅游及首都城市图、风景名胜照片及各国文字简介。图册为24开本，10印张，6色印刷。(周敏)

K000467 **郴州市地图册** 湖南地图出版社编。湖南地图出版社1998年10月第二版。2.55元。图册包括郴州市区在湖南的位置、郴州市政区、郴州市地势、郴州市交通、郴州市集贸市场、郴州市矿产分布、郴州市旅游和郴州市辖县、区图、县市街道平面图，每幅图附有文字说明、简要介绍各县、区历史沿革、地理位置、面积人口、民族、自然资源、经济状况、文教卫生及名胜古迹等，还简要地介绍了全省各

地民俗风情，地方特产等。(韩锡珍)

K000468　**湖北省地图集**　张必贵编。中国地图出版社1998年8月版。10万字。图245幅。230.00元。采用以地图表现形式为主，文字、照片、图表为辅的表示方法，全面系统地反映湖北省自然条件、社会经济、行政区划、交通旅游、科技教育、城市建设等状况，直观而形象地表达了湖北省自然、经济、社会现象的空间分布和地区特征。图集为大16开，分为总图、市县图和地名索引3部分。总图主要反映湖北省省情及地区特点，由中国政区图等32幅专题图及文字说明组成。市县图主要反映各地级市(地区、州)、县级市、县行政建制、交通旅游、水系、地貌、城市建设等方面的状况，由武汉市政区、武汉市市区等101幅8开幅面地图(包括文字、照片)组成。地名索引编写了市县图乡镇以上居民地、湖泊水库、山峰山脉等的地理位置及行政归属。图集的总图部分分类分级准确，符号设计精致，市县图部分编排合理，主邻区、主附图内容协调统一，图文一致。全图集图面内容清晰易读，用色均衡协调，版式设计统一。封面设计突出主题，装帧精美。使用资料依据可靠，极富使用价值。(周北燕)

K000469　**湖南省交通图集**　湖南地图出版社编。湖南地图出版社1998年8月版。0.5万字。50.00元。以湖南省1∶25万地图为基本资料，采用计算机制作而成。图册包括8幅总图，14幅地州、市政府驻地城区交通图、53幅市、县交通图，86幅市县、区驻地城镇交通图，道路交通标志图等组成。全面反映湖南省与全国的交通网络联系、湖南省交通布局、各市、县、区交通线路、各城市及县城道路通行状况，并标示了国道、省道及全省各级交通管理部门、邮电部门的位置和国道、省道的事故多发危险地段。(韩锡珍)

K000470　**德国地图册 GERMANY ATLAS**　刘惠云等编绘。中国地图出版社1998年4月版。1.65万字。图29幅。13.00元。是两德合并后的中外文对照的地图册。由专题图、分州图、城市图、文字说明等组成。专题图包括：地形、政区、气候、交通、人口密度、风景名胜。分州图包括：15幅州图和6幅工业区图。城市图主要表示柏林、波恩、德累斯顿、杜伊斯堡、埃森、法兰克福、汉堡、科隆、莱比锡、慕尼黑10个城市。文字说明：简要介绍德国的概况、自然、行政区划、游遍德国、杂录等。附有德国国旗、国徽和德国各州州徽及彩色景点照片等。(刘惠云)

K000471　**澳大利亚地图册**　杨玉芳编。中国地图出版社1998年5月版。1.2万字。图23幅。11.50元。集彩色照片、专题地图、普通分州地图、城市图和文字介绍的地图册。主要内容由地形、政区、交通、气候、旅游等图表示澳大利亚的概况；分州图表示了行政区划、行政中心和全国的人口密度分布；城市图精确的反映出大城市的主要街区、政府办事机构等；文字介绍侧重经济、人文地理、风土人情、旅游须知等诸方面的知识。(杨玉芳)

K000472　**世界名胜地图**　王俊芳编。中国地图出版社1998年12月版。6.00元。采用1全张、单面、四色印刷成图，是以世界名胜为主要内容的专题地图。以世界政区全图为基础，着重表示世界遗产等。包括：文化遗产、自然遗产、文化、自然综合遗产。为了突出主题内容，图中采用明显的红色注记表示，专题符号设计新颖独特，清晰易读，图幅的下端配置了较详细的世界遗产排队表及世界各国、地区排列表。图的封套采用电脑设计，用世界著名古建筑立体表示，使该图更加增添了突出主题的色彩。(王俊芳)

K000473　**东南亚交通旅游地图册(TRAVELLING ATLAS OF SOUTHEAST ASIA)**　周敏编绘。中国地图出版社1998年3月版。1.5万字。33幅图。13.40元。中外文对照的参考性地图册。由总图、分国交通旅游图、文字说明和图片4部分组成。总图用6幅分别反映了东南亚地区十国的政区、气温降水、交通、名胜及新马泰旅游的概况。分国交通旅游图以分国政治区划为分幅单元，一国一幅或几幅，除详细表示了各分国交通旅游外，还配以重复地区扩大图，首都和旅游城市图以及旅游景点图。文字说明以分国述叙的形式阐述了风景名胜集锦和旅游须知。图片包括东南亚十国国旗、国徽和重要风景名胜照片。(周敏)

K000474　**ATLAS OF SHANGHAI**　《上海市地图集》编纂委员会编。上海科学技术出版社1998年7月英文版。850.00元。内容与《上海市地图集》中文版一致，8开，230页，全彩色，地图266幅，彩照170帧，统计图表200个，由序图、人口与自然资源、城市建设、国民经济、社会事业、环境和区县图等7部分组成，形象、直观地反映了上海在全国乃至全世界的地位、全市行政区划、中心城区现状；上海的人口分布、人口结构特点、上海的自然资源及其利用、城市的扩展、城市交通和市政设施、国民经济及各产业发展状况、上海的科技、教育、文化、体育、卫生事业、社区建设、环境质量及环境保护。区县图均以一区或一县作四开彩图，表明道路、河流、行政区划、地

名和主要单位等，在相应部位标明邻区（县）所在页码，并附有区县规划图，或旧城改造、土地开发图。（邓荣辉）

K000475 **上海市实用地图册** 相远红编。中国地图出版社 1998 年 7 月版。162 幅图。22.00 元。集上海市行政、商务、交通、旅游、购物等内容于一体，供上海市民，来沪经商、旅游和一切关心上海的人们使用。图册为长 24 开、6 色印刷，地图共 7 个印张、162 幅，由上海市总况图、上海城区分幅图、上海市郊区县和区县行政中心城镇图三大部分组成。从调绘的 6 万多个点位中，精选了 3 万多个点位，是目前公开出版地图中内容较多、资料翔实、比例尺较大的地图册。（相远红）

K000476 **广东省交通地图册** 广东省地图出版社编。广东省地图出版社 1998 年 6 月版。128 幅图。25.00 元。反映广东省的公路交通，兼有铁路、航空、水运，对 1993 年版《广东省交通地图册》作了全面的修改和补充，广泛使用了各种现势资料和调查、统计数据。图上注有公路里程。有 21 个地级市的城市交通图。（胡安宇）

K000477 **广东省旅游地图册** 广东省地图出版社编。广东省地图出版社 1998 年 9 月版。5 万字。13.80 元。以图文结合的形式，介绍广东省内比较有旅游价值的旅游景点。书中分为珠江三角洲风景线、西江风景线、东江风景线、北江风景线、粤西风景线和韩江—梅江风景线。全书有地图 43 幅，除卫星影像和广东省政区图外，其他地图分三类。第一类是风景线区域图，它的主要作用是标明该风景线，旅游点的位置及名称。另一类图是地级市的城市街道图，除标明主要街道名称和主要企事业单位外，还标明城市内的主要旅游点。第三类图是比较著名的旅游景区的旅游线路图，从图中可以清楚了解到该景区的旅游景点和旅游设施。书中文字部分穿插于地图之间，介绍各市的自然及经济概况，各主要旅游点也作了一一说明。书的开头安排 5 页彩色照片，由于时间仓促，许多旅游点的照片一时难以拍到，这是编纂此书的一件憾事。（练常霖）

K000478 **中华人民共和国地图** 地质出版社地图编辑室编制。地质出版社 1998 年 9 月第三版。50.00 元（精）。包括中华人民共和国地图和全国公路主要城市间里程表两部分。侧重表示了中国的交通发展状况。并根据最新的现势资料，对原来的《中华人民共和国地图》（交通版）进行了修改。如：修改了一些因行政区划改变而变动的居民点，增加了许多新修的高速公路、国道和省道。使该图更新、更合理、更美观、更实用。（袁雅琴）

K000479 **中华古地图珍品选集（中文版、英文版）** 中国测绘研究院地图研究组编。哈尔滨地图出版社 1998 年版。11 万字。450.00 元（中文版），720.00元（英文版）。收选了从战国到清代两千余年间的各类地图珍品 166 幅，它们是从各国各主要图书馆、博物馆、文物考古部门收集来的。内容有长沙马王堆汉墓彩色地图、宋代石刻地图、明朝郑和下西洋航海图、清朝皇舆全图等等。（杨晓丽）

K000480 **中国之旅** 佘世健编。湖南地图出版社 1998 年 6 月版。6.00 元。是一张地理旅游知识与游艺结合在一起的游艺性少儿地图。通过游艺活动使少年儿童游遍中国并了解祖国辽阔的疆土、壮丽山河、灿烂文化和民俗风情。在中国版图内设计了三条路线，供三人游戏，比一比谁先到达北京。快乐之旅：自内蒙古二连浩特出发，沿途凶险少，风光极有特色，能够游览“中国十大风景名胜”中的四大名胜，快乐之至。浪漫之旅：自青海的大柴旦出发，虽然要穿越茫茫沙漠，但沿途风景美不胜收，使人充满遐想，且可观赏到“中国十大风景名胜”中的三大名胜，充满浪漫情调。艰险之旅：自云南的个旧出发，沿途险象环生，跋涉倍感艰辛，不具超人毅力，难以胜任。（韩锡珍）

K000481 **中国地图册** 哈尔滨地图出版社编。哈尔滨地图出版社 1998 年版。7.00 元。由中国政区、中国旅游及各省（市）自治区图组成。分别表示了各省（市）自治区的行政区划、水系、交通、居民地及名胜古迹、旅游景点等内容，每幅图后面都附有各省的概况、经济发展、旅游与城建等方面的文字介绍。（杨晓丽）

K000482 **中国城市生活地图册** 周北燕编。中国地图出版社 1998 年 12 月版。7.5 万字。270 幅图。22.00 元。内容结构分为序图组和城市图组两部分。序图组表示了中国政区、旅游城市及风景名胜、航空、水运、铁路与公路等内容。城市图组编入城市 245 个，内容表示重要国家机关、新闻出版、文艺团体、科研设计、学校院所、医疗卫生、图书馆藏、金融保险、邮政电信、娱乐场所、宾馆饭店、商店、风景名胜等内容。且每个城市都附有简要文字说明。（周北燕）

K000483 **中国城市生活地图集** 周北燕著。中国地图出版社 1998 年 4 月版。7.5 万字。270 幅图。52.00 元。从结构的编排到内容的选取，紧扣城市生活的主题。其内容结构分为序图组和城市图组两部分。序图组编排了5个图幅,即中国政区与主要城市、中国旅游城市及风景名胜、中国铁路与公路、中国航空、中国水运。从总的角度,反映了中国城市的地理分布状况、城市旅游资源分布状况、各城市的交通发展状况及城市间的交通通达状况。图集的重点在城市图部分。共编入我国主要城市245个,内容着重表示城市内的重要国家机关、新闻出版、文艺团体、科研设计、学校院所、医疗卫生、图书馆藏、金融保险、邮政电信、娱乐场所、宾馆饭店、商店、风景名胜等方面的内容,且每个城市都附有包含地理位置、历史沿革、政区人口、商务、交通、土特产、古迹旅游等方面的简要文字说明,增强了图集的实用性。图集版式设计统一,富于艺术性;图面内容清晰易读;色彩设计鲜艳;印刷套合准确,印色饱满;封面设计突出主题,富于时代感,装帧精美。(周北燕)

K000484 **中国旅游地图册** 哈尔滨地图出版社编。哈尔滨地图出版社1998年版。11.00元。以自然景观和人文景观为主体,按省(区)分幅表示,图后附有各省主要旅游景点的文字简介。(杨晓丽)

K000485 **中国旅游热线地图册** 纪勇、陈志辉著。中国地图出版社1998年9月版。5万字。124幅图。22.00元(平),28.00元(精)。在结构编排上,突破了分省介绍的传统做法,以近几年各旅行社开辟的一些典型旅游线路(如黄山、千岛湖、瑶琳仙境、杭州)为基本骨架,把全国的主要旅游城市和著名景点通过20条线路全部串联起来,以每一条旅游线路为一单元,采用地图、照片、文字三种形式综合介绍该线路的详细情况。这样,点线结合,层次分明,条理清晰,系统性强,具有很好的实用参考价值。此外,为满足广大东南亚旅游爱好者的需要,还特意增加了新加坡、马来西亚、泰国三国旅游部分,详细地介绍了这三个国家旖旎的自然风光和有趣的风土人情。(纪勇)

K000486 **中国著名风景名胜旅游大观** 中国文物学会等著。中国地图出版社1998年8月版。约65万字。地图、照片约400幅。380.00元(精),520.00元(特精)。以图文并茂的形式重点介绍了我国近300处著名景区(点)的情况。内容包括中国列入《世界遗产名录》的项目、著名国家重点文物保护单位、国家重点风景名胜区和各种类型的博物馆。为了进一步提高本书的价值,特加编了"中国著名风景名胜分布图"和34幅分省(区、市)著名风景名胜分布图,近700帧照片,以及近7000个旅游景区景点名录。在附录中还着重介绍了99座国家历史文化名城、290多个国家森林公园和700多个全国重点文物保护单位,以及全国各地土特名产等。(李宗顺)

K000487 **北京街道胡同地图集** 王瑞平编。中国地图出版社1998年1月版。133幅图。88.00元。图集为16开本,地图部分133页,文字部分38页。其中72页详细表示了北京大小胡同的形状与名称,并首次在胡同与大街的两头标出门牌号码。图外整饰设计新颖,在每页地图的上方、右方空出25mm的地方,注出当页的重要单位,如工厂、医院、学院、商业等,在右上角有本页的接图表,可根据此表迅速找到邻图页码。文字部分收录图册中全部街区名、村名、旅游景点名大约5600条,以及邮政编码,按笔画可以迅速在图上查找到所要地方。本图集使用完整的地形图为底图,数据精确可靠。内容丰富信息量大,图内交通线路、行政界线、邮政编码、金融、邮电、学校、游览、单位名称均做了实地调察后编制而成。用不同突出颜色将医院、学校、名胜古迹、游览点等范围表示出来。(王瑞平)

K000488 **环北京休闲旅游图册** 张照铨等编。中国地图出版社1998年8月版。8万字。图126幅,照片74帧。11.00元。主要介绍一日游、二日游为主的北京周边旅游路线。以地图、照片、文字、地貌晕渲等多种形式综合表示,全册表示景点近200个,配有地图和照片。图册中景点是按其主要属性及休闲方式分为湖光山色、森林山野、草原风光、赶海、长城、古刹、名园、古迹、民俗风情、革命传统教育、自然科学考察、健身娱乐等12个类别编制,城区休闲也按人们的喜好及休闲方式分7类表示主要内容。书中还附有远程旅游热线、旅行社电话、火车时刻表,北京至旅游热点的航班、班次,各旅行社推出的旅游专线等。(梁淑修)

K000489 **哈尔滨地图册** 哈尔滨地图出版社编。哈尔滨地图出版社1998年版。7.1万字。20.00元。综合性城市地图册。图册由总图、市县区图、市街图和文字简介、街名索引5部分组成,共有地图71幅。主要介绍哈尔滨的行政区划、市政设施、市街交通、商贸经济、旅游餐饮等方面的详细情况。(杨晓丽)

K000490 **新疆维吾尔自治区分县地图册** 新疆第二测绘院编。新疆美术摄影出版社1998年7月版。6万字。23.80元。以1995年版《新疆维吾尔地图集》为基础地理资料,采用最新的地名资料,公路资料,铁路资料,境界资料和文字资料编制而成。以图文并茂的形式收录地图104幅,其中:中国政区图1幅、新疆政区图1幅、市县图86幅、城市街区图16幅,详细地反映了新疆维吾尔自治区境内各市县的行政区划,居民地分布,交通条件、水利资源等现状,说明文字也以较翔实的资料按概况、自然条件、经济建设、科教卫生、旅游资料5个栏目简明扼要地逐县介绍。(赵铨)

K000491 **福州市古楼区地图** 福建省地图出版社、福州市古楼区民政局编制。福建省地图出版社1998年9月版。60.00元。大全开挂图。详细表示福州市鼓楼区这个省、市政府所在区域的城区地理要素及省、市、区各级行政机关文教、卫生等企事业单位。图面设色新颖。(杨洁)

K000492 **福州市城区图** 福建省地图出版社编制。福建省地图出版社1998年12月版。58.00元(平),100.00元(精)。2全开挂图。根据最新航飞资料实地调绘编制而成。北起莲花峰、南至乌龙江,东起鼓山风景区、西至洪塘大桥,基本上包括了福州市新建扩大后的城市范围。详细表示了福州市区的街道、街区及近郊的休闲娱乐场所和各级党政机关、文教、卫生等企事业单位。(杨洁)

K000493 **武汉历史地图集** 《武汉历史地图集》编委会编。中国地图出版社1998年5月版。100组(幅)。500.00元。古地图精品集。选录以武汉地区历史地理、历史事件为主题的宋、明、清、中华民国、中华人民共和国各时期地图100组(幅)。内容包括武汉地区古代的疆域图、城池图、水系图、山川形势图,近代的城市图、租界图、商务图、资源图、水路图,当代的政区图、航摄图、卫星影像图和历年的规则图等。地图集中相当一部分精品是首次公开出版的,不少地图来之不易,完全是在这次编辑过程中抢救出来的。(吴秦杰)

N 自然科学总论

N000001 **新自然观** 童天湘、林夏水主编。中共中央党校出版社1998年11月版。42万字。26.00元。依据当代科学技术的最新成果,从各个侧面探讨科学成果对自然观的影响,阐述系统的非线性观、混沌自然观、分形观、量的层次观、关于生命与思维的新自然观、生态价值观、大智能观、生成自然观、宇宙人天观等一系列独立见解,指出,非线性科学是继相对论、量子力学之后的又一次科学革命,它对人们的自然观产生了变革性的影响,促使人们的思维方式由线性思维转变为非线性思维。书中所探讨的自然观,有关于自然的总体自然观,有关于自然某个方面的具体自然观。(曲炜)

N000002 **中国科学哲学论丛·从自然之镜到信念之网** 蒋劲松著。湖南教育出版社1998年版。23万字。13.50元。作者认为:对于心灵的理解,以“信念与欲望之网”取代“自然之镜”,是理查德·罗蒂思想的真正奥秘。并在此基础上,介绍和评析了罗蒂所鼓吹的认识论消灭、实用主义不承认方法等观点,及后哲学文化的科学观、政治观、哲学观。对备受关注的后现代主义与中国传统文化的关系也发表了自己的看法。全书共10章,第一章“罗蒂简介”;第二章“语言学转向的元哲学思考”;第三章“自然之镜的粉碎”;第四章“认识论的超越”;第五章“信念之网的编织”;第六章“实用主义的新生”;第七章“后哲学文化的科学观”;第八章“后哲学文化的哲学观”;第九章“后哲学文化的政治和伦理观”;第十章“罗蒂简评”。(孟可文)

N000003 **中国科学哲学论丛·后现代科学哲学** 郭贵春著。湖南教育出版社1998年版。21万字。13.50元。分“后现代趋向的本质”、“后现代理论的演变”、“后现代性与科学实在论”、“后现代性与测量”、“后现代性与哲学的选择”、“后现代性与方法论传统”等6章,第一章科学实在论和科学哲学的后现代趋势问题;第二章指称理论和真理论的后现代演变;第三章科学实在论与形式体系、科学实在论与语境的关系问题;第四章测量论点;第五章论述了“罗蒂后现代哲学思想演变的特征、罗蒂‘再语境化’的哲学本质、奎因的自然主义与科学实在论”;第六章阐述了现象学和解释学的方法论意义以及从现象论到工具实在论。全书立足于20世纪哲学“转向”的历史背景,揭示后现代科学哲学趋向的本质,阐释后现代指称论与真理论的演变,说明后现代性与科学实在论之间的内在联系，指出后现代性特征在测量结构中的意义，表明后现代性的扩张对科学哲学“转向”抉择所产生的作用，并分析科学哲学的后现代趋向与现象学传统之间所隐含的关联，从而对后现代科学哲学的历史、现状和可能走向给出一种趋向性的描述。(孟可文)

N000004 **中国科学哲学论丛·浑沌语义与哲学** 刘华杰著。湖南教育出版社 1998 年版。25 万字。14.40 元。共 8 章。第一章“神话浑沌”、第二章“一般科学中的浑沌”、第三章“非线性动力学浑沌”、第四章“浑沌与随机性”、第五章“浑沌与决定论”、第六章“浑沌的意义与指称”、第七章“相空间重构：原理、标法与应用”、第八章“观察图象理解浑沌”。全书从文化学和科学史学的角度详细讨论浑沌语义问题，内容涉及各国古代的浑沌神话，近现代一般科学中的浑沌思想，以及非线性动力学中“正统”的浑沌理论。并在此基础上分析了几个有代表性的科学哲学问题，如随机性与科学决定论等。此外还介绍了相空间重构技术以及浑沌图形的计算机作图技巧。(孟可文)

N000005 **自然的法则** 副名：近代“革命”观念的一个解读。肖巍著。复旦大学出版社 1998 年 6 月版。23.6 万字。15.00 元。分为 4 章。第一章“革命”的观念，下分“推翻：政体之变革”、“运转：天体之运行”、“1688：‘光荣革命’”、“1687：牛顿的革命”4 节；第二章“政治革命的‘自然法’解读”，下分“近代以前的自然法”、“古典自然法哲学”、“洛克：为‘革命’辩护”、“自然法、自然权利和社会契约”4 节；第三章“科学革命的‘自然规律’解读”，下分“古代自然规律观”、“‘哥白尼革命’辨”、“牛顿力学体系的确立”、“自然规律：从目的论到机械论”4 节；第四章“双重效应及统一思路”，下分“资产阶级革命与‘市民社会’”、“近代科学革命与‘体制化’运动”、“自然规律愈来愈变成历史的规律”3 节。(陈士强)

N000006 **自然哲学和文化哲学** 郑刚著。广东旅游出版社 1998 年 2 月版。13.6 万字。10.50 元。在已出版的《哲学研究》、《逻辑·美学·形而上学》的基础上，对自然哲学与文化哲学进行了全新的阐述。(李瑞苑)

N000007 **追思自然** 副名：从自然辩证法到自然哲学。吴国盛著。辽海出版社 1998 年 9 月版。34.6 万字。26.00 元。由“科学与哲学论战”、“历史转向”、“走向自然哲学”3 个主要部分组成，描述作者对自然的追思历程。(谢丹)

N000008 **20 世纪广东科学技术全纪录** 广东省科协、广东省科委编。广东经济出版社 1998 年 12 月版。580 万字。980.00 元。总结了广东省近百年来科技发展历程、宣传各行业依靠科技进步所取得的巨大成就，宣传科技工作者致力振兴中华的精神和业绩，宣传科学技术是第一生产力的战略思想，再现出广东百年科技风云和沧桑巨变。(曾莹)

N000009 **科学发现纵横谈** 王梓坤著。中华书局 1998 年 3 月版。12 万字。8.50 元。除引子与结束语外，分两章 49 节，通过讲故事与评述的方法，从自然科学发展的历史长河中，挑选出不少有意义的发现及事实，努力用辩证唯物主义和历史唯物主义的观点加以分析总结，力求阐明有关科学发现的一些基本规律，并探求作为一个自然科学工作者或有志于献身科学的青少年学生，应该具备一些怎样的学识与品质。本书于 1978 年在上海人民出版社初版，1995 年被列入中宣部、国家教委、文化部、新闻出版署、团中央联合推荐的“百种爱国主义教育图书”。此次修订后，增加了附编。(柴剑虹)

N000010 **科学思想丛书** 汪继祥、申先甲主编。科学出版社 1998 年 11 月版。93.00 万字。53.00 元。包括《科学的假说》、《科学的争论》、《科学的突破》、《科学的遗憾》和《科学的蒙难》。每册包括若干相对独立的文章，通过对自然科学发展史上大量生动具体的科学发现“案例”的剖析，揭示正确的科学思想对于推动人类科学认识发展的促进作用，以及错误的思想对于科学认识发展的阻碍作用。《科学的假说》选取近现代科学史上有重大影响的假说，再现了科学家在创造过程中的斗争与挫折，他们如何在迷雾中摸索前进，如何在经历了艰苦漫长的道路之后，逐步形成了假说。《科学的争论》选取了物理、化学、生物学、地学等学科发展史上一些有影响的争论事例，力图通过对这些争论的发端、内容及过程的介绍，使读者了解科学理论是怎样发展的。《科学的蒙难》介绍和分析在科学发展过程中，由于习惯势力的阻挠、反动阶级的扼杀、管理政策的失误、学阀权威的压制、嫉妒心理的干扰等原因，使科学成果在发现与公认时间上被延迟，以及创造者本人遭磨难等现象。《科学的突破》介绍近现代科学史上 18 次重大的科学突破，内容涉及数学、物理学、化学、天文学、生物学等。《科学的遗憾》依据大量历史材料叙述科学家犯错误、走弯路、延误甚至错过科学发现的经历，选取了由于科学内部原因导致的挫折与失败的案例，分析造成科学遗憾的原因。(孔国平)

N000011 **梦溪笔谈全译** 宋·沈括原著，胡道静等译注。贵州人民出版社 1998 年 12 月版。87.8 万字。50.00 元。在参考不少国内外已出版的有关《梦溪笔谈》的译注著述的情况下，对其进行全注全译。是"中国历代名著全译丛书"之一。（夏昆）

N000012 **厦门科技史话** 刘青泉著。鹭江出版社 1998 年 7 月版。17.8 万字。12.30 元（平），19.30元（精）。"厦门文化丛书"第二辑中的一本。从不同的领域展示厦门科技的历史与现状。举凡数学、物理、化学、生物、天文、机械、建筑、医学、电子、农业等方面，均辟专章予以介绍。（陈骋）

N000013 **迈向"知识经济"时代** 华裕达主编。上海科学技术出版社 1998 年 12 月版。25.9 万字。17.90 元。全面记录 1997 年全球科技发展的状况，以及 1998 年成为社会新闻热点的有关科技事件的背景资料与知识。（周兆钧）

N000014 **技术能拯救地球吗** 王乃粒编著。上海科学普及出版社 1998 年 9 月版。21.5 万字。20.00 元。编译 36 篇国外科技文章，内容涉及：生命、信息、空间、海洋、环境、生态等领域和科技政策，尤其侧重于科技发展的总趋势以及科技在促进经济建设的同时如何注意与环境、生态和社会的协调发展。对有的重大问题，加了译者按。（李选玲）

N000015 **儿童身边科学 1000 个为什么（第三集）** 钟宝良等编。辽宁少年儿童出版社 1998 年版。40 万字。26.00 元。分为上、下两册。汇集人体·生理、医药·疾病防治、动物、植物、地质·地貌·矿物、环保·卫生、航空·航天·宇宙、日用品、纺织品、电子·电器、邮政·电讯、交通·旅游、天文·气象、体育、兵器、标志·信号、安全·救护·防卫等综合性科普知识。（李玲）

N000016 **三极探险** 副名：未必你知道。张继民著。广东省地图出版社 1998 年 4 月版。25 万字。15.00 元。介绍未知的科学探险传奇。如，中国著名科学探险者秦大河在珠穆朗玛峰险些与死神拥抱；塔克拉玛干大沙漠内也有居民，他们的生存特点与乐趣是常人想象不出的；20 世纪 80 年代，我国青藏高原的考察可谓硕果累累，那么，为何到 1994 年雅鲁藏布江大峡谷才被发现和确认为世界第一大峡谷等方面的内容。（康静）

N000017 **大千奇观系列** 华惠伦、殷静雯、庄秀福等著。上海科学技术出版社 1997～1998 年 11 月版。共 70 万字。44.80 元。分《动物》（上）（下）、《人体》和《趣味植物》4 种。《动物》、《趣味植物》揭示了动、植物的奇观秘闻。介绍小到蚂蚁，大到动物之最——蓝鲸，冰上霸王北极熊，赤狐一家富于情趣的生活，猛兽美洲虎遭遇强敌时的狼狈相，吃人虎遭到大象、豪猪、蟒蛇、野牛、鳄鱼的反击，虎与狮究竟谁凶，等等；介绍植物照样有"感情"，能感受信息，加以表达，会呼吸，会"听音乐"，能"看"，能测报地震，遇害能"自卫反击"，会设陷阱。阐述植物适应环境，调节气候的特点。《人体》介绍了自身人体的知识：人体内一刻不停地刮着旋风，进行核反应，人体本身是能源库、药库，人有了不起的潜力，人的眼、耳、鼻、舌、齿、皮肤、头发、手脚，乃至脑袋、神经、血管、生育、生命都有无穷的奥秘。（邓荣辉）

N000018 **小科学家丛书** ［美］世界图书公司编著。人民教育出版社 1998 年 4 月版。41 印张。280.00 元。根据美国世界图书公司（World Book International）出版的"Young Scientist"1994 年版翻译出版。内容涉及地理、物理、化学、生物、计算机、环境保护等学科。原书为 20 卷，主要内容分为 3 部分，中文版按内容编为 3 辑。第一辑：自然世界，包括原书 1～8 卷，主要探索我们居住的星球——地球，它的土地、水、气体和各种生物。第二辑：物理世界，包括原书 9～13 卷，侧重研究地球的主要能源的科学和技术。第三辑：科学为我们，包括原书 14～19 卷，详细讨论怎样应用科学技术使我们生活得更方便，更舒适。原书第二十卷为"阅读指南"，中文版将其放入第三辑。中文版删去原书 1～19 卷各卷后的索引，保留第二十卷的全书索引。全书有 100 多个小实验。（王存志）

N000019 **不可思议的世界** 郝思军等编著。少年儿童出版社 1998 年 12 月版。20 万字。26.40 元。4 册：动物篇、植物篇、自然景观篇、人文景观篇。在"动物篇"中，收有 80 篇短文，描述哺乳动物、鸟类、两栖爬行动物、鱼类、无脊椎动物的奇事趣情；在"植物篇"中，收有 58 篇短文，描述树木的奇迹、花朵的魅力、籽实的奉献、攻与守的绝招、毒与药的变奏等植物奇闻；在"自然景观篇"中，收有 95 篇短文，描述奇谷、奇石、奇洞、火山、冰川、沙漠、江、河、湖、海洋的种种不可思议现象；在"人文景观篇"中，收有 81 篇短文，描述自古以来许多尚没有找到答案的人类文明遗址遗迹，以及风俗方面的谜。（洪祖年）

N000020 **不知道的世界** 陈海燕策划、主编，李毓佩等著。中国少年儿童出版社 1998 年 8 月版。50.75 印张。110.00 元（平）、155.00 元（精）。由科学家和科普作家们用生动鲜活的科普故事，向青少年展示了未知世界;以小百科的形式选取了一系列科学谜案,反映了人们在探疑解谜中作出的努力和遭遇的障碍,介绍了各种有代表性的假说、猜想和目前已达到的研究水平,提供了攻难闯关的相关知识背景,并指出了可能的途径。丛书分:《数学篇》、《大地海洋篇》、《历史考古篇》、《化学篇》、《鸟兽篇》、《植物篇》、《物理篇》、《昆虫海洋动物篇》、《人体篇》、《天文篇》,共10册。(杨向荣)

N000021 **少年科技新视野** 李东主编。海燕出版社1998年9月版。98万字。54.00元。分8种:《你了解微电脑吗》、《你想飞出地球吗》、《现代通信带来了什么》、《新材料的威力何在》、《癌症能被征服吗》、《大自然的能源会枯竭吗》、《我们能与大自然和睦相处吗》、《海洋能为我们解困吗》。介绍通信、航空航天、材料科学、医疗卫生、环境保护、海洋开发等学科的产生、发展过程及其光辉灿烂的前景。(王艳丽)

N000022 **中国目击者说丛书** 李龙臣、田如森等编。江苏少年儿童出版社1998年6月版。40万字。42.00元。含《宇宙星球大碰撞》、《地球生命大爆炸》、《地球秘密大曝光》、《太空世界大进军》。丛书以中国著名科学家的独特眼光和独到见解,通过大量的图片和浅显的文字,阐释有关星体碰撞、地球、生命起源、太空探测等方面的知识。(徐健)

N000023 **火星:我的第二家园** [美]巴里·齐默曼等著。江苏人民出版社1998年1月版。15万字。12.60元。介绍有关生物学、化学、天文学、物理学和地球科学等领域的知识,内容涵盖日食、月食、雨林、时间、旅行和爱因斯坦的相对论,以及在火星上营造一个人类能生存的环境的方方面面。(丁嫣霞)

N000024 **在岩石上漂浮** [美]巴里·E·齐默曼等著。江苏人民出版社1998年1月版。17万字。10.00元。涉及生物学、化学、地球科学、物理学和天文学中最让人感兴趣的问题。本书为"剑桥文丛"之一。(丁嫣霞)

N000025 **我真想知道** 陈秋影、王信予主编。新世纪出版社1998年8月版。60万字。44.00元。介绍"天有多高","地有多大","花儿为啥开","谁是百兽之王","我的身上有什么"等科普知识。(吴玉珺)

N000026 **奇妙的科学实验室** 引进美国版权。浙江科学技术出版社1998年1月版。75万字。54.00元。包括物理篇、宇宙篇、地球篇、理化篇、生物篇5个分册,以简洁的文字、形象生动的插图,介绍近百个科学实验。

N000027 **奇闻静观** 王直华著。江苏教育出版社1998年8月版。10.8万字。5.50元。是大型科普丛书《金苹果文库》第二辑中的一册,系作者的自选集。全书26篇文章可分为3组。第一组为开篇"我与科学世界",记述作者于1989年底到1990年上半年撰写《小行星的对话》及其续篇的经过。第二组13篇文章,剖析国外传来的种种"奇闻"。对诸如"星象预测人类大劫难","外星人监视美国白宫","冷冻尸体复活","捕获尼斯湖怪","西伯利亚发现的恐龙蛋孵出了三角龙","鸵鸟蛋孵出了女婴"等伪科学谣言,利用最新科技进展进行抨击,对其他误传也作了澄清。第三组12篇文章,主要是对一系列高新科技(如现代真空电子学、晶体管、纤维光学、量子电子学、超导、集成电路、X射线和电话等)的发现、发明及其最新进展作了深入报道。(喻纬)

N000028 **金苹果文库第2辑** 卞毓麟、赵所生主编。江苏教育出版社1998年8月版。139万字。66.00元。"金苹果文库"是一套大型科普丛书,计划分5辑共出版50种。第二辑10种均为中国优秀科普作家自选集:《奇闻静观》(王直华),《科海撷贝》(陈祖甲),《了解生命》(王谷岩),《开发自我》(朱长超),《热爱地球》(郭治),《飞向蓝天》(谢础),《数学广角镜》(谈祥柏),《气象与生活》(林之光),《奇妙的海兽》(华惠伦),《动物谋生术》(王义炯)。《奇闻静观》运用最新科技进展有力抨击伪科学"奇闻",澄清误传;深入报导一系列高新科技的发现与发明的历程。《科海撷贝》是人民日报资深科学记者对我国一系列科技成就的权威报导的汇集。《了解生命》围绕"生命"这个主题,谈生命现象、生命奥秘,谈生命科学的成果。《开发自我》帮助人们清醒认识自己,合理调节行为,不断发展自身,创造美好未来。《热爱地球》阐明人与环境、人与自然、人与生物圈的关系。《飞向蓝天》谈了许多关于航空航天的事件。《数学广角镜》的"广角",在于用数学的眼光来看中国的语言文学,还介绍一批可作为智力游戏的趣数、趣题和趣图。《气象与生活》指出,这种特殊气候不仅直接关系到农业发展,而且影响着中国人的生活与文化。《奇妙的海兽》对各种海兽的充满奇趣的生活习性都作了极具趣味性的描述。《动物谋生术》介绍在种类多达200万之巨的动物社会里,动物怎样生存、谋食、避敌和通信,动物是怎样过家庭生活的。(喻纬)

N000029 **科学创意1998** 共青团上海市委员会少年部《少年科学》编辑部编。少年儿童出版社1998年9月版。8万字。12.00元。"彩虹创意"征文活动的结集。“彩虹创意”征文活动是上海市教育发展基金会，共青团上海市委员会少年部，《少年科学》编辑部，上海东方广播电台，《文汇报》、《少年报》编辑部联合举办，共收到中小学生各种“奇思妙想”的创意文章1.5万多件。本书共挑选100篇，有：“吸头屑的梳子”、“垃圾发电厂”、“会说话的碗”、“会升空的房子”、“河底废品站”、“多功能太阳帽”、“人造皮肤”等等。（洪祖年）

N000030 **科学焦点丛书** 许槑、谈祥柏等译。中国青年出版社1998年4月版。55.4万字。46.80元（一套）。共6册。《宇宙的结构》，作者保罗·哈尔彭用通俗的语言介绍当前天文学中的一些热点问题。《宇宙大碰撞》，从宇宙碰撞的历史说起，提到许多对付未来厄运的方案措施，回答一系列人们普遍关注的宇宙对地球的碰撞等问题。《心身的交融》帮助你考察各种各样当代新兴的替代疗法。《心灵的药物》针对精神病学领域，在心理学和生物学观点上作出了阐述。《动物的语言》揭示科学家是如何研究动物间交流的。《通信新时代》从交互式电视到虚拟办公室，从电脑控制空间到虚拟性别，从声音识别软件到人工智能，从互联网、环球网到信息高速公路引导读者进入21世纪。（郭静）

N000031 **科海撷贝** 陈祖甲著。江苏教育出版社1998年8月版。13.5万字。6.50元。是大型科普丛书《金苹果文库》第二辑中的一册，系作者的自选集，共41篇科普文章，分赶潮篇、精英篇、识愚篇、杂拌篇。介绍了我国第一颗原子弹研制及发射的过程，原子能在医学、轻工、食品等方面的重要作用，我国“九五”期间国家信息工程的建设。还介绍了我国高通量原子反应堆的建设，第一颗试验通信卫星的研制和发射，室温超导的研究，生物技术的开拓，863计划的制定和实施，计算机集成制造系统的应用；展示了诺贝尔奖金获得者李远哲、铀同位素分离理论奠基人王承书、胰岛素的全合成和酵母丙氨酸转移核糖核酸全合成者汪猷等科技精英的科学成就，以及他们求实、创新、严谨的科学作风和为科学献身的精神。（王巧林）

N000032 **迷人的世界** 副名：图解自然、人体、科技大百科。朱健敏等译。江苏科学技术出版社1998年8月版。150万字。2800幅彩图。260.00元。是自然科学和工程技术方面的图解式百科全书，全书分为“自然”、“人体”和“科技”3大部分。第一部分围绕广义范围的人类生活环境，从宇宙的起源和构造开始，讲述银河系、太阳系以及我们的地球和大气层，详细介绍生命的形成和生物的进化，以及生态的相互关系、人类对自然界带来的威胁等重点话题。第二部分介绍人体，人体的重要器官，人类的繁衍与进化，如何通过感觉器官和神经系统认识周围世界等。第三部分介绍现代工程技术各个重要领域，从能源技术、信息技术到航天技术。每个专题都有彩图和文字说明。（邓海云）

N000033 **探索自然的奥秘** Andreu Llamas 撰文，武春莉等译。天津科学技术出版社1998年5月版。12万字。共6本，即：《雨》，Luis Rizo 绘图，Andreu Llamas 撰文，武春莉译；《河流》，Francisco Arredondo 绘图，Andreu Llamas 撰文，武春莉译；《四季》，Luis Rizo 绘图，Andreu Llamas 撰文，武春莉译；《恒星》，Ali Caroussi 绘图，Andreu Llamas 撰文，武春莉译；《火山和地震》，Ali Garoussi 绘图，Andreu Llamas 撰文，王祯译；《宇宙的起源》，Luis Rizo 绘图，Andreu Llamas 撰文，杨成虎译。丛书以彩图为主，介绍大自然中普通而又奇妙的现象。例如，雨是如何形成的？河流来源于哪里，又流到哪里去？春夏秋冬这四个季节是如何形成的，每个季节中动物、植物、天气的特点又是什么？什么是恒星？宇宙是如何形成的？火山和地震又是如何发生的？等等。（武春莉）

N000034 **彩图中国青少年自然科学丛书** 罗声雄等主编。辽宁人民出版社1998年7月版。208.3万字。420.00元。包括数学卷、物理卷、化学卷、计算机卷、航空航天卷、天文卷、军事与国防卷、动物卷、植物卷、人体与健康卷共10个分册，设2482个条目，配有2380幅彩色插图，条目附有中英文对照表。各卷分别介绍古典和现代的数学名词以及重大的数学问题；物理学的力学、热学、电磁学、光学、近代物理、现代科技和伽利略等35位著名物理学家及他们的贡献，有39个物理小实验并物理学发展大事年表；化学基础知识、化学史料和古今中外著名化学家事迹并化学大事记；计算机硬件、软件、网络通信、计算机应用、人工智能及其他技术的概念、意义、现状、发展前景；航空器、航天器的结构、特点、性能，现代航空航天技术的新成果，尚待探索的及未来的趋向和设想，附有航空航天大事记；太阳、太阳系、恒星、银河系、星系的各种天体、天体集团的存在、特性、结构和行踪以及起源和演化探索，一些尚未能解释的天文现象、一些目前普遍认为较好的理论及其致命弱点，附有天文学大事记、天文常数表、最亮星表、星图；中外战争史上的重要战役、兵法著作、军事人物、各兵军种、军事保障等，并对一些有代表性的武器装备的技术参数、性能、发展状况进行重点介绍；按动物学科系统分类的无脊椎动物9门、脊椎动物5个纲的动物形态结构、生活习性，它们与人类的关系以及分类、分布情况和各式各样的动物行为，野生动物观察、标本制作方法，附有国家重点保护野生动物名录、动物界演化和地质年代表；应用植物、光合作用和植物生理学、生物技术、植物形态与结构、植物分类、植物生态学、古植物学、植物资源保护；人体探秘、生命旅程、健康指南、防病急救，附有想一想、小知识、小实验等思考性条目22个。(于虹)

N000035　**趣味自然科学百科**　姚大均、黄建民等编著。江苏少年儿童出版社1998年7月版。550万字。217.00元。含《宇宙索奇》、《趣味地理》、《人体探秘》、《动物趣谈》、《植物大观》、《数学天地》、《物理乐园》、《化学世界》8册，每册平均70万字，配有插图近千幅。从广大中小学生感兴趣的课题入手，介绍众多领域的自然科学知识。(徐健)

N000036　**趣味实验150**　佛朗索瓦·奥拉斯等著。浙江科学技术出版社1998年9月版。11.75印张。32.00元。包括神奇的水、冷与热、大自然的秘密、奇妙的人体、声音与传声、光与色、镜子与透镜、力与法、运动与模拟、飞翔之梦、仪器与测量、电的奥秘、物质与材料等10多个部分，共100多个有趣的实验，涉及自然科学的各个方面。

N000037　**少年现代科学技术丛书(第四辑)**　王培垣等编著。少年儿童出版社1998年12月版。80万字。50.30元。共10册，为：《机器人世界》、《现代气象探秘》、《奇妙的液晶》、《微生物的新职业》、《现代灵丹妙药》、《养殖新技术》、《绿色革命》、《仿生趣谈》、《拯救濒危生物》及《克隆，生命的拷贝》。(洪祖年)

N000038　**中华民族优秀传统文化丛书·科技卷**　王前、谢丹主编。辽海出版社1998年4月版。92.80万字。48.00元。共8册，分别是：《独具特色的中国地学》、《功效神奇的中医中药》、《全面发展的实用科技》、《历史悠久的农业文明》、《驰名世界的四大发明》、《地位独尊的古代天学》、《成就卓著的中国数学》、《博大精深的科学思想》。(谢丹)

N000039　**未来科学家丛书**　南熏等编著。北京科学技术出版社1998年8月版。150万字。73.00元。分为《动物篇》、《植物篇》、《天文·气象篇》、《人体篇》、《地球篇》、《电脑篇》、《网络·机器人篇》、《生物工程篇》、《海洋篇》、《军事篇》。(刘长梅)

N000040　**进入21世纪的科学技术丛书(第一辑)**　于光远主编。湖北教育出版社1998年7～8月版。240万字。166.00元(套)。所涉及的学科涵盖了基础科学、高科技、应用技术及综合学科。基础科学部分展现的是数、理、化、天、地、生等自然科学基础理论；高科技部分则包括了以能源、材料、航天、信息、计算机及光电子等与国民经济发展和人类前途命运直接相关的现代前沿最活跃的科学技术；应用技术部分向人们介绍了现代科学技术在衣、食、住、行及农业、气象等领域的应用前景；综合学科部分则展示了在20世纪发展起来的诸如环境、资源等新学科。(尹兰)

N000041　**科学与生活丛书**　门岿主编。天津科技翻译出版公司1998年版。70.9万字。49.40元。共6本，分别从不同的角度，详实客观地记述和评析了科学与人类生活密切相关的几个大问题。(李小英)

N000042　**科学快车丛书**　沈符民主编。晨光出版社1998年9月版。80万字。27.10元。分《站在巨人肩头》、《登上科学快车》、《超越时间距离》和《探寻万物奥秘》4册，侧重于对20世纪获得诺贝尔奖的科学家以及对科学理论、科技产品和科学研究新成果的介绍。(黄楠)

N000043　**最后的秘境——走进雅鲁藏布大峡谷**　王嵘、王力东著。作家出版社1998年7月版。20万字。16.00元。作者参加了对雅鲁藏布大峡谷长达8个月的探险和考察，拍摄了首次向世人公开大峡谷秘境风情的大型系列电视片。作品对大峡谷奇观秘闻作了真切的纪实，对这一特殊自然环境和人们古老民俗遗风作文化透视，给人以哲理的启示。(张玉太)

N000044　**英汉科技大辞典**　吴光华编著。上海交通大学出版社1998年10月版。1171万字。238.00元。收词23万条(包括近10年来新词2万条)，词条内有成语习语6万条，复合词、派生词10万条，专业词组40万条(优先采用目前已有的文理工等学科的主题词、定名词)。在重点突出科技词汇的前提下，普通词、缩略语等均有相应比例。词条按英文字母顺序排列，有词目、音标、词类、词形变化、释义、例证、说明、复合词、派生词、成语习语、专业词组等，部分条目中还列有词源、语法范畴、修辞色彩、学科类别。各学科词组均不重复，以最大限度地增加信息量。(戴柏诚)

N000045　**高科技知识辞典**　吴锡军主编。江苏科学技术出版社 1998 年 11 月版。83 万字。43.00 元。收录 960 余条词目，分综合类、信息技术、生物技术、航空航天技术、新材料技术、自动化技术、新能源技术、海洋技术、绿色技术等 9 部分。并在综合类集中介绍与高技术密切相关的新学科、新理论、新概念和新兴技术，以及高技术产业、管理方面的新知识，同时还汇集了国际上有影响的发达国家的高技术战略计划以及高技术与经济发展、社会进步方面一批新知识词条，而且每条词目都列有英文对照。（高志一）

N000046 **意汉科技词典** 钱鸿嘉编。译林出版社 1998 年 5 月版。68.7 万字。36.00 元。收入近年来新出现的一些词语。重点收入一些常用词。对于同一科技名词在不同专业中之不同解释，该词典亦一一加以标明。（祝巍）

N000047 **动态系统故障诊断理论与应用** 张育林、李东旭著。国防科技大学出版社 1998 年 8 月版。25.1 万字。18.00 元。介绍动态系统故障诊断的基础理论和检测方法。（罗青）

N000048 **系统分析与协调** 顾培亮著。天津大学出版社 1998 年版。43.1 万字。20.00 元。在 1991 年出版的《系统分析》教材基础上补充、修订而成。此次修订增加了系统分析的思考方式、神经网络方法、数据包络分析(DEA)、多元分析等基本原理及其应用，以及新设了“系统分析与协调作业”一章的内容及案例。全书共 2 篇 13 章。第一篇为系统分析与协调的原理与方法，包括绪论、系统分析的内容、系统及系统结构、系统分析的信息知识基础、系统研究作业、系统设计作业、系统量化作业、系统评价作业、系统协调作业以及系统分析的支持系统等。第二篇为系统分析与协调的应用和案例，包括能源消费与供应系统分析、水资源系统分析、企业合营项目的谈判与协调等。（尚丽娜）

N000049 **系统协同与自组织过程原理及应用** 彭仕政等著。贵州科学技术出版社 1998 年 7 月版。27 万字。22.80 元。由多个子系统经某种机制构成的系统中存在特定的协同作用。本书清晰地给出了系统协同理论中的基本概念，阐述自组织过程的随机概率描述以及非平衡相变及其触发机理。（刘世强）

N000050 **泛系：万悖痴梦** 副名：一种形而泛学：哲学与非哲学的创生。吴学谋著。湖北教育出版社 1998 年 7 月版。49.4 万字。30.00 元。对泛系理论中百科理法研究进行了第九次总结，它既是泛系创业和成长历程的文学纪实，又是百科可络的泛系理论的通俗演义和工具性辞典，是作者继《逼近转化论》、《泛系方法论》、《从泛系观看世界》、《泛系理论与数学方法》、《泛系：不合上帝模子的哲学》等学术专著出版后，在泛系理论上新的延伸和探索。本书论及了包罗广义机理学、生克学、运筹学、社会学、系统工程、数理方法论、认识论、悖论、自我论、设计学、创作与创新、信息加工、管理学、一般生命系统、泛系相对论、元医学等数理工医文社史哲 10 多种专题在内的泛系方法论。（熊芳直）

N000051 **线性系统理论** 段广仁著。哈尔滨工业大学出版社 1998 年 2 月版。60.1 万字。32.00 元。系国家教委、航天工业总公司、黑龙江省重点图书。作者是哈尔滨工业大学自动控制系教授、美国电子电气工程学会高级会员、美国《数学评论》评论员、国内多部杂志的编委，主要研究鲁棒控制理论、广义系统理论和现代控制理论在航天工业中的应用。本书融入作者 50 多篇论文和研究成果，对线性系统理论作全面介绍。（黄菊英）

N000052 **统一科学初探** 庄世坚著。厦门大学出版社 1998 年 8 月版。43.5 万字。39.00 元。揭示了世界上一切事物形态转化存在着统一的基元规律。基元规律在平衡态、准平衡态、近平衡态和远离平衡态时可以用不同的简化形式来表现。而在环境的多重作用下多元系统在多级或多向的形态转化中，基元规律又将表现出许多复杂的集成形式。本书摒弃了传统观念的束缚，用整体的、系统的眼光来重新审视世界。它根据具体对象在各种失衡条件与不同发射方向的表现，可以把各学科中的运动规律和定理自然地演绎或集成出来，而对一些很熟悉的概念，如信息、熵、力、时间、零点能等，也重新作了探讨。作者把笔端触及到了经典和现代物理学的主要领域，对创建统一科学的综合理论进行了探索。（蒋东明）

N000053 **滞后广义系统的稳定、镇定与控制** 副名：大型动力系统的理论与应用(卷 8)。华南理工大学出版社 1998 年 5 月版。20 万字。33.00 元。讨论滞后广义系统的稳定、镇定与控制，系统地总结在滞后广义系统的稳定、镇定及控制领域的研究成果。全书分 9 章，第二至四章研究线性滞后广义系统的可解性及稳定性，第六至九章研究线性滞后广义系统的反馈镇定及控制器设计，第五章研究不确定线性滞后广义系统的鲁棒稳定性。（张巧巧）

O 数理科学和化学

数 学

O000001 **天元研究生数学丛书** 张恭庆主编。北京大学出版社 1998 年 6 月版。内容包括数学中重要的分支学科，每种书论述一个分支或一个较大专题，并讲述该方面的基本概念和基本方法。本套丛书已出版的有：张南岳、陈怀惠编著的《复变函数论选讲》，程士宏编著的《高等概率论》，孟道骥编著的《复半单李代数引论》，曹锡华、叶家琛编著的《群表示论》。(刘勇)

O000002 **中国数学史大系** 吴文俊主编。北京师范大学出版社 1998 年 9 月版。320.00 万字。450.00 元。是国家"八五"重点图书规划项目。共 10 卷，分别为上古到西汉；《九章算术》；东汉到三国；西晋到五代；两宋；金、元、明；明末到清中叶；清中到清末；早期的外国数学史料；中国传统数学书目汇编。预计 20 世纪末全部出完，目前已出版发行了上古到西汉；《九章算术》；东汉到三国等 5 卷。全书为编年史体例，从上古以迄清末，各卷自成断代史，除复原古代算法的形式，并对照以近代算法外，尽量收入各家最新研究成果，对中国古代数学的发展与辉煌成就作了清理研究。(傅占武)

O000003 **分形几何理论与应用** 文志英等编著。浙江科技出版社 1998 年 12 月版。28.00 万字。29.00 元。"应用数学丛书"之一。介绍分形几何的基本理论及重要应用，包括分形几何中最基本的数学概念——分形集的各种维数、几种重要的分形集的维数计算、测度的局部分析、分形几何研究的若干近期进展、结合一维准周期链的分形结构、分形空间。同时，还介绍了分形几何在物理学、图像处理方面的应用。

O000004 **认知科学 建构主义与数学教育——数学学习心理学的现代研究** 郑毓信、梁贯成编著。上海教育出版社 1998 年 10 月版。21.80 万字。13.00元。内容分为两个部分。第一部分"认知科学与数学教育"，首先对心理学的现代发展，特别是由行为主义心理学到认知心理学的转变作出简要介绍，并集中对认知学习理论作出论述。其次，围绕数学学习活动的认知科学研究作出介绍。第二部分"建构主义与数学教育"，首先从一般的角度对建构主义的内涵及其数学涵义作出分析，特别是建构主义现正经历着由一元论、极端主义向多元论、辩证的综合的重要转变。其次，针对数学教育的特殊性作进一步的论述，建构主义不仅为数学的本体论问题提供了合理的解答，而且也直接促成了数学观的革命性转变，作者从这样的角度对"解释"与"理解"、形式与非形式、及"问题解决"与数学地思维等问题作出具体的分析。(何莉雯)

O000005 **阿基米德全集** 朱恩宽、李文铭等译。陕西科学技术出版社 1998 年 10 月版。47.00 万字。48.00 元。依据的底本是 1912 年英国出版的《The works of Archimedes with the method of Archimedes》。这部英文版著作是由英国古希腊数学史研究权威希思(T. L. Heath，1861～1940)根据丹麦语言学家、数学史家海伯格(J. L. Heiberg，1854～1928)的《阿基米德全集及注释》以及有关史料编辑而成。并且希思在阿基米德著作的原文中引入了现代数学符号。本书共两部分。第一部分"导论"8 章，由希思撰写，是研究阿基米德著作的总结。有阿基米德的轶闻、著作的抄本及主要版本、方言和佚著，与前辈工作的联系，三次方程，对积分的预示和专用名词等。第二部分是阿基米德的著作，共 14 篇。包括：论球和圆柱Ⅰ，Ⅱ；圆的度量；论劈锥曲面体与旋转椭圆体；论螺线；论平面图形的平衡Ⅰ，Ⅱ；沙粒的计算；求抛物线弓形的面积；论浮体Ⅰ，Ⅱ；引理集；家畜问题；方法等。(赵生久)

O000006 **超时空数学之旅** 副名：漫画趣味数学。李毓佩、林航著。首都师范大学出版社 1997 年 12 月至 1998 年 7 月版。516 幅图。28.50 元。全 3 册。每册包含 5 个数学家的故事和 150 道趣味数学题。每个故事和每道题都辅以幽默夸张的漫画。书后附有答案和解题思路。解题所用数学知识不超出小学高年级和初中课堂教学内容，包括算数四则应用题、速算题;简单图形的面积、体积;简单的数论、图论、逻辑;方程和方程组等等。习题侧重于培养学生的计算能力、逻辑思维能力、空间想象力,以及递归、逆推、类比等基本思维能力。(傅作梅)

O000007 **棋盘上的组合数学** 冯跃峰著。上海教育出版社 1998 年 9 月版。16.60 万字。7.30 元。作者将数学教学和数学研究中,遇到的大量与棋盘有关的数学问题整理、归类成 5 个方面:一、棋盘的覆盖;二、棋盘的布局;三、棋盘中的构形;四、棋盘填数问题;五、棋盘的格点与格径。其中有些问题已经解决,有些问题还没有解决,有待读者进一步研究,对已经解决的问题,重点剖析解决这些问题的基本途径,对没有解决的问题则从不同的侧面进行分析和探索。本书的每个章节都配有习题,书后附有解答。

O000008 **新英汉数学词典** 王声培等编。上海教育出版社 1998 年 8 月版。101.60 万字。22.00 元。是在 1995 年出版的《数学汉语主题词表》的基础上,将《中国数学文摘》、美国《数学评论》、德国《数学文摘》近年来主题索引中使用频率较高的词汇搜集起来,按学科分类编制而成。内容包括:数理逻辑、数学基础、组合学、一般数学系统、代数学、代数几何学、分析学、微分方程、积分方程、泛函分析、几何学、拓扑学、概率论、数理统计、数值分析、运筹学、信息论、控制论等部分,收词 41,000 多条。正文之后附有 8 个附录,分别是:数学文献中常用缩写词(2400 多条),数学文献中常用数学家人名(含 1994 年前我国从事数学研究工作的中科院院士),国外 99 种主要数学期刊(根据国际科学引文索引,按被引用次数多少排列),数学符号读法及其表示,希腊字母表及读音表,德文字母及读音表,俄文字母——英文字母音译对照表,日文字母——英文字母音译对照表。(何莉雯)

O000009 **数学广角镜** 谈祥柏著。江苏教育出版社 1998 年 8 月版。14.70 万字。7.00 元。是大型科普丛书《金苹果文库》第 2 辑中的一册,系作者的自选集。全书含开篇《我与科学世界》和 69 篇文章。在开篇中,作者从他酷爱读书、买书和藏书的侧面,简要回忆了他走上数学研究和数学科普创作道路的经过。作者善于用数学家的眼光来看待中国文史哲中的问题。从汉语中的成语、俗语、民谣、对联的模式和其中镶嵌的数字到汉字的"形体美",从时辰到年号,从用数理统计方法来鉴定《红楼梦》后 40 回的作者到用集合论观点发现杭州西湖桥名的错误,作者都做出了科普文章。本书还收集了一批数学趣数、趣题、趣画(其中的大部分都有现代数学的背景)。(喻纬)

O000010 **数学发现的艺术** 副名:数学探索中的合情推理。杨世明、王雪琴著。青岛海洋大学出版社 1998 年 8 月版。51.00 万字。32.50 元。寓数学的思想方法于数学研究、发现、探索和解题之中,对在数学学习、解题、教学和研究中广泛应用的观察、实验、归纳、类比、联想、猜测、检验、推广、限定以及抽象、概括、演绎和证明等典型思维方法进行了探讨。另外,在本书各章的"注释、问题与课题"部分,一方面补述了正文中的"言犹未尽"之处,提供了相关的历史知识和背景材料;另一方面则提供了适于读者求解的问题和研究的课题。(刘宗寅)

O000011 **数学建模优秀案例选编** 汪国强主编。华南理工大学出版社 1998 年 8 月版。26.70 万字。16.00 元。"工科数学基地建设丛书"之一。美国自 1985 年首先在大学生中开展数学建模竞赛,以考核学生运用数学知识解决实际问题的能力。中国于 1990 年开始参加美国大学生数学建模竞赛,并于 1992 年举办了中国大学生数学建模竞赛。广东省大学生近年来在上述两项赛事中均取得了较好的成绩。本书即是广东省各高校历年参赛的优秀论文的结集。(胡元)

O000012 **数学泰斗世代宗师** 江泽涵先生纪念文集编委会编。北京大学出版社 1998 年 5 月版。42.5 万字。70.00 元。是江泽涵院士的纪念文集,记述了他作为中国拓扑学的开拓者,为我国拓扑学的发展与教学鞠躬尽瘁 60 余年的历程。全书分 7 编。第一编"往事悠悠九十年"是江泽涵的回忆文章,内容从"我的童年","回忆南开中学几位老师的一些教导"到"漫谈六十年来学和教拓扑学"。讲述他由少年走出家门求学到去哈佛大学获得博士学位,把拓扑学引入中国并从事科学研究与教学的成长过程。第二编"学术论文"15 篇,其中"不动点类理论的发展情况"等论文对拓扑研究人员具有重要的学术价值和指导意义。第三编主要著译简介及国外专家书评。第四编关于数学和数学教育的论述。第五编传记。第六编为学生及友人为祝贺江泽涵 90 寿辰与从事教学科研 60 年而写的回忆文章,其中包括著名数学家陈省身、段学复、程民德、王湘浩、丁石孙、姜伯驹等撰写的文章,展现了江泽涵严谨的学术态度,大公无私的道德风范,勤于治学的崇高品德。(刘勇)

O000013 **正负珠心算** 李新著。中国财政经济出版社 1998 年 7 月版。9.90 万字。9.00 元。是作者对传统珠算方法作的一次改进。作者认为:加减乘除相互转换的关系可以应用在珠算上。根据算术四则运算定律,复杂的加减以及乘除运算可转化为相对简单的一、二、五倍加减。比如:5435×789=5435×(1000－211)=5435×1000－5435×200－5435×10－5435×1。作者运用了运算的上述规律,并结合一定程度的心算,提出了这一算法。本书即对该算法进行了详细介绍。(王芝文)

O000014　**算术基础**　[德]G.弗雷格著,王路译。商务印书馆 1998 年 8 月版。8.40 万字。8.20 元。作者从逻辑学的角度详细研究了数这个概念,尤其是对于什么是数、什么是 0、什么是 1 等问题作了阐释。同时,他还对密尔、康德等人在这些问题上的错误论述作了批判性的分析。(徐奕春)

O000015　**逻辑斯谛**　副名:"数理逻辑"的二值数学。龚启荣著。贵州教育出版社 1998 年 6 月版。34.00 万字。20.00 元。分上、中、下 3 篇。上篇"导论"分别讨论逻辑斯谛的客观原型、逻辑斯谛思考概述等问题;中篇"正统命题逻辑斯谛及其应用"分别讨论了命题逻辑斯谛的形式语言、纯真值复合式的恒等变形、命题逻辑斯谛应用实例、范式、命题逻辑斯谛有效式及其判定方法,正统命题演算系统 P;下篇"正统狭谓词逻辑斯谛及其应用"分别讨论了正统狭谓词逻辑斯谛的形式语言、正统狭谓词逻辑斯谛中部分有效式的林氏语义学确认、正统狭谓词演算形式系统 F、关于人工智能、知识表示的逻辑理论工具的讨论等问题。(玉宇)

O000016　**数理逻辑与范畴论应用**　王世强、孟晓青著。北京师范大学出版社 1998 年 12 月版。30.60 万字。20.00 元。数理逻辑和范畴论是数学中两个重要的理论基础性新学科,对数学中其他学科有很多重要应用。本书选择讲解它们在代数、分析、几何、概率统计及计算机科学等方面的一些应用。例如,对 Baire 第二纲定理独立性的证明,对 Hilbert 第十问题的推广解答,对 Goldbach 猜想相对独立性的证明,对行列有限的无限方阵对角化问题的解答,对共形影射 1 阶不变量完全系独立性的证明,凸集度量 dist 对概率统计的应用,sheaf 理论对代数几何的应用,用 topos 理论证明选择公理的独立性,用 monad 理论研究程序语言和比较不同程序的性质,等等。(傅占武)

O000017　**数学魔术师**　刘后一著。中国少年儿童出版社 1998 年 7 月版。11 万字。6.30 元。作者用讲故事的形式,介绍了一种被称为"复面算"的、通过文字猜测数字的游戏。类似于欧美国家的拼字游戏,推理的方法相同,但字词组成结构不同。这种游戏虽然是语文知识和数学知识的结合,但重点放在算术方面,所用的诗词、成语大多是熟悉的。(陈斌)

O000018　**Gel'fond－Baker 方法在丢番图方程中的应用**　乐茂华著。科学出版社 1998 年 10 月版。20.70 万字。16.00 元。"现代数学基础丛书"之一。分 6 章,第一章:预备知识;第二章:Thue 方程、Thue-Mahler 方程;第三章:广义 Ramanujan-Nagell 方程;第四章:椭圆方程、超椭圆方程;第五章:指数型超椭圆方程;第六章:S-单位方程。书中在系统论述这些方程时,对其历史背景、最新成果和尚待解决的问题均作了全面介绍。另外,各章的末尾都附有详细的参考文献。本书除绪论部分以外,所有的公式、引理、定理、推论、问题和猜想分别按其所在的章节编号,参考文献按每章编号。(总编室)

O000019　**代数几何码**　副名:当代数学园地 6。冯贵良等著。科学出版社 1998 年 9 月版。18.20 万字。15.00 元。分 7 章,前 3 章是基础知识部分;后 4 章是本书的核心部分,总结了近年来代数几何码的最新研究成果,并且包含了作者的一些尚未发表的结果。每章的最后一节是评述,概述了一些未能写入本书的重要结果和可能的研究课题。(总编室)

O000020　**代数结构与组合数学**　屈婉玲著。北京大学出版社 1998 年 2 月版。33.00 万字。21.00 元。是离散数学的第三分册——代数结构与组合数学。全书由两部分组成。第一部分为代数结构,介绍代数系统的基本概念和几个重要的代数系统,包括半群、独异点、群、环、域、格与布尔代数;第二部分为组合数学,介绍组合存在性、组合计数、组合设计与编码以及组合最优化。(段晓青)

O000021　**抽象代数学**　姚慕生编。复旦大学出版社 1998 年 11 月版。19.80 万字。10.00 元。按所讨论的代数结构分为 4 个部分。第一章为预备知识。第二章讨论群,在详细介绍了群、子群、正规群、商群、同态和同构等基本概念的基础上,着重介绍了循环群、置换群,介绍了有限群的几个基本定理,如 Sylow 定理等。第三章介绍环论。除了介绍环、理想、商环、同态与同构外,还着重介绍了整环及其分式域、唯一分解环和多项式环。第四章讨论域和 Galois 理论。本章首先介绍了各种域扩张及其性质,然后介绍了 Galois 对应和 Galois 理论基本定理,给出了一元 n 次方程可用根式求解的充分必要条件,讨论了

初等几何中尺规作图的可能性问题。书中还配备了习题,习题均有解答或提示。(范仁梅)

O000022 **迭代方程与嵌入流** 张景中等著。上海科技教育出版社 1998 年 12 月版。14.00 万字。12.50 元。"非线性科学丛书"的一种。介绍迭代和迭代函数方程理论,着重介绍迭代根、嵌入流和多项式型的迭代方程。反映了作者在这一领域的研究成果,含盖了一般迭代理论、迭代动力学、迭代根与嵌入流,而且含盖了迭代方程解的存在性、唯一性、稳定性、光滑性、解析性、对称性及特征理论。(王文才)

O000023 **有限反射群的不变式论** 万哲先著。上海交通大学出版社 1998 年 12 月版。14.60 万字。10.50 元。分 3 章:第一章主要介绍有限伪反射群不变式的一般理论;第二章着重介绍有限实反射群的分类;第三章进一步讨论有限反射群的不变式,特别对于每个不可约有限反射群都列出了它的一组基本不变式。各章之末均有习题。(成敬祥)

O000024 **典型群的子群结构(现代数学丛书)** 李尚志著。上海科学技术出版社 1998 年 11 月版。37.80 万字。50.60 元。主要内容有:(一)概述体上典型群的基本知识和主要性质。(二)论述体上典型群的极大子群类型。包括:M. Aschbacher 关于有限典型群极大子群的定理、体上典型群的若干子群类型、正规化非纯量可约子群和正规化非纯量可解子群的极大子群。(三)论述根子群生成的群。包括:根子群的定义、线性群的根子群、酉群的根子群、正交群的根子群、含根子群的不可约子群。(四)论述同一空间上的典型群的相互嵌入和相互包含关系。(五)由含零矩阵得到的扩群。包括:线性群 SL(n,D)与含零矩阵生成的扩群、酉群 U'(n,D,△,L)与含零矩阵生成的扩群。(六)扩体上空间结构的稳定子群。包括:SL(n,k)的扩群、U'(n,k,h,L)的扩群、Ω7 的扩群。(七)论述张量结构的稳定子群。(八)基础域的子域或子环上的群。作者对上述内容的论述独具特色——充分利用华罗庚的矩阵方法,成功地对任意体上典型群的子群结构作了系统完整的论述。(赵序明)

O000025 **实半单李代数** 严志达著。南开大学出版社 1998 年 10 月版。22.00 万字。25.00 元。内容包括实半单李代数的有关基本概念,Cartan 与 Iwasawa 分解,实半单李代数的分类,Satake 图,实现和自同构等。附录中还收录 3 篇和本书关系密切的重要论文。(裴志明)

O000026 **现代科学数系论** 田开璞著。山东科学技术出版社 1998 年 4 月版。24.00 万字。28.00 元。分 7 章,第一章介绍集合论的基本知识,给出了后面各章所必须的集合论中的一些基本概念以及近世代数中群、环、域的概念。第二章到第六章作者用 5 章的篇幅建立了自然数系。整数系、有理数系、实数系、复数系的理论。在第二章中叙述了自然数系的两种理论——基数理论和序数理论,在第三章、第四章中,作者首先用现代数学中的等价关系、等价类和商集合的概念分别给出了整数集、有理数集的定义,然后再定义这两个集合的运算,证明了整数集是环、有理数集是域,从而建立了整数集和有理数集的代数结构。在第五章中,作者给出了实数系 R 的公理系统。在第六章中,作者用有序实数对定义了复数,然后建立了复数系的代数结构,并证明了复数系只能是半序域,即复数无大小可言;作者在第七章中对超限基数和超限序数的理论作了简单的介绍。(刘东杰)

O000027 **分形几何原理及其应用** 金以文、鲁世杰编著。浙江大学出版社 1998 年 11 月版。44.20万字。18.00 元。系统地介绍分形几何学原理以及生成分形的各种方法。内容包括:分形基本概念;生成分形集的各种方法;分形维数计算;分形插值;分形动力系统;混沌吸引子;Julia 集和 Mandelbroe 集图像生成以及分形图像压缩技术等。(陈子饶)

O000028 **分形与图像压缩** 陈守吉、张立明著。上海科技教育出版社 1998 年 12 月版。11.20 万字。11.50 元。"非线性科学丛书"的一种。介绍非线性科学应用于图像压缩的理论和方法。包括:分形几何基础,迭代函数系统,拼贴定理,分形图像压缩的基本原理和实现方法。(王文才)

O000029 **运输网络术** 刘彦佩著。上海交通大学出版社 1998 年 11 月版。15.20 万字。11.00 元。通过剖析运输,推广和改进了我国于 50 年代提出的图上作业法,建立了一种统一的理论——运输网络术。并且,用它成功地解决了在超大规模集成电路(VLSI)设计中的布局、图的定向与划分,以及邮路或巡回路线问题等。同时,还显示了运输网络术在解决拼方、图的着色和曲面嵌入等方面出现的著名难题中的作用。这就说明了纯粹数学与应用数学本乃是一个有机的整体。虽然全书侧重理论分析,但为解决实际问题提供了不少有用的原则。在每章末节,均指出了必要的文献以及有待进一步研究的问题。(丁善溶)

O000030　**集合论与图论**　耿素云著。北京大学出版社 1998 年 2 月版。31.80 万字。19.00 元。为离散数学第二分册,即集合论与图论部分(第一分册《数理逻辑》,第三分册《代数结构与组合数学》)。书中系统地介绍了朴素集合论与图论的基本内容,其中包括集合的基本概念、二元关系、函数、自然数、基数与序数;图的基本概念、图的连通性、欧拉图与哈密尔顿图、树、平面图、图的着色、图的矩阵表示、覆盖集、独立集、匹配等,还介绍了与带权图有关的几种图论中的算法。(段晓青)

O000031　**数理逻辑**　王捍贫著。北京大学出版社 1998 年 2 月版。23.00 万字。15.00 元。是离散数学第一分册,即数理逻辑部分,主要内容有:命题演算、一阶谓词演算、Herbrand 定理和直觉主义逻辑。(段晓青)

O000032　**描述复杂性**　李明等著。科学出版社 1998 年 12 月版。32.00 万字。28.00 元。介绍描述复杂性 35 年来的历史、人物和理论;着重介绍描述复杂性的广泛应用,其中包括 Godel 不完全性定理、计算机算法分析、计算热力学和信息距离、机器推理与 MDL 原理。本书第一作者李明于 1996 年获加拿大自然科学和工程研究委员会颁发的国家最高学术奖之一——史迪西(E. M. R. Steacie)奖。书中介绍了他的获奖成果及作者们的研究工作,主要为:1. 作者们自己发展起来的具有广泛应用价值的不可压缩性方法。2. 作者们使用他们发展的不可压缩方法解决了的许多计算机方面的几十年未解决的著名难题,包括:(1)40 年未解决的计算机方面的著名难题 Shellsort 平均复杂性问题;(2)二三十年未曾解决的图灵模拟问题;(3)13 年未曾解决的自动机子串查找问题;(4)50 年未曾解决的 Heilbron 三角形平均值问题以及一系列的组合数学中的问题。此外,还介绍了作者们证明了的信息处理最小耗热下限定理及描述复杂性的许多基本性质。(吕虹)

O000033　**密度泛函理论的离散变分方法在化学和材料物理学中的应用**　肖慎修等著。科学出版社 1998 年 8 月版。24.50 万字。21.50 元。以介绍离散变分方法在化学及材料物理学中的应用为中心内容,重点研究化学及材料缺陷物理学中的基础性主题,探索微观结构与宏观物性之间关系的理论背景及相关机制。全书共 5 章,第一章简要介绍密度泛函理论基础,内容包括 Thomas－Fermi 模型、Hohenberg－Kohn 定理以及相关的理论和几种近似方法。第二章介绍离散变分方法的理论基础,内容包括数值积分、基组、磁性体系、集居数分析、势、总能、能量梯度以及哈密矩阵及波矢矩阵的分析性应用和相对论离散变分方法。第三章为离散变分方法在化学中的应用,主要介绍应用该方法在催化及表面吸附、化学键及物质磁性和电性以及化合物几何结构和光谱及能谱方面的研究。第四章重点介绍材料缺陷能量学理论基础、晶界电子结构、偏聚效应的理论分析以及位错电子结构、缺陷复合体与位错运动行为及晶格振动谱研究。第五章介绍离散变分方法计算程序的使用说明、框图及算例。(总编室)

O000034　**数学分析教程第一册**　常庚哲、史济怀著。江苏教育出版社 1998 年 10 月版。35.30 万字。18.00 元。内容为序言和第一～八章:实数;函数的连续性;函数的导数;一元微分学的顶峰——Taylor 定理;插值与逼近初步;求导的逆运算;函数的积分;曲线的表示和逼近。本书在包含基本内容的同时,添加了许多新材料。例如,证明了"Riemann 可积的充分必要条件是被积函数在积分区间上的不连续点的集合是一零测集";介绍了"混沌现象"与关于"周期 3 蕴涵混沌"的定理、"三次插值样条函数"和"计算机辅助几何设计"等。在涉及当代应用数学的一些活跃分支时,选择的材料都是"纯微积分的"。对某些经典的定理和理论,也作了新的处理,如用计算机辅助几何设计中的方法将微分学中的 Lagrage 中值定理、Cauchy 定理一直到 Taylor 公式的证明都统一在一种风格之下。本书还精选了例题和习题。(喻纬)

O000035　**数值分析**　杨大地、涂光裕编。重庆大学出版社 1998 年 1 月版。25.60 万字。16.00 元。介绍数值计算的基本概念,常用算法及有关的理论分析和应用。全书分 9 章,主要内容包含了数值计算中的基本问题。如线性方程组的数值解法,矩阵特征值和特征向量的数值解法,非线性方程的数值解法,插值方法、数据拟合和函数逼近,数值积分以及常微分方程初值问题的数值解法等。各章都给出典型例题并配有习题。(肖顺杰)

O000036　**布洛赫常数与许瓦尔兹导数**　龚昇等著。上海科学技术出版社 1998 年 11 月版。21.80 万字。31.50 元。"现代数学丛书"之一。介绍单复变函数论和多复变函数论几何理论中关于布洛赫(Bloch)常数与许瓦尔兹(Schwary)导数这两方面的最新研究成果。书中从单复变函数的 Bloch 常数与 Schwary 导数的最早发展开始,逐步引入到多复变函数 Bloch 常数与 Schwary 导数的研究过程及最新成果。主要内容有3部分。一、Bloch常数，主要论述典型域上全纯映照的Bloch常数、有界对称域上Bloch常数的估计。二、Schwary导数，包括：典型域上的、矩阵空间上的、C^n上的全纯映照的Schwary导数；矩阵空间上全纯映照的高阶Schwary导数；全纯曲线的Schwary曲率；Kahler流形上全纯映照的Schwary导数的论述。三、关于凸映照与星形映照的论述，包括：双全纯凸映照的分解定理、有界凸圆型域上双全纯凸映照的增长定理与偏差定理、有界星形圆型域上星形映照的增长定理、r－域上全纯映照成为星形映照的判别准则等。（赵序明）

O000037 **复变函数** 史济怀、刘太顺编著。中国科学技术大学出版社1998年12月版。30.00万字。12.00元。包括复数与复变函数、全纯函数、全纯函数的积分表示、全纯函数的Taylor展开及其应用、全纯函数的Laurent展开及其应用、全纯开拓、共形映射、调和函数和多复变数全纯函数等，讲述了复变函数论的基本理论与方法。作为一种尝试，本书引进了非齐次的Cauchy积分公式，并用它给出了一维学问题的解及其应用。本书还扼要地介绍了次调和函数和多复变函数理论。每节后均附有习题。书末附有“名词索引”。（李攀峰）

O000038 **线性微分方程复振荡理论** 高仕安等著。华中理工大学出版社1998年3月版。18.00万字。10.00元。阐述线性微分方程复振荡理论和国内外研究成果。（陈晓娟）

O000039 **偏微分方程的奇性分析** 陈恕行著。上海科学技术出版社1998年11月版。23.10万字。34.20元。“现代数学丛书”之一。叙述偏微分方程的奇性分布，用Sololev空间理论描述了奇性的奇异程度和性态。论述的特点是从经典的奇性传播理论出发，以60年代发展起来的微局部分析为工具，对近代双曲型方程解的奇性理论作了全面系统的介绍。主要内容有：一、奇性分析问题的研究。包括：经典的奇性传播定理、向现代理论的过渡。二、线性方程的奇性分析。包括：主型方程的奇性传播定理、奇性在边界上的反射。三、半线性方程的奇性分析。包括：2S和3S弱奇性传播定理、奇性干扰与奇性指标、余法奇性的传播与干扰。四、二次微局部分析与三叉干扰。包括：二次微局部算子、奇性传播与三叉干扰。五、完全非线性方程的奇性传播定理与完全非线性方程的余法奇性传播。六、非线性方程强奇性的传播。包括：半线性方程具扇状与花状奇性结构的解、半线性方程的δ波、拟线性方程的强奇性解。七、拟线性方程激波的形成。（赵序明）

O000040 **微分方程模型与混沌** 王树乐编著。中国科学技术大学出版社1998年12月版。30.00万字。19.80元。分为3篇，第一编是常微分方程的理论和方法，主要内容有适定性理论、常微几何理论、运动稳定性理论、结构稳定性与分叉理论、方程的代数解法与分析解法等；第二篇讨论现代科学技术中的微分方程模型，主要内容有人口模型、生态模型、战备与战争模型、综合国力模型、物价模型、传染病模型、多分子反应模型、天体运行模型等；第三篇是微分方程中的混沌问题，主要内容有符号动力系统、Smale马蹄、奇怪吸引子、Li－Yorke混沌与Pevaney混沌、KAM定理、Hamiton系统中的混沌的微扰判据、CRL电路、超导约瑟夫森结、振动问题、冠心病等重要实际问题中的混沌现象的数学分析。（黄德）

O000041 **几何动艺——魔摆** 郭慕孙著。化学工业出版社1998年3月版。31.70万字。46.00元。作者从力学和数学角度来设计、计算、模拟动态艺术作品，将艺术和科学原理结合。他选用几何上可述的形式：线条、三角、长方、圆形及其组合变形，概括出若干条几何动艺的制约条件，寻找出了一套简便，易于实施的制作技巧，并选用了纸、木、塑料、金属丝、条、片、板等易得的材料，使从事几何动艺的朋友在尽可能短的时间内制成和观赏他自己的思维产物。本书即对几何动艺的制作技巧作了详细介绍。（郭燕）

O000042 **圆映射** 陈式刚著。上海科技教育出版社1998年11月版。15.30万字。12.40元。“非线性科学丛书”的一种。介绍圆映射及其描述的分岔与混沌行为。包括：圆映射描述的周期与准周期运动，圆映射的符号动力学，由准周期向混沌过渡的标度律，超临界圆映射的分岔行为与标度律，实际问题中的圆映射举例，作为圆映射在高维情况推广的环面映射。（王文才）

O000043 **Riemann曲面及其上的位势理论** 厦门大学出版社1998年8月版。27.2万字。13.00元。分5部分。第一部分（第一、二章）是拓扑空间等预备知识和曲面拓扑基础知识。第二部分（第三章）引入Riemann曲面的概念，讨论调和函数、Green函数的性质。第三部分（第四章）是（二维）位势理论的基础知识。第四部分（第五章）研究Riemann曲面上各种半纯、解析函数的存在性及其性质；给出单值化定理和Riemann－Roch定理的证明。第五部分（第

六、七章)讨论极大 Riemann 曲面的性质、非极大 Riemann 曲面的延拓问题和开 Riemann 曲面的分类理论。这一部分含有作者新近的研究成果。本书将经典数学欧几里德几何、数学分析和代数演算与代数学出现的拓扑学、函数论及群、环、体的理论综合为一体,用流形的概念将古典复平面与拓扑空间相连接,将古典的函数值分布理论化为 Riemann 曲面的覆盖理论。

O000044 **M-J 混沌分形图谱** 陈宁、朱伟勇著。东北大学出版社 1998 年 4 月版。16.00 万字。25.80 元。介绍混沌分形图计算机构造的基本原理、图形结构特征和内在规律。提出复映射 $Z \leftarrow Z^{w}+C$ ($w=\alpha+\beta i$)模型,借助“计算机实验数学”,构造了大量的全新的混沌分形图,介绍了 $Z \leftarrow Z^{w}+C$ 模型构造的 M 混沌分形图的图像特征、M 集图像上的芽苞序列排列规律“芽苞序列猜想”以及 M 与 J 混沌分形图之间存在的对应规律“M-J 猜想”,“对称”及“旋转”逃逸时间算法等。(刘淑芳)

O000045 **马尔可夫决策过程** 侯振挺、郭先平著。湖南科学技术出版社 1998 年 3 月版。32.4 万字。28.00 元。论述了非平稳马尔可夫决策过程平均模型的期望平均目标、平均方差目标和平均样本轨道目标。给出了最优策略的结构、性质和算法。引用作者提出的最小非负解理论来研究连续时间马尔可夫决策过程的折扣模型,并得到了最优平稳策略存在的最终结果。研究了 Q 过程不唯一时的连续时间马尔可夫决策过程折扣模型,并得到了“最优 Q 过程”和最优策略存在的第一个可喜的结果。与此同时,引出了“最优 Q 过程”这个新概念。研究了受约束的非平稳马尔可夫决策过程的期望总报酬目标,探索了约束最优策略存在的条件,刻画了约束最优策略的结构。分析了传统连续时间马尔可夫决策过程折扣目标与连续时间半马氏决策过程折扣目标之间的关系,发现由于二者目标函数定义上的实质性差异,其结果即使在连续时间马尔可夫决策过程的情况下也不一致。为了适合连续时间马尔可夫决策过程和半马氏决策过程之间的包含关系,而使得相应于它们的折扣目标达到真正地统一,作者提出了一个新的半马氏决策过程折扣目标并加以研究,且得到了十分满意的结果。本书不同于传统的研究方法,利用扩大状态空间,将非时齐的马尔可夫期望总报酬目标转化成时齐的情形,并找到了它们之间的内在联系,简明地得到了传统的经典结果。分析了半马尔可夫决策过程折扣模型,非平稳马尔可夫决策过程期望总报酬模型和平均模型最优策略的结构及性质。详细分析了马尔可夫在存贮、维修、交通运输等方面的具体应用。介绍了马尔可夫决策过程中各种模型的国内外研究现状、研究方法、主要结果和有待研究的问题。(胡海清)

O000046 **运筹学的原理和方法** 邓成梁主编。华中理工大学出版社 1998 年 3 月第二版。57.00 万字。20.80 元。选编线性规划、整数规划、目标规划、动态规划、图与网络分析、贮存论等运筹学的基本内容,论述这些学科的基本原理和基本方法,同时注意了它们的应用。每章后都附有习题。(陈晓娟)

O000047 **最优化技术** 邓先礼编著。重庆大学出版社 1998 年 1 月版。31.80 万字。16.00 元。分 5 章。第一章介绍线性系统优化问题及线性规划,第二章介绍整数变量优化问题及其算法,第三章介绍非线性系统优化问题及其主要算法,第四章介绍蒙特卡洛优化方法,第五章介绍多阶段决策优化问题及动态规划方法。(刘茂林)

O000048 **滞后分布参数系统的稳定与变结构控制** 副名:大型动力系统的理论与应用卷 11。刘永清、谢胜利著。华南理工大学出版社 1998 年 12 月版。30.5 万字。43.00 元。分 3 部分共 8 章。首先对连续系统和离散系统进行各种性态分析,为其变结构控制研究奠定必要的理论基础和方法,而后进行变结构控制的设计研究。在系统的性态分析方面,作者成功地建立了“辅助泛函法”、“分域估计法”、“闭区间列逼近法”等有效的稳定性分析方法。在变结构控制方面,不仅讨论了无记忆功能的控制器设计方案,也给出了既无记忆功能又无局部预测功能的控制器设计方法。(杨昭茂)

O000049 **神经模糊系统及其应用** 王士同编著。北京航空航天大学出版社 1998 年 6 月版。51.30 万字。28.00 元。在简要介绍模糊集理论与神经网络理论的基础上,着重研究了模糊逻辑系统、模糊神经网络及模糊遗传算法这 3 个热点研究领域。内容涉及:模糊逻辑系统的组成;模糊逻辑系统的万能逼近理论;模糊逻辑系统的确定技术;模糊神经网络的基本原理;典型的模糊神经网络;模糊推理的模糊神经网络实现技术;模糊遗传算法及其在建模中的应用技术。(王小青)

O000050 **定性仿真导论** 白方周、张雷编著。中国科学技术大学出版社 1998 年 10 月版。40.00 万字。25.00 元。介绍当前几种主要的定性仿真理论和方法,包括较为成熟并实际应用的 QSIM 算法,正在迅速发展的定性与定量相集成的仿真方法，具有强大生命力的归纳推理定性仿真方法以及并行定性仿真方法。此外，还论述了国外定性仿真的实际应用。书中还融入了作者在承担国家自然科学基金项目研究中的许多成果。(黄德)

力学、物理学

O000051　**双剪理论及其应用**　俞茂宏著。科学出版社 1998 年 6 月版。74.90 万字。58.00 元。"力学丛书"之一。是作者对材料强度理论和结构强度理论长达 36 年研究的系统总结。全书分 3 部分，共 26 章。它将世界各国学者 100 多年来的有关理论和作者的理论融合一体，可以广泛应用于各类工程材料和各类工程结构的强度研究和设计。(总编室)

O000052　**第四届国际工程力学在工程师培养中的作用研讨会论文集**　徐秉业等编。万国学术出版社 1998 年 10 月英文版。30.00 万字。90.00 元。介绍国际工程力学在工程师培养中的作用研究的最新进展。内容包括：工程力学的应用及其在合格工程师培养中的作用、计算机辅助教学和当代教学法、实验室工作和示范、工程力学与其他学科实践经验的相互作用、各国工程力学教学材料的表现形式及其发展趋势、科技学校的专业教育、工程力学的普及等。(周幼葵)

O000053　**计算流体力学**　刘顺隆、郑群编著。哈尔滨工程大学出版社 1998 年 5 月版。53.80 万字。24.00 元。对计算流体力学的各种方法进行了系统的研究、分析、归纳和整理，从而给出了特定流动问题的计算技术和方法。本书是作者在多年讲授计算流体力学课程的体会及长期从事流体力学数值计算科研工作的经验基础上形成的。全书共 15 章，主要包括数值方法的基础理论和特定流动的求解途径和适当方法。第一章叙述偏微分方程数学理论基础；第二～十章阐述流体力学数值模拟的基础理论；第十一～十五章讨论特定流动，如无粘流、边界层流、可压及不可压粘性流相应的求解途径和方法。(国廷生)

O000054　**应用计算流体力学**　朱自强等著。北京航空航天大学出版社 1998 年 8 月版。37.10 万字。20.00 元。从应用角度讨论数值模拟方法及其相关问题，概述计算流体力学中计算格式和方法、网格生成、湍流模型及计算可视化等方面的基本内容以及 90 年代最新成果和发展趋势。并在书中给出了较多的实例。(郭维烈)

O000055　**流体动力学引论**　沈青、贾复译。科学出版社 1998 年 1 月版。59.40 万字。58.00 元。"力学名著译丛"之一。介绍一般流体力学研究取得的基本成果，着重于阐明流体力学的物理基础。全书分 7 章，前 3 章是研究任何流体力学的前提和基础，讨论了流体的物理特性、流场运动学及基本方程的一般形式。后 4 章全部讨论均匀不可压缩粘性流体动力学。(总编室)

O000056　**理论流体力学的逻辑自洽化分析——源于"湍流"的哲学和数学思考**　杨本洛著。上海交通大学出版社 1998 年 8 月版。44.00 万字。35.00元。针对流体力学以及与其相关的宏观力学、统计力学、热力学中若干基础问题进行系统的论述。在此基础上得出了一个包括长期以来未获解决的"湍流"在内的一切流动现象的形式演绎系统。(丁善溶)

O000057　**爆炸及其应用技术**　张俊秀、刘光烈主编。兵器工业出版社 1998 年 4 月版。37.08 万字。28.00 元。介绍炸药爆炸理论及其应用技术，包括炸药爆炸的基本现象、炸药的起爆、爆轰波的传播及其参数的计算、爆炸产物及爆炸冲击波对周围介质的作用、炸药在控制爆破、金属的爆炸成型、爆炸焊接、爆炸切割、爆炸硬化等技术中的应用。(宁培毅)

O000058　**夸克与美洲豹——简单性和复杂性的奇遇**　[美]M·盖尔曼著。湖南科学技术出版社 1998 年 6 月版。31.00 万字。20.00 元。收入《第一推动丛书》第二辑。著者是世界著名物理学家，诺贝尔奖金获得者。他退休后，对宇宙间万事万物(包括人类和社会)的复杂性和简单性的关系有浓厚的兴趣，并作了深入的研究。该研究已经表明：物理学、生物学、行为科学，甚至艺术和人类学，都可以用一种新的途径把它们联系到一起。书中不少地方谈到了物理学的一些基本定律，包括夸克的行为。还涉及宇宙学、基本粒子物理学、量子场论、生物学、经济学、语言学、社会学、人类学、考古学、文学艺术等等。(李遂平)

O000059　**改变世界的物理学**　倪光炯等编著。复旦大学出版社 1998 年 9 月版。43.40 万字。18.00 元。是原国家教委和上海市教委的九五重点教材，根据原国家教委提出的"面向 21 世纪的教学内容和课程体系改革"的要求，为大专院校文科类学生编写的。分 13 章，分别为导论、航天与力学、无处不在的波、奇妙的有色和无色世界、微观世界及其探索、光彩夺目的新光源、物理学与新材料、信息技术、医学中的物理学、能源科学的基础——物理学、物理学与生命科学、相对论和宇宙、从20世纪物理学看世界。(丁荣源)

O000060　**科苑王国的宙斯**　副名:物理学与高新技术。张端明编著。湖北科学技术出版社1998年5月版。13.00万字。9.50元。勾画了20世纪物理学革命两大主流——量子论和相对论的发展概况,同时介绍了在物理学革命中当今6大高新技术集群(信息技术、生物工程技术、材料技术、航天技术、能源技术、激光技术)是如何悄然崛起的。(李慎谦)

O000061　**普通人的物理世界**　[美]罗杰·S·琼斯著。江苏人民出版社1998年1月版。20.00万字。13.50元。"剑桥文丛"之一。作者为美国明尼苏达大学的著名物理学教授,他从多角度多层次揭示了现实的物理世界。特别对物理学对人类生活与思想的十大冲击进行了阐释,极富启迪。(丁嫣霞)

O000062　**简单物理系统的整体性**　副名:贝里相位及其他。李华钟著。上海科学技术出版社1998年12月版。29.00万字。21.50元。以现代的理论观点,系统记述物理世界中的整体现象,包括经典力学、电磁学、光学和量子物理现象,着重在简单量子系统(非场论)的整体性。从A—B效应,到贝里几何相位。涉及分子、原子、核物理、粒子物理以至凝聚态物理现象和理论。本书强调,整体性现象的实验观测和验证。此外,也有一章涉及与本主题有关的规范场和量子场论,但不包括超弦理论和规范场的数学物理方面。本书有些章节写入作者在这一领域的研究成果,如:贝里相位的可迁移性;参数空间和投影希尔伯特空间中贝里相与A—A相的异同;不可积相因子(异和乐)和波函数的单值性;非循环过程几何相位概念的提出和发展…。后者超越了当时普遍认为几何相位仅限于绝热或循环过程的框框。本书有杨振宁和M.V.贝里写的序言,说明他们对"整体性"的观点;同时也说明他们对出版该书的重视。(戴雪文)

O000063　**光全息存储**　陶世荃等著。北京工业大学出版社1998年12月版。28.30万字。24.00元。主要介绍光全息存储的原理、技术和应用前景。全书分7章。分别介绍了现行的光存储技术和潜在的光存储技术,指出全息技术在各种存储技术中的地位;全息学的基本原理和适于全息存储的主要全息图类型;全息储存的记录材料;全息存储系统的单元器件及这些器件当前的发展水平;全息存储器的性能及其理论极限与实际限制;当前的各种复用技术及其特点;全息技术目前的应用系统及应用前景。(刘学宽)

O000064　**物理学中的群论**　马中骐编著。科学出版社1998年1月版。61.50万字。42.00元。"中国科学院研究生教学丛书"之一。第一章是线性代数复习,重点放在统一符号和公式,强调某些容易引起混淆的概念;第二章群的基本概念和第三章群的线性表示理论是群论理论的基础;第四章至第八章是对物理学中常见的对称群进行具体研究,从而了解群论的基本研究方法。第四章讲解物理学中最常见的各向同性体系的对称变换群,并以这最简单的非阿贝尔李群作为例子,对李群的基本概念作简单的介绍;第五章讲解晶体对称性,重点放在前两节和第三节部分内容,其余内容读者可根据专业需要进行选择;第六章研究全同粒子体系的置换对称性;第七章和第八章介绍物理学中比较重要的两类李群;第九章介绍李群和李代数的分类;第十章介绍无穷维代数。(总编室)

O000065　**理论物理基础**　彭桓武、徐锡申著。北京大学出版社1998年4月版。53.10万字。33.00元。是"北京大学物理学丛书"之一。简要地阐述理论物理的重要概念、规律、原理和方法。全书分14章,内容包括:牛顿力学,麦克斯韦电磁理论,洛伦兹电子论,狭义相对论,气体动理论,液体动理论,统计热力学,随机运动,量子力学初步,碰撞和跃迁,原子分子等的近似处理,相对论性电子理论,量子统计力学,广义相对论引力理论。本书第一作者是中科院院士,曾多次在北京大学、中国科技大学及其研究生院授课。他在固体物理和统计物理、原子和分子物理等领域做了大量的组织和研究工作。曾荣获国家自然科学一等奖。国家科技进步奖特等奖等。第二作者现为北京应用物理与计算数学研究所研究员,物理学名词委员会副主任,曾多次讲授"量子统计物理学"的研究生课程,著有《实用物态方程理论导引》等。(周月梅)

O000066　**数学物理中的渐近方法**　李家春等编著。科学出版社1998年2月版。32.40万字。24.50元。"中国科学院研究生教学丛书"之一。讲述渐近分析和摄动方法的基本理论,内容包括:渐近积分的Laplace方法、驻相法、最陡下降法、求微分方程渐近解的主项平衡法、WKB方法、摄动展开的

PLK 方法、匹配渐近展开法、多重尺度法等。本书强调同科学研究和工程实践的结合，分别讨论了理论在波动、稳定性、流动问题中的应用。书中还专门论述摄动级数改进的理论和实用方法。（总编室）

O000067 **相对论与时空** 郑庆璋等编著。山西科学技术出版社 1998 年 8 月版。23.40 万字。12.80元。"现代科学理论丛书"之一。通过介绍狭义和广义相对论的历史背景和科学内容，从中逐步揭示时间和空间不可分离的性质，揭示时空与物质运动及物质分布的相互影响。（温洁茹）

O000068 **高等量子力学** 钱诚德著。上海交通大学出版社 1998 年 12 月版。30.50 万字。19.00 元。作者以上海交通大学应用物理系开设的高等量子力学课程编写的讲义为基础，经过多次修改、补充而成。全书分 9 章，内容包括：希尔伯特空间，量子力学的基本原理，时空对称性，一些近似方法，二次量子化方法，散射理论，角动量理论，路径积分方法及相对论量子力学等。此外，书末还附有例题和习题。（丁善溶）

O000069 **确定性的终结** 副名：时间、混沌与新自然法则。伊利亚·普利高津著，湛敏译。上海科技教育出版社 1998 年 12 月版。15.00 万字。13.50 元。作者试图在物理学定律中包含不可逆时间流，赋予物理学一种新的文化内涵。在本书中，作者向广大读者呈现了他与自然之经典描述的彻底决裂。他通过考察西方的时间观，引导我们经历一种奇妙的智力探险——从古希腊出发，经过牛顿轨道和确定性混沌，到达量子理论与"免费午餐"宇宙学统一表述的高度。他的惊人结果包括，量子力学可以推广到用来证明时间的天然不可逆性；并进而指出，时间先于大爆炸。他解构了确定性世界观，认为我们生活在一个可确定的概率世界，生命和物质在这个世界里沿时间方向不断演化，确定性本身才是错觉。（潘涛）

O000070 **固体能带理论** 谢希德、陆栋主编。复旦大学出版社 1998 年 12 月版。57.00 万字。30.00元。分 7 章，在密度泛函理论基础上对固体能带理论 70 年来的发展作了系统的论述和分析，并阐述了固体能带计算的各种方法的物理原理及其典型应用。涉及的固体有半导体、金属、磁性金属、金属超导体，也包括半导体超晶体、固体表面和界面、C60 固体、高 Tc 氧化物超导体、重电子金属等新材料。对有效质量理论及应用、整数和分数量子霍耳效应都有系统评述。同时，综述了计及多体关联效应后能带理论的新成就，介绍了将密度泛函理论和分子动力学相结合的新方法——Car-Parrinello 方法及应用。（丁荣源）

O000071 **量子力学中的杨-巴克斯特方程** 葛墨林、薛康著。上海科技教育出版社 1998 年 12 月版。17.50 万字。14.10 元。"非线性科学丛书"的一种。从基本量子力学的观点出发，介绍杨振宁-巴克斯特方程，以及量子群的基本概念。杨-巴克斯特方程及其相关理论来源于低维严格可解量子可积模型与统计模型。在此基础上量子反散射方法与量子群的研究取得了巨大进展。但是，这方面已发表的书和文章大都较为数学化。本书的特点是返回物理本源来加以探求，完全从物理的角度来诠释杨-巴克斯特方程和量子群。（王文才）

O000072 **量子力学导论** 曾谨言著。北京大学出版社 1998 年 3 月第二版。34.40 万字。17.00 元。是"北京大学物理学丛书"之一，分 12 章：量子力学的诞生；波函数与 Schrodinger 方程；一维定态问题；力学量用算符表达与表象变换；力学量随时间的变化与对称性；中心力场；粒子在电磁场中的运动；自旋；力学量本征值问题的代数解法；定态问题的常用近似方法；量子跃迁；散射。第二版补充部分涉及：(1)量子相位问题（量子态相位不定性，包括本征态的含时相位不定性，Berry 绝热相）；(2)束缚态的 Aharonov－Bohm 效应和磁通量量子化；(3)波包随时间的演化，Ehrenfest 定理，量子力学与经典力学的关系的讨论；(4)束缚能级与散射振幅的极点的关系等。作者为北京大学物理系教授、博士生导师，长期以来从事原子核结构理论和量子力学理论的研究和教学，主要著作有：《量子力学》卷Ⅰ、Ⅱ，《核结构理论》（与孙洪洲合著），《量子力学习题精选与剖析》（与钱伯初合著），《粒子物理与核物理讲座》（与高崇寿合著）等。（周月梅）

O000073 **耗散结构与非平衡相变原理及应用** 蔡绍洪等著。贵州科学技术出版社 1998 年 4 月版。32.00 万字。28.80 元。介绍耗散结构理论的基本思想、基本原理、基本概念、研究方法及其在某些方面和领域中的应用，着重分析和阐述了热力学稳定性理论、非线性动力学及分支点理论的分析方法，重点讨论和介绍了非平衡相变临界涨落理论的随机方法、常用模型及近期的一些研究成果。（刘世强）

O000074 **ICP-AES 光谱干扰校正方法的研究** 沈兰荪著。北京工业大学出版社 1998 年 2 月版。24.00 万字。20.00 元。ICP-AES（电感耦合等离子体原子发射光谱）分析是一种重要的元素分析技术。光谱干扰校正是ICP-AES分析技术进一步发展的一个关键问题。本书研究用现代信号处理的观点与方法校正ICP-AES分析中的光谱干扰。重点介绍了"谱线拟合法"、"自适应滤波法"、"卡尔曼滤波算法"及"基于数字化谱的方法"等主要的校正方法。(刘学宽)

O000075　**近代光学信息处理**　宋菲君、[美]S. Jutamulia著。北京大学出版社1998年4月版。28.00万字。18.50元。"北京大学物理学丛书"之一。论述光学信息处理的各个分支和相关领域的基本理论及重要应用,并介绍这一学科的前沿领域的研究成果和近期发展动向。第一章"傅里叶光学基础",讲授光学信息处理的理论基础。第二章"经典光学信息处理",回顾了早期的研究工作,这些是近代光学信息处理的初步模型。第三章"非相干光学信息处理",讨论非相干光学信息处理的各种问题和应用。第四章"光学图像识别",介绍一个重要的分支——光学特征识别。第五章"广义傅里叶变换及其光学实现"和第六章"光学小波变换"介绍本学科的两个前沿领域。第七章"空间光调制器",介绍光学信息处理系统的关键器件——各种空间光调制器的原理、结构,及其在非相干光信息处理——大屏幕信息显示中的重要应用。第八章"光学神经网络",简要论述了光学信息处理的另一分支。第九章"光折变介质信息处理",讨论了光折变效应及相关的信息处理课题。本书在讲述基本原理和有关效应的同时,建立清晰的物理图像,讨论数学处理方法,介绍典型的应用。(瞿定)

O000076　**激光原理与激光技术**　俞宽新等著。北京工业大学出版社1998年3月版。23.20万字。12.00元。论述了光和物质相互作用的基本物理过程和速率方程理论,在此基础上分析了连续激光器的工作特性;介绍了谐振腔的几何理论与衍射理论基础,平行平面腔、对称共焦腔和一般稳定球面腔的模式特征,论述了高斯光束的传输规律;介绍了调Q与锁模脉冲技术,选频、选模、稳频等激光器技术。(刘学宽)

O000077　**二元光学**　金国藩等著。国防工业出版社1998年2月版。28.30万字。20.00元。分9章。第一、二章介绍二元光学概念及其基础理论。第九章综述二元光学器件的主要制作工艺。其余各章按器件功能或应用划分:第三、四、五章集中介绍二元光学分束器或陈列发生器,主要包括达曼光栅,相位型菲涅耳波带透镜及泰伯光栅等3种类型,并分析阵列光学的若干问题;第六章讨论在成像系统中的二元光学器件;第七章阐述几种重要的特殊功能器件与系统的设计及应用;第八章介绍导波光学及波导衍射光学器件。按器件特点,各章建立了相应的物理模型与数学解析方法,并采用了有效的优化设计算法。书中给出了若干器件设计与制作实例及其实验或应用结果,并附有数据、图表及曲线。(王晓光)

O000078　**开环磁流体发电**　居滋象等著。北京工业大学出版社1998年12月版。38.10万字。31.00元。系统地阐述开环磁流体发电的基本原理和方程、工质的性质、发电机的气动力学和电动力学、发电机的各种损耗及其功率调节、发电机的电性能、发电机的计算方法、开环磁流体发电系统及其各主要部件结构,以及特种用途磁流体发电机等科学和工程问题。(刘学宽)

O000079　**超导电性及其应用**　林良真等著。北京工业大学出版社1998年12月版。41.10万字。34.00元。阐述超导电性的理论、技术和应用。包括超导电性的基本概念及基础理论,低温和高温超导材料,超导磁体的设计分析与磁场计算,超导磁体的应用,并在阐述超导电子学物理和技术的基础上介绍了超导在电子学技术中的应用等。(刘学宽)

O000080　**磁流体推进**　谭作武、恽嘉陵著。北京工业大学出版社1998年12月版。27.00万字。21.00元。在简述磁流体推进原理的基础上,系统地阐述磁流体推进器的结构、理论及试验装置,给出了推进器的数学模型及运行性能计算方法,阐明了推进器运行过程中的物理化学现象,分析和计算了船舶磁流体推进的性能,展望了它的前景。(刘学宽)

O000081　**磁路与磁场**　邹继斌等著。哈尔滨工业大学出版社1998年1月版。20.30万字。14.00元。分9章,第一、五、六章为基础理论部分,介绍磁场的基本定律、边界条件及磁位方程、磁场能量与磁场力。第二、三章为磁性介质,包括物质磁化的机理、特性,软磁材料和硬磁材料的特性与应用。第四章为磁路计算,介绍磁路的概念与计算方法,包括了永磁路的计算方法。第七、八章为磁场求解方法,简述了目前应用较少的解析法,详细阐述数值计算方法,包括有限差分法,有限元法和边界元法。并在附录中给出有限元法计算程序。第九章为时变场,除给出麦克斯韦方程组外,重点讲述电磁感应定律、能量密度与能流、趋肤效应、磁滞损耗与涡流损耗。附录中给出了单磁单位制与磁场计算程序。(邹继斌)

O000082　**电磁学实验与研究**　杨占民编著。

贵州科学技术出版社 1998 年 9 月版。24.00 万字。18.00 元。分为 2 篇,第一篇以伏安法测电阻,惠斯通电桥测中值电阻等 6 个实验为基础,总结归纳出 8 种电磁学实验常用的测量方法,然后以这些方法为指导研究其他实验;第二篇主要以 8 种基本的测量方法为指导,深入研究中值电阻、高阻、低阻等的测量方法和技巧。(彭丽蕾)

O000083 **化学发光与生物发光——理论及应用** 陈国南、张怀著。福建科学技术出版社 1998 年 10 月版。43.30 万字。25.00 元。内容涉及化学发光理论、化学发光测试仪器研制、高效化学发光试剂合成、化学发光免疫分析、电致发光理论及应用等方面。全书分化学发光的理论基础、化学发光信号的测量、气相化学发光反应、有机物的化学发光反应、电致化学发光、生物化学发光、化学发光免疫分析、化学发光分析技术等 8 章。(王大达)

O000084 **高温超导物理** 韩汝珊著。北京大学出版社 1998 年 9 月版。27.40 万字。19.00 元。"北京大学物理学丛书"之一。以核心物理问题为主线,从众多物性的不同侧面,揭示高温超导向传统凝聚态物理提出的挑战。本书第二章介绍高温超导铜氧化物的结构和相图。第三章至第六章介绍正常态的反常特性;第三章是与电荷涨落有关的强关联效应;第四章是与自旋涨落有关的强关联效应;第五章是与低能性质密切相关的费米面的测定结果;第六章突出非常规费米液体问题。第七章介绍高温超导体中超导态的反常特性,以 BCS 理论为线索,重点介绍实验上揭示出的偏离简单 BCS 预言的那些结果。第八章是关于高温超导机制相关的理论介绍。另外,第一章是引言,第九章是结束语。(瞿定)

O000085 **原子核的宏观模型** 胡济民、钟云霄著。山东科学技术出版社 1998 年 3 月版。29.00 万字。45.00 元。介绍现代原子核理论中最常用的几种宏观模型。(门丽雅)

O000086 **光子学物理基础** 王忠和、张光寅编著。国防工业出版社 1998 年 3 月版。42.30 万字。26.00 元。详细介绍光子的基本性质,包括光的电磁理论、光量子理论、光和光子态、光的相干函数和相干态;并介绍了光子学的基本理论及其实际应用,包括光与原子的相互作用、半经典激光理论和量子激光理论、非线性光学、光的相干跃迁、光孤子、共振荧光和非经典光场及光压缩态等。(徐崇信)

O000087 **高能碰撞多粒子产生** 刘连寿、吴元芳著。上海科学技术出版社 1998 年 12 月版。13.5 万字。13.30 元。系统总结作者多年来在高能碰撞多粒子产生领域中的研究成果,从几个主要方面反映多重产生研究的基本内容和近期发展。在简单地讨论了多重产生的运动学,介绍有关重要实验结果后,细致地研究多粒子末态的整体特征以及其中的关联和起伏,并讨论多重产生的软、硬和半硬 3 种不同的过程,对它们进行比较分析。书中反映作者成果的有:高能强子—强子碰撞的三火球模型;信息熵方法在高能碰撞中的应用;强子—强子碰撞的短程与长程关联;横动量分布的多重数依赖性与单事件横动量;多粒子末态中的各向异性动力学起伏——间歇与分形……;本书特别注意介绍相关学科中的新思想、新方法在多重产生研究中的应用,例如:最大熵原理、条件熵与信息熵、多重分形、自仿射分形等等。(戴雪文)

O000088 **北京谱仪正负电子物理** 郑志鹏、朱永生主编。广西科学技术出版社 1998 年 11 月版。29.55 万字。30.60 元。简要介绍北京正负电子对撞机和北京谱仪的结构和性能,系统论述了北京谱仪国际合作组利用北京谱仪获取的数据,在各物理领域进行实验研究的诸多课题,相关的理论和实验背景知识,实验方法和数据分析方法,以及相应的研究成果。(王晓红)

化　学

O000089 **化学与人类** 刘旦初编。复旦大学出版社 1998 年 5 月版。26.00 万字。12.80 元。第一章介绍化学的概况,其余各章从化学与人类的密切关系出发,介绍化学对人类社会的贡献和作用。第二章、第三章和第四章涉及能源、粮食和环境;第五章、第六章论述新材料和新工艺;第七章阐述化学与人类延年益寿所提供的保证。为了使读者更系统的了解化学知识,在各章之后还附有补充材料。(秦金妹)

O000090 **化学与现代文明** 王明华、周永秋等编著。浙江大学出版社 1998 年 8 月版。24.50 万字。10.00 元。内容包括化学反应基本原理,大气与水体污染及其防治,能源及其开发利用,原子结构与周期系及工程材料,DNA 与生命及药物设计,食物营养与健康等。(徐宝澍)

O000091 **现代基础化学(上、下篇)** 朱裕贞等编。化学工业出版社 1998 年 11 月版。77.50 万字。70.00 元。内容分上、下两篇。上篇为化学原理,11 章;下篇为现代化学概论,10 章。(郭燕)

O000092　**唐有祺文集**　唐有祺著。北京大学出版社 1998 年 5 月版。54.00 万字。65.00 元。收入"北京大学院士文库"。作者从历年发表的文稿中选出 50 篇。主要内容包括:全文送登其回国前后发表的论文各 4 篇以及探讨有机物电子结构理论和生物大分子立体构型的综述各 1 篇。文革前后出版专著 5 部,在文集中选载其目录、序和部分章节。此外,还选载了关于自发单层分散原理和核糖体失活蛋白作用机制等的研究论文。其余篇幅分别用来分析化学上有关学科的关系及其来龙去脉,讨论基础研究的作用和如何结合任务建设学科以及记载亲身参予或经历的科学界较大事件,等等。文集最后给出了科学论文目录和作者传略。作者 1942 年毕业于上海同济大学,1950 年获美国加州理工学院博士学位并留校任海尔博士后研究员,1951 年回国任教于清华大学化学系,1952 年到北大任教迄今已逾 45 年。(朱新邨)

O000093　**新编化学用表**　顾庆超、楼书聪等编。江苏教育出版社 1998 年 8 月版。260.00 万字。78.00 元。在 1979 年江苏科技出版社出版的《化学用表》一书基础上重新编写。全书分 9 个部分:第一部分是关于原子和分子性质的数据。与原《化学用表》相比,增加了有关标准原子量、键长、键角和键能方面的资料,关于元素电负性的数据则更趋齐全。第二部分、第三部分分别为无机物和有机物的数据和文字资料,注意编入了化工厂常用数据。第四部分是有关高分子化合物的数据与资料,增列了高聚物的缩写词、红外吸收光谱、核磁共振波谱以及特性黏度—分子量关系式中的参数。第五部分、第六部分为分析化学和物理化学用表。标准电极电势表中列出了西方和俄罗斯常用的两套数据。第七部分为应用化学用表,绝大部分内容是原《化学用表》所没有的。第八部分为实验室用表。第九部分主要是我国化学工作者所常用的常数、计量单位、符号与标记、用字等。(王瑞书)

O000094　**元素化学反应手册**　姚守拙、朱元保等编。湖南教育出版社 1998 年 8 月版。236.00 万字。120.20 元。为表格形式,按周期系的族分章,以族内原子序数由小至大的元素为节。内容分为 4 栏:①与该节元素发生化学反应的反应物,反应物又分为 4 类:空气与水、单质、无机化合物、有机化合物。②生成物,并简介各生成物的物理、化学性质。③反应方程式(包括副反应)。④反应条件与说明。其主要参考文献为世界最权威的化学巨著——德国的盖氏手册。书中的生成物性质简介和反应条件内容详尽,有关化学反应的介绍以最新报道为准。全部物理量均采用法定计量单位,所有专业术语的使用都遵循国家标准的最新规定。(阮林)

O000095　**钛铝基金属间化合物**　黄伯云著。中南工业大学出版社 1998 年 12 月版。62.40 万字。65.00 元(精)。作者是我国著名的金属材料科学与工程专家,现为中南工业大学校长兼该校粉末冶金研究所所长,粉末冶金国家重点实验室主任,博士生导师。本书反映了作者十多年来在该领域所作的积极探索和取得的研究进展。全书分为 6 篇:第一篇阐述全世界钛铝基金属间化合物的研究现状及发展动态,分析了其实用化前景;第二篇研究了钛铝基金属化合物的本征脆性及室温延性改善措施;第三篇研究了多种元素合金化对钛铝基金属间化合物的显微组织及力学性能的影响;第四篇创造性地研究了钛铝基金属间化合物的热机械处理新技术;第五篇研究了粉末冶金钛铝基金属间化合物制备方法和工艺及近似型成形技术;第六篇研究了钛铝基金属间化合物的综合性能及改善措施。本专著介绍的钛铝合金的研究包括 3 个方面的重大进展、4 个方面的显著特色和 3 个方面的新观点。3 个进展是:使钛铝基合金的延性达到 5%;使钛铝合金的断裂韧性 K_{IC} 逐步提高到 $34MPa\cdot m^{\frac{1}{2}}$;使钛铝合金的超塑性达到了 520%。四个特色是:采用二次包套快速变形法细化钛铝合金晶粒;采用双温热处理,实现最终组织控制;实施渗碳处理,提高钛铝合金的抗氧化性;采用双级退火处理;获得细晶魏氏组织。3 个新观点是:揭示了钛铝合金中的超位错作用;阐述了钛铝合金热压焊接的微区超塑性机理;探明了钛铝合金的超塑性机理。(周兴武)

O000096　**物理有机化学问题研究**　王玉琨著。陕西科学技术出版社 1998 年 5 月版。28.5 万字。28.00 元。主要内容涉及作者多年来在物理有机化学领域的研究成果,有理论、方法及技术研究,有合成、分析鉴定、动力学研究,探讨了自由基、离子、分子的结构与性质,分子间相互作用及与溶剂效应有关的诸多物理有机化学热点问题。全书共 3 篇 11 章。第一篇 2 章,扼要介绍有机分子轨道理论和电子自旋共振原理。第二篇分 4 章,分别对稳定氮氧自由基的分子结构、电子结构、化学稳定性、物理化学性质和取代基效应进行了详细论述,讨论了溶剂效应与取代基的关系,探讨了溶剂分子及离子与自由基分子相互作用,提出了研究溶剂效应的实验指标。对活性氧中的超氧负离子基的产生、稳定性、捕获及反应进行了系统研究。还对单晶各向异性、絮凝动态过程等重要的物理化学现象进行深入研究。第三篇分5章对溶剂效应与自由基分子结构的关系研究中涉及的诸多问题作了较详细介绍。(赵生久)

O000097 **有机硅高分子化学** 李光亮编著。科学出版社 1998 年 3 月版。40.5 万字。35.00 元。“高分子科学丛书”之一。总结了中科院化学所自 50 年代成立以来在有机硅聚合物方面的研究和开发工作,并引用许多国内外最新资料,对从事有机硅的研究人员有重要参考价值。全书共 13 章,分别介绍有机硅单体合成、硅烷偶联剂,单体反应,聚合反应,中聚硅氧烷,三管能硅烷的缩聚,交联反应,硅橡胶及特殊的含硅高分子等。(刘俊来)

O000098 **高聚物的表面与界面** 吴人洁等著。科学出版社 1998 年 2 月版。44.9 万字。40.00 元。“高分子科学丛书”之一。共 13 章,分别介绍高聚物表面与界面的基础研究与应用研究概况;高聚物表面张力、表面能与粘附;表面的红外光谱、X 射线光电子能谱及扫描电镜研究;高聚物表面的缺陷及其对整体断裂的影响、高聚物表面的改性、光降解和光聚合、表面的带电行为、摩擦与磨损;高聚物共混体系的界面、高聚物基复合材料的界面等。(总编室)

O000099 **烯烃双烯烃配位聚合进展** 黄葆同等著。科学出版社 1998 年 10 月版。36.8 万字。35.00元。“高分子科学丛书”之一。全面介绍 Ziegler—Natta 催化聚合的科学研究和工业研究的国内外最新进展。全书共 9 章,分别介绍乙烯配位聚合,丙烯配位聚合,烯烃共聚合,负载型钛催化体系的活性中心和聚合机理,烯烃聚合可溶性催化剂及其应用和发展前景,双烯烃定向聚合,稀土催化双烯烃聚合及稀土催化剂在合成领域的新开拓等。(刘俊来)

O000100 **应用胶体化学** 侯万国等编著。科学出版社 1998 年 11 月版。32 万字。30.00 元。详细地阐述胶体化学的一些研究方法和应用技术。全书分为两大部分:第一部分详细介绍胶体化学的基本原理;第二部分重点介绍胶体化学在一些技术领域中的应用,特别注重理论联系实际,重点阐述胶体化学应用技术、研究方法和解决问题的思路。本书采用了大量的最新研究成果,其中包括作者及其合作者的部分研究工作。由于胶体化学内容十分丰富,涉及面很广,本书主要介绍应用内容,读者从中可了解胶体化学的基础知识和应用技术,为相关工作奠定基础。(总编室)

O000101 **物理化学** 庄宏鑫编。化学工业出版社 1998 年 5 月第三版。38.8 万字。20.00 元。在第二版使用基础上,根据化工部 1996 年颁布的“物理化学教学大纲”修订而成。增编了“介稳状态和新相的生成”,删去了部分超纲内容。全书共 10 章,包括气体、热力学第一定律、热力学第二定律、相平衡、溶液、化学平衡、电化学、表面现象和分散体系、化学动力学和催化作用、波动力学与原子结构等内容。每章前有学习要求,章后有思考题和习题。全书采用最新国家标准和法定计量单位。(郭燕)

O000102 **结构化学** 郭用猷等编著。山东大学出版社 1998 年 8 月版。39 万字。28.00 元。内容包括 10 章,即量子力学基础、原子结构、原子光谱、分子的对称性、双原子分子的结构、多原子分子的结构、配位化合物的结构、分子光谱、晶体结构、X 射线结构分析。另附有习题答案、物理常数、换算因子和单位。(李凤玲)

O000103 **原子簇的结构规则和化学键** 唐敖庆、李前树著。山东科学技术出版社 1998 年 12 月版。27 万字。40.00 元。是作者近二十年关于原子簇结构规则与化学键性质的研究总结。全书共 10 章,主要阐述硼烷、碳硼烷和其他主簇杂硼烷、过渡金属夹心化合物、多面体碳原子簇和过渡金属簇基化合物的拓扑结构规则、应用和量子化学诠释,并给出了原子簇的一般结构规则。同时还给出了一些拓扑结构规则的应用例子。(尹兆长)

O000104 **界面与胶体的物理化学** 李葵英著。哈尔滨工业大学出版社 1998 年版。23 万字。15.00元。以胶体体系为研究主体,借助于流体力学、静电学、经典电磁学以及统计力学的理论和各种研究手段,透过体系所表现出的各种物理和化学现象,研究体系的性质;作为多相体系的溶胶,胶体粒子高度的分散性使得它具有巨大的相界面,并由此产生各种界面现象。本书第一、二章重点介绍胶体和界面的基础物理和化学性质;第三章根据表面活性剂物质自身的结构特点,介绍它们在凝聚相界面上和在溶液体相中特殊的存在状态和性质;第四章界面电化学,以带电界面上扩散双电层理论为基础,着重介绍双电层的形成、结构及有关物理量,并以 Zeta 电势为主讨论了界面电动现象以及带电界面上的其他性质;第五章从粒子之间的相互作用力入手,介绍了溶胶稳定性的 DLVO 理论;第六章讨论乳状液的类型及相互转换;第七章在超临界溶剂中的胶体与界面现象。(王超龙)

O000105 **分析化学** 江西省化工技工学校蔡增俐编。化学工业出版社 1998 年 6 月第二版。31.8 万字。18.00 元。共 10 章，以定性分析和定量分析为主要内容，包括常见阴阳离子的一般性质和鉴定，滴定分析(酸碱滴定法、氧化还原滴定法、配位滴定法、沉淀滴定法)，称量分析等。每章后附有复习题和练习题，书后有与内容相配的实验及附录等。(郭燕)

O000106 **分析化学中的离子平衡** 周性尧等编著。科学出版社 1998 年 8 月版。47 万字。42.00 元。为“分析化学丛书”第一卷第二册。分为 11 章。第一至五章为络合平衡、酸碱平衡、沉淀反应平衡和氧化还原平衡的基础理论、研究方法及平衡计算的近似公式和应用判据；第六章为计算机数值方法在离子平衡计算中的应用；第七章为 pH，pL 和 pM 缓冲溶液及缓冲溶液理论；第八章为滴定曲线和酸碱滴定、络合滴定、沉淀滴定及氧化还原滴定的终点误差分析；第九章为测定稳定常数的实验方法及计算稳定常数的作图法；第十章为拟合络合物稳定常数的计算机方法，第十一章为非理想的校正。书后附有最基本的计算机应用程序。(总编室)

O000107 **高效液相色谱法** 邹汉法等编著。科学出版社 1998 年 11 月版。48.5 万字。42.00 元。为“分析化学丛书”第三卷第三册。论述液相色谱分离分析技术和方法的原理、现状及发展动态。全书分 14 章。内容包括：绪论，液相色谱理论基础，液相色谱固定相和流动相，计算机在液相色谱分析中的应用，样品预处理，液相色谱仪器，液相色谱检测技术和色谱峰定性、定量，液相色谱应用，液相色谱手性化合物拆分和液相色谱的生物大分子分离、纯化和毛细管电色谱等。(总编室)

O000108 **晶体物理学** 俞文海、刘皖育编。中国科学技术大学出版社 1998 年 6 月版。21.6 万字。11.00 元。从晶体学和张量知识出发，介绍晶体的力学、电学、光学等物理性质及其应用的基础知识，同时对其应用技术和有关的晶体材料作了评述，并收集了一些有关的新数据。(张春瑾)

P 天文学、地球科学

P000001 **地球文明之谜丛书** 陈锋、王松海等译。中国青年出版社 1998 年 5 月版。76 万字。71.00元。共 5 册。其中《回忆未来》作者通过实地考证，以大量遗迹、实物、史料和传说，推测人类史前奇迹不可能是当时人们所能及，而是来自外星的智能生物创造的。《探寻全能者的踪迹》探讨遍布世界各地的人类史前诸多遗迹之谜，究竟是怎么回事？是当时蒙昧的古人所为，还是自天外来客的创造？《回归群星》是否在地球之外，存在着一种智能高度发达的生物？《外星文明和宇宙》作者描述了充满神秘色彩的厄瓜多尔地下隧道体系。隧道的结构显然表明了它出现于史前时期。作者还把其上面有引人注目的文字，极富价值的一些昆卡珍宝，挑选出来介绍给大家，而它们肯定都是在大洪水之前制作的。《古欧洲之谜》描述了三位少年、一位姑娘、两位父亲、一位大叔和一位作家在一些古地图上发现了一条条神秘路线，激起了他们的好奇，启程前去考察，试图揭开古欧洲之谜。(徐泳)

P000002 **地球科学系统观和方法论** 郝东恒、白屯著。中国地质大学出版社 1998 年 5 月版。16.5 万字。15.00 元。总结了地球系统的基本特征、现代地球科学的基本面貌；地球科学系统观的形成、基本内容、发展模式、演变动力；地球科学方法论整体与部分研究方法、动态与静态研究方法，以及结构与功能研究方法，探讨了地球科学方法的发展趋势；提出了地学系统观与地学方法论相统一的问题，并从现代地学思维方法和地学系统思维的阐述入手，讨论了用系统观研究地球各层圈的耦合作用的可能性和现实性，提出了建立和发展系统地球科学的设想。(陈业新)

P000003 **地球素描** [美]菲利普·赛福·南希·赛福著。江苏人民出版社 1998 年 1 月版。25 万字。15.00 元。以通讯报道的方式，生动地介绍了有关地球学及其相关的人类学、天文学、考古与生物学中的知识，是“剑桥文丛”之一。(丁嫣霞)

P000004 **宇宙指南** [美]艾萨克·阿西莫夫著。江苏人民出版社 1998 年 1 月版。19 万字。12.00 元。首先介绍关于地球的形成与构成，同时对地球上的某些自然现象进行了剖析；接着对宇宙中各类物体及其相关的自然现象作了介绍。书中解答了关于地球和宇宙相关的111个问题。(丁嫣霞)

P000005 **图说太极宇宙** 王大有、王双有著。人民美术出版社1998年5月版。27万字。34幅彩图，31幅插图。82.00元。“神秘文化系列丛书”之三。研究探讨中华先人创造的大自然科学、大社会科学融合的天人合一文化的历史价值和现代意义，发现了宇宙万象太极模式和宇宙元气统一场，概括为太极辩证法。首次揭破河图、洛书、易卦为上古天文学、历算学、宇宙气场物候方位时空一体生态学，开辟考古先天易学，会通古典太极文化、现代科技太极文化、民间太极文化的科学内核，阐释太极天人文化8000年发展史，拓展太极宇宙万象模式，演示中华先人仰观俯察内视遥感宇宙岛、银河系、二十八宿、四陆三垣、人体经脉循行、子午流注、脑太极、DNA大分子诸种微观太极生命模式、“太极印”、“轩辕云篆”、“太极涡旋气符”4种形态，由此创立各种应用系统：中医学、气功养生学、命理预测学、掌纹医学、环境生态学。(王石之)

P000006 **绚丽多彩的宇宙** 副名：天文学与高新技术。高布锡等编著。湖北科学技术出版社1998年10月版。9.8万字。8.00元。以高新技术为背景，详细记述当今天文学发展和研究成果。(刘虹)

P000007 **黑洞** [法]约翰—皮尔·卢米涅著。湖南科学技术出版社1998年6月版。22.8万字。16.00元。作者约翰—皮尔·卢米涅在法国国家科学研究中心所属的默冬天文台从事相对天体物理和宇宙学研究，是一位黑洞专家。本书将带领读者作一次穿越时间和空间的奇妙旅行，解说恒星是如何诞生、发光和死亡，把读者带进超新星、X射线星和类星体的神奇世界。(李遂平)

P000008 **非线性时间序列分析** 安鸿志、陈敏著。上海科学技术出版社1998年8月版。33.2万字。38.00元。“科学专著丛书”之一。总结了近代时间序列分析中非常活跃的前沿领域——非线性时间序列的近10年来的一些重要研究结果。主要内容有：(一)浅释线性与非线性时间序列之间的联系与差异，非线性时间序列的基本内容。(二)非线性时间序列的模型，包括：可加噪声模型、随机条件方差模型、非线性自回归滑动平均模型、双重线性模型和非线性多元时间序列模型等。(三)非线性时间序列模型的概率结构，包括：模型的平稳性、几何遍历性及其非线性自回归模型的例子、模型的高阶矩等。(四)非线性时间序列的预报，包括：可加噪声非线性自回归模型的预报、随机条件方差模型的预报、非线性自回归滑动平均模型的预报等。(五)时间序列的线性性检验，包括：Kolmogorov－Smirnov检验方法、混合型检验方法、非参数型检验方法、Lagrange乘子检验方法等。(六)时间序列模型的估计，包括：参数型非线性模型的估计、非参数估计、模型阶数的估计等。上述中的非线性的几何遍历性论述及线性性的K-S检验法等是作者的研究成果。最后，对非线性时间序列与相关领域、方面的联系也作了介绍，诸如：与分形几何、物理、力学中非线性现象的混沌(Chaos)理论、计算科学中的神经网络理论的联系。(赵序明)

P000009 **藏传历算学大全** 强巴赤列等著。四川民族出版社1998年8月藏文版。486万字。500.00元(精)。藏族的历算学自有文字记载以来，已有上千年的历史。在它的发展过程中，吸取了印度的时轮历等古代历算知识，又吸取了汉族的易经八卦和天文历算学丰富了自己。本书完整地记录了藏传历算学发展的历史，记录了各派主张的异同，介绍了历代各派的代表人物以及他们的代表作。介绍了各种不同的推算历象的方法，录入了大量的数据、常数、公式，此外还收录了各地有关气象的谚语和一些民间预报天候的方法。该书还收录了用电脑来计算推演藏历的数据及其运算的电脑语言。(戴作民)

P000010 **土鲁窦吉** 副名：彝文文献经典系列·历法篇。王子国整理翻译。贵州民族出版社1998年10月版。34.8万字。18.50元。彝族古籍，“土鲁窦吉”系彝语音译，义为“宇宙生化”。共3卷，论述彝族天文历法。卷一论述彝族10个月为1年的历法，即彝族“十月太阳历”；卷二论述彝族12个月为1年的历法，即彝族“十二月太阴历”；卷三用干支及数理推理天地人和万物产生的规律，揭示宇宙生成、发展、变化无穷的哲理。(陈光明)

P000011 **殷商历法研究** 吉林文史出版社1998年9月版。35万字。25.00元。作者在考察研究了迄今所能见到的全部殷墟甲骨卜辞和商代铜器铭文的基础上，结合古文献记载，详细地论证了殷代与制定历法有关的天象记录，论证了殷代的纪日法，殷历的历日、历年等情况。对学术界公认是日食记录的七版甲骨卜辞重新进行了释读，纠正了以往学者漏释、误释、误补等问题，并且推翻了半个世纪以来，绝大多数学者认为的殷人已能准确测得日至的观点。同时从多角度论证和批驳了“殷正建丑”说和“一

甲十癸"说。论证和总结了殷人纪日法、纪日词、纪时法、纪年法及殷历月的长度、殷人置闰的规律。(杨延梅)

P000012 **小波分析理论与影像分析** 朱长青著。测绘出版社 1998 年 3 月版。23 万字。20.00 元。将小波分析理论与测绘学科特别是影像分析相结合,对小波分析理论、小波分析若干与测绘相关应用模型及在影像分析方面的应用进行了系统的研究,得到了一系列理论及应用成果。本书主要内容有小波变换特征、小波变换边界理论、二维周期基数插值小波理论、小波分析若干与测绘相关的应用模型及应用展望、基于正交小波变换特征的遥感影像纹理分析和分类、基于二进小波变换和形态细化的遥感影像边缘检测、多进制小波在影像分析中的应用等。(李建明)

P000013 **GPS 全球定位系统技术及其应用** 洪大永编著。厦门大学出版社 1998 年 9 月版。28 万字。20.00 元。分 13 章,前 8 章叙述 GPS 的发展情况、卫星导航的基本知识、GPS 系统的组成、GPS 信号、GPS 定位、测速、授时原理和系统误差、差分 GPS 的原理和各种工作方式、GPS 接收机组成、主要技术指标和使用要求。后 5 章分析和介绍了 GPS 在海、空、陆以及军用、民用各领域的应用。作者吸收了国内外关于 GPS 研究的新成果以及对于 GPS 研究的成果和应用的经验。(陈进才)

P000014 **GPS/INS 组合导航定位及其应用** 董绪荣等著。国防科技大学出版社 1998 年 6 月版。28 万字。14.00 元。介绍 GPS/INS 组合系统的原理、理论设计、数据处理、质量控制、应用领域及其发展现状。第一部分介绍坐标系统、四元数代数理论和地球重力场等基础知识。第二部分论述惯性导航定位方程及其解算,GPS 伪距测量和载波相位测量,GPS/INS 组合导航定位系统原理、设计和误差估计、质量控制等。第三部分讨论 GPS/INS 的应用。(何晋)

P000015 **GPS 相对定位的数学模型** 葛茂荣著。测绘出版社 1998 年 2 月版。15.6 万字。14.00 元。内容包括时间和坐标系统、GPS 信号和观测量、观测模型、定位误差源、相对定位模式、模糊度分解、周跳修正和参数估计,最后简述了软件设计,并附有部分源程序。(丁一)

P000016 **空间信息学及应用** 副名:RS、GPS、GIS 及其集成。李德仁主编。武汉测绘科技大学出版社 1998 年 12 月版。51.5 万字。50.00 元。是为祝贺王之卓先生 90 华诞而召开的"影像信息科学的发展暨王之卓学术思想讨论会"的论文精选。全书分 4 大部分,收有论文 54 篇。其中第一部分为航空影像的数据获取、处理及应用,有论文 17 篇,内容涉及地球空间数据库框架、"4D"技术在防洪救灾中的应用等航空影像的数据获取、处理、应用方面的研究成果及应用;第二部分为遥感与雷达影像的处理及应用。收有关于遥感图像的三维显示、典型趋势面的自动发现等论文 16 篇。第三部分为 GIS 与空间数据模型,收有 GIS 数据共享、数据库建库技术、GIS 数据库不确定性研究策略回顾与展望等论文 15 篇;第四部分为王之卓院士的学术思想,主要就王之卓院士的科研道路以及他的教书、育人等方面进行了介绍。(张立福)

P000017 **地图信息的分形描述与自动综合研究** 王桥、毋河海著。武汉测绘科技大学出版社 1998 年 8 月版。22.5 万字。25.00 元。针对传统数学在处理复杂、非规则现象中的局限性和地图图形数据自动处理研究的实际需要,引入新近发展起来的专门研究复杂现象的新型工具——分形理论。在分析、归纳分形理论的基本原理、发展过程和在地学方面应用进展的基础上,抽象出分形分析的基本思想方法——粗视化方法,并从分维扩展、分形存在层次、图形形状特征变化分形分析等诸多方面,深化和发展了分形理论。揭示了分形理论用于地图图形数据自动处理的途径和潜力。同时,扩展了分形理论的应用模型,分别建立了地貌、河图等要素的线状、面状分形分析模型以及方根规律的分形扩展模型等,并建立了分形理论与制图综合的内在联系,分要素提出了一系列基于分形分析的自动综合方法。(董巍)

P000018 **实用地图学** 陈逢珍主编。福建省地图出版社 1998 年 5 月版。28.00 元。作者根据长期从事地图学教学和科研的实践经验,吸收地图学最新理论研究成果,将地图投影、地图符号、地图概括三大基础与地图信息传输论、地图感受论、地图模式论等最新理论有机地结合起来,阐述了地图及地图学的新概念、新体系,从更深的层次论述了地图的基本功能。在系统论述传统地图编制方法的基础上,吸收地图学最新技术研究成果,介绍了计算机制图、遥感资料制图和地图制印新技术。总结了 80 年代以来地图学及相关学科在新型专用地图——土地管理及房地产专用图、城市规划图、旅游地图研究中的成果,论述了上述专用地图的基本理论、基本知识及编

制应用的原理和方法。(施玉如)

P000019 **新疆地壳发展史** 新疆科技卫生出版社(K)1998年3月维文版。11万字。7.00元。主要以新疆地壳的发展、地质的演变、地壳岩层的保存与变化、岩矿的生成、岩层的渗透率等为内容。对地球在宇宙中的位置、地壳形成的物理和化学性质、地壳年龄的推算、岩层分裂等内容进行了详细的介绍。(艾米拉古丽)

P000020 **工程水文水资源系统模糊集分析理论与实践** 陈守煜著。大连理工大学出版社1998年6月版。21.2万字。15.00元。由水文水资源系统模糊集分析科学意义与基础;汛期模糊分析;中长期水文预报综合分析理论、模型与方法;相似流域选择模糊集分析模型;开放的复杂水资源巨系统分析技术等14章内容组成。(邓玉萍)

P000021 **天山冰川作用** 刘潮海等主编。科学出版社1998年8月版。36万字。35.00元。将跨国的天山作为一个完整的冰川系统进行综合研究的成果之一。全书分12章,内含天山冰川资源数量、变化和分布规律,冰川作用区气候和热量平衡,冰川运动和跃动冰川,冰川物质平衡形成过程、特征和区域差异,成冰作用带及其面积分布,冰川径流和水量平衡,冰川泥石流的形成及其分布,以及水资源的利用等内容。(总编室)

P000022 **气象与生活** 林之光著。江苏教育出版社1998年8月版。13.83万字。6.50元。从最为简单的生活细处入手,列举事例,介绍人们在日常生活中遇到的各种气象知识。(俞慧洵)

P000023 **气象仪器与测量** 刘连吉编著。青岛海洋大学出版社1998年9月版。25.1万字。15.00元。是在普通的气象观测(探测)教材基础上,根据海洋气象和海洋学专业的教学要求,总结多年的教学经验及融于高新技术而编写的。书中讲述了现代海洋气象观测方面所应用的主要气象仪器的测量原理和方法及当前进展。并严格地定义了气象测量的系列概念;气象仪器测量原理和测量方法(包括海洋气象测量方法);测量误差分析;现代新技术(集成电路、微机、遥感等)在气象测量中的应用和发展;海洋气象观测的特点等等,同时,鉴于海上气象测量条件的要求,又偏重讲述了电测气象仪器和电测方法。(彭垣)

P000024 **识破天机的现代神探** 汪勤模编著。气象出版社1998年8月版。13万字。9.00元。是"新编气象知识丛书"之一。主要介绍气象常规观测、大气探测的方法、实验及应用。(郭彩丽)

P000025 **安徽水旱灾害** 安徽省水利厅编著。中国水利水电出版社1998年11月版。41.1万字。52.00元。主要内容是收集、整理了安徽省历史和近代水旱灾害的基本资料,分析形成水旱灾害的特征,总结了1949～1994年46年来与水旱灾害作斗争的经验教训,提出防治对策。(周燕华)

P000026 **河北省水旱灾害** 河北省水利厅编著。中国水利水电出版社1998年2月版。66.7万字。95.00元。详细地记述了河北省水旱灾害的成因、特点、规律,对社会经济及环境造成的影响,及人们防治水旱灾害的措施。并对典型年的灾害情况做了描述。本书共5篇,即洪水灾害、涝碱灾害、干旱灾害、污水灾害、减灾对策。(王勤)

P000027 **天地沧桑** 谢世俊编著。气象出版社1998年8月版。8万字。5.60元。是"新编气象知识丛书"之一。主要介绍气候变化与气候变迁,及认识和预测气候变化对人类及生态环境的影响。(郭彩丽)

P000028 **我们赖以生存的气候资源** 张家诚编著。气象出版社1998年8月版。13.4万字。9.00元。是"新编气象知识丛书"之一。主要介绍大气、风、雷电、太阳等气候资源在经济、人民生活、战争、旅游以及减灾防灾中的开发和应用。(郭彩丽)

P000029 **全球岩溶对比(英文版)** 袁道先、刘再华主编。科学出版社1998年12月版。308页。747.00元。为联合国教科文组织和国际地科联联合资助的国际地质对比计划(IGCP)"地质,气候,水文与岩溶形成"(1990—1994)的最终研究成果。IGCP是就地球科学某个领域的前沿问题进行的多边合作研究,IGCP299是第一个以岩溶为主题的国际对比项目。袁道先院士为该项目国际工作组主席,有35个国家的250多位国际知名岩溶工作者参加该项目。本书以IGCP299的思路、科学目标和方法为主线,以5年间在土耳其、中国、俄罗斯、美国、英国、澳大利亚、伊朗、加拿大、意大利等国家主要岩溶区的现场考察和日本、斯洛文尼亚、挪威、波罗的海、越南、巴西、罗马尼亚等几十个参照点的新的研究成果为依据,详细讨论了全球不同地质、气候、水文条件下岩溶的差别、形成机理、有关环境问题发展规律和治理经验,以及以岩溶记录重建古环境变化过程的新成果。(彭斌)

P000030 **全国地层多重划分对比研究——地层单位研究** 全国各省(市、区)地质矿产局、部分国家级地层专家著。中国地质大学出版社 1998 年版。全套 1 540 万字。全套 1 247.50 元。是由原地质矿产部设立的一项重大基础地质研究项目——全国地层多重划分对比研究的成果锤炼而成。由 30 个省、直辖市、自治区(含台湾省,不含上海市),东北、西北、华北、中南、东南、西南 6 个大区和全国 3 个层次的课题研究成果单独成册,共 37 册。有 30 个省(市、区)地质矿产局等 40 个单位约 400 位地质学家和专业人员参加。汇集了我国几代地质工作者、科学家和早期国外部分著名地质学家艰辛工作而获取的、时间跨度长达 100 多年的基础地层资料。该套书在现代地层学和沉积学理论指导下,对以往所建立的地层单位进行研究(清理),追溯地层单位创名的沿革,重新厘定单位定义、层型类型与特征、区域延伸与对比,消除同物异名,查清同名异物,在大范围内建立若干断代岩石地层单位的时空格架、编制符合现代地层学含义的新一代区域地层序列表,并介绍了与地层多重划分对比研究工作同时研制的省(市、区)和全国两级地层数据库的内容和功能。各分册还根据工作范围的研究情况,对研究较详细的年代地层、生物地层也适当地进行了清理并提出新见。特别是,各书中附有各省(市、区)所有采用的岩石地层单位或不采用的地层单位特征总表,各岩石单位创名时所依据的典型剖面,还列出各地层单位所含的古生物种类。(刘粤湘)

P000031 **亚洲陆海壳体大地构造** 陈国达等著。湖南教育出版社 1998 年 11 月版。56 万字。37.80元。以作者开创的、著名的“地洼学说”为基本指导思想,以新提出的“历史—因果论”大地构造观及“壳体”新概念为基础,详细论述亚洲 46 个国家和地区以及亚洲大陆邻侧的部分海洋(北冰洋、北印度洋、西太平洋)地壳的演化特征与机理,反映出在壳体构造理论与实践上的创新。全书分上、下两编 20 章。首先提出并阐述了“壳体大地构造”的理论体系,采用历史—动力综合分析研究法,对亚洲陆海壳体构造区的分布、演化—运动过程、亚洲大陆增长过程及在演化过程中发生的若干重大地质事件的历史背景和动力来源等进行了综合分析。然后,在此基础上,又对亚洲陆海壳体构造区中各综合大地构造单元进行了分述。(李小娜)

P000032 **青藏高原形成演化与发展** 孙鸿烈、郑度著。广东科技出版社 1998 年 2 月版。46.5 万字。70.00 元。为“青藏高原研究丛书”之一。以国家攀登计划及中国科学院重大基础研究项目“青藏高原形成演化、环境变迁与生态系统研究”的成果为基础,结合近几十年来对高原的研究工作,系统地阐明青藏高原地学和生物学领域的重要成果和最新进展。全书共 6 章,分别论述青藏高原岩石圈结构、演化与动力学、高原隆升与环境演化、高原气候变化及其对环境的影响、高原隆起对周边地区的影响、高原生态系统与自然地带以及高原区域可持续发展等基础和应用基础的重大问题。(汪伯延)

P000033 **实验构造地质学及其应用** 钟嘉猷著。科学出版社 1998 年 3 月版。35.3 万字。35.00 元。是作者 30 余年工作之总结。内容包括实验构造地质学的研究方法、构造模拟实验相似条件和相似材料的选择、各种基础构造形式的形成机制研究及各种尺度的典型构造现象分析、模拟研究和构造模拟实验的应用初探,并对该学科的发展做了展望。书末还附有 40 个各种典型地质构造野外观察和室内模拟实验研究的彩色图版。(总编室)

P000034 **青藏高原岩石圈结构演化与动力学** 潘裕生、孔祥儒著。广东科技出版社 1998 年 2 月版。58 万字。70.00 元。“青藏高原研究丛书”之一。分为 5 个专题:一、西藏高原西部综合地球物理与岩石圈结构的研究。二、青藏高原北部加里东构造带的研究。三、青藏高原及邻区中间过渡大陆前侏罗纪构造演化。四、藏东滇西新生代陆内变形运动学。五、青藏高原的形成机制与演化模式的综合研究。上述专题的设置有以下特点:(1)地表地质与深部构造的结合;(2)时间上的整体性、连续性,从早古生代到中新生代;(3)野外调查与室内综合实验研究相结合。上述专题的设置不是孤立的,而是相互联系的,都是以高原的形成演化与动力学为主线,因不同的方法、不同的学科共同论证同一问题,这就避免了单学科在解释上的片面性与不同学科间的矛盾。(傅东伟)

P000035 **龙门山—锦屏山陆内造山带** 骆耀南等著。四川科学技术出版社 1998 年版。28 万字。18.00 元。通过对扬子地台西缘的研究,厘定为龙门山一锦屏山造山带,进而在板块构造时空背景分析、造山带主要特征阐明、地质演化过程揭示以及构造单元划分等方面,提出了新见解。最后尝试建立陆内造山带的“陆块对挤机制”和“上冲下楔模式”。着重对本区韧性剪切带、穹隆状复形一复质体和喜马拉雅期岩浆活动等重要地质特征及其它们各自与成矿作用的密切关系,进行了深入研究和详细分析。强调本区新生代岩浆活动的显著性和重要性,并建立壳幔混源型、幔源型和壳源型三套岩石组合,构成一个完整的岩浆旋回，进而证实本区存在一条醒目的新生代构造一岩浆一成矿带，并在此基础上提出成矿系列划分意见和成矿预测初步方案。(安小望)

P000036 **滇川西部古特提斯造山带** 钟大赉等著。科学出版社 1998 年 8 月版。34.3 万字。38.00 元。以活动论为指导，应用地质、地球化学和地球物理的综合方法，选择了全球古特提斯发育典型的滇川西部，研究古生代以来，特别是晚古生代至三叠纪时期各陆块、大陆边缘和洋盆的地层沉积记录、岩浆活动、变质作用(包括基底岩系)、变形几何学、运动学，总结了洋盆扩张、俯冲一陆块碰撞的规律，提出了古特提斯构造框架和演化模型，以及喜马拉雅运动对古特提斯构造的改造。(总编室)

P000037 **青藏高原晚新生代隆升与环境变化** 施雅风等著。广东科技出版社 1998 年 2 月版。67 万字。85.00 元。是"青藏高原研究丛书"之一，是国家攀登计划和中国科学院重大基础研究项目"青藏高原形成演化、环境变迁与生态系统研究"成果之一。包括两方面内容：一方面对青藏高原 3 处天然剖面(临夏剖面、昆仑山垭口剖面、吉隆盆地剖面)、2 处古湖泊岩芯(若尔盖古湖 310m 岩芯、甜水海古湖 56m 岩芯)和 1 处冰芯(古里雅冰芯)的详细测年和多指标分析研究，获得青藏高原不同地区古环境多指标、长列、定年的第一手资料；另一方面是在上述研究基础上，结合国内外有关文献综合研究了青藏高原演变的主要表征和晚新生代隆升与环境变化历史，论述青藏高原隆升、气候和环境变化事件，并与全球变化进行了对比。(陈国平)

P000038 **宝玉石学教程** 郭守国主编。科学出版社 1998 年 8 月版。60 万字。58.00 元。分 26 章，系统地介绍了宝玉石地质基础、化学基础、结晶矿物学，宝玉石矿产资源及分布，宝玉石包裹体，宝玉石加工工艺，宝玉石优化与处理，合成宝玉石，宝玉石鉴定，宝玉石市场和宝玉石文化等知识，重点对常见的 40 多种宝玉石的矿物岩石学特征、物理化学性质、资源产地、鉴别方法和质量评价参数等方面进行了系统地分述；较详细地阐述了 70 余种相对少见的宝玉石品种的一般宝玉石学特征。(总编室)

P000039 **蓝晶石 红柱石 硅线石** 林彬荫等编著。冶金工业出版社 1998 年 8 月版。28.6 万字。20.00 元。阐述我国三石矿物矿床类型、选矿工艺、三石各矿物的成分、结构、性质、烧结特性及在冶金、陶瓷等工业部门的应用等。(许晓海)

P000040 **东秦岭大别高压超高压变质带(中文版)** 游振东等著。中国地质大学出版社 1998 年 1 月版。30 万字。30.00 元。以东秦岭、大别山区段的区域构造演化为背景，系统地总结了大别高压超高压变质带的同位素年龄框架；阐述了高压超高压变质岩的时空分布、岩石化学和地球化学特征；系统地研究了高压超高压变质岩的岩石学、矿物学特点，揭示了矿物晶内成分变化规律，重塑了变质作用 PTt 轨迹，结合变形分析再造了 PTtD 轨迹；对高压超高压变质岩中的流体包裹体作了成分、物性和温压条件等全面的测定，同时在各种超高压变质矿物中发现了熔融包裹体；通过典型地区的大比例尺填图，对高压超高压变质岩进行了从宏观到超微观的系统构造解析，提出了高压超高压变质岩形成与折返的动力学模式。(赵颖弘)

P000041 **楚雄盆地铜、盐、有机矿床组合地球化学** 冉崇英等著。科学出版社 1998 年 8 月版。15.7万字。20.00 元。研究了楚雄盆地铜、盐、有机矿床组合地球化学，特别是有机地球化学。内容包括裂谷背景与矿床时空分布，微量元素、同位素、流体包裹体等特征与矿质来源，有机质类型、分布、有机包裹体、干酪根、可溶有机质等与矿化，有机-盐-铜浸出实验及铜-有机络合物实验，铜-盐-有机质相互作用与成矿机制。(总编室)

P000042 **山西铝土矿地质学研究** 陈平、柴东浩主编。山西科学技术出版社 1998 年 10 月版。43.7 万字。35.00 元。"中国北方铝土矿地质学系列丛书"之一。以"山西铝土矿矿床成因和矿床模式研究"为基础，增扩了山西铝土矿的成矿远景区划及典型产区矿床特征以及 20 世纪以来有关山西铝土矿床的勘查方法，对山西铝土矿的岩石地层及其地质时代，古地磁及其南北漂移，矿石矿物的区域分带，铝土、粘土矿物的风化壳性质、迁移方式、堆积沉积作用发生的地点和环境，稀有稀土元素的分布、分配及富集特点，以及物质来源，成矿过程和矿床模式等均作了系统地论述。对研究新发现的古代风化壳型稀有稀土铝土、粘土矿亦有详尽说明。(温洁茹)

P000043 **广西大厂超大型锡—多金属矿床的成矿机理** 雷良奇著。广西师范大学出版社 1998 年 8 月版。18 万字。大厂超大型锡—多金属矿床主要赋存在丹池(广西南丹—河池地区)上泥盆统榴江组槽盆相硅质岩和条带状灰岩中，呈似层状产出。根据矿石组构和矿物组合，可将该矿床划分为两类矿体：层状含锡硫化物矿体和脉状锡石—硫化物矿体。本书从多方面论证了层状矿体的形成与榴江期海底深循环含矿热水活动事件以及槽盆中滞流凹地的还原“障壁”聚矿作用有关。通过层状矿体与燕山期岩浆热液成因的脉状矿体的详细对比研究，并结合成矿地质背景条件分析，表明该矿床是一个与热水沉积成矿作用有关的矿化叠加型超大型矿床。本书还介绍了热水沉积成矿作用的一些基本概念和我国热水沉积矿床的概况等。(总编室)

P000044　**中亚大型金属矿床特征与成矿环境**　陈哲夫等著。新疆科技卫生出版社(K)1998年1月版。45万字。30.00元。以活动论和突变论为指导，综合应用多旋回开合、构造—建造—成矿与线性构造的理论和观点，综合分析了自80年代以来该区地质矿产文献和最新研究成果。在阐述地质构造特征和成矿环境的基础上，重点论述了该区金、铁、铜、铅、锌、钨、锡、钼、汞、锑及稀有金属等大型—超大型矿床的地质特征、成矿规律与成矿环境，从地质建造、构造特征、深部构造、地壳演化、成矿规律和成矿远景等方面，对新疆及其毗邻的中亚地区进行了对比研究，指出其共同性和差异性。在此基础上，从实际出发，重点预测了新疆北部今后寻找大型金矿和有色金属矿床的主攻方向。(蔡丽漫)

P000045　**中国铂族元素矿床**　梁有彬、刘同有等编著。冶金工业出版社1998年10月版。29.5万字。22.00元。着重阐明在不同地质背景下形成的各种类型铂族元素矿床及其地质特征、铂族元素矿产资源特点和铂族金属开发利用的技术和现状，并广泛综合了国内外的铂(族)矿地质研究资料，总结了铂族元素矿物学及其地球化学特征，讨论了铂族元素成矿作用和矿化富集规律。(田锋)

P000046　**南海新生代沉积盆地地质与油气资源评价**　许红等著。青岛海洋大学出版社1998年4月版。23.1万字。36.00元。对南海新生代沉积盆地地球动力学环境与过程，陆块、地块、构造带与沉积盆地的关系，盆地沉积相与沉积体系，地震相与典型沉积相特征，生储油层系与盖层匹配，运移聚集规律与成烃-成藏模式，以及11个沉积盆地基本油气地质条件进行了讨论；阐述了油气资源评价方法、评价因子和分类原则，根据一类远景油气盆地、一类勘探区块及油气资源分布的状况，提出了“环南海形成油气富集圈”的整体认识。(李建筑)

P000047　**断裂网络与金成矿体系**　戚建中等编著。江苏科学技术出版社1998年10月版。36.5万字。25.00元。是“八五”国家重点黄金科技攻关项目《中国东南中生代陆相火山岩地区金矿类型、成矿条件、矿床模式和找矿方向》(90051－03－4专题)研究成果的浓缩。本书紧紧抓住挖矿断裂网络和斑岩成矿体系两个主题，通过金矿研究的扩展和深化，全球范围对比和矿田实例剖析，回答了本研究区金矿矿床学和区域成矿学中的热点问题——金矿定位规律和不同类型金矿床之间的成因联系。对中国东南部复杂多变的地质构造，中生代岩浆作用和金矿成矿作用，包括地体构造，断裂系统和断裂网络，岩浆岩类型和火山—侵入杂岩组合，成矿系列，成矿机制和成矿体系，成矿作用的时空规律和成因规律等，都提出了系统观点和新的见解。(孙广能)

P000048　**裂缝性油气储集层评价方法**　周文著。四川科学技术出版社1998年版。45万字。50.00元。作者根据从事裂缝性储集层研究十多年来取得的成果并吸收国内外有关的研究成果编著而成。在对天然裂缝进行成因分类的基础上，对构造裂缝及其他类型的破裂力学机制进行了讨论，并介绍了地层条件下岩石的力学参数、地层中裂缝特征参数的多种确定方法，最后对构造裂缝、沉积盆地中重要的其他类型裂缝和与断层有关的裂缝分布评价方法进行了阐述。(安小望)

P000049　**新疆三塘湖盆地含油气地层**　廖卓庭等著。东南大学出版社1998年12月版。29万字。35.00元。根据三塘湖盆地及其周边地区地表地层调查和盆地内部分探井的生物地层研究资料，对区内晚泥盆世至侏罗纪含油气地层的基本特征进行了论述。全书除前言分9章。第一、二章介绍三塘湖盆地地表与井下的上泥盆统至侏罗纪代表性地层剖面。建立了区内的地层划分系统；第三、四章详细阐述区内晚泥盆世至侏罗纪16个门类古生物群及沉积组构、古地理演化基本面貌，提出了将沉积、生物和古环境融为一体的综合性地层模式；第五章重点论证地表与井下地层的对比，有利于解决盆地油气勘探工作的需要；第六章概述地层分区和构造层的划分，探讨了三塘湖盆地的形成、发展和演化；第七、八、九章分析三塘湖盆地与邻区含油气地层的对比，讨论烃源岩的时空分布规律，提出了对该盆地油气勘探的建议。(徐步政)

P000050　**滇中铅锌矿地质研究**　云南科学技术出版社1998年8月版。18万字。20.00元(精)。是国家自然科学基金委员会资助的科学项目的研究成果。重点论述了滇中地区地质结构演化与成矿、铅锌矿床分类、典型矿床地质特征、时空分布规律、地球化学、矿床成因、成矿规律、找矿标志及找矿远景等。

（李永丽）

P000051 **金刚石低压气相生长的热力学耦合模型** 王季陶等著。科学出版社 1998 年 12 月版。14 万字。12.00 元。“现代物理学丛书”之一。主要论述热力学基础、激活低压金刚石生长的非平衡热力学、C—H—O 三元体系的金刚石生长相图、碳氢卤素等其他三元体系的金刚石气相生长相图、一些常用双组分的二元和赝二元体系相图。（总编室）

P000052 **地下水混合井流的理论及应用** 陈崇希等著。中国地质大学出版社 1998 年 7 月版。10 万字。12.00 元。发展了“渗流－管流耦合模型”，提出“岩溶管道－裂隙－孔隙三重空隙介质地下水流模型”，把 1960 年由前苏联 Г. И. Gаренблатт 提出的仅限于弱岩溶化介质的“裂隙－孔隙双重介质”地下水线性流模型，发展到可用于强岩溶化、弱岩溶化并存的地下水线性－非线性流问题，真实地刻画了岩溶水系统独特的水动力特征。（贾晓青）

P000053 **中国泥石流滑坡编目数据库与区域规律研究** 钟敦伦等著。四川科学技术出版社 1998 年版。23 万字。19.00 元。共收录论文 24 篇，归纳为两部分：第一部分包括论文 11 篇，主要论述中国泥石流滑坡编目数据库（信息系统）的研究成果，对泥石流滑坡编目的标准化与规范化，泥石流滑坡数据库系统及其应用，泥石流滑坡危险度区划及区划方法等问题进行了探讨。第二部分包括论文 13 篇，主要论述中国泥石流滑坡的区域规律，讨论了泥石流滑坡的发育环境、古沉积特征及其与人类活动的相互影响、危险性判别以及减灾对策、技术和效益等系列问题。（喻瑞卿）

P000054 **走向海洋丛书** 中国海洋学会编。大象出版社 1998 年 7 月版。98.00 元。共 4 册，包括《辽阔的中国海》、《漫长的中国海岸》、《美丽的中国海岛》、《丰富的中国海洋生物》。每册约 80 页，六七万字，130 余幅彩色图片。介绍有关中国海的海洋知识，展示了中国海域多彩的自然风貌和丰富的海洋资源。（王晓宁）

P000055 **我爱蓝色国土丛书** 王佩云主编。辽宁少年儿童出版社 1998 年 11 月版。60 万字。60.00元。分 5 册，即《辽阔海疆》、《蓝色宝库》、《友谊之舟》、《铁血金锚》和《走向海洋》。（亓鑫铭）

P000056 **海洋纵横五千年** 侍茂崇等编著。哈尔滨工程大学出版社 1998 年 9 月版。120 万字。108.00 元。共 6 册：《沧海桑田——海洋与人类文明》、《曲径通幽——海上探险纪实》、《无尽宝藏——海洋生物一览》、《劈波斩浪——海船发展史话》、《海神之剑——海军兵器大观》、《执与争锋——海上战争纪实》等。（罗东明）

P000057 **趣味海洋知识丛书** 晨光出版社 1998 年 8 月版。52 万字。20.40 元。包括 4 个分册：《神秘的海水》、《地球上的海洋》、《奇妙的水族世界》、《探索海洋的人们》。分别从海洋的特性、海洋资源、海洋生物和人类探索海洋所走过的历程等方面，介绍了与海洋有关的各种知识。（李香明）

P000058 **来自大海的疑问——海洋地理篇** 孙德建、丁海涛编。青岛海洋大学出版社 1998 年 4 月版。11.8 万字。7.50 元。用问答的形式介绍红海、白海、黑海、黄海、“死亡之海”、里海、最小的海及大半岛、群岛、海峡、大海湾、海底峡谷、会漂移的岛、出没无常的岛、“年轻的海岛”等奇特的海岛，以及“人世绝域”、千岛之国、瑙鲁、“神秘岛”、泉水之岛、低洼之国、“千湖国”、“危险海峡”、“冰雪大陆”、“热水瓶”、珊瑚海、“魔鬼三角”等海洋胜地的基本知识。还介绍“天涯海角”、“海上花园”、“海天佛国”等旅游胜地及鹿特丹等大的港口。（陈万青）

P000059 **来自大海的疑问——海洋气象篇** 王宗山、姚静娴、龙宝森编。青岛海洋大学出版社 1998 年 3 月版。11.5 万字。7.50 元。用问答的形式介绍海雾、海上热雷暴、大气“跷跷板”、厄尔尼诺和拉尼娜现象、热带气旋、台风与龙卷、海洋潜热、“咆哮的西风带”、酸雨及信风、海市蜃楼等各种海洋气象、以及海洋气象对水面舰艇作战、对舰艇雷达和通讯、对登陆作战及海战等各种海上活动的影响，还介绍海洋气象的监测、预报及如何预防和减少灾害性天气对各方面造成的影响。（陈万青）

P000060 **走向海洋** 王佩云、赵利编著。辽宁少年儿童出版社 1998 年 11 月版。13.5 万字。14.00 元。“我爱蓝色国土丛书”之五。介绍人类不断攀登海洋科学技术高峰的艰难历程。（亓鑫铭）

P000061 **蓝色宝库** 吴鸿道、邓柏元编著。辽宁少年儿童出版社 1998 年 11 月版。12.5 万字。12.00元。“我爱蓝色国土丛书”之二。介绍海洋丰富的资源和世界以及我国开发这一蓝色宝库的情况。（亓鑫铭）

P000062 **海洋三字经** 王佩云主编。中国少年儿童出版社 1998 年 4 月版。4.25 印张。3.50 元。讲述了海洋的历史、海洋中的物产、有关海洋的神话传说，我国的航海史、海岸防御、海洋文学以及对新世纪海洋的展望。书的后半部分是中外与海洋有关

的一些历史小故事和神话传说。(陈斌)

P000063 **海洋大词典** 国家海洋局科技司、辽宁省海洋局《海洋大词典》编委会编。辽宁人民出版社 1998 年 6 月版。210 万字。218.00 元。收入词目 5 000 余条,主要来源于海洋生物、海洋物理、海洋化学、海洋地质、海洋工程技术、海洋管理等 6 个学科及其分支,包括海洋古生物、海洋渔业、河口海岸带、自然地理、海洋气象、海上军事科学等领域。附有插图 1 000 余幅,附表 4 组及彩照 20 余幅。词目按汉语拼音字母顺序排列,并加注汉语拼音;多数词目之后还附有英文、拉丁文、日文和其他语种。书后附有汉字笔画索引和外文索引。(王峰)

P000064 **实用地理信息系统** 陈俊等著。科学出版社 1998 年 6 月版。28 万字。24.00 元。"地理信息系统系列书"之一。是作者根据其多年从事地理信息系统(GIS)项目开发与管理的实际经验,从实用的角度探讨、研究地理信息系统理论与技术的专著。书中阐明了 GIS 的基本内容和应用范围,地理空间数据的特点与类型;详细叙述了 GIS 数据库设计与开发的过程和步骤,GIS 项目管理的内容、方法与过程;介绍了与 GIS 有关的标准化组织及其标准,预测了 GIS 未来 5～10 年的发展方向。(总编室)

P000065 **城市地理信息系统标准化指南** 阎正主编。科学出版社 1998 年 6 月版。35.3万字。35.00元。论述城市地理信息系统标准化的总体框架、所涉及各个方面的主要内容及关键的相关技术。全书共 13 章,内容包括:城市地理信息系统标准化概念、基本术语、标准化管理、标准体系、系统总体设计、信息空间定位、信息内容及分类编码、数据组织、软硬件环境、数据质量、系统实施与维护、通信网及系统互连、系统安全与保密等。(总编室)

P000066 **中华人民共和国国家自然地图集** 廖克著。中国地图出版社 1998 年 1 月版。20 余万字。580 多幅图。590.00 元(中文),900.00 元(英文)。反映我国地学、生物学与环境科学的调查研究成果,显示我国复杂的自然条件与丰富的自然资源,阐明我国自然环境的形成与演变规律。同时反映我国各类自然灾害的分布,以及利用改造自然所取得的成就。图集由 6 部分组成:序图;自然环境图;自然资源图;自然灾害图;自然利用与保护图;地图文字。自然环境分 7 个图组:地质与地球物理图、地貌图、气候图、陆地水文图、土壤图、生物图、海洋图。自然资源图包括矿产资源、水气土资源、生物资源、自然风光旅游资源等 4 个图组。自然灾害包括地质地震灾害、气候灾害、水土流失与土壤退化、有害动物、生命元素与地方病等 5 个图组。(杜秀荣)

P000067 **甘肃省综合自然区划** 伍光和、江存远主编。甘肃科学技术出版社 1998 年 6 月版。21.2万字。15.00 元。甘肃省是我国唯一兼有三大自然区的省份,自然界的地域分异极富特色,纬度地带性规律在陇东、陇南表现明显,干湿度分带性在东西方向上影响显著,垂直带性在山地和高原起着重大作用。特别是作为水平地带与垂直带性规律相结合、与低海拔区相比较具有完全不同的热量背景的高原地带性规律制约着甘南高原、黄土高原甚至河西走廊和阿拉善高原自然条件的区域变化。省级综合自然区划的制定对于全面、准确地认识省域自然条件、自然资源特征及地域分异规律,在社会经济发展中真正地贯彻因地制宜原则和实现区域可持续发展都有重要的帮助,并可为制定各种经济区划和发展规划提供不可或缺的科学依据。本书主要从甘肃省概况、地貌及其地域分异、气候及其地区分布、水文及其地域分异、植被特征及其地域分异、土壤及其地域分异、地域分异规律在甘肃省的表现、综合自然区划等方面进行了论述。(陈学祥)

P000068 **福建省自然地图集** 本书编委会编。福建科学技术出版社 1998 年 8 月版。61.8 万字。新大 16 开。280.00 元。运用专题地图结合文字说明的形式,汇集福建省的自然条件、资源分布、环境状况等有关资料,综合地反映福建省的自然地理面貌和各种自然要素的基本特征及分布规律。全书包括 10 个图组,即:序图、福建地质、福建地貌、福建气候、福建水文、福建土壤、福建植被、福建动物地理、福建环境质量与福建海洋。福建东临大海,海洋是国土的重要组成部分,也是福建经济与社会发展战略的重点,因此专设"福建海洋"详细介绍福建沿海海区的自然地理环境。全书共 165 幅地图,55 幅彩图,由于自然地图集的内容专业性强,每个图组之后都配以必要的文字说明。根据内容的需要,地图比例尺分为 1∶160 万、1∶250 万、1∶350 万、1∶500 万、1∶600 万 5 种。(林为建)

P000069 **喀喇昆仑山—昆仑山地区冰川与环境** 苏珍等著。科学出版社 1998 年 6 月版。31.9 万字。41.00 元。"青藏高原喀喇昆仑山—昆仑山地区科学考察丛书"之一。主要根据 1987～1992 年期间在喀喇昆仑山—昆仑山地区进行冰川考察收集的宝贵资料,并参考国内外有关青藏高原冰川的文献,系统地阐述了冰川发育条件、数量、分布、水热特征、物理及化学性质、冰川进退变化、水文特征及冰川水资料、冰湖溃决洪水与泥石流等；并对第四纪冰川遗迹、冰期划分、序列对比、古冰川发育与高原隆起关系和环境变化，以及多年冻土和冰缘环境等问题进行了研究，书中附有照片。（总编室）

Q 生物科学

Q000001 **汉哈生物学词典** 涂苏别克编。民族出版社 1998 年 6 月版。20 万字。18.00 元。汉哈文对照。收集生物名词术语，按汉语拼音音序排列，书后附有汉字的笔划索引。（蔡锐坚）

Q000002 **生命** [日]本庄敬等著。上海科学普及出版社 1998 年 7 月版。7500 幅图。80.00 元。主要内容有：生命始于远古海洋，奇妙的进化大爆炸，鱼类从海洋向陆地登陆，恐龙时代，哺乳动物时代的开始，生命向天空发展，生物进化中的“性”系统，奇妙的昆虫世界，人类的起源，人类向何处去。形象地展现了宇宙爆炸、星球碰撞、远古生命、恐龙灭绝、海洋世界、生物进化、人类文明等 40 亿年的历程。书中还请著名的学者撰写了“科学笔记”，进一步阐述生命科学的过去和当前所面临的主要问题。（陈泽加）

Q000003 **金苹果文库——了解生命** 王谷岩著。江苏教育出版社 1998 年 8 月版。13 万字。6.50 元。作者围绕生命这一主题，揭示了种种神奇的生命现象，并从光、电、时间、信息等因素与生命的关系，从不同的角度引导读者洞察生命的本质，展现了生命科学和人类生活、健康的密切关系。（单婷）

Q000004 **生命科学** 王文清著。北京工业大学出版社 1998 年 12 月版。24.6 万字。20.00 元。讲述生命起源与化学进化的最新发展与成果，突出介绍了“生命起源中关于对称性破缺”这一宇宙之谜中的一系列理论观点和实验方法。重点论述了在与癌症斗争中抗癌药物的最新设计与探索；具有抗癌作用的 RNA 与生命，以肿瘤抑制因子 P53 基因为研究目标，通过体内基因选择技术来发展治癌药物的最新成就。（刘学宽）

Q000005 **生命科学中的微量元素分析与数据手册** 王夔编。中国计量出版社 1998 年 11 月版。96.6 万字。62.00 元(平)，72.00 元(精)。从生物体的元素图谱出发，有针对性地编撰了国内、外生物样品中微量元素的优选分析方法，以及有关临床医学、营养学和卫生学等领域内微量元素研究与实践的最新重要成果。共 16 章。其主要内容包括：人体生物元素平衡图谱的构成；痕量分析方法的特点；种态分析有效分离与富集方法；主、副族元素个别灵敏测定及质量控制；正常人组织和体液中的元素含量；食物中的微量元素含量；中草药和矿物药中微量元素含量；每日必需微量元素摄入量标准；代谢疾病反映的微量元素变化量；生物微量元素最新标准物质等。（洪伟）

Q000006 **生物进化控制论** 裴新澍著。科学出版社 1998 年 9 月版。38.10 万字。30.00 元。作者首先将生物进化的实况和历代种族勃兴和灭绝作一概括性的介绍，然后将达尔文的 3 个不同性质的所谓“生存斗争”作了全面的分析，证明在自然界中由生存斗争引起的自然选择并不存在；着重说明生物在异常环境条件下的生存能力；系统论述了环境条件诱导生物变异的客观事实；从环境与生物关系探讨了适应性的起源问题；概要地介绍平衡自动调节原理和生物控制论的实质；全面论证了控制论即平衡自动调控原理是生物在不同水平和发展历史演变中的普遍规律，对分子水平的变异作了简要的论述。（总编室）

Q000007 **新生物进化论** 副名：从“自然选择”的理论桎梏中解放出来。宋安群著。新疆科技卫生出版社(K)1998 年 4 月版。20 万字。15.00 元。分 4 章，从深入认识生物运动规律的方向、途径，应用所识规律解释“生物钟”、“本能”及生物各种不同的体形、体色的形成及其演变，解释“零武纪生物大爆发”的成因，讨论应用所识规律定向改造生物，讨论生物圈的整体运动规律及如何促进“整体”健康发展，讨论应用所识规律增进人体健康促进人类发展，呼吁人们从原有的理论束缚中解放出来，共同去探索生物的运动规律。（李欢）

Q000008 **物种多样性研究与保护** 宋延龄等

主编。浙江科学技术出版社1998年12月版。42万字。38.50元。“生物多样性研究丛书”之一。书中就物种多样性研究与保护这一热点,结合国内外该领域的最新成果,介绍了物种多样性的研究与保护方法。

Q000009 **达尔文进化论全集** 叶笃庄等译。科学出版社1998年12月版。462.50万字。共13卷15册。收入了表达达尔文进化论从发展到成熟的各阶段论著译本,全面系统地反映了达尔文从涉足生物学到提出进化论直至为其奋斗终生的生平、书信、论述、实验及社会活动的方方面面。(彭克里)

Q000010 **低温生物学** 李广武、郑从义、唐兵主编。湖南科学技术出版社1998年8月版。28.6万字。25.00元。从细胞学、遗传学、物理化学和低温工程技术等不同角度阐述了低温生物学的基础理论,详细介绍了微生物、动物、植物各类不同生物材料低温保存的原理和方法。作者在书中既总结了自己长期从事低温生物学研究的成果和经验,又介绍了国内外最新的研究动态和新技术,如免疫荧火抗体染色技术,同工酶电泳图谱分析技术、染色体核型分析技术、DNA指纹图谱分析技术、PCP技术等。(刘奇琰)

Q000011 **医学分子生物学** 谷志远主编。人民军医出版社1998年8月版。69万字。50.00元。分3篇,上篇为基础理论,介绍核酸结构、蛋白质结构、基因表达的调控、DNA损伤和修复等;中篇为分子生物学与临床医学,重点介绍肿瘤、心血管疾病、遗传病发生发展机制的分子生物学基础,基因诊断、基因治疗的临床应用和应用前景;下篇为医学分子生物学基本实验技术。(姚磊)

Q000012 **RNA加工与细胞周期调控** 桂建芳编著。科学出版社1998年8月版。19.10万字。18.00元。分为3篇:第一篇为RNA加工,第二篇为细胞周期调控,第三篇为RNA剪接与细胞周期调控的联系。内容包括割裂基因和RNA剪接,剪接反应和剪接体,剪接蛋白,RNA剪接的生理作用,RNA加工的亚核结构,mRNA的翻译调控,细胞周期及其事态,细胞周期调控研究的特殊系统,周期蛋白和依赖于周期蛋白的激酶,细胞周期运转的制动机制,胚胎发育早期细胞的细胞周期调控,剪接因子SR蛋白特异激酶的鉴定、纯化、特征、功能及其基因cDNA的克隆,调控RNA加工的其他激酶等。(总编室)

Q000013 **生物分离工程** 孙彦编著。化学工业出版社1998年10月版。44.4万字。27.00元。主要介绍生物产物分离纯化的原理、方法、过程理论及应用。全书内容分11章,即绪论、细胞分离与胞内产物的溶解、沉淀、萃取、膜分离、吸附和离子交换、层析、亲和纯化、电泳、结晶和干燥等。其中四至九章是本书的核心,重点阐述了近年来生物物质、特别是蛋白质类生物大分子的分离纯化技术的重要发展。(郭燕)

Q000014 **汉英生物学词汇** 科学出版社名词室编。科学出版社1998年11月版。304.8万字。95.00元。收有动物学、植物学、人体解剖学、组织胚胎学、微生物学、遗传学、细胞学、生物化学、生物物理学、时间生物学、生物工程、分子生物学、生态学等学科以及医学、农学的名词,约14万条。(总编室)

Q000015 **PCR传奇** 副名:一个生物技术的故事。保罗·拉比诺著,朱玉贤译。上海科技教育出版社1998年12月版。18万字。15.50元。揭示了当代重大生物技术发明PCR(聚合酶链反应)的动人内幕,深入考察了PCR从理论概念孕育到实用工具开发的曲折历程,充分展现了西特斯公司科学家在20世纪80年代挑战学院科学体制,造就高风险、高回报的风险资本环境的开拓创新精神。本书尤其传神地再现了1993年诺贝尔化学奖得主穆利斯“发明”PCR的富有传奇色彩的“历险记”,探讨了生物技术产业发展的科学、技术、文化、社会、经济、政治、法律诸多因素。(潘涛)

Q000016 **克隆问答101** 韩王荣编著。少年儿童出版社1998年7月版。16万字。10.60元。介绍现代先进生物技术——克隆(clone)的有关知识,如解答生物遗传的奥秘,介绍克隆技术的步步进展,展示应用现代科学技术手段重组基因到转基因的成果。全书共收有101个题目,分成9个篇章。在“多利诞生了”中有:“为什么说多利不是一头普通绵羊”、“什么是克隆技术”、“为什么多利的3个母亲都是假的”等等;在“无性繁殖和有性繁殖”中有:“石头和海洋为什么不属于生物”、“一个细胞能长成一株植物吗”、“鱼类为什么有多种繁殖方式”、“有性繁殖比无性繁殖更优越吗”等等;在“揭开生物遗传的奥秘”中有:“谁首先发现了细胞”、“基因究竟在哪里”、“DNA到底是什么结构”等等;在“从基因重组到转基因”中有:“真的有‘苹果梨’和‘叶绿体猪’吗”、“人类拥有多少个基因”等等;在“克隆技术的步步进展”中有:“童第周教授是怎样培育怪鱼的”、“人类已经克隆了哪些动物”等等;在“试管婴儿是克隆人的前奏”中有：“试管婴儿与克隆人有何关系”、“人类能否克隆自己”等等；在“克隆在科学幻想作品中”中有：“《侏罗纪公园》是怎样复活恐龙的”、“‘希特勒’会复活吗”等等；在“克隆能给人类带来什么”中有：“克隆大熊猫行吗”、“植物克隆技术有什么用”等等；在“克隆人给人类出的难题”中有：“谁最希望克隆自己”、“克隆的爱因斯坦会懂‘相对论’吗”等等。（洪祖年）

Q000017 **中国南方震旦纪——三叠纪生物礁分布特征、成因及储集性能的研究** 金善熵、鞠天吟等著。上海科学技术出版社 1998 年 7 月版。23.1 万字。50.00 元。共 7 章，分别阐述地质概况，礁、丘概述，早古生代、晚古生代礁、丘的基本特征，礁、丘发育演变规律及隐伏礁体的推测和储集性能。从古生物、古生态、古构造、构造运动、岩相古地理、古气候等方面开展多学科综合性研究。首次编制了 13 幅反映中国南方 14 个省（市）、8 个地质时代 13 个世期的生物礁分布图；分析研究了中国南方震旦纪至三叠纪主要造礁生物的 6 个发展演化阶段；通过生物礁特征和生物群落的研究，确定了华南地块的北部界线。对重点礁体的成岩环境、成岩序列、孔隙演化、储集性能等作了深入剖析，对中国南方早、晚奥陶世、晚二叠世可能存在的潜伏礁（丘）作了分析和探讨。（胡伟民）

Q000018 **河南恐龙蛋化石群研究** 河南省文物管理局编。河南科学技术出版社 1998 年 8 月版。20.8 万字。50.00 元。汇集河南省恐龙蛋化石群研究协调攻关组在恐龙蛋化石调查、发掘、研究方面所取得的阶段性成果，综合叙述了河南省境内恐龙化石与恐龙蛋化石发现和研究概况。

Q000019 **中国第四纪植被与环境** 李文漪著。科学出版社 1998 年 7 月版。39.00 万字。40.00 元。是对中国第四纪植被与环境的孢粉学论述的专著。分别从北方温带森林区，南方亚热带、热带森林区，北方温带草原区和荒漠区，以及青藏高原高寒植被区 4 个大区进行自上新世以来的花粉组合、植被及气候环境演变过程的叙述和讨论。书中介绍了与第四纪花粉分析密切相关的花粉散布与沉积问题的研究成果。同时还讨论了与中国第四纪植被与环境有关的一些孢粉学问题。（总编室）

Q000020 **中国经济真菌** 卯晓岚编著。科学出版社 1998 年 2 月版。113 万字。145.00 元。以食用、药用、有毒真菌和木材腐朽菌以及外生菌根菌为主，从种类资源的角度进行论述。全书内容分 3 大部分：(1)中国经济真菌资源及分布状况，是作者 30 多年来考察研究的结晶。他把中国大型经济真菌的地理分布划分为东北区、华北区、华中华东区、华南区、蒙新区等七大区，并对各区的经济真菌进行了分析研究。(2)中国各类经济真菌分述，为本书的主体，共描述了 1341 种我国已知经济真菌，其中食用菌 876 种；药用真菌 451 种（其中作为抗癌药物和试验抑癌抗癌的 302 种）；毒菌 298 种（其中极毒的 20 余种）等。每种经济真菌都列有中文名称、拉丁文学名、俗名和重要的拉丁文异名，并有详尽的形态描述、地理分布和经济价值。(3)形态特征及图例。书末附有“中国经济真菌价值总览表”和“毒菌、毒素及其中毒反应”附表，还有近百张经济真菌生态彩色照片及大量中外文文献和拉丁文学名索引。（王惠君）

Q000021 **生物圈的隐身人** 副名：微生物学与高新技术。湖北科学技术出版社 1998 年 5 月版。10.3 万字。8.00 元。是“基础科学与高新技术科普丛书”之一。主要介绍微生物的特性、作用及其在现代工业、农业、畜牧业、林业、环保、食品保健等领域的广泛应用。全书分 10 部分。第一部分介绍微生物的特性，第二至九部分介绍微生物在各领域的应用，第十部分介绍 21 世纪的一些生物技术。（赵襄玲）

Q000022 **菌物学大全** 裘维蕃主编。科学出版社 1998 年 3 月版。155.60 万字。179.00 元。分 10 编，每编又分若干章，主要包括：真菌、裸菌（粘菌）、地衣、菌根菌的概论、形态和结构、生理和遗传、生态和地理、菌物毒素、真菌的病毒、寄生于昆虫的菌物、国际菌物学发展史。书中附有大量的图片和参考文献。书末附有中、外文索引。（总编室）

Q000023 **放线菌研究** 姜成林、徐丽华主编。云南大学出版社 1998 年 7 月版。85 万字。65.00 元。是有关放线菌研究的论文集，收集以我国著名放线菌研究专家姜成林、徐丽华为主的发表于国内外核心刊物的 70 多篇放线菌研究论文，内容涉及放线菌分类、生态、资源、方法学等方面。（王登全）

Q000024 **第四届中日国际真菌学会议论文集** 中国微生物学会、日本医真菌学会编。万国学术出版社 1998 年 7 月英文版。45 万字。70.00 元。介绍中日真菌学研究的最新进展。内容包括真菌生态学、系统真菌学、真菌生物学、真菌的超结构、真菌原子生物学、真菌毒素、皮肤真菌学研究的最新进展、真菌感染病原学、动物真菌学、系统真菌血清学诊断的最新进展、真菌感染的分子诊断、抗真菌剂、真菌的采集与培养、食品真菌、环境真菌等。（周幼葵）

Q000025 **青海植物名录** 吴玉虎等著。青海人民出版社 1998 年 6 月版。61.00 万字。38.00 元(平),46.00 元(精)。由中国科学院西北高原生物研究所和青海省农业资源区划办公室的科研人员历经数十年的实地考察,对馆藏植物标本进行逐一整理登记。然后,以标本为依据,并广泛参阅有关青海植物分类的文献资料编撰而成。该书共收载青海省境内野生和露天栽培的维管束植物 120 科,659 属,2 836种(包括种以下类型)。并对每种植物的产地、生境及其国内外的分布等均做了说明。书末还附有科属索引。(陈孝全)

Q000026 **拉鲁斯青少年百科全书·植物和动物** [法]Roger Dajoz 等著,葛滢、常杰译。浙江教育出版社 1998 年 2 月版。104 页。80.00 元(精)。植物界中包含有 30 万种已知的种类,有的是真菌,有的是无花植物,有的是有花植物;无花植物包括苔藓、蕨类、针叶树及其近缘植物,有花植物包括禾本科、百合科、兰科、蔷薇科、豆科、仙人掌科等植物。动物界有大约 100 万种无脊椎动物和 5 万种脊椎动物。无脊椎动物中,有在地球上出现最早的海绵、水母和珊瑚,身体柔软而体形细长的蠕虫、浑身没有骨骼而往往带着硬壳的软体动物,长着带节的腿和坚硬表皮的节肢动物,一直被看作动、植物的特殊动物——棘皮动物。脊椎动物分成了 5 个类群:鱼类、两栖动物、鸟类和哺乳类动物。每个类群出现的年代、种类、生理结构、生活习性多不相同。本书例举了许多人们一般在动物园里很难看到的珍稀动物,例如七腮鳗、矛刀鱼、电鳐、尼罗河鳄、变色龙、巨嘴鸟、极乐鸟、树懒、河狸、非洲象、孟加拉虎、北极熊、海豹、逆戟鲸、眼睛猴和大猩猩等。

Q000027 **植物基因工程原理与技术** 王关林等主编。科学出版社 1998 年 6 月版。96.00 万字。78.00 元。在全面总结近代植物基因工程研究进展,结合作者多年来的研究工作和博士、硕士研究生教学的基础上,以新的知识和技术系统论述了植物基因工程的原理与技术。全书共 4 篇 20 章:第一篇为目的基因篇,包括 8 章,论述了目的基因的结构、功能及其原理,目的基因的分离克隆,DNA 重组体导入、筛选及鉴定,转化载体构建等。第二篇为目的基因转化篇,共 7 章,详细论述了质粒载体转化系统,直接转化系统及种质转化系统的原理与技术,分析了各种转化系统的特点,提出了提高转化效率的新技术和新策略。第三篇叙述了外源基因在转化植物中瞬时表达、稳定表达的规律及其调控,外源基因在植物中的遗传规律及特性,转基因植株的分子杂交鉴定,介绍了当前植物基因克隆和转化的最新技术。第四篇“实验技术篇”中汇集了当前国内外实验室在植物基因工程研究中所采用的实验技术和方法。书末还附有植物基因工程研究中常用的资料、数据等。(总编室)

Q000028 **幽默植物** 朱牛、马羊编。中国少年儿童出版社 1998 年 2 月版。6.5 印张。19.80 元。以苹果、小麦、荷花等植物的自述口气,介绍了 50 种植物的外形特征、生长习性和经济价值。采用儿歌式文体,所有文字都标有汉语拼音。插图中的植物形象采用拟人式,以增强孩子的阅读兴趣。(陈斌)

Q000029 **植物发育的分子机理** 许智宏等主编。科学出版社 1998 年 1 月版。38.20 万字。39.00 元。介绍植物发育生物学研究的重要领域和最新进展,特别是近几年在分子水平上对细胞分化、形态发生、转录调控、信号传递等方面研究的成就。全书共 16 章,包括:生殖器官的发生和遗传控制;植物的传粉和受精及其分子机理;高等植物的性别决定;胚胎发育的分子遗传学分析;种子发育过程中的基因表达;花发育的分子遗传;色素基因的表达和调控;植物固氮根瘤形成的分子机理;生长素和细胞分裂素作用的分子机理;ABA 对植物基因表达的调控;赤霉素与植物发育;蛋白激酶在植物生长及发育中的作用;高等植物的微管;高等植物光形态发生的调节机理;植物分子生物学研究中的“果蝇”——拟南芥;与发育有关基因的分离方法。(总编室)

Q000030 **中国植物年报第十卷** 陈心启、洪德元编。万国学术出版社 1998 年 12 月英文版。22.5 万字。50.00 元。阐述沿阶草族(广义百合科)的核型、染色体进化和系统学。内容包括:沿阶草族的染色体研究、材料与方法、结果与分析、沿阶草族的染色体进化与细胞地理学、沿阶草族的形态与解剖学研究、野外采集及形态学观察与分析、子房解剖、形态分化与数值分类研究、沿阶草族系统学问题的探讨、核型参数数据表、已发表的沿阶草族双名、类群索引等。(周幼葵)

Q000031 **实用植物激素学** 黄君成等编著。广西师范大学出版社 1998 年 6 月版。22 万字。论述植物激素的种类及发现、基本理论和应用原理,详细地阐述了植物激素的化学结构和功能、生理作用及作用机理、化学合成方法及其在农业生产上的应用技术和成功实例。全书内容包括植物的生长与植物激素概论、生长素、赤霉素、细胞分裂素、脱落酸、乙烯等 6 章。(陈仲芳)

Q000032 **植物生物技术** 许智宏编。上海科学技术出版社 1998 年 12 月版。35.8 万字。36.50 元。前两部分主要是对植物主要功能的细胞生物学基础和植物细胞分化和发育的介绍，第三部分重点介绍组织培养研究和应用技术，并详细介绍了甘蔗、林木、香蕉等作物的组织培养快速繁殖工艺流程。第四部分介绍当前的热点植物细胞的遗传转化和基因工程，着重大豆、禾谷类等重要作物。（叶剑）

Q000033 **黑龙江省植物志（九）** 周以良主编。东北林业大学出版社 1998 年 12 月版。50.4 万字。36.00 元。是《黑龙江省植物志》中的一卷，本卷共收载被子植物 3 个目，7 个科，即车前目的车前科，川续断目的忍冬科、五福花科、败酱科、川续断科，桔梗目的桔梗科、菊科，共计 93 属，275 种，1 亚种，27 变种，12 变型，其中包括栽培种（变种、变型）25 个。书中有各科、属、种的形态特征、生境、分布、用途的记载，并附有图版 94 幅，卷末附有中文与拉丁文的植物名索引。分种记载中对其学名给予了考证，主要文献及异名翔实。（卜彩虹）

Q000034 **黑龙江省植物志（六）** 周以良主编。东北林业大学出版社 1998 年 12 月版。51 万字。33.00 元。是《黑龙江省植物志》中的一卷，本卷共收集被子植物中蔷薇目的 4 个科、66 属、254 种、40 变种、8 变形。对每种植物均翔实地研究记录了中文正名与别名、拉丁学名、异名与文献、形态特征、分布、生境、繁殖法和经济价值等项内容。同时，书后附有图版 158 幅和分亚科、分属、分种检索表。由于蔷薇目中包括多种经济植物，本卷按其用途分别做了介绍。（卜彩虹）

Q000035 **新疆地衣** 阿不都拉·阿巴斯、吴继农著。新疆科技卫生出版社（K）1998 年 11 月版。31.0 万字。78.00 元。是作者多年从事地衣研究工作的总结和结晶。通论部分概述了地衣基本知识及新疆地衣的生态和地理分布，各论部分采用了最新的分类系统，对每个种均简要地说明其形态特征、化学成分、生境、在新疆和世界的地理分布等，有经济价值的均说明其经济利用。全书共收入已命名的新疆地衣 268 种，包括 3 亚种 19 变种 17 变型，其中新疆新记录 175 种 5 变种 2 变型，中国新记录 38 种及 1 变种。（李新平）

Q000036 **山东苔藓植物志** 赵遵田、曹同主编。山东科学技术出版社 1998 年 8 月版。48.9 万字。40.00 元。系作者于 1983 年至 1991 年，多次在山东省各地进行考察，并在其所搜集的有关资料及 5000 余号苔藓植物标本的基础上，编著而成。书中记载了山东省苔藓植物 55 科、145 属、368 种、3 亚种、12 变种。对科、属、种的形态及结构特征作了详细的描述，为便于识别，除附有科属、种的检索表外，绝大部分种类均附有植物全貌图及形态特征比较的解剖图，共计 337 幅。属、种描述中，对种的中文名（及主要异名）、拉丁名（及主要异名）、产地、标本采集人及标本号、生境和分布等均有详细描述。书末附有参考文献和中文名、拉丁文名索引。（胡新荣）

Q000037 **中国珍稀植物** 上海科学技术出版社 1998 年 12 月版。50 万字。200.00 元。总结了我国几代植物家在从事中国主要濒危植物保护生物学基础研究工作中所取得的新理论和现代保护技术。共收集我国第一批国家级保护稀有濒危植物、第二批国家保护濒危植物的 327 个种和变种以及一批有价值的地方特有的种类，刊登彩色照片 670 幅。介绍了珍稀濒危植物的形态特征、生长习性、分布区域、生境及其科学、经济、药用、观赏等价值，并注明了具体的濒危状态和保护级别。（金锦美）

Q000038 **中国淡水藻志 第五卷 绿藻门 丝藻目 石莼目 胶毛藻目 橘色藻目** 中国科学院中国孢子植物志编辑委员会编辑。科学出版社 1998 年 7 月版。20.20 万字。30.00 元。记述我国淡水藻类绿藻门绿藻纲中的 5 目 12 科 46 属 178 种，占全世界已知种类的 44%～45%，其中有 1 科 4 属 26 种是由我国藻类学者首先发现、研究、命名和绘图的，只有 2 属 3 种是由外国藻类学家在我国采得标本并首先命名发表的。除极个别的例外，所有的描述和绘图都是根据我国标本作出的。书后还附有参考文献、中名和拉丁名索引以及译成英文的分科、分属和分种检索表。（总编室）

Q000039 **奇花异木和国家保护植物** 徐祥浩、徐颂军著。广东人民出版社 1998 年 12 月版。25 万字。15.00 元。选择我国和世界上有经济价值、有植物学意义和有保护价值的植物一百余种类，对每一种类的植物的地理分布、生长环境、形态特征、经济用途等方面做了简要的介绍，并附上由赖玉珍绘制的插图。（陈更新）

Q000040 **滇中南无量山种子植物** 彭华著。云南科学技术出版社 1998 年 3 月版。30 万字。32.00元。将区系研究和植被调查研究密切结合，从科、属一直到种，特别是优势种的区系都进行了研究。作者用经过鉴定自采和过去积累的标本，加之汇总了昆明植物研究所标本馆专科专属的鉴定资料及

增加植物的种类,在书中编制成了含 209 科,1039 属,2574 种的名录。(李永丽)

Q000041 **鸟类** 副名:中国濒危动物红皮书。汪松主编,郑光美等分主编。科学出版社 1998 年 1 月版。51.30 万字。69.00 元。中国濒危动物红皮书共 4 卷(《鸟类》,《鱼类》,《两栖、爬行类》和《兽类》),详细、全面地论述了中国濒危动物的濒危状况、致危因素、保护措施等,旨在使政府部门、科学界和公众较为清楚地了解中国的动物物种现状,提高政府官员及公众对中国濒危物种的保护意识,并针对现状制定和实施相应的保护措施,为中国物种的保护和持续利用提供科学依据。本书是《中国濒危动物红皮书》的鸟类卷,论述了中国鸟类濒危物种的分类地位、濒危等级、种群现状、致危因素、现有保护措施、饲养繁殖状况等。(总编室)

Q000042 **动物谋生术** 王义炯著。江苏教育出版社 1998 年 8 月版。16.45 万字。7.50 元。为《金苹果文库》第 2 辑中的一本。全书分为生存篇、谋食篇、避敌篇、通信篇、家庭篇,依次介绍了动物的日常起居、猎取食物、躲避敌害、彼此联络、繁育后代。(蔡立)

Q000043 **两栖类和爬行类** 副名:中国濒危动物红皮书。汪松主编。科学出版社 1998 年 10 月版。48.90 万字。69.00 元。论述中国濒危物种的分类地位、濒危等级、种群现状、致危因素、现有保护措施、饲养繁殖状况、建议保护措施等。全书选编了两栖动物 3 目 8 科 13 属 23 科 1229 种,占我国已知种数的 10.6%;爬行动物 3 目 20 科 54 属 96 种,占我国已知种数的 24.3%(2 种已在我国绝灭的鳄类未加入统计)。选择编写的对象主要是那些已经被广泛、大量利用,处于濒危或易危的物种;或数量较多,原来并未被利用,但现在被代替曾为人类广泛大量利用、现已濒危甚至极危的种类,因而也有可能面临濒危的物种;或有些珍稀物种,本来鲜为人知,也不为人所利用,由于经济建设,开发环境,因而种群数量锐减,濒临绝灭的。(总编室)

Q000044 **拥抱科学 动物新观察** 华惠伦等著。上海科学技术出版社 1998 年 4 月版。15 万字。5.90 元。为"海螺·绿叶文库"之一。有白蚁新说、蜘蛛王国、与鲨王水下相会、海底蛇岛、陌生的怪兽、会变魔术的美洲獾、赤狐的一家、大象画家鲁比、食肉兽长期共存揭秘、虎鲸奇闻等数十篇文章,揭示了形形色色的动物奇闻趣事。(邓荣辉)

Q000045 **奇妙的海兽** 华惠伦著。江苏教育出版社 1998 年 8 月版。14.6 万字。7.00 元。是大型科普丛书《金苹果文库》第 2 辑中的一册。全书含开篇《我与科学世界》和 38 篇文章。海兽就是海栖哺乳动物(或称为海洋哺乳动物),目前已知的海兽有 100 多种。海兽包括鲸目中的鲸和大多数的豚,鳍足目中的海狮、海狗、海象和极大多数的海豹,海牛目中的所有种类,以及食肉目中的海獭。海兽以大海为家,人类对它们的见闻有限,考察的难度也很大。作者主要根据外国动物学家在全球范围内对海兽进行实地考察所获取的大量宝贵资料和研究成果,对各种海兽的充满奇趣的生活习性都作了描述。(喻纬)

Q000046 **鱼类** 副名:中国濒危动物红皮书。汪松主编。科学出版社 1998 年 9 月版。36.60 万字。58.00 元。论述中国鱼类濒危物种的分类地位、濒危等级、种群现状、致危因素、现有保护措施、饲养繁殖状况、建议保护措施等。共记述 9 目 24 科 78 属 92 种;分隶绝灭、野生绝迹、国内绝迹、濒危、易危、稀有 6 个级别。(总编室)

Q000047 **兽类** 副名:中国濒危动物红皮书。汪松主编。科学出版社 1998 年 12 月版。61.80 万字。79.00 元。论述中国兽类濒危物种的分类地位、濒危等级、种群现状、致危因素、现有保护措施、饲养繁殖状况、建议保护措施等。(总编室)

Q000048 **幽默动物** 朱牛、马羊编。中国少年儿童出版社 1998 年 2 月版。6.5 印张。19.80 元。以雄狮、狼等动物的自述口气,介绍了 50 种动物的外貌特征,生活习性和生存价值,以及人类对它们的态度。文体采用的是儿歌式。所有的文字都标有汉语拼音。图文并茂。插图中的动物形象采用拟人式。(陈斌)

Q000049 **中国经济软体动物** 齐钟彦著。中国农业出版社 1998 年 3 月版。48 万字。42.00 元。对软体动物的普通知识作了全面介绍,特别是对经济种类作了简要叙述,内容涉及软体动物中的多板纲、腹足纲、后鳃亚纲、肺螺亚纲、掘足纲、双壳纲、异齿亚纲和头足纲,给出了每一种经济软体动物的形态特征、生活习性、利用情况及地理分布,文后附有比较详尽的学名索引和参考文献。(张志)

Q000050 **世界鲸类** 朱靖著。中国林业出版社 1998 年 1 月版。8.5 万字。6.00 元。从鲸类的类属、形态、感官、智慧、生活习性、鲸的演化、有哪些种类、鲸的分类和它与人类的关系等方面介绍了世界鲸类的有关内容。(沈登峰)

Q000051 **来自大海的疑问——海洋动物篇**

杨德漸、孙瑞平编。青岛海洋大学出版社 1998 年 4 月版。13 万字。7.50 元。用问答的形式介绍海绵、海蜇、珊瑚、蠕虫、各种贝类、珍珠贝、乌贼与章鱼、鹦鹉螺、宝贝、对虾、龙虾、螃蟹、海星、海参、海胆等各种海洋动物的生活习性、活动规律、相互关系、生殖与洄游,与人的关系、经济价值等。(陈万青)

Q000052 **彩图动物百科** 唐思贤、唐庆瑜等编。海燕出版社 1998 年 12 月版。52 万字。128.00 元。分哺乳类、鸟类、鱼类、两栖和爬行类、无脊椎动物 5 卷。对动物的形态、生物学特征、繁殖、地理分布以及该物种的目前状况等作了描述;介绍动物的习性、人们感兴趣的动物行为、各种相关的动物趣闻等。每种动物均配以出自名家之手的精美彩色写实图片。(张满弓)

Q000053 **横断山区鱼类** 陈宜瑜主编。科学出版社 1998 年 2 月版。53.90 万字。55.00 元。青藏高原横断山区自然地理条件独特,区内河流众多,水系组成复杂,鱼类资源丰富并呈现出极大的多样性。作者根据对横断山区鱼类全面考察所取得的资料,对横断山区的鱼类区系组成进行了全面的分析,提出了该区鱼类资源保护与持续利用的意见;系统地记述了横断山区鱼类 237 种及亚种,分隶于 8 目 18 科 97 属,其中描述了裂腹鱼类一新种和一新亚种;对横断山区鱼类的每个类群和每个种的形态特征、分类和地理分布都有较为详细的描述,对部分经济鱼类的生物学特性与经济价值也作了简单的介绍。书中一一列出了首次发表的物种学名、作者、文献出处、模式标本产地以及该种鱿类在横断山区的采集记录与同物异名等。此外,本书对横断山区各水系间的发育关系以及我国淡水鱼类动物地理区系的划分进行了较为深入的探讨,明确提出青藏高原区是与古北区及东洋区有着同等地位的一个Ⅰ级区(界)的观点。本书收入"青藏高原横断山区科学考察丛书"。(总编室)

Q000054 **中国蝴蝶分类与鉴定** 周尧著。河南科学技术出版社 1998 年 6 月版。95 万字。260.00 元。是在《中国蝶类志》(1994 年)基础上,对中国蝴蝶的分类与鉴定进行了系统深入地研究,详细记述了中国蝴蝶各亚科、族、属的分类特征,系统编制了中国蝴蝶分亚科、族、属、种的检索表,建立了 3 个新族,在种检索表中,共记载中国蝴蝶 1 317 种,比《中国蝶类志》(1994 年)增加了 92 种;著者对中国蝴蝶大多数属的代表种的翅脉和雄性外生殖器进行了研究,书中附有中国蝴蝶翅脉图 368 幅和雄性外生殖器解剖图 338 幅,其中 300 多属的翅脉和 88 属的雄性外生殖器解剖是前人不曾研究过的;书中集中附有中国蝴蝶各属代表种的生态和标本彩色照片图 848 幅。本书介绍了中国蝴蝶分类与鉴定的具体方法。

Q000055 **河南昆虫志·鳞翅目:蝶类** 王治国主编。河南科学技术出版社 1998 年 5 月版。38.4 万字。178.00 元。概述蝴蝶的分类地位、外部形态、生理学特性和与人类的关系;记载了河南蝴蝶 10 科 147 属 274 种和亚种,其中包括新记录种 41 种,未定名种 2 种;系统介绍了每种蝴蝶的中名、学名、形态特征、生活习性、分布等;编排了分科、分属和分种检索表;附有 84 属翅脉相图和 250 种雄性外生殖器解剖图,其雄性外生殖器解剖图是目前为止除台湾省以外我国已出版的同类著作中所独有,并附有蝴蝶标本彩图 837 幅。

Q000056 **中国特产的爬行动物** 黄正一等编著。复旦大学出版社 1998 年 10 月版。19.6 万字。30.00 元。是作者在 1981 年—1996 年间积极收集资料,外出广泛采集、查看动物标本、拍摄照片的基础上编写而成的。书中共描述我国特产爬行动物 113 种,并配有彩图 83 幅和黑白照片 10 幅,未列入有文献资料记载,但国内查不到标本,且在模式标本产地及我国其他地区直至 1996 年仍未采到标本的种类和尚有争议的种类。每种动物的学名和模式标本产地均以原论文为依据。本书所描述的爬行动物按目、科、属排列。首先对各目、科、属作一概述,然后写出每种动物的中文名、学名、模式标本产地及英文名,并描述其形态特征、生态习性和地理分布。书末附有总表,列出各特产种所发现的年月、模式标本产地及模式标本保存单位。(盛寿云)

Q000057 **考古人类学** 郭立新主编。广西民族出版社 1998 年 5 月版。33.7 万字。30.00 元。分 3 编 9 章。上编从人类学的角度探讨考古学的基本问题,并介绍考古学主要理论和方法,从广义的角度阐明了考古学的定义,即考古学是根据古人活动遗留下来的实物研究古代人类情况的一门科学;下编按考古时代顺序介绍考古学的主要发现与认识成果,力求透物见人,给当时人的生活与社会状况勾画出一个大致的轮廓,反映了考古学研究的人类取向;附编简要地回顾了考古学的发展历程。(尹福建)

Q000058 **中国猿人** 贾兰坡主编,陈淳编著。上海科技教育出版社 1998 年 12 月版。24 万字。23.00元。是"中国自然文化遗产丛书"中的一本。本书结合近几十年来世界史前学和古人类学的最新理论和研究成果,从人类早期文明演化的角度,全面而通俗地介绍70年来中国猿人研究各领域的新发现和新成果。(王义炯)

R　医药、卫生

医药卫生

R000001　**日汉常用医学词汇**　池学镇编。人民卫生出版社1998年3月版。104万字。38.50元。选收医学各科常用词及词组约28 000条,日语普通词及词组约7 000条,共收词约35 000条。选词概括:解剖学、生理学、病理学、心理学、药理学、诊断学、内科学、外科学、妇产科学、儿科学、眼科学、耳鼻喉科学、检验及医学放射学等学科的常用词汇及词组。书后有日汉对照的修饰语、缩写及符号等附录。(马瑛)

R000002　**中外医学交流史**　李经纬主编。湖南教育出版社1998年6月版。34.8万字。21.70元。全书以时间为经,以史实为纬,全面地反映了自秦汉至现代,中国医学的外传、外国医学的传入,以及在双向交流中的融合;所涉的地域,现有中国周边的重要国家和地区,也有欧美及阿拉伯国家。(聂乐和)

R000003　**汉德医学大词典**　唐哲主编。人民卫生出版社1998年4月版。422.9万字。196.00元。内容包括基础医学、临床医学、预防医学、康复医学、医疗保健、医疗器械、药学和祖国医学的基本词汇、常用词汇和最新用词,共14万余条。其中西医约13万条,中医约1万余条。书前附汉语拼音检字表及笔画检字表。(杨紫霜)

R000004　**医学全科通览**　吴之理主编。人民军医出版社1998年1月版。318万字。220.00元。分73篇,将基础医学、临床医学、预防医学的各分支学科的专业知识糅合在一起。共列有3 200多个条目,条目的内容突出对基本概念的论述,注重介绍新知识、新概念、新技术。书中列有醒目的急救条目,书末附有参考数据。(姚磊)

R000005　**医药院士世纪谈**　中国工程院医药卫生工程学部编著。浙江科学技术出版社1998年12月版。52万字。58.00元(精),48.00元(平)。收集中国工程院医药卫生工程学部47位院士有关医药卫生各方面内容的论文,分别对各自熟悉的领域作了回顾和展望。分总论、疾病与学科发展、新的诊疗技术、中医与中西医结合、生殖与节育、生物技术与医疗器材、药学等专题概述了医药卫生科技的最新进展,展望了21世纪的医与药,内容覆盖医药卫生各个重要领域。

R000006　**神奇的医苑蓓蕾**　刘声远主编。湖北科学技术出版社1998年5月版。11.2万字。8.20元。是《基础科学与高新技术科普丛书》之分册。全书分11部分。介绍人类大脑的基本结构和功能,展示了人体自身防御疾病系统——免疫功能的神奇作用,讲解了高新技术磁共振、计算体层摄影、超声波等在诊断和治疗疾病中的应用,描述了器官移植、基因诊断、基因治疗的现状及前景;同时也让读者了解生物医学探测技术和生物医学材料的应用,药物的过去、现在和将来,电脑在医学中的应用,如何加强自我保健,提高生活质量,领悟生命的真谛。(李荷君)

R000007　**患者必读系列丛书**　刘新民等编。沈阳出版社1998年11月版。260万字。196.00元。由《高血压患者必读》、《心脏病患者必读》、《甲状腺及甲状旁腺病患者必读》、《乳房疾病患者必读》、《胃病患者必读》、《肝炎患者必读》、《糖尿病患者必读》、《肾病患者必读》、《贫血及血液病患者必读》、《风湿及类风湿病患者必读》、《妇科病患者必读》、《性病患者必读》、《性功能障碍患者必读》、《不孕不育症患者必读》、《腰腿疼患者必读》、《肿瘤患者必读》、《更年综合征患者必读》等18本书所组成,每一本书均采用问答的形式,将患者及广大群众所关心的问题和对常见病及多发病的防治知识做了介绍和解释。(傅强)

R000008　**生物医学伦理学**　施卫星等著。浙江教育出版社1998年3月版。29.5万字。18.00元。以医学伦理学的生命价值原则、无伤原则、自主和公正原则为基调，围绕医疗和卫生改革实际，系统论述医患关系及医疗中一般伦理问题和现代医学界出现的诸多道德问题等。本书是《现代医学伦理学》的修订本。对原书主要增补充实了近10年来国际国内有关生物医学伦理学研究方面的理论进展成果，从理论问题到框架都作了较大的充实与调整。

R000009 **现代医学发展前沿的伦理问题（认知与方法丛书）** 副名：生死观的困窘与重建。邹成效、刘砚方著。浙江科学技术出版社 1998 年 10 月版。13.6 万字。11.50 元。从新生殖技术所带来的道德困惑到代孕母亲所造成的伦理冲突，从器官移植技术所导致的观念缠结到安乐死所引发的舆论纷争等方面，对这种“挑战”进行了全面的探讨，并提出了以“生命神圣论”与“生命质量论”的统一为理论基础，以“优生选择”和“优死选择”为中心内容，以“人道功利主义”为价值取向的现代医学伦理的生死观。

R000010 **论医学模式的演进** 邹成效、何天云著。浙江科学技术出版社 1998 年 10 月版。18.5 万字。14.80 元。“认知与方法丛书”之一。对人类历史上几种主要医学模式的历史演变进行了系统的探讨，从而勾画出了医学模式历史发展的动态图景。书中对巫医模式、朴素整体观医学模式、生物医学模式、当代生物心理社会医学模式的产生、特点以及作用作了全面深入的分析与评估，并对我国和世界下个世纪的医学目标和医学发展格局，作了展望和预测。

预防医学、卫生学

R000011 **现场干预研究方法** 段广才、骆大鹏主编。河南医科大学出版社 1998 年 12 月版。29.8 万字。26.00 元。详细介绍现场试验的研究设计，研究样本大小，伦理道德问题，社区参与，人口调查和地区制图，随机化和编码，结果测量和病例定义，问卷，现场试验中的定性研究，现场组织，现场实验室方法，资料处理，分析方法，申请课题资助的准备，结果的报道与使用，以及干预措施类型及其进展。（苗萱）

R000012 **呼吸性粉尘监测技术与防治方法** 闫跃进、刘建超等著。中国地质大学出版社 1998 年 10 月版。35 万字。20.00 元。根据地矿行业野外施工的特点，结合劳动部重点科研项目“呼吸性粉尘监控体系示范工程”等研究成果，撰写而成。内容分为 10 章，详细地论述了呼吸粉尘的来源、分类、性质及危害；呼吸性粉尘引起的疾病及其发病机理；呼吸性粉尘的卫生标准及管理办法；呼吸性粉尘监测仪器的研制与卫生学评价；接尘职工健康的监护及接尘量的估算方法；呼吸粉尘的监测技术及控制方法等。同时，还介绍了国家所制订的某些监测与防治标准，并结合地矿行业的特点，提出了相应的行业标准和一些具体的管理方法。（刘先州）

R000013 **现代营养学** ［美］E. E. Ziegler 著，闻芝梅等译。人民卫生出版社 1998 年 5 月版。113 万字。从人类的生存和健康着手，对营养的膳食来源、吸收、代谢调节、需要量；能量平衡和肥胖发生的机理及其与健康的关系；饥、饿、食欲和进食控制等方面进行了全面的分析，并从营养学的角度对许多营养素的发现史、化学结构、分析方法、吸收、转运和储存、功能、需要量、毒性等方面进行了详细的叙述。此外，该书还对营养物质在几种常见疾病中的作用，营养流行病学和膳食建议等最新的进展作了综述。（姬敏）

R000014 **食品营养学** 周先楷主编。中央广播电视大学出版社 1998 年 6 月版。41.2 万字。22.00元。是中央广播电视大学食品工程专业的教材。介绍营养学基本知识，营养失调问题和各种食品的营养价值。论述食品加工储藏对营养素的影响，并尽力将本学科发展中的新内容、新成就纳入本书。书中还提供 3 个实验：“膳食调查”、“食品中维生素 C 的测定”以及“四季膳食食谱设计”。在附录中列出了 1997 年 4 月中国营养学会公布的“中国居民膳食指南”、《保健（功能）食品通用标准 GB16740－1997》（摘录）、中国营养学会于 1988 年 10 月修订的“推荐每日膳食中营养素供给量”以及《食物成分表（全国代表值）》节选。（周燕）

R000015 **怎样吃最长寿** 贺振泉编著。广东经济出版社 1998 年 5 月版。20 万字。15.00 元。结合传统医学和现代医学有关“饮食与长寿”的最新研究成果，就科学的膳食和合理的营养平衡等方面介绍饮食对防治疾病和延年益寿所起的作用。该书收入“如意生活丛书”。（高文彪）

R000016 **怎样吃最漂亮** 贺振泉编著。广东经济出版社 1998 年 5 月版。18.4 万字。12.80 元。介绍如何科学地安排自己的饮食，合理地调节日常饮食，保证各种营养素的供应，调理生理机能、美化肌肤，达到美容效果。本书收入“如意生活丛书”。（高文彪）

R000017 **怎样吃最聪明** 贺振泉编著。广东经济出版社 1998 年 5 月版。20 万字。13.80 元。介绍食物健脑益智的各个方面。本书收入"如意生活丛书"。(高文彪)

R000018 **动物性食品卫生检验学** 王新华等著。四川科学技术出版社 1998 年版。45.2 万字。26.00元。分 15 章,分别阐述动物性食品的污染及危害;屠宰加工企业的卫生标准;屠宰畜禽的产地检疫;屠宰畜禽的宰前和宰后检验;肉、禽、蛋、奶、水产品的检验;畜禽常见疫病和寄生虫病的鉴定与处理;其他肉用动物疾病的鉴定与处理等。其中"其他动物疾病的鉴定与处理"为本书所独有,是为了适应新开发的动物性食品的检验需要而特别编写的。书末附录"常用药物的允许残留量及休药期"。(郭俊铨)

R000019 **食品卫生理化检验标准手册** 杨惠芬等主编。中国标准出版社 1998 年 1 月版。135 万字。108.00 元。以现行国家标准 GB/T5009—1996《食品卫生检验方法 理化部分》为基础,针对各省市食品卫生监督检验所和卫生防疫站在执行中的具体意见,收入对部分方法进行验证的结果,有关国内外食品卫生标准检验方法,以及实用的美国公职分析化学师协会(AOAC)的官方分析方法、国际标准(ISO)分析方法和全国食品卫生理化检验系统研究的新方法、新技术和快速检验方法。以理化检验方法为重点,将方法原理、操作步骤、实践经验及分析质量控制配套介绍,并介绍了相应的国际、国内卫生标准及管理办法。(周俞斌)

R000020 **卫生与保健** 云南省教育委员会编。云南教育出版社 1998 年 6 月版。根据《中小学健康教育基本要求(试行)》和《中小学生健康教育大纲》,结合本省学生实际编写,内容涉及生理卫生知识、个人卫生习惯与健康、合理营养与健康、常见疾病的预防、意外事故伤害的预防与简单处理、运动卫生等。(高建勤)

R000021 **现代系统老年医学** 潘天鹏等主编。科学出版社 1998 年 3 月版。123.2 万字。98.00 元。以临床老年各系统疾病的诊断、治疗为主要内容,同时论述了老年医学概念、老年医学伦理学、老年医学生理病理基础、人体衰老机制和防治、老年人合理用药、老年病人的护理。(总编室)

R000022 **中国传统健身法丛书** 厉鼎禹编著。江苏科学技术出版社 1998 年 5 月版。10 万字。200 幅图。45.00 元。收集八段锦(立式与坐式)、易筋经、气功、五禽戏、太极拳 6 套古代健身功法。这些功法动静相宜,各有所长,如太极拳既健身又防病,操练时柔中有刚、动作优美,是我国特有的民族文化遗产,深受世界人民的喜爱;八段锦是流传于民间的一种古典式保健体操,分站式与坐式两种,防病健身效果奇特,尤其适合中老年人和慢性病患者习练;易筋经由古代养生术中的导引法与吐纳法演变发展而成,主要是进行内壮、外强的锻炼;气功有几千年的流传历史,健身价值普遍受到健身爱好者的重视,本书重在介绍气功通用的基本功法,即调身、调息、调心,以达到气功佳境:"形、气、意"合一;五禽戏模仿 5 种动物的爬行、滚翻、悬垂、倒吊,健身祛病价值极高。这些健身功法自古即在民间流传甚广,操练并获益者甚众。丛书作者自幼习练,以后从事医学体育工作,不断用现代医疗康复手段对传统功法加以完善,遂成此套丛书。(俞朝霞)

R000023 **自我保健医学治疗方法** 李洪珍等编著。黑龙江科学技术出版社 1998 年 3 月版。32.8 万字。22.00 元。共 4 章,13 节,阐述自我保健医学的治疗新思路,即强调主动性、方法综合性、治疗针对性、疗病系统性、遵照顺时性、用药严格性、注意协调性、调动自愈性;治疗依据的医学新观念,即主动医学观、统一人体观、质量生命观、协调健康观、多维疾病观、积极预防观、局整诊断观、综合治疗观、全面护理观、技艺技术观、优质服务观、对人管理观;治疗内容,即临床治疗、保健处方、家庭治疗、自我治疗;治疗方法,即高新技术性治疗方法、一般技术性治疗方法、非技术性治疗方法;治疗新进展,包括开发自身药库、利用自身产物、增强体内自疗、调动自愈能力、合成天然药物、使用生物药品、生活方式治疗……翔实地介绍了内科常见病、儿科、妇科、肿瘤科常见病(共 30 多种)的临床治疗、保健处方、家庭治疗和自我治疗 4 种自我保健治疗方法。(阴志清)

R000024 **金手杖丛书** 陈可冀、徐诚主编。青岛出版社 1998 年 6 月版。60 万字。42.50 元。分 4 册。《寿星如是说——中外百岁老人长寿经验谈》从环境与长寿,心理与长寿,劳动及体育锻炼与长寿,饮食起居与长寿,爱好、嗜好与长寿等方面介绍了 60 多位百岁寿星的长寿经验和行之有效的方法,并对这些百岁寿星的长寿经验和秘诀进行了科学的分析和评述。《生命之树常绿——老年保健养生格言、箴语》将古往今来,人们总结出的许多益寿延年的格言、箴语、健身养生法则要诀等荟萃于一集。《留驻夕阳——延缓衰老的理想与现实》综合古今中外医学养生和生命科学的研究成果,对人体衰老的原因及其机理进行了系统的介绍。《除病有妙方——老年病防治与调养》共 13 部分，侧重论述了中西医对老年期生理功能变化的认识、老年用药问题以及内科、神经科、泌尿科、妇科、五官科、皮肤科、骨科和肿瘤科 40 余种老年常见病、多发病的特殊表现、预防和治疗。

R000025 **保健百误丛书** 田文谋、刘建民等编。中国妇女出版社 1998 年 2 月版。从新的视角，将我们的认识误区一一指出，并介绍了正确的观点和作法。包括《家庭育儿误区 100 例》(10 万字，5.50 元)，详细介绍养育婴幼儿的科学观点和方法。《中老年保健误区 100 例》(11 万字，6.50 元)，针对中老年朋友在如何对待疾患，如何提高身心健康水平等方面的认识误区，给予忠告，并提出指导性意见和建议。《女性保健误区 100 例》(13 万字，7.00 元)，在女性生理、心理、四期保护、医疗用药等方面纠正了错误观点，指导女性正确认识自己的身体并及时对症地治疗妇科疾病。《家庭用药误区 100 例》(10 万字，6.00 元)，针对在家庭用药方面的错误认识，指导大家正确处理用药问题。《现代生活保健误区 100 例》(9 万字，5.50 元)，解答了许多在保健认识上似是而非的问题。(赵仲)

R000026 **随身保健丛书** 广东经济出版社 1998 年 10 月版。70 万字。43.00 元。介绍心脏病、癌症、高血压、糖尿病的病因、征兆、症状、诊断法及罹患时最适合的食物、药膳、按摩、运动、民间验方等防治之道。(曾莹)

R000027 **吸烟的正面效应研究与探讨** 杨伟祖等著。云南科学技术出版社 1998 年版。22 万字。20.00 元。编译国内外学者关于“吸烟与健康”的最新科研成果论文和文章 15 篇，从正面客观地论述了“吸烟与健康”的关系问题。(刘康)

R000028 **毒品预防读本** 昆明市禁毒委员会办公室编。云南科学技术出版社 1998 年 3 月版。6.6 万字。3.50 元。内容包括：百年沧桑话毒品、吸毒的危害、毒品的预防和禁毒法规选 4 部分。(陆勇)

R000029 **实用优生学** 严仁英著。人民卫生出版社 1998 年 3 月第二版。100 万字。60.00 元。讨论基础优生学、社会优生学、临床优生学和环境优生学的种种课题，包括了从生物科学到基础医学、从社会科学到社会运动、从优生医疗措施到生态环境科学等各方面对优生课题的研究，特别是对有关出生缺陷的流行病学，有关环境、药物、农药、职业、营养及人文等与优生的关系展开了讨论。(窦天舒)

R000030 **生命头三年** 副名：婴幼儿优育优教指南。万钫、程淮主编。中国少年儿童出版社 1998 年 3 月版。14.1 万字。8.60 元。内容分为 4 个部分：第一部分的“身心发展”，介绍 0～3 岁孩子的发育指标，帮助家长目测孩子的体格发育和智力发育；第二部分讲述科学护理方法，培养孩子良好习惯；第三部分的“启蒙教育”主要告诉家长如何开发婴幼儿身心潜能，启迪智慧；第四部分的“育儿要点”，将全书的育儿知识综合，根据孩子身心发展的特点，提出简明的育儿建议及索引。(陈斌)

R000031 **台湾医药卫生概观** 林端宜主编。鹭江出版社 1998 年 1 月版。27.5 万字。16.80 元。涵盖台湾的重要卫生指标，卫生行政组织、人力、经费；介绍了“台湾全民健康保险”的实施，医疗网的建设，保健服务、特殊医疗服务、疾病防治的开展，以及在这过程中出现的问题与取得的成绩；并用较多笔墨介绍了台湾的医政与药政管理，台湾的医学教育与医药科研，台湾制药产业的现状与管理；它还独立“中医中药”章节，系统地介绍祖国传统医学在台湾发展的历史与现状。(熊波)

R000032 **中级综合性医院用仪器设备** 康晓东著。电子工业出版社 1998 年 10 月版。30 万字。20.00 元。从医用仪器设备原理、临床应用、管理及安装等方面对国内综合性医院常用仪器设备作了介绍，主要有医院用设备的分类，常用的医院设备、手术器械、光学仪器、放疗设备、电子仪器、材料产品和理疗康复设备等。最后对计算机诊断软件系统及近年来伴随 Internet 兴起的远程医疗作了介绍。(魏永昌)

中国医学

R000033 **中医历代医籍精选丛书** 王新华等编著。江苏科学技术出版社 1998 年 1 月版。320 万字。170.40 元。医论、医访、医案、方论是中医药文献的主要内容，是历代中医著作的 4 种文体。四者广泛散见于各类医书之中，本套著作是在查阅了 5 000 多种中医古籍的基础上，从其中的 7 000 多种主要医籍里，精选、辑录、分类、编注而成。其中，《中医历代医论精选》共选录医论文章 814 篇，按照所选文章的内容，分为脏腑、经络、气血津液、病因、四诊八纲、治疗学说，以及方剂药物、各科证治总论，附录五行与五运六气学说。《中医历代医话精选》共选录医话 2 500 余则，分为上下两篇。上篇为基础理论和学术论辩，下篇为临床心得与治验纪实。既有理论研究论说,又有临床经验介绍。《中医历代医案精选》共选录医案2 116例,其中内科893例,妇产科243例,儿科277例,外科423例,五官科280例。全书包括各科常见病和多发病计202种。所选病案,要求理、法、方、药齐全,病情较为复杂,疗效显著,能反映各科特点。《中医历代方论精选》共选录方论424例,包括总论和解表、泻下、和解、清热、祛暑、温里、表里双解、补益、安神、开窍、固涩、理气、理血、治风、治燥、祛湿、祛痰、消导、驱虫、涌吐、痈疡剂等。(郑大坤)

R000034 **中医百日通丛书** 杨进、黄煌、朱丽江、张仁、刘岚庆等编著。上海科学技术出版社1996年～1998年12月版。90万字。共57.10元。包括《一百天学开中药方》、《一百天学中药》、《一百天学针灸》、《一百天学推拿》4册。《一百天学开中药方》以中医辨证论治为指导,主要介绍95种基本的病证类型和相应的192种有效中药方。《一百天学中药》主要是按药物性质和作用的不同,分别介绍解表、清热、利水、温里、活血、止咳平喘、安神、补益等20类212种中药的功效、品质、主治病证等。《一百天学针灸》介绍人体十四经脉的分布、167个常用腧穴和灸法、拔罐法、体针、耳针法、电针法等15种针灸方法。重点突出了经电脑处理的100种用针灸治疗的有效病证。《一百天学推拿》介绍25种常用推拿手法,例举了69种常见疾病的推拿诊治方法,240幅插图形象地显示了推拿的穴位、手法、检查方法,突出了推拿治疗运动性损伤及内、外、妇、儿各科疾病的有效性。(王凤英)

R000035 **中医诊断学** 冀敦福著。山西科学技术出版社1998年5月版。24.23万字。13.00元。“高等教育自学考试中医专业指导丛书”之一。根据由国家中医药管理局统一规划组织编审的规划教材及与其相应的教学大纲编写。全书有绪论、望诊、舌诊、闻诊、脉诊、按诊、八纲辨证、病因与气血津液辨证、脏腑辨证、其他辨证方法简介,以练习题形式展开讨论。练习题包括有填空题、各类选择题、是非判断题、简答题、论述题、病例分析题等类型,通过各类练习题展现书中的重点、难点。答案中对疑点一一剖析。(温洁茹)

R000036 **中医基础与临床** 詹文涛主编。云南科学技术出版社1998年6月版。66万字。20.20元。按科学性、系统性及实用性原则,介绍中医基础理论、常用方药及临床各科知识。包括内、妇、儿、外、骨、耳鼻咽喉、眼科的农村常见、多发病118种,叙述每种疾病的病因、病理、诊断及鉴别,辨证论治,代表方药及加减,并选择介绍了现代医学的部分治疗方法;后附方剂索引及药性歌诀等。(陆秀华)

R000037 **医心方** 王大鹏等校注。上海科学技术出版社1998年12月版。81.7万字。85.00元。以现存最早最佳版本——日本所藏的半井家本为底本,参阅了安政本、仁和寺本、多纪家本、旧零钞本等版本,进行必要的点校,采用简体字横排形式,基本上保持了该书的原貌。《医心方》被日本人视为国宝,由丹波康赖撰,辑录了中国隋唐以前的中医珍秘古籍204种,如《小品方》、《华佗法》、《玉房秘诀》、《玉房指要》、《素女经》、《玄女经》、《膳夫经》等。全书共30卷,卷一为治病大略及服药法、合药法;卷二为针灸孔穴;卷三至十四为内科杂病以及六淫、时行诸病;卷十五至十七为痈疽、疔肿、丹毒等外科病证;卷十八为汤、火、金、本及虫兽所伤之病;卷十九至二十为服石;卷二十一至二十三为妇产病;卷二十四为占候;卷二十五为小儿病;卷二十六为延年、益智、断谷诸术;卷二十七为养生导引;卷二十八为房中术;卷二十九为饮食禁忌;卷三十为食疗本草。(杨海琴)

R000038 **河间医集** 金·刘守真撰,孙洽熙等编校。人民卫生出版社1998年1月版。71万字。61.00元。是宋金时著名医药学家刘河间一生著述的辑集、点校本。刘河间,姓刘,名完素,字守真,自号通玄处士,河北河间人,世称刘河间,向以河间名重天下,乃金元4大医家之一。今将其自撰,以及门人、私俶者整理的著述,凡9种,编辑点校,勒成一册。刘完素本人自撰7种:《素问要旨论》,阐发《素问》五运六气通变之旨,为研习《素问》运气之阶梯。《黄帝宣明论方》,乃宗运气之旨,“对病处方”之作,又彰其善用寒凉,降火益明之精髓。《素问玄机原病式》,伸说“六气皆从火化”,力倡辛凉解表,泻热养阴。《素问病机气宜保命集》,乃刘氏临证经验之总结。《伤寒直格》,阐述《伤寒论》六经传授皆从热化,相应治法方药。《伤寒标本心法类萃》,刘氏诊疗广义伤寒之心得经验集成一书以补充《伤寒直格》之不逮。《三消论》,广引先贤之论,对消渴之病因、辨证、治疗详为论述。门人、私俶者整理者两种。《河间伤寒心要》,暑金·镏洪编集。对刘氏“伤寒皆是热证”详为发挥,治法方药,更为灵活变通。《刘河间伤寒医鉴》,从伤寒脉证、六经传授等9个方面阐发刘氏伤寒学说。本书集中反映了刘氏习研《内经》运气之功底,其发扬《素问》病机19条,倡六气皆从火化,主张辛凉解表,泻热养阴,自成一家,世称其为“寒凉派”的倡导者。书末附有校后记。(成德水)

R000039 **实用中医手册丛书** 浙江省中医院编著。浙江科学技术出版社 1996 年 11 月～1998 年分册出版。85.3 万字。54.50 元。分 4 册:《实用中医内科手册》、《实用中医妇科手册》、《实用中医儿科手册》、《实用骨伤科手册》。书中除对每一疾病的证候、诊断作详细分析,并在此基础上进行科学的辨证施治外,每一节中均有"诊治体会"栏,详细介绍临床经验教训、注意事项,及作者本人的体会。

R000040 **家庭中医顾问** 马有度编。人民卫生出版社 1998 年 3 月第二版。60 万字。36.00 元。共 12 篇,内容有家庭养生之道、家庭保健阶梯、家庭药用食品、家庭用药指南、家庭成药选用、家庭简易诊疗、家庭针刺疗法、家庭民间疗法、家庭推拿按摩、家庭气功锻炼、家庭健身运动、家庭自学中医。主要以一般群众为读者对象,根据读者的实际需要,介绍中医药常识,解答家庭生活中经常遇到的中医药方面的问题,并提供了一些保健防病和简易治疗的具体方法。本书特色是内容力求实用,如家庭养生之道,充分发挥中医养生的优势,全面介绍怡情养生、动静养生、饮食养生、起居养生;家庭药用食品,体现中医食疗的特色,充实家庭食疗的内容,以便家庭成员切实掌握各种简便、安全、有效的食疗方法,作为治病疗疾的辅助方法;等等。(陈天平)

R000041 **敦煌医药文献辑校** 马继兴等校。江苏古籍出版社 1998 年 10 月版。150.00 元。敦煌医药文献是敦煌石窟珍藏的重要构成。它忠实地反映了隋唐以前我国传统医学的理论水平,诊疗水平及普及程度,也从某些侧面反映了中外医学交流的情况。作者系统地将敦煌所藏医药学残卷分门别类的大规模结集,体现了该研究领域的最高学术水平。该类文献在藏卷中鲜少专门,常常与其他内容混抄,或抄于他类卷子背面,整理之功相当繁难。更由于全面引进了国外收藏,故能充分体现敦煌藏医药学资料的总体水平。赖敦煌之藏,一些失传已久的重要方技得以重见天日,一些重要医籍得以保存,更有一些原本不为人知、但学术水平极高的医籍得以流传。从而使祖国医学的发展脉络得到重要补充。(周骋)

R000042 **普通高等教育中医药类规划教材** 上海科学技术出版社 1995 年至 1998 年版。2400 万字。包括中医学、中药学专业的主要课程和针灸、中医骨伤科专业的主要专业课程教材计 38 门课 43 种,相关辅导教材 12 种,教学指导大纲 2 册。本套教材自 1995 年起陆续出版,至 1998 年又出版了《中医骨病学》、《中药药剂学》、《针灸治疗学》、《教学指导大纲(上、下册)》、《中药学学习指导》、《方剂学学习指导》、《中医基础理论学习指导》、《中药鉴定学实验指导》、《针灸学学习指导》,基本完成了全套教材的出版。本套教材在总结了前五版教材的基础上,根据本科专业的培养目标,课程设置的需要,确定了各门教材的深度和广度。对以往教材中存在的内容交叉重复、互相衔接不紧密、理论与实践相脱节等问题,作了大幅度的改革;对每门课的性质以及授课顺序,作了大胆的调整;并新增编了《中医急诊学》、《中药制剂分析》、《中药制药工程原理与设备》等教材。(虞厚安)

R000043 **四季养生** 宋为民主编。南京出版社 1998 年 7 月版。45 万字。28.00 元。紧扣四季气候的不同特点,遵循"春生、夏长、秋收、冬藏"的自然法则,以生物种养生观点为指导,融入东方保健传统和现代科学最新成就,从衣、食、住、行及家庭卫生保健等几个方面,分别介绍如何养生保健的方法。(王国钦)

R000044 **养生四书** 陈尧炯等著。湖北辞书出版社 1998 年版。31 万字。16.80 元。收 4 部养生之作——丘处机《摄政消息论》、龙遵《食色绅言》、李渔《颐养》及袁枚《随园食单》,从饮食起居、男女情欲、四时调养、心理调适诸方面叙述了古人的养生经验。(刘丹)

R000045 **现代中医病理学基础** 匡调元等著。上海科学普及出版社 1998 年 4 月版。71.8 万字。45.00 元。按章节立目,阐述中医病因病机的基本原理、疾病的基本病理过程、病因学、发病学、病机学、证的病理学基础研究、诊断病理学基础及治则与治法的病理学研究。在病因病机原理内容中,阐明了邪正盛衰与疾病发生、发展及转归的关系,阴阳失调、五行生克及天时地利、人体应变等与疾病引发的关系。在基本病理过程内容中叙述了表里、虚实、寒热、升降的概念及其在疾病发生、演变中的意义。病因学内容中阐明了先天、遗传及体质因素、六淫、时令、地理、生物、化学、物理、心理、行为等因素对疾病发生的影响。在发病学内容中,就外邪入侵和内伤的途径、病型及疾病的演变、转归作了介绍。病机学内容中,阐明了五脏六腑在疾病发生时的相应表现及六经与气血发病的机理;精、神、水湿、痰饮的发病机理;六气及卫、气、营、血、三焦等的发病机理。辨证论治是中医诊断和治疗的依据与方法,为中医理论的主要内容,故立专章对其概念与原理的探讨详加论述。中医诊断的病理学基础从中医四诊(望、闻、问、切)的角度逐一展开叙述。治则病理学基础理论则从如何治病求本,权衡标本缓急、正反两治、调理阴阳、扶正祛邪等予以论述。治法病理学详述了中医八法,并引申补充了活血化瘀法,就西医的理论观点融于其中,使中医理论研究得以发展和提高。最后就中医病理学的研究思路和方法提出了独特见解,并建议联系多学科,运用现代科学技术,设立多指标,通过多途径对中医病理进行深入探讨和研究。作者系上海中医药研究院研究员,他致力于中西医结合的研究和治疗工作30余年,并勤于归纳、分析、总结和著书。(丁有如)

R000046 **黄帝内经太素研究** 钱超尘著。人民卫生出版社1998年1月版。36.5万字。21.50元。《黄帝内经》为中医现存最古的理论专著。其原书在流传过程中或佚阙、或改编,已很难见其古貌。唐初杨上善奉敕类编《黄帝内经》,撰成《黄帝内经太素》30卷。这是现知最近《内经》原貌的学术著作,也是早期研究《内经》的重要文献。然此书于北宋就已佚失,至19世纪20年代始从日本仁和寺发现卷子古抄本(残);并于19世纪末传回我国,引起中日医学界的高度重视。著名医古文专家钱超尘以1980年仁和寺古抄本(25卷)影印本及其他4种刊本为基础,与《甲乙经》、《素问》、《灵枢》详加对比校勘,运用目录学、文字学、训诂学、考据学等多学科知识,潜心研究20年,从10个方面进行全面系统深入的考证研究。在对《太素》研究进行系统回顾与前瞻后,次第研究了《太素》撰注时代、底本、仁和寺本抄写年月日及其流传、仁和寺本萧延平本讹字举隅、《太素》古韵及依韵校勘、杨上善医学思想研究、《太素》注引书考、《太素》注训诂反切及俗字研究等。此书被"中国传统文化研究丛书"收录。(张同君)

R000047 **伤寒论现代研究丛刊** 刘渡舟、钱超尘等著。学苑出版社1998年8月版。220万字。130.00元。包括《伤寒论》学大家刘渡舟教授亲撰的《伤寒论临证指要》,该书总结了作者50余年运用《伤寒论》之心得与经验,并贡献了刘氏秘方。中医文献训诂学家钱超尘所撰的《伤寒论文献通考》,该书对多种伤寒传本,如《脉经》、《玉函》、唐本、宋本、成本、敦煌本、淳化本、康治本、康平本等,一一历考,分析;对重要《伤寒论》注家亦有评考;对《伤寒论》中的难解字词,均有确诂详解,解决了《伤寒论》文献研究中长期未能解决的问题。裴永清的《伤寒论临床应用五十论》,作者潜心学用岐黄之术和仲景之书的临床心得,反映了作者对《伤寒论》原文在理、法、方、药等方面的独特见解。《刘渡舟伤寒临证指要》,是刘志的门人从刘老上百篇医稿中精选撰次整理而成的。该书分理法论、方证论、辨非论3个篇章。突出反映刘老之气机论、攻邪论、古今接轨论、方证相对论、辨证知机论、水火论、湿证论、抓主证等学术思想及其对经方的运用经验。《伤寒名医验案精选》由陈明、张印生编,该书从古今中外伤寒名宿之验案中,精选出800余例,辑而成帙,附加按语。《伤寒论现代研究与临床应用》由孟永利等编写而成,是从仲景学说的基本内涵开始,以临床为基础,结合现代研究的成果汇编。(陈辉)

R000048 **周氏经络大全注释** 清·周孔四著,余茂基注释。上海科学技术出版社1998年5月版。28万字。37.30元。《周氏经络大全》原为清代学者周孔四所著。周氏一生研习经史,兼攻天文、医理,对经络的研究尤为精深,学识渊博,课徒数十年,誉满乡里。著有天文、医学数种,均因贫乏而未刊行,由后人整理付梓的仅此一种。全书分经络总说、分说两部分。总说部分周氏以《内经》、《难经》、《灵枢》、《周易》、《礼记》等数种经典著作之观点,以形象生动的天文、地理作比喻,详细论述了人体经脉的循行何以曲折,何以单行、双行,何以衔接、交会、相通,提出经脉循行有顺逆的独特观点,并论述了诸经的位置统贯和根结、经筋。分说部分周氏以通俗生动的歌诀形式,叙述各经脉的循行、主病、主药,仔细阐述了每一输穴的定位方法和性质。本书由出生于中医世家、现任上海康美国际集团经络研究所所长的余茂基先生进行注释,其精心挑选善本为底本,详参针灸经文,逐字逐段译出,逐经逐穴校勘,意奥者加注,疑者加按。(周瑞芳)

R000049 **实用针灸选穴手册** 杨兆民、鞠传军编著。金盾出版社1998年9月修订版。32.2万字。14.50元。共10章。第一章为针灸选穴概述,简要叙述选穴基础、腧穴特性、腧穴功能、腧穴诊断、腧学治疗、腧穴配伍等内容;第二章至第六章介绍十四经经学、经外奇穴、头针穴、耳针穴、面针穴、眼针穴、鼻针穴、口针穴、舌针穴、手针学、足针穴的穴名位置、取穴方法、主治及操作方法等内容;第七章介绍穴位针灸方法和注意事项;第八章介绍常见脏腑经络病辨证处方选穴;第九章介绍常见症状对症处方选穴;第十章介绍常见疾病辨病处方选穴,包括心脑血管病、呼吸系统病、消化系统病、泌尿系统病、妇科疾病、神经精神科病、五官科及皮肤科病的处方选穴治疗。书中还附有插图。(李占春)

R000050 **中医内科手册** 晁恩祥主编。福建科学技术出版社 1998 年 4 月版。80.3 万字。44.50 元。“实用中医临床手册丛书”之一。分上篇、下篇和附篇 3 个部分。上篇总论，概括地论述与中医内科相关的理论，强调理论对实践的指导意义，强调树立整体观念的重要性及辨证论治与理法方药的一致性、完整性与实用性。下篇各论，包括两方面内容：一是按中医辨证体系编写的、以体现中医内科完整性的内容；二是为扩大实用范围，力求适应中西医结合及临床需要的常见西医病症的中医辨治内容。附篇则收录了常用临床操作方法、病历统一书写规范、常用理化检查的正常参考值及方剂索引；此外还开列了中国中医药管理局医政司组织筛选的全国各中医医院急诊科(室)必备的常用中成药。全书从临床实际出发，以常见病为主要内容，注重理论对临床的指导和疾病的演变规律，诊疗方法与临证思路的分析与探讨，以及诊疗规范的运用；同时还注重西医病症的中医辨治及多种疗法的综合应用。(俞鼎芬)

R000051 **中医杂病论治秘诀** 张宗贵著。云南科学技术出版社 1998 年 10 月版。21.6 万字。22.00元。分上篇、下篇两个部分。上篇介绍中医杂病基本理论和有关知识，下篇收载临床常见病证 101 个。每个病证分列出各个证型，按症状、辨证、治则、方药等项进行论述。其中方药部分在经验方基础上加入作者临床经验及部分民间用药。特殊病证加上案例，阐述辨证、选方遣药和医嘱等项，并附按语，阐述作者的体会。(陆秀华)

R000052 **中医住院医师必读丛书** 张华强等编著。东南大学出版社 1998 年 7 月版。185 万字。140.00 元。分 10 册，包括：《中医内科学》、《中医外科学》、《中医妇科学》、《中医儿科学》、《中医肿瘤学》、《中医骨伤科学》、《中医眼耳鼻咽喉科学》、《针灸推拿科学》、《中医古籍选读》、《中医急症与操作技能》等。(常凤阁)

R000053 **实用中医内科急症** 陈乔林主编。云南教育出版社 1998 年 4 月版。38 万字。18.50 元。论述中医内科急症的诊断与治疗。分总论和各论两部分。总论分两章概述中医内科急症诊疗简史及中医内科急症的病因病机和治疗。各论分 16 章，依次论述外感高热、厥脱、昏迷、暴喘、心悸、中风、冠心病心绞痛、急性心肌梗塞、哮喘持续状态、慢性肺心病急性发作、血症、急性胃痛、癃闭、瘟疫、常用中药急性中毒及急腹痛 16 种急症的诊疗。部分急症后附有临床突出表现与之相似的现代医学急性病种的诊疗。如“昏迷”之后附“重症肝炎”、“糖尿病性昏迷”，“血症”之后附“咯血”、“呕血、黑便”。对各症的论述均包括病因病机、辨证与诊断和治疗 3 个方面，并设“证治研究选录”一节，选介古今医家对本症的研究成果。(易山)

R000054 **中华脐疗大成** 刘炎著。上海科学技术文献出版社 1998 年 3 月版。58.3 万字。38.00 元。“脐疗”是在脐中(又名神阙穴)敷药或运用艾灸、拔罐、按揉、热熨等来治疗多种疾病的一种方法。“脐疗”之方繁多，大多散集于浩如烟海的历代医著中，而民间脐疗方法之多，更是不胜枚举。作者广集民间群方，并结合多年的临床感受和体会，选择良方三千，医疗病症百余种，并对各个方子的处方进行分析解释，使读者对各个方子的立方用意、配伍目的、使用方法一目了然。(王红九)

R000055 **火针疗法图解** 贺普仁著。山东科学技术出版社 1998 年 4 月版。13 万字。300 幅图。11.00 元。作者根据 50 多年的针灸临床经验，以《黄帝内经》为理论基础，并吸收历代医家学术思想之精华，于 80 年代提出的针灸治病大法，包括以火针为主的温通法、以毫针为主的微通法和以三棱针为主的强通法。本书全面系统地介绍火针疗法(即温通法)的基本理论和临床应用，包括总论和各论两部分。总论介绍火针疗法的历史沿革、治病机制、针具、施术、取穴原则等，各论介绍内、外、妇、儿、五官等各科 70 余种常见疾病的火针治疗。(夏魁周)

R000056 **百病独特疗法丛书——百病拔罐疗法** 田建刚主编。山西科学技术出版社 1998 年 6 月版。18.4 万字。10.00 元。分总论与各论两部分。总论系统地阐述了拔罐疗法的起源与发展，展望了它的现状与前景，对其治疗原理作了相应的说明，同时还详细介绍了古今罐具的种类、操作方法以及注意事项，使大家能够更好地掌握和使用拔罐疗法。各论按系统分类，介绍了百余种常见病、多发病及部分疑难病的拔罐治疗方法。为了帮助广大患者及医学爱好者正确掌握拔罐疗法，附篇中特别介绍了人体常用腧穴，以供参考使用。(温洁茹)

R000057 **实用推拿学** 邵铭熙主编。人民军医出版社 1998 年 12 月版。155.6 万字。110.00 元。分 7 篇论述推拿学简史、推拿治病机制、治则治法，基础功法和 80 余种临床手法；重点介绍内、外、妇、儿、五官等科百余种疾病的推拿方法；推荐保健推拿、减肥推拿、美容推拿、运动推拿等实用技术；简要介绍刮痧疗法、穴敷疗法、耳穴疗法、中医饮食疗法等辅助疗法;集中介绍推拿研究现状及进展,包括古代文献研究、手法及机制研究、临床及实验研究等;对主要流派及名家的技术特点也进行了评述。(余满松)

R000058　**脊椎手疗法大全**　苟亚博、黄国松著。科学普及出版社1998年1月版。60万字。85.00元。分7章,以图解的方式介绍枕骨、颈椎、胸椎、腰椎、骶椎及髂骨的神经分布及矫正的手法。(任杏华)

R000059　**三棱针疗法图解**　贺普仁著。山东科学技术出版社1998年4月版。10万字。300幅图。9.50元。根据50多年的针灸临床经验,以《黄帝内经》为理论基础,并吸收历代医家学术思想之精华,于80年代提出的针灸治病大法,包括以火针为主的温通法、以毫针为主的微通法和以三棱针为主的强通法。本书全面系统地介绍三棱针疗法(即强通法)的基本知识和临床应用,包括总论和各论两部分。总论介绍三棱针疗法的历史沿革、机理、操作和临床应用范围等,各论重点介绍内、外、妇、儿、五官等各科40余种疾病的三棱针疗法。(夏魁周)

R000060　**中国钩针疗法**　杨楣良编著。浙江科学技术出版社1998年9月版。35.8万字。28.00元。是作者潜心研究的成果和多年临床医疗实践的经验总结。重点介绍临床常见的45种病证的辨证施治和具体的钩针疗法,阐述钩针疗法的特点、立论依据、现实意义,经络学说与钩针疗法的关系,钩针的操作要领及注意事项。

R000061　**当代针灸治疗学**　石学敏主编。南开大学出版社1998年3月版。42.9万字。25.00元。介绍针灸学的作用、治疗原则、辨证论治、针灸配穴处方等基础知识,并设专章分别介绍了急症、内科、儿科、皮外科、妇科、五官科等病症的诊断和治疗方法,基本涵盖了常见的针灸适应症。本书的特点是以中医为纲,西医为目,即不仅从中医角度论述诸症的辨证分型和治疗方法,同时还从西医角度介绍了诊断要点、辅助检查和鉴别手段等。(焦静宜)

R000062　**毫针疗法图解**　贺普仁著。山东科学技术出版社1998年4月版。15万字。400幅图。作者根据50多年的针灸临床经验,以《黄帝内经》为理论基础,并吸收历代医家学术思想之精华,于80年代提出的针灸治病大法,包括以火针为主的温通法、以毫针为主的微通法和以三棱针为主的强通法。本书全面系统地介绍了毫针疗法(即微通法)的基本理论和临床应用,分总论和各论两部分,总论介绍毫针疗法的修炼和操作,各论重点介绍内、外、妇、儿、五官等各科100余种常见疾病的毫针治疗。(夏魁周)

R000063　**中国穴位疗法(英汉对照本)**　李绍芝、谭晓红主编。湖南科学技术出版社1998年9月版。81.1万字。65.00元。分3章,第一章简介常用腧穴400多个,第二章收编各种穴位治疗方法20余种,第三章介绍100余种常见疾病的穴位疗法。(汪华)

R000064　**中国传统医疗体育**　张德生、高顺有著。甘肃科学技术出版社1998年12月版。16.6万字。10.50元。分别对中国传统医疗体育的特点和作用、现代医疗体育、道教内丹术和佛教禅功、导引术、太极拳、气功按摩、中华武术及各种疾病的传统体育疗法予以介绍。(陈学祥)

R000065　**中国传统饮食宜忌全书**　王焕华、倪惠珠编著。江苏科学技术出版社1998年1月版。52.8万字。30.00元。根据中医的理论基础,从不同侧面讲述了饮食的宜忌问题。全书分5个部分讲述。一、谷肉果菜饮食宜忌,讲述了27种谷类,96种肉类(含鱼类等),62种果类,77种菜类,72种其他食物的俗名、性味、功效及宜食与忌食范围。二、常见病症饮食宜忌,讲述60种常见病患者的宜忌原则、宜食物品及忌食物品。三、男女老少饮食宜忌,根据男女老少的不同生理特性分别讲述了宜忌原则、宜食与忌食物品。四、体质虚弱饮食宜忌,根据中国传统医学中的气虚、血虚、阴虚、阳虚、心虚、肝虚、脾虚、肺虚和肾虚的特点,讲述了宜忌原则、宜食与忌食物品。五、春夏秋冬饮食宜忌,根据春夏秋冬的气候特点,讲述了常人及病患者的宜忌原则、宜食与忌食物品。(钱路生)

R000066　**四季进补**　孟景春主编。南京出版社1998年7月版。40万字。24.00元。根据"春温、夏热、秋凉、冬寒"的季节气候特点,紧扣不同性别、不同年龄的人在各个季节中对食物、药物的不同需要,按照食补法、药补法和神补法等3个部分,具体介绍不同的补养方法。(王国钦)

R000067　**百病药浴与果菜疗法**　赵蕴坤等编著。山西科学技术出版社1998年6月版。16.2万字。9.00元。介绍如何掌握和运用药浴疗法。在平时,吃什么果菜?怎样吃?如何与沐浴、药浴疗法相结合?等内容。收入"百病独特疗法丛书"。(温洁茹)

R000068　**男女病养疗滋补全书**　倪泰一等编著。重庆大学出版社1998年9月版。34.8万字。26.00元。详细介绍男性、女性泌尿生殖系统的解剖、生理、病理常识，依病因、自我诊断、自我疗方的结构介绍了百余种男女性疾病的自诊自疗方法。尤其在治疗上以介绍中医药治方为主，并在治的基础上配合养方。（崔祝）

R000069 **家庭进补600问** 何赛萍编著。浙江科学技术出版社1998年1月版。24万字。14.00元。“21世纪家庭健康顾问丛书”之一。以中医理论为依据，全面地介绍进补的基本常识。在“进补的一般知识”篇中，介绍如何选择适合自己的补品，怎样采购、贮藏补品以及怎样正确服用。在“常用的补品”篇中，详细介绍了常用补品的性味、作用、适用人群及真伪鉴别要点。在“四季进补”篇中，根据春、夏、秋、冬四季的不同气候特点，精选了许多种进补方。在“病证的进补”篇中，对患者及各种体虚、体弱的人如何开展进补分别进行了指导。还收录了不少单验方，以方便读者在进补的同时进行治疗。

R000070 **家庭保健菜谱** 谢英彪等编著。金盾出版社1998年7月版。21万字。9.50元。由我国医学专家、食疗专家和特级厨师共同编撰，介绍用77种常用食物，烹制色、香、味、形俱佳的500余款保健菜肴的方法。每一品种都概述了营养价值、食疗功效、保健作用及宜忌等；每款设原料、制作、特点。（马伯乎）

R000071 **中医古籍文献学** 张灿玾著。人民卫生出版社1998年4月版。100.9万字。58.50元。作者整理研究中医古籍20余年，积累了很多心得体会和经验，本书从中医文献的源流与流别、中医古籍的书名与篇名、书体结构、文字文体、标记符号，到文献的版本、目录、校勘、注释、辑佚、辨伪等等，纵横历史上下二千余年，客观地反映了中医古代文献的基本情况与基本面貌；系统地、科学地总结与概括了中医古代文献研究与古籍整理方面的基本理论、基本知识、基本规律及基本的研究方法。（呼素华）

R000072 **小儿推拿图解** 王道全编著。山东科学技术出版社1998年10月版。15.9万字。12.50元。主要介绍小儿推拿的基本知识，40种小儿推拿手法，102个常用穴位，36种常见病症的治疗，典型验案24例，并附有手法穴位诊疗图201幅，书末附有穴位、复合手法与穴位功用归类表。（李宇）

R000073 **中医治癌经验精华** 纪钧等主编。江苏科学技术出版社1998年6月版。30万字。15.70元。作者融百家中医临床经验于一炉，通过大量查阅中医文献的方法，对中医治癌的经验进行了系统的集中、整理。全书分上下2篇。上篇主要介绍中医药在癌症防治中的作用、中医对癌症病因病理的认识、癌症的中医辨证分型、中医治疗原则、癌症的饮食疗法、癌症的外治疗法等。下篇则按病名重点介绍，共63种。在介绍每种癌症的中医诊疗时，突出临床，主要介绍和临床有关的诊断和治疗方法，大致分为概述、病因、病理、临床表现、诊断、治疗、基础研究等数项。（孙连民）

R000074 **现代中医皮肤性病诊疗大全** 马绍尧等主编。山西科学技术出版社1998年6月版。103万字。50.00元。分总论、各论、附编3部分。《总论》介绍中医皮肤和性病的发展概况、范围、疾病的分类、病因病机、诊断、治疗方法、手术操作、预防与护理等。各论17章，按疾病的性质分为病毒性、细菌性、虫类、变态反应性、物理性、血管性、遗传性、结缔组织病、皮肤肿瘤和性传播性疾病等。每种疾病均按定义、特点、中医文献、病的中西医名称、发病情况、病因病机、临证特点、鉴别诊断、治疗等进行介绍。（温洁茹）

R000075 **中华眼针** 田维柱著。辽宁科学技术出版社1998年版。18万字。在论述了观眼诊病和眼针疗法后，系统介绍了50种常见病的眼针治疗。这50种常见病以国家中医药管理局颁发的《中医病证诊断疗效标准》为准则进行辨证分型，在每个症型中，如同舌诊、脉象一样，增加了自睛上脉络表现的内容。在治疗中，重点介绍眼针取穴，并配以主要的体针腧穴，每个病种后面附有验案举例。（倪晨涵）

R000076 **中成药名方药理与临床** 陈奇主编。人民卫生出版社1998年4月版。231.1万字。110.00元。分总论和各论两大部分，总论共16章，其主要概况介绍中成药或名方的药理、临床研究成果及临床用药的有关知识。各论部分按中成药功效分17章，收载临床疗效确切和近年来国家批准上市的中成药，包括部分名方共约1300个。每个中成药（名方）下设药物组成、处方来源、功能主治、药理作用、临床应用、用法用量、毒性试验、不良反应、使用注意等项内容。其中以药理作用、临床应用两项内容尤为丰富、翔实。（匡罗均）

R000077 **中华临床中药学** 雷载权、张廷模主编。人民卫生出版社1998年4月版。322.9万字。225.00元。共两卷，分总论、各论和索引3大部分，共28章。其中，总论共7章，是作者对中药学的基本理论所进行的总结。各论共21章，是以临床实用性为主旨，共收载临床常用和较常用中药600余味。每味中药包括概述、历史、性能、功效、应用、用法用量、使用注意、按语、现代研究等项内容。其中“应用”一项是介绍历代医家的用药经验。突出主治病证和阐明其在辨证用药方面的理法特色，并有选择地引用古今医家实践有得的名方为例，以便读者领会掌握这些丰富而宝贵的用药经验、研究成果。“按语”主要用以正误和解惑，重在阐述作者对该药性能、功效、应用、用法用量等诸方面的学术见解。“现代研究”包括化学成分、药理作用、临床新用3部分，后者是作者广泛选择收录的目前临床各种新应用。(匡罗均)

R000078 **中国药物大全(中药卷)** 本书编委会编。人民卫生出版社1998年4月第二版。系在1991年第一版基础上修订而成，补充了1990年以来的新药资料。收载中药(含部分常用草药及民族药)820余种，按传统中药功效分类方法分为20类，阐述各药之生药本源、性味及功效。书中收录大量临床常用成药制剂，收载中成药达2 000余种，列于主药之后，简述其组方、功效、临床用途及用法。(李显屏)

R000079 **中药现代研究与应用** 郑虎占等主编。学苑出版社1998年8月版。1 150万字。138.00元。收录临床常用中药及现代研究较为深入的中药品种410余种，主要引用截止1995年9月份以前国内外公开发表的有关研究文献、化学成分和成分分析的有关研究文献检索至1997年7月。全书共8卷。书中所载每味中药分概述、产地研究、栽培研究、采集研究、鉴别研究、贮藏研究、化学成分、成分分析、炮制学研究、制剂学研究、药理作用、临床应用等10余部分，每部分的参考文献单独排序，附于每药正文之后。全书最后附有中药拉丁学名索引、化学成分索引、药理作用索引和现代医学病名(综合征)索引。本书收入“现代中医药文库”。

R000080 **中药临床应用** 卓大宏主编。广东人民出版社1998年8月版。50万字。38.00元。共收载中药560种，方剂和成药制剂760个。对每种中药，除介绍其有效成分及药理作用外，还详细介绍了临床使用的适应症、疗效、配伍、注意事项、不良反应及防范、性能特点(与近似药比较，以及可能的替代药)。书末附随证用药参考、药名、方剂名称等索引。(易军)

R000081 **实用中药配伍应用大全** 张娟等编著。山西科学技术出版社1998年7月版。44.9万字。25.00元。共收录306味常用中药。在“性用概要”一项中，概括介绍有关药物的性味，功用及适应症等内容，重点突出了每味药的特长。“临证配用”是本书的核心内容，书中收录了古今常用的配伍药对，阐发了其配伍规律，分析了配伍特点，指出了临床适用症。在“现代研究”一项中，扼要地介绍了该药的药理作用，并用现代医学理论，解释了药对的配伍原理及临床适用病症。(温洁茹)

R000082 **临床中药学** 翁维良、房书亭主编。河南科学技术出版社1998年5月版。206.5万字。150.00元。分总论和个论。总论论述临床中药学形成与发展、中药命名、分类、中药性味归经，中药炮制、制剂、剂型，临床辨证、辨病用药，中药服法与禁忌、毒副作用，临床中药用药的申报等。各论收载中药406种，从来源、性味归经、文献记载，到功效、适应证、现代化学、药理研究、选方、参考用量、禁忌、毒副作用、现代临床应用、按语、参考文献等，对每种药均作全面论述，突出临床应用，且以药带方，收录了许多有实用价值的名方、验方及各地研究报告，按语为作者临床经验体会。附篇附有中文及拉丁文药名，便于检索查阅。

R000083 **《中华本草》精选本** 《中华本草》编纂委员会编。上海科学技术出版社1998年1月版。581万字。360.00元。是《中华本草》的核心组成部分，由上篇、下篇和附篇组成。上篇分10个专题介绍本草各分支学科的主要研究成果及其发展演变规律和未来研究趋势。下篇收藏临床常用中药535种，附图1 500余幅。在药物分类方面，采用了较为先进的动、植、矿物的现代自然分类系统，体现了药物编排上的系统性和科学性。在项目设置上，既遵循古本草的编纂体例，又按照现代中药各学科领域及其相互间的内在联系设计安排。药物条目设正名、异名、品种考证、来源、原植(动、矿)物、栽培要点、采收加工、药材及产销、药材鉴别、化学成分、药理、炮制、药性、功能与主治、应用与配伍、用法用量、使用注意、附方、制剂、现代临床研究、药论等21项，系统地反映了药物从古到今，由外到内，从理论到应用的过程。附篇设药物中文名、拉丁学名、功效分类等3种索引。(应小雄)

R000084 **本草纲目彩色药图** 邱德文等主编。贵州科学技术出版社1998年版。252万字。618.00元。作者对《本草纲目》所载药物进行考证辨识，在此基础上配以原植物、动物、矿物和部分药材的彩色照片，编著而成。按《本草纲目》原书的分部和卷排列。每药按原名、现今名排列。每药之下设[纲目](引用原文)、[药图](定到现今的科、属、种或同属植物，并标注拉丁学名及主要产地或分布地；图片有原植物植株或具有鉴别特征的花、果、叶等的局部特写，有的还附有药材）、[功用主治]（按现今药典的功用、主治介绍或引用原文）、[主要化学成分]（介绍现今已鉴定出来的化学成分）、[附注]（介绍该药的考证等情况或有关说明）等条目。书中收录了《本草纲目》中的 1 225 种药物，共有彩色照片 4 000 余幅，文字说明约 120 万字。书末有中文索引、汉语拼音索引、拉丁文学名索引、拉丁文药材名索引。（夏同珩）

R000085 **中国道地药材原色图说** 胡世林著。山东科学技术出版社 1998 年 6 月版。35 万字。637 幅图。285.00 元。道地药材是中医治疗疾病的主要武器，也是中国传统文化的瑰宝。俗话说，一方水土养一方人。同样道理，一方水土出产一方药材。也就是说，同一种药材出产于不同地区可以有质量差异。这就是药材的道地性。当然，药材的道地性还包括野生与栽培的区别，以及年龄、性别、生长阶段、加工技术、物种等因素。该书正是从上述几个方面入手，运用传统的经验技术和现代的科学技术对临床常用的 320 余种中药材进行了研究。全书按产地不同分为关、北、蒙、藏、维、秦、怀、淮、浙、南、广、贵、云、川、海共 15 部分，每药按道地名鉴、植物形态、药材产销、性状鉴别、成分药理、性味效用等部分介绍，并相应选收数帧原色照片。（夏魁周）

R000086 **中药材外观鉴别手册** 王华等主编。内蒙古科学技术出版社 1998 年 3 月版。4 万字。2.60 元。结合编者多年实践经验，收集国内外医药杂志、医药报等刊物上的中药材真伪鉴别的资料，抓住每一味药材的鉴别要领对每一种药品的正伪品名称、科、属、种、外观性状等进行描述的同时重点介绍了每一味药材的“鉴别要点”和“歌诀”。（许占武）

R000087 **宁夏中药制规范** 宁夏回族自治区卫生厅编。宁夏人民出版社 1998 年 11 月版。48 万字。49.50 元。是在认真调查原《规范》的执行情况和总结宁夏中药饮片中加炮制经验的基础上，参照《中国药典》1995 年版和《全国中药炮制规范》1988 年版，结合宁夏的实际情况，增删了一些品种，增加和修改了一些项目和内容。本《规范》由总论、各论及附录 3 部分组成。总论主要记载中药炮制的目的、方法和辅料；各论收载中药 632 种，按药用部位分为根和根茎、种子果实、全草、花、叶、皮藤木、树脂、菌藻、动物、矿物、加工类及其他，共 13 类。各类中药按品名的笔画顺序排列。附录收载了《医用毒性药品管理办法》、《毒性药品管理品种》、《中药炮制工作守则》、《中药调配工作守则》、《中药汤剂煎法》及《中药的配伍与禁忌》等。

R000088 **中药抗肿瘤有效成分药理与应用** 季宇彬、张广美主编。黑龙江科学技术出版社 1998 年 5 月版。78 万字。68.00 元。为“中药有效成分药理与应用的系列丛书”之一，以抗肿瘤中药有效成分为主题揭示了抗肿瘤中药的药理作用与临床应用等内容；阐述了抗肿瘤中药有效成分的结构式、分子式，相对分子质量、理化性质与药理作用、临床作用之间的关系。本书共收载抗肿瘤中药有效成分 424 个，以拉丁名为序排列、后附笔画索引、汉语拼音索引，在每一个成分下有成分名称、化学名、结构式、分子式与相对分子量、理化性质、来源、药理作用等内容。（常虹）

R000089 **龙门药方释疑** 张瑞贤主编。河南医科大学出版社 1998 年 12 月版。42 万字。70.00 元。属于中医药文献著作，洛阳龙门石窟药方洞沿壁南北及北侧洞内局部壁上镌刻了 100 余首药方，一般将其称为“龙门药方”，该窟也因此被称为“药方洞”，由于年代久远，风化水蚀，现在可见的龙门药方已漫漶难识。本书力图恢复该石刻原貌，并对与此有关的各个方面进行广泛深入的研究。全书由 4 部分组成：第一部分为辑复校释，第二部分为研究考证，第三部分为与龙门药方有关的资料，第四部分为珍藏图片，包括药方洞、金石书影、拓片、相关敦煌文献等。（蔡婷）

R000090 **葱姜蒜茶酒醋治百病妙方** 刘廷等编著。重庆大学出版社 1998 年 4 月版。41.3 万字。21.80 元。作者根据葱调中下气，破冷气疼痛，止呕吐反胃，能宽膈进食，补肺气，益脾气，润肤，解酒毒；姜能发汗，安胎，通关节，去风湿，治全身麻痛；蒜益脾胃，消积食，温中调胃，除邪痺毒气；茶利小便，去痰热，悦志，下气消食；酒通血脉，润皮肤，散湿气，养脾，除风下气。醋消痈肿，除面部色块坚积，消食等医药价值，从古今医药典籍及久经验证的民间偏方，单方验方，秘方中收录了近百种常见病症的葱疗方、姜疗方、蒜疗方、茶疗方、酒疗方、醋疗方近 3 000 种。并较为详细地介绍了有关葱、姜、蒜、茶、酒、醋的有关知识以及百病家疗注意事项。全书共 5 章，采取以病为纲，以病统方的体例；每方下面把配方、制法、适应症、自治注意事项作了详细地介绍。（肖顺杰）

R000091 **中华医方精选辞典（上、下卷）** 彭怀仁主编。上海科学技术文献出版社 1998 年 8 月版。600 万字。398.00 元。收载名方 22 682 条。每首方目均注明出处。方名之下分设组成、制剂、用法、功效、主治、禁忌、加减、方论和实验研究等项。本书具有下列特点:1.精选古今名方,切合临床实用。作者从中医古今方书中已掌握的十余万首方剂资料中,经反复考核、抉择,其中对中医各科临床具有实用价值、或有开发利用潜力的方剂,才精选收录。2.方源考证认真;部分常用成方,撰论阐述方义。对每一首方的方源均作认真考证,方剂内容参考多种版本,认真校勘,内容准确。对部分常用方,参考有关文献,精心研究,撰写方论,阐明制方配伍意义。3.采用现代剂量,方便临床应用;设有病证索引,便捷按病检方。4.附历代主要方书及作者,作扼要介绍;释方剂中常用名词术语,增中医方剂之知识。(方金善)

R000092 **《〈四部医典〉释续部》注疏·除暗明灯** 迦那达罗著。民族出版社1998年6月藏文版。12万字。11.80元。《释续部》是《四部医典》的第二部,分31章,被认为是藏医解剖学的基础。主要讲述人的胚胎发育过程和人体的构造,详细介绍骨骼和肌肤的成因和其名称、脉络的分布及与之相关的穴位和名称等等。同时还设立专章讲述了日常保养和医生的医德。(普日科)

R000093 **医学明珠** 艾塞尼著。新疆科技卫生出版社1998年8月维文版。18.70元。分两个部分。第一部分名为"医学家的故事",收集14—18世纪中亚地区著名的医学家兼诗人夏哈比、玉素甫、达瓦依、艾斯耒提4人所撰写的7部著作,这7部著作均为诗词类;第二部分名为"医学宝库点滴",主要介绍医学先驱希普格拉德、玉素甫、布斯哈克、艾力阿和力等20位科学家、医学家所撰写的医学著作及其他类著作中有关医学的部分,介绍了艾力希尔娜瓦依等15位诗人的有关医学问题的综述、著作、册子、颂词、古诗、韵文、散文、四行古体诗、艾则里诗等。本书详细说明了药物植物、蔬菜、瓜果、动物(野生动物)、鸟类(野生鸟类)的肉、血和各个器官的医学药用作用及它们所能治疗的疾病、配药方法;并详细介绍了常见病的症状、诊断、治疗和预防;以及重点指出了人类在长寿、保健等方面应该注意的各个环节及禁忌。(玉素甫)

R000094 **矿物的药用** 新疆科技卫生出版社(W)1998年8月维文版。15万字。12.00元。着重介绍分布于新疆地区的46种矿物的产地、特点、鉴定方法、性能、功能主治药理实验及其他论证。(地力夏提)

R000095 **识药学** 罗布桑苏勒和木著。民族出版社1998年12月蒙古文版。23.5万字。37.80元(精),29.80元(平)。原著由杰出的蒙藏学家、医学家、文学家、历史学家、诗人、翻译家、出版家察哈尔格西罗布桑苏勒和木(1740—1810)用藏文所著。内蒙古医学院中蒙医系资深教授罗布桑等把藏文版的《识药学》翻译成蒙古文的同时,对每味药物逐一进行认真的考证、鉴定、注释,以附录的形式加在译文后。蒙古文版的《识药学》由译文、附录(注释部分)、原著者情况介绍(生平、业绩、著作)等3大部分组成。书中附彩图8幅,黑白图681幅,还附有蒙古文、汉文、拉丁文的药名索引。(乌云格日勒)

R000096 **维吾尔医学中的一些处方** 阿吉·阿布都热合曼·尼迈提编著。喀什维吾尔文出版社1998年8月版。8.00元。介绍有关妇科,小儿科,口腔科的多种疾病及一部分疑难病的生因、症状、诊断和有效的处方,同时介绍消除人们对麻烟、海洛因等有害毒品的癖性方面的治疗方法。(阿布拉江·色依提)

R000097 **藏医数词词典** 尼玛泽仁编。四川民族出版社1998年12月版。33万字。18.50元。数词在藏医中占有较大比例,但长期以来没有一部集中收集数词的医学书籍。本词书就解决了这一难题,全书所收词目全面、集中。每一词条的注释简明,大部分词目都有学者、名医、专家的诠释和出处。其编排以藏文字123为章节,又在每一章节中以藏文字母为序查找。(央娜)

基础医学

R000098 **中国医学百科全书(基础医学)** 郑思竞主编。上海科学技术出版社1998年12月版。221.9万字。120.00元。概括解剖学、组织学、胚胎学、细胞生物学、生理学、生物化学、分子生物学、生物物理学、病理学、病理生理学、免疫学、遗传学、微生物学和寄生虫学等医学基础学科的内容,以及医学史、医学科学中热门理论及实验技术的进展;介绍基本概念、重要事实、科学依据、技术要点和肯定结论,是在医百全书各学科分卷本基础上经遴选、精简、综合和增新后编纂的,具有综合、创新的特色。它打破各学科间的界限,以人类发生和发育、结构和组成、各系统生理活动、疾病发生和病变,直至死亡为体系编排,以条目形式编写,注重宏观与微观、形态与功能、正常与病变的结合,反映综合、整体、简明的基础医学知识。全书分21个部分,615个条目。书后附有字顺索引。(叶宏)

R000099 **中国生物医学工程学的今天与明天** 俞梦孙、蒋大宗主编。天津科技翻译出版公司1998年版。52.2万字。38.00元。分51章,分别叙述该学科涉及到的各个领域的研究进展和发展战略,包括生物力学、生物材料、人工器官、生物系统建模、生物医学信号的检测与传感器、生物医学信号处理方法、医学成像和图像处理方法、治疗与康复工程方法等。(周兆佳)

R000100 **毫米波技术与生物医学** 吴祈耀、唐晓英编著。北京理工大学出版社1998年版。26.2万字。16.00元。介绍毫米波应用于生物医学领域的有关工程技术及设备、生物效应、医学应用以及有关安全防护等问题。还着重介绍了说明毫米波生物学作用机理的两个重要理论假说:Hfrohlich"相干振荡"理论和 HДДеВЯТКОВ"声—电波"理论。(总编办)

R000101 **论人体科学与现代科技** 钱学森著。上海交通大学出版社1998年12月版。108.1万字。98.00元。汇集作者自80年代初至90年代近20年的有关论文、讲演、报告等170余篇。内容归纳为3大部分:人体科学、现代科技和科教兴国。在人体科学部分,作者首次提出了人体科学的概念与定义,界定了人体科学的研究范畴、内容,探讨了研究方法:用定性与定量相结合的综合集成法来研究。在现代科技部分,作者在回顾历史的基础上结合现代科学飞速发展的现实,用系统科学的观点,对现代科学进行分类,归纳为自然科学(理、化、天、地、生)、数学科学、社会科学、系统科学、思维科学、人体科学、军事科学、艺术科学(美学)、行为科学9大部类。其中前3部类是以前提出过的。后6大部类是作者提出的,并对此作了阐述。在科教兴国部分,作者论述科学与教育必须改革,以适应现代化的需要,并展望即将到来的21世纪。本书还搜集了作者在任中国科协主席时的有关报告,提出研究"中国科协学"的建议。(倪华)

R000102 **实用局部解剖学图谱** 霍琨等编。辽宁科学技术出版社1998年版。31.7万字。29.00元。分为8个部分。即:头部局解、颈部解剖、胸部解剖、腹部局解、盆及会阴部局解、背柱及脊髓局解、上肢部局解、下肢部局解,共编绘了317幅插图。(倪晨涵)

R000103 **临床应用表面解剖学** 聂绪发、严振国著。上海科学技术出版社1998年8月版。31万字。26.60元。按人体头部、颈部、胸部、腹部、盆部及会阴、脊柱区、上肢、下肢以及表面解剖与针灸等顺序,详尽地介绍了各部位的骨性标志、肌性标志、皮纹标志、引用线及重要器官、血管和神经走行的体表投影等。本书采用条款式的方法加以编写,配上简明的插图,突出体现了各标志的定位、定性及其应用,具有表里结合、基础与临床结合、理论与实践相结合,以及西医与中医相结合的特点。(侯屹)

R000104 **临床应用解剖学** 钟世镇主编。人民军医出版社1998年6月版。119.5万字。96.00元。主要介绍临床诊治中经常遇到的、需要结合人体解剖学加以说明或处理的问题。全书共17章,包括颅脑外科、眼科、颌面外科、耳鼻咽喉科、颈部外科、胸心外科。脊柱脊髓、腹部外科、泌尿外科、妇产科、显微外科和护理、麻醉、周围神经修复应用解剖学等。各章节先提要性介绍解剖有关资料,然后有针对性地用形态结构基础理论分析临床有关症状、体征,提示诊断、治疗、手术处理应当注意的要点。(杨磊石)

R000105 **临床畸形与变异解剖学** 张培建著。青海人民出版社1998年3月版。20万字。18.00元。从收集到的已正式发表的1600余篇先天性解剖畸形与变异资料中,筛选出与临床应用密切相关的内容进行整理、归纳后编写而成。所收集的文献资料均源于正式发表在基础医学与临床医学杂志、专著和教科书中的先天性解剖畸形与变异的报道。按运动系统、消化系统、呼吸系统、泌尿系统、生殖系统、心脏、血管、淋巴系、感觉器官和神经系统的畸形与变异顺序归纳编写。并适当增添了胚胎发生学的相关内容。(姜丽)

R000106 **人脑之谜** 杨雄里译。上海科学技术出版社1998年8月版。9.5万字。10.00元。是"科学大师佳作系列"中《大脑如何思维》的姐妹篇。从脑的结构、脑的发育、神经细胞活动的基本过程以及脑的正常、异常活动等几个侧面,对脑作了全面的介绍。(沈晓莺)

R000107 **神经肽与脑功能** 杜雨苍著。上海科技教育出版社1998年12月版。29.3万字。24.80元。"脑科学丛书"之一。对神经肽的生理生化特性、神经肽的调整功能、神经肽的营养作用和对生长发育的调制、神经肽参与中枢感知和应激、神经肽与心理病理和行为的关系及神经肽参与学习记忆的过程等方面进行详细的论述。(王福康)

R000108 **脑内多巴胺的生物医学** 金国章著。上海科技教育出版社1998年12月版。23万字。

21.20元。“脑科学丛书”之一。扼要介绍近几十年来多巴胺(DA)研究领域中的成就,特别是近年来的新进展和新概念:在神经生物学的基础性研究方面有DA受体亚型的分子生物学和信号转导、DA转运体的分子生物学、DA电药理学特征、DA受体药理学与非经典安定剂的关系、DA受体超敏与部分激动剂的双重作用等。详细阐述脑内DA神经系统与医学的关系,如“氧化应激—自由基”说,对帕金森病(PD)的新认识,基底核神经回路与DA受体亚型的调节作用等。此外,本书还提出了大脑皮层前额叶D_1受体功能低下,而其D_2受体或皮层下D_2受体功能亢进是精神分裂症病因的新论点。(王福康)

R000109　**脑科学的现代进展**　杨雄里著。上海科技教育出版社1998年12月版。19万字。19.00元。“脑科学丛书”之一。介绍脑科学的各分支学科的现代进展,阐述脑科学的发展特点和趋势。(王福康)

R000110　**性趣探秘**　副名:人类性的进化。郭起浩、张明园译。上海科学技术出版社1998年9月版。9.2万字。10.00元。为美国约翰·布罗克曼公司组织世界著名科学家分别撰写,并于1994年开始推出的一套反映世纪之交科学前沿问题的《科学大师佳作系列》丛书之一。全世界有20多个国家和地区共同推出这套丛书的各种文本。本书力图解释人类的性行为是如何演变为现在的模式,包括女性的绝经期、人类社会中男性的角色、离群性交、为取乐而非传宗接代的性交,以及女性乳房早于发挥哺乳功用的隆起等。(张帆)

R000111　**高级病理生理学**　杨惠玲等主编。科学出版社1998年10月版。92.5万字。79.00元。精选与临床实践和科学研究关系较密切的病理生理学专题,着重对进展较快的热点问题进行了较详细的论述。内容包括疾病概论、基本病理过程、各系统病理生理学、肿瘤病理生理学、免疫病理生理学、若干相关生物医学专题等6个大的方面、24章内容,最后还介绍了PCR技术及其在医学上的应用。书末附录医学科研论文撰写、科研基金申请技巧等专题。(总编室)

R000112　**生殖免疫学**　罗丽兰主编。湖北科学技术出版社1998年10月版。33万字。42.00元。系“临床医学免疫学丛书”之分册,全书共14章,其内容包括:生殖免疫学基础、配子免疫、胚胎免疫、母体—胎儿免疫学、胎盘免疫学、反复性流产与免疫、红细胞的同种免疫、白细胞同种免疫、血小板同种免疫、妊娠高血压综合征的免疫学、性别分化的免疫遗传学基础、卵巢功能早衰与免疫、免疫与不孕、免疫与生育调节及中英对照专业词汇。(武又文)

R000113　**免疫的非线性模型**　漆安慎、杜婵英著。上海科技教育出版社1998年12月版。15.4万字。13.10元。“非线性科学丛书”之一。简要介绍免疫的基本知识和有关的非线性数学。对许多有趣的免疫学问题,例如独特型网络调节、细胞免疫和体液免疫、免疫细胞受体库、免疫记忆、免疫耐受以及免疫监视抗癌等,均应用非线性数学模型进行了讨论。(王文才)

R000114　**现代医学免疫学**　余传霖等著。上海医科大学出版社1998年10月版。300.7万字。220.00元。分4篇。第一篇为基础免疫学:内容包括免疫细胞和免疫分子的种类、性能和相互作用,免疫应答的形式和调节,神经—内分泌—免疫网络和内在影像以及免疫遗传学等;第二篇为抗感染免疫学:分别阐述不同类型微生物和寄生虫的抗感染免疫机制,如细菌、病毒、螺旋体、支原体、衣原体、立克次体、真菌、原虫、蠕虫、线虫等的抗感染免疫特点;第三篇为实验免疫学:包括所有的免疫学技术,既有经典式的免疫学技术,亦有最为新颖的分子生物学技术在免疫学中的应用,以及应用于免疫学研究中的细胞株和动物模型等;第四篇为临床免疫学:内容包括免疫功能的异常,如变态反应、自身免疫、免疫缺陷、免疫增殖等,以及各个组织或器官的免疫学,如免疫血液学、生殖免疫学、神经免疫学、肿瘤免疫学、呼吸道疾病与免疫、消化道疾病与免疫、皮肤病与免疫等。(何剑秋)

R000115　**基础免疫学**　龚非力主编。湖北科学技术出版社1998年10月版。65.3万字。84.00元。是“临床医学免疫学丛书”中的一本,相当于丛书的总概论。从临床的角度,介绍现代免疫学涉及的主要领域,包括免疫分子(如免疫球蛋白、补体、细胞因子、CD分子、粘附分子、MHC分子等),免疫细胞(T细胞、B细胞、NK细胞、抗原提呈细胞等),抗原、免疫应答、免疫耐受、免疫调节等,特别是着重介绍与临床各科相关的内容。另外,设专章阐述免疫学研究新进展的内容;如:免疫球蛋白超家族、基因工程抗体、抗原处理和提呈、免疫细胞、效应机制、免疫应答中的细胞内信号传递、细胞凋亡与免疫等。在有关章节,将免疫学理论与临床实践相结合,介绍免疫治疗、免疫预防和免疫药理等应用免疫学知识。(蔡荣春)

R000116　**感染免疫学**　杨东亮、叶嗣颖主编。

湖北科学技术出版社 1998 年 12 月版。72.6 万字。85.00 元。“临床医学免疫学丛书”之一。在收集国内外近年来研究文献资料的基础上，系统介绍生物病原的感染现状、机体抗感染免疫包括免疫诊断和防治对策研究的新理论、新知识和新技术进展，反映当代本专业领域的理论前沿和实践成果。具体内容包括感染免疫学基础知识；细菌、支原体、衣原体、立克次体等原核细胞型微生物感染与免疫；各种病毒的感染与免疫；寄生虫感染与免疫；感染的免疫诊断和感染的免疫防治等 6 个方面。各章分别叙述不同种类生物病原的生物学特性、致病性、机体抗感染免疫应答及其机制、免疫诊断和免疫防治。其中重点阐述了生物病原的致病性(包括致病物质及致病机制)分子生物学基础和抗感染免疫应答研究进展。(蔡荣春)

R000117　**移植免疫学**　陈实主编。湖北科学技术出版社 1998 年 10 月版。54.4 万字。73.00 元(精)。系“临床医学免疫学丛书”之一。内容计 10 篇 43 章，系统论述移植免疫学的相关内容，诸如：移植免疫学基础、移植免疫遗传学、移植物排斥反应和 GVHR 的免疫生物学、临床器官移植、移植排斥反应的免疫学诊断、移植免疫病理学、移植排斥反应的防治、移植免疫耐受、异种移植、移植免疫学的实验室检测技术等。移植免疫学基础包括：免疫应答的概念、巨噬细胞与其他辅佐细胞、细胞因子与粘附分子、细胞凋亡等。在介绍了移植免疫学的基础知识后，本书详细介绍了移植抗原，人类主要组织相容性抗原，T 淋巴细胞在移植物排斥中的作用，移植物排斥反应中的抗体，移植物抗宿主反应，临床移植免疫学有争议的问题，同种肾、肝、胰腺、心和肺、小肠移植，异基因骨髓移植，器官移植与输血，排斥反应的免疫学机理和免疫学指标，移植排斥反应的监测，肾移植排斥反应病理学，化学免疫抑制剂，抗淋巴细胞抗体，移植免疫耐受实验研究及进展，异种移植排斥反应机理，淋巴细胞系统的一般检测技术，细胞因子测定技术等。此外，书末还附有移植免疫学常用缩略语词汇。(陈兰萍)

R000118　**免疫病理学**　阮幼冰、武忠弼主编。湖北科学技术出版社 1998 年 10 月版。29.8 万字。40.00 元。分免疫病理学基础知识和免疫性疾病两大部分。免疫病理学基础知识部分则包括免疫病理学概论、机体的免疫系统、HLA 系统及其与疾病的关系(共 3 章)；免疫性疾病部分包括超敏反应，免疫耐受性及自身免疫性疾病、免疫缺陷病、免疫增生病、移植免疫、肿瘤免疫(共 6 章)。

R000119　**现代免疫学实验技术**　沈关心、周汝麟主编。湖北科学技术出版社 1998 年 10 月版。77.5 万字。95.00 元。系统地介绍抗原、抗体的制备、抗原体反应、免疫标记、免疫组化及流式细胞术等技术；抗体、补体、免疫复合物、细胞因子和免疫细胞的分离和检测，实验动物免疫功能检测；细胞培养、HLA 分型、免疫细胞活化信使的测定以及蛋白质分离纯化等；同时详细地介绍了近几年来发展起来的细胞凋亡的检测、免疫学中常用的分子在克隆与表达、原位分子杂交以及 PCR 等方面的新技术。

R000120　**医学心理学**　张明岛、陈福国主编。上海科学技术出版社 1998 年 5 月版。30.7 万字。28.00 元。在基础理论方面重点阐述认知心理、动机和情绪、人格、心理应激及睡眠和睡眠障碍等；在病理心理学方面，除阐述精神疾病，还介绍了综合性医院中病人常见的心理问题和心理护理方面的知识；临床心理方面有新的心理诊断系统和心理评估技术；在心理治疗和心理咨询技术方面作者结合临床实践及国内外的新成果和新进展，介绍了如支持性心理治疗、心理分析治疗、行为治疗、认知治疗、生物反馈治疗、集体心理治疗等理论和技术。(柯如仙)

R000121　**儿童心理健康画册**　杨忠健、路文举编著，章雪等绘画。中国少年儿童出版社 1998 年 2 月版。4 印张。8.50 元。采用图文并茂的形式，以小学生日常的生活和学习为例，讲解怎样适应学校中的生活，如何珍惜宝贵时间，培养良好的学习习惯；应遵守法律法规，讲文明懂礼貌，热爱科学和大自然，爱学习爱劳动，爱集体，在生活上能够做到自理自立，自信又自强，拥有创造能力、自我保护能力和克服困难的能力。要尊重他人，善于合作，尊敬师长，以助人为快乐之本。从小要树立远大理想，发挥自身的特长，培养广泛的兴趣爱好，做一个勇敢、宽厚、诚恳的人。也就是要小学生达到心理健康的 5 条标准：认知正常、情绪适度、沟通和谐、行为协调、个性健全。(陈斌)

临床医学

R000122　**临床疾病诊断依据治愈好转标准(第二版)**　解放军总后勤部卫生部编，孙传兴主编。人民军医出版社 1998 年 6 月版。111.9 万字。85.00 元。在第一版的基础上，对 1 705 种疾病的诊断依据和治愈好转标准作出了明确的规定。共 30 篇，涵盖

了所有临床学科和航空、潜水、航海医学。(冯江东)

R000123　**常见病医疗保健手册**　王延华编。北京科学技术出版社1998年12月版。37万字。19.00元。分13个科目,叙述230种常见病。每种病都分别按诊断要点、治疗方法、预防及保健措施进行叙述。(侯济宇)

R000124　**急诊影像诊断手册**　杨振燕等编。上海科学技术文献出版社1998年8月版。20.1万字。20.00元。分总论,呼吸,循环,消化,中枢神经,骨骼,泌尿生殖,五官、口腔、颈部,介入放射学在急诊中的应用共9章。主要介绍急诊中较为常见疾病的影像学诊断依据及如何合理选择应用X线、超声、CT、MRI和血管造影与DSA等各种影像学检查手段,如何综合分析检查结果的临床意义。(储文瑞)

R000125　**经颅多普勒基础与临床**　王为、马伯扬主编。华南理工大学出版社1998年2月版。42万字。38.00元。介绍国内外经颅多普勒应用的概况,经颅多普勒技术与其他颅脑检查技术的应用和评价,脑循环生理学,脑动脉的应用解剖学,经颅多普勒的基本原理,影响经颅多普勒检测的因素,经颅多普勒诊断仪的功能简介、使用与维护,经颅多普勒检测中常用的临床试验,经颅多普勒检测血管的确认,经颅多普勒检测结果分析,经颅多普勒在动物实验中的应用,脑动脉硬化,短暂性脑缺血,脑梗塞,蛛网膜下腔出血,动脉瘤,动静脉畸形,颅内高压,脑死亡,偏头痛,经颅多普勒在神经外科中的应用,经颅多普勒在心血管疾病中的应用,经颅多普勒在儿科中的应用,经颅多普勒在耳鼻喉科中的应用,经颅多普勒在其他疾病中的应用等。(罗月花)

R000126　**临床检验学**　杨春生、宋乃国主编。天津科学技术出版社1998年9月版。96万字。有5篇、30章。内容包括临床血液、体液及排泄物的检验,临床生化检验,免疫学及血清学检验,微生物学检验,以及聚合酶链反应技术等。本书反映了90年代后期最新的学术观点,尤其注重对近年来国际、国内有关学术组织推荐的标准方法、命名、术语、法定单位等的介绍。同时,对国内已开展的各种临床检验技术以及一般医疗单位均能接受的操作方法,做了详细阐述。所收入的检验方法,绝大部分系作者亲自使用过,并认为较为可靠的;对一些常用方法,是结合作者多年工作实践的角度加以论述的。书中突出了对检验方法的质量控制(包括室间及室内质量控制)的论述,突出了对各项检验结果的综合性临床分析。(周喜民)

R000127　**指甲诊病彩色像谱**　李学诚著。山西科学技术出版社1998年2月版。11.9万字。39.50元。是笔者多年来通过对3万多病例的研究总结出来的。以指甲征为主来对症治病。照片和简图同时并列说明。(温洁茹)

R000128　**中老年人常见疾病防治**　任玉堂主编。山西科学技术出版社1998年2月版。35万字。20.00元。侧重每个病的发病因素、症状表现及防治措施,其他诸如病理生理、诊断方法、理化检查等较深刻的专业知识,则不加详论或涉及不多。"死亡五重奏"及恶性肿瘤为本书介绍重点。(温洁茹)

R000129　**实用急救学**　何梦乔等主编。上海医科大学出版社1998年10月版。62万字。40.00元。是卫生部医政司全国急救人员培训中心的急救专业培训教材,是培训中心5年多来急诊医学教育辛勤耕耘的结晶,是急诊医学作为一门新兴、独立的医学学科在我国飞速发展的背景下,对我国急诊医学自80年代初至今发展的回顾和总结。本书对急诊医疗服务体系(EMSS)作了新的阐述。书中收集的危重病急救医学领域在基础和临床上的最新进展信息,如危重病症发病机制、诊断与急救处理等内容上反映了当今医学发展的新成果、新进展。本书对急救新操作技术和新器材也作了详细介绍。本书在编撰过程中,在强调体系完整性时尽量避免"面面俱到"。如:"小儿急救"和"急救药物"等有关章节,作者仅重点介绍了急救中最常见的"小儿惊厥"和"常用心血管病急救药物"。另外,本书还收录了院前急救医疗规范、重症病人的营养管理等较为新颖和有特色的内容。(张文虎、徐惠梁)

R000130　**疼痛·疾病与治疗**　万功华主编。贵州科学技术出版社1998年6月版。21万字。18.00元。对疼痛的机理进行了阐述,从疼痛的特征入手,结合其他症、征和现代技术检查,对人体不同部位出现的与疼痛关系较为密切的328种病症的诊断要点和治疗方法,作了概括的描述。所介绍的328种病症涉及神经科、胸内科、胸外科、腹部内科、腹部外科、骨科、五官科、妇产科等,几乎包括了临床各科和机体各系统。书中同时还介绍了通常采用的封闭、手法、理疗、镇痛药、中草药等止痛方法。(夏同珩)

R000131　**简便疗法丛书**　周珉主编。江苏科学技术出版社1998年3月版。约100万字。90.00元。以"普及医疗,方便患者"为宗旨,从简、便、廉、验4个方面论述疗法。所谓"简",即用药少而精,方法简而易,易操作,易掌握;所谓"廉",即择药易得,"草石所在皆有”,价格较低,患者可以接受;所谓“验”,即用药取法均符合中医中药基本理论和医疗保健的基本原理,组方合理,药量准确,方法可靠,疗效明显。本套丛书囊括临床内外妇儿各科。包括《鲜药疗法》、《成药疗法》、《蛇虫疗法》、《禽蛋疗法》、《熏洗疗法》、《指压疗法》、《刮痧疗法》、《敷贴疗法》、《瓜果疗法》、《蔬菜疗法》。每册书均系统介绍各种疗法的作用机理、临床特点、应用范围、操作方法及注意事项,每种疗法,均以临床内、外、妇、儿、五官、皮肤、骨伤等科分类,每论一方一法即治一病,按配方、用法、功效等逐项叙述,并附方解、疗效观察,且对所治病症也做了简要介绍。(傅永红)

R000132 **危重急症抢救丛书** 天津科学技术出版社策划。天津科学技术出版社 1998 年 9 月版。包括《内科危重急症抢救手册》、《外科危重急症抢救手册》、《妇产科危重急症抢救手册》、《儿科危重急症抢救手册》和《危重急症抢救技术手册》5 个分册,每册约 30 万字,均由工作在临床第一线有丰富处理急症经验的医学专家执笔。各分册所选内容,均为临床上经常遇到而且处理起来又十分棘手的复杂疾病,如呼吸衰竭、中毒性休克、血管内弥漫性凝血、张力性气胸、卵巢囊肿扭转等。对每种疾病的论述重点是有关的救治措施。(周喜民)

R000133 **高压氧医学** 李温仁、倪国坛等 18 人编委会编著。上海科学技术出版社 1998 年 12 月版。86.8 万字。59.00 元。共 19 章:基本理论,包括氧气及其对机体的重要作用、机体与外界环境的气体交换、气体的基本物理规律和在机体内的运动规律及高压氧用于医学的基本原理;设备的结构和使用;高压氧治疗的适应证和禁忌证,“用其有利,避其不利”和“转不利为有利”的条件;介绍高压氧的毒副作用及治疗措施不当所致并发症;使用高压氧的方法、步骤和护理,在临床各科和一些特殊情况下的应用情况,包括对许多病伤的“异病同治”,即以高压氧为主要治疗手段,对另一些伤痛则“同病异治”,即辅助其他疗法,酌情适当地用高压氧化协同或增效手段,使用中都分析病因、病状,掌握剂量(氧压一时程)和疗程,比较中外各家的疗效和具体经验并结合作者自己的专长。(倪国坛)

R000134 **急诊医学新进展** 朱旭光、何庆主编。四川科学技术出版社 1998 年 8 月版。17 万字。12.00 元。集中反映了急诊医学近年的研究进展和成果。内容包括死亡的新概念、心肺脑复苏研究进展、心力衰竭的诊断和治疗进展,呼吸道阻塞、窒息的研究进展,急性呼吸窘迫综合征新进展、急性肾功能衰竭新进展,有关急性中毒的救治进展,有关休克的研究进展,对多系统器官功能障碍综合征的新认识、全身炎症反应综合征的新认识、急性重症监护新进展等。(康利华)

R000135 **急症药物治疗学** 王今达等主编。天津科技翻译出版公司 1998 年版。124.6 万字。79.00元。讲解如何对急症病人尽快地做出正确的诊断,给予及时对症的药物治疗。并提供新的治疗技术与观念以及药物更新换代方面的最新信息。全书共 3 篇(基础、各系统急症药物治疗、其他急症用药)48 章,结合临床急症讲药物治疗,有内科、外科、妇产科、五官科等临床各科急症 140 多种,叙述其诊断要点、治疗原则及用药选择,并以急症常用的静脉药剂为主,收编药物 600 多种,介绍各药药理、适应证、用法用量、禁忌证、毒副作用、药物相互作用以及注意事项等。(朱金华)

R000136 **外科、妇产科和五官科疾病与护理理论题解** 郑婉云等著。新疆科技卫生出版社(W)1998 年 3 月维文版。35 万字。29.50 元。包括内、外、妇、儿、五官及皮肤科等系统的疾病和护理,采用不同类型的试题,有名词解释、填空题、问答题及选择题。(胡尔西达)

R000137 **护士礼仪** 景智、郑勇著。新疆科技卫生出版社(W)1998 年 8 月版。19.5 万字。15.00 元。分 10 章。第一、二章分别介绍礼仪与美学的常识和基本概念。第三章主要讲述护士在形体、仪表和举止之间如何运用优美的语言和交流技巧与病人沟通。第四、五章介绍交际、演讲、口才和护理艺术魅力的塑造。第六章指出护理不仅是一门科学,而且是一门艺术,护士必须注意自身的修养并逐步完善,才能灵活地对待不同的人和事。第七、八章对护士的行为规范、职业道德提出要求并详细介绍了细则。第九、十章介绍护士日常工作与生活中如何注意礼仪规范和基本的美容化妆常识。另外附有护士人生誓词、护士礼仪常规、礼仪四字诀、文明交往“三十忌”等内容。(胡赛音)

R000138 **护理医学问答** 王世昌、张茂宏等主编。人民卫生出版社 1998 年 4 月第二版。450 万字。252.00 元。将第一版上册的 20 部分 1 018 个选题改为 15 部分 1 062 个选题,包括护理概念与护理修养,医院设置与护理管理、护理教育与护理科研、护理程序与心理护理、急救抢救与护理配合、物理疗法与康复护理等内容。中册主要介绍内科与儿科系统疾病的护理、特殊用药、特种诊疗护理技术及基础理论,共立题1 294个。下册主要介绍外科系统疾病的护理和基础理论,立题1 235个,包括普通外科、创伤外科、骨外科、腹部外科、胸部外科、泌尿外科、神经外科、小儿外科及妇科、产科、计划生育科、眼科、耳鼻喉科、口腔科、皮肤科等,全书共3 000余题。(姚冰)

R000139　**护理管理制度**　张水华著。宁夏人民出版社1998年4月版。30万字。18.50元。内容包括:护理岗位责任制、护理管理规章制度、病房护理管理制度、门诊护理管理制度、急诊护理管理制度、手术室管理制度、供应室管理制度、各个护理岗位工作质量标准、各科室护理工作质量标准。书后附录一备有近年来国内重要护理法规及文件;附录二备有医院各种护理管理登记表。(孙立明)

R000140　**实用标准护理计划与标准教育计划手册**　李改焕等主编。河南医科大学出版社1998年10月版。54.5万字。28.00元。内容包括128种护理诊断的定义、内科、外科、妇产科、小儿科、五官科常见疾病的护理诊断以及标准护理计划,各科疾病标准教育计划,整体护理模式病房各级人员职责,整体护理各项质量考评标准等内容。同时还编入了结合国内外护理病历和河南医科大学第一附属医院护理病历书写的实践经验制定出的第四代护理病历。(苗萱)

R000141　**健康评估**　刘咸璋著。上海医科大学出版社1998年10月版。63.2万字。35.00元。以现代护理理论为指导,通过对人的生理、心理、社会关系的整体评估,阐述各种显示健康问题的基本体格检查方法和技能。主要内容包括健康史的采集、常见症状的评估、身体评估、心电图、基本知识、特殊人群的评估、心理社会的评估、家庭文化和环境的评估、护理诊断、护理病史的书写等。(刘咸璋)

R000142　**常见病家庭护理手册**　方元、汪顺银编著。四川科学技术出版社1998年6月第二版。32万字。11.00元。介绍常见内科疾病、神经科疾病、精神科疾病、传染科疾病、儿科疾病、外科疾病、眼科疾病、口腔科疾病、皮肤科疾病、妇产科疾病的家庭护理方法及技巧。包括如何安排病人休息及活动,如何安排病人的饮食、服药、随访、疾病的预防等等。(侯砚楠)

R000143　**整体护理程序与操作**　湖南医科大学附属湘雅医院主编。湖南科学技术出版社1998年版。27.6万字。16.00元。“医院整体护理指导丛书”之一。分7章,第一、二章,主要论述护理学的发展史和整体护理的概念及理论基础。第三章至第六章具体介绍了整体护理模式病房建设的程序与操作,从整体护理模式病房的筹备、建立、运作、管理、质量评价、支持系统等方面进行了阐述,同时,对护理的组织结构、护士的职责、排班的形式、标准护理计划和标准健康教育计划、质量评价的表格、支持系统的具体运作等都进行了举例说明。第七章重点讨论了整体护理工作的成效及存在的问题和对策。(黄一九)

R000144　**实用康复医学**　周士枋、范振华编著。东南大学出版社1998年10月版。135.1万字。70.00元(精)。由国内从事康复医学工作的8所医学院校及附属医院和相关的专家、学者根据多年经验结合国内外的最新信息编写而成。其内容包括康复医学概论、基础理论、诊疗技术、常见病症如脑血管病、冠心病、疼痛、高血压、糖尿病、呼吸系统疾病、癌症等的康复治疗,以及常用的康复方法。对每个病症都先评定其功能障碍程度,制定有针对性的治疗方案,进行严密观察,并随时修订其方案,最后作出客观评价。(常凤阁)

R000145　**康复技术全书**　[日]服部一郎等著,周天健等译。海南出版社1998年10月版。160万字。186.00元。共11部88章。内容包括康复基础、物理治疗、作业治疗、运动疗法及治疗用具器械,还包括康复医疗的程序及康复医疗的管理。本书附图600余幅,表格200余张。详细介绍了常见病的康复原则和要领,向护理人员解说了操作实施的方法和注意事项。(黄宪萍)

内　科　学

R000146　**内科医师进修必读**　梁扩寰主编。人民军医出版社1998年5月第二版。117.9万字。78.00元。新版沿袭了上一版的编写宗旨及编体,精选了内科呼吸、循环、消化、泌尿、血液、内分泌、风湿病、传染病、神经系统和影像医学诊断等10个部分141个讲题,阐述了当今国内外内科领域的新理论、新技术和新成就。(冯江东)

R000147　**内科疾病诊疗新法**　李传良等编。北京科学技术出版社1998年5月版。65万字。42.00元。荟萃近几年国内近版图书中没有编入的常见内科疾病的新动态、新概念、新技术、新疗法。全书编入了内科疾病50余种,收集600余条经验。(洪学

仁）

R000148 **当代内科诊断与治疗** 王贤才主译。青岛出版社 1998 年 7 月版。250 万字。280.00 元。内容除传统的内科领域的疾病之外，还兼及与内科治疗交叉的外科、儿科、妇产科、神经精神科、皮肤科、五官科的内容，每一种疾病的叙述遵循临床思维的路径，介绍一般考虑，基本资料，检查思路，预后等。

R000149 **现代内科技术与实践** 朱兴雷等主编。山东大学出版社 1998 年 8 月版。52.8 万字。48.00元。介绍现代内科临床、教学及科研成果，既有经典理论、成熟经验，也有新学说、新技术，共 56 个专题。包括呼吸窘迫综合征、心力衰竭、心源性休克、肾功能衰竭、急性白血病等老课题；也包括近代发展起来的介入性检查和治疗技术，如气道狭窄、下腔静脉狭窄的介入治疗术、预激综合征的射频消融术、心脏起搏术、胸腔镜术等；还包括新的治疗检查方法，像 CT、磁共振、影像技术、高压氧疗法、肿瘤放射疗法、肿瘤基因治疗、肝炎分子生物诊断等。（张秉尧）

R000150 **临床内科精萃** 黄振文等编著。河南医科大学出版社 1998 年 11 月版。90.1 万字。68.00元。分 8 章，按疾病分节，按命题分别叙述各种观点。内容包括内科、神经科及精神医学与临床直接相关的新理论、新知识、新进展，也包含了一些有关基础理论和研究。（谷群英）

R000151 **现代医院感染学** 朱士俊主编。人民军医出版社 1998 年 9 月版。58.7 万字。52.00 元。共 4 篇，第一篇系统介绍医院感染发展简史、医院感染的微生物学、流行病学以及研究进展；第二篇全面论述了呼吸道、消化道、中枢神经系统、血液系统、泌尿系统及手术部位感染的诊断、预防和治疗，突出真菌感染的防治；第三篇从组织机构、规章制度、医院建筑设施和医德医风等方面论述医院感染的管理与控制；第四篇介绍医院感染监测，包括监测内容、洁净病房与环境监测、致病菌的耐药性及抗生素的合理应用。（余满松）

R000152 **现代感染病学** 翁心华等主编。上海医科大学出版社 1998 年 5 月版。260 万字。180.00元。共 58 章。内容涉及内、外、儿、妇、五官、皮肤等临床学科发生的各种感染，反映了本世纪 90 年代国内外感染病学领域不断涌现的新理论、新知识和新技术。（王龙妹）

R000153 **临床感染病学** 田庚善、贾辅忠主编。江苏科学技术出版社 1998 年 10 月版。150 万字。60.00 元。采用病原学分类和解剖分类相结合形式，详尽介绍感染病研究中的新理论、新技术和新方法。（黎雪）

R000154 **现代结核病学** 刘青蒙、赵静主编。贵州科学技术出版社 1998 年 5 月版。35 万字。25.80元。内容分为上下两篇。上篇为基础结核病学，主要介绍结核病的微生物学、免疫学、病理学、流行病学、预防学、人类免疫缺陷病毒与结核病，以及抗结核药理学、结核杆菌的耐药性及耐药结核病和结核病实验室诊断等方面的问题；下篇为临床结核病学，主要介绍肺的解剖构造及功能、肺结核病、肺外结核病及肺结核的诊断、鉴别诊断、X 线诊断、化学药物治疗和结核病病理学等内容。书中特别对近年来迅速发展的结核菌 L 型、遗传免疫学、耐药性、艾滋病与结核病学等问题作了专门介绍；并对近年建立起来的新方法、细胞免疫及变态反应等也作了介绍。（夏同珩）

R000155 **结核病的预防与治疗** 恰拉玛依等著。新疆科技卫生出版社（W）1998 年 4 月哈文版。8 万字。6.50 元。以新疆结核病发病的特点为编写重点，从各个方面概述结核病的发展历史、结核杆菌的生物特性、结核病的临床治疗、当代结核病的化疗和化疗方案、结核病的预防、结核病患者应知的有关事项等等。本书重点突出预防为主、治疗为辅的科学原则，解答了广大患者特别是农牧民患者普遍想了解的有关结核病的基本知识，如患了结核病该作哪些检查？吃什么药如何吃？等等问题。（乌兰）

R000156 **心血管药理学** 陈修等主编。人民卫生出版社 1998 年 4 月第二版。100 余万字。90.00 元。第二版增加了 6 章新内容：心血管膜离子通道；肾上腺素受体；细胞因子与心血管疾病；血管内皮细胞药理学；5-羟色胺受体及其拮抗剂；基因治疗在心血管病中的应用。同时针对脑血管病在我国发病率较高的现状，第二版对脑循环与影响脑血管的药物进行了重点充实和评价。在提高本书的临床实用性方面，第二版将抗高血压药、抗心律失常及利尿药等章分为理论与临床两部分，并请著名的心血管病专家撰稿。此外，第二版还增加了心血管药的临床试验与评价一章。介绍新的临床经验。书末附录“心血管新药一览表”，列出了自 1989 年到 1995 年世界首次上市或正在进行Ⅲ期临床的 106 种心血管新药，反映了当代心血管药物的最新进展。（张月如）

R000157 **心血管病现代诊疗** 刘君实主编。贵州科学技术出版社 1998 年 10 月版。26 万字。

15.80元。作者收集近年来国内外心血管疾病研究方面的大量资料,结合其从事心血管病临床的实践经验,编写而成。择重介绍常见心血管病诊断和治疗的新观点、新策略、新方法。(董文波)

R000158　**临床心血管病学**　黄元伟、戚文航等著。天津科学技术出版社1998年版。95万字。主要介绍心血管病的诊疗技术和诊断治疗方法。前者内容包括CT、核磁共振、多普勒超声心动图、核医学、心血管生物学等新的诊疗技术的应用及概况;后者内容包括各种心血管病的病因、发病机制、临床表现、诊断和治疗方法的新认识、新分类和新概念,并进行了系统的、重点的阐述。(罗愉光)

R000159　**脑血管病治疗学**　李文召主编。山东大学出版社1998年11月版。65.8万字。48.00元。收集近年来国内外有关文献,同时结合自己的临床工作经验体会,从临床角度出发,分39章,详细地阐述脑血管病治疗的理论与治疗措施。如在脑血管病的发病机制与病理改变,脑血管病的生物化学研究、脂类代谢与脑血管病、神经肽与脑血管病,血液流变学与脑血管病等几章中,作者不仅有详细的病症论述及治疗措施,而且有许多自己的临床经验。在脑血管病治疗篇中,作者还详细地给出了不同症状、不同病情应用何种药物及在用药时有什么禁忌症。(尹凤桐)

R000160　**现代心电图学**　黄大显主编。人民军医出版社1998年4月版。111.9万字。85.00元。共38章。内容包括心电学基础、正常心电图及各波段异常的鉴别、心脏各种器质性病变和心律失常的心电图特征、药物与电解质紊乱对心电图的影响、人工心脏起搏心电图及动态心电图等,插图600余幅,并附有心电图诊断的常用数据。(杨磊石)

R000161　**临床心电图图谱**　王思让、黄宛著。人民卫生出版社1998年4月第二版。140万字。102.00元。对第一版作了全新的改编,图例增加到503例,在编排上把正常图例和异常图例混合编排,着重介绍冠心病、心肌梗死以及心律失常的心电图病例,对难于分析的图例都画了梯形图。(雷亨朗)

R000162　**临床心电图学**　黄宛著。人民卫生出版社1998年2月版。70万字。68.00元。共21章,包括正常心电图,心房,心室肥厚的心电图,心肌梗塞和冠心病心电图,早搏心电图,心动过速心电图,各类传导阻滞心电图等。尤其是第八、九章对心电图中较难理解的心律失常的心电现象作了集中介绍。(雷亨朗)

R000163　**心脏超声诊断图谱**　任卫东著。辽宁科学技术出版社1998年版。28万字。120.00元。由超声诊断基础(第1～2章),后天获得性心血管疾病(第3～18章)和先天性心血管疾病(第19～75章)3部分组成。其中人工瓣膜,心脏起搏器的评价,纵隔肿瘤和上腔静脉梗阻等内容在以往的书中介绍较少。全书包括490幅黑白和彩色实图及20余幅示意图。多数实图系作者在多年的临床诊断工作中采集、精选而得(主要仪器为HP Sonos 2500型)。详细描述了正常心脏、大血管的结构和解剖关系及心内血流动力学特点。(倪晨涵)

R000164　**动态心电图技术与应用**　吴学勤编著。中国科学技术大学出版社1998年2月版。24万字。18.00元。作者在汇集国内外文献资料的基础上,结合从事动态心电图工作以来的实践经验和体会,对动态心电图仪器的基本原理,操作技术,诊断方法以及动态心电图在临床应用中的评价等,作了叙述。内容包括:动态心电图概况,基本概念,基础知识,自动分析基本原理,计算机分析系统,回放分析技术,记录技术及报告内容,伪差的识别与排除,心律失常发生机制,心律失常分析方法,心律失常,传导阻滞,心肌缺血,起搏动态心电图,临床应用价值,如何阅读动态心电图报告,报告的书写与工作常规,分上中下3篇17章,附图118幅。(于文良)

R000165　**现代心脑血管病急症治疗与护理**　王中等著。四川科学技术出版社1998年版。61.8万字。32.00元。以现代科学技术和新观念,结合临床工作实际,从治疗学角度,同时也从护理学角度,对心脑血管病急症进行了讨论。注意介绍了有关现代新认识、新理论和新药、新技术,同时更注意到我国国情的实用性。(侯砚楠)

R000166　**常见心血管病中西医诊治**　徐凤芹、秦淑兰主编。金盾出版社1998年6月版。28万字。11.50元。用中西医结合辨证、辨病施治的方法对心血管病的心力衰竭、心律失常、动脉粥样硬化症、高血压、动脉粥样硬化性心脏病、肺源性心脏病、风湿性心脏病、病毒性心肌炎、原发性心肌病、休克、感染性心内膜炎、心包炎、心脏神经官能症、多发性大动脉炎、雷诺综合征、血栓闭塞性脉管炎的诊疗方法、辨治要点、用药规律、作用机制等进行了阐述。(高振华)

R000167　**从生活中防治心脏病**　吕雄等著。广东经济出版社1998年9月版。15.5万字。11.00元。作者搜集中西医方面的许多宝贵资料,参阅大量

文献，介绍用科学的生活方式调治高血压。该书收入“随身保健丛书”。（曾莹）

R000168 **实用冠心病心电图诊断手册** 潘如宝编著。广西科学技术出版社 1998 年 3 月版。20.1 万字。11.50 元。介绍常用的心脏解剖生理知识、冠心病可能引起的病理改变、心电图基础等有关基础知识。介绍阅读图形对需要结合分析的临床资料以及冠心病的各种心电图描记选择。（王晓红）

R000169 **现代心肌病学** 李隆贵主编。四川科学技术出版社 1998 年 8 月版。30 万字。19.50 元。共 30 章，详述心肌病的分类进展、流行病学与病因探讨、免疫学基础、与遗传的关系、几何形态特征、细胞学与分子生物学基础、病理模型、超声诊断、心脏活栓、特殊诊断检查等。书中还对扩张型心肌病、限制型心肌病、儿童性心肌病、缺血性心肌病、肥厚性心肌病、围产期心肌病、酒精性心肌病等的病因、临床表现、诊断、治疗进展及预后等做了介绍。（康利华）

R000170 **心脑血管疾病大型临床试验** 黄峻、王文主编。江苏科学技术出版社 1998 年 8 月版。145 万字。85.00 元。汇集近 20 年进行的大型（大样本）心脑血管疾病临床试验 400 多项，涉及冠心病、心肌梗死、高血压、心律失常、心力衰竭、高脂血症等常见病症。客观地叙述每一项试验的目的、方法（包括对象和设计）、结果和简要结论，并给予扼要的评述。书末附有这些试验的缩写词中英文对照。（徐欣）

R000171 **从生活中防治高血压** 孔炳耀、陈丽雅编著。广东经济出版社 1998 年 9 月版。16.3 万字。11.00 元。高血压病具有病程长、易反复、渐进性和并发症多等特点，为更好地配合药物治疗控制病情的进展，注意日常生活的调理，对于病情的康复，减少药物的用量，防止并发症的出现，提高个人生活质素等方面，都有极其重要的积极意义。该书正是从这一积极的态度出发，针对日常容易被忽视的，却又对高血压产生着严重影响的生活因素，进行分析。该书收入“随身保健丛书”。（曾莹）

R000172 **血液病诊断及疗效标准** 张之南、沈悌主编。科学出版社 1998 年 12 月第二版。30.9 万字。25.00元。本书的编写工作始于 1989 年。在中华血液学会的主持下，全国多年从事血液学临床和研究的知名专家（其中包括工程院院士 4 人）着手编写。这些专家参阅了大量国内外资料，结合我国的实际情况和自身经验体会，提出各自擅长领域的标准，然后由多位专家集体反复讨论审定，于 1991 年出版了初版。1997 年的第二版适时增补了近几年提出的新概念、新内容、新病种，如朗罕组织细胞增生症、Castlemau 病、POEHS 病等，反映了有关研究动态和发展方向。国内标准一般采用全国性学术会议通过的，未经全国性会议讨论的采用国内学者认识较为一致的，即由相应领域的专家提出后，由主编、副主编及三位以上专家反复讨论审定。有关标准做到既能反映当前血液学研究的新进展，又融进我国自己的经验。除了国内标准还列出国外通用的标准，以资比较。书中还就诊断及疗效的有关问题进行评论。评述的内容涉及该领域中的一些关键性的有待深入研究解决的问题，并介绍了专家们的认识，提示出研究动向。（吴铁双）

R000173 **现代老年呼吸病学** 黄念秋、吴善主编。人民军医出版社 1998 年 1 月版。125.6 万字。85.00 元。分 5 篇 89 章系统论述老年呼吸系统疾病的基础理论，检查诊断技术，治疗手段，护理康复和预防保健。反映了当代老年呼吸病的临床诊治和理论研究水平。本书突出老年特殊性，侧重介绍老年呼吸病的临床表现、体征、辅助检查、治疗反应、临床处理等方面特征。（余满松）

R000174 **哮喘防治知识 200 问** 张德平等编著。贵州科学技术出版社 1998 年 10 月版。19 万字。12.80 元。以问答的形式对支气管哮喘的病因、症状、诊断、治疗、预防以及自我保健等问题作了解答，并对当前国内外有关哮喘诊治的最新知识作了介绍。（苏北建）

R000175 **临床胃肠动力病学** 袁孟彪等主编。山东大学出版社 1998 年 8 月版。23.2 万字。25.00元。重点介绍胃肠动力病的发病机理、症状、体征、诊断及治疗技术，并集中描述了与胃肠动力障碍相关的临床综合征，突出其实用性。书中将中医对胃肠动力病的认识、辨证施治及针灸疗法也作了扼要介绍。（张秉尧）

R000176 **现代肝脏病理学** 梁英锐等主编。天津科学技术出版社 1998 年 10 月版。95.2 万字。系“现代肝胆病学高级丛书”之一。全书共 30 章，分总论和各论两部分。上篇总论 11 章，介绍肝脏构筑学、肝细胞超微结构、肝脏孔实质细胞研究、肝细胞的凋亡与坏死、肝脏的再生、免疫组织化学和分子生物学及形态计量学在肝脏病理研究中的应用、肝脏疾病的免疫机制、细胞外基质与肝纤维化机制、癌基因与肝细胞癌发病机。下面各论 19 章，介绍各型病毒性肝炎、肝硬变、肝细胞癌及肝脏的其他良恶性肿瘤、肝脏血管性疾病、代谢遗传性疾病病理，以及细菌、真菌、螺旋体、药物、酒精等所致的肝损害等。(郝俊利)

R000177　**内分泌外科学**　武正炎、孙则禹主编。江苏科学技术出版社 1998 年 2 月版。38 万字。30.00 元。详细介绍分布于普通外科、神经外科和泌尿外科等学科中的内分泌器官疾病如甲状腺功能亢进、甲状旁腺功能亢进、胰岛素瘤、胃泌素瘤、垂体腺瘤、皮质醇增多症、醛固酮增多症、儿茶酚胺增多症等的生理、解剖、病因、病理、临床表现、诊断及治疗等内容。(顾志伟)

R000178　**甲状腺功能亢进门诊**　宋作珪、岳岚编著。浙江科学技术出版社 1998 年 11 月版。4.2 万字。5.00 元。"专家门诊丛书"之一。以问答形式详细介绍引起甲亢的原因及其各种表现和防治方法。

R000179　**常见内分泌及代谢病的诊断与治疗**　梁荩忠、张存泓主编。四川科学技术出版社 1998 年版。35 万字。21.00 元。内容包括下丘脑、垂体、甲状腺、胰岛、性腺等 50 种内分泌疾病及常见的代谢病如肥胖、高血脂症、痛风、低血糖症、骨质疏松、骨软化等。(林思聪)

R000180　**从生活中防治糖尿病**　潘俊辉、覃广南编著。广东经济出版社 1998 年 9 月版。14 万字。9.00 元。根据最新的研究成果，从细胞、分子水平，从生活、工作等方面，对糖尿病的病因、发生、发展和癌症的具体防治措施——包括环境、职业、饮食、营养、精神、免疫、遗传、激素、中药、水果蔬菜、体育锻炼等进行由浅入深的叙述。书中选录的处方，大部分是经方、验方，有较好的疗效。本书收入"随身保健丛书"。(曾莹)

R000181　**实用糖尿病诊治**　裘晓富著。人民卫生出版社 1998 年 3 月版。22.4 万字。14.00 元。综述中国历代医家对消渴病(中医病名)的认识，介绍国家中医药管理局对消渴病的分类、分期标准，病因病机，中医辨证施治规定。详细阐述中医古今治疗糖尿病的经验和国内外治疗糖尿病的进展，并收集有古今治疗糖尿病的经验方、偏方，以及针灸、气功、食疗等方面的资料，充分反映出中医药治疗糖尿病的特色。从多方面不同角度说明我国的糖尿病流行病学概况，着重介绍口服降糖药的临床应用，胰岛素的临床应用，各种急性并发症的抢救，以及慢性并发症的中西医结合治疗。对儿童和老年人糖尿病的临床治疗特点、饮食特点，以及糖尿病的自我保健、管理教育、心理调整、饮食控制、运动疗法，糖尿病和妊娠、糖尿病与内分泌疾病等诸方面的知识，进行具体说明。(梁兆一)

R000182　**实用糖尿病学**　胡绍文、郭瑞林主编。人民军医出版社 1998 年 12 月版。55.3 万字。39.50 元。内容涵盖了糖尿病的流行病学、分型、病因、病理、临床表现、实验室检查、诊断、治疗、患者教育和护理。专题论述了糖尿病的各种急、慢性并发症，如糖尿病并发心脏病、高血压、脑血管病、下肢动脉硬化，以及神经、肝胆、肾脏、眼部、骨关节病变等的诊断和治疗。对儿童、妊娠期、老年期及围手术期糖尿病的特点和临床处理，进行了深入的讨论。吸收了国内外糖尿病研究与实践的最新成果，融入了传统中医和现代中医的理论和诊疗方法。(冯江东)

R000183　**中老年常见病防治**　副名：中风先兆、冠心病、糖尿病、前列腺疾病、骨质疏松症。张觉人等编著。武汉出版社 1998 年 1 月版。30 万字。6.00元(册)。丛书。介绍中、老年人的常见病、多发病的发生、主要临床表现及其防治、康复知识。(谭绮)

R000184　**HLA 分子生物学及临床应用**　曹孟德等主编。河南医科大学出版社 1998 年 12 月版。57.5 万字。48.00 元。是作者承担 1997 年河南省科技攻关项目——《急性淋巴细胞白血病与 HLA－DR 基因多态性相关性的研究》的总结。系统地介绍了 HLA 领域近年来的最新研究成果。共 23 章，分别论述了 HLA 的研究历史、基本理论、分型原理及方法，以及在疾病相关性研究、器官移植等领域的临床应用。(李喜婷)

R000185　**内科免疫学**　沈迪主编。湖北科学技术出版社 1998 年 12 月版。60.9 万字。75.00 元。是"临床医学免疫学丛书"中的一本。详细介绍免疫学与内科相关的最新研究状况。着重论述医学免疫学在内科领域的具体运用。包括病因，免疫学发病机制，临床症状，实验室检查、诊断标准及鉴别诊断，治疗，预后及转归。内容涉及淋巴系统增殖性疾病，免疫缺陷病，高球蛋白血症，消化系免疫病，自身免疫性肝病，心血管系免疫病，肾脏免疫病，呼吸系免疫病，红细胞免疫病，免疫性中性粒细胞减少症，免疫性血小板减少症，结缔组织病，CI 抑制物缺乏症，内分泌代谢免疫病，神经肌肉接头处自身免疫性疾病，凝血因子抑制物等。(周景云)

外 科 学

R000186 **实用大外科手册** 李开宗主编。人民军医出版社 1998 年 12 月版。117.4 万字。68.00 元。分 3 篇系统介绍外科学各方面内容。第一篇介绍水电解质代谢、休克、创伤、感染、补液、营养治疗、麻醉、复苏、围手术期处理等外科学基础理论以及各种常用外科技术、冷冻外科、介入放射学、器官移植、显微外科、石膏牵引等诊疗技术;第二篇按系统介绍各种外科疾病的诊断要点和治疗相关问题;第三篇介绍外科创伤的诊断治疗问题。(余满松)

R000187 **实用外科危重病学** 王芳元等主编。四川科学技术出版社 1998 年版。56 万字。35.00 元。分 54 章,总论全面介绍了危重病医学的发展概况、ICU 的设置等,同时对危重病人的营养支持、抗生素的合理应用也进行了全面介绍。各论对外科各专业常见危重病症的发病原因、病理生理、临床表现、诊断和救治进行了全面叙述。(李迎军)

R000188 **现代外科病理学** 史景泉、陈意生主编。人民军医出版社 1998 年 9 月版。157.2 万字。120.00 元。由 20 多位知名病理学专家根据多年实践经验,吸收 10 年来国内外病理学研究的新成果,增编了以往病理学专著较少涉及的新病种或新的疾病类型,将系统理论阐述与大量珍贵的临床病理图片资料相结合,将常规光镜检查描述与免疫组化、电子显微镜等新技术相结合,重点突出各种外科疾病的病理鉴别诊断。全书分 19 章,全面论述各器官组织疾病(以肿瘤为主)的临床病理特点,形态学诊断依据和鉴别诊断要点,并系统介绍了特殊染色、酶组织化学、免疫组织化学、电子显微镜、组织计量学与图像分析、流式细胞术、原位分子杂交技术、聚合酶链反应等相关的技术方法。(余满松)

R000189 **手术失误及处理·外科** 蓝瑚、夏穗生主编。云南科学技术出版社 1998 年 9 月版。42 万字。66.00 元。"中国名医手术经验丛书"之一。系统论述颈部乳腺及腋窝、胃、小肠、阑尾、结肠、痔瘘、腹腔内脏探查、肝脏、门脉高压、肝外胆道外科、胰腺、脾切除、静脉切开及下肢静脉曲张等 16 型手术术前、术中、术后可能出现的失误及相应的最佳处理及预防方法。(陆秀华)

R000190 **麻醉科手册** 曾因明等主编。上海科学技术出版社 1998 年 12 月版。94 万字。40.00 元。分 11 篇 122 章,概述了为手术顺利进行提供安定、无痛、肌松、无不愉快记忆及合理控制应激等必要条件;在麻醉期间对病人的生理功能进行监测、调节与控制;围术期处理以保证病人的安全及术后顺利康复;麻醉恢复室及重症监测治疗病房的建立与管理;参与或主持生命急救;疼痛机制的研究与诊治等内容。(吴洁)

R000191 **麻醉意外及并发症防治** 刘锦华、曾明著。沈阳出版社 1998 年 4 月版。16 万字。12.80 元。分 21 章。归纳了麻醉意外及并发症的发生、临床表现及其防治。主要内容包括:概论、麻醉前用药引起的意外及并发症、局部麻醉药的不良反应、吸入麻醉剂引起的意外及并发症、静脉麻醉药引起的意外及并发症、肌肉松弛剂所引起的并发症、麻醉性镇痛及神经安定药引起的并发症、作用于肾上腺素能受体的药物、血管扩张药、强心药及利尿药、中药麻醉后的并发症、气管(含支气管)内插管的拔管并发症、围麻醉期意外及严重并发症、局部麻醉时可能发生的意外及并发症、椎管内麻醉意外及并发症、控制性降压引起的并发症、低温麻醉可能引起的并发症、体外循环的并发症、各科各类手术麻醉的意外及并发症、监测、治疗及特殊检查时所致的意外及并发症等,并附有参考病例。(任冬菊)

R000192 **当代胆道外科学** 黄志强主编。上海科学技术文献出版社 1998 年 8 月版。124.5 万字。168.00 元。分 16 篇(101 章)分别介绍胆道外科的发展史、胆道外科的解剖与病理生理、胆道疾病的影像学诊断、各类良恶性胆道疾病的诊治以及内镜胆道外科等内容。并对各类胆道手术的适应证、手术要点、手术步骤、围手术期处理以及并发症的防治等,均作了较详细的描述。(蔡平)

R000193 **神经外科手术图解** 周良辅主编,陈衔城副主编。上海医科大学出版社 1998 年 6 月版。80.3 万字。61.00 元。分 18 章 103 节,介绍 207 种术式,包括神经外科手术的各个方面,图 1 211 幅。除介绍常见病和常见手术外,在第一章重点介绍神经外科手术和显微神经外科手术的基础知识和基础技术,对吸引器、双极电凝镊和高速磨钻等的应用和注意事项作了详尽的介绍;全书在各个章节中都有高、难、新手术的介绍,反映了国内外最新进展,特别是第三章颅底肿瘤,第六章颅内动脉瘤,第七章脑动静脉畸形,第十二章脊髓疾病,第十四章癫痫和第十五章脑部定向手术等内容都曾获国家、卫生部或上海市科学技术进步奖。(王德勋)

R000194 **脑发育异常及发育中的脑损伤** 吴

希如著。上海科技教育出版社1998年12月版。16.8万字。17.70元。“脑科学丛书”之一。对神经系统发育的基本过程,影响正常脑发育的遗传与后天疾病的临床特点与防治原则,神经系统发育及其相关问题以及近年来在发育中脑疾病的临床防治方面的新进展均作了叙述。(王福康)

R000195　**黄志强胆道外科**　黄志强著。山东科学技术出版社1998年11月版。130万字。135.00元。61章,560幅图(由作者根据临床实际情况亲手绘制),内容涉及肝、肝内、外胆管,门静脉,胆总管,胰及十二指肠等重要脏器及其有关疾病,如感染、畸形、结石、损伤、出血、肿瘤及老年胆道外科,详述了初次、再次手术的设计、入路及意外事故的预防。(颜承隆)

R000196　**肝脏移植的理论与实践**　黄洁夫主编。广东科学技术出版社1998年2月版。48万字。60.00元。系统地描述肝移植过程中各个环节的基础及临床问题。如肝脏供受体的选择与移植术前准备,供体肝保存、手术时机、手术方式、手术方法、术后管理、术后各种并发症的诊断与防治等;并对与肝移植相关的解剖学、普通外科学、麻醉学、免疫学、重症监护医学等学科作了较多的描述,提供了许多现代新知识。书中既有适合中国国情的肝移植经验,又反映了国际肝移植的先进水平。(郭飞)

R000197　**四肢的显微外科修复**　顾玉东著。上海医科大学出版社1998年11月版。33.4万字。69.00元。分6大部分:历史回顾;显微血管外科修复的基本理论;显微外科修复与再造;病例报告;基础研究;难题与探索。在显微血管外科修复的基本理论中阐述了血管缝合后的愈合过程;血液凝固的机制,显微外科手术抗凝解痉药物的应用问题及生物力学问题。并详述了血循环危象的表现与鉴别,实验研究及分期与防治,游离在瓣移植中的几个基本问题,皮瓣的静脉危象及其处理等等。在显微外科修复与再造中,针对皮肤缺损的修复,肌肉缺损、骨缺损、复合组织缺损的修复进行了详细论述。(肖英)

R000198　**人工关节外科学**　副名:现代临床医学丛书。吕厚山主编。科学出版社1998年10月版。90.6万字。65.00元。共13章,70余节,400余幅图,涉及脊柱以外的各个关节,记述了作者的发现及创新,同时概括了国际上该领域的进展与信息。详细论述人工关节的适应证,怎样使用人工关节,人工关节固定方式,术后康复锻炼要求等。书中有一章针对类风湿性关节炎的病人行人工关节置换的问题作了论述,最重要的是对于类风湿性关节炎、多发性关节损伤、关节多处畸形怎样选择手术顺序及围手术期的处理提出了一个系统的方法。(曾桂芳)

R000199　**手术失误及处理·骨科**　李鸿儒主编。云南科学技术出版社1998年9月版。53万字。76.00元。“中国名医手术经验丛书”之一。共12章,300多幅图。系统论述骨科所包括的创伤骨科、手外科、显微外科、断肢再植、骨与关节结核、化脓性骨髓炎、关节炎、骨肿瘤、颈椎病、脊柱、先天及后天畸形矫正等手术的术前、术中、术后可能出现的失误及最佳处理方法,并附有典型病例及分析。(陆秀华)

R000200　**外科临床医嘱手册**　黄懋魁、林友俊主编。江苏科学技术出版社1998年9月版。61万字。17.80元。将外科系统及妇产、眼、耳鼻喉科各种疾病的护理要求、观察要点、用药种类、剂量和方法以及全部辅助检查项目等均系统规范地列出,并将外科手术方法的选择原则、术后医嘱处理及各种病情变化的相应调整均作了较为详细的说明。本书总结整理了1994年以来外科领域中新的治疗方法、手术技术、新型药物和治疗器材应用,并包括部分放射介入治疗等内容,体现了当代外科新理论、新技术在临床实践中的应用经验。(蔡克难)

R000201　**临床骨科学**　李世民等主编。天津科学技术出版社1998年1月版。188.5万字。99.00元。作者从临床实际需要出发,对骨科各种疾病的流行病学、发病机理、临床表现、诊断方法、治疗原则及其措施等,作了详细的阐述。书中引用了大量的国内外最新资料,充分反映了90年代学科发展的动向,其中不少资料属国内首次发表。书中对近年骨科的新技术、新理论、新的治疗措施和方法等,作了详细介绍,同时在各个专题论述中,渗入了作者的临床经验和教训。本书计有绪论、骨关节疾病的各种诊断方法和最新诊疗技术、骨科常用的治疗药物、重大创伤后患者的复苏和急救、骨科疾病合并其他各科疾病的处理、运动疾病、火器伤、关节脱位、骨折、骨病、感染、肿瘤、脊髓损伤、软组织损伤、骨科神经疾病、显微外科、康复医学等60章。在各种疾病的论述中,着重对症状表现、诊断和鉴别诊断、治疗等加以详细讨论,以适应诊断和治疗患者的最终目的。对于骨科临床中一些暂未定论之苗头和实践经验,亦予适当介绍。此外,书中还全面地介绍了我国骨科学的发展史、建国后骨科的主要成就和现代骨科学进展的趋势。书中附插图600余幅。(周喜民)

R000202　**骨科诊治失误及对策**　河南医科大

学出版社 1998 年 7 月版。31.2 万字。25.00 元。收集骨科疾病诊治失误病例 700 余例，涉及脊柱和四肢各个部位、各种病种，各种情况下产生的不同失误。全书分 18 章，第一章总论部分对失误发生的原因、后果及处理方法作了整体概述，以后各章按部位来分，逐例扼要介绍了诊治经过、失误情况及后果，还讨论了发生失误的原因及处理方法，对显而易见的失误指明为止，对较复杂的情况给予认真分析讨论。（张桂枝）

R000203 **实用骨关节影像诊断学** 曹来宾等著。山东科学技术出版社 1998 年 12 月版。100 万字。1500 幅图。218.00 元。共 32 章，前 6 章主要讲述骨关节的生长发育、解剖生理、影像学检查方法与基本病变的影像学表现等基础理论知识；第七章之后按疾病性质分成 20 余章，系统讲述骨关节损伤、骨髓炎、骨肿瘤、关节病变、软组织疾患等的影像学表现及诊断与鉴别诊断，同时介绍了其相关病理改变与临床表现特点；书末附录了骨关节病变的实验室检查正常参考值及本书收载的骨关节病变及其相关疾病病名等名词索引。全书列题论述了 600 余种骨关节病变，包括鉴别诊断中涉及的病种则有 900 种。其中重点讲述了常见病与多发病，特别对股骨头缺血坏死、髋臼骨骺缺血坏死、骨纤维异常增殖症、骨髓炎、强直性脊柱炎、骨转移瘤、组织细胞病 X、氟骨症、软骨内钙质沉着症等，均结合大组病例作了临床放射诊断总结和详细论述。此外还讲述了 50 余种骨发育障碍、粘多糖病和染色体病，介绍了许多有关少见病和罕见病。此外，本书辟专章介绍了中医药治愈恶性骨肿瘤的实例及其长期 X 线随访观察的治愈过程。（初世钧）

R000204 **腕关节损伤** 闻善乐、闻亚非主编。北京科学技术出版社 1998 年 6 月版。33 万字。36.00元。作者以多年的临床研究成果及所拥有的丰富临床资料为基础，参阅国内外近期文献，撰写而成。共 14 章，内容包括：腕关节的胚胎发生、发育、解剖特点，腕部骨折与脱位，腕部开放伤，腕部骨软骨病，儿童期腕部损伤，腕部慢性损伤性疾患，腕部损伤的康复疗法等。（戴皓宁）

R000205 **临床肾脏病学** 叶任高、刘冠贤主编。人民卫生出版社 1998 年 12 月版。48.2 万字。29.50 元。共 23 章，分 3 篇介绍，第一篇总论，主要介绍肾脏的解剖学和组织学、肾脏病的检查方法，临床表现、诊断程序、中医常见证候及治疗原则；第二篇各论，主要讲述各种类型的肾脏疾病、肾脏血管损害、尿路感染性疾病、肾结石、遗传性肾病、尿路肿瘤等内容。第三篇重点讨论肾功能衰竭，分急性肾功能衰竭和慢性肾功能衰竭，介绍腹膜透析疗法、血液透析及肾脏移植的内科问题。（姚冰）

R000206 **中西医结合治疗男科疾病** 王君龙著。内蒙古科学技术出版社 1998 年 3 月版。20 万字。12.00 元。主要介绍性功能障碍性疾病，前列腺疾病，男性不育症，男性性器官常见病和性传播疾病，男性生殖系其他常见病等内容。从西医的病因病理、临床特点、诊断要点、治疗及预防保健等方面对每种疾病进行详细介绍的同时，又从中医学病因病机及辨证施治的角度对每种疾病进行详细的论述。（那顺）

妇产科学

R000207 **孕妇日记憶** ［英］S. 凯特金、V. 贝雷编著，郎景和译。国际文化出版公司 1998 年 6 月版。15 万字。58.00 元。由英国著名妇产科和心理学家专家编写，本公司与英国 DK 公司合作出版。全书按月介绍孕妇妊娠期各阶段的情况，包括生理变化、专家建议、营养师忠告、卫生常识、胎儿发育状况及心理咨询等内容。同时，书中配有精美的插图和实体照片。

R000208 **手术失误及处理·妇产科** 郑怀美、田颚主编。云南科学技术出版社 1998 年 9 月版。42 万字。65.00 元。“中国名医手术经验丛书”之一。系统论述剖腹产术、子宫良性病变手术、子宫恶性肿瘤手术、滋养细胞疾患治疗中的手术、子宫颈手术、输卵管手术、卵巢癌手术、外阴手术、阴道手术、子宫脱垂矫治手术、腹腔镜及宫腔镜手术等妇科手术及产科手术中、晚期妊娠引产术、会阴切开缝合术、臀位分娩术、胎头吸引术、产钳术、毁胎术、产伤修复术、双胎妊娠时的处理、妇性节育手术等妇产科手术术前、术中、术后可能出现的失误及相应的处理。（陆秀华）

R000209 **孕产妇健康问与答** 克里斯托夫·李、卡琳娜·雷诺德、格莱恩·麦克卡坦著，刘庆双等译。吉林摄影出版社 1998 年 8 月版。25.1 万字。246 幅图。28.80 元。系引进英国多林公司的 The Pregnance Question &Answer Book。它融入了当代孕产科学的最新科研成果，结合临床经验，答疑解惑，为那些准备做母亲和正在怀孕的女性提供了有益的帮助。本书以问答的形式回答了诸如怀孕前你应做哪些准备?你体内的胎儿是怎样变化的?孕期你的身体又是怎样变化的?孕期怎样保持身心健康?分娩过程中遇到的问题是什么?新生儿前6周,你该怎样护理他(她)?产后如保持体型健美,该怎样锻炼?等等。(吴菲)

R000210 **妇产科临床治疗** 杨雪峰、杨玲竹编。河南医科大学出版社1998年7月版。98.1万字。56.00元。分妇科卷和产科卷,以妇产科疾病的最新治疗为重点,介绍新技术、新仪器在妇产科的应用,详细阐述妇产科学各种疾病的发生原理,诊断、治疗方法及注意事项等,并提出了具体可行的治疗方案。(张巨波)

R000211 **妇产科急症学** 段如麟等主编。人民军医出版社1998年2月版。67.7万字。49.80元。由全军妇产优生专业委员会组编。内容包括妇产科诊救原则、诊救设施、内窥镜与影像技术的应用等基础知识;产科大出血、急腹症、孕毒症、梗塞产、休克与心衰、胎婴儿缺氧、孕产期外伤等产科急症;急性盆腔感染、阴道流血、盆腔包块、附件扭转、肿瘤急症、性强暴受害者急诊和计划生育急诊等。所述内容紧密结合临床,着重介绍诊救经验和国内外新技术、新进展。

R000212 **妇产科彩色多普勒诊断学** 陈常佩、陆兆龄著。人民卫生出版社1998年4月版。48万字。190.00元。共22章,收集彩图近700幅。主要内容包括①女性盆腔的解剖基础;②彩色多普勒血流成像的基础,以及彩色多普勒诊断的临床分析方法;③正常妊娠时孕妇及胎儿彩色多普勒显像特征;④异位妊娠、药物流产、自然流产的彩色多普勒检查;⑤妇科疾病的彩色多普勒诊断。本书主要论述的是第⑤部分,即妇科疾病的彩色多普勒诊断。为了介绍当今世界上有关彩色多普勒超声在妇产科的应用,本书特别介绍了经腹、经直肠以及经阴道的彩超对比检查,并对彩超技术中较先进的能量图、三维超声作了简略介绍。(雷亨朗)

R000213 **现代妇产科学** 上海医科大学出版社1998年8月版。130万字。88.00元。主要介绍有关生殖原理,以及妇产科学新概念和新技术在临床的应用。如介绍各种妊娠合并症、新生儿母乳喂养等;讨论了生殖功能的调节,分娩时的判断和产后的监测,妇女保健和计划生育,性传播疾病和医学助孕。同时对近年进展较快的诊断技术和性激素对生殖器官的影响也作了介绍。其他内容包括:常见妇科疾病及妇科肿瘤、性分化与性发育异常、生殖道感染、人免疫缺陷病毒感染。此外,还介绍了有关妇产科常用检测,如宫腔镜、腹腔镜、阴道镜,以及内分泌激素测定等。(王晓萍)

R000214 **临床妇产科速查手册** 杨鹂编。天津科技翻译出版公司1998年版。80万字。38.00元。记载各种症状识别,各种诊断技术,治疗技术,产科合并症诊治,正常产程与异常产程处理,妇产科常见病、疑难病的诊断治疗,新生儿疾病防治,妇产科各级护理常规,常用手术与药物,孕妇及孕母用药禁忌,门诊、查房、病历书写与手术中医疗保护性对话(英语),以及妇产科技能自我测试。同时还记载了尚未被国内妇产科医师广泛掌握与付诸实践的癌瘤介入疗法,腹腔镜下施行各种高难度的盆腔手术,试管婴儿等助孕技术,其中妇产科诊疗常规、产科处理常规等,系在医院常规基础上的升华、更新、充实。(李文玲)

R000215 **阴道镜图谱** 郑英等著。河南科学技术出版社1998年5月版。19.3万字。98.00元。介绍阴道镜检查的基本知识、操作方法、适应症及临床应用价值,并对阴道镜检查的常见疾病作了详细描述。全书分6章,附有彩色照片179幅,其中既有正常的阴道镜图像,也有各种异常的阴道镜图像。除介绍阴道镜检查的基本知识外,还对阴道镜检查常遇到的各种疾病做了简要叙述。

R000216 **临床妇科手册** 朱金凤、赖晓阳编写。江西科学技术出版社1998年12月版。25万字。15.00元。收集有关妇产科文献及中西医结合治疗妇产科疾病的新成果。分月经、月经病、带下病、妊娠、妊娠病、临产、产后、产后病、杂病、及其他妇科疾病。各种病分概述,辨证论治两步。

儿 科 学

R000217 **儿科免疫学** 董永绥主编。湖北科学技术出版社1998年10月版。41.9万字。54.00元。是"临床医学免疫学丛书"中的一本。详细介绍免疫学与小儿科相关的最新研究状况。着重论述医学免疫学在小儿科领域的运用。包括小儿免疫疾病的病因认识,免疫变化,临床表现,实验室检查,诊断标准及详细的治疗方法。内容主要涉及免疫学基础和小儿特点,先天性免疫缺陷病,超敏反应性疾病,小儿风湿性疾病,感染性疾病与免疫,肾脏病与免疫,血液病与免疫,免疫学预防和治疗及免疫学检测。(周景云)

R000218 **小儿脑瘫** 傅玲、曾宪斌编著。江西科学技术出版社 1998 年 7 月版。16 万字。10.00 元。“名医门诊丛书”之一。中医药学中早有类似于脑性瘫痪及其并发症的病因病机，症状表现、辨证施治规律的论述，现代医学对于脑性瘫痪及其并发症的病因病理、诊断分型和康复也有新的进展。全书从理论到实践，从基础到临床，从中医药学到现代医学，从药物疗法到针灸按摩，从内治到外治，系统介绍了脑性瘫痪及其并发症的病因、病理、诊断分型、辨证施治、辨病论治和综合治疗康复等内容。

R000219 **现代儿科学** 张澍主编。人民军医出版社 1998 年 1 月版。210 万字。149.80 元。分总论和各论两部分。总论介绍儿科疾病的诊断技术、治疗技术、危重病和急症的救治、儿科用药、预防接种等；各论为各系统疾病的诊断与治疗，病种以内科病为主，兼顾儿外科、五官科疾病等。注重介绍国外最新的研究成果，对各种疾病的发病机制、新的诊断治疗理论与技术、儿童的保健与疾病预防等有较深入的阐述。（姚磊）

R000220 **现代儿科药物治疗学** 王永午主编。人民军医出版社 1998 年 9 月版。111 万字。78.00元。分 3 篇，第一篇介绍 1 000 多种临床药物，每种药物介绍其来源、结构成分、性状、制剂、剂量、用法、药理作用以及配伍、禁忌、毒副作用，在介绍药物时尽量体现作者的临床经验，注意介绍新近发明创制的新药，但不编入那些“来历”不明，结构不详，仅谈疗效，不讲毒副作用的药物，以求给读者以正确的指导。第二篇介绍了 500 多种中药，侧重介绍临床效果较好的中药的性能、配方、用法，但对那些配方不详的中药成品或所谓“秘方”不予介绍。第三篇为药物治疗的理论与实践，主要结合作者的经验，侧重介绍有效的治疗方法，以及新近的研究成果与未来发展的方向。（姚磊）

R000221 **中华新生儿学** 冯泽康等主编。江西科学技术出版社 1998 年 11 月版。155 万字。168.00元。由 70 多位来自中国大陆、香港和台湾以及澳大利亚、美国、加拿大、英国、新加坡和马来西亚的华人华裔新生儿学专家携手撰写。全书分 16 章，即组织结构、胎儿生长与发育、新生儿一般监护、液体与营养、呼吸疾病、心脏疾病、胃肠道疾病、内分泌与代谢疾病、心液疾病、肾脏疾病、神经疾病、感染性疾病、遗传疾病、操作与药理学、伦理问题与经费问题、中国的新生儿。

R000222 **小儿骨科学** 吉士俊等著。山东科学技术出版社 1998 年 8 月版。103 万字。120.00 元。结合不同时期小儿发育特点，重点介绍骨骺、骺板的基础理论，小儿骨科检查方法和其他特殊检查方法；四肢、脊柱先天性畸形的诊断与治疗；各种骨骺疾病及发育异常；小儿损伤、骨折、感染、肿瘤以及脑瘫后遗症和其他神经系统需要矫形治疗的疾病；各种遗传、代谢及内分泌障碍所致的骨骼疾病以及小儿常见的肌肉、肌腱、腱鞘和软组织疾病。（颜承隆）

肿 瘤 学

R000223 **从生活中防治癌症** 李毓、陈宁编著。广东经济出版社 1998 年 9 月版。18 万字。12.00 元。根据最新的研究成果，从细胞、分子水平，从生活、工作等方面，对癌症的病因、发生、发展和癌症的具体防治措施进行了介绍。该书共 15 章：癌症的基本知识，环境、职业与癌症，致癌食物与促癌物，吸烟招癌，酗酒惹癌，性与癌，精神因素与癌症，癌前病变，维生素的防癌作用，防癌抗癌食物，简易健身防癌法，癌症的中医中药治疗及食疗，癌症的果蔬疗法，癌症的气功治疗，癌症病人的饮食禁忌。本书收入“随身保健丛书”。（曾莹）

R000224 **软组织肿瘤病理学** 赖日权主编。人民军医出版社 1998 年 9 月版。45.2 万字。42.00 元。介绍各种类型软组织肿瘤、瘤样病变及非肿瘤性病变的组织结构、组织发生、肿瘤命名、好发部位、大体和组织形态学改变、病理分型等，特别对肿瘤及相关的瘤样病变的诊断、鉴别诊断进行了详细描述。软组织肿瘤的特殊染色、免疫组织化学、超微结构、图像分析、分子遗传学和分子病理学等技术的新进展以及肿瘤病理与临床的联系也是本书的重要内容。书后附有照片 300 余幅。（张建平）

R000225 **肿瘤免疫学** 杨镇主编。湖北科学技术出版社 1998 年 10 月版。39.5 万字。50.00 元。为“临床医学免疫学丛书”之一。论述肿瘤的发生与肿瘤细胞的抗原性变化、机体的免疫功能状态与肿瘤的发生发展、肿瘤免疫学检查和免疫治疗。分别介绍了肿瘤抗原，机体的抗肿瘤免疫学机制，肿瘤对机体免疫功能的影响，肿瘤逃避免疫攻击的机理，肿瘤的免疫学诊断、免疫治疗，抗肿瘤机体及其导向治疗，过继性细胞免疫治疗，抗肿瘤的细胞因子疗法，肿瘤的基因治疗以及中医中药与肿瘤免疫，肿瘤免疫学各论等。（李悦平）

R000226 **肿瘤的诱导分化和凋亡疗法** 王振

义、陈竺主编。上海科学技术出版社1998年12月版。26万字。28.20元。作者从1986年起创造性地运用全反式维A酸治疗急性早幼粒细胞白血病,近600例病例,85%达到完全缓解。这种疗法称为"诱导分化法"。作者还发现As_2O_3可以促进急性早幼粒细胞白血病的凋亡,并从基因上探讨了细胞凋亡的可能机制。诱导分化疗法和诱导凋亡疗法已被国际学术界誉为肿瘤治疗的一次革命。该书是作者对上述创新性成果的系统总结。书中既有运用维A酸和As_2O_3治疗急性早幼粒细胞白血病的具体处理方法的阐述,又有从基础研究角度出发的机制探讨。(季英明)

R000227　**肿瘤学手册**　黎介寿、卢侃、顾寿年、吉农主译。上海科学技术出版社1998年12月版。121.4万字。82.40元。共42章,包括癌症统计及其趋势、癌症的原因及预防、肿瘤病理学诊断和治疗的一般原则、肿瘤现代治疗学基础、肿瘤免疫学与癌生物学原理、吸烟与癌症、癌症的检出及其准则以及临床试验、营养和癌症病人、肿瘤急症、艾滋病相关性癌症、肿瘤病人的支持治疗和康复、癌症病人疼痛的有效治疗、癌症病人精神并发症、性行为与癌症、不明来源转移瘤的诊断与治疗、癌症家族的鉴别和关注等方面的内容。并全面论述了各系统器官或组织(包括乳腺、肺、结直肠、胰腺、胆囊、肝外胆管、肝脏、胃、食管、皮肤、泌尿、甲状腺、甲状旁腺、头颈部、骨、软组织、血液、垂体、中枢神经、淋巴系统等)的各种肿瘤的病因、发病机制、诊断(包括超声、CT、MRI)、治疗(包括放疗、化疗、手术治疗、药物治疗、姑息疗法)、预后等,进行了各种疗法的比较和生存期质量分析。(顾新生)

R000228　**基础肿瘤学**　吴逸明、安玉会主编。河南医科大学出版社1998年11月版。73.5万字。39.60元。分3篇21章介绍肿瘤学的发展全貌。第一篇为基础理论篇,第二篇为研究技术篇,第三篇为研究专题篇。(蔡婷)

R000229　**胃癌的X线诊断**　张晓鹏主编。辽宁科学技术出版社1998年版。16万字。68.00元。对各种X线检查方法在胃癌诊断中的综合应用进行了分析讨论,强调规范化检查方法的重要性,对双对比造影体位的灵活运用做了较为深入的探讨。本书采用大量病例照片,图文并茂地对胃癌各种X线征象进行分析。此外,对于鉴别诊断也做了重点阐述。(李夏)

R000230　**大肠肛门肿瘤学**　刘宝善等主编。四川科学技术出版社1998年版。98万字。56.00元。从大肠手术的应用解剖、生理,新的诊断技术和方法,到大肠癌的生物学行为及围手术期处置、麻醉、镇痛和止痛等都有详尽描述。着重介绍了大肠肛门肿瘤的不同病情、不同部位的不同术式选择、操作步骤以及判断术后复发的依据和再手术治疗的方法。全书还配有插图200余幅。(李迎军)

R000231　**肝胆肿瘤病理学彩色图谱**　丛文铭、王一著。上海科学技术文献出版社1998年12月版。47.6万字。405幅图。280.00元。分"肝脏瘤样病变"、"肝脏良性肿瘤"、"肝脏恶性肿瘤"、"合并肝脏肿瘤的双原发性肿瘤"、"肝脏转移性肿瘤"、"胆囊肿瘤"等6章。整个图谱由400余幅彩色照片组成,并配有免疫组化和特殊染色照片;每种病变还附有相应的外科临床资料。(蔡平)

R000232　**胃癌**　刘俊等编写。江西科学技术出版社1998年5月版。10万字。8.00元。用87个问答形式,着重介绍胃癌的发病情况、发病原因、临床表现、诊断方法、治疗措施、中医药膳及预防知识等。本书为"名医门诊丛书"之一。

R000233　**原发性肝癌的治疗**　常旭等主编。河南医科大学出版社1998年12月版。61.7万字。52.00元。共21章,介绍国内外原发性肝癌的治疗现状,主要着眼于展示原发性肝癌治疗的最新成就及新技术、新方法在肝癌治疗中的应用,指出目前面临的主要问题和困难,并试图探索其发展方向和可能的突破。同时,还介绍了各位作者的研究成果和临床经验,以及他们对各种治疗方法的评价和不同的见解。(张桂枝)

R000234　**妇科肿瘤手册**　包如迪主编。金盾出版社1998年3月版。31.5万字。19.50元。介绍妇科的外阴良性肿瘤,外阴上皮内瘤变及恶性肿瘤,阴道良性肿瘤,阴道上皮内瘤变及恶性肿瘤,子宫良性肿瘤及相关疾病,子宫颈癌,子宫平滑肌瘤,子宫内膜上皮内瘤变及子宫内膜癌,子宫肉瘤,输卵管恶性肿瘤,卵巢良性肿瘤,卵巢交界性、恶性上皮性肿瘤,卵巢生殖细胞肿瘤,卵巢性索间质肿瘤,卵巢转移性肿瘤及妊娠滋养细胞疾病的诊断、治疗(含化疗、放疗)、预后及常规随访。对癌症病人的生活质量、止痛、临终关怀、安乐死等也作了简要叙述。(高振华)

R000235　**骨关节肿瘤**　过邦辅、凌励立著。上海科学技术出版社1998年10月第二版。56万字。41.00元。包括骨关节肿瘤临床与基础研究动态,分类与分期的原则方法，不同组织起源的各种肿瘤的表现、检查、病理特征、对治疗的反应，不同区域肿瘤的检查、手术要求和方法。全书最后介绍了骨关节肿瘤的最新动态和面貌。本书既对骨关节肿瘤诊治进行了系统总结，又指出了今后的发展方向。(华春荣)

神经病学和精神病学

R000236 **头痛门诊(专家门诊丛书)** 张宾辉、陈眉编著。浙江科学技术出版社 1998 年 11 月版。7.2 万字。6.00 元。以问答形式对几种常见的头痛及其引起原因和诊断、治疗方法等一一作了介绍。

R000237 **神经病学新理论与新技术** 史玉泉等主编。上海科技教育出版社 1998 年 12 月版。80 万字。65.00 元。是“医学新理论与新技术丛书”之一。内容包括神经内科、神经外科、神经影像学科、神经病理与生理、神经药理、神经内分泌、神经肿瘤、神经创伤、神经眼与耳鼻喉科等分支学科，集各专家之长，反映了 1999 年前几年中神经病学最新临床与科研资料。(方婷妤)

R000238 **脑血栓防治 200 问** 冯周琴等编著。金盾出版社 1998 年 5 月版。14.4 万字。6.50 元。以问答形式介绍脑血栓的预防和治疗知识。全书分 5 个部分，第一部分介绍脑血栓的概念、发病因素、形成过程及其预后等有关知识；第二部分介绍脑血栓的临床表现，包括偏瘫、失语、失谈、失用、痴呆、脑疝，以及头痛等；第三部分介绍脑血栓的诊断与鉴别诊断，包括判断脑血栓的标准、实验室检查和特殊检查的结果，以及脑血栓与脑栓塞及其他并发症的鉴别要点等；第四部分介绍脑血栓的治疗与护理知识，如溶栓疗法，降压药的使用，抗凝治疗，血管扩张剂的使用，以及各种并发症的治疗与护理知识等；第五部分是脑血栓的康复与预防措施。(李占春)

R000239 **周围神经损伤基础与临床研究** 陈中伟主编。山东科学技术出版社 1998 年 12 月版。55 万字。60.00 元。介绍周围神经的解剖，周围神经损伤的诊断、治疗，周围神经损伤后的病理生理、周围神经损伤后影响其再生修复的因素，周围神经损伤后肢体功能重建及康复，以及周围神经损伤国内外最新研究成果等。另外本书还对如何开展周围神经损伤再生修复的实验研究作了专门的介绍。(宋增艺)

R000240 **心理医生** 易法建等编著。重庆大学出版社 1998 年 2 月版。63.2 万字。26.00 元。从挖掘人的心理潜能到一般异常心理判别、心理防卫机制、心理治疗过程和方法、心理咨询再到各个具体心理障碍的治疗、不良嗜好的自我心理调适、特殊境况下人的心理护理与保健等方面进行阐述。作者将疾病的成因、表现特征、治疗方法与选取的病案有机地糅合在一起。(崔衵)

R000241 **痴呆诊疗学** 高素荣、袁锦楣主编。北京科学技术出版社 1998 年 5 月版。47 万字。40.00元。详细描述了各类痴呆的症状与体征、实验室检查、神经病理、病因学、诊断与鉴别诊断以及治疗方法；主要介绍了阿尔茨海默病性痴呆、脑血管性痴呆、皮克病、克-雅氏病性痴呆、亨廷顿病性痴呆、帕金森病性痴呆、艾滋痴呆综合征、肝豆状核变性痴呆、特发性基底神经节钙化痴呆、中枢神经系统感染性痴呆、多发性硬化与脱髓鞘病性痴呆、代谢障碍性痴呆、中毒性痴呆、遗传性疾病合并痴呆等；并详细介绍了痴呆的神经心理学检查、神经电生理学检查和痴呆影像学检查。(李可亮)

皮肤病学与性病学

R000242 **中国皮肤病性病图鉴** 朱学骏等编著。人民卫生出版社 1998 年 4 月版。25 万字。1 476 幅图。320.00 元。由朱学骏、赵辨、虞瑞尧、孙建方、涂平 5 位教授领衔主编、全国 21 位皮肤科专家集体编撰而成。共收载 1 476 幅彩色图片，约 420 个病种；每一病种配有约 500 字的简要文字说明，包括概述、诊断要点和治疗要点。本图鉴的图像资料是从北京医科大学第一临床医学院、南京医科大学第一附属医院、中国人民解放军总医院的皮肤科以及中国医学科学院皮肤病研究所数十年间积累的数万张图片中精选出来的，除常见病、多发病外，还包括了许多少见及疑难病例，部分图片系向全国征集而得。与本书配套，本社还同时出版了 CD-ROM 光盘版，已公开发行。光盘版为上、下两张，定价 260 元。(王应泉)

R000243 **现代皮肤病学彩色图谱** 虞瑞尧编著。人民军医出版社 1998 年 4 月版。87 万字。248.00元。每一种疾病除配有典型的皮损图片外，还阐述其病因、发病机制、临床表现、诊断与治疗。全书有彩图 1 000 多幅，分 37 章，包括皮肤病基本损害，病毒、细菌、真菌性皮肤病，物理、药物性皮肤病，红斑性、神经性、结缔组织性皮肤病，角化性、大疱性、萎缩性皮肤病，遗传性皮肤病，皮肤肿瘤，性传播疾

病等。(姚磊)

R000244　**常见皮肤病彩色图谱**　李铁男等编。辽宁科学技术出版社1998年版。28万字。96.00元。对各类皮肤性病用图片加注解的形式加以阐述。全面论述及注解病毒性皮肤病、球菌感染性皮肤病、杆菌感染性皮肤病、真菌感染性皮肤病、寄生虫性皮肤病等共计21类常见皮肤病。(倪晨涵)

R000245　**性病**　张永清等编著。江西科学技术出版社1998年12月版。16万字。13.80元。"名医门诊丛书"之一。全书采用文字叙述与图片展示相结合的方法,结合临床经验,着重从临床表现、诊断和鉴别诊断及治疗上下功夫,重点介绍了目前最为常见的性病——非淋菌性泌尿生殖道炎、淋病、尖锐湿疣、梅毒、软下疳、性病性淋巴肉芽肿、腹股沟肉芽肿、生殖器疱疹、生殖器念球菌病、细菌性阴道病、艾滋病等。同时还增设了其他相关章节,如生殖器部位非性病损害、妊娠妇女与儿童的性传播疾病、性病的实验室检查、性病的防治管理措施以及性病的社会、心理因素等内容。

R000246　**新编性病学**　赵景波等主编。内蒙古科学技术出版社1998年4月版。22万字。15.00元。介绍在我国发病的梅毒、淋病、非淋菌性尿道炎、软下疳、性病性淋巴肉芽肿、尖锐湿疣、生殖器疱疹、艾滋病等性病的症状、病原体、流行病学和该领域内的国内外先进诊断方法、最新治疗药物及预防措施等。(那顺)

耳鼻咽喉科学、眼科学、口腔科学

R000247　**内耳疾病研究进展**　董民声等编。河南医科大学出版社1998年12月版。80.6万字。72.00元。全书分11章,通过病理形态、超微结构、分子生物学、电生理学的方法对鸟类、哺乳类、人类进行了探讨。有参考文献共938条,其中英文文献848条(80%为90年代的文献)。每一个研究课题都有作者的实验设计、结论、观点,同时有国内外的研究现状。(张巨波)

R000248　**儿童眼病防治**　王国军主编。河南医科大学出版社1998年9月版。20.5万字。详细介绍少年儿童眼的胚胎发育、解剖生理、卫生保健、常见眼病的预防、治疗及家庭用药知识等。书后附有常见儿童眼病综合征;常见药物致畸表现一览表。(蔡婷)

R000249　**现代基础眼科学**　管怀进、龚启荣主编。人民军医出版社1998年10月版。140万字。100.00元。论述现代基础眼科学各学科的基础知识和基本理论,反映了国内外近几年来有关眼科学基础的最新研究成就和发展方向。内容包括眼的分子生物学、细胞生物学、神经生物学、胚胎学、组织解剖与局部应用解剖学、生物化学、组织生理学、视觉生理学、视光学、遗传学、免疫学、微生物学、病理生理学、组织病理学、肿瘤学基础、眼科诊断学基础、影像学诊断基础、眼科药理学等。(姚磊)

R000250　**眼底病学**　张承芬主编。人民卫生出版社1998年1月版。116万字。380.00元。论述眼底病的病因病理、发病机制、流行病学等最新研究进展,重点论述眼底病的临床表现、眼底改变、诊断、治疗方法等。全书收集了800余幅眼底实例照片,其中400幅彩色照片,这些照片均为国人病例,除了典型病例外,还有些是少见病及罕见病。本书主要章节有:眼科临床检查、眼底荧光血管造影、眼电生理与超声检查、眼先天异常、视神经疾病、糖尿病视网膜病、视网膜色素上皮病、黄斑部病变、葡萄膜炎眼底病变、脉络膜与视网膜脱离、玻璃体疾病、青光眼的眼底改变、眼底肿瘤以及寄生虫、血液病、结缔组织病、全身性炎症等所致的眼底改变等内容。(郝巨为)

R000251　**葡萄膜炎**　杨培增、李绍珍主编。人民卫生出版社1998年4月版。61万字。54.50元。根据作者十几年来对葡萄膜炎的基础研究及临床实践,并结合国际眼科界近年来对此病的认识,对葡萄膜炎病的流行病学、病因、发病机制、分类分型、临床表现、诊断与治疗以及预后进行详尽地论述。本书主要章节包括:葡萄膜的解剖、生理与生化,与葡萄膜视网膜炎有关的眼部抗原,葡萄膜炎在世界各地发生与研究概况,免疫抑制剂在葡萄膜炎中的应用,前、后、中间葡萄膜炎,Behset病,风湿性疾病与葡萄膜炎,类肉瘤病,Vogt-小柳原田综合征,Fuchs虹膜异色性葡萄膜炎,病毒与葡萄膜炎等。(郝巨为)

R000252　**眼库**　李辰等主编。广东科学技术出版社1998年10月版。42万字。80.00元。介绍国内外关于眼库及相关领域的最新进展及研究成果,深入论述了眼库的基本理论和实际操作技术以及相关的组织和管理,深刻剖析了国内外眼库发展的历史和现状,对眼库的建立和发展中所涉及到的如角膜材料的捐献、医学伦理学、器官捐献立法、宗教信仰、文化传统习俗等一系列问题逐一进行了评述。(雷日升)

R000253　**口腔疾病治疗学**　李秉琦、温玉明等著。天津科学技术出版社 1998 年版。88.7 万字。内容分两大部分，前一部分为疾病篇，主要介绍各组织器官的疾病，以及颌面部肿瘤、炎症、创伤、畸形的诊断和治疗；后部分主要介绍口腔科的治疗技术。此外，还以两章的篇幅介绍了口腔科临床治疗过程中疾病传播的阻断和预防，常用药物制剂。（罗愉光）

R000254 **Tweed－Merrifield 标准方丝弓矫治理论与实用技术** ［美］L. Levern Merrifield 著。天津科技翻译出版公司 1998 年版。43.1 万字。80.00元。分两部分。第一部分是基本原理及诊断，系统介绍了标准方丝弓矫治理论及鉴别诊断原则；第二部分是讲述 Typodont 技术，详细介绍了标准方丝弓的实用技术。（袁永）

R000255 **牙髓病学** 凌均棨著。人民卫生出版社 1998 年 6 月版。46 万字。31.50 元。介绍现代牙髓病学的新进展、新理论、新技术。主要内容包括牙髓病的病因学、微生物学、免疫学、病理学等基础理论，及牙髓病的分类、临床表现、诊断、鉴别诊断，并对治疗的计划、准备、设备、器械、药物、材料、操作方法作了具体介绍，最后对儿童、老年牙髓病及并发症的处理进行阐述。（刘红霞）

R000256 **口腔正畸标准方丝弓矫正技术精要** 刘泓虎主编。厦门大学出版社 1998 年 7 月版。37.1万字。50.00 元。共 9 章，前 8 章分别介绍方丝弓矫治技术的发展、正畸治疗的生物机械原理、正畸治疗的二期论、成人矫正治疗的特点、殆学正畸的基本知识、标准方丝弓矫正技术基础以及治疗的流程等。第九章为典型病例展示，结合作者的临床实践，给出 22 个典型病例的矫正过程。（施高翔）

特种医学

R000257 **现代胸部影像诊断学** 李铁一主编。科学出版社 1998 年 4 月版。86.5 万字。120.00 元。“现代临床影像学丛书”之一。论述各种影像诊断技术在胸部诊断中的应用。全书分 6 篇。第一篇为 X 射线诊断；第二篇为 CT 诊断；第三篇为胸部磁共振成像；第四篇为 B 型超声诊断；第五篇胸部核医学影像诊断及第六篇胸部介入放射学技术。近年来，由于影像诊断方法的发展，B 型超声、CT、核磁共振、选择性血管造影及介入放射学相继应用于胸部疾病的影像诊断领域中，突破了普通 X 射线诊断的限度，但仍不能改变普通 X 射线检查在胸部疾病诊断中的主导地位。核素显像、B 型超声与磁共振成像在成像原理上与传统 X 射线不同，其影像各具特点，因而在疾病诊断上，这些影像诊断与传统 X 射线诊断可互相补充，相互印证。应用 X 射线检查呼吸系统疾病较其他系统普遍；核素肺显像能较早地反映胸片不能显示的肺血流改变，有助于肺栓塞的诊断，并对阻塞性气道病变诊断有价值；B 超可鉴别胸膜包裹性积液和胸膜肿瘤，还可诊断胸部 X 射线检查不能显示的少量胸腔积液等；磁共振成像对鉴别纵隔肿物为囊性、实性及血管性有价值，还可判断肺癌对血管的侵犯；在介入放射学方面，常借助选择性支气管动脉造影，对肺癌和咯血患者进行栓塞治疗等。全书共附照片 900 余幅。（曾桂芳）

R000258 **CT 诊断与鉴别诊断** 卢光明、陈君坤编著。东南大学出版社 1998 年 12 月版。106.4 万字。150.00 元(精)。分 8 部分，400 个病例，1 200 幅图。首先介绍各系统常见病的 CT 表现，提出诊断思路、病理诊断或最后诊断。然后介绍该病的临床病理讨论、CT 诊断要点、鉴别诊断及误诊分析。本书还适当介绍了每个病例的 CT 诊断的有关知识。（常凤阁）

R000259 **断面解剖与 MRICTECT 对照图谱** 姜树学、马述盛编。辽宁科学技术出版社 1998 年版。53.2 万字。198.00 元。选出 180 幅断面解剖图、337 幅 MRI 图、105 幅 CT 图、40 幅 ECT 图和 3 幅 MRA 图，每二页为一单元，一页为彩色断面解剖图、ECT 图及定位图。另一页为 CT 及 MRI 图。每一单元图都处于同一断面上，切线相同，结构相同。断面解剖标本是用健康国人尸体冰冻切片制成的。胸腹、盆部的横断面(水平断面)及头颈部、膝关节的断面层厚为 1cm；胸、腹、盆部的冠状断面及矢状断面层厚为 2cm。CT、MRI 及 ECT 等各种影像图都是用健康国人扫描制成的。本图谱分为颈部、胸部、盆部和四肢等 5 个等分。（倪晨涵）

R000260 **螺旋 CT** 上海医科大学出版社 1998 年 11 月版。47.4 万字。108.00 元。阐述螺旋 CT 的原理、技术和临床应用特点。全书分 14 章，第一、二章分别介绍螺旋 CT 机的结构，螺旋 CT 扫描的基本原理，扫描参数和内插方式与图像质量的关系，以及三维图像重建的原理及方法。第三章简述有关造影剂药物动力学方面的知识。在第四～十一章内，对胸部、肝脾、胰腺、胆道、胃肠道、肾脏和骨骼肌肉系统等的螺旋 CT 扫描技术分别进行了探讨，阐述了其临床应用情况和优点，并提供了大量典型病例加以说明。螺旋 CT 血管成像(SCTA)的原理、技术和临床应用在第十二、十三章内专门予以介绍。螺旋CT的新进展——CT仿真内镜成像，除第二章第三节作了一般介绍外，第十四章还作了重点阐述。(阮天明)

R000261 **五官及颈部影像诊断学** 何望春主编。天津科学技术出版社1998年5月版。68.1万字。分13章，605幅插图，介绍眼部、鼻与鼻窦、咽部、喉部、耳部、颈部、颅底、颌面部、涎腺、颞下颌关节、五官及颈部超声影像诊断，放射性核素的应用、头颈部病变的血管内介入放射治疗等。其中既包括影像学的专业知识，也有与临床密切相关的影像学检查方法、解剖知识、正常影像学表现、疾病的异常表现，以及诊断及鉴别诊断，着重CT和MRI的表现，体现了CT和MRI在这个解剖部位中的应用价值和发展前景。(郝俊利)

R000262 **呼吸系疾病影像诊断图谱** 刘荫棣、白人驹主编。天津科学技术出版社1998年5月版。86万字。为“现代医学影像诊断图谱丛书”之一。全书分10章。第一章至第二章，介绍胸部影像检查知识及正常与正常变异。第三章至第十章介绍呼吸器官如肺、气管、支气管、纵隔、膈肌、胸膜、胸壁，以及胸部创伤、手术等的异常表现。以疾病为轴，用清晰的图像显示各种疾病的特点；同时阐明X线、超声、CT、MRI、血管造影等检查方法的优劣。介绍典型病例、不典型病例、罕见病例图片资料，以及“同病异影”和“异病同影”的许多实例。(郝俊利)

R000263 **消化道疾病影像诊断图谱** 谢敬霞主编。天津科学技术出版社1998年5月版。58.8万字。由北京医科大学第三医院、中国人民解放军总医院、上海医科大学中山医院、北京友谊医院、中日友好医院、北京市儿童医院6所医院的14位专家根据自己积累的资料和经验分篇撰写而成。全书分6章，计862幅图。第一章总论，介绍消化道疾病的影像学分析。第二章至第六章各论，介绍食管、胃、十二指肠、小肠、大肠，其以消化道双对比造影为核心，用清晰的图像显示消化道各种疾患的诊断特点，并加以论述。同时阐明CT、B超、血管造影等对消化道疾病的诊断作用。(郝俊利)

R000264 **军队卫生学** 侯悦主编。人民军医出版社1998年4月第四版。118万字。75.00元。分6篇38章，包括军队环境卫生(军队给水卫生和军队驻扎与空气卫生)、军队营养与食品卫生、军事劳动卫生、特殊军兵种卫生和军队卫生毒理等内容，着重反映我军的经验和研究成果。(姚磊)

R000265 **现代战伤外科学** 黎鳌等主编。人民军医出版社1998年6月版。179.8万字。126.00元。系统总结了应用生物力学研究高速投射物远达效应发生机制，应用病理生理学、分子生物学和现代免疫学理论研究战伤休克、内源性感染、组织修复和多脏器功能不全综合征等所获得的新成果。详细论述了野战外科组织原则、工作方法、战伤外科进展、现代杀伤武器的致伤特点；分述了火器伤、冲击伤、放射伤、化学伤、烧伤、冻伤、挤压伤的基础研究和救治技术；专题论述了战伤病理、战伤休克、战伤感染和内脏并发症等重要问题；详细介绍战伤急救、复苏、补液、营养、输血、麻醉等技术；突出海空战的战伤救治、伤员空运、高原等特殊环境下的战伤救治；逐一介绍各部位战伤、多发伤的救治及康复。(余满松)

药　学

R000266 **航空药理学** 詹皓、伊长荣等编著。国防工业出版社1998年10月版。34.2万字。30.00元。作者在多年从事航空药理研究和实践的基础上，综合国内外大量研究资料，论述航空药理学的定义、研究内容和研究方法，对近代高技术局部战争条件下英、美等国空军飞行人员通过合理用药调节睡眠和提高抗疲劳能力的新进展作了详细介绍，对我国特色中药在航空医学的应用及前景进行了分析和展望。此外，作者在对目前我国军事和民航飞行人员在队用药现状进行调查和分析的基础上，提出了保障飞行人员在队合理用药的原则和措施。(邢海鹰)

R000267 **药师手册** 裘雪友等主编。人民军医出版社1998年7月第二版。188.2万字。98.00元。作者根据多年的药师工作实践和药政管理经验，汇集、选编了药师、药政管理工作的文件资料和相关学科的理论知识，内容包括药事管理、药物、药剂、药品检验、临床药学、实验室技术、药用数学、医学基础知识、计算机在药学工作中的应用等，并附有常用数据、符号和图表。新版在第一版的基础上，补充更新了大量的药政管理文件、资料，收入了《国家基本药物》目录、《公费医疗报销范围》；药物、药剂、药检部分，依据《中华人民共和国药典》(1995年版)作了相应的修订和补充；临床药学、实验技术和计算机应用部分，增添了许多新技术、新进展。(冯江东)

R000268 **精编实用药理手册** 薛纯良等编。上海科学技术文献出版社1998年1月版。109万字。36.00元。由上海第二医科大学及附属医院50多位临床医学、药理学专家教授集体编纂(创作)。全书全部以表格的形式简明而较全面地介绍每一种药品的名称、剂型规格、作用和用途、用法和剂量、不良反应和注意事项等内容。全书收录国内外广泛被应用和近年来已投产或进口的药品共2 000余种,按临床内、外、妇、儿等各科用药编排。附录收载了在临床实践中极其实用的《常用药物剂量折算法》、《药物极量表》、《药物配位禁忌表》、《处方常用拉丁文缩写》4种。在正文后附有所有药品中、英文药名索引。(胡德仁)

R000269 **中国药物大全(西药卷)** 本书编委会编。人民卫生出版社1998年4月第二版。100万字。65.50元。系在1991年第一版基础上修订而成。在详述原料药物药理及其应用之后,广录各药制剂及其用法;共收载药物1 425种,收录别名包括商品名在内中文名称8 100余条、英文名称8 700余条,收集补充1990～1995年卫生部批准生产的新药及其各类制剂,并补充了大量老药新用的内容。该书按临床用途将所收药物分成60类,分述各种药物的临床应用,符合临床医生的阅读习惯,而内容涉及药物的别名、性状、药理、应用、制剂等药物学的各个方面。(李显玗)

R000270 **复合注射液的临床应用** 杨俊杰、杨彦著。云南科学技术出版社1998年6月版。36万字。32.00元。作者从近百种医学杂志选择出200多种行之有效、涉及内外妇儿等临床各科疾病复合注射液的治疗方法,将之按呼吸系统、心血管系统、消化系统、泌尿生殖系统、神经系统、代谢疾病、骨关节疾病、妇科、儿科、眼耳鼻喉疾病、皮肤、普通外科及其他等分类叙述,每一种疾病的复合注射液治疗包括复合组方、用法、疗效、评述及注意事项5个部分,编者对后两部分进行了重点论述。(陆秀华)

R000271 **药物不良反应监测与防治** 王建刚、王清江主编。四川科学技术出版社1998年版。93万字。50.00元。分7大部分:一、药物不良反应及其监测。介绍药物不良反应的概念、危害及流行,不良反应监测方法及因果关系的判断过程。二、药源性疾病。包括人体各系统的药源性疾病的诊断与防治。三、常用药物不良反应。介绍了各类常用药物引起不良反应的表现及规律。四、特殊群体的药物不良反应。老人、儿童、孕妇、肝病患者、肾病患者的药效学和药动学都有所不同,掌握其规律,能减少不良反应的发生。五、药物相互作用。叙述了各类药物的相互作用,特别是有害反应。六、常见中药的不良反应。中药的不良反应常常被人忽视,而反应重者可致人死,这有助于合理使用中药。七、典型病例及分析,对一百多例中西药物所致的不良反应病例进行分析。(杨佛章)

R000272 **海洛因依赖基础医学与临床医学** 杨良、李红主编。云南科学技术出版社1998年3月版。36.00元。共10章,系统介绍药物依赖与药物滥用的现代概念和基础知识,阿片类药物概论,海洛因依赖性及其形成机制的学术探讨,阿片类药理学和毒理学的最新研究成果,海洛因依赖流行病学,海洛因对机体的损坏及临床病理生理以及海洛因依赖的临床诊断、脱毒治疗和康复巩固。(史青)

R000273 **家庭用药600问** 章辉编著。浙江科学技术出版社1998年1月版。33.3万字。18.50元。“21世纪家庭健康顾问丛书”之一。根据日常用药中遇到的一些实际问题,用问答形式,介绍一些合理用药的知识。

R000274 **常用药物手册——经济用药指南** 蓝太富等著。四川科学技术出版社1998年版。36万字。15.00元。主要介绍包括抗感染用药、抗变态反应用药、镇痛、解热、抗炎、抗痛风用药、解毒药、妇产科用药等22类、605种药品。对每一种药物又分别从性状、作用特点、适应症、用法用量、副作用、注意、制剂规格等方面进行了介绍。(杜宇)

R000275 **常见病老药新用手册** 王爱国、杜绍礼编著。北京科学技术出版社1998年5月版。30万字。28.00元。介绍临床常见80种疾病的中西治疗药物的最新进展,重点侧重“老药新用”,兼顾“新药新用”,即非“常规与传统”治疗药物。介绍了每种药物的给药途径、方法、疗效、治疗机制及不良反应、应用注意等。(刘平)

R000276 **新药手册** 汤光、吴永佩主编。浙江科学技术出版社1998年8月版。54.3万字。32.00元(精)。收载近十年来尤其是近几年来的新药600种左右,其中分类对每一种药物的作用、临床应用、具体用法、注意事项、不良反应、药物的相互作用及制剂等内容作了详细的叙述。

R000277 **新编常用药物手册** 周自永等编著。金盾出版社1998年2月第三版。96万字。37.00元。收编药物达1 200多种。主要包括麻醉药及辅助药;催眠药、镇静药及抗惊厥药;抗癫痫药;精神病用药;镇痛药;解热消炎镇痛及抗痛风药;中枢兴奋药;拟胆碱药;抗胆碱药;拟肾上腺素药;抗肾上腺素药;

抗震颤麻痹药;强心药;抗心律失常药;抗心绞痛药;降血脂药;抗高血压药;止咳祛痰平喘药;消化系统的药物;利尿药、脱水药及抗利尿药;影响血液及造血系统药物;子宫兴奋药;抗组胺药与钙剂;肾上腺皮质激素及其合成代用品;性激素及避孕药;甲状腺激素及抗甲状腺药;降血糖和升血糖药;调节水电解质和酸碱平衡用药;血浆代用品、复方氨基酸、能量补充剂及微量元素等;抗生素;磺胺药、喹诺酮类药及其他抗菌药、抗病毒药;抗结核病和抗麻风病药;抗疟药;抗肠虫病、抗吸虫病、抗丝虫病及抗黑热病药;抗阿米巴和抗滴虫药;抗肿瘤药及免疫抑制剂;一般消毒药及皮肤科用药;生化制剂、酶类及生物制品;X线造影剂及器官功能检查药;解毒药与防治毒蛇咬伤药等41大类药。书后还有附录和索引。(吴树荣)

R000278 **抗肿瘤药物的药理与临床应用** 张覃沐著。河南医科大学出版社1998年12月版。76.8万字。66.00元。分药物治疗的理论基础、抗肿瘤药物、药物治疗的新趋向3篇。阐述抗肿瘤药物发展简史,影响抗肿瘤药物疗效的因素,抗药性与多药抗药性,论述各类抗肿瘤药物的药效学、药动学、相互作用、临床应用、不良反应、剂量及用法。并设专篇——药物治疗的新趋向,介绍癌分化诱导剂—癌辅助化疗与新辅助化疗、肿瘤的靶向治疗、放疗与化疗增敏剂、热疗与化疗、肿瘤血管形成抑制剂、抗侵袭抗转移药、抗肿瘤药物研究的新靶点。(杨秦予)

S 农业科学

农业科学

S000001 **“九五”全国普及百项农业技术丛书** 中国科协普及部河南省农学会组织编写。中原农民出版社1998年12月版。187.7万字。96.00元。共18种,包括《水稻“三旱”栽培技术》、《麦、菜轮套高产高效栽培技术》、《豆科根瘤菌及其应用技术》、《蔬菜有机生态型无土栽培实用新技术》、《日光温室蔬菜高产高效配套技术》、《葡萄优良新品种及优质丰产栽培技术》、《苹果产地贮藏保鲜与加工技术》、《苹果病虫害综合防治技术》、《山地板栗栽培新技术》、《实用软管微灌技术》、《规范化稻田养鱼高产技术》、《养殖鱼类疾病防治技术》、《银鱼移植与增殖技术》、《提高黄牛繁殖力技术》、《高档牛肉配套生产新技术》、《瘦肉型猪综合生产技术》、《塑料大棚饲养肉鸡技术》、《猪、鸡饲料配制新技术》。(汪大凯)

S000002 **中国农业技术新热点丛书** 续玉红等编著。中国标准出版社1998年版。共54万字。内容涉及农作物种植、果树栽培、蔬菜栽培、食用菌栽培、家禽养殖和常见病防治、农作物施肥技术、蔬菜病虫害防治、节水灌溉技术等多方面。丛书已由中国出版工作者协会科技出版工作委员会和《全国“星火计划”丛书》编委会列入《全国“星火计划”丛书》。共9册。已出版的为:《实用养鸡新技术》、《果树优良新品种及栽培技术》、《番茄 甜(辣)椒 茄子病虫害诊断与防治新技术》及《大田作物新品种实用技术指南》;即将出版的尚有:《鸡病防治技术》、《食用菌生产技术》、《抗旱耕作及节水灌溉技术》、《新编肥料实用手册》及《蔬菜新优品种和丰产技术》。(周俞斌)

S000003 **中国农业标准汇编** 中国标准出版社编。中国标准出版社1997,1998年版。1612(合计)万字。按专业分类立卷,陆续出版。各卷内容包括相关的国家标准和行业标准。丛书共13卷16册,1997,1998年已出版的有12卷15册,分别为:经济作物卷,畜牧兽医卷,农牧机械卷(上下册),渔船卷,水产加工品卷,土壤与肥料卷,植保与农药卷(上下册),渔具与渔具材料卷,粮油作物卷,种子苗木卷,农村能源卷,热带作物卷。尚待出版的是渔业机械与仪器卷。(周俞斌)

S000004 **农业大词典** 农业大词典编辑委员会编。中国农业出版社1998年9月版。800万字。248元。汇集农业科学各学科和专业的名词术语近3万条,囊括农业经济、农业历史、生物学、农业气象、农田水利、土壤、植物营养与施肥、农业昆虫、植物病理、农药、农业机械及农业工程、农作物、蔬菜、果树、观赏园艺、林业、茶业、蚕业、畜牧、兽医、养蜂、水产业、农产品贮藏加工、农业生态与环境科学或专业,

举凡各学科知识体系中的基本概念、基本理论、基本技术和方法，农业政策、法规及农业科学家、机构等词目。（郭何生）

S000005 **农村致富实用新技术丛书** 淮北市农业林业局组织编写。化学工业出版社 1998 年 1 月版。114.2 万字。78.90 元。立足于淮北平原，面向黄淮流域和长江流域，分种植、养殖、综合等专业，集实用技术与 90 年代最新科技成果于一体。该丛书包括：土壤改良与施肥技术、网箱养鱼实用技术、主要农作物病虫草鼠害综合防治技术、蛋鸡肉鸡饲养实用技术、夏玉米栽培实用技术、短季棉栽培实用技术、苹果新品种矮化密植丰产栽培实用技术、莲藕栽培实用技术、保护地蔬菜栽培实用新技术、池塘养鱼实用技术、蛋鸭肉鸭饲养实用技术。（郭燕）

S000006 **农家科技服务丛书** 黄仲生、戴自强等编。化学工业出版社 1998 年 8 月版。69.5 万字。48.30 元。内容包括：保护地蔬菜病虫害防治实用技术、水果蔬菜保鲜实用技术、粮食储藏技术指南、化肥简易鉴别方法、农药药液配制及使用方法、科学混用农药及品种手册、植物生长调节剂实用问答。（郭燕）

S000007 **和田农牧民实用技术读本** 米吉提·沙依木等编。新疆科技卫生出版社(K)1998 年 8 月维文版。8 万字。47.50 元。由《农作物制种与推广技术》、《甜西瓜栽培技术》、《养鸽技术》、《农作物病虫害防治技术》、《水稻栽培技术》、《棉花栽培技术》、《玉米栽培技术》、《冬小麦栽培技术》、《蔬菜栽培技术》等 9 篇组成。（买买提·肉孜艾尼瓦尔）

S000008 **新农艺手册** 翟其楷主编。上海科学技术出版社 1998 年 1 月版。22.1 万字。13.80 元。主要针对苏南地区及太湖地区近年来水稻、小麦、油菜等主要作物栽培农艺的变化、化肥结构的调整及主要作物病虫草害综合防治技术要求，以实用新农艺为主编写成册。分 6 章：第一章为水稻栽培技术，主要阐述水稻生长发育的基本规律、常规手插单季晚稻栽培技术、水稻轻型栽培技术；第二章为小麦栽培技术，主要阐述小麦的一生与产量形成、小麦的播种与出苗、小麦的分蘖与越冬、小麦的返青、拔节与孕穗、抽穗与成熟；第三章为油菜栽培技术，主要阐述壮苗培育与大田管理技术；第四章为土壤肥料，主要阐述各种肥料的合理搭配使用；第五章为植物保护，主要阐述各种病虫草害的防治技术和各种农药的使用技术；第六章为农田杂草及除草剂应用技术。（叶平）

农业基础科学

S000009 **中国农业实用技术丛书** 吴国良等编著。科学出版社 1998 年 9 月版。450.00 万字。276.00 元。分 30 个分册出版。其中包括种植业(12 册)、养殖业(8 册)、农机类(10 册)。各类均介绍了当前农民最关心、最亟需的实用技术。（童安齐）

S000010 **山地绿肥高产栽培与综合利用** 林明添、程建炎编著。福建科学技术出版社 1998 年 6 月版。22.6 万字。15.00 元。作者长期从事山地绿肥栽培与利用的研究，他们在总结多年研究成果和群众生产经验的基础上，介绍了山地绿肥资源的分布，山地绿肥改良土壤、保持水土等作用，山地绿肥高产栽培配套技术，以及绿肥综合利用技术等内容。（林万泉）

S000011 **三峡库首农业地质与矿物肥料** 张树淮等著。中国地质大学出版社 1998 年 10 月版。17 万字。12.00 元。针对三峡库首区在落实移民安置和库区农村经济发展中亟待解决的问题，以兴山县及邻区为例，综合阐述农业地质背景对农业地貌、农业水资源、农业气候与生态环境的影响；对土壤及土壤母岩母质的分布和特征进行了具体分析；探讨了农田地球化学性质与农经作物生长的内在联系；重点研究了农用矿产资源的分布特征、规模及品质等，并利用丰富的含钾页岩资源研制出了磷钾系列矿物肥料，通过对农经作物田间试验，取得了显著的增产效果。（吴琍华）

S000012 **中国农业持续发展中的肥料问题** 李庆逵等主编。江西科学技术出版社 1998 年 5 月版。21.8 万字。15.80 元。来自中国科学院、农业部、化工部、中国农业科学院和上海农业科学院等单位的 13 位专家组成了咨询专家组。经过专家们一年的努力，通过资料的收集和整理，以及广泛听取国内同行的意见等，撰写了“我国化肥面临的突出问题及建议”的咨询报告。随后又在此基础上将收集到的资料分章整理成文，并增加了有机肥料一章，汇编成本书。主要内容是论述我国农业生产中肥料的供需现状和需求前景、施用状况和存在问题，并提出了相应的对策和建议。

S000013 **硅酸盐细菌的解钾作用研究** 连宾著。贵州科学技术出版社 1998 年 8 月版。10.6 万字。8.80 元。以研究硅酸盐细菌解钾作用为中心，介绍微生物对矿物的作用研究概况。土壤中钾的利用、土壤钾的主要状态及转化,分析了几种典型土壤的含钾矿物类型、试验用矿物材料的矿物特征,以及硅酸盐细菌 GY92 的生物学特性,借助 X 射线衍射、电子显微镜观察及化学分析手段,探讨了硅酸盐细菌对钾长石、伊利石的解钾作用,提出硅酸盐细菌解钾作用的综合效应学说。(苏北建)

S000014 **中国土壤动物检索图鉴** 尹文英等著。科学出版社 1998 年 6 月版。112.20 万字。97.00 元。是根据作者等人近 10 年来完成的国家自然科学基金两个重大项目所积累的数据和资料,经系统整理、提炼、编绘而成的新型检索工具书。全书内容分为两大部分:第一部分是检索图鉴,也就是用特征图的形式检索土壤动物的科或属;第二部分是土壤动物各科、属的简明文字说明,包括各分类单元的主要特征、生活习性和地理分布等。书中形象、简明地介绍了定点、定量调查我国不同地理区、不同气候带、不同植被类型代表性地区所采集到的土壤动物 8 门 28 纲 93 目 570 余科 1400 多属。书末有中文名及拉丁名索引。((总编室))

S000015 **旱区水—土—作物关系及其最优调控原理** 康绍忠等著。中国农业出版社 1998 年 3 月版。43 万字。75.00 元。是作者在该领域所取得的创新性成果的系统总结。全书共 9 章,包括水—土—作关系中的几个基础理论问题研究,黄土区作物对水分亏缺的生理反应与调控,用冠层温度诊断作物缺水状况的研究,土壤—植物—大气连续体水热耦合运移的数值模拟,大气 CO_2 浓度增加对作物水分利用和农田水文循环影响的试验研究,黄土区下垫面条件和水土保持措施对坡地水量转化关系的影响及其数值模拟,西北旱区节水农业中作物水分最优调控问题,黄土区土壤—水环境中溶质(养分)迁移及其数值模拟,黄土区坡面土壤侵蚀过程与降水—土壤水转化相互影响等内容。本书以在黄土区取得的研究成果为主,但为了系统性,也少量引用了作者在其他地区所取得的研究成果。书中以论述农作物为主,但也包括了少量的林草植被—水分—环境关系方面的研究成果。(彭明喜)

S000016 **中国稻田生态系统** 徐琪等著。中国农业出版社 1998 年 3 月版。39 万字。66.00 元。包括稻田生态系统的研究现状与进展,作物与稻田生态系统物质循环,不同生物气候带作物生产力与物质循环,稻田生态系统碳素生物循环,稻田生态系统中 CH_4、N_2O 的生成与排放,施肥与稻田生态系统养分循环,稻田生态系统水循环在养分循环中的作用,梯级稻田肥力变异对营养物质平衡的影响,基塘系统的物质循环与能量传递,稻田复合生态系统的几种模式及其特点,稻田生态系统的水分管理,土壤微生物及动物在物质循环中的作用,稻田生态系统的演变规律,稻田生态系统的耕作制度及其优化,稻田土壤肥力评价与生产潜力估算,稻田生态分区及其调控。(毛志强)

S000017 **水土保持与可持续发展理论与实践** 李定强、姚少雄等编著。广东省地图出版社 1998 年 12 月版。25.7 万字。28.00 元。分 7 章,概论中介绍全球水土流失和土地退化概况,水土保持与可持续发展的历史、现状与展望,可持续的自然资源管理及全球与地区性的行动;第二、三、四、六章分别探讨了水土保持的基本概念、水土保持的起源与发展、水土流失与可持续农业、水土保持可持续发展的措施与对策;第五章和第七章结合广东的实际情况阐述了水土保持的可持续发展原则和可持续发展中的水土保持实践。(张志丹)

S000018 **黄土高原小流域侵蚀产沙过程与模拟** 蔡强国等著。科学出版社 1998 年 4 月版。37.30 万字。35.00 元。分 14 章。主要内容有:降雨特性与降水侵蚀力,土壤侵蚀特性,降雨溅蚀及其影响因素综合分析,表土结皮过程、性质、微形态特征及其对侵蚀产沙过程的影响和 PVA 对改良土壤结构的作用,入渗过程与土壤含水量变化,细沟发生临界、发生发展过程及侵蚀产沙作用,临界坡度、临界坡长及坡面侵蚀产沙过程,植被覆盖及临界意义,小流域侵蚀产沙的垂直分带性规律,重力侵蚀与洞穴侵蚀,小流域泥沙输移比计算与沟道输沙规律分析,小流域侵蚀产沙过程模型,人类活动对小流域侵蚀产沙的影响,以及野外定量试验观测小区、模拟降雨试验方法与技术、全坡面大型模拟降雨装置和测试技术等。(总编室)

S000019 **我国南方典型水土流失的防治对策** 周昌涵主编。华中理工大学出版社 1998 年 8 月版。26.3 万字。15.00 元。介绍全国水土保持重点治理区水土流失的成因和危害;水土流失的演变规律;水土保持区划和规划;水土流失的防治措施,如各项工程措施的设计施工、生物措施及树草品种、预防监督和行政措施;流失山地的开发利用等。全书分 3 个部分。第一部分,根据水土保持原理,全面叙述了不同岩性区各侵蚀类型形成的原因、危害和发展规律;第二部分,从总结实践经验入手,论述了水土保持区划和规划的做法,不同流失类型和流失程度的有效

治理方法、技术措施、开发利用和防止产生新的水土流失的途径及措施；第三部分，收集了不同时期的文献和经验总结。（朱霞）

S000020 **中国土壤肥力** 沈善敏主编。中国农业出版社 1998 年 12 月版。74 万字。75.00 元。论述中国及国外土壤肥力研究的进展和成就，中国土壤肥力的现状和发展趋势，并针对中国国情提出了实现中国农业持续发展的土壤肥力管理对策。全书 9 章，系统地论述了中国土壤肥力形成的自然环境条件和人类活动影响；中国土壤有机质及主要养分含量与分布；养分在土壤中存在的形态、转化和影响因素；土壤养分对植物的有效性和评价指标以及养分在农业系统中的转化、循环规律和施入土壤的肥料养分的去向等。作者引入了生物圈研究中关于物质循环，尤其是营养元素生物地球化学循环的理论和研究进展，研究和讨论了土壤中有机碳及植物养分的来源、积聚、迁移和去向等循环过程和控制机理，丰富了土壤肥力形成和发展的基本理论，阐明了中国自然土壤肥力形成的经向和纬向分布的地理规律。同时概述了中国农业中土壤肥力管理改革、发展的历史过程，研究了土壤肥力管理进步对中国农业发展的贡献和近半个世纪以来中国农田土壤肥力的变化和发展趋向，全面总结、评价了中国农业中土壤肥力管理的经验，提出了为实现中国农业持续发展的土壤肥力管理对策和农业中施肥技术体系。（徐蒲生）

S000021 **中国土壤** 全国土壤普查办公室编著。中国农业出版社 1998 年 3 月版。185 万字。180.00元。是在系统整理各省、市、自治区第二次土壤普查成果和吸收 20 年来土壤肥料科研成果的基础上编写而成。全书 5 篇 32 章，117 幅土壤剖面和景观彩色照片，附 1∶1000 万中华人民共和国土壤图。第一篇，土壤形成、分类与分布，共 4 章。简述中国土壤形成的自然地理背景，以及人类活动对土壤发生发育性状的深刻影响。按土壤属性及地理分布，从土壤基层单元逐渐分类归纳，形成以土种为基础单元，土类为基本单元的土壤分类系统。第二篇，土壤类型及其性状，共 12 章。分章简论土纲分布的区域特征、划分指标、所辖土类的共性及重要分异特性。分节阐明土类的面积和垦殖利用情况、分布地理地域；反映成土环境及主要成土特征；例举土壤形态、理化性状和养分状况。第三篇，土壤肥力要素，共 6 章。分述土壤有机质、全氮、磷、钾和 6 种微量元素的区域分异概况及其含量分级的面积；按土壤类型分区及其土地利用特点，分析影响养分含量水平的土壤内在因素和外在条件。第四篇，土壤资源特点与改良作用，共 8 章。全面展示全国土壤普查汇总所获各类土壤资源的数量、质量、利用现状及生产适宜性评价和综合开发利用与治理效果。第五篇，土壤改良利用分区和区域土壤开发与整治，共 2 章。书末附土类亚类中英文对照。（徐蒲生）

S000022 **吉林土壤** 吉林省土壤肥料总站编著。中国农业出版社 1998 年 9 月版。95 万字。114.00元。是吉林省第二次土壤普查的重要成果。全书 5 篇 39 章。第一篇，土壤的形成与分类，共 3 章，主要概述土壤的形成条件、土壤的形成过程、土壤的分类与命名。第二篇，土壤类型与特性，分别叙述火山灰土、山地草甸土、棕色针叶林土、暗棕壤、棕壤、白浆土、黑土、黑钙土、栗钙土、盐碱土、草甸土、新积土、沼泽土、泥炭土、风沙土、石质土与粗骨土、水稻土的分布与面积、成土条件与土壤分类、性态特征、利用与改良。第三篇，土壤性质与土壤肥力，共 5 章，阐述土壤矿物、土壤有机质、土壤酸碱度及离子交换性能、土壤物理性质、土壤培肥。第四篇，土壤养分与施肥，共 3 章，分别叙述土壤氮、磷、钾养分状况和土壤微量元素及合理施肥技术。第五篇，土壤利用与管理，共 11 章，主要讲述土壤利用概况、土壤资源的评价和保护、土壤资源的合理开发利用及分区、中低产田的划分及其改良培肥技术、土壤浸蚀及其防治、泥炭资源及其利用、荒地资源及开发利用、森林土壤资源及其合理利用、草原土壤、参地土壤、土壤污染与防治。（徐蒲生）

S000023 **中国农林昆虫地理区划** 章士美主编。中国农业出版社 1998 年 9 月版。25 万字。48.00 元。分概论和各论两部分。概论阐述农林昆虫地理区划的重要性及其依据，介绍古北界、新北界、东洋界、非洲界、新热带界和澳洲界等全世界 6 大昆虫地理区划的范围及其特点，中国在世界地理区划中所属位置。各论以省、自治区为单位，分别论述其地貌及自然条件、农林昆虫区划概况等。除北京、上海、天津三直辖市外，全国 28 个省、自治区均列入书中。因成书过程中重庆还未成直辖市，所以仍属于四川省。（杨国栋）

S000024 **农业生物工程** 莽克强主编。化学工业出版社 1998 年 11 月版。41.1 万字。30.00 元。对农业生物工程的发展现状和前景作了全面、系统的回顾和展望，并分章介绍了近年来农业生物工程在固氮遗传学、植物直接转化外源基因、农杆菌介导的植物遗传转化、植物组织培养的快速繁殖与脱毒、高等植物中的调节基因及其编码的转录因子、研究稻瘟病真菌的品种特异性的分子遗传方法、植物抗虫育种、植物耐旱耐盐的分子生物学及其基因工程、植物品质改良、动物的基础研究、技术方法、应用成果及农业生物工程产业化问题等。(郭燕)

农业工程、农学

S000025 **农业机械化丛书** 中原农民出版社 1998年12月版。178.4万字。88.10元。包括大中型拖拉机、小型拖拉机、三轮农用运输车、耕种机械、收获机械、植保机械、排灌机械、农用电器等8种。在内容上突出新机型、新技术、新作业方法等;在作者定位上突出有专家学者、有技术推广者、有操作应用者相结合的特点。丛书还充分考虑到读者对象的文化层次,文字表述上以通俗的语言,配以上百个表格、上千幅插图,力求直观易懂。(周军)

S000026 **节水农业新技术** 李英能主编。江西科学技术出版社 1998年12月版。30.2万字。15.00元。总结我国节水农业技术发展的新经验、新成果和新进展。内容包括节水农业的基础知识,农业水资源合理开发利用技术,节水灌溉新技术(如管灌、喷灌、微灌、间歇灌、膜上灌、地下灌等),节水农业与低产田治理,灌区节水管理技术,农艺节水增产新技术,节水灌溉综合技术体系等。

S000027 **旱作农业与节水农业** 张石城等编著。中国农业出版社 1998年3月版。31.6万字。28.00元。根据在干旱和半干旱地区,发展旱作农业与节水农业是一项重要决策的精神,采用以蓄水保墒为中心的旱农耕作技术,坚持农田水利基本建设,合理调整作物结构,大力增施有机肥,以肥调水,提高水分有效利用率。改进灌溉技术,实行经济用水,开发节水灌溉,合理利用和保护水资源等,以开创干旱地区科教兴农、科教扶贫的一条新路子。全书共10章,包括:旱作农业和雨养农业;北方旱地农业耕作技术;山西旱作农业;从水肥土入手夺取旱地高产;旱作农业耕作增产措施;旱地农作物增产栽培技术;节水农业技术;发展节水型农业;农业节水灌溉工程建设;主要作物节水灌溉等。(张兴瓒)

S000028 **中国农村给水工程运行管理手册** 全国爱国卫生运动委员会办公室主编。化学工业出版社 1998年2月版。11.2万字。10.00元。主要介绍农村给水工程运行管理的基本知识与有关要求。结合中国农村给水工程技术特点与操作、维护、管理的实际需要,分别介绍了农村给水工程的系统与安全经济运行、水源管理、取水设施、水质净化设施、机电设备、输配水管网、调节构筑物的运行与维护,分散式给水设施的使用与维护,水质管理,农村给水系统企业管理等。(郭燕)

S000029 **中国农村给水工程规划设计手册** 全国爱国卫生运动委员会办公室主编。化学工业出版社 1998年6月版。54.9万字。35.00元。分24章,主要内容包括农村给水工程的特点、规划设计程序、工艺流程、水源、取水、净化、调节构筑物、水泵与泵房、输配水、水厂总体设计、交配电、财务与经济分析、工程概算、环境影响与评价等。(郭燕)

S000030 **陈子元核农学论文选集** 谢学民主编。浙江教育出版社 1998年10月版。84.5万字。54.00元。收录作者有关核农学的文章116篇。按论文性质分为:研究论文、综述与专论、国内外学术舆论论文。按内容方面区分,全书分为导论篇;基础篇(包括核物理、核化学与放射生物学);技术篇(包括核素放射性测量技术、核素示踪技术及核辐射源装置与辐照技术);核素示踪技术应用篇(包括在植物科学、动物科学、土壤肥料及生物固氮研究和农业生态环境研究中的应用);核辐射技术应用篇(包括核辐射诱变与植物遗传改良、种子繁殖作物的突变育种、无性繁殖植物的辐射育种、突变遗传资源搜集研究利用和保存、昆虫辐射不育技术防治害虫、农产品辐射保藏与加工工艺);最后为资料篇,包括中国核农学发展大事记、核农学各领域的研究成果等。

S000031 **科学种田丛书** 茆寅生、佟屏亚等编。化学工业出版社 1998年1月版。107.4万字。72.30元。共8册。包括怎样种好优质烤烟、怎样种好油菜、怎样种好茶树、怎样种好水稻、怎样种好小麦、怎样种好玉米、柑桔优质高产技术问答、蔬菜施肥与用药技术。(郭燕)

S000032 **蔬菜无土栽培新技术** 蒋卫杰等编著。金盾出版社 1998年1月版。16.6万字。8.00元。由中国农业科学院蔬菜花卉研究所的专家编著。内容包括概述、绿色食品生产的基本要求、无土栽培应用的有机肥及其生产方法、营养液与水质、水培、基质栽培、有机生态型无土栽培、主要蔬菜无土栽培技术、芽菜生产、屋顶菜园与室内无土栽培、二氧化碳的利用、病虫害防治、无土栽培的生产成本与经济效益等13章。本书总结了近几年我国蔬菜无土栽培研究与生产的最新进展,系统地介绍了无土栽培的基

本原理以及番茄、黄瓜、甜瓜、西瓜、生菜等的实用无土栽培新技术和方法。书中附有彩照 51 幅。(沈启新)

S000033 **作物生态育种学** 张旭等编著。中国农业出版社 1998 年 6 月版。61.6 万字。88.00 元。根据作物生长发育的特点与生态条件变化的规律,以及生态条件与品种生育间相互作用的关系,阐述我国水稻、甘蔗、玉米和小麦生态育种的理论与实践。书中提出了不少新观点,填补了我国作物科学的一些空白。尤其是水稻生态育种部分,作者从物质流与能量流的观点出发,科学地揭示了水稻生态因子变化的规律及对水稻生理生化特性和生长发育的变化规律,并阐明了水稻生态因子与品种培育的相互关系,发展了水稻生态学和育种学理论。(范林)

S000034 **植物外源基因转移育种** 郑有良著。四川科学技术出版社 1998 年版。11 万字。6.00 元。以利用生物技术转移植物外源基因,创制新种质,培育新品种为主题,对植物染色体组和染色体操纵、原生质体培养与融合、基因克隆与鉴定、DNA 分子图谱构建、基因工程方法与技术、转基因植物特征特性等方面作了简明系统的介绍。

S000035 **植物抗病育种的流行学研究** 曾士迈等著。科学出版社 1998 年 10 月版。21.80 万字。25.00 元。探讨植物抗病育种和植物病害流行学交叉领域的问题。第一章论述抗病品种选育和推广对作物生态系人工进化的影响。第二章论述抗病性和病害流行规律的相互作用。第三章试用群体遗传学的观点探讨寄主病原物的协同进化和品种抗病性对病原物小种的选择作用。第四章探讨寄生适合度的定义和测定方法。第五章探讨病原物小种动态模型和模拟。第六至第九章逐一讨论水平抗病性、持久抗病性、慢病性的理论和应用问题。第十章研究基因工程可能带来的生态风险。第十一章从较宏观的视角来研究这整个工作的运行和调控,以便有助于不断提高抗病育种的功效和水平。(总编室)

植物保护

S000036 **中国生物防治** 包建中等主编。山西科学技术出版社 1998 年 2 月版。103.6 万字。80.00元。系统地介绍新中国建立 40 多年来,中国农业生物防治科学技术的主要进展。通过对重点专题的详细论述,总结了中国生物防治研究应用的成就和经验,也讨论了存在的问题。重点介绍中国生物防治研究和应用中所取得的突出成就。书中首先对中国生物防治研究现状与展望、生物防治生态学基础作了系统论述,详细介绍了寄生性天敌、捕食性天敌、昆虫病原物、天敌引进等方面的研究和应用。(温洁茹)

S000037 **植物检疫对象检疫与防治** 刘世栋著。辽宁科学技术出版社 1998 年 6 月版。19.5 万字。22.00 元。收集、查阅中国进境植物检疫有害生物选编,中国果树病虫志,中国农作物病虫害等 48 种重要参考文献,800 多幅图片,结合当前国家相关法规、农业生产形势,融合本作者 30 年工作积累的资料及经验而著成。集农业植物检疫应知应会的基础知识、检疫相关要素及图片、检疫对象名录和应施检疫物名单于一体。从 84 种进境一、二类植物危险性病、虫、杂草中筛选出与我国、我省当前农业生产关系密切的 14 种作重点阐述,阐述了 32 种全国农业植物检疫对象(其中 21 种同为进境植物危险性病、虫、杂草)和 10 种辽宁省补充农业植物检疫对象,共计 56 种。书中对每种检疫对象分别叙述其学名、异名、别名、分类地位、分布、寄主、形态特征、危害性、发生规律、调查及检验方法、检疫措施、防治方法,还配置 64 幅检疫对象彩色照片及黑白图。另外,考虑到同一个属的有害生物的检疫、防治方法等有很多相似之处,分类地位都分到属。检疫对象病害部分,侧重于从病原物角度介绍。(刘世栋)

S000038 **中国进境森林植物检疫对象及危险性病虫** 曾大鹏主编。中国林业出版社 1998 年 10 月版。49 万字。60.00 元。从重要的病虫害中挑选 74 种病虫害重点描述。分别记述病害和虫害的中文名称,英文名称,拉丁学名,分类地位,分布,寄主植物,传播途径,病害症状,病菌形态,被害状,昆虫形态特征,生物学特性,病害的发生规律,检验和鉴定方法,检疫处理和防治方法,危害情况及对中国森林植物的危险性评估。在书后附有几种索引,一是根据国家名称检索该国的检疫及危险性病虫,二是根据寄主检索检疫及危险性病虫,三是根据中拉名称检索各种病虫的描述。书后还同时列出了国家公布的禁止进境物、检疫对象和潜在危险性对象名录。(温晋)

S000039 **植病研究方法** 方中达著。中国农业出版社 1998 年 12 月第三版。65 万字。50.00 元(精),35.00 元(平)。分 21 章,详细阐述从研究计划的制订到资料分析、总结报告的写作等每一步骤的做法;从宏观的病害调查、标本采集和保存到微观上的实验室一般操作,包括培养基、灭菌、接种、显微镜的使用与保养、切片和染色、分离与培养的每一环节的操作;还用了6章的篇幅介绍了植物病原真菌、细菌、病毒、线虫、植原体和螺原体以及放线菌等在研究中采用的特殊方法及典型病害的研究实例,并对植病流行学、植病控制、抗病性和致病力的分化的测定等研究方法作了详细的介绍。(张洪光)

S000040　**广西蝗虫**　蒋国芳、郑哲民著。广西师范大学出版社1998年11月版。65万字。对广西蝗虫的种类组成、区系特点、蝗虫的生物学特征、经济意义及防治对策等进行了详细介绍,进行了广西蝗虫的地理区划,并对广西蝗总科6科、蚱总科7科及蜢总科的蜢科共107属236种的形态、鉴别特征及地理分布作了详细描述。该书描述了25个新种,附插图1000余幅。(陈仲芳)

S000041　**中国北方农业害虫原色图鉴**　何振昌主编。辽宁科学技术出版社1998年版。37万字。180.00元。共包括农业害虫252种,彩色照片总计1420张,组成236幅图版。文字部分记载和描述了害虫中文名、英文名、拉丁学名以及分类地位、形态特征、生活习性、为害植物、分布等,并有英文摘要。彩色照片约97%是作者亲自拍摄的。书中关于害虫分区的记载,采用我国以往用过的大区。"北方"主要包括东北(辽宁、吉林、黑龙江三省)、华北(北京、天津两市,河北、山西两省,内蒙古自治区)、西北(宁夏回族自治区,新疆维吾尔自治区,青海、陕西、甘肃三省)。卷末附有害虫中文名,拉丁学名,英文名索引和参考文献。(栾世禄)

S000042　**棉铃虫的研究**　郭予亢主编。中国农业出版社1998年6月版。60万字。98.00元。分11章,主要涉及棉铃虫的形态特征与遗传变异,生物学与生态学特性,化学生态学研究与应用,环境因素与棉铃虫发生的关系,种群动态的预测预报技术,防治指标和防治策略,棉铃虫自然种群生命表及天敌的控制作用,棉花对棉铃虫的抗性及其利用,棉铃虫的抗药性,综合防治的关键技术及棉铃虫研究中常用的统计分析方法等。(杨国栋)

S000043　**榨菜病虫害及其防治**　李新予编著。中国农业出版社1998年2月版.6万字.8.00元。为"榨菜之乡"重庆涪陵市农科所近30年的研究成果,对影响榨菜产量和质量的茎瘤芥菜的主要病害——茎瘤芥菜病毒病和其他病虫害的症状和危害;病原种群组成分布;发病流行规律;芥菜品种及其抗病性;病害预测预报和综合防治等都有详尽论述。编写时以病毒病为主,同时参考了前人的研究成果,对茎瘤芥菜常发的其他重要病虫害;菌核软腐病、细菌软腐病、霜霉病、白锈病、菜蚜、大猿叶虫、黄曲条跳甲、菜螟、菜蛾等,结合产区调查和防治实践进行了简要介绍。(李少先)

农　作　物

S000044　**水稻无融合生殖理论与实践**　蔡得田主编。湖南科学技术出版社1998年3月版。25万字。16.00元。分12章,论述了利用无融合生殖固定杂种优势的设想与策略、无融合生殖水稻材料选育与鉴定的方法、无融合生殖水稻材料的特性与优缺点,利用无融合生殖快速育种的实践与展望等。(彭少富)

S000045　**水稻优质米生产技术与研究**　徐一戎主编。黑龙江朝鲜民族出版社1998年9月版。36.5万字。22.00元。分6节,每一部分由一本日文书刊摘译而成。其6本日文书刊是:田中义郎著《良食味米高产的设想与实际》、农文协编《好吃的米差别在哪里》、佐佐木多喜雄等编写的《优质米稳定生产技术》、佐野俊太郎等编的《米的书》、稻津修的《提高北海道产米食味以改善品质的研究》、菊地治己的《水稻胚乳成分育种学的研究》。每个部分包括优质米生产技术、稻米的知识、改进米质的育种和栽培研究。本书适合中国东北,特别适合黑龙江地区水稻栽培。(崔昌俊)

S000046　**水稻高产节水灌溉新技术**　江苏省水利厅编。南京出版社1998年9月版。8万字。4.00元。在总结江苏省40余年水稻不同灌溉技术,推广几种不同模式水稻节水灌溉技术的基础上,组织许多农田水利科研所,经几年实践,反复研究,编写而成。全书分两大部分,第一部分总论,综述江苏省水稻高产节水灌溉技术的研究;第二部分为江苏省推广的3种水稻高产节水灌溉研究,即水稻浅湿灌溉技术、水稻湿润灌溉技术、水稻控制灌溉技术。本书为"农村致富金钥匙丛书"之一。(张德玲)

S000047　**杨守仁水稻文选**　杨守仁著。辽宁科学技术出版社1998年10月版。40万字。40.00元。收录作者多年来的文章92篇。分上、中、下3编及1个附录。上编"弘扬传统种稻经验"含4个部分,包括"粮食问题及其增产措施与理论"、"对水稻特性的科学阐明"、"对开发和改制问题的讨论"以及"栽培专题讨论";中篇"开拓水稻育种新领域"包括3个部分:"籼粳稻杂交育种的基础研究"、"水稻理想株形育种的基础研究”和“水稻超高产育种的基础研究”；下篇“当前有关学术问题的议论”，包括“籼稻改粳稻的议论”、“常规稻与杂交稻的争议”、“其他重要学术观点”等部分；附录中收录了作者早年对生物统计方面的创新及追忆等。（杨廷郊）

S000048　**黑龙江水稻**　张矢主编。黑龙江科学技术出版社1998年8月版。60万字。50.00元。分上、中、下3篇，即上篇综述，中篇为分学科系统论述，下篇为各稻区的高产模式。全面反映了黑龙江省稻作的历史、现状和发展前景。（常瀛建）

S000049　**冬小麦种质创新与评价利用**　李晴祺等编著。山东科学技术出版社1998年12月版。46万字。60.00元。分4大部分。第一篇是新种质“矮孟牛”的创造和利用研究，以此为范例，展示了以种内杂交为基础的种质创新的技术路线、理论方法和显著成效。第二篇是外源基因在小麦种质创新中的利用，主要是以远缘杂交为中心内容的染色体工程研究成果。第三篇集中阐述了主要目标性状的鉴定、评价和遗传改良，涉及高产性、抗倒性、抗病性、抗旱性、熟相及馒头加工品质等方面。第四篇是小麦种质创新与评价利用中若干问题的探讨，涉猎了多种种质创新途径和评价利用及基础理论研究的进展，并对种质研究作了展望。（张波）

S000050　**四川小麦**　余遥等著。四川科学技术出版社1998年版。72万字。40.00元。共21章，分为7大部分，分别介绍四川小麦生产概况，生态环境和区划；小麦生产的生物学基础和小麦育种的遗传学基础；四川小麦育种历史回顾，种质资源，育种目标和策略，主要育种方法，品种评定和利用；四川小麦种植制度，科学栽培的意义和基本原则，小麦栽培的技术体系，主要麦区高产途径，化学调控的应用，小麦生产机械化；四川小麦的气候灾害及病虫草鼠害的发生和防御；小麦品质加工；小麦生产成本和技术经济评价。本书以作物和环境的统一为主线，高产、优质、高效的协调发展为目标，以影响四川小麦生产发展的关键问题和四川小麦科研和生产上创造的经验为重点加以阐述，同时选择地介绍国内外在小麦研究和生产上的新成果和新技术。（张蓉）

S000051　**玉米杂交种子生产与营销**　周武岐等编著。中国农业出版社1998年5月版。49.5万字。35.00元。重点论述亲本的各种性状与制种的关系，制种与繁种技术及其所依据的理论基础，并对当前种子生产中的某些问题进行了必要的剖析。介绍了120个自交系、63个杂交种与制、繁种紧密相关的性状与技术。全书分5章，主要包括：玉米杂交种子生产基本知识；亲本自交系繁育；玉米杂交种子生产技术——杂交制种；玉米自交系杂交种介绍；玉米杂交种子生产的企业化管理等。（张兴瓒）

S000052　**玉米雄性不育生物学**　李竞雄等著。中国农业出版社1998年6月版。28万字。52.00元。分5章，第一章系统地概括了雄性不育的基础知识和玉米雄性不育类型及遗传，包括细胞质雄性不育和细胞核雄性不育；第二章讲述玉米雄性不育的利用原理和方法，包括细胞质不育的利用、细胞核不育的利用和最新研究的热门课题——工程雄性不育的构建和应用前景；第三章是关于玉米胞质雄性不育的细胞学知识；第四章是关于玉米核不育系统的细胞学，尤其是对超微结构的研究；第五章则是方法学，较系统地讲述了研究雄性不育所涉及的方法和技术。（舒薇）

S000053　**草坪科学与研究**　刘发民等著。甘肃科学技术出版社1998年11月版。35.8万字。36.00元。论述草坪草及其群落生态，草坪土壤管理、营养管理、水分管理、有害生物管理、辅助养护管理和经营管理，盐碱、高低温、践踏及遮阴等不利因素对草坪的影响及其机理，草坪病害研究、虫害研究、杂草研究、田间试验研究和环境控制研究，草坪草育种及人造草坪简况等。（陈学祥）

S000054　**三峡经济植物开发利用100种**　曾林主编、丁耀廷、孟家安副主编。重庆出版社1998年12月版。30万字。15.00元。为三峡库区农民脱贫致富和百万移民妥善安置提供信息和技术。书中收入的经济植物，以野生和半野生为主，也收入了少数栽培品种。对100种经济植物按主要内含物和用途分为淀粉、油脂、芳香油、野菜、果品饮料、纤维、中药、色素、单宁、皂素、树脂（胶）、寄主、园林、饲料、农药等共15类。每种植物又以名称和科属、主要特征、分布与生境、经济价值、采集加工、栽培要点及开发利用等7个方面分述编写。各种植物，除华荆豆、荷叶铁线蕨、甜菊、天麻、茯苓外，均采用《中国高等植物图鉴》的中名和学名。（余国枢）

S000055　**棉花育种学**　潘家驹主编。中国农业出版社1998年8月版。39.4万字。62.00元。是“主要农作物育种学系列”之一。分13章，4个部分：第一部分（1～3章），主要阐述我国棉花品种工作概况及当前存在的主要问题；与棉花育种工作密切相关的棉花性状遗传、种质资源及育种基础知识。第二部分（4～9章），是本书的主体部分，论述不同目标育种的基础理论与育种方法,包括产量育种、品质育种、棉花枯黄萎病抗病育种、低酚棉育种、短季棉育种、抗虫育种。第三部分(10～12章),介绍棉花育种的特殊手段,包括杂种优势利用、雄性不育性的利用,以及生物科学高新技术,如基因工程育种、分子标记和分子标记辅助育种等。第四部分(13章),阐述了棉花良种繁育的有关问题。(范林)

S000056 **花生育种学** 孙大容主编。中国农业出版社 1998年7月版。38.3万字。68.00元。共20章,分别论述花生的起源、传播和中国花生的栽培史,花生的产区、生态区划和育种目标,花生的品种资源、分类,开花生物学,花生育种的遗传学基础,引种、系统选种、杂交育种和辐射育种等方法和技术,抗病、品质、抗旱育种的生物学基础,区域试验与良种繁育,并对野生花生资源及其利用分别作了综述。本书全面反映了国际上花生遗传育种的概貌和新进展,对我国半个世纪,尤其是80年代以来的有关花生遗传育种领域各个方面的科研进展作了概括。一些章节的内容有所创新,如中国的花生栽培史早于哥伦布发现新大陆的1942年;中国的龙花生是除南美洲原产地以外,西方国家尚未栽培利用过的品种类型,说明中国龙花生并非通过白人引入的;抗细菌性枯萎病的遗传、机制和抗源利用、育种成就居世界前列。对花生品种资源的研究、鉴定、评价的结果作了全面介绍。对花生属野生植物资源的研究利用,首次在本专著中作了系统的报道。(张兴瓒)

S000057 **芦荟的妙用** 赵永新、顾文祥著。上海科学普及出版社 1998年4月版。15.6万字。14.00元。描述芦荟在药用、美容、保健和食用等方面的妙用及其使用注意要点,并附有芦荟的盆栽技术、大棚栽培技术和露地栽培技术等。(张建德)

S000058 **裂叶沙参种群生态学研究** 张文辉著。东北林业大学出版社 1998年8月版。30.4万字。16.00元。是作者连续5年对裂叶沙参进行全面野外调查与室内研究的成果总结。全书共12章,主要以近缘广布种泡沙参为对照,从种群生态学角度系统论述了裂叶沙参种群的地理分布、生存环境、分布格局、种间关系、数量动态、种子成苗、生长发育、生殖生态学、传粉生物学等方面的主要规律,阐明了导致裂叶沙参种群濒危的外在因素和内在机理,建立了刻画种群动态的预测模型,提出了相应的保护策略和对策。(卜彩虹)

园　艺

S000059 **广西农业名特优品种资源** 广西壮族自治区农业区划办公室编。广西人民出版社 1998年10月版。34.2万字。60.00元。共收入广西农业名特优品种资源448个,其中:粮油类50个,甘蔗类12个,茶果类107个,蔬菜类69个,畜禽类44个,水产类43个,林业类25个,药材花卉类57个,野生动植物类28个,其他13个。每个品种按"知名度"、"原产地及现分布地域"、"品种主要特征、生长环境"、"开发现状"、"开发前景分析"进行撰写。此外,书中还附有118幅彩色插图。(马丕环)

S000060 **大白菜无公害高效栽培技术** 王学成等编著。山东科学技术出版社 1998年12月版。6.1万字。4.50元。"燎原教育丛书"之一。在浅述大白菜的植物学特征、生理学特性与栽培的关系的基础上,围绕无公害栽培,以提高经济效益为目标,按先进、实用、实效、实际的原则,通俗地介绍了大白菜的茬口安排,春、夏大白菜及秋季早、中、晚熟栽培技术,大白菜一代杂交种的繁育技术,大白菜病虫害防治。(张波)

S000061 **甘薯育种学** 陆漱韵等编著。中国农业出版社 1998年6月版。36.5万字。58.00元。分13章,论述国内外甘薯生产与育种的成就与展望;阐述甘薯的起源、进化、分类,甘薯组植物的交配不亲和性、花器构造、开花生理以及块根的形成和膨大规律;专述了甘薯种质资源的收集、保存、鉴定、评价、创新和利用等;根据甘薯作物的特点,详细论述了品种间杂交育种的亲本材料的创新和选配方法、杂交方式、诱导开花和结实以及实生系世代的选择等;近缘野生种的利用途径;全面深入论述了产量育种、品质育种、抗病虫育种、耐逆性育种,以及甘薯生物工程的研究现状、发展趋势等等。(张兴瓒)

S000062 **四季野菜** 刘正才等编。四川科学技术出版社 1998年5月版。22万字。10.00元。著者特搜集常见野菜148种,按春、夏、秋、冬四季顺序编排,将每种野菜列出其通俗名、学名、图形(黑白插图),中医所说的性味、功效,现代科学分析所说的营养成分、药效成分,以及烹调技艺、食用方法、防病治病经验、有关野菜养生的轶闻趣事等。书尾附有"野菜营养索引"和"野菜主治病症索引"。(谢增桓)

S000063 **华南蔬菜栽培实用技术** 杨暹主编。广东经济出版社 1998年2月版。21.4万字。12.00

元。介绍华南蔬菜栽培现状、现代蔬菜施肥技术、华南蔬菜无公害栽培技术、华南蔬菜反季节栽培技术、华南蔬菜设施栽培技术以及华南地区野生蔬菜资源的开发利用等。全书分6章，综合反映了当前华南地区现代蔬菜栽培的最新实用技术，包括具有热带、亚热带特点的遮阳网覆盖栽培、地膜覆盖栽培、塑料大棚蔬菜栽培、玻璃温室的无土栽培以及利用自然环境条件进行的蔬菜反季节栽培等。（曾莹）

S000064 **名特优新蔬菜栽培** 韩嘉义著。云南科学技术出版社1998年版。35万字。9.80元。把传统的经验与现代先进科技结合起来，集作者从事蔬菜教学、科研及推广30余年的经验编写而成。内容包括栽培、良种、采收、包装、运输、营销等。（刘康）

S000065 **特色蔬菜栽培新技术** 赖芳兰、华建良编著。江西科学技术出版社1998年12月版。12.2万字。6.80元。作者根据当前蔬菜生产和市场发展的需要，将近年来从国外引进的蔬菜、我国各地驯化栽培的野生蔬菜、具有特殊风味和保健功能的蔬菜、能出口创汇的传统蔬菜，以及反季节蔬菜共30种加以一一介绍。书中介绍了每种蔬菜的形态特征、营养价值、类型和品种、对环境条件的要求、栽培技术、贮藏保鲜加工技术。

S000066 **晚熟蔬菜栽培技术** 林德清编著。重庆大学出版社1998年3月版。10万字。3.70元。收入“中国农村文库”。介绍蔬菜晚熟栽培的原理与技术；蔬菜保护地育苗与露地育苗技术；番茄、辣椒、茄子、黄瓜、冬瓜、南瓜、西瓜、丝瓜、甘蓝、花椰菜、豇豆、大白菜、莴笋、萝卜、芹菜等15种主要蔬菜的生长发育特性、对环境条件的要求、蔬菜晚熟栽培技术和增产措施。重点介绍了各种蔬菜的优良品种、栽培季节、播种适期、培育壮苗和合理施肥等综合配套技术；主要蔬菜病虫害的种类、特点及防治措施，并介绍了多种治虫防病的低毒高效新农药。（李淑芳）

S000067 **蔬菜栽培实用技术** 刘世琦等编著。金盾出版社1998年12月版。38.3万字。16.50元。主要内容包括：蔬菜栽培基本知识，白菜类、根菜类、葱蒜类、绿叶菜类、茄果类、瓜类、豆类、薯芋类、多年生蔬菜、水生蔬菜、无公害蔬菜栽培技术，蔬菜病虫害防治等。书后还附有“蔬菜种子的重量、每克种子粒数和需种量”参考表。（姜衍霖）

S000068 **蔬菜栽培新技术手册** 张钟灵等编著。重庆出版社1998年3月版。29.5万字。13.00元。采用90年代蔬菜栽培最新技术资料，结合重庆地区蔬菜生产实际和作者多年技术成果推广经验编著而成。全书分12个部分，包括：蔬菜育苗新技术（从大宗蔬菜到名、特、优、稀、野各类蔬菜不同品种的栽培新技术，如塑料棚、遮阳网膜、地膜覆盖栽培和无土栽培等）；蔬菜栽培制度；蔬菜病虫害防治；无公害蔬菜生产技术规程；蔬菜采后商品化处理等。最后一个部分列出了蔬菜生产常用数据附表24个。突出新品种、新技术和新设施；主要部分列表介绍。（余国枢）

S000069 **中国大白菜** 刘宜生主编。中国农业出版社1998年8月版。68.5万字。110元。主要总结了我国自50年代以来大白菜的重要科研成果和丰富的栽培经验。全书从大白菜的起源、进化和传播讲起，详细阐述了大白菜在我国的发展历程以及起源于我国的根据；介绍了大白菜的植物学特征和生物学特性，以及环境条件对大白菜生长和结球的影响；评介了中国丰富多彩的大白菜种质资源的利用价值；阐述了大白菜品种选育及杂种优势利用的理论依据，深入介绍了大白菜各种性状的遗传规律；对全国7个大白菜产区逐个列出了各自的自然条件和栽培技术，最后两章还对大白菜采后贮藏以及病虫害防治作了详尽的理论分析。书后附有78幅彩图。（石飞毕）

S000070 **新编食用菌栽培丛书** 王传福等编。中原农民出版社1998年11月版。47万字。23.80元。包括《平菇优质高产栽培新技术》、《香菇优质高产栽培新技术》、《草菇优质高产栽培新技术》、《鸡腿菇优质高产栽培新技术》、《双孢蘑菇优质高产栽培新技术》、《黄背木耳优质高产栽培新技术》6种，介绍其栽培管理、制种、采收、保鲜、加工及病虫害防治技术等。（江伯勋）

S000071 **中国香菇栽培新技术** 杨瑞长编著。金盾出版社1998年8月版。16.1万字。9.00元。系统地介绍中国香菇栽培简史、生产现状与发展前景，生长发育形态与生长条件，菌种生产技术，块式栽培、人造菇木栽培、菌包栽培、代料栽培、稻麦秸秆屑栽培、周年栽培等6种技术及增产技术，香菇13种病害、6种虫害及其防治方法，分级采收、保鲜包装及干制贮存，生产基本设备及设施。（刘真文）

S000072 **中国野生果树** 刘孟军主编。中国农业出版社1998年8月版。65.3万字。88.00元。分总论和各论两大部分。总论部分包括中国的野生果树种质资源及其开发利用现状和展望，野生果树的主要化学成分和利用价值，野生果树种质资源的调查收集保存和评价，野生果树的栽培化，野果的采收和贮运及野果的加工利用等内容。各论部分重点介绍了从全国1000多种野生果树中筛选出的分属于44科72属的90种代表性主要野生果树，内容包括中文名称、英文名称、拉丁学名、分类地位、植物学特征(附图)、生物学特性、种质资源和分布、化学成分和利用价值、繁殖和栽培化技术要点、采收和贮藏技术、加工利用技术以及开发现状和展望等，附录部分还对全国已知的1000多种野生果树的中、英、拉名称及其分布和利用价值作了简介。(王琦瑢)

S000073　**名特优水果丛书**　浙江省农业厅经济作物管理局、浙江省农业科学院园艺研究所主编。浙江科学技术出版社1996～1998年分册出版。90万字。56.00元。系统介绍各种水果的生产现状与前景，发展各种水果应具备的条件，主要品种的特征、特性和适栽地区，优质丰产栽培技术，主要病虫害的防治，自然灾害的防御，以及部分树种的采后商品化处理技术等，同时附有各种果树的周年管理农事历。共11册，包括《草莓栽培技术》、《葡萄栽培技术》、《杨梅栽培技术》、《果梅栽培技术》、《枇杷栽培技术》、《梨栽培技术》、《桃栽培技术》、《李栽培技术》、《柿栽培技术》、《猕猴桃栽培技术》、《脐橙丰产栽培技术》。

S000074　**梨园全套管理技术图解**　唐勇主编。山东科学技术出版社1998年6月版。17.5万字。9.50元。详细介绍梨园管理中的全套技术，包括育苗、建园、土肥水管理、整形修剪、病虫害防治等。(王玉龙)

S000075　**中国果树志·李卷**　张加延、周恩主编。中国林业出版社1998年2月版。48.00万字。90.00元。阐述李的经济价值和科研概况，李树栽培历史、李属植物、中国李树的地理分布及其资源状况、李的生物学、李树农业技术特点、加工和贮藏、李砧木资源及其区划。重点阐述了李品种资源681份，并对其形态特征、生物学特性、来源、果实的经济性状和生物学性状进行了详细描述，对其栽培、育种价值进行了评价。书中还记载了李的一些优系和20份杂种李。(朱崇胜)

S000076　**哈密大枣**　新疆科技卫生出版社(K)1998年2月维文版。10万字。9.00元。包括哈密大枣的栽培史和发展状况，哈密大枣的经济价值与药物作用以及生态作用和社会效益，还有它的特性和对自然环境的要求，枣树苗的栽培技术，嫁接方法，建立枣园等，大枣的丰产措施及枣树常见病虫害防治技术和大枣的采收、晾干、贮藏、加工等内容。(艾尼瓦尔)

S000077　**中国果树志·荔枝卷**　吴淑娴主编。中国林业出版社1998年2月版。30.00万字。60.00元。介绍荔枝的价值和科研进展、中国荔枝栽培史、荔枝的地理分布、荔枝的原产地及分类、荔枝的形态特征和生物学特性、荔枝栽培及贮藏加工要点、荔枝品种分类。重点阐述了荔枝种质资源222份，对其形态特征、生物学特性、产地及来源、果实性状进行了详细记载，并对其栽培育种价值进行了评价。(朱崇胜)

S000078　**中国兰花全书**　陈心启、吉占和编著。中国林业出版社1998年3月版。56.8万字。70.00元。内容有：兰花文化和历史；形态特征与生物学特性；兰花的地理分布；中国产的所有兰科中各属的介绍，包括属下的种；兰属植物的专门介绍；世界各国热带兰名品介绍；兰花的叶艺与花艺；栽培与管理；繁殖技术；病虫害及其防治；兰花的命名与登录；兰花的商业贸易与资源保护；兰花的国际组织机构与其他有关信息。书后附有附录，包括：兰科人工杂交属及其亲本名录；兰科杂交属及非杂交属属名缩写对照表；兰科野生属小词典；词汇注释；中国兰科植物分属检索表。还有本书的兰花的中文名索引和拉丁学名索引。(陈英君)

S000079　**中国名花丛书**　上海科学技术出版社1998年11月版。选择我国广泛栽培的8种传统花卉——兰花、梅花、月季、杜鹃花、水仙花、牡丹、荷花、菊花，以专题形式，每本书介绍一种花。每册均扼要介绍花卉的形态特征、生态条件、品种分类等基本知识；对每种花卉的拉丁学名、科属地位都作了具体介绍；各册的重点是介绍有关花卉的来龙去脉、生长习性、繁殖方式、栽培措施、采种技术以及实际用途等内容，并配以形态图及操作插图。(刘宗达)

S000080　**中国盆景艺术大观**　韦金笙主编。上海科学技术出版社1998年9月版。160.00元。总论部分介绍中国盆景的特色、中国盆景的历史、中国盆景的分类、中国盆景的鉴赏等内容；各论部分具体介绍扬派、川派、通派、徽派、苏派、岭南派、海派、浙派等各种风格、流派盆景的艺术特色和制作经验；赏析部分精选了各种风格、流派的典型盆景代表作品200多帧，并配以简洁的赏析文字，全面展示了中国盆景瑰丽的艺术特色。(刘宗达)

S000081　**中国野生花卉图谱**　程绪珂主编。上海文化出版社1998年9月版。98.00元。介绍90科、400余种野生花卉，是我国一批保护、研究、繁育植物资源的科学工作者、园林专家，历时7年，从全国各地的崇山峻岭、悬崖峭壁、峡谷密林、田间溪畔拍摄大量照片，再经过研究后精选出来的，有些物种还具有重要的科学、经济、文化价值。（何聿光）

S000082　**百种花卉养·赏·用**　高世良编。北京科学技术出版社1998年4月版。38万字。28.00元。共介绍120多种常见花卉的的释名，形态特征，生长特性，栽培技术，发展历史，名花古树，故事传说和有关每种花卉历代名人墨客所作诗歌。并从实用的角度描述了每种花的功用。书末附录了世界各国的国花表，中国各省市、自治区省花、市花表。并附有节日礼品花表。（耿万义）

S000083　**花卉学**　鲁涤非主编。中国农业出版社1998年10月版。57.1万字。26.00元。分16章。前8章为总论，介绍的是花卉的分类与分布、栽培与环境的关系、栽培设施、繁殖方法、栽培技术、花期控制、花卉装饰、生产经营管理等；后8章为各论，分别介绍一二年生、宿根、球根、多浆类、观叶类、兰科、水生和木本花卉的产地、习性、栽培等。书后附有书中提到的所有花卉的拉丁学名和中文名索引。（石飞华）

S000084　**现代花艺设计**　刘飞鸣、邬帆著。中国美术学院出版社1998年4月版。3万字。96幅图。78.00元。花艺设计也可称为广义的插花艺术，它包括器具插花、无器具插花、花篮、花束、桌花、环境花饰、人体花饰、商品花饰、大型花饰造型等等。书中的每件作品都凝聚着作者丰富的想象力，他们通过植物材料的点、线、面、体的巧妙组合；色彩、光线、道具、环境的合理处理；主题、意蕴的神化表达，将作品完美地呈现在观众面前，使插花艺术升华到一个新的境界。（王东平）

S000085　**家庭花卉精品丛书**　王意成编。江苏科学技术出版社1998年1月版。20万字。40.00元。分为《球根花卉》、《观叶植物》、《多浆花卉》、《观赏花木》4册，每册选76种花卉，以一花一页的版式，逐个介绍，配上彩图，做到图文并茂。该丛书在花种类选择上，做到了“老”、“新”结合。“老”是指常见和传统的种类，家庭普遍栽培的为本书的核心部分。“新”是当今国际上十分流行畅销的种类以及有发展前途的种类。在撰写体例上，依次介绍其特性、繁殖方式、栽培要领以及如何欣赏摆放等。（郁宝平）

S000086　**世界名贵茶花**　高继银等主编。浙江科学技术出版社1998年9月版。17.5印张。198.00元。以介绍国际上公认的、符合中国茶花爱好者欣赏习惯的国内外茶花名贵品种为重点，系统介绍723个佳种，加上附录中的124个品种，总计有847个品种的描述；同时，本书还吸收了世界各国茶花研究和生产中的新技术、新理论，论述了茶花发展史、原始种、栽培、繁殖、育种、病虫害防治、利用等诸方面的内容。

S000087　**杜鹃属三亚属种子形态研究**　陈训著。贵州科学技术出版社1998年5月版。25万字。25.00元。是系统地利用扫描电子显微镜对杜鹃属(Genus Rhododendron)中3亚属，常绿无鳞杜鹃亚属(Subgenus Hymenanthes)、有鳞杜鹃亚属(Subgenus Rhododendron)和映山红亚属(Subgenus Tsutsusi)的5组39亚组，138种34变种3变形，计214个分类群种子形态研究的总结。包括分类检索、形态描述、分布与进化等。其中的一些种子形态的扫描电镜观察为首次报道。（苏北建）

S000088　**中国盆景流派技法大全**　彭春生主编。广西科学技术出版社1998年8月版。29.5万字。180.00元。书中介绍的“桩景创作十八法”、“山水创作十二法”，系统地总结了桩景和山水创作的基本技法和宝贵经验，特别介绍了各种风格、流派产生的自然条件、历史条件、文化条件、代表人物以及这一风格、流派的主要技法和代表佳作。（王晓红）

S000089　**景观植物造园应用实例**　薛聪贤编著。浙江科学技术出版社1998年6月版。13印张。108.00元。介绍常用的造园植物、景观设计方法、植物布局方式和色彩以及造园实例等。共收录造园实景照片500余帧，精简的文字记录了景观植物在造园应用上的各种重要资料。

林　业

S000090　**中国林业标准汇编**　中国标准出版社编。中国标准出版社1998年版。合计993万字。为满足林业各行业对标准的需求，同时为便于各级质量管理和检验部门对产品的抽查和检验，中国标准出版社对1997年底以前发布的全部现行有效的林业国家标准和行业标准进行了分类汇编。共8卷9册：综合卷，营造林卷，人造板卷，林业机械卷（上下册），人造板机械卷，种苗卷，木材与木制品卷，林产化工与林特产品卷。（周俞斌）

S000091　**甘孜州树木地理及资源**　贺家仁、彭基泰主编。四川科学技术出版社1998年4月版。37.5万字。30.00元。阐明甘孜州森林分布的地带性、森林类型的空间格局和森林资源现状与特点，探讨树木区系的地理成分、地理分区及基本特点，论述主要树木的地理分布，筛选出有经济价值的17类树木资源，提出了树木经营管理意见，并附有标明分布区的树木名录。(何光)

S000092　**江苏森林**　黄宝龙主编。江苏科学技术出版社1998年9月版。48万字。46.0元。介绍新中国建立以来，江苏森林资源的培育和利用状况、林业生产实践经验和林业科研成果。如南方型速生杨的引种推广、里下河地区林农复合生态系统的营建、沿海综合防护林体系的建设、徐淮平原高标准农田林网的建设、大丰麋鹿保护区的建立、松材线虫病的防治等等。全书计11章47节，论述了江苏森林的主要类型及其分布、形成、发展过程、利用前景，并重点阐述了江苏自然保护区珍贵、稀有、濒危树种，森林鸟兽和主要病虫害防治等方面的内容。书后还附有46幅彩照，江苏森林资源分布图，植物中名、拉丁名对照表，主要林木病虫害和鸟兽名录。(周兴安)

S000093　**绿色的梦——树**　联合国教科文组织亚洲及太平洋地区文化中心著。湖南少年儿童出版社1998年2月版。4.5印张。9.80元。是从人文的角度切入的有关亚太地区森林生理机制和生态环境的有明确的环境保护意识的知识读物。全书分5个章节，分别介绍亚洲及太平洋地区珍奇树木、森林的分布情况、生长特点、使用价值、人类行为导致的森林现状以及人们如何以各种方式保护森林的事迹。(蔡皋)

S000094　**云南珍稀濒危树种生态生物学研究**　张茂钦著。云南大学出版社1998年10月版。79万字。65.00元。作者选择不同纬度、不同海拔的3个明显不同的环境，对云南百余种珍稀濒危树种进行迁地栽培研究，通过20余年的观测、比较，找到了一套系统、科学、实用的保存、保护云南珍稀濒危树种的理论和方法。本书分两大部分，在"总论"中，阐述一些珍稀树种濒于绝灭的原因，迁地保护的重要意义，栽培地选择原则等；在"各论"中，详述42个珍稀濒危树种在3个不同栽培点的生长发育繁殖规律。与新环境的适应情况，并分别提出了为更好地保存、保护这些物种可采取的利用途径及其发展区划。(王登全)

S000095　**东北森林氮素营养的生态学**　副名：土壤环境、树种行为及氮营养生态位。崔晓阳著。东北林业大学出版社1998年12月版。18万字。15.00元。以数量—形态—空间—时间为主线，对森林土壤矿质(氮)营养环境和森林树种的矿质(氮)营养行为及营养生态位进行了探索。全书分3部分，第一部分论述森林土壤氮素营养环境的数量特征、化学构成及时空动态规律；第二部分提出了森林树种矿质营养行为的概念，并对一些主要树种吸收养分的空间(土壤空间)和吸收氮素的时间(季节)、数量、形态等生态特征及种间分异进行了深入探讨；第三部分在提出树种矿质营养生态位概念的基础上，对主要树种吸收养分(氮)的时空生态位进行了定量预测。(卜彩虹)

S000096　**中国飞播造林四十年**　《中国飞播造林四十年》编委会编。中国林业出版社1998年11月版。57万字。38.00元。由原林业部、财政部、中国民用航空总局、中国人民解放军空军共同编辑出版，总结了我国40年飞播造林建设成就和经验。全书包括总论、地方篇、部门篇和附录4部分。对中国飞播造林的发展历程、地位与作用、理论基础、基本经验、技术措施、前景展望和国外飞播造林发展概况均做了翔实介绍。(哈都尔)

S000097　**山地防护林水土保持水文生态效益及其信息系统**　王礼先、解明曙主编。中国林业出版社1998年3月版。32万字。25.00元。系国家"八五"重点研究专题的主要研究成果。全书分4章。第一章对国内外防护林水土保持、森林水文生态作用以及森林水土保持、水文生态效益评价方法、评价指标及其信息系统的研究进行了综述。第二章介绍了本专题研究试验基地湖北宜昌县下岸溪小流域的自然社会经济概况和以建立从坡面径流泥沙观测小区到流域水文泥沙观测的山地防护林体系水土保持、水文生态效益监测系统为基础的研究技术路线与研究方法，同时阐述了山地防护林水土保持、水文生态效益研究成果与分析。第三章系统地对不同林分林冠截留、不同土地利用条件下的坡面降雨入渗、坡面径流、壤中流、坡面侵蚀产沙、径流水质等进行了对比研究与模拟模型的建立，并在流域尺度上论述了森林变化对径流、泥沙、水质的影响。第四章介绍了包括图形数据库、模型库、属性数据库的山地防护林水土保持水文生态效益信息系统的开发以及模型参数提取，利用该信息系统预测下岸溪流域防护林水土保持水文生态效益。(牛玉莲)

S000098　**中国三北草木繁殖与利用**　李建树主编。中国林业出版社1998年4月版。204万字。180.00元。由林业部三北防护林建设局和林业部西北规划设计院组织有关专家、教授、科技工作者，依据国内有关三北地区众多植物研究成果和三北防护林体系建设的经验及其积累的资料，历时5年编撰而成。全书编入三北地区种子植物159科1185属6700多种，插图2000余幅，以科的顺序排列，每种植物除有中名、学名、别名外，还逐一综合论述了形态、分布、繁殖和用途。书后附有部分用语浅释和植物名称索引。（丁宇真）

S000099 **神奇美丽的神农架** 陈咏良编。湖北美术出版社1998年9月版。276幅图，0.55万字。398.00元。分为青山碧水、植物王国、药材宝库、珍禽异兽、山情掠影、探奇揽胜6篇。（张咏）

S000100 **应用火生态** 郑焕能等编著。东北林业大学出版社1998年5月版。14万字。12.00元。主要介绍应用火生态原理，应用火的方法与技术，应用火生态系统工程，火在减灾防灾、营林、农业生产、畜牧业生产、野生动物保护等方面的应用，以及林火与自然保护的关系。本书是依据系统论的观点，把火作为森林生态系统中的一个重要的生态因素来研究，使得野外用火更加规范合理。（卜彩虹）

S000101 **中国主要人工林树种木材性质** 鲍甫成、江泽慧等著。中国林业出版社1998年1月版。95万字。120.00元。是在国家"八五"科技攻关课题《短周期工业用材林木材性质研究》的研究成果基础上著述而成。该研究历时5年，前后发表了研究论文100多篇，完成了从辽宁、吉林、黑龙江、内蒙古、云南、贵州、四川、广东、广西、湖南、湖北、江西、福建、江苏、浙江、安徽、山东等省（区）采集的杉木、马尾松、云南松、湿地松、火炬松、日本落叶松、长白落叶松、中林三北1号杨、柠檬桉、兰考泡桐10种人工林木材和杉木、马尾松、长白落叶松、云南松4种天然林木材的幼龄材与成熟材及人工林与天然林木材解剖性质、化学性质、物理性质和力学性质的研究；完成了不同遗传结构人工林木材包括杉木76个种源、火炬松31个种源、美洲黑杨6个无性系、白桦5个种群等118个品系木材性质变异规律的研究；完成了不同栽培措施包括间伐强度、施肥处理、土壤类型、种植密度和立地条件对杉木、马尾松、湿地松、火炬松、日本落叶松、尾叶桉、北京杨、毛白杨、I-69杨、昭林6号杨、赤峰36号杨11种人工林木材性质影响规律的研究；以及杉木、马尾松、云南松、湿地松、火炬松、长白落叶松6种人工林木材性质早期预测的研究。研究涉及的内容包括41个测试项目。通过大量的试验研究，著者从木材解剖、化学、物理、力学各方面全面揭示了我国人工林木材材性特点及其幼龄材与成熟材、天然林木材与人工林木材的材性差异规律；从种源、种群、无性系各层次上揭示了我国主要人工林树种在不同遗传结构层次上的材性变异规律；从不同立地条件、种植密度、间伐强度、施肥方法、土壤类型等方面揭示了栽培措施对人工林主要树种木材材性影响规律；从木材株内自身生长发育阶段的材性变化规律提出了我国主要人工林树种木材材性早期预测方法；从木材物理力学和化学性质出发，探讨了人工林树种木材材性对制浆和制胶合板的适应性及其优化工艺条件。（徐小英）

S000102 **中国森工采运技术及其发展** 史济彦等编著。东北林业大学出版社1998年12月版。41万字。37.00元。回顾并总结了新中国成立之后50年来的森工采运技术发展过程，完整地描述了中国森工采运的技术及其发展。阐述了中国森工采运的采伐方式与更新方式、木材生产方式与作业方式、原木产品的加工、集材、木材陆运、木材搬运与装卸。（卜彩虹）

S000103 **木材商品与缺陷图鉴** 姜长金著。云南科学技术出版社1998年版。16万字。60.00元。介绍我国木材市场交易的558种木材，同时又把国家木材缺陷的10大类80多种，直观地介绍给读者。（侯德勋）

S000104 **木质材料计算机视觉分析** 王金满编著。东北林业大学出版社1998年12月版。19.8万字。16.80元。系统论述计算机视觉技术在木质材料科学研究中的基本理论和最新研究成果。全书分上下两篇，上篇阐述图像处理、模式识别和机器视觉技术的基本理论与方法。下篇是计算机视觉技术在木质材料科学研究中的具体应用实例，主要包括以下几个方面：木质材料解剖特征与物理力学性质分析、木材解剖特征FFT变换及演化模式、木材表面粗糙度检测、刨花板胶合性能与机理研究、纤维板和华夫板胶合性能评定、木材表面缺陷的识别以及板材等级评定等。（卜彩虹）

S000105 **中国木材研究** 李坚主编。东北林业大学出版社1998年12月版。38.2万字。38.00元。重点描述中国重要商品材树种木材的物理力学性质及超微结构；观察和记载了珍稀树种和重要商品木材的解剖特征；分析了木材的化学成分；测定了木材的物理、力学和力工性质；测验和分析了木材的视觉环境学特性；阐述了火烧原木的保存技术和落叶松木材开发利用的新途径。（卜彩虹）

S000106 **中国热带南亚热带果树** 农业部发

展南亚热带作物办公室组编。中国农业出版社 1998 年 5 月版。59 万字。48.00 元。分 3 部分:绪论概述我国热区的范围、生态环境、果树生产现状,指出今后一个时期热区果树发展应采取的策略和措施。热区果树重点阐述近 50 种果树的特性、品种、栽培、贮运、加工要点及发展前景。另外介绍 46 种其他果树及资源。每种附有形态线条图并有彩色图片 73 幅。另附有热区各种果树营养成分表,热区果树主要科研、教学、生产、加工及营销单位一览表,几种主要热区果品分级评选标准表。(刘俊峰)

S000107　**百树图**　马元浩摄影。上海古籍出版社 1998 年版。112 页。108.00 元。作者凭着对树的挚爱,多年来上山下沟进湾赴藏,在雁荡山、黄山、四川海螺沟、香港浅水湾、青藏公路、五道梁、长江源头、念青唐古拉、西藏北部等地寻觅而得。本书以百余幅树景、树境、树趣的照片,表现树的造化之美,让你在领略树的兴衰枯荣、千姿百态的同时,感受树身、树枝、树根、树叶的生命律动。(顾美华)

S000108　**江苏树木大观**　方寅主编。江苏科学技术出版社 1998 年 1 月版。20 万字。18.50 元。分森林巡礼、国之瑰宝、万木之冠、树木寻踪、丽树名花、奇树异木、宝树藏珍、古树名木、林特名产 9 个部分。全面系统地介绍江苏古、大、珍、稀、奇树木资源和与之关联的人文资源;诠释了江苏"树文化"的历史和现状;反映了土地肥美、雨水充沛、地处植物资源北退南进的江苏大地森林树木资源的沧桑变迁;记录了人与森林休戚与共的紧密关系,从一个侧面描绘了江苏社会、经济、文化的发展轨迹。书后附有一百多幅精美照片,并附有树木的中文名与拉丁名对照表。(钱路生)

S000109　**中国油桐**　方嘉兴、何方主编。中国林业出版社 1998 年 11 月版。60 万字。60.00 元。是对我国油桐"六五"、"七五"国家攻关专题研究成果的系统总结。在全国油桐分布区自然条件分析研究和种质资源普查的基础上,提出我国油桐地理分布、栽培区划、立地分类评价,并整理出我国油桐品种资源;通过油桐植物形态特征、解剖结构、生长习性的系统研究,叙述油桐生长发育特性;根据植物遗传学基本原理,论述油桐遗传特性、育种途径及良种繁育技术;运用系统管理理论,全面阐明油洞丰产林高效经营技术;在探清油桐主要病虫害发生发展规律的同时,提出了有效的综合防治技术;依据桐油独特的化学性质,系统介绍桐油深加工及发展趋势,指出开发新产品、新用途的广阔前景。(丁宇真)

S000110　**材用竹资源工业化利用**　辉朝茂、杨宇明等编。云南科学技术出版社 1998 年版。38 万字。98.50 元。是"云南竹种资源及主要材用竹种材性和快速繁殖技术研究"成果,经补充、完善后编写而成,以地区性专项研究为基础,延伸到全国性的生产开发,把专项研究理论和广泛的生产实践相结合,促进竹类科技成果的产业化,繁荣竹类研究与发展竹产业。(刘康)

畜牧、动物医学、狩猎、蚕、蜂

S000111　**实用兽医兽药丛书**　江苏省畜牧兽医学校等编著。中国农业出版社 1998 年 6 月版。110 万字。107.2 元。共 10 册。有综合性的基本知识和技术,如《兽医消毒技术》、《兽医操作技巧 250 问》、《畜禽及其产品检疫技术》和《兽医常备药物及其使用》,既介绍了一些传统的经典兽医技术,又有各位作者多年临床经验的总结,并对现在出现的新技术、新兽药进行了重点叙述;也有针对养殖场、散养户的兽医专门技术,如《猪病简明诊治技术》、《鸡病简明诊治技术》、《兔病简明诊治技术》、《犬猫疾病诊治与护理》和《家禽疾病诊断与治疗技术》,介绍每种动物疾病的诊治方法和技巧,每册书以动物解剖系统分章,以症状分节,在简要分析各种症状可能发生的病因和机理之后,重点介绍了鉴别诊断方法及防治措施,并编列了一些类症鉴别诊断表格,以方便读者阅读和操作;最后,还有《兽医卫生行政执法及应诉技巧》,介绍了兽医卫生行政执法工作与应诉技巧方面有关知识。(黄向阳)

S000112　**全国普及百项农业实用技术(彩色挂图)**　中国科学技术协会普及部、中国农学会编。中国农业出版社 1998 年 3 月版。300 幅图。62.00 元。共有 5 种挂图,分养殖类和种植类。养殖类挂图包括《鸡病诊治彩色挂图》、《鸭病诊治彩色挂图》、《猪病诊治彩色挂图》和《兔病诊治彩色挂图》。每种挂图介绍一种畜(禽)在生产中经常发生的疾病,以彩色实物图片显示各种疾病的临诊症状和剖检特点,同时辅以简洁、通俗的文字说明,并在文中简介了每种病的防治措施。种植类挂图有《新型芽苗菜(种芽菜)生产技术彩色挂图》,主要介绍了芽苗菜的种类、种植方式和栽培技术。(黄向阳)

S000113　**名贵动物养殖丛书**　吴宝成等编著。广西民族出版社 1998 年 9 月版。选出国内正在兴起或具有开发潜力、经济效益较高的名贵动物蚂蟥、蚂蚁、斑蝥、蝎、蜗牛、鲍鱼、蝴蝶、巴西翠龟、黑叶猴等70多种。按动物的主要用途分《名贵药用动物养殖技术》(8.20元),《名贵食用动物养殖技术》(8.80元),《名贵观赏动物养殖技术》(7.30元)3册介绍。每种动物不仅介绍了饲养管理、繁殖技术、生物特性、采收加工等饲养方面的技术,还介绍了其经济价值及市场行情、销售渠道的信息。(尹福建)

S000114 **农畜产品增产节约机制与资源优化配置** 黄不凡等著。科学出版社1998年7月版。30万字。24.00元。分两篇共11章,主要对农业自然资源合理配置、农业生产结构优化调整、粮食作物及经济作物的生产潜力和增产节约机制、畜牧水产业的生产潜力和增产节约,以及不同类型地区农畜产品的增产节约与资源合理开发利用等问题进行了较深层次的科学研究。(总编室)

S000115 **特种养殖新技术50种** 郭武备主编。中国三峡出版社1998年11月版。30.5万字。21.80元。收入53个养殖项目,分兽、禽、水产、虫4大类,对养殖对象的生活习性、笼舍制作、养殖方法、疾病防治等诸方面作了详细说明,并附有各地近百家能够提供种源和技术咨询的特养户名录。(李莹莹)

S000116 **牛奶漫谈** 副名:奶牛和牛奶的故事。陆东林编著。新疆科技卫生出版社(K)1998年8月版。5万字。5.00元。介绍牛奶的生产过程、营养价值、加工工艺、卫生指标、保健功能、饮用方法等知识。作者从古今中外,依据科研成果和大量事实,分篇讲述了奶牛是"人类保姆",牛奶是"仙家美酒"、"保健功臣"、"养分仓库",酸奶是"长生饮料",牛奶可"强身益智","一杯牛奶可强壮一个民族",还介绍了"饮奶常识"、"乳中奇葩"和牛奶的"用多益广"等等;向人们宣传了牛奶是大自然赐予人们的最理想的天然食品。(刘新丽)

S000117 **秸秆养牛技术** 党佩珍等编著。江西科学技术出版社1998年12月版。20.8万字。12.00元。介绍秸秆种类、特性、饲用价值、加工处理方法及提高秸秆利用率的途径,并重点介绍了秸秆养牛饲养技术和典型日粮配方。

S000118 **中国养鹿大成** 赵世臻、沈广主编。中国农业出版社1998年10月版。70万字。50.00元。内容主要包括总论、畜牧篇和兽医篇3部分。总论部分主要介绍中国鹿的分类、种类和分布,以及鹿的解剖生理特点及生理学特性。畜牧篇主要介绍鹿的繁殖、育种、饲料、饲养管理、鹿茸、鹿产品的收获与加工、鹿场建设、鹿场经营管理等。兽医篇主要介绍鹿病预防措施,鹿传染病、寄生虫病和普通病的防治。附有彩色插图19幅。(刘振生)

S000119 **养羊技术指导** 阿扎提译。新疆科技卫生出版社(K)1998年8月柯文版。5.8万字。5.00元。内容包括:绵羊和山羊业产品,羊的品种,育种,繁殖与饲养管理等。(阿扎提)

S000120 **养猪生产** 加拿大阿尔伯特农业局畜牧处等编著,刘海良主译。中国农业出版社1998年8月版。68万字。100.00元。介绍加拿大养猪生产各环节的科学技术,包括遗传育种、繁殖、营养、饲料、饲养管理、环境卫生、猪舍建筑及设备、疫病防疫体系建立等,对养猪企业的管理和猪产品的市场营销也作了详尽的介绍。

S000121 **第六届猪消化生理国际学术会议论文集** 四川农业大学动物营养研究所译。四川科学技术出版社1998年1月版。85万字。55.00元。自1979年以来,"国际猪消化生理专题讨论会"每3年举行1次,是世界各国研究猪的营养和消化的专家们的国际例会。本次会议在德国杜默尔斯托夫召开。蛋白质、氨基酸的消化和吸收,是本次会议的主题。会议由德国农畜生物研究学会主办,因此会议论文被收入《农畜生物研究学会丛书》(3～4)刊出。本书共收入论文110篇,分5部分:第一部分,消化与吸收,44篇;第二部分,产期的发育,17篇;第三部分,微生物与消化,16篇;第四部分,营养的调控,27篇;第五部分,以猪为模型研究人的消化生理,6篇。(敦俊铨)

S000122 **瘦肉型猪高效快速饲养技术** 周梅卿等著。四川科学技术出版社1998年版。10万字。5.80元。既有从猪的品种、杂交利用到饲料饲养的系统基础知识介绍,又有紧密结合养绪生产实际,可供操作使用的实用技术内容,诸如各类猪的饲养管理实用技术,猪饲料配方技术,典型饲料配方推荐,猪配合饲料标准等。特别是对广大农家传统养猪日粮及营养盈缺的分析,更有助于养猪户联系实际,采取对策,提高科学养猪生产水平。(何光)

S000123 **高效养兔新技术** 俞子灿等编著。山东科学技术出版社1998年12月版。17.8万字。8.00元。根据农民的需要,详细介绍家兔的品种、繁殖技术、营养需要和饲料的加工与调制,各类家兔的饲养管理技术和四季养兔法,还介绍了兔场的场址选择、兔场的规划与布局、兔场设计、兔笼的构造与设备。为了帮助农民提高养兔的经济效益,本书还介绍了提高兔毛、兔肉生产的技术措施、兔肉初步加工技术、兔皮及其鞣制和兔粪的利用,以及养兔业的成本核算、经营管理方法等。为减少养兔业的损失,根据农民的实际情况,介绍了家兔传染病、寄生虫病、普通疾病和产科疾病的防治方法。(杨靖)

S000124　**肉狗快速饲养技术**　舒邓群等编。江西科学技术出版社 1998 年 6 月版。14 万字。7.00 元。"科技兴农精选丛书"之一。分肉用狗种的选择与狗的生活习性、肉用狗舍建筑与养狗设备、肉狗的饲养技术、肉狗的管理技术、肉狗的繁殖技术、肉狗疾病防治技术等 6 章介绍肉狗快速饲养技术。书后附有狗的常规生理指数、肉狗的屠宰方法、狗玉。

S000125　**养鸡实用技术**　韦颂汉著。上海科学普及出版社 1998 年 6 月版。22 万字。10.00 元。介绍肉用鸡、蛋用鸡的饲养管理技术。全书主要内容包括:概述,鸡的品种,鸡体的结构及其功能,鸡的繁殖,鸡的性状遗传,鸡的选择,鸡的选配及配种方法、鸡的繁育方法及良种繁育体系,鸡的育种,鸡舍建造及设备用具,鸡的营养需要,饲料添加剂,饲养标准及饲料配方,种蛋孵化,蛋用鸡、肉用鸡的饲养管理,种鸡人工授精技术,养鸡场的综合卫生防疫和鸡病防治等。(张建德)

S000126　**养禽常用数据手册**　辽宁省畜牧技术推广站编。辽宁科学技术出版社 1998 年版。64 万字。32.00 元。收集 1979 年到 1997 年出版的有关家禽饲养、研究及其相关学科的图书、期刊等文献资料,从中挑选 700 余组最常用的数据,编成本书。书中收录的数据涵盖了家禽生产和科学的各个方面的环节,种类上有蛋鸡、肉鸡、鸭、鹅和特禽,以鸡为重点,涉及的内容包括生理解剖、品种、遗传、繁殖、饲料、营养、孵化育雏、禽舍建造、设备与环境、家禽产品、禽场经营管理、家禽疾病病原、家禽疾病诊断、家禽免疫、家禽疾病药物治疗等。(寿亚荷)

S000127　**禽虫典**　蒋廷锡等编著。上海文艺出版社 1998 年 11 月版。200 万字。120.00 元。是《古今图书集成·博物汇编》中的一部分,共 192 卷,汇集中国历代有关禽虫文化的各种诗文、轶事、典故等。有关禽虫的概念,大致可分两个方面:一是现实中的动物和禽类,一是幻想中的动物和禽类。现实中的有牛、羊、犬、豕、鼠、猫、兔、鹿、狐、豺、狼、虎、豹、象,亦包括蚊、蝇、蚯蚓、蚂蚁、蜈蚣等等;幻想中的有凤凰、麒麟、鹔鹴、獬豸、驺虞、貘、罴、貔等等。此书类别分为:总论、释名、纪事、汇考、艺文等,资料均来自古籍。(徐华龙)

S000128　**鸡病高效防治指导**　黄玉林、孟祥选编。中国三峡出版社 1998 年 5 月版。14.9 万字。18.00元。"高效养殖新技术丛书"之一。详细说明鸡病检查技术、鸡病防治用药知识,从及各种常见病的识别与防治知识。(李莹莹)

S000129　**鸵鸟养殖与疾病**　王宗焕等编著。内蒙古科学技术出版社 1998 年 3 月版。15 万字。14.90 元。主要对鸵鸟的品种,生理解剖特点,生存环境及生活习性;鸵鸟养殖场的建设,鸵鸟人工孵化、育种,饲养管理技术;鸵鸟各种疾病的预防、诊疗,利用鸵鸟生理生化参数进行常规监测等内容作了详细的介绍。(那顺)

S000130　**兽医诊疗常规**　郭成裕、刘辉等编。云南科学技术出版社 1998 年版。72 万字。28.00 元。内容包括兽医常用药物 243 种,猪、马、牛、羊、犬、猫、兔及各种家禽的各种疾病 430 种,外科手术 30 种,兽医法规 2 条。(刘康)

S000131　**猪病高效防治指导**　于锐、张金明编。中国三峡出版社 1998 年 5 月版。13.3 万字。18.00元。"高效养殖新技术丛书"之一。着重介绍猪病的诊断与检查,以及各种常见病如病毒性传染病、细菌性传染病、寄生虫病、非传染病的症状和治疗方法。详细说明了健康饲养、环境消毒、药物预防等猪病预防的知识。(李莹莹)

S000132　**猪常见病诊断与肉品检验图谱**　蔡宝祥、郑明球主编。上海科学技术出版社 1998 年 7 月版。9.1 万字。彩图 190 幅。30.00 元。分两大部分:一是常见病的眼观病变和诊断,有细菌、病毒性传染病和寄生虫病 41 种,简述其病名、病性、特征、病原体、发病季节、不同病型和剖检病变及实验诊断方法;二是生猪屠宰前后的卫生检验程序与处理,以及所见主要传染病的病变。本图谱采用图文对照的形式。书中收集彩图 190 幅,其中体表和内脏病变图 157 幅,病原体(细菌、病毒、寄生虫)图 30 幅。不少病变彩图,如肠系膜水肿、猪瘟、猪水疱病等和寄生虫病、卫生检验剖检均为作者和国内同行多年的科研成果。(李箕康)

S000133　**脊椎动物资源及保护**　胡锦矗、吴毅著。四川科学技术出版社 1998 年版。30 万字。18.00 元。第一部分为大熊猫的生态学研究,包括大熊猫的放归与保护、种群生存力分析、空间分布格局和生态环境选择;第二部分为珍稀动物保护资源及保护管理措施,主要介绍对小熊猫、林麝、白头叶猴、金丝猴、藏马鸡等珍稀动物的种群密度、繁殖、行为、资源

现状及保护管理等;第三部分为其他资源动物及保护的介绍,包括鼠类、翼手类及鱼类的年龄结构、资源现状等。(牛非)

S000134 **漫长的路** 副名:1980—1997 年在大熊猫中间。潘文石著。江苏科学技术出版社 1998 年 6 月版。25 万字。14.80 元。介绍作者在 1980 年至 1997 年间,为了真正了解大熊猫的野外生活习性,考察大熊猫生存所必需的特殊生态环境,带着几名助手从四川的卧龙地区辗转陕西秦岭山地,跟踪大熊猫群体,置身于大熊猫中间,吃在深山老林中,住在山洞帐篷里,研究和保护"国宝"的故事;叙述了他和助手们在长达 17 年的野外考察中,所遇到的种种困难、挫折和取得成功的经验,获取了大量宝贵的第一手资料的不寻常经历;揭示了大熊猫独特的觅食行为、繁殖生育的特异性、小熊猫的成长经历以及神秘有趣的熊猫社会群体关系等;同时又深入探讨了大熊猫在日益人工化了的新环境中继续生存、不断适应、传宗接代的问题。作者明确指出:大熊猫濒临灭绝的危险已经是一个无可争议的现实,但是,如果能够各方协力,采取更加果断而灵活的措施,争取大熊猫的继续生存还是很有希望的。(孙连民)

S000135 **动物营养参数与饲养标准** 张宏福、张子仪编著。中国农业出版社 1998 年 6 月版。65 万字。38.00 元。内容主要包括饲料分类、中国饲料成分及营养价值表、饲料养分生物学效价、世界各国和地区饲养标准和典型饲料配方等。此外,在书中还摘要概述了现代动物营养学的基本知识、有关计算方法及互换公式等内容。(刘振生)

S000136 **实验动物饲养管理和使用手册** 王建飞、陈筱侠译,徐兆光、刘瑞三校。上海科学技术出版社 1998 年 10 月版。10.4 万字。7.50 元。分 4 章。第一章重点介绍研究机构的政策和职责,对动物的管理和使用的监督,评估时的注意事项,兽医护理,人员的资格和培训及职业保健和安全;第二章主要叙述有关动物本身的物质环境条件、行为管理、饲养及群体管理等方面的规定;第三章论述兽医护理工作以及值班兽医的职责,并包括动物的采购和运输、预防医学、外科手术、疼痛、镇痛和安乐死术等方面的规定;第四章论述总体布局,包括各职能部门和结构安排的指导意见,并介绍了保暖通气和空调系统及无菌手术设施等内容。最后为附录,主要附有有关的组织机构、若干联邦法规、公共卫生服务政策等。(李箕康)

S000137 **北京动物园文集** 北京动物园主编。中国农业大学出版社 1998 年 7 月版。81.7 万字。50.00 元。汇集 160 多篇论文,分为 5 大部分。包括饲养、管理、繁殖、兽医、疾病诊治、兽医麻醉、动物生化及动物园环境配置等内容。涉及的动物有大熊猫、川金丝猴、朱鹮、褐马鸡、大鸨、亚洲象、中美貘、美洲虎、红腹锦鸡、鸵鸟、猎豹、红面猴、袋鼠、白熊、牦牛、巨蜥、蛇、东北虎、食火鸡、绿尾虹雉等。对各种动物从移地保护、生殖繁衍、饲养管理到疾病诊治都有详细论述。(冯雪梅)

S000138 **茸鹿饲养新技术** 郑兴涛、邴国良主编。金盾出版社 1998 年 5 月版。19.9 万字。11.00 元。由中国农业科学院特产研究所的专家结合他们的科研成果和实践经验编写而成。内容包括中国的茸鹿、茸鹿的生物学特性和生长发育特点、鹿场的建设、茸鹿的营养需要及饲料、茸鹿的饲养管理、茸鹿的驯化放牧、茸鹿的繁育、鹿茸、收茸、鹿茸的加工技术、鹿副产品的加工、鹿产品的质量鉴定与贮存、鹿病的防治等 13 章。附有彩色照片 38 张。(沈启新)

S000139 **经济蛇类的养殖与利用** 白庆余等编著。金盾出版社 1998 年 8 月版。14.8 万字。7.50 元。介绍蛇类的生物学特性、蛇场建设、蛇的饲养管理、蛇的繁殖、蛇的疾病防治、蛇类的综合利用,以及蝮蛇、蕲蛇、金环蛇、银环蛇、乌梢蛇、蟒蛇和脆蛇等的养殖方法。(钟焕廷)

水产、渔业

S000140 **高效淡水养殖技术** 马荣棣等编著。山东科学技术出版社 1998 年 12 月版。11.2 万字。7.00 元。介绍红螯螯虾、罗氏沼虾、青虾、彭泽鲫、美国青蛙、中华绒螯蟹、中华鳖等水产珍品的生活习性,基本养殖技术,人工繁殖技术,养殖过程中的注意事项等。在介绍基本技能的前提下,适当介绍新品种、新技术、新成果。对发展水产高效养殖的新途径,也进行了深入地探讨。包括以繁殖为主,鱼苗、鱼种、食用商品鱼混养模式;一年养两茬鲤鱼模式;微流水池塘养殖优质鱼模式;庭院养鳖模式;鱼、珠、蚌混养模式;池塘精养罗非鱼模式等。(于军)

S000141 **水产养殖新技术** 宁夏农业建设委员会编。宁夏人民出版社 1998 年 11 月版。20.8 万字。10.00 元。介绍建鲤、彭泽鲫、团头鲂、银鱼、斑点叉尾鮰、南方大口鲶、虹鳟鱼、尼罗罗非鱼、淡水白鲳、革胡子鲶的生物学特性、鱼苗种的培育和成鱼的养殖。作者又介绍了鱼病的防治知识。如鱼病害的种类、鱼类发病的观察、鱼病发生的原因和施药应注意的事项。除鱼类新品种的养殖外，甲壳类新品种养殖、两栖类新品种养殖和爬行类新品种的养殖也有所述及。如青虾、罗氏沼虾、中华绒螯蟹、牛蛙、美国青蛙、中华鳖的养殖。为了提高水产养殖的经济效益，作者还介绍了水产养殖新方法和新技术。书中有黑白线条图 18 幅。(孙立明)

S000142 **龟鳖虾蟹高效养殖** 周仰璟、周云昕编著。重庆出版社 1998 年 11 月版。14.9 万字。8.50 元。“农村水产养殖实用技术丛书”之一。系统介绍龟、鳖、虾、蟹的生物学特性，并在此基础上着重介绍了这几种养殖对象的人工繁殖技术、控温加温等高效饲养管理技术以及病害防治方法，对其捕捞、运输和加工方法也作了扼要介绍。(余国枢)

S000143 **中国淡水主要养殖鱼类种质研究** 李思发等著。上海科学技术出版社 1998 年 2 月版。35.4 万字。50.00 元。是国家科学技术委员会下达的国家“八五”科技攻关专题的淡水鱼类种质资源人工库研究的子专题总结。主要介绍鲢、鳙、草鱼、青鱼、团头鲂、兴国红鲤、散鳞镜鲤、方正银鲫、尼罗罗非鱼和奥利亚罗非鱼的形态特征、生长性能、繁殖性能、生化遗传、核型、DNA 含量、营养成分进行了详尽的比较研究和种质分析，提出了它们的种质标准，并介绍了研究的方法和手段。所选择的 10 种研究用鱼，既有我国生产上的当家鱼，也有遗传育种的材料。研究样本取自然水域的原种或保存良好的良种，代表性强。总测定的鱼尾数达 10000 尾以上，测定数据达 30 万以上。在研究时采用了统一标准方法，多学科相结合，测定的样本多，分析时又采用了国内外先进仪器设备。(张雪娟)

S000144 **黄鳝高效益养殖技术** 周碧云、薛镇宇编著。金盾出版社 1998 年 9 月版。8.80 万字。4.00元。从黄鳝的基本特征、黄鳝的人工繁殖、黄鳝养殖方法、黄鳝饵料的采集与培养、黄鳝疾病防治、野生黄鳝的增殖与捕捞、黄鳝的暂养与运输、黄鳝的食用与药用等方面介绍黄鳝的养殖技术。(钟焕廷)

S000145 **最新海水养殖技术丛书** 张群乐主编。青岛海洋大学出版 1998 年 10 月版。95.1 万字。52.00 元。共 8 本。《海水鱼类养殖技术》系统地介绍海水鱼类养殖的基础知识，并分别介绍真鲷、黑鲷、牙鲆、红鳍东方鲀、石斑鱼、鲻鱼、梭鱼、海马、美国红鱼、大菱鲆等鱼类的人工育苗和养成技术，以及常见病的防治。《海水虾蟹类养殖技术》系统地介绍虾类和蟹类养殖的苗种生产和养成技术。《海水贝类养殖技术》分别介绍牡蛎、扇贝、珠母贝与珍珠、贻贝、蚶、缢蛏、蛤仔、文蛤、鲍等 15 种贝类的采苗、人工育苗、养成和加工技术。《海参海胆增养殖技术》系统介绍刺参、海胆的生物学特性和增殖、育苗、养殖及加工技术。《海水生物饵料培养技术》概要介绍光合细菌、微藻、轮虫、卤虫等常用生物饵料的培养条件和培养方法。《海水鱼虾蟹贝病害防治技术》专门论述海水养殖动物疾病发生的原因和常见病的鉴别及防治技术。《海水养殖场设计与施工技术》论述海水养殖场的场址选择和规划设计的原则，介绍了育苗场和养殖场的设计原理和方法。《海水养殖动物营养与饲料配置技术》系统地介绍营养与配合饲料的现状和发展趋势，以及营养生理及饲料的质量控制。专门介绍了鱼、虾、蟹、贝等经济动物的饲料组成及推荐配方。(魏建功)

T 工业技术

工业技术

T000001 **中国质量认证指导丛书** 丛书编委会编。中国计量出版社 1998 年 5 月版。163.1 万字。139.00 元。包括《中国质量认证制度》、《质量保证模式导论》、《质量体系文件编制指南》、《质量体系审核方法与实践》、《中小型企业质量体系的建立与实施》、《质量改进实施指南》、《技术状态管理实施指南》7 个分册，全面讲述中国质量认证工作的管理体制、组织机构、运作要求和具体实施方法及程序。(洪伟)

T000002 **湖南省志·第九卷·工业矿产志·电子工业** 湖南省地方志编纂委员会编。湖南人民出版社 1998 年 9 月版。33.3 万字。28.00 元。收入“湖南省志丛书”。记叙湖南电子工业发生、发展的历史情况。(郭平)

T000003 **“863 计划”成果推广指南** 辽宁省科学技术委员会编。辽宁科学技术出版社 1998 年版。21 万字。15.00 元。我国自贯彻邓小平 1986 年 3 月批示制定的中国高技术研究发展计划(简称“863 计划”)以来,取得了一批具有国际水平的成果,突破了一批关键技术。1996 年 4 月召开的“863 计划”十周年工作会议期间,举办了成果汇报展览会,展出了高新技术成果 319 项,展览会在国内科技界产生了强大反响。同年 6 月初,国家科学技术委员会等和辽宁省人民政府联合在沈阳举办了“863 计划”十周年(民品部分)赴辽宁展览会。在这样的背景下,辽宁省科委得到国家科委等单位的大力支持,组织编写了本书。该书介绍整个“863 计划”的历史、现状和未来;收录 300 多项有产业化前景或可对接研究的项目,其中包括较成熟成果、进入中试成果、研究中项目及待研究项目。(栾世禄)

一般工业技术

T000004 **构建未来的高新技术丛书** 胡海棠等主编。科学出版社 1998 年 7 月版。90.00 万字。73.00 元。讲述航天技术、海洋开发技术、信息技术、生物技术、军事技术、新能源技术、环保技术、激光技术、新材料技术和自动化技术。分 10 册,分别为:(1)共圆航天梦——人类伟大的壮举;(2)蓝色海洋的召唤——开发海洋;(3)生存在信息环境中——信息技术;(4)叩开生命之门——生命科学探秘;(5)现代战争所展现的——新式武器;(6)生存之源——探求新能源;(7)为了子孙后代——环境保护技术;(8)神奇之光——无所不能的激光技术;(9)重新架构一切——新材料;(10)人类手、脚、脑的延伸——自动化新技术。(童安齐)

T000005 **制造系统性能分析建模——理论与方法** 李培根著。华中理工大学出版社 1998 年 6 月版。31 万字。16.80 元。阐述用于制造系统性能分析的建模理论和方法。重点介绍马尔可夫链模型、排队模型、存储模型、Petri 网模型以及模拟模型。对于各种模型在制造系统性能分析中的应用,均以例说明。此外对于制造系统的柔性、可靠性和集成度的度量,亦作较详尽的介绍或讨论。全书荟萃了国内外在这方面的最新研究成果,亦包含作者自己的成果。(陈晓娟)

T000006 **相似工程学** 周美立著。机械工业出版社 1998 年 6 月版。26.7 万字。25.00 元。主要介绍:相似学原理的应用、相似系统理论与实践、相似分析、相似模拟、相似系统设计、相似制造工程、相似虚拟技术、相似管理工程、仿生智能工程、生态相似工程、社会系统相似工程等方面应用的原理与实现方法。书中解决的主要问题有:(1)如何运用相似学的基本原理和方法,解决科学实验和工程技术问题。(2)如何运用相似规律,探索自然界未知的相似奥秘,增加人类认识自然的理性知识。(3)如何将自然系统的经济优化原理应用于组织管理和工程实践。(4)如何将一个系统的成功经验与方法,应用于另一个系统中去。(王虹)

T000007 **有限单元法原理与应用** 朱伯芳著。中国水利水电出版社 1998 年 10 月第二版。91.3 万字。80.00 元。系统阐述有限单元法的基本原理及其在工程中的应用问题,包括弹性力学平面问题和空间问题、薄板、薄壳、厚板、厚壳、弹性稳定、塑性力学、大位移、断裂、动力反应、徐变、岩土力学、混凝土与钢筋混凝土、流体力学、热传导、工程反分析、仿真计算、网格自动生成、误差估计及自适应技术。本书在第一版内容的基础上,适当删减,并增加 70% 的新内容,注重结合工程实际,提出了新的计算方法。如并层算法、分区异步长解法等。(阳森)

T000008 **工程中的浑沌振动** 冯奇、沈荣瀛著。上海交通大学出版社 1998 年 12 月版。24.7 万字。17.00 元。阐述非线性动力学的许多基本概念和近年来的发展,着重介绍浑沌振动的识别方法和数学建模,并通过汽车齿轮传动的工程实例说明浑沌振动的具体建模方法。全书共 7 章:导论,非线性动力学基本概念,浑沌振动的识别及几种浑沌模型,离散动力学,分形和分维,随机浑沌,应用实例。(倪华)

T000009 **工程塑性理论** 张行、吴国勋编著,徐秉业审。北京航空航天大学出版社 1998 年 7 月版。32.3 万字。15.00 元。内容分为两大部分。第一部分介绍塑性理论的基本内容,包括屈服准则、本构关系、简单问题解答、滑移线场理论以及极限分析理论。第二部分是为满足结构与机构设计需要而设置的特殊内容,包括硬化材料构件在单调与循环载荷作用下,在无应力集中与有应力集中情况下弹塑性问题的封闭解法以及弹塑性稳定问题。(王小青)

T000010 **安全人机工程** 石金涛等编著。上海交通大学出版社 1998 年 2 月版。20.1 万字。

12.00元。共4篇:第一篇安全人机工程原理;第二篇生理学、心理学原理在安全人机工程中的应用;第三篇系统原理在安全人机工程中的应用;第四篇人一机系统的安全分析方法。本书在突出安全人机工程的边缘科学性质的同时,也突出安全人机工程的应用性和可操作性。(戴柏诚)

T000011 **1945年以来的设计** [英]彼得·多默著,梁梅译。四川人民出版社1998年10月版。15万字。18.00元。作者是英国当代作家和展览组织者,专门研究20世纪的设计和实用艺术。1992年,因他有关设计和制作的实用和理论技巧在皇家艺术学院获得哲学博士学位。本书是其对现代设计发展多年研究的成果,主要介绍二战后,由于经济和技术的发展以及人们观念的变化对设计的影响。书中既有发展和观念变化过程的介绍,也有作者自己的观点和看法,并配有非常丰富直观的图片资料(图片170幅)。对设计领域的后现代现象作客观和翔实的描述。(李洪烈)

T000012 **现代设计辞典** 王宪荣主编。北京理工大学出版社1998年版。51.2万字。23.00元。阐述广义工业设计学科的分类与设计方法以及与工业设计相关的学科,诸如人类工程学、材料学、工艺学、色彩工程学、艺术学、美术与设计的思潮与流派、设计师与设计团体等有关专业名词与术语。本书主要以产品设计与传播设计为主进行撰写。鉴于工业设计的性质以及作为工业设计师应具备的知识与技能,本辞典将选录有关工业设计的分类与设计方法,以及与工业设计直接紧密相关的各学科领域的条目800余条,分10章进行阐释与介绍。(总编办)

T000013 **工程材料学** 王晓敏著。哈尔滨工业大学出版社1998年5月版。38.9万字。19.80元。是热处理、铸造、锻压、焊接各专业的技术基础课教材,系"材料科学与工程丛书"之一。主要介绍钢的合金化基础、构件用钢、机器零件用钢、工具钢、不锈钢、耐热钢及高温合金、金属材料的加工工艺性能、高分子材料、陶瓷材料、复合材料。其特点是:根据学生已有的材料科学的基本理论、概念和现象,建立整体统一的概念和体系,阐明它们之间的内在联系;在讲授金属材料时,紧紧围绕材料的化学成分、组织结构和性能的关系,阐述各类材料的基本特征,改善材料性能的技术途径以及合理使用材料的原则和方法;讲授非金属材料时,重点讲授材料分类、性能特点和应用范围,并适当讲授各类材料的强韧化机制。(黄菊英)

T000014 **中国工业材料大典** 海钦等编著。上海科学技术文献出版社1998年10月版。709万字。414.00元。分上、中、下3卷,分黑色金属、有色金属、非金属3类介绍其用途、规格、成分、性能以及技术要求等内容。本书有3大特点:一是其选材和编排严格以现行技术标准(绝大部分以国家标准)为依据;二是收录工业材料达2000余种,规格近万种,按冶金、化工、建材、轻纺等大类有序编排。三是所收集的资料在技术名称、符号,特别在计量单位上都各不相同,现采用新旧并用的方式,编者将大量的数据逐个换算对照,既坚持了法定计量单位的地位,又兼顾到历史延续性,便于读者利用原有知识去掌握新技术、新品种。(高学贤)

T000015 **材料评价的高分辨电子显微方法** [日]进藤大辅、平贺贤二合著,刘安生译。冶金工业出版社1998年8月版。30万字。20.00元。分4章介绍高分辨电子显微方法的原理、实验方法在材料中的应用及周边技术。第一章介绍高分辨电子显微像的成像原理、方法的理论基础和计算公式;解释了高分辨显微像的衬度特征及像的计算机模拟的具体方法。第二章叙述高分辨观察的实际方法,介绍实际操作中注意事项。第三章介绍对各种晶体缺陷及陶瓷、超导氧化物、有序合金等的观察方法,并对图像作了解释。第四章叙述对从高分辨显微像引出的结构信息的处理方法及定量解析的新技术。(张卫)

T000016 **中国工业材料大典(下)——非金属** 海钦等编著。上海科学技术文献出版社1998年11月版。225万字。138.00元。内容包括:化工产品,涂料,塑料,橡胶,石油及其制品,工业用纺织品,耐火、隔热保温材料,石棉制品,木材,玻璃,水泥及其制品,云母,层压制品,浸渍纤维制品,石墨、炭素材料,皮革及人造革,纸张及纸板,胶粘剂和密封材料,土建材料,磨料与金刚石。(高学贤)

T000017 **高分子材料** 魏秀贞编。兵器工业出版社1998年8月版。38.7万字。24.00元。以高分子化合物的结构与性能为基础,阐述高分子化合物与各种加工助剂之间相互作用的规律,介绍高分子材料的性能、加工和应用特性以及有关高分子材料改性技术等理论与实践知识。全书分8章,包括绪论、塑料材料、塑料加工助剂、高分子复合材料、聚合物共混材料、功能高分子材料、其他高分子材料(橡胶材料、纤维、胶粘剂和涂料)及高分子材料的老化与防护等。还简单地介绍了目前已经发展成具有一定规模的功能高分子材料,对于高分子材料的最大弱点——老化问题，从老化的特征、老化的原因、老化的机理到老化的防护措施均作详细的叙述。本教材全面地执行了国家关于量和单位的有关规定。（张凤英）

T000018 **纤维增强复合材料** 王善元、张汝光等编著。中国纺织大学出版社 1998 年 11 月版。50 万字。30.00 元。阐述增强纤维、基体及其界面的性能，聚合物基复合材料成型加工，复合材料性能和结构设计，混纤和纺织结构复合材料，金属基和陶瓷基复合材料以及纤维增强复合材料的试验。特别对增强纤维、复合材料的性能和结构设计，混纤和纺织结构的预制件进行较详细的讨论。（俞丽琼）

T000019 **激光加工工艺手册** 关振中编。中国计量出版社 1998 年 6 月版。94.4 万字。48.00 元。分 9 篇，介绍激光加工基本原理、激光器、激光机床和激光在打孔、切割、焊接、硬化、刻划、熔覆、毛化、表面强化、非晶化等方面的应用，以及激光加工质量检测和安全防护的各种标准。（洪伟）

T000020 **薄膜技术及应用** 孙承松主编。东北大学出版社 1998 年 8 月版。集薄膜原理与制造技术于一体，着重阐述薄膜的基本概念、基本理论和薄膜制备方法的基本原理，也讨论了薄膜制备中有关的工艺及应用问题。全书分 8 章，内容包括：薄膜技术基础、真空蒸发镀膜、真空溅射镀膜、其他物理气相淀积方法、化学气相淀积技术、薄膜图形形成技术、薄膜技术应用、薄膜检测等。（刘淑芳）

T000021 **商品包装概论** 尹章伟著。武汉测绘科技大学出版社 1998 年 7 月版。2.8 万字。19.50 元。共 10 章，主要阐述包装的概念、功能及研究对象，讲述包装材料、包装容器的选用、包装技术、包装性能试验、包装机械设备、包装印刷、包装标准化、包装设计和商品运输包装标志等内容。书后附有彩图。（谢群英）

T000022 **中央空调** 何耀东、何青主编。冶金工业出版社 1998 年 4 月版。63.4 万字。39.00 元。从中央空调的冷负荷计算与设计参数的选取入手，叙述中央空调的各种典型设计与运行方式，以及各种民用建筑和工艺厂房中央空调的设计、运行和维修；各种空调设备，冷源设备，制冷站以及风系统和水系统管网的设计、安装调试、运行管理与维护检修等。全书包括 11 章内容和 26 个附表。（纪晓津）

T000023 **制冷系统热动力学** 陈芝久等著。机械工业出版社 1998 年 5 月版。24.9 万字。20.00 元。作者以动态、分布参数及参数间定量耦合的新观点，以“微元法”来考察、研究制冷装置与空调系统，建立数学模型，并对系统实现计算机动态仿真，进而对制冷装置和空调系统进行优化和计算机辅助设计分析，对“制冷系统动力学”的实验方法作专门讨论。书中涉及的一些内容为制冷界的热点问题，如制冷空调系统设计方法更新，CFCS 工质替代和为节能提供一种可行的统筹解决方法等。（蒋有彩）

T000024 **涡旋压缩机** 李连生著。机械工业出版社 1998 年 3 月版。39.8 万字。24.00 元。作者总结十余年来从事涡旋压缩机理论研究及开发应用研究的一些成果及经验，参阅国际上的一些研究内容编撰而成。从涡旋压缩机的基本理论（工作原理、涡旋型线构成）出发，结合较多的插图，对涡旋压缩机的工作过程、主要零件的受力分析、主要机构等作详细介绍。还介绍涡旋压缩机的涡旋盘材料、加工方法与加工设备，以及涡旋压缩机的一些实用结构。（蒋有彩）

T000025 **相机选购与使用技巧** 赵刚著。吉林摄影出版社 1998 年 2 月版。21.3 万字。18.00 元。主要分选购照相机的原则、专家选购意见、国产照相机的选购、国外照相机的选购、二手照相机的选购、照相机的使用与维护保养 6 个部分。收录 40 余个国内外著名品牌、近 200 种照相机。如国产的海鸥、凤凰、珠江、青岛、孔雀、长城、华夏等，国外的仙娜、林哈夫、骑士、托约、阿卡·瑞士、爱克山太、基辅、潘泰康、哈色勃拉德、罗莱弗莱克斯、玛米亚、雅西卡、罗莱、莱卡、勃浪尼卡、富士、尼康、佳能、潘泰克斯、康泰克斯、奥林巴斯、米诺尔他、理光等。为便于比较了解，又按 120、135 单镜头反光照相机、135 便携式照相机与 135 旁轴取景连动测距照相机及大型照相机、中片幅照相机、135 照相机、特殊照相机等分类作了介绍和比较。每款都配有图片。对风光、体育、新闻纪实、人像婚纱影楼、旅游、静物广告、近距微距、动物、建筑、水下、闪光等摄影的不同需要，给予经验性的介绍。二手照相机的选购，介绍了二手照相机的好处所在，怎样挑选，以及有价值的名机简介。（秦真元）

T000026 **轻松掌握数码照相技术** Larla·Rose 著。电子工业出版社 1998 年 7 月版。40.96 万字。30.00 元。分为两部分，即如何拍摄和如何加工照片。介绍照相的目的、数码相机的工作原理与种类、关于镜头和曝光控制等技术细节，也介绍如何拍摄出质量上乘的照片，如透视法的运用、对周围环境与光线的控制和充分利用照片的交流功能等等。在如何加工照片这一部分,作者介绍了保存和装载图片、数码暗室等内容。在介绍了比较流行的各种图形处理技术软件之后,作者以 Photo shop 为例,介绍其基本功能的使用、过滤器的使用、合成技术、制造特殊效果,以及如何得到最终的作品等内容。(吴剑锋)

T000027　**数码相机用户伴侣(含光盘)**　[美]Ben Sawyer,Ron Pronk 著,杜国梁等译。中国水利水电出版社 1998 年 1 月版。35 万字。70.00 元。根据美国 Coriolis Group Books 出版社的新书"Digital Camera Companion"译出,论述数码相机从原理到实践、从硬件到软件的各个方面,包括数码相机的购买与使用,数字照片的软件处理、保存与归档、网上传送与打印输出,以及数码相机提供的娱乐功能,最后甚至还论及了利用数码相机赚钱的可能性。(杨庆川)

T000028　**现代不确定度方法与应用**　刘智敏、刘风著。中国计量出版社 1998 年 1 月版。10.6 万字。10.00 元。主要介绍不确定度基础知识,现代不确定度评定过程,深入分析现代不确定度方法的特点:自由度、分布、协方差与相关。重点介绍现代不确定度用于长度、力学、光学、温度、电学、无线电、时间频率、放射性、标准物质测量中的实例,通过举例,介绍现代不确定度方法的特点及其注意事项。最后作不确定度验证,并叙述了不确定度在质量认证、实验室认可中的应用。(李素琴)

T000029　**标准物质手册**　韩永志编。中国计量出版社 1998 年 10 月版。123.8 万字。75.00 元。阐述标准物质的定义、分级、作用以及国家管理标准物质的法规,逐个详细介绍截止到 1998 年经国家技术监督局(现国家质量技术监督局)批准、颁布的 935 种一级标准物质和 801 种二级标准物质的名称、编号、研制或生产单位、包装形式、制备方法、特性量值及其测量方法、标准值的不确定度、均匀性及稳定性说明、储备方法、使用注意事项及必要的参考文献等。还系统地阐述常用的统计方法和国外标准物质的信息。(黄挈)

矿业工程、石油、天然气工业

T000030　**难采矿体新型采矿法**　周君才著。冶金工业出版社 1998 年 1 月版。95 万字。88.00 元。在系统总结和分析我国各类地下难采矿脉或矿体的主要特征及现行采矿方法的基础上,结合国内外对此类矿山的科技攻关和积极有益的探索,特别是针对现行采矿法的不足和问题,按照"因矿生法"和"因矿创法"的思路,本着"安全高效低成本低贫损"的原则,深入研究和提出了开采此类难采矿脉和矿体的新方法、新方案和新思想。主要内容包括极薄难采矿脉、难采薄矿脉、难采中厚矿体、难采厚矿体、松软难采矿体、低品位难采矿体、复杂多变难采矿体、夹层难采矿体和相邻难采矿体等,每章先概述矿体或矿脉的特征及其分类,然后评述矿山现行采矿法,最后提出改进或改革的措施和方法以及适用条件等,并列举部分矿山实例进行论述。(谭学余)

T000031　**充填理论及应用**　彭续承编著。中南工业大学出版社 1998 年 7 月版。主要阐述矿山采矿中的充填理论及实际应用,主要内容包括:充填料的来源、性质及测试方法,其中重点论述了高水速凝材料的研制及应用;充填料的制备与充填系统的设计;充填过程中,两相流、结构流的管道输送的理论及应用计算;充填体的性质,受力状态及在采矿中的作用。书中还采用数值模拟分析法,首次研究充填对水体下采矿的影响。(秦瑞卿)

T000032　**石油化工技术英汉双向词典**　词典编写组编。天津科技翻译出版公司 1998 年版。395 万字。128.00 元。共收编英文单词和词组 10 万余条。选词范围涉及从原油、天然气,到炼油、石油化工产品加工及化纤、化肥等专业词汇。其中侧重选入有关机械、设备、仪器仪表和自动控制等方面的词汇,对于大量化合物名称,只选入典型的和常用的。为适应实际翻译工作的需要,还收入有关土建、电气、计算机应用,以及外贸、经济和储运等方面的词汇。本词典附有"汉英检词索引",共有汉语词条 11 万余条,可作为汉英词典使用。本词典编排方式新颖,每页中每行均排有行号,便于查阅,尤其在利用"汉英检词索引",作为汉英词典使用时,更为方便。(周兆佳)

T000033　**市场经济与油气勘探项目管理**　陈寿康、陈安民主编。中国地质大学出版社 1998 年 6 月版。26 万字。18.00 元。从介绍市场经济国家项目管理理论入手,介绍国内外项目管理概况,阐述市场经济条件下项目管理的基本内容、基本程序及基本方法,分析中国油气勘探领域项目管理的实践及效益,着重将中国油气勘探项目管理同市场经济结合起来进行研究,最后,阐述油气勘探项目的合同管理。(吴巧生)

T000034　**中国油藏开发模式丛书**　副名:低

渗透砂岩开发模式。裘怿楠等编著。石油工业出版社1998年版。28.5万字。35.00元。在多个油藏实例总结的基础上，以低渗油藏开发的特殊性为重点，概括总结应用先进的保护油层和完井技术、整体优化压裂技术、丛式钻井技术和强化注采工艺技术等经济有效地注水开发低渗透砂岩油藏的成功经验，同时建立了一套低渗透砂岩油藏的开发模式。（戚玥瑛）

T000035　**高能气体压裂技术**　王安仕、秦发动主编。西北大学出版社1998年7月版。30.4万字。36.00元。在对压裂机理及理论进行深入探讨的基础上，提出可具操作性的压裂设计方法和软件，对其施工工艺及工具、测试技术与仪器作全面的介绍，并制定相关的安全技术规程。（兰世雄）

冶金工业

T000036　**中国冶金百科全书**　中国冶金百科全书总编辑委员会、冶金工业出版社《中国冶金百科全书》编辑部编。冶金工业出版社1992年至1998年12月版。以冶金领域各学科为基础设卷，内容包括冶金地质、采矿、选矿、冶金基础理论、钢铁冶金、有色金属冶金、金属塑性加工、金属材料、炼焦化工、耐火材料、炭素材料、冶金热能工程、冶金设备、冶金自动化、冶金安全环保、冶金物化测试以及冶金建设等。每卷标示卷名，不列卷次。各卷正文按条目标题的汉语拼音字母顺序编排。各卷除设条目分类目录外，还设有条题汉字笔画索引、条题外文索引和内容索引。（郭历平）

T000037　**冶金工程概论**　张训鹏主编。中南工业大学出版社1998年12月版。31.00万字。15.00元。共8章，简要介绍钢铁和主要有色金属（铜、锌、铝、钨）的提取冶金过程的基本原理、原则工艺流程及其特点与主要冶金设备。介绍金属的分类、主要金属的性质、用途、资源状况，近年来的产量及价格和发展我国冶金工业的基本国情和方针等方面的内容。有插图125幅。（秦瑞卿）

T000038　**合金熔体的热力学模型、预测值及其软件开发**　丁学勇等著。东北大学出版社1998年4月版。18.20万字。22.00元。分两部分。第一部分以Miedema二元合金生成热模型为基础，建立起计算熔体活度及活度相互作用系数的模型。用这一模型可以计算除O、S、Se、Te 4种元素外的任何基体，任何组元之间的活度及活度相互作用系数。第二部分以该模型为基础，进行软件的编制工作，介绍冶金热力学数据的现状、软件开发的基础、软件开发及软件运行实例等内容。（刘淑芳）

T000039　**冶金反应工程学丛书——熔融还原**　杨天钧等著。冶金工业出版社1998年9月版。23万字。24.00元。收入“冶金反应工程学丛书”。作为跨世纪钢铁冶金新流程两大前沿课题之一的熔融还原技术发展很快，作者在参加国家攀登计划工程与技术科学项目“熔融还原技术基础研究”的基础上，结合科研和研究生教学中积累的资料和心得，撰写成本书。本书在熔融还原过程热力学和动力学的基础上，讨论了煤气改质、熔融还原过程操作线图和泡沫渣等问题；从技术经济角度分析近年来世人关注的COREX、DIOS、AISI、Hismelt、CCF和Romelt等六大流程；介绍了含碳球团还原机理、冷固球团技术和作为预还原过程的物料平衡和热平衡的研究成果；从物料平衡和热平衡出发，研究了熔融还原过程的能量利用，并提出含碳球团煤气循环熔融还原流程（PGC流程）的概念。（刘小峰）

T000040　**湿法冶金的研究与发展**　陈家镛等著。冶金工业出版社1998年5月版。54万字。38.00元。中国科学院化工冶金研究所是我国湿法冶金的奠基者和开拓者。本书系统总结该所在基础研究和应用研究方面的成果。该书的最大特色是理论与实践紧密结合。例如第二章首先阐述了难处理矿石的湿法冶金理论基础，然后介绍东川汤丹难选氧化铜矿、墨江硅酸镍矿、金川镍矿、攀枝花钒钛铁矿等的综合利用的湿法冶金过程研究，其中着重介绍对东川难选氧化铜矿的开发研究，该矿对我国其他矿产资源的湿法冶金有许多借鉴和推动作用。书中所介绍的内容有2项获国家科技进步奖，25项获中科院科技进步奖，25项获国家发明专利。系统总结了若干项具有创造性且国际水平的科研成果，如胺类溶剂化萃取开发与应用（第六、七章）、湿法氢还原制取金属复合涂层粉末（第八章）。还介绍了湿法冶金的发展方向，如将化学反应工程学与湿法冶金浸取过程结合开发浸取反应工程（第五章）、湿法冶金与材料制备（第八章）、湿法冶金与清洁生产（第九章）。（谭学余）

T000041　**冶金熔体的计算热力学**　张鉴著。冶金工业出版社1998年9月版。39.2万字。36.50元。对二元系金属熔体、三元系金属熔体；炉渣熔体（关于炉渣结构的共存理论、三元系和多元系炉渣的氧化能力、渣钢间锰的分配平衡、多元熔渣的脱硫能力和脱磷能力、炉外精炼过程中钢液脱氧的最佳碱度);熔盐和熔锍(熔盐作用浓度计算模型的初探、熔锍作用浓度计算模型的初探);冶金熔体热力学性质及计算方法和程序进行了全面论述。(易文君)

T000042 **武钢炼铁四十年(1958～1998)** 张寿荣主编。华中理工大学出版社 1998 年 9 月版。63.8万字。45.00 元。作者从 1956 年起在武汉钢铁公司工作,参加了武汉钢铁公司 1 号高炉的设计审查、建设和投产工作,历任武钢炼铁厂总工程师、武汉钢铁公司副总工程师、总工程师。其研究的主要领域包括高炉布料、高炉结构、高炉长寿技术、高炉精料、高炉操作技术、炼铁系统技术改造等。本书选编武钢建设投产 40 年来炼铁系统有代表性的技术总结和论文。这些总结和论文是40 年来武钢炼铁系统技术进步的缩影。(朱霞)

T000043 **冶金生产工艺及设备** 李应强主编。冶金工业出版社 1998 年 12 月版。39.5 万字。23.00 元。高等学校本科冶金机械专业教材。内容主要包括:冶金生产工序及工艺流程;冶炼及轧制生产主要机械设备的类型、工作原理、结构特点、设备及选用要领;冶金生产的新工艺、新设备等。(程志宏)

T000044 **粉末冶金结构材料学** 徐润泽编著。中南工业大学出版社 1998 年 12 月版。31.00 万字。14.00 元。论述粉末冶金结构材料的基本理论和工艺,反映了国内外粉末冶金结构材料的新成就和发展前沿。全书分 6 章,按章论述金属基粉末冶金结构材料、粉末冶金减摩材料、粉末冶金摩擦材料、金属基复合材料以及纳米材料等方面的基本理论。内容涉及材料的性能、组织、制备和应用及其相互关系。对有关基础理论如固溶强化、细晶强化、热处理强化、弥散强化和纤维强化等;对新型材料如金属基复合材料、纳米材料等;对新工艺如快速冷凝技术、粉末注射成形等均给予介绍。(周兴武)

T000045 **粉末烧结理论** 果世驹著。冶金工业出版社 1998 年 3 月版。33.2 万字。25.00 元。从烧结的扩散理论、流动理论、几何理论、强化理论、烧结过程计算机模拟 5 个方面介绍自 20 世纪 30 年代到 90 年代国内外各重要学派对粉末烧结普遍规律的研究成果,并在此基础上比较和分析了各学派烧结理论的合理性和局限性,同时提出作者自己的观点。尤其是关于烧结理论的核心,作者认为应摆脱把物质迁移机制作为烧结理论唯一主题的束缚,而是应把烧结理论分成两个层面来研究,第一层面是研究烧结过程中的普遍规律,第二层面是揭示特殊烧结过程中的特殊规律。并强调"理论研究的结果应当能够描述和预示具体烧结过程的发生和发展"。(肖放)

T000046 **带式烧结机新结构原理与设计计算** 白明华著。机械工业出版社 1998 年 5 月版。20.5 万字。14.00 元。论述与目前使用的带式烧结机相对应的新型烧结机,即无起拱带式烧结机的设计参数、新的传动及结构原理、试验及力学计算、应用实例计算。论述了将现有烧结机改造成为无起拱烧结机的改造方案及计算实例。主要内容有:绪论,新型、现型烧结机,新型烧结机基本参数公式的确定,烧结机台车列及弯道处台车力学分析计算,烧结机台车起拱问题的研究,新型烧结机星轮及齿形,烧结机弯道设计,台车结构及强度计算,烧结机运动计算机模拟,烧结机传动及功率计算,中小烧结厂烧结机改造。本专著包括了作者负责完成的"七五"、"八五"3 项国家重大技术装备科技攻关项目和 3 项发明专利的主要技术内容,以及 1 项机械工业部教育司预研基金项目。(张一萍)

T000047 **粉末冶金模具模架实用手册** 韩凤麟主编。冶金工业出版社 1998 年 9 月版。55.7 万字。48.00 元。综合介绍国内外同类手册的不同特点,收入我国近年来主要粉末冶金生产厂家的模具模架设计、制造经验。论述粉末冶金模具设计的基本原理,列举了大量粉末冶金结构件的应用实例和模具模架结构实例;论述生产中常见的模具损坏、压坯缺陷及其对策;阐明模具主要零件的设计及尺寸计算;推荐了一些常用粉末冶金材料的工艺参数,以及粉末冶金模具的材料选择及其制造工艺。还介绍了计算机辅助设计的方法等。(郭庚辰)

T000048 **冶金反应工程学丛书** 肖泽强等编著。冶金工业出版社 1996 年 5 月至 1998 年 9 月版。共 224 万字。共 191.00 元。到 1998 年底,已出版《冶金反应工程学基础》、《传递过程原理及应用》、《传输理论和计算》、《化工冶金过程人工智能优化》、《高炉过程数学模型及计算机控制》、《熔融还原》、《钢冶金学》、《钢的精炼过程数学物理模拟》等 8 种。计划 2000 年出版 20 种。丛书系统反映了国内外冶金学者在冶金反应工程学方面的科研、教学、工艺开发、生产技术的研究成果和实践经验。(杨传福)

T000049 **铁合金生产实用技术手册** 赵乃成、张启轩编著。冶金工业出版社 1998 年 4 月版。150 万字。120.00 元。综合介绍铁合金生产、科研、设计等内容。阐述铁合金的基本含义、主要生产工艺方法及其发展趋向，各种铁合金生产操作技术，国内外产品标准，原材料技术条件，主要生产技术指标，生产设备选型与计算，铁合金工厂设计，节能、环保及综合利用等。（刘小峰）

T000050 **钢的精炼过程数学物理模拟** 朱苗勇、肖泽强著。冶金工业出版社 1998 年版。22.3 万字。24.00 元。介绍以钢包吹氩为基础的钢水精炼过程的数学物理模拟研究，主要内容包括理论分析，实验室研究，现场测定和数学模拟方法及结果；介绍吹气搅拌金属熔池中气体射流的穿透、气泡形成、气泡泵现象、渣钢界面卷混的理论和实验研究结果；以全浮力模型为基础，对气体搅拌溶池中的流动、传热和混合过程进行了数学物理模拟；对物理模型和数学模型的建立、程序编制和计算方法进行了介绍。系“冶金反应工程丛书”之一。（肖 放）

T000051 **中国黄金生产实用技术** 《中国黄金生产实用技术》编委会编。冶金工业出版社 1998 年 3 月版。96 万字。80.00 元。是国家“九五”规划重点科技图书选题，由国家黄金管理局组织东北大学、长春黄金研究院等单位的数十位专家学者撰写而成。内容涉及黄金生产的各环节，系统阐述我国黄金工业生产和科技进步成果，全面反映我国黄金工业的技术现状、前沿科技水平及黄金生产技术的发展趋势。其特点是：(1)按学科分门别类地对黄金生产领域的地质、采矿、选矿、冶金等方面的生产和技术现状进行阐述，介绍其主要成就、存在的问题以及为解决问题进行技术攻关所取得的最新成果和各项实用技术，并对各个实例按类归纳整理。(2)内容涉及近百项获奖科研成果。如第三章介绍的应用压滤机代替真空过滤机，是 90 年代初我国黄金矿山的一次重大技术进步。(3)理论和实践上有创新。例如第二章介绍的太白金矿成功试验并推广应用了崩落采矿法，打破了以往理论和实践认为金矿不能采用该法的禁锢。又如第一章介绍的就矿找矿理论在黄金矿山的成功实践，运用当代就矿理论和综合勘探方法，黄金矿山就矿找矿取得了突破性进展和发现，使一些黄金矿山在原有矿床范围内，找到新的矿体，扩大了矿山的黄金储量并延长了矿山寿命，为黄金矿山的持续发展奠定基础。（谭学余）

T000052 **有色金属真空冶金** 戴永年主编。冶金工业出版社 1998 年 5 月版。29.1 万字。16.70 元。系高等学校本科教材。简要介绍真空技术基础，阐明真空冶金的基本原理，当前真空冶金在国内外应用和发展的情况。主要内容有：真空冶金技术基础，包括真空中气体的性质，获得真空的各种泵和测量用真空计；金属真空蒸馏原理及粗金属的真空精炼；有色合金中间产品真空蒸馏分离；矿石、精矿、烟尘等物料的真空处理；金属化合物在真空中还原；较难熔金属在真空中精炼和改变物体表面性质的处理。（宋良）

T000053 **有色金属提取冶金手册** 副名：现代化设备。陈文修、梅炽编著。冶金工业出版社 1998 年 12 月版。40.9 万字。28.00 元。共 20 章，主要介绍有色金属的火法及湿法冶金设备的分类、结构、特性、初步设计计算方法、结构参数、技术数据与先进技术等。具体设备如下：干燥设备、回转窑、沸腾炉、鼓风炉、反射炉、闪速炉、转炉、蒸馏炉、烟化炉、电阻炉、感应电炉、矿热电炉、真空电炉、其他冶金炉、收尘设备、湿法冶金设备、搅拌混合反应器、分离提取反应器、液固分离设备、低温换热装置。（刁传仁）

T000054 **有色金属提取冶金手册** 副名：稀有高熔点金属（上、下）。《有色金属提取手册》编辑委员会编。冶金工业出版社 1998 年 12 月版。56.6 万字（上），33.9 万字（下）。50.00 元（上），33.00 元（下）。《有色金属提取冶金手册》中第七卷为稀有高熔点金属卷。该卷分上、下册出版。上册包括钨、钼、铼、钛，下册包括锆、铪、铌、钽、钒。全卷重点归纳总结了 9 种稀有高熔点金属提取冶金过程的基本原理、生产工艺流程、设备及二次金属回收等方面的内容，同时介绍了与上述金属及其冶金过程密切相关的化合物的性质、用途、矿物资源及近年来的技术经济数据。由于稀有高熔点金属中大部分金属的生产和应用时间还不长，因此其生产工艺、设备均不够成熟、不够稳定，现行的生产方法繁多且在不断发展和变革中。本卷侧重介绍其中比较成熟的生产工艺和设备，也介绍某些有前途的、处于试验阶段的生产工艺和设备，以期引导我国高熔点稀有金属向世界水平前进。（刁传仁）

T000055 **上插槽炼铝** 张创奇、吴连成等编著。中南工业大学出版社 1998 年 9 月版。35.1 万字。20.00 元。结合铝电解生产中的上部导电自焙阳极电解槽（简称上插槽）的生产实践，详细地讲述铝电解生产的基本理论——电化学原理、熔体结构、热力学理论等，详细介绍上插槽的结构和作用原理，上插槽的生产过程，如新、旧槽的焙烧启动，启动后的管理，正常生产时的操作与管理，上插槽的阳极工作，出铝工作；上插槽的磁场特点及其对生产的影响，上插槽的能量平衡及节能途径和铝锭质量管理，品质标准等。书中还对上插槽的个别专题进行研究和讨论,如电解系列的零点问题,阳极效应,降低电耗、工艺技术条件等。书中不仅介绍该厂的生产实践情况和经验,对国外的新技术、新工艺也有介绍。(秦瑞卿)

T000056 **电热法制取铝硅合金** 姚广春等著。东北大学出版社 1998 年 4 月版。26.3 万字。20.00元。在总结国内外电热法制取铝硅合金的生产经验和研究资料基础上,结合作者的试验研究结果及体会,系统论述电热法制取铝硅合金的反应过程、物理化学基础、使用的原料及制团工艺、主要设备(包括交流电弧炉和直流电弧炉)、冶炼工艺、炉底上涨机理及对策、粗铝硅合金的精炼及加工、铝硅合金的性质及用途等。(刘淑芳)

金属学、金属工艺

T000057 **金工实习教学指导** 孙以安 陈茂贞编。上海交通大学出版社 1998 年 6 月版。42 万字。28.00 元。本书根据国家教委新颁的"金工实习教学基本要求",认真总结了 1981 年以来金工实习教学改革的经验,力求通过本书(及金工实习教材)的编写及贯彻,推动高校金工实习的深化改革,将金工实习真正建设成为高水平的实践性技术基础课。本书内容包括机械工程材料、铸造、锻压、焊接、钳工、车削加工、刨削加工、铣削加工、磨削及精密加工、特种加工、表面处理等部分。书中内容和插图都贯彻了增新删旧的原则,并增加了金工实验、工艺专题讨论等实践性教学措施。(成敬祥)

T000058 **金属学与热处理原理** 崔忠圻、刘北兴著。哈尔滨工业大学出版社 1998 年 9 月版。37.3万字。18.00 元。是热处理、铸造、锻压、焊接各专业的专业基础课教材,为"材料科学与工程丛书"的一种。特点是结合实例,从组织结构角度出发来阐明问题,并将重点放在与金属材料科学有关的基本现象、基本概念、基本规律和基本方法上,以便为合理选择金属材料和制订热加工工艺规程打下必要的理论基础,并为从事金属与合金的研究提供理论依据和线索。本书包括金属学与热处理原理与工艺两部分内容。第一章金属与合金的晶体结构;第二章至第五章金属与合金的相图和结晶;第六章金属的塑性变形和再结晶等;第七章至第九章热处理与工艺,着重阐述钢在不同工艺条件下的组织转变规律,介绍基本的、成熟的和有用的相变理论,增添了合金的时效与调幅分解的内容。而对于一些难以理解的基本概念和基本理论,在教材编写时注意讲清问题的来龙去脉,指明思路,并进行归纳总结。(黄菊英)

T000059 **金属表面渗层与覆盖层金相组织图谱** 林丽华等编著。机械工业出版社 1998 年 7 月版。20 万字。36.00 元。采用现代电化学、薄膜沉积、偏光、相衬等先进技术显示了各种化学热处理层、激光表面合金化层、热喷涂和喷焊层、电镀层的彩色显微组织形貌,共收彩色图片 175 幅,黑白图片 80 幅。这些照片都是通过大量的试验选出最佳显示方法、最佳参数后制作而成,每张图片从材料、处理工艺、组织鉴别、显示方法和有关参数均有详细的说明。(李书全)

T000060 **贝氏体相变理论** 俞德刚、王世道著。上海交通大学出版社 1998 年 6 月版。35.8 万字。25.00 元。主要论述并分析贝氏体相变理论的研究和发展,对铁碳和铜基合金贝氏体相变过程进行系统的较定量的组织形态、相界结构、表面倾动、晶体学、动力学和热力学等方面分析讨论。论述了经典切变学说,台阶扩散长大机制和类平衡切变长大模型(切变—扩散耦合机制),试图寻求贝氏体相变理论不同研究的共同点。所论述内容反映了贝氏体相变理论的新近和专门研究成就。(丁善溶)

T000061 **中国工业材料大典(上)——黑色金属** 海钦等编著。上海科学技术文献出版社 1998 年 10 月版。216 万字。138.00 元。内容包括:钢铁原料及制品,黑色金属合金,钢的品种及技术性能和钢材的品种及技术性能。(高学贤)

T000062 **中国工业材料大典(中)——有色金属** 海钦等编著。上海科学技术文献出版社 1998 年 12 月版。268 万字。138.00 元。内容包括:铜及铜合金,铝及铝合金,镍、镁及其合金,锡、铅、锌及其合金,贵重金属及其合金,稀有金属,硬质合金工具和金属材料有关知识。(高学贤)

T000063 **金属材料系统科学** 谢佑卿著。中南工业大学出版社 1998 年 10 月版。49.9 万字。40.00元。分为 5 篇:第一篇为金属材料系统科学与哲学;第二篇为纯金属系统科学;第三篇为合金系统科学;第四篇为金属材料系统科学研究初步;第五篇为金属材料系统科学思想萌芽。记录作者探索建立金属材料系统科学的曲折道路。(周兴武)

T000064 **金属断口分析** 崔约贤、王长利著。哈尔滨工业大学出版社 1998 年版。19 万字。12.00 元。主要讲述金属断裂的分类、材料的韧性及断裂力学知识，断口分析技术与典型断口的宏观、微观特征和断裂机制，还列举了机械零件失效实例及其分析过程。例如：延性断裂、解理断裂、准解理断裂、疲劳断裂、氢脆断裂、应力腐蚀断裂及其断裂失效机理影响因素。（王超龙）

T000065 **中国与世界主要工业国家钢铁牌号对照手册** 陈恒庆编。中国标准出版社 1998 年 12 月版。74 万字。98.00 元。在广泛汇集国内外钢铁牌号标准的基础上，以中国主要钢铁产品标准牌号为基准，与世界主要产钢国家，包括日本、美国、英国、德国、法国及国际标准化组织(ISO)等颁布的钢铁标准牌号进行了对照，内容包括各国产品标准号、牌号、化学成分以及力学性能等。（周俞斌）

T000066 **实用钢材手册** 卢盛超、卢盛天等编著。海南出版社 1998 年 6 月版。31 万字。10.00 元。简明叙述钢材的组织结构、热处理原理、外观缺陷、生产工艺；详细介绍黑色金属材料的化学成分、机械性能、用途及钢铁产品牌号国标与外国标准近似对照；重点列出了型材、板材、管材、丝材的尺寸和重量速算的方法；叙述了钢材交易、保管、运输与装卸的相关知识。（华尔纲）

T000067 **工程材料及热加工基础** 王毓敏主编。华中理工大学出版社 1998 年 9 月版。28 万字。10.80 元。内容包括金属的力学性能、金属材料学的基础知识、钢的热处理、常用金属材料和非金属材料、材料与热处理的应用、功能材料简介和热加工的基本知识等。（陈晓娟）

T000068 **实用钢铁热处理手册** 蔡红主编。上海科技教育出版社 1998 年 3 月版。34.5 万字。19.00 元。分 10 章，分别为：退火与正火、淬火与回火、渗碳与氮碳共渗、渗氮、真空热处理、表面淬火、表面处理、典型工件热处理、控制气氛和热处理炉等。最后附录热处理基础标准、热处理工艺作业标准、热处理检验方法标准、热处理安全技术与环境保护标准等。（周贞瑛）

T000069 **钢的稀土化学热处理** 钟华仁编著。国防工业出版社 1998 年 4 月版。17.8 万字。15.00元。全面介绍稀土在化学热处理各工艺中的应用研究现状。共 3 章。第一章简述稀土化学热处理的一般概念和基本过程，以及稀土的特性和对钢组织与性能的影响。第二章详尽地叙述稀土渗剂的配制以及稀土在渗碳、渗氮、碳氮共渗、渗硼、渗金属和多元渗等中的研究和应用情况，其中有很多应用实例。第三章探讨了稀土作用机理方面的几个问题。（王祖珮）

T000070 **表面工程手册** 曲敬信、汪泓宏主编。化学工业出版社 1998 年 3 月版。159.9 万字。90.00 元。首先介绍摩擦与磨损、金属的腐蚀、金属的高温氧化和疲劳等的基本理论、规律及其与表面工程的密切关系；然后介绍各种表面技术，包括电镀、自催化沉积、表面转化、化学气相沉积、真空蒸发、溅射镀膜、离子镀、离子注入、电子束表面改性、激光束表面改性、表面热处理、化学热处理、热浸镀、热喷涂、堆焊、溶胶-凝胶法、高分子涂层等的基本设备、工艺规范和标准、主要参数等；最后介绍镀层质量检验与测试的方法。（郭燕）

T000071 **金属防腐蚀技术** 吴继勋主编。冶金工业出版社 1998 年 9 月版。35.7 万字。21.20 元。系高等学校材料、化工、机械类专业本科教材。内容包括：绪论，阴极保护技术基础，阳极保护概要，缓蚀剂，金属覆盖层，耐蚀非金属覆盖层，金属转化膜，防腐蚀设计，腐蚀经济与管理。（宋良）

T000072 **金属表面性质与表面改性** 严立等著。大连海事大学出版社 1998 年 12 月版。48.7 万字。29.50 元。首先论述金属表面基本物理化学特性，并介绍现代表面测试技术；以主要篇幅论述金属表面在气体介质、液体介质、等离子体和固体介质的相互作用中所表现出的特性，揭示了各种表面现象的内部规律性，以此作为分析各种表面现象的理论基础；最后介绍现代表面改性技术的理论基础和等离子、能量束改性工艺及技术特点。本书特点之一是将金属表面性质紧密地与各种介质的相互作用结合起来，以便更深刻地揭示表面现象的内在规律性。书中还涉及与表面材料科学有关的前沿问题及发展动向，并就关于金属表面性质和改性问题针对表面摩擦、磨损、润滑、腐蚀、吸附、氧化及相关的失效现象，利用近代表面科学技术新成就及有关技术进行了讨论。（史洪源）

T000073 **薄板坯连铸连轧** 田乃媛著。冶金工业出版社 1998 年 7 月版。33 万字。27.00 元。系统介绍薄板坯连铸连轧技术的主体和相关技术（炼钢、精炼、连铸、连轧等）；展示当今世界上各类已建和在建的各条生产线，详尽列出各种薄板坯连铸连轧工艺的工艺参数、设备配置、主要特点等；针对薄板坯表面质量这一关键问题，作质量分析；在对薄板坯连铸连轧工艺流程优化方向和原则分析的基础上，对该技术的工程投资加以详细的解析，指出投资趋势。（刘小峰）

T000074　**锻压工艺标准应用手册**　全国锻压标准化技术委员会 中国机械工程学会锻压学会编。机械工业出版社 1998 年 8 月版。128.2 万字。98.00 元。分 5 章，其内容为：锻压基础标准、锻造工艺标准、冲压工艺标准、特种成形工艺标准、锻压安全生产与环境保护标准等，约含 90 个常用标准。首先介绍该标准的国内外状况，对于工艺性标准还列举了该工艺的发展过程及现状，并系统叙述制订本标准的主要依据，可供参照的国外先进标准，各种技术指标、数据的来源，并对其进行分析、验证、测试。最后列举正确贯彻和使用本标准应该注意的事项，以及与其他相关标准的协调、统一等问题。还附有锻压工艺标准体系、国内外锻压标准目录、全国锻压标准化委员会委员名单等。(刘利英)

T000075　**锻压技术数据手册**　周大隽主编。机械工业出版社 1998 年 3 月版。151.9 万字。85.00 元。对黑色和有色金属的常用锻压技术数据和相关数据，按 10 章编写，分为锻压原材料数据；金属材料变形的若干相关数据；燃料及加热工艺数据；自由锻及模锻工艺数据；其他体积成形工艺数据；中小型锻件热处理数据；板料冲压工艺数据；模具材料及其热处理数据；锻压设备主参数和其他相关数据等。(王兴垣)

T000076　**薄板冲压成型过程的计算机仿真与应用**　钟志华等编著。北京理工大学出版社 1998 年版。24.5 万字。16.50 元。以汽车车身的制造为例，对金属薄板冲压成型过程的力学机理、理论和计算机仿真技术作了全面、系统的论述，对冲压成型过程中出现的一些物理缺陷，如毛坯在成型过程中的拉裂、起皱、变薄、成型后的回弹，以及模具的磨损等作全面的解释，提出这一工艺过程的计算机仿真技术，并利用这一技术对冲压成型工艺进行优化，以及对模具表面形状和毛坯薄料尺寸等进行快速、经济的设计方法。(总编办)

T000077　**电焊工技能鉴定试题解析指南**　潘勤主编。机械工业出版社 1998 年 4 月版。43.4 万字。24.00 元。结合焊工培训考核的实际，依据劳动部、机械工业部 1995 年联合颁布的《工人技术等级标准》和《中华人民共和国职业技能鉴定规范(考核大纲)电焊工》的要求，从全国锅炉压力容器焊工培训考核及全国性焊工大赛中挑选 81 个技能试题，并按初、中、高 3 级编排，每级试题均以焊工技能考核中常用的焊条电弧焊、手工钨极氩弧焊、手工 CO_2 气体保护焊和埋弧焊为主线，尽量涵盖各行业焊工考核中常用到的试件、材质及焊接位置。对每一试题均从试题图样、焊接性及工艺分析、考前准备、操作要点、考核要求及评分标准等几方面进行解析。(何月秋)

T000078　**低合金钢焊接基本数据手册**　王永达、谢仕柜主编。冶金工业出版社 1998 年 5 月版。71.8 万字。52.00 元。详细介绍国产低合金钢常用的 18 个钢号的各种焊接基本数据和其他 23 个钢号的有关焊接的数据资料。汇总了国产常用低合金钢号的系统焊接性能数据，还补充了各钢号的全面性能数据。(王成蓓)

T000079　**实用焊接手册**　胡传炘、王国红著。北京工业大学出版社 1998 年 12 月版。40.1 万字。27.00 元。介绍常用弧焊电源(弧焊变压器、直流电源、逆变电源)的特点、分类、应用及选购；常用焊接材料(焊丝、焊条、焊剂和熔剂、气体、钎料及钎剂、热喷涂材料)的种类、特性及选用原则；常用焊接方法(手弧焊、埋弧自动焊、CO_2 气体保护焊、等离子弧焊、电渣焊、电阻焊、气焊规范的选择和应用)；常用金属材料(碳钢及低合金钢、不锈钢、有色金属)的焊接工艺及其选用；常见焊接缺陷及补焊(含铸铁)的工艺及实例；焊接接头的性能试验及检验等。(刘学宽)

T000080　**焊工技师手册**　刘云龙主编。机械工业出版社 1998 年 7 月版。105.6 万字。60.00 元。共 14 章，前 9 章重点介绍焊条电弧焊、埋弧焊、气体保护焊、等离子弧焊与切割、电渣焊、钎焊、电阻焊、气焊与气割等焊接、切割方法及热喷涂的工艺、设备、操作技术及常用金属材料的焊接，并在相应处给出了工程实例。为便于使用，还编写了焊接应力与变形、焊接检验、焊接计算、焊接质量与管理、焊接与切割安全技术等内容，书末列出 6 个焊接常用的附录。(何月秋)

T000081　**焊接电弧物理与焊条工艺性设计**　王宝著。机械工业出版社 1998 年 4 月版。27.2 万字。21.50 元。从焊接电弧物理现象的研究入手，以大量实验为基础，探讨焊条金属熔滴过渡形态与焊条工艺性的关系；分析熔滴过渡形态的形成条件；研究焊条电弧焊电弧行为及其影响因素；提出焊条熔滴过渡主导力的概念；预测焊条熔滴过渡形态及焊条工艺性。还介绍钛钙型焊条、低氮型焊条、纤维素型焊条以及不锈钢焊条的电弧物理特性。最后总结了焊条工艺性设计的一般原则。(俞逢英)

T000082　**焊接操作实例**　朱思照等主编。山西科学技术出版社 1998 年 1 月版。31 万字。12.00 元。以具体的焊接操作实例，介绍防止焊接应力与焊接变形、金属材料的焊接技术和焊补工艺、常用焊接标准，着重介绍了实际生产中焊接结构的操作技术。分 5 章，第一章介绍防止焊接应力与变形操作实例；第二章介绍典型金属结构焊接操作实例；第三章介绍常用金属材料操作实例；第四章介绍维修焊接操作实例；第五章介绍其他焊接操作实例。（温洁茹）

T000083 **焊接工程缺欠分析与对策** 陈伯蠡编著。机械工业出版社 1998 年 1 月版。59.6 万字。38.00 元。分 11 章，系统地讨论和分析了缺欠与缺陷定义、分类，焊接工程中缺欠形成的一般条件，缺欠影响和缺欠安全评定及修复。涉及焊接应力与变形、接头性能变化（强韧性与耐蚀性）、各类裂纹和气孔等。重点分析了各种影响因素的作用，强调缺欠形成的有关基本概念。介绍了焊接工艺流程各环节的质量要求、焊接工艺参数的优化及焊接材料的合理选择。选编 50 个焊接结构产品缺欠分析实例作为附篇。（武江）

T000084 **焊接与连接工程学导论** 何德孚著。上海交通大学出版社 1998 年 12 月版。44.1 万字。29.00 元。以传统焊接专业三大知识板块中最具特色和活力的焊接方法为主线，同时融入焊接冶金原理、焊接应力变形等焊接力学的重要概念，阐明焊接与连接工程学的基本理论，力求解决工程中的实际应用问题，使之达到理论联系实际的效果。（倪华）

T000085 **特种工程材料焊接** 顾钰熹编著。辽宁科学技术出版社 1998 年版。110 万字。98.00 元。分 15 章，第一至四章是特种钢的焊接，如耐热钢、低温钢、耐候钢、耐石油海水钢、耐腐蚀用钢、渗铝钢、镀锌钢及镀铅钢等；第五至十二章是有色、稀有、活性、难溶、贵重等金属及其合金的焊接等，如 Ti、Mg、Zr、Hf、Be、Ni、Pb、Ta、W、Mo、Nb、V、Cr、Zn、Au、Ag、Pt、Pd、U 等及其合金；第十三章是塑料的焊接；第十四至十五章是异种材料的焊接、非金属材料与金属材料的焊接等，主要有异种钢、异种有色金属、钢与有色金属、陶瓷与金属、玻璃与金属、石墨与金属、半导体材料与金属、铁氧体材料与金属的焊接等。（马骏）

T000086 **车工操作技能手册** 陈宏钧、马素敏编。机械工业出版社 1998 年 8 月版。29.7 万字。22.00 元。分 5 章，其主要内容为常用车床的型号及主要技术参数，通用夹具，普通车床辅助，刀具基本知识及选用，钻头的参数及选用，螺纹工具的选择，车床加工范围，偏心件、成形面及球面的加工方法，常用切削用量，螺纹的车削方法，车削加工中常见问题的产生原因及解决方法，常用技术资料等等。为“操作技能手册”之一。（刘彩英）

T000087 **镗工操作技能手册** 陈宏钧、马素敏编。机械工业出版社 1998 年 10 月版。25.2 万字。20.00 元。分 4 章，其内容为镗床技术参数、附件、辅具、通用工具；镗削加工方法及用量选择；常用设备的技术资料；镗刀及其常用孔加工工具等等。为“操作技能手册”之一。（刘彩英）

T000088 **铣工操作技能手册** 陈宏钧、马素敏编。机械工业出版社 1998 年 8 月版。35 万字。26.00元。为“操作技能手册”之一。分 5 章，其主要内容为常用铣床的型式及主要技术参数，机床附件及通用工具，铣床辅助，铣刀几何形状和角度的选择，铣刀的主要技术参数，铣削加工的方式、方法和范围，四方、六方、离合器、凸轮、圆球的铣削方法及用量的确定，齿轮的铣削加工，常用技术资料与数据等等。（刘彩英）

T000089 **磨工操作技能手册** 陈宏钧、马素敏编。机械工业出版社 1998 年 8 月版。21.3 万字。17.00 元。为“操作技能手册”之一。分 4 章，其主要内容为常用磨床的型式及主要技术参数，通用夹具，磨床辅具，普通磨料磨具的品种及基本参数，超硬磨料磨具的性能与参数，磨削方式及砂轮调整，内、外圆磨削，平面磨削，高速磨削，低粗糙度磨削，宽砂轮磨削，薄片工件磨削，细长轴的磨削，刀具刃磨，常用技术资料等。（刘彩英）

T000090 **机床数控改造设计与实例** 余英良著。机械工业出版社 1998 年 5 月版。58.5 万字。36.00元。列举卧式车床、普通铣床、普通磨床的数控加工与机床数控改造的实例 28 个。包括从零件分析到机床改造；从数控加工原理到机床参数计算；从工艺走刀路线到程序编制；数学模型从直角坐标系到极坐标系；实例类型从普通型到特殊专用型等多方面内容；并给出了多种零件加工的单片机和部分单板机加工程序，能适合不同层次数控系统的应用。实例中还巧妙地利用数控系统的直线指令控制旋转运动；用斜线指令的双曲线运动控制双旋转运动或直线—旋转运动；用螺纹指令扩展加工蜗轮类零件；用两套数控系统串联起来实现多坐标联动；用圆弧指令来实现变速运动。（邓海平）

T000091 **氮气弹簧技术在模具中的应用** 郑智受、关厚德编著。机械工业出版社 1998 年 5 月版。

17.7万字。17.00元。主要介绍氮气弹簧技术在模具中的应用,内容包括氮气弹簧的设计原理、特性和结构,以及在模具设计中如何选择、应用氮气弹簧,并列举我国应用氮气弹簧技术的实例和各种氮气弹簧的标准型式。(盛君豪)

T000092 **模具钢** 徐进等编著。冶金工业出版社1998年10月版。33万字。28.00元。系"特殊钢丛书"之一。分10部分。全面阐述模具钢的发展过程、国内外现状及发展动向,模具钢的合金化原理、生产工艺要点、试验方法、选择应用及常用模具钢的主要性能数据,集中了国内外有关方面的最新科研成果及生产应用的经验。(王成蓓)

T000093 **《量和单位》国家标准的正确使用** 余梦生编著。机械工业出版社1998年7月版。11.5万字。8.00元。结合日常工作、学习、生活中经常遇到的量和单位使用中的问题对标准的正确使用作了系统的讲解;以作为我国法定计量单位基础的GB3100-93《国际单位制及其应用》为重点,同时对我国法定计量单位的正确使用作了讲解;重点讲解GB3101-93《有关量、单位和符号的一般原则》,该标准规定了各科学技术领域使用的量、单位和符号的一般原则,其中包括物理量、方程式、量和单位、一贯单位制、特别是国际单位制的原则说明;对空间和时间、力学、热学、电学和磁学、物理化学和分子物理学等的量和单位、物理科学和技术中使用的数学符号都结合常见的使用错误例子作了讲解;为解决在实际中所遇到的具体困难,除在讲解中引用的各种实例外,还列举在使用中常出现错误的115个例子,并作了分析。(刘小慧)

T000094 **圆度检测技术** 曹麟祥、王丙甲著。国防工业出版社1998年10月版。19.5万字。16.00元。内容为圆度简介、圆度仪的检定和使用,以及圆度的精密测量。在圆度仪检定中重点介绍检定内容和分析研究;在圆度精密测量中重点介绍全谐波误差分离技术和两步法误差分离技术,尤其是后者还可以构成新一代超精密圆度仪。最后写了圆度测量展望。作者在广泛收集有关国内外圆度测量资料的基础上,结合起草圆度测量仪检定规程的科研实践写成。(沈崇渊)

T000095 **模具钳工基本技术** 张京山主编。金盾出版社1998年1月版。33.6万字。14.50元。为"职业技能培训丛书"之一,主要介绍模具(工具)钳工应知应会的基本知识和操作技术。主要内容有:机械制图,常用计量器具,金属材料和工程塑料,钢的热处理,机械传动与液压传动,钳工基本技术,金属切削加工基础,模具的加工与装配,塑料模具等。(董焕庆)

T000096 **钳工操作技能手册** 陈宏钧、马素敏编。机械工业出版社1998年8月版。34.5万字。26.00元。分11章,其主要内容为划线、錾削、锉削、刮削、珩磨、研磨、钻削、铰削、攻螺纹与套螺纹、粘接、钣金弯曲与矫正、常用资料等等。为"操作技能手册"之一。(刘彩英)

T000097 **简明钣金实用手册** 朱觉新主编。山西科学技术出版社1998年12月版。47万字。20.00元。第一章简明介绍基础性的金属材料和热处理知识;第二、三章具体地介绍划线、放样、展开的原理和各种操作方法;第四章扼要地介绍了4种金属连接的方式;第五章是冲裁(剪切),本章从原理到工艺方案,从模具设计到设备选用,从常规冲裁到精密冲裁,以及对特种冲裁都作了详尽的介绍;弯曲与成形是本书的末章。弯曲有板材、钢管、型材,成形有压弯、拉延、旋制及其他技术。(温洁茹)

机械、仪表工业

T000098 **中国机械工业标准汇编** 中国标准出版社与有关的标准化技术委员会合编。中国标准出版社1998年版。合计2147万字。为系列丛书,自1998年起,计划出版50余卷。内容以国家标准为主,适当收录行业标准。丛书由综合技术、基础互换性、通用零部件、共性工艺技术和通用产品5部分构成,按专业、类别进行系统汇集,分卷陆续出版。1998年出版了16卷21册,分别是:形状和位置公差及其误差检测卷,紧固件基础卷,紧固件产品卷(上下册),花键与键联结卷,带传动卷,刀具卷铣刀,量具量仪卷,刀具卷钻锉丝锥,刀具卷车刀拉刀铰刀滚刀,滚动轴承卷(上下册),磨料磨具卷(上下册),联轴器卷,冲压模具卷(上下册),金属无损检测与探伤卷(上下册),机械振动与冲击卷,工业机器人卷。(周俞斌)

T000099 **机械设计与制造工艺简明手册** 许毓潮等编。中国电力出版社1998年5月第二版。77.8万字。44.00元。内容包括机械设计与制造工艺两大部分。设计部分包括一般设计资料、机械制图、公差配合、形位公差和表面粗糙度、材料、螺纹、常用零件、滚动轴承、传动等8章,介绍机械零件设计所必需的计算公式、参数和标准规范。工艺部分包括铸

造、锻压、焊接、热处理、冲压、机械加工、电镀等7章，介绍各种实用的工艺方法、工艺参数和工艺装备。（马家斌）

T000100 **技术制图与机械制图标准实用手册** 汪恺、蒋寿伟等编。中国标准出版社1998年6月版。84.8万字。63.00元。包括全部现行的适用于机械行业的《技术制图》和《机械制图》国家标准，以及与上述标准配套使用的国家标准和行业标准，如形状和位置公差、表面粗糙度、公差与配合、螺纹、结构要素、角度与尺寸数系、图样技术要求、滚动轴承代号及焊缝符号等。还纳入《技术制图 简化表示法》、《机械制图 密封件表示法》、《技术制图 圆锥的尺寸和公差注法》、《形状和位置公差 最大实体要求、最小实体要求及可逆要求》等制定的标准内容。共涉及国家标准及行业标准70余项。（周俞斌）

T000101 **重型机械标准** 《重型机械标准》编写委员会编。中国标准出版社1998年12月版。合计508万字。该书1958年初版。随着科学技术的发展和机械工业制造水平的不断提高，该书编写委员会组织西安重型机械研究所、第一重型机械集团公司等十余家大型研究所、机械厂从事标准化工作的专家，对该书1986年版进行全面修订。主要内容为：第一卷设计要素，公差与配合，形状和位置公差，通用技术条件，螺纹，键和无键联结；第二卷紧固件和材料；第三卷联轴器，制动器，离合器，齿轮，蜗轮蜗杆，减速器，皮带传动和链传动，轴承座及附件；第四卷液压缸，气缸，电动缸，管路附件，润滑元件及装置，密封件，弹簧，操作件，扳手和吊耳，钢丝绳，梯子，栏杆。（周俞斌）

T000102 **微分几何及其在机械工程中的应用** 陈朝光、唐余勇编著。哈尔滨工业大学出版社1998年4月版。31万字。16.50元。由台湾成功大学教授陈朝光博士提议撰写，前4章及第五章后4节、附录由陈朝光和唐余勇撰写成稿，而第五章前11节由吴鸿业教授撰写。分上下两篇及附录。上篇为曲线论、曲面论两章，主要介绍机械工程中常用的微分几何知识。下篇为几何理论与机械工程问题的对应，机械工程问题与相应的通用几何模型，共轭曲面3章。附录是提高等螺距螺旋桨NC效率与精度的几何模型。（张秀华）

T000103 **模糊理论及其在机械制造中的应用** 万光珉著。云南科学技术出版社1998年版。26万字。21.80元。主要内容有：模糊数学的基本理论、模糊关系、隶属函数的确定、模糊综合评判、模糊优化设计、模糊决策、模糊模式识别、模糊聚类分析、模糊可靠性分析及设计、模糊控制的应用。（王建明）

T000104 **现代机械动力学** 余跃庆、李哲著。北京工业大学出版社1998年12月版。36.2万字。29.00元。围绕以高速、精密、轻型为主要特征的现代机械发展中的动力学问题，论述和总结了机械动力学中几个前沿领域研究的基本理论、主要方法和最新成果。包括机构动力平衡、弹性机构动力学和含间隙机构动力学3大部分。（刘学宽）

T000105 **机械振动与模态分析基础** 许本文、焦群英编著。机械工业出版社1998年8月版。27.1万字。18.00元。前半部分讲述线性振动的经典理论及应用，后半部分讲述模态分析理论及测试技术，频域及时域的参数识别方法，灵敏度分析和结构动力修改。（李万宇）

T000106 **机械设计** 吴宗泽主编。中央广播电视大学出版社1998年2月版。54.4万字。26.00元。包括：机械零件设计概论、传动总论、带传动、链传动、螺栓传动、齿轮传动、螺杆传动、轴、轴毂联接、滚动轴承、滑动轴承、连轴器和离合器、罗纹联接、弹簧、机架、机械传动装置设计和选用等内容。（沈桂芝）

T000107 **机器人机械设计和分析** 费仁元、张慧慧著。北京工业大学出版社1998年9月版。26.4万字。14.00元。从建立简化的平面刚体机器人模型出发，在介绍基本概念的基础上，分析各类机器人的结构特点，并通过引入第三个运动自由度和关节变形，将二维模型中得出的结论推广到三维的真实（非刚性）机器人；详细分析操作机的结构动态性和在设计阶段提高动态特性的途径；介绍构成机器人机械系统的典型零部件以及常见器件在机器人机械系统应用中的优缺点。（刘学宽）

T000108 **机械制图** 金大鹰主编。机械工业出版社1998年5月第四版。54.4万字。26.00元。以中等专业学校工科机械类《机械制图教学大纲》的基本要求为依据，在1996年第三版《机械制图》的基础上修订而成。本书采用最新《技术制图与机械制图》国家标准。为突出培养学生画图能力和看图能力这条主线，这次修订适当降低了理论要求，并增、删、调整了某些内容，如增加了计算机绘图内容，删减了投影变换和求相贯线的球面法，调整了线段实长的求法等。（杨民强）

T000109 **机械制图习题集** 金大鹰主编。机械工业出版社1998年5月第四版。38.5万字。

21.00元。以中等专业学校工科机械类《机械制图教学大纲》的基本要求为依据,在1995年第三版《机械制图习题集》的基础上修订而成。习题集采用最新《技术制图与机械制图》国家标准。为突出培养学生画图能力和看图能力这条主线,适当地降低了理论要求。在第二章中安排了一些内容超前题,旨在培养学生注意知识之间相互依存的内在联系,培养他们运用所学知识举一反三解决问题的能力,同时也有利于学生养成课前预习的良好习惯。在习题集后部,增大了自学部分。(杨民强)

T000110 **机械工人小顾问(2)——渐开线齿轮知识** 阮宝湘等编。机械工业出版社 1998年3月版。24万字。17.50元。采用问答形式,配以趣味插图,讲解渐开线齿轮知识,包括基本理论、应用、检测、加工等等。其特色有:1.对一般技术读物中不常深入讨论的一些疑难问题,给予透彻简明的讲解,还通过生动、巧妙的比喻、或一些有趣的现象,来说明问题的关键,引起读者的浓厚兴趣;2.对齿轮精度的现行标准GB10095-88进行简要讲解;3.汇集丰富的现场加工经验,特别是一些近似加工法、替代加工法。(杨溥泉)

T000111 **齿轮传动刚度分析及修形方法** 李润方编著。重庆大学出版社 1998年10月版。25.5万字。15.00元。收入国家"九五"重点图书"机械传动技术丛书",是系统论述圆柱齿轮和锥齿轮弹性啮合数值方法及其应用的专著。分8章。全面系统地论述圆柱齿轮弯曲应力应变分析解析法、轮齿接触应力应变分析解析法、轮齿应力应变数值分析、齿轮二维啮合性能有限元分析、齿轮三维弹性啮合性能有限元分析以及圆柱齿轮齿向修形和齿高修形等。按照本书所述方法,可以对齿轮传动的承载能力、啮合特性、轮齿变形以及修形降噪等重要问题进行分析计算。本书具有以下特色:突破传统的刚体啮合理论的限制,以弹性啮合数值方法为基础,全面分析齿轮传动的时变刚度以及承载啮合性能;注重高新技术(信息学、工程数值方法、计算机软件技术等)在齿轮传动中的应用;既有系统的理论分析,又对提高齿轮承载啮合性能的关键技术(修形方法)进行分析;研究关键零件的刚度,注重机械系统的设计及其应用。(李淑芳)

T000112 **齿轮制造手册** 《齿轮制造手册》编辑委员会。机械工业出版社 1998年3月版。224.6万字。115.00元。分5篇:第一篇总论,介绍齿轮制造发展趋势、齿坯的铸锻焊工艺、齿轮制造用的设备和工刀量仪、齿轮材料与热处理、齿轮检测和制造误差分析;第二、三、四篇介绍各种圆柱齿轮、锥齿轮和蜗杆副的制造工艺;第五篇介绍其他各种齿轮(小模数齿轮、谐波齿轮、非圆齿轮和摆线针轮)的制造工艺。(周娟)

T000113 **带式输送机动力学及设计** 李光布编著。机械工业出版社 1998年7月版。15.6万字。12.00元。分两大部分:第一部分为动力学原理,包括1～4章,第一、二、三章在简要论述胶带、托辊、驱动装置、制动装置及拉紧装置等技术性能、规格的基础上,着重分析其动力学特性,建立了相应的动力学模型和方程,以及特定条件下的动力响应,并从动力学角度分析了有关装置、部件的故障原因及解决方法。第四章着重讨论带式输送机纵向振动、横向振动及胶带跑偏的机理,建立了数学方程式和数学模型,并以实例加以详细分析,得出许多有用的结论。第五章分析带式输送机动态设计内容、过程和具体方法,并列举实例说明动态设计方法的全过程和作用。还讨论了投资费用和安全系数问题。第六章介绍带式输送机从胶带测试到系统参数测试的方法和装置。第七章给出了带式输送机动态模拟软件的内容、使用方法及实验项目。还可提供带式输送机的模拟软件。(何月秋)

T000114 **万向节和传动轴:分析·设计·应用** [德]弗雷德里奇、斯切梅兹等著,伍德荣等译。北京理工大学出版社 1998年版。24.4万字。19.00元。对万向节和传动轴的基本理论的发展和结构以及其演变过程进行了全面描述。内容涉及运动学分析、强度和耐久性设计,以及应用方面的技术问题。(总编办)

T000115 **工业专用阀门选用手册** 黄日新主编。机械工业出版社 1998年5月版。201.2万字。130.00元。分选用篇和产品篇两部分。在选用篇中,系统叙述工业专用阀门的选用知识、阀门标准和阀门用的材料;在产品篇中,全面叙述工业专用阀门的种类、型式、技术特性和技术规范。手册中所叙述的阀门产品,具有规格品种齐全(公称通径从4mm～5350mm)、压力等级高、耐高温、耐超低温、防爆、抗磨损和抗腐蚀等特点,能满足工业生产过程的要求。(杨溥泉)

T000116 **新编液压工程手册(上下册)** 雷天觉主编。北京理工大学出版社 1998年版。近500万字。340.00元。内容包括液压基础理论与技术,各类液压元件、辅件、液压系统设计,液压试验、测试、工艺与使用,液压技术的应用,国外引进产品及国外液压行业概况等。该书根据近年来液压工程在新技术、新产品、新工艺方面的发展情况也相应地作了较大修改,全面反映了90年代液压技术水平。(总编办)

T000117 **机械电子工程** 颜永年、张晓萍等编著。化学工业出版社1998年11月版。29.8万字。22.00元。内容包括:机械电子制造系统、机械电子产品系统、机械电子产品的总体设计、位移单元、力单位、温度单元、输入/输出单元、激光单元、解耦与耦合、机械电子系统应用实例(RP技术)。(郭燕)

T000118 **机械加工工艺装备设计手册** 机械加工工艺装备设计手册编委会编。机械工业出版社1998年6月版。283.8万字。136.00元。共8章,主要论述机械加工工艺装备的设计原理和设计方法;详尽地提供机械加工所用的各种刀具、夹具、量具量仪、机床辅具、装配工具及装置、机械加工自动化系统的辅助装置等结构形式、技术数据、标准、规范、材料、设计计算和元器件选择等资料。也介绍数控机床、加工中心、自动线、柔性创造系统等先进加工设备中所使用的各种现代化工艺装备的设计计算资料。为用现代设计手段解决机械加工工艺装备中的各种复杂设计问题,提高设计效率及设计精度。手册中详细介绍工艺装备计算机辅助设计的数据库技术、数据模型、数据语言、编程、图形处理软件、图形支撑软件、绘图程序的编制、图形库以及刀具、夹具的具体设计实例。最后详细介绍了人工智能在工艺装备CAD中的应用,如专家系统、组合夹具元件选择知识库、圆孔拉刀智能CAD系统等。(余茂祚)

T000119 **现代制造工程** 秦鹏飞编著。中国纺织大学出版社1998年8月版。30.3万字。22.00元。从"集成"的角度出发,介绍计算机辅助设计与制造(CAD/CAM)、计算机辅助工艺过程设计(CAPP)、柔性制造系统(FMS)、制造资源计划(MRP—II)、管理信息系统(MIS)等各个单元自动化技术,并在此基础上介绍计算机集成制造系统(CIMS)应用工程的开发方法及其应用实例。(俞丽琼)

T000120 **实用机械加工手册丛书(共9种)** 张维纪、王东升等编著。浙江科学技术出版社1996年1月至1998年出版。380万字。160.00元。根据国家机械工业委员会1987年3月颁布的《机械工人技术理论培训计划、培训大纲》编写而成。着重介绍各个工种的基础知识、基本操作技术和常用的计算方法。手册以图表为主,并配以典型实例说明,旨在加深"应知"水平,增强"应会"能力,从而提高职工的技术素质。本丛书分9种:《磨工实用手册》、《镗工实用手册》、《焊工实用手册》、《车工实用手册》、《齿轮工实用手册》、《铸工实用手册》、《刨工实用手册》、《铣工实用手册》、《钳工实用手册》。

T000121 **操作技能手册** 陈宏钧、马素敏编。机械工业出版社1998年8月版。合计146万字。111.00元。共5个分册,即《车工操作技能手册》、《铣工操作技能手册》、《磨工操作技能手册》、《镗工操作技能手册》、《钳工操作技能手册》。内容以每分册所属工种为一个主题,系统介绍该工种常见的加工工艺和操作方法,常用机床参数,常用机床附件、辅具的型式和联接方式,常用标准量刃具及切削用量,加工中常用计算公式及方法,零件结构要素,常用国家标准的新旧对照。(刘彩英)

T000122 **引进设备机械维修手册(基础设计)** 宝山钢铁(集团)公司设备部编。上海科学技术出版社1998年5月版。108.3万字。74.00元。内容包括测绘设计中常用的资料,重点介绍测绘件常用的结构要素;材料与热处理;滚动轴承;连接与紧固;齿轮传动与减速器测绘;常用零部件测绘;动力设备及液压部件;润滑与密封等。(周仁才)

T000123 **机械故障诊断学** 钟秉林、黄仁主编。机械工业出版社1998年7月版。29.5万字。23.00元。分5部分9章。第一部分是第一章绪论,主要说明工况监视与故障诊断的意义,发展概况,研究、设计系统的指导思想;第二部分是第二、三章,主要说明传感器、信号采集及数据处理;第三部分是第四、五、六章,主要说明一般诊断方法的原理及应用场合,如状态识别方法原理、神经网络诊断原理、专家系统诊断原理等;第四部分是第七、八章,以旋转机械及机械制造两个性质不同的工程领域的特点说明诊断方法的应用;最后第五部分是第九章,以大型旋转机械为例,说明工况监视与故障诊断系统的结构,主要模块内容。(高文龙)

T000124 **工业泵选用手册** 化工部化工设备设计技术中心站机泵技术委员会编。化学工业出版社1998年4月版。59.9万字。45.00元。介绍泵与原动机的特点、结构、基本性能和选用步骤,并结合化工、医药装置的特点,介绍石油化工常用的低温泵、杂质泵、真空泵、屏蔽泵等特殊介质用泵的特点和基本性能。对泵装置的配管要求、泵的材料、轴封、流量调节、性能试验、安装和运行等也作了详细介绍。最后结合我国工程设计项目与国际工程公司接轨的需要,全面介绍了泵的采购、询价文件和泵的数据表的编制和填写、厂商报价的审查评比以及发放订单等。附录部分编入了国内外泵常用材料牌号对照、化工用泵安装工程施工及验收规范、化工机器安装工程施工及验收规范以及国内部分泵制造厂和产品情况简介,可供泵的选用、维修和安装时参考。(郭燕)

T000125 **冶金机械设计理论** 邹家祥主编。冶金工业出版社1998年8月版。35万字。20.50元。为适应"冶金机械"专业向"机械设计制造及自动化"专业拓展的进程而编写的教材。吸收了"炼铁机械"、"炼钢机械"及"轧钢机械"课中的基本理论,按机械学科系统,以塑性问题、弹性问题为基础,介绍典型的炼铁、炼钢和轧钢等相关设备的力能参数及结构参数的计算方法,阐述冶金机械的运动学和动力学、热传导和热应力等基础理论,全书共11章。包括机械系统设计,金属塑性变形——轧制力能参数和剪切力能参数,金属弹塑性弯曲变形及矫正原理,轧钢机的弹塑性变形与轧件厚度和板形控制,冶金机械典形零部件的强度计算,高炉装料及上料系统参数设计计算,全悬挂柔性传动系统的设计计算,冶金机械运动学及动力学,冶金机械的热传导及热应力,冶金机械参数设计的计算机辅助教学程序等。书中介绍的某些机械参数设计的计算机辅助设计软件及应用实例加强了计算机在专业课中的应用环节;各章配有思考题和习题。(王秋芬)

T000126 **压力容器焊接结构工程分析** 王宽福编著。化学工业出版社1998年5月版。41.9万字。27.00元。以压力容器典型的焊接结构为主线,紧密地结合工程实际,针对焊接结构设计、制造、使用中的一系列重要问题,进行理论与工程分析。分10章,内容包括焊接结构的冶金分析、应力与变形分析、力学分析、缺陷分析、检验技术分析、结构合理性分析、制造分析、失效分析和焊接技术进展分析。(郭燕)

T000127 **自动化仪表及装置设计基础** 王家桢著。中国电力出版社1998年3月版。31.6万字。22.00元。论述仪表的标准化设计、可靠性设计、人机工程设计和外观设计等。重点论述可靠性设计,包括可靠性概念和基础理论,可靠性的预计和分配,可靠性试验,降额设计,热设计等,从安全防爆设计、电磁兼容性设计、耐环境设计方面体现可靠性设计,以确保设计出合适的仪表可靠性技术指标。(胡名显)

T000128 **仪表工手册** 乐嘉谦主编。化学工业出版社1998年4月版。159.1万字。75.00元。分6篇。第一篇基础知识,包括电工、电子、工艺、设备、安全等基础知识。第二篇仪表与控制系统,包括检测仪表、控制仪表、可编程调节器、执行器和控制系统。第三篇可编程控制器和集散控制系统。第四篇仪表检定与校准。第五篇仪表安装,包括安装程序、常用安装材料、仪表加工件、各种仪表安装等等。第六篇仪表故障处理,给出了仪表故障判断的思路和实例。(郭燕)

T000129 **仪表常用数据手册** 王森主编。化学工业出版社1998年9月版。53.6万字。38.00元。收录、汇编了过程检测和控制仪表选用、安装、调校、维修中的常用数据和资料。内容包括:常用计量单位和单位换算,自动控制及电气设备的文字代号和图形符号,常用物化数据和仪表校验数据,热电偶、热电阻、变送器、调节阀、DCS、旋转机械状态监测仪表的型号规格、产品系列参数和有关技术数据,节流装置、调节阀计算公式和计算所需数据、图表,仪表防爆、防腐蚀有关标准和资料,常用钢材、管材、螺纹、法兰和电线电缆,常用维修和校准仪器等。本手册按最新发布的国家标准、行业标准、设计规定和产品样本编写,并收录了有关的国际标准。(郭燕)

T000130 **工厂几何量计量检验员丛书** 本书编委会编。中国计量出版社1998年5月至1998年6月版。157.7万字。116.00元。共9个分册:《通用量具及检具》、《常用光学量仪》、《电测技术基础》、《形位误差测量》、《角度测量》、《表面粗糙度测量》、《平台测量》、《螺纹测量》及《齿轮测量》。《通用量具及检具》详细介绍游标量具、螺旋副量具、表类量具、角度量具、平直量具等通用量具的结构型式、工作原理、检定方法、实用修理技巧和注意事项等内容。《常用光学量仪》具体介绍广泛应用的自准直仪、光学仪、测长仪、工具显微镜、接触式干涉仪、投影仪等仪器的基本结构、工作原理、技术指标、使用、检定与维修等。《电测技术基础》介绍各类传感器、电感测微仪、测量结果显示装置、自动分选机及主动测量系统的结构、工作原理和应用实例。《平台测量》主要介绍平台测量基本知识、圆弧半径、孔径及角度测量,锥体测量,交点尺寸测量,相关尺寸测量,双角度斜面测量及误差计算等内容。《形位误差测量》主要介绍在工厂生产现场经常遇到的形位误差及其测量方法。《表面粗糙度检测》主要介绍表面粗糙度基本概念及比较法、光切法、光干涉法、针描法等测量表面粗糙度的方法。《角度测量》主要介绍在工厂生产现场经常遇到的平面角的测量原理、方法等内容。《螺纹测量》主要介绍螺纹几何参数及公差配合,综合检验,三针法、光学法等基本测量方法和不同类型螺纹参数的测量方法。《齿轮测量》介绍齿轮测量的基础知识,齿形测量,齿向参数的测量,齿距测量,基节和齿圈径向测量,齿厚及公法线测量,齿轮综合测量,圆柱齿轮测绘等内容。

T000131 **医学电子仪器维修手册** 董秀珍主编。人民军医出版社 1998 年 11 月版。97.2 万字。68.2 元。分 9 章,在详细介绍医疗仪器设备维修一般原则的基础上,对生理功能检测仪器、生化检验仪器、理疗仪器、治疗仪器、超声诊断仪、X 线检查设备、CT 机、γ 照像机及 ECT 等各类常用医学电子仪器的维修进行了详细的论述,重点介绍了各种仪器的故障分析与排除,而对其原理只作简单介绍。(张建平)

T000132 **热工测量和控制仪表的安装** 叶江祺编著。中国电力出版社 1998 年 6 月第二版。81.7 万字。38.00 元。在第一版的基础上,删去一些陈旧的或火电厂已很少应用的产品内容,补充一些使用较广的新型产品、新的施工管理方法和安装工艺内容。修订后的第二版在系统总结施工经验的基础上,对热工测量和控制仪表专业的施工规定、技术要求、安装方法、安装工艺和安装配件等方面,作了综述。还扼要介绍施工管理、仪表设备、安装材料等有关方面的知识,汇集施工中常用的数据及图表。(胡顺增)

T000133 **生产系统中的监控检测技术** 王信义等编著。北京理工大学出版社 1998 年版。43.1 万字。22.00 元。主要论述先进制造系统中产品质量(零件尺寸、形状、表面粗糙度等)的监测原理、方法,常用传感器,信号的调节、传送与数据处理,以及保证产品质量及生产系统正常运行、提高生产效率的关键技术如切削状态(刀具破损、磨损等)监测和设备(或系统)的故障监测、诊断技术。(总编办)

T000134 **过程控制仪表** 刘巨良主编。化学工业出版社 1998 年 4 月版。67.9 万字。35.00 元。分为模拟控制仪表和数字控制仪表两篇。第一篇详细讲述 DDZ-Ⅲ型仪表的变送器、调节器、乘除器、开方器、安全栅和气动薄膜调节阀的构成原理,线路分析、使用方法及调校故障分析处理等内容。第二篇具体讲述可编程调节器的特点,基本工作原理;详细分析了 SLPC、KMM、PMK 等可编程调节器的软、硬件功能,编程方法和应用等内容。(郭燕)

能源与动力工程

T000135 **实用工厂动力工程师手册** 中国一拖集团有限公司编。机械工业出版社 1998 年 6 月版。227.9 万字。115.00 元。以工厂动力部门设计、生产和维修中常用的技术资料为主,以数据、图表形式并辅以简练文字说明。共 11 章。主要内容包括:基础资料,工厂供热,采暖通风、空气调节及制冷技术,给水排水,工厂动力站,工业炉,工厂供电,车间低压电气设备,工业自动化仪表,工厂通信、调度及广播,能源经济等方面的专业技术。(李铭杰)

T000136 **滞后分布参数系统的稳定与变结构控制** 副名:大型动力系统的理论与应用卷 11。刘永清、谢胜利著。华南理工大学出版社 1998 年 12 月版。30.5 万字。43.00 元。作者自 1994 年开始,着力于滞后分布参数系统及滞后 2-D 离散系统的变结构控制研究,力争建立相应的理论和方法,本书就是作者在这方面多年研究的成果。全书分 3 部分共 8 章。首先对连续系统和离散系统进行各种性态分析,为其变结构控制研究奠定必要的理论基础和方法,而后进行变结构控制的设计研究。在系统的性态分析方面,作者成功地建立了"辅助泛函法"、"分域估计法"、"闭区间列逼近法"等有效的稳定性分析方法。在变结构控制方面,不仅讨论了无记忆功能的控制器设计方案,也给出了既无记忆功能也无局部预测功能的控制器设计方法。(杨昭茂)

T000137 **大型动力系统的理论与应用** 副名:随机系统的变结构控制。刘永清、邓飞其著。华南理工大学出版社 1998 年 12 月版。23.2 万字。35.00 元。分 8 章。第一章指出研究随机系统稳定、镇定和变结构控制的意义,综述了随机系统稳定、镇定及变结构控制理论所取得的进展;第二章为准备知识,介绍了 Itô 型随机系统的基本概念和基本理论,Itô 型随机系统的数值解法和仿真,线性 Itô 随机系统均方稳定性的充要条件及离散线性随机系统所定义的分布式随机过程均方收敛性的充要条件,线性 Itô 随机系统在二次性能指标下的最优控制解的存在唯一性条件与数值解法;第三章介绍连续时间 Itô 随机系统变结构控制的基本结果以及随机系统变结构控制中的关键问题;第四章介绍滞后 Itô 型随机系统的变结构控制,提出变结构控制系统的滞后数学模型,分析了滑动模的可达性、稳定性等;第五章介绍非 Itô 型随机系统的变结构控制;第六章介绍随机系统的基本概念和理论,讨论了非Itô型随机系统的变结构控制;第七章介绍变结构控制系统的实用可达性概念;第八章介绍随机系统变结构控制理论的应用。(罗月花)

T000138 **滞后系统的变结构控制** 刘永清等著。华南理工大学出版社1998年7月版。26万字。36.00元。是《大型动力系统的理论与应用》卷1至卷8的续篇。主要介绍滞后系统的变结构控制概论,滞后结构控制系统的分析与综合,滞后线性控制系统的滑模变结构,不确定系数滞后线性控制系统的滑模补偿器方法,滞后非线性系统的分散滑模变结构控制,滞后非线性关联控制系统的滑模变结构控制,滞后线性系统的二次型积分最优变结构控制,非线性不确定变结构控制系统的分析与综合,滞后线性系统的准滑模结构控制,滞后分布参数系统的滑模变结构控制。(陈怀芬)

T000139 **中国节能** 中华人民共和国国家计划委员会交通能源司、中华人民共和国国家统计局工业交通司编。中国电力出版社1998年5月版。14.5万字。18.00元。介绍我国的能源资源状况;历年能源生产、消费状况,2000年和2010年的能源需求预测;节能潜力分析、节能目标和措施建议,以及一些研究成果等内容。(马家斌)

T000140 **中国西部能源资源开发及优化配置学术研讨会论文集** 中国科学技术协会学会部编。四川科学技术出版社1998年版。70万字。88.00元。选出107篇论文。内容有:(1)能源综合研究,主要为能源开发与生态环境、开发战略研究、开发地区配置、协调开发研究等。(2)水能源,主要为滇西、川西、陕南、甘肃中部的水力资源开发论证和开发方案研究。(3)煤炭能源,主要反映滇、黔、陕、甘煤炭的勘探、开采、调运问题的研究。(4)石油天然气能源,主要对四川盆地、准噶尔盆地、塔里木盆地的油气开发、运输、加工的研究。(5)农村能源,主要是沼气的生产和利用研究。(6)新能源和可再生能源,主要是高原地区和西北干旱区的太阳能、风能、生物能源的开发前景研究等。各论文向党和政府有关部门提出了中国西部地区能源科学开发的技术问题及相关科技政策的建议。(喻瑞卿)

T000141 **节能降损技术手册** 齐义禄编著。中国电力出版社1998年7月版。30.6万字。15.00元。共7章,包括能源概论与发展趋势,能源的种类与特点,节能降损的重要意义与节煤节油节水,电力网线损率计算与无功优化,变压器的更新改造与节能变压器,几种常用机电设备的更新改造,节能降损技术措施及节能产品简介。(张涛)

T000142 **能量管理系统(EMS)** 于尔铿等著。科学出版社1998年11月版。53.20万字。40.00元。共14章:第一章介绍EMS的技术发展、设计与开发原则、应用软件概貌、配电管理系统和EMS效益等;第二至第四章介绍EMS的计算机体系、数据库和人机交互;第五章介绍数据收集与监控;第六章介绍负荷预测;第七章介绍自动发电控制;第八章介绍发电计划软件;第九章介绍实时网络状态分析;第十章介绍调度工程师潮流;第十一章介绍安全分析软件;第十二章介绍调度员培训模拟系统;第十三章介绍EMS项目管理;第十四章结语介绍了EMS近期发展动向。(总编室)

T000143 **特种发动机原理与结构** 朱仙鼎主编。上海科学技术出版社1998年9月版。35.7万字。23.20元。共7章,从工作原理、结构设计、性能特点、材料、燃料等方面,介绍特种发动机的现状及发展趋势。发动机特殊工作原理的探索一章,介绍气体工质和非气体工质热力发动机的深化研究与开拓。同时对热能以外各种能量形式对机械能的直接转换也作深入探讨。特种动力传输系统的发动机一章,介绍动力通过非刚性传输、活塞非直线运动、空间传输机构及其他各种传输机构的特种发动机的结构特点和发展前途。特种材料发动机一章,主要介绍陶瓷发动机、形状记忆合金热机、塑料发动机等的开发和应用前景。非常规燃料发动机一章,介绍醇类燃料、天然气燃料和氢发动机。新概念发动机一章,介绍移动燃烧室式、太阳能电池和汽油机混合驱动式及车用电池和电动机混合驱动或发动机。发动机非常规机构一章,介绍可变配气正时和可变气门升程的VTEC等10种机构。(吕修悟)

T000144 **工程热力学** 陈贵堂编著。北京理工大学出版社1998年版。58.3万字。37.50元。共12章,包括基本概念、基本定律、工程性质及工程应用等4个部分。从6个非限定定义及6个非限定概念出发,通过推理及论证,逐步形成由一系列可运算定义及概念所组成的、能反映学科全貌的网络体系;又从系统发生变化的根本原因出发,通过对作用量的性质及效果的分析,建立热力学基本定律的普遍表达式。外界分析法详尽地阐明了系统的状态变化、作用量的贡献以及过程的不可逆性这三者之间的区别及联系,充实了基本定律的内容。(总编办)

T000145 **热能工程设计手册** 化工部热工设

计技术中心站编。化学工业出版社 1998 年 6 月版。144.4 万字。76.00 元。从设计工作及企业热能工程管理工作的需要出发，详细介绍热能工程的蒸汽系统，热力装置系统，锅炉燃烧、制粉和通风系统，燃煤供应系统和除灰渣系统的组成、类型、设计步骤、计算公式、数据图表以及所需设备的特点、性能和规格型号。对热能工程设计涉及的环境保护和安全卫生的标准规范、设计要求和方法、三废利用和治理以及装置的保温等也作了详细介绍。最后还汇总了近 20 年来化工、轻工、冶金、纺织等行业总体能量利用系统的工程数据以及国内设备和材料产品情况，叙述了优化热能工程总能系统规划设计的方法和步骤。(郭燕)

T000146 **高等工程热力学** 袁金良、岳丹婷编著。大连海事大学出版社 1998 年 1 月版。26 万字。15.80 元。从深度和广度方面探讨工程热力学的基础理论和研究方法。作者采用更适合于动力类学科(专业)工程应用的观点和方法，重视分析、处理问题的科学性和内容的现代化；在概念的说明、原理的论证、公式的推导方面比较严密，具有独特的见解，并将编著者近年来的相关科研成果列于最后一章。是“大连海事大学出版基金赞助学术丛书”之一。(金以铨)

T000147 **工程传热传质学(下册)** 王补宣著。科学出版社 1998 年 9 月版。44.20 万字。45.00 元。共 15 章，分为上、下两册。上册已在 1982 年出版。除第一章作为全书导论之外，系统深入地阐明导热理论、辐射传热理论和对流传热理论基础。下册讲解：对流换热理论，相变传热，换热器的热设计计算，多孔介质的传热，高速气流与稀薄气体的传热，传质和现代传热的一些专题。(总编室)

T000148 **工业炉技术问答** 曾正明编著。机械工业出版社 1998 年 6 月版。35.1 万字。23.00 元。介绍工业炉在实际使用中经常遇到的问题，提供了大量切实可用的数据、资料和经验。分 12 章，共 600 题。其内容主要包括：工业炉概述，炉子热工，筑炉材料的性能和使用，砌筑的基本规则与方法，不定形耐火材料的施工，耐火纤维炉衬的施工，炉用备件的制作、使用和维修，工业炉的操作、使用，常用工业炉的修理和改进，工业炉常见故障分析，工业炉节能途径以及常用热工仪表的使用等。(李铭杰)

T000149 **循环流化床锅炉理论、设计与运行** 岑可法等著。中国电力出版社 1998 年 5 月版。110 万字。66.00 元。分 14 章，第一、二、三章分别讨论循环流化床锅炉的原理及其流体动力特性，着重探讨从鼓泡床过渡到循环流化床的各种特性，循环流化床内的气固运动和混合规律及其计算；第四章着重分析循环流化床内的传热传质特性及有关传热计算的各种数学模型；第五章探讨煤粒在循环流化床内的燃烧和气化过程，着重分析物料再循环量对锅炉运动特性的影响；第六章研究循环流化床内清洁燃烧的原理和方法，着重探讨脱硫脱硝的模型以及降低污染物排放的各种可能措施；第七章专门探讨循环流化床锅炉点火启动、正常运行及变负荷特性等问题；第八章叙述循环流化床锅炉的总体设计问题；第九、十章分别探讨循环流化床的分离机构及物料回送装置的设计方法；第十一章探讨布风装置、给料装置、点火装置和高温灰渣冷却装置的设计方法；第十二章探讨循环流化床各受热面的磨损、腐蚀原因及各种防磨措施；第十三章研究流化床灰渣的利用问题；最后一章探索和分析了循环流化床锅炉的发展前景。(马家斌)

T000150 **燃油燃气锅炉运行与管理** 冯维君著。中国劳动出版社 1998 年 3 月版。44.8 万字。26.00元。分 12 章，介绍燃油燃气锅炉的基础知识、液体气体燃料的燃烧原理、国内外燃油燃气锅炉的结构和特点、燃烧器的结构与特点及其常见故障、自控装置、锅炉安全附件及辅助设备、燃油燃气锅炉的水处理常见事故与处理、运行操作与保养、燃油锅炉常见事故与处理、燃料油的供应系统、燃油燃气锅炉的消防基础知识及环境保护、燃油燃气锅炉房设计施工与管理等方面的知识。(高永新)

T000151 **涡轮增压柴油机性能研究** 顾宏中著。上海交通大学出版社 1998 年 4 月版。46.2 万字。25.00 元。内容涉及柴油机增压参数估算，柴油机工作过程模拟计算，一维非定常流计算模型，进排气系统中多维定常与非定常流动研究，增压系统研究，涡轮增压柴油机瞬态特性研究，柴油机性能的优化设计，改善柴油机废气排放的研究，柴油机性能的优化控制。(倪华)

T000152 **储氢材料及其载能系统** 王荣明等编著。重庆大学出版社 1998 年 3 月版。25 万字。16.00元。介绍储氢材料及其在能量储存和转换技术中的功能，既涉及解决当前能量储存和转换过程中的一些技术难题；又涉及推动 21 世纪洁净能源的开发和利用问题。着重介绍储氢材料用途的 3 个方面：储存氢的功能，蓄热及热泵的功能，载电功能。(谭敏)

电工技术

T000153 **工厂常用电气设备手册** 《工厂常用电气设备手册》编写组编。中国电力出版社1997年至1998年陆续出版。共500万字。280.00元。将第一版的上、下册及补充本精简为上、下两册。上册主要内容包括交、直流电动机,变压器及调压器,互感器,高压电器,避雷器,并联电容器,无功自动补偿装置,电瓷,高低压配电装置及通用非标准结构箱、屏、台,整流装置及蓄电池。下册主要内容包括熔断器组合电器,开关熔断器组,隔离开关,组合开关,低压断路器及漏电保护器,低压熔断器,接触器及起动器,主令电器,电阻器、变阻器、灯光及音响信号,防爆电器及防爆灯具,控制继电器及位式控制装置,保护继电器及保护装置,电光源,灯具,电线、电缆及母线,电气装置件,金属及非金属材料,电缆桥架及线槽等。(施月华)

T000154 **电力工业标准汇编** 中国电力企业联合会标准化部编。中国电力出版社1996年至1998年陆续出版。共3317万字。2995.00元。共4卷:《综合卷》、《电气卷》、《火电卷》、《水电卷》。《电气卷》包括:电气通用及基础;电力网、电力系统及变电所;电机及变压器类;开关设备;继电保护及自动装置和仪器仪表;电网调度自动化及通信;带电作业及工器具;电力线路和电力金具;电力电容器及避雷器;施工及安装共10个分册。《火电卷》包括:通用标准;锅炉及燃煤机械;汽轮机及辅助设备;管道;热工自动化;电厂化学;金属和焊接;勘测;水工;土建;环境保护共11个分册。《综合卷》包括基础和通用、通用技术、安全环保和技术管理、核电及新能源、农村电气化等的标准,以及《汇编》的全部电力标准目录,本卷分上下两册。自1996年起,每年按综合、电气、火电、水电4卷汇编、出版上一年度的全部标准,各卷不再分册。在汇编各标准时,对原标准中使用的名词术语、图形符号、计量单位等,均按最新的有关国家标准作了改正或注释,对原标准内容中的疏误也作了修改。

T000155 **电力工程电气设备手册·电气一次部分** 电力工业部西北电力设计院编。中国电力出版社1998年10月版。539.6万字。270.00元。《电力工程电气设备手册》(以下简称设备手册),是前已出版发行的《电力工程电气设计手册》(以下简称设计手册)的配套手册。设计手册供确定电力工程工艺设计原则以及技术方案参考,设备手册供进行电力工程设备选型以及安装设计参考,两者相辅相成。设计手册分为2册,按照配套的要求,设备手册亦分为2册,均为电气一次部分和电气二次部分。本书为第一册,具体内容为:电机,变压器和电抗器,电流、电压互感器,断路器,高压隔离开关,高压负荷开关和高压熔断器,封闭电器,避雷器,电力电容器,高压电瓷,高压开关柜和低压配电屏,低压电器,导体和电缆,电力金具,照明器具,辅助和附属设备,安装材料等。(朱铁生)

T000156 **电力技术继续教育科目指南丛书** 四川省电力工业局 四川省电力教育协会编。中国电力出版社1998年6月版。共43.4万字。80.00元。共8册,包括:《汽转发电机组振动》、《电网防污闪技术》、《循环流化床燃烧技术》、《电网无功电压管理与电压稳定》、《高压输电线路微机保护》、《变电所自动化技术与无人值班》、《信息高速公路与企业网》、《水电站综合自动化》。(杨元峰)

T000157 **电工实用技术丛书** 机械工业出版社1997年12月~1998年4月版。共8册,即:《交流电机绕组的嵌装与接线》、《三相异步电动机绕组改装与计算》、《怎样拆修小型电动机》、《家用电器用单相电动机的原理与维修》、《机床电气设备的维修》、《电灯的安装与维修》、《怎样安装低压电力线路》、《怎样查找电气故障》。(杨溥泉)

T000158 **电能质量技术丛书** 马维新等编。中国电力出版社1998年4月~5月陆续出版。共62.7万字。共33.20元。分5个分册。它们是《电力系统电压》、《电力系统频率》、《电力系统高次谐波》、《电压波动与闪变》、《电力系统的三相不平衡》。(纪素青)

T000159 **全国星火计划丛书** 刘建民等著。中国电力出版社1998年4月版。110万字。70.00元。"农电技术问答丛书"之一。共9册,分别为:电工基础知识,小型发电机,中小型变压器,配电装置,继电保护与二次回路,配电线路,农用电动机,电测仪表与电能计量,屋内布线与家用电器。每分册字数在10万字左右。(肖兰)

T000160 **现代电子电工手册** 林宗璠主编。福建科学技术出版社1998年2月版。147.8万字。60.00元。介绍电气技术的新知识和电工实用技术,重点阐述电工与电子、传感器、计算机相结合的新技术。全书分13章。第一章为电气基本知识,内容包括计量单位的换算,电工定律的计算,电工技术管理,电气技术中的文字符号、标记、图形等内容；第二章为供配电，介绍变配电所的基本知识、运行、线路等内容；第三章为变压器，介绍变压器的基本知识以及电力变压器、特种变压器、电子变压器等；第四章为高、低压电器，介绍高、低压电器的有关内容；第五章为电机，内容包括电机的基本知识、三相异步电动机、分马力驱动电动机以及电机的修理和改造等；第六章为电力半导体变流器，内容有电力电子技术和电力变流器等；第七章为电动工具，包括电动工具的实用知识和常用的电动工具；第八章为工业控制计算机，内容包括可编程序控制器及单片机等；第九章为电子技术，内容包括电子元器件、基本电子电路、实用电子电路等；第十章为传感器，介绍传感器的基础以及电阻式传感器、电感式传感器、电容式传感器、压阻式传感器、光电式传感器等；第十一章为电气测量，内容包括仪表和测量知识、电工基本测量、电子基本测量、万用表、示波器等；第十二章为电工材料；第十三、十四章为电气安全等。（叶顺利）

T000161 **国外电动工具应用手册** 机械工业部上海电动工具研究所编。上海科学技术出版社1998年9月版。253万字。98.00元。详细介绍世界上著名的八大电动工具生产公司，即阿特拉斯·科普柯公司、美国百得公司、德国博世公司、日本日立工机公司、德国克莱斯公司、日本牧田公司、日本利优比公司及美国世纪(S－B)电动工具公司生产的409种各类电动工具的技术参数、性能特点、结构分解图及零部件名细表。（郭雨水）

T000162 **供电工程师技术手册** 刘介才主编。机械工业出版社1998年6月版。156万字。112.00元。分上下两篇。上篇为供电技术基础知识，结合供电技术的要求，采用简明的表格形式，介绍数学、物理、化学、制图、机械、电路和磁路、电工测量、电子技术、计算机、电工材料、电机和电器、发电厂和电力系统以及现代化企业管理等基础理论和基本知识。下篇为供电技术专业知识，采用简明的表格形式全面介绍供电的基本概念、负荷计算、短路计算、设备选择、供电系统的结线和结构、导线和电缆的选择、继电保护、二次回路、自动装置、电气安全、接地和防雷、电气照明、电能节约、供电设计及运行、维护、检修、试验等专业知识，本手册尽量引用我国最新的标准、规范，特别注重有关基本概念的阐释，而且对于供电专业方面的知识，除系统介绍外，有的还予以多方位的评介，例如无功补偿容量 Qc 的计算、变压器损耗的近似计算等都介绍了多个不同的公式，最后推荐一个。再如负荷计算，不仅介绍工业企业的，而且还介绍民用建筑的。书中还提供了民用建筑供电和35kV电压级方面的资料。（韩雪清）

T000163 **新编电气工程师实用手册** 本书编委会编。中国水利水电出版社1998年8月版。46.35万字。228.00元。分上、下册。其内容包括：基础技术、电气设备、电力系统、应用技术。共25篇：常用数据和资料；电工基础；电子技术基础；电工材料；电力系统；水力发电；火力发电；核能发电；其他能源发电；输电与配电；工业与民用建筑用电；旋转电机；变压器；互感器、电抗器、电容器；高压断路器与继电保护；电力电子技术；电工仪表与电磁测量；自动控制系统；计算机在电力系统中的应用；电气传动应用；电热及其应用；照明；电化学与电池；电气化铁路；电的其他应用；电力安全技术。（王春学）

T000164 **电气设备选择·施工安装·设计应用手册（上册）** 刘宝林主编。中国水利水电出版社1998年10月版。356.7万字。135.00元。分8篇，内容包括：电气设备应用所需基础资料、广播设备、电气控制设备、高压供配电设备、配电箱柜屏、低压供配电设备、传动设备、自动报警消防设备。主要特点是在介绍设备之后，还附有该设备的应用实例，介绍使用、维护、保养的方法及经验；对部分设备还给出了设备的选择和二次接线图。（王春学）

T000165 **维修电工操作手册** 李兆序、李卫东合篇。中国电力出版社1998年4月版。44.3万字。22.00元。针对维修电工应该掌握的操作技能，系统地介绍有关操作的技能技巧。全书分为13章，主要包括：维修电工的基本知识，维修电工的基本功操作，低压架空线路，照明装置，接地装置，变压器，电动机的检修，异步电动机定子绕组重绕，低压电器，电力拖动基本控制线路的安装与维修，常用机床电气线路维修，电子技术基本操作，晶闸管-电动机自动调速。（肖兰）

T000166 **DL558-94 电业生产事故调查规程** 中华人民共和国电力工业部发布。中国电力出版社1998年3月版。8.5万字。12.00元。是根据国家有关法律、法规和电力部门的有关规程、规范，结合电力工业生产的内在规律制订的，是电力生产的重要规程之一。分6章，即总则、事故、障碍、事故调查、统计报告、安全考核。规程正文后附有两个附录，列出主辅设备分类说明和统计报表格式。（丁雁）

T000167 **DL560-95 电业安全工作规程（高压试验部分）** 中华人民共和国电力工业部发布。中国电力出版社 1998 年 7 月版。1.2 万字。1.60 元。为保障在进行高压试验时人身、设备和试品的安全而制定的，主要内容有：总则，保证安全的组织措施和技术措施，高压试验工作的开始、间断与结束，以及其他安全措施。适用于高压试验室(包括户外高压试验场)及其工作人员。(曹新伟)

T000168 **电磁兼容实用手册** 陈伟华主编。机械工业出版社 1998 年 8 月版。50 万字。40.00 元。共 7 篇 45 章。第一篇介绍 EMC 术语、基本概念和标准结构。第二篇重点叙述有关 EMC 测量仪器、设备场地、基本测量方法等。第三、四篇介绍国际(IEC/CISPR/EN)最新的 EMC(骚扰和抗扰性)标准共 24 个。第五篇介绍干扰抑制技术、抗干扰措施和产品的 EMC 设计技术。第六篇介绍欧共体指令、合格评定程序和欧洲的认证机构。第七篇介绍国内外著名公司生产和经销的针对不同测量目的、不同层次的各种测试设备的优化配置。(周娟)

T000169 **电工技术基础** 吕砚山主编。化学工业出版社 1998 年 5 月第三版。62.6 万字。27.00 元。分两大篇。第一篇为电路与磁路基础，包括直流电路、正弦交流电路、非正弦周期电流电器、电路的过渡过程、二端口网络、网络拓扑与网络方程、非线性电阻电路、磁路和铁芯线圈电路。第二篇为电测、电机与控制，包括电气测量、变压器、动力与控制用电机、电器控制与信号联锁保护，共 12 章。每章均附有小结、习题和答案，并列有参考文献及中英名词对照索引。(郭燕)

T000170 **电路理论** 张秀然主编。东北大学出版社 1998 年 7 月版。51.8 万字。27.80 元。根据工科电工教材编审委员会审定的《电路》教学大纲的要求，并结合农业工程类的特点编写。共 10 章，主要包括：电路分析的基本概念和基本定律，线性电阻电路的分析，正弦交流电路，谐振与互感，三相电路，非正弦周期电流电路，一阶电路和二阶电路，拉普拉斯变换，二端口网络、网络图论和网络方程。(刘淑芳)

T000171 **模拟电路基础** 秦世才、贾香鸾著。南开大学出版社 1998 年 1 月版。46.5 万字。20.50 元。分 12 章：基础知识、PN 结和二极管、双极结型晶体管、场效应晶体管、放大器的工作原理和分析方法、放大器的单元电路、放大器的频率特性、模拟集成电路中的单元电路、反馈、集成运算放大器的应用、整流与滤波及通用电路模拟程序 PSPICE 简介。各章均附有习题。(李正明)

T000172 **绝缘材料与绝缘件制造工艺** 变压器制造技术丛书编审委员会编。机械工业出版社 1998 年 6 月版。15.1 万字。10.00 元。为“变压器制造技术丛书”之一。分 6 章。第一、第二章为绝缘材料部分，内容包括绝缘材料的基本知识和变压器常用的绝缘材料，系统介绍变压器制造用绝缘材料的概念、组成、基本性能及适用范围等；第三章至第六章为绝缘件制造工艺部分，内容包括变压器绝缘件的制造、绝缘零件的制造设备，绝缘零件制造用的量具、工具，质量控制和质量检验，详细介绍变压器常用绝缘件的制造工艺及常用的设备、量具和工具。(荆宏智)

T000173 **计算机辅助电机优化设计与制造** 叶云岳、林友仰编著。浙江大学出版社 1998 年 6 月版。39.7 万字。16.00 元。作者在原先编著的《电机优化技术》的基础上进行改写，并结合作者在电机 CAD/CAM 技术工作中的点滴体会和实践总结，编写成本书。主要内容分为 3 大部分：计算机辅助电机优化设计、计算机辅助绘制电机工程图和计算机辅助电机制造工程。(王大根)

T000174 **电机学与拖动基础** 麦崇熵等著。华南理工大学出版社 1998 年 4 月版。54.3 万字。29.50 元。根据中船总[1997]]013 号文：“关于‘九五’部委级重点教材编审出版计划”立项，按教材委员会九七工作会议纪要通过的“电机学与拖动基础”教学要求而编写，主要论述直流电机、电力拖动的动力学基础、直流电动机的电力拖动、变压器、交流电机理论的共同问题、异步电动机、三相异步电动机的电力拖动、电力拖动的机械过渡过程、同步电机、微控电机及电动机容量的选择等内容。(王魁葵)

T000175 **电机试验手册** 才家刚主编。中国电力出版社 1998 年 3 月版。85.5 万字。50.00 元。汇集目前我国最新的有关各类中、小、微型旋转电机的试验及检测方面的国家标准及有关行业标准，根据这些标准并结合作者及众多多年从事电机试验及检测的专业技术人员的实践经验，对电机试验及检测方面必备的理论，设备、仪器仪表的选用，试验、检测方法，试验及检测数据的采集、处理，试验报告的编写及电机性能数据的分析等方面内容作了详细介绍。(李润琴)

T000176 **机电动力系统分析** 辜承林编著。华中理工大学出版社 1998 年 8 月版。26 万字。14.00元。分 5 章，分别介绍机电动力系统状态变量分析模型及其数值解法；直流电机及其系统的分析方法；交流电机的任意参照系理论；以及应用参照系

理论对异步电机和同步电机及其矢量控制变速传动系统的探讨。（陈晓娟）

T000177 **新型驱动器及其应用** 杨宜民编著。机械工业出版社 1998 年 2 月版。33.5 万字。22.00元。共 19 章，介绍新型交流电动机、新型直流电动机、直接驱动电动机、直线电动机、专用小功率电动机、步进电动机、磁致伸缩驱动器、压电驱动器、仿生型步进式驱动器、MH 驱动器、SMA 驱动器、超导驱动器、橡胶驱动器、静电驱动器、高分子凝胶驱动器、光驱动器、二自由度驱动器等 18 种新型驱动器，对它的结构、工作原理、控制和应用等作了较详细的说明。书末有附录。（贡克勤）

T000178 **怎样拆修小型电动机** 应去非等编著。机械工业出版社 1998 年 4 月版。14.7 万字。10.00元。为"电工实用技术丛书"之一。从讲述电动机的基本知识入手，介绍电动机可能发生的故障，说明如何根据故障现象分析查找故障及进行局部拆装与修理，详细介绍电动机定子绕组全部更换的操作工艺和修理方法。书中配有大量插图和必要的技术数据表。主要内容有：异步电动机的构造，电动机的拆装与修理，定子绕组的故障与局部修理，电动机定子绕组的全部更换，改变极数的计算，电动机试验，三相异步电动机常见故障与处理方法，单相电动机的重绕计算及电钻的修理等。（边萌）

T000179 **电动机选择、安装、使用、维护与故障排除 700 个怎么办** 张盖楚等主编。冶金工业出版社 1998 年 2 月版。86.9 万字。46.00 元。以问答形式阐述各种常用电动机及其启动、控制和保护电器方面的问题。内容包括电动机选择、安装、配线、验收、搬运与保管；电动机常用启动、控制和保护电器的选择、安装、使用、维修与故障排除；三相异步电动机、单相异步电动机、同步电动机、直流电动机和其他类型电动机的使用、维护与故障排除；绕组浸漆、烘干和电动机检修后的测试等。（林聪）

T000180 **家用电器用单相电动机的原理与维修** 秦崎、潘恬编。机械工业出版社 1998 年 4 月版。12.8 万字。9.50 元。为"电工实用技术丛书"之一。共 5 章，书中以家用电器常用的电动机为实例，介绍单相异步电动机的基本类型、工作原理、结构，绕组和匝数计算，绕组展开图画法、基本嵌线法、绕线模制作方法，故障分析及检查方法，并介绍了冰箱、空调器、洗衣机、风扇电动机的常见故障与修理方法。（荆宏智）

T000181 **面向 21 世纪的中国电机工程技术** 中国电机工程学会编。万国学术出版社 1998 年 8 月英文版。150 万字。230.00 元。为中国电机工程学会第五届青年会议论文集。内容涉及电力工程、热能工程、机械、力学、环境工程、信息与自动化、经济与管理学等学科，反映了近年来电机工程青年科技人员在跟踪电机工程科技发展方向、开展重大科技课题研究、与经济建设紧密结合进行重大技术开发和技术改造方面的新成果。（周幼葵）

T000182 **微特电机设计手册** 电子工业部第二十一研究所编。上海科学技术出版社 1998 年 7 月版。101 万字。50.00 元。详细介绍有关微特电机设计过程中所需常用的一般资料、公差与配合、常用结构要素、产品设计的工艺性、螺纹、紧固件及标准、轴承、涂覆、金属材料、磁性材料、电磁线、安装线和电刷线、绝缘制品、浸渍漆、磁漆、底漆及腻子、塑料、环氧树脂、粘合剂、润滑油脂、电机用电刷、橡胶及其制品及其他材料。在附录中还介绍了小模数渐开线圆柱齿、中小型电机安装型式及国内外部分微特电机生产单位等。（郭雨水）

T000183 **变压器处理工艺** 变压器制造技术丛书编审委员会编。机械工业出版社 1998 年 6 月版。20.3 万字。13.00 元。为"变压器制造技术丛书"之一。主要内容包括：传统真空干燥处理；气相干燥处理；其他干燥处理；变压器注油、试漏及充氮运输以及其他基础知识。系统介绍变压器处理目的、原理、方式、设备、工艺以及处理故障及排除，还介绍变压器及其装配、运行知识。（吴天培）

T000184 **变压器制造技术丛书** 变压器制造技术丛书编审委员会编。机械工业出版社 1998 年 6 月版。是为适应变压器行业技术发展的迫切需要，满足变压器行业操作工人的专业培训和工程技术人员的业务学习要求，同时满足社会不同文化层次读者的需要，根据原国家机械委电器局制定的变压器行业《工人技术等级标准》和工程技术人员继续教育的要求编写的。全套书共 9 册，分别为《绝缘材料与绝缘件制造工艺》、《变压器绕组制造工艺》、《变压器铁心制造工艺》、《变压器装配工艺》、《变压器处理工艺》、《变压器试验》、《变压器油箱制造工艺》、《干式变压器制造工艺》、《互感器制造技术》。本套书内容为 35～500kV 的各类变压器，包括从小型配电变压器到大型五柱铁心变压器；从传统的常规心式变压器到性能较优越的壳式变压器。在技术水平方面，除介绍国际 80 年代水平的内容外，还考虑到今后的发展，介绍一些具有 90 年代甚至跨世纪水平的最新技

术。(荆宏智)

T000185 **变压器油箱制造工艺** 变压器制造技术丛书编审委员会编。机械工业出版社 1998 年 6 月版。19.2 万字。12.00 元。为"变压器制造技术丛书"之一。全书共 5 章,内容包括油箱及结构件的设计、油箱及结构件的加工工艺、试漏检验、油箱及零部件的后处理以及油箱在加工过程中所使用的焊接方法。(俞逢英)

T000186 **变压器试验** 变压器制造技术丛书编审委员会编。机械工业出版社 1998 年 6 月版。26.4万字。16.00 元。为"变压器制造技术丛书"之一。根据变压器行业《工人技术等级标准》和工程技术人员继续教育的要求,并参照"变压器专业工种技术工人培训教材(内部发行)"及结合目前国内外变压器发展的最新水平编写而成。叙述变压器全部出厂试验、型式试验,从原理到试验方法、试验要求都作详细介绍。共 9 章,主要内容有:变压器试验的基础知识,电压比测量、联结组标号检定和绕组电阻测量,绕组绝缘的特性试验,外施耐压试验,空载试验与负载试验,温升试验,雷电冲击和操作冲击试验,特殊试验,变压器用有载分接开关的试验等。(李铭杰)

T000187 **变压器绕组制造工艺** 变压器制造技术丛书编审委员会编。机械工业出版社 1998 年 6 月版。43.5 万字。25.00 元。为"变压器制造技术丛书"之一。汇集了国内各变压器厂长期制造变压器绕组的大量生产实践经验,同时简要介绍了国内外变压器制造行业近年来所采用的最新绕组制造技术。本书从变压器基本理论讲起,介绍了变压器绕组的基本知识,常用绕组绝缘材料、性能及绝缘件的用途,导线概述,导线的拉直与分盘,导线包纸设备及包纸工艺,换位导线及组合导线的制造,绕组的绕制设备和工具、压装设备和工艺装备,绕组的绕制工艺、压装方法、干燥工艺、浸漆处理工艺,绕组的质量控制及故障修理和绕组压装中的质量问题及处理。(边萌)

T000188 **变压器铁心制造工艺** 变压器制造技术丛书编审委员会编。机械工业出版社 1998 年 6 月版。39.5 万字。23.00 元。为"变压器制造技术丛书"之一。分 6 章。第一章介绍变压器铁心制造的基本知识,包括硅钢片的牌号,化学成分,硅钢片的电磁、物理和力学性能,变压器铁心的结构和片形,铁心填充系数、叠装系数和工艺系数的计算方法,铁心冲剪质量指标,冲模和刀具的材料选择,以及气动、液压和电子计算机在冲剪设备上的应用等;第二章介绍变压器铁心的制造方法,包括纵剪、横剪、成卷硅钢片的套裁、铁心冲剪质量的控制等;第三章介绍变压器铁心的成形处理,包括硅钢片的卷制成形、退火、卷制铁心的浸渍、粘合与切开等;第四章介绍变压器铁心的结构,包括铁心的分类、结构、温升与散热等;第五章介绍变压器铁心的选片和叠装,包括铁心叠装用的工装、叠片形式、叠片图、预叠、叠装、叠装质量检验、叠装质量问题及故障等;第六章简要介绍国内外变压器铁心制造的四新成果,包括激光技术在铁心制造中的应用、阶梯接缝及其应用、铁心自动叠装生产线、采用非晶合金材料制造铁心、铁心片的专业化生产等。书末附录 19 篇资料,内容包括国内外硅钢片和非晶合金材料的牌号、性能和参数等。(崔世荣)

T000189 **变压器装配工艺** 变压器制造技术丛书编审委员会编。机械工业出版社 1998 年 6 月版。24.6 万字。15.00 元。为"变压器制造技术丛书"之一,以大型电力变压器为主,第一、二章介绍变压器装配工人应掌握的变压器基本理论知识;第三、四章重点介绍变压器的基本结构、装配技术、装配工艺和质量检测等内容;第五章简单介绍电抗器、电炉变压器、整流变压器等几种特种变压器的结构和性能;第六、七章简要介绍变压器常见故障的检查、排除及变压器的运输、安装和检修知识。(何月秋)

T000190 **互感器制造技术** 变压器制造技术丛书编审委员会编。机械工业出版社 1998 年 6 月版。16.4 万字。11.00 元。为"变压器制造技术丛书"之一。全书共 5 章,内容包括:电流互感器的原理和结构简介;电压互感器的原理、性能和结构简介;铁心、绕组制造工艺及设备;绝缘包扎、绝缘浇注工艺及设备;互感器装配工艺。每章后附有复习思考题。本书简要介绍互感器的原理、性能和结构,还介绍了电流互感器和电压互感器的铁心及绕组的制造工艺、油浸式互感器及绝缘浇注工艺及电流与电压互感器的装配、干燥处理工艺、变压器的真空检漏及真空设备、真空仪表与变压器油的处理方法,以及这些工艺所用的各种加工设备、绕制设备、绕线机、包纸机、包扎机、浇注工艺装备的结构原理、性能参数等。(余茂祚)

T000191 **可编程序控制器应用技术** 廖常初编著。重庆大学出版社 1998 年 10 月第三版。33.7 万字。15.00 元。从工业应用的角度出发,介绍 PLC 的工作原理、硬件结构和指令系统,梯形图设计方法和 PLC 控制系统的设计、调试和提高系统可靠性、降低硬件费用的方法;还介绍了 PLC 的通信和位置控制,在模拟量闭环控制中的应用,以及数字显示和数据输入方法等。根据 PLC 的最新发展趋势,1995 年和 1998 年两次进行修订:介绍了 PLC 最新发展趋势和国外几大生产厂家的新型产品;PLC 编程语言的国际标准 IEC1131-3;对具有多种工作方式的系统的编程方式和 6 种顺序控制编程方式作了一些改动,增加了对选择序列和并行序列编程的实例;增加了 PLC 扫描周期的测量方法,给出了用 C 语言编写的 PLC 与上位计算机的通信程序。(李淑芳)

T000192 **电器逻辑控制技术** 熊葵容主编。科学出版社 1998 年 3 月版。43.50 万字。25.00 元。系统阐述电器控制系统、矩阵式顺序控制器和可编程序控制器(PC 机)等控制技术,使电器逻辑控制技术体系系统化。介绍电器逻辑控制技术的基本控制原理、控制方法和设计方法。列举较多的典型控制线路,提出应该注意的问题及处理方法。(总编室)

T000193 **可编程控制器原理及其应用** 吴建强、姜三勇著。哈尔滨工业大学出版社 1998 年 9 月版。19.4 万字。12.80 元。以日本松下电工的 FPI 小型可编程控制器为主讲机型,并照顾到各种类型的可编程控制器的一般构造、原理和编程特点,详细讨论可编程控制器在工程中应用的特点和指导思想。(孙连嵩)

T000194 **家用控制器应用技术手册** 刘景昌主编。机械工业出版社 1998 年 1 月版。51.5 万字。32.00 元。提供翔实的家用控制器的技术数据,并就家用控制器的安全通用要求、结构原理、性能特点、安装使用方法等方面的问题作系统、完整的论述。(牛新国)

T000195 **新编保护继电器检验** 电力部安监司编。中国电力出版社 1998 年 3 月版。74.1 万字。38.00 元。在总结自 1978 年出版后沿用至今的《保护继电器检验》一书使用经验的基础上,结合设备更新和技术发展的需要而重新编写。介绍国内生产的 150 多种(不同型号或系列)常用的保护继电器现场检验方面的知识。全书分 90 章。第一章叙述有关各种继电器检验中具有共性的内容;以后各章除分别叙述各种继电器的基本原理结构外,着重对各种继电器的检验项目、方法和要求等作原则规定。还列出有关各种继电器的主要技术数据。(华峰)

T000196 **火力发电厂安全性评价** 中国华北电力集团公司安全监察部编著。中国电力出版社 1998 年 3 月版。16.3 万字。14.00 元。针对火力发电厂生产设备系统、劳动安全和作业环境以及安全管理 3 个方面可能引发事故的危险因素,以防止人身事故、特大和重大设备事故及频发事故为重点,进行查评诊断。其目的是要评出一个单位或一个系统安全基础的现状和水平,尤其是预知和掌握客观存在的危险因素及严重程度,明确反事故斗争的重点和需要采取的反事故措施,实现超前控制、减少和消灭事故。(华峰)

T000197 **火电厂设计基础** 钟史明主编。中国电力出版社 1998 年 4 月版。29.3 万字。12.70 元。高等学校教材。主要汇集国内火电厂设计有关规程、规范、技术要求和一些优秀工程设计范例,并阐明它们的基本原理、基本方法。为适应我国电力工业实际和发展的需要,本书选材主要以大容量、超高参数、高效机组的大型火电厂为主,同时兼顾中小容量热电机组的热电厂。内容包括:我国火电厂设计概况,电力工业技术政策,发电厂厂址选择,发电厂总体规划,主、辅机设备选择,主厂房布置,管道设计,发电厂辅助系统(煤、灰、水和化学水系统)设计,发电厂可行性研究,投资估算与技术经济分析等。(潘宏娟)

T000198 **DL5009·3-1997 电力建设安全工作规程(变电所部分)** 中华人民共和国电力工业部发布。中国电力出版社 1998 年 3 月版。8.3 万字。9.90元。规定了高压变电所建筑、安装施工过程中,为确保施工人员的安全和健康而应采取的措施和应遵守的安全施工要求,适用于新建、扩建和改建的变电所的建筑、安装、现场加工和启动带电等工作。与本规程配套的还有《DL5009·1 电力建设安全工作规程(火力发电厂部分)》,《DL5009·2 电力建设安全工作规程(架空电力线路部分)》。(姜丽敏)

T000199 **电力牵引供电系统技术及装备** 贺威俊主编。西南交通大学出版社 1998 年 10 月版。36.50 万字。18.00 元。分 4 章,以高快速和重载电力牵引为重点,系统地介绍电力牵引供电系统及其各组成部分的基本结构、主要技术装备和新技术原理及其应用。第一章:电力牵引供电系统基本分析,介绍常用的供电方式及其分析比较,主要电气量与参数计算方法和系统仿真;谐波、负序和无功形成的原理,分析计算与改善措施;供电系统绝缘配合与过电压保护方法。第二章:新型牵引变压器、并联综合补偿技术、自动调压、微机保护与变电所综合自动化以及高压设备与二次系统新型测试装置等的原理和应用。第三章:弓网作用的动力分析、动态仿真、弓网参数对受流质量的影响,高快速接触网悬挂与支持结构、悬挂振动特性和接触网的动态、静态检测技术与检测车装置。第四章:牵引供电微机运动监控系统的构成原理、通信系统和设备状态监控技术分析等。书中内容以实用新技术、新装备和新材料的原理和应用为主,对传统技术和原有装备、器件不再重复介绍。(唐晴)

T000200 **电力牵引供变电技术** 贺威俊、高仕斌等编著。西南交通大学出版社 1998 年 1 月版。45.4 万字。21.00 元。系统介绍交流与直流电力牵引供变电技术的基本理论、电气设备与主系统工作原理、设计计算、运行分析和实际知识。全书分 6 章。内容包括:交、直流高压电器与开关设备;交、直流牵引变电所电气主结线与配电装置;供变电系统常规控制、信号、监测电路与操作电源;变电所微机监控与综合自动化系统;交、直流牵引变电所设计等。全书以交流电力牵引供变电系统技术为主体,对现代城市地铁、轻轨交通与工矿直流电力牵引供变电系统有关内容,也作了阐述。(张雪)

T000201 **电力新技术丛书** 王平洋主编。中国电力出版社 1997 年至 1998 年陆续出版。共 100 万字。共 70.00 元。包括:《微机继电保护》、《电力网中的谐波》、《电网调度员培训模拟(DTS)》、《人工神经网络原理及其应用》、《配电系统自动化及其发展》、《面向对象设计的开放式能量管理系统》、《模糊数学在电力系统中的应用》、《电力电子学在电力系统中的应用——灵活交流输电系统》、《直接法稳定分析》、《无功补偿的矢量控制》。本丛书就各专题题目的引出、专题的基本原理和理论及对电力系统的影响进行简要论述,并对专题的应用领域和前景、可能产生的效益作出了评述。(丁雁)

T000202 **发电厂水处理工程** 钱达中主编。中国电力出版社 1998 年 5 月版。44.2 万字。19.00 元。为普通高等学校热能动力类专业教学指导委员会推荐使用的本科生教材。系统介绍大型火力发电厂水质净化处理各个操作单元的基本工作原理、设备结构、运行方式及设计原理。主要内容包括:天然水的水质,水的混凝、澄清与沉淀处理,过滤处理,离子交换处理,凝结水处理,膜分离和水的蒸馏,冷却水处理等。(何郁)

T000203 **全国火力发电工人通用培训教材** 山西省电力工业局编。中国电力出版社 1996 年至 1998 年陆续出版。1221 万字。共 606.00 元。整套丛书对应于 16 个专业工种,初、中、高级工 3 个层次,共计 48 个分册。它们是:一、燃料设备运行(初、中、高级工 3 个分册。以下同);二、燃料设备检修;三、电厂化学设备运行;四、电厂化学设备检修;五、电厂化学仪表及程控装置;六、锅炉设备运行;七、锅炉设备检修;八、汽轮机设备运行;九、汽轮机设备检修;十、电气设备运行;十一、发电厂集控运行;十二、电机检修;十三、热工仪表及自动装置;十四、继电保护;十五、电测仪表;十六、电气试验。教材注意按照工人培训的特点和规律安排教学内容,即强调实用性和"以工种定名,以岗位设篇"。实用性强,体现在教材从生产实际需要和工人实际水平出发,进行总体设计和编写;以培养实际能力为重点,以提高操作技能为主线,教材中提供的"知识"为"技能"服务。以专业工种定名的各种教材的初、中、高级工 3 个分册,在内容上是阶梯式递进,互不重复或不简单重复。书中配有各种类型的练习和思考题。(顾希衍)

T000204 **DL/T633-1997 农电事故调查统计规程** 中华人民共和国电力工业部发布。中国电力出版社 1998 年 3 月版。4.7 万字。8.50 元。提出了农电生产及农村用电过程中发生事故后的调查统计办法。是对农电生产事故和农村触电死亡事故进行调查、分析和统计工作的依据。其主要内容有总则、事故、障碍、事故调查、统计报告以及安全考核。与本规程配套使用的有《DL499-92 农村低压电力技术规程》;《DL558－94 电业生产事故调查规程》。(曹新伟)

T000205 **县局电业人员岗位培训教材** 孙成宝主编。中国电力出版社 1998 年 10 月版。226 万字。158.00 元。共 12 册,包括:应用电工、变电运行、变配电检修、继电保护、电气试验、外线、内线、装表接电、电能表、电气仪表、用电营业、用电检查。本套教材是依据部颁《电力工人技术等级标准》、《关于电力工人培训教材建设的意见》以及有关电力生产岗位规范和新颁国家、电力行业标准而编写的。以操作技能为主,强调实用性,从电力生产实际需要和工人实际水平出发来编写。(杨元峰 刘章峰)

T000206 **变电运行岗位技能培训教材(110、220、500kV)** 全国电力工人技术教育供电委员会编著。中国电力出版社 1998 年 4 月版。133.5 万字。63.20 元。教材按照部颁《电力工人技术等级标准》和《变电运行岗位规范》要求,突破传统教材的学科体系,理论联系实际,紧密结合生产,按岗位和设备系统组织教材,以部颁规程、规范、标准的内容为主线,突出生产技能、专业理论知识为掌握生产技能服务。主要内容包括变电一、二次设备及运行，变电所运行方式变换的操作，变电运行的异常、事故及处理，变电所的运行管理等；此外还选编有运行操作实例、事故案例、典型经验和常用数据。（曹新伟）

T000207 **城市电网规划与改造** 陈章潮、唐德光著。中国电力出版社 1998 年 5 月版。26.9 万字。13.10 元。分 9 章。第一章介绍我国城市电网的现状。第二章介绍电力负荷预测的几种方法。第三章阐述城市电网规划的主要技术原则。第四章详述城市电网发展规划的有关问题。第五章介绍城市电网设施。第六章是城市电网无功电源规划。第七章介绍城市电网中性点接地方式。第八章介绍城市电网自动化规划。第九章讨论特殊用户的供电问题。（陈涛）

T000208 **汽轮发电机组的振动与平衡** 顾晃主编。中国电力出版社 1998 年 8 月第二版。26.2 万字。11.40 元。在汽轮机基本原理的基础上，进一步阐明汽轮发电机组振动的机理、振源和振动的消除方法，重点论述挠性转子的平衡，还介绍转子平衡时所用的计算程序。（马家斌）

T000209 **火力发电厂设备手册** 电力工业部电力机械局、中国华电电站装备工程(集团)总公司编。中国电力出版社 1997 年 12 月至 1998 年 1 月陆续出版。3224 万字。187.50 元。共 8 个分册：《锅炉及烟风系统设备》、《输煤系统及煤场设备》、《煤粉制备系统设备》、《汽水系统设备》、《除尘及灰渣处理设备》、《电站管道及其附件》、《化学水处理系统设备》、《仪表及自动控制系统设备》。这 8 个分册基本上包括了电力部所属机械制造系统有关汽轮机、锅炉、煤场、除灰系统的辅机设备。各分册的主要内容有：产品的用途、型号意义、结构特点、工作原理、主要技术参数、设备外形与结构尺寸、供货范围及订货须知等。（马家斌）

T000210 **300MW 火力发电机组丛书** 华中理工大学 吴季兰等编。中国电力出版社 1998 年陆续出版。共 256 万字。124.00 元。分 4 册。第一分册《燃煤锅炉机组》，其内容密切结合我国现有的 300MW 机组锅炉的具体情况，在扼要叙述基本理论、基本结构的基础上，着重分析其特点。第二分册《汽轮机设备及系统》，系统地介绍了 300MW 级汽轮机设备的原理、结构、特性及运行、维护、典型事故处理等。第三分册《汽轮发电机及电气设备》，系统地介绍了 300MW 汽轮发电机及电气设备的结构、工作原理、特性及运行、调试、维护方法。第四分册《计算机控制系统》，主要介绍 300MW 火力发电机组普遍应用的计算机分散控制系统。（马家斌）

T000211 **双曲线冷却塔事故分析及处理** 盛和晞著。中国电力出版社 1998 年 7 月版。13.2 万字。7.00 元。介绍并分析国内外近 30 年来火力发电厂双曲线冷却塔出现的事故、存在的问题、处理的措施及教训，共列举工程实例 20 个。主要内容包括：冷却塔地基基础事故及处理，冷却塔风筒事故及处理，冷却塔水池、淋水装置事故及处理等。（高体基）

T000212 **增压流化床联合循环发电技术** 章名耀等著。东南大学出版社 1998 年 12 月版。57.1 万字。39.00 元。内容包括 PFBC-CC 发电技术的原理、国内外发展的背景和过程，流化床燃烧、流动、传热、脱硫等过程的基本原理，PFBC-CC 发电技术中的锅炉、固体添加排放、高温除尘、燃气轮机等有关的特殊问题和技术，以及 PFBC-CC 电站的技术经济分析。（徐步政）

T000213 **无人值班变电所及农网综合自动化** 段传宗著。中国电力出版社 1998 年 4 月版。26.4 万字。14.00 元。系统地阐述无人值班变电所及农网综合自动化的理论、实际问题，介绍相关应用技术和设备以及具体操作、运用知识。主要内容包括无人值班变电所的设计、改造及运行管理，变电所综合自动化的方案、技术原则和微机综合保护装置，调度自动化系统的原理、功能、设备及运行维护，配电网自动化方案与应用技术，管理信息自动化的要求与系统的设计方案。（张运东）

T000214 **电力系统运行操作和计算** 东北电业管理局调度通信中心编著。辽宁科学技术出版社 1998 年版。110 万字。70.00 元。共 15 章，第一章叙述电力系统操作的基本知识，交代操作步骤，如何选择正确的操作方法以及如何在操作中防止发生事故。第二章至第十二章叙述实现正确运行操作所需的基础知识和必要的计算方法，紧紧围绕运行操作这个主题，突出物理概念，简明扼要地介绍发电机、变压器、开关设备、消弧线圈、继电保护等设备。第七章讲述发电机的特殊运行方式及其所需要解决的特殊问题。第十一章叙述操作可能引起的异常现象——过电压及其防止。第十二章叙述扩大常规运行范围至非对称领域的运行操作。第十三章至第十四章叙述涉及电网几个单位的复杂运行操作——调整频率和电压。第十五章叙述如何判断和消除电网的事故处理等。全书的特点是紧密结合电网运行特点，着重传授实际操作方法、操作程序，教给读者怎样操作运行电网,怎样提高效率、节约能源、减少事故。电网出现异常情况如何处理。同时辅以必要的理论知识和计算方法及技巧。详细介绍东北电网的经验,附有大量图表及计算实例。(马骏)

T000215 **电力系统设计手册** 电力工业部电力规划设计总院编。中国电力出版社 1998 年 6 月版。81.6 万字。60.00 元。系统地介绍电力系统规划设计的内容和方法,主要内容有:电力负荷预测与分析;电力电量平衡;火力发电厂和核电厂的厂址选择;变电所的所址选择和送电线路的路径选择;电源规划;网络方案设计;无功补偿;发、输、变电设备的数学模型及网络参数计算;潮流计算;短路电流计算;系统稳定计算;内过电压和潜供电流计算;其他电气计算;经济比较方法;发、变电设备规范及电气参数。书中还给出了设计常用的技术方法、计算公式、数据资料、图表曲线。(陈涛)

T000216 **供电系统谐波** 吴竞昌主编。中国电力出版社 1998 年 5 月版。36.3 万字。23.00 元。为"电力科技专著出版基金"资助项目。主要内容包括:畸变波形的分析方法,含半导体非线性元件的谐波源,含电弧和铁磁非线性设备的谐波源,谐波对电器和电子设备及通信的影响和危害,电气铁道牵引负荷,供电系统中谐波的分布和传递、畸变波形下各种电量的测量方法及装置,电器与谐波,无源电力滤波装置,有源电力滤波装置,谐波的监督管理及限制电网谐波的标准等。(姜丽敏)

T000217 **配电系统可靠性实用基础** 陈文高编著。中国电力出版社 1998 年 6 月版。21.9 万字。17.00 元。作者以近十多年来国内各地区供电部门及各级电力生产管理部门开展配电系统可靠性统计、分析、评价和研究的实践为基础,结合生产实际,阐述配电系统可靠性研究和管理的基本原理、方法、应用及其发展,并提供大量有实用价值的数据。本书分 10 章,内容包括绪论,国外配电系统可靠性评介,配电系统可靠性统计评价指标,配电系统可靠性的统计、计算与分析,以元件组合关系为基础的配电系统可靠性预测方法,以"裕度"概念为基础的配电系统可靠性预测方法,配电系统可靠性准则及城市电网可靠性的规定,提高配电系统可靠性的措施及其实施效率,配电设备诊断技术及可靠性经济学在配电系统中的应用等。(张涛)

T000218 **国际电力系统技术会议论文集** 电力科学研究院编。万国学术出版社 1998 年 8 月英文版。240 万字。220.00 元。2 卷。介绍国际电力系统技术研究的最新进展。内容包括:电力系统分析软件程序包、绝缘诊断法、电力变压器动力故障识别、电涌制动技术与测试的最新进展、金属结构的电光流动分布计算、配电系统计划的模糊决策、配电系统超压等。(周幼葵)

T000219 **高压架空输电线路施工技术手册(架线工程计算部分)** 李博之编著。中国电力出版社 1988 年 6 月第二版。26.9 万字。18.00 元。是在原电力建设总局编写的《高压架空输电线路施工技术手册架线工程部分》的基础上修改扩充而成。和原版本相比,本手册对张力架线、悬链线法用于架空线弧垂测控、连续倾斜地形紧线、承受两种不同均布荷载以及均布荷载和集中荷载共同作用的架空线(索)、架空线塑蠕伸长影响的处理等方面的架线施工设计和施工计算方法作了增补。介绍与架线施工有关的架空线力学计算方法,重点对架空线最大弧垂的测控与检查,连有耐张绝缘子串的架空悬线、承受特殊荷载作用的架空线(索)、架空线的特殊紧线法,张力架线施工的放线和紧线,架线施工中对架空线塑蠕伸长影响的处理等方面的施工计算方法作详细介绍和说明。部分章节还列举有具体算例。(丰兴庆)

T000220 **电机与控制** 许建国主编。武汉测绘科技大学出版社 1998 年 8 月版。53 万字。29.50 元。由华中理工大学、武汉纺织工学院、武汉工业大学、武汉汽车工业大学、武汉化工学院、湖北工学院等院校的自动化专业的专家教授,针对电力拖动自动控制系统这一专业方向编写的教材。共 2 册,包括《电机与控制》和《拖动与调速系统》。本书讲述电力拖动自动控制系统的各种硬件设施和器件,如电机、变压器、逆变器和控制器,属"硬件"部分。(任翔)

T000221 **机械设备电器控制** 陈绍华编著。华南理工大学出版社 1998 年 9 月版。40.5 万字。27.00 元。介绍机械设备电器控制原理和设计方法,主要内容有继电器接点控制和可编程控制器控制。在继电器接点控制篇章中,介绍机械设备电器控制系统的组成及其基本原理,电器元件的结构特点及其选择;重点阐述电器元件动作状态表的制作,运用动作状态表进行继电器接点自动控制的逻辑设计方法。在可编程控制器控制篇章中,介绍三菱 F1 系列可编程控制器的工作原理、基本指令和功能指令的编程方式;详细讨论在以开关量为转移信号的过程控制中,如何运用电器元件动作状态表来设计可编程控制器的梯形图,简化设计方法。(詹志青)

T000222 **交流调速系统** 陈伯时、陈敏逊编著。机械工业出版社 1998 年 5 月版。21.5 万字。16.00元。为“电气自动化新技术丛书”之一，全面系统地介绍现代交流调速系统的基本原理、数学模型、控制系统和应用性能。本书的重点放在调速系统原理和自动控制规律方面，对于具体装置只作概述。(周娟)

T000223 **拖动与调速系统** 许建国主编。武汉测绘科技大学出版社 1998 年 8 月版。49.3 万字。28.00 元。由华中理工大学、武汉纺织工学院、武汉工业大学、武汉汽车工业大学、武汉化工学院、湖北工学院等院校自动化专业的专家教授编写，是电力拖动控制系统新教材。本书讲述电力拖动自动控制系统的拖动原理、调速方法、控制规律等，属“软件”部分。(任翔)

T000224 **制冷空调设备使用维修手册** 张祉祐主编。机械工业出版社 1998 年 1 月版。217.9 万字。115.00 元。阐述各种制冷和空调设备的工作过程、基本结构及特性、安装调试、运转管理和保养维修，包括活塞式、螺杆式、离心式和吸收式制冷设备，空气调节设备及制冷空调设备的自动控制等内容。(蒋有彩)

T000225 **家用电器常见故障排除手册** 刘正全编著。四川辞书出版社 1998 年 4 月版。70 万字。36.00 元。收故障现象 1700 余条、图 232 幅、电器图形符号约 300 个、外文符号 1800 余个。所收电器以功能为序。全书分为娱乐、通风、制冷、厨房、清洁、保健、美容、办公、其他和电器符号 10 篇。每大类(篇)内，带有共性的故障条目在前，其后是按品牌为序故障现象同类者相对集中的所属故障条目。所有故障现象均作条目名出现，每条下有“故障原因”、“排除方法”两项内容。(帅初阳)

T000226 **模糊控制技术在家用电器中的应用** 黄布毅主编。中国轻工业出版社 1998 年 1 月版。28 万字。24.00 元。内容包括：模糊理论基础，模糊控制基础，模糊控制器及系统设计，神经元网络在模糊控制系统中的应用，模糊控制家用电器的若干问题，家用电动洗衣机、家用电冰箱、空调器、电饭锅等家用电器中模糊控制系统的构成、模糊控制器的设计，模糊控制系统的开发等。(白洁)

无线电电子学、电信技术

T000227 **无线电工艺** 徐德高著。中国劳动出版社 1998 年 5 月版。37.8 万字。18.30 元。技工学校无线电整机专业和家用电子产品维修专业通用教材。根据劳动部职业技能开发司、电子工业部人事教育司审定颁发的《无线电工艺教学大纲》编写的。主要介绍无线电整机常用元器件和材料，无线电整机装配工艺基础知识，无线电装联工艺装备和装联工艺，无线电整机特点，无线电整机部装、总装、调试、检验、包装等。(唐圣平)

T000228 **模拟电子技术基础** 王文吉编。电子工业出版社 1998 年 8 月版。22.6 万字。15.00 元。系电子技术基础课程的一部分。主要内容包括基本放大电路、频率特性和多级放大电路、模拟集成电路、负反馈放大电路、集成运放的应用、直流电源等。每章后均配有习题和思考题。书末附有习题参考答案。(高凯宪)

T000229 **新编功率晶体管实用手册——PNP管** 电子工业部半导体专业情报网编。电子工业出版社 1998 年 6 月版。168 万字。160.00 元。收集国外主要大公司生产的最新型号的双极型(PNP)功率晶体管的技术数据、特性曲线、封装外形图、型号索引、型号—公司对照以及应用知识。新编功率晶体管实用手册分 PNP 管、场效应管、NPN 管 3 册出版。(詹善琼)

T000230 **电子显微分析实用方法** 吴杏芳、柳得橹编。冶金工业出版社 1998 年 10 月版。19.5 万字。12.00 元。系高等学校材料类专业本科教材。内容有：透射电镜的基本结构和操作，透射电镜的试样准备，选区电子衍射及像转角的测定，电子衍射谱衍射常数的测定，单晶体电子衍射谱的拍摄与分析，菊池花样的分析和应用，晶体取向关系的测定，特征平面的分析，位错线方向及柏氏矢量 b 的测定，层错性质的判断，薄膜试样厚度的测定，扫描电镜的基本原理与实验方法，块状试样的 X 射线能谱分析——定性分析和定量分析，薄试样的 X 射线能谱分析，电子能量损失谱分析(EELS)，会聚束电子衍射(CBED)方法，薄试样厚度和消光距离的 CBED 测定，晶体点群的会聚束衍射测定。(宋良)

T000231 **激光测量学** 金国藩、李景镇主编。科学出版社 1998 年 8 月版。162.30 万字。148.00元。系统地论述激光测量的基本理论、测量原理和关于激光多波长无导轨测量，激光测量表面微观形貌，直径及几何形状误差的测量，激光位移测量，激光测量微径、距离和厚度，激光定位和激光雷达，激光测量角度和角速度，激光三维面形测量，激光 CT 与三维温度场的测量，微粒场的三维测量，激光流动显示及测量，激光测量弱磁场，激光测量瞬变现象，激光探针和超短激光脉冲14个领域的当前具有国际水平或国内领先水平的激光测量技术，介绍有应用前景的前沿课题。(马长芳)

T000232　**半导体导波光学器件理论及技术**　赵策洲、刘恩科著。国防工业出版社1998年6月版。31.6万字。23.00元。以硅材料的最新形式—Silicon—On—Insulator(SOI)材料为主，系统地介绍半导体中的各种导波光学器件的理论及其制造技术。共8章。第一章分析和阐述介质波导耦合模理论及SOI耦合器制造技术。第二章分析和阐述半导体分支波导和劈形波导的理论和技术；第三章介绍半导体无源导波器件；第四章介绍SOI硅膜基本性质及其电光效应；第五章分析和介绍硅波导中的调制效应和各种硅单波导调制器原理和技术；第六章分析和介绍半导体非干涉型光波导调制开关原理和技术；第七章分析和介绍半导体干涉型光波导调制开关原理和技术；第八章阐述半导体导波光学器件的应用和发展。(孙中明)

T000233　**最新世界三极管特性代换手册**　本书编译组编。福建科学技术出版社1998年2月版。169.3万字。59.00元。分"三极管对照表"和"外形与管脚排列图"两部分。在"三极管对照表"中，收编中国、日本、美国、欧洲等世界各地半导体企业生产的各类双极性半导体三极管型号达3万余个，每个型号的三极管都表示出其主要生产厂家、使用的材料与极性、外形图序、主要用途和特性参数，并列出可供代换使用的型号。根据表中提供的外形图序，在手册的"外形与管脚排列图"中，可查到各型号三极管的外形及其管脚的排列情况。(林大灶)

T000234　**半导体激光干涉理论及应用**　孙晓明著。国防工业出版社1998年1月版。19.3万字。16.00元。共8章。第一章介绍半导体激光干涉的基本概念、分类、发展和应用概况；第二章介绍半导体激光的调制相干理论；第三章介绍对干涉有影响的半导体激光器特性及实用方法；第四章介绍线性调制干涉理论和技术；第五章介绍正弦调制干涉理论和技术；第六章介绍多波长干涉技术；第七章介绍外腔谐振干涉方法和理论；第八章介绍全息光栅干涉技术。(王华)

T000235　**王阳元文集**　王阳元著。北京大学出版社1998年9月版。47.1万字。58.00元。收集作者自80年代以来各个时期代表性论文34篇，反映其近40年来在微电子领域辛勤耕耘的部分成果。分8个部分。第一部分是关于VLSI中多晶硅薄膜氧化动力学和电学性质的研究；第二部分是深亚微米集成电路中硅化物及多晶硅/硅化物复合结构的研究；第三部分是新型SOI结构器件和电路的研究；第四部分是MOS绝缘层物理和小尺寸器件以及互连的可靠性研究；第五部分是关于多晶硅发射极超高速电路和若干新器件的研究；第六部分展望了面向21世纪的微电子技术发展趋势；第七部分是针对微电子产业发展进行的战略研究；第八部分结合微电子技术与产业发展对科学研究方法论进行了探讨。全书就微电子科学技术发展中新工艺、新器件和新结构电路的一些机理问题进行系统、深入的研究，就"物"讲"理"，着重于规律性的探讨。(沈承凤)

T000236　**专用集成电路(ASIC)高级综合理论**　刘明业、张东晓等著。北京理工大学出版社1998年版。35.4万字。40.00元。分8章，详述计算机及ASIC高级综合与混合级模拟的基本理论与关键技术。前3章讨论高级综合的涵义，VHDL编译及其可综合子集的实现方法。第四章给出HLS/BIT系统多目标优化模型、调度和分配算法及优化策略。最后给出许多综合与验证的示例。第五章详述与底层工艺设计衔接问题。提出RTL工艺无关和工艺相关两级映射策略及知识制导的RTL工艺映射方法。最后给出面向FPGA目标的映射结果。第六章讨论逻辑图生成的实用技术。第七章讨论HLS/BIT模拟模型的建立及数据结构，给出各种模拟算法。第八章列举VDHL某些典型应用示例。该书以"北京理工大学VHDL语言ASIC系统行为级综合和混合模拟器系统(HLS/BIT)"为背景，阐明HLS/BIT系统中的VHDL语言分析器、VHDL混合级模拟器、高级综合子系统、智能工艺映射子系统、逻辑图自动生成子系统、综合结果验证子系统及接口变换子系统等各部分的构成和实现的基本理论和算法。(总编办)

T000237　**实用电子元器件手册**　上海电器科学研究所编。上海科学技术出版社1998年2月版。178.4万字。72.20元。内容包括：半导体集成电路、微机与接口电路、电力电子器件和常用半导体分立器件4个部分。对每类器件，编者都列举自己在实际工作中应用过的电路，写出体会、应用注意事项等；对近年发展较快的电力电子器件作专篇论述，并收集大量新资料。(程源钢)

T000238　**模拟电子线路基础**　吴运昌主编。

华南理工大学出版社 1998 年 4 月版。64.2 万字。33.50 元。根据原国家教育委员会批准的新修订的《电子线路(Ⅰ)、(Ⅱ)课程教学基本要求》和《电子技术基础课程教学基本要求》精神,汲取国内外有代表性的教材的长处,并总结使用外国教材和国内教材进行课程教学与教材编写的体会而编写。在编写时,(1)加强了模拟电子线路的基本概念、基本电路、基本原理、基本分析方法、分立器件及集成组件的基本特性、基本应用方法和基本计算方法等重要基础理论和技术。(2)从分立元件电路出发,着眼于集成化电路,使分立与集成融为一体,打破了以往多数教材中分立与集成电路截然分开的处理方法。(3)适度压缩分立元件电路,加重集成运放组件和其他模拟集成组件的工作原理、特性的介绍和应用电路的分析及调试方法的讨论。(4)强调传统基本理论与技术的同时,编入新理论、新技术、新电路及新模拟集成电路。(5)在教材内容编排方面,由浅入深、循序渐进,从物理概念入手,引申到理论分析。引导学生运用基本概念、基本原理和基本分析方法去认识问题、分析问题,培养学生解决电子线路实际问题和猎取新知识的能力。(6)编入较多的例题、思考题与习题。(傅穗文)

T000239 **最新集成运算放大器应用手册** 杨盘洪主编。山西科学技术出版社 1998 年 9 月版。203.8 万字。85.00 元。根据集成运算放大器发展和应用现状,分 15 章。第一章为概述,第二章至第十五章分别介绍外补偿通用运算放大器、内补偿通用运算放大器、高精度运算放大器、低噪声运算放大器、高输入阻抗运算放大器、低功耗运算放大器、宽带运算放大器、高速运算放大器、高压运算放大器、程控运算放大器、电流型运算放大器、跨导型运算放大器、电压跟随器、仪器运算放大器。在每个芯片介绍的最后,都附有典型应用实例。为方便读者阅读,在书首附有功能索引、型号索引、应用电路索引和参考代换型号索引,书末附有集成电路封装外形尺寸。(温洁茹)

T000240 **PWM 变频调速技术** 陈国呈编著。机械工业出版社 1998 年 7 月版。25.4 万字。19.00 元。详细阐述变频调速的基本原理与电压/频率控制方法,介绍 PWM 模式及其最优化,分析和推导出不同模式的频谱特性和数学表达式,介绍 PWM 脉冲的生成方法、IGBT 功率模块的应用、变频器的控制功能,详细分析变频器输入和输出电流波形的特征、主回路的换相过程及电动机的能量转换问题。(周娟)

T000241 **复杂数字电路与系统的 Verilog HDL 设计技术** 夏宇闻编著。北京航空航天大学出版社 1998 年 8 月版。32.6 万字。12.00 元。共 6 章,第一章为 Verilog HDL 设计方法概述;第二章介绍 Verilog HDL 语法;第三章介绍不同抽象级别的 Verilog HDL 模型;第四章讲述有限状态机和可综合风格的 Verilog HDL;第五章为可综合的 Verilog HDL 设计实例(简化的 RISC-CPU 设计简介);第六章介绍虚拟器件和虚拟接口模块。(王海虹)

T000242 **无线电修理** 劳动部教材办公室组织编写。中国劳动出版社 1998 年 5 月版。31.2 万字。18.80 元。分 5 章,分别为电工知识、常用无线电元器件、收录机原理与维修、黑白电视机原理与维修、彩色电视机原理与维修。电工知识的内容主要是无线电修理所必需的基础理论知识。在收录机原理与维修、黑白电视机原理与维修和彩色电视机原理与维修的章节中,例举了大量的例题。(胡长建)

T000243 **21 世纪的信息革命·(4)通信技术概述** 美国加州大学柏克利分校著,本书编译组编译。中央广播电视大学出版社 1998 年 12 月版。29.5 万字。17.00 元。《跨越世纪,面向世界 500 讲》是由美中远程教育合作发展基金会、中国科技发展基金会和上海法学教育发展基金会策划、参与发起,原国家教委电化教育音像出版社、中央电大出版社出版发行的大型电视教育系列教材。本教材第一版为每序列 3 册,共计 15 册。现根据各种岗位培训、继续教育和不同品位读者的需要,并吸收各有关单位领导和专家的建议,按原教材序列内容重新组合、调整,分为 21 册。本书为《21 世纪的信息革命》序列第四册。包括:“电信的开发与管理”,“基础设施的组成管理数据通信系统”、“全球通信”、“视频会议与远程电话会议系统”、“卫星通信”以及“多媒体通道”等内容。(张静)

T000244 **现代通信技术** 朱幼全主编。西南交通大学出版社 1998 年 10 月版。76.6 万字。31.00 元。是铁路继续教育系列教材的电务分册之一,重点介绍 80 年代后期以来,在通信技术领域国内外迅速发展的新技术、新设备,着重分析其物理概念和基本原理。由 13 章组成,分别介绍通信系统与现代通信网、数字通信、光纤通信、数字程控交换、数据通信、移动通信、数字微波通信、卫星通信、列车无线调度通信系统、综合业务数字网、接入网、智能网和电信新业务简介。(徐静云)

T000245　**现代通信新技术**　上海高级专家协会电子电讯专业委员会编。机械工业出版社 1998 年 2 月版。48.8 万字。32.00 元。介绍多媒体通信、计算机通信网络、个人通信、数字图像通信、移动卫生通信、程控交换、信息高速公路、语音信箱与电子信箱、互联网络及与通信有关的领域如智能化大楼、智能化仪器等。(牛新国)

T000246　**ATM、帧中继、IP 技术与应用**　赵慧玲等著。电子工业出版社 1998 年 8 月版。64.5 万字。30.00 元。介绍帧中继技术、ATM 技术及 ATM 与 IP 结合技术的基本概念和最新发展。本书从高速数据通信谈起,引出帧方式和信元方式。讲解了帧中继、ATM 的概念、技术特点、发展特点以及在网络互联、图像传送、公用网和专用网中的应用。书中参照国际标准、协议详细地讨论帧中继、ATM 技术的原理及参考模型。由于传统的 IP 技术传送容量小、速率低,带宽不足,难以满足用户需求,目前提出利用 ATM 构造宽带 Internet 骨干网的思想。本书抓住这一新思想,讨论了在 ATM 上支持 IP 协议的配置、协议结构、网络连接、工作过程及性能分析。还介绍国内外主要厂商生产的 ATM 交换设备及其性能特点。最后列出 ITU-T 有关 ATM 与 IP 结合技术的最新规范。(徐堃)

T000247　**ATM、帧中继测试技术**　赵慧玲 张国宏著。电子工业出版社 1998 年 8 月版。30 万字。16.00 元。介绍电信测试技术的基础知识、帧中继测试技术、ATM 性能测试和协议测试技术、ATM 一致性测试和互操作测试技术以及 ATM 测试仪表。从电信测试基础谈起,先介绍传输损伤、网络损伤和损伤测试基础,而后逐步介绍帧中继及 ATM 各项测试技术、测试方法、测试数据记录和分析。结合 HP 公司的 HP Internet 专家系统来阐述,通过实例使繁琐的测试变得形象、有条理。最后介绍常见的几种型号的测试仪表及其使用方法、仪表选用的方法。(徐堃)

T000248　**信息高速公路(第三集)**　张煦著。上海交通大学出版社 1998 年 3 月版。29.5 万字。17.50 元。作者于 1995 年 9 月和 1997 年 3 月相继出版《信息高速公路》及其续集。1997 年上半年,作者连续发表了有关信息高速公路的文章,包括通信网、光纤通信、信息技术进展等 19 篇,另外撰写了科教工作短文和个人生活随笔,加上采访文稿选萃,作为附录,一同编成第三集。(成敬祥)

T000249　**新英汉电信科技词典**　吴同、刘一凡、贾循明编。国防工业出版社 1998 年 1 月版。105.4万字。39.00 元。精选电信科技词汇约 45000 条,包含基本名词术语,更侧重于现代通信领域中的新名词,包括国内外电信体制改革中出现的新机构、新业务名称和运营管理等方面出现的新词汇以及行语(jargon),不但详加注释,还相互参照其相关词。在编写体例方面,本词典注明了美国英语和英国英语在电信名词术语中的差异,并予以相互参照;词语的译名审慎、周详,尽量标注其来源;对于不易理解的新名词和容易被误译的传统名词不但列出其译名,还附加辨疑性的注解,或利用附录加以阐明,因而具有新词数量多、注释翔实、参照多、查找方便等特点。(马征宇)

T000250　**子波变换理论及其在信号处理中的应用**　陈逢时编著。国防工业出版社 1998 年 3 月版。16.2 万字。12.00 元。主要内容包括子波变换与多分辨分析、信号的时频分析理论与子波分析、滤波器组与子波变换以及子波变换在信号处理中的应用等。其特点在于力图引导读者从信号处理的角度而不是从数学定义、定理去认识和理解子波变换及其特性。精心选择多分辨分析、信号的时频表示与滤波器组三个不同但又相互关联的侧面就子波变换的基本概念和理论进行阐述。(耿新暖)

T000251　**非平稳信号分析与处理**　张贤达、保铮著。国防工业出版社 1998 年 9 月版。66.1 万字。46.00 元。介绍的理论和方法大多数选自国际权威或是著名杂志上近 10 年的先进成果,有不少还是近两三年的新成果,并融入作者的科研成果。对非平稳信号处理的大量应用成果作精心选择,介绍的应用涉及雷达、通信、多媒体、生物医学和阵列处理,不限于介绍具体应用的结果,着重说明一种应用的有效性表现在哪些地方,为什么有效。该书内容主要包括短时变换、时频分析、Gabor 变换、调频小波变换、Radon-Wigner 变换、分数阶 Fourier 变换、小波分析、循环平稳信号分析处理和调幅-调频信号分析与处理等 9 大领域。(耿新暖)

T000252　**数字信号处理——原理与实现**　倪养华、王重玮著。上海交通大学出版社 1998 年 12 月版。42.4 万字。27.50 元。论述数字信号处理的理论,简明实用地介绍数字信号处理的工程实现。内容包括:时域离散信号和系统基础,离散傅里叶变换,离散傅里叶变换的快速算法 FFT,数字滤波器的基础理论和基本网络结构,IIR 和 FIR 数字滤波器的设计方法,多速率信号处理及其应用,数字信号处理的

工程实现,重点介绍两类最常用的单片数字信号处理——ADSP21XX 系列和 TMS320C5X 系列。(倪华)

T000253 **数字信号处理及其 MATLAB 实现** [美]Vinay K. Ingle John G. Proakis 著。电子工业出版社 1998 年 8 月版。62.0 万字。48.00 元。系统讲述数字信号处理的基本知识和应用,以及以 MATLAB 软件为基础的设计题目。共 10 章,主要讲述:MATLAB 简述;离散时间信号和系统;离散时间傅利叶分析;Z 变换;离散傅利叶变换;数字滤波器结构;FIR 滤波器设计;IIR 滤波器设计;自适应滤波方面的应用以及通信中的应用等。(焦桐顺)

T000254 **Hi—Fi 音响应用技术与维护问答** 梅更华编。电子工业出版社 1998 年 8 月版。55.68 万字。32.00 元。以问答的形式,从 6 个方面对音响器材常见的问题及电路的基本工作原理作介绍。第一部分为音响基础知识。第二至五部分分别介绍双卡录音座、电唱机;激光唱机、激光视盘机、VCD 机、DVD 机;前置放大器、功率放大器;卡拉 OK、AV 系统和音箱系统的基本工作原理和单元电路。第六部分介绍音响系统常用的检修方法和资料。(李影)

T000255 **家用音响器材与调音技巧** 施又麟著。四川科学技术出版社 1998 年版。28 万字。15.00 元。"川科音响丛书"之一。简介音响器材的评价标准和实际测听操作技术;详细介绍各类优秀的音响器材设备例如话筒、CD、VCD、DVD、卡座、唱机、CD-ROM 等音源器材,前置、调音台等前级放大器,纯功放、家庭影院、卡拉 OK 功放等各类后级放大器,各类音箱与线材、接插件,各类均衡器、效果器、激励器等辅助设备。(周绍传)

T000256 **综合布线系统工程设计** 刘国林著。电子工业出版社 1998 年 11 月修订版。65 万字。34.00 元。以国际布线标准 ISO/IEC11801:1995(E)为依据,系统地阐述综合布线的设计原理、传输通道施工和测试方法,详细介绍综合布线常用材料和典型工程实例。分 8 章。第一章讨论综合布线与智能建筑的关系,综合布线子系统间的关系及其设计指标和设计等级。第二章阐述水平、干线子系统的拓扑结构和布线方案,设备间、配线间设置原则,建筑群布线方案,管理区线缆及配线架标记方法。设备间、配线间的供配电和电气保护措施。第三章介绍常用线缆及相关接插件的种类、传输特性及性能指标。第四章和第五章分别讨论敷设线缆的方法和安装连接硬件的工艺。第六章介绍铜缆和光缆测试仪的性能及其使用方法。第七章简述快速以太网、FDDI 及 ATM 的基本原理及其应用。第八章进一步论述了怎样结合建筑物结构和用户需求,确定工程设计方案、施工步骤。在附录中还列出了综合布线的应用范围、常用名词解释、建筑图形符号和常用工具等。(王昌铭)

T000257 **多媒体网络通信技术及应用** 朱秀昌、朱建新著。电子工业出版社 1998 年 3 月版。39.4 万字。21.00 元。分 7 章,介绍通信系统的组成及特点、多媒体信息处理的基本原理和方法、多媒体数据库技术、多媒体分布信息系统和计算机协同工作、多媒体通信的终端技术和用户接入技术、多媒体通信的网络和同步技术、多媒体通信的应用现状及发展趋势分析。(张欣)

T000258 **公钥密码学** [芬兰]Arto Salomaa 著,丁存生、单炜娟译。国防工业出版社 1998 年 1 月版。23.7 万字。25.00 元。内容包括:第一章 经典双向密码学;第二章 公钥思想;第三章 背包系统;第四章 RSA 系统;第五章 密码系统的其他基础;第六章密码方案:通信中的惊人应用。(马征宇)

T000259 **近代密码学** 沈世镒编著。广西师范大学出版社 1998 年 11 月版。18 万字。介绍近代密码学的若干基本知识,其中也涉及到部分古典密码学理论。本书分为 3 部分:第一部分是概论,古典密码学。介绍了密码体制的基本原则、基本运算、数学模型以及几种典型的古典密码体制。第二部分是近代密码学。介绍了 DES(数据加密标准)与 IDEA(国际数据加密算法)体制以及公钥体制。第三部分是序列密码学。介绍了线性与非线性移位寄存器理论以及序列密码学的几个问题。(余鑫晖)

T000260 **电子贸易技术——EDI** 姚忠编。电子工业出版社 1998 年 11 月版。27.5 万字。20.00 元。主要介绍采用 EDI 的重要现实意义,EDI 的建立阶段,准备工作,报文类型,贸易问题,队伍建设、规范和实施,EDI 的 ANSI X.12 和 EDIFACT 两个标准,以及 EDI 在零售和大众物品中的应用。(周球)

T000261 **ATM 异步转移模式** 白英彩等著。上海交通大学出版社 1998 年 6 月版。39 万字。26.00元。内容包括 ATM 定义、ATM 交换技术、ATM 业务流量研究和 ATM 最新标准及建议等。全书分 9 章:第一章介绍 B-ISDN 的发展和 ATM 的产生;第二章介绍 B-ISDN 模型;第三章到第七章深入研究 ATM 的适配层协议、网络管理、信令、业务

流控制和ATM交换机技术；最后两章阐述在网络中引入ATM的策略、应用及其发展前景。(倪华)

T000262　**数字卫星通信**　王秉钧等著。中国铁道出版社1998年6月版。61.5万字。39.80元。在简要介绍卫星通信基本原理和基本技术的基础上，着重介绍TDMA、IDR、IBS、VSAT和移动卫星通信、个人卫星通信等现代卫星通信系统的原理、构成、特点、关键技术系统、设计和应用，并且具体讲述了多种卫星通信系统的各组成部分、组网技术、网络管理、数字网的性能、质量和特点等。(任军)

T000263　**光纤通信——信息高速公路的基础**　杨邦湘、魏爱珍著。华中理工大学出版社1998年6月版。34万字。16.80元。从光纤通信的发展着手，介绍光纤通信的有关技术，主要包括：光纤光缆技术，光电器件和无源器件，光纤通信设备和系统，以及由光纤组成的各种公用和专用信息网络，同时指出光纤通信的发展方向。(陈晓娟)

T000264　**光纤通信原理和新技术**　董天临等著。华中理工大学出版社1998年4月版。12万字。7.00元。介绍导波光学、纤维光学和半导体光电子学的原理及器件、光发送机、光接收机、光纤通信系统和光同步数字网的有关技术以及光纤通信和相关领域的新进展。重点是基本原理和新技术。(陈晓娟)

T000265　**光通信技术与应用**　Robert M. Gagliardi & Sherman Karp著，陈根祥、秦玉文、赵玉成等译。电子工业出版社1998年5月版。39.04万字。28.00元。是R.M.Gagliardi和S.Karp所著《光通信》(Optical Communications)的第二版。对光电检测理论、空间光学、光纤通信、光纤网络和系统性能分析等内容均进行了精辟的阐述。(徐堃)

T000266　**大屏幕彩色电视机**　孙余凯、吴建生著。北京工业大学出版社1998年10月版。53.9万字。30.00元。专门讲述国内外新型大屏幕(25英寸以上)彩色电视机的奇异、特殊、软性疑难故障的检修方法、经验与技巧。重点介绍大屏幕彩色电视机疑难故障的检修基本知识；专用元器件的检测、修理和代换方法；结合118个故障实例介绍电源电路的故障检修方法和故障产生的原因。每个实例均以：机型→故障现象→检修思路→检修方法→小结这一顺序编写。(刘学宽)

T000267　**家庭影院与多媒体视听技术**　胡克著。北京工业大学出版社1998年5月版。19.3万字。13.00元。介绍家庭影院与多媒体技术的基本原理、主要组成设备、使用及发展现状。分两部分，第一部分介绍家庭影院系统。重点介绍家庭影院的组成；音像设备；设备的连接与调试。第二部分专讲视听技术，主要讲多媒体计算机的硬件设备和软件知识。(刘学宽)

T000268　**彩色电视机检修技术数据总汇**　杨成伟著。辽宁科学技术出版社1998年版。101万字。68.00元。对国内外700多种常见彩色电视机的各种技术数据进行系统整理，主要以图表形式介绍整机所有集成电路的引脚功能、工作电压、正反向电阻值与代换型号(对重要和特殊的集成电路还介绍主要电参数和极限使用条件)，各部位(主机板、调谐器板、显像管尾板等)所有晶体管的型号、用途及各极动、静态电压值，电子调谐器各脚动、静态电压值、正反向电阻值，显像管各脚电压值，各关键测试部位电阻、电压、电流值，行输出变压器各脚特性、功能、动、静态电压值、正反向电阻值及主要电参数等。依照彩色电视机的牌名合理分类编排，即同一机型、同类机型的技术数据集中在一起介绍。其内容包括国内外100多家厂商过去和现在生产的彩色电视机，以及1998年最新研制的单片机芯、大屏幕以及画中画彩色电视机。书末附有“彩色电视机检修技术数据中集成电路检索表”。(刘绍山)

T000269　**激光视盘技术——LD、CD、VCD、DVD视盘机原理与检修**　程文正著。福建科学技术出版社1998年10月版。64.3万字。32.30元。分9章：第一章至第三章系统地介绍音/视频信号的数字处理过程及光盘信息的刻录、复制和读取等，让读者初步了解光盘是如何研制生产的以及有关视盘机的基础知识；第四、五章详细地介绍CD机芯的数字信号处理技术和活动图像的MPEG压缩原理，阐明数字信号处理技术的重要性及其广泛的应用前景；第六至八章综合了应用上述原理和技术，全方位地剖析LD、CD、VCD、DVD视盘机的基本结构、控制系统及信号处理电路等，让读者能够全面地掌握激光视盘机的有关知识，并学会独自剖析各类机芯视盘机的电路结构和工作过程；第九章介绍激光视盘机的拆卸与调整，并提出判别、检测及排除视盘机故障的步骤和方法，阐明如何通过故障现象寻找故障部位的内在规律，最后还列举市场上几种常见视盘机出现的各类故障现象的检修流程。(吴志海)

T000270　**安全防范技术与电视监控系统**　殷德军、秦兆海著。电子工业出版社1998年10月版。34万字。18.00元。介绍和论述以防盗报警、电视监控为主的安全防范技术系统。分 15 章，前 6 章从整体上概述安全防范技术系统，对防盗报警系统的设备和技术进行详细的讨论，并对工程的立项、工程图的绘制等作具体说明；后 9 章对电视监控系统的组成原理、信号的传输技术、常用设备及其原理和性能作全面的论述和研究，讨论和介绍了电视监控系统的新技术，阐述系统的工程设计、安装、调试以及故障排除，还介绍典型的电视监控设备以及由这些设备构成的电视监控系统，并给出一些工程实例。（李影）

T000271 **彩色电视机维修指南** 王志强、张丹编著。金盾出版社 1998 年 3 月第二版。76.8 万字。32.50 元。以我国彩色电视机优选电路为主，以彩色电视机机芯选用集成电路片数的不同分章编写。分别介绍大屏幕彩色电视机以及单片机、两片机、四片机和五片机系列机芯彩色电视机的维修技术。每章内容按概述、电路构成与功能、常见故障现象与排障程序的顺序编写。书中还介绍常见红外遥控系统电路及 40 余种彩色电视常用微处理器的引出脚功能。（张学敏）

T000272 **双(多)基地雷达系统** 杨振起、张永顺等编著。国防工业出版社 1998 年 3 月版。24.4 万字。18.00 元。对有关双基地雷达电子战能力的内容，专辟两章加以讨论。全书共 8 章。第一章介绍双(多)基地雷达的基本概念、历史发展和应用前景；第二章论述双基地雷达的基本原理和基本关系；第三章介绍双基地雷达的测量精度和分辨力；第四章介绍点目标和分布目标的双基地雷达截面积；第五章介绍微波双基地雷达的低空探测能力；第六章介绍双(多)基地雷达抗干扰、抗反辐射导弹和抗隐形目标的能力；第七章论述了实现双(多)基地雷达的关键技术和特殊问题；第八章介绍双(多)基地雷达的可能应用。（王华）

T000273 **雷达截面与隐身技术** 阮颖铮等编著。国防工业出版社 1998 年 6 月版。32.9 万字。23.00元。系统地讨论雷达截面的基本理论、分析方法、减缩技术和测量技术。第一章绪论，介绍雷达及其对抗，目标的雷达特征和反雷达隐身技术；第二章雷达截面基础，介绍雷达截面的概念以及简单形体、复合目标和自然目标的散射特征；第三章雷达截面分析方法，包括经典解法、积分方程解法、几何光学及几何绕射理论、复射线理论、物理光学和物理绕射理论、表面波的散射等；第四章介绍以开口空腔和角反射器为代表的凹形结构的雷达截面分析；第五章分析天线的雷达截面和散射处理，着重讨论各种反射面天线和阵列天线的雷达截面；第六章雷达截面减缩技术，讨论各种隐身技术的原理和方法，包括外形隐身、雷达吸波材料、频率选择表面和天线隐身技术等；第七章介绍雷达截面测量的理论，室外和室内测量方法以及测量数据的处理等。（马征宇）

T000274 **新型显示器电路分析** 刘胜利著。电子工业出版社 1998 年 3 月版。91.5 万字。46.00 元。介绍了 20 世纪 90 年代新型显示器电路技术的重要进展，例如，高分辨率、高画面质量、大屏幕、多功能、多媒体电脑电视显示器，以及各种新型的集成电路的功能分析和重要参数。在对显示器具体电路进行分析的章节中，重点介绍了行激励电路的设计要点与难点分析，单片式场扫描 IC 与 OTL 场输出电路设计分析，多行频输出级电路分析及新器件条件下的计算公式的修正，平绕式十三次调谐逆程变压器计算公式的推导，多行频自动同步系统与自动 S 校正电路设计特点，数字视频信号处理与宽频带视放电路分析，行动态聚焦与自举升压电路设计，多频显示器的开关稳压电源电路特点，微机、显示器群对电网的污染与电源功率因数校正等。作者长期从事彩色电视机和显示器的研究开发，对新型 IC 电路和显示器各部分电路作了深入地分析，提供了大量的实测波形和数据。特别是对平绕式十三次调谐逆程变压器计算公式的推导，属于作者独创。（杜振民）

自动化技术、计算机技术

T000275 **人工智能中的概率统计方法** 张尧庭等著。科学出版社 1998 年 3 月版。8.10 万字。7.00元。"现代应用数学方法丛书"之一。论述人工智能领域中在推理方面的概率统计方法，其中包括作者的研究成果。主要内容包括：似然比推理，信任函数，规则与信任函数，多元信任函数与知识的表示和获取，似然比与统计推断。（总编室）

T000276 **神经网络系统理论及其应用** 沈世镒著。科学出版社 1998 年 11 月版。8.90 万字。7.50 元。"现代应用数学方法丛书"之一。以前馈网络、Hopfield 神经网络系统与玻尔兹曼机模型为基础，系统介绍神经网络系统的理论及其应用。本书对以上模型进行讨论，对它们的模型、学习算法、性能指标与命题给以定量的数学描述、论证与计算。（总编室）

T000277 **神经网络实现技术** 戴葵著。国防科技大学出版社 1998 年 7 月版。51.7 万字。23.00 元。论述神经网络实现技术研究领域的有关内容，主要包括：神经网络实现技术的研究概况，神经网络计算系统，神经网络软件实现，神经网络软件开发环境，神经计算协处理器，多种基于传统计算机技术的神经计算并行实现技术(包括神经计算并行实现方法，神经网络语言及其编译器，神经计算任务映射分配算法，多种并行神经计算机系统的体系结构和样机实例等)，神经网络模拟 VLSI 实现技术和数字 VLSI 实现技术，神经网络光学实现技术，生物分子神经网络实现技术等。还特别介绍了作者近年来研究的大型通用神经网络模拟系统，通用高速可变结构并行神经计算机系统和一种 Systolic 结构的并行神经计算机系统的组成及其实现方法。着重介绍如何利用电子、光学、光电、生物等技术实现神经计算机的途径，并注意反映各技术领域的最新研究成果，是“神经网络丛书”的第二卷。(张静)

T000278 **高级人工智能** 史忠植编著。科学出版社 1998 年 1 月版。45.10 万字。32.00 元。“中国科学院研究生教学丛书”之一。是《知识工程》《神经计算》的姐妹篇，系统论述人工智能研究的最新成果，反映当前人工智能研究的热点。分 12 章，分别讨论人工智能的认知问题、人工智能逻辑、约束推理、定性推理、基于范例推理、归纳学习、类比学习、解释学习、知识发现和数据开采、分布式人工智能、进化计算和人工生命。(总编室)

T000279 **智能信息处理和智能控制** 清华大学自动化系著。浙江科学技术出版社 1998 年 12 月版。33.6 万字。28.00 元。从应用的角度介绍智能信息处理和智能控制在国民经济和发展高新技术中的重要作用。书中论述的智能技术在地震勘探和指纹自动识别系统中的应用以及模糊自适应控制在船舶自动驾驶仪中的应用等内容，都是有重大经济效益和社会效益的研究成果的总结。收入“智能自动化丛书”。

T000280 **智能控制——基础与应用** 蔡自兴著。国防工业出版社 1998 年 1 月版。24.5 万字。19.00元。涉及智能控制的基本概念、原理、方法、技术及其应用，着重阐述智能控制的 5 个典型系统的原理、方法及应用。共 8 章。第一章简述智能控制的产生背景、起源与发展，讨论智能控制的定义、特点和智能控制器的一般结构，研究智能控制的结构理论，尤其是智能控制的四元交集结构理论，揭示各相关学科间的内在关系。第二章至第六章逐章讨论递阶控制系统、专家控制系统、模糊控制系统、神经控制系统和学习控制系统的作用机理、类型结构、设计要求、控制特性和应用示例。对于不同的系统，每章研究的侧重点也有所区别。第七章概括智能控制的主要应用领域，指出智能控制应用研究中存在的一些问题，展望智能控制的发展方向及其与相关技术的关系。(陈洁)

T000281 **电气自动化新技术丛书** 机械工业出版社 1995 年至 1998 年版。约 850 万字。共有选题 40 种，至今已出版 36 种。这套丛书中有：反映电气传动自动化新技术内容的《智能控制系统及其应用》、《模糊控制原理与应用》、《滑模变结构控制》、《系统最优化及控制》、《预测控制系统及其应用》、《神经元网络控制》、《交直流传动系统的自适应控制》、《大功率交-交变频调速及矢量控制技术》、《电气传动的脉宽调制控制技术》、《异步电动机直接转矩控制》、《开关磁阻电动机调速控制技术》、《交流步进传动系统》、《无速度传感器矢量控制原理与实践》、《通用变频器及其应用》、《直流调速系统全数字控制》、《交流电机数字控制系统》、《交流伺服系统原理及应用》等。反映电气传动自动化的基础技术内容的《电控及自动化设备可靠性工程技术》、《谐波抑制和无功功率补偿》、《控制系统的故障诊断和容错控制》、《电机控制专用集成电路》、《MATLAB 语言与自动控制系统》、《电力电子器件及其应用》、《电力电子场控器件及其应用》、《交流调速系统》等。反映电气传动自动化技术在各部门中应用的《现代矿井提升机电控系统》、《带钢热连轧计算机控制》、《现代计算机数控系统》、《机器人控制技术》、《电力牵引交流传动与控制》等。(孙流芳)

T000282 **传感器与信号处理** 吴兴惠、王彩君著。电子工业出版社 1998 年 9 月版。93 万字。50.00元。详细介绍光传感器、激光传感器、光纤传感器、射线及微波传感器、各类化学传感器及生物传感器等近年来发展较快的各类新型传感器的原理、应用及发展趋势。系统阐述传感器信号处理的有关理论及信号放大、处理、转换的有关技术。(魏永昌)

T000283 **现代实用传感器电路** 张福学编著。中国计量出版社 1998 年 1 月版。68.8 万字。44.00元。从实用出发，精选传感器电路 398 种，其中新近出现的传感器电路 248 种，包括惯性角参数、角位移和角度、旋转、惯性加速度和倾角、振动加速度、线位移、超速、物位、接近和距离、触觉、孔径、表面缺陷和形状、力、声、光、色、热、磁、气、湿度和水份、结冰、雨水、电量、电压和零位、流速和流量、位置、浓度、粒度和硬度、金属、射线、雷达波、电话、电源故障、脉冲、解扰器、解调器、译码器、峰值检测器、窗口检测器、过零检测器、相序检测器、气动检测器、气流检测器、窃听器检测器以及测谎器等传感器电路。全书共 43 章，分别按电路原理或用途给出较详细的电路。并对电路的工作原理、结构、性能、特点、用途等作简要的分析和说明。(陈小林)

T000284 **非晶态合金传感器技术与应用** 赵英俊等编著。华中理工大学出版社 1998 年 3 月版。22 万字。11.50 元。介绍非晶态合金传感器技术的基本原理和应用。简述非晶态合金与传感器技术有关的基本性能、敏感功能和材料处理方法，讨论非晶态合金传感器的设计与开发方法；重点论述四类非晶态合金传感器的工作原理和典型结构，即脉冲感应型磁场传感器、磁通门式磁场传感器、非接触式扭矩传感器和非晶态合金数字化仪；详细介绍人类有实用价值的非晶态合金传感器及其应用系统。(陈晓娟)

T000285 **新型实用传感器应用指南** 吴东鑫编。电子工业出版社 1998 年 4 月版。140 万字。90.00元。“电子工程手册系列丛书”之一。介绍力、称重、速度、转速、位移、流量及热敏、磁敏、声敏等物理传感器；离子敏、气敏、湿敏等化学传感器和生物传感器的基本原理与特性，接口电路、测试方法与仪表，传感器的选型原则及应用举例，并附有国内外部分典型产品的性能参数和用途。(魏永昌)

T000286 **智能仪表设计原理及其应用** 李志全等编著。国防工业出版社 1998 年 6 月版。44.2 万字。26.00 元。详细阐述智能仪表的硬件电路设计、智能仪表的软件设计，并对智能仪表在过程控制中的工作方式及抗干扰措施作详细介绍。共 6 章。第一章智能仪表概述；第二章智能仪表的硬件电路设计；第三章智能仪表的软件设计原理；第四章智能仪表在过程控制中的工作方式；第五章智能仪表的抗干扰措施；第六章智能仪表设计举例。(孙中明)

T000287 **机器人操作的数学导论** [美]理查德·摩雷、[中]李泽湘等著。机械工业出版社 1998 年 6 月版。46.2 万字。28.00 元。原著《机器人操作的数学导论》(A Mathematical Introduction to Robotic Manipulation)，由美国 CRC 出版社于 1994 年出版，是关于机器人操作理论的专著。从数学的角度，系统完整地论述机器人操作的基本理论，使机器人学者可以从更高层次了解机器人操作原理和开拓机器人学研究的新领域。该书还特别介绍了著作者在多指机器人手与多机器人协调操作理论、非完整系统的运动规划与控制等方面的最新成果。本书共 9 章，包括绪论、刚体运动、机器人运动学、机器人动力学及控制、多指手运动学、机器人手的动力学及控制、机器人系统的非完整约束、非完整运动规划和机器人操作的研究展望。含有丰富的实例，并附有小结和大量的习题。(张一萍)

T000288 **机电一体化技术与系统** 梁景凯主编。机械工业出版社 1998 年 5 月版。33.4 万字。16.50元。是高等专科学校机电一体化专业系列教材之一。分 8 章。前 5 章主要介绍机电一体化相关技术，包括机械传动与支承技术(机械传动系统数字模型的建立、机械结构因素对伺服系统性能的影响、机械传动和支承部件)、伺服传动技术(直流伺服系统、交流伺服系统、步进电动机控制系统和电液伺服系统)、计算机控制技术(计算机控制系统的接口技术、工业控制计算机简介和计算机控制算法)、可靠性与抗干扰技术。后 3 章主要介绍典型的机电一体化系统，包括简单机电一体化系统(全自动洗衣机、小型智能绘图机、二维表面粗糙度自动量仪)、工业机器人(工业机器人操作机的机械结构、工业机器人运动学与力学分析、工业机器人的控制系统和工业机器人的应用)、柔性创造系统(FMS)和计算机集成制造系统(CIMS)等。(高文龙)

T000289 **系统辨识与自适应控制** 王祯学 古钟璧著。四川科学技术出版社 1998 年 4 月版。30 万字。20.00 元。介绍系统辨识与自适应控制的基本理论、自适应系统的设计原理和实现方法。主要内容有基于最小二乘原理的各种辨识技术、参数估计的预报误差与极大似然方法、结构辨识和实验设计、自校正自适应控制、大范围预测控制、随机自适应控制和模型参考自适应控制。(何光)

T000290 **大工业过程计算机在线稳态优化控制** 万百五等著。科学出版社 1998 年 6 月版。45.60 万字。36.00 元。系统地介绍大工业过程稳态优化的理论和各种算法，如已知粗模型或未知模型时的一些新的、改进的优化算法：双迭代法和序列模型法等，并提出非凸优化问题的几种凸化技术。还剖析了工业过程在噪声情况下随机稳态优化问题的处理方法。对大工业过程的智能稳态控制和智能协调等新技术也作了介绍。最后分析正在探索的前沿课题。(总编室)

T000291 **自动控制原理** 吴仲阳编。内蒙古科学技术出版社 1998 年 5 月版。52.8 万字。23.80 元。内容包括经典控制理论的线性定常理论、非线性理论和线性离散系统理论。作者在总结多年教学经验和部分科研成果的基础上,运用基本概念、基本理论及分析与综合系统的基本方法介绍控制系统的数学模型、线性系统的时域分析、根轨迹法、线性系统的频域分析、控制系统的综合与校正、非线性控制系统分析、线性离散系统的离散与综合等知识。(那顺)

T000292　**Windows 98 从入门到精通**　谢建军、陈晓良等编著。浙江科学技术出版社 1998 年 11 月版。63.5 万字。38.00 元。详尽介绍 Windows 98 的功能与使用方法,还以较大篇幅介绍 Windows 98 改进的系统功能与新技术,包括增强的多媒体与系统管理技术,以及强大的网络与通讯功能等。

T000293　**计算机工程师丛书**　李海泉主编。科学出版社 1998 年 12 月版。500 万字。560.00 元。按照设备类型和应用技术类别分册编写,内容选取注重跟踪新技术,兼顾通用技术。全套书包括:《微机系统诊断与维护》、《显示器故障诊断与维护》、《打印机故障诊断与维护》、《外存储设备诊断与维护》、《主机板的实用维修技术》、《多媒体电脑软故障快捷检修技术》、《计算机网络技术与应用——设计·开发·管理·维护》、《电脑软故障修复技术》、《主机和外设电源故障检修》。(王淑兰)

T000294　**计算机基础与操作平台**　王申等著。电子工业出版社 1998 年 2 月版。24.9 万字。12.00元。为"面向未来——计算机技能培训系列丛书"的第一册。全书包括 4 部分:计算机及其组成、计算机主要汉字输入方法、Dos 的基本操作和 Windows 95 的使用。(王晟)

T000295　**计算科学导论**　赵致琢著。科学出版社 1998 年 2 月版。16.60 万字。13.00 元。大学本科计算机专业教材。以计算科学学科的特点、形态、历史渊源、发展变化、典型方法、学科知识结构和分类体系,以及大学本专业各年级课程重点等内容组织结构,阐述如何认识和学习计算科学。(总编室)

T000296　**电脑办公**　门槛创作室编著。中国水利水电出版社 1998 年 5 月版。60.4 万字。34.00 元。"电脑十大功能丛书"之一。全书包含有目前流行的三大办公软件:中文版 Windows 98 及中文版 Windows 95、Word、WPS 97。以大量实例对以上办公软件的功能进行详细的讲解。(鹿启炳)

T000297　**杨芙清文集**　杨芙清著。北京大学出版社 1998 年 5 月版。49.1 万字。60.00 元。选收作者发表的论文和专著,共 43 篇,分成 4 部分。第一部分总结作者在系统软件研究开发方面的经验与实践,重点介绍操作系统的结构设计、实现和系统程序设计语言。第二部分从软件结构、工具、开发方法、系统生成、项目管理、质量保证等各个方面、各个环节,对软件工程进行系统阐述。第三部分以大型软件开发环境青鸟系统为主线,介绍在承担国家"七五"、"八五"乃至"九五"重点科技攻关和"863 计划"项目中在面向对象技术、软件构件技术、软件复用技术、CASE 技术以及这些技术之间的交叉等方面的研究成果。第四部分对我国软件产业发展的方向和战略进行论述,提出 TRDC(教育—研究—开发—市场营销)这一在时空上紧密相连的一体化的软件产业发展模式和 4 个层次的软件产业结构框架。(沈承凤)

T000298　**英汉双向信息技术缩略语大词典**　韩玉彬主编。电子工业出版社 1998 年 3 月版。287 万字。160.00 元。收录计算机、通信与电子技术等专业的英文缩略语近 6 万条,另有中文词目 7 万余条,全书词目共计约 13 万条。本书有两个特点:一、第一部分可以从英文缩略语查出英文原文以及相应的中文释义。第二部分可以从中文词语条目查出相应的英文缩略语以及英文原文。二、和同类词典相比,本词典收录的词目数量较多,尤其是收录了近几年在计算机网络、通信和多媒体技术等领域出现的一些新缩略语。(张荣琴)

T000299　**Windows 98 使用指南**　曹国钧主编。浙江科学技术出版社 1998 年 11 月版。45.1 万字。28.00 元。详细介绍 Windows 98 中文版的最新特色,包括简便的安装向导、从 Windows 3.1/95 升级到 Windows 98 中文版的方法、基本操作、文件与文件夹的管理与应用、中文输入法的使用与设置、多媒体功能、Internet 功能、强大的实用工具软件以及注册表 Registry 结构与应用。特别是 Windows 98 中文版实用高级功能,使用户能够尽快地熟悉和精通 Windows 98 中文版。

T000300　**学电脑**　孙继银、慕晓冬编著。机械工业出版社 1998 年 4 月版。34 万字。22.00 元。是中央电视台第七套节目《祝你成才》栏目,学电脑讲座的配套教材。该讲座共 20 讲,由 6 部分组成:第一部分(1～3 讲),主要介绍计算机的基本概念、硬件、软件功能、DOS 常用命令和计算机键盘与指法。第二部分(4～5 讲),简述 UCDOS 6.0 和 WPS 字处理软件的安装、运行环境和基本使用方法。第三部分(6～12 讲),介绍中文 Windows 95 的安装、对话框的使用、汉字输入软件的安装及特性设置、五笔字型输入法的使用、计算机资源的浏览与管理，以及多媒体应用。第四部分(13～17讲)，讲述中文 Word 97 这个字处理软件的使用方法和应用技巧。第五部分(18讲)，叙述中文 Power Point 97 的启动、幻灯片的基本制作方法。第六部分(19～20讲)，介绍计算机病毒和 Internet 国际互联网的概念，使读者掌握国际互联网的操作方法。(王虹)

T000301 **Visual Basic 4 编程实例** [美]Russell Jacobs 等著。浙江科学技术出版社 1998 年 3 月版。61.3 万字。45.00 元。将 Visual Basic 编程的基本方法用一个个实例展现在读者们面前。由浅入深地介绍 Visual Basic 编程由入门到精通的各个环节，还介绍源代码和设计方法，并且通过针对性很强的练习题，使读者掌握 Visual Basic 编程的精髓。

T000302 **零起点电脑丛书** 谭浩强主编。中国电力出版社 1998 年 10 月至 11 月陆续出版。105 万字。92.00 元。包括 7 本，它们是：《我的第一本计算机书》、《Windows 95 基本操作》、《WPS 97 基本操作》、《Word 97 基本操作》、《Excel 基本操作》、《Fox Pro 基本操作》、《Internet 基本操作》。(刘江)

T000303 **数字逻辑与数字系统** 白中英等编著。科学出版社 1998 年 7 月版。35.90 万字。20.00 元。"大学本科计算机专业教材"。根据数字逻辑器件的发展历程，系统讲述数字逻辑和数字系统的基本概念、分析方法和设计原理。全书分 7 章：开关理论基础，逻辑门电路，组合逻辑，时序逻辑，编程逻辑，在系统编程技术，数字系统。(总编室)

T000304 **数据结构** 王庆瑞编著。科学出版社 1998 年 11 月版。35.10 万字。20.00 元。"大学本科计算机专业教材"。从程序设计、算法设计与分析的观点出发，论述数据结构的基本理论。内容包括绪论、线性表、链表、矩阵和散列表、树、图、排序、文件、算法设计的基本方法等 9 章。前 5 章以数据集上常用的查找、插入、删除运算为线索，详述各种基本数据结构的特点、存储表示、运算算法的设计及其性能评价。第六至八章分别介绍图的常用算法、各种内部排序方法、文件结构和外部排序技术。最后一章对全书所用到的算法设计技术作概括性的总结。(总编室)

T000305 **电脑之辩** 副名：首届中国大学生电脑大赛电视辩论赛实录。黎陆昕、张峰主编。华中理工大学出版社 1998 年 3 月版。33.6 万字。18.00 元。内容包括：大赛经纬，辩词集萃与专家点评，辩论风景线，电脑文化大家谈等专题，从不同的方面反映这次辩论赛的情况，突出地反映了对电脑文化的探讨。(钱坤)

T000306 **电脑风云五十年(上、下册)** 林立勋编著。电子工业出版社 1998 年 10 月版。62 万字。36.00 元。采用通俗章回小说的文学形式，奉行三分历史、三分文学、三分计算机知识的写作原则，分 50 回进行讲述。从第一台计算机 ENIAC 拉开序幕讲到 UNIVAC 参与美国总统的竞选统计；从蓝色巨人的 PC 机风靡世界五大洲讲到桔黄的"麦金塔"电脑首创图形新界面；从王永民确立五笔字型汉字输入法讲到告别铅与火的王选攻克激光照排系统；从妙手回春的专家系统讲到国际间 INTERNET……写出电脑发展史上的悲欢与曲折，电脑界人士对电脑的执着与追求，以及电脑发展与应用的辉煌前景。(杨丽娟)

T000307 **财会人员计算机水平考试教程** 铁道部财务公司编著。中国铁道出版社 1998 年 5 月版。94.7 万字。35.00 元。主要内容包括：计算机基础、操作系统原理、DOS 的应用、Windows 95 的应用、UNIX 操作系统、VMS 操作系统、计算机网络基础及应用、数据结构基础、数据库原理、FoxPro 数据库管理系统、ORACLE 数据库管理系统、会计软件基本结构、系统的可行性研究与分析、系统设计与维护、编程实例和应用系统实例等。(金锋)

T000308 **现代计算机基础(修订版)** 周佩德编著。东南大学出版社 1998 年 6 月版。69.9 万字。29.8 元。根据教育部《计算机基础》教学的最新大纲，以计算机现代基础软件和应用软件的功能及其使用方法为主线，穿插介绍计算机的一些基本理论和最新技术。包括计算机的基本构成和工作原理，DOS6.22，Windows 95，多媒体和网络，Microsoft Word 7.0、Microsoft Excel 7.0 和 Microsoft Powerpoint。在内容的组织和讲述方法上，充分考虑到教学的需要，每章后附有习题，并安排了 18 个实验。(田湘)

T000309 **面向计算机科学的数理逻辑** 陆钟万著。科学出版社 1998 年 1 月版。21.70 万字。17.50元。"中国科学院研究生教学丛书"之一。叙述与计算机科学有紧密联系的、并且相互之间又有联系的数理逻辑基础性内容，包括经典逻辑和非经典逻辑中的构造性逻辑和模态逻辑。在选材时考虑了逻辑系统的特征，并且适应计算机科学的要求，研究了各种逻辑的背景、语言、语义、形式推演，以及可靠性和完备性等问题。本书分8章:第一章预备知识,介绍集论和归纳定义、归纳证明的基本概念。由于经典命题逻辑有其自身的特征,故本书把它和经典一阶逻辑接合,分别在第二章和第三章中陈述。经典逻辑的可靠性和完备性问题单独在第四章中作比较详细的论述。第五章介绍形式推演的公理推演系统,证明了它与自然推演系统的等价性。第六章研究构造性逻辑。第七章和第八章研究模态逻辑,讨论了这些非经典逻辑与经典逻辑的关系。附录中介绍自然推演中形式证明的一种简单形式。大部分章节附有习题。(总编室)

T000310 **跟爸爸妈妈一起学电脑丛书** 皮何总、陈耀祥主编。江苏科学技术出版社1998年8月版。51.2万字。34.50元。分6册,分别为《电脑入门》、《中文处理系统》、《电脑绘画》、《电脑音乐》、《数据库管理系统》和《电脑软件》。《电脑入门》在认识电脑各部分功能的基础上,强调指法训练的基础作用。《中文处理系统》着重介绍汉字输入方法,文章的录入、编辑、排版和制表、打印。《电脑绘画》介绍如何使用几种常用计算机语言来实现绘画功能。《电脑音乐》一面介绍音乐知识,一面说明如何操作电脑来演奏各种乐曲。《数据库管理系统》着重FoxBASE⁺应用及数据库。在介绍数据库文件的建立和修改,排序、索引和查询之后,引入了程序设计的初步思想。《电脑软件》介绍若干常用工具软件、程序设计软件、教学娱乐软件、绘图和音乐软件的使用方法。(程增础)

T000311 **微软认证系统工程师MCSE资格考试丛书** 北京理工大学出版社1998年版。239.5万字。189.20元。共5册,有《Windows NT Server 4 MCSE考试指导》、《Windows NT Workstation 4.0 MCSE考试指导》、《Networking Essentials MCSE考试指导》、《SQL Server 6.5 Admini stration MSCE考试指导》、《Windows 95自学14天通MCSE考试指导》,丛书是Microsoft公司系统管理人员资格考试者的必备教材。内容包括系统的安装、配置、资源管理、网络连接、应用程序的运用、性能监视与优化技术、系统优化和故障检测与排除、网络标准和术语、方案设计和实施、企业级数据库管理、用户账号管理、权限管理、服务器报警处理、锁定系统、文件夹和磁盘、拨号网络、信息交换服务等内容。每章都有考试重点并配有相应的练习,书后附有标准答案。(总编办)

T000312 **计算机动画原理与应用** 齐东旭等编著。科学出版社1998年5月版。32.20万字。22.00元。从应用的角度讨论计算机动画技术。内容包括:计算机动画的基础知识、基本原理、制作过程及方法、常用软件的分析与介绍,以及计算机动画语言描述方法的理论问题。全书共10章。前3章介绍基础知识;第四章和第五章集中论述计算机动画制作的基本原理与技巧;第六章和第七章介绍计算机动画语言描述方法;第八章介绍关节动画与人体动画;第九章通过对常用的几种动画制作软件的比较,给出应用中的经验与体会;第十章叙述计算机动画技术的发展历史、现状及前景。(总编室)

T000313 **自己动手组装奔腾系列计算机** 杨扬、杨俊红编。东北大学出版社1998年9月版。19万字。10.00元。介绍自己动手组装Pentium/Pentium Ⅱ计算机的全过程,计算机各种部件的分类、基本组成、安装方法、硬件特性,以图表的方式给出各部件的近观放大图及详细描述。阐述大部分部件的工作原理和方法,选购各种部件所需注意的问题,对于常见故障提出了解决办法。详细介绍CMOS参数设置方法,给出两种最常用的BIOS设置程序——AWARD BIOS设置程序和AMI Win BIOS设置程序——的全部条目说明和设置方法。(刘淑芳)

T000314 **UNIX与Linux精选问题集** [美]Charlie Russel等著。机械工业出版社1988年9月版。20万字。22.00元。共给出了400多个问题的解答,内容涉及UNIX与Linux操作系统的文件系统、进程、打印、shell等各个方面,而且还有UNIX与Windows NT的互操作等。并且每个专题都有较全面的论述。(吴怡)

T000315 **MFC开发人员参考手册** [美]Robert D. Thompson著。机械工业出版社1998年8月版。78万字。79.00元。包括MFC的所有组件,有类、数据成员和成员函数,以及辅助函数、消息映射、宏、特殊提示和示例。提供按任务划分的列表,包括方便快捷的速查表,CD-ROM中有完整的超文本,提供方便的浏览和剪切－粘贴选项。每个条目都有描述、原型、用法、参数和示例代码。(于静)

T000316 **Visual C＋＋5开发人员参考手册** [美]Richard C. Leinecker著。机械工业出版社1998年6月版。95万字。98.00元。分28章,第一章给出了用于建立MFC程序的参考信息,介绍如何使用MFC建立程序。第二章介绍Developer Studio开发环境;第三章介绍C＋＋语言。第四章到第二十八章介绍MFC类,每类都有详细的介绍,描述类数据成员和它们的用法;每个类函数都有一个参数表和详细说明,还详细列出参数返回值。附录部分提供有关 Windows 错误码及其意义的参考资料。(于静)

T000317 **Visual Basic for Applications 5 开发人员指南** [美]Matthew Harris 著。机械工业出版社 1998 年 7 月版。85 万字。90.00 元。集中讲述 Visual Basic for Applications(VBA)的通用特性,这些特性适用于所有支持 VBA 的应用程序,并讨论与 Microsoft Word 97 和 Microsoft Excel 97 紧密相关的 VBA 程序设计方面的问题。通过掌握 VBA 的基本元素和概念,学会如何设计、编写、调试 VBA 程序,并学会为 Microsoft office 程序开发应用程序,从而能使日常工作和应用程序之间的数据交换自动化。本书还探讨了变量和常量、字符串操作符和表达式、内置函数、对象和集合、判断和循环结构、数组、子程序、错误处理、用户自定义函数、数据的输入和输出以及对话框等内容。(于静)

T000318 **Visual C++5 开发人员指南** [美]David Bennett 等著。机械工业出版社 1998 年 6 月版。80 万字。80.00 元。是开发 Win32 应用程序,包括 Windows95 和 Windows NT4.0 的应用程序。Visual C++5.0 版本与上一个版本(4.0)相比较,新增加许多特性:如通用部分、MFC、Internet、Activex、数据库、图形以及增强的图形编辑器、新增示例和 Win32 SDK 文档资料等。(于静)

T000319 **SQL Server 6.5 开发使用手册** [美]Stephen Wynkoop 著。机械工业出版社 1998 年 5 月版。100 万字。89.00 元。分为 6 部分,全面介绍 SQL Server 的各种相关议题。其中,第一部分"基础篇"介绍一些 SQL 的基本知识,包括如何安装服务器和客户软件,如何创建设备、数据库和事务处理日志,如何创建数据库表和使用数据库类型;第二部分"SQL Server 提高篇"详述 SQL Server 的具体操作,包括数据检索、添加、修改和删除表中信息,使用函数、管理和使用索引、建表和视图,理解事务处理和锁定;第三部分"服务器端逻辑和功能"着重于服务器方的逻辑和功能,内容涉及到规则、约束、缺省、存储过程、触发器、复制和分布式事务处理连接器;第四部分"SQL 管理论题"谈及 SQL Server 的安全性和性能等议题。第五部分"开发应用程序和解决方案"介绍如何进行程序开发,包括 Internet 和 Office 97 相关的内容。第六部分"附录"介绍的是安装方面的信息。(廉一兵)

T000320 **Windows NT Server 4.0 开发使用手册** [美]Roger Jennings 著。机械工业出版社 1998 年 6 月版。115 万字。77.00 元。分 6 篇,在结构上是按照建立 Windows NT 网络过程进行编排的。包括:第一篇用 Windows NT Server 4.0 组网;第二篇 Windows NT Server 4.0 的部署;第三篇管理安全网络;第四篇宽域组网与 Internet;第五篇 Windows NT Server 和 Microsoft Back office;第六篇跟踪 Windows 5.0。(廉一兵)

T000321 **Visual C++5 开发使用手册** [美]Kate Gregory 著。机械工业出版社 1998 年 5 月版。120 万字。102.00 元。重点介绍如何开发 Windows95 或 NT4.0 及以上版本环境下以及面向 Internet 的应用程序,全书分 7 个部分和附录。其中,第一部分~第三部分介绍每个 Windows 应用程序都会用到的概念,第四部分~第六部分介绍一些高级技术,包括如何改进用户界面、Active X 编程技术以及 Internet 编程技术;第七部分介绍 Visual C++的高级编程技术,包括数据库、多任务多线程以及模板开发等;附录给出对全书内容的快速指南以及 VBScript 技术的快速参考。(廉一兵)

T000322 **Netscape Communicatior 4 开发使用手册** [美]Mark R. Brown 著。机械工业出版社 1998 年 5 月版。75 万字。50.00 元。Netscape Communicator 是包括 Netscape Navigator 浏览器在内的多功能、多用途的通信与合作的工具箱,它由网络浏览、电子邮件交换、与新闻组交互、编写 HTML 文档以及联机共享信息等一整套完备的工具组成。分 33 章,划分为 3 个层次。第一个层次介绍如何安装和配置 Communicator,如何使用其各种组件,包括 Navigator、Messenger、Collabra、Composer 和 Conference 等;第二个层次介绍充分利用 Communicator 中各种组件的方法和技巧,以及如何定制 Communicator 中的 Pveferences 和 Security 选项设置,让 Communicator 发挥最优性能;第三个层次介绍插件、Java、Java Script、样式表、分层等高级功能以及 Netscape 通信公司的服务器软件系列。(廉一兵)

T000323 **Internet HTML 开发使用手册** [美]Mark Surfas 等著。机械工业出版社 1998 年 5 月版。105 万字。71.00 元。分 7 个部分。包括第一部分 Internet 简介;第二部分基本 HTML 语言的理解;第三部分理解高级 HTML;第四部分 Internet 的安全性;第五部分 Internet 和数据库;第六部分给 Internet 增加更多的功能;第七部分 HTML 工具。本书全面介绍了 Interent 的基本内容、HTML 语

言,以及与 Internet 有关的安全性、数据库技术和各种流行的 Internet 工具。(廉一兵)

T000324 **Delphi3 开发使用手册** [美]Todd Miller 等著。机械工业出版社 1998 年 5 月版。120 万字。83.00 元。分为 5 个部分,对 Delphi3 的各项新增功能作详尽介绍,包括增强 IDE、可视化构件库(VCL)、运行库(RTL)及编译器;还介绍新的分布式 Dataset 和被扩展的 Borland 数据库驱动;阐述有关 Delphi 的高级功能:如线程、DLL、程序设计、Web 应用等。还有大量的实例源代码。(廉一兵)

T000325 **CGI 开发使用手册** [美]Jeffry Dwight 著。机械工业出版社 1998 年 3 月版。93.6 万字。60.00 元。分为 9 个部分,涵盖 CGI 基本概念和复杂的 CGI 脚本编写。包括如何开发 CGI 应用程序,创建搜索引擎,建立交互式 HTML 文档,编写数据库查询脚本,编写 Web 爬虫和机器人等技术。重点介绍如何利用已有的编程编写 CGI 脚本。(廉一兵)

T000326 **Authorware 3.5 开发使用手册** [美]Robert S. Zielinski 著。机械工业出版社 1998 年 1 月版。64.9 万字。43.00 元。分 8 部分。其中,第一部分"起步"是 Authorware 的简介;第二部分"掌握基础知识"告诉读者如何通过基本步骤,输入、演示、实时处理、特技及编辑多媒体对象;第三部分"建立交互",讲解如何建立按钮、下拉式菜单和可移动对象与多媒体作品进行交互;第四部分"超级链路和分支",讲解如何用超级链路来设计交互式文件以及创建线性、随机及内容驱动分支的方法;第五部分"创建具有丰富媒体控制功能的作品",介绍加入数字视频、音频和光盘视频的步骤,调入外部函数、收集和储存数据的方法;第六部分"提高开发效率",通过把作品的功能组织到模组里,并把媒体元件放在库内,可大大提高开发效率;第七部分"关于设计和开发方法的探讨",探讨发行、交互等级以及开发过程等问题;第八部分"交付最终程序",探讨多媒体作品的最后发行问题。(廉一岳)

T000327 **NetWare 4.1 开发使用手册** [美]Bill Lawrence 著。机械工业出版社 1998 年 6 月版。160 万字。128.00 元。分 9 个部分,分别介绍 NetWare4.1 的安装、使用和升级的方法,如何建立和管理目录树,如何用 NetWare 来配置和管理你的网络。此外,本书还介绍了如何将 NetWare 与 Windows、OSZ、TCP/IP 和 Macintosh 结合起来使用。有 8 个附录,并对 NetWare 的命令、对象、访问权和属性作说明。(廉一兵)

T000328 **Photoshop 专家指导(光盘 1 张)** [美]Brendon Perkins 著,寇广德等译。电子工业出版社 1998 年 11 月版。43.3 万字。46.00 元。以案例的形式、加以丰富的图例,阐明 Photoshop 的技术,包括蒙太奇、光照效果、动画以及如何利用蒙版、图层、通道和功能强大的滤镜。(杨丽娟)

T000329 **MCSE:中文 Windows NT Server 4 14 天自学教程** [美]David G. Schaer 等著,陈军、高燕林等译。机械工业出版社 1998 年 9 月版。30 万字。48.00 元。详细介绍 Windows NT4 的体系结构和域设计,安装 NT Server 4.0 的过程,NT Server 环境的配置,管理本地文件的过程与方法,数据保护方法,容错和 NT 备份,管理用户和组,管理网络资源,NT Server 4.0 网络客户机,优化服务器,配置及优化 NT 4.0 服务,异构型环境的管理,RAS 拨入解决方案,以及 NT Server 疑难解答。(吴怡)

T000330 **MCSE:中文 Windows NT Workstation 4 14 天自学教程** [美]Rober Bogue,Emmett Dulaney 著。机械工业出版社 1998 年 9 月版。30 万字。45.00 元。包括 Windows NT Workstation 4.0 的规划,自动安装的规划,Windows NT Workstation 的安装、升级和删除方法,硬件的配置,客户化及配置,编辑用户配置文件和系统配置文件,网络的概念,与 Microsoft 网络的连结,与 Net Ware 网络的连结,拨号网络及 RAS,Peer Web Services,应用程序的运行,Windows NT Workstation 的监控与优化,Windows NT Workstation 疑难解答。(吴怡)

T000331 **中文 Windows 98 安装与配置手册** [美]Rob Tidrow 著。机械工业出版社 1998 年 9 月版。45 万字。59.00 元。讲解中文 Windows 98 在单机环境及网络环境中的安装方法,深入介绍如何配置和定制新硬件和软件,详细论述配置存储设备、多媒体、通信功能、通用外围设备等多方面的技术。书中的"疑难解答"对安装配置中的有关问题给出解决方案。对于从中文 Windows 95 进行升级的用户,还介绍如何安装和配置中文 Windows 98 的许多新特性,包括配置按 Web 页查看方式的桌面、安装多显示器、安装 PC TV 和 DVD 设备等等。(姜南)

T000332 **Visual FoxPro 5.0 中文版入门图解** 宋广森、董安怀著。电子工业出版社 1998 年 10 月版。34.8 万字。19.00 元。围绕一系列的实际工作步骤,展示 Visual FoxPro 5.0 在数据库操作、数据库可视化编程等方面的特性。内容涉及数据库操作、应

用系统开发、面向对象技术与控制、各种可视化编程工具等方面。(吴文奎)

T000333 **IBM MQSeries 分布式计算** [美]Len Gilman Richard Sohreiber 著。电子工业出版社 1998 年 10 月版。24.3 万字。28.00 元。"IBM/Lotus 软件技术系列丛书"之一。介绍 MQSeries 产品、消息传递和排队技术、分布式计算的概念、结构和功能,从解决商业问题的角度出发,着重论述 MQSeries 在实际中的应用、成功的经验、存在的问题、作者的心得体会和从众多接受采访的客户那里获得的教训。附有光盘。(张燕虹)

T000334 **计算机引论** 宫云战等著。国防科技大学出版社 1998 年 1 月版。32.4 万字。17.00 元。在简单介绍计算机基本概念的基础上,详细叙述微型计算机使用的一般知识。主要内容包括:操作系统的基本知识和 DOS、WINDOWS 的使用,并简单介绍 WINDOWS NT 和 WINDOWS 95 的基本使用方法,计算机网络的基本概念及 NOVELL、INTERNET 网的使用方法,汉字系统和汉字输入方法,字表处理软件的一般概念及 WPS、WORD 的使用;最后简单介绍计算机安全及病毒防治的基本知识。(徐飞)

T000335 **计算机软件应用与开发系列** 鸿志创作组编。科学出版社 1998 年 12 版。468.60 万字。287.00 元。包括 6 本(随着软件的更新,又陆续加入其中 3 本的更新版本),从用户角度出发分别介绍 6 种常用软件的应用与开发技术。《MS SQL Server 6.5应用开发指南》详细介绍 Microsoft SQL Server 6.5 的数据库实现、数据库使用和数据库管理等方面的细节;《MS Frontpage97 应用与开发》介绍微软公司最新推出的 Web 开发工具 Microsoft Frontpage97 应用和开发技术。《MS Visual J++应用开发指南》通过详细的图解和大量的实例介绍怎样使用微软 Java 编程工具——Visual J++编写、调试、运行、开发 Java 程序;《Visual FoxPro 5.0 中文版应用与开发》和《Visual FoxPro 6.0 中文版使用指南》分别是介绍 Visual FoxPro 5.0 和 6.0 的工具书;《Visual Basic 5.0 中文版编程指南》介绍微软公司 Windows95 平台上的可视化开发工具 Visual Basic 5.0 中文版的应用与编程技术;《Visual Basic 6.0 中文版应用与开发》从 Visual Basic 6.0 的新特征开始,对 Visual Basic 的基础知识、编程方法和相关技术进行介绍。Visual C++是汇集微软公司技术精华的主流产品。《Visual C++5.0 编程指南》主要介绍 Microsoft Visual C++5.0 的程序设计技术;《Visual C++6.0 编程指南》介绍 Visual C++6.0 的基础知识、编程技术以及常用的一些技巧。(王永诚)

T000336 **Oracle 8 优化技术** [美]Michael J. Corey 著。机械工业出版社 1998 年 8 月版。45 万字。48.00 元。对 Oracle 8 的优化技术又称调整技术进行探讨,提供有效进行系统优化、充分发挥已有软硬件功能、使 Oracle 数据库应用系统达到最优的各种方法、经验和技巧。论述 Oracle 的安装、内存、CPU、输入/输出等重要问题,对并行处理、重演日志、转返段、表空间和索引的创建、数据库初始参数文件、归档等功能和技术作深入研究。(姜南)

T000337 **Lotus Notes/Domino 技术大全** 宙合科技有限责任公司(北京)编著。电子工业出版社 1998 年 1 月版。120 万字。67.00 元。是 IBM/Lotus 软件技术系列。共 6 篇 33 章。第一篇介绍 Notes/Domino 的安装与使用,包括 Notes/Domino 概述、安装、Notes 的基本应用、Notes/Domino 邮件系统;第二篇介绍 Notes/Domino 的系统管理,内容有 Notes 工作站和服务器管理等;第三篇介绍 Notes/Domino 的基本开发,详述 Notes/Domino 的集成开发环境、创建 Notes 数据库、表单设计、视图设计、导航器设计、代理设计、其他设计及 Notes/Domino 的安全性管理;第四篇是 Notes/Domino 的高级开发,内容包括 Lotus Scvipt 扩展工具包的使用、日历与日程安排、Notes 工作流、Lotus Components 应用;第五篇概述 Domino Web 应用;第六篇介绍 Notes/Domino 的扩展,内容涵盖用 Notes 存取关系型数据库管理系统、Notes Puonp 的应用、Maseries 的应用、Notes 应用编程接口。(龚兰方)

T000338 **UNIX 技术大全——Internet 卷** [美]Robin Burk、David B. Horvath 著。机械工业出版社 1998 年 9 月版。117 万字。96.00 元。由 7 个部分构成,主要集中在编程、文本格式化、安全、开发 Internet 应用、使用 UNIX、使用 Shell、源代码控制、系统配置管理和不同版本的 UNIX 产品的常见问题解答。第一部分图形用户界面,讲述如何使用及编写 GUI 应用程序。第二部分编程,介绍 UNIX 环境中最流行的程序开发工具。第三部分文本排版和打印,讲述 UNIX 环境中书写、排版和打印文档的工具。第四部分安全性,它是系统管理的一个高级部分,讲述风险、工具、有用的组织等内容。第五部分 UNIX 和 Internet,介绍用于万维网的工具和通过电子邮件传输二进制文件的工具。第六部分源代码控制，讲述 UNIX 提供的用来管理程序的多个开发版本的工具。第七部分常见问题解答，提供各种 UNIX 变体的问题解答。(李云静)

T000339　**Oracle 8 完全参考手册**　[美]George Koch，Kevin Loney 著。机械工业出版社 1998 年 8 月版。110 万字。125.00 元。分 6 个部分。第一部分主要介绍关系数据库的基本概念和术语；第二部分主要讲述 SQL 语言和 SQLPLVS 软件工具；第三部分按主题分类介绍面向用户的 Oracle 8 数据字典；第四部分介绍使用 Oracle 8 进行开发的技术；第五部分是 Oracle 的参考资料大全；第六部分包含书中所有表的创建命令和数据插入语句。本书按字母顺序排列综合性的参考材料，其中包括所有主要的 Oracle 8 概念、命令、函数、特性和产品，以及正确的语法、交叉参考和实例。(姜南)

T000340　**FoxBASE⁺使用与技巧**　韦荣道、李胜编著。金盾出版社 1998 年 2 月版。29.2 万字。13.50 元。以 FoxBASE⁺ 2.10 版本为基点介绍 FoxBASE⁺的有关知识。分 10 章。第一、二章讲述基础知识，第三至第七章的内容是库文件操作的交互命令，第八章内容为介绍格式文件，第九章内容为系统设置，第十章内容为程序设计。书中还附有大量屏幕图形和实例。书后还附 2 个附录，附录一为 FoxBASE⁺函数分类表，附录二为 FoxBASE⁺ 2.10 命令和语句汇总表。(袁健畴)

T000341　**DOS 使用速成**　周里凤、齐影虹编。江西科学技术出版社 1998 年 3 月版。18 万字。9.20 元。"电脑初学者丛书"之一。分 9 个部分：认识电脑；电脑管家；与管家对话；改向、管道和筛选命令；为自己设置一个好的工作环境；硬盘的优化；内存的优化；文字编辑器 EDITOR；电脑病毒。书后附有 ASCII 码表、DOS6.0 命令一览表、DOS 常见出错信息等。

T000342　**Oracle 8 备份与恢复手册**　[美]Rama Velpuri，Anand Adkoli 著。机械工业出版社 1998 年 10 月版。50 万字。58.00 元。分 7 章和 1 个附录。着重讨论 Oracle 背景以及 Oracle DBA 为制订正确备份过程所需的特定操作系统内容，还简单介绍 Oracle 一般原理，指出对于备份计划很重要的 Oracle 内部机制。本书提供的备份一般原理适用于所有操作系统，其中有些讨论最适合于 VLDB、DSS、OLTP 和 OPS 环境的备份类型，并提供了有关操作系统的细节和有关在 VMS、MVS、UNIX、Netware、OS/2 和 Windows NT 中备份的问题，以及错误分析和 Oracle 恢复的原理及适用策略。本书还描述了可使用的诊断功能，最后，给出基于实际备份与恢复情况的一些实例。本书还包括 Oracle(版本 7.1，7.2，7.3 和 Oracle 8)的新特性，根据 Oracle 数据库在实际使用中遇到的各种常见问题，提出备份与恢复的有效方法以及应急措施，为 Oracle 数据库的管理工作提供强大的支持。(姜南)

T000343　**实用软件操作导引**　杨安祺著。电子工业出版社 1998 年 5 月版。37.12 万字。19.00 元。以当前流行的优秀软件为主要内容，分别介绍文件压缩软件、PC 工具软件、硬件诊断软件、检测软件、拷贝工具软件、系统设置软件、系统配置软件、强功能小软件、普及型动画制作软件的用法，并配以大量例题，从而使读者能够迅速掌握它们的使用技巧。(吴剑锋)

T000344　**FoxPro2.6 实用教程**　薛春香等编著。华南理工大学出版社 1998 年 3 月版。43.2 万字。28.50 元。FoxPro 2.5 以上版本是 Microsoft 兼并 Fox Software 公司之后的产品，它是 Fox 系列产品的升级版，并具 Microsoft 软件的风格，它是一个与 dBASE Ⅲ、dBASE Ⅳ、dBASE Ⅴ 及 FoxBASE＋兼容的编译型集成环境式数据库系统软件，是当今世界上速度最快的 PC 机数据库软件之一。本书是编著者长期从事数据库系统的教学及数据库管理系统的开发应用工作的总结。FoxPro 提供 400 多条语句和函数，本书仅从教学的实际出发详细介绍主要的、常用的语句和函数，在附录一和附录二中列出全部语句和函数。本书以 FoxPro2.6 for DOS 为主，兼顾 FoxPro for Windows 及汉化的 FoxPro 进行编写，使用本书可以在 FoxPro 2.6 for DOS 或 FoxPro for Windows 或汉化的版本如 FoxPro 2.5B 下进行教学或自学。(傅穗文)

T000345　**Oracle 8 故障解决手册**　Rama Velpuri Ananel Adkoli 著。机械工业出版社 1998 年 9 月版。40 万字。56.00 元。分 3 部分。第一部分介绍从台式机到大型系统的相关操作系统的安装提示和 Oracle 故障检测与维护技术。第二部分着重于流行的 Oracle 产品诸如 Precompilers，Developer/2000，SQL * Net 以及 ROBMS 关于诊断和解决 Oracle 问题的实用知识。第三部分介绍 Oracle 全球客户支持，有助于用户更好地获得其服务。(姜南)

T000346　**面向对象原理与应用**　朱海滨等著。国防科技大学出版社 1998 年 10 月版。48 万字。

25.00元。重点讨论为什么要应用面向对象技术、怎样进行面向对象程序设计及如何使用面向对象语言,并讨论面向对象相关标准和应用。第一至五章介绍面向对象技术的基本概念和基本原理,讨论面向对象分析和设计的基本方法及其工具,对微软公司的OLE/COM标准作全面介绍。第六至十章较详细地描述Smalltalk语言、C++语言和Java语言的体系结构、面向对象机制和特点,并对3种语言进行比较,讨论面向对象数据库的原理、设计和实现,还介绍面向对象技术的几个最新的典型应用。(何晋)

T000347 **256种颜色显示的Windows程序设计** 刘诚方编著。天津大学出版社1998年1月版。57.5万字。25.00元。在Borland C++3.1和Borland C++4.0、4.5、5.0的Windows编程工具软件支持下,对系统的色彩组成原理、调色板的应用和256种颜色显示的程序设计特点进行了详细的说明,并且通过大量的彩色绘图、文字处理和动画等程序实例,指出一种从编程实际问题出发的256种颜色显示和Windows程序设计的方法。(吴蕾)

T000348 **C语言计算机绘图教程** 华南理工大学出版社1998年9月版。54.8万字。29.50元。系统介绍C语言计算机绘图技术。共8章。内容包括:计算机绘图的发展以及常用的图形输入、输出设备;图形系统初始化,Turbo C图形函数,基本图形程序设计,圆弧连接程序设计;二维、三维图形几何变换及三视图、轴测图、透视图的程序设计方法;剖面线、隐藏线、剪裁与窗口、填充;各种方程表示的曲线、曲面及自由曲线、曲面的程序设计方法;简易动画、底色覆盖动画等实现动画的方法;图形常用的几种数据结构;并介绍了交互式绘图的原理。书后还附有C语言简介,C语言上机指南以及Turbo C常用图形函数和实用库函数。(潘宜玲)

T000349 **家用电脑工具软件实用手册** 盛毅华等编著。上海科学技术文献出版社1998年2月版。29.5万字。26.00元。从上千种工具软件中遴选出能满足家用电脑用户的绝大部分需求且功能、性能经实践证明均比较好的软件共70种,分别按"软件介绍"、"使用方法"和"使用举例"3个方面进行描述。采用软件名字顺排列方式编排,有分类索引。(廖恬)

T000350 **Power Builder 6.0程序设计大全** [美]Simon Gallagher、Simon Herbert著。机械工业出版社1998年8月版。100万字。112.00元。论述Power Builder对象和控件的各个方面,包括对Data Window对象和控件的深入理解,如何创建和使用用户对象,有关DDE和OLE 2.0的概念,Power Builder和Internet,Power Builder的高级控件及Power soft基类,分布式计算环境对于Power Builder的作用,以及Power Builder资源等方面。剖析Power Builder 6.0的许多新增功能和它优越于以前版本的各种优势,介绍学习Power Builder程序开发的过程,提供丰富的程序实例,并分析了Power Builder 6.0的高级功能。(姜南)

T000351 **World Wide Web数据库开发人员指南** [美]Mark Swank、Drew Kittel著。机械工业出版社1998年6月版。80万字。78.00元。全面介绍如何设计、开发和配置可供Internet和Internet Web网站上的客户机访问的安全客户机/服务器数据库,以及如何使用HTML、CGI、各种编程语言和脚本来创建和使用基于表单的数据,并且给出大量专业性数据开发应用的实例。全书共8个部分21章。第一部分讲述Internet、World Wide Web和Internet的发展概况以及如何通过Web从事企业经营活动。第二部分介绍客户机服务器信息处理结构和Web网站的设计与开发时应该考虑的一些问题。第三、四部分介绍Web数据库开发工具HTML和CGI。第五、六部分介绍数据库访问和输入、输出应用程序的编程方法。第七部分给出了一些完整而独立的应用程序实例。第八部分对若干Web数据库应用的实例进行介绍和分析。(李云静)

T000352 **Oracle 8数据库构造工具实用指南** [美]John Adolph Palinski著。机械工业出版社1998年6月版。70万字。77.00元。分为7大部分及5个附录。第一部分"数据库对象的设计"介绍Oracle公司及它的各种产品。第二部分介绍如何使用SQL * PLVS对数据库进行操作。第三部分讲解Oracle的程序语言PL/SQL及其具体应用。第四部分探讨Oracle Forms4.5应用开发产品的所有组件。第五部分介绍Oracle的报表书写器—Oracle Reports 2.5。第六部分阐述Web中的Oracle应用,最后介绍一个完整的模板系统,讨论规范化关系型数据库的设计、对象的创建、表的加载、Form及菜单和各种报表的设计。附录则提供Oracle有关的参考资料。(姜南)

T000353 **Oracle 8数据库管理员手册** [美]Kevin Loney著。机械工业出版社1998年5月版。60万字。64.00元。分4个部分,首先从Oracle体系结构、硬件配置研究、数据库逻辑设计及数据库物理设计4个方面详细介绍Oracle数据库的基本理论，得到生动的数据库体系结构。数据库管理部分由数据库开发开始，探讨了多数据库监控、回滚段管理、协调数据库、数据库安全及审计、优化备份及恢复过程、管理Oracle财务及其他包和工具、大数据库管理方面的各种细节。网络Oracle部分主要介绍了SQL * Netv2及Net8软件、在UNIX的联网技术、分布式数据库管理和客户一服务器及网络计算机环境的配置。在附录部分则详细介绍了Oracle 7到Oracle 8的移植、Oracle的企业管理器及DBA的SQL命令参考。(姜南)

T000354　**Windows 95 精选问题集**　[美]Martin S. Maotthews著。机械工业出版社1998年9月版。25万字。27.00元。是根据获得Microsoft技术许可的Stream公司在线技术支持编辑而来。涉及Windows 95的方方面面。包括安装、新特征、定制和优化Windows 95系统、Windows 95的使用、文件管理和打印、通信、网络、多媒体等。(吴怡)

T000355　**Authorware 及其多媒体程序设计(附光盘)**　严洪华著。电子工业出版社1998年9月版。54.4万字。40.00元。Authorware是美国Macromedia公司开发的一种功能强大的、以图标导向方式为主的多媒体软件制作系统。作者将其多年从事Authorware多媒体程序设计的丰富经验贯穿于该书的编写之中，对Authorware的每一种编程功能，都用例题来进行介绍，并将这些例题收入到本书所附光盘中供用户选用，使用户能在较短时间内掌握Authorware的程序设计技术。(高凯宪)

T000356　**计算机随机模拟原理、方法及计算程序**　周德才、孙亦鸣编著。华中理工大学出版社1998年11月版。36万字。18.80元。从实际应用的角度出发，对计算机随机模拟原理与方法进行介绍。内容包括5章。第一章介绍实验数据的预处理方法和几类基本算法；第二章介绍计算机随机模拟常用统计分布的数值计算，讨论了离散分布可归为连续分布的数值计算原理；第三章介绍独具风格的Monte Carlo方法，并给出了相应的基本计算程序；第四章简单介绍了多元统计分析的几种常用方法；第五章介绍了过程统计的数字时间序列分析方法，主要有时域分析、频域分析及FFT算法。(陈晓娟)

T000357　**PC平台新技术MMX——应用编程实例(下)**　张云、林钟编著。东南大学出版社1998年5月版。4.7万字。24.00元。分为上、下两册。上册介绍MMX处理器的体系结构、数据类型、指令集、开发策略和软件优化等内容，是利用MMX进行开发的基础。下册介绍MMX技术在图像处理、视频编解码、音频编解码、语音识别和三维图形等方面的典型应用实例。并介绍运用MMX技术的基本开发策略。(陈天授)

T000358　**并行关系数据库管理系统引论**　李建中等著。科学出版社1998年7月版。36.50万字。25.00元。“数据库丛书”之一。全面总结80年代以来有关并行关系数据库管理系统的研究成果，论述有关并行关系数据库管理系统的理论、技术和方法，讨论了并行计算结构、并行数据库机器和并行数据库的基本概念，论述并行关系数据库管理系统的实现技术。(总编室)

T000359　**DB2关系数据库系统管理与应用开发指南**　曙光信息产业有限公司、国家智能计算机研究开发中心编著。电子工业出版社1998年1月版。50万字。30.00元。DB2是IBM公司推出的关系数据库管理系统，它允许用户把数据看作关系和表的集合来存储和检索，并支持关系查询语言SQL对数据库的存取。数据库的关系模型最初由IBM公司提出，迄今为止，DB2产品已形成了一个庞大的产品家族，其中包括多种平台的数据库产品，可运行于从小到大各种计算机平台上，包括了各种主要的基于RISC工作站的UNIX平台、大中型主机平台、中小型以及32位的微机平台。本书系IBM公司与电子工业出版社联合推出的“IBM/Lotus软件技术系列丛书”之一，系统介绍这一数据库系统的基本概念和主要性能，包括：数据库的安装、创建、维护与管理、性能分析、安全性、客户连接等等。本书附录中还讲述了DB2与WWW的连接以及DB2对Java语言的支持等最新技术及其应用程序设计。(操龙兵)

T000360　**Informix关系数据库——客户/服务器应用程序开发**　[美]Paul R. Allee著，钟显宏译。电子工业出版社1998年10月版。71万字。48.00元。分3部分。第一部分(1～6章)介绍Informix的相关背景知识和客户/服务器应用程序开发的基本概念；第二部分(7～15章)是上一部分内容的具体应用。重点介绍客户/服务器应用程序的开发全过程；第三部分(16～19章)介绍Informix产品在UNIX系统中的应用，应用程序的开发和发行，开发的指导方针和标准等内容。(和德林)

T000361　**DB2应用开发指南**　施伯乐、周傲英编著。电子工业出版社1998年6月版。38.4万字。26.00元。“IBM/Lotus软件技术系列丛书”之一。介绍DB2产品新技术,包括数据完整性、优化、分布式处理、并行处理及网络连接等;DB2产品在平台上的优势;DB2产品家族的新数据库特征,如:扩展和增强SQL语言的功能和正交性、查询和递归查询的特征,面向对象的特征,一组可称之为主动数据的特征等;DB2产品的可靠性。(和德林)

T000362 **软件村丛书** 《软件村》编写组编。化学工业出版社1998年7月版。230万字。300.00元。包括12个系列:一、办公系列12种;二、多媒体开发和工具6种;三、数据库系列4种;四、系统检测与维护工具6种;五、编程语言7种;六、工业设计应用5种;七、图形图像工具8种;八、压缩工具4种;九、操作系统11种;十、实用小工具8种;十一、网络工具9种;十二、游戏系列20种。(郭燕)

T000363 **图形程序开发人员指南** [美]Michael Abrash著。机械工业出版社1998年8月版。120万字。128.00元。介绍若干有用的工具,一个是测试程序(代码段)运行时间的计时器Ztimer。这个计时工具的精度可达10us,可以在汇编语言和C程序中调用。另一个工具是模式X,这是分辨率为320×240的256色图形模式,它具备许多其他模式所不具备的特性,如方形像素、允许面页翻转、允许VGA面向位面设计的硬件并行处理像素、每像素1字节等等)。最后一个工具是功能强大的动画图形软件包X-Sharp,这个软件包基于模式X,提供了高性能的像素绘制函数、线断绘制函数、多边形填充函数、模式设置函数、页面翻转函数等等。(于静)

T000364 **Animator Pro使用教程** 田洪涓著。电子工业出版社1998年6月版。28万字。15.00元。分8章,主要介绍Animator Pro的特色、软硬件环境和安装,创建一个Animator画面的基本操作,主屏幕面板和菜单的种类、使用和功能,调色板面板和菜单的使用和作用,文本和标题创作,插画制作,有关视觉运动,动画胶片屏幕等内容。(张琛)

T000365 **轻松掌握SQL** [美]Ryan K. Stephens等著。电子工业出版社1998年11月版。81万字。55.00元。"轻松掌握系列"书中的一本。讲述SQL语言最新版本的学习使用。原书名为《Teach Yourself SQL in 21 Days》。特点是有概念、实例、注意事项、小窍门、小结、问答、测验、练习等,适于自学。(吴源)

T000366 **轻松掌握Photoshop 4** [美]Carla Rose著,方斌等译。电子工业出版社1998年7月版。43.5万字。30.00元。分24个章节。从图像的剪裁、缩放基本技能,到调色、绘图等基础技能,乃至图层、遮罩、路径、滤镜等高级编辑技术均有详细阐述。(杨丽娟)

T000367 **轻松掌握Quar及Xpress 4** Kate·Binder著。电子工业出版社1998年11月版。43.52万字。30.00元。从Xpress的基础入手,讲解文件管理、文本和图形处理、版面设定、母页的创建及打印等内容。(吴剑锋)

T000368 **Microsoft SQL Server 6.5高级编程管理指南** 李几鸿等编。电子工业出版社1998年6月版。50万字。28.00元。内容包括SQL Server 6.5入门,SQL Server 6.5安装技术,设备、数据库和事务日志管理技术,SQL Server安全性与安全模式的选择,SQL Server的安全性管理技术,监视服务器性能的活动,任务调度和警报设备,SQL Server的数据类型介绍,创建SQL Server数据库表,掌握索引和关键字的用法,流控制语言,实现数据完整性的组件介绍,SQL Server性能优化技术,管理和使用视图,以及SQL Server 6.5备份和恢复机制。(胡毓坚)

T000369 **DB2通用数据库(UDB)V5实用指南** IBM公司著。电子工业出版社1998年8月版。50万字。26.00元。DB2通用数据库(Universal Database)是一种功能强大的对象关系数据库,从DB2的基本功能特点入手,讲述如何利用DB2的特性来创建世界级的应用程序,这些应用程序结合DB2最具优势的某些特征,例如:与Internet的集成、对多媒体对象进行存储和操作、DB2并行处理、支持Windows NT环境以及电子商务等。(王晟)

T000370 **Quick BASIC程序设计(修订版)** 刘炳文著。电子工业出版社1998年3月版。64万字。32.00元。介绍Quick BASIC编程环境和程序设计方法。(吴剑锋)

T000371 **Active X编程技术与技巧** Suleimen "Sam" Lalani & Ramesh Chandak著,曾湘宁译。电子工业出版社1998年4月版。80.48万字。55.00元。详细介绍ActiveX技术的几个方面:ActiveX控件、ActiveX脚本处理、ActiveX文档、Active Server以及ActiveX讨论,对ActiveX控件在各种编程系统的使用以及创建,通过大量的例子和图片予以详细的介绍。还对ActiveX技术中所使用的加密、压缩方法进行详尽讲解,并对ActiveX控件与Java Beans组件技术进行了比较。(徐堃)

T000372 **算法与数据结构** 傅清祥、王晓东著。电子工业出版社 1998 年 1 月版。76.48 万字。34.00 元。是全国高等学校计算机教育研究会和中国计算机学会教育专业委员会联合制定的《计算机学科教学计划 1993》的配套系列教材之一。全书共 11 章,分别给出算法与数据结构基本概念;介绍基于序列的 ADT、反映层次关系的 ADT、表达集合的 ADT;系统阐述算法设计的策略和技巧;介绍实际应用中排序算法和图算法;讨论问题的计算复杂性和分类;介绍并行计算模型和并行算法基本技术;最后讲解 4 个高级专题。(赵家鹏)

T000373 **Borland C++5.0 for Windows 入门图解** 蔡建勇、王潜编。电子工业出版社 1998 年 3 月版。34.5 万字。19.00 元。以突出"入门"和"图解"为特点,介绍 Borland C++5.0 软件开发工具,书中围绕一系列精选的实际工作步骤,完整地展示了 Borland C++5.0 各方面的杰出特性,每个步骤均配有屏幕图形。(郭晓)

T000374 **HTML4 开发人员参考手册** [美]Robert Mullen 著。机械工业出版社 1998 年 5 月版。30 万字。28.00 元。分两章:第一章是 HTML 概述,简单介绍 HTML 的发展历史、HTML 的作用以及 HTML4 的新功能;第二章是 HTML 参考总表,详细介绍创建 Web 页时可以使用的所有 HTML 标记、属性和值。书后有 7 个附录(包括一个词汇表和一个汇总表)。(于静)

T000375 **HTML 开发人员指南** [美]John Zakour 等著。机械工业出版社 1998 年 7 月版。85 万字。88.00 元。分 23 章,讲述标准的 HTML,对两个最流行的浏览器 Microsoft Internet Explorer 和 Netscape Navigator 对 HTML 的扩展和如何减小跨平台的不兼容问题也作详细阐述。(于静)

T000376 **Visual Basic 5.0 中文版实用培训教程** 宜晨主编。电子工业出版社 1998 年 4 月版。51.2万字。25.00 元。"最新精品软件普及丛书"之一。介绍 Visual Basic 5.0中文版在可视化开发多媒体、数据库等各类 Windows 95 应用程序方面的杰出特性。作者在探讨 Visual Basic 5.0 中文版的各种功能时均提供了具体的实例、对应的屏幕图和详尽的讲解。(郭晓)

T000377 **Visual FoxPro 5.0(中文版)面向对象编程教程** 刘瑞新等编著。电子工业出版社 1998 年 5 月版。46 万字。24.00 元。在详细介绍 Visual FoxPro 5.0 中文版基础操作的同时,重点讲述 Visual FoxPro 5.0 面向对象的程序设计,并以大量实例教会读者在可视环境下,用面向对象的方法,以最快的速度开发具有良好用户界面的应用程序。本书详细介绍了 Visual FoxPro 5.0 中文版的各个功能,包括 Visual FoxPro 5.0 的功能、安装和配置;项目管理器;Visual FoxPro 语言概述;Visual FoxPro 程序设计;创建表和索引;将表加入数据库;检索数据;使用视图更新数据;查询和更新多表;设计报表和标签;表单设计;导入和导出数据;与其他应用程序共享信息;多用户程序设计。(胡毓坚)

T000378 **Windows NT 4.0 中文版教程** 赵健雅等著。电子工业出版社 1998 年 5 月版。57.6 万字。28.00 元。以 NT Server 为主线全面介绍其用法,对 NT Server 和 NT Workstation 的区别进行了介绍。全书分 11 章,其中第一章介绍 Windows NT 4.0 的特点;第二、三章介绍网络基础知识并对 TCP/IP 协议进行详细剖析;第四、五章讲述 Windows NT 4.0 的安装和配置方法;第六章至第十章全面介绍 Windows NT 4.0 网络的管理方法,如 Windows NT 域,用户账号、用户工作环境和客户的管理,以及资源保护的方法;最后一章介绍在 Windows NT 网络中保护数据的方法。(文宏武)

T000379 **Visual Basic 5.0 中文版程序设计教程** 李江鸿、唐磊编著。电子工业出版社 1998 年 4 月版。68 万字。34.00 元。阐述 Visual Basic 5.0 中文版的使用方法。全书分 11 章和 1 个附录,内容包括:中文 Visual Basic 5.0 基础知识,窗体、控件与菜单设计,工程的使用,Visual Basic 5.0 语言简介,界面设计,标准控件的使用,对象的使用,部件的使用,鼠标与键盘事件的处理,文本与图形处理,数据库操作等。附录中还介绍了 Visual Basic 5.0 的安装方法与 IDE 的使用。(胡毓坚)

T000380 **Visual FoxPro 5.0 中文版程序设计教程** 魏源源主编。电子工业出版社 1998 年 4 月版。52 万字。25.00 元。内容包括 Visual FoxPro 5.0 软件安装方法及安装时的常见问题,如何使用项目管理器;数据库和表的建立、利用向导或查询设计器设计查询;向导和视图设计器的使用;利用表单设计界面、利用表单向导设计各种表单、报表和标签;菜单及工具栏的设计、编程方法的使用、利用邮件合并向导及 Internet 搜索向导建立 Web 查询页面等。本书通过一些简单的应用范例,全面讲述 Visual FoxPro 5.0 中文版的使用方法。(胡毓坚)

T000381 **从 BASIC 跃到 C** 潘正伯、瞿燕著。北京大学出版社 1998 年 5 月版。35 万字。28.00 元。

是为有 BASIC 基础的读者编写的一套学习程序设计语言的教材中的一本(另外两本是《从 BASIC 跃到 Pascal》,《从 BASIC 跃到 Fortran》)。详细讲解 C 语言的基本知识,在写法上采用类似外语教学中的双语教学,通过对比方式让已会 BASIC 语言的读者学会把用 BASIC 语言编写的程序转换成 C 语言的形式。比较两种语言编写的程序之间的差异,引导读者进一步思考如何发挥 C 语言的特长和优势,从而更快捷、更深刻地掌握 C 语言。(段晓青)

T000382 **从 BASIC 跃到 Fortran** 郑永果等著。北京大学出版社 1998 年 5 月版。39 万字。23.00 元。是为具有 BASIC 基础的读者编写的 Fortran77 教程。主要内容包括 Fortran77 的基本概念,程序结构,各种数据类型,语句的语法、语义及使用规则。在内容的组织上,通过与 BASIC 语言的对比,系统地、全面地介绍了 Fortran77 语言,并着重讲授了 Fortran77 的独特之处,使读者能够更快捷、更深刻地掌握 Fortran77 语言。所有例题均在 MS-Fortran V 5.0环境中调试通过。每章后附有习题。(段晓青)

T000383 **从 BASIC 跃到 Pascal** 韩耀军等著。北京大学出版社 1998 年 5 月版。45.2 万字。26.00元。是为有 BASIC 基础的读者编写的一套学习程序设计语言教材中的一本(另外两本为《从 BASIC 跃到 C》;《从 BASIC 跃到 Fortran》)。本书对 Pascal 与 BASIC 相同之处简单带过,对两种语言相似之处加以分析比较。(段晓青)

T000384 **IBM-PC 汇编语言程序设计** 熊桂喜编著。科学出版社 1998 年 8 月版。35.60 万字。21.00 元。北京市高等教育学历文凭考试计算机专业教材。介绍基于 Intel 8086/8088CPU 的 IBM 宏汇编语言程序设计的基本知识、基本原理和程序设计技术。全书分 12 章。第一、二章介绍 IBM-PC 的基础知识;第三章介绍寻址方式及指令系统;第四章介绍组织汇编程序所需的伪指令及操作符、程序结构;第五、六章以大量实例介绍用汇编语言编程的基本技术;第七章介绍宏和结构;第八至十一章介绍用汇编语言进行 I/O 程序设计的技术;第十二章简要介绍多模块程序设计技术。每章后附有习题。(总编室)

T000385 **UNIX 技术——基础篇** 沈芝慎、刘祖亮编。电子工业出版社 1998 年 3 月版。36.5 万字。20.00 元。是"UNIX 技术丛书"中的一本。前 4 章主要是对 UNIX 系统作简单的介绍;第四章至第十章详细介绍常用系统指令、Vi 编辑程序、Shell 的概念(包括 Bourne shell C shell、TCSH、BASH 以及 KOM shell)、如何编写 shell 程序、电子函件以及在线帮助等;第十一章与第十二章介绍 UNIX 上的用户图形界面(Graphic User Interface)、X 视窗系统以及 UNIX 上所提供的一些 Internet 工具。(杨丽娟)

T000386 **Microsoft Visual C++图形系统开发技术基础** 陈建春著。电子工业出版社 1998 年 3 月版。64.7 万字。32.00 元。分上、下两篇。上篇介绍用 Visual C++开发一个 Windows 程序的方法,包括开发基本图形的思路和步骤。下篇则介绍图形系统的一些高级操作的实现方法。(张欣)

T000387 **单片机高级语言 C51 应用程序设计** 徐爱钧、彭秀华著。电子工业出版社 1998 年 7 月版。73.6 万字。45.00 元。以美国 Franklin 软件公司专为 8051 系列单片机设计的高效率 C 语言编译器为核心,阐述高级语言 C51 的基本语法、各种运算符的作用、数据类型和语句结构等,详细介绍 C51 编译器、L51 连接定位器、A51 宏汇编器以及 DS51 软件仿真器的原理以及各种编译连接控制器指令。对 C51 的特点着重进行了介绍,并通过列举大量例子来阐述 C51 编程技巧,对应用中常见问题提出解决方法,给出若干采用 C51 高级语言进行单片机应用程序设计的具体实例。(李新社)

T000388 **Visual C++5.0 实用培训教程** 宜晨主编。电子工业出版社 1998 年 6 月版。51.2 万字。25.00 元。"最新精品软件普及丛书"之一。介绍 Visual C++5.0 开发使用、支持 Active X 控件和 DAO 数据访问的 Windows 应用程序方面的杰出特性。(郭晓)

T000389 **科学计算和 C 程序集** 蒋长锦编著。中国科学技术大学出版社 1998 年 8 月版。107 万字。50.00 元。汇集了常用数值计算方法及其C 语言程序。内容包括解线性方程组的直接法和迭代法、插值法和数据拟合、数值微分和数值积分、矩阵特征值问题、非线性方程和非线性方程组的数值解法、常微分方程和方程组的初值问题和边值问题的数值解法等。对每一种算法提供数学理论基础和算法的构造性描述,讨论算法的误差、收敛性、稳定性和适用条件,提供算法的功能子函数和主函数程序。所附光盘包含书中所有程序和相关的 C 语言编译器。(黄德)

T000390 **Turbo Pascal 语言及编程技巧** 姚庭宝编著。国防科技大学出版社 1998 年 12 月版。79 万字。38.00 元。高等院校教材。通过介绍和剖析大量程序示例，系统论述 Turbo Passcal 各种类型的数据结构与语句特性，以及用 Turbo Pascal 进行程序设计的基本方法、技巧及应用。上篇着重阐述 Turbo Pascal 的大量概念和特性，下篇致力于发展编程技巧，增强灵活运用语言的能力。附录介绍 Turbo Pascal 5.5，6.0 与 7.0 的集成开发环境并给出 Turbo Pascal 标准子程序库，及 Borland 公司在 Turbo Pascal 7.0 版之后推出的 Borland Pascal for Windows 和 Delphi 的概貌。(何晋)

T000391　**Visual BASIC 语言简明教程**　谭浩强、薛淑斌著。电子工业出版社 1998 年 8 月版。40 万字。20.00 元。"面向未来—计算机技能培训丛书"之一。通过大量实例介绍 Visual BASIC 的功能和使用方法。(李彰)

T000392　**HTML 格式页资源手册**　[美]Lan S. Graham 著。电子工业出版社 1998 年 8 月版。53.8 万字。34.00 元。主要介绍如何使用级联格式页语言及如何设计网页。介绍 HTML 格式页概况、超文本标记语言、字体和 CSS 语言、格式控制、CSS 布局模式、背景图像与颜色、CSS 语法和级联机制、如何修改和测试格式页等内容。(和德林)

T000393　**HTML 样式表设计指南**　[美]Natanya Pitts 等著。机械工业出版社 1998 年 8 月版。39 万字。56.00 元。分 4 部分，第一部分解释样式表的理论和行为，以及对导致它们现在的形式和功能的历史回顾。第二部分包含了建造和调整样式表的大部分细节，包括基本结构和语法、度量单元的使用和格式、位置处理和数据布局，以及分类和管理样式的元素。第三部分讨论如何在网页中使用外部样式、动态 HTML 的概述、动态 HTML 允许可在不与服务器交互的情况下，就可在客户端改变网页。第四部分讲述和颜色有关的属性，并给出了一易一难两个仔细剖析的例子，以及所有层叠样式表属性的完整详尽的列表等。(李云静)

T000394　**OPEN GL 高级图形编程指南**　尚游等编著。哈尔滨工程大学出版社 1998 年 11 月版。83.5 万字。68.00 元。介绍 Open GL 高性能图形编程技术，三维图形编程技巧，穿插了大量编程实例，兼顾了 PC 机和工作站用户，并创造性地设计了渲染了平台与建模平台的接口。同时，还对基础图形学、计算机学背景知识作了分析。全书分 2 部分，第一部分为编程指南。包括 Open GL 入门，Win'95 及 Windows NT 环境下开发 Open GL 应用程序的基本过程，几何体建模基础，视图，光，色，Open GL 应用及提高应用程序性能技巧等 15 章。第二部分为库函数详解，包括命令与子函数综述，函数与编程举例，以及数十个 Open GL 标准库函数参考。(国廷生)

T000395　**VRML 资源手册**　Andrea，David & John 著。电子工业出版社 1998 年 1 月版。88.32 万字。58.00 元。详细阐述 VRML 语言的语法要点。同时，借助大量的实例和图形，讲述创建三维空间的技巧。(吴剑锋)

T000396　**程序设计语言原理**　招兆铿、朱洪编著。上海科学技术文献出版社 1998 年 7 月版。44.40万字。28.00 元。作者参照 ACM/IEEE-CS91 教程中提出的《PL：程序设计语言》课程大纲，编写了针对国内迫切需要实现程序设计教学改革、开设程序设计原理的课程教材。介绍程序设计语言的基本概念和原理，以及几种有代表性的语言特点。内容包括程序设计语言的语法和语义、数据类型和控制结构、面向对象语言、逻辑程序设计语言和函数程序设计语言以及并行程序设计语言等 5 部分共 11 章。使用最简单例子说明有关的基本概念和原理，每章后给出相应的练习。系"上海九五重点图书出版规划项目——全国名校计算机专业核心课程教材"丛书之一。(方金善)

T000397　**Visual Basic 5 编程指南**　[美]Richard Mansfield 著。电子工业出版社 1998 年 11 月版。179.2 万字。120.00 元。对 VB5 所有命令、事件、属性、方法、对象、语句和函数，按描述、变量、用途、注意、例子和参考顺序讲述。对如何利用对象、集合和类模块工作，以及建立属性过程和插入定制事件，均做了深入阐述。(焦桐顺)

T000398　**Borland C＋＋Builder 编程指南**　[美]John Miano Tom Cabanski Harold Howe 著。电子工业出版社 1998 年 12 月版。94.7 万字。76.00 元。介绍关于 Borland^{R} C＋＋Builder^{TM}的编程方法与技巧。文中采用问答的格式，讲述每一种方法时由问题描述、解决问题的技术方法的各部细节以及对方法的解释构成，主要是解决在开发 Windows 应用时经常遇到的问题。本书分 17 章。第一章描述如何解决在使用 C＋＋Builder 窗体时经常遇到的问题。第二章讲如何使用 VCL 类库中的许多基类。第三章介绍各种控件的用法。第四章介绍创建特殊菜单的方法。第五章讲述高级图形特性的方法，如动画显示、图像淡入淡出及画布的使用等。第六章讲如何与操作系统交互作用。第七章讲如何控制并获取关于外设的信息。第八章讲如何使用C++Builder带的Internet控件。第九章讲C++Builder应用中的视频、音频和图形等多媒体。第十章讲在C++Builder中如何使用打印机。第十一章讲如何利用数据库控件制作针对数据的应用。第十二章讲如何使用多个线程的方法。第十三章讲OLE的使用。第十四讲异常处理问题。第十五章介绍创建定制组件。第十六章讲如何实现看上去很专业的应用。第十七章介绍一些"秘密和技巧",实现一些不太寻常的应用的方法和窍门。(张新华)

T000399 **Visual Café 编程指南** [美]Doug Garrett 等著,吴玉平等译。电子工业出版社 1998 年 4 月版。49.9 万字。34.00 元。介绍 Visual Café 的各组成部件和功能,以及如何利用 Visual Café 开发和调试 Java 程序。此外,还介绍了 Java 语言的基本语法、系统资源、异常处理、多任务管理、网络通信、界面和类库、小应用程序和安全管理器等内容。(高凯宪)

T000400 **VisualAge for C++for Windows 编程指南** [美]Mare Michael Isabelle 著。电子工业出版社 1998 年 3 月版。68.5 万字。38.00 元。用实例介绍可视化、模型化技术和 Vasualage for C++的使用。第一部分介绍可视编程及面向对象的概念术语,说明 Visualage for C++的环境;第二部分介绍如何分析和设计应用程序的静、动态模型;第三部分介绍如何利用 Visualage for C++和它的工具从最低层开发应用程序;第四部分介绍 Vasualage for C++的高级功能等内容。本书为"IBM/Lotus 软件系列丛书"之一。(和德林)

T000401 **中文 Windows NT Server 4.0 及其联网技术** 魏源源主编,文华、魏宁编。电子工业出版社 1998 年 4 月版。45 万字。22.00 元。全面介绍 Windows NT 4.0 Server 中文版的使用方法和联网技术。内容包括中文 Windows NT 4.0 的功能特点、Windows NT Server 与 Windows NT workstation 的区别,以及网络基础知识、NT 4.0 的工作界面、基本操作、多媒体功能;Windows NT Server 4.0 的基本功能和安装技术、配置 Windows NT Server 环境、建立用户账号、NT 与 Windows 95 及 Netware 联网技术、资源管理器的用途和用法、文件系统和磁盘分区、打印机管理、任务管理、网络监视与性能监视、服务器管理与远程访问服务器、信任关系、资源共享、IIS 与 Internet、Windows NT Server 4.0 中的 TCP/IP 技术、TCP/IP 配置参数、安装和配置 DHCP、安装和配置 DNS、安装和配置 WINS,以及 NT 的安全管理问题、管理网络共享资源及使用 Windows NT 备份工具等。(胡毓坚)

T000402 **中文版 Windows 95 起步及应用实例** 林导等编著。电子工业出版社 1998 年 2 月版。61.5 万字。30.00 元。分两部分,全面地讲解了中文版 Windows 95 的各种功能。第一篇"起步知识",讲解了学习中文版 Windows 95 的基本知识和常用功能,包括系统的安装、设置和 Windows 95 下有关的文字处理、绘图、多媒体、娱乐等内容。第二篇"应用实例",列举了大量的例子。(王昌铭)

T000403 **迅速走进 Windows 98** 张化祥等编著。青岛出版社 1998 年 11 月版。22 万字。15.80 元。详细介绍 Windows 98 的全新桌面及其操作方法、各种实用程序、各个方面的改进、强大的网络功能以及通信系统等内容。

T000404 **UNIX 技术大全——系统管理员卷** [美]Robin Burk 等著。机械工业出版社 1998 年 7 月版。143 万字。118.00 元。分 3 部分。第一部分 UNIX 入门,简单地介绍 UNIX 操作系统的基本知识,怎样去寻找文件及一般用户所使用的命令等。第二部分 UNIX Shell,向用户介绍了怎样选择 Shell 以及怎样使用 Shell。其中包括几种最流行的 Shell:Boarne、Bourne Again(BASH)、Korn 和 C,本部分还对各种 UNIX Shell 进行了比较。第三部分系统管理,介绍了管理 UNIX 系统所要完成的各项任务,对从安装一直到性能管理再到内核调整等一系列系统管理任务进行了介绍,包括启动和停止 UNIX 系统、用户管理、文件系统和磁盘管理、内核的配置、UNIX 网络管理、记账管理、UVCP 管理和 FIP 管理等等。(李云静)

T000405 **怎样使用 Windows 95 中文版实现 PC 机通信** 马艳丽等编。电子工业出版社 1998 年 4 月版。28.8 万字。16.00 元。介绍如何在中文 Windows 95 环境下与外部世界通信及联网。书中描述了通信与联网的基本概念,同时还给出了建立各种通信方式与联网的软硬件配置的详实步骤;并以较多的篇幅介绍了 Windows 95 的各类通信软件的使用方式,如在 Windows 95 中收发电子邮件及传真等。此外,本书还讨论了在 Windows 95 环境下访问 BBS 及 Internet 等热门应用话题。(杨丽娟)

T000406 **SPSS for Windows 高级应用教程** 阮桂海等编著。电子工业出版社 1998 年 11 月版。52.5 万字。26.00 元。注重最常用的高级统计和专业统计，详细介绍了分层对数线性分析模型的应用、判别分析过程的应用、因素分析的应用、聚类分析的应用、大文件快速聚类分析的应用。另外，还介绍了SPSS fo Windows快速入门知识、在SPSS for Windows中调用DOS版SPSS/PC+的程序文件的方法、利用Explore过程探测数据的方法、多元线性回归分析、多项选择的统计分析、偏相关分析、运用Proximity过程做距离测量。本书对每种统计应用配有命令、对话框的使用举例。(张燕虹)

T000407　**计算机组成原理**　高建华主编。中国纺织大学出版社1998年2月版。30万字。19.80元。"计算机系列教材"之一。该套教材共4册，即《计算机组成原理》、《数据库应用技术》、《计算机网络技术》和《多媒体技术原理与应用》。该系列教材系统地介绍计算机硬件系统中各个组成部件的工作原理、逻辑实现、设计方法以及整机系统的有关技术问题；全面地介绍数据库系统的基本原理、实现方法和发展趋势；从理论基础与应用实践相结合出发，围绕计算机网络的基本原理逐渐展开，描述计算机网络形成机理和各种不同类型局网的特性、协议和控制方法，并增加了网络通信和应用的内容；系统地阐述了有关多媒体技术的基本概念，包括MPC标准、多媒体的信息理论基础、多媒体信息的压缩与解压技术、CD-ROM、声卡、视频卡的工作原理、多媒体开发工具、超文本和多媒体通信、网络应用等知识，并重点介绍了如何构造一个基本的多媒体系统。(张益储)

T000408　**计算机操作技术**　哈加依编。新疆科技卫生出版社(K)1998年5月哈文版。15万字。13.00元。内容包括：计算机操作基础，DOS操作系统的常用命令及其应用，微机系统中标准外部设备——键盘，显示器，外存储器和打印机的操作使用，计算机汉字输入技术，维哈柯文字的键盘输入技术，工具软件PCTOOLS的使用及CCED文字编辑和表格制作技术等。(胡斯满)

T000409　**新磁盘管理与光盘操作系统**　伍俊良、周焯华编著。重庆大学出版社1998年11月版。33.1万字。19.00元。系统介绍在Microsoft Windows 98桌面系统下，利用Microsoft Windows 98系统中最新最先进的各种实用程序，在Microsoft Windows 98的桌面上、窗口中、菜单内，利用"我的电脑"、"资源管理器"、"我的文档"等等窗口进行磁盘与光盘操作的一些重要的方法与技巧。它们包括：磁盘格式化方法、系统盘的制作方法、文件类的制作方法、文件的移动与复制方法、磁盘的清理和磁盘的压缩方法、磁盘的转换方法、磁盘管理的级次、桌面快捷方式的建立方法、管理窗口的显示方式设置方法、磁盘的属性设置方法、磁盘文件的发送方法、磁盘的检查与修复、磁盘碎片的整理等等方法。此外，还详细介绍了光盘驱动器的安装、检测、使用与维护；磁盘管理与操作的几个常用的压缩软件工具的使用方法；Microsoft Windows 98的基本概念和关于磁盘文件管理的常用操作也在附录中加以了介绍。(肖顺杰)

T000410　**精通Open GL**　贾志刚著。电子工业出版社1998年8月版。67.2万字。38.00元。分为3个部分，第一部分为快速入门篇——学习使用Open GL，介绍使用Open GL绘制具有色彩及光照的三维物体的基本内容；第二部分为深入研究Open GL——提高篇，介绍绘制有特殊视觉效果的Open GL图像；第三部分为Open GL的参考手册，列出了Open GL核心库函数、Open GL应用程序库函数以及Windows 95 OSR2的WGL、Win32库函数的详细说明。(文宏武)

T000411　**数字光盘存储技术**　干福喜等编著。科学出版社1998年3月版。48.00万字。39.00元。分12章，系统介绍数字光盘存储技术。前8章内容包括光盘存储的产品及其市场发展状况，光盘驱动器及其相关单元技术，光盘的编码、格式和误码系统，光盘的母盘、压模和基片制作；并分析了只读式光盘、一次写入型光盘、磁光型可擦重写光盘，及相变型可擦重写光盘的记录和读出原理、存储材料、基本特征、发展趋势。后4章介绍了光盘存储技术的计算机控制应用系统和信息压缩技术、光盘存储技术的应用、光盘存储技术的发展、超高密度光存储技术。(总编室)

T000412　**微机常用软件屏幕信息速查手册**　马开颜主编。北京理工大学出版社1998年修订版。16万字。9.00元。收集微机中常用的软件DOS操作系统、Dbase Ⅲ与FOXBASE＋、PC机常用工具(PCTOOLS、NORTON)、病毒处理程序、Windows系统和Windows系统下的软件FoxPro 2.5、Visual Basic 3.0的屏幕信息共计4300余条，包括系统中常见的提示信息、错误信息和系统菜单，修订时加入了Internet术语部分。本书将每个系统作为一章，每章的内容按英文字母的顺序排序。(总编办)

T000413　**PCI总线与多媒体计算机**　曾凡太、冯保初著。电子工业出版社1998年8月版。39.5万字。24.00元。共9章。第一章介绍总线的基本概念、各种常见总线的性能比较、PCI 总线发展的背景。第二、三、四、五章详细介绍了总线的规范，对总线信号的定义、总线操作、电气与机械标准、配置空间组织都作了完整的阐述。第六章为 PCI 系统设计指南，包括系统初始化和配置、地址映衬、数据路径和缓冲，以及软硬件功能等。第七章为 PCI 总线产品开发和总线接口设计。第八章为 PCI 总线与多媒板卡，包括解压卡、声卡、图形加速卡、多屏显示卡等。第九章介绍超媒体技术、MMX 技术、PCI 总线多媒体计算机、VCD 系统。（邓又强）

T000414 **新编全国计算机等级考试（一级）教程** 尚武等编著。科学出版社 1998 年 1 月版。40.90 万字。24.00 元。是根据国家教委一级大纲（A、B 卷）的要求，结合作者教学经验编写的。不仅对大纲要求的基本内容从理论上简明论述，而且注重上机操作；同时，还编写了有关的测试题、模拟题以及相应的参考答案。（总编室）

T000415 **多媒体计算机原理与应用** 周长发著。电子工业出版社 1998 年 1 月版。34.7 万字。18.00元。1—6 章介绍多媒体计算机基本原理，包括：数字音频技术、数字视频技术、CD-Rom 技术、数字压缩技术以及多媒体网络计算机技术。各部分在简介基本概念的基础上，较深入地介绍相应器件的技术方法和功能。7—8 章为多媒体计算机的软硬件系统。介绍的软件包括多媒体核心软件、工具软件、应用软件、软件开发工具。介绍的硬件环境包括多媒体计算机的 CPU、主板、外部总线、内存、显示器、硬盘、CD-Rom 驱动器、典型的声卡视卡以及整机在 DOS、Windows 环境下的安装与调试。最后一章针对当前读者的要求，重点介绍数字音视频系统、图形图像编程和 Internet 的利用等 3 种应用技术和方法。（邓又强）

T000416 **多媒体电脑的配置与使用** 余彤仑编。江西科学技术出版社 1998 年 3 月版。13 万字。9.00 元。“电脑初学者丛书”之一。介绍多媒体电脑的作用，电脑听说读写，音乐合成，CD-Rom，Windows 中的多媒体，家庭影院，游戏多媒体，多媒体数字化视频，综合应用多媒体等。

T000417 **单片机人机接口实例集** 公茂法、马宝甫、孙晨编著。北京航空航天大学出版社 1998 年 4 月版。32 万字。17.00 元。内容主要包括：键盘接口和 LED 显示接口实例，LCD 显示器接口实例，CRT 显示器与单片机的接口实例，单片机与打印机接口及应用实例，拨码盘及语音接口实例等。（陶金福）

T000418 **单片机外围器件实用手册——数据传输接口器件分册** 邬宽明编著。北京航空航天大学出版社 1998 年 12 月版。89 万字。54.00 元。包括 3 类数据传输接口器件：标准器件，包括 TIA/EIA—232、TIA/EIA—422 和 TIA/EIA—485 接口器件；通用线路驱动器和接收器；微控制器特有的数据传输接口，包括 I^2C、MICROWIRE/PLVS、SPI 和 CAN 总线等。在编排上，每章开始均有对本章器件基本特点和应用要点有针对性的简要阐述，并列有本章器件索引。（赵延永）

T000419 **单片微机测控系统设计大全** 王福瑞等编著。北京航空航天大学出版社 1998 年 4 月版。99 万字。35.00 元。主要讨论微机测控系统的实现技术，包括：计算机控制基本理论和算法；常用单片机及控制用微机的应用技术要点；微机测控系统常用元器件应用技术、硬件电路设计和接口技术。本书主要特点有：一是元器件的介绍种类齐全，包括各种传感器、光电耦合器、比较器、多路模拟开关、集成稳压器、放大器、可编程接芯片、显示器、键盘、打印机等。二是除讲述元器件的工作原理、用法、它们与微机的接口技术外，还列出元器件的性能、参数，以备读者查阅。三是十分重视应用，除元器件各章设有应用举例外，最后几章还列出了系统的应用实例（包括软、硬件）。（肖之中）

T000420 **怎样组装、升级多媒体计算机** 方其桂主编，刘荣进、夏业柱编著。电子工业出版社 1998 年 2 月版。33.92 万字。18.00 元。从什么是多媒体计算机入手，解剖了组成多媒体计算机的各个部分，介绍了各部分功能、安装方法、设置方法及故障处理。（李新社）

T000421 **386、486、586 微机电源原理与维修** 胡健编。电子工业出版社 1998 年 5 月版。25.6 万字。15.00 元。作者在长期维修过程中，根据实物整理出十几种最流行电脑的电源线路图，并以所用芯片不同，分成 TL494、SG3524、VC3842 和分离电路 4 大系列；对其工作原理、芯片功能、器件测试、故障诊断和修理，进行了剖析。并给出 12 种电源的原理线路图。（焦桐顺）

T000422 **Intel 系列微处理器结构、编程和接口技术大全** ［美］Barry B. Brey 著。机械工业出版社 1998 年 1 月版。148 万字。93.00 元。系统地讲解 Intel 8086/8088、80186/80188、80286、80386、80486、Pentium 和 Pentium Pro 微处理器的体系结

构、程序设计和接口技术，并对该系列的产品进行了综合比较。全书分17章，详细讲解了8086～Pentium Pro微处理器的内部结构、指令系统、引脚功能、工作原理以及它们与存储器和I/O系统的接口技术；介绍了8087～Pentium Pro协处理器的数据格式、指令系统以及过程、宏、条件汇编、DOS功能调用、BIOS功能调用等高级汇编语言程序设计技术；还介绍了ISA、VESA局部总线和PCI总线接口技术等。(李云静)

T000423 **计算机应用基础** 朱江、孙海军主编。机械工业出版社1998年6月版。35.1万字。18.50元。是根据1996年3月机械工业部颁布的教学大纲，由机械工业部中专管理类专业教学指导委员会为满足中等专业学校管理类专业教学需要而组织编写的。重点为培养学生使用微型计算机进行文字处理、表格处理与数据管理的基本技能。本书除简要介绍计算机的应用与组成外，详细阐述了微型计算机操作系统MS-DOS 6.22的基本使用方法、希望汉字系统UCDOS 5.0/6.0的基本使用方法、文字处理软件WPS 2.2的基本使用方法、字表处理软件CCED 5.03的基本使用方法、关系型数据库管理系统FoxBASE+2.1的基本使用方法、微型计算机工具软件PCTOOLS 5.0的基本使用方法。(冯铁)

T000424 **计算机应用基础(Ⅰ)** 《计算机应用基础》编写组编。中央广播电视大学出版社1998年6月版。21万字。18.50元。是向学习者传授计算机基础知识和培养计算机应用能力的入门课程。其内容着重计算机的基础知识、基本概念和基本操作技能，并兼顾实用软件的使用和计算机应用领域的前沿知识。本课程系列文字教材采用了合一型模块化结构，本册教学模块内容为：(一)计算机基础知识；(二)计算机网络应用知识。每一教学模块内包括教学内容、导学内容、教学辅导、实验指导和教学媒体使用指导等。为方便学习者自学，每一模块均配备学习效果测试盘，使学习者在学习过程中及时了解自己每一步的理解和运用情况、增强学习的兴趣和信心、发现学习中的不足之处、确定下一步学习内容和方法。(张静)

T000425 **计算机应用基础(Ⅲ)** 《计算机应用基础》编写组编。中央广播电视大学出版社1998年6月版。25.6万字。22.00元。是向学习者传授计算机基础知识和培养计算机应用能力的入门课程。其内容着重计算机的基础知识、基本概念和基本操作技能，并兼顾实用软件的使用和计算机应用领域的前沿知识。本课程系列文字教材采用了合一型模块化结构，本册教学模块内容为：(五)WPS文字处理系统；(六)数据库系统应用基础。每一教学模块内包括教学内容、导学内容、教学辅导、实验指导和教学媒体使用指导等。为方便学习者自学，每一模块均配备学习效果测试盘，使学习者在学习过程中及时了解自己每一步的理解和运用情况、增强学习的兴趣和信心、发现学习中的不足之处、确定下一步学习内容和方法。(张静)

T000426 **计算机应用基础(Ⅱ)** 《计算机应用基础》编写组编。中央广播电视大学出版社1998年6月版。17.4万字。16.00元。是向学习者传授计算机基础知识和培养计算机应用能力的入门课程。其内容着重计算机的基础知识、基本概念和基本操作技能，并兼顾实用软件的使用和计算机应用领域的前沿知识。本课程系列文字教材采用了合一型模块化结构，本册教学模块内容为：(三)WORD文字处理系统；(四)EXCEL电子表格系统。每一教学模块内容包括教学内容、导学内容、教学辅导、实验指导和教学媒体使用指导等。为方便学习者自学，每一模块均配备学习效果测试盘，使学习者在学习过程中及时了解自己每一步的理解和运用情况、增强学习的兴趣和信心、发现学习中的不足之处、确定下一步学习内容和方法。(张静)

T000427 **计算机应用基础** 朱建明等主编。山西科学技术出版社1998年9月版。38.8万字。21.50元。分3个部分。第一部分的主要内容是DOS，包括计算机基础知识、DOS操作系统、汉字操作系统、汉字输入法和文字处理软件WPS、字表处理软件CCED。第二部分是WINDOWS95操作系统和办公自动化套件OFFICE，由于越来越多的用户使用WINDOWS95，因此本书直接从DOS跨越到WINDOWS95，不再介绍WIN3.1和WIN3.2。本书扼要介绍了OFFICE的两个软件WORD和EXCEL。第三部分是网络基础，这一部分从理论和操作两个方面介绍了网络的有关知识。(温洁茹)

T000428 **21世纪的信息革命·(3)计算机网络** 美国加州大学柏克利分校著，本书编译组编译。中央广播电视大学出版社1998年12月版。25.5万字。15.00元。《跨越世纪，面向世界500讲》是由美中远程教育合作发展基金会、中国科技发展基金会和上海法学教育发展基金会策划、参与发起，原国家教委电化教育音像出版社、中央电大出版社出版发行的大型电视教育系列教材。本教材第一版为每序列3册，共计15册。现根据各种岗位培训、继续教育和不同品位读者的需要，并吸收各有关单位领导和专家的建议，按原教材序列内容重新组合、调整，共21册。本书为《21世纪的信息革命》序列第三册，由美国加州大学柏克利分校著。全书包括："信息技术结构"、"基础设施的组成"、"网络系统的管理"、"互连设备"、"计算机和多媒体网络的使用"以及"高级多媒体的未来"等内容。（张静）

T000429 **FreeHand 7.0 电脑绘图经典** 殷嘉慧、黄建田编著。中国青年出版社 1998年6月版。30万字。58.00元。共5章34节，详细讲解 FreeHand 7.0 中文版软件的安装和使用方法，结合实例介绍各种复杂的命令与功能，包括 FreeHand 的文件管理，检视与编辑，各种工具的使用，绘图及图形图像编辑功能以及各种进阶功能的使用技巧和文字处理技巧等，涵盖了该软件的所有界面与各种操作实务。附录中还附有键盘快捷表方便读者查阅参考。全书采用视觉化编排，图文并茂。随书附带光盘一张，内含原创图案40余个，供读者练习使用。（何晖）

T000430 **Netware 百科全书** [美]Rick Sant'Angelo 著。电子工业出版社 1998年1月第二版。172.3万字。90.00元。是由美国数十位网络专家和 Netware 专家共同编著的全面、系统地介绍 Netware 3.x和4.x网络操作系统的百科全书。全书分11个部分，分别介绍理论与设计、系统安装与配置、系统管理、网络管理、网络互连与广域网、性能优化、系统可靠性、协议分析、在 Netware 中使用 Windows、故障检测与排除等内容，书末的附录中给出了常用网络术语、Netware 性能和要求、系统配置、Netware 实用程序、注册脚本中的命令和变量及缺省设置等的详细说明。（吴金生）

T000431 **Internet 防火墙与网络安全** [美]Chris Hare Karanjit Siyan 著。机械工业出版社 1998年5月版。40万字。43.00元。随着 Internet 在世界范围内的普及，网络安全问题变得愈来愈重要。如何防止在线犯罪，如何保护系统安全，已成为计算机业界的一个热门话题。目前看来，采用防火墙是防止 Internet 被入侵的最好方法。本书分3部分阐明网络安全的概念与防火墙内容：第一部分简要介绍安全和 TCP/IP。TCP/IP 作为 Internet 协议，它的工作以及使用的应用程序对网络非常重要。第二部分讨论防火墙和过滤路由器，不仅讨论了各种理论和假定的例子，而且给出了现实世界中的实例。另外还介绍了各种防火墙产品，以及建造防火墙的工具箱。第三部分附录，提供了一种查找关键信息的快速方式。（姜南）

T000432 **UNIX 技术——系统管理篇** 毛元君、梁竹柳著。电子工业出版社 1998年5月版。41万字。23.00元。从 UNIX 系统管理者的角度出发，详细介绍系统管理员应如何建立并管理整个系统中的工作。全书分两大部分，第一部分以操作系统为主，配合运用各个命令与实例说明。第二部分以网络为主，说明基本网络组件，以及如何设定、管理分布式主从模式(Client－Server)网络系统结构。（赵丽松）

T000433 **UNIX—系统与网络命令篇** 吕维毅著。电子工业出版社 1998年5月版。31万字。18.00元。全面介绍 UNIX 系统中常用的系统命令及网络命令，全书以 SVR4 版本为主，详细解释每个选项的意义、用法、使用时机以及不同 UNIX 版本的选项在使用上的差距。在每个命令说明的最后，本书还附有具代表性的范例。全书分4个部分，第一部分简单介绍 UNIX 系统；第二部分介绍对文件和目录的处理命令；第三部分是用户常用的辅助功能；第四部分说明如何管理进程的运行。（赵丽松）

T000434 **Photoshop 5.0 完全手册** 吴卫列编著。中国青年出版社 1998年8月版。30万字。76.00元。共16章，重点介绍 Photoshop 5.0 版软件的各种新增功能，包括历史操作记录面板，全新的色彩管理方式，操作指令向导，文本图层，磁性选取工具，专色通道以及三维变形滤镜等，并且对该软件的特性和应用技巧进行了全面的说明。全书采用视觉化编排，图文并茂，并附有精美彩页及作者使用 Photoshop 5.0 所作案例供读者鉴赏参考。随书所附光盘1张，内含本书教学案例、影像图库以及 Adobe 公司授权使用的相关学习软件。（何晖）

T000435 **学会电脑写作** 朱翠娥、刘晓清等编。江西科学技术出版社 1998年3月版。20.1万字。10.20元。"电脑初学者丛书"之一。介绍 WPS 文字处理系统，Word 6.0。

T000436 **最新网络通信协议** [美]Travis Russell 著，叶栋 黄雷君等译。电子工业出版社 1998年12月版。38万字。30.00元。介绍电信业和计算机业的各项新技术。内容包括：电信理论基础和网络基础；电信网发展历程；局域网和广域网技术；Internet 及 TCP/IP；七号信令系统；综合业务数字网和宽带综合业务数字网；蜂窝网络技术；光纤骨干网技术；ATM 技术。（徐堃）

T000437 **Corel DRAW8 简体中文版安全手册** 恒诺编著。中国青年出版社 1998 年 10 月版。30 万字。76.00 元。共 20 章,分别对 Corel DRAW8 简体中文版软件的绘图功能,图像选取与修改功能,色彩管理功能,组织对象功能,文本处理功能,位图处理功能,打印文档功能,网页制作功能,文件的输入与输出功能等操作进行详尽地说明。书中还带有 Corel 国际设计大赛优秀作品的彩页供读者鉴赏。随书附带光盘一张,内有作者对各章节的重点讲解,并有 Corel 公司授权使用的 Corel DRAW8.0 试用版软件。(何晖)

T000438 **中文 Word 7.0 操作导引** 谭浩强主编,王耆、陆淑兰、马涛编著。电子工业出版社 1998 年 1 月版。32 万字。16.00 元。"计算机教育丛书——流行软件系列"中的一本。在介绍 Word 7.0 的基本功能之后,进一步介绍了它的高级编辑功能、表格、图表、自定义功能以及邮件的合并等功能。(赵丽松)

T000439 **计算机辅助设计 AutoCAD 教程** 何方文主编。华南理工大学出版社 1998 年 10 月版。52.9 万字。29.50 元。计算机绘图系列教材。作者在总结 AutoCAD 多年教学经验的基础上,根据 AutoCAD 最新版本的特点,通过大量应用实例,详尽地介绍最新版本 AutoCAD 的性能、使用方法和技巧。内容包括:CAD 的基本知识、最新版本 AutoCAD 界面及其参数选择、绘图初始化及绘图工具、二维图形及文本的绘制、图形的显示与控制、图形的编辑与修改、图层、图块、尺寸标注、三维图形的绘制与着色、AutoCAD Lisp 语言、AutoCAD 文件与接口技术、图样的图纸输出等。(胡元)

T000440 **Excel 97 电视教程** 谭浩强主编,张永道编著。电子工业出版社 1998 年 6 月版。43 万字。22.00 元。是"面向未来——计算机技能培训丛书"中的一本。详细介绍了 Excel 97 的使用方法。(赵丽松)

T000441 **汉字识别的系统与集成** 戴汝为等编著。浙江科学技术出版社 1998 年 12 月版。22 万字。20.00 元。对"计算机汉字识别"这一模式识别的重要分支进行了介绍。以脱机手写汉字识别、联机手写汉字识别以及计算机笔迹鉴别作为主要线索,以讨论"从定性到定量的综合集成法"的构思为主导思想,通过人机结合,从汉字识别的方法、系统以及特征提取等 3 个不同的层次进行集成,得到集成型汉字识别系统。本书收入"智能自动化丛书"。

T000442 **多媒体与图形动画技术** 电子工业出版社 1998 年 4 月版。47.4 万字。23.00 元。"计算机应用技术精华丛书"之一。共列选征文 44 篇,讨论了多媒体与家庭教育、如何用好多媒体电脑、多媒体制作工具的应用与研制等热门话题。本书还涉及 3DS、CorelDraw、Photoshop、AntoCAD 等目前国内流行的图形动画软件,以及印制板制作软件 Protel (Tango)的应用技巧。(郭立)

T000443 **体视化技术及其应用** 管伟光著。电子工业出版社 1998 年 5 月版。29.95 万字。24.00 元。介绍体视化的基本概念、原理、方法以及体视化硬软件系统的设计与实现。(焦桐顺)

T000444 **奇妙的计算机三维世界** [美]Andrew Reese 著。电子工业出版社 1998 年 4 月版。37.8万字。25.00 元。描述计算机三维动画与其他媒体的关系以及三维动画在科学、娱乐、广告、法律等领域的多种应用;介绍在复杂的技术世界中创建三维模型、图像和动画的许多方法。(董娅)

T000445 **Photoshop4 实用大全(含光盘)** [美]Deke Moclelland 著,康博创作室译。中国水利水电出版社 1998 年 4 月版。96 万字。98.00 元。详尽地讲解了 Photoshop4 的功能和用法,结合具体实例剖析 Photoshop4 的图像处理机理,提供了许多高超的图像处理方法和技巧,并针对某些关键组件发表了一些独到见解。(杨庆川)

T000446 **WPS 97 实用指南** 赵新国编著。电子工业出版社 1998 年 3 月版。45.5 万字。24.00 元。"面向未来——计算机技能培训丛书"之一。从实际使用的角度出发,介绍如何使用 WPS 97 进行文、图、表的形成及编辑处理,并对排版、打印技术和一些特殊技巧进行了介绍。(李影)

T000447 **MapInfo 4.0 实用培训教程** 宜晨主编,晶辰工作室、童晓民 潘茜编著。电子工业出版社 1998 年 6 月版。51.2 万字。25.00 元。介绍 Mapinfo 4.0 在轻松高效地开发新颖实用、多媒体化、支持远程数据库访问和具有决策支持能力的 Window 地理信息系统方面的杰出特性。作者在探讨 Mapinfo 4.0 的各种功能时均提供了具体的实例、对应的屏幕图和详尽的讲解。(郭晓)

T000448 **AutoCAD R14 高级使用教程** 程进兴著。电子工业出版社 1998 年 12 月版。58.2 万字。32.00 元。分 18 章,分别介绍 AutoCAD R14 概述,尝试绘制一幅图,基本的绘图命令,基本的编辑命令,对象精确定位,块及外部引用,设置图层、颜色与线型,文本标注与尺寸标注,三维坐标系,三维显示,三维图形绘制,三维编辑,ARX 开发概述,编写 ARX 程序,ARX 编程基础,ARX 图形数据库编程,AutoCAD R14 与网络,AutoCAD R14 的命令及系统变量的变化等内容。本书收入“电脑平面设计与动画制作系列丛书”。(张琛)

T000449 **虚实世界** 副名:计算机仿真如何改变科学的疆域。约翰·L·卡斯蒂著,王千祥等译。上海科技教育出版社 1998 年 12 月版。19 万字。18.50 元。作为正在引发科学革命的计算机仿真,不是基于直接观察实验,而是基于从真实空间向虚拟空间的映射。从人工生命到地缘政治游戏,从股市心理到总统提名悖论,本书引领读者穿越硅化微世界,探索复杂自适应系统新疆域。(潘涛)

T000450 **最新语音识别技术** [美]Michael Koerner 著。电子工业出版社 1998 年 4 月版。33.9 万字。25.00 元。共 7 章,主要包括:语音识别介绍;语音输入技术;语音识别产品;系统的选择、安装和登记注册;使用语音识别;国家语言支持状况;加工裁剪语音听写产品等。并附有 IBM VTD 订货说明、目录和文件结构,错误代码表,IBM VTD PCMCIA 兼容表及 CD-ROM 说明等资料。(焦桐顺)

T000451 **微机 CAD 方法与技术** 陈金水编著。东南大学出版社 1998 年 6 月版。32.6 万字。18.00元。阐述计算机辅助绘图及设计软件 AutoCAD 自含的 Auto LISP 语言的功能与特点,以及基于 Auto LISP 语言的微机 CAD 系统的开发方法与技术。由于国家建设部已确认 Auto CAD 为我国微机 CAD 应用系统标准开展平台,而 Auto LISP 正是开发这类系统的主要工具。因此,本书的针对性和实用性是显而易见的。本书分 8 章,在介绍了 CAD 的思想、概念与影响之后,着重对 Auto LISP 语言中常用(85%)的函数作了介绍,进而讨论了基于 Auto LISP 语言的 CAD 应用系统开发、设计的思想、方法和技术。书中给出的近 200 个例子,其中大多数都是作者从自己研究的 CAD 系统中浓缩、提炼而成的。(陈天授)

T000452 **微型计算机及其应用** 周细编。华中理工大学出版社 1998 年 4 月第二版。60 万字。21.80 元。第一版于 1992 年 9 月出版,当时是以 Intel8086 为典型机来介绍的。第二版以 Intel80386/80486 为典型机,主要介绍微处理器的设计特点、工作原理、基本系统的组成方法和各种接口技术。全书分 9 章,重点是 MPU 的结构、中断技术、输入/输出技术及接口技术的应用等。对于微机系统内部时序、存储器连接,本书也作了较为详细的介绍。附有“学习指导与实验”。“学习指导与实验”的内容包括课程大纲、学习辅导、习题解答与若干具体实验方案等。(周筠)

T000453 **模式识别与图像处理并行计算机系统设计** 张大鹏(香港)著。哈尔滨工业大学出版社 1998 年版。55 万字。36.00 元。作者总结自己多年的研究成果,系统地阐述模式识别与图像处理的并行计算机系统的算法、语言、结构、应用设计及相应的研究成果。主要内容有:第一篇:基本的图像处理技术、模式识别方法及 PRIP 系统构成,PRIP 计算机的发展与分类,结构设计的策略。第二篇:PRIP 算法及其语言。像素级和区域级并行算法及其性能评价标准;并行图像处理语言(语言命令级、分布)。第三篇:PRIP 并行计算机结构。其中,SIMD 阵列结构包括阵列机的构造及其设计,流水线结构讨论串行与流水线处理,MIMD 多机结构的应用及 VLSI 网络,VLSI 的结构、算法及其设计。第四篇:并行系统的发展。包括 Systolic 阵列系统实现的 PRIP 算法及其系统设计,图像数据库管理综合系统,神经元网络等。第五篇:基本微型机设计相应的 PRPIP 系统。包括适于流水线处理的纹理分析方法和有关性质,焊接缺欠自动检测系统、指纹自动识别系统和遥感图像实时分析系统。(孙雅杰)

T000454 **精通 Word 97 中文版** 田凌怡等编。电子工业出版社 1998 年 4 月版。68 万字。32.00 元。集中了 Microsoft Word 97 中文版中最常用、最好用的功能,包含了用 Word 97 中文版编制的大量实例,提供了一条尽快掌握 Word 用法的捷径。(胡毓坚)

T000455 **系统仿真技术** 黄柯棣等著。国防科技大学出版社 1998 年 10 月版。54.3 万字。28.00 元。论述系统仿真的基本概念、理论、方法及应用,内容包括系统仿真的基本原理和需求,仿真建模的基本方法,连续系统的数字与仿真模型,模拟与混合计算机的构成及在仿真中的应用,全数字仿真机,连续系统仿真的算法,仿真软件与仿真系统,分布交互仿真,离散事件系统仿真,面向对象仿真和仿真试验结果的分析与应用等。(张静)

T000456 **PowerBuilder 6 开发指南** [美]William B. Heys 著。电子工业出版社 1998 年 11 月版。113 万字。85.00 元。针对 PowerBuilder 开发者的需求,结合各种实例,介绍 PowerBuilder 6.0 的应

用开发方法,详尽地描述了 PowerBuilder 6.0 的各种工具及其使用方法,最后深入地介绍了 PowerBuilder 6.0 的高级应用开发技术。全书共包含 9 部分及附录,分别介绍了 PowerBuilder 的初级使用、应用开发技术、编程方法、数据窗口的使用、如何提交最终的应用产品、分布计算以及高级开发技术等。(赵丽松)

T000457　**中文 Visual FoxPro 6.0 丛书**　王浩等编著。上海科学技术出版社 1998 年 9 月版。199.5 万字。138.00 元。共 4 册:《精通 Visual FoxPro 6.0 中文版》、《中文 Visual FoxPro 6.0 开发指南》、《Visual FoxPro 6.0 类和对象参考手册》和《Visual FoxPro 6.0 命令参考手册》。分别从不同的角度,系统地介绍了利用 Visual FoxPro 6.0 开发信息管理系统所涉及的方法和技术,Visual FoxPro 6.0 的集成开发环境及基本操作,表的建立、索引和排序,数据库的创建、查询和视图设计,报表和标签的设计,程序设计概念和语言元素,面向对象的程序设计,事件模型和程序开发步骤,Visual FoxPro 的数据类型、对象、类、参数、命令和事件,以及如何操作键盘和鼠标,升迁到 Client/Server 数据库系统,并开发大型应用系统。书中对程序设计所必需的所有控件、对象、属性、事件和方法程序的功能、应用范围、语法、参数描述、说明等进行了详细的介绍,并给出了大量的示例。(江云)

T000458　**Power Builder 5.0 实用培训教程**　宜晨主编,晶辰工作室 张长富编著。电子工业出版社 1998 年 4 月版。51.2 万字。25.00 元。介绍 Power Builder 5.0 在可视化开发、编译、调试各类面向数据库的客户/服务器应用程序等方面的杰出特性。作者在探讨 Power Builder 5.0 的各种功能时,提供了具体的实例、对应的屏幕图和详尽的讲解。(郭晓)

T000459　**DB2/400 数据库设计与编程**　[美]PAUL CONTE 著,邓卫义等译。电子工业出版社 1998 年 4 月版。83.5 万字。55.00 元。分为 4 部分和 2 个附录,主要内容包括:DB2/400 的基本概念,物理和逻辑文件的创建与使用,I/O 操作,数据库建模和设计,SQL/400 的使用和编程,数据库的约束、安全性、备份和恢复等,在附录中列出了在 DB2/400 中使用的命令。(应月燕)

T000460　**人工神经网络建造**　罗四维著。中国铁道出版社 1998 年 5 月版。31 万字。26.80 元。论述大规模人工神经网络建造所关联的有关理论、方法,以及适合大规模并行处理的人工神经网络结构。主要内容包括人工神经网络的分布系统理论(热力学方法),适合并行分布处理的人工神经网络典型模型和大规模人工神经网络的实现技术。(傅立谚)

T000461　**工业计算机网络与多媒体技术**　张浩编著。机械工业出版社 1998 年 6 月版。28.3 万字。21.00 元。为"电气自动化新技术丛书"之一,主要从工业应用的角度出发,阐述与计算机网络和多媒体技术有关的基本概念、理论和知识,涉及网络体系结构、操作系统与通信协议标准,展示这些领域的发展现状和前景,并力求结合实际,介绍应用实例。(周娟)

T000462　**WWW 与 E-mail 使用指南**　齐德昱等编著。华南理工大学出版社 1998 年 8 月版。22.5万字。17.80 元。"轻松漫游 Internet 技术丛书"之一。首先扼要地介绍 Internet 的一些技术基础和相关概念,然后以 MS Windows 9X 和 UNIX 平台为背景,以当今的主流 Internet 工具 Netscape Communicator 4.X,M Internet Explorer 4.X 以及 UNIX 下几个常用软件为工具,详细介绍 Internet 上的两种最重要的服务——WWW 和 E-mail 的使用方法。内容:WWW 信息浏览,Internet 信息查找,E-mail 邮件收发与管理,E-mail 的一些深入使用方法,Internet 客户端软件配置等。本书还特别注重 Internet 上使用中文信息的有关问题,如中文 E-mail 收发等。书末附有疑难解答,并介绍了几种常用的数据压缩归档程序(ARJ,RAR,WinRAR)的使用,还就 UNIX 的一些常用命令给出了简要的使用说明。(潘宜玲)

T000463　**Internet 与 Web 精选问题集**　[美]Cheryl Kirk 著。机械工业出版社 1998 年 9 月版。26 万字。28.00 元。是根据获得 Microsoft 技术许可的 Stream 公司在线技术支持编辑而来。Stream International 公司每月要对超过 100 万个技术咨询电话做出解答,专家的解答给本书提供了强大的技术后盾。本书涉及到 Internet 与 Web 的方方面面。包括连接的基础知识、电子邮件、Netscape Navigator、Internet ExpCorer、文件传送、FTP 程序、新闻组、交谈、交互多媒体和网络电话、搜索、创建网页、网上有用的小工具等等。(吴怡)

T000464　**上网第一步**　刘财兴等编著。华南理工大学出版社 1998 年 8 月版。22 万字。15.00 元。"轻松漫游 Internet 技术丛书"。主要介绍接入 Internet 的基本知识,目的是使读者了解 Internet,能根据所介绍的内容将自己的计算机以不同的方式接入

ISP,并根据情况对计算机的软硬件进行安装和配置。同时,对 Internet 的两个经典应用——telnet 和 FTP 的原理及使用方法作了比较详细的介绍。另外,针对 Internet 建设的需要,介绍 FTP 服务器和代理服务器的安装和配置技术。(陈怀芬)

T000465 **计算机网络原理与网络设计** 罗键编著。厦门大学出版社 1998 年 7 月版。39.3 万字。25.00 元。分 3 部分,共 12 章,第一部分是计算机网络基础知识和基本原理,该部分以 OSI 参考模型为主线,阐述计算机网络七层协议的主要内容,同时也介绍局域网和网络互连方面的基本原理;第二部分是典型局域网和网络发展新技术,主要介绍目前应用最广泛的 Novell 局域网络和目前发展最快的若干高性能网络;第三部分是网络设计和设计实例,该部分在阐述网络设计和设计实例,阐述网络设计基本原理和基本方法的基础上,介绍不同应用范围的设计实例,荟集企业、银行、电业、邮电、医院、校园等典型网络。(施高翔)

T000466 **计算机网络原理与实用技术** 高阳主编。中南工业大学出版社 1998 年 7 月版。41.1 万字。20.50 元。介绍计算机网络的基础与原理,实用网络和网络技术的新发展。内容包括:计算机网络概论,数据通信,计算机局域网,Novell 网络系统,Novell 网配置与安装,建立网络应用环境,目录、文件及网络驱动器管理,Novell 网上的数据库管理系统,Windows NT 网,网络互联,因特网(Internet)及计算机网络的应用、维护和管理。本书特点:第一既重点介绍成熟的理论与技术,也注意新技术的发展,如 FDDI 光纤网、100Base-T 快速以太网,100Base-VG 高速局域网,ATM 网,交换局域网,虚拟网等都有介绍;第二结合作者的科研,介绍了校园网,企业网及期货交易网等系统的分析和设计。(周丽)

T000467 **认识和使用 TCP/IP** 鲁士文著。电子工业出版社 1998 年 6 月版。42.5 万字。24.00 元。"实用计算机网络技术丛书"之一。介绍什么是 TCP/IP 网络?它是怎样工作的?如何安装和配置 TCP/IP 网络?怎样加入 Internet?如何在 Internet 上查找和发布信息等。(徐堃)

T000468 **电子邮件 E-mail 电视教程** 毛汉书、吴迎春著。电子工业出版社 1998 年 3 月版。13.4 万字。8.00 元。是"面向未来——计算机技能培训丛书"之一。主要内容包括:Internet 基本常识,如何进行对 E-mail 的环境设置,如何通过电话线和个人电脑收发、处理 E-mail,以及进一步的使用技巧。全书采用了丰富的插图,可以直观地向读者反映每一步操作之后,计算机屏幕上显示的状态。另外,本书的最后用少量的篇幅介绍了如何下载软件、如何升级应用程序版本等知识。(张欣)

T000469 **用 Domino 开发 Web 站点** [美]Gregory B. Pepus 著。机械工业出版社 1998 年 7 月版。51 万字。38.00 元。介绍 Domino Web 服务器从选择安装到应用开发的各项技术。书中内容分为 3 个部分,第一部分介绍 Domino Web 管理技术,包括 Domino 安装、Domino 目录服务、安全、客户和 Internet 方面的技术;第二部分介绍 Domino 应用开发技术,包括 Domino 数据库应用开发系统和开发过程、Domino Web 站点的概念和相关技术,并介绍了 Domino Web 表单和文档、编程、视图、导航器等;第三部分介绍增强 Domino 应用的各项技术,如 Domino Web 搜索功能、Java 等。(李云静)

T000470 **Internet 用户实用指南** 王康编著。重庆大学出版社 1998 年 9 月版。34.9 万字。16.00 元。主要是根据 Internet 用户上网的实际需要,结合网络应用中客户端一些常用的软件编写而成。书中首先对网络的一些基本概念、TCP/IP 协议、Internet 互联网等内容进行了介绍;然后着重对电话拨号入网、电子邮件 E-mail、文件传输 FIP、远程登录 Telnet、Gopher 信息浏览、自动标题搜索 Archie、万维网 WWW、电子公告板 BBS、UNIX 命令等功能和软件的使用方法及应用作了较为详细地介绍。书中还把网络中目前常用的部分客户软件的下载,以及基于 Windows 3.X 和 Windows 95 环境下软件的安装及参数配置等方法进行了介绍;最后还列出了部分网络资源的地址以供读者参考。(肖顺杰)

T000471 **Internet 百科全书** [美]SAMS Net 著。电子工业出版社 1998 年 1 月第三版。178.3 万字。88.00 元。系由美国 SAMS 出版公司邀请世界有名的数十位专家集体创作而成。全书分 13 个部分。第Ⅰ、Ⅱ部分介绍 Internet 的发展、组成、演变及正确的使用方法;第Ⅲ部分介绍不同用户上网的几种可选方案;第Ⅳ部分介绍同其他人通信,即电子邮件的利用;第Ⅴ部分介绍 Internet 的主要功能——查找和利用资源;第Ⅵ部分介绍共享信息;第Ⅶ~Ⅹ部分介绍了商业、图书馆、教育、团体和政府如何使用 Internet;第Ⅺ部分为 Internet 的问题和争论,包括快客和病毒、超载及版权等;第Ⅻ部分为娱乐,介绍了虚拟现实技术、联机游戏等;最后是附录,介绍了用户应有的工具等。(吴金生)

T000472　**Web 页设计工具与技巧**　[美]Ray Davis 著,钟道隆等译。电子工业出版社 1998 年 3 月版。72.9 万字。48.00 元。共 10 章,第一章介绍 Web 页的基本概念,第二章和第三章介绍基本的和高级的 HTML,第四章和第五章介绍如何制作 Web 中的图形,第六章介绍如何制作 Web 中的声响,第七章介绍如何制作 Web 中的动画,第八章、第九章介绍 JAVA 语言以及其他制作 Web 页用的高级语言,第十章介绍如何使 Web 网点尽善尽美的一些技巧。(杨丽娟)

T000473　**Web 网页制作**　潘战生等编著。华南理工大学出版社 1998 年 8 月版。20.7 万字。14.80元。"轻松漫游 Internet 技术丛书"。内容包括:WWW 及主页的基本概念;WWW 页面的编写语言——HTML 中常见的语法要素;编制 Web 网页的常用工具的使用方法;具有交互性的 CGI 程序编程技术;Java 和 JavaScript 基本编程方法虚拟现实建模语言的最新标准——VRML97(VRML 2.0)的基本概念及常用节点的使用方法。为方便读者从网上下载相关资源,书中提供了一些资源网页,并对其特点进行了简单的阐述。附录部分中有部分国家和地区的域名对照表、部分编号字符实体及 Perl 系统的安装,并对操作中易出现的问题进行解答。(袁泽)

T000474　**网间网技术及其应用**　陈廷标主编。东南大学出版社 1998 年 8 月版。55.9 万字。30.00元。分两大部分,第一部分是基本技术,包括 TCP/IP 协议族中的主要协议、网络信息组织的超文本/超媒体技术、通用网络编程语言 Java 及 Web 快速编程语言 JavaScript 等;第二部分是网间网技术的几个主要应用,包括国际互联网 Internet、企业网 Internet 和网络计算机 NC 等。(冉榴红)

T000475　**网络工程布线**　李慧文、何占清著。电子工业出版社 1998 年 4 月版。24 万字。14.00 元。"实用计算机网络技术丛书"之一。围绕怎样进行网络工程布线,介绍:传统网络工程布线和结构化布线系统及其比较;网络布线系统的国际、国内标准;结构化布线系统的组成和实例;实施网络布线工程的步骤;完工后的网络布线系统的验收、测试;布线产品选择原则以及国内外布线产品主要供应商。本书以不同类型的工程实例为基础,介绍网络布线的实施及产品选择。(徐埅)

T000476　**网络互联技术手册**　包晓露等译。电子工业出版社 1998 年 4 月版。66.6 万字。38.00 元。"网络工程丛书"之一。以业界著名的 Cisco 公司支持的网络互联技术为主线,介绍网络互联各方面的技术,其中包括 LAN/WAN、桥接和交换、网络协议、路由选择以及网络管理等。书中还探讨了 RSVP、SMRP、IP 多目广播、ATM、ISDN、帧中继、LAN 交换等技术。(周瑛)

T000477　**Internet 网络安全专业参考手册**　[美]Derek Atkins 等著。机械工业出版社 1998 年 8 月版。60 万字。85.00 元。分 5 部分:管理 Internet 安全、访问并且保护网关、消息机制—创建安全的通道、当前关注的问题及附录。(姜南)

T000478　**Windows NT 网络系统**　邵元庆著。电子工业出版社 1998 年 3 月版。51.8 万字。28.00 元。从 Windows NT 的系统原理、软件构成与网络管理的角度,详细阐述 Windows NT 的各项特点。全书分 30 章,包括 NT 的平台、NT 的保护系统、NT 的执行单元、NT 的安全系统、NT32 位运行、NT 的文件系统、NT 的目录系统、NT 的对象运行、OLE/DCOM 原理、NT 的驱动程序、NT 的 I/O 接口、NT 的用户界面、NT 的多任务原理、NT 的核心运行、NT 的存储系统、NT 的安装、NT 的附件程序、NT 的设置、NT 的远程网络管理、NT 的网络结构、NT 的网域用户管理、NT 的服务器管理、NT 的文件目录与打印管理、NT 的管理工具、NT 的分布网络运行、NT 的 TCP/IP 协议、Windows NT 的互联网络服务、Windows NT 展望。全书以 Windows NT4 为蓝本,还对比介绍了 Windows NT5、Windows 95 和 Windows 98 的相关特点。(张毅)

T000479　**MCSE:网络基础 14 天自学教程**　[美]Mark Stortack 等著。机械工业出版社 1998 年 9 月版。30 万字。39.00 元。内容包括:网络模型和组件,网络类型和拓扑结构,传输介质,介质访问,局域网体系结构,网络协议,网络设计,网络服务器和客户机安装,网络管理,远程访问,扩展网络,广域网(WAN),网络查错。本书每章开始都有内容要点,帮助读者牢记要点,每章之后都有练习。(吴怡)

T000480　**网络最高安全技术指南**　王锐等译。机械工业出版社 1998 年 5 月版。80 万字。85.00 元。分 7 大部分:第一部分为基础篇,帮助读者增强对 Internet 当前情况的了解;第二部分理解 Internet 领域,说明了 Internet 的基本设计思想;第三部分工具,考察了"黑客"或入侵者常用的工具箱,能使用户通晓 Internet"军火武器";第四部分平台和安全,涉及了相对复杂的领域,讨论某个操作系统或应用程序的内在弱点;第六部分远程攻击,讨论了攻击对远程计算机系统进行破坏的实用技术;第七部分法律,讨论了 Internet 安全的法律、道德和社会细节,以及由此产生的缺点、危害和费用问题。(姜南)

T000481 **Internet 网络游戏大全** 九一工作组编。电子工业出版社 1998 年 8 月版。45 万字。22.00元。"互联网络使用丛书"之一。详细介绍联机游戏的发展情况、多人游戏的特点和 Internet 网络 MVD 服务站点。全书分两篇,根据不同的游戏类别,分门别类地介绍策略类、战争类、冒险类、角色扮演类游戏等。内容包括游戏安装的配置要求,游戏情节和特点的简介,以及游戏的攻略提示等,大部分游戏还配置了精美插图。(张欣)

T000482 **全球 WWW 网址簿** [美]New Riders 公司著。机械工业出版社 1998 年 8 月版。144 万字。99.00 元。介绍 Internet 和 Web 的基本知识,包括 WWW 和 Internet 的差别、如何同 Web 连接、Web 浏览器、搜索引擎、更好地利用电子邮件、充分利用 Web 的十招以及 Web TV 等方面的知识。除此之外,本书的最大特色是,它列出了 10000 多个 Web 站点的地址,涉及商业、职业与就业、学院和大学、计算机、农业、教育、音乐、文学、经济学、娱乐、历史、宗教与哲学、媒体、政府与政治等等。(李云静)

T000483 **IBM 企业网原理、设计与实现** 沈苏彬、陈奇编著。东南大学出版社 1998 年 8 月版。47 万字。29.50 元。从实用角度出发,分 9 章介绍较为先进的企业网组网技术,包括虚拟局域网技术、基于 TCP/IP 协议簇的网络互连技术、ATM 交换技术和 ATM 互连网技术、远地网络访问技术以及企业网管理技术。本书还较为完整地介绍了企业网需求分析、设计、实现的方法,以及企业网实现中的管理方法、步骤和企业网络中心管理的合理架构。本书基于企业网的建设实践,以 IBM 网络系统和产品为实例,系统介绍了企业网设计和实现的需要的网络产品原理和相关技术。(张克)

T000484 **Web 设计与开发指南** [美]Scott Jarol Marisa Pena 著。机械工业出版社 1998 年 6 月版。47 万字。54.00 元。介绍最新的 Web 主页的设计开发技术,并重点讲述如何尽可能多地传送信息又不增加 Internet 的传输负荷。全书共 9 章,依次讲述如何把高性能的图像及视觉效果并入在线文档;如何使用 Internet Explorer 4.0 提供的新特征创建具有光驱响应速度的 Web 站点;以及如何编写少量的代码在站点中并入交互式数据库。在每一章的叙述中,分成两部分:第一部分介绍当前的技术状态和基本的背景知识;第二部分实践指导包含了许多项目举例,讲述如何在 Web 文档中并入这些新技术。(李云静)

T000485 **如何使用 Netscape Communicator 4.0** [美]Rebecca Tapley 著,王晓飞译。电子工业出版社 1998 年 5 月版。15.0 万字。24.00 元。以一问一答的图解方式讲解 Netscape Communicator 的各种应用,内容包括如何安装,如何使用 Navigator 的工具栏,Web 探索,Massenger 的应用与 E-mail 的管理,Collabra 与 Conference 的使用及多媒体的建立及系统的保密性等。(宋玉新)

T000486 **UNIX 技术——网络应用篇** 沈芝慎编著。电子工业出版社 1998 年 4 月版。45.5 万字。24.00 元。是"UNIX 技术丛书"的一本。第一章和第二章为网络基本知识,主要介绍与网络有关的 UNIX 命令、网络常用名词以及网络结构;第三章至第七章介绍了网络中各种应用软件通讯协议,剖析它们的结构、传输方法与建立程序;第八、第九章为网络程序编写,以实例说明如何编写网络软件程序。(杨丽娟)

T000487 **Internet 应用技术** 薛永生、薛粲编著。厦门大学出版社 1998 年 7 月版。28.8 万字。18.80元。介绍 Internet 的原理和应用。内容涉及如何加入 Internet、进入"WWW"、远程登录 Telnet、电子邮件应用、文件传输协议 FTP、文件查找服务 Archie、Gopher 与 WAIS 以及网络新闻组、互联网资源导航等。(宋文艳)

T000488 **现代计算机网络教程——基础应用篇** 佟震亚、余雪丽主编。电子工业出版社 1998 年 8 月版。41 万字。20.00 元。以数据通信、体系结构和参考模型为技术理论基础,针对目前普遍使用的 Novell、Windows NT 和 Internet 网,介绍组建网络的关键问题,体现基础—理论—应用的主线,力求摆脱传统教材从协议到协议的局限,尽量将网络发展的新概念、新技术融合进来。本书共 6 章,主要内容包括:数据传输基础,网络体系结构,NetWare 网络操作系统,Windows NT 操作系统,Internet 技术等。(应月燕)

T000489 **英汉 INTERNET 网络辞典** 《英汉 INTERNET 网络辞典》编委会编。电子工业出版社 1998 年 8 月第二版。111.8 万字。40.00 元。第二版在第一版的基础上着重增加 Internet/Intranet 领域,诸如通信与网络、网络连接、网络安全、网络产品及相关联的应用软件和硬件新产品的术语条目,以

及附录中的国内外热门站点、网上资源等。(周琰)

T000490 **Intranet 到 Internet Domino Notes 实用指南** 文思创意软件技术有限公司编。电子工业出版社 1998 年 8 月版。49 万字。29.00 元。由 4 部分组成:一、基于 Domino 的信息网络系统。二、Notes 的基本使用和开发。三、组网、管理和网络互连。四、Domino 在 Internet 和 Intranet 上的应用。(耿纪宁)

T000491 **ATM:Internet 和企业网** 赵慧玲等著。电子工业出版社 1998 年 9 月版。38 万字。22.00元。介绍 ATM 技术、ATM 与 IP 结合技术及其在 Internet 和企业网中的应用。ATM 技术包括 ATM 的信令、网络拓扑、路由选择、网络管理、业务开展及与帧中继的互操作等内容。ATM 与 IP 结合技术,包括 LAN 仿真、虚拟 LAN 和 ATM、MPOA Internet 和 ATM、Internet 寻径及 ATM 网络、IPv6 以及 SNA 网络体系结构及其如何利用 ATM 技术的优势来适应未来网络发展的需要。随着网络及信息技术的发展,ATM 技术在 Internet 和企业网中的应用日益受到重视。(徐堃)

T000492 **BBS 使用与建站技巧** 曾衍辉、董守斌编著。华南理工大学出版社 1998 年 8 月版。19.5万字。13.80 元。"轻松漫游 Internet 技术丛书"之一。介绍目前较流行的火鸟电子公告牌系统(Firebird BBS),既包括针对一般用户的 BBS 系统的基础知识与使用方法,又有针对 BBS 系统管理员的有关建站和系统维护等方面的内容,基本上覆盖了 Firenbird BBS 系统的各个方面。书中引用大量事例。书后附录整理了读者在学习掌握 BBS 系统中可能遇到的疑难问题解答,同时收集了 BBS 用户感兴趣的信息。(胡元)

T000493 **Windows NT 组网技术** 鲍泓等著。电子工业出版社 1998 年 4 月版。40 万字。21.00 元。"实用计算机网络技术丛书"之一。介绍用 Windows NT 组网、操作和网络管理的基本技术与方法。全书分 10 章,分别是:Windows NT 4.0 的基本环境、Windows NT 的基本操作、网络安全使用机制、网络文件系统管理、用户环境管理、打印机共享和网络打印管理、容错和不间断电源管理、远程访问服务(RAS)和 Internet 与 Intranet 信息服务等。(张毅)

T000494 **怎样使用 Netscape Communicator** 刘邦泰编著。电子工业出版社 1998 年 3 月版。40 万字。20.00 元。主要介绍目前最流行的 Internet 浏览器 Netscape Communicator 的安装、使用和调试,包括网络简介、电子邮件、导览器、网络会谈、网络频道、谈天工具、视频电话、网页编辑、软件下载与安装等内容。同时还介绍了很多热门站点供读者上网浏览。(张琛)

T000495 **怎样建立企业的 Intranet 网** [美]Steve Guengerich 等著,邵定蓉等译。电子工业出版社 1998 年 8 月版。51.2 万字。32.00 元。介绍建立企业 Intranet 网的优点和弊处,并从企业网结构、企业网应用工具、网络终端用户界面、后端维护、企业网管理及实现等方面进行了全面的论述,最后给出了建立企业 Intranet 网的忠告和实用技术及经验教训。(李新社)

T000496 **Internet 音频资源实用指南** Lee Purcell & Jordan Hemphill 著,仇海峰译。电子工业出版社 1998 年 6 月版。51 万字。35.00 元。讲述创建、处理和存储音频数据的基础;各种处理数字声音和如何使用现有工具为 Internet 整理音频内容的方法;如何在网络上传送声音;用于访问音频文件的 HTML 代码;将 Java 小程序、Java Script 代码和 VBScript 代码集成到 HTML 文本中的技术;如何最佳地利用新的音频技术(音频流、MIDI 应用程序、语音合成与识别和 Internet 电话),并介绍了热门的新产品。本书从录音的基本原理讲起,逐步介绍数字音频及其录制、展示。书中列举了大量实例,教会读者如何将自己的音乐作品在网上发布;也教会读者从某些免费站点获得喜爱的乐曲,并把它加入到自己制作的网页上。(徐堃)

T000497 **Netscape 浏览器电视教程** 谭浩强主编,董春、李渭编著。电子工业出版社 1998 年 2 月版。16 万字。10.00 元。分为 3 章,第一章详细介绍 Netscape Navigator Gold 3.0 的基本使用,包括:Netscape 的启动及其窗口元素、如何浏览 WWW 全球信息网、网络聊天与信息的发布、如何使用 Netscape 的在线帮助,以及如何退出 Netscape。第二章介绍网络查询、使用 FTP 功能下载文件、使用 Gopher 功能下载文件,发送和接收电子邮件等。第三章在前两章的基础上,介绍了 Web 页的制作和发送。(郭晓)

T000498 **INTERNET 基础与应用教程** 青岛出版社 1998 年 8 月版。23 万字。17.00 元。由网络基础知识、Internet 基础知识和 Internet 实用技术 3 部分组成。介绍与网络有关的数据通信技术和网络体系结构,局域网中重要组成部件的功能,常用的局域网技术以及和局域网互联的几种基本技术,IP 地址和域名，如何在 Windows 3.x 和 Windows 95 平台下以拨号的方式或与局域网直连的方式接入 Internet，几种常用 Internet 应用软件的安装、配置和使用，常见问题的产生原因及解决方法。（樊建修）

T000499 **VRML 虚拟现实建模语言** 副名：在环球网上创建动态世界。孙济洲等著。天津大学出版社 1998 年 10 月版。37.8 万字。20.00 元。以一个虚拟校园的动态介入为经线，交叉编织入 VRML 的各种节点(node)、域(field)的功能和属性。分 9 章、4 个附录。第一章概述；第二章开拓和创建一个世界，介绍最紧要最关键的 VRML 操作对象如锚定节点、内联节点、视点等以及 VRML 文件的基本结构；第三章创建物体，具体讲述几何形体的建立方法和属性；第四章光照、色彩和纹理，介绍光源、赋色方法、背景处理和纹理附着等；第五章声音和动画；第六章脚本的运用；第七章发布作品；第八章改善演示效果；第九章沟通外部世界，介绍如何运用 EAI 将自己的虚拟世界与外部虚拟世界建立联系。附录 A 和 B 提供了 VRML 节点参考和域参考；附录 C 是一些注释；附录 D 列出了 EAI 实用类的原码。（符丽洁）

T000500 **Netscape 超级用户工具大全（附光盘 1 张）** 电子工业出版社 1998 年 9 月版。67.2 万字。58.00 元。介绍 Netscape 通信公司的 Navigator 浏览器卓越的浏览功能、所见即所得的编辑能力、强大的网络功能、多操作系统支持、多媒体支持、内置功能、包罗万象的即插程序等。本书随书附有一张 CD-ROM，其中包括大量的共享软件、即插程序、实用工具和大量资源。（杨丽娟）

T000501 **最新网络百科全书** ［美］Tom Sheldon 著。电子工业出版社 1998 年 1 月版。121.9 万字。55.00 元。介绍最新网络系统、联网技术、计算机网络工业的潮流和发展趋势，讨论了在最流行的联网系统中使用的一般联网概念，联网环境中的许多协议和标准，以及网络管理和安全性问题的最新信息。本书还覆盖了面向对象环境、分布计算环境、企业级联网、数据库互联和网络体系结构的最新发展情况，以及远程通信、电缆铺设、网络互联、布线需求、互操作性、网关等内容。（陆孝如）

T000502 **一步一步轻轻松松学上网** 董凯编。东北大学出版社 1998 年 9 月版。21.9 万字。10.00元。介绍 Internet 的基本知识。内容主要包括：第一章 Internet 概述，讲述 Internet 的成长过程及 Internet 所提供的各种服务类型，以及 TCP/IP 协议的基本原理。第二章介绍连入 Internet 的各种方法以及如何选择 ISP，以及国内主要 ISP 简介。第三章到第六章分别介绍 E-mail、FTP、BBS 和 WWW 的基本原理和各种软件的使用方法，并列出了一些比较常见的站点供读者访问。（刘淑芳）

T000503 **多媒体应用开发系列教程** ［美］J. 维拉米尔－卡萨诺瓦等著。科学出版社 1998 年 12 月版。1373 万字。221.50 元。是科学出版社与美国“西蒙与舒斯特国际出版公司”联合出版的一套翻译书。全套书共 6 本，分别从不同的侧面介绍了多媒体软件的设计和制作过程。《多媒体导论》概述了多媒体软件的开发和制作；《多媒体制作、计划与交付》则专门介绍了多媒体应用软件的制作管理、计划、测试、打包、发布和交付。其余 4 本分别介绍各类多媒体软件的应用和开发方法。其中，《多媒体动画制作》介绍动画的种类、多维动画、编写故事板、测试和播放等内容；《多媒体图形设计》介绍多媒体图形的设计技术，包括图形的数字化基础、数字图像技术及技巧；《多媒体声音与影像》介绍多媒体软件开发中声音与影像部分的制作方法，涉及录制、处理及相关技巧；《网上多媒体设计》则介绍了多媒体万维网站点的设计和开发技术。本丛书的每本书后均附有光盘，可在 Windows 和 Macintosh 平台上运行，为读者提供了交互式的学习环境。另外，每本书中均提供相应的 Web 站点，读者可通过访问这些站点得到更多的例子和有关信息。（巴建芬）

T000504 **遥感信息机理研究** 陈述彭等主编。科学出版社 1998 年 7 月版。68.80 万字。80.00 元。是国家自然科学重大基金项目“地表遥感信息传输及其成像机理研究”的总结性学术著作。分 5 章 37 节，分别对电磁波辐射和散射的基本特征、遥感信息传输规律与辐射特性，进行了多方面、多角度的深入探讨研究，对高光谱分辨率遥感信息机理与地物识别、微波遥感理论与信息处理分析、多维遥感与信息复合等前沿学科领域进行了开拓性的实验研究和系统集成分析。（姚岁寒）

T000505 **测试技术基础** 韩峰等编。机械工业出版社 1998 年 7 月版。27 万字。18.00 元。主要讲述机械行业中对各种非电量的测量方法。全书分两个部分：第一部分按照对信号的检出、中间变换和显示过程，系统介绍信号和测量系统的基本概论、必备的理论知识、常见的中间变换电路和仪表的工作原理；第二部分讲述常见参量（力、压力、速度、加速度以及温度等）的测量方法和较为典型的实例。（邓海平）

化学工业

T000506 **化工百科全书** 化学工业出版社1998年12月版。4845万字。2200.00元。是全面介绍化学工业及其相关工业技术现状与发展趋势的大型专业性百科全书。全书约858条词目,共20卷,正文按条题汉语拼音顺序排列。其主要特点有:一、知识覆盖面宽。全书涉及的专业和学科十分广泛,包括无机化工、化肥、有机化工、精细化工、染料、农药、高分子化工、树脂与塑料、橡胶、纤维、涂料、胶粘剂、造纸和制革、日用化工、油脂、食品、医药、石油及油品、半导体材料、电子和信息材料、材料科学和工程、冶金和金属材料、纺织和印染、生物技术、能源技术、化学工程、化工机械、化工仪表和自动化、电子计算机应用技术、分析测试方法、安全和工业卫生、环境保护以及化学和物理技术等。二、内容全面系统,新而全。对产品条目的介绍包括概述、物理性质、化学性质、制造方法、产品规格和分析方法,毒性、安全、环保和贮运,经济情况统计,用途和应用技术。过程、设备、方法条目则对其基本概念、原理、方法、结构、设计计算和应用进行全面论述。三、既有完整系统的知识体系,又有丰富、可靠的实用性数据、图、表和其他定量描述。四、叙述上突出重点。本书在重点叙述成熟、稳定、可靠、先进的技术基础上,对历史上曾采用过的技术和目前正在开发且有发展前途的技术,均予以扼要介绍。五、每条正文后均附有大量权威性文献,可引导读者进一步查阅有关技术内容。六、本书通过索引、条目设置和文内相互参见等手段可形成多维检索体系,寻检查阅十分方便。(郭燕)

T000507 **化工制图** 湖南省化工学校、南京化工学校合编。化学工业出版社1998年5月第二版。40万字。21.00元。主要内容包括:制图基本知识、投影基础、机件的表达方法、局部放大图及简化画法、滚动轴承、螺旋件的简化画法、装配图、化工设备图、化工工艺图、制图测绘、微机绘图简介。(郭燕)

T000508 **化工制图习题集** 南京化工学校、湖南化工学校合编,李华主编。化学工业出版社1998年4月第二版。18.6万字。17.50元。习题集与江会保主编的《化工制图》(第二版)配套使用,全部内容采用了制图新标准。内容包括有制图基本知识及训练、投影基础知识及训练的习题,机械图、化工设备图、化工工艺图等读图、制图的作业与练习。(郭燕)

T000509 **化工原理例题与习题** 姚玉英主编。化学工业出版社1998年5月第三版。45.4万字。25.00元。内容除绪论外包括:流体流动;流体输送设备;非均相物系的分离;传热;蒸发;吸收;蒸馏和吸收塔设备;液-液萃取;干燥等10章。每章内容包括主要公式,例题,习题(附答案)3部分。本书是1983年出版的《化工原理例题与习题》第三次修订本。根据化工原理课程教学指导委员会1995年公布的高等工科本科《化工原理》课程教学基本要求,对原有内容进行精选,并删去原有的附录。(郭燕)

T000510 **化学实验技术基础(Ⅰ、Ⅱ、Ⅲ、Ⅳ)** 朱永泰、丁敬敏等主编。化学工业出版社1998年5月版。102.4万字。59.50元。共4册,第一分册包括化学实验室常识、化学实验基本操作技术、化学实验基本测量技术。第二分册包括物理常数的测定和混合物的分离技术。物理常数测定采用了现行国家标准,混合物分离技术详细地介绍了分离方法、要点及注意事项。第三分册包括物质的制备技术,讲述物质制备的一般过程、实验装置和操作技术;物质的定量分析技术,讲述滴定分析、吸光光度分析、气相色谱分析等定量分析的基本方法。第四分册包括化学和物理变化参数的测定技术、实验数据的处理技术、综合实验,并附有模块程序软件(3寸磁盘)。(郭燕)

T000511 **化验员读本(上、下册)** 刘珍主编。化学工业出版社1998年7月第三版。70.2万字。50.00元。上册(化学分析)共10章:化验室常用玻璃仪器及其他制品、天平、化验分析的一般知识及其基本操作、分析实验室用水、溶液配制及浓度计算、定量分析中的误差、化学分析法基础、滴定分析计算与数据处理、常用分离和富集方法、化验室建设。书末附有化学分析常用数据表。下册(仪器分析)共9章:化验室常用电器设备、电化学分析法、紫外可见分光光度法、红外吸收光谱法、原子吸收光谱法、气相色谱法、高效液相色谱法、物理常数的测定方法、现代分析方法与分析仪器展望。本书的第三版与前两版有很大变动,延续了前两版紧密联系化验员工作实际,突出实用性的特点。删除了目前化验室中较少使用的机械天平等设备的介绍和电工基础知识,增加了对电子天平的介绍和红外光谱及高效液相色谱方法的介绍。补充了新的实验方法及国家标准中规定的方法的介绍,在溶液浓度表达及分析结果计算中全面贯彻了GB3100～3102－93中关于量和单位的原则与规定。其他章节也增补了新型仪器及操作方法的介绍。对原子吸收光谱法和紫外光谱法的

介绍更详细实用。(郭燕)

T000512 **化工原理** 苏友福著。上海科学技术文献出版社 1998 年 7 月版。44.9 万字。27.00 元。按上海普通高校“九五”重点教材建设的要求,为适用于高等专科层次教学而编写的《化工原理》教材,介绍了化工生产中应用最普遍的多个化工单元操作,包括流体流动和输送机械、过滤和沉降、传热、蒸发、吸收、精馏和干燥等。根据工程技术需求,从感性到理性,简明阐述各单元操作的基本原理、设备选用与设计、过程计算及操作调节。为学以致用和便于理解,每一讲述进程都配有理论联系实际的事例或例题,并编有适量习题。书后附有常用的物性参数图表及部分设备规格资料摘录。(项署烽)

T000513 **化工原理** 王志魁主编。化学工业出版社 1998 年 10 月第二版。52.3 万字。23.50 元。专为各类高等学校少学时《化工原理》课程的教学而编写的,内容介绍了主要化工单元操作的基本原理、计算方法及典型设备。全书分 7 章,内容包括绪论、流体流动、流体输送机械、沉降与过滤、传热、吸收、蒸馏、干燥等章。在流体流动、传热和吸收三章中,分别介绍了流体力学、传热学及传质学的基础知识。每章都编入适量的例题和习题。(郭燕)

T000514 **化工原理 下册** 谭天恩、麦本熙等编著。化学工业出版社 1998 年 3 月第二版。42.3 万字。19.00 元。论述化学工程中单元操作的基本原理,包括传质过程导论、吸收、蒸馏、气液传质设备、萃取、干燥(附空气调节)、固体流态化等章。(郭燕)

T000515 **精细化工配方集锦** 邓舜扬、何丽梅主编。化学工业出版社 1998 年 9 月版。130.9 万字。78.00 元。是《化学配方集锦》(1994.1 版)的姊妹篇,收集各种精细化学品配方 9000 余种,主要取自中、英、日文种资料和有关专刊文献。除包含适用于乡镇企业的简易配方(传统的)工艺外,还包括适用于工业企业中直接生产的成熟配方工艺以及适用于科学研究,促进科技进步的新颖配方工艺。涉及到:粘结剂、涂料、化妆品、清洗剂、表面活性剂、塑料、弹性体、印刷材料、建筑材料、纺织助剂、阻燃剂、简易医药制品及消毒剂、金属表面处理及高分子合金、复合材料、擦亮剂以及与电子工业有关的(光盘、光导纤维、磁头等)制品材料等实用的精细化学品配方。(郭燕)

T000516 **精细化工辞典** 王大全主编。化学工业出版社 1998 年 6 月版。173.5 万字。58.00 元。介绍精细化工领域 40 个类别的有关知识,共收词目 2440 多条,即包括按化学结构、性能和用途等划分的精细化学品专业类别(着重介绍了分类原则、主要产品及该类产品的主要特点和发展趋势);也包括精细化工中的重要产品(介绍产品的化学结构、性能、制法、配方、应用、主要用途、发展趋势等);还包括精细化工中常用专业术语(介绍术语的定义及其在描述产品的性能、应用等方面的意义)。本辞典正义词目按汉语拼音排序,书末附有专业类别索引和英文索引。(郭燕)

T000517 **化工过程及设备课程设计** 汤金石主编。化学工业出版社 1998 年 5 月第二版。46 万字。20.00 元。分 10 章,介绍化工设计基础知识,化工过程及设备课程设计,定型设备的选用,化工管路设计,换热设备设计,蒸发设计,吸收装置设计,精馏装置设计,干燥装置设计,计算机在化工设计中的应用简介。书后附有 32 个有关数据图表,供学生设计时查取。(郭燕)

T000518 **化工过程控制原理** 周春晖主编。化学工业出版社 1998 年 4 月第二版。63 万字。27.50元。分 8 章,第一章概述生产过程自动化的发展历史和趋势以及过程控制的一些基本概念;第二章介绍建立控制系统各环节的数学模型的方法及模型之间的转化关系;第三章介绍控制系统的时域分析方法;第四章介绍控制系统的根轨迹分析与设计方法;第五章介绍控制系统的频率特性分析与设计方法;第六章介绍采样控制系统和离散化系统模型及分析的方法;第七章介绍线性系统的状态空间分析设计方法;第八章介绍了非线性系统分析方法以及系统稳定性分析方法。在本书的附录中介绍了《化工过程控制原理》课程的计算机辅助教学软件“控制原理 CAI”。本书将经典控制理论与现代控制理论的基本概念和基本方法相结合,从化工过程控制的特点出发,突出了反馈控制的基本思想,强调了理论与实践的结合。(郭燕)

T000519 **超临界流体萃取的原理和应用** 陈维杻编著。化学工业出版社 1998 年 5 月版。18.4 万字。15.00 元。是“化学工程新技术丛书”之一,论述超临界萃取分离技术。全书分 10 章,前 5 章叙述超临界萃取分离的基本原理,包括相图;超临界流体和溶质体系的热力学平衡模型;萃取的传质过程及计算方法等。后 5 章介绍超临界萃取分离技术在食品工业,石油精制,高分子加工,超细粉制备及废水处理等方面的应用。(郭燕)

T000520 **膜工艺——组件和装置设计基础**

[德]R. Rautenbach 著,王乐夫译。化学工业出版社 1998 年 5 月版。33.7 万字。22.00 元。论述膜组件开发、优化以及膜过程开发的简便方法,并就其准确度和限度进行了讨论。全书分 13 章,分述膜过程的基本概念、膜结构材料与制造;膜中传质过程的模拟;膜组件的构造;膜组件中的传递阻力;膜组件的设计与优化;组件设计的排布与连接;投资估算方法;反渗透;纳滤;超滤和微滤;电渗析;渗透气化以及气体渗透。(郭燕)

T000521 **膜分离技术** 刘茉娥等编著。化学工业出版社 1998 年 8 月版。33.7 万字。25.00 元。是"化学工程新技术丛书"之一。全书分 12 章,主要包括导论、膜材料和膜制备、膜分离过程的设计基础、气体膜分离、渗透汽化、反渗透、超滤和微滤、电渗析、促进传递以及正在开发中的新型膜分离技术和膜分离在某地领域中的应用等。本书在对各种膜过程的基础理论作简要介绍的基础上,对这些膜技术近年来的应用开发、经济分析及今后的发展趋势作了较多的介绍。(郭燕)

T000522 **生物分子固定化技术及应用** 蒋中华、张建辉主编。化学工业出版社 1998 年 7 月版。22.6 万字。25.00 元。汇总了 20 多年来亲和固定化技术的发展,描述了固相材料、活化方法学、生物分子的固定化方法和亲和分离分析技术的种种应用。(郭燕)

T000523 **化工电器及仪表** 尹廷金主编。化学工业出版社 1998 年 4 月版。43.7 万字。22.50 元。分两篇:化工电器设备和化工仪表。其中化工电器设备主要涉及电工基础、电子学、电机、电器及电力拖动的内容;化工仪表部分主要讲述检测仪表、控制仪表、可编程控制器、集中分散型控制系统和自动化基础等内容。书中配有实验、例题和习题。(郭燕)

T000524 **化工腐蚀与防护** 江苏省常州化工学校 丁丕洽主编。化学工业出版社 1998 年 4 月第二版。22.7 万字。14.00 元。根据 1996 年 6 月全国化工中专教学指导委员会讨论过的《化工腐蚀与防护》教学大纲,在第一版基础上修订而成。内容分 7 章,主要介绍金属电化学腐蚀的基本概念、腐蚀的倾向、腐蚀电池的产生和工作过程,在电极动力学方面介绍极化与去极化概念、混合电位理论、金属的纯化、影响金属腐蚀的因素,概述了常见的金属腐蚀形式及金属在自然环境中的腐蚀。在耐蚀材料方面重点介绍铁碳合金、不锈钢的耐蚀特点及应用以及涂料和常用工程塑料。此外,在化工防腐蚀方法上着重介绍了全面腐蚀控制概念,概述了覆盖层保护、电化学保护、缓蚀剂的使用等,还介绍了一些新材料、新工艺。本书还选编了 3 个实验,各章都有一定数量的思考题和习题。(郭燕)

T000525 **化学反应工程** 朱炳辰主编。化学工业出版社 1998 年 11 月第二版。57.6 万字。25.50 元。第二版按照化学工程与工艺专业的专业主干课程"化学反应工程"的要求修订,并被确定为上海普通高等学校"九五"重点教材。本书共 8 章,内容包括:绪论;化学动力学;理想流动与非理想流动反应器;气－固相催化反应宏观动力学;气－固相催化反应器;流－固相非催化反应及反应器;气－液反应及反应器;气－液－固三相反应及反应器和实验室反应器;每章附例题、习题及参考文献。本书的主要内容是以石油化工和石油加工、无机化工、基本有机化工、煤化工、精细化工、高分子化工和工业催化等生产中的化学加工过程为背景,按化学反应与质量、热量传递交互作用的共性归纳综合的宏观反应过程,着重讲述反应工程的研究方法,强调工程观点,提倡理论与实践相结合。第二版较第一版增加了我国学者在反应工程方面的成就和实例,反映了我国学者的研究水平。(郭燕)

T000526 **化工容器设计** 上海市教育委员会组织编写,王志文主编。化学工业出版社 1998 年 5 月第二版。43.4 万字。19.50 元。主要介绍化工容器的工程设计方法,包括化工容器设计概论、中低压容器和外压容器设计的基本理论与工程设计方法、容器设计的总体考虑,另外还有高压容器设计和近年来国内外容器设计理论与技术的进展。(郭燕)

T000527 **中国化工产品大全(上、中、下卷)** 化学工业出版社组织编写。化学工业出版社 1998 年 6 月第二版。1674.2 万字。660.00 元。第二版仍按大化工范畴收编 26 大类化工产品,分上、中、下 3 卷出版。上卷包括化学矿物原料、无机化工产品、化肥、有机化工原料、合成树脂及塑料、通用合成纤维及特种合成纤维、橡胶及橡胶制品等 7 大类化工产品。每类产品均有概述,每一产品均设有产品的中文名称、英文名称、别名、结构式、物化性质、质量标准、用途、制法、消耗定额、毒性及防护、包装及贮运以及生产厂家等栏目。书末编有该书全部产品的中、英文名称索引。中卷包括胶粘剂、涂料及无机颜料、染料及有机颜料、医药和农药等 5 大类精细化工产品。每类产品均有概述,每一产品均设有产品的中文名称、英文名称、别名、结构式、物化性质、质量标准、用途、制法、消耗定额、毒性与防护、包装及贮运以及生产单位等栏目。书末编有该书全部产品的中、英文名称索引。下卷包括生物化工、催化剂、食品添加剂、饲料添加剂、香料香精、化妆品、日用化学品、工业表面活性剂、纺织染整助剂、电子化学品、信息化学品、造纸化学品、水处理剂和皮革化学品等14大类新领域精细化工产品。每类产品均有概述，每种产品均设有产品的中文名称、英文名称、别名、结构式、物化性质、质量标准、用途、制法、消耗定额、毒性与防护、包装及贮运以及生产单位等栏目。书末编有该书全部产品的中、英文名称索引。全套书涵盖的化工产品品种约3万余种。第二版新增上万种精细化工新产品，充实和更新了许多产品的有关物化性质、质量标准、用途、制法和消耗定额等技术内容和数据。（郭燕）

T000528 **化工产品实用手册（七）** 蔡仲元 陈松茂编著。上海科学技术文献出版社 1998年4月版。121.5万字。98.00元。第七册系涂料专辑，分上下两册。上册汇编油脂漆类、天然树脂漆类、酚醛树脂漆类、沥青漆类、醇酸树脂漆类、氨基树脂漆类、硝基漆类、过氯乙烯漆类、烯树脂漆类等9大类356种漆料产品；下册汇编丙烯酸漆类、聚酯漆类、环氧树脂漆类、聚氨酯漆类、元素有机漆类、橡胶漆类、其他漆类、辅助材料8大类383种涂料产品及辅料。对17大类739种产品分别按中英文品名、别名、性状、生产工艺及流程、消耗定额、质量规格、用途、施工参考、包装及贮运、生产厂家进行较详细地介绍。正文后附有涂料的分类与命名及中英文索引。（项署烽）

T000529 **精细化工工艺 无机篇** 丁志平主编。化学工业出版社 1998年5月版。23.9万字。12.00元。介绍精细化工的主要内容，分上下册出版，此书为上册，即无机篇。全书分6章，主要包括绪论，三元体系相图，经典无机精细化工生产方法简介，现代无机精细化工生产方法简介，重要系列产品及制法以及催化剂等内容。（郭燕）

T000530 **钨矿物原料碱分解的基础理论及新工艺** 李洪桂等著。中南工业大学出版社 1998年5月版。20万字。分两大部分，第一部分：基础理论，包括钨矿物原料碱分解的热力学、动力学、$Na_2WO_4-NaOH-H_2O$ 系的物理化学性质，碱分解过程中杂质的行为及抑制杂质行为的措施等。在热力学和动力学研究中既纠正了前人的片面观点，又找到用NaOH分解钨矿所需的工业技术条件。第二部分：新工艺，主要介绍了钨矿物原料碱分解新工艺—机械活化（俗称热球磨）碱分解工艺与设备。（秦瑞卿）

T000531 **多酸化学导论** 王恩波等著。化学工业出版社 1998年4月版。46万字。48.00元。全面系统地介绍多酸化学的基础及最新研究进展。全书分13章，对多酸化学的发展历史、研究范围和命名等进行了介绍。对多酸的结构化学及研究方法进行了深入地讨论。其中，重点讨论了1∶12系列（A、B），2∶18系列，1∶11、$(1:11)_2$ 双系列，2∶17及 $(2:17)_2$ 双系列多酸化合物。在同多酸的结构化学中，讨论了 M_6O_{19}、钼酸盐、钨酸盐、钒酸盐等。全面介绍了核磁、拉曼、极谱、多阴离子的电化学及XAFS研究法在多酸化学中的应用。另外，还介绍了多酸合成化学的新进展，评述了多酸化学新的研究方向，其中，对多酸超分子化合物（多酸型层柱超分子化合物，电荷转移多酸超分子化合物），杂多蓝，有机金属多酸化合物，多阴离子的异构体化学，多酸的药物化学（包括抗艾滋病毒、抗肿瘤、抗病毒等），多酸的催化化学，多阴离子的光、电、磁功能特性等都做了深入系统的讨论。本书是结合著者的研究心得和多年为研究生讲授的“多酸化学”课程讲稿写成的。（郭燕）

T000532 **合成氨生产工艺** 陕西省石油化工高级技工学校 赵育祥编。化学工业出版社 1998年3月版。55.6万字。30.00元。重点介绍大、中、小型合成氨厂生产合成氨的各种方法，阐述合成氨生产过程的基本原理、工艺条件、工艺流程、主要设备、生产控制指标计算和生产操作方法，此外还介绍了近年来的新技术、新工艺和节能措施。全书共12章，包括绪论，固体燃料气化、重油气化、气态烃及轻烃转化制取原料气，空气液化分离，原料气脱硫，一氧化碳变换，原料气中少量一氧化碳、二氧化碳的清除，气体压缩，氨的合成及合成氨生产综述等。既介绍了合成氨生产基本原理，又强调了生产操作技能的训练，突出反映了技工教育的特点。（郭燕）

T000533 **离子膜法制碱生产技术** 中国氯碱工业协会组织编写，程殿彬主编。化学工业出版社 1998年1月版。68.4万字。42.00元。分14章及附录部分。书中全面系统地阐述盐水二次精制；离子膜电解工艺、电解槽结构、操作条件、脱氯；离子膜碱蒸发、片（固）碱的制备等，同时，详细介绍了高纯盐酸、设备防腐、分析、仪表自控及整流供电过程。附录中介绍了相关设备的技术标准和生产企业。（郭燕）

T000534 **氧气与相关气体的安全生产及使用技术** 马大方著。华中理工大学出版社 1998年1月版。19.8万字。12.80元。对氧气生产、贮存、输配、使用方面的设备、设施,在设计、施工、运行、维护、检修各环节的安全技术要求,进行了论述。并简要地介绍了氧气的性质、应用、制取、燃爆条件、氧站其他有关安全及氮气、稀有气体、氢气等相关气体的安全生产及使用技术要求。书中列举了大量典型事故案例。(陈晓娟)

T000535 **磷精细化学品生产工艺** 张俊等著。云南科学技术出版社 1998 年 12 月版。44 万字。32.00元。包括磷精细化工产品的主要品种与主要应用范围,并以国外已工业化的磷精细化学品生产工艺为主。(李永丽)

T000536 **精细化工工艺 有机篇** 仓理主编。化学工业出版社 1998 年 5 月版。37.1 万字。17.50 元。介绍精细化工的主要内容,分上下册出版,此书为下册,即有机篇。全书分 8 章,主要包括表面活性剂,食品添加剂,功能高分子,涂料,合成材料助剂,农用化学品,染料以及其他精细化学品(粘接剂,饲料添加剂,纺织印染助剂,水处理剂等)等内容。(郭燕)

T000537 **精细有机化工原料及中间体手册** 徐克勋主编。化学工业出版社 1998 年 6 月版。306 万字。198.00 元。内容包括:石油化工基础原料、基本有机合成原料及精细有机中间体 3 部分。凡是合成材料主要单体及精细有机化工产品,如农药、医药、染料、有机颜料、涂料、香料、试剂、化学助剂、表面活性剂、粘合剂、油品添加剂、食品和饲料添加剂以及皮革、造纸和油田化学用品等需用的基本有机原料、溶剂和中间体等,大都包括在内,共计介绍的品种近 3000 种。每个品种包括产品名称、性质、生产工艺、用途及生产厂家。(郭燕)

T000538 **碳四碳五烯烃工学** 张旭之、马润宇等主编。化学工业出版社 1998 年 4 月版。114.1 万字。75.00 元。以石油化工生产工艺为主线,全面介绍石油化工生产的反应机理和催化原理、原料路线、工艺流程、生产方法、工艺条件选择与控制、主要设备的结构及材质、技术经济指标与能量消耗、环境保护、安全、生产自动控制等方面内容。(郭燕)

T000539 **塑料配方设计** 王文广主编。化学工业出版社 1998 年 9 月版。42.5 万字。30.00 元。系统地介绍塑料配方设计的基本知识,详细地论述各种塑料配方设计的原则、要点与思路,并介绍了相应的配方参考实例。全书分 11 章,包括塑料配方设计基础、塑料原料的选用、塑料加工配方设计、塑料发泡配方设计、塑料改性配方设计、塑料填充配方设计、塑料增强配方设计、塑料共混配方设计、塑料着色配方设计、塑料母料配方设计及废塑料再生配方设计。(郭燕)

T000540 **塑料着色和色母粒实用手册** 吴立峰主编。化学工业出版社 1998 年 10 月版。32.8 万字。21.00 元。阐述塑料着色基本原理和最新的计算机配色,并详细介绍色母粒生产所用颜料、分散剂等助剂,设备的特性、应用和维修,同时着重介绍色母粒的生产工艺和标准。(郭燕)

T000541 **塑料模具计算机辅助工程** 申长雨等著。河南科学技术出版社 1998 年 10 月版。62 万字。75.00 元。结合作者多年科研和教学工作的实际,系统地介绍了塑料模具计算机辅助工程的基本原理、发展及应用状况。全书分 14 章,主要包括:绪论;塑料注射模充填过程的数值模拟;塑料注射模保压过程数值模拟;注射模冷却过程的数值模拟;全体辅助注射成型过程数值模拟;塑料挤出口模内的流动模拟;挤出胀大数值模拟;多层共挤的计算机辅助分析与设计;塑料挤出成型中的设计计算;模拟软件的数据准备和数据处理;塑料产品的几何造型;模拟结果的可视化;模拟结果的应用;注塑模软件 Z—MOLD 简介及应用实例。

T000542 **塑料制品生产工艺手册** 吴培熙、王祖王等编著。化学工业出版社 1998 年 5 月第二版。86.7 万字。50.00 元。简要介绍塑料母料(填充母料、色母料、阻燃母料等)及 264 种塑料制品的原料、典型配方、生产工艺流程、生产工艺控制参数、生产设备、产品性能及标准。在本书的附录中还简介了国内主要塑料制品生产企业以及国内树脂、塑料助剂、塑料机械的主要类别及生产单位,并附有塑料和各种塑料膜性能表。(郭燕)

T000543 **光纤技术基础** 孙雨南、朱昌编著。兵器工业出版社 1998 年 7 月版。20.8 万字。15.00 元。第一章对波动光学和电磁场理论的基础知识作了概括,第二、三章对光波导和光纤的基础知识侧重于介绍研究光波导的基本思路和方法,从物理概念上理解光波导的模式、色散、损耗、偏振态等传输特性,尽量减少复杂的公式推导和数学变换。后 3 章则着重介绍光纤技术的应用,光纤传像技术一章,对利用光纤传输图像的途径,应用范围和传像束的技术指标作了介绍和分析;对光纤传感器部分着重于让读者了解它的原理,特点;光纤通信一章则对通信系统的构成,部件的特性和功能侧重介绍。书中附有习题和思考讨论题。(张明)

T000544 **表面活性剂产品大全** 刘程、张万福主编。化学工业出版社 1998 年 10 月版。337.1 万字。180.00 元。共收入国内外表面活性剂产品 12000 余种，从商品名、别名、化学名称及组成、分子式、相对分子量、结构式、性状、制法、质量指标、用途、卫生安全性、包装及储运、生产厂家及公司等方面进行介绍。（郭燕）

T000545 **胶粘剂、粘接技术实用问答** 周雍鑫、周俊等编。机械工业出版社 1998 年 5 月版。22.5 万字。14.50 元。以问答形式着重介绍各种胶粘剂的分类、组成、性能、用途、选用方法和各种材料粘接工艺。内容分 8 个部分：一、胶粘剂基本知识；二、粘接技术；三、金属的粘接；四、塑料的粘接；五、橡胶的粘接；六、玻璃、陶瓷、木材、纸张、皮革、织物的粘接；七、粘接技术在机件维修中的应用；八、胶粘剂的理化性能和粘接件强度的测定。（徐彤）

T000546 **小型合成氨厂生产操作问答** 杨春升主编。化学工业出版社 1998 年 7 月版。40 万字。25.00 元。系统地总结山东及全国小型合成氨厂的生产操作经验，尤其突出总结了近十几年来的技术革新和技术改造经验，以通俗易懂的问答形式，将生产操作和生产管理中遇到的各种各样的问题及操作中的一些要点、难点提出来（共计 634 题），一问一答。问答内容包括：基础理论、工艺流程、设备结构、基本操作、安全技术、主要工艺计算、最新科技成果以及节能措施。（郭燕）

T000547 **小型尿素装置生产工艺与操作** 杨春升主编。化学工业出版社 1998 年 7 月版。31.6 万字。20.00 元。以山东省为研究基础，对我国小型氮肥 T 碳铵改产尿素的小型尿素装置在生产实践中积累的丰富经验，作了充分的总结。本书重点介绍了年设计生产能力为 6 万吨型的尿素生产工艺操作，从基础理论出发，系统地分析和解释了小型尿素装置生产操作中的实际问题，内容包括基础理论、工艺流程、设备结构、化工仪表、基本操作和安全技术等要点，总结了“四改六”的经验，介绍了近年来发展的革新成果以及节能措施和发展趋势。（郭燕）

T000548 **农药化学** 唐除痴等 5 人编著。南开大学出版社 1998 年 3 月版。106.4 万字。48.00 元（平），52.00 元（精）。汇集近 2000 余篇中外文献的精华，包括了农药学中所有化学领域，收集了各类农药的发展历史，从古到今，自简到繁，由无机化合物到有机化合物，列举了许多农药的发现和发展实例。阐述了合成农药的化学反应、反应机理；农药的作用机制、靶标、结构与活性的关系；农药的分解、代谢；农药的加工剂型、制剂和助剂等方面内容。按照农药分类、化学结构类型，列举了大量重要的农药品种及其主要合成路线，并注有挂角文献。（张蓓）

T000549 **建筑涂料与涂装技术** 徐峰编著。化学工业出版社 1998 年 5 月版。33 万字。24.00 元。根据中国建筑涂料工业的状况，从生产与施工的实际需要出发，系统而详细地叙述了目前各类建筑涂料的生产与涂装技术，并扼要介绍了国外一些新型建筑涂料的配方及配制技术。全书共 7 章：绪论、乳胶漆、溶剂型建筑涂料、水溶性建筑涂料、非平面建筑涂料、功能性建筑涂料和国外新型建筑涂料。附录介绍了建筑涂料的产品标准、颜料标准、溶剂标准、助剂标准、检测方法和复配色参考表。（郭燕）

T000550 **木材工业实用大全·涂饰卷** 张广仁等编著。中国林业出版社 1998 年 9 月版。63.4 万字。70.00 元。分为：涂料基础、涂料品种、基材表面处理、涂饰着色、涂饰涂料、涂层干燥、涂膜修饰、涂饰工艺过程、大漆涂饰、涂饰缺陷、涂饰流水线、工时与材料消耗 12 部分内容。（马爱锦）

T000551 **木材涂饰与视觉物理量** 李坚等编著。东北林业大学出版社 1998 年 8 月版。28.1 万字。18.00 元。分上下两篇，上篇阐述木材表面涂饰——赋予木材制品美学功能的基本概念、工艺学原理及改善木材涂饰功能的新技术。下篇阐述木材表面视觉物理量的构建与定量表征，中国 110 种具有代表性的商品材树种的木材表面视觉物理量的综合分析，木材材色与世界森林地理分布的关系，加工过程中木材表面视觉物理量的变化，视觉物理量与视觉心理量的关系及以视觉物理量预测木材视觉环境学特性等。（卜彩虹）

T000552 **涂装技术实用手册** 叶扬祥、潘肇基主编。机械工业出版社 1998 年 3 月版。103.6 万字。60.00 元。以涂装工艺为主线，对涂装作业过程各个环节涉及的基本问题逐一介绍。共 6 篇 30 章。第一篇涂装工艺材料—涂料，按涂料成膜过程和特性，分别介绍各种涂料的性能、特点、适用范围和使用方法。第二篇涂装前的预处理，分别介绍钢铁材料、非铁金属、非金属材料涂装前的表面预处理的不同要求和相应的方法。第三篇涂装工艺及装备，分别介绍各种涂装工艺和相应的装备，对工艺特征、操作要点、基本参数等均有叙述。第四篇介绍控制涂装产品质量的方法及相应的仪器。第五篇环境和劳动安全，分别介绍工业涂装的三废治理要求及方法和涂装作业环境的控制及管理要求。第六篇涂装车间设计,具体介绍涂装车间厂房、生产线、设备及安装的设计和产量、劳动消耗量、材料消耗量及经济指标的确定和计算方法,并介绍实际范例。附录为涂料涂装的国内标准目录。(王兴垣)

T000553 **新型涂装前处理应用手册** 伍泽涌等编。四川科学技术出版社 1998 年版。43 万字。96.00元。内容包括脱脂、除锈、表调、磷化的基本理论以及常见缺陷与对策、性能检测、涂装前处理设备、防锈工艺、废水治理等实用技术。书后附录收录了涂装前处理常用计量单位、涂装前处理常用国内外技术标准、全国涂装标准化分技术委员会概况等内容。(冯建平)

T000554 **油脂工业企业员工必读** 庄殿忠、庄伏虎编著。新疆科技卫生出版社(K)1998 年 11 月版。44.0 万字。24.88 元。编著者根据多年生产实践经验,结合当前国内外较为先进的工艺设备、生产技术,简明扼要地例举成题,同时配以图片、表格作为文字补充。着重介绍油料、油品的储藏、标准、检验和油脂制取及加工的工艺、设备、安装、试车、维修等方面的基本理论和实际操作要点。全书分基础知识、工艺设备、安装试车调试、司炉基本知识、防火安全及附录(质量标准、卫生标准、产品标准、现行行业管理规范目录摘要)等部分。(李新平)

T000555 **实用日用化学品配方集——配方·制法·应用** 何坚、李秀媛编。化学工业出版社 1998年1月版。32.4 万字。18.00 元。配方集共收集了日用化学品配方 1000 余例,包括护肤、洁肤用品,化妆用品(胭脂、香粉、眉用、眼用、唇用、指甲用),卸妆用品,发用品(洗发、护发、生发、烫发、染发等),胡须用品,牙膏、含漱水、化妆水、花露水、香水,洗涤品(皂类、洗衣粉、液体洗涤剂、干洗剂、淋浴剂等),专用清洁剂(食品、餐具、厨房、卫生间、玻璃、磁砖、地毯、地板、皮革、橡塑、珠宝、汽车、收音机、机器、涂料等),防晒、晒黑化妆品,疗效型化妆品(抗衰老、抗粉刺、祛斑、防冻、防裂、减肥等),抑汗、除臭、脱毛用品,空气清新剂,鞋用除臭剂,驱灭害虫剂等。对各产品制造方法和应用特点作了简要说明,并于附录中列出常用化妆品原料的中、英文名称及分类。(郭燕)

T000556 **化妆品功能性评价和分析方法** 毛培坤主编。中国轻工业出版社 1998 年 4 月版。70 万字。100.00 元。选择发达国家的仪器分析和研究成果,系统介绍化妆品原料检验、成品检验和卫生检验。最具特色的是化妆品系统分析法和功能性评价方法。化妆品系统分析法介绍了膏霜和乳液、化妆水和美容液、香波、护发素、粉底—白粉—胭脂、口红—唇膏、指甲油、眼线膏、芳香制品、皮肤增白化妆品、沐浴剂、长效卷发剂、氧化染发剂、头发定型剂、育发剂、体臭防止剂、防晒化妆品、剃须化妆品、香粉、洗面奶、肥皂、牙膏等产品的系统分析;功能性评价方法介绍化妆品皮肤保温效果、防紫外线效果、皮肤增白效果、抑制黑色素产生效果、护发育发效果、防头屑效果、化学烫发剂的卷发效果、头发损伤、祛臭效果、皮肤角质层再生速度、皮肤粘弹性、皮肤皱纹、皮肤脂质、皮肤温度和皮肤血流、皮肤色和化妆色、头发水分、头发力学性质等测定方法。(劳国强)

T000557 **实用化妆品制造技术** 李东光、翟怀凤编著。金盾出版社 1998 年 4 月版。32.3 万字。14.50 元。分 8 个部分:膏霜类化妆品,美容类化妆品,粉类化妆品,香水类化妆品,香波类化妆品,头发美容化妆品,染发和烫发化妆品,疗效、防晒、抑汗祛臭、剃须等用途的其他类化妆品。每个部分都介绍了制造原理、主要原料、生产技术和有代表性的各种配方。在生产技术中并探讨了影响产品质量的一些因素和控制措施。(金家麟)

T000558 **发酵工程最优化控制** 钱铭镛编著。江苏科学技术出版社 1998 年 3 月版。25 万字。14.50 元。介绍发酵工程的最优化控制技术及其原理,提出了确定和调控最佳菌种培养条件和最佳发酵条件的方法,以及大幅度降低能源消耗、防止染菌和菌种退化、优化育种、提高分批发酵生产效率等方面的措施,并对分批发酵外的其他类型发酵作了概述。(高志一)

T000559 **生化反应过程模型化及计算机控制** 王树青著。浙江大学出版社 1998 年 4 月版。30 万字。15.00 元。介绍现代控制理论在发酵工业中的应用,其中有生化反应过程模型化、优化控制与计算机控制等方面的内容。全书分为 7 章。第一章,生化过程模型化与控制;第二章,是生化反应过程动力学模型的建立;第三章,针对生化反应过程关键变量无法在线测量的问题,介绍这些变量状态估计方法;第四章,针对生化反应过程高度非线性、严重时变性和过程不确定性的特点,应用模糊控制理论来建立其过程模型;第五章,介绍智能控制方法;第六章,着重介绍生化反应过程优化控制的几种方法;第七章,介绍实际生化反应过程计算机控制的实现。(王效)

轻工业、手工业

T000560　**立体织物与复合材料**　道德锟等编著。中国纺织大学出版社 1998 年 8 月版。18.2 万字。12.00 元。论述立体织物复合材料的性能与制造过程，重点叙述立体织物复合材料的发展、特点和应用，立体机织物预制件的织造原理、织构分析与加工设备，立体编织物预制件的编织过程，编织物的结构性能分析和加工设备，以及立体织物复合材料的成型工艺。(俞丽琮)

T000561　**轻工业技术装备手册**　中国轻工总会编。机械工业出版社 1998 年 1 月版。224.3 万字。137.00 元。为《轻工业技术装备手册》第五卷。内容分 3 篇：皮革及其制品生产设备、服装生产设备、家具生产设备。皮革及其制品生产设备包括制革生产设备，如去毛设备、去肉机、挤水机、剖层机、平展机、干燥设备、磨革机、熨平压花机、打光机、抛光机等；制鞋生产设备，如刻楦机组、放样机、裁断机、皮鞋缝纫机、外底铣边机、主跟成形机、内底加工设备、后帮预成形机、绷前中后帮机、湿热定形机、胶粘压合机、帮口定型机等。服装设备包括裁剪设备、缝纫设备、粘合设备、熨烫设备、羽绒加工设备等。家具生产设备包括实木家具生产设备、金属家具生产设备和软件家具生产设备。主要介绍相应行业的主要工艺流程、生产线分类及选择、设备组成、设备功能用途、分类型谱、结构原理、技术参数、设计计算、造型原则、控制系统与配套设备、安装调试、使用维修及发展趋势等内容。(沈红)

T000562　**轻工业技术装备手册(共 6 卷)**　中国轻工总会编。机械工业出版社 1996 年 1 月～1998 年 1 月版。1775.3 万字。980.00 元。是全面、系统地反映我国轻工业技术装备的现状和发展的大型工具书，收集和总结了轻工各行业的技术装备在科研、设计、制造、使用维修和引进技术消化吸收国产化等方面的技术理论、技术数据与经验，介绍国外先进的轻工业技术装备及其发展趋势。本套手册按行业分篇，共 26 篇。但此次仅出版 25 篇，包括与轻工业机械中的 23 大类设备相对应的第二～二十四篇，第一篇轻工业技术设备工业概论，第二十五篇衡器。第二十六篇轻工业模具将在以后另行出版。(徐彤　沈红)

T000563　**汉英纺织词汇**　曹瑞主编。中国纺织出版社 1998 年 10 月版。196.4 万字。80.00 元。收词约 8 万条。主收专业为：纤维(含天然纤维与化学纤维)、纺纱、机织、针织、非织造、染整、服装、其他纺织品、纺织机械与器材、纺织品性能测试等。酌收机械、电工电子(含计算机)、环保、公用工程、贸易、数理科学等学科中与纺织有关的词条。所收词条曾分专业约请纺织行业著名专家审稿，边缘学科还约请中国工程院、中国科学院、国家环保总局等部门的有关专家审阅。全书按汉语拼音排序，并附笔画索引和部首索引。(鲍靖)

T000564　**中国轻纺面料花样图集(三)**　《中国轻纺面料花样图集》编辑委员会编。中国纺织出版社 1998 年 1 月版。100 万字。500.00 元。每年编辑出版一辑。第三辑辑入 4000 余种优秀新颖的面料花样，包括服装面料和装饰面料两大类。其中：服装面料按图案构成分为花卉、几何、动物、组合图案及定位花等；装饰面料按用途分为服饰面料(领带、方巾、长巾)，室内装饰面料(被套、被面、被单、床罩、枕套、窗帘、靠垫、地毯、沙发面料)和其他装饰面料(手帕、伞面、鞋面)等。书中收入的花样均编有序号、操作码、套色数、文件名、比例的编号，读者如需要制版，可向该中心提供上述编号即可在 4 小时内得到按设计要求包括借鉴书中各类图案重新设计后的制版服务，为设计人员及时开发新产品创造了便利条件。读者如在普通电话线上安装调制解调器，还可进一步与该中心建立计算机花样传输网络，按书中上述编号，利用网络可查阅该中心历年编辑出版的全部彩色图案。该书编辑委员会由浙江绍兴金昌印花电脑技术中心和金昌电脑技术发展有限公司的领导和专家组成。(管杰兴)

T000565　**织物结构与设计**　陈秋水编。中国纺织大学出版社 1998 年 9 月版。22.7 万字。18.00 元。主要介绍织物组织、织物分析和织物设计方法，并简要介绍纹织物装造的基本原理，同时还介绍了计算机辅助设计的理论与实践。(俞丽琮)

T000566　**中国丝绸机械**　徐作耀主编。中国纺织出版社 1998 年 12 月版。74.0 万字。60.00 元。分制丝机械、丝织准备机械、丝织机械及丝绸染整机械 4 部分。系统地介绍近十几年来国产新型主要丝绸机械的结构、工作原理、性能特点、主要技术参数等，对设备的结构、性能等作了评述。制丝机械包括：FD002 型混茧机；FD102 型、ZD101 型、CD101 型、ZD8202 型自动剥茧机；ZD8203 型选茧机；FD202 型筛茧机、SS-B 型可调式筛茧机，FD302 型、FD301 型、FD301V 型、ZD203 型、ZS100j 型不锈钢煮茧机；混、剥、选、煮、缫连续化设备；D301A(B)型自动缫丝机、SD511型、FD5001型、SD507型及CZD301A(B)型自动缫丝机;ZH79A型、CD115型、D113型复摇机;SGD0101型精密络筒机、VC604A型络筒机;SFD505型双宫丝自动缫丝机、DY501型茧检定自动缫丝机。丝织准备机械包括:GD001型、GD002型、GD003型络丝机及SGD008型高速电脑络丝机;GD101型、WGD103型并丝机及GD122型并捻机;GD型、SFK0901型捻丝机及RF310型(G型、B型)、RF208H/S型信捻机;GA162型、SHGA213型整经机;SGD901型、ASGV321型、ASGV421型浆丝机。丝织机械包括:国产新型有梭丝织机;GD761型、ASGV781型喷水织机;ZA型喷气织机;GD721型、GA733型、TP500型、LT102型、ZGJ92型剑杆织机;PT100型片梭织机;电子提花机、ZED-204型电子多臂机。丝绸染整机械:挂练槽;星形架精练机(K-L型、ZMD811型);ASMD021型高温高压精练机;LMV092型、ZLMD821-180型连续碱减量机;起绉机;轧水打卷机;SHMD511型绳状染色机、CG-MD201-180型常压卷染机、高温高压卷染机、ZMD201型常压溢流染色机、ASMD631型低张力常压溢流染色机、ZMD202型真丝针织绸平幅溢流染色机、MBC/RHTS-23(A/B)型高温高压溢流染色机;SME225(Ⅱ)型罐式、SME237(Ⅱ)型管式、PR88-5型绞丝高温高压喷色染色机;ZM-6型饼丝染色机;Q831-160型开幅机、ME301型绳状退捻开幅机;绞丝烘燥机(MZ312A型);印花机(LMH552-180型、ZLPW5-180型);圆网印花机(LMH571A-180型、LMA331-180/200型)圆筒蒸箱;阿托斯btm5621型长环蒸化机;双转笼振荡式平洗机(LMD901-160型、ASLMD271-160型);SHMD811型双辊筒整理机、LQ911A-160型呢毯整理机;气垫式烘燥机(SMD411型)、小布铗、幅呢毯整理机(MD401-160型、ZLMD402-160型)、MD451型汽蒸预缩机;CGMD451Y型热风拉幅定形机、LMH722C型短环烘燥定形机等。(范森)

T000567 **非织造布生产技术** 王延熹著。中国纺织大学出版社1998年6月版。85万字。88.00元。介绍非织造布的生产技术和基础知识,着重阐述干法(粘合法、针刺法、水刺法、缝编法)、纺丝成网法、熔喷法及干法造纸等非织造布技术,并详细地叙述了非织造布后整理技术、深加工技术、测试技术以及非织造布产品的性能与应用等。(俞丽琼)

T000568 **计算机在食品工程中的应用** 杨晓泉等编著。华南理工大学出版社1998年11月版。28万字。19.00元。食品工程系列教材。全书分3个部分。第一部分介绍Microsoft Excel的数据计算、数据库管理、统计图表及各种数据统计函数的使用,及如何利用Excel解决食品科研和生产中所遇到的具体问题,包括食品化学、食品酵学、食品微生物学、感官分析、统计质量控制、食品流变学及食品工程中的传热、冷冻、蒸发和干燥等。第二部分介绍Internet的组成、检索工具和检索方法,以及如何利用Internet查询食品科学信息。第三部分介绍目前较先进的条件优化软件,以及如何利用优化软件进行食品工艺过程的参数优化。(陈怀芬)

T000569 **当代新型食品** 刘程、江小梅著。北京工业大学出版社1998年12月版。142.2万字。120.00元。介绍食品新技术及其在生产中的应用和新型食品。食品新技术主要包括速冻技术、冻干技术、辐照技术、膜分离技术、超临界流体萃取技术、挤压技术、微胶囊化技术和生物工程技术;对新型食品主要介绍了新型软饮料、保健食品、强化食品、方便食品、绿色食品、人造食品、新型油脂和新食品添加剂。(刘学宽)

T000570 **农副化工新产品与新技术** 黄祖佑、王沂编著。江苏科学技术出版社1998年6月版。26.5万字。13.50元。分上下两篇。上篇为技术篇,分4章,第一章绪论介绍农副化工所包含的范围和现状,第二章介绍农副化工的发展趋势和要解决的重大课题,如提供可再生能源,开发无公害农药,生产完全可降解的薄膜等,第三章产品与技术介绍了淀粉、天然色素、天然香料、油脂、茶叶、脱脂饼粕、禽畜及水产品、野生植物资源等的生产技术,第四章介绍国外有关农副化工产品开发利用的最新信息。下篇为产品篇,分5章,分别介绍了食品与食品添加剂、天然香料、药品与保健品、淀粉及淀粉加工产品,以及其他农副化工产品共185个产品的生产原料、性能、工艺和用途。(黄元森)

T000571 **绿色食品与儿童健康** 周俊梅、黄立新编。华南理工大学出版社1998年1月版。12.4万字。9.50元。"绿色食品与健康丛书"之一。围绕绿色食品与儿童健康的关系,根据儿童在各生理阶段的特点,介绍绿色食品及营养与儿童生长发育的关系,儿童膳食中绿色食品的选择与搭配,儿童常见病的膳食调理与饮食卫生。(胡元)

T000572 **绿色食品与孕妇保健** 卞华伟、梁兰兰编。华南理工大学出版社1998年1月版。9.5万字。8.00元。"绿色食品与健康丛书"之一。首先,介绍孕妇在怀孕期自身的生理变化以及胎儿生长发育的特点。其次，对各类绿色食品的功能进行了详细的介绍，并针对孕期可能出现的并发症在预防和治疗方面进行深入的探讨。本书还介绍了孕妇所应了解的生活保健问题，并对孕妇慎用药物方面进行了详细的阐述。书中还有较多的食物搭配实例。（陈怀芬）

T000573 **绿色食品与老年保健** 周俊宜、周俊梅编。华南理工大学出版社 1998 年 1 月版。12.7 万字。10.00 元。“绿色食品与健康丛书”之一。根据老年人的生理特点，介绍绿色食品的营养与老年人营养需要的关系，老年人膳食中绿色食品的选择与搭配，绿色食品与老年性疾病的防治，中医养生学与老年人的膳食保健。书中还给出了老年人常见病的具体食疗方。（潘宜玲）

T000574 **绿色食品与防癌** 杨晓泉、李易梅编。华南理工大学出版社 1998 年 1 月版。15.2 万字。12.00 元。“绿色食品与健康丛书”之一。主要论述绿色食品的防癌成分和防癌作用，以及非绿色食品中致癌成分及致癌作用。全书从人们平常最常见的食品入手，用流行病学及动物实验两方面的确凿证据阐明其防癌或致癌的作用，并简单阐述其原因。书中各部分均给出了致癌物与防癌物的具体名称，并根据国内及国际权威机构的手册给出适当的剂量及准确的数据。此外，每一部分的结尾均备有摄入方式及剂量的建议供参考。（潘宜玲）

T000575 **绿色食品的相生相克** 谭龙飞编。华南理工大学出版社 1998 年 1 月版。16.6 万字。12.00 元。“绿色食品与健康丛书”之一。从 5 个方面介绍饮食中哪些绿色食品的搭配最佳，哪些搭配相克，对人体健康有何影响，患病后如何忌口。内容包括：绿色食品的相生和相克搭配，绿色食品与药物的相生相克，绿色食品进食的禁忌，不同职业、不同年龄层次的人的饮食禁忌，常见病患者的饮食禁忌。（潘宜玲）

T000576 **食品分离技术** 高孔荣、黄惠华、梁照为编著。华南理工大学出版社 1998 年 11 月版。29.8 万字。19.50 元。食品工程系列教材。系统地介绍各种分离技术的基本理论及其在食品科学和工程中的应用。包括沉淀分离技术、超临界流体萃取技术、反相微胶团与双水相萃取技术、膜分离技术、絮凝分离技术、泡沫分离技术、结晶分离技术、分子蒸馏技术、亲和色谱分离技术、新型吸附分离技术以及食品的微胶囊化技术等传统的和现代的分离技术。同时论及这些技术的发展趋势，并结合实际，介绍了一些较成熟的生产工艺。（胡元）

T000577 **食品物性学** 李里特著。中国农业出版社 1998 年 2 月版。37.0 万字。47.50 元。通过对食品物性学领域的基础理论和国内外最新研究成果的介绍，总结分析了食品物性学的研究内容、研究方法和应用实例；系统论述了食品的力学、热学、电学和色光性质。本书将食品的力学性质作为重点，归纳了液状食品、固体和半固体食品（粉体食品、多孔状食品、纤维组织食品）的物性学特点及研究测试方法。在食品的热学性质、电学性质和色光性质等方面也编写了丰富的基础理论和最新研究成果。为了论述食品感官评价和仪器测试的知识，本书也写入了心理物理学内容。书中还通过大量实例，介绍了食品物性学的典型研究和试验方法，如肉嫩度的测定，面团、面条、米饭黏弹性和感官评价，食品色彩的测定评价，等等。（段丽君）

T000578 **保健食品化学及其检测技术** 何照范等著。中国轻工业出版社 1998 年 5 月版。38.4 万字。34.00 元。从保健食品的基本概念、功能成分化学、营养成分化学及检测技术等方面作了系统的论述，尤其介绍了各种特殊功能成分的检测方法。（沈力匀）

T000579 **食品成分分析手册** 宁正祥主编。中国轻工业出版社 1998 年 3 月版。67.4 万字。58.00元。主要包括：食品中各种有机成分的分析测定方法，食品中无机成分及元素的分析测定方法，食品中酶的分析测定方法。本书尽可能地收集了各种食品成分分析测定方法。对每一种成分的各种测定方法按定性鉴定法、滴定法、光度法、电位法、色谱法、光谱法等编排，以适应同一种成分不同形式样品、不同条件及各种精度要求的需要。对每一种测定方法除着重介绍实际操作外，同时还对食品检验与分析的目的和原理、适应范围以及操作中应注意的事项、与其他测定方法相比的优缺点等作了简要说明。（朱玲）

T000580 **食品微生物检验手册** 苏世彦编。中国轻工业出版社 1998 年 10 月版。61.2 万字。52.00元。第一篇主要介绍各种常用仪器结构、使用和维护。第二篇阐述食品加工生产环境的空气、水、土壤和生产工具、采样方法和各类食品检样的采集和制备方法。第三篇是本书的核心，介绍食品中菌落总数、大肠菌群、致病菌、霉菌和寄生虫的检验。第四篇叙述微生物检验用培养基原理与分析、各种培养

基的制备。附录有霉菌分类检索表、国家标准中食品微生物限量标准、国际食品微生物限量标准。(彭倍勤)

T000581 **食品分离重组工程技术** 高福成主编。中国轻工业出版社 1998 年 7 月版。118.7 万字。99.00 元。从食品工程角度系统介绍有关分离、重组单元操作的基本原理、涉及的主要装置及其在食品工业中的应用,最后介绍若干现代典型食品分离重组工程范例。本书分 4 篇 24 章。内容包括:粉碎、筛分、均质、乳化、分级、离心分离和水力旋流分离、沉淀分离、界面力分离、结晶、浸提、离子交换、膜分离、工业色谱分离、混合、搅拌、捏和、成型等单元操作;新生婴儿配方乳、甲壳素、制粉、天然抗氧化剂、甜菊糖、大豆多肽等分离重组工程范例。(李亦兵)

T000582 **未来十年中国食品和包装机械发展趋势** 徐景珩主编。中国轻工业出版社 1998 年 12 月版。60 万字。100.00 元。由中国食品和包装机械工业协会专家委员会根据国家科委下达的软科学课题——"90 年代我国食品与包装机械发展战略及行业科技进步对策研究"的研究结果总结整理而成。全书分为食品机械行业发展战略、食品加工专用机械发展预测、食品加工通用设备发展预测、包装机械行业发展战略、包装机械主要产品的发展预测、产品质量评价方法及行业技术水平评价方法的研究等 6 篇,共 34 章,分别对国内外食品工业和食品机械设备制造业,以及包装行业和包装机械设备生产行业的发展历史、现状、特点、存在问题及中外差距等,作了详细的分析、比较和评价,并结合国内市场情况,从专家的角度提出了上述各行业的发展方向和发展趋势。(李克力)

T000583 **淀粉糖** 张力田编著。中国轻工业出版社 1998 年 11 月修订版。27.3 万字。23.00 元。在阐述淀粉的物理性状和化学结构的基础上,介绍以淀粉为原料,采用淀粉的酸水解糖化、淀粉的酶水解糖化等方法,生产葡萄糖、葡麦糖浆、麦芽糖、果糖等糖品的原理、工艺技术及设备,并对这些糖品的性能及用途作了简要介绍。(熊慧珊)

T000584 **白酒生产技术全书** 沈怡方主编。中国轻工业出版社 1998 年 10 月版。154.2 万字。120.00 元。分 5 篇:第一篇介绍白酒生产微生物的特性及应用,糖化发酵剂的工艺与制作方法;第二篇论述白酒生产机理、白酒生产的原辅料、各类白酒的生产工艺和操作;第三篇介绍白酒工业分析及感官质量鉴评的原理与方法;第四篇论述白酒厂房、设备及生产定额和计算;第五篇为白酒企业生产技术管理;书后还附有白酒名词解释、白酒的质量标准及白酒工业大事记等。本书在介绍新技术应用,如新工艺白酒、低度白酒、计算机和生物技术在白酒中的应用等方面,体现了传统白酒与高新技术的结合。(唐是雯)

T000585 **啤酒工艺实用技术** [德]Walfgang Kunze 著,湖北啤酒学校翻译组译。中国轻工业出版社 1998 年 9 月版。75.4 万字。120.00 元。详细论述啤酒生产全过程,主要包括啤酒原料、制麦、糖化、发酵、过滤、清洗杀菌、啤酒种类介绍、质量检测、环境保护、能源及自动控制等方面的专业技术知识,书中用 530 多幅彩图将啤酒生产过程和相关设备清晰地展现在读者面前;此外,还列举了大量的计算例题。(李克力)

T000586 **啤酒工业手册** 管敦仪编著。中国轻工业出版社 1998 年 9 月修订版。105.6 万字。98.00元。分 6 篇:第一篇介绍大麦的贮运和预处理,大麦浸渍、发芽、绿麦芽干燥的理论、方法和设备等;第二篇论述原料粉碎、麦汁制备、麦汁处理的方法、工艺技术条件、操作要点等;第三篇阐述啤酒发酵的机理、工艺、设备及发酵技术的进展;第四篇介绍啤酒包装的方法与设备,各种成品酒的特点;第五篇介绍啤酒新产品与稀释啤酒的制法与特点;第六篇介绍副产物的利用、废水处理、啤酒工业技术经济指标等。(唐是雯)

T000587 **软饮料生产工艺学** 陈中、芮汉明编。华南理工大学出版社 1998 年 9 月版。22.2 万字。16.00 元。食品工程系列教材。本书按 1998 年 9 月 1 日开始执行的最新的软饮料分类国家标准,综合论述了软饮料生产工艺及其基本理论,包括软饮料的定义、分类及其在食品工业中的地位、发展趋势,软饮料生产所用原辅材料的基本性质和使用特性以及软饮料生产对原辅材料的要求,碳酸饮料、果蔬汁饮料、含乳饮料、特殊用途饮料等的原料、生产工艺流程、主要工序和基本原理、品质要求和质量管理以及常用生产设备和基本操作。全书反映了国内外有关软饮料工艺学方面的最新进展状况。(胡元)

T000588 **塑料老化与防老化技术** 周大纲等编著。中国轻工业出版社 1998 年 12 月版。52.4 万字。42.00 元。以热塑性塑料、应用量大的塑料制品、户外长期光老化为主,结合中国国情反应国际最新科技成果及发展动态。论述各种热塑性塑料的老化机理,从理论上指出塑料防老化的途径。并论述了在工业生产上如何使用添加剂,如何测试和评价塑料老化性能。还汇集了大量的防老化的实际应用实例(包括配方和实验结果)。同时还介绍了常用的抗氧剂、光稳定剂等的化学结构、性能、毒性、用途、商品名及厂商。(赵红玉)

T000589 **塑料机械的使用与维护** 耿孝正主编。中国轻工业出版社 1998 年 8 月版。88 万字。75.00元。针对塑料制品生产厂的工程技术人员在选择、使用塑料机械,从事塑料制品生产时经常遇到的问题,介绍各种常用塑料机械,如混炼机械、单螺杆挤出机组、双螺杆挤出机组、注射成型机、压延成型机、液压机的工作原理、结构、主要性能参数、应用、操作、经常发生的问题及设备的维护;从机械和工艺的结合上,叙述了常见塑料制品,如塑料管、板、丝、膜、板、带、棒、网、中空制品、复合材料、双向拉伸薄膜、异型材、各种注射制品、压延制品、压制制品的生产过程中经常遇到的问题和生产合格塑料制品应遵循的原则和注意的问题。还介绍了常用电机及仪表的使用、检验及维护,近年来国内外塑料机械的发展情况。(赵红玉)

T000590 **重组木制造工艺学** 金维洙、马岩著。东北林业大学出版社 1998 年 4 月版。20.9 万字。17.00 元。详细论述重组木制造的理论与方法;提出了重组木制造的工艺过程、工艺参数及主要设备的基本原理;推导出了重组木木束辗压的基本力学公式,建立了重组木微观力学模型及刚度参数分析方法。(卜彩虹)

T000591 **木材工业实用大全·木材干燥卷** 顾炼百等编著。中国林业出版社 1998 年 5 月版。42.5万字。96.00 元。分为:木材与水分、木材干燥介质、木材干燥的测量技术、木材干燥主要设备及其选用、木材的气干及预干、木材太阳能干燥、木材干燥窑、木材窑干、木材除湿干燥、木材真空干燥及其他特种干燥(如:木材高频干燥和微波干燥、木材红外线干燥、木材压热干燥、木材化学干燥等)。作者以深入浅出为原则,较详尽的论述了木材干燥的各种方法、各种干燥设备以及测量技术。(马爱锦)

T000592 **木材工业实用大全·刨花板卷** 汪华福等编著。中国林业出版社 1998 年 1 月版。51.8 万字。60.00 元。分为:刨花的品种和用途,刨花板的原材料,刨花制造、贮存和运输,刨花干燥和分选,拌胶,板坯铺装,预压和热压,后期处理和加工,质量控制,特殊结构刨花板,模压刨花制品,水泥刨花板,石膏刨花板,刨花板的性能和试验方法等 14 大部分内容。(马爱锦)

T000593 **现代住宅室内家具设计全集** 阮长江等编著。江苏科学技术出版社 1998 年 11 月版。35 万字。98.00 元。分设计与实例两篇,以现代住宅室内家具设计与布置的基本知识为出发点,结合大量的设计实例,以图文并茂的形式,阐述了家具在现代住宅环境中的作用,系统地介绍了现代住宅室内各个不同空间功能家具设计的内容、布置的方法及设计的基本尺度和要求。同时在设计篇篇首部分还就家具的起源、西方家具的演变过程、中国历代家具等作了简要概述。实例篇选编了大量优秀的住宅家具设计实例,除对照实例作详尽的设计分析说明外,还都配有精美的制作图。(王剑钊)

T000594 **中国古典家具** 李德喜、陈善钰著。华中理工大学出版社 1998 年 3 月版。48 万字。38.00元。作者收集近半个世纪以来考古发掘中所出土的家具实物、图像和模型资料,结合历史文献,以古代人们起居生活方式为线索,介绍了中国古代家具的起源、发展、演变过程,以及各历史时期家具的形制、功能、陈设方式及制作技术、髹饰工艺等方面的内容。全书收古典家具实物图像、模型图 645 幅,精选了 113 幅照片。(钱坤)

T000595 **制浆造纸工业环境管理** 联合国环境署著,联合国环境署工业环境管理网中国专家组译。中国轻工业出版社 1998 年 6 月版。20.5 万字。23.00 元。阐述中小造纸企业(包括以非木材纤维为主要原料的企业),如何实行清洁生产及环境管理,从而提高其环保质量。内容包括制浆造纸清洁生产技术、能源的利用及管理、化学品处理、废水处理、空气污染控制、固体废物管理、噪声控制、环境管理法规、环境管理、对环境管理的教育与培训等。(林媛)

T000596 **玉王翡翠** 李贞昆编。云南科学技术出版社 1998 年版。13 万字。80.00 元。论述翡翠的概况、组成、石种、赌石、评价、真假、相似、制作、市场等。书中配有相关的彩色图片。(侯德勋)

T000597 **珠宝首饰英汉-汉英词典** 陈钟惠等编。中国地质大学出版社 1998 年 8 月版。57 万字。70.00 元。资料来源于 90 年代宝石学及珠宝首饰专业文献和各种商贸信息,包括宝石学及相关的地质学、物理学、化学词汇,珠宝首饰设计、加工、商贸及宝石界重要机构词汇。分上、下两册。上册以英译汉为主,对部分术语做了简单解释,并给出 6000 多条主要词汇的汉英对照以便检索查阅。下册对约 2000 条重要词汇进行解释。上册于 1998 年 8 月正

式出版，下册待出。(余楠)

T000598 **钻石分级的原理与方法** 袁心强著。中国地质大学出版社1998年5月版。16.7万字。48.00元。介绍当今国际上最有影响的钻石分级规则，系统地阐述钻石分级的理论和方法，尤其注重介绍应用最简便工具进行分级的技术方法和如何解决钻石分级中可能遇到的问题。分7章。第一章导论，介绍钻石4C(颜色、净度、切工和克拉重量)分级的意义、钻石分级的产生及国际上较有影响的钻石分级标准和机构。第二章钻石的颜色分级，论述钻石颜色分级的基本条件、常用工具、实际操作与步骤及常见问题等。第三章钻石的净度分级，论述钻石的内部特征和外部特征、钻石净度分级的判定方法及常见问题。第四章钻石的切工分级，论述圆钻、花式钻的切工评价及确定圆钻比例的方法——目视法和实测法。第五章钻石的克拉重量，论述钻石重量的意义、称重法则及估算方法。第六章钻石仿制品及其鉴别，介绍钻石仿制品的种类、放大镜下钻石与仿钻的区别及鉴别钻石与仿钻的简单测试等。第七章钻石的评估，介绍钻石分级证书、钻石的估价及估价证书以及钻石切工的定量评价。(赵颖弘)

T000599 **钻翠珠宝鉴赏** 汤耀翔、珺泽著。广东人民出版社1998年7月版。30万字。48.00元。分8大部分，第一部分为“话说珠宝”，主要介绍珠宝的类别、特征及其命名。第二部分为“钻石探微”，介绍钻石的历史，钻石的资源与开采，钻石的特征、用途、分类与识别，钻石的评价和识别等。第三部分为“翡翠大观”，内容有翡翠的产地、历史，翡翠的性质与鉴定，翡翠的评价以及在国际市场上的身价等。第四部分为“珍珠传奇”，内容包括珍珠的形成，天然珍珠与养殖珍珠的同异，珍珠的评价及真假鉴别等。第五部分为“宝石千面”，介绍红宝石、蓝宝石、绿宝石、猫眼石等等数十种宝石的来源、特征、价值及鉴定等知识。第六部分为“玉石与玉器”，介绍玉石的形成与产地，各种软玉的特性与名称，中国玉器史和玉雕技艺，以及玉器的鉴别等。第七部分专门介绍了珊瑚与琥珀。第八部分为钻翠珠宝的鉴别思路和欣赏评价指导。本书还对各种珠宝的历史、文化进行了考察，记载了许多名钻名珠名宝石秩闻趣事。(董真)

T000600 **世界服装大师代表作及制作精华** 刘瑞璞编著。江西科学技术出版社1998年4月版。14.6万字。45.00元。是以蒂娜乔《鉴赏》中的作品为基本素材编著的。介绍的每一件作品都代表了设计师独一无二的创新精神。如巴兰夏加的卷领和肩袖造型；迪奥的“新外观”技术；阿莱的腰线设计；夏奈尔套装的隐形结构；拉格菲尔德的装饰与表现的结构；圣·洛朗开创的职业女性；维奥奈的斜裁技术等等。在这些作品中，有一半以上附有作品的原纸样图解，笔者也根据现代服装纸样设计的通用规律和技术，将没有配纸样而具有相当“保值”的作品，配加了较细致的纸样设计图解。

T000601 **七分装扮** 副名：服饰的配备与最佳购物技巧。文萍著。广西民族出版社1998年1月版。18.6万字。15.00元。“女性休闲系列之一”。分10个章节。第一章：装扮之前；第二章：形体与服饰；第三章：协调全身；第四章：理想衣柜；第五章：服装配色；第六章：服装各类；第七章：服装附件；第八章：琳琅饰物；第九章：场所与服装；第十章：采购技巧。(徐美)

T000602 **中华旗袍** 谭依山著。南海出版公司1998年9月版。39.80元。选编具有代表作的旗袍款式百余例，包括彩图与裁剪图，有详细的裁剪数据和制作说明。(原式溶)

T000603 **中国服装大全** 孔繁薏等主编。中国纺织出版社1998年版。55.3万字。68.00元。包括《中国衬衫内衣大全》和《中国服装辅料大全》两册。其中《中国衬衫内衣大全》主要内容为衬衫简史、衬衫内衣面料、衬衫内衣术语、衬衫内衣设计、裁剪、缝制工艺、衬衫内衣企业名称及品牌。《中国服装辅料大全》集服装辅料生产技术、商品知识和应用方法为一体，重点介绍各类辅料的品种、性能、质量要求、检测方法、生产工艺流程和应用方法。对服装辅料中的衬布、里料、拉链、钮扣、金属扣件、商标和标志、线带、絮料和垫料等分章详细叙述，书后附录可供读者查阅。(许小莉)

T000604 **四季服饰** 陈飞等主编。南京出版社1998年9月版。44万字。28.00元。根据“春温、夏热、秋凉、冬寒”的四季气候特点，具体说明如何依据不同的年龄、不同的身材、不同的场合，以及不同的服饰品位追求等实际情况来合理着装，巧妙配饰，以达到服饰生动靓丽、自然协调的整体效果。本书分为端庄秀丽的职业装、豪华典雅的礼服，轻松随意的家居服、简洁健美的运动装和淡雅精致的各种配饰等部分。(王国钦)

T000605 **出口服装质量与检验** 李爱娟主编。中国纺织出版社1998年1月版。28.4万字。20.00元。从服装基础知识、服装原辅料的检验、出口服装的报验程序、服装成品的检验及安全、卫生、环

保等方面，介绍出口服装检验的程序要求和标准规定。(詹琏)

T000606 **时尚社交装(春·夏·秋·冬)** 张晓凡编。哈尔滨出版社 1998 年 1 月版。50 万字。80.00元。将春、夏、秋、冬四季的时装款式，分册编排。书中选录了大量新潮流行款式，用彩图的形式展示出来，每款时装均配有详尽裁剪图。(刘乃翘)

T000607 **国际服装设计教程丛书** 中国纺织出版社 1998 年 9 月至 1998 年 10 月版。由《时装画技法》、《时装与服饰品的经营和销售》及《时装广告与促销》3 种图书组成。《时装画技法》(英汉对照)[德]A. L. ARHOLD 著，陈仑译，中国纺织出版社 1998 年 10 月版，定价：148.00 元。《时装与服饰品的经营和销售》[美]Jay Diamond & Ellen Diamond，李旭等译，中国纺织出版社 1998 年 9 月版，42.8 万字，28.00 元。《时装广告与促销》[美]Jay Diamond & Ellen Diamond，董清松等译，中国纺织出版社 1998 年 9 月版，28.00 元。(曲小月)

T000608 **服装发展史教程** 冯泽民、齐志家编。中国纺织出版社 1998 年 6 月版。43.70 万字。25.00 元。作者以历史学的研究方法，从人类文明的角度，将中国和外国服装发展的历程有机地联系在一起，系统阐述中外服装变迁、演化的基本状况，以及各时代的政治、经济、文化艺术、意识形态等对服装发展的影响。全书包括服装起源、中国服装发展史、外国服装发展史和服装发展的跨文化比较 4 部分。(詹琏)

T000609 **服装制图打板推板十日通** 卧石编。中国纺织出版社 1998 年 1 月版。15.8 万字。12.00元。分 10 个部分讲解服装裁剪的基础知识和各类服装的制图打板推板技术。本书结合“十日通”特点列举了有代表性的男衬衣、男西装、女外套、男茄克、女大衣、女裙、男女裤的制图打板推板实例，介绍了推板中的关键问题和数据运用。(许小莉)

T000610 **服装结构设计** 秦寄岗著。陕西人民美术出版社 1998 年 8 月版。10 万字。28.00 元。着重阐述服装结构设计的基础理论。从分析人体结构入手，进而说明服装结构与人体结构的关系；人体比例、骨骼、肌肉与服装的关系以及男女体型特征与服装结构上的差异；在阐述服装结构设计的基本原理中强调：把形式美的法则应用于结构设计上，并运用现代科学技术与工艺手段来表现和发挥材料的特性和美感；详细讲解了服装结构设计的基本规律与处理技巧等。(杨西婷)

T000611 **服装结构设计原理** 陈秀娣著。上海科学技术出版社 1998 年 10 月版。23 万字。17.00 元。总结了各种服装结构设计方法的优点，重点阐述了人体构造与服装造型的关系及平面结构设计原理。采用图文并茂的方式，介绍了多款时装应用实例。(吴诗华)

T000612 **穿出职业的华彩** 副名：职业服的时尚款式与搭配。邵奕梅、王蔚青编。中国纺织大学出版社 1998 年 9 月版。144 幅。68.00 元。作者根据其多年从事服装科技信息工作的经验，从大量的资料中遴选出当今国际上新颖的职业服 200 余款，分为办公室文员服、航空公司服、宾馆酒店服、导游服、音乐俱乐部服、游轮/地铁服、高尔夫球服、娱乐总汇服以及校园服等 9 个类别。与一般的款式介绍不同，本书作者还从各个行业的特点及职业服时装化的角度出发，详细阐述了每类职业服对款式、色彩、面料、饰件和搭配的各自要求。(俞丽琼)

T000613 **最新合体服装工艺** 戴龙泉著。上海科学技术出版社 1998 年 12 月版。40.3 万字。22.00元。根据人体，对服装制图结构中每一根线条的来龙去脉进行说明，并根据男、女两种不同的体型说明各线条的形状以及如何进行热塑(推、归、拔)工艺处理，分合体上装、合体下装、单品制作、服装单元等 4 部分进行介绍。另外还介绍了特体服装调整与服装弊病纠正以及部分服装的排料。(戴龙泉)

T000614 **最新装扮概念** 包铭新等编。上海科学技术出版社 1998 年 12 月版。33.2 万字。20.00 元。系统地介绍了男人和女人着装的基本技巧以及历史上关于着装美的不同标准。(包铭新 涂蓉 沈牧)

T000615 **新潮旗袍装** 上海科学技术出版社 1998 年 9 月版。0.6 万字。16.60 元。新设计了 40 多款既保持传统风格，又包含时代气息的旗袍装，还选取了 51 款传统旗袍和改良型旗袍。其在设计上着重于简洁实用，制作上保持了滚、镶、嵌、挖、盘钮襻等传统工艺。每款附有彩照，典型的款式还配有裁剪图。此外还介绍了一些手工钮襻、盘花。(吴诗华)

T000616 **霓裳情苑——国际服装名师名模选萃** 宗定娟、张徐顺编。中国纺织大学出版社 1998 年 4 月版。9 万字。23.80 元。选取国际和国内著名服装设计师的作品，以及第三届上海国际模特儿大赛中“十佳”名模佳丽的风姿，配以短小隽秀的文字，撷取逸闻花絮，汇编而成。(俞丽琼)

T000617 **霞衣争辉** 副名：上海服装精选。上海服装集团设计中心编。中国纺织大学出版社 1998 年 10 月版。95 幅。29.80 元。以'98 上海国际服装文化节为材料背景,以每年的上海国际服装文化节上的新优美服装款式为素材,结合“白领心曲、闲适风韵、动感世界、贵人情愫”4 个主题编辑而成。(张益储)

T000618 **美国时装画技法** [美]Bill Thames 著,白湘文等译。中国轻工业出版社 1998 年 7 月版。37 万字。38.00 元。内容主要包括:一、人体绘画知识,讲授男女童人体姿态的比例、活动和绘画实例,还有头、脸、眼、耳、嘴及手、脚、鞋等各部位的画法技巧等。二、服装绘画部分,从草图、拷贝到服装的大型及各类服装的基本表现方法。三、织物绘画部分,主要介绍各类织物质感的表现方法,如:花布、锦缎、薄绸、粗纱、灯芯绒、天鹅绒、毛衣等等。四、时装艺术画廊,介绍世界上著名的时装绘画大师各种风格的代表作品,有的精雕细刻、衣着华丽精致;有的简笔速成、服装飘逸潇洒,风格迥异。(王恒中)

T000619 **现代皮鞋款式与设计** 诸炳生等编著。中国轻工业出版社 1998 年 9 月第二版。37 万字。36.00 元。介绍各类款式新颖、穿着舒服、精致华丽的皮鞋款式与设计。全书分 3 大部分。第一部分为皮鞋彩照共 89 幅;第二部分为男女皮鞋、童鞋、旅游鞋的设计共 13 章;第三部分为皮鞋款式图,共有男靴、凉鞋款式 650 种,女靴、凉鞋款式 850 种。(李宗良)

T000620 **中国五星美食** 刘广伟等编。山东科学技术出版社 1998 年 1 月版。700 彩片。388.00 元。画册。集中国 30 家五星级饭店美食之精华,精选菜品 500 多款,其中既有传统品牌菜,又有新潮流行菜和西餐,并配有中英文对照的菜名和主要制作方法。每款菜肴都是厨师精心制作,糅合传统与创新的经典之作。同时该书还挑选了近 200 幅五星级饭店饮食环境的照片,以供读者参考。(陈刚)

T000621 **四季菜谱丛书** 路新国、周晓燕主编。南京出版社 1998 年 7 月版。36 万字。21.00 元。紧扣四季的自然生长特点,从菜目的选择到操作方法的介绍,都尽可能从一般家庭的实际出发,力求深入浅出,通俗易懂。书中原料中主配料的用量已一一标明,而调料的用量则不作限定,由读者按自己的口味喜好和经验自行调配。此外,对书中大多数的菜肴介绍了一些与该菜肴有关的传说、掌故等方面的知识。(杨清)

T000622 **济南烹饪文化** 朱新海等著。山东科学技术出版社 1998 年 8 月版。5 万字。183 幅彩图。76.00 元。济南是我国的历史文化名城,是我国四大菜系之一——鲁菜的重要发源地,有 5000 多年的烹饪史,饮食文化源远流长,史称“倡优游食多,万民美食乡”,许多传统菜品驰名中外。本书把济南著名的厨师和菜品记载下来,给后人保存了珍贵的饮食历史资料。(刘东杰)

T000623 **小餐馆地方菜系列(共 6 种)** 台湾汉光文化事业股份有限公司编。浙江科学技术出版社 1998 年 9 月版。17.25 印张。96.00 元。为了发扬中国饮食文化精髓,汉光公司动用了近百名有关文字、营养、摄影、设计等人员,历时 4 年,完成包括北京菜、湖南菜、浙江菜、四川菜、广东菜及台湾菜在内的“地方菜系列”。书中收集的地方佳肴,由各大名馆主厨倾囊相授,亲自示范解说,务求内容详实易学、图片色彩逼真,菜式造型精致,充分展现了中国饮食文化的奥妙所在。

T000624 **川菜调味 51 法和应用菜肴 400 例** 彭鹏编著。四川科学技术出版社 1998 年 6 月版。31.5 万字。15.00 元。内容包括川菜调味的基本味型和调料的性味、功用;五味调和的性质与性味变化的规律;调味的物理和化学原理等。着重讲解了冷热菜复合味的味别和复合特点及其使用的方法和经验,并例举 400 多个菜肴具体说明其变化、运用的法则。(罗云章)

T000625 **中华膳海** 华英杰等编。哈尔滨出版社 1998 年 6 月版。385 万字。280.00 元。分 6 个部分:膳海论说、历史名膳、南北名膳、家常便膳、古今药膳、附录。(吴英敏等)

T000626 **中国包子 500 种** 马凤琴等编著。大连出版社 1998 年 8 月版。33 万字。18.00 元。介绍中国各地各类面条品种的风味、用料、制做方法,及著名品种的历史渊源。全书共收优良面条品种 500 余种,多数是历史或地方的代表品种。其中包括传统名品,地方风味品种,名师、名店、名牌品种,以及民族、寺院、宫廷品种,也有深受人们喜爱的家常品种。(张绪蒲)

T000627 **中国面条 500 种** 马凤琴等编著。大连出版社 1998 年 8 月版。33 万字。18.00 元。共收中国传统面条品种 500 余种,其中包括各地方传统风味品种,名师、名店、名牌品种,民族、宫廷、寺院品种,以及现代创新品种等。风味上包含鲜、香、辣、咸、酸、麻……制作上分煎、煮、盖、炒、烧、炟、焖、炖……(张绪蒲)

T000628　**中国烹饪原料大典(上卷)**　聂凤乔编著。青岛出版社 1998 年 10 月版。130 万字。168.00元。收入烹饪原料“主配料”中的“动物性原料”与“植物性原料”两部分,共列条目 1027 条,收原料 2300 余种。每一条目大都包括以下内容:1.异称,收录条目所列名称以外的各种名称,包括生物学曾用名、古代文献所见名称、地方俗称、行业名称、民间注称、民族语及外音语译音名,等。全书之后还附有“烹饪原料异称索引”。2.原生物,说明该原料的生物科属、学名、生态、形态及主要产区等;有些条并收录同科属中可以同样应用的种。3.简史,简要介绍其应用起源与历史沿革、文化背景以及古代的烹调应用等内容。4.品类与特产,介绍该种原料的主要品种、地方名产特产等。5.质量与鉴别,介绍其质量等级与一般感官鉴定的相关知识。6.烹调应用,介绍该原料的性质,性能特色,初加工与细加工技法,适用的味型与烹调法等,可供制作的菜肴、面点、小吃等食品,以及用以做主配料所制成的名菜名点或地方菜点等。7.成分与养生,介绍其所含主要营养成分及其他成分,中国医学关于该原料的性味、归经、主要功效和适应症等,以及一些食疗、药膳等知识。8.贮藏,主要介绍短期贮藏知识。9.注意事项,介绍与原料有关的中医食用宜忌,毒性及加工、用量等等知识。(郭东明)

T000629　**杨翠丽花色拼盘精品选**　黄力平主编,杨翠丽编著。金盾出版社 1998 年 3 月版。4 万字。彩图 80 幅。19.00 元。是花色冷盘拼摆造型的普及读物。在书的开始,作者简述了花色拼盘的发展历史。对花色拼盘的制作,强调具有针对性的命名构思和精心设计,原料选用要求达到艺术造型需要和食用需要的统一,各环节要求做到精工细做,器皿选择要与餐宴主旨或拼盘命名的文化色彩保持统一或协调,以达到观赏、食用均佳的整体效果。书的主体部分,则是分禽鸟类造型、虫鱼类造型、花卉类造型和山水风景类造型等 4 个系列、80 件作品展示了花色冷盘拼摆的精湛技艺。(周叔仲)

T000630　**宴会实用造型糁菜**　李乐清编著。四川科学技术出版社 1998 年 4 月版。19.7 万字。12.00 元。介绍糁菜的简历、类别,制作糁菜一般技法、模具、参考图形、雕刻工具、刀工手法、色彩配制等基本原理。在两百多个糁菜谱中具体讲解各类高、中、低档的作法与技巧。(罗云章)

T000631　**彩色潮食谱系列**　副名:红色食谱、绿色食谱、黑色食谱、白色食谱。杨铭铎主编。哈尔滨出版社 1998 年 5 月版。50 万字。48.00 元。内容为 4 部分:一、精选彩色食品照片 30 幅。二、介绍该颜色食品的营养价值、食疗功能和美容效果等。三、介绍该颜色食品(肉类、蔬菜、水产品、水果、蛋乳、粮食等)菜谱百余种,包括原料、制作过程和成品特色等。四、附有关的名词解释。(李战)

T000632　**精美茶点**　上海华东大酒店编。金盾出版社 1998 年 1 月版。4 万字。图 114 幅。22.00 元。是传授茶点制作技艺的实用性图书。收入由上海华东大酒店面点技师制作的精美茶点 114 款,分为船点类、水调面团类、膨松面团类、油酥面团类、米粉面团类、澄粉面团类、其他面团类、西点类和小吃类等 9 种,均用彩色图片展示,还以文字讲解了每款茶点的用料和制作方法。(周叔仲)

T000633　**中国古代茶具**　姚国坤、胡小军编著。上海文化出版社 1998 年 12 月版。26.7 万字。25.00 元。介绍中国古代茶具的发生与发展、特征与特性、鉴赏与保藏等知识。内容包括古代茶具的发生,古代茶具的演变,古代名窑及其所制茶具,古代茶具的种类,古代茶具的鉴赏与赝品的识别,古代茶具的修复与收藏及古代茶具拾萃 7 个部分。“古代茶具拾萃”是全书的主要部分,其中收入自原始社会至清代的茶具 264 件,每件茶具均交代其出处、形制、工艺特色、在茶文化发展中的作用和历史、文化价值等,并附有实物照片(少量采用插图)。书前还有彩色插图 12 页,收有反映古代茶事活动的壁画及历代具有代表性的茶具照片。(王存礼)

T000634　**女子发式造型**　王黎馨编著。金盾出版社 1998 年 7 月版。4 万字。彩图 309 幅。26.00 元。是传授女子发式造型技艺的实用性图书。收入目前流行的、由本书作者设计和梳理制作的女子发式造型 91 款,分晚妆发型、生活妆发型、新娘妆发型及供欣赏的发型 4 个部分,均用彩色图片展示,对每款发式的梳理方法,都用文字作了具体讲解。对于常用的或者比较复杂的几种发式梳理过程,还作了图解说明。(周叔仲)

T000635　**四季美容丛书**　葛以信主编。南京出版社 1998 年 12 月版。24 万字。24.00 元。分《春季美容》、《夏季美容》、《秋季美容》、《冬季美容》等 4 种。内容主要分生活美容和医学美容两大块。前者旨在进行皮肤保健,延缓皮肤衰老和美化皮肤状态的美容介绍;后者主要就治疗有问题的皮肤和矫正、修饰皮肤缺陷介绍具体的操作方法。(吴卫泽)

T000636　**美容佳境**　副名:解决你美容生活

中的全部烦恼。文萍著。广西民族出版社1998年1月版。19.5万字。15.00元。“女性休闲系列”之一。包括9个章节。第一章:挑选你的化妆用具;第二章:给皮肤柔和与爱意;第三章:化妆第一步——粉底;第四章:T部和腮红;第五章:眉毛;第六章:睫毛;第七章:眼睛;第八章:唇与口红;第九章:化妆全体。全面细致地讲述了从护理肌肤到完美化妆的种种技巧。(徐美)

T000637 **清水出芙蓉——黎家信形象设计艺术** 黎家信著。中国纺织大学出版社1998年10月版。127幅。48.00元。阐述形象设计的概念,形象设计中化妆、发型、服饰、举止的要领,并介绍了30个不同气质、不同年龄、不同职业、不同场合女性形象设计的实例,以及新娘妆的塑造。(俞丽琮)

建筑科学

T000638 **一级注册结构工程师专业考试复习教程** 建设部执业资格注册中心编。中国建筑工业出版社1998年版。155.1万字。86.00元。分9章,主要包括:结构极限状态、荷载及地震作用,混凝土结构,钢结构,砌体结构和木结构,桥梁结构,地基基础,高层建筑与高耸结构,设计概念或总体设计能力,建筑工程技术经济与设计业务管理。(戚大庆)

T000639 **儿童百科图谱(建筑篇)** 黄松、潘学馥编文。少年儿童出版社1998年8月版。500幅。44.00元(精)。共收有500幅古今中外的各种著名及典型的建筑图谱。在“中国古建筑图谱”中有:八达岭明代长城、上海龙华塔、北京碧云寺金刚宝座塔、布达拉宫、北京故宫、承德避暑山庄、苏州留园、贵州省台江县展架村苗寨吊脚楼等等;在“外国古建筑图谱”中有:古埃及吉隆金字塔群、古希腊雅典卫门、罗马万神庙、巴黎圣母院、德国科隆大教堂、泰国大理石寺、克里姆林宫及红场、美国密西西比河畔传统庄园等等;在“现代建筑图谱”中有:悉尼歌剧院、华盛顿林肯纪念堂、纽约帝国大厦、上海国际贸易中心、人民大会堂等等。(洪祖年)

T000640 **土木建筑职业技能岗位培训教材** 建设部人事教育劳动司组织编写。中国建筑工业出版社1998年5月版。本系列教材包括土木建筑的木工、砖瓦工、钢筋工、混凝土工、抹灰工、架子工、油漆工、防水工、试验工、测量放线工10个职业(工种),并附有培训计划大纲与之配套,各职业(工种)教材分初级工、中高级工两本,全套教材共计21本。本系列教材在编写时,以《建设职业技能岗位鉴定规范》为依据,注重实践技能的训练,理论与实践相结合,加强了新技术、新设备、新工艺、新材料的知识和技能介绍,并根据岗位的职业要求,增加了安全生产、文明施工、产品保护和职业道德等内容。(朱首明)

T000641 **天津老房子·小洋楼风情** 冯骥才编著。天津教育出版社1998年11月版。1500幅。790.00元。由40多位知名摄影家经过9个月的大规模摄影采风,从15000幅照片中选出了1500幅,构成了该书的全貌。它通过近代以来在天津涌现出的大批西洋建筑,透视出天津的历史、文化、社会、生活的各个方面。书中汇集了著名文学、历史、博物、社会史、民俗史、摄影艺术等方面专家的智慧和研究成果。(庞芙蓉)

T000642 **中国建筑史** 梁思成著。百花文艺出版社1998年2月版。26.6万字。26.00元。对中国古建筑的营造技术、技巧、艺术特色进行考古、鉴证、剖析、赏评。(董合生)

T000643 **20世纪西方建筑史** 吴焕加著。河南科学技术出版社1998年12月版。55.8万字。168.00元。介绍百年来西方建筑的发展变化历程,对百年来各种重要的建筑流派和思潮、世界建筑大师及众多名家的理论、作品进行了详细而深入的评介。全书分为“世纪之交”、“变革年代”、“时代大潮”、“质疑·探索·嬗变”和“结束语”5个部分,共38章;配有490幅珍贵的彩色和黑白照片,许多建筑附有平面图。(赵志刚)

T000644 **当代中国著名机构优秀建筑作品丛书——华东建筑设计研究院卷** 华东建筑设计研究院编著。黑龙江科学技术出版社1998年6月版。40万字。180.00元。收录该院近年来创作的优秀作品70余项,其中绝大部分是获部、市级以上奖励的作品,如东方明珠——上海广播电视塔、豫园商城、虹桥友谊商城、上海商务中心等。这些作品按建筑类型分为7大类:公共建筑、饭店和餐饮业、商店和服务业、办公设施和综合楼、休闲游乐设施、居住建筑和工业建筑。另附有40项代表作品索引。7大类作品以方案的形式全面展示了设计思想、工程概况、重要平立剖图和建筑形态。(徐晓飞)

T000645 **当代中国著名机构优秀建筑作品丛书——建设部建筑设计院卷** 建设部建筑设计院编著。黑龙江科学技术出版社1998年6月版。40万字。180.00元。主要收录该院近年来的优秀作品70余项,按建筑类型分为文化体育设施、医疗设施、办公建筑、宾馆和饭店、商业设施、居住建筑6大类，另附有40项经典作品索引。这6大类作品以方案的形式全面展示了设计思想、工程概况、重要平立剖图和建筑形态。所收录作品相当多的是荣获各种大奖的项目：如北京图书馆(新馆)、深圳华夏艺术中心、全国政协办公楼、外交部办公楼(新楼)等。(徐晓飞)

T000646 **我眼中的建筑与环境** 刘心武著。中国建筑工业出版社1998年版。36.9万字。28.00元。共收入作者有关建筑、环境、城市美学的文章一百余篇。全书分3辑，第一辑是发表在《为您服务报》上的对长安街上35座建筑物的评论；第二辑是曾刊登在上海《文化报》上的"城市美学絮语"，涉及的是对城市建筑、环境保护、环境艺术的美学思考；第三辑是一些与建筑、环境、人类生存状态有关联的散文、随笔、游记。作家以其独特的视角、敏锐细致的观察、娴熟的文字，对建筑、环境提出了自己独特的感受和思考。本书配有专业摄影师摄制的黑白照片70余幅。(徐纺)

T000647 **灾后重建建筑技术实用手册** 建设部科学技术司编。中国建筑工业出版社1998年10月版。50.6万字。30.00元。主要内容包括规划设计部分、建造技术部分、材料与设备部分、住宅产品部分、城镇市政公司设施部分以及灾后移民建镇规划技术要点。(何苗)

T000648 **建筑是首哲理诗** 副名：对世界建筑艺术的哲学思考。赵鑫珊著。百花文艺出版社1998年12月第二版。49万字。300余幅图。32.00元。作者以艺术的感觉和激情写建筑，用他所掌握的音乐、绘画、古典诗词、哲学、数学、物理等方面的知识作为他对建筑世界索微探幽的工具，对建筑提出了许多有创见性的观点，比如，"建筑荒残美学原理"、"宫殿教堂银行建筑意在树立自身权威"、"屋→家是天下第一首建筑哲理诗"、"建筑美与数学美"等。本书即是作者对建筑的哲学思考。共收录照片300余幅，其中有李乐诗、尔冬强、邓勇等著名摄影家提供的一些珍贵照片，也有作者本人在海内外精心搜集、拍摄的珍贵照片。

T000649 **俄罗斯古典建筑** 苏民安著。黑龙江美术出版社1998年10月版。195幅。98.00元。分6部分：一、俄罗斯建筑艺术简述；二、莫斯科的古建筑；三、莫斯科周边地区——金色之环；四、圣·彼得堡的辉煌；五、伏尔加河沿岸的古老城市；六、诺夫哥罗德和斯摩棱斯克。并用195幅彩色图片展示了俄罗斯古代建筑的教堂、城堡、钟楼、宫殿、贵族府邸等建筑面貌，揭示了俄罗斯古代建筑艺术中的气势、风格和融入的音乐美。书中的每幅古代建筑彩色图片，都有建筑名称、坐落地点、创作年代、艺术风格等背景资料的详细介绍。(黄国楹)

T000650 **中国的门文化** 吴裕成著。天津人民出版社1998年5月版。28.3万字。16.80元。作者像使用圆规那样，用一只脚有力地插在以"门"为圆心的点上，首先讲门本身的典章制度，从门的字形字义讲到门的建筑、门的装饰和门前附设物；然后，作者又把圆规的另一只脚一次、再一次地加大半径，一圈圈地扩展，从门的本身推衍到门的各种有关习俗，举凡门神、门联、与门相关的岁时习俗和人生礼俗，厌胜辟邪、迎祥纳福等等无所不及，进而不仅把门置于社会生活史也置于社会政治史的境界，使历史上有关门的文化现象呈现于读者面前，对于门的社会理想、门第门阀的典制、看门守关人的地位、门前礼仪、宫门内外的政治、城门形成的社会活动的特殊空间，以及门名的文化底蕴等均有论述。(吴裕成)

T000651 **中国古塔的艺术历程** 常青著。陕西人民美术出版社1998年12月版。16万字。201幅图。24.00元。按中国古塔的用途分类，将佛塔、僧塔、文风塔三条主线融进佛教历史文化和传统建筑形式演变的背景材料中，展开论述，依次探寻其中的奥秘和发展历程。近几十年来，数十座佛塔地宫被发现并得到科学发掘，获得了许多佛舍利和其他遗珍。关于这方面的重要材料，书中专辟章节进行综述。本书还插有10幅彩图，随文插黑白图近200幅。(林通雁)

T000652 **中国园林** 陈从周著。广东旅游出版社1998年2月版。18万字。13.80元。是作者多年来发表的有关中国园林的文章结集，分为园林理论、园史、艺术与园林的关系等几大方面。介绍中国园林历史演变、审美意蕴，并从造园理论上对中国园林进行品评、欣赏。本书为"中国旅游文化书系图书"之一。(李瑞苑)

T000653 **照明设计手册** 北京照明学会照明设计专业委员会编。中国电力出版社1998年9月版。85.4万字。54.00元。主要内容包括照明设计的基本概念，照明标准，照明光源、附件及其选择，照度计算，工厂照明设计，学校、图书馆、办公楼、住宅、医院、商店照明设计，旅馆、礼堂、影剧院照明设计，电教演播室、体育场(馆)照明设计，电子计算机房、控制室、美术馆、博物馆照明设计，铁路、车站、道路照明设计，建筑物立面照明设计，应急照明、照明电气

网路设计,照度测量,照明节能,照明配电设备。(施月华)

T000654　**世界建筑立面细部设计**　[美]欧内斯特·伯登著。中国建筑工业出版社 1998 年版。50 万字。55.00 元。由美国 McGraw-Hill 图书公司于 1997 年出版。本书围绕立面装饰这一主题,分析世界从古至今不同风格的有代表性的立面细部设计近 3000 例。全书分 4 部分:先例、装饰、整修、更新。其中"先例"是回顾世界立面装饰的历史。作者以丰富的图片和简练的文字叙述了从古埃及直至现代的立面装饰特点;"装饰"是本书的中心。作者详细列举了立面上各个部位的装饰手法,以及不同主题的装饰实例;"整修"侧重介绍世界各国如何重视保护文物建筑,千方百计地改造和利用旧建筑;"更新"主题讲如何"古为今用"。立面装饰、设计方面的最新潮流与手法,并附以老建筑重焕青春的研究实例。(张惠珍)

T000655　**1997 年中国建筑学会青年建筑师奖设计竞赛作品选**　中国建筑学会学术部编。中国建筑工业出版社 1998 年版。84 万字。98.00 元。中国建筑学会青年建筑师奖设计竞赛是由中国建筑学会学术部主办的每年一度的全国性大型设计竞赛。参赛人员为 25～35 周岁,经各设计单位推荐的具有中级以上职称、完成过两项以上实际工程设计的优秀青年建筑师。该奖经 1993 年至 1997 年四次评选,已具有广泛影响。本书汇集了 1997 年参赛的全部 74 项设计作品,包括 9 项获奖作品,以及题为"徐州市博物馆方案设计"的设计竞赛任务书。同时收入了由国内著名专家组成的评委会对本次竞赛的论述和点评。书中还附录了历届青年建筑师奖大赛的综述。(王伯扬)

T000656　**2000 年住宅设计经典**　建筑艺术工作室编。中国水利水电出版社 1998 年 8 月版。43 万字。36.00 元。提供 100 余例住宅设计样式,建筑户型有二室一厅、二室二厅、三室一厅、三室二厅;建筑面积为 70～150 平方米;读者可以根据实际需要,选择合适的平面、剖面以及立面设计图。(王永法)

T000657　**全国大学生建筑设计竞赛获奖方案集(1993～1997)**　全国高等学校建筑学专业指导委员会编。中国建筑工业出版社 1998 年版。62.4 万字。43.00 元。全国大学生建筑设计竞赛是由全国高等学校建筑学专业指导委员会举办的,自 1993 年起每年一次,旨在促进学校间的相互交流,提高各校的建筑设计教学水平,因而很受广大师生的欢迎。本书将 1993～1997 年 5 次竞赛的全部获奖作品汇集成书,中英文对照。(徐纺)

T000658　**齐康建筑设计作品系列——南京雨花台烈士纪念馆、碑轴线建筑群**　齐康编。辽宁科学技术出版社 1998 年版。5 万字。110 幅图。68.00 元。针对南京雨花台烈士纪念馆、纪念碑轴线建筑群的创作设计过程,以珍贵的图片和典型的设计草图反映了作者的设计思想、设计方案、设计手法、设计技巧和设计风格,从整体到细部,从实体到寓意,从构思到确认,既有理论阐述,又有实践过程,既有直接叙述,又有深刻分析,既有鲜明的创新,又有对古代建筑和外国建筑的借鉴。作者系中国科学院院士、法国建筑科学院外籍院士、国家建筑设计大师、博士生导师、教授。(刘绍山)

T000659　**怎样做一名美国建筑师**　杨德昭著。天津大学出版社 1998 年 10 月版。30 万字。20.00元。作者着重介绍美国的建筑制度和建筑师制度,以及他们一整套完整的理论和实践。内容包括建筑师与建筑业、建筑法律和规范、建筑设计合同、建筑设计服务、建筑设计方法、其他设计服务、建筑设计举例等 7 部分。作者毕业于中国清华大学,后获美国城市规划学硕士,现为美国加州注册建筑师,从事建筑设计工作。

T000660　**建筑结构常用数据手册(上、下)**　建筑工程常用数据系列手册编写组编。中国建筑工业出版社 1998 年版。145.3 万字。82.00 元。以国家现行的设计施工规范标准为依据,收集最新技术资料汇编而成。全书分为常用数据、高层建筑结构、混凝土结构、钢结构、新型轻钢结构、钢-混凝土组合结构、砌体结构、地基与基础、结构抗震、一般结构内力计算等部分。以图表的形式列出了各类结构构件内力、截面计算所需的公式、计算系数、常用数据及有关的构造要求。部分章节的表格前,有相应的扼要的理论分析,表格后附有例题。(刘江)

T000661　**建筑模型**　饶小军、阚曙彬著。天津大学出版社 1998 年 10 月版。38 万字。126.00 元。通过大量的模型作品,展现建筑师对建筑设计的构思,展示模型制作师们的精湛制作技艺。全书将模型分为 5 大类。单体模型,主要表现高层建筑精确的形体和流畅的线条,及其含蓄的质感、理性的色彩、恰到好处的细部;总体模型,主要表现模型在视觉上的连贯性,从而得到最准确的时空感受;灯光模型,通过光电技术在模型制作中的应用,使之具有更强的表现力和震撼力;室内模型,直观地反映出住宅的朝向、位置、邻里关系、房间间隔及使用功能,而且直观地反映出每个角落的光影效果；工作模型，可清除方案中的不确定因素，把建筑构思的精髓高度提炼出来，有利于对复杂空间关系的理解，也有利于对空间序列、尺度的完整概念的深化。（张颖）

T000662 **建筑结构荷载设计手册** 陈基发、沙志国编。中国建筑工业出版社 1998 年版。77.3 万字。75.00 元。针对建筑结构设计中常遇到的有关荷载的问题，以《建筑结构荷载规范》(GBJ9-87)及《建筑抗震设计规范》(GBJ11-89)中有关条文内容为核心，并参考相应规范修订稿及有关资料编写而成。书中还通过例题形式来说明规范条文的正确应用。本手册分 8 部及 6 个附录，其内容包括：荷载分类、荷载效应组合、永久荷载、楼面和屋面活荷载、吊车荷载、雪荷载以及地震力等。考虑到使用上的方便，将有关地震作用下的地震力设计参数也纳入本手册，这样可在结构设计初期汇集设计荷载时，便于设计人员查阅。（蒋协炳）

T000663 **楼梯、阳台和雨篷设计** 程文瀼编著。东南大学出版社 1998 年 12 月第二版。59.6 万字。38.00 元。讲述普通形式与特殊形式的楼梯、阳台和雨篷设计。包括楼梯的建筑设计；现浇板式楼梯结构设计；现浇梁式楼梯结构设计；装配式钢筋混凝土楼梯；钢筋混凝土悬挑板式楼梯；钢筋混凝土螺旋板式楼梯；有中柱的盘旋楼梯；阳台和雨篷的构造与设计。书中阐述其建筑设计和结构设计的原理、方法，并对一些有代表性的楼梯、阳台和雨篷给出了工程实例，既有计算书又有施工图。同时还给出了有关板、水平曲梁、螺旋式楼梯的内力计算图表和圆截面混凝土偏压及受弯构件的承载力计算图表。（刘柱升）

T000664 **中国当代室内设计精粹** 徐纺编。中国建筑工业出版社 1998 年版。51.7 万字。161.00 元。共收入近十年来在中国大陆、香港等地建成的优秀室内设计作品 75 例。这些出自中国大陆室内设计师、香港室内设计师和国外著名室内设计师的作品，规模不一、造价悬殊、风格纷呈，但他们具有一个共同的特点，即：设计的严谨、构思的独特、功能的完善、材料运用的巧妙、节点设计的周详、经济上的合理和施工的精心。这些精品展示了中国室内设计的水平和实力，再现了中国室内设计的发展历程。本书用精美的照片及少量充分表达设计意图的图纸、简要的文字和必要的技术指标概要地介绍了每一个项目，使读者对每个项目能有全面完整的了解。（徐纺）

T000665 **中国室内设计年刊 1997** 中国建筑学会室内设计分会编。中国建筑工业出版社 1998 年 7 月版。35 万字。110.00 元。分 6 个章节，即：概况与纪事、优秀作品介绍、室内设计精品集粹、室内设计效果图集粹、地方室内设计业简况。书中共收录 1997 年深圳学术交流会获奖项目 13 项，室内设计精粹 47 项，室内设计效果图集粹 28 项。本书全部采用铜版纸彩印，其中彩色照片 150 余张，彩色电脑效果图 300 余张。书中所收录的项目，全部由专家组成的编委会审定收录，从而保证有较高的学术价值和艺术价值。本书是中国建筑学会室内设计分会成立至今 9 年来出版的第一本年刊，全面反映了国内室内设计的成果和水平，是对 1997 年国内室内设计业的扫描。（张振光）

T000666 **现代建筑装饰实例②** 香港中时建筑出版有限公司编。云南科学技术出版社 1998 年版。30 万字。148.00 元。介绍设计与建筑外观 70 例，既有彩图的直观展示，又有设计者设计意念建筑特点的文字说明；同时配附必要的平面图（如对外观设计，还要求有立面图和剖面图），有关装饰材料甚至造价的介绍等。此外在内容的编写、编排上，采用了个案分析的方式，并力求对每一个案进行透彻的分析，如介绍灯光、厅堂地面、门窗、色彩及绿化等局部设计。（孙琳）

T000667 **现代装修设计计算机表现** 唐晓刚著。陕西人民美术出版社 1998 年 8 月版。2 万字。48.80 元。简要地介绍计算机绘制渲染图的方法步骤以及对计算机软硬件配置的要求；图版部分展示了各种类型的室内设计渲染图一百余例。（储小平）

T000668 **金风铃流行书系** 上海文化出版社 1998 年 1 月版。各 10 万字。各 15.00 元。共 4 种，包括《家庭绿饰》（梅慧敏编著）、《家庭器饰》（包铭新编著）、《家庭灯饰》（陈小丰编著）、《家庭布饰》（郑天编著）。《家庭绿饰》分 3 部分，1. 室内绿饰形式：介绍悬吊、壁面、几架、桌柜、落地等 5 种绿饰形式；2. 室内绿饰设计：介绍不同空间的绿饰方法；3. 室内绿饰植物：按房间的不同朝向分别介绍相宜的植物。《家庭器饰》由器饰种类、器饰布置和器饰选购 3 个部分组成，从不同角度详述器饰的特点、作用、审美情趣以及不同空间的摆饰如何体现主人的个性，适应生活需要，具有浓厚的文化气息。《家庭灯饰》以简明的文字和大量灯饰图片介绍居室合理用光和家庭照明设计的原理、方法，灯饰在不同空间的设计和应用。《家庭布饰》在分类介绍窗帘、帷幔、软垫、铺陈外套及杂饰等各种布饰形式的基础上，逐一介绍厅、卧

室、儿童室、餐厅、厨房、卫生间等不同空间的布饰设计，既结合国内家庭实际，又反映世界现代家居潮流。(孙玖)

T000669 **建筑装饰与设计常用数据速查手册** 魏明主编。浙江科学技术出版社1998年3月版。78.8万字。45.00元。收集了建筑装饰与设计中常用的数据，同时也将一些基本的材料、构造、标准、定额等数据一并收录在内。内容包括装饰施工、装饰材料、建筑设计、建筑防火结构与建筑构造等常用数据，现行装饰规范与定额等。

T000670 **建筑装饰环境艺术图典** 吴昊、陈丽萍编。陕西人民美术出版社1998年3月版。3万字。65.00元。收入建筑装饰及环境艺术配景等多方面内容，如人物、交通工具、室内外植物、东西方古典及现代建筑装饰、室内陈设、建筑环境实例等。(储小平)

T000671 **室内色彩设计(居室分册)** 乔纳森·波尔著。云南科学技术出版社1998年版。5万字。120.00元。第一部分阐述室内设计运用色彩原理的基本原则，每个原则都附有色彩丰富的室内设计实例。第二部分是色彩组合范例，是色彩运用的实例汇编。每一种色彩组合都有一幅室内设计实例图片，另配以色标以显示色彩主调的各种变化。(孙琳)

T000672 **室内色彩设计(商业分册)** 桑德拉L·拉甘著。云南科学技术出版社1998年版。5万字。120.00元。第一部分涉及色彩的基本原理及其在商业空间的应用。第二部分收集了各种色彩组合的图例，可供设计者参考；附有室内设计实例，以说明各种配色方法，所用色标依不同的室内设计而有所不同。(孙琳)

T000673 **高级建筑装饰工程质量检验评定手册** 彭跃军等编。中国建筑工业出版社1998年10月版。81.8万字。40.00元。是在北京市颁布的"高级建筑装饰工程质量检验评定标准"的基础上编写的。内容包括常用建筑装饰材料的质量标准及技术要求、高级建筑装饰工程(包括：吊顶、墙面、门窗、地面、细木、涂饰、玻璃、采光顶、仿古建筑等工程)质量检验评定标准及其应用，还分别介绍了高级建筑装饰工程电气、给排水、卫生洁具、通风、空调等装置及设备的安装质量标准，最后推荐了近220个质量检验评定用表。(李东禧)

T000674 **家庭装饰图典丛书** 副名：居室美。陈同纲等主编。江苏科学技术出版社1998年3月版。89.5万字。135.00元。详细介绍各种装饰材料用量及费用预算方法，还提供多种豪华型、小康型和普及型家庭装饰实例，用户可根据自己的经济条件选择合适的室内装饰方案。本丛书由中国室内装饰协会和江苏省室内装饰管理办公室联合编撰，分"风格篇"、"造型篇"、"装潢篇"和"范例篇"4卷，"风格篇"，介绍中国和西方不同风格的设计，由南京艺术学院室内装饰教研室主任韩巍副教授主编；"造型篇"，介绍门、窗、墙体、吊顶和地面等各种不同造型，由南京理工大学陈同纲教授主编；"装潢篇"，介绍各种装饰手法，由东南大学高祥生副教授和江苏省室内装饰总公司副总经理、高级工艺师吴燕主编；"范例篇"，精选各地优秀的家庭装饰彩色照片及平面设计图样，由江苏省轻工业厅副厅长顾信和江苏省室内装饰管理办公室常务副主任、高级工艺师周庆轩主编。(吴茂林)

T000675 **装饰工程创无质量通病手册** 上海市建设工程质量监督总站、上海市工程建设监督研究会编。中国建筑工业出版社1998年版。19.7万字。20.00元。以"创无质量通病装饰工程"为目的，对装饰工程中，从材料的选用到各个分部工程施工时容易出现的工程质量问题进行分析，提出预防和治理措施。书中还介绍了由于装饰设计不合理而引发的质量通病，以及装饰施工的安全问题和装饰工程质量保证资料。(周世明)

T000676 **装饰装修设计全书** 薛健主编。中国建筑工业出版社1998年4月版。195万字。98.00元。集全国8所院校有关环境设计专业多年教学之精华，总结十几个设计院所和装修设计施工公司的设计施工经验编写而成。注重设计理论与实际应用、艺术表现与工程技术的有机结合，全面系统地论述了装饰装修的设计原理、施工做法。全书除介绍了设计的发展、现代设计方法和理论、古今中外的艺术风格流派、装修的空间设计、光环境与照明、色彩设计、家具设计等内容外，还详细地介绍家具的制作加工、展示设计与制作、吊顶装修设计与做法、墙地面设计与做法、门窗设计与做法、装修设施的设计与做法和外装修的设计与做法。同时，为满足装修工程的需要特别编写了假山水池、霓虹灯、橱窗、灯箱、门面设计、玻璃幕墙、室外环境照明等内容。此外，还广泛收录了装修设计参考数据、部分工程施工详图和装修彩页实例。(李金龙)

T000677 **精装我家系列丛书** 《精装我家》编委会编。中国建筑工业出版社1998年8月版。35万字。36.00元。书中给出了各户型平面图及详细尺寸,部分实例还列出了各单项工程及细部的施工图。由于收录的是普通住宅的装修实例,针对的是工薪阶层,故设计实例并不代表室内设计的最高水平,仅体现了用户的需求及新材料的应用,并在一定程度上体现了普通室内装修的趋势。(李坚)

T000678 **小住宅设计** 沈继仁编著。中国建筑工业出版社 1998 年 1 月版。39 万字。114.00 元。从建设小住宅的社会条件、小住宅区的总体规划、各种类型小住宅的设计到小住宅的细部构造等都做了翔实的论述。全书图文并茂,附有彩色精美照片与墨线图共 460 幅。(吴宇江)

T000679 **中国传统民居建筑(英文版)** 汪之力主编。山东科学技术出版社 1998 年版。101.5 万字。680.00 元。传统民居建筑是我国传统建筑中的重要组成部分,它与广大人民群众的生产、生活息息相关,它设计灵活,功能合理,构造经济,外观朴实,与自然环境密切结合,具有浓郁的民族特色和地方风格,是我国劳动人民智慧的结晶,是我国传统建筑中的宝贵遗产。由于自然原因和某些人为因素,一些传统民居建筑遭到破坏,有的甚至已经消失。为了弘扬中国传统建筑文化,使前人留给我们的这一宝贵财富留传后世,对现有传统民居建筑进行收集、归纳、研究、整理已刻不容缓。为此,中国建筑学会组织全国各省、市、自治区地方建筑学会,对我国现存的有代表性的传统民居进行了大规模的收集整理工作,本书就是在此基础上完成的全国性综合研究成果。本书共介绍具有典型代表意义的传统民居建筑 150 余例。这些典型实例的设计,除能够满足当地地理气候和功能需要外,在空间布局、室内外空间组合、使用地方建筑材料、反映民族特色等方面均具有各自的特点,有的甚至在总体布局、土地利用、与自然环境的结合等方面独具匠心。本书所选典型实例分地区编排,对各地区均有有关本区传统民居建筑特点、类型和分布的综合性分析,所选实例均附有照片、测绘图和简要文字说明。(仲彭军)

T000680 **住宅工程创无质量通病手册** 上海市工程建设监督研究会编。中国建筑工业出版社 1998 年版。28.3 万字。20.00 元。以"创无质量通病住宅工程"为目的,对住宅工程建设中,从材料、构件的选用到各个分部工程施工时容易出现的工程质量问题进行分析,提出预防和治理的办法。书中对住宅工程的结构与建筑设计问题进行探讨,指出设计对工程质量的影响,进而提出住宅设计中应注意的方方面面。(袁孝敏)

T000681 **住宅工程质量通病治理对策** 徐君伦编,陈士良、张维国副主编。中国建筑工业出版社 1998 年版。35.9 万字。21.00 元。由 68 篇专题文章组成,这些文章对住宅工程勘察、设计、施工过程中常见的质量通病,特别是影响结构安全和使用功能的主要质量通病进行分析,探讨攻克质量通病的方法,从各个不同角度提出质量通病现状、分析产生通病的原因、寻找消除通病的有效途径、提出避免通病的建议和措施。(周世明)

T000682 **经济适用型住宅丛书** 唐连珏等编。中国建筑工业出版社 1998 年 8 月版。共计 9 种,分别是:《住宅开发与工程造价》、《百姓购房必读》、《家庭装修指南》、《住房制度改革法规文件选编》、《住宅设计实例图集》、《装饰材料选用指南》、《住宅工程质量检验评定与验收》、《住宅小区物业管理》、《自己动手装修住宅》。从国家住房改革政策的规定、百姓购房须知,到自己动手装修居住;从住宅的开发、装饰材料的选用,到物业管理等各个方面都作了详尽的介绍。(朱象清)

T000683 **清代以来的北京剧场** 李畅编。北京燕山出版社 1998 年 9 月版。19.8 万字。14.00 元。从清代以来分 3 个时期写了剧场的变迁。第一篇写清代剧场实况、府邸戏台及堂会、会馆戏楼、饭庄戏台、庙宇戏台、野台子,以及清代剧场习俗。第二篇写 1912 年至 1949 年的北京剧场,其中选择了一些有特色的十余家如长安大戏院、新新大戏院、哈尔飞剧院、天桥剧场等。第三篇写中华人民共和国时期北京剧场的建筑格局、特色、使用状况,其中也选择了几所近几年的新建筑,如保利大厦、北京青年宫、北京音乐厅的建筑、使用状况。(李艾肖)

T000684 **燃油燃气锅炉房设计手册** 燃油燃气锅炉房设计手册编写组编。机械工业出版社 1998 年 6 月版。124.8 万字。80.00 元。由中国船舶总公司第九设计研究院,机械工业部设计研究院、机械工业部第二、四、七设计研究院,兵器工业第三设计研究院,航天工业规划设计研究院,航天总公司第二研究设计院,冶金部秦皇岛黑色冶金矿山设计研究院,中国石化北京设计院等单位共同编写。内容包括燃油燃气锅炉房设计、设备、工程设计实例 3 大部分。主要介绍燃油燃气锅炉房发展概况、油气燃料和燃烧计算,燃油燃气锅炉设备,燃油燃气系统设计,燃油燃气锅炉房热工检测及控制,燃油燃气锅炉房常用辅助设备及附件,燃油燃气锅炉房总体设计和布置,燃煤锅炉改造及燃烧器选用,燃油燃气锅炉房工

程设计实例等。(蓝伙金)

T000685　**建筑结构原理与设计**　施楚贤主编。湖南大学出版社1998年8月版。50万字。27.00元。由三大板块的内容构成,即在绪论、第一章和第二章中论述建筑结构的综合性基础知识;在第三、第四和第十一章等章中论述建筑结构中最基本的元件——梁、板、柱、墙、地基与基础的设计知识;在第五章至第十章、第十二、第十三章中论述常见的多、高层钢筋混凝土结构房屋和砌体、钢、木结构房屋的结构设计(包括抗震设计)以及大跨度建筑结构体系选型和知识。全书重点介绍建筑结构选型、常用构件的截面估算与选择,以及在建筑方案和建筑施工图中与建筑结构密切相关的结构受力性能和构造措施。每章之后附有习题。(黄桂芳)

T000686　**板壳非线性力学分析**　副名(英文名):STUDY ON NONLINEAR MECHANICS OF PLATES AND SHELLS。刘人怀著。暨南大学出版社 科学出版社纽约分社1998年12月版。68万字。68.00元(国内),68.00美元(国外)。作者独创"修正迭代法",解决了100多个板壳非线性力学计算难题,为工程分析提供了一套简练而精确的理论和方法,适用于多种结构的板壳非线性计算分析。中心内容包括:波纹板非线性弯曲和振动,为精密仪器弹性元件的波纹提供设计公式;单层板非线性振动,为弹性元件圆板提供设计方式;夹层板非线性弯曲与振动,对飞行器、包装物夹层板结构作力学分析;复合材料层合板非线性理论,用于飞行器结构设计;复合材料合板的非线性弯曲和振动,用于飞行器工程结构设计;单层壳非线性理论,用于屋盖飞行器结构设计;网格壳非线性理论,用于屋盖、飞行器的网格壳结构设计;网格壳非线性稳定,研究网格扁壳的稳定问题,用于屋盖飞行器等结构的设计;双层壳非线性稳定,建立双金属扁壳的非线性理论,用于弹性元件设计;夹层非线性理论,用于飞行器、坦克、包装物的夹层壳结构设计;复合材料层合壳非线性稳定,用于仪器复合材料层合壳结构的设计。作者任暨南大学校长,博士生导师,中国力学学会副理事长。(周继武)

T000687　**薄壁结构的扭转分析**　副名:曲线梁与斜支箱形梁。黄剑源、程达钧著。中国铁道出版社1998年3月版。40.6万字。31.90元。结合薄壁结构扭转理论的最新研究成果,并参考国内外的有关文献,介绍薄壁断面曲线梁、斜支承箱形连续梁等结构在扭转作用下的受力分析等内容。书中各章附有若干实用的算例。(张悦)

T000688　**建筑抗震构造手册**　刘大海、杨翠如编著。中国建筑工业出版社1998年版。136万字。73.00元。根据国内十多次地震的现场调查和国外多次地震的调查资料,针对各类工业与民用建筑,在分析震害原因,总结震害规律的基础上,结合结构模型试验,从提高结构的整体性和总体抗震能力出发,在结构布置、构件设计及构件间连接等方面,提出全套的抗震构造措施,并对各种构件及其连接,逐一绘出可供工程施工设计直接引用的构造详图。本书是《抗震规范》(GBJ11-89)、《高层规程》(JGJ3-91)关于各类房屋抗震构造措施的引伸和具体化。全书分10章,内容包括:单层砌体房屋;多层砖房;混凝土砌块房屋;配筋砌体房屋;局部框架房屋;砖排架房屋;单层厂房;高层建筑;构造物等。(咸大庆)

T000689　**现代预应力设计**　吕志涛、孟少平著。中国建筑工业出版社1998年12月版。35万字。15.00元。阐述预应力整体结构设计。本书不限于规范条文和公式的应用与解释,而是注重预应力混凝土结构基本概念和设计方法的论述。(丁洪良)

T000690　**钢骨钢筋混凝土结构计算标准及解说**　[日]日本建筑学会 冯乃谦译。原子能出版社1998年1月版。53.5万字。60.00元。是日本建筑学会于1951年开始讨论编制的,并于1958年出版了《钢骨钢筋混凝土结构计算标准及说明》。此后,在近40年中,建筑产业发生了很大的飞跃,由普通的多层发展到高层、超高层;至今,百层以上的超高层建筑已不鲜见。在日本这样多地震的国家,超高层建筑抗震性与耐久性,成为众所关心的问题。本标准为了适应建筑产生发展的需要,于1975年根据十胜冲地震建筑结构物的破坏情况,以及试验研究的新成果,进行了第二次修订。其后,又经受了1978年宫城县的地震考验,验证该标准的可靠性,并于1987年做了第三次修订,把钢管混凝土结构也引入了本标准。中译本就是根据第三次修订版译成的。这是日本几十位专家耗费了大量的资财和劳力,经过多次地震考验和试验验证,反复修改而成。其英文译本已在美国出版,得到了国际的重视与参考应用。我国改革开放以来,建造了大量的高层及超高层建筑,钢骨、钢筋混凝土结构势必将得到大量的应用。为此,译者翻译了本书。它将对我国的高层、超高层建筑(或桥梁)的设计、施工等具有重要的参考价值。(王裕新)

T000691　**结构混凝土现场检测新技术——混凝土非破损检测**　吴慧敏编著。湖南大学出版社

1998 年 7 月版。44 万字。26.00 元。介绍目前结构混凝土现场检测的常用技术，内容包括：结构混凝土强度的非破损及半破损检测方法；内部缺陷的探测和损伤程度的诊断与监测方法；混凝土性能的动态测量方法等。每种方法均介绍了理论依据、仪器设备及实际应用要点，对于房屋建筑工程、道路与桥梁工程、水利工程及地下桩基工程的检测，具有较高的应用价值。本书所述的结构混凝土现场检测新技术，可分为 3 个部分：第一部分是结构混凝土强度的非破损及半破损检测，内容涉及回弹法、超声法、综合法、取芯法、拔出法等等；第二部分是结构混凝土内部缺陷的探测和损伤程度的诊断与监测，内容包括超声探伤及超声发射技术；第三部分是混凝土性能的动态测量，内容包括用共振法、敲击法测量动弹性模量及非弹性性质等。这三部分内容大体上反映了目前结构混凝土现场检测常用技术的概貌。（陈灿华）

T000692 **特密斯复合高效混凝土外加剂的研究及其应用** 陈国忠主编。上海科学技术出版社 1998 年 12 月版。28 万字。24.00 元。内容包括特密斯产品各种性能检测报告、工程应用实例与用户报告、特密斯产品汇总与分类说明、特密斯产品使用工法和施工规程、混凝土的性能及有关的国家标准摘录。（魏晓峰）

T000693 **预应力混凝土框架抗震性能研究** 苏小卒著。上海科学技术出版社 1998 年 10 月版。17 万字。18.00 元。是作者从事有粘结和无粘结预应力混凝土框架抗震性能研究的总结，并对国内外有关研究状况作了综述。全书共 11 章，内容包括静力反复荷载试验、模拟地震振动台试验、非线性有限元滞回分析、恢复力模型、结构数学模型参数识别、无粘结预应力筋的耗能效应、试验后预应力损失随时间的发展等专题，其中大部分内容取自作者的科研成果，是前人未曾做过的。特别是在非线性有限元滞回分析中首次实现了包括下降段在内的力-位移滞回曲线的计算，相应论文已被 SCI 索引和 EI 索引录入。书中论述了主滞回、次滞回等概念，提出了完整模型、无粘结预应力筋的耗能效应等新概念，并以许多新的角度对预应力混凝土框架的抗震性能和机理进行了分析。（胡毅）

T000694 **混凝土结构工程学** 江见鲸主编。中国建筑工业出版社 1998 年版。93.7 万字。62.00 元。全面系统地介绍混凝土结构的设计计算理论、科研成果及工程应用前景。主要内容包括普通钢筋混凝土、预应力混凝土、钢骨混凝土、钢管混凝土及钢一混凝土组合梁等结构的设计计算理论。对混凝土学科的某些新领域，如混凝土结构的耐久性、双向板设计中的板条法等也作了较详细的介绍。（王跃）

T000695 **混凝土结构（上、下册）** 天津大学等编。中国建筑工业出版社 1998 年 6 月第二版。104.3 万字。35.20 元。分为上、下两册。上册内容包括绪论，材性，计算原则，轴心受力构件的截面承载力计算，受弯构件的正截面受弯承载力计算，受弯构件斜截面的承载力计算，偏心受力构件的截面承载力计算，受扭构件的截面承载力计算，混凝土构件的变形及裂缝宽度验算，预应力混凝土构件计算，梁板结构。下册内容包括单层厂房，框架结构，高层结构。（朱首明）

T000696 **钢与轻骨料混凝土组合梁** 王连广、刘之洋著。西南交通大学出版社 1998 年 5 月版。25.5 万字。21.00 元。共 8 章。第一章扼要介绍钢与混凝土组合梁在国内外的应用与研究进展以及研究钢与轻骨料混凝组合梁的意义。第二章简单介绍轻骨料混凝土及组合结构钢材的性能。第三章在总结国内外关于混凝土及钢材的本构关系的基础上，通过试验研究，建立了钢与轻骨料混凝土组合材料本构模型。第四章在研究型钢轻骨料混凝土简支梁的工作性能基础上，建立了其开裂、抗弯、抗剪、变形、刚度、裂缝及粘结滑移等理论计算公式。第五章根据钢与轻骨料混凝土简支组合梁的受力特点，建立了其承载力、变形、交界面相对滑移及宽翼组合梁剪力滞后影响下的变形等计算公式。第六章研究钢板与轻骨料混凝土组合梁的工作性能，建立了其承载力、变形及裂缝等计算公式。第七章在总结栓钉、方钢、弯筋及槽钢等剪力连接件在混凝土中工作性能的基础上，建立了它们在轻骨料混凝土中的承载力及荷载—滑移计算公式。第八章在试验基础上，研究了钢与轻骨料混凝土连续组合梁的内力重分布规律、剪力连接件布置及滑移分布规律，建立了其承载力、变形及裂缝宽度等计算公式，并提出了其设计方法。（毛文义）

T000697 **钢结构框架体系弹性及弹塑性分析与计算理论** 李国强、沈祖炎著。上海科学技术出版社 1998 年 6 月版。20.7 万字。12.30 元。介绍钢结构框架体系的弹性及弹塑性分析与计算理论，内容包括：考虑轴力和剪切变形交互影响的梁单元弹性刚度方程、框架梁柱截面屈服面方程与滞回模型、梁单元弹塑性刚度方程、空间柱单元弹性及弹塑性刚度方程、梁柱连接和节点域受力性能及其对框架梁柱刚度的影响、支撑和剪切梁单元弹性及弹塑性刚度方程平面框架体系的弹性稳定、非线性反应和地震反应分析以及空间框架体系分析模型。书中各部分理论均配以相应的计算示例或数例,直观地说明理论的实际运用,并得出一些对实际工程计算与设计有用的结论。(戎良)

T000698 **黄土与黄土工程** 张中兴著。青海人民出版社 1998 年 12 月版。35 万字。20.00 元。融现行规范与黄土研究重要成果为一体,对黄土进行了系统论述,阐明了黄土的工程原理与计算。全书共 8 章,主要阐述黄土的类型和特征,从工程角度对黄土土性进行了系统分析;由于青海湿陷性黄土堆积厚度大、自重湿陷性强,所以列专章讨论了青海黄土的工程性质;介绍了现行规范中黄土的湿陷性评价、地基计算和工程措施等,并根据规范中的原则规定,拓宽了实用内容,如地基计算、地基处理等;阐明了黄土湿陷计算的穆斯塔伐耶夫法和普通压缩变形计算的 ε-ρ 曲线法、ε-$\log\rho$ 曲线法、均宽附加应力系数法等。书中列有计算例题,并附有思考题与习题。(姜丽)

T000699 **岩土力学的理论与实践** 施建勇主编。河海大学出版社 1998 年 3 月版。70 万字。70.00 元。系第三届全国青年岩土力学与工程会议论文集,国家自然科学基金委员会资助项目。内容包括岩土体的基本特性与测试技术、岩土力学新分析方法、基坑开挖与支护、桩基础、地基处理、岩石力学、土动力学 6 个方面,反映了近年来岩土工程与岩土力学的理论与工程应用的现状和主要成果。(陈玉国)

T000700 **地基及基础** 华南理工大学等编。中国建筑工业出版社 1998 年第三版。70.5 万字。23.60 元。系统地阐明土的物理性质和分类,地基的应力和沉降,土的抗剪强度,土压力,地基承载力以及土坡稳定性分析等土力学基本理论;重点论述浅基础常规设计,连续基础,桩基础和挡土墙等的设计计算原理;完整反映地基勘察,土中渗流的影响,软弱土地基处理,区域性地基以及动力机器基础各专门领域的基本内容。(朱首明)

T000701 **地基处理工程实例应用手册** 叶书麟主编。中国建筑工业出版社 1998 年版。134.4 万字。70.00 元。共计 20 章内容。第一章概论中介绍地基处理的对象和地基处理方法的分类,并列表介绍了常用地基处理方法的分类、原理、作用、适用范围、优点及局限性及各种地基处理方法的土质适用情况、加固效果和最大有效处理深度,还介绍了地基处理设计的方案选择、地基处理技术的国内外发展情况等。第二～二十章介绍各种地基处理方法,包括换填、强夯、振冲及干振碎石桩、振动沉管碎石桩、水泥粉煤灰碎石桩、石灰桩、土桩及灰土桩、预压、注浆、高压喷射注浆、深层搅拌、粉体喷射搅拌、加筋土、土工合成材料、土层锚钉、土钉、锚钉板、锚杆静压桩、树根桩共 19 种地基处理方法。在每一章中都阐明了该种地基处理方法的适用范围、加固机理、勘察设计、施工、质量检验、试验检测等方面的内容。各章列举的工程实例,都是该种地基处理方法在各种地质条件下,在各种典型的有代表性的工程中的应用实例。(余永祯)

T000702 **全国重大工程项目地基处理工程实录** 王铁宏主编。中国建筑工业出版社 1998 年版。41.7 万字。24.00 元。对我国"七五"、"八五"期间国家重大工程项目各类软弱复杂地基共 17 项工程实录进行了全面介绍。每个工程实录均包括地基处理方法的比较、选择、工艺的确定,可行性试验研究,检测与评估方法,经济效益比较等内容。涉及的处理范围有消除砂土液化、砾质粘性土回填处理、消除黄土湿陷性、小区非均匀块石回填地基处理、抛石填海地基处理、高填方地基处理等。(褚冬梅)

T000703 **深基坑工程设计施工手册** 龚晓南主编。中国建筑工业出版社 1998 年版。134.4 万字。71.00 元。全国各地 80 多位专家参加本书的编写和审阅。既有系统地设计计算理论又有计算方法和施工技术介绍,并附有较多的工程实例。本手册共设 15 章,分别为:总论、设计计算理论与分析方法、放坡开挖基坑工程、悬臂式围护结构、水泥土重力式围护结构、内撑式围护结构、拉锚式围护结构、土钉墙、基坑围护的其他形式、深基坑工程施工、地下连续墙技术、送作法技术、深基坑工程环境效应与对策、深基坑工程监测和控制、动态设计及信息化施工技术。书后附有索引。(常燕)

T000704 **中国防火建材产品技术手册(1998)** 国家防火建筑材料质检中心编。四川科学技术出版社 1998 年版。68 万字。50.00 元。针对近年来大量未经国家抽检和行业统检的劣质防火建材产品低价销售、冲滞市场给国家和人民生命财产带来严重隐患的现状,根据公安部消防局的指示精神,并应有关设计、消防监督、生产及使用单位的要求,国家防火建筑材料质量监督检验中心编成该手册。对国内目前每一类防火建材产品的研究、生产状况、技术要求及存在的问题作了综合阐述;对国内经检验合格

的防火建材产品的技术性能、安装及使用说明等作了详细介绍。(赵钢)

T000705 **防水工程手册** 沈春林编。中国建筑工业出版社 1998 年版。105.9 万字。68.00 元。分为 6 篇。第一篇防水工程设计与施工,分屋面、地下、厕卫间和外墙 4 个方面介绍了防水工程的设计和施工。针对不少防水施工人员对新型防水材料缺乏了解,施工不当,造成渗漏水的情况,第二篇新型防水材料施工技术和第三篇新型密封材料施工技术中,按每种材料的特点、性能分别介绍其施工新技术。第四篇防水工程费用计算,用实例说明防水堵漏工程预算定额,最后根据不同的屋面用途和地点、环境等条件来选定防水方案。第五篇新型防水材料标准和试验方法中,介绍了防水涂料、防水卷材和砂浆、混凝土防水剂等的国家标准、企业标准和试验方法。第六篇防水施工规范中,介绍了国家、行业和地方的防水工程规范。(唐炳文)

T000706 **建筑防水施工工艺与技术** 北京城建集团一公司编。中国建筑工业出版社 1998 年版。25.5 万字。15.00 元。是根据国家现行的有关规范和地区现行的推荐做法而编写的。该书在结合多年施工实践经验的基础上,收集了近十年来(1987～1997 年)在屋面防水、厕浴间防水、地下室防水施工中所采用的新材料、新技术、新工艺。主要内容归纳为建筑防水材料、防水施工、防水工程质量检查与验收。(周世明)

T000707 **房屋建筑设备工程** 尹士君、李亚峰编著。东北大学出版社 1998 年 4 月版。38.3 万字。26.80 元。主要阐述建筑设备的基本原理和一般应用技术及其与建筑的关系,介绍建筑设备工程设计、计算方法的基本知识。全书分 3 篇,第一篇建筑给水排水,包括建筑给水系统、建筑消防系统、热水饮水供应、建筑排水系统、庭院供水排水及建筑中水建筑系统。第二篇供暖、空调和燃气供应,包括供暖、建筑通风系统、空气调节系统、燃气供应。第三篇建筑电气,包括供配电系统、电气照明、建筑弱电系统,安全用电与建筑防雷。(刘淑芳)

T000708 **北京国际金融大厦的项目管理** 乌云娜、孔晓编著。中国水利水电出版社 1998 年 8 月版。14.4 万字。19.50 元。北京国际金融大厦建筑面积为 10.2 万平方米,项目总投资为 16.7 亿元。该项目在实施过程中,管理者在学习和借鉴国外先进的项目管理理论和经验的同时,创立了独特的项目管理体系和管理方法。本书就是以此项目管理的成功案例为主线,围绕项目的三元管理主体,即业主、监督以及承包商三方,提出了业主的计划工作体系、合同管理体系和规范管理体系,并对管理的作用、企业文化的效能、项目委托管理以及业主的规范化行为等作了深入的探讨。书中还收入了该项目详细的建设进度和内部管理制度。(王永法)

T000709 **2000 年小型住宅施工图集** 建筑艺术工作室编绘。中国水利水电出版社 1998 年 8 月版。50 万字。36.00 元。是为配合《中外小住宅设计图典》而编绘的。书中收集了 30 余套设计施工图例。有多种建筑模式,建筑的规模有大中小型之分,建筑面积为 250～500 平方米。(王勤)

T000710 **全国建设职业教育系列教材(建筑结构施工专业)** 全国建设职业教育教材编委会编。中国建筑工业出版社 1998 年 6 月版。220 万字。118.00 元。共 4 册,分别为《建筑结构施工基本理论知识》、《建筑结构施工基本计算》、《建筑结构施工识图与放样》、《建筑结构施工实际操作》。本套教材是依据建设部《建设行业职业技能标准》对培养中级技术工人的要求,并在德国有关专家的指导下,经过总结国内部分双元制教育试点学校的教学经验编写而成的。(沈元勤)

T000711 **建筑施工(上、下册)** 谢尊渊、郭正兴、叶作楷主编。中国建筑工业出版社 1998 年版。189 万字。128.00 元。是在第二版的基础上进行补充修订的。本次修订着重补充了近十年来我国建筑施工技术和组织管理方面的新成果、新经验,全书结合新颁布的国家规范、标准的有关内容,加强了基本理论的阐述,增加了基坑放坡与边坡稳定分析、基坑支护工程、吊顶工程、隔墙与隔断工程、门窗工程、玻璃工程、砌砖工程、砌石工程等章节。对于其他章节也作了大量的更新和扩充。(曲士蕴)

T000712 **建筑施工实例应用手册** 上海建工(集团)总公司等编。中国建筑工业出版社 1998 年版。400 万字。246.00 元。分为 4 册,第一分册着重总结各省、市建工集团公司"八五"期间建筑施工中的典型工程经验。编入手册的工程都是施工技术先进、影响面大,或经上级部门鉴定、获奖的大型建筑工程。每项工程实例重点总结该工程最具特色的工艺或技术先进的分部或分项工程,反映该工程设计、施工方面的特点,以及为完成其施工难点所采用的施工方案、施工技术、施工设备和材料。(胡永旭)

T000713 **职业技能标准、职业技能岗位鉴定规范、职业技能鉴定习题集** 中华人民共和国建设部编。中国建筑工业出版社 1998 年 8 月版。每册 12 万字。每册 7.00 元。根据建设部印发的《建设行业职业技能标准》、《建设行业职业技能岗位鉴定规范》及各地工人学习、培训、鉴定工作的实际需要,组织出版了本套系列丛书,按职业分成单册。包括:钢筋工、瓦工、防水工、抹灰工、混凝土工、木工、建筑油漆工、架子工。每册的内容为职业技能标准、职业技能岗位鉴定规范及职业技能鉴定习题集,全部内容按初、中、高设置。(姚荣华)

T000714 **全国造价工程师执业资格考试复习要点** 徐大图主编。天津大学出版社 1998 年 10 月版。88.7 万字。38.00 元。包括:工程造价相关知识、工程造价的确定与控制、建设工程技术与计量(土建工程部分、安装工程部分)、工程造价案例分析。除案例部分外,其余部分内容均按指定教材的章节顺序及考试大纲的要求编写,概括阐明了教材各册的学习要点、考试要求,对基本内容进行了辅导。案例分析部分系根据考试大纲中对案例分析部分的 10 个要求重新编写而成。(刘铁)

T000715 **施工现场十大员技术管理手册** 潘全祥等编。中国建筑工业出版社 1998 年版。220 万字。分 10 册,它们是《施工员》、《质量员》、《材料员》、《定额员》、《安全员》、《测量员》、《试验员》、《机械员》、《资料员》和《现场电工》。书中主要介绍各种技术管理人员的工作职责、专业技术知识、业务管理和质量管理实施细则,以及有关专业的法规、标准和规范等。(胡永旭)

T000716 **建筑工程事故分析与处理** 江见鲸等著。中国建筑工业出版社 1998 年 12 月版。68.7 万字。29.00 元。高等学校建筑工程专业系列教材。系统地阐述建筑工程中常见事故的原因分析,出现事故尚未倒塌建筑结构的处理和加固方法。内容分为 3 篇:建筑主体结构篇包括砌体结构、混凝土结构、钢结构和特种结构的事故;地基与基础篇包括软弱地基处理,地基的变形、强度事故及地基加固和建筑物纠偏等方法;火灾与燃爆篇包括火灾及燃爆事故分析,结构防火防爆设计原则及灾后鉴定加固方法。(朱首明)

T000717 **建筑安装工人技术图解系列丛书——建筑木工** 周海涛主编。山西科学技术出版社 1998 年 1 月版。38 万字。18.00 元。以图解的形式,阐述建筑木工应掌握的基本知识。全书分 8 章,分别叙述木工基础知识,木工常用材料,木工工具,木作基本结合方式,屋盖系统,模板工程,门窗及木工装修。(温洁茹)

T000718 **简明筑炉工手册** 曾正明编。机械工业出版社 1998 年 4 月版。83.2 万字。42.00 元。分 11 章,系统地介绍筑炉工程中的基本知识和操作技能。主要内容有:常用资料,工业炉概述,筑炉材料,筑炉工具与机械,筑炉准备,耐火砖的加工,耐火砖的砌筑,不定形耐火材料的施工,耐火纤维炉衬的施工,几种工业炉的砌筑和维修及筑炉安全等。扼要地介绍了新炉型、新材料、新工艺以及新型筑炉机械。具体地阐述了异型砖的加工和工业炉复杂部位的砌筑技能。在各类工业炉的维修中还分别介绍了常见故障分析、紧急事故处理、修复方法、日常维护以及提高炉衬寿命的途径。(李铭杰)

T000719 **房屋装饰施工技术丛书** 蒋泽汉等编。四川科学技术出版社 1998 年版。136 万字。82.00元。以传统工种作业的主要建筑装饰材料作为各分册的基本范围,系统介绍各类材料的主要特点、施工性能、装饰效果及相关结构知识、施工工艺、操作技术、质量检验及用户维护保养等实用技术。共 8 个分册:《木质建筑材料及其装饰施工技术》,《石质建筑材料及其装饰施工技术》,《涂料漆料及其装饰施工技术》,《复合材料及其装饰施工技术》,《玻璃金属板材及其装饰施工技术》,《软装饰材料及其施工技术》,《厨房 卫生间设计布置与装修技术》,《房屋装修指南》。其中的《房屋装修指南》分册,从装饰角度,全面介绍了建筑装饰设计原则;与装饰施工密切相关的电气、水暖、消防知识;重点介绍了房屋装修与结构安全知识,对房屋建筑的基本结构形式与装修安全、各种建筑单体的构造与装修安全原则,作了详尽的介绍。(刘阳青)

T000720 **日本著名建筑事务所代表作品集** 傅克诚,日本顾问编辑委员会主编。中国建筑工业出版社 1998 年版。57 万字。206.00 元。编辑日本 21 个著名建筑事务所近 10 年来的代表作 121 项。其中有大型综合建筑事务所(如丹下健三·都市·建筑设计研究所、日建设计、日本设计、久米设计、竹中工务店等)的大型项目,也有著名建筑家个人事务所(如芦原建筑设计研究所、槙综合计划事务所、黑川纪章建筑都市计划事务所、伊东丰雄建筑设计事务所等)的新作。将近年来日本各类型重点项目及主要建筑均收录其中,并包括承担的世界其他国家和地区的工程项目,全面反映了当代日本建筑的艺术及理论。书中所刊登的 700 多幅图版全部是日本各建筑事务所提供的珍贵原版资料。(王玉容)

T000721 **中国百名一级注册建筑师作品选** 《建筑师》编委会编。中国建筑工业出版社 1998 年版。1000.00 元。为迎接 1999 年在北京召开的国际建筑师代表大会，显示我国建筑师群体的实力，宣传我国建筑师的设计成果，加强经验交流，本书精选了国内一级注册建筑师 100 名，介绍其作品。本丛书共 5 册，每册 20 个建筑师，每个建筑师 16 面，介绍其简历和代表作品。（徐纺）

T000722 **中国名家建筑画系——华宜玉建筑画** 天津科学技术出版社 1998 年 1 月版。25 万字。女画家华宜玉，现任清华大学建筑学院教授，教学之余，潜心创作水彩画。她的水彩画以建筑题材为主，把建筑物的姿容巧衬在自然环境与不同季节气候中，通过淋漓水色，渲染出丰富多彩的意境和韵味。这部建筑画集包括画家 150 幅作品，主要是近 20 年来所作。置于卷首的 7000 余字的“创作心路”，将她大半生在艺术道路上的艰难跋涉——起步、渴求、耕耘——清晰地摆在读者面前。（宋淑萍）

T000723 **中国现代美术全集·建筑艺术编** 邹德侬、吴光祖等著。中国建筑工业出版社 1998 年版。1026 幅。1750.00 元。中国现代美术全集是 1989 年出版的《中国美术全集》(60 卷)的自然延伸，是《中国美术分类全集》中的一个全集。全集包括绘画、雕塑、建筑艺术、工艺美术、书法篆刻等艺术类别图书共 48 卷。其中建筑艺术编共 5 卷。卷 1 介绍了我国 19 世纪末至 1949 年期间的建筑艺术。这个特定时代的建筑，具有多种多样的形式和风格，包括中国传统的、西洋古典的和西文现代的，反映了那个时代所特有的艺术风貌和社会内涵。卷 2 至卷 5 介绍了 1949 年至 90 年代中期、特别是 80 年代以后的中国建筑概貌。其中，卷 2 介绍住宅建筑；卷 3 介绍科研、教学、文化、医疗、体育等建筑；卷 4 介绍商业、办公、金融、旅馆、风景园林、交通等建筑；卷 5 介绍纪念、宗教、观演、博览、工业等建筑及室内设计，同时还概要介绍了台湾、香港和澳门建筑。这 4 卷图书以 800 余张彩照形象地反映了当代中国建筑艺术的独特魅力，同时也从一个侧面表现了新中国社会主义建设欣欣向荣的景象。（王伯扬）

T000724 **中国藏式建筑艺术** 杨嘉铭等著。四川人民出版社 1998 年 8 月版。3 万字。215 幅图。280.00 元。中国藏式建筑是西藏、四川、青海、甘肃、云南的藏区以及其他地区的藏式建筑之总称。藏式建筑艺术不仅具有藏文化的审美意蕴，而且富有浓郁的宗教色彩，从吐蕃时期遗存的宫殿、城堡到藏传佛教的寺庙、塔，以及民居、碉等，形式多样而丰富。本书内容包括：卷首以“中国藏式建筑艺术”论文(约 5 万字)作为概述，其次是图版(215 幅)和图版说明，卷尾附有《中国藏式建筑年表》。全书文字采用中英文对照。（张问渔）

T000725 **建筑艺术的隐喻** 王立山著。广东人民出版社 1998 年 7 月版。12 万字。13.80 元。从建筑隐喻的基础、隐喻的形成过程、隐喻的形式、隐喻的图式结构、人类隐喻中的色彩、抽象形式构成与建筑、人类群体稳定的生存空间、建筑隐喻的形式、建筑隐喻实现过程的复杂性、现代建筑深刻思想的隐喻等 17 个方面对隐喻以及它在建筑文化艺术中的表现形式做了一些初步的探索。（陈娟）

T000726 **建筑空间的形态·结构·涵义·组合** 刘永德著。天津科学技术出版社 1998 年 1 月版。56 万字。描述建筑空间的图集。作者本着学以致用和理论与实际相结合的原则，编入了一些具有时代感和典型性的实例，以建筑空间的形态、结构、涵义、组合方法为构思的主线，全面论述关于建筑空间的思想。主要内容包括：空间漫议、空间的形态、建筑空间的结构、空间的涵义、建筑空间组合、设计意念开发等。（丁文红）

T000727 **首届全国电脑建筑画大赛获奖作品集** 《建筑画》编辑部编。中国建筑工业出版社 1998 年版。38 万字。198.00 元。首届全国电脑建筑画大赛评选活动于 1998 年 4 月 26 日～29 日在北京举行。这次活动共收到全国 26 个省、自治区、直辖市报送的 532 幅作品。经过评委会反复投票，共评出一等奖 3 幅、二等奖 9 幅、三等奖 18 幅、优秀奖 143 幅。这次评选活动是由中国建筑工业出版社《建筑画》编辑部和广州德克赛诺科技有限公司共同主办的。本书所收录的内容即为参加此次评选活动的全部获奖作品，共计 173 幅。（于志公）

T000728 **高等学校建筑美术系列教学丛书** 周若兰等编。中国建筑工业出版社 1998 年版。5 本，即：《素描》、《水彩》、《水粉》、《建筑画》、《速写》。由单体到组合，从静物学习到室外写生，最后对名家名作和优秀作品进行鉴赏。每一步均配有大量的实例。（王玉容）

T000729 **海内外建筑师合作设计作品选** 贾东东编。中国建筑工业出版社 1998 年版。216 页。130.00 元。介绍 80 年代以来海外著名建筑师在中国大陆的精彩设计作品 50 项，包括 40 余项建成作品和近 10 项在建作品和方案。每个作品附有简要的构思说明、必要的平、立、剖面图和精美的室内外照片,全面地反映了设计者的构思意图。本书附录为80年代以来海外建筑师与内地建筑师合作设计作品简表,共计收入全国各地项目300余项,从中可以看到我国对外开放后合作设计所走过的历程,也是研究中国建筑史的第一手资料。(徐纺)

T000730 **实用给排水工程施工手册** 孙连溪主编。中国建筑工业出版社1998年7月版。170万字。98.00元。汇集给水排水工程施工所需的技术资料,主要内容有:施工组织与管理;施工排水;土石方工程施工;钢筋混凝土工程施工;沉井工程施工;取水构筑物施工;水处理构筑物施工;水塔施工;室外地下管道开槽施工;室外地下管道不开槽施工;机械设备安装;工程验收;工程质量通病与防治。(何苗)

T000731 **建筑给排水工程** 王增长主编,曾雪华副主编,孙慧修主审。中国建筑工业出版社1998年第四版。46.9万字。15.80元。为建设部"九五"重点教材,高等学校推荐教材,主要介绍建筑内部给水系统的分类和组成、给水方式、给水管道的布置和敷设、水质防护;建筑内部给水所需的水压、水量和增压贮水设备;建筑内部给水系统的计算,如设计秒流量计算、给水管网水力计算及其计算机计算方法;建筑消防系统,介绍了消火栓给水系统、布置及水力计算、自动喷水灭火系统、布置及水力计算、其他固定灭火设施;建筑内部排水系统的分类和组成、排水管道的布置与敷设排水管系中水气流动的物理现象、污废水提升和局部处理;建筑内部排水系统的计算,包括排水定额和设计秒流量计算、管网的水力计算;建筑雨水排水系统介绍屋面雨水排放方式、雨水排水系统的水力计算等;建筑内部热水供应系统介绍其分类、组成和供水方式、加热设备和器材、热水管道布置和敷设;建筑内部热水供应系统的计算介绍水质、水温及热水用水量定额、热水量、耗热量、热煤耗量的计算、热水加热及贮存设备的选择计算、热水管网的水力计算等;饮水供应系统及制备方法、饮水供应的水力计算;居住小区给水排水工程及建筑中水工程;水景及游泳池的给水排水设计;高层建筑给水排水工程的特点,包括给水、排水、热水供应、消防给水系统的特点等;建筑给水排水工程设计程序和图纸要求、CAD在建筑给水排水工程设计中的应用等。(俞辉群)

T000732 **民用建筑电气设备手册(上、下)** 湖南省建筑电气设计情报网组织编写,戴瑜兴主编。中国建筑工业出版社1998年3月版。385.2万字。198.00元。介绍各种电气设备的特点、适用范围、结构、主要技术数据、外形及安装尺寸、生产厂家等。其技术数据直接取自各厂家最新的样本及技术资料。(沈元勤)

T000733 **建筑电气安装工程图集——设计·施工·材料** 吕光大主编。中国电力出版社1994年至1998年陆续出版。600万字。共260.00元。内容有:国家标准中有关电气图的图形、文字符号、35kV及以下的室内外配电系统及配电装置、电力电缆线路、室内布线及一般电具、照明选择、安装、建筑物防雷与接地、广播通信,智能化大厦、新型民用住宅中的综合布线,建筑电气工程中设计、施工、验收的常用规程规范等。(丁雁)

T000734 **中国高层建筑结构设计精粹** 陈祥福等编。海南出版社1998年1月版。184.8万字。120.00元。挑选中国典型的29幢高层建筑,如北京的京广中心、京城大厦、国贸中心,广州的白天鹅宾馆,深圳的国际金融中心、亚洲大酒店,天津交易大厦,上海的仙霞新村高层住宅,成都的蜀都大厦,昆明工人文化宫,广西北海的皇都大厦,长沙的蝴蝶大厦,郑州的黄和平大厦,沈阳的鹿鸣春大酒店,西安大酒店,青岛的中国银行分行办公楼等。详细介绍了每幢建筑的工程概况、工程地质和水文地质条件、结构造型与概念设计、结构计算与设计(包括重要节点图和施工图共800多幅)、基础设计、构造和技术措施、主要技术经济指标和疑难技术问题的处理,以及试验研究和测试成果。(蒋为民)

T000735 **高层建筑结构施工实例图集** 应芬芳等编著。中国建筑工业出版社1998年版。87.3万字。83.00元。简要地介绍高层建筑结构施工图设计阶段梁、板、柱、墙、基础的计算公式、构造要求。图纸部分为8个实际工程的施工图。这些图纸按照文字部分叙述的内容划分为24个工程实例。每个工程实例在内容上是相对独立的。如工程实例1为北京某酒店公寓的基础施工图;工程实例7为该工程的柱详图;工程实例11为该工程的墙详图;工程实例15为该工程的结构平面图等。

T000736 **现代化城市管理·(2)城市与社区的综合规划** 美国加州大学柏克利分校著,本书编译组编译。中央广播电视大学出版社1998年12月版。19.7万字。12.00元。《跨越世纪,面向世界500讲》是由美中远程教育合作发展基金会、中国科技发展基金会和上海法学教育发展基金会策划、参与发起,原国家教委电化教育音像出版社、中央电大出版社出版发行的大型电视教育系列教材。本教材第一版为每序列3册,共计15册。现根据各种岗位培训、继续教育和不同品位读者的需要,并吸收各有关单位领导和专家的建议,按原教材序列内容重新组合、调整,分为21册。本书为《现代化城市管理》序列第二册。全书包括:"现代化城市与社区综合规划的形成步骤"、"地方综合性规划及规划战略的实例"、"规范私营土地使用活动的土地利用规划以及规定达到的规划目标"、"影响地方规划的法制框架与原则和私人土地使用的法规"、"不动产开发的程序"等内容。(张静)

T000737　**智能大厦系统工程**　李林著。电子工业出版社1998年1月版。74万字。36.00元。着重在智能建筑物管理系统(IBMS)的设计技术、系统产品、工程实施、综合管理等方面进行了详细的论述。特别突出了智能建筑物管理系统一体化集成的重要性,以及针对如何实现系统一体化集成,介绍了系统集成、功能集成、网络集成、软件界面集成等多种集成技术。同时,本书运用系统工程的原理和方法,立足于标准化和主流技术,对智能大厦所集成的楼宇管理系统(BMS)、办公自动化系统(OAS)和通讯与网络系统(CNS),以及相应子系统的系统组成模式、硬件配置、软件基本功能等作了介绍和说明。(孙延真)

T000738　**花园设计**　余树勋著。天津大学出版社1998年12月版。48.0万字。148.00元。分8部分:花园的考源与释义;花园的类别;花园的规划;花园的设计原则;花园的植物种植设计;花园设计举例;花园中的园林小品;花园设计的创造性契机。(徐桂英)

T000739　**园林理水艺术**　朱钧珍著。中国林业出版社1998年8月版。20万字。66.00元。水是园林景观中生动、活泼又具有哲理思维的造景素材,理水便是园林设计中的一个重要艺术手法。本书即是从水这一造园素材由中国古典造园手法到现代园林工程技术来介绍,总结园林中的理水艺术,如园林中湖泊的广阔和浩渺的意境,动态水景活泼多姿的特色。而对动态水景如喷泉、壁泉、涌泉、间歇泉、溢流和泻流、瀑布、水帘等则进行了重点介绍。书中除对园林水景的理水手法进行阐释外,还对水景的植物配置,与建筑和其他园林小品的协调提出了一些基本的原则。最后还对几个具体的水景实例进行了剖析。(沈登峰)

T000740　**成都市园林志**　成都市园林志编纂委员会编纂。四川人民出版社1998年10月版。62万字。98.00元。记述时间大体上为清代至1989年,是有史以来第一部成都园林专业志,它系统地反映了成都园林事业从古至今发生、发展和演变过程,着重论述了党的十一届三中全会以来成都园林事业取得的丰硕成果,其主要内容为概述、公园名胜、城市绿地、花木、科技、大熊猫、管理、大事辑要以及专记、诗文丛录、园林佳话、附录等。

T000741　**上海大型市政工程设计与施工丛书**　副名:高架道路工程。上海科学技术出版社1998年12月版。69.2万字。130.00元。是"上海大型市政工程设计与施工丛书"的一种,主要介绍近年来上海高架道路工程设计、施工所取得的经验和成就。全书介绍了内环高架路和南北高架两个工程,重点介绍了高架道路工程的总体线形与断面布置,互通式立交及匝道设计,高架道路监控,排水、照明与防噪屏等设计以及五层互通式立交、跨河桥梁、跨铁路旱桥和黄浦江大桥衔接段等工程的土建设计和施工经验。本书对各工程的组织实施与管理也作了较全面的介绍。如工程的可行性研究、财务评价、工程建设管理、设计工作组织、工程前期工作、工程招投标、工程质量控制、工程投资控制、文明和安全施工等。(陈绍年)

T000742　**城市地下管线普查技术研究与应用**　区福邦等著。东南大学出版社1998年12月版。54.5万字。38.00元。城市地下管线是城市的重要基础设施,是城市生存和发展的血脉。城市地下管线普查工作越来越受到国家有关部门和各城市的重视。本书提出了在现况调绘资料的基础上,采用探查、测量和计算机辅助制图,内外业一体化作业,同步建立地下管线数据库和实行动态管理的地下管线普查技术方案。这一方案实现了同步建立地下管线数据库,确保了地下管线信息的完整性和现势性。本书前半部分介绍了城市地下管线普查的基本要求、工作模式、技术方案等,后半部分介绍了地下管线普查工程的监理、动态管理、数据采集、处理等。(徐步政)

T000743　**给水工程**　上海市建设委员会科学技术委员会编著。上海科学技术出版社1998年9月版。25.7万字。70.00元。系"上海大型市政工程设计与施工丛书"之一,主要介绍和总结了近10多年来上海给水工程方面所取得的成就和经验,选择了具有代表性的长江引水一期工程暨月浦水厂一期工程、凌桥水厂20万/m^3d工程、黄浦江上游引水工程、长桥水厂扩建工程等4项工程,着重从设计和施

工技术方面进行阐述。本书主要从工程概况、设计、施工、组织管理等方面对各工程作全面介绍,并配图和照片。(戎良)

T000744 **高压水射流技术与应用** 薛胜雄等著。机械工业出版社 1998 年 8 月版。50.1 万字。48.00元。分基础理论、设计研究、应用发展 3 个部分,着重总结了高压水射流技术的设计新思路、试验新成果、成套新设备、应用新经验,以大量篇幅介绍了高压水射流成套设备及其各个部件的设计原理和结构特点、水射流技术的各种应用实例,还介绍了提高水射流性能的新方法、运行与安全以及水射流设备的标准等。(李正民)

T000745 **排水工程** 上海市建设委员会科学技术委员会编著。上海科学技术出版社 1998 年 9 月版。47.4 万字。105.00 元。系"上海大型市政工程设计与施工丛书"之一。主要介绍和总结了 80 年代以来上海排水及污水治理工程方面所取得的成就和经验,选择了具有代表性的合流污水治理一期工程、天山污水处理厂、闵行区污水处理厂、上海石化总厂水质净化厂三期扩建工程、芙蓉江排水系统工程等 6 项工程,着重从设计和施工技术方面进行阐述。本书主要从立项、论证、招投标、设计、施工、工程管理、施工监理、竣工验收、投入运行等方面对各工程作全面介绍,并配图和照片。(戎良)

T000746 **火灾探测及其信号处理** 王殊、窦征著。华中理工大学出版社 1998 年 2 月版。20 万字。12.50 元。首先论述建筑物内火灾的发展过程、火灾信号的特征和火灾探测方法的发展历史;然后详细论述了各种火灾探测器的工作原理、特性和设计方法;随后论述了火灾信号处理的各种方法,包括火灾信号处理的直观法、系统法和统计检测法等,特别是详细论述了近年来新发展的火灾信号智能处理方法,如模糊逻辑专家系统和人工神经网络技术等;最后还说明了火灾探测系统信号传输的特点,并介绍了火灾探测的新技术和新方法。(陈晓娟)

T000747 **建筑防火设计手册** 王学谦、刘万臣主编。中国建筑工业出版社 1998 年版。82.6 万字。47.00 元。系统地介绍建筑防火设计的基本知识,并按照现行建筑设计防火规范的要求,吸收现代建筑防火设计技术和先进经验,针对建筑防火设计存在的问题,介绍一系列实用的建筑防火技术措施。(时咏梅)

水利工程

T000748 **"八五"以来水利发展大事记(1991～1997 年)** 水利部办公厅编。中国水利水电出版社 1998 年 7 月版。11.4 万字。18.00 元。内容包括:党和国家领导人对水利的重要指示、讲话;机构设置、人员任免;与水利发展有关的重大活动;水利部以及国务院和地方政府召开的有关水利的重要会议,通过的决议、决定;重要的规章制度和条例;表彰先进及其他查考的事项。(薛云霞)

T000749 **跨世纪的中国水利** 水利部办公厅规划司编。中国水利水电出版社 1998 年 3 月版。87.2万字。95.00 元。论述中国今后水利改革与发展的思路,汇集全国 7 大流域,31 个省、自治区、直辖市(暂缺台湾省)的水利发展"九五"计划和 2010 年远景目标规划。(陈薇)

T000750 **水资源价值论** 姜文来著。科学出版社 1998 年 7 月版。25.00 万字。23.00 元。"博士丛书"之一。以可持续发展的观点为指导思想,紧紧围绕着水资源价值展开论述,在分析水资源供需状态基础上,对国内外水资源价值研究现状、存在的问题及发展前景进行了剖析,从不同角度探讨了水资源价值来源,阐述了水资源价值流、水资源价值突变、水资源价值模糊数学模型、水资源耦合价值、水资源价值量核算及均衡代际转移水资源财富等理论;并以北京市为例,对上述重要理论开展了应用研究。(总编室)

T000751 **DL5077-1997 水工建筑物荷载设计规范** 中华人民共和国电力工业部编。中国电力出版社 1998 年 3 月版。13.8 万字。19.00 元。是在 GB50199-94《水利水电工程结构可靠度设计统一标准》的原则要求下,对水工建筑物的各种作用(荷载)作出了统一规定,包括建筑物自重及永久设备自重、静水压力、扬压力、动水压力、地应力及围岩压力、土压力和淤沙压力、风荷载和雪荷载、冰压力和冻胀力、浪压力、楼面及平台活荷载、桥机和门机荷载、温度作用、地震作用、灌浆压力等。(杨万涛)

T000752 **三峡工程坝基岩体工程研究** 任自民等著。中国地质大学出版社 1998 年 6 月版。58 万字。35.00 元。论述岩体形成的地质基础——岩体建造与改造的地质特征及模式、岩体工程地质特性与量化研究、岩石力学试验研究、坝基岩体质量评价及建基面优化选择、工程岩体稳定及加固处理试验、地质力学模型研究，并结合三峡工程实际，对坝基岩体工程的理论与实践问题，进行了总结。作者密切结合三峡工程实际，运用新技术、新理论、新方法进行多手段、多专业的联合攻关，多学科渗透融合，研究和解决了三峡岩体工程一系列重大问题。如岩体建造与改造的地质特征、规律、模式等的研究；岩体工程地质特性及量化评价的研究；弱风化岩体利用及加固处理的试验研究；坝基岩体质量评价及建基面优化选择的研究；岩石力学特性及工程力学参数的选择研究；坝基概化地质模式及工程岩体稳定的研究(含地质力学模型)等。(贾晓青)

T000753 **世界超级高坝** 陈宗梁编著。中国电力出版社 1998 年 1 月版。38.3 万字。15.00 元。下个世纪，我国拟开工建设的小湾、拉西瓦、溪洛渡、糯札渡、构皮滩等水电工程的大坝坝高都超过 200m 甚至接近 300m，收集并研究分析世界各国高坝建设的经验教训对我国下世纪的水电建设是非常有意义的。本书作者正是从这个目的出发，收集了世界上不同年代修建的 36 座“超级”高坝的资料，包括枢纽布置、高坝体型和结构、坝基处理、泄洪建筑物、厂房和引水道、施工技术、部分大坝的安全监测和工作性态等方面，并从中着重介绍了各大坝的特点和水平、设计原则和方法、成功的经验和失败的教训，主要技术指标和有关图纸。(杨万涛)

T000754 **通航建筑物** 董士镛主编。中国水利水电出版社 1998 年 3 月版。31.7 万字。28.00 元。为“葛洲坝工程丛书”第六分册，对葛洲坝水利枢纽通航建筑物的概况、总体布置及对其所处航道的水力学问题的研究与航道整治方案，大、三江航道布置与航道建筑物的具体情况，三、二、一号船闸总布置、船闸结构及主要设备等内容进行了介绍。对与葛洲坝水利枢纽通航建筑物有关的勘测、设计、施工等方面的技术和工艺做了详细介绍。(方苹)

T000755 **黄河龙羊峡水电站勘测设计重点技术问题总结** 西北勘测设计研究院编。中国电力出版社 1998 年 9 月版。39.8 万字。38.00 元。是黄河龙羊峡水电站勘测设计重点技术问题总结的第一卷，全书分 10 个专题，即：龙羊峡水电站勘测设计技术工作总结、龙羊峡水库蓄丰补枯运用对黄河中下游影响的初步研究、黄河龙羊峡水库淹没处理规划与库盘清理设计总结、黄河上游连续 11 年枯水段的分析探讨、黄河龙羊峡—青铜峡河段梯级规划总结、龙羊峡水电工程区域稳定和地震活动研究、龙羊峡水电站近坝库岸稳定及滑坡涌浪评价、龙羊峡水电站水轮发电机组优化选择设计和技术总结、龙羊峡水电站机组继电保护设计及科研总结报告、龙羊峡水电站底孔和深孔 5m×7m－120m(95m)偏心铰弧门研制总结。本书结合龙羊峡水电站的工程实践，反映了龙羊峡电站的设计水平和工程特色，对我国水电建设有着极其重要的借鉴作用。(杨伟国)

T000756 **潮汐电站** 沈祖诒主编。中国电力出版社 1998 年 3 月版。64.5 万字。37.00 元。主要介绍潮汐电站的特殊性。第一章简要地介绍全球能源需求和再生能源的开发利用。第二章介绍潮汐现象的基本概念、潮汐能的估计和潮汐能基本开发方式。第三章介绍潮汐电站站址选择和主要参数选择等。第四、五章介绍贯流式水轮机特性、水力计算和结构等。第六章介绍贯流式水轮机的控制。第七、八章介绍潮汐电站枢纽布置，水工建筑物和厂房的特点、设计计算和施工，引用了大量实例。第九章介绍水力计算，包括海湾中和机组流道中的不稳定流计算。第十、十一章介绍国内外潮汐能源的开发和利用。并且对一些潮差较大的海湾的各种开发利用方案作了许多介绍。(姜萍)

T000757 **中国江河防洪丛书 长江卷** 洪庆余主编。中国水利水电出版社 1998 年 4 月版。51.6 万字。55.00 元。为了系统地总结中国防洪的基本经验，由中国长期从事防洪工作的专家，编写“中国江河防洪丛书”，按中国七大江河及总论，分 8 卷进行叙述。本书为丛书中的《长江卷》。长江是中国第一大河，流域地区社会经济发达，在国民经济中占有重要地位。但流域内，尤其是中下游平原地区历来洪涝灾害频繁严重。本书全面总结新中国成立以来，沿江人民防洪抗洪的经验，进行防洪建设所取得的伟大成就。系统介绍了长江流域的防洪规划与建设、防汛抢险工作及其与其他流域不同的特点。全书共 8 章，内容包括：流域概况、洪水与洪灾、防洪规划、防洪建设、防汛与抢险、堤防决口扒口与堵口、防洪管理、展望与建议。(陈琦英)

T000758 **堤防除险加固实用技术** 董哲仁主编。中国水利水电出版社 1998 年 11 月版。16.4 万字。9.80 元。是“水利科技减灾系列丛书”之一。重点介绍在堤防加固中应采用的一些新材料、新方法、新工艺。全书共 6 章。第一章堤防除险加固的前期工作；第二章堤防漫溢的除险和复堤；第三章堤防渗透破坏的除险加固；第四章堤防边坡失稳的除险加固；第五章堤防的垂直防渗与地基加固。第六章给出了大量除险加固的工程实例。(穆励生)

T000759　**堤防抢险技术**　国家防汛抗旱总指挥部办公室、国家防办《防洪抢险》技术系列片创作组编。中国水利水电出版社1998年8月版。1.8万字。2.00元。介绍堤防的抢险及修复技术。主要内容包括:渗漏抢险,背水脱坡(滑坡)抢险,临水崩塌(滑坡)抢险,漫溢抢险,善后处理与堵口复堤。(李丽艳)

T000760　**"黄河治理与水资源开发利用"系列专著**　本套书编委会。黄河水利出版社1998年12月版。600万字。842.00元。是"八五"国家重点科技攻关项目的成果集成。20册为专题专著,1册为综合专著。专题专著涉及黄河治理与水资源开发利用的各个方面。包括《黄河下游河道演变基本规律》、《黄河水沙变化与下游河道减淤措施》、《黄河口演变规律及整治》、《黄河泥沙冲淤数学模型》、《拦减粗泥对黄河河道冲淤变化影响》、《引黄渠系泥沙利用》、《结合引黄供水沉沙淤筑相对地下河的研究》、《黄河防洪防凌决策支持系统研究与开发》、《黄河滩区及分滞洪区风险分析和减灾对策》、《黄河下游游荡性河道整治》、《堤防工程新技术》、《黄河流域水资源合理分配和优化调度》、《泥沙对黄河水质影响及重点河段水污染控制》、《华北地区宏观经济水资源规划理论与方法》、《黄河流域地下水资源合理开发利用》、《黄河中游多沙粗沙区水沙变化原因及发展趋势》、《黄河中游多沙粗沙区快速治理模式的实践与理论》、《黄河中游侵蚀环境特征和变化趋势》、《黄河下游地上河发展趋势与环境后效》、《黄河流域灾害环境综合治理对策》。《黄河治理与水资源开发利用》(综合卷)为整体成果的综合论述。本系列专著系统地反映了近十年来黄河治理开发各专业领域的最新科学动态水平,为治黄的战略布局和宏观决策提供了重要的科学依据。(雷元静)

T000761　**海河志(第一卷)**　海河志编纂委员会编。中国水利水电出版社1998年1月版。53.4万字。40.00元。共3篇:第一篇"流域环境",记述海河流域的自然地理、河流水系、自然灾害、社会经济;第二篇"水资源",论述海河水资源的评价、分布、总量和开发利用及供需预测;第三篇"治理述要",记载了海河的历史治水活动和当代水利建设情况。国务院总理李鹏为本书作序。文前载有毛泽东等老一代革命家和江泽民等第三代领导人关心海河水利建设的珍贵历史照片多帧;流域降水量、径流深等值线图和水利工程分布图各1幅。(薛云霞)

T000762　**海河志(第二卷)**　海河志编纂委员会编。中国水利水电出版社1998年8月版。74.1万字。120.00元。共5篇:第四篇"河道防洪工程",记述漳卫南运河、子牙河、大清河、永定河、北三河、海河干流等的河道防洪工程;第五篇"水库工程",记述8座大(1)型水库、4座大(2)型水库和数以百计的中小型水库的情况;第六篇"除涝治碱工程",记载了黑龙港运东、徒骇马颊河、华北中部平原、滦河蓟运河下游等地区的情况;第七篇"水资源保护",论述水质监测与评价、水污染及其治理等的情况;第八篇"水土保持",记述水土流失、小流域治理和重点治理的情况。(薛云霞)

T000763　**黄河水利水电工程志**　黄河水利委员会水利科学研究院编。河南人民出版社1998年4月版。98万字。80.00元。"黄河志丛书"卷九。共4篇25章,全面反映黄河干支流水利水电工程的技术、管理与效益。以工程为单元,对黄河干流工程和支流重点工程的规划选点、勘测设计、兴建施工和运用管理等历史发展状况进行了系统记述,重点记述了干流大型灌区和灌溉历史悠久的支流灌区的建设成就及沿河大型工矿企业和重要城市工业生活供水的发展,并对水库移民工程等设专篇作了详尽的总结。既客观反映黄河水利水电工程取得的巨大成就,也实事求是地列述了工程建设中的失误与教训。(王锦)

T000764　**黄河志丛书**　黄河志总编辑室编著。河南人民出版社1991年11月至1998年4月版。记述黄河流域地理环境、土水资源、河流特性、自然与社会情况、河道变迁、黄河治理的历史与现状以及人文情况。本着"详今略古"的原则,着重记述中华人民共和国成立以来的治黄成就及经验教训。全书分11卷,各卷自成一册。卷一为大事记、卷二流域综述、卷三水文志、卷四勘测志、卷五科学研究志、卷六规划志、卷七防洪志、卷八水土保持志、卷九水利水电工程志、卷十河改志、卷十一人文志。本丛书有大量图、表、照片穿插其中,是一套全面反映黄河治理及流域利用黄河水利资源和开展水土保持工作,体现时代特点的新型志书。国务院总理李鹏为丛书作序。(张素秋)

T000765　**治水兴蜀——'96四川省"治水兴蜀"学术研讨会论文集**　四川省科学技术协会学会部编。四川科学技术出版社1998年版。31.5万字。25.00元。1996年12月四川省科协组织召开了多学科、跨行业的"治水兴蜀"学术研讨会,本书就是从这次研讨会交流的百余篇论文中选出的部分论文的集锦。共收入论文 57 篇，分别对“治水兴蜀”的历史经验和现实意义；四川水资源的特点；四川洪涝灾害的规律；四川水土流失和水土保持；四川的耕作制度与抗旱夺丰收；四川的水利建设与减灾措施；四川的森林植被与水资源等问题作了论述。（郭俊铨）

U 交通运输

U000001 **钢衬钢筋混凝土压力管道设计与非线性分析** 董哲仁著。中国水利水电出版社 1998 年 4 月版。27.6 万字。29.60 元。阐述结构布置和设计原则，扼要介绍结构模型试验概况；提出了适用于混凝土开裂前后钢衬与钢筋混凝土联合承载的结构计算公式，给出了混凝土开裂以后的以正交各向异性材料模型为基础的准解析递推公式；同时提出了管道结构优化设计方法及求解经济管径的计算机方法；对这种管道温度应力分析方法进行了阐述；建议了一套内压荷载作用下的裂缝宽度计算公式及因温度变化引起的裂缝张合度计算公式；为对大型结构进行更细致的分析，还阐述了钢筋混凝土非线性有限元的若干最新模型；最后，给出了包括三峡工程在内的工程计算实例。书后附录提供了结构分析及优化设计计算机的源程序。（阳森）

U000002 **简明动力管道手册** 简明动力管道手册编写组编。机械工业出版社 1998 年 1 月版。43.3万字。26.00 元。在《动力管道手册》基础上，精炼了常用的热力管道、气体管道和燃气管道等内容，删去了不太常用的真空管道、高纯气体管道等内容，并增加了新技术、新材料和新设备，动力介质性质和设计深度及各专业协作关系等内容。全书包括动力介质的性质、动力负荷的计算、动力管道系统、管道的布置及敷设、水力计算、管道附件的选择、管道强度及载荷计算、保温及防腐、动力管道安装及验收、设计内容及协作关系等 10 章。（蓝伙金）

U000003 **铁路机务** 鲍维干、杜怡主编。西南交通大学出版社 1998 年 6 月版。54 万字。31.00 元。分 4 篇。第一篇机车新技术，介绍电力及内燃机车的技术发展情况。第二篇高速/快速及重载列车，针对当前我国铁路客运提速、货运重载及计划中的京沪高速列车，分析了这些列车的牵引及制动问题以及重载列车纵向动力学及安全操纵技术。第三篇机车运用及安全，着重介绍了机务段信息管理系统，行车安全理论及设备——列车运行监控记录装置。第四篇机车维修技术，介绍机车检修中的各种检测方法、机车故障及零部件失效理论以及机车维修制度的制订。（王旻）

U000004 **地铁一号线工程** 上海市建设委员会科学技术委员会编。上海科学技术出版社 1998 年 12 月版。77.9 万字。160.00 元。系“上海大型市政工程设计与施工丛书”之一。全书由综述、工程概况、线路及界限、客流预测及行车组织、勘探及测量、车站、盾构隧道、地铁保护、轨道、车辆、车辆段、供电、通信、信号、环境控制、给排水及消防、试运营、建设管理等 18 个部分组成，主要对上海地铁一号线工程土建和机电部分的设计、施工与安装、调试等方面的技术经验作了总结和阐述；对所引进的各种设备系统的特点、性能作了介绍；同时还扼要地介绍了整个工程建设中在管理方面的一些做法和经验，以及试运营两年来的初步成果。（胡伟民）

U000005 **铁道车辆系统动力学** 沈利人翻译，沈志云校对。西南交通大学出版社 1998 年 10 月版。34.4 万字。25.00 元。概括铁道车辆数学模型的发展及其在动态分析和设计中的应用。以现代解析方法，分析处理了软轨相互作用及其对动力学的影响。书中第一至四章提供了研究铁道车辆动力学要求的必备材料；第五至八章用于铁道车辆及其部件在直线轨道和曲线轨道上的模拟。第九章讨论列车动态性能，概括了与列车纵向、横向和垂向动态性能有关的问题，介绍了准静态和准动态分析方法，建立了列车纵向、横向和垂向动力学模型。第十章为车辆与桥梁之间的相互作用模型，而第十一章介绍了铁道车辆动力学模型的试验验证。（任继英）

U000006 **铁路事故救援** 隋胜利著。中国铁道出版社 1998 年 3 月版。38.5 万字。19.80 元。分为 4 篇。第一篇为铁路事故救援通用知识，包括规章、安全知识，救援、起复作业知识，技能知识和防寒、防火知识;第二篇为N1002型铁路起重机,包括有关规章,技术理论,润滑知识,起重机的使用、操纵、保养及验收,实作知识和起重机给油、检查作业;第三篇为救援起复工,包括线路知识,拴吊工具,救援起复以及力学和机械基本知识;第四篇为救援起复机械司机,包括起复机械,油类知识,电工专业知识。书后还附有各型机车车辆的概要表,详列了与救援有关的尺寸和重量数据。与1977年的《铁路行车事故救援》风格不同的是,全书全部采用一问一答式,除第一篇通用知识外,其余各篇都是分工种进行介绍的。内容上除原有的救援设备、方法方面的知识进行了大幅度的更新、细化外,更增加了相关的理论和技术方面的基本知识。(冯慧)

U000007　**旅客运输**　北方交通大学王甦男主编。中国铁道出版社1998年2月版。34.8万字。16.50元。根据铁道部高等院校交通运输专业1995年教学计划和教学大纲的要求,在1987年出版的《铁路旅客运输组织》的基础上重新编写的。教材增补了1986年至1997年国内外有关本学科的新技术和新成就,增加了旅客运输市场营销、旅客运输质量管理、客运站设备能力计算、旅客列车工作组织及其他客运方式运输组织等内容。内容包括旅客运输系统概述、铁路客运计划、客运站工作组织、旅客列车运营工作组织、环境保护与站车卫生,公路、水运、民航和城市客运交通运输等。(李丽娟)

U000008　**筑路机械工程**　张世英、陈元基编著。机械工业出版社1998年4月版。67.4万字。39.50元。作者根据多年教学、科研、产品设计工作所积累的经验、数据和资料,论述筑路机械的物理和综合模拟、计算机优化、可靠性设计和自动化设计系统等有关的设计方法。重点介绍石料开采和石料加工机械、压实机械、稳定土拌和机械、黑色路面机械、水泥混凝土路面机械、路面养护和修补机械的工作机构原理、热计算方法和设计方法。作者针对当代筑路机械向多功能方向发展的特点,特别介绍了有关工作机构与介质相互作用的理论,以及自动化设计系统应用、新结构方案和发明创造的方法等内容,还论述了有关机器效率评价的指标体系。(吴柏青)

U000009　**没有不能造的桥——茅以升科学小品选**　茅于美选编。福建科学技术出版社1998年4月版。14万字。14.20元。系"中国科学小品名家名作系列丛书"之一。选收了茅以升有关桥梁建筑的科学小品20篇。在介绍每座桥梁时,以细腻的笔触讲述其历史背景、地理地貌、基本结构、建筑材料、造桥匠师、艺术特色、神话故事,以及桥梁史上的发明创造等等。(尤廉)

U000010　**隧道工程测量**　张项铎等著。测绘出版社1998年9月版。21.3万字。18.80元。以铁路隧道工程为主要对象,系统地叙述隧道勘测设计阶段的选址测量,洞外、洞内施工控制测量,隧道施工和竣工测量,施工中和竣工后的变形观测;总结了我国隧道工程测量中的作业方法和宝贵经验;同时详细地介绍了新技术、新方法的应用情况及发展前景。(李建明)

U000011　**车主丛书**　车主丛书编委会编。机械工业出版社1997年12月～1998年4月版。包括《汽车选购指南》、《摩托车购车指南》、《新编机动车驾驶员考证指南》、《高速公路安全行车指南》、《汽车安全驾驶》、《摩托车安全驾驶》、《汽车维护与故障排除》和《摩托车维护与故障排除》。本套丛书主要针对车主的特点而编写。用简单工具或就地取材就可解决问题。对购车管车、开车用车、节油、延长车辆寿命等车主关心的问题,都作了解答。(蓝伙金)

U000012　**车迷小百科**　吕植中编。机械工业出版社1998年4月版。23.6万字。15.00元。分6篇:历史篇、科技篇、公司篇、车型篇、汽车运动篇和人物篇。其中历史篇以编年大事纪的形式简单介绍了内燃机、汽车的发明,汽车在110年历史中的发展、演变,以及汽车史上一些重大事件。第二篇科技篇介绍了现代汽车的整体结构,汽车发动机、传动系统、安全装置等的基本原理和基本结构。特别介绍了电子控制燃油喷射发动机、自动变速器、ABS防抱死制动系统等汽车科技的最新发展。第三篇公司篇介绍了世界上目前仍然存在的34家著名汽车公司。讲解了它们的历史、分部和分公司、公司近年产量等知识。第四篇是车型篇,是全书的重点。本部分通过56幅彩色汽车照片和36个车标彩照(集中于本书前部彩色附页),200多幅黑白照片,以及图片下对应的详细解说文字,介绍了汽车史上最具影响的200多型世界名车。第五篇汽车运动篇介绍了世界上最著名的十多项汽车运动,讲解了它们的历史、现状以及简明的规则。第六篇人物篇介绍了汽车史上有重要影响的27位汽车名人,介绍了他们的事迹和影响。(刘煊)

U000013　**车辆动力学模拟及其方法**　[德]H. P. 威鲁麦特著。北京理工大学出版社1998年版。34.5万字。21.00元。是作者多年在汽车动力学领域教学与科研的成果,不仅介绍传统的汽车动力学,而且结合飞速发展的控制理论,论述现代汽车动力学的原理和方法。由于主动行驶和全轮转向控制技术的发展,控制理论的应用与日俱增,本书还讨论了模糊控制的原理和方法,并以主动行驶和非线性转向控制系统作为实例,同时用这些例子讨论优化方法和决策控制。(总编办)

U000014 **日本进口汽车轴承互换手册** 陈云峰、陆锡麟主编。广西科学技术出版社 1998 年 9 月版。110 万字。68.00 元。是根据实用性编写的,使用时根据车型一览表、轴承件号索引、轴承汇总表就可以十分快捷地找到每个轴承的件号和互换件号、型号和互换型号、规格尺寸、适用车型、安装位置和参考价格。(王晓红)

U000015 **中外汽车故障诊断检修 400 例** 华道生主编。机械工业出版社 1998 年 7 月版。31.5 万字。18.50 元。精选汽车故障诊断检修 400 例。重点收集了国产和欧美日韩等国生产的轿车、吉普车、面包车和载货汽车的大量故障检修实例。主要内容来源于实践经验的积累。对于一些应用新技术的装置,如发动机电子燃油喷射、电子点火、自动变速、电子防抱死制动等装置所发生的故障也作了介绍。(钱既佳)

U000016 **中国汽车维修数据实用手册** 姚京亮主编。机械工业出版社 1998 年 1 月版。95 万字。60.00 元。以各汽车制造厂生产的基本车型为对象,重点汇集 70 余个厂牌,200 多种国产轿车、微型汽车、中型汽车、重型汽车的整车技术性能参数、总成结构特征、容量数据、维护调整数据、修理技术标准,以及轴承、油封和汽车装配螺栓(螺母)的拧紧力矩,与汽车配套的柴油机、汽油机。(刘小慧)

U000017 **中国轿车丛书** 机械工业部汽车工业司、中国汽车技术研究中心审定。北京理工大学出版社 1998 年版。约 450.00 元。按车型成册,共 9 个分册,包括:上海桑塔纳、红旗、奥迪、一汽大众捷达、神龙富康、天津夏利、北京切诺基、长安奥拓、贵航云雀。每个分册主要有企业和车型概述、发动机的简单工作原理和基本构造及技术特点、底盘的简单工作原理和基本构造及技术特点、底盘的简单工作原理和基本构造及技术特点、车身及其附件、电气设备的构造和原理、使用维修技术等。系统介绍车型的结构特点、性能特点、技术特点,详细的技术参数及保修技术要点等。真实地反映了国产轿车的技术水平。(总编办公室)

U000018 **电动汽车发展史** 副名:电池动力车辆。[美]Ernest H·Wakefield 著,叶云屏、孙逢春译。北京理工大学出版社 1998 年版。59.9 万字。42.80元。介绍全世界电动汽车的发展历史,回顾了电动汽车 100 多年来的艰难历程,客观地分析和评价了电动汽车技术以及阻碍电动汽车产业化和市场化的关键技术因素,预示了电动汽车在 21 世纪的社会地位。(总编办)

U000019 **电控防抱死装置和牵引力调节装置手册** 洪慕绥等编。上海交通大学出版社 1998 年 12 月版。45.8 万字。30.00 元。系《中外名牌汽车维修图解大全》之一。电控防抱死制动装置(ABS)和牵引力调节装置(TRC)是汽车制动系统的任选装置,也是制动系统中高新技术的代表。本书广泛收集、整理美国福特公司、克莱斯勒公司,日本丰田公司,德国奥迪公司生产的大陆、美洲豹、幻影、凌志、皇冠、奥迪等 17 种车牌轿车的电控防抱死制动装置和牵引力调节装置的资料,详尽介绍了这些 ABS 和 TRC 的拆卸和安装方法、故障诊断、保养要点、维修技术、注意事项和电路图等。本书的特点是采用大量的插图,一般维修操作过程及步骤,均有系列图一一对应。(戴柏诚)

U000020 **发动机电控汽油喷射系统及其维修技术** 李东江、朱良玉编著。机械工业出版社 1998 年 5 月版。48.3 万字。32.00 元。详细介绍现代汽车发动机电控汽油喷射系统的基本结构、工作原理、使用和检修方法。书中紧密结合我国进口及国产汽车,详细介绍了电控系统故障自诊断装置的使用及操作方法,给出了几十种常见车型的故障代码。(高金生)

U000021 **当代汽车修理技师丛书** 机械工业出版社 1998 年 8 月版。由美国国际汤姆逊出版集团(ITP)出版。丛书中的每一本都包括理论篇与实践篇。理论篇讲述汽车各系统和分系统的工作原理,讨论各汽车制造商采用的不同设计形式,以基本知识和基本原理为主要课程,这是诊断复杂的汽车系统故障所不可缺少的知识;实践篇的内容编排与理论篇相对应,美国汽车维修协会所规定的各种主要技能在实践篇中均有详解,并且一步一步地列出诊断和修理顺序,许多常用的维修过程采用了系列照片图解的做法,以使读者在形象和概念上掌握各个细节部分。(孙慧波)

U000022 **进口日本汽车电气与电子设备维修手册** 吴铁庄等编著。机械工业出版社 1998 年 1 月版。67.1 万字。40.00 元。详细介绍进口日本丰田(TOYOTA)、日产(NISSAN)、三菱

(MITSUBISHI)、马自达(MAZDA)、五十铃(ISUZU)、日野(HINO)、本田(HONDA)等汽车公司生产的轿车、客车、载货汽车、越野车等数十种车型。在简要分析汽车电气与电子设备的类型、结构、工作原理的基础上,详细介绍各种车型的电气与电子设备的使用、保养、检查以及常见故障的判断和排除方法。(高全生)

U000023　**进口汽车微电脑控制系统的原理与检修**　丁垚主编。山西科学技术出版社 1998 年 1 月版。75 万字。30.00 元。以 90 年代新车型的电脑控制系统为对象,讲述电控燃油喷射系统、数控电子点火系统、发动机油自动补给系统、电控自动变速器、电控防抱死制动系统、防资系统、汽车电脑的部分原理电路。重点分析了电控燃油喷射系统,电控自动变速器,并提供了凌志 400 的 ABS 电脑,2TZ-FE 发动机电脑和蓝鸟 1.8L 发动机电脑主要部分电路图。阐述了电脑控制系统的工作过程、工作原理、电路分析、故障判断与排除故障的技巧。(温洁茹)

U000024　**你爱车·车爱你**　郭守穗编。机械工业出版社 1998 年 8 月版。17 万字。15.00 元。介绍轿车的使用、保养知识;对行车时最常遇见的故障,详述其症状、原因及简易的排除技巧。(齐福江)

U000025　**汽车手动变速器和变速驱动桥**　[美]J.厄尔贾维克著。机械工业出版社 1998 年 8 月版。62.7 万字。42.00 元。为"当代汽车修理技师丛书"之一,全书分为理论篇和实践篇,理论篇讲述当前通用型汽车的手动变速器与变速驱动桥的基本传动理论和维修原理,介绍后轮驱动、前轮驱动和四轮驱动等车型的传动系统中,离合器、变速器、驱动桥、传动轴、差速器和万向节等主要总成的结构和工作原理,讨论各汽车制造商采用的不同设计形式,以基本知识和基本原理为主要课程,这是诊断复杂的汽车系统故障所不可缺少的知识。实践篇的内容与理论篇相对应,介绍了手动变速器和变速驱动桥维修工具、设备及安全知识,阐述了上述各部件的常见故障及其产生的原因,故障的诊断方法,维修方法和要点。并一步一步地列出诊断和修理顺序,许多常用的维修过程采用了系列照片图解的做法。本书原由美国德尔玛出版公司出版。(孙慧波)

U000026　**汽车计算机控制系统**　[美]D.诺莱斯著。机械工业出版社 1998 年 8 月版。125.1 万字。79.00 元。为"当代汽车修理技师丛书"之一,全书分为理论篇与实践篇,理论篇主要讲述各种车用传感器、计算机控制燃油供给系统、电子点火系统、电子控制燃油喷射系统、防盗系统、新型车用检测仪、排放控制系统、车身计算机系统、被动安全系统、计算机控制变速器、防抱死制动系统、附着力控制系统、计算机控制悬架系统和空调系统的结构及工作原理。实践篇的内容编排与理论篇相对应,介绍了上述各系统的维修工具与检测设备、故障诊断及维修方法,并一步一步地列出诊断和修理步骤,许多常见的维修过程采用了系列照片图解的做法。本书原由美国德尔玛出版公司出版。(孙慧波)

U000027　**汽车电子控制系统工程**　庄继德著。北京理工大学出版社 1998 年版。45.2 万字。27.50元。主要内容有:汽车电子系统和控制概要,汽车系统动力学、模型和控制,控制理论在汽车电子系统中的应用,车辆综合控制,人—车—环境系统控制,车身电子控制系统合成,汽车微机控制系统结构及要素分析,汽车微机控制系统设计。(总编办)

U000028　**汽车电气与电子系统**　[美]B.霍莱姆比克著。机械工业出版社 1998 年 8 月版。117.3 万字。75.00 元。为"当代汽车修理技师丛书"之一,全书分为理论篇与实践篇,理论篇讲述汽车电气与电子系统中蓄电池和充电系统、照明电路和高级灯光系统、模拟仪表和电子仪表、指示灯和报警装置、直流电动机和起动系统、车身计算机、底盘电子控制系统以及电器附件的工作原理、配线与电路,讨论各汽车制造商采用的不同设计与布置,这是诊断复杂的汽车系统故障所不可缺少的知识。实践篇的内容与理论篇相对应,介绍了汽车电气与电子系统各部分常见故障及其产生原因、故障的诊断方法、维修方法和安全操作要点。并一步一步地列出诊断和修理顺序,许多常见的维修过程采用了系列照片图解的做法,以使读者在形象和概念上掌握各个细节部分。本书原由美国德尔玛出版公司出版。(孙慧波)

U000029　**汽车自动变速器与变速驱动桥**　[美]J.厄尔贾维克著。机械工业出版社 1998 年 8 月版。82.7 万字。53.00 元。为"当代汽车修理技师丛书"之一,全书分为理论篇与实践篇,理论篇介绍自动变速器和变速驱动桥的工作原理,行星齿轮机构、液压系统及其施力装置,液力变矩器等维修的基本知识。讨论各汽车制造商采用的不同设计与布置,这是诊断复杂的汽车系统故障所不可缺少的知识。实践篇的内容与理论篇相对应,介绍了自动变速器维修工具、安全知识,详细介绍了现代汽车各种常见自动变速器和变速驱动桥的维修过程和维修方法。并一步一步地列出诊断和修理顺序,许多常见的维修

过程采用了系列照片图解的做法。本书原由美国德尔玛出版公司出版。(孙慧波)

U000030　**汽车材料及热加工工艺**　金善勤著。上海交通大学出版社 1998 年 10 月版。38 万字。25.00 元。介绍各种材料及热加工工艺在轿车上的应用。材料有金属和非金属之分。金属材料又有黑金属和有色金属之分。黑色金属中的钢铁材料性能较好,便于加工,价格不高,仍是汽车的主要用材,如在现代轿车中,钢铁材料超过三分之二(其中铸铁约占10%)。对一般要求的结构零件多用碳钢或铸铁制造,要求高的结构材料可选用合金钢,随着对轿车性能要求的提高,高强度合金钢的应用取代了一些碳钢。有色金属中的铝、铜等强度不很高,价格又较贵,在轿车上的使用不如钢铁普遍,但是有色金属具有钢铁所不及的特性,在现代轿车上的应用正在稳步增加。据统计,十年来轿车上铝及其合金的用量已从5%左右上升到10%左右,而钢铁的用量相应下降。书中列出了轿车常用金属材料的中国牌号或代号。非金属材料与轿车的安全性、经济性、舒适性密切相关,在轿车制造中同样是不可缺少的。复合材料包括非金属与非金属的复合及非金属与金属的复合,轿车用复合材料现以前者为主,故本书将复合材料放在非金属部分讲述。现代轿车所用材料中非金属材料和复合材料的用量近些年也呈增长趋势。非金属材料中塑料等结构材料用量较大,超过轿车总量的10%。金属材料的铸造、压力加工和焊接都是材料成形的主要方法,热处理和压力加工又能提高材质,这些加工工艺都是材料知识的组成部分,本书安排了专门章节予以介绍。书中以基础知识为主,结合轿车应用和展望,并强调材质问题。(戴柏诚)

U000031　**汽车拖拉机发动机**　董敬等编。机械工业出版社 1998 年 5 月第三版。34.2 万字。13.00元。以阐述车用发动机基本知识为主,主要内容包括发动机性能评价、基本工作过程(换气过程及混合气形成与燃烧过程)、发动机特性、发动机增压以及发动机平衡等,并加强了排气污染、噪声振动等知识。(赵爱宁)

U000032　**汽车制动系统**　[美]L.埃克霍恩、D.克林恩乔克著。机械工业出版社 1998 年 8 月版。77.7 万字。50.00 元。为“当代汽车修理技师丛书”之一,全书分为理论篇和实践篇,理论篇讲述汽车制动系统如制动主缸、助力器、盘式制动器、鼓式制动器、驻车制动器以及防抱死制动装置的构造和工作原理,讨论各汽车制造商采用的不同设计形式,以基本知识和基本原理为主要课程,这些是诊断复杂的汽车系统故障所不可缺少的知识。实践篇的内容编排与理论篇相对应,介绍了汽车制动器维修工具、设备及安全知识,阐述了各种制动器的维修过程和方法,并且一步一步地列出诊断和修理顺序,许多常用的维修过程采用了系列照片图解的做法。本书原由美国德尔玛出版公司出版。(孙慧波)

U000033　**汽车供暖与空调系统**　[美]B.H.德威金斯著。机械工业出版社 1998 年 8 月版。64.7 万字。45.00 元。为“当代汽车修理技师丛书”之一,全书分为理论篇和实践篇,理论篇讲述汽车的供暖与空调系统的工作原理及基本知识,讨论各汽车制造商采用的不同设计形式,以基本知识和基本原理为主要课程,这是诊断复杂的汽车系统故障所不可缺少的知识。实践篇的内容与理论篇相对应,介绍了汽车空调维修所使用的专用与通用工具,空调系统及其零部件的故障诊断、性能测试与维修规程及维修人员的健康与安全。并一步一步地列出诊断和修理顺序,许多常用的维修过程采用了系列照片图解的做法,以使读者在形象和概念上掌握各个细节部分。本书原由美国德尔玛出版公司出版。(孙慧波)

U000034　**汽车选购指南**　车主丛书编委会编。机械工业出版社 1998 年 3 月版。26.7 万字。16.00元。为“车主丛书”之一。内容包括汽车基础知识、主要车型介绍、汽车的选型和购车等 4 章,介绍合理购车的基础知识、方法和一般手续。本书附录还介绍了机动车运行安全技术条件、中国人民保险公司机动车辆保险条款、全国各地主要汽车销售公司名录、国外汽车公司驻华办事处和国外汽车生产厂家维修中心一览表等。(蓝伙金)

U000035　**汽车概论**　金国栋、唐新蓬编著。机械工业出版社 1998 年 5 月版。22.6 万字。11.50 元。从汽车的产生、演化到未来的汽车和汽车工业;从汽车的分类、性能、基本结构到现代设计方法、试验、生产和销售;从我国汽车工业的历史发展到前景展望,进行了论述,突出了现代人与汽车密不可分的关系。书中还介绍了国内外各大汽车公司的基本情况以及我国的汽车工业产业政策。(赵爱宁)

U000036　**现代汽车电子技术**　潘旭峰等编著。北京理工大学出版社 1998 年版。38.7 万字。21.00元。内容包括汽车电子控制系统的核心——ECU、汽车动力与传动系统电子控制、底盘与车身的电子控制,以及汽车信息与通讯系统等方面的基本原理和结构。(总编办)

U000037 **现代轿车先进制造工艺** 顾永生著。上海交通大学出版社 1998 年 10 月版。43.4 万字。28.00 元。是关于先进制造工艺的专题论文集。全书分发动机、变速器与车桥 3 大部分,涉及的范围不但有加工及装配工艺,还包括刀具、夹具和检测等,尤其关于生产过程中的检测技术,书中有较系统的论述。(倪华)

U000038 **轿车使用、保养、维修 400 问** 徐新强等编。上海交通大学出版社 1998 年 12 月版。49.2 万字。26.50 元。采用问答形式,详尽介绍奥迪、桑塔纳、富康、夏利、标致、捷达、奥拓等轿车的使用保养注意事项、故障判断与排除、维修技术与诀窍等知识。全书分 4 章,收集了约 400 个问题,书末的附录提供了上述轿车的电路原理图。(戴柏诚)

U000039 **轿车空调百问** 副名:原理、结构、控制与故障诊断。张清扬著。机械工业出版社 1998 年 3 月版。14.9 万字。11.00 元。首先从一般的空调基本概念讲起,接着介绍轿车空调的布局特点和不同于房间空调的特殊要求。书中用较大篇幅讲解了空调机中制冷系统的工作原理和制冷循环中的 4 个主要过程,尤其着重谈了轿车空调制冷系统被动变速运行的特点及其改进的方向。此外,书中还介绍了许多有关轿车空调制冷系统 4 大部件的特殊结构,当前所面临的制冷剂替换、轿车冷气性能的考核、制冷系统的充灌以及轿车空调系统常见故障的诊断方面的知识。(孙慧波)

U000040 **新编汽车构造** 唐艺编。机械工业出版社 1998 年 6 月版。39 万字。25.00 元。着重介绍现代汽车发动机、汽车底盘各组成系统的类型、组成及工作原理。(齐福江)

U000041 **新编汽车驾驶员读本** 唐艺编。机械工业出版社 1998 年 4 月版。40 万字。25.00 元。内容分 4 部分:第一部分为汽车基本知识与基本操作,驾驶员的考试要求、实习驾驶、应用驾驶及高速公路驾驶技巧,中国公路分布及里程;第二部分为汽车的保养、检测与调整,故障的分析与排除;第三部分为交通法规、交通安全、交通事故的预防及处理;第四部分为新旧汽车的购置,汽车保险的规定及索赔等。书末还附有常见汽车商标式样及汽车车牌中外文对照表。(齐福江)

U000042 **新编汽车修理** 唐艺编。机械工业出版社 1998 年 6 月版。82 万字。49.50 元。详细介绍现代汽车发动机及底盘的修理工艺,包括拆卸、分解、检查、修理、调校等各工序,除介绍一般常用经验数据外,还附有十几种国内外主要车型的修理参数。(齐福江)

U000043 **车辆传动系统分析** 刘修骥编著。国防工业出版社 1998 年 1 月版。51.9 万字。38.00 元。传动装置是车辆的重要组成部分,车辆通过它来实现和满足各种行驶要求,保证了车辆的机动性。近 50 年来,车辆传动系统加速发展,经历了机械传动、液力机械传动、电液操纵液力机械综合传动和自动变速的发展过程,其技术水平有了较大的提高。高速履带车辆的大功率、多功能、高性能、高功率密度的综合传动装置,已成为代表机械工业最高水平的复杂产品之一。本书是车辆传动系统的研究总结,沿着发展的轨迹,以新的体系,对多种传动尤其是履带车辆复杂的综合传动新技术,进行了大量理论研究和分析,揭示其性能规律,提出了许多见解和结论。(徐崇信)

U000044 **进口轿车轻型越野车及客车微型客车电路图册** 吴基安、冯银靖编。金盾出版社 1998 年 12 月版。96.6 万字。50.00 元。介绍国内常见的进口轿车(40 种)电路,如美国的科西嘉、天霸、陶奴斯、太阳舞等,日本的皇冠、凌志、佳美、公爵、蓝鸟、阿科德、马自达等,德国的奔驰、宝马、波尔舍、奥迪、帕萨特等,瑞典的萨伯、沃尔沃,俄国的伏尔加、拉达等,韩国的王子/超级沙龙、索娜塔等;轻型越野汽车(3 种)电路,如日本的陆地巡洋舰、帕杰罗等;轻型客车、微型客车(12 种)电路,如美国的鲁米娜,日本的大霸王、考斯特、海勒克斯、佳奔、三菱、五十铃、阿尔托、大发等。图册对每一种车型的主要性能参数和电气特点都作了简要说明,给出了电气系统的接线图、原理图以及某些车型的局部电路图。书后还附二个附录,附录一为汽车电路常用缩略语(英/汉对照),附录二为汽车电路配线颜色缩写字母含义。(全家麟)

U000045 **进口摩托车使用维修手册** 艾兆虎等编。机械工业出版社 1998 年 9 月版。68.1 万字。38.50 元。汇集我国市场上常见的 30 余种名牌进口摩托车,特别是众所周知的本田王 CB125T、本田王中王 NSR125、本田"金太子"CH250、本田艇王 CN250、"铃木王"GS125、铃木"王中王"GS125R、铃木"太子车"GN250、雅马哈"劲豹"SR125Z、雅马哈"王中王"TER125、雅马哈"嘻皮士"XV125、雅马哈"天王车"XV250 等名车大量的结构、使用、维修资料。全面系统地讲述了进口摩托车的结构原理、主要性能、操作驾驶、保养调整等方面的知识;并重点阐述了发动机、变速传动、悬架装置、行走系统、电气系统的主要零件的拆装维修要领，以及常见故障的诊断、检查、排除等方面的实用技术。（钱既佳）

U000046 **现代摩托车维修技术全书** 王从栋编。青岛出版社 1998 年 3 月版。100 万字。45.00 元。以国产嘉陵牌、轻骑牌、重庆牌、南方牌、玉河牌、幸福牌、长江牌、金城牌和日本的本田、铃木、雅马哈、川崎四大摩托车公司生产的各种摩托车为主，详细介绍摩托车的工作原理与构造、保养与调整、修理与装配、故障诊断与排除、测试标准与修理极限等知识，书中附有插图近千幅，其中包括 51 幅各种型号的摩托车电气原理图。（张化新）

U000047 **国产摩托车使用维修手册** 王书亭编。机械工业出版社 1998 年 1 月版。41.8 万字。28.00元。以通俗的文字及大量的插图，详细地介绍国产摩托车各部分的结构特点、工作原理、使用及常见故障的排除和检修调整方法。书末还附有国产摩托车中常见车型的维修调整数据。（钱既佳）

U000048 **实用摩托车手册** 王从栋主编。青岛出版社 1998 年 8 月版。52 万字。28.00 元。以国产嘉陵牌、轻骑牌、重庆牌、迅达牌、南方牌、玉河牌、幸福牌、长江牌、金城牌和日本的本田、铃木、雅马哈、川崎四大摩托车公司生产的各种摩托车为主，详细介绍摩托车的工作原理与构造、保养与调整、修理与装配、故障诊断与排除等知识。

U000049 **摩托车安全驾驶** 车主丛书编委会编。机械工业出版社 1998 年 4 月版。20.8 万字。14.00元。为“车主丛书”之一。介绍报考摩托车驾驶员的程序，系统地叙述交通法规的有关内容，详细地阐述了摩托车的基本使用方法以及各种路面和异常气候条件下的驾驶技术。同时还介绍了摩托车用油、节油与延长寿命、途中紧急情况处理及驾驶员保健与伤员急救等。（蓝伙金）

U000050 **摩托车维护与故障排除** 车主丛书编委会编。机械工业出版社 1998 年 4 月版。20.7 万字。14.00 元。为“车主丛书”之一。主要内容包括摩托车的日常维护与调整、发动机常见故障的检修、传动部分常见故障的检修、车体部分故障的检修、电器电路常见故障的检修、途中故障的应急处理，以及摩托车配件的选购等。本书的特点是，从车主角度出发，以用简单工具或就地取材能解决问题为原则，解答了车主常遇到的技术调整、故障排除和应急处理等技术问题。（蓝伙金）

U000051 **现代化城市管理·(3)公共设施、交通规划与环境保护** 美国加州大学柏克利分校著，本书编译组编译。中央广播电视大学出版社 1998 年 12 月版。21.8 万字。13.00 元。本教材第一版为每序列 3 册，共计 15 册。现根据各种岗位培训、继续教育和不同品位读者的需要，并吸收各有关单位领导和专家的建议，按原教材序列内容重新组合、调整，共 21 册。本书为《现代化城市管理》序列第三册。内容包括：地方政府与公用设施基金的建立、建立和维护都市地区必要的公共基础设施、城区水污染和固体废物污染的缓解、城市交通规划、城市交通管理、城市地区大气污染、影响和预防等内容。（张静）

U000052 **上海城市交通分析和预测** 陈声洪主编。上海科学技术出版社 1998 年 9 月版。60.7 万字。130.00 元。是 1986～1995 年“上海市综合交通规划”的一个部分，汇集 1993 年以前的上海市交通调查资料，包括交通现状、居民出行、车辆出行、货物流通和停放车等 5 个方面，通过对这些资料的分析，对上海城市交通的各个方面进行了详细的分析评述和发展预测，并针对道路交通、公共交通、停放车的状况及其今后发展等人们直接关心的问题，进行了重点地论述和分析。（胡毅）

U000053 **城市交通规划理论及其应用** 王炜等著。东南大学出版社 1998 年 9 月版。60 万字。42.00元。主要包括城市交通规划框架设计、交通信息扩展技术、城市活动及区位理论、城市交通需求预测理论、城市交通网络分析技术、道路网络规划方法、城市客运系统规划方法、大城市辐射交通规划方法、城市发展战略规划理论、城市交通系统评价理论、城市交通系统建设优化理论以及运用上述理论方法在南京、郑州、合肥、鞍山、镇江、马鞍山等城市具体应用的实例。（张新建）

U000054 **京杭运河史** 姚汉源著。中国水利水电出版社 1998 年 12 月版。120 万字。138.00 元。叙述京杭运河从兴建到发展直至衰败的历史过程。全书分 8 编。第一编绪论，概述京杭运河历史发展概况；第二编开凿简史，讲述元代以前各段运道开凿情况；第三编元代开通京杭运河全线；第四编明代京杭运河；第五编清代早中期运河，讲述京杭运河兴盛时期元明清三代对运河经营状况及运河所起的作用；第六编运河的衰落，展现了清后期运河衰败的过程；第七编运河工程及漕运管理，介绍运河的工程措施及管理制度；第八编人物及文献，介绍历代对运河建设有贡献的人物及关于运河的论著。（王勤）

U000055 **中国造船质量标准 1998，China**

Shipbuilding Quality Standard 1998(中英文版)　中国船舶工业总公司《中国造船质量标准》修订小组编。中国标准出版社 1998 年 8 至 12 月版。12 和 24 万字。内容分为 3 篇。第一篇为生产过程质量控制,涉及钢材管理与加工,装配,焊接,密性试验,管子加工、安装、密性和串洗,涂装,船装,机装,电装,自控和遥控遥测设备及其试验,系泊及航行试验,完工交船等 12 个方面的要求;第二篇为图样送审及认可与交验项目;第三篇为建造精度,由船体建造、船装、机装、电装、涂装 5 部分组成。(周俞斌)

U000056　**现代轮机技术管理**　吴恒著。大连海事大学出版社 1998 年 6 月版。29.3 万字。16.80 元。收集作者 30 余篇学术论文,内容归纳为船舶柴油机故障分析、轮机技术管理、船舶柴油机工况测试、柴油机轴系扭转振动、远洋船舶柴油机故障诊断与专家系统、柴油机操纵系统、船舶节能技术等。其中很多是解决实际重大技术问题后的专题总结,如第一章中的 6RTA48 型柴油机燃油系统的改进、不同工况下船舶中央冷却系统运行方案的选择、PGA58 调速器与 DIFA41 遥控系统的匹配等;有轮机人员十分关心的问题,如主机扫气室着火的原因分析、对变质燃油的应急处理等;介绍了先进的现代轮机技术管理系统,如第三章中的远洋船舶柴油机专家系统、专家系统在柴油机故障诊断领域中的应用、专家系统在 CAI 中的应用等;列举了计算机技术在航海实践和航海教学中的应用,如柴油机轴系扭转振动计算机辅助计算、实现船舶有效节能的计算机控制、计算机辅助教学的优势与发展方向等;对专业问题进行专题研讨,如轮机模拟器在教学上的应用、机电结合势在必行、海峡两岸通航船舶检验与发证等。本书收入"大连海事大学出版基金赞助学术丛书"。(程策群)

U000057　**现代造船工程**　高介祜、韩大展等著。哈尔滨工程大学出版社 1998 年 8 月版。49 万字。35.00 元。包括 5 个部分:现代造船模式概论、造船工程计划管理、船舶建造编码、托盘管理、造船定置管理。编者在总结我国船舶工业转换造船模式实践经验的基础上,汲取国外造船的先进经验,对转换造船模式中的主要问题进行了探索和研究。本书系统地总结了我国 8 个大的船舶企业转换造船模式的经验。同时,在归纳总结转换造船模式实践的基础上,对实践经验进行了认真的总结。(国廷生)

U000058　**船舶推进节能技术与特种推进器**　黄胜著。哈尔滨工程大学出版社 1998 年 6 月版。22.2万字。12.00 元。作者在收集大量国内外研究资料的基础上编纂而成。全书共 5 章。作者将在船舶螺旋桨基础理论(如非线性升力线理论、升力面理论)、螺旋桨尾流场的理论计算、桨舵干扰的理论与实验研究、附加流体动力节能装置(如 Grim 叶轮、扭曲舵等)方面的研究加以系统总结,并结合工程设计和实船测试的结果,介绍了节能效果及设计中应注意的一些问题。(罗东明)

U000059　**舰船在波浪中运动的频域与时域势流理论**　戴遗山著。国防工业出版社 1998 年 7 月版。26.2 万字。19.00 元。主要内容和重点包括舰船非线性运动领域中的水动力以及耐波性理论、基于三维边界元方法的频域和时域计算理论与数值技术。具体内容为:舰船运动的频域稳态解,时域中的线性与非线性非定常解,一阶解与二阶解,一阶力与二阶平均力,和频与差频响应,伏尔泰拉非线性展开式,一阶力和二阶力的随机分析和统计特性,速度势的奇异特性,非直壁船水动力的特殊性质,边界元计算和各种格林函数。(许西安)

U000060　**电力推进自动控制**　樊印海编著。大连海事大学出版社 1998 年 2 月版。16.9 万字。10.80 元。对电力推进作了详细的介绍,包括电力推进系统组成、工作原理、自动控制系统及原理、设计方法和系统参数优化,以及超导电力推进、太阳能电力推进和燃料电池电力推进。第一章介绍电力推进发展概况和特点。第二章介绍与电力推进有关的船舶动力装置,即船舶推进器的特性和动力装置——柴油机、燃气轮机、蒸汽轮机、原子能动力装置。第三章介绍电力推进装置系统、系统组成及其特性,叙述了较为常见的单一电站交、直流电力推进装置。第四章介绍交、直流电力推进装置的稳态特性。第五章介绍电力推进装置的过渡过程,包括交、直流电力推进的启动、反转过程,描述了它们的数学模型建立。第六章重点介绍电力推进自动控制系统的控制方法、品质指标及调节器的选择。同时就系统的信号设计做了详尽的叙述。第七章对燃料电池电力推进、温差电力推进、超导电力推进和磁流体电力推进做了介绍。(王铭霞)

U000061　**中国海员培训与发证**　中华人民共和国交通部海事局编。大连海事大学出版社 1998 年 12 月版。20 万字。98.00 元。共收入全国近 50 家海员培训发证主管机关和培训单位 500 多幅照片,以图文并茂、中英文对照的形式,全面系统地向世界海运和海员市场直观形象地展示了我国海员培训、考

试、发证等方面的管理经验和取得的成绩，详细介绍了各培训单位的师资、设施等软、硬件培训条件。(陈景杰)

U000062 **船舶避碰与值班** 吴兆麟主编。大连海事大学出版社 1998 年 11 月版。27 万字。18.80 元。以航海类专业面向 21 世纪教学内容和课程体系改革为指导，以满足 STCW78/95 国际公约的有关要求为标准，在广泛参考中外避碰专著基础上，作者阐明解释了《国际海上避碰规则》和运用该规则的基本原则，介绍了船舶号灯和号型及声响和灯光信号，从法律规范和技术规范两个角度全面阐述《国际海上避碰规则》的各条规定，对疏忽和背离规则进行了深入分析。同时对特殊避碰规定、《海员培训、发证和值班规则》等作了介绍。本书对船舶避碰和值班的一些重要专题进行了研究和探讨。(时培育)

U000063 **程租合约** (香港)杨良宜编著。大连海事大学出版社 1998 年 7 月版。53.9 万字。31.80元。为《航运实务丛谈》第七册。全书分 16 章，主要内容有：程租与期租的区别；程租的标准合约格式；程租与外贸的关系；订约方的重要性；订约双方地位不对等的不公平之处；如何确立谁是订约方；买卖合约与船舶的关系；租约对船舶的规定；为何要有免责条款；金康租约的主要免责条款；何为绕航；绕航的严重后果；金康租约与海牙规则对绕航的免责；货物买卖中的时间条款是条件条款；租约下的装卸港口与地点；安全港口；罢工条款；冰冻条款；提供所同意付运的货物；甲板货；运费；运费如何厘定；装卸货物；装卸时间及滞期费；中止责任与货物留置；签收提单；运货航次；1994 年金康租约的其他条款；附加条款等内容。书后附有 9 个英文附录。(王桂云)

V 航空、航天

V000001 **UFO 与人类文明** 席永君著。四川科学技术出版社 1998 年版。45 万字。28.80 元。以众多的数据和图片，详细介绍了外星人及 UFO 的神秘出现。究竟有没有外星人?究竟有没有不明飞行物。(宋小蓉)

V000002 **卫星轨道姿态动力学与控制** 章仁为编著。北京航空航天大学出版社 1998 年 8 月版。52.6 万字。32.00 元。以中、低轨道遥感卫星和静止轨道通信卫星为重点，系统地阐述卫星轨道和姿态动力学的基本原理、轨道和姿态控制的设计思想及设计方法。内容包括：卫星轨道的基本特性、特殊轨道的设计，轨道摄动分析，入轨控制和轨道保持控制；卫星姿态运动特性，姿态确定，姿态稳定和机动的控制方式。(王小青)

V000003 **飞向蓝天** 谢础著。江苏教育出版社 1998 年 8 月版。15.28 万字。7.00 元。收入“金苹果文库”。介绍人们为实现梦想而努力的史实，现代航空航天事业上的趣事及近代军事上的重大战事，以及民用航空知识。

V000004 **中国航空史** 姚峻主编。大象出版社 1998 年 9 月版。120 万字。主要记录了从清末到本世纪 90 年代中期(部分内容延伸到 1998 年)中国军事航空、航空工业、民航、航空教育、航空科技、航空体育以及民间航空活动等方面的内容，全面系统地反映了中国航空事业从无到有、从小到大、由弱到强的发展历程。讴歌了百年以来尤其是新中国成立以后无数仁人志士为中国航空事业、民族解放以及国家安全、富强而奋斗的可歌可泣的光辉业绩；颂扬了改革开放给中国航空带来的巨大变化；充分地反映了中国航空事业发展的成就和经验。(会平)

V000005 **世界航空发展史** 顾诵芬、史超礼主编。河南科学技术出版社 1998 年 12 月版。70.5 万字。48.00 元。以航空技术的发展为主线，介绍航空先驱者的奋斗和贡献、航空技术在战争中的运用及其影响、航空技术的社会功能和经济价值、航空发展战略与决策、航空关键技术的发展。最后，根据航空的发展史以及国内外的有关研究，对航空技术的发展前景进行较为详细的分析、预测和介绍。注重中国航空史与外国航空史的结合，从科技与社会互助的角度、从逻辑与历史的统一上，深刻揭示了航空技术发展的规律。从古代到现代，从神话传说、航空学的发端到载人航空器的实现，从远古战争到现代战争，从军用到民用……都作出了比较深入而全面的分析，尤其对航空技术领域相关科学思想的产生、相关技术的进步、研究方向与道路的选择,以及每一技术进步的决策、决策争议及成败得失等,都有比较客观的评介。

V000006 **汉英航空词典** 华人杰等编。商务印书馆1998年版。66.2万字。21.00元。70年代曾以《汉英航空常用词汇》内部发行,1990年,在原基础上进行了重新审校,扩充了与新技术、新装备有关的名词术语,由原来的2.1万条增至3.1万条,对原词条也做了调整和审订。原来英语译名用汉语注释,这次改用英语注释。对我国独有的名词,由于英语中无对等名词,也做了试译,并在词条前加注*号。本词典收词范围主要包括空气动力学、飞机构造、航空发动机、飞机电气和仪表、航空兵器、航空材料、飞机维修、飞行指挥、飞行训练、民用航空、航行管制、空军战术、空中领航、轰炸射击、高炮、导弹、雷达、航空气象、航空医学和航空心理学等专业。(赵景纯)

V000007 **现代航天测控原理** 周智敏、李企舜著。国防科技大学出版社1998年9月版。34.6万字。18.00元。介绍现代航天测控原理及系统,反映当前航天测控的新技术,主要讲述现代航天电线电测控的原理、技术及测控系统,重点介绍航天无线电测控信号,测速、测距、测角技术,遥测、遥控技术、统一测控系统等,并介绍了近年来出现的航天测控新技术,如中继卫星系统、GPS技术及其在航天测控方面的应用等。(徐飞)

V000008 **航天可靠性设计手册** 胡昌寿、徐福荣等编。机械工业出版社1998年12月版。35万字。30.00元。包括航天器、运载和导弹武器系统产品在工程研制阶段应该做、而且是能够做到的有关可靠性的内容:可靠性论证指标、分配、预计、故障因果分析、冗余设计、环境设计、可靠电路设计、电子元器件和原材料的选用和控制、非电设备的可靠性设计、贮存寿命设计、人机工程设计、可靠性增长实验、可靠性验证实验、加速寿命实验、环境应力筛选试验、可靠性评估技术、软件可靠性、可靠性管理等。(刘辉)

V000009 **航空装备失效典型案例分析** 陶春虎等主编。国防工业出版社1998年2月版。38.5万字。60.00元。选择40个在航空装备设计、制造、台架试车、试飞及服役过程中发生的典型案例,经过专家系统加工整理而成。本书注重对案例从设计、力学、材料等诸方面进行系统综合分析,突出失效分析的思路和分析方法,对所采取的预防措施的效果进行了分析和评估。(杜豪年)

V000010 **预警机系统导论** 郦能敬著。国防工业出版社1998年10月版。22万字。16.00元。介绍预警机系统的发展历史,论述其任务功能战术要求与系统组成,从技术上分析预警机各分系统的特点。特别是对预警机雷达的特殊技术与预警机系统集成中的技术难点与解决途径深入讨论。最后介绍未来预警机系统的发展趋向。(孙忠玉)

V000011 **多模复合寻的制导技术** 刘隆和编著。国防工业出版社1998年4月版。22.8万字。15.00元。是作者多年来研究成果的总结。全书共8章,在简要介绍精确制导技术的发展后,重点论述了多模复合寻的制导的信号合成方法及其性能。较详细地论述了参与复合的4种主要寻的模式:相位干涉仪寻的制导、红外点源寻的制导、红外成像寻的制导和毫米波寻的制导等。最后介绍了几种典型的双模(或多模)复合实用系统的复合方案和系统构成。(沈崇澜)

X 环境科学、安全科学

X000001 **公民环保行为规范** 廖晓义主编。同心出版社1998年3月版。5.5万字。8.50元。通过恳切的语言和生动的插图,号召公民"保护环境、从我做起",书中提供了近百种可供读者在日常生活中身体力行的节约资源、保护环境的做法和窍门,并辅以相关的环保知识及法律宣传,在帮助形成公民符合环保的生活方式上起到了积极的作用。(王小云)

X000002 **甘肃省长治工程优质高效实施技术** 郑宝宿等著。甘肃科学技术出版社1998年1月版。6.9万字。10.00元。详述了建设优质高效"长治"工程的技术要点,形象的提出了"九龙治水模

式”。书中并附有丰富的照片和图表。(陈学祥)

X000003 **地球——我们输不起的实验室** 诸大建、周祖翼译。上海科学技术出版社 1998 年 9 月版。11.2 万字。10.00 元。“科学大师佳作系列”之一。针对地球环境与人类发展的热门话题,融会了物理学、生物学和社会科学的知识,从气候与生命的进化,到温室效应的前景,全面阐述了地球与人类的相互作用,以及人类系统解决全球环境危机问题的各种对策。(张帆)

X000004 **西方绿色运动** 鱼小辉著。陕西人民出版社 1998 年 7 月版。20 万字。12.00 元。以马克思主义理论为指导,研究当代社会主义潮流与流派;对最新欧洲绿党的动态进行观照;对欧美绿色运动及日本的环保运动详加评介。(董玉英)

X000005 **安全、卫生、环境保护标准汇编·电力工业适用** 中国电力企业联合会标准化部编。中国标准出版社、中国电力出版社 1998 年 4 月版。704 万字。670.00 元。分 4 册。第一册为综合、医药、卫生、劳动保护类;第二册为医药、卫生、劳动保护、矿业类;第三册为能源类;第四册为其他行业及环境保护类。(周俞斌)

X000006 **安全科学概论** 刘国财著。中国劳动出版社 1998 年 2 月版。19.2 万字。13.50 元。分为 4 个部分:一是预防、控制事故的理论;二是预防、控制事故的手段;三是事故综合预防、控制法;四是具体事故预防、控制法。在揭示了安全与事故的运动规律和预防、控制事故的规律,确认了安全与事故同预防、控制事故的内在联系具有必然性的安全科学原理之后,提出:“把传统安全管理由事故后处理转到事故发生之前,从本质上对事故进行超前有效预防和控制的系统科学理论与方法。”(高永新)

X000007 **农村环保概论** 李国学主编。中央广播电视大学出版社 1998 年 2 月版。60.8 万字。28.50 元。全面阐述农村环保污染问题,并结合我国农村的现状具体讲解了农村的能源利用,及大气、水体、土壤的污染及防治等理论和实践知识;介绍了农业环境监测与环境标准,农村环境保护法与管理等知识。(苗敏如)

X000008 **现代软科学丛书 灾害科学** 罗祖德、徐长乐编著。浙江教育出版社 1998 年 3 月版。25 万字。14.00 元。从软科学角度对灾害问题进行了跨学科的综合性研究,内容涉及灾害的性质、成因、研究的理论与方法,灾害风险评价、灾害的预防、救灾工作的管理、城市灾害的特点与防治以及灾害与保险的关系等。

X000009 **金苹果文库——热爱地球** 郭治著。江苏教育出版社 1998 年 8 月版。12.5 万字。6.00元。分 4 个部分:人类的家园部分,从人类的生存发展来谈人与环境;“人与自然”部分谈人怎样认识自然,人与自然的关系,人与生物圈的关系;“住宅、环境与健康”部分主要谈生活中的环境保护问题;“建设优美的环境”部分介绍了如何应用科学防治污染、建设优美环境。(朱宝栋)

X000010 **实用环境统计** 刘玉机等编著。辽宁大学出版社 1998 年 10 月版。30 万字。20.80 元。分 3 大部分。第一部分为环境统计概论,分别对环境统计的特点、范围、任务、方法、环境统计指标体系,环境统计的调查、环境统计基础工作等作了较为详尽的分析与论述。第二部分为有关法规和标准,这部分共选编了 17 个法规标准,如中华人民共和国环境保护法、中华人民共和国统计法、环境统计管理暂行办法、地面水环境质量标准等等。第三部分为附录,主要对环境统计报表指标解释、国民经济行业分类与代码、危险废物名录、主要污染物排放系数、机动车辆污染物排放表等。(刘东杰)

X000011 **城市可持续发展与水污染防治对策** 张忠祥、钱易著。中国建筑工业出版社 1998 年版。31.30 万字。25.00 元。以可持续发展的方针为指导,论述了城市水污染防治与可持续发展之间的密切关系,提出了我国城市水污染防治应采取的对策。特别着重讨论了城市水污染防治规划的制定,水资源的合理开发及利用,城市工业废水污染防治,城市畜禽养殖业水污染防治,城市下水道与城市污水处理厂,滨海城市的水污染防治,城市湖泊、水库富营养污染防治,以及水质基准与标准等城市水污染防治中的焦点问题。全书紧密结合我国国情并吸收国内外经验和教训,将法律、政策、规划、技术等各种手段结合起来解决水污染防治问题。

X000012 **保护我们的环境** 副名:投资贸易新课题。李伟芳著。上海社会科学院出版社 1998 年 10 月版。22.7 万字。15.00 元。在论述有关国际公约的基础上,从理论和实践两方面分析环境保护和投资贸易的关系,重点阐述有关的环境保护政策及法规对国际贸易带来的影响,并简要分析了中国的环境保护现状及环境保护对中国贸易的影响。在论述中所表达的主要观点是:环境问题是人类走向文明过程中产生的,发达国家和发展中国家在环境保护问题上应达成共识;经济的可持续发展必须成为世界各国的基本国策；一个协调贸易和环境保护的全球性政策是很重要的；发展中国家应认识到在绿色贸易壁垒对经济发展带来不利影响的同时，也给经济发展带来新的机遇，因此要积极调整政策、抓住机遇、寻求发展。(陈凤梁)

X000013　**彩图少年儿童环境知识丛书**　副名：人类的家园。侯逸民等编著。湖北少年儿童出版社 1998 年 12 月版。55 万字。50.00 元。分 5 册，分别为《地球演变奇志》、《生态平衡奇趣》、《现代资源奇观》、《原野上的奇迹》、《保护地球家园》。以备受世人关注的环境问题为题材，用平实的语言、写真的图画、比较全面地介绍了人类生存环境的有关知识。(刘海燕)

X000014　**ISO 14000 族标准宣贯丛书**　副名：环境管理体系实施管理者指南(中英对照)。张富山编。中国标准出版社 1998 年 7 月版。25.5 万字。46.00 元。用易理解 EMS 的语言加上电脑插图，介绍 EMS 的精神和实施方法。内容分为七章，涉及委任环境经理、成立环境管理委员会、进行初始环境审核、设定环境方针、建立环境目标和指标、设计及实施环境方案、建立环境管理体系等。(周俞斌)

X000015　**绿色城市**　副名：人类生存环境与重建家园。韩强著。广东人民出版社 1998 年 11 月版。28 万字。20.00 元。主要从人类文明与居所的变迁说到工业文明与城市化，引出重建家园的浪潮，提出了理想城市的模式，论及城市的生态系统，如何回归绿色家园，进而具体提出绿色城市的规划、格局以及立体绿的构想，最后揭示了天地人合一的人类理想的家园。全书提出了新的城市理念，并结合国内外城市建设大量实际情况，勾勒出绿色城市的蓝图，具有理论与实践双重内容。

X000016　**绿色浪潮**　副名：中国企业面临环境挑战。臧立著。广东人民出版社 1998 年 9 月版。25 万字。19.80 元。对企业管理者在当前的环保浪潮中，如何审时度势，从善如流，掌握主动，抓住机遇，营造绝色企业，开发绿色产品，获取国际贸易绿色答证等问题，作了详细的论述。并指出环境问题已渗透到社会生活的各个层面，关系到人类的生存和发展，也向企业界提出了挑战。越来越严格的法律，即将耗尽的资源，消费者日益提高的环境意识，已不允许企业按照传统的方式去经营和运作。企业要生存、发展就必须认清形势，转变观念，顺应时代的潮流，走可持续发展之路。

X000017　**绿洲发展与生态环境建设**　黄文房等编。新疆科技卫生出版社(K)1998 年 3 月版。40 万字。32.00 元。从三个层次进行了分析。一、侧重于基础理论，包括绿洲的最新定义、分类，形成演变规律，以及绿洲系统的结构和特征，绿洲建设及协调发展的研究方法等。二、以极具西北地区特点的吐鲁番绿洲为典型，全面分析研究了资源、社会经济、生态环境现状，提出了绿洲经济发展与生态环境建设战略，建立绿洲资源开发、经济发展与生态环境建设的优化模式及数据库。三、对绿洲重点开发区——鄯善绿洲进行了深入研究，建立了绿洲经济发展与环境建设 GIS 模型等。(邢刚)

X000018　**绿就是金**　副名：企业家对企业家谈环境革命。董真、黄志成、劳炯基译。广东人民出版社 1998 年 1 月版。20 万字。19.80 元。揭示了国际间环境保护、环境管理、生态经济学、可持续发展等方面最新的进展，介绍了工业化国家广大民众对环境问题的日益关注，世界环保组织的活动情况，各国的环境立法、绿色产品的研制开发等情况。主要内容包括了目前全球环境的现实问题，企业如何为适应绿色时代的要求制定措施，整顿好企业的行为，研究开发绿色产品及服务，以及如何作好宣传以获得公众的认可。书中介绍了一些世界性的企业是如何降低甚至消除污染，成功推出受到绿色消费者欢迎的绿色产品及服务，使企业起死回生，扩大绿色市场份额，在生产、出售、推销绿色产品和服务时，赚到了有良心的钱，从而点绿成金的具体做法和事例。(董真)

X000019　**青藏高原近代气候变化及对环境的影响**　汤懋苍、程国栋、林振耀著。广东科学技术出版社 1998 年 2 月版。46 万字。65.00 元。“青藏高原研究丛书”之一。充分利用了常规气象观测、野外考查、定点监测和卫星遥感等各种资料，分析了青藏高原近代气候变化的事实，特别是高原地区的能量收支、云及其对辐射的强迫作用、高原季风、气温和降水的变化，高原冰冻圈和水资源(冻土、冰川、湖冰、湖泊和地下水资源等)的变化及其对气候变化的响应，结合一些数值模拟结果从不同角度探讨了高原区域气候变化的成因，并在此基础上对未来高原地区气候变化趋势进行了初步的预测。书中介绍的研究工作揭示了高原气候变化的自然规律及对环境影响的后果，有许多新认识和新的发现。(郑丽华)

X000020　**青藏高原生态系统及优化利用模式**　李文华、周兴民著。广东科技出版社 1998 年 2 月版。55 万字。80.00 元。“青藏高原研究丛书”之一。对我国青藏高原自然生态特征、生态系统的结构与演替、生态系统生物生产量以及生态系统持续利用的优化模式等作了全面、深入的论述。书中对青藏高原的大气、光照、温度、冰川等自然环境及森林、草甸、动植物群落等生态资源进行了科学的分析和评价,揭示和阐明了生物对高原环境的适应特性与对策、生态系统的稳定性及其演化趋势、主要生态系统类型生物生产力与高原环境的关系,并通过各种实验示范结果,探索了各类生态系统可持续发展的优化模式,从而为青藏高原生态系统可持续利用提供了宝贵的科学依据。(崔坚志)

X000021 **化工环境保护设计手册** 化学工业部环境保护设计技术中心站组织编写。化学工业出版社 1998 年 6 月版。100.2 万字。68.00 元。分 5 篇:第一篇废气治理、第二篇废水治理、第三篇废渣治理、第四篇噪声控制和第五篇废物焚烧。第一至第四篇详细介绍各种化工常见污染的治理方法、工艺流程、技术要点和设备选型,第五篇介绍化工废物焚烧的设计计算、工艺流程和设备选型。(郭燕)

X000022 **中国电力工业的发展与环境保护 1997** 中华人民共和国电力工业部编。中国电力出版社 1998 年 3 月版。3.5 万字。用大量翔实的数据和分析图表,介绍了 1980 年至 1996 年我国电力工业发展与环境保护的成就,我国环保法规体系和电力工业环保管理体制,电力工业环保科学研究和宣传教育成果,电力工业环保领域的国际合作与交流成绩,目前电力工业环保工作面临的问题和 21 世纪电力工业环保目标和工作计划。(何郁)

X000023 **中国 21 世纪安全减灾战略** 金磊等主编。河南大学出版社 1998 年 12 月版。97 万字。128.00 元。在回顾总结中国 20 世纪灾害、事故和安全减灾工作的基础上,对中国 21 世纪的灾害、事故进行预测,重点是为我国提供了一整套安全减灾的战略。它的总体科学价值集中体现在:(1)树立科学的大安全观;(2)倡导安全文化;(3)完善安全减灾科学的学科体系。(程庆)

X000024 **遇险自救** 副名:生命掌握在自己手中。卢天贶编著。广东省地图出版社 1998 年 4 月版。16.8 万字。11.00 元。详细介绍了自然灾害自救,日常生活及旅途、山地、丛林、水上、沙漠、寒区等不可区域遇险自救的各种方法,简单易学,切实可行。(梁映晖)

X000025 **中国自然灾害与灾害管理** 范宝俊主编。黑龙江教育出版社 1998 年 7 月版。28 万字。23.00 元。共 11 章,包括灾害的基本概念、灾害对社会和环境的影响、我国主要自然和人为灾害、防灾与备灾、紧急救援与救济、灾后恢复重建、防灾减灾公众意识、灾害监测预警、灾害评估、政府在减灾管理中的作用及国际减灾十年与我国减灾行动等。本书的特点是将灾害管理与社会和经济的可持续发展紧密联系起来,强调灾害管理是一种连续不断的且相互联系的活动,而不是随每次灾害发生和开始、结束的一系列事情。同时灾害管理又有明确的阶段性,各阶段组合起来成为灾害管理周期。灾害管理周期包括预防、减轻、准备(备灾)、灾害侵袭、紧急响应、恢复重建、发展等。所以把发展包含在灾害管理周期内,是为了保证减灾的结果被有效地反映到将来的政策中,以利于国家的发展,引进经过改善的及现代化的建筑规划、方案和方法,在未来的发展计划中应用减灾经验,同时应特别注意到,要防止因发展而引起新的灾害以及加剧现有的灾害问题。提出发展会增加社会的抗灾能力,不适当的发展会增加社会经济的脆弱性,加大灾害损失,同时灾害也为发展提供了机遇,灾区可以得到平时得不到的外界援助和社会关注,可以重新规划发展的布局。书中还对灾害恢复重建中所必须做的工作进行了论述,如灾后评估、恢复行动、重建计划、组织管理和国际援助等。书中还对我国灾害监测预警、灾害评估、防灾减灾公众意识、政府在灾害管理中的作用进行了全面的论述。特别阐述了各级政府官员和灾害管理人员在灾害发展的各个阶段如何正确应用有关灾害的各种信息,以做出符合实际情况的科学化决策,从而取得尽可能大的减灾效益。(孙延凤)

X000026 **中国农村减灾防灾经济学研究** 严立冬著。华中理工大学出版社 1998 年 6 月版。24.2 万字。13.80 元。以高度的理论概括,对人类自然灾害的分类、概念及其内涵作了准确的界定。以人与自然灾害作斗争过程中所发生的经济关系为主线,从经济学角度研究农村灾害问题,将经济规律与社会规律结合起来,对农村灾害经济理论与实践问题进行了深入而系统的研究,试图分析和解决农村灾害带来的重大理论与实践问题,对加快连年遭受严重自然灾害侵扰的我国农村的减灾防灾建设和促进农村可持续发展有着不可低估的重大理论意义和现实意义。(陈晓婧)

X000027 **典型化学污染物在环境中的变化及生态效应** 徐晓白等主编。科学出版社 1998 年 10 月版。61.7 万字。58.00 元。以新农药单甲脒和有机锡化合物为两条主线,介绍了其环境行为、生态毒理

和生态效应,对氯化芳烃、多环芳烃及其衍生物、氯化二恶英等典型污染物也比较系统地介绍了其环境化学和生态学行为。(杨淑兰)

X000028　**水处理微生物学**　顾夏声、李献文、竺建荣编。中国建筑工业出版社 1998 年第三版。29.2万字。10.00 元。主要阐述微生物的形态、结构、生长繁殖和命名;微生物的生理特性,如细菌的营养、酶及其作用、环境对细菌生长的影响等;微生物的生长与遗传变异;水的卫生细菌学,包括水中的细菌及其分布、病原细菌、大肠菌群和生活饮用水中的细菌标准、水中病毒及其检验等;废水生物中的微生物及水体污染的指示生物,介绍了废水中的污染物在微生物作用下的降解与转化、不含氮有机物质的分解、含氮有机物质的分解、无机元素的转化、废水生物处理中的微生物、水体污染与自净的指示生物及监测方法等;微生物的研究方法,包括微生物的观察、培养和纯种分离技术、微生物的保藏与复壮、灭菌方法、无菌操作等。还介绍了 9 个微生物学实验技术,书后附有活性污泥混合液耗氧速率的测定、鱼类毒性试验及废水中物处理过程中常见的微生物等 3 份资料。(俞辉群)

X000029　**实用废水处理技术**　佟玉衡编。化学工业出版社 1998 年 11 月版。25.5 万字。17.00 元。共 6 篇 17 章,主要包括废水处理方法概述,废水的物理处理法,如重力分离、筛滤与离心分离,废水的化学处理法,如中和、混凝、其他化学处理法,废水的物理化学处理法,如吸附、离子交换、浮选、其他物理化学法、膜分离法,废水的生物处理,如活性污泥法、生物膜法,污泥的处理与处置等。全书系统地介绍了各种废水处理方法的基本原理、工艺流程、处理设备、处理实例、运行管理以及有关的计算方法等。(郭燕)

X000030　**水库水环境模拟预测与评价**　叶守泽、夏军等编著。中国水利水电出版社 1998 年 4 月版。25.8 万字。18.00 元。分 9 章,主要内容包括:水库水温结构及其分布的模拟预测、水库有机污染物的模拟预测、水库湖泊富营养化的模拟预测、水库重金属及放射性核素迁移转化模拟预测、水库细菌及悬浮物的模拟与预测、水库二维水环境通用数学模型及其混合有限分析解法、水库水环境质量评价,以及水利水电工程环境影响评价。(王志媛)

X000031　**地质环境质量评价理论与应用**　周爱国、蔡鹤生编著。中国地质大学出版社 1998 年 8 月版。30 万字。23.00 元。全面地论述了有关地质环境质量评价的基本概念、基本原理和常用的评价方法,并对土壤、地表水、地下水、城市及河流岸带等地质环境质量评价进行了专论;同时,详细阐述了地质环境质量评价制图的内容和方法,还介绍了许多成功的应用实例。(贾晓青)

X000032　**事故调查分析常用法规手册**　劳动部事故调查分析技术中心编。中国劳动出版社 1998 年 2 月版。36.7 万字。37.00 元。分综合、报告与统计、调查与分析、工伤保险、责任分析、交通、矿山、工厂和消防 9 部分。(高永新)

Z　综合性图书

Z000001　**元典文化丛书(第二辑)**　李振宏主编。河南大学出版社 1998 年 8 月版。250 万字。10 册。分别是:医学圣典——《黄帝内经》与中国文化、人仙之间——《抱朴子》与中国文化、纵横家书——《战国策》与中国文化、星学宝典——《天官历书》与中国文化、史家绝唱——《史记》与中国文化、管理宝典——《管子》与中国文化、礼乐渊薮——《礼记》与中国文化、词章之祖——《楚辞》与中国文化、诸经总龟——《春秋》与中国文化、天人衡中——《春秋繁露》与中国文化。每分册在开篇介绍了元典作者的生平、元典著作的成书过程、成书时间及其主要内容,主要篇幅用于阐述元典著作对中国历史、中国文化、中华民族性格的全方位历史影响。书后还附有对元典著作的选择或全译。从学术上讲,丛书的特色表现在三个方面:1.对元典著作的全方位研究,有利于人们全面地整体性地把握经典著作的历史文化价值;2.重视元典著作的文化价值,揭示它对塑造民族精神、民族心理、国民性格及思维方式等方面的影响;3.冷静的历史思辨色彩,以严格的历史批判态度,对元典著作的历史价值,尽可能做出科学的,辩证的历

史评价。在著作风格上,采取夹叙夹议,以议论为主的写法,力求达到思辨性与通俗性、学术性和可读性的统一。(刘小敏)

Z000002 **中国古代笔记小品丛书** 陕西人民出版社 1998 年版。112 万字。64.50 元。选编了明清两代 7 位著名学者、作家的 8 本著作。即明代张岱的《陶庵梦忆·西湖梦寻》、清代纪昀的《阅微草堂笔记》、顾炎武的《日知录》、袁枚的《子不语》《续子不语》、沈起凤的《谐铎》、钱泳的《履园丛话》、李渔的《闲情偶寄》。这些作品内容广博,文笔或优美清秀,或老到诙谐,有些是寄情山水之作,描绘了祖国美丽的山川河流、名刹古寺;有些论述一些鬼怪神奇的故事,寓含了作者一定的思想感情;有些旁征博引,记述历史、典章制度;有些记述文人的闲情逸致。(张亚雅)

Z000003 **中国传统文化精品丛书(第二辑)** 叶斌等注。陕西人民出版社 1998 年版。59.4 万字。32.40 元。包括《诗经》《孟子》《幼学琼林》《龙文鞭影》《格言联璧》《大学·中庸》《元曲三百首》《易经》《庄子》《楚辞》等 10 种,所收的选本大多是短而精的佳作,少数作品如《庄子》,虽然较长,但鉴于其在我国传统文化中的重要地位,仍然全文收入,但以短小精悍者为主。还对不同作品分别进行了整理,有的做了精明扼要的注释,有的附有译文或题解。注解和译文全部用白话文,尽量做到通俗易懂,对一些生僻字则予以注音。书前还简要地介绍了本书的成书、流传经过和影响。(贺治博)

Z000004 **"中国自然与文化 100 系列"丛书** 张秀平主编。广西人民出版社 1998 年 9 月版。187.5 万字。100.00 元。主要从历史文化名城、考古发现、珍奇国宝、风景名胜和珍稀动植物五个方面对中国自然与文化遗产进行复原和描述,透过实物形态勾勒出了中国文明发展的轨迹和原始自然的生态景观。《中国 100 座历史文化名城》揭示了作为中国历史文化重要载体的 100 处重要城市的职能、发展和文化特点,展现了中华辉煌的文明。《中国 100 处考古发现》复原了曾经掩埋于地下的尘封了的一段段文明史,不仅有史前期人类活动的遗址,而且有从夏商周到明代的墓葬和遗迹,呈现出较清晰的历史脉络,勾画了古人生产和生活的大致线条。《中国 100 件珍奇国宝》选取包括玉器、陶瓷器、青铜器、绘画等在内的 100 件具有代表性的重要文物,展现了中华文明的源远流长和多姿多彩,反映了中国悠久灿烂的文化。《中国 100 处风景名胜》记载了中国 100 处人类与自然和谐共处所留下来的自然遗产,它们是文化与景观的有机统一,体现着自然与文化的完美结合。《中国 100 种珍稀动植物》收录的猕猴、金丝猴、银杉等 100 种珍稀动植物是国家重点保护的生物资源,许多历史上繁盛的物种今天却濒临灭绝,正唤醒着人类保护环境的意识。(郑维宽)

Z000005 **中国农村文库(第二批)** 徐维诚主编。天地出版社 1998 年 3 月版。800 万字(套)。360.00 元。共 80 种。作为"万村书库"的补充图书,包括果林业、种植业、养殖业以及乡镇企业和打工用得上的实用技术类图书:《柑桔、苹果、梨矮化密植新技术》可很快解决农民朋友这方面的技术问题。《花卉园艺》、《实用栽桑技术》、《蔬菜育秧技术》、《温室大棚蔬菜栽培技术》、《猕猴桃栽培技术》、《特种经济蔬菜栽培技术》、《实用种菇栽培技术》等图书也均是农民发展生产的"好帮手"。《野生经济动物养殖技术》根据我国现实条件,选取了比较容易饲养、驯化,经济价值又高的禽兽 34 种,具体讲解其生物特性、养殖技术及引种问题。《家用电器常见故障检修》一书,介绍了 8 类家电常见故障与检修方法,书中理论分析少,没有繁杂的数学推理公式,语言通俗易懂,操作性极强。其他实用技术类图书,如汽车、拖拉机、摩托车、农机具的使用与维修技术以及抹灰工、钢筋工、砖瓦工、混凝土工等也都是一本书解决一门技术问题。还包括部分帮助农民提高思想政策、文化水平的社科类图书,如《禁毒知识读本》、《家庭法律顾问》、《家庭理财顾问》、《华夏传统美德故事》、《古典文学基本常识》、《写诗填词基本技巧》、《怎样猜谜制谜》等;针对农村缺医少药的现象,本批书还选取了十多种农村常见慢性病,一本书专门讲解一个病种,通俗易懂、中西结合,指导农民因地制宜,科学地防病、治病,提高身体素质。(吴晓春)

Z000006 **文史趣苑丛书** 董伯庸、张南主编。广西师范大学出版社 1998 年 11 月版。66 万字。80.00元。从文史典籍中广采博取,撷取一批故事性较强、趣味性较高、具有一定思想认识价值或美学陶冶力量的人物、事件整理而成。内容涉及我国古代诸子百家、三教九流的秘史佚事、奇闻怪见,在基本上忠于原著的前提下,采用较为生动、浅显的文字加以叙述,将我国古代文化向现代社会传播。丛书共 10 个分册,即《兵家妙策》、《名人归宿》、《野史真相》、《女史春秋》、《宗教异闻》、《神话集锦》、《寓言选萃》、《诗词趣话》、《艺苑寻珍》、《技坛拾贝》。(沈伟东)

Z000007 **古代笔记整理与普及丛书** 王德明

等编著。广西师范大学出版社 1998 年 5 月版。300 万字。165.20 元(平),201.20 元(精)。丛书精选古代笔记之佳构,在版本方面择善而从,适当校勘,并根据文本的难易程度作出一定的注、评,间或附以译文。注释力求简洁、准确;译文求通达,以直译为主,兼有意译;评点则不拘一格,追求随意、灵活、跳脱、新颖。丛书共 4 个分册,即《孔子家语》、《大唐新语》、《世说新语》、《朱子语类》。(赵明节)

Z000008　**俄藏黑水城文献**　俄罗斯科学院东方研究所圣彼得堡分所、中国社会科学院民族研究所、上海古籍出版社编。上海古籍出版社 1996 年至 1998 年版。约 3200 幅图。14355.00 元。分汉文文献(6 册)、西夏文世俗文献(7 册)、西夏文佛教文献(约 15 册)三部分。汉文文献中有《宋西北边境军事公文》等各色官私文书 60 余件,久已失传的珍稀古籍《吕观文进庄子义》、《文酒清话》、《六壬课秘诀》等,以及藏外佛典《长芦了和尚劫外录》、《通理大师立志铭心性海解脱三制律》、《清凉心要注》等。西夏文世俗文献有小学书《掌中珠》、《文海》、《音同》、《五音切韵》,历史法律著作《天盛律令》、《亥年新法》,社会文学书《新集碎金置掌文》、《三才杂字》、《圣立义海》、《新集锦合辞》、《类林》,以及大量的僧俗社会经济文书、西夏文佛教文献有译自藏文的《种咒王阴大孔雀明王经》,西夏本土著述《依金刚王亥母以净瓶亲诵仪轨》、《中有身要论》等。佛典卷首多有佛菩萨说法图,卷末则有印施发愿文、题记、藏印等。(蒋维崧)

Z000009　**十三经概论**　夏传才编著。天津人民出版社 1998 年 2 月版。33.8 万字。19.60 元。全面、系统、客观地介绍了《周易》、《尚书》、《诗经》、“三礼”、《春秋》三传、《论语》、《孝经》、《尔雅》、《孟子》十三部儒家经典的主要内容、每部书成为“经”的过程和原因、学术纷争以及每部经的精华和糟粕等。还对中国古代学术史上的经今古文学之争、经学的研究对象和范围等作了提纲挈领的概括。(成其圣)

Z000010　**岭南文库**　于幼军主编,岑桑执行副主编。广东人民出版社 1992 年 12 月至 1998 年 5 月版。1500 万字。1144.50 元(平),1589.90 元(精)。分为 7 大系列:历史政治,经济发展,自然资源,社会文化,人物传记,典籍选粹,图册。包含语言、文学、历史、哲学、经济、地理、艺术、民族、民俗、宗教、古籍、对外文化交流、译著等门类。全面地、历史地、系统地反映和论述岭南(广东以及与广东在历史上、地理上有密切关系的一些岭南地域)历史文化。上自远古,下迄当代,涵盖有关岭南的人文学科和自然学科。以爱国主义和历史唯物主义为主导,强调科学性、权威性、开创性,有选择地收入学术界从各个方面研究岭南的高水平的学术著作、高质量的知识读物、有价值的文献资料。(曾宪志)

Z000011　**新知选读**　吴明瑜等著。湖北人民出版社 1998 年版。52.5 万字。42.00 元。丛书。共 15 辑:第一辑,知识经济——人类社会的革命性变化;第二辑,世纪之战——计算机千年问题;第三辑,充满商机的生物技术;第四辑,创业投资——高技术产业的催化剂;第五辑,圣婴兄妹——厄尔尼诺与拉尼娜现象;第六辑,欧元启动——世界经济一体化进程中的大事件;第七辑,费曼的梦——纳米技术的诞生、发展与前景;第八辑,咨询业——正在兴起的知识产业;第九辑,破译生命密码——人类基因组计划;第十辑,智慧的较量——现代高技术战争;第十一辑,环境与现代文明病;第十二辑,现代远程教育——走向知识经济的教育;第十三辑,商机无限“因特网”——电子商务的兴起;第十四辑,环境污染离我们有多远——家庭污染和绿色家居的营造;第十五辑,生态农业——现代农业发展模式。(陈冬新)

Z000012　**儿童世界百科全书**　拉柔斯出版公司编。晨光出版社 1998 年 3 月版。62 万字。120.00 元。分为 10 章:宇宙、地球、海洋、动物、植物、恐龙时代、人的身体、机器、科学、人文地理。书中有 2500 幅色彩鲜艳、形象逼真的图画以及通俗易懂的文字;140 个与学习知识配合的好玩的游戏及小制作;80 多个与各部分内容相关的童话、寓言、传说、科幻故事;70 多个帮助儿童学习英语词汇的生词库,鼓励儿童动脑思考问题的问题板。(刘卫华)

Z000013　**现代美国百科全书**　《现代美国百科全书》编写组编。东方出版中心 1998 年 7 月版。68 万字。40.00 元。主要以《中国大百科全书》(74 卷)中与美国直接有关的近 2000 个条目为基础,经过删节、修改、更新和补充编辑而成。有地理、历史、政治、军事、经济、科技、教育、文学、电影、音乐、美术、宗教、新闻出版业、医疗卫生等 27 个门类、700 多个条目,各个门类的综述性条目,具有一定的深度和广度,并介绍了各个领域过去和现在的一般知识。书末附有美国历史大事年表、1993 年美国各行业销售额居前列的企业、美国大商业银行等 5 个附录及英汉对照索引。(徐芷琳)

Z000014　**中国文史百科**　张岱年主编。浙江人民出版社 1998 年 6 月版。30 万字。260.00 元。分上、下册。以追溯华夏文明之源头,寻访中国历史之轨迹，弘扬中华民族之精神，展示东方文化之辉煌为宗旨，围绕着“中国人”这个核心，分“民族”、“制度”、“科技”、“思想”、“艺术”、“历史”8个分卷，以纵横两条线索，全方位地展示中华文明和中国的历史文化知识，特别是民族的源流与民族文化的演变，以及在其演变过程中所形成的民族传统、民族性格、民族特有的思维方式等。

Z000015 **宁夏百科全书** 陈育宁主编。宁夏人民出版社1998年9月版。200万字。160.00元。汇集宁夏基本知识和基本情况的工具书。全面地反映宁夏的历史和现状，着重反映当代科学文化、经济建设、社会政治的重大成就，系统介绍地理环境、物产资源、历史沿革、文化源流、经济发展、社会变迁、风情习俗、名胜古迹、名优特产等。分设地理、历史、政治法律、经济、科技、教育、卫生、民族宗教、文化、社会、当代人物11个分编，每一编又分概述和条目两大部分，全书有一总述。全书收编5133个条目，配有彩色插页和黑白图照531幅，表103个。书后有附录，收入1949～1996年宁夏经济社会发展主要统计资料表50个。(汤晓芳)

Z000016 **实用文化全书(8种)** 杨宗、顾肖荣、张元芳等编。上海文化出版社1998年12月版。432.5万字。234.80元。包括《中国实用文体大全》、《中国实用方法大全》、《中国实用对联大全》、《中国实用法律大全》、《中国实用就医大全》、《中国实用心疗大全》、《中国实用技艺大全》、《中国实用集藏大全》，计8种。涵括家庭生活和社会生活的方方面面，以专题分册，全面介绍该门类的基本知识和实用技艺。《中国实用文体大全》：广录各种应用文体，并选录富有参考价值的资料和典型范例，“填补了中国应用写作学的空白。”(王力语)《中国实用方法大全》：探讨和介绍思想方法、学习方法、工作方法和生活方法的实用普及读物。《中国实用对联大全》：集中国实用对联之大成，包括春联、婚联、寿联、挽联、新居联、行业联、书画联、格言联等。广涉百科，全面不滥，熔古铸今，集珠捧玉。《中国实用法律大全》：中国公民生老病死、衣食住行、家庭关系和社会关系中可能涉及的法律问题的实用指南。《中国实用医疗大全》：介绍中西医、药、护理、预防、保健等知识。《中国实用心疗大全》：指导大众科学地认识人生各阶段的心理特点，提供切实可行的解决心理障碍和危机的途径和方法。《中国实用技艺大全》：分“衣”、“食”、“住”、“行”、“用”、“其他”等6篇，全方位、多门类地介绍各种家庭实用技艺。《中国实用集藏大全》：分陶瓷、字画、古籍碑帖、文房用品、珠宝玉石、金属器具、明清家具、雕刻、扇子、钱币、磁卡、邮品、火花、烟牌、钟表、相机、奇石、根艺、像章、报刊、粮票、门券等22个门类，介绍各类藏品收集的知识、技能和原则。

Z000017 **简明中华百科全书** 《简明中华百科全书》编委会编。中国大百科全书出版社1998年7月版。600万字。480.00元。包含历史、地理、哲学·宗教、人类·社会、政治·法律、军事、经济、文学·艺术、文化·教育、自然科学、工程技术共11个知识大类，涉及到60多个学科。在内容上有两大特点，一是社会科学部分所占的比重大于科学技术部分。考虑到科学技术部分一般来说没有什么国家特色，本书只着重介绍中国古代较大的科技发明及科学理论和现代在科技领域取得的伟大成就。二是近现代部分所占的比重大于古代部分。考虑到一般读者渴望了解急剧变化的近现代中国，本书着重介绍了1840年鸦片战争以后，尤其是1949年中华人民共和国建立后中国各方面的基本情况，突出介绍了1978年中国实行改革开放以来出现的新人物、新事物、新知识。除主要采用条目形式介绍知识外，还专门设置了一篇15万字的题为“中国”的概述文章，从中国的自然概况、历史、政治、法律、军事、外交、经济、产业、科学和技术、教育、文化、社会生活等12个大方面，全方位地、多层面地、系统地介绍中国尤其是现代中国的基本状况。附录共有27个，包括：中国大事年表，中国历史纪年表，汉语拼音方案，中国法定计量单位表等等。其中中国大事年表，一共1000余条，高度概括地介绍了中华文明发祥以来发生的重大事件，揭示了中华文明的发展脉络。(马汝军)

Z000018 **48小时快易通** 副名：桥牌、网球、摄影、摄像、游泳、按摩。罗兰·路易、莎伦·戴维斯编。吉林摄影出版社1998年8月版。6万字。23.00元。共6册，包括摄影、摄像、游泳、网球、按摩、桥牌。丛书选择当前人们最热衷的六种运动项目和娱乐方式，利用两天48小时的时间，以简洁明了的文字配合清晰的彩色照片、图解和演练示范，循序渐进生动有趣地介绍了各种运动或项目的基本原理和技术要领，简明扼要、形象直观、简短实用、易学易懂，在48小时内就可以轻松愉快地掌握某种技艺。例如《48小时游泳快易通》，按照48小时的课程安排，运用文字解说和照片展示，首先阐明在游泳之前，如何做好各种准备、检查身体、如何选择游泳池、如何选用护目镜、游泳衣，以及救生背心和脚蹼、浮板等辅助器材设备等等。接着指导如何进入水中，如何学会漂浮、移动身体和划水,重点介绍了蛙泳、仰泳、爬泳、蝶泳和跳水等10种游泳方法,从基本原则到高层次技巧,给以权威性的指导和建议,简单实用、易学易记,使初学者在两天48小时内就可以学会游泳,有一定基础的爱好者也能提高技能。

Z000019 **女性休闲系列** 文萍著。广西民族出版社1998年1月版。72.7万字。60.00元。包括4本:《淑女礼仪——令人耳目一新的你》、《美容佳境——解决你美容生活中的全部烦恼》、《七分装扮——服饰的配备与最佳购物技巧》、《出门在外——海内外旅行生活指南》。丛书旨在给生活中的女性以最实际的帮助,在她们社交、购物、着装、美容、旅行遇到困难时,给她们提供最好的建议和解决办法。(徐美)

Z000020 **少儿知识图典** 汪建先等编。湖北少年儿童出版社1998年10月版。24.5印张。105.00元。共7册,分别为《100种名牌轿车》、《100种威猛战车》、《100种著名枪炮》、《100种新型飞机》、《100种史前动物》、《100种珍奇动物》、《100种观赏花卉》。全书以写实的画法,准确优美的文字将100种具有代表性的轿车、战车、枪炮、飞机、史前动物、珍奇动物、花卉活灵活现地展现出来。(刘海燕)

Z000021 **知识魔方** 蕙蕙编写。少年儿童出版社1998年8月版。28万字。30.00元。每本有以600篇短小的知识小品,并配上600幅小插图,介绍600个知识点。共4册,为:《物理万象》,有"从原子说起"、"有趣的压力"、"无处不在的惯性"、"变来变去的能量"、"形影不离的电和磁"、"电脑,电脑!"等等;《化学博览》,有"钢铁世家"、"贵金属之王——铂"、"闪闪发光的磷"、"多彩的建筑材料"、"神奇的粘结剂"、"身边的化学"等等;《植物奇观》,有"认识植物的第一步"、"根——植物的嘴和脚"、"生命的起点——种子"、"不怕盐的植物"、"热带雨林"等等;《人体探索》,有"生命的砖块——细胞"、"白种人、黑种人和黄种人"、"皮肤上的图案和斑点"、"运动发动机——肌肉"、"高矮与胖瘦"、"身体内的石头"、"睡觉的学问"等等。(洪祖年)

Z000022 **爱国主义教育文库** 中国教育报刊社图书编辑中心编。中国少年儿童出版社1998年7月版。77.12万字。500.00元。综合性知识读物。共分十个系列,一百册。全面系统地介绍了祖国辽阔的疆域、丰富的物产、壮丽的山河、灿烂的文化;介绍了中华民族五千年的发展历史,和炎黄子孙为祖国的独立和统一、为民族的繁荣昌盛而前赴后继、不屈不挠的奋斗历程;展示了华夏儿女创造出的一个又一个人间奇迹,对人类文明和进步做出的巨大贡献,以及中国共产党如何领导中国人民推翻三座大山,把旧中国变为充满生机、蒸蒸日上的新中国,还有在党中央的领导下,祖国在社会主义现代化建设和外交等方面所取得的辉煌成就。(韩彬)

Z000023 **教你学教你做小学生实用丛书** 高谊等编著。中国少年儿童出版社1998年9月版。274.5万字。217.80元。少年读物。分45册。一册教做一件事。共教45种实用的事项,包括教"你"读书,保护牙齿、眼睛和自己,认识常见病和大自然,了解祖国、节假日和唐诗、宋词,做游戏、踢足球,打排球、打篮球、打乒乓球,打羽毛球,学武术、下象棋和围棋,做手工、学养殖、学相声、学做饭,做家务、懂礼貌,学好英语,写好作文,做班干部,学书法和数学,学电脑。(陈斌)

Z000024 **蒙古族传统科技文化** 布·孟克编著。新疆科技卫生出版社(K)1998年10月蒙古文版。26.6万字。15.00元。从畜牧业生产、狩猎、农业与采集、饮食、日常应用物品、手工业,蒙医、科学知识等7个方面,对蒙古族传统科技文化进行全面、系统详细介绍。重点论述了蒙古族的传统应用性科学经验知识。本书的一个最大特点是理论和实践的紧密结合,既运用了学科交叉的理论与方法的同时又重视社会调查,搜集了大量第一手资料,所论问题不但有理论深度,而且有独创性见解。全书理论脉胳清晰、观点明确、立论有据,在论述中既注意面的完整,又注意点的突破,既注意了科技文化的特点又注意了应用价值。(玉孜曼)

Z000025 **新世纪儿童知识图典(人文卷)** 王立科编著,毛小榆等绘画。辽宁少年儿童出版社1998年版。182幅图。18.50元。以文图并茂的形式展示了人类五千年来种种了不起的成果,譬如穿的衣服、吃的食品包括中国的米饭面食以及外国的面包、麦当劳、肯德基,喝的茶、咖啡、可乐,各式各样的建筑,还有飞机、轮船、火车、汽车等交通工具和我们日常使用的洗衣机、电冰箱、空调、电脑等等。每项都以简洁生动的文字和精美的图画介绍了它们的产生、发展和未来前途。(王瑞起)

Z000026 **新世纪儿童知识图典(自然卷)** 王立科编著,毛小榆等绘画。辽宁少年儿童出版社1998年版。170幅图。18.00元。以文图并茂的形式系统地介绍了有关日、月、星、辰,风雨、雷电、江河、湖、海、山林平川,花草树木,鱼鳖虾蟹,飞禽走兽,生

态环境，能源矿藏，人体卫生等日常自然科学知识。（王瑞起）

Z000027 **拉鲁斯青少年百科全书 宇宙** ［法］Philippe de La Cotardiere撰，潘之东、王胜宝译。浙江教育出版社1998年2月版。80.00元（精）。《拉鲁斯青少年百科全书》由法国拉鲁斯出版公司召集各国著名学者、专家编撰，共17卷，涵盖天文地理、自然风光、植物动物、人体结构、物质能量、宗教文化、世界历史等；融科学性、可读性于一炉，每卷均有几百幅的具有较高艺术价值和保存价值的精美图片，图文并茂。宇宙卷通过简要准确的文字和极为珍贵和真实的图片，具体生动地解答宇宙的形成，行星和恒星、流星和陨星之间的不同，太阳的九大行星的模样以及人类为征服宇宙取得了哪些重要的贡献等问题。

Z000028 **拉鲁斯青少年百科全书 探索地球** ［法］Pierre Bloc－Duraffour等撰，邱建立、王宗涛译。浙江教育出版社1998年2月版。80.00元（精）。分"景观类型""气候带和生景""人类对环境的影响"3部分。在"景观类型"部分，介绍了海洋、海岛、岛屿、河流、湖泊、山地、高原、洞穴和地下长廊等的形成过程及其形态和生活在其中的动植物。在"气候带和生景"部分，介绍了冰天雪地的极地带（淡水冰川、南极洲、北冰洋）到处是苔原和针叶林的寒带、森林茂密和草地辽阔的温带、气候炎热而拥有茫茫草原的热带，以及高温潮湿动植物种类繁多的热带。在"人类对环境的影响"部分，论述人类因过分捕捞和以各种污染破坏了海洋生态环境的平衡，人们因为滥伐森林和空气污染等因素严重影响了森林资源，在城市里人们以污水、废气等污染了环境；为了改善环境，保护我们共同生活的地球，我们应该好好保护空气，保护水，保护大自然。

Z000029 **张之洞全集** 苑书义、孙华峰、李秉新主编。河北人民出版社1998年8月版。791万字。580.00元。共12册，299卷，包括奏疏、批牍、函电、诗文、书札，以及《劝学篇》、《书目答问》、《辖轩语》等专门著作。（王苏凤）

Z000030 **陈炯明集** 段云章、倪俊明编。中山大学出版社1998年9月版。88万字。69.00元。系统反映陈炯明生平活动和思想的文集。全书从数以百计的报刊、图书、档案中，搜集了陈氏的论著、谈话、演讲、书信、电报、公牍和诗文等共1100多件。辑文反映了陈炯明一生各个时期的思想和活动情况。（钟永源）

Z000031 **蔡元培全集（18卷）** 中国蔡元培研究会编。浙江教育出版社1996年12月至1998年11月版。800.7万字。369.00元。包括专著、论文、诗歌、题联、书简、函电、日记、译作、批语及演说、谈话并口述的纪录，当时由其主持制定的重要法规、公文等。以内容分类，以时间为序，涉及政治、教育、哲学、美学、伦理学、民族学、人类学等领域。全集共18卷，前8卷是著述，第9卷是译作，第10～14卷是函电，第15～17卷是日记，第18卷是续编。每类文稿均按写作或发表的时间顺序编次，如第1卷收录的是晚清时期的著述，有蔡元培参加各级科举考试的诗文、希望民族平等社会进步的白话小说、立志教育以启民智的自白。第2卷是在首任民国教育总长期间，着手废止封建教育体制，提倡德智体美四育并举，反对袁世凯窃夺国柄的有关文章。第3卷则是他在北京大学任职期间，改革校政、倡引支持新文化运动，保护五四爱国运动的一系列演说、批示及论述。之后5卷的内容，反映了蔡元培对许多学术问题的创见，涉及哲学、美学、伦理学、教育学、人类学、民族学等众多领域，也记述了他如何为民主法制而孜孜不倦的斗争，为创建中央研究院，推动我国现代科学研究事业的发展而呕心沥血，为实施美育、提高国民素质而多方努力。第9卷收录蔡元培根据德文或日文翻译的作品。其中《伦理学原理》，毛泽东曾自言对其唯物史观的形成甚有影响。函电共5卷收录蔡元培致孙中山、陈独秀、李大钊、鲁迅、蒋介石、李宗仁、宋子文等人的信函、电报，通讯对象几乎涉及当时政、军、财、文各界要人，是研究中国近现代史极为宝贵的资料。日记3卷，系根据上海蔡元培故居所藏手稿抄录整理首次发表。第18卷续编是因编辑后期不断有佚文发现，经过考订整理编成。（张晓夫）

Z000032 **熊希龄先生遗稿** 熊希龄著。上海书店出版社1998年12月版。440万字。498.00元。书中所收为熊希龄天津寓所收藏的熊先生文稿、函电稿、诗词稿等件，其他散见于各处的熊希龄著作则未及收集。熊希龄的文章、序跋、奏折、呈移文稿，先已编入"文存"，以《明志阁遗著》书名出版，作为全书的第一册。但付印时，体例有所变动，难以赓续。现在出版各册，实即《明志阁遗著》的续集。经整理，以电稿、函稿、杂著、佚文、诗存、词存的分类体例编辑成书。其中，一至四册为电稿，第五册集中了函稿、杂著、佚文、诗存、词存的内容。"佚文"为"文存"中删落各篇。本书较之1985年由湖南人民出版社出版的《熊希龄集》，容量上已成相当的规模，诸多内容互为

补充。(刘广汉)

Z000033　**中国期刊**　张伯海主编。甘肃人民出版社 1998 年 11 月版。130 万字。198.00 元。共分 5 大部分,分别是:第一部分:重点期刊和优秀期刊;第二部分:全国期刊名录;第三部分:全国期刊的数据和信息;第四部分:世界期刊纵览;第五部分:中外期刊史话。全书提供了中国期刊事业在探索前进道路上审视自身与进行横向比照所要求的必要数据资料。(侯润章)

Z000034　**点石斋画报**　吴友如等编。上海文艺出版社 1998 年 9 月版。2000 幅图。180.00 元。本书是 19 世纪末在上海出版的一种以时事为主要内容的画报,属石印画报,每 10 天出版一期,随上海《申报》附送。创刊于光绪十年(1884 年),光绪二十四年停刊,每期 8 幅图,配以一定的文字。画报因其通俗易懂,深受读者欢迎。所报道的有时事新闻,如《基隆再捷》描述了法国军舰遭到清军重创、击死法国士兵十余名的故事;又如《西藏入贡》表现了西藏送最贵重的赤金佛像进贡的事。这些时事配以生动活泼的画面,为国人传达了一种新的信息。此外,其中还有一部分描绘的是上海日益变化的政治、经济、风俗、文化、科技以及风土人情等。如《上海新造铁路火轮车开往吴淞》、《各行各业风情图》、《新出夷场十景》、《上海四马路洋场胜景图》等等,反映东方文化在西风东渐之初的各种变化,为我们保留下大量的清末的各种真实形象的图画资料。(徐华龙)

Z000035　**彝文经籍文化辞典**　马学良主编。京华出版社 1998 年 12 月版。120 万字。760.00 元。收录一万多词条,其中以彝文经书典籍词汇为主,兼及彝族宗教、历史、地理、社会结构、文物礼制、风俗民情等方面的重要名词术语,可称是全面反映彝族社会历史和文化生活的百科全书。(孙志文)

Z000036　**中国所藏高丽古籍综录**　黄建国、金初昇主编。汉语大词典出版社 1998 年 2 月版。22 万字。20.00 元。收录全国 51 个单位所藏高丽古籍,著录项目包括书名、卷数、著者、版本、收藏单位名称等,并附索引。(徐文堪)

Z000037　**中南、西南地区省、市图书馆馆藏古籍稿本提要(附钞本联合目录)**　阳海清主编。华中理工大学出版社 1998 年 11 月版。136.00 万字。288.00 元。收录中南、西南地区四川省图书馆、武汉图书馆、桂林图书馆、重庆图书馆、重庆市北碚区图书馆、贵州省图书馆、湖北省图书馆、湖南图书馆、云南图书馆、广东省中山图书馆所藏古籍稿本提要。举凡反映中国传统文化、采用传统撰述方式和古典装订形式,无论成书形式远近之稿本、钞本,悉数收录。无论钞本、稿本,其款目所包括之著录项目及顺序为:书名及卷数,著者时代、姓名及著述方式,版本,批校题跋,册数,馆藏单位简称。主要特色如下:(1)不乏名家手稿。王夫之、曾国藩、左宗棠、章炳麟、黄侃等人手稿尤引人注目。(2)未刊手稿居多。所收稿本 1800 余种,未刊者占绝大多数。(3)近代史料丰富。(4)地方文献占有明显优势。全书正文分为《馆藏古籍稿本提要》与《古籍钞本联合目录》两部分。书后附录"书名索引"和"著者索引"。(钱坤)

Z000038　**续修四库全书·史部**　续修四库全书编纂委员会编。上海古籍出版社 1998 年影印版。15000.00 元。共 670 册。分"正史"、"别史"、"编年"、"纪事本末"、"杂史"、"史评"、"诏令奏议"、"传记"、"地理"、"职官"、"政书"、"时令"、"金石"和"目录"14 类,共收书 1 千 1 百多种,2 万 9 千多卷。所选书目是在批判地继承《四库全书》的基础上,吸收当代文史研究的新成果而拟定的。在类目设置上,取消了《四库全书》原有的史钞、载记类,增设"金石"类,在类目的排列次序上,也有调整,以符合历史学的发展。(吴旭民)

Z000039　**续修四库全书·经部**　续修四库全书编纂委员会编。上海古籍出版社 1998 年影印版。60000.00 元。《续修四库全书》收录范围包括《四库全书》以外的现存中国古籍,即补辑清乾隆以前有价值的而为《四库全书》所未收的著述,以及系统辑集乾隆以后至民国元年前各类有代表性的著作,共收书 5 千余种,分装 1800 册。全书分"经部"、"史部"、"子部"和"集部"。《经部》分"易"、"书"、"诗"、"礼"、"乐"、"春秋"、"孝经"、"四书"、"群经总义"、"小学"10 类,收书 1200 多种,其中小学类收书近 3 百种,体现了清乾嘉以来考据学、训诂学的隆兴,一些著名清代经学家的著作也大多收列在内,清代经学的主要成就大备于此,不容另寻。(吴旭民)

Z000040　**青少年读书向导**　浦漫汀等主编。晨光出版社 1998 年 9 月版。145 万字。49.90 元。分类精选出适合于青少年阅读又是必读的图书,按文学卷、社会科学卷和科学技术卷,既开列出阅读书目,又对每部书如何阅读逐一进行指导。对每一部书的阅读指导、以精炼的评介文字,包括作者简介、写作(或时代)背景、故事(或内容)梗概、阅读提示和版本情况几个方面,提纲挈领地给读者以资料、方法和提示。书中所选各类图书,包括古今中外,大部分为

名著和必读书目，也有当今科技发展和新时代的新作。（张祖渠）

Z000041　**国情教育推荐书目**　云南大学出版社 1998 年 12 月版。50 万字。30.00 元。精选了 1300 余种，分为国情教育总论、政治、宗教、人口和计划生育、民族、国防、经济、资源、文化、教育、体育、历史等 12 个专题。（赵国树）

Z000042　**南海资料索引**　吴士存、沈固朝、李秀领编。海南出版社 1998 年 12 月版。42 万字。38.00元。收录从 20 世纪初到 1997 年与南海相关的文献约 6 千余条，内容涉及南海的方方面面，包括南海的地理、地貌；水文气象；海产、物产；石油、地质以及南海历史、地理的古籍与史料。（何凡予）

获奖书目

第十一届中国图书奖获奖名单

〔书　名〕	〔出版者〕	〔编著者〕	〔责任编辑〕
孙中山与宋庆龄	广东人民出版社	张　磊　萧润君　盛永华主编	陈海烈　辛朝毅
中国人民解放军的七十年	军事科学出版社	军事科学院军事历史研究部著	张　健
毛泽东研究三部曲	福建人民出版社	李君如著	李天兵
五星红旗	朝华出版社	姜成安主编	姜成安　张熙焘
军旗升起的地方——八一史画	江西教育出版社	支绍曾主编	陈定华　黄明雨　熊　阳　文恒益
长征画典	河南人民出版社	蒋建农　刘家齐　江　水主编	蔡　瑛　孙宪勇
祖国永远在我心中	百花洲文艺出版社	沈世豪著	邓光东　朱光甫
百年图强	黑龙江教育出版社	浦启华　彭立兵编著	丁一平　王瑞臣
香港全纪录(一、二卷)	上海人民出版社	陈　昕　郭志坤主编	刘益民　汤中仁　周　峥
香港回归	新华出版社	新华社摄影部　文化部外联局编	吕仙挺
起点——改革发端纪实	安徽教育出版社	窦永记主编	黄书元
小平说:什么是社会主义	广州出版社	解聘如主编	黎小江　何祖敏
对有中国特色社会主义的哲学分析	四川人民出版社	傅青元主编	李洪烈
中国社会发展丛书	云南人民出版社	郭继严主编	张　维　周　祥　欧阳常贵　周　非　朱　原　段兴民　段　雁　蔡育曙　李银和　黄　原
中华人民共和国法制史	黑龙江人民出版社	杨一凡　陈寒枫主编	许文锋
中国民法史	吉林人民出版社	孔庆明　胡留元　孙季平编著	李艳萍
西方法学史(中青年法学文库之一)	中国政法大学出版社	何勤华著	杜学亮
百姓法律话题	河北美术出版社	马桂旺　唐国增　郝秀芬等编著	张增木　李新娟

绿色战略	青岛出版社	牛文元 宋 健 于沪宁等撰写	王一方
民族学通论	中央民族大学出版社	林耀华主编	邱 立
易学智慧丛书	沈阳出版社	朱伯昆主编	信 群 薛劲松 郎廷辅 潘晓翊 岑仲清 沈晓辉
拉贝日记	江苏人民出版社 江苏教育出版社	[德]约翰·拉贝著 本书翻译组译	蔡玉华 包建明 章俊弟
1996—2050年中国经济社会发展战略——走向现代化的构想	北京出版社	李成勋主编	阎 华
中国经济增长方式变革	人民出版社	王保安著	李春生
挑战风险——金融机构如何生存和发展	商务印书馆	[英]多米尼克·卡瑟利著 朱 泱 张胜纪译	王涌泉 张胜纪
领导干部金融知识读本	中国金融出版社	戴相龙主编	李祥玉
可持续发展论	中国环境科学出版社	张坤民主笔	张维平
中国经济的软着陆	中国财政经济出版社	华而诚著	刘 航
经济学	中国人民大学出版社	[美]斯蒂格利茨著 姚开建 刘凤良 吴汉洪等译	马学亮
中国国家利益分析	天津人民出版社	阎学通著	赵明东
香港经济平稳过渡及未来繁荣	海天出版社	国世平著	旷 昕
中国民族工商业发展史	河北人民出版社	王相钦主编	崔 玮 周建图
可持续发展——跨世纪的抉择	中共中央党校出版社 广东科技出版社	甘师俊主编	汪伯延 梁旭旋 何克华
宏观经济学的产生和发展	湖南人民出版社	厉以宁著	陈 敬 车戈平
中国沿海地区21世纪持续发展	湖北科学技术出版社	陆大道主编	汪 敏 吴瑞临
资本经营	西南财经大学出版社	郭元晞著	蓝明春
工业技术经济学	清华大学出版社	傅家骥 仝允桓主编	魏荣桥
项目融资	中信出版社	张极井著	王明慧
模糊逻辑与神经网络—理论研究与探索	北京航空航天大学出版社	刘增良 刘有才著	王小青
C^3I 系统开发技术	国防工业出版社	刘曙阳 程万祥等著	何曼庆
数字移动通信技术丛书	电子工业出版社	鞠 枫主编	文宏武 操龙兵 祖振升 张 毅 徐德霆 史明生 张 欣
车辆—轨道耦合动力学	中国铁道出版社	翟婉明著	薛 淳 杨宾华
英汉计算机技术大词典	上海交通大学出版社	白英彩主编	东鲁红
线性系统理论	哈尔滨工业大学出版社	段广仁编著	黄菊英
粒子物理和场论	山东科学技术出版社	李政道著	王为珍 尹兆长 宋 涛

科学技术与社会(STS)丛书	陕西人民教育出版社	殷登祥主编	王 方 耿明奇 董文利 高 华 贾晓春 邓晓丽 李 硕 王勇安 廖广州 符 均 张六一 田和平 杨 益 房晓蓓 杨 旭
广义大系统的分散控制与鲁棒控制	西北工业大学出版社	琳徘焓著	王夏林
大型地基基础工程技术	浙江大学出版社	吴世明著	李玲如
中国水旱灾害	中国水利水电出版社	张海仑主编	穆励生 王志媛
中国南方洪涝灾害与防灾减灾	广西科学技术出版社	刘仲桂主编	黄 健
中国北方农业害虫原色图鉴	辽宁科学技术出版社	何振昌主编	栾世禄 符 宁 陈 敏
中国小麦学	中国农业出版社	金善宝主编	张兴瓒
中国高山花卉	中国世界语出版社	郎永楷主编	望天星
中国樟属植物资源及其芳香成分	云南科技出版社	程必强等著	李 红 温 翔
水螨分类理论和中国区系初志	贵州科技出版社	金道超著	苏北建
中国恙螨 恙虫病媒介和病原体研究	广东科技出版社	黎家灿主编	郭 飞 刘兆卓
现代临床遗传学	安徽科学技术出版社	叶文虎 赵寿元 李 璞主编	王 颖
中国笼鸟	江西科学技术出版社	施泽荣主编	金克勇
中国小康住宅示范工程集萃	中国建筑工业出版社	吕振瀛主编	董苏华 张惠珍
科海漫游丛书	北京师范大学出版社	梁绍荣主编	李桂福 戴俊杰 潘淑琴 姜 涛 郭瑞涛 陶艺军 刘秀兰 杨江城
全身CT诊断学	人民军医出版社	曹丹庆 蔡祖龙主编	姚 磊
现代骨科手术学	科学出版社	朱盛修主编	李 锋 娄朋逊
现代创伤学	人民卫生出版社	黎 鳌主编	王 兵 杜 贤
血管生物学	北京医科大学、中国协和医科大学联合出版社	韩启德 文允镒主编	白 玲
眼外伤学	河南医科大学出版社	张效房 杨进献主编	李喜婷 张桂枝
康复指导丛书	华夏出版社	邓朴方主编	李凤珍 曾令真等
中国藏药	上海科学技术出版社	左振常等编著	虞厚安
三毛大世界	少年儿童出版社	李名慈主编	费 嘉 徐谷安
一个中国孩子的英雄喜剧	接力出版社	刘丙钧等文字 黄宗海等绘画	李元君
科学王国里的故事	河北少年儿童出版社	王旭光 武变瑛 王 会主编	闻宗禹 杨旭刚
中国当代儿童诗丛	湖北少年儿童出版社	梁 泊等著	别道玉 徐 鲁 刘春霞 余茝芳
中国最新动物小说	湖南少年儿童出版社	薛卫民等著	向民胜

彩绘新童谣	北方妇女儿童出版社	冀维静等图	左振坤 龙震海
莎士比亚戏剧故事全集	二十一世纪出版社	萧 乾 汤 真译	张秋林
希望童话宝库	希望出版社	周 锐等著	侯天祥 陈 炜
足球小子	四川少儿出版社	谢 黴文 四新艺术设计制作	陈奎宁
写给小读者	新疆青少年出版社	李晓玲著	杨英杰
大型科学漫画丛书	新蕾出版社	王国忠等主编	胡晓光 郭占魁 韩凤岐
三巨人说(漫画本)	广东经济出版社	方 成等漫画主编 张 磊等文字主编	刘 蔚
故土丛书	辽宁少年儿童出版社	高东晓主编	赵庆环 贾知松 杜宝清
爱国主义故事丛书	晨光出版社	陈冰清主编	张祖渠 段俐冰 向 民 筱 云 李晓霞 何春勤 郭天翼 赵强华 李云华 罗永强
世界少年奇才	浙江人民美术出版社	叶雄等卡通编绘	杨德康 骆振龙 林洁莲
中国大百科全书(青少年版)	海燕出版社	梅 益编委会主任	乔台山 王舒妹
21 世纪小小百纪	浙江教育出版社	赵寄石主编	总责编:郭英英 梁 明 李 杭 江 红
中国京剧艺术	京华出版社	张 庚 余 从主编	孙建庆 郭 垦 纪双鼎
白雪石(中国近现代名家画集)	人民美术出版社	白雪石著	王玉山 程锡瀛 刘汝阳
中国三峡百景图	中国青年出版社	本书创作活动组委会编著	王寒柏
明诗话全编	江苏古籍出版社	吴文治主编	卞 岐 姜小青 冯保善 常宁文
中国民间四百宝相图说	岭南美术出版社	王树村编著	何均衡 林抗生 黄小庚
中国音乐文物大系(北京卷)	大象出版社	袁荃猷主编	韩 冰
楚美术图集	湖北美术出版社	张正明 皮道坚主编	余 澜
中国舞蹈艺术史图鉴	湖南教育出版社	董锡玖 刘峻骧主编	刘清华
中华名胜楹联图览	辽宁美术出版社	张秀时编	吕嘉惠
晋商城宅	山西人民出版社	张成德 范堆相主编	王亚中
特列恰科夫国家画廊藏画	山东美术出版社	全山石主编	姜衍波 肖 灿
历代千字文墨宝	吉林美术出版社	孙宝文编	赵淑珍 吕海江
陈洪绶	上海人民美术出版社	翁万戈编著	周卫明
世界绘画邮票鉴赏大图典	广西师范大学出版社	薛大德编著	桑林佳 唐长兴
林散之书法集	古吴轩出版社	赵朴初 启 功主编	张瑞林 陆 衡
开埠—中国南京路 150 年	昆仑出版社	程童一主著	丁临一
余纯顺 孤身徒步走西藏	上海文艺出版社	余纯顺著	方立平
建筑师梁思成	天津科学技术出版社	林 洙著	赵 虎
邹韬奋传记	重庆出版社	马仲扬 苏克尘著	李书敏 陈 兴

中国 863	山西教育出版社	李鸣生著	王宇鸿
极限人生	黄河出版社	朱彦夫著	程　鹏
涨潮时分	浙江文艺出版社	亦　秋著	邹　亮　操剑锋
我认识的鬼子兵	中国对外翻译出版公司	方　军著	宗　颖
中国艺术学	高等教育出版社	彭吉象主编	张丽娜
英国文艺复兴时期文学史	外语教学与研究出版社	王佐良　何其莘著	姜　红　李　铁
香港文学史	鹭江出版社	潘亚敏　汪义生著	王聪文
朱自清全集	江苏教育出版社	朱乔森编	吴为公　李树平
蒙田随笔全集	译林出版社	[法]蒙田著　潘丽珍等译	韩沪麟
俞平伯全集	花山文艺出版社	孙玉蓉等编	张国岚
世纪的回音	宁夏人民出版社	冰　心著	吴宣文
云南物质文化　农耕卷	云南教育出版社	尹绍亭著	何学惠　郭　蓓
中国文学大辞典	上海辞书出版社	钱仲联等主编	祝振玉　蔡才宝　贺银海　陆福庆　康　苹　吉明周　沈伟麟　庞　坚　汤高才
中古文学理论范畴	河北大学出版社	詹福瑞著	任文京
汉语语法学	东北师范大学出版社	邢福义著	吴长安
中国翻译词典	湖北教育出版社	林煌天主编	唐　瑾
中国现代学术经典	河北教育出版社	刘梦溪主编	邓子平　张惠芝　杨惠龙　王鸿雁　李良元(特约编辑)　刘贵廷　张艳茹
中国出版百科全书	书海出版社	许力以主编	王红菊　白玉梅
华夏文明探秘丛书	四川教育出版社	王仁湘主编	王荣川　王　淳　钟丽曦　赵小平
当代智力心理学丛书	浙江人民出版社	林崇德　沈德立主编	周向潮　朱银才　汪维玲
汉语现象论丛	中华书局	启　功著	陈　抗
中国无声电影史	中国电影出版社	郦苏元　胡菊彬著	赵云梦
史诗《江格尔》探渊	新疆人民出版社	贾木查著	路　琳
二十五史新编	上海古籍出版社	李国章　赵昌平主编	王立翔　王维堤　卢守助　吕　健　江建忠　罗　颢　郑明宝
韩愈全集校注	四川大学出版社	屈守元　常思春主编	王锦厚　曾绍义
中国封建王朝兴亡史	广西人民出版社	周远廉主编	欧薇薇　夏永翔　区向明
湘绮楼日记	岳麓书社	马积高主编	文正义
中国大学生百科全书	辽宁教育出版社	李长喜　于金兰　周之良　方复之主编	俞晓群　王越男　刘瑞武　王丽君
周恩来教育思想研究	福建教育出版社	赵德强　韦　禾　高宝立著	黄　旭　朱　平

躁动的百年—20世纪的教育历程	山东教育出版社	陆有铨著	谢荣岱
教育管理辞典	海南出版社	李 冀主编	贺晓兴 陈丹(特约编辑) 吴小枚
贫困中的期盼—中国西部贫困地区女童和妇女教育	广西教育出版社	周 卫主编	夏日炎
阔端与萨班凉州会谈	甘肃人民出版社	樊保良 水天长主编	李树军
朝鲜古典文学史(朝文)	民族出版社	文日焕著	白今子
蒙古族民俗百科全书经济卷(蒙文)	内蒙古科学技术出版社	布林特古斯主编	布林特古斯 胡都仁嘎 胡达古拉
毛尔盖·桑木旦全集(藏文)	青海民族出版社	毛尔盖·桑木旦著	完玛多杰

统计资料

1998年图书出版情况

表一

	总数（种）	总印数（亿册）	总印张（亿印张）	折合用纸量（万吨）	总定价（亿元）	与上年相比种数	与上年相比总印数	与上年相比总印张	与上年相比总定价
图书	130613（初版 74719，重版、重印55894）	72.39	373.62	88.05	397.97	+8.7%（初版+12.2%，重版、重印+4.4%）	−0.9%	+2.6%	+6.8%
书籍	107936（初版 67137，重版、重印40799）	35.22	188.85	44.38（其中包括附录用纸 0.77亿印张，折合用纸量 0.18）	229.70	+11.30%（初版+14.21%，重版、重印+6.81%）	+3.21%	+2.47%	+10%
课本	20313（初版 5717，重版、重印14596）	36.85	183.02	43.01	162.36	−1.92%（初版−4.68%，重版、重印−0.79%）	−4.4%	+2.95%	+2.82%
图片	2364（初版 1865，重版、重印499）	0.32	1.75	0.66	5.91	−2.15%（初版+3.44%，重版、重印−18.6%）	−17.38%	−9.13%	+1%

*"+"表示增长，"−"表示下降。

1998年使用《中国标准书号》22类图书出版情况

表二

类别	种数（种）	总印数（万册）	总印张（千印张）	总定价（万元）	占种数的百分数	占总印数的百分数	占总印张的百分数	占总定价的百分数	与上年相比种数	与上年相比总印数	与上年相比总印张	与上年相比总定价
马克思主义、列宁主义、毛泽东思想	91（初版50）	76	11871	1323	0.07%（初版占0.07%）	0.01%	0.03%	0.03%	−34.1%（初版−35.9%）	−36.7%	−31.8%	−38.2%
哲学	1204（初版798）	925	116848	14993	0.94%（初版占1.1%）	0.13%	0.31%	0.38%	−7.2%（初版−1.6%）	−9.2%	−10.1%	−6.0%
社会科学总论	1271（初版1033）	925	114410	19660	0.99%（初版占1.42%）	0.13%	0.31%	0.5%	+5%（初版+1.5%）	+0.2%	−1.8%	+11.7%
政治、法律	5446（初版4327）	9035	856231	122331	4.25%（初版占5.94%）	1.25%	2.31%	3.13%	+29%（初版+35.9%）	−10.7%	+8.2%	+24.4%

类别	种数（种）	总印数（万册）	总印张（千印张）	总定价（万元）	占种数的百分数	占总印数的百分数	占总印张的百分数	占总定价的百分数	与上年相比种数	与上年相比总印数	与上年相比总印张	与上年相比总定价
军事	376（初版343）	378	40630	9106	0.29％（初版占0.47％）	0.05％	0.11％	0.23％	－0.8％（初版＋12.1％）	＋3.3％	＋1.8％	＋44％
经济	8224（初版6187）	7802	1007703	155775	6.41％（初版占8.49％）	1.08％	2.72％	3.99％	＋11.3％（初版＋16.4％）	＋0.3％	＋4.4％	＋14.6％
文化、科学、教育、体育	52129（初版20754）	633769	27575827	2508524	40.65％（初版占28.49％）	87.94％	74.31％	64.26％	＋5.9％（初版＋6.6％）	－1.4％	＋1.8％	＋4％
语言、文字	4827（初版2483）	10336	1419081	145744	3.76％（初版占3.41％）	1.43％	3.82％	3.73％	＋13％（初版＋8.1％）	＋24.2％	＋23.5％	＋23.7％
文学	14587（初版11280）	14996	1690868	236909	11.37％（初版占15.48％）	2.08％	4.56％	6.07％	＋16.3％（初版＋20.4％）	－4.3％	＋0.4％	＋13％
艺术	8095（初版5271）	12993	603371	167876	6.31％（初版占7.24％）	1.8％	1.63％	4.3％	＋20.4％（初版＋28.8％）	＋46.8％	＋24.4％	＋28.3％
历史、地理	3999（初版3027）	4688	394755	80999	3.12％（初版占4.15％）	0.65％	1.06％	2.08％	－2.6％（初版－2.5％）	－29.9％	－22.1％	－6.2％
自然科学总论	278（初版201）	238	22181	3500	0.22％（初版占0.28％）	0.03％	0.06％	0.09％	＋44％（初版＋32.2％）	－9.8％	＋0.3％	＋23.2％
数理科学、化学	2081（初版1021）	2575	324215	31459	1.62％（初版占1.4％）	0.36％	0.87％	0.81％	＋17％（初版＋11.7％）	＋10％	＋15.6％	＋23.1％
天文学、地球科学	623（初版556	255	20498	3481	0.49％（初版占0.76％）	0.04％	0.06％	0.09％	＋2.1％（初版－2.8％）	－9.3％	＋6.7％	＋16.4％
生物科学	439（初版293）	244	33819	5077	0.34％（初版占0.4％）	0.03％	0.09％	0.13％	＋12％（初版＋18.1％）	＋20.2％	＋19.7％	＋36.8％
医药、卫生	5619（初版3415）	4978	712893	97080	4.38％（初版占4.69％）	0.69％	1.92％	2.49％	＋18.7％（初版＋21.9％）	＋16.3％	＋16.1％	＋22.2％
农业科学	3072（初版1884）	3067	213334	26851	2.4％（初版占2.59％）	0.43％	0.57％	0.69％	＋10.1％（初版＋29％）	＋0.6％	－6％	＋3.8％
工业技术	13591（初版8167）	10950	1667929	227856	10.6％（初版占11.21％）	1.52％	4.49％	5.84％	＋11.2％（初版17.5％）	＋8.5％	＋6％	＋9.5％
交通运输	630（初版452）	732	86764	12226	0.49％（初版占0.62％）	0.1％	0.23％	0.31％	－28.3％（初版－20.8％）	－31.4％	－16.7％	－16％
航空、航天	63（初版63）	19	2271	491	0.05％（初版占0.09％）	0.003％	0.01％	0.01％	－23.2％（初版－21.3％）	－69.4％	－40.9％	－57.3％
环境科学	325（初版277）	212	16983	3012	0.25％（初版占0.38％）	0.03％	0.05％	0.08％	＋3.2％（初版＋0.7％）	＋49.3％	＋10.7％	＋23.8％
综合	1279（初版972）	1452	177327	29302	1％（初版占1.33％）	0.2％	0.48％	0.75％	－42.3％（初版－43.3％）	－27.5％	－20.3％	－28.2％

*“＋”表示增长，“－”表示下降。

1998 年各类课本及少年儿童读物出版情况

表三

类别	总数(种)	总印数(万册)	总印张(千印张)	总定价(万元)	与上年相比种数	与上年相比总印数	与上年相比总印张	与上年相比总定价
大专课本	7529(初版 2903)	9809	1454596	145251	－2.32%(初版－3.01%)	＋2.36%	＋7.48%	＋11.34%
中专课本	2806(初版 709)	7852	924941	81812	＋1.34%(初版＋6.46%)	＋5.2%	＋11.88%	＋14.69%
中学课本	2629(初版 455)	120882	8346451	575205	－8.3%(初版－4.01%)	－9.64%	＋0.38%	－0.71%
小学课本	3565(初版 601)	221926	6909621	768667	－7.21%(初版－29.46%)	－2.64%	＋2.91%	＋2.1%
业余教育课本	531(初版 256)	888	141703	14359	－24.79%(初版－32.98%)	－25.69%	＋2.2%	－3.01%
教学用书	3253(初版 793)	7148	524692	38338	＋15.68%(初版＋26.27%)	＋31.78%	＋23.16%	＋27.56%
少年儿童读物	6293(初版 3407)	24307	805750	134543	＋9.03%(初版＋13.6%)	－0.14%	＋15.08%	＋17.86%

*“＋”表示增长,“－”表示下降。

1998 年图书出口情况

表四

图书类别	出口种次	出口数量(万册)	出口金额(万美元)	占出口种次的百分数	占出口数量的百分数	占出口金额的百分数
哲学、社会科学类	128836	54.63	332.66	15.15%	22.33%	29.81%
文化、教育类	135340	42.83	176.22	15.91%	17.51%	15.79%
文学、艺术类	180209	48.01	214.19	21.19%	19.63%	19.19%
自然、科学技术类	141177	32.98	157.39	16.60%	13.48%	14.10%
少儿读物类	121270	29.83	76.64	14.26%	12.19%	6.87%
综合类	143596	36.35	158.91	16.89%	14.86%	14.24%

1998 年图书进口情况

表五

图书类别	进口种次	进口数量（万册）	进口金额（万美元）	占进口种次的百分数	占进口数量的百分数	占进口金额的百分数
哲学、社会科学类	13340	6.41	189.75	3.73%	3.56%	9.15%
文化、教育类	20923	39.6	210.56	5.85%	22.02%	10.16%
文学、艺术类	121544	50.99	262.84	34%	28.35%	12.68%
自然、科学技术类	135469	58.78	1082.61	37.89%	32.68%	52.21%
少儿读物类	5900	3.91	19.25	1.65%	2.17%	0.93%
综合类	60335	20.15	308.42	16.88%	11.20%	14.87%

1998 年图书发行情况

表六

	总数（亿册）	金额（亿元）	与上年相比册数增长	与上年相比金额增长
图书购进	168.77	782.97	3.47%	11.27%
图书销售	165.74	747.84	5.18%	13.23%
图书库存	34.18	206.88	7.85%	19.58%

1998年全国图书中各类图书销售情况

表七

类别	销售数量(亿册)	销售金额(亿元)	占销售数量的比重	占销售金额的比重
哲学、社会科学	4.21	40.52	2.5% (与上年相比－2.84%)	5.4% (与上年相比＋33.76%)
文化、教育	52.74	203.66	31.8% (与上年相比＋7.92%)	27.2% (与上年相比＋15.73%)
文学、艺术	5.84	43.22	3.5% (与上年相比－3.43%)	5.8% (与上年相比－7.01%)
自然科学、技术	5.28	53.70	3.2% (与上年相比＋14.24%)	7.2% (与上年相比＋17.75%)
少儿读物	4.74	23.35	2.9% (与上年相比＋9.48%)	3.1% (与上年相比＋11.06%)
大中专教材	3.50	33.50	2.1% (与上年相比＋8.84%)	4.5% (与上年相比＋38.40%)
课本	87.08	320.85	52.5% (与上年相比＋4.53%)	42.9% (与上年相比＋13.85%)
图片	1.14	6.59	0.7% (与上年相比－29.65%)	0.9% (与上年相比－19.76%)
其他出版物	1.21	10.15	0.7% (与上年相比－2.07%)	1.4% (与上年相比＋32.36%)

*“＋”表示增长，“－”表示下降。

章玮根据新闻出版署计划财务司公布的新闻出版统计资料整理。

图书出版纪事

1998年图书出版纪事

1　月

1日　中华书局决定恢复出版《中华活页文选》。该文选曾以选择精良、价格便宜、面向普通读者、便利随手翻阅而出名。

6日　全国"三下乡"活动先进集体、先进个人表彰电视电话会议在北京举行。天津科学技术出版社、山西省新华书店、上海科学普及出版社、江苏省新华书店、江西省峡江县新华书店、湖南省新华书店、贵州省新华书店等7家出版、发行单位获"三下乡"先进集体称号；夏光地、周永东等7名出版、发行工作者获"三下乡"先进个人称号。

△　第四届湖南图书奖评比揭晓。《齐白石全集》、《科学的历程》等7种获荣誉奖；《唯物史观与中共党史学》、《国际经济贸易法律与实务新论》等6种获一等奖；汉英对照中国古典名著丛书等14种获二等奖。

△　资产新闻实业有限公司捐资500万元人民币，用于与中国作协共同设立鲁迅文学奖、茅盾文学奖和全国优秀儿童文学奖的专项文学奖励发展基金。捐赠基金仪式在北京举行。

8日　由中国书刊发行业协会举办的全国优秀畅销书评选在北京揭晓。入选图书共318种。其中文艺类有《日子》、《岁月随想》、《花季·雨季》等109种；文教类有《新华字典》、《中华三德歌》、《现代汉语词典》等134种；少儿类有《三毛流浪记(全集)》、《中华少年奇才》、《中华五千年卡通故事》等75种。

△　为纪念中国人民解放军建军70周年和周恩来诞辰100周年，《周恩来军事文选》出版发行。该文选收入1925年至1974年有关军事方面的文章、文件、报告、电报等600多篇，近160万字。其中大部分文稿是第一次公开发表。

9日　由中国出版工作者协会、北京市出版工作者协会联合举办的首都出版界'98新春联谊会在北京举行。来自首都出版界近百名各方面的代表和知名人士出席会议。

11日　由中华环保世纪行执委会和吉林人民出版社共同举办的《绿色经典文库》首发式在北京举行。雷洁琼、费孝通、万国权等领导出席会议。

12日　上海市版权局成立，同时，切实加强版权保护工作会议在上海举行。国家版权局副局长沈仁干等有关部门领导出席会议，并就版权管理与保护工作讲了话。

14日　人事部、新闻出版署联合发出《关于表彰全国新闻出版系统先进集体和先进工作者、劳动模范的决定》。表彰大会于18日在北京举行。北京市外文书店、天津人民美术出版社等96个单位获"先进集体"称号；李志强等45人获先进工作者称号；樊福祥等32位同志获劳动模范称号。

14～19日　全国新闻出版局(版权局)局长会议在北京举行。此次会议的主旨是贯彻落实党的十五大精神和全国宣传部长会议精神，安排部署今年新闻出版和版权工作。来自全国各省、自治区、直辖市新闻出版局及有关部门的负责同志150余人出席会议。

15日　《罗荣桓军事文选》出版座谈会在北京举行。江泽民出席座谈会并发表重要讲话。

20日　新闻出版署发出《关于"全国少数民族文字优秀图书出版资金"捐资情况及资金账号变更的通知》。

△　民族出版社建社45周年纪念会及书展在北京举行。布赫、铁木尔·达瓦买提、司马义·艾买提观看书展。书展精选了500余种图书，分经典图书、精品图书、获奖图书、综合类图书4个部分。

25日　新闻出版署发出《关于表彰署直系统新闻出版工作先进集体和先进工作者的决定》。

△　新闻出版署发出《关于印发〈新闻出版企业法定代表人离任审计工作规定实施细则〉的通知》。

2 月

4 日 新闻出版署发出《关于印发于友先同志在全国新闻出版、版权局长会议上的讲话的通知》。

5～8 日 中共中央政治局委员、书记处书记、中宣部部长丁关根分别视察了广州购书中心和深圳书城。

6～11 日 '98 北京图书订货会在北京举行。来自全国 478 家出版社、800 多家新华书店的 5 万余种各类图书参展,订货码洋达 17.38 亿元。

7 日 第二批"全国美术图书百家专销店"挂牌。文物出版社门市部、新疆美术书店等 28 家书店将陆续挂牌。

8 日 由新闻出版署组织召开的国家常备图书座谈会在北京举行。新修订的《常备书目》(1998 年)即将颁布。中宣部出版局、各出版社和发行机构及首都学术界的 40 多位代表参加了座谈。

9 日 新闻出版署、全国"扫黄"办联合发出《关于查缴〈我认识的鬼子兵〉等盗版书刊的通知》。

△ 由中国作家协会主办的鲁迅文学奖(资产新闻杯)1995～1996 年单项奖评选揭晓。《老屋小记》等 6 篇小说获优秀短篇小说奖;《父亲是个兵》等 10 篇获中篇小说奖;《生命是一片叶子》等 8 部诗集获优秀诗歌奖。另有 15 篇报告文学、15 部散文杂文、5 篇理论评论、5 部文学翻译作品获奖。

10～11 日 全国"扫黄"工作调研组对北京市去冬今春"扫黄"、"打非"集中行动工作进行了调研、检查。

10～13 日 由青海省新闻出版局主办的'97 塔尔寺灯节书市在湟中县鲁沙尔镇举行。5 000 多种图书(其中藏文图书近 600 种)参展,销售码洋达 2.5 万。

13 日 国家科委召开新闻发布会,公布 1997 年度受国家科技学术著作出版基金资助的 62 项科技著作项目。其中数理科学 2 项、化学科学 2 项、生命科学 25 项、地球科学 15 项、材料与工程科学 12 项、信息科学 6 项,资助经费 270.7 万元。

17 日 大型纪念文集《回忆邓小平》出版发行。江泽民总书记撰文代序。

18 日 《邓小平文选》典藏本编号出版发行。江泽民总书记题写书名。该书为三卷,特大 16 开本。正文选用象牙道林纸精印,优质金丝楠木作函,函面镶有著名雕塑艺术家程允贤创作的邓小平铜质浮雕像,外加墨绿色丝质护盒。此举在我国出版史上尚属首次。

19 日 《周恩来事迹选》出版,江泽民总书记题写书名。

△ 首届胡绳青年学术奖和第二届全国青年优秀社会科学成果奖颁奖大会在北京举行。《香港经济平稳过渡及未来繁荣》等 92 项成果获第二届全国青年优秀社会科学成果奖;《西藏文明东向发展史》等 7 部著作以及论文获得首届胡绳青年学术奖。

20 日 新闻出版署发出《关于印发〈新闻出版署 1998 年工作要点〉的通知》。

△ 新闻出版署发出《关于报送"5155 工程"重点选题及少儿动画图书出版情况的通知》。

24 日 《周恩来传》出版发行,邓小平同志生前题写书名。

27 日 出版界纪念周恩来诞辰 100 周年座谈会在北京举行,40 多家出版社推出近百种图书、画册、挂历和电子出版物,以特有的方式纪念这位伟人。

3 月

2 日 由中共中央宣传部、中国科协联合举办的"百项农业实用新技术图书、挂图、录像片下乡赠送仪式"在北京举行。全国 100 个科普示范县的 500 个科普示范乡获赠百项农业实用技术图书、挂图和录像片。

3 日 新闻出版署向直属各出版社发出《关于举办新闻出版署直属出版社第四届优秀图书奖评奖活动的通知》。

4～6 日 由百花美术用品公司与中国图书进出口公司联合举办的外文版图书大联展在北京举行。联展荟萃了国外美术图书精品,包括工具书类、摄影技法技巧及名人佳作类、世界建筑类、平面广告类、人体画集类、名人画集类、国外博物馆藏画类等图书 500 多种。

6 日 新闻出版署、劳动部联合发出《关于对图书发行员实行职业资格证书制度的通知》。

△ 由新加坡协茂纸业集团出资,陕西省出版工作者协会主办的首届陕西最美的书评选揭晓。《邓

小平的价值观》等10部图书获奖。《鲁迅研究书系》等4部图书获荣誉奖。

8日 '98上海第二届读书节暨上海读书活动成果黑板报展评在上海举行。此次读书节开展了历时两个月的活动,其中包括:100个先进单位读书活动黑板报展评、"上炼杯跨世纪的树人工程"电视片专题片展评、"电力杯好书伴我行"读书演讲比赛,"首届中国期刊杂志展览会"等8项活动。

9日 新闻出版署发出《关于出版1999年挂历最高限价指导意见的通知》。

△ 新闻出版署发出《关于成立全国出版专业技术人才专家评议组的通知》。桂晓风、刘杲任组长。

10日 新闻出版署发出《关于推荐第三批"国家常备图书定点销售单位"的通知》。

11日 新闻出版署发出《关于印发〈新闻出版业2000年及2010年发展规划〉的通知》。

12～21日 由江苏省图书进出口公司与澳大利亚中国书店联合举办的'98华文书展在澳大利亚悉尼、墨尔本和昆士兰三地举行。

13日 新闻出版署发出《关于对文学类图书进行质量检查的通知》。

△ 新闻出版署、全国"扫黄"工作小组办公室联合发出《关于立即查缴非法出版物〈1998年,中国仍面临边界领土问题〉、〈科学技术与中国国情〉的紧急通知》。

20日 由中共中央党校、中央编译局、中国科学社会主义学会和中国马克思主义研究基金会联合举办的"纪念《共产党宣言》发表150周年理论研讨会"、《共产党宣言》纪念版首发式在北京举行。中央国家机关有关单位负责同志、首都部分专家学者和新闻单位记者150余人参加了会议。

22～24日 '98伦敦国际书展在英国伦敦举行。我国组团参展。

23日 第二届大家·红河文学奖颁奖大会在北京举行。《白银那》、《故事:关于教授》获中篇小说奖;《怒江故事》获短篇小说奖;《飞箭》获散文奖;《公仆之歌》获诗歌奖。

26日 由中华版权代理公司和歌德学院北京分院德国图书信息中心联合举办的"让孩子读到世界精品书研讨会"在北京举行。全国少儿出版社及版权代理公司的代表和德国、意大利出版界有关人士就少儿图书的选题策划,合作出版,版权交易的形式、渠道和存在的问题进行了探讨。

4 月

1日 新闻出版署发出《关于做好庆祝新中国成立50周年图书出版工作的通知》。

△ 《中华活页文选》出版座谈会暨向"希望工程"和"宏志班"赠书活动在北京举行。该文选复刊3个月,订数达45.1万套,总码洋6 196万元。

2～5日 第35届意大利波洛尼亚国际儿童书展在波洛尼亚市举行。我国19家出版社的图书参展。

5～9日 第九届全国文艺出版社集团订货会在云南省昆明市举行。70家出版社、180多家新华书店参加了订货会。

6日 新闻出版署批准同意人民美术出版社、中国连环画出版社、荣宝斋重组改革实施方案。

△ 香港联合出版集团董事长兼总经理李祖泽应新闻出版署之邀赴京作出版集团专题报告。

△ 新闻出版署发出《关于认真学习〈出版管理条例〉等法律、法规,进一步推进全系统"三五"普法工作的通知》。

△ 由国家新闻出版署、中国作协联合主办的"八五"全国优秀长篇小说评选在北京颁奖。《逐鹿金陵》、《失态的季节》、《南方有嘉木》等20部作品及他们的作者和责任编辑获奖。

8日 新闻出版署发出《关于启用国家新闻出版署印章的通知》。

8～11日 全国版权贸易培训班在北京举办。230多家出版社和版权代理公司的同志参加培训。

10～11日 全国新闻出版局发行(市场)处长会议在西安举行。来自全国部分省市的新闻出版局局长和各省市局发行(市场)处长70余人出席会议。

10～19日 由北京市新华书店主办的'98北京春季书市在北京举行。在京的200余家出版社、新华书店的15万种图书参展。

10～20日 由人民邮电出版社举办的第五届图书大联展同时在北京、上海、天津、重庆等44个城市的128家新华书店、外文书店举行。800余种图书参展。

15～5月5日 '98全国美术、艺术图书大联展在全国省会城市、计划单列市同时举行。

16日 共青团中央、国家新闻出版署联合发出

《关于命名表彰'97全国农村青年最喜爱的科普读物征集活动获选读物、最佳出版单位和最佳组织单位的决定》。

18～26日　由澳门星光书店有限公司主办的'98澳门书展在澳门举行。我国大陆组织5 000多种图书参展。

19～24日　全国图书出版工作座谈会在南昌举行。

20日　首届鲁迅文学奖单项奖、第四届茅盾文学奖颁奖大会在北京举行。《老屋小记》等64篇(部)作品分别荣膺各单项奖;冰心等31位老作家分别获散文杂文以及文学翻译荣誉奖。茅盾文学奖为《战争和人》、《白鹿原》、《白门柳》、《骚动之秋》。

△　新闻出版署向北京市中小学生赠送生态环保图书5 000册。

20～24日　由中国出版工作者协会主办的第九届合作出版洽谈会在昆明举行。来自日本、新加坡等国家及台湾、香港地区以及国内50多家出版社的200多人出席会议。

21～24日　第七届山东菏泽国际牡丹花会暨首届牡丹书市在菏泽市举行。全国300家新华书店、出版社参加书市。

26日　第12届日内瓦国际图书博览会在日内瓦开幕。我国以汉、藏、英、法、德5种文字出版的上千种图书参展。

29～5月11日　第17届北京特价书市在北京举行。来自全国各地的400余家出版发行单位的20万种各类图书参展。

30日　新闻出版署发出《关于印发〈出版管理行政处罚文书示范格式〉的通知》。

5　月

8～15日　由江苏省出版总社与美国洛杉矶长春文化公司联合举办的"中国江苏书展"在洛杉矶市举行。4 000余种图书及音像制品参展。

8～17日　'98马来西亚国际华文书展在吉隆坡举行。我国组织了32家出版发行单位参展。

10～13日　第三届古籍图书订货会在上海举行。全国近50家出版社的3 000多种新版图书、古籍整理图书、普及型文史哲图书、工具书等参展。订货码洋4 233万元。

10～14日　由中国版协主办的华人女作家和出版家座谈会在深圳举行。来自香港特别行政区、台湾、新加坡、马来西亚、菲律宾等国家和地区的华人女作家、出版家以及中国大陆的作家、出版家50余人出席会议。

10～21日　'98汉城国际图书博览会在韩国汉城举行。我国组织了19个出版单位参展。

11日　新闻出版署发出《关于不得继续印制、发行和销售〈新现代汉语词典〉等三种侵权图书的通知》。

13日　新闻出版署、全国"扫黄"办联合发出《关于查缴〈天葬——西藏的命运〉一书的通知》。

15日　世界第一部全彩印丝绸版《孙子兵法》赠书仪式在北京举行。杭州出版社向中国军事科学院、中国历史博物馆、中国革命博物馆、中国军事博物馆、北京图书馆等7单位赠送。刘华清、王光英、万国权等领导出席赠送仪式。

15～20日　第43届华沙国际书展在波兰华沙举行。我国400多种图书参展。

18日　北京图书大厦开业仪式在北京举行。该大厦营业面积1.6万平方米,是全国最大的国有零售书店。开业仪式上,北京图书大厦向西藏中学、北京市广渠门中学宏志班、延安小学赠送了图书。来自全国各地新华书店、出版社的代表几百人出席开业仪式。

22日　由全国妇联举办的陈香梅女士《春秋岁月》出版座谈会在北京举行。同时,陈香梅女士决定在中国设立"陈香梅妇女读物出版基金"。

25～28日　全国教育出版社发行工作研讨暨图书展示会在南京举行。全国35家教育出版社及300余家新华书店的6 000余种图书参展。

26日　上海市作家协会儿童文学奖颁奖大会暨幼儿文学研讨会在上海举行。《换星星》获二等奖;《小辫子丫丫和大个子力力》、《树上的娃娃》等5篇作品获三等奖。一等奖空缺。

29日　我国有史以来收入图书品种最多的大型提要性书目著作——《中国图书大辞典》出版座谈会在北京举行。该书共15卷,19册,计10万辞条,2 500万字。全国人大常委会副委员长许嘉璐、中宣部、新闻出版署的有关领导以及出版界的专家学者50余人出席座谈会。

6 月

1～15 日 ’98 厦门图书商贸会暨书香鹭岛系列活动在厦门举行。来自北京地区 100 余家出版单位和全国 150 多个大中城市新华书店的 5 万余种图书、音像制品、电子出版物参展。

3 日 国家新闻出版署发出《关于统一核发〈中华人民共和国新闻出版行政执法证〉的通知》。

3～5 日 由国家新闻出版署、中国书刊发行业协会联合举办的部分中央级出版、发行单位业务研讨会在北京举行。60 多名中央级出版发行单位的负责同志出席研讨会。研讨会就书业改革发展的热点问题进行了热烈的研讨。

3～7 日 由全国“扫黄”办公室、国家新闻出版署联合召开的北方地区“扫黄打非”工作会议在天津举行。来自辽宁、河南、江苏、福建等 17 个省市近百名代表出席会议。

6～14 日 中国书店第 21 届古籍书市在北京琉璃厂举行。8 万余种各个历史年代的古旧书刊，其中包括 5 000 余种解放前后外文旧书参展。中国书史、碑帖与中国书法等古籍知识讲座同时举行。

10 日 国家新闻出版署发出《关于应按(91)新出图字第 990 号文件规定缴送样书的通知》。

△ 国家新闻出版署、全国“扫黄”办公室联合发出《关于查缴〈中华千字歌〉等非法书刊的通知》。

12 日 国家新闻出版署发出《关于印发〈关于建立和实行新闻出版行政执法责任制的意见〉的通知》。

13～22 日 ’98 新加坡世界书展在达城展览中心举行。我国 8 个省、市 23 家出版单位、新华书店的 2 000 余种图书参展。

15 日 国家新闻出版署发布《中华人民共和国新闻出版行政执法证管理办法》第 13 号令。自 1998 年 8 月 1 日起施行。

16～19 日 国家新闻出版署直联首届图书市场研讨会暨订货会在北京举行。国家新闻出版署直属 13 家出版社以及来自上海、广东、江苏和东北、西北等数十家新华书店、图书批销中心的负责人出席会议。

17 日 弘扬藏族文化、支援西藏出版座谈会在北京举行。中宣部、新闻出版署、西藏自治区、国家民委等有关部门的负责人以及 18 家出版社社长出席座谈会。此次合作出版 26 种选题，涉及西藏的历史、宗教、绘画艺术、文学、科技及藏学等多个方面，总计 1 400 多万字。

△ ’97 冬季扫黄打非有功集体表彰会在广州举行。广东海关分署、深圳海关、拱北海关、深圳市公安局等 17 个集体受表彰。

18 日 国家新闻出版署发出《关于做好〈邓小平理论研究书系〉编辑出版工作的通知》。

25～28 日 ’97 澳大利亚书展在墨尔本举行。我国组团参展。

7 月

5 日 新闻出版署暨全国出版界修复瑞金中央出版局旧址捐款仪式在瑞金叶平举行。截止到本日，包括新闻出版署在内，全国共有 142 家单位捐款，总额为 64.57 万元。

8 日 文化部、国家广播电影电视总局、新闻出版署、中国残疾人联合会联合发出《关于转发中宣部〈关于全国评奖立项的批复〉暨举办第二届“奋发文明进步奖”评选活动的通知》。

△ 新闻出版署发出《关于调查出版单位办理法人登记情况的通知》。

△ 全国科学技术名词审定委员会在北京召开新闻发布会，公布 101—109 号元素的中文定名。

7～12 日 第 50 届法兰克福图书博览会在德国法兰克福市举行。我国 19 个省、自治区、直辖市及中央各部委所属 90 个单位的 3 400 多种各类图书及电子出版物参展。

13 日 新闻出版署发出《关于转发〈当前出版单位职业道德建设状况的调查报告〉的通知》。

13～18 日 中国编辑学会第四届年会在西宁举行。来自全国 26 个省、自治区、直辖市的编辑和编辑理论研究工作者近 80 人出席会议。

17 日 北京新华外文书店股份有限公司，新华书店首都发行所与人民出版社等十余家政治理论读物出版单位联合召开的邓小平理论读物发行工作座谈会在北京举行。

△ 第六届全国优秀青年读物评选颁奖大会在北京举行，《人生 99 个瞬间命运策划》、《中华传统美德》丛书等 13 种图书获一等奖；《五人新感觉》、《邓

小平的故事》等44种图书获二等奖。

20日 全国青少年“爱祖国、讲文明”读书教育活动表彰大会在北京举行。安徽、广西、福建、山东、山西等14个省的近千名获奖学生代表和教师、组织工作者获奖。

22～27日 第九届香港书展在香港举行,来自8个国家和地区的350多家出版商参展。我内地19个省市80多家出版社参展。

23日 亚洲出版研讨会在香港举行。来自中国内地、香港、台湾以及美国的数百位出版界人士就“内地、香港、台湾版权法”、“香港图书出版业的回顾与前瞻”等课题进行了研讨。

24日 “万村书库”读者征文活动颁奖大会在北京举行。《山村的呼唤》等20篇作品获一等奖;另70篇分获二、三等奖;100个乡(镇)获集体奖;51个单位获组织奖。

25日 由新闻出版报主办的全国图书俱乐部研讨会在北京举行。40人参加会议。

29日 新闻出版署直属单位经营管理工作会议在北京举行。新闻出版署党组强调以邓小平理论武装干部群众的头脑,高度重视出版经济工作,进一步加强管理优化结构,提高质量,克服薄弱环节,奋发进取,迎接挑战,争取两个效益双丰收。

△ 新闻出版署向广西、福建、江西、浙江、广东、湖南、湖北、四川等省(自治区)新闻出版局发出慰问电,向战斗在防汛抗灾第一线以及坚守工作岗位的新闻出版系统干部职工致以亲切慰问,勉励他们坚定信念、振奋精神、再接再厉,特别注意做好中小学教材发行工作,夺取抗洪救灾的全面胜利。

8 月

1～4日 ’98京版图书秋季交易会在贵阳举行。在京的120家出版社和黔版4家出版社的1万多种各类图书参展。

5日 新闻出版署发出《关于做好纪念党的十一届三中全会二十周年重点图书出版工作的通知》。

6日 新闻出版署、全国“扫黄”办联合发出《关于查缴非法出版物〈天意〉的紧急通知》。

6～8日 全国新闻出版局长座谈会在北京举行。来自全国各省、自治区、直辖市新闻出版局、新疆生产建设兵团以及解放军总政治部宣传部新闻出版局的主要负责人出席会议。会议主题是认真贯彻中共中央《关于在全党深入 学习邓小平理论的通知》和全国宣传部长座谈会精神,传达贯彻李岚清同志、丁关根同志近期对新闻出版工作的重要指示;通报新闻出版署(国家版权局)职能配置,内设机构和人员编制情况;总结上半年工作,部署下半年任务。

7～16日 第七届中国·哈尔滨天鹅书市在哈尔滨市举行。哈尔滨市新华书店从全国500家出版社组织进了22大类5万余种优秀图书参展。

9日 第二届“中国人民解放军图书奖”评选揭晓。《绿色风采丛书》、《生命甘泉的追寻者》获荣誉奖;《中国人民解放军的七十年》等10种获图书奖;《共和国十大将》等14种获提名奖。

11日 新闻出版署、全国“扫黄”办联合发出《关于查缴〈白门柳〉等侵权盗版图书的通知》。

13～14日 由新闻出版署组织召开的“出版、发行集团试点座谈会”在北京举行。来自北京、辽宁、广东、上海、江苏、四川、山东等省、市新闻出版局以及人民美术出版总社、新华书店总店的负责同志出席会议。

14日 新闻出版署党组发出《关于贯彻落实〈中共中央关于在全党深入学习邓小平理论的通知〉的实施意见》。

△ 新闻出版署发出《关于加强书刊交易市场管理的通知》。

△ 新闻出版署发出《关于举办各类图书展销活动应注意的几个问题的通知》。

△ 新闻出版署批复中国版权保护中心,同意中国版权保护中心组建方案。

△ 新闻出版署、全国“扫黄”办联合发出《关于查缴非法出版物〈新中国帝皇〉的紧急通知》。

17日 第64届国际图联(IFLA)大会在荷兰举行。我国画家徐冬冬出席开幕式,向到会的近150家的国家图书馆赠《徐冬冬画集》并接受国际图联主席向其颁发的感谢状。

20日 新闻出版署发出《关于印发龚心瀚、于友先同志在全国新闻出版局长座谈会上的讲话的通知》。

△ 新闻出版署向全国新华书店发出《关于“万众一心,夺取抗洪抢险的最后胜利”和“灾区人民期待您的爱心”宣传画义卖的通知》。

21日 新闻出版署发出《关于恢复使用中华人民共和国新闻出版署(中华人民共和国国家版权局)印章的通知》。

△ 新闻出版署发出《关于组织全国新闻出版行业向灾区学生提供今秋课本专项捐款的通知》。截至8月31日下午5时，共有136家海内外新闻出版单位和个人捐款1 357.77万元人民币，140万日元，500元港币。

21～30日 吉隆坡国际书展在新加坡吉隆坡举行。我国20家出版社和发行单位的3 500多种图书参展。

28日～9月2日 第七届北京国际图书博览会在北京举行。来自美国、日本、英国、德国、荷兰等35个国家和地区及国际组织的10多万种图书参展。

30日 第九届冰心奖颁奖大会在北京举行。《看北极丛书》等50种获图书奖；《如歌如诗》等10篇作品获新作奖，68名儿童和教师获冰心奖艺术奖。

9 月

2日 新闻出版署发出《关于对部分发行单位违规销售港版政治类中文图书问题的处理意见》。

2～7日 第11届莫斯科国际书展在莫斯科举行。我国21家出版社参展。

5～13日 '98长春书市在长春举行。来自全国500多家出版社的10万余种图书、1.5万余种音像电子出版物、2 000多种期刊参展。

7日 新闻出版署发出《关于组建"中国新闻出版信息网络(内部网)"的通知》。

8日 第三届四川书市在成都举行。来自全国近300家出版单位、新华书店的10万余种各类图书、音像制品、电子出版物及文化用品参展。

10日 新闻出版署发出《关于不得擅自出版政府白皮书的通知》。

10日～10月11日 由北京新华外文书店股份有限公司举办的金秋百店图书大联展举行。15万种中外(20个语种)新版(原版)图书、音像制品、电子出版物参展。

11～22日 第九届菲律宾国际书展在马尼拉举行。我国1 500余种图书参展。

12～20日 中国河南图书展在美国旧金山举行。河南出版的图书1 000余种参展。

16日～10月1日 首届"清华——电子精品图书联展"在全国大中城市举行。3 000多种图书在全国300家书店展出。

20日 第三届韬奋新闻奖在北京揭晓。李炳彦、范蓉、孙言兵、张克眉、江绍高、李树田、顾志武、马胜荣、张晓爰等9名德绩双馨的编辑、校对荣获这项我国从事编辑、通联、校对和新闻资料的专职新闻工作者最高荣誉奖。

20～24日 第26届国际儿童图书委员会代表大会在印度新德里举行。该次会议是在为了世界文化中引起对儿童读物的作用、地位及其意义的认识和关注。我国派员出席会议。

20～30日 宁夏自治区成立四十周年图书展销会在银川举行。宁夏组织了北京、上海、浙江、天津等140多家出版社和发行所的5 800多种图书、100多种音像制品参展。

22日 中国版权保护中心成立新闻发布会在北京举行。

23日 中国版协书标策划委员会在北京成立。商务印书馆总经理杨德炎任主任。

24～27日 由国家版权局组织召开的南片地市级版权局长研讨会在四川成都市举行。来自浙江、安徽、江西、福建、湖北、湖南、广东、广西、四川、贵州、云南、重庆等省市版权局负责人出席研讨会。

25日 由中国出版工作者协会主持评选的全国第三届优秀中青年图书编辑奖颁奖大会在北京举行。刘伯根、杨祥等76名优秀中青年编辑获奖。来自全国30个省、自治区、直辖市，中央各部委、署、局及解放军系统的出版社代表参加了评选。

25日～10月5日 北京金秋书市在北京劳动人民文化宫举行。400多家出版社的15万余种各类图书、电子出版物及音像制品参展。

26日 由中国国际图书贸易总公司和美国洛杉矶长城书店联合举办的'98中国图书文化展在洛杉矶举行，共展出中国大陆最新出版的文学作品、工具书、医药卫生、书法、美术、气功、宗教、哲学、经济、儿童读物等各类图书1万多册。

26日 新闻出版署、中国出版工作者协会联合发出《关于表彰新闻出版系统抗洪抢险先进集体、先进个人工作的通知》。

28日 人民邮电出版社建社45周年全国图书联展在北京开幕。全国近200家书店参加联展，3 000多个品种参展。

10 月

1～5日 由广西壮族自治区新闻出版局和桂林市人民政府联合主办的首届广西书市在桂林举行。组织了广西全区14家图书、音像出版社和全国60余家有影响的出版社的1.3万余种图书参展。订货码洋2 700多万元。

2日 我国产生首部图书零售商公约。风入松书店、人民大学出版社读者服务部等北京7家著名书店联合签订了"图书零售商公约"。

2～10日 由澳门一书斋与澳门教科文化中心主办的'98澳门书展在澳门举行。来自大陆、台湾、香港、澳门50多家出版商的近万种图书参展。

5日 应中国书刊发行业协会的邀请,国际书商联盟前任主席、现任理事、加拿大书商黑吉科克先生作图书营销报告。

6日 新闻出版署发出《关于检查"九五"国家重点图书出版规划执行情况的通知》。

7～12日 第50届法兰克福图书博览会在德国法兰克福举行。来自世界近110个国家和地区出版商参展。我国130家出版社的各类图书及网络电子出版物千余种参展。

9～20日 第九届全国书市在西安举行。来自全国500多家出版社的23万种新书,3 000种期刊、150多家出版单位的音像制品及电子出版物参展。订货码洋6亿多元。

10～19日 由北京市新华书店主办、北京市书刊发行协会协办的'98北京春季书市在北京举行。来自在京出版社200余家及新华书店的15万种图书参展。

12～16日 国家版权局、世界知识产权组织联合举办的WIPO版权新条约亚太地区研讨会及WIPO关于视听表演议定书和有关问题的亚太地区协商会议在上海举行。来自亚太地区16个国家的代表以及我国27个省、自治区、直辖市和香港特别行政区版权界的代表出席了会议。

14日 人民出版社、人民教育出版社、中国发展出版社等首都20家出版社联合捐建科普书库捐赠仪式在北京举行。共捐赠科普教育图书7万余册。

15日 新闻出版署发出《关于制定和报送1999年出版计划的通知》。

20～24日 '98秋季进口图书展销会在北京中国图书进出口总公司举行。共展出欧美、日本、港台各类图书上万种。

23日 生活·读书·新知三联书店成立50周年暨生活书店创立66周年纪念会在北京举行。有关方面领导、三联老同志、沪港三联领导、出版界同行以及合作单位的负责同志200余人出席会议。

26日 《中国台湾问题(干部读本)》出版发行。江泽民总书记题写书名。

27～30日 第五届全国中心城市出版物市场管理工作交流会在杭州举行。来自全国26个城市新闻出版局的负责同志出席会议。

28～30日 第五次全国少儿读物出版工作座谈会在河南郑州举行。来自全国少儿读物出版界的50多位代表参加会议。

29日 中国书店'98秋季书刊资料拍卖会在北京琉璃厂举行。共有210件古籍善本、近代书刊、综合资料等拍卖品参加拍卖。

11 月

6日 第三届全国优秀外国文学图书奖颁奖大会在北京举行。《塞万提斯全集》等3种获特别奖;《易卜生文集》(8卷)等5种获一等奖;另有28种分获二、三等奖。

8日 全国首届侦探小说(宏业杯)大赛在北京揭晓。《无铃的马帮》等24部作品获奖。

9日 江泽民会见《中华文化通志》部分编委和作者,指出"中华文明源远流长,博大精深,不仅是中华民族的巨大宝库,也是人类社会的宝贵财富"。

9～13日 中国编辑学会少儿专业委员会工作会议在绍兴举行。来自全国各地的少儿出版社和部分人民出版社少儿读物编辑室的负责同志共30多人出席会议。

9～30日 由中国出版工作者协会举办的第四期全国出版社校对科长岗位培训班在北京开班。来自全国各地出版社的40多名有关人员参加培训。

11～14日 新闻出版署直属单位领导干部经营管理培训班在北京举办。22家直属单位的主要领导参加了培训。

15～21日 由中国出版对外贸易总公司与美国长青文化公司等单位联合举办的'98中国图书文

化展在美国洛杉矶和纽约两市举行。3 500余种各类图书参展。

16日 第二届"全国百佳出版工作者"颁奖暨新闻出版系统抗洪抢险先进集体、先进个人表彰大会在北京举行。单基夫等100名业内人士获"百佳出版工作者"称号。内蒙古自治区新华书店等14个先进集体、李学义等25名先进个人受到表彰。

17～20日 全国农村图书发行研讨会在济南举行。来自全国各地出版发行单位的近百名代表出席会议。会议就有关农村图书发行的许多问题进行了讨论。

18日 朱镕基总理主持国务院第十次常务会议。会议讨论并原则通过了《中华人民共和国著作权法修正案(草案)》。会议决定经进一步修改后提交全国人大常委会审议。

△ 中国大百科全书出版社在北京举行20周年庆祝大会。20年来该社除编辑出版了《中国大百科全书》(74卷)、《中国大百科全书(简明版)》(12卷)、《简明不列颠百科全书》(11卷)等一系列大型工具书外,还出版了各类专业和地区百科全书50余种,以及各种系列工具书、学术著作、普及读物3 000余种。

19日 新闻出版署直属出版社第四届优秀图书奖颁奖大会在北京举行。《综合英汉科技大词典》等20种获一等奖;《历史不再徘徊》等38种获二等奖。

21日 为迎接江泽民主席访日和纪念中日和平友好条约20周年,"中国人日语著书展"在日本内山书店举行。共展出中国人直接用日语撰写的有关中日政治、经济、社会、文化、艺术等多方面内容的单行本200多种。

23日 我国著名出版机构商务印书馆获得第14届国际白金星质量奖。这是商务印书馆第一次以企业身份参加经营质量管理方面的国际评奖,也是该奖项首次授予文化企业。

25日 新闻出版署发出《关于1999年出版社年检登记的通知》。

27～29日 全国新闻出版统计工作会议在珠海举行。这是新闻出版署成立以来首次召开的局、处两级领导参加的全国新闻出版统计工作会议。

12 月

2日 新闻出版署发出《关于加强书号总量宏观调控的通知》。

3日 新闻出版署发出《关于做好〈新闻出版50周年〉编纂出版工作的通知》。

7日 文化部、广电总局、新闻出版署、中国残联联合发出《关于第二届"奋发文明进步奖"评选结果的通报》。

9～11日 第十一届全国大学出版社订货会在郑州举行。来自全国114家出版社、350多家新华书店的1.2万种图书参展。订货码洋1.55亿元。

10日 由新闻出版署图书司和新闻出版报主办的《图书质量保障体系》知识竞赛活动揭晓,颁奖大会在北京举行。段志洪等10名获一等奖,肖功柄等20名获二等奖,陈志明等30名获三等奖。江苏、四川、河北、新疆等6省(区)新闻出版局获组织奖。

11日 新闻出版署发出《关于归口管理参加国际书展及展销会的通知》。

15～16日 由新闻出版署、中国出版工作者协会联合召开的中国出版改革发展20年研讨会在北京举行。30多位出版界知名人士出席会议。会议就如何坚定不移地沿着改革开放道路前进,实现跨世纪宏伟目标进行了深入研讨。

15日～1999年1月31日 由文化部、国家广播电影电视总局、新闻出版署、国家档案局、国家文物局联合主办的《历史的丰碑》大型展览在北京举行。共展出珍贵历史照片400余幅,文献、实物200多件(组),以及模型、图表等。

17日 《毛泽东选集》、《邓小平文选》彝文版首发式在成都举行。

△ 中华人民共和国最高人民法院公布《关于审理非法出版物刑事案件具体应用法律若干问题的解释》,自1998年12月23日起施行。

20日 《中国改革开放二十年丛书》出版发布会在北京举行。这是在中共中央举行的十一届三中全会20周年纪念大会刚刚结束之际及时推出的。

△ "发展科技信息产业,迎接知识经济时代"暨"泰山科技专著出版基金设立10周年"座谈会在北京举行。10年来,该基金资助出版的科技图书八成获得国家图书奖、国家科技进步奖、中国图书奖等

各种奖项。

23日 九届全国人大第六次常委会在北京举行。会议由全国人大常委会委员长李鹏主持。国务院向全国人大常委会提交了《中华人民共和国著作权法修正案(草案)》。受国务院委托，新闻出版署署长兼国家版权局局长于友先就《中华人民共和国著作权法修正案(草案)》作了说明。

△ 第十一届中国图书奖颁奖大会在北京举行。《孙中山与宋庆龄》、《中国经济增长方式变革》、《全身CT诊断学》等139种优秀图书获奖。

24日 由中央宣传部、中央政法委、全国扫黄工作小组、公安部、文化部、广电总局、新闻出版署联合召开的第11次全国扫黄工作电话会议在北京举行。

△ 新闻出版署发出《关于印发于友先同志在全国新闻出版统计工作会议上的讲话的通知》。

25日 中央宣传部、中央文明办、科技部、农业部、文化部、卫生部、国家计生委、国家广电总局、新闻出版署、共青团中央、中国科协联合发出《关于认真贯彻党的十五届三中全会精神广泛深入持久地开展文化科技卫生"三下乡"活动的通知》。

28日 新闻出版署批复广东、上海新闻出版局，同意组建广东省出版集团、上海世纪出版集团，作为全国出版改革的试点单位。

29日 新闻出版署批复四川、江苏省新闻出版局，同意组建四川新华书店集团、江苏新华发行集团，并于15日批复组建广东新华发行集团，作为全国发行改革的试点单位。

30日 经新闻出版署批准，同意成立羊城晚报出版社、南方日报出版社。

(何秀珍整理)

索 引

说 明：

1. 索引的参检辞目，为本年鉴中“新书简介”的辞目。

2. 各辞目前均有 6 位数码，为该辞目的检索号，检索号前的英文字母为分类号代码，检索号按数序顺列，以便查找。本索引均直接指向辞目检索号，页码不参与检索。

3.“辞目分类索引”以《中国图书馆分类法》(第四版）为框架，其编排方式与“新书简介”的正文一致。

4.“辞目笔画索引”按辞目的中文笔画数顺序排列，笔画少的在前，笔画多的在后。先按首字分列，再按次字、第三字、第四字……余类推。同笔画字，按一、丨、丿、丶、乛起笔笔型顺列。阿拉伯数字、外文字母和标点符号均不计笔画，如《Windows 95 精选问题集》的首检字为“精”字。全是阿拉伯数字或外文字母的辞目，编排在中文笔画辞目之前。

辞目分类索引

A 马克思主义、列宁主义、毛泽东思想、邓小理论

马克思主义、列宁主义、毛泽东思想

邓小平理论

B　哲学、宗教

哲学理论

中国哲学

外国哲学

思维科学

宗　　教

C　社会科学总论

D 政治、法律

政治理论

中国共产党

工人、农民、青年、妇女运动与组织

世界政治

中国政治

各国政治

外交、国际关系

法　律

E 军 事

F 经 济

经 济

经 济 学

世界各国经济概况、经济史

中国经济

经济计划与管理

会计、审计

劳动经济、物资经济

企业经济

城市与市政经济

农业经济

工业经济

交通运输经济、旅游经济、邮电经济

贸易经济

财 政 金 融

财政、国家财政

货　　币

金融、银行

G 文化、科学、教育、体育

文化理论

世界各国文化与文化事业

信息与知识传播

科学、科学研究

教　　育

各级教育

各类教育

体　育

H 语言、文字

语 言 学

汉 语

中国少数民族语言

外 国 语

中国文学

文学评论和研究

各体文学评论和研究

中国文学史、文学思想史

作 品 集

诗歌、韵文

戏　剧

小　说

报告文学

散　文

民间文学

儿童文学

外国文学

J 艺 术

艺术理论

世界各国艺术概况

绘 画

书法、篆刻

雕　塑

摄影艺术

工艺美术

音　乐

舞蹈

戏剧艺术

电影、电视艺术

K 历史、地理

史学理论

世界史

中国史

民族史志

地方史志

传　记

中国人物传记

外国人物传记

文物考古

风俗习惯

地　　理

N　自然科学总论

O 数理科学和化学

数学

力学、物理学

化　　学

P　天文学、地球科学

Q 生物科学

R 医药卫生

医药卫生

预防医学、卫生学

中国医学

基础医学

临床医学

内 科 学

外 科 学

妇产科学

儿科学

肿瘤学

神经病学和精神病学

皮肤病学与性病学

耳鼻咽喉科学、眼科学、口腔科学

特种医学

药学

S 农业科学

农业科学

农业基础科学

农业工程、农学

植物保护

农 作 物

园艺

林业

畜牧、动物医学、狩猎、蚕、蜂

水产、渔业

T 工业技术

工业技术

一般工业技术

矿业工程、石油、天然气工业

冶金工业

金属学、金属工艺

机械、仪表工业

能源与动力工程

电工技术

无线电电子学、电信技术

自动化技术、计算机技术

化学工业

轻工业、手工业

建筑科学

水利工程

U　交通运输

V　航空、航天

X 环境科学、安全科学

Z 综合性图书

辞目笔画索引

三　画

〔一〕

四　画

〔一〕

五　画

〔一〕

〔丨〕

〔乛〕

六画

〔一〕

〔丶〕

〔乛〕

七　画

〔一〕

〔丶〕

〔乛〕

八 画

〔一〕

〔、〕

〔乛〕

九　画

〔一〕

十　画

〔一〕

〔乛〕

十一画

〔一〕

〔丨〕

〔乛〕

十 二 画

〔一〕

〔丨〕

〔乛〕

十 三 画

〔一〕

〔丨〕

〔丿〕

〔乛〕

十 四 画

〔一〕

十 五 画

〔丿〕

〔丶〕

十六画以上